Die Bibel

Mit Bildern von
Sieger Köder

Einheitsübersetzung

Schwabenverlag

Abb. Frontispiz: Tolle lege – Nimm und lies.

3. Auflage 1993

Umschlaggestaltung: Ronald Parusel, Mössingen
Umschlagmotiv: Baumstumpf Isais, Sieger Köder
Satz: Schwabenverlag AG, Ostfildern
Lithografien: Gustav Dreher Reproduktion, Stuttgart
Herstellung: Dr. Cantz'sche Druckerei, Ostfildern
Printed in Germany

ISBN 3-7966-0705-5 (Leinen-Ausgabe)
ISBN 3-7966-0716-0 (Leder-Ausgabe)

INHALTSVERZEICHNIS

Die Pastoralbriefe

Die Katholischen Briefe

Anhang

AN DIE LESER DIESER AUSGABE

»Der Mensch lebt nicht nur von Brot, sondern von jedem Wort, das aus Gottes Mund kommt« (Mt 4,4).

Diese Aussage Jesu im Kampf gegen den Versucher, die er dem Alten Testament entnimmt (vgl. Dtn 8,3), weist auf die bleibende Bedeutung des Wortes Gottes für die Menschen aller Völker und Zeiten hin.

Schon vor dem Zweiten Vatikanischen Konzil faßten die deutschen katholischen Bischöfe aufgrund einer Denkschrift des Katholischen Bibelwerks Stuttgart den Beschluß, eine neue Übersetzung der Bibel aus den Urtexten für den kirchlichen Gebrauch schaffen zu lassen, um so einen besseren Zugang zum Wort Gottes zu ermöglichen. Sie beauftragten dazu die Bischöfe J. Freundorfer, C. J. Leiprecht und E. Schick. Die österreichischen Bischöfe entsandten später Weihbischof A. Stöger. Den bischöflichen Beauftragten wurde ein Arbeitsausschuß aus Fachleuten der Exegese, Katechese, Liturgik und der deutschen Sprache zur Seite gestellt.

Bei dieser Übersetzung sollten nicht nur die neuen Erkenntnisse der Bibelwissenschaft, sondern auch die Regeln der deutschen Sprache in angemessener Weise berücksichtigt werden. Bis dahin benutzte die katholische Kirche Übersetzungen, welche entweder die lateinische Übersetzung der Bibel durch den heiligen Hieronymus, die Vulgata, zugrunde legten oder doch in besonderer Weise berücksichtigten.

Die Arbeit an der neuen Übersetzung begann 1962. Kurz darauf gestattete das Zweite Vatikanische Konzil den Gebrauch der Landessprachen in der Liturgie und erklärte: »Der Zugang zur Heiligen Schrift muß für alle, die an Christus glauben, weit offenstehen. Darum ... bemüht sich die Kirche, daß brauchbare und genaue Übersetzungen in die verschiedenen Sprachen erarbeitet werden, mit Vorrang aus dem Urtext der heiligen Bücher« (Über die Göttliche Offenbarung, Nr. 22). Daraufhin schlossen sich die übrigen katholischen Bischöfe deutschsprachiger Gebiete in Europa dem Unternehmen an, das den Namen »Einheitsübersetzung« erhielt, weil es den Gebrauch einheitlicher biblischer Texte in Gottesdienst und Schule in allen Diözesen ermöglichen sollte. Die einheitliche Textfassung ließ hoffen, daß sich wichtige Aussagen der Bibel dem Ohr der Gläubigen dauerhafter einprägten. Auch würde eine solche für den Gebrauch der Bibel in der Öffentlichkeit, besonders in Presse, Funk und Fernsehen, von Nutzen sein.

Da die Übersetzung vor allem in der Verkündigung Verwendung finden sollte, mußte sie sowohl das Verstehen erleichtern, wie auch für das Vorlesen und teilweise auch für das Singen geeignet sein. Darum wurden von Anfang an neben Fachleuten der Bibelwissenschaft auch solche der Liturgik, Katechetik, der Kirchenmusik und der deutschen Sprache herangezogen. Besondere Sorgfalt wurde auf die sprachliche Fassung der hymnischen Texte des Alten und des Neuen Testamentes, insbesondere der Psalmen, verwendet.

Von Anfang an strebten die katholischen Bischöfe die Mitarbeit der evangelischen Kirche in Deutschland an. Die evangelische Michaelsbruderschaft arbeitete von Anfang an durch Beauftragte an der Übersetzung mit. Ab 1967 beteiligte sich die Evangelische Kirche in Deutschland an der Übersetzung der beiden Kirchen gemeinsamen biblischen Lesungen der Sonn- und Festtage und der Psalmen, nachdem Kardinal A. Bea, der erste Leiter des Sekretariats für die Einheit der Christen in Rom, und Bischof K. Scharf, der damalige Vorsitzende des Rates der Evangelischen Kirche in Deutschland, sich bei einem Zusammentreffen für eine solche Zusammenarbeit ausgesprochen hatten. Über diese gemeinsame Arbeit wurde 1970 der erste Vertrag zwischen dem Verband der Diözesen Deutschlands und dem Rat der

Evangelischen Kirche in Deutschland und dem Evangelischen Bibelwerk in der Bundesrepublik Deutschland geschlossen.

Ein wichtiges Ergebnis der Zusammenarbeit stellt die Einigung der Beauftragten beider Kirchen auf eine einheitliche deutsche Wiedergabe der biblischen Eigennamen sowie der Bezeichnungen für Orte, Landschaften, Maße und Gewichte dar. Das »Ökumenische Verzeichnis der biblischen Eigennamen« wurde 1972 veröffentlicht.

Ab 1970 erschienen die Übersetzungen einzelner biblischer Bücher im Druck; 1972 wurde die vorläufige Endfassung des Neuen Testamentes, 1974 jene des Alten Testamentes für die Erprobung, vor allem in Liturgie und Schule, veröffentlicht. Die Übersetzung fand Eingang in die neuen liturgischen Bücher, die Lektionare für die biblischen Lesungen im Gottesdienst sowie in das vorläufige deutsche Stundenbuch. Alle Urteilsfähigen wurden von den beteiligten Bischöfen um Kritik und Verbesserungsvorschläge gebeten. Diese ließen zugleich Gutachten erstellen über die Treue gegenüber dem Urtext und über die sprachliche Ausdrucksform der Übersetzung. Die Gesellschaft für Deutsche Sprache, Wiesbaden, wurde für die Überprüfung dieser Übersetzung herangezogen.

Die vorläufige Fassung der Psalmen, die 1971 zuerst im Druck erschien, wurde 1973/74 durch eine ökumenische Arbeitsgruppe überarbeitet, wobei der endgültige Text festgelegt wurde. Ab 1975 begann die Revision der vorläufigen Fassungen des Alten und Neuen Testamentes durch eigens dafür bestellte Revisionskommissionen unter dem Vorsitz von Bischof E. Schick (Neues Testament) und Weihbischof J. Plöger (Altes Testament). Die überaus zahlreichen Stellungnahmen und Verbesserungsvorschläge leisteten für die Erstellung der endgültigen Fassung der Übersetzung wertvolle Dienste.

Im Rahmen dieser Revisionsarbeit weitete die evangelische Seite ihre Mitarbeit auf das ganze Neue Testament aus, einschließlich der Einführungen und knapp gehaltenen Anmerkungen zu den einzelnen biblischen Schriften.

Im Februar 1978 approbierte die Deutsche Bischofskonferenz die Endfassung der Einheitsübersetzung für den kirchlichen Gebrauch in Gottesdienst und Schule. Sie dankte dabei den Übersetzern und allen übrigen Mitarbeitern und Beratern. Ihr folgten die übrigen bischöflichen Auftraggeber aus den deutschsprachigen Gebieten in Europa. Auch der Rat der Evangelischen Kirche in Deutschland und das Evangelische Bibelwerk begrüßen das Ergebnis der gemeinsamen Arbeit. Im März und April 1979 wurden die Einführungen und Anmerkungen von allen Auftraggebern gutgeheißen. Damit fand ein für den deutschen Sprachraum einmaliges Unternehmen seinen Abschluß.

Aufgrund der guten Aufnahme, die der vorläufige Endtext in der Öffentlichkeit fand, ist zu hoffen, daß diese Übersetzung erfüllt, was die Mitglieder der Deutschen Bischofskonferenz bei der Approbation des Textes im Frühjahr 1978 zum Ausdruck brachten: »Die Deutsche Bischofskonferenz ist überzeugt, daß die nun vorliegende Übersetzung der Heiligen Schrift den Entscheidungen des Zweiten Vatikanums gerecht wird, den katholischen und nichtkatholischen Christen, wie auch der Kirche Fernstehenden einen sprachlich verständlichen und wissenschaftlich gesicherten Zugang zur Botschaft der Heiligen Schrift zu bieten. Die Einheitsübersetzung ist in gehobenem Gegenwartsdeutsch abgefaßt. Ihr fehlt es nicht an dichterischer Schönheit, Treffsicherheit des Ausdrucks und Würde biblischer Darstellungskraft. Wir Bischöfe hoffen zuversichtlich, daß die Neuübersetzung auch der zeitgemäßen Gebetssprache einen neuen Anstoß gibt und daß sie hilfreich sein wird in dem Bemühen, dem Wort Gottes im deutschen Sprachraum neue Beachtung und tieferes Verständnis zu verschaffen!«

Daneben verdient im Blick auf die Psalmen und das Neue Testament Beachtung, was der damalige Vorsitzende des Rates der Evangelischen Kirche in Deutschland, Landesbischof Helmut Claß, an den Vorsitzenden der Deutschen Bischofskonferenz, Joseph Kardinal Höffner, schrieb: »Die Tatsache, daß katholische und evangelische Christen nunmehr die Psalmen und ein Neues Testament besitzen, die Exegeten beider Kirchen im offiziellen Auftrag übersetzt haben, kann nicht hoch genug veranschlagt werden. Mehr als einzelne gemeinsame Aktionen führt gemeinsames Hören auf das Wort der Schrift dazu, daß die getrennten Kirchen aufeinander zugehen, um einmal zusammenzufinden unter dem e i n e n Herrn der Kirche, Jesus Christus. Die ökumenische Übersetzung der Psalmen und des Neuen Testamentes leistet dazu einen wichtigen Beitrag.«

Advent 1979

Joseph Kardinal Höffner
Vorsitzender der
Deutschen Bischofskonferenz

Alfred Kardinal Bengsch
Vorsitzender der
Berliner Bischofskonferenz

Franz Kardinal König
Vorsitzender der
Österr. Bischofskonferenz

Pierre Mamie
Vorsitzender der
Schweizerischen Bischofskonferenz

Jean Hengen
Bischof von Luxemburg

Joseph Gargitter
Bischof von Bozen-Brixen

Guillaume-Marie van Zuylen
Bischof von Lüttich

Landesbischof Eduard Lohse
Vorsitzender des Rates
der Evangelischen Kirche in Deutschland
(für die Psalmen und das Neue Testament)

DIE SCHRIFTEN DES ALTEN TESTAMENTS

Die Bibel (griechisch bíblos = Buch) oder die Heilige Schrift ist eine Sammlung von Büchern, die das Alte und Neue Testament umfaßt. Das Alte Testament wird von Juden und Christen als Offenbarungsurkunde betrachtet. Die Bücher des Alten Testaments stammen von Verfassern, durch die Gott zu den Menschen spricht und durch die das Volk Israel seinen Glauben an die Heilstaten und Verheißungen Gottes bekennt. Juden und Christen glauben an die Inspiration (Eingebung) dieser Bücher durch den Geist Gottes. Das Verzeichnis der Bücher, die zur Heiligen Schrift gehören, nennt man Kanon (griechisch kanón = Maßstab), weil sie den Maßstab für den Glauben darstellen. Jesus und seine Jünger übernahmen die Bücher der Heiligen Schrift, wie sie ihr Volk kannte, und beriefen sich in ihrer Botschaft auf sie als auf das Wort Gottes.

Die Juden Palästinas unterschieden drei Teile der Bibel: die fünf Bücher der Torá oder des Gesetzes (Genesis, Exodus, Levitikus, Numeri, Deuteronomium), die sie Mose zuschrieben; die Bücher der Propheten, die sie in die früheren (Josua, Richter, Samuel, Könige) und die späteren Propheten (Jesaja, Jeremia, Ezechiel und das Buch der zwölf Kleinen Propheten) unterteilten; die (übrigen) Schriften (Psalmen, Ijob, Sprichwörter, Rut, Klagelieder, Hoheslied, Kohelet, Ester, Daniel, Esra-Nehemia und Chronik). Weil sie noch nicht die Zweiteilung der Bücher Samuel, Könige, Esra-Nehemia und Chronik kannten und die zwölf Kleinen Propheten noch in einem einzigen Buch zusammenfaßten, zählten sie insgesamt 24 Bücher der Heiligen Schrift; erst in den christlichen Bibelausgaben teilte man die genannten Bücher auf, so daß dieser Kanon 39 Bücher umfaßt, die sogenannten protokanonischen Bücher (griechisch prôtos kanón = erster Kanon). Dieser Kanon ist im Vorwort zur griechischen Sirach-Übersetzung vorausgesetzt und wurde um 100 n. Chr. vom Judentum allgemein anerkannt.

Die griechisch sprechenden Juden der Diaspora in Ägypten lasen im Gottesdienst der Synagoge die Bibel in einer griechischen Übersetzung, der sogenannten Septuaginta (»Siebzig«, weil angeblich von siebzig Übersetzern stammend). Diese griechische Übersetzung enthielt noch andere Bücher, die bei den Diasporajuden ebenfalls als heilige Schriften galten. Von ihnen übernahm die christliche Kirche die sieben sogenannten deuterokanonischen Bücher (griechisch déuteros kanón = zweiter Kanon) in ihre Bibel: Tobit, Judit, 1 und 2 Makkabäer, Baruch, Weisheit und Sirach, ferner zusätzliche Abschnitte in den Büchern Daniel und Ester.

Demgegenüber legten die Führer der aramäisch sprechenden Juden Palästinas auf der sog. »Synode« von Jamnia (Jabne, um 100 n. Chr.) offiziell fest, welche Schriften kanonisch sind. Alle in griechischer Sprache geschriebenen Bücher wurden grundsätzlich für nicht-kanonisch erklärt. In der hebräischen Bibel fehlen daher die sog. deuterokanonischen Bücher.

In den christlichen Bibelausgaben wurden die Bücher neu geordnet und eingeteilt, und zwar in Geschichtsbücher, Lehrbücher und Prophetenbücher. Erst als die Schriften der Apostel und Apostelschüler ebenfalls kanonisches Ansehen gewonnen hatten und zur Heiligen Schrift gerechnet wurden (vgl. die Einleitung zum Neuen Testament), unterschieden die christlichen Theologen zwischen dem Alten Testament und dem Neuen Testament, wobei »Testament« (lateinisch testamentum) die Bedeutung »Bund« (griechisch: diathéke; hebräisch: berít) bekam.

Das erste Kanonverzeichnis der Kirche, das alle Bücher der christlichen Bibel enthält, geht auf die Provinzialsynode von Hippo (393 n. Chr.) zurück. Es wurde von der lateinischen Kirche und von der Ostkirche übernommen und auf dem Konzil von Trient 1546 bestätigt. Diesen Kanon setzt die lateinische Bibelübersetzung, die sogenannte Vulgata (= die allgemein Verbreitete) voraus. Martin Luther griff für seine Übersetzung bewußt auf den hebräischen Text zurück und schied daher die deuterokanonischen Bücher wieder aus dem Kanon aus. Er übersetzte sie zwar und empfahl ihre Lektüre, rechnete sie aber nicht zur Heiligen Schrift. Seither bezeichnen die Kirchen der Reformation diese Bücher als Apokryphen, das heißt als der Bibel später hinzugefügte Schriften. Im Sprachgebrauch der katholischen Theologen dagegen sind Apokryphen andere Bücher, die zwar zeitweise in manchen jüdischen und christlichen Gemeinschaften zur Heiligen Schrift gerechnet und im Gottesdienst vorgelesen wurden, die aber weder die lateinische Kirche noch die Ostkirche in die Bibel aufnahm. Diese Bücher nennen die Theologen der reformatorischen Kirchen Pseudepigraphen, das heißt fälschlich biblischen Personen zugeschriebene Bücher.

Die protokanonischen Bücher sind in Hebräisch überliefert; nur einige Abschnitte haben einen aramäischen Urtext. Die deuterokanonischen Bücher sind nur in Griechisch erhalten geblieben.

Die Leitsätze für die interkonfessionelle Zusammenarbeit bei der Bibelübersetzung, die 1968 vom Weltbund der Bibelgesellschaften und dem Sekretariat für die Einheit der Christen beschlossen wurden, sehen vor, daß in ökumenischen Ausgaben die deuterokanonischen Bücher enthalten sind. Für Bibelausgaben der Bibelgesellschaften wird dabei auf die Möglichkeit verwiesen, die deuterokanonischen Teile vor dem Neuen Testament abzudrucken.

Die meisten Bücher des Alten Testaments sind in einem langen Überlieferungsprozeß entstanden. Gott hat zunächst zu den Patriarchen, zu Mose, zu den Propheten und anderen Gottesmännern gesprochen. Diese haben die Offenbarung Gottes teils mündlich, teils schriftlich weitergegeben. Die Lehrer Israels haben das so empfangene Wort Gottes betend durchdacht, erläutert und erweitert. Schließlich fanden sich Männer, die der so weitergegebenen Überlieferung jene endgültige schriftliche Form gaben, die Jesus und die Urkirche als Heilige Schrift anerkannten und der Kirche anvertrauten.

DIE FÜNF BÜCHER DES MOSE

DAS BUCH GENESIS

Die Anfänge: I,1–II,9

Die Erschaffung der Welt

1 Im Anfang schuf Gott Himmel und Erde; [2] die
Erde aber war wüst und wirr, Finsternis lag
über der Urflut, und Gottes Geist schwebte über
dem Wasser.
[3] Gott sprach: Es werde Licht. Und es wurde
Licht. [4] Gott sah, daß das Licht gut war. Gott
schied das Licht von der Finsternis, [5] und Gott
nannte das Licht Tag, und die Finsternis nannte er
Nacht. Es wurde Abend, und es wurde Morgen:
erster Tag.
[6] Dann sprach Gott: Ein Gewölbe entstehe mit-
ten im Wasser und scheide Wasser von Wasser.
[7] Gott machte also das Gewölbe und schied das
Wasser unterhalb des Gewölbes vom Wasser
oberhalb des Gewölbes. So geschah es, [8] und Gott
nannte das Gewölbe Himmel. Es wurde Abend,
und es wurde Morgen: zweiter Tag.
[9] Dann sprach Gott: Das Wasser unterhalb des
Himmels sammle sich an einem Ort, damit das
Trockene sichtbar werde. So geschah es. [10] Das
Trockene nannte Gott Land, und das angesam-
melte Wasser nannte er Meer. Gott sah, daß es gut
war. [11] Dann sprach Gott: Das Land lasse junges
Grün wachsen, alle Arten von Pflanzen, die Sa-
men tragen, und von Bäumen, die auf der Erde
Früchte bringen mit ihrem Samen darin. So
geschah es. [12] Das Land brachte junges Grün her-
vor, alle Arten von Pflanzen, die Samen tragen, alle
Arten von Bäumen, die Früchte bringen mit ihrem
Samen darin. Gott sah, daß es gut war. [13] Es wurde
Abend, und es wurde Morgen: dritter Tag.
[14] Dann sprach Gott: Lichter sollen am Himmels-
gewölbe sein, um Tag und Nacht zu scheiden. Sie
sollen Zeichen sein und zur Bestimmung von
Festzeiten, von Tagen und Jahren dienen; [15] sie sol-
len Lichter am Himmelsgewölbe sein, die über
die Erde hin leuchten. So geschah es. [16] Gott
machte die beiden großen Lichter, das größere,
das über den Tag herrscht, das kleinere, das über
die Nacht herrscht, auch die Sterne. [17] Gott setzte
die Lichter an das Himmelsgewölbe, damit sie
über die Erde hin leuchten, [18] über Tag und Nacht
herrschen und das Licht von der Finsternis schei-
den. Gott sah, daß es gut war. [19] Es wurde Abend,
und es wurde Morgen: vierter Tag.
[20] Dann sprach Gott: Das Wasser wimmle von le-
bendigen Wesen, und Vögel sollen über dem
Land am Himmelsgewölbe dahinfliegen. [21] Gott
schuf alle Arten von großen Seetieren und ande-
ren Lebewesen, von denen das Wasser wimmelt,
und alle Arten von gefiederten Vögeln. Gott sah,
daß es gut war. [22] Gott segnete sie und sprach:
Seid fruchtbar, und vermehrt euch, und bevölkert
das Wasser im Meer, und die Vögel sollen sich auf
dem Land vermehren. [23] Es wurde Abend, und es
wurde Morgen: fünfter Tag.
[24] Dann sprach Gott: Das Land bringe alle Arten
von lebendigen Wesen hervor, von Vieh, von
Kriechtieren und von Tieren des Feldes. So
geschah es. [25] Gott machte alle Arten von Tie-
ren des Feldes, alle Arten von Vieh und alle Ar-
ten von Kriechtieren auf dem Erdboden. Gott
sah, daß es gut war. [26] Dann sprach Gott: Laßt
uns Menschen machen als unser Abbild, uns ähn-
lich. Sie sollen herrschen über die Fische
des Meeres, über die Vögel des Himmels, über das
Vieh, über die ganze Erde und über alle Kriechtiere
auf dem Land. [27] Gott schuf also den Menschen als
sein Abbild; als Abbild Gottes schuf er ihn. Als
Mann und Frau schuf er sie. [28] Gott segnete sie, und
Gott sprach zu ihnen: Seid fruchtbar, und ver-
mehrt euch, bevölkert die Erde, unterwerft sie
euch, und herrscht über die Fische des Meeres,
über die Vögel des Himmels und über alle Tiere,
die sich auf dem Land regen. [29] Dann sprach Gott:
Hiermit übergebe ich euch alle Pflanzen auf der
ganzen Erde, die Samen tragen, und alle Bäume
mit samenhaltigen Früchten. Euch sollen sie zur
Nahrung dienen. [30] Allen Tieren des Feldes, allen
Vögeln des Himmels und allem, was sich auf der
Erde regt, was Lebensatem in sich hat, gebe ich alle
grünen Pflanzen zur Nahrung. So geschah es.
[31] Gott sah alles an, was er gemacht hatte: Es war
sehr gut. Es wurde Abend, und es wurde Morgen:
der sechste Tag.

Im Anfang schuf Gott den Himmel und die Erde (Gen 1) | 2 ▷

2 So wurden Himmel und Erde vollendet und
ihr ganzes Gefüge. 2 Am siebten Tag vollen-
dete Gott das Werk, das er geschaffen hatte, und
er ruhte am siebten Tag, nachdem er sein ganzes
Werk vollbracht hatte. 3 Und Gott segnete den
siebten Tag und erklärte ihn für heilig; denn an
ihm ruhte Gott, nachdem er das ganze Werk der
Schöpfung vollendet hatte.
4a Das ist die Entstehungsgeschichte von Him-
mel und Erde, als sie erschaffen wurden.

Das Paradies

4b Zur Zeit, als Gott, der Herr, Erde und Himmel
machte, 5 gab es auf der Erde noch keine Feld-
sträucher und wuchsen noch keine Feldpflanzen;
denn Gott, der Herr, hatte es auf die Erde noch
nicht regnen lassen, und es gab noch keinen
Menschen, der den Ackerboden bestellte; 6 aber
Feuchtigkeit stieg aus der Erde auf und tränkte die
ganze Fläche des Ackerbodens.
7 Da formte Gott, der Herr, den Menschen aus
Erde vom Ackerboden und blies in seine Nase
den Lebensatem. So wurde der Mensch zu einem
lebendigen Wesen.
8 Dann legte Gott, der Herr, in Eden, im Osten,
einen Garten an und setzte dorthin den Men-
schen, den er geformt hatte. 9 Gott, der Herr, ließ
aus dem Ackerboden allerlei Bäume wachsen,
verlockend anzusehen und mit köstlichen Früch-
ten, in der Mitte des Gartens aber den Baum des
Lebens und den Baum der Erkenntnis von Gut
und Böse.
10 Ein Strom entspringt in Eden, der den Garten
bewässert; dort teilt er sich und wird zu vier
Hauptflüssen. 11 Der eine heißt Pischon; er ist es,
der das ganze Land Hawila umfließt, wo es Gold
gibt. 12 Das Gold jenes Landes ist gut; dort gibt
es auch Bdelliumharz und Karneolsteine. 13 Der
zweite Strom heißt Gihon; er ist es, der das ganze
Land Kusch umfließt. 14 Der dritte Strom heißt Ti-
gris; er ist es, der östlich an Assur vorbeifließt. Der
vierte Strom ist der Eufrat.
15 Gott, der Herr, nahm also den Menschen
und setzte ihn in den Garten von Eden, damit er
ihn bebaue und hüte. 16 Dann gebot Gott, der
Herr, dem Menschen: Von allen Bäumen des
Gartens darfst du essen, 17 doch vom Baum der
Erkenntnis von Gut und Böse darfst du nicht
essen; denn sobald du davon ißt, wirst du ster-
ben.
18 Dann sprach Gott, der Herr: Es ist nicht gut,
daß der Mensch allein bleibt. Ich will ihm eine
Hilfe machen, die ihm entspricht.
19 Gott, der Herr, formte aus dem Ackerboden
alle Tiere des Feldes und alle Vögel des Himmels
und führte sie dem Menschen zu, um zu sehen,
wie er sie benennen würde. Und wie der Mensch
jedes lebendige Wesen benannte, so sollte es
heißen. 20 Der Mensch gab Namen allem Vieh,
den Vögeln des Himmels und allen Tieren des
Feldes. Aber eine Hilfe, die dem Menschen ent-
sprach, fand er nicht.
21 Da ließ Gott, der Herr, einen tiefen Schlaf auf
den Menschen fallen, so daß er einschlief, nahm
eine seiner Rippen und verschloß ihre Stelle mit
Fleisch. 22 Gott, der Herr, baute aus der Rippe, die
er vom Menschen genommen hatte, eine Frau
und führte sie dem Menschen zu. 23 Und der
Mensch sprach:
Das endlich ist Bein von meinem Bein / und
Fleisch von meinem Fleisch. / Frau soll sie hei-
ßen; / denn vom Mann ist sie genommen.
24 Darum verläßt der Mann Vater und Mutter
und bindet sich an seine Frau, und sie werden ein
Fleisch. 25 Beide, Adam und seine Frau, waren
nackt, aber sie schämten sich nicht voreinander.

Der Fall des Menschen

3 Die Schlange war schlauer als alle Tiere des
Feldes, die Gott, der Herr, gemacht hatte. Sie
sagte zu der Frau: Hat Gott wirklich gesagt: Ihr
dürft von keinem Baum des Gartens essen? 2 Die
Frau entgegnete der Schlange: Von den Früchten
der Bäume im Garten dürfen wir essen; 3 nur von
den Früchten des Baumes, der in der Mitte des
Gartens steht, hat Gott gesagt: Davon dürft ihr
nicht essen, und daran dürft ihr nicht rühren,
sonst werdet ihr sterben.
4 Darauf sagte die Schlange zur Frau: Nein, ihr
werdet nicht sterben. 5 Gott weiß vielmehr: So-
bald ihr davon eßt, gehen euch die Augen auf; ihr
werdet wie Gott und erkennt Gut und Böse. 6 Da
sah die Frau, daß es köstlich wäre, von dem Baum
zu essen, daß der Baum eine Augenweide war
und dazu verlockte, klug zu werden. Sie nahm
von seinen Früchten und aß; sie gab auch ihrem
Mann, der bei ihr war, und auch er aß.
7 Da gingen beiden die Augen auf, und sie er-
kannten, daß sie nackt waren. Sie hefteten Fei-
genblätter zusammen und machten sich einen

◁ 3 | *Und Gott sah alles an, was er gemacht hatte, und es war sehr gut (Gen 1)*

Schurz. 8 Als sie Gott, den Herrn, im Garten gegen den Tagwind einherschreiten hörten, versteckten sich Adam und seine Frau vor Gott, dem Herrn, unter den Bäumen des Gartens. 9 Gott, der Herr, rief Adam zu und sprach: Wo bist du? 10 Er antwortete: Ich habe dich im Garten kommen hören; da geriet ich in Furcht, weil ich nackt bin, und versteckte mich. 11 Darauf fragte er: Wer hat dir gesagt, daß du nackt bist? Hast du von dem Baum gegessen, von dem zu essen ich dir verboten habe? 12 Adam antwortete: Die Frau, die du mir beigesellt hast, sie hat mir von dem Baum gegeben, und so habe ich gegessen. 13 Gott, der Herr, sprach zu der Frau: Was hast du da getan? Die Frau antwortete: Die Schlange hat mich verführt, und so habe ich gegessen.

14 Da sprach Gott, der Herr, zur Schlange:

Weil du das getan hast, bist du verflucht / unter allem Vieh und allen Tieren des Feldes. / Auf dem Bauch sollst du kriechen / und Staub fressen alle Tage deines Lebens.

15 Feindschaft setze ich zwischen dich und die Frau, / zwischen deinen Nachwuchs und ihren Nachwuchs. / Er trifft dich am Kopf, / und du triffst ihn an der Ferse.

16 Zur Frau sprach er:

Viel Mühsal bereite ich dir, sooft du schwanger wirst. / Unter Schmerzen gebierst du Kinder. / Du hast Verlangen nach deinem Mann; / er aber wird über dich herrschen.

17 Zu Adam sprach er: Weil du auf deine Frau gehört und von dem Baum gegessen hast, von dem zu essen ich dir verboten hatte:

So ist verflucht der Ackerboden deinetwegen. / Unter Mühsal wirst du von ihm essen / alle Tage deines Lebens.

18 Dornen und Disteln läßt er dir wachsen, / und die Pflanzen des Feldes mußt du essen.

19 Im Schweiße deines Angesichts / sollst du dein Brot essen, / bis du zurückkehrst zum Ackerboden; / von ihm bist du ja genommen. / Denn Staub bist du, zum Staub mußt du zurück.

20 Adam nannte seine Frau Eva (Leben), denn sie wurde die Mutter aller Lebendigen. 21 Gott, der Herr, machte Adam und seiner Frau Röcke aus Fellen und bekleidete sie damit. 22 Dann sprach Gott, der Herr: Seht, der Mensch ist geworden wie wir; er erkennt Gut und Böse. Daß er jetzt nicht die Hand ausstreckt, auch vom Baum des Lebens nimmt, davon ißt und ewig lebt! 23 Gott, der Herr, schickte ihn aus dem Garten von Eden weg, damit er den Ackerboden bestellte, von dem er genommen war. 24 Er vertrieb den Menschen und stellte östlich des Gartens von Eden die Kerubim auf und das lodernde Flammenschwert, damit sie den Weg zum Baum des Lebens bewachten.

Kain und Abel

4 Adam erkannte Eva, seine Frau; sie wurde schwanger und gebar Kain. Da sagte sie: Ich habe einen Mann vom Herrn erworben. 2 Sie gebar ein zweites Mal, nämlich Abel, seinen Bruder. Abel wurde Schafhirt und Kain Ackerbauer.

3 Nach einiger Zeit brachte Kain dem Herrn ein Opfer von den Früchten des Feldes dar; 4 auch Abel brachte eines dar von den Erstlingen seiner Herde und von ihrem Fett. Der Herr schaute auf Abel und sein Opfer, 5 aber auf Kain und sein Opfer schaute er nicht. Da überlief es Kain ganz heiß, und sein Blick senkte sich. 6 Der Herr sprach zu Kain: Warum überläuft es dich heiß, und warum senkt sich dein Blick?

7 Nicht wahr, wenn du recht tust, darfst du aufblicken; wenn du nicht recht tust, lauert an der Tür die Sünde als Dämon.

Auf dich hat er es abgesehen, / doch du werde Herr über ihn!

8 Hierauf sagte Kain zu seinem Bruder Abel: Gehen wir aufs Feld! Als sie auf dem Feld waren, griff Kain seinen Bruder Abel an und erschlug ihn. 9 Da sprach der Herr zu Kain: Wo ist dein Bruder Abel? Er entgegnete: Ich weiß es nicht. Bin ich der Hüter meines Bruders? 10 Der Herr sprach: Was hast du getan? Das Blut deines Bruders schreit zu mir vom Ackerboden. 11 So bist du verflucht, verbannt vom Ackerboden, der seinen Mund aufgesperrt hat, um aus deiner Hand das Blut deines Bruders aufzunehmen. 12 Wenn du den Ackerboden bestellst, wird er dir keinen Ertrag mehr bringen. Rastlos und ruhelos wirst du auf der Erde sein. 13 Kain antwortete dem Herrn: Zu groß ist meine Schuld, als daß ich sie tragen könnte. 14 Du hast mich heute vom Ackerland verjagt, und ich muß mich vor deinem Angesicht verbergen; rastlos und ruhelos werde ich auf der Erde sein, und wer mich findet, wird mich erschlagen. 15 Der Herr aber sprach zu ihm: Darum soll jeder, der Kain erschlägt, siebenfacher Rache verfallen. Darauf machte der

Herr dem Kain ein Zeichen, damit ihn keiner
erschlage, der ihn finde. 16 Dann ging Kain vom
Herrn weg und ließ sich im Land Nod nieder, öst-
lich von Eden.

Die Nachkommen Kains

17 Kain erkannte seine Frau; sie wurde schwanger
und gebar Henoch. Kain wurde Gründer einer
Stadt und benannte sie nach seinem Sohn He-
noch. 18 Dem Henoch wurde Irad geboren; Irad
zeugte Mehujaël, Mehujaël zeugte Metuschaël,
und Metuschaël zeugte Lamech.
19 Lamech nahm sich zwei Frauen; die eine hieß
Ada, die andere Zilla. 20 Ada gebar Jabal; er wur-
de der Stammvater derer, die in Zelten und
beim Vieh wohnen. 21 Sein Bruder hieß Jubal; er
wurde der Stammvater aller Zither- und Flöten-
spieler. 22 Auch Zilla gebar, und zwar Tubal-Kajin,
der die Geräte aller Erz- und Eisenhandwerker
schmiedete. Die Schwester Tubal-Kajins war
Naama.
23 Lamech sagte zu seinen Frauen:
Ada und Zilla, hört auf meine Stimme, / ihr
Frauen Lamechs, lauscht meiner Rede! / Ja, einen
Mann erschlage ich für eine Wunde / und einen
Knaben für eine Strieme.
24 Wird Kain siebenfach gerächt, / dann Lamech
siebenundsiebzigfach.

Die Nachkommen Sets

25 Adam erkannte noch einmal seine Frau. Sie
gebar einen Sohn und nannte ihn Set (Setzling);
denn sie sagte:
Gott setzte mir anderen Nachwuchs ein / für
Abel, weil ihn Kain erschlug.
26 Auch dem Set wurde ein Sohn geboren, und
er nannte ihn Enosch. Damals begann man den
Namen des Herrn anzurufen.

5 Das ist die Liste der Geschlechterfolge nach
Adam: Am Tag, da Gott den Menschen er-
schuf, machte er ihn Gott ähnlich. 2 Als Mann und
Frau erschuf er sie, er segnete sie und nann-te sie
Mensch an dem Tag, da sie erschaffen wurden.
3 Adam war hundertdreißig Jahre alt, da zeugte
er einen Sohn, der ihm ähnlich war, wie sein Ab-
bild, und nannte ihn Set. 4 Nach der Geburt Sets
lebte Adam noch achthundert Jahre und zeugte
Söhne und Töchter. 5 Die gesamte Lebenszeit
Adams betrug neunhundertdreißig Jahre, dann
starb er.
6 Set war hundertfünf Jahre alt, da zeugte er
Enosch. 7 Nach der Geburt des Enosch lebte Set
noch achthundertsieben Jahre und zeugte Söhne
und Töchter. 8 Die gesamte Lebenszeit Sets betrug
neunhundertzwölf Jahre, dann starb er.
9 Enosch war neunzig Jahre alt, da zeugte er
Kenan. 10 Nach der Geburt Kenans lebte Enosch
noch achthundertfünfzehn Jahre und zeugte
Söhne und Töchter. 11 Die gesamte Lebenszeit des
Enosch betrug neunhundertfünf Jahre, dann starb
er.
12 Kenan war siebzig Jahre alt, da zeugte er
Mahalalel. 13 Nach der Geburt Mahalalels lebte
Kenan noch achthundertvierzig Jahre und zeugte
Söhne und Töchter. 14 Die gesamte Lebenszeit
Kenans betrug neunhundertzehn Jahre, dann
starb er.
15 Mahalalel war fünfundsechzig Jahre alt, da
zeugte er Jered. 16 Nach der Geburt Jereds lebte
Mahalalel noch achthundertdreißig Jahre und
zeugte Söhne und Töchter. 17 Die gesamte Le-
benszeit Mahalalels betrug achthundertfünfund-
neunzig Jahre, dann starb er.
18 Jered war hundertzweiundsechzig Jahre alt, da
zeugte er Henoch. 19 Nach der Geburt Henochs
lebte Jered noch achthundert Jahre und zeugte
Söhne und Töchter. 20 Die gesamte Lebenszeit Je-
reds betrug neunhundertzweiundsechzig Jahre,
dann starb er.
21 Henoch war fünfundsechzig Jahre alt, da
zeugte er Metuschelach. 22 Nach der Geburt Me-
tuschelachs ging Henoch seinen Weg mit Gott
noch dreihundert Jahre lang und zeugte Söhne
und Töchter. 23 Die gesamte Lebenszeit Henochs
betrug dreihundertfünfundsechzig Jahre. 24 He-
noch war seinen Weg mit Gott gegangen, dann
war er nicht mehr da; denn Gott hatte ihn aufge-
nommen.
25 Metuschelach war hundertsiebenundachtzig
Jahre alt, da zeugte er Lamech. 26 Nach der Geburt
Lamechs lebte Metuschelach noch siebenhun-
dertzweiundachtzig Jahre und zeugte Söhne und
Töchter. 27 Die gesamte Lebenszeit Metusche-
lachs betrug neunhundertneunundsechzig Jahre,
dann starb er.
28 Lamech war hundertzweiundachtzig Jahre alt,
da zeugte er einen Sohn 29 und nannte ihn Noach
(Ruhe). Dabei sagte er: Er wird uns aufatmen las-
sen von unserer Arbeit und von der Mühe un-
serer Hände um den Ackerboden, den der Herr

verflucht hat. 30 Nach der Geburt Noachs lebte
Lamech noch fünfhundertfünfundneunzig Jahre
und zeugte Söhne und Töchter. 31 Die gesamte Le-
benszeit Lamechs betrug siebenhundertsieben-
undsiebzig Jahre, dann starb er.
32 Noach zeugte im Alter von fünfhundert Jahren
Sem, Ham und Jafet.

Noach und die Sintflut: 6,1–9,29

Die Bosheit der Menschen

6 Als sich die Menschen über die Erde hin zu
vermehren begannen und ihnen Töchter ge-
boren wurden, 2 sahen die Gottessöhne, wie
schön die Menschentöchter waren, und sie nah-
men sich von ihnen Frauen, wie es ihnen gefiel.
3 Da sprach der Herr: Mein Geist soll nicht für im-
mer im Menschen bleiben, weil er auch Fleisch
ist; daher soll seine Lebenszeit hundertzwanzig
Jahre betragen. 4 In jenen Tagen gab es auf der
Erde die Riesen, und auch später noch, nachdem
sich die Gottessöhne mit den Menschentöchtern
eingelassen und diese ihnen Kinder geboren hat-
ten. Das sind die Helden der Vorzeit, die berühm-
ten Männer.
5 Der Herr sah, daß auf der Erde die Schlechtig-
keit des Menschen zunahm und daß alles Sinnen
und Trachten seines Herzens immer nur böse
war. 6 Da reute es den Herrn, auf der Erde den
Menschen gemacht zu haben, und es tat seinem
Herzen weh. 7 Der Herr sagte: Ich will den Men-
schen, den ich erschaffen habe, vom Erdboden
vertilgen, mit ihm auch das Vieh, die Kriechtiere
und die Vögel des Himmels, denn es reut mich,
sie gemacht zu haben. 8 Nur Noach fand Gnade in
den Augen des Herrn.

Gottes Sorge um Noach

9 Das ist die Geschlechterfolge nach Noach:
Noach war ein gerechter, untadeliger Mann unter
seinen Zeitgenossen; er ging seinen Weg mit Gott.
10 Noach zeugte drei Söhne, Sem, Ham und Jafet.
11 Die Erde aber war in Gottes Augen verdorben,
sie war voller Gewalttat. 12 Gott sah sich die Erde
an: Sie war verdorben; denn alle Wesen aus
Fleisch auf der Erde lebten verdorben.
13 Da sprach Gott zu Noach: Ich sehe, das Ende
aller Wesen aus Fleisch ist da; denn durch sie ist
die Erde voller Gewalttat. Nun will ich sie zu-
gleich mit der Erde verderben. 14 Mach dir eine Ar-
che aus Zypressenholz! Statte sie mit Kammern
aus, und dichte sie innen und außen mit Pech ab!
15 So sollst du die Arche bauen: Dreihundert Ellen
lang, fünfzig Ellen breit und dreißig Ellen hoch soll
sie sein. 16 Mach der Arche ein Dach, und hebe es
genau um eine Elle nach oben an! Den Eingang
der Arche bring an der Seite an! Richte ein unte-
res, ein zweites und ein drittes Stockwerk ein!
17 Ich will nämlich die Flut über die Erde bringen,
um alle Wesen aus Fleisch unter dem Himmel, al-
les, was Lebensgeist in sich hat, zu verderben. Al-
les auf Erden soll verenden. 18 Mit dir aber schließe
ich meinen Bund. Geh in die Arche, du, deine
Söhne, deine Frau und die Frauen deiner Söhne!
19 Von allem, was lebt, von allen Wesen aus
Fleisch, führe je zwei in die Arche, damit sie mit
dir am Leben bleiben; je ein Männchen und ein
Weibchen sollen es sein. 20 Von allen Arten der Vö-
gel, von allen Arten des Viehs, von allen Arten
der Kriechtiere auf dem Erdboden sollen je zwei
zu dir kommen, damit sie am Leben bleiben.
21 Nimm dir von allem Eßbaren mit, und leg dir ei-
nen Vorrat an! Dir und ihnen soll es zur Nahrung
dienen. 22 Noach tat alles genau so, wie ihm Gott
aufgetragen hatte.

7 Darauf sprach der Herr zu Noach: Geh in die
Arche, du und dein ganzes Haus, denn ich
habe gesehen, daß du unter deinen Zeitgenossen
vor mir gerecht bist. 2 Von allen reinen Tieren
nimm dir je sieben Paare mit, und von allen un-
reinen Tieren je ein Paar, 3 auch von den Vögeln
des Himmels je sieben Männchen und Weibchen,
um Nachwuchs auf der ganzen Erde am Leben zu
erhalten. 4 Denn noch sieben Tage dauert es, dann
lasse ich es vierzig Tage und vierzig Nächte lang
auf die Erde regnen und tilge vom Erdboden alle
Wesen, die ich gemacht habe. 5 Noach tat alles,
was ihm der Herr aufgetragen hatte. 6 Noach war
sechshundert Jahre alt, als die Flut über die Erde
kam.
7 Noach ging also mit seinen Söhnen, seiner Frau
und den Frauen seiner Söhne in die Arche, bevor
das Wasser der Flut kam. 8 Von den reinen und un-
reinen Tieren, von den Vögeln und allem, was
sich auf dem Erdboden regt, 9 kamen immer zwei
zu Noach in die Arche, Männchen und Weib-
chen, wie Gott dem Noach aufgetragen hatte.
10 Als die sieben Tage vorbei waren, kam das Was-
ser der Flut über die Erde, 11 im sechshundertsten
Lebensjahr Noachs, am siebzehnten Tag des

zweiten Monats. An diesem Tag brachen alle Quellen der gewaltigen Urflut auf, und die Schleusen des Himmels öffneten sich. 12 Der Regen ergoß sich vierzig Tage und vierzig Nächte lang auf die Erde.

13 Genau an jenem Tag waren Noach, die Söhne Noachs, Sem, Ham und Jafet, Noachs Frau und mit ihnen die drei Frauen seiner Söhne in die Arche gegangen, 14 sie und alle Arten der Tiere, alle Arten des Viehs und alle Arten der Kriechtiere, die sich auf der Erde regen, und alle Arten der Vögel, des fliegenden Getiers. 15 Sie waren zu Noach in die Arche gekommen, immer zwei von allen Wesen aus Fleisch, in denen Lebensgeist ist. 16 Von allen Tieren waren Männchen und Weibchen gekommen, wie Gott ihm aufgetragen hatte. Dann schloß der Herr hinter ihm zu.

Die große Flut

17 Die Flut auf der Erde dauerte vierzig Tage. Das Wasser stieg und hob die Arche immer höher über die Erde. 18 Das Wasser schwoll an und stieg immer mehr auf der Erde, die Arche aber trieb auf dem Wasser dahin. 19 Das Wasser war auf der Erde gewaltig angeschwollen und bedeckte alle hohen Berge, die es unter dem ganzen Himmel gibt. 20 Das Wasser war fünfzehn Ellen über die Berge hinaus angeschwollen und hatte sie zugedeckt. 21 Da verendeten alle Wesen aus Fleisch, die sich auf der Erde geregt hatten, Vögel, Vieh und sonstige Tiere, alles, wovon die Erde gewimmelt hatte, und auch alle Menschen. 22 Alles, was auf der Erde durch die Nase Lebensgeist atmete, kam um. 23 Gott vertilgte also alle Wesen auf dem Erdboden, Menschen, Vieh, Kriechtiere und die Vögel des Himmels; sie alle wurden vom Erdboden vertilgt. Übrig blieb nur Noach und was mit ihm in der Arche war. 24 Das Wasser aber schwoll hundertfünfzig Tage lang auf der Erde an.

8 Da dachte Gott an Noach und an alle Tiere und an alles Vieh, das bei ihm in der Arche war. Gott ließ einen Wind über die Erde wehen, und das Wasser sank. 2 Die Quellen der Urflut und die Schleusen des Himmels schlossen sich; der Regen vom Himmel ließ nach, 3 und das Wasser verlief sich allmählich von der Erde. So nahm das Wasser nach hundertfünfzig Tagen ab. 4 Am siebzehnten Tag des siebten Monats setzte die Arche im Gebirge Ararat auf. 5 Das Wasser nahm immer mehr ab, bis zum zehnten Monat. Am ersten Tag des zehnten Monats wurden die Berggipfel sichtbar.

6 Nach vierzig Tagen öffnete Noach das Fenster der Arche, das er gemacht hatte, 7 und ließ einen Raben hinaus. Der flog aus und ein, bis das Wasser auf der Erde vertrocknet war. 8 Dann ließ er eine Taube hinaus, um zu sehen, ob das Wasser auf der Erde abgenommen habe. 9 Die Taube fand keinen Halt für ihre Füße und kehrte zu ihm in die Arche zurück, weil über der ganzen Erde noch Wasser stand. Er streckte seine Hand aus und nahm die Taube wieder zu sich in die Arche. 10 Dann wartete er noch weitere sieben Tage und ließ wieder die Taube aus der Arche. 11 Gegen Abend kam die Taube zu ihm zurück, und siehe da: In ihrem Schnabel hatte sie einen frischen Olivenzweig. Jetzt wußte Noach, daß nur noch wenig Wasser auf der Erde stand. 12 Er wartete weitere sieben Tage und ließ die Taube noch einmal hinaus. Nun kehrte sie nicht mehr zu ihm zurück.

13 Im sechshundertersten Jahr Noachs, am ersten Tag des ersten Monats, hatte sich das Wasser verlaufen. Da entfernte Noach das Verdeck der Arche, blickte hinaus, und siehe: Die Erdoberfläche war trocken. 14 Am siebenundzwanzigsten Tag des zweiten Monats war die Erde trocken. 15 Da sprach Gott zu Noach: 16 Komm heraus aus der Arche, du, deine Frau, deine Söhne und die Frauen deiner Söhne! 17 Bring mit dir alle Tiere heraus, alle Wesen aus Fleisch, die Vögel, das Vieh und alle Kriechtiere, die sich auf der Erde regen. Auf der Erde soll es von ihnen wimmeln; sie sollen fruchtbar sein und sich auf der Erde vermehren. 18 Da kam Noach heraus, er, seine Söhne, seine Frau und die Frauen seiner Söhne. 19 Auch alle Tiere kamen, nach Gattungen geordnet, aus der Arche, die Kriechtiere, die Vögel, alles, was sich auf der Erde regt.

20 Dann baute Noach dem Herrn einen Altar, nahm von allen reinen Tieren und von allen reinen Vögeln und brachte auf dem Altar Brandopfer dar. 21 Der Herr roch den beruhigenden Duft, und der Herr sprach bei sich: Ich will die Erde wegen des Menschen nicht noch einmal verfluchen; denn das Trachten des Menschen ist böse von Jugend an. Ich will künftig nicht mehr alles Lebendige vernichten, wie ich es getan habe.

22 Solange die Erde besteht, / sollen nicht aufhören / Aussaat und Ernte, Kälte und Hitze, / Sommer und Winter, Tag und Nacht.

Gottes Bund mit Noach

9 Dann segnete Gott Noach und seine Söhne
und sprach zu ihnen: Seid fruchtbar, ver-
mehrt euch, und bevölkert die Erde! 2 Furcht und
Schrecken vor euch soll sich auf alle Tiere der
Erde legen, auf alle Vögel des Himmels, auf alles,
was sich auf der Erde regt, und auf alle Fische des
Meeres; euch sind sie übergeben. 3 Alles Leben-
dige, das sich regt, soll euch zur Nahrung dienen.
Alles übergebe ich euch wie die grünen Pflanzen.
4 Nur Fleisch, in dem noch Blut ist, dürft ihr nicht
essen. 5 Wenn aber euer Blut vergossen wird, for-
dere ich Rechenschaft, und zwar für das Blut ei-
nes jeden von euch. Von jedem Tier fordere ich
Rechenschaft und vom Menschen. Für das Leben
des Menschen fordere ich Rechenschaft von je-
dem seiner Brüder. 6 Wer Menschenblut vergießt,
dessen Blut wird durch Menschen vergossen.
Denn: Als Abbild Gottes hat er den Menschen ge-
macht. 7 Seid fruchtbar, und vermehrt euch; be-
völkert die Erde, und vermehrt euch auf ihr!
8 Dann sprach Gott zu Noach und seinen Söh-
nen, die bei ihm waren: 9 Hiermit schließe ich
meinen Bund mit euch und mit euren Nachkom-
men 10 und mit allen Lebewesen bei euch, mit den
Vögeln, dem Vieh und allen Tieren des Feldes,
mit allen Tieren der Erde, die mit euch aus der Ar-
che gekommen sind. 11 Ich habe meinen Bund mit
euch geschlossen: Nie wieder sollen alle Wesen
aus Fleisch vom Wasser der Flut ausgerottet wer-
den; nie wieder soll eine Flut kommen und die
Erde verderben. 12 Und Gott sprach: Das ist das
Zeichen des Bundes, den ich stifte zwischen mir
und euch und den lebendigen Wesen bei euch für
alle kommenden Generationen: 13 Meinen Bogen
setze ich in die Wolken; er soll das Bundeszeichen
sein zwischen mir und der Erde. 14 Balle ich Wol-
ken über der Erde zusammen und erscheint der
Bogen in den Wolken, 15 dann gedenke ich des
Bundes, der besteht zwischen mir und euch und
allen Lebewesen, allen Wesen aus Fleisch, und
das Wasser wird nie wieder zur Flut werden, die
alle Wesen aus Fleisch vernichtet. 16 Steht der Bo-
gen in den Wolken, so werde ich auf ihn sehen
und des ewigen Bundes gedenken zwischen Gott
und allen lebenden Wesen, allen Wesen aus
Fleisch auf der Erde. 17 Und Gott sprach zu Noach:
Das ist das Zeichen des Bundes, den ich zwischen
mir und allen Wesen aus Fleisch auf der Erde ge-
schlossen habe.

Noachs Fluch und Segen

18 Die Söhne Noachs, die aus der Arche gekom-
men waren, sind Sem, Ham und Jafet. Ham ist der
Vater Kanaans. 19 Diese drei sind die Söhne No-
achs; von ihnen stammen alle Völker der Erde ab.
20 Noach wurde der erste Ackerbauer und pflanzte
einen Weinberg. 21 Er trank von dem Wein, wurde
davon betrunken und lag entblößt in seinem Zelt.
22 Ham, der Vater Kanaans, sah die Blöße seines
Vaters und erzählte davon draußen seinen Brü-
dern. 23 Da nahmen Sem und Jafet einen Über-
wurf; den legten sich beide auf die Schultern, gin-
gen rückwärts und bedeckten die Blöße ihres
Vaters. Sie hatten ihr Gesicht abgewandt und
konnten die Blöße des Vaters nicht sehen. 24 Als
Noach aus seinem Rausch erwachte und erfuhr,
was ihm sein zweiter Sohn angetan hatte, 25 sagte
er:

Verflucht sei Kanaan. / Der niedrigste Knecht sei
er seinen Brüdern.

26 Und weiter sagte er:

Gepriesen sei der Herr, der Gott Sems, / Kanaan
aber sei sein Knecht.

27 Raum schaffe Gott für Jafet. / In Sems Zelten
wohne er, / Kanaan aber sei sein Knecht.

28 Noach lebte nach der Flut noch dreihundert-
fünfzig Jahre. 29 Die gesamte Lebenszeit Noachs
betrug neunhundertfünfzig Jahre, dann starb er.

Die Nachkommen Noachs – Völkertafel

10 Das ist die Geschlechterfolge nach den
Söhnen Noachs, Sem, Ham und Jafet. Ih-
nen wurden nach der Flut Söhne geboren.
2 Die Söhne Jafets sind Gomer, Magog, Madai, Ja-
wan, Tubal, Meschech und Tiras. 3 Die Söhne Go-
mers sind Aschkenas, Rifat und Togarma. 4 Die
Söhne Jawans sind Elischa, Tarschisch, die Kittäer
und die Rodaniter. 5 Von ihnen zweigten sich die
Inselvölker in ihren verschiedenen Ländern ab,
jedes nach seiner Sprache und seinen Sippenver-
bänden in ihren Völkerschaften.
6 Die Söhne Hams sind Kusch, Ägypten, Put und
Kanaan. 7 Die Söhne von Kusch sind Seba, Hawila,
Sabta, Ragma und Sabtecha, und die Söhne Rag-
mas sind Saba und Dedan. 8 Kusch zeugte Nim-
rod; dieser wurde der erste Held auf der Erde. 9 Er
war ein tüchtiger Jäger vor dem Herrn. Des-
halb pflegt man zu sagen: Ein tüchtiger Jäger
vor dem Herrn wie Nimrod. 10 Kerngebiet sei-
nes Reiches war Babel, Erech, Akkad und Kalne

im Land Schinar. [11] Von diesem Land zog er
nach Assur aus und erbaute Ninive, Rehobot-
Ir, Kelach [12] sowie Resen, zwischen Ninive und
Kelach, das ist die große Stadt. [13] Ägypten zeugte
die Luditer, die Anamiter, die Lehabiter, die
Naftuhiter, [14] die Patrositer und die Kasluhiter, von
denen die Philister abstammen, ferner die Kafto-
riter. [15] Kanaan zeugte Sidon, seinen Erstgebore-
nen, und Het, [16] ferner die Jebusiter, die Amoriter,
die Girgaschiter, [17] die Hiwiter, die Arkiter, die
Siniter, [18] die Arwaditer, die Zemariter und die Ha-
matiter. Später spalteten sich die Sippenverbände
der Kanaaniter. [19] Das Gebiet der Kanaaniter
reichte von Sidon, wenn man über Gerar kommt,
bis Gaza, wenn man über Sodom, Gomorra,
Adma und Zebojim kommt, bis Lescha. [20] Das wa-
ren die Söhne Hams nach ihren Sippenverbän-
den, nach ihren Sprachen in ihren Ländern und
Völkerschaften.

[21] Auch Sem wurden Kinder geboren. Er ist der
Stammvater aller Söhne Ebers, der ältere Bruder
Jafets. [22] Die Söhne Sems sind Elam, Assur, Ar-
pachschad, Lud und Aram. [23] Die Söhne Arams
sind Uz, Hul, Geter und Masch. [24] Arpachschad
zeugte Schelach, Schelach zeugte Eber. [25] Dem
Eber wurden zwei Söhne geboren; der eine hieß
Peleg (Teilung), denn zu seiner Zeit wurde das
Land geteilt, und sein Bruder hieß Joktan. [26] Joktan
zeugte Almodad, Schelef, Hazarmawet, Jerach,
[27] Hadoram, Usal, Dikla, [28] Obal, Abimaël, Scheba,
[29] Ofir, Hawila und Jobab. Das alles sind Söhne
Joktans. [30] Ihr Siedlungsgebiet reichte von Me-
scha, wenn man über Sefar kommt, bis ans Ost-
gebirge. [31] Das waren die Söhne Sems nach ihren
Sippenverbänden, nach ihren Sprachen in ihren
Ländern, nach ihren Völkern.

[32] Das waren die Sippenverbände der Söhne No-
achs nach ihrer Geschlechterfolge in ihren Völ-
kern. Von ihnen zweigten sich nach der Flut die
Völker der Erde ab.

Der Turmbau zu Babel

11 Alle Menschen hatten die gleiche Spra-
che und gebrauchten die gleichen Worte.
[2] Als sie von Osten aufbrachen, fanden sie eine
Ebene im Land Schinar und siedelten sich dort an.
[3] Sie sagten zueinander: Auf, formen wir Lehm-
ziegel, und brennen wir sie zu Backsteinen. So
dienten ihnen gebrannte Ziegel als Steine und
Erdpech als Mörtel. [4] Dann sagten sie: Auf, bauen
wir uns eine Stadt und einen Turm mit einer
Spitze bis zum Himmel, und machen wir uns da-
mit einen Namen, dann werden wir uns nicht
über die ganze Erde zerstreuen. [5] Da stieg der Herr
herab, um sich Stadt und Turm anzusehen, die die
Menschenkinder bauten. [6] Er sprach: Seht nur,
ein Volk sind sie, und eine Sprache haben sie alle.
Und das ist erst der Anfang ihres Tuns. Jetzt wird
ihnen nichts mehr unerreichbar sein, was sie sich
auch vornehmen. [7] Auf, steigen wir hinab, und
verwirren wir dort ihre Sprache, so daß keiner
mehr die Sprache des anderen versteht. [8] Der Herr
zerstreute sie von dort aus über die ganze Erde,
und sie hörten auf, an der Stadt zu bauen. [9] Darum
nannte man die Stadt Babel (Wirrsal), denn dort
hat der Herr die Sprache aller Welt verwirrt, und
von dort aus hat er die Menschen über die ganze
Erde zerstreut.

Die Erzväter: 11,10–36,43

Die Vorfahren Abrahams

[10] Das ist die Geschlechterfolge nach Sem: Sem
zeugte im Alter von hundert Jahren Arpachschad,
zwei Jahre nach der Flut. [11] Nach der Geburt Ar-
pachschads lebte Sem noch fünfhundert Jahre
und zeugte Söhne und Töchter.

[12] Arpachschad zeugte mit fünfunddreißig Jahren
Schelach. [13] Nach der Geburt Schelachs lebte
Arpachschad noch vierhundertdrei Jahre und
zeugte Söhne und Töchter.

[14] Schelach zeugte mit dreißig Jahren Eber.
[15] Nach der Geburt Ebers lebte Schelach noch
vierhundertdrei Jahre und zeugte Söhne und
Töchter.

[16] Eber war vierunddreißig Jahre alt, da zeugte er
Peleg. [17] Nach der Geburt Pelegs lebte Eber noch
vierhundertdreißig Jahre und zeugte Söhne und
Töchter.

[18] Peleg war dreißig Jahre alt, da zeugte er Regu.
[19] Nach der Geburt Regus lebte Peleg noch zwei-

hundertneun Jahre und zeugte Söhne und Töch-
ter.
[20] Regu war zweiunddreißig Jahre alt, da zeugte
er Serug. [21] Nach der Geburt Serugs lebte Regu
noch zweihundertsieben Jahre und zeugte Söhne
und Töchter.
[22] Serug war dreißig Jahre alt, da zeugte er Nahor.
[23] Nach der Geburt Nahors lebte Serug noch zwei-
hundert Jahre und zeugte Söhne und Töchter.
[24] Nahor war neunundzwanzig Jahre alt, da
zeugte er Terach. [25] Nach der Geburt Terachs lebte
Nahor noch hundertneunzehn Jahre und zeugte
Söhne und Töchter.
[26] Terach war siebzig Jahre alt, da zeugte er
Abram, Nahor und Haran.
[27] Das ist die Geschlechterfolge nach Terach:
Terach zeugte Abram, Nahor und Haran; Haran
zeugte Lot. [28] Dann starb Haran, noch vor seinem
Vater Terach, in seiner Heimat Ur in Chaldäa.
[29] Abram und Nahor nahmen sich Frauen; die Frau
Abrams hieß Sarai, und die Frau Nahors hieß
Milka; sie war die Tochter Harans, des Vaters der
Milka und der Jiska. [30] Sarai war unfruchtbar, sie
hatte keine Kinder. [31] Terach nahm seinen Sohn Ab-
ram, seinen Enkel Lot, den Sohn Harans, und seine
Schwiegertochter Sarai, die Frau seines Sohnes
Abram, und sie wanderten miteinander aus Ur in
Chaldäa aus, um in das Land Kanaan zu ziehen.
Als sie aber nach Haran kamen, siedelten sie sich
dort an. [32] Die Lebenszeit Terachs betrug zweihun-
dertfünf Jahre, dann starb Terach in Haran.

Abrahams Berufung und Wanderung nach Kanaan

12 Der Herr sprach zu Abram: Zieh weg aus
deinem Land, von deiner Verwandtschaft
und aus deinem Vaterhaus in das Land, das ich dir
zeigen werde. [2] Ich werde dich zu einem großen
Volk machen, dich segnen und deinen Namen
groß machen. Ein Segen sollst du sein. [3] Ich will
segnen, die dich segnen; wer dich verwünscht,
den will ich verfluchen. Durch dich sollen alle Ge-
schlechter der Erde Segen erlangen.
[4] Da zog Abram weg, wie der Herr ihm gesagt
hatte, und mit ihm ging auch Lot. Abram war fün-
fundsiebzig Jahre alt, als er aus Haran fortzog.
[5] Abram nahm seine Frau Sarai mit, seinen Neffen
Lot und alle ihre Habe, die sie erworben hatten,
und die Knechte und Mägde, die sie in Haran ge-
wonnen hatten. Sie wanderten nach Kanaan aus
und kamen dort an.
[6] Abram zog durch das Land bis zur Stätte von Si-
chem, bis zur Orakeleiche. Die Kanaaniter waren
damals im Land. [7] Der Herr erschien Abram und
sprach: Deinen Nachkommen gebe ich dieses
Land. Dort baute er dem Herrn, der ihm erschie-
nen war, einen Altar. [8] Von da brach er auf zum
Bergland östlich von Bet-El und schlug sein Zelt so
auf, daß er Bet-El im Westen und Ai im Osten
hatte. Dort baute er dem Herrn einen Altar und
rief den Namen des Herrn an. [9] Dann zog Abram
immer weiter, dem Negeb zu.

Abraham und Sara in Ägypten

[10] Als über das Land eine Hungersnot kam, zog
Abram nach Ägypten hinab, um dort zu bleiben;
denn die Hungersnot lastete schwer auf dem
Land. [11] Als er sich Ägypten näherte, sagte er zu
seiner Frau Sarai: Ich weiß, du bist eine schöne
Frau. [12] Wenn dich die Ägypter sehen, werden sie
sagen: Das ist seine Frau!, und sie werden mich
erschlagen, dich aber am Leben lassen. [13] Sag
doch, du seiest meine Schwester, damit es mir
deinetwegen gut geht und ich um deinetwillen
am Leben bleibe. [14] Als Abram nach Ägypten kam,
sahen die Ägypter, daß die Frau sehr schön war.
[15] Die Beamten des Pharao sahen sie und rühmten
sie vor dem Pharao. Da holte man die Frau in den
Palast des Pharao. [16] Er behandelte Abram ihret-
wegen gut: Abram bekam Schafe und Ziegen,
Rinder und Esel, Knechte und Mägde, Eselinnen
und Kamele. [17] Als aber der Herr wegen Sarai, der
Frau Abrams, den Pharao und sein Haus mit
schweren Plagen schlug, [18] ließ der Pharao Abram
rufen und sagte: Was hast du mir da angetan?
Warum hast du mir nicht gesagt, daß sie deine
Frau ist? [19] Warum hast du behauptet, sie sei deine
Schwester, so daß ich sie mir zur Frau nahm?
Nun, da hast du deine Frau wieder, nimm sie, und
geh! [20] Dann ordnete der Pharao seinetwegen
Leute ab, die ihn, seine Frau und alles, was ihm
gehörte, fortgeleiten sollten.

Abraham und Lot

13 Von Ägypten zog Abram in den Negeb
hinauf, er und seine Frau mit allem, was
ihm gehörte, und mit ihm auch Lot. [2] Abram hatte
einen sehr ansehnlichen Besitz an Vieh, Silber
und Gold. [3] Er wanderte von einem Lagerplatz
zum andern weiter, vom Negeb bis nach Bet-El,
bis zu dem Ort, an dem anfangs sein Zelt gestan-

den hatte, zwischen Bet-El und Ai, 4 dem Ort, wo
er früher den Altar erbaut hatte. Dort rief Abram
den Namen des Herrn an.
5 Auch Lot, der mit Abram gezogen war, besaß
Schafe und Ziegen, Rinder und Zelte. 6 Das Land
war aber zu klein, als daß sich beide nebeneinan-
der hätten ansiedeln können; denn ihr Besitz war
zu groß, und so konnten sie sich nicht miteinander
niederlassen. 7 Zwischen den Hirten Abrams und
den Hirten Lots kam es zum Streit; auch siedelten
damals noch die Kanaaniter und die Perisiter im
Land. 8 Da sagte Abram zu Lot: Zwischen mir und
dir, zwischen meinen und deinen Hirten soll es
keinen Streit geben; wir sind doch Brüder. 9 Liegt
nicht das ganze Land vor dir? Trenn dich also von
mir! Wenn du nach links willst, gehe ich nach
rechts; wenn du nach rechts willst, gehe ich nach
links. 10 Lot blickte auf und sah, daß die ganze Jor-
dangegend bewässert war. Bevor der Herr Sodom
und Gomorra vernichtete, war sie bis Zoar hin wie
der Garten des Herrn, wie das Land Ägypten. 11 Da
wählte sich Lot die ganze Jordangegend aus. Lot
brach nach Osten auf, und sie trennten sich von-
einander. 12 Abram ließ sich in Kanaan nieder,
während Lot sich in den Städten jener Gegend nie-
derließ und seine Zelte bis Sodom hin aufschlug.
13 Die Leute von Sodom aber waren sehr böse und
sündigten schwer gegen den Herrn.

Gottes Verheißung an Abraham

14 Nachdem sich Lot von Abram getrennt hatte,
sprach der Herr zu Abram: Blick auf und schau
von der Stelle, an der du stehst, nach Norden
und Süden, nach Osten und Westen. 15 Das ganze
Land nämlich, das du siehst, will ich dir und
deinen Nachkommen für immer geben. 16 Ich ma-
che deine Nachkommen zahlreich wie den Staub
auf der Erde. Nur wer den Staub auf der Erde
zählen kann, wird auch deine Nachkommen
zählen können. 17 Mach dich auf, durchzieh das
Land in seiner Länge und Breite; denn dir werde
ich es geben. 18 Da zog Abram mit seinen Zelten
weiter und ließ sich bei den Eichen von Mamre
in Hebron nieder. Dort baute er dem Herrn einen
Altar.

Abraham und Melchisedek

14 Damals führten Amrafel, der König von
Schinar, Arjoch, der König von Ellasar,
Kedor-Laomer, der König von Elam, und Tidal, der
König der Völker, 2 Krieg gegen Bera, den König
von Sodom, Birscha, den König von Gomorra,
Schinab, den König von Adma, Schemeber, den
König von Zebojim, und den König von Bela, das
jetzt Zoar heißt. 3 Sie alle zogen als Verbündete in
das Siddimtal, das jetzt Salzmeer heißt. 4 Zwölf
Jahre waren sie Kedor-Laomer untertan gewesen,
im dreizehnten Jahr fielen sie von ihm ab. 5 Im
vierzehnten Jahr kamen Kedor-Laomer und die
mit ihm verbündeten Könige. Sie schlugen die
Rafaïter in Aschterot-Karnajim, die Susiter in
Ham, die Emiter in der Ebene von Kirjatajim 6 und
die Horiter in ihrem Gebirge Seïr bis nach El-Pa-
ran, das am Rande der Wüste liegt. 7 Auf dem
Rückweg kamen sie nach En-Mischpat, das jetzt
Kadesch heißt, und verwüsteten das ganze Ge-
biet der Amalekiter sowie das der Amoriter, die in
Hazezon-Tamar wohnten. 8 Der König von So-
dom, der König von Gomorra, der König von
Adma, der König von Zebojim und der König von
Bela, das jetzt Zoar heißt, zogen aus und stellten
sich ihnen im Siddimtal zum Kampf, 9 nämlich Ke-
dor-Laomer, dem König von Elam, Tidal, dem Kö-
nig der Völker, Amrafel, dem König von Schinar,
und Arjoch, dem König von Ellasar: vier Könige
gegen fünf.
10 Das Siddimtal war voller Erdpechgruben; die
Könige von Sodom und Gomorra mußten fliehen
und fielen dort hinein, die übrigen flohen ins Ge-
birge. 11 Die Feinde nahmen die ganze Habe von
Sodom und Gomorra sowie alle ihre Vorräte mit
und zogen ab. 12 Als sie abzogen, nahmen sie auch
Lot, den Neffen Abrams, und seine Habe mit; Lot
wohnte damals in Sodom.
13 Ein Flüchtling kam und berichtete es dem He-
bräer Abram; Abram wohnte bei den Eichen des
Amoriters Mamre, des Bruders Eschkols und
Aners, die seine Bundesgenossen waren. 14 Als
Abram hörte, sein Bruder sei gefangen, musterte
er seine ausgebildete Mannschaft, dreihundert-
achtzehn Mann, die alle in seinem Haus geboren
waren, und nahm die Verfolgung auf bis nach
Dan. 15 In der Nacht verteilten sie sich, er und
seine Knechte, um sie zu überfallen. Er schlug sie
und verfolgte sie bis Hoba, nördlich von Damas-
kus. 16 Er brachte die ganze Habe zurück, auch sei-
nen Bruder Lot und dessen Besitz sowie die
Frauen und die übrigen Leute. 17 Als er nach dem
Sieg über Kedor-Laomer und die mit ihm verbün-
deten Könige zurückkam, zog ihm der König von

Sodom ins Schawetal entgegen, das jetzt Königstal heißt.

18 Melchisedek, der König von Salem, brachte Brot und Wein heraus. Er war Priester des Höchsten Gottes. 19 Er segnete Abram und sagte:

Gesegnet sei Abram vom Höchsten Gott, / dem Schöpfer des Himmels und der Erde,

20 und gepriesen sei der Höchste Gott, / der deine Feinde an dich ausgeliefert hat.

Darauf gab ihm Abram den Zehnten von allem.

21 Der König von Sodom sagte zu Abram: Gib mir die Leute zurück, die Habe behalte! 22 Abram entgegnete dem König von Sodom: Ich erhebe meine Hand zum Herrn, dem Höchsten Gott, dem Schöpfer des Himmels und der Erde: 23 Keinen Faden und keinen Schuhriemen, nichts von allem, was dir gehört, will ich behalten. Du sollst nicht behaupten können: Ich habe Abram reich gemacht. 24 Nur was meine Leute verzehrt haben und was auf die Männer entfällt, die mit mir gezogen sind, auf Aner, Eschkol und Mamre, das sollen sie als ihren Anteil behalten.

Gottes Bund mit Abraham

15 Nach diesen Ereignissen erging das Wort des Herrn in einer Vision an Abram: Fürchte dich nicht, Abram, ich bin dein Schild; dein Lohn wird sehr groß sein. 2 Abram antwortete: Herr, mein Herr, was willst du mir schon geben? Ich gehe doch kinderlos dahin, und Erbe meines Hauses ist Eliëser aus Damaskus. 3 Und Abram sagte: Du hast mir ja keine Nachkommen gegeben; also wird mich mein Haussklave beerben. 4 Da erging das Wort des Herrn an ihn: Nicht er wird dich beerben, sondern dein leiblicher Sohn wird dein Erbe sein. 5 Er führte ihn hinaus und sprach: Sieh doch zum Himmel hinauf, und zähl die Sterne, wenn du sie zählen kannst. Und er sprach zu ihm: So zahlreich werden deine Nachkommen sein.

6 Abram glaubte dem Herrn, und der Herr rechnete es ihm als Gerechtigkeit an. 7 Er sprach zu ihm: Ich bin der Herr, der dich aus Ur in Chaldäa herausgeführt hat, um dir dieses Land zu eigen zu geben. 8 Da sagte Abram: Herr, mein Herr, woran soll ich erkennen, daß ich es zu eigen bekomme? 9 Der Herr antwortete ihm: Hol mir ein dreijähriges Rind, eine dreijährige Ziege, einen dreijährigen Widder, eine Turteltaube und eine Haustaube! 10 Abram brachte ihm alle diese Tiere, zerteilte sie und legte je eine Hälfte der andern gegenüber; die Vögel aber zerteilte er nicht. 11 Da stießen Raubvögel auf die Fleischstücke herab, doch Abram verscheuchte sie.

12 Bei Sonnenuntergang fiel auf Abram ein tiefer Schlaf; große, unheimliche Angst überfiel ihn. 13 Gott sprach zu Abram: Du sollst wissen: Deine Nachkommen werden als Fremde in einem Land wohnen, das ihnen nicht gehört. Sie werden dort als Sklaven dienen, und man wird sie vierhundert Jahre lang hart behandeln. 14 Aber auch über das Volk, dem sie als Sklaven dienen, werde ich Gericht halten, und nachher werden sie mit reicher Habe ausziehen. 15 Du aber wirst in Frieden zu deinen Vätern heimgehen; in hohem Alter wirst du begraben werden. 16 Erst die vierte Generation wird hierher zurückkehren; denn noch hat die Schuld der Amoriter nicht ihr volles Maß erreicht.

17 Die Sonne war untergegangen, und es war dunkel geworden. Auf einmal waren ein rauchender Ofen und eine lodernde Fackel da; sie fuhren zwischen jenen Fleischstücken hindurch. 18 An diesem Tag schloß der Herr mit Abram folgenden Bund: Deinen Nachkommen gebe ich dieses Land vom Grenzbach Ägyptens bis zum großen Strom Eufrat, 19 (das Land) der Keniter, der Kenasiter, der Kadmoniter, 20 der Hetiter, der Perisiter, der Rafaïter, 21 der Amoriter, der Kanaaniter, der Girgaschiter, der Hiwiter und der Jebusiter.

Ismaels Geburt

16 Sarai, Abrams Frau, hatte ihm keine Kinder geboren. Sie hatte aber eine ägyptische Magd namens Hagar. 2 Sarai sagte zu Abram: Der Herr hat mir Kinder versagt. Geh zu meiner Magd! Vielleicht komme ich durch sie zu einem Sohn. Abram hörte auf sie. 3 Sarai, Abrams Frau, nahm also die Ägypterin Hagar, ihre Magd – zehn Jahre, nachdem sich Abram in Kanaan niedergelassen hatte –, und gab sie ihrem Mann Abram zur Frau. 4 Er ging zu Hagar, und sie wurde schwanger. Als sie merkte, daß sie schwanger war, verlor die Herrin bei ihr an Achtung. 5 Da sagte Sarai zu Abram: Das Unrecht, das ich erfahre, komme auf dich. Ich habe dir meine Magd überlassen. Kaum merkt sie, daß sie schwanger ist, so verliere ich schon an Achtung bei ihr. Der Herr entscheide zwischen mir und dir. 6 Abram entgegnete Sarai: Hier ist deine Magd; sie ist in

deiner Hand. Tu mit ihr, was du willst. Da behan-
delte Sarai sie so hart, daß ihr Hagar davonlief.
7 Der Engel des Herrn fand Hagar an einer Quelle
in der Wüste, an der Quelle auf dem Weg nach
Schur. 8 Er sprach: Hagar, Magd Sarais, woher
kommst du, und wohin gehst du? Sie antwortete:
Ich bin meiner Herrin Sarai davongelaufen. 9 Da
sprach der Engel des Herrn zu ihr: Geh zurück zu
deiner Herrin, und ertrag ihre harte Behandlung!
10 Der Engel des Herrn sprach zu ihr: Deine Nach-
kommen will ich so zahlreich machen, daß man
sie nicht zählen kann. 11 Weiter sprach der Engel
des Herrn zu ihr: Du bist schwanger, du wirst ei-
nen Sohn gebären und ihn Ismael (Gott hört) nen-
nen; denn der Herr hat auf dich gehört in deinem
Leid.
12 Er wird ein Mensch sein wie ein Wildesel. / Sei-
ne Hand gegen alle, die Hände aller gegen ihn! / Al-
len seinen Brüdern setzt er sich vors Gesicht.
13 Da nannte sie den Herrn, der zu ihr gespro-
chen hatte: El-Roï (Gott, der nach mir schaut). Sie
sagte nämlich: Habe ich hier nicht nach dem ge-
schaut, der nach mir schaut? 14 Darum nannte sie
den Brunnen Beer-Lahai-Roï (Brunnen des Le-
bendigen, der nach mir schaut). Er liegt zwischen
Kadesch und Bered.
15 Hagar gebar dem Abram einen Sohn, und
Abram nannte den Sohn, den ihm Hagar gebar, Is-
mael. 16 Abram war sechsundachtzig Jahre alt, als
Hagar ihm Ismael gebar.

Die Beschneidung als Bundeszeichen

17 Als Abram neunundneunzig Jahre alt
war, erschien ihm der Herr und sprach zu
ihm: Ich bin Gott, der Allmächtige. Geh deinen
Weg vor mir, und sei rechtschaffen! 2 Ich will ei-
nen Bund stiften zwischen mir und dir und dich
sehr zahlreich machen. 3 Abram fiel auf sein
Gesicht nieder; Gott redete mit ihm und sprach:
4 Das ist mein Bund mit dir: Du wirst Stammva-
ter einer Menge von Völkern. 5 Man wird dich
nicht mehr Abram nennen. Abraham (Vater der
Menge) wirst du heißen; denn zum Stammvater
einer Menge von Völkern habe ich dich be-
stimmt. 6 Ich mache dich sehr fruchtbar und lasse
Völker aus dir entstehen; Könige werden von dir
abstammen. 7 Ich schließe meinen Bund zwi-
schen mir und dir samt deinen Nachkommen,
Generation um Generation, einen ewigen Bund:
Dir und deinen Nachkommen werde ich Gott
sein. 8 Dir und deinen Nachkommen gebe ich
ganz Kanaan, das Land, in dem du als Fremder
weilst, für immer zu eigen, und ich will ihnen
Gott sein. 9 Und Gott sprach zu Abraham: Du aber
halte meinen Bund, du und deine Nachkommen,
Generation um Generation. 10 Das ist mein Bund
zwischen mir und euch samt deinen Nach-
kommen, den ihr halten sollt: Alles, was männ-
lich ist unter euch, muß beschnitten werden.
11 Am Fleisch eurer Vorhaut müßt ihr euch be-
schneiden lassen. Das soll geschehen zum Zei-
chen des Bundes zwischen mir und euch. 12 Alle
männlichen Kinder bei euch müssen, sobald sie
acht Tage alt sind, beschnitten werden in jeder eu-
rer Generationen, seien sie im Haus geboren oder
um Geld von irgendeinem Fremden erworben,
der nicht von dir abstammt. 13 Beschnitten muß
sein der in deinem Haus Geborene und der um
Geld Erworbene. So soll mein Bund, dessen Zei-
chen ihr an eurem Fleisch tragt, ein ewiger Bund
sein. 14 Ein Unbeschnittener, eine männliche Per-
son, die am Fleisch ihrer Vorhaut nicht beschnit-
ten ist, soll aus ihrem Stammesverband ausge-
merzt werden. Er hat meinen Bund gebrochen.
15 Weiter sprach Gott zu Abraham: Deine Frau
Sarai sollst du nicht mehr Sarai nennen, sondern
Sara (Herrin) soll sie heißen. 16 Ich will sie segnen
und dir auch von ihr einen Sohn geben. Ich segne
sie, so daß Völker aus ihr hervorgehen; Könige
über Völker sollen ihr entstammen. 17 Da fiel Abra-
ham auf sein Gesicht nieder und lachte. Er dachte:
Können einem Hundertjährigen noch Kinder ge-
boren werden, und kann Sara als Neunzigjährige
noch gebären? 18 Dann sagte Abraham zu Gott:
Wenn nur Ismael vor dir am Leben bleibt! 19 Gott
entgegnete: Nein, deine Frau Sara wird dir einen
Sohn gebären, und du sollst ihn Isaak nennen. Ich
werde meinen Bund mit ihm schließen als einen
ewigen Bund für seine Nachkommen. 20 Auch
was Ismael angeht, erhöre ich dich. Ja, ich segne
ihn, ich lasse ihn fruchtbar und sehr zahlreich
werden. Zwölf Fürsten wird er zeugen, und ich
mache ihn zu einem großen Volk. 21 Meinen Bund
aber schließe ich mit Isaak, den dir Sara im näch-
sten Jahr um diese Zeit gebären wird. 22 Als Gott
das Gespräch beendet hatte, verließ er Abraham
und fuhr zur Höhe auf.
23 Abraham nahm nun seinen Sohn Ismael so-
wie alle in seinem Haus Geborenen und alle um
Geld Erworbenen, alle männlichen Personen

vom Haus Abraham, und beschnitt das Fleisch ihrer Vorhaut noch am selben Tag, wie Gott ihm befohlen hatte. 24 Abraham war neunundneunzig Jahre alt, als er am Fleisch seiner Vorhaut beschnitten wurde, 25 und sein Sohn Ismael war dreizehn Jahre alt, als er am Fleisch seiner Vorhaut beschnitten wurde. 26 Am selben Tag wurden Abraham und sein Sohn Ismael beschnitten. 27 Auch alle Männer seines Hauses, die im Haus Geborenen und die um Geld von Fremden Erworbenen, wurden mit ihm beschnitten.

Gott zu Gast bei Abraham

18 Der Herr erschien Abraham bei den Eichen von Mamre. Abraham saß zur Zeit der Mittagshitze am Zelteingang. 2 Er blickte auf und sah vor sich drei Männer stehen. Als er sie sah, lief er ihnen vom Zelteingang aus entgegen, warf sich zur Erde nieder 3 und sagte: Mein Herr, wenn ich dein Wohlwollen gefunden habe, geh doch an deinem Knecht nicht vorbei! 4 Man wird etwas Wasser holen; dann könnt ihr euch die Füße waschen und euch unter dem Baum ausruhen. 5 Ich will einen Bissen Brot holen, und ihr könnt dann nach einer kleinen Stärkung weitergehen; denn deshalb seid ihr doch bei eurem Knecht vorbeigekommen. Sie erwiderten: Tu, wie du gesagt hast. 6 Da lief Abraham eiligst ins Zelt zu Sara und rief: Schnell drei Sea feines Mehl! Rühr es an, und backe Brotfladen! 7 Er lief weiter zum Vieh, nahm ein zartes, prächtiges Kalb und übergab es dem Jungknecht, der es schnell zubereitete. 8 Dann nahm Abraham Butter, Milch und das Kalb, das er hatte zubereiten lassen, und setzte es ihnen vor. Er wartete ihnen unter dem Baum auf, während sie aßen. 9 Sie fragten ihn: Wo ist deine Frau Sara? Dort im Zelt, sagte er. 10 Da sprach der Herr: In einem Jahr komme ich wieder zu dir, dann wird deine Frau Sara einen Sohn haben. Sara hörte am Zelteingang hinter seinem Rücken zu. 11 Abraham und Sara waren schon alt; sie waren in die Jahre gekommen. Sara erging es längst nicht mehr, wie es Frauen zu ergehen pflegt. 12 Sara lachte daher still in sich hinein und dachte: Ich bin doch schon alt und verbraucht und soll noch das Glück der Liebe erfahren? Auch ist mein Herr doch schon ein alter Mann! 13 Da sprach der Herr zu Abraham: Warum lacht Sara und sagt: Soll ich wirklich noch Kinder bekommen, obwohl ich so alt bin? 14 Ist beim Herrn etwas unmöglich? Nächstes Jahr um diese Zeit werde ich wieder zu dir kommen; dann wird Sara einen Sohn haben. 15 Sara leugnete: Ich habe nicht gelacht. Sie hatte nämlich Angst. Er aber sagte: Doch, du hast gelacht. 16 Die Männer erhoben sich von ihrem Platz und schauten gegen Sodom. Abraham wollte mitgehen, um sie zu verabschieden. 17 Da sagte sich der Herr: Soll ich Abraham verheimlichen, was ich vorhabe? 18 Abraham soll doch zu einem großen, mächtigen Volk werden, durch ihn sollen alle Völker der Erde Segen erlangen. 19 Denn ich habe ihn dazu auserwählt, daß er seinen Söhnen und seinem Haus nach ihm aufträgt, den Weg des Herrn einzuhalten und zu tun, was gut und recht ist, damit der Herr seine Zusagen an Abraham erfüllen kann. 20 Der Herr sprach also: Das Klagegeschrei über Sodom und Gomorra, ja, das ist laut geworden, und ihre Sünde, ja, die ist schwer. 21 Ich will hinabgehen und sehen, ob ihr Tun wirklich dem Klagegeschrei entspricht, das zu mir gedrungen ist. Ich will es wissen. 22 Die Männer wandten sich von dort ab und gingen auf Sodom zu.

Abraham aber stand noch immer vor dem Herrn. 23 Er trat näher und sagte: Willst du auch den Gerechten mit den Ruchlosen wegraffen? 24 Vielleicht gibt es fünfzig Gerechte in der Stadt: Willst du auch sie wegraffen und nicht doch dem Ort vergeben wegen der fünfzig Gerechten dort? 25 Das kannst du doch nicht tun, die Gerechten zusammen mit den Ruchlosen umbringen. Dann ginge es ja dem Gerechten genauso wie dem Ruchlosen. Das kannst du doch nicht tun. Sollte sich der Richter über die ganze Erde nicht an das Recht halten? 26 Da sprach der Herr: Wenn ich in Sodom, in der Stadt, fünfzig Gerechte finde, werde ich ihretwegen dem ganzen Ort verge-ben. 27 Abraham antwortete und sprach: Ich habe es nun einmal unternommen, mit meinem Herrn zu reden, obwohl ich Staub und Asche bin. 28 Vielleicht fehlen an den fünfzig Gerechten fünf. Wirst du wegen der fünf die ganze Stadt vernichten? Nein, sagte er, ich werde sie nicht vernichten, wenn ich dort fünfundvierzig finde. 29 Er fuhr fort, zu ihm zu reden: Vielleicht finden sich dort nur vierzig. Da sprach er: Ich werde es der vierzig wegen nicht tun. 30 Und weiter sagte er: Mein Herr zürne nicht, wenn ich weiterrede. Vielleicht finden sich dort nur dreißig. Er entgegnete: Ich werde es nicht tun, wenn ich dort dreißig finde. 31 Darauf sagte er: Ich habe es nun einmal unternommen, mit meinem Herrn zu reden. Vielleicht finden sich dort nur zwanzig. Er antwortete: Ich werde sie um der zwanzig willen nicht vernichten. 32 Und nochmals sagte er: Mein Herr zürne nicht, wenn ich nur noch einmal das Wort ergreife. Vielleicht finden sich dort nur zehn. Und wiederum sprach er: Ich werde sie um der zehn willen nicht vernichten. 33 Nachdem der Herr das Gespräch mit Abraham beendet hatte, ging er weg, und Abraham kehrte heim.

Das Gericht über Sodom und die Rettung Lots

19 Die beiden Engel kamen am Abend nach Sodom. Lot saß im Stadttor von Sodom. Als er sie sah, erhob er sich, trat auf sie zu, warf sich mit dem Gesicht zur Erde nieder 2 und sagte: Meine Herren, kehrt doch im Haus eures Knechtes ein, bleibt über Nacht, und wascht euch die Füße! Am Morgen könnt ihr euren Weg fortsetzen. Nein, sagten sie, wir wollen im Freien übernachten. 3 Er redete ihnen aber so lange zu, bis sie mitgingen und bei ihm einkehrten. Er bereitete ihnen ein Mahl, ließ ungesäuerte Brote backen, und sie aßen. 4 Sie waren noch nicht schlafen gegangen, da umstellten die Einwohner der Stadt das Haus, die Männer von Sodom, jung und alt, alles Volk von weit und breit. 5 Sie riefen nach Lot und fragten ihn: Wo sind die Männer, die heute abend zu dir gekommen sind? Heraus mit ihnen, wir wollen mit ihnen verkehren. 6 Da ging Lot zu ihnen hinaus vor die Tür, schloß sie hinter sich zu 7 und sagte: Aber meine Brüder, begeht doch nicht ein solches Verbrechen! 8 Seht, ich habe zwei Töchter, die noch keinen Mann erkannt haben. Ich will sie euch herausbringen. Dann tut mit ihnen, was euch gefällt. Nur jenen Männern tut nichts an; denn deshalb sind sie ja unter den Schutz meines Daches getreten. 9 Sie aber schrien: Mach dich fort!, und sagten: Kommt da so ein einzelner Fremder daher und will sich als Richter aufspielen! Nun wollen wir es mit dir noch schlimmer treiben als mit ihnen. Sie setzten dem Mann, nämlich Lot, arg zu und waren schon dabei, die Tür aufzubrechen. 10 Da streckten jene Männer die Hand aus, zogen Lot zu sich ins Haus und sperrten die Tür zu. 11 Dann schlugen sie die Leute draußen vor dem Haus, groß und klein, mit Blindheit, so daß sie sich vergebens bemühten, den Eingang zu finden.

12 Die Männer sagten dann zu Lot: Hast du hier noch einen Schwiegersohn, Söhne, Töchter oder sonst jemand in der Stadt? Bring sie weg von diesem Ort! 13 Wir wollen nämlich diesen Ort vernichten; denn schwer ist die Klage, die über die Leute zum Herrn gedrungen ist. Der Herr hat uns geschickt, die Stadt zu vernichten. 14 Da ging Lot hinaus, redete auf seine Schwiegersöhne ein, die seine Töchter heiraten wollten, und sagte: Macht euch auf, und verlaßt diesen Ort; denn der Herr will die Stadt vernichten. Aber seine Schwiegersöhne meinten, er mache nur Spaß.

15 Als die Morgenröte aufstieg, drängten die Engel Lot zur Eile: Auf, nimm deine Frau und deine beiden Töchter, die hier sind, damit du nicht wegen der Schuld der Stadt hinweggerafft wirst. 16 Da er noch zögerte, faßten die Männer ihn, seine Frau und seine beiden Töchter an der Hand, weil der Herr mit ihm Mitleid hatte, führten ihn hinaus und ließen ihn erst draußen vor der Stadt los. 17 Während er sie hinaus ins Freie führte, sagte er: Bring dich in Sicherheit, es geht um dein Leben. Sieh dich nicht um, und bleib in der ganzen Gegend nicht stehen! Rette dich ins Gebirge, sonst wirst du auch weggerafft. 18 Lot aber sagte zu ihnen: Nein, mein Herr, 19 dein Knecht hat doch dein Wohlwollen gefunden. Du hast mir große Gunst erwiesen und mich am Leben gelassen. Ich kann aber nicht ins Gebirge fliehen, sonst läßt mich das Unglück nicht mehr los, und ich muß sterben. 20 Da, die Stadt in der Nähe, dorthin könnte man fliehen. Sie ist doch klein; dorthin will ich mich retten. Ist sie nicht klein? So könnte ich am Leben bleiben. 21 Er antwortete ihm: Gut, auch das will ich dir gewähren und die Stadt, von der du sprichst, nicht zerstören. 22 Schnell flieh dorthin; denn ich kann nichts unternehmen, bevor du dort angekommen bist. Deshalb nannte er die Stadt Zoar (Kleine).

23 Als die Sonne über dem Land aufgegangen und Lot in Zoar angekommen war, 24 ließ der Herr auf Sodom und Gomorra Schwefel und Feuer regnen, vom Herrn, vom Himmel herab. 25 Er vernichtete von Grund auf jene Städte und die ganze Gegend, auch alle Einwohner der Städte und alles, was auf den Feldern wuchs. 26 Als Lots Frau zurückblickte, wurde sie zu einer Salzsäule.

27 Am frühen Morgen begab sich Abraham an den Ort, an dem er dem Herrn gegenübergestan-

den hatte. 28 Er schaute gegen Sodom und Gomorra und auf das ganze Gebiet im Umkreis und sah: Qualm stieg von der Erde auf wie der Qualm aus einem Schmelzofen. 29 Als Gott die Städte der Gegend vernichtete, dachte er an Abraham und ließ Lot mitten aus der Zerstörung fortgeleiten, während er die Städte, in denen Lot gewohnt hatte, von Grund auf zerstörte.

Die Stammväter der Moabiter und Ammoniter

30 Lot zog von Zoar weiter hinauf und ließ sich mit seinen beiden Töchtern im Gebirge nieder. Er fürchtete sich nämlich, in Zoar zu bleiben, und wollte lieber mit seinen beiden Töchtern in einer Höhle wohnen. 31 Eines Tages sagte die Ältere zur Jüngeren: Unser Vater wird alt, und einen Mann, der mit uns verkehrt, wie es in aller Welt üblich ist, gibt es nicht. 32 Komm, geben wir unserem Vater Wein zu trinken und legen wir uns zu ihm, damit wir von unserem Vater Kinder bekommen. 33 Sie gaben also ihrem Vater am Abend Wein zu trinken; dann kam die Ältere und legte sich zu ihrem Vater. Er merkte nicht, wie sie sich hinlegte und wie sie aufstand. 34 Am anderen Tag sagte die Ältere zur Jüngeren: Ich habe gestern bei meinem Vater gelegen. Geben wir ihm auch heute abend Wein zu trinken, dann geh und leg du dich zu ihm. So werden wir von unserem Vater Kinder bekommen. 35 Sie gaben ihrem Vater also auch an jenem Abend Wein zu trinken; dann legte sich die Jüngere zu ihm. Er merkte nicht, wie sie sich hinlegte und wie sie aufstand. 36 Beide Töchter Lots wurden von ihrem Vater schwanger. 37 Die Ältere gebar einen Sohn und nannte ihn Moab. Er gilt als Stammvater der Moabiter bis heute. 38 Auch die Jüngere gebar einen Sohn und nannte ihn Ben-Ammi. Er gilt als Stammvater der Ammoniter bis heute.

Abraham in Gerar

20 Abraham brach von dort auf und zog in den Negeb. Er ließ sich zwischen Kadesch und Schur nieder und hielt sich in Gerar als Fremder auf. 2 Abraham behauptete von Sara, seiner Frau: Sie ist meine Schwester. Da schickte Abimelech, der König von Gerar, hin und ließ Sara holen. 3 Nachts kam Gott zu Abimelech und sprach zu ihm im Traum: Du mußt sterben wegen der Frau, die du dir genommen hast; sie ist verheiratet. 4 Abimelech aber war ihr noch nicht nahegekommen. Mein Herr, sagte er, willst du denn auch unschuldige Leute umbringen? 5 Hat er mir nicht gesagt, sie sei seine Schwester? Auch sie selbst hat behauptet, er sei ihr Bruder. Mit arglosem Herzen und mit reinen Händen habe ich das getan. 6 Da sprach Gott zu ihm im Traum: Auch ich weiß, daß du es mit arglosem Herzen getan hast. Ich habe dich ja auch daran gehindert, dich gegen mich zu verfehlen. Darum habe ich nicht zugelassen, daß du sie anrührst. 7 Jetzt aber gib die Frau dem Mann zurück; denn er ist ein Prophet. Er wird für dich eintreten, daß du am Leben bleibst. Gibst du sie aber nicht zurück, dann sollst du wissen: Du mußt sterben, du und alles, was dir gehört.

8 Am Morgen stand Abimelech auf, ließ alle seine Untergebenen rufen und erzählte ihnen alles, was vorgefallen war. Da gerieten die Männer in große Furcht. 9 Nun ließ Abimelech Abraham rufen und stellte ihn zur Rede: Was hast du uns angetan? Womit habe ich denn gegen dich gefehlt, daß du über mich und mein Reich eine so große Sünde bringst? Du hast mir etwas angetan, was man nicht tun darf. 10 Und Abimelech fragte Abraham: Was hattest du vor, als du das tatest? 11 Abraham entgegnete: Ich sagte mir: Vielleicht gibt es keine Gottesfurcht an diesem Ort, und man wird mich wegen meiner Frau umbringen. 12 Übrigens ist sie wirklich meine Schwester, eine Tochter meines Vaters, nur nicht eine Tochter meiner Mutter; so konnte sie meine Frau werden. 13 Als mich aber Gott aus dem Haus meines Vaters ins Ungewisse ziehen hieß, schlug ich ihr vor: Tu mir den Gefallen und sag von mir überall, wohin wir kommen: Er ist mein Bruder.

14 Darauf nahm Abimelech Schafe, Ziegen und Rinder, Knechte und Mägde und schenkte sie Abraham. Auch gab er ihm seine Frau Sara zurück; 15 dabei sagte Abimelech: Hier, mein Land steht dir offen. Wo es dir beliebt, da laß dich nieder! 16 Zu Sara aber sagte er: Da, ich gebe deinem Bruder tausend Silberstücke. Das soll allen Leuten in deiner Umgebung die Augen zudecken, und vor allen erfährst du Genugtuung. 17 Abraham trat für ihn bei Gott ein; da heilte Gott Abimelech, auch seine Frau und seine Dienerinnen, so daß sie wieder gebären konnten. 18 Denn der Herr hatte im Haus Abimelech jeden Mutterschoß verschlossen wegen Sara, der Frau Abrahams.

Isaaks Geburt

21 Der Herr nahm sich Saras an, wie er gesagt hatte, und er tat Sara so, wie er versprochen hatte. 2 Sara wurde schwanger und gebar dem Abraham noch in seinem Alter einen Sohn zu der Zeit, die Gott angegeben hatte. 3 Abraham nannte den Sohn, den ihm Sara gebar, Isaak. 4 Als sein Sohn Isaak acht Tage alt war, beschnitt ihn Abraham, wie Gott ihm befohlen hatte. 5 Abraham war hundert Jahre alt, als sein Sohn Isaak zur Welt kam. 6 Sara aber sagte: Gott ließ mich lachen; jeder, der davon hört, wird mit mir lachen. 7 Wer, sagte sie, hätte Abraham zu sagen gewagt, Sara werde noch Kinder stillen? Und nun habe ich ihm noch in seinem Alter einen Sohn geboren. 8 Das Kind wuchs heran und wurde entwöhnt. Als Isaak entwöhnt wurde, veranstaltete Abraham ein großes Festmahl.

Hagar und Ismael

9 Eines Tages beobachtete Sara, wie der Sohn, den die Ägypterin Hagar Abraham geboren hatte, umhertollte. 10 Da sagte sie zu Abraham: Verstoß diese Magd und ihren Sohn! Denn der Sohn dieser Magd soll nicht zusammen mit meinem Sohn Isaak Erbe sein. 11 Dieses Wort verdroß Abraham sehr, denn es ging doch um seinen Sohn. 12 Gott sprach aber zu Abraham: Sei wegen des Knaben und deiner Magd nicht verdrossen! Hör auf alles, was dir Sara sagt! Denn nach Isaak sollen deine Nachkommen benannt werden. 13 Aber auch den Sohn der Magd will ich zu einem großen Volk machen, weil auch er dein Nachkomme ist. 14 Am Morgen stand Abraham auf, nahm Brot und einen Schlauch mit Wasser, übergab beides Hagar, legte es ihr auf die Schulter, übergab ihr das Kind und entließ sie. Sie zog fort und irrte in der Wüste von Beerscheba umher. 15 Als das Wasser im Schlauch zu Ende war, warf sie das Kind unter einen Strauch, 16 ging weg und setzte sich in der Nähe hin, etwa einen Bogenschuß weit entfernt; denn sie sagte: Ich kann nicht mit ansehen, wie das Kind stirbt. Sie saß in der Nähe und weinte laut. 17 Gott hörte den Knaben schreien; da rief der Engel Gottes vom Himmel her Hagar zu und sprach: Was hast du, Hagar? Fürchte dich nicht, Gott hat den Knaben dort schreien gehört, wo er liegt. 18 Steh auf, nimm den Knaben, und halt ihn fest an deiner Hand; denn zu einem großen Volk will ich ihn machen. 19 Gott öffnete ihr die Augen, und sie erblickte einen Brunnen. Sie ging hin, füllte den Schlauch mit Wasser und gab dem Knaben zu trinken. 20 Gott war mit dem Knaben. Er wuchs heran, ließ sich in der Wüste nieder und wurde ein Bogenschütze. 21 Er ließ sich in der Wüste Paran nieder, und seine Mutter nahm ihm eine Frau aus Ägypten.

Der Vertrag Abrahams mit Abimelech

22 Um jene Zeit sagten Abimelech und sein Feldherr Pichol zu Abraham: Gott ist mit dir bei allem, was du unternimmst. 23 Aber nun schwör mir hier bei Gott, daß du weder mich, noch meinen Thronerben, noch meine Nachfahren hintergehen wirst. Das gleiche Wohlwollen, das ich dir erwiesen habe, sollst du mir erweisen und dem Land, in dem du dich als Fremder aufhältst. 24 Abraham erwiderte: Gut, ich will den Eid leisten.

25 Abraham stellte aber Abimelech zur Rede wegen des Brunnens, den ihm Abimelechs Knechte weggenommen hatten. 26 Abimelech antwortete: Ich weiß nicht, wer das getan hat. Du hast es mir noch nicht gemeldet, und auch ich habe erst heute davon gehört. 27 Da nahm Abraham Schafe und Rinder und gab sie Abimelech; so schlossen beide einen Vertrag. 28 Abraham stellte aber sieben Lämmer der Herde beiseite. 29 Da fragte ihn Abimelech: Was sollen die sieben Lämmer da, die du beiseite gestellt hast? 30 Die sieben Lämmer, sagte er, sollst du von mir annehmen als Beweis dafür, daß ich diesen Brunnen gegraben habe. 31 Darum nannte er den Ort Beerscheba (Siebenbrunn, oder: Eidbrunn); denn dort leisteten beide einen Eid. 32 Sie schlossen also zu Beerscheba einen Vertrag. Dann machten sich Abimelech und sein Feldherr Pichol auf und kehrten ins Philisterland zurück. 33 Abraham aber pflanzte eine Tamariske in Beerscheba und rief dort den Herrn an unter dem Namen: Gott, der Ewige. 34 Darauf hielt sich Abraham längere Zeit als Fremder im Philisterland auf.

Abrahams Opfer

22 Nach diesen Ereignissen stellte Gott Abraham auf die Probe. Er sprach zu ihm: Abraham! Er antwortete: Hier bin ich. 2 Gott sprach: Nimm deinen Sohn, deinen einzigen, den du liebst, Isaak, geh in das Land Morija, und bring

ihn dort auf einem der Berge, den ich dir nenne,
als Brandopfer dar.
3 Frühmorgens stand Abraham auf, sattelte sei-
nen Esel, holte seine beiden Jungknechte und sei-
nen Sohn Isaak, spaltete Holz zum Opfer und
machte sich auf den Weg zu dem Ort, den ihm
Gott genannt hatte. 4 Als Abraham am dritten Tag
aufblickte, sah er den Ort von weitem. 5 Da sagte
Abraham zu seinen Jungknechten: Bleibt mit
dem Esel hier! Ich will mit dem Knaben hingehen
und anbeten; dann kommen wir zu euch zurück.
6 Abraham nahm das Holz für das Brandopfer
und lud es seinem Sohn Isaak auf. Er selbst nahm
das Feuer und das Messer in die Hand. So gingen
beide miteinander. 7 Nach einer Weile sagte Isaak
zu seinem Vater Abraham: Vater! Er antwortete:
Ja, mein Sohn! Dann sagte Isaak: Hier ist Feuer
und Holz. Wo aber ist das Lamm für das Brandop-
fer? 8 Abraham entgegnete: Gott wird sich das Op-
ferlamm aussuchen, mein Sohn. Und beide gin-
gen miteinander weiter.
9 Als sie an den Ort kamen, den ihm Gott ge-
nannt hatte, baute Abraham den Altar, schichtete
das Holz auf, fesselte seinen Sohn Isaak und legte
ihn auf den Altar, oben auf das Holz. 10 Schon
streckte Abraham seine Hand aus und nahm das
Messer, um seinen Sohn zu schlachten. 11 Da rief
ihm der Engel des Herrn vom Himmel her zu:
Abraham, Abraham! Er antwortete: Hier bin ich.
12 Jener sprach: Streck deine Hand nicht gegen den
Knaben aus, und tu ihm nichts zuleide! Denn jetzt
weiß ich, daß du Gott fürchtest; du hast mir dei-
nen einzigen Sohn nicht vorenthalten. 13 Als Abra-
ham aufschaute, sah er: Ein Widder hatte sich
hinter ihm mit seinen Hörnern im Gestrüpp ver-
fangen. Abraham ging hin, nahm den Widder und
brachte ihn statt seines Sohnes als Brandopfer
dar. 14 Abraham nannte jenen Ort Jahwe-Jire (Der
Herr sieht), wie man noch heute sagt: Auf dem
Berg läßt sich der Herr sehen.
15 Der Engel des Herrn rief Abraham zum zwei-
tenmal vom Himmel her zu 16 und sprach: Ich
habe bei mir geschworen – Spruch des Herrn:
Weil du das getan hast und deinen einzigen Sohn
mir nicht vorenthalten hast, 17 will ich dir Segen
schenken in Fülle und deine Nachkommen zahl-
reich machen wie die Sterne am Himmel und
den Sand am Meeresstrand. Deine Nachkom-
men sollen das Tor ihrer Feinde einnehmen.
18 Segnen sollen sich mit deinen Nachkommen
alle Völker der Erde, weil du auf meine Stimme
gehört hast.
19 Darauf kehrte Abraham zu seinen Jungknech-
ten zurück. Sie machten sich auf und gingen mit-
einander nach Beerscheba. Abraham blieb in
Beerscheba wohnen.

Abrahams Verwandtschaft

20 Nach diesen Ereignissen meldete man Abra-
ham: Auch Milka hat deinem Bruder Nahor
Söhne geboren: 21 Uz, seinen Erstgeborenen, des-
sen Bruder Bus sowie Kemuël, den Stammvater
der Aramäer, 22 ferner Kesed, Haso, Pildasch, Jidlaf
und Betuël. 23 Betuël zeugte Rebekka. Diese acht
gebar Milka dem Nahor, dem Bruder Abrahams.
Er hatte noch eine Nebenfrau namens Rëuma.
24 Auch sie bekam Kinder, nämlich Tebach, Ga-
ham, Tahasch und Maacha.

Saras Tod und Grabstätte

23 Die Lebenszeit Saras betrug hundertsie-
benundzwanzig Jahre; so lange lebte
Sara. 2 Sie starb in Kirjat-Arba, das jetzt Hebron
heißt, in Kanaan. Abraham kam, um die Toten-
klage über sie zu halten und sie zu beweinen.
3 Danach stand Abraham auf, ging von seiner To-
ten weg und redete mit den Hetitern. Er sagte:
4 Fremder und Halbbürger bin ich unter euch.
Gebt mir ein Grab bei euch als Eigentum, damit
ich meine Tote hinausbringen und begraben
kann. 5 Die Hetiter antworteten Abraham: 6 Hör
uns an, Herr! Du bist ein Gottesfürst in unserer
Mitte. In der vornehmsten unserer Grabstätten
darfst du deine Tote begraben. Keiner von uns
wird dir seine Grabstätte versagen und deiner To-
ten das Begräbnis verweigern. 7 Abraham aber
stand auf, verneigte sich tief vor den Bürgern des
Landes, den Hetitern, 8 verhandelte mit ihnen und
sagte: Wenn ihr damit einverstanden seid, daß ich
meine Tote hinausbringe und begrabe, dann hört
mich an, und setzt euch für mich ein bei Efron,
dem Sohn Zohars! 9 Er soll mir die Höhle von
Machpela überlassen, die ihm gehört, am Rand
seines Grundstücks. Zum vollen Geldwert soll er
sie mir überlassen als eigene Grabstätte mitten
unter euch. 10 Efron saß unter den Hetitern. Der
Hetiter Efron antwortete Abraham, so daß es die
Hetiter, alle, die zum Tor seiner Stadt Zutritt hat-
ten, hören konnten: 11 Nein, Herr, hör mich an:
Das Grundstück überlasse ich dir, und die Höhle

Am Abend kam die Taube wieder (Gen 8) | 4 ▷

darauf überlasse ich dir; in Gegenwart der Söhne
meines Volkes überlasse ich sie dir. Begrab deine
Tote! 12 Da verneigte sich Abraham tief in Gegen-
wart der Bürger des Landes 13 und sagte zu Efron,
so daß es die Bürger des Landes hören konnten:
Hör mich doch, bitte, an: Ich zahle das Geld für
das Grundstück. Nimm es von mir an, damit ich
dort meine Tote begrabe. 14 Efron antwortete Abra-
ham: 15 Herr, hör mich an! Land im Wert von vier-
hundert Silberstücken, was bedeutet das schon
unter uns? Begrab nur deine Tote!
16 Abraham hörte auf Efron und wog ihm den
Geldbetrag ab, den er in Gegenwart der Hetiter
genannt hatte, vierhundert Silberstücke zum üb-
lichen Handelswert. 17 So ging das Grundstück
Efrons in Machpela bei Mamre, das Feld mit der
Höhle darauf und mit allen Bäumen auf dem
Grundstück in seiner ganzen Ausdehnung
ringsum, 18 in den Besitz Abrahams über, in Ge-
genwart der Hetiter, aller, die zum Tor seiner Stadt
Zutritt hatten.
19 Dann begrub Abraham seine Frau Sara in der
Höhle des Grundstücks von Machpela bei
Mamre, das jetzt Hebron heißt, in Kanaan. 20 Das
Grundstück samt der Höhle darauf war also von
den Hetitern als Grabstätte in den Besitz Abra-
hams übergegangen.

Isaak und Rebekka

24 Abraham war alt und hochbetagt; der
Herr hatte ihn mit allem gesegnet. 2 Ei-
nes Tages sagte er zum Großknecht seines
Hauses, der seinen ganzen Besitz verwaltete:
Leg deine Hand unter meine Hüfte! 3 Ich will
dir einen Eid beim Herrn, dem Gott des Himmels
und der Erde, abnehmen, daß du meinem Sohn
keine Frau von den Töchtern der Kanaaniter
nimmst, unter denen ich wohne. 4 Du sollst viel-
mehr in meine Heimat zu meiner Verwandtschaft
reisen und eine Frau für meinen Sohn Isaak ho-
len. 5 Der Knecht entgegnete ihm: Vielleicht will
aber die Frau mir gar nicht hierher in dieses Land
folgen. Soll ich dann deinen Sohn in das Land
zurückbringen, aus dem du ausgewandert bist?
6 Hüte dich, antwortete ihm Abraham, meinen
Sohn dorthin zurückzubringen! 7 Der Herr, der
Gott des Himmels, der mich weggeholt hat aus
dem Haus meines Vaters und aus meinem
Heimatland, der zu mir gesagt und mir geschwo-
ren hat: Deinen Nachkommen gebe ich dieses
Land!, er wird seinen Engel vor dir hersenden,
und so wirst du von dort eine Frau für meinen
Sohn mitbringen. 8 Wenn dir aber die Frau nicht
folgen will, dann bist du von dem Eid, den du mir
geleistet hast, entbunden. Meinen Sohn darfst du
auf keinen Fall dorthin zurückbringen. 9 Da legte
der Knecht seine Hand unter die Hüfte seines
Herrn Abraham und leistete ihm in dieser Sache
den Eid.
10 Der Knecht nahm zehn von den Kamelen sei-
nes Herrn und machte sich mit allerlei kostbaren
Sachen aus dem Besitz seines Herrn auf die Reise.
Er brach auf und zog nach Mesopotamien in die
Stadt Nahors. 11 Vor der Stadt ließ er die Kamele am
Brunnen lagern. Es war gegen Abend, um die
Zeit, da die Frauen herauskommen, um Wasser zu
schöpfen. 12 Er sagte: Herr, Gott meines Herrn
Abraham, laß mich heute Glück haben, und zeig
meinem Herrn Abraham deine Huld! 13 Da stehe
ich an der Quelle, und die Töchter der Stadtbe-
wohner werden herauskommen, um Wasser zu
schöpfen. 14 Das Mädchen, zu dem ich dann sage:
Reich mir doch deinen Krug zum Trinken!, und
das antwortet: Trink nur, auch deine Kamele will
ich tränken!, sie soll es sein, die du für deinen
Knecht Isaak bestimmt hast. Daran will ich er-
kennen, daß du meinem Herrn Huld erweist.
15 Kaum hatte er aufgehört zu sprechen, da kam
auch schon aus der Stadt Rebekka mit dem Krug
auf der Schulter. Sie war dem Betuël geboren wor-
den, dem Sohn der Milka, die die Frau Nahors,
des Bruders Abrahams, war. 16 Das Mädchen war
sehr schön, und sie war ledig; noch kein Mann
hatte sie erkannt. Sie stieg zur Quelle hinab, füllte
ihren Krug und kam wieder herauf. 17 Da ging der
Knecht schnell auf sie zu und sagte: Laß mich ein
wenig Wasser aus deinem Krug trinken! 18 Trink
nur, mein Herr!, antwortete sie, ließ geschwind
den Krug auf ihre Hand herab und gab ihm
zu trinken. 19 Nachdem sie ihm zu trinken ge-
geben hatte, sagte sie: Auch für deine Kamele
will ich schöpfen, bis sie sich satt getrunken ha-
ben. 20 Flink leerte sie ihren Krug an der Tränke
und lief noch einmal an den Brunnen zum Schöp-
fen. So schöpfte sie für alle Kamele. 21 Der Knecht
Abrahams schaute ihr schweigend zu; er wollte
sehen, ob der Herr seine Reise gelingen ließe oder
nicht.
22 Als die Kamele mit dem Trinken fertig waren,
nahm der Mann einen goldenen Nasenreif, einen

◁ 51 | *Schau zum Himmel hinauf und zähle die Sterne (Gen 15)*

halben Schekel schwer, und zwei goldene Span-
gen für ihre Arme, zehn Goldschekel schwer,
23 und fragte: Wessen Tochter bist du? Sag mir
doch, ob im Haus deines Vaters für uns Platz zum
Übernachten ist! 24 Sie antwortete ihm: Ich bin die
Tochter Betuëls, des Sohnes der Milka und des
Nahor. 25 Weiter sagte sie zu ihm: Stroh und Fut-
ter haben wir reichlich, auch Platz zum Über-
nachten. 26 Da verneigte sich der Mann, warf sich
vor dem Herrn nieder 27 und sagte: Gepriesen sei
der Herr, der Gott meines Herrn Abraham, der es
meinem Herrn nicht an Huld und Treue fehlen
ließ. Der Herr hat mich geradewegs zum Haus des
Bruders meines Herrn geführt.

28 Das Mädchen lief weg und erzählte im Haus
seiner Mutter alles, was vorgefallen war. 29 Re-
bekka hatte einen Bruder namens Laban. Laban
eilte zu dem Mann hinaus an die Quelle. 30 Er
hatte den Nasenreif und an den Händen seiner
Schwester die Spangen gesehen und hatte gehört,
wie seine Schwester Rebekka berichtete: So und
so hat der Mann zu mir gesagt. Er kam zu dem
Mann, der bei den Kamelen an der Quelle stand.
31 Laban sagte: Komm, du Gesegneter des Herrn!
Warum stehst du hier draußen? Ich habe das Haus
aufgeräumt und für die Kamele Platz gemacht.
32 Da ging der Mann mit ins Haus. Man schirrte
die Kamele ab und gab ihnen Stroh und Futter.
Für ihn und die Männer in seiner Begleitung
brachte man Wasser zum Füßewaschen.

33 Als man ihm zu essen vorsetzte, sagte der
Knecht Abrahams: Ich esse nicht, bevor ich nicht
mein Anliegen vorgebracht habe. Sie antworte-
ten: Rede! 34 Da berichtete er: Ein Knecht Abra-
hams bin ich. 35 Der Herr hat meinen Herrn reich-
lich gesegnet, so daß er zu großem Vermögen
gekommen ist. Er hat ihm Schafe und Rinder, Sil-
ber und Gold, Knechte und Mägde, Kamele und
Esel gegeben. 36 Sara, die Frau meines Herrn, hat
meinem Herrn noch in ihrem Alter einen Sohn
geboren. Ihm vermacht er alles, was ihm gehört.
37 Mein Herr hat mir den Eid abgenommen: Du
darfst für meinen Sohn keine Frau von den Töch-
tern der Kanaaniter nehmen, in deren Land ich
wohne. 38 Reise vielmehr zum Haus meines Va-
ters und zu meiner Verwandtschaft, und hol eine
Frau für meinen Sohn! 39 Ich entgegnete meinem
Herrn: Vielleicht will aber die Frau nicht mitkom-
men. 40 Darauf antwortete er mir: Der Herr, vor
dem ich meinen Weg gegangen bin, wird dir sei-
nen Engel mitschicken und deine Reise gelingen
lassen. Du wirst schon eine Frau für meinen Sohn
mitbringen aus meiner Verwandtschaft, aus dem
Haus meines Vaters. 41 Von dem Eid, den du mir ge-
leistet hast, sollst du dann entbunden sein, wenn
du zu meinen Verwandten kommst und sie dir
keine Frau geben. In diesem Fall bist du von dem
Eid, den du mir geleistet hast, entbunden. 42 So
kam ich heute an die Quelle und sagte: Herr, Gott
meines Herrn Abraham, laß doch die Reise gelin-
gen, auf der ich mich befinde. 43 Da stehe ich nun
an der Quelle. Kommt ein Mädchen aus der Stadt
heraus, um Wasser zu schöpfen, dann will ich sa-
gen: Gib mir doch aus deinem Krug ein wenig
Wasser zu trinken! 44 Sagt sie zu mir: Trink nur!
Auch für deine Kamele will ich schöpfen!, so soll
es die Frau sein, die der Herr für den Sohn meines
Herrn bestimmt hat. 45 Kaum hatte ich so zu mir
gesagt, kam auch schon Rebekka mit dem Krug
auf der Schulter heraus, stieg zur Quelle hinunter
und schöpfte. Ich redete sie an: Gib mir doch zu
trinken! 46 Da setzte sie geschwind ihren Krug ab
und sagte: Trink nur! Auch deine Kamele will ich
tränken. Ich trank, und sie gab auch den Kamelen
zu trinken. 47 Als ich sie fragte: Wessen Tochter
bist du?, antwortete sie: Die Tochter Betuëls, des
Sohnes Nahors, den ihm Milka gebar. Da legte ich
ihr den Reif an die Nase und die Spangen um die
Arme. 48 Ich verneigte mich, warf mich vor dem
Herrn nieder und pries den Herrn, den Gott mei-
nes Herrn Abraham, der mich geradewegs hier-
her geführt hat, um die Tochter des Bruders mei-
nes Herrn für dessen Sohn zu holen. 49 Jetzt aber
sagt mir, ob ihr geneigt seid, meinem Herrn Wohl-
wollen und Vertrauen zu schenken. Wenn nicht,
so gebt mir ebenfalls Bescheid, damit ich mich
dann anderswohin wende.

50 Daraufhin antworteten Laban und Betuël: Die
Sache ist vom Herrn ausgegangen. Wir können
dir weder ja noch nein sagen. 51 Da, Rebekka steht
vor dir. Nimm sie und geh! Sie soll die Frau des
Sohnes deines Herrn werden, wie der Herr es ge-
fügt hat. 52 Als der Knecht Abrahams ihre Antwort
hörte, warf er sich vor dem Herrn zur Erde nieder.
53 Dann holte der Knecht silbernen und goldenen
Schmuck und Kleider hervor und schenkte sie Re-
bekka. Auch ihrem Bruder und ihrer Mutter über-
reichte er kostbare Geschenke. 54 Er und die Män-
ner seiner Begleitung aßen und tranken und
gingen dann schlafen. Als sie am Morgen auf-

standen, sagte der Knecht: Entlaßt mich jetzt zu
meinem Herrn! 55 Der Bruder Rebekkas und ihre
Mutter antworteten: Das Mädchen soll noch eine
Zeitlang bei uns bleiben, etwa zehn Tage, dann
mag sie sich auf die Reise begeben. 56 Haltet mich
nicht auf, antwortete er ihnen, der Herr hat meine
Reise gelingen lassen. Laßt mich also zu meinem
Herrn zurückkehren! 57 Sie entgegneten: Wir wol-
len das Mädchen rufen und es selbst fragen. 58 Sie
riefen Rebekka und fragten sie: Willst du mit die-
sem Mann reisen? Ja, antwortete sie. 59 Da ließen
sie ihre Schwester Rebekka und ihre Amme mit
dem Knecht Abrahams und seinen Leuten zie-
hen. 60 Sie segneten Rebekka und sagten zu ihr:

Du, unsere Schwester, / werde Mutter von tau-
sendmal Zehntausend! / Deine Nachkommen
sollen besetzen / das Tor ihrer Feinde.

61 Rebekka brach mit ihren Mägden auf. Sie be-
stiegen die Kamele und folgten dem Mann. Der
Knecht nahm Rebekka mit und trat die Rückreise
an.

62 Isaak war in die Gegend des Brunnens von La-
hai-Roï gekommen und hatte sich im Negeb nie-
dergelassen. 63 Eines Tages ging Isaak gegen
Abend hinaus, um sich auf dem Feld zu beschäf-
tigen. Als er aufblickte, sah er: Kamele kamen da-
her. 64 Auch Rebekka blickte auf und sah Isaak. Sie
ließ sich vom Kamel herunter 65 und fragte den
Knecht: Wer ist der Mann dort, der uns auf dem
Feld entgegenkommt? Der Knecht erwiderte: Das
ist mein Herr. Da nahm sie den Schleier und ver-
hüllte sich.

66 Der Knecht erzählte Isaak alles, was er ausge-
richtet hatte. 67 Isaak führte Rebekka in das Zelt
seiner Mutter Sara. Er nahm sie zu sich, und sie
wurde seine Frau. Isaak gewann sie lieb und trö-
stete sich so über den Verlust seiner Mutter.

Die Nachkommen Abrahams

25 Abraham nahm sich noch eine andere
Frau, namens Ketura. 2 Sie gebar ihm Sim-
ran, Jokschan, Medan, Midian, Jischbak und
Schuach. 3 Jokschan zeugte Scheba und Dedan.
Die Söhne Dedans waren die Aschuriter, die Le-
tuschiter und die Lëummiter. 4 Die Söhne Midians
waren Efa, Efer, Henoch, Abida und Eldaga. Sie
alle waren Söhne Keturas. 5 Abraham vermachte
Isaak alles, was ihm gehörte. 6 Den Söhnen der
Nebenfrauen, die er hatte, gab Abraham Ge-
schenke und schickte sie noch zu seinen Lebzei-
ten weg nach Osten, ins Morgenland, weit weg
von seinem Sohn Isaak.

Abrahams Tod und Begräbnis

7 Das ist die Zahl der Lebensjahre Abrahams: Hun-
dertfünfundsiebzig Jahre wurde er alt, 8 dann ver-
schied er. Er starb in hohem Alter, betagt und le-
benssatt, und wurde mit seinen Vorfahren
vereint. 9 Seine Söhne Isaak und Ismael begruben
ihn in der Höhle von Machpela bei Mamre, auf
dem Grundstück des Hetiters Efron, des Sohnes
Zohars, 10 auf dem Grundstück, das Abraham von
den Hetitern gekauft hatte. Dort sind Abraham
und seine Frau Sara begraben. 11 Nach dem Tod
Abrahams segnete Gott seinen Sohn Isaak, und
Isaak ließ sich beim Brunnen Lahai-Roï nieder.

Der Stammbaum der Ismaeliter

12 Das ist die Geschlechterfolge nach Ismael, dem
Sohn Abrahams. Ihn hatte die Ägypterin Hagar,
die Magd Saras, Abraham geboren. 13 Das sind die
Söhne Ismaels nach ihren Namen und nach ihrer
Geschlechterfolge: Der Erstgeborene Ismaels war
Nebajot; dann kamen Kedar, Adbeel, Mibsam,
14 Mischma, Duma, Massa, 15 Hadad, Tema, Jetur,
Nafisch und Kedma. 16 Das waren die Söhne
Ismaels, und das waren die Namen, die sie in
ihren Siedlungen und Zeltlagern trugen: zwölf
Fürsten, je einer für einen Stamm. 17 Und das ist
die Zahl der Lebensjahre Ismaels: hundertsiebe-
nunddreißig Jahre. Dann verschied er und wurde
mit seinen Vorfahren vereint. 18 Ihr Siedlungsge-
biet reichte von Hawila bis Schur, das Ägypten ge-
genüber an der Straße nach Assur liegt. Über alle
seine Brüder fiel er her.

Geburt Esaus und Jakobs

19 Und das ist die Geschlechterfolge nach Isaak,
dem Sohn Abrahams: Abraham zeugte Isaak.
20 Isaak war vierzig Jahre alt, als er Rebekka zur
Frau nahm. Sie war die Tochter des Aramäers
Betuël aus Paddan-Aram, eine Schwester des
Aramäers Laban. 21 Isaak betete zum Herrn für
seine Frau, denn sie war kinderlos geblieben,
und der Herr ließ sich von ihm erbitten. Als seine
Frau Rebekka schwanger war, 22 stießen die
Söhne einander im Mutterleib. Da sagte sie:
Wenn das so ist, was soll dann aus mir werden?
Sie ging, um den Herrn zu befragen. 23 Der Herr
gab diese Antwort:

Zwei Völker sind in deinem Leib, / zwei
Stämme trennen sich / schon in deinem Schoß. /
Ein Stamm ist dem andern überlegen, / der ältere
muß dem jüngeren dienen.
24 Als die Zeit ihrer Niederkunft gekommen war,
zeigte es sich, daß sie Zwillinge in ihrem Leib
trug. 25 Der erste, der kam, war rötlich, über und
über mit Haaren bedeckt wie mit einem Fell. Man
nannte ihn Esau. 26 Darauf kam sein Bruder; seine
Hand hielt die Ferse Esaus fest. Man nannte ihn
Jakob (Fersenhalter). Isaak war sechzig Jahre alt,
als sie geboren wurden.

Verkauf des Erstgeburtsrechts an Jakob

27 Die Knaben wuchsen heran. Esau war ein
Mann geworden, der sich auf die Jagd verstand,
ein Mann des freien Feldes. Jakob dagegen war
ein untadeliger Mann und blieb bei den Zelten.
28 Isaak hatte Esau lieber, denn er aß gern Wild-
bret; Rebekka aber hatte Jakob lieber.
29 Einst hatte Jakob ein Gericht zubereitet, als
Esau erschöpft vom Feld kam. 30 Da sagte Esau zu
Jakob: Gib mir doch etwas zu essen von dem Ro-
ten, von dem Roten da, ich bin ganz erschöpft.
Deshalb heißt er Edom (Roter). 31 Jakob gab zur
Antwort: Dann verkauf mir jetzt sofort dein Erst-
geburtsrecht! 32 Schau, ich sterbe vor Hunger,
sagte Esau, was soll mir da das Erstgeburtsrecht?
33 Jakob erwiderte: Schwör mir jetzt sofort! Da
schwor er ihm und verkaufte sein Erstgeburts-
recht an Jakob. 34 Darauf gab Jakob dem Esau Brot
und Linsengemüse; er aß und trank, stand auf
und ging seines Weges. Vom Erstgeburtsrecht
aber hielt Esau nichts.

Isaak in Gerar

26 Im Land brach eine Hungersnot aus, eine
andere als die frühere zur Zeit Abrahams.
Isaak begab sich nach Gerar zu Abimelech, dem
König der Philister. 2 Da erschien ihm der Herr
und sprach: Geh nicht nach Ägypten hinunter,
bleib in dem Land wohnen, das ich dir verspre-
che. 3 Halte dich als Fremder in diesem Land auf!
Ich will mit dir sein und dich segnen. Denn dir
und deinen Nachkommen gebe ich alle diese Län-
der und erfülle den Eid, den ich deinem Vater
Abraham geleistet habe. 4 Ich mache deine Nach-
kommen zahlreich wie die Sterne am Himmel
und gebe ihnen alle diese Länder. Mit deinen
Nachkommen werden alle Völker der Erde sich
segnen, 5 weil Abraham auf meinen Ruf gehört
und weil er auf meine Anordnungen, Gebote, Sat-
zungen und Weisungen geachtet hat. 6 Isaak blieb
also in Gerar.
7 Als sich die Männer des Ortes nach seiner Frau
erkundigten, sagte er: Sie ist meine Schwester. Er
fürchtete sich nämlich zu sagen: Sie ist meine
Frau. Er dachte: Die Männer des Ortes könnten
mich sonst wegen Rebekka umbringen. Sie war
nämlich schön. 8 Nachdem er längere Zeit dort zu-
gebracht hatte, schaute einmal Abimelech, der
König der Philister, durch das Fenster und sah ge-
rade, wie Isaak seine Frau Rebekka liebkoste. 9 Da
rief Abimelech Isaak und sagte: Sie ist ja deine
Frau. Wie konntest du behaupten, sie sei deine
Schwester? Da antwortete ihm Isaak: Ich sagte
mir: Ich möchte nicht ihretwegen sterben.
10 Abimelech entgegnete: Was hast du uns da an-
getan? Beinahe hätte einer der Leute mit deiner
Frau geschlafen; dann hättest du über uns Schuld
gebracht. 11 Abimelech ordnete für das ganze Volk
an: Wer diesen Mann oder seine Frau anrührt,
wird mit dem Tod bestraft.
12 Isaak säte in diesem Land, und er erntete in
diesem Jahr hundertfältig. Der Herr segnete ihn;
13 der Mann wurde reicher und reicher, bis er sehr
wohlhabend war. 14 Er besaß Schafe, Ziegen und
Rinder und zahlreiches Gesinde, so daß ihn die
Philister beneideten. 15 Die Philister schütteten alle
Brunnen zu, die die Knechte zur Zeit seines Vaters
Abraham gegraben hatten, und füllten sie mit
Erde. 16 Da sagte Abimelech zu Isaak: Zieh von uns
fort; denn du bist uns viel zu mächtig geworden.
17 Isaak zog fort, schlug sein Lager im Tal von Ge-
rar auf und ließ sich dort nieder. 18 Die Brunnen,
die man zur Zeit seines Vaters Abraham gegraben
hatte und die die Philister nach dem Tod Abra-
hams zugeschüttet hatten, ließ Isaak wieder auf-
graben und gab ihnen dieselben Namen, die
ihnen sein Vater gegeben hatte. 19 Die Knechte
Isaaks gruben in der Talsohle und fanden dort ei-
nen Brunnen mit frischem Wasser. 20 Die Hirten
von Gerar stritten mit den Hirten Isaaks und be-
haupteten: Uns gehört das Wasser. Da nannte er
den Brunnen Esek (Zank), denn sie hatten mit
ihm gezankt. 21 Als sie einen anderen Brunnen
gruben, stritten sie auch um ihn; so nannte er ihn
Sitna (Streit). 22 Darauf brach er von dort auf und
grub wieder einen anderen Brunnen. Um ihn
stritten sie nicht mehr. Da nannte er ihn Rehobot

(Weite) und sagte: Jetzt hat uns der Herr weiten Raum verschafft, und wir sind im Land fruchtbar geworden.

Isaak in Beerscheba

23 Von dort zog er nach Beerscheba hinauf. 24 In jener Nacht erschien ihm der Herr und sprach: Ich bin der Gott deines Vaters Abraham. Fürchte dich nicht, denn ich bin mit dir. Ich segne dich und mache deine Nachkommen zahlreich wegen meines Knechtes Abraham. 25 Dort baute er einen Altar, rief den Namen des Herrn an und schlug sein Zelt auf. Isaaks Knechte hoben dort einen Brunnen aus.

26 Eines Tages kam zu ihm Abimelech aus Gerar mit seinem Vertrauten Ahusat und seinem Feldherrn Pichol. 27 Isaak sagte zu ihnen: Weshalb kommt ihr zu mir? Ihr seid mir doch feind und habt mich aus eurem Gebiet ausgewiesen. 28 Sie entgegneten: Wir haben deutlich gesehen, daß der Herr mit dir ist, und wir dachten: Zwischen uns und dir sollte ein Eid stehen. Wir wollen mit dir einen Vertrag schließen: 29 Du wirst uns nichts Böses zufügen, wie auch wir dich nicht angetastet haben; wir haben dir nur Gutes erwiesen und dich in Frieden ziehen lassen. Du bist nun einmal der Gesegnete des Herrn. 30 Da bereitete er ihnen ein Mahl, und sie aßen und tranken. 31 Früh am Morgen standen sie auf und leisteten einander den Eid. Isaak entließ sie, und sie schieden von ihm in Frieden.

32 Am selben Tag kamen die Knechte Isaaks und erzählten ihm von dem Brunnen, den sie gegraben hatten. Sie meldeten ihm: Wir haben Wasser gefunden. 33 Da nannte er ihn Schiba (Eid); darum heißt die Stadt bis auf den heutigen Tag Beerscheba (Eidbrunn).

34 Als Esau vierzig Jahre alt war, nahm er Judit, die Tochter des Hetiters Beeri, und Basemat, die Tochter des Hetiters Elon, zu Frauen. 35 Sie wurden für Isaak und Rebekka Anlaß zu bitterem Gram.

Der Erstgeburtssegen

27 Als Isaak alt geworden und seine Augen erloschen waren, so daß er nicht mehr sehen konnte, rief er seinen älteren Sohn Esau und sagte zu ihm: Mein Sohn! Er antwortete: Hier bin ich. 2 Da sagte Isaak: Du siehst, ich bin alt geworden. Ich weiß nicht, wann ich sterbe. 3 Nimm jetzt dein Jagdgerät, deinen Köcher und deinen Bogen, geh aufs Feld, und jag mir ein Wild! 4 Bereite mir dann ein leckeres Mahl, wie ich es gern mag, und bring es mir zum Essen, damit ich dich segne, bevor ich sterbe.

5 Rebekka hatte das Gespräch zwischen Isaak und seinem Sohn Esau mit angehört. Als Esau zur Jagd aufs Feld gegangen war, um ein Wild herbeizuschaffen, 6 sagte Rebekka zu ihrem Sohn Jakob: Ich habe gehört, wie dein Vater zu deinem Bruder Esau gesagt hat: 7 Hol mir ein Wild, und bereite mir ein leckeres Mahl zum Essen; dann will ich dich vor dem Herrn segnen, bevor ich sterbe. 8 Nun hör genau zu, mein Sohn, was ich dir auftrage: 9 Geh zur Herde, und bring mir von dort zwei schöne Ziegenböckchen! Ich will damit ein leckeres Mahl für deinen Vater zubereiten, wie er es gern mag. 10 Du bringst es dann deinem Vater zum Essen, damit er dich vor seinem Tod segnet. 11 Jakob antwortete seiner Mutter Rebekka: Mein Bruder Esau ist aber behaart, und ich habe eine glatte Haut. 12 Vielleicht betastet mich mein Vater; dann könnte er meinen, ich hielte ihn zum besten, und ich brächte Fluch über mich statt Segen. 13 Seine Mutter entgegnete: Dein Fluch komme auf mich, mein Sohn. Hör auf mich, geh und hol mir die Böckchen! 14 Da ging er hin, holte sie und brachte sie seiner Mutter. Sie bereitete ein leckeres Mahl zu, wie es sein Vater gern mochte. 15 Dann holte Rebekka die Feiertagskleider ihres älteren Sohnes Esau, die sie bei sich im Haus hatte, und zog sie ihrem jüngeren Sohn Jakob an. 16 Die Felle der Ziegenböckchen legte sie um seine Hände und um seinen glatten Hals. 17 Dann übergab sie das leckere Essen und das Brot, das sie zubereitet hatte, ihrem Sohn Jakob.

18 Er ging zu seinem Vater hinein und sagte: Mein Vater! Ja, antwortete er, wer bist du, mein Sohn? 19 Jakob entgegnete seinem Vater: Ich bin Esau, dein Erstgeborener. Ich habe getan, wie du mir gesagt hast. Setz dich auf, iß von meinem Wildbret, und dann segne mich! 20 Da sagte Isaak zu seinem Sohn: Wie hast du nur so schnell etwas finden können, mein Sohn? Er antwortete: Der Herr, dein Gott, hat es mir entgegenlaufen lassen. 21 Da sagte Isaak zu Jakob: Komm näher heran! Ich will dich betasten, mein Sohn, ob du wirklich mein Sohn Esau bist oder nicht. 22 Jakob trat zu seinem Vater Isaak hin. Isaak betastete ihn

und sagte: Die Stimme ist zwar Jakobs Stimme,
die Hände aber sind Esaus Hände. 23 Er erkannte
ihn nicht, denn Jakobs Hände waren behaart wie
die seines Bruders Esau, und so segnete er ihn.
24 Er fragte: Bist du es, mein Sohn Esau? Ja, ent-
gegnete er. 25 Da sagte Isaak: Bring es mir! Ich will
von dem Wildbret meines Sohnes essen und dich
dann segnen. Jakob brachte es ihm, und Isaak aß.
Dann reichte er ihm auch Wein, und Isaak trank.
26 Nun sagte sein Vater Isaak zu ihm: Komm
näher, und küß mich, mein Sohn! 27 Er trat näher
und küßte ihn. Isaak roch den Duft seiner Kleider,
er segnete ihn und sagte:

Ja, mein Sohn duftet wie das Feld, / das der Herr
gesegnet hat.

28 Gott gebe dir vom Tau des Himmels, / vom
Fett der Erde, viel Korn und Most.

29 Dienen sollen dir die Völker, / Stämme sich
vor dir niederwerfen, / Herr sollst du über deine
Brüder sein. / Die Söhne deiner Mutter sollen dir
huldigen. / Verflucht, wer dich verflucht. / Ge-
segnet, wer dich segnet.

30 Kaum hatte Isaak Jakob gesegnet und war
Jakob von seinem Vater Isaak weggegangen,
da kam sein Bruder Esau von der Jagd. 31 Auch
er bereitete ein leckeres Mahl, brachte es sei-
nem Vater und sagte zu ihm: Mein Vater richte
sich auf und esse von dem Wildbret seines
Sohnes, damit du mich dann segnest. 32 Da fragte
ihn sein Vater Isaak: Wer bist du? Er antwor-
tete: Ich bin dein Sohn Esau, dein Erstgebore-
ner. 33 Da überkam Isaak ein heftiges Zittern, und
er fragte: Wer war es denn, der das Wildbret
gejagt und es mir gebracht hat? Ich habe von
allem gegessen, bevor du gekommen bist, und
ich habe ihn gesegnet; gesegnet wird er auch
bleiben. 34 Als Esau die Worte seines Vaters hörte,
schrie er heftig auf, aufs äußerste verbittert,
und sagte zu seinem Vater: Segne auch mich,
Vater! 35 Er entgegnete: Dein Bruder ist mit List
gekommen und hat dir den Segen weggenom-
men. 36 Da sagte Esau: Hat man ihn nicht Jakob
(Betrüger) genannt? Er hat mich jetzt schon zwei-
mal betrogen: Mein Erstgeburtsrecht hat er mir
genommen, jetzt nimmt er mir auch noch den Se-
gen. Dann sagte er: Hast du mir keinen Segen auf-
gehoben? 37 Isaak antwortete und sagte zu Esau:
Ich habe ihn zum Herrn über dich gemacht, und
alle seine Brüder habe ich ihm als Knechte gege-
ben. Auch mit Korn und Most habe ich ihn ver-
sorgt. Was kann ich da noch für dich tun, mein
Sohn? 38 Da sagte Esau zu seinem Vater: Hattest du
denn nur einen einzigen Segen, Vater? Segne
auch mich, Vater! Und Esau begann laut zu wei-
nen. 39 Sein Vater Isaak antwortete ihm und
sprach:

Fern vom Fett der Erde mußt du wohnen, / fern
vom Tau des Himmels droben.

40 Von deinem Schwert wirst du leben. / Deinem
Bruder wirst du dienen. / Doch hältst du durch,
so streifst du ab / sein Joch von deinem Nacken.

Jakobs Flucht nach Haran

41 Esau war dem Jakob feind wegen des Segens,
mit dem ihn sein Vater gesegnet hatte, und Esau
sagte: Es nähern sich die Tage der Trauer um mei-
nen Vater; dann werde ich meinen Bruder Jakob
umbringen. 42 Als man Rebekka hinterbrachte,
was ihr ältester Sohn Esau gesagt hatte, ließ sie Ja-
kob, ihren jüngeren Sohn, rufen und sagte zu
ihm: Dein Bruder Esau will sich an dir rächen und
dich töten. 43 Nun aber, mein Sohn, hör auf mich!
Mach dich auf und flieh zu meinem Bruder Laban
nach Haran! 44 Bleib einige Zeit bei ihm, bis sich
der Groll deines Bruders gelegt hat. 45 Wenn der
Zorn deines Bruders von dir abgelassen und er
vergessen hat, was du ihm angetan hast, werde
ich dich von dort holen lassen. Warum soll ich
euch beide an einem Tag verlieren?

46 Zu Isaak sagte Rebekka: Mein Leben ekelt
mich wegen der Hetiterinnen. Wenn Jakob so
eine Hetiterin, eine Einheimische, zur Frau
nimmt, was liegt mir dann noch am Leben?

28 Isaak rief Jakob, segnete ihn und befahl
ihm: Nimm keine Kanaaniterin zur Frau!
2 Mach dich auf, geh nach Paddan-Aram, zum
Haus Betuëls, des Vaters deiner Mutter! Hol dir
von dort eine Frau, eine von den Töchtern La-
bans, des Bruders deiner Mutter! 3 Gott der All-
mächtige wird dich segnen, er wird dich frucht-
bar machen und vermehren: Zu einer Schar von
Völkern wirst du werden. 4 Er wird dir und mit
dir auch deinen Nachkommen den Segen Abra-
hams verleihen, damit du das Land in Besitz
nimmst, in dem du als Fremder lebst, das aber
Gott Abraham gegeben hat. 5 Isaak verabschie-
dete Jakob, und Jakob zog nach Paddan-Aram zu
Laban, dem Sohn des Aramäers Betuël. Dieser
war der Bruder Rebekkas, der Mutter Jakobs und
Esaus.

6 Esau sah, daß Isaak Jakob segnete und nach
Paddan-Aram schickte, damit er sich von dort
eine Frau holt. Als er ihn segnete, trug er ihm auf:
Nimm dir keine Kanaaniterin zur Frau! 7 Jakob
hörte auf seinen Vater und seine Mutter und be-
gab sich auf den Weg nach Paddan-Aram. 8 Als
Esau merkte, daß die Kanaaniterinnen seinem Va-
ter Isaak nicht gefielen, 9 ging er zu Ismael und
nahm zu seinen Frauen noch Mahalat als Frau
hinzu, die Schwester Nebajots, die Tochter Isma-
els, des Sohnes Abrahams.
10 Jakob zog aus Beerscheba weg und ging nach
Haran. 11 Er kam an einen bestimmten Ort, wo er
übernachtete, denn die Sonne war untergegan-
gen. Er nahm einen von den Steinen dieses Or-
tes, legte ihn unter seinen Kopf und schlief dort
ein. 12 Da hatte er einen Traum: Er sah eine
Treppe, die auf der Erde stand und bis zum Him-
mel reichte. Auf ihr stiegen Engel Gottes auf und
nieder. 13 Und siehe, der Herr stand oben und
sprach: Ich bin der Herr, der Gott deines Vaters
Abraham und der Gott Isaaks. Das Land, auf dem
du liegst, will ich dir und deinen Nachkommen
geben. 14 Deine Nachkommen werden zahlreich
sein wie der Staub auf der Erde. Du wirst dich un-
aufhaltsam ausbreiten nach Westen und Osten,
nach Norden und Süden, und durch dich und
deine Nachkommen werden alle Geschlechter
der Erde Segen erlangen. 15 Ich bin mit dir, ich
behüte dich, wohin du auch gehst, und bringe
dich zurück in dieses Land. Denn ich verlasse
dich nicht, bis ich vollbringe, was ich dir verspro-
chen habe. 16 Jakob erwachte aus seinem Schlaf
und sagte: Wirklich, der Herr ist an diesem Ort,
und ich wußte es nicht. 17 Furcht überkam ihn,
und er sagte: Wie ehrfurchtgebietend ist doch
dieser Ort! Hier ist nichts anderes als das Haus
Gottes und das Tor des Himmels. 18 Jakob stand
früh am Morgen auf, nahm den Stein, den er un-
ter seinen Kopf gelegt hatte, stellte ihn als Stein-
mal auf und goß Öl darauf. 19 Dann gab er dem Ort
den Namen Bet-El (Gotteshaus). Früher hieß die
Stadt Lus. 20 Jakob machte das Gelübde: Wenn
Gott mit mir ist und mich auf diesem Weg, den
ich eingeschlagen habe, behütet, wenn er mir
Brot zum Essen und Kleider zum Anziehen gibt,
21 wenn ich wohlbehalten heimkehre in das Haus
meines Vaters und der Herr sich mir als Gott er-
weist, 22 dann soll der Stein, den ich als Steinmal
aufgestellt habe, ein Gotteshaus werden, und
von allem, was du mir schenkst, will ich dir den
zehnten Teil geben.

Jakobs Frauen und Söhne

29 Jakob machte sich auf und zog weiter ins
Land der Söhne des Ostens. 2 Eines Tages
sah er einen Brunnen auf freiem Feld. Dort lager-
ten drei Herden von Schafen und Ziegen; denn
aus dem Brunnen tränkte man die Herden. Ein
großer Stein lag über der Brunnenöffnung. 3 Wenn
sich dort alle Herden eingefunden hatten, schob
man den Stein von der Brunnenöffnung und
tränkte das Vieh. Dann schob man den Stein wie-
der zurück an seinen Platz über der Brunnenöff-
nung. 4 Jakob fragte die Leute dort: Meine Brüder,
woher seid ihr? Aus Haran, antworteten sie. 5 Da
sagte er zu ihnen: Kennt ihr Laban, den Sohn
Nahors? Ja, wir kennen ihn, antworteten sie.
6 Weiter fragte er sie: Geht es ihm gut? Sie entgeg-
neten: Ja, es geht ihm gut. Aber da kommt gerade
seine Tochter Rahel mit der Herde. 7 Da sagte er:
Es ist noch mitten am Tag und nicht die Zeit, das
Vieh zusammenzutreiben. Tränkt doch die Tiere,
dann geht, und weidet weiter! 8 Da sagten sie: Das
können wir nicht, bevor nicht alle Herden sich
eingefunden haben. Erst dann kann man den
Stein von der Brunnenöffnung wegschieben und
die Tiere tränken.
9 Während er sich noch mit ihnen unterhielt,
war Rahel mit der Herde, die ihrem Vater gehörte,
eingetroffen; denn sie war Hirtin. 10 Als Jakob Ra-
hel, die Tochter Labans, des Bruders seiner Mut-
ter, und dessen Herde sah, trat er hinzu, schob
den Stein von der Brunnenöffnung und tränkte
das Vieh Labans, des Bruders seiner Mutter.
11 Dann küßte er Rahel und begann laut zu wei-
nen. 12 Jakob sagte zu Rahel, daß er ein Bruder ih-
res Vaters und der Sohn Rebekkas sei. Da lief sie
weg und erzählte es ihrem Vater. 13 Als Laban von
Jakob, dem Sohn seiner Schwester, hörte, lief er
ihm entgegen; er umarmte und küßte ihn und
führte ihn in sein Haus. Jakob erzählte Laban die
ganze Geschichte. 14 Da erwiderte ihm Laban: Du
bist wirklich mein Bein und mein Fleisch.
Als Jakob etwa einen Monat bei ihm geblieben
war, 15 sagte Laban zu ihm: Sollst du mir umsonst
dienen, weil du mein Bruder bist? Sag mir, wel-
chen Lohn du haben willst. 16 Laban hatte zwei
Töchter; die ältere hieß Lea, die jüngere Rahel.
17 Die Augen Leas waren matt, Rahel aber war

schön von Gestalt und hatte ein schönes Gesicht.
18 Jakob hatte Rahel lieb, und so sagte er: Ich will
dir um die jüngere Tochter Rahel sieben Jahre die-
nen. 19 Laban entgegnete: Es ist besser, ich gebe
sie dir als einem anderen. Bleib bei mir! 20 Jakob
diente also um Rahel sieben Jahre. Weil er sie
liebte, kamen sie ihm wie wenige Tage vor.
21 Dann aber sagte er zu Laban: Gib mir jetzt
meine Frau; denn meine Zeit ist um, und ich will
nun zu ihr gehen. 22 Da ließ Laban alle Männer
des Ortes zusammenkommen und veranstaltete
ein Festmahl. 23 Am Abend nahm er aber seine
Tochter Lea, führte sie zu ihm, und Jakob wohnte
ihr bei. 24 Laban gab seine Magd Silpa seiner Toch-
ter Lea zur Magd. 25 Am Morgen stellte sich her-
aus: Es war Lea. Da sagte Jakob zu Laban: Was
hast du mir angetan? Habe ich dir denn nicht um
Rahel gedient? Warum hast du mich hintergan-
gen? 26 Laban erwiderte: Es ist hierzulande nicht
üblich, die Jüngere vor der Älteren zur Ehe zu ge-
ben. 27 Verbring mit dieser noch die Brautwoche,
dann soll dir auch die andere gehören um weitere
sieben Jahre Dienst. 28 Jakob ging darauf ein. Er
verbrachte mit Lea die Brautwoche, dann gab ihm
Laban seine Tochter Rahel zur Frau. 29 Laban gab
seine Magd Bilha seiner Tochter Rahel zur Magd.
30 Jakob wohnte Rahel ebenfalls bei, und er liebte
Rahel mehr als Lea. Er blieb noch weitere sieben
Jahre bei Laban im Dienst.

31 Als der Herr sah, daß Lea zurückgesetzt
wurde, öffnete er ihren Mutterschoß, Rahel aber
blieb unfruchtbar. 32 Lea wurde schwanger und
gebar einen Sohn. Sie nannte ihn Ruben (Seht, ein
Sohn!); denn sie sagte: Der Herr hat mein Elend
gesehen. Jetzt wird mein Mann mich lieben. 33 Sie
wurde abermals schwanger und gebar einen
Sohn. Da sagte sie: Der Herr hat gehört, daß ich
zurückgesetzt bin, und hat mir auch noch diesen
geschenkt. Sie nannte ihn Simeon (Hörer). 34 Sie
wurde noch einmal schwanger und gebar einen
Sohn. Da sagte sie: Jetzt endlich wird mein Mann
an mir hängen, denn ich habe ihm drei Söhne ge-
boren. Darum nannte sie ihn Levi (Anhang).
35 Abermals wurde sie schwanger und gebar ei-
nen Sohn. Da sagte sie: Diesmal will ich dem
Herrn danken. Darum nannte sie ihn Juda (Dank).
Dann bekam sie keine Kinder mehr.

30 Als Rahel sah, daß sie Jakob keine Kinder
gebar, wurde sie eifersüchtig auf ihre
Schwester. Sie sagte zu Jakob: Verschaff mir
Söhne! Wenn nicht, sterbe ich. 2 Da wurde Jakob
zornig auf Rahel und sagte: Nehme ich etwa die
Stelle Gottes ein, der dir die Leibesfrucht versagt?
3 Sie antwortete: Da ist meine Magd Bilha. Geh zu
ihr! Sie soll auf meine Knie gebären, dann komme
auch ich durch sie zu Kindern. 4 Sie gab ihm also
ihre Magd Bilha zur Frau, und Jakob ging zu ihr.
5 Bilha wurde schwanger und gebar Jakob einen
Sohn. 6 Rahel sagte: Gott hat mir Recht verschafft;
er hat auch meine Stimme gehört und mir einen
Sohn geschenkt. Deshalb nannte sie ihn Dan
(Richter). 7 Bilha, Rahels Magd, wurde abermals
schwanger und gebar Jakob einen zweiten Sohn.
8 Da sagte Rahel: Gotteskämpfe habe ich ausge-
standen mit meiner Schwester, und ich habe
mich durchgesetzt. So nannte sie ihn Naftali
(Kämpfer).

9 Als Lea sah, daß sie keine Kinder mehr bekam,
nahm sie ihre Magd Silpa und gab sie Jakob zur
Frau. 10 Leas Magd Silpa gebar Jakob einen Sohn.
11 Da sprach Lea: Glück auf! So nannte sie ihn Gad
(Glück). 12 Als Leas Magd Silpa Jakob einen zwei-
ten Sohn gebar, 13 sagte Lea: Mir zum Glück! Denn
die Frauen werden mich beglückwünschen. So
nannte sie ihn Ascher (Glückskind).

14 Einst ging Ruben zur Zeit der Weizenernte weg
und fand auf dem Feld Alraunen. Er brachte sie
seiner Mutter Lea mit. Da sagte Rahel zu Lea: Gib
mir doch ein paar von den Alraunen deines Soh-
nes! 15 Sie aber erwiderte ihr: Ist es dir nicht genug,
mir meinen Mann wegzunehmen? Nun willst du
mir auch noch die Alraunen meines Sohnes neh-
men? Da entgegnete Rahel: Gut, dann soll Jakob
für die Alraunen deines Sohnes heute nacht bei
dir schlafen. 16 Als Jakob am Abend vom Feld kam,
ging ihm Lea entgegen und sagte: Zu mir mußt du
kommen! Ich habe dich nämlich erworben um
den Preis der Alraunen meines Sohnes. So schlief
er in jener Nacht bei ihr. 17 Gott erhörte Lea. Sie
wurde schwanger und gebar Jakob einen fünften
Sohn. 18 Da sagte Lea: Gott hat mich dafür belohnt,
daß ich meine Magd meinem Mann gegeben
habe. Sie nannte ihn Issachar (Lohn). 19 Noch ein-
mal wurde Lea schwanger und gebar Jakob einen
sechsten Sohn. 20 Da sagte Lea: Gott hat mich mit
einem schönen Geschenk bedacht. Jetzt endlich
wird mein Mann bei mir bleiben, da ich ihm doch
sechs Söhne geboren habe. Sie nannte ihn also
Sebulon (Bleibe). 21 Schließlich gebar sie eine Toch-
ter und nannte sie Dina.

22 Nun erinnerte sich Gott an Rahel. Gott erhörte
sie und öffnete ihren Mutterschoß. 23 Sie wurde
schwanger und gebar einen Sohn. Da sagte sie:
Gott hat die Schande von mir genommen. 24 Sie
nannte ihn Josef (Zufüger) und sagte: Der Herr
gebe mir noch einen anderen Sohn hinzu.

Jakobs List gegen Laban

25 Nachdem Rahel Josef geboren hatte, sagte Jakob
zu Laban: Entlaß mich! Ich will in meine Heimat
ziehen. 26 Gib mir meine Frauen und Kinder, um
die ich dir gedient habe, damit ich gehen kann. Du
weißt ja um meinen Dienst, den ich dir geleistet
habe. 27 Laban antwortete ihm: Wenn ich nur dein
Wohlwollen finde! Ich stand unter günstigen Vorzeichen, und der Herr hat mich deinetwegen gesegnet. 28 Weiter sagte er: Bestimm selbst deinen
Lohn, und ich werde ihn dir aushändigen. 29 Da
sagte Jakob zu ihm: Du weißt um meinen Dienst
und um dein Vieh, das mir anvertraut war. 30 Das
wenige, das du hattest, bevor ich kam, hat sich gewaltig vermehrt, und der Herr hat dich gesegnet
für jeden meiner Schritte. Und jetzt – wann
werde auch ich etwas für mein eigenes Haus tun
können? 31 Da sagte Laban: Was soll ich dir geben?
Du brauchst mir weiter nichts zu geben, antwortete Jakob, wenn du mit folgendem Vorschlag einverstanden bist: Ich will dein Vieh weiterhin weiden und hüten. 32 Ich will heute unter deinem
Vieh umhergehen. Und du sondere dort alle
schwarzgesprenkelten oder schwarzscheckigen
und alle dunklen Schafe aus, ebenso die weißscheckigen und weißgesprenkelten Ziegen. Das
soll mein Lohn sein. 33 Morgen soll meine Redlichkeit offenbar werden, wenn du kommst, meinen Lohn zu besehen: Alles, was nicht weißgesprenkelt und weißscheckig unter den Ziegen
und dunkel unter den Lämmern ist, das soll als
von mir gestohlen gelten. 34 Gut, sagte Laban, wie
du gesagt hast, soll es geschehen.

35 Am selben Tag noch sonderte er die hellgestreiften und weißscheckigen Ziegenböcke aus
und alle weißgesprenkelten und weißscheckigen
Ziegen, alles, an dem etwas Weißes war, und alles Dunkle unter den Lämmern, und übergab es
seinen Söhnen. 36 Dann entfernte er sich drei Tagesmärsche von Jakob, der das übrige Vieh Labans weidete. 37 Nun holte sich Jakob frische Ruten von Silberpappeln, Mandelbäumen und
Platanen, schälte weiße Streifen heraus und legte
so das Weiße an den Ruten bloß. 38 Die geschälten
Ruten legte er in die Tröge, in die Wasserrinnen,
zu denen die Tiere zur Tränke kamen, gerade vor
die Tiere hin. Die Tiere begatteten sich, wenn sie
zur Tränke kamen. 39 Hatten sich die Tiere vor den
Ruten begattet, so warfen sie gestreifte, gesprenkelte und scheckige Junge. 40 Die Lämmer teilte
Jakob auf. Er richtete den Blick der Tiere auf das
Gestreifte und alles Dunkle in der Herde Labans.
So legte er sich selbst Herden zu und tat sie nicht
zum Vieh Labans. 41 Jedesmal nun, wenn sich die
kräftigen Tiere begatteten, legte Jakob die Ruten
in die Tröge, so daß die Tiere sie vor Augen hatten,
wenn sie sich begatteten. 42 Bei den schwächlichen Tieren aber legte er sie nicht hin. So wurden
die schwächlichen Labans, die kräftigen dagegen
Jakobs Eigentum, 43 und der Mann wurde überaus
reich; er besaß eine Menge Schafe und Ziegen,
Mägde und Knechte, Kamele und Esel.

Jakobs Trennung von Laban

31 Jakob hatte erfahren, daß die Söhne Labans sagten: Jakob hat alles, was unserem Vater gehört, weggenommen; auf Kosten unseres Vaters hat er sich so bereichert. 2 Jakob sah
Laban ins Gesicht: Laban war ihm nicht mehr zugetan wie früher. 3 Da sagte der Herr zu Jakob:
Kehr zurück in das Land deiner Väter und zu deiner Verwandtschaft! Ich bin mit dir. 4 Jakob ließ
Rahel und Lea auf das Feld zu seiner Herde rufen
5 und sagte zu ihnen: Ich sehe am Gesicht eures
Vaters, daß er mir nicht mehr so gesinnt ist wie
früher. Aber der Gott meines Vaters war mit mir.
6 Ihr wißt, daß ich mit allen Kräften eurem Vater
gedient habe. 7 Aber euer Vater hat mich hintergangen und meinen Lohn zehnmal geändert;
Gott freilich hat ihn daran gehindert, mich zu
schädigen. 8 Sagte er, die Gesprenkelten sollen
dein Lohn sein, dann warfen alle Tiere gesprenkelte Junge; sagte er, die Gestreiften sollen dein
Lohn sein, dann warfen alle Tiere gestreifte Junge.
9 Gott hat eurem Vater den Viehbestand entzogen
und ihn mir gegeben. 10 Zur Zeit, da die Tiere brünstig waren, hatte ich einen Traum; ich sah: Gestreifte, gesprenkelte und fleckige Böcke besprangen die Tiere. 11 Der Engel Gottes sprach im Traum
zu mir: Jakob! Ich antwortete: Hier bin ich. 12 Dann
sprach er: Schau hin: Alle Böcke, welche die Tiere
bespringen, sind gestreift, gesprenkelt oder gefleckt. Ich habe nämlich alles gesehen, was dir La-

ban antut. 13 Ich bin der Gott von Bet-El, wo du das Steinmal gesalbt und mir ein Gelübde gemacht hast. Jetzt auf, zieh fort aus diesem Land, und kehr in deine Heimat zurück! 14 Rahel und Lea antworteten ihm: Haben wir noch Anteil oder Erbe im Haus unseres Vaters? 15 Gelten wir ihm nicht wie Fremde? Er hat uns ja verkauft und sogar unser Geld aufgezehrt. 16 Ja, der ganze Reichtum, den Gott unserem Vater weggenommen hat, uns gehört er und unseren Söhnen. Nun also, tu jetzt alles, was Gott dir gesagt hat. 17 Da machte sich Jakob auf, hob seine Söhne und Frauen auf die Kamele 18 und führte sein ganzes Vieh fort, seinen ganzen Besitz an Vieh, den er in Paddan-Aram erworben hatte, um zu seinem Vater Isaak nach Kanaan zurückzukehren.

19 Laban war weggegangen, um seine Schafe zu scheren; da stahl Rahel die Götterbilder ihres Vaters, 20 und Jakob überlistete den Aramäer Laban: Er verriet ihm nicht, daß er sich davonmachen wollte. 21 Mit allem, was ihm gehörte, machte er sich auf und davon. Er überquerte den Strom (den Eufrat) und schlug die Richtung zum Gebirge von Gilead ein. 22 Am dritten Tag meldete man Laban, Jakob sei auf und davon. 23 Da nahm Laban seine Brüder mit und jagte ihm sieben Tage lang nach. Im Gebirge von Gilead war er ihm schon ganz nahe. 24 Gott aber kam in einem nächtlichen Traum zum Aramäer Laban und sprach zu ihm: Hüte dich, Jakob auch nur das Geringste vorzuwerfen.

25 Laban holte Jakob ein, als dieser gerade im Gebirge die Zelte aufgeschlagen hatte. Da schlug auch Laban mit seinen Brüdern im Gebirge von Gilead die Zelte auf. 26 Laban sagte nun zu Jakob: Was hast du getan? Du hast mich überlistet und meine Töchter wie Kriegsgefangene weggeführt. 27 Warum hast du mir verheimlicht, daß du dich davonmachen wolltest, und warum hast du mich überlistet und mir nichts gesagt? Ich hätte dir gern das Geleit gegeben mit Gesang, Pauken und Harfen. 28 Du hast mir aber nicht einmal gestattet, meine Söhne und Töchter zu küssen. Da hast du töricht gehandelt. 29 Es stünde in meiner Macht, euch Schlimmes anzutun; aber der Gott eures Vaters hat mir gestern nacht gesagt: Hüte dich, Jakob auch nur das Geringste vorzuwerfen. 30 Nun bist du also fortgezogen, weil du Heimweh hattest nach deinem Vaterhaus. Aber warum hast du meine Götter gestohlen? 31 Jakob erwiderte Laban: Ich fürchtete mich und meinte, du könntest mir deine Töchter wegnehmen. 32 Bei wem du aber deine Götter findest, der soll nicht am Leben bleiben. In Gegenwart unserer Brüder durchsuche, was ich habe, und nimm, was dein ist. Jakob wußte nicht, daß Rahel die Götter gestohlen hatte.

33 Laban betrat das Zelt Jakobs, das Zelt der Lea und das der beiden Mägde, fand aber nichts. Vom Zelt der Lea ging er in das Zelt Rahels. 34 Rahel hatte die Götterbilder genommen, sie in die Satteltasche des Kamels gelegt und sich daraufgesetzt. Laban durchstöberte das ganze Zelt, fand aber nichts. 35 Rahel aber sagte zu ihrem Vater: Sei nicht böse, mein Herr! Ich kann vor dir nicht aufstehen, es geht mir gerade, wie es eben Frauen ergeht. Er suchte weiter, die Götterbilder aber fand er nicht.

36 Da wurde Jakob zornig und begann mit Laban zu streiten. Jakob ergriff das Wort und sagte zu Laban: Was habe ich verbrochen, was habe ich Unrechtes getan, daß du mir nachhetzt? 37 Alle meine Sachen hast du durchstöbert. Was hast du gefunden an Sachen, die zu deinem Haus gehören? Leg sie her vor meine und deine Brüder, und sie sollen zwischen uns beiden entscheiden. 38 Schon zwanzig Jahre bin ich bei dir. Deine Schafe und Ziegen hatten keinen Fehlwurf. Die Böcke deiner Herde habe ich nicht aufgezehrt. 39 Gerissenes Vieh habe ich dir nicht gebracht; ich habe es selbst ersetzt. Du hättest ja doch Ersatz gefordert, ob es mir nun bei Tag oder bei Nacht abhanden kam. 40 So ging es mir: Bei Tag fraß mich die Hitze, der Frost bei Nacht, und der Schlaf floh meine Augen. 41 Schon zwanzig Jahre diene ich in deinem Haus, vierzehn Jahre um deine beiden Töchter und sechs Jahre um dein Vieh. Du aber hast meinen Lohn zehnmal geändert. 42 Wäre nicht der Gott meines Vaters, der Gott Abrahams und der Schrecken Isaaks, für mich eingetreten, dann hättest du mich jetzt mit leeren Händen weggeschickt. Doch Gott hat mein Elend und die Mühe meiner Hände gesehen, und gestern nacht hat er entschieden. 43 Darauf ergriff Laban das Wort und sagte zu Jakob: Die Töchter sind meine Töchter, und die Söhne sind meine Söhne, und das Vieh ist mein Vieh, und alles, was du siehst, gehört mir. Was kann ich heute für meine Töchter tun oder für die Söhne, die sie geboren haben? 44 Jetzt aber komm, wir wollen einen Vertrag schließen, ich und du. Der Vertrag soll Zeuge sein zwischen

mir und dir. 45 Da nahm Jakob einen Stein und
richtete ihn als Steinmal auf. 46 Jakob sagte zu sei-
nen Brüdern: Tragt Steine zusammen! Da holten
sie Steine und legten einen Steinhügel an. Dort
auf dem Steinhügel aßen sie. 47 Laban nannte ihn
Jegar-Sahaduta, und Jakob nannte ihn Gal-Ed.
48 Dieser Steinhügel, sagte Laban, soll heute Zeuge
sein zwischen mir und dir. Darum gab er ihm den
Namen Gal-Ed (Zeugenhügel) 49 und Mizpa (Späh-
turm), weil er sagte: Der Herr sei Späher zwi-
schen mir und dir, wenn wir voneinander nichts
mehr wissen. 50 Solltest du meine Töchter
schlecht behandeln oder dir außer meinen Töch-
tern noch andere Frauen nehmen – auch wenn
kein Mensch bei uns ist: Sieh, Gott ist Zeuge zwi-
schen mir und dir. 51 Weiter sagte Laban zu Jakob:
Hier, dieser Steinhügel, hier, dieses Steinmal, das
ich zwischen mir und dir errichtet habe – 52 Zeuge
sei dieser Steinhügel. Zeuge sei dieses Steinmal:
Nie will ich diesen Steinhügel in böser Absicht
gegen dich überschreiten, und nie sollst du diesen
Steinhügel oder dieses Steinmal in böser Absicht
gegen mich überschreiten. 53 Der Gott Abrahams
und der Gott Nahors seien Richter zwischen uns.
Da leistete Jakob einen Eid beim Schrecken seines
Vaters Isaak. 54 Dann schlachtete Jakob auf dem
Berg ein Opfertier und lud seine Brüder zum
Mahl ein. Sie aßen und verbrachten die Nacht auf
dem Berg.

32 Früh am Morgen stand Laban auf, küßte
seine Söhne und Töchter und segnete sie.
Dann machte er sich auf den Weg und kehrte
nach Hause zurück.

Die Boten und Geschenke für Esau

2 Auch Jakob zog seines Weges. Da begegneten
ihm Engel Gottes. 3 Als Jakob sie erblickte, sagte
er: Das ist das Heerlager Gottes. Dem Ort gab er
darum den Namen Mahanajim (Doppellager).

4 Jakob sandte Boten vor sich her zu seinem Bru-
der Esau nach Seïr, in das Gebiet von Edom. 5 Er
trug ihnen auf: Ihr sollt Esau, meinem Herrn, sa-
gen: So sagt dein Knecht Jakob: Bei Laban habe
ich mich aufgehalten und bin bis jetzt ausgeblie-
ben. 6 Ich habe Ochsen und Esel, Schafe und Zie-
gen, Knechte und Mägde. Ich gebe nun meinem
Herrn durch Boten Nachricht, um dein Wohlwol-
len zu finden.

7 Die Boten kehrten zu Jakob zurück und berich-
teten: Als wir zu deinem Bruder Esau kamen, war
auch er schon unterwegs zu dir. Vierhundert
Mann hat er bei sich. 8 Jakob wurde angst und
bange. Er teilte seine Leute, die Schafe und Zie-
gen, die Rinder und Kamele auf zwei Lager auf
9 und sagte: Wenn Esau zu dem einen Lager
kommt und es niedermacht, dann kann das an-
dere Lager entkommen. 10 Und Jakob sagte: Du
Gott meines Vaters Abraham und Gott meines Va-
ters Isaak, Herr, du hast mir gesagt: Kehr in deine
Heimat und zu deiner Verwandtschaft zurück; ich
werde es dir gut gehen lassen. 11 Ich bin nicht wert
all der Hulderweise und all der Treue, die du dei-
nem Knecht erwiesen hast. Denn nur mit einem
Stab habe ich den Jordan dort überschritten, und
jetzt sind aus mir zwei Lager geworden. 12 Entreiß
mich doch der Hand meines Bruders, der Hand
Esaus! Ich fürchte nämlich, er könnte kommen
und mich erschlagen, Mutter und Kinder. 13 Du
hast doch gesagt: Ich will es dir gut gehen lassen
und will deine Nachkommen zahlreich machen
wie den Sand am Meer, den niemand zählen
kann vor Menge.

14 Er brachte dort jene Nacht zu. Dann stellte
er von allem, was er gerade zur Hand hatte, ein
Geschenk für seinen Bruder Esau zusammen:
15 zweihundert Ziegen und zwanzig Böcke, zwei-
hundert Mutterschafe und zwanzig Widder,
16 dreißig säugende Kamele mit ihren Jungen, vier-
zig Kühe und zehn Stiere, zwanzig Eselinnen und
zehn Esel. 17 Er übergab sie, nach Herden geson-
dert, seinen Knechten und sagte zu ihnen: Zieht
mir voraus, und haltet zwischen den einzel-
nen Herden Abstand. 18 Dem ersten trug er auf:
Wenn du auf meinen Bruder Esau triffst und
er dich ausfragt: Zu wem gehörst du, wohin
gehst du, und wem gehört das da vor dir?, 19 dann
sag: Deinem Knecht Jakob. Ein Geschenk ist es,
gesandt an meinen Herrn, an Esau. Schau, dort
hinter uns kommt er auch schon selbst. 20 Auch
dem zweiten und dritten, allen, die hinter den
einzelnen Herden schritten, trug er auf: Im
gleichen Sinn redet mit Esau, wenn ihr ihn trefft.
21 Sagt: Schau, dort kommt dein Knecht Jakob auch
schon hinter uns. Denn Jakob sagte sich: Ich will
ihn mit der geschenkten Herde, die vor mir
herzieht, beschwichtigen, und ihm dann erst
unter die Augen treten. Vielleicht nimmt er mich
freundlich auf. 22 Die Herde, die er schenken
wollte, zog ihm also voraus, er aber brachte jene
Nacht im Lager zu.

Jakobs Kampf mit Gott

23 In derselben Nacht stand er auf, nahm seine bei-
den Frauen, seine beiden Mägde sowie seine elf
Söhne und durchschritt die Furt des Jabbok. 24 Er
nahm sie und ließ sie den Fluß überqueren. Dann
schaffte er alles hinüber, was ihm sonst noch
gehörte. 25 Als nur noch er allein zurückgeblieben
war, rang mit ihm ein Mann, bis die Morgenröte
aufstieg. 26 Als der Mann sah, daß er ihm nicht bei-
kommen konnte, schlug er ihn aufs Hüftgelenk.
Jakobs Hüftgelenk renkte sich aus, als er mit ihm
rang. 27 Der Mann sagte: Laß mich los; denn die
Morgenröte ist aufgestiegen. Jakob aber entgeg-
nete: Ich lasse dich nicht los, wenn du mich nicht
segnest. 28 Jener fragte: Wie heißt du? Jakob, ant-
wortete er. 29 Da sprach der Mann: Nicht mehr
Jakob wird man dich nennen, sondern Israel
(Gottesstreiter); denn mit Gott und Menschen
hast du gestritten und hast gewonnen. 30 Nun
fragte Jakob: Nenne mir doch deinen Namen! Je-
ner entgegnete: Was fragst du mich nach meinem
Namen? Dann segnete er ihn dort. 31 Jakob gab
dem Ort den Namen Penuël (Gottesgesicht) und
sagte: Ich habe Gott von Angesicht zu Angesicht
gesehen und bin doch mit dem Leben davonge-
kommen.
32 Die Sonne schien bereits auf ihn, als er durch
Penuël zog; er hinkte an seiner Hüfte. 33 Darum es-
sen die Israeliten den Muskelstrang über dem
Hüftgelenk nicht bis auf den heutigen Tag; denn
er hat Jakob aufs Hüftgelenk, auf den Hüftmuskel
geschlagen.

Jakobs Versöhnung mit Esau

33 Jakob blickte auf und sah: Esau kam und
mit ihm vierhundert Mann. Da verteilte
er die Kinder auf Lea und Rahel und auf die bei-
den Mägde. 2 Die Mägde und deren Kinder stellte
er vorn hin, dahinter Lea und ihre Kinder und zu-
letzt Rahel und Josef. 3 Er trat vor und warf sich sie-
benmal zur Erde nieder, bis er vor seinem Bruder
stand. 4 Esau lief ihm entgegen, umarmte ihn und
fiel ihm um den Hals; er küßte ihn, und sie wein-
ten. 5 Dann blickte Esau auf und sah die Frauen
mit den Kindern. Er fragte: Wer sind die dort bei
dir? Die Kinder, erwiderte er, die Gott deinem
Knecht aus Wohlwollen geschenkt hat.
6 Die Mägde und ihre Kinder kamen näher und
warfen sich nieder. 7 Dann kamen auch Lea und
ihre Kinder und warfen sich nieder, und zuletzt
kamen Josef und Rahel und warfen sich nieder.
8 Da fragte Esau: Was willst du mit dem ganzen
Auftrieb dort, auf den ich gestoßen bin? Jakob er-
widerte: Ich wollte das Wohlwollen meines
Herrn finden. 9 Darauf sagte Esau: Ich habe selber
genug, Bruder. Behalte, was dir gehört. 10 Nicht
doch, entgegnete Jakob, wenn ich dein Wohlwol-
len gefunden habe, dann nimm das Geschenk aus
meiner Hand an! Denn dafür habe ich dein Ange-
sicht gesehen, wie man das Angesicht Gottes
sieht, und du bist mir wohlwollend begegnet.
11 Nimm doch mein Begrüßungsgeschenk an, das
man dir überbracht hat. Denn Gott hat mir Wohl-
wollen erwiesen, und ich habe alles, was ich
brauche. Er drängte ihn, bis er annahm.
12 Darauf machte Esau den Vorschlag: Brechen
wir auf, und ziehen wir weiter. Ich will an deiner
Seite ziehen. 13 Jakob entgegnete ihm: Mein Herr
weiß, daß die Kinder noch Schonung brauchen;
auch habe ich für säugende Schafe und Rinder zu
sorgen. Überanstrengt man sie nur einen einzi-
gen Tag, so geht das ganze Vieh ein. 14 Mein Herr
ziehe doch seinem Knecht voraus. Ich aber will
mich dem gemächlichen Gang der Viehherden
vor mir und dem Schritt der Kinder anpassen, bis
ich zu meinem Herrn nach Seïr komme. 15 Darauf
sagte Esau: Ich will dir einige von meinen Leuten
zuweisen. Wozu? erwiderte Jakob, ich finde ja das
Wohlwollen meines Herrn.
16 Esau kehrte an jenem Tag um und zog nach
Seïr zurück. 17 Jakob brach nach Sukkot auf. Er
baute sich ein Haus, und für sein Vieh errichtete
er Hütten. Darum gab er dem Ort den Namen
Sukkot (Hütten). 18 Jakob gelangte, als er aus
Paddan-Aram kam, wohlbehalten bis Sichem in
Kanaan und schlug vor der Stadt sein Lager auf.
19 Das Grundstück, auf dem er sein Zelt auf-
spannte, erwarb er von den Söhnen Hamors, des
Vaters von Sichem, für hundert Kesita. 20 Dort er-
richtete er einen Altar und nannte ihn: Gott, der
Gott Israels.

Die Rache der Jakobssöhne an den Sichemiten

34 Dina, die Tochter, die Lea Jakob geboren
hatte, ging aus, um sich die Töchter des
Landes anzusehen. 2 Sichem, der Sohn des Hiwi-
ters Hamor, des Landesfürsten, erblickte sie; er er-
griff sie, legte sich zu ihr und vergewaltigte sie.
3 Er faßte Zuneigung zu Dina, der Tochter Jakobs,
er liebte das Mädchen und redete ihm gut zu. 4 Zu

seinem Vater Hamor sagte Sichem: Nimm mir die-
ses Mädchen zur Frau!
5 Jakob hörte, daß man seine Tochter Dina ent-
ehrt hatte. Seine Söhne waren gerade auf dem
Feld bei seiner Herde, und so behielt Jakob die Sa-
che für sich bis zu ihrer Rückkehr. 6 Inzwischen
kam Hamor, der Vater Sichems, zu Jakob heraus,
um mit ihm darüber zu reden. 7 Als Jakobs Söhne
vom Feld kamen und davon erfuhren, empfanden
sie das als Beleidigung und wurden sehr zornig;
eine Schandtat hatte Sichem an Israel begangen,
weil er der Tochter Jakobs beiwohnte; so etwas
darf man nicht tun.
8 Hamor redete mit ihnen und sagte: Mein Sohn
Sichem hat zu eurer Tochter Zuneigung gefaßt.
Gebt sie ihm doch zur Frau! 9 Verschwägern
wir uns; gebt uns eure Töchter, und nehmt die
unseren! 10 Ihr könnt euch bei uns ansiedeln, und
das Land steht euch offen. Bleibt da, geht hier eu-
ren Geschäften nach, und macht euch im Land
ansässig! 11 Sichem sagte zu Dinas Vater und zu
ihren Brüdern: Finde ich euer Wohlwollen, dann
will ich geben, was ihr auch von mir verlangt.
12 Legt mir ruhig ein sehr hohes Heiratsgeld und
eine hohe Brautgabe auf! Ich will geben, was ihr
von mir verlangt. Nur gebt mir das Mädchen zur
Frau!
13 Die Söhne Jakobs gaben Sichem und seinem
Vater Hamor, als sie die Verhandlungen aufnah-
men, eine hinterhältige Antwort, weil er ihre
Schwester entehrt hatte. 14 Sie sagten zu ihnen:
Wir können uns nicht darauf einlassen, unsere
Schwester einem Unbeschnittenen zu geben;
denn das gilt bei uns als Schande. 15 Nur unter der
Bedingung gehen wir auf euren Vorschlag ein,
daß ihr euch uns anpaßt und alle männlichen Per-
sonen beschneiden laßt. 16 Dann würden wir euch
unsere Töchter geben, und wir könnten eure
Töchter nehmen; wir könnten mit euch zusam-
men wohnen und ein einziges Volk werden.
17 Wollt ihr aber von der Beschneidung nichts wis-
sen, so nehmen wir unsere Tochter zurück und
ziehen fort. 18 Hamor und sein Sohn Sichem wa-
ren mit ihrem Vorschlag einverstanden. 19 Der
junge Mann verlor keine Zeit, die Angelegenheit
zu regeln; denn er hatte die Tochter Jakobs lieb,
und er war der einflußreichste von allen im Hause
seines Vaters.
20 Hamor und sein Sohn Sichem gingen an das
Tor ihrer Stadt und sprachen zu ihren Mitbür-
gern: 21 Jene Leute sind uns friedlich gesinnt. Sie
könnten sich im Land ansiedeln und ihren Ge-
schäften nachgehen. Das Land hat ja nach allen
Seiten Platz genug für sie. Wir könnten ihre
Töchter zu Frauen nehmen und unsere Töchter
ihnen geben. 22 Allerdings wollen die Männer
bloß unter der Bedingung auf unseren Vorschlag
eingehen, mit uns zusammen zu wohnen und
ein einziges Volk zu werden, daß sich bei uns
alle Männer beschneiden lassen, so wie sie be-
schnitten sind. 23 Ihre Herden, ihr Besitz, ihr
Vieh, könnte das nicht alles uns gehören? Ge-
hen wir also auf ihren Vorschlag ein, dann wer-
den sie bei uns bleiben. 24 Alle, die durch das Tor
der Stadt ausziehen, hörten auf Hamor und sei-
nen Sohn Sichem; und alle Männer, alle, die
durch das Tor seiner Stadt ausziehen, ließen sich
beschneiden.
25 Am dritten Tag aber, als sie an Wundfieber
litten, griffen zwei Söhne Jakobs, Simeon und
Levi, die Brüder Dinas, zum Schwert, überfielen
ungefährdet die Stadt und brachten alles Männli-
che um. 26 Hamor und seinen Sohn Sichem mach-
ten sie mit dem Schwert nieder, holten Dina aus
dem Hause Sichems und gingen davon. 27 Dann
machten sich die Söhne Jakobs über die Erschla-
genen her und plünderten die Stadt, weil man
ihre Schwester entehrt hatte. 28 Ihre Schafe und
Rinder, ihre Esel und was es sonst in der Stadt
oder auf dem Feld gab, nahmen sie mit. 29 Ihre
ganze Habe, all ihre Kinder und Frauen führten
sie fort und raubten alles, was sich in den Häusern
fand.
30 Jakob sagte darauf zu Simeon und Levi: Ihr
stürzt mich ins Unglück. Ihr habt mich in Verruf
gebracht bei den Bewohnern des Landes, den
Kanaanitern und Perisitern. Meine Männer kann
man an den Fingern abzählen. Jene werden sich
gegen mich zusammentun und mich niederma-
chen. Dann ist es vorbei mit mir und meinem
Haus. 31 Die Söhne aber sagten: Durfte er unsere
Schwester wie eine Dirne behandeln?

Jakob wieder in Bet-El

35 Gott sprach zu Jakob: Zieh nach Bet-El
hinauf, und laß dich dort nieder! Errichte
dort einen Altar dem Gott, der dir auf der Flucht
vor deinem Bruder Esau erschienen ist. 2 Dann
sagte Jakob zu seinem Haus und zu allen, die zu
ihm gehörten: Entfernt die fremden Götter aus

eurer Mitte, reinigt euch, und wechselt eure Klei-
der! 3 Wir wollen uns aufmachen und nach Bet-El
hinaufziehen. Dort will ich einen Altar für den
Gott errichten, der mich am Tag meiner Bedräng-
nis erhört hat und der auf meinem Weg mit mir
war. 4 Sie übergaben Jakob alle fremden Götter,
die sie hatten, und die Ringe an ihren Ohren. Ja-
kob vergrub sie unter der Eiche bei Sichem.
5 Dann brachen sie auf. Da überkam ein Gottes-
schrecken die Städte ringsum, und so verfolgten
sie die Söhne Jakobs nicht. 6 Jakob kam nach Lus
in Kanaan, das jetzt Bet-El heißt, er und alles Volk,
das bei ihm war.

7 Er baute dort einen Altar und nannte die Stätte
»Gott von Bet-El«; denn auf der Flucht vor seinem
Bruder hatte Gott sich ihm dort offenbart.

8 Debora, die Amme Rebekkas, starb. Man be-
grub sie unterhalb von Bet-El unter der Eiche. Er
gab ihr den Namen Träneneiche.

9 Gott erschien Jakob noch einmal nach seiner
Rückkehr aus Paddan-Aram und segnete ihn.
10 Gott sprach zu ihm: Dein Name ist Jakob. Dein
Name soll jedoch nicht mehr Jakob lauten, son-
dern Israel soll dein Name sein. Er gab ihm also
den Namen Israel. 11 Und Gott sprach zu ihm: Ich
bin Gott, der Allmächtige. Sei fruchtbar, und ver-
mehre dich! Ein Volk, eine Schar von Völkern soll
aus dir hervorgehen, Könige sollen deinen Len-
den entstammen. 12 Das Land, das ich Abraham
und Isaak gegeben habe, will ich dir geben, und
auch deinen Nachkommen will ich es geben.
13 Dann fuhr Gott von dem Ort, an dem er mit ihm
geredet hatte, zum Himmel auf.

14 Jakob richtete an dem Ort, wo Gott mit ihm ge-
redet hatte, ein Steinmal, einen Gedenkstein, auf.
Darüber schüttete er ein Trankopfer und goß Öl
darauf. 15 Jakob gab dem Ort, an dem Gott mit ihm
geredet hatte, den Namen Bet-El.

Benjamins Geburt und Rahels Tod

16 Sie brachen von Bet-El auf. Nur ein kleines Stück
Weg war es noch bis Efrata, als Rahel gebar. Sie
hatte eine schwere Geburt. 17 Als sie bei der Ge-
burt schwer litt, redete ihr die Amme zu: Fürchte
dich nicht, auch diesmal hast du einen Sohn.
18 Während ihr das Leben entfloh – sie mußte
nämlich sterben –, gab sie ihm den Namen Ben-
Oni (Unheilskind); sein Vater aber nannte ihn
Benjamin (Erfolgskind). 19 Als Rahel gestorben
war, begrub man sie an der Straße nach Efrata,
das jetzt Betlehem heißt. 20 Jakob errichtete ein
Steinmal über ihrem Grab. Das ist das Grabmal
Rahels bis auf den heutigen Tag.

Die Söhne Jakobs und der Tod Isaaks

21 Israel brach auf und schlug sein Zelt jenseits von
Migdal-Eder auf. 22 Während Israel in jenem Land
wohnte, ging Ruben hin und schlief mit Bilha, der
Nebenfrau seines Vaters. Israel hörte davon. Jakob
hatte zwölf Söhne. 23 Die Söhne Leas waren: Ru-
ben, der Erstgeborene Jakobs, ferner Simeon,
Levi, Juda, Issachar und Sebulon. 24 Die Söhne Ra-
hels waren: Josef und Benjamin. 25 Die Söhne Bil-
has, der Magd Rahels, waren: Dan und Naftali.
26 Die Söhne Silpas, der Magd Leas, waren: Gad
und Ascher. Das waren die Söhne Jakobs, die ihm
in Paddan-Aram geboren wurden.

27 Jakob kam zu seinem Vater Isaak nach Mamre,
nach Kirjat-Arba, das jetzt Hebron heißt, wo sich
Abraham und Isaak als Fremde aufgehalten
hatten. 28 Isaak wurde hundertachtzig Jahre alt,
29 dann verschied er. Er starb und wurde mit sei-
nen Vorfahren vereint, betagt und satt an Jahren.
Seine Söhne Esau und Jakob begruben ihn.

Die Nachkommen Esaus

36 Das ist die Geschlechterfolge nach Esau,
der auch Edom hieß: 2 Esau nahm sich
seine Frauen aus den Töchtern Kanaans: Ada, die
Tochter des Hetiters Elon, Oholibama, die Tochter
des Ana, eines Sohnes des Hiwiters Zibon, 3 und
Basemat, die Tochter Ismaels, eine Schwester Ne-
bajots. 4 Ada gebar dem Esau Elifas, Basemat gebar
Reguël, 5 und Oholibama gebar Jëusch, Jalam und
Korach. Das waren die Söhne Esaus, die ihm in
Kanaan geboren wurden.

6 Esau nahm seine Frauen, Söhne und Töchter,
alle Personen seines Hauses und seinen Besitz, all
sein Vieh und seine ganze Habe, die er in Kanaan
erworben hatte, und zog in ein anderes Land, fort
von seinem Bruder Jakob. 7 Ihr Besitz war nämlich
zu groß, als daß sie zusammen hätten wohnen
können. Das Land, in dem sie lebten, konnte we-
gen ihres Viehbestandes nicht beide ernähren.
8 So ließ sich Esau im Bergland Seïr nieder. Esau ist
Edom.

9 Das ist die Geschlechterfolge nach Esau, dem
Stammvater von Edom im Bergland Seïr. 10 Die
Namen der Söhne Esaus sind: Elifas, der Sohn der
Ada, der Frau Esaus, und Reguël, der Sohn Base-

mats, der Frau Esaus. 11 Die Söhne des Elifas sind:
Teman, Omar, Zefo, Gatam und Kenas. 12 Timna
war die Nebenfrau des Elifas, des Sohnes Esaus.
Sie gebar dem Elifas Amalek. Das waren die
Söhne Adas, der Frau Esaus. 13 Die Söhne Reguëls
sind: Nahat, Serach, Schamma und Misa. Das wa-
ren die Söhne Basemats, der Frau Esaus. 14 Die
Söhne, die Oholibama, die Frau Esaus und Toch-
ter Anas, eines Sohnes Zibons, Esau gebar, sind:
Jëusch, Jalam und Korach.

15 Das sind die Häuplinge der Söhne Esaus: die
Söhne des Elifas, des Erstgeborenen Esaus:
Häuptling Teman, Häuptling Omar, Häuptling
Zefo, Häuptling Kenas, 16 Häuptling Korach, Häupt-
ling Gatam, Häuptling Amalek. Das waren die
Häuptlinge des Elifas in Edom, lauter Söhne der
Ada.

17 Das sind die Söhne Reguëls, des Sohnes Esaus:
Häuptling Nahat, Häuptling Serach, Häuptling
Schamma, Häuptling Misa. Das waren die Häupt-
linge Reguëls in Edom; sie waren die Söhne Ba-
semats, der Frau Esaus.

18 Das sind die Söhne Oholibamas, der Frau Es-
aus: Häuptling Jëusch, Häuptling Jalam, Häuptling
Korach. Das waren die Häuptlinge, die von Oho-
libama, der Frau Esaus und Tochter Anas, ab-
stammten.

19 Das waren also die Söhne Esaus und deren
Häuptlinge. Das ist Edom.

20 Das sind die Söhne des Horiters Seïr, die Ein-
wohner des Landes: Lotan, Schobal, Zibon, Ana,
21 Dischon, Ezer und Dischan. Das waren die
Häuptlinge der Horiter, der Söhne Seïrs, in Edom.

22 Die Söhne Lotans sind: Hori und Hemam. Die
Schwester Lotans ist Timna. 23 Das sind die Söhne
Schobals: Alwan, Manahat, Ebal, Schefi und
Onam. 24 Die Söhne Zibons sind: Aja und Ana.
Das ist jener Ana, der das Wasser in der Wüste
fand, als er die Esel seines Vaters Zibon weidete.
25 Die Kinder Anas sind: Dischon und Oholibama,
die Tochter Anas. 26 Die Söhne Dischons sind:
Hemdan, Eschban, Jitran und Keran. 27 Die Söhne
Ezers sind: Bilhan, Saawan und Akan. 28 Die
Söhne Dischans sind: Uz und Aran.

29 Die Häuptlinge der Horiter sind: Häuptling Lo-
tan, Häuptling Schobal, Häuptling Zibon, Häupt-
ling Ana, 30 Häuptling Dischon, Häuptling Ezer,
Häuptling Dischan. Das waren die Häuptlinge der
Horiter nach ihren Stämmen in Seïr.

31 Die Könige, die in Edom regierten, bevor bei
den Israeliten ein König regierte, waren folgende:
32 In Edom regierte Bela, der Sohn Beors; seine
Stadt hieß Dinhaba. 33 Als Bela starb, wurde König
an seiner Stelle Jobab, der Sohn Serachs aus
Bozra. 34 Als Jobab starb, wurde König an seiner
Stelle Huscham aus dem Land der Temaniter.
35 Als Huscham starb, wurde König an seiner
Stelle Hadad, der Sohn Bedads, der Midian im
Grünland von Moab schlug; seine Stadt hieß
Awit. 36 Als Hadad starb, wurde König an seiner
Stelle Samla aus Masreka. 37 Als Samla starb,
wurde König an seiner Stelle Schaul aus Rehobot
am Strom (Eufrat). 38 Als Schaul starb, wurde Kö-
nig an seiner Stelle Baal-Hanan, der Sohn Ach-
bors. 39 Als Baal-Hanan, der Sohn Achbors, starb,
wurde König an seiner Stelle Hadar; seine Stadt
hieß Pagu. Seine Frau hieß Mehetabel; sie war die
Tochter Matreds und Enkelin Me-Sahabs.

40 Das sind die Namen der Häuptlinge Esaus
nach ihren Sippenverbänden, Orten und Namen:
Häuptling Timna, Häuptling Alwa, Häuptling
Jetet, 41 Häuptling Oholibama, Häuptling Ela,
Häuptling Pinon, 42 Häuptling Kenas, Häuptling Te-
man, Häuptling Mibzar, 43 Häuptling Magdiël,
Häuptling Iram. Das waren die Häuptlinge Edoms
nach ihren Siedlungsgebieten in dem Land, das
sie besaßen. Soviel über Esau, den Stammvater
von Edom.

Die Söhne Jakobs: 37,1–50,26

Josef und seine Brüder

37 Jakob ließ sich in dem Land nieder, in
dem sich sein Vater als Fremder aufge-
halten hatte, in Kanaan. 2 Das ist die Geschlech-
terfolge nach Jakob: Als Josef siebzehn Jahre
zählte, also noch jung war, weidete er mit sei-
nen Brüdern, den Söhnen Bilhas und Silpas, der
Frauen seines Vaters, die Schafe und Ziegen. Jo-
sef hinterbrachte ihrem Vater, was die Brüder
Böses taten. 3 Israel liebte Josef unter allen seinen
Söhnen am meisten, weil er ihm noch in hohem
Alter geboren worden war. Er ließ ihm einen

Ärmelrock machen. 4 Als seine Brüder sahen,
daß ihr Vater ihn mehr liebte als alle seine Brü-
der, haßten sie ihn und konnten mit ihm kein
gutes Wort mehr reden.
5 Einst hatte Josef einen Traum. Als er ihn seinen
Brüdern erzählte, haßten sie ihn noch mehr. 6 Er
sagte zu ihnen: Hört, was ich geträumt habe. 7 Wir
banden Garben mitten auf dem Feld. Meine Garbe
richtete sich auf und blieb auch stehen. Eure Gar-
ben umringten sie und neigten sich tief vor meiner
Garbe. 8 Da sagten seine Brüder zu ihm: Willst du
etwa König über uns werden oder dich als Herr
über uns aufspielen? Und sie haßten ihn noch
mehr wegen seiner Träume und seiner Worte.
9 Er hatte noch einen anderen Traum. Er erzählte
ihn seinen Brüdern und sagte: Ich träumte noch
einmal: Die Sonne, der Mond und elf Sterne ver-
neigten sich tief vor mir. 10 Als er davon seinem Va-
ter und seinen Brüdern erzählte, schalt ihn sein
Vater und sagte zu ihm: Was soll das, was du da
geträumt hast? Sollen wir vielleicht, ich, deine
Mutter und deine Brüder, kommen und uns vor
dir zur Erde niederwerfen? 11 Seine Brüder waren
eifersüchtig auf ihn, sein Vater aber vergaß die Sa-
che nicht.
12 Als seine Brüder fortgezogen waren, um das
Vieh ihres Vaters bei Sichem zu weiden, 13 sagte
Israel zu Josef: Deine Brüder weiden bei Sichem
das Vieh. Geh, ich will dich zu ihnen schicken. Er
antwortete: Ich bin bereit. 14 Da sagte der Vater zu
ihm: Geh doch hin und sieh, wie es deinen Brü-
dern und dem Vieh geht, und berichte mir! So
schickte er ihn aus dem Tal von Hebron fort, und
Josef kam nach Sichem.
15 Ein Mann traf ihn, wie er auf dem Feld um-
herirrte; er fragte ihn: Was suchst du? 16 Josef ant-
wortete: Meine Brüder suche ich. Sag mir doch,
wo sie das Vieh weiden. 17 Der Mann antwortete:
Sie sind von hier weitergezogen. Ich habe näm-
lich gehört, wie sie sagten: Gehen wir nach Do-
tan. Da ging Josef seinen Brüdern nach und fand
sie in Dotan.
18 Sie sahen ihn von weitem. Bevor er jedoch
nahe an sie herangekommen war, faßten sie den
Plan, ihn umzubringen. 19 Sie sagten zueinander:
Dort kommt ja dieser Träumer. 20 Jetzt aber auf, er-
schlagen wir ihn, und werfen wir ihn in eine der
Zisternen. Sagen wir, ein wildes Tier habe ihn ge-
fressen. Dann werden wir ja sehen, was aus sei-
nen Träumen wird.
21 Ruben hörte das und wollte ihn aus ihrer Hand
retten. Er sagte: Begehen wir doch keinen Mord.
22 Und Ruben sagte zu ihnen: Vergießt kein Blut!
Werft ihn in die Zisterne da in der Steppe, aber legt
nicht Hand an ihn! Er wollte ihn nämlich aus ih-
rer Hand retten und zu seinem Vater zurückbrin-
gen.
23 Als Josef bei seinen Brüdern angekommen
war, zogen sie ihm sein Gewand aus, den Ärmel-
rock, den er anhatte, 24 packten ihn und warfen
ihn in die Zisterne. Die Zisterne war leer; es war
kein Wasser darin.
25 Als sie dann beim Essen saßen und aufblick-
ten, sahen sie, daß gerade eine Karawane von
Ismaelitern aus Gilead kam. Ihre Kamele waren
mit Tragakant, Mastix und Ladanum beladen.
Sie waren unterwegs nach Ägypten. 26 Da schlug
Juda seinen Brüdern vor: Was haben wir da-
von, wenn wir unseren Bruder erschlagen und
sein Blut zudecken? 27 Kommt, verkaufen wir
ihn den Ismaelitern. Wir wollen aber nicht Hand
an ihn legen, denn er ist doch unser Bruder und
unser Verwandter. Seine Brüder waren einver-
standen.
28 Midianitische Kaufleute kamen vorbei. Da zo-
gen sie Josef aus der Zisterne heraus und verkauf-
ten ihn für zwanzig Silberstücke an die Ismaeliter.
Diese brachten Josef nach Ägypten.
29 Als Ruben zur Zisterne zurückkam, war Jo-
sef nicht mehr dort. Er zerriß seine Kleider,
30 wandte sich an seine Brüder und sagte: Der
Kleine ist ja nicht mehr da. Und ich, was soll ich
jetzt anfangen? 31 Da nahmen sie Josefs Gewand,
schlachteten einen Ziegenbock und tauchten das
Gewand in das Blut. 32 Dann schickten sie den
Ärmelrock zu ihrem Vater und ließen ihm sagen:
Das haben wir gefunden. Sieh doch, ob das der
Rock deines Sohnes ist oder nicht. 33 Als er ihn
angesehen hatte, sagte er: Der Rock meines Soh-
nes! Ein wildes Tier hat ihn gefressen. Zerrissen,
zerrissen ist Josef. 34 Jakob zerriß seine Kleider,
legte Trauerkleider an und trauerte um seinen
Sohn viele Tage. 35 Alle seine Söhne und Töchter
machten sich auf, um ihn zu trösten. Er aber ließ
sich nicht trösten und sagte: Ich will dauernd zu
meinem Sohn in die Unterwelt hinabsteigen. So
beweinte ihn sein Vater. 36 Die Midianiter aber
verkauften Josef nach Ägypten an Potifar, einen
Hofbeamten des Pharao, den Obersten der Leib-
wache.

Da standen drei Männer vor ihm (Gen 18) | 6 ▷

Die Familiengeschichte Judas

38 Um jene Zeit verließ Juda seine Brüder und begab sich hinunter zu einem Mann aus Adullam, der Hira hieß. 2 Juda sah dort die Tochter eines Kanaaniters namens Schua. Er nahm sie zur Frau und wohnte ihr bei. 3 Sie wurde schwanger, gebar einen Sohn und gab ihm den Namen Er. 4 Sie wurde abermals schwanger, gebar einen Sohn und gab ihm den Namen Onan. 5 Und noch einmal gebar sie einen Sohn und gab ihm den Namen Schela. Juda war in Kesib, als sie ihn gebar.

6 Juda nahm für seinen Erstgeborenen Er eine Frau namens Tamar. 7 Aber Er, der Erstgeborene Judas, mißfiel dem Herrn, und so ließ ihn der Herr sterben. 8 Da sagte Juda zu Onan: Geh mit der Frau deines Bruders die Schwagerehe ein, und verschaff deinem Bruder Nachkommen! 9 Onan wußte also, daß die Nachkommen nicht ihm gehören würden. Sooft er zur Frau seines Bruders ging, ließ er den Samen zur Erde fallen und verderben, um seinem Bruder Nachkommen vorzuenthalten. 10 Was er tat, mißfiel dem Herrn, und so ließ er auch ihn sterben. 11 Nun sagte Juda zu seiner Schwiegertochter Tamar: Bleib als Witwe im Haus deines Vaters, bis mein Sohn Schela groß ist. Denn er dachte: Er soll mir nicht auch noch sterben wie seine Brüder. Tamar ging und blieb im Haus ihres Vaters.

12 Viele Jahre vergingen. Die Tochter Schuas, die Frau Judas, war gestorben. Als die Trauer vorbei war, ging Juda mit seinem Freund Hira aus Adullam hinauf nach Timna zur Schafschur. 13 Man berichtete Tamar: Dein Schwiegervater geht gerade nach Timna hinauf zur Schafschur. 14 Da zog sie ihre Witwenkleider aus, legte einen Schleier über und verhüllte sich. Dann setzte sie sich an den Ortseingang von Enajim, der an der Straße nach Timna liegt. Sie hatte nämlich gemerkt, daß Schela groß geworden war, daß man sie ihm aber nicht zur Frau geben wollte.

15 Juda sah sie und hielt sie für eine Dirne; sie hatte nämlich ihr Gesicht verhüllt. 16 Da bog er vom Weg ab, ging zu ihr hin und sagte: Laß mich zu dir kommen! Er wußte ja nicht, daß es seine Schwiegertochter war. Sie antwortete: Was gibst du mir, wenn du zu mir kommen darfst? 17 Er sagte: Ich werde dir ein Ziegenböckchen von der Herde schicken. Sie entgegnete: Du mußt mir aber ein Pfand dalassen, bis du es schickst. 18 Da fragte er: Was für ein Pfand soll ich dir dalassen? Deinen Siegelring mit der Schnur und den Stab in deiner Hand, antwortete sie. Er gab es ihr. Dann ging er zu ihr, und sie wurde von ihm schwanger. 19 Sie stand auf, ging weg, legte ihren Schleier ab und zog wieder ihre Witwenkleider an.

20 Juda schickte seinen Freund aus Adullam mit dem Ziegenböckchen, um das Pfand aus der Hand der Frau zurückzuerhalten, er fand sie aber nicht. 21 Er fragte die Leute aus dem Ort: Wo ist die Dirne, die in Enajim an der Straße saß? Sie antworteten ihm: Hier gibt es keine Dirne. 22 Darauf kehrte er zu Juda zurück und sagte: Ich habe sie nicht gefunden, und außerdem behaupten die Leute aus dem Ort, es gebe da keine Dirne. 23 Juda antwortete: Soll sie es behalten! Wenn man uns nur nicht auslacht! Ich habe ja dieses Böckchen geschickt, aber du hast sie nicht gefunden.

24 Nach etwa drei Monaten meldete man Juda: Deine Schwiegertochter Tamar hat Unzucht getrieben und ist davon schwanger. Da sagte Juda: Führt sie hinaus! Sie soll verbrannt werden. 25 Als man sie hinausführte, schickte sie zu ihrem Schwiegervater und ließ ihm sagen: Von dem Mann, dem das gehört, bin ich schwanger. Auch ließ sie sagen: Sieh genau hin: Wem gehören der Siegelring mit der Schnur und dieser Stab? 26 Juda schaute es sich genau an und gab zu: Sie ist mir gegenüber im Recht, weil ich sie meinem Sohn Schela nicht zur Frau gegeben habe. Später verkehrte er mit ihr nicht mehr.

27 Als sie niederkam, waren Zwillinge in ihrem Leib. 28 Bei der Geburt streckte einer die Hand heraus. Die Hebamme griff zu, band einen roten Faden um die Hand und sagte: Er ist zuerst herausgekommen. 29 Er zog aber seine Hand wieder zurück, und heraus kam sein Bruder. Da sagte sie: Warum hast du dir den Durchbruch erzwungen? So nannte man ihn Perez (Durchbruch). 30 Dann erst kam sein Bruder zum Vorschein, an dessen Hand der rote Faden war. Ihn nannte man Serach (Rotglanz).

Josef als Sklave in Ägypten

39 Josef hatte man nach Ägypten gebracht. Ein Hofbeamter des Pharao, ein Ägypter namens Potifar, der Oberste der Leibwache, hatte ihn den Ismaelitern abgekauft, die ihn dorthin gebracht hatten. 2 Der Herr war mit Josef, und so glückte ihm alles. Er blieb im Haus seines ägyptischen Herrn. 3 Dieser sah, daß der Herr mit Josef war und daß der Herr alles, was er unternahm, unter seinen Händen gelingen ließ. 4 So fand Josef sein Wohlwollen, und er durfte ihn bedienen. Er bestellte ihn zum Verwalter seines Hauses und vertraute ihm alles an, was er besaß. 5 Seit er ihm sein Haus und alles, was ihm gehörte, anvertraut hatte, segnete der Herr das Haus des Ägypters um Josefs willen. Der Segen des Herrn ruhte auf allem, was ihm gehörte im Haus und auf dem Feld. 6 Er ließ seinen ganzen Besitz in Josefs Hand und kümmerte sich, wenn Josef da war, um nichts als nur um sein Essen. Josef war schön von Gestalt und Aussehen.

7 Nach einiger Zeit warf die Frau seines Herrn ihren Blick auf Josef und sagte: Schlaf mit mir! 8 Er weigerte sich und entgegnete der Frau seines Herrn: Du siehst doch, mein Herr kümmert sich, wenn ich da bin, um nichts im Haus; alles, was ihm gehört, hat er mir anvertraut. 9 Er ist in diesem Haus nicht größer als ich, und er hat mir nichts vorenthalten als nur dich, denn du bist seine Frau. Wie könnte ich da ein so großes Unrecht begehen und gegen Gott sündigen? 10 Obwohl sie Tag für Tag auf Josef einredete, bei ihr zu schlafen und ihr zu Willen zu sein, hörte er nicht auf sie. 11 An einem solchen Tag kam er ins Haus, um seiner Arbeit nachzugehen. Niemand vom Hausgesinde war anwesend. 12 Da packte sie ihn an seinem Gewande und sagte: Schlaf mit mir! Er ließ sein Gewand in ihrer Hand und lief hinaus. 13 Als sie sah, daß er sein Gewand in ihrer Hand zurückgelassen hatte und hinausgelaufen war, 14 rief sie nach ihrem Hausgesinde und sagte zu den Leuten: Seht nur! Er hat uns einen Hebräer ins Haus gebracht, der seinen Mutwillen mit uns treibt. Er ist zu mir gekommen und wollte mit mir schlafen; da habe ich laut geschrien. 15 Als er hörte, daß ich laut aufschrie und rief, ließ er sein Gewand bei mir liegen und floh ins Freie. 16 Sein Kleid ließ sie bei sich liegen, bis sein Herr nach Hause kam. 17 Ihm erzählte sie die gleiche Geschichte: Der hebräische Sklave, den du uns gebracht hast, ist zu mir gekommen, um mit mir seinen Mutwillen zu treiben. 18 Als ich laut aufschrie und rief, ließ er sein Gewand bei mir liegen und lief hinaus.

19 Als sein Herr hörte, wie ihm seine Frau erzählte: So hat es dein Sklave mit mir getrieben!, packte ihn der Zorn. 20 Er ließ Josef ergreifen und in den Kerker bringen, wo die Gefangenen des Königs in Haft gehalten wurden. Dort blieb er im Gefängnis. 21 Aber der Herr war mit Josef. Er wandte ihm das Wohlwollen und die Gunst des Gefängnisleiters zu.

Josef im Gefängnis

22 Der Gefängnisleiter vertraute der Hand Josefs alle Gefangenen im Kerker an. Alles, was dort zu besorgen war, mußte er tun. 23 Der Gefängnisleiter brauchte sich um nichts zu sorgen, was Josef in seine Hand nahm, denn der Herr war mit ihm. Was er auch unternahm, der Herr ließ es ihm gelingen.

40 Einige Zeit später vergingen sich der königliche Mundschenk und der Hofbäcker gegen ihren Herrn, den König von Ägypten. 2 Der Pharao war aufgebracht über seine beiden Hofbeamten, den Obermundschenk und den Oberbäcker. 3 Er gab sie in Haft in das Haus des Obersten der Leibwache, in den Kerker, wo Josef gefangengehalten wurde. 4 Der Oberste der Leibwache betraute Josef mit ihrer Bedienung. Als sie einige Zeit in Haft waren 5 hatte jeder von ihnen einen Traum. Der Mundschenk und der Bäcker des Königs von Ägypten, die im Kerker gefangengehalten wurden, hatten in derselben Nacht einen Traum, der für jeden von ihnen eine besondere Bedeutung haben sollte. 6 Am Morgen kam Josef zu ihnen und sah ihnen an, daß sie mißmutig waren. 7 Da fragte er die Hofbeamten des Pharao, die mit ihm im Hause seines Herrn in Gewahrsam gehalten wurden: Warum seht ihr heute so böse drein? 8 Sie antworteten ihm: Wir hatten einen Traum, aber es ist keiner da, der ihn auslegen kann. Josef sagte zu ihnen: Ist nicht das Träumedeuten Sache Gottes? Erzählt mir doch!

9 Darauf erzählte der Obermundschenk Josef seinen Traum. Er sagte zu ihm: Im Traum sah ich vor mir einen Weinstock. 10 Am Weinstock waren drei Ranken, und es war mir, als triebe er Knospen. Seine Blüten wuchsen, und schon reiften die Beeren an seinen Trauben. 11 Ich hatte den Becher des Pharao in meiner Hand. Ich nahm die Beeren, drückte sie in den Becher des Pharao aus und gab dem Pharao den Becher in die Hand. 12 Da sprach Josef zu ihm: Das ist die Deutung: Die drei Ranken sind drei Tage. 13 Noch drei Tage, dann wird der Pharao dich vorladen und dich wieder in dein Amt einsetzen. Du wirst dem Pharao den Becher

reichen, wie es früher deine Aufgabe war, als du
noch sein Mundschenk warst. 14 Doch denk an
mich, wenn es dir gut geht. Tu mir dann einen Ge-
fallen: Erzähl dem Pharao von mir, und hol mich
aus diesem Haus heraus! 15 Denn entführt hat man
mich aus dem Land der Hebräer, und auch hier
habe ich nichts getan, daß man mich hätte ins Ge-
fängnis werfen müssen.

16 Als der Oberbäcker merkte, daß Josef eine gün-
stige Deutung gegeben hatte, sagte er zu ihm:
Auch ich hatte einen Traum. Ich hatte drei Körbe
Feingebäck auf meinem Kopf. 17 Im obersten Korb
war allerlei Backwerk für die Tafel des Pharao.
Aber die Vögel fraßen es aus dem Korb auf mei-
nem Kopf. 18 Josef antwortete: Das ist die Deutung:
Die drei Körbe sind drei Tage. 19 Noch drei Tage,
dann wird der Pharao dich vorladen und dich an
einem Baum aufhängen; die Vögel werden von
dir das Fleisch abfressen.

20 Drei Tage darauf hatte der Pharao Geburtstag.
Er veranstaltete für alle seine Hofleute ein Gast-
mahl. Da lud er vor versammeltem Hof den Ober-
mundschenk und den Oberbäcker vor. 21 Den
Obermundschenk setzte er wieder in sein Amt
ein; er durfte dem Pharao den Becher reichen.
22 Den Oberbäcker ließ er aufhängen. Alles ge-
schah, wie es Josef ihnen gedeutet hatte. 23 Der
Obermundschenk aber dachte nicht mehr an Jo-
sef und vergaß ihn.

Der Traum des Pharao und seine Deutung

41 Zwei Jahre später hatte der Pharao einen
Traum: Er stand am Nil. 2 Aus dem Nil
stiegen sieben gut aussehende, wohlgenährte
Kühe und weideten im Riedgras. 3 Nach ihnen
stiegen sieben andere Kühe aus dem Nil; sie sa-
hen häßlich aus und waren mager. Sie stellten
sich neben die schon am Nilufer stehenden Kühe,
4 und die häßlichen, mageren Kühe fraßen die sie-
ben gut aussehenden und wohlgenährten Kühe
auf. Dann erwachte der Pharao. 5 Er schlief aber
wieder ein und träumte ein zweites Mal: An ei-
nem einzigen Halm wuchsen sieben Ähren, prall
und schön. 6 Nach ihnen wuchsen sieben küm-
merliche, vom Ostwind ausgedörrte Ähren. 7 Die
kümmerlichen Ähren verschlangen die sieben
prallen, vollen Ähren. Der Pharao wachte auf: Es
war ein Traum.

8 Am Morgen fühlte er sich beunruhigt; er
schickte hin und ließ alle Wahrsager und Weisen
Ägyptens rufen. Der Pharao erzählte ihnen seine
Träume, doch keiner war da, der sie ihm hätte
deuten können. 9 Da sagte der Obermundschenk
zum Pharao: Heute muß ich an meine Verfehlung
erinnern: 10 Als der Pharao über seine Diener auf-
gebracht war, gab er mich ins Haus des Obersten
der Leibwache in Haft, mich und den Oberbäcker.
11 Da hatten wir, ich und er, in derselben Nacht ei-
nen Traum, der für jeden eine besondere Bedeu-
tung haben sollte. 12 Dort war mit uns zusammen
ein junger Hebräer, ein Sklave des Obersten der
Leibwache. Wir erzählten ihm unsere Träume,
und er legte sie uns aus. Jedem gab er die zutref-
fende Deutung. 13 Wie er es uns gedeutet hatte, so
geschah es: Mich setzte man wieder in mein Amt
ein, den andern hängte man auf.

14 Da schickte der Pharao hin und ließ Josef rufen.
Man holte ihn schnell aus dem Gefängnis, schor
ihm die Haare, er zog andere Kleider an und kam
zum Pharao. 15 Der Pharao sagte zu Josef: Ich hatte
einen Traum, doch keiner kann ihn deuten. Von
dir habe ich aber gehört, du brauchst einen Traum
nur zu hören, dann kannst du ihn deuten. 16 Josef
antwortete dem Pharao: Nicht ich, sondern Gott
wird zum Wohl des Pharao eine Antwort geben.

17 Da sagte der Pharao zu Josef: In meinem Traum
stand ich am Nilufer. 18 Aus dem Nil stiegen sie-
ben wohlgenährte, stattliche Kühe und weideten
im Riedgras. 19 Nach ihnen stiegen sieben andere
Kühe herauf, elend, sehr häßlich und mager. Nie
habe ich in ganz Ägypten so häßliche Kühe gese-
hen. 20 Die mageren und häßlichen Kühe fraßen
die sieben ersten, fetten auf. 21 Sie verschwanden
in ihrem Bauch, aber man merkte nicht, daß sie
darin waren; sie sahen genauso elend aus wie
vorher. Dann wachte ich auf. 22 Weiter sah ich in
meinem Traum: Auf einem einzigen Halm gingen
sieben volle, schöne Ähren auf. 23 Nach ihnen
wuchsen sieben taube, kümmerliche, vom Ost-
wind ausgedörrte Ähren. 24 Die kümmerlichen
Ähren verschlangen die sieben schönen Ähren.
Ich habe das den Wahrsagern erzählt, aber keiner
konnte mir die Deutung sagen.

25 Darauf sagte Josef zum Pharao: Der Traum des
Pharao ist ein und derselbe. Gott sagt dem Pharao
an, was er vorhat: 26 Die sieben schönen Kühe sind
sieben Jahre, und die sieben schönen Ähren sind
sieben Jahre. Es ist ein und derselbe Traum. 27 Die
sieben mageren und häßlichen Kühe, die nachher
heraufkamen, sind sieben Jahre, und die sieben

leeren, vom Ostwind ausgedörrten Ähren sind sie-
ben Jahre Hungersnot. 28 Das ist es, was ich meinte,
als ich zum Pharao sagte: Gott ließ den Pharao
sehen, was er vorhat: 29 Sieben Jahre kommen,
da wird großer Überfluß in ganz Ägypten sein.
30 Nach ihnen aber werden sieben Jahre Hungers-
not heraufziehen: Da wird der ganze Überfluß in
Ägypten vergessen sein, und Hunger wird das
Land auszehren. 31 Dann wird man nichts mehr
vom Überfluß im Land merken wegen des Hun-
gers, der danach kommt; denn er wird sehr
drückend sein. 32 Daß aber der Pharao gleich zwei-
mal träumte, bedeutet: Die Sache steht bei Gott
fest, und Gott wird sie bald ausführen. 33 Nun sehe
sich der Pharao nach einem klugen, weisen Mann
um und setze ihn über Ägypten. 34 Der Pharao
möge handeln: Er bestelle Bevollmächtigte über
das Land und besteuere Ägypten mit einem Fünf-
tel in den sieben Jahren des Überflusses. 35 Die Be-
vollmächtigten sollen alles Brotgetreide der kom-
menden guten Jahre sammeln und auf Weisung
des Pharao Korn aufspeichern; das Brotgetreide
sollen sie in den Städten sicherstellen. 36 Das Brot-
getreide soll dem Land als Rücklage dienen für die
sieben Jahre der Hungersnot, die über Ägypten
kommen werden. Dann wird das Land nicht an
Hunger zugrunde gehen.

Josefs Macht über Ägypten

37 Die Rede gefiel dem Pharao und allen seinen
Hofleuten. 38 Der Pharao sagte zu ihnen: Finden
wir einen Mann wie diesen hier, einen, in dem
der Geist Gottes wohnt? 39 Dann sagte der Pharao
zu Josef: Nachdem dich Gott all das hat wissen
lassen, gibt es niemand, der so klug und weise
wäre wie du. 40 Du sollst über meinem Hause ste-
hen, und deinem Wort soll sich mein ganzes Volk
beugen. Nur um den Thron will ich höher sein als
du. 41 Der Pharao sagte weiter zu Josef: Hiermit
stelle ich dich über ganz Ägypten. 42 Der Pharao
nahm den Siegelring von seiner Hand und steckte
ihn Josef an die Hand. Er bekleidete ihn mit Bys-
susgewändern und legte ihm die goldene Kette
um den Hals. 43 Dann ließ er ihn seinen zweiten
Wagen besteigen. Man rief vor ihm aus: Achtung!
So stellte er ihn über ganz Ägypten. 44 Der Pharao
sagte zu Josef: Ich bin der Pharao, aber ohne dich
soll niemand seine Hand oder seinen Fuß regen
in ganz Ägypten. 45 Der Pharao verlieh Josef den
Namen Zafenat-Paneach und gab ihm Asenat, die
Tochter Potiferas, des Priesters von On, zur Frau.
So wurde Josef Herr über Ägypten.

46 Josef war dreißig Jahre alt, als er vor dem Pha-
rao, dem König von Ägypten, stand. Josef ging
vom Pharao weg und durchzog ganz Ägypten.
47 Das Land brachte in den sieben Jahren des Über-
flusses überreichen Ertrag. 48 Josef ließ während
der sieben Jahre, in denen es Überfluß gab, alles
Brotgetreide in Ägypten sammeln und in die
Städte schaffen. Das Getreide der Felder rings um
jede Stadt ließ er dort hineinbringen. 49 So spei-
cherte Josef Getreide in sehr großer Menge auf,
wie Sand am Meer, bis man aufhören mußte, es
zu messen, weil man es nicht mehr messen
konnte.

50 Ein Jahr, bevor die Hungersnot kam, wurden
Josef zwei Söhne geboren. Asenat, die Tochter Po-
tiferas, des Priesters von On, gebar sie ihm. 51 Josef
nannte den Erstgeborenen Manasse (Vergeßling),
denn er sagte: Gott hat mich all meine Sorge und
mein ganzes Vaterhaus vergessen lassen. 52 Den
zweiten Sohn nannte er Efraim (Fruchtbringer),
denn er sagte: Gott hat mich fruchtbar werden
lassen im Lande meines Elends.

53 Die sieben Jahre des Überflusses in Ägypten
gingen zu Ende, 54 und es begannen die sieben
Jahre der Hungersnot, wie es Josef vorausgesagt
hatte. Eine Hungersnot brach über alle Länder
herein, in ganz Ägypten aber gab es Brot. 55 Da
ganz Ägypten Hunger hatte, schrie das Volk zum
Pharao nach Brot. Der Pharao aber sagte zu den
Ägyptern: Geht zu Josef! Tut, was er euch sagt.
56 Als die Hungersnot über das ganze Land ge-
kommen war, öffnete Josef alle Speicher und ver-
kaufte Getreide an die Ägypter. Aber der Hunger
wurde immer drückender in Ägypten. 57 Auch alle
Welt kam nach Ägypten, um bei Josef Getreide zu
kaufen; denn der Hunger wurde immer drücken-
der auf der ganzen Erde.

Die erste Reise der Brüder Josefs nach Ägypten

42 Als Jakob erfuhr, daß es in Ägypten Ge-
treide zu kaufen gab, sagte er zu seinen
Söhnen: Warum schaut ihr einander so an? 2 Und
er sagte: Ich habe gehört, daß es in Ägypten Ge-
treide zu kaufen gibt. Zieht hin, und kauft dort für
uns Getreide, damit wir am Leben bleiben und
nicht sterben müssen. 3 Zehn Brüder Josefs zogen
also hinunter, um in Ägypten Getreide zu kaufen.
4 Benjamin, den Bruder Josefs, ließ Jakob nicht mit

seinen Brüdern ziehen, denn er dachte, es könnte
ihm ein Unglück zustoßen. 5 Die Söhne Israels ka-
men also mitten unter anderen, die auch gekom-
men waren, um Getreide zu kaufen; denn Hun-
gersnot herrschte in Kanaan. 6 Josef verwaltete
das Land. Er war es, der allen Leuten im Lande
Getreide verkaufte. So kamen Josefs Brüder und
warfen sich vor ihm mit dem Gesicht zur Erde
nieder. 7 Als Josef seine Brüder sah, erkannte er
sie. Aber er gab sich ihnen nicht zu erkennen,
sondern fuhr sie barsch an. Er fragte sie: Wo
kommt ihr her? Aus Kanaan, um Brotgetreide zu
kaufen, sagten sie. 8 Josef hatte seine Brüder er-
kannt, sie aber hatten ihn nicht erkannt. 9 Josef er-
innerte sich an das, was er von ihnen geträumt
hatte, und sagte: Spione seid ihr. Um nachzuse-
hen, wo das Land eine schwache Stelle hat, seid
ihr gekommen. 10 Sie antworteten ihm: Nein,
Herr. Um Brotgetreide zu kaufen, sind deine
Knechte gekommen. 11 Wir alle sind Söhne ein
und desselben Vaters. Ehrliche Leute sind wir,
deine Knechte sind keine Spione. 12 Er aber entge-
genete ihnen: Nichts da, ihr seid nur gekommen,
um nachzusehen, wo das Land eine schwache
Stelle hat. 13 Da sagten sie: Wir, deine Knechte,
waren zwölf Brüder, Söhne ein und desselben
Mannes in Kanaan. Der Jüngste ist bei unserem
Vater geblieben, und einer ist nicht mehr. 14 Josef
aber sagte zu ihnen: Es bleibt dabei, wie ich euch
gesagt habe: Spione seid ihr. 15 So wird man euch
auf die Probe stellen: Beim Leben des Pharao! Ihr
sollt von hier nicht eher loskommen, bis auch
euer jüngster Bruder da ist. 16 Schickt einen von
euch hin! Er soll euren Bruder holen; ihr anderen
aber werdet in Haft genommen. So wird man
euer Gerede überprüfen und feststellen können,
ob ihr die Wahrheit gesagt habt oder nicht. Beim
Leben des Pharao, ja, Spione seid ihr. 17 Dann ließ
er sie für drei Tage in Haft nehmen.

18 Am dritten Tag sagte Josef zu ihnen: Tut fol-
gendes, und ihr werdet am Leben bleiben, denn
ich fürchte Gott: 19 Wenn ihr ehrliche Leute seid,
soll einer von euch Brüdern in dem Gefängnis
zurückgehalten werden, in dem ihr in Haft gewe-
sen seid. Ihr anderen aber geht und bringt das ge-
kaufte Getreide heim, um den Hunger eurer Fa-
milien zu stillen. 20 Euren jüngsten Bruder aber
schafft mir herbei, damit sich eure Worte als wahr
erweisen und ihr nicht sterben müßt. So machten
sie es.

21 Sie sagten zueinander: Ach ja, wir sind an un-
serem Bruder schuldig geworden. Wir haben zu-
gesehen, wie er sich um sein Leben ängstigte. Als
er uns um Erbarmen anflehte, haben wir nicht auf
ihn gehört. Darum ist nun diese Bedrängnis über
uns gekommen. 22 Ruben entgegnete ihnen: Habe
ich euch nicht gesagt: Versündigt euch nicht an
dem Kind! Ihr aber habt nicht gehört. Nun wird
für sein Blut von uns Rechenschaft gefordert. 23 Sie
aber ahnten nicht, daß Josef zuhörte, denn er be-
diente sich im Gespräch mit ihnen eines Dolmet-
schers. 24 Er wandte sich von ihnen ab und
weinte. Als er sich ihnen wieder zuwandte und
abermals mit ihnen redete, ließ er aus ihrer Mitte
Simeon festnehmen und vor ihren Augen fesseln.
25 Josef befahl dann, ihre Behälter mit Getreide zu
füllen, einem jeden von ihnen das Geld wieder in
den Sack zurückzulegen und ihnen für die Reise
Verpflegung mitzugeben. So geschah es. 26 Sie
luden das Getreide auf ihre Esel und zogen fort.
27 Als einer seinen Sack öffnete, um in der Her-
berge seinen Esel zu füttern, sah er sein Geld. Es
lag in seinem Getreidesack ganz oben. 28 Er sagte
zu seinen Brüdern: Man hat mir mein Geld
zurückgegeben. Seht, hier ist es in meinem
Getreidesack. Da verließ sie der Mut und sie sag-
ten zitternd zueinander: Was hat uns Gott da
angetan?

29 Sie kamen zu ihrem Vater Jakob nach Kanaan
und berichteten ihm alles, was ihnen zugestoßen
war: 30 Jener Mann, der Herr des Landes, hat uns
barsch angefahren und uns für Leute gehalten,
die das Land ausspionieren. 31 Wir sagten ihm:
Ehrliche Leute sind wir und keine Spione. 32 Wir
waren zwölf Brüder, Söhne ein und desselben
Vaters. Einer ist nicht mehr, und der Jüngste ist
bei unserem Vater in Kanaan geblieben. 33 Jener
Mann aber, der Herr des Landes, sagte zu uns:
Daran will ich erkennen, ob ihr ehrliche Leute
seid: Laßt einen von euch Brüdern bei mir zurück,
nehmt das Getreide, das den Hunger eurer Fami-
lien stillen soll, geht 34 und schafft mir euren jüng-
sten Bruder herbei! So werde ich erfahren, daß ihr
keine Spione, sondern ehrliche Leute seid. Ich
gebe euch dann euren Bruder heraus, und ihr
dürft euch frei im Land bewegen. 35 Während sie
nun ihre Säcke leerten, stellten sie fest: Jeder hatte
seinen Geldbeutel im Sack. Als sie und ihr Vater
ihre Geldbeutel sahen, bekamen sie Angst. 36 Ihr
Vater Jakob sagte zu ihnen: Ihr bringt mich um

meine Kinder. Josef ist nicht mehr, Simeon ist
nicht mehr, und Benjamin wollt ihr mir auch
noch nehmen. Nichts bleibt mir erspart. 37 Da
sagte Ruben zu seinem Vater: Meine beiden
Söhne magst du umbringen, wenn ich ihn dir
nicht zurückbringe. Vertrau ihn meiner Hand an;
ich bringe ihn dir wieder zurück. 38 Nein, sagte er,
mein Sohn wird nicht mit euch hinunterziehen.
Denn sein Bruder ist schon tot, nur er allein ist
noch da. Stößt ihm auf dem Weg, den ihr geht, ein
Unglück zu, dann bringt ihr mein graues Haar vor
Kummer in die Unterwelt.

Die zweite Reise der Brüder Josefs nach Ägypten

43 Der Hunger lastete schwer auf dem Land.
2 Das Getreide, das sie aus Ägypten ge-
bracht hatten, war aufgezehrt. Da sagte ihr Vater
zu ihnen: Geht noch einmal hin, kauft uns etwas
Brotgetreide! 3 Juda antwortete ihm: Der Mann
hat uns nachdrücklich eingeschärft: Kommt mir ja
nicht mehr unter die Augen, wenn ihr nicht eu-
ren Bruder mitbringt. 4 Wenn du bereit bist, unse-
ren Bruder mitzuschicken, ziehen wir hinunter
und kaufen dir Brotgetreide. 5 Willst du ihn aber
nicht mitschicken, gehen wir nicht. Denn der
Mann hat uns gesagt: Kommt mir ja nicht mehr
unter die Augen, wenn ihr nicht euren Bruder
mitbringt. 6 Da sagte Israel: Warum habt ihr mir so
etwas Schlimmes angetan, jenem Mann zu sa-
gen, daß ihr noch einen Bruder habt? 7 Der Mann,
entgegneten sie, hat sich bei uns eingehend nach
unserer Verwandtschaft erkundigt und gefragt:
Lebt euer Vater noch, habt ihr noch einen Bruder?
Wir haben ihm Auskunft gegeben, wie es wirk-
lich ist. Konnten wir denn wissen, daß er sagen
würde: Bringt euren Bruder her! 8 Juda schlug sei-
nem Vater Israel vor: Laß den Knaben mit mir zie-
hen! Dann können wir aufbrechen und uns auf
die Reise machen. So werden wir am Leben blei-
ben und nicht sterben, wir und du und unsere
Kinder. 9 Ich verbürge mich für ihn; aus meiner
Hand magst du ihn zurückfordern. Wenn ich ihn
dir nicht zurückbringe und vor dich hinstelle, will
ich alle Tage bei dir in Schuld stehen. 10 Hätten wir
nicht so lange gezögert, könnten wir schon zum
zweitenmal zurück sein.

11 Da sagte ihr Vater Israel zu ihnen: Wenn es
schon sein muß, dann macht es so: Nehmt von
den besten Erzeugnissen des Landes in eurem
Gepäck mit, und überbringt es dem Mann als Ge-
schenk: etwas Mastix, etwas Honig, Tragakant
und Ladanum, Pistazien und Mandeln. 12 Nehmt
den doppelten Geldbetrag mit! Das Geld, das sich
wieder oben in euren Getreidesäcken fand, gebt
mit eigenen Händen zurück! Vielleicht war es ein
Versehen. 13 So nehmt denn euren Bruder mit,
brecht auf, und geht wieder zu dem Mann
zurück! 14 Gott, der Allmächtige, lasse euch Erbar-
men bei dem Mann finden, so daß er euch den an-
deren Bruder und Benjamin freigibt. Ich aber, ich
verliere noch alle Kinder.

15 Die Männer nahmen das Geschenk und den
doppelten Geldbetrag mit und dazu auch Benja-
min. Sie machten sich auf, zogen nach Ägypten
hinab und traten vor Josef hin. 16 Als Josef bei ih-
nen Benjamin sah, sagte er zu seinem Hausver-
walter: Führe die Männer ins Haus, schlachte ein
Tier, und richte es her! Die Männer werden näm-
lich mit mir zu Mittag essen. 17 Der Mann tat, wie
Josef angeordnet hatte: Er führte die Männer in
das Haus Josefs. 18 Die Männer fürchteten sich,
weil man sie in Josefs Haus führte, und dachten:
Wegen des Geldes, das sich beim erstenmal wie-
der in unseren Getreidesäcken fand, werden wir
da hineingeführt. Man wird sich auf uns werfen,
man wird uns überfallen und uns als Sklaven
zurückhalten samt unseren Eseln. 19 Sie traten
näher an den Hausverwalter Josefs heran und be-
gannen mit ihm an der Haustür ein Gespräch.
20 Sie sagten: Bitte, Herr, schon früher sind wir ein-
mal hierher gekommen, um Brotgetreide zu kau-
fen. 21 Als wir aber in die Herberge kamen und un-
sere Getreidesäcke öffneten, lag das Geld eines
jeden von uns oben im Sack, unser Geld im vollen
Betrag. Wir bringen es mit eigenen Händen wie-
der zurück. 22 Darüber hinaus haben wir noch
mehr Geld mitgebracht, um Brotgetreide einzu-
kaufen. Wir wissen nicht, wer das Geld in unsere
Säcke gelegt hat. 23 Ihr könnt beruhigt sein, ant-
wortete er, fürchtet euch nicht! Euer Gott, der
Gott eures Vaters, hat euch heimlich ein Ge-
schenk in eure Säcke gelegt. Bei mir ist euer Geld
eingegangen. Dann brachte er Simeon zu ihnen
heraus. 24 Als er die Männer ins Haus Josefs ge-
führt hatte, gab er ihnen Wasser zum Füßewa-
schen und ließ ihre Esel füttern. 25 Sie legten, bis
Josef zu Mittag kam, das Geschenk zurecht; denn
sie hatten gehört, daß sie dort essen sollten.

26 Als Josef ins Haus kam, überreichten sie ihm
das Geschenk, das sie mit hineingenommen hat-

ten, und warfen sich vor ihm auf die Erde nieder.
27 Er erkundigte sich, wie es ihnen gehe, und
fragte: Geht es eurem alten Vater gut, von dem ihr
erzählt habt? Ist er noch am Leben? 28 Sie erwi-
derten: Deinem Knecht, unserem Vater, geht es
gut; er lebt noch. Dann verneigten sie sich und
und warfen sich nieder. 29 Als er hinsah und sei-
nen Bruder Benjamin, den Sohn seiner Mutter,
erblickte, fragte er: Ist das euer jüngster Bruder,
von dem ihr mir erzählt habt? Und weiter sagte
er: Gottes Gnade sei mit dir, mein Sohn. 30 Dann
ging Josef schnell weg, denn er konnte sich vor
Rührung über seinen Bruder nicht mehr halten;
er war dem Weinen nahe. Er zog sich in die Kam-
mer zurück, um sich dort auszuweinen. 31 Dann
wusch er sein Gesicht, kam zurück, nahm sich
zusammen und ordnete an: Tragt das Essen auf!
32 Man trug das Essen auf, getrennt für ihn, für sie
und für die mit ihm speisenden Ägypter. Die
Ägypter können nämlich nicht gemeinsam mit
den Hebräern essen, weil das bei den Ägyptern
als unschicklich gilt. 33 Die Brüder kamen vor ihm
so zu sitzen, daß der Erstgeborene den ersten und
der Jüngste den letzten Platz einnahm. Da blick-
ten die Männer einander verwundert an. 34 Er ließ
ihnen Gerichte vorsetzen, die vor ihm standen,
was man aber Benjamin vorsetzte, übertraf das
aller anderen um das Fünffache. Sie tranken mit
ihm und waren guter Dinge.

44 Dann befahl Josef seinem Hausverwal-
ter: Fülle die Getreidesäcke der Männer
mit so viel Brotgetreide, wie sie tragen können,
und leg das Geld eines jeden oben in den Sack!
2 Meinen Becher, den Silberbecher, leg oben in
den Sack des Jüngsten mit dem Geld, für das er
Getreide gekauft hat. Er tat, wie Josef es angeord-
net hatte. 3 Als es am Morgen hell wurde, ließ
man die Männer mit ihren Eseln abreisen. 4 Sie
hatten sich noch nicht weit von der Stadt entfernt,
da sagte Josef zu seinem Hausverwalter: Auf, jag
hinter den Männern her! Wenn du sie eingeholt
hast, sag ihnen: Warum habt ihr Gutes mit Bösem
vergolten und mir den Silberbecher gestohlen?
5 Das ist doch der, aus dem mein Herr trinkt und
aus dem er wahrsagt. Da habt ihr etwas Schlim-
mes getan. 6 Der Hausverwalter holte sie ein und
sagte zu ihnen, was ihm aufgetragen war. 7 Sie
antworteten ihm: Wie kann mein Herr so etwas
sagen? Niemals werden deine Knechte so etwas
tun. 8 Sieh her, das Geld, das wir oben in unseren
Getreidesäcken fanden, haben wir dir aus Kanaan
zurückgebracht. Wie könnten wir da aus dem
Haus deines Herrn Silber oder Gold stehlen? 9 Der
von den Knechten, bei dem sich der Becher fin-
det, soll sterben, und auch wir sollen dann unse-
rem Herrn als Sklaven gehören. 10 Also gut, sagte
er, es soll geschehen, wie ihr sagt: Bei wem er
sich findet, der sei mein Sklave, doch ihr anderen
sollt straffrei bleiben. 11 Jeder stellte eiligst seinen
Sack auf die Erde und öffnete ihn: 12 Er durch-
suchte alles, beim Ältesten begann er, und beim
Jüngsten hörte er auf. Der Becher fand sich im
Sack Benjamins.

13 Da zerrissen sie ihre Kleider. Jeder belud sei-
nen Esel, und sie kehrten in die Stadt zurück. 14 So
kamen Juda und seine Brüder wieder in das Haus
Josefs, der noch dort war. Sie fielen vor ihm zur
Erde nieder. 15 Josef sagte zu ihnen: Was habt ihr
getan? Wußtet ihr denn nicht, daß ein Mann wie
ich wahrsagen kann? 16 Juda erwiderte: Was sollen
wir unserem Herr sagen, was sollen wir vorbrin-
gen, womit uns rechtfertigen? Gott hat die Schuld
deiner Knechte ans Licht gebracht. So sind wir
also Sklaven unseres Herrn, wir und der, bei dem
sich der Becher gefunden hat. 17 Doch Josef gab zur
Antwort: Das kann ich auf keinen Fall tun. Derje-
nige, bei dem sich der Becher gefunden hat, der
soll mein Sklave sein. Ihr anderen aber zieht in
Frieden hinauf zu eurem Vater!

18 Da trat Juda an ihn heran und sagte: Bitte, mein
Herr, dein Knecht darf vielleicht meinem Herrn
offen etwas sagen, ohne daß sein Zorn über dei-
nen Knecht entbrennt; denn du bist wie der Pha-
rao. 19 Mein Herr hat seine Knechte gefragt: Habt
ihr einen Vater oder Bruder? 20 Wir erwiderten
meinem Herrn: Wir haben einen alten Vater und
einen kleinen Bruder, der ihm noch in hohem Al-
ter geboren wurde. Dessen Bruder ist gestorben;
er ist allein von seiner Mutter noch da, und sein
Vater liebt ihn besonders. 21 Du aber hast von dei-
nen Knechten verlangt: Bringt ihn her zu mir, ich
will ihn mit eigenen Augen sehen. 22 Da sagten
wir zu unserem Herrn: Der Knabe kann seinen
Vater nicht verlassen. Verließe er ihn, so würde
der Vater sterben. 23 Du aber sagtest zu deinen
Knechten: Wenn euer jüngster Bruder nicht mit
euch kommt, dürft ihr mir nicht mehr unter die
Augen treten. 24 Als wir zu deinem Knecht, dei-
nem Vater, hinaufgekommen waren, erzählten
wir ihm, was mein Herr gesagt hatte. 25 Als dann

unser Vater sagte: Kauft uns noch einmal etwas Brotgetreide!, [26] entgegneten wir: Wir können nicht hinunterziehen; nur wenn unser jüngster Bruder dabei ist, ziehen wir hinunter. Wir können nämlich dem Mann nicht mehr unter die Augen treten, wenn nicht unser jüngster Bruder dabei ist. [27] Darauf antwortete uns dein Knecht, mein Vater: Ihr wißt, daß mir meine Frau zwei Söhne geboren hat. [28] Einer ist von mir gegangen, und ich sagte: Er ist gewiß zerrissen worden. Ich habe ihn bis heute nicht mehr gesehen. [29] Nun nehmt ihr mir auch den noch weg. Stößt ihm ein Unglück zu, dann bringt ihr mein graues Haar vor Leid in die Unterwelt. [30] Wenn ich jetzt zu deinem Knecht, meinem Vater, käme, und der Knabe wäre nicht bei uns, da doch sein Herz so an ihm hängt, [31] wenn er also sähe, daß der Knabe nicht dabei ist, würde er sterben. Dann brächten deine Sklaven deinen Knecht, unseren greisen Vater, vor Gram in die Unterwelt. [32] Dein Knecht hat sich für den Knaben beim Vater mit den Worten verbürgt: Wenn ich ihn nicht zu dir zurückbringe, will ich alle Tage bei meinem Vater in Schuld stehen. [33] Darum soll jetzt dein Knecht an Stelle des Knaben dableiben als Sklave für meinen Herrn; der Knabe aber soll mit seinen Brüdern ziehen dürfen. [34] Denn wie könnte ich zu meinem Vater hinaufziehen, ohne daß der Knabe bei mir wäre? Ich könnte das Unglück nicht mit ansehen, das dann meinen Vater träfe.

45 Josef vermochte sich vor all den Leuten, die um ihn standen, nicht mehr zu halten und rief: Schafft mir alle Leute hinaus! So stand niemand bei Josef, als er sich seinen Brüdern zu erkennen gab. [2] Er begann so laut zu weinen, daß es die Ägypter hörten; auch am Hof des Pharao hörte man davon. [3] Josef sagte zu seinen Brüdern: Ich bin Josef. Ist mein Vater noch am Leben? Seine Brüder waren zu keiner Antwort fähig, weil sie fassungslos vor ihm standen. [4] Josef sagte zu seinen Brüdern: Kommt doch näher zu mir her! Als sie näher herangetreten waren, sagte er: Ich bin Josef, euer Bruder, den ihr nach Ägypten verkauft habt. [5] Jetzt aber laßt es euch nicht mehr leid sein, und grämt euch nicht, weil ihr mich hierher verkauft habt. Denn um Leben zu erhalten, hat mich Gott vor euch hergeschickt. [6] Ja, zwei Jahre sind es jetzt schon, daß der Hunger im Land wütet. Und noch fünf Jahre stehen bevor, in denen man weder pflügen noch ernten wird. [7] Gott aber hat mich vor euch hergeschickt, um von euch im Land einen Rest zu erhalten und viele von euch eine große Rettungstat erleben zu lassen. [8] Also nicht ihr habt mich hierher geschickt, sondern Gott. Er hat mich zum Vater für den Pharao gemacht, zum Herrn für sein ganzes Haus und zum Gebieter über ganz Ägypten. [9] Zieht eiligst zu meinem Vater hinauf, und meldet ihm: So hat dein Sohn Josef gesagt: Gott hat mich zum Herrn für ganz Ägypten gemacht. Komm herunter zu mir, laß dich nicht aufhalten! [10] Du kannst dich im Gebiet von Goschen niederlassen und wirst in meiner Nähe sein, du mit deinen Söhnen und deinen Kindeskindern, mit deinen Schafen und Ziegen, mit deinen Rindern und mit allem, was dir gehört. [11] Dort werde ich für dich sorgen; denn noch fünf Jahre dauert die Hungersnot. Du mit deinem Haus und allem, was dir gehört, du brauchst dann nicht zu darben. [12] Ihr und mein Bruder Benjamin, ihr seht es ja mit eigenen Augen, daß ich wirklich mit euch rede. [13] Erzählt meinem Vater von meinem hohen Rang in Ägypten und von allem, was ihr gesehen habt. Beeilt euch, und bringt meinen Vater her! [14] Er fiel seinem Bruder Benjamin um den Hals und weinte; auch Benjamin weinte an seinem Hals. [15] Josef küßte dann weinend alle seine Brüder. Darauf unterhielten sich seine Brüder mit ihm.

[16] Am Hof des Pharao verbreitete sich die Nachricht: Die Brüder Josefs sind gekommen. Dem Pharao und seinen Dienern war das recht. [17] Der Pharao sagte zu Josef: Sag zu deinen Brüdern: So sollt ihr es machen: Beladet eure Tragtiere, und reist nach Kanaan zurück! [18] Holt euren Vater und eure Familien, und kommt zu mir! Ich will euch das Beste geben, was Ägypten bietet; von den besten Erzeugnissen des Landes dürft ihr essen. [19] Du gib den Auftrag weiter: Tut folgendes: Nehmt euch aus Ägypten Wagen mit für eure Kinder und Frauen, laßt euren Vater aufsteigen, und kommt! [20] Es soll euch nicht leid sein um euren Hausrat. Denn das Beste, was ganz Ägypten bietet, soll euch gehören.

[21] Die Söhne Israels machten es so. Josef stellte nach der Weisung des Pharao Wagen zur Verfügung und gab ihnen Verpflegung mit auf die Reise. [22] Allen schenkte er Festgewänder, Benjamin aber schenkte er dreihundert Silberstücke und fünf Festgewänder. [23] Seinem Vater schickte er ungefähr zehn Esel mit, beladen mit dem Besten, was

Ägypten bietet, und zehn Eselinnen, beladen mit
Getreide und Brot, sowie Reiseverpflegung für
seinen Vater. 24 Dann entließ er seine Brüder. Als
sie sich auf den Weg machten, sagte er noch zu ih-
nen: Streitet nicht unterwegs!

25 Sie zogen also von Ägypten hinauf und kamen
nach Kanaan zu ihrem Vater Jakob. 26 Sie berichte-
ten ihm: Josef ist noch am Leben. Er ist sogar Herr
über ganz Ägypten. Jakobs Herz aber blieb unbe-
wegt; denn er glaubte ihnen nicht. 27 Als sie ihm
aber alles erzählten, was Josef zu ihnen gesagt
hatte, und als er die Wagen sah, die Josef geschickt
hatte, um ihn zu holen, lebte der Geist Jakobs, ih-
res Vaters, wieder auf, 28 und Israel sagte: Genug!
Mein Sohn Josef lebt noch. Ich will hingehen und
ihn sehen, bevor ich sterbe.

Jakobs Familie in Ägypten

46 Israel brach auf mit allem, was ihm
gehörte. Er kam nach Beerscheba und
brachte dem Gott seines Vaters Isaak Schlacht-
opfer dar. 2 Da sprach Gott in einer nächtlichen
Vision zu Israel: Jakob! Jakob! Hier bin ich!, ant-
wortete er. 3 Gott sprach: Ich bin Gott, der Gott dei-
nes Vaters. Fürchte dich nicht, nach Ägypten hin-
abzuziehen; denn zu einem großen Volk mache
ich dich dort. 4 Ich selbst ziehe mit dir hinunter
nach Ägypten, und ich führe dich auch selbst wie-
der herauf. Josef wird dir die Augen zudrücken.

5 Jakob brach von Beerscheba auf. Die Söhne Isra-
els hoben ihren Vater Jakob, ihre Kinder und ihre
Frauen auf die Wagen, die der Pharao geschickt
hatte, um ihn zu holen. 6 Sie nahmen ihr Vieh und
ihre Habe, die sie in Kanaan erworben hatten, und
gelangten nach Ägypten, Jakob und mit ihm alle
seine Nachkommen. 7 Seine Söhne und Enkel,
seine Töchter und Enkelinnen, alle seine Nach-
kommen brachte er mit nach Ägypten.

8 Das sind die Namen der Söhne Israels, die nach
Ägypten kamen, Jakob und seine Söhne: der Erst-
geborene Jakobs, Ruben; 9 die Söhne Rubens: He-
noch, Pallu, Hezron und Karmi; 10 die Söhne Si-
meons: Jemuël, Jamin, Ohad, Jachin, Zohar und
Schaul, der Sohn der Kanaaniterin; 11 die Söhne Le-
vis: Gerschon, Kehat und Merari; 12 die Söhne Ju-
das: Er, Onan, Schela, Perez und Serach; Er und
Onan waren aber in Kanaan gestorben; die Söhne
des Perez waren Hezron und Hamul; 13 die Söhne
Issachars: Tola, Puwa, Jaschub und Schimron;
14 die Söhne Sebulons: Sered, Elon und Jachleel.
15 Das waren die Söhne Leas, die sie Jakob in Pad-
dan-Aram geboren hatte, dazu seine Tochter Dina,
an Söhnen und Töchtern insgesamt dreiund-
dreißig Personen.

16 Die Söhne Gads: Zifjon, Haggi, Schuni, Ezbon,
Eri, Arod und Areli; 17 die Söhne Aschers: Jimna,
Jischwa, Jischwi und Beria, dazu ihre Schwester
Serach; die Söhne Berias: Heber und Malkiël.
18 Das waren die Söhne Silpas, die Laban seiner
Tochter Lea mitgegeben hatte; sie alle hatte sie Ja-
kob geboren, sechzehn Personen.

19 Die Söhne Rahels, der Frau Jakobs: Josef und
Benjamin. 20 Josef hatte in Ägypten Kinder erhalten,
die ihm Asenat, die Tochter Potiferas, des Priesters
von On, geboren hatte: Manasse und Efraim. 21 Die
Söhne Benjamins: Bela, Becher, Aschbel, Gera,
Naaman, Ehi, Rosch, Muppim, Huppim und Ard. 22
Das waren die Söhne Rahels, die Jakob geboren
worden waren, insgesamt vierzehn Personen.

23 Die Söhne Dans: Schuham. 24 Die Söhne Nafta-
lis: Jachzeel, Guni, Jezer und Schillem. 25 Das wa-
ren die Söhne Bilhas, die Laban seiner Tochter Ra-
hel mitgegeben hatte. Sie alle hatte Bilha Jakob
geboren, insgesamt sieben Personen.

26 Die Gesamtzahl der Personen, die mit Jakob
nach Ägypten gekommen waren und von ihm
abstammten, betrug ohne die Frauen der Söhne
Jakobs insgesamt sechsundsechzig Personen.
27 Dazu kommen die Söhne Josefs, die ihm in
Ägypten geboren worden waren, zwei Personen.
Insgesamt waren vom Haus Jakob siebzig Perso-
nen nach Ägypten gekommen.

28 Jakob schickte Juda voraus zu Josef, um ihn zu
sich nach Goschen zu bestellen. So kamen sie ins
Gebiet von Goschen. 29 Josef ließ seinen Wagen an-
schirren und zog seinem Vater Israel nach Goschen
entgegen. Als er ihn sah, fiel er ihm um den Hals
und weinte lange. 30 Israel sagte zu Josef: Jetzt will
ich gern sterben, nachdem ich dein Angesicht wie-
der sehen durfte und weiß, daß du noch am Leben
bist. 31 Josef sagte dann zu seinen Brüdern und zum
ganzen Haus seines Vaters: Ich will hingehen, will
den Pharao benachrichtigen und ihm sagen:
Meine Brüder und alle vom Haus meines Vaters,
die in Kanaan lebten, sind zu mir gekommen. 32 Die
Männer sind Viehhirten, ja, Viehzüchter sind sie.
Ihre Schafe, Ziegen und Rinder und alles, was ih-
nen gehört, haben sie mitgebracht. 33 Der Pharao
wird euch rufen lassen und euch fragen, womit ihr
euch beschäftigt. 34 Dann sagt: Deine Knechte sind

von Jugend an bis jetzt Viehzüchter gewesen, wir
waren es, und unsere Väter waren es auch schon.
Dann werdet ihr euch in Goschen niederlassen
dürfen; denn die Ägypter haben gegen alle Vieh-
hirten eine große Abneigung.

47 Josef ging also hin, berichtete dem Pharao
und sagte: Mein Vater und meine Brüder
sind mit ihren Schafen, Ziegen und Rindern und
mit allem, was ihnen gehört, aus Kanaan gekom-
men. Sie sind bereits in Goschen. 2 Aus dem Kreis
seiner Brüder hatte er fünf Männer mitgebracht
und stellte sie dem Pharao vor. 3 Der Pharao fragte
Josefs Brüder: Womit beschäftigt ihr euch? Sie ant-
worteten dem Pharao: Hirten von Schafen und
Ziegen sind deine Knechte; wir sind es, und un-
sere Väter waren es auch schon. 4 Weiter sagten
sie zum Pharao: Wir sind gekommen, um uns als
Fremde im Land aufzuhalten. Es gibt ja keine
Weide für das Vieh deiner Knechte, denn schwer
lastet die Hungersnot auf Kanaan. Nun möchten
sich deine Knechte in Goschen niederlassen.
5 Darauf sagte der Pharao zu Josef: Dein Vater und
deine Brüder sind also zu dir gekommen. 6 Ägyp-
ten steht dir offen. Im besten Teil des Landes laß
deinen Vater und deine Brüder wohnen! Sie sol-
len sich in Goschen niederlassen. Wenn du aber
unter ihnen tüchtige Leute kennst, dann setze sie
als Aufseher über meine Herden ein!

7 Darauf führte Josef seinen Vater Jakob hinein
und stellte ihn dem Pharao vor. Jakob grüßte den
Pharao mit einem Segenswunsch. 8 Der Pharao
redete Jakob an: Wie viele Lebensjahre zählst du?
9 Jakob gab dem Pharao zur Antwort: Die Zahl der
Jahre meiner Pilgerschaft beträgt hundertdreißig.
Gering an Zahl und unglücklich waren meine Le-
bensjahre, und sie reichen nicht heran an die Le-
bensjahre meiner Väter in den Tagen ihrer Pilger-
schaft. 10 Jakob verabschiedete sich vom Pharao mit
einem Segenswunsch. 11 Josef siedelte seinen Vater
und seine Brüder an und wies ihnen den Grund-
besitz in Ägypten zu, im besten Teil des Landes, im
Gebiet von Ramses, wie der Pharao verfügt hatte. 12
Josef versorgte seinen Vater und seine Brüder und
das ganze Haus seines Vaters mit so viel Brot, daß
die Kinder genug zu essen hatten.

Josefs Verwaltung in Ägypten

13 Im ganzen Land gab es kein Brot, und der Hun-
ger war sehr drückend. Ägypten und Kanaan wa-
ren vor Hunger erschöpft. 14 Josef hatte das Geld,
das in Ägypten und in Kanaan im Umlauf war, für
das Getreide, das sie kaufen mußten, eingezogen
und in den Palast des Pharao gebracht. 15 So war
das Geld in Ägypten und Kanaan ausgegangen.
Alle Ägypter kamen zu Josef und sagten: Gib uns
Brot! Warum sollen wir vor deinen Augen um-
kommen? Das Geld ist nämlich zu Ende. 16 Liefert
euer Vieh ab, sagte Josef, dann gebe ich euch
dafür Brot, wenn das Geld zu Ende ist. 17 So brach-
ten sie ihr Vieh zu Josef, und Josef verkaufte ih-
nen Brot um den Preis der Pferde, ihrer Bestände
an Schafen und Ziegen, an Rindern und Eseln. Er
versorgte die Leute also in jenem Jahr gegen ihren
ganzen Viehbestand mit Brot. 18 Das Jahr ging in-
des zu Ende, und im nächsten Jahr kamen sie und
sagten zu ihm: Wir können unserem Herrn nicht
verhehlen, daß das Geld zu Ende und unser Vieh-
bestand in den Besitz unseres Herrn übergegan-
gen ist. Wie unser Herr sieht, haben wir nichts
mehr als unsere Leiber und unser Ackerland.
19 Warum sollen wir vor deinen Augen umkom-
men, wir selbst und auch unser Ackerland? Kauf
uns und unsere Äcker um Brot! Wir und unser
Ackerland wollen dem Pharao dienstbar sein.
Stell Saatgut zur Verfügung, so werden wir am Le-
ben bleiben, wir müssen dann nicht sterben, und
das Ackerland braucht nicht zu verkommen. 20 Jo-
sef kaufte also das ganze Ackerland der Ägypter
für den Pharao auf; denn die Ägypter verkauften
alle ihr Feld, weil sie der Hunger dazu zwang. So
wurde das Land Eigentum des Pharao. 21 Das Volk
aber machte er ihm leibeigen von einem Ende
Ägyptens bis zum andern. 22 Nur das Ackerland
der Priester kaufte er nicht auf, denn den Priestern
steht ein festes Einkommen vom Pharao zu; sie
leben von dem festen Einkommen, das ihnen der
Pharao gewährt. Darum brauchten sie ihr Acker-
land nicht zu verkaufen.

23 Nun sprach Josef zum Volk: Seht, heute habe
ich euch und euer Ackerland für den Pharao ge-
kauft. Hier habt ihr Saatgut; bestellt nun die
Äcker! 24 Vom Ertrag liefert ihr dann ein Fünftel
dem Pharao ab, vier Teile aber gehören euch als
Saatgut für das Feld sowie als Nahrung für euch,
für die Leute in euren Häusern und für eure Kin-
der. 25 Da antworteten sie: Du hast uns am Leben
erhalten. Wenn wir das Wohlwollen unseres
Herrn finden, wollen wir gern dem Pharao als
Knechte dienen. 26 So verfügte Josef als gültiges
Recht bis auf den heutigen Tag, daß das Ackerland

Ägyptens zugunsten des Pharao mit einem Fünf-
tel zu besteuern ist. Nur die Äcker der Priester
wurden nicht Eigentum des Pharao.

Jakobs letzter Wille

27 Israel ließ sich in Ägypten nieder, in der Land-
schaft Goschen. Sie wurden dort ansässig, waren
fruchtbar und vermehrten sich sehr. 28 Jakob lebte
noch siebzehn Jahre in Ägypten, und die Tage Ja-
kobs, seine Lebensjahre, betrugen hundertsiebe-
nundvierzig Jahre. 29 Als die Zeit kam, da Israel
sterben sollte, rief er seinen Sohn Josef und sagte
zu ihm: Wenn ich dein Wohlwollen gefunden
habe, leg deine Hand unter meine Hüfte, daß du
nach Treu und Glauben an mir handeln wirst: Be-
grab mich nicht in Ägypten! 30 Bin ich zu meinen
Vätern entschlafen, dann bring mich fort aus
Ägypten, und begrab mich in der Grabstätte mei-
ner Väter! Er antwortete: Ich will tun, wie du ge-
sagt hast. 31 Da sagte Jakob: Leiste mir einen Eid!
Er leistete ihm den Eid. Darauf neigte sich Israel
über das Kopfende seines Bettes.

48 Einige Zeit danach ließ Jakob Josef sagen:
Dein Vater ist krank. Da nahm Josef seine
beiden Söhne mit, Manasse und Efraim, 2 und ließ
Jakob melden: Dein Sohn Josef ist zu dir gekom-
men. Israel nahm sich zusammen und setzte sich
im Bett auf. 3 Dann sagte Jakob zu Josef: Gott, der
Allmächtige, ist mir zu Lus in Kanaan erschienen
und hat mich gesegnet. 4 Er hat zu mir gesagt: Ich
mache dich fruchtbar und vermehre dich, ich ma-
che dich zu einer Schar von Völkern und gebe
dieses Land deinen Nachkommen zu ewigem
Besitz. 5 Jetzt sollen deine beiden Söhne, die dir in
Ägypten geboren wurden, bevor ich zu dir nach
Ägypten kam, mir gehören. Efraim und Manasse
sollen mir soviel gelten wie Ruben und Simeon.
6 Die Nachkommen aber, die du erst nach ihnen
gezeugt hast, sollen dir gehören; nach dem Na-
men ihrer Brüder soll man sie in ihrem Erbteil be-
nennen. 7 Als ich aus Paddan-Aram kam, starb mir
unterwegs Rahel in Kanaan; nur noch ein kleines
Stück war es bis Efrata. Ich begrub sie dort auf
dem Weg nach Efrata, das jetzt Betlehem heißt.

8 Als Israel die Söhne Josefs sah, fragte er: Wer sind
diese? 9 Josef sagte zu seinem Vater: Meine Söhne
sind es, die mir Gott hier geschenkt hat. Da sagte Is-
rael: Bring sie her zu mir, ich will sie segnen. 10 Is-
raels Augen waren vor Alter schwer geworden, er
konnte nicht mehr recht sehen. Er zog die Söhne Jo-
sefs an sich heran, küßte und umarmte sie. 11 Dann
sagte Israel zu Josef: Ich hatte nicht mehr geglaubt,
dich jemals wiederzusehen. Nun aber hat mich
Gott sogar noch deine Nachkommen sehen lassen.
12 Josef holte sie von seinen Knien weg, und sie war-
fen sich mit ihrem Gesicht zur Erde nieder. 13 Dann
nahm Josef beide, Efraim an seine Rechte, zur Lin-
ken Israels, und Manasse an seine Linke, zur rech-
ten Israels, und führte sie zu ihm hin. 14 Israel
streckte seine Rechte aus und legte sie Efraim auf
den Kopf, obwohl er der jüngere war, seine Linke
aber legte er Manasse auf den Kopf, wobei er seine
Hände überkreuzte, obwohl Manasse der Erstge-
borene war. 15 Er segnete Josef und sprach:

Gott, vor dem meine Väter Abraham und Isaak /
ihren Weg gegangen sind, / Gott, der mein Hirt war
mein Lebtag bis heute,

16 der Engel, der mich erlöst hat / von jeglichem
Unheil, / er segne die Knaben. / Weiterleben soll
mein Name durch sie, / auch der Name meiner Vä-
ter Abraham und Isaak. / Im Land sollen sie sich
tummeln, / zahlreich wie die Fische im Wasser.

17 Als Josef sah, daß sein Vater seine Rechte Efraim
auf den Kopf legte, gefiel ihm das nicht. Josef ergriff
die Hand seines Vaters, um sie von Efraims Kopf
auf den Kopf Manasses hinüberzuziehen, 18 und er
sagte zu seinem Vater: Nicht so, Vater, sondern der
ist der Erstgeborene; leg deine Rechte ihm auf den
Kopf! 19 Aber sein Vater wollte nicht. Ich weiß,
mein Sohn, ich weiß, sagte er, auch er wird zu ei-
nem Volk, auch er wird groß sein; aber sein jünge-
rer Bruder wird größer als er, und seine Nachkom-
men werden zu einer Fülle von Völkern. 20 Er
segnete sie an jenem Tag mit den Worten:

Mit deinem Namen wird Israel segnen und sa-
gen: / Gott mache dich wie Efraim und Manasse.

21 So setzte Israel Efraim vor Manasse, und er
sagte zu Josef: Sieh, ich muß sterben. Gott wird
mit euch sein und euch in das Land eurer Väter
zurückbringen. 22 Ich gebe dir einen Bergrücken
schulterhoch über deinen Brüdern, den ich der
Hand der Amoriter mit Schwert und Bogen ent-
rissen habe.

Der Segen Jakobs

49 Darauf rief Jakob seine Söhne und sprach:
Versammelt euch, dann sage ich euch an,
was euch begegnet in künftigen Tagen.

2 Kommt zusammen, ihr Söhne Jakobs, und
hört, / auf Israel hört, auf euren Vater!

3 *Ruben,* mein Erster, du meine Stärke, / meiner Zeugungskraft Erstling, / übermütig an Stolz, übermütig an Kraft,

4 brodelnd wie Wasser. Der erste sollst du nicht bleiben. / Du bestiegst ja das Bett deines Vaters; / geschändet hast du damals mein Lager.

5 *Simeon* und *Levi,* die Brüder, / Werkzeuge der Gewalt sind ihre Messer.

6 Zu ihrem Kreis mag ich nicht gehören, / mit ihrer Rotte vereinige sich nicht mein Herz. / Denn in ihrem Zorn brachten sie Männer um, / mutwillig lähmten sie Stiere.

7 Verflucht ihr Zorn, da er so heftig, / verflucht ihr Grimm, da er so roh. / Ich teile sie unter Jakob auf, / ich zerstreue sie unter Israel.

8 *Juda,* dir jubeln die Brüder zu, / deine Hand hast du am Genick deiner Feinde. / Deines Vaters Söhne fallen vor dir nieder.

9 Ein junger Löwe ist Juda. / Vom Raub, mein Sohn, wurdest du groß. / Er kauert, liegt da wie ein Löwe, / wie eine Löwin. Wer wagt, sie zu scheuchen?

10 Nie weicht von Juda das Zepter, / der Herrscherstab von seinen Füßen, / bis der kommt, dem er gehört, / dem der Gehorsam der Völker gebührt.

11 Er bindet am Weinstock sein Reittier fest, / seinen Esel am Rebstock. / Er wäscht in Wein sein Kleid, / in Traubenblut sein Gewand.

12 Feurig von Wein funkeln die Augen, / seine Zähne sind weißer als Milch.

13 *Sebulon* wohnt nahe dem Strand, / am Gestade der Schiffe, / mit seinem Rücken nach Sidon hin.

14 *Issachar* ist ein knochiger Esel, / lagernd in seinem Pferch.

15 Er sieht, wie die Ruhe so schön ist / und wie so freundlich das Land; / da neigt er die Schulter als Träger / und wird zum fronenden Knecht.

16 *Dan* schafft Recht seinem Volk / wie nur einer von Israels Stämmen.

17 Zur Schlange am Weg wird Dan, / zur zischelnden Natter am Pfad. / Sie beißt das Pferd in die Fesseln, / sein Reiter stürzt rücklings herab.

18 Auf deine Hilfe harre ich, Herr.

19 *Gad,* ins Gedränge drängen sie ihn, / doch er bedrängt ihre Ferse.

20 *Ascher,* fett ist sein Brot. / Königskost liefert er.

21 *Naftali,* die flüchtige Hirschkuh, / versteht sich auf gefällige Rede.

22 Ein junger Fruchtbaum ist *Josef,* / ein junger Fruchtbaum am Quell, / ein junger Zweig an der Mauer.

23 Man erbittert und reizt ihn, / die Schützen stellen ihm nach.

24 Sein Bogen sitzt sicher; / gelenkig sind Arme und Hände. / Das kommt vom Starken Jakobs, / von dort kommt der Hirt, Israels Fels,

25 vom Gott deines Vaters, er wird dir helfen. / Gott, der Allmächtige, er wird dich segnen / mit Segen des Himmels von droben, / mit Segen tief lagernder Urflut, / mit Segen von Brust und Schoß.

26 Deines Vaters Segen übertrifft / den Segen der uralten Berge, / den man von den ewigen Hügeln ersehnt. / Er komme auf Josefs Haupt, / auf das Haupt des Geweihten der Brüder.

27 *Benjamin* ist ein reißender Wolf: / Am Morgen frißt er die Beute, / am Abend teilt er den Fang.

Jakobs Tod und Begräbnis

28 Sie alle sind die zwölf Stämme Israels, und das war es, was ihr Vater zu ihnen sagte, als er sie segnete. Einen jeden bedachte er mit dem Segen, der ihm zukam. 29 Er trug ihnen ferner auf und sagte zu ihnen: Ich werde mit meinen Vorfahren vereint. Begrabt mich bei meinen Vätern in der Höhle auf dem Grundstück des Hetiters Efron, 30 in der Höhle auf dem Grundstück von Machpela bei Mamre in Kanaan. Das Grundstück hatte Abraham vom Hetiter Efron als eigene Grabstätte gekauft. 31 Dort hat man Abraham und seine Frau Sara begraben; dort hat man Isaak und seine Frau Rebekka begraben; dort habe ich Lea begraben, 32 auf dem Grundstück, das samt der Höhle darauf von den Hetitern in unseren Besitz übergegangen ist. 33 Jakob beendete den Auftrag an seine Söhne und zog seine Füße auf das Bett zurück. Dann verschied er und wurde mit seinen Vorfahren vereint.

50 Josef warf sich über seinen Vater, weinte um ihn und küßte ihn. 2 Darauf befahl er den Ärzten, die ihm zu Dienste standen, seinen Vater einzubalsamieren. Die Ärzte balsamierten also Israel ein. 3 Darüber vergingen vierzig volle Tage, denn so lange dauerte die Einbalsamierung. Die Ägypter beweinten ihn siebzig Tage lang. 4 Als die Tage der Trauer vor-über waren, sagte Josef zu den Hofleuten des Pharao: Wenn ich euer Wohlwollen genieße, tragt dem Pharao dieses mein Anliegen vor: 5 Mein Vater hat mich schwören lassen

und gesagt: Ich muß sterben; in dem Grab, das ich
mir in Kanaan angelegt habe, dort begrabt mich!
Nun also möchte ich hinaufziehen und mei-
nen Vater begraben; dann komme ich wieder
zurück. 6 Da sagte der Pharao: Zieh hin-auf, begrabe
deinen Vater, wie du geschworen hast.

7 Josef zog hinauf, um seinen Vater zu begraben.
Mit ihm zogen alle Hofleute des Pharao, die Älte-
sten seines Hofes und alle Ältesten Ägypten, 8 das
ganze Haus Josef, seine Brüder und das Haus seines
Vaters. Nur ihre Kinder, ihre Schafe, Ziegen und
Rinder ließen sie in Goschen zurück. 9 Auch die Wa-
gen und die dazugehörige Mannschaft zogen mit
ihm, so daß es ein sehr großer Zug wurde. 10 Als sie
nach Goren-Atad jenseits des Jordan gekommen
waren, hielten sie dort eine sehr große, würdige To-
tenklage; sieben Tage hielt er um seinen Vater
Trauer. 11 Die Einheimischen, die Kanaaniter, beob-
achteten die Trauerfeier in Goren-Atad und sagten:
Eine würdige Trauerfeier veranstalten da die Ägyp-
ter. Darum heißt der Ort Abel-Mizrajim (Ägypter-
trauer); er liegt jenseits des Jordan.

12 Jakobs Söhne taten an Jakob so, wie er ihnen auf-
getragen hatte. 13 Sie brachten ihn nach Kanaan und
begruben ihn in der Höhle des Grundstücks von
Machpela. Abraham hatte das Grundstück bei
Mamre als eigene Grabstätte von dem Hetiter
Efron gekauft.

Josefs letzte Lebensjahre und sein Tod

14 Nachdem Josef seinen Vater begraben hatte,
kehrte er nach Ägypten zurück, zusammen mit
seinen Brüdern und allen, die mitgezogen waren,
um seinen Vater zu begraben.

15 Als Josefs Brüder sahen, daß ihr Vater tot war,
sagten sie: Wenn sich Josef nur nicht feindselig ge-
gen uns stellt und uns alles Böse vergilt, das wir
ihm getan haben. 16 Deshalb ließen sie Josef wissen:
Dein Vater hat uns, bevor er starb, aufgetragen: 17 So
sagt zu Josef: Vergib doch deinen Brüdern ihre Un-
tat und Sünde, denn Schlimmes haben sie dir an-
getan. Nun also vergib doch die Untat der Knechte
des Gottes deines Vaters! Als man ihm diese Worte
überbrachte, mußte Josef weinen. 18 Seine Brüder
gingen dann auch selbst hin, fielen vor ihm nieder
und sagten: Hier sind wir als deine Sklaven. 19 Josef
aber antwortete ihnen: Fürchtet euch nicht! Stehe
ich denn an Gottes Stelle? 20 Ihr habt Böses gegen
mich im Sinne gehabt, Gott aber hatte dabei Gutes
im Sinn, um zu erreichen, was heute geschieht:
viel Volk am Leben zu erhalten. 21 Nun also fürchtet
euch nicht! Ich will für euch und eure Kinder sor-
gen. So tröstete er sie und redete ihnen freundlich
zu.

22 Josef blieb in Ägypten, er und das Haus seines
Vaters. Josef wurde hundertzehn Jahre alt. 23 Er sah
noch Efraims Söhne und Enkel. Auch die Söhne
Machirs, des Sohnes Manasses, kamen auf Josefs
Knien zur Welt. 24 Dann sprach Josef zu seinen Brü-
dern: Ich muß sterben. Gott wird sich euer anneh-
men, er wird euch aus diesem Land heraus und in
jenes Land hinaufführen, das er Abraham, Isaak
und Jakob mit einem Eid zugesichert hat. 25 Josef
ließ die Söhne Israels schwören: Wenn Gott sich
euer annimmt, dann nehmt meine Gebeine von
hier mit hinauf! 26 Josef starb im Alter von hundert-
zehn Jahren. Man balsamierte ihn ein und legte ihn
in Ägypten in einen Sarg.

DAS BUCH EXODUS

Israel in Ägypten: 1,1–11,10

Jakobs Nachkommen in Ägypten

1 Das sind die Namen der Söhne Israels, die
nach Ägypten gekommen waren – mit Jakob
waren sie gekommen, jeder mit seiner Familie:
2 Ruben, Simeon, Levi, Juda, 3 Issachar, Sebulon,
Benjamin, 4 Dan, Naftali, Gad und Ascher. 5 Zu-
sammen waren es siebzig Personen; sie alle
stammten von Jakob ab. Josef aber war bereits in
Ägypten.

6 Josef, alle seine Brüder und seine Zeitgenossen

waren gestorben. 7 Aber die Söhne Israels waren
fruchtbar, so daß das Land von ihnen wimmelte.
Sie vermehrten sich und wurden überaus stark;
sie bevölkerten das Land.
8 In Ägypten kam ein neuer König an die
Macht, der Josef nicht gekannt hatte. 9 Er sagte
zu seinem Volk: Seht nur, das Volk der Israeliten
ist größer und stärker als wir. 10 Gebt acht! Wir
müssen überlegen, was wir gegen sie tun kön-
nen, damit sie sich nicht weiter vermehren.
Wenn ein Krieg ausbricht, können sie sich unse-
ren Feinden anschließen, gegen uns kämpfen
und sich des Landes bemächtigen. 11 Da setzte
man Fronvögte über sie ein, um sie durch
schwere Arbeit unter Druck zu setzen. Sie muß-
ten für den Pharao die Städte Pitom und Ramses
als Vorratslager bauen. 12 Je mehr man sie aber
unter Druck hielt, um so stärker vermehrten sie
sich und breiteten sie sich aus, so daß die Ägyp-
ter vor ihnen das Grauen packte. 13 Daher gingen
sie hart gegen die Israeliten vor und machten sie
zu Sklaven. 14 Sie machten ihnen das Leben
schwer durch harte Arbeit mit Lehm und Zie-
geln und durch alle möglichen Arbeiten auf den
Feldern. So wurden die Israeliten zu harter Skla-
venarbeit gezwungen.
15 Zu den hebräischen Hebammen – die eine
hieß Schifra, die andere Pua – sagte der König
von Ägypten: 16 Wenn ihr den Hebräerinnen Ge-
burtshilfe leistet, dann achtet auf das Ge-
schlecht! Ist es ein Knabe, so laßt ihn sterben! Ist
es ein Mädchen, dann kann es am Leben blei-
ben. 17 Die Hebammen aber fürchteten Gott und
taten nicht, was ihnen der König von Ägypten
gesagt hatte, sondern ließen die Kinder am Le-
ben. 18 Da rief der König von Ägypten die Heb-
ammen zu sich und sagte zu ihnen: Warum tut
ihr das und laßt die Kinder am Leben? 19 Die Heb-
ammen antworteten dem Pharao: Bei den he-
bräischen Frauen ist es nicht wie bei den Ägyp-
terinnen, sondern wie bei den Tieren: Wenn die
Hebamme zu ihnen kommt, haben sie schon ge-
boren. 20 Gott verhalf den Hebammen zu Glück;
das Volk aber vermehrte sich weiter und wurde
sehr stark. 21 Weil die Hebammen Gott fürchte-
ten, schenkte er ihnen Kindersegen. 22 Daher gab
der Pharao seinem ganzen Volk den Befehl: Alle
Knaben, die den Hebräern geboren werden,
werft in den Nil! Die Mädchen dürft ihr alle am
Leben lassen.

Die Jugend des Mose

2 Ein Mann aus einer levitischen Familie ging
hin und nahm eine Frau aus dem gleichen
Stamm. 2 Sie wurde schwanger und gebar einen
Sohn. Weil sie sah, daß es ein schönes Kind war,
verbarg sie es drei Monate lang. 3 Als sie es nicht
mehr verborgen halten konnte, nahm sie ein Bin-
senkästchen, dichtete es mit Pech und Teer ab,
legte den Knaben hinein und setzte ihn am Nilu-
fer im Schilf aus. 4 Seine Schwester blieb in der
Nähe stehen, um zu sehen, was mit ihm gesche-
hen würde.
5 Die Tochter des Pharao kam herab, um im Nil
zu baden. Ihre Dienerinnen gingen unterdessen
am Nilufer auf und ab. Auf einmal sah sie im
Schilf das Kästchen und ließ es durch ihre Magd
holen. 6 Als sie es öffnete und hineinsah, lag ein
weinendes Kind darin. Sie bekam Mitleid mit
ihm, und sie sagte: Das ist ein Hebräerkind. 7 Da
sagte seine Schwester zur Tochter des Pharao:
Soll ich zu den Hebräerinnen gehen und dir eine
Amme rufen, damit sie dir das Kind stillt? 8 Die
Tochter des Pharao antwortete ihr: Ja, geh! Das
Mädchen ging und rief die Mutter des Knaben
herbei. 9 Die Tochter des Pharao sagte zu ihr:
Nimm das Kind mit, und still es mir! Ich werde
dich dafür entlohnen. Die Frau nahm das Kind
zu sich und stillte es. 10 Als der Knabe größer ge-
worden war, brachte sie ihn der Tochter des Pha-
rao. Diese nahm ihn als Sohn an, nannte ihn
Mose und sagte: Ich habe ihn aus dem Wasser
gezogen.
11 Die Jahre vergingen, und Mose wuchs heran.
Eines Tages ging er zu seinen Brüdern hinaus und
schaute ihnen bei der Fronarbeit zu. Da sah er,
wie ein Ägypter einen Hebräer schlug, einen sei-
ner Stammesbrüder. 12 Mose sah sich nach allen
Seiten um, und als er sah, daß sonst niemand da
war, erschlug er den Ägypter und verscharrte ihn
im Sand.
13 Als er am nächsten Tag wieder hinausging,
sah er zwei Hebräer miteinander streiten. Er
sagte zu dem, der im Unrecht war: Warum
schlägst du deinen Stammesgenossen? 14 Der
Mann erwiderte: Wer hat dich zum Aufseher
und Schiedsrichter über uns bestellt? Meinst
du, du könntest mich umbringen, wie du den
Ägypter umgebracht hast? Da bekam Mose
Angst und sagte: Die Sache ist also bekannt
geworden.

Mose in Midian

15 Der Pharao hörte von diesem Vorfall und wollte Mose töten; Mose aber entkam ihm. Er wollte in Midian bleiben und setzte sich an einen Brunnen. 16 Der Priester von Midian hatte sieben Töchter. Sie kamen zum Wasserschöpfen und wollten die Tröge füllen, um die Schafe und Ziegen ihres Vaters zu tränken. 17 Doch die Hirten kamen und wollten sie verdrängen. Da stand Mose auf, kam ihnen zu Hilfe und tränkte ihre Schafe und Ziegen. 18 Als sie zu ihrem Vater Reguël zurückkehrten, fragte er: Warum seid ihr heute so schnell wieder da? 19 Sie erzählten: Ein Ägypter hat uns gegen die Hirten verteidigt; er hat uns sogar Wasser geschöpft und das Vieh getränkt. 20 Da fragte Reguël seine Töchter: Wo ist er? Warum habt ihr ihn dort gelassen? Holt ihn, und ladet ihn zum Essen ein! 21 Mose entschloß sich, bei dem Mann zu bleiben, und dieser gab seine Tochter Zippora Mose zur Frau. 22 Als sie einen Sohn gebar, nannte er ihn Gerschom (Ödgast) und sagte: Gast bin ich in fremdem Land.

Die Berufung des Mose

23 Nach vielen Jahren starb der König von Ägypten. Die Israeliten stöhnten noch unter der Sklavenarbeit; sie klagten, und ihr Hilferuf stieg aus ihrem Sklavendasein zu Gott empor. 24 Gott hörte ihr Stöhnen, und Gott gedachte seines Bundes mit Abraham, Isaak und Jakob. 25 Gott blickte auf die Söhne Israels und gab sich ihnen zu erkennen.

3 Mose weidete die Schafe und Ziegen seines Schwiegervaters Jitro, des Priesters von Midian. Eines Tages trieb er das Vieh über die Steppe hinaus und kam zum Gottesberg Horeb. 2 Dort erschien ihm der Engel des Herrn in einer Flamme, die aus einem Dornbusch emporschlug. Er schaute hin: Da brannte der Dornbusch und verbrannte doch nicht. 3 Mose sagte: Ich will dorthin gehen und mir die außergewöhnliche Erscheinung ansehen. Warum verbrennt denn der Dornbusch nicht?

4 Als der Herr sah, daß Mose näher kam, um sich das anzusehen, rief Gott ihm aus dem Dornbusch zu: Mose, Mose! Er antwortete: Hier bin ich. 5 Der Herr sagte: Komm nicht näher heran! Leg deine Schuhe ab; denn der Ort, wo du stehst, ist heiliger Boden. 6 Dann fuhr er fort: Ich bin der Gott deines Vaters, der Gott Abrahams, der Gott Isaaks und der Gott Jakobs. Da verhüllte Mose sein Gesicht; denn er fürchtete sich, Gott anzuschauen.

7 Der Herr sprach: Ich habe das Elend meines Volkes in Ägypten gesehen, und ihre laute Klage über ihre Antreiber habe ich gehört. Ich kenne ihr Leid. 8 Ich bin herabgestiegen, um sie der Hand der Ägypter zu entreißen und aus jenem Land hinaufzuführen in ein schönes, weites Land, in ein Land, in dem Milch und Honig fließen, in das Gebiet der Kanaaniter, Hetiter, Amoriter, Perisiter, Hiwiter und Jebusiter. 9 Jetzt ist die laute Klage der Israeliten zu mir gedrungen, und ich habe auch gesehen, wie die Ägypter sie unterdrücken. 10 Und jetzt geh! Ich sende dich zum Pharao. Führe mein Volk, die Israeliten, aus Ägypten heraus! 11 Mose antwortete Gott: Wer bin ich, daß ich zum Pharao gehen und die Israeliten aus Ägypten herausführen könnte? 12 Gott aber sagte: Ich bin mit dir; ich habe dich gesandt, und als Zeichen dafür soll dir dienen: Wenn du das Volk aus Ägypten herausgeführt hast, werdet ihr Gott an diesem Berg verehren.

13 Da sagte Mose zu Gott: Gut, ich werde also zu den Israeliten kommen und ihnen sagen: Der Gott eurer Väter hat mich zu euch gesandt. Da werden sie mich fragen: Wie heißt er? Was soll ich ihnen darauf sagen? 14 Da antwortete Gott dem Mose: Ich bin der »Ich-bin-da«. Und er fuhr fort: So sollst du zu den Israeliten sagen: Der »Ich-bin-da« hat mich zu euch gesandt. 15 Weiter sprach Gott zu Mose: So sag zu den Israeliten: Jahwe, der Gott eurer Väter, der Gott Abrahams, der Gott Isaaks und der Gott Jakobs, hat mich zu euch gesandt. Das ist mein Name für immer, und so wird man mich nennen in allen Generationen. 16 Geh, versammle die Ältesten Israels, und sag ihnen: Jahwe, der Gott eurer Väter, der Gott Abrahams, Isaaks und Jakobs, ist mir erschienen und hat mir gesagt: Ich habe sorgsam auf euch geachtet und habe gesehen, was man euch in Ägypten antut. 17 Darum habe ich beschlossen, euch aus dem Elend Ägyptens hinaufzuführen in das Land der Kanaaniter, Hetiter, Amoriter, Perisiter, Hiwiter und Jebusiter, in ein Land, in dem Milch und Honig fließen. 18 Wenn sie auf dich hören, so geh mit den Ältesten Israels zum König von Ägypten; sagt ihm: Jahwe, der Gott der Hebräer, ist uns begegnet. Und jetzt wollen wir drei Tagesmärsche weit in die Wüste ziehen und Jahwe, unserem Gott, Schlachtopfer darbringen. 19 Ich weiß, daß euch

der König von Ägypten nicht ziehen läßt, es sei
denn, er würde von starker Hand dazu gezwun-
gen. 20 Erst wenn ich meine Hand ausstrecke und
Ägypten niederschlage mit allen meinen Wun-
dern, die ich in seiner Mitte vollbringe, wird er
euch ziehen lassen. 21 Dann werde ich die Ägyp-
ter zugunsten dieses Volkes umstimmen, und
wenn ihr wegzieht, werdet ihr nicht mit leeren
Händen gehen. 22 Jede Frau kann von ihrer Nach-
barin oder Hausgenossin silberne und goldene
Geräte und Kleider verlangen. Übergebt sie euren
Söhnen und Töchtern, und plündert so die Ägyp-
ter aus!

4 Mose antwortete: Was aber, wenn sie mir
nicht glauben und nicht auf mich hören, son-
dern sagen: Jahwe ist dir nicht erschienen? 2 Der
Herr entgegnete ihm: Was hast du da in der Hand?
Er antwortete: Einen Stab. 3 Da sagte der Herr:
Wirf ihn auf die Erde! Mose warf ihn auf die Erde.
Da wurde der Stab zu einer Schlange, und Mose
wich vor ihr zurück. 4 Der Herr aber sprach zu
Mose: Streck deine Hand aus, und fasse sie am
Schwanz! Er streckte seine Hand aus und packte
sie. Da wurde sie in seiner Hand wieder zu einem
Stab. 5 So sollen sie dir glauben, daß dir Jahwe er-
schienen ist, der Gott ihrer Väter, der Gott Abra-
hams, der Gott Isaaks und der Gott Jakobs.

6 Weiter sprach der Herr zu ihm: Leg deine Hand
in deinen Gewandbausch! Er legte seine Hand
hinein. Als er sie herauszog, war seine Hand von
Aussatz weiß wie Schnee. 7 Darauf sagte der Herr:
Leg deine Hand noch einmal in deinen Gewand-
bausch! Er legte seine Hand noch einmal hinein.
Als er sie wieder herauszog, sah sie wieder aus
wie der übrige Leib. 8 Wenn sie dir nicht glauben
und sich durch das erste Zeichen nicht überzeu-
gen lassen, werden sie auf das zweite Zeichen hin
glauben. 9 Glauben sie aber selbst nach diesen bei-
den Zeichen nicht und lassen sie sich nicht über-
zeugen, dann nimm etwas Nilwasser, und schütt
es auf trockenen Boden! Das Wasser, das du aus
dem Nil geholt hast, wird auf dem Boden zu Blut
werden.

10 Doch Mose sagte zum Herrn: Aber bitte, Herr,
ich bin keiner, der gut reden kann, weder gestern
noch vorgestern, noch seitdem du mit deinem
Knecht sprichst. Mein Mund und meine Zunge
sind nämlich schwerfällig. 11 Der Herr entgegnete
ihm: Wer hat dem Menschen den Mund gegeben,
und wer macht taub oder stumm, sehend oder
blind? Doch wohl ich, der Herr! 12 Geh also! Ich bin
mit deinem Mund und weise dich an, was du re-
den sollst. 13 Doch Mose antwortete: Aber bitte,
Herr, schick doch einen andern!

14 Da entbrannte der Zorn des Herrn über Mose,
und er sprach: Hast du nicht noch einen Bruder,
den Leviten Aaron? Ich weiß, er kann reden;
außerdem bricht er gerade auf und wird dir be-
gegnen. Wenn er dich sieht, wird er sich von Her-
zen freuen. 15 Sprich mit ihm, und leg ihm die
Worte in den Mund! Ich aber werde mit deinem
und seinem Mund sein, ich werde euch anwei-
sen, was ihr tun sollt, 16 und er wird für dich zum
Volk reden. Er wird für dich der Mund sein, und
du wirst für ihn Gott sein. 17 Diesen Stab nimm in
deine Hand! Mit ihm wirst du die Zeichen voll-
bringen.

Die Rückkehr des Mose nach Ägypten

18 Darauf kehrte Mose zu seinem Schwiegervater
Jitro zurück. Er sagte zu ihm: Ich will zu meinen
Brüdern nach Ägypten zurückkehren. Ich will se-
hen, ob sie noch am Leben sind. Jitro antwortete
Mose: Geh in Frieden!

19 Der Herr sprach zu Mose in Midian: Mach
dich auf, und kehr nach Ägypten zurück; denn
alle, die dir nach dem Leben getrachtet haben,
sind tot. 20 Da holte Mose seine Frau und seine
Söhne, setzte sie auf einen Esel und trat den Rück-
weg nach Ägypten an. Den Gottesstab hielt er in
der Hand.

21 Der Herr sprach zu Mose: Wenn du gehst und
nach Ägypten zurückkehrst, halte dir alle Wunder
vor Augen, die ich in deine Hand gelegt habe, und
vollbring sie vor dem Pharao! Ich will sein Herz
verhärten, so daß er das Volk nicht ziehen läßt.
22 Dann sag zum Pharao: So spricht Jahwe: Israel
ist mein erstgeborener Sohn. 23 Ich sage dir: Laß
meinen Sohn ziehen, damit er mich verehren
kann. Wenn du dich weigerst, ihn ziehen zu las-
sen, bringe ich deinen erstgeborenen Sohn um.

24 Unterwegs am Rastplatz trat der Herr dem
Mose entgegen und wollte ihn töten. 25 Zippora er-
griff einen Feuerstein und schnitt ihrem Sohn die
Vorhaut ab. Damit berührte sie die Beine des
Mose und sagte: Ein Blutbräutigam bist du mir.
26 Da ließ der Herr von ihm ab. »Blutbräutigam«
sagte sie damals wegen der Beschneidung.

27 Der Herr sprach zu Aaron: Geh hinaus in die
Wüste, Mose entgegen! Da ging er. Am Gottes-

Da träumte ihm, eine Leiter sei auf die Erde gestellt (Gen 28) | 8 ▷
Ich bin Josef, euer Bruder (Gen 45) | 9 ▷▷

10. N.
1988

berg traf er ihn und küßte ihn. 28 Mose erzählte
Aaron von dem Auftrag, mit dem der Herr ihn ge-
sandt hatte, und von allen Zeichen, zu denen er
ihn ermächtigt hatte. 29 Mose und Aaron gingen
und versammelten alle Ältesten der Israeliten.
30 Aaron wiederholte vor ihnen alle Worte, die der
Herr zu Mose gesprochen hatte, und Mose voll-
brachte die Zeichen vor den Augen des Volkes.
31 Da glaubte das Volk, und als sie hörten, daß der
Herr sich der Israeliten angenommen und ihr
Elend gesehen habe, verneigten sie sich und war-
fen sich vor ihm nieder.

Die erfolglosen Verhandlungen mit dem Pharao

5 Danach gingen Mose und Aaron zum Pharao
und sagten: So spricht Jahwe, der Gott
Israels: Laß mein Volk ziehen, damit sie mir in
der Wüste ein Fest feiern können. 2 Der Pharao er-
widerte: Wer ist Jahwe, daß ich auf ihn hören
und Israel ziehen lassen sollte? Ich kenne Jahwe
nicht und denke auch nicht daran, Israel zie-
hen zu lassen. 3 Da sagten sie: Der Gott der
Hebräer ist uns begegnet, und jetzt wollen wir
drei Tagesmärsche weit in die Wüste ziehen und
Jahwe, unserem Gott, Schlachtopfer darbringen,
damit er uns nicht mit Pest oder Schwert straft.
4 Der König von Ägypten entgegnete ihnen:
Warum, Mose und Aaron, wollt ihr die Leute zum
Nichtstun verleiten? Fort mit euch, tut euren
Frondienst! 5 Der Pharao fuhr fort: So viele Leute
sind jetzt im Land, und ihr wollt sie vom Fron-
dienst abhalten?

6 Am selben Tag noch gab der Pharao den An-
treibern der Leute und den Listenführern die An-
weisung: 7 Gebt den Leuten nicht mehr, wie bis-
her, Stroh zum Ziegelmachen! Sie sollen selber
gehen und sich Stroh besorgen. 8 Legt ihnen aber
das gleiche Soll an Ziegeln auf, das sie bisher er-
füllen mußten. Laßt ihnen davon nichts nach!
Denn sie sind faul, und deshalb schreien sie: Wir
wollen gehen und unserem Gott Schlachtopfer
darbringen. 9 Erschwert man den Leuten die Ar-
beit, dann sind sie beschäftigt und kümmern sich
nicht um leeres Geschwätz. 10 Da gingen die An-
treiber der Leute und die Listenführer zu den Leu-
ten und sagten: So spricht der Pharao: Ich gebe
euch kein Stroh mehr. 11 Geht selbst, und besorgt
euch Stroh, wo ihr es findet. Von eurem Arbeits-
soll aber wird euch nichts erlassen. 12 Die Leute
verteilten sich also über ganz Ägypten, um sich
Stroh zu besorgen. 13 Die Antreiber drängten und
sagten: Ihr müßt euer tägliches Soll erfüllen wie
bisher, als euch noch Stroh geliefert wurde. 14 Die
Antreiber des Pharao schlugen die israelitischen
Listenführer, die sie eingesetzt hatten, und sag-
ten: Warum habt ihr heute nicht wie neulich noch
das festgesetzte Soll an Ziegeln erfüllt? 15 Da gin-
gen die israelitischen Listenführer zum Pharao
und erhoben vor ihm Klage: Warum tust du dei-
nen Sklaven das an? 16 Man gibt deinen Sklaven
kein Stroh, aber man sagt uns: Macht Ziegel!
Schau, man hat deine Sklaven geschlagen; die
Schuld aber liegt bei deinen Leuten. 17 Er entgeg-
nete: Faul seid ihr, faul. Nur deshalb sagt ihr: Wir
wollen gehen und Jahwe Schlachtopfer darbrin-
gen. 18 Jetzt aber fort mit euch, und tut eure Arbeit!
Stroh bekommt ihr nicht, aber euer Soll an Zie-
geln müßt ihr erfüllen. 19 Da sahen sich die israeli-
tischen Listenführer in einer üblen Lage, weil
man ihnen sagte: Nichts von eurem täglichen Soll
an Ziegeln wird euch erlassen.

Die Klage des Mose und die Verheißung Gottes

20 Als sie vom Pharao kamen, stießen sie auf Mose
und Aaron, die ihnen entgegenkamen. 21 Die Li-
stenführer sagten zu ihnen: Der Herr soll euch er-
scheinen und euch richten; denn ihr habt uns
beim Pharao und seinen Dienern in Verruf ge-
bracht und ihnen ein Schwert in die Hand gege-
ben, mit dem sie uns umbringen können. 22 Da
wandte sich Mose an den Herrn und sagte: Mein
Herr, warum behandelst du dieses Volk so
schlecht? Wozu hast du mich denn gesandt? 23 Seit
ich zum Pharao gegangen bin, um in deinem Na-
men zu reden, behandelt er dieses Volk noch
schlechter, aber du hast dein Volk nicht gerettet.

6 Der Herr antwortete Mose: Jetzt wirst du se-
hen, was ich dem Pharao antue. Denn von
starker Hand gezwungen, wird er sie ziehen las-
sen, ja, von starker Hand gezwungen, wird er sie
sogar aus seinem Land ausweisen.

2 Gott redete mit Mose und sprach zu ihm: Ich
bin Jahwe. 3 Ich bin Abraham, Isaak und Jakob als
El-Schaddai (Gott, der Allmächtige) erschienen,
aber unter meinem Namen Jahwe habe ich mich
ihnen nicht zu erkennen gegeben. 4 Auch habe
ich einen Bund mit ihnen geschlossen und habe
versprochen, ihnen das Land Kanaan zu geben,
das Land, in dem sie als Fremde lebten. 5 Ferner
habe ich gehört, wie die Israeliten darüber stöh-

nen, daß die Ägypter sie wie Sklaven behandeln.
Da habe ich meines Bundes gedacht, 6 und des-
halb sag zu den Israeliten: Ich bin Jahwe. Ich
führe euch aus dem Frondienst für die Ägypter
heraus und rette euch aus der Sklaverei. Ich erlöse
euch mit hoch erhobenem Arm und durch ein ge-
waltiges Strafgericht über sie. 7 Ich nehme euch
als mein Volk an und werde euer Gott sein. Und
ihr sollt wissen, daß ich Jahwe bin, euer Gott, der
euch aus dem Frondienst in Ägypten herausführt.
8 Ich führe euch in das Land, das ich Abraham,
Isaak und Jakob unter Eid versprochen habe. Ich
übergebe es euch als Eigentum, ich, der Herr.

9 So redete Mose zu den Israeliten. Sie aber hör-
ten nicht auf Mose, weil sie vor harter Arbeit ver-
zagten. 10 Da sprach der Herr zu Mose: 11 Geh, sag
dem Pharao, dem König von Ägypten, er solle die
Israeliten aus seinem Land fortziehen lassen.
12 Mose erwiderte dem Herrn: Wenn schon die Is-
raeliten nicht auf mich hörten, wie sollte mich
dann der Pharao anhören, zumal ich ungeschickt
im Reden bin?

13 So redete der Herr mit Mose und mit Aaron. Er
gab ihnen den Auftrag, zu den Israeliten und zum
Pharao, dem König von Ägypten, zu gehen und
die Israeliten aus Ägypten herauszuführen.

Die Nachkommen Rubens, Simeons und Levis

14 Das sind die Oberhäupter ihrer Großfamilien:
Die Söhne Rubens, des Erstgeborenen Israels: He-
noch, Pallu, Hezron und Karmi; das waren die Sip-
penverbände Rubens. 15 Die Söhne Simeons: Je-
muël, Jamin, Ohad, Jachin, Zohar und Schaul, der
Sohn der Kanaaniterin; das waren die Sippenver-
bände Simeons. 16 Das sind die Namen der Söhne
Levis nach ihrer Geschlechterfolge: Gerschon,
Kehat und Merari. Die Lebenszeit Levis betrug
hundertsiebenunddreißig Jahre. 17 Die Söhne Ger-
schons: Libni und Schimi, nach ihren Sippenver-
bänden. 18 Die Söhne Kehats: Amram, Jizhar, He-
bron und Usiël. Die Lebenszeit Kehats betrug
hundertdreiunddreißig Jahre. 19 Die Söhne Mera-
ris: Machli und Muschi; das waren die Sippen-
verbände der Leviten nach ihrer Geschlechter-
folge.

20 Amram nahm seine Tante Jochebed zur Frau.
Sie gebar ihm Aaron und Mose. Die Lebenszeit
Amrams betrug hundertsiebenunddreißig Jahre.
21 Die Söhne Jizhars: Korach, Nefeg und Sichri.
22 Die Söhne Usiëls: Mischaël, Elizafan und Sitri.
23 Aaron nahm Elischeba, die Tochter Amminad-
abs, die Schwester Nachschons, zur Frau. Sie
gebar ihm Nadab, Abihu, Eleasar und Itamar.
24 Die Söhne Korachs: Assir, Elkana und Abiasaf.
Das waren die Sippenverbände der Korachiter.
25 Eleasar, der Sohn Aarons, nahm eine Tochter Pu-
tiëls zur Frau. Sie gebar ihm Pinhas. Das waren
die Oberhäupter der levitischen Großfamilien
nach ihren Sippenverbänden.

26 Das waren also Aaron und Mose, zu denen der
Herr gesagt hatte: Führt die Israeliten aus Ägyp-
ten, und übernehmt dabei die Leitung der Scha-
ren! 27 Die beiden waren es, die mit dem Pharao,
dem König von Ägypten, reden und die Israeliten
aus Ägypten herausführen sollten, Mose und Aa-
ron. 28 Damals, als der Herr mit Mose in Ägypten
redete, 29 sagte er zu Mose: Ich bin Jahwe. Sag
dem Pharao, dem König von Ägypten, alles, was
ich dir auftrage. 30 Mose aber antwortete dem
Herrn: Ich bin doch ungeschickt im Reden; wie
soll der Pharao auf mich hören?

Die ägyptischen Plagen

7 Der Herr sprach zu Mose: Hiermit mache ich
dich für den Pharao zum Gott; dein Bruder
Aaron soll dein Prophet sein. 2 Du sollst alles sa-
gen, was ich dir auftrage; dein Bruder Aaron soll
es dem Pharao sagen, und der Pharao muß die Is-
raeliten aus seinem Land fortziehen lassen. 3 Ich
aber will das Herz des Pharao verhärten, und
dann werde ich meine Zeichen und Wunder in
Ägypten häufen. 4 Der Pharao wird nicht auf euch
hören. Deshalb werde ich meine Hand auf Ägyp-
ten legen und unter gewaltigem Strafgericht
meine Scharen, mein Volk, die Israeliten, aus
Ägypten führen. 5 Erst wenn ich meine Hand ge-
gen die Ägypter ausstrecke, werden sie erken-
nen, daß ich der Herr bin, und dann werde ich die
Israeliten aus ihrer Mitte herausführen. 6 Mose
und Aaron taten, was ihnen der Herr aufgetragen
hatte. So machten sie es. 7 Mose war achtzig Jahre
und Aaron dreiundachtzig Jahre alt, als sie mit
dem Pharao verhandelten.

8 Der Herr sprach zu Mose und Aaron: 9 Wenn der
Pharao zu euch sagt: Tut doch ein Wunder zu eurer
Beglaubigung!, dann sag zu Aaron: Nimm deinen
Stab, und wirf ihn vor den Pharao hin! Er wird zu
einer Schlange werden. 10 Als Mose und Aaron
zum Pharao kamen, taten sie, was ihnen der Herr
aufgetragen hatte: Aaron warf seinen Stab vor den

Pharao und seine Diener hin, und er wurde zu einer Schlange. [11] Da rief auch der Pharao Weise und Beschwörungspriester, und sie, die Wahrsager der Ägypter, taten mit Hilfe ihrer Zauberkunst das gleiche: [12] Jeder warf seinen Stab hin, und die Stäbe wurden zu Schlangen. Doch Aarons Stab verschlang die Stäbe der Wahrsager. [13] Das Herz des Pharao aber blieb hart, und er hörte nicht auf sie. So hatte es der Herr vorausgesagt.

[14] Der Herr sprach zu Mose: Das Herz des Pharao ist ungerührt, und er ist nicht bereit, das Volk ziehen zu lassen. [15] Geh morgen früh zum Pharao, wenn er an den Fluß hinuntergeht, und tritt am Nilufer vor ihn hin! Den Stab, der sich in eine Schlange verwandelt hat, nimm mit! [16] Sag zum Pharao: Jahwe, der Gott der Hebräer, hat mich zu dir gesandt und läßt dir sagen: Laß mein Volk ziehen, damit sie mich in der Wüste verehren können. Bis jetzt hast du nicht hören wollen. [17] So spricht Jahwe: Daran sollst du erkennen, daß ich Jahwe bin: Mit dem Stab in meiner Hand schlage ich auf das Wasser im Nil, und es wird sich in Blut verwandeln. [18] Die Fische im Nil werden sterben, und der Nil wird stinken, so daß sich die Ägypter davor ekeln, Nilwasser zu trinken.

[19] Dann sprach der Herr zu Mose: Sag Aaron: Nimm deinen Stab, und streck deine Hand über die Gewässer Ägyptens aus, über ihre Flüsse und Nilarme, über ihre Sümpfe und alle Wasserstellen; sie sollen zu Blut werden. Blut soll es geben in ganz Ägypten, in den Gefäßen aus Holz und Stein. [20] Mose und Aaron taten, was ihnen der Herr aufgetragen hatte. Er erhob den Stab und schlug vor den Augen des Pharao und seiner Höflinge auf das Wasser im Nil. Da verwandelte sich alles Nilwasser in Blut. [21] Die Fische im Nil starben, und der Nil stank, so daß die Ägypter kein Nilwasser mehr trinken konnten. Das Blut gab es in ganz Ägypten. [22] Doch die Wahrsager der Ägypter taten mit Hilfe ihrer Zauberkunst das gleiche. Das Herz des Pharao blieb hart, und er hörte nicht auf sie. So hatte es der Herr vorausgesagt. [23] Der Pharao kehrte nach Hause zurück und nahm die Sache nicht ernst. [24] Alle Ägypter gruben in der Umgebung des Nil nach Trinkwasser, denn das Nilwasser konnten sie nicht trinken. [25] So vergingen sieben Tage, nachdem der Herr den Nil geschlagen hatte.

[26] Dann sprach der Herr zu Mose: Geh zum Pharao, und sag ihm: So spricht Jahwe: Laß mein Volk ziehen, damit sie mich verehren können. [27] Weigerst du dich, sie ziehen zu lassen, so bringe ich eine Froschplage über dein ganzes Land. [28] Der Nil wird von Fröschen wimmeln; sie werden heraufkommen und in dein Haus eindringen, in dein Schlafgemach, auf dein Bett werden sie kommen, in die Häuser deiner Diener und deines Volkes, in deine Backöfen und Backschüsseln. [29] Über dich, dein Volk und alle deine Diener werden die Frösche kommen.

8 Der Herr sprach zu Mose: Sag zu Aaron: Streck deine Hand mit dem Stab aus über die Flüsse, über die Nilarme und die Sümpfe, und laß die Frösche über Ägypten kommen! [2] Aaron streckte seine Hand über die Gewässer Ägyptens aus. Da stiegen die Frösche herauf und bedeckten ganz Ägypten. [3] Doch die Wahrsager taten mit Hilfe ihrer Zauberkunst das gleiche und ließen die Frösche über Ägypten kommen. [4] Der Pharao rief Mose und Aaron zu sich und sagte: Betet zu Jahwe, er möge mich und mein Volk von den Fröschen befreien. Dann will ich das Volk ziehen lassen, und sie können Jahwe Schlachtopfer darbringen. [5] Da sagte Mose zum Pharao: Verfüg über mich! Wann soll ich für dich, deine Diener und dein Volk um Beseitigung der Frösche von dir und aus deinen Häusern beten? Nur im Nil sollen sie erhalten bleiben. [6] Er sagte: Morgen. Mose antwortete: Wie du willst; du sollst erkennen, daß keiner Jahwe, unserem Gott, gleichkommt. [7] Die Frösche werden von dir und deinen Häusern, von deinen Dienern und deinem Volk weichen; nur im Nil werden sie bleiben. [8] Als Mose und Aaron vom Pharao weggegangen waren, schrie Mose zum Herrn um Befreiung von der Froschplage, die er über den Pharao gebracht hatte. [9] Der Herr erfüllte Mose die Bitte, und die Frösche in den Häusern, in den Höfen und auf den Feldern starben. [10] Man sammelte sie zu riesigen Haufen, und das ganze Land stank davon. [11] Als der Pharao sah, daß die Not vorbei war, verschloß er sein Herz wieder und hörte nicht auf sie. So hatte es der Herr vorausgesagt.

[12] Darauf sprach der Herr zu Mose: Sag zu Aaron: Streck deinen Stab aus, und schlag damit auf die Erde in den Staub! In ganz Ägypten sollen daraus Stechmücken werden. [13] Sie taten es. Aaron streckte die Hand aus und schlug mit seinem Stab auf die Erde in den Staub. Da wurden Stechmücken daraus, die sich auf Mensch und Vieh

setzten. In ganz Ägypten wurden aus dem Staub
auf der Erde Stechmücken. 14 Die Wahrsager ver-
suchten mit Hilfe ihrer Zauberkunst ebenfalls
Stechmücken hervorzubringen, konnten es aber
nicht. Die Stechmücken saßen auf Mensch und
Vieh. 15 Da sagten die Wahrsager zum Pharao: Das
ist der Finger Gottes. Doch das Herz des Pharao
blieb hart, und er hörte nicht auf sie. So hatte es
der Herr vorausgesagt.

16 Darauf sprach der Herr zu Mose: Steh früh auf,
tritt vor den Pharao, wenn er an den Fluß hinun-
tergeht, und sag zu ihm: So spricht Jahwe: Laß
mein Volk ziehen, damit sie mich verehren kön-
nen. 17 Denn wenn du mein Volk nicht ziehen läßt,
lasse ich Ungeziefer auf dich los, auf deine Diener,
dein Volk und deine Häuser. Die Häuser in Ägyp-
ten werden voll Ungeziefer sein; es wird sogar den
Boden, auf dem sie stehen, bedecken. 18 Das Land
Goschen aber, in dem mein Volk lebt, will ich an je-
nem Tag auszeichnen: Dort wird es kein Ungezie-
fer geben. Daran wirst du erkennen, daß ich,
Jahwe, Herr mitten im Land bin. 19 Ich mache einen
Unterschied zwischen meinem und deinem Volk.
Morgen wird das Zeichen geschehen. 20 Und so tat
es der Herr. Ungeziefer kam in Massen über das
Haus des Pharao, über das Haus seiner Diener und
über ganz Ägypten. Das Land erlitt durch das Un-
geziefer schweren Schaden. 21 Da ließ der Pharao
Mose und Aaron rufen und sagte: Geht, bringt eu-
rem Gott hier im Land Schlachtopfer dar! 22 Doch
Mose erwiderte: Das können wir nicht. Denn wir
müssen dem Herrn, unserem Gott, Schlachtopfer
darbringen, die bei den Ägyptern Anstoß erregen.
Wenn wir vor ihren Augen Schlachtopfer darbrin-
gen, die bei ihnen Anstoß erregen, werden sie uns
dann nicht steinigen? 23 Wir wollen drei Tagesmär-
sche weit in die Wüste ziehen und dem Herrn, un-
serem Gott, Schlachtopfer darbringen, wie er es
uns gesagt hat. 24 Der Pharao antwortete: Ich lasse
euch ziehen. Bringt also Jahwe, eurem Gott, in der
Wüste Schlachtopfer dar! Aber zu weit dürft ihr
euch nicht entfernen. Betet auch für mich! 25 Dar-
auf sagte Mose: Gut, ich gehe von dir fort und bete
zu Jahwe. Dann wird morgen das Ungeziefer vom
Pharao, von seinen Dienern und seinem Volk ab-
lassen. Nur darf der Pharao nicht wieder wort-
brüchig werden und das Volk daran hindern, weg-
zuziehen und Jahwe zu opfern. 26 Mose verließ
den Pharao und betete zum Herrn. 27 Der Herr er-
füllte Mose die Bitte und befreite den Pharao, seine
Diener und sein Volk von dem Ungeziefer; nichts
blieb übrig. 28 Der Pharao aber verschloß sein Herz
auch diesmal und ließ das Volk nicht ziehen.

9 Wieder sprach der Herr zu Mose: Geh zum
Pharao, und sag zu ihm: So spricht Jahwe, der
Gott der Hebräer: Laß mein Volk ziehen, damit sie
mich verehren können. 2 Wenn du dich weigerst,
sie ziehen zu lassen, und sie immer noch fest-
hältst, 3 wird die Hand Jahwes dein Vieh auf dem
Feld, die Pferde und Esel, die Kamele und Rinder,
die Schafe und Ziegen, überfallen und über sie eine
sehr schwere Seuche bringen. 4 Aber Jahwe wird
einen Unterschied zwischen dem Vieh Israels und
dem Vieh der Ägypter machen; nichts von dem,
was den Israeliten gehört, wird eingehen. 5 Auch
den Zeitpunkt hat Jahwe schon festgesetzt: Mor-
gen wird Jahwe das im Lande tun. 6 Am folgenden
Tag tat es der Herr. Alles Vieh der Ägypter ging ein,
vom Vieh der Israeliten aber ging kein einziges
Stück ein. 7 Der Pharao erkundigte sich, und wirk-
lich: Vom Vieh Israels war kein einziges Stück ein-
gegangen. Doch der Pharao verschloß sein Herz
und ließ das Volk nicht ziehen.

8 Da sprach der Herr zu Mose und Aaron: Holt
euch eine Handvoll Ofenruß, und Mose soll ihn
vor den Augen des Pharao in die Höhe werfen.
9 Er wird als Staub auf ganz Ägypten niedergehen
und an Mensch und Vieh Geschwüre mit auf-
platzenden Blasen hervorrufen, in ganz Ägypten.
10 Sie holten den Ofenruß, traten vor den Pharao,
und Mose warf ihn in die Höhe. Da bildeten sich
an Mensch und Vieh Geschwüre mit aufplatzen-
den Blasen. 11 Die Wahrsager konnten wegen der
Geschwüre Mose nicht gegenübertreten, sie wa-
ren wie alle Ägypter von Geschwüren befallen.
12 Aber der Herr verhärtete das Herz des Pharao, so
daß er nicht auf sie hörte. So hatte es der Herr dem
Mose vorausgesagt.

13 Darauf sprach der Herr zu Mose: Steh früh am
Morgen auf, tritt vor den Pharao hin, und sag zu
ihm: So spricht Jahwe, der Gott der Hebräer: Laß
mein Volk ziehen, damit sie mich verehren kön-
nen. 14 Denn diesmal will ich alle meine Plagen
loslassen auf dich, deine Diener und dein Volk.
Daran wirst du erkennen, daß mir keiner im
ganzen Land gleichkommt. 15 Denn schon jetzt
hätte ich meine Hand ausstrecken und dich und
dein Volk mit der Pest schlagen können, und du
wärst vom Erdboden verschwunden. 16 Ich habe
dich aber am Leben gelassen, um meine Macht

zu zeigen und meinen Namen auf der ganzen Erde bekannt zu machen. 17 Wenn du dich weiterhin als den großen Herrn über mein Volk aufspielst und sie nicht ziehen läßt, 18 dann lasse ich morgen um diese Zeit ein sehr schweres Hagelwetter niedergehen, wie es in Ägypten seit seiner Gründung bis auf den heutigen Tag noch keines gegeben hat. 19 Und nun schick Leute aus, bring dein Vieh in Sicherheit und alles, was dir auf dem Feld gehört. Auf alle Menschen und auf das Vieh, das auf dem Feld bleibt und nicht unter Dach gebracht wird, geht der Hagel nieder und erschlägt sie. 20 Wer sich von den Dienern des Pharao vor der Drohung des Herrn fürchtete, ließ seine Knechte und sein Vieh unter Dach bringen. 21 Wer aber das Wort des Herrn nicht ernst nahm, ließ seine Knechte und sein Vieh auf dem Feld.

22 Und der Herr sprach zu Mose: Streck deine Hand zum Himmel empor! Dann wird Hagel auf ganz Ägypten niedergehen, auf Mensch und Vieh und auf alle Feldpflanzen in Ägypten. 23 Mose streckte seinen Stab zum Himmel empor, und der Herr ließ es donnern und hageln. Blitze fuhren auf die Erde herab, und der Herr ließ Hagel über Ägypten niedergehen. 24 Schwerer Hagel prasselte herab, und in den sehr schweren Hagel hinein zuckten Blitze. Ähnliches hatte es im ganzen Land der Ägypter noch nicht gegeben, seit sie ein Volk geworden waren. 25 Der Hagel erschlug in ganz Ägypten alles, was auf dem Feld war. Menschen, Vieh und alle Feldpflanzen erschlug der Hagel, und alle Feldbäume zerbrach er. 26 Nur in Goschen, wo sich die Israeliten aufhielten, hagelte es nicht. 27 Da ließ der Pharao Mose und Aaron rufen und sagte zu ihnen: Diesmal bekenne ich mich schuldig. Jahwe ist im Recht; ich aber und mein Volk, wir sind im Unrecht. 28 Betet zu Jahwe! Die Donnerstimme Gottes und der Hagel, das ist zuviel. Ich will euch jetzt ziehen lassen; ihr müßt nicht länger bleiben. 29 Mose antwortete ihm: Sobald ich außerhalb der Stadt bin, werde ich meine Hände vor Jahwe ausbreiten; der Donner wird aufhören, und es wird kein Hagel mehr fallen. So wirst du erkennen, daß das Land Jahwe gehört. 30 Du und Deine Diener aber, das weiß ich, ihr fürchtet euch noch immer nicht vor dem Gott Jahwe.

31 Der Flachs und die Gerste waren zerschlagen; denn die Gerste hatte gerade Ähren angesetzt, und der Flachs stand in Blüte. 32 Der Weizen und der Spelt wurden nicht zerschlagen, denn sie kommen später heraus.

33 Mose verließ den Pharao, ging vor die Stadt hinaus und breitete seine Hände vor dem Herrn aus. Da hörte der Donner auf, und kein Hagel und kein Regen fiel mehr auf die Erde. 34 Doch als der Pharao sah, daß Regen, Hagel und Donner aufgehört hatten, blieb er bei seiner Sünde; er und seine Diener verschlossen wieder ihr Herz. 35 Das Herz des Pharao blieb hart, und er ließ die Israeliten nicht ziehen. So hatte es der Herr durch Mose vorausgesagt.

10 Der Herr sprach zu Mose: Geh zum Pharao! Ich habe sein Herz und das Herz seiner Diener verschlossen, damit ich diese Zeichen unter ihnen vollbringen konnte 2 und damit du deinem Sohn und deinem Enkel erzählen kannst, was ich den Ägyptern angetan und welche Zeichen ich unter ihnen vollbracht habe. Dann werdet ihr erkennen, daß ich der Herr bin.

3 Mose und Aaron gingen zum Pharao und sagten: So spricht Jahwe, der Gott der Hebräer: Wie lange willst du dich noch weigern, dich mir zu unterwerfen? Laß mein Volk ziehen, damit sie mich verehren können. 4 Wenn du dich weigerst, mein Volk ziehen zu lassen, so schicke ich morgen Heuschrecken über dein Land. 5 Sie werden die Oberfläche der Erde bedecken, so daß man den Erdboden nicht mehr sehen kann. Sie werden auch noch das verzehren, was der Hagel verschont hat, und alle Bäume kahlfressen, die auf euren Feldern wachsen. 6 Deine Häuser, die Häuser aller deiner Diener und die aller Ägypter werden voll davon sein. So etwas haben deine Väter und Vorväter bis heute nicht gesehen, seitdem sie in diesem Land leben. Dann wandte sich Mose um und verließ den Pharao.

7 Die Diener sagten zum Pharao: Wie lange soll uns dieser Mann noch Unglück bringen? Laß die Leute ziehen, damit sie Jahwe, ihren Gott, verehren können. Merkst du denn noch immer nicht, daß Ägypten zugrunde geht? 8 Da holte man Mose und Aaron zum Pharao zurück, und er sagte zu ihnen: Geht, verehrt Jahwe, euren Gott! Wer von euch will denn mitgehen? 9 Mose antwortete: Wir gehen mit jung und alt, mit unseren Söhnen und Töchtern; auch die Schafe, Ziegen und Rinder nehmen wir mit. Denn wir feiern ein Jahwefest. 10 Da sagte er zu ihnen: Dann sei Jahwe ebensowenig mit euch, wie ich euch und eure

Kinder ziehen lasse. Seht, ihr habt Böses im Sinn.
11 Nein, nur ihr Männer dürft gehen und Jahwe
verehren; denn das habt ihr verlangt. Und man
jagte sie vom Pharao weg.
12 Darauf sprach der Herr zu Mose: Streck deine
Hand über Ägypten aus! Dann werden Heu-
schrecken kommen und über Ägypten herfallen.
Sie werden den ganzen Pflanzenwuchs des Lan-
des auffressen, alles, was der Hagel verschont hat.
13 Da streckte Mose seinen Stab über Ägypten aus,
und der Herr schickte den Ostwind in das Land,
einen ganzen Tag und eine ganze Nacht lang. Als
es Morgen wurde, hatte der Ostwind die Heu-
schrecken ins Land gebracht. 14 Sie fielen über
ganz Ägypten her und ließen sich in Schwärmen
auf dem Gebiet von Ägypten nieder. Niemals vor-
her gab es so viele Heuschrecken wie damals,
auch wird es nie wieder so viele geben. 15 Sie be-
deckten die Oberfläche des ganzen Landes, und
das Land war schwarz von ihnen. Sie fraßen allen
Pflanzenwuchs des Landes und alle Baumfrüchte
auf, die der Hagel verschont hatte, und an den
Bäumen und Feldpflanzen in ganz Ägypten blieb
nichts Grünes. 16 Da ließ der Pharao Mose und Aa-
ron eiligst rufen und sagte zu ihnen: Ich habe ge-
gen Jahwe, euren Gott, gesündigt und auch gegen
euch. 17 Nur noch diesmal nehmt meine Sünde
von mir, und betet zu Jahwe, eurem Gott, er möge
mich wenigstens noch von dieser tödlichen Ge-
fahr befreien. 18 Mose verließ den Pharao wieder
und betete zum Herrn. 19 Der Herr ließ den Wind
in einen sehr starken Westwind umschlagen, der
die Heuschrecken forttrug und ins Schilfmeer
warf. Im ganzen Gebiet von Ägypten blieb keine
einzige Heuschrecke mehr übrig. 20 Der Herr aber
verhärtete das Herz des Pharao, so daß er die Is-
raeliten nicht ziehen ließ.
21 Da sprach der Herr zu Mose: Streck deine
Hand zum Himmel aus; dann wird eine Finster-
nis über Ägypten kommen, und es wird stock-
dunkel werden. 22 Mose streckte seine Hand zum
Himmel aus, und schon breitete sich tiefe Fin-
sternis über ganz Ägypten aus, drei Tage lang.
23 Man konnte einander nicht sehen und sich
nicht von der Stelle rühren, drei Tage lang. Wo
aber die Israeliten wohnten, blieb es hell. 24 Da
ließ der Pharao Mose rufen und sagte: Geht und
verehrt Jahwe! Nur eure Schafe, Ziegen und Rin-
der sollen bleiben. Eure Kinder dürfen mitziehen.
25 Mose erwiderte: Selbst wenn du uns Schlacht-
und Brandopfer mitgäbest, damit wir sie Jahwe,
unserem Gott, darbringen, 26 müßten unsere Her-
den doch mitgehen, keine Klaue darf zurückblei-
ben. Denn aus unseren Herden nehmen wir das
Opfer, mit dem wir Jahwe, unseren Gott, vereh-
ren; aber mit welchem Opfertier wir Jahwe ver-
ehren sollen, wissen wir nicht, ehe wir dort an-
gekommen sind. 27 Der Herr verhärtete das Herz
des Pharao, so daß er sie nicht ziehen lassen
wollte. 28 Der Pharao sagte zu Mose: Weg von mir!
Hüte dich, mir jemals wieder unter die Augen zu
treten. Denn an dem Tag, an dem du mir unter die
Augen trittst, mußt du sterben. 29 Da sagte Mose:
Gut, dein Wort soll gelten. Ich werde dir nie mehr
unter die Augen treten.

11 Da sprach der Herr zu Mose: Noch eine
Plage schicke ich dem Pharao und seinem
Land. Danach wird er euch von hier wegziehen
lassen. Und wenn er euch endlich ziehen läßt,
wird er euch sogar fortjagen. 2 Laß unter dem Volk
ausrufen, jeder Mann und jede Frau soll sich von
dem Nachbarn Geräte aus Silber und Gold erbit-
ten. 3 Der Herr ließ das Volk bei den Ägyptern
Gunst finden. Auch Mose genoß in Ägypten bei
den Dienern des Pharao und beim Volk hohes An-
sehen.
4 Mose sagte: So spricht Jahwe: Um Mitternacht
will ich mitten durch Ägypten gehen. 5 Dann wird
jeder Erstgeborene in Ägypten sterben, vom Erst-
geborenen des Pharao, der auf dem Thron sitzt,
bis zum Erstgeborenen der Magd an der Hand-
mühle und bis zu den Erstlingen unter dem Vieh.
6 Geschrei wird sich in ganz Ägypten erheben, so
groß, wie es keines je gegeben hat oder geben
wird. 7 Doch gegen keinen der Israeliten wird
auch nur ein Hund die Zähne fletschen, weder ge-
gen Mensch noch Vieh; denn ihr sollt wissen,
daß Jahwe zwischen Ägypten und Israel einen
Unterschied macht. 8 Dann werden alle deine Die-
ner hier zu mir herabsteigen, sich vor mir nieder-
werfen und sagen: Zieht doch fort, du und das
ganze Volk, das du anführst. Danach werde ich
fortziehen. Er verließ den Pharao, rot vor Zorn.
9 Der Herr sprach zu Mose: Der Pharao hört
nicht auf euch; denn ich will viele Wunder in
Ägypten vollbringen. 10 Mose und Aaron voll-
brachten alle diese Wunder vor den Augen des
Pharao, aber der Herr verhärtete das Herz des
Pharao, so daß er die Israeliten nicht aus seinem
Land fortziehen ließ.

Der Auszug aus Ägypten: 12,1–18,27

Das Pascha

12 Der Herr sprach zu Mose und Aaron in Ägypten: [2] Dieser Monat soll die Reihe eurer Monate eröffnen, er soll euch als der erste unter den Monaten des Jahres gelten. [3] Sagt der ganzen Gemeinde Israel: Am Zehnten dieses Monats soll jeder ein Lamm für seine Familie holen, ein Lamm für jedes Haus. [4] Ist die Hausgemeinschaft für ein Lamm zu klein, so nehme er es zusammen mit dem Nachbarn, der seinem Haus am nächsten wohnt, nach der Anzahl der Personen. Bei der Aufteilung des Lammes müßt ihr berücksichtigen, wieviel der einzelne essen kann. [5] Nur ein fehlerfreies, männliches, einjähriges Lamm darf es sein, das Junge eines Schafes oder einer Ziege müßt ihr nehmen. [6] Ihr sollt es bis zum vierzehnten Tag dieses Monats aufbewahren. Gegen Abend soll die ganze versammelte Gemeinde Israel die Lämmer schlachten. [7] Man nehme etwas von dem Blut und bestreiche damit die beiden Türpfosten und den Türsturz an den Häusern, in denen man das Lamm essen will. [8] Noch in der gleichen Nacht soll man das Fleisch essen. Über dem Feuer gebraten und zusammen mit ungesäuertem Brot und Bitterkräutern soll man es essen. [9] Nichts davon dürft ihr roh oder in Wasser gekocht essen, sondern es muß über dem Feuer gebraten sein. Kopf und Beine dürfen noch nicht vom Rumpf getrennt sein. [10] Ihr dürft nichts bis zum Morgen übriglassen. Wenn aber am Morgen noch etwas übrig ist, dann verbrennt es im Feuer! [11] So aber sollt ihr es essen: eure Hüften gegürtet, Schuhe an den Füßen, den Stab in der Hand. Eßt es hastig! Es ist die Paschafeier für den Herrn.

[12] In dieser Nacht gehe ich durch Ägypten und erschlage in Ägypten jeden Erstgeborenen bei Mensch und Vieh. Über alle Götter Ägyptens halte ich Gericht, ich, der Herr. [13] Das Blut an den Häusern, in denen ihr wohnt, soll ein Zeichen zu eurem Schutz sein. Wenn ich das Blut sehe, werde ich an euch vorübergehen, und das vernichtende Unheil wird euch nicht treffen, wenn ich in Ägypten dreinschlage.

[14] Diesen Tag sollt ihr als Gedenktag begehen. Feiert ihn als Fest zur Ehre des Herrn! Für die kommenden Generationen macht euch diese Feier zur festen Regel! [15] Sieben Tage lang sollt ihr ungesäuertes Brot essen. Gleich am ersten Tag schafft den Sauerteig aus euren Häusern! Denn jeder, der zwischen dem ersten und dem siebten Tag Gesäuertes ißt, soll aus Israel ausgemerzt werden. [16] Am ersten Tag sollt ihr eine heilige Versammlung einberufen und ebenso eine heilige Versammlung am siebten Tag. An diesen beiden Tagen darf man keinerlei Arbeit tun. Nur das, was jeder zum Essen braucht, dürft ihr zubereiten. [17] Begeht das Fest der ungesäuerten Brote! Denn gerade an diesem Tag habe ich eure Scharen aus Ägypten herausgeführt. Begeht diesen Tag in allen kommenden Generationen; das sei für euch eine feste Regel. [18] Im ersten Monat, vom Abend des vierzehnten Tags bis zum Abend des einundzwanzigsten Tags, eßt ungesäuerte Brote! [19] Sieben Tage lang darf sich in euren Häusern kein Sauerteig befinden; denn jeder, der Gesäuertes ißt, sei er fremd oder einheimisch, soll aus der Gemeinde Israel ausgemerzt werden. [20] Eßt also nichts Gesäuertes! Überall, wo ihr wohnt, sollt ihr ungesäuerte Brote essen.

[21] Da rief Mose alle Ältesten Israels zusammen und sagte zu ihnen: Holt Schafe oder Ziegen für eure Sippenverbände herbei, und schlachtet das Paschalamm! [22] Dann nehmt einen Ysopzweig, taucht ihn in die Schüssel mit Blut, und streicht etwas von dem Blut in der Schüssel auf den Türsturz und auf die beiden Türpfosten! Bis zum Morgen darf niemand von euch das Haus verlassen. [23] Der Herr geht umher, um die Ägypter mit Unheil zu schlagen. Wenn er das Blut am Türsturz und an den beiden Türpfosten sieht, wird er an der Tür vorübergehen und dem Vernichter nicht erlauben, in eure Häuser einzudringen und euch zu schlagen. [24] Haltet euch an diese Anordnung! Sie gelte dir und deinen Nachkommen als feste Regel.

[25] Wenn ihr in das Land kommt, das euch der Herr gibt, wie er gesagt hat, so begeht diese Feier! [26] Und wenn euch eure Söhne fragen: Was bedeutet diese Feier?, [27] dann sagt: Es ist das Pascha-Opfer zur Ehre des Herrn, der in Ägypten an den Häusern der Israeliten vorüberging, als er die Ägypter mit Unheil schlug, unsere Häuser aber verschonte.

Das Volk verneigte sich und warf sich nieder. [28] Dann gingen die Israeliten und taten, was der

Herr Mose und Aaron befohlen hatte. So machten
sie es. 29 Es war Mitternacht, als der Herr alle Erst-
geborenen in Ägypten erschlug, vom Erstgebore-
nen des Pharao, der auf dem Thron saß, bis zum
Erstgeborenen des Gefangenen im Kerker, und
jede Erstgeburt beim Vieh.

30 Da standen der Pharao, alle seine Diener und
alle Ägypter noch in der Nacht auf, und gro-
ßes Wehgeschrei erhob sich bei den Ägyptern;
denn es gab kein Haus, in dem nicht ein Toter
war. 31 Der Pharao ließ Mose und Aaron noch in
der Nacht rufen und sagte: Auf, verlaßt mein
Volk, ihr beide und die Israeliten! Geht und ver-
ehrt Jahwe, wie ihr gesagt habt. 32 Auch eure
Schafe, Ziegen und Rinder nehmt mit, wie ihr ge-
sagt habt. Geht und betet auch für mich! 33 Die
Ägypter drängten das Volk, eiligst das Land zu
verlassen, denn sie sagten: Sonst kommen wir
noch alle um. 34 Das Volk nahm den Brotteig un-
gesäuert mit; sie wickelten ihre Backschüsseln in
Kleider ein und luden sie sich auf die Schultern.
35 Die Israeliten taten, was Mose gesagt hatte. Sie
erbaten von den Ägyptern Geräte aus Silber und
Gold und auch Gewänder. 36 Der Herr ließ das
Volk bei den Ägyptern Gunst finden, so daß sie
auf ihre Bitte eingingen. Auf diese Weise plünder-
ten sie die Ägypter aus.

37 Die Israeliten brachen von Ramses nach Suk-
kot auf. Es waren an die sechshunderttausend
Mann zu Fuß, nicht gerechnet die Kinder. 38 Auch
ein großer Haufen anderer Leute zog mit, dazu
Schafe, Ziegen und Rinder, eine sehr große
Menge Vieh. 39 Aus dem Teig, den sie aus Ägyp-
ten mitgebracht hatten, backten sie ungesäuerte
Brotfladen; denn der Teig war nicht durchsäuert,
weil sie aus Ägypten verjagt worden waren und
nicht einmal Zeit hatten, für Reiseverpflegung zu
sorgen.

40 Der Aufenthalt der Israeliten in Ägypten dau-
erte vierhundertdreißig Jahre. 41 Nach Ablauf der
vierhundertdreißig Jahre, genau an jenem Tag, zo-
gen alle Scharen des Herrn aus Ägypten fort.
42 Eine Nacht des Wachens war es für den Herrn,
als er sie aus Ägypten herausführte. Als eine
Nacht des Wachens zur Ehre des Herrn gilt sie
den Israeliten in allen Generationen.

43 Der Herr sprach zu Mose und Aaron: Folgende
Regel gilt für das Pascha: Kein Fremder darf davon
essen; 44 aber jeder Sklave, den du für Geld gekauft
hast, darf davon essen, sobald du ihn beschnitten
hast. 45 Halbbürger und Lohnarbeiter dürfen nicht
davon essen. 46 In einem Haus muß man es essen.
Trag nichts vom Fleisch aus dem Haus! Und ihr
sollt keinen Knochen des Paschalammes zerbre-
chen. 47 Die ganze Gemeinde Israel soll es so hal-
ten. 48 Lebt bei dir jemand als Fremder, der das
Pascha zur Ehre des Herrn feiern will, so muß er
alle männlichen Angehörigen beschneiden las-
sen; dann darf er sich am Pascha beteiligen. Er gilt
dann wie ein Einheimischer. Doch kein Unbe-
schnittener darf davon essen. 49 Für Einheimische
und für Fremde, die dauernd bei euch leben, gilt
das gleiche Gesetz.

50 Alle Israeliten taten, was der Herr Mose und
Aaron aufgetragen hatte. So machten sie es. 51 Ge-
nau an jenem Tag führte der Herr die Israeliten aus
Ägypten heraus, an der Spitze ihrer Scharen.

13 Der Herr sprach zu Mose: 2 Erkläre alle
Erstgeburt als mir geheiligt! Alles, was
bei den Israeliten den Mutterschoß durchbricht,
bei Mensch und Vieh, gehört mir.

3 Mose sagte zum Volk: Denkt an diesen Tag, an
dem ihr aus Ägypten, dem Sklavenhaus, fortge-
zogen seid; denn mit starker Hand hat euch der
Herr von dort herausgeführt. Nichts Gesäuertes
soll man essen. 4 Heute im Monat Abib seid ihr
weggezogen. 5 Wenn dich der Herr in das Land
der Kanaaniter, Hetiter, Amoriter, Hiwiter und Je-
busiter geführt hat – er hat deinen Vätern mit ei-
nem Eid zugesichert, dir das Land zu geben, wo
Milch und Honig fließen –, begeh die Feier in die-
sem Monat! 6 Sieben Tage sollst du ungesäuerte
Brote essen, am siebten Tag ist ein Fest zur Ehre
des Herrn. 7 Ungesäuerte Brote soll man sieben
Tage lang essen. Nichts Gesäuertes soll man bei
dir sehen, und kein Sauerteig soll in deinem
ganzen Gebiet zu finden sein. 8 An diesem Tag er-
zähl deinem Sohn: Das geschieht für das, was der
Herr an mir getan hat, als ich aus Ägypten auszog.
9 Es sei dir ein Zeichen an der Hand und ein Erin-
nerungsmal an der Stirn, damit das Gesetz des
Herrn in deinem Mund sei. Denn mit starker
Hand hat dich der Herr aus Ägypten herausge-
führt. 10 Halte dich an diese Regel, Jahr für Jahr, zur
festgesetzten Zeit!

11 Der Herr wird dich in das Land der Kanaaniter
bringen und wird es dir geben, wie er dir und dei-
nen Vätern mit einem Eid zugesichert hat. 12 Dann
mußt du alles, was den Mutterschoß durchbricht,
vor den Herrn bringen; alle männlichen Erstlinge,

die dein Vieh wirft, gehören dem Herrn. 13 Jeden
Erstling vom Esel aber löse durch ein Schaf aus!
Willst du ihn nicht auslösen, dann brich ihm das
Genick! Jeden Erstgeborenen deiner Söhne mußt
du auslösen. 14 Wenn dich morgen dein Sohn fragt:
Was bedeutet das?, dann sag ihm: Mit starker
Hand hat uns der Herr aus Ägypten, aus dem
Sklavenhaus, herausgeführt. 15 Als der Pharao hart
blieb und uns nicht ziehen ließ, erschlug der Herr
alle Erstgeborenen in Ägypten, bei Mensch und
Vieh. Darum opfere ich dem Herrn alle männli-
chen Tiere, die den Mutterschoß durchbrechen;
alle Erstgeborenen meiner Söhne aber löse ich
aus. 16 Das sei dir ein Zeichen an deiner Hand und
ein Schmuck auf deiner Stirn; denn mit starker
Hand hat uns der Herr aus Ägypten herausge-
führt.

Die Rettung am Schilfmeer

17 Als der Pharao das Volk ziehen ließ, führte sie
Gott nicht den Weg ins Philisterland, obwohl er der
kürzere war. Denn Gott sagte: Die Leute könnten
es sonst, wenn sie Krieg erleben, bereuen und
nach Ägypten zurückkehren wollen. 18 So ließ sie
Gott einen Umweg machen, der durch die Wüste
zum Schilfmeer führte. Geordnet zogen die Israeli-
ten aus Ägypten hinauf. 19 Mose nahm die Gebeine
Josefs mit; denn dieser hatte die Söhne Israels be-
schworen: Wenn Gott sich euer annimmt, dann
nehmt meine Gebeine von hier mit hinauf! 20 Sie
brachen von Sukkot auf und schlugen ihr Lager in
Etam am Rand der Wüste auf. 21 Der Herr zog vor ih-
nen her, bei Tag in einer Wolkensäule, um ihnen
den Weg zu zeigen, bei Nacht in einer Feuersäule,
um ihnen zu leuchten. So konnten sie Tag und
Nacht unterwegs sein. 22 Die Wolkensäule wich
bei Tag nicht von der Spitze des Volkes, und die
Feuersäule nicht bei Nacht.

14 Der Herr sprach zu Mose: 2 Sag den Is-
raeliten, sie sollen umkehren und vor
Pi-Hahirot zwischen Migdol und dem Meer ihr
Lager aufschlagen. Gegenüber von Baal-Zefon
sollt ihr am Meer das Lager aufschlagen. 3 Dann
denkt der Pharao: Die Israeliten haben sich im
Land verlaufen, die Wüste hat sie eingeschlossen.
4 Ich will das Herz des Pharao verhärten, so daß er
ihnen nachjagt; dann will ich am Pharao und an
seiner ganzen Streitmacht meine Herrlichkeit er-
weisen, und die Ägypter sollen erkennen, daß ich
der Herr bin. Und so taten sie es.

5 Als man dem König von Ägypten meldete,
das Volk sei geflohen, änderten der Pharao und
seine Diener ihre Meinung über das Volk und
sagten: Wie konnten wir nur Israel aus unse-
rem Dienst entlassen! 6 Er ließ seinen Streitwa-
gen anspannen und nahm seine Leute mit.
7 Sechshundert auserlesene Streitwagen nahm er
mit und alle anderen Streitwagen der Ägypter
und drei Mann auf jedem Wagen. 8 Der Herr ver-
härtete das Herz des Pharao, des Königs von
Ägypten, so daß er den Israeliten nachjagte,
während sie voll Zuversicht weiterzogen. 9 Die
Ägypter jagten mit allen Pferden und Streitwagen
des Pharao, mit seiner Reiterei und seiner Streit-
macht hinter ihnen her und holten sie ein, als sie
gerade am Meer lagerten. Es war bei Pi-Hahirot
vor Baal-Zefon.

10 Als der Pharao sich näherte, blickten die Isra-
eliten auf und sahen plötzlich die Ägypter von hin-
ten anrücken. Da erschraken die Israeliten sehr
und schrien zum Herrn. 11 Zu Mose sagten sie:
Gab es denn keine Gräber in Ägypten, daß du uns
zum Sterben in die Wüste holst? Was hast du uns
da angetan? Warum hast du uns aus Ägypten her-
ausgeführt? 12 Haben wir dir in Ägypten nicht
gleich gesagt: Laß uns in Ruhe! Wir wollen Skla-
ven der Ägypter bleiben; denn es ist für uns im-
mer noch besser, Sklaven der Ägypter zu sein, als
in der Wüste zu sterben. 13 Mose aber sagte zum
Volk: Fürchtet euch nicht! Bleibt stehen, und
schaut zu, wie der Herr euch heute rettet. Wie ihr
die Ägypter heute seht, so seht ihr sie niemals
wieder. 14 Der Herr kämpft für euch, ihr aber könnt
ruhig abwarten.

15 Der Herr sprach zu Mose: Was schreist du zu
mir? Sag den Israeliten, sie sollen aufbrechen.
16 Und du heb deinen Stab hoch, streck deine
Hand über das Meer, und spalte es, damit die Is-
raeliten auf trockenem Boden in das Meer hin-
einziehen können. 17 Ich aber will das Herz der
Ägypter verhärten, damit sie hinter ihnen hinein-
ziehen. So will ich am Pharao und an seiner
ganzen Streitmacht, an seinen Streitwagen und
Reitern meine Herrlichkeit erweisen. 18 Die Ägyp-
ter sollen erkennen, daß ich der Herr bin, wenn
ich am Pharao, an seinen Streitwagen und Reitern
meine Herrlichkeit erweise.

19 Der Engel Gottes, der den Zug der Israeliten
anführte, erhob sich und ging an das Ende des
Zuges, und die Wolkensäule vor ihnen erhob

sich und trat an das Ende. 20 Sie kam zwischen
das Lager der Ägypter und das Lager der Is-
raeliten. Die Wolke war da und Finsternis, und
Blitze erhellten die Nacht. So kamen sie die
ganze Nacht einander nicht näher. 21 Mose
streckte seine Hand über das Meer aus, und
der Herr trieb die ganze Nacht das Meer durch
einen starken Ostwind fort. Er ließ das Meer
austrocknen, und das Wasser spaltete sich. 22 Die
Israeliten zogen auf trockenem Boden ins Meer
hinein, während rechts und links von ihnen
das Wasser wie eine Mauer stand. 23 Die Ägypter
setzten ihnen nach; alle Pferde des Pharao, seine
Streitwagen und Reiter zogen hinter ihnen
ins Meer hinein. 24 Um die Zeit der Morgenwa-
che blickte der Herr aus der Feuer- und Wol-
kensäule auf das Lager der Ägypter und brachte
es in Verwirrung. 25 Er hemmte die Räder an ih-
ren Wagen und ließ sie nur schwer voranAkom-
men. Da sagte der Ägypter: Ich muß vor Israel flie-
hen; denn Jahwe kämpft auf ihrer Seite gegen
Ägypten.

26 Darauf sprach der Herr zu Mose: Streck deine
Hand über das Meer, damit das Wasser zurück-
flutet und den Ägypter, seine Wagen und Reiter
zudeckt. 27 Mose streckte seine Hand über das
Meer, und gegen Morgen flutete das Meer an sei-
nen alten Platz zurück, während die Ägypter auf
der Flucht ihm entgegenliefen. So trieb der Herr
die Ägypter mitten ins Meer. 28 Das Wasser kehrte
zurück und bedeckte Wagen und Reiter, die ganze
Streitmacht des Pharao, die den Israeliten ins
Meer nachgezogen war. Nicht ein einziger von
ihnen blieb übrig. 29 Die Israeliten aber waren auf
trockenem Boden mitten durch das Meer gezo-
gen, während rechts und links von ihnen das
Wasser wie eine Mauer stand. 30 So rettete der
Herr an jenem Tag Israel aus der Hand der Ägyp-
ter. Israel sah die Ägypter tot am Strand liegen.
31 Als Israel sah, daß der Herr mit mächtiger Hand
an den Ägyptern gehandelt hatte, fürchtete das
Volk den Herrn. Sie glaubten an den Herrn und an
Mose, seinen Knecht.

Das Lied des Mose

15 Damals sang Mose mit den Israeliten
dem Herrn dieses Lied; sie sagten:
Ich singe dem Herrn ein Lied, / denn er ist hoch
und erhaben. / Rosse und Wagen warf er ins
Meer.

2 Meine Stärke und mein Lied ist der Herr, / er
ist für mich zum Retter geworden. / Er ist mein
Gott, ihn will ich preisen; / den Gott meines Va-
ters will ich rühmen.

3 Der Herr ist ein Krieger, / Jahwe ist sein Name.

4 Pharaos Wagen und seine Streitmacht warf er
ins Meer. / Seine besten Kämpfer versanken im
Schilfmeer.

5 Fluten deckten sie zu, / sie sanken in die Tiefe
wie Steine.

6 Deine Rechte, Herr, ist herrlich an Stärke; /
deine Rechte, Herr, zerschmettert den Feind.

7 In deiner erhabenen Größe wirfst du die Geg-
ner zu Boden. / Du sendest deinen Zorn; / er frißt
sie wie Stoppeln.

8 Du schnaubtest vor Zorn, / da türmte sich Was-
ser, / da standen Wogen als Wall, / Fluten er-
starrten im Herzen des Meeres.

9 Da sagte der Feind: Ich jage nach, hole ein. / Ich
teile die Beute, ich stille die Gier. / Ich zücke mein
Schwert, meine Hand jagt sie davon.

10 Da schnaubtest du Sturm. Das Meer deckte sie
zu. / Sie sanken wie Blei ins tosende Wasser.

11 Wer ist wie du unter den Göttern, o Herr? / Wer
ist wie du gewaltig und heilig, / gepriesen als
furchtbar, Wunder vollbringend?

12 Du strecktest deine Rechte aus, / da ver-
schlang sie die Erde.

13 Du lenktest in deiner Güte das Volk, das du er-
löst hast, / du führtest sie machtvoll zu deiner hei-
ligen Wohnung.

14 Als die Völker das hörten, erzitterten sie, / die
Philister packte das Schütteln.

15 Damals erschraken die Häuptlinge Edoms, /
die Mächtigen von Moab packte das Zittern, / Ka-
naans Bewohner, sie alle verzagten.

16 Schrecken und Furcht überfiel sie, / sie er-
starrten zu Stein vor der Macht deines Arms, / bis
hindurchzog, o Herr, dein Volk, / bis hindurchzog
das Volk, das du erschufst.

17 Du brachtest sie hin / und pflanztest sie ein auf
dem Berg deines Erbes. / Einen Ort, wo du
thronst, Herr, / hast du gemacht; / ein Heiligtum,
Herr, haben deine Hände gegründet.

18 Der Herr ist König für immer und ewig.

19 Denn als die Rosse des Pharao mit Wagen
und Reitern ins Meer zogen, ließ der Herr das
Wasser des Meeres auf sie zurückfluten, nach-
dem die Israeliten auf trockenem Boden mitten
durchs Meer gezogen waren. 20 Die Prophetin

Mirjam, die Schwester Aarons, nahm die Pauke
in die Hand, und alle Frauen zogen mit Pauken-
schlag und Tanz hinter ihr her. 21 Mirjam sang ih-
nen vor:
Singt dem Herrn ein Lied, / denn er ist hoch und
erhaben! / Rosse und Wagen warf er ins Meer.

Auf dem Weg zum Sinai

22 Mose ließ Israel vom Schilfmeer aufbrechen,
und sie zogen zur Wüste Schur weiter. Drei Tage
waren sie in der Wüste unterwegs und fanden
kein Wasser. 23 Als sie nach Mara kamen, konnten
sie das Wasser von Mara nicht trinken, weil es bit-
ter war. Deshalb nannte man es Mara (Bitter-
brunn). 24 Da murrte das Volk gegen Mose und
sagte: Was sollen wir trinken? 25 Er schrie zum
Herrn, und der Herr zeigte ihm ein Stück Holz.
Als er es ins Wasser warf, wurde das Wasser süß.
Dort gab Gott dem Volk Gesetz und Rechtsent-
scheidungen, und dort stellte er es auf die Probe.
26 Er sagte: Wenn du auf die Stimme des Herrn,
deines Gottes, hörst und tust, was in seinen Au-
gen gut ist, wenn du seinen Geboten gehorchst
und auf alle seine Gesetze achtest, werde ich dir
keine der Krankheiten schicken, die ich den
Ägyptern geschickt habe. Denn ich bin der Herr,
dein Arzt.
27 Dann kamen sie nach Elim. Dort gab es zwölf
Quellen und siebzig Palmen; dort am Wasser
schlugen sie ihr Lager auf.
16 Die ganze Gemeinde der Israeliten brach
von Elim auf und kam in die Wüste Sin,
die zwischen Elim und dem Sinai liegt. Es war der
fünfzehnte Tag des zweiten Monats nach ihrem
Auszug aus Ägypten. 2 Die ganze Gemeinde der
Israeliten murrte in der Wüste gegen Mose und
Aaron. 3 Die Israeliten sagten zu ihnen: Wären
wir doch in Ägypten durch die Hand des Herrn
gestorben, als wir an den Fleischtöpfen saßen
und Brot genug zu essen hatten. Ihr habt uns nur
deshalb in diese Wüste geführt, um alle, die hier
versammelt sind, an Hunger sterben zu lassen.
4 Da sprach der Herr zu Mose: Ich will euch Brot
vom Himmel regnen lassen. Das Volk soll hinaus-
gehen, um seinen täglichen Bedarf zu sammeln.
Ich will es prüfen, ob es nach meiner Weisung
lebt oder nicht. 5 Wenn sie am sechsten Tag fest-
stellen, was sie zusammengebracht haben, wird
es doppelt soviel sein, wie sie sonst täglich ge-
sammelt haben.
6 Da sagten Mose und Aaron zu allen Israeliten:
Heute abend sollt ihr erfahren, daß der Herr euch
aus Ägypten geführt hat, 7 und morgen werdet ihr
die Herrlichkeit des Herrn schauen; denn er hat
euer Murren gegen ihn gehört. Aber wer sind
schon wir, daß ihr gegen uns murrt? 8 Weiter sagte
Mose: Wenn der Herr euch heute abend Fleisch
zu essen gibt und euch am Morgen mit Brot sät-
tigt, wenn er also euer Murren hört, mit dem ihr
ihn bedrängt, was sind wir dann? Nicht uns galt
euer Murren, sondern dem Herrn.
9 Dann sagte Mose zu Aaron: Sag der gan-
zen Gemeinde der Israeliten: Tretet hin vor
den Herrn; denn er hat euer Murren gehört.
10 Während Aaron zur ganzen Gemeinde der Is-
raeliten sprach, wandten sie sich zur Wüste hin.
Da erschien plötzlich in der Wolke die Herrlich-
keit des Herrn. 11 Der Herr sprach zu Mose: 12 Ich
habe das Murren der Israeliten gehört. Sag ihnen:
Am Abend werdet ihr Fleisch zu essen haben, am
Morgen werdet ihr satt sein von Brot, und ihr
werdet erkennen, daß ich der Herr, euer Gott, bin.
13 Am Abend kamen die Wachteln und bedeck-
ten das Lager. Am Morgen lag eine Schicht von
Tau rings um das Lager. 14 Als sich die Tauschicht
gehoben hatte, lag auf dem Wüstenboden etwas
Feines, Knuspriges, fein wie Reif, auf der Erde.
15 Als das die Israeliten sahen, sagten sie zuein-
ander: Was ist das? Denn sie wußten nicht, was
es war. Da sagte Mose zu ihnen: Das ist das Brot,
das der Herr euch zu essen gibt. 16 Das ordnet der
Herr an: Sammelt davon so viel, wie jeder zum
Essen braucht, ein Gomer je Kopf. Jeder darf so
viel Gomer holen, wie Personen im Zelt sind.
17 Die Israeliten taten es und sammelten ein, der
eine viel, der andere wenig. 18 Als sie die Gomer
zählten, hatte keiner, der viel gesammelt hatte,
zuviel, und keiner, der wenig gesammelt hatte,
zu wenig. Jeder hatte so viel gesammelt, wie er
zum Essen brauchte. 19 Mose sagte zu ihnen: Da-
von darf bis zum Morgen niemand etwas
übriglassen. 20 Doch sie hörten nicht auf Mose,
sondern einige ließen etwas bis zum Morgen
übrig. Aber es wurde wurmig und stank. Da ge-
riet Mose in Zorn über sie.
21 Sie sammelten es Morgen für Morgen, jeder so
viel, wie er zum Essen brauchte. Sobald die Son-
nenhitze einsetzte, zerging es. 22 Am sechsten Tag
sammelten sie die doppelte Menge Brot, zwei Go-
mer für jeden. Da kamen alle Sippenhäupter der

Gemeinde und berichteten es Mose. 23 Er sagte zu
ihnen: Es ist so, wie der Herr gesagt hat: Morgen
ist Feiertag, heiliger Sabbat zur Ehre des Herrn.
Backt, was ihr backen wollt, und kocht, was ihr
kochen wollt, den Rest bewahrt bis morgen früh
auf! 24 Sie bewahrten es also bis zum Morgen auf,
wie es Mose angeordnet hatte, und es faulte
nicht, noch wurde es madig. 25 Da sagte Mose: Eßt
es heute, denn heute ist Sabbat zur Ehre des
Herrn. Heute findet ihr draußen nichts. 26 Sechs
Tage dürft ihr es sammeln, am siebten Tag ist Sab-
bat; da findet ihr nichts.

27 Am siebten Tag gingen trotzdem einige vom
Volk hinaus, um zu sammeln, fanden aber nichts. 28
Da sprach der Herr zu Mose: Wie lange wollt
ihr euch noch weigern, meine Gebote und
Weisungen zu befolgen? 29 Ihr seht, der Herr hat
euch den Sabbat gegeben; daher gibt er auch am
sechsten Tag Brot für zwei Tage. Jeder bleibe, wo er
ist. Am siebten Tag verlasse niemand seinen Platz.
30 Das Volk ruhte also am siebten Tag. 31 Das Haus Is-
rael nannte das Brot Manna. Es war weiß wie Ko-
riandersamen und schmeckte wie Honigkuchen.

32 Mose sagte: Der Herr ordnet folgendes an. Ein
volles Gomer Manna ist für die Generationen
nach euch aufzubewahren, damit sie das Brot se-
hen, das ich euch in der Wüste zu essen gab, als
ich euch aus Ägypten herausführte. 33 Zu Aaron
sagte Mose: Nimm ein Gefäß, schütte ein volles
Gomer Manna hinein, und stell es vor den Herrn!
Es soll für die nachkommenden Generationen
aufbewahrt werden. 34 Wie der Herr dem Mose
befohlen hatte, stellte Aaron das Manna vor
die Bundesurkunde, damit es dort aufbewahrt
würde. 35 Die Israeliten aßen vierzig Jahre lang
Manna, bis sie in bewohntes Land kamen. Sie
aßen Manna, bis sie die Grenze von Kanaan er-
reichten. 36 Ein Gomer ist der zehnte Teil eines Efa.

17 Die ganze Gemeinde der Israeliten zog
von der Wüste Sin weiter, von einem
Rastplatz zum andern, wie es der Herr jeweils be-
stimmte. In Refidim schlugen sie ihr Lager auf.
Weil das Volk kein Wasser zu trinken hatte, 2 geriet
es mit Mose in Streit und sagte: Gebt uns Wasser
zu trinken! Mose aber antwortete: Was streitet ihr
mit mir? Warum stellt ihr den Herrn auf die Probe?
3 Das Volk dürstete dort nach Wasser und murrte
gegen Mose. Sie sagten: Warum hast du uns über-
haupt aus Ägypten hierher geführt? Um uns, un-
sere Söhne und unser Vieh verdursten zu lassen?
4 Mose schrie zum Herrn: Was soll ich mit diesem
Volk anfangen? Es fehlt nur wenig, und sie steini-
gen mich. 5 Der Herr antwortete Mose: Geh am
Volk vorbei, und nimm einige von den Ältesten Is-
raels mit; nimm auch den Stab in die Hand, mit
dem du auf den Nil geschlagen hast, und geh!
6 Dort drüben auf dem Felsen am Horeb werde ich
vor dir stehen. Dann schlag an den Felsen! Es
wird Wasser herauskommen, und das Volk kann
trinken. Das tat Mose vor den Augen der Ältesten
Israels. 7 Den Ort nannte er Massa und Meriba
(Probe und Streit), weil die Israeliten Streit begon-
nen und den Herrn auf die Probe gestellt hatten,
indem sie sagten: Ist der Herr in unserer Mitte
oder nicht?

8 Als Amalek kam und in Refidim den Kampf mit
Israel suchte, 9 sagte Mose zu Josua: Wähl uns
Männer aus, und zieh in den Kampf gegen Ama-
lek! Ich selbst werde mich morgen auf den Gipfel
des Hügels stellen und den Gottesstab mitneh-
men. 10 Josua tat, was ihm Mose aufgetragen hatte,
und kämpfte gegen Amalek, während Mose, Aa-
ron und Hur auf den Gipfel des Hügels stiegen.
11 Solange Mose seine Hand erhoben hielt, war Is-
rael stärker; sooft er aber die Hand sinken ließ,
war Amalek stärker. 12 Als dem Mose die Hände
schwer wurden, holten sie einen Steinbrocken,
schoben ihn unter Mose, und er setzte sich dar-
auf. Aaron und Hur stützten seine Arme, der eine
rechts, der andere links, so daß seine Hände er-
hoben blieben, bis die Sonne unterging. 13 So be-
siegte Josua mit scharfem Schwert Amalek und
sein Heer. 14 Danach sprach der Herr zu Mose:
Halte das zur Erinnerung in einer Urkunde fest,
und präg es Josua ein! Denn ich will die Erinne-
rung an Amalek unter dem Himmel austilgen.
15 Mose baute einen Altar und gab ihm den Na-
men »Jahwe mein Feldzeichen«. 16 Er sagte:

Die Hand an Jahwes Feldzeichen! / Krieg ist
zwischen Jahwe und Amalek / von Generation
zu Generation.

Jitros Rat: Die Berufung von Richtern

18 Jitro, der Priester von Midian, der Schwie-
gervater des Mose, hörte, was Gott alles
an Mose und seinem Volk Israel getan und wie
der Herr Israel aus Ägypten herausgeführt hatte.
2 Da nahm Jitro, der Schwiegervater des Mose,
Zippora mit sich, die Frau des Mose – Mose hatte
sie wieder zurückgeschickt –, 3 und ihre beiden

Söhne. Der eine hieß Gerschom (Ödgast), weil Mose gesagt hatte: Gast bin ich in fremdem Land. 4 Der andere hieß Eliëser (Gotthelf), weil Mose gesagt hatte: Der Gott meines Vaters hat mir geholfen und hat mich vor dem Schwert des Pharao gerettet. 5 Jitro, der Schwiegervater des Mose, kam mit dessen Söhnen und dessen Frau in die Wüste am Gottesberg, wo Mose gerade lagerte. 6 Er ließ Mose sagen: Ich, dein Schwiegervater Jitro, komme zu dir zusammen mit deiner Frau und ihren beiden Söhnen. 7 Da ging Mose seinem Schwiegervater entgegen, fiel vor ihm nieder und küßte ihn. Dann fragten sie einander nach ihrem Wohlergehen und gingen ins Zelt.

8 Mose erzählte seinem Schwiegervater alles, was der Herr dem Pharao und den Ägyptern um Israels willen angetan hatte, auch von allen Schwierigkeiten, denen sie unterwegs begegnet waren, und wie der Herr sie gerettet hatte. 9 Jitro freute sich über alles, was der Herr an Israel Gutes getan hatte, als er es aus der Hand der Ägypter rettete. 10 Jitro sagte: Gepriesen sei der Herr, der euch aus der Hand der Ägypter und des Pharao gerettet hat. 11 Jetzt weiß ich: Jahwe ist größer als alle Götter. Denn die Ägypter haben Israel hochmütig behandelt, doch der Herr hat das Volk aus ihrer Hand gerettet. 12 Dann holte Jitro, der Schwiegervater des Mose, Tiere für Brandopfer und Schlachtopfer zur Ehre Gottes. Aaron und alle Ältesten Israels kamen, um mit dem Schwiegervater des Mose vor dem Angesicht Gottes ein Mahl zu halten.

13 Am folgenden Morgen setzte sich Mose, um für das Volk Recht zu sprechen. Die Leute mußten vor Mose vom Morgen bis zum Abend anstehen. 14 Als der Schwiegervater des Mose sah, was er alles für das Volk zu tun hatte, sagte er: Was soll das, was du da für das Volk tust? Warum sitzt du hier allein, und die vielen Leute müssen vom Morgen bis zum Abend vor dir anstehen? 15 Mose antwortete seinem Schwiegervater: Die Leute kommen zu mir, um Gott zu befragen. 16 Wenn sie einen Streitfall haben, kommen sie zu mir. Ich entscheide dann ihren Fall und teile ihnen die Gesetze und Weisungen Gottes mit.

17 Da sagte der Schwiegervater zu Mose: Es ist nicht richtig, wie du das machst. 18 So richtest du dich selbst zugrunde und auch das Volk, das bei dir ist. Das ist zu schwer für dich; allein kannst du es nicht bewältigen. 19 Nun hör zu, ich will dir einen Rat geben, und Gott wird mit dir sein. Vertritt du das Volk vor Gott! Bring ihre Rechtsfälle vor ihn, 20 unterrichte sie in den Gesetzen und Weisungen, und lehre sie, wie sie leben und was sie tun sollen. 21 Du aber sieh dich im ganzen Volk nach tüchtigen, gottesfürchtigen und zuverlässigen Männern um, die Bestechung ablehnen. Gib dem Volk Vorsteher für je tausend, hundert, fünfzig und zehn! 22 Sie sollen dem Volk jederzeit als Richter zur Verfügung stehen. Alle wichtigen Fälle sollen sie vor dich bringen, die leichteren sollen sie selber entscheiden. Entlaste dich, und laß auch andere Verantwortung tragen! 23 Wenn du das tust, sofern Gott zustimmt, bleibst du der Aufgabe gewachsen, und die Leute hier können alle zufrieden heimgehen.

24 Mose hörte auf seinen Schwiegervater und tat alles, was er vorschlug. 25 Mose wählte sich tüchtige Männer in ganz Israel aus und setzte sie als Hauptleute über das Volk ein, als Vorsteher für je tausend, hundert, fünfzig und zehn. 26 Sie standen dem Volk jederzeit als Richter zur Verfügung. Die schwierigen Fälle brachten sie vor Mose, alle leichteren entschieden sie selber.

27 Mose verabschiedete seinen Schwiegervater, und dieser kehrte in sein Land zurück.

Am Sinai: 19,1–40,38

Das Bundesangebot Gottes

19 Im dritten Monat nach dem Auszug der Israeliten aus Ägypten – am heutigen Tag – kamen sie in der Wüste Sinai an. 2 Sie waren von Refidim aufgebrochen und kamen in die Wüste Sinai. Sie schlugen in der Wüste das Lager auf. Dort lagerte Israel gegenüber dem Berg.

3 Mose stieg zu Gott hinauf. Da rief ihm der Herr vom Berg her zu: Das sollst du dem Haus Jakob sagen und den Israeliten verkünden: 4 Ihr habt gesehen, was ich den Ägyptern angetan habe, wie ich euch auf Adlerflügeln getragen und hierher zu mir gebracht habe. 5 Jetzt aber, wenn ihr auf meine Stimme hört und meinen Bund haltet, wer-

det ihr unter allen Völkern mein besonderes Eigentum sein. Mir gehört die ganze Erde, [6] ihr aber sollt mir als ein Reich von Priestern und als ein heiliges Volk gehören. Das sind die Worte, die du den Israeliten mitteilen sollst.

[7] Mose ging und rief die Ältesten des Volkes zusammen. Er legte ihnen alles vor, was der Herr ihm aufgetragen hatte. [8] Das ganze Volk antwortete einstimmig und erklärte: Alles, was der Herr gesagt hat, wollen wir tun. Mose überbrachte dem Herrn die Antwort des Volkes. [9] Der Herr sprach zu Mose: Ich werde zu dir in einer dichten Wolke kommen; das Volk soll es hören, wenn ich mit dir rede, damit sie auch an dich immer glauben. Da berichtete Mose dem Herrn, was das Volk gesagt hatte.

[10] Der Herr sprach zu Mose: Geh zum Volk! Ordne an, daß sie sich heute und morgen heilig halten und ihre Kleider waschen. [11] Sie sollen sich für den dritten Tag bereithalten. Am dritten Tag nämlich wird der Herr vor den Augen des ganzen Volkes auf den Berg Sinai herabsteigen. [12] Zieh um das Volk eine Grenze, und sag: Hütet euch, auf den Berg zu steigen oder auch nur seinen Fuß zu berühren. Jeder, der den Berg berührt, wird mit dem Tod bestraft. [13] Keine Hand soll den Berg berühren. Wer es aber tut, soll gesteinigt oder mit Pfeilen erschossen werden; ob Tier oder Mensch, niemand darf am Leben bleiben. Erst wenn das Horn ertönt, dürfen sie auf den Berg steigen.

[14] Mose stieg vom Berg zum Volk hinunter und ordnete an, das Volk solle sich heilig halten und seine Kleider waschen. [15] Er sagte zum Volk: Haltet euch für den dritten Tag bereit! Berührt keine Frau! [16] Am dritten Tag, im Morgengrauen, begann es zu donnern und zu blitzen. Schwere Wolken lagen über dem Berg, und gewaltiger Hörnerschall erklang. Das ganze Volk im Lager begann zu zittern. [17] Mose führte es aus dem Lager hinaus Gott entgegen. Unten am Berg blieben sie stehen. [18] Der ganze Sinai war in Rauch gehüllt, denn der Herr war im Feuer auf ihn herabgestiegen. Der Rauch stieg vom Berg auf wie Rauch aus einem Schmelzofen. Der ganze Berg bebte gewaltig, [19] und der Hörnerschall wurde immer lauter. Mose redete, und Gott antwortete im Donner.

[20] Der Herr war auf den Sinai, auf den Gipfel des Berges, herabgestiegen. Er hatte Mose zu sich auf den Gipfel des Berges gerufen, und Mose war hinaufgestiegen. [21] Da sprach der Herr zu Mose: Geh hinunter, und schärf dem Volk ein, sie sollen nicht neugierig sein und nicht versuchen, zum Herrn vorzudringen; sonst müßten viele von ihnen umkommen. [22] Auch die Priester, die sich dem Herrn nähern, müssen sich geheiligt haben, damit der Herr in ihre Reihen keine Bresche reißt. [23] Mose entgegnete dem Herrn: Das Volk kann nicht auf den Sinai steigen. Denn du selbst hast uns eingeschärft: Zieh eine Grenze um den Berg, und erklär ihn für heilig! [24] Doch der Herr sprach zu ihm: Geh hinunter, und komm zusammen mit Aaron wieder herauf! Die Priester aber und das Volk sollen nicht versuchen, hinaufzusteigen und zum Herrn vorzudringen, sonst reißt er in ihre Reihen eine Bresche. [25] Da ging Mose zum Volk hinunter und sagte es ihnen.

Die Zehn Gebote

20 Dann sprach Gott alle diese Worte: [2] Ich bin Jahwe, dein Gott, der dich aus Ägypten geführt hat, aus dem Sklavenhaus. [3] Du sollst neben mir keine anderen Götter haben. [4] Du sollst dir kein Gottesbild machen und keine Darstellung von irgend etwas am Himmel droben, auf der Erde unten oder im Wasser unter der Erde. [5] Du sollst dich nicht vor anderen Göttern niederwerfen und dich nicht verpflichten, ihnen zu dienen. Denn ich, der Herr, dein Gott, bin ein eifersüchtiger Gott: Bei denen, die mir feind sind, verfolge ich die Schuld der Väter an den Söhnen, an der dritten und vierten Generation; [6] bei denen, die mich lieben und auf meine Gebote achten, erweise ich Tausenden meine Huld. [7] Du sollst den Namen des Herrn, deines Gottes, nicht mißbrauchen; denn der Herr läßt den nicht ungestraft, der seinen Namen mißbraucht.

[8] Gedenke des Sabbats: Halte ihn heilig! [9] Sechs Tage darfst du schaffen und jede Arbeit tun. [10] Der siebte Tag ist ein Ruhetag, dem Herrn, deinem Gott, geweiht. An ihm darfst du keine Arbeit tun: du, dein Sohn und deine Tochter, dein Sklave und deine Sklavin, dein Vieh und der Fremde, der in deinen Stadtbereichen Wohnrecht hat. [11] Denn in sechs Tagen hat der Herr Himmel, Erde und Meer gemacht und alles, was dazugehört; am siebten Tag ruhte er. Darum hat der Herr den Sabbattag gesegnet und ihn für heilig erklärt.

12 Ehre deinen Vater und deine Mutter, damit du
lange lebst in dem Land, das der Herr, dein Gott,
dir gibt.
13 Du sollst nicht morden.
14 Du sollst nicht die Ehe brechen.
15 Du sollst nicht stehlen.
16 Du sollst nicht falsch gegen deinen Nächsten
aussagen.
17 Du sollst nicht nach dem Haus deines Näch-
sten verlangen. Du sollst nicht nach der Frau dei-
nes Nächsten verlangen, nach seinem Sklaven
oder seiner Sklavin, seinem Rind oder seinem
Esel oder nach irgend etwas, das deinem Näch-
sten gehört.
18 Das ganze Volk erlebte, wie es donnerte und
blitzte, wie Hörner erklangen und der Berg
rauchte. Da bekam das Volk Angst, es zitterte und
hielt sich in der Ferne. 19 Sie sagten zu Mose: Rede
du mit uns, dann wollen wir hören. Gott soll nicht
mit uns reden, sonst sterben wir. 20 Da sagte Mose
zum Volk: Fürchtet euch nicht! Gott ist gekommen,
um euch auf die Probe zu stellen. Die Furcht vor
ihm soll über euch kommen, damit ihr nicht sün-
digt. 21 Das Volk hielt sich in der Ferne, und Mose
näherte sich der dunklen Wolke, in der Gott war.

Das Altargesetz

22 Der Herr sprach zu Mose: Sag den Israeliten: Ihr
habt gesehen, daß ich vom Himmel her mit euch
geredet habe. 23 Ihr sollt euch neben mir keine Göt-
ter aus Silber machen, auch Götter aus Gold sollt
ihr euch nicht machen. 24 Du sollst mir einen Altar
aus Erde errichten und darauf deine Schafe, Ziegen
und Rinder als Brandopfer und Heilsopfer schlach-
ten. An jedem Ort, an dem ich meinem Namen ein
Gedächtnis stifte, will ich zu dir kommen und dich
segnen. 25 Wenn du mir einen Altar aus Steinen er-
richtest, so sollst du ihn nicht aus behauenen Qua-
dern bauen. Du entweihst ihn, wenn du mit einem
Meißel daran arbeitest. 26 Du sollst nicht auf Stufen
zu meinem Altar hinaufsteigen, damit deine Blöße
dabei nicht zum Vorschein komme.

Das Bundesbuch: 21,1–23,33

Einleitung

21 Das sind die Rechtsvorschriften, die du
ihnen vorlegen sollst:

Hebräische Sklaven

2 Wenn du einen hebräischen Sklaven kaufst, soll er
sechs Jahre Sklave bleiben, im siebten Jahr soll er
ohne Entgelt als freier Mann entlassen werden. 3 Ist
er allein gekommen, soll er allein gehen. War er ver-
heiratet, soll seine Frau mitgehen. 4 Hat ihm sein
Herr eine Frau gegeben und hat sie ihm Söhne oder
Töchter geboren, dann gehören Frau und Kinder
ihrem Herrn, und er muß allein gehen. 5 Erklärt aber
der Sklave: Ich liebe meinen Herrn, meine Frau
und meine Kinder und will nicht als freier Mann
fortgehen, 6 dann soll ihn sein Herr vor Gott brin-
gen, er soll ihn an die Tür oder an den Torpfosten
bringen und ihm das Ohr mit einem Pfriem durch-
bohren; dann bleibt er für immer sein Sklave.
7 Wenn einer seine Tochter als Sklavin verkauft
hat, soll sie nicht wie andere Sklaven entlassen
werden. 8 Hat ihr Herr sie für sich selbst bestimmt,
mag er sie aber nicht mehr, dann soll er sie
zurückkaufen lassen. Er hat nicht das Recht, sie
an Fremde zu verkaufen, da er seine Zusage nicht
eingehalten hat. 9 Hat er sie für seinen Sohn be-
stimmt, verfahre er mit ihr nach dem Recht, das
für Töchter gilt. 10 Nimmt er sich noch eine andere
Frau, darf er sie in Nahrung, Kleidung und Bei-
schlaf nicht benachteiligen. 11 Wenn er ihr diese
drei Dinge nicht gewährt, darf sie unentgeltlich,
ohne Bezahlung, gehen.

Totschlag und Mord

12 Wer einen Menschen so schlägt, daß er stirbt,
wird mit dem Tod bestraft. 13 Wenn er ihm aber
nicht aufgelauert hat, sondern Gott es durch seine
Hand geschehen ließ, werde ich dir einen Ort
festsetzen, an den er fliehen kann. 14 Hat einer vor-
sätzlich gehandelt und seinen Mitbürger aus dem
Hinterhalt umgebracht, sollst du ihn von meinem
Altar wegholen, damit er stirbt.

Mißhandlung der Eltern

15 Wer seinen Vater oder seine Mutter schlägt,
wird mit dem Tod bestraft.

Menschenraub

16 Wer einen Menschen raubt, gleichgültig, ob er
ihn verkauft hat oder ob man ihn noch in seiner
Gewalt vorfindet, wird mit dem Tod bestraft.

Entehrung der Eltern

17 Wer seinen Vater oder seine Mutter verflucht, wird mit dem Tod bestraft.

Körperverletzung durch Menschen

18 Wenn Männer in Streit geraten und einer den andern mit einem Stein oder einer Hacke verletzt, so daß er zwar nicht stirbt, aber bettlägerig wird, 19 später wieder aufstehen und mit Krücken draußen umhergehen kann, so ist der freizusprechen, der geschlagen hat; nur für die Arbeitsunfähigkeit des Geschädigten muß er Ersatz leisten, und er muß für die Heilung aufkommen. 20 Wenn einer seinen Sklaven oder seine Sklavin mit dem Stock so schlägt, daß er unter seiner Hand stirbt, dann muß der Sklave gerächt werden. 21 Wenn er noch einen oder zwei Tage am Leben bleibt, dann soll den Täter keine Rache treffen; es geht ja um sein eigenes Geld. 22 Wenn Männer miteinander raufen und dabei eine schwangere Frau treffen, so daß sie eine Fehlgeburt hat, ohne daß ein weiterer Schaden entsteht, dann soll der Täter eine Buße zahlen, die ihm der Ehemann der Frau auferlegt; er kann die Zahlung nach dem Urteil von Schiedsrichtern leisten. 23 Ist weite-rer Schaden entstanden, dann mußt du geben: Leben für Leben, 24 Auge für Auge, Zahn für Zahn, Hand für Hand, Fuß für Fuß, 25 Brandmal für Brandmal, Wunde für Wunde, Strieme für Strieme. 26 Wenn einer seinem Sklaven oder seiner Sklavin ein Auge ausschlägt, soll er ihn für das ausgeschlagene Auge freilassen. 27 Wenn er seinem Sklaven oder seiner Sklavin einen Zahn ausschlägt, soll er ihn für den ausgeschlagenen Zahn freilassen.

Körperverletzung durch Haustiere

28 Wenn ein Rind einen Mann oder eine Frau so stößt, daß der Betreffende stirbt, dann muß man das Rind steinigen, und sein Fleisch darf man nicht essen; der Eigentümer des Rinds aber bleibt straffrei. 29 Hat das Rind aber schon früher gestoßen und hat der Eigentümer, obwohl man ihn darauf aufmerksam gemacht hat, auf das Tier nicht aufgepaßt, so daß es einen Mann oder eine Frau getötet hat, dann soll man das Rind steinigen, und auch sein Eigentümer soll getötet werden. 30 Will man ihm aber eine Sühne auferlegen, soll er als Lösegeld für sein Leben so viel geben, wie man von ihm fordert. 31 Stößt das Rind einen Sohn oder eine Tochter, verfahre man nach dem gleichen Grundsatz. 32 Stößt das Rind einen Sklaven oder eine Sklavin, soll der Eigentümer dem Herrn dreißig Silberschekel zahlen; das Rind aber soll gesteinigt werden.

Ersatz bei Schädigung fremden Viehs

33 Wenn jemand einen Brunnen offen läßt oder einen Brunnen gräbt, ohne ihn abzudecken, und es fällt ein Rind oder ein Esel hinein, 34 dann soll der Eigentümer des Brunnens Ersatz leisten; er soll dem Eigentümer des Tieres Geld zahlen, das verendete Tier aber gehört ihm. 35 Wenn jemandes Rind das Rind eines anderen stößt, so daß es eingeht, soll man das lebende Rind verkaufen und den Erlös aufteilen; auch das verendete Rind soll man aufteilen. 36 Wenn jedoch der Eigentümer wußte, daß das Rind schon früher stößig war, aber trotzdem nicht darauf aufgepaßt hat, soll er das Rind ersetzen, Rind für Rind, das verendete Rind aber gehört ihm.

Ersatz bei Diebstahl

37 Wenn einer ein Rind oder ein Schaf stiehlt und es schlachtet oder verkauft, soll er fünf Stück Großvieh für das Rind oder vier Stück Kleinvieh für das Schaf als Ersatz geben.

22 Wird ein Dieb beim Einbruch ertappt und so geschlagen, daß er stirbt, so entsteht dadurch keine Blutschuld. 2 Doch ist darüber bereits die Sonne aufgegangen, dann entsteht Blutschuld. Ein Dieb muß Ersatz leisten. Besitzt er nichts, soll man ihn für den Wert des Gestohlenen verkaufen. 3 Findet man das Gestohlene, sei es Rind, Esel oder Schaf, noch lebend in seinem Besitz, dann soll er doppelten Ersatz leisten.

Ersatz bei fahrlässigem Feldbrand

4 Wenn jemand ein Feld oder einen Weinberg abbrennt und das Feuer sich ausbreiten läßt, so daß es das Feld eines andern in Brand steckt, dann soll er den besten Ertrag seines Feldes oder Weinbergs als Ersatz dafür geben. 5 Breitet sich das Feuer aus, erfaßt es eine Dornenhecke und vernichtet einen Getreidehaufen, auf dem Halm stehendes Getreide oder ein Feld, dann soll der für den Brand Verantwortliche den Schaden ersetzen.

Haftung für fremdes Eigentum

6 Übergibt jemand einem andern Geld oder Gerät zur Aufbewahrung und es wird aus dessen Haus gestohlen, dann soll der Dieb, wenn man ihn findet, doppelten Ersatz leisten. 7 Findet man den Dieb nicht, soll der Hausherr vor Gott erklären, daß er sich nicht selbst am Eigentum des andern vergriffen hat. 8 Wenn jemandem etwas veruntreut wurde, ein Rind, ein Esel, ein Schaf, ein Kleid oder sonst etwas, und er behauptet: Ja, das ist es, dann soll der Streitfall der beiden vor Gott kommen. Wen Gott als schuldig bezeichnet, soll dem andern doppelten Ersatz leisten. 9 Wenn jemand einem andern einen Esel, ein Rind, ein Schaf oder sonst ein Haustier zur Verwahrung übergibt und das Tier eingeht, sich etwas bricht oder fortgetrieben wird, ohne daß es jemand sieht, 10 dann soll ein Eid beim Namen des Herrn Klarheit darüber schaffen, daß der eine sich nicht am Eigentum des andern vergriffen hat. Der Eigentümer soll an sich nehmen, was noch da ist, ohne daß der andere Ersatz zu leisten hätte. 11 Ist es ihm aber gestohlen worden, muß er dem Eigentümer Ersatz leisten. 12 Ist das Tier gerissen worden, bringe er es zum Beweis herbei; dann braucht er für das Gerissene keinen Ersatz zu leisten. 13 Leiht jemand von einem andern ein Tier und bricht es sich etwas oder geht ein, und zwar in Abwesenheit des Eigentümers, so muß er Ersatz leisten. 14 War der Eigentümer aber anwesend, so braucht der andere keinen Ersatz zu leisten. Ist er Taglöhner, so geht es von seinem Lohn ab.

Verführung einer Jungfrau

15 Wenn jemand ein noch nicht verlobtes Mädchen verführt und bei ihm schläft, dann soll er das Brautgeld zahlen und sie zur Frau nehmen. 16 Weigert sich aber ihr Vater, sie ihm zu geben, dann hat er ihm so viel zu zahlen, wie der Brautpreis für eine Jungfrau beträgt.

Todeswürdige Verbrechen: Zauberei, Bestialität, Götzendienste

17 Eine Hexe sollst du nicht am Leben lassen. 18 Jeder, der mit einem Tier verkehrt, soll mit dem Tod bestraft werden. 19 Wer einer Gottheit außer Jahwe Schlachtopfer darbringt, an dem soll die Vernichtungsweihe vollstreckt werden.

Schutz vor Unterdrückung und Ausbeutung

20 Einen Fremden sollst du nicht ausnützen oder ausbeuten, denn ihr selbst seid in Ägypten Fremde gewesen. 21 Ihr sollt keine Witwe oder Waise ausnützen. 22 Wenn du sie ausnützt und sie zu mir schreit, werde ich auf ihren Klageschrei hören. 23 Mein Zorn wird entbrennen, und ich werde euch mit dem Schwert umbringen, so daß eure Frauen zu Witwen und eure Söhne zu Waisen werden.

24 Leihst du einem aus meinem Volk, einem Armen, der neben dir wohnt, Geld, dann sollst du dich gegen ihn nicht wie ein Wucherer benehmen. Ihr sollt von ihm keinen Wucherzins fordern. 25 Nimmst du von einem Mitbürger den Mantel zum Pfand, dann sollst du ihn bis Sonnenuntergang zurückgeben; 26 denn es ist seine einzige Decke, der Mantel, mit dem er seinen bloßen Leib bedeckt. Worin soll er sonst schlafen? Wenn er zu mir schreit, höre ich es, denn ich habe Mitleid.

Gotteslästerung und Majestätsbeleidigung

27 Du sollst Gott nicht verächtlich machen und den Fürsten deines Volkes nicht verfluchen.

Erstlingsopfer

28 Deinen Reichtum und Überfluß sollst du nicht für dich behalten. Den Erstgeborenen unter deinen Söhnen sollst du mir geben. 29 Ebenso sollst du es mit deinen Rindern, Schafen und Ziegen halten. Sieben Tage sollen sie bei ihrer Mutter bleiben, am achten Tag sollst du sie mir übergeben.

Verbot, gerissene Tiere zu essen

30 Als heilige Männer sollt ihr mir gehören. Fleisch von einem Tier, das auf dem Feld gerissen wurde, sollt ihr nicht essen; ihr sollt es den Hunden vorwerfen.

Verhalten im Rechtsverfahren

23 Du sollst kein leeres Gerücht verbreiten. Biete deine Hand nicht dem, der Unrecht hat, indem du als falscher Zeuge auftrittst. 2 Du sollst dich nicht der Mehrheit anschließen, wenn sie im Unrecht ist, und sollst in einem Rechtsverfahren nicht so aussagen, daß du dich der Mehrheit fügst und das Recht beugst. 3 Du sollst auch den Geringen in seinem Rechtsstreit nicht begünstigen.

Verhalten gegen den Feind

4 Wenn du dem verirrten Rind oder dem Esel dei-
nes Feindes begegnest, sollst du ihm das Tier
zurückbringen. 5 Wenn du siehst, wie der Esel dei-
nes Gegners unter der Last zusammenbricht,
dann laß ihn nicht im Stich, sondern leiste ihm
Hilfe!

Verbot von Rechtsbeugung

6 Du sollst das Recht des Armen in seinem Rechts-
streit nicht beugen. 7 Von einem unlauteren Ver-
fahren sollst du dich fernhalten. Wer unschuldig
und im Recht ist, den bring nicht um sein Leben;
denn ich spreche den Schuldigen nicht frei. 8 Du
sollst dich nicht bestechen lassen; denn Beste-
chung macht Sehende blind und verkehrt die Sa-
che derer, die im Recht sind.

Rechtsschutz des Fremden

9 Einen Fremden sollst du nicht ausbeuten. Ihr
wißt doch, wie es einem Fremden zumute ist;
denn ihr selbst seid in Ägypten Fremde gewesen.

Sabbatjahr und Sabbatfeier

10 Sechs Jahre kannst du in deinem Land säen und
die Ernte einbringen; 11 im siebten sollst du es
brach liegen lassen und nicht bestellen. Die Ar-
men in deinem Volk sollen davon essen, den Rest
mögen die Tiere des Feldes fressen. Das gleiche
sollst du mit deinem Weinberg und deinen Öl-
bäumen tun. 12 Sechs Tage kannst du deine Arbeit
verrichten, am siebten Tag aber sollst du ruhen,
damit dein Rind und dein Esel ausruhen und der
Sohn deiner Sklavin und der Fremde zu Atem
kommen.

Mahnung: Treue zum Bundesgott

13 Auf alles, was ich euch gesagt habe, sollt ihr ach-
ten. Den Namen eines anderen Gottes sollt ihr
nicht aussprechen, er soll dir nicht über die Lip-
pen kommen.

Die drei Hauptfeste

14 Dreimal im Jahr sollst du mir ein Fest feiern. 15 Du
sollst das Fest der Ungesäuerten Brote halten. Im
Monat Abib sollst du zur festgesetzten Zeit sieben
Tage lang ungesäuertes Brot essen, wie ich es dir
geboten habe. Denn in diesem Monat bist du aus
Ägypten ausgezogen. Man soll nicht mit leeren
Händen vor mir erscheinen. 16 Du sollst auch das
Fest der Ernte, des ersten Ertrags deiner Aussaat
auf dem Feld, halten, ebenso das Fest der Lese am
Ende des Jahres, wenn du den Ertrag deines Fel-
des eingebracht hast. 17 Dreimal im Jahr sollen alle
deine Männer vor dem Herrn erscheinen.

Opfervorschriften

18 Beim Schlachten sollst du das Blut meines Op-
fers nicht über gesäuertes Brot fließen lassen. Das
Fett meines Festopfers darf nicht bis zum Morgen
liegenbleiben. 19 Von den Erstlingsfrüchten deines
Ackers sollst du die besten in das Haus des Herrn,
deines Gottes, bringen. Das Junge einer Ziege
sollst du nicht in der Milch seiner Mutter kochen.

Schlußmahnung: Verheißung und Warnung

20 Ich werde einen Engel schicken, der dir voraus-
geht. Er soll dich auf dem Weg schützen und dich
an den Ort bringen, den ich bestimmt habe.
21 Achte auf ihn, und hör auf seine Stimme! Wi-
dersetz dich ihm nicht! Er würde es nicht ertra-
gen, wenn ihr euch auflehnt; denn in ihm ist
mein Name gegenwärtig. 22 Wenn du auf seine
Stimme hörst und alles tust, was ich sage, dann
werde ich der Feind deiner Feinde sein und alle
in die Enge treiben, die dich bedrängen.
23 Wenn mein Engel dir vorausgeht und dich in
das Land der Amoriter, Hetiter, Perisiter, Kanaa-
niter, Hiwiter und Jebusiter führt und wenn ich
sie verschwinden lasse, 24 dann sollst du dich vor
ihren Göttern nicht niederwerfen und dich nicht
verpflichten, ihnen zu dienen. Du sollst keine
Kultgegenstände herstellen wie sie, sondern sie
zerstören und ihre Steinmale zerschlagen.
25 Wenn ihr dem Herrn, eurem Gott, dient, wird
er dein Brot und dein Wasser segnen. Ich werde
Krankheiten von dir fernhalten. 26 In deinem Land
wird es keine Frau geben, die eine Fehlgeburt hat
oder kinderlos bleibt. Ich lasse dich die volle Zahl
deiner Lebenstage erreichen. 27 Ich sende meinen
Schrecken vor dir her, ich verwirre jedes Volk, zu
dem du kommst, und alle deine Feinde lasse ich
vor dir die Flucht ergreifen. 28 Ich lasse vor dir Pa-
nik ausbrechen; sie wird die Hiwiter, Kanaaniter
und Hetiter vor dir hertreiben. 29 Ich vertreibe sie
aber nicht gleich im ersten Jahr; sonst verödet das
Land, und die wilden Tiere könnten zu deinem
Schaden überhand nehmen. 30 Nur allmählich
will ich sie vor dir zurückdrängen, bis du so zahl-
reich geworden bist, daß du das Land in Besitz

nehmen kannst. 31 Ich setze deine Landesgrenzen fest vom Schilfmeer bis zum Philistermeer, von der Wüste bis zum Strom. Wenn ich die Einwohner des Landes in deine Hand gebe und du sie vertreibst, 32 dann sollst du keinen Bund mit ihnen und ihren Göttern schließen. 33 Sie sollen nicht in deinem Land bleiben. Sonst könnten sie dich zur Sünde gegen mich verführen, so daß du ihre Götter verehrst; denn dann würde dir das zu einer Falle.

Der Bundesschluß

24 Zu Mose sprach er: Steig zum Herrn hinauf zusammen mit Aaron, Nadab, Abihu und mit siebzig von den Ältesten Israels; werft euch in einiger Entfernung nieder! 2 Mose allein soll sich dem Herrn nähern, die anderen dürfen nicht näherkommen, und das Volk darf den Berg nicht mit ihm zusammen besteigen.

3 Mose kam und übermittelte dem Volk alle Worte und Rechtsvorschriften des Herrn. Das ganze Volk antwortete einstimmig und sagte: Alles, was der Herr gesagt hat, wollen wir tun. 4 Mose schrieb alle Worte des Herrn auf. Am nächsten Morgen stand er zeitig auf und errichtete am Fuß des Berges einen Altar und zwölf Steinmale für die zwölf Stämme Israels. 5 Er schickte die jungen Männer Israels aus. Sie brachten Brandopfer dar und schlachteten junge Stiere als Heilsopfer für den Herrn. 6 Mose nahm die Hälfte des Blutes und goß es in eine Schüssel, mit der anderen Hälfte besprengte er den Altar. 7 Darauf nahm er die Urkunde des Bundes und verlas sie vor dem Volk. Sie antworteten: Alles, was der Herr gesagt hat, wollen wir tun; wir wollen gehorchen. 8 Da nahm Mose das Blut, besprengte damit das Volk und sagte: Das ist das Blut des Bundes, den der Herr aufgrund all dieser Worte mit euch geschlossen hat.

9 Danach stiegen Mose, Aaron, Nadab, Abihu und die siebzig von den Ältesten Israels hinauf, 10 und sie sahen den Gott Israels. Die Fläche unter seinen Füßen war wie mit Saphir ausgelegt und glänzte hell wie der Himmel selbst. 11 Gott streckte nicht seine Hand gegen die Edlen der Israeliten aus; sie durften Gott sehen, und sie aßen und tranken.

12 Der Herr sprach zu Mose: Komm herauf zu mir auf den Berg, und bleib hier! Ich will dir die Steintafeln übergeben, die Weisung und die Gebote, die ich aufgeschrieben habe. Du sollst das Volk darin unterweisen. 13 Da erhob sich Mose mit seinem Diener Josua und stieg den Gottesberg hinauf. 14 Zu den Ältesten sagte er: Bleibt hier, bis wir zu euch zurückkehren; Aaron und Hur sind ja bei euch. Wer ein Anliegen hat, wende sich an sie. 15 Dann stieg Mose auf den Berg, und die Wolke bedeckte den Berg. 16 Die Herrlichkeit des Herrn ließ sich auf den Sinai herab, und die Wolke bedeckte den Berg sechs Tage lang. Am siebten Tag rief der Herr mitten aus der Wolke Mose herbei. 17 Die Erscheinung der Herrlichkeit des Herrn auf dem Gipfel des Berges zeigte sich vor den Augen der Israeliten wie verzehrendes Feuer. 18 Mose ging mitten in die Wolke hinein und stieg auf den Berg hinauf. Vierzig Tage und vierzig Nächte blieb Mose auf dem Berg.

Die Anordnungen für Heiligtum und Kult: 25,1–31,17

Das Heiligtum und seine Geräte

25 Der Herr sprach zu Mose: 2 Sag zu den Israeliten, sie sollen für mich eine Abgabe erheben. Von jedem, den sein Sinn dazu bewegt, sollt ihr die Abgabe erheben. 3 Das ist die Abgabe, die ihr von ihnen erheben sollt: Gold, Silber, Kupfer, 4 violetten und roten Purpur, Karmesin, Byssus, Ziegenhaare, 5 rötliche Widderfelle, Tahaschhäute und Akazienholz; 6 Öl für den Leuchter, Balsame für das Salböl und für duftendes Räucherwerk; 7 Karneolsteine und Ziersteine für Efod und Lostasche. 8 Macht mir ein Heiligtum! Dann werde ich in ihrer Mitte wohnen. 9 Genau nach dem Muster der Wohnstätte und aller ihrer Gegenstände, das ich dir zeige, sollt ihr es herstellen.

10 Macht eine Lade aus Akazienholz, zweieinhalb Ellen lang, anderthalb Ellen breit und anderthalb Ellen hoch! 11 Überzieh sie innen und außen mit purem Gold, und bring daran ringsherum eine Goldleiste an! 12 Gieß für sie vier Goldringe, und befestige sie an ihren vier Füßen, zwei Ringe an der einen Seite und zwei Ringe an der anderen Seite! 13 Fertige Stangen aus Akazienholz an, und überzieh sie mit Gold! 14 Steck die Stangen durch die Ringe an den Seiten der Lade, so daß man die Lade damit tragen kann. 15 Die Stangen sollen in den Ringen der Lade bleiben; man soll sie nicht herausziehen. 16 In die Lade sollst du die Bundesurkunde legen, die ich dir

gebe. [17] Verfertige auch eine Deckplatte aus purem
Gold, zweieinhalb Ellen lang und anderthalb El-
len breit! [18] Mach zwei Kerubim aus getriebenem
Gold, und arbeite sie an den beiden Enden der
Deckplatte heraus! [19] Mach je einen Kerub an dem
einen und dem andern Ende; auf der Deckplatte
macht die Kerubim an den beiden Enden! [20] Die
Kerubim sollen die Flügel nach oben ausbreiten,
mit ihren Flügeln die Deckplatte beschirmen, und
sie sollen ihre Gesichter einander zuwenden; der
Deckplatte sollen die Gesichter der Kerubim zu-
gewandt sein. [21] Setz die Deckplatte oben auf die
Lade, und in die Lade leg die Bundesurkunde, die
ich dir gebe. [22] Dort werde ich mich dir zu erken-
nen geben und dir über der Deckplatte zwischen
den beiden Kerubim, die auf der Lade der Bunde-
surkunde sind, alles sagen, was ich dir für die Is-
raeliten auftragen werde.

[23] Fertige auch einen Tisch aus Akazienholz an,
zwei Ellen lang, eine Elle breit und anderthalb El-
len hoch! [24] Überzieh ihn mit purem Gold, und
bring daran ringsherum eine Goldleiste an!
[25] Mach ihm ringsherum eine handbreite Einfas-
sung, und verfertige um diese Einfassung eine
goldene Leiste! [26] Mach ihm vier Goldringe, und
befestige die Ringe an den vier Ecken, die von sei-
nen vier Füßen gebildet werden. [27] Die Ringe sol-
len dicht unter der Einfassung die Stangen auf-
nehmen, mit denen man den Tisch trägt. [28] Mach
die Stangen aus Akazienholz, und überzieh sie
mit Gold! Mit ihnen soll man den Tisch tragen.
[29] Dazu mach Schüsseln, Schalen, Kannen und
Krüge für die Trankopfer! Aus purem Gold sollst
du sie anfertigen. [30] Auf dem Tisch sollst du stän-
dig Schaubrote vor mir auflegen.

[31] Verfertige auch einen Leuchter aus purem
Gold! Der Leuchter, sein Gestell, sein Schaft,
seine Kelche, Knospen und Blüten sollen aus ei-
nem Stück getrieben sein. [32] Von seinen Seiten sol-
len sechs Arme ausgehen, drei Leuchterarme auf
der einen Seite und drei auf der anderen Seite.
[33] Der erste Arm soll drei mandelblütenförmige
Kelche mit je einer Knospe und einer Blüte auf-
weisen, und der zweite Arm soll drei mandelblü-
tenförmige Kelche mit je einer Knospe und einer
Blüte aufweisen; so alle sechs Arme, die von dem
Leuchter ausgehen. [34] Auf dem Schaft des Leuch-
ters sollen vier mandelblütenförmige Kelche,
Knospen und Blüten sein, [35] je eine Knospe unten
zwischen zwei Armen, entsprechend den sechs
Armen, die vom Leuchter ausgehen. [36] Seine
Knospen und die Arme sollen ein Ganzes mit
dem Schaft bilden; das Ganze soll ein Stück aus
getriebenem purem Gold sein. [37] Dann mach für
den Leuchter sieben Lampen, und setze seine
Lampen so auf, daß sie das Licht nach vorn fallen
lassen; [38] dazu Dochtscheren und Pfannen aus pu-
rem Gold. [39] Aus einem Talent puren Goldes soll
man den Leuchter und alle diese Geräte machen.
[40] Sieh zu, daß du ihn nach dem Muster ausführst,
das du auf dem Berg gesehen hast.

26 Die Wohnstätte sollst du aus zehn Zelt-
tüchern herstellen; aus gezwirntem Bys-
sus, violettem und rotem Purpur und Karmesin
mit Kerubim sollst du sie machen, wie es ein
Kunstweber macht. [2] Ein Zelttuch soll achtund-
zwanzig Ellen lang und vier Ellen breit sein; alle
Zelttücher sollen dasselbe Maß haben. [3] Fünf Zelt-
tücher sollen jeweils aneinandergefügt sein.
[4] Mach Schleifen aus violettem Purpur am Rand
des einen Zelttuchs, am Ende des zusammenge-
fügten Stückes; ebenso sollst du es am Rand des
letzten Zelttuchs des außen zusammengefügten
Stückes machen. [5] Fünfzig Schleifen sollst du an
dem einen Zelttuch anbringen und fünfzig Schlei-
fen am Zelttuchende des zweiten zusammenge-
fügten Stückes; die Schleifen sollen einander ent-
sprechen. [6] Du sollst auch fünfzig Goldhaken
machen und die Zelttücher mit den Haken ver-
binden, eines mit dem andern; so soll die Wohn-
stätte ein Ganzes bilden.

[7] Mach Decken aus Ziegenhaar für das Zelt über
der Wohnstätte; elf Stück sollst du herstellen.
[8] Eine Decke soll dreißig Ellen lang und vier Ellen
breit sein; die elf Decken sollen dasselbe Maß ha-
ben. [9] Verbinde fünf Decken zu einem Stück und
sechs Decken zu einem Stück; die sechste Decke
sollst du an der Vorderseite des Zeltes doppelt
zusammenlegen. [10] Fünfzig Schleifen mach am
Saum der Decke, die das Ende eines zusammen-
gesetzten Stückes bildet, und ebenso fünfzig
Schleifen am Saum der Decke, die das Ende des
andern zusammengesetzten Stückes bildet. [11] Fer-
tige fünfzig Kupferhaken an, häng die Haken in
die Schleifen, und setz das Zelt so zusammen, daß
es ein Ganzes bildet. [12] Den herabhängenden
überschüssigen Teil der Zeltdecke laß zur Hälfte
an der Rückseite der Wohnstätte herabhängen!
[13] Die überschüssige Elle auf beiden Längsseiten
der Zeltdecken soll auf die beiden Seiten der

Wohnstätte herabhängen, so daß sie sie bedeckt. 14 Schließlich mach für das Zelt eine Decke aus rötlichen Widderfellen und darüber eine Decke aus Tahaschhäuten!

15 Mach für die Wohnstätte Bretter aus Akazienholz zum Aufstellen! 16 Jedes Brett soll zehn Ellen lang und anderthalb Ellen breit sein; 17 jedes Brett soll durch zwei Zapfen mit dem nächsten verbunden werden. So mach es mit allen Brettern für die Wohnstätte! 18 An Brettern für die Wohnstätte verfertige zwanzig für die Südseite! 19 Stell vierzig Sockel aus Silber her als Unterlage für die zwanzig Bretter, je zwei Sockel als Unterlage eines Brettes für seine beiden Zapfen! 20 Für die zweite Seite der Wohnstätte, die Nordseite, ebenfalls zwanzig Bretter 21 und vierzig Sockel aus Silber, je zwei Sockel als Unterlage eines Brettes. 22 Für die Rückseite der Wohnstätte, die Westseite, verfertige sechs Bretter, 23 und zwei Bretter stell für die Eckstücke an der Rückseite der Wohnstätte her! 24 Sie sollen einander entsprechen und von unten bis oben zum ersten Ring reichen. So soll es mit den beiden Brettern geschehen, die die Eckstücke bilden. 25 Acht Bretter und sechzehn Sockel aus Silber sollen vorhanden sein, je zwei Sockel als Unterlage für jedes Brett.

26 Verfertige Querlatten aus Akazienholz, fünf für die Bretter auf der einen Seite der Wohnstätte, 27 fünf für die Bretter der zweiten Seite der Wohnstätte und fünf für die Bretter der Rückseite der Wohnstätte, der Westseite! 28 Die mittlere Querlatte soll in der Mitte der Bretter angebracht werden und von einem Ende zum andern reichen. 29 Überzieh die Bretter mit Gold, und mach Ringe aus Gold, welche die Querlatten aufnehmen; auch die Querlatten überzieh mit Gold! 30 So errichte die Wohnstätte nach dem Muster, das dir auf dem Berg gezeigt worden ist.

31 Mach einen Vorhang aus violettem und rotem Purpur, Karmesin und gezwirntem Byssus; wie Kunstweberarbeit soll er gemacht werden, mit Kerubim. 32 Häng ihn an die vier mit Gold überzogenen Akaziensäulen, die auf vier Sockeln aus Silber stehen sollen. Auch die Nägel der Säulen sollen aus Gold sein. 33 Häng den Vorhang an die Haken, und bring dorthin, hinter den Vorhang, die Lade der Bundesurkunde! Der Vorhang trenne euch das Heiligtum vom Allerheiligsten. 34 Setz die Deckplatte auf die Lade der Bundesurkunde im Allerheiligsten! 35 Stell den Tisch außen vor den Vorhang, den Leuchter gegenüber dem Tisch an die Südseite der Wohnstätte; den Tisch stell an die Nordseite! 36 Für den Eingang des Zeltes mach einen Vorhang aus violettem und rotem Purpur, Karmesin und gezwirntem Byssus; Arbeit eines Buntwirkers soll er sein. 37 Für den Vorhang mach fünf Akaziensäulen, überzieh sie mit Gold, und gieß für sie fünf kupferne Sockel! Auch die Nägel der Säulen sollen aus Gold sein.

27 Dann mach aus Akazienholz den Altar, fünf Ellen lang und fünf Ellen breit – der Altar soll also quadratisch sein – und drei Ellen hoch. 2 Mach ihm Hörner an seinen vier Ecken – seine Hörner sollen mit ihm ein Ganzes bilden –, und überzieh ihn mit Kupfer! 3 Stell auch die Gefäße her für seine Fett-Asche, seine Schaufeln und Schalen, seine Gabeln und Feuerpfannen! Alle seine Geräte sollst du aus Kupfer herstellen. 4 Mach für den Altar ein Gitterwerk, ein Netzgitter aus Kupfer, und befestige am Netzgitter vier Kupferringe, und zwar an seinen vier Enden! 5 Bring das Gitterwerk unterhalb der Altareinfassung unten an! Das Netzgitter soll bis zur Mitte des Altars reichen. 6 Verfertige für den Altar Stangen – Stangen aus Akazienholz –, und überzieh sie mit Kupfer! 7 Man soll die Stangen in die Ringe stecken, und zwar sollen die Stangen an beiden Seiten des Altars angebracht sein, wenn man ihn trägt. 8 Mach ihn hohl, aus Brettern! Wie man es dir auf dem Berg gezeigt hat, so soll man es ausführen.

9 Dann mach den Vorhof der Wohnstätte: für die Südseite die Behänge des Vorhofs aus gezwirntem Byssus, hundert Ellen lang für eine Seite, 10 seine zwanzig Säulen und deren zwanzig Sockel aus Kupfer, die Nägel der Säulen und deren Querstangen aus Silber; 11 ebenso für die nördliche Längsseite Behänge, hundert Ellen lang, ihre zwanzig Säulen und deren zwanzig Sockel aus Kupfer, die Nägel der Säulen und deren Querstangen aus Silber; 12 für die Breitseite des Vorhofs im Westen Behänge von fünfzig Ellen, ihre zehn Säulen und deren Sockel. 13 Der Vorhof an der Ostseite soll fünfzig Ellen breit sein, 14 und zwar fünfzehn Ellen Behänge für die eine Seitenwand mit ihren drei Säulen und deren drei Sockel; 15 für die andere Seitenwand ebenso fünfzehn Ellen Behänge mit ihren drei Säulen und deren drei Sockel; 16 für das Tor des Vorhofs als Buntwirkerarbeit einen Vorhang von zwanzig Ellen aus vio-

lettem und rotem Purpur, Karmesin und ge-
zwirntem Byssus, mit ihren vier Säulen und
deren vier Sockeln; 17 alle Säulen des Vorhofs
ringsum mit Querstangen aus Silber sowie ihre
Nägel aus Silber und ihre Sockel aus Kupfer. 18 Der
Vorhof soll hundert Ellen lang, fünfzig Ellen breit
und fünf Ellen hoch sein, die Behänge aus ge-
zwirntem Byssus, ihre Sockel aus Kupfer. 19 Alle
Geräte der Wohnstätte, die darin zu irgendeinem
Dienst verwendet werden, alle ihre Zeltpflöcke
und alle Zeltpflöcke des Vorhofs sollen aus Kupfer
sein.

20 Du aber befiehl den Israeliten, daß sie dir rei-
nes Öl aus gestoßenen Oliven für den Leuchter
liefern, damit immer Licht brennt. 21 Im Offenba-
rungszelt außerhalb des Vorhangs vor der Bun-
desurkunde sollen es Aaron und seine Söhne zu-
richten; es soll vom Abend bis zum Morgen vor
dem Herrn brennen, als eine ständig eingehaltene
Verpflichtung bei den Israeliten von Generation
zu Generation.

Die Priestergewänder

28 Laß aus der Mitte der Israeliten deinen
Bruder Aaron und mit ihm auch seine
Söhne zu dir kommen, damit sie mir als Priester
dienen, Aaron mit Nadab, Abihu, Eleasar und Ita-
mar, den Söhnen Aarons. 2 Laß für deinen Bruder
Aaron heilige Gewänder anfertigen, die ihm zur
Ehre und zum Schmuck gereichen. 3 Rede mit al-
len Sachverständigen, die ich mit dem Geist der
Weisheit erfüllt habe; sie sollen Aarons Gewän-
der anfertigen, damit er geheiligt sei und mir als
Priester dient. 4 Das sind die Gewänder, die sie an-
fertigen sollen: Lostasche, Efod, Obergewand,
Leibrock aus gewirktem Stoff, Turban und Gürtel.
Sie sollen also für deinen Bruder Aaron und für
seine Söhne heilige Gewänder anfertigen, damit
er mir als Priester dient. 5 Sie sollen dazu Gold, vio-
letten und roten Purpur, Karmesin und Byssus
verwenden.

6 Das Efod sollen sie als Kunstweberarbeit her-
stellen, aus Gold, violettem und rotem Purpur,
Karmesin und gezwirntem Byssus. 7 Es soll zwei
miteinander verbundene Schulterstücke haben,
und zwar an seinen beiden Enden sollen sie mit-
einander verbunden sein. 8 Die Schärpe am Efod
soll von derselben Machart sein und mit ihm ein
einziges Stück bilden, aus Gold, violettem und ro-
tem Purpur, Karmesin und gezwirntem Byssus.
9 Nimm die beiden Karneolsteine, und schneide
die Namen der Söhne Israels ein: 10 sechs von den
Namen in den einen Stein und die übrigen sechs
Namen in den andern Stein, in der Reihenfolge,
wie sie geboren wurden. 11 In Steinschneidearbeit
wie Siegelgravierung sollst du in die beiden
Steine die Namen der Söhne Israels schneiden, in
Goldfassungen eingesetzt sollst du sie herstellen.
12 Befestige die beiden Steine an den Schulter-
stücken des Efod als Steine, die den Herrn an die
Israeliten erinnern. Aaron soll ihre Namen auf
beiden Schulterstücken vor dem Herrn zur Erin-
nerung tragen. 13 Du sollst also die Fassung aus
Gold 14 und zwei Kettchen aus purem Gold ma-
chen; dreh sie wie eine Schnur, und befestige die
schnurartigen Kettchen an den Fassungen!

15 Mach eine Lostasche für den Schiedsspruch;
als Kunstweberarbeit wie das Efod sollst du sie
herstellen; aus Gold, violettem und rotem Purpur,
Karmesin und gezwirntem Byssus sollst du sie
herstellen. 16 Sie soll quadratisch sein, zusammen-
gefaltet, eine Spanne lang und eine Spanne breit.
17 Besetze sie mit gefaßten Edelsteinen in vier Rei-
hen: die erste Reihe mit Rubin, Topas und Sma-
ragd; 18 die zweite Reihe mit Karfunkel, Saphir und
Jaspis; 19 die dritte Reihe mit Achat, Hyazinth und
Amethyst; 20 die vierte Reihe mit Chrysolith, Kar-
neol und Onyx; sie sollen in Gold gefaßt und ein-
gesetzt sein. 21 Die Steine sollen auf die Namen der
Söhne Israels lauten, zwölf Steine auf ihre Namen
– in Siegelgravierung. Jeder laute auf einen Na-
men der zwölf Stämme. 22 Befestige an der Losta-
sche schnurartige, gedrehte Kettchen aus purem
Gold! 23 An der Lostasche bring zwei goldene
Ringe an, und befestige die Ringe an den Enden
der Lostasche! 24 Sodann verbinde die beiden
Goldschnüre mit den beiden Ringen an den En-
den der Lostasche; 25 die zwei andern Enden der
Schnüre befestige an den beiden Einfassungen,
und häng sie an die Vorderseite der Schulter-
stücke des Efod! 26 Mach noch zwei Goldringe,
und befestige sie an den beiden Enden der Losta-
sche, und zwar am inneren Rand, der dem Efod
zugekehrt ist. 27 Mach zwei weitere Goldringe,
und befestige sie unten an den beiden Schulter-
stücken des Efod, und zwar an der Vorderseite,
nahe ihrer Naht, aber oberhalb der Efodschärpe.
28 Man soll die Lostasche mit ihren Ringen an die
Ringe des Efod mit einer violetten Purpurschnur
binden, damit sie über der Efodschärpe bleibt und

sich die Lostasche nicht vom Efod verschiebt. 29 Aaron soll die Namen der Söhne Israels in der Lostasche für den Schiedsspruch über seinem Herzen tragen, wenn er zum Heiligtum kommt, zur immerwährenden Erinnerung vor dem Herrn. 30 In die Lostasche für den Schiedsspruch steck die Lose Urim und Tummim; sie sollen sich über dem Herzen Aarons befinden, wenn er vor den Herrn kommt; Aaron trage den Schiedsspruch für die Israeliten über seinem Herzen ständig vor dem Herrn.

31 Verfertige den Efodmantel ganz aus violettem Purpur; 32 in seiner Mitte soll sich eine Öffnung für den Kopf befinden; an seiner Öffnung ringsum soll wie bei der Öffnung eines Panzerhemds ein gewebter, unzerreißbarer Rand angebracht sein. 33 An seinem unteren Saum mach Granatäpfel aus violettem und rotem Purpur und aus Karmesin, an seinem Saum ringsum, und dazwischen goldene Glöckchen ringsum: 34 ein Goldglöckchen und ein Granatapfel abwechselnd ringsum am Saum des Mantels. 35 Aaron soll ihn beim Dienst tragen; sein Ton soll zu hören sein, wenn er in das Heiligtum vor den Herrn hintritt und wenn er wieder herauskommt; sonst muß er sterben.

36 Mach eine Rosette aus purem Gold, und bring darauf nach Art der Siegelgravierung die Inschrift an: Heilig dem Herrn. 37 Befestige die Rosette an einer Schnur aus violettem Purpur, und bring sie am Turban an; sie soll an der Vorderseite des Turbans angebracht werden. 38 Sie soll auf Aarons Stirn sein, denn Aaron ist verantwortlich für die Verfehlungen an den Weihegaben, die die Israeliten weihen, für alle heiligen Abgaben; sie soll ständig auf Aarons Stirn sein, damit sie dem Herrn genehm sind.

39 Web den Leibrock aus Byssus; mach einen Turban aus Byssus und einen Gürtel in Buntwirkerarbeit! 40 Für die Söhne Aarons verfertige Leibröcke, und mach ihnen Gürtel! Mach für sie auch Kopfbünde, die ihnen zur Ehre und zum Schmuck gereichen. 41 Dann bekleide damit deinen Bruder Aaron und zusammen mit ihm auch seine Söhne, und salbe sie, setze sie ins Priesteramt ein, und weihe sie, damit sie mir als Priester dienen. 42 Mach ihnen Beinkleider aus Leinen, damit sie ihre Scham bedecken; von den Hüften bis zu den Schenkeln sollen sie reichen. 43 Aaron und seine Söhne sollen sie tragen, wenn sie zum Offenbarungszelt kommen oder sich dem Altar nähern, um den Dienst am Heiligtum zu verrichten; so werden sie keine Schuld auf sich laden und nicht sterben. Als ständig einzuhaltende Verpflichtung gelte dies für ihn und seine Nachkommen.

Die Weihe der Priester

29 Das ist es, was du mit ihnen tun sollst, wenn du sie zum Priesterdienst für mich weihst: Nimm einen Jungstier und zwei fehlerlose Widder, 2 ungesäuerte Brote, mit Öl vermengte ungesäuerte Kuchen und mit Öl bestrichene ungesäuerte Brotfladen; aus Feinmehl sollst du sie zubereiten. 3 Leg sie in einen Korb, und bring sie im Korb herbei, dazu den Jungstier und die beiden Widder! 4 Laß Aaron und seine Söhne zum Eingang des Offenbarungszeltes treten, und wasche sie mit Wasser! 5 Nimm die Gewänder, und bekleide Aaron mit Leibrock, Efodmantel, Efod und Lostasche, und bind ihm die Efodschärpe um! 6 Setz ihm den Turban auf den Kopf, und befestige das heilige Diadem am Turban! 7 Nimm Salböl, gieß es auf sein Haupt, und salb ihn! 8 Laß seine Söhne herantreten, und bekleide sie mit Leibröcken! 9 Gürte Aaron und seine Söhne mit einem Gürtel, und bind ihnen die Kopfbünde um! Das Priestertum gehört dann ihnen als dauerndes Anrecht. Setz also Aaron und seine Söhne ins Priesteramt ein! 10 Laß den Jungstier vor das Offenbarungszelt bringen, und Aaron und seine Söhne sollen ihre Hände auf den Kopf des Jungstiers legen. 11 Dann schlachte den Jungstier vor dem Herrn am Eingang des Offenbarungszeltes! 12 Nimm vom Blut des Jungstiers, und gib etwas davon mit deinem Finger auf die Hörner des Altars! Das ganze übrige Blut aber gieß am Sockel des Altars aus! 13 Nimm das ganze Fett, das die Eingeweide bedeckt, die Fettmasse über der Leber, die beiden Nieren und ihr Fett, und laß es auf dem Altar in Rauch aufgehen! 14 Das Fleisch des Jungstiers, sein Fell und seinen Mageninhalt verbrenn im Feuer außerhalb des Lagers, denn es ist ein Sündopfer. 15 Dann hol den einen Widder, und Aaron und seine Söhne sollen ihre Hände auf den Kopf des Widders legen. 16 Schlachte den Widder, nimm sein Blut, und gieß es ringsum an den Altar! 17 Zerleg den Widder in seine Teile, wasche seine Eingeweide und seine Beine, und leg sie auf seine übrigen Teile und auf seinen Kopf! 18 Dann laß den ganzen Widder auf dem Altar in Rauch

aufgehen! Ein Brandopfer ist es für den Herrn zum beruhigenden Duft, ein Feueropfer für den Herrn ist es. 19 Dann hol den zweiten Widder, und Aaron und seine Söhne sollen ihre Hände auf den Kopf des Widders legen. 20 Schlachte den Widder, nimm von seinem Blut, und streich es auf das rechte Ohrläppchen Aarons und seiner Söhne, auf den Daumen ihrer rechten Hand und auf die große Zehe ihres rechten Fußes! Das übrige Blut gieß ringsum an den Altar! 21 Nimm vom Blut auf dem Altar und vom Salböl, und bespreng damit Aaron und dessen Gewänder sowie seine Söhne und deren Gewänder! Er und seine Gewänder werden so geweiht sein und mit ihm auch seine Söhne und deren Gewänder. 22 Dann nimm vom Widder das Fett, den Fettschwanz, das Fett, das die Eingeweide bedeckt, die Fettmasse über der Leber, die beiden Nieren und ihr Fett sowie die rechte Schenkelkeule; denn es ist der Widder der Priestereinsetzung. 23 Nimm dazu ein rundes Brot, einen mit Öl zubereiteten Brotkuchen und einen Brotfladen aus dem Korb der ungesäuerten Brote, der sich vor dem Herrn befindet. 24 Das alles leg Aaron und seinen Söhnen in die Hände, und laß sie es vor dem Herrn hin- und herschwingen und so darbringen! 25 Dann nimm die Stücke wieder aus ihren Händen, und laß sie auf dem Altar mit dem Brandopfer in Rauch aufgehen, zum beruhigenden Duft vor dem Herrn; ein Feueropfer für den Herrn ist es. 26 Dann nimm die Brust des Widders der Priestereinsetzung Aarons, und schwing sie vor dem Herrn zur Darbringung hin und her! Die Brust gehört dir als Anteil. 27 Erkläre die Brust des Darbringungsritus und die Keule des Erhebungsritus als heilig; denn sie wurden vom Widder des Einsetzungsopfers genommen, dem Widder Aarons und dem seiner Söhne. 28 Sie gehören Aaron und seinen Söhnen als dauerndes Anrecht gegenüber den Israeliten, denn es ist ein Erhebungsopfer, und zwar ein Erhebungsopfer von den Israeliten, von ihren Heilsopfern, ihren Erhebungsopfern zur Ehre des Herrn.

29 Die heiligen Gewänder Aarons gehören nach ihm seinen Söhnen, damit man sie darin salbt und ins Priesteramt einsetzt. 30 Sieben Tage lang soll sie derjenige von seinen Söhnen tragen, der an seiner Stelle Priester wird und ins Offenbarungszelt eintritt, um im Heiligtum den Dienst zu verrichten. 31 Nimm den Einsetzungswidder, und koch sein Fleisch an heiliger Stätte! 32 Aaron und seine Söhne sollen das Widderfleisch und das Brot aus dem Korb am Eingang des Offenbarungszeltes essen. 33 Sie sollen das essen, womit sie bei ihrer Priestereinsetzung und Weihe entsühnt wurden; kein Laie darf davon essen, denn es ist heilig. 34 Wenn vom Fleisch des Einsetzungsopfers und vom Brot etwas bis zum Morgen übrigbleibt, dann sollst du das Übriggebliebene im Feuer verbrennen; man darf es nicht essen, denn es ist heilig. 35 Tu mit Aaron und seinen Söhnen genau so wie ich es dir befohlen habe. Sieben Tage verwende für ihre Priestereinsetzung! 36 Bereite täglich einen Sündopferstier für die Entsühnung zu, und entsündige den Altar, indem du ihn entsühnst. Salb ihn, um ihn zu weihen. 37 Sieben Tage sollst du den Altar entsühnen und so weihen. Der Altar ist dann hochheilig; jeder, der den Altar berührt, wird heilig.

Vorschriften für den Kult

38 Folgendes sollst du auf dem Altar darbringen: Tagtäglich und ständig zwei männliche einjährige Lämmer. 39 Das eine Lamm sollst du am Morgen, das andere zur Zeit der Abenddämmerung darbringen, 40 dazu ein Zehntel Feinmehl, das mit einem Viertel Hin Öl aus gestoßenen Oliven vermengt ist, und als Trankopfer ein Viertel Hin Wein für ein Lamm. 41 Das zweite Lamm bring zur Zeit der Abenddämmerung dar, mit einer Opfergabe und einem Trankopfer wie am Morgen, zum beruhigenden Duft als Feueropfer für den Herrn. 42 Es soll von Generation zu Generation ein immerwährendes Brandopfer am Eingang des Offenbarungszeltes vor dem Herrn sein, wo ich mich euch offenbare, um mit dir dort zu reden. 43 Ich werde mich dort den Israeliten offenbaren und mich in meiner Herrlichkeit als heilig erweisen. 44 Ich werde das Offenbarungszelt, den Altar, Aaron und seine Söhne heiligen und für meinen Priesterdienst weihen. 45 Ich werde mitten unter den Israeliten wohnen und ihnen Gott sein. 46 Sie sollen erkennen, daß ich der Herr, ihr Gott bin, der sie aus Ägypten herausgeführt hat, um in ihrer Mitte zu wohnen, ich, der Herr, ihr Gott.

30 Mach auch einen Altar zum Verbrennen von Räucherwerk; aus Akazienholz sollst du ihn machen. 2 Er soll eine Elle lang, eine Elle breit, also quadratisch, und zwei Ellen hoch sein; seine Hörner sollen mit ihm eine Einheit bilden. 3 Mit purem Gold überzieh ihn, seine Platte,

seine Wände ringsum und seine Hörner, und bring an ihm ringsum eine Goldleiste an! 4 Mach für ihn zwei Paar Goldringe, befestige sie unterhalb seiner Leiste an seinen beiden Seiten, seinen Seitenwänden, zum Aufnehmen der Stangen, so daß man ihn damit tragen kann. 5 Mach die Stangen aus Akazienholz, und überzieh sie mit Gold! 6 Stell ihn vor den Vorhang vor der Lade der Bundesurkunde, vor der Deckplatte über der Bundesurkunde! Dort will ich mich dir offenbaren. 7 Aaron soll auf ihm Morgen für Morgen duftendes Räucherwerk verbrennen; wenn er die Lampen herrichtet, soll er es verbrennen. 8 Wenn Aaron zur Zeit der Abenddämmerung die Lampen wieder aufsetzt, soll er das Räucherwerk verbrennen; es soll ein immerwährendes Rauchopfer vor dem Herrn sein von Generation zu Generation. 9 Ihr dürft auf ihm weder ein unerlaubtes Rauchopfer, noch ein Brandopfer, noch ein Speiseopfer darbringen; auch dürft ihr auf ihm kein Trankopfer ausgießen. 10 An seinen Hörnern soll Aaron einmal im Jahr die Sühne für die Sünden vollziehen; mit dem Blut des Sühneopfers soll man einmal im Jahr auf ihm die Sühne vollziehen von Generation zu Generation. Etwas Hochheiliges ist es für den Herrn.

11 Der Herr sprach zu Mose: 12 Wenn du die Zählung der Israeliten für ihre Veranlagung durchführst, soll jeder von ihnen ein Lösegeld für seine Person anläßlich der Veranlagung an den Herrn zahlen, damit sie kein Unheil wegen der Veranlagung trifft. 13 Jeder von ihnen, der zur Veranlagung kommt, soll einen halben Schekel, entsprechend dem Schekelgewicht des Heiligtums, entrichten: zwanzig Gera auf einen Schekel; einen halben Schekel soll die Abgabe für den Herrn betragen. 14 Jeder von zwanzig Jahren und darüber, der zur Veranlagung kommt, soll eine Abgabe für den Herrn entrichten. 15 Der Reiche soll nicht mehr, der Arme nicht weniger als einen halben Schekel geben, wenn ihr die Abgabe für den Herrn als Lösegeld für eure Person entrichtet. 16 Nimm das Silber des Lösegeldes von den Israeliten, und verwende es für den Dienst im Offenbarungszelt; es diene den Israeliten zur Erinnerung vor dem Herrn, als Lösegeld für eure Person.

17 Der Herr sprach zu Mose: 18 Verfertige ein Becken aus Kupfer und ein Gestell aus Kupfer für die Waschungen, und stell es zwischen das Offenbarungszelt und den Altar; dann füll Wasser ein! 19 Aaron und seine Söhne sollen darin ihre Hände und Füße waschen. 20 Wenn sie zum Offenbarungszelt kommen, sollen sie sich mit Wasser waschen, damit sie nicht sterben. Ebenso sollen sie es halten, wenn sie zum Altar treten, um den Dienst zu verrichten und um Feueropfer für den Herrn in Rauch aufgehen zu lassen. 21 Sie sollen sich ihre Hände und Füße waschen, damit sie nicht sterben. Dies soll für sie eine immerwährende Verpflichtung sein, für Aaron und seine Nachkommen von Generation zu Generation.

22 Der Herr sprach zu Mose: 23 Nimm dir Balsam von bester Sorte: fünfhundert Schekel erstarrte Tropfenmyrrhe, halb soviel, also zweihundertfünfzig Schekel, wohlriechenden Zimt, zweihundertfünfzig Schekel Gewürzrohr 24 und fünfhundert Schekel Zimtnelken, nach dem Schekelgewicht des Heiligtums, dazu ein Hin Olivenöl, 25 und mach daraus ein heiliges Salböl, eine würzige Salbe, wie sie der Salbenmischer bereitet. Ein heiliges Salböl soll es sein. 26 Damit salbe das Offenbarungszelt und die Lade der Bundesurkunde, 27 den Tisch und den Leuchter mit ihren Geräten und den Rauchopferaltar, 28 ferner den Brandopferaltar samt allen seinen Geräten und das Becken mit seinem Gestell. 29 So sollst du sie weihen, damit sie hochheilig seien; ein jeder, der sie berührt, wird heilig. 30 Auch Aaron und seine Söhne sollst du salben und sie weihen, damit sie mir als Priester dienen. 31 Zu den Israeliten aber sag: Das soll euch als ein mir heiliges Salböl gelten von Generation zu Generation. 32 Auf keinen menschlichen Körper darf es gegossen werden, und ihr dürft auch keines in der gleichen Mischung herstellen; denn heilig ist es, heilig soll es euch sein. 33 Wer eine solche Mischung herstellt oder damit einen Laien salbt, soll aus seinen Stammesgenossen ausgemerzt werden.

34 Der Herr sprach zu Mose: Nimm dir Duftstoffe, Staktetropfen, Räucherklaue, Galbanum, Gewürzkräuter und reinen Weihrauch, von jedem gleich viel, 35 und mach Räucherwerk daraus, ein Würzgemisch, wie es der Salbenmischer herstellt, gesalzen, rein und heilig. 36 Zerstoß einen Teil davon ganz fein, und bring davon wieder einen Teil vor die Bundesurkunde im Offenbarungszelt, wo ich dir begegnen werde; hochheilig soll es euch sein. 37 Das Räucherwerk, das du bereiten sollst – in derselben Mischung dürft ihr

euch kein anderes herstellen –, soll dir als dem Herrn heilig gelten. 38 Wer solches um des Duftes willen herstellt, soll aus seinen Stammesgenossen ausgemerzt werden.

Die Beauftragung von Künstlern und Handwerkern

31 Der Herr sprach zu Mose: 2 Siehe, ich habe Bezalel, den Sohn Uris, den Enkel Hurs, vom Stamm Juda, beim Namen gerufen 3 und ihn mit dem Geist Gottes erfüllt, mit Weisheit, mit Verstand und mit Kenntnis für jegliche Arbeit: 4 Pläne zu entwerfen und sie in Gold, Silber und Kupfer auszuführen 5 und durch Schneiden und Fassen von Steinen und durch Schnitzen von Holz allerlei Werke herzustellen. 6 Ich habe ihm Oholiab, den Sohn Ahisamachs, vom Stamm Dan, beigegeben und allen Kunstverständigen Weisheit verliehen, damit sie alles ausführen, was ich dir aufgetragen habe: 7 das Offenbarungszelt, die Lade für die Bundesurkunde, die Deckplatte darauf und alle Geräte des Zeltes, 8 den Tisch mit seinen Geräten, den Leuchter aus reinem Gold mit allen seinen Geräten und den Rauchopferaltar, 9 den Brandopferaltar mit allen seinen Geräten und das Becken mit seinem Gestell, 10 die gewirkten Gewänder und die heiligen Gewänder des Priesters Aaron sowie die Gewänder seiner Söhne für den Priesterdienst, 11 das Salböl und das duftende Räucherwerk für das Heiligtum. Sie sollen alles so ausführen, wie ich es dir befohlen habe.

Die Feier des Sabbat

12 Der Herr sprach zu Mose: 13 Sag den Israeliten: Ihr sollt meine Sabbate halten; denn das ist ein Zeichen zwischen mir und euch von Generation zu Generation, damit man erkennt, daß ich, der Herr, es bin, der euch heiligt. 14 Darum haltet den Sabbat; denn er soll euch heilig sein. Wer ihn entweiht, soll mit dem Tod bestraft werden. Denn jeder, der an ihm eine Arbeit verrichtet, soll aus seinen Stammesgenossen ausgemerzt werden. 15 Sechs Tage soll man arbeiten; der siebte Tag ist Sabbat, Ruhetag, heilig für den Herrn. Jeder, der am Sabbat arbeitet, soll mit dem Tod bestraft werden. 16 Die Israeliten sollen also den Sabbat halten, indem sie ihn von Generation zu Generation als einen ewigen Bund halten. 17 Für alle Zeiten wird er ein Zeichen zwischen mir und den Israeliten sein. Denn in sechs Tagen hat der Herr Himmel und Erde gemacht; am siebten Tag ruhte er und atmete auf.

Der Bruch des Bundes: das goldene Kalb

18 Nachdem der Herr zu Mose auf dem Berg Sinai alles gesagt hatte, übergab er ihm die beiden Tafeln der Bundesurkunde, steinerne Tafeln, auf die der Finger Gottes geschrieben hatte.

32 Als das Volk sah, daß Mose noch immer nicht vom Berg herabkam, versammelte es sich um Aaron und sagte zu ihm: Komm, mach uns Götter, die vor uns herziehen. Denn dieser Mose, der Mann, der uns aus Ägypten heraufgebracht hat – wir wissen nicht, was mit ihm geschehen ist. 2 Aaron antwortete: Nehmt euren Frauen, Söhnen und Töchtern die goldenen Ringe ab, die sie an den Ohren tragen, und bringt sie her! 3 Da nahm das ganze Volk die goldenen Ohrringe ab und brachte sie zu Aaron. 4 Er nahm sie von ihnen entgegen, zeichnete mit einem Griffel eine Skizze und goß danach ein Kalb. Da sagten sie: Das sind deine Götter, Israel, die dich aus Ägypten heraufgeführt haben. 5 Als Aaron das sah, baute er vor dem Kalb einen Altar und rief aus: Morgen ist ein Fest zur Ehre des Herrn. 6 Am folgenden Morgen standen sie zeitig auf, brachten Brandopfer dar und führten Tiere für das Heilsopfer herbei. Das Volk setzte sich zum Essen und Trinken und stand auf, um sich zu vergnügen.

7 Da sprach der Herr zu Mose: Geh, steig hinunter, denn dein Volk, das du aus Ägypten heraufgeführt hast, läuft ins Verderben. 8 Schnell sind sie von dem Weg abgewichen, den ich ihnen vorgeschrieben habe. Sie haben sich ein Kalb aus Metall gegossen und werfen sich vor ihm zu Boden. Sie bringen ihm Schlachtopfer dar und sagen: Das sind deine Götter, Israel, die dich aus Ägypten heraufgeführt haben. 9 Weiter sprach der Herr zu Mose: Ich habe dieses Volk durchschaut: Ein störrisches Volk ist es. 10 Jetzt laß mich, damit mein Zorn gegen sie entbrennt und sie verzehrt. Dich aber will ich zu einem großen Volk machen. 11 Da versuchte Mose, den Herrn, seinen Gott, zu besänftigen, und sagte: Warum, Herr, ist dein Zorn gegen dein Volk entbrannt? Du hast es doch mit großer Macht und starker Hand aus Ägypten herausgeführt. 12 Sollen etwa die Ägypter sagen können: In böser Absicht hat er sie herausgeführt, um sie im Gebirge umzubringen und sie vom Erdboden verschwin-

den zu lassen? Laß ab von deinem glühenden
Zorn, und laß dich das Böse reuen, das du
deinem Volk antun wolltest. 13 Denk an deine
Knechte, an Abraham, Isaak und Israel, denen du
mit einem Eid bei deinem eigenen Namen zu-
gesichert und gesagt hast: Ich will eure Nach-
kommen zahlreich machen wie die Sterne am
Himmel, und: Dieses ganze Land, von dem ich
gesprochen habe, will ich euren Nachkommen
geben, und sie sollen es für immer besitzen. 14 Da
ließ sich der Herr das Böse reuen, das er seinem
Volk angedroht hatte.

15 Mose kehrte um und stieg den Berg hinab, die
zwei Tafeln der Bundesurkunde in der Hand, die
Tafeln, die auf beiden Seiten beschrieben waren.
Auf der einen wie auf der andern Seite waren sie
beschrieben. 16 Die Tafeln hatte Gott selbst ge-
macht, und die Schrift, die auf den Tafeln einge-
graben war, war Gottes Schrift.

17 Josua hörte das Lärmen und Schreien des Volkes
und sagte zu Mose: Horch, Krieg ist im Lager.
18 Mose antwortete: Nicht Siegesgeschrei, auch
nicht Geschrei nach Niederlage ist das Geschrei,
das ich höre. 19 Als Mose dem Lager näher kam und
das Kalb und den Tanz sah, entbrannte sein Zorn.
Er schleuderte die Tafeln fort und zerschmetterte
sie am Fuß des Berges. 20 Dann packte er das Kalb,
das sie gemacht hatten, verbrannte es im Feuer
und zerstampfte es zu Staub. Den Staub streute er
in Wasser und gab es den Israeliten zu trinken.

21 Zu Aaron sagte Mose: Was hat dir dieses Volk
getan, daß du ihm eine so große Schuld aufgela-
den hast? 22 Aaron erwiderte: Mein Herr möge
sich doch nicht vom Zorn hinreißen lassen. Du
weißt doch, wie böse das Volk ist. 23 Sie haben zu
mir gesagt: Mach uns Götter, die uns vorangehen.
Denn dieser Mose, der Mann, der uns aus Ägyp-
ten heraufgeführt hat – wir wissen nicht, was mit
ihm geschehen ist. 24 Da habe ich zu ihnen gesagt:
Wer Goldschmuck trägt, soll ihn ablegen. Sie ha-
ben mir das Gold übergeben, ich habe es ins
Feuer geworfen, und herausgekommen ist dieses
Kalb. 25 Mose sah, wie verwildert das Volk war.
Denn Aaron hatte es verwildern lassen, zur Scha-
denfreude ihrer Widersacher.

26 Mose trat an das Lagertor und sagte: Wer für
den Herrn ist, her zu mir! Da sammelten sich alle
Leviten um ihn. 27 Er sagte zu ihnen: So spricht der
Herr, der Gott Israels: Jeder lege sein Schwert an.
Zieht durch das Lager von Tor zu Tor! Jeder er-
schlage seinen Bruder, seinen Freund, seinen
Nächsten. 28 Die Leviten taten, was Mose gesagt
hatte. Vom Volk fielen an jenem Tag gegen drei-
tausend Mann. 29 Dann sagte Mose: Füllt heute
eure Hände mit Gaben für den Herrn! Denn jeder
von euch ist heute gegen seinen Sohn und seinen
Bruder vorgegangen, und der Herr hat Segen auf
euch gelegt.

30 Am folgenden Morgen sprach Mose zum
Volk: Ihr habt eine große Sünde begangen. Jetzt
will ich zum Herrn hinaufsteigen; vielleicht kann
ich für eure Sünde Sühne erwirken. 31 Mose
kehrte zum Herrn zurück und sagte: Ach, dieses
Volk hat eine große Sünde begangen. Götter aus
Gold haben sie sich gemacht. 32 Doch jetzt nimm
ihre Sünde von ihnen! Wenn nicht, dann streich
mich aus dem Buch, das du angelegt hast. 33 Der
Herr antwortete Mose: Nur den, der gegen mich
gesündigt hat, streiche ich aus meinem Buch.
34 Aber jetzt geh, führe das Volk, wohin ich dir ge-
sagt habe. Mein Engel wird vor dir hergehen. Am
Tag aber, an dem ich Rechenschaft verlange,
werde ich über ihre Sünde mit ihnen abrechnen.
35 Der Herr schlug das Volk mit Unheil, weil sie das
Kalb gemacht hatten, das Aaron anfertigen ließ.

33 Der Herr sprach zu Mose: Geh, zieh mit
dem Volk, das du aus Ägypten heraufge-
führt hast, fort von hier, in das Land hinauf, von
dem ich Abraham, Isaak und Jakob mit einem Eid
versichert habe: Deinen Nachkommen gebe ich
es. 2 Ich sende einen Engel, der dir vorangeht, und
ich vertreibe die Kanaaniter, Amoriter, Hetiter, Pe-
risiter, Hiwiter und Jebusiter. 3 In ein Land, in dem
Milch und Honig fließen, wirst du kommen. Ich
selbst ziehe nicht in deiner Mitte hinauf, denn du
bist ein störrisches Volk. Es könnte sonst gesche-
hen, daß ich dich unterwegs vertilge. 4 Als das
Volk diese Drohung hörte, trauerten sie, und kei-
ner legte seinen Schmuck an. 5 Da sprach der Herr
zu Mose: Sag zu den Israeliten: Ihr seid ein stör-
risches Volk. Wenn ich auch nur einen einzigen
Augenblick mit dir zöge, müßte ich dir ein Ende
machen. Jetzt aber leg deinen Schmuck ab! Dann
will ich sehen, was ich mit dir tun kann. 6 Da tru-
gen die Israeliten keinen Schmuck mehr, vom
Berg Horeb an.

Die Erneuerung des Bundes

7 Mose nahm das Zelt und schlug es für sich
außerhalb des Lagers auf, in einiger Entfernung

vom Lager. Er nannte es Offenbarungszelt. Wenn
einer den Herrn aufsuchen wollte, ging er zum
Offenbarungszelt vor das Lager hinaus. 8 Wenn
Mose zum Zelt hinausging, erhob sich das ganze
Volk. Jeder trat vor sein Zelt, und sie schauten
Mose nach, bis er in das Zelt eintrat. 9 Sobald
Mose das Zelt betrat, ließ sich die Wolkensäule
herab und blieb am Zelteingang stehen. Dann re-
dete der Herr mit Mose. 10 Wenn das ganze Volk
die Wolkensäule am Zelteingang stehen sah, er-
hoben sich alle und warfen sich vor ihren Zelten
zu Boden. 11 Der Herr und Mose redeten mitein-
ander Auge in Auge, wie Menschen miteinander
reden. Wenn Mose aber dann ins Lager zurück-
ging, wich sein Diener Josua, der Sohn Nuns, ein
junger Mann, nicht vom Zelt.

12 Mose sagte zum Herrn: Du sagst zwar zu mir:
Führ dieses Volk hinauf! Du hast mich aber nicht
wissen lassen, wen du mitschickst. Du hast doch
gesagt: Ich kenne deinen Namen und habe dir
meine Gnade geschenkt. 13 Wenn ich aber wirk-
lich deine Gnade gefunden habe, so laß mich
doch deinen Weg wissen! Dann werde ich dich
erkennen, und es wird sich bestätigen, daß ich
deine Gnade gefunden habe. Sieh diese Leute an:
Es ist doch dein Volk! 14 Der Herr antwortete: Mein
Angesicht wird mitgehen, bis ich dir Ruhe ver-
schafft habe. 15 Mose entgegnete dem Herrn:
Wenn dein Angesicht nicht mitgeht, dann führ
uns lieber nicht von hier hinauf! 16 Woran soll man
erkennen, daß ich zusammen mit deinem Volk
deine Gnade gefunden habe? Doch wohl daran,
daß du mit uns ziehst. Und dann werden wir, ich
und dein Volk, vor allen Völkern auf der Erde aus-
gezeichnet werden. 17 Der Herr erwiderte Mose:
Auch das, was du jetzt verlangt hast, will ich tun;
denn du hast nun einmal meine Gnade gefunden,
und ich kenne dich mit Namen.

18 Dann sagte Mose: Laß mich doch deine Herr-
lichkeit sehen! 19 Der Herr gab zur Antwort: Ich will
meine ganze Schönheit vor dir vorüberziehen las-
sen und den Namen des Herrn vor dir ausrufen.
Ich gewähre Gnade, wem ich will, und ich
schenke Erbarmen, wem ich will. 20 Weiter sprach
er: Du kannst mein Angesicht nicht sehen; denn
kein Mensch kann mich sehen und am Leben blei-
ben. 21 Dann sprach der Herr: Hier, diese Stelle da!
Stell dich an diesen Felsen! 22 Wenn meine Herr-
lichkeit vorüberzieht, stelle ich dich in den Fels-
spalt und halte meine Hand über dich, bis ich vor-
über bin. 23 Dann ziehe ich meine Hand zurück,
und du wirst meinen Rücken sehen. Mein Ange-
sicht aber kann niemand sehen.

34 Weiter sprach der Herr zu Mose: Hau dir
zwei steinerne Tafeln zurecht wie die er-
sten! Ich werde darauf die Worte schreiben, die auf
den ersten Tafeln standen, die du zerschmettert
hast. 2 Halte dich für morgen früh bereit! Steig am
Morgen auf den Sinai, und dort auf dem Gipfel des
Berges stell dich vor mich hin! 3 Niemand soll mit
dir hinaufsteigen; auch soll sich kein Mensch auf
dem ganzen Berg sehen lassen, und kein Schaf
oder Rind soll am Abhang des Berges weiden.

4 Da hieb Mose zwei Tafeln aus Stein zurecht wie
die ersten. Am Morgen stand Mose zeitig auf und
ging auf den Sinai hinauf, wie es ihm der Herr auf-
getragen hatte. Die beiden steinernen Tafeln nahm
er mit. 5 Der Herr aber stieg in der Wolke herab und
stellte sich dort neben ihn hin. Er rief den Namen
Jahwe aus. 6 Der Herr ging an ihm vorüber und rief:
Jahwe ist ein barmherziger und gnädiger Gott,
langmütig, reich an Huld und Treue: 7 Er bewahrt
Tausenden Huld, nimmt Schuld, Frevel und Sünde
weg, läßt aber (den Sünder) nicht ungestraft; er ver-
folgt die Schuld der Väter an den Söhnen und En-
keln, an der dritten und vierten Generation. 8 Sofort
verneigte sich Mose bis zur Erde und warf sich zu
Boden. 9 Er sagte: Wenn ich deine Gnade gefunden
habe, mein Herr, dann ziehe doch mein Herr mit
uns. Es ist zwar ein störrisches Volk, doch vergib
uns unsere Schuld und Sünde, und laß uns dein
Eigentum sein! 10 Da sprach der Herr: Hiermit
schließe ich einen Bund: Vor deinem ganzen Volk
werde ich Wunder wirken, wie sie auf der ganzen
Erde und unter allen Völkern nie geschehen sind.
Das ganze Volk, in dessen Mitte du bist, wird die Ta-
ten des Herrn sehen; denn was ich mit dir vorhabe,
wird Furcht erregen. 11 Halte dich an das, was ich dir
heute auftrage. Ich werde die Amoriter, Kanaani-
ter, Hetiter, Perisiter, Hiwiter und Jebusiter vor dir
vertreiben.

12 Du hüte dich aber, mit den Bewohnern des
Landes, in das du kommst, einen Bund zu schlie-
ßen; sie könnten dir sonst, wenn sie in deiner
Mitte leben, zu einer Falle werden. 13 Ihre Altäre
sollt ihr vielmehr niederreißen, ihre Steinmale
zerschlagen, ihre Kultpfähle umhauen.

14 Du darfst dich nicht vor einem andern Gott nie-
derwerfen. Denn Jahwe trägt den Namen »der Ei-
fersüchtige«; ein eifersüchtiger Gott ist er.

15 Hüte dich, einen Bund mit den Bewohnern des
Landes zu schließen. Sonst werden sie dich ein-
laden, wenn sie mit ihren Göttern Unzucht trei-
ben und ihren Göttern Schlachtopfer darbringen,
und du wirst von ihren Schlachtopfern essen.
16 Du wirst von ihren Töchtern für deine Söhne
Frauen nehmen; sie werden mit ihren Göttern
Unzucht treiben und auch deine Söhne zur Un-
zucht mit ihren Göttern verführen.
17 Du sollst dir keine Götter aus Metall gießen.
18 Du sollst das Fest der Ungesäuerten Brote hal-
ten. Im Monat Abib sollst du zur festgesetzten
Zeit sieben Tage lang ungesäuertes Brot essen,
wie ich es dir geboten habe. Denn im Monat Abib
bist du aus Ägypten ausgezogen.
19 Das erste, was den Mutterschoß durchbricht,
jeder männliche Erstling beim Vieh, bei deinen
Rindern und Schafen, gehört mir. 20 Den Erstling
vom Esel aber sollst du durch ein Schaf auslösen.
Willst du ihn nicht auslösen, dann brich ihm das
Genick! Jeden Erstgeborenen deiner Söhne mußt
du auslösen.

Man soll vor mir nicht mit leeren Händen er-
scheinen.
21 Sechs Tage sollst du arbeiten, am siebten Tag
sollst du ruhen; selbst zur Zeit des Pflügens und
des Erntens sollst du ruhen.
22 Du sollst das Wochenfest feiern, das Fest der
Erstlingsfrüchte von der Weizenernte, und das
Fest der Lese an der Jahreswende.
23 Dreimal im Jahr sollen alle deine Männer vor
dem Herrn, dem Gott Israels, erscheinen. 24 Wenn
ich die Völker vor dir vertrieben und deine Gren-
zen weiter vorgeschoben habe, wird niemand in
dein Land einfallen, während du dreimal im Jahr
hinaufziehst, um vor dem Herrn, deinem Gott, zu
erscheinen.
25 Beim Schlachten sollst du das Blut meines Op-
fers nicht über gesäuertes Brot fließen lassen, und
vom Schlachttier des Paschafestes darf nichts bis
zum Morgen liegenbleiben.
26 Von den Erstlingsfrüchten deines Ackers sollst
du die besten in das Haus des Herrn, deines
Gottes, bringen.

Das Junge einer Ziege sollst du nicht in der
Milch seiner Mutter kochen.
27 Dann sprach der Herr zu Mose: Schreib diese
Worte auf! Denn aufgrund dieser Worte schließe
ich mit dir und mit Israel einen Bund.
28 Mose blieb dort beim Herrn vierzig Tage und
vierzig Nächte. Er aß kein Brot und trank kein
Wasser. Er schrieb die Worte des Bundes, die zehn
Worte, auf Tafeln. 29 Als Mose vom Sinai herunter-
stieg, hatte er die beiden Tafeln der Bundesur-
kunde in der Hand.

Während Mose vom Berg herunterstieg, wußte
er nicht, daß die Haut seines Gesichtes Licht aus-
strahlte, weil er mit dem Herrn geredet hatte.
30 Als Aaron und alle Israeliten Mose sahen,
strahlte die Haut seines Gesichtes Licht aus, und
sie fürchteten sich, in seine Nähe zu kommen.
31 Erst als Mose sie rief, kamen Aaron und alle Sip-
penhäupter der Gemeinde zu ihm zurück, und
Mose redete mit ihnen. 32 Dann kamen alle Israe-
liten herbei, und er übergab ihnen alle Gebote, die
der Herr ihm auf dem Sinai mitgeteilt hatte. 33 Als
Mose aufhörte, mit ihnen zu reden, legte er über
sein Gesicht einen Schleier. 34 Wenn Mose zum
Herrn hineinging, um mit ihm zu reden, nahm er
den Schleier ab, bis er wieder herauskam. Wenn
er herauskam, trug er den Israeliten alles vor, was
ihm aufgetragen worden war. 35 Wenn die Israeli-
ten das Gesicht des Mose sahen und merkten,
daß die Haut seines Gesichtes Licht ausstrahlte,
legte er den Schleier über sein Gesicht, bis er wie-
der hineinging, um mit dem Herrn zu reden.

Ausführung der kultischen Anordnungen:
35,1–40,38

Das Gesetz über den Sabbat

35 Mose versammelte die ganze Gemeinde
der Israeliten und sagte zu ihnen: Das ist
es, was der Herr euch zu tun befohlen hat: 2 Sechs
Tage soll man arbeiten; der siebte Tag ist heilig,
Sabbat, Ruhetag zur Ehre des Herrn. Jeder, der an
ihm arbeitet, soll mit dem Tod bestraft werden.
3 Am Sabbat sollt ihr in keiner eurer Wohnstätten
Feuer anzünden.

Die Spenden für das Heiligtum

4 Mose sagte zur ganzen Gemeinde der Israeliten:
Der Herr hat folgendes befohlen: 5 Erhebt von euch
eine Abgabe für den Herrn! Jeder, den sein Herz
dazu bewegt, soll eine Abgabe für den Herrn brin-
gen: Gold, Silber, Kupfer, 6 violetten und roten
Purpur, Karmesin, Byssus, Ziegenhaare, 7 rötliche
Widderfelle, Tahaschhäute und Akazienholz, 8 Öl
für den Leuchter, Balsam für das Salböl und für das
duftende Räucherwerk, 9 Karneolsteine und Zier-

steine für Efod und Lostasche. 10 Alle Sachverständigen unter euch sollen kommen und alles anfertigen, was der Herr angeordnet hat: 11 die Wohnstätte, ihr Zelt und seine Decke, seine Haken, Bretter, Querlatten, Säulen und Sockel, 12 die Lade und ihre Stangen, die Deckplatte und den Vorhang, 13 den Tisch, seine Stangen, alle seine Geräte und die Schaubrote, 14 den Leuchter mit seinen Geräten und Lampen sowie das Öl für den Leuchter, 15 den Räucheraltar mit seinen Stangen, das Salböl, das duftende Räucherwerk und den Türvorhang für den Eingang der Wohnstätte, 16 den Brandopferaltar, sein Gitter aus Kupfer, seine Stangen, all sein Gerät, das Becken und sein Gestell, 17 die Behänge des Vorhofs, seine Säulen und Sockel sowie den Vorhang für das Tor des Vorhofs, 18 die Zeltpflöcke der Wohnstätte und des Vorhofs mit ihren Stricken, 19 die gewirkten Gewänder für den Dienst im Heiligtum, die heiligen Gewänder für den Priester Aaron und die Gewänder für seine Söhne zum Priesterdienst. 20 Da ging die ganze Gemeinde der Israeliten weg von Mose; 21 als sie wiederkamen, brachte jeder, den sein Herz bewog, und jeder, den sein Geist dazu antrieb, die Abgabe für den Herrn zur Herstellung des Offenbarungszeltes und für seinen gesamten Dienst und die heiligen Gewänder. 22 Männer und Frauen kamen; alle brachten auf eigenen Antrieb hin Spangen, Nasenreife und Fingerringe, Halsketten, allerlei Goldgegenstände, jeder, der Gold für den Herrn als Weihegabe bringen wollte. 23 Alle, die etwas an violettem und rotem Purpur, Karmesin, Byssus, Ziegenhaaren, rötlichen Widderfellen oder Tahaschhäuten bei sich fanden, brachten es. 24 Alle, die eine Abgabe an Silber oder Kupfer leisten wollten, brachten die Abgabe für den Herrn; alle, die Akazienholz beschaffen konnten, geeignet für jede Bearbeitung, brachten es herbei. 25 Alle Frauen, die sich auf Handarbeit verstanden, spannen und brachten das Gesponnene: violetten und roten Purpur, Karmesin und Byssus. 26 Alle kunstfertigen Frauen, die sich angespornt fühlten, spannen Ziegenhaare. 27 Die Sippenhäupter brachten Karneolsteine und Ziersteine für Efod und Lostasche, 28 Balsam und Öl für den Leuchter, für das Salböl und für das duftende Räucherwerk. 29 Alle Männer und Frauen, die ihr Herz dazu trieb, etwas zu irgendeiner Arbeit beizutragen, die der Herr durch Mose anzufertigen befohlen hatte, alle diese Israeliten brachten eine Spende für den Herrn.

Die Beauftragung von Künstlern und Handwerkern

30 Dann sagte Mose zu den Israeliten: Seht, der Herr hat Bezalel, den Sohn Uris, des Sohnes Hurs, vom Stamm Juda, beim Namen gerufen 31 und ihn mit dem Geist Gottes erfüllt, mit Weisheit, Klugheit und Kenntnis für jegliche Arbeit, 32 Pläne zu entwerfen und sie in Gold, Silber und Kupfer auszuführen 33 und durch Schneiden und Fassen von Steinen und durch Schnitzen von Holz allerlei Kunstwerke herzustellen. 34 Auch hat er ihm und Oholiab, dem Sohn Ahisamachs, vom Stamm Dan, die Gabe verliehen, andere zu lehren. 35 Er hat sie erfüllt mit Kunstsinn zum Ausführen jeder Arbeit eines Steinschneiders, eines Kunstwebers und eines Buntwirkers in violettem und rotem Purpur, Karmesin und Byssus sowie eines Webers. Sie können alle Arbeiten ausführen und die Pläne dazu entwerfen.

36 Bezalel und Oholiab und alle kunstverständigen Männer, denen der Herr Weisheit und Klugheit zum Entwerfen und Ausführen der ganzen Arbeiten für den Dienst am Heiligtum gegeben hat, sollen alles tun, was der Herr angeordnet hat.

2 Mose berief also Bezalel, Oholiab und alle kunstverständigen Männer, denen der Herr Weisheit in ihr Herz gegeben hatte, jeden, den sein Herz antrieb, sich ans Werk zu machen und es durchzuführen. 3 Sie nahmen von Mose alle Abgaben entgegen, die die Israeliten gebracht hatten, damit die Arbeiten für den Dienst am Heiligtum ausgeführt werden könnten. Man brachte ihm auch weiterhin Morgen für Morgen Spenden. 4 Alle Kunstverständigen, die alle Arbeiten für das Heiligtum ausführten, kamen aber – jeder von seiner Arbeit, die er gerade verrichtete – 5 und sagten zu Mose: Das Volk bringt mehr, als man für die Arbeit benötigt, die der Herr auszuführen befahl. 6 Da erließ Mose einen Befehl und ließ im Lager ausrufen: Weder Mann noch Frau soll sich weiterhin um eine Abgabe für das Heiligtum bemühen. So bewog man das Volk, nichts mehr zu bringen. 7 Es war Material mehr als genug vorhanden, um alle Arbeiten durchzuführen.

Die Ausstattung des Heiligtums

8 Die Kunstverständigen unter den Arbeitern verfertigten die Wohnstätte aus zehn Zelttüchern: aus gezwirntem Byssus, violettem und rotem Pur-

pur und Karmesin, mit Kerubimfiguren; als Kunst-
weberarbeit machten sie es. 9 Ein Zelttuch war
achtundzwanzig Ellen lang und vier Ellen breit;
alle Zelttücher hatten dasselbe Maß. 10 Er fügte je-
weils fünf Zelttücher aneinander. 11 Dann machte
er Schleifen aus violettem Purpur am Rand des ei-
nen Zelttuchs, das das Ende des zusammenge-
fügten Stückes bildete; ebenso machte er es am
Rande des letzten Zelttuchs des anderen zusam-
mengefügten Stückes. 12 Fünfzig Schleifen brachte
er an dem einen Zelttuch an und fünfzig Schleifen
am Zelttuchende des zweiten zusammengefüg-
ten Stückes; die Schleifen entsprachen einander.
13 Dann machte er fünfzig Goldhaken und ver-
band die Zelttücher mit den Haken, eines mit dem
andern; so wurde die Wohnstätte ein Ganzes.

14 Er machte Decken aus Ziegenhaar für das Zelt
über der Wohnstätte; elf Decken stellte er her.
15 Eine Decke war dreißig Ellen lang und vier Ellen
breit; die elf Decken hatten dasselbe Maß. 16 Er
verband fünf Decken zu einem Stück und sechs
Decken zu einem Stück. 17 Er machte fünfzig
Schleifen am Saum der Decke, die das Ende des
einen zusammengesetzten Stückes bildete, und
ebenso fünfzig Schleifen am Saum der Decke,
welche das Ende des anderen zusammengesetz-
ten Stückes bildete. 18 Er fertigte fünfzig Kupferha-
ken an, um das Zelt zusammenzusetzen, damit es
ein Ganzes ergäbe. 19 Schließlich machte er für das
Zelt eine Decke aus rötlichen Widderfellen und
darüber eine Decke aus Tahaschhäuten.

20 Er machte für die Wohnstätte Bretter aus Aka-
zienholz zum Aufstellen. 21 Jedes Brett war zehn
Ellen lang und anderthalb Ellen breit; 22 jedes Brett
wurde durch zwei Zapfen mit dem nächsten ver-
bunden. So machte er es mit allen Brettern der
Wohnstätte. 23 An Brettern für die Wohnstätte ver-
fertigte er zwanzig für die Südseite. 24 Er stellte
vierzig Sockel aus Silber als Unterlage für die
zwanzig Bretter her: je zwei Sockel als Unterlage
eines Brettes für seine beiden Zapfen. 25 Für die
zweite Seite der Wohnstätte, die Nordseite,
machte er ebenfalls zwanzig Bretter 26 und vierzig
Sockel aus Silber, je zwei Sockel als Unterlage ei-
nes Brettes. 27 Für die Rückseite der Wohnstätte,
die Westseite, verfertigte er sechs Bretter, 28 und
zwei Bretter stellte er für die Eckstücke an der
Rückseite der Wohnstätte her. 29 Sie entsprachen
einander und reichten von unten bis oben, zum
ersten Ring. So machte er es mit den beiden Bret-
tern, die die beiden Eckstücke bildeten. 30 Es wa-
ren also acht Bretter und sechzehn Sockel aus Sil-
ber vorhanden: je zwei Sockel als Unterlage für
ein Brett.

31 Er verfertigte Querlatten aus Akazienholz, fünf
für die Bretter auf der einen Seite der Wohnstätte,
32 fünf für die Bretter auf der zweiten Seite der
Wohnstätte und fünf für die Bretter der Rückseite
der Wohnstätte, der Westseite. 33 Er brachte die
mittlere Querlatte in der Mitte der Bretter an; sie
reichte von einem Ende zum andern. 34 Er über-
zog die Bretter mit Gold und machte Ringe aus
Gold, die die Querlatten aufnahmen; auch die
Querlatten überzog er mit Gold.

35 Er machte einen Vorhang aus violettem und ro-
tem Purpur, Karmesin und gezwirntem Byssus;
er machte ihn in Kunstweberarbeit, mit Kerubim-
figuren. 36 Er machte für ihn vier Akaziensäulen,
überzog sie mit Gold – auch die Nägel waren aus
Gold – und goß für sie vier Sockel aus Silber. 37 Für
den Eingang des Zeltes machte er einen Vorhang
aus violettem und rotem Purpur, Karmesin und
gezwirntem Byssus in Buntwirkerarbeit 38 sowie
seine fünf Säulen mit ihren Nägeln und überzog
ihre Kapitelle und ihre Querstangen mit Gold;
ihre fünf Sockel waren aus Kupfer.

37 Dann machte Bezalel die Lade aus Aka-
zienholz, zweieinhalb Ellen lang, andert-
halb Ellen breit und anderthalb Ellen hoch. 2 Er
überzog sie innen und außen mit purem Gold und
brachte daran ringsherum eine Goldleiste an. 3 Er
goß für sie vier Goldringe und befestigte sie an
ihren vier Füßen, zwei Ringe an der einen Seite
und zwei Ringe an der anderen Seite. 4 Er fertigte
Stangen aus Akazienholz an und überzog sie mit
Gold. 5 Er steckte die Stangen durch die Ringe an
den Seiten der Lade, so daß man damit die Lade
tragen konnte. 6 Er verfertigte auch eine Deck-
platte aus purem Gold, zweieinhalb Ellen lang
und anderthalb Ellen breit. 7 Er machte zwei Ke-
rubim aus getriebenem Gold und arbeitete sie aus
den beiden Enden der Deckplatte heraus, 8 und
zwar einen Kerub an dem einen Ende und einen
Kerub an dem andern Ende der Deckplatte; er ar-
beitete die Kerubim an ihren beiden Enden her-
aus. 9 Die Kerubim breiteten ihre Flügel nach oben
aus; mit ihren Flügeln beschirmten sie die Deck-
platte, und sie wandten ihre Gesichter einander
zu; die Gesichter waren der Deckplatte zuge-
wandt.

10 Er fertigte auch den Tisch aus Akazienholz an,
zwei Ellen lang, eine Elle breit und anderthalb El-
len hoch. 11 Er überzog ihn mit purem Gold und
brachte daran ringsherum eine Goldleiste an. 12 Er
machte ihm ringsherum eine handbreite Einfas-
sung und verfertigte um diese Einfassung eine
goldene Leiste. 13 Er goß für ihn vier Goldringe und
befestigte die Ringe an den vier Ecken, die von
seinen vier Füßen gebildet wurden. 14 Die Ringe
waren dicht unter der Einfassung, so daß sie die
Stangen aufnahmen und man den Tisch tragen
konnte. 15 Er machte die Stangen aus Akazienholz
und überzog sie mit Gold, so daß man den Tisch
tragen konnte. 16 Dazu machte er die Geräte, die
auf dem Tisch stehen sollten: seine Schüsseln,
Schalen, Kannen und Krüge für die Trankopfer –
alles aus purem Gold.

17 Er machte den Leuchter aus purem Gold. Der
Leuchter, sein Gestell und sein Schaft, seine Kel-
che, Knospen und Blüten waren aus einem Stück
getrieben. 18 Von seinen Seiten gingen sechs Arme
aus, drei Leuchterarme auf der einen Seite und
drei Leuchterarme auf der anderen Seite. 19 Der er-
ste Arm wies drei mandelblütenförmige Kelche
auf mit je einer Knospe und einer Blüte, und der
zweite Arm wies drei mandelblütenförmige Kel-
che auf mit je einer Knospe und einer Blüte; so
alle sechs Arme, die von dem Leuchter ausgin-
gen. 20 An dem Leuchter waren vier mandelblü-
tenförmige Kelche, Knospen und Blüten: 21 je eine
Knospe unten zwischen zwei Armen, entspre-
chend den sechs Armen, die vom Leuchter aus-
gingen. 22 Die Knospen und Arme bildeten mit
dem Schaft ein Ganzes; das Ganze war ein Stück
aus getriebenem purem Gold. 23 Dann machte er
auch für den Leuchter die sieben Lampen, seine
Dochtscheren und Pfannen aus purem Gold.
24 Aus einem Talent puren Goldes machte er den
Leuchter und alle dazugehörenden Geräte.

25 Auch machte er den Räucheraltar aus Akazien-
holz, eine Elle lang, eine Elle breit – also quadra-
tisch – und zwei Ellen hoch; seine Hörner bildeten
mit ihm eine Einheit. 26 Er überzog ihn mit purem
Gold, seine Platte, seine Wände ringsum und seine
Hörner, und brachte an ihm ringsum eine Goldlei-
ste an. 27 Er machte für ihn zwei Paar Goldringe und
befestigte sie unterhalb der Leiste an seinen bei-
den Seiten, seinen Seitenwänden, zum Aufneh-
men der Stangen, so daß man ihn damit tragen
konnte. 28 Er machte die Stangen aus Akazienholz
und überzog sie mit Gold. 29 Er bereitete auch das
heilige Salböl und das reine duftende Räucher-
werk, wie Salbenmischer sie zubereiten.

38 Dann machte er den Brandopferaltar aus
Akazienholz, fünf Ellen lang, fünf Ellen
breit – also quadratisch – und drei Ellen hoch. 2 Er
machte ihm Hörner an seinen vier Ecken – seine
Hörner bildeten mit ihm ein Ganzes – und über-
zog ihn mit Kupfer. 3 Er stellte auch alle Altar-
geräte her: die Gefäße, die Schaufeln, die Schalen,
die Gabeln und die Feuerpfannen. Alle seine
Geräte stellte er aus Kupfer her. 4 Er machte auch
für den Altar ein Gitterwerk, ein Netzgitter aus
Kupfer, unterhalb der Einfassung bis zu seiner
halben Höhe. 5 Dann goß er vier Ringe an die vier
Enden des kupfernen Gitterwerkes zum Aufneh-
men der Stangen. 6 Er verfertigte die Stangen aus
Akazienholz und überzog sie mit Kupfer. 7 Er
steckte die Stangen in die Ringe an den Seiten des
Altars, so daß man ihn damit tragen konnte; er
machte ihn hohl, aus Brettern.

8 Er machte das Becken und sein Gestell aus Kup-
fer, und zwar aus den Spiegeln der Frauen, die am
Eingang des Offenbarungszeltes Dienst taten.

9 Dann machte er den Vorhof: für die südliche
Längsseite Vorhofbehänge aus gezwirntem Bys-
sus, hundert Ellen. 10 Ihre zwanzig Säulen und
deren zwanzig Sockel waren aus Kupfer, die
Nägel der Säulen und ihre Querstangen wa-
ren aus Silber. 11 Für die nördliche Längsseite
hundert Ellen Behänge; ihre zwanzig Säulen und
deren zwanzig Sockel waren aus Kupfer; die
Nägel der Säulen und ihre Querstangen waren
aus Silber. 12 Für die Westseite fünfzig Ellen
Behänge, ihre zehn Säulen und deren zehn
Sockel; die Nägel der Säulen und ihre Quer-
stangen waren aus Silber. 13 Für die Vorderseite,
gegen Osten hin, fünfzig Ellen Behänge, 14 und
zwar fünfzehn Ellen Behänge für die eine Sei-
tenwand mit den drei Säulen und den drei Sok-
keln, 15 ebenso für die andere Seitenwand. So
waren beiderseits des Vorhoftores fünfzehn Ellen
Behänge mit den drei Säulen und den drei
Sockeln. 16 Alle Behänge des Vorhofs ringsum be-
standen aus gezwirntem Byssus. 17 Die Sockel der
Säulen waren aus Kupfer, die Nägel der Säulen
und ihre Querstangen aus Silber, der Überzug ih-
rer Kapitelle aus Silber. Alle Säulen des Vorhofs
hatten Querstangen aus Silber. 18 Für das Tor des
Vorhofs machte er einen Vorhang: Er war Bunt-

wirkerarbeit aus violettem und rotem Purpur, Kar-
mesin und gezwirntem Byssus, zwanzig Ellen
breit und fünf Ellen hoch, entsprechend den übri-
gen Behängen des Vorhofs. 19 Ihre vier Säulen und
deren vier Sockel waren aus Kupfer, ihre Nägel
aus Silber und auch der Überzug ihrer Kapitelle
und ihre Querstangen aus Silber. 20 Alle Zelt-
pflöcke für die Wohnstätte und den Vorhof
ringsum waren aus Kupfer.
21 Das ist die Veranlagung zugunsten der Wohn-
stätte, der Stätte der Bundesurkunde; diese Ver-
anlagung hatte Mose den Leviten unter dem Prie-
ster Itamar, dem Sohn Aarons, übertragen.
22 Bezalel, der Sohn Uris, des Sohnes Hurs, vom
Stamm Juda, führte alles aus, was der Herr dem
Mose befohlen hatte. 23 Mit Oholiab, dem Sohn
Ahisamachs, vom Stamm Dan, als Steinschnei-
der, Kunstweber und Buntwirker des violetten
und roten Purpurs, des Karmesins und des Byssus
führte er alles aus. 24 Das gesamte Gold, das man
für alle Arbeiten zur Errichtung des Heiligtums
verwendete – es war das Gold der Weihegaben –,
wog 29 Talente und 730 Schekel, und zwar nach
dem Schekelgewicht des Heiligtums. 25 Das Silber
betrug aufgrund der Veranlagung der Gemeinde
100 Talente und 1775 Schekel, und zwar nach
dem Schekelgewicht des Heiligtums, 26 einen
Halbschekel für jede Person, also die Hälfte ei-
nes Schekels, und zwar nach dem Schekelge-
wicht des Heiligtums, für jeden von zwanzig Jah-
ren und darüber, der zur Veranlagung vortreten
mußte, also für 603 550 Mann. 27 Verwendet wur-
den 100 Talente Silber zum Guß der Sockel des
Heiligtums und der Sockel der Behänge, 100 Ta-
lente für 100 Sockel, also ein Talent für einen
Sockel. 28 Aus 1775 Schekel machte er die Nägel
für die Säulen, überzog die Kapitelle und verband
sie miteinander. 29 Das Kupfer der Weihegaben
betrug 70 Talente und 2400 Schekel. 30 Daraus
machte er die Sockel für den Eingang des Offen-
barungszeltes, den kupfernen Altar samt seinem
kupfernen Gitterwerk und alle Altargeräte 31 so-
wie die Sockel für den Vorhof ringsum, die Tor-
sockel des Vorhofs, alle Zeltpflöcke der Wohn-
stätte und alle Zeltpflöcke des Vorhofs ringsum.

Die Anfertigung der Priestergewänder

39 Aus violettem und rotem Purpur und aus
Karmesin verfertigten sie die gewirkten
Gewänder für den Dienst im Heiligtum und ver-
fertigten die heiligen Gewänder für Aaron, wie es
der Herr dem Mose befohlen hatte. 2 Sie stellten
das Efod her aus Gold, violettem und rotem Pur-
pur, Karmesin und gezwirntem Byssus. 3 Sie
schlugen goldene Plättchen breit, schnitten sie in
Fäden, um sie zwischen violettem und rotem Pur-
pur, Karmesin und Byssus als Kunstweberarbeit
einzuwirken. 4 Für das Efod machten sie mitein-
ander verbundene Schulterstücke und befestig-
ten sie an ihren beiden Enden. 5 Eine Efodschärpe
daran bildete mit ihm ein einziges Stück und war
von derselben Machart, aus Gold, violettem und
rotem Purpur, Karmesin und gezwirntem Byssus,
wie es der Herr dem Mose befohlen hatte. 6 Sie be-
arbeiteten die in Goldfassungen eingesetzten Kar-
neolsteine und schnitten nach Siegelart die Na-
men der Söhne Israels ein. 7 Man setzte sie dann
auf die Schulterstücke des Efod als Steine, die den
Herrn an die Israeliten erinnern, wie es der Herr
dem Mose befohlen hatte.
8 Die Lostasche verfertigte man als Kunstwe-
berarbeit wie das Efod, aus Gold, violettem und
rotem Purpur, Karmesin und gezwirntem Byssus.
9 Sie machten die Lostasche quadratisch, zu-
sammengefaltet, eine Spanne lang und eine
Spanne breit. 10 Sie besetzten sie mit Edelstei-
nen in vier Reihen: die erste Reihe mit Rubin,
Topas und Smaragd, 11 die zweite Reihe mit
Karfunkel, Saphir und Jaspis, 12 die dritte Reihe
mit Achat, Hyazinth und Amethyst, 13 die vierte
Reihe mit Chrysolith, Karneol und Onyx; sie
waren in Gold gefaßt. 14 Die Steine lauteten auf
die Namen der Söhne Israels, zwölf auf ihre
Namen – in Siegelgravierung. Jeder lautete auf
den Namen eines der zwölf Stämme. 15 Sie be-
festigten an der Lostasche schnurartige, gedrehte
Kettchen aus purem Gold. 16 Sie machten zwei
goldene Einfassungen und zwei Goldringe und
befestigten die beiden Ringe an den beiden
Enden der Lostasche. 17 Die beiden goldenen
Schnüre verbanden sie mit den beiden Ringen
an den Enden der Lostasche; 18 die zwei ande-
ren Enden der Schnüre befestigten sie an den
beiden Einfassungen und hängten sie an die Vor-
derseite der Schulterstücke des Efod. 19 Sie mach-
ten noch zwei Goldringe und befestigten sie
an den beiden Enden der Lostasche, und zwar
am inneren Rand, der dem Efod zugekehrt ist.
20 Sie machten zwei weitere Goldringe und be-
festigten sie unten an den beiden Schulterstücken

des Efod, und zwar an der Vorderseite, nahe ih-
rer Naht, aber oberhalb der Efodschärpe. 21 Sie
banden die Lostasche mit ihren Ringen an die
Ringe des Efod mit einer violetten Purpurschnur,
so daß sie über der Efodschärpe blieb und sich
die Lostasche nicht vom Efod verschob, wie es
der Herr dem Mose befohlen hatte. 22 Er machte
den Efodmantel als Weberarbeit gänzlich aus
violettem Purpur. 23 In seiner Mitte war die Man-
telöffnung, wie die Öffnung eines Panzerhemds;
die Öffnung hatte ringsum einen gewebten un-
zerreißbaren Rand. 24 An seinem unteren Saum
machten sie Granatäpfel aus violettem und ro-
tem Purpur und aus gezwirntem Karmesin. 25 Sie
machten Glöckchen aus reinem Gold und be-
festigten die Glöckchen zwischen den Granat-
äpfeln am Saum des Mantels, ringsum zwischen
den Granatäpfeln: 26 ein Glöckchen und ein
Granatapfel abwechselnd ringsum am Saum
des Mantels für den Dienst, wie es der Herr
dem Mose befohlen hatte. 27 Danach machten
sie die Leibröcke aus Byssus als Weberarbeit
für Aaron und seine Söhne, 28 den Turban aus Bys-
sus, den Schmuck der Kopfbünde aus Byssus, die
leinenen Beinkleider aus gezwirntem Byssus
29 und den Gürtel aus gezwirntem Byssus, violet-
tem und rotem Purpur und Karmesin, als Bunt-
wirkerarbeit, wie es der Herr dem Mose befohlen
hatte.

30 Sie machten eine Rosette aus purem Gold, das
heilige Diadem, und brachten darauf die Inschrift
nach Art der Siegelgravierung an: Heilig dem
Herrn. 31 Sie befestigten sie an einer Schnur aus
violettem Purpur, um sie oben am Turban anzu-
bringen, wie es der Herr dem Mose befohlen
hatte.

Der Abschluß der Arbeiten

32 So wurde das ganze Werk für die Wohnstätte
des Offenbarungszeltes vollendet; die Israeliten
taten genau so, wie es der Herr dem Mose befoh-
len hatte. So machten sie es. 33 Sie brachten die
Wohnstätte zu Mose: das Zelt mit allen seinen
Geräten, seinen Haken, Brettern, Querlatten, Säu-
len und Sockeln, 34 die Decke aus rötlichen Wid-
derfellen, die Decke aus Tahaschhäuten und die
Vorhangdecke, 35 die Lade der Bundesurkunde mit
ihren Stangen und der Deckplatte, 36 den Tisch
und alle dazugehörigen Geräte sowie die Schau-
brote, 37 den Leuchter aus purem Gold, seine Lam-
pen – die Lampen der Reihe nach aufgestellt –
und alle seine Geräte sowie das Öl für den Leuch-
ter, 38 den goldenen Altar, das Salböl, das duftende
Räucherwerk und den Vorhang für den Eingang
des Zeltes, 39 den kupfernen Altar und das zu-
gehörige kupferne Gitterwerk mit seinen Stangen
und allen seinen Geräten, das Becken und sein
Gestell, 40 die Behänge des Vorhofs, seine Säulen
und Sockel sowie den Vorhang für das Tor des Vor-
hofs, seine Schnüre und Zeltpflöcke und alle
Geräte für den Dienst an der Wohnstätte, am Of-
fenbarungszelt, 41 die gewirkten Gewänder für
den Dienst im Heiligtum, die heiligen Gewänder
für den Priester Aaron und die Gewänder seiner
Söhne für den Priesterdienst. 42 Genau so, wie es
der Herr dem Mose befohlen hatte, führten die Is-
raeliten die gesamte Arbeit aus. 43 Mose besich-
tigte das ganze Werk: Sie hatten es gemacht, wie
der Herr es befohlen hatte. So hatten sie es ge-
macht, und Mose segnete sie.

Die Weihe des Heiligtums

40 Der Herr sprach zu Mose: 2 Am ersten Tag
des ersten Monats sollst du die Wohn-
stätte des Offenbarungszeltes aufstellen. 3 Stell die
Lade der Bundesurkunde hinein, und verdeck die
Lade durch den Vorhang! 4 Bring den Tisch hinein,
und leg seine Ausrüstung zurecht; stell den
Leuchter auf, und setz seine Lampen auf! 5 Stell
den goldenen Räucheraltar vor die Lade der Bun-
desurkunde, und häng den Vorhang vor den Ein-
gang der Wohnstätte! 6 Errichte den Brandopferal-
tar vor dem Eingang der Wohnstätte, des
Offenbarungszeltes! 7 Das Becken stell zwischen
das Offenbarungszelt und den Altar, und gieß
Wasser hinein! 8 Errichte den Vorhof ringsum, und
häng den Vorhang an das Tor des Vorhofs! 9 Nimm
das Salböl, und salbe die Wohnstätte und alles,
was in ihr ist. Weihe sie mit allen ihren Geräten!
So wird sie heilig sein. 10 Salbe auch den Brandop-
feraltar mit all seinen Geräten, und weihe den Al-
tar! So wird der Altar hochheilig sein. 11 Salbe das
Becken mit seinem Gestell, und weihe es! 12 Dann
laß Aaron und seine Söhne zum Eingang des Of-
fenbarungszeltes herantreten, und wasche sie
mit Wasser! 13 Bekleide Aaron mit den heiligen Ge-
wändern, salbe und weihe ihn, damit er mir als
Priester dient. 14 Dann laß seine Söhne herantreten
und bekleide sie mit Leibröcken; 15 salbe sie, wie
du ihren Vater gesalbt hast, damit sie mir als Prie-

ster dienen. Ihre Salbung soll ihnen ein immer-
währendes Priestertum sichern von Generation
zu Generation.
16 Mose tat es. Er machte alles, wie es der Herr ihm
befohlen hatte. 17 Im zweiten Jahr, am ersten Tag
des ersten Monats, stellte man die Wohnstätte auf.
18 Mose stellte die Wohnstätte auf, legte ihre Sockel
hin, setzte ihre Bretter darauf, brachte ihre Quer-
latten an und stellte ihre Säulen auf. 19 Dann
spannte er das Zelt über die Wohnstätte und legte
die Decke des Zeltes darüber, wie es der Herr dem
Mose befohlen hatte. 20 Dann nahm er die Bundes-
urkunde, legte sie in die Lade, brachte die Stangen
an der Lade an und setzte die Deckplatte oben auf
die Lade. 21 Er brachte die Lade in die Wohnstätte,
spannte die Vorhangdecke auf und verdeckte so
die Lade der Bundesurkunde, wie es der Herr dem
Mose befohlen hatte. 22 Er stellte den Tisch in das
Offenbarungszelt, an die Nordseite der Wohn-
stätte, vor den Vorhang. 23 Darauf schichtete er die
Brote vor dem Herrn auf, wie es der Herr dem
Mose befohlen hatte. 24 Er stellte den Leuchter in
das Offenbarungszelt, dem Tisch gegenüber, an
die Südseite der Wohnstätte. 25 Er setzte die Lam-
pen vor dem Herrn auf, wie es der Herr dem Mose
befohlen hatte. 26 Dann stellte er den goldenen Al-
tar in das Offenbarungszelt vor den Vorhang. 27 Er
ließ auf ihm duftendes Räucherwerk verbrennen,
wie es der Herr dem Mose befohlen hatte. 28 Dann
hängte er den Vorhang an den Eingang der Wohn-
stätte. 29 Den Brandopferaltar stellte er an den Ein-
gang der Wohnstätte, des Offenbarungszeltes, und
brachte auf ihm das Brand- und Speiseopfer dar,
wie es der Herr dem Mose befohlen hatte. 30 Er
stellte das Becken zwischen das Offenbarungszelt
und den Altar und goß Wasser zum Waschen
hinein. 31 Darin wuschen Mose, Aaron und seine
Söhne ihre Hände und Füße. 32 Wenn sie in das
Offenbarungszelt eintraten oder sich dem Altar
näherten, wuschen sie sich, wie es der Herr dem
Mose befohlen hatte. 33 Er errichtete den Vorhof
um die Wohnstätte und den Altar und ließ den Vor-
hang am Tor des Vorhofs aufhängen. So vollendete
Mose das Werk.
34 Dann verhüllte die Wolke das Offenbarungs-
zelt, und die Herrlichkeit des Herrn erfüllte die
Wohnstätte. 35 Mose konnte das Offenbarungszelt
nicht betreten, denn die Wolke lag darauf, und die
Herrlichkeit des Herrn erfüllte die Wohnstätte.
36 Immer, wenn die Wolke sich von der Wohn-
stätte erhob, brachen die Israeliten auf, solange
ihre Wanderung dauerte. 37 Wenn sich aber die
Wolke nicht erhob, brachen sie nicht auf, bis zu
dem Tag, an dem sie sich erhob. 38 Bei Tag
schwebte über der Wohnstätte die Wolke des
Herrn, bei Nacht aber war an ihr Feuer vor den
Augen des ganzen Hauses Israel, solange ihre
Wanderung dauerte.

DAS BUCH LEVITIKUS

Die Opfervorschriften für das Volk: 1,1–5,26

Das Brandopfer

1 Der Herr rief Mose, redete ihn vom Offenba-
rungszelt aus an und sprach: 2 Rede zu den Is-
raeliten, und sag zu ihnen: Wenn einer von euch
dem Herrn von den Haustieren eine Opfergabe
darbringt, könnt ihr das mit Rind und Kleinvieh
tun. 3 Ist seine Opfergabe ein Brandopfer vom Rind,
so bringe er ein männliches Tier ohne Fehler dar;
er soll es an den Eingang des Offenbarungszeltes
bringen, damit es vor dem Herrn Annahme findet.
4 Er lege seine Hand auf den Kopf des Opfertiers, da-
mit es für ihn angenommen werde, um ihn zu ent-
sühnen. 5 Er soll dann den Stier vor dem Herrn
schlachten, und die Söhne Aarons, die Priester, sol-
len das Blut darbringen. Sie sollen es ringsum an
den Altar sprengen, der am Eingang des Offenba-
rungszeltes steht. 6 Dann soll er das Opfer abhäu-
ten und es in Stücke zerlegen. 7 Die Söhne Aarons,
die Priester, sollen Feuer auf den Altar bringen und
Holz darauf schichten. 8 Hierauf sollen die Söhne

Aarons, die Priester, die Stücke sowie den Kopf und das Fett auf das Holz über dem Altarfeuer legen. [9] Der Priester soll dann die Eingeweide und die Beine mit Wasser waschen und das Ganze auf dem Altar in Rauch aufgehen lassen. Ein Brandopfer ist es, ein Feueropfer zum beruhigenden Duft für den Herrn. [10] Ist seine Opfergabe ein Brandopfer vom Kleinvieh, von den Schafen oder Ziegen, dann soll er ein fehlerloses männliches Tier bringen. [11] Er soll es an der Nordseite des Altars vor dem Herrn schlachten, und die Söhne Aarons, die Priester, sollen sein Blut ringsum an den Altar sprengen. [12] Dann soll der Priester es in Stücke zerlegen und diese sowie den Kopf und das Fett auf das Holz über dem Altarfeuer legen. [13] Er soll dann die Eingeweide und die Beine mit Wasser waschen, und der Priester soll das Ganze darbringen und auf dem Altar in Rauch aufgehen lassen. Ein Brandopfer ist es, ein Feueropfer zum beruhigenden Duft für den Herrn. [14] Ist seine Opfergabe für den Herrn ein Brandopfer vom Geflügel, dann soll er eine Turteltaube oder eine junge Taube bringen. [15] Der Priester soll sie zum Altar bringen, ihren Kopf abtrennen und ihn auf dem Altar in Rauch aufgehen lassen; ihr Blut soll gegen die Altarwand ausgepreßt werden. [16] Dann soll er ihren Kropf mit den Federn entfernen und ihn an der Ostseite des Altars auf den Platz der Fett-Asche werfen. [17] Darauf soll der Priester den Vogel an den Flügeln einreißen, ohne ihn dabei zu teilen, und ihn auf dem Altar, auf dem Holz über dem Feuer, in Rauch aufgehen lassen. Ein Brandopfer ist es, ein Feueropfer zum beruhigenden Duft für den Herrn.

Das Speiseopfer

2 Wenn jemand dem Herrn ein Speiseopfer darbringt, muß seine Opfergabe aus Feinmehl bestehen, auf das er Öl gießen und Weihrauch legen soll. [2] Er bringe es zu den Söhnen Aarons, den Priestern. Er nehme davon eine Handvoll, vom Feinmehl und vom Öl mit dem ganzen Weihrauch, und der Priester lasse sie auf dem Altar als Gedächtnisanteil in Rauch aufgehen, als ein Feueropfer zum beruhigenden Duft für den Herrn. [3] Der Rest des Speiseopfers gehört Aaron und seinen Söhnen als etwas Hochheiliges von den Feueropfern des Herrn.

[4] Wenn du ein im Ofen gebackenes Speiseopfer darbringst, so soll es aus Feinmehl sein, ein mit Öl vermengter ungesäuerter Kuchen und ein mit Öl bestrichener ungesäuerter Brotfladen. [5] Ist deine Opfergabe eine auf einer Ofenplatte zubereitete Speise, so soll sie aus ungesäuertem Feinmehl sein, das mit Öl vermengt ist. [6] Du sollst sie zerbröckeln und Öl darübergießen. Ein Speiseopfer ist es. [7] Ist deine Opfergabe eine im Kochtopf zubereitete Speise, so soll sie aus Feinmehl mit Öl angemacht sein. [8] Du sollst die daraus zubereitete Speise zum Herrn bringen. Man soll sie dem Priester reichen, der sie an den Altar bringt. [9] Der Priester soll davon den Gedächtnisanteil abheben und auf dem Altar in Rauch aufgehen lassen als ein Feueropfer zum beruhigenden Duft für den Herrn. [10] Der Rest des Speiseopfers gehört Aaron und seinen Söhnen als etwas Hochheiliges von den Feueropfern des Herrn. [11] Kein Speiseopfer, das ihr dem Herrn darbringt, darf mit Sauerteig angemacht sein; denn ihr dürft dem Herrn weder Sauerteig noch Honig als Feueropfer darbringen. [12] Ihr sollt sie dem Herrn als Erstlingsopfer darbringen, aber auf dem Altar sollen sie nicht zum beruhigenden Duft aufsteigen. [13] Jedes Speiseopfer sollst du salzen, und deinem Speiseopfer sollst du das Salz des Bundes deines Gottes nicht fehlen lassen; jede deiner Opfergaben sollst du mit Salz darbringen. [14] Wenn du dem Herrn ein Speiseopfer von den Erstlingsfrüchten darbringst, sollst du geröstete reife Körner und Grütze aus frischen Körnern als Speiseopfer deiner Erstlingsfrüchte darbringen. [15] Du sollst Öl darauf gießen und Weihrauch darauf geben. Ein Speiseopfer ist es. [16] Der Priester soll den Gedächtnisanteil mit einem Teil der Grütze und des Öls mit dem ganzen Weihrauch als ein Feueropfer für den Herrn in Rauch aufgehen lassen.

Das Heilsopfer

3 Ist seine Opfergabe ein Heilsopfer und vom Rind, dann soll er ein männliches oder ein weibliches fehlerloses Tier vor den Herrn bringen. [2] Er soll seine Hand auf den Kopf des Opfers legen und es am Eingang des Offenbarungszeltes schlachten. Dann sollen die Söhne Aarons, die Priester, das Blut ringsum an den Altar sprengen. [3] Er soll einen Teil dieses Opfers als Feueropfer für den Herrn darbringen, und zwar das Fett, das die Eingeweide bedeckt, das gesamte Fett über den Eingeweiden, [4] die beiden Nieren, das Fett über ihnen und das an den Lenden sowie die Fett-

masse, die er von der Leber und den Nieren
loslöst. 5 Die Söhne Aarons sollen diesen Teil mit
dem Brandopfer, das auf dem Holz über dem
Feuer liegt, auf dem Altar in Rauch aufgehen
lassen. Es ist ein Feueropfer zum beruhigenden
Duft für den Herrn. 6 Ist seine Opfergabe ein Heils-
opfer für den Herrn vom Kleinvieh, dann soll
er ein männliches oder weibliches fehlerloses
Tier darbringen. 7 Wenn er ein Schaf darbringt, soll
er es vor den Herrn bringen. 8 Er soll seine Hand
auf den Kopf des Opfers legen und es vor dem
Offenbarungszelt schlachten; dann sollen die
Söhne Aarons das Blut ringsum an den Altar
sprengen. 9 Von diesem Heilsopfer soll er das
Fett als Feueropfer für den Herrn darbringen: den
ganzen Fettschwanz, den er nahe an den
Schwanzwirbelknochen ablösen soll, das Fett,
das die Eingeweide bedeckt, das gesamte Fett
über den Eingeweiden, 10 die beiden Nieren, das
Fett über ihnen und das an den Lenden so-
wie die Fettmasse, die er von der Leber und
den Nieren loslöst. 11 Der Priester lasse diese Teile
auf dem Altar in Rauch aufgehen. Das soll eine
Feueropferspeise für den Herrn sein. 12 Wenn
er eine Ziege darbringt, soll er sie vor den Herrn
bringen. 13 Er soll seine Hand auf ihren Kopf legen
und sie vor dem Offenbarungszelt schlachten;
dann sollen die Söhne Aarons ihr Blut ringsum an
den Altar sprengen. 14 Von ihr soll er als Feueropfer
für den Herrn darbringen: das Fett, das die Ein-
geweide bedeckt, das gesamte Fett über den
Eingeweiden, 15 die beiden Nieren, das Fett über
ihnen und das an den Lenden sowie die Fett-
masse, die er von der Leber und den Nieren los-
löst. 16 Der Priester lasse diese Teile auf dem Altar
in Rauch aufgehen. Sie sind eine Feueropfer-
speise zum beruhigenden Duft für den Herrn. Das
ganze Fett gehört dem Herrn. 17 Als feste Regel
gelte bei euch von Generation zu Generation an
allen euren Wohnstätten: Ihr dürft weder Fett
noch Blut genießen.

Das Sündopfer eines Priesters

4 Der Herr sprach zu Mose: 2 Sag zu den Is-
raeliten: Wenn einer ohne Vorsatz gegen
eines der Gebote des Herrn sündigt und etwas
Verbotenes tut, 3 dann soll er, wenn es ein gesalb-
ter Priester ist, der sündigt und dadurch Schuld
auf das Volk lädt, dem Herrn für die von ihm
begangene Sünde einen fehlerlosen Jungstier
als Sündopfer darbringen. 4 Er soll diesen Jungstier
zum Eingang des Offenbarungszeltes vor den
Herrn bringen, ihm die Hand auf den Kopf le-
gen und ihn vor dem Herrn schlachten. 5 Dann
soll der gesalbte Priester etwas vom Blut dieses
Stiers nehmen, es in das Offenbarungszelt brin-
gen, 6 seinen Finger in das Blut tauchen und es vor
dem Herrn siebenmal gegen den Vorhang des
Heiligtums spritzen. 7 Darauf soll der Priester
etwas vom Blut auf die Hörner des Rauchopfer-
altars tun, der vor dem Herrn im Offenbarungs-
zelt steht, und dann soll er das ganze Blut des
Stiers am Sockel des Brandopferaltars ausgießen,
der sich am Eingang des Offenbarungszeltes
befindet. 8 Dann soll er das ganze Fett des Sünd-
opferstieres abheben, und zwar das Fett, das
die Eingeweide bedeckt, das gesamte Fett über
den Eingeweiden, 9 die beiden Nieren, das Fett
über ihnen und das an den Lenden sowie die Fett-
masse, die er von der Leber und den Nieren
loslöst – 10 genau so, wie es beim Stier des Heils-
opfers geschieht –, und der Priester lasse diese
Teile auf dem Brandopferaltar in Rauch aufge-
hen. 11 Das Fell des Stiers aber, sein ganzes Fleisch
mit dem Kopf, den Beinen, den Eingeweiden und
dem Mageninhalt, 12 also den ganzen Stier, soll
er aus dem Lager hinaus an einen reinen Ort,
nämlich den Abfallplatz der Fett-Asche, schaffen
und ihn auf einem Holzfeuer verbrennen; auf
dem Abfallplatz der Fett-Asche soll es verbrannt
werden.

Das Sündopfer der Gemeinde

13 Wenn die ganze Gemeinde Israels ohne Vorsatz
gesündigt und etwas vom Herrn Verbotenes
getan hat, ohne es bemerkt zu haben, und da-
durch schuldig wurde, 14 dann soll die Gemeinde
für die Verfehlung, sobald sie bekannt wird, ei-
nen Jungstier als Sündopfer darbringen und ihn
vor das Offenbarungszelt bringen. 15 Die Ältesten
der Gemeinde sollen ihre Hände vor dem Herrn
auf den Kopf des Stiers legen, und man soll
ihn vor dem Herrn schlachten. 16 Dann soll der
gesalbte Priester etwas vom Blut des Stiers in
das Offenbarungszelt tragen, 17 seinen Finger
in das Blut tauchen und es siebenmal gegen den
Vorhang vor dem Herrn spritzen. 18 Darauf soll
er ein wenig von dem Blut auf die Hörner des
Altars tun, der vor dem Herrn im Offenbarungs-
zelt steht, und dann soll er das ganze Blut am

Sockel des Brandopferaltars ausgießen, der sich am Eingang des Offenbarungszeltes befindet. [19] Dann soll er das ganze Fett des Tieres abheben und es auf dem Altar in Rauch aufgehen lassen. [20] Er soll mit dem Stier tun, was auch mit dem Sündopferstier gemacht wird; so soll er es mit ihm machen. Dann soll er die Gemeinde entsühnen, und es wird ihnen vergeben werden. [21] Er soll den Stier aus dem Lager hinausbringen und ihn verbrennen, wie er den ersten Stier verbrannt hat. Das ist das Sündopfer für die Gemeinde.

Das Sündopfer eines Sippenhauptes

[22] Angenommen, ein Sippenhaupt sündigt, tut ohne Vorsatz etwas, was der Herr, sein Gott, verboten hat, und wird dadurch schuldig, [23] oder man teilt ihm eine Verfehlung mit, die er begangen hat, so soll er als seine Opfergabe einen fehlerlosen Ziegenbock bringen. [24] Er soll die Hand auf den Kopf des Bockes legen und ihn dort schlachten, wo man das Brandopfer vor dem Herrn schlachtet. Ein Sündopfer ist es. [25] Der Priester soll mit seinem Finger etwas vom Blut des Sündopfers auf die Hörner des Brandopferaltars tun, dann das Blut am Sockel des Brandopferaltars ausgießen [26] und das ganze Fett, wie das Fett des Heilsopfers, auf dem Altar in Rauch aufgehen lassen. So entsühnt der Priester den Betreffenden und löst ihn von seiner Sünde; dann wird ihm vergeben werden.

Das Sündopfer eines gewöhnlichen Israeliten

[27] Wenn jemand aus dem Volk ohne Vorsatz sündigt und schuldig wird, weil er etwas vom Herrn Verbotenes getan hat, [28] oder man teilt ihm eine Verfehlung mit, die er begangen hat, so bringe er als seine Opfergabe für seine Sünde, die er begangen hat, eine fehlerlose Ziege. [29] Er soll die Hand auf den Kopf des Sündopfers legen und es dort schlachten, wo man das Brandopfer schlachtet. [30] Der Priester soll mit seinem Finger etwas vom Blut auf die Hörner des Brandopferaltars tun und dann das ganze Blut am Sockel des Altars ausgießen. [31] Er soll das ganze Fett ablösen, wie man das Fett eines Heilsopfers ablöst, und der Priester soll es auf dem Altar in Rauch aufgehen lassen als beruhigenden Duft für den Herrn und so diesen Mann entsühnen; dann wird ihm vergeben werden. [32] Will er aber zum Sündopfer ein Schaf als Opfergabe bringen, soll er ein fehlerloses weibliches Tier bringen. [33] Er soll die Hand auf den Kopf des Sündopfers legen und es dort schlachten, wo man das Brandopfer schlachtet. [34] Der Priester soll mit seinem Finger etwas vom Blut dieses Opfers nehmen, auf die Hörner des Brandopferaltars tun und das ganze Blut am Sockel des Altars ausgießen. [35] Das ganze Fett soll er ablösen, wie man das Fett des Schafes eines Heilsopfers ablöst. Der Priester soll die Fetteile mit dem Feueropfer des Herrn auf dem Altar in Rauch aufgehen lassen und ihn so entsühnen, um ihn von seiner Sünde zu lösen, die er begangen hat; dann wird ihm vergeben werden.

Die Schuld- und Sündopfer für einzelne Vergehen

5 Angenommen, jemand sündigt in einem der folgenden Fälle: er hat eine laute Verfluchung gehört, ist Zeuge, da er es gesehen oder darum gewußt hat, aber er zeigt es nicht an und lädt damit Schuld auf sich; [2] oder jemand berührt eine unreine Sache, das Aas eines unreinen wilden Tieres oder eines unreinen Haustiers oder eines unreinen Kriechtiers, und es blieb ihm verborgen, aber er merkt es dann und wird unrein und schuldig; [3] oder er berührt etwas Unreines von einem Menschen, dessen Berührung unrein macht, und bemerkt es nicht, aber er erfährt es später und wird schuldig; [4] oder jemand schwört unbesonnen, ob zum Schaden oder zum Nutzen, wie eben der Mensch bisweilen unbesonnen schwört, aber er merkt es gar nicht, doch dann erfährt er es und wird schuldig durch so etwas – [5] wenn also jemand in einem dieser Fälle schuldig wird, so soll er gestehen, wodurch er sich verfehlt hat. [6] Als Schuldopfer für seine begangene Verfehlung soll er dann ein weibliches Stück Kleinvieh, ein Schaf oder eine Ziege, vor den Herrn als Sündopfer bringen, und der Priester soll ihn entsühnen und so von seiner Verfehlung lösen. [7] Wenn seine Mittel für ein Schaf nicht ausreichen, soll er als Schuldopfer für seine Verfehlung zwei Turteltauben oder zwei junge Tauben vor den Herrn bringen, die eine als Sünd- und die andere als Brandopfer. [8] Er soll sie zum Priester bringen, und dieser soll zuerst die eine für das Sündopfer darbringen. Er soll ihren Kopf vom Genick trennen, aber nicht ganz abreißen; [9] er soll etwas vom Blut des Sündopfers gegen die Altarwand spritzen und das übrige Blut am Sockel des Altars auspressen. Ein Sündopfer ist das. [10] Die zweite Taube soll er, wie vorge-

schrieben, als Brandopfer darbringen. Der Priester
soll ihn entsühnen und von der Sünde, die er be-
gangen hat, lösen; dann wird ihm vergeben wer-
den. 11 Falls seine Mittel für zwei Turteltauben oder
zwei junge Tauben nicht ausreichen, soll er als Op-
fergabe für seine Verfehlung ein Zehntel Efa Fein-
mehl darbringen, aber weder Öl noch Weihrauch
darauftun, denn es ist ein Sündopfer. 12 Er bringe es
dem Priester, der davon eine Handvoll nimmt und
als Gedächtnisanteil auf dem Altar mit den Feu-
eropfern des Herrn in Rauch aufgehen läßt. Ein
Sündopfer ist das. 13 Der Priester soll ihn so für die
von ihm in einem dieser Fälle begangene Verfeh-
lung entsühnen, und es wird ihm vergeben wer-
den. Dem Priester gehört das gleiche wie beim
Speiseopfer.

Das Schuldopfer für sakrale Vergehen

14 Der Herr sprach zu Mose: 15 Wenn jemand sich
verfehlt und sich ohne Vorsatz an Dingen
vergeht, die dem Herrn heilig sind, soll er als
Schuldopfer für den Herrn von seiner Herde
einen fehlerlosen Widder bringen, der in Sil-
berschekel nach dem Schekelgewicht des Hei-
ligtums zu schätzen ist. 16 Wenn er sich am Hei-
ligen verfehlt hat, soll er Ersatz leisten und noch
ein Fünftel des Wertes hinzufügen. Er soll es
dem Priester geben, und dieser soll ihn mit
dem Schuldopferwidder entsühnen; dann wird
ihm vergeben werden. 17 Wenn jemand sich ver-
fehlt und etwas tut, was der Herr verboten hat, es
nicht bemerkt, aber dann schuldig wird, soll er
die Folgen seiner Schuld tragen. 18 Er soll als
Schuldopfer einen fehlerlosen Widder von seiner
Herde nach dem üblichen Schätzwert zum Prie-
ster bringen, und dieser soll ihn für seine unab-
sichtliche Verfehlung, die er ohne Vorsatz began-
gen hat, entsühnen; dann wird ihm vergeben
werden. 19 Ein Schuldopfer ist das; der Betreffende
hat sich tatsächlich vor dem Herrn schuldig ge-
macht.

Das Schuldopfer für unsoziales Verhalten

20 Der Herr sprach zu Mose: 21 Wenn jemand
sündigt und eine Veruntreuung gegen den Herrn
begeht, indem er einen aus seinem Volk über
anvertrautes oder hinterlegtes oder geraubtes
Gut täuscht oder ihn übervorteilt 22 oder ver-
lorenes Gut findet und es leugnet oder ei-
nen Meineid leistet hinsichtlich irgendeiner
Sünde, die ein Mensch begehen kann, 23 wenn
er also auf solche Weise sündigt und schuldig
wird, muß er das, was er geraubt oder durch
Übervorteilung gewonnen hat oder was ihm
anvertraut wurde, oder das Verlorene, das er ge-
funden hat, zurückgeben, 24 oder er muß den
Schaden, den er durch den Meineid angerichtet
hat, wiedergutmachen; am Tag seines Schuldop-
fers erstatte er dem Geschädigten den um ein
Fünftel vermehrten Wert. 25 Er soll einen fehlerlo-
sen Widder von seiner Herde nach dem üblichen
Schätzwert als sein Schuldopfer vor den Herrn
zum Priester bringen, 26 und dieser soll ihn vor
dem Herrn entsühnen; dann wird ihm jede Tat
vergeben werden, durch die er sich schuldig ge-
macht hat.

Die Opfervorschriften für die Priester: 6,1–7,38

Das Brandopfer

6 Der Herr sprach zu Mose: 2 Trag Aaron und sei-
nen Söhnen auf: Für das Brandopfer gilt fol-
gendes Gesetz: Das Brandopfer soll die ganze
Nacht bis zum Morgen auf der Feuerstelle des
Altars bleiben, und das Altarfeuer soll darauf bren-
nen. 3 Der Priester soll sein Leinengewand anlegen
und seinen Körper mit einem leinenen Beinkleid
bedecken. Dann soll er die Fett-Asche nehmen, zu
der das Brandopfer auf dem Altar vom Feuer ver-
zehrt wurde, und sie neben den Altar schütten.
4 Dann soll er seine Kleider ablegen, andere anzie-
hen und die Fett-Asche aus dem Lager hinaus an ei-
nen reinen Platz schaffen. 5 Das Feuer soll auf dem
Altar brennen bleiben, es darf nicht erlöschen, und
der Priester soll je-den Morgen Holz nachlegen. Er
lege darauf das Brandopfer und lasse auf ihm die
Fetteile des Heilsopfers in Rauch aufgehen. 6 Ein
ständiges Feuer soll auf dem Altar brennen; es darf
nicht verlöschen.

Das Speiseopfer

7 Für das Speiseopfer gilt folgendes Gesetz: Ei-
ner der Söhne Aarons bringt es vor den Herrn

zur Vorderseite des Altars, 8 hebt von ihm eine
Handvoll Feinmehl, zusammen mit dem Öl und
dem ganzen darauf befindlichen Weihrauch
ab und läßt es als Gedächtnisanteil für den Herrn
auf dem Altar zum beruhigenden Duft in Rauch
aufgehen. 9 Das übrige sollen Aaron und seine
Söhne als ungesäuertes Brot an einem heili-
gen Ort, im Vorhof des Offenbarungszeltes, essen.
10 Man soll den Anteil an meinen Feueropfern,
den ich ihnen gebe, nicht gesäuert backen. Es
ist etwas Hochheiliges wie das Sünd- und das
Schuldopfer. 11 Jede männliche Person unter den
Söhnen Aarons darf von diesem Anteil an den
Feueropfern des Herrn essen. Das gelte bei euch
als feste Regel von Generation zu Generation. Al-
les, was damit in Berührung kommt, wird heilig.

Das Opfer bei der Priesterweihe

12 Der Herr sprach zu Mose: 13 Das ist die Opfer-
gabe, die Aaron und seine Söhne am Tag ihrer
Salbung dem Herrn darbringen sollen: ein Zehn-
tel Efa Feinmehl als dauerndes Speiseopfer, die
Hälfte am Morgen und die Hälfte am Abend.
14 Dieses Speiseopfer soll, mit Öl eingerührt, auf
einer Ofenplatte zubereitet werden; du sollst es
in mehrere Stücke zerbröckeln und als beruhi-
genden Duft für den Herrn darbringen. 15 Der Prie-
ster, der an Aarons Stelle aus dem Kreis seiner
Söhne gesalbt ist, soll es zubereiten. Als feste
Regel gelte: Das Speiseopfer soll für den Herrn
ganz in Rauch aufgehen; 16 jedes Speiseopfer eines
Priesters soll ein Ganzopfer sein; man darf es
nicht essen.

Das Sündopfer

17 Der Herr sprach zu Mose: 18 Sag zu Aaron und
seinen Söhnen: Für das Sündopfer gilt folgendes
Gesetz: Dort, wo man das Brandopfer schlachtet,
soll das Sündopfer vor dem Herrn geschlachtet
werden. Es ist etwas Hochheiliges. 19 Der Priester,
der dieses Opfer darbringt, soll es essen; an einem
heiligen Ort, im Vorhof des Offenbarungszeltes,
muß es gegessen werden. 20 Alles, was mit dem
Fleisch in Berührung kommt, wird heilig, und
wenn vom Blut etwas auf die Gewänder spritzt,
soll die Stelle an einem heiligen Ort gewaschen
werden. 21 Das Tongefäß, in dem das Fleisch ge-
kocht wird, soll zerbrochen werden, und wenn es
in einem Bronzegefäß gekocht wird, muß dieses
gescheuert und mit Wasser abgespült werden.
22 Jede männliche Person unter den Priestern darf
davon essen; es ist etwas Hochheiliges. 23 Aber
man darf kein Sündopfer essen, dessen Blut man
in das Offenbarungszelt gebracht hat, um im Hei-
ligtum die Sühne zu vollziehen; es muß im Feuer
verbrannt werden.

Das Schuldopfer

7 Für das Schuldopfer gilt folgendes Gesetz:
Es ist etwas Hochheiliges. 2 Dort, wo man
das Brandopfer schlachtet, soll man das Schuld-
opfer schlachten, und der Priester soll das Blut
ringsum an den Altar sprengen. 3 Dann soll er
das ganze Fett davon darbringen: den Fett-
schwanz, das Fett, das die Eingeweide bedeckt,
4 die beiden Nieren, das Fett über ihnen und
das an den Lenden sowie die Fettmasse, die er
von der Leber und den Nieren loslöst. 5 Der Prie-
ster lasse das alles auf dem Altar als Feueropfer
für den Herrn in Rauch aufgehen; es ist ein
Schuldopfer. 6 Jede männliche Person unter den
Priestern darf davon essen; man soll es an einem
heiligen Ort essen. Es ist etwas Hochheiliges. 7 Für
das Schuldopfer gilt dasselbe Gesetz wie für das
Sündopfer. Es gehört dem Priester, der damit
die Sühne vollzieht. 8 Das Fell des Opfertieres, das
einer als ein Brandopfer zum Priester bringt,
gehört dem Priester, der es darbringt. 9 Jedes Spei-
seopfer, das im Ofen gebacken oder in einem
Kochtopf oder auf einer Ofenplatte zubereitet
wurde, gehört dem Priester, der es darbringt. 10 Je-
des mit Öl vermengte und jedes trokkene Spei-
seopfer gehört allen Söhnen Aarons ohne Unter-
schied.

Das Heilsopfer

11 Für das Heilsopfer, das man für den Herrn dar-
bringt, gilt folgendes Gesetz: 12 Wenn man es als
Dankopfer darbringt, soll man zu diesem Dank-
schlachtopfer ungesäuerten, mit Öl vermengten
Kuchen hinzutun und ungesäuerte, mit Öl bestri-
chene Brotfladen sowie Kuchen aus Feinmehl,
das mit Öl vermengt und eingerührt ist. 13 Dazu
soll man auch Gebäck aus gesäuertem Brot geben
und das alles zusammen mit dem Heilsopfer als
Dankopfer darbringen. 14 Einen Teil von jeder Op-
fergabe soll man mit dem Erhebungsritus dem
Herrn darbringen; es gehört dem Priester, der das
Blut des Heilsopfers sprengt. 15 Das Opferfleisch
des Schlachtdankopfers soll am Tag der Darbrin-

gung gegessen werden; nichts davon darf bis
zum nächsten Morgen liegenbleiben. 16 Wenn es
sich um ein Gelübde oder um ein freiwilliges Op-
fer handelt, darf das Fleisch am Tag der Darbrin-
gung und am folgenden Tag gegessen werden;
was übrigbleibt, darf gegessen werden; 17 was
aber vom Fleisch des Schlachtopfers dann noch
übrigbleibt, soll am dritten Tag verbrannt werden.
18 Wenn man vom Fleisch des Heilsopfers am drit-
ten Tag ißt, findet der Darbringende keine An-
nahme. Es wird ihm nicht angerechnet und ist
untauglich, und die Person, die davon ißt, muß die
Folgen ihrer Schuld tragen.
19 Fleisch, das mit irgend etwas Unreinem in
Berührung kommt, darf man nicht essen; man
soll es im Feuer verbrennen. Jeder Reine darf
Opferfleisch essen; 20 wenn aber jemand im
Zustand der Unreinheit vom Fleisch des Heilsop-
fers ißt, das dem Herrn gehört, soll er aus seinen
Stammesgenossen ausgemerzt werden. 21 Wenn
jemand mit irgend etwas Unreinem in Berührung
kommt, sei es mit etwas Unreinem von einem
Menschen oder einem unreinen Tier oder ir-
gendeiner unreinen, abscheulichen Sache, und
dann vom Fleisch eines Heilsopfers ißt, das für
den Herrn geopfert wird, soll er aus seinen Stam-
mesgenossen ausgemerzt werden.

Das Verbot von Fett- und Blutgenuß

22 Der Herr sprach zu Mose: 23 Sag zu den Israeli-
ten: Von Rind, Schaf oder Ziege dürft ihr keinerlei
Fett essen. 24 Das Fett eines verendeten oder zer-
rissenen Tieres kann zu jedem Zweck verwendet
werden, doch essen dürft ihr es auf keinen Fall.
25 Jeder, der dennoch das Fett eines Tieres ißt, das
man als Feueropfer für den Herrn darbringt, soll
aus seinen Stammesgenossen ausgemerzt wer-
den. 26 Wo immer ihr wohnt, dürft ihr kein Blut ge-
nießen, weder von Vögeln, noch vom Vieh. 27 Wer
Blut genießt, soll aus seinen Stammesgenossen
ausgemerzt werden.

Die Feueropfer

28 Der Herr sprach zu Mose: 29 Sag zu den Israe-
liten: Wer ein Tier als Heilsopfer für den Herrn
darbringen will, soll davon als Opfergabe für
den Herrn folgendes herbeibringen: 30 Mit sei-
nen Händen bringe er als Feueropfer für den
Herrn das Fett des Bruststückes; er soll dieses Fett
und die Brust bringen, die er vor dem Herrn hin-
und herschwingen und so darbringen soll. 31 Der
Priester lasse das Fett auf dem Altar in Rauch
aufgehen, die Brust aber gehört Aaron und seinen
Söhnen. 32 Für den Erhebungsritus gebt von euren
Heilsopfern die rechte Schenkelkeule dem Prie-
ster! 33 Diese rechte Schenkelkeule soll jenem
der Söhne Aarons als Anteil gehören, der das
Blut und das Fett des Heilsopfers darbringt. 34 Ich
nehme nämlich von den Heilsopfern der Israe-
liten die Brust für den Darbringungsritus und
die Schenkelkeule für den Erhebungsritus und
gebe sie dem Priester Aaron und seinen Söhnen
als ein dauerndes Anrecht, das die Israeliten
ihnen gewähren müssen. 35 Das also ist der An-
teil Aarons und seiner Söhne an den Feueropfern
des Herrn an dem Tag, an dem er sie dem Herrn
als Priester darbringt. 36 Das hat der Herr ihnen
zu geben befohlen an dem Tag, an dem er sie
unter den Israeliten salbte. Das gelte für sie als
feste Regel von Generation zu Generation.
37 Das ist das Gesetz für Brandopfer, Speiseopfer,
Sündopfer, Schuldopfer, Priestereinsetzungsopfer
und Heilsopfer. 38 So hat es der Herr dem Mose auf
dem Sinai an dem Tag aufgetragen, an dem er die
Israeliten verpflichtete, ihre Gaben dem Herrn in
der Wüste Sinai darzubringen.

Die Priestergesetze: 8,1–10,20

Die Priesterweihe

8 Der Herr sprach zu Mose: 2 Nimm Aaron und
seine Söhne, die Gewänder, das Salböl, den
Stier für das Sündopfer, die beiden Widder und
den Korb mit den ungesäuerten Broten! 3 Dann ruf
die ganze Gemeinde am Eingang des Offenba-
rungszeltes zusammen! 4 Mose tat, was ihm der
Herr befohlen hatte, und die Gemeinde versam-
melte sich am Eingang des Offenbarungszeltes.
5 Mose sagte zur Gemeinde: Der Herr hat ange-
ordnet, das Folgende zu tun. 6 Mose ließ Aaron
und seine Söhne nähertreten und wusch sie mit
Wasser. 7 Er legte ihm das Gewand an, gürtete ihn
mit dem Gürtel, bekleidete ihn mit dem Oberge-

wand und legte ihm das Efod an. Dann band er
ihm die Schärpe um, an der er das Efod befestigte.
8 Er übergab ihm die Lostasche, in die er die Lose
Urim und Tummim steckte. 9 Dann setzte er ihm
den Turban auf und befestigte an der Vorderseite
des Turbans die goldene Rosette, das heilige Dia-
dem, wie der Herr dem Mose vorgeschrieben
hatte. 10 Darauf nahm Mose das Salböl und salbte
die Wohnstätte und alles, was darin war, um sie
zu weihen. 11 Mit dem Öl spritzte er siebenmal ge-
gen den Altar, salbte ihn und alle seine Geräte,
das Becken und sein Gestell, um sie zu weihen.
12 Vom Salböl goß er etwas auf das Haupt Aarons
und salbte ihn, um ihn zu weihen. 13 Dann ließ
Mose die Söhne Aarons nähertreten, bekleidete
sie mit Gewändern und legte ihnen den Gürtel
an; er setzte ihnen den Kopfbund auf, wie es der
Herr dem Mose befohlen hatte. 14 Dann ließ er den
Sündopferstier heranbringen. Auf seinen Kopf
legten Aaron und seine Söhne ihre Hände, 15 und
Mose schlachtete ihn. Dann nahm Mose das Blut
und tat etwas davon mit seinem Finger ringsum
auf die Hörner des Altars, um ihn zu entsündigen.
Nachher goß er das Blut am Sockel des Altars aus
und weihte ihn; so entsühnte er ihn. 16 Danach
nahm er das ganze Fett, das die Eingeweide be-
deckt, die Fettmasse über der Leber, die beiden
Nieren und ihr Fett und ließ diese Stücke auf dem
Altar in Rauch aufgehen. 17 Was vom Stier noch
übrig war, sein Fell und Fleisch sowie seinen Ma-
geninhalt verbrannte er außerhalb des Lagers,
wie es der Herr dem Mose befohlen hatte. 18 Dann
ließ er den Widder für das Brandopfer herbeibrin-
gen. Aaron und seine Söhne legten ihre Hände
auf den Kopf des Widders, 19 und Mose schlach-
tete ihn. Er sprengte das Blut ringsum gegen den
Altar. 20 Dann zerteilte er den Widder und ließ den
Kopf, die Teile und das Fett in Rauch aufgehen.
21 Er wusch die Eingeweide und die Beine mit
Wasser und ließ den ganzen Widder auf dem Al-
tar in Rauch aufgehen. Es war ein Brandopfer
zum beruhigenden Duft, ein Feueropfer für den
Herrn, wie es der Herr dem Mose befohlen hatte.

22 Dann ließ er den zweiten Widder, den Widder
für das Opfer der Priestereinsetzung, herbeibrin-
gen. Aaron und seine Söhne legten ihre Hände
auf den Kopf des Widders, 23 und Mose schlach-
tete ihn. Er nahm etwas Blut und tat es auf das
rechte Ohrläppchen Aarons, auf den Daumen
seiner rechten Hand und auf die große Zehe
seines rechten Fußes. 24 Dann ließ er die Söhne
Aarons nähertreten und tat etwas Blut auf ihr
rechtes Ohrläppchen, auf den Daumen ihrer rech-
ten Hand und auf die große Zehe ihres rechten
Fußes. Danach goß Mose das Blut ringsum an den
Altar.

25 Er nahm auch das Fett, den Fettschwanz, das
ganze Fett, das sich über den Eingeweiden befin-
det, die Fettmasse über der Leber, die beiden Nie-
ren und ihr Fett und die rechte Schenkelkeule.
26 Aus dem Korb mit den ungesäuerten Broten,
der vor dem Herrn stand, nahm er einen unge-
säuerten Kuchen, einen Ölbrotkuchen und einen
Brotfladen, die er auf die Fettstücke und die rechte
Schenkelkeule legte. 27 Das alles gab er in die
Hände Aarons und seiner Söhne und ließ sie es
vor dem Herrn hin- und herschwingen und so
darbringen. 28 Dann nahm es Mose wieder aus
ihren Händen und ließ es auf dem Altar mit dem
Brandopfer in Rauch aufgehen. Das war das Op-
fer der Priestereinsetzung zum beruhigenden
Duft, ein Feueropfer für den Herrn.

29 Mose nahm auch das Bruststück und vollzog
mit ihm vor dem Herrn den Darbringungsritus.
Dieser Teil des Einsetzungswidders gehörte Mose
als Anteil, wie es der Herr dem Mose befohlen
hatte. 30 Danach nahm Mose etwas Salböl und et-
was Blut, das auf dem Altar war, und spritzte es
auf Aaron und dessen Gewänder sowie auf seine
Söhne und deren Gewänder. So weihte er Aaron
und dessen Gewänder sowie seine Söhne und
deren Gewänder. 31 Mose sagte zu Aaron und sei-
nen Söhnen: Kocht das Fleisch am Eingang des
Offenbarungszeltes! Ihr sollt es dort essen,
ebenso wie das Brot aus dem Einsetzungskorb,
wie ich es angeordnet habe mit den Worten:
Aaron und seine Söhne sollen es essen. 32 Was
vom Fleisch und vom Brot übrigbleibt, sollt ihr
verbrennen. 33 Sieben Tage lang sollt ihr den Ein-
gang des Offenbarungszeltes nicht verlassen, bis
die Zeit eurer Einsetzung um ist; denn sieben Tage
dauert eure Einsetzung. 34 Wie man es am heuti-
gen Tag getan hat, so hat der Herr angeordnet, soll
man es auch weiter tun, um euch zu entsühnen.
35 Sieben Tage lang, Tag und Nacht, sollt ihr am
Eingang des Offenbarungszeltes bleiben und auf
die Anordnungen des Herrn achten; dann werdet
ihr nicht sterben. Denn so ist es mir befohlen wor-
den. 36 Aaron und seine Söhne taten alles, was der
Herr durch Mose angeordnet hatte.

Das Weiheopfer des Hohenpriesters

9 Am achten Tag rief Mose Aaron, seine Söhne
und die Ältesten Israels zusammen 2 und
sagte zu Aaron: Nimm ein Kalb, ein junges Rind,
für ein Sündopfer und einen Widder für ein
Brandopfer, fehlerlose Tiere, und bring sie her vor
den Herrn! 3 Dann sollst du zu den Israeliten sa-
gen: Nehmt einen Ziegenbock für ein Sündopfer,
ferner ein Kalb und ein Schaf, einjährige und feh-
lerlose Tiere, für ein Brandopfer, 4 ein Rind und ei-
nen Widder für ein Heilsopfer, um sie vor dem
Herrn zu schlachten, und ein Speiseopfer, das mit
Öl vermengt ist. Denn heute wird euch der Herr
erscheinen. 5 Sie brachten, was Mose befohlen
hatte, zum Offenbarungszelt, und die ganze Ge-
meinde kam herbei und stellte sich vor dem
Herrn auf. 6 Mose sagte: Das ist es, was der Herr
euch zu tun geboten hat, damit euch die Herr-
lichkeit des Herrn erscheint. 7 Dann sagte Mose
zu Aaron: Tritt zum Altar hin, bring dein Sünd-
und dein Brandopfer dar, und vollzieh so für dich
und das Volk die Sühne! Dann bring das Opfer des
Volkes dar, und entsühne es, wie der Herr befoh-
len hat.

8 Aaron trat an den Altar und schlachtete das
Kalb für seine eigene Sünde. 9 Dann brachten ihm
die Söhne Aarons das Blut; er tauchte seinen Fin-
ger in das Blut, tat es auf die Hörner des Altars und
goß das übrige Blut am Sockel des Altars aus.
10 Das Fett des Sündopfers, die Nieren und die Fett-
masse über der Leber des Sündopfers ließ er auf
dem Altar in Rauch aufgehen, wie es der Herr
dem Mose befohlen hatte. 11 Das Fleisch und das
Fell verbrannte er außerhalb des Lagers. 12 Danach
schlachtete er das Brandopfer; die Söhne Aarons
reichten ihm das Blut, und er sprengte es ringsum
an den Altar. 13 Sie reichten ihm die einzelnen
Stücke und den Kopf des Brandopfers, und er ließ
sie auf dem Altar in Rauch aufgehen. 14 Er wusch
die Eingeweide und Beine und ließ auch sie mit
dem Brandopfer auf dem Altar in Rauch aufge-
hen.

15 Dann ließ er das Opfer des Volkes heranbrin-
gen. Er nahm den Bock für das Sündopfer des
Volkes, schlachtete ihn und brachte ihn wie den
ersten als Sündopfer dar. 16 Darauf ließ er das
Brandopfer bringen und verfuhr nach der Vor-
schrift 17 Er ließ das Speiseopfer bringen, nahm
eine Handvoll davon und ließ es auf dem Altar in
Rauch aufgehen, dazu noch das Morgenbrandop-
fer. 18 Dann schlachtete er das Rind und den Wid-
der als Heilsopfer für das Volk. Die Söhne Aarons
reichten ihm das Blut, und er sprengte es ringsum
an den Altar. 19 Die Fettstücke des Rinds und des
Widders, und zwar den Fettschwanz, das Einge-
weidenetz, die Nieren und die Fettmasse über der
Leber, 20 legte er auf die Bruststücke und ließ sie
auf dem Altar in Rauch aufgehen. 21 Die Brust-
stücke und die rechte Schenkelkeule schwang
Aaron vor dem Herrn hin und her und brachte sie
so dar, wie es Mose befohlen hatte.

22 Dann erhob Aaron seine Hände über das Volk
und segnete es. Nachdem er so das Sünd- und das
Brandopfer sowie das Heilsopfer vollzogen hatte,
stieg er herunter, 23 und Mose ging mit Aaron in
das Offenbarungszelt. Dann kamen beide heraus
und segneten das Volk. Da erschien die Herrlich-
keit des Herrn dem ganzen Volk. 24 Feuer ging
vom Herrn aus und verzehrte das Brandopfer und
die Fettstücke auf dem Altar. Als das ganze Volk
das sah, stieß es Jubelschreie aus, und alle fielen
auf ihr Gesicht nieder.

Die Strafe für unrechtmäßiges Opfern

10 Die Söhne Aarons, Nadab und Abihu,
nahmen jeder seine Räucherpfanne. Sie
legten Feuer auf, taten Räucherwerk darauf und
brachten vor dem Herrn ein unerlaubtes Feuer
dar, eines, das er ihnen nicht befohlen hatte. 2 Da
ging vom Herrn ein Feuer aus, das sie verzehrte,
und sie kamen vor dem Herrn um. 3 Da sagte
Mose zu Aaron: Das ist es, was der Herr meinte,
als er sprach:

An denen, die mir nahe sind, / erweise ich mich
heilig, / und vor dem ganzen Volk / zeige ich
mich herrlich.

Aaron schwieg. 4 Mose rief Mischaël und
Elizafan, die Söhne von Aarons Onkel Usiël, und
sagte zu ihnen: Kommt her, und tragt eure Brüder
vom Heiligtum weg, vor das Lager hinaus! 5 Sie
traten heran und trugen sie in ihren Gewändern
vor das Lager hinaus, wie es Mose gesagt hatte.

Der Dienst im Heiligtum

6 Zu Aaron und seinen Söhnen Eleasar und Itamar
sagte Mose: Laßt euer Haar nicht lose herunter-
hängen, und zerreißt nicht eure Kleider, sonst
müßt ihr sterben, und der Herr zürnt über die
ganze Gemeinde. Eure Brüder, das ganze Haus Is-
rael, sollen über den Brand weinen, den der Herr

entfacht hat. 7 Verlaßt nicht den Eingang des Offenbarungszeltes, sonst müßt ihr sterben; denn das Salböl des Herrn ist auf euch. Sie taten, was Mose gesagt hatte.

8 Der Herr sagte zu Aaron: 9 Wenn ihr zum Offenbarungszelt kommt, dürft ihr, du und deine Söhne, weder Wein noch Bier trinken, sonst müßt ihr sterben. Das gelte bei euch als feste Regel von Generation zu Generation. 10 Ihr sollt zwischen heilig und profan, zwischen unrein und rein unterscheiden, 11 und die Israeliten sollt ihr über alle Vorschriften belehren, die der Herr euch durch Mose verkündet hat. 12 Mose sagte zu Aaron und seinen überlebenden Söhnen Eleasar und Itamar: Nehmt das Speiseopfer, das von den Feueropfern des Herrn übrigbleibt, eßt davon die ungesäuerten Brote neben dem Altar, denn es ist etwas Hochheiliges. 13 An einem heiligen Ort sollt ihr es essen, denn es ist das, was dir und deinen Söhnen von den Feueropfern des Herrn zusteht; so ist es mir nämlich befohlen worden. 14 Die Brust vom Darbringungsritus und die Schenkelkeule vom Erhebungsritus sollt ihr, du, deine Söhne und deine Töchter, an einem reinen Ort essen, denn sie sind der für dich und deine Söhne bestimmte Anteil an den Heilsopfern der Israeliten, den man dir gibt. 15 Die Schenkelkeule vom Erhebungsritus und die Brust vom Darbringungsritus, die bei den Fettstücken der Feueropfer sind, sollen sie zur Darbringung vor den Herrn bringen; sie sollen dir und deinen Söhnen als dauerndes Anrecht gehören, wie es der Herr befohlen hat.

16 Mose erkundigte sich nach dem Sündopferbock, und siehe da, man hatte ihn verbrannt. Er geriet über Eleasar und Itamar, die überlebenden Söhne Aarons, in Zorn und sagte: 17 Warum habt ihr das Sündopfer nicht an einem heiligen Ort gegessen? Es ist etwas Hochheiliges, und es wurde euch gegeben, damit ihr die Schuld von der Gemeinde wegnehmt, indem ihr sie vor dem Herrn entsühnt. 18 Sein Blut wurde ja nicht in das Innere des Heiligtums gebracht; das Fleisch hättet ihr im Heiligtum essen sollen, wie ich es angeordnet habe. 19 Aaron antwortete Mose: Heute haben sie ihr Sünd- und ihr Brandopfer vor dem Herrn dargebracht, und doch hat mich so etwas getroffen. Wenn ich heute das Sündopfer gegessen hätte, hätte das dem Herrn gefallen? 20 Als Mose das hörte, schien es ihm richtig.

Die Reinheitsgesetze: 11,1–15,33

Reine und unreine Tiere

11 Der Herr sprach zu Mose und Aaron: 2 Sagt den Israeliten: Das sind die Tiere, die ihr von allem Vieh auf der Erde essen dürft: 3 Alle Tiere, die gespaltene Klauen haben, Paarzeher sind und wiederkäuen, dürft ihr essen. 4 Jedoch dürft ihr von den Tieren, die wiederkäuen oder gespaltene Klauen haben, folgende nicht essen: Ihr sollt für unrein halten das Kamel, weil es zwar wiederkäut, aber keine gespaltenen Klauen hat; 5 ihr sollt für unrein halten den Klippdachs, weil er zwar wiederkäut, aber keine gespaltenen Klauen hat; 6 ihr sollt für unrein halten den Hasen, weil er zwar wiederkäut, aber keine gespaltenen Klauen hat; 7 ihr sollt für unrein halten das Wildschwein, weil es zwar gespaltene Klauen hat und Paarzeher ist, aber nicht wiederkäut. 8 Ihr dürft von ihrem Fleisch nicht essen und ihr Aas nicht berühren; ihr sollt sie für unrein halten.

9 Von allen Tieren, die im Wasser leben, dürft ihr essen; alle Tiere mit Flossen und Schuppen, die im Wasser, in Meeren und Flüssen leben, dürft ihr essen. 10 Aber alles, was in Meeren oder Flüssen lebt, alles Kleingetier des Wassers und alle Lebewesen, die im Wasser leben und keine Flossen oder Schuppen haben, seien euch abscheulich. 11 Ihr sollt sie als abscheulich ansehen; von ihrem Fleisch dürft ihr nicht essen, und ihr Aas sollt ihr verabscheuen. 12 Alles, was ohne Flossen oder Schuppen im Wasser lebt, haltet für abscheulich!

13 Unter den Vögeln sollt ihr folgende verabscheuen – man darf sie nicht essen, sie sind abscheulich: Aasgeier, Schwarzgeier, Bartgeier, 14 Milan, die verschiedenen Bussardarten, 15 alle Arten des Raben, 16 Adlereule, Kurzohreule, Langohreule und die verschiedenen Falkenarten, 17 Kauz, Fischeule, Bienenfresser, 18 Weißeule, Kleineule, Fischadler, 19 den Storch, die verschiedenen Reiherarten, Wiedehopf und Fledermaus.

20 Alle Kleintiere mit Flügeln und vier Füßen
seien euch abscheulich. 21 Von diesen Kleintieren
mit Flügeln und vier Füßen dürft ihr aber jene es-
sen, die Springbeine haben, um damit auf dem
Boden zu hüpfen. 22 Von ihnen dürft ihr die ver-
schiedenen Arten der Wanderheuschrecke, der
Solam-, der Hargol- und der Hagab-Heuschrecke
essen. 23 Alle übrigen Kleintiere mit Flügeln und
vier Füßen aber seien euch abscheulich. 24 An die-
sen Tieren verunreinigt ihr euch; jeder, der ihr
Aas berührt, wird unrein bis zum Abend. 25 Jeder,
der ihr Aas trägt, muß seine Kleider waschen und
ist unrein bis zum Abend.

26 Alle Tiere mit gespaltenen Klauen, die aber
nicht Paarzeher sind und nicht wiederkäuen, sollt
ihr für unrein halten; jeder, der sie berührt, wird
unrein. 27 Alle Vierfüßler, die auf Pfoten gehen,
sollt ihr für unrein halten; jeder, der ihr Aas
berührt, wird unrein bis zum Abend, 28 und wer
ihr Aas trägt, muß seine Kleider waschen und ist
unrein bis zum Abend. Ihr sollt sie für unrein hal-
ten.

29 Unter dem Kleingetier, das auf dem Boden
kriecht, sollt ihr für unrein halten den Maulwurf,
die Maus und die verschiedenen Arten der Ei-
dechsen, 30 nämlich den Gecko, die Koach- und
die Letaa-Eidechse, den Salamander und das
Chamäleon. 31 Unter allem Kleingetier sollt ihr
diese für unrein halten. Jeder, der sie berührt,
wenn sie tot sind, ist unrein bis zum Abend.

32 Jeder Gegenstand, auf den eines dieser Tiere
fällt, wenn sie tot sind, wird unrein, jedes Holz-
gerät, Kleid, Fell, grobes Zeug und jeder Ge-
brauchsgegenstand. Man muß einen solchen Ge-
genstand in Wasser tauchen; er ist unrein bis zum
Abend und erst dann wieder rein. 33 Jedes Tonge-
fäß, in das ein solches Tier fällt, müßt ihr zerbre-
chen, und sein Inhalt ist unrein. 34 Jede Speise, die
man essen will, wird unrein, wenn Wasser aus ei-
nem solchen Gefäß darauf kommt; jedes Getränk,
das man trinken will, wird durch ein solches Ge-
fäß unrein. 35 Alles, worauf ein Aas von ihnen fällt,
wird unrein; ein Backofen und ein kleiner Herd
müssen niedergerissen werden, denn sie sind un-
rein, und als unrein sollen sie euch gelten. 36 Nur
eine Quelle und eine Zisterne mit angesammel-
tem Wasser bleiben rein. Jeder, der ein Aas von
jenen Tieren berührt, wird unrein. 37 Wenn ein
Aas von ihnen auf irgendeinen Samen fällt, der
gesät werden soll, so bleibt er rein. 38 Wenn aber
das Korn mit Wasser befeuchtet war und ein sol-
ches Aas darauf fällt, sollt ihr es für unrein halten.

39 Wenn eines der Tiere, das euch zur Nahrung
dient, verendet, so wird der, der sein Aas berührt,
unrein bis zum Abend. 40 Wer von solchem
Fleisch ißt, muß seine Kleider waschen und ist
unrein bis zum Abend; wer solches Aas trägt,
muß seine Kleider waschen und ist unrein bis
zum Abend.

41 Jedes Kleintier, das sich auf dem Boden be-
wegt, ist abscheulich und darf nicht gegessen
werden. 42 Alles, was sich auf dem Bauch oder auf
vier und mehr Füßen fortbewegt, kurz alles Klein-
getier, das sich auf dem Boden bewegt, dürft ihr
nicht essen, denn es ist abscheulich. 43 Macht
euch nicht selbst abscheulich mit all diesem Ge-
wimmel von Kleintieren, und macht euch durch
sie nicht unrein, indem ihr euch durch sie verun-
reinigen laßt. 44 Denn ich bin der Herr, euer Gott.
Erweist euch als heilig, und seid heilig, weil ich
heilig bin. Verunreinigt euch daher nicht selbst
durch alle diese Kleintiere, die auf dem Boden
kriechen. 45 Denn ich bin der Herr, der euch aus
Ägypten heraufgeführt hat, um euer Gott zu sein.
Ihr sollt daher heilig sein, weil ich heilig bin.

46 Das ist das Gesetz über das Vieh, die Vögel,
alle Lebewesen, die sich im Wasser bewegen, und
alle Lebewesen, die auf dem Boden kriechen. 47 So
soll man das Unreine und das Reine unterschei-
den, die Tiere, die man essen darf, und jene, die
man nicht essen darf.

Die Reinigung der Wöchnerin

12 Der Herr sprach zu Mose: 2 Sag zu den Is-
raeliten: Wenn eine Frau niederkommt
und einen Knaben gebiert, ist sie sieben Tage un-
rein, wie sie in der Zeit ihrer Regel unrein ist. 3 Am
achten Tag soll man die Vorhaut des Kindes be-
schneiden, 4 und dreiunddreißig Tage soll die Frau
wegen ihrer Reinigungsblutung zu Hause blei-
ben. Sie darf nichts Geweihtes berühren und
nicht zum Heiligtum kommen, bis die Zeit ihrer
Reinigung vorüber ist. 5 Wenn sie ein Mädchen
gebiert, ist sie zwei Wochen unrein wie während
ihrer Regel. Sechsundsechzig Tage soll sie wegen
ihrer Reinigungsblutung zu Hause bleiben.
6 Wenn die Zeit ihrer Reinigung vorüber ist, soll
sie, für einen Sohn ebenso wie für eine Tochter,
ein einjähriges Schaf als Brandopfer und eine
junge Taube oder eine Turteltaube als Sündopfer

zum Priester an den Eingang des Offenbarungszeltes bringen. 7 Er soll es vor dem Herrn darbringen und sie entsühnen; so wird sie von ihrem Blutfluß gereinigt.

Das ist das Gesetz für eine Frau, die einen Knaben oder ein Mädchen gebiert. 8 Wenn sie die Mittel für ein Schaf nicht aufbringen kann, soll sie zwei Turteltauben oder zwei junge Tauben nehmen, eine als Brandopfer und die andere als Sündopfer; der Priester soll sie entsühnen, und so wird sie gereinigt.

Der Aussatz an Menschen

13 Der Herr sprach zu Mose und Aaron: 2 Wenn sich auf der Haut eines Menschen eine Schwellung, ein Ausschlag oder ein heller Fleck bildet, liegt Verdacht auf Hautaussatz vor. Man soll ihn zum Priester Aaron oder zu einem seiner Söhne, den Priestern, führen. 3 Der Priester soll das Übel auf der Haut untersuchen. Wenn das Haar an der kranken Stelle weiß wurde und die Stelle tiefer als die übrige Haut liegt, ist es Aussatz. Nachdem der Priester das Übel untersucht hat, soll er den Erkrankten für unrein erklären. 4 Wenn aber auf der Haut ein weißer Fleck besteht, der nicht merklich tiefer als die übrige Haut liegt, und das Haar nicht weiß geworden ist, soll der Priester den Befallenen für sieben Tage absondern. 5 Am siebten Tag untersuche er ihn wieder. Wenn er mit seinen eigenen Augen feststellt, daß das Übel gleich geblieben ist und sich auf der Haut nicht ausgebreitet hat, soll er ihn noch einmal für sieben Tage absondern 6 und ihn am siebten Tag abermals untersuchen. Wenn er dann feststellt, daß das Übel nachgelassen und sich auf der Haut nicht ausgebreitet hat, soll ihn der Priester für rein erklären. Es handelt sich um einen Ausschlag. Der Kranke soll seine Kleider waschen, dann ist er rein. 7 Breitet sich jedoch der Ausschlag auf der Haut aus, nachdem der Kranke vom Priester untersucht und für rein erklärt wurde, soll er sich ihm noch einmal zeigen. 8 Stellt der Priester fest, daß der Ausschlag sich auf der Haut ausgebreitet hat, soll der Priester ihn für unrein erklären: Es handelt sich um Aussatz.

9 Wenn sich also an jemandem ein Übel von der Art des Aussatzes zeigt, soll man ihn zum Priester bringen. 10 Stellt der Priester fest, daß sich auf der Haut eine weiße Schwellung zeigt, daß die Haare heller geworden sind und daß sich an der Schwellung wildes Fleisch gebildet hat, 11 dann ist es ein veralteter Aussatz auf der Haut. Der Priester soll ihn für unrein erklären, ohne ihn erst abzusondern, denn er ist unrein. 12 Wenn aber der Aussatz auf der Haut ausbricht, sie völlig ergreift und sich vom Kopf bis zu den Füßen erstreckt, überall, wohin der Priester schaut, 13 so soll er den Kranken untersuchen und, falls er feststellt, daß der Aussatz den ganzen Körper bedeckt, den Kranken für rein erklären. Da er völlig weiß geworden ist, ist er rein. 14 An dem Tag jedoch, an dem an ihm wildes Fleisch sichtbar wird, ist er unrein. 15 Hat der Priester das wilde Fleisch untersucht, soll er ihn für unrein erklären. Das wilde Fleisch ist etwas Unreines; es ist Aussatz. 16 Wenn aber das wilde Fleisch verschwindet und die befallene Stelle weiß wird, soll der Mann den Priester aufsuchen. 17 Dieser soll ihn untersuchen, und wenn er feststellt, daß die betroffene Stelle tatsächlich weiß geworden ist, soll er den Kranken für rein erklären: Er ist rein.

18 Wenn sich auf der Haut eines Menschen ein Furunkel bildet und wieder abheilt, 19 sich aber dann an der Stelle des Furunkels eine weiße Schwellung oder ein hellroter Fleck bildet, soll er sich dem Priester zeigen; 20 dieser soll ihn untersuchen. Wenn er eine merkliche Vertiefung der Haut und heller gewordenes Haar feststellt, soll der Priester ihn für unrein erklären; es ist ein Fall von Aussatz, der im Furunkel ausgebrochen ist. 21 Wenn der Priester bei der Untersuchung weder weiße Haare noch eine Vertiefung der Haut, vielmehr ein Abklingen des Übels feststellt, soll er den Kranken sieben Tage lang absondern. 22 Wenn sich das Übel dann doch auf der Haut ausbreitet, soll er ihn für unrein erklären: Es ist ein Fall von Aussatz. 23 Wenn aber der helle Fleck unverändert bleibt, ohne sich auszubreiten, so ist es eine Narbe vom Furunkel; der Priester soll diesen Menschen für rein erklären.

24 Wenn jemand auf der Haut eine Brandwunde hat und sich eine Wucherung als hellroter oder weißer Fleck bildet, 25 soll ihn der Priester untersuchen. Wenn er heller gewordenes Haar oder eine merkliche Vertiefung des Fleckes in der Haut feststellt, ist es Aussatz, der in der Brandwunde ausgebrochen ist. Der Priester soll den Menschen für unrein erklären; es ist ein Fall von Aussatz. 26 Untersucht ihn der Priester und stellt kein weißes Haar auf dem Fleck, keine Vertiefung der

Haut, sondern ein Abklingen fest, so soll er ihn
sieben Tage lang absondern. 27 Am siebten Tag soll
er ihn wieder untersuchen. Hat sich das Übel auf
der Haut ausgebreitet, soll er ihn für unrein er-
klären; es ist ein Fall von Aussatz. 28 Wenn der
helle Fleck unverändert geblieben ist, ohne sich
auf der Haut auszubreiten, vielmehr abgeblaßt ist,
so ist es nur eine angeschwollene Brandnarbe.
Der Priester soll den Kranken für rein erklären,
denn es ist nur eine Brandnarbe.

29 Zeigt sich bei einem Mann oder bei einer Frau
an Kopf oder Kinn eine kranke Stelle, 30 soll der Prie-
ster sie untersuchen. Stellt er dort eine merkliche
Hautvertiefung mit rötlich-gelb glänzendem,
schütter gewordenem Haar fest, soll er den Kran-
ken für unrein erklären. Es ist eine Flechte, ein
Aussatz des Kopfes oder des Kinns. 31 Stellt der Prie-
ster bei der Untersuchung dieses Falls von Flechte
weder eine merkliche Hautvertiefung noch
schwarzes Haar fest, soll er den mit Flechte Behaf-
teten sieben Tage lang absondern. 32 Am siebten
Tag soll er das Übel untersuchen. Stellt er fest, daß
sich die Flechte nicht ausgebreitet hat, an ihr kein
rötlich-gelb glänzendes Haar aufgetreten ist und
auch keine merkliche Hautvertiefung besteht,
33 soll sich der Kranke rasieren, dabei aber die befal-
lene Stelle aussparen, und der Priester soll ihn
noch einmal sieben Tage lang absondern. 34 Am
siebten Tag soll er das Übel wieder untersuchen.
Stellt er fest, daß es sich auf der Haut nicht ausge-
breitet hat und daß keine merkliche Hautvertie-
fung besteht, soll er den Kranken für rein erklären.
Dieser soll seine Kleider waschen, dann ist er rein.
35 Hat sich aber die Flechte nach der Reinerklärung
doch auf der Haut ausgebreitet, 36 soll ihn der Prie-
ster wieder untersuchen. Stellt er fest, daß sich die
Flechte auf der Haut ausbreitet, braucht der Prie-
ster nicht erst festzustellen, ob das Haar rötlich-
gelb glänzend ist; er ist unrein. 37 Scheint aber dem
Priester die Flechte gleichzubleiben und wächst
an ihr schwarzes Haar, so heilt sie ab; er ist rein,
und der Priester soll ihn für rein erklären.

38 Zeigen sich bei einem Mann oder bei einer
Frau Flecken, weiße Flecken auf der Haut, 39 so
soll der Priester sie untersuchen. Stellt er fest, daß
diese Flecken auf der Haut verblassen, so handelt
es sich um einen Ausschlag, der auf der Haut aus-
gebrochen ist; der Kranke ist rein.

40 Verliert ein Mann auf seinem Kopf die Haare,
so ist es eine Hinterkopfglatze; er ist rein. 41 Ge-
schieht es an der Schädelvorderseite, so ist es eine
Stirnglatze; er ist rein. 42 Entsteht aber auf der
Glatze des Hinterkopfes oder über der Stirn ein
hellroter Fleck, so ist es Aussatz, der auf dem Kopf
oder auf der Stirn dieses Menschen ausbricht.
43 Der Priester soll ihn untersuchen. Stellt er auf
der Hinterkopf- oder auf der Stirnglatze eine hell-
rote Aussatzschwellung fest, die wie Hautaussatz
aussieht, 44 so ist der Mensch aussätzig; er ist un-
rein. Der Priester muß ihn für unrein erklären; er
ist an seinem Kopf von Aussatz befallen.

45 Der Aussätzige, der von diesem Übel betroffen
ist, soll eingerissene Kleider tragen und das Kopf-
haar ungepflegt lassen; er soll den Schnurrbart
verhüllen und ausrufen: Unrein! Unrein! 46 So-
lange das Übel besteht, bleibt er unrein; er ist un-
rein. Er soll abgesondert wohnen, außerhalb des
Lagers soll er sich aufhalten.

Der Aussatz an Kleidern

47 Zeigt sich Aussatz auf einem Kleidungsstück, sei
es ein Woll- oder Leinenkleid, 48 ein Gewebe oder
Gewirke aus Leinen oder Wolle, oder auf Leder
oder auf irgendeinem Ledergegenstand, 49 so ist
das ein Fall von Aussatz, der dem Priester dann zu
zeigen ist, wenn der Fleck auf dem Kleid, dem Le-
der, dem Gewebe, dem Gewirke oder irgendei-
nem Ledergerät grüngelblich oder rötlich er-
scheint. 50 Der Priester soll das Übel untersuchen
und den befallenen Gegenstand sieben Tage lang
absondern. 51 Wenn er am siebten Tage beobach-
tet, daß sich das Übel auf dem Kleid, dem Ge-
webe, dem Gewirke, dem Leder oder Lederge-
genstand, was immer es auch sein mag,
ausgebreitet hat, so ist es ein Fall von bösartigem
Aussatz: Der befallene Gegenstand ist unrein.
52 Man soll dieses Kleid, dieses Gewebe, dieses
Gewirke aus Wolle oder Leinen oder das Leder-
gerät, was es auch sein mag, auf dem sich das
Übel zeigt, verbrennen; denn es ist bösartiger
Aussatz, der im Feuer verbrannt werden muß.
53 Wenn aber der Priester bei der Untersuchung
feststellt, daß das Übel sich auf diesem Kleid, Ge-
webe, Gewirke oder Ledergerät nicht ausgebrei-
tet hat, 54 soll er den befallenen Gegenstand wa-
schen lassen und ihn noch einmal sieben Tage
lang absondern. 55 Nach dem Abwaschen soll er
das Übel untersuchen, und wenn er feststellt, daß
sich sein Aussehen nicht verändert hat, so ist der
Gegenstand unrein, auch wenn sich das Übel

nicht ausbreitet; du sollst ihn im Feuer verbrennen. Es liegt eine ausgefressene Vertiefung an seiner Vorder- oder Rückseite vor. 56 Stellt aber der Priester bei der Untersuchung fest, daß das Übel nach dem Abwaschen abgeblaßt ist, so soll er die befallene Stelle von dem Kleid, dem Leder, dem Gewebe oder dem Gewirke abreißen. 57 Sollte aber das Übel auf diesem Kleid, Gewebe, Gewirke oder Ledergerät wieder erscheinen, so greift das Übel weiter um sich, und du sollst den befallenen Gegenstand im Feuer verbrennen. 58 Aber das Kleid, das Gewebe, das Gewirke oder das Ledergerät, auf dem das Übel nach dem Abwaschen verschwunden ist, soll noch einmal gewaschen werden und ist dann rein.

59 Das ist das Gesetz für den Fall von Aussatz auf einem Woll- oder Leinenkleid, einem Gewebe, Gewirke oder Ledergerät, wenn es gilt, sie für rein oder unrein zu erklären.

Die Reinigungsriten für vom Aussatz Geheilte

14 Der Herr sprach zu Mose: 2 Das ist das Gesetz für den Aussätzigen, wenn er für rein erklärt wird: Man soll ihn zum Priester führen, 3 und der Priester soll vor das Lager herauskommen. Stellt er nach der Untersuchung fest, daß der Aussätzige von seinem Aussatz geheilt ist, 4 soll er anordnen, daß man für den, der sich der Reinigung unterzieht, zwei lebende reine Vögel, Zedernholz, Karmesin und Ysop nimmt. 5 Dann soll er anordnen, den einen Vogel über einem Tongefäß mit Quellwasser zu schlachten. 6 Den lebenden Vogel, das Zedernholz, das Karmesin und den Ysop soll er nehmen und alles, auch den lebenden Vogel, in das Blut des über dem Quellwasser geschlachteten Vogels tauchen. 7 Nun soll er den, der sich der Reinigung vom Aussatz unterzieht, siebenmal besprengen und, nachdem er ihn für rein erklärt hat, den lebenden Vogel ins freie Feld fliegen lassen. 8 Der sich der Reinigung unterzieht, der soll seine Kleider waschen, sein ganzes Haar scheren, sich in Wasser baden und dann rein sein. Nachher darf er ins Lager kommen, muß aber noch sieben Tage außerhalb seines Zeltes bleiben. 9 Am siebten Tag soll er sein ganzes Haar scheren, die Kopfhaare, den Bart und die Augenbrauen; alle Haare muß er scheren. Nachdem er seine Kleider gewaschen und seinen Körper in Wasser gebadet hat, ist er rein.

10 Am achten Tag soll er zwei fehlerlose Widder, ein einjähriges fehlerloses Schaf, drei Zehntel Efa Speiseopfermehl, das mit Öl vermengt ist, und ein Log Öl nehmen. 11 Der Priester, der die Reinigung vornimmt, soll den, der sich der Reinigung unterzieht, mit seinen Opfergaben am Eingang des Offenbarungszeltes vor dem Herrn aufstellen. 12 Dann soll er den einen Widder nehmen, ihn zusammen mit dem Log Öl als Schuldopfer darbringen und mit beiden den Darbringungsritus vor dem Herrn vollziehen. 13 Er soll den Widder an der Stelle schlachten, wo man das Sünd- und das Brandopfer schlachtet, an dem heiligen Ort. Dieses Schuldopfer nämlich gehört wie ein Sündopfer dem Priester, es ist etwas Hochheiliges. 14 Der Priester soll etwas Blut vom Schlachtopfer nehmen und es auf das rechte Ohrläppchen dessen tun, der sich der Reinigung unterzieht, und auf den Daumen seiner rechten Hand und auf die große Zehe seines rechten Fußes. 15 Dann soll er etwas von dem Log Öl nehmen und auf seinen eigenen linken Handteller gießen. 16 Er soll einen Finger seiner rechten Hand in das Öl, das auf seinem linken Handteller ist, tauchen und mit diesem Finger siebenmal Öl vor dem Herrn verspritzen. 17 Dann soll er etwas von dem auf seinem Handteller übriggebliebenen Öl auf das rechte Ohrläppchen dessen tun, der sich der Reinigung unterzieht, auf den Daumen seiner rechten Hand und auf die große Zehe seines rechten Fußes, auf das Blut des Schuldopfers. 18 Den Rest des Öls, das er auf seinem Handteller hat, soll er auf den Kopf dessen tun, der sich der Reinigung unterzieht. So soll er ihn vor dem Herrn entsühnen.

19 Nun soll der Priester das Sündopfer durchführen und den, der sich der Reinigung unterzieht, von seiner Unreinheit entsühnen. Danach soll er das Brandopfer schlachten 20 und dieses und das Speiseopfer auf dem Altar als Ganzopfer darbringen. Hat der Priester den betreffenden Menschen entsühnt, so ist er rein.

21 Wenn er arm ist und seine Mittel nicht ausreichen, soll der Priester einen einzigen Schuldopferwidder für den Darbringungsritus nehmen, um ihn zu entsühnen. Er soll nur ein Zehntel Efa Feinmehl, das mit Öl vermengt ist, und ein Log Öl als Speiseopfer nehmen, 22 und je nachdem es seine Mittel gestatten, soll er zwei Turteltauben oder zwei junge Tauben bringen, von denen die eine als Sündopfer und die andere als Brandopfer dienen

soll. 23 Er soll sie am achten Tag zu seiner Reinigung
dem Priester zum Eingang des Offenbarungszeltes
vor den Herrn bringen. 24 Der Priester soll den
Schuldopferwidder und das Log Öl nehmen und
damit den Darbringungsritus vor dem Herrn voll-
ziehen. 25 Hat er diesen Schuldopferwidder ge-
schlachtet, dann nehme er etwas Blut vom Schuld-
opfer und tue es auf das rechte Ohrläppchen
dessen, der sich der Reinigung unterzieht, auf den
Daumen seiner rechten Hand und auf die große
Zehe seines rechten Fußes. 26 Er soll etwas Öl auf
seinen linken Handteller gießen 27 und etwas von
diesem Öl, das auf seinem linken Handteller ist,
mit seinem rechten Zeigefinger siebenmal vor
dem Herrn verspritzen. 28 Dann soll er etwas von
dem Öl, das auf seinem Handteller ist, auf das
rechte Ohrläppchen dessen, der sich der Reini-
gung unterzieht, auf den Daumen seiner rechten
Hand und auf die große Zehe seines rechten Fußes
tun, und zwar auf die Stelle des Schuldopferblutes.
29 Den Rest des Öls auf seinem Handteller soll der
Priester auf den Kopf dessen tun, der sich der Rei-
nigung unterzieht. So soll er ihn vor dem Herrn
entsühnen. 30 Seinen Mitteln entsprechend soll er
die eine der beiden Turteltauben oder jungen Tau-
ben 31 als ein Sündopfer und die andere als ein Bran-
dopfer mit einem Speiseopfer verwenden. Der
Priester soll damit den, der sich der Reinigung
unterzieht, vor dem Herrn entsühnen.

32 Das ist das Gesetz für einen, der vom Aussatz
befallen ist und dessen Mittel für seine Reinigung
nicht ausreichen.

Der Aussatz an Häusern

33 Der Herr sprach zu Mose und Aaron: 34 Wenn ihr
in das Land Kanaan kommt, das ich euch zum Be-
sitz gebe, und ich lasse an einem Haus des Lan-
des, das ihr besitzen werdet, Aussatz auftreten,
35 so soll der Hausherr kommen, es dem Priester
anzeigen und sagen: Ich habe an meinem Haus so
etwas wie Aussatz gesehen. 36 Der Priester soll an-
ordnen, daß man das Haus räumt, bevor er
kommt, um das Übel zu untersuchen; auf diese
Weise wird das, was sich im Haus befindet, nicht
unrein. Danach erst soll der Priester kommen, um
das Haus zu besichtigen. 37 Stellt er dabei fest, daß
sich an den Mauern des Hauses grünlich-gelbe
oder rötliche Vertiefungen zeigen, die Mulden in
der Mauer bilden, 38 so soll der Priester aus dem
Haus hinausgehen und den Eingang für sieben
Tage abschließen. 39 Am siebten Tag soll er wie-
derkommen. Stellt er bei der Besichtigung fest,
daß sich das Übel an den Hausmauern ausgebrei-
tet hat, 40 so ordne er an, die Steine, die vom Übel
befallen sind, herauszureißen und sie vor die
Stadt hinaus an einen unreinen Ort zu werfen.
41 Dann soll er die Innenwände des Hauses ab-
kratzen lassen, und man soll den so entfernten
Mörtel aus der Stadt hinausschaffen und an einen
unreinen Ort schütten. 42 Man soll andere Steine
nehmen, um die herausgerissenen zu ersetzen,
und das Haus mit frischem Mörtel bestreichen.
43 Hat man die Steine entfernt, das Haus abge-
kratzt und neu verputzt und das Übel bricht wie-
der aus, 44 soll der Priester kommen, um es zu be-
sichtigen. Stellt er fest, daß sich das Übel an dem
Haus ausgebreitet hat, so ist bösartiger Aussatz an
dem Haus; es ist unrein. 45 Man soll es nieder-
reißen und seine Steine, seine Balken und seinen
ganzen Mörtelverputz vor die Stadt hinausbrin-
gen an einen unreinen Ort. 46 Jeder, der das Haus
während der Tage, an denen es durch den Priester
verschlossen war, betreten hat, ist unrein bis zum
Abend. 47 Wer im Haus geschlafen hat, muß seine
Kleider waschen; wer im Haus gegessen hat,
muß seine Kleider waschen.

48 Kommt aber der Priester, um das Übel zu be-
sichtigen, und stellt fest, daß sich das Übel, nach-
dem das Haus neu verputzt wurde, nicht ausge-
breitet hat, soll er das Haus für rein erklären, denn
das Übel ist abgeheilt. 49 Um das Haus zu entsün-
digen, soll er zwei Vögel, Zedernholz, Karmesin
und Ysop nehmen. 50 Er soll einen der Vögel über
einem Tongefäß mit Quellwasser schlachten.
51 Dann soll er das Zedernholz, den Ysop, das Kar-
mesin und den lebenden Vogel nehmen, um sie
in das Blut des geschlachteten Vogels und in das
Quellwasser zu tauchen. Er soll das Haus sieben-
mal besprengen und, 52 nachdem er das Haus mit
dem Blut des Vogels, dem Quellwasser, dem le-
benden Vogel, dem Zedernholz, dem Ysop und
dem Karmesin entsündigt hat, 53 den lebenden Vo-
gel aus der Stadt hinaus ins freie Feld fliegen las-
sen. So entsühnt er das Haus, und es ist wieder
rein.

54 Das ist das Gesetz für alle Fälle von Aussatz
und Flechte, 55 von Aussatz an Kleidern und Häu-
sern, 56 von Geschwülsten, Ausschlag und hellen
Flecken, 57 zur Unterweisung, wann etwas unrein
oder rein ist. Das ist das Gesetz über den Aussatz.

Die Unreinheit bei Männern

15 Der Herr sprach zu Mose und Aaron: 2 Redet zu den Israeliten, und sagt zu ihnen: Wenn ein Mann einen Ausfluß aus seinem Körper hat, so ist dieser Ausfluß unrein. 3 Hat er diesen Ausfluß, so besteht seine Unreinheit, ob sein Körper den Ausfluß fließen läßt oder ihn zurückhält; bei ihm liegt Unreinheit vor. 4 Jedes Lager, auf das sich dieser Mann legt, und jeder Gegenstand, auf den er sich setzt, ist unrein. 5 Wer sein Lager berührt, muß seine Kleider waschen, sich in Wasser baden und ist unrein bis zum Abend. 6 Wer sich auf einen Gegenstand setzt, auf dem der Leidende saß, muß seine Kleider waschen, sich in Wasser baden und ist unrein bis zum Abend. 7 Wer den Körper des Leidenden berührt, muß seine Kleider waschen, sich in Wasser baden und ist unrein bis zum Abend. 8 Wenn der Kranke eine reine Person anspuckt, muß sie ihre Kleider waschen, sich in Wasser baden und ist unrein bis zum Abend. 9 Jeder Sattel, den der Kranke benutzt, ist unrein. 10 Jeder, der irgendeinen Gegenstand berührt, der unter dem Kranken war, ist unrein bis zum Abend. Wer einen solchen Gegenstand trägt, muß seine Kleider waschen, sich in Wasser baden und ist unrein bis zum Abend. 11 Jeder, den der Kranke berührt, ohne zuvor seine Hände mit Wasser abzuspülen, muß seine Kleider waschen, sich in Wasser baden und ist unrein bis zum Abend. 12 Ein Tongefäß, das der Kranke berührt, muß zerbrochen, und jedes Holzgerät mit Wasser abgespült werden.

13 Wird dieser Mann von seinem Ausfluß rein, soll er sieben Tage bis zu seiner Reinigung zählen. Danach muß er seine Kleider waschen, seinen Körper in Quellwasser baden und ist dann rein. 14 Am achten Tag soll er zwei Turteltauben oder zwei junge Tauben nehmen, vor den Herrn zum Eingang des Offenbarungszeltes kommen und sie dem Priester geben. 15 Mit der einen soll der Priester ein Sündopfer und mit der andern ein Brandopfer darbringen. Der Priester soll ihn so vor dem Herrn wegen seines Ausflusses entsühnen.

16 Hat ein Mann Samenerguß, soll er seinen ganzen Körper in Wasser baden und ist unrein bis zum Abend. 17 Jedes Kleid und jedes Lederstück, auf das Samen gekommen ist, muß mit Wasser gesäubert werden und ist unrein bis zum Abend.

18 Schläft ein Mann, der Samenerguß hat, mit einer Frau, müssen sie sich beide in Wasser baden und sind unrein bis zum Abend.

Die Unreinheit bei Frauen

19 Hat eine Frau Blutfluß und ist solches Blut an ihrem Körper, soll sie sieben Tage lang in der Unreinheit ihrer Regel verbleiben. Wer sie berührt, ist unrein bis zum Abend. 20 Alles, worauf sie sich in diesem Zustand legt, ist unrein; alles, worauf sie sich setzt, ist unrein. 21 Wer ihr Lager berührt, muß seine Kleider waschen, sich in Wasser baden und ist unrein bis zum Abend. 22 Wer irgendeinen Gegenstand berührt, auf dem sie saß, muß seine Kleider waschen, sich in Wasser baden und ist unrein bis zum Abend. 23 Befindet sich etwas auf dem Bett oder auf dem Gegenstand, auf dem sie saß, wird derjenige, der es berührt, unrein bis zum Abend. 24 Schläft ein Mann mit ihr, so kommt die Unreinheit ihrer Regel auf ihn. Er wird für sieben Tage unrein. Jedes Lager, auf das er sich legt, wird unrein.

25 Hat eine Frau mehrere Tage außerhalb der Zeit ihrer Regel einen Blutfluß oder hält ihre Regel länger an, ist sie für die ganze Dauer dieses Ausflusses im gleichen Zustand der Unreinheit wie während der Zeit ihrer Regel. 26 Jedes Lager, auf das sie sich während der ganzen Dauer ihres Ausflusses legt, ist so wie ihr Lager, auf dem sie während ihrer Regel liegt. Jeder Gegenstand, auf den sie sich setzt, wird unrein wie bei der Unreinheit ihrer Regel. 27 Jeder, der diese Gegenstände berührt, wird unrein; er muß seine Kleider waschen, sich in Wasser baden und ist unrein bis zum Abend.

28 Ist sie von ihrem Ausfluß rein, soll sie sieben Tage zählen und dann rein sein. 29 Am achten Tag soll sie zwei Turteltauben oder zwei junge Tauben nehmen und sie dem Priester zum Eingang des Offenbarungszeltes bringen. 30 Der Priester soll die eine als Sündopfer und die andere als Brandopfer verwenden. Er soll sie so vor dem Herrn wegen ihres verunreinigenden Ausflusses entsühnen.

31 Ihr sollt die Israeliten vor ihrer Unreinheit warnen, damit sie nicht in ihr sterben müssen, weil sie meine Wohnstätte in ihrer Mitte verunreinigen.

32 Das ist das Gesetz für einen Mann, der einen Ausfluß hat, für einen, den ein Samenerguß unrein gemacht hat, 33 und für die Frau in der Unreinheit ihrer Regel, also für den Mann oder die Frau mit Ausfluß und den Mann, der mit einer unreinen Frau schläft.

Das Ritual für den Versöhnungstag: 16,1–34

16 Nach dem Tod der beiden Söhne Aarons, die umgekommen waren, als sie vor den Herrn hintraten, redete der Herr mit Mose. 2 Der Herr sprach zu Mose: Sag deinem Bruder Aaron, er soll nicht zu jeder beliebigen Zeit das Heiligtum hinter dem Vorhang vor der Deckplatte der Lade betreten. Dann wird er nicht sterben, wenn ich über der Deckplatte in einer Wolke erscheine. 3 Aaron darf nur so in das Heiligtum kommen: mit einem Jungstier für ein Sündopfer und einem Widder für ein Brandopfer. 4 Ein geweihtes Leinengewand soll er anhaben, leinene Beinkleider tragen, sich mit einem Leinengürtel gürten und um den Kopf einen Leinenturban binden. Das sind heilige Gewänder; deshalb soll er seinen ganzen Körper in Wasser baden und sie erst dann anlegen. 5 Von der Gemeinde der Israeliten soll er zwei Ziegenböcke für ein Sündopfer und einen Widder für ein Brandopfer erhalten. 6 Hat er den Jungstier für seine eigene Sünde dargebracht und sich und sein Haus entsühnt, 7 dann soll Aaron die beiden Ziegenböcke nehmen und sie vor dem Herrn am Eingang des Offenbarungszeltes aufstellen. 8 Für die beiden Böcke soll er Lose kennzeichnen, ein Los »für den Herrn« und ein Los »für Asasel«. 9 Aaron soll den Bock, für den das Los »für den Herrn« herauskommt, herbeiführen und ihn als Sündopfer darbringen. 10 Der Bock, für den das Los »für Asasel« herauskommt, soll lebend vor den Herrn gestellt werden, um für die Sühne zu dienen und zu Asasel in die Wüste geschickt zu werden. 11 Aaron soll den Jungstier für sein eigenes Sündopfer herbeibringen lassen, um sich und sein Haus zu entsühnen, und diesen Jungstier als Sündopfer für sich schlachten.

12 Dann soll er eine Räucherpfanne voll glühender Kohlen vom Altar, der vor dem Herrn steht, und zwei Handvoll zerstoßenen duftenden Räucherwerks nehmen. Er soll alles hinter den Vorhang bringen 13 und das Räucherwerk auf das Feuer vor dem Herrn tun; die Wolke des Räucherwerks soll die Deckplatte über der Lade einhüllen, damit er nicht sterben muß. 14 Dann soll er vom Blut des Jungstiers nehmen und es mit seinem Finger gegen die Vorderseite der Deckplatte spritzen; auch vor die Deckplatte soll er mit seinem Finger siebenmal etwas Blut spritzen. 15 Nachher soll er den Bock schlachten, der als Sündopfer für das Volk bestimmt ist, und sein Blut hinter den Vorhang tragen. Er soll es mit diesem Blut ebenso machen wie mit dem Blut des Jungstiers und es auf die Deckplatte und vor die Deckplatte spritzen. 16 So soll er das Heiligtum von den Unreinheiten der Israeliten, von all ihren Freveltaten und Sünden entsühnen, und so soll er mit dem Offenbarungszelt verfahren, das bei ihnen inmitten ihrer Unreinheiten seinen Sitz hat. 17 Kein Mensch darf im Offenbarungszelt sein, wenn er in das Heiligtum eintritt, um die Sühne zu vollziehen, bis er es wieder verläßt.

Hat er sich, sein Haus und die ganze Gemeinde Israels entsühnt, 18 so soll er zum Altar vor dem Herrn hinausgehen und ihn entsühnen. Er soll etwas Blut des Jungstiers und des Bockes nehmen und es auf die Hörner rings um den Altar tun. 19 Etwas von diesem Blut soll er mit seinem Finger siebenmal auf den Altar spritzen. So soll er ihn von den Unreinheiten der Israeliten reinigen und ihn heiligen.

20 Hat er so die Entsühnung des Heiligtums, des Offenbarungszeltes und des Altars beendet, soll er den lebenden Bock herbringen lassen. 21 Aaron soll seine beiden Hände auf den Kopf des lebenden Bockes legen und über ihm alle Sünden der Israeliten, alle ihre Frevel und alle ihre Fehler bekennen. Nachdem er sie so auf den Kopf des Bockes geladen hat, soll er ihn durch einen bereitstehenden Mann in die Wüste treiben lassen, 22 und der Bock soll alle ihre Sünden mit sich in die Einöde tragen.

Hat er den Bock in die Wüste geschickt, 23 dann soll Aaron wieder in das Offenbarungszelt gehen, die Leinengewänder, die er beim Betreten des Heiligtums angelegt hat, ablegen und sie dort verwahren. 24 Er soll seinen Körper in Wasser an einem heiligen Ort baden, wieder seine Kleider anlegen und hinausgehen, um sein Brandopfer und das des Volkes darzubringen. Er soll sich und das Volk entsühnen 25 und das Fett des Sündopfers auf dem Altar in Rauch aufgehen lassen.

26 Der Mann, der den Bock für Asasel hinausgeführt hat, muß seine Kleider waschen, seinen Körper in Wasser baden und darf danach

wieder in das Lager kommen. 27 Den Jungstier und den Bock, die man als Sündopfer dargebracht und deren Blut man in das Heiligtum zur Entsühnung gebracht hat, soll man aus dem Lager hinausschaffen und ihr Fell, ihr Fleisch und ihren Mageninhalt im Feuer verbrennen. 28 Wer sie verbrannt hat, muß seine Kleider waschen, den Körper in Wasser baden und darf danach wieder ins Lager kommen.

29 Folgendes soll euch als feste Regel gelten: Im siebten Monat, am zehnten Tag des Monats, sollt ihr euch Enthaltung auferlegen und keinerlei Arbeit tun, der Einheimische und ebenso der Fremde, der in eurer Mitte lebt. 30 Denn an diesem Tag entsühnt man euch, um euch zu reinigen. Vor dem Herrn werdet ihr von allen euren Sünden wieder rein. 31 Dieser Tag ist füreuch ein vollständiger Ruhetag, und ihr sollt euch Enthaltung auferlegen. Das gelte als feste Regel. 32 Der Priester, den man gesalbt und an Stelle seines Vaters als Priester eingesetzt hat, soll die Sühne vollziehen. Er soll die Leinengewänder, die heiligen Gewänder, anlegen. 33 Er soll das geweihte Heiligtum, das Offenbarungszelt und den Altar entsühnen; dann soll er die Priester und das ganze Volk der Gemeinde entsühnen. 34 Das soll für euch als feste Regel gelten: Einmal im Jahr sollen die Israeliten von allen ihren Sünden entsühnt werden. Und man tat, wie es der Herr dem Mose befohlen hatte.

Das Heiligkeitsgesetz: 17,1–26,46

Schlachtungen und Blutgenuß

17 Der Herr sprach zu Mose: 2 Rede zu Aaron, seinen Söhnen und allen Israeliten, und sag zu ihnen: Das ist es, worauf der Herr euch verpflichtet hat: 3 Jeder Mann aus dem Haus Israel, der innerhalb oder außerhalb des Lagers ein Rind, ein Schaf oder eine Ziege schlachtet 4 und das Tier nicht zum Eingang des Offenbarungszeltes bringt, um es dem Herrn vor seiner Wohnstätte zu opfern, dem soll es als Blutschuld angerechnet werden; er hat Blut vergossen und soll aus der Mitte seines Volkes ausgemerzt werden. 5 Daher sollen die Israeliten die Opfer, die sie (jetzt noch) auf dem freien Feld schlachten, dem Priester für den Herrn zum Eingang des Offenbarungszeltes bringen und sie als Heilsopfer für den Herrn schlachten. 6 Der Priester soll das Blut auf den Altar des Herrn am Eingang des Offenbarungszeltes gießen und das Fett zum beruhigenden Duft für den Herrn in Rauch aufgehen lassen. 7 Sie sollen nicht mehr ihre Schlachtopfer für Bocksdämonen schlachten, mit denen sie Unzucht treiben. Das gelte ihnen und ihren kommenden Generationen als feste Regel.

8 Du sollst ihnen weiter sagen: Jeder Mann aus dem Haus Israel oder jeder Fremde in eurer Mitte, der ein Brand- oder Schlachtopfer darbringt, 9 ohne es zum Eingang des Offenbarungszeltes zu bringen, um es für den Herrn zu vollziehen, soll aus seinen Stammesgenossen ausgemerzt werden.

10 Jeder Mann aus dem Haus Israel oder jeder Fremde in eurer Mitte, der irgendwie Blut genießt, gegen einen solchen werde ich mein Angesicht wenden und ihn aus der Mitte seines Volkes ausmerzen. 11 Die Lebenskraft des Fleisches sitzt nämlich im Blut. Dieses Blut habe ich euch gegeben, damit ihr auf dem Altar für euer Leben die Sühne vollzieht; denn das Blut ist es, das für ein Leben sühnt. 12 Deshalb habe ich zu den Israeliten gesagt: Niemand unter euch darf Blut genießen, auch der Fremde, der in eurer Mitte lebt, darf kein Blut genießen. 13 Jeder unter den Israeliten oder der Fremde in eurer Mitte, der Wild oder für den Genuß erlaubte Vögel erlegt, muß das Blut ausfließen lassen und es mit Erde bedecken. 14 Denn das Leben aller Wesen aus Fleisch ist das Blut, das darin ist. Ich habe zu den Israeliten gesagt: Das Blut irgendeines Wesens aus Fleisch dürft ihr nicht genießen; denn das Leben aller Wesen aus Fleisch ist ihr Blut. Jeder, der es genießt, soll ausgemerzt werden.

15 Jeder, sei er einheimisch oder fremd, der ein verendetes oder zerrissenes Tier ißt, muß seine Kleider waschen, sich in Wasser baden und ist unrein bis zum Abend; dann ist er rein. 16 Wer seine Kleider nicht wäscht und seinen Körper nicht in Wasser badet, muß die Folgen seiner Schuld tragen.

Sexuelle Vorschriften: 18,1–30

Einleitung

18 Der Herr sprach zu Mose: 2 Rede zu den Israeliten, und sag zu ihnen: Ich bin der Herr, euer Gott. 3 Ihr sollt nicht tun, was man in Ägypten tut, wo ihr gewohnt habt; ihr sollt nicht tun, was man in Kanaan tut, wohin ich euch führe. Ihre Bräuche sollt ihr nicht befolgen. 4 Meine Vorschriften sollt ihr einhalten, und meine Satzungen sollt ihr beachten und befolgen. Ich bin der Herr, euer Gott. 5 Ihr sollt auf meine Satzungen und meine Vorschriften achten. Wer sie einhält, wird durch sie leben. Ich bin der Herr.

Unzucht unter Verwandten

6 Niemand von euch darf sich einer Blutsverwandten nähern, um ihre Scham zu entblößen. Ich bin der Herr. 7 Die Scham deines Vaters, nämlich die Scham deiner Mutter, darfst du nicht entblößen. Sie ist deine Mutter, du darfst ihre Scham nicht entblößen. 8 Die Scham der Frau deines Vaters darfst du nicht entblößen; sie ist die Scham deines Vaters. 9 Die Scham deiner Schwester, einer Tochter deines Vaters oder einer Tochter deiner Mutter, darfst du nicht entblößen, sei sie im Haus oder außerhalb geboren. 10 Die Scham einer Tochter deines Sohnes oder einer Tochter deiner Tochter darfst du nicht entblößen; denn ihre Scham ist deine eigene Scham. 11 Die Scham der Tochter einer Frau deines Vaters darfst du nicht entblößen. Sie ist deinem Vater geboren, also deine Schwester; du darfst ihre Scham nicht entblößen. 12 Die Scham einer Schwester deines Vaters darfst du nicht entblößen; denn sie ist mit deinem Vater leiblich verwandt. 13 Die Scham der Schwester deiner Mutter darfst du nicht entblößen; denn sie ist mit deiner Mutter leiblich verwandt. 14 Die Scham des Bruders deines Vaters darfst du nicht entblößen; du darfst dich seiner Frau nicht nähern; denn sie ist deine Tante. 15 Die Scham deiner Schwiegertochter darfst du nicht entblößen. Sie ist die Frau deines Sohnes; du darfst ihre Scham nicht entblößen. 16 Die Scham der Frau deines Bruders darfst du nicht entblößen; denn sie ist die Scham deines Bruders. 17 Die Scham einer Frau und gleichzeitig die ihrer Tochter darfst du nicht entblößen; weder die Tochter ihres Sohnes noch die Tochter ihrer Tochter darfst du nehmen, um ihre Scham zu entblößen. Sie sind leiblich verwandt, es wäre Blutschande. 18 Du darfst neben einer Frau nicht auch noch deren Schwester heiraten; du würdest sie zur Nebenbuhlerin machen, wenn du zu Lebzeiten der Frau die Scham ihrer Schwester entblößt.

Andere Unzuchtvergehen

19 Einer Frau, die wegen ihrer Regel unrein ist, darfst du dich nicht nähern, um ihre Scham zu entblößen. 20 Der Frau deines Stammesgenossen darfst du nicht beiwohnen; du würdest dadurch unrein.

21 Von deinen Nachkommen darfst du keinen für Moloch darbringen. Du darfst den Namen deines Gottes nicht entweihen. Ich bin der Herr.

22 Du darfst nicht mit einem Mann schlafen, wie man mit einer Frau schläft; das wäre ein Greuel. 23 Keinem Vieh darfst du beiwohnen; du würdest dadurch unrein. Keine Frau darf vor ein Vieh hintreten, um sich mit ihm zu begatten; das wäre eine schandbare Tat.

Schlußmahnung

24 Ihr sollt euch nicht durch all das verunreinigen; denn durch all das haben sich die Völker verunreinigt, die ich vor euch vertrieben habe. 25 Das Land wurde unrein, ich habe an ihm seine Schuld geahndet, und das Land hat seine Bewohner ausgespien. 26 Ihr aber sollt auf meine Satzungen und Vorschriften achten und keine dieser Greueltaten begehen, weder der Einheimische noch der Fremde, der in eurer Mitte lebt. 27 Denn all diese Greueltaten haben die Leute begangen, die vor euch im Land waren, und so wurde das Land unrein. 28 Wird es etwa euch, wenn ihr es verunreinigt, nicht ebenso ausspeien, wie es das Volk vor euch ausgespien hat? 29 Alle nämlich, die irgendeine dieser Greueltaten begehen, werden aus der Mitte ihres Volkes ausgemerzt. 30 Achtet auf meine Anordnungen, befolgt keinen von den greulichen Bräuchen, die man vor euch befolgt hat, und verunreinigt euch nicht durch sie. Ich bin der Herr, euer Gott.

Kultische und soziale Gebote: 19,1–37

Einleitung

19 Der Herr sprach zu Mose: 2 Rede zur ganzen Gemeinde der Israeliten, und sag zu ihnen: Seid heilig, denn ich, der Herr, euer Gott, bin heilig.

Die Ehrfurcht gegenüber den Eltern

3 Jeder von euch soll Mutter und Vater fürchten und auf meine Sabbate achten; ich bin der Herr, euer Gott. 4 Ihr sollt euch nicht anderen Göttern zuwenden und euch nicht Götterbilder aus Metall gießen; ich bin der Herr, euer Gott.

Die rechte Einstellung zum Heilsopfer

5 Wenn ihr für den Herrn ein Heilsopfer schlachtet, opfert es so, daß ihr Annahme findet. 6 An dem Tag, an dem ihr es schlachtet, oder am folgenden Tag soll es gegessen werden; was davon am dritten Tag noch übrig ist, soll im Feuer verbrannt werden. 7 Ißt man davon am dritten Tag, so ist das Opfer untauglich und findet keine Annahme mehr. 8 Wer davon ißt, muß die Folgen seiner Schuld tragen; denn er hat die Heiligkeit des Herrn entweiht. Ein solcher Mensch soll aus seinen Stammesgenossen ausgemerzt werden.

Das Verbot der Nachlese

9 Wenn ihr die Ernte eures Landes einbringt, sollt ihr das Feld nicht bis zum äußersten Rand abernten. Du sollst keine Nachlese von deiner Ernte halten. 10 In deinem Weinberg sollst du keine Nachlese halten und die abgefallenen Beeren nicht einsammeln. Du sollst sie dem Armen und dem Fremden überlassen. Ich bin der Herr, euer Gott.

Soziales Verhalten und Nächstenliebe

11 Ihr sollt nicht stehlen, nicht täuschen und einander nicht betrügen. 12 Ihr sollt nicht falsch bei meinem Namen schwören; du würdest sonst den Namen deines Gottes entweihen. Ich bin der Herr.

13 Du sollst deinen Nächsten nicht ausbeuten und ihn nicht um das Seine bringen. Der Lohn des Tagelöhners soll nicht über Nacht bis zum Morgen bei dir bleiben. 14 Du sollst einen Tauben nicht verfluchen und einem Blinden kein Hindernis in den Weg stellen; vielmehr sollst du deinen Gott fürchten. Ich bin der Herr.

15 Ihr sollt in der Rechtsprechung kein Unrecht tun. Du sollst weder für einen Geringen noch für einen Großen Partei nehmen; gerecht sollst du deinen Stammesgenossen richten. 16 Du sollst deinen Stammesgenossen nicht verleumden und dich nicht hinstellen und das Leben deines Nächsten fordern. Ich bin der Herr.

17 Du sollst in deinem Herzen keinen Haß gegen deinen Bruder tragen. Weise deinen Stammesgenossen zurecht, so wirst du seinetwegen keine Schuld auf dich laden. 18 An den Kindern deines Volkes sollst du dich nicht rächen und ihnen nichts nachtragen. Du sollst deinen Nächsten lieben wie dich selbst. Ich bin der Herr.

Das Verbot von Mischungen

19 Ihr sollt auf meine Satzungen achten: Unter deinem Vieh sollst du nicht zwei Tiere verschiedener Art sich begatten lassen. Dein Feld sollst du nicht mit zweierlei Arten besäen. Du sollst kein aus zweierlei Fäden gewebtes Kleid anlegen.

Unzucht mit der Nebenfrau eines anderen

20 Wohnt ein Mann einer Frau bei, die einem andern Mann als Sklavin zur Nebenfrau bestimmt ist und die weder losgekauft noch freigelassen ist, dann soll der Fall untersucht werden; sterben sollen sie nicht, da sie nicht freigelassen war. 21 Er soll als sein Schuldopfer für den Herrn einen Widder zum Eingang des Offenbarungszeltes bringen. 22 Mit diesem Widder soll der Priester ihn vor dem Herrn von der begangenen Sünde entsühnen; so wird ihm die Sünde, die er begangen hat, vergeben.

Die Erstlingsfrüchte

23 Wenn ihr in das Land kommt und einen Fruchtbaum pflanzt, sollt ihr seine Früchte behandeln, als ob sie seine Vorhaut wären. Drei Jahre lang sollen sie für euch etwas Unbeschnittenes sein, das man nicht essen darf. 24 Im vierten Jahr sollen alle Früchte als Festgabe für den Herrn geheiligt sein. 25 Erst im fünften Jahr dürft ihr die Früchte essen und den Ertrag für euch ernten. Ich bin der Herr, euer Gott.

Das Verbot fremder Kultbräuche

26 Ihr sollt nichts mit Blut essen. Wahrsagerei und Zauberei sollt ihr nicht treiben. 27 Ihr sollt euer Kopfhaar nicht rundum abschneiden. Du sollst deinen Bart nicht stutzen. 28 Für einen Toten dürft ihr keine Einschnitte auf eurem Körper anbringen, und ihr dürft euch keine Zeichen einritzen lassen. Ich bin der Herr.

29 Entweih nicht deine Tochter, indem du sie der Unzucht preisgibst, damit das Land nicht der Unzucht verfällt und voller Schandtat wird. 30 Ihr sollt

auf meine Sabbate achten und mein Heiligtum fürchten. Ich bin der Herr. 31 Wendet euch nicht an die Totenbeschwörer, und sucht nicht die Wahrsager auf; sie verunreinigen euch. Ich bin der Herr, euer Gott.

Die Ehrfurcht vor dem Alter

32 Du sollst vor grauem Haar aufstehen, das Ansehen eines Greises ehren und deinen Gott fürchten. Ich bin der Herr.

Verhalten gegen Fremde

33 Wenn bei dir ein Fremder in eurem Land lebt, sollt ihr ihn nicht unterdrücken. 34 Der Fremde, der sich bei euch aufhält, soll euch wie ein Einheimischer gelten, und du sollst ihn lieben wie dich selbst; denn ihr seid selbst Fremde in Ägypten gewesen. Ich bin der Herr, euer Gott.

Übervorteilung

35 Ihr sollt kein Unrecht begehen bei Gericht, mit Längenmaß, Gewicht und Hohlmaß. 36 Ihr sollt richtige Waagen, richtige Gewichtsteine, richtiges Efa und richtiges Hin haben. Ich bin der Herr, euer Gott, der euch aus Ägypten geführt hat.

Schlußmahnung

37 Ihr sollt auf alle meine Satzungen und alle meine Vorschriften achten und sie befolgen. Ich bin der Herr.

Todeswürdige Verbrechen: 20,1–27

Das Kinderopfer

20 Der Herr sprach zu Mose: 2 Sag zu den Israeliten: Jeder Mann unter den Israeliten oder unter den Fremden in Israel, der eines seiner Kinder dem Moloch gibt, wird mit dem Tod bestraft. Die Bürger des Landes sollen ihn steinigen. 3 Ich richte mein Angesicht gegen einen solchen und merze ihn aus seinem Volk aus, weil er eines seiner Kinder dem Moloch gegeben, dadurch mein Heiligtum verunreinigt und meinen heiligen Namen entweiht hat. 4 Falls die Bürger des Landes ihre Augen diesem Mann gegenüber verschließen, wenn er eines seiner Kinder dem Moloch gibt, und ihn nicht töten, 5 so richte ich mein Angesicht gegen ihn und seine Sippe und merze sie aus der Mitte ihres Volkes aus, ihn und alle, die sich mit ihm dem Molochdienst hingeben.

Die Totenbeschwörung und Wahrsagerei

6 Gegen einen, der sich an Totenbeschwörer und Wahrsager wendet und sich mit ihnen abgibt, richte ich mein Angesicht und merze ihn aus seinem Volk aus. 7 Ihr sollt euch heiligen, um heilig zu sein; denn ich bin der Herr, euer Gott. 8 Ihr sollt auf meine Satzungen achten und sie befolgen. Ich bin der Herr, der euch heiligt.

Die Verfluchung der Eltern

9 Jeder, der seinen Vater oder seine Mutter verflucht, wird mit dem Tod bestraft. Da er seinen Vater oder seine Mutter verflucht hat, soll sein Blut auf ihn kommen.

Der Ehebruch

10 Ein Mann, der mit der Frau seines Nächsten die Ehe bricht, wird mit dem Tod bestraft, der Ehebrecher samt der Ehebrecherin.

Unzuchtverbrechen

11 Ein Mann, der mit der Frau seines Vaters schläft, hat die Scham seines Vaters entblößt. Beide werden mit dem Tod bestraft; ihr Blut soll auf sie kommen. 12 Schläft einer mit seiner Schwiegertochter, so werden beide mit dem Tod bestraft. Sie haben eine schändliche Tat begangen, ihr Blut soll auf sie kommen. 13 Schläft einer mit einem Mann, wie man mit einer Frau schläft, dann haben sie eine Greueltat begangen; beide werden mit dem Tod bestraft; ihr Blut soll auf sie kommen. 14 Heiratet einer eine Frau und ihre Mutter, so ist das Blutschande. Ihn und die beiden Frauen soll man verbrennen, damit es keine Blutschande unter euch gibt. 15 Ein Mann, der einem Tier beiwohnt, wird mit dem Tod bestraft; auch das Tier sollt ihr töten. 16 Nähert sich eine Frau einem Tier, um sich mit ihm zu begatten, dann sollst du die Frau und das Tier töten. Sie werden mit dem Tod bestraft; ihr Blut soll auf sie kommen. 17 Nimmt einer seine Schwester, eine Tochter seines Vaters oder eine Tochter seiner Mutter und sieht ihre Scham, und sie sieht die seine, so ist es eine Schandtat. Sie sollen vor den Augen der Söhne ihres Volkes ausgemerzt werden. Er hat die Scham seiner Schwester entblößt; er muß die Folgen seiner Schuld tragen.

Der Verkehr mit einer Menstruierenden

18 Ein Mann, der mit einer Frau während ihrer
Regel schläft und ihre Scham entblößt, hat ihre
Blutquelle aufgedeckt, und sie hat ihre Blutquelle
entblößt; daher sollen beide aus ihrem Volk aus-
gemerzt werden.

Die Unzucht mit Verwandten

19 Die Scham der Schwester deiner Mutter oder
der Schwester deines Vaters sollst du nicht
entblößen; denn wer seine eigene Verwandte
entblößt, muß die Folgen seiner Schuld tragen.
20 Ein Mann, der mit seiner Tante schläft, hat
die Scham seines Onkels entblößt. Sie müssen
die Folgen ihrer Sünde tragen; sie sollen kin-
derlos sterben. 21 Nimmt einer die Frau seines
Bruders, so ist das Befleckung. Er hat die Scham
seines Bruders entblößt; sie sollen kinderlos blei-
ben.

Schlußmahnung

22 Ihr sollt auf alle meine Satzungen und Vor-
schriften achten und sie befolgen; dann wird
euch das Land nicht ausspeien, in das ich euch
führe, und ihr werdet dort wohnen kön-
nen. 23 Ihr sollt euch nicht nach den Bräuchen
des Volkes richten, das ich vor euren Augen
vertreibe; denn all diese Dinge haben sie ge-
tan, so daß es mich vor ihnen ekelte. 24 Daher
habe ich euch gesagt: Ihr seid es, die ihren
Boden in Besitz nehmen sollen. Ich bin es, der
ihn euch zum Besitz geben wird, ein Land, in
dem Milch und Honig fließen. Ich bin der Herr,
euer Gott, der euch von diesen Völkern ausge-
sondert hat.
25 So unterscheidet zwischen reinem und unrei-
nem Vieh, zwischen unreinen und reinen Vö-
geln! Macht euch nicht selbst abscheulich mit die-
sen Tieren, diesen Vögeln, mit allem, was auf
dem Boden kriecht. Ich habe es für euch als un-
rein unterschieden.
26 Seid mir geheiligt; denn ich, der Herr, bin hei-
lig, und ich habe euch von all diesen Völkern aus-
gesondert, damit ihr mir gehört.

Nachtrag: Die Totenbeschwörung

27 Männer oder Frauen, in denen ein Toten- oder
ein Wahrsagegeist ist, sollen mit dem Tod bestraft
werden. Man soll sie steinigen, ihr Blut soll auf sie
kommen.

Vorschriften für Priester: 21,1–24

Das Verhalten beim Begräbnis von Verwandten

21 Der Herr sprach zu Mose: Rede zu den
Priestern, den Söhnen Aarons, und sag
zu ihnen: Keiner von ihnen darf sich an der Lei-
che eines seiner Stammesgenossen verunrei-
nigen, 2 außer an seinen nächsten Verwandten:
seiner Mutter, seinem Vater, seinem Sohn, sei-
ner Tochter oder seinem Bruder. 3 An seiner un-
verheirateten Schwester, die seine nahe Ver-
wandte blieb, da sie keinem Mann angehörte,
darf er unrein werden. 4 Nicht aber darf er an
seiner Schwester, die mit einem Stammesgenos-
sen verheiratet ist, unrein werden; er würde
sich entweihen.
5 Die Priester sollen sich auf ihrem Kopf keine
Glatze scheren, ihren Bart nicht stutzen und an
ihrem Körper keine Einschnitte machen. 6 Sie sol-
len ihrem Gott geheiligt sein und den Namen ih-
res Gottes nicht entweihen. Denn sie sind es, die
die Feueropfer des Herrn, die Speise ihres Gottes,
darbringen; darum sollen sie heilig sein.

Ehehindernisse für Priester

7 Sie dürfen weder eine Dirne, noch eine Entehrte,
noch eine Frau heiraten, die ihr Mann verstoßen
hat; denn der Priester ist seinem Gott geweiht.
8 Du sollst ihn heilig halten, denn er bringt die
Speise deines Gottes dar. Heilig soll er dir sein,
denn ich bin heilig, der Herr, der euch heiligt.

Die Strafe für unzüchtige Priestertöchter

9 Wenn sich die Tochter eines Priesters als Dirne
entweiht, so entweiht sie ihren Vater; sie soll im
Feuer verbrannt werden.

Das Verhalten des Hohenpriesters bei Todesfällen

10 Der Priester, der unter seinen Brüdern den
höchsten Rang einnimmt, auf dessen Haupt das
Salböl ausgegossen wurde und der durch das
Anlegen der heiligen Gewänder eingesetzt ist,
soll sein Haar nicht lose herunterhängen lassen,
seine Kleider nicht zerreißen, 11 sich an keinem
Leichnam verunreinigen, auch nicht, wenn es
sich um Vater oder Mutter handelt. 12 Er soll sich
nicht vom Heiligtum entfernen, um nicht das
Heiligtum seines Gottes zu entweihen; denn die
Weihe des Salböls seines Gottes ist auf ihm. Ich
bin der Herr.

Ehehindernisse für den Hohenpriester

13 Er soll nur eine Jungfrau heiraten. 14 Eine Witwe,
eine Verstoßene oder eine Entehrte, eine Dirne,
darf er nicht heiraten; nur eine Jungfrau aus sei-
nem Stamm darf er zur Frau nehmen; 15 sonst
würde er seine Nachkommenschaft unter seinen
Stammesgenossen entweihen; denn ich, der
Herr, bin es, der ihn heiligt.

Die körperliche Tauglichkeit für das Priesteramt

16 Der Herr sprach zu Mose: 17 Sag zu Aaron: Kei-
ner deiner Nachkommen, auch in den kommen-
den Generationen, der ein Gebrechen hat, darf
herantreten, um die Speise seines Gottes darzu-
bringen. 18 Denn keiner mit einem Gebrechen
darf herantreten: kein Blinder oder Lahmer, kein
im Gesicht oder am Körper Entstellter, 19 kein
Mann, der einen gebrochenen Fuß oder eine
gebrochene Hand hat, 20 keiner mit Buckel, Mus-
kelschwund, Augenstar, Krätze, Flechte oder
Hodenquetschung. 21 Keiner der Nachkommen
Aarons, des Priesters, darf herantreten, um die
Feueropfer des Herrn darzubringen, wenn er ein
Gebrechen hat. Er hat ein Gebrechen, er darf
nicht herantreten, um die Speise seines Gottes
darzubringen. 22 Doch darf er von der Speise sei-
nes Gottes, von den hochheiligen und heiligen
Dingen, essen, 23 aber nicht zum Vorhang kom-
men und sich nicht dem Altar nähern; denn er
hat ein Gebrechen und darf meine heiligen Ge-
genstände nicht entweihen; denn ich bin der
Herr, der sie geheiligt hat.

Schlußbemerkung

24 Das sagte Mose zu Aaron, zu dessen Söhnen
und zu allen Israeliten.

Weitere Vorschriften für den Genuß und die Darbringung von Opfern: 22,1–33

Der Ausschluß von Priestern vom Genuß der Opfergaben

22 Der Herr sprach zu Mose: 2 Sag zu Aaron
und seinen Söhnen, sie sollen sich mit
den heiligen Opfergaben der Israeliten in acht
nehmen, um meinen heiligen Namen nicht zu
entweihen; sie müssen für mich heilig gehalten
werden. Ich bin der Herr. 3 Sag zu ihnen: Jeder aus
euren Nachkommen, auch in den kommenden
Generationen, der sich im Zustand der Unreinheit
den heiligen Opfergaben nähert, die die Israeliten
dem Herrn weihen, soll ausgemerzt und aus mei-
ner Gegenwart weggeschafft werden. Ich bin der
Herr.
4 Keiner aus den Nachkommen Aarons, der aus-
sätzig ist oder einen Ausfluß hat, darf von den hei-
ligen Gaben essen, ehe er rein ist. Wer irgend et-
was berührt hat, das durch eine Leiche unrein
wurde, wer einen Samenerguß hatte, 5 wer Klein-
tiere berührt hat und sich damit verunreinigte
oder einen Menschen, der ihn durch eine eigene
Unreinheit befleckte, 6 jeder, der solche Berührun-
gen hatte, soll bis zum Abend unrein sein und
darf von den heiligen Gaben erst essen, nachdem
er seinen Körper in Wasser gebadet hat. 7 Mit Son-
nenuntergang soll er wieder rein sein und darf da-
nach von den heiligen Gaben essen; denn sie sind
sein Lebensunterhalt. 8 Er darf kein verendetes
oder zerrissenes Tier essen; er würde sich da-
durch verunreinigen. Ich bin der Herr. 9 Sie sollen
auf meine Anordnungen achten und keine Sünde
auf sich laden; sie sollen sterben, falls sie sie ent-
weihen. Ich, der Herr, bin es, der sie heiligt.

Der Ausschluß der Laien vom Genuß der Opfergaben

10 Kein Laie darf Heiliges essen; weder der Haus-
genosse eines Priesters noch sein Lohnarbeiter
darf etwas Heiliges essen. 11 Aber wenn ein Prie-
ster eine Person mit seinem Geld als Eigentum er-
wirbt, darf sie davon essen wie einer, der in sei-
nem Haus geboren ist; sie dürfen von seiner
Nahrung essen. 12 Wenn eine Priestertochter ei-
nen Laien heiratet, darf sie vom Anteil des Erhe-
bungsritus, von den heiligen Gaben nicht essen;
13 aber wenn sie verwitwet oder verstoßen ist und
keine Kinder hat und deshalb in das Haus ihres
Vaters zurückkehrt, darf sie wie in ihrer Jugend
vom Lebensunterhalt ihres Vaters essen; kein
Laie aber darf davon essen.
14 Wenn einer ohne Vorsatz etwas Heiliges ißt,
soll er es dem Priester ersetzen und ein Fünftel
des Wertes hinzufügen. 15 Die Priester dürfen die
heiligen Gaben der Israeliten, die sie dem Herrn
darbieten, nicht entweihen. 16 Sie würden den Is-
raeliten Schuld aufladen, die zu einem Schuldop-
fer verpflichtet, wenn sie ihre heiligen Gaben
äßen; denn ich bin der Herr, der diese Gaben ge-
heiligt hat.

Die Tauglichkeit der Opfertiere

[17] Der Herr sprach zu Mose: [18] Rede zu Aaron, seinen Söhnen und allen Israeliten, und sag zu ihnen: Jeder aus dem Haus Israel oder von den Fremden in Israel, der seine Opfergabe wegen eines Gelübdes oder freiwillig bringt und sie für den Herrn als Brandopfer darbringt, [19] muß, damit ihr Annahme findet, ein fehlerloses, männliches Tier von den Rindern, Schafen oder Ziegen darbringen. [20] Ihr dürft kein Tier mit einem Gebrechen darbringen, denn ihr würdet damit keine Annahme finden. [21] Wenn jemand ein Heilsopfer für den Herrn darbringt, sei es, um ein Gelübde zu erfüllen, oder sei es als freiwillige Gabe, so soll es ein fehlerloses Rind oder Schaf oder eine fehlerlose Ziege sein, um Annahme zu finden; es darf kein Gebrechen haben. [22] Ihr dürft dem Herrn kein Tier opfern, das blind, verstümmelt, krätzig, aussätzig, eitrig ist oder zerbrochene Gliedmaßen hat. Kein Stück von solchen Tieren dürft ihr auf den Altar als ein Feueropfer für den Herrn legen. [23] Ein entstelltes oder verstümmeltes Rind oder Schaf kannst du als freiwillige Opfergabe verwenden, aber als Einlösung eines Gelübdes ist es mißfällig. [24] Ihr dürft dem Herrn kein Tier darbringen, das zerdrückte, zerschlagene, ausgerissene oder abgeschnittene Hoden hat. Ihr dürft das in eurem Land nicht tun, [25] und ihr dürft kein solches Tier aus der Hand eines Fremden erwerben, um es als Speise eures Gottes darzubringen. Ein derartiger Eingriff an ihnen bewirkt ein Gebrechen; sie würden euch keine Annahme bringen.

Einzelbestimmungen über Opfertiere

[26] Der Herr sprach zu Mose: [27] Wenn ein Rind, ein Schaf oder eine Ziege geboren wird, soll das Junge sieben Tage bei seiner Mutter bleiben. Vom achten Tag an ist es als Feueropfer für den Herrn annehmbar. [28] Ein Rind oder Schaf sollt ihr nicht an einem Tag zugleich mit seinem Jungen schlachten. [29] Wenn ihr dem Herrn ein Dankopfer darbringt, opfert es so, daß es angenommen werden kann. [30] Man soll es noch am selben Tag essen, ohne etwas davon bis zum Morgen übrigzulassen. Ich bin der Herr.

Schlußmahnung

[31] Ihr sollt auf meine Gebote achten und sie befolgen; ich bin der Herr. [32] Ihr sollt meinen heiligen Namen nicht entweihen, damit ich inmitten der Israeliten geheiligt werde; ich, der Herr, bin es, der euch heiligt. [33] Ich, der euch aus Ägypten herausgeführt hat, um euer Gott zu sein, ich bin der Herr.

Festordnungen und Feiervorschriften: 23,1–24,23

Einleitung

23 Der Herr sprach zu Mose: [2] Rede zu den Israeliten, und sag zu ihnen: Die Feste des Herrn, die ihr als Tage heiliger Versammlung ausrufen sollt, sind folgende:

Der Sabbat

[3] Sechs Tage soll man arbeiten, aber am siebten Tag ist vollständiger Ruhetag, ein Tag heiliger Versammlung, an dem ihr keinerlei Arbeit verrichten dürft. Es ist ein Feiertag zur Ehre des Herrn überall, wo ihr wohnt.

Das Pascha und das Fest der Ungesäuerten Brote

[4] Das sind die Feste des Herrn, Tage heiliger Versammlungen, die ihr zur festgesetzten Zeit ausrufen sollt: [5] Im ersten Monat, am vierzehnten Tag des Monats, zur Abenddämmerung, ist Pascha zur Ehre des Herrn. [6] Am fünfzehnten Tag dieses Monats ist das Fest der Ungesäuerten Brote zur Ehre des Herrn. Sieben Tage sollt ihr ungesäuertes Brot essen. [7] Am ersten Tag habt ihr heilige Versammlung; ihr dürft keine schwere Arbeit verrichten. [8] Sieben Tage hindurch sollt ihr ein Feueropfer für den Herrn darbringen. Am siebten Tag ist heilige Versammlung; da dürft ihr keine schwere Arbeit verrichten.

Die Erstlingsfrüchte

[9] Der Herr sprach zu Mose: [10] Rede zu den Israeliten, und sag zu ihnen: Wenn ihr in das Land kommt, das ich euch gebe, und wenn ihr dort die Ernte einbringt, sollt ihr dem Priester die erste Garbe eurer Ernte bringen. [11] Er soll sie vor dem Herrn hin- und herschwingen und sie so darbringen, damit ihr Annahme findet. Am Tag nach dem Sabbat soll der Priester den Ritus ausführen. [12] Am Tag, an dem ihr die Garbe darbringt, sollt ihr dem Herrn auch ein fehlerloses einjähriges Schaf als Brandopfer herrichten, [13] dazu als Speiseopfer zwei Zehntel Feinmehl, das mit Öl vermengt ist. Das Ganze soll ein Feueropfer für den Herrn zum beruhigenden Duft sein; dazu

kommt ein Viertel Hin Wein als Trankopfer. 14 Vor diesem Tag, bevor ihr eurem Gott die Opfergabe gebracht habt, dürft ihr kein Brot und kein geröstetes oder frisches Korn essen. Das gelte als feste Regel bei euch von Generation zu Generation überall, wo ihr wohnt.

Das Wochenfest (Pfingstfest)

15 Vom Tag nach dem Sabbat, an dem ihr die Garbe für die Darbringung gebracht habt, sollt ihr sieben volle Wochen zählen. 16 Zählt fünfzig Tage bis zum Tag nach dem siebten Sabbat, und dann bringt dem Herrn ein neues Speiseopfer dar! 17 Bringt als Erstlingsgaben für den Herrn aus euren Wohnsitzen zwei Brote dar, gebacken aus zwei Zehntel Efa Feinmehl mit Sauerteig. 18 Zum Brot bringt sieben fehlerlose einjährige Lämmer, einen Jungstier und zwei Widder als Brandopfer für den Herrn dar, dazu das Speiseopfer sowie das Trankopfer als ein Feueropfer zum beruhigenden Duft für den Herrn. 19 Bereitet auch einen Ziegenbock als Sündopfer und zwei einjährige Lämmer als Heilsopfer zu! 20 Der Priester soll sie, zusammen mit dem Brot der Erstlingsgaben, vor dem Herrn hin- und herschwingen und sie so darbringen; sie sind mit den beiden Lämmern heilige Gaben für den Herrn, die dem Priester gehören. 21 Am selben Tag ruft eine heilige Versammlung aus, und haltet sie ab! Da dürft ihr keine schwere Arbeit verrichten. Das gelte bei euch als feste Regel von Generation zu Generation überall, wo ihr wohnt.

22 Wenn ihr die Ernte eures Landes einbringt, sollst du dein Feld nicht bis zum äußersten Rand abernten und keine Nachlese deiner Ernte halten. Du sollst das dem Armen und dem Fremden überlassen. Ich bin der Herr, euer Gott.

Der Neujahrstag

23 Der Herr sprach zu Mose: 24 Sag zu den Israeliten: Im siebten Monat, am ersten Tag des Monats, ist für euch Ruhetag, in Erinnerung gerufen durch Lärmblasen, eine heilige Versammlung. 25 Da dürft ihr keine schwere Arbeit verrichten, und ihr sollt dem Herrn ein Feueropfer darbringen.

Das Versöhnungsfest

26 Der Herr sprach zu Mose: 27 Am zehnten Tag dieses siebten Monats ist der Versöhnungstag. Da sollt ihr heilige Versammlung halten. Ihr sollt euch Enthaltung auferlegen und dem Herrn ein Feueropfer darbringen. 28 An ebendiesem Tag dürft ihr keinerlei Arbeit verrichten, denn es ist der Versöhnungstag, an dem man euch vor dem Herrn, eurem Gott, entsühnt. 29 Denn jede Person, die sich an diesem Tag nicht Enthaltung auferlegt, soll aus ihren Stammesgenossen ausgemerzt werden. 30 Wer an diesem Tag irgendeine Arbeit verrichtet, den werde ich aus der Mitte seines Volkes austilgen. 31 Ihr dürft keinerlei Arbeit tun. Das gelte bei euch als feste Regel von Generation zu Generation überall, wo ihr wohnt. 32 Dieser Tag ist für euch ein vollständiger Ruhetag. Ihr sollt euch Enthaltung auferlegen. Vom Abend des neunten Tags in diesem Monat bis zum folgenden Abend sollt ihr Ruhetag halten.

Das Laubhüttenfest

33 Der Herr sprach zu Mose: 34 Sag zu den Israeliten: Am fünfzehnten Tag dieses siebten Monats ist sieben Tage hindurch das Laubhüttenfest zur Ehre des Herrn. 35 Am ersten Tag, einem Tag heiliger Versammlung, dürft ihr keine schwere Arbeit verrichten. 36 Sieben Tage hindurch sollt ihr ein Feueropfer für den Herrn darbringen. Am achten Tag habt ihr heilige Versammlung, und ihr sollt ein Feueropfer für den Herrn darbringen. Es ist der Tag der Festversammlung; da dürft ihr keine schwere Arbeit verrichten.

Schlußbemerkung

37 Das sind die Festzeiten des Herrn, die ihr als Tage heiliger Versammlung ausrufen sollt, dazu bestimmt, für den Herrn Feueropfer, Brandopfer, Speiseopfer, Schlachtopfer und Trankopfer darzubringen, dem jeweiligen Tag entsprechend, 38 abgesehen von den Sabbaten des Herrn und abgesehen von euren Geschenken, den gelobten und freiwilligen Gaben, die ihr dem Herrn gebt.

Einzelbestimmung für das Laubhüttenfest

39 Am fünfzehnten Tag des siebten Monats, wenn ihr den Ertrag des Landes erntet, feiert sieben Tage lang das Fest des Herrn! Am ersten und am achten Tag ist Ruhetag. 40 Am ersten Tag nehmt schöne Baumfrüchte, Palmwedel, Zweige von dicht belaubten Bäumen und von Bachweiden, und seid sieben Tage lang vor dem Herrn, eurem Gott, fröhlich! 41 Feiert dieses Fest zur Ehre des Herrn jährlich sieben Tage lang! Das gelte bei euch

als feste Regel von Generation zu Generation. Ihr sollt dieses Fest im siebten Monat feiern. 42 Sieben Tage sollt ihr in Hütten wohnen. Alle Einheimischen in Israel sollen in Hütten wohnen, 43 damit eure kommenden Generationen wissen, daß ich die Israeliten in Hütten wohnen ließ, als ich sie aus Ägypten herausführte. Ich bin der Herr, euer Gott.

44 Da teilte Mose den Israeliten die Festzeiten des Herrn mit.

Einzelbestimmungen über den Leuchter und den Tisch für die Schaubrote

24 Der Herr sprach zu Mose: 2 Befiehl den Israeliten, daß sie dir für den Leuchter reines Öl aus zerstoßenen Oliven bringen, damit man ständig eine Lampe brennen lassen kann. 3 Im Offenbarungszelt, vor dem Vorhang der Lade, soll Aaron diese Lampe aufstellen. Sie soll hier vor dem Herrn ständig vom Abend bis zum Morgen brennen. Das gelte bei euch als feste Regel von Generation zu Generation. 4 Aaron soll die Lampen auf dem Leuchter aus reinem Gold vor dem Herrn ständig in Ordnung halten. 5 Du sollst Feinmehl nehmen und daraus zwölf Kuchen backen; aus zwei Zehntel Efa Feinmehl soll jeder einzelne Kuchen zubereitet sein. 6 Dann sollst du sie in zwei Schichten, sechs in jeder Schicht, auf den Tisch aus reinem Gold vor den Herrn legen. 7 Auf jede Schicht sollst du reinen Weihrauch tun; er soll der Gedächtnisanteil des Brotes sein, ein Feueropfer für den Herrn. 8 Sabbat für Sabbat soll man die Brote vor dem Herrn zurichten als dauernde Bundesleistung von seiten der Israeliten. 9 Sie gehören Aaron und seinen Söhnen, die sie an einem heiligen Ort essen sollen; denn sie sind für ihn etwas Hochheiliges, ein dauerndes Anrecht von den Feueropfern des Herrn.

Einschub: Die Lästerung des Gottesnamens

10 Der Sohn einer Israelitin und eines Ägypters ging unter die Israeliten. Im Lager geriet er in Streit mit einem Mann, der Israelit war. 11 Der Sohn der Israelitin schmähte den Gottesnamen und fluchte. Da brachten sie ihn zu Mose. Der Name der Mutter war Schelomit; sie war die Tochter Dibris aus dem Stamm Dan. 12 Man nahm ihn in Gewahrsam, um auf einen Spruch des Herrn hin zu entscheiden. 13 Der Herr sprach zu Mose: 14 Laß den, der den Fluch ausgesprochen hat, aus dem Lager hinausführen! Alle, die es gehört haben, sollen ihm ihre Hände auf den Kopf legen; dann soll ihn die ganze Gemeinde steinigen. 15 Sag den Israeliten: Jeder, der seinem Gott flucht, muß die Folgen seiner Sünde tragen. 16 Wer den Namen des Herrn schmäht, wird mit dem Tod bestraft; die ganze Gemeinde soll ihn steinigen. Der Fremde muß ebenso wie der Einheimische getötet werden, wenn er den Gottesnamen schmäht.

17 Wer einen Menschen erschlägt, wird mit dem Tod bestraft. 18 Wer ein Stück Vieh erschlägt, muß es ersetzen: Leben für Leben. 19 Wenn jemand einen Stammesgenossen verletzt, soll man ihm antun, was er getan hat: 20 Bruch um Bruch, Auge um Auge, Zahn um Zahn. Der Schaden, den er einem Menschen zugefügt hat, soll ihm zugefügt werden. 21 Wer ein Stück Vieh erschlägt, muß es ersetzen; wer aber einen Menschen erschlägt, wird mit dem Tod bestraft. 22 Gleiches Recht soll bei euch für den Fremden wie für den Einheimischen gelten; denn ich bin der Herr, euer Gott.

23 Nachdem Mose so zu den Israeliten gesprochen hatte, führten sie den, der den Fluch ausgesprochen hatte, aus dem Lager hinaus und steinigten ihn. So erfüllten sie, was der Herr dem Mose aufgetragen hatte.

Sabbatjahr und Jubeljahr: 25,1–55

Einleitung

25 Der Herr sprach zu Mose auf dem Berg Sinai:

Das Brachjahr

2 Rede zu den Israeliten, und sag zu ihnen: Wenn ihr in das Land kommt, das ich euch gebe, soll das Land Sabbatruhe zur Ehre des Herrn halten. 3 Sechs Jahre sollst du dein Feld besäen, sechs Jahre sollst du deinen Weinberg beschneiden und seinen Ertrag ernten. 4 Aber im siebten Jahr soll das Land eine vollständige Sabbatruhe zur Ehre des Herrn halten: Dein Feld sollst du nicht besäen und deinen Weinberg nicht beschneiden. 5 Den Nachwuchs deiner Ernte sollst du nicht ernten, und die Trauben deines nicht beschnittenen Weinstockes sollst du nicht lesen. Für das Land soll es ein Jahr der Sabbatruhe sein. 6 Der Sabbat des Landes selbst soll euch ernähren: dich, deinen Knecht, deine Magd, deinen Lohnarbeiter,

deinen Halbbürger, alle, die bei dir leben. [7] Auch
deinem Vieh und den Tieren in deinem Land
wird sein ganzer Ertrag zur Nahrung dienen.

Das Jubeljahr

[8] Du sollst sieben Jahreswochen, siebenmal sie-
ben Jahre, zählen; die Zeit von sieben Jahreswo-
chen ergibt für dich neunundvierzig Jahre. [9] Im
siebten Monat, am zehnten Tag des Monats, sollst
du das Signalhorn ertönen lassen; am Versöh-
nungstag sollt ihr das Horn im ganzen Land ertö-
nen lassen. [10] Erklärt dieses fünfzigste Jahr für hei-
lig, und ruft Freiheit für alle Bewohner des Landes
aus! Es gelte euch als Jubeljahr. Jeder von euch
soll zu seinem Grundbesitz zurückkehren, jeder
soll zu seiner Sippe heimkehren. [11] Dieses fünfzig-
ste Jahr gelte euch als Jubeljahr. Ihr sollt nicht
säen, den Nachwuchs nicht abernten, die unbe-
schnittenen Weinstöcke nicht lesen. [12] Denn es ist
ein Jubeljahr, es soll euch als heilig gelten. Vom
Feld weg sollt ihr den Ertrag essen. [13] In diesem Ju-
beljahr soll jeder von euch zu seinem Besitz
zurückkehren.
[14] Wenn du deinem Stammesgenossen etwas
verkaufst oder von ihm etwas kaufst, sollt ihr ein-
ander nicht übervorteilen. [15] Kaufst du von deinem
Stammesgenossen, so berücksichtige die Zahl der
Jahre nach dem Jubeljahr; verkauft er dir, dann
soll er die noch ausstehenden Ertragsjahre be-
rücksichtigen. [16] Je höher die Anzahl der Jahre,
desto höher berechne den Kaufpreis; je geringer
die Anzahl der Jahre, desto weniger verlang von
ihm; denn es ist die Zahl von Ernteerträgen, die er
dir verkauft. [17] Ihr sollt einander nicht übervortei-
len. Fürchte deinen Gott; denn ich bin der Herr,
euer Gott. [18] Ihr sollt meine Satzungen befolgen
und auf meine Vorschriften achten und sie aus-
führen; dann werdet ihr im Land in Sicherheit
wohnen. [19] Das Land wird seine Frucht geben, ihr
werdet euch satt essen und in Sicherheit darin
wohnen.
[20] Wenn ihr aber fragt: Was sollen wir im siebten
Jahr essen, wenn wir nicht säen und unseren Er-
trag nicht ernten dürfen? – [21] Seht, ich werde für
euch im sechsten Jahr meinen Segen aufbieten,
und er wird den Ertrag für drei Jahre geben.
[22] Wenn ihr im achten Jahr sät, werdet ihr noch bis
zum neunten Jahr vom alten Ertrag essen kön-
nen; bis der Ertrag dieses Jahres kommt, werdet
ihr vom alten essen können.
[23] Das Land darf nicht endgültig verkauft wer-
den; denn das Land gehört mir, und ihr seid nur
Fremde und Halbbürger bei mir. [24] Für jeden
Grundbesitz sollt ihr ein Rückkaufrecht auf das
Land gewähren. [25] Wenn dein Bruder verarmt und
etwas von seinem Grundbesitz verkauft, soll sein
Verwandter als Löser für ihn eintreten und den
verkauften Boden seines Bruders auslösen. [26] Hat
einer keinen Löser, hat er aber die nötigen Mittel
für den Rückkauf selbst aufgebracht, [27] dann soll
er die Jahre seit dem Verkauf anrechnen und
den Restbetrag dem Käufer zurückzahlen; sein
Grundbesitz fällt an ihn zurück. [28] Bringt er die
nötigen Mittel für diese Ersatzleistung nicht auf,
dann soll der verkaufte Grund bis zum Jubeljahr
im Besitz des Käufers bleiben. Im Jubeljahr wird
das Grundstück frei, und es kommt wieder zu sei-
nem Besitz.
[29] Verkauft jemand ein Wohnhaus in einer um-
mauerten Stadt, so besteht das Rückkaufrecht bis
zum Ablauf des Jahres, das dem Verkauf folgt;
sein Rückkaufrecht ist zeitlich beschränkt. [30] Er-
folgt der Rückkauf bis zum Ablauf des Jahres
nicht, dann soll das Haus innerhalb der ummau-
erten Stadt dem Käufer und seinen Nachkommen
endgültig verbleiben; er braucht es im Jubeljahr
nicht zu verlassen. [31] Aber die Häuser in Dörfern,
die nicht von Mauern umgeben sind, werden als
Bestandteil des freien Feldes betrachtet; für sie be-
steht ein Rückkaufrecht, und der Käufer muß es
im Jubeljahr verlassen.

Sonderbestimmungen für die Leviten

[32] Für die Städte der Leviten, die Häuser der Städte,
die ihr Erbbesitz sind, gilt: Die Leviten haben ein
zeitlich unbegrenztes Rückkaufrecht. [33] Wenn ei-
ner von den Leviten auf Einlösung verzichtet, fällt
im Jubeljahr das Haus in der Stadt als Erbbesitz
zurück; denn die Häuser in den Städten der Levi-
ten sind deren Eigentum mitten unter den Israeli-
ten. [34] Das Weideland, das zu diesen Städten
gehört, kann nicht verkauft werden; denn es ist
zeitlich unbegrenzt ihr Eigentum.

Soziales Verhalten

[35] Wenn dein Bruder verarmt und sich neben dir
nicht halten kann, sollst du ihn, auch einen Frem-
den oder Halbbürger, unterstützen, damit er ne-
ben dir leben kann. [36] Nimm von ihm keinen Zins
und Wucher! Fürchte deinen Gott, und dein Bru-

der soll neben dir leben können. 37 Du sollst ihm
weder dein Geld noch deine Nahrung gegen Zins
und Wucher geben. 38 Ich bin der Herr, euer Gott,
der euch aus Ägypten herausgeführt hat, um
euch Kanaan zu geben und euer Gott zu sein.

Die Freilassung israelitischer Sklaven

39 Wenn ein Bruder bei dir verarmt und sich dir
verkauft, darfst du ihm keine Sklavenarbeit aufer-
legen; 40 er soll dir wie ein Lohnarbeiter oder ein
Halbbürger gelten und bei dir bis zum Jubeljahr
arbeiten. 41 Dann soll er von dir frei weggehen, er
und seine Kinder, und soll zu seiner Sippe, zum
Eigentum seiner Väter zurückkehren. 42 Denn sie
sind meine Knechte; ich habe sie aus Ägypten
herausgeführt; sie sollen nicht verkauft werden,
wie ein Sklave verkauft wird. 43 Du sollst nicht mit
Gewalt über ihn herrschen. Fürchte deinen Gott!

Die Sklaven aus fremden Völkern

44 Die Sklaven und Sklavinnen, die euch gehören
sollen, kauft von den Völkern, die rings um euch
wohnen; von ihnen könnt ihr Sklaven und Skla-
vinnen erwerben. 45 Auch von den Kindern der
Halbbürger, die bei euch leben, aus ihren Sippen,
die mit euch leben, von den Kindern, die sie in eu-
rem Land gezeugt haben, könnt ihr Sklaven er-
werben. Sie sollen euer Eigentum sein, 46 und ihr
dürft sie euren Söhnen vererben, damit diese sie
als dauerndes Eigentum besitzen; ihr sollt sie als
Sklaven haben. Aber was eure Brüder, die Israeli-
ten, angeht, so soll keiner über den andern mit
Gewalt herrschen.

Das Loskaufrecht israelitischer Sklaven bei Fremden

47 Wenn ein Fremder oder ein Halbbürger bei dir
zu Vermögen kommt, aber dein Bruder von ihm
wirtschaftlich abhängig wird und sich ihm oder
einem Nachkommen aus der Familie eines Frem-
den verkauft, 48 dann soll es, wenn er sich verkauft
hat, für ihn ein Loskaufrecht geben: Einer seiner
Brüder soll ihn auslösen. 49 Auslösen sollen ihn
sein Onkel, der Sohn seines Onkels oder sonst ein
Verwandter aus seiner Sippe. Falls seine eigenen
Mittel ausreichen, kann er sich selbst loskaufen.
50 Er soll mit dem, der ihn gekauft hat, die Jahre
zwischen dem Verkaufs- und dem Jubeljahr be-
rechnen; die Summe des Verkaufspreises soll auf
die Zahl der Jahre verteilt werden, wobei die ver-
brachte Zeit wie die eines Lohnarbeiters gilt.
51 Wenn noch viele Jahre abzudienen sind, soll er
ihrer Zahl entsprechend den Lösepreis von seiner
Kaufsumme absetzen. 52 Wenn nur noch wenige
Jahre bis zum Jubeljahr übrig sind, soll er es ihm
berechnen; den Jahren entsprechend soll er den
Lösepreis bezahlen. 53 Er gelte wie ein Lohnarbei-
ter Jahr um Jahr bei seinem Herrn; dieser soll
nicht vor deinen Augen mit Gewalt über ihn herr-
schen. 54 Wenn er in der Zwischenzeit nicht los-
gekauft wird, soll er im Jubeljahr freigelassen wer-
den, er und seine Kinder.

Abschließende Begründung

55 Denn mir gehören die Israeliten als Knechte,
meine Knechte sind sie; ich habe sie aus Ägypten
herausgeführt, ich, der Herr, euer Gott.

Segen und Fluch: 26,1–46

Die Grundforderungen Gottes

26 Ihr sollt euch keine Götzen machen,
euch weder ein Gottesbild noch ein
Steinmal aufstellen und in eurem Land keine
Steine mit Bildwerken aufrichten, um euch vor
ihnen niederzuwerfen; denn ich bin der Herr,
euer Gott. 2 Ihr sollt auf meine Sabbate achten und
mein Heiligtum fürchten; ich bin der Herr.

Die Segenszusage für Gehorsam

3 Wenn ihr nach meinen Satzungen handelt, auf
meine Gebote achtet und sie befolgt, 4 so gebe ich
euch Regen zur rechten Zeit; die Erde liefert ihren
Ertrag, und der Baum des Feldes gibt seine
Früchte; 5 die Dreschzeit reicht bei euch bis zur
Weinlese und die Weinlese bis zur Aussaat. Ihr
eßt euch satt an eurem Brot und wohnt in eurem
Land in Sicherheit. 6 Ich schaffe Frieden im Land:
Ihr legt euch nieder, und niemand schreckt euch
auf. Ich lasse die Raubtiere aus dem Land ver-
schwinden. Kein Schwert kommt über euer
Land. 7 Verfolgt ihr eure Feinde, so werden sie vor
euren Augen dem Schwert verfallen. 8 Fünf von
euch werden hundert verfolgen, hundert von
euch werden zehntausend verfolgen, und eure
Feinde werden vor euren Augen dem Schwert
verfallen. 9 Euch wende ich mich zu, mache euch
fruchtbar und zahlreich und halte meinen Bund
mit euch aufrecht. 10 Ihr werdet noch von der al-
ten Ernte zu essen haben und das Alte hinaus-

schaffen müssen, um Platz für das Neue zu ha-
ben. 11 Ich schlage meine Wohnstätte in eurer
Mitte auf und habe gegen euch keine Abneigung.
12 Ich gehe in eurer Mitte; ich bin euer Gott, und
ihr seid mein Volk. 13 Ich bin der Herr, euer Gott,
der euch aus dem Land der Ägypter herausge-
führt hat, so daß ihr nicht mehr ihre Sklaven zu
sein braucht. Ich habe eure Jochstangen zerbro-
chen und euch wieder aufrecht gehen lassen.

Strafandrohung und Fluch für Ungehorsam

14 Aber wenn ihr auf mich nicht hört und alle diese
Gebote nicht befolgt, 15 wenn ihr meine Satzun-
gen mißachtet, meine Vorschriften verabscheut
und meinen Bund brecht, indem ihr keines mei-
ner Gebote befolgt, 16 so tue auch ich euch folgen-
des an: Ich biete gegen euch Bestürzung auf,
Schwindsucht und Fieber, die das Augenlicht
zum Verlöschen bringen und den Atem ersticken.
Ihr sät euer Saatgut vergeblich; eure Feinde wer-
den es verzehren. 17 Ich wende mein Angesicht
gegen euch, und ihr werdet von euren Feinden
geschlagen. Eure Gegner treten euch nieder; ihr
flieht, selbst wenn euch niemand verfolgt.
18 Wenn ihr dann immer noch nicht auf mich
hört, fahre ich fort, euch zu züchtigen; siebenfach
züchtige ich euch für eure Sünden. 19 Ich breche
eure stolze Macht und mache euren Himmel wie
Eisen und euer Land wie Bronze. 20 Eure Kraft ver-
braucht sich vergeblich, euer Land liefert keinen
Ertrag mehr, und die Bäume im Land tragen keine
Früchte mehr. 21 Wenn ihr mir feindlich begegnet
und nicht auf mich hören wollt, werde ich noch
weitere Schläge über euch kommen lassen, sie-
benfach, wie es euren Sünden entspricht. 22 Ich
lasse auf euch die wilden Tiere los, die euer Land
entvölkern, euer Vieh vernichten und euch an
Zahl so verringern, daß eure Wege veröden.
23 Wenn ihr euch dadurch noch nicht warnen
laßt und mir weiterhin feindlich begegnet, 24 be-
gegne auch ich euch feindlich und schlage auch
ich euch siebenfach für eure Sünden. 25 Ich lasse
über euch das Schwert kommen, das Rache für
den Bund nehmen wird. Zieht ihr euch in eure
Städte zurück, so sende ich die Pest in eure Mitte,
und ihr geratet in Feindeshand. 26 Ich entziehe
euch dann euren Vorrat an Brot, so daß zehn
Frauen euer Brot in einem einzigen Backofen
backen, daß man euch das Brot abgewogen zu-
teilt und ihr euch nicht satt essen könnt.
27 Und wenn ihr daraufhin noch immer nicht auf
mich hört und mir immer noch feindlich begeg-
net, 28 begegne auch ich euch im Zorn und züch-
tige euch siebenfach für eure Sünden. 29 Ihr eßt
das Fleisch eurer Söhne und Töchter. 30 Ich ver-
nichte eure Kulthöhen, zerstöre eure Räucheral-
täre, häufe eure Leichen über die Leichen eurer
Götzen und verabscheue euch. 31 Ich mache eure
Städte zu Ruinen, verwüste eure Heiligtümer und
will den beruhigenden Duft eurer Opfer nicht
mehr riechen. 32 Ich selbst verwüste das Land;
eure Feinde, die sich darin niederlassen, werden
darüber entsetzt sein. 33 Euch aber zerstreue ich
unter die Völker und zücke hinter euch das
Schwert. Euer Land wird zur Wüste und eure
Städte werden zu Ruinen. 34 Dann erhält das Land
seine Sabbate ersetzt, in der ganzen Zeit der Ver-
wüstung, während ihr im Land eurer Feinde seid.
Dann hat das Land Ruhe und erhält Ersatz für
seine Sabbate. 35 Während der ganzen Zeit der
Verwüstung hat es Sabbatruhe, die es an euren
Sabbaten nicht hatte, als ihr noch darin wohntet.
36 In das Herz derer, die von euch überleben,
bringe ich Angst in den Ländern ihrer Feinde; das
bloße Rascheln verwelkter Blätter jagt sie auf, und
sie fliehen, wie man vor dem Schwert flieht; sie
fallen, ohne daß jemand sie verfolgt. 37 Sie stürzen
übereinander wie vor dem Schwert, ohne daß je-
mand sie verfolgt. Ihr könnt vor euren Feinden
nicht standhalten, 38 ihr geht unter den Völkern
zugrunde, und das Land eurer Feinde frißt euch.

Umkehr und Vergebung

39 Diejenigen von euch, die dann noch überleben,
siechen dahin in den Ländern eurer Feinde
wegen ihrer Sünden, auch wegen der Sünden ih-
rer Väter, so daß sie, gleich ihnen, dahinsiechen.
40 Dann werden sie die Schuld eingestehen, die sie
selbst und ihre Väter begangen haben durch
ihren Treubruch und auch dadurch, daß sie mir
feindlich begegnet sind, 41 so daß auch ich ihnen
feindlich begegnete und sie in das Land ihrer
Feinde führte. Ihr unbeschnittenes Herz muß sich
dann beugen, und ihre Sünden müssen sie süh-
nen. 42 Dann werde ich meines Bundes mit Jakob
gedenken, meines Bundes mit Isaak und meines
Bundes mit Abraham, und ich werde meines Lan-
des gedenken. 43 Das Land aber muß von ihnen
verlassen werden und seine Sabbate ersetzt be-
kommen, indem es ohne seine Bewohner ver-

ödet daliegt. Sie sollen ihre Schuld sühnen, weil
sie immer wieder meine Vorschriften mißachtet
und meine Satzungen verabscheut haben. 44 Aber
selbst wenn sie im Land ihrer Feinde sind, werde
ich sie nicht mißachten und sie nicht verab-
scheuen, um ihnen etwa ein Ende zu machen
und meinen Bund mit ihnen zu widerrufen; denn
ich bin der Herr, ihr Gott. 45 Ich werde zu ihren
Gunsten des Bundes mit den früheren Generatio-
nen gedenken, die ich vor den Augen der Völker
aus Ägypten herausgeführt habe, um ihr Gott zu
sein, ich, der Herr.

Schluß des Heiligkeitsgesetzes

46 Das sind die Satzungen, Vorschriften und Ge-
setze, die der Herr zwischen sich und den Israeli-
ten auf dem Sinai durch die Vermittlung des Mose
erlassen hat.

Die Ablösung von Gelübden und Weihegaben: 27,1–34

Bei Personen

27 Der Herr sprach zu Mose: 2 Rede zu
den Israeliten, und sag zu ihnen: Will
jemand ein Gelübde für den Herrn einlösen, das
er nach dem üblichen Wert einer Person abgelegt
hat, 3 so gilt für einen Mann zwischen zwan-
zig und sechzig Jahren ein Schätzwert von fünf-
zig Silberschekel, nach dem Schekelgewicht des
Heiligtums, 4 für eine Frau ein Schätzwert von
dreißig Schekel, 5 für einen Jugendlichen zwi-
schen fünf und zwanzig Jahren, wenn es ein
Junge ist, ein Schätzwert von zwanzig Schekel,
wenn es ein Mädchen ist, ein Schätzwert von
zehn Schekel, 6 für einen Knaben zwischen
einem Monat und fünf Jahren ein Schätzwert
von fünf und für ein Mädchen ein Schätzwert von
drei Silberschekel, 7 für einen Mann von sechzig
und mehr Jahren ein Schätzwert von fünfzehn
und für eine Frau ein Schätzwert von zehn Sche-
kel. 8 Ist derjenige, der das Gelübde gemacht hat,
nicht in der Lage, den Schätzwert zu entrichten,
dann soll er die Person dem Priester vorstellen.
Dieser soll den Schätzwert nach Maßgabe des-
sen, was der Gelobende aufbringen kann, fest-
stellen.

Bei Tieren

9 Handelt es sich um Tiere, die man für den Herrn
als Opfergabe darbringen kann, so wird jedes
Tier, das man dem Herrn gibt, etwas Heiliges.
10 Man darf es weder auswechseln noch ver-
tauschen, nicht ein gutes gegen ein schlechtes
oder ein schlechtes gegen ein gutes geben. Wenn
man aber doch ein Tier gegen ein anderes
vertauscht, so wird sowohl das eine als auch
das andere etwas Heiliges. 11 Handelt es sich um
ein unreines Tier, von dem man keine Opfergabe
für den Herrn darbringen darf, soll man das Tier
dem Priester vorführen, 12 und dieser soll den
Durchschnittswert feststellen; an seine Schät-
zung soll man sich halten. 13 Will man es auslösen,
so soll man den Schätzwert um ein Fünftel er-
höhen.

Bei Häusern

14 Will man sein Haus dem Herrn weihen, so soll
es der Priester schätzen, indem er seinen Durch-
schnittswert feststellt. Man halte sich an die
Schätzung des Priesters. 15 Will der Mann, der das
Haus gelobt hat, es auslösen, so soll er ein Fünftel
des Geldes zum Schätzwert hinzufügen, und es
soll wieder ihm gehören.

Bei Grundstücken

16 Weiht ein Mann eines von seinen Erbgrund-
stücken dem Herrn, so soll der Schätzwert seines
Saatgutes geschätzt werden. Ein Hómer Saatger-
ste entspricht fünfzig Silberschekeln. 17 Weiht je-
mand das Feld vom Jubeljahr an, so halte man
sich an diesen Schätzwert; 18 weiht er es aber nach
dem Jubeljahr, soll ihm der Priester den Preis ent-
sprechend der bis zum nächsten Jubeljahr ausste-
henden Jahre berechnen und vom Schätzwert ab-
ziehen. 19 Will derjenige, der das Feld geweiht hat,
es wieder auslösen, soll er ein Fünftel des Geldes
zum Schätzwert hinzufügen, und es soll wieder
ihm gehören. 20 Löst er es nicht aus, verkauft es
aber einem anderen, so kann es nicht mehr aus-
gelöst werden, 21 und das Feld wird, wenn es im
Jubeljahr frei wird, etwas Heiliges für den Herrn,
wie ein Feld, das geweihtes Gut ist. Es wird
Eigentum des Priesters. 22 Wenn jemand dem

Herrn ein Feld weiht, das er erworben hat und das nicht zu seinem Erbbesitz gehört, 23 berechne der Priester den Schätzwert mit Rücksicht auf die Zeit bis zum Jubeljahr, und der Mann bezahle die Summe am selben Tag als etwas Heiliges für den Herrn. 24 Im Jubeljahr soll das Feld an den Verkäufer zurückfallen, dem es als ererbter Landbesitz gehört.

Das Maß der Schätzung

25 Jede Schätzung bei dir soll nach dem Schekelgewicht des Heiligtums erfolgen: Zwanzig Gera entsprechen einem Schekel.

Sonderfälle

26 Eine Erstgeburt beim Vieh, die als Erstlingsgabe dem Herrn gehört, kann man nicht weihen, weder ein Rind noch ein Schaf; denn es gehört schon dem Herrn. 27 Aber wenn es die Erstgeburt eines unreinen Tiers ist, kann man es um den um ein Fünftel erhöhten Schätzwert auslösen. Wird das Tier nicht ausgelöst, soll es nach dem Schätzwert verkauft werden. 28 Aber nichts von dem, was ein Mann von seinem Eigentum an Menschen, Vieh und Feldbesitz als Banngut dem Herrn geweiht hat, darf verkauft oder ausgelöst werden. Alles Banngut ist etwas Hochheiliges; es gehört dem Herrn. 29 Kein menschliches Wesen, das als Banngut geweiht wird, kann zurückgekauft werden; man muß es töten. 30 Jeder Zehnt des Landes, der vom Ertrag des Landes oder von den Baumfrüchten abzuziehen ist, gehört dem Herrn; es ist etwas Heiliges für den Herrn. 31 Will ein Mann einen Teil seines Zehnten auslösen, muß er ein Fünftel dazuzahlen. 32 Jeder Zehnt an Rind, Schaf und Ziege ist dem Herrn geweiht, jedes zehnte Stück von allem, was unter dem Hirtenstab hindurchgeht. 33 Man soll nicht zwischen dem Guten und dem Schlechten unterscheiden und keinen Tausch vornehmen. Wenn man es dennoch tut, werden das Tier und das mit ihm vertauschte Tier etwas Heiliges; es darf nicht ausgelöst werden.

Abschluß

34 Das sind die Gebote, die der Herr dem Mose für die Israeliten auf dem Sinai gegeben hat.

DAS BUCH NUMERI

Aus dem Priestergesetz: 1,1–10,10

Die Volks- und Heeresordnung

1 Am ersten Tag des zweiten Monats im zweiten Jahr nach dem Auszug aus Ägypten sprach der Herr in der Wüste Sinai im Offenbarungszelt zu Mose: 2 Ermittelt die Gesamtzahl der Israeliten in der Gemeinde, geordnet nach Sippenverbänden und Großfamilien; zählt mit Namen alle Männer, 3 die zwanzig Jahre und älter sind, alle wehrfähigen Israeliten. Mustert sie für ihre Heeresverbände, du und Aaron! 4 Aus jedem Stamm soll euch dabei ein Mann helfen, und zwar jeweils das Haupt einer Großfamilie. 5 Das sind die Namen der Männer, die euch helfen sollen: aus Ruben Elizur, der Sohn Schedëurs; 6 aus Simeon Schelumiël, der Sohn Zurischaddais; 7 aus Juda Nachschon, der Sohn Amminadabs; 8 aus Issachar Netanel, der Sohn Zuars; 9 aus Sebulon Eliab, der Sohn Helons; 10 von den Nachkommen Josefs: aus Efraim Elischama, der Sohn Ammihuds, und aus Manasse Gamliël, der Sohn Pedazurs; 11 aus Benjamin Abidan, der Sohn Gidonis; 12 aus Dan Ahiëser, der Sohn Ammischaddais; 13 aus Ascher Pagiël, der Sohn Ochrans; 14 aus Gad Eljasaf, der Sohn Reguëls; 15 aus Naftali Ahira, der Sohn Enans. 16 Das sind die von der Gemeinde berufenen Anführer der Stämme ihrer Väter, die Befehlshaber der Tausendschaften Israels.

17 Mose und Aaron nahmen diese namentlich genannten Männer 18 und versammelten die ganze Gemeinde am ersten Tag des zweiten Monats. Dann ermittelte man die Abstammung aller Männer von zwanzig Jahren und darüber; man zählte sie namentlich, geordnet nach Sippen und

Großfamilien. [19] Wie der Herr es Mose befohlen
hatte, so musterte man sie in der Wüste Sinai.
[20] Zuerst kamen die Nachkommen Rubens, des
Erstgeborenen Israels: Man ermittelte ihre Ge-
schlechterfolge nach Sippen und Großfamilien
und zählte mit Namen alle Männer von zwanzig
Jahren und darüber, alle Wehrfähigen. [21] Die Zahl
der aus dem Stamm Ruben Gemusterten betrug
46 500 Mann.
[22] Sodann die Simeoniter: Man ermittelte ihre
Geschlechterfolge nach Sippen und Großfamilien
und zählte mit Namen alle Männer von zwanzig
Jahren und darüber, alle Wehrfähigen. [23] Die Zahl
der aus dem Stamm Simeon Gemusterten betrug
59 300 Mann.
[24] Sodann die Gaditer: Man ermittelte ihre Ge-
schlechterfolge nach Sippen und Großfamilien
und zählte mit Namen alle wehrfähigen Männer
von zwanzig Jahren und darüber. [25] Die Zahl der
aus dem Stamm Gad Gemusterten betrug 45 650
Mann.
[26] Sodann die Nachkommen Judas: Man ermit-
telte ihre Geschlechterfolge nach Sippen und
Großfamilien und zählte mit Namen alle wehr-
fähigen Männer von zwanzig Jahren und dar-
über. [27] Die Zahl der aus dem Stamm Juda Gemu-
sterten betrug 74 600 Mann.
[28] Sodann die Issachariter: Man ermittelte ihre
Geschlechterfolge nach Sippen und Großfamilien
und zählte mit Namen alle wehrfähigen Männer
von zwanzig Jahren und darüber. [29] Die Zahl der
aus dem Stamm Issachar Gemusterten betrug
54 400 Mann.
[30] Sodann die Sebuloniter: Man ermittelte ihre
Geschlechterfolge nach Sippen und Großfamilien
und zählte mit Namen alle wehrfähigen Männer
von zwanzig Jahren und darüber. [31] Die Zahl der
aus dem Stamm Sebulon Gemusterten betrug
57 400 Mann.
[32] Sodann die Nachkommen Josefs, zuerst die
Efraimiter: Man ermittelte ihre Geschlechter-
folge nach Sippen und Großfamilien und zählte
mit Namen alle wehrfähigen Männer von zwan-
zig Jahren und darüber. [33] Die Zahl der aus dem
Stamm Efraim Gemusterten betrug 40 500
Mann.
[34] Sodann die Manassiter: Man ermittelte ihre
Geschlechterfolge nach Sippen und Großfamilien
und zählte mit Namen alle wehrfähigen Männer
von zwanzig Jahren und darüber. [35] Die Zahl der
aus dem Stamm Manasse Gemusterten betrug
32 200 Mann.
[36] Sodann die Benjaminiter: Man ermittelte ihre
Geschlechterfolge nach Sippen und Großfamilien
und zählte mit Namen alle wehrfähigen Männer
von zwanzig Jahren und darüber. [37] Die Zahl der
aus dem Stamm Benjamin Gemusterten betrug
35 400 Mann.
[38] Sodann die Daniter: Man ermittelte ihre Ge-
schlechterfolge nach Sippen und Großfamilien
und zählte mit Namen alle wehrfähigen Männer
von zwanzig Jahren und darüber. [39] Die Zahl der
aus dem Stamm Dan Gemusterten betrug 62 700
Mann.
[40] Sodann die Ascheriter: Man ermittelte ihre
Geschlechterfolge nach Sippen und Großfamilien
und zählte mit Namen alle wehrfähigen Männer
von zwanzig Jahren und darüber. [41] Die Zahl der
aus dem Stamm Ascher Gemusterten betrug
41 500 Mann.
[42] Sodann die Naftaliter: Man ermittelte ihre Ge-
schlechterfolge nach Sippen und Großfamilien
und zählte mit Namen alle wehrfähigen Männer
von zwanzig Jahren und darüber. [43] Die Zahl der
aus dem Stamm Naftali Gemusterten betrug
53 400 Mann.
[44] Das waren die Gemusterten, die Mose und
Aaron zusammen mit den Anführern Israels zähl-
ten; es waren zwölf Anführer, aus jedem Stamm
einer, jeweils das Haupt einer Großfamilie. [45] So
ergab sich die Gesamtzahl der gemusterten Israe-
liten, geordnet nach Großfamilien, also aller
wehrfähigen Männer in Israel von zwanzig Jah-
ren und darüber. [46] Als Gesamtzahl der Gemu-
sterten ergab sich 603 550 Mann. [47] Die aber, die
dem Stamm ihrer Väter nach Leviten waren, wur-
den nicht gemustert.
[48] Der Herr sprach zu Mose: [49] Unter den Israe-
liten sollst du nur den Stamm Levi nicht mustern
und zählen. [50] Betrau die Leviten mit der Sorge
für die Wohnstätte der Bundesurkunde, für ihre
Geräte und für alles, was dazu gehört. Sie sol-
len die Wohnstätte und alle ihre Geräte tragen
und sollen sie pflegen; sie sollen ihren Lagerplatz
rings um die Wohnstätte haben. [51] Wenn die
Wohnstätte weitergetragen werden soll, sollen
die Leviten sie abbauen, und wenn die Wohn-
stätte das Lager bezieht, sollen die Leviten sie
aufstellen. Wer ihr zu nahe kommt, ohne dazu be-
fugt zu sein, wird mit dem Tod bestraft. [52] Im Lager

soll jeder Israelit sein Zelt an der Stelle aufschla-
gen, zu der er gehört, und bei dem Feldzeichen,
zu dem er gehört, also bei seiner Abteilung im
Heer. 53 Die Leviten aber sollen ihr Lager rings um
die Wohnstätte der Bundesurkunde aufschlagen,
damit nicht der Zorn (Gottes) die Gemeinde der
Israeliten trifft; die Leviten sollen auf die Anord-
nung über die Wohnstätte der Bundesurkunde
achten.
54 Die Israeliten taten alles genau so, wie es der
Herr dem Mose befohlen hatte. So machten sie es.

Die Ordnung im Lager und auf dem Marsch

2 Der Herr sprach zu Mose und Aaron: 2 Alle
Israeliten sollen bei ihren Feldzeichen la-
gern, jede Großfamilie mit einer eigenen Fahne.
Sie sollen rings um das Offenbarungszelt so
lagern, daß es jeder vor sich hat. 3 Vorne, nach
Osten hin, ist das Lager Judas mit seinem Feld-
zeichen, geordnet nach Abteilungen. Befehlsha-
ber der Nachkommen Judas ist Nachschon, der
Sohn Amminadabs; 4 sein Heer zählt im ganzen
74 600 gemusterte Männer. 5 Daran anschlie-
ßend ist das Lager des Stammes Issachar; Be-
fehlshaber der Issachariter ist Netanel, der Sohn
Zuars; 6 sein Heer zählt im ganzen 54 400 gemu-
sterte Männer. 7 Dann folgt der Stamm Sebulon;
Befehlshaber der Sebuloniter ist Eliab, der Sohn
Helons; 8 sein Heer zählt im ganzen 57 400
gemusterte Männer. 9 Die Gesamtzahl der Ge-
musterten, die zum Lager Judas gehören, beträgt
186 400 Mann, geordnet nach Abteilungen. Sie
brechen als erste auf.
10 Im Süden ist das Lager Rubens mit seinem
Feldzeichen, geordnet nach Abteilungen. Be-
fehlshaber der Rubeniter ist Elizur, der Sohn Sche-
dëurs; 11 sein Heer zählt im ganzen 46 500 gemu-
sterte Männer. 12 Daran anschließend ist das Lager
des Stammes Simeon; Befehlshaber der Simeoni-
ter ist Schelumiël, der Sohn Zurischaddais; 13 sein
Heer zählt im ganzen 59 300 gemusterte Män-
ner. 14 Dann folgt der Stamm Gad; Befehlshaber
der Gaditer ist Eljasaf, der Sohn Reguëls; 15 sein
Heer zählt im ganzen 45 650 gemusterte Män-
ner. 16 Die Gesamtzahl der Gemusterten, die zum
Lager Rubens gehören, beträgt 151 450 Mann,
geordnet nach Abteilungen. Sie brechen als
zweite auf.
17 Dann bricht das Offenbarungszelt auf und das
Lager der Leviten, das in der Mitte der Lager liegt.
Wie sie lagern, so brechen sie auf, jeder an seiner
Stelle, nach Feldzeichen geordnet.
18 Im Westen ist das Lager Efraims mit sei-
nem Feldzeichen, geordnet nach Abteilungen.
Befehlshaber der Efraimiter ist Elischama, der
Sohn Ammihuds; 19 sein Heer zählt im ganzen
40 500 gemusterte Männer. 20 Daran anschlie-
ßend kommt der Stamm Manasse; Befehlshaber
der Manassiter ist Gamliël, der Sohn Pedazurs;
21 sein Heer zählt im ganzen 32 200 gemusterte
Männer. 22 Dann folgt der Stamm Benjamin; Be-
fehlshaber der Benjaminiter ist Abidan, der Sohn
Gidonis; 23 sein Heer zählt im ganzen 35 400 ge-
musterte Männer. 24 Die Gesamtzahl der Gemu-
sterten, die zum Lager Efraims gehören, beträgt
108 100 Mann, geordnet nach Abteilungen. Sie
brechen als dritte auf.
25 Im Norden ist das Lager Dans mit seinem Feld-
zeichen, geordnet nach Abteilungen. Befehlsha-
ber der Daniter ist Ahiëser, der Sohn Am-
mischaddais; 26 sein Heer zählt im ganzen 62 700
gemusterte Männer. 27 Daran anschließend ist das
Lager des Stammes Ascher; Befehlshaber der
Ascheriter ist Pagiël, der Sohn Ochrans; 28 sein
Heer zählt im ganzen 41 500 gemusterte Män-
ner. 29 Dann folgt der Stamm Naftali; Befehlshaber
der Naftaliter ist Ahira, der Sohn Enans; 30 sein
Heer zählt im ganzen 53 400 gemusterte Män-
ner. 31 Die Gesamtzahl der Gemusterten, die zum
Lager Dans gehören, beträgt 157 600 Mann. Sie
brechen als letzte auf, nach Feldzeichen geordnet.
32 Das sind also die gemusterten Israeliten, ge-
ordnet nach Großfamilien. Die Gesamtzahl der
Gemusterten im Lager, geordnet nach Abteilun-
gen, beträgt 603 550 Mann. 33 Die Leviten wur-
den, wie der Herr es Mose befohlen hatte, unter
den Israeliten nicht gemustert. 34 Die Israeliten
führten alles aus, was der Herr dem Mose befoh-
len hatte; sie lagerten geordnet nach ihren Feld-
zeichen, und so brachen sie auch auf, jeder in sei-
ner Sippe und bei seiner Großfamilie.

Die Musterung der Priester- und Levitengeschlechter

3 Das ist die Geschlechterfolge nach Aaron
und Mose, zu der Zeit, als der Herr mit Mose
auf dem Sinai redete. 2 Das waren die Namen der
Söhne Aarons: Nadab als Erstgeborener, dann
Abihu, Eleasar und Itamar. 3 Das waren die Na-
men der Söhne Aarons, der gesalbten Priester, die

man ins Priesteramt eingesetzt hatte. 4 Nadab und
Abihu waren vor den Augen des Herrn gestor-
ben, als sie in der Wüste Sinai dem Herrn ein un-
rechtmäßiges Feueropfer darbrachten. Sie hatten
keine Söhne, und so versahen dann Eleasar und
Itamar unter der Aufsicht ihres Vaters Aaron den
Priesterdienst.

5 Der Herr sprach zu Mose: 6 Laß den Stamm Levi
vor dem Priester Aaron antreten, damit sie ihm
dienen. 7 Sie sollen auf seine Anordnungen achten
und in der ganzen Gemeinde vor dem Offenba-
rungszelt für Ordnung sorgen, wenn sie an der
Wohnstätte Dienst tun. 8 Sie sollen alle Geräte des
Offenbarungszeltes in Ordnung halten und bei
den Israeliten für Ordnung sorgen, wenn sie an
der Wohnstätte Dienst tun. 9 Die Leviten sollst du
Aaron und seinen Söhnen zuweisen; sie sollen
unter den Israeliten ausschließlich für den Dienst
bei Aaron bestimmt sein. 10 Aaron und seine
Söhne aber sollst du beauftragen, den Priester-
dienst zu versehen. Wer unbefugt daran teil-
nimmt, wird mit dem Tod bestraft.

11 Der Herr sprach zu Mose: 12 Hiermit nehme ich
die Leviten als Ersatz für alle erstgeborenen Israe-
liten, die den Mutterschoß durchbrechen. Die Le-
viten gehören mir; 13 denn alle Erstgeborenen
gehören mir. Als ich in Ägypten alle Erstgebore-
nen erschlug, habe ich alle Erstgeborenen in Is-
rael mir geheiligt, bei den Menschen und beim
Vieh. Mir gehören sie; ich bin der Herr.

14 Der Herr sprach in der Wüste Sinai zu Mose:
15 Mustere die Leviten nach ihren Großfamilien
und Sippen! Alle männlichen Personen von ei-
nem Monat und darüber sollst du mustern. 16 Da
musterte sie Mose, wie ihm durch den Mund des
Herrn befohlen worden war.

17 Das waren die Namen der Söhne Levis: Ger-
schon, Kehat und Merari. 18 Die Namen der Söhne
Gerschons und ihrer Sippen waren Libni und
Schimi, 19 die der Söhne Kehats und ihrer Sippen
Amram, Jizhar, Hebron und Usiël, 20 die der Söhne
Meraris und ihrer Sippen Machli und Muschi.
Das waren die Sippen des Stammes Levi, geord-
net nach Großfamilien.

21 Zu Gerschon gehörten die Sippe der Libniter
und die Sippe der Schimiter; das waren die Sippen
der Gerschoniter. 22 Die Zahl ihrer gemusterten
männlichen Personen von einem Monat und dar-
über betrug im ganzen 7500. 23 Die Sippen der
Gerschoniter lagerten hinter der Wohnstätte ge-
gen Westen. 24 Anführer der Großfamilie der Ger-
schoniter war Eljasaf, der Sohn Laëls. 25 Die Ger-
schoniter hatten am Offenbarungszelt die Sorge
für die Wohnstätte und das Zelt, für seine Decke
und den Vorhang am Eingang des Offenbarungs-
zeltes, 26 für die Behänge des Vorhofs, für den Vor-
hang am Eingang des Vorhofs, der ringsum die
Wohnstätte und den Altar umgibt, und für die
Zeltstricke, je nachdem, wie es der Dienst erfor-
derte.

27 Zu Kehat gehörten die Sippe der Amramiter,
die Sippe der Jizhariter, die Sippe der Hebroniter
und die Sippe der Usiëliter; das waren die Sippen
der Kehatiter. 28 Die Zahl der männlichen Perso-
nen von einem Monat und darüber betrug im
ganzen 8600; sie hatten am Heiligtum Dienst zu
tun. 29 Die Sippen der Kehatiter lagerten an der
Südseite der Wohnstätte. 30 Familienoberhaupt der
Sippen der Kehatiter war Elizafan, der Sohn
Usiëls. 31 Sie hatten die Sorge für die Lade, den
Tisch, den Leuchter, die Altäre, die heiligen
Geräte, mit denen sie ihren Dienst versahen, für
den Vorhang und alles, was zu diesem Dienst
gehörte. 32 Der oberste Anführer der Leviten war
der Priester Eleasar, der Sohn Aarons. Er war mit
der Aufsicht derer betraut, die am Heiligtum
Dienst zu tun hatten.

33 Zu Merari gehörten die Sippe der Machliter
und die Sippe der Muschiter; das waren die Sip-
pen der Merariter. 34 Die Zahl ihrer gemusterten
männlichen Personen von einem Monat und dar-
über betrug im ganzen 6200. 35 Familienober-
haupt der Sippen der Merariter war Zuriël, der
Sohn Abihajils. Sie lagerten an der Nordseite der
Wohnstätte. 36 Die Söhne Meraris waren betraut
mit der Sorge für die Bretter der Wohnstätte, ihre
Querlatten, Säulen und Sockel, ihre Geräte und al-
les, was zu diesem Dienst gehörte, 37 ferner für die
Säulen des Vorhofs ringsum, ihre Sockel, ihre Zelt-
pflöcke und Stricke.

38 Vor der Wohnstätte, an der Vorderseite, östlich
vom Offenbarungszelt, lagerten Mose und Aaron
mit seinen Söhnen. Sie hatten den Dienst am Hei-
ligtum zu tun, wie er den Israeliten aufgetragen
worden war. Wer unbefugt daran teilnimmt, wird
mit dem Tod bestraft.

39 Die Gesamtzahl der Leviten, die Mose und Aa-
ron auf Befehl des Herrn musterten, aller männli-
chen Personen von einem Monat und darüber,
nach Sippen geordnet, betrug 22 000.

40 Der Herr sprach zu Mose: Zähle alle männli-
chen erstgeborenen Israeliten, die einen Monat
und älter sind, stell ihre Zahl namentlich fest!
41 Dann nimm für mich, für mich, den Herrn, die
Leviten als Ersatz für alle erstgeborenen Israeliten
entgegen, außerdem das Vieh der Leviten als Er-
satz für alle Erstlinge unter dem Vieh der Israeli-
ten!

42 Mose musterte alle erstgeborenen Israeliten,
wie es ihm der Herr befohlen hatte. 43 Die Ge-
samtzahl der männlichen Erstgeborenen, die ei-
nen Monat und älter waren, betrug bei dieser na-
mentlichen Zählung 22 273. 44 Dann sprach der
Herr zu Mose: 45 Nimm die Leviten als Ersatz für
alle erstgeborenen Israeliten entgegen, außerdem
das Vieh der Leviten als Ersatz für das Vieh der Is-
raeliten! Die Leviten gehören mir, mir, dem
Herrn. 46 Es sind aber 273 erstgeborene Israeliten
mehr als Leviten; sie müssen ausgelöst werden.
47 Erheb für jeden fünf Schekel; erheb sie nach
dem Schekelgewicht des Heiligtums, den Schekel
zu zwanzig Gera. 48 Übergib das Geld Aaron und
seinen Söhnen zur Auslösung der überzähligen
Israeliten! 49 Da erhob Mose das Lösegeld von de-
nen, die die Zahl der Leviten überstiegen und des-
halb auszulösen waren. 50 1365 Silberschekel er-
hob Mose von den erstgeborenen Israeliten, nach
dem Schekelgewicht des Heiligtums, 51 und er
übergab Aaron und seinen Söhnen das Lösegeld,
wie es ihm der Herr befohlen hatte.

4 Der Herr sprach zu Mose und Aaron: 2 Er-
mittelt die Zahl der Kehatiter unter den Levi-
ten, geordnet nach Sippen und Großfamilien,
3 zählt alle Wehrfähigen zwischen dreißig und
fünfzig Jahren! Sie sollen im Offenbarungszelt
tätig sein. 4 Die Kehatiter haben im Offenbarungs-
zelt das Hochheilige zu betreuen. 5 Beim Auf-
bruch gehen Aaron und seine Söhne hinein, neh-
men die Vorhangdecke ab und hüllen damit die
Lade der Bundesurkunde ein. 6 Darüber legen sie
eine Decke aus Tahaschhaut, breiten darüber ein
Tuch, ganz aus violettem Purpur, und bringen an
der Lade die Stangen an. 7 Auch über den Tisch
der Schaubrote breiten sie ein Tuch aus violettem
Purpur. Darauf legen sie die Schüsseln, die Scha-
len, die Krüge und die Kannen für das Trankopfer;
auch die Schaubrote sollen darauf sein. 8 Dann
breiten sie darüber ein karmesinrotes Tuch, be-
decken es mit einer Tahaschhaut und bringen die
dazugehörenden Stangen an. 9 Weiter nehmen sie
ein Tuch aus violettem Purpur und hüllen damit
den Leuchter ein, auch seine einzelnen Lampen,
die Dochtscheren und Pfannen und alle Ölbehäl-
ter, die man für den Leuchter braucht. 10 Ihn und
alle zu ihm gehörenden Geräte legen sie auf eine
Decke aus Tahaschhaut, dann legen sie alles auf
das Traggestell. 11 Über den goldenen Altar breiten
sie ein Tuch aus violettem Purpur, hüllen ihn in
eine Decke aus Tahaschhaut und bringen seine
Stangen an. 12 Dann nehmen sie alle zum Dienst
im Heiligtum erforderlichen Geräte, legen sie auf
ein Tuch aus violettem Purpur, hüllen sie in eine
Decke aus Tahaschhaut und legen sie auf das Trag-
gestell. 13 Sie säubern den Altar von der Fett-Asche
und breiten ein Tuch aus rotem Purpur über ihn.
14 Auf den Altar legen sie alle Geräte, die man für
den Altardienst braucht, die Pfannen, Gabeln,
Schaufeln und Schalen, alle Altargeräte; darüber
breiten sie eine Hülle aus Tahaschhaut und brin-
gen die Altarstangen an. 15 Erst wenn Aaron und
seine Söhne beim Aufbruch des Lagers mit dem
Verhüllen des Heiligtums und aller heiligen Ge-
räte fertig sind, kommen die Kehatiter und über-
nehmen den Trägerdienst. Sie dürfen aber das
Heilige nicht berühren, sonst müssen sie sterben.
Das ist die Aufgabe, die die Kehatiter am Offen-
barungszelt als Träger haben. 16 Der Priester Elea-
sar, der Sohn Aarons, hat die Verantwortung für
das Öl des Leuchters, das duftende Räucherwerk,
das ständige Speiseopfer und das Salböl, die Ver-
antwortung für die ganze Wohnstätte und für al-
les, was es darin an Heiligem und an Geräten gibt.

17 Der Herr sprach zu Mose und Aaron: 18 Sorgt
dafür, daß die Sippen des Stammes der Kehatiter
nicht aus dem Kreis der Leviten ausgerottet wer-
den. 19 Damit sie am Leben bleiben und nicht we-
gen Berührung des Hochheiligen sterben, sollt ihr
so verfahren: Aaron und seine Söhne sollen kom-
men und jedem von ihnen anweisen, was er zu
tun und zu tragen hat. 20 Dann ist es nicht möglich,
daß sie hineingehen und das Heilige auch nur für
einen Augenblick sehen, und sie werden nicht
sterben.

21 Der Herr sprach zu Mose: 22 Ermittle auch die
Zahl der Gerschoniter, geordnet nach Großfami-
lien und Sippen! 23 Du sollst sie mustern für den
Dienst am Offenbarungszelt, alle wehrfähigen
Männer zwischen dreißig und fünfzig Jahren.
24 Die Sippen der Gerschoniter haben folgende
Pflichten als Diener und Träger: 25 Sie tragen die

Zelttücher der Wohnstätte und das Offenbarungszelt, seine Decke, die Tahaschdecke, die darüber liegt, und den Vorhang am Eingang des Offenbarungszeltes, 26 ferner die Behänge des Vorhofs, den Vorhang am Toreingang des Vorhofs, der rings um die Wohnstätte und um den Altar liegt, die dazugehörenden Stricke und alle Geräte, die sie zu ihrer Arbeit brauchen; sie sollen alle Arbeiten verrichten, die daran auszuführen sind. 27 Der ganze Dienst der Gerschoniter soll nach der Anweisung Aarons und seiner Söhne geschehen, die ihnen alles sagen, alles, was sie zu tragen und zu tun haben. Beauftragt sie mit dem gesamten Trägerdienst! 28 Das ist die Aufgabe der Gerschoniter am Offenbarungszelt. Die Aufsicht über ihren Dienst hat der Priester Itamar, der Sohn Aarons.

29 Ferner sollst du die Merariter mustern, geordnet nach Sippen und Großfamilien. 30 Du sollst sie mustern für den Dienst am Offenbarungszelt, alle wehrfähigen Männer zwischen dreißig und fünfzig Jahren. 31 Das sind ihre Pflichten und einzelnen Aufgaben als Träger beim Offenbarungszelt: Sie haben die Bretter der Wohnstätte zu tragen, ihre Querlatten, Säulen und Sockel, 32 die Säulen des Vorhofs ringsum, ihre Sockel, Zeltpflöcke und Stricke sowie alle Geräte, die sie zur Erfüllung ihrer Aufgaben brauchen. Ihr sollt jedem die Gegenstände einzeln zuweisen, die sie zu tragen haben. 33 Das ist im ganzen die Aufgabe der Sippen der Merariter am Offenbarungszelt. Die Aufsicht über sie hat der Priester Itamar, der Sohn Aarons.

34 Mose, Aaron und die Anführer der Gemeinde musterten die Kehatiter, geordnet nach Sippen und Großfamilien, 35 für den Dienst am Offenbarungszelt, alle wehrfähigen Männer zwischen dreißig und fünfzig Jahren. 36 Die Zahl der nach Sippen gemusterten Männer betrug 2750. 37 Das waren die in den Sippen der Kehatiter Gemusterten, alle, die am Offenbarungszelt Dienst zu tun hatten. Mose und Aaron hatten sie gemustert, wie es der Herr durch Mose befohlen hatte.

38 Bei den Gerschonitern betrug die Zahl der nach Sippen und Großfamilien für den Dienst am Offenbarungszelt Gemusterten, 39 die Zahl aller wehrfähigen Männer zwischen dreißig und fünfzig Jahren, 40 die, geordnet nach Sippen und Großfamilien, gemustert worden waren, 2630. 41 Das waren die in den Sippen der Gerschoniter Gemusterten, alle, die am Offenbarungszelt Dienst zu tun hatten. Mose und Aaron hatten sie auf Befehl des Herrn gemustert.

42 Bei den Sippen der Merariter betrug die Zahl der nach Sippen und Großfamilien zum Dienst am Offenbarungszelt Gemusterten, 43 die Zahl aller wehrfähigen Männer zwischen dreißig und fünfzig Jahren, 44 die, geordnet nach Sippen, gemustert worden waren, 3200. 45 Das waren die in den Sippen der Merariter Gemusterten. Mose und Aaron hatten sie gemustert, wie es der Herr durch Mose befohlen hatte.

46 Die Gesamtzahl der Gemusterten, die Mose, Aaron und die Anführer Israels bei den Leviten, geordnet nach Sippen und Großfamilien, gemustert hatten, 47 die Zahl aller Männer zwischen dreißig und fünfzig Jahren, die zur Erfüllung der Aufgaben und Trägerdienste am Offenbarungszelt fähig waren, 48 die Gesamtzahl dieser Gemusterten betrug 8580. 49 Wie es der Herr durch Mose befohlen hatte, so betraute man jeden einzelnen von ihnen mit seiner Aufgabe und mit seinem Trägerdienst. Jedem wurde seine Aufgabe zugewiesen, wie der Herr es Mose befohlen hatte.

Die Ausweisung der Unreinen

5 Der Herr sprach zu Mose: 2 Befiehl den Israeliten, jeden aus dem Lager zu schicken, der an Aussatz oder an einem Ausfluß leidet, und jeden, der sich an einer Leiche verunreinigt hat. 3 Ob Mann oder Frau, schickt sie weg, weist sie aus dem Lager hinaus! Sie sollen nicht das Lager unrein machen, in dem ich mitten unter ihnen wohne. 4 Die Israeliten taten, was der Herr gesagt hatte, und schickten sie aus dem Lager. Wie der Herr es Mose gesagt hatte, so machten sie es.

Schadenersatz und Abgaben ans Heiligtum

5 Der Herr sprach zu Mose: 6 Sag zu den Israeliten: Wenn ein Mann oder eine Frau etwas, was dem Herrn gehört, veruntreut hat, also eine von den Sünden begangen hat, wie sie bei Menschen vorkommen, dann ist dieser Mensch schuldig geworden. 7 Sie sollen die Sünde, die sie begangen haben, bekennen, und der Schuldige soll das, was er schuldet, voll ersetzen und dem, an dem er schuldig geworden ist, noch ein Fünftel dazugeben. 8 Wenn aber der Anspruchsberechtigte keinen Löser hat, dem der Schuldige Ersatz leisten könnte, dann gehört der geschuldete Betrag dem

Herrn zugunsten des Priesters, ebenso wie der Sühnewidder, mit dem der Priester für ihn die Sühne erwirkt. 9 Dem Priester gehören auch alle Weihegeschenke, die die Israeliten zu ihm bringen. 10 Jeder kann selbst bestimmen, was er als Weihegeschenk geben will; was er aber dem Priester gibt, gehört dem Priester.

Das Eifersuchtsordal

11 Der Herr sprach zu Mose: 12 Rede zu den Israeliten und sag ihnen: Angenommen, eine Frau gerät auf Abwege, sie wird ihrem Mann untreu, 13 und ein anderer Mann schläft mit ihr, ohne daß es ihr Mann merkt, angenommen also, sie ist unrein geworden, ohne daß es entdeckt wird, und es gibt keine Zeugen, weil sie nicht ertappt worden ist, 14 der Mann aber schöpft Verdacht und wird eifersüchtig auf seine Frau, die wirklich unrein geworden ist; angenommen aber auch, er schöpft Verdacht und wird auf seine Frau eifersüchtig, obwohl sie in Wirklichkeit nicht unrein geworden ist: 15 In einem solchen Fall soll der Mann seine Frau zum Priester bringen und soll zugleich die für sie vorgesehene Opfergabe mitbringen: ein zehntel Efa Gerstenmehl. Er darf kein Öl darauf gießen und keinen Weihrauch darauf streuen; denn es ist ein Eifersuchtsopfer, ein Opfer zur Ermittlung der Schuld. 16 Der Priester führt die Frau hinein und stellt sie vor den Herrn. 17 Er nimmt heiliges Wasser in einem Tongefäß; dann nimmt er etwas Staub vom Fußboden der Wohnstätte und streut ihn in das Wasser. 18 Dann stellt der Priester die Frau vor den Herrn, löst ihr Haar und legt ihr das Ermittlungsopfer, das heißt das Eifersuchtsopfer, in die Hände; der Priester aber hält das bittere, fluchbringende Wasser in der Hand. 19 Dann beschwört der Priester die Frau und sagt zu ihr: Wenn kein Mann mit dir geschlafen hat, wenn du deinem Mann nicht untreu gewesen, also nicht unrein geworden bist, dann wird sich deine Unschuld durch dieses bittere, fluchbringende Wasser erweisen. 20 Wenn du aber deinem Mann untreu gewesen, wenn du unrein geworden bist und wenn ein anderer als dein eigener Mann mit dir geschlafen hat – 21 und nun soll der Priester die Frau mit einem Fluch beschwören und zu ihr sprechen –, dann wird der Herr dich zum sprichwörtlichen Beispiel für einen Fluch und Schwur in deinem Volk machen. Der Herr wird deine Hüften einfallen und deinen Bauch anschwellen lassen. 22 Dieses fluchbringende Wasser wird in deine Eingeweide eindringen, so daß dein Bauch anschwillt und deine Hüften einfallen. Darauf soll die Frau antworten: Amen, amen. 23 Der Priester aber schreibt diese Flüche auf und wischt die Schrift sodann in das bittere Wasser. 24 Dann gibt er der Frau das bittere, fluchbringende Wasser zu trinken, damit dieses Fluchwasser in sie eindringt und ihr bittere Schmerzen bereitet. 25 Der Priester nimmt aus der Hand der Frau das Eifersuchtsopfer, schwingt die Opfergabe vor dem Herrn hin und her und bringt sie so dar; dann legt er sie auf den Altar. 26 Der Priester nimmt von der Opfergabe eine Handvoll als Gedächtnisanteil weg und läßt ihn auf dem Altar in Rauch aufgehen. Dann erst läßt er die Frau das Wasser trinken.

27 Sobald er sie das Wasser hat trinken lassen, wird das fluchbringende Wasser in sie eindringen und bittere Schmerzen bewirken, falls sie unrein und ihrem Mann untreu geworden ist: Es wird ihren Bauch anschwellen und ihre Hüften einfallen lassen, so daß die Frau in ihrem Volk zum sprichwörtlichen Beispiel für einen Fluch wird. 28 Wenn sie aber nicht unrein geworden, sondern rein ist, dann wird sich zeigen, daß sie unschuldig ist, und sie kann weiterhin Kinder bekommen.

29 Das ist das Eifersuchtsgesetz für den Fall, daß eine Frau ihren Mann betrügt und unrein geworden ist 30 oder daß ein Mann gegen seine Frau Verdacht schöpft, auf sie eifersüchtig wird und sie vor den Herrn treten läßt. Wenn der Priester dieses Gesetz auf sie anwendet, 31 dann ist der Mann von Schuld frei, die Frau aber muß die Folgen ihrer Schuld tragen.

Das Nasiräergelübde

6 Der Herr sprach zu Mose: 2 Rede zu den Israeliten und sag zu ihnen: Wenn ein Mann oder eine Frau etwas Besonderes tun will und das Nasiräergelübde ablegt, so daß er ein dem Herrn geweihter Nasiräer ist, 3 dann soll er auf Wein und Bier verzichten; er soll keinen gegorenen Wein und kein gegorenes Bier trinken, auch keinen Traubensaft, er soll weder frische noch getrocknete Trauben essen. 4 Solange er Nasiräer ist, soll er nichts essen, was von Weinreben stammt, von den unreifen Trauben angefangen bis zu den Trebern. 5 Solange das Nasiräergelübde in Kraft ist, soll auch kein Schermesser sein Haupt berühren,

bis die Zeit abgelaufen ist, für die er sich dem
Herrn als Nasiräer geweiht hat. Er ist heilig, er
muß sein Haar ganz frei wachsen lassen. 6 Solange
er sich dem Herrn als Nasiräer geweiht hat, soll er
auch nicht in die Nähe eines Toten kommen.
7 Nicht einmal an Vater oder Mutter, an Bruder
oder Schwester soll er sich verunreinigen, wenn
sie sterben; denn er trägt an seinem Haupt das
Zeichen dafür, daß er sich seinem Gott als Nasiräer geweiht hat.

8 Solange er Nasiräer ist, ist er dem Herrn heilig.
9 Wenn aber jemand in seiner Nähe ganz plötzlich
stirbt und er dabei sein geweihtes Haupt unrein
macht, dann soll er sein Haar an dem Tag abschneiden, an dem er wieder rein wird: Am siebten Tag soll er sein Haar abschneiden, 10 am achten
Tag aber soll er zwei Turteltauben oder zwei junge
Tauben zum Priester an den Eingang des Offenbarungszeltes bringen. 11 Der Priester richtet die
eine zum Sündopfer, die andere zum Brandopfer
her und entsühnt den, der an der Leiche eine
Sünde auf sich geladen hat; am selben Tag erklärt
der Priester sein Haupt wieder für heilig. 12 Er soll
sich dann dem Herrn für die Zeit, für die er sich als
Nasiräer verpflichtet hatte, von neuem weihen
und ein einjähriges Lamm als Schuldopfer darbringen. Die schon abgeleistete Zeit aber ist verfallen, da das vorige Weihegelübde ungültig geworden ist.

13 Das ist das Nasiräergesetz. Am Tag, an dem die
Zeit seiner Nasiräerweihe abgelaufen ist, soll man
den Mann zum Eingang des Offenbarungszeltes
führen. 14 Er bringt seine Opfergabe für den Herrn
mit: ein fehlerloses einjähriges männliches Lamm
als Brandopfer, ein fehlerloses einjähriges weibliches Lamm als Sühnopfer, einen fehlerlosen
Widder als Heilsopfer, 15 ferner einen Korb voll ungesäuerter Kuchen aus Feinmehl, das mit Öl vermengt ist, sowie voll ungesäuerter Brotfladen, die
mit Öl bestrichen sind, ferner das dazugehörende
Speiseopfer und die dazugehörenden Trankopfer.
16 Der Priester bringt alles vor den Herrn und richtet für den Betreffenden das Sündopfer und das
Brandopfer her. 17 Auch richtet er den Widder für
das Heilsopfer zur Ehre des Herrn her, zusammen
mit dem Korb voll ungesäuertem Gebäck; dann
richtet der Priester für den Betreffenden das Speiseopfer und das Trankopfer her. 18 Der Nasiräer
schneidet am Eingang des Offenbarungszeltes
sein geweihtes Haupthaar ab, nimmt das geweihte Haar und wirft es in das Feuer, das unter
dem Heilsopfer brennt. 19 Nachdem der Nasiräer
sich das Nasiräerhaar abgeschnitten hat, nimmt
der Priester den gekochten Vorderschenkel des
Widders, einen ungesäuerten Kuchen aus dem
Korb und einen ungesäuerten Brotfladen und legt
es dem Nasiräer auf die Hände. 20 Dann schwingt
sie der Priester vor dem Herrn hin und her und
bringt sie so dar. Das ist eine heilige Gabe für den
Priester, zusätzlich zur Widderbrust für den Darbringungsritus und zur Schenkelkeule für den Erhebungsritus. Danach darf der Nasiräer wieder
Wein trinken.

21 Das ist das Gesetz für den Nasiräer, der aufgrund seines Weihegelübdes dem Herrn eine Opfergabe gelobt, abgesehen von dem, was er sonst
noch leisten kann. Wie es den Worten des Gelübdes entspricht, das er abgelegt hat, so muß er handeln, nach dem Nasiräergesetz, das für seinen Fall
gilt.

Der Priestersegen

22 Der Herr sprach zu Mose: 23 Sag zu Aaron und
seinen Söhnen: So sollt ihr die Israeliten segnen;
sprecht zu ihnen:

24 Der Herr segne dich und behüte dich.

25 Der Herr lasse sein Angesicht über dich leuchten und sei dir gnädig.

26 Der Herr wende sein Angesicht dir zu und
schenke dir Heil.

27 So sollen sie meinen Namen auf die Israeliten
legen, und ich werde sie segnen.

Die Weihegaben der Stammesführer

7 An dem Tag, an dem Mose die Wohnstätte
errichtet hatte, salbte und weihte er sie, dazu alle ihre Geräte, ebenso auch den Altar und
alle seine Geräte. Er salbte sie und weihte alles.
2 Die Anführer Israels, die Oberhäupter ihrer
Großfamilien, die Stammesführer, die an der
Spitze der Gemusterten standen, brachten ihre
Gaben herbei. 3 Sie brachten dem Herrn als ihre
Gabe: sechs Planwagen und zwölf Rinder, jeweils für zwei Stammesführer einen Wagen und
für jeden Stammesführer einen Stier. Das brachten sie vor die Wohnstätte. 4 Der Herr sprach
zu Mose: 5 Nimm die Gaben von ihnen an; sie
sollen für den Dienst am Offenbarungszelt
verwendet werden. Übergib sie den Leviten, je
nach ihrer Aufgabe. 6 Da nahm Mose die Wagen

und die Rinder und übergab sie den Leviten.
7 Zwei Wagen und vier Rinder übergab er den Ger-
schonitern für ihre Aufgaben; 8 vier Wagen und
acht Rinder übergab er dem Priester Itamar, dem
Sohn Aarons, für die Merariter und ihre Aufga-
ben; 9 den Kehatitern übergab er nichts, weil ih-
nen der Dienst an den heiligen Gegenständen an-
vertraut war, die sie auf ihren Schultern tragen
mußten.

10 Die Stammesführer brachten an dem Tag, an
dem man den Altar salbte, auch die Spende für die
Altarweihe und legten ihre Gaben vor den Altar.
11 Der Herr hatte zu Mose gesagt: Täglich soll je-
weils ein Stammesführer seine Gabe als Spende
für die Altarweihe bringen.

12 So brachte am ersten Tag Nachschon, der Sohn
Amminadabs, für den Stamm Juda seine Gabe
herbei. 13 Sie bestand aus einer silbernen Schüs-
sel, hundertdreißig Schekel schwer, einer silber-
nen Schale zu siebzig Schekel, nach dem Sche-
kelgewicht des Heiligtums, beide gefüllt mit Fein-
mehl, das mit Öl vermengt war, für das
Speiseopfer, 14 ferner aus einer goldenen Schale
von zehn Schekel Gewicht, gefüllt mit Räucher-
werk, 15 aus einem Jungstier, einem Widder und
einem einjährigen Lamm für das Brandopfer, 16 ei-
nem Ziegenbock für das Sündopfer 17 sowie aus
zwei Rindern, fünf Widdern, fünf Böcken und
fünf einjährigen Lämmern für das Heilsopfer. Das
war die Gabe Nachschons, des Sohnes Ammina-
dabs.

18 Am zweiten Tag brachte Netanel, der Sohn
Zuars, der Stammesführer von Issachar, seine
Gabe herbei. 19 Er brachte eine silberne Schüssel,
hundertdreißig Schekel schwer, eine silberne
Schale zu siebzig Schekel, nach dem Schekelge-
wicht des Heiligtums, beide gefüllt mit Feinmehl,
das mit Öl vermengt war, für das Speiseopfer,
20 ferner eine goldene Schale von zehn Schekel
Gewicht, gefüllt mit Räucherwerk, 21 dazu einen
Jungstier, einen Widder und ein einjähriges
Lamm für das Brandopfer, 22 einen Ziegenbock für
das Sündopfer 23 sowie zwei Rinder, fünf Widder,
fünf Böcke und fünf einjährige Lämmer für das
Heilsopfer. Das war die Gabe Netanels, des Soh-
nes Zuars.

24 Am dritten Tag kam der Stammesführer der Se-
buloniter, Eliab, der Sohn Helons. 25 Seine Gabe
bestand aus einer silbernen Schüssel, hundert-
dreißig Schekel schwer, einer silbernen Schale zu
siebzig Schekel, nach dem Schekelgewicht des
Heiligtums, beide gefüllt mit Feinmehl, das mit Öl
vermengt war, für das Speiseopfer, 26 ferner aus ei-
ner goldenen Schale von zehn Schekel Gewicht,
gefüllt mit Räucherwerk, 27 aus einem Jungstier,
einem Widder und einem einjährigen Lamm für
das Brandopfer, 28 einem Ziegenbock für das Sünd-
opfer 29 sowie aus zwei Rindern, fünf Widdern,
fünf Böcken und fünf einjährigen Lämmern für
das Heilsopfer. Das war die Gabe Eliabs, des Soh-
nes Helons.

30 Am vierten Tag kam der Stammesführer der
Rubeniter, Elizur, der Sohn Schedëurs. 31 Seine
Gabe bestand aus einer silbernen Schüssel, hun-
dertdreißig Schekel schwer, einer silbernen
Schale zu siebzig Schekel, nach dem Schekel-
gewicht des Heiligtums, beide gefüllt mit Fein-
mehl, das mit Öl vermengt war, für das Speise-
opfer, 32 ferner aus einer goldenen Schale von
zehn Schekel Gewicht, gefüllt mit Räucherwerk,
33 aus einem Jungstier, einem Widder und ei-
nem einjährigen Lamm für das Brandopfer, 34 ei-
nem Ziegenbock für das Sündopfer 35 sowie
aus zwei Rindern, fünf Widdern, fünf Böcken
und fünf einjährigen Lämmern für das Heils-
opfer. Das war die Gabe Elizurs, des Sohnes Sche-
dëurs.

36 Am fünften Tag kam der Stammesführer der
Simeoniter, Schelumiël, der Sohn Zurischaddais.
37 Seine Gabe bestand aus einer silbernen Schüs-
sel, hundertdreißig Schekel schwer, einer silber-
nen Schale zu siebzig Schekel, nach dem Sche-
kelgewicht des Heiligtums, beide gefüllt mit
Feinmehl, das mit Öl vermengt war, für das
Speiseopfer, 38 ferner aus einer goldenen Schale
von zehn Schekel Gewicht, gefüllt mit Räucher-
werk, 39 aus einem Jungstier, einem Widder und
einem einjährigen Lamm für das Brandopfer, 40 ei-
nem Ziegenbock für das Sündopfer 41 sowie aus
zwei Rindern, fünf Widdern, fünf Böcken und
fünf einjährigen Lämmern für das Heilsopfer. Das
war die Gabe Schelumiëls, des Sohnes Zuri-
schaddais.

42 Am sechsten Tag kam der Stammesführer der
Gaditer, Eljasaf, der Sohn Reguëls. 43 Seine Gabe
bestand aus einer silbernen Schüssel, hundert-
dreißig Schekel schwer, einer silbernen Schale zu
siebzig Schekel, nach dem Schekelgewicht des
Heiligtums, beide gefüllt mit Feinmehl, das mit Öl
vermengt war, für das Speiseopfer, 44 ferner aus ei-

ner goldenen Schale von zehn Schekel Gewicht,
gefüllt mit Räucherwerk, 45 aus einem Jungstier,
einem Widder und einem einjährigen Lamm für
das Brandopfer, 46 einem Ziegenbock für das Sünd-
opfer 47 sowie aus zwei Rindern, fünf Widdern,
fünf Böcken und fünf einjährigen Lämmern für
das Heilsopfer. Das war die Gabe Eljasafs, des
Sohnes Reguëls.
48 Am siebten Tag kam der Stammesführer der
Efraimiter, Elischama, der Sohn Ammihuds.
49 Seine Gabe bestand aus einer silbernen Schüs-
sel, hundertdreißig Schekel schwer, einer silber-
nen Schale zu siebzig Schekel, nach dem Sche-
kelgewicht des Heiligtums, beide gefüllt mit
Feinmehl, das mit Öl vermengt war, für das
Speiseopfer, 50 ferner aus einer goldenen Schale
von zehn Schekel Gewicht, gefüllt mit Räucher-
werk, 51 aus einem Jungstier, einem Widder und
einem einjährigen Lamm für das Brandopfer, 52 ei-
nem Ziegenbock für das Sündopfer 53 sowie aus
zwei Rindern, fünf Widdern, fünf Böcken und
fünf einjährigen Lämmern für das Heilsopfer. Das
war die Gabe Elischamas, des Sohnes Ammi-
huds.
54 Am achten Tag kam der Stammesführer der
Manassiter, Gamliël, der Sohn Pedazurs. 55 Seine
Gabe bestand aus einer silbernen Schüssel, hun-
dertdreißig Schekel schwer, einer silbernen
Schale zu siebzig Schekel, nach dem Schekel-
gewicht des Heiligtums, beide gefüllt mit Fein-
mehl, das mit Öl vermengt war, für das Speise-
opfer, 56 ferner aus einer goldenen Schale von
zehn Schekel Gewicht, gefüllt mit Räucher-
werk, 57 aus einem Jungstier, einem Widder
und einem einjährigen Lamm für das Brand-
opfer, 58 einem Ziegenbock für das Sündopfer
59 sowie aus zwei Rindern, fünf Widdern, fünf
Böcken und fünf einjährigen Lämmern für das
Heilsopfer. Das war die Gabe Gamliëls, des Soh-
nes Pedazurs.
60 Am neunten Tag kam der Stammesführer der
Benjaminiter, Abidan, der Sohn Gidonis. 61 Seine
Gabe bestand aus einer silbernen Schüssel, hun-
dertdreißig Schekel schwer, einer silbernen
Schale zu siebzig Schekel, nach dem Schekelge-
wicht des Heiligtums, beide gefüllt mit Feinmehl,
das mit Öl vermengt war, für das Speiseopfer,
62 ferner aus einer goldenen Schale zu zehn Sche-
kel Gewicht, gefüllt mit Räucherwerk, 63 aus ei-
nem Jungstier, einem Widder und einem ein-
jährigen Lamm für das Brandopfer, 64 einem Zie-
genbock für das Sündopfer 65 sowie aus zwei Rin-
dern, fünf Widdern, fünf Böcken und fünf ein-
jährigen Lämmern für das Heilsopfer. Das war die
Gabe Abidans, des Sohnes Gidonis.
66 Am zehnten Tag kam der Stammesführer der
Daniter, Ahiëser, der Sohn Ammischaddais.
67 Seine Gabe bestand aus einer silbernen Schüs-
sel, hundertdreißig Schekel schwer, einer silber-
nen Schale zu siebzig Schekel, nach dem Sche-
kelgewicht des Heiligtums, beide gefüllt mit
Feinmehl, das mit Öl vermengt war, für das Spei-
seopfer, 68 ferner aus einer goldenen Schale von
zehn Schekel Gewicht, gefüllt mit Räucherwerk,
69 aus einem Jungstier, einem Widder und einem
einjährigen Lamm für das Brandopfer, 70 einem
Ziegenbock für das Sündopfer 71 sowie aus zwei
Rindern, fünf Widdern, fünf Böcken und fünf ein-
jährigen Lämmern für das Heilsopfer. Das war die
Gabe Ahiësers, des Sohnes Ammischaddais.
72 Am elften Tag kam der Stammesführer der
Ascheriter, Pagiël, der Sohn Ochrans. 73 Seine
Gabe bestand aus einer silbernen Schüssel, hun-
dertdreißig Schekel schwer, einer silbernen
Schale zu siebzig Schekel, nach dem Schekelge-
wicht des Heiligtums, beide gefüllt mit Feinmehl,
das mit Öl vermengt war, für das Speiseopfer,
74 ferner aus einer goldenen Schale zu zehn Sche-
kel Gewicht, gefüllt mit Räucherwerk, 75 aus ei-
nem Jungstier, einem Widder und einem ein-
jährigen Lamm für das Brandopfer, 76 einem
Ziegenbock für das Sündopfer 77 sowie aus zwei
Rindern, fünf Widdern, fünf Böcken und fünf ein-
jährigen Lämmern für das Heilsopfer. Das war die
Gabe Pagiëls, des Sohnes Ochrans.
78 Am zwölften Tag kam der Stammesführer der
Naftaliter, Ahira, der Sohn Enans. 79 Seine Gabe
bestand aus einer silbernen Schüssel, hundert-
dreißig Schekel schwer, einer silbernen Schale zu
siebzig Schekel, nach dem Schekelgewicht des
Heiligtums, beide gefüllt mit Feinmehl, das mit Öl
vermengt war, für das Speiseopfer, 80 ferner aus ei-
ner goldenen Schale von zehn Schekel Gewicht,
gefüllt mit Räucherwerk, 81 aus einem Jungstier, ei-
nem Widder und einem einjährigen Lamm für
das Brandopfer, 82 einem Ziegenbock für das Sünd-
opfer 83 sowie aus zwei Rindern, fünf Widdern,
fünf Böcken und fünf einjährigen Lämmern für
das Heilsopfer. Das war die Gabe Ahiras, des Soh-
nes Enans.

[84] Das war die Spende der Stammesführer Israels für die Weihe des Altars, als man den Altar salbte: zwölf silberne Schüsseln, zwölf silberne Schalen, zwölf goldene Schalen, [85] jede silberne Schüssel hundertdreißig Schekel schwer, jede silberne Schale siebzig Schekel schwer, das Silber aller Gefäße zusammen also zweitausendvierhundert Schekel, nach dem Schekelgewicht des Heiligtums, [86] ferner zwölf goldene Schalen, gefüllt mit Räucherwerk, jede Schale zehn Schekel schwer, nach dem Schekelgewicht des Heiligtums, das Gold aller Schalen zusammen also hundertzwanzig Schekel; [87] dazu insgesamt zwölf Rinder, und zwar Stiere, für das Brandopfer, zwölf Widder, zwölf einjährige Lämmer und die dazugehörenden Speiseopfer, ferner zwölf Ziegenböcke für das Sündopfer, [88] außerdem im ganzen vierundzwanzig Rinder, und zwar Stiere, sechzig Widder, sechzig Böcke und sechzig einjährige Lämmer für das Heilsopfer. Das war die Spende für die Weihe des Altars, nachdem man ihn gesalbt hatte.

Die Begegnung des Herrn mit Mose

[89] Wenn Mose das Offenbarungszelt betrat, um mit dem Herrn zu reden, hörte er die Stimme zu ihm reden. Sie sprach zu ihm von der Deckplatte her, die auf der Lade der Bundesurkunde lag, aus dem Raum zwischen den Kerubim.

Die Bedienung des Leuchters

8 Der Herr sprach zu Mose: [2] Rede zu Aaron und sag zu ihm: Wenn du die Lampen auf den Leuchter steckst, dann so, daß das Licht der sieben Lampen vom Leuchter aus nach vorn fällt. [3] Das tat Aaron; er steckte die Lampen so auf, daß ihr Licht vom Leuchter aus nach vorn fiel, wie der Herr es Mose aufgetragen hatte. [4] Der Leuchter war aus Gold getrieben, vom Gestell bis zu den Blüten war er aus Gold getrieben. Mose hatte den Leuchter nach dem Muster angefertigt, das der Herr ihm gezeigt hatte.

Die Weihe und der Dienst der Leviten

[5] Der Herr sprach zu Mose: [6] Sondere die Leviten von den Israeliten ab, und reinige sie! [7] So sollst du ihre Reinigung vollziehen: Spreng über sie das Entsündigungswasser! Sie selbst sollen sich an ihrem ganzen Körper mit einem Schermesser die Haare schneiden, ihre Kleider waschen und sich reinigen. [8] Dann sollen sie einen Jungstier nehmen und dazu als Speiseopfer Feinmehl, das mit Öl vermengt ist. Einen zweiten Jungstier sollst du für das Sündopfer nehmen. [9] Dann sollst du die Leviten vor das Offenbarungszelt führen und die ganze Gemeinde der Israeliten versammeln. [10] Laß die Leviten vor den Herrn treten! Die Israeliten sollen den Leviten die Hände auflegen, [11] und Aaron soll an den Leviten im Namen der Israeliten vor den Augen des Herrn die Weihe vornehmen. Auf diese Weise sollen sie den Dienst des Herrn antreten. [12] Die Leviten sollen ihre Hände den Stieren auf den Kopf legen. Dann richte den einen als Sündopfer und den anderen als Brandopfer für den Herrn her, um die Leviten zu entsühnen.

[13] Laß die Leviten vor Aaron und seine Söhne treten, und vollzieh an ihnen die Weihe für den Herrn! [14] Auf diese Weise sollst du die Leviten aus den Israeliten aussondern; dann gehören die Leviten mir.

[15] Danach sollen die Leviten mit ihrem Dienst am Offenbarungszelt beginnen. Reinige sie, und vollzieh an ihnen die Weihe; [16] denn sie sind mir von den Israeliten übergeben, als Ersatz für alle, die den Mutterschoß durchbrechen; als Ersatz für alle erstgeborenen Israeliten habe ich sie mir genommen. [17] Denn alle erstgeborenen Israeliten gehören mir, sowohl bei den Menschen als auch beim Vieh. An dem Tag, an dem ich in Ägypten alle Erstgeborenen erschlug, habe ich sie als mir heilig erklärt [18] und habe die Leviten als Ersatz für alle erstgeborenen Israeliten genommen. [19] Ich gebe die Leviten dem Aaron und seinen Söhnen; aus dem Kreis der Israeliten sind sie ihnen übergeben, damit sie am Offenbarungszelt den Gottesdienst der Israeliten vollziehen und die Israeliten entsühnen. Dann wird die Israeliten kein Unheil treffen, wenn sie dem Heiligtum zu nahe kommen.

[20] Mose, Aaron und die ganze Gemeinde der Israeliten taten mit den Leviten genau das, was der Herr dem Mose hinsichtlich der Leviten befohlen hatte; das taten die Israeliten mit den Leviten. [21] Die Leviten ließen sich entsündigen und wuschen ihre Kleider. Aaron vollzog an ihnen vor den Augen des Herrn die Weihe und entsühnte sie; so machte er sie rein. [22] Danach traten die Leviten bei Aaron und seinen Söhnen ihren Dienst am Offenbarungszelt an. Was der Herr dem Mose hinsichtlich der Leviten befohlen hatte, das tat man mit ihnen.

23 Der Herr sprach zu Mose: 24 Folgendes gilt für die Leviten: Mit fünfundzwanzig Jahren und darüber ist jeder verpflichtet, am Offenbarungszelt seinen Dienst zu tun. 25 Mit fünfzig Jahren endet seine Verpflichtung, und er braucht keinen Dienst mehr zu tun; 26 er kann aber am Offenbarungszelt seinen Brüdern bei der Ausübung ihrer Pflichten helfen; doch den eigentlichen Dienst soll er nicht versehen.

So sollst du die Dienstpflichten der Leviten ordnen.

Ergänzung der Paschaordnung

9 Im ersten Monat des zweiten Jahres nach ihrem Auszug aus Ägypten sprach der Herr in der Wüste Sinai zu Mose: 2 Die Israeliten sollen zur festgesetzten Zeit das Paschafest feiern. 3 Am vierzehnten Tag dieses Monats sollt ihr es in der Abenddämmerung zur festgesetzten Zeit feiern. Ihr sollt es genau nach den dafür geltenden Gesetzen und Vorschriften feiern. 4 Da befahl Mose den Israeliten, das Paschafest zu feiern. 5 So feierten sie am vierzehnten Tag des ersten Monats in der Abenddämmerung das Paschafest in der Wüste Sinai. Genau so, wie der Herr es Mose befohlen hatte, machten es die Israeliten.

6 Es gab Männer, die unrein waren, weil sie einen Toten berührt hatten, und die deshalb an jenem Tag das Paschafest nicht feiern konnten. Die Männer kamen noch am selben Tag zu Mose und Aaron 7 und sagten zu ihnen: Wir sind unrein, weil wir einen Toten berührt haben. Warum soll es uns verwehrt sein, zur festgesetzten Zeit wie die anderen Israeliten dem Herrn unsere Opfergabe darzubringen? 8 Mose antwortete ihnen: Bleibt da; ich will hören, was euch der Herr befiehlt. 9 Der Herr sprach zu Mose: 10 Sag den Israeliten: Wenn einige von euch oder von euren Nachkommen unrein sind wegen eines Toten oder wenn sie weit weg auf einer Reise sind, aber trotzdem das Paschafest für den Herrn feiern wollen, 11 dann sollen sie es im zweiten Monat am vierzehnten Tag in der Abenddämmerung feiern; zu ungesäuerten Broten und Bitterkräutern sollen sie das Paschalamm essen. 12 Sie sollen davon nichts bis zum nächsten Morgen übriglassen und sollen an dem Paschalamm keinen Knochen zerbrechen. Genau so, wie es das Paschagesetz vorschreibt, sollen sie handeln. 13 Wer jedoch rein ist und sich nicht auf einer Reise befindet, es aber trotzdem unterläßt, das Paschafest zu feiern, der soll aus seinen Stammesgenossen ausgemerzt werden, denn er hat dem Herrn seine Gabe nicht zur festgesetzten Zeit dargebracht; ein solcher Mensch muß die Folgen seiner Sünde tragen. 14 Wenn ein Fremder bei euch lebt und das Paschafest für den Herrn feiern will, dann soll er es nach dem Paschagesetz und Pascharecht feiern. Für den Fremden und für den Einheimischen soll bei euch dasselbe Gesetz gelten.

Die Wolkensäule über dem heiligen Zelt

15 An dem Tag, als man die Wohnstätte aufstellte, bedeckte eine Wolke die Wohnstätte, das Zelt der Bundesurkunde. Am Abend legte sie sich wie ein Feuerschein über die Wohnstätte und blieb dort bis zum Morgen. 16 So war es die ganze Zeit: Bei Tag bedeckte die Wolke die Wohnstätte und bei Nacht der Feuerschein. 17 Jedesmal, wenn sich die Wolke über dem Zelt erhob, brachen die Israeliten auf, und wo sich die Wolke niederließ, dort schlugen die Israeliten ihr Lager auf. 18 Nach dem Gebot des Herrn brachen die Israeliten auf, und nach dem Gebot des Herrn schlugen sie ihr Lager auf. Solange die Wolke über der Wohnstätte lag, blieben sie im Lager.

19 Auch wenn die Wolke längere Zeit über der Wohnstätte stehenblieb, achteten die Israeliten auf die Anordnung des Herrn und brachen nicht auf. 20 Und wenn die Wolke nur wenige Tage über der Wohnstätte stehenblieb, blieben sie nach dem Gebot des Herrn nur solange in ihrem Lager, bis sie nach dem Gebot des Herrn aufzubrechen hatten. 21 Wenn die Wolke nur vom Abend bis zum Morgen blieb und sich am Morgen erhob, dann brachen sie am nächsten Morgen auf. Ob es bei Tag oder bei Nacht war: wenn die Wolke sich erhob, brachen sie auf. 22 Ob es zwei Tage dauerte oder einen Monat oder noch länger: wenn die Wolke über der Wohnstätte anhielt und stehenblieb, dann schlugen die Israeliten ihr Lager auf und brachen nicht auf; erst wenn sie sich erhob, brachen sie auf. 23 Nach dem Gebot des Herrn schlugen sie das Lager auf, nach dem Gebot des Herrn brachen sie auf. Sie achteten auf die Anordnungen des Herrn, so wie es ihnen der Herr durch Mose befahl.

Die Trompetensignale für die Gemeinde

10 Der Herr sprach zu Mose: 2 Mach dir
zwei silberne Trompeten! Aus getriebe-
nem Metall sollst du sie machen. Sie sollen dir
dazu dienen, die Gemeinde einzuberufen und
den einzelnen Lagern das Zeichen zum Aufbruch
zu geben. 3 Wenn man mit den Trompeten bläst,
soll sich die ganze Gemeinde am Eingang des
Offenbarungszeltes bei dir versammeln. 4 Wenn
man nur einmal bläst, sollen sich die Befehls-
haber, die Hauptleute der Tausendschaften Is-
raels, bei dir versammeln. 5 Wenn ihr aber mit
großem Lärm blast, dann sollen die Lager auf der
Ostseite aufbrechen. 6 Wenn ihr zum zweitenmal
mit großem Lärm blast, dann sollen die Lager auf
der Südseite aufbrechen. Je nachdem, wie sie auf-
zubrechen haben, soll man mit großem Lärm
blasen. 7 Wenn die Versammlung einberufen wer-
den soll, dann blast, aber nicht mit großem Lärm!
8 Die Söhne Aarons, die Priester, sollen die Trom-
peten blasen. Das soll als feste Regel bei euch
gelten, von Generation zu Generation. 9 Wenn ihr
in eurem Land in einen Krieg mit einem Gegner
verwickelt werdet, der euch bedrängt, dann blast
mit euren Trompeten Alarm! So werdet ihr euch
beim Herrn, eurem Gott, in Erinnerung bringen
und vor euren Feinden gerettet werden. 10 Auch
an euren Freudentagen, an den Festen und Mo-
natsanfängen, blast zu euren Brand- und Heilsop-
fern mit den Trompeten! Das wird euch bei eurem
Gott in Erinnerung bringen. Ich bin der Herr, euer
Gott.

Vom Sinai zum Jordan: 10,11–36,13

Der Aufbruch vom Sinai

11 Am zwanzigsten Tag des zweiten Monats im
zweiten Jahr erhob sich die Wolke über der Wohn-
stätte der Bundesurkunde. 12 Da brachen die Israe-
liten von der Wüste Sinai auf, wie es die Ordnung
für den Aufbruch vorsah, und die Wolke ließ sich
in der Wüste Paran nieder.

13 So brachen sie zum erstenmal auf, wie ih-
nen der Herr durch Mose befohlen hatte. 14 Als
erstes brach das Feldzeichen des Lagers Juda
auf, nach Abteilungen geordnet. Judas Heer
befehligte Nachschon, der Sohn Amminadabs.
15 Das Heer des Stammes der Issachariter be-
fehligte Netanel, der Sohn Zuars. 16 Das Heer des
Stammes der Sebuloniter befehligte Eliab, der
Sohn Helons. 17 Nach dem Abbau der Wohnstätte
brachen die Gerschoniter und die Merariter auf,
die die Wohnstätte trugen. 18 Dann brach das Feld-
zeichen des Lagers der Rubeniter auf, nach Ab-
teilungen geordnet. Rubens Heer befehligte Eli-
zur, der Sohn Schedëurs. 19 Das Heer des Stam-
mes der Simeoniter befehligte Schelumiël, der
Sohn Zurischaddais. 20 Das Heer des Stammes
der Gaditer befehligte Eljasaf, der Sohn Reguëls.
21 Dann brachen die Kehatiter auf, die das Heilig-
tum trugen. Die Wohnstätte stellte man auf, bevor
sie ankamen. 22 Dann brach das Feldzeichen des
Lagers der Efraimiter auf, nach Abteilungen ge-
ordnet. Efraims Heer befehligte Elischama, der
Sohn Ammihuds. 23 Das Heer des Stammes der
Manassiter befehligte Gamliël, der Sohn Peda-
zurs. 24 Das Heer des Stammes der Benjaminiter
befehligte Abidan, der Sohn Gidonis. 25 Dann
brach das Feldzeichen des Lagers der Daniter auf;
sie bildeten die Nachhut aller nach Abteilungen
geordneten Lager. Das Heer Dans befehligte Ahië-
ser, der Sohn Ammischaddais. 26 Das Heer des
Stammes der Ascheriter befehligte Pagiël, der
Sohn Ochrans. 27 Das Heer des Stammes der
Naftaliter befehligte Ahira, der Sohn Enans. 28 Das
war die Ordnung für den Aufbruch der Israeliten,
geordnet nach Abteilungen. So brachen sie auf.

29 Mose sagte zu Hobab, dem Sohn des Midia-
niters Reguël, seines Schwiegervaters: Wir bre-
chen auf zu dem Ort, von dem der Herr ge-
sagt hat: Ihn gebe ich euch. Geh mit uns! Wir
werden dir Gutes tun; denn der Herr hat zu-
gesagt, Israel Gutes zu tun. 30 Hobab erwiderte
ihm: Ich gehe nicht mit, sondern ich gehe in mein
Land und zu meiner Verwandtschaft zurück. 31 Da
sagte Mose: Verlaß uns doch nicht! Denn du
kennst die Orte in der Wüste, an denen wir unser
Lager aufschlagen können; du kannst unser Auge
sein. 32 Wenn du also mitgehst, dann werden wir
all das Gute, das der Herr uns schenkt, mit dir tei-
len.

33 Sie brachen vom Berg des Herrn auf und zogen
drei Tagesmärsche weit. Die Bundeslade des

Herrn zog drei Tage lang vor ihnen her, um einen
Rastplatz für sie zu erkunden. 34 Die Wolke des
Herrn war bei Tag über ihnen, wenn sie vom La-
ger aufbrachen. 35 Wenn die Lade aufbrach, sagte
Mose:

Steh auf, Herr, dann zerstreuen sich deine
Feinde, / dann fliehen deine Gegner vor dir.

36 Und wenn man haltmachte, sagte er:

Laß dich nieder, Herr, / bei den zehntausend-
mal Tausenden Israels!

Mose und die Ältesten

11 Das Volk lag dem Herrn mit schweren
Vorwürfen in den Ohren. Als der Herr
das hörte, entbrannte sein Zorn; das Feuer des
Herrn brach bei ihnen aus und griff am Rand des
Lagers um sich. 2 Da schrie das Volk zu Mose, und
Mose setzte sich beim Herrn für sie ein. Darauf
ging das Feuer wieder aus. 3 Daher nannte man
den Ort Tabera (Feuerbrand), da das Feuer des
Herrn bei ihnen ausgebrochen war.

4 Die Leute, die sich ihnen angeschlossen hatten,
wurden von der Gier gepackt, und auch die Israe-
liten begannen wieder zu weinen und sagten:
Wenn uns doch jemand Fleisch zu essen gäbe!
5 Wir denken an die Fische, die wir in Ägypten
umsonst zu essen bekamen, an die Gurken und
Melonen, an den Lauch, an die Zwiebeln und an
den Knoblauch. 6 Doch jetzt vertrocknet uns die
Kehle, nichts bekommen wir zu sehen als immer
nur Manna.

[7 Das Manna war wie Koriandersamen, und es
sah wie Bdelliumharz aus. 8 Die Leute pflegten
umherzugehen und es zu sammeln; sie mahlten
es mit der Handmühle oder zerstampften es im
Mörser, kochten es in einem Topf und bereiteten
daraus Brotfladen. Es schmeckte wie Ölkuchen.
9 Wenn bei Nacht der Tau auf das Lager fiel, fiel
auch das Manna.]

10 Mose hörte die Leute weinen, eine Sippe wie
die andere; jeder weinte am Eingang seines Zel-
tes. Da entbrannte der Zorn des Herrn; Mose aber
war verstimmt 11 und sagte zum Herrn: Warum
hast du deinen Knecht so schlecht behandelt, und
warum habe ich nicht deine Gnade gefunden,
daß du mir die Last mit diesem ganzen Volk auf-
erlegst? 12 Habe denn ich dieses ganze Volk in mei-
nem Schoß getragen, oder habe ich es geboren,
daß du zu mir sagen kannst: Nimm es an deine
Brust, wie der Wärter den Säugling, und trag es in
das Land, das ich seinen Vätern mit einem Eid zu-
gesichert habe? 13 Woher soll ich für dieses ganze
Volk Fleisch nehmen? Sie weinen vor mir und sa-
gen zu mir: Gib uns Fleisch zu essen! 14 Ich kann
dieses ganze Volk nicht allein tragen, es ist mir zu
schwer. 15 Wenn du mich so behandelst, dann
bring mich lieber gleich um, wenn ich überhaupt
deine Gnade gefunden habe. Ich will mein Elend
nicht mehr ansehen.

16 Da sprach der Herr zu Mose: Versammle sieb-
zig von den Ältesten Israels vor mir, Männer, die
du als Älteste des Volkes und Listenführer kennst;
bring sie zum Offenbarungszelt! Dort sollen sie
sich mit dir zusammen aufstellen. 17 Dann komme
ich herab und rede dort mit dir. Ich nehme etwas
von dem Geist, der auf dir ruht, und lege ihn auf
sie. So können sie mit dir zusammen an der Last
des Volkes tragen, und du mußt sie nicht mehr al-
lein tragen. 18 Zum Volk aber sollst du sagen: Hei-
ligt euch für morgen, dann werdet ihr Fleisch zu
essen haben. Denn ihr habt dem Herrn die Ohren
vollgeweint und gesagt: Wenn uns doch jemand
Fleisch zu essen gäbe! In Ägypten ging es uns gut.
Der Herr wird euch Fleisch zu essen geben.
19 Nicht nur einen Tag werdet ihr es essen, nicht
zwei Tage, nicht fünf Tage, nicht zehn Tage und
nicht zwanzig Tage, 20 sondern Monate lang, bis es
euch zum Hals heraushängt und ihr euch davor
ekelt. Denn ihr habt den Herrn, der mitten unter
euch ist, mißachtet und habt vor ihm geweint und
gesagt: Warum sind wir aus Ägypten weggezo-
gen?

21 Da entgegnete Mose: Sechshunderttausend
Mann zu Fuß zählt das Volk, bei dem ich lebe,
und du sagst: Ich gebe ihnen Fleisch, daß sie Mo-
nate lang zu essen haben? 22 Selbst wenn man alle
Schafe, Ziegen und Rinder für sie schlachtet,
reicht das für sie? Wenn man alle Fische des Mee-
res für sie fängt, reicht das für sie? 23 Der Herr ant-
wortete Mose: Ist etwa der Arm des Herrn zu
kurz? Du wirst bald sehen, ob mein Wort an dir in
Erfüllung geht oder nicht.

24 Mose ging hinaus und teilte dem Volk die
Worte des Herrn mit. Dann versammelte er sieb-
zig Älteste des Volkes und stellte sie rings um das
Zelt auf. 25 Der Herr kam in der Wolke herab und
redete mit Mose. Er nahm etwas von dem Geist,
der auf ihm ruhte, und legte ihn auf die siebzig
Ältesten. Sobald der Geist auf ihnen ruhte, gerie-
ten sie in prophetische Verzückung, die kein Ende

nahm. 26 Zwei Männer aber waren im Lager
geblieben; der eine hieß Eldad, der andere Me-
dad. Auch über sie war der Geist gekommen. Sie
standen in der Liste, waren aber nicht zum Of-
fenbarungszelt hinausgegangen. Sie gerieten im
Lager in prophetische Verzückung. 27 Ein junger
Mann lief zu Mose und berichtete ihm: Eldad und
Medad sind im Lager in prophetische Verzückung
geraten. 28 Da ergriff Josua, der Sohn Nuns, der
von Jugend an der Diener des Mose gewesen
war, das Wort und sagte: Mose, mein Herr, hin-
dere sie daran! 29 Doch Mose sagte zu ihm: Willst
du dich für mich ereifern? Wenn nur das ganze
Volk des Herrn zu Propheten würde, wenn nur
der Herr seinen Geist auf sie alle legte! 30 Dann
ging Mose mit den Ältesten Israels in das Lager
zurück.

31 Darauf brach ein Wind los, den der Herr ge-
schickt hatte, und trieb Wachteln vom Meer
heran. Er warf sie auf das Lager, einen Tages-
marsch weit in der einen Richtung und einen Ta-
gesmarsch weit in der anderen Richtung rings um
das Lager; zwei Ellen hoch lagen sie auf dem Erd-
boden. 32 Da stand das Volk auf und sammelte die
Wachteln ein, den ganzen Tag und die ganze
Nacht und den ganzen folgenden Tag. Jeder sam-
melte mindestens zehn Hómer. Sie legten sie
rings um das Lager zum Dörren aus. 33 Sie hatten
aber das Fleisch noch zwischen den Zähnen, es
war noch nicht gegessen, da entbrannte der Zorn
des Herrn über das Volk, und der Herr schlug das
Volk mit einer bösen Plage. 34 Daher nannte man
den Ort Kibrot-Taawa (Giergräber), da man dort
die Leute begrub, die von der Gier gepackt wor-
den waren. 35 Von Kibrot-Taawa brach das Volk
nach Hazerot auf.

Auflehnung Mirjams und Aarons

12 Als sie in Hazerot waren, redeten Mirjam
und Aaron über Mose wegen der kuschi-
tischen Frau, die er sich genommen hatte. Er hatte
sich nämlich eine Kuschiterin zur Frau genom-
men. 2 Sie sagten: Hat etwa der Herr nur mit Mose
gesprochen? Hat er nicht auch mit uns gespro-
chen? Das hörte der Herr. 3 Mose aber war ein
sehr demütiger Mann, demütiger als alle Men-
schen auf der Erde. 4 Kurz darauf sprach der Herr
zu Mose, Aaron und Mirjam: Geht ihr drei hinaus
zum Offenbarungszelt! Da gingen die drei hinaus.
5 Der Herr kam in der Wolkensäule herab, blieb
am Zelteingang stehen und rief Aaron und Mir-
jam. Beide traten vor, 6 und der Herr sprach: Hört
meine Worte! Wenn es bei euch einen Propheten
gibt, so gebe ich mich ihm in Visionen zu erken-
nen und rede mit ihm im Traum. 7 Anders bei mei-
nem Knecht Mose. Mein ganzes Haus ist ihm an-
vertraut. 8 Mit ihm rede ich von Mund zu Mund,
von Angesicht zu Angesicht, nicht in Rätseln. Er
darf die Gestalt des Herrn sehen. Warum habt ihr
es gewagt, über meinen Knecht Mose zu reden?
9 Der Herr wurde zornig auf sie und ging weg.

10 Kaum hatte die Wolke das Zelt verlassen, da
war Mirjam weiß wie Schnee vor Aussatz. Aaron
wandte sich Mirjam zu und sah: Sie war aussät-
zig. 11 Da sagte Aaron zu Mose: Mein Herr, ich
bitte dich, laß uns nicht die Folgen der Sünde tra-
gen, die wir leichtfertig begangen haben. 12 Mir-
jam soll nicht wie eine Totgeburt sein, die schon
halb verwest ist, wenn sie den Schoß der Mutter
verläßt. 13 Da schrie Mose zum Herrn: Ach, heile
sie doch! 14 Der Herr antwortete Mose: Wenn ihr
Vater ihr ins Gesicht gespuckt hätte, müßte sie
sich dann nicht sieben Tage lang schämen? Sie
soll sieben Tage lang aus dem Lager ausgesperrt
sein; erst dann soll man sie wieder hereinlassen.
15 So wurde Mirjam sieben Tage aus dem Lager
ausgesperrt. Das Volk brach nicht auf, bis man
Mirjam wieder hereinließ. 16 Erst nachher brach
das Volk von Hazerot auf und schlug dann sein La-
ger in der Wüste Paran auf.

Der Bericht der Kundschafter

13 Der Herr sprach zu Mose: 2 Schick einige
Männer aus, die das Land Kanaan erkun-
den, das ich den Israeliten geben will. Aus jedem
Väterstamm sollt ihr einen Mann aussenden, und
zwar jeweils einen der führenden Männer. 3 Da
schickte Mose von der Wüste Paran die Männer
aus, wie es der Herr befohlen hatte. Sie alle waren
führende Männer unter den Israeliten, 4 und das
sind ihre Namen: aus dem Stamm Ruben Scha-
mua, der Sohn Sakkurs; 5 aus dem Stamm Simeon
Schafat, der Sohn Horis; 6 aus dem Stamm Juda
Kaleb, der Sohn Jefunnes; 7 aus dem Stamm Is-
sachar Jigal, der Sohn Josefs; 8 aus dem Stamm
Efraim Hoschea, der Sohn Nuns; 9 aus dem
Stamm Benjamin Palti, der Sohn Rafus; 10 aus dem
Stamm Sebulon Gadiël, der Sohn Sodis; 11 aus dem
Josefstamm Manasse Gadi, der Sohn Susis; 12 aus
dem Stamm Dan Ammiël, der Sohn Gemallis;

13 aus dem Stamm Ascher Setur, der Sohn Mi-
chaels; 14 aus dem Stamm Naftali Nachbi, der
Sohn Wofsis; 15 aus dem Stamm Gad Gëuël, der
Sohn Machis. 16 Das waren die Namen der Män-
ner, die Mose zur Erkundigung des Landes aus-
sandte. Hoschea aber, den Sohn Nuns, nannte
Mose Josua.

17 Als Mose sie ausschickte, um Kanaan erkun-
den zu lassen, sagte er zu ihnen: Zieht von hier
durch den Negeb, und steigt hinauf ins Gebirge!
18 Seht, wie das Land beschaffen ist und ob das
Volk, das darin wohnt, stark oder schwach ist, ob
es klein oder groß ist; 19 seht, wie das Land be-
schaffen ist, in dem das Volk wohnt, ob es gut ist
oder schlecht, und wie die Städte angelegt sind, in
denen es wohnt, ob sie offen oder befestigt sind
20 und ob das Land fett oder mager ist, ob es dort
Bäume gibt oder nicht. Habt Mut, und bringt
Früchte des Landes mit! Es war gerade die Zeit der
ersten Trauben.

21 Da zogen die Männer hinauf und erkundeten
das Land von der Wüste Zin bis Rehob bei Lebo-
Hamat. 22 Sie durchzogen zuerst den Negeb und
kamen bis Hebron. Dort lebten Ahiman, Sche-
schai und Talmai, Söhne des Anak. Hebron war
sieben Jahre vor der Stadt Zoan, die in Ägypten
liegt, erbaut worden. 23 Von dort kamen sie in das
Traubental. Dort schnitten sie eine Rebe mit einer
Weintraube ab und trugen sie zu zweit auf einer
Stange, dazu auch einige Granatäpfel und Feigen.
24 Den Ort nannte man später Traubental wegen
der Traube, die die Israeliten dort abgeschnitten
hatten.

25 Vierzig Tage, nachdem man sie zur Erkundung
des Landes ausgeschickt hatte, machten sie sich
auf den Rückweg. 26 Sie kamen zu Mose und Aa-
ron und zu der ganzen Gemeinde der Israeliten in
die Wüste Paran nach Kadesch. Sie berichteten ih-
nen und der ganzen Gemeinde und zeigten ihnen
die Früchte des Landes. 27 Sie erzählten Mose: Wir
kamen in das Land, in das du uns geschickt hast:
Es ist wirklich ein Land, in dem Milch und Honig
fließen; das hier sind seine Früchte. 28 Aber das
Volk, das im Land wohnt, ist stark, und die Städte
sind befestigt und sehr groß. Auch haben wir die
Söhne des Anak dort gesehen. 29 Amalek wohnt
im Gebiet des Negeb, die Hetiter, die Jebusiter
und Amoriter wohnen im Gebirge, und die Ka-
naaniter wohnen am Meer und am Ufer des Jor-
dan. 30 Kaleb beruhigte das Volk, das über Mose
aufgebracht war, und sagte: Wir können trotz-
dem hinaufziehen und das Land in Besitz neh-
men; wir werden es gewiß bezwingen.

31 Die Männer aber, die mit Kaleb zusammen
nach Kanaan hinaufgezogen waren, sagten: Wir
können nichts gegen dieses Volk ausrichten; es ist
stärker als wir. 32 Und sie verbreiteten bei den Is-
raeliten falsche Gerüchte über das Land, das sie
erkundet hatten, und sagten: Das Land, das wir
durchwandert und erkundet haben, ist ein Land,
das seine Bewohner auffrißt; alle Leute, die wir
dort gesehen haben, sind hochgewachsen. 33 So-
gar die Riesen haben wir dort gesehen – die Ana-
kiter gehören nämlich zu den Riesen. Wir kamen
uns selbst klein wie Heuschrecken vor, und auch
ihnen erschienen wir so.

14 Da erhob die ganze Gemeinde ein lautes
Geschrei, und das Volk weinte die ganze
Nacht. 2 Alle Israeliten murrten über Mose und
Aaron, und die ganze Gemeinde sagte zu ihnen:
Wären wir doch in Ägypten oder wenigstens hier
in der Wüste gestorben! 3 Warum nur will uns der
Herr in jenes Land bringen? Etwa damit wir durch
das Schwert umkommen und unsere Frauen und
Kinder eine Beute der Feinde werden? Wäre es
für uns nicht besser, nach Ägypten zurückzukeh-
ren? 4 Und sie sagten zueinander: Wir wollen ei-
nen neuen Anführer wählen und nach Ägypten
zurückkehren.

5 Da warfen sich Mose und Aaron vor der
ganzen Gemeindeversammlung der Israeliten auf
ihr Gesicht nieder. 6 Josua, der Sohn Nuns, und
Kaleb, der Sohn Jefunnes, zwei von denen, die
das Land erkundet hatten, zerrissen ihre Kleider
7 und sagten zu der ganzen Gemeinde der Israeli-
ten: Das Land, das wir durchwandert und erkun-
det haben, dieses Land ist überaus schön. 8 Wenn
der Herr uns wohlgesinnt ist und uns in dieses
Land bringt, dann schenkt er uns ein Land, in
dem Milch und Honig fließen. 9 Lehnt euch nur
nicht gegen den Herrn auf! Habt keine Angst vor
den Leuten in jenem Land; sie werden unsere
Beute. Ihr schützender Schatten ist von ihnen ge-
wichen, denn der Herr ist mit uns. Habt keine
Angst vor ihnen! 10 Doch die ganze Gemeinde
drohte Mose und Aaron zu steinigen.

Da erschien die Herrlichkeit des Herrn am
Offenbarungszelt allen Israeliten, 11 und der Herr
sprach zu Mose: Wie lange verachtet mich dieses
Volk noch, wie lange noch wollen sie nicht an

mich glauben trotz all der Zeichen, die ich mitten
unter ihnen vollbracht habe? 12 Ich will sie mit der
Pest schlagen und vertreiben; aber dich will ich
zu einem Volk machen, das größer und mächtiger
ist als dieses. 13 Da antwortete Mose dem Herrn:
Die Ägypter werden hören, daß du dieses Volk
mit deiner Kraft aus ihrer Mitte hierher geführt
hast, 14 und sie werden zu den Einwohnern dieses
Landes sagen, sie hätten gehört, daß du, Herr, mit-
ten in diesem Volk warst, daß du, Herr, sichtbar
erschienen bist, daß deine Wolke über ihnen
stand, daß du ihnen bei Tag in einer Wolkensäule
und bei Nacht in einer Feuersäule vorangegangen
bist, 15 daß du dann aber dieses Volk wie einen ein-
zigen Mann umgebracht hast. Wenn sie das alles
über dich hören, werden die Völker sagen: 16 Weil
Jahwe nicht imstande war, dieses Volk in das
Land zu bringen, das er ihnen mit einem Eid zu-
gesichert hatte, hat er sie in der Wüste abge-
schlachtet. 17 Gerade jetzt sollte sich die Kraft mei-
nes Herrn in ihrer ganzen Größe zeigen, wie du
gesagt hast: 18 Ich bin Jahwe, langmütig und reich
an Huld, der Schuld und Frevel wegnimmt, der
aber (den Sünder) nicht ungestraft läßt, der die
Schuld der Väter an den Söhnen verfolgt, an der
dritten und vierten Generation: 19 Verzeih also die-
sem Volk seine Sünde nach deiner großen Huld,
wie du diesem Volk auch schon bisher vergeben
hast, von Ägypten bis hierher. 20 Da sprach der
Herr: Ich verzeihe ihm, da du mich bittest. 21 Doch
so wahr ich lebe und die Herrlichkeit des Herrn
das ganze Land erfüllt: 22 Alle Männer, die meine
Herrlichkeit und meine Zeichen gesehen haben,
die ich in Ägypten und in der Wüste vollbracht
habe, und die mich jetzt schon zum zehntenmal
auf die Probe gestellt und doch nicht auf mich
gehört haben, 23 sie alle werden das Land nicht zu
sehen bekommen, das ich ihren Vätern mit ei-
nem Eid zugesichert habe. Keiner von denen, die
mich verachtet haben, wird es zu sehen bekom-
men. 24 Meinen Knecht Kaleb aber, der anders
denkt und treu zu mir hält, ihn werde ich in das
Land bringen. Er darf es betreten, und seine Nach-
kommen sollen es erben. 25 [Die Amalekiter und
die Kanaaniter sitzen in der Ebene.] Brecht also
morgen auf, und schlagt eine andere Richtung
ein, in die Wüste, zum Schilfmeer hin!

26 Der Herr sprach zu Mose und Aaron: 27 Wie
lange soll das mit dieser bösen Gemeinde so wei-
tergehen, die immer über mich murrt? Ich habe
mir das Murren der Israeliten jetzt lange genug
angehört. 28 Sag ihnen: So wahr ich lebe – Spruch
des Herrn –, ich will euch das antun, womit ihr
mir die Ohren vollgeschrien habt: 29 Hier in der
Wüste sollen eure Leichen liegenbleiben, alle
ohne Ausnahme; jeder von euch, der gemustert
worden ist, wird sterben, alle Männer von zwan-
zig Jahren und darüber, die über mich gemurrt ha-
ben. 30 Keiner von euch wird in das Land kom-
men, auch wenn ich meine Hand erhoben und
geschworen habe, euch darin wohnen zu lassen,
außer Kaleb, der Sohn Jefunnes, und Josua, der
Sohn Nuns. 31 Eure Kinder aber, von denen ihr ge-
sagt habt, sie würden eine Beute der Feinde wer-
den, sie werde ich in das Land bringen. Sie wer-
den das Land kennenlernen, das ihr verschmäht
habt. 32 Eure Leichen aber werden in dieser Wüste
liegenbleiben. 33 Eure Söhne müssen vierzig Jahre
lang ihr Vieh in der Wüste weiden lassen; sie ha-
ben solange unter eurer Untreue zu leiden, bis ihr
alle tot in der Wüste liegt. 34 So viele Tage, wie ihr
gebraucht habt, um das Land zu erkunden, näm-
lich vierzig Tage, so viele Jahre lang – für jeden Tag
ein Jahr – müßt ihr die Folgen eurer Schuld tra-
gen, also vierzig Jahre lang; dann werdet ihr er-
kennen, was es heißt, mir Widerstand zu leisten.
35 Ich, der Herr, habe gesprochen. Unwiderruflich
werde ich es mit dieser ganzen bösen Gemeinde
so machen, die sich gegen mich zusammengerot-
tet hat: In dieser Wüste finden sie ihr Ende, hier
müssen sie sterben.

36 Die Männer, die Mose ausgeschickt hatte, um
das Land erkunden zu lassen, die dann aber nach
ihrer Rückkehr die ganze Gemeinde zum Murren
verführt hatten, 37 fielen plötzlich tot zu Boden,
vor den Augen des Herrn, alle, die über das Land
falsche Gerüchte verbreitet hatten. 38 Nur Josua,
der Sohn Nuns, und Kaleb, der Sohn Jefunnes,
blieben am Leben, als einzige von allen, die aus-
gezogen waren, um das Land zu erkunden.

39 Mose sagte das alles den Israeliten. Da wurde
das Volk sehr traurig. 40 Sie standen am nächsten
Morgen auf, um auf die Höhe des Gebirges zu
steigen; sie sagten: Wir ziehen jetzt zu dem
Ort hinauf, den der Herr genannt hat. Ja, wir
haben gesündigt. 41 Da sagte Mose: Warum über-
tretet ihr den Befehl des Herrn? Das wird euch
nicht gelingen. 42 Zieht nicht hinauf, denn der Herr
ist nicht bei euch; ihr werdet von euren Feinden
nur geschlagen werden. 43 Denn ihr habt dort

◁ 14 | *Mirjam nahm die Pauke in die Hand (Ex 15)*

die Amalekiter und die Kanaaniter gegen euch,
und ihr werdet durch das Schwert umkommen.
Weil ihr euch vom Herrn abgewendet habt, wird
der Herr nicht mit euch sein. 44 Doch in ihrem
Starrsinn stiegen sie auf die Höhe des Gebirges
hinauf. Aber die Bundeslade des Herrn und Mose
wichen nicht von ihrer Stelle mitten im Lager.
45 Da kamen die Amalekiter und die Kanaaniter,
die dort im Gebirge wohnten, herunter und schlu-
gen die Israeliten und zersprengten sie bis nach
Horma.

Opfer und Sühne

15 Der Herr sprach zu Mose: 2 Rede zu den
Israeliten und sag zu ihnen: Wenn ihr in
das Land kommt, das ich euch zur Besiedlung ge-
ben will, 3 und wenn ihr für den Herrn ein Feu-
eropfer vorbereitet, ein Brandopfer oder ein
Schlachtopfer zur Erfüllung eines Gelübdes oder
als freiwillige Gabe oder anläßlich eurer Feste, um
dem Herrn einen beruhigenden Duft von einem
Rind oder Schaf darzubringen, 4 dann soll jeder,
der dem Herrn seine Opfergabe bringt, als Spei-
seopfer ein Zehntel Feinmehl darbringen, das mit
einem viertel Hin Öl vermengt ist. 5 Und beim
Brand- oder Schlachtopfer sollst du auf je ein
Lamm ein viertel Hin Wein als Trankopfer her-
richten. 6 Auf einen Widder aber sollst du als Spei-
seopfer zwei Zehntel Feinmehl herrichten, das
mit einem drittel Hin Öl vermengt ist, 7 und als
Trankopfer sollst du ein drittel Hin Wein darbrin-
gen, als beruhigenden Duft für den Herrn. 8 Rich-
test du ein Kalb als Brand- oder Schlachtopfer zur
Erfüllung eines Gelübdes oder als Heilsopfer zur
Ehre des Herrn her, 9 dann bring auf jedes Kalb als
Speiseopfer drei Zehntel Feinmehl dar, das mit ei-
nem halben Hin Öl vermengt ist; 10 als Trankopfer
sollst du in diesem Fall ein halbes Hin Wein dar-
bringen. Das ist ein Feueropfer und ein beruhi-
gender Duft für den Herrn.

11 So soll man es bei jedem Rind, bei jedem Wid-
der, bei jedem jungen Lamm und jeder jungen
Ziege machen. 12 Je nachdem, wie viele Tiere ihr
zum Opfer herrichtet, sollt ihr es jeweils machen.
13 So soll es jeder Einheimische machen, wenn er
ein Feueropfer als beruhigenden Duft für den
Herrn darbringt. 14 Wenn ein Fremder, der bei
euch lebt, oder einer, dessen Familie schon seit
Generationen unter euch lebt, ein Feueropfer als
beruhigenden Duft für den Herrn darbringen will,
dann soll er es ebenso machen wie ihr. 15 Für euch
und für die Fremden, die bei euch leben, gilt ein
und dieselbe Regel; das soll bei euch als feste Re-
gel des Herrn gelten, von Generation zu Genera-
tion, für euch ebenso wie für den Fremden: 16 Glei-
ches Gesetz und gleiches Recht gilt für euch und
für die Fremden, die bei euch leben.

17 Der Herr sprach zu Mose: 18 Rede zu den Isra-
eliten und sag zu ihnen: Wenn ihr in das Land
kommt, in das ich euch bringe, 19 und wenn ihr
vom Brot des Landes eßt, dann sollt ihr eine Ab-
gabe für den Herrn entrichten. 20 Als Erstlingsgabe
von eurem Brotteig sollt ihr einen Kuchen abge-
ben. Ihr sollt ihn wie die Abgabe von der Tenne
abliefern. 21 Von dem ersten Gebäck aus eurem
Teig sollt ihr dem Herrn eine Abgabe entrichten,
von Generation zu Generation.

22 Wenn ihr aus Versehen irgendeines dieser Ge-
bote, die der Herr dem Mose mitgeteilt hat, nicht
haltet, 23 irgendetwas, was der Herr euch durch
Mose befohlen hat seit dem Tag, an dem der Herr
die Gebote gegeben hat, und weiterhin von Ge-
neration zu Generation, 24 dann soll, wenn das
Versehen vorkam, ohne daß die Gemeinde es be-
merkte, die ganze Gemeinde einen Jungstier zum
Brandopfer als beruhigenden Duft für den Herrn
herrichten, ferner das dazugehörende Speise- und
Trankopfer, wie es Vorschrift ist, sowie einen Zie-
genbock als Sündopfer. 25 Der Priester soll die
ganze Gemeinde der Israeliten entsühnen, dann
wird ihnen vergeben werden; denn es war ein
Versehen, und sie haben ihre Opfergabe als Feu-
eropfer für den Herrn und ihr Sündopfer für ihr
Versehen vor den Herrn gebracht. 26 Der ganzen
Gemeinde der Israeliten und den Fremden, die
bei ihnen leben, wird vergeben werden, denn das
ganze Volk war von dem Versehen betroffen.

27 Wenn ein einzelner versehentlich sündigt,
dann soll er eine einjährige Ziege als Sündopfer
darbringen. 28 Der Priester soll die Person, die ver-
sehentlich gesündigt hat, vor dem Herrn entsüh-
nen; dann wird ihr vergeben werden. 29 Für die
einheimischen Israeliten und für die Fremden, die
bei ihnen leben, gilt das gleiche Gesetz, wenn je-
mand etwas aus Versehen tut. 30 Wer aber, sei er
einheimisch oder fremd, etwas vorsätzlich tut,
der begeht eine Gotteslästerung. Ein solcher
Mensch soll aus seinem Volk ausgemerzt wer-
den; 31 denn er hat das Wort des Herrn verachtet
und sein Gesetz gebrochen. Ein solcher Mensch

muß ausgemerzt werden; er hat schwere Schuld
auf sich geladen.
32 Als die Israeliten in der Wüste waren, ent-
deckten sie einmal, daß einer am Sabbat Holz
sammelte. 33 Die Leute, die ihn beim Holzsam-
meln angetroffen hatten, brachten ihn vor Mose
und Aaron und vor die ganze Gemeinde. 34 Man
sperrte ihn ein, weil noch nicht entschieden war,
was mit ihm geschehen sollte. 35 Der Herr sprach
zu Mose: Der Mann ist mit dem Tod zu bestrafen.
Die ganze Gemeinde soll ihn draußen vor dem
Lager steinigen. 36 Da führte die ganze Gemeinde
den Mann vor das Lager hinaus und steinigte ihn
zu Tod, wie der Herr es Mose befohlen hatte.
37 Der Herr sprach zu Mose: 38 Rede zu den Israe-
liten und sag zu ihnen, sie sollen sich Quasten an
ihre Kleiderzipfel nähen, von Generation zu Ge-
neration, und sollen an den Quasten eine violette
Purpurschnur anbringen; 39 sie soll bei euch zur
Quaste gehören. Wenn ihr sie seht, werdet ihr
euch an alle Gebote des Herrn erinnern, ihr wer-
det sie halten und eurem Herzen und euren Au-
gen nicht nachgeben, wenn sie euch zur Untreue
verleiten wollen. 40 Ihr sollt so an alle meine Ge-
bote denken und sie halten; dann werdet ihr eu-
rem Gott heilig sein. 41 Ich bin der Herr, euer Gott,
der euch aus Ägypten herausgeführt hat, um für
euch Gott zu sein, ich, der Herr, euer Gott.

Der Aufruhr Korachs, Datans und Abirams

16 Korach, der Sohn Jizhars, des Sohnes Ke-
hats, des Sohnes Levis, ferner Datan und
Abiram, die Söhne Eliabs, und On, der Sohn Pal-
lus, der Rubeniter, 2 erhoben sich gegen Mose, zu-
sammen mit zweihundertfünfzig führenden
Männern aus der Gemeinde, angesehenen Abge-
ordneten der Versammlung. 3 Sie rotteten sich ge-
gen Mose und Aaron zusammen und sagten zu
ihnen: Ihr nehmt euch zu viel heraus. Alle sind
heilig, die ganze Gemeinde, und der Herr ist mit-
ten unter ihnen. Warum erhebt ihr euch über die
Gemeinde des Herrn? 4 Als Mose das hörte, warf
er sich auf sein Gesicht nieder, 5 und er sagte zu
Korach und seinem ganzen Anhang: Morgen
früh wird der Herr zeigen, wer zu ihm gehört,
wer der Heilige ist und wer sich ihm nähern darf.
Wen der Herr erwählt, der darf sich ihm nähern.
6 Du, Korach, und dein ganzer Anhang, macht fol-
gendes: Nehmt euch Räucherpfannen, 7 tut Feuer
hinein, und legt Weihrauch für den Herrn darauf,
und zwar morgen! Dann wird sich zeigen, wen
der Herr erwählt und wer der Heilige ist. Ihr
nehmt euch zu viel heraus, ihr Leviten!
8 Dann sagte Mose zu Korach: Hört, ihr Leviten!
9 Ist es euch noch zu wenig, daß euch der Gott Is-
raels aus der Gemeinde Israels herausgehoben
hat, um euch in seine Nähe zu holen, damit ihr an
der Wohnstätte des Herrn Dienst tut, vor die Ge-
meinde tretet und für sie euren Dienst verrichtet?
10 Er hat dich und alle deine Brüder, die Leviten,
die bei dir sind, in seine Nähe geholt, doch nun
wollt ihr auch noch das Priesteramt. 11 Deshalb rot-
tet ihr, du und dein ganzer Anhang, euch gegen
den Herrn zusammen. Über ihn, nicht über Aa-
ron, murrt ihr.
12 Dann ließ Mose Datan und Abiram, die Söhne
Eliabs, rufen. Sie aber ließen ihm sagen: Wir kom-
men nicht. 13 Ist es nicht genug, daß du uns aus ei-
nem Land, in dem Milch und Honig fließen, her-
geholt hast, um uns in der Wüste sterben zu
lassen? Willst du dich auch noch als unser Herr-
scher aufspielen? 14 Du hast uns nicht in ein Land
gebracht, in dem Milch und Honig fließen, und
hast uns keine Felder und Weinberge zum Besitz
gegeben. Hältst du diese Männer hier etwa für
blind? Wir kommen nicht.
15 Da wurde Mose sehr zornig und sagte zum
Herrn: Sieh ihre Opfer nicht an! Nicht einen ein-
zigen Esel habe ich ihnen weggenommen, kei-
nem von ihnen habe ich etwas zuleide getan.
16 Dann sagte Mose zu Korach: Du und dein
ganzer Anhang, erscheint morgen vor dem
Herrn, du, diese Männer und Aaron! 17 Nehmt
eure Räucherpfannen mit, tut Weihrauch hinein,
und bringt eure Räucherpfannen vor den Herrn,
jeder seine eigene Räucherpfanne, im ganzen also
zweihundertfünfzig Räucherpfannen, auch du
und Aaron, bringt eure Räucherpfannen mit! 18 Je-
der nahm also seine Räucherpfanne, sie taten
Feuer hinein, legten Weihrauch darauf und traten
an den Eingang des Offenbarungszeltes, zusam-
men mit Mose und Aaron. 19 Korach aber versam-
melte die ganze Gemeinde bei ihnen am Eingang
des Offenbarungszeltes. Da erschien der ganzen
Gemeinde die Herrlichkeit des Herrn.
20 Der Herr sprach zu Mose und Aaron: 21 Sondert
euch von dieser Gemeinde ab! Ich will ihr auf ei-
nen Schlag ein Ende bereiten. 22 Da warfen sie
sich auf ihr Gesicht nieder und sagten: Gott, du
Gott der Geister, die alle Menschen beleben, ein

einzelner Mensch sündigt, und du willst der
ganzen Gemeinde zürnen? 23 Der Herr antwortete
Mose: 24 Sag der Gemeinde: Entfernt euch aus der
Nähe der Zelte Korachs, Datans und Abirams!

25 Da stand Mose auf und ging zu Datan und Abi-
ram, und die Ältesten Israels folgten ihm. 26 Dann
sagte er zur Gemeinde: Geht aus der Nähe der
Zelte dieser niederträchtigen Leute weg, und
rührt nichts von dem an, was ihnen gehört, sonst
werdet auch ihr wegen aller ihrer Sünden hinge-
rafft. 27 Da entfernten sie sich aus der Nähe der
Zelte Korachs, Datans und Abirams. Datan und
Abiram waren herausgekommen und standen
am Eingang ihrer Zelte, zusammen mit ihren
Frauen, Söhnen und kleinen Kindern. 28 Dann
sagte Mose: Daran sollt ihr erkennen, daß der
Herr mich gesandt hat, damit ich alle diese Taten
vollbringe, und daß ich nicht aus eigenem Antrieb
gehandelt habe: 29 Wenn diese Leute sterben, wie
jeder Mensch stirbt, und wenn sie nur so wie je-
der andere Mensch Rechenschaft ablegen müs-
sen, dann hat der Herr mich nicht gesandt.
30 Wenn aber der Herr etwas ganz Ungewöhnli-
ches tut, wenn die Erde ihren Rachen aufreißt
und sie verschlingt zusammen mit allem, was ih-
nen gehört, wenn sie also lebend in die Unterwelt
hinabstürzen, dann werdet ihr erkennen, daß
diese Leute den Herrn beleidigt haben.

31 Kaum hatte er das gesagt, da spaltete sich der
Boden unter ihnen, 32 die Erde öffnete ihren Ra-
chen und verschlang sie samt ihrem Haus, mit al-
len Menschen, die zu Korach gehörten, und mit
ihrem ganzen Besitz. 33 Sie und alles, was zu ih-
nen gehörte, stürzten lebend in die Unterwelt
hinab. Die Erde deckte sie zu, und sie waren aus
der Gemeinde verschwunden. 34 Alle Israeliten,
die um sie herumstanden, liefen weg, als sie sie
schreien hörten; sie sagten: Die Erde wird auch
uns noch verschlingen. 35 Vom Herrn ging ein
Feuer aus und fraß die zweihundertfünfzig Män-
ner, die den Weihrauch dargebracht hatten.

17 Darauf sprach der Herr zu Mose: 2 Sag
zum Priester Eleasar, dem Sohn Aarons,
er soll die Räucherpfannen aus der Asche heraus-
nehmen, denn sie sind heilig. Die Glut aber streut
weit auseinander! 3 Die Räucherpfannen der
Männer, die wegen ihrer Sünde ums Leben ge-
kommen sind, soll man zu Blech hämmern und
damit den Altar überziehen; denn sie haben die
Räucherpfannen vor den Herrn gebracht, und da-
mit sind die Pfannen heilig geworden. Sie sollen
für die Israeliten ein Zeichen sein. 4 Da nahm der
Priester Eleasar die kupfernen Räucherpfannen
der Männer, die im Feuer umgekommen waren,
und hämmerte daraus einen Überzug für den Al-
tar. 5 Das sollte den Israeliten ein mahnendes Zei-
chen dafür sein, daß kein Unbefugter, keiner, der
nicht zu den Nachkommen Aarons gehört, sich
dem Herrn nähern darf, um für ihn Weihrauch zu
verbrennen; sonst geht es ihm genauso, wie es
der Herr durch Mose dem Korach und seinem An-
hang angekündigt hatte.

6 Am nächsten Tag murrte die ganze Gemeinde
der Israeliten über Mose und Aaron; sie sagten:
Ihr habt das Volk des Herrn getötet. 7 Als sich die
Gemeinde gegen Mose und Aaron zusammen-
rottete und sich dem Offenbarungszelt zuwandte,
bedeckte die Wolke das Zelt, und die Herrlichkeit
des Herrn erschien. 8 Mose und Aaron gingen vor
das Offenbarungszelt, 9 und der Herr sprach zu
Mose: 10 Verlaßt diese Gemeinde, denn ich will sie
in einem einzigen Augenblick vernichten. Da
warfen sich Mose und Aaron auf ihr Gesicht nie-
der, 11 und Mose sagte zu Aaron: Nimm die Räu-
cherpfanne, tu Feuer vom Altar hinein, und leg
Weihrauch darauf; dann geh schnell zur Ge-
meinde, und entsühne sie! Denn vom Herrn ist
ein Zorngericht ausgegangen, und die Plage hat
schon begonnen. 12 Da nahm Aaron die Räucher-
pfanne, wie Mose gesagt hatte, und lief mitten un-
ter die Leute, die versammelt waren. Und wirk-
lich, die Plage hatte im Volk schon begonnen.
Aaron legte Weihrauch in die Pfanne und ent-
sühnte das Volk. 13 Er trat zwischen die Toten und
die Lebenden, und da hörte die Plage auf. 14 Durch
die Plage waren aber bereits vierzehntausendsie-
benhundert Menschen gestorben, nicht gerech-
net die Toten, die wegen Korach umgekommen
waren. 15 Darauf kehrte Aaron zu Mose an den
Eingang des Offenbarungszeltes zurück; die Plage
hatte aufgehört.

16 Dann sprach der Herr zu Mose: 17 Rede zu den
Israeliten, und laß dir jeweils von einer Großfa-
milie einen Stab geben, und zwar von der Großfa-
milie des Stammesführers, im ganzen also zwölf
Stäbe, und schreib ihre Namen darauf!

18 Auf den Stab Levis schreib den Namen Aaron;
denn auf jede Großfamilie eines Stammesführers
kommt ein Stab. 19 Dann leg die Stäbe in das Of-
fenbarungszelt vor die Bundesurkunde, dort, wo

ich euch begegne. [20] Dann wird der Stab dessen, den ich erwähle, Blätter bekommen. So will ich vor mir das Murren zum Schweigen bringen, mit dem sie euch belästigen. [21] Mose berichtete es den Israeliten. Darauf gaben ihm alle Stammesführer die Stäbe, jede Großfamilie eines Stammesführers einen, im ganzen also zwölf Stäbe. Auch Aarons Stab war darunter. [22] Mose legte die Stäbe im Offenbarungszelt vor dem Herrn nieder.

[23] Als Mose am nächsten Tag zum Zelt der Bundesurkunde kam, da war der Stab Aarons, der das Haus Levi vertrat, grün geworden; er trieb Zweige, blühte und trug Mandeln. [24] Da nahm Mose alle Stäbe von ihrem Platz vor dem Herrn weg und brachte sie zu den Israeliten hinaus. Als sie die Stäbe sahen, nahm jeder den seinen. [25] Darauf sagte der Herr zu Mose: Trag den Stab Aarons zurück vor die Bundesurkunde! Dort soll er aufbewahrt werden als ein Zeichen für alle Aufsässigen. Mach mir auf diese Weise ihrem Murren ein Ende, dann werden sie nicht sterben. [26] Mose tat genau so, wie es ihm der Herr befohlen hatte. So machte er es. [27] Die Israeliten aber sagten zu Mose: Sieh her, wir kommen um, wir gehen zugrunde, alle gehen wir noch zugrunde. [28] Jeder, der zu nahe an die Wohnstätte des Herrn kommt, stirbt. Sollen wir denn alle umkommen?

Der Dienst und die Entlohnung der Priester und Leviten

18 Der Herr sprach zu Aaron: Du, deine Söhne und deine ganze Familie, ihr tragt die Verantwortung für das Heiligtum; du und mit dir deine Söhne, ihr tragt die Verantwortung für euer Priesteramt. [2] Aber auch deine Brüder, den Stamm Levi, deinen väterlichen Stamm, laß zusammen mit dir herkommen! Sie sollen sich dir anschließen und dir dienen, während ihr, du und deine Söhne, vor dem Offenbarungszelt seid. [3] Sie sollen sich an deine Anordnungen und an die für das ganze Zelt geltende Ordnung halten. Nur den heiligen Geräten und dem Altar dürfen sie nicht zu nahe kommen, sonst müssen sie sterben und ihr mit ihnen. [4] Sie sollen sich dir anschließen und sich beim ganzen Dienst am Zelt an die Ordnung halten, die am Offenbarungszelt gilt. Kein Unbefugter darf in eure Nähe kommen. [5] Wenn ihr euch an die Ordnung haltet, die am Heiligtum und am Altar gilt, wird der Zorn (Gottes) nicht mehr über die Israeliten kommen. [6] Seht, ich habe eure Brüder, die Leviten, aus den Israeliten euch übergeben; sie sind dem Herrn übergeben, um den Dienst am Offenbarungszelt zu verrichten. [7] Du aber und mit dir deine Söhne, ihr sollt euer Priesteramt in allem ausüben, was den Altar und den Raum hinter dem Vorhang betrifft; dort sollt ihr euren Dienst tun. Als einen Dienst, der ein Geschenk ist, übergebe ich euch das Priesteramt. Wer sich nähert, ohne dazu befugt zu sein, ist mit dem Tod zu bestrafen.

[8] Der Herr sagte zu Aaron: Ich selbst übergebe dir jetzt die Verwaltung der Abgaben, die mir entrichtet werden. Von allen heiligen Gaben der Israeliten gebe ich sie dir als Anteil und deinen Söhnen als ein dauerndes Anrecht. [9] Dir soll an den hochheiligen Gaben all das zufallen, was nicht für das Feuer bestimmt ist: alle ihre Opfergaben bei allen ihren Speise-, Sünd- und Schuldopfern, die sie mir als hochheilige Gaben entrichten; dir und deinen Söhnen gehören sie. [10] Eßt sie am hochheiligen Ort! Jede männliche Person darf davon essen; sie sollen dir als heilig gelten.

[11] Auch das gehört dir: die Abgabe, die die Israeliten bei allem entrichten, was sie darbringen. Dir und deinen Söhnen und Töchtern, die bei dir sind, habe ich diese Abgabe als dauerndes Anrecht gegeben. Jeder, der rein ist in deinem Haus, darf davon essen. [12] Das Beste von allem Öl, das Beste von allem Most und Getreide, die Erstlingsgaben, die sie dem Herrn entrichten, sie habe ich für dich bestimmt. [13] Von allem, was es in ihrem Land gibt, gehören dir die Erstlingsfrüchte, die sie dem Herrn bringen. Jeder, der rein ist in deinem Haus, darf davon essen. [14] Alles, was in Israel geweiht wird, gehört dir. [15] Alle lebenden Wesen, die den Mutterschoß durchbrechen und die man dem Herrn darbringt, Mensch und Vieh, gehören dir. Du mußt aber den Erstgeborenen bei den Menschen auslösen, und ebenso mußt du auch die erstgeborenen Tiere bei unreinem Vieh auslösen, [16] und zwar mußt du die, die ausgelöst werden, im Alter von etwa einem Monat, je nachdem, wie du sie einschätzt, mit Geld auslösen, mit fünf Schekel, gerechnet nach dem Schekelgewicht des Heiligtums, das sind zwanzig Gera. [17] Aber die Erstlinge vom Rind, vom Schaf oder von der Ziege darfst du nicht auslösen; sie sind heilig. Ihr Blut sollst du auf den Altar sprengen und ihre Fetteile als Feueropfer zum beruhigenden Duft für den Herrn in Rauch aufgehen lassen. [18] Ihr Fleisch

gehört dir, wie auch die Brust vom Darbringungs-
ritus und auch die rechte Keule dir gehören. 19 Alle
Abgaben von den heiligen Opfern, die die Israeli-
ten dem Herrn entrichten, habe ich dir und dei-
nen Söhnen und Töchtern, die bei dir sind, als
dauerndes Anrecht gegeben. Das soll für dich und
auch für deine Nachkommen als ein ewiger »Salz-
bund« vor dem Herrn gelten.
20 Der Herr sprach zu Aaron: Du sollst in ihrem
Land keinen erblichen Besitz haben. Dir gehört
unter ihnen kein Besitzanteil; ich bin dein Besitz
und dein Erbteil mitten unter den Israeliten. 21 Den
Leviten gebe ich als Erbteil den ganzen Zehnten,
den die Israeliten entrichten, als Entgelt für den
Dienst, den die Leviten verrichten, den Dienst am
Offenbarungszelt. 22 Die Israeliten dürfen künftig
nicht mehr in die Nähe des Offenbarungszeltes
kommen; sonst laden sie eine Sünde auf sich und
sterben. 23 Nur der Levit soll am Offenbarungszelt
Dienst tun; die Leviten tragen die Verantwortung
– das soll bei euch von Generation zu Generation
als feste Regel gelten. Darum sollen sie unter den
Israeliten keinen Erbbesitz haben. 24 Denn als Erb-
teil für die Leviten habe ich die Zehnten be-
stimmt, die die Israeliten dem Herrn als Abgabe
entrichten. Darum habe ich zu den Leviten ge-
sagt, sie sollen keinen Erbbesitz unter den Israeli-
ten bekommen.
25 Der Herr sprach zu Mose: 26 Rede zu den Levi-
ten und sag zu ihnen: Wenn ihr von den Israeli-
ten den Zehnten entgegennehmt, den ich euch
von ihnen als euren Anteil zugewiesen habe,
dann entrichtet davon dem Herrn eine Abgabe als
Zehnten vom Zehnten! 27 Das soll als eure Abgabe
angerechnet werden wie bei den anderen die Ab-
gabe vom Getreide der Tenne und vom Inhalt der
Kelter. 28 So sollt auch ihr dem Herrn eine Abgabe
von allen euch zustehenden Zehnten entrichten,
die ihr von den Israeliten erhaltet; diese Abgabe
für den Herrn sollt ihr dem Priester Aaron über-
geben. 29 Von allem, was man euch gibt, sollt ihr
die ganze Abgabe für den Herrn leisten, von allem
das Beste, als heilige Gabe. 30 Ferner sag zu ihnen:
Wenn ihr davon das Beste abliefert, wird es den
Leviten angerechnet wie den anderen der Ertrag
von Tenne und Kelter. 31 Diesen dürft ihr überall
essen, ihr und eure Familien, denn es gehört euch
als Lohn für euren Dienst am Offenbarungszelt.
32 Ihr dürft aber keine Sünde auf euch laden, wenn
ihr selbst das Beste abzugeben habt, und ihr dürft
die heiligen Gaben der Israeliten nicht entwei-
hen. Wenn ihr das befolgt, werdet ihr nicht ster-
ben.

Das Reinigungswasser

19 Der Herr sprach zu Mose und Aaron:
2 Das ist die Verordnung, die der Herr er-
läßt: Sag den Israeliten, sie sollen dir eine fehler-
lose, einwandfreie rote Kuh bringen, die noch nie
ein Joch getragen hat. 3 Übergebt die Kuh dem
Priester Eleasar! Dann soll man sie vor das Lager
hinausführen und sie vor seinen Augen schlach-
ten. 4 Der Priester Eleasar nimmt mit seinem Fin-
ger etwas von ihrem Blut und spritzt damit
siebenmal gegen die Vorderseite des Offenba-
rungszeltes. 5 Darauf verbrennt man die Kuh vor
seinen Augen. Ihr Fell, ihr Fleisch und ihr Blut, al-
les soll man verbrennen, samt ihrem Magenin-
halt. 6 Der Priester nimmt Zedernholz, Ysop und
Karmesin und wirft alles in das Feuer, in dem die
Kuh verbrannt wird. 7 Dann wäscht der Priester
seine Kleider, badet seinen Körper in Wasser und
kehrt nachher ins Lager zurück; der Priester bleibt
aber bis zum Abend unrein. 8 Derjenige, der die
Kuh verbrannt hat, wäscht seine Kleider und ba-
det seinen Körper in Wasser; er bleibt aber bis
zum Abend unrein. 9 Ein reiner Mann sammelt
die Asche der Kuh und legt sie an einen reinen
Ort außerhalb des Lagers. Sie wird für die Ge-
meinde der Israeliten zur Zubereitung des Reini-
gungswassers aufbewahrt. Es ist ein Sündopfer.
10 Derjenige, der die Asche der Kuh gesammelt
hat, wäscht dann seine Kleider, bleibt aber bis
zum Abend unrein.
Für die Israeliten und für die Fremden, die bei ih-
nen leben, gilt die feste Regel: 11 Wer irgendeinen
toten Menschen berührt, ist sieben Tage lang un-
rein. 12 Am dritten Tag entsündigt er sich mit dem
Reinigungswasser, und am siebten Tag wird er
rein. Wenn er sich am dritten Tag nicht entsün-
digt, dann wird er am siebten Tag nicht rein. 13 Je-
der, der einen toten Menschen, einen Verstorbe-
nen, anrührt und sich nicht entsündigt, hat die
Wohnstätte des Herrn verunreinigt. Ein solcher
Mensch muß aus Israel ausgemerzt werden, weil
er sich nicht hat mit dem Reinigungswasser be-
sprengen lassen. Er ist unrein; seine Unreinheit
haftet ihm immer noch an.
14 Folgendes Gesetz gilt, wenn ein Mensch in ei-
nem Zelt stirbt: Jeder, der ins Zelt kommt oder der

schon im Zelt ist, wird für sieben Tage unrein; 15 auch jedes offene Gefäß, das keinen verschnürten Deckel hat, ist unrein.

16 Jeder, der auf freiem Feld einen mit dem Schwert Erschlagenen, einen Toten, menschliche Gebeine oder ein Grab berührt, ist für sieben Tage unrein.

17 Für den Unreinen nimmt man etwas Brandasche vom Sündopfer, schüttet sie in ein Gefäß und gießt Quellwasser darüber. 18 Ein reiner Mann nimmt Ysop, taucht ihn in das Wasser und bespritzt damit das Zelt sowie die Gefäße und die Menschen, die im Zelt sind, oder den, der Gebeine, einen Erschlagenen, einen Toten oder ein Grab berührt hat. 19 Der Reine bespritzt den Unreinen am dritten und am siebten Tag und entsündigt ihn am siebten Tag. Dann wäscht der Betreffende seine Kleider und badet seinen Körper in Wasser; am Abend ist er dann rein. 20 Wer aber unrein geworden ist und sich nicht entsündigt, ein solcher Mensch ist aus der Versammlung auszumerzen; denn er hat das Heiligtum des Herrn verunreinigt. Er hat sich nicht mit dem Reinigungswasser besprengen lassen; er ist unrein. 21 Das soll bei den Israeliten als feste Regel gelten. Auch wer das Reinigungswasser verspritzt hat, wäscht seine Kleider; wer mit dem Reinigungswasser in Berührung kommt, ist bis zum Abend unrein. 22 Alles, was der Unreine berührt, ist unrein. Ebenso ist jeder, der ihn berührt, bis zum Abend unrein.

Das Wasser aus dem Felsen.
Der Tod Mirjams und Aarons:

20 Im ersten Monat kam die ganze Gemeinde der Israeliten in die Wüste Zin, und das Volk ließ sich in Kadesch nieder. Dort starb Mirjam und wurde auch dort begraben.

2 Da die Gemeinde kein Wasser hatte, rotteten sie sich gegen Mose und Aaron zusammen. 3 Das Volk geriet mit Mose in Streit; sie sagten: Wären wir doch umgekommen wie unsere Brüder, die vor den Augen des Herrn gestorben sind. 4 Warum habt ihr das Volk des Herrn in diese Wüste geführt? Nur damit wir hier zusammen mit unserem Vieh sterben? 5 Wozu habt ihr uns aus Ägypten hierher geführt? Nur um uns an diesen elenden Ort zu bringen, eine Gegend ohne Korn und Feigen, ohne Wein und Granatäpfel? Nicht einmal Trinkwasser gibt es. 6 Mose und Aaron verließen die Versammlung, gingen zum Eingang des Offenbarungszeltes und warfen sich auf ihr Gesicht nieder. Da erschien ihnen die Herrlichkeit des Herrn.

7 Der Herr sprach zu Mose: 8 Nimm deinen Stab; dann versammelt die Gemeinde, du und dein Bruder Aaron, und sagt vor ihren Augen zu dem Felsen, er solle sein Wasser fließen lassen. Auf diese Weise wirst du für sie Wasser aus dem Felsen fließen lassen und ihnen und ihrem Vieh zu trinken geben. 9 Mose holte den Stab von seinem Platz vor dem Herrn, wie der Herr ihm befohlen hatte. 10 Mose und Aaron riefen die Versammlung vor dem Felsen zusammen, und Mose sagte zu ihnen: Hört, ihr Meuterer, können wir euch wohl aus diesem Felsen Wasser fließen lassen? 11 Dann hob er seine Hand hoch und schlug mit seinem Stab zweimal auf den Felsen. Da kam Wasser heraus, viel Wasser, und die Gemeinde und ihr Vieh konnten trinken.

12 Der Herr aber sprach zu Mose und Aaron: Weil ihr mir nicht geglaubt habt und mich vor den Augen der Israeliten nicht als den Heiligen bezeugen wolltet, darum werdet ihr dieses Volk nicht in das Land hineinführen, das ich ihm geben will. 13 Das ist das Wasser von Meriba (Streitwasser), weil die Israeliten mit dem Herrn gestritten haben und er sich als der Heilige erwiesen hat.

14 Mose schickte von Kadesch aus Boten zum König von Edom und ließ ihm sagen: So sagt dein Bruder Israel: Du kennst alle Mühsal, die uns getroffen hat. 15 Unsere Väter sind nach Ägypten gezogen, und wir haben viele Jahre in Ägypten gewohnt. Aber die Ägypter haben uns und unsere Väter schlecht behandelt. 16 Da haben wir zum Herrn geschrien, und er hat uns gehört. Er schickte einen Boten, und der Bote führte uns aus Ägypten heraus. Jetzt sind wir in Kadesch, einer Stadt an der Grenze deines Gebietes. 17 Wir möchten durch dein Land ziehen. Wir werden eure Felder und Weinberge nicht betreten und kein Brunnenwasser trinken. Wir werden die Königsstraße benutzen und weder rechts noch links davon abbiegen, bis wir dein Gebiet durchzogen haben. 18 Edom aber ließ dem Mose sagen: Du wirst bei mir nicht durchziehen, sonst ziehe ich dir mit dem Schwert entgegen. 19 Da ließen ihm die Israeliten sagen: Wir wollen auf der Straße ziehen. Und wenn wir von deinem Wasser trinken, ich und meine Herden, dann zahle ich dafür. Ich will

nichts anderes, nur zu Fuß durch dein Land zie-
hen. 20 Aber Edom ließ wieder sagen: Du wirst
nicht durchziehen. Und Edom zog mit schwer be-
waffneten Kriegern Israel entgegen, zur Abwehr
entschlossen. 21 Da Edom sich also weigerte, Israel
durch sein Gebiet ziehen zu lassen, mußte Israel
einen Umweg machen.
22 Die Israeliten brachen von Kadesch auf, und
die ganze Gemeinde kam zum Berg Hor. 23 Am
Berg Hor, an der Grenze von Edom, sprach der
Herr zu Mose und Aaron: 24 Aaron wird jetzt
mit seinen Vorfahren vereint; er wird nicht in
das Land kommen, das ich für die Israeliten
bestimmt habe; denn ihr habt euch am Wasser
von Meriba gegen meinen Befehl aufgelehnt.
25 Nimm Aaron und seinen Sohn Eleasar, und
führ sie auf den Berg Hor hinauf! 26 Dann nimm
Aaron seine Gewänder ab, und leg sie seinem
Sohn Eleasar an! Aaron wird dort mit seinen
Vätern vereint werden und sterben. 27 Mose tat,
was ihm der Herr befohlen hatte. Sie stiegen vor
den Augen der ganzen Gemeinde auf den Berg
Hor. 28 Mose nahm Aaron die Gewänder ab und
legte sie seinem Sohn Eleasar an. Dann starb Aa-
ron dort auf dem Gipfel des Berges, Mose aber
und Eleasar stiegen vom Berg herab. 29 Als die Ge-
meinde sah, daß Aaron dahingeschieden war, be-
weinte ihn das ganze Haus Israel dreißig Tage
lang.

Die kupferne Schlange. Kämpfe unterwegs

21 Als der kanaanitische König von Arad,
der im Negeb saß, hörte, daß Israel auf
dem Weg von Atarim heranzog, griff er die Israe-
liten an und machte einige Gefangene. 2 Da ge-
lobte Israel dem Herrn: Wenn du mir dieses Volk
in meine Gewalt gibst, dann weihe ich ihre Städte
dem Untergang. 3 Der Herr hörte auf Israel und
gab die Kanaaniter in seine Gewalt. Israel weihte
sie und ihre Städte dem Untergang. Daher nannte
man den Ort Horma (Untergangsweihe).
4 Die Israeliten brachen vom Berg Hor auf und
schlugen die Richtung zum Schilfmeer ein, um
Edom zu umgehen. Unterwegs aber verlor das
Volk den Mut, 5 es lehnte sich gegen Gott und ge-
gen Mose auf und sagte: Warum habt ihr uns aus
Ägypten heraufgeführt? Etwa damit wir in der
Wüste sterben? Es gibt weder Brot noch Wasser.
Dieser elenden Nahrung sind wir überdrüssig.
6 Da schickte der Herr Giftschlangen unter das
Volk. Sie bissen die Menschen, und viele Israeli-
ten starben. 7 Die Leute kamen zu Mose und sag-
ten: Wir haben gesündigt, denn wir haben uns
gegen den Herrn und gegen dich aufgelehnt. Bete
zum Herrn, daß er uns von den Schlangen befreit.
Da betete Mose für das Volk. 8 Der Herr antwor-
tete Mose: Mach dir eine Schlange, und häng sie
an einer Fahnenstange auf! Jeder, der gebissen
wird, wird am Leben bleiben, wenn er sie an-
sieht. 9 Mose machte also eine Schlange aus Kup-
fer und hängte sie an einer Fahnenstange auf.
Wenn nun jemand von einer Schlange gebissen
wurde und zu der Kupferschlange aufblickte,
blieb er am Leben.
10 Die Israeliten brachen auf und schlugen ihr La-
ger in Obot auf. 11 Dann brachen sie von Obot auf
und schlugen in Ije-Abarim ihr Lager auf, in der
Wüste, die östlich von Moab liegt. 12 Von dort bra-
chen sie auf und schlugen ihr Lager am Bach Se-
red auf. 13 Von dort brachen sie auf und schlugen
das Lager jenseits des Arnon auf, in der Wüste, die
sich vom Amoritergebiet bis zum Arnon aus-
dehnt. Der Arnon bildet nämlich die Grenze zwi-
schen Moab und den Amoritern. 14 Deshalb heißt
es im Buch der Kriege des Herrn: Waheb in Sufa
und die Bäche des Arnon 15 und die Wasser-
scheide, die sich zum Wohngebiet von Ar hin-
neigt und sich an das Gebiet von Moab anlehnt.
16 Von dort ging es weiter nach Beer (Brunnen); es
ist der Brunnen, von dem der Herr zu Mose ge-
sagt hat: Versammle das Volk, damit ich ihnen
Wasser gebe. 17 Damals sang Israel das folgende
Lied:

Steig auf, Brunnen! Singt über ihn ein Lied,
18 über den Brunnen, den Heerführer gruben, /
den die Edlen des Volkes aushoben / mit dem
Zepter, mit ihren Stäben.

Aus der Wüste (zogen sie weiter) nach Mattana,
19 von Mattana nach Nahaliël, von Nahaliël nach
Bamot, 20 von Bamot zum Tal im Grünland von
Moab, zum Gipfel des Pisga, der auf das Ödland
herabschaut.
21 Israel schickte Boten zum Amoriterkönig
Sihon und ließ ihm sagen: 22 Ich möchte durch
dein Land ziehen. Wir werden nicht in die Felder
und Weinberge abbiegen, und wir werden kein
Wasser aus euren Brunnen trinken. Wir wollen
nur die Königsstraße benutzen, bis wir dein Ge-
biet durchzogen haben. 23 Doch Sihon ließ Israel
nicht durch sein Gebiet ziehen. Er versammelte

sein ganzes Volk und zog Israel in die Wüste entgegen. Als er nach Jahaz gekommen war, griff er Israel an. 24 Aber Israel schlug ihn mit scharfem Schwert und besetzte sein Land vom Arnon bis zum Jabbok, das heißt bis zu dem Gebiet der Ammoniter, denn Jaser bildete damals die Grenze zu den Ammonitern. 25 Die Israeliten nahmen alle jene Städte ein und ließen sich in den Amoriterstädten nieder, in Heschbon und allen seinen Tochterstädten. 26 Heschbon war nämlich die Hauptstadt Sihons, des Amoriterkönigs. Sihon hatte aber zuvor gegen den ersten König von Moab Krieg geführt und hatte ihm sein ganzes Land bis zum Arnon abgenommen.

27 Darum sagen die Spruchdichter: Kommt nach Heschbon! / Aufgebaut, neu gegründet wird Sihons Stadt.

28 Denn von Heschbon ging ein Feuer aus, / eine Flamme von Sihons Burg, / sie hat Ar-Moab gefressen / und die Arnonhöhen verschlungen.

29 Weh dir, Moab, / mit dir ist es aus, Volk des Kamosch. / Seine Söhne hat er zu Flüchtlingen gemacht, / seine Töchter zu Gefangenen / des Amoriterkönigs Sihon.

30 Ihre Scholle ist dahin / von Heschbon bis Dibon, / von Naschim bis Nofach bei Medeba.

31 Die Israeliten ließen sich im Land der Amoriter nieder. 32 Mose schickte Boten aus, um Jaser auskundschaften zu lassen. Die Israeliten eroberten Jasers Tochterstädte und vertrieben die Amoriter, die dort wohnten.

33 Dann änderten sie die Richtung und zogen den Weg zum Baschan hinauf. Og, der König des Baschan, zog ihnen mit seinem ganzen Volk nach Edreï zum Kampf entgegen. 34 Der Herr sagte zu Mose: Hab keine Angst vor ihm; denn ich gebe ihn mit seinem ganzen Volk und seinem Land in deine Gewalt. Mach mit ihm, was du schon mit dem Amoriterkönig Sihon gemacht hast, der in Heschbon saß. 35 Da erschlugen die Israeliten Og und seine Söhne und sein ganzes Volk; keiner von ihnen konnte entrinnen. Die Israeliten aber besetzten sein Land.

Der Seher Bileam

22 Die Israeliten brachen auf und schlugen ihr Lager in den Steppen von Moab auf, jenseits des Jordan bei Jericho. 2 Balak, der Sohn Zippors, hatte gesehen, was Israel den Amoritern alles angetan hatte. 3 Moab erschrak sehr vor dem Volk (der Israeliten), weil es so groß war, und es packte ihn das Grauen vor den Israeliten. 4 Da sagte Moab zu den Ältesten von Midian: Jetzt wird uns dieser Haufen ringsum alles abfressen, wie die Rinder das Gras auf den Weiden abgrasen.

Damals war Balak, der Sohn Zippors, König von Moab. 5 Er schickte Boten zu Bileam, dem Sohn Beors, nach Petor am Strom, ins Land seiner Stammesgenossen, um ihn rufen zu lassen. Er ließ ihm sagen: Aus Ägypten ist ein Volk herangezogen, das das ganze Land bedeckt und nun mir gegenüber sich niedergelassen hat. 6 Darum komm her, und verfluch mir dieses Volk; denn es ist zu mächtig für mich. Vielleicht kann ich es dann schlagen und aus dem Land vertreiben. Ich weiß: Wen du segnest, der ist gesegnet; wen du verfluchst, der ist verflucht. 7 Die Ältesten von Moab und die Ältesten von Midian machten sich auf den Weg, mit Wahrsagerlohn in den Händen. Als sie zu Bileam kamen, wiederholten sie ihm die Worte Balaks. 8 Bileam sagte zu ihnen: Bleibt über Nacht hier, dann werde ich euch berichten, was der Herr zu mir sagt. Da blieben die Hofleute aus Moab bei Bileam.

9 Gott kam zu Bileam und fragte ihn: Wer sind die Männer, die bei dir wohnen? 10 Bileam antwortete Gott: Balak, der Sohn Zippors, der König von Moab, hat Boten zu mir geschickt und läßt mir sagen: 11 Das Volk, das aus Ägypten herangezogen ist, bedeckt das ganze Land. Darum komm, und verwünsch es für mich! Vielleicht kann ich es dann im Kampf besiegen und vertreiben. 12 Gott antwortete Bileam: Geh nicht mit! Verfluch das Volk nicht; denn es ist gesegnet.

13 Am Morgen stand Bileam auf und sagte zu den Hofleuten Balaks: Kehrt in euer Land zurück; denn der Herr erlaubt mir nicht, mit euch zu gehen. 14 Da machten sich die Hofleute aus Moab auf den Weg und kehrten zu Balak zurück. Sie berichteten: Bileam hat sich geweigert, mit uns zu kommen.

15 Balak schickte noch einmal Hofleute aus, mehr und vornehmere als das erstemal. 16 Sie kamen zu Bileam und sagten zu ihm: So sagt Balak, der Sohn Zippors: Laß dich nicht abhalten, zu mir zu kommen. 17 Ich will dir einen sehr hohen Lohn geben; alles, was du von mir verlangst, will ich tun. Nur komm, und verwünsch mir dieses Volk! 18 Bileam antwortete den Dienern Balaks: Auch wenn

mir Balak sein Haus voll Silber und Gold gäbe,
könnte ich dem Befehl des Herrn, meines Gottes,
nicht zuwiderhandeln, sei es in einer unwichti-
gen oder einer wichtigen Sache. 19 Doch bleibt
auch ihr jetzt über Nacht hier, bis ich weiß, was
der Herr weiter zu mir sagt. 20 In der Nacht kam
Gott zu Bileam und sprach zu ihm: Wenn die
Männer gekommen sind, um dich zu holen, dann
mach dich auf den Weg, und geh mit! Aber du
darfst nur das tun, was ich dir sage. 21 Am Morgen
stand Bileam auf, sattelte seinen Esel und ging mit
den Hofleuten aus Moab.

22 Aber Gott wurde zornig, weil Bileam mitging,
und der Engel des Herrn trat Bileam in feindlicher
Absicht in den Weg, als Bileam, begleitet von
zwei jungen Männern, auf seinem Esel dahinritt.
23 Der Esel sah den Engel des Herrn auf dem Weg
stehen, mit dem gezückten Schwert in der Hand,
und er verließ den Weg und wich ins Feld aus. Da
schlug ihn Bileam, um ihn auf den Weg zurück-
zubringen. 24 Darauf stellte sich der Engel des
Herrn auf den engen Weg zwischen den Wein-
bergen, der zu beiden Seiten Mauern hatte. 25 Als
der Esel den Engel des Herrn sah, drückte er sich
an der Mauer entlang und drückte dabei das Bein
Bileams gegen die Mauer. Da schlug ihn Bileam
wieder. 26 Der Engel des Herrn ging weiter und
stellte sich an eine besonders enge Stelle, wo es
weder rechts noch links eine Möglichkeit gab
auszuweichen. 27 Als der Esel den Engel des Herrn
sah, ging er unter Bileam in die Knie. Bileam aber
wurde wütend und schlug den Esel mit dem
Stock.

28 Da öffnete der Herr dem Esel den Mund, und
der Esel sagte zu Bileam: Was habe ich dir getan,
daß du mich jetzt schon zum drittenmal
schlägst? 29 Bileam erwiderte dem Esel: Weil du
mich zum Narren hältst. Hätte ich ein Schwert
dabei, dann hätte ich dich schon umgebracht.
30 Der Esel antwortete Bileam: Bin ich nicht dein
Esel, auf dem du seit eh und je bis heute geritten
bist? War es etwa je meine Gewohnheit, mich so
gegen dich zu benehmen? Da mußte Bileam zu-
geben: Nein.

31 Nun öffnete der Herr dem Bileam die Augen,
und er sah den Engel des Herrn auf dem Weg ste-
hen, mit dem gezückten Schwert in der Hand. Da
verneigte sich Bileam und warf sich auf sein Ge-
sicht nieder. 32 Der Engel des Herrn sagte zu ihm:
Warum hast du deinen Esel dreimal geschlagen?
Ich bin dir feindlich in den Weg getreten, weil mir
der Weg, den du gehst, zu abschüssig ist. 33 Der
Esel hat mich gesehen und ist mir schon dreimal
ausgewichen. Wäre er mir nicht ausgewichen,
dann hätte ich dich vielleicht jetzt schon umge-
bracht, ihn aber am Leben gelassen. 34 Bileam ant-
wortete dem Engel des Herrn: Ich habe gesün-
digt, aber nur, weil ich nicht wußte, daß du mir im
Weg standest. Jetzt aber will ich umkehren, wenn
dir mein Vorhaben nicht recht ist. 35 Der Engel des
Herrn antwortete Bileam: Geh mit den Männern,
aber rede nichts, außer was ich dir sage. Da ging
Bileam mit den Hofleuten Balaks.

36 Als Balak hörte, daß Bileam kam, ging er ihm
entgegen bis zur Grenzstadt Moabs am Arnon,
unmittelbar an der Grenze. 37 Balak sagte zu Bi-
leam: Ich hatte dich rufen lassen. Warum bist du
nicht zu mir gekommen? Kann ich dir nicht einen
hohen Lohn geben? 38 Bileam antwortete Balak:
Jetzt bin ich zwar bei dir. Aber kann ich jetzt et-
was reden? Ich kann nur sagen, was Gott mir in
den Mund legt. 39 Bileam ging mit Balak weiter
nach Kirjat-Huzot. 40 Balak schlachtete Rinder und
Schafe und ließ damit Bileam und die Hofleute,
die dabeiwaren, bewirten. 41 Am nächsten Mor-
gen nahm Balak Bileam mit sich und führte ihn zu
den Baalshöhen hinauf. Von dort konnte er bis
zum Volk sehen.

23 Bileam sagte zu Balak: Errichte mir hier
sieben Altäre, und stell mir hier sieben
junge Stiere und sieben Widder bereit! 2 Balak tat,
was Bileam gesagt hatte, und Balak und Bileam
brachten auf jedem Altar einen jungen Stier und
einen Widder dar. 3 Dann sagte Bileam zu Balak:
Bleib bei deinem Brandopfer stehen! Ich aber will
beiseite gehen; vielleicht begegnet mir der Herr.
Was er mich sehen läßt, werde ich dir mitteilen.
Dann ging er auf die kahle Höhe.

4 Gott begegnete Bileam. Bileam sagte zu ihm:
Ich habe sieben Altäre hergerichtet und auf jedem
Altar einen jungen Stier und einen Widder darge-
bracht. 5 Da legte der Herr dem Bileam ein Wort in
den Mund und sagte: Geh zu Balak zurück, und
sag ihm das und das! 6 Bileam kehrte also zurück.
Balak stand bei seinem Brandopfer, und alle Hof-
leute Moabs waren bei ihm. 7 Da begann Bileam
mit seinem Orakelspruch und sagte:

Aus Aram führte mich Balak her, / der König
von Moab vom Ostgebirge: / »Geh, verfluche mir
Jakob! / Geh, drohe Israel!«

[8] Doch wie soll ich verwünschen, / wen Gott nicht verwünscht, / wie soll ich drohen, / wem Jahwe nicht droht?

[9] Denn vom Gipfel der Felsen sehe ich es, / von den Höhen aus erblicke ich es: / Dort, ein Volk, es wohnt für sich, / es zählt sich nicht zu den Völkern.

[10] Wer zählt Jakobs Menge, zahlreich wie Staub, / wer die Zehntausende Israels? / Oh, könnte ich den Tod der Gerechten sterben, / und wäre mein Ende dem seinen gleich.

[11] Da sagte Balak zu Bileam: Was hast du mir angetan? Ich habe dich geholt, damit du meine Feinde verwünschst, und nun hast du sie statt dessen gesegnet. [12] Bileam antwortete: Muß ich nicht das sagen, was der Herr mir in den Mund legt?

[13] Darauf sagte Balak zu ihm: Geh mit mir an einen anderen Ort, von wo aus du das Volk sehen kannst. Du wirst freilich nur den äußersten Rand sehen; ganz wirst du es nicht sehen. Von dort aus verwünsch es mir! [14] Er nahm ihn mit zum Späherfeld am Gipfel des Pisga, errichtete dort sieben Altäre und brachte auf jedem Altar einen jungen Stier und einen Widder dar. [15] Bileam sagte zu Balak: Bleib hier bei deinem Brandopfer stehen, ich aber will dort drüben auf die Begegnung mit dem Herrn warten. [16] Der Herr begegnete Bileam, legte ihm ein Wort in den Mund und sagte: Kehr zu Balak zurück, und sag ihm das und das! [17] Als Bileam zu Balak kam, stand er bei seinem Opfer, und die Hofleute Moabs waren bei ihm. Balak fragte ihn: Was hat der Herr gesagt? [18] Da begann Bileam mit seinem Orakelspruch und sagte:

Auf, Balak, höre, / lausche mir, Sohn Zippors!

[19] Gott ist kein Mensch, der lügt, / kein Menschenkind, das etwas bereut. / Spricht er etwas und tut es dann nicht, / sagt er etwas und hält es dann nicht?

[20] Sieh her, ich habe es übernommen zu segnen; / so muß ich segnen, ich kann's nicht widerrufen.

[21] Man erblickt kein Übel in Jakob, / man sieht kein Unheil in Israel. / Jahwe, sein Gott, ist bei ihm, / seinem König jubelt Israel zu.

[22] Gott hat sie aus Ägypten geführt. / Er hat Hörner wie ein Wildstier.

[23] Zauberei wirkt nicht gegen Jakob, / Beschwörung hilft nicht gegen Israel – / [Jetzt sagt man zu Jakob, zu Israel: / Was hat Gott getan?]

[24] ein Volk wie ein Löwe, der aufsteht, / wie ein Raubtier, das sich erhebt. / Es legt sich nicht hin, / bevor es die Beute gefressen / und das Blut der Erschlagenen getrunken hat.

[25] Da sagte Balak zu Bileam: Wenn du es schon nicht verwünschen willst, dann segne es doch wenigstens nicht! [26] Bileam antwortete Balak: Habe ich es dir nicht gesagt: Ich muß alles tun, was der Herr mir befiehlt.

[27] Darauf sagte Balak zu Bileam: Komm mit, ich will dich noch an einen anderen Ort mitnehmen. Vielleicht ist es Gott recht, daß du mir das Volk von dort aus verfluchst. [28] Balak nahm also Bileam mit auf den Gipfel des Pegor, der auf das Ödland herabschaut. [29] Bileam sagte zu Balak: Bau mir hier sieben Altäre, und stell mir hier sieben junge Stiere und sieben Widder bereit! [30] Balak tat, was Bileam gesagt hatte, und brachte auf jedem Altar einen jungen Stier und einen Widder dar.

24 Bileam aber sah, daß es dem Herrn recht war, wenn er Israel segnete. Er suchte nicht geheimnisvolle Zeichen, wie er sonst zu tun pflegte, sondern wandte sein Gesicht der Wüste zu. [2] Als Bileam aufblickte, sah er Israel im Lager, nach Stämmen geordnet. Da kam der Geist Gottes über ihn, [3] er begann mit seinem Orakelspruch und sagte:

Spruch Bileams, des Sohnes Beors, / Spruch des Mannes mit geschlossenem Auge,

[4] Spruch dessen, der Gottesworte hört, / der eine Vision des Allmächtigen sieht, / der daliegt mit entschleierten Augen:

[5] Jakob, wie schön sind deine Zelte, / wie schön deine Wohnstätten, Israel!

[6] Wie Bachtäler ziehen sie sich hin, / wie Gärten am Strom, / wie Eichen, vom Herrn gepflanzt, / wie Zedern am Wasser.

[7] Von seinen Schöpfeimern rinnt das Wasser, / reichlich Wasser hat seine Saat. / Sein König ist Agag überlegen, / seine Königsherrschaft erstarkt.

[8] Ja, Gott hat ihn aus Ägypten geführt. / Er hat Hörner wie ein Wildstier. / Er frißt die Völker, die ihm feind sind, / er zermalmt ihre Knochen / und zerbricht ihre Pfeile.

[9] Er duckt sich, liegt da wie ein Löwe, / wie ein Raubtier. Wer wagt es, ihn aufzujagen? / Wer dich segnet, ist gesegnet, / und wer dich verflucht, ist verflucht.

10 Da wurde Balak zornig auf Bileam. Er schlug
die Hände zusammen und sagte zu Bileam: Ich
habe dich gerufen, damit du meine Feinde ver-
wünschst, du aber hast sie schon dreimal geseg-
net. 11 Geh weg, dorthin, woher du gekommen
bist! Ich habe versprochen, dir einen hohen
Lohn zu geben, aber Jahwe hat dich daran ge-
hindert, ihn zu erhalten. 12 Bileam antwortete Ba-
lak: Habe ich nicht gleich zu deinen Boten, die
du zu mir geschickt hast, gesagt: 13 Auch wenn
mir Balak sein Haus voll Silber und Gold gibt,
kann ich dem Befehl des Herrn nicht zuwider-
handeln und nach eigenem Gutdünken Gutes
oder Böses bewirken. Ich muß sagen, was der
Herr sagt. 14 Gut, ich gehe jetzt zu meinem Volk
zurück. Ich will dir aber noch verraten, was die-
ses Volk deinem Volk in der Zukunft antun wird.
15 Und er begann mit seinem Orakelspruch und
sagte:

Spruch Bileams, des Sohnes Beors, / Spruch des
Mannes mit geschlossenem Auge,

16 Spruch dessen, der Gottesworte hört, / der die
Gedanken des Höchsten kennt, / der eine Vision
des Allmächtigen sieht, / der daliegt mit ent-
schleierten Augen:

17 Ich sehe ihn, aber nicht jetzt, / ich erblicke ihn,
aber nicht in der Nähe: / Ein Stern geht in Jakob
auf, / ein Zepter erhebt sich in Israel. / Er zer-
schlägt Moab die Schläfen / und allen Söhnen
Sets den Schädel.

18 Edom wird sein Eigentum, / Seïr, sein Feind,
wird sein Besitz. / Israel aber wird mächtig und
stark.

19 Aus Jakob steigt einer herab / und vernichtet
alles, was aus der Stadt entkam.

20 Dann sah Bileam Amalek; er begann mit sei-
nem Orakelspruch und sagte:

Amalek war das erste unter den Völkern, / doch
es endet im Untergang.

21 Dann sah Bileam die Keniter; er begann mit
seinem Orakelspruch und sagte:

Dein Wohnsitz, Kain, ist sicher und fest, / dein
Nest ist auf Felsen gebaut;

22 doch es wird hinweggefegt werden. / Nicht
mehr lange, dann führt Assur dich weg.

23 Er begann nochmals mit seinem Orakelspruch
und sagte:

Weh, wer wird am Leben bleiben, wenn Gott
das tut?

24 Schiffe kommen von den Kittäern, / sie
demütigen Assur, sie demütigen Eber. / Doch
auch er endet im Untergang.

25 Dann brach Bileam auf und kehrte in seine
Heimat zurück, und auch Balak zog seines Weges.

Der Priester Pinhas

25 Als sich Israel in Schittim aufhielt, be-
gann das Volk mit den Moabiterinnen
Unzucht zu treiben. 2 Sie luden das Volk zu den
Opferfesten ihrer Götter ein, das Volk aß mit ih-
nen und fiel vor ihren Göttern nieder. 3 So ließ sich
Israel mit Baal-Pegor ein. Da entbrannte der Zorn
des Herrn gegen Israel, 4 und der Herr sprach
zu Mose: Nimm alle Anführer des Volkes, und
spieße sie für den Herrn im Angesicht der Sonne
auf Pfähle, damit sich der glühende Zorn des
Herrn von Israel abwendet. 5 Da sagte Mose zu
den Richtern Israels: Jeder soll die von seinen Leu-
ten töten, die sich mit Baal-Pegor eingelassen
haben.

6 Unter den Israeliten war einer, der zu seinen
Brüdern kam und eine Midianiterin mitbrachte,
und zwar vor den Augen des Mose und der
ganzen Gemeinde der Israeliten, während sie am
Eingang des Offenbarungszeltes weinten. 7 Als
das der Priester Pinhas, der Sohn Eleasars, des
Sohnes Aarons, sah, stand er mitten in der Ge-
meinde auf, ergriff einen Speer, 8 ging dem Israeli-
ten in den Frauenraum nach und durchbohrte
beide, den Israeliten und die Frau, auf ihrem La-
ger. Danach nahm die Plage, die die Israeliten ge-
troffen hatte, ein Ende. 9 Im ganzen aber waren
vierundzwanzigtausend Menschen an der Plage
gestorben.

10 Der Herr sprach zu Mose: 11 Der Priester Pin-
has, der Sohn Eleasars, des Sohnes Aarons, hat
meinen Zorn von den Israeliten abgewendet da-
durch, daß er sich bei ihnen für mich ereiferte. So
mußte ich die Israeliten nicht in meinem leiden-
schaftlichen Eifer umbringen. 12 Darum sage ich:
Hiermit gewähre ich ihm meinen Friedensbund.
13 Ihm und seinen Nachkommen wird der Bund
des ewigen Priestertums zuteil, weil er sich für
seinen Gott ereifert und die Israeliten entsühnt
hat.

14 Der Israelit, der zusammen mit der Midianite-
rin erschlagen worden war, hieß Simri; er war ein
Sohn Salus und ein führender Mann aus einer si-
meonitischen Großfamilie. 15 Die erschlagene Mi-
dianiterin hieß Kosbi; sie war die Tochter Zurs,

und dieser war das Haupt einer Großfamilie in Midian.

[16]Der Herr sprach zu Mose: [17]Greift die Midianiter an, und schlagt sie; [18]denn auch sie haben euch arglistig angegriffen, als sie euch mit Pegor und mit ihrer Schwester Kosbi überlisteten, der Tochter eines führenden Midianiters, die erschlagen wurde, als die Plage wegen Pegor ausgebrochen war.

Die zweite Volkszählung

26 [19]Nach jener Plage [1]sagte der Herr zu Mose und zu dem Priester Eleasar, dem Sohn Aarons: [2]Ermittelt die Gesamtzahl der Gemeinde aller Israeliten, die zwanzig Jahre und älter sind, aller wehrfähigen Israeliten, nach Großfamilien geordnet. [3]Da redeten Mose und der Priester Eleasar zu den Israeliten in den Steppen von Moab, am Jordan bei Jericho, [4]zu allen Männern von zwanzig Jahren und darüber, wie der Herr es Mose befohlen hatte.

Das sind die Israeliten, die aus Ägypten ausgezogen waren: [5]Ruben war der Erstgeborene Israels. Zu den Rubenitern gehörten von Henoch die Sippe der Henochiter, von Pallu die Sippe der Palluiter, [6]von Hezron die Sippe der Hezroniter, von Karmi die Sippe der Karmiter. [7]Das waren die Sippen der Rubeniter. Die Zahl der bei ihnen Gemusterten betrug 43 730 Mann. [8]Der Sohn Pallus war Eliab; [9]die Söhne Eliabs: Nemuël, Datan und Abiram. Datan und Abiram waren die Abgeordneten der Gemeinde, die mit Mose und Aaron in Streit geraten waren, zusammen mit den Anhängern Korachs, als diese mit dem Herrn in Streit geraten waren. [10]Die Erde tat ihren Rachen auf und verschlang sie und Korach, als seine Anhänger ums Leben kamen; das Feuer fraß die zweihundertfünfzig Mann, und sie wurden zu einem warnenden Zeichen. [11]Die Söhne Korachs waren aber dabei nicht ums Leben gekommen.

[12]Zu den Simeonitern gehörten folgende Sippen: von Jemuël die Sippe der Jemuëliter, von Jamin die Sippe der Jaminiter, von Jachin die Sippe der Jachiniter, [13]von Serach die Sippe der Serachiter, von Schaul die Sippe der Schauliter. [14]Das waren die Sippen der Simeoniter, im ganzen 22 200 Mann.

[15]Zu den Gaditern gehörten folgende Sippen: von Zifjon die Sippe der Zifjoniter, von Haggi die Sippe der Haggiter, von Schuni die Sippe der Schuniter, [16]von Osni die Sippe der Osniter, von Eri die Sippe der Eriter, [17]von Arod die Sippe der Aroditer, von Areli die Sippe der Areliter. [18]Das waren die Sippen der Gaditer mit ihren Gemusterten, im ganzen 40 500 Mann.

[19]Die Söhne Judas waren: Er und Onan; Er und Onan aber waren in Kanaan gestorben. [20]Zu Juda gehörten folgende Sippen: von Schela die Sippe der Schelaniter, von Perez die Sippe der Pereziter, von Serach die Sippe der Serachiter. [21]Zu den Perezitern gehörten von Hezron die Sippe der Hezroniter und von Hamul die Sippe der Hamuliter. [22]Das waren die Sippen Judas mit ihren Gemusterten, im ganzen 76 500 Mann.

[23]Zu den Issacharitern gehörten folgende Sippen: von Tola die Sippe der Tolaiter, von Puwa die Sippe der Puwaniter, [24]von Jaschub die Sippe der Jaschubiter, von Schimron die Sippe der Schimroniter. [25]Das waren die Sippen Issachars mit ihren Gemusterten, im ganzen 64 300 Mann.

[26]Zu den Sebulonitern gehörten folgende Sippen: von Sered die Sippe der Serediter, von Elon die Sippe der Eloniter, von Jachleel die Sippe der Jachleeliter. [27]Das waren die Sippen der Sebuloniter mit ihren Gemusterten, im ganzen 60 500 Mann.

[28]Bei den Josefstämmen Manasse und Efraim gehörten folgende Sippen [29]zu den Manassitern: von Machir die Sippe der Machiriter; Machir zeugte Gilead, und von Gilead stammt die Sippe der Gileaditer. [30]Das sind die Gileaditer: von Iëser die Sippe der Iëseriter, von Helek die Sippe der Helekiter, [31]von Asriël die Sippe der Asriëliter, von Schechem die Sippe der Schechemiter, [32]von Schemida die Sippe der Schemidaiter, von Hefer die Sippe der Heferiter. [33]Zelofhad, der Sohn Hefers, hatte keine Söhne, sondern nur Töchter; die Töchter Zelofhads hießen Machla, Noa, Hogla, Milka und Tirza. [34]Das waren die Sippen Manasses mit ihren Gemusterten, im ganzen 52 700 Mann.

[35]Zu den Efraimitern gehörten folgende Sippen: von Schutelach die Sippe der Schutelachiter, von Becher die Sippe der Becheriter, von Tahan die Sippe der Tahaniter. [36]Zu den Schutelachitern gehört von Eran die Sippe der Eraniter. [37]Das waren die Sippen der Efraimiter mit ihren Gemusterten, im ganzen 32 500 Mann. Das waren die Josefstämme nach ihren Sippen.

38 Zu den Benjaminitern gehörten folgende Sip-
pen: von Bela die Sippe der Belaiter, von Aschbel
die Sippe der Aschbeliter, von Ahiram die Sippe
der Ahiramiter, 39 von Schufam die Sippe der
Schufamiter, von Hufam die Sippe der Hufamiter.
40 Die Söhne Belas waren Ard und Naaman; von
Ard stammt die Sippe der Arditer, von Naaman
die Sippe der Naamaniter. 41 Das waren die Benja-
miniter nach ihren Sippen; die Zahl der bei ihnen
Gemusterten betrug 45 600 Mann.

42 Zu den Danitern gehörten folgende Sippen:
von Schuham die Sippe der Schuhamiter. Das wa-
ren die Sippen Dans. 43 Die Zahl der Gemusterten
bei den Sippen der Schuhamiter betrug im ganzen
64 400 Mann.

44 Zu den Ascheritern gehörten folgende Sippen:
von Jimna die Sippe der Jimnaiter, von Jischwi die
Sippe der Jischwiter, von Beria die Sippe der
Beriaiter. 45 Zu den Beriaitern gehörten folgende
Sippen: von Heber die Sippe der Heberiter, von
Malkiël die Sippe der Malkiëliter. 46 Die Tochter
Aschers hieß Serach. 47 Das waren die Sippen der
Ascheriter mit ihren Gemusterten, im ganzen
53 400 Mann.

48 Zu den Naftalitern gehörten folgende Sippen:
von Jachzeel die Sippe der Jachzeeliter, von Guni
die Sippe der Guniter, 49 von Jezer die Sippe der Je-
zeriter, von Schillem die Sippe der Schillemiter.
50 Das waren die Sippen Naftalis. Die Zahl der bei
ihnen Gemusterten betrug 45 400 Mann.

51 Die Gesamtzahl der gemusterten Israeliten be-
trug 601 730 Mann.

52 Der Herr sprach zu Mose: 53 An diese Män-
ner soll das Land als Erbbesitz verteilt werden,
entsprechend der Zahl der verzeichneten Na-
men. 54 Wer mehr Namen zählt, dem sollst du
einen größeren Erbbesitz geben; wer weniger
zählt, dem sollst du einen kleineren Erbbesitz
geben. Jedem soll sein Erbbesitz entsprechend
der Zahl der bei ihm Gemusterten gegeben
werden. 55 Doch soll das Land durch das Los ver-
teilt werden, und sie sollen ihren Erbbesitz nach
den Namen der Stämme ihrer Väter erhalten.
56 Der Erbbesitz soll durch das Los zwischen den
großen und den kleinen Stämmen aufgeteilt wer-
den.

57 Zu den im Stamm Levi Gemusterten gehörten
folgende Sippen: von Gerschon die Sippe der Ger-
schoniter, von Kehat die Sippe der Kehatiter, von
Merari die Sippe der Merariter. 58 Das sind die Sip-
pen Levis: die Sippe der Libniter, die Sippe der He-
broniter, die Sippe der Machliter, die Sippe der
Muschiter, die Sippe der Korachiter.

Kehat zeugte Amram. 59 Die Frau Amrams hieß
Jochebed; sie war die Tochter Levis, die dem Levi
noch in Ägypten geboren wurde. Sie gebar dem
Amram Aaron und Mose sowie deren Schwester
Mirjam. 60 Dem Aaron wurden Nadab, Abihu,
Eleasar und Itamar geboren. 61 Nadab und Abihu
aber waren gestorben, als sie dem Herrn ein un-
erlaubtes Feueropfer darbrachten.

62 Bei den Leviten wurden im ganzen 23 000
Mann gemustert, alle männlichen Personen im
Alter von einem Monat und darüber. Sie wurden
aber nicht zusammen mit den Israeliten gemu-
stert; denn ihnen wurde kein Erbbesitz wie den
anderen Israeliten gegeben.

63 Das waren die von Mose und dem Priester
Eleasar gemusterten Israeliten, die sie in den Step-
pen von Moab am Jordan bei Jericho gemustert
hatten. 64 Unter ihnen war niemand mehr von de-
nen, die Mose und der Priester Aaron in der Wü-
ste Sinai gemustert hatten. 65 Denn über sie hatte
der Herr ja gesagt: Sie müssen in der Wüste ster-
ben. Daher war keiner von ihnen am Leben ge-
blieben außer Kaleb, der Sohn Jefunnes, und Jo-
sua, der Sohn Nuns.

Die Erbordnung

27 Die Töchter Zelofhads, des Sohnes He-
fers, des Sohnes Gileads, des Sohnes
Machirs, des Sohnes Manasses, aus den Sippen
Manasses, des Sohnes Josefs, – diese Töchter hie-
ßen Machla, Noa, Hogla, Milka und Tirza –, 2 ka-
men zu Mose, zum Priester Eleasar, zu den An-
führern und zur ganzen Gemeinde an den
Eingang des Offenbarungszeltes und sagten: 3 Un-
ser Vater ist in der Wüste gestorben. Er gehörte
nicht zu den Anhängern Korachs, die sich gegen
den Herrn zusammengerottet hatten; denn er
war bereits wegen seiner eigenen Sünde gestor-
ben. Aber er hinterließ keine Söhne. 4 Warum soll
nun der Name unseres Vaters aus seiner Sippe
verschwinden, weil er keinen Sohn hatte? Gib
uns also eigenen Grund und Boden bei den Brü-
dern unseres Vaters! 5 Mose trug ihren Fall dem
Herrn vor, 6 und der Herr sprach zu Mose: 7 Die
Töchter Zelofhads haben recht. Du mußt ihnen ei-
genen Grund und Boden als Erbbesitz bei den
Brüdern ihres Vaters geben, also den Erbbesitz ih-

res Vaters auf sie übertragen. [8] Sag zu den Israeli-
ten: Wenn jemand ohne Söhne stirbt, dann über-
tragt seinen Erbbesitz auf seine Tochter! [9] Hat er
keine Tochter, dann gebt seinen Erbbesitz seinen
Brüdern! [10] Hat er keine Brüder, dann gebt seinen
Erbbesitz den Brüdern seines Vaters! [11] Hat sein
Vater keine Brüder, dann gebt seinen Erbbesitz
dem nächsten Verwandten aus seiner Sippe; er
soll ihn bekommen. Das wurde für die Israeliten
geltendes Recht, wie der Herr es Mose befohlen
hatte.

Die Berufung Josuas

[12] Der Herr sprach zu Mose: Steig auf das Abarim-
gebirge dort, und sieh dir das Land an, das ich den
Israeliten gegeben habe. [13] Wenn du es gesehen
hast, wirst du mit deinen Vorfahren vereint wer-
den wie dein Bruder Aaron; [14] denn ihr habt euch
in der Wüste Zin meinem Befehl widersetzt, als
die Gemeinde aufbegehrte und ihr vor ihren Au-
gen hättet bezeugen sollen, daß ich der Heilige
bin. [Das ist das »Streitwasser« von Kadesch in der
Wüste Zin.]

[15] Da sagte Mose zum Herrn: [16] Der Herr, der
Gott der Geister, die alle Menschen beleben,
setze einen Mann als Anführer der Gemeinde
ein, [17] der vor ihnen her in den Kampf zieht und
vor ihnen her wieder in das Lager einzieht, der
sie zum Krieg hinausführt und sie zurückführt;
die Gemeinde des Herrn soll nicht sein wie
Schafe, die keinen Hirten haben. [18] Der Herr ant-
wortete Mose: Nimm Josua, den Sohn Nuns, ei-
nen Mann, der mit Geist begabt ist, und leg ihm
deine Hand auf! [19] Dann laß ihn vor den Priester
Eleasar und vor die ganze Gemeinde treten, und
gib ihm vor ihren Augen deine Anweisungen!
[20] Gib ihm einen Teil deiner Würde ab, damit die
ganze Gemeinde der Israeliten auf ihn hört. [21] Er
soll vor den Priester Eleasar treten und ihn vor
dem Herrn um die Entscheidungen durch das
Urim-Orakel bitten. Nach seinem Befehl sollen
sie in den Kampf ziehen, und nach seinem Befehl
sollen sie wieder in das Lager einziehen, er und
mit ihm alle Israeliten und die ganze Gemeinde.
[22] Mose tat, was ihm der Herr befohlen hatte. Er
nahm Josua und ließ ihn vor den Priester Eleasar
und vor die ganze Gemeinde treten. [23] Er legte
ihm seine Hände auf und gab ihm seine Anwei-
sungen, wie es der Herr durch Mose befohlen
hatte.

Opfer und Feste

28 Der Herr sprach zu Mose: [2] Gib den Israe-
liten folgenden Befehl, und sag zu ihnen:
Ihr sollt darauf bedacht sein, zur festgesetzten Zeit
meine Opfergaben, meine Speise, durch das Feu-
eropfer als beruhigenden Duft mir darzubringen.
[3] Sag ihnen: Das ist das Feueropfer, das ihr dem
Herrn darbringen sollt: täglich zwei fehlerlose
einjährige Lämmer als regelmäßiges Brandopfer.
[4] Das eine Lamm sollst du am Morgen, das zweite
Lamm zur Abenddämmerung herrichten, [5] dazu
ein zehntel Efa Feinmehl, das mit einem viertel
Hin gestoßenen Öls vermengt ist, als Speiseopfer.
[6] Das ist das regelmäßige Brandopfer, das am Sinai
als beruhigender Duft für den Herrn, als Feuerop-
fer hergerichtet wurde. [7] Das dazugehörende
Trankopfer soll aus einem viertel Hin je Lamm be-
stehen. Am Heiligtum gieß als Trankopfer für den
Herrn berauschendes Getränk aus! [8] Das zweite
Lamm sollst du zur Abenddämmerung herrich-
ten; ebenso wie am Morgen sollst du es zusam-
men mit einem Speiseopfer und einem dazu-
gehörenden Trankopfer als Feueropfer, als
beruhigenden Duft für den Herrn herrichten.
[9] Am Sabbat aber nimm zwei fehlerlose einjährige
Lämmer, dazu als Speiseopfer zwei Zehntel
Feinmehl, das mit Öl vermengt ist, sowie das
dazugehörende Trankopfer; [10] das sei das Sabbat-
brandopfer an jedem Sabbat, zusätzlich zum re-
gelmäßigen Brandopfer mit dem entsprechenden
Trankopfer.

[11] An den Monatsanfängen sollt ihr für den
Herrn als Brandopfer zwei einjährige Jungstiere,
einen Widder und sieben fehlerlose einjährige
Lämmer darbringen, [12] dazu je Jungstier drei
Zehntel Feinmehl, das mit Öl vermengt ist, als
Speiseopfer, außerdem zwei Zehntel Feinmehl,
das mit Öl vermengt ist, als zu dem Widder
gehörendes Speiseopfer [13] sowie je Lamm ein
Zehntel Feinmehl, das mit Öl vermengt ist, als
Speiseopfer; dies sei das Brandopfer als beruhi-
gender Duft, als Feueropfer für den Herrn. [14] Die
dazugehörenden Trankopfer bestehen aus einem
halben Hin Wein je Jungstier, einem drittel Hin
für den Widder und einem viertel Hin Wein je
Lamm. Das ist das monatliche Opfer, das in je-
dem Monat des Jahres am Neumond dargebracht
wird.

[15] Auch soll man einen Ziegenbock als Sündopfer
für den Herrn herrichten, zusätzlich zu dem re-

gelmäßigen Brandopfer und dem dazugehören-
den Trankopfer.
16 Am vierzehnten Tag des ersten Monats ist das
Paschafest zur Ehre des Herrn. 17 Der fünfzehnte
Tag dieses Monats ist ein Festtag. Sieben Tage lang
ißt man ungesäuerte Brote. 18 Am ersten Tag findet
eine heilige Versammlung statt; an ihm dürft ihr
keine schwere Arbeit verrichten; 19 ihr sollt ein
Feueropfer darbringen, ein Brandopfer für den
Herrn: zwei Jungstiere, einen Widder und sieben
fehlerlose einjährige Lämmer. 20 Als das dazu-
gehörende Speiseopfer sollt ihr je Jungstier drei
Zehntel Feinmehl, das mit Öl vermengt ist, und
zwei Zehntel für den Widder herrichten; 21 außer-
dem sollst du je Lamm ein Zehntel herrichten,
22 dazu einen Ziegenbock als Sündopfer, um euch
zu entsühnen. 23 Das sollt ihr zusätzlich zu dem
Morgenopfer herrichten, das zu dem regelmäßi-
gen Brandopfer gehört. 24 Ebenso sollt ihr es
während der sieben Tage täglich mit den Speisen
und mit dem Feueropfer als dem beruhigenden
Duft für den Herrn halten. Das soll zusätzlich zu
dem regelmäßigen Brandopfer und dem dazu-
gehörenden Trankopfer geschehen. 25 Am siebten
Tag sollt ihr eine heilige Versammlung abhalten;
an diesem Tag dürft ihr keine schwere Arbeit ver-
richten. 26 Auch am Tag der Erstlingsfrüchte, wenn
ihr dem Herrn das Speiseopfer vom neuen Ge-
treide darbringt, an eurem Wochenfest, sollt ihr
die heilige Versammlung abhalten; auch an die-
sem Tag dürft ihr keine schwere Arbeit verrich-
ten; 27 ihr sollt als Brandopfer und als beruhigen-
den Duft für den Herrn zwei Jungstiere, einen
Widder und sieben einjährige Lämmer darbrin-
gen, 28 ferner als dazugehörendes Speiseopfer je
Jungstier drei Zehntel Feinmehl, das mit Öl ver-
mengt ist, zwei Zehntel für den einen Widder
29 und ein Zehntel für jedes der sieben Lämmer,
30 außerdem einen Ziegenbock, um euch zu ent-
sühnen. 31 Das sollt ihr zusätzlich zu dem regel-
mäßigen Brandopfer, dem dazugehörenden Spei-
seopfer und den dazugehörenden Trankopfern
darbringen. Aber ihr dürft dabei nur fehlerlose
Tiere verwenden.

29 Am ersten Tag des siebten Monats sollt
ihr eine heilige Versammlung abhalten;
an diesem Tag dürft ihr keine schwere Arbeit ver-
richten. Es soll für euch ein Tag sein, an dem mit
großem Lärm die Trompete geblasen wird. 2 Rich-
tet als Brandopfer, als beruhigenden Duft für den
Herrn einen Jungstier, einen Widder und sieben
fehlerlose einjährige Lämmer her, 3 ferner als zu
dem Stier gehörendes Speiseopfer drei Zehntel
Feinmehl, das mit Öl vermengt ist, sowie zwei
Zehntel für den einen Widder 4 und ein Zehntel
für jedes der sieben Lämmer, 5 dazu einen Zie-
genbock als Sündopfer, um euch zu entsühnen,
6 das alles zusätzlich zum monatlichen Brand-
opfer und zum dazugehörenden Speiseopfer und
zusätzlich zum regelmäßigen Brandopfer, zum
dazugehörenden Speiseopfer und den dazu-
gehörenden Trankopfern, wie sie der Vorschrift
entsprechen, als beruhigenden Duft, als Feuer-
opfer für den Herrn.
7 Am zehnten Tag dieses siebten Monats sollt ihr
eine heilige Versammlung abhalten. An diesem Tag
sollt ihr euch Enthaltung auferlegen und dürft kei-
nerlei Arbeit verrichten; 8 ihr sollt dem Herrn ein
Brandopfer als beruhigenden Duft darbringen.
Dafür sollt ihr einen Jungstier, einen Widder und
sieben fehlerlose einjährige Lämmer verwenden,
9 ferner als zu dem Stier gehörendes Speiseopfer
drei Zehntel Feinmehl, das mit Öl vermengt ist, so-
wie zwei Zehntel für den einen Widder 10 und ein
Zehntel für jedes der sieben Lämmer, 11 außerdem
einen Ziegenbock als Sündopfer, und zwar zusätz-
lich zum Sündopfer der Entsühnung, zum regel-
mäßigen Brandopfer, zum dazugehörenden Spei-
seopfer und den dazugehörenden Trankopfern.
12 Am fünfzehnten Tag des siebten Monats sollt
ihr eine heilige Versammlung abhalten. An die-
sem Tag dürft ihr keine schwere Arbeit verrich-
ten; ihr sollt sieben Tage lang ein Fest zur Ehre des
Herrn feiern. 13 Ihr sollt ein Brandopfer darbringen,
als Feueropfer, als beruhigenden Duft für den
Herrn. Dreizehn Jungstiere, zwei Widder und
vierzehn fehlerlose einjährige Lämmer sollen es
sein, 14 ferner als dazugehörendes Speiseopfer drei
Zehntel Feinmehl, das mit Öl vermengt ist, für je-
den der dreizehn Stiere, zwei Zehntel für jeden
der zwei Widder 15 und ein Zehntel für jedes der
vierzehn Lämmer, 16 außerdem ein Ziegenbock als
Sündopfer, das alles zusätzlich zum regelmäßigen
Brandopfer und zum dazugehörenden Speise-
und Trankopfer.
17 Am zweiten Tag sollen es zwölf Jungstiere,
zwei Widder und vierzehn fehlerlose einjährige
Lämmer sein, 18 dazu die Speise- und Trankopfer,
entsprechend der Zahl der Stiere, Widder und
Lämmer, wie es vorgeschrieben ist, 19 ferner ein

Ziegenbock als Sündopfer, das alles zusätzlich zum regelmäßigen Brandopfer sowie zum dazugehörenden Speise- und Trankopfer.

20 Am dritten Tag sollen es elf Stiere, zwei Widder und vierzehn fehlerlose einjährige Lämmer sein, 21 dazu die Speise- und Trankopfer, entsprechend der Zahl der Stiere, Widder und Lämmer, wie es vorgeschrieben ist, 22 ferner ein Bock als Sündopfer, das alles zusätzlich zum regelmäßigen Brandopfer und zum dazugehörenden Speise- und Trankopfer.

23 Am vierten Tag sollen es zehn Stiere, zwei Widder und vierzehn fehlerlose einjährige Lämmer sein, 24 dazu die Speise- und Trankopfer, entsprechend der Zahl der Stiere, Widder und Lämmer, wie es vorgeschrieben ist, 25 ferner ein Ziegenbock als Sündopfer, das alles zusätzlich zum regelmäßigen Brandopfer und zum dazugehörenden Speise- und Trankopfer.

26 Am fünften Tag sollen es neun Stiere, zwei Widder und vierzehn fehlerlose einjährige Lämmer sein, 27 dazu die Speise- und Trankopfer, entsprechend der Zahl der Stiere, Widder und Lämmer, wie es vorgeschrieben ist, 28 ferner ein Bock als Sündopfer, das alles zusätzlich zum regelmäßigen Brandopfer und zum dazugehörenden Speise- und Trankopfer.

29 Am sechsten Tag sollen es acht Stiere, zwei Widder und vierzehn fehlerlose einjährige Lämmer sein, 30 dazu die Speise- und Trankopfer, entsprechend der Zahl der Stiere, Widder und Lämmer, wie es vorgeschrieben ist, 31 ferner ein Bock als Sündopfer, das alles zusätzlich zum regelmäßigen Brandopfer und zum dazugehörenden Speise- und Trankopfer.

32 Am siebten Tag sollen es sieben Stiere, zwei Widder und vierzehn fehlerlose einjährige Lämmer sein, 33 dazu die Speise- und Trankopfer, entsprechend der Zahl der Stiere, Widder und Lämmer, wie es vorgeschrieben ist, 34 ferner ein Bock als Sündopfer, das alles zusätzlich zum regelmäßigen Brandopfer und zum dazugehörenden Speise- und Trankopfer.

35 Am achten Tag sollt ihr eine Festversammlung abhalten. An diesem Tag dürft ihr keine schwere Arbeit verrichten; 36 ihr sollt als Brandopfer, als Feueropfer, als beruhigenden Duft für den Herrn einen Stier, einen Widder und sieben fehlerlose einjährige Lämmer darbringen, 37 dazu die dem Stier, dem Widder und den Lämmern entsprechenden Speise- und Trankopfer, wie es vorgeschrieben ist, 38 ferner einen Bock als Sündopfer, das alles zusätzlich zum regelmäßigen Brandopfer und zum dazugehörenden Speise- und Trankopfer.

39 Das sollt ihr zur Ehre des Herrn an euren Festtagen tun, abgesehen von euren Brand-, Speise-, Trank- und Heilsopfern, die ihr gelobt habt oder freiwillig darbringt.

30 Mose teilte den Israeliten alles genau so mit, wie es ihm der Herr aufgetragen hatte.

Die Gültigkeit von Gelübden

2 Mose sagte zu den Stammeshäuptern der Israeliten: Das befiehlt der Herr: 3 Wenn ein Mann dem Herrn ein Gelübde ablegt oder sich durch einen Eid zu einer Enthaltung verpflichtet, dann darf er sein Wort nicht brechen; genau so, wie er es ausgesprochen hat, muß er es ausführen.

4 Wenn aber eine Frau dem Herrn ein Gelübde ablegt oder sich zu einer Enthaltung verpflichtet, während sie noch ledig im Haus ihres Vaters lebt, 5 dann soll ihr Vater von ihrem Gelübde oder von der Enthaltung, zu der sie sich verpflichtet hat, erfahren. Schweigt ihr Vater dazu, dann treten die Gelübde oder jede Enthaltung, zu der sie sich verpflichtet hat, in Kraft; 6 versagt aber ihr Vater an dem Tag, an dem er davon erfährt, seine Zustimmung, dann tritt das Gelübde oder die Enthaltung, zu der sie sich verpflichtet hat, nicht in Kraft; der Herr wird es ihr erlassen, weil ihr Vater seine Zustimmung versagt hat. 7 Heiratet sie einen Mann, während sie durch ein Gelübde oder durch ein voreiliges Wort, mit dem sie sich verpflichtet hat, gebunden ist, 8 dann bleiben die Gelübde oder die Enthaltung, zu der sie sich verpflichtet hat, in Kraft, falls ihr Mann an dem Tag, an dem er davon erfährt, dazu schweigt. 9 Wenn ihr Mann aber an dem Tag, an dem er davon erfährt, seine Zustimmung versagt, dann hat er ihr Gelübde, an das sie gebunden war, oder das voreilige Wort, durch das sie sich verpflichtet hatte, außer Kraft gesetzt, und der Herr wird es ihr erlassen.

10 Aber das Gelübde einer Witwe oder einer verstoßenen Frau – alles, wozu sie sich verpflichtet hat – bleibt für sie in Kraft. 11 Wenn sie im Haus ihres Mannes etwas gelobt oder sich mit einem Eid zu einer Enthaltung verpflichtet hat, 12 dann bleiben alle Gelübde und jede Enthaltung, zu der sie

◁ 16 | *Und er übergab ihnen alle Gebote (Ex 34)*

sich verpflichtet hat, in Kraft, wenn ihr Mann
zwar davon gehört, aber geschwiegen und seine
Zustimmung nicht versagt hat. 13 Wenn aber ihr
Mann an dem Tag, an dem er davon hörte, ihr
Gelübde oder die Verpflichtung zur Enthaltung,
die sie ausgesprochen hat, außer Kraft gesetzt hat,
dann ist alles aufgehoben; ihr Mann hat es außer
Kraft gesetzt, und der Herr wird es ihr erlassen.
14 Ihr Mann kann jedes Gelübde und jeden Eid, der
zu einer Enthaltung verpflichtet, anerkennen
oder außer Kraft setzen. 15 Schweigt ihr Mann
dazu von einem Tag bis zum andern, dann er-
kennt er alle Gelübde und Verpflichtungen zur
Enthaltung an. Er hat sie anerkannt, denn er hat
an dem Tag, an dem er davon erfahren hat, ge-
schwiegen. 16 Hat er aber davon erfahren und
setzte sie erst später außer Kraft, dann trägt er
dafür die Verantwortung.

17 Das sind die Gesetze, die der Herr dem Mose
aufgetragen hat; sie gelten für den Mann und
seine Frau, für den Vater und seine ledige Tochter,
solange sie noch im Haus ihres Vaters lebt.

Der Midianiterkrieg

31 Der Herr sprach zu Mose: 2 Nimm für die
Israeliten Rache an den Midianitern!
Danach wirst du mit deinen Vorfahren vereint
werden. 3 Da redete Mose zum Volk und sagte:
Rüstet einen Teil eurer Männer für den Heeres-
dienst! Sie sollen über Midian herfallen, um die
Rache des Herrn an Midian zu vollstrecken. 4 Aus
jedem Stamm Israels sollt ihr tausend Mann zum
Heer abstellen. 5 Man hob also aus den Tausend-
schaften Israels je Stamm tausend Mann aus, im
ganzen zwölftausend zum Krieg gerüstete Män-
ner. 6 Mose schickte die tausend Mann je Stamm
zum Heer, zusammen mit dem Priester Pinhas,
dem Sohn Eleasars, der die heiligen Geräte und
die Lärmtrompeten mitnahm. 7 Sie zogen gegen
Midian zu Feld, wie der Herr es Mose befohlen
hatte, und brachten alle männlichen Personen
um. 8 Als sie die Männer erschlagen hatten, brach-
ten sie auch noch die Könige von Midian um:
Ewi, Rekem, Zur, Hur und Reba, die fünf Könige
von Midian. Auch Bileam, den Sohn Beors, brach-
ten sie mit dem Schwert um. 9 Die Frauen von Mi-
dian und dessen kleine Kinder nahmen die Israe-
liten als Gefangene mit. Das ganze Vieh und der
reiche Besitz der Midianiter wurde ihre Beute.
10 Alle Städte im Siedlungsgebiet der Midianiter
und ihre Zeltdörfer brannten sie nieder. 11 Alle
Menschen und das ganze Vieh, das sie erbeutet
und geraubt hatten, nahmen sie mit. 12 Sie brach-
ten die Gefangenen und die geraubte Beute zu
Mose, zum Priester Eleasar und zur Gemeinde
der Israeliten in das Lager in den Steppen von
Moab am Jordan bei Jericho.

13 Mose, der Priester Eleasar und alle Anführer
der Gemeinde gingen ihnen aus dem Lager ent-
gegen. 14 Mose aber geriet in Zorn über die Be-
fehlshaber, die Hauptleute der Tausendschaften
und die Hauptleute der Hundertschaften, die von
dem Kriegszug zurückkamen.

15 Er sagte zu ihnen: Warum habt ihr alle Frauen
am Leben gelassen? 16 Gerade sie haben auf
den Rat Bileams hin die Israeliten dazu verführt,
vom Herrn abzufallen und dem Pegor zu die-
nen, so daß die Plage über die Gemeinde des
Herrn kam. 17 Nun bringt alle männlichen Kin-
der um und ebenso alle Frauen, die schon ei-
nen Mann erkannt und mit einem Mann ge-
schlafen haben. 18 Aber alle weiblichen Kinder
und die Frauen, die noch nicht mit einem Mann
geschlafen haben, laßt für euch am Leben!
19 Schlagt aber für sieben Tage eure Zelte außerhalb
des Lagers auf! Jeder von euch, der einen Men-
schen umgebracht hat, und jeder, der einen Er-
schlagenen berührt hat, muß sich am dritten und
am siebten Tag der Entsündigung unterziehen, ihr
selbst wie eure Gefangenen. 20 Auch alle Klei-
dungsstücke, alle Lederwaren, alle Erzeugnisse
aus Ziegenhaaren und alle Holzgeräte müßt ihr
entsündigen.

21 Der Priester Eleasar sagte zu den Männern, die
von dem Kriegszug zurückgekehrt waren: Das ist
die gesetzliche Verordnung, die der Herr dem
Mose aufgetragen hat: 22 Nur das Gold, das Silber,
das Kupfer, das Eisen, das Zinn und das Blei, 23 al-
les, was Feuer nicht verbrennen kann, sollt ihr
durchs Feuer ziehen, damit es rein wird. Doch es
muß auch noch mit Reinigungswasser entsündigt
werden. Alles aber, was im Feuer verbrennen
kann, zieht durchs Wasser! 24 Wascht am siebten
Tag eure Kleider, dann seid ihr rein und dürft in
das Lager zurückkommen.

25 Der Herr sprach zu Mose: 26 Zähl zusammen
mit dem Priester Eleasar und den Familienhäup-
tern der Gemeinde die Beute, die gefangenen
Menschen und Tiere! 27 Teil die Beute zur Hälfte
zwischen denen, die am Krieg teilgenommen ha-

ben, und der ganzen Gemeinde. 28 Dann erheb
von den Kriegern, die mit dem Heer ausgezogen
sind, als Steuer für den Herrn je einen von fünf-
hundert Gefangenen, je ein Tier von fünfhundert
Rindern, Eseln, Schafen und Ziegen. 29 Nehmt sie
von dem Beuteanteil der Krieger; dann gib sie
dem Priester Eleasar als Abgabe für den Herrn!
30 Von dem Anteil der Beute, der auf die Israeliten
entfällt, sollst du je einen von fünfzig Gefangenen
und je ein Tier von fünfzig Rindern, Eseln, Scha-
fen und Ziegen, also vom ganzen Vieh, nehmen
und den Leviten übergeben, die auf die Anord-
nungen für die Wohnstätte des Herrn zu achten
haben.

31 Mose und der Priester Eleasar taten, was der
Herr dem Mose befohlen hatte. 32 Die überaus rei-
che Beute, die das Kriegsvolk im Heer gemacht
hatte, betrug 675 000 Schafe und Ziegen,
33 72 000 Rinder, 34 61 000 Esel 35 und insgesamt
32 000 Menschen, Frauen, die noch mit keinem
Mann geschlafen hatten. 36 Die Hälfte des Anteils
derer, die mit dem Heer ausgezogen waren, be-
trug also 337 500 Schafe und Ziegen; 37 die Steuer
für den Herrn von den Schafen und Ziegen betrug
also 675 Stück. 38 Rinder waren es 36 000; davon
fielen 72 als Steuer an den Herrn. 39 Esel waren es
30 500, davon fielen 61 als Steuer an den Herrn.
40 Menschen waren es 16 000, davon fielen 32 als
Steuer an den Herrn. 41 Mose übergab die Steuer
als Abgabe für den Herrn dem Priester Eleasar,
wie der Herr es ihm befohlen hatte.

42 Von der für die Israeliten bestimmten Hälfte,
die Mose von der gesamten Beute der Krieger ab-
gezweigt hatte, 43 von der für die Gemeinde be-
stimmten Hälfte – im ganzen 337 500 Schafe und
Ziegen, 44 36 000 Rinder, 45 30 500 Esel 46 und
16 000 Menschen – 47 von dieser für die Israeliten
bestimmten Hälfte also nahm Mose je eine von
fünfzig gefangenen Frauen und je eines von fünf-
zig Tieren und übergab sie den Leviten, die auf die
Anordnungen für die Wohnstätte des Herrn zu
achten haben, wie der Herr es Mose befohlen
hatte.

48 Die Befehlshaber der Heeresverbände, die
Hauptleute der Tausendschaften und die Haupt-
leute der Hundertschaften kamen zu Mose 49 und
sagten: Deine Knechte haben die Krieger gezählt,
die unter unserem Befehl standen; kein einziger
Mann wird vermißt. 50 Darum bringen wir eine
Gabe für den Herrn, jeder, was er an Goldgeräten,
an Armbändern, Spangen, Siegelringen, Ohrrin-
gen und anderen Schmucksachen gefunden hat;
damit wollen wir uns vor dem Herrn entsühnen.
51 Mose und der Priester Eleasar nahmen das Gold
und alle Kunstgegenstände von ihnen entgegen.
52 Diese Abgabe an Gold, die sie für den Herrn von
den Hauptleuten der Tausendschaften und den
Hauptleuten der Hundertschaften einsammelten,
betrug im ganzen 16 750 Schekel. 53 Von den Krie-
gern hatte nämlich jeder auch noch für sich Beute
gemacht. 54 Mose und der Priester Eleasar nah-
men das Gold von den Hauptleuten der Tausend-
schaften und von den Hauptleuten der Hundert-
schaften entgegen und brachten es in das
Offenbarungszelt, als Zeichen, das den Herrn an
die Israeliten erinnern sollte.

Die Landzuteilung an die ostjordanischen Stämme

32 Die Rubeniter und die Gaditer hatten
sehr große Viehherden. Als sie nun das
Land Jaser und das Land Gilead sahen, erschien
ihnen diese Gegend gut geeignet für ihre Vieh-
haltung. 2 Darum kamen sie zu Mose, zu dem
Priester Eleasar und zu den Anführern der Ge-
meinde und sagten: 3 Atarot, Dibon, Jaser, Nimra,
Heschbon, Elale, Sibma, Nebo und Beon, 4 das
Land, das der Herr für die Gemeinde Israel erobert
hat, ist gut geeignet für die Viehhaltung, und
deine Knechte haben Viehherden. 5 Sie sagten:
Wenn wir dein Wohlwollen gefunden haben,
dann gebe man dieses Land deinen Knechten als
Besitz. Nimm uns nicht über den Jordan mit!
6 Mose antwortete den Gaditern und den Rubeni-
tern: Sollen eure Brüder in den Krieg ziehen,
während ihr hier sitzenbleibt? 7 Warum wollt ihr
den Israeliten den Mut nehmen, in das Land
hinüberzuziehen, das der Herr für sie bestimmt
hat? 8 Genauso haben es schon eure Väter ge-
macht, als ich sie von Kadesch-Barnea ausge-
schickt hatte, damit sie das Land erkundeten. 9 Sie
waren bis zum Traubental hinaufgekommen, hat-
ten das Land gesehen und haben dann den Israe-
liten den Mut genommen, so daß sie das Land
nicht mehr betreten wollten, das der Herr für sie
bestimmt hatte. 10 Damals entbrannte der Zorn des
Herrn, und er schwor: 11 Auf keinen Fall werden
die, die aus Ägypten heraufgekommen sind, die
Männer von zwanzig Jahren und darüber, das
Land zu sehen bekommen, das ich Abraham,
Isaak und Jakob mit einem Eid zugesichert habe;

denn sie haben nicht treu zu mir gehalten. 12 Nur der Kenasiter Kaleb, der Sohn Jefunnes, und Josua, der Sohn Nuns, waren ausgenommen, denn sie hielten treu zum Herrn. 13 Der Zorn des Herrn entbrannte über Israel, und er ließ sie vierzig Jahre lang in der Wüste umherirren, bis die ganze Generation ausgestorben war, die getan hatte, was dem Herrn mißfiel. 14 Und jetzt kommt ihr anstelle eurer Väter, ihr Brut von Sündern, um den glühenden Zorn des Herrn auf Israel noch größer zu machen? 15 Wenn ihr euch von ihm abwendet, wird er dieses ganze Volk noch länger in der Wüste lassen, und ihr richtet das ganze Volk zugrunde.

16 Doch sie traten noch näher an Mose heran und sagten: Wir errichten hier Pferche für unser Vieh, unsere Schafe und Ziegen, und bauen Städte für unsere Kinder. 17 Wir selbst aber rüsten uns und ziehen bewaffnet vor den Israeliten her, bis wir sie in ihr Land gebracht haben. Unterdessen werden unsere Kinder in den Städten wohnen, die zum Schutz gegen die Einwohner des Landes befestigt sind. 18 Wir kehren nicht in unsere Häuser zurück, bevor jeder Israelit seinen Erbbesitz erhalten hat. 19 Wir verlangen auf der anderen Seite des Jordan keinen Erbbesitz wie sie, wenn wir diesseits, östlich des Jordan, unseren Erbbesitz bekommen. 20 Mose antwortete ihnen: Wenn ihr das tut, wenn ihr euch also vor den Augen des Herrn zum Kampf rüstet 21 und jeder von euch, der sich gerüstet hat, vor den Augen des Herrn den Jordan überschreitet und kämpft, bis er seine Feinde vertrieben hat 22 und das Land dem Herrn unterworfen ist, dann dürft ihr nachher umkehren, und ihr seid gegenüber dem Herrn und Israel frei von weiteren Verpflichtungen. Dann soll dieses Land vor den Augen des Herrn euch als Eigentum gehören. 23 Wenn ihr das aber nicht tut, versündigt ihr euch gegen den Herrn. Dann habt ihr die Folgen für eure Sünde zu tragen; das müßt ihr wissen. 24 Baut euch Städte für eure Kinder, und errichtet Pferche für eure Schafe und Ziegen! Aber haltet auch, was ihr versprochen habt. 25 Da sagten die Gaditer und die Rubeniter zu Mose: Deine Knechte werden tun, was mein Herr befiehlt. 26 Unsere Kinder, unsere Frauen und unsere Herden, unser ganzes Vieh, werden dort in den Städten von Gilead bleiben. 27 Alle deine Knechte aber werden sich rüsten und vor den Augen des Herrn über den Jordan in den Krieg ziehen, wie mein Herr befiehlt.

28 Für sie gab Mose dem Priester Eleasar, Josua, dem Sohn Nuns, und den Familienhäuptern der israelitischen Stämme folgende Weisung: 29 Er sagte zu ihnen: Wenn die Gaditer und die Rubeniter, zum Kampf gerüstet, vor den Augen des Herrn mit euch den Jordan überschreiten und wenn ihr das Land unterworfen habt, dann gebt ihnen das Land Gilead zum Besitz! 30 Wenn sie sich aber nicht rüsten und mit euch hinübergehen, dann sollen sie mitten unter euch in Kanaan eigenen Grund und Boden erhalten. 31 Die Gaditer und die Rubeniter antworteten: Was der Herr zu deinen Knechten sagt, werden wir tun. 32 Wir rüsten uns und ziehen vor den Augen des Herrn nach Kanaan hinüber, dann bleibt uns jenseits des Jordan unser Erbbesitz erhalten. 33 Da übergab Mose den Gaditern, den Rubenitern und dem halben Stamm des Manasse, des Sohnes Josefs, das Reich des Amoriterkönigs Sihon und das Reich Ogs, des Königs des Baschan, das Land mit seinen Städten und deren ganzen Umgebung, soweit das Land reichte.

34 Die Gaditer erbauten die befestigten Städte Dibon, Atarot, Aroër, 35 Atrot-Schofan, Jaser, Jogboha, 36 Bet-Nimra und Bet-Haran und errichteten Schafpferche. 37 Die Rubeniter erbauten Heschbon, Elale, Kirjatajim, 38 Nebo und Baal-Meon, denen sie andere Namen gaben, sowie Sibma. Sie gaben nämlich den Städten, die sie wieder aufbauten, neue Namen.

39 Die Söhne Machirs, des Sohnes des Manasse, zogen nach Gilead und eroberten es. Sie vertrieben die Amoriter, die dort lebten. 40 Da übergab Mose Gilead dem Machir, dem Sohn des Manasse, und Machir ließ sich dort nieder. 41 Jaïr, der Sohn des Manasse, zog in den Kampf und eroberte die Zeltdörfer der Amoriter; er nannte sie Hawot-Jaïr (Zeltdörfer Jaïrs). 42 Nobach zog in den Kampf, eroberte Kenat und seine Tochterstädte und nannte es nach seinem eigenen Namen Nobach.

Das Verzeichnis der Lagerstationen

33 Das sind die Wegstrecken, die die Israeliten bei ihrem Auszug aus Ägypten unter der Führung von Mose und Aaron zurücklegten, nach Abteilungen geordnet. 2 Mose schrieb die Orte, an denen sie zu den einzelnen Wegstrecken aufbrachen, auf Befehl des Herrn auf. Das sind also die Wegstrecken in der Reihenfolge, in der die

Israeliten aufbrachen: 3 Aus Ramses brachen sie
am fünfzehnten Tag des ersten Monats auf. Am
Tag nach dem Paschafest zogen die Israeliten vor
den Augen aller Ägypter voll Zuversicht aus,
4 während die Ägypter ihre Erstgeborenen begru-
ben, die der Herr bei ihnen alle erschlagen hatte,
und während der Herr an ihren Göttern sein Straf-
gericht vollstreckte.

5 Die Israeliten brachen von Ramses auf und
schlugen ihr Lager in Sukkot auf. 6 Von Sukkot bra-
chen sie auf und schlugen ihr Lager in Etam, am
Rand der Wüste, auf. 7 Von Etam brachen sie auf,
bogen nach Pi-Hahirot gegenüber Baal-Zefon ab
und schlugen ihr Lager vor Migdol auf. 8 Von Pi-
Hahirot brachen sie auf und zogen mitten durch
das Meer in die Wüste. In der Wüste Etam waren
sie drei Tage unterwegs und schlugen dann ihr La-
ger in Mara auf. 9 Von Mara brachen sie auf und
kamen nach Elim. In Elim gab es zwölf Quellen
und siebzig Palmen; daher schlugen sie dort ihr
Lager auf. 10 Von Elim brachen sie auf und schlu-
gen ihr Lager am Schilfmeer auf. 11 Vom Schilfmeer
brachen sie auf und schlugen ihr Lager in der Wü-
ste Sin auf. 12 Von der Wüste Sin brachen sie auf
und schlugen ihr Lager in Dofka auf. 13 Von Dofka
brachen sie auf und schlugen ihr Lager in Alusch
auf. 14 Von Alusch brachen sie auf und schlugen ihr
Lager in Refidim auf; dort hatte das Volk kein Was-
ser zu trinken. 15 Von Refidim brachen sie auf und
schlugen ihr Lager in der Wüste Sinai auf. 16 Aus
der Wüste Sinai brachen sie auf und schlugen ihr
Lager in Kibrot-Taawa auf. 17 Von Kibrot-Taawa bra-
chen sie auf und schlugen ihr Lager in Hazerot
auf. 18 Von Hazerot brachen sie auf und schlugen
ihr Lager in Ritma auf. 19 Von Ritma brachen sie auf
und schlugen ihr Lager in Rimmon-Perez auf.
20 Von Rimmon-Perez brachen sie auf und schlu-
gen ihr Lager in Libna auf. 21 Von Libna brachen sie
auf und schlugen ihr Lager in Rissa auf. 22 Von
Rissa brachen sie auf und schlugen ihr Lager in
Kehelata auf. 23 Von Kehelata brachen sie auf und
schlugen ihr Lager am Berg Schefer auf. 24 Vom
Berg Schefer brachen sie auf und schlugen ihr La-
ger in Harada auf. 25 Von Harada brachen sie auf
und schlugen ihr Lager in Makhelot auf. 26 Von
Makhelot brachen sie auf und schlugen ihr Lager
in Tahat auf. 27 Von Tahat brachen sie auf und
schlugen ihr Lager in Terach auf. 28 Von Terach bra-
chen sie auf und schlugen ihr Lager in Mitka auf.
29 Von Mitka brachen sie auf und schlugen ihr La-
ger in Haschmona auf. 30 Von Haschmona brachen
sie auf und schlugen ihr Lager in Moserot auf.
31 Von Moserot brachen sie auf und schlugen ihr
Lager in Bene-Jaakan auf. 32 Von Bene-Jaakan bra-
chen sie auf und schlugen ihr Lager in Hor-Gidgad
auf. 33 Von Hor-Gidgad brachen sie auf und schlu-
gen ihr Lager in Jotbata auf. 34 Von Jotbata brachen
sie auf und schlugen ihr Lager in Abrona auf.
35 Von Abrona brachen sie auf und schlugen ihr La-
ger in Ezjon-Geber auf. 36 Von Ezjon-Geber bra-
chen sie auf und schlugen ihr Lager in der Wüste
Zin, das heißt Kadesch, auf. 37 Von Kadesch bra-
chen sie auf und schlugen ihr Lager am Berg Hor
am Rand von Edom auf.

38 Auf Befehl des Herrn stieg der Priester Aaron
auf den Berg Hor und starb dort im vierzigsten
Jahr nach dem Auszug der Israeliten aus Ägypten,
am ersten Tag des fünften Monats. 39 Aaron war
hundertdreiundzwanzig Jahre alt, als er auf dem
Berg Hor starb.

40 Der kanaanitische König von Arad, der im Ne-
geb, im Süden Kanaans saß, hörte, daß die Israeli-
ten heranrückten.

41 Vom Berg Hor brachen sie auf und schlugen ihr
Lager in Zalmona auf. 42 Von Zalmona brachen sie
auf und schlugen ihr Lager in Punon auf. 43 Von Pu-
non brachen sie auf und schlugen ihr Lager in
Obot auf. 44 Von Obot brachen sie auf und schlu-
gen ihr Lager in Ije-Abarim, im Gebiet von Moab,
auf. 45 Von Ijim brachen sie auf und schlugen ihr
Lager in Dibon-Gad auf. 46 Von Dibon-Gad brachen
sie auf und schlugen ihr Lager in Almon-Diblata-
jim auf. 47 Von Almon-Diblatajim brachen sie auf
und schlugen ihr Lager im Abarimgebirge vor
Nebo auf. 48 Vom Abarimgebirge brachen sie auf
und schlugen ihr Lager in den Steppen von Moab
am Jordan bei Jericho auf; 49 ihr Lager am Jordan
erstreckte sich von Bet-Jeschimot bis Abel-Schit-
tim in den Steppen von Moab.

Die Anweisungen für die Landverteilung

50 In den Steppen von Moab, am Jordan bei Je-
richo, sprach der Herr zu Mose: 51 Rede zu den Is-
raeliten und sag zu ihnen: Wenn ihr den Jordan
überschritten und Kanaan betreten habt, 52 dann
vertreibt vor euch alle Einwohner des Landes,
und vernichtet alle ihre Götterbilder! Alle ihre aus
Metall gegossenen Figuren sollt ihr vernichten
und alle ihre Kulthöhen zerstören. 53 Dann nehmt
das Land in Besitz, und laßt euch darin nieder;

denn ich habe es euch zum Besitz gegeben. [54] Verteilt das Land durch das Los an eure Sippen! Einem großen Stamm gebt großen Erbbesitz, einem kleinen Stamm gebt kleinen Erbbesitz! Worauf das Los eines jeden fällt, das soll ihm gehören. Teilt das Land so unter die Stämme eurer Väter auf! [55] Wenn ihr die Einwohner des Landes vor euch nicht vertreibt, dann werden die, die von ihnen übrigbleiben, zu Splittern in euren Augen und zu Stacheln in eurer Seite. Sie werden euch in dem Land, in dem ihr wohnt, in eine große Gefahr bringen. [56] Dann werde ich mit euch machen, was ich mit ihnen machen wollte.

34 Der Herr sprach zu Mose: [2] Befiehl den Israeliten und sag ihnen, wenn ihr nach Kanaan kommt: Das ist das Land, das euch als erblicher Besitz zufällt, Kanaan in seinen jetzigen Grenzen. [3] Eure Südgrenze soll von der Wüste Zin aus an Edom entlang verlaufen, und zwar soll sie vom Ende des Salzmeers im Osten ausgehen. [4] Dann soll eure Grenze südlich des Skorpionenpasses sich bis Zin erstrecken. Ihre Ausläufer sollen bis südlich von Kadesch-Barnea reichen. Von dort soll sie sich bis Hazar-Addar und bis Azmon hinziehen. [5] Von Azmon soll die Grenze zum Grenzbach Ägyptens abbiegen, und die Ausläufer der Grenze sollen bis zum Meer reichen. [6] Eure Grenze im Westen soll das Große Meer mit seinem Strand sein. Das sei eure Westgrenze. [7] Das sei eure Nordgrenze: Vom Großen Meer sollt ihr euch eine Linie bis zum Berg Hor abstecken, [8] und vom Berg Hor eine Linie bis Lebo-Hamat. Die Ausläufer dieser Grenze sollen bis Zedad reichen. [9] Dann soll die Grenze weitergehen bis Sifron, und ihre Ausläufer sollen bis Hazar-Enan reichen. Das sei eure Nordgrenze. [10] Als Ostgrenze sollt ihr eine Linie von Hazar-Enan bis Schefam abstecken. [11] Von Schefam soll die Grenze nach Ribla östlich von Ajin hinuntersteigen. Dann soll die Grenze zum Rand des Gebirges östlich des Sees von Kinneret hinuntergehen. [12] Dann soll die Grenze zum Jordan hinunterführen, und ihre Ausläufer sollen bis zum Salzmeer reichen. Das seien die Grenzen rings um euer Land.

[13] Da befahl Mose den Israeliten: Das ist das Land, das ihr durch das Los als Erbbesitz verteilen sollt. Der Herr hat befohlen, es den neuneinhalb Stämmen zu geben; [14] denn der Stamm der Rubeniter mit seinen Sippen und der Stamm der Gaditer mit seinen Sippen und der halbe Stamm Manasse haben ihren Erbbesitz schon erhalten. [15] Diese zweieinhalb Stämme haben ihren Erbbesitz jenseits des Jordan erhalten, östlich von Jericho.

[16] Der Herr sprach zu Mose: [17] Das sind die Namen der Männer, die das Land unter euch verteilen sollen: der Priester Eleasar und Josua, der Sohn Nuns. [18] Außerdem nehmt zur Verteilung des Landes je einen führenden Mann aus jedem Stamm hinzu! [19] Das sind die Namen dieser Männer: für den Stamm Juda Kaleb, der Sohn Jefunnes; [20] für den Stamm der Simeoniter Schemuël, der Sohn Ammihuds; [21] für den Stamm Benjamin Elidad, der Sohn Kislons; [22] für den Stamm der Daniter der Anführer Bukki, der Sohn Joglis; [23] bei den Josefstämmen für den Stamm der Manassiter der Anführer Hanniël, der Sohn Efods, [24] und für den Stamm der Efraimiter der Anführer Kemuël, der Sohn Schiftans; [25] für den Stamm der Sebuloniter der Anführer Elizafan, der Sohn Parnachs; [26] für den Stamm der Issachariter der Anführer Paltiël, der Sohn Asans; [27] für den Stamm der Ascheriter der Anführer Ahihud, der Sohn Schelomis; [28] für den Stamm der Naftaliter der Anführer Pedahel, der Sohn Ammihuds. [29] Das waren die Männer, die der Herr dazu verpflichtete, in Kanaan den Israeliten ihren Erbanteil zuzuteilen.

Die Leviten- und Asylstädte

35 In der Steppe von Moab, am Jordan bei Jericho, sprach der Herr zu Mose: [2] Befiehl den Israeliten, sie sollen von ihrem Erbbesitz den Leviten einige Städte abgeben, in denen sie sich niederlassen können. Auch die ringsum zu den Städten gehörende Weidefläche sollt ihr den Leviten überlassen. [3] Die Städte sollen ihnen als Wohnsitz gehören, und die dazugehörenden Weideflächen sollen ihrem Vieh, ihren Herden und allen ihren Tieren zur Verfügung stehen. [4] Die Weideflächen der Städte, die ihr den Leviten gebt, sollen ringsum von der Stadtmauer zweitausend Ellen nach außen reichen. [5] Außerhalb der Stadt sollt ihr in östlicher Richtung zweitausend Ellen, in südlicher Richtung zweitausend Ellen, in westlicher Richtung zweitausend Ellen und in nördlicher Richtung zweitausend Ellen abmessen. Die Stadt soll also in der Mitte liegen. Das soll den Leviten als Weidefläche der Städte gehören. [6] Unter den Städten, die ihr ihnen abgebt, sollen sechs Asylstädte sein, die ihr als Zufluchtsorte für den

bestimmt, der einen Menschen erschlagen hat.
Außerdem sollt ihr ihnen weitere zweiundvierzig
Städte geben. 7 Im ganzen sind es achtundvierzig
Städte samt ihren Weideflächen, die ihr den Levi-
ten abgeben sollt. 8 Die Zahl der Städte, die ihr
vom Landbesitz der Israeliten abgebt, sollt ihr bei
einem großen Stamm höher, bei einem kleinen
niedriger ansetzen; jeder Stamm soll von seinen
Städten den Leviten so viele abgeben, wie es der
Größe seines eigenen Erbbesitzes entspricht.
9 Der Herr sprach zu Mose: 10 Rede zu den Israe-
liten und sag zu ihnen: Wenn ihr den Jordan über-
schritten und Kanaan betreten habt, 11 dann sollt
ihr einige Städte auswählen, die euch als Asyl-
städte dienen. Dorthin kann einer fliehen, der ei-
nen Menschen ohne Vorsatz erschlagen hat. 12 Die
Städte sollen euch als Asyl vor dem Bluträcher
dienen, so daß der, der getötet hat, nicht sterben
muß, bevor er vor dem Gericht der Gemeinde
stand. 13 Von den Städten, die ihr abgebt, sollen
euch sechs als Asylstädte dienen. 14 Drei dieser
Städte sollt ihr jenseits des Jordan und drei in Ka-
naan bestimmen; sie sollen Asylstädte sein. 15 Den
Israeliten, auch den Fremden und den Halbbür-
gern bei euch, sollen diese sechs Städte als Asyl
zur Verfügung stehen; dorthin kann jeder fliehen,
der ohne Vorsatz einen Menschen erschlagen
hat.
16 Wenn er ihn aber mit einem Eisengerät so ge-
schlagen hat, daß er stirbt, ist er ein Mörder. Der
Mörder ist mit dem Tod zu bestrafen. 17 Wenn er
ihn mit einem Stein in der Hand, der groß genug
ist, jemanden zu töten, so geschlagen hat, daß er
stirbt, ist er ein Mörder. Der Mörder ist mit dem
Tod zu bestrafen. 18 Auch wenn er ihn mit einem
hölzernen Gegenstand, der geeignet ist, einen
Menschen zu töten, so geschlagen hat, daß er
stirbt, ist er ein Mörder. Der Mörder ist mit dem
Tod zu bestrafen.
19 Der Bluträcher darf den Mörder töten; sobald
er ihn trifft, darf er ihn töten.
20 Wenn einer einen andern aus Haß stößt oder
aus dem Hinterhalt nach ihm wirft, so daß er
stirbt, 21 oder wenn er ihn in feindlicher Absicht
mit der Hand so schlägt, daß er stirbt, dann soll
der, der zugeschlagen hat, mit dem Tod bestraft
werden; er ist ein Mörder. Der Bluträcher darf
den Mörder töten, sobald er ihn trifft.
22 Wenn aber einer einen andern aus Unacht-
samkeit, ohne feindliche Absicht, gestoßen oder
ohne Hinterhältigkeit irgendeinen Gegenstand
auf ihn geworfen hat 23 oder wenn er, ohne ihn zu
sehen, einen Stein, der einen Menschen töten
kann, auf ihn fallen ließ, so daß er starb – voraus-
gesetzt, er war nicht sein Feind und suchte ihn
auch nicht zu schädigen –, 24 dann soll die Ge-
meinde zwischen dem, der getötet hat, und dem
Bluträcher nach diesen Grundsätzen ein Urteil
fällen: 25 Die Gemeinde soll den, der getötet hat,
vor der Gewalt des Bluträchers retten und ihn in
die Asylstadt, in die er geflohen war, zurückbrin-
gen. Er darf darin wohnen, bis der Hohepriester
stirbt, den man mit heiligem Öl gesalbt hat.
26 Wenn der, der getötet hat, das Gebiet der Asyl-
stadt verläßt, in die er geflohen ist, 27 und der Blut-
rächer ihn außerhalb seiner Asylstadt trifft, darf
dieser den, der getötet hat, umbringen; dadurch
entsteht ihm keine Blutschuld. 28 Denn der, der
getötet hat, soll bis zum Tod des Hohenpriesters in
der Asylstadt bleiben; nach dem Tod des Hohen-
priesters kann er zu seinem Land und zu seinem
Besitz zurückkehren. 29 Das soll bei euch überall,
wo ihr wohnt, von Generation zu Generation als
Recht gelten.
30 Wenn irgend jemand einen Menschen er-
schlägt, darf man den Mörder nur aufgrund von
Zeugenaussagen töten; doch aufgrund der Aus-
sage nur eines einzigen Zeugen darf man ei-
nen Menschen nicht töten. 31 Ihr sollt kein Süh-
negeld annehmen für das Leben eines Mörders,
der schuldig gesprochen und zum Tod verurteilt
ist; denn er muß mit dem Tod bestraft werden.
32 Auch dürft ihr von einem, der in eine Asylstadt
geflohen ist, kein Sühnegeld annehmen, so daß
er vor dem Tod des Hohenpriesters in die Hei-
mat zurückkehren könnte. 33 Ihr dürft das Land,
in dem ihr wohnt, nicht entweihen; denn Blut
entweiht das Land, und man kann das Land von
dem darin vergossenen Blut nur durch das Blut
dessen entsühnen, der es vergossen hat. 34 Verun-
reinigt nicht das Land, in dem ihr euch niederge-
lassen habt und in dessen Mitte ich selbst wohne;
denn ich, der Herr, wohne mitten unter den Israe-
liten.

Weitere Erbrechtsbestimmungen

36 Die Familienoberhäupter der Nachkom-
men Gileads, des Sohnes Machirs, des
Sohnes Manasses, aus den Sippen der Nachkom-
men Josefs, kamen zu Mose und den führenden

Männern, den Familienhäuptern der Israeliten, um mit ihnen zu reden. 2 Sie sagten: Der Herr hat meinem Herrn aufgetragen, das Land durch das Los als Erbbesitz an die Israeliten zu verteilen. Mein Herr erhielt aber vom Herrn auch den Auftrag, den Erbbesitz unseres Bruders Zelofhad seinen Töchtern zu geben. 3 Wenn diese nun einen Mann aus einem anderen israelitischen Stamm heiraten, dann geht ihr Besitz dem Erbbesitz unserer Väter verloren und wird zum Erbbesitz des Stammes, in den sie einheiraten; er geht also unserem Erbanteil verloren. 4 Sobald das Jubeljahr für die Israeliten kommt, wird ihr Erbbesitz zum Erbbesitz des Stammes, in den sie einheiraten, aber dem Erbbesitz unseres väterlichen Stammes geht ihr Erbbesitz verloren.

5 Da befahl Mose den Israeliten auf Anweisung des Herrn: Die Männer vom Stamm der Söhne Josefs haben recht. 6 Das ist es, was der Herr den Töchtern Zelofhads befiehlt: Heiratet, wen ihr wollt, nur müßt ihr einen Mann aus einer Sippe eures väterlichen Stammes heiraten. 7 Der Erbbesitz darf bei den Israeliten nicht von einem Stamm auf den andern übergehen; denn jeder Israelit soll fest mit dem Erbbesitz seines väterlichen Stammes verbunden bleiben. 8 Jede Tochter, die Anspruch auf Erbbesitz in einem israelitischen Stamm hat, muß einen Mann aus einer Sippe ihres väterlichen Stammes heiraten, damit bei den Israeliten jeder im Erbbesitz seiner Väter bleibt. 9 Der Erbbesitz darf nicht von einem Stamm auf einen andern übergehen. Denn jeder Israelit soll fest mit dem Erbbesitz seines Stammes verbunden bleiben.

10 Die Töchter Zelofhads taten, was der Herr dem Mose befohlen hatte. 11 Machla, Tirza, Hogla, Milka und Noa, die Töchter Zelofhads, heirateten Söhne ihrer Onkel; 12 sie heirateten Männer aus den Sippen der Nachkommen Manasses, des Sohnes Josefs. So blieb ihr Erbbesitz dem Stamm ihrer väterlichen Sippe erhalten.

13 Das sind die Gebote und Rechte, die der Herr den Israeliten in den Steppen von Moab, am Jordan bei Jericho, durch Mose gegeben hat.

DAS BUCH DEUTERONOMIUM

Die Rede des Mose: Rückblick und Mahnung: 1,1–4,43

Ort und Zeit

1 Das sind die Worte, die Mose vor ganz Israel gesprochen hat. Er sprach sie jenseits des Jordan, in der Wüste, in der Araba, östlich von Suf, zwischen Paran und Tofel, Laban, Hazerot und Di-Sahab. 2 Elf Tage sind es vom Horeb auf dem Weg zum Gebirge Seïr bis nach Kadesch-Barnea. 3 Es war im vierzigsten Jahr, im elften Monat, am ersten Tag des Monats. Mose sagte den Israeliten genau das, was ihm der Herr für sie aufgetragen hatte. 4 Nachdem er Sihon, den König der Amoriter, der in Heschbon seinen Sitz hatte, und Og, den König des Baschan, der in Aschtarot seinen Sitz hatte, bei Edreï geschlagen hatte, 5 begann Mose jenseits des Jordan im Land Moab, diese Weisung aufzuschreiben. Er sagte:

Der Aufbruch vom Horeb

6 Der Herr, unser Gott, hat am Horeb zu uns gesagt: Ihr habt euch lange genug an diesem Berg aufgehalten. 7 Nun wendet euch dem Bergland der Amoriter zu, brecht auf, und zieht hinauf! Zieht aus gegen alle seine Bewohner in der Araba, auf dem Gebirge, in der Schefela, im Negeb und an der Meeresküste! Zieht in das Land der Kanaaniter und in das Gebiet des Libanon, bis an den großen Strom, den Eufrat! 8 Hiermit liefere ich euch das Land aus. Zieht hinein, und nehmt es in Besitz, das Land, von dem ihr wißt: Der Herr hat euren Vätern Abraham, Isaak und Jakob geschworen, es ihnen und später ihren Nachkommen zu geben.

9 Damals habe ich zu euch gesagt: Ich kann euch nicht allein tragen. 10 Der Herr, euer Gott, hat euch

zahlreich gemacht. Ja, ihr seid heute schon so
zahlreich wie die Sterne am Himmel. 11 Und der
Herr, der Gott eurer Väter, lasse eure Zahl auf das
Tausendfache wachsen und segne euch, wie er es
euch versprochen hat. 12 Wie soll ich allein euch
tragen: eure Bürde, eure Last, eure Rechtshändel?
13 Schlagt für jeden eurer Stämme weise, gebildete
und bewährte Männer vor, damit ich sie als eure
Führer einsetze. 14 Ihr habt mir geantwortet: Das
ist ein guter Vorschlag. Führ ihn aus! 15 Also habe
ich die Führer eurer Stämme, weise und be-
währte Männer, genommen und sie zu euren
Führern ernannt: als Anführer für je tausend, An-
führer für je hundert, Anführer für je fünfzig, An-
führer für je zehn, und als Listenführer, für jeden
eurer Stämme. 16 Damals habe ich eure Richter
verpflichtet: Laßt jeden Streit zwischen euren
Brüdern vor euch kommen. Entscheidet gerecht,
sei es der Streit eines Mannes mit einem Bruder
oder mit einem Fremden. 17 Kennt vor Gericht
kein Ansehen der Person! Klein wie Groß hört an!
Fürchtet euch nicht vor angesehenen Leuten;
denn das Gericht hat mit Gott zu tun. Und ist
euch eine Sache zu schwierig, legt sie mir vor;
dann werde ich sie anhören. 18 Damals habe ich
euch alle Vorschriften gegeben, nach denen ihr
handeln sollt.

Israels Unglaube in Kadesch-Barnea

19 Dann brachen wir auf, verließen den Horeb und
wanderten durch diese ganze große und furcht-
erregende Wüste – ihr habt sie erlebt – auf dem
Weg zum Amoriterbergland, wie es uns der Herr,
unser Gott, befohlen hatte. Wir kamen bis Ka-
desch-Barnea. 20 Dort sagte ich zu euch: Nun seid
ihr am Bergland der Amoriter angekommen, das
der Herr, unser Gott, uns gibt. 21 Sieh, der Herr,
dein Gott, hat dir das Land ausgeliefert. Zieh hin-
auf, und nimm es in Besitz, wie der Herr, der Gott
deiner Väter, es dir befohlen hat. Fürchte dich
nicht, und hab keine Angst! 22 Da seid ihr zu mir
gekommen, ihr alle, und habt gesagt: Wir wollen
einige Männer vorausschicken. Sie sollen uns das
Land auskundschaften und uns Bericht erstatten
über den Weg, den wir hinaufziehen, und über
die Städte, auf die wir treffen werden. 23 Der Vor-
schlag erschien mir gut. Ich wählte unter euch
zwölf Männer aus, für jeden Stamm einen. 24 Sie
wendeten sich dem Bergland zu, zogen hinauf,
gelangten bis zum Traubental und erkundeten es.
25 Sie pflückten einige von den Früchten des Lan-
des, brachten sie zu uns herab und erstatteten uns
Bericht. Sie sagten: Das Land, das der Herr, unser
Gott, uns gibt, ist prächtig. 26 Doch ihr habt euch
geweigert hinaufzuziehen. Ihr habt euch dem Be-
fehl des Herrn, eures Gottes, widersetzt 27 und
habt in euren Zelten gemurrt. Ihr habt gesagt:
Weil er uns haßt, hat der Herr uns aus Ägypten
geführt. Er will uns in die Gewalt der Amoriter
geben, um uns zu vernichten. 28 Wohin geraten
wir, wenn wir hinaufziehen? Unsere Brüder ha-
ben uns den Mut genommen, als sie berichteten:
Ein Volk, größer und zahlreicher als wir, Städte,
groß, mit himmelhohen Mauern. Sogar Anakiter
haben wir dort gesehen. 29 Da habe ich zu euch ge-
sagt: Ihr dürft nicht vor ihnen zurückweichen
und dürft euch nicht vor ihnen fürchten. 30 Der
Herr, euer Gott, der euch vorangeht, wird für
euch kämpfen, genau so, wie er vor euren Augen
in Ägypten auf eurer Seite gekämpft hat. 31 Das
gleiche tat er in der Wüste, du hast es selbst erlebt.
Da hat der Herr, dein Gott, dich auf dem ganzen
Weg, den ihr gewandert seid, getragen, wie ein
Vater seinen Sohn trägt, bis ihr an diesen Ort
kamt. 32 Trotzdem habt ihr nicht an den Herrn,
euren Gott, geglaubt, 33 der euch auf dem Weg
vorangegangen war, um euch die Stelle für das
Lager zu suchen. Bei Nacht ging er im Feuer
voran, um euch den Weg zu zeigen, auf dem ihr
gehen solltet, bei Tag in der Wolke. 34 Der Herr
hörte euer lautes Murren, wurde unwillig und
schwor: 35 Kein einziger von diesen Männern,
von dieser verdorbenen Generation, soll das
prächtige Land sehen, von dem ihr wißt: Ich habe
geschworen, es euren Vätern zu geben. 36 Nur
Kaleb, der Sohn Jefunnes, wird es sehen. Ihm und
seinen Söhnen werde ich das Land geben, das er
betreten hat. Denn er ist dem Herrn ganz und gar
nachgefolgt. 37 Auch mir grollte der Herr euretwe-
gen und sagte: Auch du sollst nicht in das Land
hineinkommen. 38 Josua, der Sohn Nuns, dein Ge-
hilfe, wird hineinkommen. Verleih ihm Macht: Er
soll das Land an Israel als Erbbesitz verteilen.
39 Und eure Kleinen, von denen ihr sagt: Zur Beute
werden sie!, und eure Kinder, die heute noch
nichts von Gut und Böse wissen, sie werden in
das Land hineinkommen. Ihnen gebe ich es, und
sie nehmen es dann auch in Besitz. 40 Ihr aber,
wendet euch zur Wüste, brecht auf, und nehmt
den Weg zum Schilfmeer! 41 Ihr habt mir darauf er-

widert: Wir haben vor dem Herrn gesündigt.
Doch jetzt wollen wir hinaufziehen und kämp-
fen, genau so, wie es uns der Herr, unser Gott, be-
fohlen hat. Und jeder legte die Waffen an und gür-
tete sich, um ins Bergland zu ziehen. [42] Doch der
Herr sprach zu mir: Sag ihnen: Ihr sollt nicht hin-
aufziehen und nicht kämpfen; denn ich bin nicht
in eurer Mitte. Ich will nicht, daß eure Feinde
euch niederstoßen. [43] Ich habe euch zugeredet,
doch ihr habt nicht gehört. Ihr habt euch dem Be-
fehl des Herrn widersetzt. In eurer Vermessenheit
seid ihr ins Bergland gezogen. [44] Da rückten die
Amoriter, die dort im Bergland wohnen, gegen
euch aus. Sie verfolgten euch wie ein Bienen-
schwarm und versprengten euch in Seïr bis nach
Horma hin. [45] Als ihr zurückkamt, weintet ihr vor
dem Herrn. Doch er hat auf eure Klagen nicht
gehört und hatte kein Ohr mehr für euch. [46] Dann
hieltet ihr euch lange in Kadesch auf – die ganze
Zeit, die ihr dort geblieben seid.

Der Zug ins Ostjordanland

2 Dann wendeten wir uns der Wüste zu, bra-
chen auf und nahmen den Weg zum Schilf-
meer, wie es der Herr mir befohlen hatte. Wir um-
zogen lange Zeit das Gebirge Seïr. [2] Dann sagte der
Herr zu mir: [3] Ihr seid jetzt lange genug um dieses
Gebirge herumgezogen. Wendet euch jetzt nach
Norden! [4] Befiehl dem Volk: Ihr werdet jetzt durch
das Gebiet von Stammverwandten ziehen, durch
das Gebiet der Nachkommen Esaus, die in Seïr
wohnen. Wenn sie Furcht vor euch zeigen, dann
seid auf der Hut, [5] und beginnt keine Feindselig-
keiten gegen sie! Von ihrem Land gebe ich euch
keinen Fußbreit; denn das Gebirge Seïr habe ich
für Esau zum Besitz bestimmt. [6] Was ihr an Ge-
treide zum Essen braucht, kauft von ihnen für Sil-
ber; selbst das Trinkwasser beschafft euch von ih-
nen gegen Silber! [7] Der Herr, dein Gott, hatte dich
reich gesegnet bei der Arbeit deiner Hände. Er
wußte, daß du in dieser großen Wüste unterwegs
warst. Vierzig Jahre lang war der Herr, dein Gott,
bei dir. Nichts hat dir gefehlt. [8] Wir zogen also weg
aus dem Gebiet in der Nähe der Söhne Esaus,
unserer Stammverwandten, die in Seïr wohnen,
weg vom Weg durch die Araba, von Elat und
Ezjon-Geber. Wir wendeten uns (nach Norden)
und zogen den Weg zur Wüste Moab entlang.
[9] Und der Herr sagte zu mir: Begegne Moab nicht
feindlich, beginn keinen Kampf mit ihnen! Von
ihrem Land bestimme ich dir kein Stück zum Be-
sitz; denn Ar habe ich für die Nachkommen Lots
zum Besitz bestimmt. [10] Einst saßen dort die Emi-
ter, ein Volk, das groß, zahlreich und hochge-
wachsen war wie die Anakiter. [11] Wie die Anaki-
ter galten auch sie als Rafaïter, die Moabiter aber
nennen sie Emiter. [12] In Seïr saßen einst die Hori-
ter, aber deren Besitz haben die Nachkommen Es-
aus übernommen. Als sie vordrangen, vernichte-
ten sie die Horiter und setzten sich an deren
Stelle, so wie die Israeliten es mit dem Land taten,
das ihnen der Herr zum Besitz bestimmt hatte.
[13] Und jetzt steht auf, und überquert das Tal des Se-
red! Da überquerten wir das Tal des Sered.

Die Eroberung des Ostjordanlandes

[14] Die Zeit, die wir von Kadesch-Barnea an ge-
wandert waren, bis wir das Tal des Sered über-
querten, betrug achtunddreißig Jahre. So lange
dauerte es, bis die Generation der waffenfähigen
Männer vollständig ausgestorben war, so daß
sich keiner von ihnen mehr im Lager befand, wie
es ihnen der Herr geschworen hatte. [15] Der Herr
hatte seine Hand gegen sie ausgestreckt und Ver-
wirrung unter ihnen verbreitet, bis sie ausgestor-
ben waren, so daß sich keiner von ihnen mehr im
Lager befand. [16] Als alle waffenfähigen Männer
ausgestorben und tot waren, so daß keiner von ih-
nen mehr im Volk lebte, [17] sagte der Herr zu mir:
[18] Wenn du heute durch das Gebiet von Moab,
durch Ar, ziehst, [19] kommst du nahe an den Am-
monitern vorbei. Begegne ihnen nicht feindlich,
beginne keine Feindseligkeiten gegen sie! Vom
Land der Ammoniter bestimme ich dir kein Stück
zum Besitz; denn ich habe es für die Nachkom-
men Lots zum Besitz bestimmt. [20] Auch dieses gilt
als Land der Rafaïter. Einst saßen die Rafaïter
darin. Die Ammoniter nennen sie die Samsum-
miter, [21] ein Volk, das groß, zahlreich und hoch-
gewachsen war wie die Anakiter. Der Herr
vernichtete die Rafaïter, als die Ammoniter ein-
drangen. Diese übernahmen ihren Besitz und
setzten sich an ihre Stelle. [22] Das war das gleiche,
was der Herr für die Nachkommen Esaus getan
hat, die in Seïr sitzen. Als sie vordrangen, ver-
nichtete er die Horiter. Die Nachkommen Esaus
übernahmen ihren Besitz und setzten sich an ihre
Stelle. So blieb es bis heute. [23] Das gleiche geschah
mit den Awitern, die in einzelnen Dörfern bis
nach Gaza hin saßen. Die Kaftoriter, die aus Kaf-

tor ausgewandert waren, vernichteten sie und setzten sich an ihre Stelle. 24 Steht auf, brecht auf, und überquert das Tal des Arnon! Hiermit gebe ich Sihon, den König von Heschbon, den Amoriter, mit seinem Land in eure Gewalt. Fang an, in Besitz zu nehmen! Bei Sihon sollst du den Kampf beginnen. 25 Und ich fange heute an, den Völkern überall unter dem Himmel Schrecken und Furcht vor dir ins Gesicht zu zeichnen. Wenn sie von dir nur hören, zittern sie. Sie winden sich vor Angst, wenn sie dich sehen. 26 Da sandte ich aus der Wüste Kedemot Boten zu Sihon, dem König von Heschbon, und ließ ihm folgendes Abkommen vorschlagen: 27 Ich will durch dein Land ziehen. Ich werde mich genau an den Weg halten, ohne ihn rechts oder links zu verlassen. 28 Was ich an Getreide zum Essen brauche, wirst du mir für Silber verkaufen, auch das Trinkwasser wirst du mir gegen Silber geben. Ich werde nur zu Fuß durchziehen, 29 so wie die Nachkommen Esaus, die in Seïr wohnen, und die Moabiter, die in Ar wohnen, es mir erlaubt haben. (Das soll gelten,) bis ich über den Jordan in das Land gezogen bin, das der Herr, unser Gott, uns gibt. 30 Doch Sihon, der König von Heschbon, weigerte sich, uns bei sich durchziehen zu lassen. Denn der Herr, dein Gott, hatte seinen Kampfgeist gestärkt und ihm Mut gemacht, um ihn in deine Gewalt zu geben, wie es inzwischen geschehen ist. 31 Zu mir aber sagte der Herr: Hiermit fange ich an. Ich liefere dir Sihon und sein Land aus. Du fang an, in Besitz zu nehmen! Fang mit seinem Land an! 32 Sihon rückte mit seinem ganzen Volk gegen uns aus, um bei Jahaz zu kämpfen. 33 Der Herr, unser Gott, lieferte ihn uns aus. Wir schlugen ihn, seine Söhne und sein ganzes Volk. 34 Damals eroberten wir alle seine Städte. Wir weihten die ganze männliche Bevölkerung, die Frauen, die Kinder und die Greise der Vernichtung; keinen ließen wir überleben. 35 Als Beute behielten wir nur das Vieh und das, was wir in den eroberten Städten geplündert hatten. 36 Von Aroër am Rand des Arnontals und von der Stadt, die im Tal liegt, bis hin nach Gilead gab es keine befestigte Stadt, deren Mauern für uns zu hoch waren. Alle hat uns der Herr, unser Gott, ausgeliefert. 37 Nur dem Land der Ammoniter hast du dich nicht genähert, dem gesamten Randgebiet des Jabboktals und den Städten im Gebirge, also allem, was der Herr, unser Gott, uns verwehrt hatte.

3 Dann wendeten wir uns dem Weg zum Baschan zu und zogen hinauf. Og, der König des Baschan, rückte mit seinem ganzen Volk gegen uns aus, um bei Edreï zu kämpfen. 2 Der Herr sagte zu mir: Fürchte ihn nicht, denn ich gebe ihn, sein ganzes Volk und sein Land in deine Gewalt. Tu mit ihm, was du mit Sihon getan hast, dem König der Amoriter, der in Heschbon seinen Sitz hatte. 3 Und der Herr, unser Gott gab auch Og, den König des Baschan, und sein ganzes Volk in unsere Gewalt. Wir schlugen ihn und ließen keinen überleben. 4 Damals eroberten wir alle seine Städte. Es gab keine befestigte Stadt, die wir ihnen nicht genommen hätten: sechzig Städte, den ganzen Bezirk von Argob, das Königreich des Og im Baschan. 5 Alle diese Städte waren durch hohe Mauern, Torflügel und Torbalken befestigt. Hinzu kamen die zahlreichen offenen Landstädte. 6 Wir weihten sie der Vernichtung, wie wir es mit Sihon, dem König von Heschbon, getan hatten. Wir weihten die ganze männliche Bevölkerung und die Frauen, Kinder und Greise der Vernichtung. 7 Alles Vieh und das, was wir in den Städten geplündert hatten, behielten wir als Beute.

8 Damals entrissen wir der Gewalt der beiden Amoriterkönige jenseits des Jordan das Land vom Arnontal bis zum Gebirge Hermon – 9 die Sidonier nennen den Hermon Sirjon, die Amoriter nennen ihn Senir –, 10 alle Städte der Hochebene, ganz Gilead und den ganzen Baschan bis nach Salcha und Edreï, das heißt nur die Städte des Königreichs Ogs im Baschan. 11 Denn Og, der König des Baschan, war als einziger von den letzten Rafaïtern noch übriggeblieben. Sein Bett war aus Eisen. Steht es nicht in Rabba, der Hauptstadt der Ammoniter? Es ist neun gewöhnliche Ellen lang und vier breit. 12 Dieses Land nahmen wir damals in Besitz. Von Aroër an, das am Arnontal liegt, einschließlich der Hälfte des Gebirges Gilead und ihrer Städte, übergab ich es (euch,) den Rubenitern und Gaditern. 13 Den Rest von Gilead und den ganzen Baschan, soweit er zum Königreich Ogs gehört hatte, übergab ich (euch,) der einen Hälfte des Stammes Manasse – den ganzen Bezirk von Argob. Diesen ganzen Baschan bezeichnet man als Land der Rafaïter. 14 Jaïr, der Sohn Manasses, übernahm den ganzen Bezirk von Argob einschließlich des Gebiets der Geschuriter und der Maachatiter und benannte sie nach seinem eigenen Namen: Er nannte den Baschan Ha-

wot-Jaïr (Zeltdörfer Jaïrs). So heißt er noch heute. [15] Dem Machir übergab ich Gilead, [16] den Rubenitern und Gaditern aber gab ich das Gebiet von Gilead bis zum Arnontal, das Tal selbst und das zugehörige Gebiet bis zum Jabbok, wo das Tal die Grenze zu den Ammonitern bildet, [17] dazu die Araba und den Jordan mit dem zugehörigen Gebiet, vom See Kinneret bis zum Meer der Araba, dem Salzmeer am Fuß der Steilhänge des Pisga, nach Osten hin.

Die Vorbereitungen zur Eroberung des Westjordanlandes

[18] Damals wies ich euch an: Der Herr, euer Gott, hat euch dieses Land gegeben, so daß ihr es in Besitz nehmen könnt. Doch jetzt, in Waffen, sollt ihr zunächst mit allen Wehrfähigen an der Spitze eurer Brüder, der Israeliten, über den Jordan ziehen. [19] Nur eure Frauen, Kinder, Greise und Herden – ich weiß, ihr habt viele Herden – können in den Städten bleiben, die ich für euch bestimmt habe. [20] Erst wenn der Herr euren Brüdern wie euch Ruhe verschafft hat, erst wenn auch sie das Land jenseits des Jordan in Besitz genommen haben, das der Herr, euer Gott, ihnen gibt, dürft ihr zurückkehren, jeder zu seinem Besitz, den ich für euch bestimmt habe.

[21] Damals wies ich Josua an: Du hast mit eigenen Augen alles gesehen, was der Herr, euer Gott, mit diesen beiden Königen getan hat. Das gleiche wird der Herr mit allen Königreichen tun, zu denen du hinüberziehst. [22] Ihr sollt sie nicht fürchten; denn der Herr, euer Gott, ist es, der für euch kämpft.

[23] Damals rief ich den Herrn um Gnade für mich an: [24] Gott, mein Herr! Du hast angefangen, deinen Knecht deine Macht und deine starke Hand schauen zu lassen. Welcher Gott im Himmel oder auf der Erde hat etwas vollbracht, was deinen Taten und deinen Siegen vergleichbar wäre? [25] Laß mich doch hinüberziehen! Laß mich das prächtige Land jenseits des Jordan sehen, dieses prächtige Bergland und den Libanon! [26] Doch euretwegen zürnte mir der Herr und erhörte mich nicht. Der Herr sagte zu mir: Genug! Trag mir diese Sache niemals wieder vor! [27] Steig auf den Gipfel des Pisga, richte die Augen nach Westen, nach Norden, nach Süden und nach Osten, und schau mit eigenen Augen hinüber! Doch hinüberziehen über den Jordan hier wirst du nicht. [28] Setz Josua ein, verleih ihm Macht und Stärke: Er soll an der Spitze dieses Volkes hinüberziehen. Er soll an sie das Land als Erbbesitz verteilen, das du nur schauen darfst. [29] So blieben wir in der Talschlucht gegenüber Bet-Pegor.

Ermahnung und Ausblick

4 Und nun, Israel, höre die Gesetze und Rechtsvorschriften, die ich euch zu halten lehre. Hört, und ihr werdet leben, ihr werdet in das Land, das der Herr, der Gott eurer Väter, euch gibt, hineinziehen und es in Besitz nehmen. [2] Ihr sollt dem Wortlaut dessen, worauf ich euch verpflichte, nichts hinzufügen und nichts davon wegnehmen; ihr sollt auf die Gebote des Herrn, eures Gottes, achten, auf die ich euch verpflichte. [3] Ihr habt mit eigenen Augen gesehen, was der Herr wegen des Baal-Pegor getan hat. Jeden, der dem Baal-Pegor nachfolgte, hat der Herr, dein Gott, in deiner Mitte vernichtet. [4] Ihr aber habt euch am Herrn, eurem Gott, festgehalten, und darum seid ihr alle heute noch am Leben.

[5] Hiermit lehre ich euch, wie es mir der Herr, mein Gott, aufgetragen hat, Gesetze und Rechtsvorschriften. Ihr sollt sie innerhalb des Landes halten, in das ihr hineinzieht, um es in Besitz zu nehmen. [6] Ihr sollt auf sie achten und sollt sie halten. Denn darin besteht eure Weisheit und eure Bildung in den Augen der Völker. Wenn sie dieses Gesetzeswerk kennenlernen, müssen sie sagen: In der Tat, diese große Nation ist ein weises und gebildetes Volk. [7] Denn welche große Nation hätte Götter, die ihr so nah sind, wie Jahwe, unser Gott, uns nah ist, wo immer wir ihn anrufen? [8] Oder welche große Nation besäße Gesetze und Rechtsvorschriften, die so gerecht sind wie alles in dieser Weisung, die ich euch heute vorlege?

[9] Jedoch, nimm dich in acht, achte gut auf dich! Vergiß nicht die Ereignisse, die du mit eigenen Augen gesehen, und die Worte, die du gehört hast. Laß sie dein ganzes Leben lang nicht aus dem Sinn! Präge sie deinen Kindern und Kindeskindern ein! [10] Vergiß nicht den Tag, als du am Horeb vor dem Herrn, deinem Gott, standest. Der Herr hatte zu mir gesagt: Ruf mir das Volk zusammen! Ich will sie meine Worte hören lassen. Sie sollen lernen, mich zu fürchten, so lange, wie sie im Land leben, und sie sollen es auch ihre Kinder lehren. [11] Ihr wart herangekommen und standet unten am Berg, und der Berg brannte: Feuer, hoch

bis in den Himmel hinauf, Finsternis, Wolken und
Dunkel. [12] Der Herr sprach zu euch mitten aus
dem Feuer. Ihr hörtet den Donner der Worte. Eine
Gestalt habt ihr nicht gesehen. Ihr habt nur den
Donner gehört. [13] Der Herr offenbarte euch seinen
Bund, er verpflichtete euch, ihn zu halten: die
Zehn Worte. Er schrieb sie auf zwei Steintafeln.
[14] Mir befahl damals der Herr, euch Gesetze und
Rechtsvorschriften zu lehren, die ihr in dem Land
halten sollt, in das ihr hinüberzieht, um es in Be-
sitz zu nehmen.

[15] Nehmt euch um eures Lebens willen gut in
acht! Denn eine Gestalt habt ihr an dem Tag, als
der Herr am Horeb mitten aus dem Feuer zu euch
sprach, nicht gesehen. [16] Lauft nicht in euer Ver-
derben, und macht euch kein Gottesbildnis, das
irgend etwas darstellt, keine Statue, kein Abbild
eines männlichen oder weiblichen Wesens,
[17] kein Abbild irgendeines Tiers, das auf der Erde
lebt, kein Abbild irgendeines gefiederten Vogels,
der am Himmel fliegt, [18] kein Abbild irgendeines
Tiers, das am Boden kriecht, und kein Abbild ir-
gendeines Meerestieres im Wasser unter der
Erde. [19] Wenn du die Augen zum Himmel erhebst
und das ganze Himmelsheer siehst, die Sonne,
den Mond und die Sterne, dann laß dich nicht
verführen! Du sollst dich nicht vor ihnen nieder-
werfen und ihnen nicht dienen. Der Herr, dein
Gott, hat sie allen anderen Völkern überall unter
dem Himmel zugewiesen. [20] Euch aber hat der
Herr genommen und aus dem Schmelzofen, aus
Ägypten, herausgeführt, damit ihr sein Volk, sein
Erbbesitz werdet – wie ihr es heute seid. [21] Zwar
hat der Herr mir wegen eures Murrens gegrollt
und mir geschworen, ich dürfe nicht über den Jor-
dan ziehen und das prächtige Land betreten, das
der Herr, dein Gott, dir als Erbbesitz gibt. [22] Ich
muß in diesem Land hier sterben und werde
nicht über den Jordan ziehen. Aber ihr werdet
hinüberziehen und dieses prächtige Land in Be-
sitz nehmen.

[23] Nehmt euch in acht! Vergeßt nicht den Bund,
den der Herr, euer Gott, mit euch geschlossen
hat. Ihr sollt euch kein Gottesbildnis machen,
das irgend etwas darstellt, was der Herr, dein
Gott, dir verboten hat. [24] Denn der Herr, dein
Gott, ist verzehrendes Feuer. Er ist ein eifersüch-
tiger Gott. [25] Wenn du Kinder und Kindeskinder
zeugst und ihr im Land heimisch seid, wenn ihr
dann ins Verderben lauft und ein Gottesbildnis
macht, das irgend etwas darstellt, wenn ihr also
tut, was in den Augen des Herrn, deines Gottes,
böse ist, und wenn ihr ihn erzürnt – [26] den Him-
mel und die Erde rufe ich heute als Zeugen ge-
gen euch an: dann werdet ihr unverzüglich aus
dem Land ausgetilgt sein, in das ihr jetzt über
den Jordan zieht, um es in Besitz zu nehmen.
Nicht lange werdet ihr darin leben. Ihr werdet
vernichtet werden. [27] Der Herr wird euch unter
die Völker verstreuen. Nur einige von euch wer-
den übrigbleiben in den Nationen, zu denen der
Herr euch führt. [28] Dort müßt ihr Göttern dienen,
Machwerken von Menschenhand, aus Holz und
Stein. Sie können nicht sehen und nicht hören,
nicht essen und nicht riechen. [29] Dort werdet ihr
den Herrn, deinen Gott, wieder suchen. Du
wirst ihn auch finden, wenn du dich mit gan-
zem Herzen und mit ganzer Seele um ihn
bemühst. [30] Wenn du in Not bist, werden alle
diese Worte dich finden. In späteren Tagen wirst
du zum Herrn, deinem Gott, zurückkehren und
auf seine Stimme hören. [31] Denn der Herr, dein
Gott, ist ein barmherziger Gott. Er läßt dich nicht
fallen und gibt dich nicht dem Verderben preis
und vergißt nicht den Bund mit deinen Vätern,
den er ihnen beschworen hat.

[32] Forsche doch einmal in früheren Zeiten nach,
die vor dir gewesen sind, seit dem Tag, als Gott
den Menschen auf der Erde schuf; forsche nach
vom einen Ende des Himmels bis zum andern
Ende: Hat sich je etwas so Großes ereignet wie
dieses, und hat man je solche Worte gehört? [33] Hat
je ein Volk einen Gott mitten aus dem Feuer im
Donner sprechen hören, wie du ihn gehört hast,
und ist am Leben geblieben? [34] Oder hat je ein
Gott es ebenso versucht, zu einer Nation zu kom-
men und sie mitten aus einer anderen herauszu-
holen unter Prüfungen, unter Zeichen, Wundern
und Krieg, mit starker Hand und hoch erhobenem
Arm und unter großen Schrecken, wie es der
Herr, euer Gott, in Ägypten mit euch getan hat,
vor deinen Augen? [35] Das hast du sehen dürfen,
damit du erkennst: Jahwe ist der Gott, kein ande-
rer ist außer ihm. [36] Vom Himmel herab ließ er
dich seinen Donner hören, um dich zu erziehen.
Auf der Erde ließ er dich sein großes Feuer sehen,
und mitten aus dem Feuer hast du seine Worte
gehört. [37] Weil er deine Väter liebgewonnen hatte,
hat er alle Nachkommen eines jeden von ihnen
erwählt und dich dann in eigener Person durch

seine große Kraft aus Ägypten geführt, 38 um bei deinem Angriff Völker zu vertreiben, die größer und mächtiger sind als du, um dich in ihr Land zu führen und es dir als Erbbesitz zu geben, wie es jetzt geschieht. 39 Heute sollst du erkennen und dir zu Herzen nehmen: Jahwe ist der Gott im Himmel droben und auf der Erde unten, keiner sonst. 40 Daher sollst du auf seine Gesetze und seine Gebote, auf die ich dich heute verpflichte, achten, damit es dir und später deinen Nachkommen gut geht und du lange lebst in dem Land, das der Herr, dein Gott, dir gibt für alle Zeit.

Die Asylstädte im Ostjordanland

41 Damals hat Mose jenseits des Jordan, nach Osten hin, drei Städten eine Sonderstellung zugewiesen. 42 Dorthin soll jeder, der einen Menschen getötet hat, fliehen können, falls er den andern ohne Vorsatz getötet hat und nicht schon früher mit ihm verfeindet gewesen ist. Wenn er in eine dieser Städte flieht, darf er am Leben bleiben. 43 Es sind Bezer im Wüstengebiet der Hochebene für die Rubeniter, Ramot in Gilead für die Gaditer und Golan im Baschan für die Manassiter.

Die Verkündigung des Gesetzes: 4,44–28,68

Ort und Zeit

44 Und das ist die Weisung, die Mose den Israeliten vorgelegt hat. 45 Das sind die Satzungen, die Gesetze und Rechtsvorschriften, die Mose den Israeliten verkündet hat, als sie aus Ägypten zogen. 46 Es geschah jenseits des Jordan, in der Talschlucht gegenüber Bet-Pegor, im Land Sihons, des Königs der Amoriter, der in Heschbon seinen Sitz hatte. Ihn hatten Mose und die Israeliten geschlagen, als sie aus Ägypten zogen. 47 Sie hatten sein Land und das Land Ogs, des Königs des Baschan, in Besitz genommen, das Land der beiden Amoriterkönige jenseits des Jordan, im Osten, 48 von Aroër am Rand des Arnontals bis zum Gebirge Sion – das ist der Hermon – 49 und die ganze Araba jenseits des Jordan nach Osten hin, bis zum Meer der Araba unterhalb der Steilhänge des Pisga.

Der Bund am Horeb: Die Zehn Gebote

5 Mose rief ganz Israel zusammen. Er sagte zu ihnen: Höre, Israel, die Gesetze und Rechtsvorschriften, die ich euch heute vortrage. Ihr sollt sie lernen, auf sie achten und sie halten.

2 Der Herr, unser Gott, hat am Horeb einen Bund mit uns geschlossen. 3 Nicht mit unseren Vätern hat der Herr diesen Bund geschlossen, sondern mit uns, die wir heute hier stehen, mit uns allen, mit den Lebenden. 4 Auge in Auge hat der Herr auf dem Berg mitten aus dem Feuer mit euch geredet. 5 Ich stand damals zwischen dem Herrn und euch, um euch das Wort des Herrn weiterzugeben; denn ihr wart aus Furcht vor dem Feuer nicht auf den Berg gekommen. Der Herr sprach:

6 Ich bin Jahwe, dein Gott, der dich aus Ägypten geführt hat, aus dem Sklavenhaus. 7 Du sollst neben mir keine anderen Götter haben. 8 Du sollst dir kein Gottesbildnis machen, das irgend etwas darstellt am Himmel droben, auf der Erde unten oder im Wasser unter der Erde. 9 Du sollst dich nicht vor anderen Göttern niederwerfen und dich nicht verpflichten, ihnen zu dienen. Denn ich, der Herr, dein Gott, bin ein eifersüchtiger Gott: Bei denen, die mir feind sind, verfolge ich die Schuld der Väter an den Söhnen und an der dritten und vierten Generation; 10 bei denen, die mich lieben und auf meine Gebote achten, erweise ich Tausenden meine Huld.

11 Du sollst den Namen des Herrn, deines Gottes, nicht mißbrauchen; denn der Herr läßt den nicht ungestraft, der seinen Namen mißbraucht.

12 Achte auf den Sabbat: Halte ihn heilig, wie es dir der Herr, dein Gott, zur Pflicht gemacht hat. 13 Sechs Tage darfst du schaffen und jede Arbeit tun. 14 Der siebte Tag ist ein Ruhetag, dem Herrn, deinem Gott, geweiht. An ihm darfst du keine Arbeit tun: du, dein Sohn und deine Tochter, dein Sklave und deine Sklavin, dein Rind, dein Esel und dein ganzes Vieh und der Fremde, der in deinen Stadtbereichen Wohnrecht hat. Dein Sklave und deine Sklavin sollen sich ausruhen wie du. 15 Denk daran: Als du in Ägypten Sklave warst, hat dich der Herr, dein Gott, mit starker Hand und hoch erhobenem Arm dort herausgeführt. Darum hat es dir der Herr, dein Gott, zur Pflicht gemacht, den Sabbat zu halten.

16 Ehre deinen Vater und deine Mutter, wie es dir
der Herr, dein Gott, zur Pflicht gemacht hat, damit
du lange lebst und es dir gut geht in dem Land,
das der Herr, dein Gott, dir gibt.
17 Du sollst nicht morden, 18 du sollst nicht die Ehe
brechen, 19 du sollst nicht stehlen, 20 du sollst nicht
Falsches gegen deinen Nächsten aussagen, 21 du
sollst nicht nach der Frau deines Nächsten ver-
langen, und du sollst nicht das Haus deines Näch-
sten begehren, nicht sein Feld, seinen Sklaven
oder seine Sklavin, sein Rind oder seinen Esel,
nichts, was deinem Nächsten gehört.
22 Diese Worte sagte der Herr auf dem Berg zu eu-
rer vollzähligen Versammlung, mitten aus dem
Feuer, aus Wolken und Dunkel, unter lautem
Donner, diese Worte und sonst nichts. Er schrieb
sie auf zwei Steintafeln und übergab sie mir.

Die Einsetzung des Mose als Gesetzesmittler

23 Als ihr den Donner mitten aus der Finsternis
gehört hattet und der Berg immer noch in Feuer
stand, seid ihr zu mir gekommen – eure Stam-
mesführer und Ältesten – 24 und habt gesagt: Sieh,
der Herr, unser Gott, hat uns seine Herrlichkeit
und Macht gezeigt, und wir haben seine don-
nernde Stimme mitten aus dem Feuer gehört.
Heute ist es uns geschehen, daß Gott zu Men-
schen sprach und sie am Leben blieben. 25 Trotz-
dem: Warum sollen wir noch einmal das Leben
aufs Spiel setzen? Denn dieses große Feuer
könnte uns verzehren. Wenn wir noch einmal die
donnernde Stimme des Herrn, unseres Gottes,
hören, werden wir sterben. 26 Denn welches We-
sen aus Fleisch wäre am Leben geblieben, wenn
es wie wir die donnernde Stimme des lebendigen
Gottes gehört hätte, als er mitten aus dem Feuer
redete? 27 Geh du allein hin! Höre alles, was der
Herr, unser Gott, sagt. Berichte uns dann alles,
was der Herr, unser Gott, dir gesagt hat, und wir
werden es hören und halten. 28 Der Herr hörte
euer Geschrei, als ihr auf mich einredetet, und
sagte zu mir: Ich habe das Geschrei dieses Volkes
gehört, mit dem es dich bedrängt hat. Alles, was
sie von dir verlangen, ist recht. 29 Möchten sie
doch diese Gesinnung behalten, mich fürchten
und ihr Leben lang auf alle meine Gebote achten,
damit es ihnen und ihren Nachkommen immer
gut geht. 30 Geh und sag ihnen: Kehrt zu euren
Zelten zurück! 31 Und du, stell dich hierher zu mir!
Ich will dir das ganze Gebot mitteilen, die Gesetze
und Rechtsvorschriften, die du sie lehren sollst
und die sie halten sollen in dem Land, das ich ih-
nen gebe und das sie in Besitz nehmen sollen.
32 Daher sollt ihr darauf achten, daß ihr handelt,
wie es der Herr, euer Gott, euch vorgeschrieben
hat. Ihr sollt weder rechts noch links abweichen.
33 Ihr sollt nur auf dem Weg gehen, den der Herr,
euer Gott, euch vorgeschrieben hat, damit ihr Le-
ben habt und es euch gut geht und ihr lange lebt
in dem Land, das ihr in Besitz nehmt.

Die Grundforderung Gottes: Liebe und Furcht

6 Und das ist das Gebot, das sind die Gesetze
und Rechtsvorschriften, die ich euch im Auf-
trag des Herrn, eures Gottes, lehren soll und die
ihr halten sollt in dem Land, in das ihr hinüber-
zieht, um es in Besitz zu nehmen. 2 Wenn du den
Herrn, deinen Gott, fürchtest, indem du auf alle
seine Gesetze und Gebote, auf die ich dich ver-
pflichte, dein ganzes Leben lang achtest, du, dein
Sohn und dein Enkel, wirst du lange leben. 3 Des-
halb, Israel, sollst du hören und darauf achten, (al-
les, was der Herr, unser Gott, mir gesagt hat,) zu
halten, damit es dir gut geht und ihr so unermeß-
lich zahlreich werdet, wie es der Herr, der Gott
deiner Väter, dir zugesagt hat, in dem Land, wo
Milch und Honig fließen.
4 Höre, Israel! Jahwe, unser Gott, Jahwe ist ein-
zig. 5 Darum sollst du den Herrn, deinen Gott, lie-
ben mit ganzem Herzen, mit ganzer Seele und
mit ganzer Kraft.
6 Diese Worte, auf die ich dich heute verpflichte,
sollen auf deinem Herzen geschrieben stehen.
7 Du sollst sie deinen Söhnen wiederholen. Du
sollst von ihnen reden, wenn du zu Hause sitzt
und wenn du auf der Straße gehst, wenn du dich
schlafen legst und wenn du aufstehst. 8 Du sollst
sie als Zeichen um das Handgelenk binden. Sie
sollen zum Schmuck auf deiner Stirn werden.
9 Du sollst sie auf die Türpfosten deines Hauses
und in deine Stadttore schreiben.
10 Und wenn der Herr, dein Gott, dich in das
Land führt, von dem du weißt: er hat deinen Vä-
tern Abraham, Isaak und Jakob geschworen, es
dir zu geben – große und schöne Städte, die du
nicht gebaut hast, 11 mit Gütern gefüllte Häuser,
die du nicht gefüllt hast, in den Felsen gehauene
Zisternen, die du nicht gehauen hast, Weinberge
und Ölbäume, die du nicht gepflanzt hast –,
wenn du dann ißt und satt wirst: 12 nimm dich in

acht, daß du nicht den Herrn vergißt, der dich aus Ägypten, dem Sklavenhaus, geführt hat. 13 Den Herrn, deinen Gott, sollst du fürchten; ihm sollst du dienen, bei seinem Namen sollst du schwören. 14 Ihr sollt nicht anderen Göttern nachfolgen, keinem Gott eines Volkes, das in eurer Nachbarschaft wohnt. 15 Denn der Herr, dein Gott, ist als eifersüchtiger Gott in deiner Mitte. Der Zorn des Herrn, deines Gottes, könnte gegen dich entbrennen, er könnte dich im ganzen Land vernichten. 16 Ihr sollt den Herrn, euren Gott, nicht auf die Probe stellen, wie ihr ihn bei Massa auf die Probe gestellt habt.

17 Ihr sollt auf die Gebote des Herrn, eures Gottes, genau achten, auf seine Satzungen und Gesetze, auf die er dich verpflichtet hat. 18 Du sollst tun, was in seinen Augen richtig und gut ist. Dann wird es dir gut gehen, und du kannst in das prächtige Land, das der Herr deinen Vätern mit einem Schwur versprochen hat, hineinziehen und es in Besitz nehmen. 19 Der Herr wird alle deine Feinde vor dir herjagen, wie er es zugesagt hat.

20 Wenn dich morgen dein Sohn fragt: Warum achtet ihr auf die Satzungen, die Gesetze und Rechtsvorschriften, auf die der Herr, unser Gott, euch verpflichtet hat?, 21 dann sollst du deinem Sohn antworten: Wir waren Sklaven des Pharao in Ägypten, und der Herr hat uns mit starker Hand aus Ägypten geführt. 22 Der Herr hat vor unseren Augen gewaltige, unheilvolle Zeichen und Wunder an Ägypten, am Pharao und an seinem ganzen Haus getan, 23 uns aber hat er dort herausgeführt, um uns in das Land, das er unseren Vätern mit einem Schwur versprochen hatte, hineinzuführen und es uns zu geben. 24 Der Herr hat uns verpflichtet, alle diese Gesetze zu halten und den Herrn, unseren Gott, zu fürchten, damit es uns das ganze Leben lang gut geht und er uns Leben schenkt, wie wir es heute haben. 25 Nur dann werden wir (vor Gott) im Recht sein, wenn wir darauf achten, dieses ganze Gesetz vor dem Herrn, unserem Gott, so zu halten, wie er es uns zur Pflicht gemacht hat.

Israel und die Völker des Landes

7 Wenn der Herr, dein Gott, dich in das Land geführt hat, in das du jetzt hineinziehst, um es in Besitz zu nehmen, wenn er dir viele Völker aus dem Weg räumt – Hetiter, Girgaschiter und Amoriter, Kanaaniter und Perisiter, Hiwiter und Jebusiter, sieben Völker, die zahlreicher und mächtiger sind als du –, 2 wenn der Herr, dein Gott, sie dir ausliefert und du sie schlägst, dann sollst du sie der Vernichtung weihen. Du sollst keinen Vertrag mit ihnen schließen, sie nicht verschonen 3 und dich nicht mit ihnen verschwägern. Deine Tochter gib nicht seinem Sohn, und nimm seine Tochter nicht für deinen Sohn! 4 Wenn er deinen Sohn verleitet, mir nicht mehr nachzufolgen, und sie dann anderen Göttern dienen, wird der Zorn des Herrn gegen euch entbrennen und wird dich unverzüglich vernichten. 5 So sollt ihr gegen sie vorgehen: Ihr sollt ihre Altäre niederreißen, ihre Steinmale zerschlagen, ihre Kultpfähle umhauen und ihre Götterbilder im Feuer verbrennen.

6 Denn du bist ein Volk, das dem Herrn, deinem Gott, heilig ist. Dich hat der Herr, dein Gott, ausgewählt, damit du unter allen Völkern, die auf der Erde leben, das Volk wirst, das ihm persönlich gehört. 7 Nicht weil ihr zahlreicher als die anderen Völker wäret, hat euch der Herr ins Herz geschlossen und ausgewählt; ihr seid das kleinste unter allen Völkern. 8 Weil der Herr euch liebt und weil er auf den Schwur achtet, den er euren Vätern geleistet hat, deshalb hat der Herr euch mit starker Hand herausgeführt und euch aus dem Sklavenhaus freigekauft, aus der Hand des Pharao, des Königs von Ägypten. 9 Daran sollst du erkennen: Jahwe, dein Gott, ist der Gott; er ist der treue Gott; noch nach tausend Generationen achtet er auf den Bund und erweist denen seine Huld, die ihn lieben und auf seine Gebote achten. 10 Denen aber, die ihm feind sind, vergilt er sofort und tilgt einen jeden aus; er zögert nicht, wenn einer ihm feind ist, sondern vergilt ihm sofort. 11 Deshalb sollst du auf das Gebot achten, auf die Gesetze und Rechtsvorschriften, auf die ich dich heute verpflichte, und du sollst sie halten.

12 Wenn ihr diese Rechtsvorschriften hört, auf sie achtet und sie haltet, wird der Herr, dein Gott, dafür auf den Bund achten und dir die Huld bewahren, die er deinen Vätern geschworen hat. 13 Er wird dich lieben, dich segnen und dich zahlreich machen. Er wird die Frucht deines Leibes und die Frucht deines Ackers segnen, dein Korn, deinen Wein und dein Öl, die Kälber, Lämmer und Zicklein, in dem Land, von dem du weißt: Er hat deinen Vätern geschworen, es dir zu geben.

14 Du wirst mehr als die anderen Völker gesegnet
sein. Weder Mann noch Frau noch Vieh, nichts
wird bei dir unfruchtbar sein. 15 Alle Krankheiten
wird der Herr von dir ablenken. Keine der schwe-
ren ägyptischen Seuchen, die du kennst, wird er
dir auferlegen, sondern über alle deine Feinde
wird er sie bringen. 16 Du wirst alle Völker ver-
zehren, die der Herr, dein Gott, für dich bestimmt.
Du sollst in dir kein Mitleid mit ihnen aufsteigen
lassen. Und du sollst ihren Göttern nicht dienen;
denn dann liefest du in eine Falle.

17 Wenn du überlegst: Diese Völker sind größer
als ich – wie sollte ich sie vertreiben können?,
18 dann sollst du vor ihnen keine Furcht haben. Du
sollst an das denken, was der Herr, dein Gott, mit
dem Pharao und mit ganz Ägypten gemacht hat:
19 an die schweren Prüfungen, die du mit eigenen
Augen gesehen hast, an die Zeichen und Wunder,
an die starke Hand und den hoch erhobenen
Arm, mit denen der Herr, dein Gott, dich heraus-
geführt hat. So wird es der Herr, dein Gott, mit al-
len Völkern machen, vor denen du Furcht hast.
20 Außerdem wird der Herr, dein Gott, Panik un-
ter ihnen ausbrechen lassen, so lange, bis auch
die ausgetilgt sind, die überleben konnten und
sich vor dir versteckt haben. 21 Du sollst nicht er-
schreckt zurückweichen, wenn sie angreifen;
denn der Herr, dein Gott, ist als großer und furcht-
erregender Gott in deiner Mitte. 22 Doch der Herr,
dein Gott, wird diese Völker dir nur nach und
nach aus dem Weg räumen. Du kannst sie nicht
rasch ausmerzen, weil sonst die wilden Tiere
überhandnehmen und dir schaden. 23 Doch wird
der Herr, dein Gott, dir diese Völker ausliefern. Er
wird sie in ausweglose Verwirrung stürzen, bis
sie vernichtet sind. 24 Er wird ihre Könige in deine
Gewalt geben. Du wirst ihren Namen unter dem
Himmel austilgen. Keiner wird deinem Angriff
standhalten können, bis du sie schließlich ver-
nichtet hast.

25 Ihre Götterbilder sollt ihr im Feuer verbren-
nen. Du sollst nicht das Silber oder Gold haben
wollen, mit dem sie überzogen sind. Du sollst es
nicht an dich nehmen, damit du dabei nicht in
eine Falle läufst. Denn es ist dem Herrn, deinem
Gott, ein Greuel. 26 Du sollst aber keinen Greuel in
dein Haus bringen, sonst bist du wie er der Ver-
nichtung geweiht. Du sollst Grauen und Abscheu
vor ihm haben, denn er ist der Vernichtung ge-
weiht.

Israel und der Reichtum

8 Ihr sollt auf das ganze Gebot, auf das ich dich
heute verpflichte, achten und es halten, da-
mit ihr Leben habt und zahlreich werdet und in
das Land, das der Herr euren Vätern mit einem
Schwur versprochen hat, hineinziehen und es in
Besitz nehmen könnt.

2 Du sollst an den ganzen Weg denken, den der
Herr, dein Gott, dich während dieser vierzig Jahre
in der Wüste geführt hat, um dich gefügig zu ma-
chen und dich zu prüfen. Er wollte erkennen, wie
du dich entscheiden würdest: ob du auf seine Ge-
bote achtest oder nicht. 3 Durch Hunger hat er
dich gefügig gemacht und hat dich dann mit dem
Manna gespeist, das du nicht kanntest und das
auch deine Väter nicht kannten. Er wollte dich er-
kennen lassen, daß der Mensch nicht nur von
Brot lebt, sondern daß der Mensch von allem lebt,
was der Mund des Herrn spricht. 4 Deine Kleider
sind dir nicht in Lumpen vom Leib gefallen, und
dein Fuß ist nicht geschwollen, diese vierzig Jahre
lang. 5 Daraus sollst du die Erkenntnis gewinnen,
daß der Herr, dein Gott, dich erzieht, wie ein Va-
ter seinen Sohn erzieht. 6 Du sollst auf die Gebote
des Herrn, deines Gottes, achten, auf seinen We-
gen gehen und ihn fürchten.

7 Wenn der Herr, dein Gott, dich in ein prächti-
ges Land führt, ein Land mit Bächen, Quellen und
Grundwasser, das im Tal und am Berg hervor-
quillt, 8 ein Land mit Weizen und Gerste, mit
Weinstock, Feigenbaum und Granatbaum, ein
Land mit Ölbaum und Honig, 9 ein Land, in dem
du nicht armselig dein Brot essen mußt, in dem es
dir an nichts fehlt, ein Land, dessen Steine aus Ei-
sen sind, aus dessen Bergen du Erz gewinnst;
10 wenn du dort ißt und satt wirst und den Herrn,
deinen Gott, für das prächtige Land, das er dir ge-
geben hat, preist, 11 dann nimm dich in acht und
vergiß den Herrn, deinen Gott, nicht, mißachte
nicht seine Gebote, Rechtsvorschriften und Ge-
setze, auf die ich dich heute verpflichte. 12 Und
wenn du gegessen hast und satt geworden bist
und prächtige Häuser gebaut hast und sie be-
wohnst, 13 wenn deine Rinder, Schafe und Ziegen
sich vermehren und Silber und Gold sich bei dir
häuft und dein gesamter Besitz sich vermehrt,
14 dann nimm dich in acht, daß dein Herz nicht
hochmütig wird und du den Herrn, deinen Gott,
nicht vergißt, der dich aus Ägypten, dem Skla-
venhaus, geführt hat; 15 der dich durch die große

und furchterregende Wüste geführt hat, durch Feuernattern und Skorpione, durch ausgedörrtes Land, wo es kein Wasser gab; der für dich Wasser aus dem Felsen der Steilwand hervorsprudeln ließ; 16 der dich in der Wüste mit dem Manna speiste, das deine Väter noch nicht kannten, (und der das alles tat,) um dich gefügig zu machen, dich zu prüfen und dir zuletzt Gutes zu tun. 17 Dann nimm dich in acht und denk nicht bei dir: Ich habe mir diesen Reichtum aus eigener Kraft und mit eigener Hand erworben. 18 Denk vielmehr an den Herrn, deinen Gott: Er war es, der dir die Kraft gab, Reichtum zu erwerben, weil er seinen Bund, den er deinen Vätern geschworen hatte, so verwirklichen wollte, wie er es heute tut.

19 Wenn du aber den Herrn, deinen Gott, vergißt und anderen Göttern nachfolgst, ihnen dienst und dich vor ihnen niederwirfst – heute rufe ich Zeugen gegen euch an: dann werdet ihr völlig ausgetilgt werden. 20 Wie die Völker, die der Herr bei eurem Angriff austilgt, so werdet auch ihr dafür ausgetilgt werden, daß ihr nicht auf die Stimme des Herrn, eures Gottes, gehört habt.

Kein Rechtsanspruch Israels auf das Land

9 Höre, Israel! Heute wirst du den Jordan überschreiten, um in das Land von Völkern, die größer und mächtiger sind als du, hineinzuziehen und ihren Besitz zu übernehmen. Du wirst in große Städte mit himmelhohen Mauern kommen, 2 zu einem großen, hochgewachsenen Volk, den Anakitern – du kennst ja die Redensart und hast sie oft gehört: Wer kann den Söhnen Anaks widerstehen? 3 Heute wirst du erkennen, daß der Herr, dein Gott, wie ein verzehrendes Feuer selbst vor dir hinüberzieht. Er wird sie vernichten, und er wird sie dir unterwerfen, so daß du sie unverzüglich vertreiben und austilgen kannst, wie es der Herr dir zugesagt hat. 4 Wenn der Herr, dein Gott, sie vor dir herjagt, sollst du nicht meinen: Ich bin im Recht, daher läßt mich der Herr in das Land hineinziehen und es in Besitz nehmen; diese Völker sind im Unrecht, daher vertreibt sie der Herr vor mir. 5 Denn nicht, weil du im Recht bist und die richtige Gesinnung hast, kannst du in ihr Land hineinziehen und es in Besitz nehmen. Vielmehr vertreibt der Herr, dein Gott, diese Völker vor dir, weil sie im Unrecht sind und weil der Herr die Zusage einlösen will, die er deinen Vätern Abraham, Isaak und Jakob mit einem Schwur bekräftigt hat. 6 Du sollst erkennen: Du bist ein halsstarriges Volk. Daher kann dir der Herr, dein Gott, dieses prächtige Land nicht etwa aufgrund eines Rechtsanspruchs geben, damit du es in Besitz nimmst. 7 Denk daran, und vergiß nicht, daß du in der Wüste den Unwillen des Herrn, deines Gottes, erregt hast. Von dem Tag an, als du aus Ägypten auszogst, bis zur Ankunft an diesem Ort habt ihr euch dem Herrn ständig widersetzt. 8 Vor allem am Horeb habt ihr den Unwillen des Herrn erregt. Damals grollte er euch so sehr, daß er euch vernichten wollte.

Der Bundesbruch und die Bundeserneuerung am Horeb

9 Als ich auf den Berg gestiegen war, um die Steintafeln entgegenzunehmen, die Tafeln des Bundes, den der Herr mit euch geschlossen hatte, blieb ich vierzig Tage und vierzig Nächte auf dem Berg, aß kein Brot und trank kein Wasser. 10 Der Herr übergab mir die beiden Steintafeln, die mit dem Gottesfinger beschrieben waren. Auf den Tafeln standen alle die Worte, die der Herr am Tag der Versammlung auf dem Berg mitten aus dem Feuer zu euch gesprochen hatte.

11 Es war am Ende der vierzig Tage und der vierzig Nächte, als mir der Herr die beiden Steintafeln, die Tafeln des Bundes, übergab 12 und zu mir sagte: Steh auf, steig rasch hinunter, weg von hier; denn dein Volk, das du aus Ägypten geführt hast, läuft ins Verderben. Sie sind rasch von dem Weg abgewichen, den ich ihnen vorgeschrieben habe. Sie haben sich ein Bildnis gegossen. 13 Weiter sagte der Herr zu mir: Ich habe mir dieses Volk angesehen. Ja, es ist ein halsstarriges Volk. 14 Laß mich, damit ich sie vernichte, ihren Namen unter dem Himmel auslösche und dich zu einem Volk mache, das mächtiger und zahlreicher als dieses ist. 15 Ich wandte mich um und stieg den Berg hinunter. Der Berg stand in Feuer. Ich trug die beiden Tafeln des Bundes auf meinen Armen. 16 Und ich sah, was geschehen war: Ja, ihr hattet euch an dem Herrn, eurem Gott, versündigt, ihr hattet euch ein Kalb gegossen, ihr wart rasch von dem Weg abgewichen, den der Herr euch vorgeschrieben hatte. 17 Ich packte die beiden Tafeln, die ich auf meinen Armen trug, schleuderte sie fort und zerschmetterte sie vor euren Augen.

18 Dann warf ich mich vor dem Herrn nieder. Wie beim erstenmal blieb ich vierzig Tage und

vierzig Nächte vor ihm, aß kein Brot und trank
kein Wasser, wegen all der Sünde, die ihr began-
gen hattet, indem ihr tatet, was in den Augen des
Herrn böse ist, so daß ihr ihn erzürntet. [19] Denn
ich hatte Angst vor dem glühenden Zorn des
Herrn. Er war voll Unwillen gegen euch und
wollte euch vernichten. Doch der Herr erhörte
mich auch diesmal. [[20] Auch dem Aaron grollte der
Herr sehr, und er wollte ihn vernichten. Damals
betete ich auch für Aaron.] [21] Ich nahm das Kalb,
die Sünde, die ihr euch gemacht hattet, ver-
brannte es im Feuer, zerstieß es und zermahlte es
vollständig, bis es feiner Staub war; den Staub
streute ich in den Bach, der vom Berg herunter-
fließt.
[22] Auch in Tabera, in Massa und in Kibrot-Taawa
habt ihr den Unwillen des Herrn erregt. [23] Als der
Herr euch von Kadesch-Barnea aussandte mit
dem Befehl: Zieht hinauf, und nehmt das Land in
Besitz, das ich euch gebe!, da habt ihr euch dem
Befehl des Herrn, eures Gottes, widersetzt, ihr
habt ihm nicht geglaubt und nicht auf seine
Stimme gehört. [24] Ihr habt euch dem Herrn wi-
dersetzt, seit er euch kennt.
[25] Ich warf mich also vor dem Herrn nieder und
lag vor ihm vierzig Tage und vierzig Nächte lang.
Ich warf mich nieder, weil der Herr gedroht hatte,
er werde euch vernichten. [26] Ich betete zum Herrn
und sagte: Gott, mein Herr, bring nicht das Ver-
derben über dein Volk und deinen Erbbesitz, die
du in deiner Macht freigekauft und mit starker
Hand aus Ägypten geführt hast. [27] Denk an deine
Knechte, an Abraham, Isaak und Jakob! Beachte
nicht den Starrsinn dieses Volkes, sein Verschul-
den und seine Sünde, [28] damit man nicht in dem
Land, aus dem du uns geführt hast, sagt: Offenbar
kann der Herr sie nicht in das Land führen, das er
ihnen zugesagt hat, oder er liebt sie nicht; also hat
er sie nur herausgeführt, um sie in der Wüste ster-
ben zu lassen. [29] Sie sind aber doch dein Volk und
dein Erbbesitz, die du mit großer Kraft und hoch
erhobenem Arm herausgeführt hast.

10 Damals sagte der Herr zu mir: Hau zwei
Steintafeln zurecht, so wie die ersten, und
steig zu mir auf den Berg! Fertige auch eine höl-
zerne Lade an! [2] Ich will auf die Tafeln die gleichen
Worte schreiben wie auf die ersten, die du zer-
schmettert hast; diese Tafeln sollst du dann in die
Lade legen. [3] Ich fertigte eine Lade aus Akazienholz
an, hieb zwei Steintafeln zurecht, so wie die er-
sten, und stieg auf den Berg. Ich hielt die beiden Ta-
feln in der Hand. [4] Wie bei der ersten Inschrift
schrieb der Herr auf die Tafeln die Zehn Worte, die
er am Tag der Versammlung auf dem Berg mitten
aus dem Feuer zu euch gesprochen hatte, und der
Herr übergab sie mir. [5] Ich wandte mich um, stieg
den Berg hinunter und legte die Tafeln in die Lade,
die ich angefertigt hatte. Dort blieben sie, wie der
Herr es mir befohlen hatte. [[6] Die Israeliten zogen
von Beerot-Bene-Jaakan nach Moser. Dort starb
Aaron, dort wurde er auch begraben. Sein Sohn
Eleasar wurde an seiner Stelle Priester. [7] Von dort
zogen sie nach Hor-Gidgad, von Hor-Gidgad nach
Jotbata, einer Gegend, wo es Bäche gab, die immer
Wasser führten.] [8] Damals sonderte der Herr den
Stamm Levi aus, damit er die Lade des Bundes des
Herrn trage, vor dem Herrn stehe, vor ihm Dienst
tue und in seinem Namen den Segen spreche. So
geschieht es noch heute. [9] Deshalb erhielt Levi
nicht wie seine Brüder Landanteil und Erbbesitz.
Der Herr ist sein Erbbesitz, wie es der Herr, dein
Gott, ihm zugesagt hat.
[10] Zu mir aber, als ich wie beim erstenmal vierzig
Tage und vierzig Nächte lang auf dem Berg blieb
und als der Herr mich auch diesmal erhörte, weil
er dich nicht dem Verderben preisgeben wollte,
[11] sprach der Herr: Steh auf, und tritt zum Auf-
bruch an die Spitze des Volkes! Sie sollen in das
Land hineinziehen und es in Besitz nehmen, das
Land, von dem du weißt: Ich habe ihren Vätern
geschworen, es ihnen zu geben.

Bundestreue und Ernte

[12] Und nun, Israel, was fordert der Herr, dein Gott,
von dir außer dem einen: daß du den Herrn, dei-
nen Gott, fürchtest, indem du auf allen seinen We-
gen gehst, ihn liebst, und dem Herrn, deinem
Gott, mit ganzem Herzen und mit ganzer Seele
dienst; [13] daß du ihn fürchtest, indem du auf die
Gebote des Herrn und seine Gesetze achtest, auf
die ich dich heute verpflichte. Dann wird es dir
gut gehen. [14] Sieh, dem Herrn, deinem Gott,
gehören der Himmel, der Himmel über den Him-
meln, die Erde und alles, was auf ihr lebt. [15] Doch
nur deine Väter hat der Herr ins Herz geschlos-
sen, nur sie hat er geliebt. Und euch, ihre Nach-
kommen, hat er später unter allen Völkern aus-
gewählt, wie es sich heute zeigt.
[16] Ihr sollt die Vorhaut eures Herzens beschnei-
den und nicht länger halsstarrig sein. [17] Denn der

Herr, euer Gott, ist der Gott über den Göttern und
der Herr über den Herren. Er ist der große Gott,
der Held und der Furchterregende. Er läßt kein
Ansehen gelten und nimmt keine Bestechung an.
18 Er verschafft Waisen und Witwen ihr Recht. Er
liebt die Fremden und gibt ihnen Nahrung und
Kleidung – 19 auch ihr sollt die Fremden lieben,
denn ihr seid Fremde in Ägypten gewesen.

20 Du sollst den Herrn, deinen Gott, fürchten.
Ihm sollst du dienen, an ihm sollst du dich fest-
halten, bei seinem Namen sollst du schwören.
21 Er ist dein Lobgesang, er ist dein Gott. Für dich
hat er all das Große und Furchterregende getan,
das du mit eigenen Augen gesehen hast. 22 Als
deine Vorfahren nach Ägypten zogen, waren sie
nur siebzig an der Zahl; jetzt aber hat der Herr,
dein Gott, dich so zahlreich gemacht wie die
Sterne am Himmel.

11 Darum sollst du den Herrn, deinen Gott,
lieben und dein Leben lang auf seine
Dienstordnung, auf seine Gesetze, Rechtsvor-
schriften und Gebote achten. 2/7 Heute sollt ihr er-
kennen, daß der Herr euch erzogen hat. Denn
nicht eure Kinder, die die Erziehung durch den
Herrn, euren Gott, nicht kennengelernt und nicht
miterlebt haben, sondern ihr selbst habt alle
großen Taten, die der Herr getan hat, mit eigenen
Augen gesehen, seine Macht, seine starke Hand
und seinen hoch erhobenen Arm, 3 seine Zeichen
und seine Taten: was er in Ägypten mit dem Pha-
rao, dem König von Ägypten, und mit seinem
ganzen Land getan hat; 4 was er mit dem ägyp-
tischen Heer, den Rossen und Streitwagen ge-
tan hat – das Wasser des Schilfmeers ließ der
Herr über ihnen zusammenschlagen, als sie euch
nachsetzten, und er riß sie in die Tiefe, so daß sie
heute nicht mehr sind –; 5 was er mit euch in der
Wüste getan hat, bis ihr an diesen Ort gekommen
seid; 6 was er mit Datan und Abiram getan hat,
den Söhnen Eliabs, des Sohnes Rubens – die Erde
riß ihren Rachen auf und verschlang sie mit ihren
Familien, ihren Zelten und ihrem ganzen Troß in
der Mitte von ganz Israel.

8 Daher sollt ihr auf das ganze Gebot, auf das ich
dich heute verpflichte, achten, damit ihr stark seid
und in das Land, in das ihr jetzt hinüberzieht, um
es in Besitz zu nehmen, hineinziehen und es in
Besitz nehmen könnt. 9 Ihr sollt darauf achten, da-
mit ihr lange lebt in dem Land, von dem ihr wißt:
Der Herr hat euren Vätern geschworen, es ihnen
und ihren Nachkommen zu geben, ein Land, in
dem Milch und Honig fließen. 10 Denn das Land,
in das du hineinziehst, um es in Besitz zu neh-
men, ist nicht wie das Land Ägypten, aus dem ihr
ausgezogen seid. Dort mußtest du, wenn der
Same gesät war, den Boden künstlich bewässern
wie in einem Gemüsegarten. 11 Das Land, in das
ihr jetzt hinüberzieht, um es in Besitz zu nehmen,
ist ein Land mit Bergen und Tälern, und es trinkt
das Wasser, das als Regen vom Himmel fällt. 12 Es
ist ein Land, um das der Herr, dein Gott, sich küm-
mert. Stets ruhen auf ihm die Augen des Herrn,
deines Gottes, vom Anfang des Jahres bis zum
Ende des Jahres.

13 Und wenn ihr auf meine Gebote hört, auf die
ich euch heute verpflichte, wenn ihr also den
Herrn, euren Gott, liebt und ihm mit ganzem Her-
zen und mit ganzer Seele dient, 14 dann gebe ich
eurem Land seinen Regen zur rechten Zeit, den
Regen im Herbst und den Regen im Frühjahr, und
du kannst Korn, Most und Öl ernten; 15 dann gebe
ich deinem Vieh sein Gras auf dem Feld, und du
kannst essen und satt werden. 16 Aber nehmt
euch in acht! Laßt euer Herz nicht verführen,
weicht nicht vom Weg ab, dient nicht anderen
Göttern, und werft euch nicht vor ihnen nieder!
17 Sonst wird der Zorn des Herrn gegen euch ent-
brennen; er wird den Himmel zuschließen, es
wird kein Regen fallen, der Acker wird keinen Er-
trag bringen, und ihr werdet unverzüglich aus
dem prächtigen Land getilgt sein, das der Herr
euch geben will.

18 Diese meine Worte sollt ihr auf euer Herz und
auf eure Seele schreiben. Ihr sollt sie als Zeichen
um das Handgelenk binden. Sie sollen zum
Schmuck auf eurer Stirn werden. 19 Ihr sollt sie
eure Söhne lehren, indem ihr von ihnen redet,
wenn du zu Hause sitzt und wenn du auf der
Straße gehst, wenn du dich schlafen legst und
wenn du aufstehst. 20 Du sollst sie auf die Türpfo-
sten deines Hauses und in deine Stadttore schrei-
ben. 21 So sollen die Tage, die ihr und eure Söhne
in dem Land lebt, von dem ihr wißt: der Herr hat
euren Vätern geschworen, es ihnen zu geben, so
zahlreich werden wie die Tage, die der Himmel
sich über der Erde wölbt.

Die Verheißung der Eroberung des Landes

22 Wenn ihr auf dieses ganze Gebot, auf das ich
euch heute verpflichte, genau achtet und es hal-

tet, wenn ihr den Herrn, euren Gott, liebt, auf allen seinen Wegen geht und euch an ihm festhaltet, [23] dann wird der Herr alle diese Völker vor euch vertreiben, und ihr werdet den Besitz von Völkern übernehmen, die größer und mächtiger sind als ihr. [24] Jede Stelle, die euer Fuß berührt, soll euch gehören, von der Wüste an. Dazu soll der Libanon euer Gebiet sein, vom Strom, dem Eufrat, bis zum Meer im Westen. [25] Keiner wird eurem Angriff standhalten können. Dem ganzen Land, das ihr betretet, wird der Herr, euer Gott, Schrecken und Furcht vor euch ins Gesicht zeichnen, wie er es euch zugesagt hat.

Überleitung

[26] Seht, heute werde ich euch den Segen und den Fluch vorlegen: [27] den Segen, weil ihr auf die Gebote des Herrn, eures Gottes, auf die ich euch heute verpflichte, hört, [28] und den Fluch für den Fall, daß ihr nicht auf die Gebote des Herrn, eures Gottes, hört, sondern von dem Weg abweicht, den ich euch heute vorschreibe, und anderen Göttern nachfolgt, die ihr früher nicht gekannt habt.

[29] Und wenn der Herr, dein Gott, dich in das Land geführt hat, in das du jetzt hineinziehst, um es in Besitz zu nehmen, dann sollst du auf dem Berg Garizim den Segen und auf dem Berg Ebal den Fluch verkünden. [[30] Liegen denn beide nicht jenseits des Jordan, hinter der Straße, im Westen, im Gebiet der Kanaaniter, die in der Araba wohnen, gegenüber Gilgal bei den Orakel-Eichen?]

[31] Wenn ihr jetzt den Jordan überschreitet, um in das Land, das der Herr, euer Gott, euch gibt, hineinzuziehen und es in Besitz zu nehmen, und wenn ihr es in Besitz genommen habt und es bewohnt, [32] dann sollt ihr auf alle Gesetze und Rechtsvorschriften, die ich euch heute vorlege, achten und sie halten.

Die deuteronomische Gesetzessammlung:
12,1–26,19

Einleitung

12 Das sind die Gesetze und Rechtsvorschriften, auf die ihr achten und die ihr halten sollt in dem Land, das der Herr, der Gott deiner Väter, dir gegeben hat, damit du es in Besitz nimmst. Sie sollen so lange gelten, wie ihr in dem Land leben werdet.

Die Vernichtung fremder Kultstätten

[2] Ihr sollt alle Kultstätten zerstören, an denen die Völker, deren Besitz ihr übernehmt, ihren Göttern gedient haben: auf den hohen Bergen, auf den Hügeln und unter jedem üppigen Baum. [3] Ihr sollt ihre Altäre niederreißen und ihre Steinmale zerschlagen. Ihre Kultpfähle sollt ihr im Feuer verbrennen und die Bilder ihrer Götter umhauen. Ihre Namen sollt ihr an jeder solchen Stätte tilgen.

Eine einzige Kultstätte für Israel

[4] Ihr sollt nicht das gleiche tun (wie diese Völker), wenn ihr den Herrn, euren Gott, verehrt, [5] sondern ihr sollt nach der Stätte fragen, die der Herr, euer Gott, aus allen euren Stammesgebieten auswählen wird, indem er dort seinen Namen anbringt. Nach seiner Wohnung sollt ihr fragen, und dorthin sollst du ziehen. [6] Dorthin sollt ihr eure Brandopfertiere und Schlachtopfertiere bringen, eure Zehnten und Handerhebungsopfer, was ihr dem Herrn gelobt habt und was ihr freiwillig gebt, und die Erstlinge eurer Rinder, Schafe und Ziegen. [7] Dort sollt ihr vor dem Herrn, eurem Gott, das Mahl halten. Ihr sollt fröhlich sein, ihr und eure Familien, aus Freude über alles, was eure Hände geschafft haben, weil der Herr, dein Gott, dich gesegnet hat.

Der Zeitpunkt des Inkrafttretens

[8] Ihr sollt nicht tun, was jeder einzelne für richtig hält, wie es hier bei uns heute noch geschieht. [9] Denn ihr seid bis jetzt nicht in die Ruhe und in den Erbbesitz eingezogen, die der Herr, dein Gott, dir gibt. [10] Wenn ihr aber den Jordan überschritten habt und in dem Land wohnt, das der Herr, euer Gott, an euch als Erbbesitz verteilt, wenn er euch Ruhe vor allen euren Feinden ringsum verschafft hat und ihr in Sicherheit wohnt, [11] dann sollt ihr alles, wozu ich euch verpflichte, an die Stätte bringen, die der Herr, euer Gott, auswählt, indem er dort seinen Namen wohnen läßt: eure Brandopfertiere und Schlachtopfertiere, eure Zehnten und Handerhebungsopfer und alle eure auserlesenen Gaben, die ihr dem Herrn gelobt habt. [12] Dort sollt ihr vor dem Herrn, eurem Gott, fröhlich sein, ihr, eure Söhne und Töchter, eure Sklaven und Sklavinnen sowie die Leviten, die in euren Stadtbereichen Wohnrecht haben; denn der Levit hat nicht wie ihr Landanteil und Erbbesitz.

Die Unterscheidung von Opfer und Schlachtung

13 Nimm dich in acht! Verbrenn deine Brandopfertiere nicht an irgendeiner Stätte, die dir gerade vor die Augen kommt, 14 sondern nur an der Stätte, die der Herr im Gebiet eines deiner Stämme auswählt. Dort sollst du deine Brandopfertiere verbrennen, und dort sollst du alles ausführen, wozu ich dich verpflichte. 15 Doch darfst du immer, wenn du es möchtest, und überall in deinen Stadtbereichen schlachten und Fleisch essen, soweit der Segen reicht, den dir der Herr, dein Gott, geschenkt hat. Jeder, der Reine wie der Unreine, darf davon essen, wie bei Gazelle und Damhirsch. 16 Das Blut aber sollt ihr nicht genießen, sondern wie Wasser auf die Erde schütten. 17 Auch darfst du in deinen Stadtbereichen nicht den Zehnten von Korn, Wein und Öl verzehren, die Erstlinge von Rindern, Schafen und Ziegen, alle Gaben, die du dem Herrn gelobt hast, die freiwilligen Gaben und deine Handerhebungsopfer. 18 Vor dem Herrn, deinem Gott, sollst du sie verzehren, an der Stätte, die der Herr, dein Gott, auswählen wird – du, dein Sohn und deine Tochter, dein Sklave und deine Sklavin sowie die Leviten, die in deinen Stadtbereichen Wohnrecht haben –, und du sollst vor dem Herrn, deinem Gott, fröhlich sein und dich freuen über alles, was deine Hände geschafft haben. 19 Nimm dich in acht, und laß die Leviten nicht im Stich, solange du im Land lebst.

Das Blut bei Opfer und Schlachtung

20 Wenn der Herr, dein Gott, dein Gebiet vergrößert, wie er es dir zugesagt hat, und du, weil du Appetit auf Fleisch hast, sagst: Ich möchte gern Fleisch essen, dann darfst du so viel Fleisch essen, wie du möchtest. 21 Und wenn die Entfernung zu der Stätte, die der Herr, dein Gott, auswählen wird, indem er dort seinen Namen anbringt, zu groß ist, dann schlachte, so wie ich es dir erlaubt habe, Rinder, Schafe oder Ziegen, die der Herr dir geschenkt hat, und iß in deinen Stadtbereichen, soviel du möchtest. 22 Auch sollst du davon essen, wie man von Gazelle und Damhirsch ißt: Der Reine und der Unreine dürfen gemeinsam davon essen. 23 Doch beherrsche dich und genieße kein Blut; denn Blut ist Lebenskraft, und du sollst nicht zusammen mit dem Fleisch die Lebenskraft verzehren. 24 Du sollst es nicht genießen, sondern wie Wasser auf die Erde schütten. 25 Du sollst es nicht genießen, damit es dir und später deinen Söhnen gut geht, weil du tust, was in den Augen des Herrn richtig ist. 26 Die heiligen Abgaben jedoch, zu denen du verpflichtet bist, und die Gaben, die du selbst dem Herrn gelobt hast, sollst du aufladen, und du sollst damit zu der Stätte ziehen, die der Herr auswählen wird. 27 Dort sollst du deine Brandopfertiere auf dem Altar des Herrn, deines Gottes, darbringen, das Fleisch und das Blut. Bei deinen Schlachtopfertieren soll das Blut auf den Altar des Herrn, deines Gottes, geschüttet werden, das Fleisch sollst du essen. 28 Achte und höre auf alle diese Worte, auf die ich dich verpflichte, damit es dir und später deinen Söhnen immer gut geht, weil du tust, was in den Augen des Herrn, deines Gottes, gut und richtig ist.

Das Verbot kanaanäischer Kultbräuche

29 Wenn der Herr, dein Gott, die Völker, in deren Land du hineinziehst, um ihren Besitz zu übernehmen, vor dir niedergestreckt hat, wenn du ihren Besitz übernommen hast und dort wohnst, 30 dann nimm dich in acht! Lauf nicht hinter ihnen her in die Falle, nachdem sie bei deinem Angriff vernichtet worden sind. Erkundige dich nicht nach ihren Göttern, und frag nicht: Wie dienen denn diese Völker ihren Göttern? Ich will das gleiche tun wie sie. 31 Wenn du dem Herrn, deinem Gott, dienst, sollst du nicht das gleiche tun wie sie; denn sie haben, wenn sie ihren Göttern dienten, alle Greuel begangen, die der Herr haßt. Sie haben sogar ihre Söhne und Töchter im Feuer verbrannt, wenn sie ihren Göttern dienten.

Das Verbot einer Änderung dieses Gesetzes

13 Ihr sollt auf den vollständigen Wortlaut dessen, worauf ich euch verpflichte, achten und euch daran halten. Ihr sollt nichts hinzufügen und nichts wegnehmen.

Die Anstiftung zum Abfall durch Propheten und Traumseher

2 Wenn in deiner Mitte ein Prophet oder ein Traumseher auftritt und dir ein Zeichen oder Wunder ankündigt, 3 wobei er sagt: Folgen wir anderen Göttern nach, die du bisher nicht kanntest, und verpflichten wir uns, ihnen zu dienen!, und wenn das Zeichen und Wunder, das er dir angekündigt hatte, eintrifft, 4 dann sollst du nicht auf die Worte dieses Propheten oder Traumsehers

hören; denn der Herr, euer Gott, prüft euch, um zu erkennen, ob ihr das Volk seid, das den Herrn, seinen Gott, mit ganzem Herzen und mit ganzer Seele liebt. 5 Ihr sollt dem Herrn, eurem Gott, nachfolgen, ihn sollt ihr fürchten, auf seine Gebote sollt ihr achten, auf seine Stimme sollt ihr hören, ihm sollt ihr dienen, an ihm sollt ihr euch festhalten. 6 Der Prophet oder Traumseher aber soll mit dem Tod bestraft werden. Er hat euch aufgewiegelt gegen den Herrn, euren Gott, der euch aus Ägypten geführt und dich aus dem Sklavenhaus freigekauft hat. Denn er wollte dich davon abbringen, auf dem Weg zu gehen, den der Herr, dein Gott, dir vorgeschrieben hat. Du sollst das Böse aus deiner Mitte wegschaffen.

Die geheime Anstiftung zum Abfall

7 Wenn dein Bruder, der dieselbe Mutter hat wie du, oder dein Sohn oder deine Tochter oder deine Frau, mit der du schläfst, oder dein Freund, den du liebst wie dich selbst, dich heimlich verführen will und sagt: Gehen wir, und dienen wir anderen Göttern – (wobei er Götter meint,) die du und deine Vorfahren noch nicht kannten, 8 unter den Göttern der Völker, die in eurer Nachbarschaft wohnen, in der Nähe oder weiter entfernt, zwischen dem einen Ende der Erde und dem andern Ende der Erde –, 9 dann sollst du nicht nachgeben und nicht auf ihn hören. Du sollst in dir kein Mitleid mit ihm aufsteigen lassen, sollst keine Nachsicht für ihn kennen und die Sache nicht vertuschen. 10 Sondern du sollst ihn anzeigen. Wenn er hingerichtet wird, sollst du als erster deine Hand gegen ihn erheben, dann erst das ganze Volk. 11 Du sollst ihn steinigen, und er soll sterben; denn er hat versucht, dich vom Herrn, deinem Gott, abzubringen, der dich aus Ägypten geführt hat, aus dem Sklavenhaus. 12 Ganz Israel soll davon hören, damit sie sich fürchten und nicht noch einmal einen solchen Frevel in deiner Mitte begehen.

Der Abfall einer Stadt

13 Wenn du aus einer deiner Städte, die der Herr, dein Gott, dir als Wohnort gibt, erfährst: 14 Niederträchtige Menschen sind aus deiner Mitte herausgetreten und haben ihre Mitbürger vom Herrn abgebracht, indem sie sagten: Gehen wir, und dienen wir anderen Göttern, die ihr bisher nicht kanntet!, 15 wenn du dann durch Augenschein und Vernehmung genaue Ermittlungen angestellt hast und sich gezeigt hat: Ja, es ist wahr, der Tatbestand steht fest, dieser Greuel ist in deiner Mitte geschehen, 16 dann sollst du die Bürger dieser Stadt mit scharfem Schwert erschlagen, du sollst an der Stadt und an allem, was darin lebt, auch am Vieh, mit scharfem Schwert die Vernichtungsweihe vollstrecken. 17 Alles, was du in der Stadt erbeutet hast, sollst du auf dem Marktplatz aufhäufen, dann sollst du die Stadt und die gesamte Beute als Ganzopfer für den Herrn, deinen Gott, im Feuer verbrennen. Für immer soll sie ein Schutthügel bleiben und nie wieder aufgebaut werden. 18 Von dem, was der Vernichtung geweiht war, soll nichts in deiner Hand zurückbleiben, damit der Herr von seinem glühenden Zorn abläßt und dir wieder sein Erbarmen schenkt, sich deiner annimmt und dich wieder zahlreich macht, wie er es deinen Vätern geschworen hat 19 für den Fall, daß du auf die Stimme des Herrn, deines Gottes, hörst, auf alle seine Gebote, auf die ich dich heute verpflichte, achtest und tust, was in den Augen des Herrn, deines Gottes, richtig ist.

Das Verbot kanaanäischer Trauerbräuche

14 Ihr seid Kinder des Herrn, eures Gottes. Ihr sollt euch für einen Toten nicht wundritzen und keine Stirnglatzen scheren. 2 Denn du bist ein Volk, das dem Herrn, deinem Gott, heilig ist, und dich hat der Herr ausgewählt, damit du unter allen Völkern, die auf der Erde leben, das Volk wirst, das ihm persönlich gehört.

Die Speiseverbote

3 Du sollst nichts essen, was ein Greuel ist. 4 Dies sind die Großtiere, die ihr essen dürft: Rind, Lamm, Zicklein, 5 Damhirsch, Gazelle, Rehbock, Wildziege, Wisent, Wildschaf und Steinbock. 6 Ihr dürft jedes Großtier essen, das gespaltene Klauen hat, und zwar ganz gespaltene Klauen, und das zu den Wiederkäuern gehört. 7 Von den Großtieren, die wiederkäuen oder ganz gespaltene Klauen haben, dürft ihr aber folgende nicht essen: Kamel, Hase, Klippdachs. Sie sind zwar Wiederkäuer, haben aber keine gespaltenen Klauen. Sie sollen euch als unrein gelten. 8 Ebenso das Wildschwein, denn es hat zwar gespaltene Klauen, ist aber kein Wiederkäuer. Es soll euch als unrein gelten. Vom Fleisch dieser Tiere dürft ihr nicht essen, und ihr Aas dürft ihr nicht berühren. 9 Von allem, was im Wasser lebt,

dürft ihr folgendes essen: Alles, was Flossen und
Schuppen hat, dürft ihr essen. 10 Alles, was keine
Flossen und keine Schuppen hat, dürft ihr nicht es-
sen. Es soll euch als unrein gelten. 11 Alle reinen Vö-
gel dürft ihr essen. 12 Dies sind die Vögel, die ihr
nicht essen dürft: Aasgeier, Schwarzgeier, Bart-
geier, 13 Milan, die verschiedenen Bussardarten,
14 alle Arten des Raben, 15 Adlereule, Kurzohreule,
Langohreule und die verschiedenen Falkenarten,
16 Kauz, Bienenfresser, Weißeule, 17 Kleineule,
Fischadler, Fischeule, 18 Storch und die verschiede-
nen Reiherarten, Wiedehopf, Fledermaus 19 und al-
les fliegende Kleingetier: Sie sollen euch als unrein
gelten und dürfen nicht gegessen werden. 20 Alle
reinen geflügelten Tiere dürft ihr essen. 21a Ihr dürft
keinerlei Aas essen. Du sollst es dem Fremden, der
in euren Stadtbereichen Wohnrecht hat, zum Es-
sen überlassen oder es einem Ausländer verkau-
fen. Denn du bist ein Volk, das dem Herrn, deinem
Gott, heilig ist.

Das Verbot eines Fruchtbarkeitszaubers

21b Du sollst ein Zicklein nicht in der Milch seiner
Mutter kochen.

Die jährlichen Abgaben an das Heiligtum

22 Du sollst jedes Jahr den Zehnten von der
gesamten Ernte geben, die dein Acker erbringt
aus dem, was du angebaut hast. 23 Vor dem Herrn,
deinem Gott, sollst du an der Stätte, die er aus-
wählt, indem er dort seinen Namen wohnen läßt,
deinen Zehnten an Korn, Wein und Öl und die
Erstlinge deiner Rinder, Schafe und Ziegen ver-
zehren, damit du lernst, den Herrn, deinen Gott,
zu fürchten, solange du lebst. 24 Wenn aber der
Weg dorthin deine Kräfte übersteigt, weil die
Stätte, die der Herr auswählt, indem er dort sei-
nen Namen anbringt, so weit entfernt liegt und
der Herr, dein Gott, dich so gesegnet hat, daß
du den Zehnten nicht dorthin tragen kannst,
25 dann sollst du alles für Silber verkaufen, das Sil-
ber als deinen Besitz zusammenbinden, zu der
Stätte ziehen, die der Herr, dein Gott, auswählt,
26 dort für das Silber alles kaufen, worauf du
Appetit hast – Rinder, Schafe, Ziegen, Wein und
Bier, alles, wonach es deinen Gaumen verlangt –,
und dann sollst du vor dem Herrn, deinem Gott,
Mahl halten und fröhlich sein, du und deine Fa-
milie. 27 Auch sollst du die Leviten, die in deinen
Stadtbereichen Wohnrecht haben, nicht im Stich
lassen, denn sie haben nicht wie du Landanteil
und Erbbesitz.

Der Zehnt für die Armen in jedem dritten Jahr

28 In jedem dritten Jahr sollst du den ganzen Zehn-
ten deiner Jahresernte in deinen Stadtbereichen
abliefern und einlagern, 29 und die Leviten, die ja
nicht wie du Landanteil und Erbbesitz haben, die
Fremden, die Waisen und die Witwen, die in dei-
nen Stadtbereichen wohnen, können kommen,
essen und satt werden, damit der Herr, dein Gott,
dich stets segnet bei der Arbeit, die deine Hände
tun.

Der Verzicht auf Forderungen in jedem siebten Jahr

15 In jedem siebten Jahr sollst du die Acker-
brache einhalten. 2 Und so lautet eine Be-
stimmung für die Brache: Jeder Gläubiger soll den
Teil seines Vermögens, den er einem andern un-
ter Personalhaftung als Darlehen gegeben hat,
brachliegen lassen. Er soll gegen den andern, falls
dieser sein Bruder ist, nicht mit Zwang vorgehen;
denn er hat die Brache für den Herrn verkündet.
3 Gegen einen Ausländer darfst du mit Zwang vor-
gehen. Wenn es sich aber um deinen Bruder han-
delt, dann laß deinen Vermögensteil brachliegen!
4 Doch eigentlich sollte es bei dir gar keine Armen
geben; denn der Herr wird dich reich segnen in
dem Land, das der Herr, dein Gott, dir als Erbbe-
sitz gibt und das du in Besitz nimmst, 5 wenn du
auf die Stimme des Herrn, deines Gottes, hörst,
auf dieses Gebot, auf das ich dich heute ver-
pflichte, achtest und es hältst. 6 Wenn der Herr,
dein Gott, dich segnet, wie er es dir zugesagt hat,
dann kannst du vielen Völkern gegen Pfand lei-
hen, du selbst aber brauchst nichts zu verpfän-
den; du wirst über viele Völker Gewalt haben,
über dich aber werden sie keine Gewalt haben.

Die Kredithilfen an arme Israeliten

7 Wenn bei dir ein Armer lebt, irgendeiner deiner
Brüder in irgendeinem deiner Stadtbereiche in
dem Land, das der Herr, dein Gott, dir gibt, dann
sollst du nicht hartherzig sein und sollst deinem
armen Bruder deine Hand nicht verschließen.
8 Du sollst ihm deine Hand öffnen und ihm gegen
Pfand leihen, was der Not, die ihn bedrückt, ab-
hilft. 9 Nimm dich in acht, daß du nicht in nieder-
trächtigem Herzen den Gedanken hegst: Bald

kommt das siebte Jahr, das Brachjahr!, und deinen
armen Bruder böse ansiehst und ihm nichts gibst,
so daß er den Herrn gegen dich anruft und Strafe
für diese Sünde über dich kommt. 10 Du sollst ihm
etwas geben, und wenn du ihm gibst, soll auch
dein Herz nicht böse darüber sein; denn wegen
dieser Tat wird dich der Herr, dein Gott, segnen in
allem, was du arbeitest, und in allem, was deine
Hände schaffen. 11 Die Armen werden niemals
ganz aus deinem Land verschwinden. Darum ma-
che ich dir zur Pflicht: Du sollst deinem notlei-
denden und armen Bruder, der in deinem Land
lebt, deine Hand öffnen.

Die Selbstverknechtung

12 Wenn dein Bruder, ein Hebräer – oder auch eine
Hebräerin –, sich dir verkauft, soll er dir sechs
Jahre als Sklave dienen. Im siebten Jahr sollst du
ihn als freien Mann entlassen. 13 Und wenn du ihn
als freien Mann entläßt, sollst du ihn nicht mit lee-
ren Händen entlassen. 14 Du sollst ihm von deinen
Schafen und Ziegen, von deiner Tenne und von
deiner Kelter so viel mitgeben, wie er tragen
kann. Wie der Herr, dein Gott, dich gesegnet hat,
so sollst du ihn bedenken. 15 Denk daran: Als du in
Ägypten Sklave warst, hat der Herr, dein Gott,
dich freigekauft. Darum verpflichte ich dich heute
auf dieses Gebot. 16 Wenn dieser Sklave dir aber er-
klärt: Ich will nicht von dir freigelassen werden –
denn er hat dich und deine Familie liebgewon-
nen, weil es ihm bei dir gut ging –, 17 so nimm ei-
nen Pfriem und stich ihn durch sein Ohr in die
Tür: Dann ist er dein Sklave für immer. Bei einer
Sklavin sollst du das gleiche tun. 18 Halt es nicht für
eine Härte, wenn du ihn als freien Mann entlas-
sen mußt; denn was er in den sechs Jahren für
dich erarbeitet hat, entspricht dem, was du einem
Tagelöhner als Lohn hättest zahlen müssen. Dann
wird der Herr, dein Gott, dich in allem segnen,
was du tust.

Die Erstgeburt des Viehs

19 Alle männlichen Erstlinge, die unter deinen Rin-
dern, Schafen und Ziegen geboren werden, sollst
du dem Herrn, deinem Gott, weihen. Mit einem
Erstlingsstier darfst du nicht arbeiten, und ein
Erstlingsschaf darfst du nicht scheren. 20 Jahr für
Jahr sollst du die Erstlinge vor dem Herrn, deinem
Gott, an der Stätte, die der Herr auswählt, essen,
du und deine Familie. 21 Doch wenn ein Tier einen
Fehler hat, wenn es hinkt oder blind ist, wenn es
irgendeinen Makel hat, sollst du es nicht für den
Herrn, deinen Gott, schlachten. 22 In deinen Stadt-
bereichen sollst du es verzehren; der Reine und
der Unreine können es gemeinsam essen, wie bei
Gazelle und Damhirsch. 23 Nur das Blut sollst du
nicht genießen, sondern wie Wasser auf die Erde
schütten.

Das Frühlingsfest

16 Achte auf den Monat Abib, und feiere
dem Herrn, deinem Gott, das Paschafest;
denn im Monat Abib hat der Herr, dein Gott, dich
nachts aus Ägypten geführt. 2 Als Paschatiere für
den Herrn, deinen Gott, sollst du Schafe, Ziegen
oder Rinder schlachten an der Stätte, die der Herr
auswählen wird, indem er dort seinen Namen
wohnen läßt. 3 Du sollst nichts Gesäuertes dazu
essen. Sieben Tage lang sollst du ungesäuertes
Brot dazu essen, die Speise der Bedrängnis, damit
du dein ganzes Leben lang des Tages gedenkst, an
dem du aus Ägypten gezogen bist. Denn in Hast
bist du aus Ägypten gezogen. 4 In deinem ganzen
Gebiet soll sieben Tage lang kein Sauerteig zu fin-
den sein, und vom Fleisch des Tieres, das du am
Abend des ersten Tages schlachtest, darf bis zum
andern Morgen nichts übrigbleiben. 5 Du darfst
das Paschatier nicht in irgendeinem der Stadt-
bereiche schlachten, die der Herr, dein Gott, dir
geben wird, 6 sondern nur an der Stätte, die der
Herr, dein Gott, auswählt, indem er dort seinen
Namen wohnen läßt. Dort sollst du das Paschatier
schlachten, am Abend bei Sonnenuntergang, zu
der Stunde, in der du aus Ägypten gezogen bist.
7 Du sollst es an der Stätte kochen und verzehren,
die der Herr, dein Gott, ausgewählt hat, und am
Morgen darfst du wieder zu deinen Zelten
zurückkehren. 8 Sechs Tage sollst du ungesäuertes
Brot essen, am siebten Tag ist eine Festversamm-
lung für den Herrn, deinen Gott; da sollst du keine
Arbeit tun.

Das Wochenfest

9 Du sollst sieben Wochen zählen. Wenn man die
Sichel an den Halm legt, sollst du beginnen, die
sieben Wochen zu zählen. 10 Danach sollst du
dem Herrn, deinem Gott, das Wochenfest feiern
und dabei eine freiwillige Gabe darbringen, die
du danach bemißt, wie der Herr, dein Gott, dich
gesegnet hat. 11 Du sollst vor dem Herrn, deinem

Gott, fröhlich sein, du, dein Sohn und deine Tochter, dein Sklave und deine Sklavin, auch die Leviten, die in deinen Stadtbereichen Wohnrecht haben, und die Fremden, Waisen und Witwen, die in deiner Mitte leben. Du sollst fröhlich sein an der Stätte, die der Herr, dein Gott, auswählt, indem er dort seinen Namen wohnen läßt. 12 Denk daran: Du bist in Ägypten Sklave gewesen. Daher sollst du auf diese Gesetze achten und sie halten.

Das Laubhüttenfest

13 Das Laubhüttenfest sollst du sieben Tage lang feiern, nachdem du das Korn von der Tenne und den Wein aus der Kelter eingelagert hast. 14 Du sollst an deinem Fest fröhlich sein, du, dein Sohn und deine Tochter, dein Sklave und deine Sklavin, die Leviten und die Fremden, Waisen und Witwen, die in deinen Stadtbereichen wohnen. 15 Sieben Tage lang sollst du dem Herrn, deinem Gott, das Fest feiern an der Stätte, die der Herr auswählt. Wenn dich der Herr, dein Gott, in allem gesegnet hat, in deiner Ernte und in der Arbeit deiner Hände, dann sollst du wirklich fröhlich sein.

Die Verpflichtung zu Wallfahrten

16 Dreimal im Jahr sollen alle deine Männer hingehen, um das Angesicht des Herrn, deines Gottes, an der Stätte, die er auswählt, zu schauen: am Fest der Ungesäuerten Brote, am Wochenfest und am Laubhüttenfest. Man soll nicht mit leeren Händen hingehen, um das Angesicht des Herrn zu schauen, 17 sondern jeder mit seiner Gabe, die dem Segen entspricht, den du vom Herrn, deinem Gott, erhalten hast.

Das Verhalten der Richter in den Ortschaften

18 Richter und Listenführer sollst du in allen Stadtbereichen einsetzen, die der Herr, dein Gott, dir in deinen Stammesgebieten gibt. Sie sollen dem Volk Recht sprechen und gerechte Urteile fällen. 19 Du sollst das Recht nicht beugen. Du sollst kein Ansehen der Person kennen. Du sollst keine Bestechung annehmen; denn Bestechung macht Weise blind und verdreht die Fälle derer, die im Recht sind. 20 Gerechtigkeit, Gerechtigkeit – ihr sollst du nachjagen, damit du Leben hast und das Land in Besitz nehmen kannst, das der Herr, dein Gott, dir gibt.

Das Verbot nichtjahwistischer Kultsymbole

21 Du sollst neben dem Altar des Herrn, deines Gottes, den du dir baust, keinen Kultpfahl, keinerlei Holz einpflanzen. 22 Du sollst kein Steinmal von der Art errichten, die der Herr, dein Gott, haßt.

Das Verbot fehlerhafter Opfer

17 Du sollst dem Herrn, deinem Gott, keinen Stier und kein Lamm schlachten, die einen Fehler, irgendeine Mißbildung haben, denn das ist dem Herrn, deinem Gott, ein Greuel.

Das Verfahren beim Abfall zu Gestirngöttern

2 Wenn in deiner Mitte, in einem der Stadtbereiche, die der Herr, dein Gott, dir gibt, ein Mann – oder auch eine Frau – lebt, der tut, was in den Augen des Herrn, deines Gottes, böse ist, und sich über seinen Bund hinwegsetzt, 3 wenn er hingeht, anderen Göttern dient und sich vor ihnen niederwirft – und zwar vor der Sonne, dem Mond oder dem ganzen Himmelsheer, was ich verboten habe –, 4 wenn dir das gemeldet wird, wenn du den Fall anhängig machst, genaue Ermittlungen anstellst und es sich zeigt: Ja, es ist wahr, der Tatbestand steht fest, dieser Greuel ist in Israel geschehen!, 5 dann sollst du diesen Mann oder diese Frau, die den Frevel begangen haben, den Mann oder die Frau, zu einem deiner Stadttore führen und steinigen, und sie sollen sterben. 6 Wenn es um Leben oder Tod eines Angeklagten geht, darf er nur auf die Aussage von zwei oder drei Zeugen hin zum Tod verurteilt werden. Auf die Aussage eines einzigen Zeugen hin darf er nicht zum Tod verurteilt werden. 7 Wenn er hingerichtet wird, sollen die Zeugen als erste ihre Hand gegen ihn erheben, dann erst das ganze Volk. Du sollst das Böse aus deiner Mitte wegschaffen.

Das sakrale Gerichtsverfahren

8 Wenn bei einem Verfahren wegen Mord, Eigentumsdelikt oder Körperverletzung – also wegen Streitsachen, über die in deinen Stadtbereichen entschieden werden darf – der Fall für dich zu ungewöhnlich liegt, dann sollst du dich aufmachen, zu der Stätte hinaufziehen, die der Herr auswählt, 9 und vor die levitischen Priester und den Richter treten, der dann amtiert. Du sollst genaue Ermittlungen anstellen lassen, und sie sollen dir den Urteilsspruch verkünden. 10 Dann sollst du dich an den Spruch halten, den sie dir an dieser Stätte,

die der Herr auswählt, verkünden, und du sollst auf
alles, was sie dich lehren, genau achten und es hal-
ten. 11 An den Wortlaut der Weisung, die sie dich leh-
ren, und an das Urteil, das sie fällen, sollst du dich
halten. Von dem Spruch, den sie dir verkünden,
sollst du weder rechts noch links abweichen. 12 Ein
Mann aber, der so vermessen ist, auf den Priester,
der dort steht, um vor dem Herrn, deinem Gott,
Dienst zu tun, oder auf den Richter nicht zu hören,
dieser Mann soll sterben. Du sollst das Böse aus Is-
rael wegschaffen. 13 Das ganze Volk soll davon
hören, damit sie sich fürchten und nicht noch ein-
mal so vermessen sind.

Der König

14 Wenn du in das Land, das der Herr, dein Gott, dir
gibt, hineingezogen bist, es in Besitz genommen
hast, in ihm wohnst und dann sagst: Ich will ei-
nen König über mich einsetzen wie alle Völker in
meiner Nachbarschaft!, 15 dann darfst du einen Kö-
nig über dich einsetzen, doch nur einen, den der
Herr, dein Gott, auswählt. Nur aus der Mitte dei-
ner Brüder darfst du einen König über dich ein-
setzen. Einen Ausländer darfst du nicht über dich
einsetzen, weil er nicht dein Bruder ist. 16 Der Kö-
nig soll sich aber nicht zu viele Pferde halten. Er
soll das Volk nicht nach Ägypten zurückbringen,
um mehr Pferde zu bekommen; denn der Herr
hat zu euch gesagt: Ihr sollt auf diesem Weg nie
wieder zurückkehren. 17 Er soll sich auch keine
große Zahl von Frauen nehmen, damit sein Sinn
nicht vom rechten Weg abweicht. Er soll nicht zu
viel Silber und Gold anhäufen. 18 Und wenn er sei-
nen Königsthron bestiegen hat, soll er sich von
dieser Weisung, die die levitischen Priester aufbe-
wahren, auf einer Schriftrolle eine Zweitschrift
anfertigen lassen. 19 Sein Leben lang soll er die
Weisung mit sich führen und in der Rolle lesen,
damit er lernt, den Herrn, seinen Gott, zu fürch-
ten, auf alle Worte dieser Weisung und dieser Ge-
setze zu achten, sie zu halten, 20 sein Herz nicht
über seine Brüder zu erheben und von dem Ge-
bot weder rechts noch links abzuweichen, damit
er lange als König in Israels Mitte lebt, er und
seine Nachkommen.

Die Einkünfte der Priester

18 Die levitischen Priester – der ganze
Stamm Levi – sollen nicht wie das übrige
Israel Landanteil und Erbbesitz haben. Sie sollen
sich von den Opferanteilen des Herrn, von sei-
nem Erbbesitz, ernähren. 2 Der Stamm Levi soll in-
mitten seiner Brüder leben, aber keinen Erbbesitz
haben. Der Herr selbst ist sein Erbbesitz, wie er es
ihm zugesagt hat. 3 Und das ist das Recht, das die
Priester gegenüber dem Volk haben, gegenüber
denen, die ein Schlachtopfertier schlachten, sei es
ein Stier oder ein Lamm: Man soll dem Priester
den Bug, die Kinnbacken und den Labmagen ge-
ben. 4 Du sollst ihm den ersten Ertrag von Korn,
Wein und Öl und den ersten Ertrag der Schafschur
geben. 5 Denn der Herr, dein Gott, hat den Stamm
Levi unter allen deinen Stämmen dazu ausge-
wählt, daß er im Namen des Herrn dasteht und
Dienst tut – Levi und seine Nachkommen, ihr Le-
ben lang. 6 Wenn ein Levit aus einem deiner Stadt-
bereiche irgendwo in Israel, in dem er als Frem-
der gewohnt hat, zu der Stätte kommt, die der
Herr ausgewählt hat, und zwar, wann immer er
möchte, 7 und wenn er dann wie alle seine leviti-
schen Brüder, die dort vor dem Herrn stehen, im
Namen des Herrn, seines Gottes, Dienst tut,
8 sollen alle die gleiche Zuteilung erhalten, ohne
daß man berücksichtigt, wie groß sein väterliches
Vermögen ist.

Die Zauberer und Propheten

9 Wenn du in das Land hineinziehst, das der Herr,
dein Gott, dir gibt, sollst du nicht lernen, die
Greuel dieser Völker nachzuahmen. 10 Es soll bei
dir keinen geben, der seinen Sohn oder seine
Tochter durchs Feuer gehen läßt, keinen, der Los-
orakel befragt, Wolken deutet, aus dem Becher
weissagt, zaubert, 11 Gebetsbeschwörungen her-
sagt oder Totengeister befragt, keinen Hellseher,
keinen, der Verstorbene um Rat fragt. 12 Denn je-
der, der so etwas tut, ist dem Herrn ein Greuel.
Wegen dieser Greuel vertreibt sie der Herr, dein
Gott, vor dir. 13 Du sollst ganz und gar bei dem
Herrn, deinem Gott, bleiben. 14 Denn diese Völker,
deren Besitz du übernimmst, hören auf Wolken-
deuter und Orakelleser. Für dich aber hat der
Herr, dein Gott, es anders bestimmt. 15 Einen Pro-
pheten wie mich wird dir der Herr, dein Gott, aus
deiner Mitte, unter deinen Brüdern, erstehen las-
sen. Auf ihn sollt ihr hören. 16 Der Herr wird ihn
als Erfüllung von allem erstehen lassen, worum
du am Horeb, am Tag der Versammlung, den
Herrn, deinen Gott, gebeten hast, als du sagtest:
Ich kann die donnernde Stimme des Herrn, mei-

nes Gottes, nicht noch einmal hören und dieses
große Feuer nicht noch einmal sehen, ohne daß
ich sterbe. 17 Damals sagte der Herr zu mir: Was sie
von dir verlangen, ist recht. 18 Einen Propheten
wie dich will ich ihnen mitten unter ihren Brü-
dern erstehen lassen. Ich will ihm meine Worte in
den Mund legen, und er wird ihnen alles sagen,
was ich ihm auftrage. 19 Einen Mann aber, der
nicht auf meine Worte hört, die der Prophet in
meinem Namen verkünden wird, ziehe ich selbst
zur Rechenschaft. 20 Doch ein Prophet, der sich an-
maßt, in meinem Namen ein Wort zu verkünden,
dessen Verkündigung ich ihm nicht aufgetragen
habe, oder der im Namen anderer Götter spricht,
ein solcher Prophet soll sterben. 21 Und wenn du
denkst: Woran können wir ein Wort erkennen,
das der Herr nicht gesprochen hat?, 22 dann sollst
du wissen: Wenn ein Prophet im Namen des
Herrn spricht und sein Wort sich nicht erfüllt und
nicht eintrifft, dann ist es ein Wort, das nicht der
Herr gesprochen hat. Der Prophet hat sich nur an-
gemaßt, es zu sprechen. Du sollst dich dadurch
nicht aus der Fassung bringen lassen.

Die Asylstädte

19 Wenn der Herr, dein Gott, die Völker,
deren Land der Herr, dein Gott, dir ge-
ben will, niederstreckt und du ihren Besitz über-
nimmst und in ihren Städten und Häusern
wohnst, 2 sollst du in dem Land, das der Herr,
dein Gott, dir gibt, damit du es in Besitz nimmst,
drei Städten eine Sonderstellung zuweisen. 3 Du
sollst die Wegstrecken berechnen und die Fläche
des Landes, das der Herr, dein Gott, dir als Erb-
besitz gibt, in drei Teile teilen. Dann kann jeder,
der einen Menschen getötet hat, in diese Städte
fliehen. 4 Und so lautet die Bestimmung für ei-
nen, der jemand getötet hat und dorthin flieht,
um am Leben zu bleiben: Wenn er den andern
ohne Vorsatz erschlagen hat und nicht schon
früher mit ihm verfeindet gewesen ist, 5 zum
Beispiel wenn er mit einem andern in den Wald
gegangen ist, um Bäume zu fällen, seine Hand
mit der Axt ausgeholt hat, um einen Baum um-
zuhauen, das Eisenblatt sich vom Stiel gelöst
und den andern getroffen hat und dieser gestor-
ben ist, dann kann er in eine dieser Städte flie-
hen, um am Leben zu bleiben. 6 Es darf nicht
sein, daß der Weg (zum Heiligtum) zu weit ist,
damit nicht der Bluträcher, der aus Rachedurst
den, der getötet hat, verfolgt, ihn einholt und
tödlich trifft, obwohl kein Recht besteht, ihn zu
töten, da er ja mit dem Getöteten nicht schon
früher verfeindet war. 7 Deshalb mache ich dir
zur Pflicht: Du sollst drei Städten eine Sonder-
stellung zuweisen. 8 Und wenn der Herr, dein
Gott, dein Gebiet vergrößert, wie er es deinen
Vätern geschworen hat, und dir das ganze Land,
von dem er gesagt hat, er werde es deinen Vä-
tern geben, wirklich gibt, 9 weil du auf dieses
ganze Gebot, auf das ich dich heute verpflichte,
achtest und es hältst, indem du den Herrn, dei-
nen Gott, liebst und dein Leben lang auf seinen
Wegen gehst, dann sollst du diese drei Städte
um drei weitere vermehren. 10 So soll verhindert
werden, daß mitten in dem Land, das der Herr,
dein Gott, dir als Erbbesitz gibt, unschuldiges
Blut vergossen wird und Blutschuld über dich
kommt.

Die Auslieferung eines Mörders aus der Asylstadt

11 Wenn es sich um einen Mann handelt, der mit
einem andern verfeindet war, wenn er ihm auf-
lauerte, ihn überfiel und tödlich traf, so daß er
starb, und wenn er in eine dieser Städte floh,
12 dann sollen die Ältesten seiner Stadt ihn von
dort holen lassen und in die Gewalt des Blut-
rächers geben, und er soll sterben. 13 Du sollst in
dir kein Mitleid mit ihm aufsteigen lassen. Du
sollst das Blut des Unschuldigen aus Israel weg-
schaffen, und es wird dir gut gehen.

Die Grenzverrückung

14 An deinem Erbbesitz, der dir in dem Land zuge-
teilt werden soll, das der Herr, dein Gott, dir gibt,
damit du es in Besitz nimmst, sollst du die Grenz-
markierung zu deinem Nachbarn hin, die die Vor-
fahren errichtet haben, nicht verrücken.

Die Zahl der Zeugen

15 Wenn es um ein Verbrechen oder ein Vergehen
geht, darf ein einzelner Belastungszeuge nicht
Recht bekommen, welches Vergehen auch im-
mer der Angeklagte begangen hat. Erst auf die
Aussage von zwei oder drei Zeugen darf eine Sa-
che Recht bekommen.

Die falsche Aussage vor Gericht

16 Wenn jemand vor Gericht geht und als Zeuge
einen andern zu Unrecht der Anstiftung zum

Aufruhr bezichtigt, 17 wenn die beiden Parteien
mit ihrem Rechtsstreit vor den Herrn hintre-
ten, vor die Priester und Richter, die dann amtie-
ren, 18 wenn die Richter eine genaue Ermittlung
anstellen und sich zeigt: Der Mann ist ein falscher
Zeuge, er hat seinen Bruder fälschlich bezich-
tigt, 19 dann sollt ihr mit ihm so verfahren, wie
er mit seinem Bruder verfahren wollte. Du sollst
das Böse aus deiner Mitte wegschaffen. 20 Die
übrigen sollen davon hören, damit sie sich fürch-
ten und nicht noch einmal ein solches Verbre-
chen in deiner Mitte begehen. 21 Und du sollst in
dir kein Mitleid aufsteigen lassen: Leben für Le-
ben, Auge für Auge, Zahn für Zahn, Hand für
Hand, Fuß für Fuß.

Das Aufgebot des Volksheeres

20 Wenn du zum Kampf gegen deine Feinde
ausziehst und Pferde und Wagen und ein
Kriegsvolk erblickst, das zahlreicher ist als du,
dann sollst du dich nicht vor ihnen fürchten; denn
der Herr, dein Gott, der dich aus Ägypten herauf-
geführt hat, ist bei dir. 2 Wenn ihr in den Kampf
zieht, soll der Priester vortreten, dem Kriegsvolk
eine Ansprache halten 3 und zu ihnen sagen:
Höre, Israel! Ihr zieht heute in den Kampf gegen
eure Feinde. Verliert nicht den Mut! Fürchtet
euch nicht, geratet nicht durcheinander, und
weicht nicht erschreckt zurück, wenn sie angrei-
fen. 4 Denn der Herr, euer Gott, zieht mit euch, um
für euch gegen eure Feinde zu kämpfen und euch
zu retten. 5 Dann sollen die Listenführer zum
Kriegsvolk sagen: Ist unter euch einer, der ein
neues Haus gebaut und noch nicht eingeweiht
hat? Er trete weg und kehre zu seinem Haus
zurück, damit er nicht im Kampfe fällt und ein an-
derer es einweiht. 6 Ist unter euch einer, der einen
Weinberg angelegt und noch nicht die erste Lese
gehalten hat? Er trete weg und kehre nach Hause
zurück, damit er nicht im Kampfe fällt und ein an-
derer die erste Lese hält. 7 Ist unter euch einer, der
sich mit einer Frau verlobt und sie noch nicht ge-
heiratet hat? Er trete weg und kehre nach Hause
zurück, damit er nicht im Kampfe fällt und ein an-
derer seine Frau heiratet. 8 Außerdem sollen die
Listenführer zum Kriegsvolk sagen: Ist unter euch
einer, der sich fürchtet und keinen Mut hat? Er
trete weg und kehre nach Hause zurück, damit
nicht auch noch seinen Brüdern der Mut genom-
men wird. 9 Und wenn die Listenführer damit zu
Ende sind, dies dem Kriegsvolk zu sagen, sollen
sie Truppenführer ernennen und ihnen das Kom-
mando über das Kriegsvolk übertragen.

Der Krieg gegen Städte

10 Wenn du vor eine Stadt ziehst, um sie anzugrei-
fen, dann sollst du ihr zunächst eine friedliche Ei-
nigung vorschlagen. 11 Nimmt sie die friedliche Ei-
nigung an und öffnet dir die Tore, dann soll die
gesamte Bevölkerung, die du dort vorfindest, zum
Frondienst verpflichtet und dir untertan sein.
12 Lehnt sie eine friedliche Einigung mit dir ab und
will sich mit dir im Kampf messen, dann darfst du
sie belagern. 13 Wenn der Herr, dein Gott, sie in
deine Gewalt gibt, sollst du alle männlichen Per-
sonen mit scharfem Schwert erschlagen. 14 Die
Frauen aber, die Kinder und Greise, das Vieh und
alles, was sich sonst in der Stadt befindet, alles,
was sich darin plündern läßt, darfst du dir als
Beute nehmen. Was du bei deinen Feinden ge-
plündert hast, darfst du verzehren; denn der Herr,
dein Gott, hat es dir geschenkt. 15 So sollst du mit
allen Städten verfahren, die sehr weit von dir ent-
fernt liegen und nicht zu den Städten dieser Völ-
ker hier gehören. 16 Aus den Städten dieser Völker
jedoch, die der Herr, dein Gott, dir als Erbbesitz
gibt, darfst du nichts, was Atem hat, am Leben las-
sen. 17 Vielmehr sollst du die Hetiter und Amori-
ter, Kanaaniter und Perisiter, Hiwiter und Jebusi-
ter der Vernichtung weihen, so wie es der Herr,
dein Gott, dir zur Pflicht gemacht hat, 18 damit sie
euch nicht lehren, alle Greuel nachzuahmen, die
sie begingen, wenn sie ihren Göttern dienten,
und ihr nicht gegen den Herrn, euren Gott, sün-
digt.

Die Schonung des Baumbestandes

19 Wenn du eine Stadt längere Zeit hindurch be-
lagerst, um sie anzugreifen und zu erobern, dann
sollst du ihrem Baumbestand keinen Schaden zu-
fügen, indem du die Axt daran legst. Du darfst
von den Bäumen essen, sie aber nicht fällen mit
dem Gedanken, die Bäume auf dem Feld seien
der Mensch selbst, so daß sie von dir belagert
werden müßten. 20 Nur den Bäumen, von de-
nen du weißt, daß sie keine Fruchtbäume sind,
darfst du Schaden zufügen. Du darfst sie fäl-
len und daraus Belagerungswerk bauen gegen
die Stadt, die gegen dich kämpfen will, bis sie
schließlich fällt.

Der Mord durch einen unbekannten Täter

21 Wenn in dem Land, das der Herr, dein
Gott, dir gibt, damit du es in Besitz
nimmst, einer auf freiem Feld ermordet aufge-
funden wird und man nicht weiß, wer ihn er-
schlagen hat, 2 dann sollen deine Ältesten und
Richter hinausgehen und feststellen, wie weit
die Städte ringsum von dem Ermordeten ent-
fernt sind. 3 Wenn feststeht, welche Stadt dem
Ermordeten am nächsten liegt, sollen die Älte-
sten dieser Stadt eine junge Kuh aussuchen, die
noch nicht zur Arbeit verwendet worden ist, das
heißt, die noch nicht unter dem Joch gegangen
ist. 4 Die Ältesten dieser Stadt sollen die Kuh in
ein ausgetrocknetes Bachtal bringen, wo weder
geackert noch gesät wird. Dort sollen sie im
Bachbett der Kuh das Genick brechen. 5 Dann
sollen die Priester, die Nachkommen Levis, her-
antreten; denn sie hat der Herr, dein Gott, dazu
ausgewählt, vor ihm Dienst zu tun und im Na-
men des Herrn den Segen zu sprechen. Nach
ihrem Spruch soll jeder Rechtsstreit und jeder
Fall von Körperverletzung entschieden werden.
6 Alle Ältesten dieser Stadt sollen, weil sie dem
Ermordeten am nächsten sind, über der Kuh, der
im Bachbett das Genick gebrochen wurde, ihre
Hände waschen. 7 Sie sollen feierlich sagen: Un-
sere Hände haben dieses Blut nicht vergossen,
und unsere Augen haben nichts gesehen. 8 Deck
es zu, zum Schutz deines Volkes Israel, das du
freigekauft hast, Herr, und laß kein unschuldig
vergossenes Blut in der Mitte deines Volkes Is-
rael bleiben. Dann ist das Blut zu ihrem Schutz
zugedeckt. 9 Du wirst das unschuldig vergossene
Blut aus deiner Mitte wegschaffen können,
wenn du tust, was in den Augen des Herrn rich-
tig ist.

Die Heirat einer Kriegsgefangenen

10 Wenn du zum Kampf gegen deine Feinde aus-
ziehst und der Herr, dein Gott, sie alle in deine
Gewalt gibt, wenn du dabei Gefangene machst
11 und unter den Gefangenen eine Frau von schö-
ner Gestalt erblickst, wenn sie dein Herz gewinnt
und du sie heiraten möchtest, 12 dann sollst du sie
in dein Haus bringen, und sie soll sich den Kopf
scheren, ihre Nägel kürzen 13 und die Gefange-
nenkleidung ablegen. Sie soll in deinem Haus
wohnen und einen Monat lang ihren Vater und
ihre Mutter beweinen. Danach darfst du mit ihr
Verkehr haben, du darfst ihr Mann werden und
sie deine Frau. 14 Wenn sie dir aber nicht mehr
gefällt, darfst du sie entlassen, und sie darf tun,
was sie will. Auf keinen Fall darfst du sie für Sil-
ber verkaufen. Auch darfst du sie nicht als Sklavin
kennzeichnen. Denn du hast sie dir gefügig ge-
macht.

Das Erbrecht des erstgeborenen Sohnes

15 Wenn ein Mann zwei Frauen hat, eine, die er
liebt, und eine, die er nicht liebt, und wenn beide
ihm Söhne gebären, die geliebte wie die unge-
liebte, und der erstgeborene Sohn von der unge-
liebten stammt, 16 dann darf er, wenn er sein Erbe
unter seine Söhne verteilt, den Sohn der geliebten
Frau nicht als Erstgeborenen behandeln und da-
mit gegen das Recht des wirklichen Erstgebore-
nen, des Sohnes der ungeliebten Frau, verstoßen.
17 Vielmehr soll er den Erstgeborenen, den Sohn
der Ungeliebten, anerkennen, indem er ihm von
allem, was er besitzt, den doppelten Anteil gibt.
Ihn hat er zuerst gezeugt, er besitzt das Erstgebo-
renenrecht.

Die Verstoßung eines Sohnes

18 Wenn ein Mann einen störrischen und wider-
spenstigen Sohn hat, der nicht auf die Stimme sei-
nes Vaters und seiner Mutter hört, und wenn sie
ihn züchtigen und er trotzdem nicht auf sie hört,
19 dann sollen Vater und Mutter ihn packen, vor
die Ältesten der Stadt und die Torversammlung
des Ortes führen 20 und zu den Ältesten der Stadt
sagen: Unser Sohn hier ist störrisch und wider-
spenstig, er hört nicht auf unsere Stimme, er ist
ein Verschwender und Trinker. 21 Dann sollen alle
Männer der Stadt ihn steinigen, und er soll ster-
ben. Du sollst das Böse aus deiner Mitte weg-
schaffen. Ganz Israel soll davon hören, damit sie
sich fürchten.

Die Bestattung von Hingerichteten

22 Wenn jemand ein Verbrechen begangen hat, auf
das die Todesstrafe steht, wenn er hingerichtet
wird und du den Toten an einen Pfahl hängst,
23 dann soll die Leiche nicht über Nacht am Pfahl
hängen bleiben, sondern du sollst ihn noch am
gleichen Tag begraben; denn ein Gehenkter ist
ein von Gott Verfluchter. Du sollst das Land nicht
unrein werden lassen, das der Herr, dein Gott, dir
als Erbbesitz gibt.

Gefundenes Gut

22 Du sollst nicht untätig zusehen, wie ein
Stier oder ein Lamm deines Bruders sich
verläuft. Du sollst dann nicht so tun, als gingen sie
dich nichts an, sondern sie deinem Bruder
zurückbringen. 2 Wenn dein Bruder nicht in der
Nähe wohnt oder wenn du ihn nicht kennst,
sollst du das Tier in deinen Stall tun, und es soll
dir zur Verfügung stehen, bis dein Bruder es sucht
und du es ihm zurückgeben kannst. 3 Ebenso
sollst du es mit einem Esel halten, ebenso mit ei-
nem Gewand, ebenso mit allem anderen, was
dein Bruder verloren hat: was er verloren hat und
was du findest. Du kannst gar nicht so tun, als
ginge dich das nichts an.

Die nachbarschaftliche Hilfe

4 Du sollst nicht untätig zusehen, wie ein Esel oder
ein Ochse deines Bruders auf dem Weg zusam-
menbricht. Du sollst dann nicht so tun, als gingen
sie dich nichts an, sondern ihm helfen, sie wieder
aufzurichten.

Kleidung und Geschlecht

5 Eine Frau soll nicht die Ausrüstung eines Man-
nes tragen, und ein Mann soll kein Frauenkleid
anziehen; denn jeder, der das tut, ist dem Herrn,
deinem Gott, ein Greuel.

Die Aushebung von Vogelnestern

6 Wenn du unterwegs auf einem Baum oder auf
der Erde zufällig ein Vogelnest mit Jungen oder
mit Eiern darin findest und die Mutter auf den
Jungen oder auf den Eiern sitzt, sollst du die Mut-
ter nicht zusammen mit den Jungen herausneh-
men. 7 Sondern du sollst die Mutter fliegen lassen
und nur die Jungen nehmen, damit es dir gut geht
und du lange lebst.

Schutzgeländer an Dachterrassen

8 Wenn du ein neues Haus baust, sollst du um die
Dachterrasse eine Brüstung ziehen. Du sollst
nicht dadurch, daß jemand herunterfällt, Blut-
schuld auf dein Haus legen.

Das Verbot von Vermischung

9 Du sollst in deinem Weinberg keine anderen
Pflanzen anbauen, sonst verfällt das Ganze dem
Heiligtum, sowohl was du zusätzlich angebaut
hast als auch was der Weinberg trägt. 10 Du sollst
nicht Ochse und Esel zusammen vor den Pflug
spannen. 11 Du sollst für deine Kleidung kein
Mischgewebe aus Wolle und Flachs verwenden.

Die Quasten

12 Du sollst an den vier Zipfeln des Überwurfs, den
du trägst, Quasten anbringen.

Die Beschuldigung der Ehefrau wegen vorehelichen Verkehrs

13 Wenn ein Mann eine Frau geheiratet und mit ihr
Verkehr gehabt hat, sie aber später nicht mehr
liebt 14 und ihr Anrüchiges vorwirft, sie in Verruf
bringt und behauptet: Diese Frau habe ich gehei-
ratet, aber als ich mich ihr näherte, entdeckte ich,
daß sie nicht mehr unberührt war!, 15 wenn Vater
und Mutter des Mädchens dann das Beweisstück
ihrer Unberührtheit holen und zu den Ältesten
der Stadt ans Tor bringen 16 und der Vater des
Mädchens den Ältesten erklärt: Ich habe diesem
Mann meine Tochter zur Frau gegeben, aber er
liebt sie nicht mehr, 17 ja er wirft ihr jetzt Anrüchi-
ges vor, indem er sagt: Ich habe entdeckt, daß
deine Tochter nicht mehr unberührt war!; aber
hier ist das Beweisstück für die Unberührtheit
meiner Tochter!, und wenn sie das Gewand (aus
der Hochzeitsnacht) vor den Ältesten der Stadt
ausbreiten, 18 dann sollen die Ältesten dieser Stadt
den Mann packen und züchtigen lassen. 19 Sie sol-
len ihm eine Geldbuße von hundert Silberschekel
auferlegen und sie dem Vater des Mädchens über-
geben, weil der Mann eine unberührte Israelitin
in Verruf gebracht hat. Sie soll seine Frau bleiben.
Er darf sie niemals entlassen. 20 Wenn der Vorwurf
aber zutrifft, wenn sich keine Beweisstücke für
die Unberührtheit des Mädchens beibringen las-
sen, 21 soll man das Mädchen hinausführen und
vor die Tür ihres Vaterhauses bringen. Dann sol-
len die Männer ihrer Stadt sie steinigen, und sie
soll sterben; denn sie hat eine Schandtat in Israel
begangen, indem sie in ihrem Vaterhaus Unzucht
trieb. Du sollst das Böse aus deiner Mitte weg-
schaffen.

Der Ehebruch mit einer verheirateten Frau

22 Wenn ein Mann dabei ertappt wird, wie er bei
einer verheirateten Frau liegt, dann sollen beide
sterben, der Mann, der bei der Frau gelegen hat,
und die Frau. Du sollst das Böse aus Israel weg-
schaffen.

Der Beischlaf mit der Verlobten eines anderen

23 Wenn ein unberührtes Mädchen mit einem
Mann verlobt ist und ein anderer Mann ihr in der
Stadt begegnet und sich mit ihr hinlegt, 24 dann sollt
ihr beide zum Tor dieser Stadt führen. Ihr sollt sie
steinigen, und sie sollen sterben, das Mädchen,
weil es in der Stadt nicht um Hilfe geschrien hat,
und der Mann, weil er sich die Frau eines andern
gefügig gemacht hat. Du sollst das Böse aus deiner
Mitte wegschaffen. 25 Wenn der Mann dem verlob-
ten Mädchen aber auf freiem Feld begegnet, sie
festhält und sich mit ihr hinlegt, dann soll nur der
Mann sterben, der bei ihr gelegen hat, 26 dem Mäd-
chen aber sollst du nichts tun. Bei dem Mädchen
handelt es sich nicht um ein Verbrechen, auf das
der Tod steht; denn dieser Fall ist so zu beurteilen,
wie wenn ein Mann einen andern überfällt und
ihn tötet. 27 Auf freiem Feld ist er ihr begegnet, das
verlobte Mädchen mag um Hilfe geschrien haben,
aber es ist kein Helfer dagewesen.

Der Beischlaf mit einer noch nicht Verlobten

28 Wenn ein Mann einem unberührten Mädchen,
das noch nicht verlobt ist, begegnet, sie packt und
sich mit ihr hinlegt und sie ertappt werden, 29 soll
der Mann, der bei ihr gelegen hat, dem Vater des
Mädchens fünfzig Silberschekel zahlen, und sie
soll seine Frau werden, weil er sie sich gefügig ge-
macht hat. Er darf sie niemals entlassen.

Die Blutschande

23 Ein Mann darf eine Frau seines Vaters
nicht heiraten; denn er darf das Bett sei-
nes Vaters nicht aufdecken.

Die Aufnahme in die Versammlung des Herrn

2 In die Versammlung des Herrn darf keiner auf-
genommen werden, dessen Hoden zerquetscht
sind oder dessen Glied verstümmelt ist. 3 In die
Versammlung des Herrn darf kein Bastard auf-
genommen werden; auch in der zehnten Ge-
neration dürfen seine Nachkommen nicht in
die Versammlung des Herrn aufgenommen wer-
den. 4 In die Versammlung des Herrn darf kein
Ammoniter oder Moabiter aufgenommen wer-
den, auch nicht in der zehnten Generation. Nie-
mals dürfen ihre Nachkommen in die Versamm-
lung des Herrn aufgenommen werden; 5 denn
sie sind euch nicht mit Brot und Wasser auf
dem Weg entgegengegangen, als ihr aus Ägypten
zogt, und Moab hat Bileam, den Sohn Beors, aus
Petor in Mesopotamien gedungen und gegen dich
ausgesandt, damit er dich verfluchte – 6 doch der
Herr, dein Gott, hat sich geweigert, Bileam zu
erhören, und der Herr, dein Gott, hat für dich
den Fluch in Segen verwandelt; denn der Herr,
dein Gott, liebt dich. 7 Du sollst dich nie und
nimmer um einen Friedens- und Freundschafts-
vertrag mit ihnen bemühen. 8 Der Edomiter da-
gegen soll dir kein Greuel sein; denn er ist dein
Bruder. Der Ägypter soll dir kein Greuel sein;
denn du hast als Fremder in seinem Land ge-
wohnt. 9 In der dritten Generation dürfen ihre
leiblichen Nachkommen in die Versammlung des
Herrn aufgenommen werden.

Die Reinheit des Heerlagers

10 Wenn du ins Feld ziehst und gegenüber deinen
Feinden das Lager aufschlägst, sollst du dich vor
jeder Unsauberkeit hüten. 11 Wenn jemand unter
dir ist, der nicht mehr rein ist, weil nachts etwas
geschah, soll er in das Vorgelände des Lagers ge-
hen und das Lager nicht betreten. 12 Wenn der
Abend kommt, soll er sich mit Wasser waschen,
und wenn die Sonne untergeht, darf er in das La-
ger zurückkehren. 13 Du sollst im Vorgelände des
Lagers eine Ecke haben, wo du austreten kannst.
14 In deinem Gepäck sollst du eine Schaufel haben,
und wenn du dich draußen hinhocken willst,
dann grab damit ein Loch, und nachher deck
deine Notdurft wieder zu! 15 Denn der Herr, dein
Gott, hält sich in der Mitte deines Lagers auf, um
dich der Gefahr zu entreißen und dir deine Feinde
auszuliefern. Dein Lager soll heilig sein, damit er
bei dir nichts Anstößiges sieht und sich nicht von
dir abwendet.

Das Verbot der Auslieferung von Flüchtlingen

16 Du sollst einen fremden Untertan, der vor sei-
nem Herrn bei dir Schutz sucht, seinem Herrn
nicht ausliefern. 17 Bei dir soll er wohnen dürfen,
in deiner Mitte, in einem Ort, den er sich in einem
deiner Stadtbereiche auswählt, wo es ihm gefällt.
Du sollst ihn nicht ausbeuten.

Das Verbot sakraler Prostitution

18 Unter den Frauen Israels soll es keine sakrale Pro-
stitution geben, und unter den Männern Israels soll
es keine sakrale Prostitution geben. 19 Du sollst we-
der Dirnenlohn noch Hundegeld in den Tempel des

Herrn, deines Gottes, bringen. Kein Gelübde kann
dazu verpflichten; denn auch diese beiden Dinge
sind dem Herrn, deinem Gott, ein Greuel.

Zinsen

20 Du darfst von deinem Bruder keine Zinsen neh-
men: weder Zinsen für Geld noch Zinsen für Ge-
treide noch Zinsen für sonst etwas, wofür man
Zinsen nimmt. 21 Von einem Ausländer darfst du
Zinsen nehmen, von deinem Bruder darfst du
keine Zinsen nehmen, damit der Herr, dein Gott,
dich segnet in allem, was deine Hände schaffen,
in dem Land, in das du hineinziehst, um es in Be-
sitz zu nehmen.

Gelübde

22 Wenn du vor dem Herrn, deinem Gott, ein
Gelübde machst, sollst du nicht zögern, es zu er-
füllen; sonst wird es der Herr, dein Gott, von dir
einfordern, und die Strafe für diese Sünde wird
über dich kommen. 23 Wenn du davon absiehst,
Gelübde zu machen, wird auch die Strafe für
diese Sünde nicht über dich kommen. 24 Was dei-
nem Mund entfahren ist, darauf sollst du auch
achten, und du sollst es halten, da du dem Herrn,
deinem Gott, ja aus freien Stücken gelobt hast,
was dein Mund genannt hat.

Früchte am Weg

25 Wenn du in den Weinberg eines andern
kommst, darfst du so viel Trauben essen, wie du
magst, bis du satt bist, nur darfst du nichts in ein
Gefäß tun. 26 Wenn du durch das Kornfeld eines
andern kommst, darfst du mit der Hand Ähren ab-
reißen, aber die Sichel darfst du auf dem Kornfeld
eines andern nicht schwingen.

Die Wiederaufnahme einer geschiedenen Ehefrau

24 Wenn ein Mann eine Frau geheiratet hat
und ihr Ehemann geworden ist, sie ihm
dann aber nicht gefällt, weil er an ihr etwas An-
stößiges entdeckt, wenn er ihr dann eine Schei-
dungsurkunde ausstellt, sie ihr übergibt und sie
aus seinem Haus fortschickt, 2 wenn sie sein Haus
dann verläßt, hingeht und die Frau eines anderen
Mannes wird, 3 wenn auch der andere Mann sie
nicht mehr liebt, ihr eine Scheidungsurkunde aus-
stellt, sie ihr übergibt und sie aus seinem Haus
fortschickt, oder wenn der andere Mann, der sie
geheiratet hat, stirbt, 4 dann darf sie ihr erster
Mann, der sie fortgeschickt hat, nicht wieder hei-
raten, so daß sie wieder seine Frau würde, nach-
dem sie für ihn unberührbar geworden ist. Das
wäre dem Herrn ein Greuel. Du sollst das Land,
das der Herr, dein Gott, dir als Erbbesitz gibt, nicht
der Sünde verfallen lassen.

Die Befreiung Neuvermählter vom Kriegsdienst

5 Wenn ein Mann neuvermählt ist, muß er nicht
mit dem Heer ausrücken. Man soll auch keine an-
dere Leistung von ihm verlangen. Ein Jahr lang
darf er frei von Verpflichtungen zu Hause bleiben
und die Frau, die er geheiratet hat, erfreuen.

Verbotenes Pfandgut

6 Man darf nicht die Handmühle oder den oberen
Mühlstein als Pfand nehmen; denn dann nimmt
man das Leben selbst als Pfand.

Der Menschenraub

7 Wenn ein Mann dabei ertappt wird, wie er einen
seiner Brüder, einen Israeliten, entführt, ihn als
Sklaven kennzeichnet und verkauft, dann soll
dieser Entführer sterben. Du sollst das Böse aus
deiner Mitte wegschaffen.

Der Aussatz

8 Nimm dich in acht, wenn Aussatz als Seuche
auftritt. Achte genau auf alles, wozu euch die le-
vitischen Priester anweisen, und haltet es! So wie
ich es ihnen aufgetragen habe, sollt ihr darauf ach-
ten und es halten. 9 Denkt an das, was der Herr,
dein Gott, als ihr aus Ägypten zogt, unterwegs
mit Mirjam getan hat.

Die Pfandeinbringung und Pfandbehandlung

10 Wenn du einem andern irgendein Darlehen
gibst, sollst du, um das Pfand zu holen, nicht sein
Haus betreten. 11 Du sollst draußen stehen bleiben,
und der Mann, dem du das Darlehen gibst, soll dir
ein Pfand nach draußen bringen. 12 Wenn er in Not
ist, sollst du sein Pfand nicht über Nacht behalten.
13 Bei Sonnenuntergang sollst du ihm sein Pfand
zurückgeben. Dann kann er in seinem Mantel
schlafen, er wird dich segnen, und du wirst vor
dem Herrn, deinem Gott, im Recht sein.

Die Lohnauszahlung an den Tagelöhner

14 Du sollst den Lohn eines Notleidenden und Ar-
men unter deinen Brüdern oder unter den Frem-

den, die in deinem Land innerhalb deiner Stadt-
bereiche wohnen, nicht zurückhalten. 15 An dem
Tag, an dem er arbeitet, sollst du ihm auch seinen
Lohn geben. Die Sonne soll darüber nicht unter-
gehen; denn er ist in Not und lechzt danach.
Dann wird er nicht den Herrn gegen dich anrufen,
und es wird keine Strafe für eine Sünde über dich
kommen.

Das Verbot der Sippenhaft

16 Väter sollen nicht für ihre Söhne und Söhne
nicht für ihre Väter mit dem Tod bestraft werden.
Jeder soll nur für sein eigenes Verbrechen mit
dem Tod bestraft werden.

Die sozial Schwachen

17 Du sollst das Recht von Fremden, die Waisen
sind, nicht beugen; du sollst das Kleid einer
Witwe nicht als Pfand nehmen. 18 Denk daran: Als
du in Ägypten Sklave warst, hat dich der Herr,
dein Gott, dort freigekauft. Darum mache ich es
dir zur Pflicht, diese Bestimmung einzuhalten.

Die vergessene Garbe

19 Wenn du dein Feld aberntest und eine Garbe auf
dem Feld vergißt, sollst du nicht umkehren, um
sie zu holen. Sie soll den Fremden, Waisen und
Witwen gehören, damit der Herr, dein Gott, dich
bei jeder Arbeit deiner Hände segnet.

Die Nachlese

20 Wenn du einen Ölbaum abgeklopft hast, sollst
du nicht auch noch die Zweige absuchen. Was
noch hängt, soll den Fremden, Waisen und Wit-
wen gehören. 21 Wenn du in deinem Weinberg die
Trauben geerntet hast, sollst du keine Nachlese
halten. Sie soll den Fremden, Waisen und Witwen
gehören. 22 Denk daran: Du bist in Ägypten Sklave
gewesen. Darum mache ich es dir zur Pflicht,
diese Bestimmung einzuhalten.

Die Prügelstrafe

25 Wenn zwei Männer eine Auseinander-
setzung haben, vor Gericht gehen und
man zwischen ihnen die Entscheidung fällt, in-
dem man dem Recht gibt, der im Recht ist, und
den schuldig spricht, der schuldig ist, 2 dann soll
der Richter, falls der Schuldige zu einer Prügel-
strafe verurteilt wurde, anordnen, daß er sich hin-
legt und in seiner Gegenwart eine bestimmte An-
zahl von Schlägen erhält, wie es seiner Schuld
entspricht. 3 Vierzig Schläge darf er ihm geben las-
sen, mehr nicht. Sonst könnte dein Bruder, wenn
man ihm darüber hinaus noch viele Schläge gibt,
in deinen Augen entehrt werden.

Der Ochse beim Dreschen

4 Du sollst dem Ochsen zum Dreschen keinen
Maulkorb anlegen.

Die Schwagerehe

5 Wenn zwei Brüder zusammen wohnen und der
eine von ihnen stirbt und keinen Sohn hat, soll
die Frau des Verstorbenen nicht die Frau eines
fremden Mannes außerhalb der Familie werden.
Ihr Schwager soll sich ihrer annehmen, sie heira-
ten und die Schwagerehe mit ihr vollziehen. 6 Der
erste Sohn, den sie gebiert, soll den Namen des
verstorbenen Bruders weiterführen. So soll des-
sen Name in Israel nicht erlöschen. 7 Wenn der
Mann aber seine Schwägerin nicht heiraten will
und seine Schwägerin zu den Ältesten ans Tor
hinaufgeht und sagt: Mein Schwager will dem
Namen seines Bruders in Israel keinen Bestand
sichern und hat es deshalb abgelehnt, mit mir die
Schwagerehe einzugehen!, 8 wenn die Ältesten
seiner Stadt ihn dann vorladen und zur Rede stel-
len, er aber bei seiner Haltung bleibt und erklärt:
Ich will sie nicht heiraten!, 9 dann soll seine
Schwägerin vor den Augen der Ältesten zu ihm
hintreten, ihm den Schuh vom Fuß ziehen, ihm
ins Gesicht spucken und ausrufen: So behandelt
man einen, der seinem Bruder das Haus nicht
baut. 10 Ihm soll man in Israel den Namen geben:
Barfüßerhaus.

Übergriff beim Streit

11 Wenn zwei Männer, ein Mann und sein Bruder,
miteinander raufen und die Frau des einen hin-
zukommt, um ihren Mann aus der Gewalt des an-
dern, der auf ihn einschlägt, zu befreien, und
wenn sie die Hand ausstreckt und dessen Scham-
teile ergreift, 12 dann sollst du ihr die Hand ab-
hacken. Du sollst in dir kein Mitleid aufsteigen
lassen.

Falsches Gewicht und Maß

13 Du sollst in deinem Beutel nicht zwei verschie-
dene Gewichte haben, ein größeres und ein klei-
neres. 14 Du sollst in deinem Haus nicht zwei ver-

schiedene Efa haben, ein größeres und ein klei-
neres. 15 Volle und richtige Gewichte sollst du ha-
ben, volle und richtige Hohlmaße sollst du haben,
damit du lange in dem Land lebst, das der Herr,
dein Gott, dir gibt. 16 Denn alle, die so etwas tun,
alle Betrüger, sind dem Herrn ein Greuel.

Die Vergeltung an den Amalekitern

17 Denk daran, was Amalek dir unterwegs angetan
hat, als ihr aus Ägypten zogt: 18 wie er unterwegs
auf dich stieß und, als du müde und matt warst,
ohne jede Gottesfurcht alle erschöpften Nachzüg-
ler von hinten niedermachte. 19 Wenn der Herr,
dein Gott, dir von allen deinen Feinden ringsum
Ruhe verschafft hat in dem Land, das der Herr,
dein Gott, dir als Erbbesitz gibt, damit du es in Be-
sitz nimmst, dann lösche die Erinnerung an Ama-
lek unter dem Himmel aus! Du sollst nicht ver-
gessen.

Die Darbringung der Erstlingsfrüchte

26 Wenn du in das Land, das der Herr, dein
Gott, dir als Erbbesitz gibt, hineinziehst,
es in Besitz nimmst und darin wohnst, 2 dann
sollst du von den ersten Erträgen aller Feld-
früchte, die du in dem Land, das der Herr, dein
Gott, dir gibt, eingebracht hast, etwas nehmen
und in einen Korb legen. Dann sollst du zu
der Stätte ziehen, die der Herr, dein Gott, aus-
wählt, indem er dort seinen Namen wohnen läßt.
3 Du sollst vor den Priester treten, der dann am-
tiert, und sollst zu ihm sagen: Heute bestätige ich
vor dem Herrn, deinem Gott, daß ich in das Land
gekommen bin, von dem ich weiß: Er hat un-
seren Vätern geschworen, es uns zu geben.
4 Dann soll der Priester den Korb aus deiner Hand
entgegennehmen und ihn vor den Altar des
Herrn, deines Gottes, stellen. 5 Du aber sollst vor
dem Herrn, deinem Gott, folgendes Bekenntnis
ablegen:

Mein Vater war ein heimatloser Aramäer. Er zog
nach Ägypten, lebte dort als Fremder mit weni-
gen Leuten und wurde dort zu einem großen,
mächtigen und zahlreichen Volk. 6 Die Ägypter
behandelten uns schlecht, machten uns rechtlos
und legten uns harte Fronarbeit auf. 7 Wir schrien
zum Herrn, dem Gott unserer Väter, und der Herr
hörte unser Schreien und sah unsere Rechtlosig-
keit, unsere Arbeitslast und unsere Bedrängnis.
8 Der Herr führte uns mit starker Hand und hoch
erhobenem Arm, unter großem Schrecken, unter
Zeichen und Wundern aus Ägypten, 9 er brachte
uns an diese Stätte und gab uns dieses Land, ein
Land, in dem Milch und Honig fließen. 10 Und
siehe, nun bringe ich hier die ersten Erträge von
den Früchten des Landes, das du mir gegeben
hast, Herr.

Wenn du den Korb vor den Herrn, deinen Gott,
gestellt hast, sollst du dich vor dem Herrn, deinem
Gott, niederwerfen. 11 Dann sollst du fröhlich sein
und dich freuen über alles Gute, das der Herr,
dein Gott, dir und deiner Familie gegeben hat: du,
die Leviten und die Fremden in deiner Mitte.

Das Gebet nach der Ablieferung des Zehnten für die Armen

12 Wenn du im dritten Jahr, dem Zehntjahr, alle
Zehntanteile von deiner Ernte vollständig ausge-
sondert und für die Leviten, Fremden, Waisen und
Witwen abgeliefert hast und sie davon in deinen
Stadtbereichen essen und satt werden, 13 dann
sollst du vor dem Herrn, deinem Gott, sagen:

Ich habe alle heiligen Abgaben aus meinem
Haus geschafft. Ich habe sie für die Leviten und
die Fremden, für die Waisen und die Witwen ge-
geben, genau nach deinem Gebot, auf das du
mich verpflichtet hast. Ich habe dein Gebot nicht
übertreten und habe es nicht vergessen. 14 Ich
habe in der Trauerzeit nicht davon gegessen. Ich
habe nichts davon weggeschafft, als ich unrein
war. Ich habe nichts davon einem Toten gespen-
det. Ich habe auf die Stimme des Herrn, meines
Gottes, gehört. Ich habe alles so gehalten, wie du
es mir zur Pflicht gemacht hast. 15 Blick von deiner
heiligen Wohnung, vom Himmel, herab, und
segne dein Volk Israel und das Land, das du uns
gegeben hast, wie du es unseren Vätern ge-
schworen hattest, das Land, wo Milch und Honig
fließen.

Der Grund, das Gesetz zu halten

16 Heute, an diesem Tag, verpflichtet dich der Herr,
dein Gott, diese Gesetze und die Rechtsvorschrif-
ten zu halten. Du sollst auf sie achten und sie hal-
ten mit ganzem Herzen und mit ganzer Seele.

17 Heute hast du der Erklärung des Herrn zuge-
stimmt. Er hat dir erklärt: Er will dein Gott wer-
den, und du sollst auf seinen Wegen gehen, auf
seine Gesetze, Gebote und Rechtsvorschriften
achten und auf seine Stimme hören.

18 Und der Herr hat heute deiner Erklärung zu-
gestimmt. Du hast ihm erklärt: Du möchtest das
Volk werden, das ihm persönlich gehört, wie er es
dir zugesagt hat. Du willst auf alle seine Gebote
achten; 19 er soll dich über alle Völker, die er ge-
schaffen hat, erheben – zum Lob, zum Ruhm, zur
Zierde –; und du möchtest ein Volk werden, das
ihm, dem Herrn, deinem Gott, heilig ist, wie er es
zugesagt hat.

Einschub: Aufträge für die Zeit nach dem Jordanübergang: 27,1–26

27 Mose und die Ältesten Israels befahlen
dem Volk: Achtet auf das ganze Gebot,
auf das ich euch heute verpflichte. 2 An dem Tag,
wenn ihr über den Jordan zieht in das Land, das
der Herr, dein Gott, dir gibt, sollst du große Steine
aufrichten, sie mit Kalk bestreichen 3 und alle
Worte dieser Weisung darauf schreiben, wenn du
hinüberziehst, um in das Land, das der Herr, dein
Gott, dir gibt, das Land, wo Milch und Honig
fließen, hineinzuziehen, wie der Herr, der Gott
deiner Väter, es dir zugesagt hat. 4 Wenn ihr über
den Jordan zieht, sollt ihr diese Steine, die zu er-
richten ich euch heute befehle, auf dem Berg Ga-
rizim aufrichten. Mit Kalk sollst du sie bestrei-
chen. 5 Dort sollst du dem Herrn, deinem Gott,
einen Altar bauen, einen Altar aus Steinen. Du
darfst nicht mit Eisenwerkzeug daran arbeiten.
6 Aus unbehauenen Steinen sollst du den Altar
des Herrn, deines Gottes, bauen, und auf ihm
sollst du Brandopfertiere für den Herrn, deinen
Gott, verbrennen. 7 Dort sollst du Heilsopfertiere
schlachten und verzehren und vor dem Herrn,
deinem Gott, fröhlich sein. 8 Und auf die Steine
sollst du in schöner Schrift alle Worte dieser Wei-
sung schreiben.

9 Mose und die levitischen Priester sagten zu
ganz Israel: Sei still, und höre, Israel: Heute, an
diesem Tag, bist du das Volk des Herrn, deines
Gottes, geworden. 10 Du sollst auf die Stimme des
Herrn, deines Gottes, hören und seine Gebote
und Gesetze halten, auf die ich dich heute ver-
pflichte.

11 Am gleichen Tag befahl Mose dem Volk: 12 Fol-
gende Stämme sollen sich auf dem Berg Garizim
aufstellen, um das Volk zu segnen, wenn ihr den
Jordan überschritten habt: Simeon, Levi, Juda, Is-
sachar, Josef und Benjamin. 13 Folgende Stämme
sollen sich am Berg Ebal aufstellen, um den Fluch
zu sprechen: Ruben, Gad, Ascher, Sebulon, Dan
und Naftali. 14 Die Leviten sollen über alle Männer
Israels mit lauter Stimme ausrufen: 15 Verflucht ist
der Mann, der ein Gottesbildnis, das dem Herrn
ein Greuel ist, ein Künstlermachwerk, schnitzt
oder gießt und es heimlich aufstellt. Und das
ganze Volk soll ausrufen: Amen. 16 Verflucht, wer
Vater oder Mutter schmäht. Und das ganze Volk
soll rufen: Amen. 17 Verflucht, wer den Grenzstein
seines Nachbarn verrückt. Und das ganze Volk
soll rufen: Amen. 18 Verflucht, wer einem Blinden
den falschen Weg weist. Und das ganze Volk soll
rufen: Amen. 19 Verflucht, wer das Recht der Frem-
den, die Waisen sind, und das der Witwen beugt.
Und das ganze Volk soll rufen: Amen. 20 Verflucht,
wer sich mit der Frau seines Vaters hinlegt, denn
er deckt das Bett seines Vaters auf. Und das ganze
Volk soll rufen: Amen. 21 Verflucht, wer sich mit ir-
gendeinem Tier hinlegt. Und das ganze Volk soll
rufen: Amen. 22 Verflucht, wer sich mit seiner
Schwester hinlegt, mit der Tochter seines Vaters
oder mit der Tochter seiner Mutter. Und das ganze
Volk soll rufen: Amen. 23 Verflucht, wer sich mit
seiner Schwiegermutter hinlegt. Und das ganze
Volk soll rufen: Amen. 24 Verflucht, wer einen an-
dern heimlich erschlägt. Und das ganze Volk soll
rufen: Amen. 25 Verflucht, wer sich bestechen läßt,
einen unschuldigen Menschen zu töten. Und das
ganze Volk soll rufen: Amen. 26 Verflucht, wer
nicht die Worte dieser Weisung stützt, indem er
sie hält. Und das ganze Volk soll rufen: Amen.

Der Abschluß der Verkündigung des Gesetzes: 28,1–68

Der Segen für Gehorsam

28 Wenn du auf die Stimme des Herrn, dei-
nes Gottes, hörst, indem du auf alle seine
Gebote, auf die ich dich heute verpflichte, achtest
und sie hältst, wird dich der Herr, dein Gott, über
alle Völker der Erde erheben. 2 Alle diese Segnun-
gen werden über dich kommen und dich errei-
chen, wenn du auf die Stimme des Herrn, deines
Gottes, hörst: 3 Gesegnet bist du in der Stadt, ge-
segnet bist du auf dem Land. 4 Gesegnet ist die
Frucht deines Leibes, die Frucht deines Ackers
und die Frucht deines Viehs, die Kälber, Lämmer
und Zicklein. 5 Gesegnet ist dein Korb und dein
Backtrog. 6 Gesegnet bist du, wenn du heim-

kehrst, gesegnet bist du, wenn du ausziehst. 7 Der
Herr stößt die Feinde, die sich gegen dich erhe-
ben, nieder und liefert sie dir aus. Auf einer Straße
ziehen sie gegen dich aus, auf sieben Straßen flie-
hen sie vor dir. 8 Der Herr befiehlt dem Segen, an
deiner Seite zu sein: in deinen Speichern und bei
allem, was deine Hände schaffen. Der Herr segnet
dich in dem Land, das er, dein Gott, dir gibt. 9 Der
Herr läßt dich erstehen als das Volk, das ihm hei-
lig ist, wie er es dir unter der Bedingung ge-
schworen hat, daß du auf die Gebote des Herrn,
deines Gottes, achtest und auf seinen Wegen
gehst. 10 Dann sehen alle Völker der Erde, daß der
Name des Herrn über dir ausgerufen ist, und
fürchten sich vor dir. 11 Der Herr schenkt dir Gutes
im Überfluß bei der Frucht deines Leibes, bei der
Frucht deines Viehs und bei der Frucht deines
Ackers in dem Land, von dem du weißt: Der Herr
hat deinen Vätern geschworen, es dir zu geben.
12 Der Herr öffnet dir den Himmel, seine Schatz-
kammer voll köstlichen Wassers: Er gibt deinem
Land zur rechten Zeit Regen und segnet jede Ar-
beit deiner Hände. An viele Völker kannst du aus-
leihen, und du brauchst nichts zu entleihen. 13 Der
Herr macht dich zum Kopf und nicht zum
Schwanz. Du kennst nur den Aufstieg, du kennst
keinen Abstieg, wenn du auf die Gebote des
Herrn, deines Gottes, auf die ich dich heute ver-
pflichte, hörst, auf sie achtest und sie hältst.

14 Von allen Worten, die ich euch heute vor-
schreibe, sollst du weder rechts noch links ab-
weichen. Du sollst nicht anderen Göttern nach-
folgen und ihnen dienen.

Der Fluch für Ungehorsam

15 Wenn du nicht auf die Stimme des Herrn, dei-
nes Gottes, hörst, indem du nicht auf alle seine
Gebote und Gesetze, auf die ich dich heute ver-
pflichte, achtest und sie nicht hältst, werden alle
diese Verfluchungen über dich kommen und dich
erreichen: 16 Verflucht bist du in der Stadt, ver-
flucht bist du auf dem Land. 17 Verflucht ist dein
Korb und dein Backtrog. 18 Verflucht ist die Frucht
deines Leibes und die Frucht deines Ackers, die
Kälber, Lämmer und Zicklein. 19 Verflucht bist du,
wenn du heimkehrst, verflucht bist du, wenn
du ausziehst. 20 Verfluchtsein, Verwirrtsein, Ver-
wünschtsein läßt der Herr auf dich los, auf alles,
was deine Hände schaffen und was du tust, bis
du bald vernichtet und bis du ausgetilgt bist we-
gen deines Tuns, durch das du mich böswillig ver-
lassen hast. 21 Der Herr heftet die Pest an dich, bis
er dich ausgemerzt hat aus dem Land, in das du
hineinziehst, um es in Besitz zu nehmen. 22 Der
Herr schlägt dich mit Schwindsucht, Fieber und
Brand, mit Glut und Trockenheit, Versengung
und Vergilbung. Sie verfolgen dich, bis du ausge-
tilgt bist. 23 Der Himmel über deinem Kopf wird
zu Erz, die Erde unter dir wird zu Eisen. 24 Der
Herr verwandelt den Regen, den dein Land er-
hält, in Staub. Asche fällt vom Himmel auf dich
herab, bis du vernichtet bist. 25 Der Herr stößt dich
nieder und liefert dich deinen Feinden aus. Auf
einer Straße ziehst du gegen sie aus, auf sieben
Straßen fliehst du vor ihnen. Alle Könige der Erde
erschauern vor dir. 26 Deine Leichen liegen da,
zum Fraß für alle Vögel des Himmels und für die
Tiere der Erde, und keiner verscheucht sie. 27 Der
Herr schlägt dich mit dem ägyptischen Ge-
schwür, mit Beulen, Krätze und Grind, und kei-
ner kann dich heilen. 28 Der Herr schlägt dich mit
Wahnsinn, Blindheit und Irresein. 29 Am hellen
Mittag tappst du im Dunkel wie ein Blinder.
Deine Wege führen nicht zum Erfolg. Dein Leben
lang wirst du ausgebeutet und ausgeraubt, und
niemand hilft dir. 30 Du verlobst dich mit einer
Frau, und ein anderer schläft mit ihr. Du baust ein
Haus und wohnst nicht darin. Du legst einen
Weinberg an und hältst nicht einmal die erste
Lese. 31 Dein Ochse wird vor deinen Augen ge-
schlachtet, und du bekommst nicht einmal davon
zu essen. Dein Esel wird dir weggerissen und
kehrt nicht zurück. Deine Schafe und Ziegen
werden deinen Feinden ausgeliefert, und nie-
mand kommt dir zu Hilfe. 32 Deine Söhne und
Töchter werden einem anderen Volk ausgeliefert,
du siehst dir den ganzen Tag nach ihnen die Au-
gen aus und zwingst sie doch nicht herbei. 33 Den
Ertrag deines Ackers und all deinen Gewinn ver-
zehrt ein Volk, das du früher nicht einmal ge-
kannt hast, und du wirst dein Leben lang nur aus-
gebeutet und mißhandelt. 34 Wahnsinn befällt
dich bei dem Anblick, der sich deinen Augen bie-
tet. 35 Der Herr schlägt dich mit bösen Ge-
schwüren am Knie und am Schenkel, und keiner
kann dich heilen. Von der Sohle bis zum Scheitel
bist du krank. 36 Der Herr bringt dich und den Kö-
nig, den du über dich eingesetzt hast, zu einem
Volk, das du und deine Väter früher nicht einmal
gekannt haben, und dort mußt du anderen Göt-

tern dienen, Göttern aus Holz und Stein. [37]Alle
Völker, zu denen der Herr dich führt, wenden
sich entsetzt von dir ab, sagen Spottverse über
dich auf und stimmen Hohngelächter an. [38]Viel
Saatgut trägst du aufs Feld, aber du erntest wenig.
Das andere hat die Heuschrecke gefressen.
[39]Weinberge legst du an und pflegst sie, aber
du trinkst keinen Wein und bringst keinen in
den Keller. Der Wurm hat ihn weggefressen.
[40]Ölbäume wachsen überall in deinem Land,
aber du hast kein Öl, um dich zu salben. Dein Öl-
baum hat die Oliven abgeworfen. [41]Söhne und
Töchter hast du gezeugt, aber sie sind nicht bei
dir. Sie sind als Gefangene weggezogen. [42]Alle
deine Bäume und Feldfrüchte nimmt das Unge-
ziefer in Besitz. [43]Der Fremde, der in deiner Mitte
wohnt, steigt immer höher nach oben, hoch über
dich hinaus, und du steigst immer tiefer hinab.
[44]Er leiht dir aus, und du kannst ihm nichts aus-
leihen. Er wird zum Kopf, und du wirst zum
Schwanz.

[45]Alle diese Verfluchungen werden über dich
kommen, dich verfolgen und dich erreichen, bis
du vernichtet bist, wenn du auf die Stimme des
Herrn, deines Gottes, nicht hörst und nicht auf
seine Gebote und Gesetze, auf die er dich ver-
pflichtet hat, achtest. [46]Für immer werden sie als
Zeichen und Wunder an dir und an deinen Nach-
kommen haften.

[47]Weil du dem Herrn, deinem Gott, nicht gedient
hast aus Freude und Dankbarkeit dafür, daß alles
in Fülle da war, [48]mußt du deinen Feinden die-
nen, die der Herr gegen dich ausgesandt hat. Hun-
ger und Durst wirst du leiden, nackt sein und
nichts mehr haben. Er legt dir ein eisernes Joch
auf den Nacken, bis er dich vernichtet hat. [49]Der
Herr trägt zum Kampf gegen dich ein Volk aus der
Ferne herbei, von den Enden der Erde, das wie
ein Adler herabstößt, ein Volk, dessen Sprache du
noch nie gehört hast, [50]ein Volk mit unbewegli-
chem Gesicht, das sich dem Greis nicht zuwen-
det und für das Kind kein Mitleid zeigt. [51]Es ver-
zehrt die Frucht deines Viehs und die Frucht
deines Ackers, bis du vernichtet bist. Es läßt dir
nichts übrig vom Korn, vom Wein und vom Öl,
von den Kälbern, Lämmern und Zicklein, bis es
dich ausgetilgt hat. [52]Es belagert dich in allen dei-
nen Städten, bis die Mauern fallen, die hohen,
festgefügten Mauern, auf die du dich in deinem
ganzen Land verläßt. Es belagert dich in allen dei-
nen Städten in dem ganzen Land, das der Herr,
dein Gott, dir gegeben hat. [53]In der Not der Bela-
gerung, wenn dein Feind dich einschnürt, mußt
du die Frucht deines eigenen Leibes essen, das
Fleisch deiner Söhne und Töchter, die dir der
Herr, dein Gott, geschenkt hat. [54]Der weichlichste
und verwöhnteste Mann blickt dann bei dir
mißgünstig auf seinen Bruder, auf die Frau, mit
der er schläft, und auf den Rest der Kinder, die er
noch übrig gelassen hat, [55]und möchte nieman-
dem etwas abgeben von dem Fleisch seiner Kin-
der, das er ißt, weil ihm keine Nahrung mehr
übriggeblieben ist in der Not der Belagerung,
wenn dein Feind dich in allen deinen Städten ein-
schnürt. [56]Die weichlichste und verwöhnteste
Frau, die noch nie versucht hat, ihren Fuß auf die
Erde zu setzen vor lauter Verwöhntheit und Ver-
weichlichung, blickt mißgünstig auf den Mann,
mit dem sie schläft, auf ihren Sohn und ihre Toch-
ter, [57]auf die Nachgeburt, die zwischen ihren Bei-
nen hervorkommt, und auf die Kinder, die sie
noch gebären wird; denn sie will sie heimlich es-
sen, weil sie nichts mehr hat in der Not der Bela-
gerung, wenn dein Feind dich in allen deinen
Städten einschnürt.

[58]Wenn du nicht auf alle Worte dieser Weisung,
die in dieser Urkunde aufgezeichnet sind, achtest
und sie hältst, aus Furcht vor diesem herrlichen
und furchterregenden Namen, vor Jahwe, dei-
nem Gott, [59]wird der Herr die Schläge, die er dir
und deinen Nachkommen versetzt, über alles Ge-
wohnte hinaus steigern zu gewaltigen und hart-
näckigen Schlägen, zu schlimmen und hartnäcki-
gen Krankheiten. [60]Er wird alle ägyptischen
Seuchen, vor denen du Angst hast, wieder über
dich bringen, und sie werden an dir haften blei-
ben. [61]Auch alle Krankheiten und Schläge, die
nicht in der Urkunde dieser Weisung aufgezeich-
net sind, wird der Herr über dich bringen, bis du
vernichtet bist. [62]Dann werden nur noch wenige
Leute von euch übrigbleiben, statt daß ihr zahl-
reich seid wie die Sterne am Himmel; denn du
hast nicht auf die Stimme des Herrn, deines
Gottes, gehört. [63]So wie der Herr seine Freude
daran hatte, euch Gutes zu tun und euch zahl-
reich zu machen, so wird der Herr seine Freude
daran haben, euch auszutilgen und euch zu ver-
nichten. Ihr werdet aus dem Land, in das du nun
hineinziehst, um es in Besitz zu nehmen, heraus-
gerissen werden. [64]Der Herr wird dich unter alle

Völker verstreuen, vom einen Ende der Erde bis zum anderen Ende der Erde. Dort mußt du anderen Göttern dienen, die du und deine Väter vorher nicht einmal gekannt haben, Göttern aus Holz und Stein. 65 Unter diesen Nationen wirst du keine Ruhe finden. Es wird keine Stelle geben, wohin du deinen Fuß setzen kannst. Der Herr wird dir dort das Herz erzittern, die Augen verlöschen und den Atem stocken lassen. 66 Du wirst in Lebensgefahr schweben, bei Nacht und bei Tag erschrecken und deines Lebens nicht mehr sicher sein. 67 Am Morgen wirst du sagen: Wenn es doch schon Abend wäre!, und am Abend: Wenn es doch schon Morgen wäre! – um dem Schrecken zu entfliehen, der dein Herz befällt, und dem Anblick, der sich deinen Augen bietet. 68 Der Herr wird dich auf Schiffen nach Ägypten zurückbringen, auf einem Weg, von dem ich dir gesagt hatte: Du sollst ihn niemals wiedersehen. Dort werdet ihr euch deinen Feinden als Sklaven und Sklavinnen zum Verkauf anbieten, aber niemand wird euch kaufen.

Die letzten Verfügungen des Mose: 28,69–32,52

69 Das sind die Worte, mit denen der Bund geschlossen wurde, den Mose im Auftrag des Herrn in Moab mit den Israeliten schloß, zusätzlich zu dem Bund, den er mit ihnen am Horeb geschlossen hatte.

Rückblick

29 Mose rief ganz Israel zusammen und sagte zu den Israeliten: Ihr habt alles gesehen, was der Herr in Ägypten vor euren Augen mit dem Pharao, mit seinem ganzen Hof und seinem ganzen Land getan hat. 2 Mit eigenen Augen hast du jene schweren Prüfungen, die großen Zeichen und Wunder gesehen. 3 Aber einen Verstand, der wirklich erkennt, Augen, die wirklich sehen, und Ohren, die wirklich hören, hat der Herr euch bis zum heutigen Tag nicht gegeben. 4 Ich habe euch vierzig Jahre lang durch die Wüste geführt. Eure Kleider sind euch nicht in Lumpen vom Leib gefallen, deine Schuhe sind dir nicht an den Füßen zerrissen, 5 ihr habt kein Brot gegessen und keinen Wein und kein Bier getrunken, denn ihr solltet erkennen: Ich bin Jahwe, euer Gott. 6 Und so kamt ihr bis an diesen Ort. Sihon, der König von Heschbon, und Og, der König des Baschan, sind gegen uns zum Kampf ausgerückt, und wir haben sie geschlagen. 7 Wir haben ihnen ihr Land genommen und es den Rubenitern, den Gaditern und der Hälfte des Stammes der Manassiter als Erbbesitz gegeben. 8 Darum achtet auf die Bestimmungen dieses Bundes, und haltet sie, damit euch alles, was ihr tut, gelingt.

Partner und Inhalt des Bundes

9 Ihr habt euch heute alle vor dem Herrn, eurem Gott, aufgestellt: eure Anführer, Stammesführer, Ältesten und Listenführer, alle Männer Israels, 10 eure Kinder und Greise, eure Frauen und auch die Fremden in deinem Lager, vom Holzarbeiter bis zum Wasserträger. 11 Du schreitest jetzt zwischen den Zeichen des Bundes mit dem Herrn, deinem Gott, hindurch, den Zeichen der Selbstverwünschung. Der Herr, dein Gott, schließt heute mit dir diesen Bund, 12 um dich heute als sein Volk einzusetzen und dein Gott zu werden, wie er es dir zugesagt und deinen Vätern Abraham, Isaak und Jakob geschworen hat. 13 Nicht mit euch allein schließe ich diesen Bund und setze diese Verwünschung in Kraft, 14 sondern ich schließe ihn mit denen, die heute hier bei uns vor dem Herrn, unserem Gott, stehen, und mit denen, die heute nicht hier bei uns sind.

Die Strafe für den geheimen Vorbehalt beim Bundesschwur

15 Ihr wißt noch von unserem Aufenthalt in Ägypten und von unserem Zug mitten durch die Völker, deren Gebiet ihr durchziehen mußtet. 16 Ihr habt bei ihnen Scheusale und Götzen aus Holz und Stein, aus Silber und Gold gesehen. 17 Es soll keinen unter euch geben, weder Mann noch Frau, weder Sippe noch Stamm, der heute sein Herz vom Herrn, unserem Gott, abwendet und anfängt, den Göttern dieser Völker zu dienen. Es soll bei euch keine Wurzel wachsen, die Gift und Wermut hervorbringt, 18 das heißt keinen, der

beim Hören der Worte dieser Verwünschung ins-
geheim folgenden Gegensegen über sich spricht:
Mir soll nichts geschehen, wenn ich aus eigenem
Entschluß etwas tue, damit Wasserfülle die Dürre
beendet. 19 Der Herr wird sich weigern, ihm zu
verzeihen, er wird schnauben vor Zorn und Ei-
fersucht gegen einen solchen Menschen. Jede
Verwünschung, die in dieser Urkunde aufge-
zeichnet ist, wird auf ihn lauern, und der Herr
wird seinen Namen unter dem Himmel auslö-
schen. 20 Entsprechend den Verwünschungen, die
beim Abschluß des Bundes gesprochen werden
und in dieser Urkunde der Weisung einzeln auf-
gezeichnet sind, wird der Herr ihn von allen
Stämmen Israels absondern, damit es ihm
schlecht ergeht.

Die Androhung der Vertreibung

21 Dann wird eine spätere Generation, also eure
Söhne, die nach euch erstehen, und die Auslän-
der, die aus fernen Ländern kommen, die Schläge
sehen, die dieses Land getroffen haben, und die
Seuchen, die der Herr in ihm ausbrechen ließ:
22 Schwefel und Salz bedecken es; seine Fläche ist
eine einzige Brandstätte; es kann nicht besät wer-
den und läßt nichts aufkeimen; kein Hälmchen
kann wachsen; alles ist wie nach der Zerstörung
von Sodom und Gomorra, Adma und Zebojim, die
der Herr in seinem glühenden Zorn zerstört hat.
23 Dann werden sie und alle Völker fragen: Warum
hat der Herr diesem Land so etwas angetan?
Warum entbrannte dieser gewaltige Zorn? 24 Und
man wird antworten: Weil sie den Bund verlas-
sen haben, den Jahwe, der Gott ihrer Väter, mit
ihnen geschlossen hatte, als er sie aus Ägypten
führte, 25 weil sie angefangen haben, anderen Göt-
tern zu dienen und sich vor ihnen niederzuwer-
fen, Göttern, die sie vorher nicht einmal gekannt
hatten und die er ihnen nicht zugewiesen hatte.
26 Deshalb entbrannte der Zorn des Herrn gegen
dieses Land. Deshalb brachte der Herr den gan-
zen Fluch, der in dieser Urkunde aufgezeichnet
ist, über das Land, 27 riß sie mit glühendem Zorn
und großem Unwillen aus ihrem Land heraus
und warf sie in ein anderes Land, in dem sie heute
noch sind.

28 Was noch verborgen ist, steht bei dem Herrn,
unserem Gott. Was schon offenbar ist, gilt für uns
und unsere Kinder auf ewig: daß wir alle Bestim-
mungen dieser Weisung halten sollen.

Die Heimkehrverheißung

30 Und wenn alle diese Worte über dich ge-
kommen sind, der Segen und der Fluch,
die ich dir vorgelegt habe, wenn du sie dir zu Her-
zen nimmst mitten unter den Völkern, unter die
der Herr, dein Gott, dich versprengt hat, 2 und
wenn du zum Herrn, deinem Gott, zurückkehrst
und auf seine Stimme hörst in allem, wozu ich
dich heute verpflichte, du und deine Kinder, mit
ganzem Herzen und mit ganzer Seele, 3 dann wird
der Herr, dein Gott, dein Schicksal wenden, er
wird sich deiner erbarmen, sich dir zukehren und
dich aus allen Völkern zusammenführen, unter
die der Herr, dein Gott, dich verstreut hat. 4 Und
wenn einige von dir bis ans Ende des Himmels
versprengt sind, wird dich der Herr, dein Gott,
von dort zusammenführen, von dort wird er dich
holen. 5 Und der Herr, dein Gott, wird dich in das
Land, das deine Väter in Besitz genommen ha-
ben, zurückbringen. Du wirst es wieder in Besitz
nehmen, und er wird dich glücklicher und zahl-
reicher machen als deine Väter. 6 Der Herr, dein
Gott, wird dein Herz und das Herz deiner Nach-
kommen beschneiden. Dann wirst du den Herrn,
deinen Gott, mit ganzem Herzen und mit ganzer
Seele lieben können, damit du Leben hast. 7 Alle
diese Verwünschungen aber wird der Herr, dein
Gott, über deine Feinde und Gegner verhängen,
die dich verfolgt haben. 8 Du jedoch wirst umkeh-
ren, auf die Stimme des Herrn hören und alle
seine Gebote, auf die ich dich heute verpflichte,
halten, 9 und der Herr, dein Gott, wird dir Gutes
im Überfluß schenken, bei jeder Arbeit deiner
Hände, bei der Frucht deines Leibes, bei der
Frucht deines Viehs und bei der Frucht deines
Ackers. Denn der Herr wird sich, wie er sich an
deinen Vätern gefreut hat, auch an dir wieder
freuen. Er wird dir Gutes tun, 10 wenn du auf die
Stimme des Herrn, deines Gottes, hörst und auf
seine Gebote und Gesetze achtest, die in dieser
Urkunde der Weisung einzeln aufgezeichnet sind,
und wenn du zum Herrn, deinem Gott, mit
ganzem Herzen und mit ganzer Seele zurück-
kehrst.

Das dem Menschen nahe Gebot

11 Dieses Gebot, auf das ich dich heute verpflichte,
geht nicht über deine Kraft und ist nicht fern von
dir. 12 Es ist nicht im Himmel, so daß du sagen
müßtest: Wer steigt für uns in den Himmel hinauf,

holt es herunter und verkündet es uns, damit wir es halten können? [13] Es ist auch nicht jenseits des Meeres, so daß du sagen müßtest: Wer fährt für uns über das Meer, holt es herüber und verkündet es uns, damit wir es halten können? [14] Nein, das Wort ist ganz nah bei dir, es ist in deinem Mund und in deinem Herzen, du kannst es halten.

Segen und Fluch – Leben und Tod

[15] Hiermit lege ich dir heute das Leben und das Glück, den Tod und das Unglück vor. [16] Wenn du auf die Gebote des Herrn, deines Gottes, auf die ich dich heute verpflichte, hörst, indem du den Herrn, deinen Gott, liebst, auf seinen Wegen gehst und auf seine Gebote, Gesetze und Rechtsvorschriften achtest, dann wirst du leben und zahlreich werden, und der Herr, dein Gott, wird dich in dem Land, in das du hineinziehst, um es in Besitz zu nehmen, segnen.

[17] Wenn du aber dein Herz abwendest und nicht hörst, wenn du dich verführen läßt, dich vor anderen Göttern niederwirfst und ihnen dienst – [18] heute erkläre ich euch: Dann werdet ihr ausgetilgt werden; ihr werdet nicht lange in dem Land leben, in das du jetzt über den Jordan hinüberziehst, um hineinzuziehen und es in Besitz zu nehmen. [19] Den Himmel und die Erde rufe ich heute als Zeugen gegen euch an. Leben und Tod lege ich dir vor, Segen und Fluch. Wähle also das Leben, damit du lebst, du und deine Nachkommen. [20] Liebe den Herrn, deinen Gott, hör auf seine Stimme, und halte dich an ihm fest; denn er ist dein Leben. Er ist die Länge deines Lebens, das du in dem Land verbringen darfst, von dem du weißt: Der Herr hat deinen Vätern Abraham, Isaak und Jakob geschworen, es ihnen zu geben.

Die Einsetzung Josuas durch Mose

31 Mose trat vor ganz Israel hin und sprach diese Worte. [2] Er sagte zu ihnen: Ich bin jetzt hundertzwanzig Jahre alt. Ich kann nicht mehr in den Kampf ziehen. Auch hat der Herr zu mir gesagt: Du wirst den Jordan hier nicht überschreiten. [3] Der Herr, dein Gott, zieht selbst vor dir hinüber, er selbst vernichtet diese Völker bei deinem Angriff, so daß du ihren Besitz übernehmen kannst. Josua zieht vor dir hinüber, wie es der Herr zugesagt hat. [4] Der Herr wird an ihnen tun, was er an Sihon und Og, den Amoriterkönigen, die er vernichtete, und an ihrem Land getan hat. [5] Der Herr wird sie euch ausliefern: Dann sollt ihr an ihnen genau nach dem Gebot handeln, auf das ich euch verpflichtet habe. [6] Empfangt Macht und Stärke: Fürchtet euch nicht, und weicht nicht erschreckt zurück, wenn sie angreifen; denn der Herr, dein Gott, zieht mit dir. Er läßt dich nicht fallen und verläßt dich nicht.

[7] Mose rief Josua herbei und sagte vor den Augen ganz Israels zu ihm: Empfange Macht und Stärke: Du sollst mit diesem Volk in das Land hineinziehen, von dem du weißt: Der Herr hat ihren Vätern geschworen, es ihnen zu geben. Du sollst es an sie als Erbbesitz verteilen. [8] Der Herr selbst zieht vor dir her. Er ist mit dir. Er läßt dich nicht fallen und verläßt dich nicht. Du sollst dich nicht fürchten und keine Angst haben.

Die Verlesung des Gesetzes im Sabbatjahr

[9] Mose schrieb diese Weisung auf und übergab sie den Priestern, den Nachkommen Levis, die die Lade des Bundes des Herrn trugen, und allen Ältesten Israels. [10] Mose schrieb ihnen vor: In jedem siebten Jahr, in einer der Festzeiten des Brachjahres, beim Laubhüttenfest, [11] wenn ganz Israel zusammenkommt, um an der Stätte, die der Herr auswählt, das Angesicht des Herrn, deines Gottes zu schauen, sollst du diese Weisung vor ganz Israel laut vortragen. [12] Versammle das Volk – die Männer und Frauen, Kinder und Greise, dazu die Fremden, die in deinen Stadtbereichen Wohnrecht haben –, damit sie zuhören und auswendig lernen und den Herrn, euren Gott, fürchten und darauf achten, daß sie alle Bestimmungen dieser Weisung halten. [13] Vor allem ihre Kinder, die das alles noch nicht kennen, sollen zuhören und lernen, den Herrn, euren Gott, zu fürchten. Das sollt ihr so lange tun, wie ihr in dem Land lebt, in das ihr jetzt über den Jordan hinüberzieht, um es in Besitz zu nehmen.

Die Erscheinung Gottes

[14] Der Herr sagte zu Mose: Sieh, deine Zeit ist gekommen: Du wirst sterben. Ruf Josua, und tritt mit ihm in das Offenbarungszelt, damit ich ihn einsetzen kann. Mose und Josua gingen hin und traten in das Offenbarungszelt hinein. [15] Der Herr erschien ihnen am Zelt in einer Wolkensäule. Die Wolkensäule stand über dem Eingang des Zeltes.

Die Offenbarung des Moseliedes

16 Und der Herr sagte zu Mose: Sieh, du wirst jetzt bald zu deinen Vätern gebettet werden. Dann wird dieses Volk sich erheben; man wird in seiner Mitte Unzucht treiben, indem man den fremden Göttern des Landes nachfolgt, in das es jetzt hineinzieht, es wird mich verlassen und den Bund brechen, den ich mit ihm geschlossen habe. 17 An jenem Tag wird mein Zorn gegen sie entbrennen. Ich werde sie verlassen und mein Angesicht vor ihnen verbergen. Dann wird dieses Volk verzehrt werden. Not und Zwang jeder Art werden es treffen. An jenem Tag wird es sich fragen: Hat mich diese Not nicht deshalb getroffen, weil mein Gott nicht mehr in meiner Mitte ist? 18 Aber ich werde an jenem Tag mein Angesicht nur noch mehr verbergen wegen all des Bösen, das dieses Volk getan hat; denn es hat sich anderen Göttern zugewandt. 19 Doch jetzt schreibt dieses Lied auf! Lehre es die Israeliten! Laß es sie auswendig lernen, damit dieses Lied mein Zeuge gegen die Israeliten werde. 20 Wenn ich dieses Volk in das Land geführt habe, das ich seinen Vätern mit einem Schwur versprochen habe, in das Land, wo Milch und Honig fließen, und wenn es gegessen hat und satt und fett geworden ist und sich anderen Göttern zugewandt hat, wenn sie ihnen gedient und mich verworfen haben und es so meinen Bund gebrochen hat, 21 dann wird, wenn Not und Zwang jeder Art es treffen, dieses Lied vor ihm als Zeuge aussagen; denn seine Nachkommen werden es nicht vergessen, sondern es auswendig wissen. Ich kenne seine Neigung, die sich schon heute regt, noch ehe ich es in das Land gebracht habe, das ich mit einem Schwur versprochen habe. 22 An jenem Tag schrieb Mose dieses Lied auf und lehrte es die Israeliten.

Die Einsetzung Josuas durch Gott

23 Der Herr aber setzte Josua, den Sohn Nuns, in sein Amt ein und sagte: Empfange Macht und Stärke: Du sollst die Israeliten in das Land führen, das ich ihnen mit einem Schwur versprochen habe. Ich werde bei dir sein.

Die Hinterlegung des Gesetzes

24 Als Mose damit zu Ende war, den Text dieser Weisung in eine Urkunde einzutragen, ohne irgend etwas auszulassen, 25 befahl Mose den Leviten, die die Lade des Bundes des Herrn trugen: 26 Nehmt diese Urkunde der Weisung entgegen, und legt sie neben die Lade des Bundes des Herrn, eures Gottes! Dort diene sie als Zeuge gegen euch. 27 Denn ich kenne deine Widersetzlichkeit und deine Halsstarrigkeit. Seht, schon jetzt, wo ich noch unter euch lebe, habt ihr euch dem Herrn widersetzt. Was wird erst nach meinem Tod geschehen? 28 Versammelt um mich alle Ältesten eurer Stämme und alle eure Listenführer, damit ich ihnen diesen Text vortragen und Himmel und Erde gegen sie als Zeugen anrufen kann. 29 Denn ich weiß: Nach meinem Tod werdet ihr ins Verderben laufen und von dem Weg abweichen, den ich euch vorgeschrieben habe. Dann, in künftigen Tagen, wird euch die Not begegnen, weil ihr tut, was in den Augen des Herrn böse ist, und weil ihr ihn durch euer Machwerk erzürnt.

Das Lied des Mose

30 Und Mose trug der vollzähligen Versammlung Israels den Wortlaut dieses Liedes vor, ohne irgend etwas auszulassen:

32 Hört zu, ihr Himmel, ich will reden, / die Erde lausche meinen Worten.

2 Meine Lehre wird strömen wie Regen, / meine Botschaft wird fallen wie Tau, / wie Regentropfen auf das Gras / und wie Tauperlen auf die Pflanzen.

3 Ich will den Namen des Herrn verkünden. / Preist die Größe unseres Gottes!

4 Er heißt: Der Fels. Vollkommen ist, was er tut; / denn alle seine Wege sind recht. / Er ist ein unbeirrbar treuer Gott, / er ist gerecht und gerade.

5 Ein falsches, verdrehtes Geschlecht fiel von ihm ab, / Verkrüppelte, die nicht mehr seine Söhne sind.

6 Ist das euer Dank an den Herrn, / du dummes, verblendetes Volk? / Ist er nicht dein Vater, dein Schöpfer? / Hat er dich nicht geformt und hingestellt?

7 Denk an die Tage der Vergangenheit, / lerne aus den Jahren der Geschichte! / Frag deinen Vater, er wird es dir erzählen, / frag die Alten, sie werden es dir sagen.

8 Als der Höchste (den Göttern) die Völker übergab, / als er die Menschheit aufteilte, / legte er die Gebiete der Völker / nach der Zahl der Götter fest;

9 der Herr nahm sich sein Volk als Anteil, / Jakob wurde sein Erbland.

10 Er fand ihn in der Steppe, / in der Wüste, wo
wildes Getier heult. / Er hüllte ihn ein, gab auf ihn
acht / und hütete ihn wie seinen Augenstern,
11 wie der Adler, der sein Nest beschützt / und
über seinen Jungen schwebt, / der seine Schwin-
gen ausbreitet, ein Junges ergreift / und es flügel-
schlagend davonträgt.
12 Der Herr allein hat Jakob geleitet, / kein frem-
der Gott stand ihm zur Seite.
13 Er führte ihn auf die Berge des Landes, / er
nährte ihn mit den Früchten des Feldes, / er stillte
ihn mit Wein aus den Felsen, / mit Öl aus Fels-
spalten.
14 Mit Butter von Kühen, Milch von Schafen und
Ziegen, / dazu kam Fett von Lämmern, / von
Widdern aus Baschan / und von Ziegenböcken, /
dazu Feinmehl aus Weizen. / Das Blut der Trau-
ben trankst du gegoren.
15 Und Jakob aß und wurde satt, / Jeschurun
wurde fett und bockte. / Ja, fett und voll und feist
bist du geworden. / Er stieß den Gott, der ihn ge-
formt hatte, von sich / und hielt den Fels für
dumm, der ihn gerettet hatte.
16 Sie weckten seine Eifersucht durch Fremde, /
durch greuliche Wesen reizten sie ihn zum Zorn:
17 Sie opferten Geistern, die keine Gottheiten
sind, / und Göttern, die sie früher nicht kannten, /
Neulingen, die erst vor kurzem gekommen wa-
ren, / vor denen eure Väter sich nicht fürchteten.
18 An den Fels, der dich gezeugt hat, / dachtest
du nicht mehr, / du vergaßest den Gott, der dich
geboren hat.
19 Da sah der Herr, daß er geschmäht wurde /
von seinen Söhnen und Töchtern, / die seinen
Zorn erregten.
20 Und er sagte: Ich will mein Gesicht vor ihnen
verbergen / und dann sehen, was in Zukunft mit
ihnen geschieht. / Denn sie sind eine Generation
des Aufruhrs, / Söhne, in denen die Untreue sitzt.
21 Sie haben meine Eifersucht geweckt / durch
einen Gott, der kein Gott ist, / mich zum Zorn ge-
reizt durch ihre Götter aus Luft – / so wecke ich ihre
Eifersucht / durch ein Volk, das kein Volk ist, /
durch ein dummes Volk reize ich sie zum Zorn.
22 In meiner Nase ist Feuer entbrannt. / Es lodert
bis in die unterste Totenwelt, / verzehrt die Erde
und was auf ihr wächst / und schmilzt die Fun-
damente der Berge.
23 Immer neue Not bürde ich ihnen auf, / ich
setze gegen sie alle meine Pfeile ein.
24 Sie werden ausgemergelt durch den Hunger, /
verzehrt durch die Pest und die verheerende
Seuche. / Den Zahn der Raubtiere lasse ich auf
sie los, / dazu das Gift der im Staube Kriechen-
den.
25 Auf der Straße raubt das Schwert die Kinder /
und in den Zimmern der Schrecken. / Da stirbt
der junge Mann und das Mädchen, / der Säugling
und der Greis.
26 Ich könnte sagen: Sie sollen nicht mehr sein, /
kein Mensch soll später noch an sie denken,
27 müßte ich nicht auch ihren Feind angreifen, /
der meinen Zorn erregt, / ihre Gegner, die sich
nicht täuschen sollen, / die nicht sagen sollen:
Unsere Hand ist erhoben, / der Herr hat nichts
von allem getan.
28 Doch diesem Volk fehlt es an Rat, / ihm man-
gelt es an Verstand.
29 Wären sie klug, so begriffen sie alles / und ver-
stünden, was in Zukunft mit ihnen geschieht. –
30 Wie kann ein einziger hinter tausend herja-
gen, / und zwei zehntausend in die Flucht schla-
gen, / es sei denn, ihr Fels hat sie verkauft, / der
Herr hat sie preisgegeben?
31 Doch der Fels unserer Feinde ist nicht wie un-
ser Fels; / das beweisen unsere Feinde.
32 Ihr Weinstock stammt von dem Weinstock So-
doms, / vom Todesacker Gomorras. / Ihre Trau-
ben sind giftige Trauben / und tragen bittere Bee-
ren.
33 Ihr Wein ist Schlangengift / und Gift von ekli-
gen Ottern. –
34 Liegt dies nicht bei mir verborgen, / in meinen
Vorratskammern versiegelt
35 bis zum Tag der Strafe und Vergeltung, / bis zu
der Zeit, da ihr Fuß wanken wird? / Doch der Tag
ihres Verderbens ist nah, / und ihr Verhängnis
kommt schnell. –
36 Ja, der Herr wird seinem Volk recht geben /
und mit seinen Dienern Mitleid haben. / Er wird
sehen: Jede Hand ist ermüdet, / es gibt nur noch
Unterdrückte und Hilflose.
37 Und er wird sagen: Wo sind ihre Götter? / Wo
ist der Fels, bei dem sie Schutz suchten?
38 Die das Fett ihrer Schlachtopfer essen, / die
den Wein ihrer Trankopfer trinken – / die sollen
vortreten und euch helfen. / Dieser Fels soll ein
Schutzdach über euch sein.
39 Jetzt seht: Ich bin es, nur ich, / und kein Gott
tritt mir entgegen. / Ich bin es, der tötet und der

lebendig macht. / Ich habe verwundet; nur ich
werde heilen. / Niemand kann retten, wonach
meine Hand gegriffen hat.
40 Ich hebe meine Hand zum Himmel empor /
und sage: So wahr ich ewig lebe:
41 Habe ich erst die Klinge meines Schwertes ge-
schliffen, / um das Recht in meine Hand zu neh-
men, / dann zwinge ich meinen Gegnern die
Strafe auf / und denen, die mich hassen, die Ver-
geltung.
42 Meine Pfeile mache ich trunken von Blut, /
während mein Schwert sich ins Fleisch frißt – /
trunken vom Blut Erschlagener und Gefangener, /
ins Fleisch des höchsten feindlichen Fürsten –.
43 Erhebt das Siegesgeschrei, ihr Himmel, zu-
sammen mit ihm, / werft euch vor ihm nieder, ihr
Götter! / Denn er erzwingt die Strafe für das Blut
seiner Söhne / und entsühnt das Land seines
Volkes.
44 Dann kam Mose zum Volk und trug ihm das
Lied in seinem vollen Wortlaut vor, er und Josua,
der Sohn Nuns.

Die Mahnung zur Belehrung der nächsten Generation:

45 Als Mose damit zu Ende war, alle diese Worte
vor ganz Israel vorzutragen, 46 sagte er zu ihnen:
Schenkt allen Bestimmungen eure Beachtung.
Heute beschwöre ich euch: Verpflichtet eure Kin-
der, daß sie auch auf alle Bestimmungen dieser
Weisung achten und sie halten. 47 Das ist kein lee-
res Wort, das ohne Bedeutung für euch wäre, son-
dern es ist euer Leben. Wenn ihr diesem Wort
folgt, werdet ihr lange in dem Land leben, in das
ihr jetzt über den Jordan hinüberzieht, um es in
Besitz zu nehmen.

Gottes Weisung über das Sterben des Mose

48 Am selben Tag sagte der Herr zu Mose: 49 Geh
hinauf in das Gebirge Abarim, das du vor dir
siehst, steig auf den Berg Nebo, der in Moab ge-
genüber Jericho liegt, und schau auf das Land Ka-
naan, das ich den Israeliten als Grundbesitz ge-
ben werde. 50 Dort auf dem Berg, den du ersteigst,
sollst du sterben und sollst mit deinen Vorfahren
vereint werden, wie dein Bruder Aaron auf dem
Berg Hor gestorben ist und mit seinen Vorfahren
vereint wurde. 51 Denn ihr seid mir untreu gewe-
sen inmitten der Israeliten beim Haderwasser
von Kadesch in der Wüste Zin und habt mich in-
mitten der Israeliten nicht als den Heiligen geehrt.
52 Du darfst das Land von der anderen Talseite aus
sehen. Aber du darfst das Land, das ich den Israe-
liten geben werde, nicht betreten.

Der Segen des Mose: 33,1–29

33 Und das ist der Segen, mit dem Mose, der
Mann Gottes, die Israeliten segnete, be-
vor er starb.

Einleitung

2 Er sprach:
Der Herr kam hervor aus dem Sinai, / er leuch-
tete vor ihnen auf aus Seïr, / er strahlte aus dem
Gebirge Paran, / er trat heraus aus Tausenden von
Heiligen. / Ihm zur Rechten flammte vor ihnen
das Feuer des Gesetzes.
3 Der du die Völker liebst: / In deiner Hand sind
alle Heiligen eines jeden von ihnen. / Sie haben
sich dir zu Füßen geworfen, / jeder wird sich er-
heben, wenn du es befiehlst.
4 Mose hat uns eine Weisung übergeben, / ein
Besitztum für eine Gemeinde Jakobs,
5 und ein König erstand in Jeschurun – / als sich
die Häupter des Volkes versammelten, / die Ver-
einigung der Stämme Israels.

Der Segen über die Stämme

6 *Ruben* soll leben, er sterbe nicht aus – / doch
habe er wenig Männer.
7 Und dies sagte er für *Juda* :
Höre, Herr, die Stimme Judas, / führ ihn heim zu
seinem Volk. / Mit eigenen Händen kämpfe er
dafür – / sei du ihm Hilfe gegen seine Feinde.
8 Für *Levi* sagte er: / Levi hat deine Tummim er-
halten, / deine Urim dein treuer Gefolgsmann, /
den du in Massa auf die Probe stelltest, / mit dem
du strittest am Wasser von Meriba;
9 der von seinem Vater und seiner Mutter
sagte: / Ich habe beide nie gesehen!, / und der

seine Brüder nicht erkannte / und von seinen
Kindern nichts wissen wollte. / Denn die Leviten
haben auf dein Wort geachtet – / nun wachen sie
über deinen Bund.
10 Sie lehren Jakob deine Rechtsvorschriften, / Is-
rael deine Weisung. / Sie legen Weihrauch auf, da-
mit du ihn riechst, / legen das Ganzopfer auf dei-
nen Altar.
11 Segne, Herr, Levis Besitz, / freu dich am Werk
seiner Hände! / Zerschlag seinen Feinden die
Hüften, / seinen Hassern, so daß sie sich nicht
mehr erheben.
12 Für *Benjamin* sagte er:
In Sicherheit wohne / der Liebling des Herrn. /
Täglich wacht / über ihn der Höchste, / und zwi-
schen seinen Schultern wohne er.
13 Und für *Josef* sagte er:
Sein Land sei vom Herrn gesegnet / mit Köstli-
chem des Himmels, mit Tau, / mit Grundwasser,
das in der Tiefe lagert,
14 mit Köstlichem aus den Erzeugnissen der
Sonne, / mit Köstlichem aus dem, was jeden Mo-
nat sprießt,
15 mit dem Besten uralter Berge, / mit Köstlichem
ewiger Hügel,
16 mit Köstlichem des Landes und seiner Bewoh-
ner, / und (über ihn komme) die Gnade dessen, /
der im Dornbusch wohnt. / Das komme über Jo-
sefs Haupt, / auf den Scheitel des Geweihten aus
seiner Brüder Schar.
17 Der Erstling seines Stiers – wie herrlich ist
er! / Seine Hörner sind Büffelhörner. / Mit ih-
nen stoße er die Völker alle zusammen nieder, /
die Enden der Welt. / Das sind die Zehntausende
aus *Efraim*, / das sind die Tausende aus *Manasse*.
18 Und für *Sebulon* sagte er:
Lache, Sebulon, wenn du in See stichst, / und
du, *Issachar*, in deinen Zelten!
19 Sie werden Völker zum Berge rufen, / dort
werden sie gültige Opfer schlachten. / Denn sie
nähren sich vom Überfluß der Meere, / von
Schätzen, die im Sand verborgen sind.
20 Und für *Gad* sagte er:
Gepriesen sei der, der Gad Raum schafft. /
Gad lauert wie ein Löwe, / Arm und Kopf reißt er
ab.
21 Das erste Stück hat er sich ausgesucht, / denn
wo der Anteil des Anführers war, / da versam-
melten sich die Häupter des Volkes. / Er tat, was
vor dem Herrn recht ist, / (hielt sich) gemeinsam
mit Israel (an) seine Rechtsvorschriften.
22 Und für *Dan* sagte er:
Dan ist ein junger Löwe, / der aus dem Baschan
hervorspringt.
23 Und für *Naftali* sagte er:
Naftali, gesättigt mit Gnade, / gefüllt mit dem Se-
gen des Herrn – / See und Süden nimm in Besitz!
24 Und für *Ascher* sagte er:
Mehr als die (anderen) Söhne sei Ascher geseg-
net, / bei seinen Brüdern sei er beliebt, / er bade
seinen Fuß in Öl.
25 Deine Riegel seien von Eisen und Bronze. /
Hab Frieden, solange du lebst!

Schluß

26 Keiner ist wie der Gott Jeschuruns, / der in den
Himmel steigt, um dir zu helfen, / auf die Wolken
in seiner Hoheit.
27 Eine Wohnung ist der Gott der Urzeit, / von un-
ten (tragen sie) die Arme des Ewigen. / Er trieb den
Feind vor dir her, / er sagte (zu dir): Vernichte!
28 So siedelte Israel sich sicher an, / die Quelle Ja-
kobs für sich allein, / in einem Land voller Korn
und Wein, / dessen Himmel Tau träufeln läßt.
29 Wie glücklich bist du, Israel! / Wer ist dir
gleich, / du Volk, gerettet durch den Herrn, / den
Schild, der dir hilft, / deine Hoheit, wenn das
Schwert kommt? / Deine Feinde werden sich vor
dir erniedrigen, / und du setzt deinen Fuß auf ihre
Nacken.

Der Tod des Mose: 34,1–9

34 Mose stieg aus den Steppen von Moab
hinauf auf den Nebo, den Gipfel des
Pisga gegenüber Jericho, und der Herr zeigte
ihm das ganze Land. Er zeigte ihm Gilead bis
nach Dan hin,
2 ganz Naftali, das Gebiet von
Efraim und Manasse, ganz Juda bis zum Mittel-
meer,
3 den Negeb und die Jordangegend, den
Talgraben von Jericho, der Palmenstadt, bis Zoar.

4 Der Herr sagte zu ihm: Das ist das Land, das
ich Abraham, Isaak und Jakob versprochen
habe mit dem Schwur: Deinen Nachkommen
werde ich es geben. Ich habe es dich mit deinen
Augen schauen lassen. Hinüberziehen wirst du
nicht. 5 Danach starb Mose, der Knecht des
Herrn, dort in Moab, wie es der Herr bestimmt
hatte. 6 Man begrub ihn im Tal, in Moab, gegen-
über Bet-Pegor. Bis heute kennt niemand sein
Grab.
7 Mose war hundertzwanzig Jahre alt, als er
starb. Sein Auge war noch nicht getrübt, seine Fri-
sche war noch nicht geschwunden. 8 Die Israeli-
ten beweinten Mose dreißig Tage lang in den
Steppen von Moab. Danach war die Zeit des Wei-
nens und der Klage um Mose beendet. 9 Josua, der
Sohn Nuns, war vom Geist der Weisheit erfüllt,
denn Mose hatte ihm die Hände aufgelegt. Die Is-
raeliten hörten auf ihn und taten, was der Herr
dem Mose aufgetragen hatte.

Der Abschluß der fünf Bücher des Mose: 34,10–12

10 Niemals wieder ist in Israel ein Prophet wie
Mose aufgetreten. Ihn hat der Herr Auge in Auge
berufen. 11 Keiner ist ihm vergleichbar, wegen all
der Zeichen und Wunder, die er in Ägypten im
Auftrag des Herrn am Pharao, an seinem ganzen
Hof und an seinem ganzen Land getan hat, 12 we-
gen all der Beweise seiner starken Hand und we-
gen all der furchterregenden und großen Taten,
die Mose vor den Augen von ganz Israel voll-
bracht hat.

DIE BÜCHER DER GESCHICHTE DES VOLKES GOTTES

DAS BUCH JOSUA

Die Eroberung des Landes: 1,1–12,24

Der Befehl zur Besetzung des Westjordanlandes

1 Nachdem Mose, der Knecht des Herrn, gestorben war, sagte der Herr zu Josua, dem Sohn Nuns, dem Diener des Mose: 2 Mein Knecht Mose ist gestorben. Mach dich also auf den Weg, und zieh über den Jordan hier mit diesem ganzen Volk in das Land, das ich ihnen, den Israeliten, geben werde. 3 Jeden Ort, den euer Fuß betreten wird, gebe ich euch, wie ich es Mose versprochen habe. 4 Euer Gebiet soll von der Steppe und vom Libanon an bis zum großen Strom, zum Eufrat, reichen – das ist das ganze Land der Hetiter – und bis hin zum großen Meer, wo die Sonne untergeht. 5 Niemand wird dir Widerstand leisten können, solange du lebst. Wie ich mit Mose war, will ich auch mit dir sein. Ich lasse dich nicht fallen und verlasse dich nicht. 6 Sei mutig und stark! Denn du sollst diesem Volk das Land zum Besitz geben, von dem du weißt: Ich habe ihren Vätern geschworen, es ihnen zu geben. 7 Sei nur mutig und stark, und achte genau darauf, daß du ganz nach der Weisung handelst, die mein Knecht Mose dir gegeben hat. Weich nicht nach rechts und nicht nach links davon ab, damit du Erfolg hast in allem, was du unternimmst. 8 Über dieses Gesetzbuch sollst du immer reden und Tag und Nacht darüber nachsinnen, damit du darauf achtest, genau so zu handeln, wie darin geschrieben steht. Dann wirst du auf deinem Weg Glück und Erfolg haben. 9 Habe ich dir nicht befohlen: Sei mutig und stark? Fürchte dich also nicht, und hab keine Angst; denn der Herr, dein Gott, ist mit dir bei allem, was du unternimmst.

10 Da befahl Josua den Listenführern im Volk: 11 Geht durch das Lager, und befehlt den Leuten: Versorgt euch mit Lebensmitteln; denn in drei Tagen werdet ihr den Jordan hier überschreiten, um in das Land hineinzuziehen und es in Besitz zu nehmen, das der Herr, euer Gott, euch zu eigen gibt. 12 Und den Rubenitern, den Gaditern und dem halben Stamm Manasse sagte Josua: 13 Erinnert euch an das, was Mose, der Knecht des Herrn, euch geboten hat: Der Herr, euer Gott, gewährt euch Ruhe und gibt euch dieses Land. 14 Eure Frauen, eure Kinder und euer Vieh sollen in dem Land bleiben, das Mose euch östlich des Jordan gegeben hat. Ihr aber sollt mit euren Brüdern hinübergehen, ihnen kampfbereit mit allen Kriegern voranziehen und ihnen helfen, 15 bis der Herr euren Brüdern ebenso wie euch Ruhe gewährt und bis auch sie das Land in Besitz nehmen, das der Herr, euer Gott, ihnen gibt. Dann sollt ihr in euren eigenen Besitz zurückkehren, in das Land, das euch Mose, der Knecht des Herrn, östlich des Jordan gegen Sonnenaufgang als Besitz gegeben hat. 16 Sie antworteten Josua: Alles, was du uns befohlen hast, wollen wir tun und dahin, wohin du uns schickst, werden wir gehen. 17 Genauso, wie wir auf Mose gehört haben, wollen wir auch auf dich hören. Der Herr aber, dein Gott, möge mit dir sein, wie er mit Mose gewesen ist. 18 Jeder, der sich deinem Befehl widersetzt und nicht allen deinen Anordnungen gehorcht, soll mit dem Tod bestraft werden. Sei nur mutig und stark!

Die Kundschafter in Jericho

2 Josua, der Sohn Nuns, schickte von Schittim heimlich zwei Kundschafter aus und befahl ihnen: Geht, erkundet das Land, besonders die Stadt Jericho! Sie brachen auf und kamen zu dem Haus einer Dirne namens Rahab; dort wollten sie übernachten. 2 Man meldete dem König von Jericho: Heute nacht sind ein paar Männer hierher gekommen, Israeliten, um das Land auszukundschaften. 3 Da schickte der König von Jericho Boten zu Rahab und ließ ihr sagen: Gib die Männer heraus, die bei dir in deinem Haus eingekehrt sind; denn sie sind gekommen, um das ganze Land auszukundschaften. 4 Da nahm die Frau die beiden Männer und versteckte sie. (Zu den Boten aber) sagte sie: Ja, die Männer sind zu mir gekommen; doch ich wußte nicht, woher sie waren. 5 Als das Stadttor bei Einbruch der Dunkelheit geschlossen werden sollte, sind die Männer weggegangen; ich weiß aber nicht, wohin sie gegan-

gen sind. Lauft ihnen schnell nach, dann könnt ihr sie noch einholen. 6 Sie hatte aber die Männer auf das flache Dach gebracht und unter den Flachsstengeln versteckt, die auf dem Dach aufgeschichtet waren. 7 Inzwischen hatte man die Verfolgung der Männer aufgenommen, und zwar in Richtung Jordan, zu den Furten hin. Und man hatte das Stadttor geschlossen, nachdem die Verfolger hinausgegangen waren.

8 Bevor die Männer sich niederlegten, stieg Rahab zu ihnen auf das Dach hinauf 9 und sagte zu ihnen: Ich weiß, daß der Herr euch das Land gegeben hat und daß uns Furcht vor euch befallen hat und alle Bewohner des Landes aus Angst vor euch vergehen. 10 Denn wir haben gehört, wie der Herr das Wasser des Schilfmeers euretwegen austrocknen ließ, als ihr aus Ägypten ausgezogen seid. Wir haben auch gehört, was ihr mit Sihon und Og, den beiden Königen der Amoriter jenseits des Jordan, gemacht habt: Ihr habt sie dem Untergang geweiht. 11 Als wir das hörten, zerschmolz unser Herz, und jedem stockte euretwegen der Atem; denn der Herr, euer Gott, ist Gott droben im Himmel und hier unten auf der Erde. 12 Nun schwört mir beim Herrn, daß ihr der Familie meines Vaters euer Wohlwollen erweist, wie ich es euch erwiesen habe, und gebt mir ein sicheres Zeichen dafür, 13 daß ihr meinen Vater und meine Mutter, meine Brüder und meine Schwestern und alles, was ihnen gehört, am Leben laßt und daß ihr uns vor dem Tod bewahrt. 14 Die Männer antworteten ihr: Wir bürgen mit unserem Leben für euch, wenn ihr nur unsere Sache nicht verratet. Wenn uns der Herr das Land gibt, werden wir dir unser Wohlwollen und unsere Treue zeigen. 15 Darauf ließ die Frau sie mit einem Seil durch das Fenster die Stadtmauer hinab; das Haus, in dem sie wohnte, war nämlich in die Stadtmauer eingebaut. 16 Sie riet ihnen: Geht ins Gebirge, damit die Verfolger euch nicht finden; dort haltet euch drei Tage lang verborgen, bis die Verfolger zurückgekehrt sind; dann könnt ihr eures Weges gehen. 17 Die Männer sagten zu ihr: Wir können uns nur unter folgender Bedingung an den Eid halten, den du uns hast schwören lassen: 18 Wenn wir in das Land eindringen, mußt du diese geflochtene purpurrote Schnur an das Fenster binden, durch das du uns herabgelassen hast, und du mußt deinen Vater, deine Mutter, deine Brüder und die ganze Familie deines Vaters bei dir in deinem Haus versammeln. 19 Jeder aber, der aus der Tür deines Hauses heraustritt, ist selbst schuld, wenn sein Blut vergossen wird. Wir sind dann ohne Schuld. Doch bei jedem, der mit dir in deinem Haus bleibt, tragen wir die Schuld, wenn Hand an ihn gelegt wird. 20 Auch wenn du unsere Sache verrätst, brauchen wir uns nicht an den Eid zu halten, den du uns hast schwören lassen. 21 Sie antwortete: Es sei, wie ihr gesagt habt. Dann ließ sie die beiden gehen und band die purpurrote Schnur an das Fenster. 22 Die Männer gingen also und kamen ins Gebirge; dort blieben sie drei Tage, bis die Verfolger (in die Stadt) zurückgekehrt waren. Die Verfolger hatten sie überall gesucht, aber nicht gefunden. 23 Dann machten sich die beiden Männer auf den Rückweg. Sie stiegen vom Gebirge herab, überschritten den Jordan und kamen zu Josua, dem Sohn Nuns. Sie erzählten ihm alles, was sie erfahren hatten, 24 und sagten: Der Herr hat uns das ganze Land ausgeliefert; alle Bewohner des Landes vergehen aus Angst vor uns.

Der Übergang über den Jordan

3 Am frühen Morgen brach Josua mit allen Israeliten von Schittim auf. Als sie an den Jordan kamen, übernachteten sie dort, bevor sie ihn überschritten. 2 Nach drei Tagen gingen die Listenführer durch das Lager 3 und befahlen dem Volk: Wenn ihr die Bundeslade des Herrn, eures Gottes, seht, und die levitischen Priester, die sie tragen, dann sollt auch ihr von dort, wo ihr gerade seid, aufbrechen und ihr folgen; 4 nur müßt ihr zwischen ihr und euch einen Abstand von zweitausend Ellen lassen, ihr dürft nicht zu nahe an sie herankommen. So werdet ihr wissen, welchen Weg ihr gehen sollt; denn ihr seid den Weg ja früher noch nie gegangen. 5 Und Josua sagte zum Volk: Heiligt euch; denn morgen wird der Herr mitten unter euch Wunder tun. 6 Und zu den Priestern sagte Josua: Nehmt die Bundeslade auf, und zieht dem Volk voran! Und sie nahmen die Bundeslade auf und gingen dem Volk voraus.

7 Da sagte der Herr zu Josua: Heute fange ich an, dich vor den Augen ganz Israels groß zu machen, damit alle erkennen, daß ich mit dir sein werde, wie ich mit Mose gewesen bin. 8 Du aber sollst den Priestern, die die Bundeslade tragen, befehlen: Wenn ihr zum Ufer des Jordan kommt, geht in den Jordan hinein, und bleibt dort stehen! 9 Darauf sagte Josua zu den Israeliten: Kommt her, und

hört die Worte des Herrn, eures Gottes! 10 Dann
sagte Josua: Daran sollt ihr erkennen, daß ein le-
bendiger Gott mitten unter euch ist: Er wird die
Kanaaniter, die Hetiter, Hiwiter, Perisiter, Girga-
schiter, Amoriter und Jebusiter vor euren Augen
vertreiben. 11 Seht, die Bundeslade des Herrn der
ganzen Erde zieht vor euch her durch den Jordan.
12 Wählt nun zwölf Männer aus den Stämmen Is-
raels aus, aus jedem Stamm einen! 13 Sobald die
Füße der Priester, die die Lade des Herrn tragen,
des Herrn der ganzen Erde, im Wasser des Jordan
stehen, wird das Wasser des Jordan, das von oben
herabkommt, wie abgeschnitten sein und wie ein
Wall dastehen.

14 Als dann das Volk seine Zelte verließ und auf-
brach, um den Jordan zu überschreiten, gingen
die Priester, die die Bundeslade trugen, an der
Spitze des Volkes. 15 Und als die Träger der Lade an
den Jordan kamen und die Füße der Priester, die
die Lade trugen, das Wasser berührten – der Jor-
dan war aber während der ganzen Erntezeit über
alle Ufer getreten –, 16 da blieben die Fluten des
Jordan stehen. Das von oben herabkommende
Wasser stand wie ein Wall in weiter Entfernung,
bei der Stadt Adam, die in der Nähe von Zaretan
liegt. Die zum Meer der Araba, zum Salzmeer,
hinabfließenden Fluten dagegen liefen vollstän-
dig ab, und das Volk zog Jericho gegenüber durch
den Jordan. 17 Die Priester, die die Bundeslade des
Herrn trugen, standen, während ganz Israel
trockenen Fußes hindurchzog, fest und sicher
mitten im Jordan auf trockenem Boden, bis das
ganze Volk den Jordan durchschritten hatte.

Die zwölf Gedenksteine

4 Als das ganze Volk den Jordan durchschritten
hatte, sagte der Herr zu Josua: 2 Wählt aus
dem Volk zwölf Männer aus, aus jedem Stamm ei-
nen, 3 und befehlt ihnen: Hebt hier, an der Stelle
mitten im Jordan, wo die Priester fest und sicher
standen, zwölf Steine auf, nehmt sie mit hinüber
und legt sie an dem Ort nieder, an dem ihr die
nächste Nacht verbringt. 4 Da rief Josua die zwölf
Männer, die er aus den Israeliten bestimmt hatte,
aus jedem Stamm einen, 5 und sagte zu ihnen:
Geht vor der Lade des Herrn, eures Gottes, her bis
zur Mitte des Jordan; dort soll jeder von euch
einen Stein auf seine Schulter heben, so viele
Steine, wie es Stämme der Israeliten gibt. 6 Sie sol-
len unter euch ein Zeichen sein. Wenn euch eure
Söhne morgen fragen: Was bedeuten diese Steine
für euch?, 7 dann antwortet ihnen: (Sie bedeuten,)
daß die Fluten des Jordan vor der Bundeslade des
Herrn wie abgeschnitten waren; als sie durch den
Jordan zog, waren die Fluten des Jordan wie ab-
geschnitten. So sind diese Steine ein ewiges Erin-
nerungszeichen für die Israeliten. 8 Die Israeliten
taten, was Josua befohlen hatte, und nahmen
zwölf Steine mitten aus dem Jordan, so viele, wie
es Stämme der Israeliten gab, wie es der Herr dem
Josua befohlen hatte. Sie nahmen sie mit hinüber
zu ihrem Rastplatz und stellten sie dort auf. 9 Und
in der Mitte des Jordan richtete Josua zwölf Steine
auf, dort, wo die Priester gestanden hatten, die die
Bundeslade trugen; sie stehen dort bis zum heu-
tigen Tag. 10 Die Priester aber, die die Lade trugen,
blieben mitten im Jordan stehen, bis alles gesche-
hen war, was der Herr durch Josua dem Volk be-
fohlen hatte [ganz so, wie Mose dem Josua be-
fohlen hatte], und das Volk beeilte sich und zog
hinüber. 11 Als das ganze Volk vollständig hin-
übergezogen war, zog auch die Lade des Herrn
hinüber, und die Priester (gingen wieder) dem
Volk voraus. 12 Die Rubeniter, die Gaditer und der
halbe Stamm Manasse zogen kampfbereit vor
den Israeliten her, wie es ihnen Mose befohlen
hatte. 13 Es waren etwa vierzigtausend bewaffnete
Männer, die vor den Augen des Herrn zum
Kampf in die Steppen von Jericho zogen.

14 An jenem Tag machte der Herr den Josua in
den Augen ganz Israels groß, und man hatte Ehr-
furcht vor ihm, wie man vor Mose zeit seines Le-
bens Ehrfurcht hatte. 15 Da sagte der Herr zu Josua:
16 Befiehl den Priestern, die die Lade der Bunde-
surkunde tragen, aus dem Jordan heraufzustei-
gen. 17 Da befahl Josua den Priestern: Steigt aus
dem Jordan herauf! 18 Als nun die Priester, die die
Bundeslade des Herrn trugen, aus der Mitte des
Jordan heraufstiegen und ihre Füße das Ufer
berührten, da kehrte das Wasser des Jordan an sei-
nen Ort zurück und trat wie zuvor wieder über
alle Ufer. 19 Das Volk zog am zehnten Tag des er-
sten Monats durch den Jordan und schlug in Gil-
gal, am Ostrand des Gebietes von Jericho, sein La-
ger auf.

20 In Gilgal stellte Josua die zwölf Steine auf, die
man aus dem Jordan mitgenommen hatte. 21 Er
sagte zu den Israeliten: Wenn eure Söhne morgen
ihre Väter fragen: Was bedeuten diese Steine?,
22 dann sollt ihr sie belehren: Hier hat Israel trocke-

nen Fußes den Jordan durchschritten; 23 denn der
Herr, euer Gott, hat das Wasser des Jordan vor eu-
ren Augen austrocknen lassen, bis ihr hindurch-
gezogen wart, genau so wie es Jahwe, euer Gott,
mit dem Schilfmeer machte, das er vor unseren
Augen austrocknen ließ, bis wir hindurchgezo-
gen waren. 24 Daran sollen alle Völker der Erde er-
kennen, daß die Hand des Herrn stark ist, und ihr
sollt allezeit Jahwe, euren Gott, fürchten.

5 Alle Könige der Amoriter jenseits des Jordan
im Westen und alle Könige der Kanaaniter
am Meer hörten, daß der Herr das Wasser des
Jordan vor den Augen der Israeliten austrock-
nen ließ, bis sie hinübergezogen waren; da zer-
schmolz ihr Herz, und jedem stockte der Atem
wegen der Israeliten.

Die Beschneidung in Gilgal

2 Damals sagte der Herr zu Josua: Mach dir Stein-
messer und ordne wieder eine Beschneidung der
Israeliten an, eine zweite! 3 Da machte sich Josua
Steinmesser, und er beschnitt die Israeliten auf
dem »Hügel der Vorhäute«. 4 Josua nahm die Be-
schneidung vor, weil das ganze Volk, das aus
Ägypten ausgezogen war, das heißt die Männer,
alle Krieger, nach ihrem Auszug aus Ägypten auf
dem Weg durch die Wüste gestorben waren. 5 Als
das Volk auszog, waren alle beschnitten. Alle
aber, die nach dem Auszug aus Ägypten unter-
wegs in der Wüste geboren wurden, hatte man
nicht beschnitten. 6 Denn vierzig Jahre lang wan-
derten die Israeliten durch die Wüste. Schließlich
war das ganze Volk, alle Krieger, die aus Ägypten
ausgezogen waren, umgekommen, weil sie nicht
auf die Stimme des Herrn gehört hatten. Der Herr
hatte ihnen geschworen, er werde sie das Land
nicht schauen lassen, das er ihren Vätern mit ei-
nem Eid zugesichert hatte, ein Land, in dem
Milch und Honig fließen. 7 Ihre Söhne, die der
Herr an ihre Stelle treten ließ, beschnitt Josua;
denn sie waren noch unbeschnitten, da man sie
unterwegs nicht beschnitten hatte. 8 Als nun das
ganze Volk beschnitten war, blieb man an Ort
und Stelle, im Lager, bis die Männer wieder ge-
sund waren. 9 Und der Herr sagte zu Josua: Heute
habe ich die ägyptische Schande von euch abge-
wälzt. Darum nennt man diesen Ort bis zum heu-
tigen Tag Gilgal (Wälzplatz).
10 Als die Israeliten in Gilgal ihr Lager hatten, fei-
erten sie am Abend des vierzehnten Tages jenes
Monats in den Steppen von Jericho das Pascha.
11 Am Tag nach dem Pascha, genau an diesem Tag,
aßen sie ungesäuerte Brote und geröstetes Ge-
treide aus den Erträgen des Landes. 12 Vom folgen-
den Tag an, nachdem sie von den Erträgen des
Landes gegessen hatten, blieb das Manna aus;
von da an hatten die Israeliten kein Manna mehr,
denn sie aßen in jenem Jahr von der Ernte des
Landes Kanaan.

Der Anführer des Heeres des Herrn

13 Als Josua bei Jericho war und Ausschau hielt,
sah er plötzlich einen Mann mit einem gezückten
Schwert in der Hand vor sich stehen. Josua ging
auf ihn zu und fragte ihn: Gehörst du zu uns oder
zu unseren Feinden? 14 Er antwortete: Nein, ich
bin der Anführer des Heeres des Herrn. Ich bin so-
eben gekommen. Da warf sich Josua vor ihm zu
Boden, um ihm zu huldigen, und fragte ihn: Was
befiehlt mein Herr seinem Knecht? 15 Der Anfüh-
rer des Heeres des Herrn antwortete Josua: Zieh
deine Schuhe aus; denn der Ort, wo du stehst, ist
heilig. Und Josua tat es.

Die Eroberung Jerichos

6 Jericho hielt wegen der Israeliten die Tore fest
verschlossen. Niemand konnte heraus, und
niemand konnte hinein. 2 Da sagte der Herr zu
Josua: Sieh her, ich gebe Jericho und seinen Kö-
nig samt seinen Kriegern in deine Gewalt. 3 Ihr
sollt mit allen Kriegern um die Stadt herumzie-
hen und sie einmal umkreisen. Das sollst du
sechs Tage lang tun. 4 Sieben Priester sollen sie-
ben Widderhörner vor der Lade hertragen. Am
siebten Tag sollt ihr siebenmal um die Stadt her-
umziehen, und die Priester sollen die Hörner bla-
sen. 5 Wenn das Widderhorn geblasen wird und
ihr den Hörnerschall hört, soll das ganze Volk in
lautes Kriegsgeschrei ausbrechen. Darauf wird
die Mauer der Stadt in sich zusammenstürzen;
dann soll das Volk hinübersteigen, jeder an der
nächstbesten Stelle. 6 Da rief Josua, der Sohn
Nuns, die Priester und sagte: Nehmt die Bundes-
lade, und laßt sieben Priester sieben Widderhör-
ner vor der Lade des Herrn hertragen. 7 Und zum
Volk sagte er: Zieht rings um die Stadt herum, und
laßt die bewaffneten Männer vor der Lade des
Herrn herziehen!
8 Und es geschah so, wie Josua es dem Volk ge-
sagt hatte: Sieben Priester trugen die sieben Wid-

derhörner vor dem Herrn her und bliesen im Ge-
hen die Hörner, und die Bundeslade des Herrn
zog hinter ihnen her. 9 Die bewaffneten Männer
gingen vor den Priestern her, die die Hörner blie-
sen, die Nachhut folgte der Lade, und man blies
ständig die Hörner. 10 Dem Volk aber befahl Josua:
Erhebt kein Kriegsgeschrei, und laßt eure Stim-
men nicht hören! Kein Wort komme aus eurem
Mund bis zu dem Tag, an dem ich zu euch sage:
Erhebt das Kriegsgeschrei! Dann sollt ihr los-
schreien.

11 Darauf ließ er die Lade des Herrn um die Stadt
herumziehen und sie einmal umkreisen. Dann
kam man zum Lager zurück und übernachtete im
Lager. 12 Früh am anderen Morgen brach Josua
auf, und die Priester trugen die Lade des Herrn.
13 Sieben Priester trugen die sieben Widderhörner
der Lade des Herrn voraus und bliesen ständig die
Hörner. Die bewaffneten Männer zogen vor ih-
nen her, und die Nachhut folgte der Lade des
Herrn. Man blies ständig die Hörner. 14 So zogen
sie auch am zweiten Tag einmal um die Stadt
herum und kehrten wieder ins Lager zurück. Das
machten sie sechs Tage lang.

15 Am siebten Tag aber brachen sie beim An-
bruch der Morgenröte auf und zogen, wie ge-
wohnt, um die Stadt, siebenmal; nur an diesem
Tag zogen sie siebenmal um die Stadt. 16 Als die
Priester beim siebtenmal die Hörner bliesen, sagte
Josua zum Volk: Erhebt das Kriegsgeschrei! Denn
der Herr hat die Stadt in eure Gewalt gegeben.
17 Die Stadt mit allem, was in ihr ist, soll zu Ehren
des Herrn dem Untergang geweiht sein. Nur die
Dirne Rahab und alle, die bei ihr im Haus sind, sol-
len am Leben bleiben, weil sie die Boten versteckt
hat, die wir ausgeschickt hatten. 18 Hütet euch
aber davor, von dem, was dem Untergang ge-
weiht ist, etwas zu begehren und wegzuneh-
men; sonst weiht ihr das Lager Israels dem Un-
tergang und stürzt es ins Unglück. 19 Alles Gold
und Silber und die Geräte aus Bronze und Eisen
sollen dem Herrn geweiht sein und in den Schatz
des Herrn kommen. 20 Darauf erhob das Volk das
Kriegsgeschrei, und die Widderhörner wurden
geblasen. Als das Volk den Hörnerschall hörte,
brach es in lautes Kriegsgeschrei aus. Die Stadt-
mauer stürzte in sich zusammen, und das Volk
stieg in die Stadt hinein, jeder an der nächstbesten
Stelle. So eroberten sie die Stadt. 21 Mit scharfem
Schwert weihten sie alles, was in der Stadt war,
dem Untergang, Männer und Frauen, Kinder und
Greise, Rinder, Schafe und Esel.

22 Zu den beiden Männern, die das Land erkun-
det hatten, sagte Josua: Geht zu dem Haus der
Dirne, und holt von dort die Frau und alles, was
ihr gehört, wie ihr es ihr geschworen habt. 23 Da
gingen die jungen Männer, die Kundschafter, und
holten Rahab, ihren Vater, ihre Mutter, ihre Brü-
der und alles, was ihr gehörte; sie führten ihre
ganze Verwandtschaft (aus der Stadt) heraus und
wiesen ihnen einen Platz außerhalb des Lagers
Israels an. 24 Die Stadt aber und alles, was darin
war, brannte man nieder; nur das Silber und Gold
und die Geräte aus Bronze und Eisen brachte man
in den Schatz im Haus des Herrn. 25 Die Dirne Ra-
hab und die Familie ihres Vaters und alles, was ihr
gehörte, ließ Josua am Leben. So wohnt ihre Fa-
milie bis heute mitten in Israel; denn Rahab hatte
die Boten versteckt, die Josua ausgesandt hatte,
um Jericho auskundschaften zu lassen.

26 Damals schwor Josua: Verflucht beim Herrn
sei der Mann, der es unternimmt, diese Stadt Je-
richo wieder aufzubauen. Seinen Erstgeborenen
soll es ihn kosten, wenn er sie neu gründet, und
seinen Jüngsten, wenn er ihre Tore wieder auf-
richtet. 27 Der Herr war mit Josua, und sein Ruhm
verbreitete sich im ganzen Land.

Der Kampf um Ai. Achans Diebstahl

7 Die Israeliten aber veruntreuten etwas von
dem, was dem Untergang geweiht war.
Denn Achan, der Sohn Karmis, des Sohnes Sab-
dis, des Sohnes Serachs, vom Stamm Juda, nahm
etwas von dem, was dem Untergang geweiht
war. Da entbrannte der Zorn des Herrn über die
Israeliten.

2 Josua schickte von Jericho aus einige Männer
nach Ai, das bei Bet-Awen, östlich von Bet-El
liegt, und sagte zu ihnen: Geht hinauf, und er-
kundet das Land! Die Männer gingen hinauf und
erkundeten Ai. 3 Als sie zu Josua zurückkamen,
sagten sie zu ihm: Es braucht nicht das ganze Volk
hinaufzuziehen. Etwa zwei- oder dreitausend
Mann sollen hinaufziehen; sie können Ai besie-
gen. Bemüh nicht das ganze Volk dorthin! Denn
dort sind nur wenige Leute. 4 So stiegen vom Volk
etwa dreitausend Mann nach Ai hinauf; aber sie
mußten vor den Männern von Ai die Flucht er-
greifen. 5 Die Männer von Ai erschlugen sechs-
unddreißig von ihnen; die andern verfolgten sie

vom Stadttor bis zu den Steinbrüchen und schlugen sie an der Steige. Da zerschmolz das Herz des Volkes und wurde zu Wasser. 6 Josua zerriß seine Kleider und warf sich zusammen mit den Ältesten vor der Lade des Herrn mit dem Gesicht zu Boden und blieb dort bis zum Abend liegen. Sie streuten sich Asche auf das Haupt, 7 und Josua sagte: Ach Herr, mein Gott! Warum hast du dieses Volk über den Jordan ziehen lassen? Um uns den Amoritern auszuliefern, damit sie uns vernichten? Hätten wir uns doch dazu entschlossen, jenseits des Jordan zu bleiben! 8 Ach Herr, was soll ich sagen, nachdem Israel seinen Feinden den Rücken gezeigt hat? 9 Das werden die Kanaaniter und alle Bewohner des Landes hören, und sie werden uns umzingeln und unseren Namen im ganzen Land ausrotten. Was willst du dann für deinen großen Namen tun?

10 Da sagte der Herr zu Josua: Steh auf! Warum liegst du da, mit dem Gesicht zur Erde? 11 Israel hat gesündigt. Sie haben sich sogar gegen meinen Bund vergangen, den ich ihnen auferlegt habe. Sie haben etwas weggenommen von dem, was dem Untergang geweiht war; sie haben es gestohlen; sie haben es unterschlagen und zu ihren eigenen Sachen getan. 12 Deshalb können die Israeliten dem Angriff ihrer Feinde nicht mehr standhalten und müssen ihren Feinden den Rücken zeigen; denn sie sind nun selbst dem Untergang geweiht. Ich werde nicht mehr mit euch sein, wenn ihr bei euch nicht alles, was dem Untergang geweiht ist, vernichtet. 13 Auf! Heilige das Volk, und sag: Heiligt euch für morgen! Denn so hat der Herr, der Gott Israels, gesprochen: Bei dir, Israel, ist etwas, was dem Untergang geweiht ist. Du kannst dem Angriff deiner Feinde nicht standhalten, solange ihr nicht alles, was dem Untergang geweiht ist, aus eurer Mitte entfernt habt. 14 Morgen sollt ihr Stamm für Stamm antreten, und der Stamm, den der Herr bezeichnet, soll Sippe für Sippe antreten, und die Sippe, die der Herr dann bezeichnet, soll Großfamilie für Großfamilie antreten, und die Großfamilie, die der Herr dann bezeichnet, soll Mann für Mann antreten. 15 Bei wem man dann etwas findet, das dem Untergang geweiht ist, der soll mit allem, was er hat, verbrannt werden, weil er sich am Bund des Herrn vergangen und in Israel eine Schandtat verübt hat.

16 Josua ließ also früh am Morgen Israel Stamm für Stamm antreten; da wurde der Stamm Juda bezeichnet. 17 Dann ließ er die Sippen Judas antreten; da wurde die Sippe der Serachiter bezeichnet. Dann ließ er die Sippe der Serachiter nach Großfamilien antreten; da wurde Sabdi bezeichnet. 18 Dann ließ er dessen Familie Mann für Mann antreten; da wurde Achan, der Sohn Karmis, der Enkel Sabdis, des Sohnes Serachs, vom Stamm Juda bezeichnet. 19 Josua sagte zu Achan: Mein Sohn, gib dem Herrn, dem Gott Israels, die Ehre, und leg vor ihm ein Geständnis ab! Sag mir offen, was du getan hast, und verheimliche mir nichts! 20 Achan antwortete Josua: Es ist wahr, ich habe mich gegen den Herrn, den Gott Israels, versündigt. Das und das habe ich getan: 21 Ich sah unter der Beute einen schönen Mantel aus Schinar, außerdem zweihundert Schekel Silber und einen Goldbarren, der fünfzig Schekel wog. Ich wollte es haben und nahm es an mich. Es ist in meinem Zelt im Boden vergraben, das Silber an unterster Stelle. 22 Josua schickte Boten, und sie liefen zum Zelt, und wirklich: die Sachen waren im Zelt Achans vergraben, das Silber an unterster Stelle. 23 Sie holten alles aus dem Zelt heraus, brachten es zu Josua und allen Israeliten und breiteten es vor dem Herrn aus.

24 Da nahm Josua Achan, den Sohn Serachs, ebenso das Silber und den Mantel und den Goldbarren, seine Söhne und Töchter, seine Rinder, Esel und Schafe, sein Zelt und seine ganze Habe. Er und ganz Israel brachten alles ins Tal Achor. 25 Dann sagte Josua: Womit du uns ins Unglück gestürzt hast, damit stürzt dich der Herr heute ins Unglück. Und ganz Israel steinigte Achan. [Sie verbrannten sie im Feuer und steinigten sie.] 26 Man errichtete über ihm einen großen Steinhaufen, der bis zum heutigen Tag zu sehen ist, und der Herr ließ ab von seinem glühenden Zorn. Deshalb nennt man diesen Ort bis heute Achortal (Unglückstal).

Die Vernichtung von Ai

8 Dann sagte der Herr zu Josua: Fürchte dich nicht, und hab keine Angst! Nimm alle kriegstüchtigen Männer, brich auf, und zieh nach Ai! Siehe, ich habe den König von Ai und sein Volk, seine Stadt und sein Land in deine Gewalt gegeben. 2 Du sollst es mit Ai und seinem König ebenso machen, wie du es mit Jericho und seinem König gemacht hast. Doch ihren Besitz und das Vieh in der Stadt dürft ihr erbeuten. Leg im

Rücken der Stadt einen Hinterhalt! 3 Da brach Jo-
sua mit dem ganzen Heer auf und zog nach Ai. Er
wählte dreißigtausend kampferprobte Männer
aus und schickte sie bei Nacht weg 4 mit dem Be-
fehl: Seht zu, daß ihr im Rücken der Stadt einen
Hinterhalt legt, aber nicht zu weit entfernt von
der Stadt. Dort haltet euch alle bereit! 5 Ich aber
werde mit allen Leuten, die bei mir sind, gegen
die Stadt vorrücken, und wenn man dann wie
beim erstenmal einen Ausfall macht, werden wir
vor ihnen fliehen. 6 Sie werden uns verfolgen, bis
wir sie von der Stadt weggelockt haben; denn sie
werden denken: Sie fliehen vor uns wie beim er-
stenmal. Wenn wir vor ihnen geflohen sind,
7 dann könnt ihr aus dem Hinterhalt hervorbre-
chen und die Stadt besetzen. Der Herr, euer Gott,
wird sie euch ausliefern. 8 Wenn ihr dann die Stadt
eingenommen habt, sollt ihr sie in Brand stecken.
Handelt nach dem Wort des Herrn! Seht, ich habe
es euch befohlen. 9 Dann schickte sie Josua weg,
und sie legten sich westlich von Ai in den Hin-
terhalt, zwischen Bet-El und Ai. Josua aber blieb
die Nacht über beim Volk.

10 Früh am Morgen stand Josua auf, musterte das
Volk und zog zusammen mit den Ältesten Israels
an der Spitze des Volkes nach Ai hinauf. 11 Das
ganze Heer zog mit ihm hinauf und rückte bis in
die Nähe der Stadt vor. Im Norden von Ai schlu-
gen sie ihr Lager auf; zwischen ihnen und Ai lag
ein Tal. 12 Dann nahm er etwa fünftausend Mann
und legte sie westlich der Stadt, zwischen Bet-El
und Ai, in einen Hinterhalt. 13 So stellten sie das
Volk auf: Das Lager war im Norden der Stadt und
der Hinterhalt westlich der Stadt. Josua aber ver-
brachte die Nacht unten im Tal.

14 Als das der König von Ai sah, brach er mit den
Männern der Stadt am Morgen in aller Eile auf und
zog mit seinem ganzen Volk zum (sogenannten)
Versammlungsplatz vor der Steppe, um gegen
Israel zu kämpfen. Er wußte nicht, daß man ihm
im Rücken der Stadt einen Hinterhalt gelegt hatte.
15 Josua und die Israeliten ließen sich von ihnen
schlagen und flohen zur Wüste hin. 16 Nun wurde
das ganze Volk, das noch in der Stadt war, zu ihrer
Verfolgung aufgeboten. Sie verfolgten Josua und
wurden so von der Stadt weggelockt. 17 Niemand
blieb in Ai [und Bet-El] zurück; alle rückten aus,
ließen die Stadt ohne Schutz zurück und verfolg-
ten die Israeliten. 18 Da sagte der Herr zu Josua:
Streck das Sichelschwert in deiner Hand gegen Ai
aus; denn ich gebe es in deine Gewalt. Josua
streckte das Sichelschwert in seiner Hand gegen
Ai aus. 19 Als er seine Hand ausstreckte, brachen die
Männer im Hinterhalt eiligst aus ihrer Stellung
hervor, stürmten in die Stadt, nahmen sie ein und
steckten sie sogleich in Brand. 20 Als die Männer
von Ai sich umwandten, sahen sie plötzlich aus
der Stadt Rauch zum Himmel aufsteigen. Aber sie
konnten weder vor noch zurück und hatten keine
Möglichkeit zur Flucht. Denn das Volk, das zur
Wüste hin geflohen war, wandte sich nun gegen
den Verfolger. 21 Als nämlich Josua und ganz Israel
sahen, daß aus der Stadt Rauch aufstieg, daß also
die Männer aus dem Hinterhalt die Stadt einge-
nommen hatten, machten sie kehrt und schlugen
die Männer von Ai. 22 Denn weil diese ihnen aus
der Stadt nachgerückt waren, waren sie nun von
beiden Seiten her mitten zwischen die Israeliten
geraten. Die Israeliten schlugen sie so vernich-
tend, daß keiner von ihnen mehr übrigblieb, der
hätte entkommen und sich in Sicherheit bringen
können. 23 Den König von Ai aber nahmen sie le-
bend gefangen und brachten ihn zu Josua.

24 Als die Israeliten sämtliche Bewohner von Ai,
die ihnen nachgejagt waren, ohne Ausnahme auf
freiem Feld und in der Wüste mit scharfem
Schwert getötet hatten und alle gefallen waren,
kehrte ganz Israel nach Ai zurück und machte
auch dort alles mit scharfem Schwert nieder. 25 Es
gab an jenem Tag insgesamt zwölftausend Gefal-
lene, Männer und Frauen, alle Einwohner von Ai.
26 Josua aber ließ seine Hand mit dem Sichel-
schwert nicht sinken, bis er alle Einwohner von Ai
dem Untergang geweiht hatte. 27 Nur das Vieh und
den Besitz der Stadt nahm Israel für sich als Beute,
nach dem Befehl, den der Herr Josua gegeben
hatte. 28 Dann brannte Josua Ai nieder und machte
es für immer zu einem Trümmerhaufen und zu ei-
nem öden Platz; das ist es geblieben bis zum heuti-
gen Tag. 29 Den König von Ai aber ließ er an einem
Baum aufhängen; dort hing er bis zum Abend. Als
die Sonne unterging, nahm man die Leiche auf Be-
fehl Josuas von dem Baum ab und warf sie vor das
Tor der Stadt. Man errichtete über ihr einen großen
Steinhaufen, der noch heute da ist.

Der Bau des Altars und die Verkündigung des Gesetzes

30 Damals errichtete Josua auf dem Berg Ebal für
den Herrn, den Gott Israels, einen Altar 31 aus un-

behauenen Steinen, die noch kein eisernes Werk-
zeug berührt hatte, so wie Mose, der Knecht des
Herrn, es den Israeliten geboten hatte und wie es
im Gesetzbuch des Mose geschrieben steht. Auf
diesem Altar brachte man dem Herrn Brandopfer
dar und schlachtete Heilsopfer. 32 Und Josua
brachte dort auf den Steinen eine Abschrift des
Gesetzes des Mose an; er schrieb vor den Augen
der Israeliten darauf. 33 Ganz Israel und die Älte-
sten, die Listenführer und die Richter, standen zu
beiden Seiten der Lade neben den levitischen
Priestern, den Trägern der Bundeslade des Herrn,
dazu Fremde und Einheimische. Die eine Hälfte
von ihnen war dem Berg Garizim zugewandt, die
andere dem Berg Ebal, wie es Mose, der Knecht
Jahwes, für die Segnung des Volkes Israel früher
angeordnet hatte. 34 Danach verlas Josua das Ge-
setz im vollen Wortlaut, Segen und Fluch, genau
so, wie es im Buch des Gesetzes aufgezeichnet
ist. 35 Von all dem, was Mose angeordnet hatte,
gab es kein einziges Wort, das Josua nicht vor der
ganzen Versammlung Israels verlesen hätte; auch
die Frauen und Kinder und die Fremden, die mit
ihnen zogen, waren dabei.

Die List der Gibeoniter

9 Davon hörten alle Könige jenseits des Jordan,
auf dem Gebirge, in der Schefela und an der
ganzen Küste des großen Meeres bis hin zum Li-
banon: die Hetiter, die Amoriter, die Kanaaniter,
die Perisiter, die Hiwiter und die Jebusiter. 2 Sie ta-
ten sich zusammen, um gemeinsam gegen Josua
und Israel den Kampf aufzunehmen.
3 Als die Einwohner von Gibeon erfuhren, was
Josua mit Jericho und Ai gemacht hatte, 4 griffen
sie zu einer List. Sie versahen sich mit Verpfle-
gung, packten alte Säcke und alte, brüchige und
geflickte Weinschläuche auf ihre Esel und mach-
ten sich damit auf den Weg. 5 Sie zogen alte, ge-
flickte Schuhe und alte Mäntel an. Das ganze Brot
in ihrem Vorrat war trocken und krümelig. 6 So zo-
gen sie zu Josua ins Lager nach Gilgal und sagten
zu ihm und zu den Israeliten: Wir kommen aus
einem fernen Land. Schließt doch einen Vertrag
mit uns! 7 Da antworteten die Israeliten den Hi-
witern: Vielleicht wohnt ihr mitten in unserem
Gebiet. Wie können wir da einen Vertrag mit
euch schließen? 8 Sie aber sagten zu Josua: Wir
sind deine Knechte. Josua fragte sie: Wer seid ihr,
und woher kommt ihr? 9 Sie antworteten ihm:
Deine Knechte kommen aus einem weit entfern-
ten Land, angezogen vom Ruhm des Herrn, dei-
nes Gottes. Wir haben von seinem Ruhm und
von allem gehört, was er in Ägypten getan hat,
10 und auch von allem, was er mit den beiden Kö-
nigen der Amoriter jenseits des Jordan gemacht
hat, mit Sihon, dem König von Heschbon, und mit
Og, dem König des Baschan in Aschtarot. 11 Da
sagten unsere Ältesten und alle Bewohner des
Landes zu uns: Nehmt Verpflegung für unter-
wegs mit, zieht ihnen entgegen, und sagt zu ih-
nen: Wir sind eure Knechte. Nun schließt mit uns
einen Vertrag! 12 Unser Brot hier war noch warm,
als wir es aus unseren Häusern als Vorrat mitnah-
men an dem Tag, als wir uns auf den Weg zu euch
machten. Jetzt aber, seht her: Es ist trocken und
krümelig. 13 Auch diese Weinschläuche waren
neu, als wir sie füllten; und jetzt, seht her: Sie sind
brüchig. Und hier, unsere Mäntel und unsere
Schuhe, sie sind durch den weiten Weg ganz ab-
genützt. 14 Da nahmen die Israeliten etwas von der
Verpflegung; aber den Mund des Herrn befragten
sie nicht. 15 So gewährte ihnen Josua Frieden und
schloß mit ihnen einen Vertrag, sie am Leben zu
lassen. Auch die Vorsteher der Gemeinde leiste-
ten ihnen einen Eid.
16 Drei Tage aber, nachdem sie mit ihnen den Ver-
trag geschlossen hatten, erfuhren sie, daß die
Männer aus der Nähe waren und mitten in ihrem
Gebiet wohnten. 17 Die Israeliten brachen auf und
kamen am dritten Tag zu ihren Städten: nach Gi-
beon, Kefira, Beerot und Kirjat-Jearim. 18 Aber die
Israeliten erschlugen die Einwohner nicht, weil
die Vorsteher der Gemeinde ihnen beim Herrn,
dem Gott Israels, einen Eid geleistet hatten. Doch
die ganze Gemeinde war empört über die Vorste-
her. 19 Da sagten alle Vorsteher zu der Gemeinde:
Wir haben ihnen beim Herrn, dem Gott Israels,
einen Eid geleistet. Darum können wir ihnen
nichts tun. 20 Wir wollen es so mit ihnen machen:
Wir werden sie am Leben lassen, damit nicht
wegen des Eides, den wir ihnen geschworen ha-
ben, ein Zorngericht über uns kommt. 21 Die Vor-
steher sagten also zu ihnen: Sie sollen am Leben
bleiben. So wurden sie Holzfäller und Wasserträ-
ger für die ganze Gemeinde, wie es ihnen die Vor-
steher sagten.
22 Darauf rief Josua die Gibeoniter und sagte zu
ihnen: Warum habt ihr uns getäuscht und gesagt:
Wir wohnen sehr weit entfernt von euch, ob-

wohl ihr mitten in unserem Gebiet wohnt? 23 Nun
seid ihr verflucht; ihr müßt für immer Sklaven,
Holzfäller und Wasserträger für das Haus mei-
nes Gottes sein. 24 Sie antworteten Josua: Deinen
Knechten wurde genau berichtet, was Jahwe,
dein Gott, seinem Knecht Mose befohlen hat:
euch das ganze Land zu geben und alle Bewoh-
ner des Landes vor euren Augen zu vernichten.
Darum hatten wir große Angst vor euch und
fürchteten um unser Leben. Deshalb haben wir
das getan. 25 Jetzt sind wir in deiner Hand. Mach
mit uns, was dir gut und recht erscheint. 26 Dar-
aufhin tat er folgendes: Er rettete sie zwar aus der
Gewalt der Israeliten, so daß sie sie nicht töteten;
27 doch er machte sie an jenem Tag zu Holzfällern
und Wasserträgern für die Gemeinde und für den
Altar des Herrn an dem Ort, den er erwählen
würde. Das sind sie bis zum heutigen Tag ge-
blieben.

Der Krieg mit den fünf Kanaaniter-Königen

10 Adoni-Zedek, der König von Jerusalem,
hörte, daß Josua Ai erobert und dem Un-
tergang geweiht hatte – wie er es mit Jericho und
seinem König gemacht hatte, so hatte er es auch
mit Ai und seinem König gemacht – und daß die
Einwohner von Gibeon mit den Israeliten Frieden
geschlossen hatten und weiterhin mitten unter
ihnen leben durften. 2 Da bekam er große Angst;
denn die Stadt Gibeon war ebenso groß wie die
Städte mit Königssitz; sie war größer als Ai, und
alle ihre Männer waren kampferprobte Krieger.
3 Darum sandte Adoni-Zedek, der König von Jeru-
salem, Boten an Hoham, den König von Hebron,
an Piram, den König von Jarmut, an Jafia, den Kö-
nig von Lachisch, und an Debir, den König von
Eglon, und ließ ihnen sagen: 4 Zieht herauf zu mir,
und helft mir! Wir wollen Gibeon schlagen, weil
es mit Josua und den Israeliten Frieden geschlos-
sen hat. 5 Da sammelten sich die fünf Könige der
Amoriter und zogen mit ihren ganzen Heeren
hinauf: der König von Jerusalem, der König von
Hebron, der König von Jarmut, der König von La-
chisch und der König von Eglon. Sie belagerten
Gibeon und eröffneten den Kampf gegen die
Stadt.

6 Darauf sandten die Männer von Gibeon (Bo-
ten) zu Josua ins Lager nach Gilgal und ließen ihm
sagen: Laß deine Knechte nicht im Stich! Zieh
schnell herauf zu uns, rette uns, und komm uns
zu Hilfe; denn alle Amoriterkönige, die das Berg-
land bewohnen, haben sich gegen uns zusam-
mengetan. 7 Da zog Josua mit dem ganzen Heer,
mit allen kampferprobten Männern, von Gilgal
herauf. 8 Der Herr sagte zu Josua: Fürchte dich
nicht vor ihnen; denn ich gebe sie in deine Ge-
walt. Keiner von ihnen kann dir standhalten.
9 Nachdem Josua die ganze Nacht von Gilgal her
auf dem Marsch gewesen war, stieß er plötzlich
auf sie. 10 Der Herr versetzte sie beim Anblick der
Israeliten in Verwirrung, so daß Josua ihnen bei
Gibeon eine schwere Niederlage beibringen
konnte. Er verfolgte sie in Richtung auf die Steige
von Bet-Horon und schlug sie bis nach Aseka und
Makkeda zurück. 11 Als sie auf der Flucht vor Israel
an den Abhang von Bet-Horon kamen, warf der
Herr große Steine auf sie vom Himmel her, bis
nach Aseka hin, so daß viele umkamen. Es ka-
men mehr durch die Hagelsteine um, als die Isra-
eliten mit dem Schwert töteten.

12 Damals, als der Herr die Amoriter den Israeli-
ten preisgab, redete Josua mit dem Herrn; dann
sagte er in Gegenwart der Israeliten:

Sonne, bleib stehen über Gibeon / und du,
Mond, über dem Tal von Ajalon! –

13 Und die Sonne blieb stehen, / und der Mond
stand still, / bis das Volk an seinen Feinden Rache
genommen hatte.

Das steht im »Buch des Aufrechten«. Die Sonne
blieb also mitten am Himmel stehen, und ihr Un-
tergang verzögerte sich, ungefähr einen ganzen
Tag lang. 14 Weder vorher noch nachher hat es je ei-
nen solchen Tag gegeben, an dem der Herr auf die
Stimme eines Menschen gehört hätte; der Herr
kämpfte nämlich für Israel.

15 Danach kehrte Josua und mit ihm ganz Israel
in das Lager nach Gilgal zurück. 16 Die fünf Könige
aber waren geflohen und hatten sich in der Höhle
bei Makkeda versteckt. 17 Da meldete man Josua:
Wir haben die fünf Könige gefunden; sie haben
sich in der Höhle bei Makkeda versteckt. 18 Josua
sagte: Wälzt große Steine vor den Eingang der
Höhle, und stellt einige Männer davor, um die Kö-
nige zu bewachen. 19 Ihr (anderen) aber bleibt
nicht stehen, sondern verfolgt die Feinde, und
macht auch noch die Nachhut nieder! Laßt sie
nicht bis zu ihren Städten gelangen; denn der
Herr, euer Gott, hat sie in eure Gewalt gegeben.
20 So brachten Josua und die Israeliten ihnen end-
gültig eine schwere Niederlage bei, die sie völlig

vernichtete; nur einige Flüchtlinge konnten ent-
kommen und in die festen Städte gelangen. [21] Dar-
auf kehrte das ganze Heer wohlbehalten zu Josua
nach Makkeda zurück, und keiner wagte es
mehr, die Israeliten zu bedrohen.
[22] Dann sagte Josua: Öffnet den Eingang der
Höhle, und bringt die fünf Könige aus der Höhle
zu mir her! [23] Sie taten es und führten die fünf Kö-
nige aus der Höhle heraus: den König von Jerusa-
lem, den König von Hebron, den König von Jar-
mut, den König von Lachisch und den König von
Eglon. [24] Als man die Könige zu Josua gebracht
hatte, rief Josua alle Israeliten herbei und sagte zu
den Anführern der Krieger, die mit ihm ausgezo-
gen waren: Kommt her, setzt diesen Königen eu-
ren Fuß auf den Nacken! Sie kamen herbei und
setzten ihnen den Fuß auf den Nacken. [25] Und Jo-
sua sagte zu ihnen: Fürchtet euch nicht, und habt
keine Angst! Seid mutig und stark! Denn so wird
es der Herr mit allen euren Feinden machen, mit
denen ihr kämpfen werdet. [26] Danach erschlug Jo-
sua die Könige und ließ die Leichen an fünf Bäu-
men aufhängen. Dort blieben sie bis zum Abend
hängen. [27] Bei Sonnenuntergang befahl Josua, sie
von den Bäumen abzunehmen und in die Höhle
zu werfen, in der sie sich zuvor versteckt hatten.
Dann wälzte man große Steine vor den Eingang
der Höhle; sie liegen dort bis zum heutigen Tag.

Die Eroberung von sechs Städten

[28] Am gleichen Tag nahm Josua Makkeda ein und
erschlug seine Einwohner und seinen König mit
scharfem Schwert. Er weihte sie und alles, was in
der Stadt lebte, dem Untergang; niemand ließ er
entkommen. Mit dem König von Makkeda
machte er es, wie er es mit dem König von Jericho
gemacht hatte. [29] Dann zog Josua mit ganz Israel
von Makkeda weiter nach Libna und kämpfte ge-
gen Libna. [30] Der Herr gab auch Libna und seinen
König in die Gewalt Israels. Josua erschlug alles,
was in ihm lebte, mit scharfem Schwert; niemand
ließ er entkommen. Mit seinem König machte er
es, wie er es mit dem König von Jericho gemacht
hatte. [31] Dann zog Josua mit ganz Israel von Libna
weiter nach Lachisch, belagerte die Stadt und griff
sie an. [32] Und der Herr gab auch Lachisch in die
Gewalt Israels. Josua nahm die Stadt am zweiten
Tag ein. Er erschlug alles, was in ihr lebte, mit
scharfem Schwert, genau so, wie er es mit Libna
gemacht hatte. [33] Als Horam, der König von Geser,
heranzog, um Lachisch zu helfen, schlug Josua
auch ihn und sein Volk und ließ niemand übrig,
der hätte entkommen können. [34] Dann zog Josua
mit ganz Israel von Lachisch weiter nach Eglon.
Sie belagerten die Stadt und griffen sie an. [35] Noch
am gleichen Tag nahmen sie die Stadt ein und er-
schlugen ihre Einwohner mit scharfem Schwert.
Alles, was in ihr lebte, weihte man noch am glei-
chen Tag dem Untergang, genau so, wie man es
mit Lachisch gemacht hatte. [36] Von Eglon zog Jo-
sua mit ganz Israel nach Hebron hinauf und griff
es an. [37] Sie nahmen die Stadt ein und erschlugen
[ihren König und] alles, was in ihr lebte, ebenso
die Einwohner aller ihrer Tochterstädte, mit schar-
fem Schwert; niemand ließ er entkommen, genau
so, wie er es mit Eglon gemacht hatte. Er weihte
die Stadt und alles, was in ihr lebte, dem Unter-
gang. [38] Dann wandte sich Josua mit ganz Israel
gegen Debir und griff die Stadt an. [39] Er eroberte
die Stadt und ihre (Tochter)städte, nahm ihren Kö-
nig gefangen, erschlug ihre Einwohner mit schar-
fem Schwert und weihte alles, was in ihr lebte,
dem Untergang; niemand ließ er entkommen.
Wie er es mit Hebron und mit Libna und seinem
König gemacht hatte, so machte er es auch mit
Debir und seinem König. [40] So schlug Josua das
ganze Land – das Bergland und den Negeb, die
Schefela und ihre Ausläufer – mit allen seinen Kö-
nigen. Niemand ließ er entkommen; alles, was
lebte, weihte er dem Untergang, wie es der Herr,
der Gott Israels, befohlen hatte. [41] Josua eroberte
(das ganze Gebiet) von Kadesch-Barnea bis Gaza
und ebenso das ganze Land Goschen und das Ge-
biet bis nach Gibeon. [42] Aller dieser Könige und ih-
rer Länder bemächtigte sich Josua mit einem
Schlag; denn der Herr, der Gott Israels, kämpfte
für Israel. [43] Dann kehrte Josua mit ganz Israel in
das Lager nach Gilgal zurück.

Der Sieg über die Könige im Norden

11 Als Jabin, der König von Hazor, das hörte,
schickte er Boten zu Jobab, dem König
von Madon, zum König von Schimron, zum Kö-
nig von Achschaf [2] und zu den Königen im Nor-
den auf dem Gebirge und in der Araba südlich
von Kinneret, in der Schefela und auf den Höhen
von Dor im Westen, [3] zu den Kanaanitern im
Osten und im Westen, zu den Amoritern, Hetitern
und Perisitern, zu den Jebusitern im Gebirge und
den Hiwitern am Fuß des Hermon im Land

Mizpe. 4 Da rückten sie aus mit all ihren Truppen,
einem Heer so groß und zahlreich wie der Sand
am Ufer des Meeres, dazu mit einer großen
Menge von Pferden und Wagen. 5 Alle diese Kö-
nige taten sich zusammen, rückten heran und be-
zogen gemeinsam ihr Lager bei den Wassern von
Merom, um den Kampf mit Israel aufzunehmen.

6 Der Herr sagte zu Josua: Fürchte dich nicht vor
ihnen! Denn morgen um diese Zeit werde ich sie
alle erschlagen Israel zu Füßen legen. Du wirst
ihre Pferde lähmen und ihre Wagen in Brand
stecken. 7 Da rückte Josua mit dem ganzen Heer
an den Wassern von Merom plötzlich gegen sie
vor und überfiel sie. 8 Der Herr gab sie in die Ge-
walt der Israeliten, und die Israeliten schlugen sie
und verfolgten sie bis Groß-Sidon und Misrefot-
Majim und bis zur Ebene von Mizpe im Osten.
Sie schlugen sie so vernichtend, daß keiner von
ihnen übrigblieb, der hätte entkommen können.
9 Josua machte mit ihnen, was der Herr ihm gesagt
hatte: Er lähmte ihre Pferde und steckte ihre Wa-
gen in Brand.

10 Daraufhin kehrte Josua um und nahm Hazor
ein; ihren König erschlug er mit dem Schwert. Ha-
zor hatte früher die Oberherrschaft über alle diese
Königreiche. 11 Die Israeliten erschlugen alles, was
in der Stadt lebte, mit scharfem Schwert und
weihten es dem Untergang. Nichts Lebendiges
blieb übrig. Die Stadt selbst steckte man in Brand.

12 Aller dieser Königsstädte samt ihren Königen
bemächtigte sich Josua; er erschlug alles mit
scharfem Schwert und weihte es dem Untergang,
wie Mose, der Knecht des Herrn, befohlen hatte.
13 Alle die Städte, die (heute noch) auf ihren Trüm-
merhügeln stehen, verbrannte Israel nicht; nur
Hazor brannte Josua nieder. 14 Den ganzen Besitz
aus diesen Städten und das Vieh nahmen die Is-
raeliten für sich, die Menschen aber erschlugen
sie alle mit scharfem Schwert und rotteten sie völ-
lig aus. Niemand ließen sie am Leben.

Das eroberte Land

15 Wie der Herr es seinem Knecht Mose befohlen
hatte, so hatte es Mose Josua befohlen, und so
führte Josua es aus: Er unterließ nichts von all
dem, was der Herr dem Mose befohlen hatte. 16 So
nahm Josua dieses ganze Land ein, das Gebirge
und den ganzen Negeb, das ganze Land Goschen
und die Schefela, die Araba und das Gebirge Isra-
els mit seiner Schefela: 17 (das ganze Land) von
den kahlen Bergen, die nach Seïr hin ansteigen,
bis nach Baal-Gad in der Libanonsenke am Fuß
des Hermongebirges. Alle ihre Könige nahm Jo-
sua gefangen und schlug sie tot. 18 Lange Zeit
führte Josua gegen alle diese Könige Krieg. 19 Es
gab keine Stadt, die mit den Israeliten Frieden ge-
schlossen hätte, außer den Hiwitern, die Gibeon
bewohnten. Alle mußte man im Kampf nehmen.
20 Denn vom Herrn war beschlossen worden, ihr
Herz angesichts des Kampfes mit Israel zu ver-
härten, um sie dem Untergang zu weihen; Israel
sollte keine Gnade bei ihnen walten lassen, son-
dern sie ausrotten, wie es der Herr dem Mose be-
fohlen hatte.

21 Damals zog Josua auch gegen die Anakiter, die
im Gebirge, in Hebron, in Debir, in Anab, im Berg-
land von Juda und im Bergland von Israel wohn-
ten; er rottete sie überall aus und weihte sie samt
ihren Städten dem Untergang. 22 Im Land der
Israeliten blieben keine Anakiter übrig; nur in
Gaza, Gat und Aschdod verblieben sie.

23 Josua nahm das ganze Land ein, genau so, wie
es der Herr zu Mose gesagt hatte, und Josua ver-
teilte es als Erbbesitz an Israel entsprechend sei-
ner Stammeseinteilung. Dann war der Krieg zu
Ende, und das Land hatte Ruhe.

12 Das sind die Könige des Landes, die von
den Israeliten geschlagen wurden, und
die Länder, die sie in Besitz nahmen, jenseits des
Jordan im Osten vom Arnontal bis zum Hermon-
gebirge mit der ganzen Araba im Osten: 2 Sihon,
der Amoriterkönig, der in Heschbon wohnte; er
herrschte von Aroër am Rand des Arnontales
und von der Mitte des Tals an über das halbe Gi-
lead bis zum Jabboktal, das die Grenze zu den
Ammonitern bildet, 3 ferner über die Araba bis
zum See Kinneret im Osten und bis zum Meer
der Araba, dem Salzmeer im Osten in Richtung
auf Bet-Jeschimot und im Süden über das Gebiet
am Fuß des Berges Pisga, 4 dann das Gebiet des
Og, des Königs von Baschan, der von den Rafaï-
tern übriggeblieben war und in Aschtarot und in
Edreï wohnte; 5 er herrschte über das Hermonge-
birge und Salcha und den ganzen Baschan bis
zum Gebiet der Geschuriter und der Maachatiter
sowie über das halbe Gilead bis zum Gebiet
Sihons, des Königs von Heschbon. 6 Mose, der
Knecht des Herrn, und die Israeliten hatten sie
geschlagen, und Mose, der Knecht des Herrn,
hatte das Land den Rubenitern, den Gaditern und

dem halben Stamm Manasse zum Besitz gege-
ben. 7 Das sind die Könige des Landes, die Josua
und die Israeliten jenseits des Jordan im Westen
geschlagen hatten, von Baal-Gad in der Libanon-
senke bis zu den kahlen Bergen, die nach Seïr hin
ansteigen – Josua gab ihr Land den Stämmen Is-
raels zum Besitz, deren Stammeseinteilung ent-
sprechend: 8 im Gebirge und in der Schefela, in
der Araba und an den Bergabhängen, in der Wü-
ste und im Negeb, (das Land) der Hetiter, der
Amoriter, der Kanaaniter, der Perisiter, der Hiwi-
ter und der Jebusiter:

9 Der König von Jericho: einer; der König von
Ai, das seitlich von Bet-El liegt: einer; 10 der König
von Jerusalem: einer; der König von Hebron: ei-
ner; 11 der König von Jarmut: einer; der König von
Lachisch: einer; 12 der König von Eglon: einer; der
König von Geser:einer; 13 der König von Debir:
einer; der König von Geder: einer; 14 der König von
Horma: einer; der König von Arad:einer; 15 der
König von Libna:einer; der König von Adullam:
einer; 16 der König von Makkeda:einer; der König
von Bet-El: einer; 17 der König von Tappuach: ei-
ner; der König von Hefer: einer; 18 der König von
Afek: einer; der König von Scharon: einer; 19 der
König von Madon: einer; der König von Hazor: ei-
ner; 20 der König von Schimron-Meron: einer; der
König von Achschaf:einer; 21 der König von Taa-
nach: einer; der König von Megiddo: einer; 22 der
König von Kedesch: einer; der König von Jok-
neam am Karmel: einer; 23 der König von Dor an
der Höhe von Dor: einer; der König von Gojim in
Galiläa: einer; 24 der König von Tirza: einer; zu-
sammen: einunddreißig Könige.

Die Verteilung des Landes: 13,1–22,34

Das Land im Westen

13 Als Josua alt und hochbetagt war, sagte
der Herr zu ihm: Du bist alt und hochbe-
tagt, aber vom Land bleibt noch sehr viel in Besitz
zu nehmen. 2 Das ist das Land, das noch übrig ist:
alle Bezirke der Philister und das ganze Gebiet der
Geschuriter 3 vom Schihor-Fluß östlich von Ägyp-
ten bis zum Gebiet von Ekron im Norden – es wird
den Kanaanitern zugerechnet –, die fünf Philister-
fürsten von Gaza, Aschdod, Aschkelon, Gat und
Ekron sowie die Awiter 4 im Süden, das ganze
Land der Kanaaniter und Meara, das zu Sidon
gehört, bis nach Afek und bis zum Gebiet der
Amoriter, 5 ferner das Land der Gibliter und der
ganze Libanon im Osten, von Baal-Gad am Fuß des
Hermongebirges bis nach Lebo-Hamat. 6 Alle Be-
wohner des Berglandes vom Libanon bis nach
Misrefot-Majim, alle Sidonier werde ich selbst vor
den Israeliten vertreiben. Du aber verlose das Land
unter Israel als Erbbesitz, wie ich es dir befohlen
habe. 7 Verteil nun dieses Land als Erbbesitz an die
neun Stämme und den halben Stamm Manasse.

8 Die andere Hälfte des Stammes Manasse und
mit ihm die Rubeniter und Gaditer hatten ihren
Erbbesitz schon erhalten; ihn hatte Mose ihnen
jenseits des Jordan im Osten gegeben, [wie ihn
Mose, der Knecht des Herrn, ihnen zugewiesen
hatte], 9 von Aroër am Rand des Arnontales und
von der Stadt an, die mitten im Tal liegt, also die
ganze Ebene von Medeba bis Dibon, 10 alle Städte
des Amoriterkönigs Sihon, der in Heschbon
herrschte, bis zum Gebiet der Ammoniter, 11 dazu
Gilead und das Gebiet der Geschuriter und
Maachatiter und das ganze Hermongebirge und
den ganzen Baschan bis nach Salcha, 12 das ganze
Reich des Og im Baschan, der in Aschtarot und
Edreï herrschte. Er war vom Rest der Rafaïter
übriggeblieben. Mose hatte sie geschlagen und
vertrieben. 13 Aber die Israeliten vertrieben die Ge-
schuriter und die Maachatiter nicht; so wohnen
Geschuriter und Maachatiter bis zum heutigen
Tag mitten in Israel.

14 Nur dem Stamm Levi gab Josua keinen Erbbe-
sitz; der Herr, der Gott Israels, ist sein Erbteil, wie
der Herr ihm gesagt hatte.

Die Verteilung des Ostjordanlandes

15 Die Zuteilung an den Stamm der Rubeniter hatte
also Mose entsprechend ihren Sippen vorgenom-
men. 16 Ihnen war zuteil geworden das Gebiet von
Aroër am Rand des Arnontales und von der Stadt
an, die mitten im Tal liegt: die ganze Ebene bei
Medeba, 17 Heschbon und alle seine Städte in der
Ebene, Dibon, Bamot-Baal und Bet-Baal-Meon,
18 Jahaz, Kedemot und Mefaat, 19 Kirjatajim, Sibma
und Zeret-Schahar auf dem Berg im Tal, 20 Bet-Pe-

gor, die Abhänge des Pisga, Bet-Jeschimot [21] und
alle Städte der Ebene, das heißt: das ganze Reich
des Amoriterkönigs Sihon, der in Heschbon
herrschte. Mose hatte ihn und die Fürsten Midi-
ans geschlagen: Ewi, Rekem, Zur, Hur und Reba,
die Heerführer Sihons, die im Land wohnten.
[22] Auch den Wahrsager Bileam, den Sohn Beors,
hatten die Israeliten zusammen mit den anderen
mit dem Schwert erschlagen. [23] Die Grenze der
Rubeniter bildete der Jordan und sein Ufergebiet.
Dieses Gebiet mit seinen Städten und Gehöften
ist der Erbbesitz der Rubeniter, entsprechend
ihren Sippen.

[24] Mose hatte auch die Zuteilung an den Stamm
Gad, die Gaditer, entsprechend ihren Sippen vor-
genommen. [25] Ihnen war zuteil geworden das Ge-
biet von Jaser und alle Städte Gileads, das halbe
Land der Ammoniter bis Aroër, das gegenüber
Rabba liegt, [26] (das Land) von Heschbon bis Ramat-
Mizpe und Betonim und von Mahanajim bis zum
Gebiet von Lo-Dabar, [27] dazu im Tal Bet-Haram, Bet-
Nimra, Sukkot und Zafon – der Rest des Reiches
Sihons, des Königs von Heschbon –, ferner der Jor-
dan und das Gebiet bis zum Ende des Sees von Kin-
neret jenseits des Jordan im Osten. [28] Dieses Gebiet
mit seinen Städten und Gehöften ist der Erbbesitz
der Gaditer, entsprechend ihren Sippen.

[29] Mose hatte auch die Zuteilung an den hal-
ben Stamm Manasse vorgenommen, [dem halben
Stamm Manasse wurde zuteil] entsprechend
seinen Sippen. [30] Sein Gebiet umfaßte von Ma-
hanajim an den ganzen Baschan, das ganze Reich
des Königs Og vom Baschan und alle Zeltdörfer
Jaïrs im Baschan, sechzig Städte. [31] Die Hälfte von
Gilead sowie Aschtarot und Edreï, die Königsstädte
des Og vom Baschan, fiel den Nachkommen Ma-
chirs, des Sohnes Manasses zu, und zwar der
Hälfte der Machiriter entsprechend ihren Sippen.

[32] Das sind die Gebiete, die Mose in den Steppen
von Moab jenseits des Jordan östlich von Jericho
als Erbbesitz verteilt hatte.

[33] Dem Stamm Levi aber hatte Mose keinen Erb-
besitz zugeteilt. Der Herr, der Gott Israels, ist ihr
Erbteil, wie er es ihnen gesagt hatte.

Die Verteilung des Westjordanlandes

14 Das sind die Gebiete, die die Israeliten als
Erbbesitz im Land Kanaan erhielten und
die der Priester Eleasar sowie Josua, der Sohn
Nuns, und die Anführer der Sippen der Israeliten
zuteilten – [2] durch das Los teilten sie es ihnen zu,
wie es der Herr durch Mose befohlen hatte –, den
neuneinhalb Stämmen. [3] Denn Mose hatte zwei-
einhalb Stämmen ihren Erbbesitz schon jenseits
des Jordan zugewiesen; den Leviten gab er kei-
nen Erbbesitz in ihrer Mitte. [4] Denn die Nach-
kommen Josefs bildeten zwei Stämme, Manasse
und Efraim. Den Leviten gab man also keinen
Landanteil, sondern nur Städte als Wohnsitz und
die dazugehörenden Weideflächen für das Vieh,
das sie besaßen. [5] Wie es der Herr dem Mose be-
fohlen hatte, so machten es die Israeliten und ver-
teilten das Land.

[6] Damals traten die Judäer in Gilgal an Josua
heran, und Kaleb, der Sohn des Kenasiters Jefunne,
sagte zu ihm: Du weißt, was der Herr zu Mose,
dem Gottesmann, in Kadesch-Barnea über mich
und dich gesagt hat. [7] Ich war vierzig Jahre alt, als
mich Mose, der Knecht des Herrn, in Kadesch-Bar-
nea aussandte, damit ich das Land erkundete, und
ich erstattete ihm Bericht, wie ich es mir vorge-
nommen hatte. [8] Während meine Brüder, die mit
mir hinaufgezogen waren, das Volk mutlos mach-
ten, hielt ich treu zum Herrn, meinem Gott. [9] An je-
nem Tag schwor Mose: Das Land, das dein Fuß be-
treten hat, soll dir und deinen Söhnen für immer
als Erbbesitz gehören, weil du treu zum Herrn, dei-
nem Gott, gehalten hast. [10] Nun sieh her: Der Herr
hat mich, wie er es versprochen hat, am Leben ge-
lassen. Fünfundvierzig Jahre ist es her, seit der
Herr dieses Wort zu Mose gesprochen hat, als Is-
rael durch die Wüste zog. Heute bin ich, wie du
siehst, fünfundachtzig Jahre alt. [11] Ich bin immer
noch so stark wie damals, als Mose mich ausge-
sandt hat; wie meine Kraft damals war, so ist sie
noch heute, wenn es gilt, zu kämpfen, auszuzie-
hen und heimzukehren. [12] Nun gib mir also dieses
Bergland, von dem der Herr an jenem Tag geredet
hat. Denn du hast selbst an jenem Tag gehört, daß
Anakiter dort sind und große befestigte Städte.
Vielleicht ist der Herr mit mir, so daß ich sie ver-
treiben kann, wie der Herr gesagt hat. [13] Da segnete
Josua Kaleb, den Sohn Jefunnes, und gab ihm He-
bron als Erbbesitz. [14] Deshalb gehört Hebron bis
zum heutigen Tag dem Kenasiter Kaleb, dem Sohn
Jefunnes, weil er treu zum Herrn, dem Gott Israels,
gehalten hat. [15] Hebron hieß früher Kirjat-Arba
(Stadt des Arba); Arba war der größte Mann unter
den Anakitern. Danach war der Krieg zu Ende und
das Land hatte Ruhe.

Das Gebiet des Stammes Juda

15 An den Stamm der Judäer fiel durch das
Los, entsprechend seinen Sippen, der
Anteil gegen die Grenze Edoms hin, südwärts der
Wüste Zin zu gelegen, die im äußersten Süden ist.
2 Die Südgrenze Judas beginnt am Ende des Salz-
meeres, an der (Meeres)zunge, die sich nach Sü-
den erstreckt, 3 verläuft dann südlich zur Skorpio-
nen-Steige, zieht sich hinüber nach Zin, steigt
südlich von Kadesch-Barnea hinauf, führt hinüber
nach Hezron, steigt hinauf nach Addar und wen-
det sich nach Karka; 4 dann führt sie hinüber nach
Azmon, geht hinaus zum Grenzbach Ägyptens
und läuft am Meer aus. Das ist die Südgrenze des
Stammes Juda.

5 Die Ostgrenze bildet das Salzmeer bis zur Jor-
danmündung. Für die Nordseite beginnt die
Grenze an der Meereszunge bei der Jordanmün-
dung. 6 Die Grenze geht dann nach Bet-Hogla hin-
auf und läuft nördlich an Bet-Araba vorbei. Dann
zieht sie sich hinauf zum Stein Bohans, des Soh-
nes Rubens. 7 Vom Achortal steigt sie empor nach
Debir und wendet sich nordwärts nach Gelilot ge-
genüber der Steige von Adummim, die südlich
des Bachtals liegt; dann führt sie hinüber zum
Wasser von En-Schemesch und läuft hinaus zur
Rogel-Quelle. 8 Von da an steigt die Grenze hinauf
in das Ben-Hinnom-Tal südlich des Bergrückens
der Jebusiter – das ist Jerusalem – und weiter em-
por zum Gipfel des Berges, der westlich des Hin-
nom-Tals am nördlichen Rand der Rafaïter-Ebene
liegt. 9 Vom Gipfel des Berges biegt die Grenze ab
zur Neftoach-Quelle und führt hinaus zum Berg
Efron. Dann biegt sie ab nach Baala, das ist Kirjat-
Jearim. 10 Von Baala wendet sich die Grenze nach
Westen zum Berg Seïr, führt dann an der Nord-
flanke des Berges von Jearim, das ist Kesalon,
vorbei, hinab nach Bet-Schemesch und hinüber
nach Timna. 11 Dann verläuft sie hinaus zur Nord-
flanke von Ekron, biegt ab nach Schikkaron, geht
hinüber zum Berg Baala und hinaus nach Jabneel.
Die Grenze läuft aus am Meer. 12 Das große Meer
und das Küstengebiet bilden die Westgrenze. Das
ist das Gebiet der Judäer ringsum, entsprechend
ihren Sippen.

13 Kaleb aber, dem Sohn Jefunnes, gab Josua ei-
nen Anteil mitten unter den Judäern, nach der
Anweisung des Herrn an Josua (und zwar) Kirjat-
Arba – Arba war der Vater Anaks –, das heißt He-
bron. 14 Kaleb vertrieb von dort die drei Anakiter
Scheschai, Ahiman und Talmai, die Söhne Anaks.
15 Von dort zog er hinauf zu den Einwohnern von
Debir. Debir hieß früher Kirjat-Sefer. 16 Und Kaleb
sagte: Wer Kirjat-Sefer besiegt und einnimmt,
dem gebe ich meine Tochter Achsa zur Frau. 17 Ot-
niël, der Sohn des Kenas, eines Bruders Kalebs,
nahm die Stadt ein, und Kaleb gab ihm seine Toch-
ter Achsa zur Frau. 18 Als sie bei Otniël ankam,
drängte er sie, von ihrem Vater ein Stück Land zu
verlangen. Da ließ sie sich vom Esel herabgleiten,
und Kaleb fragte sie: Was hast du? 19 Sie antwor-
tete: Gib mir ein Geschenk als Zeichen des Se-
gens! Wenn du mich schon ins Trockenland
schickst, dann gib mir auch Wasserstellen! Da gab
er ihr die obere und die untere Wasserquelle.

20 Das ist der Erbbesitz des Stammes der Judäer,
entsprechend ihren Sippen: 21 Die Städte im Be-
reich des Stammes der Judäer waren folgende:
an der Grenze zu Edom im Negeb: Kabzeel,
Eder, Jagur, 22 Kina, Dimona, Adada, 23 Kadesch,
Hazor, Jitna, 24 Sif, Telem, Bealot, 25 Hazor-Hadatta,
Kerijot-Hezron, das ist Hazor, 26 Amam, Schema,
Molada, 27 Hazar-Gadda, Heschmon, Bet-Pelet,
28 Hazar-Schual, Beerscheba und seine Tochter-
städte, 29 Baala, Ijim, Ezem, 30 Eltolad, Kesil, Horma,
31 Ziklag, Madmanna, Sansanna, 32 Lebaot, Schil-
him und En-Rimmon: im ganzen neunundzwan-
zig Städte mit den dazugehörenden Gehöften;

33 in der Schefela: Eschtaol, Zora, Aschna, 34 Sa-
noach, En-Gannim, Tappuach, Enajim, 35 Jarmut,
Adullam, Socho, Aseka, 36 Schaarajim, Aditajim,
Gedera und Gederotajim: vierzehn Städte mit den
dazugehörenden Gehöften; 37 Zenan, Hadascha,
Migdal-Gad, 38 Dilan, Mizpe, Jokteel, 39 Lachisch,
Bozkat, Eglon, 40 Kabbon, Lachmas, Kitlisch, 41 Ge-
derot, Bet-Dagon, Naama und Makkeda: sech-
zehn Städte mit den dazugehörenden Gehöften;
42 Libna, Eter, Aschan, 43 Jiftach, Aschna, Nezib,
44 Keïla, Achsib und Marescha: neun Städte mit
den dazugehörenden Gehöften; 45 Ekron mit den
dazugehörenden Tochterstädten und Gehöften,
46 von Ekron bis zum Meer alles, was auf der Seite
von Aschdod liegt, samt den dazugehörenden
Gehöften; 47 Aschdod mit den dazugehörenden
Tochterstädten und Gehöften, Gaza mit den da-
zugehörenden Tochterstädten und Gehöften bis
zum Grenzbach Ägyptens und zum großen Meer
mit dem Küstengebiet;

48 auf dem Gebirge: Schamir, Jattir, Socho,
49 Danna, Kirjat-Sanna, das ist Debir, 50 Anab,

Eschtemoa, Anim, 51 Goschen, Holon und Gilo: elf Städte mit den dazugehörenden Gehöften; 52 Arab, Duma, Eschan, 53 Janum, Bet-Tappuach, Afeka, 54 Humta, Kirjat-Arba, das ist Hebron, und Zior: neun Städte und die dazugehörenden Gehöfte; 55 Maon, Karmel, Sif, Jutta, 56 Jesreel, Jokdeam, Sanoach, 57 Kaim, Gibea und Timna: zehn Städte mit den dazugehörenden Gehöften; 58 Halhul, Bet-Zur, Gedor, 59 Maarat, Bet-Anot und Eltekon: sechs Städte mit den dazugehörenden Gehöften; Tekoa, Efrata, das ist Betlehem, Pegor, Etam, Kulon, Tatam, Schoresch, Kerem, Gallim, Bet-Ter und Manocho: elf Städte mit den dazugehörenden Gehöften: 60 Kirjat-Baal, das ist Kirjat-Jearim, und Rabba: zwei Städte mit den dazugehörenden Gehöften;

61 in der Steppe: Bet-Araba, Middin, Sechacha, 62 Nibschan, Ir-Melach und En-Gedi: sechs Städte mit den dazugehörenden Gehöften.

63 Nur die Jebusiter, die in Jerusalem wohnten, konnten die Judäer nicht vertreiben, und so wohnen die Jebusiter bis zum heutigen Tag mit den Judäern zusammen in Jerusalem.

Das Gebiet der Nachkommen Josefs

16 Das war der Anteil, der den Nachkommen Josefs durch das Los zufiel: (Seine Grenze verläuft) vom Jordan bei Jericho zu den Quellen von Jericho im Osten, dann von Jericho aus in die Wüste aufsteigend und ins Gebirge von Bet-El. 2 Von Bet-El geht sie nach Lus hinaus und hinüber zum Gebiet der Arkiter nach Atarot. 3 Dann führt sie westwärts hinab zum Gebiet der Jafletiter bis zum Gebiet von Unter-Bet-Horon und Geser und läuft am Meer aus.

4 Erbbesitz erhielten auch die Söhne Josefs, Manasse und Efraim. 5 Dies war das Gebiet der Efraimiter, entsprechend ihren Sippen: Die Grenze ihres Erbbesitzes [im Osten] verläuft von Atarot-Adar bis Ober-Bet-Horon 6 und läuft zum Meer. Von Michmetat im Norden wendet sich die Grenze ostwärts nach Taanat-Schilo und geht ostwärts daran vorbei nach Janoach. 7 Von Janoach führt sie hinab nach Atarot und Naara, berührt Jericho und läuft am Jordan aus. 8 Von Tappuach geht die Grenze westwärts zum Bach Kana und läuft am Meer aus. Das ist der Erbbesitz des Stammes der Efraimiter, entsprechend ihren Sippen; 9 ferner (gehören) den Efraimitern vereinzelte Städte mitten im Erbbesitz der Manassiter, und zwar die Städte samt den dazugehörenden Gehöften. 10 Die Efraimiter konnten aber die Kanaaniter, die in Geser wohnten, nicht vertreiben. So wohnen die Kanaaniter bis zum heutigen Tag mitten in Efraim; sie wurden aber zu Fronknechten gemacht.

17 Dem Stamm des Manasse – er war der Erstgeborene Josefs – fiel durch das Los folgender Anteil zu: Machir, der Erstgeborene Manasses, der Vater Gileads – er war ein kampferprobter Mann – erhielt Gilead und den Baschan. 2 Auch die übrigen Söhne Manasses erhielten einen (Anteil) entsprechend ihren Sippen: die Söhne Abiësers, die Söhne Heleks, die Söhne Asriëls, die Söhne Schechems, die Söhne Hefers und die Söhne Schemidas; das sind die männlichen Nachkommen Manasses, des Sohnes Josefs, mit ihren Sippen. 3 Zelofhad aber, der Sohn Hefers, des Sohnes Gileads, des Sohnes Machirs, des Sohnes Manasses, hatte keine Söhne, sondern nur Töchter. Seine Töchter hatten folgende Namen: Machla, Noa, Hogla, Milka und Tirza. 4 Sie erschienen vor dem Priester Eleasar und vor Josua, dem Sohn Nuns, und vor den Anführern und sagten: Der Herr hat Mose befohlen, uns Erbbesitz im Kreis unserer Brüder zu geben. Da gab er ihnen, gemäß der Anweisung des Herrn, Erbbesitz im Kreis der Brüder ihres Vaters. 5 So entfielen auf Manasse, abgesehen vom Land Gilead und dem Baschan, die jenseits des Jordan liegen, zehn Anteile. 6 Denn die Töchter Manasses erhielten Erbbesitz im Kreis seiner Söhne. Das Land Gilead aber erhielten die übrigen Söhne Manasses.

7 Das Gebiet Manasses reicht vom Gebiet Aschers bis nach Michmetat, das gegenüber von Sichem liegt. Von dort verläuft die Grenze nach Süden bis zu den Einwohnern von En-Tappuach. 8 Manasse wurde das Gebiet von Tappuach zuteil, Tappuach selbst aber, an der Grenze Manasses, den Efraimitern. 9 Dann zieht sich die Grenze hinab zum Bach Kana; südlich des Bachs gehören einzelne Städte mitten unter den Städten Manasses zu Efraim. Nördlich des Bachs ist die Grenze Manasses; sie läuft am Meer aus. 10 Das Gebiet im Süden gehört Efraim und das Gebiet im Norden Manasse, dessen Grenze das Meer bildet. Im Norden grenzen sie an Ascher, im Osten an Issachar. 11 Manasse erhielt in Issachar und in Ascher Bet-Schean und seine Tochterstädte, Jibleam und seine Tochterstädte, die Einwohner von Dor und seinen Tochterstädten, die Einwoh-

ner von En-Dor und seinen Tochterstädten, die Einwohner von Taanach und seinen Tochterstädten, die Einwohner von Megiddo und seinen Tochterstädten [drei Anhöhen]. 12 Doch die Manassiter konnten diese Städte nicht in Besitz nehmen; es gelang den Kanaanitern, ihre Wohnsitze in diesem Land zu halten. 13 Als die Israeliten jedoch stark geworden waren, zwangen sie die Kanaaniter zur Fron; aber vertreiben konnten sie sie nicht.

14 Die Nachkommen Josefs sagten zu Josua: Warum hast du uns nur ein einziges Los und nur einen einzigen Anteil als Erbbesitz gegeben, obwohl wir ein zahlreiches Volk sind, nachdem uns der Herr so sehr gesegnet hat? 15 Josua antwortete ihnen: Wenn ihr ein so zahlreiches Volk seid, dann steigt doch hinauf in das Waldgebiet und rodet für euch dort im Land der Perisiter und Rafaïter, wenn euch das Gebirge Efraim zu eng ist. 16 Da sagten die Nachkommen Josefs: Das Bergland reicht für uns nicht aus. Im ebenen Land aber wohnen die Kanaaniter, die alle eiserne Kampfwagen haben, wie etwa die Leute in Bet-Schean und seinen Tochterstädten und die Leute in der Ebene Jesreel. 17 Josua erwiderte dem Haus Josef, Efraim und Manasse: Ihr seid ein zahlreiches Volk und habt große Kraft. Ihr erhaltet nicht nur einen einzigen Anteil; 18 denn auch das Bergland soll euch gehören. Es ist bewaldet; ihr könnt es roden. Das so gewonnene Land soll euch gehören, wenn ihr auch die Kanaaniter nicht vertreiben könnt, weil sie eiserne Kampfwagen haben und weil sie stark sind.

Das Gebiet der übrigen Stämme

18 Die ganze Gemeinde der Israeliten versammelte sich in Schilo. Dort schlugen sie das Offenbarungszelt auf; das ganze Land lag unterworfen vor ihnen. 2 Aber noch waren von den Israeliten sieben Stämme übrig, die ihren Erbbesitz nicht zugeteilt bekommen hatten. 3 Da sagte Josua zu den Israeliten: Wie lange wollt ihr noch zögern, hinzugehen und das Land in Besitz zu nehmen, das der Herr, der Gott eurer Väter, euch gegeben hat? 4 Bestimmt drei Männer aus jedem Stamm; ich will sie aussenden. Sie sollen sich auf den Weg machen, durch das ganze Land ziehen und es im Hinblick auf ihren Erbbesitz schriftlich aufnehmen. Dann sollen sie (wieder) zu mir kommen. 5 Ihr sollt es unter euch in sieben Teile aufteilen. Juda soll auf seinem Gebiet im Süden bleiben, und das Haus Josef soll auf seinem Gebiet im Norden bleiben. 6 Ihr also sollt das Land in sieben Teilen schriftlich aufnehmen und (die Aufzeichnung) zu mir hierher bringen. Ich werde dann hier vor dem Herrn, unserem Gott, das Los für euch werfen. 7 Doch Levi bekommt keinen Anteil unter euch; denn sein Erbbesitz ist das Priestertum des Herrn. Und Gad, Ruben und der halbe Stamm Manasse haben bereits ihren Erbbesitz erhalten; ihn hat Mose, der Knecht des Herrn, ihnen gegeben, jenseits des Jordan im Osten.

8 Da machten sich die Männer auf den Weg und zogen fort. Josua hatte denen, die fortzogen, befohlen, das Land schriftlich aufzunehmen, und gesagt: Geht, zieht durch das Land, und nehmt es schriftlich auf! Dann kommt zu mir zurück, und ich will hier in Schilo vor dem Herrn das Los für euch werfen. 9 Die Männer gingen fort, durchquerten das Land und zeichneten es in einem Buch auf, geordnet nach Städten und in sieben Teile gegliedert. Dann kamen sie wieder zu Josua ins Lager nach Schilo. 10 Und Josua warf in Schilo vor den Augen des Herrn das Los für die Israeliten. So verteilte Josua das Land an sie, entsprechend ihren Abteilungen.

11 Das (erste) Los fiel auf den Stamm der Benjaminiter und ihre Sippen. Als ihr Anteil ergab sich das Gebiet zwischen den Judäern und den Nachkommen Josefs. 12 Ihre Grenze im Norden beginnt am Jordan. Dann steigt sie hinauf zum Bergrücken nördlich von Jericho und weiter nach Westen ins Gebirge und läuft sodann ins Weidegebiet von Bet-Awen hinaus. 13 Von dort zieht sie sich hinüber nach Lus, südlich am Bergrücken von Lus, das ist Bet-El, vorbei; dann steigt sie nach Atrot-Addar hinab zu dem Berg, der südlich von Unter-Bet-Horon liegt. 14 Darauf biegt sie ab und wendet sich auf der Westseite nach Süden, von dem Berg aus, der Bet-Horon südlich gegenüberliegt. Sie läuft aus bei Kirjat-Baal, das ist Kirjat-Jearim, eine Stadt der Judäer. Das ist die Westseite. 15 Die Südseite (der Grenze) beginnt am Rand von Kirjat-Jearim. Sie verläuft dann westwärts hin zur Neftoach-Quelle. 16 Dann zieht sie sich hinab zum Rand des Berges, der dem Ben-Hinnom-Tal gegenüber im Norden der Rafaïter-Ebene liegt. Sie steigt in das Ben-Hinnom-Tal hinab südlich des Bergrückens der Jebusiter und führt zur Rogel-

Quelle hinunter. [17] Dann biegt sie nach Norden ab, geht weiter nach En-Schemesch und nach Gelilot, gegenüber der Steige von Adummim, und steigt dann zum Stein des Bohan, des Sohnes Rubens, hinab. [18] Sie geht nördlich am Bergrücken von Bet-Araba vorbei und führt weiter in die Araba hinunter. [19] Dann führt die Grenze nördlich am Bergrücken von Bet-Hogla vorbei und läuft nördlich der Landzunge des Salzmeers aus, am südlichen Ende des Jordan. Das ist die Südgrenze. [20] Der Jordan bildet die Grenze auf der Ostseite. Das ist der Erbbesitz der Benjaminiter mit seinen Grenzen ringsum, entsprechend ihren Sippen.

[21] Das sind die Städte des Stammes der Benjaminiter, entsprechend ihren Sippen: Jericho, Bet-Hogla, Emek-Keziz, [22] Bet-Araba, Zemarajim, Bet-El, [23] Awim, Para, Ofra, [24] Kefar-Ammoni, Ofni und Geba: zwölf Städte mit den dazugehörenden Gehöften; [25] ferner Gibeon, Rama, Beerot, [26] Mizpe, Kefira, Moza, [27] Rekem, Jirpeel, Tarala, [28] Zela, Elef, Jebus, das ist Jerusalem, Gibea und Kirjat: vierzehn Städte mit den dazugehörenden Gehöften. Das ist der Erbbesitz der Benjaminiter, entsprechend ihren Sippen.

19 Das zweite Los fiel [auf Simeon] auf den Stamm der Simeoniter und ihre Sippen. Ihr Erbbesitz lag mitten im Erbbesitz der Judäer. [2] Sie erhielten als Erbbesitz: Beerscheba, Scheba, Molada, [3] Hazar-Schual, Baala, Ezem, [4] Eltolad, Betul, Horma, [5] Ziklag, Bet-Markabot, Hazar-Susa, [6] Bet-Lebaot und Scharuhen: dreizehn Städte mit den dazugehörenden Gehöften; [7] ferner Ajin, Rimmon, Atar und Aschan: vier Städte mit den dazugehörenden Gehöften, [8] dazu alle Gehöfte rings um diese Städte bis hin nach Baalat-Beer und Ramat-Negeb. Das ist der Erbbesitz des Stamms der Simeoniter, entsprechend ihren Sippen. [9] Der Erbbesitz der Simeoniter war ein Stück vom Anteil der Judäer; denn der Anteil der Judäer war für diese zu groß. So erhielten die Simeoniter Erbbesitz mitten in deren Erbbesitz.

[10] Das dritte Los fiel auf die Sebuloniter und ihre Sippen. Das Gebiet ihres Erbbesitzes erstreckt sich bis nach Sarid. [11] Ihre Grenze steigt westwärts nach Marala hinauf, berührt Dabbeschet und stößt an das Bachtal gegenüber von Jokneam. [12] Von Sarid aus wendet sie sich nach Osten [dem Sonnenaufgang zu] zum Gebiet von Kislot-Tabor, läuft weiter nach Daberat und hinauf nach Jafia. [13] Von dort geht sie wieder ostwärts dem Sonnenaufgang zu nach Gat-Hefer und Et-Kazin und weiter nach Rimmon und biegt dann ab nach Nea. [14] Sie zieht sich um Nea herum, geht dann in nördlicher Richtung nach Hannaton und läuft im Tal Jiftach-El aus. [15] (Dazu kommen) ... Kattat, Nahalal, Schimron, Jidala und Betlehem: zwölf Städte mit den dazugehörenden Gehöften. [16] Das ist der Erbbesitz der Sebuloniter, entsprechend ihren Sippen: die Städte mit den dazugehörenden Gehöften.

[17] Das vierte Los fiel [auf Issachar,] auf die Issachariter und ihre Sippen. [18] Ihr Gebiet erstreckt sich bis Jesreel und (umfaßt) Kesullot, Schunem, [19] Hafarajim, Schion, Anahara, [20] Rabbit, Kischjon, Ebez, [21] Remet, En-Gannim, En-Hadda und Bet-Pazzez. [22] Die Grenze berührt Tabor, Schahazajim und Bet-Schemesch. Dann läuft sie am Jordan aus: Im ganzen sind es sechzehn Städte mit den dazugehörenden Gehöften. [23] Das ist der Erbbesitz der Issachariter, entsprechend ihren Sippen: die Städte mit den dazugehörenden Gehöften.

[24] Das fünfte Los fiel auf den Stamm der Ascheriter und ihre Sippen. [25] Ihr Gebiet umfaßt Helkat, Hali, Beten, Achschaf, [26] Alammelech, Amad und Mischal; es stößt im Westen an den Karmel und an den Fluß Libnat. [27] Im Osten dagegen verläuft die Grenze nach Bet-Dagon, stößt an Sebulon und berührt im Norden das Tal Jiftach-El, ferner Bet-Emek und Negiël und geht dann nordwärts nach Kabul [28] – Abdon, Rehob, Hammon und Kana gehören dazu – und bis nach Groß-Sidon. [29] Dann wendet sich die Grenze nach Rama und geht bis zur Festung Tyrus. Von dort wendet sie sich nach Hosa und läuft am Meer aus. (Dazu gehören) ... Mahaleb, Achsib, [30] Umma, Afek und Rehob: (im ganzen) zweiundzwanzig Städte mit den dazugehörenden Gehöften. [31] Das ist der Erbbesitz des Stammes der Ascheriter, entsprechend ihren Sippen: die Städte mit den dazugehörenden Gehöften.

[32] Das sechste Los fiel auf die Naftaliter und ihre Sippen. [33] Ihre Grenze geht von Helef, von der Eiche bei Zaanannim aus über Adami-Nekeb und Jabneel bis nach Lakkum und läuft am Jordan aus. [34] Umgekehrt geht die Grenze westwärts nach Asnot-Tabor und von dort hinaus nach Hukkok. Sie stößt im Süden an Sebulon; im Westen stößt sie an Ascher und im Osten [an Juda und] an den Jordan. [35] (Dazu kommen) die befestigten Städte Ziddim, Zer, Hammat-Rakkat, Kinneret, [36] Adama,

Rama, Hazor, 37 Kedesch, Edreï, En-Hazor, 38 Jiron, Migdal-El, Horem, Bet-Anat und Bet-Schemesch: neunzehn Städte mit den dazugehörenden Gehöften. 39 Das ist der Erbbesitz der Naftaliter entsprechend ihren Sippen: die Städte mit den dazugehörenden Gehöften.

40 Das siebte Los fiel auf den Stamm der Daniter und ihre Sippen. 41 Das Gebiet ihres Erbbesitzes umfaßte Zora, Eschtaol, Ir-Schemesch, 42 Schaalbim, Ajalon, Jitla, 43 Elon, Timna, Ekron, 44 Elteke, Gibbeton, Baalat, 45 Jehud, Bene-Berak, Gat-Rimmon, 46 Me-Jarkon, Rakkon samt dem Gebiet gegenüber Jafo. 47 Doch das Gebiet wurde den Danitern zu eng. Da zogen die Daniter nach Leschem hinauf, eröffneten den Kampf gegen Leschem, nahmen es ein und erschlugen seine Einwohner mit scharfem Schwert. Sie nahmen die Stadt in Besitz und blieben dort. Sie nannten Leschem von nun an Dan, nach dem Namen ihres Stammvaters Dan. 48 Das ist der Erbbesitz des Stammes der Daniter, entsprechend ihren Sippen: die Städte mit den dazugehörenden Gehöften.

49 So vollendeten die Israeliten die Verteilung der Gebiete des Landes. Die Israeliten gaben auch Josua, dem Sohn Nuns, Erbbesitz in ihrer Mitte. 50 Auf Befehl des Herrn gaben sie ihm die Stadt, die er sich erbeten hatte: Timnat-Serach im Gebirge Efraim. Er baute die Stadt wieder auf und wohnte dort.

51 Das sind die erblichen Anteile, die der Priester Eleasar und Josua, der Sohn Nuns, und die Häupter der Großfamilien der Israeliten in Schilo vor den Augen des Herrn, am Eingang des Offenbarungszeltes, den Stämmen der Israeliten durch das Los zuteilten. Dann waren sie mit der Verteilung des Landes fertig.

Die Asylstädte

20 Damals sagte der Herr zu Josua: 2 Sag den Israeliten: Bestimmt die Asylstädte bei euch, von denen ich zu euch durch Mose gesprochen habe. 3 Dorthin kann jeder fliehen, der getötet hat, das heißt, der versehentlich, ohne Vorsatz, einen Menschen erschlagen hat. Die Städte sollen euch als Asyl vor dem Bluträcher dienen. 4 Wenn jemand in eine von diesen Städten flieht, soll er am Eingang des Stadttors stehenbleiben und den Ältesten der Stadt seine Sache vortragen. Sie sollen ihn zu sich in die Stadt aufnehmen und ihm eine Unterkunft geben, damit er bei ihnen bleiben kann. 5 Wenn dann der Bluträcher ihn verfolgt, sollen sie ihm den, der getötet hat, nicht ausliefern; denn er hat seinen Nächsten versehentlich erschlagen und ohne ihn vorher gehaßt zu haben. 6 Er soll in dieser Stadt bleiben, bis er vor die Gemeinde zur Gerichtsverhandlung treten kann, bis zum Tod des Hohenpriesters, der in jenen Tagen im Amt ist. Dann darf der, der getötet hat, wieder in seine Stadt und in sein Haus zurückkehren – in die Stadt, aus der er geflohen ist.

7 Man wählte also Kedesch in Galiläa, im Gebirge Naftali, aus, ferner Sichem im Gebirge Efraim und Kirjat-Arba, das ist Hebron, im Gebirge Juda. 8 Jenseits des Jordan [östlich von Jericho] bestimmte man Bezer in der Steppe, in der Ebene, vom Stamm Ruben, Ramot in Gilead vom Stamm Gad und Golan im Baschan vom Stamm Manasse. 9 Das waren die Asylstädte für alle Israeliten und für die Fremden, die sich bei ihnen aufhielten. Dorthin konnte jeder, der ohne Vorsatz einen Menschen erschlagen hatte, fliehen, um nicht durch die Hand des Bluträchers zu sterben, bevor er vor der Gemeinde gestanden hätte.

Die Städte für die Leviten

21 Die Familienoberhäupter der Leviten kamen in Schilo im Land Kanaan zu dem Priester Eleasar, zu Josua, dem Sohn Nuns, und zu den Stammeshäuptern der Israeliten 2 und sagten zu ihnen: Der Herr hat durch Mose befohlen, uns Städte zum Wohnen und ihre Weideflächen für unser Vieh zu geben. 3 Da gaben die Israeliten den Leviten nach der Anordnung des Herrn aus ihrem Erbbesitz die folgenden Städte mit ihren Weideflächen. 4 Als das Los auf die Sippen der Kehatiter fiel, erhielten unter den Leviten die Nachkommen des Priesters Aaron durch das Los dreizehn Städte vom Stamm Juda, vom Stamm der Simeoniter und vom Stamm Benjamin. 5 Die übrigen Kehatiter erhielten, entsprechend ihren Sippen, durch das Los zehn Städte vom Stamm Efraim, vom Stamm Dan und vom halben Stamm Manasse. 6 Die Nachkommen Gerschons erhielten, entsprechend ihren Sippen, durch das Los dreizehn Städte vom Stamm Issachar, vom Stamm Ascher, vom Stamm Naftali und vom halben Stamm Manasse im Baschan. 7 Die Nachkommen Meraris erhielten, entsprechend ihren Sippen, zwölf Städte vom Stamm Ruben, vom Stamm Gad und vom Stamm Sebulon. 8 Diese

Städte mit ihren Weideflächen gaben die Israeli-
ten durch das Los den Leviten, wie es der Herr
durch Mose befohlen hatte.

9 Vom Stamm der Judäer und vom Stamm der Si-
meoniter gaben sie ihnen die folgenden, nament-
lich genannten Städte. 10 Sie wurden den Nach-
kommen Aarons unter den Kehatitern, unter den
Leviten, zuteil; denn auf sie fiel das erste Los. 11 Ih-
nen gab man die Stadt des Arba, des Vaters
Anaks, also Hebron, im Gebirge Juda, mit seinen
Weideflächen ringsum. 12 Das Ackerland der Stadt
aber und die dazugehörenden Gehöfte hatte man
Kaleb, dem Sohn Jefunnes, als Besitz gegeben.
13 Den Nachkommen des Priesters Aaron gab man
also die Asylstadt für solche, die einen Menschen
erschlagen haben, Hebron mit seinen Weide-
flächen, ferner Libna mit seinen Weideflächen,
14 Jattir mit seinen Weideflächen, Eschtemoa mit
seinen Weideflächen, 15 Holon mit seinen Weide-
flächen, Debir mit seinen Weideflächen, 16 Ajin mit
seinen Weideflächen, Jutta mit seinen Weide-
flächen und Bet-Schemesch mit seinen Weide-
flächen: neun Städte von den zwei Stämmen (den
Judäern und den Simeonitern). 17 Vom Stamm Ben-
jamin (gab man ihnen) Gibeon mit seinen Weide-
flächen, Geba mit seinen Weideflächen, 18 Anatot
mit seinen Weideflächen und Alemet mit seinen
Weideflächen: vier Städte. 19 Im ganzen erhielten
die Nachkommen Aarons, die Priester waren,
dreizehn Städte mit ihren Weideflächen. 20 Die
Sippen der levitischen Kehatiter, die von den
Nachkommen Kehats außerdem noch vorhan-
den waren, erhielten die Städte ihres Anteils vom
Stamm Efraim. 21 Man gab ihnen die Asylstädte für
solche, die einen Menschen erschlagen haben, Si-
chem mit seinen Weideflächen im Gebirge
Efraim, ferner Geser mit seinen Weideflächen,
22 Kibzajim mit seinen Weideflächen und Bet-
Horon mit seinen Weideflächen: vier Städte;
23 vom Stamm Dan erhielten sie Elteke mit seinen
Weideflächen, Gibbeton mit seinen Weideflä-
chen, 24 Ajalon mit seinen Weideflächen und Gat-
Rimmon mit seinen Weideflächen: vier Städte;
25 vom halben Stamm Manasse erhielten sie
Taanach mit seinen Weideflächen und Gat-Rim-
mon mit seinen Weideflächen: zwei Städte.
26 Im ganzen erhielten die Sippen der übrigen
Nachkommen Kehats zehn Städte. 27 Den Ger-
schonitern aus den levitischen Sippen gab man
vom halben Stamm Manasse die Asylstadt für sol-
che, die einen Menschen erschlagen haben, Go-
lan im Baschan mit seinen Weideflächen sowie
Aschtarot mit seinen Weideflächen: zwei Städte;
28 vom Stamm Issachar erhielten sie Kischjon mit
seinen Weideflächen, Daberat mit seinen Weide-
flächen, 29 Jarmut mit seinen Weideflächen und
En-Gannim mit seinen Weideflächen: vier Städte;
30 vom Stamm Ascher erhielten sie Mischal mit
seinen Weideflächen, Abdon mit seinen Weide-
flächen, 31 Helkat mit seinen Weideflächen und
Rehob mit seinen Weideflächen: vier Städte;
32 vom Stamm Naftali erhielten sie die Asylstadt
für solche, die einen Menschen erschlagen ha-
ben, Kedesch in Galiläa mit seinen Weideflächen
sowie Hammot-Dor mit seinen Weideflächen und
Kartan mit seinen Weideflächen: drei Städte. 33 Im
ganzen erhielten die Gerschoniter, entsprechend
ihren Sippen, dreizehn Städte mit ihren Weide-
flächen. 34 Den übrigen Leviten, also den Sippen
der Nachkommen Meraris, gab man vom Stamm
Sebulon Jokneam mit seinen Weideflächen, Karta
mit seinen Weideflächen, 35 Dimna mit seinen
Weideflächen und Nahalal mit seinen Weide-
flächen: vier Städte; 36 dazu vom Stamm Ruben
Bezer mit seinen Weideflächen, Jahaz mit seinen
Weideflächen, 37 Kedemot mit seinen Weideflä-
chen und Mefaat mit seinen Weideflächen: vier
Städte; 38 vom Stamm Gad erhielten sie die Asyl-
stadt für solche, die einen Menschen erschlagen
haben, Ramot-Gilead mit seinen Weideflächen,
ferner Mahanajim mit seinen Weideflächen,
39 Heschbon mit seinen Weideflächen und Jaser
mit seinen Weideflächen: zusammen vier Städte.
40 Im ganzen erhielten die Merariter entsprechend
ihren Sippen, die unter den Sippen der Leviten
noch übrig waren, als ihren Anteil zwölf Städte.

41 Die Gesamtanzahl der Levitenstädte mitten im
Besitz der Israeliten betrug achtundvierzig, mit
ihren Weideflächen. 42 Diese Städte bestanden je-
weils aus der Stadt und den Weideflächen in ihrer
Umgebung; so war es bei allen diesen Städten.

Die Ruhe in der neugewonnenen Heimat

43 So gab der Herr Israel das ganze Land, das er
ihren Vätern mit einem Eid zugesichert hatte. Sie
nahmen es in Besitz und wohnten darin.
44 Und der Herr verschaffte ihnen Ruhe ringsum,
genau so, wie er es ihren Vätern mit einem Eid
zugesichert hatte. Keiner von all ihren Fein-
den konnte ihnen Widerstand leisten; alle ihre

Feinde gab der Herr in ihre Gewalt. 45 Keine von all den Zusagen, die der Herr dem Haus Israel gegeben hatte, war ausgeblieben; jede war in Erfüllung gegangen.

22 Damals rief Josua die Rubeniter, die Gaditer und den halben Stamm Manasse zu sich 2 und sagte zu ihnen: Ihr habt alles befolgt, was euch Mose, der Knecht des Herrn, befohlen hat; ihr habt auch mir in allem gehorcht, was ich euch befohlen habe. 3 Ihr habt eure Brüder während dieser langen Zeit bis heute nicht im Stich gelassen und habt darauf geachtet, den Befehl des Herrn, eures Gottes, zu befolgen. 4 Nun hat der Herr, euer Gott, euren Brüdern Ruhe verschafft, wie er es ihnen versprochen hatte. Kehrt also nun wieder zu euren Zelten zurück, in das Land, das euch gehört und das euch Mose, der Knecht des Herrn, jenseits des Jordan gegeben hat. 5 Achtet aber genau darauf, das Gebot und das Gesetz zu erfüllen, das euch Mose, der Knecht des Herrn, gegeben hat: den Herrn, euren Gott, zu lieben, auf allen seinen Wegen zu gehen, seine Gebote zu halten, euch ihm anzuschließen und ihm von ganzem Herzen und ganzer Seele zu dienen. 6 Dann segnete sie Josua und ließ sie ziehen, und sie begaben sich zu ihren Zelten.

7 Der einen Hälfte des Stammes Manasse hatte Mose im Baschan (Land) gegeben, der anderen Hälfte gab Josua bei ihren Brüdern (Land) auf der anderen Seite des Jordan im Westen. Als Josua sie nun wieder zu ihren Zelten ziehen ließ und sie segnete, 8 sagte er zu ihnen: Mit reichen Schätzen kehrt ihr zu euren Zelten zurück, mit sehr viel Vieh, mit Silber und Gold, mit Bronze, Eisen und sehr vielen Gewändern. Teilt die Beute, die ihr euren Feinden abgenommen habt, mit euren Brüdern. 9 So verließen die Rubeniter, die Gaditer und der halbe Stamm Manasse die Israeliten und zogen von Schilo im Land Kanaan nach Gilead, in das Land, das ihnen gehörte und das sie auf den durch Mose ergangenen Befehl des Herrn hin in Besitz genommen hatten.

Der Altar am Jordan

10 Als sie zu den Steinkreisen am Jordan kamen, die noch im Land Kanaan liegen, errichteten die Rubeniter, die Gaditer und der halbe Stamm Manasse dort am Jordan einen Altar von stattlichem Aussehen. 11 Da erhielten die Israeliten folgende Nachricht: Schaut, die Rubeniter, die Gaditer und der halbe Stamm Manasse haben gegenüber dem Land Kanaan bei den Steinkreisen am Jordan jenseits des Gebiets der Israeliten einen Altar errichtet. 12 Als die Israeliten das hörten, versammelte sich die ganze Gemeinde Israels in Schilo, um gegen sie ins Feld zu ziehen. 13 Die Israeliten schickten den Priester Pinhas, den Sohn Eleasars, zu den Rubenitern, den Gaditern und zum halben Stamm Manasse in Gilead. 14 Mit ihm gingen zehn Anführer [aus jeder Familie], aus jedem Stamm Israels je ein Anführer; jeder gehörte zu den Familienoberhäuptern der Tausendschaften Israels. 15 Als sie zu den Rubenitern, den Gaditern und dem halben Stamm Manasse ins Land Gilead kamen, sagten sie zu ihnen: 16 So hat die ganze Gemeinde des Herrn gesagt: Was soll denn dieser Treubruch bedeuten, den ihr gegen den Gott Israels begeht, indem ihr euch heute vom Herrn abwendet, indem ihr euch einen Altar errichtet und euch heute dadurch gegen den Herrn auflehnt? 17 Ist uns der Frevel von Pegor zu wenig? Von ihm haben wir uns bis heute noch nicht gereinigt, und seinetwegen ist die Plage über die Gemeinde des Herrn gekommen. 18 Ihr aber wendet euch heute vom Herrn ab. Wenn ihr euch heute gegen den Herrn auflehnt, wird sich sein Zorn morgen gegen die ganze Gemeinde Israels richten. 19 Falls das Land, das euch gehört, unrein ist, dann kommt herüber in das Land, das dem Herrn gehört und wo die Wohnstätte des Herrn ist, und siedelt euch bei uns an! Aber lehnt euch nicht gegen den Herrn auf, und zieht uns nicht dadurch in euren Aufruhr hinein, daß ihr für euch selber einen zweiten Altar, neben dem Altar des Herrn, unseres Gottes, baut. 20 Ist nicht sein Zorn über die ganze Gemeinde Israels gekommen, als sich Achan, der Sohn Serachs, treulos an dem Gut vergriffen hatte, das dem Untergang geweiht war? Und er war nur ein einzelner Mann. Mußte er nicht für seinen Frevel sterben?

21 Darauf antworteten die Rubeniter, die Gaditer und der halbe Stamm Manasse den Befehlshabern der Tausendschaften Israels: 22 Gott, ja Gott, der Herr – Gott, ja Gott, der Herr, er weiß es, und Israel soll es wissen: Wenn das Untreue, wenn das Auflehnung gegen den Herrn war, dann soll er uns heute nicht helfen. 23 Ob wir uns einen Altar errichtet haben, um uns vom Herrn abzuwenden, und ob wir auf ihm Brandopfer und Speiseopfer darbringen und Heilsopfer herrichten

wollten, möge der Herr selbst untersuchen.
[24] Nein, wir haben das nur aus Sorge getan, und
zwar aus folgender Überlegung: Eure Söhne
könnten morgen zu unseren Söhnen sagen: Was
habt ihr mit dem Herrn, dem Gott Israels, zu tun?
[25] Als Grenze hat der Herr den Jordan zwischen
uns und euch, das heißt den Rubenitern und
Gaditern, gelegt. Ihr habt keinen Anteil am Herrn.
So könnten eure Söhne unsere Söhne davon ab-
halten, den Herrn zu fürchten. [26] Deshalb sagten
wir uns: Wir wollen einen Altar errichten, nicht
für Brandopfer und nicht für Schlachtopfer; [27] er
soll vielmehr ein Zeuge sein zwischen uns und
euch und zwischen den Generationen nach uns
dafür, daß wir den Dienst vor dem Angesicht des
Herrn durch Brandopfer, Schlachtopfer und Heils-
opfer verrichten dürfen. Dann können eure
Söhne morgen nicht unseren Söhnen sagen: Ihr
habt keinen Anteil am Herrn. [28] Wir dachten:
Wenn sie morgen so zu uns und unseren Nach-
kommen sprechen, werden wir zu ihnen sagen:
Seht euch doch die Gestalt des Altares des Herrn
an, den unsere Väter errichtet haben, nicht für
Brandopfer und nicht für Schlachtopfer, sondern
damit er Zeuge zwischen uns und euch sei. [29] Es
sei fern von uns, daß wir uns gegen den Herrn
auflehnen und uns heute von ihm abwenden, in-
dem wir einen zweiten Altar für Brandopfer, Spei-
seopfer und Schlachtopfer neben dem Altar des
Herrn, unseres Gottes, errichten, der vor seiner
Wohnstätte steht.
[30] Als der Priester Pinhas und die Oberhäupter
der Gemeinde [die Befehlshaber der Tausend-
schaften Israels], die bei ihm waren, hörten, was
die Rubeniter, die Gaditer und die Manassiter sag-
ten, waren sie damit einverstanden. [31] Und der
Priester Pinhas, der Sohn Eleasars, sagte zu den
Rubenitern, den Gaditern und den Manassitern:
Jetzt wissen wir, daß der Herr mitten unter uns
ist; denn ihr habt keinen solchen Treubruch ge-
gen den Herrn begangen. Dadurch habt ihr die Is-
raeliten vor der (strafenden) Hand des Herrn be-
wahrt. [32] Dann verließen der Priester Pinhas, der
Sohn Eleasars, und die Oberhäupter die Rubeniter
und Gaditer und kehrten aus dem Land Gilead ins
Land Kanaan zu den Israeliten zurück. Sie berich-
teten ihnen alles, [33] und die Israeliten waren damit
einverstanden. Sie priesen Gott und dachten
nicht mehr daran, gegen die Rubeniter und Gadi-
ter ins Feld zu ziehen und das Land zu verwü-
sten, in dem sie wohnten. [34] Die Rubeniter und
Gaditer nannten den Altar Zeuge, denn (sie sag-
ten): Er steht mitten unter uns als Zeuge dafür,
daß Jahwe Gott ist.

Die Verpflichtung auf Jahwe: 23,1–24,33

Josuas Rede an das Volk

23 Lange Zeit später, nachdem der Herr Is-
rael Ruhe vor all seinen Feinden ringsum
verschafft hatte und Josua alt und betagt gewor-
den war, [2] rief Josua ganz Israel, seine Ältesten
und Häupter, seine Richter und Listenführer zu-
sammen und sagte zu ihnen: Ich bin nun alt und
betagt. [3] Ihr habt selbst alles gesehen, was der
Herr, euer Gott, mit all diesen Völkern vor euren
Augen gemacht hat; denn der Herr, euer Gott, hat
selbst für euch gekämpft. [4] Seht, ich habe euch die
Gebiete dieser Völker, die noch übriggeblieben
sind, und all der Völker, die ich vernichtet habe,
vom Jordan bis zum großen Meer im Westen ent-
sprechend euren Stämmen als Erbbesitz zuge-
teilt. [5] Der Herr, euer Gott, wird sie (auch künftig)
vor euren Augen verjagen und sie vor euren Au-
gen vertreiben, und ihr werdet ihr Land in Besitz
nehmen, wie es euch der Herr, euer Gott, ver-
sprochen hat. [6] Haltet aber immer daran fest, alles
zu beachten und zu tun, was im Gesetzbuch des
Mose geschrieben steht; weicht nicht nach rechts
oder links davon ab! [7] Vermischt euch nicht mit
diesen Völkern, die bei euch noch übriggeblieben
sind; den Namen ihrer Götter sollt ihr nicht nen-
nen und nicht bei ihnen schwören, ihr sollt ihnen
nicht dienen und euch nicht vor ihnen nieder-
werfen, [8] sondern am Herrn, eurem Gott, festhal-
ten, wie ihr es bis heute getan habt. [9] Der Herr hat
vor euren Augen große und mächtige Völker ver-
trieben; bis heute konnte niemand euch stand-
halten. [10] Ein einziger von euch kann tausend ver-
folgen; denn der Herr, euer Gott, kämpft selbst für
euch, wie er es euch versprochen hat. [11] Achtet
darum um eures Lebens willen sehr darauf, daß
ihr (immer) den Herrn, euren Gott, liebt. [12] Denn

wenn ihr euch wirklich von ihm abwendet und euch diesen Völkern, die bei euch noch übriggeblieben sind, anschließt, wenn ihr euch mit ihnen verschwägert, wenn ihr euch mit ihnen vermischt und sie sich mit euch vermischen, 13 dann könnt ihr gewiß sein, daß der Herr, euer Gott, diese Völker nicht mehr vor euren Augen vertreiben wird. Sie werden zur Schlinge und zur Falle für euch, zur Peitsche für euren Rücken und zum Stachel in euren Augen, bis ihr aus diesem schönen Land verschwindet, das der Herr, euer Gott, euch gegeben hat. 14 Ich selbst muß heute den Weg alles Irdischen gehen. Ihr aber sollt mit ganzem Herzen und ganzer Seele erkennen, daß von all den Zusagen, die der Herr, euer Gott, euch gegeben hat, keine einzige ausgeblieben ist; alle sind sie eingetroffen, keine einzige von ihnen ist ausgeblieben. 15 Wie aber bisher jede Zusage, die der Herr, euer Gott, euch gegeben hat, eingetroffen ist, so wird der Herr, euer Gott, künftig jede Drohung gegen euch verwirklichen, bis er euch aus diesem schönen Land hinweggerafft hat, das euch der Herr, euer Gott, gegeben hat. 16 Wenn ihr euch gegen den Bund, auf den der Herr, euer Gott, euch verpflichtet hat, vergeht, wenn ihr anderen Göttern dient und sie anbetet, dann wird der Zorn des Herrn gegen euch entbrennen, und ihr werdet rasch aus dem schönen Land verschwinden, das er euch gegeben hat.

Die Versammlung des Volkes in Sichem

24 Josua versammelte alle Stämme Israels in Sichem; er rief die Ältesten Israels, seine Oberhäupter, Richter und Listenführer zusammen, und sie traten vor Gott hin. 2 Josua sagte zum ganzen Volk: So spricht der Herr, der Gott Israels: Jenseits des Stroms wohnten eure Väter von Urzeiten an [Terach, der Vater Abrahams und der Vater Nahors] und dienten anderen Göttern. 3 Da holte ich euren Vater, Abraham, von jenseits des Stroms und ließ ihn durch das ganze Land Kanaan ziehen. Ich schenkte ihm zahlreiche Nachkommenschaft und gab ihm Isaak. 4 Dem Isaak gab ich Jakob und Esau, und ich verlieh Esau das Bergland Seïr, damit er es in Besitz nahm. Jakob aber und seine Söhne zogen nach Ägypten hinab. 5 Dann sandte ich Mose und Aaron und strafte Ägypten durch das, was ich in Ägypten tat. Danach habe ich euch herausgeführt 6 [ich führte eure Väter heraus] aus Ägypten, und ihr seid ans Meer gekommen. Die Ägypter aber verfolgten eure Väter mit Wagen und Pferden bis zum Schilfmeer. 7 Da schrien eure Väter zum Herrn, und er legte zwischen euch und die Ägypter eine Finsternis und ließ das Meer über sie kommen, so daß es sie überflutete. Mit eigenen Augen habt ihr gesehen, was ich in Ägypten getan habe. Dann habt ihr euch lange in der Wüste aufgehalten. 8 Ich brachte euch in das Land der Amoriter, die jenseits des Jordan wohnten. Sie kämpften mit euch, aber ich gab sie in eure Gewalt; ihr habt ihr Land in Besitz genommen, und ich habe sie euretwegen vernichtet. 9 Dann erhob sich der König Balak von Moab, der Sohn Zippors, und kämpfte gegen Israel. Er schickte Boten zu Bileam, dem Sohn Beors, und ließ ihn rufen, damit er euch verflucht. 10 Ich aber wollte keinen Fluch von Bileam hören. Darum mußte er euch segnen, und ich rettete euch aus seiner Gewalt. 11 Dann habt ihr den Jordan durchschritten und seid nach Jericho gekommen; die Bürger von Jericho kämpften gegen euch, ebenso die Amoriter, die Perisiter, die Kanaaniter, die Hetiter, die Girgaschiter, die Hiwiter und die Jebusiter, und ich gab sie in eure Gewalt. 12 Ich habe Panik vor euch hergeschickt. Sie trieb sie vor euch her [die beiden Könige der Amoriter]; das geschah nicht durch dein Schwert und deinen Bogen. 13 Ich gab euch ein Land, um das ihr euch nicht bemüht hattet, und Städte, die ihr nicht erbaut hattet. Ihr habt in ihnen gewohnt, und ihr habt von Weinbergen und Ölbäumen gegessen, die ihr nicht gepflanzt hattet. 14 Fürchtet also jetzt den Herrn, und dient ihm in vollkommener Treue. Schafft die Götter fort, denen eure Väter jenseits des Stroms und in Ägypten gedient haben, und dient dem Herrn! 15 Wenn es euch aber nicht gefällt, dem Herrn zu dienen, dann entscheidet euch heute, wem ihr dienen wollt: den Göttern, denen eure Väter jenseits des Stroms dienten, oder den Göttern der Amoriter, in deren Land ihr wohnt. Ich aber und mein Haus, wir wollen dem Herrn dienen.

16 Das Volk antwortete: Das sei uns fern, daß wir den Herrn verlassen und anderen Göttern dienen. 17 Denn der Herr, unser Gott, war es, der uns und unsere Väter aus dem Sklavenhaus Ägypten herausgeführt hat und der vor unseren Augen alle die großen Wunder getan hat. Er hat uns beschützt auf dem ganzen Weg, den wir gegangen sind, und unter allen Völkern, durch deren Gebiet

wir gezogen sind. [18] Der Herr hat alle Völker ver-
trieben, auch die Amoriter, die vor uns im Land
wohnten. Auch wir wollen dem Herrn dienen;
denn er ist unser Gott. [19] Da sagte Josua zum Volk:
Ihr seid nicht imstande, dem Herrn zu dienen,
denn er ist ein heiliger Gott, ein eifersüchtiger
Gott; er wird euch eure Frevel und eure Sünden
nicht verzeihen. [20] Wenn ihr den Herrn verlaßt
und fremden Göttern dient, dann wird er sich von
euch abwenden, wird Unglück über euch brin-
gen und euch ein Ende bereiten, obwohl er euch
zuvor Gutes getan hat. [21] Das Volk aber sagte zu Jo-
sua: Nein, wir wollen dem Herrn dienen. [22] Josua
antwortete dem Volk: Ihr seid Zeugen gegen euch
selbst, daß ihr euch für den Herrn und für seinen
Dienst entschieden habt. [Sie antworteten: Das
sind wir.] [23] Schafft also jetzt die fremden Götter
ab, die noch bei euch sind, und neigt eure Herzen
dem Herrn zu, dem Gott Israels! [24] Das Volk sagte
zu Josua: Dem Herrn, unserem Gott, wollen wir
dienen und auf seine Stimme hören.
[25] So schloß Josua an jenem Tag einen Bund für
das Volk und gab dem Volk Gesetz und Recht
in Sichem. [26] Josua schrieb alle diese Worte in
das Buch des Gesetzes Gottes, und er nahm ei-
nen großen Stein und stellte ihn in Sichem unter
der Eiche auf, die im Heiligtum des Herrn steht.
[27] Dabei sagte er zu dem ganzen Volk: Seht her,
dieser Stein wird ein Zeuge sein gegen uns; denn
er hat alle Worte des Herrn gehört, die er zu uns
gesprochen hat. Er soll ein Zeuge sein gegen euch,
damit ihr euren Gott nicht verleugnet. [28] Dann
entließ Josua das Volk, einen jeden in seinen Erb-
besitz.

Die Grabstätten Josuas, Josefs und Eleasars

[29] Nach diesen Ereignissen starb Josua, der Sohn
Nuns, der Knecht des Herrn, im Alter von hun-
dertzehn Jahren. [30] Man begrub ihn in Timnat-
Serach, im Gebiet seines Erbbesitzes auf dem Ge-
birge Efraim, nördlich vom Berg Gaasch. [31] Israel
aber diente dem Herrn, solange Josua lebte und
solange die Ältesten am Leben waren, die Josua
überlebten und alles wußten, was der Herr für
Israel getan hatte. [32] Die Gebeine Josefs, die die
Israeliten aus Ägypten mitgebracht hatten, be-
grub man in Sichem auf dem Grundstück, das
Jakob von den Söhnen Hamors, des Vaters Si-
chems, für hundert Kesita erworben hatte; es war
den Nachkommen Josefs als Erbbesitz zuteil ge-
worden. [33] Auch Eleasar, der Sohn Aarons, starb,
und man begrub ihn in Gibea, (der Stadt) seines
Sohnes Pinhas, die man ihm im Gebirge Efraim
gegeben hatte.

DAS BUCH DER RICHTER

Die Charakterisierung der Richterzeit: 1,1–3,6

Die Eroberung des Gebiets der Stämme Juda und Simeon

1 Nach dem Tod Josuas befragten die Israeli-
ten den Herrn: Wer von uns soll zuerst ge-
gen die Kanaaniter in den Kampf ziehen? [2] Der
Herr antwortete: Juda soll (zuerst) hinaufziehen;
ich gebe das Land in seine Gewalt. [3] Da sagte
Juda zu seinem Bruder Simeon: Zieh mit mir
hinauf in das Gebiet, das mir durch das Los zu-
gefallen ist; wir wollen (zusammen) gegen die
Kanaaniter kämpfen. Dann werde auch ich mit
dir in dein Gebiet ziehen. Da ging Simeon mit
ihm. [4] Juda zog hinauf, und der Herr gab die Ka-
naaniter und die Perisiter in ihre Gewalt. Sie
schlugen sie bei Besek – (ein Heer von) zehn-
tausend Mann. [5] Sie stießen bei Besek auf Adoni-
Besek, kämpften mit ihm und schlugen die Ka-
naaniter und die Perisiter. [6] Adoni-Besek floh,
aber sie verfolgten ihn, ergriffen ihn und hack-
ten ihm die Daumen und die großen Zehen ab.
[7] Da sagte Adoni-Besek: Siebzig Könige mit ab-
gehackten Daumen und abgehackten großen
Zehen haben unter meinem Tisch (den Abfall)
aufgelesen. Wie ich gehandelt habe, so vergilt

mir Gott. Man brachte ihn nach Jerusalem, und dort starb er. 8 Die Judäer kämpften auch gegen Jerusalem, nahmen es ein, schlugen die Stadt mit scharfem Schwert und steckten sie in Brand. 9 Danach zogen die Judäer weiter, um gegen die Kanaaniter zu kämpfen, die im Gebirge, im Negeb und in der Schefela wohnten.

10 Juda zog auch gegen die Kanaaniter, die in Hebron wohnten – Hebron hieß früher Kirjat-Arba –, und sie schlugen Scheschai, Ahiman und Talmai. 11 Von dort zogen sie weiter gegen die Einwohner von Debir. Debir hieß früher Kirjat-Sefer. 12 Da sagte Kaleb: Wer Kirjat-Sefer schlägt und einnimmt, dem gebe ich meine Tochter Achsa zur Frau. 13 Otniël, der Sohn des Kenas, des jüngeren Bruders Kalebs, nahm die Stadt ein. Da gab ihm Kaleb seine Tochter Achsa zur Frau. 14 Als sie nun ankam, drängte er sie, von ihrem Vater ein Stück Land zu verlangen. Da ließ sie sich vom Esel herabgleiten, und Kaleb fragte sie: Was hast du? 15 Sie antwortete: Gib mir ein Geschenk als Zeichen des Segens! Wenn du mich schon ins Trockenland schickst, dann gib mir auch Wasserstellen! Da gab Kaleb ihr die Obere und die Untere Quelle.

16 Die Söhne des Keniters (Hobab), des Schwiegervaters des Mose, waren mit den Judäern von der Palmenstadt zur Wüste Juda südlich von Arad hinaufgezogen; nun zogen sie weiter und ließen sich bei den Amalekitern nieder. 17 Juda aber zog mit seinem Bruder Simeon weiter. Sie schlugen die Kanaaniter, die in Zefat wohnten, weihten die Stadt dem Untergang und nannten sie Horma (Untergangsweihe). 18 Doch Gaza und sein Gebiet, Aschkelon und sein Gebiet, Ekron und sein Gebiet konnte Juda nicht erobern. 19 Der Herr war mit Juda, so daß es das Bergland in Besitz nehmen konnte. Aber die Bewohner der Ebene konnten sie nicht vertreiben, weil sie eiserne Kampfwagen hatten. 20 Dem Kaleb gab man Hebron, wie Mose es angeordnet hatte; er vertrieb von dort die drei Söhne Anaks. 21 Die Benjaminiter konnten die Jebusiter, die in Jerusalem wohnten, nicht vertreiben, und so blieben die Jebusiter bei den Benjaminitern in Jerusalem wohnen bis auf den heutigen Tag.

Die Eroberung des Gebiets der Nachkommen Josefs

22 Auch die Nachkommen Josefs zogen hinauf, und zwar nach Bet-El. Und der Herr war mit ihnen. 23 Die Nachkommen Josefs ließen Bet-El beobachten. Die Stadt hieß früher Lus. 24 Als die Wachen einen Mann aus der Stadt herauskommen sahen, sagten sie zu ihm: Zeig uns, wo man in die Stadt eindringen kann, dann werden wir dir unser Wohlwollen beweisen. 25 Er zeigte ihnen eine Stelle, wo sie in die Stadt eindringen konnten, und sie schlugen die Stadt mit scharfem Schwert. Den Mann aber und seine ganze Sippe ließen sie gehen. 26 Der Mann ging in das Land der Hetiter, erbaute eine Stadt und nannte sie Lus. Das ist ihr Name bis auf den heutigen Tag.

27 Manasse konnte (die Einwohner von) Bet-Schean und seinen Tochterstädten sowie von Taanach und seinen Tochterstädten, die Einwohner von Dor und seinen Tochterstädten, die Einwohner von Jibleam und seinen Tochterstädten und die Einwohner von Megiddo und seinen Tochterstädten nicht vertreiben. So gelang es den Kanaanitern, in dieser Gegend zu verbleiben. 28 Als die Israeliten stark geworden waren, zwangen sie die Kanaaniter zur Fron, aber vertreiben konnten sie sie nicht.

29 Efraim konnte die Kanaaniter nicht vertreiben, die in Geser wohnten. Darum blieben die Kanaaniter mitten unter ihnen in Geser wohnen.

30 Sebulon konnte die Einwohner von Kitron und die Einwohner von Nahalol nicht vertreiben. Darum blieben die Kanaaniter mitten unter ihnen wohnen, aber sie wurden Fronarbeiter.

31 Ascher konnte die Einwohner von Akko und die Einwohner von Sidon nicht vertreiben, auch nicht (die Einwohner) von Mahaleb, Achsib, Helba, Afek und Roheb. 32 Darum leben die Ascheriter mitten unter den Kanaanitern, die in der Gegend wohnen blieben, weil man sie nicht vertreiben konnte.

33 Naftali konnte die Einwohner von Bet-Schemesch und die Einwohner von Bet-Anat nicht vertreiben und wohnt deshalb mitten unter den Kanaanitern, die im Land verblieben sind. Die Einwohner von Bet-Schemesch und Bet-Anat aber wurden Fronarbeiter.

34 Die Amoriter drängten die Daniter ins Bergland ab und ließen sie nicht in die Ebene herabkommen. 35 Es gelang den Amoritern, in Har-Heres, Ajalon und Schaalbim zu bleiben; als aber das Haus Josef ihnen überlegen war, wurden sie Fronarbeiter. 36 Das Gebiet der Amoriter reicht von der Skorpionensteige bis nach Sela und darüber hinaus.

Die Erscheinung des Engels des Herrn

2 Der Engel des Herrn kam von Gilgal nach
Bochim hinauf und sagte: Ich habe euch aus
Ägypten heraufgeführt und euch in das Land ge-
bracht, das ich euren Vätern mit einem Eid zugesi-
chert hatte. Ich hatte gesagt: Ich werde meinen
Bund mit euch niemals aufheben; 2 aber ihr dürft
keinen Bund mit den Bewohnern dieses Landes
schließen, und ihre Altäre sollt ihr niederreißen.
Doch ihr habt auf meine Stimme nicht gehört.
Warum habt ihr das getan? 3 Deshalb sage ich euch
jetzt: Ich werde sie nicht vor euren Augen vertrei-
ben, sondern sie sollen euch Widerstand leisten,
und ihre Götter sollen euch zu Fall bringen. 4 Als
der Engel des Herrn das zum Volk gesagt hatte, bra-
chen alle Israeliten in lautes Weinen aus. 5 Darum
nannten sie jenen Ort Bochim (Ort des Weinens).
Und sie brachten dort dem Herrn Opfer dar.

Josuas Tod

6 Als Josua das Volk ziehen ließ, machten sich die
Israeliten auf den Weg, um das Land in Besitz zu
nehmen; jeder (ging) zu seinem Erbbesitz. 7 Und
das Volk diente dem Herrn, solange Josua lebte
und solange die Ältesten am Leben waren, die Jo-
sua überlebten und all die großen Taten des Herrn
gesehen hatten, die er für Israel getan hatte. 8 Jo-
sua, der Sohn Nuns, der Knecht des Herrn, starb
im Alter von hundertzehn Jahren, 9 und man be-
grub ihn in Timnat-Heres, im Gebiet seines Erb-
besitzes auf dem Gebirge Efraim, nördlich vom
Berg Gaasch. 10 Auch seine ganze Generation
wurde mit ihren Vätern vereint, und nach ihnen
kam eine andere Generation, die den Herrn und
die Taten, die er für Israel vollbracht hatte, nicht
mehr kannte.

Die Berufung von Richtern

11 Die Israeliten taten, was dem Herrn mißfiel, und
dienten den Baalen. 12 Sie verließen den Herrn,
den Gott ihrer Väter, der sie aus Ägypten heraus-
geführt hatte, und liefen anderen Göttern nach,
den Göttern der Völker, die rings um sie wohnen.
Sie warfen sich vor ihnen nieder und erzürnten
dadurch den Herrn. 13 Als sie den Herrn verließen
und dem Baal und den Astarten dienten, 14 ent-
brannte der Zorn des Herrn gegen Israel. Er gab
sie in die Gewalt von Räubern, die sie ausplün-
derten, und lieferte sie der Gewalt ihrer Feinde
ringsum aus, so daß sie ihren Feinden keinen Wi-
derstand mehr leisten konnten. 15 Sooft sie auch in
den Krieg zogen, war die Hand des Herrn gegen
sie, und sie hatten kein Glück, wie der Herr gesagt
und ihnen geschworen hatte. So gerieten sie in
große Not. 16 Der Herr aber setzte Richter ein, die
sie aus der Gewalt der Räuber befreiten. 17 Doch
sie gehorchten auch ihren Richtern nicht, son-
dern gaben sich anderen Göttern hin und warfen
sich vor ihnen nieder. Rasch wichen sie von dem
Weg ab, den ihre Väter, den Geboten des Herrn
gehorsam, gegangen waren. Sie handelten nicht
so (wie ihre Väter). 18 Wenn aber der Herr bei ih-
nen Richter einsetzte, dann war der Herr mit dem
Richter und rettete die Israeliten aus der Gewalt
ihrer Feinde, solange der Richter lebte; denn der
Herr hatte Mitleid mit ihnen, wenn sie über ihre
Feinde und Unterdrücker klagten. 19 Sobald aber
der Richter gestorben war, wurden sie rückfällig
und trieben es noch schlimmer als ihre Väter, lie-
fen anderen Göttern nach, dienten ihnen und
warfen sich vor ihnen nieder. Sie ließen nicht ab
von ihrem bösen Treiben und von ihrem störri-
schen Verhalten. 20 Da entbrannte der Zorn des
Herrn gegen Israel. Er sagte: Weil dieses Volk mei-
nen Bund übertreten hat, zu dem ich ihre Väter
verpflichtet habe, und weil es nicht auf meine
Stimme hört, 21 werde auch ich kein einziges der
Völker mehr vor ihren Augen vertreiben, die Jo-
sua bei seinem Tod noch übriggelassen hat. 22 Is-
rael soll durch sie auf die Probe gestellt werden,
ob es daran festhält, den Weg des Herrn zu gehen,
wie es seine Väter taten, oder nicht. 23 Darum ließ
der Herr diese Völker (im Land) und vertrieb sie
vorerst nicht. Er hatte sie auch nicht in die Gewalt
Josuas gegeben.

Fremde Völker unter den Israeliten

3 Das sind die Völker, die der Herr (im Land)
ließ, um durch sie die Israeliten, alle, die
von all den Kämpfen um Kanaan nichts mehr
wußten, auf die Probe zu stellen 2 – (er tat das)
nur, um die Generationen der Israeliten, die das
Kriegführen nicht mehr kannten, darin zu unter-
richten; denn sie wußten von den Kriegen, die
früher waren, nichts mehr –: 3 die fünf Fürsten
der Philister und alle Kanaaniter und Sidonier
und Hiwiter, die auf dem Libanongebirge woh-
nen, vom Berg Baal-Hermon bis nach Lebo-Ha-
mat. 4 Sie waren dazu da, daß die Israeliten
durch sie auf die Probe gestellt würden und daß

in Erfahrung gebracht würde, ob sie den Geboten des Herrn gehorchten, auf die er ihre Väter durch Mose verpflichtet hatte. 5 Die Israeliten wohnten also mitten unter den Kanaanitern, Hetitern, Amoritern, Perisitern, Hiwitern und Jebusitern. 6 Sie nahmen sich deren Töchter zu Frauen, und ihre Töchter gaben sie deren Söhnen, und sie dienten deren Göttern.

Die einzelnen Richter: 3,7–16,31

Otniël

7 Die Israeliten taten, was dem Herrn mißfiel. Sie vergaßen den Herrn, ihren Gott, und dienten den Baalen und den Kultpfählen. 8 Da entbrannte der Zorn des Herrn gegen die Israeliten, und er lieferte sie der Gewalt des Kuschan-Rischatajim aus, des Königs von Aram in Mesopotamien. So mußten die Israeliten acht Jahre lang Kuschan-Rischatajim dienen. 9 Als die Israeliten zum Herrn schrien, gab der Herr den Israeliten einen Retter, der sie befreite: Otniël, den Sohn des Kenas, den jüngeren Bruder Kalebs. 10 Der Geist des Herrn kam über ihn, und er wurde Richter in Israel. Er zog in den Kampf, und der Herr gab Kuschan-Rischatajim, den König von Aram, in seine Gewalt, und Otniël unterwarf Kuschan-Rischatajim. 11 Darauf hatte das Land vierzig Jahre lang Ruhe; dann starb Otniël, der Sohn des Kenas.

Ehud und Schamgar

12 Und wiederum taten die Israeliten, was dem Herrn mißfiel. Der Herr aber gab Eglon, dem König von Moab, Macht über Israel, weil sie taten, was dem Herrn mißfiel. 13 Eglon verbündete sich mit den Ammonitern und Amalekitern, zog in den Kampf, schlug Israel und eroberte die Palmenstadt. 14 Darauf mußten die Israeliten achtzehn Jahre lang Eglon, dem König von Moab, dienen. 15 Als aber die Israeliten zum Herrn schrien, gab ihnen der Herr einen Retter: Ehud, den Sohn Geras, aus dem Stamm Benjamin, einen Linkshänder. Als nun die Israeliten durch ihn Tribut an Eglon, den König von Moab, schickten, 16 machte sich Ehud einen Dolch mit zwei Schneiden, eine Spanne lang, und band ihn unter seinem Gewand an seine rechte Hüfte. 17 So überbrachte er Eglon, dem König von Moab, den Tribut. Eglon aber war ein sehr beleibter Mann. 18 Als Ehud mit der Übergabe des Tributs zu Ende war, schickte er die Leute, die die Abgaben getragen hatten, weg; 19 er selber aber kehrte bei den Götterbildern in Gilgal um, ging (zum König) zurück und sagte: Ich habe eine geheime Botschaft an dich, König. Da gebot der König Ruhe, und alle Anwesenden gingen hinaus. 20 Nun trat Ehud zu ihm herein. Eglon saß in seinem kühlen Obergemach, das für ihn allein bestimmt war, und Ehud sagte: Ich habe eine Botschaft Gottes für dich. Da erhob sich der König von seinem Sessel. 21 Ehud aber streckte seine linke Hand aus, ergriff den Dolch an seiner rechten Hüfte und stieß ihn Eglon in den Leib. 22 Die Klinge drang samt dem Heft hinein, und das Fett umschloß die Klinge. Ehud zog den Dolch nicht aus dem Leib Eglons heraus [er ging zum Seiteneingang hinaus], 23 sondern schloß die Tür des Obergemachs hinter sich, schob den Riegel vor und ging zur Halle hinaus. 24 Als er weggegangen war, kamen die Diener und sahen, daß die Tür des Obergemachs verriegelt war. Sie meinten, Eglon verrichte in der kühlen Kammer seine Notdurft. 25 Sie warteten aber vergeblich. Und als er die Tür des Obergemachs nicht öffnete, nahmen sie den Schlüssel und schlossen auf: Da lag ihr Herr tot auf dem Boden. 26 Ehud aber war entkommen, während sie gezögert hatten. Er war bereits an den Götterbildern vorbeigegangen und hatte sich nach Seïra in Sicherheit gebracht. 27 Sobald er dort angekommen war, ließ er auf dem Gebirge Efraim das Widderhorn blasen, und die Israeliten zogen mit ihm vom Gebirge hinab, er an ihrer Spitze. 28 Er sagte zu ihnen: Folgt mir, denn der Herr hat eure Feinde, die Moabiter, in eure Gewalt gegeben. Sie zogen mit ihm hinab, besetzten die Jordanübergänge nach Moab und ließen niemand mehr hinüber. 29 Damals erschlugen sie von Moab etwa zehntausend Mann, alles starke und kriegstüchtige Männer, und keiner entkam. 30 So mußte sich Moab an jenem Tag der Gewalt Israels unterwerfen, und das Land hatte achtzig Jahre lang Ruhe.

31 Auf Ehud folgte Schamgar, der Sohn des Anat.
Er erschlug sechshundert Philister mit einem
Ochsenstecken. Auf diese Weise trug auch er zur
Rettung Israels bei.

Debora und Barak: 4,1–5,31

Der Sieg über Sisera

4 Als Ehud gestorben war, taten die Israeliten
wieder, was dem Herrn mißfiel. 2 Darum lie-
ferte sie der Herr der Gewalt Jabins, des Königs
von Kanaan, aus, der in Hazor herrschte. Sein
Heerführer war Sisera, der in Haroschet-Gojim
wohnte. 3 Da schrien die Israeliten zum Herrn;
denn Sisera besaß neunhundert eiserne Kampf-
wagen und hatte die Israeliten zwanzig Jahre lang
grausam unterdrückt. 4 Damals war Debora, eine
Prophetin, die Frau des Lappidot, Richterin in Is-
rael. 5 Sie hatte ihren Sitz unter der Debora-Palme
zwischen Rama und Bet-El im Gebirge Efraim,
und die Israeliten kamen zu ihr hinauf, um sich
Recht sprechen zu lassen. 6 Sie schickte Boten zu
Barak, dem Sohn Abinoams aus Kedesch-Naftali,
ließ ihn rufen und sagte zu ihm: Der Herr, der
Gott Israels, befiehlt: Geh hin, zieh auf den Berg
Tabor, und nimm zehntausend Naftaliter und Se-
buloniter mit dir! 7 Ich aber werde Sisera, den
Heerführer Jabins, mit seinen Wagen und seiner
Streitmacht zu dir an den Bach Kischon lenken
und ihn in deine Hand geben. 8 Barak sagte zu ihr:
Wenn du mit mir gehst, werde ich gehen; wenn
du aber nicht mit mir gehst, werde ich nicht ge-
hen. 9 Sie sagte: Ja, ich gehe mit dir; aber der Ruhm
bei dem Unternehmen, zu dem du ausziehst,
wird dann nicht dir zuteil; denn der Herr wird Si-
sera der Hand einer Frau ausliefern. Und Debora
machte sich auf und ging zusammen mit Barak
nach Kedesch. 10 Barak rief Sebulon und Naftali in
Kedesch zusammen, und zehntausend Mann
folgten ihm (auf den Tabor) hinauf. Auch Debora
ging mit ihm.

11 Der Keniter Heber aber, der sich von Kain, von
den Söhnen Hobabs, des Schwiegervaters des
Mose, getrennt hatte, hatte sein Zelt an der Eiche
von Zaanannim bei Kedesch aufgeschlagen.

12 Als man nun Sisera meldete, daß Barak, der
Sohn Abinoams, auf den Berg Tabor gezogen sei,
13 beorderte Sisera alle seine Wagen – neunhun-
dert eiserne Kampfwagen – und das ganze Kriegs-
volk, das er bei sich hatte, von Haroschet-Gojim
an den Bach Kischon. 14 Da sagte Debora zu Barak:
Auf! Denn das ist der Tag, an dem der Herr den Si-
sera in deine Gewalt gegeben hat. Ja, der Herr
zieht selbst vor dir her. Barak zog also vom Berg
Tabor herab, und die zehntausend Mann folgten
ihm. 15 Und der Herr brachte Sisera, alle seine Wa-
gen und seine ganze Streitmacht [mit scharfem
Schwert] vor den Augen Baraks in große Verwir-
rung. Sisera sprang vom Wagen und floh zu Fuß.
16 Barak verfolgte die Wagen und das Heer bis nach
Haroschet-Gojim. Das ganze Heer Siseras fiel un-
ter dem scharfen Schwert; nicht ein einziger
Mann blieb übrig.

Siseras Tod

17 Sisera war zu Fuß zum Zelt der Jaël, der Frau des
Keniters Heber, geflohen; denn zwischen Jabin,
dem König von Hazor, und der Familie des Keni-
ters Heber herrschte Frieden. 18 Jaël ging Sisera
entgegen und sagte zu ihm: Kehr ein, Herr, kehr
ein bei mir, hab keine Angst! Da begab er sich zu
ihr ins Zelt, und sie deckte ihn mit einem Teppich
zu. 19 Er sagte zu ihr: Gib mir doch etwas Wasser
zu trinken, ich habe Durst. Sie öffnete einen
Schlauch mit Milch und gab ihm zu trinken; dann
deckte sie ihn wieder zu. 20 Er sagte zu ihr: Stell
dich an den Zelteingang, und wenn einer kommt
und dich fragt: Ist jemand hier?, dann antworte:
Nein. 21 Doch Jaël, die Frau Hebers, holte einen
Zeltpflock, nahm einen Hammer in die Hand, ging
leise zu Sisera hin und schlug ihm den Zeltpflock
durch die Schläfe, so daß er noch in den Boden
drang. So fand Sisera, der vor Erschöpfung einge-
schlafen war, den Tod. 22 Da erschien gerade Ba-
rak, der Sisera verfolgte. Jaël ging ihm entgegen
und sagte: Komm, ich zeige dir den Mann, den du
suchst. Er ging mit ihr hinein; da sah er Sisera tot
am Boden liegen, mit dem Pflock in seiner
Schläfe.

23 So demütigte Gott an diesem Tag Jabin, den Kö-
nig von Kanaan, vor den Israeliten, 24 und die
Faust der Israeliten lag immer schwerer auf Jabin,
dem König von Kanaan, bis sie Jabin, den König
von Kanaan, ganz vernichtet hatten.

Das Debora-Lied

5 Debora und Barak, der Sohn Abinoams, san-
gen an jenem Tag dieses Lied:

2 Daß Führer Israel führten / und das Volk sich
bereit zeigte, / dafür preist den Herrn!

3 Hört, ihr Könige, horcht auf, ihr Fürsten! / Ich
will dem Herrn zu Ehren singen, / ich will zu Eh-
ren des Herrn, / des Gottes Israels, spielen.
4 Herr, als du auszogst aus Seïr, / als du vom
Grünland Edoms heranschrittest, / da bebte die
Erde, die Himmel ergossen sich, / ja, aus den Wol-
ken ergoß sich das Wasser.
5 Die Berge wankten vor dem Blick des Herrn
[das ist der Sinai,] / vor dem Blick des Herrn, des
Gottes Israels.
6 In den Tagen Schamgars, des Sohnes des Anat, /
in den Tagen Jaëls lagen die Wege verlassen da; /
wer unterwegs war, mußte Umwege machen.
7 Bewohner des offenen Landes gab es nicht
mehr, / es gab sie nicht mehr in Israel, / bis du
dich erhobst, Debora, / bis du dich erhobst, Mut-
ter in Israel.
8 Man hatte sich neue Götter erwählt. / Es gab
kein Brot an den Toren. / Schild und Speer waren
nicht mehr zu sehen / bei den Vierzigtausend in
Israel.
9 Mein Herz gehört Israels Führern. / Ihr, die ihr
bereit seid im Volk, / preist den Herrn!
10 Ihr, die ihr auf weißen Eselinnen reitet, / die
ihr auf Teppichen sitzt, / die ihr auf der Straße da-
hinzieht, singt!
11 Horch, sie jubeln zwischen den Tränken; / dort
besingt man die rettenden Taten des Herrn, / seine
hilfreiche Tat an den Bauern in Israel. / Damals zog
das Volk des Herrn hinab zu den Toren.
12 Auf, auf, Debora! Auf, auf, sing ein Lied! / Er-
heb dich, Barak, / führ deine Gefangenen heim, /
Sohn Abinoams!
13 Dann steige herab, / was übrig ist unter den
Herrlichen des Volkes. / Der Herr steige herab mit
mir unter den Helden.
14 Aus Efraim zogen sie hinunter ins Tal, / hinter
ihnen Benjamin mit seinen Scharen; / von Ma-
chir stiegen die Führer hinab, / von Sebulon die,
die das Zepter tragen.
15 Die Fürsten Issachars zusammen mit Debora /
und wie Issachar so auch Barak, / ins Tal getragen
von seinen Füßen. / In Rubens Bezirken / über-
legte man lange.
16 Warum sitzt du zwischen den Hürden / und
hörst bei den Herden dem Flötenspiel zu? / In Ru-
bens Bezirken / überlegte man lange.
17 Gilead bleibt jenseits des Jordan. / Warum ver-
weilt Dan bei den Schiffen? / Ascher sitzt am Ufer
des Meeres, / bleibt ruhig an seinen Buchten.
18 Sebulon ist ein Volk, / das sein Leben aufs Spiel
setzt, / auch Naftali auf den Höhen des Feldes.
19 Könige kamen und kämpften, / damals kämpf-
ten Kanaans Könige / in Taanach, an den Wassern
Megiddos, / doch Beute an Silber machten sie
nicht.
20 Vom Himmel her kämpften die Sterne, / von
ihren Bahnen aus kämpften sie gegen Sisera.
21 Der Bach Kischon schwemmte sie fort, / der
altberühmte Bach, der Bach Kischon. / Meine
Seele soll auftreten mit Macht.
22 Damals stampften die Hufe der Pferde / im Ja-
gen, im Dahinjagen der Hengste.
23 Ihr sollt Meros verfluchen, / spricht der En-
gel des Herrn. / Mit Flüchen flucht seinen Be-
wohnern; / denn sie kamen dem Herrn nicht zu
Hilfe, / zu Hilfe dem Herrn unter den Helden.
24 Gepriesen sei Jaël unter den Frauen, / die Frau
des Keniters Heber, / gepriesen unter den Frauen
im Zelt.
25 Er hatte Wasser verlangt, sie gab ihm Milch, /
in einer prächtigen Schale reichte sie Sahne.
26 Ihre Hand streckte sie aus nach dem Pflock, /
ihre Rechte nach dem Hammer des Schmieds. /
Sie erschlug Sisera, zermalmte sein Haupt, / zer-
schlug, durchbohrte seine Schläfe.
27 Zu ihren Füßen brach er zusammen, fiel nie-
der, lag da, / zu ihren Füßen brach er zusammen,
fiel nieder. / Wo er zusammenbrach, da lag er ver-
nichtet.
28 Aus ihrem Fenster blickt Siseras Mutter / und
klagt durch das Gitter: / Warum säumt sein Wa-
gen zu kommen, / warum zögert der Hufschlag
seiner Gespanne?
29 Eine Kluge aus ihren Fürstinnen antwortet
ihr, / und sie selbst wiederholt deren Worte:
30 Sicher machen und teilen sie Beute, / ein,
zwei Frauen für jeden Mann, / Beute an Kleidern
für Sisera, / Beute an Kleidern, / für meinen Hals
als Beute ein, zwei bunte Tücher.
31 So gehen all deine Feinde zugrunde, Herr. /
Doch die, die ihn lieben, sind wie die Sonne, /
wenn sie aufgeht in ihrer Kraft.
Dann hatte das Land vierzig Jahre lang Ruhe.

Die Berufung Gideons

6 Die Israeliten taten, was dem Herrn mißfiel.
Da gab sie der Herr in die Gewalt Midians,
sieben Jahre lang. 2 Als Midian die Oberhand ge-
wann, machten sich die Israeliten die Schluchten

in den Bergen und die Höhlen und die Bergnester
(als Unterschlupf) vor den Midianitern zurecht.
3 Doch immer, wenn die Israeliten gesät hatten,
kamen Midian, die Amalekiter und die Leute aus
dem Osten und zogen gegen sie heran. 4 Sie bela-
gerten die Israeliten und vernichteten die Ernte
des Landes bis hin in die Gegend von Gaza. Sie
ließen in Israel keine Lebensmittel übrig, auch
kein Schaf, kein Rind und keinen Esel. 5 Denn sie
zogen mit ihren Herden und Zelten heran und ka-
men so zahlreich wie die Heuschrecken herbei.
Zahllos waren sie selbst und auch ihre Kamele.
Sie kamen und verheerten das Land. 6 So ver-
armte Israel sehr wegen Midian, und die Israeli-
ten schrien zum Herrn. 7 Als nun die Israeliten
wegen Midian zum Herrn schrien, 8 schickte der
Herr einen Propheten zu den Israeliten. Dieser
sagte zu ihnen: So spricht der Herr, der Gott Is-
raels: Ich selbst habe euch aus Ägypten herauf-
geführt. Ich habe euch aus dem Sklavenhaus
herausgeführt. 9 Ich habe euch aus der Gewalt
Ägyptens und aus der Gewalt all eurer Unter-
drücker befreit. Ich habe sie vor euren Augen ver-
trieben und euch ihr Land gegeben. 10 Und ich
habe euch gesagt: Ich bin der Herr, euer Gott.
Fürchtet nicht die Götter der Amoriter, in deren
Land ihr wohnt. Aber ihr habt nicht auf meine
Stimme gehört.

11 Der Engel des Herrn kam und setzte sich unter
die Eiche bei Ofra, die dem Abiësriter Joasch ge-
hörte. Sein Sohn Gideon war gerade dabei, in der
Kelter Weizen zu dreschen, um ihn vor Midian in
Sicherheit zu bringen. 12 Da erschien ihm der Engel
des Herrn und sagte zu ihm: Der Herr sei mit dir,
starker Held. 13 Doch Gideon sagte zu ihm: Ach,
mein Herr, ist der Herr wirklich mit uns? Warum
hat uns dann all das getroffen? Wo sind alle seine
wunderbaren Taten, von denen uns unsere Väter
erzählt haben? Sie sagten doch: Wirklich, der Herr
hat uns aus Ägypten heraufgeführt. Jetzt aber hat
uns der Herr verstoßen und uns der Faust Midians
preisgegeben. 14 Da wandte sich der Herr ihm zu
und sagte: Geh und befrei mit der Kraft, die du hast,
Israel aus der Faust Midians! Ja, ich sende dich. 15 Er
entgegnete ihm: Ach, mein Herr, womit soll ich Is-
rael befreien? Sieh doch, meine Sippe ist die
schwächste in Manasse, und ich bin der Jüngste
im Haus meines Vaters. 16 Doch der Herr sagte zu
ihm: Weil ich mit dir bin, wirst du Midian schlagen,
als wäre es nur ein Mann. 17 Gideon erwiderte ihm:
Wenn ich dein Wohlwollen gefunden habe, dann
gib mir ein Zeichen dafür, daß du selbst es bist, der
mit mir redet. 18 Entfern dich doch nicht von hier,
bis ich zu dir zurückkomme; ich will eine Gabe für
dich holen und sie vor dich hinlegen. Er sagte: Ich
werde bleiben, bis du zurückkommst. 19 Gideon
ging (ins Haus) hinein und bereitete ein Ziegen-
böckchen zu sowie ungesäuerte Brote von einem
Efa Mehl. Er legte das Fleisch in einen Korb, tat die
Brühe in einen Topf, brachte beides zu ihm hinaus
unter die Eiche und setzte es ihm vor. 20 Da sagte
der Engel Gottes zu ihm: Nimm das Fleisch und
die Brote, und leg sie hier auf den Felsen, die Brühe
aber gieß weg! Gideon tat es. 21 Der Engel des Herrn
streckte den Stab aus, den er in der Hand hatte, und
berührte mit seiner Spitze das Fleisch und die
Brote. Da stieg Feuer von dem Felsblock auf und
verzehrte das Fleisch und die Brote. Der Engel des
Herrn aber war Gideons Augen entschwunden.
22 Als nun Gideon sah, daß es der Engel des Herrn
gewesen war, sagte er: Weh mir, Herr und Gott, ich
habe den Engel des Herrn von Angesicht zu Ange-
sicht gesehen. 23 Der Herr erwiderte ihm: Friede sei
mit dir! Fürchte dich nicht, du wirst nicht sterben.
24 Gideon errichtete an jener Stelle einen Altar für
den Herrn und nannte ihn: Der Herr ist Friede. Der
Altar steht bis zum heutigen Tag in Ofra, (der Stadt)
der Abiësriter.

Die Zerstörung des Baal-Altars

25 In jener Nacht sagte der Herr zu Gideon: Nimm
das Rind deines Vaters, den siebenjährigen fetten
Farren, reiß den Altar des Baal nieder, der deinem
Vater gehört, und den Kultpfahl daneben hau um!
26 Bau einen Altar für den Herrn, deinen Gott, auf
der Höhe der Burg hier, entsprechend der vorge-
schriebenen Ordnung, nimm den fetten Farren,
und bring ihn mit dem Holz des Kultpfahls, den
du umhaust, als Brandopfer dar. 27 Da nahm Gi-
deon zehn seiner Knechte und tat, was der Herr
zu ihm gesagt hatte. Weil er sich aber vor seiner
Familie und den Leuten der Stadt fürchtete, es bei
Tag zu tun, tat er es bei Nacht. 28 Als die Einwoh-
ner der Stadt am Morgen aufstanden, sahen sie,
daß der Altar des Baal zerstört, der Kultpfahl da-
neben umgehauen und der fette Farren auf dem
neuerbauten Altar geopfert war. 29 Da sagten sie
zueinander: Wer hat das getan? Sie suchten und
forschten nach und stellten fest: Gideon, der Sohn
des Joasch, hat es getan. 30 Die Einwohner der

Stadt sagten deshalb zu Joasch: Gib deinen Sohn
heraus! Er muß sterben, denn er hat den Altar des
Baal niedergerissen und den Kultpfahl daneben
umgehauen. [31] Joasch erwiderte allen, die um ihn
herumstanden: Wollt ihr etwa für Baal streiten?
Wollt ihr ihn retten? Wer für ihn streitet, soll noch
vor dem Morgen sterben. Wenn Baal Gott ist, soll
er für sich selbst streiten, weil man seinen Altar
niedergerissen hat. [32] Darum nannte man Gideon
seit jenem Tag Jerubbaal – das heißt: Baal möge
gegen ihn streiten –; denn er hat seinen Altar
niedergerissen.

Das göttliche Zeichen vor der Schlacht gegen dieMidianiter

[33] Ganz Midian, Amalek und die Leute aus dem
Osten taten sich zusammen, zogen herüber und
schlugen in der Ebene Jesreel ihr Lager auf. [34] Da
kam der Geist des Herrn über Gideon. Gideon
blies ins Widderhorn und rief die Abiësriter, ihm
(in den Kampf) zu folgen. [35] Auch schickte er Bo-
ten in ganz Manasse umher und rief Manasse,
ihm (in den Kampf) zu folgen. Außerdem schickte
er Boten in Ascher, Sebulon und Naftali umher,
und auch diese stießen zu ihnen.

[36] Da sagte Gideon zu Gott: Wenn du Israel wirk-
lich durch meine Hand retten willst, wie du ge-
sagt hast – [37] sieh her, ich lege frisch geschorene
Wolle auf die Tenne; wenn der Tau allein auf die
Wolle fällt und es auf dem ganzen (übrigen) Boden
trocken bleibt, dann weiß ich, daß du durch
meine Hand Israel retten willst, wie du gesagt
hast. [38] Und so geschah es. Als er früh am Morgen
hinkam und die Wolle ausdrückte, konnte er den
Tau – eine Schale voll Wasser – aus der Wolle her-
auspressen. [39] Darauf sagte Gideon zu Gott: Dein
Zorn möge nicht gegen mich entbrennen, wenn
ich noch einmal rede. Ich möchte es nur noch die-
ses eine Mal mit der Wolle versuchen: Die Wolle
allein soll dieses Mal trocken bleiben, und auf
dem ganzen (übrigen) Boden soll Tau liegen.
[40] Und Gott machte es in der folgenden Nacht so:
Die Wolle allein blieb trocken, und auf dem
ganzen übrigen Boden lag Tau.

Der Kampf gegen die Midianiter

7 Am frühen Morgen brach Jerubbaal – das ist
Gideon – mit allen Leuten, die er bei sich
hatte, auf, und sie errichteten bei der Harod-
Quelle ihr Lager; das Lager Midians war nördlich
davon beim Hügel More in der Ebene. [2] Der Herr
sagte zu Gideon: Die Leute, die du bei dir hast,
sind zu zahlreich, als daß ich Midian in deine Ge-
walt geben könnte. Sonst könnte sich Israel mir
gegenüber rühmen und sagen: Meine eigene
Hand hat mich gerettet. [3] Ruf daher so laut, daß die
Leute es hören: Wer sich fürchtet und Angst hat,
soll umkehren. Gideon musterte sie, und darauf
kehrten von den Leuten zweiundzwanzigtau-
send um, während zehntausend bei ihm blieben.
[4] Doch der Herr sagte zu Gideon: Die Leute sind
immer noch zu zahlreich. Führ sie hinab ans Was-
ser; dort will ich sie für dich mustern. Von wem
ich sagen werde: Er soll mit dir gehen!, der soll
mitgehen, und jeder, von dem ich zu dir sagen
werde: Dieser soll nicht mit dir gehen!, der soll
nicht mitgehen. [5] Gideon führte die Leute zum
Wasser hinab, und der Herr sagte zu ihm: Stell
alle, die das Wasser mit der Zunge auflecken, wie
es ein Hund tut, auf einen besonderen Platz, und
ebenso alle, die sich zum Trinken hinknien. [6] Die
Zahl derer, die das Wasser aufleckten, betrug drei-
hundert Mann. Alle übrigen Leute aber knieten
sich hin, um das Wasser zu trinken, indem sie es
mit der Hand zum Mund führten. [7] Der Herr sagte
zu Gideon: Durch die dreihundert Mann, die (das
Wasser) aufgeleckt haben, will ich euch retten; ich
werde Midian in deine Gewalt geben. Alle übri-
gen Leute sollen nach Hause gehen. [8] Gideon ent-
ließ also alle Israeliten, jeden zu seinem Zelt, und
sie nahmen die Verpflegung der Leute und ihre
Widderhörner mit. Nur die dreihundert Mann
behielt er bei sich.

Das Lager Midians lag unterhalb von ihm in der
Ebene. [9] In jener Nacht geschah es, daß Jahwe zu
ihm sagte: Steh auf, geh zum Lager hinab; denn ich
habe es in deine Gewalt gegeben. [10] Wenn du dich
aber davor fürchtest, hinabzusteigen, dann geh
(zuerst allein) mit deinem Diener Pura ins Lager
hinab, [11] und höre, was man dort redet. Dann wirst
du die Kraft bekommen, zum Lager hinabzuzie-
hen. Gideon ging also mit seinem Diener Pura bis
unmittelbar an die Krieger im Lager heran. [12] Mi-
dian und Amalek und die Leute des Ostens waren
in die Ebene eingefallen, zahlreich wie die Heu-
schrecken, und ihre Kamele waren zahllos wie der
Sand am Ufer des Meeres. [13] Als Gideon ankam, er-
zählte gerade einer dem andern einen Traum. Er
sagte: Hör zu, ich hatte einen Traum: Ich sah, wie
ein Laib Gerstenbrot ins Lager Midians rollte. Er

gelangte bis zum Zelt und stieß dagegen, so daß es
umfiel und umgestülpt dalag. Dann brach das Zelt
zusammen. 14 Der andere antwortete: Das bedeu-
tet nichts anderes als das Schwert des Israeliten Gi-
deon, des Sohnes des Joasch. Gott hat Midian und
das ganze Lager in seine Gewalt gegeben.
15 Als Gideon die Erzählung von dem Traum und
seine Deutung hörte, warf er sich nieder und be-
tete. Dann kehrte er ins Lager Israels zurück und
rief: Auf! Der Herr hat das Lager Midians in eure
Gewalt gegeben. 16 Gideon teilte die dreihundert
Mann in drei Abteilungen und gab allen Männern
Widderhörner und leere Krüge in die Hand; in den
Krügen waren Fackeln. 17 Er sagte zu ihnen: Seht
auf mich, und macht alles ebenso wie ich! Paßt auf:
Ich gehe nun an den Rand des Lagers (der Midiani-
ter), und das, was ich mache, müßt auch ihr ma-
chen. 18 Wenn ich und alle, die bei mir sind, das
Widderhorn blasen, dann müßt auch ihr rings um
das ganze Lager eure Hörner blasen und rufen: Für
den Herrn und Gideon! 19 Gideon und die hundert
Mann, die bei ihm waren, gelangten zu Beginn der
mittleren Nachtwache an den Rand des Lagers
(der Midianiter); man hatte gerade die Wachen auf-
gestellt. Sie bliesen das Widderhorn und zerschlu-
gen die Krüge, die sie in der Hand hatten. 20 Nun
bliesen auch die beiden anderen Abteilungen ihre
Hörner, zerschlugen die Krüge, ergriffen mit der
linken Hand die Fackeln, während sie in der rech-
ten Hand die Widderhörner hielten, um zu blasen,
und schrien: Das Schwert für den Herrn und Gi-
deon! 21 Dabei blieben sie rings um das Lager ste-
hen, jeder an dem Platz, wo er gerade war. Im La-
ger liefen alle durcheinander, schrien und flohen.
22 Als die dreihundert Männer ihre Hörner bliesen,
richtete der Herr im ganzen Lager das Schwert des
einen gegen den andern. Alle im Lager flohen bis
nach Bet-Schitta, Zereda, Sefat-Abel-Mehola und
Tabbat. 23 Nun wurden die Israeliten aus Naftali,
Ascher und ganz Manasse aufgeboten, um die Mi-
dianiter zu verfolgen. 24 Außerdem schickte Gi-
deon Boten im ganzen Bergland von Efraim umher
und ließ sagen: Zieht hinab gegen Midian, und
nehmt ihm die Wasserstellen weg bis nach Bet-
Bara, und (besetzt) den Jordanübergang! So wur-
den alle Männer Efraims zusammengerufen, und
sie besetzten die Wasserstellen bis Bet-Bara und
den Jordanübergang. 25 Sie nahmen auch die zwei
Midianiterfürsten Oreb (Rabe) und Seeb (Wolf) ge-
fangen. Oreb töteten sie am Rabenfelsen, und Seeb
töteten sie an der Wolfskelter; dann setzten sie die
Verfolgung Midians fort. Die Köpfe Orebs und
Seebs aber brachten sie zu Gideon über den Jor-
dan.

8 Die Efraimiter aber sagten zu Gideon: Was
hast du uns da angetan, daß du uns nicht hast
rufen lassen, als du ausgezogen bist, um gegen
Midian zu kämpfen? Und sie stritten heftig mit
ihm. 2 Er antwortete ihnen: Was habe ich schon
getan im Vergleich zu euch? Ist nicht die Nachlese
Efraims besser als die Weinlese Abiësers? 3 In eure
Gewalt hat Gott Oreb und Seeb, die Fürsten Mi-
dians, gegeben. Was vermochte ich zu tun im Ver-
gleich zu euch? Als er das sagte, legte sich ihr
Zorn gegen ihn.

Der Feldzug im Ostjordanland

4 Als Gideon an den Jordan gekommen und mit
den dreihundert Männern, die bei ihm waren,
hinübergegangen war, erschöpft von der Verfol-
gung, 5 sagte er zu den Einwohnern von Sukkot:
Gebt doch den Leuten, die mir folgen, einige
Laibe Brot; denn sie sind erschöpft. Ich bin dabei,
Sebach und Zalmunna, die Könige von Midian, zu
verfolgen. 6 Doch die Oberen von Sukkot entgeg-
neten: Hast du denn Sebach und Zalmunna schon
in deiner Gewalt? Warum sollten wir deinem
Heer Brot geben? 7 Darauf sagte Gideon: Wahrhaf-
tig, wenn der Herr Sebach und Zalmunna in
meine Gewalt gegeben hat, dann dresche ich
euch den Leib mit Wüstendornen und Stechdi-
steln. 8 Dann zog er von Sukkot hinauf nach Pe-
nuël und sprach die Leute dort in derselben Weise
an; aber die Einwohner von Penuël antworteten
ihm genauso, wie die Männer von Sukkot geant-
wortet hatten. 9 Da drohte er auch den Männern
von Penuël: Wenn ich heil zurückkehre, werde
ich die Burg hier niederreißen.
10 Sebach und Zalmunna befanden sich mit
ihrem Heerlager in Karkor; es waren etwa fünf-
zehntausend Mann; das war alles, was von dem
ganzen Heerlager der Leute aus dem Osten übrig-
geblieben war. Hundertzwanzigtausend mit dem
Schwert bewaffnete Männer waren gefallen. 11 Gi-
deon zog auf dem Beduinenweg östlich von No-
bach und Jogboha hinauf und schlug das (feindli-
che) Heer, das sich in Sicherheit wähnte. 12 Sebach
und Zalmunna, die beiden Könige von Midian,
flohen, aber er verfolgte sie, nahm sie gefangen
und scheuchte das ganze Heerlager auseinander.

13 Als Gideon, der Sohn des Joasch, aus dem
Kampf von Maale-Heres zurückkehrte, 14 nahm er
einen jungen Mann fest, der zu den Leuten von
Sukkot gehörte. Er fragte ihn aus, und dieser
mußte ihm die Oberen und Ältesten von Sukkot
aufschreiben, siebenundsiebzig Männer. 15 Als er
nun zu den Einwohnern von Sukkot kam, sagte
er: Hier sind Sebach und Zalmunna, deretwegen
ihr mich verhöhnt habt mit den Worten: Ist denn
Sebach und Zalmunna schon in deiner Hand?
Warum sollten wir deinen erschöpften Männern
Brot geben? 16 Dann ergriff er die Ältesten der
Stadt, die Männer von Sukkot, und drosch sie mit
den Wüstendornen und mit den Stechdisteln.
17 Die Burg von Penuël aber riß er nieder und tö-
tete die Männer in der Stadt.
18 Dann sagte er zu Sebach und Zalmunna: Wie
sahen die Männer aus, die ihr in Tabor getötet
habt? Sie antworteten: Sie waren wie du; jeder
sah aus wie ein Königssohn. 19 Er entgegnete: Es
waren meine Brüder, die Söhne meiner Mutter.
So wahr der Herr lebt: Hättet ihr sie am Leben ge-
lassen, würde ich euch nicht töten. 20 Und er sagte
zu Jeter, seinem Erstgeborenen: Auf, töte sie!
Aber der Junge zog sein Schwert nicht; er hatte
Angst, weil er noch so jung war. 21 Da sagten Se-
bach und Zalmunna: Steh selber auf, und schlag
uns nieder! Denn wie der Mann, so seine Kraft.
Da stand Gideon auf und tötete Sebach und Zal-
munna. Dann nahm er ihren Kamelen die kleinen
Monde ab, die sie am Hals trugen.

Die Ablehnung der Königswürde

22 Die Israeliten sagten zu Gideon: Werde unser
Herrscher, du und auch dein Sohn und dein En-
kel; denn du hast uns aus der Gewalt Midians be-
freit. 23 Aber Gideon antwortete ihnen: Ich will
nicht über euch herrschen, und auch mein Sohn
soll nicht über euch herrschen; der Herr soll über
euch herrschen.
24 Weiter sagte Gideon zu ihnen: Ich möchte euch
um etwas bitten: Jeder von euch gebe mir einen
Ring aus seiner Beute. Die Feinde hatten nämlich
goldene Ringe, denn sie waren Ismaeliter. 25 Sie
antworteten: Wir geben sie dir gern. Sie breiteten
einen Mantel aus, und jeder legte einen Ring aus
seiner Beute darauf. 26 Das Gewicht der goldenen
Ringe, um die er gebeten hatte, betrug tausend-
siebenhundert Goldschekel, ohne die kleinen
Monde und die Ohrgehänge und die Purpurklei-
der, die die Könige von Midian getragen hatten,
und ohne die Halsketten ihrer Kamele. 27 Gideon
machte daraus ein Efod und stellte es in seiner
Stadt Ofra auf. Und ganz Israel trieb dort damit Ab-
götterei. Das brachte Gideon und sein Haus zu Fall.
28 Midian aber war von den Israeliten gedemü-
tigt, so daß es sein Haupt nicht mehr erheben
konnte. Das Land hatte dann vierzig Jahre lang
Ruhe, solange Gideon lebte. 29 Jerubbaal, der Sohn
des Joasch, ging heim und blieb bei seiner Fami-
lie. 30 Gideon hatte siebzig leibliche Söhne, denn
er hatte viele Frauen. 31 Auch seine Nebenfrau, die
in Sichem war, gebar ihm einen Sohn; dem gab er
den Namen Abimelech. 32 Gideon, der Sohn des
Joasch, starb in hohem Alter und wurde im Grab
seines Vaters Joasch in Ofra, der Stadt der Abiës-
riter, begraben. 33 Als Gideon tot war, trieben die
Israeliten wieder Abgötterei mit den Baalen und
machten den »Baal des Bundes« zu ihrem Gott.
34 Die Israeliten dachten nicht mehr an den Herrn,
ihren Gott, der sie aus der Gewalt all ihrer Feinde
ringsum befreit hatte. 35 Auch dem Haus Jerub-
baal-Gideon erwiesen sie kein Wohlwollen, wie
es all dem Guten entsprochen hätte, das es für Is-
rael getan hatte.

Die Wahl Abimelechs zum König

9 Abimelech, der Sohn Jerubbaals, ging nach
Sichem zu den Brüdern seiner Mutter und
sagte zu ihnen und zur ganzen Sippe der Familie
seiner Mutter: 2 Redet doch allen Bürgern von Si-
chem zu und sagt: Was ist besser für euch: wenn
siebzig Männer über euch herrschen, alle Söhne
Jerubbaals, oder wenn nur ein Mann über euch
herrscht? Denkt auch daran, daß ich euer Fleisch
und Bein bin. 3 Da redeten die Brüder seiner Mut-
ter seinetwegen allen Bürgern Sichems zu, und
zwar genau mit seinen Worten, so daß sich ihr
Herz Abimelech zuwandte. Denn sie sagten sich:
Er ist unser Bruder. 4 Sie gaben ihm siebzig Silber-
stücke aus dem Tempel des »Baal des Bundes«,
und Abimelech warb damit Männer an, die
nichts zu verlieren hatten und zu allem fähig wa-
ren; sie wurden sein Gefolge. 5 Dann drang er in
das Haus seines Vaters in Ofra ein und brachte
seine Brüder, die Söhne Jerubbaals, siebzig Mann,
auf ein und demselben Stein um. Nur Jotam, der
jüngste Sohn Jerubbaals, blieb übrig, weil er sich
versteckt hatte. 6 Da versammelten sich alle Bür-
ger von Sichem und Bet-Millo, zogen zu der Ei-

che, die bei Sichem steht, und machten Abime-
lech zum König.

Die Fabel vom König der Bäume

7 Als man das Jotam meldete, stellte er sich auf den
Gipfel des Berges Garizim und rief ihnen mit er-
hobener Stimme zu:
Hört auf mich, ihr Bürger von Sichem, / damit
Gott auf euch hört.
8 Einst machten sich die Bäume auf, / um sich ei-
nen König zu salben, / und sie sagten zum Öl-
baum: / Sei du unser König!
9 Der Ölbaum sagte zu ihnen: / Soll ich mein
Fett aufgeben, / mit dem man Götter und Men-
schen ehrt, / und hingehen, um über den ande-
ren Bäumen zu schwanken?
10 Da sagten die Bäume zum Feigenbaum: /
Komm, sei du unser König!
11 Der Feigenbaum sagte zu ihnen: / Soll ich
meine Süßigkeit aufgeben / und meine guten
Früchte / und hingehen, um über den anderen
Bäumen zu schwanken?
12 Da sagten die Bäume zum Weinstock: /
Komm, sei du unser König!
13 Der Weinstock sagte zu ihnen: / Soll ich mei-
nen Most aufgeben, / der Götter und Menschen
erfreut, / und hingehen, um über den anderen
Bäumen zu schwanken?
14 Da sagten alle Bäume zum Dornenstrauch: /
Komm, sei du unser König!
15 Der Dornenstrauch sagte zu den Bäumen: /
Wollt ihr mich wirklich zu eurem König salben? /
Kommt, findet Schutz in meinem Schatten! /
Wenn aber nicht, dann soll vom Dornenstrauch
Feuer ausgehen / und die Zedern des Libanon
fressen.
16 Wenn ihr also treu und redlich gehandelt habt,
als ihr Abimelech zum König machtet, und wenn
ihr an Jerubbaal und seinem Haus gut gehandelt
habt, wenn ihr so an ihm gehandelt habt, wie das
Wirken meines Vaters es verdient, 17 der für euch
gekämpft, sein Leben gewagt und euch aus der
Gewalt Midians befreit hat, 18 während ihr euch
heute gegen das Haus meines Vaters erhoben
habt, seine Söhne, siebzig Männer, auf ein und
demselben Stein umgebracht und Abimelech,
den Sohn seiner Sklavin, zum König über die Bür-
ger von Sichem gemacht habt, weil er euer Bru-
der ist, – 19 wenn ihr also heute treu und redlich an
Jerubbaal und seinem Haus gehandelt habt, dann
sollt ihr eure Freude haben an Abimelech, und er
soll seine Freude an euch haben. 20 Wenn aber
nicht, dann soll Feuer von Abimelech ausgehen
und die Bürger Sichems und Bet-Millos fressen.
Und von den Bürgern Sichems und von Bet-Millo
soll Feuer ausgehen und Abimelech fressen.
21 Dann machte sich Jotam davon, floh vor seinem
Bruder Abimelech nach Beer und ließ sich dort
nieder.

Der Kampf um Sichem

22 Als Abimelech drei Jahre lang über Israel ge-
herrscht hatte, 23 sandte Gott einen bösen Geist
zwischen Abimelech und die Bürger von Sichem,
so daß die Bürger von Sichem von Abimelech ab-
fielen. 24 Das Verbrechen an den siebzig Söhnen
Jerubbaals sollte sich rächen; über ihren Bruder
Abimelech, der sie umgebracht hatte, sollte die
Strafe für das Blutvergießen kommen und ebenso
über die Bürger von Sichem, die ihm tatkräftig bei
der Ermordung seiner Brüder geholfen hatten.
25 Die Bürger von Sichem legten ihm auf den
Höhen der Berge einen Hinterhalt. Sie raubten
dort jeden aus, der auf seinem Weg bei ihnen vor-
beikam. Das wurde Abimelech gemeldet.
26 Gaal, der Sohn Ebeds, kam mit seinen Brüdern
und Knechten nach Sichem, und die Bürger von
Sichem faßten Vertrauen zu ihm. 27 Sie gingen aufs
Feld hinaus, hielten in ihren Weinbergen die
Weinlese, kelterten und feierten ein Freudenfest;
sie zogen zum Haus ihres Gottes, aßen und tran-
ken und verfluchten Abimelech. 28 Gaal, der Sohn
Ebeds, sagte: Wer ist schon Abimelech? Und was
ist Sichem, daß wir Abimelech dienen sollten? Ist
er nicht der Sohn Jerubbaals, und ist nicht Sebul
sein Vogt? Dient lieber den Männern Hamors, des
Vaters von Sichem! Warum sollten wir ihm die-
nen? 29 Wäre doch dieses Volk in meiner Gewalt;
ich wollte Abimelech vertreiben. Ich würde zu
Abimelech sagen: Du hast ein großes Heer, also
zieh in den Kampf! 30 Als Sebul, der Vogt der Stadt,
von den Reden Gaals, des Sohnes Ebeds, hörte,
entbrannte sein Zorn. 31 Er schickte Boten zu
Abimelech nach Aruma und ließ ihm sagen: Gaal,
der Sohn Ebeds, und seine Brüder sind nach Si-
chem gekommen und hetzen nun die Stadt gegen
dich auf. 32 Brich also noch in der Nacht mit den
Leuten auf, die du bei dir hast, und leg dich auf
dem freien Feld in einen Hinterhalt! 33 Am Mor-
gen aber brich bei Sonnenaufgang auf, und rück

gegen die Stadt vor! Sobald dann Gaal mit seinen
Leuten gegen dich ausrückt, mach mit ihm, wie
es sich für dich ergibt. 34 Abimelech brach noch in
der Nacht mit allen Leuten, die er bei sich hatte,
auf, und sie legten sich in vier Abteilungen bei Si-
chem in einen Hinterhalt. 35 Als Gaal, der Sohn
Ebeds, herauskam und vor das Stadttor trat, brach
Abimelech mit seinen Leuten aus dem Hinterhalt
hervor. 36 Als Gaal die Männer sah, sagte er zu Se-
bul: Sieh, da steigen Leute von den Höhen der
Berge herunter. Sebul entgegnete ihm: Du siehst
den Schatten der Berge für Menschen an. 37 Doch
Gaal redete weiter und sagte: Sieh doch, da kom-
men Leute vom Nabel des Landes herab, und
eine Abteilung kommt aus der Richtung der Ora-
kel-Eiche. 38 Da sagte Sebul zu ihm: Wo bleibt nun
dein großes Maul, mit dem du gesagt hast: Wer ist
schon Abimelech, daß wir ihm dienen sollten?
Sind das nicht die Leute, die du verachtet hast?
Rück jetzt nur aus, und kämpfe mit ihnen! 39 Da
rückte Gaal an der Spitze der Bürger von Sichem
aus und kämpfte gegen Abimelech. 40 Aber er
mußte vor ihm fliehen, und Abimelech verfolgte
ihn, und viele wurden erschlagen, sie fielen, noch
bevor sie das Tor erreicht hatten. 41 Abimelech
aber kehrte nach Aruma zurück, und Sebul ver-
trieb Gaal und seine Brüder; sie konnten nicht
mehr in Sichem bleiben.

42 Am anderen Morgen gingen die Leute (von
Sichem) aufs Feld hinaus. Das meldete man Abi-
melech. 43 Er nahm seine Leute, teilte sie in drei
Abteilungen und legte auf dem Feld einen Hin-
terhalt. Als er sah, wie die Leute aus der Stadt
herauskamen, überfiel er sie und erschlug sie.
44 Abimelech stürmte mit der Abteilung, die bei
ihm war, vor und bezog am Eingang des Stadttors
Stellung, während die beiden anderen Abteilun-
gen auf die, die auf dem Feld waren, eindrangen
und sie erschlugen. 45 Abimelech kämpfte den
ganzen Tag gegen die Stadt. Er eroberte sie und tö-
tete ihre Einwohner. Dann zerstörte er die Stadt
und streute Salz über sie.

46 Als die Besatzung der Burg von Sichem davon
hörte, zog sie sich in das Gewölbe des Tempels
des »Bundesgottes« zurück. 47 Abimelech wurde
gemeldet, daß sich die ganze Besatzung der Burg
von Sichem dort versammelt hatte. 48 Daraufhin
stieg Abimelech mit all seinen Leuten den Berg
Zalmon hinauf. Abimelech nahm seine Axt in die
Hand, hieb einen Busch ab, hob ihn auf, legte ihn
auf seine Schulter und sagte zu seinen Leu-
ten: Macht mir nach, was ihr gesehen habt, aber
schnell! 49 Da hieben auch alle seine Leute einen
Busch ab und zogen hinter Abimelech her. Sie
legten die Zweige auf das Gewölbe und zündeten
sie an und steckten das Gewölbe über der Besat-
zung in Brand. So kam auch die ganze Besatzung
der Burg von Sichem um, etwa tausend Männer
und Frauen.

Der Tod Abimelechs

50 Dann zog Abimelech nach Tebez, belagerte die
Stadt und nahm sie ein. 51 Mitten in der Stadt aber
war eine starke Burg. Dorthin flohen alle Männer
und Frauen, alle Bürger der Stadt. Sie schlossen
hinter sich zu und stiegen auf das Dach der Burg.
52 Abimelech rückte an die Burg heran und eröff-
nete den Kampf gegen sie. Als er sich dem Burg-
tor näherte, um es in Brand zu stecken, 53 warf
eine Frau Abimelech einen Mühlstein auf den
Kopf und zerschmetterte ihm den Schädel. 54 Da
rief er seinen Waffenträger und sagte zu ihm:
Schnell, zieh dein Schwert, und töte mich! Man
soll nicht von mir sagen: Eine Frau hat ihn umge-
bracht. Der junge Mann durchbohrte ihn, und er
starb.

55 Als die Israeliten sahen, daß Abimelech tot
war, ging jeder zurück in seinen Heimatort. 56 So
ließ Gott das Verbrechen, das Abimelech an sei-
nem Vater begangen hatte, als er seine siebzig
Brüder umbrachte, auf ihn selbst zurückfallen.
57 Auch auf die Einwohner von Sichem ließ Gott
alles Böse, das sie getan hatten, zurückfallen. So
kam über sie der Fluch Jotams, des Sohnes Jerub-
baals.

Tola und Jaïr

10 Nach Abimelech trat Tola auf, der Sohn
Puwas, des Sohnes Dodos, um Israel zu
retten, ein Mann aus Issachar. Er wohnte in Scha-
mir auf dem Gebirge Efraim. 2 Er war dreiund-
zwanzig Jahre lang Richter über Israel. Dann starb
er und wurde in Schamir begraben.

3 Nach ihm trat Jaïr aus Gilead auf; er war zwei-
undzwanzig Jahre lang Richter über Israel. 4 Er
hatte dreißig Söhne, die auf dreißig Eseln ritten
und dreißig Städte besaßen. Man nennt sie bis auf
den heutigen Tag »die Zeltdörfer Jaïrs«; sie liegen
im Land Gilead. 5 Als Jaïr starb, wurde er in Ka-
mon begraben.

Erneute Unterdrückung der Israeliten

6 Die Israeliten taten wieder, was dem Herrn mißfiel. Sie dienten den Baalen und Astarten, den Göttern Arams, den Göttern Sidons, den Göttern Moabs, den Göttern der Ammoniter und den Göttern der Philister. Sie verließen den Herrn und dienten ihm nicht mehr. 7 Deshalb entbrannte der Zorn des Herrn über Israel, und er lieferte sie der Gewalt der Philister und der Ammoniter aus. 8 Sie quälten und unterdrückten die Israeliten in jener Zeit achtzehn Jahre lang, alle Israeliten jenseits des Jordan im Land der Amoriter, nämlich in Gilead. 9 Dann kamen die Ammoniter über den Jordan, um auch gegen Juda, Benjamin und das Haus Efraim Krieg zu führen. Israel geriet in große Bedrängnis, 10 und die Israeliten schrien zum Herrn: Wir haben gegen dich gesündigt; denn wir haben unseren Gott verlassen und den Baalen gedient. 11 Der Herr erwiderte den Israeliten: Nicht wahr, von Ägypten an [auch von den Amoritern, Ammonitern und Philistern her, 12 ebenso die Sidonier, Amalek und Midian] haben sie euch unterdrückt. Als ihr aber zu mir geschrien habt, habe ich euch aus ihrer Gewalt befreit. 13 Ihr aber habt mich verlassen und anderen Göttern gedient. Darum werde ich euch nicht mehr retten. 14 Geht und schreit doch zu den Göttern, die ihr euch erwählt habt; sie sollen euch retten in der Zeit der Not. 15 Die Israeliten aber sagten zum Herrn: Wir haben gesündigt. Mach mit uns, was dir gefällt, nur rette uns heute! 16 Und sie entfernten die fremden Götter aus ihrer Mitte und dienten dem Herrn. Da konnte er das Elend Israels nicht länger ertragen.

Die Wahl Jiftachs zum Richter

17 Die Ammoniter wurden aufgeboten und schlugen ihr Lager in Gilead auf. Auch die Israeliten versammelten sich; sie bezogen ihr Lager in Mizpa. 18 Da sagten die Leute [die führenden Männer Gileads] zueinander: Wer ist der Mann, der den Kampf gegen die Ammoniter aufnimmt? Er soll das Oberhaupt aller Bewohner Gileads werden.

11 Jiftach, der Gileaditer, war ein tapferer Held; er war der Sohn einer Dirne, und Gilead war sein Vater. 2 Auch Gileads Ehefrau gebar ihm Söhne. Als nun die Söhne der Ehefrau herangewachsen waren, jagten sie Jiftach fort und sagten zu ihm: Du sollst im Haus unseres Vaters nicht erben; denn du bist der Sohn einer anderen Frau. 3 Da floh Jiftach vor seinen Brüdern. Er ließ sich im Land Tob nieder, und Männer, die nichts zu verlieren hatten, scharten sich um ihn und zogen mit ihm (zu Streifzügen) aus. 4 Nach einiger Zeit begannen die Ammoniter Krieg mit Israel. 5 Als nun die Ammoniter mit Israel Krieg begannen, machten sich die Ältesten Gileads auf den Weg, um Jiftach aus dem Land Tob zu holen. 6 Sie sagten zu Jiftach: Komm, sei unser Anführer, dann können wir gegen die Ammoniter kämpfen. 7 Jiftach erwiderte den Ältesten Gileads: Habt ihr mich nicht gehaßt und aus dem Haus meines Vaters verjagt? Warum kommt ihr jetzt zu mir, da ihr in Bedrängnis seid? 8 Die Ältesten Gileads antworteten Jiftach: Eben darum haben wir uns jetzt dir wieder zugewandt. Du sollst mit uns gehen und gegen die Ammoniter kämpfen; du sollst unser Oberhaupt und der Anführer aller Bewohner Gileads werden. 9 Jiftach entgegnete den Ältesten Gileads: Wenn ihr mich zum Kampf gegen die Ammoniter zurückholt und der Herr sie vor meinen Augen preisgibt, werde ich dann wirklich euer Oberhaupt sein? 10 Die Ältesten Gileads antworteten Jiftach: Der Herr soll unser Zeuge sein: Wirklich, so wie du es eben gesagt hast, so werden wir es machen. 11 Daraufhin ging Jiftach mit den Ältesten Gileads, und die Leute machten ihn zu ihrem Oberhaupt und Anführer. Jiftach aber brachte in Mizpa alle seine Angelegenheiten vor den Herrn.

Die Verhandlung mit den Ammonitern

12 Danach schickte Jiftach Boten zum König der Ammoniter und ließ ihn fragen: Was haben wir gegeneinander, daß du herangerückt bist, um in meinem Land Krieg zu führen? 13 Der König der Ammoniter antwortete den Boten Jiftachs: Israel hat mir mein Land zwischen dem Arnon und dem Jabbok, bis hin zum Jordan, weggenommen, als es aus Ägypten heraufzog. Gib es jetzt freiwillig wieder zurück! 14 Darauf schickte Jiftach noch einmal Boten zum König der Ammoniter 15 und ließ ihm sagen: So spricht Jiftach: Israel hat das Land Moabs und das Land der Ammoniter nicht weggenommen. 16 Als Israel aus Ägypten heraufzog, wanderte es durch die Wüste bis zum Schilfmeer und kam nach Kadesch. 17 Da schickte Israel Boten zum König von Edom und ließ ihm sagen: Ich möchte durch dein Land ziehen. Aber der Kö-

nig von Edom hörte nicht darauf. Auch zum Kö-
nig von Moab schickten sie, aber auch er wollte
nicht (hören). Deshalb blieb Israel in Kadesch. 18 Es
zog dann durch die Wüste, umging das Land
Edoms und das Land Moabs und kam so in das
Gebiet östlich vom Land Moabs. Sie schlugen jen-
seits des Arnon ihr Lager auf, kamen also gar
nicht in das Gebiet Moabs; denn der Arnon ist die
Grenze Moabs. 19 Dann sandte Israel Boten zu
Sihon, dem König der Amoriter, dem König von
Heschbon, und ließ ihm sagen: Wir möchten
durch dein Gebiet in unser Land ziehen. 20 Sihon
aber glaubte nicht, daß Israel nur durch sein Ge-
biet durchziehen wollte. Er sammelte daher seine
Männer, schlug in Jahaz sein Lager auf und eröff-
nete den Kampf gegen Israel. 21 Der Herr, der Gott
Israels, aber gab Sihon und alle seine Männer in
die Gewalt Israels. Israel schlug sie und eroberte
das ganze Land, das die Amoriter bewohnten.
22 So nahmen sie das ganze Land der Amoriter
vom Arnon bis zum Jabbok und von der Wüste
bis zum Jordan in Besitz. 23 Der Herr, der Gott Is-
raels, hat also die Amoriter vor den Augen seines
Volkes Israel vertrieben. Und du willst es nun aus
seinem Besitz vertreiben? 24 Ist es nicht so: Wen
Kemosch, dein Gott, vertreibt, dessen Besitz
nimmst du, und wen immer der Herr, unser Gott,
vor unseren Augen vertreibt, dessen Besitz neh-
men wir. 25 Bist du denn wirklich besser als der
Moabiterkönig Balak, der Sohn Zippors? Hat er
denn mit Israel einen Streit oder einen Krieg an-
gefangen? 26 Israel saß dreihundert Jahre lang in
Heschbon und seinen Tochterstädten, in Aroër
und seinen Tochterstädten und in allen Städten,
die zu beiden Seiten des Arnon liegen. Warum
habt ihr diese Städte nicht in jener Zeit an euch ge-
rissen? 27 Was mich betrifft, so habe ich dir kein
Unrecht getan, aber du willst mir Böses antun, in-
dem du den Kampf gegen mich eröffnest. Der
Herr soll unser Richter sein; er möge heute im
Streit zwischen den Israeliten und den Ammoni-
tern entscheiden. 28 Doch der König der Ammoni-
ter hörte nicht auf die Botschaft, die ihm Jiftach
schickte.

Jiftachs Sieg

29 Da kam der Geist des Herrn über Jiftach, und
Jiftach zog durch Gilead und Manasse nach
Mizpa in Gilead, und von Mizpa in Gilead zog er
gegen die Ammoniter. 30 Jiftach legte dem Herrn
ein Gelübde ab und sagte: Wenn du die Ammo-
niter wirklich in meine Gewalt gibst 31 und wenn
ich wohlbehalten von den Ammonitern zurück-
kehre, dann soll, was immer mir (als erstes) aus
der Tür meines Hauses entgegenkommt, dem
Herrn gehören, und ich will es ihm als Brandopfer
darbringen. 32 Darauf zog Jiftach gegen die Am-
moniter in den Kampf, und der Herr gab sie in
seine Gewalt. 33 Er schlug sie im ganzen Gebiet
zwischen Aroër und Minnit bis hin nach Abel-Ke-
ramim vernichtend (und nahm) zwanzig Städte
(ein). So wurden die Ammoniter vor den Augen
der Israeliten gedemütigt. 34 Als Jiftach nun nach
Mizpa zu seinem Haus zurückkehrte, da kam ihm
seine Tochter entgegen; sie tanzte zur Pauke. Sie
war sein einziges Kind; er hatte weder einen
Sohn noch eine andere Tochter. 35 Als er sie sah,
zerriß er seine Kleider und sagte: Weh, meine
Tochter! Du machst mich niedergeschlagen und
stürzt mich ins Unglück. Ich habe dem Herrn mit
eigenem Mund etwas versprochen und kann nun
nicht mehr zurück. 36 Sie erwiderte ihm: Mein Va-
ter, wenn du dem Herrn mit eigenem Mund et-
was versprochen hast, dann tu mit mir, was du
versprochen hast, nachdem dir der Herr Rache an
deinen Feinden, den Ammonitern, verschafft hat.
37 Und sie sagte zu ihrem Vater: Nur das eine möge
mir gewährt werden: Laß mir noch zwei Monate
Zeit, damit ich in die Berge gehe und zusammen
mit meinen Freundinnen meine Jugend beweine.
38 Er entgegnete: Geh nur!, und ließ sie für zwei
Monate fort. Sie aber ging mit ihren Freundinnen
hin und beweinte ihre Jugend in den Bergen.
39 Als zwei Monate zu Ende waren, kehrte sie zu
ihrem Vater zurück, und er tat mit ihr, was er ge-
lobt hatte; sie aber hatte noch mit keinem Mann
Verkehr gehabt. So wurde es Brauch in Israel,
40 daß Jahr für Jahr die Töchter Israels (in die Berge)
gehen und die Tochter des Gileaditers Jiftach be-
klagen, vier Tage lang, jedes Jahr.

Der Krieg der Efraimiter gegen Jiftach

12 Die Männer aus Efraim wurden (zum
Kampf) aufgeboten; sie zogen nach Zafon
und sagten zu Jiftach: Warum bist du gegen die
Ammoniter in den Kampf gezogen und hast uns
nicht aufgefordert, mit dir zu ziehen? Wir werden
dir dein Haus über dem Kopf anzünden. 2 Jiftach
sagte zu ihnen: Ich selbst und mein Volk lagen mit
den Ammonitern in heftigem Streit. Ich habe

euch gerufen, aber ihr habt mich nicht aus ihrer Gewalt befreit. 3 Als ich nun sah, daß ihr mir nicht helfen wolltet, setzte ich mein Leben aufs Spiel und zog gegen die Ammoniter, und der Herr gab sie in meine Gewalt. Warum seid ihr nun heute zu mir heraufgekommen, um Krieg mit mir anzufangen? 4 Darauf sammelte Jiftach alle Männer aus Gilead und kämpfte gegen Efraim, und die Männer aus Gilead schlugen Efraim. Die Efraimiter hatten gesagt: Ihr seid Flüchtlinge aus Efraim; Gilead liegt ja mitten in Efraim, mitten in Manasse. 5 Gilead besetzte die nach Efraim führenden Übergänge über den Jordan. Und wenn efraimitische Flüchtlinge (kamen und) sagten: Ich möchte hinüber!, fragten ihn die Männer aus Gilead: Bist du ein Efraimiter? Wenn er nein sagte, 6 forderten sie ihn auf: Sag doch einmal »Schibbolet«. Sagte er dann »Sibbolet«, weil er es nicht richtig aussprechen konnte, ergriffen sie ihn und machten ihn dort an den Furten des Jordan nieder. So fielen damals zweiundvierzigtausend Mann aus Efraim.

7 Jiftach war sechs Jahre lang Richter in Israel. Dann starb Jiftach, der Gileaditer, und wurde in seiner Stadt in Gilead begraben.

Die Richter Ibzan, Elon und Abdon

8 Nach ihm war Ibzan aus Betlehem Richter in Israel. 9 Er hatte dreißig Söhne; dreißig Töchter gab er nach auswärts (in die Ehe), und dreißig Töchter führte er seinen Söhnen von auswärts zu. Ibzan war sieben Jahre lang Richter in Israel. 10 Dann starb er und wurde in Betlehem begraben.

11 Nach ihm war Elon, der Sebuloniter, Richter in Israel; er war zehn Jahre lang Richter in Israel. 12 Dann starb der Sebuloniter Elon und wurde in Ajalon im Land Sebulon begraben.

13 Nach ihm war Abdon, der Sohn Hillels aus Piraton, Richter in Israel. 14 Er hatte vierzig Söhne und dreißig Enkel, die auf siebzig Eseln ritten. Er war acht Jahre lang Richter in Israel.

15 Dann starb Abdon, der Sohn Hillels aus Piraton, und wurde in Piraton, im Land Efraim, auf dem Amalekiterberg begraben.

Die Ankündigung der Geburt Simsons

13 Die Israeliten taten wieder, was dem Herrn mißfiel. Deshalb gab sie der Herr vierzig Jahre lang in die Gewalt der Philister. 2 Damals lebte in Zora ein Mann namens Manoach, aus der Sippe der Daniter; seine Frau war unfruchtbar und hatte keine Kinder. 3 Der Engel des Herrn erschien der Frau und sagte zu ihr: Gewiß, du bist unfruchtbar und hast keine Kinder; aber du sollst schwanger werden und einen Sohn gebären. 4 Nimm dich jedoch in acht, und trink weder Wein noch Bier, und iß nichts Unreines! 5 Denn siehe, du wirst schwanger werden und einen Sohn gebären. Es darf kein Schermesser an seine Haare kommen; denn der Knabe wird von Geburt an ein Gott geweihter Nasiräer sein. Er wird damit beginnen, Israel aus der Gewalt der Philister zu befreien. 6 Die Frau ging und sagte zu ihrem Mann: Ein Gottesmann ist zu mir gekommen; er sah aus, wie der Engel Gottes aussieht, überaus furchterregend. Ich habe ihn nicht gefragt, woher er kam, und er hat mir auch seinen Namen nicht genannt. 7 Er sagte zu mir: Siehe, du wirst schwanger werden und einen Sohn gebären. Trink jedoch keinen Wein und kein Bier, und iß nichts Unreines; denn der Knabe wird von Geburt an ein Gott geweihter Nasiräer sein, bis zum Tag seines Todes. 8 Da betete Manoach zum Herrn und sagte: Bitte, mein Herr, laß doch den Gottesmann, den du gesandt hast, noch einmal zu uns kommen und uns belehren, was wir mit dem Knaben machen sollen, der geboren werden soll. 9 Und Gott erhörte die Bitte Manoachs. Der Engel Gottes kam noch einmal zu der Frau, als sie gerade auf dem Feld war; ihr Mann Manoach war nicht bei ihr. 10 Sie lief schnell zu ihrem Mann, um es ihm mitzuteilen; sie sagte zu ihm: Eben ist der Mann, der damals zu mir gekommen ist, wieder erschienen. 11 Manoach stand auf und folgte seiner Frau. Als er zu dem Mann kam, fragte er ihn: Bist du der Mann, der mit meiner Frau geredet hat? Er antwortete: Ja, ich bin es. 12 Da sagte Manoach: Wenn sich nun dein Wort erfüllt, wie sollen wir es mit dem Knaben halten, was sollen wir mit ihm tun? 13 Der Engel des Herrn antwortete Manoach: Die Frau soll sich vor all dem hüten, was ich ihr gesagt habe. 14 Nichts, was vom Weinstock kommt, darf sie genießen; weder Wein noch Bier darf sie trinken und nichts Unreines essen. Alles, was ich ihr befohlen habe, muß sie beachten. 15 Manoach sagte zum Engel des Herrn: Wir möchten dich gern einladen und dir ein Ziegenböckchen zubereiten. 16 Aber der Engel des Herrn sagte zu Manoach: Auch wenn du mich einlädst, werde ich von deinem Mahl nichts essen. Wenn du aber ein Brandopfer herrichten willst, bring es

dem Herrn dar! Manoach wußte nämlich nicht,
daß es der Engel des Herrn war. 17 Deshalb fragte
Manoach den Engel des Herrn: Wie ist dein
Name? Wenn eintrifft, was du gesagt hast, möch-
ten wir dir gern Ehre erweisen. 18 Der Engel des
Herrn erwiderte: Warum fragst du mich nach
meinem Namen? Er ist wunderbar. 19 Da nahm
Manoach das Ziegenböckchen und brachte es zu-
sammen mit einem Speiseopfer auf einem Fels-
block dem Herrn dar, der Wunder tut. [Manoach
und seine Frau sahen zu.] 20 Als die Flamme vom
Altar zum Himmel aufstieg, stieg der Engel des
Herrn in der Flamme des Altars mit empor. Als
Manoach und seine Frau das sahen, warfen sie
sich zu Boden auf ihr Gesicht. 21 Von da an aber er-
schien der Engel des Herrn dem Manoach und
seiner Frau nicht mehr. Da erkannte Manoach,
daß es der Engel des Herrn gewesen war, 22 und
sagte zu seiner Frau: Sicher müssen wir sterben,
weil wir Gott gesehen haben. 23 Doch seine Frau
entgegnete ihm: Wenn der Herr uns hätte töten
wollen, hätte er nicht aus unserer Hand Brand-
und Speiseopfer angenommen, und er hätte uns
nicht all das sehen und uns auch nichts derartiges
hören lassen. 24 Die Frau gebar einen Sohn und
nannte ihn Simson; der Knabe wuchs heran, und
der Herr segnete ihn. 25 Dann aber begann der
Geist des Herrn, ihn umherzutreiben im Lager
Dans zwischen Zora und Eschtaol.

Simsons Hochzeit

14 Als Simson (eines Tages) nach Timna hin-
abging, fiel sein Blick auf eine der jungen
Philisterinnen aus Timna. 2 Als er wieder herauf-
kam, teilte er es seinem Vater und seiner Mutter
mit und sagte: Ich habe in Timna eine junge Phi-
listerin gesehen. Gebt sie mir doch zur Frau! 3 Sein
Vater und seine Mutter erwiderten ihm: Gibt es
denn unter den Töchtern deiner Stammesbrüder
und in meinem ganzen Volk keine Frau, so daß du
fortgehen und eine Frau von diesen unbeschnit-
tenen Philistern heiraten mußt? Simson antwor-
tete seinem Vater: Gib mir diese, denn sie gefällt
mir. 4 Sein Vater und seine Mutter wußten nicht,
daß es vom Herrn so geplant war, weil er einen
Anlaß zum Kampf mit den Philistern suchte. Da-
mals herrschten nämlich die Philister über Israel.
5 Simson ging [mit seinem Vater und seiner Mut-
ter] nach Timna. Als sie bei den Weinbergen von
Timna waren, kam ihm plötzlich ein brüllender
junger Löwe entgegen. 6 Da kam der Geist des
Herrn über Simson, und Simson zerriß den
Löwen mit bloßen Händen, als würde er ein
Böckchen zerreißen. Aber seinem Vater und sei-
ner Mutter teilte er nicht mit, was er getan hatte.
7 Dann ging er hinab und redete mit der Frau, und
sie gefiel Simson. 8 Nach einiger Zeit ging er wie-
der hin, um sie zu heiraten. Dabei bog er vom
Weg ab, um nach dem Kadaver des Löwen zu se-
hen. Da fand er im Körper des Löwen einen Bie-
nenschwarm und Honig. 9 Er löste den Honig mit
den Händen heraus und aß davon im Weiterge-
hen. Als er zu seinem Vater und zu seiner Mutter
kam, gab er ihnen davon, und sie aßen ebenfalls.
Er sagte ihnen aber nicht, daß er den Honig aus
dem Kadaver des Löwen herausgeholt hatte.
10 Auch sein Vater kam zu der Frau hinab, und
Simson veranstaltete dort ein Trinkgelage, wie es
die jungen Leute zu machen pflegen. 11 Weil man
aber vor ihm Angst hatte, holte man dreißig Män-
ner hinzu, die um ihn sein sollten. 12 Simson sagte
zu ihnen: Ich will euch ein Rätsel aufgeben. Wenn
ihr es mir in den sieben Tagen des Gelages erraten
und lösen könnt, dann will ich euch dreißig Hem-
den und dreißig Festgewänder geben. 13 Wenn ihr
mir aber die Lösung nicht sagen könnt, dann sollt
ihr mir dreißig Hemden und dreißig Festgewän-
der geben. Sie sagten zu ihm: Sag uns dein Rätsel,
wir möchten es hören. 14 Er sagte zu ihnen: Vom
Fresser kommt Speise, vom Starken kommt
Süßes. Sie aber konnten es drei Tage lang nicht lö-
sen. 15 Am vierten Tag sagten sie zur Frau Simsons:
Überrede deinen Mann, daß er uns die Lösung
des Rätsels nennt; sonst werden wir dich samt
dem Haus deines Vaters verbrennen. Habt ihr uns
hierher eingeladen, um uns arm zu machen? 16 Da
weinte die Frau Simsons vor ihm und sagte: Du
hast eine Abneigung gegen mich und liebst mich
nicht. Du hast den Söhnen meines Volkes ein Rät-
sel aufgegeben und hast mir nicht die Lösung ge-
sagt. Er erwiderte ihr: Ich habe es ja nicht einmal
meinem Vater und meiner Mutter gesagt. Wie
sollte ich es dir sagen? 17 Sie aber weinte sieben
Tage lang vor ihm, solange sie Gelage hielten. Am
siebten Tag aber sagte er es ihr, weil sie ihm so zu-
setzte, und sie teilte die Lösung den Söhnen ihres
Vaters mit. 18 Und am siebten Tag sagten die Män-
ner der Stadt zu ihm, bevor die Sonne unterging:
Was ist süßer als Honig, und was ist stärker als ein
Löwe? Er erwiderte ihnen: Hättet ihr nicht mit

meiner Kuh gepflügt, dann hättet ihr mein Rätsel nicht erraten. 19 Und der Geist des Herrn kam über ihn; er ging nach Aschkelon hinab und erschlug dort dreißig Mann von ihnen, nahm ihnen ihre Kleider und gab die Gewänder denen, die das Rätsel gelöst hatten. Dann ging er zornentbrannt hinauf in das Haus seines Vaters. 20 Seine Frau erhielt sein Freund, der der Brautführer gewesen war.

Die Vernichtung der Ernte

15 Einige Zeit danach, zur Zeit der Weizenernte, besuchte Simson seine Frau. Er brachte ein Ziegenböckchen mit und sagte (zu ihrem Vater): Ich will zu meiner Frau in die Kammer. Aber ihr Vater ließ ihn nicht hinein, 2 sondern sagte: Ich dachte, du magst sie sicher nicht mehr. Darum habe ich sie deinem Freund gegeben. Aber ist nicht ihre jüngere Schwester noch schöner als sie? Die kannst du an ihrer Stelle haben. 3 Simson antwortete ihm: Diesmal bin ich frei von Schuld, wenn ich den Philistern etwas Böses antue. 4 Simson ging weg und fing dreihundert Füchse. Dann nahm er Fackeln, band je zwei Füchse an den Schwänzen zusammen und befestigte eine Fackel in der Mitte zwischen zwei Schwänzen. 5 Er zündete die Fackeln an und ließ die Füchse in die Getreidefelder der Philister laufen. So verbrannte er die Garben und das noch stehende Korn, ebenso die Weingärten und die Ölbäume. 6 Als die Philister fragten: Wer hat das getan?, antwortete man: Simson, der Schwiegersohn des Timniters, weil dieser ihm seine Frau weggenommen und seinem Freund gegeben hat. Da zogen die Philister hinauf und verbrannten die Frau samt dem Haus ihres Vaters. 7 Darauf sagte ihnen Simson: Wenn ihr es so macht, dann werde ich nicht mehr aufhören, bis ich an euch Rache genommen habe. 8 Und er schlug ihnen mit gewaltigen Schlägen die Knochen entzwei. Dann ging er weg und hauste in der Felsenhöhle von Etam.

Simsons Sieg bei Lehi

9 Die Philister zogen nach Juda herauf, schlugen dort ihr Lager auf und besetzten die Gegend von Lehi. 10 Die Männer von Juda fragten sie: Warum seid ihr gegen uns gezogen? Sie antworteten: Wir sind heraufgekommen, um Simson gefangenzunehmen und es mit ihm so zu machen, wie er es mit uns gemacht hat. 11 Da zogen dreitausend Männer aus Juda zur Felsenhöhle von Etam hinab und sagten zu Simson: Weißt du nicht, daß die Philister unsere Herren sind? Was hast du uns da angetan? Er antwortete ihnen: Wie sie es mit mir gemacht haben, so habe ich es mit ihnen gemacht. 12 Sie erwiderten ihm: Wir sind herabgekommen, um dich zu fesseln und in die Gewalt der Philister zu geben. Simson sagte zu ihnen: Schwört mir, daß ihr selber nicht über mich herfallen werdet. 13 Sie antworteten ihm: Nein, wir wollen dich nur fesseln und in ihre Gewalt geben, aber töten wollen wir dich nicht. Sie fesselten ihn also mit zwei neuen Stricken und führten ihn aus der Felsenhöhle weg. 14 Als er nach Lehi hinaufkam und die Philister ihm mit Triumphgeschrei entgegenliefen, kam der Geist des Herrn über ihn. Die Stricke an seinen Armen wurden wie Fäden, die vom Feuer versengt werden, und die Fesseln fielen von seinen Händen. 15 Er fand den noch blutigen Kinnbacken eines Esels, ergriff ihn mit der Hand und erschlug damit tausend Männer. 16 Damals sagte Simson: Mit dem Kinnbacken eines Esels habe ich sie gründlich verprügelt; mit einem Eselskinnbacken habe ich tausend Männer erschlagen. 17 Als er das gesagt hatte, warf er den Kinnbacken weg; daher nannte man den Ort Ra-mat Lehi (Kinnbackenhöhe).

18 Weil er großen Durst hatte, rief er zum Herrn und sagte: Du hast deinem Knecht diesen großen Sieg verliehen; jetzt aber soll ich vor Durst sterben und den Unbeschnittenen in die Hände fallen. 19 Da spaltete Gott die Höhle von Lehi, und es kam Wasser daraus hervor, so daß Simson trinken konnte. Seine Lebensgeister kehrten zurück, und er lebte wieder auf. Deshalb nennt man die Quelle bei Lehi bis zum heutigen Tag »Quelle des Rufers«.

20 Simson war zur Zeit der Philister zwanzig Jahre lang Richter in Israel.

Simson in Gaza

16 Als Simson (eines Tages) nach Gaza kam, sah er dort eine Dirne und ging zu ihr. 2 Als man den Leuten von Gaza berichtete: Simson ist hier!, suchten sie überall (nach ihm) und lauerten ihm [die ganze Nacht] am Stadttor auf. Die ganze Nacht über verhielten sie sich still und sagten: Wir warten bis zum Morgengrauen, dann bringen wir ihn um. 3 Simson aber schlief bis gegen Mitternacht. Dann stand er auf, packte die

Flügel des Stadttors mit den beiden Pfosten und
riß sie zusammen mit dem Riegel heraus. Er lud
alles auf seine Schultern und trug es auf den Gip-
fel des Berges, der Hebron gegenüberliegt.

Simson und Delila

4 Danach verliebte sich Simson in eine Frau im Tal
Sorek; sie hieß Delila. 5 Die Fürsten der Philister
kamen zu ihr und sagten zu ihr: Versuch, ihn zu
betören und herauszufinden, wodurch er so
große Kraft besitzt und wie wir ihn überwältigen
und fesseln können, um ihn zu bezwingen. Jeder
von uns gibt dir dann elfhundert Silberstücke.
6 Darauf sagte Delila zu Simson: Sag mir doch, wo-
durch du so große Kraft besitzt und wie man dich
fesseln kann, um dich niederzuzwingen. 7 Simson
sagte zu ihr: Wenn man mich mit sieben frischen
Sehnen fesselt, die noch nicht getrocknet sind,
dann werde ich schwach und bin wie jeder an-
dere Mensch. 8 Die Fürsten der Philister brachten
ihr also sieben frische Sehnen, die noch nicht
getrocknet waren, und sie fesselte ihn damit,
9 während einige Männer bei ihr in der Kammer
auf der Lauer lagen. Dann rief sie ihm zu: Simson,
die Philister kommen! Er aber zerriß die Sehnen,
wie ein Zwirnfaden reißt, wenn er dem Feuer zu
nahe gekommen ist. Doch das Geheimnis seiner
Kraft wurde nicht bekannt. 10 Darauf sagte Delila
zu Simson: Du hast mich getäuscht und mir et-
was vorgelogen. Sag mir doch endlich, womit
man dich fesseln kann. 11 Er erwiderte ihr: Wenn
man mich mit neuen Stricken fesselt, mit denen
noch keine Arbeit getan worden ist, werde ich
schwach und bin wie jeder andere Mensch. 12 De-
lila nahm also neue Stricke und band ihn damit.
Dann rief sie ihm zu: Simson, die Philister kom-
men!, während wieder einige Männer in der
Kammer auf der Lauer lagen. Er aber riß die
Stricke von seinen Armen wie Fäden. 13 Darauf
sagte Delila zu Simson: Bis jetzt hast du mich
getäuscht und mir etwas vorgelogen. Sag mir
doch, womit man dich fesseln kann. Er erwiderte
ihr: Wenn du die sieben Locken auf meinem Kopf
mit den Kettfäden des Webstuhls verknotest und
mit dem Pflock festmachst, werde ich schwach
und bin wie jeder andere Mensch. 14 Nun wiegte
sie ihn in den Schlaf und verknotete die sieben
Locken auf seinem Kopf mit den Kettfäden und
machte sie mit dem Pflock fest. Dann rief sie ihm
zu: Simson, die Philister kommen! Er fuhr aus
dem Schlaf hoch und riß den Webepflock mit den
Kettfäden heraus. 15 Darauf sagte sie zu ihm: Wie
kannst du sagen: Ich liebe dich!, wenn mir dein
Herz nicht gehört? Jetzt hast du mich dreimal be-
logen und mir nicht gesagt, wodurch du so große
Kraft besitzt. 16 Als sie ihm mit ihrem Gerede jeden
Tag zusetzte und ihn (immer mehr) bedrängte,
wurde er es zum Sterben leid; 17 er offenbarte ihr
alles und sagte zu ihr: Ein Schermesser ist mir
noch nicht an die Haare gekommen; denn ich bin
von Geburt an Gott als Nasiräer geweiht. Würden
mir die Haare geschoren, dann würde meine Kraft
mich verlassen; ich würde schwach und wäre
wie jeder andere Mensch. 18 Nun merkte Delila,
daß er ihr alles offenbart hatte. Sie schickte je-
mand zu den Philisterfürsten, um sie zu rufen und
ihnen sagen zu lassen: Kommt her! Diesmal hat
er mir alles offenbart. Die Philisterfürsten kamen
zu ihr herauf und brachten das Geld mit. 19 Delila
ließ Simson auf ihren Knien einschlafen, [rief ei-
nen Mann] und schnitt dann die sieben Locken
auf seinem Kopf ab. So begann sie ihn zu
schwächen, und seine Kraft wich von ihm.
20 Dann rief sie: Simson, die Philister kommen! Er
erwachte aus seinem Schlaf und dachte: Ich
werde auch diesmal wie bisher entkommen und
die Fesseln abschütteln. Denn er wußte nicht,
daß der Herr ihn verlassen hatte. 21 Da packten ihn
die Philister und stachen ihm die Augen aus. Sie
führten ihn nach Gaza hinab und fesselten ihn
mit Bronzeketten, und er mußte im Gefängnis die
Mühle drehen. 22 Doch sein Haar, das man abge-
schnitten hatte, fing wieder an zu wachsen.

Gefangenschaft und Tod Simsons

23 Die Fürsten der Philister versammelten sich, um
ihrem Gott Dagon ein großes Opfer darzubringen
und ein Freudenfest zu feiern. Sie sagten: Unser
Gott hat unseren Feind Simson in unsere Gewalt
gegeben. 24 Als das Volk Simson sah, priesen sie
ihren Gott und sagten:

Unser Gott hat unseren Feind / in unsere Ge-
walt gegeben, / ihn, der unser Land verwüstet
hat, / der so viele von uns erschlagen hat.

25 Als sie guter Dinge waren, sagten sie: Ruft
Simson her, wir wollen unseren Spaß mit ihm
treiben. Und sie ließen Simson aus dem Gefäng-
nis holen, damit er ihr Spaßmacher sei. Sie stell-
ten ihn zwischen die Säulen. 26 Simson aber sagte
zu dem Jungen, der ihn an der Hand führte: Laß

mich los, ich will die Säulen betasten, von denen
das Haus getragen wird, und mich daranlehnen.
[27] Das Haus war voll von Männern und Frauen;
alle Fürsten der Philister waren da, und auf dem
Flachdach saßen etwa dreitausend Männer und
Frauen. Sie alle wollten Simson als Spaßmacher
sehen. [28] Simson aber rief zum Herrn und sagte:
Herr und Gott, denk doch an mich, und gib mir
nur noch dieses eine Mal die Kraft, mein Gott,
damit ich an den Philistern Rache nehmen kann,
wenigstens für eines von meinen beiden Augen.
[29] Dann packte Simson die beiden Mittelsäu-
len, von denen das Haus getragen wurde, und
stemmte sich gegen sie, gegen die eine mit der
rechten Hand und gegen die andere mit der lin-
ken. [30] Er sagte: So mag ich denn zusammen mit
den Philistern sterben. Er streckte sich mit aller
Kraft, und das Haus stürzte über den Fürsten und
über allen Leuten, die darin waren, zusammen.
So war die Zahl derer, die er bei seinem Tod tötete,
größer als die, die er während seines Lebens getö-
tet hatte. [31] Seine Brüder und die ganze Familie sei-
nes Vaters kamen herab; sie holten ihn, brachten
ihn heim und begruben ihn zwischen Zora und
Eschtaol im Grab seines Vaters Manoach.

Simson war zwanzig Jahre lang Richter in Israel.

Nachträge: 17,1–21,25

Das Heiligtum Michas

17 Im Gebirge Efraim lebte ein Mann na-
mens Micha. [2] Er sagte zu seiner Mutter:
Die elfhundert Silberstücke, die dir jemand weg-
genommen hat und deretwegen du den Fluch
ausgestoßen und ihn sogar vor meinen Ohren
wiederholt hast, dieses Geld befindet sich bei mir;
ich selber habe es genommen. Seine Mutter
sagte: Sei gesegnet vom Herrn, mein Sohn. [3] Er
gab die elfhundert Silberstücke seiner Mutter
zurück. Seine Mutter aber sagte: Ich weihe mein
Silber dem Herrn, damit es wieder meinem Sohn
zugute kommt. Man soll ein mit Metall überzo-
genes Gottesbild machen. Fürs erste aber will ich
es dir wiedergeben. [4] Doch der Sohn gab das Sil-
ber seiner Mutter zurück. Seine Mutter nahm
zweihundert Silberstücke und gab sie einem
Goldschmied. Der machte ein mit Metall überzo-
genes Gottesbild daraus, das dann im Haus
Michas aufgestellt wurde. [5] So hatte Micha ein
Gotteshaus. Er machte nun ein Efod und Terafim
und stellte einen seiner Söhne dazu an, ihm als
Priester zu dienen. [6] In jenen Tagen gab es in Israel
noch keinen König; jeder tat, was ihm gefiel.

[7] In Betlehem in Juda lebte (damals) ein junger
Mann [aus der Sippe Juda]. Er war Levit und lebte
dort als Fremder. [8] Dieser Mann zog aus der Stadt,
aus Betlehem in Juda, fort, um sich irgendwo als
Fremder niederzulassen, wo immer es sei. Auf
seiner Wanderung kam er auch ins Gebirge
Efraim zum Haus Michas. [9] Micha fragte ihn: Wo-
her kommst du? Er antwortete ihm: Ich bin ein
Levit aus Betlehem in Juda und bin unterwegs,
um mich irgendwo als Fremder niederzulassen,
wo immer es sei. [10] Micha sagte zu ihm: Bleib bei
mir, und sei mir Vater und Priester! Ich werde dir
jährlich zehn Silberstücke geben, dazu die nöti-
gen Kleider und deinen Lebensunterhalt. [Da ging
der Levit.] [11] Der Levit willigte ein, bei ihm zu blei-
ben, und der junge Mann wurde für Micha wie
einer seiner Söhne. [12] Micha stellte also den jun-
gen Leviten als Priester an, und er blieb bei ihm
im Haus. [13] Und Micha sagte: Nun weiß ich, daß
der Herr mir Gutes erweisen wird; denn ich habe
einen Leviten als Priester.

Die Kundschafter aus Dan

18 Damals gab es noch keinen König in Is-
rael. Der Stamm der Daniter war zu jener
Zeit dabei, sich einen Erbbesitz zu suchen, um
sich niederzulassen; denn es war ihm inmitten
der Stämme Israels bis zu jener Zeit noch kein
Erbbesitz zugefallen. [2] Daher schickten die Dani-
ter von ihrer Sippe fünf kampferprobte Männer
aus Zora und Eschtaol aus, um das Land zu durch-
streifen und zu erkunden. Sie sagten zu ihnen:
Geht, erkundet das Land! Die Männer kamen ins
Gebirge Efraim zum Haus Michas und übernach-
teten dort. [3] Als sie beim Haus Michas waren, fiel
ihnen die Mundart des jungen Leviten auf. Sie
gingen zu ihm hin und fragten ihn: Wer hat dich
hierher gebracht? Was willst du hier, und was tust
du hier? [4] Er antwortete ihnen: Das und das hat
Micha mit mir gemacht; er hat mich angestellt,

und so wurde ich sein Priester. 5 Sie sagten zu
ihm: Befrag doch Gott für uns, damit wir erfahren,
ob die Reise, die wir machen, Erfolg haben wird.
6 Der Priester erwiderte ihnen: Zieht in Frieden
weiter! Der Weg, den ihr gehen wollt, liegt vor
den Augen des Herrn.

7 Die fünf Männer zogen weiter und kamen
nach Lajisch. Sie sahen, daß das Volk dort unge-
stört nach Art der Sidonier lebte, ruhig und sicher.
Es gab niemand, der Schaden anrichtete im Land,
keinen Eroberer und keine Unterdrückung. Sie
waren weit entfernt von den Sidoniern und hat-
ten auch mit den Aramäern nichts zu tun. 8 Als die
Männer zu ihren Brüdern nach Zora und Eschtaol
kamen, sagten ihre Brüder zu ihnen: Wie ist es
euch ergangen? 9 Sie antworteten: Auf, laßt uns
gegen jene Leute (in den Kampf) ziehen. Denn
wir haben gesehen, daß das Land sehr schön ist.
Warum wollt ihr zögern? Seid nicht so träge!
Macht euch auf den Weg dorthin, und nehmt das
Land in Besitz! 10 Ihr findet ein sorgloses Volk vor,
wenn ihr hinkommt. Das Land ist nach allen Sei-
ten hin weiträumig. Wahrhaftig, Gott hat es in
eure Gewalt gegeben. Es ist ein Ort, wo es an
nichts fehlt, was es auf Erden gibt.

Der Zug der Daniter nach Lajisch

11 Darauf brachen von dort, also von Zora und
Eschtaol aus, sechshundert mit Waffen ausgerü-
stete Männer aus der Sippe der Daniter auf. 12 Sie
zogen hinauf und schlugen bei Kirjat-Jearim in
Juda ihr Lager auf; deshalb nennt man diesen Ort
bis auf den heutigen Tag »Lager Dans«; es liegt
hinter Kirjat-Jearim. 13 Von dort zogen sie hinüber
ins Gebirge Efraim und kamen zum Haus Michas.
14 Da sagten die fünf Männer, die unterwegs ge-
wesen waren, um das Land [Lajisch] zu erkun-
den, zu ihren Brüdern: Wißt ihr auch, daß es in
diesen Häusern ein Efod und Terafim sowie ein
mit Metall überzogenes Gottesbild gibt? Überlegt
also, was ihr tun wollt. 15 Da bogen sie (von ihrem
Weg) ab und gingen zum Haus des jungen Levi-
ten [zum Haus Michas] und begrüßten ihn. 16 Die
sechshundert mit Waffen ausgerüsteten Daniter
blieben am Hoftor stehen, 17 während die fünf
Männer, die unterwegs gewesen waren, um das
Land zu erkunden, hineingingen. Sie nahmen das
Gottesbild mit dem Metallüberzug sowie das
Efod und die Terafim, während der Priester am
Eingang des Tores bei den sechshundert mit Waf-
fen ausgerüsteten Männern stand. 18 Als die Leute
in das Haus Michas eindrangen und das Gottes-
bild mit dem Metallüberzug, das Efod und die
Terafim nahmen, fragte sie der Priester: Was
macht ihr da? 19 Sie antworteten ihm: Schweig!
Halt den Mund! Geh mit uns, und werde uns Va-
ter und Priester! Was ist besser – wenn du Priester
im Haus eines einzigen Mannes bist oder wenn
du Priester für einen Stamm und eine Sippe in Is-
rael bist? 20 Das erschien dem Priester gut. Er
nahm das Efod, die Terafim und das Gottesbild
und begab sich damit unter die Leute. 21 Dann bra-
chen sie auf und zogen weiter. Die Kinder, das
Vieh und die Habe führten sie an der Spitze des
Zuges mit sich.

22 Als sie schon weit vom Haus Michas weg wa-
ren, rief Micha die Männer in den Häusern, die in
der Nähe lagen, zusammen, und sie verfolgten
die Daniter. 23 Sie riefen hinter den Danitern her,
diese aber wandten sich um und sagten zu
Micha: Was ist los? Warum habt ihr euch zusam-
mengetan? 24 Er antwortete: Ihr habt meinen Gott,
den ich mir gemacht hatte, und auch den Priester
weggenommen und seid davongezogen. Was
habe ich jetzt noch? Wie könnt ihr da zu mir sa-
gen: Was ist los? 25 Die Daniter entgegneten ihm:
Laß dein Geschwätz, sonst fallen unsere erbitter-
ten Leute über euch her, und du bist selbst schuld,
wenn du zusammen mit deiner Familie das Le-
ben verlierst. 26 Dann zogen die Daniter auf ihrem
Weg weiter. Micha aber sah ein, daß sie stärker
waren als er, kehrte um und ging nach Hause
zurück. 27 Sie aber nahmen das Bild, das Micha an-
gefertigt hatte, samt dem Priester, den er hatte,
und überfielen Lajisch, ein ruhiges und friedliches
Volk. Sie erschlugen die Leute mit scharfem
Schwert und steckten die Stadt in Brand. 28 Nie-
mand konnte zu Hilfe kommen; denn die Stadt
lag weit entfernt von Sidon und hatte auch mit
den Aramäern nichts zu tun; sie lag im Tal von
Bet-Rehob. Die Daniter bauten die Stadt wieder
auf und wohnten in ihr. 29 Sie nannten sie Dan,
nach dem Namen ihres Stammvaters Dan, der
einst dem Israel geboren worden war. Doch
früher hatte die Stadt den Namen Lajisch. 30 Die
Daniter stellten das Gottesbild bei sich auf, und Jo-
natan, der Sohn Gerschoms, des Sohnes des
Mose, und seine Nachkommen dienten dem
Stamm der Daniter als Priester bis zu dem Tag, an
dem die Bewohner des Landes in die Gefangen-

schaft geführt wurden. 31 Sie hatten also das Got-
tesbild, das Micha gemacht hatte, bei sich aufge-
stellt, und (es stand dort) die ganze Zeit über, so-
lange es das Gotteshaus in Schilo gab.

Die Schandtat der Männer von Gibea

19 In jenen Tagen, als es noch keinen König
in Israel gab, lebte im entlegensten Teil
des Gebirges Efraim ein Levit als Fremder. Er
hatte sich eine Frau aus Betlehem in Juda zur
Nebenfrau genommen. 2 Aber seine Nebenfrau
wurde zornig auf ihn und verließ ihn; sie ging in
das Haus ihres Vaters nach Betlehem in Juda zu-
rück. Dort war sie nun schon vier Monate lang.
3 Da machte sich ihr Mann auf den Weg und zog
ihr mit seinem Knecht und zwei Eseln nach, um
ihr ins Gewissen zu reden und sie zurückzuho-
len. Die Frau brachte ihn in das Haus ihres Vaters,
und als der Vater der jungen Frau ihn sah, kam er
ihm freudig entgegen. 4 Da sein Schwiegervater,
der Vater der jungen Frau, ihn dringend darum
bat, blieb er drei Tage bei ihm. Sie aßen und tran-
ken, und er übernachtete dort. 5 Als sie am vier-
ten Tag frühmorgens aufgestanden waren und er
sich auf den Weg machen wollte, sagte der Vater
der jungen Frau zu seinem Schwiegersohn:
Stärke dich erst noch mit einem Bissen Brot;
dann könnt ihr gehen. 6 Sie setzten sich, und die
beiden aßen und tranken zusammen. Der Vater
der jungen Frau aber sagte zu dem Mann: Ent-
schließ dich doch, (noch einmal) über Nacht zu
bleiben, und laß es dir gutgehen! 7 Der Mann
stand auf, um zu gehen; doch sein Schwiegerva-
ter nötigte ihn, so daß er dort noch einmal über-
nachtete. 8 Als er sich dann am Morgen des fünf-
ten Tages auf den Weg machen wollte, sagte der
Vater der jungen Frau: Stärke dich erst noch, und
bleibt hier, bis der Tag zur Neige geht. So aßen die
beiden zusammen. 9 Dann stand der Mann auf,
um mit seiner Nebenfrau und seinem Knecht ab-
zureisen. Sein Schwiegervater aber, der Vater der
jungen Frau, sagte zu ihm: Sieh doch, der Tag
geht zu Ende, und es wird Abend. Bleibt über
Nacht hier! Der Tag geht zur Neige; übernachte
hier, und laß es dir gutgehen! Morgen früh könnt
ihr euch dann auf den Heimweg zu deinem Zelt
machen. 10 Aber der Mann wollte nicht mehr
übernachten, sondern erhob sich und ging mit
seinen zwei gesattelten Eseln, seiner Nebenfrau
und seinem Knecht fort.
Sie kamen zu einem Ort gegenüber von Jebus,
das heißt Jerusalem. 11 Als sie dort waren, war der
Tag schon fast zu Ende gegangen. Darum sagte
der Knecht zu seinem Herrn: Komm, wir wollen
in der Jebusiterstadt hier einkehren und über-
nachten. 12 Sein Herr antwortete ihm: Wir wollen
nicht in einer Stadt von Fremden, die nicht zu den
Israeliten gehört, einkehren, sondern nach Gibea
weiterziehen. 13 Und er sagte zu seinem Knecht:
Laß uns lieber zu einem anderen Ort gehen; wir
wollen in Gibea oder Rama übernachten. 14 Sie zo-
gen also weiter; als sie bei Gibea, das zu Benjamin
gehört, waren, ging die Sonne unter. 15 Sie bogen
daher dort (vom Weg) ab, um nach Gibea hinein-
zugehen und dort zu übernachten. In der Stadt
setzte er sich auf dem Marktplatz nieder; aber es
fand sich niemand, der ihn in seinem Haus zum
Übernachten aufnehmen wollte.

16 Schließlich kam ein alter Mann am Abend von
seiner Arbeit auf dem Feld. Der Mann stammte
aus dem Gebirge Efraim und lebte als Fremder in
Gibea; die Einwohner des Ortes waren Benjami-
niter. 17 Als der alte Mann aufsah, erblickte er den
Wanderer auf dem Platz der Stadt, und fragte ihn:
Woher kommst du, und wohin gehst du? 18 Er ant-
wortete ihm: Wir sind auf der Durchreise von
Betlehem in Juda zum entlegensten Teil des Ge-
birges Efraim. Von dort komme ich; ich war nach
Betlehem in Juda gegangen und bin nun auf dem
Weg nach Hause. Aber hier findet sich niemand,
der mich in sein Haus aufnimmt, 19 obwohl wir al-
les dabei haben, Stroh und Futter für unsere Esel
und auch Brot und Wein für mich, deine Magd
und den Knecht, der bei deinem Diener ist. Es
fehlt also an nichts. 20 Der alte Mann entgegnete:
Sei mir willkommen! Was dir fehlt, das laß nur
meine Sorge sein; auf dem Platz jedenfalls darfst
du nicht übernachten. 21 Und er führte ihn in sein
Haus und schüttete den Eseln Futter vor. Sie wu-
schen sich die Füße und aßen und tranken.
22 Während sie sich's nun wohl sein ließen, um-
ringten plötzlich einige Männer aus der Stadt,
übles Gesindel, das Haus, schlugen an die Tür
und sagten zu dem alten Mann, dem Besitzer des
Hauses: Bring den Mann heraus, der in dein Haus
gekommen ist; wir wollen unseren Mutwillen
mit ihm treiben. 23 Der Besitzer des Hauses ging
zu ihnen hinaus und sagte zu ihnen: Nein, meine
Brüder, so etwas Schlimmes dürft ihr nicht tun.
Dieser Mann ist als Gast in mein Haus gekom-

men; darum dürft ihr keine solche Schandtat be-
gehen. 24 Da ist meine jungfräuliche Tochter und
seine Nebenfrau. Sie will ich zu euch hinausbrin-
gen; ihr könnt sie euch gefügig machen und mit
ihnen tun, was euch gefällt. Aber an diesem
Mann dürft ihr keine solche Schandtat begehen.
25 Doch die Männer wollten nicht auf ihn hören.
Da ergriff der Levit seine Nebenfrau und brachte
sie zu ihnen auf die Straße hinaus. Sie mißbrauch-
ten sie und trieben die ganze Nacht hindurch bis
zum Morgen ihren Mutwillen mit ihr. Sie ließen
sie erst gehen, als die Morgenröte heraufzog.
26 Als der Morgen anbrach, kam die Frau zurück;
vor der Haustür des Mannes, bei dem ihr Herr
wohnte, brach sie zusammen und blieb dort lie-
gen, bis es hell wurde.

27 Ihr Herr stand am Morgen auf, öffnete die
Haustür und ging hinaus, um seine Reise fort-
zusetzen. Da lag die Frau, seine Nebenfrau, zu-
sammengebrochen am Eingang des Hauses, die
Hände auf der Schwelle. 28 Er sagte zu ihr: Steh
auf, wir wollen gehen! Doch sie antwortete nicht.
Da legte er sie auf den Esel und machte sich auf
die Heimreise. 29 Als er nach Hause gekommen
war, nahm er ein Messer, ergriff seine Nebenfrau,
zerschnitt sie in zwölf Stücke, Glied für Glied, und
schickte sie in das ganze Gebiet Israels. 30 Jeder,
der das sah, sagte: So etwas ist noch nie gesche-
hen, so etwas hat man nicht erlebt, seit die Söhne
Israels aus Ägypten heraufgezogen sind, bis zum
heutigen Tag. Denkt darüber nach, beratet, und
sagt (was ihr dazu meint)!

Die Beratung in Mizpa

20 Alle Israeliten von Dan bis Beerscheba
und auch die Bewohner von Gilead ka-
men herbei, und die Gemeinde versammelte sich
einmütig beim Herrn in Mizpa. 2 Die Häupter des
ganzen Volkes, alle Stämme Israels, traten zu einer
Versammlung des Volkes Gottes zusammen, vier-
hunderttausend Mann zu Fuß, mit Schwertern be-
waffnet. 3 Die Benjaminiter erfuhren, daß die Is-
raeliten nach Mizpa hinaufgezogen waren. Die
Israeliten sagten: Berichtet, wie dieses Verbrechen
geschehen ist. 4 Der Levit, der Mann der ermorde-
ten Frau, antwortete: Ich bin mit meiner Neben-
frau nach Gibea, das in Benjamin liegt, gekommen,
um zu übernachten. 5 Da rotteten sich die Bürger
von Gibea gegen mich zusammen und umringten
nachts in feindlicher Absicht das Haus. Sie wollten
mich umbringen, und meine Nebenfrau verge-
waltigten sie, so daß sie gestorben ist. 6 Da nahm
ich den Leichnam meiner Nebenfrau, schnitt ihn
in Stücke und schickte sie in alle Gebiete des Erb-
besitzes der Israeliten; denn sie hatten mitten in Is-
rael ein schändliches Verbrechen begangen. 7 Nun
seid ihr alle hier, ihr Israeliten; also besprecht euch
miteinander, und beratet hier (was zu tun ist)! 8 Da
erhob sich das ganze Volk wie ein Mann und sagte:
Keiner von uns darf in sein Zelt gehen, und keiner
von uns darf in sein Haus zurückkehren. 9 Wir wol-
len folgendes mit Gibea machen: Wir wollen ge-
gen die Stadt (in den Kampf) ziehen. 10 Und zwar
wählen wir aus allen Stämmen Israels jeweils
zehn Männer von hundert und hundert von tau-
send und tausend von zehntausend durch das Los
aus. Sie sollen Verpflegung für die Leute holen, die
gekommen sind, um mit Gibea in Benjamin zu ma-
chen, was es nach der Schandtat verdient, die es
mitten in Israel begangen hat.

Der Aufmarsch vor Gibea

11 So versammelten sich alle Israeliten, geschlos-
sen wie ein Mann, bei der Stadt. 12 Und die
Stämme Israels schickten Boten durch das ganze
Gebiet des Stammes Benjamin und ließen sagen:
Was ist das für eine üble Tat, die bei euch gesche-
hen ist? 13 Gebt uns also das üble Gesindel von Gi-
bea heraus, wir wollen es töten und wollen das
Böse in Israel austilgen. Doch die Benjaminiter
wollten nicht auf die Stimme ihrer Brüder, der
Israeliten, hören. 14 Sie kamen vielmehr aus ihren
Städten bei Gibea zusammen, um gegen die Is-
raeliten in den Kampf zu ziehen. 15 Als man an je-
nem Tag die Benjaminiter aus den Städten mu-
sterte, zählte man sechsundzwanzigtausend mit
Schwertern bewaffnete Männer, ohne die Ein-
wohner von Gibea. [Siebenhundert auserlesene
Männer wurden gemustert.] 16 Unter diesen Män-
nern befanden sich siebenhundert besonders aus-
erlesene Männer; sie waren alle Linkshänder und
konnten einen Stein haargenau schleudern, ohne
je das Ziel zu verfehlen. 17 Auch die Männer Isra-
els ließen sich mustern. Es waren ohne die Ben-
jaminiter vierhunderttausend mit dem Schwert
bewaffnete Männer, alles tüchtige Krieger. 18 Sie
brachen auf, zogen nach Bet-El hinauf und be-
fragten Gott. Die Israeliten sagten: Wer von uns
soll zuerst gegen die Benjaminiter in den Kampf
ziehen? Der Herr antwortete: Zuerst Juda.

Die Niederlage der Israeliten

19 Die Israeliten brachen am Morgen auf und bezo-
gen ihr Lager gegenüber Gibea. 20 Dann rückten die
Israeliten zum Kampf gegen die Benjaminiter aus
und stellten sich ihnen gegenüber vor Gibea zum
Kampf auf. 21 Die Benjaminiter rückten von Gibea
aus und streckten an diesem Tag zweiundzwan-
zigtausend Israeliten zu Boden. 22 Doch die Män-
ner Israels faßten wieder Mut und stellten sich
noch einmal zum Kampf auf, am gleichen Ort, wo
sie sich am ersten Tag aufgestellt hatten. 23 Die
Israeliten waren nämlich (inzwischen nach Bet-
El) hinaufgezogen, hatten bis zum Abend vor dem
Herrn geweint und ihn gefragt: Sollen wir noch
einmal zum Kampf gegen unseren Bruder Benja-
min antreten? Der Herr hatte geantwortet: Zieht
hinauf gegen ihn! 24 Als nun die Israeliten am zwei-
ten Tag gegen die Benjaminiter vorrückten, 25 zo-
gen ihnen die Benjaminiter wiederum von Gibea
aus entgegen und streckten noch einmal acht-
zehntausend Männer aus Israel zu Boden, die alle
mit Schwertern bewaffnet waren. 26 Darauf zogen
alle Israeliten, das ganze Volk, hinauf nach Bet-El.
Dort saßen sie klagend vor dem Herrn; sie fasteten
an jenem Tag bis zum Abend und brachten dem
Herrn Brandopfer und Heilsopfer dar. 27 Dann be-
fragten die Israeliten wieder den Herrn. In Bet-El
stand nämlich in jenen Tagen die Bundeslade
Gottes, 28 und Pinhas, der Sohn Eleasars, des Soh-
nes Aarons, tat in jenen Tagen Dienst vor dem An-
gesicht des Herrn. Die Israeliten sagten: Sollen wir
noch einmal ausrücken zum Kampf mit unserem
Bruder Benjamin, oder sollen wir es aufgeben? Der
Herr antwortete: Zieht hinauf! Denn morgen gebe
ich ihn in eure Gewalt.

Die Vernichtung der Benjaminiter

29 Darauf legten die Israeliten rings um Gibea
Leute in den Hinterhalt. 30 Am dritten Tag zogen
die Israeliten wieder gegen die Benjaminiter hin-
auf und stellten sich wie die beiden vorigen Male
bei Gibea auf. 31 Die Benjaminiter aber rückten ge-
gen die Israeliten aus und ließen sich von der
Stadt weglocken; sie begannen, wie die beiden
vorigen Male, auf freiem Feld einzelne Israeliten
zu erschlagen, und zwar an den Straßen, von de-
nen die eine nach Bet-El, die andere nach Gibeon
hinaufführt, im ganzen etwa dreißig Mann. 32 Die
Benjaminiter dachten: Sie werden von uns ge-
schlagen wie beim erstenmal. Die Israeliten aber
sagten: Wir wollen fliehen und sie von der Stadt
weg zu den Straßen hinlocken. 33 Alle Israeliten
zogen sich also von ihrem Platz zurück und stell-
ten sich bei Baal-Tamar wieder auf. Die Israeliten
aber, die westlich von Gibea im Hinterhalt lagen,
brachen aus ihrer Stellung hervor. 34 Darauf rück-
ten zehntausend ausgewählte Männer aus ganz
Israel gegenüber Gibea heran. Es gab einen
schweren Kampf; die Benjaminiter erkannten
nicht, daß das Unheil sie ereilte. 35 Der Herr schlug
die Benjaminiter vor den Augen Israels, und die
Israeliten machten an jenem Tag fünfundzwan-
zigtausendundeinhundert Mann aus Benjamin
nieder, alles mit Schwertern bewaffnete Krieger.
36 Die Benjaminiter sahen, daß sie geschlagen
waren. Die Israeliten gaben Benjamin weiteres
Gelände preis; denn sie vertrauten auf den Hin-
terhalt, den sie bei Gibea gelegt hatten. 37 Die
Leute im Hinterhalt stürmten nun schnell auf
Gibea los. Sie kamen aus dem Hinterhalt hervor
und erschlugen alles in der Stadt mit scharfem
Schwert. 38 Die Israeliten hatten mit den Männern
im Hinterhalt verabredet, daß sie eine Rauch-
wolke aus der Stadt aufsteigen lassen sollten.
39 Als nun die Israeliten im Kampf kehrtmachten
und Benjamin anfing, etwa dreißig Israeliten zu
erschlagen, weil sie sagten: Sicher wird Israel von
uns völlig geschlagen wie beim ersten Kampf!,
40 da begann aus der Stadt eine hohe Rauchsäule
aufzusteigen. Als die Benjaminiter sich umwand-
ten, sahen sie, daß die Stadt wie ein Ganzopfer
zum Himmel emporflammte. 41 Als dann die Isra-
eliten wieder kehrt machten, gerieten die Benja-
miniter in Verwirrung; denn sie erkannten, daß
das Unglück sie ereilt hatte. 42 Sie zogen sich vor
den Israeliten in Richtung auf die Wüste zurück,
konnten aber dem Kampf nicht entrinnen. Denn
nun kamen auch die Männer (Israels) aus der
Stadt, nahmen die Benjaminiter in die Zange und
vernichteten sie. 43 Sie umzingelten die Benjami-
niter und verfolgten sie von Noha [zertraten sie]
bis in die Gegend östlich von Gibea. 44 Achtzehn-
tausend Mann aus Benjamin fielen, alles kampf-
erprobte Männer. 45 Die übrigen wandten sich um
und flohen auf die Wüste zu, nach Sela-Rimmon.
Die Israeliten hielten Nachlese und vernichteten
auf den Straßen noch einmal fünftausend Mann.
Bei der Verfolgung, die sich bis nach Gidom hin-
zog, erschlugen sie nochmals zweitausend von
ihnen. 46 Die Gesamtzahl der Gefallenen aus Ben-

jamin betrug an diesem Tag fünfundzwanzigtau-
send, lauter mit dem Schwert bewaffnete Krieger.
47 Nur sechshundert Mann konnten sich absetzen
und in die Wüste nach Sela-Rimmon fliehen; sie
blieben vier Monate in Sela-Rimmon. 48 Die Isrea-
liten aber kehrten zu den Benjaminitern zurück
und erschlugen alles, was zu finden war, mit
scharfem Schwert, die Stadt samt Menschen und
Vieh. Ebenso steckten sie alle Städte, die sie fin-
den konnten, in Brand.

Die Sorge um den Rest von Benjamin

21 Die Israeliten hatten in Mizpa geschwo-
ren: Keiner von uns darf seine Tochter ei-
nem Benjaminiter zur Frau geben. 2 Nun kam das
Volk nach Bet-El; sie saßen dort bis zum Abend vor
Gott, jammerten laut und klagten sehr. 3 Sie sagten:
Warum, Herr, Gott Israels, mußte das in Israel ge-
schehen, daß heute ein ganzer Stamm Israels
fehlt? 4 Am anderen Morgen in aller Frühe erbaute
das Volk dort einen Altar und brachte Brandopfer
und Heilsopfer dar. 5 Und die Israeliten fragten: Wer
aus allen Stämmen Israels ist nicht zu der Ver-
sammlung zum Herrn heraufgekommen? Man
hatte nämlich gegen den, der nicht zum Herrn
nach Mizpa hinaufziehen würde, einen feierli-
chen Schwur getan und gesagt: Er wird mit dem
Tod bestraft. 6 Nun aber hatten die Israeliten Mit-
leid mit ihrem Bruder Benjamin und sagten: Heute
ist ein ganzer Stamm von Israel abgehauen wor-
den. 7 Wie können wir denen, die übrig geblieben
sind, Frauen verschaffen? Wir haben doch beim
Herrn geschworen, ihnen keine von unseren
Töchtern zur Frau zu geben. 8 Darum fragten sie: Ist
etwa einer von den Stämmen Israels nicht zum
Herrn nach Mizpa hinaufgezogen? Und tatsäch-
lich war niemand aus Jabesch-Gilead zur Ver-
sammlung ins Heerlager gekommen. 9 Denn als
man die Leute musterte, zeigte es sich, daß keiner
der Einwohner von Jabesch-Gilead da war.

Der Feldzug gegen Jabesch-Gilead

10 Die Gemeinde schickte deshalb zwölftausend
Mann von den Kriegsleuten nach Jabesch-Gilead
mit dem Befehl: Geht hin und erschlagt die
Einwohner von Jabesch-Gilead mit scharfem
Schwert, auch Frauen und Kinder. 11 So sollt ihr es
machen: Alles, was männlich ist, und alle Frauen,
die schon Verkehr mit einem Mann hatten, sollt
ihr dem Untergang weihen. 12 Sie fanden aber un-
ter den Einwohnern von Jabesch-Gilead vierhun-
dert jungfräuliche Mädchen, die noch keinen Ver-
kehr mit einem Mann hatten. Diese brachten sie
ins Lager nach Schilo im Land Kanaan. 13 Darauf
schickte die ganze Gemeinde Boten und verhan-
delte mit den Benjaminitern, die in Sela-Rimmon
waren, und bot ihnen Frieden an. 14 So kehrten die
Benjaminiter damals zurück, und die Israeliten
gaben ihnen die Frauen aus Jabesch-Gilead, die
sie dort am Leben gelassen hatten. Aber diese
reichten für sie nicht aus.

Der Frauenraub in Schilo

15 Das Volk hatte Mitleid mit Benjamin; denn der
Herr hatte eine Lücke in die Stämme Israels ge-
rissen. 16 Die Ältesten der Gemeinde sagten: Wie
können wir den übrigen Männern Frauen ver-
schaffen, da in Benjamin die Frauen ausgerottet
sind? 17 Und sie sagten: Der Besitz der übrigge-
bliebenen Benjaminiter ist ja noch immer da. Kein
Stamm darf in Israel ausgelöscht werden. 18 Von
unseren Töchtern können wir ihnen jedoch keine
als Frauen geben; denn die Israeliten haben ge-
schworen: Verflucht sei, wer den Benjaminitern
eine Frau gibt. 19 Sie sagten also: Da ist doch Jahr
für Jahr ein Fest des Herrn in Schilo nördlich von
Bet-El, östlich der Straße, die von Bet-El nach
Sichem führt, südlich von Lebona. 20 Und sie for-
derten die Benjaminiter auf: Geht hin und legt
euch in den Weinbergen dort auf die Lauer!
21 Wenn ihr dann seht, wie die Töchter Schilos her-
auskommen, um im Reigen zu tanzen, dann
kommt aus den Weinbergen hervor, und jeder
von euch soll sich von den Töchtern Schilos eine
Frau rauben. Dann geht heim ins Land Benjamin!
22 Wenn dann ihre Väter oder Brüder kommen
und bei uns Klage erheben, werden wir zu ihnen
sagen: Vergebt ihnen; denn wir konnten im
Kampf (gegen Jabesch) nicht für jeden eine Frau
gewinnen, und ihr selbst konntet sie ihnen nicht
geben; sonst hättet ihr euch schuldig gemacht.
23 Die Benjaminiter machten es so, und jeder
nahm sich eines von den tanzenden Mädchen,
die sie raubten. Dann kehrten sie in ihren Erbbe-
sitz zurück, bauten die Städte wieder auf und
wohnten darin. 24 Auch die Israeliten gingen dann
in Bet-El wieder auseinander, jeder zu seinem
Stamm und zu seiner Sippe. Jeder zog heim in sei-
nen Erbbesitz. 25 In jenen Tagen gab es noch kei-
nen König in Israel; jeder tat, was ihm gefiel.

DAS BUCH RUT

Die Vorgeschichte

1 Zu der Zeit, als die Richter regierten, kam
eine Hungersnot über das Land. Da zog ein
Mann mit seiner Frau und seinen beiden Söhnen
aus Betlehem in Juda fort, um sich als Fremder im
Grünland Moabs niederzulassen. 2 Der Mann
hieß Elimelech, seine Frau Noomi, und seine
Söhne hießen Machlon und Kiljon; sie waren
Efratiter aus Betlehem in Juda. Als sie im Grün-
land Moabs ankamen, blieben sie dort. 3 Elime-
lech, der Mann Noomis, starb, und sie blieb mit
ihren beiden Söhnen zurück. 4 Diese nahmen sich
moabitische Frauen, Orpa und Rut, und so wohn-
ten sie dort etwa zehn Jahre lang. 5 Dann starben
auch Machlon und Kiljon, und Noomi blieb allein,
ohne ihren Mann und ohne ihre beiden Söhne.

Die Heimkehr

6 Da brach sie mit ihren Schwiegertöchtern auf,
um aus dem Grünland Moabs heimzukehren;
denn sie hatte dort gehört, der Herr habe sich
seines Volkes angenommen und ihm Brot gege-
ben. 7 Sie verließ zusammen mit ihren beiden
Schwiegertöchtern den Ort, wo sie sich aufge-
halten hatte. Als sie nun auf dem Heimweg in
das Land Juda waren, 8 sagte Noomi zu ihren
Schwiegertöchtern: Kehrt doch beide heim zu
euren Müttern! Der Herr erweise euch Liebe,
wie ihr sie den Toten und mir erwiesen habt.
9 Der Herr lasse jede von euch Geborgenheit fin-
den bei einem Gatten. Damit küßte sie beide
zum Abschied; doch Orpa und Rut begannen
laut zu weinen 10 und sagten zu ihr: Nein, wir
wollen mit dir zu deinem Volk gehen. 11 Noomi
sagte: Kehrt doch um, meine Töchter! Warum
wollt ihr mit mir ziehen? Habe ich etwa in mei-
nem Leib noch Söhne, die eure Männer werden
könnten? 12 Kehrt um, meine Töchter, und geht;
denn ich bin zu alt, noch einem Mann zu
gehören. Selbst wenn ich dächte, ich habe noch
Hoffnung, ja, wenn ich noch diese Nacht einem
Mann gehörte und gar Söhne bekäme: 13 Wolltet
ihr warten, bis sie erwachsen sind? Wolltet ihr
euch so lange abschließen und ohne einen
Mann leben? Nein, meine Töchter! Mir täte es
bitter leid um euch; denn mich hat die Hand des
Herrn getroffen. 14 Da weinten sie noch lauter.
Doch dann gab Orpa ihrer Schwiegermutter den
Abschiedskuß, während Rut nicht von ihr ließ.
15 Noomi sagte: Du siehst, deine Schwägerin
kehrt heim zu ihrem Volk und zu ihrem Gott.
Folge ihr doch! 16 Rut antwortete: Dränge mich
nicht, dich zu verlassen und umzukehren.
Wohin du gehst, dahin gehe auch ich, und wo
du bleibst, da bleibe auch ich. Dein Volk ist mein
Volk, und dein Gott ist mein Gott. 17 Wo du
stirbst, da sterbe auch ich, da will ich begraben
sein. Der Herr soll mir dies und das antun – nur
der Tod wird mich von dir scheiden. 18 Als sie
sah, daß Rut darauf bestand, mit ihr zu gehen,
redete sie nicht länger auf sie ein. 19 So zogen sie
miteinander bis Betlehem.

Als sie in Betlehem ankamen, geriet die ganze
Stadt ihretwegen in Bewegung. Die Frauen sag-
ten: Ist das nicht Noomi? 20 Doch sie erwiderte:
Nennt mich nicht mehr Noomi (Liebliche), son-
dern Mara (Bittere); denn viel Bitteres hat der All-
mächtige mir getan. 21 Reich bin ich ausgezogen,
aber mit leeren Händen hat der Herr mich heim-
kehren lassen. Warum nennt ihr mich noch
Noomi, da doch der Herr gegen mich gesprochen
und der Allmächtige mir Schlimmes angetan hat?
22 So kehrte Noomi mit Rut, ihrer moabitischen
Schwiegertochter, aus dem Grünland Moabs
heim. Zu Beginn der Gerstenernte kamen sie in
Betlehem an.

Rut auf dem Acker des Boas

2 Noomi hatte einen Verwandten von ihrem
Mann her, einen Grundbesitzer; er war aus
dem Geschlecht Elimelechs und hieß Boas. 2 Ei-
nes Tages sagte die Moabiterin Rut zu Noomi: Ich
möchte aufs Feld gehen und Ähren lesen, wo es
mir jemand erlaubt. Sie antwortete ihr: Geh, Toch-
ter! 3 Rut ging hin und las auf dem Feld hinter den
Schnittern her. Dabei war sie auf ein Grundstück
des Boas aus dem Geschlecht Elimelechs geraten.
4 Und nun kam Boas von Betlehem dazu. Er sagte
zu den Schnittern: Der Herr sei mit euch! Sie ant-
worteten ihm: Der Herr segne dich. 5 Boas fragte
seinen Knecht, der die Schnitter beaufsichtigte:
Wem gehört dieses Mädchen da? 6 Der Knecht
antwortete: Es ist eine junge Moabiterin, die mit
Noomi aus dem Grünland Moabs gekommen ist.

7 Sie hat gesagt: Ich möchte gern Ähren lesen und bei den Garben hinter den Schnittern her sammeln. So kam sie zu uns und hielt aus vom Morgen bis jetzt und gönnte sich kaum Ruhe. 8 Boas sagte zu Rut: Höre wohl, meine Tochter, geh auf kein anderes Feld, um zu lesen; entfern dich nicht von hier, sondern halte dich an meine Mägde; 9 behalte das Feld im Auge, wo sie ernten, und geh hinter ihnen her! Ich werde meinen Knechten befehlen, dich nicht anzurühren. Hast du Durst, so darfst du zu den Gefäßen gehen und von dem trinken, was die Knechte schöpfen. 10 Sie sank vor ihm nieder, beugte sich zur Erde und sagte: Wie habe ich es verdient, daß du mich so achtest, da ich doch eine Fremde bin? 11 Boas antwortete ihr: Mir wurde alles berichtet, was du nach dem Tod deines Mannes für deine Schwiegermutter getan hast, wie du deinen Vater und deine Mutter, dein Land und deine Verwandtschaft verlassen hast und zu einem Volk gegangen bist, das dir zuvor unbekannt war. 12 Der Herr, der Gott Israels, zu dem du gekommen bist, um dich unter seinen Flügeln zu bergen, möge dir dein Tun vergelten und dich reich belohnen. 13 Sie sagte: Du bist sehr gütig zu mir, Herr. Du hast mir Mut gemacht und so freundlich zu deiner Magd gesprochen, und ich bin nicht einmal eine deiner Mägde.

14 Zur Essenszeit sagte Boas zu ihr: Komm und iß von dem Brot, tauch deinen Bissen in die Würztunke! Sie setzte sich neben die Schnitter. Er reichte ihr geröstete Körner, und sie aß sich satt und behielt noch übrig. 15 Als sie wieder aufstand zum Ährenlesen, befahl Boas seinen Knechten: Auch wenn sie zwischen den Garben liest, dürft ihr sie nicht schelten. 16 Ihr sollt sogar für sie etwas aus den Bündeln herausziehen und liegen lassen; sie mag es auflesen, und ihr dürft sie nicht schelten.

17 So sammelte sie auf dem Feld bis zum Abend. Als sie ausklopfte, was sie aufgelesen hatte, war es etwa ein Efa Gerste. 18 Sie hob es auf, ging in die Stadt und zeigte ihrer Schwiegermutter, was sie aufgelesen hatte. Dann packte sie aus, was sie von ihrer Mahlzeit übrigbehalten hatte, und gab es ihr. 19 Ihre Schwiegermutter fragte: Wo hast du heute gelesen und gearbeitet? Gesegnet sei, der auf dich achthatte. Sie berichtete ihrer Schwiegermutter, bei wem sie gearbeitet hatte, und sagte: Der Mann, bei dem ich heute gearbeitet habe, heißt Boas. 20 Da sagte Noomi zu ihrer Schwiegertochter: Gesegnet sei er vom Herrn, der seine Gunst den Lebenden und Toten nicht entzogen hat. Und sie erzählte ihr: Der Mann ist mit uns verwandt, er ist einer unserer Löser. 21 Die Moabiterin Rut sagte: Er hat noch zu mir gesagt: Halte dich an meine Knechte, bis sie meine Ernte eingebracht haben. 22 Gut, meine Tochter, sagte Noomi zu Rut, wenn du mit seinen Mägden hinausgehst, dann kann man dich auf einem anderen Feld nicht belästigen.

23 Rut hielt sich beim Ährenlesen an die Mägde des Boas, bis die Gersten- und Weizenernte beendet war. Danach blieb sie bei ihrer Schwiegermutter.

Rut auf der Tenne des Boas

3 Ihre Schwiegermutter Noomi sagte zu ihr: Meine Tochter, ich möchte dir ein Heim verschaffen, in dem es dir gut geht. 2 Nun ist ja Boas, bei dessen Mägden du warst, ein Verwandter von uns. Heute abend worfelt er die Gerste auf der Tenne. 3 Wasch dich, salbe dich, und zieh dein Obergewand an, dann geh zur Tenne! Zeig dich aber dem Mann nicht, bis er fertig gegessen und getrunken hat. 4 Wenn er sich niederlegt, so merk dir den Ort, wo er sich hinlegt. Geh dann hin, deck den Platz zu seinen Füßen auf, und leg dich dorthin! Er wird dir dann sagen, was du tun sollst. 5 Rut antwortete ihr: Alles, was du sagst, will ich tun. 6 Sie ging zur Tenne und tat genauso, wie ihre Schwiegermutter ihr aufgetragen hatte. 7 Als Boas gegessen und getrunken hatte und es ihm wohl zumute wurde, ging er hin, um sich neben dem Getreidehaufen schlafen zu legen. Nun trat sie leise heran, deckte den Platz zu seinen Füßen auf und legte sich nieder. 8 Um Mitternacht schrak der Mann auf, beugte sich vor und fand eine Frau zu seinen Füßen liegen. 9 Er fragte: Wer bist du? Sie antwortete: Ich bin Rut, deine Magd. Breite doch den Saum deines Gewandes über deine Magd; denn du bist Löser. 10 Da sagte er: Gesegnet bist du vom Herrn, meine Tochter. So zeigst du deine Zuneigung noch schöner als zuvor; denn du bist nicht den jungen Männern, ob arm oder reich, nachgelaufen. 11 Fürchte dich nicht, meine Tochter! Alles, was du sagst, will ich dir tun; denn jeder in diesen Mauern weiß, daß du eine tüchtige Frau bist. 12 Gewiß, ich bin Löser, aber es gibt noch einen Löser, der näher verwandt ist als ich. 13 Bleib über Nacht, und wenn er dich dann am Morgen

lösen will, gut, so mag er lösen. Wenn er dich aber
nicht lösen will, so werde ich dich lösen, so wahr
der Herr lebt. Bleib liegen bis zum Morgen! 14 Sie
blieb zu seinen Füßen liegen bis zum Morgen.
Doch noch ehe man einander erkennen konnte,
stand sie auf. Denn Boas wollte nicht bekannt
werden lassen, daß die Frau auf die Tenne ge-
kommen war. 15 Er sagte zu ihr: Reich mir das
Tuch, das du umgelegt hast. Sie hielt es hin, und
er füllte sechs Maß Gerste hinein und lud es ihr
auf. Dann ging er zur Stadt.

Der Rat der Schwiegermutter

16 Rut kam nun zu ihrer Schwiegermutter, und
diese fragte: Wie steht es, meine Tochter? Sie er-
zählte ihr, wieviel Gutes ihr der Mann erwiesen
hatte, 17 und sagte: Diese sechs Maß Gerste hat er
mir gegeben; denn er meinte: Du sollst nicht mit
leeren Händen zu deiner Schwiegermutter kom-
men. 18 Noomi antwortete ihr: Warte ab, meine
Tochter, bis du erfährst, wie die Sache ausgeht;
denn der Mann wird nicht ruhen, ehe er noch
heute die Sache erledigt hat.

Die Verhandlung im Tor

4 Indes war Boas zum Tor gegangen und hatte
sich dort niedergelassen. Da ging gerade der
Löser vorüber, von dem Boas gesprochen hatte.
Er sagte zu ihm: Komm herüber, und setz dich
hierher! Der kam herüber und setzte sich. 2 Dann
holte Boas zehn Männer von den Ältesten der
Stadt und sagte: Setzt euch hierher! Sie taten es.
3 Darauf sagte er zu dem Löser: Das Grundstück,
das unserem Verwandten Elimelech gehört, will
Noomi, die aus dem Grünland Moabs zurückge-
kehrt ist, verkaufen. 4 Ich dachte, ich will dich da-
von unterrichten und dir sagen: Erwirb es in Ge-
genwart der hier Sitzenden und in Gegenwart
der Ältesten meines Volkes! Wenn du lösen
willst, so löse! Willst du aber nicht lösen, so sag
es mir, damit ich es weiß; denn außer dir ist nie-
mand zum Lösen da, und ich bin nach dir an der
Reihe. Jener antwortete: Ich werde lösen. 5 Boas
fuhr fort: Wenn du den Acker aus der Hand der
Noomi erwirbst, dann erwirbst du zugleich auch
die Moabiterin Rut, die Frau des Verstorbenen,
um den Namen des Toten auf seinem Erbe wie-
dererstehen zu lassen. 6 Der Löser sagte: Dann
kann ich für mich nicht lösen, sonst schädige ich
mein eigenes Erbe. Übernimm du mein Löse-
recht; denn ich kann nicht lösen. 7 Früher bestand
in Israel folgender Brauch: Um ein Löse- oder
Tauschgeschäft rechtskräftig zu machen, zog man
den Schuh aus und gab ihn seinem Partner. Das
galt in Israel als Bestätigung. 8 Der Löser sagte nun
zu Boas: Erwirb es! und er zog seinen Schuh aus.
9 Boas sagte zu den Ältesten und zu allem Volk:
Ihr seid heute Zeugen, daß ich alles Eigentum
Elimelechs sowie das Kiljons und Machlons aus
der Hand der Noomi erworben habe. 10 Auch Rut,
die Moabiterin, die Frau Machlons, habe ich mir
zur Frau erworben, um den Namen des Verstor-
benen auf seinem Erbe wiedererstehen zu las-
sen, damit sein Name unter seinen Verwandten
und innerhalb der Mauern seiner Stadt nicht er-
lischt. Ihr seid heute Zeugen. 11 Da antwortete al-
les Volk im Tor samt den Ältesten: Wir sind Zeu-
gen. Der Herr mache die Frau, die in dein Haus
kommt, wie Rahel und Lea, die zwei, die das
Haus Israel aufgebaut haben. Komm zu Reichtum
in Efrata und zu Ansehen in Betlehem! 12 Dein
Haus gleiche dem Haus des Perez, den Tamar
dem Juda geboren hat, durch die Nachkommen-
schaft, die der Herr dir aus dieser jungen Frau ge-
ben möge.

Das gesegnete Kind

13 So nahm Boas Rut zur Frau und ging zu ihr. Der
Herr ließ sie schwanger werden, und sie gebar ei-
nen Sohn. 14 Da sagten die Frauen zu Noomi: Ge-
priesen sei der Herr, der es dir heute nicht an ei-
nem Löser hat fehlen lassen. Sein Name soll in
Israel gerühmt werden. 15 Du wirst jemand haben,
der dein Herz erfreut und dich im Alter versorgt;
denn deine Schwiegertochter, die dich liebt, hat
ihn geboren, sie, die mehr wert ist als sieben
Söhne. 16 Noomi nahm das Kind, drückte es an
ihre Brust und wurde seine Wärterin. 17 Die Nach-
barinnen wollten ihm einen Namen geben und
sagten: Der Noomi ist ein Sohn geboren. Und sie
gaben ihm den Namen Obed. Er ist der Vater Isais,
des Vaters Davids.

Der Stammbaum

18 Das ist die Geschlechterfolge nach Perez: Perez
zeugte Hezron, 19 Hezron zeugte Ram, Ram zeugte
Amminadab, 20 Amminadab zeugte Nachschon,
Nachschon zeugte Salmon, 21 Salmon zeugte Boas,
Boas zeugte Obed, 22 Obed zeugte Isai, und Isai
zeugte David.

Ein Stern geht auf aus Jakob (Num 24) | 17 ▷

Gestiftet von der Katholischen Pfarrei

DIE SAMUELBÜCHER

DAS ERSTE BUCH SAMUEL

Eli und Samuel: 1,1–3,21

Die Geburt Samuels

1 Einst lebte ein Mann aus Ramatajim, ein Zufiter vom Gebirge Efraim. Er hieß Elkana und war ein Sohn Jerohams, des Sohnes Elihus, des Sohnes Tohus, des Sohnes Zufs, ein Efraimiter. 2 Er hatte zwei Frauen. Die eine hieß Hanna, die andere Peninna. Peninna hatte Kinder, Hanna aber hatte keine Kinder. 3 Dieser Mann zog Jahr für Jahr von seiner Stadt nach Schilo hinauf, um den Herrn der Heere anzubeten und ihm zu opfern. Dort waren Hofni und Pinhas, die beiden Söhne Elis, Priester des Herrn. 4 An dem Tag, an dem Elkana das Opfer darbrachte, gab er seiner Frau Peninna und all ihren Söhnen und Töchtern ihre Anteile. 5 Hanna aber gab er einen doppelten Anteil; denn er hatte Hanna lieb, obwohl der Herr ihren Schoß verschlossen hatte. 6 Ihre Rivalin aber kränkte und demütigte sie sehr, weil der Herr ihren Schoß verschlossen hatte. 7 So machte es Elkana Jahr für Jahr. Sooft sie zum Haus des Herrn hinaufzogen, kränkte Peninna sie; und Hanna weinte und aß nichts. 8 Ihr Mann Elkana fragte sie: Hanna, warum weinst du, warum ißt du nichts, warum ist dein Herz betrübt? Bin ich dir nicht viel mehr wert als zehn Söhne?

9 Nachdem man in Schilo gegessen und getrunken hatte, stand Hanna auf und trat vor den Herrn. Der Priester Eli saß an den Türpfosten des Tempels des Herrn auf seinem Stuhl. 10 Hanna war verzweifelt, betete zum Herrn und weinte sehr. 11 Sie machte ein Gelübde und sagte: Herr der Heere, wenn du das Elend deiner Magd wirklich ansiehst, wenn du an mich denkst und deine Magd nicht vergißt und deiner Magd einen männlichen Nachkommen schenkst, dann will ich ihn für sein ganzes Leben dem Herrn überlassen; kein Schermesser soll an sein Haupt kommen. 12 So betete sie lange vor dem Herrn. Eli beobachtete ihren Mund; 13 denn Hanna redete nur still vor sich hin, ihre Lippen bewegten sich, doch ihre Stimme war nicht zu hören. Eli hielt sie deshalb für betrunken 14 und sagte zu ihr: Wie lange willst du dich noch wie eine Betrunkene aufführen? Sieh zu, daß du deinen Weinrausch los wirst! 15 Hanna gab zur Antwort: Nein, Herr! Ich bin eine unglückliche Frau. Ich habe weder Wein getrunken noch Bier; ich habe nur dem Herrn mein Herz ausgeschüttet. 16 Halte deine Magd nicht für eine nichtsnutzige Frau; denn nur aus großem Kummer und aus Traurigkeit habe ich so lange geredet. 17 Eli erwiderte und sagte: Geh in Frieden! Der Gott Israels wird dir die Bitte erfüllen, die du an ihn gerichtet hast. 18 Sie sagte: Möge deine Magd Gnade finden vor deinen Augen. Dann ging sie weg; sie aß wieder und hatte kein trauriges Gesicht mehr.

19 Am nächsten Morgen standen sie früh auf und beteten den Herrn an. Dann machten sie sich auf den Heimweg und kehrten in ihr Haus nach Rama zurück. Elkana erkannte seine Frau Hanna; der Herr dachte an sie, 20 und Hanna wurde schwanger. Als die Zeit abgelaufen war, gebar sie einen Sohn und nannte ihn Samuel, denn (sie sagte): Ich habe ihn vom Herrn erbeten.

Samuel wird dem Herrn geweiht

21 Als dann Elkana mit seiner ganzen Familie wieder hinaufzog, um dem Herrn das jährliche Opfer und die Gaben, die er gelobt hatte, darzubringen, 22 zog Hanna nicht mit, sondern sagte zu ihrem Mann: Ich werde den Knaben erst, wenn er entwöhnt ist, hinaufbringen; dann soll er vor dem Angesicht des Herrn erscheinen und für immer dort bleiben. 23 Ihr Mann Elkana sagte zu ihr: Tu, was dir gefällt. Bleib hier, bis du ihn entwöhnt hast. Wenn nur der Herr sein Wort erfüllt! Die Frau blieb also daheim und stillte ihren Sohn, bis sie ihn entwöhnte. 24 Als sie ihn entwöhnt hatte, nahm sie ihn mit hinauf, dazu einen dreijährigen Stier, ein Efa Mehl und einen Schlauch Wein. So brachte sie ihn zum Haus des

◁ 18 | *So sammelte sie auf dem Feld bis zum Abend (Rut 2)*

Herrn in Schilo; der Knabe aber war damals
noch sehr jung. 25 Als sie den Stier geschlachtet
hatten, brachten sie den Knaben zu Eli, 26 und
Hanna sagte: Bitte, mein Herr, so wahr du lebst,
mein Herr, ich bin die Frau, die damals neben
dir stand, um zum Herrn zu beten. 27 Ich habe
um diesen Knaben gebetet, und der Herr hat mir
die Bitte erfüllt, die ich an ihn gerichtet habe.
28 Darum lasse ich ihn auch vom Herrn zurück-
fordern. Er soll für sein ganzes Leben ein vom
Herrn Zurückgeforderter sein. Und sie beteten
dort den Herrn an.

Danklied der Hanna

2 Hanna betete. Sie sagte:
Mein Herz ist voll Freude über den Herrn, /
große Kraft gibt mir der Herr. / Weit öffnet sich
mein Mund gegen meine Feinde; / denn ich
freue mich über deine Hilfe.
2 Niemand ist heilig, nur der Herr; / denn außer
dir gibt es keinen (Gott); / keiner ist ein Fels wie
unser Gott.
3 Redet nicht immer so vermessen, / kein fre-
ches Wort komme aus eurem Mund; / denn der
Herr ist ein wissender Gott, / und bei ihm wer-
den die Taten geprüft.
4 Der Bogen der Helden wird zerbrochen, / die
Wankenden aber gürten sich mit Kraft.
5 Die Satten verdingen sich um Brot, / doch die
Hungrigen können feiern für immer. / Die Un-
fruchtbare bekommt sieben Kinder, / doch die
Kinderreiche welkt dahin.
6 Der Herr macht tot und lebendig, / er führt zum
Totenreich hinab und führt auch herauf.
7 Der Herr macht arm und macht reich, / er er-
niedrigt, und er erhöht.
8 Den Schwachen hebt er empor aus dem Staub /
und erhöht den Armen, der im Schmutz liegt; / er
gibt ihm einen Sitz bei den Edlen, / einen Ehren-
platz weist er ihm zu. / Ja, dem Herrn gehören die
Pfeiler der Erde;
auf sie hat er den Erdkreis gegründet.
9 Er behütet die Schritte seiner Frommen, / doch
die Frevler verstummen in der Finsternis; / denn
der Mensch ist nicht stark aus eigener Kraft.
10 Wer gegen den Herrn streitet, wird zerbre-
chen, / der Höchste läßt es donnern am Him-
mel. / Der Herr hält Gericht bis an die Grenzen
der Erde. / Seinem König gebe er Kraft / und er-
höhe die Macht seines Gesalbten.

11 Darauf kehrte Elkana in sein Haus nach Rama
zurück, der Knabe aber stand von da an im Dienst
des Herrn unter der Aufsicht des Priesters Eli.

Die Schuld des Hauses Eli

12 Die Söhne Elis waren nichtsnutzige Menschen.
Sie kümmerten sich nicht um den Herrn, 13 und sie
pflegten sich gegenüber dem Volk so zu verhal-
ten: Sooft jemand ein Schlachtopfer darbrachte
und das Fleisch kochte, kam ein Diener des Prie-
sters mit einer dreizinkigen Gabel in der Hand.
14 Er stach in den Kessel oder den Topf, in das
Becken oder die Schüssel, und alles, was die Ga-
bel heraufholte, nahm der Priester für sich. So
machten sie es bei allen Israeliten, die dorthin,
nach Schilo, kamen. 15 Noch bevor man das Fett in
Rauch aufgehen ließ, kam der Diener des Prie-
sters und sagte zu dem Mann, der opferte: Gib
mir Fleisch zum Braten für den Priester; er nimmt
von dir aber kein gekochtes Fleisch an, sondern
nur rohes. 16 Wenn ihm der Mann erwiderte: Zu-
erst muß man doch das Fett in Rauch aufgehen
lassen, dann nimm dir, was dein Herz begehrt!,
sagte ihm der Diener: Nein, gib es sofort her,
sonst nehme ich es mit Gewalt. 17 Die Sünde der
jungen Männer war sehr schwer in den Augen
des Herrn; denn sie behandelten das Opfer des
Herrn mit Verachtung.
18 Der junge Samuel aber versah den Dienst vor
dem Angesicht des Herrn, bekleidet mit dem
leinenen Efod. 19 Seine Mutter machte ihm im-
mer wieder ein kleines Obergewand und brachte
es ihm jedes Jahr mit, wenn sie zusammen
mit ihrem Mann hinaufzog, um das jährliche
Opfer darzubringen. 20 Dann segnete Eli Elkana
und seine Frau und sagte: Der Herr gebe dir
für den, den er von dir erbeten hat, andere
Nachkommenschaft von dieser Frau. Darauf gin-
gen sie wieder in ihren Heimatort zurück. 21 Der
Herr aber nahm sich Hannas an; sie wurde
schwanger und bekam noch drei Söhne und zwei
Töchter. Der Knabe Samuel aber wuchs beim
Herrn heran.
22 Eli war sehr alt geworden. Er hörte von allem,
was seine Söhne allen Israeliten antaten, auch,
daß sie mit den Frauen schliefen, die sich vor dem
Eingang des Offenbarungszeltes aufhielten. 23 Er
sagte zu ihnen: Warum tut ihr so etwas? Warum
muß ich von allen Leuten solch schlimme Dinge
über euch hören? 24 Nein, meine Söhne, was man,

wie ich höre, im Volk des Herrn über euch ver-
breitet, ist nicht gut. [25] Wenn ein Mensch gegen ei-
nen Menschen sündigt, kann Gott Schiedsrichter
sein. Wenn aber ein Mensch gegen den Herrn
sündigt, wer kann dann für ihn eintreten? Aber
sie hörten nicht auf die Stimme ihres Vaters; denn
der Herr war entschlossen, sie umkommen zu
lassen. [26] Der Knabe Samuel aber wuchs heran
und gewann immer mehr an Gunst beim Herrn
und auch bei den Menschen.

[27] Da kam ein Gottesmann zu Eli und sagte zu
ihm: So spricht der Herr: Habe ich mich dem Haus
deines Vaters nicht deutlich offenbart, als deine
Vorfahren in Ägypten dem Haus des Pharao
gehörten? [28] Ich habe sie aus allen Stämmen Is-
raels für mich als Priester erwählt, damit sie zu
meinem Altar hinaufgehen, das Rauchopfer dar-
bringen und vor meinen Augen das Efod tragen.
Auch habe ich dem Haus deines Vaters alle Feuer-
opfer der Israeliten überlassen. [29] Warum mißach-
tet ihr also aus Mißgunst Schlachtopfer und Spei-
seopfer, die ich angeordnet habe? Warum ehrst du
deine Söhne mehr als mich, und warum mästet
ihr euch mit dem Besten aller Gaben meines
Volkes Israel? [30] Darum – Spruch des Herrn, des
Gottes Israels:

Ich hatte fest zugesagt: Dein Haus und das Haus
deines Vaters sollen für ewig vor meinem Ange-
sicht ihren Dienst versehen. Nun aber – Spruch
des Herrn: Das sei fern von mir; denn nur die, die
mich ehren, werde ich ehren, die aber, die mich
verachten, geraten in Schande. [31] Es werden Tage
kommen, da werde ich deinen Arm abhauen und
die Macht deines Vaterhauses vernichten; in dei-
nem Haus wird es keinen alten Mann mehr ge-
ben. [32] Du wirst voll Neid auf all das Gute blicken,
das der Herr für Israel tun wird. Nie mehr wird es
in deinem Haus einen alten Mann geben. [33] Nur
einen werde ich nicht wegreißen von meinem
Altar, wenn ich deine Augen brechen und deine
Seele verschmachten lasse; aber der ganze Nach-
wuchs deines Hauses wird im besten Mannesal-
ter sterben. [34] Und das soll das Zeichen sein, das
sich an deinen beiden Söhnen Hofni und Pinhas
verwirklichen wird: Beide werden an einem Tag
sterben. [35] Ich aber werde mir einen zuverlässigen
Priester einsetzen, der nach meinem Herzen und
nach meinem Sinn handeln wird. Ich will ihm ein
Haus bauen, das Bestand hat, und er wird allezeit
vor den Augen meines Gesalbten seinen Dienst
versehen. [36] Wer dann von deinem Haus noch
übrig ist, wird kommen und sich um ein Geld-
stück oder einen Laib Brot vor ihm niederwerfen
und sagen: Nimm mich doch in eine der Priester-
gruppen auf, damit ich ein Stück Brot zu essen
habe.

Die erste Offenbarung an Samuel

3 Der junge Samuel versah den Dienst des
Herrn unter der Aufsicht Elis. In jenen Tagen
waren Worte des Herrn selten; Visionen waren
nicht häufig. [2] Eines Tages geschah es: Eli schlief
auf seinem Platz; seine Augen waren schwach
geworden, und er konnte nicht mehr sehen. [3] Die
Lampe Gottes war noch nicht erloschen, und Sa-
muel schlief im Tempel des Herrn, wo die Lade
Gottes stand. [4] Da rief der Herr den Samuel, und
Samuel antwortete: Hier bin ich. [5] Dann lief er zu
Eli und sagte: Hier bin ich, du hast mich gerufen.
Eli erwiderte: Ich habe dich nicht gerufen. Geh
wieder schlafen! Da ging er und legte sich wieder
schlafen. [6] Der Herr rief noch einmal: Samuel! Sa-
muel stand auf und ging zu Eli und sagte: Hier bin
ich, du hast mich gerufen. Eli erwiderte: Ich habe
dich nicht gerufen, mein Sohn. Geh wieder schla-
fen!

[7] Samuel kannte den Herrn noch nicht, und das
Wort des Herrn war ihm noch nicht offenbart
worden. [8] Da rief der Herr den Samuel wieder,
zum drittenmal. Er stand auf und ging zu Eli und
sagte: Hier bin ich, du hast mich gerufen. Da
merkte Eli, daß der Herr den Knaben gerufen
hatte. [9] Eli sagte zu Samuel: Geh, leg dich schla-
fen! Wenn er dich (wieder) ruft, dann antworte:
Rede, Herr; denn dein Diener hört. Samuel ging
und legte sich an seinem Platz nieder. [10] Da kam
der Herr, trat (zu ihm) heran und rief wie die vo-
rigen Male: Samuel, Samuel! Und Samuel ant-
wortete: Rede, denn dein Diener hört. [11] Der Herr
sagte zu Samuel: Fürwahr, ich werde in Israel et-
was tun, so daß jedem, der davon hört, beide
Ohren gellen. [12] An jenem Tag werde ich an Eli
vom Anfang bis zum Ende alles verwirklichen,
was ich seinem Haus angedroht habe. [13] Ich habe
ihm angekündigt, daß ich über sein Haus für im-
mer das Urteil gesprochen habe wegen seiner
Schuld; denn er wußte, wie seine Söhne Gott
lästern, und gebot ihnen nicht Einhalt. [14] Darum
habe ich dem Haus Eli geschworen: Die Schuld
des Hauses Eli kann durch Opfer und durch

Gaben in Ewigkeit nicht gesühnt werden. 15 Samuel blieb bis zum Morgen liegen, dann öffnete er die Türen zum Haus des Herrn. Er fürchtete sich aber, Eli von der Vision zu berichten. 16 Da rief Eli Samuel und sagte: Samuel, mein Sohn! Er antwortete: Hier bin ich. 17 Eli fragte: Was war es, das er zu dir gesagt hat? Verheimliche mir nichts! Gott möge dir dies und das antun, wenn du mir auch nur eines von all den Worten verheimlichst, die er zu dir gesprochen hat. 18 Da teilte ihm Samuel alle Worte mit und verheimlichte ihm nichts. Darauf sagte Eli: Es ist der Herr. Er tue, was ihm gefällt.

19 Samuel wuchs heran, und der Herr war mit ihm und ließ keines von all seinen Worten unerfüllt. 20 Ganz Israel von Dan bis Beerscheba erkannte, daß Samuel als Prophet des Herrn beglaubigt war. 21 Auch weiterhin erschien der Herr in Schilo: Der Herr offenbarte sich Samuel in Schilo durch sein Wort.

Verlust und Rückkehr der Bundeslade: 4,1–7,1

Die Bundeslade bei den Philistern

4 Das Wort Samuels erging an ganz Israel. Israel zog gegen die Philister in den Krieg. Sie schlugen ihr Lager bei Eben-Eser auf, und die Philister hatten ihr Lager in Afek. 2 Die Philister rückten in Schlachtordnung gegen Israel vor, und der Kampf wogte hin und her. Israel wurde von den Philistern besiegt, die von Israels Heer auf dem Feld etwa viertausend Mann erschlugen. 3 Als das Volk ins Lager zurückkam, sagten die Ältesten Israels: Warum hat der Herr heute die Philister über uns siegen lassen? Wir wollen die Bundeslade des Herrn aus Schilo zu uns holen; er soll in unsere Mitte kommen und uns aus der Gewalt unserer Feinde retten. 4 Das Volk schickte also (Männer) nach Schilo, und sie holten von dort die Bundeslade des Herrn der Heere, der über den Kerubim thront. Hofni und Pinhas, die beiden Söhne Elis, begleiteten die Bundeslade Gottes. 5 Als nun die Bundeslade des Herrn ins Lager kam, erhob ganz Israel ein lautes Freudengeschrei, so daß die Erde dröhnte. 6 Die Philister hörten das laute Geschrei und sagten: Was ist das für ein lautes Geschrei im Lager der Hebräer? Als sie erfuhren, daß die Lade des Herrn ins Lager gekommen sei, 7 fürchteten sich die Philister; denn sie sagten: Gott ist zu ihnen ins Lager gekommen. Und sie riefen: Weh uns! Denn so etwas ist früher nie geschehen. 8 Weh uns! Wer rettet uns aus der Hand dieses mächtigen Gottes? Das ist der Gott, der Ägypten mit allerlei Plagen [in der Wüste] geschlagen hat. 9 Seid tapfer, Philister, und seid Männer, damit ihr nicht den Hebräern dienen müßt, wie sie euch gedient haben. Seid Männer und kämpft! 10 Da traten die Philister zum Kampf an, und Israel wurde besiegt, so daß alle zu ihren Zelten flohen. Es war eine sehr schwere Niederlage. Von Israel fielen dreißigtausend Mann Fußvolk. 11 Die Lade Gottes wurde erbeutet, und die beiden Söhne Elis, Hofni und Pinhas, fanden den Tod.

12 Ein Benjaminiter lief vom Schlachtfeld weg und kam noch am gleichen Tag nach Schilo, mit zerrissenen Kleidern und Staub auf dem Haupt. 13 Als er ankam, saß Eli auf seinem Stuhl neben der Straße und hielt Ausschau; denn er hatte Angst um die Lade Gottes. Als der Mann kam und in der Stadt berichtete, schrie die ganze Stadt auf. 14 Eli hörte das laute Geschrei und fragte: Was bedeutet dieser Lärm? Der Mann lief schnell herbei und berichtete Eli. 15 Eli war achtundneunzig Jahre alt; seine Augen waren starr geworden, so daß er nichts mehr sehen konnte. 16 Der Mann sagte zu Eli: Ich bin der Mann, der vom Schlachtfeld gekommen ist; ich bin heute aus der Schlacht geflohen. Eli fragte: Wie ist es denn zugegangen, mein Sohn? 17 Der Bote antwortete: Israel ist vor den Philistern geflohen. Das Volk hat eine schwere Niederlage erlitten. Auch deine beiden Söhne Hofni und Pinhas sind tot, und die Lade Gottes ist weggeschleppt worden. 18 Als er die Lade Gottes erwähnte, fiel Eli rückwärts von seinem Stuhl neben dem Tor, brach sich das Genick und starb, denn er war ein alter und schwerfälliger Mann. Er war vierzig Jahre lang Richter in Israel gewesen.

19 Seine Schwiegertochter, die Frau des Pinhas, war schwanger und stand vor der Niederkunft. Als sie die Nachricht vernahm, daß die Lade Gottes weggeschleppt und daß ihr Schwieger-

vater und ihr Mann tot waren, sank sie zu Bo-
den und gebar (ihr Kind); denn die Wehen waren
über sie gekommen. 20 Sie lag im Sterben, und
die Frauen, die um sie herumstanden, sagten:
Fürchte dich nicht, du hast einen Sohn geboren.
Doch sie achtete nicht darauf und antwortete
nichts. 21 Sie nannte den Knaben Ikabod – das will
besagen: Fort ist die Herrlichkeit aus Israel – we-
gen des Verlustes der Lade Gottes und wegen (des
Todes) ihres Schwiegervaters und ihres Mannes.
22 Sie sagte: Fort ist die Herrlichkeit aus Israel,
denn die Lade Gottes ist weggeschleppt worden.

5 Die Philister brachten die Lade Gottes, die sie
erbeutet hatten, von Eben-Eser nach Asch-
dod. 2 Dann nahmen sie die Lade Gottes, brachten
sie in den Tempel Dagons und stellten sie neben
Dagon auf. 3 Als die Einwohner von Aschdod aber
am nächsten Morgen aufstanden, war Dagon
vornüber gefallen und lag vor der Lade des Herrn
mit dem Gesicht auf dem Boden. Sie nahmen Da-
gon und stellten ihn wieder an seinen Platz.
4 Doch als sie am nächsten Morgen in der Frühe
wieder aufstanden, da war Dagon wieder vorn-
über gefallen und lag vor der Lade des Herrn mit
dem Gesicht auf dem Boden. Dagons Kopf und
seine beiden Hände lagen abgeschlagen auf der
Schwelle. Nur der Rumpf war Dagon geblieben.
5 Deshalb treten die Priester Dagons und alle, die
in den Tempel Dagons kommen, bis zum heuti-
gen Tag nicht auf die Schwelle des Dagon von
Aschdod.

6 Die Hand des Herrn lastete schwer auf den Ein-
wohnern von Aschdod, und er versetzte sie in
Schrecken und schlug Aschdod und sein Gebiet
mit der Beulenpest. 7 Als die Einwohner von
Aschdod sahen, was geschah, sagten sie: Die
Lade des Gottes Israels darf nicht bei uns bleiben;
denn seine Hand liegt schwer auf uns und auf un-
serem Gott Dagon. 8 Sie sandten (Boten) zu allen
Fürsten der Philister, riefen sie bei sich zusam-
men und fragten sie: Was sollen wir mit der Lade
des Gottes Israels machen? Die Fürsten erklärten:
Die Lade des Gottes Israels soll nach Gat hin-
überziehen. Darauf brachte man die Lade des
Gottes Israels nach Gat. 9 Doch nachdem man sie
nach Gat gebracht hatte, kam die Hand des Herrn
über diese Stadt und versetzte sie in gewaltigen
Schrecken. Er schlug die Leute der Stadt, vom
Kleinsten bis zum Größten, so daß Pestbeulen bei
ihnen aufbrachen.
10 Darauf schickte man die Lade Gottes nach
Ekron. Als die Lade Gottes nach Ekron kam,
schrien die Einwohner von Ekron auf und sagten:
Sie bringen die Lade des Gottes Israels zu uns
herüber, um uns und unser Volk zu töten. 11 Dar-
auf sandten sie (Boten) zu allen Fürsten der Phili-
ster, riefen sie zusammen und sagten: Schafft die
Lade des Gottes Israels fort! Sie soll an den Ort
zurückkehren, an den sie gehört, und nicht uns
und unser Volk töten. Denn ein tödlicher
Schrecken lag über der ganzen Stadt; die Hand
Gottes lastete schwer auf ihr. 12 Die Leute, die
nicht starben, waren mit Pestbeulen geschlagen,
und der Hilfeschrei der Stadt stieg zum Himmel
empor.

Die Rückkehr der Lade

6 Die Lade des Herrn war sieben Monate lang
im Gebiet der Philister. 2 Dann riefen die Phi-
lister ihre Priester und Wahrsager herbei und frag-
ten sie: Was sollen wir mit der Lade des Herrn ma-
chen? Gebt uns Auskunft, auf welche Weise wir
sie an den Ort zurückschicken sollen, an den sie
gehört. 3 Sie antworteten: Wenn ihr die Lade des
Gottes Israels zurückschickt, dann schickt sie
nicht ohne Gabe zurück! Ihr müßt vielmehr ein
Sühnegeschenk entrichten. Dann werdet ihr Hei-
lung finden, und ihr werdet erkennen, warum
seine Hand nicht von euch abläßt. 4 Sie fragten
weiter: Was für ein Sühnegeschenk sollen wir
ihm entrichten? Sie antworteten: Fünf goldene
Beulen und fünf goldene Mäuse, entsprechend
der Zahl der Philisterfürsten; denn alle hat die glei-
che Plage getroffen, auch eure Fürsten. 5 Macht
also Abbilder eurer Pestbeulen und der Mäuse,
die euer Land verwüsten, und gebt dem Gott Is-
raels die Ehre! Vielleicht läßt er seine Hand leich-
ter werden über euch, eurem Gott und eurem
Land. 6 Warum wollt ihr euer Herz verhärten, wie
die Ägypter und der Pharao ihr Herz verhärtet ha-
ben? Sie mußten doch auch die Israeliten, nach-
dem sie sie übel behandelt hatten, entlassen, und
diese konnten fortgehen. 7 Macht also jetzt einen
neuen Wagen; holt zwei säugende Kühe, auf die
noch kein Joch gelegt worden ist, und spannt die
Kühe vor den Wagen; ihre Kälber aber nehmt ih-
nen weg, und bringt sie nach Hause! 8 Dann
nehmt die Lade des Herrn, und stellt sie auf den
Wagen, und legt daneben in einer Tasche die gol-
denen Gegenstände, die ihr ihm als Sühnegabe

entrichten wollt; dann laßt sie fortziehen! 9 Gebt aber acht: Wenn die Lade in Richtung Bet-Schemesch, also in ihr Gebiet hinaufzieht, dann war er es, der uns dieses große Unheil zugefügt hat; wenn nicht, dann wissen wir, daß nicht seine Hand uns getroffen hat, sondern daß es ein Zufall gewesen ist. 10 Die Leute machten es so. Sie nahmen zwei säugende Kühe und spannten sie an den Wagen; ihre Kälber aber hielten sie zu Hause zurück. 11 Sie stellten die Lade des Herrn auf den Wagen und auch die Tasche mit den goldenen Mäusen und den Abbildern ihrer Geschwüre. 12 Die Kühe aber gingen geradewegs in Richtung Bet-Schemesch; sie folgten genau der Straße, wichen weder nach rechts noch nach links ab und brüllten immerzu. Die Fürsten der Philister folgten ihnen bis zur Grenze von Bet-Schemesch. 13 Die Leute von Bet-Schemesch waren gerade im Tal bei der Weizenernte. Als sie aufblickten und die Lade sahen, freuten sie sich sehr darüber. 14 Als der Wagen bis zum Feld Joschuas von Bet-Schemesch gekommen war, blieb er stehen. Dort lag ein großer Stein. Sie spalteten das Holz des Wagens und brachten die Kühe dem Herrn als Brandopfer dar. [15 Die Leviten hatten die Lade des Herrn und die Tasche, die neben ihr stand und in der goldene Gegenstände waren, herabgehoben und auf den großen Stein gestellt. Die Männer von Bet-Schemesch brachten an jenem Tag dem Herrn Brandopfer und Schlachtopfer dar.] 16 Die fünf Fürsten der Philister sahen zu; dann kehrten sie am gleichen Tag nach Ekron zurück.

17 Das sind die goldenen Geschwüre, die die Philister dem Herrn als Sühnegabe entrichtet haben: eines für Aschdod, eines für Gaza, eines für Aschkelon, eines für Gat, eines für Ekron, 18 dazu die goldenen Mäuse entsprechend der Zahl der Philisterstädte unter den fünf Fürsten, von der befestigten Stadt bis zum offenen Dorf. Der große Stein, auf den man die Lade des Herrn gestellt hatte, liegt noch bis zum heutigen Tag auf dem Feld des Joschua aus Bet-Schemesch.

19 Der Herr aber strafte die Leute von Bet-Schemesch, weil sie die Lade des Herrn angeschaut hatten. Er erschlug aus dem Volk siebzig Mann [fünfzigtausend Mann]. Da trauerte das Volk, weil der Herr einen so schweren Schlag gegen das Volk geführt hatte. 20 Die Männer von Bet-Schemesch sagten: Wer kann vor dem Herrn, diesem heiligen Gott, bestehen? Und zu wem soll er von uns aus hinaufziehen? 21 Sie schickten Boten zu den Einwohnern von Kirjat-Jearim und ließen sagen: Die Philister haben die Lade des Herrn zurückgebracht. Kommt herab, und holt sie zu euch hinauf!

7 Da kamen die Leute von Kirjat-Jearim und holten die Lade des Herrn zu sich hinauf. Sie brachten sie in das Haus Abinadabs auf der Anhöhe. Und seinen Sohn Eleasar weihten sie, daß er die Lade des Herrn bewache.

Samuel und Saul: 7,2–15,35

Samuel als Richter

2 Seit dem Tag, an dem die Lade in Kirjat-Jearim ihre Wohnung nahm, war eine lange Zeit vergangen, zwanzig Jahre. Als sich das ganze Haus Israel klagend an den Herrn wandte, 3 sagte Samuel zum ganzen Haus Israel: Wenn ihr von ganzem Herzen zum Herrn zurückkehren wollt, dann schafft die fremden Götter mitsamt den Astarten aus eurer Mitte fort! Wendet euer Herz wieder dem Herrn zu, und dient ihm allein; dann wird er euch aus der Gewalt der Philister befreien. 4 Da entfernten die Israeliten die Baale und Astarten und dienten nur noch dem Herrn. 5 Darauf sagte Samuel: Versammelt ganz Israel in Mizpa; ich will für euch zum Herrn beten. 6 Da versammelten sie sich in Mizpa, sie schöpften Wasser und gossen es vor dem Herrn aus. Dort fasteten sie an diesem Tag und sagten: Wir haben uns gegen den Herrn versündigt. Samuel sprach den Israeliten Recht in Mizpa. 7 Die Philister erfuhren, daß sich die Israeliten in Mizpa versammelt hatten, und ihre Fürsten zogen gegen Israel heran. Als die Israeliten das hörten, bekamen sie Angst vor den Philistern. 8 Sie sagten zu Samuel: Kehr dich nicht schweigend von uns ab, und hör nicht auf, zum Herrn, unserem Gott, zu rufen, damit er uns aus der Hand der Philister befreit. 9 Da nahm Samuel ein junges Lamm und brachte es dem Herrn als Ganzopfer dar. Er rief zum Herrn für Israel, und der Herr erhörte ihn. 10 Als Samuel das Brandopfer dar-

brachte, rückten die Philister schon zum Kampf
gegen Israel heran. Da ließ der Herr mit gewalti-
gem Krachen noch am gleichen Tag einen Donner
gegen die Philister erschallen und brachte sie so
in Verwirrung, daß sie von den Israeliten geschla-
gen wurden. 11 Nun zogen die Israeliten von
Mizpa aus, verfolgten die Philister bis unterhalb
von Bet-Kar und schlugen sie. 12 Samuel nahm ei-
nen Stein und stellte ihn zwischen Mizpa und Je-
schana auf. Er nannte ihn Eben-Eser (Stein der
Hilfe) und sagte: Bis hierher hat uns der Herr ge-
holfen. 13 So wurden die Philister gedemütigt und
drangen nicht mehr in das Gebiet Israels ein; und
die Hand des Herrn lastete auf den Philistern, so-
lange Samuel lebte. 14 Die Städte von Ekron bis
Gat, die die Philister Israel weggenommen hatten,
kamen an Israel zurück; das ganze Gebiet dieser
Städte entriß Israel den Philistern wieder. Aber
zwischen Israel und den Amoritern war Friede.

15 Samuel war Richter in Israel, solange er lebte.
16 Jahr für Jahr zog er umher und machte die Runde
durch Bet-El, Gilgal und Mizpa und sprach an all
diesen Orten Israel Recht. 17 Dann kehrte er je-
weils nach Rama zurück, denn dort hatte er sein
Haus. Auch dort sprach er Israel Recht, und er
baute dort einen Altar für den Herrn.

Die Forderung nach einem König

8 Als Samuel alt geworden war, setzte er seine
Söhne als Richter Israels ein. 2 Sein erstgebo-
rener Sohn hieß Joël, sein zweiter Abija. Sie wa-
ren in Beerscheba Richter. 3 Seine Söhne gingen
nicht auf seinen Wegen, sondern waren auf ihren
Vorteil aus, ließen sich bestechen und beugten
das Recht. 4 Deshalb versammelten sich alle Älte-
sten Israels und gingen zu Samuel nach Rama.
5 Sie sagten zu ihm: Du bist nun alt, und deine
Söhne gehen nicht auf deinen Wegen. Darum
setze jetzt einen König bei uns ein, der uns regie-
ren soll, wie es bei allen Völkern der Fall ist. 6 Aber
Samuel mißfiel es, daß sie sagten: Gib uns einen
König, der uns regieren soll. Samuel betete des-
halb zum Herrn, 7 und der Herr sagte zu Samuel:
Hör auf die Stimme des Volkes in allem, was sie
zu dir sagen. Denn nicht dich haben sie verwor-
fen, sondern mich haben sie verworfen: Ich soll
nicht mehr ihr König sein. 8 Das entspricht ganz
ihren Taten, die sie (immer wieder) getan haben,
seitdem ich sie aus Ägypten heraufgeführt habe,
bis zum heutigen Tag; sie haben mich verlassen
und anderen Göttern gedient. So machen sie es
nun auch mit dir. 9 Doch hör jetzt auf ihre Stimme,
warne sie aber eindringlich, und mach ihnen be-
kannt, welche Rechte der König hat, der über sie
herrschen wird.

10 Samuel teilte dem Volk, das einen König von
ihm verlangte, alle Worte des Herrn mit. 11 Er sagte:
Das werden die Rechte des Königs sein, der über
euch herrschen wird: Er wird eure Söhne holen
und sie für sich bei seinen Wagen und seinen Pfer-
den verwenden, und sie werden vor seinem Wa-
gen herlaufen. 12 Er wird sie zu Obersten über (Ab-
teilungen von) Tausend und zu Führern über
(Abteilungen von) Fünfzig machen. Sie müssen
sein Ackerland pflügen und seine Ernte einbrin-
gen. Sie müssen seine Kriegsgeräte und die Aus-
rüstung seiner Streitwagen anfertigen. 13 Eure
Töchter wird er holen, damit sie ihm Salben zu-
bereiten und kochen und backen. 14 Eure besten
Felder, Weinberge und Ölbäume wird er euch
wegnehmen und seinen Beamten geben. 15 Von
euren Äckern und euren Weinbergen wird er den
Zehnten erheben und ihn seinen Höflingen und
Beamten geben. 16 Eure Knechte und Mägde, eure
besten jungen Leute und eure Esel wird er holen
und für sich arbeiten lassen. 17 Von euren Schaf-
herden wird er den Zehnten erheben. Ihr selber
werdet seine Sklaven sein. 18 An jenem Tag wer-
det ihr wegen des Königs, den ihr euch erwählt
habt, um Hilfe schreien, aber der Herr wird euch
an jenem Tag nicht antworten.

19 Doch das Volk wollte nicht auf Samuel hören,
sondern sagte: Nein, ein König soll über uns herr-
schen. 20 Auch wir wollen wie alle anderen Völ-
ker sein. Unser König soll uns Recht sprechen, er
soll vor uns herziehen und soll unsere Kriege
führen. 21 Samuel hörte alles an, was das Volk
sagte, und trug es dem Herrn vor. 22 Und der Herr
sagte zu Samuel: Hör auf ihre Stimme, und setz
ihnen einen König ein! Da sagte Samuel zu den Is-
raeliten: Geht heim, jeder in seine Stadt!

Die Salbung Sauls zum König

9 Damals lebte in Benjamin ein Mann namens
Kisch, ein Sohn Abiëls, des Sohnes Zerors,
des Sohnes Bechorats, des Sohnes Afiachs, ein
wohlhabender Benjaminiter. 2 Er hatte einen
Sohn namens Saul, der jung und schön war; kein
anderer unter den Israeliten war so schön wie er;
er überragte alle um Haupteslänge.

3 Eines Tages verliefen sich die Eselinnen von
Sauls Vater Kisch. Da sagte Kisch zu seinem Sohn
Saul: Nimm einen von den Knechten, mach dich
mit ihm auf den Weg, und such die Eselinnen!
4 Sie durchquerten das Gebirge Efraim und durch-
streiften das Gebiet von Schalischa, fanden sie
aber nicht. Sie zogen durch das Gebiet von
Schaalim – ohne Erfolg; dann durchwanderten
sie das Land Jemini, fanden sie aber wieder
nicht. 5 Als sie in das Gebiet von Zuf gekommen
waren, sagte Saul zu seinem Knecht, der ihn be-
gleitete: Komm, wir wollen umkehren, sonst
macht sich mein Vater um uns noch mehr Sor-
gen als um die Eselinnen. 6 Der Knecht erwiderte
ihm: In dieser Stadt wohnt doch ein Gottes-
mann. Er ist sehr angesehen; alles, was er sagt,
trifft mit Sicherheit ein. Laßt uns jetzt zu ihm ge-
hen; vielleicht kann er uns sagen, welchen Weg
wir hätten gehen sollen. 7 Saul antwortete dem
Knecht: Was sollen wir dem Mann mitbringen,
wenn wir hingehen? Das Brot in unseren Ta-
schen ist zu Ende. Wir haben nichts, was wir
dem Gottesmann als Geschenk bringen könn-
ten. Oder haben wir sonst etwas? 8 Darauf ant-
wortete ihm der Knecht: Sieh her, ich habe noch
einen Viertel-Silberschekel bei mir. Den will ich
dem Gottesmann geben, damit er uns Auskunft
über den Weg gibt. 9 – Früher sagte man in Israel,
wenn man hinging, um Gott zu befragen: Wir
wollen zum Seher gehen. Denn wer heute Pro-
phet genannt wird, hieß früher Seher. – 10 Saul
sagte zu seinem Knecht: Dein Vorschlag ist gut.
Komm, wir wollen hingehen. Sie gingen also in
die Stadt, wo der Gottesmann wohnte. 11 Als sie
die Steige zur Stadt hinaufgingen, trafen sie ei-
nige Mädchen, die herauskamen, um Wasser zu
schöpfen. Sie fragten sie: Ist der Seher hier? 12 Sie
antworteten ihnen: Ja, er ist da, da vorn. Beeilt
euch aber, denn er ist gerade in die Stadt gekom-
men, weil das Volk heute auf der Kulthöhe ein
Opferfest feiert. 13 Wenn ihr in die Stadt kommt,
werdet ihr ihn gerade noch treffen, bevor er zur
Kulthöhe hinaufsteigt, um am Mahl teilzuneh-
men. Denn das Volk ißt nicht, ehe er kommt,
weil er das Opfer segnen muß; erst dann essen
die Eingeladenen. Geht also hinauf; denn jetzt
könnt ihr ihn treffen. 14 Da gingen sie weiter zur
Stadt hinauf. Und als sie zur Mitte der Stadt ge-
kommen waren, kam ihnen gerade Samuel ent-
gegen, der zur Kulthöhe hinaufgehen wollte.

15 Der Herr aber hatte Samuel, einen Tag bevor
Saul kam, das Ohr für eine Offenbarung geöffnet
und gesagt: 16 Morgen um diese Zeit schicke ich ei-
nen Mann aus dem Gebiet Benjamins zu dir. Ihn
sollst du zum Fürsten meines Volkes Israel salben.
Er wird mein Volk aus der Gewalt der Philister be-
freien; denn ich habe die Not meines Volkes Israel
gesehen, und sein Hilfeschrei ist zu mir gedrun-
gen. 17 Als Samuel Saul sah, sagte der Herr zu ihm:
Das ist der Mann, von dem ich dir gesagt habe:
Der wird über mein Volk herrschen. 18 Saul trat
mitten im Tor zu Samuel und fragte: Sag mir doch,
wo das Haus des Sehers ist. 19 Samuel antwortete
Saul: Ich bin der Seher. Geh vor mir her zur
Kulthöhe hinauf! Ihr sollt heute mit mir essen.
Morgen früh will ich dich dann weiterziehen las-
sen. Ich werde dir Auskunft über alles geben, was
du auf dem Herzen hast. 20 Über die Eselinnen, die
dir vor drei Tagen abhanden gekommen sind,
brauchst du dir keine Gedanken zu machen. Sie
wurden gefunden. Auf wen aber richtet sich die
ganze Sehnsucht Israels? Gilt sie nicht dir und
dem ganzen Haus deines Vaters? 21 Da antwortete
Saul: Bin ich nicht ein Benjaminiter, also aus dem
kleinsten Stamm Israels? Ist meine Sippe nicht die
geringste von allen Sippen des Stammes Benja-
min? Warum sagst du so etwas zu mir? 22 Samuel
nahm Saul und seinen Knecht mit, führte sie in
das Haus und wies ihnen die Ehrenplätze unter
den Eingeladenen an; es waren etwa dreißig
Männer (versammelt). 23 Samuel sagte zum Koch:
Bring das Stück her, das ich dir gegeben habe, das,
von dem ich dir gesagt habe: Halt es bei dir
zurück! 24 Da trug der Koch die Keule auf und
setzte sie Saul vor; er sagte: Das ist das, was übrig
blieb. Greif zu und iß! Als ich das Volk eingeladen
hatte, ist dieses Stück für dich und für diese
Stunde aufgehoben worden. An jenem Tag aß
Saul zusammen mit Samuel. 25 Dann stiegen sie
von der Kulthöhe in die Stadt hinab, und Samuel
hatte mit Saul auf dem Flachdach eine Unterre-
dung. 26 Früh am Morgen, als die Dämmerung an-
brach, rief Samuel zu Saul aufs Dach hinauf: Steh
auf! Ich will dir das Geleit geben. Saul stand auf,
und beide gingen zusammen hinaus. 27 Als sie zur
Grenze des Stadtgebietes gekommen waren,
sagte Samuel zu Saul: Sag dem Knecht, er soll vor-
ausgehen; du aber bleib nun hier stehen! Ich will
dir ein Gotteswort verkünden. Da ging der
Knecht voraus.

10 Da nahm Samuel den Ölkrug und goß
Saul das Öl auf das Haupt, küßte ihn und
sagte: Hiermit hat der Herr dich zum Fürsten über
sein Erbe gesalbt. 2 Wenn du jetzt von mir weg-
gehst, wirst du beim Grab der Rahel in Zelzach im
Gebiet von Benjamin zwei Männer treffen, und
sie werden zu dir sagen: Die Eselinnen, nach de-
nen du auf der Suche bist, sind gefunden worden.
Doch denkt dein Vater nicht mehr an die Sache
mit den Eselinnen, sondern macht sich Sorgen
um euch und sagt: Was kann ich nur wegen mei-
nes Sohnes unternehmen? 3 Wenn du dann von
dort weiterziehst und zur Tabor-Eiche kommst,
werden dir dort drei Männer begegnen, die zu
Gott nach Bet-El hinaufziehen. Einer trägt drei
Böckchen, einer trägt drei Laib Brot und einer
trägt einen Schlauch Wein. 4 Sie werden dich
grüßen und dir zwei Brote geben; die sollst du
von ihnen annehmen. 5 Danach wirst du nach Gi-
beat-Elohim kommen, wo die Vorposten der Phi-
lister stehen. Wenn du dort in die Stadt hinein-
gehst, wirst du eine Schar von Propheten treffen,
die von der Kulthöhe herabkommen, und vor ih-
nen wird Harfe, Pauke, Flöte und Zither gespielt.
Sie selbst sind in prophetischer Verzückung.
6 Dann wird der Geist des Herrn über dich kom-
men, und du wirst wie sie in Verzückung geraten
und in einen anderen Menschen verwandelt
werden. 7 Wenn du aber all diese Zeichen erlebst,
dann tu, was sich gerade ergibt; denn Gott ist mit
dir. 8 Hernach geh mir voraus nach Gilgal hinab!
Ich werde dann bereits auf dem Weg zu dir sein,
um Brandopfer darzubringen und Heilsopfer zu
schlachten. Sieben Tage mußt du warten, bis ich
zu dir komme. Dann werde ich dir verkünden,
was du tun sollst.
9 Als sich Saul nun umwandte, um von Samuel
wegzugehen, verwandelte Gott sein Herz. Und
noch am gleichen Tag trafen alle diese Zeichen
ein. 10 Als sie, Saul und sein Knecht, nach Gibea
gelangten, kam ihnen tatsächlich eine Schar
von Propheten entgegen. Der Geist Gottes kam
über Saul, und Saul geriet mitten unter ihnen
in prophetische Verzückung. 11 Alle, die ihn von
früher kannten, sahen, wie er zusammen mit
den Propheten in Verzückung war. Die Leute
sagten zueinander: Was ist denn nur mit dem
Sohn des Kisch geschehen? Ist auch Saul unter
den Propheten? 12 Einer von dort erwiderte: Wer
ist denn schon deren Vater? So ist das Sprich-
wort entstanden: Ist denn auch Saul unter den
Propheten?
13 Als die Verzückung zu Ende war, ging Saul
nach Gibea hinein. 14 Der Onkel Sauls fragte ihn
und seinen Knecht: Wo seid ihr denn gewesen?
Er antwortete: Wir waren weg, um die Eselinnen
zu suchen. Als wir aber sahen, daß sie nirgends
(zu finden) waren, gingen wir zu Samuel. 15 Sauls
Onkel sagte: Erzähl mir doch, was Samuel euch
gesagt hat. 16 Saul antwortete seinem Onkel: Er
hat uns mit Bestimmtheit gesagt, daß die Eselin-
nen gefunden worden sind. Die Sache mit dem
Königtum aber, von der Samuel gesprochen hatte,
erzählte er ihm nicht.

Die Wahl Sauls zum König

17 Samuel rief das Volk zum Herrn nach Mizpa zu-
sammen. 18 Er sagte zu den Israeliten: So spricht
der Herr, der Gott Israels: Ich habe Israel aus
Ägypten heraufgeführt, ich habe euch aus der Ge-
walt der Ägypter befreit und aus der Gewalt all
der Königreiche, die euch bedrängt haben. 19 Ihr
aber habt heute euren Gott verworfen, der euer
Retter in allen Nöten und Bedrängnissen war,
und ihr habt gesagt: Nein, du sollst einen König
bei uns einsetzen. Stellt euch jetzt also vor dem
Herrn auf, (geordnet) nach euren Stämmen und
Tausendschaften. 20 Und Samuel ließ alle Stämme
Israels antreten (um das Los zu werfen). Das Los
fiel auf den Stamm Benjamin. 21 Darauf ließ er den
Stamm Benjamin (geordnet) nach seinen Sippen
antreten, und das Los fiel auf die Sippe Matri. Und
schließlich fiel das Los auf Saul, den Sohn des
Kisch. Man suchte ihn (überall), fand ihn aber
nicht. 22 Sie befragten noch einmal den Herrn: Ist
noch jemand hierher gekommen? Der Herr ant-
wortete: Ja, aber er hat sich beim Troß versteckt.
23 Sie liefen hin und holten ihn von dort. Als er
mitten unter das Volk trat, überragte er alle ande-
ren um Haupteslänge. 24 Und Samuel sagte zum
ganzen Volk: Habt ihr gesehen, wen der Herr er-
wählt hat? Keiner ist ihm gleich im ganzen Volk.
Da jubelte das ganze Volk und sagte: Es lebe der
König! 25 Samuel machte dem Volk das Königs-
recht bekannt, schrieb es in ein Buch und legte
das Buch vor dem Herrn nieder. Dann entließ Sa-
muel das ganze Volk, jeden in sein Haus. 26 Auch
Saul ging in sein Haus nach Gibea. Und mit ihm
zog eine Schar von Männern, deren Herz Gott
berührt hatte. 27 Niederträchtige Menschen aber

sagten: Was kann uns der schon helfen? Sie verachteten ihn und brachten ihm kein Geschenk. Er aber tat, als merkte er es nicht.

Hilfe für Jabesch

11 Da zog der Ammoniter Nahasch heran und belagerte Jabesch-Gilead. Die Männer von Jabesch sagten zu Nahasch: Schließ einen Vertrag mit uns, dann wollen wir dir dienen. 2 Der Ammoniter Nahasch erwiderte ihnen: Unter einer Bedingung will ich mit euch einen Vertrag schließen: Ich steche euch allen das rechte Auge aus und bringe damit Schande über ganz Israel. 3 Die Ältesten von Jabesch sagten: Laß uns sieben Tage Zeit! Wir wollen Boten durch das ganze Gebiet von Israel schicken. Wenn sich niemand findet, der uns retten kann, werden wir uns dir ergeben. 4 Als die Boten nach Gibea-Saul kamen und die Sache dem Volk vortrugen, brach das ganze Volk in lautes Weinen aus. 5 Saul kam gerade hinter seinen Rindern vom Feld her und fragte: Was haben denn die Leute, daß sie weinen? Sie erzählten ihm, was die Männer von Jabesch berichtet hatten. 6 Als Saul das hörte, kam der Geist Gottes über ihn, und sein Zorn entbrannte heftig. 7 Er ergriff ein Gespann Rinder und hieb es in Stücke, schickte die Stücke durch Boten in das ganze Gebiet von Israel und ließ sagen: Wer nicht hinter Saul und Samuel in den Kampf zieht, dessen Rindern soll es ebenso gehen. Da fiel der Schrecken des Herrn auf das ganze Volk, und sie rückten aus wie ein Mann. 8 Als Saul sie in Besek musterte, waren es dreihunderttausend Männer aus Israel und dreißigtausend Männer aus Juda. 9 Sie sagten zu den Boten, die gekommen waren: Folgendes sollt ihr den Männern von Jabesch-Gilead sagen: Morgen, wenn die Sonne am heißesten brennt, bekommt ihr Hilfe. Die Boten gingen heim und berichteten alles, und die Männer von Jabesch freuten sich. 10 Sie ließen Nahasch sagen: Morgen werden wir zu euch hinauskommen. Dann könnt ihr mit uns machen, was euch gefällt. 11 Am nächsten Morgen stellte Saul das Volk in drei Abteilungen auf. Um die Zeit der Morgenwache drangen sie mitten in das Lager ein, und zur Zeit der Mittagshitze hatten sie die Ammoniter geschlagen. Nur wenige blieben übrig; sie wurden zerstreut, so daß nicht einmal zwei von ihnen beieinander blieben.

12 Da sagte das Volk zu Samuel: Wer hat damals gesagt: Soll etwa Saul als König über uns herrschen? Gebt diese Männer heraus, damit wir sie töten. 13 Saul aber sagte: An diesem Tag soll niemand getötet werden; denn heute hat der Herr Israel Hilfe gebracht.

Samuels Abschied

14 Samuel sagte zum Volk: Kommt, wir wollen nach Gilgal gehen und dort das Königtum erneuern. 15 Da ging das ganze Volk nach Gilgal. Sie machten dort in Gilgal Saul vor dem Herrn zum König, schlachteten dem Herrn Heilsopfer, und Saul und alle Männer Israels waren voll Freude.

12 Samuel sagte zu ganz Israel: Ihr wißt, ich habe in allem, was ihr mir gesagt habt, auf euch gehört und einen König bei euch eingesetzt. 2 Seht, hier ist nun der König, der vor euch in den Krieg ziehen wird. Ich selbst bin alt und grau geworden, und meine Söhne leben ja mitten unter euch. Von meiner Jugend an bis zum heutigen Tag bin ich vor euch hergegangen. 3 Hier stehe ich; antwortet mir in Gegenwart des Herrn und seines Gesalbten: Wem habe ich je ein Rind weggenommen? Wem habe ich einen Esel weggenommen? Wen habe ich übervorteilt, wen ungerecht behandelt? Von wem habe ich Bestechungsgeld angenommen und habe beide Augen zugedrückt? Ich will es euch zurückerstatten. 4 Sie antworteten: Du hast uns weder übervorteilt noch ungerecht behandelt, noch hast du von jemand etwas angenommen. 5 Er sagte zu ihnen: Der Herr ist Zeuge euch gegenüber, und auch sein Gesalbter ist heute Zeuge dafür, daß ihr mir nichts vorwerfen könnt. Sie erwiderten: Sie sind Zeugen.

6 Und Samuel sagte zum Volk: Der Herr ist es gewesen, der Mose und Aaron erschaffen und eure Väter aus Ägypten heraufgeführt hat. 7 Tretet nun zu mir, damit ich mit euch vor den Augen des Herrn ins Gericht gehe und euch alle Wohltaten des Herrn vorhalte, die er euch und euren Vätern erwiesen hat. 8 Als Jakob nach Ägypten gekommen war und die Ägypter eure Väter unterdrückten und sie zum Herrn schrien, da sandte der Herr Mose und Aaron. Sie führten eure Väter aus Ägypten heraus und gaben ihnen Wohnsitze an diesem Ort. 9 Eure Väter aber vergaßen den Herrn, ihren Gott. Da verkaufte er sie an Sisera, den Feldherrn von Hazor, an die Philister und an den Kö-

nig von Moab, und diese führten Krieg gegen sie.
10 Da schrien sie zum Herrn und sagten: Wir ha-
ben gesündigt; denn wir haben den Herrn verlas-
sen und den Baalen und Astarten gedient. Befrei
uns jetzt aus der Gewalt unserer Feinde; wir wol-
len wieder dir dienen. 11 Darauf sandte der Herr Je-
rubbaal, Barak, Jiftach und Samuel und befreite
euch aus der Gewalt eurer Feinde ringsumher, so
daß ihr in Sicherheit leben konntet. 12 Als ihr aber
saht, daß Nahasch, der König der Ammoniter, ge-
gen euch ausrückte, sagtet ihr zu mir: Nein, ein
König soll über uns herrschen!, obwohl doch der
Herr, euer Gott, euer König ist. 13 Seht, hier ist euer
König, den ihr verlangt und den ihr euch erwählt
habt. Ja, der Herr hat euch einen König gegeben.
14 Wenn ihr den Herrn fürchtet und ihm dient,
wenn ihr auf seine Stimme hört und euch seinem
Befehl nicht widersetzt, wenn sowohl ihr als
auch der König, der über euch herrscht, dem
Herrn, eurem Gott, folgt (dann geht es euch gut).
15 Wenn ihr aber nicht auf die Stimme des Herrn
hört und euch seinem Befehl widersetzt, dann
wird die Hand des Herrn gegen euch (ausge-
streckt) sein wie gegen eure Väter.

16 Nun tretet her, und seht die große Tat mit an,
die der Herr vor euren Augen vollbringen wird.
17 Ist jetzt nicht gerade Weizenernte? Ich werde
zum Herrn rufen, und er wird Gewitter und Re-
gen schicken. So werdet ihr erkennen und einse-
hen, wie groß euer Unrecht in den Augen des
Herrn ist, das ihr dadurch begangen habt, daß ihr
für euch einen König verlangt habt. 18 Samuel rief
zum Herrn, und der Herr schickte noch am glei-
chen Tag Gewitter und Regen. Da geriet das ganze
Volk in große Furcht vor dem Herrn und vor Sa-
muel, 19 und alle sagten zu Samuel: Bete für deine
Knechte zum Herrn, deinem Gott, damit wir nicht
umkommen; denn wir haben all unseren Sünden
noch die Bosheit hinzugefügt, einen König für uns
zu verlangen. 20 Samuel erwiderte dem Volk:
Fürchtet euch nicht! Ihr habt all dieses Böse ge-
tan; doch weicht (von nun an) nicht mehr von der
Nachfolge des Herrn ab, und dient dem Herrn mit
ganzem Herzen! 21 Weicht ja nicht ab, und folgt
nicht den nichtigen (Göttern), die nichts nützen
und nicht retten können, weil sie nichtig sind.
22 Um seines großen Namens willen wird der Herr
sein Volk nicht verstoßen; denn er hat sich ent-
schlossen, euch zu seinem Volk zu machen.
23 Auch ich weise es weit von mir, mich am Herrn
zu versündigen, und höre deshalb nicht auf, für
euch zu beten; ich werde euch den guten und ge-
raden Weg weisen. 24 Nur fürchtet den Herrn, und
dient ihm treu und von ganzem Herzen! Denn ihr
seht, welch große Dinge er an euch getan hat.
25 Wenn ihr aber wieder Böses tut, dann werdet
sowohl ihr als auch euer König dahingerafft wer-
den.

Die Herrschaft Sauls

13 Saul war ... Jahre alt, als er König wurde,
und er regierte zwei ... Jahre über Israel.
2 Saul wählte sich dreitausend Mann aus Israel
aus; zweitausend davon waren bei Saul in Mich-
mas und auf dem Berg von Bet-El, und tausend
waren bei Jonatan in Gibea-Benjamin. Den Rest
des Volkes entließ er, jeden zu seinem Zelt. 3 Jo-
natan erschlug den Vogt der Philister, der in Geba
saß; die Philister hörten davon. Saul aber ließ im
ganzen Land das Widderhorn blasen und ausru-
fen: Die Hebräer sollen es hören. 4 Und ganz Israel
hörte die Kunde: Saul hat den Vogt der Philister er-
schlagen, und dadurch hat sich Israel bei den Phi-
listern verhaßt gemacht. Das Volk wurde aufge-
boten, Saul nach Gilgal zu folgen. 5 Die Philister
versammelten sich zum Kampf gegen Israel; sie
hatten dreitausend Wagen und sechstausend Wa-
genkämpfer und ein Heer so zahlreich wie der
Sand am Ufer des Meeres. Sie zogen herauf und
schlugen bei Michmas, östlich von Bet-Awen, ihr
Lager auf. 6 Als die Israeliten sahen, daß sie in Ge-
fahr gerieten und daß das Volk bedrängt wurde,
versteckten sie sich in Höhlen, Schlupflöchern,
Felsspalten, Gruben und Zisternen. 7 Viele gingen
über den Jordan in das Land Gad und Gilead. Saul
war noch in Gilgal, und das ganze Volk, das ihm
gefolgt war, hatte große Angst. 8 Er wartete in Gil-
gal sieben Tage auf Samuel, wie vereinbart, aber
Samuel kam nicht. Als ihm nun das Volk davon-
lief, 9 sagte Saul: Bringt das Brandopfer und die
Heilsopfer zu mir her! Und er brachte das Opfer
dar. 10 Gerade als er mit der Darbringung des Op-
fers fertig war, kam Samuel. Saul ging ihm entge-
gen, um ihn zu begrüßen. 11 Samuel aber fragte:
Was hast du getan? Saul antwortete: Weil ich sah,
daß mir das Volk davonlief und du nicht zu dem
vereinbarten Zeitpunkt gekommen bist und die
Philister sich bei Michmas versammelt haben,
12 dachte ich: Jetzt werden die Philister gegen
mich nach Gilgal herabziehen, noch ehe ich den

Herrn gnädig gestimmt habe. Darum habe ich es
gewagt, das Brandopfer darzubringen. 13 Samuel
erwiderte Saul: Du hast töricht gehandelt: Hättest
du den Befehl befolgt, den dir der Herr, dein Gott,
gegeben hat, dann hätte er jetzt deine Herrschaft
über Israel für immer gefestigt. 14 Nun aber wird
deine Herrschaft keinen Bestand haben. Der Herr
hat sich einen Mann nach seinem Herzen ge-
sucht und ihn zum Fürsten seines Volkes ge-
macht. Denn du hast nicht befolgt, was der Herr
dir befohlen hat.

15 Danach brach Samuel auf und ging von Gilgal
nach Gibea-Benjamin hinauf. Saul musterte das
Volk, das noch bei ihm war; es waren etwa sechs-
hundert Mann. 16 Saul, sein Sohn Jonatan und die
Leute, die noch bei ihnen waren, standen bei
Geba-Benjamin, während die Philister ihr Lager
bei Michmas hatten. 17 Da zogen aus dem Lager der
Philister drei Abteilungen aus, um zu plündern.
Eine Abteilung wandte sich in Richtung Ofra im
Gebiet von Schual; 18 die zweite Abteilung zog
in Richtung Bet-Horon, und die dritte Abteilung
wandte sich in Richtung auf den Hügel, der über
das Hyänental weg in die Wüste hinüberschaut.

19 Damals war im ganzen Land kein Schmied zu
finden. Denn die Philister hatten sich gesagt: Die
Hebräer sollen sich keine Schwerter und Lanzen
machen können. 20 Alle Israeliten mußten zu den
Philistern hinabgehen, wenn jemand sich eine
Pflugschar, eine Hacke, eine Axt oder eine Sichel
schmieden lassen wollte. 21 Der Preis für das Schär-
fen der Pflugscharen, der Hacken, des Dreizacks
und der Äxte und das Einsetzen des Ochsensta-
chels betrug ein Pim. 22 Als es nun zum Krieg kam,
fand sich im ganzen Volk, das bei Saul und Jonatan
war, weder ein Schwert noch ein Speer. Nur Saul
und sein Sohn Jonatan hatten (solche Waffen).

Jonatans Heldentat

23 Ein Posten der Philister rückte gegen den Paß
von Michmas vor.

14 Eines Tages sagte Jonatan, der Sohn Sauls,
zu seinem Waffenträger: Komm, wir wol-
len zu dem Posten der Philister hinübergehen, der
da drüben steht. Seinem Vater sagte er aber nichts
davon. 2 Saul saß an der Flurgrenze von Gibea un-
ter dem Granatapfelbaum, der bei Migron steht.
Das Volk, das er bei sich hatte, zählte etwa sechs-
hundert Mann. 3 Damals trug Ahija, der Sohn Ahi-
tubs, des Bruder Ikabods, des Sohnes des Pinhas,
des Sohnes Elis, des Priesters des Herrn in Schilo,
das Efod. Auch das Volk wußte nicht, daß Jonatan
weggegangen war. 4 An den Übergängen, wo Jo-
natan zu dem Posten der Philister hinüberzukom-
men versuchte, war hüben und drüben eine Fels-
zacke; die eine nannte man Bozez, die andere
Senne. 5 Die eine Felszacke erhebt sich wie eine
Säule auf der Nordseite, gegenüber von Michmas,
die andere auf der Südseite, gegenüber von Geba.
6 Jonatan sagte also zu seinem Waffenträger:
Komm, wir wollen hinübergehen zu dem Posten
dieser Unbeschnittenen. Vielleicht wird der Herr
für uns handeln; für den Herrn ist es ja keine
Schwierigkeit zu helfen, sei es durch viele oder
durch wenige. 7 Sein Waffenträger erwiderte ihm:
Tu nur, was du im Sinn hast. Geh, ich bin mit dabei;
ganz wie du willst. 8 Jonatan sagte: Hör zu! Wir wol-
len zu den Männern hinübergehen und uns ihnen
offen zeigen. 9 Und wenn sie dann zu uns sagen:
Bleibt stehen, bis wir zu euch kommen!, dann blei-
ben wir stehen, wo wir sind, und gehen nicht zu ih-
nen hinauf. 10 Wenn sie aber sagen: Kommt zu uns
herauf!, dann wollen wir zu ihnen hinaufsteigen;
denn der Herr hat sie in unsere Hand gegeben. Das
soll für uns das Zeichen sein. 11 Die beiden zeigten
sich also dem Posten der Philister. Die Philister sag-
ten: Seht nur, die Hebräer sind aus ihren Löchern
hervorgekommen, in denen sie sich versteckt hat-
ten. 12 Die Wachtposten riefen zu Jonatan und sei-
nem Waffenträger hinüber und sagten: Kommt nur
herauf zu uns, wir werden euch etwas erzählen.
Da sagte Jonatan zu seinem Waffenträger: Geh hin-
ter mir hinauf; denn der Herr hat sie in die Gewalt
Israels gegeben. 13 Jonatan kletterte auf Händen und
Füßen hinauf, und sein Waffenträger folgte ihm. Da
ergriffen sie vor Jonatan die Flucht, aber sein Waf-
fenträger, der hinter ihm war, tötete sie. 14 Das war
der erste Schlag, den Jonatan und sein Waffenträger
führten. Sie erschlugen etwa zwanzig Mann, auf
einer Fläche, die ungefähr einen halben Morgen
groß war. 15 Großer Schrecken entstand im Lager
(der Philister) und auf dem Feld und im ganzen
Volk; auch der Vorposten und die plündernden Ab-
teilungen erschraken. Dazu bebte die Erde, und es
entstand ein Gottesschrecken.

Der Sieg über die Philister

16 Die Späher Sauls in Gibea-Benjamin sahen ein
Getümmel, das wogte und hin und her lief. 17 Da
sagte Saul zu den Leuten, die bei ihm waren: Prüft

einmal, und seht nach, wer von unseren Leuten
weggegangen ist. Sie sahen nach, und tatsäch-
lich fehlten Jonatan und sein Waffenträger. 18 Saul
sagte zu Ahija: Bring die Lade Gottes her! Denn
die Lade war an jenem Tag bei den Israeliten (im
Lager). 19 Während Saul mit dem Priester redete,
wurde das Getümmel im Lager der Philister im-
mer größer. Da sagte Saul zu dem Priester: Halt
ein! 20 Saul aber und alle Leute, die bei ihm waren,
zogen gemeinsam in den Kampf. Da sahen sie,
daß (im Lager der Philister) jeder sein Schwert ge-
gen den anderen gerichtet hatte und daß ein ganz
gewaltiges Getümmel entstanden war. 21 Auch
die Hebräer, die bis zu diesem Zeitpunkt auf sei-
ten der Philister gestanden und mit ihnen in den
Krieg gezogen waren, wandten sich nun (von ih-
nen) ab, um auf seiten Israels zu sein, das zu Saul
und Jonatan hielt. 22 Als die Israeliten, die sich im
Gebirge Efraim versteckt hatten, hörten, daß die
Philister auf der Flucht waren, setzten auch sie
ihnen im Kampf nach, 23 und der Kampf dehnte
sich bis Bet-Awen aus. So rettete der Herr an je-
nem Tag Israel.

Sauls Schwur

24 Die Israeliten aber waren an jenem Tag in
Bedrängnis geraten. Darum stellte Saul das Volk
unter einen Fluch und sagte: Verflucht sei jeder,
der vor dem Abend etwas ißt, bevor ich mich an
meinen Feinden gerächt habe. Das Volk nahm
also bis zum Abend keine Nahrung zu sich.
25 Nun gab es in jener ganzen Gegend viele Bie-
nennester, so daß Honig auf freiem Feld zu finden
war. 26 Als das Volk zu den Waben kam und sah,
daß Honig aus ihnen herausfloß, streckte nie-
mand seine Hand aus, um etwas davon zu neh-
men. Denn das Volk fürchtete den Schwur (Sauls).
27 Jonatan aber hatte nicht gehört, wie sein Vater
das Volk beschwor. Er tauchte den Stock, den er
in der Hand hielt, mit der Spitze in eine Honig-
wabe und führte den Honig mit der Hand zum
Mund. Da leuchteten seine Augen wieder. 28 Ei-
ner aus dem Volk aber sagte: Dein Vater hat das
Volk mit einem Eid beschworen und gesagt: Ver-
flucht sei jeder, der heute etwas ißt. Das Volk war
aber erschöpft. 29 Jonatan erwiderte: Mein Vater
stürzt das Land ins Unglück. Seht nur, meine Au-
gen leuchten, weil ich ein bißchen von diesem
Honig gegessen habe. 30 Ja, hätte das Volk heute
von der Beute, die es gemacht hat, ordentlich ge-
gessen! Dann wäre die Niederlage der Philister
noch größer geworden.

31 Die Israeliten schlugen an diesem Tag die Phi-
lister (im ganzen Gebiet) zwischen Michmas und
Ajalon, das Volk aber war sehr erschöpft. 32 Des-
halb stürzte sich das Volk auf die Beute, nahm
Schafe, Rinder und Kälber, schlachtete sie, so daß
das Blut einfach auf die Erde floß. Und das Volk aß
(das Fleisch) samt dem Blut. 33 Da meldete man
Saul: Sieh nur, das Volk versündigt sich gegen den
Herrn, es ißt (das Fleisch) samt dem Blut. Er sagte:
Ihr habt ein Unrecht begangen. Wälzt sofort ei-
nen großen Stein her! 34 Und er befahl: Geht unter
die Leute und sagt ihnen: Jeder soll sein Rind und
sein Lamm zu mir bringen und es hier schlachten
und essen. Versündigt euch nicht gegen den
Herrn, indem ihr es samt dem Blut eßt. Da brach-
ten die Leute noch in der Nacht alles, was sie in
der Hand hatten, herbei und schlachteten es dort.
35 Und Saul erbaute dem Herrn einen Altar. Es war
der erste Altar, den er dem Herrn erbaute.

36 Saul sagte: Wir wollen in der Nacht hinter den
Philistern herziehen und unter ihnen plündern,
bis der Tag anbricht. Keinen von ihnen wollen wir
übrig lassen. Die Leute antworteten: Tu nur, was
du für richtig hältst. Der Priester aber sagte: Wir
wollen (erst) hier vor Gott hintreten. 37 Saul fragte
also Gott: Soll ich hinter den Philistern herziehen?
Wirst du sie in die Gewalt Israels geben? Gott
aber gab an jenem Tag keine Antwort. 38 Darauf
sagte Saul: Alle Anführer des Volkes, kommt her
und forscht nach, wodurch diese Sünde heute zu-
stande gekommen ist. 39 So wahr der Herr, der Ret-
ter Israels, lebt: Selbst wenn es sich um meinen
Sohn Jonatan handeln würde – er muß sterben.
Doch niemand aus dem Volk antwortete. 40 Saul
aber sagte zu allen Israeliten: Ihr sollt auf der ei-
nen Seite stehen, ich und mein Sohn Jonatan wol-
len auf der anderen Seite stehen. Das Volk ant-
wortete Saul: Tu, was du für richtig hältst. 41 Darauf
sagte Saul zum Herrn: Gott Israels, gib uns volle
Klarheit! Da fiel das Los auf Jonatan und Saul, das
Volk aber ging frei aus. 42 Saul sagte: Werft nun das
Los zwischen mir und meinem Sohn Jonatan!
Das Los fiel auf Jonatan. 43 Da sagte Saul zu Jona-
tan: Sag mir, was hast du getan? Jonatan bekannte
es ihm und sagte: Ich habe mit der Spitze des
Stockes, den ich in der Hand hatte, ein wenig Ho-
nig genommen und davon versucht. Ich bin be-
reit zu sterben. 44 Saul erwiderte: Gott möge mir

dies und das antun – Jonatan, du mußt sterben.
45 Aber das Volk sagte zu Saul: Soll Jonatan ster-
ben, der so viel für die Rettung Israels getan hat?
Das darf nicht sein! So wahr der Herr lebt: Ihm
soll kein Haar gekrümmt werden. Denn nur mit
Gottes Hilfe hat er heute diese Tat vollbracht. So
befreite das Volk Jonatan, und er brauchte nicht zu
sterben. 46 Saul aber gab die Verfolgung der Phili-
ster auf und zog wieder hinauf, und die Philister
kehrten in ihre Städte zurück.

Die Kriege Sauls

47 Als Saul die Königswürde über Israel erlangt
hatte, führte er ringsum mit all seinen Feinden
Krieg: mit Moab und den Ammonitern, mit Edom
und den Königen von Zoba und mit den Phili-
stern. Wohin er sich auch wandte, war er sieg-
reich. 48 Er vollbrachte tapfere Taten, schlug Ama-
lek und befreite Israel aus der Gewalt derer, die es
ausraubten.

Sauls Familie

49 Die Söhne Sauls waren Jonatan, Jischwi und
Malkischua. Die ältere seiner beiden Töchter hieß
Merab, die jüngere Michal. 50 Sauls Frau hieß Ahi-
noam; sie war eine Tochter des Ahimaaz. Sein
Heerführer hieß Abner; er war ein Sohn Ners, des
Onkels Sauls; 51 Kisch, der Vater Sauls, und Ner,
der Vater Abners, waren Söhne Abiëls.
52 Der harte Krieg gegen die Philister hörte nicht
auf, solange Saul lebte. Jeden starken und kriegs-
tüchtigen Mann, den Saul sah, nahm er in seinen
Dienst.

Der Krieg gegen die Amalekiter. Sauls Verstoßung

15 Samuel sagte zu Saul: Der Herr hatte
mich gesandt, um dich zum König seines
Volkes Israel zu salben. Darum gehorche jetzt den
Worten des Herrn! 2 So spricht der Herr der Heere:
Ich habe beobachtet, was Amalek Israel angetan
hat: Es hat sich ihm in den Weg gestellt, als Israel
aus Ägypten heraufzog. 3 Darum zieh jetzt in den
Kampf, und schlag Amalek! Weihe alles, was ihm
gehört, dem Untergang! Schone es nicht, sondern
töte Männer und Frauen, Kinder und Säuglinge,
Rinder und Schafe, Kamele und Esel! 4 Saul bot das
Volk auf und musterte es in Telaim. Es waren
zweihunderttausend Mann Fußvolk [und zehn-
tausend Mann aus Juda]. 5 Saul rückte bis zur Stadt
der Amalekiter vor und legte im Bachtal einen
Hinterhalt. 6 Den Kenitern aber ließ er sagen: Auf,
zieht fort, verlaßt das Gebiet der Amalekiter, da-
mit ich euch nicht zusammen mit ihnen ver-
nichte; denn ihr habt euch gegenüber allen Israe-
liten freundlich verhalten, als sie aus Ägypten
heraufzogen. Da verließen die Keniter das Gebiet
der Amalekiter. 7 Saul aber schlug die Amalekiter
(im ganzen Gebiet) zwischen Hawila und der Ge-
gend von Schur, das Ägypten gegenüberliegt.
8 Agag, den König von Amalek, brachte er lebend
in seine Gewalt; das ganze Volk aber weihte er
mit scharfem Schwert dem Untergang. 9 Saul und
das Volk schonten Agag, ebenso auch die besten
von den Schafen und Rindern, nämlich das Mast-
vieh und die Lämmer, sowie alles, was sonst
noch wertvoll war. Das wollten sie nicht dem Un-
tergang weihen. Nur alles Minderwertige und
Wertlose weihten sie dem Untergang.
10 Deshalb erging das Wort des Herrn an Samuel:
11 Es reut mich, daß ich Saul zum König gemacht
habe. Denn er hat sich von mir abgewandt und
hat meine Befehle nicht ausgeführt. Das verdroß
Samuel sehr, und er schrie die ganze Nacht zum
Herrn. 12 Am nächsten Morgen machte sich Sa-
muel auf den Weg und ging Saul entgegen. Man
hatte Samuel mitgeteilt: Saul ist nach Karmel ge-
kommen und hat sich (dort) ein Denkmal errich-
tet; dann ist er umgekehrt und nach Gilgal hinab
weitergezogen. 13 Als Samuel nun zu Saul kam,
sagte Saul zu ihm: Gesegnet seist du vom Herrn.
Ich habe den Befehl des Herrn ausgeführt. 14 Sa-
muel erwiderte: Und was bedeutet dieses Blöken
von Schafen, das mir in die Ohren dringt, und das
Gebrüll der Rinder, das ich da höre? 15 Saul ant-
wortete: Man hat sie aus Amalek mitgebracht,
weil das Volk die besten von den Schafen und
Rindern geschont hat, um sie dem Herrn, deinem
Gott, zu opfern. Das übrige haben wir dem Un-
tergang geweiht. 16 Da sagte Samuel zu Saul: Hör
auf! Ich will dir verkünden, was der Herr mir
heute nacht gesagt hat. Saul antwortete: Sprich!
17 Samuel sagte: Bist du nicht, obwohl du dir ge-
ring vorkommst, das Haupt der Stämme Israels?
Der Herr hat dich zum König von Israel gesalbt.
18 Dann hat dich der Herr auf den Weg geschickt
und gesagt: Geh und weihe die Amalekiter, die
Übeltäter, dem Untergang; kämpfe gegen sie, bis
du sie vernichtet hast. 19 Warum hast du nicht auf
die Stimme des Herrn gehört, sondern hast dich
auf die Beute gestürzt und getan, was dem Herrn

mißfällt? 20 Saul erwiderte Samuel: Ich habe doch
auf die Stimme des Herrn gehört; ich bin den Weg
gegangen, auf den der Herr mich geschickt hat;
ich habe Agag, den König von Amalek, herge-
bracht und die Amalekiter dem Untergang ge-
weiht. 21 Aber das Volk hat von der Beute einige
Schafe und Rinder genommen, das Beste von
dem, was dem Untergang geweiht war, um es
dem Herrn, deinem Gott, in Gilgal zu opfern. 22 Sa-
muel aber sagte:

Hat der Herr an Brandopfern und Schlachtop-
fern
das gleiche Gefallen / wie am Gehorsam ge-
genüber der Stimme des Herrn? / Wahrhaftig, Ge-
horsam ist besser als Opfer, / Hinhören besser als
das Fett von Widdern.

23 Denn Trotz ist ebenso eine Sünde wie die Zau-
berei, / Widerspenstigkeit ist ebenso (schlimm) /
wie Frevel und Götzendienst. / Weil du das Wort
des Herrn verworfen hast, / verwirft er dich als
König.

24 Da sagte Saul zu Samuel: Ich habe gesündigt;
denn ich habe mich über den Befehl des Herrn
und deine Anweisungen hinweggesetzt, ich
habe mich vor dem Volk gefürchtet und auf seine
Stimme gehört. 25 Darum nimm doch die Sünde
von mir weg, und kehr mit mir zurück, damit ich
den Herrn anbete. 26 Samuel erwiderte Saul: Ich
kehre nicht mit dir zurück; denn du hast das
Wort des Herrn verworfen, und nun hat der Herr
dich verworfen, so daß du nicht mehr König von
Israel sein kannst. 27 Als Samuel sich umwandte,
um wegzugehen, griff Saul nach dem Zipfel sei-
nes Mantels, doch der riß ab. 28 Da sagte Samuel
zu ihm: So entreißt dir heute der Herr die Herr-
schaft über Israel und gibt sie einem anderen, der
besser ist als du. 29 Er, der ewige Ruhm Israels,
kann weder lügen noch bereuen. Er ist doch kein
Mensch, so daß er etwas bereuen müßte. 30 Saul
erwiderte: Ich habe gesündigt; erweise mir aber
jetzt vor den Ältesten des Volkes und vor Israel
die Ehre, mit mir zurückzukehren, damit ich den
Herrn, deinen Gott, anbete. 31 Da kehrte Samuel
um und folgte Saul, und Saul betete den Herrn
an. 32 Darauf sagte Samuel: Bringt Agag, den Kö-
nig von Amalek, zu mir! Agag wurde in Fesseln
zu ihm gebracht und sagte: Wahrhaftig, die Bit-
terkeit des Todes ist gewichen. 33 Samuel aber er-
widerte:

Wie dein Schwert die Frauen um ihre Kinder ge-
bracht, / so sei unter den Frauen deine Mutter
kinderlos gemacht.

Und Samuel hieb vor den Augen des Herrn in
Gilgal Agag in Stücke. 34 Dann ging Samuel nach
Rama, und Saul zog hinauf in sein Haus nach Gi-
bea-Saul.

35 Samuel sah Saul vor dem Tag seines Todes
nicht mehr. Samuel trauerte um Saul, weil es den
Herrn reute, daß er Saul zum König über Israel ge-
macht hatte.

Saul und David: 16,1–31,13

Davids Salbung zum König

16 Der Herr sagte zu Samuel: Wie lange
willst du noch um Saul trauern? Ich habe
ihn doch verworfen; er soll nicht mehr als König
über Israel herrschen. Fülle dein Horn mit Öl, und
mach dich auf den Weg! Ich schicke dich zu dem
Betlehemiter Isai; denn ich habe mir einen von
seinen Söhnen als König ausersehen. 2 Samuel er-
widerte: Wie kann ich da hingehen? Saul wird es
erfahren und mich umbringen. Der Herr sagte:
Nimm ein junges Rind mit, und sag: Ich bin ge-
kommen, um dem Herrn ein Schlachtopfer dar-
zubringen. 3 Lade Isai zum Opfer ein! Ich selbst
werde dich dann erkennen lassen, was du tun
sollst: Du sollst mir nur den salben, den ich dir
nennen werde. 4 Samuel tat, was der Herr befoh-
len hatte. Als er nach Betlehem kam, gingen ihm
die Ältesten der Stadt zitternd entgegen und frag-
ten: Bedeutet dein Kommen Frieden? 5 Er ant-
wortete: Frieden. Ich bin gekommen, um dem
Herrn ein Schlachtopfer darzubringen. Heiligt
euch, und kommt mit mir zum Opfer! Dann hei-
ligte er Isai und seine Söhne und lud sie zum Op-
fer ein. 6 Als sie kamen und er den Eliab sah,
dachte er: Gewiß steht nun vor dem Herrn sein
Gesalbter. 7 Der Herr aber sagte zu Samuel: Sieh
nicht auf sein Aussehen und seine stattliche Ge-
stalt, denn ich habe ihn verworfen; Gott sieht
nämlich nicht auf das, worauf der Mensch sieht.
Der Mensch sieht, was vor den Augen ist, der

Herr aber sieht das Herz. 8 Nun rief Isai den Abina-
dab und ließ ihn vor Samuel treten. Dieser sagte:
Auch ihn hat der Herr nicht erwählt. 9 Isai ließ
Schima kommen. Samuel sagte: Auch ihn hat der
Herr nicht erwählt. 10 So ließ Isai sieben seiner
Söhne vor Samuel treten, aber Samuel sagte zu
Isai: Diese hat der Herr nicht erwählt. 11 Und er
fragte Isai: Sind das alle deine Söhne? Er antwor-
tete: Der jüngste fehlt noch, aber der hütet gerade
die Schafe. Samuel sagte zu Isai: Schick jemand
hin, und laß ihn holen; wir wollen uns nicht zum
Mahl hinsetzen, bevor er hergekommen ist. 12 Isai
schickte also jemand hin und ließ ihn kommen.
David war blond, hatte schöne Augen und eine
schöne Gestalt. Da sagte der Herr: Auf, salbe ihn!
Denn er ist es. 13 Samuel nahm das Horn mit dem
Öl und salbte David mitten unter seinen Brüdern.
Und der Geist des Herrn war über David von die-
sem Tag an. Samuel aber brach auf und kehrte
nach Rama zurück.

David im Dienst Sauls

14 Der Geist des Herrn war von Saul gewichen;
jetzt quälte ihn ein böser Geist, der vom Herrn
kam. 15 Da sagten die Diener Sauls zu ihm: Du
siehst, ein böser Geist Gottes quält dich.
16 Darum möge unser Herr seinen Knechten, die
vor ihm stehen, befehlen, einen Mann zu su-
chen, der die Zither zu spielen versteht. Sobald
dich der böse Geist Gottes überfällt, soll er auf
der Zither spielen; dann wird es dir wieder gut
gehen. 17 Saul sagte zu seinen Dienern: Seht
euch für mich nach einem Mann um, der gut
spielen kann, und bringt ihn her zu mir! 18 Einer
der jungen Männer antwortete: Ich kenne einen
Sohn des Betlehemiters Isai, der Zither zu spie-
len versteht. Und er ist tapfer und ein guter Krie-
ger, wortgewandt, von schöner Gestalt, und der
Herr ist mit ihm. 19 Da schickte Saul Boten zu Isai
und ließ ihm sagen: Schick mir deinen Sohn Da-
vid, der bei den Schafen ist. 20 Isai nahm einen
Esel, dazu Brot, einen Schlauch Wein und ein
Ziegenböckchen und schickte seinen Sohn Da-
vid damit zu Saul. 21 So kam David zu Saul und
trat in seinen Dienst; Saul gewann ihn sehr lieb,
und David wurde sein Waffenträger. 22 Darum
schickte Saul zu Isai und ließ ihm sagen: David
soll in meinem Dienst bleiben; denn er hat mein
Wohlwollen gefunden. 23 Sooft nun ein Geist
Gottes Saul überfiel, nahm David die Zither und
spielte darauf. Dann fühlte sich Saul erleichtert,
es ging ihm wieder gut, und der böse Geist wich
von ihm.

David und Goliat

17 Die Philister zogen ihre Truppen zum
Kampf zusammen. Sie versammelten
sich bei Socho, das zu Juda gehört, und schlugen
zwischen Socho und Aseka in Efes-Dammim ihr
Lager auf. 2 Auch Saul und die Männer Israels
sammelten sich; sie schlugen ihr Lager im Tere-
binthental auf und traten zum Kampf gegen die
Philister an. 3 Die Philister standen an dem Berg
auf der einen Seite, die Israeliten an dem Berg auf
der anderen Seite; zwischen ihnen lag das Tal.
4 Da trat aus dem Lager der Philister ein Vor-
kämpfer namens Goliat aus Gat hervor. Er war
sechs Ellen und eine Spanne groß. 5 Auf seinem
Kopf hatte er einen Helm aus Bronze, und er trug
einen Schuppenpanzer aus Bronze, der fünftau-
send Schekel wog. 6 Er hatte bronzene Schienen
an den Beinen, und zwischen seinen Schultern
hing ein Sichelschwert aus Bronze. 7 Der Schaft
seines Speeres war (so dick) wie ein Weberbaum,
und die eiserne Speerspitze wog sechshundert
Schekel. Sein Schildträger ging vor ihm her. 8 Go-
liat trat vor und rief zu den Reihen der Israeliten
hinüber: Warum seid ihr ausgezogen und habt
euch zum Kampf aufgestellt? Bin ich nicht ein Phi-
lister, und seid ihr nicht die Knechte Sauls? Wählt
euch doch einen Mann aus! Er soll zu mir herun-
terkommen. 9 Wenn er mich im Kampf erschlagen
kann, wollen wir eure Knechte sein. Wenn ich
ihm aber überlegen bin und ihn erschlage, dann
sollt ihr unsere Knechte sein und uns dienen.
10 Und der Philister sagte weiter: Heute habe ich
die Reihen Israels verhöhnt (und gesagt): Schickt
mir doch einen Mann, damit wir gegeneinander
kämpfen können. 11 Als Saul und ganz Israel diese
Worte des Philisters hörten, erschraken sie und
hatten große Angst.
12 David war der Sohn eines Efratiters namens
Isai aus Betlehem in Juda, der acht Söhne hatte.
Zur Zeit Sauls war Isai bereits alt und betagt. 13 Die
drei ältesten Söhne Isais waren zusammen mit
Saul in den Krieg gezogen. Seine drei Söhne, die
mit in den Krieg gezogen waren, hießen Eliab – er
war der Erstgeborene –, der zweite Abinadab, der
dritte Schima. 14 Die drei Ältesten waren Saul ge-
folgt. David aber war der jüngste. 15 David kehrte

vom Kirche

öfters vom Hof Sauls nach Betlehem zurück, um
die Schafe seines Vaters zu hüten.
16 Der Philister kam jeden Morgen und Abend
und stellte sich kampfbereit hin – vierzig Tage
lang. 17 Eines Tages sagte Isai zu seinem Sohn Da-
vid: Nimm für deine Brüder ein Efa von diesem
gerösteten Korn und diese zehn Brote, und lauf
damit zu ihnen ins Lager. 18 Und diese zehn Käse
bring dem Obersten der Tausendschaft! Sieh
nach, ob es deinen Brüdern gut geht, und laß dir
ein Pfand (als Lebenszeichen) von ihnen geben!
19 Saul ist mit ihnen und all den anderen Israeliten
im Terebinthental, und sie kämpfen gegen die Phi-
lister. 20 David brach früh am Morgen auf, überließ
die Herde einem Wächter, lud die Sachen auf und
ging, wie es ihm Isai befohlen hatte. Als er zur
Wagenburg kam, rückte das Heer gerade in
Schlachtordnung aus und ließ den Kampfruf er-
schallen. 21 Israel und die Philister stellten sich,
Reihe gegen Reihe, zum Kampf auf. 22 David legte
das Gepäck ab, überließ es dem Wächter des Tros-
ses und lief zur Schlachtreihe. Er ging zu seinen
Brüdern und fragte, wie es ihnen gehe. 23 Wäh-
rend er noch mit ihnen redete, trat gerade aus den
Reihen der Philister ihr Vorkämpfer, der Philister
namens Goliat aus Gat, hervor; er rief die ge-
wohnten Worte, und David hörte es. 24 Als die Is-
raeliten den Mann sahen, hatten sie alle große
Angst vor ihm und flohen. 25 Sie sagten: Habt ihr
gesehen, wie dieser Mann daherkommt? Er
kommt doch nur, um Israel zu verhöhnen. Wer
ihn erschlägt, den wird der König sehr reich ma-
chen; er wird ihm seine Tochter geben, und seine
Familie wird er von allen Steuern in Israel be-
freien. 26 David fragte die Männer, die bei ihm
standen: Was wird man für den Mann tun, der
diesen Philister erschlägt und die Schande von Is-
rael wegnimmt? Wer ist denn dieser unbeschnit-
tene Philister, daß er die Schlachtreihen des le-
bendigen Gottes verhöhnen darf? 27 Die Leute
antworteten ihm dasselbe: Das und das wird man
dem tun, der ihn erschlägt. 28 Sein ältester Bruder
Eliab hörte, wie er mit den Männern redete, und
er wurde zornig auf David. Er sagte: Wozu bist du
denn hergekommen? Wem hast du denn die paar
Schafe in der Wüste überlassen? Ich kenne doch
deine Keckheit und die Bosheit in dir. Du bist nur
hergekommen, um den Kampf zu sehen. 29 David
erwiderte: Was habe ich denn jetzt wieder getan?
Ich habe doch nur gefragt. 30 Dann wandte er sich
von ihm ab und einem anderen zu und fragte ihn
dasselbe. Die Leute antworteten ihm wie beim er-
stenmal.
31 Als bekannt wurde, was David gesagt hatte,
berichtete man davon auch in Sauls Umgebung,
und Saul ließ ihn holen. 32 David sagte zu Saul:
Niemand soll wegen des Philisters den Mut sin-
ken lassen. Dein Knecht wird hingehen und mit
diesem Philister kämpfen. 33 Saul erwiderte ihm:
Du kannst nicht zu diesem Philister hingehen,
um mit ihm zu kämpfen; du bist zu jung, er aber
ist ein Krieger seit seiner Jugend. 34 David sagte zu
Saul: Dein Knecht hat für seinen Vater die Schafe
gehütet. Wenn ein Löwe oder ein Bär kam und
ein Lamm aus der Herde wegschleppte, 35 lief ich
hinter ihm her, schlug auf ihn ein und riß das Tier
aus seinem Maul. Und wenn er sich dann gegen
mich aufrichtete, packte ich ihn an der Mähne
und schlug ihn tot. 36 Dein Knecht hat den Löwen
und den Bären erschlagen, und diesem unbe-
schnittenen Philister soll es genauso ergehen wie
ihnen, weil er die Schlachtreihen des lebendigen
Gottes verhöhnt hat. 37 Und David sagte weiter:
Der Herr, der mich aus der Gewalt des Löwen
und des Bären gerettet hat, wird mich auch aus
der Gewalt dieses Philisters retten. Da antwortete
Saul David: Geh, der Herr sei mit dir. 38 Und Saul
zog David seine Rüstung an; er setzte ihm einen
bronzenen Helm auf den Kopf und legte ihm sei-
nen Panzer an, 39 und über der Rüstung hängte er
ihm sein Schwert um. David versuchte (in der Rü-
stung) zu gehen, aber er war es nicht gewohnt.
Darum sagte er zu Saul: Ich kann in diesen Sa-
chen nicht gehen, ich bin nicht daran gewöhnt.
Und er legte sie wieder ab, 40 nahm seinen Stock
in die Hand, suchte sich fünf glatte Steine aus dem
Bach und legte sie in die Hirtentasche, die er bei
sich hatte (und) die (ihm als) Schleudersteinta-
sche (diente). Die Schleuder in der Hand, ging er
auf den Philister zu.
41 Der Philister kam immer näher an David
heran; sein Schildträger schritt vor ihm her. 42 Voll
Verachtung blickte der Philister David an, als er
ihn sah; denn David war noch sehr jung, er war
blond und von schöner Gestalt. 43 Der Philister
sagte zu David: Bin ich denn ein Hund, daß du mit
einem Stock zu mir kommst? Und er verfluchte
David bei seinen Göttern.
44 Er rief David zu: Komm nur her zu mir, ich
werde dein Fleisch den Vögeln des Himmels

◁ 20 | *Dort setzte er sich unter einen Ginsterstrauch (1 Kön 19)*

und den wilden Tieren (zum Fraß) geben. 45 Da-
vid antwortete dem Philister: Du kommst zu mir
mit Schwert, Speer und Sichelschwert, ich aber
komme zu dir im Namen des Herrn der Heere,
des Gottes der Schlachtreihen Israels, den du
verhöhnt hast. 46 Heute wird dich der Herr mir
ausliefern. Ich werde dich erschlagen und dir
den Kopf abhauen. Die Leichen des Heeres der
Philister werde ich noch heute den Vögeln des
Himmels und den wilden Tieren (zum Fraß) ge-
ben. Alle Welt soll erkennen, daß Israel einen
Gott hat. 47 Auch alle, die hier versammelt sind,
sollen erkennen, daß der Herr nicht durch
Schwert und Speer Rettung verschafft; denn es
ist ein Krieg des Herrn, und er wird euch in un-
sere Gewalt geben. 48 Als der Philister weiter
vorrückte und immer näher an David herankam,
lief auch David von der Schlachtreihe (der Israeli-
ten) aus schnell dem Philister entgegen. 49 Er griff
in seine Hirtentasche, nahm einen Stein heraus,
schleuderte ihn ab und traf den Philister an der
Stirn. Der Stein drang in die Stirn ein, und der
Philister fiel mit dem Gesicht zu Boden. 50 So be-
siegte David den Philister mit einer Schleuder
und einem Stein; er traf den Philister und tötete
ihn, ohne ein Schwert in der Hand zu haben.
51 Dann lief David hin und trat neben den Phili-
ster. Er ergriff sein Schwert, zog es aus der
Scheide, schlug ihm den Kopf ab und tötete ihn.
Als die Philister sahen, daß ihr starker Mann tot
war, flohen sie. 52 Die Männer von Israel und
Juda aber griffen an, erhoben das Kriegsgeschrei
und verfolgten die Philister bis nach Gat und bis
vor die Tore von Ekron. Von Schaarajim bis nach
Gat und Ekron lagen die erschlagenen Philister
am Weg. 53 Nach der Verfolgung kehrten die Is-
raeliten zurück und plünderten das Lager der
Philister. 54 David nahm den Kopf des Philisters
und brachte ihn nach Jerusalem. Goliats Waffen
aber legte er in sein Zelt.

55 Als Saul David dem Philister entgegengehen
sah, sagte er zu Abner, seinem Heerführer: Ab-
ner, wessen Sohn ist der junge Mann? Abner
antwortete: So wahr du lebst, König, ich weiß es
nicht. 56 Der König sagte: Dann erkundige dich,
wessen Sohn der Knabe ist. 57 Als David zurück-
kehrte, nachdem er den Philister erschlagen
hatte, nahm ihn Abner mit und führte ihn zu Saul.
David hatte den Kopf des Philisters noch in der
Hand. 58 Saul fragte ihn: Wessen Sohn bist du, jun-
ger Mann? David antwortete: Der Sohn deines
Knechtes Isai aus Betlehem.

Jonatans Freundschaft mit David

18 Nach dem Gespräch Davids mit Saul
schloß Jonatan David in sein Herz. Und
Jonatan liebte David wie sein eigenes Leben.
2 Saul behielt David von jenem Tag an bei sich und
ließ ihn nicht mehr in das Haus seines Vaters
zurückkehren. 3 Jonatan schloß mit David einen
Bund, weil er ihn wie sein eigenes Leben liebte.
4 Er zog den Mantel, den er anhatte, aus und gab
ihn David, ebenso seine Rüstung, sein Schwert,
seinen Bogen und seinen Gürtel. 5 David zog ins
Feld, und überall, wohin Saul ihn schickte, hatte
er Erfolg, so daß Saul ihn an die Spitze seiner Krie-
ger stellte. David war beim ganzen Volk und bei
den Dienern Sauls beliebt. 6 Als sie nach Davids
Sieg über den Philister heimkehrten, zogen die
Frauen aus allen Städten Israels König Saul sin-
gend und tanzend mit Handpauken, Freudenru-
fen und Zimbeln entgegen. 7 Die Frauen spielten
und riefen voll Freude:

Saul hat Tausend erschlagen, / David aber Zehn-
tausend.

8 Saul wurde darüber sehr zornig. Das Lied miß-
fiel ihm, und er sagte: David geben sie Zehntau-
send, mir aber geben sie nur Tausend. Jetzt fehlt
ihm nur noch die Königswürde. 9 Von diesem Tag
an war Saul gegen David voll Argwohn.

Sauls Feindschaft gegen David

10 Am folgenden Tag kam über Saul wieder ein bö-
ser Gottesgeist, so daß er in seinem Haus in Rase-
rei geriet. David aber spielte wie jeden Tag. Saul
hatte den Speer in der Hand. 11 Saul dachte: Ich
will David an die Wand spießen!, und schleuderte
den Speer, aber David wich ihm zweimal aus.
12 Und Saul begann sich vor David zu fürchten,
weil der Herr mit David war, Saul aber verlassen
hatte. 13 Darum entfernte Saul David aus seiner
Umgebung und machte ihn zum Obersten einer
Tausendschaft. So zog David an der Spitze der
Leute hinaus (in den Krieg) und wieder heim.
14 David hatte Erfolg, wohin ihn auch sein Weg
führte, und der Herr war mit ihm. 15 Als Saul sah,
daß David sehr erfolgreich war, bekam er noch
mehr Angst vor ihm. 16 Ganz Israel und Juda aber
liebte David, weil er an ihrer Spitze hinaus (in den
Krieg) und wieder heimzog.

17 Saul sagte zu David: Hier ist meine älteste Tochter Merab. Ich will sie dir zur Frau geben, wenn du dich mir als tapfer erweist und die Kriege des Herrn führst. Saul dachte nämlich: Ich will nicht meine Hand gegen ihn erheben; das sollen die Philister tun. 18 David antwortete Saul: Wer bin ich denn, und was ist schon meine Sippe und die Verwandtschaft meines Vaters in Israel, daß ich der Schwiegersohn des Königs werden sollte? 19 Als aber dann die Zeit kam, in der Sauls Tochter Merab David zur Frau gegeben werden sollte, wurde sie Adriël aus Mehola zur Frau gegeben. 20 Sauls Tochter Michal liebte David; dies teilte man Saul mit. Es war ihm recht; 21 denn er sagte sich: Ich will sie ihm geben; sie soll ihm zum Verhängnis werden, so daß er den Philistern in die Hände fällt. Saul sagte zu David: Heute in zwei Jahren kannst du mein Schwiegersohn werden. 22 Seinen Dienern aber befahl Saul: Redet heimlich mit David und sagt: Du siehst, daß der König Gefallen an dir hat und daß alle seine Diener dich gern haben; du könntest sofort der Schwiegersohn des Königs werden. 23 Sauls Diener redeten also in dieser Weise mit David. David aber erwiderte: Scheint es euch so leicht zu sein, der Schwiegersohn des Königs zu werden? Ich bin doch ein armer und geringer Mann. 24 Die Diener berichteten Saul: Das und das hat David gesagt. 25 Saul antwortete: So sollt ihr David sagen: Der König möchte keine andere Brautgabe als die Vorhäute von hundert Philistern, um an den Feinden des Königs Rache zu nehmen. Saul plante nämlich, David den Philistern in die Hände fallen zu lassen. 26 Seine Diener berichteten David, was Saul gesagt hatte, und es war David recht, daß er so der Schwiegersohn des Königs werden sollte. Die gesetzte Frist war noch nicht um, 27 als David sich auf den Weg machte und mit seinen Leuten zog; er erschlug zweihundert von den Philistern, brachte ihre Vorhäute zum König und legte sie vollzählig vor ihn hin, um sein Schwiegersohn zu werden. Und Saul gab ihm seine Tochter Michal zur Frau. 28 Als Saul immer deutlicher erkannte, daß der Herr mit David war und daß seine Tochter Michal ihn liebte, 29 fürchtete er sich noch mehr vor David. So wurde Saul für alle Zeit zum Feind Davids.

30 Die Fürsten der Philister zogen (immer wieder) in den Kampf; sooft sie aber ausrückten, hatte David mehr Erfolg als alle anderen Diener Sauls, so daß sein Name immer mehr galt.

Jonatans Vermittlung

19 Saul redete vor seinem Sohn Jonatan und vor allen seinen Dienern davon, daß er David töten wolle. Sauls Sohn Jonatan aber hatte David sehr gern; 2 deshalb berichtete er David davon und sagte: Mein Vater Saul will dich töten. Nimm dich also morgen früh in acht, verbirg dich in einem Versteck! 3 Ich aber will zusammen mit meinem Vater auf das Feld hinausgehen; dort, wo du dich versteckt hältst, werde ich stehenbleiben und mit meinem Vater über dich reden, und wenn ich etwas erfahre, werde ich dir Bescheid geben. 4 Jonatan redete also zugunsten Davids mit seinem Vater und sagte zu ihm: Der König möge sich doch nicht an seinem Knecht David versündigen; denn er hat sich ja auch nicht an dir versündigt, und seine Taten sind für dich sehr nützlich gewesen. 5 Er hat sein Leben aufs Spiel gesetzt und den Philister erschlagen. Der Herr hat (durch ihn) ganz Israel viel Hilfe gebracht. Du hast es selbst gesehen und dich darüber gefreut. Warum willst du dich nun versündigen und unschuldiges Blut vergießen, indem du David ohne jeden Grund tötest? 6 Saul hörte auf Jonatan und schwor: So wahr der Herr lebt: David soll nicht umgebracht werden. 7 Jonatan rief David und berichtete ihm alles. Dann führte Jonatan David zu Saul, und David war wieder in Sauls Dienst wie vorher.

Davids Flucht

8 Der Krieg ging weiter, und David zog wieder gegen die Philister in den Kampf. Er brachte ihnen eine schwere Niederlage bei, und sie ergriffen die Flucht.

9 Doch wieder kam vom Herrn ein böser Geist über Saul, während er in seinem Haus saß und den Speer in der Hand hielt und David auf der Zither spielte. 10 Da versuchte Saul, David mit dem Speer an die Wand zu spießen; aber er wich Saul aus, so daß der Speer in die Wand fuhr. David floh und brachte sich in Sicherheit. Noch in derselben Nacht 11 schickte Saul Boten zum Haus Davids, die ihm auflauern und ihn am nächsten Morgen töten sollten. Doch Michal, Davids Frau, warnte ihn und sagte: Wenn du dich nicht noch in dieser Nacht in Sicherheit bringst, wirst du morgen früh umgebracht. 12 Michal ließ David durch das Fenster hinab, so daß er fliehen und sich in Sicherheit bringen konnte. 13 Dann nahm Michal das Götter-

bild, legte es in Davids Bett, umgab seinen Kopf mit einem Geflecht von Ziegenhaaren und deckte es mit einem Kleidungsstück zu. 14 Als nun Saul die Boten schickte, die David holen sollten, sagte sie: Er ist krank. 15 Saul schickte die Boten (zurück), um nach David zu sehen, und befahl: Bringt ihn im Bett zu mir her; er soll umgebracht werden. 16 Als die Boten kamen, entdeckten sie im Bett ein Götterbild mit einem Geflecht von Ziegenhaaren um den Kopf. 17 Da sagte Saul zu Michal: Warum hast du mich so betrogen und meinen Feind entkommen lassen, so daß er sich in Sicherheit bringen konnte? Michal antwortete Saul: Er hat zu mir gesagt: Laß mich weggehen, sonst bringe ich dich um. 18 David floh also und brachte sich in Sicherheit. Er kam zu Samuel nach Rama und erzählte ihm alles, was Saul ihm angetan hatte. Dann ging er zusammen mit Samuel ins Prophetenhaus, und beide blieben dort. 19 Als man nun Saul berichtete: David ist in Rama, und zwar im Prophetenhaus!, 20 da schickte Saul Boten, um David holen zu lassen. Sobald sie die Schar der Propheten mit Samuel an ihrer Spitze in prophetischer Verzückung sahen, kam der Geist Gottes auch über die Boten Sauls, und auch sie gerieten in Verzückung. 21 Als man Saul das meldete, schickte er andere Boten; aber auch sie gerieten in Verzückung. Da schickte er zum drittenmal Boten; doch auch sie gerieten in Verzückung. 22 Darauf ging er selbst nach Rama. Als er zu der großen Zisterne in Sechu kam, fragte er: Wo sind Samuel und David? Man antwortete ihm: Sie sind gerade im Prophetenhaus in Rama. 23 Als er von dort zum Prophetenhaus in Rama weiterging, kam auch über ihn der Geist Gottes, und er ging in prophetischer Verzückung weiter, bis er zum Prophetenhaus in Rama kam. 24 Er zog sogar seine Kleider aus und blieb auch in Samuels Gegenwart in Verzückung. Den ganzen Tag und die ganze Nacht über lag er nackt da. Deshalb sagt man: Ist denn auch Saul unter den Propheten?

Jonatans Beistand für David

20 David floh aus dem Prophetenhaus in Rama, ging zu Jonatan und hielt ihm vor: Was habe ich denn getan? Was ist meine Schuld? Was habe ich gegen deinen Vater verbrochen, daß er mir nach dem Leben trachtet? 2 Jonatan antwortete ihm: Das ist undenkbar. Du wirst nicht sterben. Du weißt doch: Mein Vater tut nichts Wichtiges oder Unwichtiges, ohne es mir zu offenbaren. Warum sollte mein Vater gerade das vor mir verheimlichen? Nein, das kann nicht sein. 3 David aber beteuerte nochmals: Dein Vater weiß genau, daß ich dein Wohlwollen gefunden habe, und sagt sich: Jonatan soll das nicht wissen, sonst wird er betrübt. Aber, so wahr der Herr lebt und so wahr du selbst lebst: Zwischen mir und dem Tod liegt nur ein Schritt. 4 Jonatan fragte David: Was meinst du? Was könnte ich für dich tun? 5 David antwortete Jonatan: Du weißt doch, morgen ist Neumond. Da müßte ich unbedingt am Mahl des Königs teilnehmen. Laß mich fortgehen, damit ich mich bis übermorgen abend auf dem Feld versteckt halte. 6 Wenn dein Vater mich vermißt, dann sag: David hat mich dringend gebeten, in seine Heimatstadt Betlehem gehen zu dürfen, weil dort das jährliche Opfer für die ganze Sippe stattfindet. 7 Wenn er dann sagt: Gut!, dann steht es günstig für deinen Knecht. Wenn er aber in heftigen Zorn gerät, dann kannst du daran erkennen, daß das Unheil von ihm beschlossen ist. 8 Zeig deinem Knecht also deine Freundschaft; denn du hast mit deinem Knecht einen Bund vor dem Herrn geschlossen. Wenn ich Schuld auf mich geladen habe, dann töte mich gleich! Warum willst du mich erst zu deinem Vater bringen? 9 Jonatan antwortete: Das darf nicht mit dir geschehen. Sobald ich sicher weiß, daß mein Vater beschlossen hat, Unheil über dich zu bringen, werde ich es dir auf jeden Fall mitteilen.

10 David aber fragte Jonatan: Wer wird mir die Nachricht bringen, wenn dir dein Vater etwa eine schroffe Antwort gibt? 11 Jonatan sagte zu David: Komm, wir wollen aufs Feld hinausgehen. Beide gingen aufs Feld hinaus. 12 Und Jonatan sagte zu David: Beim Herrn, dem Gott Israels: Wenn ich morgen oder übermorgen um diese Zeit bei meinem Vater in Erfahrung bringe, daß es gut für David steht, dann werde ich jemand schicken und es dir sagen lassen. 13 Der Herr möge Jonatan dies und das antun: Wenn mein Vater Böses gegen dich im Sinn hat, werde ich es dir sagen und werde dich in Frieden gehen lassen. Der Herr möge mit dir sein, wie er mit meinem Vater gewesen ist. 14 Nicht wahr, wenn ich dann noch am Leben bin, wirst du entsprechend der Huld des Herrn an mir handeln. Wenn ich aber umkomme, 15 dann entzieh meinem Haus niemals deine Gunst, selbst wenn der Herr jeden der Feinde Da-

vids auf dem Erdboden ausrottet. 16 So schloß Jo-
natan einen Bund mit dem Haus David. – Der
Herr halte sich schadlos an Davids Feinden. –
17 Und Jonatan ließ auch David bei seiner Liebe zu
ihm schwören; denn er liebte ihn wie sein eige-
nes Leben. 18 Dann sagte Jonatan zu ihm: Morgen
ist Neumond. Du wirst vermißt werden; denn
man wird deinen Platz beobachten. 19 Übermor-
gen aber geh weit hinab, an den Ort, wo du dich
am Tag der Tat versteckt hattest, und setz dich ne-
ben den Stein dort. 20 Ich werde dann drei Pfeile in
seine Nähe schießen, als ob ich ein Ziel treffen
wollte. 21 Dann gib acht: Ich schicke meinen Die-
ner (und sage zu ihm): Geh, such nach den Pfei-
len! Wenn ich dem Diener ausdrücklich sage: Paß
auf, die Pfeile liegen von dir aus herwärts, hol sie!,
dann komm, denn es steht günstig für dich, und
es liegt nichts vor, so wahr der Herr lebt. 22 Wenn
ich aber zu dem jungen Mann sage: Paß auf, die
Pfeile liegen von dir aus weiter draußen!, dann
geh weg, denn der Herr schickt dich fort. 23 Für
diese Vereinbarung, die wir, ich und du, getroffen
haben, soll der Herr auf ewig mein und dein
Zeuge sein. 24 Daraufhin versteckte sich David auf
dem Feld.

So kam der Neumond, und der König setzte sich
zu Tisch, um das Mahl zu halten. 25 Er setzte sich
wie jedesmal auf seinen gewohnten Platz an der
Wand; Jonatan saß ihm gegenüber, und Abner
saß an Sauls Seite. Davids Platz aber blieb leer.
26 Saul sagte an diesem Tag nichts, denn er dachte:
Es ist ihm etwas zugestoßen, was ihn unrein sein
läßt; sicher ist er nicht rein. 27 Als aber am zweiten
Tag, dem Tag nach dem Neumond, der Platz Da-
vids wieder leer blieb, sagte Saul zu seinem Sohn
Jonatan: Warum ist der Sohn Isais gestern und
heute nicht zum Essen gekommen? 28 Jonatan ant-
wortete Saul: David hat mich dringend gebeten,
nach Betlehem gehen zu dürfen. 29 Er sagte: Laß
mich gehen; denn in der Stadt findet ein Opfer un-
serer Sippe statt. Mein Bruder selbst hat mich auf-
gefordert (zu kommen). Wenn ich dein Wohlwol-
len gefunden habe, dann möchte ich jetzt gehen
und meine Brüder wiedersehen. Deswegen ist
David nicht an den Tisch des Königs gekommen.
30 Da wurde Saul zornig über Jonatan und sagte:
Du Sohn eines entarteten und aufsässigen Wei-
bes! Ich weiß sehr gut, daß du dich zu deiner ei-
genen Schande und zur Schande des Schoßes dei-
ner Mutter für den Sohn Isais entschieden hast.
31 Doch solange der Sohn Isais auf Erden lebt, wirst
weder du noch dein Königtum Bestand haben.
Schick also sofort jemand hin, und laß ihn holen;
denn er ist ein Kind des Todes. 32 Jonatan antwor-
tete seinem Vater Saul: Warum soll er umgebracht
werden? Was hat er getan? 33 Da schleuderte Saul
den Speer gegen ihn, um ihn zu töten. Nun
wußte Jonatan, daß sein Vater beschlossen hatte,
David umzubringen. 34 Voll Zorn stand er vom
Tisch auf und aß an diesem zweiten Neumondtag
nichts; denn er war bekümmert wegen David,
weil sein Vater ihn beschimpft hatte.

35 Am nächsten Morgen ging Jonatan, wie er mit
David verabredet hatte, aufs Feld hinaus, und ein
junger Diener war bei ihm. 36 Er sagte zu dem Die-
ner: Lauf, such die Pfeile, die ich abschieße. Der
Diener lief, und er schoß einen Pfeil über ihn hin-
aus. 37 Als der Diener an die Stelle kam, wohin Jo-
natan den Pfeil geschossen hatte, rief Jonatan dem
Diener nach: Liegt der Pfeil von dir aus nicht noch
weiter draußen? 38 Und er rief dem Diener nach:
Beeil dich, schnell, bleib nicht stehen! Der Diener
Jonatans hob den Pfeil auf und kam zu seinem
Herrn zurück. 39 Der Diener aber ahnte nichts; nur
Jonatan und David wußten von der Vereinbarung.
40 Jonatan gab dem Diener, den er bei sich hatte,
seine Waffen und sagte zu ihm: Geh, bring sie in
die Stadt! 41 Als der Diener heimgegangen war,
verließ David sein Versteck neben dem Stein,
warf sich mit dem Gesicht zur Erde nieder und
verneigte sich dreimal tief (vor Jonatan). Dann
küßten sie einander, und beide weinten. David
hörte nicht auf zu weinen, 42 und Jonatan sagte zu
ihm: Geh in Frieden! Für das, was wir beide uns
im Namen des Herrn geschworen haben, sei der
Herr zwischen mir und dir, zwischen meinen
und deinen Nachkommen auf ewig Zeuge.

David bei Ahimelech

21 Dann brach David auf und ging weg, Jo-
natan aber begab sich in die Stadt zurück.
2 David gelangte nach Nob zu dem Priester
Ahimelech. Ahimelech kam David aufgeregt ent-
gegen und fragte ihn: Warum bist du allein und
hast niemand bei dir? 3 David antwortete dem
Priester Ahimelech: Der König hat mir einen Auf-
trag gegeben und zu mir gesagt: Niemand darf et-
was von der Angelegenheit erfahren, in der ich
dich sende und mit der ich dich beauftrage.
Darum habe ich meine Leute an einen bestimm-

ten Ort bestellt. 4 Hast du vielleicht etwas zur
Hand für mich? Fünf Brote vielleicht? Dann gib sie
mir, oder gib mir, was du sonst finden kannst.
5 Der Priester gab David Antwort und sagte: Ge-
wöhnliches Brot habe ich nicht zur Hand, nur hei-
liges Brot ist da; aber dann müssen sich die jun-
gen Männer von Frauen ferngehalten haben.
6 David antwortete dem Priester: Wir haben uns
schon gestern und vorgestern von Frauen fernge-
halten. Als ich auszog, waren die Waffen der jun-
gen Männer geheiligt; wenn dies auch ein ge-
wöhnlicher Marsch ist, so wird er doch durch die
Waffen geheiligt. 7 Da gab ihm der Priester heiliges
Brot, denn es gab dort nur die Schaubrote, die
man von (dem Tisch) vor dem Angesicht des
Herrn entfernt, um an dem Tag, an dem sie weg-
genommen werden, frisches Brot aufzulegen.
8 Damals hielt sich dort im Heiligtum des Herrn ge-
rade einer von den Knechten Sauls auf, ein Edo-
miter namens Doëg; er war der Oberste von Sauls
Hirten. 9 David fragte Ahimelech: Hast du einen
Speer oder ein Schwert zur Hand? Denn ich
konnte weder mein Schwert noch andere Waffen
mitnehmen, weil der Auftrag des Königs so drin-
gend war. 10 Der Priester antwortete: Das Schwert
des Philisters Goliat, den du im Terebinthental er-
schlagen hast, liegt hier, in einem Mantel einge-
wickelt, hinter dem Efod. Wenn du es nehmen
willst, nimm es! Außer diesem gibt es keines hier.
David sagte: Kein anderes kommt ihm gleich; gib
es mir!

David in Gat, Adullam und Mizpe

11 David brach noch am gleichen Tag auf und floh
vor Saul. Er kam zu Achisch, dem König von Gat.
12 Doch die Diener des Achisch sagten zu ihrem
Herrn: Ist das nicht David, der König des Landes?
Ist das nicht der, von dem man beim Reigentanz
gesungen hat: Saul hat Tausend erschlagen, David
aber Zehntausend? 13 David nahm sich diese
Worte zu Herzen, und er fürchtete sich sehr vor
Achisch, dem König von Gat. 14 Darum verstellte
er sich vor ihnen und tat in ihrer Gegenwart so,
als sei er wahnsinnig; er kritzelte auf die Flügel
des Tores und ließ sich den Speichel in den Bart
laufen. 15 Achisch sagte zu seinen Dienern: Seht
ihr nicht, daß der Mann verrückt ist? Warum
bringt ihr ihn zu mir? 16 Gibt es bei mir nicht schon
genug Verrückte, so daß ihr auch noch diesen
Mann zu mir herbringt, damit er bei mir verrückt
spielt? Soll der etwa auch noch in mein Haus
kommen?

22 Darum ging David von dort weg und
brachte sich in der Höhle von Adullam in
Sicherheit. Als seine Brüder und seine Familie da-
von hörten, kamen sie zu ihm hinab. 2 Auch
schlossen sich ihm viele Männer an, die unter
Druck standen, sowie alle möglichen Leute, die
Schulden hatten oder verbittert waren, und er
wurde ihr Anführer. So waren etwa vierhundert
Mann um ihn. 3 Von dort zog David nach Mizpe-
Moab und sagte zum König von Moab: Mein Va-
ter und meine Mutter möchten (von zu Hause)
wegziehen und bei euch bleiben, bis ich weiß,
was Gott mit mir vorhat. 4 So brachte er seine El-
tern zum König von Moab, und sie blieben bei
ihm, solange David sich in den unzugänglichen
Bergen aufhielt. 5 Der Prophet Gad aber sagte zu
David: Bleib nicht in den Bergen, sondern zieh
weg, und geh wieder ins Land Juda! Und David
zog weg und kam nach Jaar-Heret.

Sauls Rache an den Priestern von Nob

6 Saul hörte, David und die Männer, die er bei sich
hatte, seien entdeckt worden. Er saß gerade in Gi-
bea unter der Tamariske auf der Höhe. Er hatte
den Speer in der Hand, und alle seine Diener stan-
den um ihn herum. 7 Da sagte Saul zu seinen Die-
nern, die um ihn standen: Hört her, ihr Benjami-
niter! Euch allen wird wohl der Sohn Isais Felder
und Weinberge geben und euch zu Obersten von
Tausendschaften und Hundertschaften machen,
8 weil ihr euch alle gegen mich verschworen habt.
Keiner hat mir etwas davon gesagt, als mein Sohn
einen Bund mit dem Sohn Isais schloß, und kei-
nem tat es leid um mich, so daß er mir mitgeteilt
hätte, daß mein Sohn meinen Knecht dazu ange-
stiftet hat, mir aufzulauern, wie es jetzt der Fall ist.
9 Da antwortete der Edomiter Doëg, der bei den
Dienern Sauls stand: Ich habe den Sohn Isais ge-
sehen, wie er gerade nach Nob zu Ahimelech,
dem Sohn Ahitubs, kam. 10 Ahimelech befragte für
ihn den Herrn und gab ihm Verpflegung; auch das
Schwert des Philisters Goliat gab er ihm.

11 Darauf schickte der König jemand hin und ließ
den Priester Ahimelech, den Sohn Ahitubs, rufen,
sowie alle vom Haus seines Vaters, die Priester
von Nob. Als sie alle zum König gekommen wa-
ren, 12 sagte Saul: Hör her, Sohn Ahitubs! Er ant-
wortete: Hier bin ich, mein Herr. 13 Saul sagte zu

ihm: Warum habt ihr euch gegen mich ver-
schworen, du und der Sohn Isais? Du hast ihm
doch Brot und ein Schwert gegeben und für ihn
Gott befragt, so daß er sich gegen mich erheben
und mir auflauern kann, wie es heute der Fall ist.
14 Ahimelech erwiderte dem König: Wer hat sich
denn von allen deinen Dienern so sehr bewährt
wie David, der Schwiegersohn des Königs, der
Anführer deiner Leibwache, der in deinem Haus
hoch geehrt ist? 15 Habe ich denn erst heute be-
gonnen, für ihn Gott zu befragen? Keineswegs!
Der König möge seinem Knecht und dem ganzen
Haus meines Vaters nichts unterstellen; denn
dein Knecht hat von all dem nichts gewußt, we-
der Wichtiges noch Unwichtiges. 16 Doch der Kö-
nig sagte: Du bist dem Tod verfallen, Ahimelech,
du und das ganze Haus deines Vaters. 17 Und der
König sagte den Läufern, die bei ihm standen:
Umzingelt die Priester des Herrn, und tötet sie!
Denn auch sie haben David die Hand gereicht; sie
haben gewußt, daß er auf der Flucht war, und mir
nichts davon berichtet. Aber die Diener des Kö-
nigs wollten ihre Hand nicht erheben, um die
Priester des Herrn niederzustoßen. 18 Da sagte der
König zu Doëg: Komm her, stoß du die Priester
nieder! Der Edomiter Doëg ging zu den Priestern
hin und stieß sie nieder. Er brachte an jenem Tag
fünfundachtzig Männer um, die das leinene Efod
trugen. 19 Auch die Priesterstadt Nob schlug er mit
scharfem Schwert: Die Männer und Frauen, die
Kinder und Säuglinge, die Rinder, Esel und Schafe
(erschlug er) mit scharfem Schwert. 20 Nur ein
einziger Sohn Ahimelechs, des Sohnes Ahitubs,
namens Abjatar konnte sich in Sicherheit bringen
und zu David fliehen. 21 Abjatar berichtete David,
daß Saul die Priester des Herrn umgebracht hatte.
22 Da sagte David zu Abjatar: Ich wußte schon an
jenem Tag, als der Edomiter Doëg dort war, daß er
Saul bestimmt alles berichten werde. Ich selbst
bin schuld am Tod all der Leute aus dem Haus dei-
nes Vaters. 23 Bleib bei mir, fürchte dich nicht;
denn der, der mir nach dem Leben trachtet, trach-
tet auch dir nach dem Leben; bei mir bist du in Si-
cherheit.

David in Keïla und in der Steppe Sif

23 Man berichtete David: Die Philister
kämpfen gerade gegen Keïla und plün-
dern die Scheunen. 2 Da befragte David den
Herrn: Soll ich hinziehen und diese Philister
schlagen? Der Herr antwortete David: Geh,
schlag die Philister, und rette Keïla! 3 Aber die
Männer Davids sagten: Schau, wir müssen schon
hier in Juda Angst haben, wieviel mehr erst dann,
wenn wir nach Keïla gegen die Truppen der Phi-
lister ziehen sollen. 4 David befragte daher noch
einmal den Herrn, und der Herr gab zur Antwort:
Brich auf, zieh nach Keïla hinab; denn ich werde
die Philister in deine Hand geben. 5 Darauf zog Da-
vid mit seinen Männern gegen Keïla und kämpfte
gegen die Philister. Er trieb ihre Herden weg und
brachte den Philistern eine schwere Niederlage
bei. So rettete David die Einwohner von Keïla.

6 Als Abjatar, der Sohn Ahimelechs, zu David
nach Keïla floh, nahm er auch das Efod mit. 7 Saul
aber wurde berichtet, daß David in Keïla war.
Und Saul sagte: Gott hat ihn mir ausgeliefert; er
hat sich selbst gefangen, indem er in eine Stadt
mit Tor und Riegel gegangen ist. 8 Saul bot das
ganze Volk zum Kampf auf, um nach Keïla hinab-
zuziehen und David und seine Männer zu bela-
gern. 9 Als David merkte, daß Saul Böses gegen
ihn im Schild führte, sagte er zu dem Priester Ab-
jatar: Bring das Efod her! 10 Dann sprach David:
Herr, Gott Israels, dein Knecht hat gehört, daß
Saul beabsichtigt, nach Keïla zu kommen, um die
Stadt meinetwegen zu vernichten. 11 Werden die
Bürger von Keïla mich ihm ausliefern? Wird Saul
herabkommen, wie dein Knecht gehört hat? Herr,
Gott Israels, teile es deinem Knecht mit! Der Herr
antwortete: Er wird herabkommen. 12 David fragte
weiter: Werden die Bürger von Keïla mich und
meine Männer an Saul ausliefern? Der Herr ant-
wortete: Sie werden euch ausliefern. 13 Da brach
David mit seinen Männern auf, etwa sechshun-
dert Mann. Sie verließen Keïla und streiften um-
her, wie es sich gerade ergab. Als Saul berichtet
wurde, daß David aus Keïla entkommen war, ließ
er von seinem Plan ab und rückte nicht aus.

14 David setzte sich in der Steppe auf Bergfestun-
gen fest; er ließ sich in den Bergen der Steppe Sif
nieder. Saul suchte ihn die ganze Zeit, aber Gott
gab ihn nicht in seine Hand. 15 David aber wußte,
daß Saul ausgezogen war, weil er ihm nach dem
Leben trachtete.

Als David in Horescha in der Steppe Sif war,
16 brach Jonatan, der Sohn Sauls, auf und ging zu
David nach Horescha; er stärkte Davids Vertrauen
auf Gott. 17 Er sagte zu ihm: Fürchte dich nicht; die
Hand meines Vaters Saul wird dich nicht errei-

chen. Du wirst König über Israel sein, und ich
werde der Zweite nach dir sein. Auch mein Vater
Saul weiß das. [18] Und die beiden schlossen vor
dem Herrn (erneut) einen Bund. David blieb in
Horescha, und Jonatan ging wieder nach Hause.

[19] Einige Sifiter gingen zu Saul nach Gibea hinauf
und berichteten ihm: David hat sich bei uns auf
den Bergfestungen bei Horescha versteckt, und
zwar auf der Anhöhe von Hachila südlich von
Jeschimon. [20] Wenn es dir, König, beliebt, herabzu-
kommen, dann komm! Es wird dann unsere Sa-
che sein, ihn dem König auszuliefern. [21] Saul erwi-
derte: Gesegnet seid ihr vom Herrn, weil ihr
Mitleid mit mir habt. [22] Geht, haltet euch bereit,
forscht nach, und merkt euch den Ort, wo er sich
aufhält, und wer ihn dort gesehen hat; denn man
hat mir gesagt, er sei schlau. [23] Beobachtet und er-
kundet alle Schlupfwinkel, in denen er sich ver-
stecken könnte. Wenn ihr sichere Angaben habt,
kehrt zu mir zurück; dann werde ich mit euch ge-
hen. Wenn er wirklich im Land ist, werde ich ihn
unter allen Tausendschaften Judas aufspüren.
[24] Sie brachen auf und zogen vor Saul her nach Sif.
David aber und seine Männer waren in der Steppe
Maon, in der Araba südlich von Jeschimon. [25] Saul
und seine Männer machten sich auf die Suche.
Als man das David meldete, zog er weiter hinun-
ter zu den Felsen in der Steppe Maon und blieb
dort. Saul hörte davon und folgte ihm in die Steppe
Maon. [26] Saul zog auf der einen Seite des Berges da-
hin, David und seine Männer auf der anderen
Seite des Berges. David versuchte, rasch von Saul
wegzukommen, während Saul und seine Männer
schon dabei waren, ihn und seine Leute zu um-
zingeln, um sie gefangenzunehmen. [27] Doch da
kam ein Bote zu Saul und sagte: Komm schnell,
die Philister sind in das Land eingefallen. [28] Saul
ließ von der Verfolgung Davids ab und zog den
Philistern entgegen. Deshalb nennt man diesen
Ort Sela-Machlekot (Fels der Trennung).

Davids Achtung vor Sauls Leben

24 Von dort zog David hinauf und setzte sich
in den schwer zugänglichen Bergen bei
En-Gedi fest. [2] Als Saul von der Verfolgung der Phi-
lister zurückkehrte, berichtete man ihm: Gib acht,
David ist in der Steppe von En-Gedi. [3] Da nahm
Saul dreitausend Mann, ausgesuchte Leute aus
ganz Israel, und zog aus, um David und seine
Männer bei den Steinbock-Felsen zu suchen.
[4] Auf seinem Weg kam er zu einigen Schafhürden.
Dort war eine Höhle. Saul ging hinein, um seine
Notdurft zu verrichten. David aber und seine
Männer saßen hinten in der Höhle. [5] Da sagten
die Männer zu David: Das ist der Tag, von dem
der Herr zu dir gesagt hat: Sieh her, ich gebe dei-
nen Feind in deine Gewalt, und du kannst mit
ihm machen, was dir richtig erscheint. Da stand
David auf und schnitt heimlich einen Zipfel von
Sauls Mantel ab. [6] Hinterher aber schlug David
das Gewissen, weil er einen Zipfel vom Mantel
Sauls abgeschnitten hatte. [7] Er sagte zu seinen
Männern: Der Herr bewahre mich davor, mei-
nem Gebieter, dem Gesalbten des Herrn, so et-
was anzutun und Hand an ihn zu legen; denn er
ist der Gesalbte des Herrn. [8] Und David fuhr seine
Leute mit scharfen Worten an und ließ nicht zu,
daß sie sich an Saul vergriffen. Als Saul die Höhle
verlassen hatte und seinen Weg fortsetzte, [9] stand
auch David auf, verließ die Höhle und rief Saul
nach: Mein Herr und König! Als Saul sich um-
blickte, verneigte sich David bis zur Erde und
warf sich (vor ihm) nieder. [10] Dann sagte David zu
Saul: Warum hörst du auf die Worte von Leuten,
die sagen: Gib acht, David will dein Verderben.
[11] Doch heute kannst du mit eigenen Augen se-
hen, daß der Herr dich heute in der Höhle in
meine Gewalt gegeben hat. Man hat mir gesagt,
ich solle dich töten; aber ich habe dich geschont.
Ich sagte: Ich will nicht die Hand an meinen
Herrn legen; denn er ist der Gesalbte des Herrn.
[12] Sieh her, mein Vater! Hier, der Zipfel deines
Mantels ist in meiner Hand. Wenn ich einen Zip-
fel deines Mantels abgeschnitten und dich nicht
getötet habe, dann kannst du erkennen und ein-
sehen, daß ich weder Bosheit noch Aufruhr im
Sinn habe und daß ich mich nicht gegen dich ver-
sündigt habe; du aber stellst mir nach, um mir das
Leben zu nehmen. [13] Der Herr soll zwischen mir
und dir entscheiden. Der Herr soll mich an dir
rächen; aber meine Hand wird dich nicht an-
rühren, [14] wie das alte Sprichwort sagt: Von den
Frevlern geht Frevel aus; aber meine Hand soll
dich nicht anrühren. [15] Hinter wem zieht der Kö-
nig von Israel her? Wem jagst du nach? Einem to-
ten Hund, einem einzigen Floh! [16] Der Herr soll
unser Richter sein und zwischen mir und dir ent-
scheiden. Er blicke her, er soll meinen Rechts-
streit führen und mir dir gegenüber Recht ver-
schaffen.

17 Als David das zu Saul gesagt hatte, antwortete Saul: Ist das nicht deine Stimme, mein Sohn David? Und Saul begann laut zu weinen 18 und sagte zu David: Du bist gerechter als ich; denn du hast mir Gutes erwiesen, während ich böse an dir gehandelt habe. 19 Du hast heute bewiesen, daß du gut an mir gehandelt hast; obwohl der Herr mich in deine Gewalt gegeben hatte, hast du mich nicht getötet. 20 Wenn jemand auf seinen Feind trifft, läßt er ihn dann im guten seinen Weg weiterziehen? Der Herr möge dir mit Gutem vergelten, was du mir heute getan hast. 21 Jetzt weiß ich, daß du König werden wirst und daß das Königtum in deiner Hand Bestand haben wird. 22 Darum schwöre mir nun beim Herrn, daß du meine Nachkommen nicht ausrotten und meinen Namen nicht aus dem Haus meines Vaters austilgen wirst. 23 Und David schwor es Saul. Saul zog nach Hause, David aber und seine Männer stiegen wieder in die unzugänglichen Berge hinauf.

David und Abigajil

25 Samuel starb, und ganz Israel versammelte sich und hielt für ihn die Totenklage. Man begrub ihn in seinem Haus in Rama.

Danach brach David auf und zog in die Steppe Paran hinab. 2 Damals lebte in Maon ein Mann, der sein Gut in Karmel hatte. Der Mann war sehr reich; er besaß dreitausend Schafe und tausend Ziegen. Er war eben dabei, in Karmel seine Schafe zu scheren. 3 Der Mann hieß Nabal und seine Frau Abigajil. Die Frau war klug und von schöner Gestalt, aber der Mann war roh und bösartig; er war ein Kalebiter. 4 David hörte in der Steppe, daß Nabal dabei war, seine Schafe zu scheren. 5 Er schickte zehn junge Männer hin und sagte zu ihnen: Geht hinauf nach Karmel, und wenn ihr zu Nabal kommt, entbietet ihm in meinem Namen den Friedensgruß 6 und sagt so zu meinem Bruder: Friede sei mit dir, Friede mit deinem Haus, Friede mit allem, was dir gehört. 7 Ich habe soeben gehört, daß du bei der Schafschur bist. Nun sind deine Hirten mit ihren Schafen bei uns gewesen; wir haben ihnen nichts zuleide getan, und sie haben nichts vermißt, solange sie in Karmel waren. 8 Frag deine jungen Leute, sie werden es dir bestätigen. Mögen also meine jungen Männer dein Wohlwollen finden; wir sind ja an deinem Festtag gekommen. Darum gib deinen Knechten und deinem Sohn David, was du gerade zur Hand hast. 9 Davids junge Leute kamen zu Nabal und redeten im Auftrag Davids, wie er es gesagt hatte, mit ihm; danach warteten sie ruhig ab. 10 Nabal aber gab den Knechten Davids zur Antwort: Wer ist denn David, wer ist der Sohn Isais? Heute gibt es viele Knechte, die ihren Herren davongelaufen sind. 11 Soll ich etwa mein Brot und mein Wasser, und was ich für meine Schafscherer geschlachtet habe, nehmen und es Männern geben, von denen ich nicht einmal weiß, woher sie sind? 12 Die Leute Davids kehrten um und kamen (zu David zurück). Als sie angekommen waren, berichteten sie ihm alles, was Nabal gesagt hatte. 13 Da sagte David zu seinen Männern: Jeder hänge sein Schwert um. Alle hängten ihr Schwert um; auch David hängte sein Schwert um. Und sie zogen mit David hinauf, etwa vierhundert Mann, während zweihundert beim Gepäck blieben.

14 Inzwischen hatte einer der jungen Männer Abigajil, der Frau Nabals, berichtet: David hat aus der Steppe Boten geschickt, um unserem Herrn seine Segenswünsche entbieten zu lassen, aber er hat sie schroff abgewiesen. 15 Dabei waren die Männer sehr freundlich zu uns. Wir wurden nicht beschimpft, und wir haben nie etwas vermißt in der ganzen Zeit, in der wir mit ihnen umherzogen, als wir auf der Weide waren. 16 Sie haben bei Tag und bei Nacht eine Mauer um uns gebildet, die ganze Zeit hindurch, da wir mit ihnen zusammen waren und unsere Schafe hüteten. 17 Nun aber überleg dir genau, was du tun kannst; denn unserem Herrn und seinem ganzen Haus droht Unheil. Er ist ein so übler Mensch, daß man nicht mit ihm reden kann. 18 Da nahm Abigajil in aller Eile zweihundert Brote und zwei Schläuche Wein, fünf schon zurechtgemachte Schafe, fünf Sea geröstetes Korn, hundert Rosinenkuchen und zweihundert Feigenkuchen, lud alles auf Esel 19 und sagte zu ihren Knechten: Geht mir schon voraus, ich komme euch gleich nach. Ihrem Mann Nabal aber teilte sie nichts davon mit.

20 Als sie auf ihrem Esel im Schutz eines Berges hinabritt, kamen ihr plötzlich David und seine Männer entgegen, so daß sie mit ihnen zusammentraf. 21 David hatte eben gesagt: Wahrhaftig, ich habe all das, was diesem Mann gehört, ganz umsonst in der Steppe beschützt; von all seinem Besitz wurde nichts vermißt, doch er hat mir Gutes mit Bösem vergolten. 22 Gott möge mir dies

und das antun, wenn ich von allem, was ihm gehört, bis zum Morgen auch nur einen Mann übriglasse. 23 Als Abigajil David sah, stieg sie schnell von ihrem Esel, warf sich vor David nieder und verneigte sich bis zur Erde. 24 Sie fiel ihm zu Füßen und sagte: Mich allein, Herr, trifft die Schuld. Möge deine Magd mit dir reden dürfen; höre, was deine Magd zu sagen hat. 25 Mein Herr achte nicht auf diesen üblen Mann Nabal; denn wie sein Name sagt, so ist er: Nabal (Tor) heißt er, und voll Torheit ist er. Ich, deine Magd, habe die jungen Leute, die du, mein Herr, geschickt hast, nicht gesehen. 26 Doch nun, so wahr der Herr lebt, und so wahr du selbst lebst, hat dich der Herr davor bewahrt, Blutschuld auf dich zu laden und dir selbst zu helfen. Möge es deinen Feinden und allen, die gegen meinen Herrn Böses planen, ebenso ergehen wie Nabal. 27 Dieses Geschenk aber, das deine Magd meinem Herrn mitgebracht hat, möge jetzt den jungen Leuten gegeben werden, die meinem Herrn folgen. 28 Verzeih deiner Magd ihr Vergehen! Denn der Herr wird meinem Herrn sicher ein Haus errichten, das Bestand hat, weil mein Herr die Kriege des Herrn führt, und man wird dir nichts Böses vorwerfen können, solange du lebst. 29 Wenn sich aber ein Mensch erhebt, um dich zu verfolgen und dir nach dem Leben zu trachten, dann sei das Leben meines Herrn beim Herrn, deinem Gott, eingebunden in den Beutel des Lebens; das Leben deiner Feinde aber möge der Herr mit einer Schleuder fortschleudern. 30 Wenn dann der Herr meinem Herrn all das Gute erweist, das er dir versprochen hat, und dich zum Fürsten über Israel macht, 31 dann sollst du nicht darüber stolpern, und dein Gewissen soll meinem Herrn nicht vorwerfen können, daß du ohne Grund Blut vergossen hast und daß sich mein Herr selbst geholfen hat. Wenn der Herr aber meinem Herrn Gutes erweist, dann denk an deine Magd! 32 Da sagte David zu Abigajil: Gepriesen sei der Herr, der Gott Israels, der dich mir heute entgegengeschickt hat. 33 Gepriesen sei deine Klugheit, und gepriesen seist du, weil du mich heute daran gehindert hast, Blutschuld auf mich zu laden und mir selbst zu helfen. 34 Aber so wahr der Herr, der Gott Israels, lebt, der mich davon abgehalten hat, dir etwas Böses zu tun: Wärest du mir nicht so schnell entgegengekommen, dann wäre von Nabals Männern am anderen Morgen keiner mehr übrig gewesen. 35 Und David nahm von ihr entgegen, was sie ihm gebracht hatte, und sagte zu ihr: Geh in Frieden hinauf in dein Haus! Denk aber daran: Ich habe auf dich gehört und dich gnädig aufgenommen. 36 Als Abigajil zu Nabal kam, veranstaltete er in seinem Haus gerade ein Trinkgelage wie ein König. Nabal war in fröhlicher Stimmung, aber völlig betrunken. Darum erzählte sie ihm mit keinem Wort, was geschehen war, bis zum anderen Morgen. 37 Als dann am Morgen der Rausch Nabals vorüber war, berichtete ihm seine Frau, was sich zugetragen hatte. Da versagte das Herz in seiner Brust, und er war wie versteinert. 38 Nach etwa zehn Tagen schlug der Herr den Nabal, so daß er starb. 39 Als David hörte, daß Nabal tot sei, sagte er: Gepriesen sei der Herr, der meinen Rechtsstreit gegen Nabal wegen der Schmach, die mir angetan wurde, geführt hat und der seinen Knecht von einer bösen Tat zurückgehalten hat; die Bosheit Nabals aber hat der Herr auf ihn selbst zurückfallen lassen. Darauf schickte David (Boten) zu Abigajil (mit dem Angebot), er wolle sie zur Frau nehmen. 40 Die Diener Davids kamen zu Abigajil nach Karmel, redeten mit ihr und sagten: David schickt uns zu dir, weil er dich zur Frau nehmen will. 41 Sie stand auf, verneigte sich bis zur Erde und sagte: Deine Magd steht als Dienerin bereit, um den Dienern meines Herrn die Füße zu waschen. 42 Dann machte sich Abigajil in aller Eile auf, setzte sich auf ihren Esel, und ihre fünf Mägde folgten ihr. Sie zog den Boten Davids nach und wurde seine Frau. 43 Aus Jesreel hatte sich David zuvor schon Ahinoam zur Frau genommen. So hatte er zwei Frauen. 44 Saul aber hatte seine Tochter Michal, die Frau Davids, Palti, dem Sohn des Lajisch aus Gallim, gegeben.

Erneute Schonung von Sauls Leben

26 Die Sifiter kamen zu Saul nach Gibea und sagten: David hält sich auf der Anhöhe von Hachila gegenüber von Jeschimon auf. 2 Saul machte sich mit dreitausend Mann, ausgesuchten Kriegern aus Israel, auf den Weg und zog in die Wüste von Sif hinab, um dort nach David zu suchen. 3 Er schlug sein Lager auf der Anhöhe von Hachila am Weg gegenüber von Jeschimon auf, David aber blieb in der Wüste. Als er sah, daß Saul ihm in die Wüste folgte, 4 schickte er Kundschafter aus und erfuhr, an welchem Ort sich Saul aufhielt. 5 Er brach auf und kam zu dem Ort, wo Saul

sein Lager hatte. Und David konnte die Stelle se-
hen, wo Saul sich mit seinem Heerführer Abner,
dem Sohn Ners, zur Ruhe hingelegt hatte: Saul
schlief mitten im Lager, während seine Leute
rings um ihn herum lagen. 6 Da wandte sich Da-
vid an den Hetiter Ahimelech und an Abischai,
den Sohn der Zeruja, den Bruder Joabs, und sagte:
Wer geht mit mir zu Saul ins Lager hinab?
Abischai antwortete: Ich gehe mit. 7 So kamen Da-
vid und Abischai in der Nacht zu den Leuten
(Sauls) und fanden Saul mitten im Lager schla-
fend; sein Speer steckte neben seinem Kopf in der
Erde, und rings um ihn schliefen Abner und seine
Leute. 8 Da sagte Abischai zu David: Heute hat
Gott deinen Feind in deine Hand gegeben. Jetzt
werde ich ihn mit einem einzigen Speerstoß auf
den Boden spießen, einen zweiten brauche ich
nicht dafür. 9 David aber erwiderte Abischai: Bring
ihn nicht um! Denn wer hat je seine Hand gegen
den Gesalbten des Herrn erhoben und ist unge-
straft geblieben? 10 Und er fügte hinzu: So wahr
der Herr lebt: Der Herr möge ihn schlagen, ob nun
der Tag kommt, an dem er sterben muß, oder ob
er in den Krieg zieht und dort umkommt. 11 Mich
aber bewahre der Herr davor, daß ich meine Hand
gegen den Gesalbten des Herrn erhebe. Nimm
jetzt den Speer neben seinem Kopf und den Was-
serkrug, und laß uns gehen! 12 David nahm den
Speer und den Wasserkrug, die neben Sauls Kopf
waren, und sie gingen weg. Niemand sah und
niemand bemerkte etwas, und keiner wachte auf;
alle schliefen, denn der Herr hatte sie in einen tie-
fen Schlaf fallen lassen.

13 David ging auf die andere Seite (des Tals) hin-
über und stellte sich in größerer Entfernung auf
den Gipfel des Berges, so daß ein weiter Zwi-
schenraum zwischen ihnen war. 14 Dann rief er
dem Volk und Abner, dem Sohn Ners, zu: Abner,
willst du antworten? Abner antwortete und
sagte: Wer bist du, warum rufst du nach dem Kö-
nig? 15 David antwortete Abner: Bist du nicht ein
Mann, dem keiner in Israel gleicht? Warum hast
du deinen Herrn, den König, nicht bewacht? Es ist
nämlich einer aus dem Volk ins Lager eingedrun-
gen, um den König, deinen Herrn, umzubringen.
16 Das war nicht gut, was du da gemacht hast. So
wahr der Herr lebt: Ihr habt den Tod verdient,
weil ihr euren Herrn, den Gesalbten des Herrn,
nicht bewacht habt. Sieh doch nach, wo der Speer
des Königs und der Wasserkrug sind, die neben
dem Kopf des Königs standen. 17 Saul erkannte die
Stimme Davids und sagte: Ist das deine Stimme,
mein Sohn David? David antwortete: Es ist meine
Stimme, mein Herr und König. 18 Dann fragte er:
Warum verfolgt eigentlich mein Herr seinen
Knecht? Was habe ich denn getan? Welches Un-
recht habe ich begangen? 19 Möge doch mein Herr,
der König, jetzt auf die Worte seines Knechtes
hören: Wenn der Herr dich gegen mich aufgereizt
hat, möge er ein wohlriechendes Opfer erhalten.
Wenn es aber Menschen waren, dann sollen sie
verflucht sein vor dem Herrn; denn sie haben
mich vertrieben, so daß ich jetzt nicht mehr am
Erbbesitz des Herrn teilhaben kann. Sie sagen:
Geh fort, diene anderen Göttern! 20 Doch mein
Blut soll nicht fern vom Herrn zur Erde fließen.
Der König von Israel ist ausgezogen, um einen
einzigen Floh zu suchen, wie man in den Bergen
ein Rebhuhn jagt. 21 Darauf sagte Saul: Ich habe ge-
sündigt. Komm zurück, mein Sohn David! Ja, ich
werde dir nichts zuleide tun, weil dir heute mein
Leben so kostbar war. Ich sehe ein, ich habe
töricht gehandelt und schwere Fehler gemacht.
22 David erwiderte: Seht her, hier ist der Speer des
Königs. Einer von den jungen Männern soll her-
überkommen und ihn holen. 23 Der Herr wird je-
dem seine Gerechtigkeit und Treue vergelten. Ob-
wohl dich der Herr heute in meine Hand gegeben
hatte, wollte ich meine Hand nicht an den Ge-
salbten des Herrn legen. 24 Doch denk daran: Wie
dein Leben heute in meinen Augen wertvoll war,
so wird auch mein Leben in den Augen des Herrn
wertvoll sein; er wird mich aus aller Bedrängnis
erretten. 25 Saul sagte zu David: Gesegnet seist du,
mein Sohn David. Du wirst es sicher vollbringen,
dir wird es auch bestimmt gelingen. Und David
zog weiter, Saul aber kehrte an seinen Ort zurück.

David bei den Philistern

27 David überlegte: Eines Tages werde ich
doch noch durch Saul umgebracht. Es
bleibt nichts anderes übrig, als mich im Land der
Philister in Sicherheit zu bringen. Dann wird Saul
mich in Ruhe lassen und aufhören, mich weiter
im ganzen Gebiet Israels zu suchen, und ich bin
seiner Hand entkommen. 2 David machte sich also
auf den Weg und ging mit den sechshundert Män-
nern, die bei ihm waren, zu Achisch hinüber, dem
Sohn Maochs, dem König von Gat. 3 Und er blieb
mit seinen Leuten bei Achisch in Gat; alle hatten

ihre Familien bei sich, David seine beiden Frauen:
Ahinoam, die Jesreeliterin, und Abigajil aus Kar-
mel, die (frühere) Frau Nabals. 4 Als man Saul mel-
dete, daß David nach Gat geflohen war, suchte er
nicht mehr weiter nach ihm. 5 David sagte zu
Achisch: Wenn ich dein Wohlwollen gefunden
habe, dann weise mir einen Platz in einer der
Städte des flachen Landes zu, wo ich mich nieder-
lassen kann. Warum soll dein Knecht bei dir in der
Königsstadt wohnen? 6 Da gab ihm Achisch noch
am gleichen Tag Ziklag. Deshalb gehört Ziklag den
Königen von Juda bis zum heutigen Tag. 7 Die Zeit,
die David im Land der Philister verbrachte, betrug
ein Jahr und vier Monate.

8 David zog mit seinen Männern aus, und sie un-
ternahmen Raubzüge bei den Geschuritern, den
Geresitern und den Amalekitern; diese bewoh-
nen von jeher das Gebiet in Richtung Schur und
nach Ägypten zu. 9 David verheerte das Land und
ließ weder Männer noch Frauen am Leben;
Schafe und Rinder, Esel, Kamele und Kleider aber
nahm er mit. Wenn er dann zurückkehrte und zu
Achisch kam 10 und Achisch ihn fragte: Wohin
habt ihr heute euren Raubzug gemacht?, antwor-
tete David: Ins Südland von Juda, oder: Ins Süd-
land der Jerachmeeliter, oder: Ins Südland der Ke-
niter. 11 Weder Männer noch Frauen ließ er am
Leben, und er brachte niemand nach Gat; denn er
sagte sich: Niemand soll etwas über uns berich-
ten und sagen können: Das und das hat David ge-
macht. So hielt er es die ganze Zeit über, solange
er sich im Land der Philister aufhielt. 12 Achisch
aber schenkte David Vertrauen, denn er sagte
sich: Er hat sich bei seinem Volk, bei den Israeli-
ten, so verhaßt gemacht, daß er für immer mein
Knecht bleiben muß.

28 In jenen Tagen sammelten die Philister
ihre Truppen, um gegen Israel in den
Kampf zu ziehen. Da sagte Achisch zu David: Du
weißt sehr wohl, daß du samt deinen Männern
mit mir ins Feldlager ziehen mußt. 2 David ant-
wortete Achisch: Auf diese Weise wirst du selbst
erfahren, was dein Knecht tun wird. Achisch
sagte zu David: Gut, ich mache dich für diese
ganze Zeit zu meinem Leibwächter.

Saul bei der Totenbeschwörerin von En-Dor

3 Samuel war gestorben, und ganz Israel hatte die
Totenklage für ihn gehalten und ihn in seiner
Stadt Rama begraben. Saul aber hatte die Toten-
beschwörer und die Wahrsager aus dem Land ver-
trieben. 4 Als sich die Philister gesammelt hatten,
rückten sie heran und schlugen bei Schunem ihr
Lager auf. Saul versammelte ganz Israel, und sie
schlugen ihr Lager im (Bergland von) Gilboa auf.
5 Als Saul das Lager der Philister sah, bekam er
große Angst, und sein Herz begann zu zittern.
6 Da befragte Saul den Herrn, aber der Herr gab
ihm keine Antwort, weder durch Träume, noch
durch die Losorakel, noch durch die Propheten.
7 Daher sagte Saul zu seinen Dienern: Sucht mir
eine Frau, die Gewalt über einen Totengeist hat;
ich will zu ihr gehen und sie befragen. Seine Die-
ner antworteten ihm: In En-Dor gibt es eine Frau,
die über einen Totengeist Gewalt hat. 8 Da machte
sich Saul unkenntlich, zog andere Kleider an und
ging mit zwei Männern zu der Frau. Sie kamen in
der Nacht bei der Frau an, und er sagte zu ihr:
Wahrsage mir durch den Totengeist! Laß für mich
den heraufsteigen, den ich dir nenne. 9 Die Frau
antwortete ihm: Du weißt doch selbst, was Saul
getan hat: Er hat die Totenbeschwörer und die
Wahrsager im Land ausgerottet. Warum stellst du
mir eine Falle, um mich zu töten? 10 Saul aber
schwor ihr beim Herrn und sagte: So wahr der
Herr lebt: Es soll dich in dieser Sache keine Schuld
treffen. 11 Die Frau sagte: Wen soll ich für dich her-
aufsteigen lassen? Er antwortete: Laß Samuel für
mich heraufsteigen! 12 Als die Frau Samuel er-
blickte, schrie sie laut auf und sagte zu Saul:
Warum hast du mich getäuscht? Du bist ja Saul!
13 Der König sagte zu ihr: Hab keine Angst! Was
siehst du denn? Die Frau antwortete Saul: Ich
sehe einen Geist aus der Erde heraufsteigen. 14 Er
fragte sie: Wie sieht er aus? Sie antwortete: Ein al-
ter Mann steigt herauf; er ist in einen Mantel
gehüllt. Da erkannte Saul, daß es Samuel war. Er
verneigte sich mit dem Gesicht zur Erde und warf
sich zu Boden. 15 Und Samuel sagte zu Saul:
Warum hast du mich aufgestört und mich herauf-
steigen lassen? Saul antwortete: Ich bin in großer
Bedrängnis. Die Philister führen Krieg gegen
mich, und Gott ist von mir gewichen und hat mir
keine Antwort mehr gegeben, weder durch die
Propheten noch durch die Träume. Darum habe
ich dich gerufen, damit du mir sagst, was ich tun
soll. 16 Samuel erwiderte: Warum fragst du mich?
Der Herr ist doch von dir gewichen und ist dein
Feind geworden. 17 Er hat getan, was er durch
mich angekündigt hatte: Der Herr hat dir das Kö-

nigtum aus der Hand gerissen und hat es einem anderen, nämlich David, gegeben. 18 Weil du nicht auf die Stimme des Herrn gehört und seinen glühenden Zorn an Amalek nicht vollstreckt hast, darum hat dir der Herr heute das getan. 19 Der Herr wird auch Israel zusammen mit dir in die Gewalt der Philister geben, und morgen wirst du samt deinen Söhnen bei mir sein; auch das Heerlager Israels wird der Herr in die Gewalt der Philister geben. 20 Da fiel Saul der Länge nach jäh zu Boden; so sehr war er über die Worte Samuels erschrocken. Es war auch keine Kraft mehr in ihm, weil er den ganzen Tag und die ganze Nacht keinen Bissen gegessen hatte. 21 Die Frau ging zu Saul hin und sah, daß er ganz verstört war; sie sagte zu ihm: Deine Magd hat auf deine Stimme gehört; ich habe mein Leben aufs Spiel gesetzt, als ich auf das hörte, was du zu mir gesagt hast. 22 Jetzt aber höre auch du auf die Stimme deiner Magd! Ich will dir ein Stück Brot zum Essen geben. Dann wirst du wieder zu Kräften kommen und kannst deines Weges gehen. 23 Er aber weigerte sich und sagte: Ich esse nichts. Doch seine Diener und die Frau drängten ihn, bis er auf ihre Stimme hörte. Er erhob sich vom Boden und setzte sich aufs Bett. 24 Die Frau hatte ein Mastkalb im Haus. Sie schlachtete es in aller Eile, nahm Mehl, knetete Teig und backte ungesäuerte Brote. 25 Das alles setzte sie Saul und seinen Knechten vor; sie aßen, standen auf und gingen noch in der gleichen Nacht zurück.

Davids Entlassung aus dem Heer der Philister

29 Die Philister versammelten ihr ganzes Heer bei Afek, während die Israeliten ihr Lager an der Quelle bei Jesreel aufgeschlagen hatten. 2 Als nun die Fürsten der Philister mit ihren Hundertschaften und Tausendschaften auf dem Marsch waren – David und seine Männer zogen mit Achisch am Schluß –, 3 fragten die Obersten der Philister: Was sollen diese Hebräer hier? Achisch antwortete den Obersten der Philister: Das ist doch David, der Knecht Sauls, des Königs von Israel, der seit Jahr und Tag bei mir ist. Seit dem Tag, da er übergelaufen ist, bis heute fand ich bei ihm nichts Nachteiliges. 4 Die Obersten der Philister aber wurden zornig auf ihn und sagten zu ihm: Schick den Mann zurück! Er soll an den Ort zurückkehren, den du ihm zugewiesen hast, und nicht mit uns in den Kampf ziehen. Dann kann er sich in der Schlacht nicht gegen uns wenden. Womit könnte er sich die Gunst seines Herrn besser erwerben als mit den Köpfen unserer Leute hier? 5 Ist das nicht der gleiche David, von dem man beim Reigentanz gesungen hat: Saul hat Tausend erschlagen, David aber Zehntausend?

6 Da rief Achisch David zu sich und sagte zu ihm: So wahr Jahwe lebt, du bist ein aufrechter Mann, und es wäre in meinen Augen gut, wenn du mit mir ins Feld ziehen und wieder zurückkommen würdest; denn ich habe an dir nichts Unrechtes entdeckt seit dem Tag, an dem du zu mir gekommen bist, bis heute. Aber den Fürsten bist du nicht genehm. 7 Darum kehr jetzt um, und zieh in Frieden; so wirst du nichts tun, was den Fürsten der Philister mißfällt. 8 David sagte zu Achisch: Was habe ich denn getan? Was hast du an deinem Knecht auszusetzen gehabt von dem Tag an, an dem ich in deinen Dienst getreten bin, bis heute? Warum darf ich nicht mitkommen und gegen die Feinde meines Herrn, des Königs, kämpfen? 9 Achisch antwortete David: Gewiß, mir bist du teuer wie ein Engel Gottes; aber die Obersten der Philister haben gesagt: Er soll nicht mit uns in den Kampf ziehen. 10 Darum brich morgen früh auf, samt den Knechten deines Herrn, die mit dir gekommen sind. Brecht morgen früh auf, sobald es hell wird, und geht (nach Hause)! 11 David machte sich also mit seinen Männern in aller Frühe auf den Weg; er zog noch am Morgen weg und kehrte ins Land der Philister zurück; die Philister aber zogen nach Jesreel hinauf.

Davids Feldzug gegen die Amalekiter

30 Als David und seine Männer am dritten Tag nach Ziklag kamen, waren die Amalekiter in den Negeb und in Ziklag eingefallen und hatten Ziklag erobert und niedergebrannt. 2 Die Frauen und was sonst in der Stadt war, jung und alt, hatten sie, ohne jemand zu töten, gefangengenommen und bei ihrem Abzug mit sich weggeführt. 3 Als David mit seinen Männern zur Stadt kam, sah er, daß sie niedergebrannt und die Frauen, Söhne und Töchter gefangengenommen worden waren. 4 Da brachen David und die Leute, die bei ihm waren, in lautes Weinen aus, und sie weinten, bis sie keine Kraft mehr zum Weinen hatten. 5 Auch die beiden Frauen Davids, die Jesreeliterin Ahinoam und Abigajil, die (frühere)

Frau Nabals aus Karmel, waren gefangengenom-
men worden. [6] David geriet in große Bedrängnis,
denn das Volk drohte ihn zu steinigen; alle im
Volk waren gegen ihn erbittert wegen (des Verlu-
stes) ihrer Söhne und Töchter. Aber David fühlte,
daß der Herr, sein Gott, ihm Kraft gab. [7] Er sagte zu
dem Priester Abjatar, dem Sohn Ahimelechs:
Bring das Efod zu mir! Abjatar brachte das Efod zu
David. [8] Und David befragte den Herrn: Soll ich
diese Räuberbande verfolgen? Werde ich sie ein-
holen? Der Herr antwortete: Verfolg sie! Denn du
wirst sie mit Sicherheit einholen und deine Leute
befreien. [9] David brach also mit den sechshundert
Mann, die bei ihm waren, auf, und sie kamen bis
zum Bach Besor. Die Nachzügler machten dort
Rast. [10] David nahm mit vierhundert Mann die
Verfolgung auf; die zweihundert Mann machten
Rast, weil sie zu erschöpft waren, um den Bach
Besor zu überschreiten.

[11] Man griff dort im Gelände einen Ägypter auf
und brachte ihn zu David. Sie gaben ihm Brot zu
essen und Wasser zu trinken, [12] außerdem ge-
preßte Feigen und zwei Rosinenkuchen. Als er
gegessen hatte, kehrten seine Lebensgeister zu-
rück; er hatte nämlich schon drei Tage und drei
Nächte keinen Bissen Brot mehr gegessen und
keinen Schluck Wasser getrunken. [13] David fragte
ihn: Zu wem gehörst du, und woher bist du? Er
sagte: Ich bin ein junger Ägypter, der Sklave eines
Amalekiters. Mein Herr hat mich zurückgelassen,
als ich heute vor drei Tagen krank wurde. [14] Wir
waren in das Südland der Kereter und in das Ge-
biet von Juda und in das Südland von Kaleb ein-
gefallen und hatten Ziklag niedergebrannt. [15] Da-
vid sagte zu ihm: Kannst du mich zu dieser
Räuberbande hinführen? Er antwortete: Schwöre
mir bei Gott, daß du mich nicht tötest und mich
nicht an meinen Herrn ausliefern wirst; dann will
ich dich zu dieser Räuberbande hinführen. [16] Als
er David hinführte, sah man die Amalekiter über
die ganze Gegend verstreut; sie aßen und tranken
und feierten, weil sie im Land der Philister und im
Land Juda so reiche Beute gemacht hatten. [17] Da-
vid fiel im Morgengrauen über sie her, (und der
Kampf dauerte) bis zum Abend des folgenden Ta-
ges; keiner von ihnen entkam, außer vierhundert
jungen Männern, die sich auf ihre Kamele setzen
und fliehen konnten. [18] David entriß den Amale-
kitern alles wieder, was sie erbeutet hatten; auch
seine beiden Frauen befreite er. [19] Nichts fehlte,
weder jung noch alt, weder Söhne noch Töchter,
weder von der Beute noch sonst etwas, was die
Amalekiter ihnen weggenommen hatten. Alles
brachte David zurück. [20] David nahm auch alle
Schafe und Rinder mit. Man trieb sie vor David
her und sagte: Das ist Davids Beute. [21] David kam
zu den zweihundert Mann zurück, die zu er-
schöpft gewesen waren, um ihm zu folgen, und
die man am Bach Besor zurückgelassen hatte. Sie
kamen David und seinen Leuten entgegen, und
als David mit seinen Leuten herankam, entbot er
ihnen den Friedensgruß. [22] Doch einige boshafte
und nichtsnutzige Männer, die mit David gezo-
gen waren, sagten: Sie sind nicht mit uns gezo-
gen; darum wollen wir ihnen auch nichts von der
Beute geben, die wir zurückgeholt haben, ausge-
nommen ihre Frauen und ihre Kinder. Diese sol-
len sie mitnehmen und (nach Hause) gehen. [23] Da-
vid aber erwiderte: So dürft ihr es mit dem, was
der Herr uns gegeben hat, nicht machen, meine
Brüder. Er hat uns behütet und die Räuberbande,
die uns überfallen hatte, in unsere Hand gegeben.
[24] Wer würde in dieser Sache auf euch hören?
Nein, der Anteil dessen, der beim Troß geblieben
ist, soll genau so groß sein wie der Anteil dessen,
der in den Kampf gezogen ist. Man soll die Beute
gleichmäßig verteilen. [25] So geschah es an jenem
Tag und auch weiterhin; denn David machte es zu
Brauch und Recht in Israel, und so ist es bis auf
den heutigen Tag geblieben.

[26] Als David dann nach Ziklag heimgekehrt war,
schickte er einen Teil von der Beute an die Älte-
sten von Juda, die ihm nahestanden, und ließ ih-
nen sagen: Hier ist ein Geschenk für euch aus der
Beute von den Feinden des Herrn [27] – an die Älte-
sten in Bet-El, in Ramat-Negeb, in Jattir, [28] in
Aroër, in Sifmot, in Eschtemoa, [29] in Karmel, in
den Städten der Jerachmeeliter, in den Städten
der Keniter, [30] in Horma, in Bor-Aschan, in Atach,
[31] und in Hebron, ferner an all die Orte, wo David
auf seinen Streifzügen mit seinen Männern ge-
wesen war.

Sauls Ende

31 Als die Philister gegen Israel kämpften,
flohen die Israeliten vor ihnen; viele wa-
ren gefallen und lagen erschlagen auf dem Ge-
birge von Gilboa. [2] Die Philister verfolgten Saul
und seine Söhne und erschlugen Sauls Söhne Jo-
natan, Abinadab und Malkischua. [3] Um Saul

selbst entstand ein schwerer Kampf. Die Bogen-
schützen hatten ihn getroffen, und er war sehr
schwer verwundet. 4 Da sagte Saul zu seinem
Waffenträger: Zieh dein Schwert, und durchbohre
mich damit! Sonst kommen diese Unbeschnitte-
nen, durchbohren mich und treiben ihren Mut-
willen mit mir. Der Waffenträger wollte es nicht
tun; denn er hatte große Angst. Da nahm Saul
selbst das Schwert und stürzte sich hinein. 5 Als
der Waffenträger sah, daß Saul tot war, stürzte
auch er sich in sein Schwert und starb zusammen
mit Saul. 6 So kamen Saul, seine drei Söhne, sein
Waffenträger und alle seine Männer an jenem Tag
gemeinsam ums Leben. 7 Als die Israeliten auf der
anderen Seite der Ebene und jenseits des Jordan
sahen, daß die Israeliten geflohen und daß Saul
und seine Söhne tot waren, verließen sie ihre
Städte und flohen. Dann kamen die Philister und
besetzten die Städte.
8 Als am nächsten Tag die Philister kamen, um
die Erschlagenen auszuplündern, fanden sie Saul
und seine drei Söhne, die auf dem Gebirge von
Gilboa gefallen waren. 9 Sie schlugen ihm den
Kopf ab, zogen ihm die Rüstung aus und schick-
ten beides im Land der Philister umher, um ihrem
Götzentempel und dem Volk die Siegesnachricht
zu übermitteln. 10 Die Rüstung Sauls legten sie im
Astartetempel nieder; seinen Leichnam aber hef-
teten sie an die Mauer von Bet-Schean.
11 Als die Einwohner von Jabesch-Gilead hörten,
was die Philister mit Saul gemacht hatten, 12 bra-
chen alle kriegstüchtigen Männer auf, marschier-
ten die ganze Nacht hindurch und nahmen die Lei-
che Sauls und die Leichen seiner Söhne von der
Mauer von Bet-Schean ab; sie brachten sie nach
Jabesch und verbrannten sie dort. 13 Dann nahmen
sie die Gebeine, begruben sie unter der Tamariske
von Jabesch und fasteten sieben Tage lang.

DAS ZWEITE BUCH SAMUEL

König David: 1,1–9,13

Sauls Tod und Davids Klage

1 Als David nach dem Tod Sauls von seinem
Sieg über die Amalekiter zurückgekehrt war
und sich zwei Tage lang in Ziklag aufgehalten
hatte, 2 kam am dritten Tag ein Mann aus dem La-
ger Sauls, mit zerrissenen Kleidern und Staub auf
dem Haupt. Als er bei David angelangt war, warf
er sich (vor ihm) auf den Boden nieder und hul-
digte ihm. 3 David fragte ihn: Woher kommst du?
Er antwortete ihm: Ich habe mich aus dem Lager
Israels gerettet. 4 David sagte zu ihm: Wie stehen
die Dinge? Berichte mir! Er erwiderte: Das Volk ist
aus dem Kampf geflohen, viele von den Männern
sind gefallen und umgekommen; auch Saul und
sein Sohn Jonatan sind tot. 5 David fragte den jun-
gen Mann, der ihm die Nachricht brachte: Woher
weißt du, daß Saul und sein Sohn Jonatan tot
sind? 6 Der junge Mann, der ihm die Nachricht
brachte, sagte: Ich kam zufällig auf das Gebirge
von Gilboa; da sah ich, wie sich Saul auf seinen
Speer stützte und Kriegswagen und Reiter auf ihn
eindrangen. 7 Er wandte sich um, und als er mich
sah, rief er mich. Ich antwortete: Hier bin ich. 8 Er
fragte mich: Wer bist du? Ich gab ihm zur Ant-
wort: Ich bin ein Amalekiter. 9 Da sagte er zu mir:
Komm her zu mir, und töte mich! Denn mich hat
ein Schwächeanfall erfaßt, aber noch ist alles Le-
ben in mir. 10 Ich ging also zu ihm hin und tötete
ihn; denn ich wußte, daß er seine Niederlage
nicht überleben würde. Dann nahm ich den Stirn-
reif, den er auf dem Kopf trug, und die Spange, die
er am Arm hatte, und bringe sie nun hierher zu
meinem Herrn. 11 Da faßte David sein Gewand
und zerriß es, und ebenso (machten es) alle Män-
ner, die bei ihm waren. 12 Sie klagten, weinten und
fasteten bis zum Abend wegen Saul, seines Soh-
nes Jonatan, des Volkes des Herrn und des Hauses
Israel, die unter dem Schwert gefallen waren.
13 Und David fragte den jungen Mann, der ihm die
Nachricht gebracht hatte: Woher bist du? Er ant-

wortete: Ich bin der Sohn eines Einwanderers aus
Amalek. [14] David fragte ihn: Wie kommt es, daß du
dich nicht davor gefürchtet hast, deine Hand aus-
zustrecken, um den Gesalbten des Herrn umzu-
bringen? [15] Darauf rief David einen von seinen jun-
gen Männern zu sich und sagte: Komm her, stoß
ihn nieder! Und er schlug ihn tot. [16] David aber
sagte zu ihm: Dein Blut über dein Haupt; denn
dein Mund hat dich verurteilt, als du sagtest: Ich
habe den Gesalbten des Herrn getötet.

[17] Und David sang die folgende Totenklage auf
Saul und seinen Sohn Jonatan; [18] er sagte, man
solle es die Söhne Judas als Bogenlied lehren; es
steht im »Buch des Aufrechten«:

[19] Israel, dein Stolz liegt erschlagen auf deinen
Höhen. / Ach, die Helden sind gefallen!

[20] Meldet es nicht in Gat, / verkündet es nicht
auf Aschkelons Straßen, / damit die Töchter der
Philister sich nicht freuen, / damit die Töchter der
Unbeschnittenen nicht jauchzen.

[21] Ihr Berge in Gilboa, kein Tau und kein Regen /
falle auf euch, ihr trügerischen Gefilde. / Denn
dort wurde der Schild der Helden befleckt, / der
Schild des Saul, als wäre er nicht mit Öl gesalbt.

[22] Ohne das Blut von Erschlagenen, / ohne das
Mark der Helden / kam der Bogen Jonatans nie
zurück; / auch das Schwert Sauls / kehrte nie-
mals erfolglos zurück.

[23] Saul und Jonatan, die Geliebten und Teuren, /
im Leben und Tod sind sie nicht getrennt. / Sie
waren schneller als Adler, / waren stärker als
Löwen.

[24] Ihr Töchter Israels, um Saul müßt ihr wei-
nen; / er hat euch in köstlichen Purpur geklei-
det, / hat goldenen Schmuck auf eure Gewänder
geheftet.

[25] Ach, die Helden sind gefallen mitten im
Kampf. / Jonatan liegt erschlagen auf deinen
Höhen.

[26] Weh ist mir um dich, mein Bruder Jonatan. /
Du warst mir sehr lieb. / Wunderbarer war deine
Liebe für mich / als die Liebe der Frauen.

[27] Ach, die Helden sind gefallen, / die Waffen des
Kampfes verloren.

David wird König von Juda

2 Danach befragte David den Herrn: Soll ich in
eine der Städte Judas hinaufziehen? Der Herr
antwortete ihm: Zieh hinauf! David fragte: Wohin
soll ich ziehen? Er antwortete: Nach Hebron. [2] Da-
vid zog also nach Hebron mit seinen beiden
Frauen, Ahinoam aus Jesreel und Abigajil, der
(früheren) Frau Nabals aus Karmel. [3] Auch die
Männer, die bei ihm waren, führte David hinauf,
jeden mit seiner Familie, und sie ließen sich in
den Städten um Hebron nieder. [4] Dann kamen die
Männer Judas (nach Hebron) und salbten David
dort zum König über das Haus Juda.

Als man David berichtete, daß die Einwoh-
ner von Jabesch-Gilead Saul begraben hatten,
[5] schickte er Boten zu den Männern von Jabesch-
Gilead und ließ ihnen sagen: Ihr sollt vom Herrn
gesegnet sein, weil ihr Saul, eurem Herrn, dieses
Wohlwollen erwiesen und ihn begraben habt.
[6] Möge der Herr euch jetzt auch sein Wohlwollen
und seine Treue erweisen; auch ich will euch
dafür Gutes tun, daß ihr das getan habt. [7] Nun aber
zeigt euren Mut, und seid tapfer; denn Saul, euer
Herr, ist tot, mich aber hat das Haus Juda zu sei-
nem König gesalbt. [8] Doch Abner, der Sohn Ners,
der Heerführer Sauls, hatte Ischbaal, den Sohn
Sauls, mit sich nach Mahanajim genommen [9] und
ihn (dort) zum König über Gilead, Ascher, Jesreel,
Efraim und Benjamin und über ganz Israel ge-
macht. [10] Sauls Sohn Ischbaal war vierzig Jahre alt,
als er König von Israel wurde, und er war zwei
Jahre König; nur das Haus Juda stand hinter Da-
vid. [11] Die Zeit, die David in Hebron König über das
Haus Juda war, betrug sieben Jahre und sechs Mo-
nate.

Der Krieg zwischen David und Ischbaal

[12] Abner, der Sohn Ners, zog mit den Knechten
Ischbaals, des Sohnes Sauls, von Mahanajim nach
Gibeon. [13] Auch Joab, der Sohn der Zeruja, und die
Knechte Davids waren ausgezogen; sie trafen mit
ihnen am Teich von Gibeon zusammen. Die ei-
nen blieben diesseits, die anderen jenseits des Tei-
ches. [14] Da sagte Abner zu Joab: Die jungen Män-
ner könnten doch zu einem Kampfspiel vor uns
antreten. Joab erwiderte: Sie sollen antreten. [15] Sie
stellten sich also auf, und es wurde abgezählt:
zwölf für Benjamin und Ischbaal, den Sohn Sauls,
und zwölf von den Leuten Davids. [16] Jeder faßte
seinen Gegner am Kopf und stieß ihm das
Schwert in die Seite, so daß alle miteinander fie-
len. Deshalb nannte man diesen Ort bei Gibeon:
Helkat-Hazzurim (Feld der Steinmesser). [17] Der
Kampf wurde an jenem Tag sehr hart. Abner und
die Israeliten wurden von den Leuten Davids ge-

schlagen. 18 Auch die drei Söhne der Zeruja waren
dabei: Joab, Abischai und Asaël. Asaël war so
flink auf den Beinen wie eine Gazelle im Gelände.
19 Asaël jagte Abner nach, ohne nach rechts oder
links abzuweichen. 20 Da wandte sich Abner um
und sagte: Bist du es, Asaël? Asaël antwortete: Ja,
ich bin es. 21 Abner sagte zu ihm: Bieg doch nach
rechts oder links ab, greif dir einen von den jun-
gen Männern, und nimm dir seine Rüstung!
Asaël aber wollte nicht von ihm ablassen. 22 Ab-
ner sagte noch einmal zu Asaël: Laß von mir ab!
Warum soll ich dich zu Boden schlagen? Wie
könnte ich dann noch deinem Bruder Joab in die
Augen blicken? 23 Als Asaël sich weigerte, von
ihm abzulassen, stieß ihm Abner das (stumpfe)
Ende des Speers in den Bauch, so daß der Speer
hinten wieder herauskam. Asaël stürzte zu Bo-
den und starb auf der Stelle. Alle aber, die an den
Ort kamen, wo Asaël niedergestürzt und gestor-
ben war, blieben stehen. 24 Joab und Abischai je-
doch jagten Abner nach. Als die Sonne unterging,
waren sie bis Gibeat-Amma gelangt, das Giach
gegenüber am Weg in die Steppe von Gibeon
liegt. 25 Die Benjaminiter in der Gefolgschaft Ab-
ners sammelten sich, bildeten eine geschlossene
Gruppe und stellten sich auf dem Gipfel eines Hü-
gels auf. 26 Abner rief Joab zu: Soll denn das
Schwert unaufhörlich um sich fressen? Weißt du
nicht, daß das zu einem bitteren Ende führen
wird? Wann endlich wirst du deinen Leuten be-
fehlen, die Verfolgung ihrer Brüder aufzugeben?
27 Joab antwortete: So wahr Gott lebt: Wenn du
nichts gesagt hättest, dann hätten die Leute erst
am Morgen den Rückzug angetreten und aufge-
hört, ihre Brüder zu verfolgen. 28 Dann ließ Joab
das Widderhorn blasen, und alle (seine) Leute
machten halt; sie setzten den Kampf nicht mehr
fort und verfolgten die Israeliten nicht mehr. 29 Ab-
ner und seine Männer durchzogen während je-
ner Nacht die Araba, überschritten den Jordan,
gingen durch die Schlucht und kamen nach Ma-
hanajim zurück. 30 Als Joab aufhörte, Abner zu
verfolgen, und seine Leute wieder sammelte,
fehlten außer Asaël von den Leuten Davids neun-
zehn Mann. 31 Davids Leute aber hatten von den
Benjaminitern und von den Männern Abners
dreihundertsechzig Mann erschlagen [die waren
tot]. 32 Sie nahmen Asaël mit und begruben ihn im
Grab seines Vaters in Betlehem. Dann mar-
schierte Joab mit seinen Männern die ganze
Nacht hindurch in Richtung Hebron, das sie bei
Tagesanbruch erreichten.

3 Der Krieg zwischen dem Haus Saul und dem
Haus David zog sich lange hin. David wurde
immer stärker, während das Haus Saul immer
schwächer wurde.

Die in Hebron geborenen Söhne Davids

2 In Hebron wurden David folgende Söhne gebo-
ren: Sein Erstgeborener Amnon stammte von
Ahinoam aus Jesreel, 3 sein zweiter, Kilab, von
Abigajil, der (früheren) Frau Nabals aus Karmel;
der dritte war Abschalom, der Sohn der Maacha,
der Tochter des Königs Talmai von Geschur, 4 der
vierte Adonija, der Sohn der Haggit, der fünfte
Schefatja, der Sohn der Abital, 5 der sechste Jit-
ream von Davids Frau Egla. Diese Söhne wurden
David in Hebron geboren.

David und Abner

6 Solange zwischen dem Haus Saul und dem Haus
David Krieg herrschte, hielt Abner entschieden
zum Haus Saul. 7 Saul hatte eine Nebenfrau na-
mens Rizpa gehabt; sie war eine Tochter Ajas. Da
sagte Ischbaal zu Abner: Warum bist du zu der
Nebenfrau meines Vaters gegangen? 8 Da wurde
Abner sehr zornig über die Frage Ischbaals und
sagte: Bin ich denn ein Hundskopf aus Juda? Ich
erweise dem Haus Sauls, deines Vaters, und sei-
nen Brüdern und Verwandten auch heute mein
Wohlwollen und habe dich nicht in die Hände Da-
vids fallen lassen. Und du willst mich jetzt wegen
eines Vergehens mit dieser Frau zur Rechenschaft
ziehen? 9 Gott soll Abner dies und das antun,
wenn ich nicht gegenüber David so handle, wie
der Herr es ihm geschworen hat: 10 das Königtum
dem Haus Saul zu nehmen und den Thron Davids
aufzustellen in Israel und Juda, von Dan bis Beer-
scheba. 11 Darauf konnte Ischbaal Abner nichts er-
widern; denn er hatte Angst vor ihm. 12 Abner
schickte in eigener Sache Boten zu David und ließ
ihm sagen: Wem gehört das Land? Schließ also ei-
nen Vertrag mit mir; dann werde ich dir helfen,
um ganz Israel auf deine Seite zu bringen. 13 David
antwortete: Gut, ich will einen Vertrag mit dir
schließen; nur das eine verlange ich von dir: Du
darfst mir nicht unter die Augen treten, falls du
nicht Michal, die Tochter Sauls, mitbringst, wenn
du kommst und vor mir erscheinst. 14 Dann
schickte David Boten zu Ischbaal, dem Sohn

Sauls, und ließ ihm sagen: Gib meine Frau Michal
heraus, für die ich die hundert Vorhäute der Phi-
lister als Brautpreis bezahlt habe. 15 Ischbaal
schickte (einen Boten) zu ihrem Mann Paltiël,
dem Sohn des Lajisch, und ließ sie ihm wegneh-
men. 16 Ihr Mann lief bis nach Bahurim weinend
hinter ihr her. Erst als Abner zu ihm sagte: Geh,
kehr um!, kehrte er um. 17 Darauf verhandelte Ab-
ner mit den Ältesten Israels und sagte: Schon seit
langer Zeit wollt ihr David zu eurem König haben.
18 Jetzt müßt ihr handeln. Denn der Herr hat zu Da-
vid gesagt: Durch meinen Knecht David will ich
mein Volk Israel aus der Gewalt der Philister und
all seiner Feinde retten. 19 Auch mit den Benjami-
nitern redete Abner (in dieser Weise). Dann ging
Abner nach Hebron, um David alles zu berichten,
was Israel und das ganze Haus Benjamin für gut
befunden hatten. 20 So kam Abner mit zwanzig
Männern zu David nach Hebron. David veran-
staltete für Abner und seine Begleiter ein Mahl.
21 Abner sagte zu David: Ich will mich auf den Weg
machen und ganz Israel um meinen Herrn, den
König, sammeln. Sie sollen mit dir einen Vertrag
schließen, und du sollst überall König sein, wo du
es wünschst. Damit ließ David Abner in Frieden
ziehen.

Abners Tod

22 Inzwischen kamen die Leute Davids und Joab
von einem Streifzug; sie brachten reiche Beute
mit. Abner war nicht mehr bei David in Hebron;
denn David hatte ihn in Frieden ziehen lassen.
23 Als Joab mit seiner ganzen Mannschaft ankam,
meldete man ihm: Abner, der Sohn Ners, ist zum
König gekommen, und der König hat ihn wieder
in Frieden ziehen lassen. 24 Joab ging zum König
und sagte zu ihm: Was hast du getan? Abner ist zu
dir gekommen. Warum hast du ihn wieder weg-
gehen lassen? 25 Du kennst doch Abner, den Sohn
Ners. Er ist nur gekommen, um dich zu täuschen
und zu erkunden, wann du kommst und wann du
gehst, und so zu erfahren, was du alles vorhast.
26 Als Joab David verlassen hatte, schickte er Boten
hinter Abner her, die ihn von Bor-Sira zurückhol-
ten. David aber wußte nichts davon. 27 Als Abner
nach Hebron zurückkehrte, führte ihn Joab bei-
seite in das Innere des Tores, als wolle er ungestört
mit ihm reden. Dort stach er ihn, um Blutrache für
seinen Bruder Asaël zu nehmen, in den Bauch, so
daß er starb. 28 Als David später davon hörte, sagte
er: Ich und mein Königtum sind vor dem Herrn für
alle Zeit ohne Schuld am Blut Abners, des Sohnes
Ners. 29 Sie falle auf Joab und seine ganze Familie
zurück. Immer soll es in Joabs Familie Menschen
geben, die an Blutungen und Aussatz leiden, die
an Krücken gehen, durch das Schwert umkom-
men und denen es an Brot mangelt.

30 Joab und sein Bruder Abischai brachten Abner
um, weil er ihren Bruder Asaël bei Gibeon im
Kampf getötet hatte. 31 David aber sagte zu Joab
und allen Leuten, die bei ihm waren: Zerreißt
eure Kleider, legt Trauergewänder an, und geht
klagend vor Abner her! König David selbst aber
ging hinter der Bahre her. 32 Man begrub Abner in
Hebron. Und der König begann am Grab Abners
laut zu weinen, und auch das ganze Volk weinte.
33 Der König stimmte die Totenklage für Abner an
und sang:

Mußte Abner sterben, / wie ein schlechter
Mensch stirbt?

34 Deine Hände waren nicht gefesselt, / und deine
Füße lagen nicht in Ketten. / Du bist gefallen, / wie
man unter der Hand von Verbrechern fällt.

Da weinten alle noch mehr um ihn. 35 Als nun
die Leute kamen, um David zum Essen zu bewe-
gen, während es noch Tag war, schwor David:
Gott soll mir dies und das antun, wenn ich Brot
oder sonst etwas zu mir nehme, bevor die Sonne
untergeht. 36 Als das Volk das erfuhr, gefiel es ihm
sehr, wie überhaupt alles, was der König tat, dem
ganzen Volk gefiel. 37 Alle Leute, auch ganz Israel,
erkannten an jenem Tag, daß die Ermordung Ab-
ners, des Sohnes Ners, nicht vom König ausge-
gangen war. 38 Und der König sagte zu seinen Die-
nern: Wißt ihr nicht, daß heute ein Fürst gefallen
ist und ein großer Mann in Israel? 39 Obwohl ich
zum König gesalbt worden bin, bin ich heute
noch zu schwach, und diese Männer, die Söhne
der Zeruja, sind stärker als ich. Dem, der das Ver-
brechen begangen hat, vergelte der Herr so, wie
es seiner bösen Tat entspricht.

Ischbaals Tod

4 Als Ischbaal, der Sohn Sauls, hörte, daß Ab-
ner in Hebron ums Leben gekommen war,
verlor er allen Mut, und ganz Israel war bestürzt.
2 Der Sohn Sauls hatte zwei Männer als Truppen-
führer; der eine hieß Baana, der andere Rechab;
sie waren Söhne Rimmons aus Beerot, Benjamini-
ter; denn auch Beerot wird zu Benjamin gerech-

net. 3 Die Beerotiter sind nämlich einst nach Gitta-
jim geflohen und leben dort bis zum heutigen Tag
als Fremde. 4 Jonatan, der Sohn Sauls, hatte einen
Sohn, der an beiden Füßen gelähmt war. Er war
fünf Jahre alt gewesen, als die Nachricht vom Tod
Sauls und Jonatans aus Jesreel eintraf; seine
Amme hatte ihn aufgehoben, um mit ihm zu flie-
hen, aber in der Eile der Flucht war er ihr vom Arm
gefallen; seitdem war er gelähmt. Sein Name war
Merib-Baal. 5 Rechab und Baana, die Söhne Rim-
mons aus Beerot, machten sich auf den Weg und
kamen um die heißeste Zeit des Tages zum Haus
Ischbaals, der eben seine Mittagsruhe hielt. 6 Die
Türhüterin des Hauses war beim Weizenreinigen
schläfrig geworden und eingeschlafen; 7 so konn-
ten Rechab und sein Bruder Baana unbemerkt in
das Haus eindringen. Ischbaal lag in seinem
Schlafzimmer auf dem Bett. Sie schlugen ihn tot,
hieben ihm den Kopf ab und nahmen den Kopf
mit. Sie gingen die ganze Nacht hindurch auf dem
Weg durch die Araba, 8 brachten den Kopf Isch-
baals zu David nach Hebron und sagten zum Kö-
nig: Da ist der Kopf deines Feindes Ischbaal, des
Sohnes Sauls, der dir nach dem Leben trachtete.
Aber der Herr hat heute unserem Herrn, dem Kö-
nig, Rache an Saul und seinen Nachkommen ver-
schafft. 9 David erwiderte Rechab und seinem Bru-
der Baana, den Söhnen Rimmons aus Beerot: So
wahr der Herr lebt, der mich aus aller Not befreit
hat: 10 Den, der mir die Nachricht gebracht hat:
Saul ist tot!, und der gemeint hat, ein Freudenbote
zu sein, den habe ich in Ziklag ergreifen und um-
bringen lassen; so gab ich ihm den verdienten Bo-
tenlohn. 11 Und wenn nun ruchlose Männer einen
rechtschaffenen Mann in seinem Haus auf sei-
nem Bett erschlagen haben, sollte ich dann nicht
sein Blut von euch zurückfordern und euch von
der Erde austilgen? 12 Und David gab seinen Leu-
ten den Befehl, sie zu töten; sie taten es. Sie schlu-
gen ihnen Hände und Füße ab und hängten die
Leichen am Teich von Hebron auf. Den Kopf Isch-
baals aber nahmen sie und begruben ihn im Grab
Abners in Hebron.

Die Anerkennung Davids als König von ganz Israel

5 Alle Stämme Israels kamen zu David nach
Hebron und sagten: Wir sind doch dein
Fleisch und Bein. 2 Schon früher, als noch Saul un-
ser König war, bist du es gewesen, der Israel in
den Kampf und wieder nach Hause geführt hat.
Der Herr hat zu dir gesagt: Du sollst der Hirt mei-
nes Volkes Israel sein, du sollst Israels Fürst wer-
den. 3 Alle Ältesten Israels kamen zum König
nach Hebron; der König David schloß mit ihnen
in Hebron einen Vertrag vor dem Herrn, und sie
salbten David zum König von Israel.
4 David war dreißig Jahre alt, als er König wurde,
und er regierte vierzig Jahre lang. 5 In Hebron war
er sieben Jahre und sechs Monate König von Juda,
und in Jerusalem war er dreiunddreißig Jahre Kö-
nig von ganz Israel und Juda.
6 Der König zog mit seinen Männern nach Jeru-
salem gegen die Jebusiter, die in dieser Gegend
wohnten. Die Jebusiter aber sagten zu David: Du
kommst hier nicht herein; die Blinden und Lah-
men werden dich vertreiben. Das sollte besagen:
David wird hier nicht eindringen. 7 Dennoch er-
oberte David die Burg Zion; sie wurde die Stadt
Davids. 8 David sagte an jenem Tag: Jeder, der den
Schacht erreicht, soll die Jebusiter erschlagen,
auch die Lahmen und Blinden, die David in der
Seele verhaßt sind. Daher sagt man: Ein Blinder
und ein Lahmer kommt nicht ins Haus.
9 David ließ sich in der Burg nieder und nannte
sie die Stadt Davids. Und David begann ringsum
zu bauen, und zwar vom Millo an bis zur Burg.
10 David wurde immer mächtiger, und der Herr,
der Gott der Heere, war mit ihm. 11 Hiram, der Kö-
nig von Tyrus, schickte eine Gesandtschaft zu Da-
vid und ließ ihm Zedernholz überbringen; auch
Zimmerleute und Steinmetzen schickte er, und
sie bauten für David einen Palast. 12 So erkannte
David, daß der Herr ihn als König von Israel be-
stätigt hatte und daß der Herr sein Königtum we-
gen seines Volkes Israel zu hohem Ansehen ge-
bracht hatte.

Die in Jerusalem geborenen Söhne Davids

13 Als David von Hebron gekommen war, nahm er
sich noch Nebenfrauen, auch Frauen aus Jerusa-
lem. So wurden ihm noch mehr Söhne und Töch-
ter geboren. 14 Das sind die Namen der Söhne, die
ihm in Jerusalem geboren wurden: Schima,
Schobab, Natan, Salomo, 15 Jibhar, Elischua, Nefeg,
Jafia, 16 Elischama, Eljada und Elifelet.

Der Krieg mit den Philistern

17 Die Philister hörten, daß man David zum König
von Israel gesalbt hatte. Da zogen alle herauf, um
David gefangenzunehmen. David erfuhr davon

und zog sich in eine Bergfestung zurück. 18 Als die
Philister herankamen und in der Rafaïterebene
umherstreiften, 19 befragte David den Herrn; er
sagte: Soll ich die Philister angreifen? Wirst du sie
in meine Hand geben? Der Herr antwortete Da-
vid: Greif sie an; denn ich werde die Philister be-
stimmt in deine Hand geben. 20 Da zog David nach
Baal-Perazim. Dort schlug er die Philister und
sagte: Der Herr hat die Reihen meiner Feinde vor
meinen Augen durchbrochen, wie Wasser (einen
Damm) durchbricht. Deshalb nennt man jenen
Ort Baal-Perazim (Herr der Durchbrüche).

21 Die Philister ließen dort ihre Götterbilder zu-
rück, so daß David und seine Männer sie mitneh-
men konnten.

22 Doch die Philister zogen noch einmal herauf
und streiften in der Rafaïterebene umher. 23 David
befragte wieder den Herrn, und der Herr antwor-
tete ihm: Zieh nicht hinauf, umgeh sie in ihrem
Rücken, und komm von den Baka-Bäumen her an
sie heran! 24 Wenn du dann in den Wipfeln der
Baka-Bäume ein Geräusch wie von Schritten
hörst, dann beeil dich; denn dann geht der Herr
vor dir her, um das Heer der Philister zu schlagen.
25 David tat, was der Herr ihm befohlen hatte, und
er schlug die Philister (im ganzen Gebiet) zwi-
schen Geba und der Gegend von Geser.

Die Überführung der Bundeslade nach Jerusalem

6 David versammelte wiederum alle jungen
Krieger aus Israel, dreißigtausend Mann,
2 brach auf und zog mit seinem ganzen Heer nach
Baala in Juda, um von dort die Lade Gottes her-
aufzuholen, über der der Name des Herrn der
Heere, der über den Kerubim thront, ausgerufen
worden ist. 3 Sie stellten die Lade Gottes auf einen
neuen Wagen und holten sie so vom Haus Abina-
dabs, das auf einem Hügel stand; Usa und Achjo,
die Söhne Abinadabs, lenkten den neuen Wagen
4 [sie holten sie also aus dem Haus Abinadabs, das
auf dem Hügel stand,] mit der Lade Gottes, und
Achjo ging vor der Lade her. 5 David und das
ganze Haus Israel tanzten und sangen vor dem
Herrn mit ganzer Hingabe und spielten auf Zi-
thern, Harfen und Pauken, mit Rasseln und Zim-
beln. 6 Als sie zur Tenne Nachons kamen, brachen
die Rinder aus, und Usa streckte seine Hand nach
der Lade Gottes aus und faßte sie an. 7 Da ent-
brannte der Zorn des Herrn gegen Usa, und Gott
erschlug ihn auf der Stelle wegen dieser Vermes-
senheit, so daß er neben der Lade Gottes starb.
8 David war sehr erregt darüber, daß der Herr den
Usa so plötzlich dahingerafft hatte, und man
nennt den Ort bis heute darum Perez-Usa (Weg-
raffung Usas). 9 An jenem Tag bekam David Angst
vor dem Herrn, und er sagte: Wie soll die Lade des
Herrn jemals zu mir kommen? 10 Darum wollte
David die Lade des Herrn nicht zu sich in die Da-
vidstadt bringen lassen, sondern stellte sie in das
Haus des Obed-Edom aus Gat. 11 Drei Monate lang
blieb die Lade des Herrn im Haus Obed-Edoms
aus Gat, und der Herr segnete Obed-Edom und
sein ganzes Haus.

12 Als man König David berichtete: Der Herr hat
das Haus Obed-Edoms und alles, was ihm gehört,
um der Lade Gottes willen gesegnet, da ging Da-
vid hin und brachte die Lade Gottes voll Freude
aus dem Haus Obed-Edoms in die Davidstadt hin-
auf. 13 Sobald die Träger der Lade des Herrn sechs
Schritte gegangen waren, opferte er einen Stier
und ein Mastkalb. 14 Und David tanzte mit ganzer
Hingabe vor dem Herrn her und trug dabei das lei-
nene Efod. 15 So brachten David und das ganze
Haus Israel die Lade des Herrn unter Jubelge-
schrei und unter dem Klang des Widderhorns
hinauf. 16 Als die Lade des Herrn in die Davidstadt
kam, schaute Michal, Sauls Tochter, aus dem Fen-
ster, und als sie sah, wie der König David vor dem
Herrn hüpfte und tanzte, verachtete sie ihn in
ihrem Herzen. 17 Man trug die Lade des Herrn in
das Zelt, das David für sie aufgestellt hatte, und
setzte sie an ihren Platz in der Mitte des Zeltes,
und David brachte dem Herrn Brandopfer und
Heilsopfer dar. 18 Als David mit dem Darbringen
der Brandopfer und Heilsopfer fertig war, segnete
er das Volk im Namen des Herrn der Heere 19 und
ließ an das ganze Volk, an alle Israeliten, Männer
und Frauen, je einen Laib Brot, einen Dattelku-
chen und einen Traubenkuchen austeilen. Dann
gingen alle wieder nach Hause.

20 Als David zurückkehrte, um seine Familie zu
begrüßen, kam ihm Michal, die Tochter Sauls, ent-
gegen und sagte: Wie würdevoll hat sich heute
der König von Israel benommen, als er sich vor
den Augen der Mägde seiner Untertanen bloßge-
stellt hat, wie sich nur einer vom Gesindel bloß-
stellen kann. 21 David erwiderte Michal: Vor dem
Herrn, der mich statt deines Vaters und seines
ganzen Hauses erwählt hat, um mich zum Für-
sten über das Volk des Herrn, über Israel, zu be-

stellen, vor dem Herrn habe ich getanzt; 22 für ihn
will ich mich gern noch geringer machen als dies-
mal und in meinen eigenen Augen niedrig er-
scheinen. Bei den Mägden jedenfalls, von denen
du gesprochen hast, stehe ich in Ehren. 23 Michal
aber, die Tochter Sauls, bekam bis zu ihrem Tod
kein Kind.

Die Verheißung an David

7 Als nun der König in seinem Haus wohnte
und der Herr ihm Ruhe vor allen seinen Fein-
den ringsum verschafft hatte, 2 sagte er zu dem
Propheten Natan: Ich wohne in einem Haus aus
Zedernholz, die Lade Gottes aber wohnt in einem
Zelt. 3 Natan antwortete dem König: Geh nur und
tu alles, was du im Sinn hast; denn der Herr ist mit
dir. 4 Aber in jener Nacht erging das Wort des
Herrn an Natan: 5 Geh zu meinem Knecht David,
und sag zu ihm: So spricht der Herr: Du willst mir
ein Haus bauen, damit ich darin wohne? 6 Seit
dem Tag, als ich die Israeliten aus Ägypten her-
aufgeführt habe, habe ich bis heute nie in einem
Haus gewohnt, sondern bin in einer Zeltwoh-
nung umhergezogen. 7 Habe ich in der Zeit, als ich
bei den Israeliten von Ort zu Ort zog, jemals zu ei-
nem der Richter Israels, die ich als Hirten über
mein Volk Israel eingesetzt hatte, ein Wort gesagt
und sie gefragt: Warum habt ihr mir kein Haus aus
Zedernholz gebaut? 8 Sag also jetzt meinem
Knecht David: So spricht der Herr der Heere: Ich
habe dich von der Weide und von der Herde weg-
geholt, damit du Fürst über mein Volk Israel wirst,
9 und ich bin überall mit dir gewesen, wohin du
auch gegangen bist. Ich habe alle deine Feinde
vor deinen Augen vernichtet, und ich will dir ei-
nen großen Namen machen, der dem Namen der
Großen auf der Erde gleich ist. 10 Ich will meinem
Volk Israel einen Platz zuweisen und es einpflan-
zen, damit es an seinem Ort (sicher) wohnen
kann und sich nicht mehr ängstigen muß und
schlechte Menschen es nicht mehr unterdrücken
wie früher 11 und auch von dem Tag an, an dem ich
Richter in meinem Volk Israel eingesetzt habe. Ich
verschaffe dir Ruhe vor allen deinen Feinden.
Nun verkündet dir der Herr, daß der Herr dir ein
Haus bauen wird. 12 Wenn deine Tage erfüllt sind
und du dich zu deinen Vätern legst, werde ich
deinen leiblichen Sohn als deinen Nachfolger ein-
setzen und seinem Königtum Bestand verleihen.
13 Er wird für meinen Namen ein Haus bauen, und
ich werde seinem Königsthron ewigen Bestand
verleihen. 14 Ich will für ihn Vater sein, und er wird
für mich Sohn sein. Wenn er sich verfehlt, werde
ich ihn nach Menschenart mit Ruten und mit
Schlägen züchtigen. 15 Meine Huld aber soll nicht
von ihm weichen, wie sie von Saul gewichen ist,
den ich vor deinen Augen verstoßen habe. 16 Dein
Haus und dein Königtum sollen durch mich auf
ewig bestehen bleiben; dein Thron soll auf ewig
Bestand haben. 17 Natan sprach zu David genau
so, wie es (ihm) gesagt und offenbart worden war.
18 Da ging König David hin und setzte sich vor
dem Herrn nieder und sagte: Wer bin ich, mein
Herr und Gott, und was ist mein Haus, daß du
mich bis hierher geführt hast? 19 Weil das in deinen
Augen noch zu wenig war, mein Herr und Gott,
hast du dem Haus deines Knechtes sogar Zusagen
für die ferne Zukunft gemacht. Ist das eine Wei-
sung, wie sie einem (schwachen) Menschen zu-
kommt, mein Herr und Gott? 20 Was soll David
noch weiter zu dir sagen? Du kennst deinen
Knecht, mein Herr und Gott. 21 Um deines Wortes
willen und nach der Absicht deines Herzens hast
du alle diese großen Taten getan und deinem
Knecht offenbart. 22 Darum bist du groß, mein
Herr und Gott. Ja, keiner ist dir gleich, und außer
dir gibt es keinen Gott nach allem, was wir mit
unseren Ohren gehört haben. 23 Welches andere
Volk auf der Erde ist wie dein Volk Israel? Wo wäre
ein Gott hingegangen, um ein Volk für sich als
sein Volk freizukaufen und ihm einen Namen zu
machen und für dieses Volk große und erstaunli-
che Taten zu vollbringen, so wie du ganze Völker
und ihre Götter vertrieben hast vor den Augen
deines Volkes, das du dir von den Ägyptern frei-
gekauft hast? 24 Du hast Israel auf ewig zu deinem
Volk bestimmt, und du, Herr, bist sein Gott ge-
worden.
25 Doch nun, Herr und Gott, verleih dem Wort,
das du über deinen Knecht und über sein Haus ge-
sprochen hast, für immer Geltung, und tu, was du
gesagt hast. 26 Dann wird dein Name groß sein für
ewige Zeiten, und man wird sagen: Der Herr der
Heere ist Israels Gott!, und das Haus deines
Knechtes David wird vor deinen Augen Bestand
haben. 27 Denn du, Herr der Heere, Gott Israels,
hast deinem Knecht offenbart: Ich will dir ein
Haus bauen. Darum fand dein Knecht den Mut, so
zu dir zu beten: 28 Ja, mein Herr und Gott, du bist
der einzige Gott, und deine Worte sind wahr. Du

hast deinem Knecht ein solches Glück zugesagt.
29 So segne jetzt gnädig das Haus deines Knechtes,
damit es ewig vor deinen Augen Bestand hat.
Denn du, mein Herr und Gott, hast es verspro-
chen, und mit deinem Segen wird das Haus dei-
nes Knechtes für immer gesegnet sein.

Die Siege Davids

8 Hernach schlug David die Philister. Er unter-
warf sie und nahm ihnen die Zügel der Herr-
schaft aus der Hand. 2 Auch die Moabiter schlug
er. Sie mußten sich nebeneinander auf die Erde le-
gen, und er maß die Reihe mit einer Meßschnur
ab: jeweils zwei Schnurlängen wurden getötet,
und jeweils eine volle Schnurlänge ließ er am Le-
ben. So wurden die Moabiter David untertan und
tributpflichtig. 3 David schlug auch Hadad-Eser,
den Sohn Rehobs, den König von Zoba, als dieser
ausgezogen war, um seine Macht am Eufrat
wiederzugewinnen. 4 David nahm von ihm sieb-
zehnhundert Wagenkämpfer und zwanzigtau-
send Fußsoldaten gefangen; er ließ alle Wagen-
pferde lähmen und behielt nur hundert (für sich)
zurück.
5 Als die Aramäer von Damaskus Hadad-Eser,
dem König von Zoba, zu Hilfe kamen, erschlug
David 22 000 von den Aramäern 6 und besetzte
das Aramäerreich von Damaskus. So wurden die
Aramäer David untertan und tributpflichtig. Der
Herr half David bei allem, was er unternahm.
7 David erbeutete die goldenen Schilde, die die
Krieger Hadad-Esers trugen, und brachte sie nach
Jerusalem. 8 In Tebach und Berotai, den Städten Ha-
dad-Esers, erbeutete der König David eine große
Menge Bronze. 9 Als Toï, der König von Hamat,
hörte, daß David das ganze Heer Hadad-Esers ge-
schlagen hatte, 10 schickte er seinen Sohn Hado-
ram mit Gefäßen aus Gold, Silber und Bronze zu
König David. Er ließ ihm den Friedensgruß entbie-
ten und ihn dazu beglückwünschen, daß er
Hadad-Eser im Krieg geschlagen hatte; Toï lebte
nämlich im Krieg mit Hadad-Eser. 11 König David
weihte auch diese Gefäße dem Herrn, zusammen
mit dem Gold und Silber, das er von all den Völ-
kern, die er unterwarf, erbeutet hatte: 12 von Aram
und Moab, von den Ammonitern, den Philistern,
von Amalek, sowie die Beute von Hadad-Eser,
dem Sohn Rehobs, dem König von Zoba.
13 So machte sich David einen Namen. Als er
nach dem Sieg über Aram zurückkehrte, schlug
er Edom im Salztal, achtzehntausend Mann,
14 und setzte in Edom Vögte ein. [In ganz Edom
setzte er Vögte ein.] So wurde ganz Edom von Da-
vid unterworfen. Der Herr half David bei allem,
was er unternahm.

Die Beamten Davids

15 David war König von ganz Israel und sorgte für
Recht und Gerechtigkeit in seinem ganzen Volk.
16 Joab, der Sohn der Zeruja, war Heerführer, und
Joschafat, der Sohn Ahiluds, war Sprecher des Kö-
nigs. 17 Zadok, der Sohn Ahitubs, und Abjatar, der
Sohn Ahimelechs, waren Priester, Seraja war
Staatsschreiber. 18 Benaja, der Sohn Jojadas, war
der Befehlshaber der Kereter und Peleter. Auch
die Söhne Davids waren Priester.

Jonatans Sohn

9 David sagte: Gibt es noch jemand, der vom
Haus Saul übriggeblieben ist? Ich will ihm
um Jonatans willen eine Huld erweisen. 2 Zum
Haus Sauls gehörte ein Knecht namens Ziba;
man rief ihn zu David, und der König fragte ihn:
Bist du Ziba? Er antwortete: Ja, dein Knecht. 3 Der
König fragte ihn: Ist vom Haus Sauls niemand
mehr am Leben, daß ich ihm göttliche Huld er-
weisen könnte? Ziba antwortete dem König: Es
gibt einen Sohn Jonatans, der an beiden Füßen
gelähmt ist. 4 Der König sagte zu ihm: Wo ist er?
Ziba antwortete dem König: Er lebt jetzt im Haus
Machirs, des Sohnes Ammiëls, in Lo-Dabar. 5 Da
schickte der König David hin und ließ ihn aus
dem Haus Machirs, des Sohnes Ammiëls, in Lo-
Dabar holen. 6 Als Merib-Baal, der Sohn Jonatans,
des Sohnes Sauls, zu David kam, warf er sich
(vor ihm) auf sein Gesicht nieder und huldigte
ihm. David sagte: Merib-Baal! Er antwortete:
Hier ist dein Knecht. 7 David sagte zu ihm:
Fürchte dich nicht; denn ich will dir um deines
Vaters Jonatan willen eine Huld erweisen: Ich
gebe dir alle Felder deines Großvaters Saul
zurück, und du sollst immer an meinem Tisch
essen. 8 Da warf sich Merib-Baal (vor ihm) nieder
und sagte: Was ist dein Knecht, daß du dich ei-
nem toten Hund zuwendest, wie ich es bin?
9 Der König David rief Ziba, den Diener Sauls,
und sagte zu ihm: Alles, was Saul und seiner
ganzen Familie gehört hat, gebe ich dem Sohn
deines Herrn. 10 Du sollst mit deinen Söhnen und
Knechten für ihn das Land bebauen und ihm den

Ertrag bringen, damit der Sohn deines Herrn zu essen hat. Merib-Baal selbst aber, der Sohn deines Herrn, soll immer an meinem Tisch essen. Ziba hatte fünfzehn Söhne und zwanzig Knechte. 11 Ziba sagte zum König: Genauso, wie es mein Herr, der König, seinem Knecht befohlen hat, wird es dein Knecht tun. Und Merib-Baal aß am Tisch Davids wie einer von den Söhnen des Königs. 12 Merib-Baal hatte einen kleinen Sohn namens Micha, und alle, die im Haus Zibas wohnten, waren Merib-Baals Knechte. 13 Merib-Baal blieb also in Jerusalem; denn er aß immer am Tisch des Königs; er war aber an beiden Füßen gelähmt.

Die Geschichte von Davids Thronfolge: 10,1–20,26; 1 Kön 1,1–2,46

Der Krieg mit den Ammonitern und den Aramäern

10 Als darauf der König der Ammoniter starb und sein Sohn Hanun an seiner Stelle König wurde, 2 sagte David: Ich will Hanun, dem Sohn des Nahasch, mein Wohlwollen zeigen, so wie sein Vater mir sein Wohlwollen gezeigt hat. Und David schickte eine Gesandtschaft zu ihm und ließ ihm durch seine Diener sein Beileid zum Tod seines Vaters aussprechen. Als die Diener in das Land der Ammoniter kamen, 3 sagten die Fürsten der Ammoniter zu Hanun, ihrem Herrn: Will David wirklich deinen Vater vor deinen Augen ehren, weil er Leute schickt, die dir sein Beileid aussprechen sollen? Hat David seine Diener nicht viel eher zu dir geschickt, um die Stadt zu durchforschen und auszukundschaften und sie dann verwüsten zu lassen? 4 Darauf ließ Hanun die Diener Davids festnehmen, ihnen die Hälfte des Bartes abscheren und ihnen die Kleider zur Hälfte abschneiden, bis zum Gesäß herauf. So schickte er sie weg. 5 Als man David das meldete, schickte er ihnen jemand entgegen und ließ ihnen, weil sie so schwer geschändet waren, sagen: Bleibt in Jericho, und kehrt erst zurück, wenn euer Bart wieder gewachsen ist. 6 Als die Ammoniter merkten, daß sie sich bei David verhaßt gemacht hatten, schickten sie (Boten) und warben die Aramäer von Bet-Rehob und von Zoba an, zwanzigtausend Mann Fußvolk, außerdem den König von Maacha mit tausend Mann und die Leute von Tob mit zwölftausend Mann. 7 David erfuhr davon und schickte Joab mit dem ganzen Heer, allen kriegstüchtigen Männern, hin. 8 Die Ammoniter rückten aus und stellten sich vor dem Stadttor zum Kampf auf, während die Aramäer von Zoba und Rehob und die Leute von Tob und Maacha jeweils für sich draußen auf dem freien Feld standen. 9 Als Joab sah, daß ihm ein Angriff von vorn und von hinten drohte, traf er eine Auswahl aus den Kerntruppen Israels und stellte sie gegen die Aramäer auf. 10 Den Rest des Heeres unterstellte er seinem Bruder Abischai, damit er sie den Ammonitern gegenüber aufstelle. 11 Joab sagte: Wenn die Aramäer stärker sind als ich, dann komm du mir zu Hilfe! Wenn die Ammoniter stärker sind als du, dann werde ich dir zu Hilfe kommen. 12 Sei tapfer! Wir wollen mutig für unser Volk und für die Städte unseres Gottes kämpfen. Der Herr aber möge tun, was er für recht hält. 13 Da griff Joab mit seinen Leuten die Aramäer an, und diese ergriffen die Flucht vor ihm. 14 Als die Ammoniter sahen, daß die Aramäer flohen, ergriffen auch sie die Flucht vor Abischai und zogen sich in die Stadt zurück. Joab kehrte nach dem Kampf gegen die Ammoniter nach Jerusalem zurück.

15 Die Aramäer sahen, daß sie von Israel geschlagen waren, aber sie sammelten sich wieder. 16 Hadad-Eser schickte Boten und ließ die Aramäer, die diesseits des Stroms wohnten, ausrücken. Sie kamen nach Helam, an ihrer Spitze Schobach, der Oberbefehlshaber Hadad-Esers. 17 Als man das David meldete, versammelte er ganz Israel, überschritt den Jordan und kam nach Helam. Die Aramäer nahmen David gegenüber Aufstellung und eröffneten den Kampf gegen ihn. 18 Doch sie mußten vor den Israeliten fliehen. David vernichtete siebenhundert aramäische Kriegswagen und tötete vierzigtausend Reiter. Auch Schobach, den Oberbefehlshaber des Heeres, schlug er nieder, so daß er an Ort und Stelle starb. 19 Die Könige, die Hadad-Esers Vasallen waren, sahen nun ein, daß sie von den Israeliten besiegt waren. Sie schlossen Frieden mit den Israeliten und unterwarfen sich ihnen. Von da an fürchteten sich die Aramäer, den Ammonitern noch weiter zu helfen.

David und Batseba

11 Um die Jahreswende, zu der Zeit, in der
die Könige in den Krieg ziehen, schickte
David den Joab mit seinen Männern und ganz Is-
rael aus, und sie verwüsteten das Land der Am-
moniter und belagerten Rabba. David selbst aber
blieb in Jerusalem.
2 Als David einmal zur Abendzeit von seinem
Lager aufstand und auf dem Flachdach des Kö-
nigspalastes hin- und herging, sah er von dort aus
eine Frau, die badete. Die Frau war sehr schön an-
zusehen. 3 David schickte jemand hin und erkun-
digte sich nach ihr. Man sagte ihm: Das ist Bat-
seba, die Tochter Ammiëls, die Frau des Hetiters
Urija. 4 Darauf schickte David Boten zu ihr und
ließ sie holen; sie kam zu ihm, und er schlief mit
ihr – sie hatte sich gerade von ihrer Unreinheit
gereinigt. Dann kehrte sie in ihr Haus zurück.
5 Die Frau war aber schwanger geworden und
schickte deshalb zu David und ließ ihm mitteilen:
Ich bin schwanger.
6 Darauf sandte David einen Boten zu Joab (und
ließ ihm sagen): Schick den Hetiter Urija zu mir!
Und Joab schickte Urija zu David. 7 Als Urija zu
ihm kam, fragte David, ob es Joab und dem Volk
gut gehe und wie es mit dem Kampf stehe. 8 Dann
sagte er zu Urija: Geh in dein Haus hinab, und
wasch dir die Füße! Urija verließ das Haus des Kö-
nigs, und es wurde ihm ein Geschenk des Königs
nachgetragen. 9 Urija aber legte sich am Tor des Kö-
nigshauses bei den Knechten seines Herrn nieder
und ging nicht in sein Haus hinab. 10 Man berich-
tete David: Urija ist nicht in sein Haus hinabge-
gangen. Darauf sagte David zu Urija: Bist du nicht
gerade von einer Reise gekommen? Warum bist
du nicht in dein Haus hinuntergegangen? 11 Urija
antwortete David: Die Lade und Israel und Juda
wohnen in Hütten, und mein Herr Joab und die
Knechte meines Herrn lagern auf freiem Feld; da
soll ich in mein Haus gehen, um zu essen und zu
trinken und bei meiner Frau zu liegen? So wahr du
lebst und so wahr deine Seele lebt, das werde ich
nicht tun. 12 Darauf sagte David zu Urija: Bleib auch
heute noch hier; morgen werde ich dich weg-
schicken. So blieb Urija an jenem Tag in Jerusalem.
Am folgenden Tag 13 lud David ihn ein, bei ihm zu
essen und zu trinken, und machte ihn betrunken.
Am Abend aber ging Urija weg, um sich wieder
auf seinem Lager bei den Knechten seines Herrn
niederzulegen; er ging nicht in sein Haus hinab.
14 Am anderen Morgen schrieb David einen Brief
an Joab und ließ ihn durch Urija überbringen. 15 Er
schrieb in dem Brief: Stellt Urija nach vorn, wo der
Kampf am heftigsten ist, dann zieht euch von ihm
zurück, so daß er getroffen wird und den Tod fin-
det. 16 Joab hatte die Stadt beobachtet, und er stellte
Urija an einen Platz, von dem er wußte, daß dort
besonders tüchtige Krieger standen. 17 Als dann die
Leute aus der Stadt einen Ausfall machten und ge-
gen Joab kämpften, fielen einige vom Volk, das
heißt von den Kriegern Davids; auch der Hetiter
Urija fand den Tod. 18 Joab schickte (einen Boten) zu
David und ließ ihm den Verlauf des Kampfes be-
richten. 19 Und er befahl dem Boten: Wenn du dem
König alles über den Verlauf des Kampfes bis zu
Ende berichtet hast 20 und wenn dann der König in
Zorn gerät und zu dir sagt: Warum seid ihr beim
Kampf so nahe an die Stadt herangegangen? Habt
ihr nicht gewußt, daß sie von der Mauer herab-
schießen? 21 Wer hat Abimelech, den Sohn Jerub-
baals, erschlagen? Hat nicht eine Frau in Tebez
einen Mühlstein von der Mauer auf ihn herabge-
worfen, so daß er starb? Warum seid ihr so nahe an
die Mauer herangegangen?, dann sollst du sagen:
Auch dein Knecht, der Hetiter Urija, ist tot. 22 Der
Bote ging fort, kam zu David und berichtete ihm al-
les, was Joab ihm aufgetragen hatte. 23 Der Bote
sagte zu David: Die Männer waren stärker als wir
und waren gegen uns bis aufs freie Feld vorge-
drungen; wir aber drängten sie bis zum Eingang
des Tores zurück. 24 Da schossen die Schützen von
der Mauer herab auf deine Knechte, so daß einige
von den Knechten des Königs starben; auch dein
Knecht, der Hetiter Urija, ist tot. 25 Da sagte David
zu dem Boten: So sollst du zu Joab sagen: Betrachte
die Sache nicht als so schlimm; denn das Schwert
frißt bald hier, bald dort. Setz den Kampf gegen die
Stadt mutig fort, und zerstöre sie! So sollst du ihm
Mut machen. 26 Als die Frau Urijas hörte, daß ihr
Mann Urija tot war, hielt sie für ihren Gemahl die
Totenklage. 27 Sobald die Trauerzeit vorüber war,
ließ David sie zu sich in sein Haus holen. Sie wurde
seine Frau und gebar ihm einen Sohn. Dem Herrn
aber mißfiel, was David getan hatte.

Gottes Strafe für David

12 Darum schickte der Herr den Natan zu
David; dieser ging zu David und sagte zu
ihm: In einer Stadt lebten einst zwei Männer; der
eine war reich, der andere arm. 2 Der Reiche be-

saß sehr viele Schafe und Rinder, 3 der Arme aber besaß nichts außer einem einzigen kleinen Lamm, das er gekauft hatte. Er zog es auf, und es wurde bei ihm zusammen mit seinen Kindern groß. Es aß von seinem Stück Brot, und es trank aus seinem Becher, in seinem Schoß lag es und war für ihn wie eine Tochter. 4 Da kam ein Besucher zu dem reichen Mann, und er brachte es nicht über sich, eines von seinen Schafen oder Rindern zu nehmen, um es für den zuzubereiten, der zu ihm gekommen war. Darum nahm er dem Armen das Lamm weg und bereitete es für den Mann zu, der zu ihm gekommen war.

5 Da geriet David in heftigen Zorn über den Mann und sagte zu Natan: So wahr der Herr lebt: Der Mann, der das getan hat, verdient den Tod. 6 Das Lamm soll er vierfach ersetzen, weil er das getan und kein Mitleid gehabt hat. 7 Da sagte Natan zu David: Du selbst bist der Mann. So spricht der Herr, der Gott Israels: Ich habe dich zum König von Israel gesalbt, und ich habe dich aus der Hand Sauls gerettet. 8 Ich habe dir das Haus deines Herrn und die Frauen deines Herrn in den Schoß gegeben, und ich habe dir das Haus Israel und Juda gegeben, und wenn das zu wenig ist, gebe ich dir noch manches andere dazu. 9 Aber warum hast du das Wort des Herrn verachtet und etwas getan, was ihm mißfällt? Du hast den Hetiter Urija mit dem Schwert erschlagen und hast dir seine Frau zur Frau genommen; durch das Schwert der Ammoniter hast du ihn umgebracht. 10 Darum soll jetzt das Schwert auf ewig nicht mehr von deinem Haus weichen; denn du hast mich verachtet und dir die Frau des Hetiters genommen, damit sie deine Frau werde. 11 So spricht der Herr: Ich werde dafür sorgen, daß sich aus deinem eigenen Haus das Unheil gegen dich erhebt, und ich werde dir vor deinen Augen deine Frauen wegnehmen und sie einem andern geben; er wird am hellen Tag bei deinen Frauen liegen. 12 Ja, du hast es heimlich getan, ich aber werde es vor ganz Israel und am hellen Tag tun. 13 Darauf sagte David zu Natan: Ich habe gegen den Herrn gesündigt. Natan antwortete David: Der Herr hat dir deine Sünde vergeben; du wirst nicht sterben. 14 Weil du aber die Feinde des Herrn durch diese Sache zum Lästern veranlaßt hast, muß der Sohn, der dir geboren wird, sterben.

15 Dann ging Natan nach Hause. Der Herr aber ließ das Kind, das die Frau des Urija dem David geboren hatte, schwer krank werden. 16 David suchte Gott wegen des Knaben auf und fastete streng; und wenn er heimkam, legte er sich bei Nacht auf die bloße Erde. 17 Die Ältesten seines Hauses kamen zu ihm, um ihn dazu zu bewegen, von der Erde aufzustehen. Er aber wollte nicht und aß auch nicht mit ihnen. 18 Am siebten Tag aber starb das Kind. Davids Diener fürchteten sich, ihm mitzuteilen, daß das Kind tot war; denn sie sagten: Wir haben ihm zugeredet, als das Kind noch am Leben war; er aber hat nicht auf uns gehört. Wie können wir ihm jetzt sagen: Das Kind ist tot? Er würde ein Unheil anrichten. 19 David jedoch sah, daß seine Diener miteinander flüsterten, und merkte daran, daß das Kind tot war. Er fragte seine Diener: Ist das Kind tot? Sie antworteten: Ja, es ist tot. 20 Da erhob sich David von der Erde, wusch sich, salbte sich, wechselte seine Kleider, ging zum Haus des Herrn und warf sich (davor) nieder. Als er dann nach Hause zurückkehrte, verlangte er (zu essen). Man setzte ihm etwas vor, und er aß. 21 Da fragten ihn seine Diener: Was soll das bedeuten, was du getan hast? Als das Kind noch am Leben war, hast du seinetwegen gefastet und geweint. Nachdem aber das Kind tot ist, stehst du auf und ißt. 22 Er antwortete: Als das Kind noch am Leben war, habe ich gefastet und geweint; denn ich dachte: Wer weiß, vielleicht ist der Herr mir gnädig, und das Kind bleibt am Leben. 23 Jetzt aber, da es tot ist, warum soll ich da noch fasten? Kann ich es zurückholen? Ich werde einmal zu ihm gehen, aber es kommt nicht zu mir zurück. 24 Und David tröstete seine Frau Batseba; er ging zu ihr hinein und schlief mit ihr. Und sie gebar einen Sohn, und er gab ihm den Namen Salomo. Der Herr liebte Salomo 25 und sandte den Propheten Natan, damit er ihm um des Herrn willen den Namen Jedidja (Liebling des Herrn) gebe.

Die Eroberung von Rabba

26 Joab kämpfte gegen Rabba, (die Stadt) der Ammoniter, und er eroberte die Königsstadt. 27 Darauf schickte Joab Boten zu David und ließ ihm sagen: Ich habe gegen Rabba gekämpft und dabei auch die Wasserstadt eingenommen. 28 Darum versammle jetzt den Rest des Heeres, belagere die Stadt und nimm sie selbst ein, damit nicht ich sie einnehme und mein Name über ihr ausgerufen wird. 29 David sammelte also das ganze Heer, zog nach Rabba, kämpfte gegen die Stadt und nahm sie ein. 30 Dann nahm er ihrem König die Krone

vom Haupt, deren Gewicht ein Talent Gold betrug und an der ein kostbarer Stein war; sie wurde nun Davids Krone. Und er schaffte eine sehr große Beute aus der Stadt fort. 31 Auch ihre Einwohner führte er fort und stellte sie an die Steinsägen, an die eisernen Spitzhacken und an die eisernen Äxte und ließ sie in den Ziegeleien arbeiten. So machte er es mit allen Städten der Ammoniter. Dann kehrte David mit dem ganzen Heer nach Jerusalem zurück.

Amnon und Tamar

13 Danach geschah folgendes: Abschalom, der Sohn Davids, hatte eine schöne Schwester namens Tamar, und Amnon, der Sohn Davids, verliebte sich in sie. 2 Amnon war sehr bedrückt und wurde fast krank wegen seiner Schwester Tamar; denn sie war Jungfrau, und es schien Amnon unmöglich, ihr etwas anzutun. 3 Nun hatte Amnon einen Freund namens Jonadab, einen Sohn des Schima, des Bruders Davids. Jonadab war ein sehr kluger Mann. 4 Er sagte zu Amnon: Warum bist du jeden Morgen so bedrückt, Sohn des Königs? Willst du es mir nicht erzählen? Amnon antwortete ihm: Ich liebe Tamar, die Schwester meines Bruders Abschalom. 5 Da sagte Jonadab zu ihm: Leg dich ins Bett, und stell dich krank! Wenn dann dein Vater kommt, um nach dir zu sehen, sag zu ihm: Laß doch meine Schwester Tamar zu mir kommen und mir etwas zu essen machen; sie soll die Krankenkost vor meinen Augen zubereiten, so daß ich zusehen und aus ihrer Hand essen kann. 6 Amnon legte sich also hin und stellte sich krank. Als der König kam, um nach ihm zu sehen, sagte Amnon zum König: Meine Schwester Tamar möge doch zu mir kommen; sie soll mir vor meinen Augen zwei Kuchen backen, und ich will die Krankenkost aus ihrer Hand essen. 7 David schickte jemand ins Haus der Tamar und ließ ihr sagen: Geh doch in das Haus deines Bruders Amnon, und mach ihm etwas zu essen! 8 Tamar ging in das Haus ihres Bruders Amnon, der im Bett lag. Sie nahm Teig, knetete vor seinen Augen die Kuchen und backte sie. 9 Dann nahm sie die Pfanne und legte ihm (das Gericht) vor. Amnon aber wollte nichts essen, sondern sagte: Schickt alle hinaus! Als alle aus dem Zimmer hinausgegangen waren, 10 sagte Amnon zu Tamar: Bring das Essen in die (innere) Kammer, ich möchte sie aus deiner Hand essen. Tamar nahm die Kuchen, die sie zubereitet hatte, und brachte sie ihrem Bruder Amnon in die Kammer. 11 Als sie ihm aber die Kuchen zum Essen reichte, griff er nach ihr und sagte zu ihr: Komm, leg dich zu mir, Schwester! 12 Sie antwortete ihm: Nein, mein Bruder, entehre mich nicht! So etwas tut man in Israel nicht. Begeh keine solche Schandtat! 13 Wohin sollte ich denn in meiner Schande gehen? Du würdest als einer der niederträchtigsten Menschen in Israel dastehen. Rede doch mit dem König, er wird mich dir nicht verweigern. 14 Doch Amnon wollte nicht auf sie hören, sondern packte sie und zwang sie, mit ihm zu schlafen. 15 Hinterher aber empfand Amnon eine sehr große Abneigung gegen sie; ja, der Haß, mit dem er sie nun haßte, war größer als die Liebe, mit der er sie geliebt hatte. Amnon sagte zu ihr: Steh auf, geh weg! 16 Sie erwiderte ihm: Nicht doch! Wenn du mich wegschickst, wäre das ein noch größeres Unrecht, als das, das du mir schon angetan hast. Er aber wollte nicht auf sie hören, 17 sondern rief den jungen Mann, der in seinen Diensten stand, und sagte: Bringt dieses Mädchen da von mir weg auf die Straße hinaus, und schließt die Tür hinter ihr ab! 18 Sein Diener brachte sie hinaus und schloß die Tür hinter ihr zu. Sie hatte ein Ärmelkleid an; denn solche Obergewänder trugen die Königstöchter, solange sie Jungfrauen waren. 19 Tamar aber streute sich Asche auf das Haupt und zerriß das Ärmelkleid, das sie anhatte, sie legte ihre Hand auf den Kopf und ging schreiend weg. 20 Ihr Bruder Abschalom fragte sie: War dein Bruder Amnon mit dir zusammen? Sprich nicht darüber, meine Schwester, er ist ja dein Bruder. Nimm dir die Sache nicht so zu Herzen! Von da an lebte Tamar einsam im Haus ihres Bruders Abschalom. 21 Doch der König David erfuhr von der ganzen Sache und wurde darüber sehr zornig. 22 Abschalom aber redete nicht mehr mit Amnon, weder im guten noch im bösen; er haßte Amnon, weil dieser seine Schwester Tamar vergewaltigt hatte.

Abschaloms Rache an Amnon

23 Zwei Jahre später ließ Abschalom in Baal-Hazor, das bei Efraim liegt, seine Schafe scheren und lud alle Söhne des Königs ein. 24 Er ging zum König und sagte: Dein Knecht läßt gerade seine Schafe scheren. Der König möge doch samt seinen Dienern seinen Knecht dorthin begleiten. 25 Der König antwortete Abschalom: Nein, mein Sohn, wir

können doch nicht alle kommen; wir wollen dir
nicht zur Last fallen. Obwohl Abschalom ihn drin-
gend bat, wollte er nicht mitgehen, sondern
wollte ihn mit dem Segensgruß verabschieden.
26 Da sagte Abschalom: Kann nicht wenigstens
mein Bruder Amnon mit uns gehen? Der König
fragte ihn: Warum soll er mit dir gehen? 27 Abscha-
lom aber drängte ihn (noch mehr), und der König
ließ Amnon und seine anderen Söhne mit ihm ge-
hen. 28 Abschalom befahl seinen jungen Leuten:
Gebt acht: Wenn Amnon vom Wein guter Laune
ist, werde ich zu euch sagen: Schlagt Amnon tot!
Dann tötet ihn! Habt keine Angst! Ich selbst habe
es euch ja befohlen. Seid mutig und tapfer! 29 Die
jungen Leute Abschaloms machten mit Amnon,
was ihnen Abschalom befohlen hatte. Da spran-
gen alle Söhne des Königs auf, stiegen auf ihre
Maultiere und flohen. 30 Sie waren noch auf dem
Weg, als zu David das Gerücht gelangte: Abscha-
lom hat alle Söhne des Königs erschlagen; nicht ei-
ner von ihnen ist übriggeblieben. 31 Da stand der
König auf, zerriß seine Kleider und warf sich zu
Boden. Auch alle seine Diener, die um ihn herum-
standen, zerrissen ihre Kleider. 32 Jonadab aber, der
Sohn Schimas, des Bruders Davids, sagte: Mein
Herr soll nicht glauben, daß alle jungen Männer,
alle Söhne des Königs, tot sind. Nur Amnon ist
tot; denn Abschalom war verbittert seit dem Tag,
an dem Amnon seine Schwester vergewaltigte.
33 Mein Herr, der König, nehme sich die Sache
nicht so zu Herzen und denke nicht: Alle Söhne
des Königs sind tot. Nur Amnon ist tot.

34 Abschalom aber war geflohen. Der junge
Mann jedoch, der Wache hielt, schaute aus und
sah plötzlich, daß eine Menge Leute auf dem hin-
ter ihm liegenden Weg von der Seite des Berges
herabkamen. 35 Da sagte Jonadab zum König:
Sieh, da kommen die Söhne des Königs. Es ist so,
wie dein Knecht gesagt hat. 36 Kaum hatte er das
gesagt, da kamen die Söhne des Königs. Sie be-
gannen laut zu weinen, und auch der König und
alle seine Diener brachen in heftiges Weinen aus.
37 Abschalom aber floh und ging zu Talmai, dem
Sohn des Königs Ammihud von Geschur, und
David trauerte lange Zeit um seinen Sohn.

Abschaloms Rückkehr

38 Abschalom war also geflohen und nach Ge-
schur gegangen; dort blieb er drei Jahre. 39 Dann
aber hörte der König allmählich auf, gegen Ab-
schalom zu hadern; denn er hatte sich damit ab-
gefunden, daß Amnon tot war.

14 Als Joab, der Sohn der Zeruja, merkte,
daß das Herz des Königs sich wieder Ab-
schalom zuwandte, 2 schickte er (einen Boten)
nach Tekoa und ließ von dort eine kluge Frau ho-
len. Er sagte zu ihr: Tu so, als ob du trauerst, zieh
Trauergewänder an, und salbe dich nicht mit Öl!
Stell dich wie eine Frau, die schon lange Zeit um
einen Toten trauert. 3 Dann geh zum König, und
sprich folgendes zu ihm – und Joab sagte ihr, was
sie sagen sollte. 4 Die Frau aus Tekoa ging zum Kö-
nig, warf sich mit dem Gesicht auf die Erde nie-
der, um ihm zu huldigen und sagte: Hilf mir, mein
König! 5 Der König fragte sie: Was hast du? Sie ant-
wortete: Ach, ich bin eine Witwe; mein Mann ist
tot. 6 Deine Magd hatte zwei Söhne. Die beiden
bekamen auf dem Feld Streit miteinander, und
weil niemand da war, der sich zwischen die bei-
den gestellt hätte, schlug der eine den anderen
tot. 7 Da erhob sich die ganze Verwandtschaft ge-
gen deine Magd. Sie sagten: Gib den, der seinen
Bruder erschlagen hat, heraus, damit wir ihn tö-
ten, weil er seinen Bruder ums Leben gebracht
hat. So wollten sie sogar den Erben vernichten.
Sie wollten die Kohle, die mir geblieben ist, aus-
löschen, um meinem Mann weder Namen noch
Nachkommen auf dem Erdboden zu lassen. 8 Da
sagte der König zu der Frau: Geh nach Hause! Ich
werde deine Sache in Ordnung bringen. 9 Die
Frau aus Tekoa erwiderte dem König: Mein Herr
und König, dann lastet die Schuld auf mir und
dem Haus meines Vaters. Der König aber und sein
Thron werden schuldlos sein. 10 Der König ant-
wortete: Wenn jemand gegen dich spricht, bring
ihn zu mir; er wird dir nicht wieder zu nahe
treten. 11 Sie aber sagte: Der König rufe doch den
Herrn, deinen Gott, dafür an, daß der Bluträcher
nicht noch mehr Unheil anrichtet und meinen
Sohn umbringt. Der König antwortete: So wahr
der Herr lebt, deinem Sohn soll kein Haar ge-
krümmt werden.

12 Darauf sagte die Frau: Deine Magd möchte
meinem Herrn, dem König, noch ein Wort sagen.
Er antwortete: Sprich! 13 Da fragte die Frau: Warum
planst du genau das gleiche gegen das Volk
Gottes? Wenn der König ein solches Urteil gefällt
hat, spricht er sich selbst schuldig, da er seinen
verstoßenen (Sohn) nicht zurückkehren läßt.
14 Wir müssen alle sterben und sind wie das Was-

ser, das man auf die Erde schüttet und nicht wieder einsammeln kann. Aber Gott wird dem das Leben nicht nehmen, der darauf aus ist, daß ein von ihm Verstoßener nicht verstoßen bleibt. 15 Daß ich aber hergekommen bin, um dem König, meinem Herrn, das zu sagen, geschah, weil die Leute mir Angst machten. Darum sagte sich deine Magd: Ich will mit dem König reden; vielleicht wird der König tun, was seine Magd sagt. 16 Ja, der König wird (auf mich) hören und seine Magd aus der Hand des Mannes retten, der mich zusammen mit meinem Sohn aus dem Erbbesitz austilgen will. 17 Deine Magd hat sich gesagt: Das Wort meines Herrn, des Königs, wird mich beruhigen; denn mein Herr, der König, ist gerade so wie der Engel Gottes: Er hört Gutes und Böses. Der Herr, dein Gott, sei mit dir.

18 Der König erwiderte der Frau: Verhehl mir nichts von dem, was ich dich jetzt frage. Die Frau sagte: Mein Herr und König, rede! 19 Da fragte der König: Hat etwa Joab bei all dem die Hand im Spiel? Die Frau antwortete: So wahr du lebst, mein Herr und König, an all dem, was mein Herr, der König, sagt, kann man sich unmöglich rechts oder links vorbeidrücken. Ja, dein Knecht Joab war es, der mir das befohlen hat; er hat all diese Worte deiner Magd in den Mund gelegt. 20 Das hat dein Knecht Joab getan, um der Sache ein anderes Gesicht zu geben. Mein Herr ist weise, wie der Engel Gottes, der alles weiß, was im Land geschieht.

21 Darauf sagte der König zu Joab: Gut, ich erfülle dir diese deine Bitte. Geh, bring den jungen Abschalom zurück! 22 Joab warf sich mit dem Gesicht auf die Erde nieder und huldigte (dem König). Er segnete den König und sagte: Heute hat dein Knecht erkannt, daß ich dein Wohlwollen gefunden habe, mein Herr und König, weil der König die Bitte seines Knechtes erfüllt hat. 23 Dann brach Joab auf, ging nach Geschur und brachte Abschalom nach Jerusalem zurück. 24 Der König aber sagte: Er soll in sein Haus gehen, aber er soll mir nicht unter die Augen treten. Abschalom ging in sein Haus, aber dem König durfte er nicht unter die Augen treten.

25 In ganz Israel gab es keinen schöneren und lobenswerteren Mann als Abschalom. Vom Scheitel bis zur Sohle war kein Makel an ihm. 26 Und wenn er sein Haar schneiden ließ – das geschah von Zeit zu Zeit, weil es so schwer wurde, daß er es schneiden lassen mußte –, und man wog sein Haar, dann wog es zweihundert Schekel nach königlichem Gewicht. 27 Drei Söhne wurden Abschalom geboren und eine Tochter namens Tamar; sie wurde eine Frau von großer Schönheit.

28 Abschalom wohnte zwei Jahre lang in Jerusalem, ohne dem König unter die Augen zu treten. 29 Da schickte Abschalom jemand zu Joab, weil er ihn zum König senden wollte; aber Joab wollte nicht kommen. Er schickte noch ein zweites Mal jemand hin, aber er wollte wieder nicht kommen. 30 Da sagte Abschalom zu seinen Knechten: Seht, das Feld Joabs, das neben meinem liegt; er hat dort Gerste (angebaut). Geht hin, steckt es in Brand! Die Diener Abschaloms steckten das Feld in Brand. 31 Darauf machte sich Joab auf den Weg, suchte Abschalom in seinem Haus auf und fragte ihn: Warum haben deine Knechte das Feld in Brand gesteckt, das mir gehört? 32 Abschalom antwortete: Ich hatte doch jemand zu dir geschickt und dir sagen lassen: Komm her, ich möchte dich zum König senden. Du sollst ihn fragen: Wozu bin ich eigentlich von Geschur hergekommen? Es wäre für mich besser gewesen, ich wäre dort geblieben. Jetzt aber möchte ich dem König vor die Augen treten. Wenn eine Schuld auf mir liegt, soll er mich töten. 33 Joab ging zum König und berichtete ihm alles, und der König ließ Abschalom rufen. Er kam zum König und fiel vor ihm mit dem Gesicht zur Erde nieder. Und der König küßte Abschalom.

Abschaloms Aufstand gegen David

15 Einige Zeit danach schaffte sich Abschalom einen Wagen und Pferde an sowie fünfzig Mann, die immer vor ihm herliefen. 2 Früh am Morgen stellte er sich neben den Weg zum Stadttor, und sooft jemand mit einer Streitsache zum König vor Gericht gehen wollte, sprach er ihn an und sagte: Aus welcher Stadt bist du? Wenn der dann antwortete: Dein Knecht ist aus einem der Stämme Israels!, 3 sagte Abschalom zu ihm: Was du sagst, ist ja gut und recht, aber beim König gibt es niemand, der dich anhört. 4 Und Abschalom fügte hinzu: Würde mich doch jemand zum Richter im Land machen, damit jeder, der einen Streit oder eine Rechtssache hat, zu mir kommt; ich würde ihm Recht verschaffen. 5 Ging dann einer auf ihn zu, um vor ihm niederzufallen, dann streckte er die Hand aus, hielt ihn fest und

küßte ihn. 6 So machte es Abschalom bei allen Is-
raeliten, die zum König vor Gericht gehen woll-
ten, und so stahl er sich in das Herz der Israeliten.
7 Nach vier Jahren sagte Abschalom zum König:
Ich möchte nach Hebron gehen, um ein Gelübde
zu erfüllen, das ich dem Herrn abgelegt habe.
8 Denn dein Knecht hat bei seinem Aufenthalt in
Geschur in Aram das Gelübde gemacht: Wenn
der Herr mich wirklich nach Jerusalem zurück-
kehren läßt, dann will ich für den Herrn einen
Gottesdienst feiern. 9 Der König antwortete ihm:
Geh in Frieden! Da brach Abschalom auf und ging
nach Hebron. 10 Doch (von dort) schickte er Boten
an alle Stämme Israels und ließ ihnen sagen:
Wenn ihr den Klang des Widderhorns hört, dann
sollt ihr rufen: Abschalom ist König in Hebron.
11 Zweihundert Männer aus Jerusalem waren mit
Abschalom gegangen; er hatte sie eingeladen,
und sie waren mit ihm gezogen, ohne von der
ganzen Sache etwas zu ahnen. 12 Als er seine Op-
fer darbrachte, ließ Abschalom auch den Giloniter
Ahitofel, den Berater Davids, aus seiner Heimat-
stadt Gilo kommen. So wurde die Verschwörung
immer größer, und immer mehr Leute schlossen
sich Abschalom an.

Davids Flucht aus Jerusalem

13 Als ein Bote kam und David meldete: Das Herz
der Israeliten hat sich Abschalom zugewandt!,
14 sagte David zu allen seinen Dienern, die noch
bei ihm in Jerusalem waren: Auf, wir müssen flie-
hen, denn für uns gibt es keine Rettung vor Ab-
schalom. Beeilt euch mit dem Aufbruch, sonst
kommt er und holt uns ein, bringt Unglück über
uns und schlägt die Stadt mit scharfem Schwert.
15 Die Diener des Königs sagten zu ihm: Ganz wie
der Herr und König sich entscheidet. Hier sind
deine Knechte. 16 So zog der König fort, und sein
ganzes Haus folgte ihm. Nur die zehn Neben-
frauen ließ der König zurück; sie sollten das Haus
bewachen.
17 Als der König mit den Leuten, die ihm folgten,
fortzog, blieben sie beim letzten Haus stehen
18 und alle seine Diener zogen an ihm vorüber,
dazu alle Kereter und Peleter und alle Gatiter, jene
sechshundert Mann, die ihm aus Gat gefolgt wa-
ren; sie alle zogen vor dem König vorüber. 19 Da
sagte der König zu Ittai aus Gat: Warum willst
auch du mit uns gehen? Kehr um, und bleib beim
(neuen) König! Denn du bist ein Ausländer und
aus deiner Heimat verbannt. 20 Erst gestern bist du
gekommen – und schon heute sollte ich dich auf-
jagen, um mit uns zu gehen? Ich gehe, wohin ich
eben gehe. Du aber kehr um, und bring deine Brü-
der in Liebe und Treue zurück! 21 Doch Ittai erwi-
derte dem König: So wahr der Herr lebt und so
wahr mein Herr, der König, lebt: Nur an dem Ort,
wo mein Herr, der König, ist, dort wird auch dein
Diener sein, sei es um zu leben oder um zu ster-
ben. 22 Da sagte David zu Ittai: Dann geh und zieh
(mit deinen Leuten) vorüber! Und der Gatiter zog
mit allen seinen Männern und dem ganzen Troß,
den er bei sich hatte, vorüber. 23 Alle weinten laut,
als die Leute (an David) vorüberzogen. Dann
überschritt der König den Bach Kidron, und alle
zogen weiter auf dem Weg zur Steppe.
24 Auch Zadok und all die Leviten um ihn, die die
Bundeslade Gottes trugen, waren dabei. Sie stell-
ten die Lade Gottes nieder, und Abjatar brachte
Opfer dar, bis alle Leute aus der Stadt vollzählig
(an David) vorübergezogen waren. 25 Der König
sagte zu Zadok: Bring die Lade Gottes in die Stadt
zurück! Wenn ich vor den Augen des Herrn
Gnade finde, dann wird er mich zurückführen
und mich die Lade und ihre Stätte wiedersehen
lassen. 26 Wenn er aber sagt: Ich habe an dir kei-
nen Gefallen!, gut, dann mag er mit mir machen,
was ihm gefällt. 27 Und (weiter) sagte der König zu
dem Priester Zadok: Siehst du das ein? Kehr in
Frieden in die Stadt zurück, ebenso dein Sohn
Ahimaaz und Abjatars Sohn Jonatan, eure beiden
Söhne. 28 Merkt euch: Ich werde an den Furten
zur Steppe warten, bis von euch eine Nachricht
kommt, die mir Bescheid gibt. 29 Darauf brachten
Zadok und Abjatar die Lade Gottes nach Jerusa-
lem zurück und blieben dort.
30 David stieg weinend und mit verhülltem
Haupte den Ölberg hinauf; er ging barfuß, und alle
Leute, die bei ihm waren, verhüllten ihr Haupt
und zogen weinend hinauf. 31 Man hatte David
die Nachricht gebracht, daß auch Ahitofel unter
den Verschwörern auf seiten Abschaloms war.
Da sagte David: Herr, vereitle den Rat Ahitofels!
32 Als David auf den Gipfel des Berges kam, auf
dem man sich vor Gott niederwirft, kam ihm
plötzlich der Arkiter Huschai entgegen, mit zer-
rissenen Kleidern und Erde auf dem Haupt. 33 Da-
vid sagte zu ihm: Wenn du mit mir ziehst, wärest
du mir nur eine Last. 34 Wenn du aber in die Stadt
zurückkehrst und zu Abschalom sagst: Ich bin

dein Knecht, mein König, ich war früher der
Knecht deines Vaters, jetzt aber will ich dein
Knecht sein!, dann kannst du für mich den Rat
Ahitofels durchkreuzen. 35 Die Priester Zadok und
Abjatar werden auch dort bei dir sein, und du
kannst alles, was du aus dem Haus des Königs
hörst, den Priestern Zadok und Abjatar berichten.
36 Sie haben dort auch ihre beiden Söhne bei sich,
Zadok den Ahimaaz und Abjatar den Jonatan;
durch sie könnt ihr mir alles übermitteln, was ihr
hört. 37 So kam Huschai, der Freund Davids, in die
Stadt zurück, als Abschalom gerade in Jerusalem
ankam.

16 Als David vom Gipfel des Berges aus ein
Stück weiterzog, da kam ihm Ziba, der
Diener Merib-Baals, mit einem Paar gesattelter
Esel entgegen. Sie waren mit zweihundert Bro-
ten, hundert Traubenkuchen, hundert frischen
Früchten und einem Schlauch Wein beladen.
2 Der König fragte Ziba: Was hast du damit vor?
Ziba antwortete: Die Esel sind für die königliche
Familie als Reittiere bestimmt, das Brot und die
Früchte zur Verpflegung deiner Diener, der Wein
ist zum Trinken für die, die in der Steppe müde
werden. 3 Der König fragte: Wo ist der Sohn deines
Herrn? Ziba antwortete dem König: Er ist in Jeru-
salem geblieben; denn er hat gesagt: Heute wird
mir das Haus Israel das Königtum meines Vaters
wiedergeben. 4 Da sagte der König zu Ziba: Jetzt
soll alles, was Merib-Baal gehört, dir gehören.
Ziba antwortete: Ich habe mich (vor dir) nieder-
geworfen; möge ich Gnade finden vor deinen
Augen, mein Herr und König.
5 Als König David nach Bahurim kam, da kam
plötzlich aus der Stadt ein Mann namens Schimi,
ein Sohn Geras aus der Sippe des Hauses Saul. Er
kam David mit Flüchen entgegen, 6 und warf mit
Steinen nach ihm und allen Dienern des Königs
David, obwohl das ganze Volk und alle Krieger
rechts und links um ihn standen. 7 Schimi schrie
und fluchte: Verschwinde, verschwinde, du Mör-
der, du Niederträchtiger! 8 Der Herr hat all deine
Blutschuld am Haus Sauls, an dessen Stelle du Kö-
nig geworden bist, auf dich zurückfallen lassen.
Der Herr hat das Königtum in die Hand deines
Sohnes Abschalom gegeben. Nun bist du ins Un-
glück geraten; denn du bist ein Mörder. 9 Da sagte
Abischai, der Sohn der Zeruja, zum König: Warum
flucht dieser tote Hund meinem Herrn, dem Kö-
nig? Ich will hinübergehen und ihm den Kopf ab-
schlagen. 10 Doch der König antwortete: Was habe
ich mit euch zu schaffen, ihr Söhne der Zeruja?
Wenn er flucht und wenn der Herr ihm gesagt hat:
Verfluch David!, wer darf dann fragen: Warum tust
du das? 11 Und weiter sagte David zu Abischai und
all seinen Dienern: Seht, mein leiblicher Sohn
trachtet mir nach dem Leben, wieviel mehr muß
es dann dieser Benjaminiter tun. Laßt ihn fluchen!
Sicherlich hat es ihm der Herr geboten. 12 Vielleicht
sieht der Herr mein Elend an und erweist mir
Gutes für den Fluch, der mich heute trifft. 13 David
und seine Männer setzten ihren Weg fort; Schimi
ging am Berghang neben ihnen her und fluchte
ununterbrochen, warf mit Steinen nach ihm und
bewarf ihn mit Erde. 14 Erschöpft kam der König
mit allen Leuten, die er bei sich hatte, an den Jor-
dan; dort konnte er wieder Atem schöpfen.

Abschalom in Jerusalem

15 Abschalom war mit dem ganzen Heer der Israe-
liten nach Jerusalem gekommen; auch Ahitofel
war bei ihm. 16 Als der Arkiter Huschai, der Freund
Davids, zu Abschalom kam, sagte er zu Abscha-
lom: Es lebe der König, es lebe der König! 17 Ab-
schalom fragte Huschai: So sieht die Liebe zu dei-
nem Freund aus? Warum bist du nicht mit deinem
Freund gegangen? 18 Huschai sagte zu Abschalom:
Nein, ich gehöre vielmehr zu dem, den der Herr
und dieses Volk und alle Israeliten erwählt haben;
bei ihm will ich bleiben. 19 Und außerdem: Wem
diene ich denn? Doch nur seinem Sohn. Wie ich
vor den Augen deines Vaters Dienst getan habe, so
will ich auch dir zur Verfügung stehen.
20 Abschalom sagte zu Ahitofel: Gebt einen Rat,
was wir tun sollen. 21 Ahitofel sagte zu Abscha-
lom: Geh zu den Nebenfrauen deines Vaters, die
er hiergelassen hat, um das Haus zu bewachen.
So wird ganz Israel erfahren, daß du dich bei dei-
nem Vater verhaßt gemacht hast, und alle die zu
dir halten, werden ermutigt. 22 Man errichtete für
Abschalom ein Zelt auf dem Dach, und Abscha-
lom ging vor den Augen ganz Israels zu den Ne-
benfrauen seines Vaters. 23 Ein Rat, den Ahitofel
gab, galt in jenen Tagen so viel, als hätte man ein
Gotteswort erbeten. So viel galt jeder Rat Ahito-
fels, bei David wie bei Abschalom.

17 Und Ahitofel sagte weiter zu Abschalom:
Ich möchte zwölftausend Mann aus-
wählen, mit ihnen noch heute nacht aufbrechen
und David nachsetzen. 2 Ich will ihn überfallen,

wenn er noch müde und ermattet ist, und ihm ei-
nen Schrecken einjagen. Alle Leute, die bei ihm
sind, werden fliehen, und ich kann den König,
wenn er allein ist, erschlagen. 3 Dann werde ich
das ganze Volk zu dir zurückführen, wie eine
Neuvermählte zu ihrem Mann heimgeholt wird.
Du trachtest ja nur dem einen Mann nach dem
Leben; das ganze übrige Volk aber soll Frieden ha-
ben. 4 Der Plan erschien Abschalom und allen Äl-
testen Israels gut.

5 Abschalom aber sagte: Ruft auch den Arkiter
Huschai! Wir wollen hören, was er zu sagen hat.
6 Als Huschai kam, sagte Abschalom zu ihm: Das
und das hat Ahitofel gesagt. Sollen wir seinen Vor-
schlag ausführen? Wenn nicht, dann rede du! 7 Da
sagte Huschai zu Abschalom: Diesmal ist der Rat,
den Ahitofel gegeben hat, nicht gut. 8 Und er fuhr
fort: Du kennst deinen Vater und seine Männer;
sie sind Krieger und von wildem Mut erfüllt, wie
eine Bärin im freien Gelände, der man die Jungen
geraubt hat. Dein Vater ist ein Krieger, der mit sei-
nen Leuten keine Nachtruhe hält. 9 Sicher hält er
sich jetzt in einer Höhle oder an einem anderen
Ort versteckt. Wenn nun gleich zu Anfang einige
von deinen Leuten fallen und man hört davon,
wird man sagen: Die Anhänger Abschaloms ha-
ben eine Niederlage erlitten. 10 Dann wird auch
der Tapferste – und habe er ein Herz wie ein Löwe
– völlig den Mut verlieren; denn ganz Israel weiß,
daß dein Vater ein Held ist und tapfere Männer
bei sich hat. 11 Darum rate ich: Alle Israeliten zwi-
schen Dan und Beerscheba sollen sich bei dir ver-
sammeln, (ein Heer) so zahlreich wie der Sand am
Ufer des Meeres. Du selbst mußt (mit ihnen) in
den Kampf ziehen. 12 Wenn wir ihn dann in einem
der Orte, wo er sich aufhält, finden, überfallen wir
ihn, wie der Tau auf die Erde fällt; dann wird von
ihm und allen Männern, die bei ihm sind, auch
nicht einer übrig bleiben. 13 Und wenn er sich in
eine Stadt zurückzieht, so wird ganz Israel Seile
an (den Mauern) jener Stadt befestigen, und wir
schleifen sie ins Tal hinab, so daß dort, wo sie sind,
kein Stein mehr zu finden ist. 14 Da sagten Ab-
schalom und alle Israeliten: Der Rat des Arkiters
Huschai ist besser als der Rat Ahitofels. Der Herr
hatte es nämlich so bestimmt; der gute Rat Ahito-
fels sollte durchkreuzt werden, weil der Herr Un-
heil über Abschalom bringen wollte.

15 Darauf sagte Huschai zu den Priestern Zadok
und Abjatar: Das und das hat Ahitofel Abscha-
lom und den Ältesten Israels geraten, und das
und das habe ich geraten. 16 Schickt jetzt schnell
jemand zu David, und laßt ihm sagen: Bleib
heute nacht nicht bei den Furten, (die) zur
Steppe (hinüberführen), sondern zieh sofort
hinüber, damit nicht der König samt allen Leu-
ten, die er bei sich hat, vernichtet wird. 17 Jonatan
und Ahimaaz aber hielten sich an der Rogel-
Quelle auf; eine Magd ging zu ihnen und brachte
ihnen die Nachricht, sie aber gingen zu König
David und machten ihm Meldung. Sie durften
sich nämlich nicht sehen lassen und konnten
deshalb die Stadt nicht betreten. 18 Doch ein jun-
ger Mann sah sie trotzdem und meldete es Ab-
schalom. Die beiden aber gingen schnell weiter
und kamen zum Haus eines Mannes in Bahu-
rim, der in seinem Hof einen Brunnen hatte. Sie
stiegen hinein, 19 und die Frau nahm eine Decke,
breitete sie über die Öffnung des Brunnens und
streute Körner darauf, so daß man nichts merken
konnte. 20 Als Abschaloms Knechte zu der Frau
ins Haus kamen, fragten sie: Wo sind Ahimaaz
und Jonatan? Die Frau antwortete ihnen: Sie sind
von hier zum Wasser weitergegangen. Die
Knechte machten sich auf die Suche, als sie sie
aber nicht fanden, kehrten sie nach Jerusalem
zurück. 21 Nachdem sie weggegangen waren,
stiegen die beiden aus dem Brunnen heraus, gin-
gen zu König David und brachten ihm die Nach-
richt. Sie sagten zu David: Brecht auf, und geht
schnell über den Fluß hinüber; denn Ahitofel hat
gegen euch den und den Rat erteilt. 22 Da brach
David mit allen Leuten, die noch bei ihm waren,
auf, und zog über den Jordan. Als es Morgen
wurde, war auch nicht mehr einer da, der den
Jordan nicht überschritten hätte.

23 Als Ahitofel sah, daß sein Rat nicht ausgeführt
wurde, sattelte er seinen Esel, brach auf und
kehrte in seine Heimatstadt zurück. Dann be-
stellte er sein Haus und erhängte sich. So starb er,
und man begrub ihn im Grab seines Vaters.

Davids Vorbereitungen zum Kampf

24 Als David nach Mahanajim gekommen war,
überschritt Abschalom mit allen Israeliten den
Jordan. 25 Abschalom hatte Amasa anstelle Joabs
an die Spitze des Heeres gestellt. Amasa war der
Sohn eines Ismaeliters namens Jeter und der
Abigal, die eine Tochter des Nahasch und eine
Schwester von Joabs Mutter Zeruja war. 26 Die Is-

raeliten unter Abschalom schlugen ihr Lager im
Gebiet von Gilead auf.
27 Als nun David nach Mahanajim gekommen
war, brachten ihm Schobi, der Sohn des Nahasch
aus der Ammoniterstadt Rabba, und Machir, der
Sohn Ammiëls aus Lo-Dabar, sowie der Gileaditer
Barsillai aus Roglim 28 Matten und Decken, irdene
Gefäße, Weizen, Gerste, Mehl und geröstetes
Korn, Bohnen und Linsen [und geröstetes Korn];
29 außerdem brachten sie David und seinen Leu-
ten Honig und Butter, Schafe und Käse als Nah-
rung. Denn sie sagten: Das Volk in der Steppe ist
hungrig, durstig und erschöpft.

18 Dann musterte David die Leute, die bei
ihm waren, und setzte Anführer ein über
die einzelnen Tausendschaften und Hundert-
schaften. 2 Dann ließ er seine Leute ausrücken, ein
Drittel (von ihnen) unter Joab, ein Drittel unter
Abischai, dem Sohn der Zeruja und Bruder Joabs,
und ein Drittel unter dem Gatiter Ittai. Der König
sagte zu seinen Leuten: Auch ich will mit euch in
den Kampf ziehen. 3 Doch sie erwiderten: Du
sollst nicht mit uns in den Kampf ziehen; denn
wenn wir fliehen, wird man sich um uns nicht
kümmern; und wenn die Hälfte von uns stirbt,
wird man sich um uns nicht kümmern. Doch du
giltst so viel wie zehntausend von uns, und
außerdem wäre es besser, wenn du uns von der
Stadt aus zu Hilfe kommen könntest. 4 Der König
antwortete ihnen: Ich will tun, was ihr für richtig
haltet. Darauf stellte sich der König neben das Tor
(der Stadt), und die Leute zogen nach Hundert-
schaften und Tausendschaften geordnet hinaus.
5 Und der König befahl Joab, Abischai und Ittai:
Geht mir mit dem Jungen, mit Abschalom, scho-
nend um! Alle Leute hörten, wie der König seinen
Anführern wegen Abschalom diese Anweisung
gab.

Abschaloms Tod

6 Die Leute zogen ins Feld, den Israeliten entge-
gen, und im Wald Efraim kam es zur Schlacht.
7 Die Israeliten wurden von den Leuten Davids ge-
schlagen und erlitten eine schwere Niederlage;
an jenem Tag fielen zwanzigtausend von ihnen.
8 Der Kampf breitete sich über die ganze dortige
Gegend aus, und der Wald verschlang an jenem
Tag mehr Krieger als das Schwert. 9 Plötzlich kam
Abschalom in das Blickfeld der Krieger Davids; er
ritt auf einem Maultier. Als das Maultier unter
den Ästen einer großen Eiche hindurchlief, blieb
Abschalom mit dem Kopf fest an der Eiche hän-
gen, so daß er zwischen Himmel und Erde
schwebte und das Maultier unter ihm weglief.
10 Jemand sah es und meldete Joab: Ich habe ge-
rade Abschalom an einer Eiche hängen sehen.
11 Joab sagte zu dem Mann, der ihm das meldete:
Wenn du es gesehen hast, warum hast du ihn
nicht sofort an Ort und Stelle niedergestoßen? Ich
hätte dir dann gern zehn Silberstücke und einen
Gürtel gegeben. 12 Der Mann antwortete Joab:
Auch wenn ich tausend Silberstücke auf die Hand
ausgezahlt erhielte, würde ich meine Hand nicht
gegen den Sohn des Königs erheben; denn der
König hat dir, Abischai und Ittai vor unseren Oh-
ren befohlen: Gebt mir auf den Jungen, auf Ab-
schalom, acht! 13 Hätte ich heimtückisch gehan-
delt und ihm etwas getan – dem König bleibt
ohnehin nichts verborgen –, dann würdest du
dich (aus der Sache) heraushalten. 14 Joab erwi-
derte: Ich kann mich nicht noch länger mit dir auf-
halten. Und er nahm drei Spieße in die Hand und
stieß sie Abschalom, der noch lebend an der Eiche
hing, ins Herz. 15 Die zehn Waffenträger Joabs um-
ringten Abschalom und schlugen ihn tot. 16 Dann
ließ Joab das Widderhorn blasen, und die Krieger
hörten auf, die Israeliten zu verfolgen, weil Joab
ihnen Einhalt gebot. 17 Sie nahmen Abschalom
und warfen ihn im Wald in eine tiefe Grube und
errichteten über ihm einen riesigen Steinhaufen.
Alle Israeliten aber flohen, jeder in sein Zelt. –
18 Abschalom hatte sich schon zu Lebzeiten den
Gedenkstein, der jetzt im Königstal steht, herbei-
schaffen und für sich aufstellen lassen; denn er
sagte sich: Ich habe keinen Sohn, der meinen Na-
men im Gedächtnis (der Menschen) halten
würde. Er benannte den Stein nach seinem Na-
men; deshalb heißt er bis zum heutigen Tag »Ab-
schaloms Hand«
19 Ahimaaz, der Sohn Zadoks, sagte: Ich will zum
König eilen und ihm die freudige Nachricht brin-
gen, daß der Herr ihm Recht gegenüber seinen
Feinden verschafft hat. 20 Joab sagte zu ihm: Du
würdest heute kein Freudenbote sein. An einem
anderen Tag kannst du eine gute Nachricht über-
bringen; heute würdest du nichts Erfreuliches
melden; denn der Sohn des Königs ist tot. 21 Und
Joab befahl einem Kuschiter: Geh, melde dem Kö-
nig, was du gesehen hast. Der Kuschiter warf sich
vor Joab nieder, dann eilte er davon. 22 Ahimaaz,

der Sohn Zadoks, sagte noch einmal zu Joab: Mag
kommen, was will, ich möchte auch hineilen,
hinter dem Kuschiter her. Joab antwortete:
Warum willst du denn hinlaufen, mein Sohn? Du
bekommst keinen Botenlohn. 23 Doch Ahimaaz
sagte: Mag kommen, was will; ich laufe hin. Joab
erwiderte: Dann lauf! Ahimaaz lief los, nahm den
Weg durch die Jordansenke und überholte den
Kuschiter. 24 David saß zwischen den beiden To-
ren. Der Späher aber war auf das Dach des Tores,
auf die Mauer, gestiegen, und als er Ausschau
hielt, sah er einen einzelnen Mann herbeilaufen.
25 Der Späher rief dem König die Meldung zu. Der
König sagte: Wenn er allein ist, dann bringt er eine
gute Nachricht. Während der Mann herankam,
26 sah der Späher noch einen anderen herbeieilen
und rief zum Tor hinab: Da läuft noch ein einzel-
ner Mann herbei. Der König sagte: Auch er bringt
eine gute Nachricht. 27 Darauf sagte der Späher:
Ich sehe, der erste läuft in der Art des Ahimaaz,
des Sohnes Zadoks. Und der König sagte: Das ist
ein guter Mann, er kommt mit einer guten Nach-
richt. 28 Ahimaaz rief dem König den Friedensgruß
zu, warf sich vor ihm mit dem Gesicht zur Erde
nieder und sagte: Gepriesen sei der Herr, dein
Gott, der (dir) die Männer ausgeliefert hat, die ihre
Hand gegen meinen Herrn, den König, erhoben
haben. 29 Der König fragte: Geht es dem Jungen,
Abschalom, gut? Ahimaaz antwortete: Ich sah ein
großes Getümmel, als Joab den Knecht des Kö-
nigs, deinen Knecht, wegschickte; darum weiß
ich nicht, was da geschah. 30 Der König befahl:
Tritt zur Seite, und stell dich hierher! Ahimaaz trat
zur Seite und blieb dort stehen. 31 Da kam auch der
Kuschiter und sagte: Mein Herr, der König, lasse
sich die gute Nachricht bringen, daß der Herr dir
heute Recht verschafft hat gegenüber allen, die
sich gegen dich erhoben hatten. 32 Der König
fragte den Kuschiter: Geht es dem Jungen, Ab-
schalom, gut? Der Kuschiter antwortete: Wie dem
jungen Mann möge es allen Feinden meines
Herrn, des Königs, ergehen, allen, die sich in bö-
ser Absicht gegen dich erhoben haben.

Davids Klage um Abschalom

19 Da zuckte der König zusammen, stieg in
den oberen Raum des Tores hinauf und
weinte. Während er hinaufging, rief er (immer
wieder): Mein Sohn Abschalom, mein Sohn,
mein Sohn Abschalom! Wäre ich doch an deiner
Stelle gestorben, Abschalom, mein Sohn, mein
Sohn! 2 Man meldete Joab: Der König weint und
trauert um Abschalom. 3 So wurde der Tag der Ret-
tung für das ganze Volk zu einem Trauertag; denn
die Leute hörten an diesem Tag: Der König ist voll
Schmerz wegen seines Sohnes. 4 Die Leute schli-
chen sich an jenem Tag in die Stadt, wie sich
Leute davonschleichen, die Schande auf sich ge-
laden haben, weil sie im Kampf geflohen sind.
5 Der König aber hatte sein Gesicht verhüllt und
rief laut: Mein Sohn Abschalom! Abschalom,
mein Sohn, mein Sohn! 6 Da ging Joab zum König
ins Haus hinein und sagte: Du hast heute alle
deine Diener offen beschimpft, die dir, deinen
Söhnen und Töchtern, deinen Frauen und Ne-
benfrauen das Leben gerettet haben. 7 Du zeigst ja
denen deine Liebe, die dich hassen, und deinen
Haß denen, die dich lieben; denn du gabst uns
heute zu verstehen, daß dir die Anführer und die
Krieger nichts bedeuten. Jetzt weiß ich, daß es in
deinen Augen ganz richtig wäre, wenn Abscha-
lom noch am Leben wäre, wir alle aber heute ge-
storben wären. 8 Doch nun steh auf, geh hinaus,
und sag deinen Leuten einige anerkennende
Worte! Denn ich schwöre dir beim Herrn: Wenn
du nicht (zu ihnen) hinausgehst, dann wird bis
zur kommenden Nacht keiner mehr bei dir sein,
und das wird für dich schlimmer sein als alles Un-
heil, das dir von deiner Jugend an bis jetzt zuge-
stoßen ist. 9 Da stand der König auf und setzte sich
in das Tor. Und im Volk wurde bekannt: Der Kö-
nig sitzt im Tor. Da kamen alle Leute zum König.

Davids Rückkehr nach Jerusalem

Nachdem die Israeliten geflohen und in ihre
Zelte zurückgekehrt waren, 10 stritten sich alle
Leute in allen Stämmen Israels und sagten: Der
König hat uns aus der Gewalt unserer Feinde be-
freit, er hat uns aus der Gewalt der Philister ge-
rettet, und jetzt hat er vor Abschalom aus dem
Land fliehen müssen. 11 Abschalom aber, den wir
zu unserem König gesalbt haben, ist im Kampf ge-
fallen. Warum zögert ihr jetzt, den König zurück-
zuholen? 12 So redete man in ganz Israel. Und die
Nachricht davon drang bis zum König vor [in sein
Haus]. Da schickte König David (einen Boten) zu
den Priestern Zadok und Abjatar und ließ ihnen
sagen: Sagt zu den Ältesten Judas: Warum wollt
ihr die letzten sein, die den König in sein Haus
zurückholen? 13 Ihr seid meine Brüder, ihr seid

mein Fleisch und Bein. Warum wollt ihr die letzten sein, die den König zurückholen? 14 Und zu Amasa sollt ihr sagen: Bist du nicht mein Fleisch und Bein? Gott soll mir dies und das antun, wenn du nicht bei mir für alle Zeit anstelle Joabs der Befehlshaber des Heeres sein wirst. 15 So machte David sich das Herz aller Männer in Juda geneigt, so daß sie wie ein Mann zu ihm hielten. Sie sandten dem König die Aufforderung: Kehr zurück, du selbst und alle deine Diener! 16 Da machte sich der König auf den Rückweg und kam an den Jordan, die Judäer aber, die dem König entgegengezogen waren, um ihn über den Jordan zu geleiten, waren bis nach Gilgal gekommen.

17 Auch der Benjaminiter Schimi aus Bahurim, der Sohn Geras, eilte herbei und zog mit den Männern von Juda dem König David entgegen. 18 Bei ihm waren tausend Mann aus Benjamin, darunter Ziba, der Diener des Hauses Saul, mit seinen fünfzehn Söhnen und seinen zwanzig Knechten. Sie waren schon vor dem König an den Jordan gelangt 19 und durchschritten die Furt, um die Familie des Königs hinüberzugeleiten und alles zu tun, was dem König gut erschien. Als der König gerade den Jordan überschreiten wollte, fiel Schimi, der Sohn Geras, vor ihm nieder 20 und sagte zu ihm: Mein Herr möge mir meine Schuld nicht anrechnen; mögest du nicht an das denken, was dein Knecht sich an dem Tag zuschulden kommen ließ, als mein Herr, der König, Jerusalem verließ; der König nehme es sich nicht so zu Herzen; 21 denn dein Knecht weiß, daß er gesündigt hat. Sieh her, ich bin heute als erster vom ganzen Haus Josef hergekommen, um meinem Herrn, dem König, entgegenzugehen. 22 Da fragte Abischai, der Sohn der Zeruja: Müßte nicht Schimi dafür mit dem Tod bestraft werden, daß er den Gesalbten des Herrn verflucht hat? 23 David aber sagte: Was habe ich mit euch zu schaffen, ihr Söhne der Zeruja? Warum benehmt ihr euch plötzlich wie Feinde von mir? Soll heute jemand in Israel getötet werden, wo ich doch weiß, daß ich ab heute wieder König von Israel bin? 24 Und der König sagte zu Schimi: Du sollst nicht sterben. Der König bekräftigte es ihm mit einem Schwur.

25 Auch Merib-Baal, der Sohn Sauls, kam dem König entgegen. Er hatte seine Füße und seinen Bart nicht mehr gepflegt und seine Kleider nicht gewaschen seit dem Tag, an dem der König weggegangen war, bis zu dem Tag, an dem er wohlbehalten zurückkam. 26 Als er von Jerusalem aus dem König entgegenkam, fragte ihn der König: Warum bist du damals nicht mit mir weggegangen, Merib-Baal? 27 Er antwortete: Mein Herr und König, mein Diener hat mich hintergangen. Dein Knecht sagte zu ihm: Ich will mir die Eselin satteln und mit dem König zusammen wegreiten; dein Knecht ist ja lahm. 28 Man hat deinen Knecht bei meinem Herrn, dem König, verleumdet. Aber mein Herr, der König, ist wie der Engel Gottes; darum tu, was dir gefällt. 29 Obwohl das ganze Haus meines Vaters von meinem Herrn, dem König, nichts anderes als den Tod zu erwarten hatte, hast du deinen Knecht unter die aufgenommen, die an deinem Tisch essen. Was habe ich noch für ein Recht, den König weiterhin anzurufen? 30 Der König antwortete ihm: Warum machst du so (viele) Worte? Ich habe bestimmt: Du und Ziba, ihr sollt euch das Land teilen. 31 Darauf sagte Merib-Baal: Er kann auch das ganze nehmen, nachdem mein Herr, der König, wohlbehalten in sein Haus zurückgekehrt ist.

32 Der Gileaditer Barsillai war aus Roglim herabgekommen und mit dem König an den Jordan gezogen, um ihn am Jordan zu verabschieden. 33 Barsillai war sehr alt, ein Mann von achtzig Jahren. Er hatte den König versorgt, als dieser sich in Mahanajim aufhielt; er war nämlich sehr reich. 34 Der König sagte zu Barsillai: Zieh mit mir hinüber, ich will für dich bei mir in Jerusalem sorgen. 35 Doch Barsillai antwortete dem König: Wie viele Jahre habe ich denn noch zu leben, daß ich mit dem König nach Jerusalem hinaufziehen sollte? 36 Ich bin jetzt achtzig Jahre alt. Kann ich denn noch Gutes und Böses unterscheiden? Kann dein Knecht noch Geschmack finden an dem, was er ißt und trinkt? Höre ich denn noch die Stimme der Sänger und Sängerinnen? Warum soll denn dein Knecht noch meinem Herrn, dem König, zur Last fallen? 37 Nur eine kleine Strecke wollte dein Knecht den König zum Jordan begleiten. Warum will sich der König bei mir in dieser Weise erkenntlich zeigen? 38 Dein Knecht möchte umkehren und in seiner Heimatstadt beim Grab seines Vaters und seiner Mutter sterben. Aber hier ist dein Knecht Kimham; er mag mit meinem Herrn, dem König, hinüberziehen. Tu für ihn, was dir gefällt. 39 Der König erwiderte: Kimham soll mit mir hinüberziehen; ich werde für ihn tun, was du für gut hältst. Alles aber, was du von mir begehrst, will ich für dich

tun. 40 Darauf zog das ganze Volk über den Jordan,
und auch der König ging hinüber. Der König
küßte Barsillai und segnete ihn, und Barsillai
kehrte in seinen Heimatort zurück. 41 Der König
aber zog weiter nach Gilgal, und Kimham ging
mit ihm. Das ganze Volk von Juda zog mit dem Kö-
nig, dazu halb Israel.

42 Da kamen alle Israeliten zum König und sag-
ten zu ihm: Warum haben unsere Brüder, die
Männer von Juda, dich uns geraubt und den Kö-
nig, seine Familie und alle seine Männer über den
Jordan geführt? 43 Alle Judäer antworteten den Is-
raeliten: Weil der König uns näher steht. Warum
bist du darüber erzürnt? Haben wir denn ein
Stück vom König gegessen, oder ist er etwa von
uns weggetragen worden? 44 Die Israeliten ant-
worteten den Judäern: Ich habe zehn Anteile am
König, außerdem bin ich dir gegenüber der Erst-
geborene. Warum hast du mich also gering ge-
achtet? War es nicht zuerst mein Wunsch, meinen
König zurückzuholen? Die Antwort der Judäer
hierauf war noch schärfer als die Rede der Israeli-
ten.

Schebas Aufstand gegen David

20 Damals lebte ein niederträchtiger
Mensch namens Scheba, ein Sohn des
Bichri, ein Benjaminiter. Er ließ das Widderhorn
blasen und rief:

Welchen Anteil haben wir an David? / Wir ha-
ben keinen Erbbesitz beim Sohn Isais. / In deine
Zelte, Israel!

2 Da verließen alle Israeliten Davids Gefolgschaft
und folgten Scheba, dem Sohn Bichris. Die Män-
ner aus Juda aber hielten weiter zu ihrem König,
vom Jordan bis nach Jerusalem.

3 Als David in sein Haus nach Jerusalem zurück-
kehrte, nahm der König die zehn Nebenfrauen,
die er zurückgelassen hatte, um das Haus zu be-
wachen, und ließ sie in Gewahrsam bringen. Er
versorgte sie, ging aber nicht mehr zu ihnen, und
sie blieben bis zu ihrem Tod eingesperrt – schon
zu Lebzeiten des Mannes im Witwenstand. 4 Der
König befahl Amasa: Ruf mir in drei Tagen die
Männer Judas zusammen; dann sei auch du
selbst wieder hier! 5 Amasa ging, um die Judäer
zusammenzurufen. Aber er versäumte die Frist,
die der König ihm gesetzt hatte. 6 Da sagte David
zu Abischai: Nun wird uns Scheba, der Sohn
Bichris, gefährlicher als Abschalom. Nimm darum
die Knechte deines Herrn mit, und verfolg
Scheba, damit er nicht die befestigten Städte ein-
nimmt und uns die Augen ausreißt.

7 Da zog Abischai mit Joab und den Keretern und
Peletern und allen Helden in den Kampf. Sie zo-
gen von Jerusalem aus, um Scheba, den Sohn
Bichris, zu verfolgen.

8 Als sie bei dem großen Stein von Gibeon wa-
ren, war Amasa gerade vor ihnen angekommen.
Joab trug sein Gewand [seine Kleidung] und dar-
über einen Gurt für das Schwert. Dieses hing so
in einer Scheide an seiner Hüfte, daß es heraus-
glitt, wenn die Scheide hervorkam. 9 Joab sagte
zu Amasa: Geht es dir gut, mein Bruder? und
griff mit der rechten Hand nach dem Bart Ama-
sas, um ihn zu küssen. 10 Amasa aber achtete
nicht auf das Schwert, das Joab in der (linken)
Hand hatte, und Joab stieß es ihm in den Bauch,
so daß seine Eingeweide zu Boden quollen.
Amasa starb, ohne daß Joab ein zweites Mal zu-
stieß. Dann setzten Joab und sein Bruder Abi-
schai die Verfolgung Schebas, des Sohnes Bichris,
fort. 11 Einer von den Leuten Joabs aber blieb bei
Amasa stehen und rief: Wer zu Joab hält und wer
zu David gehört, der folge Joab nach. 12 Amasa
aber hatte sich in seinem Blut mitten auf der
Straße gewälzt. Als der Mann sah, daß alle Leute
stehenblieben, schaffte er Amasa von der Straße
weg auf das Feld und warf ein Kleidungsstück
über ihn, weil jeder, der vorbeikam und ihn sah,
stehenblieb. 13 Erst nachdem er ihn von der
Straße weggeschafft hatte, zogen alle Männer
vorüber und Joab nach, um Scheba, den Sohn
Bichris, zu verfolgen.

14 Scheba zog in allen Stämmen Israels umher,
bis nach Abel-Bet-Maacha. Alle Bichriter sam-
melten sich um ihn und folgten ihm. 15 Als aber die
Leute Joabs angekommen waren, schlossen sie
ihn in Abel-Bet-Maacha ein; sie schütteten einen
Damm gegen die Stadt auf, der bis an die Mauer
heranreichte, und alle Leute, die bei Joab geblie-
ben waren, bemühten sich, die Mauer zu zer-
stören und zum Einsturz zu bringen. 16 Da rief eine
kluge Frau aus der Stadt: Hört her! Hört her! Sagt
Joab: Komm hierher, ich will mit dir reden. 17 Er
trat zu ihr heran. Die Frau fragte: Bist du Joab? Er
antwortete: Ja, ich bin es. Da sagte sie zu ihm: Hör
auf die Worte deiner Magd! Er antwortete: Ich
höre. 18 Sie sagte: Früher pflegte man zu sagen:
Man frage doch in Abel an, dann kann man die

Sache zu einem (guten) Ende führen. 19 Wir sind die friedlichsten, treuesten Menschen in Israel. Du aber bist darauf aus, eine Stadt, die für Israel (wie) eine Mutter ist, zu vernichten. Warum zerstörst du das Erbe des Herrn? 20 Joab antwortete: Das liegt mir ganz und gar fern: Ich will die Stadt nicht vernichten und zerstören. 21 So ist es nicht. Vielmehr hat ein Mann aus dem Gebirge Efraim namens Scheba, ein Sohn Bichris, seine Hand gegen den König, gegen David, erhoben. Ihn allein gebt heraus! Dann werde ich von der Stadt abziehen. Die Frau sagte zu Joab: Gib acht, sein Kopf wird dir über die Mauer zugeworfen werden. 22 Dann redete die kluge Frau mit allen Leuten (in der Stadt), und sie schlugen Scheba, dem Sohn Bichris, den Kopf ab und warfen ihn Joab zu. Da ließ Joab das Widderhorn blasen, und alle zogen von der Stadt ab und gingen wieder zu ihren Zelten; Joab aber kehrte nach Jerusalem zum König zurück.

Die Beamten Davids

23 Joab war Befehlshaber des ganzen Heeres der Israeliten, und Benaja, der Sohn Jojadas, war der Befehlshaber der Kereter und Peleter. 24 Adoniram beaufsichtigte die Fronarbeiten, und Joschafat, der Sohn Ahiluds, war der Sprecher des Königs. 25 Schewa war Staatschreiber, und Zadok und Abjatar waren Priester. 26 Auch der Jaïriter Ira war Davids Priester.

Nachträge: 21,1–24,25

Die Rache der Gibeoniter und die Treue der Rizpa

21 Zur Zeit Davids herrschte drei Jahre hintereinander eine Hungersnot. Da suchte David den Herrn auf (um ihn zu befragen). Der Herr sagte: Auf Saul und seinem Haus lastet eine Blutschuld, weil er die Gibeoniter getötet hat. 2 Da rief der König die Gibeoniter zu sich und redete mit ihnen. Die Gibeoniter stammten nicht von den Söhnen Israels ab, sondern von einem Rest der Amoriter. Obwohl die Israeliten sich ihnen gegenüber mit einem Eid (zum Wohlwollen) verpflichtet hatten, versuchte Saul in seinem Eifer für die Söhne Israels und Judas, sie zu vernichten. 3 David sagte also zu den Gibeonitern: Was soll ich für euch tun? Womit kann ich Sühne leisten, damit ihr dem Erbe des Herrn wieder Segen bringt? 4 Die Gibeoniter antworteten ihm: Wir wollen weder Silber noch Gold von Saul und seinem Haus; auch steht es uns nicht zu, jemand in Israel zu töten. David sagte: Was meint ihr, was soll ich für euch tun? 5 Sie sagten zum König: Der Mann, der uns vernichten wollte und der darauf aus war, uns auszurotten, so daß wir uns in keinem Gebiet Israels mehr hätten halten können, 6 von dessen Söhnen soll man uns sieben Männer geben. Wir wollen sie vor dem Herrn im Gibea Sauls, des vom Herrn Erwählten, hinrichten. Der König antwortete: Ich will sie euch geben. 7 Merib-Baal, den Sohn Jonatans, des Sohnes Sauls, aber verschonte der König wegen der Abmachung zwischen David und Jonatan, dem Sohn Sauls, die sie mit einem Eid beim Herrn bekräftigt hatten. 8 Der König nahm Armoni und Mefi-Boschet, die beiden Söhne, die Rizpa, die Tochter Ajas, dem Saul geboren hatte, und die fünf Söhne, die Michal, die Tochter Sauls, dem Adriël, dem Sohn Barsillais aus Mehola, geboren hatte. 9 Er lieferte sie den Gibeonitern aus, die sie auf dem Berg vor dem Angesicht des Herrn hinrichteten; so kamen alle sieben auf einmal um. Sie wurden in den ersten Tagen der Ernte getötet, zu Beginn der Gerstenernte. 10 Rizpa, die Tochter Ajas, aber nahm Sackleinen und legte es für sich auf den Felsen, und (sie blieb dort) bei den Toten vom Beginn der Ernte, bis sich Wasser vom Himmel über die Toten ergoß. Sie ließ nicht zu, daß bei Tag die Vögel des Himmels und bei Nacht die Tiere des Feldes an sie herankamen. 11 Als David erzählt wurde, was Rizpa, die Tochter Ajas und Nebenfrau Sauls, getan hatte, 12 holte er die Gebeine Sauls und die Gebeine seines Sohnes Jonatan von den Bürgern von Jabesch-Gilead, die sie heimlich vom Marktplatz in Bet-Schean weggenommen hatten, wo die Philister sie aufgehängt hatten, als sie Israel am Gilboa schlugen. 13 Er ließ also von dort die Gebeine Sauls und die Gebeine seines Sohnes Jonatan heraufbringen.

Dann sammelte man die Gebeine der Hingerichteten ein 14 und begrub sie zusammen mit den Gebeinen Sauls und seines Sohnes Jonatan in

Zela im Land Benjamin, im Grab von Sauls Vater
Kisch. Man tat alles, was der König befohlen
hatte, und Gott ließ sich daraufhin für das Land
gnädig stimmen.

Die Helden Davids und ihre Taten

15 Wieder einmal kam es zum Krieg zwischen den
Philistern und Israel. David zog mit seinen Leuten
hinab. Als sie gegen die Philister kämpften,
wurde David müde. 16 Jischbi aus Nob, ein Rafaï-
ter, dessen Bronze-Speer dreihundert Schekel
wog und der mit einem neuen Schwert umgürtet
war, sagte, er werde David erschlagen. 17 Aber
Abischai, der Sohn der Zeruja, kam David zu Hilfe
und schlug den Philister tot. Damals leisteten die
Männer Davids ihm folgenden Schwur: Du wirst
nicht mehr mit uns in den Kampf ziehen, damit
du nicht die Leuchte Israels auslöschst.
18 Danach kam es bei Gob wieder zum Kampf
mit den Philistern. Damals erschlug Sibbechai aus
Huscha den Sippai, der zu den Rafaïtern gehörte.
19 Als es wieder einmal bei Gob zum Kampf ge-
gen die Philister kam, erschlug Elhanan, der Sohn
Jaïrs aus Betlehem, den Goliat aus Gat, dessen
Speer einem Weberbaum glich. 20 Dann kam es
noch einmal bei Gat zum Kampf. Da trat ein
Mann von riesenhafter Größe auf; er hatte an je-
der Hand sechs Finger und an jedem Fuß sechs
Zehen, zusammen vierundzwanzig; auch er
stammte von Rafa ab. 21 Als er Israel verhöhnte, er-
schlug ihn Jonatan, der Sohn von Davids Bruder
Schima.
22 Diese vier stammten von Rafa aus Gat ab; sie
fielen durch die Hand Davids und seiner Krieger.

Davids Dankgebet

22 David sang dem Herrn an dem Tag, als
ihn der Herr aus der Gewalt all seiner
Feinde und aus der Gewalt Sauls errettet hatte,
folgendes Lied:
2 Herr, du mein Fels, meine Burg, mein Retter,
3 mein Gott, mein Fels, bei dem ich mich
berge, / mein Schild und sicheres Heil, meine
Feste, / meine Zuflucht, mein Helfer, / der mich
vor der Gewalttat rettet.
4 Ich rufe: Der Herr sei gepriesen!, / und ich
werde vor meinen Feinden gerettet.
5 Denn mich umfingen die Wellen des Todes, /
mich erschreckten die Fluten des Verderbens.
6 Die Bande der Unterwelt umstrickten mich, /
über mich fielen die Schlingen des Todes.
7 In meiner Not rief ich zum Herrn / und rief zu
meinem Gott. / Aus seinem Heiligtum hörte er
mein Rufen, / mein Hilfeschrei (drang) zu seinen
Ohren.
8 Da wankte und schwankte die Erde, / die
Grundfesten des Himmels erbebten. / Sie wank-
ten, denn sein Zorn war entbrannt.
9 Rauch stieg aus seiner Nase auf, / aus seinem
Mund kam verzehrendes Feuer, / glühende Koh-
len sprühten aus von ihm.
10 Er neigte den Himmel und fuhr herab, / zu sei-
nen Füßen dunkle Wolken.
11 Er fuhr auf dem Kerub und flog daher; / er
schwebte auf den Flügeln des Windes.
12 Er hüllte sich in Finsternis, / in dunkles Was-
ser und dichtes Gewölk wie in ein Zelt.
13 Von seinem Glanz flammten glühende Kohlen
auf.
14 Da ließ der Herr den Donner vom Himmel her
dröhnen, / der Höchste ließ seine Stimme er-
schallen.
15 Er schoß seine Pfeile und streute sie, / er
schleuderte Blitze und jagte sie dahin.
16 Da wurden sichtbar die Tiefen des Meeres, /
die Grundfesten der Erde wurden entblößt /
durch das Drohen des Herrn, / vor dem Schnau-
ben seines zornigen Atems.
17 Er griff aus der Höhe herab und faßte mich, /
zog mich heraus aus gewaltigen Wassern.
18 Er entriß mich meinen mächtigen Feinden, /
die stärker waren als ich und mich haßten.
19 Sie überfielen mich am Tag meines Unheils, /
doch der Herr wurde mein Halt.
20 Er führte mich hinaus ins Weite, / er befreite
mich, denn er hatte an mir Gefallen.
21 Der Herr hat mir vergolten, / weil ich gerecht
bin und meine Hände rein sind.
22 Denn ich hielt mich an die Wege des Herrn /
und fiel nicht ruchlos ab von meinem Gott.
23 Ja, ich habe alle seine Gebote vor Augen, /
weiche von seinen Gesetzen niemals ab.
24 Ich war vor ihm ohne Makel, / ich nahm mich
in acht vor der Sünde.
25 Darum hat der Herr mir vergolten, / weil ich
gerecht bin / und weil ich rein bin vor seinen Au-
gen.
26 Gegen den Treuen zeigst du dich treu, / an
dem Aufrichtigen handelst du recht.
27 Gegen den Reinen zeigst du dich rein, / doch
falsch gegen den Falschen.

28 Dem bedrückten Volk bringst du Heil, / doch
die Blicke der Stolzen zwingst du nieder.
29 Ja, du bist meine Leuchte, Herr. / Der Herr
macht meine Finsternis hell.
30 Mit dir erstürme ich Wälle, / mit meinem Gott
überspringe ich Mauern.
31 Vollkommen ist Gottes Weg, / das Wort des
Herrn ist im Feuer geläutert. / Ein Schild ist er für
alle, die sich bei ihm bergen.
32 Denn wer ist Gott als allein der Herr, / wer ist
ein Fels, wenn nicht unser Gott?
33 Gott ist meine starke Burg, / er gab mir mei-
nen Weg ohne Hindernis frei.
34 Er ließ mich springen schnell wie Hirsche, /
auf hohem Weg ließ er mich gehen.
35 Er lehrte meine Hände kämpfen, / meine
Arme, den ehernen Bogen zu spannen.
36 Du gabst mir deine Hilfe zum Schild, / dein Zu-
spruch machte mich groß.
37 Du schaffst meinen Schritten weiten Raum, /
meine Knöchel wanken nicht.
38 Ich verfolge meine Feinde und vertilge sie, /
ich kehre nicht um, bis sie vernichtet sind.
39 Ich vernichte sie, ich schlage sie nieder; / sie
können sich nicht mehr erheben, / sie fallen und
liegen unter meinen Füßen.
40 Du hast mich zum Kampf mit Kraft umgür-
tet, / hast (alle) in die Knie gezwungen, / die sich
gegen mich erhoben.
41 Meine Feinde hast du zur Flucht gezwun-
gen; / ich konnte die vernichten, die mich hassen.
42 Sie schreien, doch hilft ihnen niemand, / sie
schreien zum Herrn, doch er gibt keine Antwort.
43 Ich zermalme sie wie Staub auf der Erde, / wie
Unrat auf der Straße zertrete, zermalme ich sie.
44 Du rettest mich aus dem Streit meines Vol-
kes, / bewahrst mich als Haupt ganzer Völker. /
Stämme, die ich früher nicht kannte, / sind mir
nun untertan.
45 Mir huldigen die Söhne der Fremde; / sobald
sie mich nur hören, gehorchen sie mir.
46 Die Söhne der Fremde schwinden dahin, / sie
kommen zitternd aus ihren Burgen hervor.
47 Es lebt der Herr! Mein Fels sei gepriesen! / Der
Gott, der Fels meines Heils, sei hoch erhoben;
48 denn Gott verschaffte mir Vergeltung / und
unterwarf mir die Völker.
49 Du hast mich meinen Feinden entführt, /
mich über meine Gegner erhoben, / dem Mann
der Gewalt mich entrissen.
50 Darum will ich dir danken, Herr, vor den Völ-
kern, / ich will deinem Namen singen und spie-
len.
51 Seinem König verlieh er große Hilfe, / Huld er-
wies er seinem Gesalbten, / David und seinem
Stamm auf ewig.

Davids letzte Worte

23 Das sind die letzten Worte Davids:
Spruch Davids, des Sohnes Isais, /
Spruch des hochgestellten Mannes, / des Ge-
salbten des Gottes Jakobs, / des Lieblingshelden
der Lieder Israels:
2 Der Geist des Herrn sprach durch mich, / sein
Wort war auf meiner Zunge.
3 Der Gott Israels sprach, / zu mir sagte der Fels
Israels: / Wer gerecht über die Menschen
herrscht, / wer voll Gottesfurcht herrscht,
4 der ist wie das Licht am Morgen, / wenn die
Sonne aufstrahlt / an einem Morgen ohne Wol-
ken, / der nach dem Regen grünes Gras / aus der
Erde hervorsprießen läßt.
5 Ist nicht mein Haus durch Gott gesichert? /
Weil er mir einen ewigen Bund gewährt hat,
ist es in allem wohlgeordnet und gut gesichert. /
All mein Heil und alles, was ich begehrte, / ließ er
es nicht aufsprießen?
6 All die Übeltäter aber sind wie verwehte Dor-
nen; / man faßt sie nicht mit der Hand an.
7 Wenn jemand sie anrühren will, / rüstet er sich
mit Eisen und einer Lanze; / sie werden im Feuer
verbrannt.

Davids Helden

8 Das sind die Namen der Helden Davids: Jisch-
baal, der Hachmoniter, das Haupt der Drei; er
schwang seine Streitaxt über achthundert Män-
ner und erschlug sie alle auf einmal. 9 Nach ihm
kommt (als zweiter) der Ahoachiter Eleasar, der
Sohn Dodos, unter den drei Helden. Er war bei
David in Pas-Dammim, als die Philister sich zum
Kampf sammelten. Als sich die Israeliten zurück-
zogen, 10 hielt er (allein) stand und schlug auf die
Philister ein, bis seine Hand erlahmte und am
Schwert erstarrte. So verschaffte der Herr an je-
nem Tag (Israel) einen großen Sieg. Das Volk
kehrte wieder um und folgte Eleasar, aber nur
noch, um zu plündern. 11 Nach ihm kommt (als
dritter) der Harariter Schamma, der Sohn Ages.
Einst versammelten sich die Philister bei Lehi.

Dort war ein Linsenfeld. Als das Volk vor den Phi-
listern floh, 12 stellte sich Schamma mitten in das
Feld, behauptete es und schlug die Philister. So
verlieh ihm der Herr einen großen Sieg.
13 Als sich einst das Lager der Philister in der Ra-
faïterebene befand, kamen drei von den Dreißig
zu Beginn der Ernte hinab zur Höhle Adullam.
14 David hielt sich damals in der Bergfestung auf,
und ein Posten der Philister lag in Betlehem. 15 Da
bekam David großen Durst, und er sagte: Wer
bringt mir Wasser aus der Zisterne am Tor von
Betlehem? 16 Da drangen die drei Helden in das La-
ger der Philister ein, schöpften Wasser aus der Zi-
sterne am Tor von Betlehem, nahmen es mit und
brachten es David. Doch er wollte es nicht trin-
ken, sondern goß es für den Herrn als Trankopfer
aus 17 und sagte: Das sei fern von mir, Herr, daß ich
so etwas tue. Ist es nicht sozusagen das Blut der
Männer, die unter Lebensgefahr hingegangen
sind? Darum wollte er es nicht trinken. Eine sol-
che Tat vollbrachten die drei Helden.
18 Joabs Bruder Abischai, der Sohn der Zeruja,
war der Anführer der Dreißig. Er schwang seinen
Speer über dreihundert Männer und erschlug sie;
bei den drei Helden hatte er einen großen Na-
men. 19 Unter den Dreißig war er hoch geehrt, und
er wurde ihr Anführer, aber an die Drei reichte er
nicht heran. 20 Benaja aus Kabzeel, der Sohn Joja-
das, war ein tapferer Mann, der große Taten voll-
brachte. Er erschlug die beiden Söhne Ariëls aus
Moab. Als einmal Schnee gefallen war, kam er zu
einer Zisterne und erlegte darin einen Löwen.
21 Auch erschlug er einen Ägypter, einen furchter-
regenden Mann. Der Ägypter hatte einen Speer
in der Hand. Benaja aber ging nur mit einem Stock
auf ihn los, riß ihm den Speer aus der Hand und
tötete ihn mit diesem Speer. 22 Solche Taten voll-
brachte Benaja, der Sohn Jojadas. Er hatte bei den
drei Helden einen großen Namen. 23 Unter den
Dreißig war er hoch geehrt, aber an die Drei
reichte er nicht heran. David stellte ihn an die
Spitze seiner Leibwache.
24 Zu den Dreißig gehörte Joabs Bruder Asaël, fer-
ner Elhanan aus Betlehem, der Sohn Dodos,
25 Schamma und Elika aus Harod, 26 Helez aus Pe-
let, Ira aus Tekoa, der Sohn des Ikkesch, 27 Abiëser
aus Anatot, Sibbechai aus Huscha, 28 Zalmon, der
Ahoachiter, Machrai aus Netofa, 29 Heled aus Ne-
tofa, der Sohn Baanas, Ittai aus Gibea in Benjamin,
der Sohn Ribais, 30 Benaja aus Piraton, Hiddai aus
Nahale-Gaasch, 31 Abialbon aus Bet-Araba, Asma-
wet aus Bahurim, 32 Eljachba aus Schaalbon, Ja-
schen aus Nun, 33 Schamma aus Harar, Ahiam aus
Harar, der Sohn Scharars, 34 Elifelet aus Maacha,
der Sohn Ahasbais, Eliam aus Gilo, der Sohn Ahi-
tofels, 35 Hezro aus Karmel, Paarai aus Arab, 36 Jigal
aus Zoba, der Sohn Natans, Mibhar aus Gad, 37 Ze-
lek, der Ammoniter, Nachrai aus Beerot, der Waf-
fenträger Joabs, des Sohnes der Zeruja, 38 Ira aus
Jattir, Gareb aus Jattir 39 sowie Urija, der Hetiter. Im
ganzen (waren es) siebenunddreißig.

Davids Volkszählung

24 Der Zorn des Herrn entbrannte noch ein-
mal gegen Israel, und er reizte David ge-
gen das Volk auf und sagte: Geh, zähl Israel und
Juda! 2 Der König befahl Joab, dem Obersten des
Heeres, der bei ihm war: Durchstreift alle Stämme
Israels von Dan bis Beerscheba, und mustert das
Volk, damit ich weiß, wie viele es sind. 3 Joab aber
sagte zum König: Der Herr, dein Gott, möge das
Volk vermehren, hundertmal mehr, als es jetzt ist,
und mein Herr, der König, möge es mit eigenen
Augen sehen. Warum aber hat mein Herr, der Kö-
nig, Gefallen an einer solchen Sache? 4 Doch der
König beharrte gegenüber Joab und den Anfüh-
rern des Heeres auf seinem Befehl, und Joab und
die Anführer des Heeres verließen den König, um
das Volk Israel zu mustern. 5 Sie überschritten den
Jordan und begannen bei Aroër, rechts von der
Stadt, die mitten im Tal liegt. Dann gingen sie auf
Gad und Jaser zu 6 und weiter nach Gilead und ins
Land der Hetiter nach Kadesch. Von dort aus zo-
gen sie nach Dan, und von Dan wandten sie sich
nach Sidon. 7 Dann kamen sie zur Festung Tyrus
und zu all den Städten der Hiwiter und der Ka-
naaniter. Darauf zogen sie in den Negeb von Juda
hinab nach Beerscheba. 8 So durchstreiften sie das
ganze Land und kamen nach neun Monaten und
zwanzig Tagen wieder nach Jerusalem zurück.
9 Und Joab gab dem König das Ergebnis der Volks-
zählung bekannt: Israel zählte achthunderttau-
send Krieger, die mit dem Schwert kämpfen
konnten, und Juda fünfhunderttausend.
10 Dann aber schlug David das Gewissen, weil er
das Volk gezählt hatte, und er sagte zum Herrn:
Ich habe schwer gesündigt, weil ich das getan
habe. Doch vergib deinem Knecht seine Schuld,
Herr; denn ich habe sehr unvernünftig gehan-
delt. 11 Als David am Morgen aufstand, war be-

reits folgendes Wort des Herrn an den Propheten
Gad, den Seher Davids, ergangen: 12 Geh und sag
zu David: So spricht der Herr: Dreierlei lege ich
dir vor. Wähl dir eines davon! Das werde ich dir
antun. 13 Gad kam zu David, teilte ihm das Wort
mit und sagte: Was soll über dich kommen? Sie-
ben Jahre Hungersnot in deinem Land? Oder drei
Monate, in denen dich deine Feinde verfolgen
und du vor ihnen fliehen mußt? Oder soll drei
Tage lang die Pest in deinem Land wüten? Über-
leg dir sehr genau, was ich dem, der mich ge-
sandt hat, als Antwort überbringen soll. 14 Da
sagte David zu Gad: Ich habe große Angst. Wir
wollen lieber dem Herrn in die Hände fallen,
denn seine Barmherzigkeit ist groß; den Men-
schen aber möchte ich nicht in die Hände fallen.
15 Da ließ der Herr über Israel eine Pest kommen;
sie dauerte von jenem Morgen an bis zu dem
festgesetzten Zeitpunkt, und es starben zwischen
Dan und Beerscheba siebzigtausend Menschen
im Volk. 16 Als der Engel seine Hand gegen Jerusa-
lem ausstreckte, um es ins Verderben zu stürzen,
reute den Herrn das Unheil, und er sagte zu dem
Engel, der das Volk ins Verderben stürzte: Es ist
jetzt genug, laß deine Hand sinken! Der Engel
war gerade bei der Tenne des Jebusiters Arauna.
17 Als David den Engel sah, der das Volk schlug,
sagte er zum Herrn: Ich bin es doch, der gesün-
digt hat; ich bin es, der sich vergangen hat. Aber
diese, die Herde, was haben denn sie getan? Er-
heb deine Hand gegen mich und gegen das Haus
meines Vaters!
18 Am gleichen Tag kam Gad zu David und sagte
zu ihm: Geh hinauf und errichte dem Herrn auf
der Tenne des Jebusiters Arauna einen Altar! 19 Da-
vid ging hinauf, wie es Gad gesagt und der Herr
befohlen hatte. 20 Arauna hielt gerade Ausschau
und sah den König mit seinen Dienern kom-
men. Er ging hinaus, warf sich vor dem König mit
dem Gesicht zur Erde nieder 21 und sagte: Warum
kommt mein Herr, der König, zu seinem Knecht?
David antwortete: Um von dir die Tenne zu kau-
fen und dem Herrn einen Altar zu errichten, da-
mit die Plage im Volk aufhört. 22 Arauna antwor-
tete David: Mein Herr, der König, möge alles
nehmen, was er für gut findet, und es (als Opfer)
darbringen. Sieh her, hier sind die Rinder für das
Brandopfer und die Dreschschlitten und das Ge-
schirr der Rinder als Brennholz. 23 Das alles gab
[der König] Arauna dem König und sagte zu ihm:
Der Herr, dein Gott, sei dir gnädig. 24 Der König er-
widerte Arauna: Nein, ich will es dir gegen Be-
zahlung abkaufen; ich will dem Herrn, meinem
Gott, keine unbezahlten Brandopfer darbringen.
David kaufte also die Tenne und die Rinder für
fünfzig Silberschekel. 25 Und er baute dort einen
Altar für den Herrn und brachte Brandopfer und
Heilsopfer dar; der Herr aber ließ sich um des Lan-
des willen erweichen, und die Plage hörte auf in
Israel.

DIE BÜCHER DER KÖNIGE

DAS ERSTE BUCH DER KÖNIGE

Die Geschichte Salomos: 1,1–11,43

Der Kampf um die Nachfolge Davids

1 König David war alt und hochbetagt; auch
wenn man ihn in Decken hüllte, wurde ihm
nicht mehr warm. 2 Da sagten seine Diener zu
ihm: Man suche für unseren Herrn, den König,
ein unberührtes Mädchen, das ihn bedient und
pflegt. Wenn es an seiner Seite schläft, wird es
unserem Herrn, dem König, warm werden.
3 Man suchte nun im ganzen Land Israel nach ei-
nem schönen Mädchen, fand Abischag aus
Schunem und brachte sie zum König. 4 Das Mäd-
chen war überaus schön. Sie pflegte den König

und diente ihm; doch der König erkannte sie
nicht.
5 Adonija, der Sohn der Haggit, trat anmaßend
auf und sagte: Ich werde König sein. Er beschaffte
sich Wagen und Besatzung dazu sowie fünfzig
Mann, die vor ihm herliefen. 6 Sein Vater David
hatte ihn nie in seinem Leben getadelt und nie zu
ihm gesagt: Warum tust du das? Auch war Ado-
nija ein sehr stattlicher Mann; seine Mutter hatte
ihn nach Abschalom geboren. 7 Er verhandelte
mit Joab, dem Sohn der Zeruja, und mit dem Prie-
ster Abjatar. Beide stellten sich hinter Adonija.
8 Der Priester Zadok aber und Benaja, der Sohn Jo-
jadas, und der Prophet Natan, auch Schimi, Reï
und die Helden Davids schlossen sich ihm nicht
an. 9 Adonija schlachtete nun am Stein Sohelet bei
der Rogel-Quelle Schafe, Rinder und Mastkälber
zum Opfermahl. Er lud dazu alle seine Brüder, die
Königssöhne, sowie alle Männer von Juda ein, die
im Dienst des Königs standen. 10 Den Propheten
Natan jedoch und Benaja sowie die Helden und
seinen Bruder Salomo lud er nicht ein.
11 Da sagte Natan zu Batseba, der Mutter Salo-
mos: Hast du nicht gehört, daß Adonija, der Sohn
der Haggit, König geworden ist, ohne daß David,
unser Herr, davon weiß? 12 Komm nun, ich will dir
einen Rat geben, wie du dir und deinem Sohn Sa-
lomo das Leben retten kannst. 13 Geh zum König
David, und sag zu ihm: Mein Herr und König, du
hast doch deiner Magd geschworen: Dein Sohn
Salomo soll nach mir König sein, und er soll auf
meinem Thron sitzen. Warum ist nun Adonija Kö-
nig geworden? 14 Noch während du dort mit dem
König redest, will auch ich kommen und deine
Worte bestätigen. 15 Batseba ging zum König in das
Gemach. Er war sehr gealtert, und Abischag aus
Schunem bediente ihn. 16 Batseba verneigte sich
und warf sich vor dem König nieder, und der Kö-
nig fragte sie: Was willst du? 17 Sie sagte: Mein
Herr, du selbst hast doch deiner Magd beim
Herrn, deinem Gott, geschworen: Dein Sohn Sa-
lomo soll nach mir König sein, und er soll auf mei-
nem Thron sitzen. 18 Nun aber ist Adonija König
geworden, und du, mein Herr und König, weißt
nichts davon. 19 Er hat eine Menge Rinder, Mast-
kälber und Schafe geschlachtet und alle Söhne
des Königs, den Priester Abjatar und den Feld-
herrn Joab dazu eingeladen. Doch deinen Knecht
Salomo hat er nicht eingeladen. 20 Auf dich, mein
Herr und König, sind nun die Augen ganz Israels
gerichtet. Du sollst ihnen bekanntgeben, wer
nach meinem Herrn und König auf dem Thron sit-
zen wird. 21 Sonst müssen ich und mein Sohn Sa-
lomo es büßen, wenn mein Herr und König zu
seinen Vätern entschlafen ist.
22 Während sie noch mit dem König redete, kam
der Prophet Natan. 23 Man meldete dem König:
Der Prophet Natan ist da. Er trat vor den König,
warf sich vor ihm nieder, mit dem Gesicht zur
Erde, 24 und sagte: Mein Herr und König, du hast
wohl verfügt: Adonija soll nach mir König sein,
und er soll auf meinem Thron sitzen. 25 Denn er ist
heute hinabgezogen, hat eine Menge Rinder,
Mastkälber und Schafe geschlachtet und hat dazu
alle Söhne des Königs, die Obersten des Heeres
und den Priester Abjatar eingeladen. Sie essen
und trinken mit ihm und rufen: Es lebe der König
Adonija! 26 Mich aber, deinen Knecht, sowie den
Priester Zadok und Benaja, den Sohn Jojadas, und
deinen Knecht Salomo hat er nicht eingeladen.
27 Wenn nun diese Verfügung wirklich von mei-
nem Herrn und König ergangen ist, warum hast
du dann deinen Knecht nicht wissen lassen, wer
nach meinem Herrn und König auf dem Thron sit-
zen wird?

Die Bestellung Salomos zum Thronfolger

28 Darauf befahl König David: Ruft mir Batseba! Sie
kam zum König herein, trat vor den König hin,
29 und der König schwor ihr: So wahr der Herr
lebt, der mein Leben aus jeder Gefahr gerettet hat:
30 Ich habe dir beim Herrn, dem Gott Israels, ge-
schworen, daß dein Sohn Salomo nach mir König
sein und an meiner Stelle auf meinem Thron sit-
zen soll, und so will ich es heute wahr machen.
31 Da verneigte sich Batseba bis zur Erde, warf sich
vor dem König nieder und rief: Ewig lebe mein
Herr, der König David!
32 Hierauf befahl König David: Ruft mir den Prie-
ster Zadok, den Propheten Natan und Benaja, den
Sohn Jojadas! Sie erschienen vor dem König,
33 und dieser trug ihnen auf: Nehmt das Gefolge
eures Herrn mit euch, setzt meinen Sohn Salomo
auf mein eigenes Maultier, und führt ihn zum
Gihon hinab! 34 Dort sollen ihn der Priester Zadok
und der Prophet Natan zum König von Israel sal-
ben, und ihr sollt in das Horn stoßen und rufen:
Es lebe König Salomo! 35 Dann zieht mit ihm her-
auf! Er soll kommen, sich auf meinen Thron set-
zen und König werden an meiner Stelle; denn ihn

habe ich zum Fürsten von Israel und Juda be-
stimmt. 36 Benaja, der Sohn Jojadas, antwortete
dem König: So sei es, so füge es der Herr, der Gott
meines Herrn und Königs. 37 Wie der Herr mit
meinem Herrn und König war, so möge er auch
mit Salomo sein. Er mache seinen Thron noch er-
habener als den Thron meines Herrn, des Königs
David.

Die Thronbesteigung Salomos

38 Der Priester Zadok, der Prophet Natan und Be-
naja, der Sohn Jojadas, zogen mit den Keretern
und Peletern hinab. Sie setzten Salomo auf das
Maultier des Königs David und führten ihn zum
Gihon. 39 Der Priester Zadok hatte das Salbhorn
aus dem Zelt mitgenommen und salbte Salomo.
Hierauf blies man das Widderhorn, und alles Volk
rief: Es lebe König Salomo! 40 Nun zog das ganze
Volk mit ihm hinauf. Dabei spielten sie auf Flöten
und waren voller Freude, so daß bei ihrem Ge-
schrei die Erde zu bersten drohte.

41 Das hörten Adonija und alle Geladenen, die bei
ihm waren. Sie hatten eben das Mahl beendet.
Als Joab den Schall des Hornes hörte, rief er: Was
soll das laute Lärmen in der Stadt? 42 Während er
noch redete, kam Jonatan, der Sohn des Priesters
Abjatar. Adonija rief ihm zu: Komm, du bist ein
tüchtiger Mann. Du bringst sicher eine gute
Nachricht. 43 Doch Jonatan erwiderte Adonija: Im
Gegenteil. Unser Herr, der König David, hat Sa-
lomo als König eingesetzt. 44 Er hat mit ihm den
Priester Zadok ausgeschickt sowie den Propheten
Natan und Benaja, den Sohn Jojadas, samt den Ke-
retern und Peletern, und diese haben ihn auf das
Maultier des Königs gesetzt. 45 Der Priester Zadok
und der Prophet Natan haben ihn am Gihon zum
König gesalbt. Von dort sind sie voller Freude hin-
aufgezogen, und die Stadt ist in großer Aufregung.
Das war der Lärm, den ihr gehört habt. 46 Salomo
hat sich bereits auf den königlichen Thron ge-
setzt. 47 Auch sind die Diener des Königs gekom-
men, um unseren Herrn, den König David, zu be-
glückwünschen und zu rufen: Gott lasse Salomos
Ruhm noch größer werden als deinen, und er ma-
che seinen Thron noch erhabener als deinen
Thron. Dabei hat sich der König auf seinem Lager
tief verneigt. 48 Auch hat der König gesagt: Ge-
priesen sei der Herr, der Gott Israels, der mir
heute gewährt hat, daß mein Nachkomme auf
meinem Thron sitzt und daß meine Augen das
noch sehen dürfen. 49 Da erschraken alle Gela-
denen, die bei Adonija waren, und brachen auf;
jeder ging seines Weges.

50 Adonija fürchtete sich vor Salomo. Er stand
auf, eilte zum Altar und ergriff dessen Hörner.
51 Man meldete Salomo: Adonija hat aus Furcht
vor König Salomo die Hörner des Altars ergriffen
und gesagt: König Salomo schwöre mir zuerst,
daß er seinen Knecht nicht mit dem Schwert hin-
richten läßt. 52 Salomo versprach: Wenn er sich
wie ein rechtschaffener Mann verhält, soll ihm
kein Haar gekrümmt werden. Stellt es sich aber
heraus, daß er unrecht handelt, muß er sterben.
53 Darauf ließ ihn König Salomo vom Altar weg-
holen. Als er kam und vor König Salomo nieder-
fiel, befahl ihm dieser: Geh in dein Haus!

Davids letzte Anordnungen und sein Tod

2 Als die Zeit herankam, da David sterben
sollte, ermahnte er seinen Sohn Salomo: 2 Ich
gehe nun den Weg alles Irdischen. Sei also stark
und mannhaft! 3 Erfüll deine Pflicht gegen den
Herrn, deinen Gott: Geh auf seinen Wegen, und
befolg alle Gebote, Befehle, Satzungen und An-
ordnungen, die im Gesetz des Mose niederge-
schrieben sind. Dann wirst du Erfolg haben bei
allem, was du tust, und in allem, was du unter-
nimmst. 4 Und der Herr wird sein Wort wahr ma-
chen, das er mir gegeben hat, als er sagte: Wenn
deine Söhne auf ihren Weg achten und aufrichtig
mit ganzem Herzen und ganzer Seele vor mir le-
ben, wird es dir nie an Nachkommen auf dem
Thron Israels fehlen.

5 Du weißt selbst, was Joab, der Sohn der Zeruja,
mir angetan hat: was er den beiden Heerführern
Israels, Abner, dem Sohn Ners, und Amasa, dem
Sohn Jeters, angetan hat. Er hat sie ermordet, hat
mit Blut, das im Krieg vergossen wurde, den Frie-
den belastet, und mit unschuldigem Blut den Gür-
tel an seinen Hüften und die Schuhe an seinen
Füßen befleckt. 6 Laß dich von deiner Weisheit lei-
ten und sorge dafür, daß sein graues Haupt nicht
unbehelligt in die Unterwelt kommt. 7 Doch die
Söhne Barsillais aus Gilead sollst du freundlich be-
handeln. Sie sollen zu denen gehören, die von
deinem Tisch essen; denn sie sind mir ebenso
entgegengekommen, als ich vor deinem Bruder
Abschalom fliehen mußte. 8 Da ist auch Schimi,
der Sohn Geras, vom Stamm Benjamin, aus Bahu-
rim. Er hat einen bösen Fluch gegen mich ausge-

sprochen, als ich nach Mahanajim floh. Doch ist
er mir an den Jordan entgegengekommen, und
ich habe ihm beim Herrn geschworen, daß ich
ihn nicht mit dem Schwert hinrichten werde.
9 Jetzt aber laß ihn nicht ungestraft! Du bist ein
kluger Mann und weißt, was du mit ihm tun
sollst. Schick sein graues Haupt blutig in die Un-
terwelt!

10 David entschlief zu seinen Vätern und wurde
in der Davidstadt begraben. 11 Die Zeit, in der Da-
vid über Israel König war, betrug vierzig Jahre. In
Hebron regierte er sieben und in Jerusalem drei-
unddreißig Jahre. 12 Salomo saß nun auf dem
Thron seines Vaters David, und seine Herrschaft
festigte sich mehr und mehr.

Das Ende der Gegner Salomos

13 Adonija, der Sohn der Haggit, begab sich zu Bat-
seba, der Mutter Salomos. Sie fragte ihn: Kommst
du in friedlicher Absicht? Er antwortete: Ja.
14 Dann fuhr er fort: Ich möchte mit dir reden. Sie
erwiderte: Rede nur! 15 Da sagte er: Du weißt, daß
mir das Königtum zustand und daß ganz Israel
mich als König haben wollte. Doch ist mir die Kö-
nigswürde entgangen; sie ist meinem Bruder zu-
gefallen, weil sie ihm vom Herrn bestimmt war.
16 Jetzt aber möchte ich eine einzige Bitte an dich
richten. Weise mich nicht ab! Sie antwortete:
Sprich sie nur aus! 17 Da begann er: Rede doch mit
König Salomo; dich wird er nicht abweisen. Bitte
ihn, daß er mir Abischag aus Schunem zur Frau
gibt. 18 Batseba erwiderte: Gut, ich werde in deiner
Angelegenheit mit dem König reden.

19 Als nun Batseba zu König Salomo kam, um mit
ihm wegen Adonija zu sprechen, erhob sich der
König, ging ihr entgegen und verneigte sich vor
ihr. Dann setzte er sich auf seinen Thron und ließ
auch für die Königinmutter einen Thron hinstel-
len. Sie setzte sich an seine rechte Seite 20 und be-
gann: Eine einzige kleine Bitte hätte ich an dich.
Weise mich nicht ab! Der König antwortete ihr:
Sprich sie nur aus, Mutter! Ich werde dich nicht
abweisen. 21 Da bat sie: Man gebe doch Abischag
aus Schunem deinem Bruder Adonija zur Frau.
22 Der König Salomo entgegnete seiner Mutter:
Warum bittest du für Adonija um Abischag aus
Schunem? Fordere doch gleich das Königtum für
ihn! Er ist ja mein älterer Bruder, und auf seiner
Seite stehen der Priester Abjatar und Joab, der
Sohn der Zeruja. 23 Und König Salomo schwor
beim Herrn: Gott soll mir dies und das antun,
wenn dieses Ansinnen Adonija nicht das Leben
kostet. 24 So wahr der Herr lebt, der mich einge-
setzt und auf den Thron meines Vaters David er-
hoben hat und der mir, wie er versprochen hat,
ein Haus gebaut hat: Noch heute muß Adonija
sterben. 25 Darauf schickte König Salomo Benaja,
den Sohn Jojadas, hinauf, und dieser versetzte
Adonija den Todesstoß.

26 Zum Priester Abjatar sagte der König: Geh auf
dein Landgut nach Anatot! Zwar hast du den Tod
verdient; doch will ich dich heute nicht töten,
weil du die Lade Gottes, des Herrn, vor meinem
Vater David getragen und alle Demütigungen mit
meinem Vater geteilt hast. 27 So setzte Salomo Ab-
jatar als Priester des Herrn ab und erfüllte das
Wort, das der Herr über das Haus Eli in Schilo ge-
sprochen hatte.

28 Die Kunde davon erreichte Joab. Er hatte zu
Adonija gehalten, sich aber nicht an Abschalom
angeschlossen. Er floh in das Zelt des Herrn und
ergriff die Hörner des Altars. 29 Man meldete dem
König Salomo: Joab ist in das Zelt des Herrn geflo-
hen und steht neben dem Altar. Salomo sandte
Benaja, den Sohn Jojadas, mit dem Auftrag: Geh
hin, und stoß ihn nieder! 30 Benaja kam in das Zelt
des Herrn und rief Joab zu: Der König befiehlt dir
herauszukommen. Doch Joab antwortete: Nein,
hier will ich sterben. Benaja berichtete dem
König: Das hat Joab gesagt, so hat er mir geant-
wortet. 31 Da gebot ihm der König: Tu, was er ge-
sagt hat! Stoß ihn nieder, und begrab ihn! Nimm
so von mir und vom Haus meines Vaters das Blut,
das Joab ohne Grund vergossen hat. 32 Der Herr
lasse sein Blut auf sein Haupt kommen, weil er
ohne Wissen meines Vaters zwei Männer, die ge-
rechter und besser waren als er, niedergestoßen
und mit dem Schwert getötet hat: Abner, den
Sohn Ners, den Heerführer Israels, und Amasa,
den Sohn Jeters, den Heerführer Judas. 33 Ihr Blut
komme für immer auf das Haupt Joabs und seiner
Nachkommen. David aber, seinen Nachkom-
men, seinem Haus und seinem Thron sei vom
Herrn immerfort Heil beschieden. 34 Nun ging Be-
naja, der Sohn Jojadas, hinauf, stieß Joab nieder
und tötete ihn. Er wurde auf seinem Besitz in der
Steppe begraben. 35 Der König setzte dann Benaja,
den Sohn Jojadas, an seiner Stelle über das Heer,
und dem Priester Zadok verlieh er die Stelle Abja-
tars.

36 Hierauf ließ der König Schimi rufen und befahl
ihm: Bau dir ein Haus in Jerusalem, bleib hier,
und geh nicht weg, weder dahin noch dorthin!
37 Du sollst wissen, daß du sterben mußt, sobald
du hinausgehst und das Kidrontal überschreitest.
Du wirst dann selbst schuld sein an deinem Tod.
38 Schimi antwortete dem König: Gut, dein
Knecht wird tun, was mein Herr, der König, be-
stimmt hat. So blieb Schimi viele Tage in Jerusa-
lem. 39 Nach Verlauf von drei Jahren entflohen
zwei Sklaven Schimis zu Achisch, dem Sohn
Maachas, dem König von Gat. Man meldete
Schimi: Deine Sklaven sind in Gat. 40 Da machte
er sich auf, sattelte seinen Esel und begab sich zu
Achisch nach Gat, um seine Sklaven zu suchen.
Er ging hin und holte sie aus Gat zurück. 41 Es
wurde aber Salomo hinterbracht, daß Schimi von
Jerusalem nach Gat gegangen und wieder
zurückgekehrt sei. 42 Er ließ daher Schimi rufen
und hielt ihm vor: Habe ich dich nicht beim
Herrn schwören lassen und dich gewarnt: Sobald
du weggehst und dich dahin oder dorthin
begibst, so weißt du, daß du sterben mußt? Und
du hast geantwortet: Gut, ich habe es gehört.
43 Warum hast du den Eid beim Herrn und den Be-
fehl, den ich dir gegeben habe, nicht beachtet?
44 Und weiter sagte der König zu Schimi: Du
weißt, wieviel Böses du meinem Vater David an-
getan hast; jetzt läßt es der Herr auf dich selbst
zurückfallen. 45 Der König Salomo aber sei geseg-
net, und der Thron Davids stehe fest vor dem
Herrn in Ewigkeit. 46 Hierauf erteilte der König
dem Benaja, dem Sohn Jojadas, Befehl, und dieser
ging hinaus und versetzte Schimi den Todesstoß.
Die Herrschaft war nun fest in der Hand Salomos.

Salomos Heirat

3 Salomo verschwägerte sich mit dem Pharao,
dem König von Ägypten. Er nahm eine Toch-
ter des Pharao zur Frau und brachte sie in die Da-
vidstadt, bis er sein Haus, das Haus des Herrn und
die Mauern rings um Jerusalem vollendet hatte.

Salomos Bitte um Weisheit

2 Das Volk opferte zu jener Zeit auf den Kulthöhen,
weil dem Namen des Herrn noch kein Haus ge-
baut war. 3 Salomo aber liebte den Herrn und be-
folgte die Gebote seines Vaters David; nur brachte
er auf den Kulthöhen Schlachtopfer und Rauchop-
fer dar.
4 So ging der König nach Gibeon, um dort zu op-
fern; denn hier war die angesehenste Kulthöhe.
Tausend Brandopfer legte Salomo auf ihren Altar.
5 In Gibeon erschien der Herr dem Salomo nachts
im Traum und forderte ihn auf: Sprich eine Bitte
aus, die ich dir gewähren soll. 6 Salomo antwor-
tete: Du hast deinem Knecht David, meinem Va-
ter, große Huld erwiesen; denn er lebte vor dir in
Treue, in Gerechtigkeit und mit aufrichtigem Her-
zen. Du hast ihm diese große Huld bewahrt und
ihm einen Sohn geschenkt, der heute auf seinem
Thron sitzt. 7 So hast du jetzt, Herr, mein Gott, dei-
nen Knecht anstelle meines Vaters David zum Kö-
nig gemacht. Doch ich bin noch sehr jung und
weiß nicht, wie ich mich als König verhalten soll.
8 Dein Knecht steht aber mitten in deinem Volk,
das du erwählt hast: einem großen Volk, das man
wegen seiner Menge nicht zählen und nicht
schätzen kann. 9 Verleih daher deinem Knecht ein
hörendes Herz, damit er dein Volk zu regieren
und das Gute vom Bösen zu unterscheiden ver-
steht. Wer könnte sonst dieses mächtige Volk re-
gieren? 10 Es gefiel dem Herrn, daß Salomo diese
Bitte aussprach. 11 Daher antwortete ihm Gott:
Weil du gerade diese Bitte ausgesprochen hast
und nicht um langes Leben, Reichtum oder um
den Tod deiner Feinde, sondern um Einsicht ge-
beten hast, um auf das Recht zu hören, 12 werde
ich deine Bitte erfüllen. Sieh, ich gebe dir ein so
weises und verständiges Herz, daß keiner vor dir
war und keiner nach dir kommen wird, der dir
gleicht. 13 Aber auch das, was du nicht erbeten
hast, will ich dir geben: Reichtum und Ehre, so
daß zu deinen Lebzeiten keiner unter den Köni-
gen dir gleicht. 14 Wenn du auf meinen Wegen
gehst, meine Gesetze und Gebote befolgst wie
dein Vater David, dann schenke ich dir ein langes
Leben. 15 Da erwachte Salomo und merkte, daß es
ein Traum war. Als er nach Jerusalem kam, trat er
vor die Bundeslade des Herrn, brachte Brand- und
Heilsopfer dar und gab ein Festmahl für alle seine
Diener.

Das salomonische Urteil

16 Damals kamen zwei Dirnen und traten vor den
König. 17 Die eine sagte: Bitte, Herr, ich und diese
Frau wohnen im gleichen Haus, und ich habe dort
in ihrem Beisein geboren. 18 Am dritten Tag nach
meiner Niederkunft gebar auch diese Frau. Wir
waren beisammen; kein Fremder war bei uns im

Haus, nur wir beide waren dort. 19 Nun starb der Sohn dieser Frau während der Nacht; denn sie hatte ihn im Schlaf erdrückt. 20 Sie stand mitten in der Nacht auf, nahm mir mein Kind weg, während deine Magd schlief, und legte es an ihre Seite. Ihr totes Kind aber legte sie an meine Seite. 21 Als ich am Morgen aufstand, um mein Kind zu stillen, war es tot. Als ich es aber am Morgen genau ansah, war es nicht mein Kind, das ich geboren hatte. 22 Da rief die andere Frau: Nein, mein Kind lebt, und dein Kind ist tot. Doch die erste entgegnete: Nein, dein Kind ist tot, und mein Kind lebt. So stritten sie vor dem König. 23 Da begann der König: Diese sagt: Mein Kind lebt, und dein Kind ist tot! und jene sagt: Nein, dein Kind ist tot, und mein Kind lebt. 24 Und der König fuhr fort: Holt mir ein Schwert! Man brachte es vor den König. 25 Nun entschied er: Schneidet das lebende Kind entzwei, und gebt eine Hälfte der einen und eine Hälfte der anderen! 26 Doch nun bat die Mutter des lebenden Kindes den König – es regte sich nämlich in ihr die mütterliche Liebe zu ihrem Kind: Bitte, Herr, gebt ihr das lebende Kind, und tötet es nicht! Doch die andere rief: Es soll weder mir noch dir gehören. Zerteilt es! 27 Da befahl der König: Gebt jener das lebende Kind, und tötet es nicht; denn sie ist seine Mutter. 28 Ganz Israel hörte von dem Urteil, das der König gefällt hatte, und sie schauten mit Ehrfurcht zu ihm auf; denn sie erkannten, daß die Weisheit Gottes in ihm war, wenn er Recht sprach.

Die Verwaltung des Reiches

4 König Salomo war König von ganz Israel. 2 Dies waren seine obersten Beamten: Asarja, der Enkel Zadoks, war Priester. 3 Elihoref und Ahija, die Söhne Schischas, waren Staatsschreiber, Joschafat, der Sohn Ahiluds, war Sprecher des Königs. 4 Benaja, der Sohn Jojadas, war Heerführer [Zadok und Abjatar waren Priester]. 5 Asarja, der Sohn Natans, war Vorgesetzter der Statthalter. Sabud, der Sohn Natans, war der Freund des Königs, 6 Ahischar war Palastvorsteher, und Adoniram, der Sohn Abdas, war Aufseher über die Fronarbeiten.

7 Salomo hatte zwölf Statthalter für ganz Israel, die den König und sein Haus versorgten. Je einen Monat im Jahr hatte ihn jeder zu versorgen. 8 Das sind ihre Namen: Der Sohn Hurs (war Statthalter) im Gebirge Efraim, 9 der Sohn Dekers in Makaz, Schaalbim, Bet-Schemesch, Elon und Bet-Hanan, 10 der Sohn Heseds in Arubbot. Ihm unterstanden Socho und das ganze Gebiet von Hefer. 11 Dem Sohn Abinadabs unterstand der ganze Höhenrücken von Dor. Er hatte Tafat, eine Tochter Salomos, zur Frau. 12 Baana, der Sohn Ahiluds, verwaltete Taanach, Megiddo und ganz Bet-Schean, das an der Seite von Zaretan unterhalb von Jesreel liegt, (das ist das ganze Gebiet) von Bet-Schean bis Abel-Mehola und bis über Jokneam hinaus. 13 Der Sohn Gebers (war Statthalter) in Ramot-Gilead. Ihm unterstanden die Zeltdörfer Jaïrs, des Sohnes des Manasse, in Gilead und der Kreis Argob im Baschan, sechzig große Städte mit Mauern und bronzenen Torriegeln. 14 Ahinadab, der Sohn Iddos, (war Statthalter) in Mahanajim, 15 Ahimaaz in Naftali. Auch er hatte eine Tochter Salomos, nämlich Basemat, zur Frau. 16 Baana, der Sohn Huschais, (war Statthalter) in Ascher und Bealot, 17 Joschafat, der Sohn Paruachs, in Issachar, 18 Schimi, der Sohn Elas, in Benjamin. 19 Geber, der Sohn Uris, (verwaltete) in Gilead das Land Sihons, des Königs der Amoriter, und Ogs, des Königs des Baschan. Dazu kam ein Vogt im Land Juda.

20 Das Volk von Juda und Israel war zahlreich wie der Sand am Meer. Es hatte zu essen und zu trinken und war glücklich.

5 Salomo war Herrscher über alle Reiche vom Eufrat bis zum Land der Philister und bis an die Grenze Ägyptens. Sie entrichteten Abgaben und waren Salomo untertan, solange er lebte.

2 Der tägliche Unterhalt Salomos belief sich auf dreißig Kor Feinmehl, sechzig Kor gewöhnliches Mehl, 3 zehn Mastrinder, zwanzig Weiderinder, hundert Schafe, nicht gerechnet die Hirsche, Gazellen, Rehe und das gemästete Geflügel. 4 Denn er herrschte über das ganze Gebiet diesseits des Stromes, von Tifsach bis Gaza, über alle Könige diesseits des Stromes. Er hatte Frieden ringsum nach allen Seiten. 5 Juda und Israel lebten in Sicherheit von Dan bis Beerscheba; ein jeder saß unter seinem Weinstock und seinem Feigenbaum, solange Salomo lebte. 6 Salomo hatte viertausend Stallplätze für seine Wagenpferde und zwölftausend Mann als Besatzung für die Wagen.

7 Jene Statthalter, jeder in seinem Monat, versorgten den König Salomo und alle, die zu seinem Tisch Zutritt hatten. Sie ließen es an nichts fehlen. 8 Die Gerste und das Stroh für die Pferde und Zugtiere brachten sie jeweils an den Ort, für den jeder zuständig war.

Die Weisheit Salomos

9 Gott gab Salomo Weisheit und Einsicht in hohem
Maß und Weite des Herzens – wie Sand am
Strand des Meeres. 10 Die Weisheit Salomos war
größer als die Weisheit aller Söhne des Ostens
und alle Weisheit Ägyptens. 11 Er war weiser als
alle Menschen, weiser als Etan, der Esrachiter, als
Heman, Kalkol und Darda, die Söhne Mahols.
Sein Name war bekannt bei allen Völkern
ringsum. 12 Er verfaßte dreitausend Sprichwörter,
und die Zahl seiner Lieder betrug tausendund-
fünf. 13 Er redete über die Bäume, von der Zeder
auf dem Libanon bis zum Ysop, der an der Mauer
wächst. Er redete über das Vieh, die Vögel, das
Gewürm und die Fische. 14 Von allen Völkern ka-
men Leute, um die Weisheit Salomos zu hören,
Abgesandte von allen Königen der Erde, die von
seiner Weisheit vernommen hatten.

Die Vorbereitungen zum Tempelbau

15 Hiram, der König von Tyrus, sandte seine Diener
zu Salomo; denn er hatte gehört, daß man ihn an-
stelle seines Vaters zum König gesalbt habe. Hi-
ram war nämlich zeitlebens ein Freund Davids
gewesen. 16 Und Salomo ließ Hiram sagen: 17 Du
weißt selbst, daß mein Vater David durch Kriege
verhindert war, dem Namen des Herrn, seines
Gottes, ein Haus zu bauen, da seine Feinde ihn
bedrängten, bis der Herr sie ihm unter die Füße
legte. 18 Jetzt aber hat mir der Herr, mein Gott,
ringsum Ruhe verschafft. Es gibt keinen Widersa-
cher mehr und keine Gefahr. 19 Darum gedenke
ich, dem Namen des Herrn, meines Gottes, ein
Haus zu bauen; denn er hat meinem Vater David
zugesagt: Dein Sohn, den ich an deiner Stelle auf
deinen Thron setzen werde, wird meinem Na-
men das Haus bauen. 20 Befiehl nun, daß man auf
dem Libanon Zedern für mich fällt. Meine
Knechte sollen mit deinen Knechten arbeiten.
Den Lohn für deine Knechte werde ich dir geben,
ganz wie du bestimmst. Du weißt ja selbst, daß
wir niemand haben, der so gut Holz fällen kann
wie die Leute von Sidon.
21 Als Hiram die Botschaft Salomos vernahm,
freute er sich sehr und rief aus: Gepriesen sei
heute Jahwe, der David einen weisen Sohn als
Herrscher über dieses große Volk gegeben hat.
22 Er ließ Salomo sagen: Ich habe die Botschaft ver-
nommen, die du an mich gesandt hast, und
werde deinen Wunsch nach Zedern- und Zypres-
senholz erfüllen. 23 Meine Leute werden es vom
Libanon an das Meer schaffen. Ich lasse es dann
auf dem Meer an den Ort flößen, den du mir nen-
nen wirst. Dort lasse ich es wieder auseinander-
nehmen, so daß du es abholen kannst. Du aber er-
fülle meinen Wunsch, und sende Lebensmittel
für mein Haus! 24 Also lieferte Hiram so viel
Zedern- und Zypressenholz, wie Salomo wollte,
25 und Salomo gab Hiram zwanzigtausend Kor
Weizen zum Unterhalt seines Hofes und zwanzig
Kor feinstes Öl. Diese Menge lieferte Salomo Jahr
für Jahr an Hiram.
26 Der Herr schenkte Salomo Weisheit, wie er es
ihm versprochen hatte. Zwischen Salomo und Hi-
ram herrschte Friede, und sie schlossen mitein-
ander ein Bündnis.
27 König Salomo ließ Leute aus ganz Israel zum
Frondienst ausheben. Dieser umfaßte 30 000
Fronpflichtige. 28 Von ihnen schickte er abwech-
selnd jeden Monat 10 000 Mann auf den Liba-
non. Einen Monat waren sie auf dem Libanon
und zwei Monate zu Hause. Adoniram leitete den
Frondienst. 29 Ferner hatte Salomo 70 000 Last-
träger und 80 000 Steinhauer im Gebirge, 30 nicht
eingerechnet die 3600 Werkführer unter dem
Befehl der Statthalter, denen die Leitung der
Arbeit oblag. Sie führten die Aufsicht über die Ar-
beiter. 31 Der König ließ mächtige, kostbare Steine
brechen, um mit Quadern das Fundament des
Tempels zu legen. 32 Die Bauleute Salomos bear-
beiteten mit den Bauleuten Hirams und den Ge-
balitern das Holz und die Steine und richteten sie
her für den Bau des Tempels.

Der Tempelbau

6 Im vierhundertachtzigsten Jahr nach dem
Auszug der Israeliten aus Ägypten, im vier-
ten Jahr der Regierung Salomos über Israel, im
Monat Siw, das ist der zweite Monat, begann er
das Haus des Herrn zu bauen.
2 Das Haus, das König Salomo für den Herrn
baute, war sechzig Ellen lang, zwanzig Ellen
breit und dreißig Ellen hoch. 3 Die Vorhalle vor
dem Hauptraum des Hauses war zwanzig Ellen
breit, entsprechend der Breite des Hauses, und
zehn Ellen tief in der Längsrichtung des Hauses.
4 Er machte für das Haus Fenster mit Rahmen
und Gittern. 5 An die Wände des Hauses, und
zwar an die Wände des Hauptraums und des
hinteren Raumes, legte er ringsum einen Anbau

mit Kammern. 6 Dieser war im Untergeschoß
fünf Ellen, im mittleren sechs und im dritten sie-
ben Ellen breit; die Außenwand des Hauses
hatte er abgestuft, um sie nachher nicht beschä-
digen zu müssen. 7 Beim Bau des Hauses wur-
den Steine verwendet, die man schon im Stein-
bruch fertig behauen hatte; Hämmer, Meißel
und sonstige eiserne Werkzeuge waren beim
Bau des Hauses nicht zu hören. 8 Die Türe zu
den unteren Kammern war an der Südseite des
Hauses. Über Treppen stieg man zum mittleren
und vom mittleren zum dritten Stockwerk hin-
auf. 9 Als er den Bau des Hauses vollendet hatte,
überdeckte er es mit Balken und Brettern aus
Zedernholz. 10 Den Anbau führte er um das
ganze Haus. Seine Höhe betrug (in jedem Stock-
werk) fünf Ellen, und Zedernbalken verbanden
ihn mit dem Haus.

11 Das Wort des Herrn erging an Salomo: 12 Dieses
Haus, das du baust, – wenn du meinen Geboten
gehorchst und auf meine Vorschriften achtest und
alle meine Befehle ausführst und befolgst, dann
werde ich an dir das Wort wahr machen, das ich
zu deinem Vater David gesprochen habe. 13 Und
ich werde inmitten der Israeliten wohnen und
mein Volk Israel nicht verlassen.

14 So vollendete Salomo den Bau des Hauses. 15 Er
täfelte seine Innenwände mit Zedernholz aus;
vom Fußboden bis zu den Balken der Decke ließ
er eine Holzvertäfelung anbringen. Den Fußbo-
den belegte er mit Zypressenholz. 16 Zwanzig El-
len vor der Rückseite des Hauses errichtete er
vom Fußboden bis zum Gebälk eine Wand aus
Zedernholz und schuf so die Gotteswohnung, das
Allerheiligste. 17 Vierzig Ellen lang war der davor-
liegende Hauptraum. 18 Im Innern hatte das Haus
Zedernverkleidung mit eingeschnitzten Blumen-
gewinden und Blütenranken. Alles war aus Ze-
dernholz, kein Stein war zu sehen. 19 Im Innern
des Hauses richtete er die Gotteswohnung ein,
um die Bundeslade des Herrn aufstellen zu kön-
nen. 20 Die Wohnung war zwanzig Ellen lang,
zwanzig Ellen breit und zwanzig Ellen hoch; er
überzog sie mit bestem Gold. Auch ließ er einen
Altar aus Zedernholz herstellen. 21 Das Innere des
Hauses ließ Salomo mit bestem Gold auskleiden,
und vor der Gotteswohnung ließ er goldene Ket-
ten anbringen. 22 So überzog er das ganze Haus
vollständig mit Gold; auch den Altar vor der
Gotteswohnung überzog er ganz mit Gold.
23 In der Gotteswohnung ließ er zwei Kerubim
aus Olivenholz anfertigen. Ihre Höhe betrug zehn
Ellen. 24 Fünf Ellen maß der eine Flügel des Kerubs
und fünf Ellen sein anderer Flügel. Von einem Flü-
gelende bis zum anderen waren es zehn Ellen.
25 Auch der zweite Kerub war zehn Ellen hoch.
Beide hatten gleiches Maß und gleiche Gestalt.
26 Der eine Kerub war zehn Ellen hoch, und
ebenso hoch war der andere. 27 Er stellte die Ke-
rubim mitten in den innersten Raum. Ihre Flügel
waren so ausgespannt, daß der Flügel des einen
Kerubs die eine Wand, der Flügel des zweiten Ke-
rubs die andere Wand, die Flügel in der Mitte des
Raumes aber einander berührten. 28 Er ließ die Ke-
rubim mit Gold überziehen.

29 An allen Wänden des Hauses, im inneren wie
im äußeren Raum, ließ er ringsum Kerubim, Pal-
men und Blütenranken einschnitzen. 30 Auch die
Fußböden des hinteren und des vorderen
Raumes ließ er mit Gold belegen.

31 Für den Eingang zur Gotteswohnung ließ er
Türflügel aus Olivenholz anfertigen. Die Giebel-
balken und die Seitenpfosten bildeten ein Fünf-
eck. 32 An den beiden Türflügeln aus Olivenholz
ließ er Kerubim, Palmen und Blütenranken ein-
schnitzen und sie mit Gold überziehen, indem er
auf die Kerubim und die Palmen Gold auftragen
ließ. 33 Ebenso ließ er für den Eingang zum
Hauptraum Türpfosten aus Olivenholz anferti-
gen, die ein Viereck bildeten, 34 dazu zwei Türflü-
gel aus Zypressenholz. Zwei drehbare Teile hatte
der eine Türflügel, und zwei drehbare Teile der
andere. 35 Er ließ auf ihnen Kerubim, Palmen und
Blütenranken einschnitzen und auf das Schnitz-
werk dünnes Blattgold legen.

36 Er legte den inneren Hof an (und umgab ihn
mit einer Mauer) aus drei Lagen Quadern und ei-
ner Lage Zedernbalken.

37 Im vierten Jahr, im Monat Siw, war das Fun-
dament für das Haus des Herrn gelegt worden,
38 und im elften Jahr, im Monat Bul, das ist der
achte Monat, wurde das Haus mit all seinem Zu-
behör vollendet, ganz so, wie es geplant war. Sie-
ben Jahre hatte man an ihm gebaut.

Die Palastgebäude

7 An seinem Palast baute Salomo dreizehn
Jahre, bis er ihn ganz vollendet hatte.
2 Er baute das Libanonwaldhaus, hundert Ellen
lang, fünfzig Ellen breit und dreißig Ellen hoch,

mit drei Reihen von Zedernsäulen und mit Ze-
dernbalken über den Säulen. 3 Eine Decke aus Ze-
dernholz war über den Kammern, die über den
Säulen lagen; es waren fünfundvierzig Säulen,
fünfzehn in jeder Reihe. 4 In drei Reihen waren
Fenster so angebracht, daß dreimal eine Fenster-
reihe einer anderen gegenüberstand. 5 Alle Türen
und Fenster waren viereckig gerahmt. Dreimal
stand eine Fensterreihe der anderen gegenüber.

6 Salomo baute die Säulenhalle, fünfzig Ellen
lang und dreißig Ellen breit, davor eine Halle mit
Säulen und einem Vordach.

7 Er schuf die Thronhalle, das ist die Gerichts-
halle, um darin Recht zu sprechen. Sie war vom
Fußboden bis zum Gebälk mit Zedernholz aus-
getäfelt.

8 Sein eigenes Wohnhaus stand im anderen Hof,
von der Halle aus nach innen zu. Es hatte die glei-
che Bauart. Auch baute Salomo für die Tochter des
Pharao, die er geheiratet hatte, ein Haus, das die-
ser Halle glich.

9 Alle diese Bauten waren vom Grund bis zu den
Gesimsen aus wertvollen Steinen aufgeführt, die
in der Größe von Quadern an der Innen- wie
Außenseite mit der Säge zugeschnitten waren ...
10 Die Fundamente bestanden aus wertvollen,
mächtigen Steinblöcken, aus Steinen von zehn
und Steinen von acht Ellen. 11 Darüber lagen wert-
volle Steine in der Größe von Quadern sowie Ze-
dernbalken. 12 Der große Hof war rings von einer
Mauer aus drei Lagen Quadern und einer Lage
Zedernbalken umgeben; ebenso der innere Hof
um das Haus des Herrn und der Hof um die Palast-
halle.

Die Ausstattung des Tempels

13 König Salomo ließ Hiram aus Tyrus kommen.
14 Dieser war der Sohn einer Witwe aus dem
Stamm Naftali. Sein Vater war ein Bronzeschmied
aus Tyrus. Er war mit Weisheit, Verstand und Ge-
schick begabt, um jede Bronze-Arbeit auszu-
führen. Er kam zum König Salomo und führte alle
Arbeiten für ihn aus.

15 Er formte die zwei bronzenen Säulen. Acht-
zehn Ellen betrug die Höhe der einen Säule, und
ein Band von zwölf Ellen umspannte sie. Ihre
Wandstärke betrug vier Finger; innen war sie
hohl. Ebenso war die zweite Säule. 16 Dazu
machte er zwei Kapitelle, um sie oben auf die Säu-
len zu setzen; sie waren aus Bronze gegossen.
Fünf Ellen betrug die Höhe des einen Kapitells
und fünf Ellen die Höhe des anderen. 17 Auch
machte er Geflechte [Flechtwerksarbeit, ketten-
förmige Bänder] für die Kapitelle oben auf den
Säulen, und zwar ein Geflecht für das eine Kapi-
tell und ein Geflecht für das andere. 18 Ferner
machte er Granatäpfel und legte sie in zwei Rei-
hen ringsum über die Geflechte, so daß sie die Ka-
pitelle oben auf den Säulen bedeckten. Ebenso
verfuhr er mit dem zweiten Kapitell. 19 Die Kapi-
telle oben auf den Säulen hatten die Form einer Li-
lienblüte ... 20 ... 21 Er stellte die Säulen an der Vor-
halle des Tempels auf. Die eine Säule stellte er auf
die rechte Seite und nannte sie Jachin, die andere
stellte er auf die linke Seite und nannte sie Boas.
22 Oben auf den Säulen waren lilienförmige Ge-
bilde. So wurde die Arbeit an den Säulen zu Ende
geführt.

23 Dann machte er das »Meer«. Es wurde aus
Bronze gegossen und maß zehn Ellen von einem
Rand zum andern; es war völlig rund und fünf El-
len hoch. Eine Schnur von dreißig Ellen konnte es
rings umspannen. 24 Unterhalb seines Randes wa-
ren rundum Rankengebilde. In einer Länge von
dreißig Ellen umsäumten sie das Meer ringsum in
zwei Reihen. Sie wurden beim Guß mitgegossen.
25 Das Meer stand auf zwölf Rindern. Von ihnen
schauten drei nach Norden, drei nach Westen,
drei nach Süden und drei nach Osten. Das Meer
ruhte oben auf den Rindern. Ihre Hinterteile wa-
ren nach innen gekehrt. 26 Die Wand des Meeres
war eine Handbreit dick. Sein Rand war wie der
Rand eines Bechers geformt, einer Lilienblüte
gleich. Es faßte zweitausend Bat.

27 Er machte die zehn fahrbaren Gestelle aus
Bronze. Jedes war vier Ellen lang, vier Ellen breit
und drei Ellen hoch. 28 Und so waren die Gestelle
beschaffen: Sie hatten Querleisten, und zwar
Querleisten zwischen den Eckleisten. 29 Auf den
Querleisten zwischen den Eckleisten waren Bil-
der von Löwen, Rindern und Kerubim, und
ebenso auf den Eckleisten. Über den Löwen und
Rindern sowie unter ihnen waren Kranzgewinde
eingehämmert. 30 Jedes Gestell hatte vier bron-
zene Räder und bronzene Achsen. An den vier
Füßen waren Ansätze, die unterhalb des Kessels
angegossen waren ... 31 ... (Der Kasten des Ge-
stells) war eineinhalb Ellen hoch. Auch an seiner
Öffnung waren Verzierungen. Die Querleisten
waren nicht rund, sondern viereckig. 32 Die vier

Räder waren unter den Querleisten. Ihre Halter
waren am Gestell befestigt. Jedes Rad war einein-
halb Ellen hoch. 33 Sie waren gearbeitet wie Wa-
genräder. Ihre Halter, Felgen, Speichen und Na-
ben waren alle gegossen. 34 Die vier Ansätze
waren an den vier Ecken eines jeden Gestells an-
gebracht und bildeten mit ihm ein Ganzes. 35 Der
Aufsatz des Gestells war eine halbe Elle hoch und
völlig rund. An ihm waren seine Halter und Lei-
sten angesetzt. 36 Auf die Wandflächen, Halter und
Querleisten ließ Salomo Bilder von Kerubim,
Löwen und Palmen eingravieren ... 37 In dieser
Weise fertigte Hiram die zehn Gestelle an. Sie hat-
ten alle gleichen Guß, gleiches Maß und gleiche
Gestalt. 38 Dazu machte er zehn bronzene Kessel.
Jeder faßte vierzig Bat und hatte eine Weite von
vier Ellen. Für jedes der zehn Gestelle war ein
Kessel bestimmt. 39 Fünf von den Gestellen
brachte er an die Südseite des Hauses und fünf an
die Nordseite. Das »Meer« stellte er an die Süd-
seite des Hauses, gegen Südosten. 40 Auch machte
Hiram die Töpfe, Schaufeln und Schalen.

So führte Hiram alle Arbeiten zu Ende, die er
dem König Salomo für das Haus des Herrn anzu-
fertigen hatte: 41 zwei Säulen, zwei beckenförmige
Kapitelle oben auf den Säulen, die zwei Flecht-
werke, mit denen man die beiden beckenförmi-
gen Kapitelle oben auf den Säulen bedeckte, 42 die
vierhundert Granatäpfel für die beiden Flecht-
werke, die in zwei Reihen an jedem Flechtwerk
angebracht waren und die beiden beckenförmi-
gen Kapitelle auf den Säulen bedeckten, 43 die
zehn fahrbaren Gestelle, die zehn Kessel für die
Gestelle, 44 das eine Meer, die zwölf Rinder unter
dem Meer, 45 die Töpfe, Schaufeln und Schalen.
Alle diese Geräte, die Hiram dem König Salomo
für das Haus des Herrn anfertigte, waren aus glat-
ter Bronze. 46 In der Jordanau zwischen Sukkot
und Zaretan ließ sie der König in Formen aus
festem Lehm gießen. 47 Und Salomo gab allen
Geräten ihren Platz. Wegen ihrer überaus großen
Menge war das Gewicht der Bronze nicht festzu-
stellen.

48 Salomo ließ alle Geräte, die zum Haus des
Herrn gehörten, anfertigen: den goldenen Altar,
den goldenen Tisch, auf den man die Schaubrote
legte, 49 die fünf Leuchter auf der rechten und die
fünf Leuchter auf der linken Seite vor der Gottes-
wohnung, aus bestem Gold, dazu die goldenen
Blüten, Lampen und Dochtscheren, 50 ferner die
Becken, Messer, Schalen, Schüsseln und Pfannen
aus bestem Gold. Auch die Stirnseiten der Tü-
ren des inneren Raumes zum Allerheiligsten und
die Stirnseiten der beiden Türflügel, die zum
Hauptraum führten, waren mit Gold verkleidet.

51 So wurden alle Arbeiten, die König Salomo für
das Haus des Herrn ausführen ließ, vollendet.
Dann brachte er die Weihegaben seines Vaters
David hinein und legte das Silber, das Gold und
die Geräte in die Schatzkammern des Hauses des
Herrn.

Die Übertragung der Bundeslade

8 Damals versammelte Salomo die Ältesten Is-
raels, alle Stammesführer und die Häupter
der israelitischen Großfamilien bei sich in Jerusa-
lem, um die Bundeslade des Herrn aus der Stadt
Davids, das ist Zion, heraufzuholen. 2 Am Fest im
Monat Etanim, das ist der siebte Monat, kamen
alle Männer Israels bei König Salomo zusammen.
3 In Gegenwart aller Ältesten Israels nahmen die
Priester die Lade 4 und brachten sie zugleich mit
dem Offenbarungszelt und den heiligen Geräten,
die im Zelt waren, hinauf. Die Priester und die Le-
viten übernahmen den Trägerdienst. 5 König Sa-
lomo aber und die ganze Gemeinde Israels, die
bei ihm vor der Lade versammelt war, schlachte-
ten Schafe und Rinder, die man wegen ihrer
Menge nicht zählen und nicht berechnen konnte.
6 Darauf stellten die Priester die Bundeslade des
Herrn an ihren Platz, in die Gotteswohnung des
Hauses, in das Allerheiligste, unter die Flügel der
Kerubim. 7 Denn die Kerubim breiteten ihre Flügel
über den Ort, wo die Lade stand, und bedeckten
sie und ihre Stangen von oben her. 8 Die Stangen
waren so lang, daß man ihre Spitzen im Heiligtum
vor der Gotteswohnung sehen konnte; draußen
aber waren sie nicht zu sehen. Sie blieben dort bis
zum heutigen Tag. 9 In der Lade befanden sich nur
die zwei steinernen Tafeln, die Mose am Horeb
hineingelegt hatte, die Tafeln des Bundes, den der
Herr mit den Israeliten beim Auszug aus Ägypten
geschlossen hatte. 10 Als dann die Priester aus dem
Heiligtum traten, erfüllte die Wolke das Haus des
Herrn. 11 Sie konnten wegen der Wolke ihren
Dienst nicht verrichten; denn die Herrlichkeit des
Herrn erfüllte das Haus des Herrn. 12 Damals sagte
Salomo:

Der Herr hat die Sonne an den Himmel gesetzt; /
er selbst wollte im Dunkel wohnen.

13 Ich habe ein fürstliches Haus für dich gebaut, /
eine Wohnstätte für ewige Zeiten.

Die Ansprache des Königs

14 Dann wandte sich der König um und segnete die
ganze Versammlung Israels. Alle standen, 15 und
er betete: Gepriesen sei der Herr, der Gott Israels.
Seine Hand hat ausgeführt, was sein Mund mei-
nem Vater David verheißen hat, als er sprach:
16 Seit dem Tag, da ich mein Volk Israel aus Ägyp-
ten führte, habe ich aus keinem der Stämme Isra-
els eine Stadt für den Bau eines Hauses erwählt,
um meinen Namen dort wohnen zu lassen. Da-
vid aber habe ich zum Herrscher über mein Volk
Israel erwählt. 17 Mein Vater David wollte dem Na-
men des Herrn, des Gottes Israels, ein Haus
bauen. 18 Doch der Herr sprach zu ihm: Wenn du
dir vorgenommen hast, meinem Namen ein Haus
zu bauen, hast du einen guten Entschluß gefaßt.
19 Doch sollst nicht du das Haus bauen; sondern
erst dein leiblicher Sohn soll meinem Namen das
Haus bauen. 20 Der Herr hat jetzt sein Verspre-
chen, das er gegeben hat, wahr gemacht: Ich bin
an die Stelle meines Vaters David getreten und
habe den Thron Israels bestiegen, wie es der Herr
zugesagt hatte. Ich habe dem Namen des Herrn,
des Gottes Israels, das Haus gebaut 21 und darin ei-
nen Raum für die Lade geschaffen. Sie enthält die
Tafeln des Bundes, den der Herr mit unseren Vä-
tern geschlossen hat, als er sie aus Ägypten
führte.

Das Weihegebet

22 Dann trat Salomo in Gegenwart der ganzen Ver-
sammlung Israels vor den Altar des Herrn, brei-
tete seine Hände zum Himmel aus 23 und betete:
Herr, Gott Israels, im Himmel oben und auf der
Erde unten gibt es keinen Gott, der so wie du
Bund und Huld seinen Knechten bewahrt, die mit
ungeteiltem Herzen vor ihm leben. 24 Du hast das
Versprechen gehalten, das du deinem Knecht,
meinem Vater David, gegeben hast. Deine Hand
hat heute erfüllt, was dein Mund versprochen
hat. 25 Und nun, Herr, Gott Israels, halte auch das
andere Versprechen, das du deinem Knecht Da-
vid, meinem Vater, gegeben hast, als du sagtest:
Es soll dir nie an einem Nachkommen fehlen, der
vor mir auf dem Thron Israels sitzt, wenn nur
deine Söhne darauf achten, ihren Weg so vor mir
zu gehen, wie du es getan hast. 26 Gott Israels,
möge sich jetzt dein Wort, das du deinem Knecht
David, meinem Vater, gegeben hast, als wahr er-
weisen.
27 Wohnt denn Gott wirklich auf der Erde? Siehe,
selbst der Himmel und die Himmel der Himmel
fassen dich nicht, wieviel weniger dieses Haus,
das ich gebaut habe. 28 Wende dich, Herr, mein
Gott, dem Beten und Flehen deines Knechtes zu!
Höre auf das Rufen und auf das Gebet, das dein
Knecht heute vor dir verrichtet. 29 Halte deine Au-
gen offen über diesem Haus bei Nacht und bei
Tag, über der Stätte, von der du gesagt hast, daß
dein Name hier wohnen soll. Höre auf das Gebet,
das dein Knecht an dieser Stätte verrichtet.
30 Achte auf das Flehen deines Knechtes und dei-
nes Volkes Israel, wenn sie an dieser Stätte beten.
Höre sie im Himmel, dem Ort, wo du wohnst.
Höre sie, und verzeih!
31 Wenn sich jemand gegen seinen Nächsten ver-
fehlt und dieser ihm einen Eid abverlangt, den er
schwören muß, und er dann kommt und vor dei-
nem Altar in diesem Haus schwört, 32 so höre du
es im Himmel, und greif ein! Verschaff deinen
Knechten Recht; verurteile den Schuldigen, und
laß sein Tun auf ihn selbst zurückfallen! Den
Schuldlosen aber sprich frei, und vergilt ihm, wie
es seiner Gerechtigkeit entspricht.
33 Wenn dein Volk Israel von einem Feind ge-
schlagen wird, weil es gegen dich gesündigt hat,
und dann wieder zu dir umkehrt, deinen Namen
preist und in diesem Haus zu dir betet und fleht,
34 so höre du es im Himmel! Vergib deinem Volk Is-
rael seine Sünde; laß sie in das Land zurückkom-
men, das du ihren Vätern gegeben hast.
35 Wenn der Himmel verschlossen ist und kein
Regen fällt, weil sie gegen dich gesündigt haben,
und wenn sie dann an diesem Ort beten, deinen
Namen preisen und von ihrer Sünde lassen, weil
du sie demütigst, 36 so höre du sie im Himmel! Ver-
gib deinen Knechten und deinem Volk Israel ihre
Sünden; denn du führst sie den guten Weg, den
sie gehen sollen. Spende Regen deinem Land, das
du deinem Volk zum Erbbesitz gegeben hast.
37 Wenn im Land Hungersnot herrscht, wenn
Pest ausbricht, wenn Getreidebrand, Rost, Heu-
schrecken und Ungeziefer auftreten, wenn
Feinde sie im eigenen Land bedrängen, wenn ir-
gendeine Plage oder Krankheit sie trifft, 38 (so höre
du) jedes Gebet und Flehen eines jeden einzelnen
und deines ganzen Volkes Israel; denn sie alle

kennen die Not ihres Herzens und erheben ihre
Hände zu diesem Haus. [39] Höre sie dann im Him-
mel, dem Ort, wo du wohnst, und verzeih! Greif
ein, und vergilt jedem, wie es sein Tun verdient.
Du kennst ja ihre Herzen; denn du allein kennst
die Herzen aller Menschen. [40] So werden sie dich
fürchten, solange sie in dem Land leben, das du
unseren Vätern gegeben hast.
[41] Auch Fremde, die nicht zu deinem Volk Israel
gehören, werden wegen deines Namens aus fer-
nen Ländern kommen; [42] denn sie werden von dei-
nem großen Namen, deiner starken Hand und dei-
nem hoch erhobenen Arm hören. Sie werden
kommen und in diesem Haus beten. [43] Höre sie
dann im Himmel, dem Ort, wo du wohnst, und tu
alles, weswegen der Fremde zu dir ruft. Dann wer-
den alle Völker der Erde deinen Namen erkennen.
Sie werden dich fürchten, wie dein Volk Israel dich
fürchtet, und erfahren, daß dein Name ausgerufen
ist über diesem Haus, das ich gebaut habe.
[44] Wenn dein Volk auf dem Weg, den du es führst,
gegen seine Feinde in den Krieg zieht und wenn
es dann zu dir betet, zur Stadt hingewendet, die
du erwählt hast, und zu dem Haus hin, das ich
deinem Namen gebaut habe, [45] so höre du im
Himmel sein Beten und Flehen, und verschaff
ihm Recht.
[46] Wenn sie gegen dich sündigen – es gibt ja nie-
mand, der nicht sündigt – und du ihnen zürnst,
sie ihren Bedrängern preisgibst und ihre Feinde
sie gefangen fortführen in ein fernes oder nahes
Land, [47] so werden sie im Land ihrer Gefangen-
schaft in sich gehen. Sie werden im Land ihrer
Gefangenschaft umkehren, zu dir flehen und ru-
fen: Wir haben gesündigt, Unrecht getan und ge-
frevelt. [48] Mit ganzem Herzen und ganzer Seele
werden sie im Land ihrer Feinde, von denen sie
als Gefangene weggeführt wurden, zu dir um-
kehren und zu dir beten, zum Land hingewendet,
das du ihren Vätern gegeben hast, zur Stadt hin,
die du erwählt hast, und zum Haus hin, das ich
deinem Namen gebaut habe. [49] Höre dann im
Himmel, dem Ort, wo du wohnst, ihr Beten und
Flehen! Verschaff ihnen Recht, [50] und verzeih dei-
nem Volk, was es gegen dich gesündigt hat; ver-
zeih ihm alle Frevel, die es gegen dich begangen
hat. Laß sie bei ihren Unterdrückern Mitleid und
Erbarmen finden! [51] Sie sind ja dein Volk und dein
Eigentum, das du aus dem Schmelzofen, aus
Ägypten, herausgeführt hast.
[52] Halte deine Augen offen für das Flehen deines
Knechtes und für das Flehen deines Volkes Israel!
Erhöre sie, sooft sie zu dir rufen. [53] Du hast dir Is-
rael unter allen Völkern der Erde als Eigentum
ausgewählt, wie du es durch deinen Knecht
Mose verkündet hast, als du unsere Väter aus
Ägypten geführt hast, Herr und Gott.

Salomos Segen

[54] Als Salomo dieses flehentliche Gebet zum Herrn
beendet hatte, erhob er sich auf dem Platz vor
dem Altar des Herrn, wo er niedergekniet war
und die Hände zum Himmel ausgebreitet hatte.
[55] Er trat vor die ganze Versammlung Israels, seg-
nete sie und rief mit lauter Stimme: [56] Gepriesen
sei der Herr, der seinem Volk Israel Ruhe ge-
schenkt hat, wie er es versprochen hat. Von all
den herrlichen Verheißungen, die er durch seinen
Knecht Mose verkündet hat, ist nicht eine hinfäl-
lig geworden. [57] Der Herr, unser Gott, sei mit uns,
wie er mit unseren Vätern war. Er verlasse uns
nicht und verstoße uns nicht. [58] Er lenke unsere
Herzen zu sich hin, damit wir auf seinen Wegen
gehen und die Gebote, Befehle und Anordnun-
gen befolgen, die er unseren Vätern gegeben hat.
[59] Mögen diese Worte, die ich flehend vor dem
Herrn, unserem Gott, gesprochen habe, ihm Tag
und Nacht gegenwärtig bleiben. Möge er seinem
Knecht und seinem Volk Israel Recht verschaffen,
wie es jeder Tag verlangt, [60] damit alle Völker der
Erde erkennen, daß niemand Gott ist als der Herr
allein. [61] Euer Herz aber bleibe ungeteilt beim
Herrn, unserem Gott, so daß ihr seinen Gesetzen
folgt und auf seine Gebote achtet, wie es heute ge-
schieht.

Der Abschluß der Feier

[62] Dann brachten der König und mit ihm ganz
Israel vor dem Herrn Opfer dar. [63] Zweiundzwan-
zigtausend Rinder und hundertzwanzigtausend
Schafe ließ Salomo als Heilsopfer für den Herrn
schlachten. So vollzogen der König und alle Israe-
liten die Weihe des Hauses des Herrn. [64] An jenem
Tag weihte der König auch die Mitte des Hofes, der
vor dem Haus des Herrn war, als er dort das Brand-
opfer, das Speiseopfer und die Fettstücke der
Heilsopfer darbrachte. Der bronzene Altar, der vor
dem (Tempel des) Herrn stand, war nämlich zu
klein, um das Brandopfer, das Speiseopfer und die
Fettstücke der Heilsopfer fassen zu können.

65 Salomo feierte damals mit ganz Israel, das von Lebo-Hamat bis zum Grenzbach Ägyptens zu einer großen Versammlung vor dem Herrn, unserem Gott, erschienen war, das (Laubhütten-)Fest sieben Tage lang [und nochmals sieben Tage, zusammen vierzehn Tage]. 66 Am achten Tag entließ er das Volk. Sie priesen den König und gingen zu ihren Zelten, frohen Mutes und voll Freude über all das Gute, das der Herr an seinem Knecht David und seinem Volk Israel getan hatte.

Die Verheißung für den Tempel

9 Nachdem Salomo den Bau des Tempels und des königlichen Palastes vollendet und alle Pläne, die er auszuführen wünschte, verwirklicht hatte, 2 erschien ihm der Herr zum zweitenmal, wie er ihm in Gibeon erschienen war. 3 Er sprach zu ihm: Ich habe dein flehentliches Gebet, das du an mich gerichtet hast, gehört und dieses Haus, das du gebaut hast, geheiligt. Meinen Namen werde ich für immer hierher legen, meine Augen und mein Herz werden allezeit hier weilen. 4 Wenn du mit ungeteiltem und aufrichtigem Herzen vor mir den Weg gehst, den dein Vater David gegangen ist, und wenn du alles tust, was ich dir befohlen habe, wenn du auf meine Gebote und Rechtsvorschriften achtest, 5 dann werde ich deinen Königsthron auf ewig in Israel bestehen lassen, wie ich es deinem Vater David zugesichert habe, zu dem ich gesagt habe: Es soll dir nie an einem Nachkommen auf dem Thron Israels fehlen. 6 Doch wenn ihr und eure Söhne euch von mir abwendet und die Gebote und Gesetze, die ich euch gegeben habe, übertretet, wenn ihr euch anschickt, andere Götter zu verehren und anzubeten, 7 dann werde ich Israel in dem Land ausrotten, das ich ihm gegeben habe. Das Haus, das ich meinem Namen geweiht habe, werde ich aus meinem Angesicht wegschaffen, und Israel soll zum Gespött und zum Hohn unter allen Völkern werden. 8 Dieses Haus wird zu einem Trümmerhaufen werden, und jeder, der vorübergeht, wird sich entsetzen und zischen. Man wird fragen: Warum hat der Herr diesem Land und diesem Haus das angetan? 9 Und man wird antworten: Weil sie den Herrn, ihren Gott, der ihre Väter aus Ägypten geführt hat, verlassen, sich an andere Götter gehängt, sich vor ihnen niedergeworfen und sie verehrt haben, darum hat der Herr all dieses Unglück über sie gebracht.

Verschiedene Nachrichten über Salomo

10 Zwanzig Jahre hatte Salomo an den beiden Häusern, dem Tempel des Herrn und dem königlichen Palast, gebaut. 11 Der König Hiram von Tyrus hatte ihn dabei mit Zedern- und Zypressenholz sowie mit Gold in der gewünschten Menge unterstützt. Damals trat König Salomo zwanzig Städte in der Landschaft Galiläa an Hiram ab. 12 Als aber Hiram aus Tyrus herüberkam, um die Städte anzusehen, die Salomo ihm gegeben hatte, gefielen sie ihm nicht. 13 Er meinte: Was sind das für Städte, die du mir gegeben hast, mein Bruder? – Man nennt sie Land Kabul bis zum heutigen Tag. 14 Hiram hatte dem König hundertzwanzig Talente Gold gesandt.

15 So verhielt es sich mit dem Frondienst: König Salomo hatte Fronarbeiter ausgehoben zum Bau des Tempels, seines Palastes, des Millo und der Mauern von Jerusalem, Hazor, Megiddo und Geser. 16 Der Pharao, der König von Ägypten, war nämlich heraufgezogen, hatte Geser erobert und eingeäschert, die Kanaaniter, die darin wohnten, getötet und die Stadt als Brautgeschenk seiner Tochter, der Frau Salomos, gegeben. 17 Salomo baute nun Geser wieder auf. Ferner baute er das untere Bet-Horon aus 18 sowie Baala und Tamar in der Steppe im Land (Juda), 19 dazu alle Vorratsstädte, die ihm gehörten, die Städte für die Wagen und ihre Mannschaft und was er sonst in Jerusalem, auf dem Libanon und im ganzen Bereich seiner Herrschaft zu bauen wünschte. 20 Die Reste der Amoriter, Hetiter, Perisiter, Hiwiter und Jebusiter, die nicht zu den Israeliten gehörten 21 und von denen noch Nachkommen im Land lebten – die Israeliten hatten sie nicht ausrotten können –, hob Salomo als Fronarbeiter aus, und sie blieben es bis zum heutigen Tag. 22 Von den Israeliten aber machte Salomo niemand zum Sklaven; sie waren seine Krieger und Beamten, seine Obersten und Hauptleute, die Befehlshaber über seine Wagen und deren Mannschaft. 23 Die Leitung der Arbeiten Salomos oblag den fünfhundertfünfzig Werkführern unter dem Befehl der Statthalter. Sie hatten die Aufsicht über die Leute, die bei den Arbeiten beschäftigt waren.

24 Als die Tochter des Pharao aus der Davidstadt in ihr Haus hinaufgezogen war, das Salomo für sie gebaut hatte, baute er den Millo aus.

25 Dreimal im Jahr brachte Salomo auf dem Altar, den er für den Herrn erbaut hatte, Brand- und

Heilsopfer dar und ließ seine Opfergaben vor dem
Herrn in Rauch aufgehen. Und er vollendete das
Haus.
[26] König Salomo baute auch eine Flotte in Ezjon-
Geber, das bei Elat an der Küste des Schilfmeers
in Edom liegt. [27] Hiram schickte seine Leute,
geübte Seefahrer, mit den Leuten Salomos zu
Schiff aus. [28] Sie fuhren nach Ofir, holten von dort
vierhundertzwanzig Talente Gold und brachten
es dem König Salomo.

Die Königin von Saba

10 Die Königin von Saba hörte vom Ruf Sa-
lomos und kam, um ihn mit Rätselfragen
auf die Probe zu stellen. [2] Sie kam nach Jerusalem
mit sehr großem Gefolge, mit Kamelen, die Bal-
sam, eine gewaltige Menge Gold und Edelsteine
trugen, trat bei Salomo ein und redete mit ihm
über alles, was sie sich vorgenommen hatte. [3] Sa-
lomo gab ihr Antwort auf alle Fragen. Es gab
nichts, was dem König verborgen war und was er
ihr nicht hätte sagen können. [4] Als nun die Köni-
gin von Saba die ganze Weisheit Salomos er-
kannte, als sie den Palast sah, den er gebaut hatte,
[5] die Speisen auf seiner Tafel, die Sitzplätze seiner
Beamten, das Aufwarten der Diener und ihre Ge-
wänder, seine Getränke und sein Opfer, das er im
Haus des Herrn darbrachte, da stockte ihr der
Atem. [6] Sie sagte zum König: Was ich in meinem
Land über dich und deine Weisheit gehört habe,
ist wirklich wahr. [7] Ich wollte es nicht glauben, bis
ich nun selbst gekommen bin und es mit eigenen
Augen gesehen habe. Und wahrlich, nicht einmal
die Hälfte hat man mir berichtet; deine Weisheit
und deine Vorzüge übertreffen alles, was ich
gehört habe. [8] Glücklich sind deine Männer,
glücklich diese deine Diener, die allezeit vor dir
stehen und deine Weisheit hören. [9] Gepriesen sei
Jahwe, dein Gott, der an dir Gefallen fand und
dich auf den Thron Israels setzte. Weil Jahwe Is-
rael ewig liebt, hat er dich zum König bestellt, da-
mit du Recht und Gerechtigkeit übst. [10] Sie gab
dem König hundertzwanzig Talente Gold, dazu
eine sehr große Menge Balsam und Edelsteine.
Niemals mehr kam so viel Balsam in das Land,
wie die Königin von Saba dem König Salomo
schenkte.
[11] Auch die Flotte Hirams, die Gold aus Ofir holte,
brachte von dort große Mengen Almuggimholz
und Edelsteine. [12] Der König ließ aus dem Almug-
gimholz Schnitzarbeiten für das Haus des Herrn
und den königlichen Palast sowie Zithern und
Harfen für die Sänger anfertigen. Solches Almug-
gimholz ist nie wieder in das Land gekommen
und bis zum heutigen Tag nicht mehr gesehen
worden.
[13] König Salomo gewährte der Königin von Saba
alles, was sie wünschte und begehrte. Dazu be-
schenkte er sie reichlich, wie es nur der König Sa-
lomo vermochte. Schließlich kehrte sie mit ihrem
Gefolge in ihr Land zurück.

Salomos Reichtum

[14] Das Gewicht des Goldes, das alljährlich bei Sa-
lomo einging, betrug sechshundertsechsundsech-
zig Goldtalente. [15] Dabei sind nicht eingerechnet
die Abgaben der Kaufleute und die Einnahmen,
die von den Händlern, von allen Königen Arabi-
ens und von den Statthaltern des Landes kamen.
[16] König Salomo ließ zweihundert Schilde aus
gehämmertem Gold herstellen; sechshundert
Goldschekel verwandte er für jeden Schild.
[17] Dazu machte er dreihundert kleinere Schilde
aus gehämmertem Gold; drei Minen Gold ver-
wandte er für jeden. Er brachte sie in das Liba-
nonwaldhaus.
[18] Ferner ließ der König einen großen Thron aus
Elfenbein anfertigen und mit bestem Gold über-
ziehen. [19] Sechs Stufen führten zum Thron hinauf.
An seiner Rückseite war der Kopf eines Jung-
stiers, und zu beiden Seiten des Sitzes befanden
sich Armlehnen. Zwei Löwen standen neben den
Lehnen [20] und zwölf zu beiden Seiten der sechs
Stufen. Dergleichen ist noch für kein Königreich
geschaffen worden.
[21] Alle Trinkgefäße des Königs Salomo waren aus
Gold; ebenso waren alle Geräte des Libanon-
waldhauses aus bestem Gold. Silber galt in den
Tagen Salomos als wertlos; [22] denn der König hatte
eine Tarschischflotte auf dem Meer, zusammen
mit den Schiffen Hirams. Einmal in drei Jahren
kam die Tarschischflotte und brachte Gold, Silber,
Elfenbein, Affen und Perlhühner.
[23] So übertraf König Salomo alle Könige der Erde
an Reichtum und Weisheit. [24] Alle Welt begehrte
ihn zu sehen und die Weisheit zu hören, die Gott
in sein Herz gelegt hatte. [25] Alle brachten ihm Jahr
für Jahr ihre Gaben: silberne und goldene Gefäße,
Gewänder, Waffen, Balsam, Pferde und Maul-
tiere.

26 Salomo beschaffte sich Wagen und Besatzung dazu. Er hatte vierzehnhundert Wagen und zwölftausend Mann als Besatzung und brachte sie in die Wagenstädte sowie in die Umgebung des Königs nach Jerusalem. 27 Der König machte das Silber in Jerusalem so häufig wie die Steine und die Zedern so zahlreich wie die Maulbeerfeigenbäume in der Schefela. 28 Man bezog die Pferde für Salomo aus Ägypten und Koë; die Händler des Königs kauften sie in Koë. 29 Ein Wagen, der aus Ägypten kam, kostete sechshundert und ein Pferd hundertfünfzig Silberschekel. Ebenso trieb man Handel mit allen hetitischen und aramäischen Königen.

Salomos Bundesbruch

11 König Salomo liebte neben der Tochter des Pharao noch viele andere ausländische Frauen: Moabiterinnen, Ammoniterinnen, Edomiterinnen, Sidonierinnen, Hetiterinnen. 2 Es waren Frauen aus den Völkern, von denen der Herr den Israeliten gesagt hatte: Ihr dürft nicht zu ihnen gehen, und sie dürfen nicht zu euch kommen; denn sie würden euer Herz ihren Göttern zuwenden. An diesen hing Salomo mit Liebe. 3 Er hatte siebenhundert fürstliche Frauen und dreihundert Nebenfrauen. Sie machten sein Herz abtrünnig. 4 Als Salomo älter wurde, verführten ihn seine Frauen zur Verehrung anderer Götter, so daß er dem Herrn, seinem Gott, nicht mehr ungeteilt ergeben war wie sein Vater David. 5 Er verehrte Astarte, die Göttin der Sidonier, und Milkom, den Götzen der Ammoniter. 6 Er tat, was dem Herrn mißfiel, und war ihm nicht so vollkommen ergeben wie sein Vater David. 7 Damals baute Salomo auf dem Berg östlich von Jerusalem eine Kulthöhe für Kemosch, den Götzen der Moabiter, und für Milkom, den Götzen der Ammoniter. 8 Dasselbe tat er für alle seine ausländischen Frauen, die ihren Göttern Rauch- und Schlachtopfer darbrachten.

Ankündigung des Gerichts

9 Der Herr aber wurde zornig über Salomo, weil sich sein Herz von ihm, dem Gott Israels, abgewandt hatte, der ihm zweimal erschienen war 10 und ihm verboten hatte, fremden Göttern zu dienen. Doch Salomo hielt sich nicht an das, was der Herr von ihm verlangt hatte. 11 Daher sprach der Herr zu ihm: Weil es so mit dir steht, weil du meinen Bund gebrochen und die Gebote nicht befolgt hast, die ich dir gegeben habe, werde ich dir das Königreich entreißen und es deinem Knecht geben. 12 Nur deines Vaters David wegen werde ich es nicht schon zu deinen Lebzeiten tun; erst deinem Sohn werde ich es entreißen. 13 Doch werde ich ihm das Königtum nicht ganz entreißen; ich lasse deinem Sohn noch einen Stamm wegen meines Knechtes David und wegen Jerusalem, der Stadt, die ich erwählt habe.

Salomos Gegner

14 Der Herr ließ Salomo einen Widersacher erstehen, den Edomiter Hadad aus der königlichen Familie von Edom. 15 Als David die Edomiter geschlagen hatte und sein Heerführer Joab hinaufzog, um die Gefallenen zu begraben, tötete er in Edom alles, was männlich war. 16 Sechs Monate hielt sich Joab mit ganz Israel in Edom auf, bis er alles, was männlich war, ausgerottet hatte. 17 Hadad aber konnte mit einigen Edomitern, die im Dienst seines Vaters standen, entfliehen und nach Ägypten entkommen. Er war noch sehr jung. 18 Sie waren von Midian aufgebrochen und nach Paran gelangt. Dort nahmen sie noch andere Männer mit und kamen nach Ägypten zum Pharao, dem König von Ägypten. Dieser gab Hadad ein Haus, sorgte für seinen Unterhalt und schenkte ihm ein Grundstück. 19 Hadad fand solche Gnade beim Pharao, daß dieser ihm die Schwester seiner Gemahlin, der Königin Tachpenes, zur Frau gab. 20 Die Schwester der Tachpenes gebar ihm den Sohn Genubat, und Tachpenes zog ihn im Haus des Pharao auf. So lebte Genubat im Haus des Pharao unter dessen Söhnen. 21 Als nun Hadad in Ägypten hörte, daß David zu seinen Vätern entschlafen und der Heerführer Joab tot war, bat er den Pharao: Laß mich in mein Land zurückkehren! 22 Der Pharao entgegnete ihm: Was fehlt dir denn bei mir, daß du in dein Land zurückkehren willst? Doch Hadad antwortete: Laß mich ziehen!

23 Gott ließ Salomo noch einen anderen Widersacher erstehen, Reson, den Sohn Eljadas, der vor seinem Herrn, dem König Hadad-Eser von Zoba, geflohen war. 24 Als David viele Aramäer niedermachen ließ, sammelte Reson Männer um sich und wurde Anführer einer Freischar. Später zog er nach Damaskus, ließ sich dort nieder und wurde König in Damaskus. 25 Er war ein Widersa-

cher Israels, solange Salomo lebte, und vermehrte
das Unglück, das von Hadad ausging; er haßte Is-
rael und herrschte über Aram. 26 Auch Jerobeam,
der Sohn Nebats, ein Beamter Salomos, erhob
sich gegen den König. Er war ein Efratiter aus Ze-
reda; seine Mutter hieß Zerua und war Witwe.
27 Mit der Erhebung hatte es folgende Bewandt-
nis: Salomo baute den Millo und schloß die Lücke
in der Stadt Davids, seines Vaters. 28 Jerobeam war
ein tüchtiger Mann, und als Salomo sah, wie der
junge Mann arbeitete, machte er ihn zum Aufse-
her über alle Fronarbeiten des Hauses Josef. 29 Als
in jener Zeit Jerobeam einmal aus Jerusalem her-
auskam, begegnete ihm auf dem Weg der Prophet
Ahija aus Schilo. Dieser war mit einem neuen
Mantel bekleidet. Während nun beide allein auf
freiem Feld waren, 30 faßte Ahija den neuen Man-
tel, den er anhatte, zerriß ihn in zwölf Stücke
31 und sagte zu Jerobeam: Nimm dir zehn Stücke;
denn so spricht der Herr, der Gott Israels: Ich
nehme Salomo das Königtum weg und gebe dir
zehn Stämme. 32 Nur ein Stamm soll ihm verblei-
ben wegen meines Knechtes David und wegen
Jerusalem, der Stadt, die ich aus allen Stämmen Is-
raels erwählt habe. 33 Denn er hat mich verlassen
und Astarte, die Göttin der Sidonier, Kemosch,
den Gott der Moabiter, und Milkom, den Gott der
Ammoniter, angebetet. Er ist von meinen Wegen
abgewichen und hat nicht wie sein Vater David
das getan, was mir gefällt; er hat meine Gebote
und Satzungen übertreten. 34 Doch werde ich ihm
das Königtum nicht ganz wegnehmen. Wegen
meines Knechtes David, den ich erwählt habe
und der meine Befehle und Gebote befolgt hat,
lasse ich ihm die Herrschaft, solange er lebt. 35 Erst
seinem Sohn werde ich das Königreich nehmen
und dir zehn Stämme geben. 36 Seinem Sohn
werde ich einen einzigen Stamm geben, damit
meinem Knecht David für immer eine Leuchte
vor mir bleibe in Jerusalem, der Stadt, die ich er-
wählt habe, um auf sie meinen Namen zu legen.
37 Dich aber will ich nehmen, damit du ganz nach
deinem Begehren herrschen kannst; du sollst
König von Israel sein. 38 Wenn du nun auf alles
hörst, was ich dir gebiete, auf meinen Wegen
gehst und das tust, was mir gefällt, wenn du
meine Gebote und Befehle befolgst wie mein
Knecht David, dann werde ich mit dir sein. Ich
werde dir ein Haus bauen, das Bestand hat, wie
ich es für David gebaut habe, und dir Israel über-
geben. 39 Die Nachkommen Davids werde ich für
den Abfall bestrafen, doch nicht für alle Zeiten.
40 Salomo suchte nun Jerobeam zu töten. Doch
dieser machte sich auf und floh nach Ägypten zu
Schischak, dem König von Ägypten. Dort blieb er
bis zum Tod Salomos.

Salomos Tod

41 Die übrige Geschichte Salomos, alle seine Taten
und die Beweise seiner Weisheit, sind aufge-
zeichnet in der Chronik Salomos. 42 Die Zeit, in der
Salomo in Jerusalem über ganz Israel König war,
betrug vierzig Jahre. 43 Er entschlief zu seinen Vä-
tern und wurde in der Stadt seines Vaters David
begraben. Sein Sohn Rehabeam wurde König an
seiner Stelle.

Die Geschichte der getrennten Reiche: Erster Teil: 12,1–22,54

Der Abfall der zehn Nordstämme

12 Rehabeam begab sich nach Sichem;
denn dorthin war ganz Israel gekommen,
um ihn zum König zu machen. 2 Jerobeam, der
Sohn Nebats, hörte davon, während er noch in
Ägypten war, wohin er vor dem König Salomo
hatte fliehen müssen; er kehrte jetzt aus Ägypten
zurück. 3 Man sandte zu ihm und ließ ihn rufen.
So kamen also Jerobeam und die ganze Ver-
sammlung Israels (nach Sichem), und sie sagten
zu Rehabeam: 4 Dein Vater hat uns ein hartes Joch
auferlegt. Erleichtere du jetzt den harten Dienst
deines Vaters und das schwere Joch, das er uns
auferlegt hat. Dann wollen wir dir dienen. 5 Er ant-
wortete ihnen: Geht weg, und kommt nach drei
Tagen wieder zu mir! Als sich das Volk entfernt
hatte, 6 beriet sich König Rehabeam mit den älte-
ren Männern, die zu Lebzeiten seines Vaters Sa-
lomo in dessen Dienst gestanden hatten. Er fragte
sie: Welchen Rat gebt ihr mir? Was soll ich diesem
Volk antworten? 7 Sie sagten zu ihm: Wenn du
dich heute zum Diener dieses Volkes machst, ih-
nen zu Willen bist, auf sie hörst und freundlich
mit ihnen redest, dann werden sie immer deine

Diener sein. 8 Doch er verwarf den Rat, den die Äl-
teren ihm gegeben hatten, und beriet sich mit den
jungen Leuten, die mit ihm groß geworden waren
und jetzt in seinem Dienst standen. 9 Er fragte sie:
Welchen Rat gebt ihr mir? Was sollen wir diesem
Volk antworten, das zu mir sagt: Erleichtere das
Joch, das dein Vater uns auferlegt hat? 10 Die jun-
gen Leute, die mit ihm groß geworden waren,
sagten zu ihm: So sollst du diesem Volk antwor-
ten, das zu dir sagt: Dein Vater hat uns ein schwe-
res Joch auferlegt; erleichtere es uns! So sollst du
zu ihnen sagen: Mein kleiner Finger ist stärker als
die Lenden meines Vaters. 11 Hat mein Vater euch
ein schweres Joch aufgebürdet, so werde ich es
noch schwerer machen. Mein Vater hat euch mit
Peitschen gezüchtigt, ich werde euch mit Skor-
pionen züchtigen.

12 Am dritten Tag kamen Jerobeam und das ganze
Volk zu Rehabeam; denn der König hatte ihnen
gesagt: Kommt am dritten Tag wieder zu mir!
13 Der König gab nun dem Volk eine harte Antwort.
Er verwarf den Rat, den die Älteren ihm erteilt hat-
ten, 14 und antwortete ihnen nach dem Rat der jun-
gen Leute: Mein Vater hat euer Joch schwer ge-
macht. Ich werde es noch schwerer machen.
Mein Vater hat euch mit Peitschen gezüchtigt, ich
werde euch mit Skorpionen züchtigen. 15 Der Kö-
nig hörte also nicht auf das Volk; denn der Herr
hatte es so bestimmt, um das Wort wahr zu ma-
chen, das er durch Ahija von Schilo zu Jerobeam,
dem Sohn Nebats, gesprochen hatte.

16 Als die Israeliten sahen, daß der König nicht auf
sie hörte, gaben sie ihm zur Antwort:

Welchen Anteil haben wir an David? / Wir ha-
ben keinen Erbbesitz beim Sohn Isais. / In deine
Zelte, Israel! / Nun kümmere dich um dein Haus,
David!

So begab sich Israel zu seinen Zelten. 17 Nur über
die Israeliten, die in den Städten Judas wohnten,
blieb Rehabeam König. 18 Und als er den Fronauf-
seher Adoniram hinschickte, steinigte ihn ganz
Israel zu Tode. Dem König Rehabeam gelang es,
den Wagen zu besteigen und nach Jerusalem zu
entkommen. 19 So fiel Israel vom Haus David ab
und ist abtrünnig bis zum heutigen Tag.

Jerobeam I. von Israel

20 Als die Israeliten erfuhren, daß Jerobeam
zurückgekehrt war, ließen sie ihn zur Versamm-
lung rufen und machten ihn zum König über ganz
Israel. Der Stamm Juda allein hielt noch zum Haus
David.

21 Rehabeam kam nach Jerusalem und versam-
melte das ganze Haus Juda und den Stamm Ben-
jamin, hundertachtzigtausend auserlesene Krie-
ger, um gegen das Haus Israel zu kämpfen und
das Königtum für Rehabeam, den Sohn Salomos,
zurückzugewinnen. 22 Doch das Wort Gottes er-
ging an Schemaja, den Mann Gottes: 23 Sag zu Re-
habeam, dem Sohn Salomos, dem König von
Juda, und zum ganzen Haus Juda und Benjamin
und zum übrigen Volk: 24 So spricht der Herr: Zieht
nicht in den Krieg gegen eure Brüder, die Israeli-
ten! Jeder kehre in sein Haus zurück; denn ich
habe es so verfügt. Sie hörten auf das Wort des
Herrn und kehrten heim, wie der Herr es befoh-
len hatte.

25 Jerobeam baute Sichem im Gebirge Efraim aus
und ließ sich dort nieder. Von Sichem zog er nach
Penuël und baute auch diese Stadt aus.

Die religiöse Trennung

26 Jerobeam dachte bei sich: Das Königtum könnte
wieder an das Haus David fallen. 27 Wenn dieses
Volk hinaufgeht, um im Haus des Herrn in Jerusa-
lem Opfer darzubringen, wird sich sein Herz wie-
der seinem Herrn, dem König Rehabeam von
Juda, zuwenden. Mich werden sie töten und zu
Rehabeam, dem König von Juda, zurückkehren.
28 So ging er mit sich zu Rate, ließ zwei goldene Käl-
ber anfertigen und sagte zum Volk: Ihr seid schon
zuviel nach Jerusalem hinaufgezogen. Hier ist
dein Gott, Israel, der dich aus Ägypten heraufge-
führt hat. 29 Er stellte das eine Kalb in Bet-El auf, das
andere brachte er nach Dan. 30 Dies wurde Anlaß
zur Sünde. Das Volk zog sogar bis nach Dan, vor
das eine Kalb. 31 Auch errichtete er Kulthöhen und
setzte Priester ein, die aus allen Teilen des Volkes
stammten und nicht zu den Söhnen Levis gehör-
ten. 32 Für den fünfzehnten Tag des achten Monats
stiftete Jerobeam ein Fest, das dem Fest in Juda
entsprach. Er stieg in Bet-El zum Altar hinauf, um
den Kälbern zu opfern, die er hatte anfertigen las-
sen. In Bet-El ließ er auch die Priester, die er für die
Kulthöhen bestellt hatte, Dienst tun. 33 Am fünf-
zehnten Tag des achten Monats stieg er zum Altar
hinauf, den er in Bet-El errichtet hatte. Er hatte sich
diesen Monat eigens ausgedacht und diesen Tag
zu einem Fest für die Israeliten bestimmt. An ihm
stieg er zum Altar hinauf, um zu opfern.

Der ungehorsame Gottesmann

13 Während Jerobeam am Altar stand, um
zu opfern, kam ein Gottesmann aus Juda
im Auftrag des Herrn nach Bet-El. 2 Er rief im Auf-
trag des Herrn gegen den Altar: Altar, Altar! So
spricht der Herr: Dem Haus David wird ein Sohn
geboren mit Namen Joschija. Dieser wird auf dir
die Höhenpriester hinschlachten, die auf dir op-
fern, und die Gebeine von Menschen wird man
auf dir verbrennen. 3 Er gab an jenem Tag auch ein
Zeichen und sprach: Das ist das Zeichen dafür,
daß der Herr gesprochen hat: Der Altar wird zer-
bersten, und die Asche auf ihm wird zerstreut
werden. 4 Als der König die Worte hörte, die der
Gottesmann gegen den Altar in Bet-El ausrief,
streckte er am Altar seine Hand aus und befahl:
Nehmt ihn fest! Doch die Hand, die er gegen ihn
ausgestreckt hatte, erstarrte; er konnte sie nicht
mehr zurückziehen. 5 Der Altar aber zerbarst, und
die Asche auf ihm wurde zerstreut, wie es der
Gottesmann im Auftrag des Herrn als Zeichen
verkündet hatte. 6 Nun ergriff der König das Wort
und sagte zu dem Gottesmann: Besänftige doch
den Herrn, deinen Gott, und bete für mich, daß
ich meine Hand wieder an mich ziehen kann. Da
besänftigte der Gottesmann den Herrn, und der
König konnte seine Hand wieder an sich ziehen;
sie war wie zuvor. 7 Darauf sagte der König zum
Gottesmann: Komm in mein Haus, und stärke
dich! Auch möchte ich dir ein Geschenk geben.
8 Der Gottesmann aber erwiderte dem König: Ich
werde nicht mit dir gehen, auch wenn du mir die
Hälfte deines Hauses gibst. Ich werde an diesem
Ort weder essen noch trinken. 9 Denn so wurde
mir durch das Wort des Herrn befohlen: Du darfst
dort weder essen noch trinken; und auf dem Weg,
den du gekommen bist, darfst du nicht zurück-
kehren. 10 Daher schlug er einen anderen Weg ein
und kehrte nicht auf dem Weg zurück, auf dem er
nach Bet-El gekommen war.

11 In Bet-El aber wohnte ein alter Prophet. Als
dessen Söhne heimkamen, erzählten sie ihm al-
les, was der Gottesmann an diesem Tag in Bet-El
getan und was er zum König gesagt hatte. 12 Dar-
auf fragte sie der Vater: Auf welchem Weg ist er
fortgezogen? Die Söhne hatten gesehen, welchen
Weg der Gottesmann, der aus Juda gekommen
war, eingeschlagen hatte. 13 Da befahl er ihnen:
Sattelt mir den Esel! Sie taten es, und er stieg auf,
14 ritt dem Gottesmann nach und traf ihn unter ei-
ner Eiche sitzend an. Er fragte ihn: Bist du der
Gottesmann, der aus Juda gekommen ist? Jener
antwortete: Ich bin es. 15 Da bat er ihn: Komm in
mein Haus, und iß Brot mit mir! 16 Doch jener ent-
gegnete: Ich kann nicht mit dir zurückkehren und
werde an diesem Ort mit dir weder essen noch
trinken. 17 Denn im Auftrag des Herrn ist das Wort
an mich ergangen: Du darfst dort weder essen
noch trinken, und auf dem Weg, den du gekom-
men bist, darfst du nicht zurückkehren. 18 Der an-
dere aber sagte: Auch ich bin ein Prophet wie du,
und ein Engel hat mir im Auftrag des Herrn be-
fohlen: Hol ihn zurück! Er soll in dein Haus kom-
men, um zu essen und zu trinken. So belog er ihn.
19 Nun kehrte er um und aß und trank im Haus des
Propheten.

20 Während sie bei Tisch saßen, erging das Wort
des Herrn an den Propheten, der ihn zurückge-
holt hatte, 21 und er rief es dem Gottesmann aus
Juda zu: So spricht der Herr: Weil du gegen den
Befehl des Herrn gehandelt und das Verbot über-
treten hast, das dir der Herr, dein Gott, auferlegt
hat, 22 weil du zurückgekehrt bist und an dem Ort
gegessen und getrunken hast, an dem zu essen
und zu trinken er dir verboten hatte, darum soll
deine Leiche nicht in das Grab deiner Väter kom-
men. 23 Nachdem der Gottesmann gegessen und
getrunken hatte, sattelte der Prophet, der ihn
zurückgeholt hatte, für ihn den Esel. 24 Er zog fort;
doch unterwegs fiel ihn ein Löwe an und tötete
ihn. Seine Leiche lag hingestreckt am Weg, und
der Esel stand neben ihr. Auch der Löwe blieb ne-
ben der Leiche stehen. 25 Die Leute, die vorüber-
gingen, sahen die Leiche am Weg liegen und den
Löwen neben ihr stehen. Sie kamen und erzähl-
ten es in der Stadt, in der der alte Prophet wohnte.
26 Als der Prophet, der ihn vom Weg zurückgeholt
hatte, davon hörte, sagte er: Das ist der Gottes-
mann, der gegen den Befehl des Herrn gehandelt
hat. Darum hat ihn der Herr dem Löwen preisge-
geben, und dieser hat ihn zerrissen und getötet,
wie es der Herr ihm angekündigt hatte. 27 Dann
befahl er seinen Söhnen: Sattelt mir den Esel! Sie
taten es, 28 und er machte sich auf und fand die Lei-
che am Weg hingestreckt; der Esel und der Löwe
standen neben ihr. Der Löwe hatte die Leiche
nicht gefressen und den Esel nicht zerrissen.
29 Der Prophet hob nun die Leiche auf, legte sie auf
den Esel und kam mit ihr in die Stadt zurück, um
dem Gottesmann die Totenklage zu halten und

ihn zu begraben. 30 Er bestattete ihn in seinem eigenen Grab, und man klagte um ihn: Ach, mein Bruder! 31 Nachdem er ihn begraben hatte, sagte er zu seinen Söhnen: Wenn ich gestorben bin, bringt mich in das Grab, in dem der Gottesmann beigesetzt ist, und legt meine Gebeine neben die seinen! 32 Denn das Wort, das er im Auftrag des Herrn gegen den Altar in Bet-El und gegen alle Höhentempel in den Städten Samariens gesprochen hat, wird in Erfüllung gehen.

33 Jerobeam kehrte auch nach diesem Ereignis von seinem bösen Weg nicht um. Er bestellte weiterhin aus allen Teilen des Volkes Priester für die Kulthöhen; jeden, der es wünschte, setzte er als Höhenpriester ein. 34 Das aber wurde dem Haus Jerobeam als Sünde angerechnet, so daß es vernichtet und vom Erdboden vertilgt wurde.

Das kranke Kind Jerobeams

14 In jener Zeit erkrankte Jerobeams Sohn Abija. 2 Jerobeam befahl daher seiner Frau: Mach dich auf, verkleide dich, damit man nicht erkennt, daß du Jerobeams Frau bist, und geh nach Schilo! Dort wohnt der Prophet Ahija, der mir verkündet hat, daß ich König dieses Volkes sein werde. 3 Nimm zehn Brote, Kuchen und einen Krug Honig mit, und geh zu ihm! Er wird dir sagen, was mit dem Kind geschehen wird. 4 Die Frau Jerobeams tat so; sie machte sich auf, ging nach Schilo und kam in das Haus Ahijas. Dieser aber konnte nicht mehr sehen; denn seine Augen waren im Alter starr geworden. 5 Doch der Herr hatte ihm gesagt: Die Frau Jerobeams kommt, um von dir Auskunft über ihren kranken Sohn zu erhalten. Das und das sollst du zu ihr sagen. Wenn sie kommt, wird sie sich verstellen. 6 Sobald sie sich nun der Türe näherte und Ahija das Geräusch ihrer Schritte hörte, rief er: Komm herein, Frau Jerobeams! Warum verstellst du dich? Ich habe dir eine harte Botschaft zu verkünden. 7 Geh heim, und sag zu Jerobeam: So spricht der Herr, der Gott Israels: Ich habe dich mitten aus dem Volk emporgehoben und zum Fürsten meines Volkes Israel gemacht. 8 Ich habe das Königtum dem Haus David entrissen und dir gegeben. Du aber bist nicht wie mein Knecht David gewesen, der meine Gebote hielt, mir mit ganzem Herzen folgte und nur das tat, was mir gefällt. 9 Du hast es schlimmer getrieben als alle, die vor dir waren, du bist hingegangen, hast dir andere Götter und Gußbilder gemacht und mich dadurch erzürnt. Mir hast du den Rücken gekehrt. 10 Darum bringe ich Unglück über das Haus Jerobeam und rotte von ihm alles, was männlich ist, bis zum letzten Mann in Israel aus. Ich fege das Haus Jerobeam hinweg, wie man Kot hinwegfegt, bis nichts mehr vorhanden ist. 11 Wer vom Haus Jerobeam in der Stadt stirbt, den werden die Hunde fressen; und wer auf dem freien Feld stirbt, den werden die Vögel des Himmels fressen. Ja, der Herr hat gesprochen. 12 Du aber mach dich auf, und geh in dein Haus! Sobald deine Füße die Stadt betreten, wird der Knabe sterben. 13 Ganz Israel wird ihm die Totenklage halten und ihn begraben; denn er allein wird vom Haus Jerobeam ein Grab erhalten, weil im Haus Jerobeam nur an ihm sich etwas fand, was dem Herrn, dem Gott Israels, gefiel. 14 Der Herr aber wird sich einen König von Israel bestellen, der das Haus Jerobeam ausrottet . . . 15 Der Herr wird Israel schlagen, daß es schwankt wie das Rohr im Wasser, und er wird Israel aus diesem guten Land, das er den Vätern gegeben hat, ausreißen und es jenseits des Stromes zerstreuen, weil sie sich Kultpfähle gemacht und ihn dadurch erzürnt haben. 16 Er wird Israel preisgeben wegen der Sünden, die Jerobeam begangen und zu denen er Israel verführt hat. 17 Da stand die Frau Jerobeams auf und ging. Als sie nach Tirza kam und über die Schwelle des Hauses trat, starb der Knabe. 18 Ganz Israel begrub ihn und hielt ihm die Totenklage, wie der Herr durch seinen Knecht, den Propheten Ahija, vorausgesagt hatte.

Jerobeams Tod

19 Die übrige Geschichte Jerobeams, welche Kriege er führte und wie er regierte, ist aufgezeichnet in der Chronik der Könige von Israel. 20 Die Regierungszeit Jerobeams betrug zweiundzwanzig Jahre. Er entschlief zu seinen Vätern, und sein Sohn Nadab wurde König an seiner Stelle.

Rehabeam von Juda

21 Rehabeam, der Sohn Salomos, war König in Juda. Er war einundvierzig Jahre alt, als er König wurde, und regierte siebzehn Jahre in Jerusalem, der Stadt, die der Herr aus allen Stämmen Israels erwählt hatte, um seinen Namen auf sie zu legen. Seine Mutter hieß Naama und war eine Ammo-

niterin. 22 Juda aber tat, was dem Herrn mißfiel. Die Sünden, die sie begingen, reizten ihn mehr als alles, was ihre Väter getan hatten. 23 Denn auch sie errichteten Kulthöhen, Steinmale und Kultpfähle auf allen hohen Hügeln und unter jedem üppigen Baum. 24 Sogar Hierodulen gab es im Land. Die Israeliten ahmten alle Greuel der Völker nach, die der Herr vor ihnen vertrieben hatte.

25 Im fünften Jahr des Königs Rehabeam zog Schischak, der König von Ägypten, gegen Jerusalem. 26 Er raubte die Schätze des Tempels und die Schätze des königlichen Palastes und nahm alles weg, auch alle goldenen Schilde, die Salomo hatte anfertigen lassen. 27 An deren Stelle ließ König Rehabeam bronzene anfertigen und übergab sie den Befehlshabern der Läufer, die den Eingang zum Haus des Königs bewachten. 28 Sooft nun der König in das Haus des Herrn ging, trugen die Läufer die Schilde und brachten sie dann wieder in ihre Wachstube zurück.

29 Die übrige Geschichte Rehabeams und alle seine Taten sind aufgezeichnet in der Chronik der Könige von Juda. 30 Es war aber dauernd Krieg zwischen Rehabeam und Jerobeam. 31 Rehabeam entschlief zu seinen Vätern und wurde bei seinen Vätern in der Davidstadt begraben. Seine Mutter hieß Naama und war eine Ammoniterin. Sein Sohn Abija wurde König an seiner Stelle.

Abija von Juda

15 Im achtzehnten Jahr des Königs Jerobeam, des Sohnes Nebats, wurde Abija König von Juda. 2 Er regierte drei Jahre in Jerusalem. Seine Mutter hieß Maacha und war eine Enkelin Abschaloms. 3 Er verfiel allen Sünden, die sein Vater vor ihm begangen hatte, und sein Herz war nicht ungeteilt beim Herrn, seinem Gott, wie das Herz seines Vaters David. 4 Nur Davids wegen ließ ihm der Herr, sein Gott, eine Leuchte in Jerusalem, indem er seinen Sohn als Nachfolger einsetzte und Jerusalem bestehen ließ. 5 Denn David hatte getan, was dem Herrn gefiel. Er war sein Leben lang von keinem Gebot abgewichen, außer in der Sache Urijas, des Hetiters. 6 Es war aber Krieg zwischen Rehabeam und Jerobeam, solange er lebte.

7 Die übrige Geschichte Abijas und alle seine Taten sind aufgezeichnet in der Chronik der Könige von Juda. Zwischen Abija und Jerobeam herrschte Krieg. 8 Abija entschlief zu seinen Vätern; man begrub ihn in der Davidstadt. Sein Sohn Asa wurde König an seiner Stelle.

Asa von Juda

9 Im zwanzigsten Jahr Jerobeams, des Königs von Israel, wurde Asa König von Juda. 10 Er regierte einundvierzig Jahre in Jerusalem. Seine Großmutter hieß Maacha und war eine Enkelin Abschaloms. 11 Asa tat, was dem Herrn gefiel, wie sein Vater David. 12 Er entfernte die Hierodulen aus dem Land und beseitigte alle Götzenbilder, die seine Väter gemacht hatten. 13 Auch seine Großmutter Maacha enthob er ihrer Stellung als Herrin, weil sie der Aschera ein Schandbild errichtet hatte. Er ließ ihr Schandbild umhauen und im Kidrontal verbrennen. 14 Nur die Kulthöhen verschwanden nicht. Doch das Herz Asas war ungeteilt beim Herrn, solange er lebte. 15 Er brachte auch die Weihegaben seines Vaters und seine eigenen Weihegaben in das Haus des Herrn: Silber, Gold und allerlei Geräte.

16 Zwischen Asa und Bascha, dem König von Israel, herrschte Krieg, solange sie lebten. 17 Bascha, der König von Israel, zog gegen Juda und baute Rama aus, um Asa, den König von Juda, daran zu hindern, in den Krieg zu ziehen. 18 Da nahm Asa alles Silber und Gold, das in den Schatzkammern des Tempels noch vorhanden war, dazu alle Schätze des königlichen Palastes, und ließ sie durch seine Abgesandten zu Ben-Hadad bringen, dem Sohn Tabrimmons und Enkel Hesjons, dem König von Aram, der in Damaskus seinen Sitz hatte. Dabei ließ er ihm sagen: 19 Zwischen mir und dir, zwischen meinem Vater und deinem Vater, soll ein Bündnis sein. Ich schicke dir Silber und Gold als Geschenk. Löse also dein Bündnis mit Bascha, dem König von Israel, damit er von mir abzieht. 20 Ben-Hadad hörte auf König Asa. Er sandte seine Heerführer gegen die Städte Israels und verwüstete Ijon, Dan, Abel-Bet-Maacha, ganz Kinneret sowie das ganze Land Naftali. 21 Als Bascha dies erfuhr, hörte er auf, Rama auszubauen, und zog sich nach Tirza zurück. 22 König Asa aber bot ganz Juda bis zum letzten Mann auf und ließ die Steine und Balken wegnehmen, mit denen Bascha Rama ausgebaut hatte. Mit ihnen baute König Asa Geba in Benjamin und Mizpa aus.

23 Die ganze übrige Geschichte Asas, alle seine Erfolge und Taten sowie die Städte, die er baute,

sind aufgezeichnet in der Chronik der Könige von
Juda. In seinem Alter erkrankte er an den Füßen.
24 Asa entschlief zu seinen Vätern und wurde bei
seinen Vätern in der Stadt seines Vaters David be-
graben. Sein Sohn Joschafat wurde König an sei-
ner Stelle.

Nadab von Israel

25 Nadab, der Sohn Jerobeams, wurde König von
Israel im zweiten Jahr des Königs Asa von Juda. Er
regierte zwei Jahre über Israel 26 und tat, was dem
Herrn mißfiel. Er folgte den Wegen seines Vaters
und hielt an der Sünde fest, zu der dieser Israel
verführt hatte. 27 Bascha, der Sohn Ahijas, aus dem
Stamm Issachar, zettelte eine Verschwörung ge-
gen ihn an und erschlug ihn bei Gibbeton, das
den Philistern gehörte. Nadab belagerte nämlich
damals Gibbeton mit ganz Israel. 28 Im dritten Jahr
des Königs Asa von Juda tötete ihn Bascha und
wurde König an seiner Stelle. 29 Als er aber König
geworden war, beseitigte er das ganze Haus Je-
robeam. Er ließ keinen am Leben, sondern rottete
es völlig aus, wie der Herr durch seinen Knecht
Ahija von Schilo vorausgesagt hatte. 30 Das ge-
schah wegen der Sünden, die Jerobeam begangen
und zu denen er Israel verführt hatte, und wegen
des Ärgers, den er dem Herrn, dem Gott Israels,
bereitet hatte.
31 Die übrige Geschichte Nadabs und alle seine
Taten sind aufgezeichnet in der Chronik der Kö-
nige von Israel. 32 Zwischen Asa und Bascha, dem
König von Israel, herrschte Krieg, solange sie leb-
ten.

Bascha von Israel

33 Im dritten Jahr des Königs Asa von Juda wurde
Bascha, der Sohn Ahijas, König über ganz Israel.
Er regierte in Tirza vierundzwanzig Jahre 34 und
tat, was dem Herrn mißfiel. Er folgte den Wegen
Jerobeams und hielt an der Sünde fest, zu der die-
ser Israel verführt hatte.

16 Da erging das Wort des Herrn an Jehu,
den Sohn Hananis, gegen Bascha: 2 Ich
habe dich aus dem Staub emporgehoben und
zum Fürsten meines Volkes Israel gemacht. Du
aber bist den Wegen Jerobeams gefolgt und hast
mein Volk Israel zur Sünde verleitet, so daß sie
mich durch ihre Sünden erzürnten. 3 Darum
werde ich Bascha und sein Haus wegfegen und
sein Haus dem Haus Jerobeams, des Sohnes Ne-
bats, gleichmachen. 4 Wer vom Haus Bascha in der
Stadt stirbt, den werden die Hunde fressen; und
wer auf dem freien Feld stirbt, den werden die
Vögel des Himmels fressen.
5 Die übrige Geschichte Baschas, seine Taten und
Erfolge, sind aufgezeichnet in der Chronik der Kö-
nige von Israel. 6 Bascha entschlief zu seinen Vä-
tern und wurde in Tirza begraben. Sein Sohn Ela
wurde König an seiner Stelle. 7 Das Wort des
Herrn war durch den Propheten Jehu, den Sohn
Hananis, an Bascha und sein Haus ergangen, weil
er tat, was dem Herrn mißfiel, weil er ihn durch
das Werk seiner Hände erzürnte und es dem Haus
Jerobeam gleichtat, aber auch weil er dieses aus-
gerottet hatte.

Ela von Israel

8 Im sechsundzwanzigsten Jahr des Königs Asa
von Juda wurde Ela, der Sohn Baschas, König von
Israel. Er regierte in Tirza zwei Jahre. 9 Gegen ihn
zettelte sein Knecht Simri, der Befehlshaber
der einen Hälfte der Kriegswagen, eine Ver-
schwörung an. Ela war in Tirza und hatte sich im
Haus Arzas, des Palastvorstehers in Tirza, völlig
betrunken. 10 Simri drang ein und erschlug ihn im
siebenundzwanzigsten Jahr des Königs Asa von
Juda und wurde König an seiner Stelle. 11 Als er
aber König geworden war und den Thron bestie-
gen hatte, beseitigte er das ganze Haus Bascha. Er
ließ nichts am Leben, was männlich war, keinen
Verwandten und keinen Freund. 12 So rottete Simri
das ganze Haus Bascha aus, wie es der Herr durch
den Propheten Jehu über Bascha vorausgesagt
hatte. 13 Dies geschah wegen aller Sünden, die
Bascha und sein Sohn Ela begangen und zu de-
nen sie Israel verführt hatten. Durch ihre Götzen
erzürnten sie den Herrn, den Gott Israels.
14 Die übrige Geschichte Elas und alle seine Taten
sind aufgezeichnet in der Chronik der Könige von
Israel.

Simri von Israel

15 Im siebenundzwanzigsten Jahr des Königs Asa
von Juda war Simri sieben Tage König in Tirza.
Das Volk belagerte damals Gibbeton, das den Phi-
listern gehörte. 16 Als das Kriegsvolk während der
Belagerung hörte, daß Simri eine Verschwörung
angezettelt und den König erschlagen hatte, rief
ganz Israel Omri, den Befehlshaber des Heeres,
noch am gleichen Tag im Lager zum König von Is-

rael aus. 17 Omri zog nun mit ganz Israel von Gib-
beton hinauf und schloß Tirza ein. 18 Als Simri
sah, daß die Stadt genommen war, zog er sich in
den Wohnturm des königlichen Palastes zurück,
steckte den Palast über sich in Brand und fand
den Tod. 19 Dies traf ihn zur Strafe für die Sünden,
die er begangen hatte; denn er hatte getan, was
dem Herrn mißfiel. Er war den Wegen Jerobeams
gefolgt und hatte an der Sünde festgehalten, die
dieser begangen und zu der er Israel verführt
hatte.
20 Die übrige Geschichte Simris und die Ver-
schwörung, die er angezettelt hat, sind aufge-
zeichnet in der Chronik der Könige von Israel.

Omri von Israel

21 Damals spaltete sich das Volk Israel in zwei Par-
teien. Die eine Hälfte des Volkes stand hinter
Tibni, dem Sohn Ginats, und machte ihn zum Kö-
nig; die andere Hälfte schloß sich Omri an. 22 Doch
die Anhänger Omris waren stärker als die Ge-
folgschaft Tibnis, des Sohnes Ginats, und als Tibni
starb, wurde Omri König.
23 Im einunddreißigsten Jahr des Königs Asa von
Juda wurde Omri König von Israel. Er regierte
zwölf Jahre, davon sechs in Tirza. 24 Dann kaufte
er von Schemer für zwei Talente Silber den Berg
Samaria, errichtete Bauten auf ihm und nannte
die Stadt, die er baute, Samaria, nach dem Namen
Schemers, des Besitzers des Berges. 25 Omri tat,
was dem Herrn mißfiel, und trieb es noch schlim-
mer als alle seine Vorgänger. 26 Er folgte ganz den
Wegen Jerobeams, des Sohnes Nebats, und hielt
an der Sünde fest, zu der dieser die Israeliten ver-
führt hatte, so daß sie den Herrn, den Gott Israels,
durch ihre Götzen erzürnten.
27 Die übrige Geschichte Omris, seine Taten und
die Erfolge, die er errang, sind aufgezeichnet in
der Chronik der Könige von Israel. 28 Omri ent-
schlief zu seinen Vätern und wurde in Samaria
begraben. Sein Sohn Ahab wurde König an seiner
Stelle.

Ahab von Israel

29 Ahab, der Sohn Omris, wurde König von Israel
im achtunddreißigsten Jahr des Königs Asa von
Juda. Er regierte in Samaria zweiundzwanzig
Jahre über Israel 30 und tat, was dem Herrn miß-
fiel, mehr als alle seine Vorgänger. 31 Es war noch
das wenigste, daß er an den Sünden Jerobeams,
des Sohnes Nebats, festhielt. Er nahm Isebel, die
Tochter Etbaals, des Königs der Sidonier, zur Frau,
ging hin, diente dem Baal und betete ihn an. 32 Im
Baalstempel, den er in Samaria baute, errichtete er
einen Altar für den Baal. 33 Auch stellte er einen
Kultpfahl auf und tat noch vieles andere, womit er
den Herrn, den Gott Israels, mehr erzürnte als alle
Könige Israels vor ihm. 34 In seinen Tagen baute
Hiël aus Bet-El Jericho wieder auf. Um den Preis
seines Erstgeborenen Abiram legte er die Funda-
mente, und um den Preis seines jüngsten Sohnes
Segub setzte er die Tore ein, wie es der Herr durch
Josua, den Sohn Nuns, vorausgesagt hatte.

Elija am Bach Kerit

17 Der Prophet Elija aus Tischbe in Gilead
sprach zu Ahab: So wahr der Herr, der
Gott Israels, lebt, in dessen Dienst ich stehe: in
diesen Jahren sollen weder Tau noch Regen fallen,
es sei denn auf mein Wort hin.
2 Danach erging das Wort des Herrn an Elija:
3 Geh weg von hier, wende dich nach Osten, und
verbirg dich am Bach Kerit östlich des Jordan!
4 Aus dem Bach sollst du trinken, und den Raben
habe ich befohlen, daß sie dich dort ernähren.
5 Elija ging weg und tat, was der Herr befohlen
hatte; er begab sich zum Bach Kerit östlich des
Jordan und ließ sich dort nieder. 6 Die Raben
brachten ihm Brot und Fleisch am Morgen und
ebenso Brot und Fleisch am Abend, und er trank
aus dem Bach. 7 Nach einiger Zeit aber vertrock-
nete der Bach; denn es fiel kein Regen im Land.

Elija in Sarepta

8 Da erging das Wort des Herrn an Elija: 9 Mach
dich auf, und geh nach Sarepta, das zu Sidon
gehört, und bleib dort! Ich habe dort einer Witwe
befohlen, dich zu versorgen. 10 Er machte sich auf
und ging nach Sarepta. Als er an das Stadttor kam,
traf er dort eine Witwe, die Holz auflas. Er bat sie:
Bring mir in einem Gefäß ein wenig Wasser zum
Trinken! 11 Als sie wegging, um es zu holen, rief er
ihr nach: Bring mir auch einen Bissen Brot mit!
12 Doch sie sagte: So wahr der Herr, dein Gott, lebt:
Ich habe nichts mehr vorrätig als eine Handvoll
Mehl im Topf und ein wenig Öl im Krug. Ich lese
hier ein paar Stücke Holz auf und gehe dann
heim, um für mich und meinen Sohn etwas zu-
zubereiten. Das wollen wir noch essen und dann
sterben. 13 Elija entgegnete ihr: Fürchte dich nicht!

Geh heim, und tu, was du gesagt hast. Nur mache
zuerst für mich ein kleines Gebäck, und bring es
zu mir heraus! Danach kannst du für dich und dei-
nen Sohn etwas zubereiten; 14 denn so spricht der
Herr, der Gott Israels: Der Mehltopf wird nicht
leer werden und der Ölkrug nicht versiegen bis
zu dem Tag, an dem der Herr wieder Regen auf
den Erdboden sendet. 15 Sie ging und tat, was Elija
gesagt hatte. So hatte sie mit ihm und ihrem Sohn
viele Tage zu essen. 16 Der Mehltopf wurde nicht
leer, und der Ölkrug versiegte nicht, wie der Herr
durch Elija versprochen hatte.

17 Nach einiger Zeit erkrankte der Sohn der
Witwe, der das Haus gehörte. Die Krankheit ver-
schlimmerte sich so, daß zuletzt kein Atem mehr
in ihm war. 18 Da sagte sie zu Elija: Was habe ich
mit dir zu schaffen, Mann Gottes? Du bist nur zu
mir gekommen, um an meine Sünde zu erinnern
und meinem Sohn den Tod zu bringen. 19 Er ant-
wortete ihr: Gib mir deinen Sohn! Und er nahm
ihn von ihrem Schoß, trug ihn in das Obergemach
hinauf, in dem er wohnte, und legte ihn auf sein
Bett. 20 Dann rief er zum Herrn und sagte: Herr,
mein Gott, willst du denn auch über die Witwe,
in deren Haus ich wohne, Unheil bringen und
ihren Sohn sterben lassen? 21 Hierauf streckte er
sich dreimal über den Knaben hin, rief zum Herrn
und flehte: Herr, mein Gott, laß doch das Leben in
diesen Knaben zurückkehren! 22 Der Herr erhörte
das Gebet Elijas. Das Leben kehrte in den Knaben
zurück, und er lebte wieder auf. 23 Elija nahm ihn,
brachte ihn vom Obergemach in das Haus hinab
und gab ihn seiner Mutter zurück mit den Wor-
ten: Sieh, dein Sohn lebt. 24 Da sagte die Frau zu
Elija: Jetzt weiß ich, daß du ein Mann Gottes bist
und daß das Wort des Herrn wirklich in deinem
Mund ist.

Das Gottesurteil auf dem Karmel

18 Nach langer Zeit – es war im dritten Jahr
– erging das Wort des Herrn an Elija: Geh
und zeig dich dem Ahab! Ich will Regen auf die
Erde senden. 2 Da ging Elija hin, um sich Ahab zu
zeigen.

Die Hungersnot war groß in Samaria. 3 Daher rief
Ahab den Palastvorsteher Obadja. Dieser war
sehr gottesfürchtig. 4 Als Isebel die Propheten des
Herrn ausrottete, hatte Obadja hundert von ihnen
beiseite genommen, sie zu je fünfzig in einer
Höhle verborgen und mit Brot und Wasser ver-
sorgt. 5 Ahab befahl nun Obadja: Geh an alle Was-
serquellen und Bäche im Land! Vielleicht finden
wir Gras, damit wir Pferde und Maultiere am Le-
ben erhalten können und nicht einen Teil des
Viehs töten müssen. 6 Sie teilten sich das Land,
um es zu durchstreifen. Ahab ging in die eine und
Obadja in die andere Richtung.

7 Als nun Obadja unterwegs war, kam ihm Elija
entgegen. Obadja erkannte ihn, warf sich vor ihm
nieder und rief: Bist du es, mein Herr Elija? 8 Die-
ser antwortete: Ich bin es. Geh und melde dei-
nem Herrn: Elija ist da. 9 Obadja entgegnete: Was
habe ich mir zuschulden kommen lassen, daß du
deinen Knecht an Ahab ausliefern und dem Tod
preisgeben willst? 10 So wahr der Herr, dein Gott
lebt: Es gibt kein Volk und kein Reich, wo mein
Herr dich nicht hätte suchen lassen. Und wenn
man sagte: Er ist nicht hier, dann ließ er dieses
Reich oder Volk schwören, daß man dich nicht ge-
funden habe. 11 Und jetzt befiehlst du: Geh und
melde deinem Herrn: Elija ist da. 12 Wenn ich nun
von dir weggehe, könnte ja der Geist des Herrn
dich an einen Ort tragen, den ich nicht kenne.
Käme ich dann zu Ahab, um dich zu melden, und
könnte er dich nicht finden, so würde er mich tö-
ten. Dabei hat dein Knecht doch von Jugend auf
den Herrn gefürchtet. 13 Hat man dir denn nicht
berichtet, was ich getan habe, als Isebel die Pro-
pheten des Herrn umbrachte? Ich habe doch hun-
dert von ihnen, je fünfzig in einer Höhle, verbor-
gen und mit Brot und Wasser versorgt. 14 Und nun
befiehlst du: Geh und melde deinem Herrn: Elija
ist da. Ahab würde mich töten. 15 Doch Elija ant-
wortete: So wahr der Herr der Heere lebt, in des-
sen Dienst ich stehe: Heute noch werde ich ihm
vor die Augen treten.

16 Obadja kam zu Ahab und brachte ihm die
Nachricht. Ahab ging Elija entgegen. 17 Sobald er
ihn sah, rief er aus: Bist du es, Verderber Israels?
18 Elija entgegnete: Nicht ich habe Israel ins Ver-
derben gestürzt, sondern du und das Haus deines
Vaters, weil ihr die Gebote des Herrn übertreten
habt und den Baalen nachgelaufen seid. 19 Doch
schick jetzt Boten aus, und versammle mir ganz
Israel auf dem Karmel, auch die vierhundertfünf-
zig Propheten des Baal und die vierhundert Pro-
pheten der Aschera, die vom Tisch Isebels essen.

20 Ahab schickte in ganz Israel umher und ließ
die Propheten auf dem Karmel zusammenkom-
men. 21 Und Elija trat vor das ganze Volk und rief:

Wie lange noch schwankt ihr nach zwei Seiten?
Wenn Jahwe der wahre Gott ist, dann folgt ihm!
Wenn aber Baal es ist, dann folgt diesem! Doch
das Volk gab ihm keine Antwort. 22 Da sagte Elija
zum Volk: Ich allein bin als Prophet des Herrn
übriggeblieben; die Propheten des Baal aber sind
vierhundertfünfzig. 23 Man gebe uns zwei Stiere.
Sie sollen sich einen auswählen, ihn zerteilen
und auf das Holz legen, aber kein Feuer anzün-
den. Ich werde den andern zubereiten, auf das
Holz legen und kein Feuer anzünden. 24 Dann
sollt ihr den Namen eures Gottes anrufen, und ich
werde den Namen des Herrn anrufen. Der Gott,
der mit Feuer antwortet, ist der wahre Gott. Da
rief das ganze Volk: Der Vorschlag ist gut.

25 Nun sagte Elija zu den Propheten des Baal:
Wählt ihr zuerst den einen Stier aus, und bereitet
ihn zu; denn ihr seid die Mehrheit. Ruft dann den
Namen eures Gottes an, entzündet aber kein
Feuer! 26 Sie nahmen den Stier, den er ihnen über-
ließ, und bereiteten ihn zu. Dann riefen sie vom
Morgen bis zum Mittag den Namen des Baal an
und schrien: Baal, erhöre uns! Doch es kam kein
Laut, und niemand gab Antwort. Sie tanzten hüp-
fend um den Altar, den sie gebaut hatten. 27 Um
die Mittagszeit verspottete sie Elija und sagte:
Ruft lauter! Er ist doch Gott. Er könnte beschäftigt
sein, könnte beiseite gegangen oder verreist sein.
Vielleicht schläft er und wacht dann auf. 28 Sie
schrien nun mit lauter Stimme. Nach ihrem
Brauch ritzten sie sich mit Schwertern und Lan-
zen wund, bis das Blut an ihnen herabfloß. 29 Als
der Mittag vorüber war, verfielen sie in Raserei,
und das dauerte bis zu der Zeit, da man das Spei-
seopfer darzubringen pflegt. Doch es kam kein
Laut, keine Antwort, keine Erhörung.

30 Nun forderte Elija das ganze Volk auf: Tretet her
zu mir! Sie kamen, und Elija baute den zerstörten
Altar Jahwes wieder auf. 31 Er nahm zwölf
Steine, nach der Zahl der Stämme der Söhne Ja-
kobs, zu dem der Herr gesagt hatte: Israel soll dein
Name sein. 32 Er fügte die Steine zu einem Altar für
den Namen des Herrn, zog rings um den Altar ei-
nen Graben und grenzte eine Fläche ab, die zwei
Sea Saat hätte aufnehmen können. 33 Sodann
schichtete er das Holz auf, zerteilte den Stier und
legte ihn auf das Holz. 34 Nun befahl er: Füllt
vier Krüge mit Wasser, und gießt es über das Brand-
opfer und das Holz! Hierauf sagte er: Tut es noch
einmal! Und sie wiederholten es. Dann sagte er:
Tut es zum drittenmal! Und sie taten es zum drit-
tenmal. 35 Das Wasser lief rings um den Altar. Auch
den Graben füllte er mit Wasser. 36 Zu der Zeit nun,
da man das Speiseopfer darzubringen pflegt, trat
der Prophet Elija an den Altar und rief: Herr, Gott
Abrahams, Isaaks und Israels, heute soll man er-
kennen, daß du Gott bist in Israel, daß ich dein
Knecht bin und all das in deinem Auftrag tue. 37 Er-
höre mich, Herr, erhöre mich! Dieses Volk soll er-
kennen, daß du, Herr, der wahre Gott bist und daß
du sein Herz zur Umkehr wendest. 38 Da kam das
Feuer des Herrn herab und verzehrte das Bran-
dopfer, das Holz, die Steine und die Erde. Auch das
Wasser im Graben leckte es auf. 39 Das ganze Volk
sah es, warf sich auf das Angesicht nieder und rief:
Jahwe ist Gott, Jahwe ist Gott! 40 Elija aber befahl
ihnen: Ergreift die Propheten des Baal! Keiner von
ihnen soll entkommen. Man ergriff sie, und Elija
ließ sie zum Bach Kischon hinabführen und dort
töten.

41 Dann sagte Elija zu Ahab: Geh hinauf, iß und
trink; denn ich höre das Rauschen des Regens.
42 Während Ahab wegging, um zu essen und zu
trinken, stieg Elija zur Höhe des Karmel empor,
kauerte sich auf den Boden nieder und legte sei-
nen Kopf zwischen die Knie. 43 Dann befahl er
seinem Diener: Geh hinauf, und schau auf das
Meer hinaus! Dieser ging hinauf, schaute hinaus
und meldete: Es ist nichts zu sehen. Elija befahl:
Geh noch einmal hinauf! So geschah es sieben-
mal. 44 Beim siebtenmal meldete der Diener: Eine
Wolke, klein wie eine Menschenhand, steigt aus
dem Meer herauf. Darauf sagte Elija: Geh hinauf,
und sag zu Ahab: Spanne an, und fahr hinab, da-
mit der Regen dich nicht aufhält. 45 Es dauerte
nicht lange, da verfinsterte sich der Himmel durch
Sturm und Wolken, und es fiel ein starker Regen.
Ahab bestieg den Wagen und fuhr nach Jesreel.
46 Über Elija aber kam die Hand des Herrn. Er gür-
tete sich und lief vor Ahab her bis dorthin, wo der
Weg nach Jesreel abzweigt.

Elija am Horeb

19 Ahab erzählte Isebel alles, was Elija ge-
tan, auch daß er alle Propheten mit dem
Schwert getötet habe. 2 Sie schickte einen Boten
zu Elija und ließ ihm sagen: Die Götter sollen mir
dies und das antun, wenn ich morgen um diese
Zeit dein Leben nicht dem Leben eines jeden von
ihnen gleich mache. 3 Elija geriet in Angst, machte

sich auf und ging weg, um sein Leben zu retten. Er kam nach Beerscheba in Juda und ließ dort seinen Diener zurück. 4 Er selbst ging eine Tagereise weit in die Wüste hinein. Dort setzte er sich unter einen Ginsterstrauch und wünschte sich den Tod. Er sagte: Nun ist es genug, Herr. Nimm mein Leben; denn ich bin nicht besser als meine Väter. 5 Dann legte er sich unter den Ginsterstrauch und schlief ein. Doch ein Engel rührte ihn an und sprach: Steh auf und iß! 6 Als er um sich blickte, sah er neben seinem Kopf Brot, das in glühender Asche gebacken war, und einen Krug mit Wasser. Er aß und trank und legte sich wieder hin. 7 Doch der Engel des Herrn kam zum zweitenmal, rührte ihn an und sprach: Steh auf und iß! Sonst ist der Weg zu weit für dich. 8 Da stand er auf, aß und trank und wanderte, durch diese Speise gestärkt, vierzig Tage und vierzig Nächte bis zum Gottesberg Horeb. 9 Dort ging er in eine Höhle, um darin zu übernachten. Doch das Wort des Herrn erging an ihn: Was willst du hier, Elija? 10 Er sagte: Mit leidenschaftlichem Eifer bin ich für den Herrn, den Gott der Heere, eingetreten, weil die Israeliten deinen Bund verlassen, deine Altäre zerstört und deine Propheten mit dem Schwert getötet haben. Ich allein bin übriggeblieben, und nun trachten sie auch mir nach dem Leben. 11 Der Herr antwortete: Komm heraus, und stell dich auf den Berg vor den Herrn! Da zog der Herr vorüber: Ein starker, heftiger Sturm, der die Berge zerriß und die Felsen zerbrach, ging dem Herrn voraus. Doch der Herr war nicht im Sturm. Nach dem Sturm kam ein Erdbeben. Doch der Herr war nicht im Erdbeben. 12 Nach dem Beben kam ein Feuer. Doch der Herr war nicht im Feuer. Nach dem Feuer kam ein sanftes, leises Säuseln. 13 Als Elija es hörte, hüllte er sein Gesicht in den Mantel, trat hinaus und stellte sich an den Eingang der Höhle.

Neue Aufträge

Da vernahm er eine Stimme, die ihm zurief: Was willst du hier, Elija? 14 Er antwortete: Mit Leidenschaft bin ich für den Herrn, den Gott der Heere, eingetreten, weil die Israeliten deinen Bund verlassen, deine Altäre zerstört und deine Propheten mit dem Schwert getötet haben. Ich allein bin übriggeblieben, und nun trachten sie auch mir nach dem Leben. 15 Der Herr antwortete ihm: Geh deinen Weg durch die Wüste zurück, und begib dich nach Damaskus! Bist du dort angekommen, salbe Hasaël zum König über Aram! 16 Jehu, den Sohn Nimschis, sollst du zum König von Israel salben, und Elischa, den Sohn Schafats aus Abel-Mehola, salbe zum Propheten an deiner Stelle. 17 So wird es geschehen: Wer dem Schwert Hasaëls entrinnt, den wird Jehu töten. Und wer dem Schwert Jehus entrinnt, den wird Elischa töten. 18 Ich werde in Israel siebentausend übriglassen, alle, deren Knie sich vor dem Baal nicht gebeugt und deren Mund ihn nicht geküßt hat.

Die Berufung Elischas

19 Als Elija von dort weggegangen war, traf er Elischa, den Sohn Schafats. Er war gerade mit zwölf Gespannen am Pflügen, und er selbst pflügte mit dem zwölften. Im Vorbeigehen warf Elija seinen Mantel über ihn. 20 Sogleich verließ Elischa die Rinder, eilte Elija nach und bat ihn: Laß mich noch meinem Vater und meiner Mutter den Abschiedskuß geben; dann werde ich dir folgen. Elija antwortete: Geh, aber komm dann zurück! Bedenke, was ich an dir getan habe. 21 Elischa ging von ihm weg, nahm seine zwei Rinder und schlachtete sie. Mit dem Joch der Rinder kochte er das Fleisch und setzte es den Leuten zum Essen vor. Dann stand er auf, folgte Elija und trat in seinen Dienst.

Aramäerkriege

20 Ben-Hadad, der König von Aram, sammelte sein ganzes Heer. In seinem Gefolge waren zweiunddreißig Könige mit Pferden und Wagen. Er zog herauf, belagerte Samaria und bestürmte es. 2 Dann schickte er Boten in die Stadt zu Ahab, dem König von Israel, 3 und ließ ihm sagen: So spricht Ben-Hadad: Dein Silber und dein Gold gehören mir. Auch deine Frauen und deine edlen Söhne gehören mir. 4 Der König von Israel antwortete: Ganz wie du sagst, mein Herr und König, soll es geschehen. Ich gehöre dir mit allem, was ich besitze. 5 Aber die Boten kamen ein zweitesmal und meldeten: So spricht Ben-Hadad: Ich habe dir sagen lassen, daß du mir dein Silber und Gold, deine Frauen und Söhne ausliefern sollst. 6 Doch morgen um diese Zeit werde ich meine Leute zu dir schicken, damit sie dein Haus und auch die Häuser deiner Diener durchsuchen und alles, was wertvoll ist, nehmen und forttragen. 7 Da rief der König von Israel alle Ältesten des Landes zu sich und sagte: Seht und erkennt, daß dieser

Mann Böses im Sinn hat. Er hat von mir meine Frauen und Söhne, mein Silber und Gold gefordert, und ich habe ihm nichts verweigert. 8 Da antworteten ihm alle Ältesten und das ganze Volk: Gehorch ihm nicht, und willige nicht ein! 9 Er gab daher den Abgesandten Ben-Hadads den Bescheid: Sagt zu meinem Herrn, dem König: Alles, was du zuerst von deinem Knecht verlangt hast, will ich tun; doch diese Forderung kann ich nicht erfüllen. Die Boten zogen ab und meldeten es ihrem Herrn. 10 Darauf sandte Ben-Hadad abermals Boten (zu Ahab) und ließ ihm sagen: Die Götter sollen mir dies und das antun, wenn der Staub Samarias ausreicht, um allen Leuten in meinem Gefolge die Hand zu füllen. 11 Doch der König von Israel antwortete: Sagt zu ihm: Wer den Gürtel anlegt, soll sich nicht rühmen wie einer, der ihn bereits ablegt. 12 Als Ben-Hadad diese Meldung empfing, hielt er gerade in den Zelten ein Gelage mit den Königen. Er befahl seinen Leuten anzugreifen, und diese begannen den Sturm auf die Stadt.

13 Doch ein Prophet kam zu Ahab, dem König von Israel, und sagte: So spricht der Herr: Siehst du diese gewaltige Menge? Ich gebe sie heute in deine Hand, und du wirst erkennen, daß ich der Herr bin. 14 Ahab fragte: Durch wen? Er erwiderte: So spricht der Herr: Durch die Truppe der Provinzstatthalter. Als dann der König weiter wissen wollte, wer den Kampf eröffnen solle, sprach er: Du selbst. 15 Daraufhin musterte er die Truppe der Provinzstatthalter; es waren zweihundertzweiunddreißig Mann. Nach ihnen musterte er das ganze Kriegsvolk, die Gesamtheit der Israeliten; es waren siebentausend Mann. 16 Als sie um die Mittagszeit ausrückten, zechte Ben-Hadad mit den zweiunddreißig Königen, seinen Bundesgenossen, in den Zelten. 17 Die Truppe der Provinzstatthalter rückte zuerst aus. Ben-Hadad hatte Beobachter ausgesandt, und sie meldeten ihm, daß Leute aus Samaria herauskommen. 18 Er befahl: Wenn sie in friedlicher Absicht kommen, ergreift sie lebendig! Wenn sie zum Kampf ausrücken, ergreift sie ebenfalls lebendig! 19 Sobald nun die Truppe der Statthalter und das Heer, das ihr folgte, aus der Stadt ausgerückt waren, 20 gelang es jedem einzelnen, seinen Gegner zu überwinden. Die Aramäer mußten fliehen, und die Israeliten setzten ihnen nach. Ben-Hadad, der König von Aram, konnte zu Pferd entkommen, ebenso einige Wagenkämpfer. 21 Als dann auch der König von Israel ausrückte, vernichtete er die Pferde und Kriegswagen und bereitete den Aramäern eine schwere Niederlage.

22 Da erschien der Prophet wieder beim König von Israel und sagte zu ihm: Sammle deine Kräfte, und überleg dir gut, was du zu tun hast; denn um die Jahreswende wird der König von Aram abermals gegen dich ziehen. 23 Zum König von Aram hatten nämlich seine Ratgeber gesagt: Ihr Gott ist ein Gott der Berge; darum waren sie uns überlegen. Wenn wir aber in der Ebene mit ihnen kämpfen, dann werden wir sie bestimmt besiegen. 24 Tu also folgendes: Entfern die Könige aus ihrer Stellung, und ersetze sie durch Statthalter! 25 Dann sammle ein ebenso großes Heer, wie du es verloren hast, und ebensoviele Pferde und Kriegswagen, wie du zuvor hattest. Wir werden in der Ebene mit ihnen kämpfen und sie gewiß besiegen.

Ben-Hadad befolgte ihren Rat. 26 Um die Jahreswende musterte er die Aramäer und rückte zum Krieg gegen Israel bis Afek vor. 27 Auch die Israeliten wurden gemustert und mit Lebensmitteln versehen. Sie zogen den Aramäern entgegen und lagerten ihnen gegenüber wie ein paar kleine Ziegenherden; die Aramäer aber füllten die ganze Gegend. 28 Nun trat der Gottesmann zum König von Israel hin und sagte: So spricht der Herr: Weil die Aramäer sagen, daß der Herr ein Gott der Berge und nicht ein Gott der Ebenen sei, gebe ich diese ganze gewaltige Menge in deine Hand; und ihr werdet erkennen, daß ich der Herr bin. 29 Sie lagen dann sieben Tage einander gegenüber. Am siebten Tag kam es zur Schlacht, und die Israeliten töteten vom aramäischen Fußvolk hunderttausend Mann an einem Tag. 30 Der Rest floh in die Stadt Afek; doch die Mauer stürzte über den siebenundzwanzigtausend Mann, die übriggeblieben waren, zusammen.

Auch Ben-Hadad war in die Stadt geflohen und irrte von einem Gemach in das andere. 31 Da sagten seine Ratgeber zu ihm: Wir haben gehört, daß die Könige des Hauses Israel milde Könige sind. Wir wollen daher Trauergewänder anlegen und mit Stricken um den Hals zum König von Israel hinausgehen. Vielleicht schenkt er dir das Leben. 32 Sie legten also Trauergewänder an, und mit Stricken um den Hals kamen sie zum König von Israel. Sie flehten ihn an: Dein Knecht Ben-Hadad bittet dich, ihm das Leben zu schenken. Er antwortete: Lebt er noch? Er ist mein Bruder. 33 Die

Männer nahmen das Wort als gutes Zeichen, gin-
gen sogleich darauf ein und sagten: Ben-Hadad ist
dein Bruder. Dann befahl der König von Israel:
Geht, bringt ihn zu mir! Als Ben-Hadad kam,
nahm er ihn zu sich auf seinen Wagen. 34 Da er-
klärte Ben-Hadad: Die Städte, die mein Vater
deinem Vater weggenommen hat, werde ich
zurückgeben, und in Damaskus magst du dir Han-
delsniederlassungen errichten, wie mein Vater es
in Samaria getan hat. Der König von Israel erwi-
derte: Auf diese Abmachung hin werde ich dich
freilassen. So schloß er mit ihm einen Vertrag und
ließ ihn frei.

35 Einer von den Prophetenjüngern sprach im
Auftrag des Herrn zu seinem Gefährten: Schlag
mich! Als dieser sich weigerte, ihn zu schlagen,
36 sagte er zu ihm: Weil du der Stimme des Herrn
nicht gehorcht hast, wird dich ein Löwe töten, so-
bald du von mir weggegangen bist. Der Mann
hatte sich kaum von ihm entfernt, als ihn ein
Löwe anfiel und tötete. 37 Hierauf traf der Prophet
einen andern und befahl ihm: Schlag mich! Die-
ser schlug auf ihn ein und verwundete ihn. 38 So-
gleich begab sich der Prophet zum König und
stellte sich ihm in den Weg. Durch eine Binde
über den Augen hatte er sich unkenntlich ge-
macht. 39 Als der König vorbeikam, rief er ihn und
sagte: Dein Knecht ist in den Kampf gezogen. Da
kam jemand herbei, brachte mir einen Gefange-
nen und befahl: Bewach diesen Mann! Wenn er
entkommt, dann mußt du es mit deinem Leben
büßen, oder du mußt ein Talent Silber bezahlen.
40 Während nun dein Knecht da und dort zu tun
hatte, konnte der Gefangene entkommen. Da
sagte der König von Israel: Du hast dir dein Urteil
selbst gesprochen. 41 Sogleich nahm der Prophet
die Binde von den Augen, und der König von Is-
rael erkannte ihn als einen von den Propheten.
42 Dieser aber sagte zu ihm: So spricht der Herr:
Weil du den Mann, dessen Verderben ich wollte,
aus deiner Hand entlassen hast, muß dein Leben
für sein Leben, dein Volk für sein Volk einstehen.
43 Mißmutig und verdrossen ging der König von
Israel nach Hause und kam nach Samaria.

Nabots Weinberg

21 Danach trug sich folgendes zu. Nabot aus
Jesreel hatte einen Weinberg in Jesreel
neben dem Palast Ahabs, des Königs von Sama-
rien. 2 Ahab verhandelte mit Nabot und schlug
ihm vor: Gib mir deinen Weinberg! Er soll mir als
Gemüsegarten dienen; denn er liegt nahe bei
meinem Haus. Ich will dir dafür einen besseren
Weinberg geben. Wenn es dir aber lieber ist, be-
zahle ich dir den Kaufpreis in Geld. 3 Doch Nabot
erwiderte: Der Herr bewahre mich davor, daß ich
dir das Erbe meiner Väter überlasse. 4 Darauf
kehrte Ahab in sein Haus zurück. Er war mißmu-
tig und verdrossen, weil Nabot aus Jesreel zu ihm
gesagt hatte: Ich werde dir das Erbe meiner Väter
nicht überlassen. Er legte sich auf sein Bett,
wandte das Gesicht zur Wand und wollte nicht
essen. 5 Seine Frau Isebel kam zu ihm herein und
fragte: Warum bist du mißmutig und willst nicht
essen? 6 Er erzählte ihr: Ich habe mit Nabot aus
Jesreel verhandelt und ihm gesagt: Verkauf mir
deinen Weinberg für Geld, oder wenn es dir lieber
ist, gebe ich dir einen anderen dafür. Doch er hat
geantwortet: Ich werde dir meinen Weinberg
nicht geben. 7 Da sagte seine Frau Isebel zu ihm:
Du bist doch jetzt König in Israel. Steh auf, iß, und
sei guter Dinge! Ich werde dir den Weinberg Na-
bots aus Jesreel verschaffen.

8 Sie schrieb Briefe im Namen Ahabs, versah sie
mit seinem Siegel und schickte sie an die Ältesten
und Vornehmen, die mit Nabot zusammen in der
Stadt wohnten. 9 In den Briefen schrieb sie: Ruft
ein Fasten aus, und laßt Nabot oben vor allem
Volk Platz nehmen! 10 Setzt ihm aber zwei nichts-
würdige Männer gegenüber! Sie sollen gegen ihn
als Zeugen auftreten und sagen: Du hast Gott und
den König gelästert. Führt ihn dann hinaus, und
steinigt ihn zu Tode! 11 Die Männer der Stadt, die
Ältesten und Vornehmen, die mit ihm zusammen
in der Stadt wohnten, taten, was Isebel ihnen ge-
boten hatte, was in den Briefen stand, die sie ih-
nen gesandt hatte. 12 Sie riefen ein Fasten aus und
ließen Nabot oben vor allem Volk Platz nehmen.
13 Es kamen aber auch die beiden nichtswürdigen
Männer und setzten sich ihm gegenüber. Sie
standen vor dem Volk als Zeugen gegen Nabot auf
und sagten: Nabot hat Gott und den König gelä-
stert. Sogleich führte man ihn aus der Stadt hinaus
und steinigte ihn zu Tode.

14 Darauf ließen sie Isebel melden: Nabot wurde
gesteinigt und ist tot. 15 Sobald sie hörte, daß Na-
bot gesteinigt wurde und tot war, sagte sie zu
Ahab: Auf, nimm den Weinberg Nabots aus Jes-
reel in Besitz, den er dir für Geld nicht verkaufen
wollte; denn Nabot lebt nicht mehr; er ist tot.

16 Als Ahab hörte, daß Nabot tot war, stand er auf
und ging zum Weinberg Nabots aus Jesreel hinab,
um von ihm Besitz zu ergreifen.
17 Da erging das Wort des Herrn an Elija aus
Tischbe: 18 Mach dich auf, und geh Ahab, dem Kö-
nig von Israel, entgegen, der in Samaria seinen
Wohnsitz hat. Er ist zum Weinberg Nabots hinab-
gegangen, um von ihm Besitz zu ergreifen. 19 Sag
ihm: So spricht der Herr: Durch einen Mord bist
du Erbe geworden? Weiter sag ihm: So spricht der
Herr: An der Stelle, wo die Hunde das Blut Nabots
geleckt haben, werden Hunde auch dein Blut
lecken. 20 Ahab sagte zu Elija: Hast du mich ge-
funden, mein Feind? Er erwiderte: Ich habe dich
gefunden. Weil du dich hergabst, das zu tun, was
dem Herrn mißfällt, 21 werde ich Unheil über dich
bringen. Ich werde dein Geschlecht hinwegfegen
und von Ahabs Geschlecht alles, was männlich
ist, bis zum letzten Mann in Israel ausrotten.
22 Weil du mich zum Zorn gereizt und Israel zur
Sünde verführt hast, werde ich mit deinem Haus
verfahren wie mit dem Haus Jerobeams, des Soh-
nes Nebats, und mit dem Haus Baschas, des Soh-
nes Ahijas. 23 Und über Isebel verkündet der Herr:
Die Hunde werden Isebel an der Mauer von Jes-
reel auffressen. 24 Wer von der Familie Ahabs in
der Stadt stirbt, den werden die Hunde fressen,
und wer auf dem freien Feld stirbt, den werden
die Vögel des Himmels fressen.
25 Es gab in der Tat niemand, der sich wie Ahab
hergab zu tun, was dem Herrn mißfiel, da seine
Frau Isebel ihn verführte. 26 Sein Tun war überaus
verwerflich; er lief den Götzen nach und folgte
den Gebräuchen der Amoriter, die der Herr vor
den Israeliten vertrieben hatte.
27 Als Ahab diese Drohungen hörte, zerriß er
seine Kleider, trug ein Bußgewand auf dem
bloßen Leib, fastete, schlief im Bußgewand und
ging bedrückt umher. 28 Da erging das Wort des
Herrn an Elija aus Tischbe: 29 Hast du gesehen,
wie Ahab sich vor mir gedemütigt hat? Weil er
sich vor mir gedemütigt hat, will ich das Unglück
nicht schon in seinen Tagen kommen lassen. Erst
in den Tagen seines Sohnes werde ich das Unheil
über sein Haus bringen.

Der Krieg mit den Aramäern, Ahabs Tod

22 Drei Jahre hatte das Land Ruhe, und gab
es keinen Krieg zwischen Aram und Is-
rael. 2 Als im dritten Jahr Joschafat, der König von
Juda, zum König von Israel kam, 3 sagte der König
von Israel zu seinen Beamten: Ihr wißt doch, daß
Ramot-Gilead uns gehört. Wir aber zögern, es
dem König von Aram zu entreißen. 4 Und er
fragte Joschafat: Würdest du mit mir gegen Ra-
mot-Gilead in den Krieg ziehen? Dieser antwor-
tete dem König von Israel: Ich ziehe mit dir, mein
Volk mit deinem Volk, meine Pferde mit deinen
Pferden.
5 Joschafat bat aber den König von Israel: Befrag
doch zuvor den Herrn! 6 Da versammelte der
König von Israel die Propheten, gegen vierhun-
dert Mann, und fragte sie: Soll ich gegen Ramot-
Gilead zu Felde ziehen, oder soll ich es lassen?
Sie gaben den Bescheid: Zieh hinauf! Der Herr
gibt die Stadt in die Hand des Königs. 7 Doch
Joschafat sagte: Ist hier sonst kein Prophet des
Herrn, den wir befragen könnten? 8 Der König
von Israel antwortete Joschafat: Es ist noch einer
da, durch den wir den Herrn befragen könnten.
Doch ich hasse ihn; denn er weissagt mir nie
Gutes, sondern immer nur Schlimmes. Es ist
Micha, der Sohn Jimlas. Joschafat erwiderte: Der
König sage das nicht. 9 Da rief der König von Is-
rael einen Hofbeamten herbei und befahl ihm,
unverzüglich Micha, den Sohn Jimlas, zu holen.
10 Der König von Israel und Joschafat, der König
von Juda, saßen in königlichen Gewändern auf
ihren Thronen. Sie befanden sich auf der Tenne
beim Tor Samarias, und alle Propheten weis-
sagten vor ihnen. 11 Zidkija, der Sohn Kenaanas,
hatte sich eiserne Hörner gemacht und rief: So
spricht der Herr: Mit diesen wirst du die
Aramäer niederstoßen, bis du sie vernichtet
hast. 12 Alle Propheten weissagten in gleicher
Weise und riefen: Zieh nach Ramot-Gilead, und
sei erfolgreich; der Herr gibt die Stadt in die
Hand des Königs.
13 Der Bote aber, der Micha holen sollte, redete
ihm zu: Die Worte der Propheten waren ohne
Ausnahme günstig für den König. Mögen deine
Worte ihren Worten gleichen. Sag daher Gutes
an! 14 Doch Micha erwiderte: So wahr der Herr
lebt: Nur was der Herr mir sagt, werde ich sa-
gen. 15 Als er zum König kam, fragte ihn dieser:
Micha, sollen wir gegen Ramot-Gilead zu Felde
ziehen, oder sollen wir es lassen? Micha ant-
wortete: Zieh hinauf, und sei erfolgreich! Der
Herr gibt die Stadt in die Hand des Königs.
16 Doch der König entgegnete: Wie oft muß ich

dich beschwören, mir im Namen des Herrn nur
die Wahrheit zu sagen? 17 Da sagte Micha: Ich
sah ganz Israel über die Berge zerstreut wie
Schafe, die keinen Hirten haben. Und der Herr
sagte: Sie haben keine Herren mehr. So gehe je-
der in Frieden nach Hause. 18 Da wandte sich der
König von Israel an Joschafat: Habe ich es dir
nicht gesagt? Er weissagt mir nie Gutes, sondern
immer nur Schlimmes. 19 Micha aber fuhr fort:
Darum – höre das Wort des Herrn: Ich sah den
Herrn auf seinem Thron sitzen; das ganze Heer
des Himmels stand zu seiner Rechten und sei-
ner Linken. 20 Und der Herr fragte: Wer will
Ahab betören, so daß er nach Ramot-Gilead hin-
aufzieht und dort fällt? Da hatte der eine diesen,
der andere jenen Vorschlag. 21 Zuletzt trat der
Geist vor, stellte sich vor den Herrn und sagte:
Ich werde ihn betören. Der Herr fragte ihn: Auf
welche Weise? 22 Er gab zur Antwort: Ich werde
mich aufmachen und zu einem Lügengeist im
Mund all seiner Propheten werden. Da sagte der
Herr: Du wirst ihn betören; du vermagst es. Geh
und tu es! 23 So hat der Herr jetzt einen Geist der
Lüge in den Mund all deiner Propheten gelegt;
denn er hat über dich Unheil beschlossen. 24 Da
trat Zidkija, der Sohn Kenaanas, zu Micha,
schlug ihn ins Gesicht und rief: Wie, sollte denn
der Geist des Herrn von mir gewichen sein, um
mit dir zu reden? 25 Micha erwiderte: Du wirst es
an jenem Tag erfahren, an dem du von einem
Gemach in das andere eilst, um dich zu ver-
stecken. 26 Der König von Israel aber gab den Be-
fehl: Nehmt Micha fest, führt ihn zum Stadt-
obersten Amon und zum Prinzen Joasch, 27 und
meldet: So spricht der König: Werft diesen Mann
ins Gefängnis, und haltet ihn streng bei Brot und
Wasser, bis ich wohlbehalten zurückkomme.
28 Doch Micha erwiderte: Wenn du wohlbehal-
ten zurückkommst, dann hat der Herr nicht
durch mich geredet. [Und er sagte: Hört, alle ihr
Völker!]

29 Darauf zog der König von Israel mit Joschafat,
dem König von Juda, gegen Ramot-Gilead. 30 Der
König von Israel sagte zu Joschafat: Ich will mich
verkleiden und so in den Kampf ziehen. Du aber
behalte deine Gewänder an! So ging der König
von Israel verkleidet in den Kampf. 31 Der König
von Aram hatte aber den zweiunddreißig Ober-
sten seiner Kriegswagen befohlen: Greift nie-
manden an, er sei hohen oder niederen Ranges,
außer den König von Israel! 32 Als daher die
Obersten der Kriegswagen Joschafat erblickten
und ihn für den König von Israel hielten, stürm-
ten sie auf ihn ein, so daß er um Hilfe schrie.
33 Doch als sie sahen, daß er nicht der König von
Israel war, ließen sie von ihm ab. 34 Ein Mann
aber spannte aufs Geratewohl seinen Bogen und
traf den König von Israel zwischen Panzer und
Leibgurt. Dieser befahl daher seinem Wagen-
lenker: Wende um, und bring mich aus der
Schlacht; denn ich bin verwundet. 35 Da aber die
Schlacht an jenem Tag heftig wurde, blieb der
König im Kampf gegen die Aramäer aufrecht im
Wagen stehen. Am Abend starb er. Das Blut der
Wunde war in das Innere des Wagens geflossen.
36 Bei Sonnenuntergang ließ man im Lager ausru-
fen: Jeder kehre in seine Stadt, in sein Land
zurück! 37 So starb der König; man brachte ihn
nach Samaria und begrub ihn dort. 38 Als man im
Teich von Samaria den Wagen ausspülte, leckten
Hunde sein Blut, und Dirnen wuschen sich
darin, nach dem Wort, das der Herr gesprochen
hatte.

39 Die übrige Geschichte Ahabs und alle seine Ta-
ten, der Bericht über das Elfenbeinhaus, das er ge-
baut, und die Städte, die er ausgebaut hat, sind
aufgezeichnet in der Chronik der Könige von Is-
rael. 40 Ahab entschlief zu seinen Vätern, und sein
Sohn Ahasja wurde König an seiner Stelle.

Joschafat von Juda

41 Im vierten Jahr des Königs Ahab von Israel
wurde Joschafat, der Sohn Asas, König von Juda.
42 Er war fünfunddreißig Jahre alt, als er König
wurde, und regierte fünfundzwanzig Jahre in Je-
rusalem. Seine Mutter hieß Asuba und war eine
Tochter Schilhis. 43 Er folgte ganz den Wegen sei-
nes Vaters Asa, ohne von ihnen abzuweichen,
und tat, was dem Herrn gefiel. 44 Nur die
Kulthöhen verschwanden nicht. Das Volk brachte
noch Schlacht- und Rauchopfer auf ihnen dar.
45 Joschafat hatte auch Frieden mit dem König von
Israel.

46 Die übrige Geschichte Joschafats, die Erfolge,
die er errang, und die Kriege, die er führte, sind
aufgezeichnet in der Chronik der Könige von
Juda. 47 Er entfernte die letzten Hierodulen, die in
den Tagen seines Vaters Asa übriggeblieben wa-
ren, aus dem Land. 48 In Edom gab es damals kei-
nen König; ein Statthalter vertrat den König.

49 Auch baute Joschafat eine Tarschischflotte, die
nach Ofir fahren sollte, um Gold zu holen. Doch
kam es nicht zur Fahrt, da die Schiffe in Ezjon-Ge-
ber zerschellten. 50 Damals sagte Ahasja, der Sohn
Ahabs, zu Joschafat: Meine Leute sollen mit dei-
nen Leuten auf den Schiffen fahren. Doch
Joschafat lehnte es ab. – 51 Joschafat entschlief zu
seinen Vätern und wurde bei seinen Vätern in
der Stadt seines Vaters David begraben. Sein Sohn
Joram wurde König an seiner Stelle.

Ahasja von Israel

52 Im siebzehnten Jahr des Königs Joschafat von
Juda wurde Ahasja, der Sohn Ahabs, in Samaria
König von Israel. Er regierte zwei Jahre über Israel
53 und tat, was dem Herrn mißfiel. Er folgte den
Wegen seines Vaters und seiner Mutter und den
Wegen Jerobeams, des Sohnes Nebats, der Israel
zur Sünde verführt hatte. 54 Auch diente er Baal
und betete ihn an. So erzürnte er den Herrn, den
Gott Israels, ganz so, wie es sein Vater getan hatte.

DAS ZWEITE BUCH DER KÖNIGE

Die Geschichte der getrennten Reiche: Zweiter Teil: 1,1–17,41

Elija und Ahasja

1 Nach dem Tod Ahabs fiel Moab von Israel ab.
2 Ahasja war in Samaria durch das Gitter sei-
nes Obergemachs gefallen und hatte sich verletzt.
Er sandte Boten ab mit dem Auftrag: Geht, befragt
Beelzebul, den Gott von Ekron, ob ich von diesem
Leiden genesen werde. 3 Doch der Engel des Herrn
sprach zu Elija aus Tischbe: Mach dich auf, geh den
Boten des Königs von Samaria entgegen, und sag
zu ihnen: Gibt es denn keinen Gott in Israel, so daß
ihr fortgehen müßt, um Beelzebul, den Gott von
Ekron, zu befragen? 4 Darum: So spricht der Herr:
Vom Lager, auf das du dich gelegt hast, wirst du
nicht mehr aufstehen; denn du mußt sterben. Elija
ging weiter. 5 Die Boten aber kehrten zum König
zurück, und er fragte sie: Wie kommt es, daß ihr
schon zurück seid? 6 Sie antworteten ihm: Ein
Mann kam uns entgegen und trug uns auf: Kehrt
zum König zurück, der euch gesandt hat, und sagt
zu ihm: So spricht der Herr: Gibt es denn keinen
Gott in Israel, so daß du Boten aussenden mußt, die
Beelzebul, den Gott von Ekron, befragen sollen?
Darum wirst du von dem Lager, auf das du dich ge-
legt hast, nicht mehr aufstehen; denn du mußt
sterben. 7 Da fragte er sie: Wie sah der Mann aus,
der euch entgegenkam und diese Worte zu euch
sprach? 8 Sie erwiderten: Er trug einen Mantel aus
Ziegenhaaren und hatte einen ledernen Gurt um
die Hüften. Da sagte er: Das war Elija aus Tischbe.
9 Er sandte nun den Hauptmann über Fünfzig
und seine Leute zu ihm. Dieser stieg zu Elija hin-
auf, der auf dem Gipfel des Berges saß, und rief
ihm zu: Mann Gottes, der König befiehlt dir
herabzukommen. 10 Doch Elija antwortete dem
Hauptmann der Fünfzig: Wenn ich ein Mann
Gottes bin, so falle Feuer vom Himmel und ver-
zehre dich und deine Fünfzig. Sogleich fiel Feuer
vom Himmel und verzehrte ihn und seine Leute.
11 Darauf sandte der König einen anderen Haupt-
mann über Fünfzig und seine Leute zu ihm. Auch
dieser ergriff das Wort und rief Elija zu: Mann
Gottes, so spricht der König: Komm sofort herab!
12 Doch Elija antwortete ihnen: Wenn ich ein
Mann Gottes bin, so falle Feuer vom Himmel und
verzehre dich und deine Fünfzig. Sogleich fiel das
Feuer Gottes vom Himmel und verzehrte ihn und
seine Leute. 13 Nun schickte der König einen drit-
ten Hauptmann über Fünfzig und seine Leute.
Dieser kam hinauf, kniete vor Elija nieder und
flehte ihn an: Mann Gottes, möchte doch mein
Leben und das Leben deiner fünfzig Knechte
kostbar sein in deinen Augen. 14 Feuer ist vom
Himmel gefallen und hat die ersten zwei Haupt-
leute und ihre fünfzig Mann verzehrt. Möchte
nun mein Leben kostbar sein in deinen Augen.
15 Da sagte der Engel des Herrn zu Elija: Geh mit
ihm hinab, und fürchte dich nicht vor ihm! Elija
stand also auf, ging mit ihm zum König hinab

16 und hielt ihm vor: So spricht der Herr: Du hast
Boten ausgesandt, um Beelzebul, den Gott von
Ekron, zu befragen, als gäbe es in Israel keinen
Gott, dessen Wort man einholen könnte. Darum
wirst du von dem Lager, auf das du dich gelegt
hast, nicht mehr aufstehen; denn du mußt ster-
ben. 17 So starb Ahasja nach dem Wort des Herrn,
das Elija verkündet hatte.

(Sein Bruder) Joram wurde König an seiner
Stelle im zweiten Jahr Jorams, des Sohnes
Joschafats, des Königs von Juda; denn er hatte kei-
nen Sohn. 18 Die übrige Geschichte Ahasjas und
seine Taten sind aufgezeichnet in der Chronik der
Könige von Israel.

Die Entrückung Elijas

2 An dem Tag, da der Herr Elija im Wirbelsturm
in den Himmel aufnehmen wollte, ging Elija
mit Elischa von Gilgal weg. 2 Er sagte zu Elischa:
Bleib hier; denn der Herr hat mich nach Bet-El ge-
sandt. Doch Elischa erwiderte: So wahr der Herr
lebt, und so wahr du lebst: Ich verlasse dich nicht.
So gingen sie nach Bet-El. 3 Dort kamen die Prophe-
tenjünger, die in Bet-El waren, zu Elischa heraus
und sagten zu ihm: Weißt du, daß der Herr heute
deinen Meister über dein Haupt hinweg aufneh-
men wird? Er antwortete: Auch ich weiß es. Seid
still! 4 Elija aber sagte zu ihm: Bleib hier, Elischa;
denn der Herr hat mich nach Jericho gesandt.
Elischa erwiderte: So wahr der Herr lebt, und so
wahr du lebst: Ich verlasse dich nicht. So kamen
sie nach Jericho. 5 Dort traten die Prophetenjünger,
die in Jericho waren, an Elischa heran und sagten
zu ihm: Weißt du, daß der Herr heute deinen Mei-
ster über dein Haupt hinweg aufnehmen wird? Er
antwortete ihnen: Auch ich weiß es. Seid still!
6 Elija aber bat ihn: Bleib hier; denn der Herr hat
mich an den Jordan gesandt. Elischa erwiderte: So
wahr der Herr lebt, und so wahr du lebst: Ich ver-
lasse dich nicht. So gingen beide miteinander.
7 Fünfzig Prophetenjünger folgten ihnen und blie-
ben dann seitwärts in einiger Entfernung stehen.
Die beiden traten an den Jordan. 8 Hier nahm Elija
seinen Mantel, rollte ihn zusammen und schlug
mit ihm auf das Wasser. Dieses teilte sich nach bei-
den Seiten, und sie schritten trockenen Fußes hin-
durch. 9 Als sie drüben angekommen waren, sagte
Elija zu Elischa: Sprich eine Bitte aus, die ich dir er-
füllen soll, bevor ich von dir weggenommen
werde. Elischa antwortete: Möchten mir doch
zwei Anteile deines Geistes zufallen. 10 Elija ent-
gegnete: Du hast etwas Schweres erbeten. Wenn
du siehst, wie ich von dir weggenommen werde,
wird es dir zuteil werden. Sonst aber wird es nicht
geschehen. 11 Während sie miteinander gingen
und redeten, erschien ein feuriger Wagen mit
feurigen Pferden und trennte beide voneinander.
Elija fuhr im Wirbelsturm zum Himmel empor.
12 Elischa sah es und rief laut: Mein Vater, mein Va-
ter! Wagen Israels und sein Lenker! Als er ihn nicht
mehr sah, faßte er sein Gewand und riß es mitten
entzwei. 13 Dann hob er den Mantel auf, der Elija
entfallen war, kehrte um und trat an das Ufer des
Jordan. 14 Er nahm den Mantel, der Elija entfallen
war, schlug mit ihm auf das Wasser und rief: Wo ist
der Herr, der Gott des Elija? Als er auf das Wasser
schlug, teilte es sich nach beiden Seiten, und
Elischa ging hinüber.

15 Die Prophetenjünger von Jericho, die in der
Nähe standen, sahen ihn und sagten: Der Geist
des Elija ruht auf Elischa. Sie kamen ihm entgegen
und warfen sich vor ihm zur Erde nieder. 16 Dann
sagten sie zu ihm: Unter deinen Knechten sind
fünfzig starke Männer. Sie sollen auf die Suche
nach deinem Meister gehen. Der Geist des Herrn
könnte ihn fortgetragen und auf einem der Berge
oder in einem der Täler niedergesetzt haben.
Doch Elischa entgegnete: Schickt niemand! 17 Als
sie aber heftig darauf bestanden, sagte er: Schickt
sie also hin! Sie schickten fünfzig Mann aus, und
diese suchten drei Tage lang. Da sie ihn nicht fan-
den, 18 kehrten sie zu Elischa zurück. Er hielt sich
noch in Jericho auf und sagte zu ihnen: Habe ich
euch nicht gesagt: Ihr sollt nicht hingehen?

Die ersten Taten Elischas

19 Die Männer der Stadt sagten zu Elischa: Unser
Herr sieht, daß man in dieser Stadt gut wohnen
kann; nur das Wasser ist ungesund, und in der Ge-
gend gibt es viele Fehlgeburten. 20 Elischa befahl:
Bringt mir eine neue Schüssel, und schüttet Salz
hinein! Man brachte sie ihm, 21 und er ging zur
Wasserquelle und warf das Salz hinein mit den
Worten: So spricht der Herr: Ich mache dieses
Wasser gesund. Es wird keinen Tod und keine
Fehlgeburt mehr verursachen. 22 Daher ist das
Wasser bis zum heutigen Tag gesund, wie es
Elischa vorausgesagt hatte.

23 Von dort ging er nach Bet-El. Während er den
Weg hinaufstieg, kamen junge Burschen aus der

Stadt und verspotteten ihn: Sie riefen ihm zu:
Kahlkopf, komm herauf! Kahlkopf, komm herauf!
24 Er wandte sich um, sah sie an und verfluchte sie
im Namen des Herrn. Da kamen zwei Bären aus
dem Wald und zerrissen zweiundvierzig junge
Leute. 25 Von dort ging er zum Berg Karmel und
kehrte dann nach Samaria zurück.

Joram von Israel

3 Im achtzehnten Jahr Joschafats, des Königs
von Juda, wurde Joram, der Sohn Ahabs, in
Samaria König von Israel. Er regierte zwölf Jahre
2 und tat, was dem Herrn mißfiel. Doch trieb er es
nicht so schlimm wie sein Vater und seine Mut-
ter; denn er entfernte das Steinmal des Baal, das
sein Vater errichtet hatte. 3 Nur an der Sünde, zu
der Jerobeam, der Sohn Nebats, Israel verführt
hatte, hielt er fest und ließ nicht von ihr ab.
4 Mescha, der König von Moab, betrieb Schaf-
zucht und mußte dem König von Israel hundert-
tausend Lämmer und die Wolle von hunderttau-
send Widdern liefern. 5 Nach dem Tod Ahabs aber
fiel der König von Moab vom König von Israel ab.
6 König Joram rückte daher zu dieser Zeit von Sa-
maria aus und musterte ganz Israel. 7 Auch ließ er
Joschafat, dem König von Juda, sagen: Der König
von Moab ist von mir abgefallen. Willst du mit
mir gegen Moab in den Krieg ziehen? Joschafat
antwortete: Ich ziehe mit dir, mein Volk mit dei-
nem Volk, meine Pferde mit deinen Pferden.
8 Dann fragte Joram: Auf welchem Weg sollen wir
hinaufziehen? Joschafat entschied: Durch die Wü-
ste von Edom.
9 Der König von Israel, der König von Juda und
der König von Edom rückten nun aus. Als sie be-
reits einen Weg von sieben Tagen zurückgelegt
hatten, fehlte es dem Heer und dem Vieh, das sie
mitführten, an Wasser. 10 Der König von Israel
sagte: Weh uns, der Herr hat diese drei Könige
hierher gerufen, um sie in die Gewalt der Moabi-
ter zu geben. 11 Joschafat aber fragte: Ist hier kein
Prophet des Herrn, durch den wir den Herrn be-
fragen könnten? Einer von den Dienern des Kö-
nigs von Israel antwortete: Hier ist Elischa, der
Sohn Schafats, der Elija Wasser über die Hände ge-
gossen hat. 12 Joschafat sagte: Bei ihm ist das Wort
des Herrn.
Da ging der König von Israel mit Joschafat und
dem König von Edom zu ihm hinab. 13 Doch
Elischa sagte zum König von Israel: Was habe ich
mit dir zu schaffen? Geh zu den Propheten deines
Vaters und zu den Propheten deiner Mutter! Der
König von Israel entgegnete: Darum geht es jetzt
nicht. Der Herr hat diese drei Könige hierher ge-
rufen, um sie in die Gewalt der Moabiter zu ge-
ben. 14 Elischa antwortete: So wahr der Herr der
Heere lebt, in dessen Dienst ich stehe: Wenn ich
nicht auf Joschafat, den König von Juda, Rücksicht
nähme, dich würde ich nicht beachten und kei-
nes Blickes würdigen. 15 Aber nun holt mir einen
Harfenspieler! Als der Spieler über die Saiten fuhr,
kam die Hand des Herrn über Elischa, 16 und er
rief: So spricht der Herr: Macht in diesem Tal
Grube neben Grube! 17 Denn so spricht der Herr:
Ihr werdet weder Wind noch Regen sehen. Doch
dieses Tal wird sich mit Wasser füllen, und ihr
werdet trinken, wie auch eure Herden und euer
Vieh. 18 Aber das ist dem Herrn noch zu wenig. Er
wird die Moabiter in eure Gewalt geben. 19 Ihr
werdet alle Festungen und ihre besten Städte er-
obern, alle wertvollen Bäume fällen, alle Wasser-
quellen zuschütten und alle guten Äcker mit Stei-
nen verderben. 20 Und wirklich, am nächsten
Morgen, zur Zeit, da man das Speiseopfer darzu-
bringen pflegt, kam Wasser von Edom her, und
die ganze Gegend wurde vom Wasser überflutet.
21 Als ganz Moab erfuhr, daß die Könige zum
Krieg gegen das Land anrückten, wurden alle auf-
geboten, die Waffen tragen konnten; sie stellten
sich an der Grenze auf. 22 Frühmorgens aber, als
die Sonne über dem Wasser aufging, erschien ih-
nen das Wasser drüben rot wie Blut. 23 Sie sagten:
Das ist Blut. Die Könige haben sich selbst umge-
bracht; einer hat den andern erschlagen. Auf jetzt,
zur Beute, ihr Moabiter! 24 Doch als sie sich dem
Lager der Israeliten näherten, erhoben sich diese
und schlugen die Moabiter in die Flucht. Unauf-
hörlich drängten die Israeliten nach und machten
sie nieder. 25 Sie zerstörten die Städte, und auf alle
guten Äcker warf jeder seinen Stein, bis sie ganz
bedeckt waren. Auch schütteten sie alle Wasser-
quellen zu und fällten alle wertvollen Bäume. Zu-
letzt blieb nur noch Kir-Heres übrig; diese Stadt
umstellten und beschossen die Schleuderer. 26 Als
der König von Moab sah, daß er dem Angriff nicht
mehr standhalten konnte, sammelte er sieben-
hundert mit dem Schwert bewaffnete Männer
um sich und versuchte beim König von Edom
durchzubrechen. Doch es gelang ihnen nicht.
27 Nun nahm er seinen erstgeborenen Sohn, der

nach ihm König werden sollte, und brachte ihn
auf der Mauer als Brandopfer dar. Da kam ein ge-
waltiger Zorn über Israel. Sie zogen von Moab ab
und kehrten in ihr Land zurück.

Das Öl der Witwe

4 Eine von den Frauen der Prophetenjünger
wandte sich laut rufend an Elischa: Mein
Mann, dein Knecht, ist gestorben. Du weißt, daß
dein Knecht gottesfürchtig war. Nun kommt der
Gläubiger, um sich meine beiden Söhne als Skla-
ven zu nehmen. 2 Elischa fragte sie: Was kann ich
für dich tun? Sag mir: Was hast du im Haus? Sie
antwortete: Deine Magd hat nichts im Haus als
einen Krug Öl. 3 Da sagte er: Geh und erbitte dir
auf der Gasse von allen deinen Nachbarn leere
Gefäße, aber nicht zu wenige! 4 Dann geh heim,
verschließ die Tür hinter dir und deinen Söhnen,
gieß Öl in alle diese Gefäße, und stell die gefüllten
beiseite! 5 Sie ging von ihm weg und verschloß die
Tür hinter sich und ihren Söhnen. Diese reichten
ihr die Gefäße hin, und sie füllte ein. 6 Als alle Ge-
fäße voll waren, sagte sie zu ihrem Sohn: Bring
mir noch ein Gefäß! Er antwortete: Es ist keines
mehr da. Da floß das Öl nicht mehr weiter. 7 Sie
aber kam und erzählte es dem Gottesmann. Die-
ser befahl ihr: Geh, verkauf das Öl, und bezahl
deine Schuld! Von dem, was übrig bleibt, magst
du mit deinen Söhnen leben.

Die Totenerweckung

8 Eines Tages ging Elischa nach Schunem. Dort
lebte eine vornehme Frau, die ihn dringend bat,
bei ihr zu essen. Seither kehrte er zum Essen bei
ihr ein, sooft er vorbeikam. 9 Sie aber sagte zu
ihrem Mann: Ich weiß, daß dieser Mann, der
ständig bei uns vorbeikommt, ein heiliger Gottes-
mann ist. 10 Wir wollen ein kleines, gemauertes
Obergemach herrichten und dort ein Bett, einen
Tisch, einen Stuhl und einen Leuchter für ihn be-
reitstellen. Wenn er dann zu uns kommt, kann er
sich dorthin zurückziehen.

11 Als Elischa eines Tages wieder hinkam, ging er
in das Obergemach, um dort zu schlafen. 12 Dann
befahl er seinem Diener Gehasi: Ruf diese Schu-
nemiterin! Er rief sie, und als sie vor ihm stand,
13 befahl er dem Diener: Sag zu ihr: Du hast dir so
viel Mühe um uns gemacht. Was können wir für
dich tun? Sollen wir beim König oder beim Ober-
sten des Heeres ein Wort für dich einlegen? Doch
sie entgegnete: Ich wohne inmitten meiner Ver-
wandten. 14 Und als er weiter fragte, was man für
sie tun könne, sagte Gehasi: Nun, sie hat keinen
Sohn, und ihr Mann ist alt. 15 Da befahl er: Ruf sie
herein! Er rief sie, und sie blieb in der Tür stehen.
16 Darauf versicherte ihr Elischa: Im nächsten Jahr
um diese Zeit wirst du einen Sohn liebkosen. Sie
aber entgegnete: Ach nein, Herr, Mann Gottes,
täusche doch deiner Magd nichts vor! 17 Doch die
Frau wurde schwanger, und im nächsten Jahr,
um die Zeit, die Elischa genannt hatte, gebar sie
einen Sohn.

18 Als das Kind herangewachsen war, ging es ei-
nes Tages zu seinem Vater hinaus zu den Schnit-
tern. 19 Dort klagte es ihm: Mein Kopf, mein Kopf!
Der Vater befahl seinem Knecht: Trag das Kind
heim zu seiner Mutter! 20 Der Knecht nahm es und
brachte es zu ihr. Es saß noch bis zum Mittag auf
ihren Knien; dann starb es. 21 Sie stieg nun in das
obere Gemach hinauf, legte das Kind auf das Bett
des Gottesmannes und schloß die Tür hinter ihm
ab. Dann verließ sie das Haus, 22 rief ihren Mann
und bat ihn: Schick mir einen von den Knechten
und einen Esel! Ich will zum Gottesmann eilen
und komme bald zurück. 23 Er wandte ein: Warum
gehst du heute zu ihm? Es ist doch nicht Neu-
mond und nicht Sabbat. Doch sie sagte nur: Friede
mit dir!, 24 sattelte den Esel und befahl dem
Knecht: Treib tüchtig an, und halte mich beim Rei-
ten nicht auf, es sei denn, daß ich es dir sage.

25 So reiste sie ab und kam zum Gottesmann auf
den Karmel. Als er sie von ferne sah, sagte er zu sei-
nem Diener Gehasi: Da kommt die Schunemite-
rin. 26 Lauf ihr entgegen, und frag sie: Geht es dir
gut? Geht es auch deinem Mann und dem Kind
gut? Sie antwortete: Es geht gut. 27 Sobald sie aber
zum Gottesmann auf den Berg kam, umfaßte sie
seine Füße. Gehasi trat hinzu, um sie wegzudrän-
gen; aber der Gottesmann wehrte ab: Laß sie;
denn ihre Seele ist betrübt. Doch der Herr hat mir
den Grund verborgen und mir nicht mitgeteilt.
28 Darauf sagte sie: Habe ich denn meinen Herrn
um einen Sohn gebeten? Habe ich nicht gesagt:
Mach mir keine falschen Hoffnungen? 29 Elischa
befahl nun Gehasi: Gürte dich, nimm meinen Stab
in die Hand, und mach dich auf den Weg! Wenn du
jemand begegnest, so grüß ihn nicht; und wenn
dich jemand grüßt, so antworte ihm nicht! Leg
meinen Stab auf das Gesicht des Kindes! 30 Aber die
Mutter des Kindes sagte: So wahr der Herr lebt,

und so wahr du lebst: Ich lasse nicht von dir ab. Da
stand er auf und folgte ihr. 31 Gehasi war vorausge-
eilt und hatte den Stab auf das Gesicht des Kindes
gelegt; doch es kam kein Laut und kein Lebenszei-
chen. Daher lief er zum Gottesmann zurück und
berichtete: Das Kind ist nicht aufgewacht.
32 Als Elischa in das Haus kam, lag das Kind tot
auf seinem Bett. 33 Er ging in das Gemach, schloß
die Tür hinter sich und dem Kind und betete zum
Herrn. 34 Dann trat er an das Bett und warf sich
über das Kind; er legte seinen Mund auf dessen
Mund, seine Augen auf dessen Augen, seine
Hände auf dessen Hände. Als er sich so über das
Kind hinstreckte, kam Wärme in dessen Leib.
35 Dann stand er auf, ging im Haus einmal hin und
her, trat wieder an das Bett und warf sich über das
Kind. Da nieste es siebenmal und öffnete die Au-
gen. 36 Nun rief Elischa seinen Diener Gehasi und
befahl ihm, die Schunemiterin zu rufen. Er rief sie,
und als sie kam, sagte der Gottesmann zu ihr:
Nimm deinen Sohn! 37 Sie trat hinzu, fiel Elischa
zu Füßen und verneigte sich bis zur Erde. Dann
nahm sie ihren Sohn und ging hinaus.

Die ungenießbare Speise

38 Elischa kehrte nach Gilgal zurück. Im Land
herrschte damals eine Hungersnot. Als die Pro-
phetenjünger vor ihm saßen, befahl er seinem
Diener: Setz den großen Topf auf, und koch ein
Gericht für die Prophetenjünger! 39 Einer von ih-
nen ging auf das Feld hinaus, um Malven zu ho-
len. Dabei fand er ein wildes Rankengewächs
und pflückte davon so viele Früchte, wie sein Ge-
wand fassen konnte. Dann kam er zurück und
schnitt sie in den Kochtopf hinein, da man sie
nicht kannte. 40 Als man sie aber den Männern
zum Essen vorsetzte und sie von der Speise ko-
steten, schrien sie laut und riefen: Der Tod ist im
Topf, Mann Gottes. Sie konnten nichts essen.
41 Doch er befahl: Bringt mir etwas Mehl! Er
streute das Mehl in den Topf und sagte: Setzt es
nun den Leuten zum Essen vor! Jetzt war nichts
Schädliches mehr im Topf.

Die Brotvermehrung

42 Einmal kam ein Mann von Baal-Schalischa und
brachte dem Gottesmann Brot von Erstlings-
früchten, zwanzig Gerstenbrote, und frische Kör-
ner in einem Beutel. Elischa befahl seinem Die-
ner: Gib es den Leuten zu essen! 43 Doch dieser
sagte: Wie soll ich das hundert Männern vorset-
zen? Elischa aber sagte: Gib es den Leuten zu es-
sen! Denn so spricht der Herr: Man wird essen
und noch übriglassen. 44 Nun setzte er es ihnen
vor; und sie aßen und ließen noch übrig, wie der
Herr gesagt hatte.

Die Heilung des Aramäers Naaman

5 Naaman, der Feldherr des Königs von Aram,
galt viel bei seinem Herrn und war angese-
hen; denn durch ihn hatte der Herr den Aramäern
den Sieg verliehen. Der Mann war tapfer, aber an
Aussatz erkrankt. 2 Nun hatten die Aramäer bei ei-
nem Streifzug ein junges Mädchen aus dem Land
Israel verschleppt. Es war in den Dienst der Frau
Naamans gekommen. 3 Es sagte zu seiner Herrin:
Wäre mein Herr doch bei dem Propheten in Sa-
maria! Er würde seinen Aussatz heilen. 4 Naaman
ging zu seinem Herrn und meldete ihm: Das und
das hat das Mädchen aus Israel gesagt. 5 Der Kö-
nig von Aram antwortete: So geh doch hin; ich
werde dir ein Schreiben an den König von Israel
mitgeben. Naaman machte sich auf den Weg. Er
nahm zehn Talente Silber, sechstausend Schekel
Gold und zehn Festkleider mit 6 und überbrachte
dem König von Israel das Schreiben. Es hatte fol-
genden Inhalt: Wenn jetzt dieser Brief zu dir ge-
langt, so wisse: Ich habe meinen Knecht Naaman
zu dir geschickt, damit du seinen Aussatz heilst.
7 Als der König von Israel den Brief gelesen hatte,
zerriß er seine Kleider und rief: Bin ich denn ein
Gott, der töten und zum Leben erwecken kann?
Er schickt einen Mann zu mir, damit ich ihn von
seinem Aussatz heile. Merkt doch und seht, daß
er nur Streit mit mir sucht.
8 Als der Gottesmann Elischa hörte, der König
von Israel habe seine Kleider zerrissen, ließ er
ihm sagen: Warum hast du deine Kleider zerris-
sen? Naaman soll zu mir kommen; dann wird er
erfahren, daß es in Israel einen Propheten gibt.
9 So kam Naaman mit seinen Pferden und Wagen
und hielt vor dem Haus Elischas. 10 Dieser schickte
einen Boten zu ihm hinaus und ließ ihm sagen:
Geh und wasch dich siebenmal im Jordan! Dann
wird dein Leib wieder gesund, und du wirst rein.
11 Doch Naaman wurde zornig. Er ging weg und
sagte: Ich dachte, er würde herauskommen, vor
mich hintreten, den Namen Jahwes, seines Got-
tes, anrufen, seine Hand über die kranke Stelle be-
wegen und so den Aussatz heilen. 12 Sind nicht

der Abana und der Parpar, die Flüsse von Damas-
kus, besser als alle Gewässer Israels? Kann ich
nicht dort mich waschen, um rein zu werden?
Voll Zorn wandte er sich ab und ging weg. 13 Doch
seine Diener traten an ihn heran und redeten ihm
zu: Wenn der Prophet etwas Schweres von dir
verlangt hätte, würdest du es tun; wieviel mehr
jetzt, da er zu dir nur gesagt hat: Wasch dich, und
du wirst rein. 14 So ging er also zum Jordan hinab
und tauchte siebenmal unter, wie ihm der Gottes-
mann befohlen hatte. Da wurde sein Leib gesund
wie der Leib eines Kindes, und er war rein.

15 Nun kehrte er mit seinem ganzen Gefolge zum
Gottesmann zurück, trat vor ihn hin und sagte:
Jetzt weiß ich, daß es nirgends auf der Erde einen
Gott gibt außer in Israel. So nimm jetzt von dei-
nem Knecht ein Dankgeschenk an! 16 Elischa ant-
wortete: So wahr der Herr lebt, in dessen Dienst
ich stehe: Ich nehme nichts an. Auch als Naaman
ihn dringend bat, es zu nehmen, lehnte er ab.
17 Darauf sagte Naaman: Wenn es also nicht sein
kann, dann gebe man deinem Knecht so viel Erde,
wie zwei Maultiere tragen können; denn dein
Knecht wird keinem andern Gott mehr Brand-
und Schlachtopfer darbringen als Jahwe allein.
18 Nur dies möge Jahwe deinem Knecht verzei-
hen: Wenn mein Herr zur Anbetung in den Tem-
pel Rimmons geht, stützt er sich dort auf meinen
Arm. Ich muß mich dann im Tempel Rimmons
niederwerfen, wenn er sich dort niederwirft.
Dann möge das Jahwe deinem Knecht verzeihen.
19 Elischa antwortete: Geh in Frieden!

Als Naaman schon eine Strecke Weges von ihm
entfernt war, 20 sagte sich Gehasi, der Diener
Elischas, des Gottesmannes: Mein Herr hat die-
sen Aramäer Naaman geschont und nichts von
dem angenommen, was er mitgebracht hatte. So
wahr der Herr lebt: Ich werde ihm nachlaufen
und mir etwas von ihm holen. 21 Gehasi eilte ihm
also nach. Als ihn Naaman hinter sich heran-
kommen sah, beugte er sich ihm vom Wagen aus
zu und fragte: Steht alles gut? 22 Er antwortete: Ja;
nur läßt mein Herr sagen: Soeben sind vom Ge-
birge Efraim zwei junge Männer, zwei Prophe-
tenjünger, zu mir gekommen. Gib ihnen doch ein
Talent Silber und zwei Festkleider! 23 Naaman
erwiderte: Tu mir den Gefallen, und nimm zwei
Talente! Er bat ihn dringend darum und tat zwei
Talente Silber in zwei Beutel, legte zwei Festklei-
der dazu und ließ sie durch zwei Diener vor ihm
hertragen. 24 Als Gehasi auf der Höhe angekom-
men war, nahm er ihnen die Geschenke ab und
brachte sie in das Haus. Die Männer schickte er
weg, und sie kehrten zurück. 25 Er selbst ging hin-
ein und trat vor seinen Herrn. Elischa fragte ihn:
Woher kommst du, Gehasi? Er antwortete: Dein
Knecht ist nirgendwohin gegangen. 26 Da sagte
Elischa zu ihm: War nicht mein Geist zugegen, als
sich jemand von seinem Wagen aus dir zu-
wandte? Ist es denn Zeit, Geld anzunehmen und
Kleider, Ölgärten, Weinberge, Schafe und Rinder,
Knechte und Mägde zu erwerben? 27 Der Aussatz
Naamans aber soll für immer an dir und deinen
Nachkommen haften. Gehasi ging hinaus und
war vom Aussatz weiß wie Schnee.

Das verlorene Beil

6 Die Prophetenjünger klagten bei Elischa: Der
Raum, in dem wir vor dir sitzen, ist zu eng für
uns. 2 Wir wollen an den Jordan gehen, und dort
soll jeder von uns einen Balken holen, damit wir
uns hier einen Raum errichten, in dem wir woh-
nen können. Er antwortete: Geht! 3 Einer aber bat
ihn: Erweis uns den Gefallen, und geh mit deinen
Knechten! Er erwiderte: Ich gehe mit. 4 Er ging
also mit ihnen, und sie kamen an den Jordan und
fällten Bäume. 5 Einem aber fiel beim Fällen seines
Stammes die eiserne Klinge des Beils in das Was-
ser. Er rief laut: Wehe, mein Herr, das Beil ist auch
noch geliehen! 6 Der Gottesmann fragte: Wohin ist
es gefallen? Er zeigte ihm die Stelle; Elischa
schnitt ein Stück Holz ab, warf es dorthin und
brachte das Eisen zum Schwimmen. 7 Dann be-
fahl er: Hol es herauf! Der Mann streckte die
Hand aus und ergriff es.

Die Gefangenen des Propheten

8 Der König von Aram führte Krieg mit Israel. Er
verabredete mit seinen Untergebenen, an einer
bestimmten Stelle einen Hinterhalt zu legen.
9 Aber der Gottesmann ließ dem König von Israel
sagen: Hüte dich, an jener Stelle vorbeizugehen;
denn die Aramäer liegen dort im Hinterhalt. 10 Der
König von Israel schickte nun Späher an die
Stelle, die ihm der Gottesmann genannt und vor
der er ihn gewarnt hatte, und nahm sich dort in
acht. Als das nicht nur einmal oder zweimal ge-
schah, 11 wurde der König von Aram beunruhigt.
Er rief seine Untergebenen und fragte sie: Könnt
ihr mir nicht angeben, wer von den Unsrigen

zum König von Israel hält? 12 Da sagte einer von
seinen Leuten: Niemand, mein Herr und König,
sondern Elischa, der Prophet in Israel, verrät dem
König von Israel, was du in deinem Schlafzimmer
sprichst. 13 Da befahl er: Geht und erkundet, wo er
sich aufhält, damit ich ihn festnehmen lasse. Man
meldete ihm: Er ist in Dotan. 14 Er schickte also
Pferde und Wagen und eine starke Truppe dort-
hin. Sie erreichten die Stadt in der Nacht und um-
stellten sie. 15 Als der Diener des Gottesmannes
am nächsten Morgen aufstand und hinaustrat,
hatte die Truppe die Stadt mit Pferden und Wagen
umstellt. Da sagte der Diener zu seinem Herrn:
Wehe, mein Herr, was sollen wir tun? 16 Doch die-
ser sagte: Fürchte dich nicht! Bei uns sind mehr
als bei ihnen. 17 Dann betete Elischa: Herr, öffne
ihm die Augen, damit er sieht. Und der Herr öff-
nete dem Diener die Augen: Er sah den Berg rings
um Elischa voll von feurigen Pferden und Wagen.

18 Als dann die Aramäer anrückten, betete
Elischa zum Herrn und rief: Schlag doch diese
Leute mit Verblendung! Und der Herr schlug sie
auf das Wort Elischas hin mit Verblendung. 19 Dar-
aufhin sagte Elischa zu ihnen: Das ist nicht der
richtige Weg und nicht die richtige Stadt. Folgt
mir! Ich werde euch zu dem Mann führen, den
ihr sucht. Er führte sie aber nach Samaria. 20 Als sie
dort angekommen waren, betete Elischa: Herr,
öffne ihnen die Augen, damit sie sehen. Der Herr
öffnete ihnen die Augen, und sie sahen, daß sie
mitten in Samaria waren.

21 Sobald nun der König von Israel sie erblickte,
rief er Elischa zu: Soll ich sie totschlagen, mein Va-
ter? 22 Doch dieser erwiderte: Töte sie nicht! Er-
schlägst du denn jene, die du mit deinem Schwert
und Bogen gefangennimmst? Setz ihnen Brot und
Wasser vor, damit sie essen und trinken und dann
zu ihrem Herrn zurückkehren. 23 Der König gab ih-
nen reichlich zu essen und zu trinken und entließ
sie zu ihrem Herrn. Seitdem kamen keine aramäi-
schen Streifscharen mehr in das Land Israel.

Die Rettung aus Hungersnot

24 Danach sammelte Ben-Hadad, der König von
Aram, seine ganze Streitmacht, zog gegen Sama-
ria und belagerte es. 25 In der eingeschlossenen
Stadt entstand eine große Hungersnot, so daß der
Kopf eines Esels achtzig Silberschekel kostete und
ein Viertelkab Milchsterne fünf Silberschekel.
26 Als der König von Israel einmal auf der Mauer
vorbeischritt, rief ihm eine Frau zu: Hilf mir, mein
Herr und König! 27 Er antwortete: Wenn dir der
Herr nicht hilft, wie soll ich dir helfen? Soll es et-
was von der Tenne oder von der Kelter sein?
28 Dann fragte er sie: Was fehlt dir? Sie sagte: Diese
Frau hat von mir verlangt: Gib deinen Sohn her,
damit wir ihn heute aufessen. Meinen Sohn wer-
den wir dann morgen verzehren. 29 So haben wir
meinen Sohn gekocht und aufgegessen. Als ich
aber am nächsten Tag zu ihr sagte: Gib jetzt dei-
nen Sohn her, damit wir ihn verzehren, hatte sie
ihren Sohn versteckt. 30 Als der König die Worte
der Frau hörte, zerriß er seine Kleider, und da er
auf der Mauer entlang ging, sah das Volk, daß er
ein Bußgewand auf dem bloßen Leib trug. 31 Er
rief: Gott soll mir dies und das antun, wenn
Elischa, der Sohn Schafats, bis heute abend sei-
nen Kopf behält.

32 Elischa hielt sich in seinem Haus auf, und die
Ältesten saßen bei ihm. Der König hatte einen
Mann vor sich her gesandt; aber noch vor der An-
kunft des Boten sagte Elischa zu den Ältesten:
Merkt ihr, daß dieser Sohn eines Mörders (seinen
Henker) schickt, der mir den Kopf abschlagen soll?
Gebt nun acht! Wenn der Bote kommt, verschließt
die Tür, und haltet ihn an der Tür zurück! Sind
nicht schon die Schritte seines Herrn hinter ihm zu
hören? 33 Noch während er mit ihnen redete, kam
der König und sagte: Dieses Elend kommt vom
Herrn. Was soll ich noch vom Herrn erwarten?

7 Doch Elischa entgegnete: Hört das Wort des
Herrn! So spricht der Herr: Morgen um diese
Zeit kostet am Tor von Samaria ein Sea Feinmehl
nur noch einen Schekel, und auch zwei Sea Ger-
ste kosten nur noch einen Schekel. 2 Doch der Ad-
jutant, auf dessen Arm sich der König stützte, ant-
wortete dem Gottesmann: Selbst wenn der Herr
Schleusen am Himmel anbrächte, könnte das
nicht geschehen. Elischa erwiderte: Du wirst es
mit deinen eigenen Augen sehen, aber nicht da-
von essen.

3 Vor dem Eingang des Stadttors saßen vier aus-
sätzige Männer. Sie sagten zueinander: Warum
sitzen wir hier, bis wir sterben? 4 Wollten wir in
die Stadt gehen, in der Hungersnot herrscht, dann
sterben wir in ihr. Bleiben wir draußen, dann ster-
ben wir auch. Kommt, wir gehen in das Lager der
Aramäer hinüber! Wenn sie uns am Leben lassen,
bleiben wir am Leben. Wenn sie uns töten, so
sterben wir. 5 Sie machten sich daher in der

Abenddämmerung auf, um in das Lager der
Aramäer zu gehen. Doch als sie in den Bereich
des aramäischen Lagers kamen, war dort nie-
mand zu sehen. [6] Der Herr hatte nämlich das Rol-
len von Wagen, das Getrampel von Pferden und
das Lärmen eines großen Heeres im Lager ver-
nehmen lassen, so daß einer zum andern sagte:
Der König von Israel hat die Könige der Hetiter
und die Könige von Ägypten gegen uns ange-
worben, um uns überfallen zu lassen. [7] Sie waren
daher in der Dämmerung aufgebrochen und ge-
flohen. Dabei hatten sie ihre Zelte, Pferde und
Esel und das ganze Lager, so wie es war, zurück-
gelassen, um durch die Flucht ihr Leben zu retten.
[8] Als nun die Aussätzigen in den Bereich des La-
gers kamen, gingen sie in ein Zelt, aßen und tran-
ken, nahmen Silber, Gold und Kleider und ent-
fernten sich, um die Beute zu verstecken. Dann
kamen sie zurück, gingen in ein anderes Zelt,
machten auch hier ihre Beute und entfernten sich
wieder, um sie zu verstecken. [9] Dann aber sagten
sie zueinander: Wir handeln nicht recht. Heute ist
ein Tag froher Botschaft. Wenn wir schweigen
und bis zum Morgengrauen warten, trifft uns
Schuld. Kommt also; wir gehen und melden es im
Palast des Königs. [10] Sie machten sich auf, riefen
die Wächter der Stadt und erzählten ihnen: Wir
sind in das Lager der Aramäer gekommen. Aber
dort war niemand zu sehen und kein menschli-
cher Laut zu hören. Die Pferde und Esel waren
angebunden, und die Zelte standen so da, wie sie
waren. [11] Da schlugen die Wächter Lärm, und man
meldete es drinnen im Palast des Königs.

[12] Noch in der Nacht stand der König auf und
sagte zu seinen Leuten: Ich will euch erklären,
was die Aramäer gegen uns planen. Sie wissen,
daß wir Hunger leiden, und haben das Lager nur
verlassen, um sich auf dem freien Feld zu ver-
stecken mit dem Hintergedanken: Wenn sie die
Stadt verlassen, nehmen wir sie lebendig gefan-
gen und dringen in die Stadt ein. [13] Doch einer von
den Leuten schlug vor: Man nehme doch fünf
von den noch vorhandenen Pferden. Ihnen mag
es ergehen wie den vielen Israeliten, die schon
zugrunde gegangen sind. Wir wollen Männer mit
den Pferden hinschicken und dann weiter sehen.
[14] Man nahm also zwei Wagen mit den Pferden.
Der König schickte sie der Streitmacht der Ara-
mäer nach und befahl ihnen: Brecht auf, und seht
nach! [15] Sie fuhren hinter ihnen her bis an den Jor-
dan und fanden den ganzen Weg mit Kleidern
und Waffen übersät, die die Aramäer auf ihrer
überstürzten Flucht weggeworfen hatten. Als sie
zurückkamen und dem König Meldung erstatte-
ten, [16] strömte das Volk hinaus und plünderte das
Lager der Aramäer. Jetzt kostete ein Sea Feinmehl
nur noch einen Schekel, und auch zwei Sea Ger-
ste kosteten nur noch einen Schekel, wie es der
Herr vorausgesagt hatte.

[17] Der König hatte die Aufsicht über das Tor dem
Adjutanten übertragen, auf dessen Arm er sich zu
stützen pflegte. Ihn trat das Volk im Stadttor nie-
der, und so starb er, wie es ihm der Gottesmann
vorausgesagt hatte, als der König gekommen war,
um mit ihm zu reden. [18] Als nämlich der Gottes-
mann zum König sagte: Morgen um diese Zeit ko-
sten am Tor von Samaria zwei Sea Gerste nur
noch einen Schekel, und ein Sea Feinmehl kostet
nur noch einen Schekel, [19] hatte der Adjutant dem
Gottesmann geantwortet: Selbst wenn der Herr
Schleusen am Himmel anbrächte, könnte dies
nicht geschehen. Und Elischa hatte ihm erwidert:
Du wirst es mit deinen Augen sehen, aber nicht
davon essen. [20] So geschah es ihm nun: Das Volk
trat ihn im Tor nieder, so daß er starb.

Die Sorge für die Frau aus Schunem

8 Elischa sagte zu der Frau, deren Sohn er zum
Leben erweckt hatte: Mach dich auf, zieh
mit deiner Familie fort, und halte dich irgendwo
in der Fremde auf; denn der Herr hat eine Hun-
gersnot verhängt. Schon kommt sie über das
Land, und sie wird sieben Jahre dauern. [2] Da
machte sich die Frau auf den Weg und tat, was ihr
der Gottesmann geraten hatte. Sie zog mit ihren
Angehörigen fort und hielt sich sieben Jahre im
Land der Philister auf. [3] Nach Ablauf von sieben
Jahren kehrte sie aus dem Land der Philister
zurück und ging zum König, um wegen ihres
Hauses und ihrer Felder seine Hilfe zu erbitten.
[4] Der König war gerade im Gespräch mit Gehasi,
dem Diener des Gottesmannes, und hatte ihn auf-
gefordert: Erzähl mir alles Große, das Elischa voll-
bracht hat. [5] Während dieser dem König erzählte,
wie Elischa den Toten zum Leben erweckt hatte,
kam die Frau, deren Sohn er zum Leben erweckt
hatte, um wegen ihres Hauses und ihrer Felder
die Hilfe des Königs zu erbitten. Da sagte Gehasi:
Das, mein Herr und König, ist die Frau, und das ist
ihr Sohn, den Elischa zum Leben erweckt hat.

6 Nun fragte der König die Frau selbst, und sie er-
zählte ihm alles. Darauf gab ihr der König einen
Beamten mit und trug ihm auf: Verschaff ihr alles
wieder, was ihr gehört, auch den ganzen Ertrag
ihrer Felder von dem Tag an, da sie das Land ver-
lassen hat, bis heute.

Elischa in Damaskus

7 Elischa kam nach Damaskus, wo Ben-Hadad, der
König von Damaskus, krank daniederlag. Man
meldete ihm, daß der Gottesmann gekommen
sei. 8 Darauf befahl der König dem Hasaël: Nimm
ein Geschenk, geh dem Gottesmann entgegen
und befrag durch ihn Jahwe, ob ich von dieser
Krankheit wieder genesen werde. 9 Hasaël ging
Elischa entgegen; als Geschenk nahm er allerlei
Kostbarkeiten von Damaskus mit, so viel, wie
vierzig Kamele tragen konnten. Er kam zu
Elischa, trat vor ihn hin und sagte: Dein Sohn Ben-
Hadad, der König von Aram, hat mich zu dir ge-
sandt und läßt fragen: Werde ich von dieser
Krankheit wieder genesen? 10 Elischa antwortete
ihm: Geh und sag ihm: Du wirst genesen. – Doch
der Herr hat mir gezeigt, daß er sterben muß. 11 Ha-
saël verzog keine Miene und blickte ihn scharf
an. Der Gottesmann aber weinte. 12 Als Hasaël
dann fragte: Warum weint mein Herr?, gab er zur
Antwort: Weil ich weiß, wieviel Leid du den
Israeliten bringen wirst. Du wirst ihre Festungen
in Brand stecken, ihre jungen Männer mit dem
Schwert töten, ihre Kinder zerschmettern, ihren
schwangeren Frauen den Leib aufschlitzen. 13 Ha-
saël entgegnete: Was ist denn dein Knecht, dieser
Hund, daß er so gewaltige Dinge tun könnte?
Elischa antwortete: Der Herr hat dich mir als Kö-
nig von Aram gezeigt. 14 Hasaël verließ Elischa
und kehrte zu seinem Herrn zurück. Dieser fragte
ihn: Was hat Elischa zu dir gesagt? Und er gab zur
Antwort: Er hat zu mir gesagt, daß du genesen
wirst. 15 Am folgenden Tag aber nahm er eine
Decke, tauchte sie ins Wasser und legte sie ihm
über das Gesicht, so daß er starb. Hasaël wurde
König an seiner Stelle.

Joram von Juda

16 Im fünften Jahr Jorams, des Sohnes Ahabs, des
Königs von Israel, während Joschafat noch König
von Juda war, wurde Joram, der Sohn Joschafats,
König von Juda. 17 Er war zweiunddreißig Jahre alt,
als er König wurde, und regierte acht Jahre in Je-
rusalem. 18 Er folgte den Wegen der Könige von Is-
rael, wie es das Haus Ahab getan hatte; denn er
hatte eine Tochter Ahabs zur Frau, und er tat, was
dem Herrn mißfiel. 19 Doch der Herr wollte Juda
nicht verderben wegen seines Knechtes David,
dem er versprochen hatte, er werde ihm für im-
mer eine Leuchte vor seinen Augen geben.
20 In den Tagen Jorams fiel Edom von Juda ab und
setzte einen eigenen König ein. 21 Joram zog daher
mit all seinen Kriegswagen nach Zaïr. Während
der Nacht griff er an und schlug die Edomiter, die
ihn und die Obersten der Kriegswagen umzingelt
hatten; seine Leute aber waren in die Zelte geflo-
hen. 22 Doch Edom fiel von Juda ab und ist ab-
trünnig bis zum heutigen Tag. Damals, zur glei-
chen Zeit, fiel auch Libna ab.
23 Die übrige Geschichte Jorams und alle seine
Taten sind aufgezeichnet in der Chronik der Kö-
nige von Juda. 24 Joram entschlief zu seinen Vä-
tern und wurde bei seinen Vätern in der David-
stadt begraben. Sein Sohn Ahasja wurde König an
seiner Stelle.

Ahasja von Juda

25 Im zwölften Jahr Jorams, des Sohnes Ahabs, des
Königs von Israel, wurde Ahasja, der Sohn Jo-
rams, König von Juda. 26 Er war zweiundzwanzig
Jahre alt, als er König wurde, und regierte ein Jahr
in Jerusalem. Seine Mutter hieß Atalja; sie war
eine Enkelin Omris, des Königs von Israel. 27 Er
folgte den Wegen des Hauses Ahab und tat, was
dem Herrn mißfiel, wie das Haus Ahab; denn er
war mit dem Haus Ahab verschwägert. 28 Er zog
auch mit Joram, dem Sohn Ahabs, gegen Hasaël,
den König von Aram, nach Ramot-Gilead in den
Krieg. Dabei verwundeten die Aramäer Joram.
29 König Joram mußte heimkehren, um in Jesreel
von den Wunden Heilung zu suchen, die ihm die
Aramäer geschlagen hatten, als er in Ramot gegen
ihren König Hasaël kämpfte. Ahasja, der Sohn Jo-
rams, der König von Juda, kam hinab, um Joram,
den Sohn Ahabs, in Jesreel zu besuchen, als er
krank daniederlag.

Der Aufstand Jehus

9 Der Prophet Elischa rief einen von den Pro-
phetenjüngern und trug ihm auf: Gürte dich,
nimm diesen Ölkrug, und geh nach Ramot-Gilead!
2 Wenn du dorthin kommst, such Jehu, den Sohn
Joschafats, des Sohnes Nimschis! Geh zu ihm, ruf

ihn aus dem Kreis seiner Brüder, und begib dich mit ihm in das innerste Gemach! 3 Dann nimm den Ölkrug, gieß ihn über seinem Haupt aus und sag: So spricht der Herr: Ich salbe dich zum König über Israel. Dann öffne die Tür, und eile unverzüglich fort! 4 Der Prophetenjünger ging nach Ramot-Gilead. 5 Als er hinkam, saßen die Obersten des Heeres gerade beisammen. Er sagte: Ich habe einen Auftrag an dich, Oberst. Jehu fragte: An wen von uns? Der junge Mann antwortete: An dich, Oberst. 6 Da stand Jehu auf und ging in das Haus. Der Prophetenjünger goß ihm das Öl über das Haupt mit den Worten: So spricht der Herr, der Gott Israels: Ich salbe dich zum König über das Volk des Herrn, über Israel. 7 Du wirst dem Haus Ahabs, deines Herrn, schwere Schläge versetzen, und ich werde Rache nehmen für das Blut meiner Knechte, der Propheten, und für das Blut aller Diener des Herrn, das Isebel vergossen hat. 8 Das ganze Haus Ahab wird zugrunde gehen. Ich werde vom Haus Ahab alles, was männlich ist, bis zum letzten Mann in Israel ausrotten 9 und es dem Haus Ahab ergehen lassen wie dem Haus Jerobeams, des Sohnes Nebats, und dem Haus Baschas, des Sohnes Ahijas. 10 Isebel werden auf der Flur von Jesreel die Hunde fressen, und niemand wird sie begraben. Dann öffnete er die Tür und eilte davon.

11 Als Jehu zu den Leuten seines Herrn herauskam, fragten sie ihn: Steht es gut? Warum ist denn dieser Verrückte zu dir gekommen? Er antwortete: Ihr kennt doch den Mann und sein Gerede. 12 Doch sie sagten: Das sind Ausflüchte. Teil uns nur alles mit! Da gab er zu: So und so hat er zu mir gesagt: So spricht der Herr: Ich salbe dich zum König über Israel. 13 Sogleich nahmen alle ihre Kleider, legten sie ihm zu Füßen auf die bloßen Stufen, stießen in das Horn und riefen: Jehu ist König. 14 So verschwor sich Jehu, der Sohn Joschafats, des Sohnes Nimschis, gegen Joram. – Joram hatte mit ganz Israel vor Ramot-Gilead im Abwehrkampf gegen Hasaël, den König von Aram, gestanden. 15 Er war dann heimgekehrt, um in Jesreel Heilung von den Wunden zu suchen, die ihm die Aramäer geschlagen hatten, als er gegen ihren König Hasaël kämpfte.

Das Ende der beiden Könige

Jehu sagte nun: Wenn ihr einverstanden seid, lassen wir keinen aus der Stadt entkommen, der nach Jesreel gehen und dort Meldung machen könnte. 16 Dann bestieg er seinen Wagen, um selbst nach Jesreel zu fahren; denn dort lag Joram danieder. Auch Ahasja, der König von Juda, war dorthin gekommen, um Joram zu besuchen. 17 Der Wächter, der in Jesreel auf dem Turm stand, sah die Schar Jehus herankommen und meldete: Ich sehe eine Schar. Da befahl Joram: Hol einen Reiter, und schick ihn der Schar entgegen! Er soll fragen, ob er in friedlicher Absicht kommt. 18 Als der Reiter sie erreichte, sagte er: Der König läßt fragen, ob ihr in friedlicher Absicht kommt. Doch Jehu antwortete: Was geht es dich an, ob wir in friedlicher Absicht kommen? Reih dich hinter mir ein! Der Wächter meldete: Der Bote hat sie erreicht, kehrt aber nicht mehr zurück. 19 Nun schickte der König einen zweiten Reiter. Dieser kam zu ihnen und sagte: Der König läßt fragen, ob ihr in friedlicher Absicht kommt. Doch Jehu antwortete: Was geht es dich an, ob wir in friedlicher Absicht kommen? Reih dich hinter mir ein! 20 Der Wächter meldete wieder: Er hat sie erreicht, kehrt aber nicht mehr zurück. Die Art, wie ihr Anführer fährt, ist die Art Jehus, des Enkels Nimschis; denn er fährt wie ein Rasender. 21 Da ließ Joram selbst anspannen. Man machte seinen Wagen bereit, und Joram, der König von Israel, und Ahasja, der König von Juda, fuhren, jeder auf seinem Wagen, Jehu entgegen. Sie trafen ihn beim Acker Nabots aus Jesreel. 22 Als Joram Jehu sah, fragte er: Kommst du in friedlicher Absicht, Jehu? Doch dieser erwiderte: Wie sollte ich in friedlicher Absicht kommen, solange die Unzucht deiner Mutter Isebel und ihre vielen Zaubereien andauern? 23 Da lenkte Joram um und wollte fliehen, während er Ahasja zurief: Verrat, Ahasja! 24 Doch Jehu ergriff den Bogen und traf Joram zwischen die Schultern, so daß der Pfeil sein Herz durchbohrte und er in seinem Wagen niedersank. 25 Dann befahl Jehu seinem Adjutanten Bidkar: Nimm ihn, und wirf ihn auf den Acker Nabots aus Jesreel. Denk daran: Ich und du fuhren auf unseren Gespannen hinter seinem Vater Ahab her, als der Herr dieses Wort über ihn verkünden ließ: 26 Fürwahr, ich habe gestern das Blut Nabots und seiner Söhne gesehen – Spruch des Herrn. Ich werde an dir auf diesem Acker Vergeltung üben – Spruch des Herrn. Nimm ihn also, und wirf ihn auf den Acker, wie es der Herr gesagt hat.

27 Als Ahasja, der König von Juda, dies sah, floh er in Richtung Bet-Gan. Doch Jehu verfolgte ihn

und rief: Schlagt auch diesen nieder! Man schlug
ihn beim Anstieg nach Gur, das bei Jibleam liegt,
im Wagen nieder. Er kam noch bis Megiddo, wo
er starb. 28 Seine Diener brachten ihn nach Jerusa-
lem und begruben ihn bei seinen Vätern in sei-
nem Grab in der Davidstadt. 29 Im elften Jahr Jo-
rams, des Sohnes Ahabs, war Ahasja König von
Juda geworden.

Das Ende Isebels

30 Als Jehu nach Jesreel kam und Isebel dies er-
fuhr, legte sie Schminke auf ihre Augen,
schmückte ihr Haupt und schaute durch das Fen-
ster hinab. 31 Während dann Jehu an das Tor trat,
rief sie ihm zu: Geht es Simri, dem Mörder seines
Herrn, gut? 32 Jehu schaute zum Fenster empor
und fragte: Ist jemand da, der zu mir hält? Zwei
oder drei Hofleute sahen zu ihm herab, 33 und er
befahl ihnen: Werft sie herunter! Sie warfen sie
herunter, und Isebels Blut bespritzte die Wand
und die Pferde, die sie zertraten. 34 Dann ging Jehu
hinein, um zu essen und zu trinken. Schließlich
befahl er: Seht nach dieser Verfluchten, und be-
grabt sie; denn sie ist eine Königstochter. 35 Doch
als sie hinkamen, um sie zu begraben, fanden sie
von ihr nur noch den Schädel, die Füße und die
Hände. 36 Und sie kamen zurück, um es ihm zu
melden. Er aber sagte: Das ist das Wort, das der
Herr durch seinen Knecht Elija aus Tischbe ver-
kündet hat: Auf der Flur von Jesreel werden die
Hunde das Fleisch Isebels fressen. 37 Die Leiche
Isebels soll wie Mist auf dem Feld in der Flur Jes-
reels liegen, so daß man nicht mehr sagen kann:
Das ist Isebel.

Der Untergang des Hauses Ahab

10 Ahab hatte siebzig Söhne in Samaria.
Jehu sandte nun Briefe nach Samaria an
die Fürsten der Stadt, an die Ältesten und die Er-
zieher der Söhne Ahabs. Darin schrieb er: 2 Wenn
jetzt dieses Schreiben zu euch kommt, bedenkt:
Bei euch sind die Söhne eures Herrn. Ihr habt die
Wagen und die Pferde, eine befestigte Stadt und
die Waffen. 3 Seht euch nach dem besten und
tüchtigsten unter den Söhnen eures Herrn um,
setzt ihn auf den Thron seines Vaters, und kämpft
für das Haus eures Herrn! 4 Doch sie bekamen
große Angst und sagten: Die beiden Könige konn-
ten ihm nicht standhalten. Wie sollten wir es kön-
nen? 5 Daher ließen der Palastvorsteher, der Stadt-
oberste, die Ältesten und die Erzieher dem Jehu
melden: Wir sind deine Knechte und wollen alles
tun, was du uns befiehlst; wir werden keinen Kö-
nig aufstellen. Tu, was du für richtig hältst.
6 Darauf schrieb er einen zweiten Brief an sie mit
folgendem Inhalt: Wenn ihr auf meiner Seite steht
und meinen Befehlen gehorchen wollt, dann
nehmt die Köpfe der Söhne eures Herrn, und
kommt morgen um diese Zeit zu mir nach Jesreel!
Die siebzig Söhne des Königs waren bei den
Großen der Stadt, die sie erzogen. 7 Sobald der
Brief angekommen war, ergriff man die Söhne
des Königs, machte alle siebzig nieder, legte ihre
Köpfe in Körbe und schickte sie zu Jehu nach Jes-
reel. 8 Als der Bote mit der Meldung eintraf, daß
man die Köpfe der Königssöhne gebracht habe,
befahl Jehu: Schichtet sie bis zum Morgen in zwei
Haufen vor dem Tor auf! 9 Am nächsten Morgen
ging er hinaus, trat vor das Volk und sagte: Ihr seid
ohne Schuld. Ich bin es, der die Verschwörung ge-
gen meinen Herrn angezettelt und ihn getötet
hat. Doch wer hat diese alle erschlagen? 10 Erkennt
also, daß keine der Drohungen unerfüllt bleibt,
die der Herr gegen das Haus Ahab ausgesprochen
hat. Der Herr hat das getan, was er durch seinen
Knecht Elija verkündet hat. 11 Hierauf ließ Jehu alle
vom Haus Ahab erschlagen, die noch in Jesreel
übriggeblieben waren, alle Großen und Vertrau-
ten Ahabs, auch alle seine Priester; keinen von ih-
nen ließ er entkommen.
12 Dann brach er auf, um nach Samaria zu ziehen.
Als er unterwegs bei Bet-Eked-Roïm war, 13 traf er
die Brüder Ahasjas, des Königs von Juda. Er fragte
sie: Wer seid ihr? Sie antworteten: Wir sind die
Brüder Ahasjas und sind gekommen, um die
Söhne des Königs und die Söhne der Herrin zu be-
grüßen. 14 Da befahl er: Ergreift sie lebendig! Man
ergriff sie lebendig und machte sie am Brunnen
von Bet-Eked nieder. Es waren zweiundvierzig
Mann; keinen von ihnen ließ er am Leben.
15 Von da zog er weiter und traf Jonadab, den
Sohn Rechabs, der ihm entgegenkam. Er grüßte
ihn und fragte: Ist dein Herz aufrichtig gegen mich
wie mein Herz gegen dich? Jonadab antwortete:
So ist es. (Da sagte Jehu:) Wenn es so ist, dann
reich mir deine Hand! Da reichte er ihm die Hand,
und Jehu nahm ihn zu sich auf den Wagen 16 und
sagte: Komm mit mir, und sieh meinen Eifer für
den Herrn! So ließ er ihn bei sich im Wagen fah-
ren. 17 Als er nach Samaria kam, ließ er alle er-

schlagen, die vom Haus Ahab dort noch übrigge-
blieben waren. Sie wurden ausgerottet, wie es
der Herr zu Elija gesagt hatte.

Die Beseitigung der Baalspriester

[18]Jehu versammelte das ganze Volk und trug ihm
vor: Ahab hat Baal nur wenig gedient; Jehu wird
ihm eifriger dienen. [19]Ruft jetzt alle Propheten
Baals, alle seine Diener und Priester zu mir! Kei-
ner darf fernbleiben; denn ich will ein großes
Schlachtopfer für Baal darbringen. Wer nicht er-
scheint, soll sein Leben verlieren. Jehu tat dies aus
Hinterlist, weil er die Baalsdiener vernichten
wollte. [20]Darauf befahl Jehu: Bereitet eine Festver-
sammlung zur Ehre Baals vor! Und um sie einzu-
berufen, [21]sandte Jehu Boten durch ganz Israel.
Alle Baalsdiener kamen; es gab keinen, der fern-
blieb. Sie betraten den Baalstempel, der sich von
einem Ende zum andern füllte. [22]Nun befahl Jehu
dem Verwalter der Kleiderkammer, jedem Baals-
diener ein Kleid zu reichen. Nachdem dieser die
Gewänder überreicht hatte, [23]betrat Jehu mit Jona-
dab, dem Sohn Rechabs, den Baalstempel und for-
derte die Baalsdiener auf: Vergewissert euch, daß
nur Baalsdiener hier sind und daß kein Diener
Jahwes sich unter euch befindet. [24]Darauf began-
nen sie, Schlacht- und Brandopfer darzubringen.

Jehu hatte aber draußen achtzig Mann aufge-
stellt und ihnen gesagt: Wer einen von den Män-
nern, die ich in eure Hand gebe, entkommen läßt,
wird mit seinem Leben dafür büßen. [25]Nach Be-
endigung des Brandopfers befahl er den Läufern
und ihren Hauptleuten: Kommt her, und macht
sie nieder! Keiner darf entrinnen. Die Läufer und
ihre Hauptleute erschlugen sie mit scharfem
Schwert und warfen die Leichen hinaus. Dann
machten sie sich über den Tempel des Baal her,
[26]schafften das Steinmal des Baalstempels weg
und verbrannten es. [27]Sie zerschlugen das Stein-
mal des Baal, rissen den Baalstempel nieder und
machten ihn zu einer Stätte des Unrats; das blieb
er bis zum heutigen Tag. [28]So beseitigte Jehu den
Baal aus Israel. [29]Doch von den Sünden, zu denen
Jerobeam, der Sohn Nebats, Israel verführt hatte,
den goldenen Kälbern in Bet-El und Dan, ließ Jehu
nicht ab.

Verschiedene Angaben über Jehu

[30]Der Herr sprach zu Jehu: Weil du mein Vorha-
ben genau vollstreckt und am Haus Ahab alles
ausgeführt hast, was ich ihm zugedacht hatte, sol-
len Nachkommen von dir bis in das vierte Ge-
schlecht auf dem Thron Israels sitzen. [31]Doch
Jehu war nicht darauf bedacht, mit ganzem Her-
zen das Gesetz des Herrn, des Gottes Israels, zu
befolgen. Er ließ nicht von den Sünden ab, zu de-
nen Jerobeam die Israeliten verführt hatte.

[32]In jenen Tagen begann der Herr, Israel zu ver-
kleinern. Hasaël schlug sie in allen Gebieten Isra-
els [33]östlich des Jordan: Er verwüstete das ganze
Land Gilead, das Gebiet der Stämme Gad, Ruben
und Manasse bis nach Aroër am Arnon, Gilead
und den Baschan.

[34]Die übrige Geschichte Jehus, alle seine Taten
und Erfolge, sind aufgezeichnet in der Chronik
der Könige von Israel. [35]Jehu entschlief zu seinen
Vätern; man begrub ihn in Samaria. Sein Sohn
Joahas wurde König an seiner Stelle. [36]Die Zeit,
die Jehu in Samaria König von Israel war, betrug
achtundzwanzig Jahre.

Atalja

11 Als Atalja, die Mutter Ahasjas, sah, daß ihr
Sohn tot war, ging sie daran, die ganze
Nachkommenschaft der königlichen Familie aus-
zurotten. [2]Doch Joscheba, die Tochter des Königs
Joram und Schwester Ahasjas, nahm Joasch, den
Sohn Ahasjas, aus dem Kreis der Königssöhne,
die ermordet werden sollten, weg und brachte
ihn heimlich mit seiner Amme in die Bettenkam-
mer. Dort versteckte sie ihn vor Atalja, so daß er
nicht getötet wurde. [3]Er blieb sechs Jahre bei ihr
im Haus des Herrn verborgen, während Atalja das
Land regierte.

[4]Im siebten Jahr bestellte der Priester Jojada die
Hundertschaftsführer der Karer und Läufer zu
sich. Er führte sie in das Haus des Herrn, schloß
mit ihnen ein Abkommen, ließ sie im Haus des
Herrn schwören und zeigte ihnen den Sohn des
Königs. [5]Dann ordnete er an: Das ist es, was ihr
tun sollt: Ein Drittel von der Wache, die am Sab-
bat aufzieht, soll den Königspalast bewachen,
[6]ein Drittel soll am Tor Sur und ein Drittel am Tor
hinter den Läufern stehen. Auf diese Weise sollt
ihr abwechselnd die Bewachung des Tempels
übernehmen. [7]Die zwei Abteilungen aber, die am
Sabbat abziehen, sollen im Haus des Herrn beim
König als Wache stehen. [8]Schart euch mit der
Waffe in der Hand um den König! Wer in die Rei-
hen einzudringen versucht, soll getötet werden.

Seid beim König, wenn er auszieht und wenn er
einzieht. 9 Die Führer der Hundertschaften befolg-
ten alle Weisungen des Priesters Jojada. Jeder
holte seine Leute, sowohl jene, die am Sabbat
aufzogen, als auch jene, die am Sabbat abzogen.
Sie kamen zum Priester Jojada, 10 und dieser gab
den Anführern der Hundertschaften die Lanzen
und Schilde, die dem König David gehört hatten
und sich jetzt im Haus des Herrn befanden. 11 Die
Läufer stellten sich mit der Waffe in der Hand von
der Südseite des Tempels bis zur Nordseite vor
dem Altar und dem Tempel rings um den König
auf. 12 Dann führte Jojada den Königssohn heraus
und überreichte ihm den Stirnreif und das Kö-
nigsgesetz. So machten sie ihn zum König, salb-
ten ihn, klatschten in die Hände und riefen: Es
lebe der König!
13 Als Atalja das Geschrei des Volkes hörte, kam
sie zu den Leuten in das Haus des Herrn. 14 Da sah
sie den König am gewohnten Platz bei der Säule
stehen; die Obersten und die Trompeter waren
bei ihm, und alle Bürger des Landes waren voller
Freude und bliesen die Trompeten. Atalja zerriß
ihre Kleider und schrie: Verrat, Verrat! 15 Doch der
Priester Jojada befahl den Hundertschaftsführern,
die das Kommando über die Truppen hatten:
Führt sie durch die Reihen hinaus, und schlagt je-
den mit dem Schwert nieder, der ihr folgen will;
denn – so sagte der Priester – sie soll nicht im
Haus des Herrn getötet werden. 16 Da legte man
Hand an sie, und als sie an den Weg kam, auf dem
man die Pferde zum Palast des Königs führt,
wurde sie dort getötet.
17 Jojada schloß nun den Bund des Herrn mit Kö-
nig und Volk. Sie versprachen, daß sie das Volk
des Herrn sein wollten. Auch König und Volk ließ
er einen Bund schließen. 18 Darauf zogen alle Bür-
ger des Landes zum Baalstempel und rissen ihn
nieder. Sie zertrümmerten seine Altäre und Bilder
vollständig und erschlugen den Baalspriester
Mattan vor den Altären. Auch stellte Jojada Po-
sten vor das Haus des Herrn 19 und rief die Hun-
dertschaftsführer, die Karer und Läufer sowie alle
Bürger des Landes herbei. Sie führten den König
aus dem Haus des Herrn durch das Tor der Läufer
hinab in den königlichen Palast. Dort setzte er
sich auf den Thron der Könige. 20 Alle Bürger des
Landes waren voll Freude, und die Stadt blieb ru-
hig. Atalja aber hatte man vor dem Palast des Kö-
nigs mit dem Schwert umgebracht.

Joasch von Juda

12 Joasch war sieben Jahre alt, als er König
wurde. 2 Im siebten Jahr Jehus wurde er
König, und vierzig Jahre regierte er in Jerusalem.
Seine Mutter hieß Zibja und stammte aus Beer-
scheba. 3 Er tat, was dem Herrn gefiel, solange der
Priester Jojada ihn unterwies. 4 Nur die Kulthöhen
verschwanden nicht. Das Volk brachte noch
Schlacht- und Rauchopfer auf ihnen dar.
5 Joasch gab den Priestern die Weisung: Alles
Geld, das als Weihegabe in das Haus des Herrn ge-
bracht wird, ferner das Geld, das jemandem
durch Schätzung auferlegt wird oder das er nach
der Schätzung für andere zu entrichten hat, end-
lich das Geld, das jemand freiwillig in das Haus
des Herrn bringt, 6 das alles sollen die Priester an
sich nehmen, jeder von seinen Bekannten. Sie
sollen damit die Schäden ausbessern, die man am
Tempel feststellt. 7 Als aber die Priester im drei-
undzwanzigsten Jahr des Königs Joasch die Schä-
den des Hauses noch nicht beseitigt hatten, 8 ließ
König Joasch den Priester Jojada und die übrigen
Priester kommen und hielt ihnen vor: Warum
bessert ihr die Schäden am Tempel nicht aus? Von
jetzt an dürft ihr das Geld, das von euren Be-
kannten kommt, nicht mehr an euch nehmen,
sondern müßt es unverzüglich zur Ausbesserung
der Schäden des Hauses abliefern. 9 Die Priester
waren damit einverstanden, daß sie vom Volk
kein Geld mehr annehmen durften, aber auch für
die Schäden des Hauses nicht mehr aufkommen
mußten.
10 Der Priester Jojada nahm nun einen Kasten,
bohrte ein Loch in seinen Deckel und stellte ihn
neben dem Altar rechts vom Eingang zum Tem-
pel des Herrn auf. Dahinein legten die Priester, die
an der Schwelle Wache hielten, alles Geld, das in
den Tempel des Herrn gebracht wurde. 11 Wenn sie
dann sahen, daß viel Geld im Kasten war, kam
der Schreiber des Königs mit dem Hohenpriester.
Sie leerten den Kasten, zählten das Geld, das sich
im Haus des Herrn befand, 12 und übergaben es ab-
gewogen den Werkmeistern, die die Arbeiten im
Haus des Herrn beaufsichtigten. Diese verwende-
ten es für die Zimmerleute und Bauarbeiter, die
im Haus des Herrn beschäftigt waren, 13 für die
Maurer und Steinmetzen, ebenso zum Ankauf
von Holz und Bruchsteinen, die man zur Beseiti-
gung der Schäden am Haus des Herrn benötigte,
und zur Bestreitung aller Unkosten, die bei der

Ausbesserung des Hauses entstanden. 14 Man ließ
jedoch von dem Geld, das in den Tempel kam,
keine silbernen Becken, Lichtscheren, Schalen,
Trompeten, auch keinerlei Gold- und Silbergeräte
für das Haus des Herrn anfertigen, 15 sondern gab
alles den Werkmeistern, die damit das Haus des
Herrn instandsetzten. 16 Man rechnete mit den
Männern, denen man das Geld zur Ausbezah-
lung an die Arbeiter übergab, nicht ab; denn sie
waren zuverlässige Leute. 17 Geld für Schuld- und
Sündopfer dagegen wurde nicht an den Tempel
abgeführt, sondern gehörte den Priestern.
18 Damals zog Hasaël, der König von Aram, her-
auf, griff Gat an und eroberte es. Als er sich an-
schickte, auch gegen Jerusalem zu ziehen, 19 nahm
Joasch, der König von Juda, alle Weihegaben, die
Joschafat, Joram und Ahasja, seine Vorgänger, die
Könige von Juda, gespendet hatten, dazu seine ei-
genen Weihegaben und alles Gold, das in den
Schatzkammern des Tempels und des königli-
chen Palastes war, und sandte alles an Hasaël,
den König von Aram, der daraufhin von Jerusa-
lem abzog.
20 Die übrige Geschichte des Joasch und alle
seine Taten sind aufgezeichnet in der Chronik der
Könige von Juda. 21 Seine Diener erhoben sich ge-
gen ihn; sie zettelten eine Verschwörung an und
erschlugen ihn im Haus am Millo beim Abstieg
nach Silla. 22 Sabad, der Sohn Schimats, und Josa-
bad, der Sohn Schomers, seine Diener, waren es,
die ihn erschlugen. So starb er, und man begrub
ihn bei seinen Vätern in der Davidstadt. Sein
Sohn Amazja wurde König an seiner Stelle.

Joahas von Israel

13 Im dreiundzwanzigsten Jahr des Joasch,
des Sohnes Ahasjas, des Königs von Juda,
wurde Joahas, der Sohn Jehus, König von Israel.
Er regierte siebzehn Jahre in Samaria 2 und tat,
was dem Herrn mißfiel; er hielt an der Sünde fest,
zu der Jerobeam, der Sohn Nebats, Israel verführt
hatte, und ließ nicht von ihr ab. 3 Deswegen ent-
brannte der Zorn des Herrn gegen Israel. Er gab
sie in die Gewalt Hasaëls, des Königs von Aram,
und seines Sohnes Ben-Hadad, die ganze Zeit hin-
durch.
4 Als aber Joahas den Herrn besänftigte, erhörte
ihn der Herr; denn er sah die Bedrängnis, die der
König von Aram über Israel brachte. 5 Er gab Israel
einen Helfer, so daß es sich aus der Gewalt Arams
befreien konnte und die Israeliten wieder in ihren
Zelten wohnten wie früher. 6 Doch ließen sie
nicht von der Sünde ab, zu der das Haus Jerobeam
Israel verführt hatte, sondern hielten an ihr fest.
Auch der Kultpfahl blieb in Samaria stehen.
7 Der Herr ließ vom Heer des Joahas nur fünfzig
Wagenkämpfer, zehn Wagen und zehntausend
Mann Fußtruppen übrig. Alles andere hatte der
König von Aram vernichtet und dem Staub
gleichgemacht, auf den man tritt.
8 Die übrige Geschichte des Joahas, alle seine Ta-
ten und Erfolge, sind aufgezeichnet in der Chro-
nik der Könige von Israel. 9 Er entschlief zu seinen
Vätern; man begrub ihn in Samaria. Sein Sohn Jo-
asch wurde König an seiner Stelle.

Joasch von Israel

10 Im siebenunddreißigsten Jahr des Königs Joasch
von Juda wurde Joasch, der Sohn des Joahas, Kö-
nig von Israel. Er regierte sechzehn Jahre in Sa-
maria 11 und tat, was dem Herrn mißfiel; er ließ
nicht von der Sünde ab, zu der Jerobeam, der
Sohn Nebats, Israel verführt hatte.
12 Die übrige Geschichte des Joasch, alle seine Ta-
ten und Erfolge, wie er mit Amazja, dem König
von Juda, Krieg führte, all das ist aufgezeichnet in
der Chronik der Könige von Israel. 13 Joasch ent-
schlief zu seinen Vätern, und Jerobeam bestieg
seinen Thron. Joasch wurde in Samaria bei den
Königen von Israel begraben.

Die Krankheit und der Tod Elischas

14 Als Elischa von der Krankheit befallen wurde, an
der er sterben sollte, ging Joasch, der König von Is-
rael, zu ihm hinab. Er weinte vor ihm und rief:
Mein Vater, mein Vater! Wagen Israels und sein
Lenker! 15 Doch Elischa befahl ihm: Hol einen Bo-
gen und Pfeile! Er holte sie herbei. 16 Dann sagte
Elischa zum König von Israel: Leg deine Hand auf
den Bogen! Da legte er die Hand auf den Bogen,
Elischa aber legte seine Hände auf die Hände des
Königs. 17 Hierauf sagte er: Öffne das Fenster nach
Osten! Der König öffnete es, und Elischa forderte
ihn auf zu schießen. Als er abschoß, rief Elischa:
Ein Siegespfeil vom Herrn, ein Siegespfeil gegen
Aram. Du wirst Aram bei Afek vernichtend schla-
gen. 18 Weiter sagte er: Nimm die Pfeile! Als der
König von Israel sie genommen hatte, befahl ihm
Elischa, auf den Boden zu schlagen. Der König tat
drei Schläge und hielt dann inne. 19 Da wurde der

Gottesmann unwillig über ihn und sagte: Du hät-
test fünf- oder sechsmal schlagen sollen; dann
hättest du die Aramäer vernichtend geschlagen.
Jetzt aber wirst du sie nur dreimal schlagen.
20 Elischa starb, und man begrub ihn. In jenem
Jahr fielen moabitische Räuberscharen in das
Land ein. 21 Als man einmal einen Toten begrub
und eine dieser Scharen erblickte, warf man den
Toten in das Grab Elischas und floh. Sobald aber
der Tote die Gebeine Elischas berührte, wurde er
wieder lebendig und richtete sich auf.

Die Erfolge gegen Aram

22 Hasaël, der König von Aram, bedrängte Israel,
solange Joahas lebte. 23 Doch der Herr war seinem
Volk gnädig und hatte Erbarmen mit ihm. Wegen
seines Bundes mit Abraham, Isaak und Jakob
wandte er sich ihm wieder zu. Er wollte es nicht
verderben und hatte es bis dahin nicht von sei-
nem Angesicht verstoßen. 24 Als daher Hasaël, der
König von Aram, starb und sein Sohn Ben-Hadad
an seiner Stelle König wurde, 25 konnte Joasch, der
Sohn des Joahas, Ben-Hadad, dem Sohn Hasaëls,
die Städte wieder entreißen, die dieser seinem Va-
ter Joahas im Krieg weggenommen hatte. Dreimal
schlug ihn Joasch und gewann die israelitischen
Städte zurück.

Amazja von Juda

14 Im zweiten Jahr des Joasch, des Sohnes
des Joahas, des Königs von Israel, wurde
Amazja, der Sohn des Joasch, König von Juda. 2 Er
war fünfundzwanzig Jahre alt, als er König
wurde, und regierte neunundzwanzig Jahre in Je-
rusalem. Seine Mutter hieß Joaddan und stammte
aus Jerusalem. 3 Er tat, was dem Herrn gefiel,
wenn auch nicht in der Weise seines Ahnherrn
David; sein Verhalten glich dem seines Vaters Jo-
asch. 4 Die Kulthöhen verschwanden nicht; das
Volk brachte noch Schlacht- und Rauchopfer auf
ihnen dar.
5 Sobald die Herrschaft fest in seiner Hand war,
ließ er die Diener hinrichten, die seinen Vater, den
König, erschlagen hatten. 6 Die Söhne der Mörder
aber verschonte er, wie der Herr es geboten hatte
und wie es im Gesetzbuch des Mose niederge-
schrieben ist: Die Väter sollen nicht für ihre
Söhne und die Söhne nicht für ihre Väter mit dem
Tod bestraft werden, sondern jeder soll nur für
sein eigenes Verbrechen sterben.
7 Er besiegte die Edomiter, zehntausend Mann,
im Salztal, nahm Sela im Kampf und nannte es
Jokteel, wie es bis heute genannt wird.
8 Damals sandte Amazja Boten an Joasch, den
Sohn des Joahas, des Sohnes Jehus, den König
von Israel, und ließ ihm sagen: Komm, wir wol-
len (im Kampf) einander gegenübertreten. 9 Doch
Joasch, der König von Israel ließ dem König Ama-
zja von Juda sagen: Der Dornstrauch auf dem Li-
banon ließ der Zeder auf dem Libanon sagen: Gib
deine Tochter meinem Sohn zur Frau! Aber die
Tiere des Libanon liefen über den Dornstrauch
und zertraten ihn. 10 Du hast Edom besiegt und
bist übermütig geworden. Wahre doch deinen
Ruhm, und bleib zu Hause! Wozu willst du das
Unglück herausfordern und zu Fall kommen, du
und Juda mit dir? 11 Doch Amazja wollte nicht
hören. Daraufhin rückte Joasch, der König von Is-
rael, aus. Er und Amazja, der König von Juda, tra-
ten bei Bet-Schemesch, das zu Juda gehört, ein-
ander gegenüber. 12 Die Judäer wurden von den
Israeliten geschlagen und flohen zu ihren Zelten.
13 Den König Amazja von Juda, den Sohn des
Joasch, des Sohnes Ahasjas, nahm König Joasch
von Israel bei Bet-Schemesch gefangen und
brachte ihn nach Jerusalem. Dort riß er die Mauer
der Stadt vom Efraimtor bis zum Ecktor auf einer
Strecke von vierhundert Ellen nieder, 14 nahm al-
les Gold und Silber sowie alle Geräte, die sich im
Haus des Herrn und in den Schatzkammern des
königlichen Palastes befanden, ließ sich Geiseln
stellen und kehrte nach Samaria zurück.
15 Die übrige Geschichte des Joasch, seine Taten
und Erfolge, auch wie er mit Amazja, dem König
von Juda, Krieg führte, all das ist aufgezeichnet in
der Chronik der Könige von Israel. 16 Joasch ent-
schlief zu seinen Vätern und wurde in Samaria
bei den Königen von Israel begraben. Sein Sohn
Jerobeam wurde König an seiner Stelle.
17 Amazja, der Sohn des Joasch, der König von
Juda, lebte nach dem Tod des Joasch, des Sohnes
des Joahas, des Königs von Israel, noch fünfzehn
Jahre. 18 Die übrige Geschichte Amazjas ist aufge-
zeichnet in der Chronik der Könige von Juda.
19 Gegen ihn zettelte man in Jerusalem eine Ver-
schwörung an. Er floh nach Lachisch; aber man
sandte Verfolger hinter ihm her nach Lachisch,
die ihn dort erschlugen. 20 Man brachte ihn auf
Pferden nach Jerusalem; dort wurde er bei seinen
Vätern in der Davidstadt begraben. 21 Das ganze

Volk von Juda nahm nun Asarja, der damals sech-
zehn Jahre alt war, und machte ihn zum König an-
stelle seines Vaters Amazja. 22 Er baute Elat aus,
das er für Juda zurückgewonnen hatte, nachdem
der König zu seinen Vätern entschlafen war.

Jerobeam II. von Israel

23 Im fünfzehnten Jahr Amazjas, des Sohnes des
Joasch, des Königs von Juda, wurde Jerobeam, der
Sohn des Joasch, König von Israel. Er regierte ein-
undvierzig Jahre in Samaria 24 und tat, was dem
Herrn mißfiel; er ließ nicht von all den Sünden ab,
zu denen Jerobeam, der Sohn Nebats, Israel ver-
führt hatte. 25 Er stellte die Grenzen Israels wieder
her von Lebo-Hamat bis zum Meer der Araba,
wie es der Herr, der Gott Israels, durch seinen
Knecht, den Propheten Jona, den Sohn Amittais
aus Gat-Hefer, vorhergesagt hatte. 26 Denn der
Herr sah die bittere Not Israels: daß bis zum letz-
ten Mann alle dahinschwanden und daß es für Is-
rael keinen Retter gab. 27 Er hatte nicht im Sinn,
den Namen Israels unter dem Himmel auszutil-
gen. Darum half er ihnen durch Jerobeam, den
Sohn des Joasch.
28 Die übrige Geschichte Jerobeams, alle seine
Taten und Erfolge, wie er Krieg führte, ... all das
ist aufgezeichnet in der Chronik der Könige von
Israel. 29 Jerobeam entschlief zu seinen Vätern,
den Königen von Israel, und sein Sohn Secharja
wurde König an seiner Stelle.

Asarja (Usija) von Juda

15 Im siebenundzwanzigsten Jahr Jero-
beams, des Königs von Israel, wurde
Asarja, der Sohn Amazjas, König von Juda. 2 Er
war sechzehn Jahre alt, als er König wurde, und
regierte zweiundfünfzig Jahre in Jerusalem. Seine
Mutter hieß Jecholja und stammte aus Jerusalem.
3 Genau wie sein Vater Amazja tat er, was dem
Herrn gefiel. 4 Nur die Kulthöhen verschwanden
nicht; das Volk brachte noch Schlacht- und
Rauchopfer auf ihnen dar. 5 Doch der Herr schlug
den König mit Aussatz. Er mußte bis zu seinem
Tod in einem abgesonderten Haus wohnen,
während Jotam, der Sohn des Königs, Vorsteher
des Palastes war und die Bürger des Landes re-
gierte.
6 Die übrige Geschichte Asarjas und alle seine Ta-
ten sind aufgezeichnet in der Chronik der Könige
von Juda. 7 Asarja entschlief zu seinen Vätern;
man begrub ihn bei seinen Vätern in der David-
stadt. Sein Sohn Jotam wurde König an seiner
Stelle.

Secharja von Israel

8 Im achtunddreißigsten Jahr des Königs Asarja
von Juda wurde Secharja, der Sohn Jerobeams,
König von Israel. Er regierte sechs Monate in Sa-
maria. 9 Wie seine Väter tat er, was dem Herrn
mißfiel. Er ließ nicht von den Sünden ab, zu de-
nen Jerobeam, der Sohn Nebats, Israel verführt
hatte. 10 Gegen ihn zettelte Schallum, der Sohn des
Jabesch, eine Verschwörung an; er erschlug ihn in
Jibleam und wurde König an seiner Stelle.
11 Die übrige Geschichte Secharjas ist aufge-
zeichnet in der Chronik der Könige von Israel.
12 So erfüllte sich das Wort, das der Herr zu Jehu ge-
sprochen hatte: Nachkommen von dir sollen bis
in das vierte Geschlecht auf dem Thron Israels sit-
zen. So ist es geschehen.

Schallum von Israel

13 Im neununddreißigsten Jahr Usijas, des Königs
von Juda, wurde Schallum, der Sohn des Jabesch,
König und regierte einen Monat in Samaria. 14 Ge-
gen ihn zog Menahem, der Sohn Gadis, von Tirza
heran, kam nach Samaria, erschlug Schallum, den
Sohn des Jabesch, in Samaria und wurde König an
seiner Stelle.
15 Die übrige Geschichte Schallums und die Ver-
schwörung, die er angezettelt hat, sind aufge-
zeichnet in der Chronik der Könige von Israel.
16 Damals eroberte Menahem von Tirza aus die
Stadt Tifsach und tötete alle Bewohner der Stadt
und ihrer Umgebung, weil sie ihm die Tore nicht
geöffnet hatten. Er eroberte sie und ließ ihren
schwangeren Frauen den Leib aufschlitzen.

Menahem von Israel

17 Im neununddreißigsten Jahr Asarjas, des Königs
von Juda, wurde Menahem, der Sohn Gadis, Kö-
nig von Israel. Er regierte zehn Jahre in Samaria
18 und tat, was dem Herrn mißfiel; er ließ nicht von
den Sünden ab, zu denen Jerobeam, der Sohn Ne-
bats, Israel verführt hatte. 19 In seinen Tagen kam
Pul, der König von Assur, in das Land. Menahem
gab ihm tausend Talente Silber, damit er ihm
helfe, seine Herrschaft zu festigen. 20 Um das Geld
dem König von Assur abliefern zu können, mußte
er den wohlhabenden Männern in Israel eine

Steuer auferlegen; fünfzig Silberschekel kamen auf jeden. Daraufhin zog der König von Assur ab und blieb nicht länger im Land.

21 Die übrige Geschichte Menahems und alle seine Taten sind aufgezeichnet in der Chronik der Könige von Israel. 22 Er entschlief zu seinen Vätern, und sein Sohn Pekachja wurde König an seiner Stelle.

Pekachja von Israel

23 Im fünfzigsten Jahr Asarjas, des Königs von Juda, wurde Pekachja, der Sohn Menahems, König von Israel. Er regierte zwei Jahre in Samaria 24 und tat, was dem Herrn mißfiel; er ließ nicht von den Sünden ab, zu denen Jerobeam, der Sohn Nebats, Israel verführt hatte. 25 Gegen ihn zettelte sein Adjutant Pekach, der Sohn Remaljas, eine Verschwörung an und erschlug ihn im Wohnturm des königlichen Palastes in Samaria . . . Er hatte fünfzig Mann aus Gilead bei sich, tötete Pekachja und wurde König an seiner Stelle.

26 Die übrige Geschichte Pekachjas und alle seine Taten sind aufgezeichnet in der Chronik der Könige von Israel.

Pekach von Israel

27 Im zweiundfünfzigsten Jahr des Königs Asarja von Juda wurde Pekach, der Sohn Remaljas, König von Israel. Er regierte zwanzig Jahre in Samaria 28 und tat, was dem Herrn mißfiel; er ließ nicht von den Sünden ab, zu denen Jerobeam, der Sohn Nebats, Israel verführt hatte. 29 In den Tagen Pekachs, des Königs von Israel, zog Tiglat-Pileser, der König von Assur, heran. Er eroberte Ijon, Abel-Bet-Maacha, Janoach, Kedesch, Hazor, Gilead, Galiläa, das ganze Land Naftali, und verschleppte ihre Bewohner nach Assur. 30 Hoschea aber, der Sohn Elas, zettelte eine Verschwörung gegen Pekach, den Sohn Remaljas, an. Er erschlug ihn und wurde König an seiner Stelle im zwanzigsten Jahr Jotams, des Sohnes Usijas.

31 Die übrige Geschichte Pekachs und alle seine Taten sind aufgezeichnet in der Chronik der Könige von Israel.

Jotam von Juda

32 Im zweiten Jahr Pekachs, des Sohnes Remaljas, des Königs von Israel, wurde Jotam, der Sohn Usijas, König von Juda. 33 Er war fünfundzwanzig Jahre alt, als er König wurde, und regierte sechzehn Jahre in Jerusalem. Seine Mutter hieß Jeruscha und war eine Tochter Zadoks. 34 Er tat, was dem Herrn gefiel, genau wie sein Vater Usija. 35 Nur die Kulthöhen verschwanden nicht. Das Volk brachte noch Schlacht- und Rauchopfer auf ihnen dar. Er baute das obere Tor am Haus des Herrn.

36 Die übrige Geschichte Jotams und seine Taten sind aufgezeichnet in der Chronik der Könige von Juda. 37 In jenen Tagen begann der Herr, Rezin, den König von Aram, und Pekach, den Sohn Remaljas, gegen Juda ziehen zu lassen. 38 Jotam aber entschlief zu seinen Vätern und wurde bei seinen Vätern in der Stadt seines Vaters David begraben. Sein Sohn Ahas wurde König an seiner Stelle.

Ahas von Juda

16 Im siebzehnten Jahr Pekachs, des Sohnes Remaljas, wurde Ahas, der Sohn Jotams, König von Juda. 2 Er war zwanzig Jahre alt, als er König wurde, und regierte sechzehn Jahre in Jerusalem. Er tat nicht wie sein Vater David, was dem Herrn, seinem Gott, gefiel, 3 sondern er folgte den Wegen der Könige von Israel. Er ließ sogar seinen Sohn durch das Feuer gehen und ahmte so die Greuel der Völker nach, die der Herr vor den Israeliten vertrieben hatte. 4 Auf den Kulthöhen und Hügeln und unter jedem üppigen Baum brachte er Schlacht- und Rauchopfer dar.

5 Damals unternahmen Rezin, der König von Aram, und Pekach, der Sohn Remaljas, der König von Israel, einen Kriegszug gegen Jerusalem. Sie schlossen Ahas ein, konnten ihn aber nicht zum Kampf zwingen. 6 Zur gleichen Zeit gewann Rezin, der König von Aram, Elat für Edom zurück. Er vertrieb die Judäer aus Elat, und die Edomiter kamen und blieben dort ansässig bis zum heutigen Tag. 7 Ahas aber sandte Boten an Tiglat-Pileser, den König von Assur, und ließ ihm sagen: Ich bin dein Knecht und dein Sohn; zieh herauf, und rette mich aus der Hand des Königs von Aram und des Königs von Israel, die mich bedrohen. 8 Zugleich nahm Ahas das Silber und Gold, das sich im Haus des Herrn und in den Schatzkammern des königlichen Palastes befand, und sandte es als Huldigungsgeschenk an den König von Assur. 9 Dieser hörte auf ihn, zog gegen Damaskus, nahm es ein und verschleppte seine Bewohner nach Kir; Rezin aber ließ er hinrichten.

10 Als König Ahas zu Tiglat-Pileser, dem König
von Assur, nach Damaskus kam und den Altar in
Damaskus sah, schickte er dem Priester Urija ein
Abbild und eine genaue Beschreibung des Altars.
11 Daraufhin baute der Priester Urija einen Altar;
genau nach dem Auftrag, den König Ahas von Da-
maskus aus erteilt hatte, ließ er ihn anfertigen, be-
vor der König aus Damaskus zurückkehrte. 12 Als
dann Ahas nach seiner Rückkehr aus Damaskus
den Altar sah, ging er zu ihm hin, stieg hinauf
13 und verbrannte auf ihm sein Brand- und Spei-
seopfer, goß sein Trankopfer aus und besprengte
den Altar mit dem Blut seiner Heilsopfer. 14 Den
bronzenen Altar aber, der zwischen dem neuen
Altar und dem Tempel vor dem Herrn stand, ließ
er von seinem Platz vor dem Tempel wegrücken
und nördlich vom neuen Altar aufstellen. 15 Zu-
gleich gab er dem Priester Urija die Anweisung:
Auf dem neuen großen Altar sollst du das Brand-
opfer am Morgen und das Speiseopfer am Abend,
das Brandopfer des Königs und sein Speiseopfer
sowie das Brandopfer aller Bürger des Landes, ihr
Speiseopfer und ihre Trankopfer darbringen. Auf
ihn sollst du auch das Blut aller Brand- und
Schlachtopfer sprengen. Was aber mit dem bron-
zenen Altar geschehen soll, will ich noch überle-
gen. 16 Der Priester Urija tat alles, was König Ahas
angeordnet hatte.

17 König Ahas ließ die Leisten an den fahrbaren
Gestellen abtrennen und die Kessel aus ihnen
nehmen, auch das »Meer« von den bronzenen
Rindern, auf denen es ruhte, wegnehmen und auf
das Steinpflaster setzen. 18 Ferner ließ er den über-
dachten Sabbatgang, den man an den Tempel an-
gebaut hatte, und den äußeren Zugang für den Kö-
nig vom Haus des Herrn entfernen. Er tat dies mit
Rücksicht auf den König von Assur.

19 Die übrige Geschichte des Ahas und seine Ta-
ten sind aufgezeichnet in der Chronik der Könige
von Juda. 20 Ahas entschlief zu seinen Vätern und
wurde bei seinen Vätern in der Davidstadt begra-
ben. Sein Sohn Hiskija wurde König an seiner
Stelle.

Die Eroberung Samarias

17 Im zwölften Jahr des Königs Ahas von
Juda wurde Hoschea, der Sohn Elas, in
Samaria König von Israel. Er regierte neun Jahre
2 und tat, was dem Herrn mißfiel, jedoch nicht in
dem Maß wie die Könige von Israel, die vor ihm
herrschten. 3 Gegen ihn zog Salmanassar, der Kö-
nig von Assur. Hoschea mußte sich ihm unter-
werfen und Abgaben entrichten. 4 Dann aber er-
fuhr der König von Assur, daß Hoschea an einer
Verschwörung beteiligt war. Er hatte nämlich
Boten nach So zum König von Ägypten gesandt
und die jährliche Abgabe an den König von As-
sur nicht mehr geleistet. Daher ließ ihn dieser
festnehmen und ins Gefängnis werfen. 5 Der Kö-
nig von Assur fiel über das ganze Land her,
rückte gegen Samaria vor und belagerte es drei
Jahre lang. 6 Im neunten Jahr Hoscheas eroberte
er die Stadt, verschleppte die Israeliten nach As-
sur und siedelte sie in Halach, am Habor, einem
Fluß von Gosan, und in den Städten der Meder
an.

7 Das geschah, weil die Israeliten sich gegen
den Herrn, ihren Gott, versündigten, der sie aus
Ägypten, aus der Gewalt des Pharao, des Königs
von Ägypten, heraufgeführt hatte. Sie verehrten
fremde Götter, 8 ahmten die Bräuche der Völker
nach, die der Herr vor den Israeliten vertrieben
hatte, und folgten dem Beispiel, das die Könige
von Israel gaben. 9 Gegen den Herrn, ihren Gott,
ersannen die Israeliten Dinge, die nicht recht
waren. Sie bauten sich Kulthöhen in allen ihren
Städten, vom Wachtturm angefangen bis zur be-
festigten Stadt, 10 errichteten Steinmale und Kult-
pfähle auf jedem hohen Hügel und unter jedem
üppigen Baum. 11 Auf allen Kulthöhen brachten
sie Opfer dar wie die Völker, die der Herr vor ih-
nen vertrieben hatte, taten böse Dinge und er-
zürnten dadurch den Herrn. 12 Sie dienten den
Götzen, obwohl der Herr es ihnen verboten
hatte. 13 Der Herr warnte Israel und Juda durch
alle seine Propheten, durch alle Seher: Kehrt um
von euren bösen Wegen, achtet auf meine Be-
fehle und meine Gebote genau nach dem Ge-
setz, das ich euren Vätern gegeben und euch
durch meine Knechte, die Propheten, verkündet
habe. 14 Doch sie wollten nicht hören, sondern
versteiften ihre Nacken wie ihre Väter, die nicht
auf den Herrn, ihren Gott, vertrauten. 15 Sie ver-
warfen seine Gebote und den Bund, den er mit
ihren Vätern geschlossen hatte, und verschmäh-
ten die Warnungen, die er an sie richtete. Sie lie-
fen nichtigen Göttern nach und wurden selbst
zunichte; sie ahmten die Völker ihrer Umge-
bung nach, obwohl der Herr verboten hatte,
ihrem Beispiel zu folgen. 16 Sie übertraten alle

Gebote des Herrn, ihres Gottes, schufen sich
Gußbilder, zwei Kälber, stellten einen Kultpfahl
auf, beteten das ganze Heer des Himmels an
und dienten dem Baal. 17 Ihre Söhne und Töchter
ließen sie durch das Feuer gehen, trieben Wahr-
sagerei und Zauberei und gaben sich dazu her
zu tun, was dem Herrn mißfiel, und ihn zu er-
zürnen. 18 Darum wurde der Herr über Israel
sehr zornig. Er verstieß es von seinem Ange-
sicht, so daß der Stamm Juda allein übrigblieb.
19 Doch auch Juda befolgte nicht die Befehle des
Herrn, seines Gottes, sondern ahmte die Bräuche
nach, die Israel eingeführt hatte. 20 Darum verwarf
der Herr das ganze Geschlecht Israels. Er de-
mütigte sie und gab sie Räubern preis; schließlich
verstieß er sie von seinem Angesicht. 21 Er hatte Is-
rael vom Haus David losgerissen, und sie hatten
Jerobeam, den Sohn Nebats, als König eingesetzt.
Jerobeam aber machte Israel vom Herrn abtrün-
nig und verführte es zu schwerer Sünde. 22 Die Is-
raeliten begingen all die Sünden, die Jerobeam be-
gangen hatte, und ließen nicht von ihnen ab.
23 Schließlich verstieß der Herr Israel von sich, wie
er es durch seine Knechte, die Propheten, ange-
droht hatte. So wanderte Israel aus seinem Land
weg in die Verbannung nach Assur und blieb dort
bis zum heutigen Tag.

Die Umsiedlung der Bevölkerung

24 Der König von Assur brachte Leute aus Babel,
Kuta, Awa, Hamat und Sefarwajim in das Land
und siedelte sie anstelle der Israeliten in den
Städten Samariens an. Sie nahmen Samarien in
Besitz und ließen sich in seinen Städten nieder.
25 In der ersten Zeit, in der sie dort wohnten, er-
wiesen sie dem Herrn keine Verehrung. Er
schickte deshalb Löwen unter sie, die manche
von ihnen töteten. 26 Da meldete man dem König
von Assur: Die Völker, die du weggeführt und in
den Städten Samariens angesiedelt hast, wissen
nicht, wie man den Landesgott verehren soll. Er
hat daher Löwen unter sie gesandt, von denen
sie getötet werden, weil sie nicht wissen, wie
man den Landesgott verehren soll. 27 Da befahl
der König von Assur: Bringt einen von den Prie-
stern zurück, die ihr von dort weggeführt habt.
Er soll zu ihnen gehen, bei ihnen wohnen und
sie belehren, wie man den Landesgott verehren
soll. 28 So kam einer von den Priestern zurück, die
man aus Samarien weggeführt hatte. Er ließ sich
in Bet-El nieder und belehrte sie, wie man den
Herrn verehren müsse.

Die Religion der neuen Bevölkerung

29 Jedes Volk aber schuf sich seine eigenen Götter
und stellte sie in den Höhentempeln auf, die von
den Bewohnern Samariens erbaut worden wa-
ren. Jedes Volk tat dies in der Stadt, in der es
wohnte. 30 Die Leute aus Babel machten sich Bil-
der Sukkot-Benots. Die Ansiedler aus Kuta stell-
ten Bilder Nergals her. Jene aus Hamat schufen
Bilder Aschimas. 31 Die Awiter fertigten Bilder des
Nibhas und des Tartak an. Die, die aus Sefarwajim
gekommen waren, verbrannten ihre Kinder zur
Ehre Adrammelechs und Anammelechs, der Göt-
ter von Sefarwajim. 32 Gleichzeitig verehrten sie
aber auch den Herrn. Auch setzten sie aus ihren
eigenen Reihen Priester für die Kulthöhen ein, die
für sie in den Höhentempeln Dienst taten. 33 So
verehrten sie den Herrn und dienten daneben
ihren Göttern nach den Bräuchen der Völker, aus
denen man sie weggeführt hatte.
34 Bis zum heutigen Tag handeln sie nach ihren
früheren Bräuchen. Sie fürchten den Herrn nicht
und halten sich nicht an die Satzungen und
Bräuche, an das Gesetz und die Gebote, auf die
der Herr die Nachkommen Jakobs, dem er den
Namen Israel gegeben hatte, verpflichtet hat.
35 Der Herr hat nämlich mit ihnen einen Bund
geschlossen und ihnen befohlen: Ihr dürft keine
fremden Götter verehren, sie nicht anbeten, ih-
nen nicht dienen und ihnen keine Opfer dar-
bringen. 36 Den Herrn allein, der euch mit großer
Kraft und hoch erhobenem Arm aus Ägypten
heraufgeführt hat, sollt ihr fürchten und anbeten
und ihm eure Opfer darbringen. 37 Die Satzungen
und Bräuche, das Gesetz und die Gebote, die er
für euch niedergeschrieben hat, sollt ihr befolgen
und alle Tage erfüllen. Fremde Götter aber dürft
ihr nicht verehren. 38 Ihr sollt den Bund, den er
mit euch geschlossen hat, nicht vergessen und
fremde Götter nicht verehren. 39 Den Herrn al-
lein, euren Gott, sollt ihr fürchten. Er wird euch
aus der Gewalt all eurer Feinde erretten. 40 Doch
sie wollten nicht hören, sondern sie handelten,
wie sie es immer schon gewohnt waren. 41 Sie
verehren den Herrn und dienen zugleich ihren
Götzen. Was ihre Väter getan haben, das tun
auch ihre Kinder und Kindeskinder bis zum heu-
tigen Tag.

Die weitere Geschichte des Reiches Juda: 18,1–25,30

Hiskija

18 Im dritten Jahr Hoscheas, des Sohnes
Elas, des Königs von Israel, wurde His-
kija, der Sohn des Ahas, König von Juda. 2 Er war
fünfundzwanzig Jahre alt, als er König wurde,
und regierte neunundzwanzig Jahre in Jerusalem.
Seine Mutter hieß Abi und war eine Tochter
Secharjas. 3 Genau wie sein Vater David tat er, was
dem Herrn gefiel. 4 Er schaffte die Kulthöhen ab,
zerbrach die Steinmale, zerstörte den Kultpfahl
und zerschlug die Kupferschlange, die Mose an-
gefertigt hatte und der die Israeliten bis zu jener
Zeit Rauchopfer darbrachten – man nannte sie
Nehuschtan (Kupferbild). 5 Er setzte sein Ver-
trauen auf den Herrn, den Gott Israels. Unter al-
len Königen Judas, die nach ihm kamen oder vor
ihm lebten, war keiner wie er. 6 Er hing dem
Herrn an, ohne von ihm abzuweichen, und hielt
die Gebote, die der Herr dem Mose gegeben
hatte. 7 Daher war der Herr mit ihm; in allem, was
er unternahm, hatte er Erfolg. So fiel er vom Kö-
nig von Assur ab und war ihm nicht länger un-
tertan. 8 Auch schlug er die Philister bis Gaza und
den Umkreis dieser Stadt, vom Wachtturm bis zur
befestigten Stadt.
9 Im vierten Jahr des Königs Hiskija, das ist im
siebten Jahr Hoscheas, des Sohnes Elas, des Kö-
nigs von Israel, zog Salmanassar, der König von
Assur, gegen Samaria und belagerte es. 10 Nach
drei Jahren, das ist im sechsten Jahr Hiskijas und
im neunten Jahr Hoscheas, des Königs von Is-
rael, wurde Samaria erobert. 11 Der König von As-
sur verschleppte die Israeliten nach Assur und
brachte sie nach Halach, an den Habor, einen
Fluß von Gosan, und in die Städte der Meder.
12 Denn sie hatten auf die Stimme des Herrn, ih-
res Gottes, nicht gehört, seinen Bund gebrochen
und die Gebote, die Mose, der Knecht des
Herrn, verkündet hatte, übertreten und sie nicht
befolgt.

Sanheribs Feldzug gegen Jerusalem: 18,13–19,37

Erste Gesandtschaft Sanheribs

13 Im vierzehnten Jahr des Königs Hiskija zog San-
herib, der König von Assur, gegen alle befestigten
Städte Judas und nahm sie ein. 14 Hiskija aber, der
König von Juda, schickte Boten an den König von
Assur nach Lachisch und ließ ihm sagen: Ich habe
gefehlt. Laß ab von mir! Alles, was du mir aufer-
legst, will ich tragen. Der König von Assur ver-
langte von Hiskija, dem König von Juda, dreihun-
dert Talente Silber und dreißig Talente Gold.
15 Hiskija mußte alles Geld abliefern, das sich im
Haus des Herrn und in den Schatzkammern des
königlichen Palastes befand. 16 Damals ließ His-
kija, der König von Juda, die Türen am Tempel des
Herrn und die Pfosten, die er mit Gold und Silber
überzogen hatte, zerschlagen und lieferte das Me-
tall an den König von Assur.
17 Doch der König von Assur sandte den Tartan,
den Rabsaris und den Rabschake mit einer großen
Streitmacht von Lachisch aus gegen König His-
kija. Sie zogen nach Jerusalem hinauf, stellten
sich an der Wasserleitung des oberen Teiches auf,
der an der Walkerfeldstraße liegt, 18 und ließen den
König rufen. Der Palastvorsteher Eljakim, der
Sohn Hilkijas, der Staatsschreiber Schebna und
Joach, der Sohn Asafs, der Sprecher des Königs,
gingen zu ihnen hinaus.
19 Der Rabschake sagte zu ihnen: Sagt zu Hiskija:
So spricht der Großkönig, der König von Assur:
Worauf vertraust du denn, daß du dich so sicher
fühlst? 20 Du glaubst wohl, bloßes Gerede sei im
Krieg schon Rat und Stärke? Auf wen vertraust
du also, daß du von mir abgefallen bist? 21 Du ver-
traust gewiß auf Ägypten, dieses geknickte
Schilfrohr, das jeden, der sich darauf stützt, in die
Hand sticht und sie durchbohrt. Denn so macht
es der Pharao, der König von Ägypten, mit allen,
die ihm vertrauen. 22 Wenn ihr aber zu mir sagt:
Wir vertrauen auf Jahwe, unseren Gott!, dann be-
denkt: Ist nicht gerade er der Gott, dessen
Kulthöhen und Altäre Hiskija beseitigt hat? Hat
nicht Hiskija in Juda und Jerusalem angeordnet:
Nur vor diesem Altar in Jerusalem dürft ihr euch
niederwerfen? 23 Geh doch mit meinem Herrn,
dem König von Assur, eine Wette ein! Ich gebe
dir zweitausend Pferde: Kannst du die Reiter für
sie stellen? 24 Wie willst du auch nur einen einzi-
gen Statthalter meines Herrn in die Flucht schla-
gen, und wäre es der unbedeutendste seiner
Knechte? Du vertraust ja nur auf Ägypten, auf
seine Wagen und deren Besatzung. 25 Außerdem:

Bin ich denn gegen den Willen Jahwes heraufge-
zogen, um dieses Land zu verwüsten? Jahwe
selbst hat mir befohlen: Zieh gegen dieses Land,
und verwüste es!
26 Da sagten Eljakim, der Sohn Hilkijas, sowie
Schebna und Joach zu dem Rabschake: Sprich
doch aramäisch mit deinen Knechten; wir ver-
stehen es. Sprich vor den Ohren des Volkes, das
auf der Mauer steht, nicht judäisch mit uns!
27 Der Rabschake antwortete ihnen: Hat mich
mein Herr etwa beauftragt, das alles nur zu dei-
nem Herrn und zu dir zu sagen, und nicht viel-
mehr zu all den Männern, die auf der Mauer sit-
zen und ihren eigenen Kot essen und ihren Harn
trinken wie ihr? 28 Dann trat der Rabschake vor
und rief laut auf judäisch: Hört die Worte des
Großkönigs, des Königs von Assur! 29 So spricht
der König: Laßt euch nicht von Hiskija betören;
denn er kann euch nicht aus meiner Hand ret-
ten. 30 Er soll euch nicht verleiten, auf Jahwe zu
vertrauen, und sagen: Jahwe wird uns sicher ret-
ten, und diese Stadt wird dem König von Assur
nicht in die Hände fallen. 31 Hört nicht auf Hiskija!
Denn so spricht der König von Assur: Trefft mit
mir ein Abkommen, und ergebt euch! Dann
kann jeder von euch von seinem Weinstock und
von seinem Feigenbaum essen und Wasser aus
seiner Zisterne trinken, 32 bis ich komme und
euch in ein Land bringe, das eurem Land gleicht:
in ein Land voll Getreide und Most, ein Land voll
Brot und Wein, ein Land mit Ölbäumen und Ho-
nig. So werdet ihr am Leben bleiben und nicht
umkommen. Hört nicht auf Hiskija; denn er führt
euch in die Irre, wenn er sagt: Jahwe wird uns
retten. 33 Hat denn einer von den Göttern der an-
deren Völker sein Land vor dem König von As-
sur gerettet? 34 Wo sind die Götter von Hamat und
Arpad? Wo sind die Götter von Sefarwajim, Hena
und Awa? Haben sie etwa Samaria vor mir geret-
tet? 35 Wer von all den Göttern der anderen Län-
der hat sein Land vor mir gerettet? Wie sollte
dann Jahwe Jerusalem vor mir retten? 36 Das Volk
aber schwieg und gab ihm keine Antwort; denn
der König hatte befohlen: Ihr dürft ihm nicht ant-
worten.
37 Der Palastvorsteher Eljakim, der Sohn Hilkijas,
der Staatsschreiber Schebna und Joach, der Sohn
Asafs, der Sprecher des Königs, zerrissen ihre
Kleider, gingen zu Hiskija und berichteten ihm,
was der Rabschake gesagt hatte.

Die Reaktion des Königs Hiskija

19 Als König Hiskija das hörte, zerriß er
seine Kleider, legte ein Trauergewand an
und ging in das Haus des Herrn. 2 Dann sandte er
den Palastvorsteher Eljakim, den Staatsschreiber
Schebna und die Ältesten der Priester in Trauer-
gewändern zu dem Propheten Jesaja, dem Sohn
des Amoz. 3 Sie sagten zu ihm: So spricht Hiskija:
Heute ist ein Tag der Not, der Strafe und der
Schande. Die Kinder sind bis an die Öffnung des
Mutterschoßes gelangt, doch den Frauen fehlt
die Kraft zum Gebären. 4 Aber vielleicht hört der
Herr, dein Gott, alle Worte des Rabschake, den
sein Herr, der König von Assur, hergesandt hat,
damit er den lebendigen Gott beschimpft, und
vielleicht schickt der Herr, dein Gott, eine Strafe
für die Worte, die er gehört hat. Darum bete für
den Rest, der noch übrig ist. 5 Jesaja antwortete
den Abgesandten des Königs Hiskija, die zu ihm
gekommen waren: 6 Sagt zu eurem Herrn folgen-
des: So spricht der Herr: Fürchte dich nicht we-
gen der Worte, die du gehört hast und mit denen
die Knechte des Königs von Assur mich verhöhnt
haben. 7 Seht, ich lege einen Geist in ihn, so daß
er ein Gerücht hört und in sein Land zurück-
kehrt; dort bringe ich ihn durch das Schwert zu
Fall.

Die zweite Gesandtschaft Sanheribs

8 Der Rabschake trat den Rückweg an und fand
den König von Assur im Kampf gegen die Stadt
Libna. Sanherib war inzwischen, wie der Rab-
schake gehört hatte, von Lachisch abgezogen.
9 Dann erfuhr Sanherib, daß Tirhaka, der König
von Kusch, zum Kampf gegen ihn heranzog. Er
schickte wiederum Boten zu Hiskija mit dem Auf-
trag: 10 So sollt ihr zu Hiskija, dem König von Juda,
sagen: Laß dir nicht von deinem Gott, auf den du
vertraust, einreden, Jerusalem werde dem König
von Assur nicht in die Hände fallen. 11 Du hast
doch gehört, was die Könige von Assur mit allen
anderen Ländern gemacht haben. Sie haben sie
dem Untergang geweiht. Und du meinst, du wirst
gerettet? 12 Sind denn die Völker, die von meinen
Vätern vernichtet wurden, von ihren Göttern ge-
rettet worden, die Völker von Gosan, Haran und
Rezef, die Söhne von Eden, die in Telassar wohn-
ten? 13 Wo ist der König von Hamat, der König von
Arpad, der König der Stadt Sefarwajim, wo sind
die Könige von Hena und Awa?

Das Gebet des Königs

14 Hiskija nahm das Schreiben von den Boten in
Empfang und las es. Dann ging er zum Haus des
Herrn hinauf, breitete das Schreiben vor dem
Herrn aus 15 und betete vor dem Herrn; er sagte:
Herr, Gott Israels, der über den Kerubim thront,
du allein bist der Gott aller Reiche der Erde.
Du hast den Himmel und die Erde gemacht.
16 Wende mir dein Ohr zu, Herr, und höre! Öffne,
Herr, deine Augen, und sieh her! Hör alles, was
Sanherib sagt, der seinen Boten hergesandt hat,
um den lebendigen Gott zu verhöhnen. 17 Es ist
wahr, Herr, die Könige von Assur haben die Völ-
ker vernichtet, ihre Länder verwüstet 18 und ihre
Götter ins Feuer geworfen. Aber das waren
keine Götter, sondern Werke von Menschen-
hand, aus Holz und Stein; darum konnte man
sie vernichten. 19 Nun aber, Herr, unser Gott,
rette uns aus seiner Hand, damit alle Reiche der
Erde erkennen, daß du, Jahwe, Gott bist, du al-
lein.

Die Verheißung der göttlichen Hilfe durch Jesaja

20 Jesaja, der Sohn des Amoz, schickte zu Hiski-
ja (einen Boten) und ließ ihm sagen: So spricht
der Herr, der Gott Israels: Ich habe gehört, wie
du wegen des Königs Sanherib von Assur zu mir
gebetet hast. 21 Das ist das Wort des Herrn gegen
ihn:

Dich verachtet, dich verspottet / die Jungfrau,
die Tochter Zion.

Die Tochter Jerusalem / schüttelt spöttisch den
Kopf über dich.

22 Wen hast du beschimpft und verhöhnt, / ge-
gen wen die Stimme erhoben, / auf wen voll
Hochmut herabgeblickt? / Auf den Heiligen Isra-
els.

23 Durch deine Gesandten hast du den Herrn ver-
höhnt; / du hast gesagt: / Mit meinen zahlrei-
chen Wagen fuhr ich / auf die Höhen der Berge, /
in die fernsten Winkel des Libanon. / Ich fällte
seine hohen Zedern, / seine schönsten Zypres-
sen, / kam bis zu seinen entlegensten Hütten, /
in das Dickicht seiner Wälder.

24 Ich habe Brunnen gegraben / und fremdes
Wasser getrunken. / Ich ließ unter dem Schritt
meiner Füße / alle Ströme Ägyptens vertrocknen.

25 Hast du nicht gehört: / Schon vor langer Zeit
habe ich es so gefügt, / seit den Tagen der Vor-
zeit habe ich es so geplant; / jetzt ließ ich es
kommen. / So konntest du befestigte Städte zer-
stören / und in Trümmer verwandeln.

26 Ihre Bewohner waren machtlos, / in
Schrecken und Schande gestoßen. / Sie glichen
den Pflanzen auf dem Feld / und dem frischen
Grün, / dem Gras auf den Dächern, / das im Ost-
wind verdorrt.

27 Ich weiß, ob du ruhst, ob du gehst oder
kommst, / ob du dich gegen mich auflehnst.

28 Weil du gegen mich wütest / und dein Lärm
meine Ohren erreicht hat, / ziehe ich dir einen
Ring durch die Nase / und lege dir einen Zaum in
das Maul. / Auf dem Weg, auf dem du heran-
kamst, / treibe ich dich wieder zurück.

29 Und das soll für dich (Hiskija) ein Vorzeichen
sein: In diesem Jahr ißt man, was von selbst nach-
wächst, im nächsten Jahr, was wild wächst; im
dritten Jahr aber sollt ihr wieder säen und ernten,
die Weinberge bepflanzen und ihre Früchte ge-
nießen. 30 Wer vom Haus Juda entronnen und
übriggeblieben ist, wird wieder unten Wurzeln
treiben und oben Frucht tragen. 31 Denn von Jeru-
salem wird ein Rest ausziehen, vom Berg Zion
ziehen die Geretteten hinaus. Der leidenschaftli-
che Eifer des Herrn wird das vollbringen. 32 Darum
– so spricht der Herr über den König von Assur:
Er wird nicht in diese Stadt eindringen; er wird
keinen einzigen Pfeil hineinschießen, er wird
nicht unter dem Schutz seines Schildes gegen sie
anrennen und keinen Damm gegen sie aufschüt-
ten. 33 Auf dem Weg, auf dem er gekommen ist,
wird er wieder zurückkehren. Aber in diese Stadt
wird er nicht eindringen – Spruch des Herrn. 34 Ich
werde diese Stadt beschützen und retten, um
meinetwillen und um meines Knechtes David
willen.

Die Rettung der Stadt

35 In jener Nacht zog der Engel des Herrn aus und
erschlug im Lager der Assyrer hundertfünfund-
achtzigtausend Mann. Als man am nächsten
Morgen aufstand, fand man sie alle als Leichen.
36 Da brach Sanherib, der König von Assur, auf
und kehrte in sein Land zurück. Er blieb in Ni-
nive. 37 Als er eines Tages im Tempel seines Gottes
Nisroch betete, erschlugen ihn seine Söhne
Adrammelech und Sarezer mit dem Schwert.
Darauf mußten sie in das Land Ararat fliehen, und
Sanheribs Sohn Asarhaddon wurde König an sei-
ner Stelle.

Die Krankheit Hiskijas

20 In jenen Tagen wurde Hiskija schwer
krank und war dem Tod nahe. Der Pro-
phet Jesaja, der Sohn des Amoz, kam zu ihm und
sagte: So spricht der Herr: Bestell dein Haus; denn
du wirst sterben, du wirst nicht am Leben blei-
ben. 2 Da drehte sich Hiskija mit dem Gesicht zur
Wand und betete zum Herrn: 3 Ach, Herr, denk
daran, daß ich mein Leben lang treu und mit auf-
richtigem Herzen meinen Weg vor deinen Augen
gegangen bin und daß ich immer getan habe, was
dir gefällt. Und Hiskija begann laut zu weinen.
4 Jesaja hatte aber die innere Stadt noch nicht ver-
lassen, als das Wort des Herrn an ihn erging:
5 Kehr um, und sag zu Hiskija, dem Fürsten mei-
nes Volkes: So spricht der Herr, der Gott deines
Vaters David: Ich habe dein Gebet gehört und
deine Tränen gesehen. Nun heile ich dich. Über-
morgen wirst du zum Haus des Herrn hinaufge-
hen; 6 zu deiner Lebenszeit will ich noch fünfzehn
Jahre hinzufügen. Und ich will dich und diese
Stadt aus der Hand des Königs von Assur retten
und diese Stadt beschützen, um meinetwillen
und um meines Knechtes David willen.
8 Hiskija aber fragte Jesaja: Was ist das Zeichen
dafür, daß der Herr mich heilen wird und ich
übermorgen zum Haus des Herrn hinaufgehen
werde? 9 Jesaja antwortete: Das soll für dich das
Zeichen des Herrn sein, daß der Herr sein Ver-
sprechen halten wird: Soll der Schatten zehn Stu-
fen weiter abwärts oder zehn Stufen rückwärts
gehen? 10 Hiskija erwiderte: Für den Schatten ist es
ein leichtes, zehn Stufen weiter abwärts zu ge-
hen. Nein, er soll zehn Stufen rückwärts gehen.
11 Da rief der Prophet Jesaja zum Herrn, und dieser
ließ den Schatten die zehn Stufen zurückgehen,
die er auf den Stufen des Ahas bereits herabge-
stiegen war. 7 Darauf sagte Jesaja: Holt einen Fei-
genbrei! Man holte ihn, strich ihn auf das Ge-
schwür, und der König wurde gesund.

Die Gesandtschaft aus Babel

12 Damals sandte Merodach-Baladan, der Sohn Ba-
ladans, der König von Babel, einen Brief und Ge-
schenke an Hiskija; denn er hatte von seiner
Krankheit gehört. 13 Hiskija freute sich darüber
und zeigte den Gesandten sein ganzes Schatz-
haus, das Silber und das Gold, die Vorräte an Bal-
sam und feinem Öl, sein Waffenlager und alle an-
deren Schätze, die er besaß. Es gab nichts in
seinem Haus und in seinem Herrschaftsbereich,
das er ihnen nicht gezeigt hätte. 14 Danach kam
der Prophet Jesaja zu König Hiskija und fragte ihn:
Was haben diese Männer gesagt? Woher sind sie
gekommen? Hiskija antwortete: Sie sind aus ei-
nem fernen Land, aus Babel, gekommen. 15 Er
fragte weiter: Was haben sie in deinem Haus ge-
sehen? Hiskija antwortete: Sie haben alles gese-
hen, was in meinem Haus ist. Es gibt nichts in
meinen Schatzkammern, das ich ihnen nicht ge-
zeigt hätte. 16 Da sagte Jesaja zu Hiskija: Höre das
Wort des Herrn: 17 Es werden Tage kommen, an
denen man alles, was in deinem Haus ist, alles,
was deine Väter bis zum heutigen Tag angesam-
melt haben, nach Babel bringt. Nichts wird übrig-
bleiben, spricht der Herr. 18 Auch von deinen eige-
nen Söhnen, die du noch bekommen wirst, wird
man einige mitnehmen, und sie werden als Käm-
merer im Palast des Königs von Babel dienen
müssen. 19 Hiskija sagte zu Jesaja: Das Wort des
Herrn, das du mir gesagt hast, ist gut. Und er
dachte: Wenn nur zu meinen Lebzeiten noch
Friede und Sicherheit herrschen.
20 Die übrige Geschichte Hiskijas und alle seine
Erfolge, wie er den Teich und die Wasserleitung
angelegt und das Wasser in die Stadt geleitet hat,
das alles ist aufgezeichnet in der Chronik der Kö-
nige von Juda. 21 Hiskija entschlief zu seinen Vä-
tern, und sein Sohn Manasse wurde König an sei-
ner Stelle.

Manasse

21 Manasse war zwölf Jahre alt, als er Kö-
nig wurde, und regierte fünfundfünfzig
Jahre in Jerusalem. Seine Mutter hieß Hefzi-Bah.
2 Er tat, was dem Herrn mißfiel, und ahmte die
Greuel der Völker nach, die der Herr vor den Is-
raeliten vertrieben hatte. 3 Er baute die Kulthöhen
wieder auf, die sein Vater Hiskija zerstört hatte,
errichtete Altäre für den Baal, ließ einen Kult-
pfahl anfertigen, wie es schon Ahab, der König
von Israel, getan hatte, warf sich vor dem ganzen
Heer des Himmels nieder und diente ihm. 4 Auch
baute er Altäre im Haus des Herrn, obwohl der
Herr gesagt hatte: Auf Jerusalem will ich meinen
Namen legen. 5 In den beiden Höfen des Tempels
baute er Altäre für das ganze Heer des Himmels.
6 Er ließ seinen Sohn durch das Feuer gehen,
trieb Zauberei und Wahrsagerei, bestellte Toten-
beschwörer und Zeichendeuter. So tat er vieles,

was dem Herrn mißfiel und ihn erzürnte. 7 Er
brachte auch den Kultpfahl, den er hatte anferti-
gen lassen, in das Haus, von dem der Herr zu Da-
vid und dessen Sohn Salomo gesagt hatte: Auf
dieses Haus und auf Jerusalem, das ich aus allen
Stämmen Israels auserwählt habe, will ich mei-
nen Namen auf ewig legen. 8 Ich werde Israels
Fuß nicht mehr unstet außerhalb des Landes
wandern lassen, das ich ihren Vätern gegeben
habe, wenn sie nur alles befolgen, was ich ihnen
geboten habe, und mein ganzes Gesetz einhal-
ten, das ihnen mein Knecht Mose gegeben hat.
9 Doch sie wollten nicht hören, und Manasse ver-
führte sie, noch Schlimmeres zu tun als die Völ-
ker, die der Herr vor den Augen der Israeliten
vernichtet hatte.

10 Da ließ der Herr durch seine Knechte, die Pro-
pheten, sagen: 11 Weil Manasse, der König von
Juda, diese Greuel verübt und noch Schlimmeres
getrieben hat als die Amoriter vor ihm, weil er
auch Juda durch seine Götzen zur Sünde verführt
hat, 12 darum – so spricht der Herr, der Gott Isra-
els: Ich bringe Unheil über Jerusalem und Juda, so
daß jedem, der davon hört, beide Ohren gellen
werden. 13 Ich will an Jerusalem die Meßschnur
Samarias und die Waage des Hauses Ahab anle-
gen und Jerusalem auswischen, wie man eine
Schüssel auswischt und dann umdreht. 14 Den
Rest meines Erbbesitzes will ich preisgeben und
den Feinden ausliefern. So wird mein Volk ein
Raub und eine Beute all seiner Feinde werden;
15 denn es hat getan, was mir mißfällt, und mich
erzürnt seit dem Tag, da seine Väter aus Ägypten
zogen, bis zum heutigen Tag. 16 Manasse vergoß
unschuldiges Blut in Strömen, bis er Jerusalem
von einem Ende zum andern damit anfüllte; er
verführte Juda zur Sünde, so daß es tat, was dem
Herrn mißfiel.

17 Die übrige Geschichte Manasses, alle seine Ta-
ten und die Sünden, die er beging, sind aufge-
zeichnet in der Chronik der Könige von Juda.
18 Manasse entschlief zu seinen Vätern und
wurde im Garten seines Hauses, im Garten Usas,
begraben. Sein Sohn Amon wurde König an sei-
ner Stelle.

Amon

19 Amon war zweiundzwanzig Jahre alt, als er Kö-
nig wurde, und regierte zwei Jahre in Jerusalem.
Seine Mutter hieß Meschullemet und war eine
Tochter des Haruz aus Jotba. 20 Wie sein Vater
Manasse tat er, was dem Herrn mißfiel, 21 und
folgte ganz den Wegen, die sein Vater gegangen
war. Er diente den Götzen, die sein Vater verehrt
hatte, und warf sich vor ihnen nieder. 22 Er verließ
den Herrn, den Gott seiner Väter, und hielt sich
nicht an die Wege des Herrn. 23 Gegen ihn zettel-
ten seine Diener eine Verschwörung an und töte-
ten ihn in seinem Haus. 24 Doch die Bürger des
Landes erschlugen alle, die sich gegen den König
Amon verschworen hatten, und machten seinen
Sohn Joschija zum König an seiner Stelle.

25 Die übrige Geschichte Amons, seine Taten,
sind aufgezeichnet in der Chronik der Könige von
Juda. 26 Man begrub ihn in seinem Grab im Garten
Usas, und sein Sohn Joschija wurde König an sei-
ner Stelle.

Joschija, Einleitung

22 Joschija war acht Jahre alt, als er König
wurde, und regierte einunddreißig Jahre
in Jerusalem. Seine Mutter hieß Jedida und war
eine Tochter Adajas aus Bozkat. 2 Er tat, was dem
Herrn gefiel, und folgte ganz den Wegen seines
Vaters David, ohne nach rechts oder links abzu-
weichen.

Die Auffindung des Gesetzbuches

3 Im achtzehnten Jahr seiner Regierung sandte
König Joschija den Staatsschreiber Schafan, den
Sohn Azaljas, des Sohnes Meschullams, in das
Haus des Herrn mit dem Auftrag: 4 Geh zum Ho-
henpriester Hilkija! Er soll das Geld ausschütten,
das in das Haus des Herrn gebracht worden ist
und das die Wächter an den Schwellen vom Volk
gesammelt haben. 5 Man soll es den Werkmei-
stern geben, die im Haus des Herrn angestellt
sind, und diese sollen es für die Arbeiter verwen-
den, die im Tempel die Schäden des Hauses zu
beseitigen haben, 6 für die Zimmerleute, Bauar-
beiter, Maurer, sowie zum Ankauf von Holz und
Bruchsteinen, die man zur Beseitigung der Schä-
den am Haus des Herrn benötigt. 7 Doch soll man
über das Geld, das ihnen übergeben wird, nicht
abrechnen. Sie sollen auf Treu und Glauben han-
deln.

8 Damals teilte der Hohepriester Hilkija dem
Staatsschreiber Schafan mit: Ich habe im Haus
des Herrn das Gesetzbuch gefunden. Hilkija über-
gab Schafan das Buch, und dieser las es. 9 Darauf

begab sich der Staatsschreiber Schafan zum König
und meldete ihm: Deine Knechte haben das Geld
ausgeschüttet, das sich im Haus vorfand, und es
den Werkmeistern übergeben, die im Haus des
Herrn angestellt sind. [10] Dann sagte der Staats-
schreiber Schafan zum König: Der Priester Hilkija
hat mir ein Buch gegeben. Schafan las es dem Kö-
nig vor. [11] Als der König die Worte des Gesetzbu-
ches hörte, zerriß er seine Kleider [12] und befahl
dem Priester Hilkija sowie Ahikam, dem Sohn
Schafans, Achbor, dem Sohn Michas, dem Staats-
schreiber Schafan und Asaja, dem Diener des Kö-
nigs: [13] Geht und befragt den Herrn für mich, für
das Volk und für ganz Juda wegen dieses Buches,
das aufgefunden wurde. Der Zorn des Herrn muß
heftig gegen uns entbrannt sein, weil unsere Vä-
ter auf die Worte dieses Buches nicht gehört und
weil sie nicht getan haben, was in ihm niederge-
schrieben ist.
[14] Da gingen der Priester Hilkija, Ahikam, Ach-
bor, Schafan und Asaja zur Prophetin Hulda. Sie
war die Frau Schallums, des Sohnes Tikwas, des
Sohnes des Harhas, des Verwalters der Kleider-
kammer, und wohnte in Jerusalem in der Neu-
stadt. Die Abgesandten trugen ihr alles vor, [15] und
sie gab ihnen diese Antwort: So spricht der Herr,
der Gott Israels: Sagt zu dem Mann, der euch zu
mir geschickt hat: [16] So spricht der Herr: Ich
bringe Unheil über diesen Ort und seine Bewoh-
ner, alle Drohungen des Buches, das der König
von Juda gelesen hat. [17] Denn sie haben mich ver-
lassen, anderen Göttern geopfert und mich durch
alle Werke ihrer Hände erzürnt. Darum ist mein
Zorn gegen diesen Ort entbrannt, und er wird
nicht erlöschen. [18] Sagt aber zum König von Juda,
der euch hergesandt hat, um den Herrn zu befra-
gen: So spricht der Herr, der Gott Israels: Durch
die Worte, die du gehört hast, [19] wurde dein Herz
erweicht. Du hast dich vor dem Herrn ge-
demütigt, als du vernahmst, was ich über diesen
Ort und seine Bewohner gesprochen habe: daß
sie zu einem Bild des Entsetzens und zum Fluch
werden sollen. Du hast deine Kleider zerrissen
und vor mir geweint. Darum habe ich dich er-
hört – Spruch des Herrn. [20] Ich werde dich mit
deinen Vätern vereinen, und du sollst in Frieden
in deinem Grab beigesetzt werden. Deine Augen
sollen all das Unheil nicht mehr sehen, das ich
über diesen Ort bringen werde. – Sie berichteten
dies dem König.

Die Beseitigung von Mißständen

23 Der König ließ alle Ältesten Judas und Je-
rusalems bei sich zusammenkommen.
[2] Er ging zum Haus des Herrn hinauf mit allen
Männern Judas und allen Einwohnern Jerusa-
lems, den Priestern und Propheten und allem
Volk, jung und alt. Er ließ ihnen alle Worte des
Bundesbuches vorlesen, das im Haus des Herrn
gefunden worden war. [3] Dann trat der König an
die Säule und schloß vor dem Herrn diesen Bund:
Er wolle dem Herrn folgen, auf seine Gebote, Sat-
zungen und Gesetze von ganzem Herzen und
ganzer Seele achten und die Vorschriften des Bun-
des einhalten, die in diesem Buch niederge-
schrieben sind. Das ganze Volk trat dem Bund bei.
[4] Hierauf befahl der König dem Hohenpriester
Hilkija, den Priestern des zweiten Ranges und
den Wächtern an den Schwellen, alle Gegen-
stände aus dem Tempel des Herrn hinauszuschaf-
fen, die für den Baal, die Aschera und das ganze
Heer des Himmels angefertigt worden waren. Er
ließ sie außerhalb Jerusalems bei den Terrassen
des Kidrontals verbrennen und die Asche nach
Bet-El bringen. [5] Auch setzte er die Götzenpriester
ab, die von den Königen von Juda bestellt worden
waren und die auf den Kulthöhen, in den Städten
Judas und in der Umgebung Jerusalems Opfer ver-
brannt sowie dem Baal, der Sonne, dem Mond,
den Bildern des Tierkreises und dem ganzen Heer
des Himmels geopfert hatten. [6] Den Kultpfahl
schaffte er aus dem Haus des Herrn und aus Jeru-
salem hinaus in das Kidrontal und verbrannte ihn
dort; er zermalmte ihn zu Staub und streute die-
sen auf die Gräber des einfachen Volkes. [7] Ferner
riß er die Gemächer der Hierodulen am Tempel
nieder, in denen die Frauen Schleier für die
Aschera webten. [8] Er holte alle Priester aus den
Städten Judas weg und machte die Kulthöhen von
Geba bis Beerscheba, auf denen die Priester ge-
opfert hatten, unrein. Er zerstörte die Torhöhen,
die am Eingang zum Tor des Stadtobersten Josua
auf der linken Seite dessen waren, der das Stadt-
tor betrat. [9] Doch durften die Höhenpriester nicht
an den Altar des Herrn in Jerusalem treten, son-
dern nur von den ungesäuerten Broten inmitten
ihrer Brüder essen. [10] Ebenso machte er das Tofet
im Tal der Söhne Hinnoms unrein, damit niemand
mehr seinen Sohn oder seine Tochter für den Mo-
loch durch das Feuer gehen ließ. [11] Er entfernte die
Pferde, die die Könige von Juda zu Ehren der

Sonne am Eingang zum Haus des Herrn bei der Zelle des Kämmerers Netan-Melech am Parwar aufgestellt hatten, und verbrannte die Sonnenwagen im Feuer. 12 Auch die Altäre, die die Könige von Juda auf dem Dach über dem Obergemach des Ahas errichtet hatten, sowie die Altäre, die Manasse in den beiden Höfen des Tempels aufgestellt hatte, ließ der König abbrechen. Er schlug sie dort in Trümmer und warf ihren Schutt in das Kidrontal. 13 Desgleichen entweihte der König die Kulthöhen östlich von Jerusalem, südlich vom Berg des Verderbens, die Salomo, der König von Israel, für Astarte, die Göttin der Sidonier, für Kemosch, den Götzen der Moabiter, und für Milkom, den Greuel der Ammoniter, erbaut hatte. 14 Er zerbrach die Steinmale, hieb die Kultpfähle um und füllte ihre Stätten mit Menschenknochen.

15 Auch den Altar von Bet-El, die Kulthöhe, die Jerobeam, der Sohn Nebats, der Verführer Israels, errichtet hatte, auch diesen Altar zerstörte er samt der Kulthöhe. Er steckte das Höhenheiligtum in Brand, zermalmte die Steine zu Staub und verbrannte den Kultpfahl. 16 Als Joschija sich umwandte und die Gräber sah, die dort auf dem Berg waren, ließ er die Gebeine aus ihnen nehmen und auf dem Altar verbrennen. So machte er ihn unrein gemäß dem Wort des Herrn, das der Gottesmann ausgerufen hatte, der diese Drohung aussprach. 17 Und als dann der König fragte: Was ist das für ein Denkmal, das ich hier sehe?, antworteten ihm die Männer der Stadt: Das ist das Grab des Gottesmannes, der aus Juda gekommen war und vorausgesagt hatte, was du am Altar von Bet-El getan hast. 18 Da befahl er: Laßt ihn ruhen! Niemand soll seine Gebeine berühren. So ließ man seine Gebeine samt den Gebeinen des Propheten, der aus Samaria stammte, ungestört. 19 Auch beseitigte Joschija alle Höhentempel in den Städten Samariens, die die Könige von Israel errichtet und durch die sie den Herrn erzürnt hatten. Er verfuhr mit ihnen so, wie er es in Bet-El getan hatte. 20 Alle Höhenpriester, die dort waren, ließ er auf den Altären niedermachen und Menschengebeine auf den Altären verbrennen. Darauf kehrte er nach Jerusalem zurück.

21 Nun befahl der König dem ganzen Volk: Feiert das Paschafest zur Ehre des Herrn, eures Gottes, wie es in diesem Bundesbuch vorgeschrieben ist. 22 Ein solches Pascha war nämlich nicht gefeiert worden seit den Tagen der Richter, die Israel regierten, auch nicht in der ganzen Zeit der Könige von Israel und Juda. 23 Erst im achtzehnten Jahr des Königs Joschija wurde dieses Pascha zur Ehre des Herrn in Jerusalem begangen. 24 Auch die Totenbeschwörer und Zeichendeuter, die Hausgötter, Götzen und alle Greuel, die im Land Juda und in Jerusalem zu sehen waren, fegte Joschija hinweg. So führte er die Worte des Gesetzes aus, die in dem Buch niedergeschrieben waren, das der Priester Hilkija im Haus des Herrn gefunden hatte. 25 Es gab vor ihm keinen König, der so mit ganzem Herzen, mit ganzer Seele und mit all seinen Kräften zum Herrn umkehrte und so getreu das Gesetz des Mose befolgte, und auch nach ihm war keiner wie er.

26 Doch der Herr ließ von der gewaltigen Glut seines Zornes nicht ab. Sein Zorn war über Juda entbrannt wegen all der Kränkungen, die Manasse ihm zugefügt hatte. 27 Darum sprach der Herr: Auch Juda will ich von meinem Angesicht entfernen, wie ich Israel entfernt habe. Ich verwerfe diese Stadt Jerusalem, die ich erwählt habe, und das Haus, von dem ich gesagt habe: Hier wird mein Name sein.

Das Ende Joschijas

28 Die übrige Geschichte Joschijas und alle seine Taten sind aufgezeichnet in der Chronik der Könige von Juda. 29 In seinen Tagen unternahm der Pharao Necho, der König von Ägypten, einen Kriegszug gegen den König von Assur an den Eufrat. König Joschija stellte sich ihm entgegen. Doch der Pharao tötete ihn bei Megiddo, sobald er ihn sah. 30 Die Diener Joschijas hoben den Toten auf einen Wagen, brachten ihn von Megiddo weg nach Jerusalem und begruben ihn in seinem Grab. Dann nahmen die Bürger des Landes Joahas, den Sohn Joschijas, salbten ihn und machten ihn zum König an seines Vaters Stelle.

Joahas

31 Joahas war dreiundzwanzig Jahre alt, als er König wurde, und regierte drei Monate in Jerusalem. Seine Mutter hieß Hamutal und war eine Tochter Jirmejas aus Libna. 32 Genau wie seine Väter tat er, was dem Herrn mißfiel. 33 Doch der Pharao Necho setzte ihn zu Ribla im Land Hamat als König von Jerusalem ab und legte dem Land eine Geldbuße von hundert Talenten Silber und einem Talent

Gold auf. 34 Dann machte der Pharao Necho Elja-
kim, den Sohn Joschijas, anstelle seines Vaters Jo-
schija zum König und änderte seinen Namen in
Jojakim. Joahas aber nahm er fest und brachte ihn
nach Ägypten, wo er starb. 35 Jojakim lieferte dem
Pharao das Silber und das Gold ab. Doch mußte er
das Land besteuern, um das Geld aufbringen zu
können, das der Pharao forderte. Nach dem Ver-
mögen eines jeden Bürgers trieb er von den Bür-
gern des Landes das Silber und das Gold ein, um
es an den Pharao Necho abzuliefern.

Jojakim

36 Jojakim war fünfundzwanzig Jahre alt, als er Kö-
nig wurde, und regierte elf Jahre in Jerusalem.
Seine Mutter hieß Sebuda und war eine Tochter
Pedajas aus Ruma. 37 Wie seine Väter tat er, was
dem Herrn mißfiel.

24 In seinen Tagen zog Nebukadnezzar, der
König von Babel, herauf. Jojakim war ihm
drei Jahre untertan; dann aber fiel er von ihm ab.
2 Der Herr sandte nun die Räuberscharen der
Chaldäer, Aramäer, Moabiter und Ammoniter ge-
gen ihn. Er ließ sie über Juda herfallen und es ver-
wüsten, wie er durch seine Diener, die Prophe-
ten, angedroht hatte. 3 Nur weil der Herr zürnte,
kam dieses Unglück über Juda, so daß er es von
seinem Angesicht verstieß. Es geschah wegen
der Sünde Manasses, für alles, was dieser getan
hatte, 4 auch wegen des unschuldigen Blutes, das
Manasse vergossen und mit dem er Jerusalem an-
gefüllt hatte. Das wollte der Herr nicht mehr ver-
zeihen.
5 Die übrige Geschichte Jojakims und alle seine
Taten sind aufgezeichnet in der Chronik der Kö-
nige von Juda. 6 Jojakim entschlief zu seinen Vä-
tern, und sein Sohn Jojachin wurde König an sei-
ner Stelle. 7 Der König von Ägypten unternahm
keinen Kriegszug mehr aus seinem Land; denn
der König von Babel hatte ihm alles genommen,
was vom Grenzbach Ägyptens bis zum Eufrat
den Königen von Ägypten gehört hatte.

Jojachin

8 Jojachin war achtzehn Jahre alt, als er König
wurde, und regierte drei Monate in Jerusalem.
Seine Mutter hieß Nehuschta und war eine Toch-
ter Elnatans aus Jerusalem. 9 Wie sein Vater tat er,
was dem Herrn mißfiel. 10 In jener Zeit zogen die
Truppen Nebukadnezzars, des Königs von Babel,
gegen Jerusalem und belagerten die Stadt. 11 Als
dann König Nebukadnezzar von Babel selbst vor
der Stadt erschien, während seine Krieger sie be-
lagerten, 12 ging Jojachin, der König von Juda, mit
seiner Mutter, seinen Dienern, Fürsten und Käm-
merern zum König von Babel hinaus, und dieser
nahm ihn im achten Jahr seiner Regierung fest.
13 Wie der Herr angedroht hatte, nahm Nebukad-
nezzar auch alle Schätze des Hauses des Herrn
und die Schätze des königlichen Palastes weg
und zerbrach alle goldenen Geräte, die Salomo,
der König von Israel, im Haus des Herrn hatte
anfertigen lassen. 14 Von ganz Jerusalem ver-
schleppte er alle Vornehmen und alle wehrfähi-
gen Männer, insgesamt zehntausend Mann,
auch alle Schmiede und Schlosser. Von den Bür-
gern des Landes blieben nur die geringen Leute
zurück. 15 Jojachin verschleppte er nach Babel.
Auch die Mutter des Königs, die königlichen
Frauen und Kämmerer sowie die einflußreichen
Männer des Landes verschleppte er von Jerusa-
lem nach Babel, 16 dazu alle Wehrfähigen, sieben-
tausend Mann, die Schmiede und Schlosser, tau-
send an der Zahl, lauter kriegstüchtige Männer.
Sie alle verschleppte der babylonische König nach
Babel. 17 Dann machte der König von Babel den
Mattanja, den Onkel Jojachins, an dessen Stelle
zum König und änderte seinen Namen in Zidkija.

Zidkija

18 Zidkija war einundzwanzig Jahre alt, als er Kö-
nig wurde, und regierte elf Jahre in Jerusalem.
Seine Mutter hieß Hamutal und war eine Tochter
Jirmejas aus Libna. 19 Er tat, was dem Herrn miß-
fiel, genau so, wie es Jojakim getan hatte. 20 Weil
der Herr über Juda und Jerusalem erzürnt war,
kam es soweit, daß er sie von seinem Angesicht
verstieß.

25 Zidkija hatte sich gegen den König von
Babel empört. Im neunten Regierungs-
jahr, am zehnten Tag des zehnten Monats, rückte
Nebukadnezzar, der König von Babel, mit seiner
ganzen Streitmacht vor Jerusalem und belagerte
es. Man errichtete ringsherum einen Belage-
rungswall. 2 Bis zum elften Jahr des Königs Zidkija
wurde die Stadt belagert. 3 Am neunten Tag des
vierten Monats war in der Stadt die Hungersnot
groß geworden, und die Bürger des Landes hatten
kein Brot mehr. 4 Damals wurden Breschen in die
Stadtmauer geschlagen. Der König und alle Krie-

ger verließen die Stadt bei Nacht auf dem Weg
durch das Tor zwischen den beiden Mauern, das
zum königlichen Garten hinausführt, obwohl die
Chaldäer rings um die Stadt lagen. Sie schlugen
die Richtung nach der Araba ein. 5 Aber die
chaldäischen Truppen setzten dem König nach
und holten ihn in den Niederungen von Jericho
ein, nachdem alle seine Truppen ihn verlassen
und sich zerstreut hatten. 6 Man ergriff den König
und brachte ihn nach Ribla, zum König von Babel,
und dieser sprach über ihn das Urteil. 7 Die Söhne
Zidkijas machte man vor dessen Augen nieder.
Zidkija ließ er blenden, in Fesseln legen und nach
Babel bringen.

Das Ende des Reiches Juda

8 Am siebten Tag des fünften Monats – das ist im
neunzehnten Jahr des Königs Nebukadnezzar,
des Königs von Babel – rückte Nebusaradan, der
Kommandant der Leibwache und Diener des Kö-
nigs von Babel, in Jerusalem ein 9 und steckte das
Haus des Herrn, den königlichen Palast und alle
Häuser Jerusalems in Brand. Jedes große Haus
ließ er in Flammen aufgehen. 10 Auch die Umfas-
sungsmauern Jerusalems rissen die chaldäischen
Truppen, die dem Kommandanten der Leibwache
unterstanden, nieder. 11 Den Rest der Bevölke-
rung, der noch in der Stadt geblieben war, sowie
alle, die zum König von Babel übergelaufen wa-
ren, und den Rest der Handwerker schleppte Ne-
busaradan, der Kommandant der Leibwache, in
die Verbannung. 12 Nur von den armen Leuten im
Land ließ der Kommandant der Leibwache einen
Teil als Wein- und Ackerbauern zurück.
13 Die bronzenen Säulen am Haus des Herrn, die
fahrbaren Gestelle und das Eherne Meer beim
Haus des Herrn zerschlugen die Chaldäer und
nahmen alle Gegenstände aus Bronze mit nach
Babel. 14 Auch die Töpfe, Schaufeln, Messer und
Becher sowie alle bronzenen Geräte, die man
beim Tempeldienst verwendete, nahmen sie
weg. 15 Ebenso nahm der Kommandant der Leib-
wache die Kohlenpfannen und die Schalen weg,
die sämtlich aus Gold oder aus Silber waren, 16 fer-
ner die zwei Säulen, das eine »Meer«, die Ge-
stelle, die Salomo für das Haus des Herrn hatte an-
fertigen lassen – die Bronze von all diesen
Geräten war nicht zu wägen. 17 Achtzehn Ellen
betrug die Höhe der einen Säule, und oben hatte
sie ein Kapitell aus Bronze. Die Höhe des einen
Kapitells betrug fünf Ellen; das Kapitell umgaben
Flechtwerk und Granatäpfel, alles aus Bronze.
Ebenso war es bei der zweiten Säule auf dem
Flechtwerk.
18 Der Kommandant der Leibwache nahm fer-
ner den Oberpriester Seraja, den zweiten Priester
Zefanja und die drei Schwellenwächter mit.
19 Aus der Stadt nahm er einen Hofbeamten, der
Kommandant der Soldaten war, und fünf Leute
vom persönlichen Dienst des Königs mit, die sich
noch in der Stadt befanden, sowie den Schreiber
des Heerführers, der die Bürger des Landes aus-
zuheben hatte, schließlich sechzig Mann von
der Bürgerschaft, die sich noch in der Stadt be-
fanden. 20 Nebusaradan, der Kommandant der
Leibwache nahm sie fest und schickte sie zum
König von Babel nach Ribla. 21 Der König von Ba-
bel ließ sie in Ribla in der Landschaft Hamat hin-
richten. So wurde Juda von seiner Heimat weg-
geführt.
22 Über das Volk, das im Land Juda geblieben war
und das Nebukadnezzar, der König von Babel,
zurückgelassen hatte, setzte er Gedalja, den Sohn
Ahikams und Enkel Schafans, als Statthalter ein.
23 Als nun alle Truppenführer und ihre Mann-
schaften hörten, daß der König von Babel Gedalja
als Statthalter eingesetzt habe, kamen sie zu ihm
nach Mizpa. Es waren Jischmael, der Sohn Ne-
tanjas, Johanan, der Sohn Kareachs, Seraja, der
Sohn Tanhumets aus Netofa, und Jaasanja, der
Sohn des Maachatiters, mit ihren Leuten. 24 Ge-
dalja schwor ihnen und ihren Mannschaften und
sagte ihnen: Fürchtet euch nicht vor den chaldäi-
schen Beamten! Bleibt im Land, und dient dem
König von Babel; dann wird es euch gut gehen.
25 Aber im siebten Monat kam Jischmael, der Sohn
Netanjas, des Sohnes Elischamas, ein Mann aus
königlichem Geschlecht, mit zehn Mann. Sie er-
schlugen Gedalja samt den Judäern und
Chaldäern, die bei ihm in Mizpa waren. 26 Dann
machte sich das ganze Volk vom Kleinsten bis
zum Größten mit den Truppenführern auf und
zog nach Ägypten. Sie fürchteten sich nämlich
vor den Chaldäern.

Die Begnadigung Jojachins

27 Im siebenunddreißigsten Jahr nach der Weg-
führung Jojachins, des Königs von Juda, am sieben-
undzwanzigsten Tag des zwölften Monats, be-
gnadigte Ewil-Merodach, der König von Babel, im

Jahr seines Regierungsantritts Jojachin, den König
von Juda, und entließ ihn aus dem Kerker. [28] Er
söhnte sich mit ihm aus und wies ihm seinen Sitz
oberhalb des Sitzes der anderen Könige an, die bei
ihm in Babel waren. [29] Er durfte seine Gefängnis-
kleidung ablegen und ständig bei ihm speisen,
solange er lebte. [30] Sein Unterhalt – ein dauernder
Unterhalt – wurde ihm vom König von Babel in der
bestimmten Menge täglich geliefert, solange er
lebte.

DIE BÜCHER DER CHRONIK

DAS ERSTE BUCH DER CHRONIK

Geschlechtsregister und Familienlisten: 1,1–9,44

Die Nachkommen Adams bis Abraham

1 Adam, Set, Enosch, [2] Kenan, Mahalalel, Jered,
[3] Henoch, Metuschelach, Lamech, [4] Noach,
Sem, Ham und Jafet.
[5] Die Söhne Jafets waren: Gomer, Magog, Madai,
Jawan, Tubal, Meschech und Tiras. [6] Die Söhne
Gomers waren: Aschkenas, Rifat und Togarma.
[7] Die Söhne Jawans waren: Elischa, Tarschisch,
die Kittäer und die Rodaniter.
[8] Die Söhne Hams waren: Kusch, Ägypten, Put
und Kanaan. [9] Die Söhne des Kusch waren: Seba,
Hawila, Sabta, Ragma und Sabtecha; und die
Söhne Ragmas waren: Saba und Dedan. [10] Kusch
zeugte Nimrod. Dieser wurde der erste Held auf
der Erde. [11] Ägypten zeugte die Luditer, die Ana-
miter, die Lehabiter, die Naftuhiter, [12] die Patrosi-
ter und die Kasluhiter, von denen die Philister ab-
stammen, ferner die Kaftoriter. [13] Kanaan zeugte
Sidon, seinen Erstgeborenen, und Het, [14] ferner die
Jebusiter, die Amoriter, die Girgaschiter, [15] die Hi-
witer, die Arkiter, die Siniter, [16] die Arwaditer, die
Zemariter und die Hamatiter.
[17] Die Söhne Sems waren: Elam, Assur, Arpach-
schad, Lud, Aram, Uz, Hul, Geter und Meschech.
[18] Arpachschad zeugte Schelach, Schelach zeugte
Eber. [19] Eber wurden zwei Söhne geboren; der
eine hieß Peleg (Teilung), denn zu seiner Zeit
wurde das Land geteilt; sein Bruder hieß Joktan.
[20] Joktan zeugte Almodad, Schelef, Hazarmawet,
Jerach, [21] Hadoram, Usal, Dikla, [22] Obal, Abimaël,
Saba, [23] Ofir, Hawila und Jobab. Das alles waren
Söhne Joktans.
[24] Sem, Arpachschad, Schelach, [25] Eber, Peleg,
Regu, [26] Serug, Nahor, Terach, [27] Abram, das ist
Abraham.

Die Nachkommen Abrahams

[28] Die Söhne Abrahams waren Isaak und Ismael.
[29] Das ist die Geschlechterfolge nach ihnen: Der
Erstgeborene Ismaels war Nebajot; dann kamen
Kedar, Adbeel, Mibsam, [30] Mischma, Duma,
Massa, Hadad, Tema, [31] Jetur, Nafisch und Kedma.
Das waren die Söhne Ismaels.
[32] Die Söhne Keturas, der Nebenfrau Abrahams:
Sie gebar Simran, Jokschan, Medan, Midian,
Jischbak und Schuach. Die Söhne Jokschans wa-
ren Saba und Dedan. [33] Die Söhne Midians waren:
Efa, Efer, Henoch, Abida und Eldaa. Sie alle waren
Söhne Keturas.
[34] Abraham zeugte Isaak. Die Söhne Isaaks wa-
ren Esau und Israel.
[35] Die Söhne Esaus waren: Elifas, Reguël, Jëusch,
Jalam und Korach. [36] Die Söhne des Elifas waren:
Teman, Omar, Zefo, Gatam, Kenas, Timna und
Amalek. [37] Die Söhne Reguëls waren: Nahat,
Serach, Schamma und Misa.
[38] Die Söhne Seïrs waren: Lotan, Schobal, Zibon,
Ana, Dischon, Ezer und Dischan. [39] Die Söhne Lo-
tans waren Hori und Hemam. Die Schwester Lo-
tans war Timna. [40] Die Söhne Schobals waren: Al-

wan, Manahat, Ebal, Schefi und Onam. Die Söhne Zibons waren Aja und Ana. 41 Der Sohn Anas war Dischon. Die Söhne Dischons waren: Hemdan, Eschban, Jitran und Keran. 42 Die Söhne Ezers waren Bilhan, Saawan und Akan. Die Söhne Dischons waren Uz und Aran.

Die Herrscher in Edom

43 Die Könige, die in Edom regierten, bevor über die Israeliten ein König regierte, waren folgende: Bela, der Sohn Beors; seine Stadt hieß Dinhaba. 44 Als Bela starb, wurde König an seiner Stelle Jobab, der Sohn Serachs, aus Bozra. 45 Als Jobab starb, wurde König an seiner Stelle Huscham aus dem Land der Temaniter. 46 Als Huscham starb, wurde König an seiner Stelle Hadad, der Sohn Bedads, der Midian im Grünland von Moab schlug; seine Stadt hieß Awit. 47 Als Hadad starb, wurde König an seiner Stelle Samla aus Masreka. 48 Als Samla starb, wurde König an seiner Stelle Schaul aus Rehobot am Strom (Eufrat). 49 Als Schaul starb, wurde König an seiner Stelle Baal-Hanan, der Sohn Achbors. 50 Als Baal-Hanan starb, wurde König an seiner Stelle Hadad; seine Stadt hieß Pagu. Seine Frau hieß Mehetabel; sie war die Tochter Matreds und die Enkelin Me-Sahabs.

51 Als Hadad starb, regierten Häuptlinge in Edom: Häuptling Timna, Häuptling Alwa, Häuptling Jetet, 52 Häuptling Oholibama, Häuptling Ela, Häuptling Pinon, 53 Häuptling Kenas, Häuptling Teman, Häuptling Mibzar, 54 Häuptling Magdiël, Häuptling Iram. Das waren die Häuptlinge Edoms.

Die Söhne Jakobs

2 Das waren die Söhne Israels: Ruben, Simeon, Levi, Juda, Issachar, Sebulon, 2 Dan, Josef, Benjamin, Naftali, Gad und Ascher.

Der Stamm Juda: 2,3–4,23

Die Nachkommen Judas

3 Die Söhne Judas waren: Er, Onan und Schela. Diese drei wurden ihm von der Tochter Schuas, der Kanaaniterin, geboren. Aber Er, der Erstgeborene Judas, mißfiel dem Herrn, und so ließ ihn der Herr sterben. 4 Judas Schwiegertochter Tamar gebar Perez und Serach. Juda hatte insgesamt fünf Söhne. 5 Die Söhne des Perez waren Hezron und Hamul, 6 und die Söhne Serachs: Simri, Etan, Heman, Kalkol und Darda, insgesamt fünf. 7 Der Sohn Simris war Karmi, und der Sohn Karmis Achan. Dieser brachte Unglück über Israel, da er sich an der geweihten Beute vergriff. 8 Der Sohn Etans war Asarja. 9 Dem Hezron wurden die Söhne Jerachmeel, Ram und Kaleb geboren.

Die Nachkommen Rams

10 Ram zeugte Amminadab, Amminadab zeugte Nachschon, den Anführer der Söhne Judas, 11 Nachschon zeugte Salmon, Salmon zeugte Boas, 12 Boas zeugte Obed, Obed zeugte Isai, 13 Isai zeugte Eliab als Erstgeborenen, als zweiten Abinadab, als dritten Schima, 14 als vierten Netanel, als fünften Raddai, 15 als sechsten Ozem, als siebten David. 16 Ihre Schwestern waren Zeruja und Abigajil. Die Söhne der Zeruja waren Abischai, Joab und Asaël, diese drei. 17 Abigajil gebar Amasa. Der Vater Amasas war der Ismaeliter Jeter.

Die Nachkommen Kalebs

18 Kaleb, der Sohn Hezrons, zeugte mit seiner Frau Asuba die Jeriot. Deren Söhne waren Jescher, Schobab und Ardon. 19 Als Asuba starb, heiratete Kaleb Efrata, die ihm den Hur gebar. 20 Hur zeugte Uri, und Uri zeugte Bezalel.

21 Danach ging Hezron zur Tochter Machirs, des Vaters Gileads. Er war sechzig Jahre alt, als er sie nahm, und sie gebar ihm Segub. 22 Segub zeugte Jaïr. Dieser besaß dreiundzwanzig Städte im Land Gilead. 23 Doch die Geschuriter und Aramäer nahmen die Zeltdörfer Jaïrs sowie Kenat und seine Tochterstädte weg, insgesamt sechzig Städte. Sie alle hatten den Nachkommen Machirs, des Vaters Gileads, gehört.

24 Nach dem Tod Hezrons kam Kaleb zu Efrata. Eine Frau Hezrons war Abija; sie gebar ihm Aschhur, den Vater Tekoas.

Die Nachkommen Jerachmeels

25 Die Söhne Jerachmeels, des Erstgeborenen Hezrons, waren: Ram, der Erstgeborene, ferner Buna, Oren, Ozem und Ahija. 26 Jerachmeel hatte noch eine andere Frau namens Atara. Sie war die Mutter Onams. 27 Die Söhne Rams, des Erstgeborenen Jerachmeels, waren: Maaz, Jamin und Eker. 28 Die Söhne Onams waren Schammai und Jada, und die Söhne Schammais Nadab und Abischur. 29 Die Frau Abischurs hieß Abihajil. Sie gebar ihm Ach-

ban und Molid. 30 Die Söhne Nadabs waren Seled
und Appajim. Seled starb ohne Nachkommen.
31 Der Sohn Appajims war Jischi, der Sohn Jischis
Scheschan und die Tochter Scheschans Achlai.
32 Die Söhne Jadas, des Bruders von Schammai,
waren Jeter und Jonatan. Jeter starb ohne Nach-
kommen. 33 Die Söhne Jonatans waren Pelet und
Sasa. Das waren die Nachkommen Jerachmeels.
34 Scheschan hatte keine Söhne, sondern nur
Töchter. Scheschan hatte einen ägyptischen Skla-
ven namens Jarha. 35 Diesem gab Scheschan seine
Tochter zur Frau, und sie gebar ihm Attai. 36 Attai
zeugte Natan, Natan zeugte Sabad, 37 Sabad
zeugte Eflal, Eflal zeugte Obed, 38 Obed zeugte
Jehu, Jehu zeugte Asarja, 39 Asarja zeugte Helez,
Helez zeugte Elasa, 40 Elasa zeugte Sismai, Sismai
zeugte Schallum, 41 Schallum zeugte Jekamja, und
Jekamja zeugte Elischama.

Die zweite Liste der Nachkommen Kalebs

42 Die Söhne Kalebs, des Bruders Jerachmeels, wa-
ren: Mescha, sein Erstgeborener – er war der Va-
ter Sifs –, und sein zweiter Sohn Marescha, der
Vater Hebrons. 43 Die Söhne Hebrons waren: Ko-
rach, Tappuach, Rekem und Schema. 44 Schema
zeugte Raham, den Vater Jorkoams, und Rekem
zeugte Schammai. 45 Der Sohn Schammais war
Maon, und Maon war der Vater von Bet-Zur.
46 Efa, die Nebenfrau Kalebs, gebar Haran, Moza
und Gases. Haran zeugte Jahdai. 47 Die Söhne Jah-
dais waren: Regem, Jotam, Geschan, Pelet, Efa
und Schaaf. 48 Kalebs Nebenfrau Maacha gebar
Scheber und Tirhana. 49 Sie gebar auch Schaaf, den
Vater Madmannas, sowie Schewa, den Vater
Machbenas und Gibeas. Die Tochter Kalebs war
Achsa. 50 Das waren die Nachkommen Kalebs.

Die Söhne Hurs, des Erstgeborenen der Efrata,
waren: Schobal, der Vater von Kirjat-Jearim, 51 Sal-
mon, der Vater von Betlehem, und Haref, der Va-
ter von Bet-Gader. 52 Schobal, der Vater von Kirjat-
Jearim, hatte als Söhne: Reaja und Hazi, den
Manahatiter. 53 Die Sippenverbände von Kirjat-
Jearim waren die Jeteriter, die Putiter, die Schu-
matiter und die Mischraïter. Von ihnen zweigten
ab die Zoraïter und die Eschtaoliter. 54 Die Söhne
Salmons waren: Betlehem, die Netofatiter, Atrot-
Bet-Joab, die Hälfte der Manahatiter und der
Zoraïter.
55 Die Sippenverbände von Sofer, die Einwohner
von Jabez, die Tiratiter, Schimatiter und Suchati-
ter waren Keniter, die von Hammat, dem Vater
von Bet-Rechab, stammten.

Die Nachkommen Davids

3 Das waren die Söhne Davids, die ihm in He-
bron geboren wurden: Sein Erstgeborener
war Amnon von Ahinoam aus Jesreel, der zweite
Daniel von Abigajil aus Karmel, 2 der dritte Ab-
schalom, der Sohn der Maacha, der Tochter des
Königs Talmai von Geschur, der vierte Adonija,
der Sohn der Haggit, 3 der fünfte Schefatja von Abi-
tal, der sechste Jitream von seiner Frau Egla.
4 Sechs wurden ihm in Hebron geboren. Er re-
gierte dort sieben Jahre und sechs Monate. Drei-
unddreißig Jahre regierte er in Jerusalem.
5 Und diese wurden ihm in Jerusalem geboren:
Schima, Schobab, Natan, Salomo – diese vier wa-
ren Söhne der Batseba, der Tochter Ammiëls –,
6 ferner Jibhar, Elischua, Elifelet, 7 Nogah, Nefeg,
Jafia, 8 Elischama, Eljada und Elifelet, insgesamt
neun. 9 Das ist die Gesamtheit der Söhne Davids,
ohne die Söhne der Nebenfrauen. Ihre Schwester
war Tamar.
10 Der Sohn Salomos war Rehabeam, dessen
Sohn war Abija, dessen Sohn Asa, dessen Sohn
Joschafat, 11 dessen Sohn Joram, dessen Sohn
Ahasja, dessen Sohn Joasch, 12 dessen Sohn Ama-
zja, dessen Sohn Asarja, dessen Sohn Jotam, 13 des-
sen Sohn Ahas, dessen Sohn Hiskija, dessen Sohn
Manasse, 14 dessen Sohn Amon, dessen Sohn Jo-
schija. 15 Die Söhne Joschijas waren: der Erstgebo-
rene Johanan, der zweite Jojakim, der dritte Zid-
kija, der vierte Schallum. 16 Jojakims Söhne waren:
Jojachin und Zidkija. 17 Die Söhne Jojachins, des
Gefangenen, waren: Schealtiël, 18 Malkiram, Pe-
daja, Schenazzar, Jekamja, Hoschama und Ne-
dabja. 19 Die Söhne Pedajas waren Serubbabel und
Schimi. Die Söhne Serubbabels waren Meschul-
lam und Hananja. Ihre Schwester war Schelomit.
20 Meschullams Söhne waren: Haschuba, Ohel,
Berechja, Hasadja und Juschab-Hesed, insgesamt
fünf. 21 Die Söhne Hananjas waren: Pelatja, Je-
schaja, Refaja, Arnan, Obadja und Schechanja.
22 Die Söhne Schechanjas waren Schemaja, Hat-
tusch, Jigal, Bariach, Nearja und Schafat, insge-
samt sechs. 23 Die Söhne Nearjas waren: Eljoënai,
Hiskija und Asrikam, insgesamt drei. 24 Die Söhne
Eljoënais waren: Hodawja, Eljaschib, Pelaja, Ak-
kub, Johanan, Delaja und Anani, insgesamt
sieben.

Einzelne Familien des Stammes Juda

4 Die Söhne Judas waren: Perez, Hezron,
Kaleb, Hur und Schobal. 2 Reaja, der Sohn
Schobals, zeugte Jahat, und Jahat zeugte Ahumai
und Lahad. Das waren die Sippen der Zoraïter.
3 Und das waren die Söhne Etams: Jesreel,
Jischma und Jidbasch. Der Name ihrer Schwester
war Hazlelponi.
4 Penuel war der Vater Gedors und Eser der Va-
ter Huschas. Das waren die Nachkommen Hurs,
des Erstgeborenen der Efrata, des Vaters von
Betlehem.
5 Aschhur, der Vater Tekoas, hatte zwei Frauen,
Hela und Naara. 6 Naara gebar ihm Ahusam, He-
fer, Temni und Ahaschtari. Das waren die Söhne
der Naara. 7 Die Söhne der Hela waren: Zeret, Zo-
har und Etnan.
8 Koz zeugte Anub, Zobeba, ferner die Sippen
Aharhels, des Sohnes Harums.
9 Jabez war angesehener als seine Brüder. Sei-
ne Mutter hatte ihn Jabez genannt; denn sie
sagte: Ich habe ihn unter Beschwerden gebo-
ren. 10 Doch Jabez rief zum Gott Israels und
sprach: Möchtest du mich segnen und mein Ge-
biet erweitern. Möchte deine Hand mit mir sein,
daß du mich freimachst von Unheil und ich
ohne Beschwerden bleibe. Und Gott erfüllte
seine Bitte.
11 Kelub, der Bruder Schuhas, zeugte Mehir, den
Vater Eschtons. 12 Eschton zeugte Bet-Rafa, Pa-
seach und Tehinna, den Vater von Ir-Nahasch.
Das sind die Männer von Recha.
13 Die Söhne des Kenas waren Otniël und Seraja,
die Söhne Otniëls Hatat und Meonotai. 14 Meo-
notai zeugte Ofra. Seraja zeugte Joab, den Vater
von Ge-Haraschim (Tal der Handwerker); denn
sie waren Handwerker.
15 Die Söhne Kalebs, des Sohnes Jefunnes, wa-
ren: Iru, Ela und Naam. Der Sohn Elas war Kenas.
16 Die Söhne Jehallelels waren: Sif, Sifa, Tirja und
Asarel.
17 Die Söhne Esras waren: Jeter, Mered, Efer und
Jalon. (Bitja, die ägyptische Frau Mereds,) gebar
Mirjam, Schammai und Jischbach, den Vater von
Eschtemoa. 18 Seine judäische Frau gebar: Jered,
den Vater von Gedor, Heber, den Vater von Socho,
und Jekutiël, den Vater von Sanoach. Das waren
die Söhne der Bitja, der Tochter des Pharao, die
Mered geheiratet hatte, 19 und die Söhne seiner ju-
däischen Frau, der Schwester Nahams, des Vaters
von Keïla, dem Garmiter, und von Eschtemoa,
dem Maachatiter.
20 Die Söhne Schimons waren: Amnon, Rinna,
Ben-Hanan und Tilon. Die Söhne Jischis waren
Sohet und Ben-Sohet.
21 Die Söhne Schelas, des Sohnes Judas, waren:
Er, der Vater Lechas, Lada, der Vater Mareschas,
sowie die Sippen des Hauses der Byssusbearbei-
ter von Bet-Aschbea, 22 ferner Jokim und die Män-
ner von Koseba, sowie Joasch und Saraf, die Moab
in Besitz genommen hatten, aber wieder nach
Betlehem zurückgekehrt waren – die Berichte
sind altüberliefert. 23 Sie sind die Töpfer und Ein-
wohner von Netaïm und Gedera und wohnen
dort im Dienst des Königs.

Der Stamm Simeon

24 Die Söhne Simeons waren: Jemuël, Jamin, Jarib,
Serach und Schaul. 25 Dessen Sohn war Schallum,
dessen Sohn Mibsam und dessen Sohn Mischma.
26 Der Sohn Mischmas war Hammuël, dessen
Sohn Sakkur und dessen Sohn Schimi. 27 Schimi
hatte sechzehn Söhne und sechs Töchter. Doch
seine Brüder waren nicht kinderreich, und alle
ihre Sippen erreichten nicht die Zahl der Söhne
Judas.
28 Sie wohnten in Beerscheba, Molada, Hazar-
Schual, 29 Baala, Ezem, Eltolad, 30 Betuël, Horma,
Ziklag, 31 Bet-Markabot, Hazar-Susim, Bet-Biri und
Schaarajim. Das waren ihre Städte mit den dazu-
gehörenden Gehöften, bis David König wurde,
32 dazu noch Etam, Ajin, Rimmon, Tochen und
Aschan, fünf Städte 33 mit all ihren Gehöften im
Umkreis dieser Städte bis nach Baal hin. Das wa-
ren ihre Wohnsitze, und sie hatten ihre eigenen
Stammeslisten.
34 Meschobab, Jamlech, Joscha, der Sohn Amaz-
jas, 35 Joël, Jehu, der Sohn Joschibjas, des Sohnes
Serajas, des Sohnes Asiëls, 36 Eljoënai, Jaakoba, Je-
schohaja, Asaja, Adiël, Jesimiël, Benaja, 37 Sisa, der
Sohn Schifis, des Sohnes Allons, des Sohnes Jeda-
jas, des Sohnes Schimris, des Sohnes Schemajas:
38 Diese namentlich Genannten waren führende
Männer in ihren Sippenverbänden. Ihre Großfa-
milien hatten sich stark vermehrt. 39 Daher zogen
sie, um Weideplätze für ihre Schafe und Ziegen zu
suchen, zum Osten des Tals, wo der Weg nach Ge-
dor abzweigt. 40 Sie fanden fette und gute Weide-
plätze. Das Land war nach allen Seiten hin ausge-
dehnt, ruhig und friedlich; denn die früheren

Bewohner gehörten zu den Hamiten. 41 So kamen
diese mit Namen Aufgezeichneten in den Tagen
des Königs Hiskija von Juda, zerstörten ihre Zelte
und erschlugen die Mëuniter, die sich dort fanden.
Sie weihten sie für immer dem Untergang und
ließen sich an ihrer Stelle nieder; denn es gab dort
Weideplätze für ihre Schafe und Ziegen.
42 Von den Nachkommen Simeons zogen fünf-
hundert Mann in das Gebirge Seïr. Pelatja, Nearja,
Refaja und Usiël, die Söhne Jischis, standen an ih-
rer Spitze. 43 Sie schlugen die Restbevölkerung, die
von den Amalekitern noch vorhanden war, und
wohnen dort bis zum heutigen Tag.

Der Stamm Ruben

5 Die Söhne Rubens, des Erstgeborenen Isra-
els: Ruben war der Erstgeborene. Da er aber
das Bett seines Vaters entweiht hatte, wurde sein
Erstgeburtsrecht den Söhnen Josefs, des Sohnes
Israels, gegeben. Doch richten sich die Stammes-
listen nicht nach dem Erstgeburtsrecht; 2 Juda er-
langte nämlich die Herrschaft über seine Brüder,
und einer aus ihm wurde der Fürst, obwohl das
Erstgeburtsrecht bei Josef war. 3 Die Söhne Ru-
bens, des Erstgeborenen Israels, waren: Henoch,
Pallu, Hezron und Karmi.
4 Der Sohn Joëls war Schemaja, dessen Sohn
Gog, dessen Sohn Schimi, 5 dessen Sohn Micha,
dessen Sohn Reaja, dessen Sohn Baal, 6 dessen
Sohn Beera, den Tiglat-Pileser, der König von As-
sur, verschleppte. Er war der Anführer der Rube-
niter. 7 Seine Brüder wurden, als sie sich nach
ihren Geschlechterfolgen in die Stammeslisten
eintragen ließen, seinen Familien zugezählt. Der
erste war Jëiël, ihm folgte Secharja.
8 Bela war der Sohn des Asas, des Sohnes Sche-
mas, des Sohnes Joëls.
Die Rubeniter wohnten in Aroër bis Nebo und
Baal-Meon. 9 Ostwärts wohnten sie bis an den
Rand der Steppe, die sich vom Eufrat her erstreckt;
denn sie besaßen große Herden im Land Gilead.
10 In den Tagen Sauls führten sie Krieg mit den Ha-
garitern. Diese fielen in ihre Hand, und sie besetz-
ten ihre Zelte auf der ganzen Ostseite von Gilead.

Der Stamm Gad

11 Die Nachkommen Gads wohnten ihnen gegen-
über im Gebiet des Baschan bis Salcha. 12 Ihr Ober-
haupt war Joël; Schafam war der Zweite, dazu ka-
men Janai und Schafat; sie wohnten im Baschan.
13 Ihre Brüder mit ihren Großfamilien waren
Michael, Meschullam, Scheba, Jorai, Jakan, Sia
und Eber, insgesamt sieben.
14 Das waren die Söhne Abihajils, des Sohnes
Huris, des Sohnes Jaroachs, des Sohnes Gileads,
des Sohnes Michaels, des Sohnes Jeschischais,
des Sohnes Jachdos, des Sohnes des Bus: ... 15 Ahi,
der Sohn Abdiëls, des Sohnes Gunis, war Haupt
ihrer Großfamilien. 16 Sie wohnten in Gilead, im
Baschan und seinen Tochterstädten und an allen
Weideflächen Scharons bis zu ihren Ausläufern.
17 In den Tagen Jotams, des Königs von Juda, und
in den Tagen Jerobeams, des Königs von Israel,
wurden alle in die Stammeslisten eingetragen.

Der Krieg mit Nachbarstämmen

18 Die Krieger von Ruben, Gad und dem halben
Stamm Manasse, Männer, die Schild und
Schwert trugen, den Bogen spannten und im
Kampf geübt waren, vierundvierzigtausendsie-
benhundertsechzig Mann, die im Heer ausrück-
ten, 19 führten Krieg gegen die Hagariter und gegen
Jetur, Nafisch und Nodab. 20 Sie waren siegreich
und konnten die Hagariter und deren Verbündete
in ihre Gewalt bringen; denn sie schrien im
Kampf zu Gott, und dieser ließ sich erbitten, da sie
auf ihn vertrauten. 21 So führten sie deren Besitz
weg: 50 000 Kamele, 250 000 Schafe und 2000
Esel, dazu 100 000 Personen. 22 Viele Feinde wur-
den erschlagen und fielen; denn es war ein Krieg
Gottes. Die Israeliten siedelten sich an ihrer Stelle
an und blieben dort bis zur Verschleppung.

Der Stamm Ost-Manasse

23 Die Angehörigen des halben Stammes Manasse
wohnten in dem Land, das vom Baschan bis Baal-
Hermon, zum Senir und zum Hermongebirge
reicht. Sie waren sehr zahlreich. 24 Und das waren
die Häupter ihrer Großfamilien: Efer, Jischi, Eliël,
Asriël, Jirmeja, Hodawja und Jachdiël. Sie waren
tapfere Krieger, Männer von Namen, Häupter ih-
rer Großfamilien. 25 Doch wurden sie dem Gott ih-
rer Väter untreu und gaben sich den Göttern der
Landesbevölkerung hin, die Gott vor ihnen ver-
trieben hatte. 26 Darum erweckte der Gott Israels
den Geist Puls, des Königs von Assur, das heißt
den Geist Tiglat-Pilesers, des Königs von Assur.
Dieser führte die Rubeniter, die Gaditer und den
halben Stamm Manasse in die Verbannung und
brachte sie nach Halach, an den Habor, nach Hara

und an den Fluß von Gosan. Dort sind sie bis zum heutigen Tag.

Der Stamm Levi

27 Die Söhne Levis waren: Gerschon, Kehat und Merari. 28 Die Söhne Kehats waren: Amram, Jizhar, Hebron und Usiël. 29 Die Kinder Amrams waren: Aaron, Mose und Mirjam. Die Söhne Aarons waren: Nadab, Abihu, Eleasar und Itamar. 30 Eleasar zeugte Pinhas, Pinhas zeugte Abischua, 31 Abischua zeugte Bukki, Bukki zeugte Usi, 32 Usi zeugte Serachja, Serachja zeugte Merajot, 33 Merajot zeugte Amarja, Amarja zeugte Ahitub, 34 Ahitub zeugte Zadok, Zadok zeugte Ahimaaz, 35 Ahimaaz zeugte Asarja, Asarja zeugte Johanan, 36 Johanan zeugte Asarja – dieser war es, der im Tempel, den Salomo in Jerusalem erbaute, das Priesteramt verwaltete –, 37 Asarja zeugte Amarja, Amarja zeugte Ahitub, 38 Ahitub zeugte Zadok, Zadok zeugte Schallum, 39 Schallum zeugte Hilkija, Hilkija zeugte Asarja, 40 Asarja zeugte Seraja, Seraja zeugte Jozadak. 41 Jozadak zog fort, als der Herr Juda und Jerusalem durch Nebukadnezzar in die Verbannung führte.

Die Nachkommen der drei Söhne Levis

6 Die Söhne Levis waren: Gerschon, Kehat und Merari. 2 Die Söhne Gerschons hießen Libni und Schimi. 3 Kehats Söhne waren: Amram, Jizhar, Hebron und Usiël. 4 Die Söhne Meraris waren: Machli und Muschi.

Das sind die Sippen der Leviten nach ihren Stammvätern: 5 Der Sohn Gerschons war Libni, dessen Sohn Jahat, dessen Sohn Simma, 6 dessen Sohn Joach, dessen Sohn Iddo, dessen Sohn Serach und dessen Sohn Etni. 7 Der Sohn Kehats war Amminadab, dessen Sohn Korach, dessen Sohn Assir, 8 dessen Sohn Elkana, dessen Sohn Abiasaf, dessen Sohn Assir, 9 dessen Sohn Tahat, dessen Sohn Uriël, dessen Sohn Usija und dessen Sohn Schaul. 10 Die Söhne Elkanas waren Amasai und Ahimot. 11 Der Sohn Elkanas war Elkana, dessen Sohn Zuf, dessen Sohn Tohu, 12 dessen Sohn Eliab, dessen Sohn Jeroham, dessen Sohn Elkana, dessen Sohn Samuel. 13 Die Söhne Samuels waren: Joël, der Erstgeborene, und der zweite war Abija. 14 Der Sohn Meraris war Machli, dessen Sohn Libni, dessen Sohn Schimi, dessen Sohn Usa, 15 dessen Sohn Schima, dessen Sohn Haggija und dessen Sohn Asaja.

Abstammung der Sänger

16 Diese sind es, die David zur Pflege des Gesangs im Haus des Herrn bestellte, nachdem die Lade eine bleibende Stätte gefunden hatte. 17 Sie versahen ihren Dienst als Sänger vor der Wohnstätte des Offenbarungszeltes, bis Salomo das Haus des Herrn in Jerusalem baute. Gemäß ihren Satzungen standen sie in ihrem Dienst. 18 Diese sind es, die mit ihren Söhnen den Dienst besorgten:

Von den Nachkommen der Kehatiter: Heman, der Sänger, der Sohn Joëls, des Sohnes Samuels, 19 des Sohnes Elkanas, des Sohnes Jerohams, des Sohnes Eliëls, des Sohnes Tohus, 20 des Sohnes Zufs, des Sohnes Elkanas, des Sohnes Mahats, des Sohnes Amasais, 21 des Sohnes Elkanas, des Sohnes Joëls, des Sohnes Asarjas, des Sohnes Zefanjas, 22 des Sohnes Tahats, des Sohnes Assirs, des Sohnes Abiasafs, des Sohnes Korachs, 23 des Sohnes Jizhars, des Sohnes Kehats, des Sohnes Levis, des Sohnes Israels.

24 Sein Bruder war Asaf, der zu seiner Rechten stand: Er war der Sohn Berechjas, des Sohnes Schimas, 25 des Sohnes Michaels, des Sohnes Maasejas, des Sohnes Malkijas, 26 des Sohnes Etnis, des Sohnes Serachs, des Sohnes Adajas, 27 des Sohnes Etans, des Sohnes Simmas, des Sohnes Schimis, 28 des Sohnes Jahats, des Sohnes Gerschoms, des Sohnes Levis.

29 Die Söhne Meraris, ihre Brüder, standen zur Linken: Etan, der Sohn Kischis, des Sohnes Abdis, des Sohnes Malluchs, 30 des Sohnes Haschabjas, des Sohnes Amazjas, des Sohnes Hilkijas, 31 des Sohnes Amzis, des Sohnes Banis, des Sohnes Schemers, 32 des Sohnes Machlis, des Sohnes Muschis, des Sohnes Meraris, des Sohnes Levis.

Die Aufgaben der Leviten und Priester

33 Ihre Brüder, die Leviten, waren für den gesamten Dienst an der Wohnstätte des Hauses Gottes bestimmt. 34 Aaron aber und seine Söhne verbrannten die Opfer auf dem Brandopferaltar und dem Rauchopferaltar. Sie besorgten jeden Dienst am Allerheiligsten und vollzogen die Sühne für Israel, genau wie Mose, der Knecht Gottes, angeordnet hatte.

Die Nachkommen Aarons

35 Das sind die Nachkommen Aarons: Sein Sohn war Eleasar, dessen Sohn Pinhas, dessen Sohn Abischua, 36 dessen Sohn Bukki, dessen Sohn Usi,

dessen Sohn Serachja, 37 dessen Sohn Merajot, dessen Sohn Amarja, dessen Sohn Ahitub, 38 dessen Sohn Zadok, dessen Sohn Ahimaaz.

Die Wohnsitze der Leviten

39 Das sind ihre Wohnsitze mit ihren Zeltlagern auf ihrem Gebiet: Den Nachkommen Aarons von der Sippe der Kehatiter, auf die das erste Los gefallen war, 40 gaben sie Hebron im Land Juda mit seinen Weideflächen ringsum. 41 Das Ackerland der Stadt aber und ihre Gehöfte gaben sie Kaleb, dem Sohn Jefunnes. 42 Sie gaben den Nachkommen Aarons die Asylstadt Hebron, ferner Libna mit seinen Weideflächen, Jattir und Eschtemoa mit seinen Weideflächen, 43 Holon mit seinen Weideflächen, Debir mit seinen Weideflächen, 44 Aschan mit seinen Weideflächen (Jutta mit seinen Weideflächen), Bet-Schemesch mit seinen Weideflächen. 45 Vom Stamm Benjamin gaben sie ihnen: (Gibeon mit seinen Weideflächen,) Geba mit seinen Weideflächen, Alemet mit seinen Weideflächen, Anatot mit seinen Weideflächen. Insgesamt gehörten ihnen dreizehn Städte mit ihren Weideflächen. 46 Den übrigen Sippen von den Nachkommen Kehats gaben sie durch das Los zehn Städte vom halben Stamm Manasse.

47 Den Nachkommen Gerschoms gaben die Israeliten entsprechend ihren Sippen aus dem Stamm Issachar, aus dem Stamm Ascher, aus dem Stamm Naftali und aus dem Stamm Manasse im Baschan dreizehn Städte. 48 Den Nachkommen Meraris gaben sie entsprechend ihren Sippen aus dem Stamm Ruben, aus dem Stamm Gad und aus dem Stamm Sebulon durch das Los zwölf Städte.

49 Die Israeliten gaben den Leviten die Städte samt ihren Weideflächen. 50 Durch das Los gaben sie ihnen aus dem Stamm Juda, aus dem Stamm Simeon und aus dem Stamm Benjamin diese Städte, die sie namentlich bezeichneten.

51 Die Angehörigen der kehatitischen Sippen erhielten durch das Los vom Stamm Efraim folgende Städte: 52 Man gab ihnen die Asylstadt Sichem mit ihren Weideflächen auf dem Gebirge Efraim, ferner Geser mit seinen Weideflächen, 53 Kibzajim mit seinen Weideflächen, Bet-Horon mit seinen Weideflächen; 54 (vom Stamm Dan: Elteke mit seinen Weideflächen, Gibbeton mit seinen Weideflächen,) Ajalon mit seinen Weideflächen, Gat-Rimmon mit seinen Weideflächen; 55 vom halben Stamm Manasse: Taanach mit seinen Weideflächen und Jibleam mit seinen Weideflächen. Diese gaben sie den Sippen der übrigen Kehatiter.

56 Den Nachkommen Gerschoms gaben sie von den Sippen des halben Stamms Manasse: Golan im Baschan mit seinen Weideflächen, Aschtarot mit seinen Weideflächen; 57 vom Stamm Issachar: Kischjon mit seinen Weideflächen, Daberat mit seinen Weideflächen, 58 Ramot mit seinen Weideflächen, En-Gannim mit seinen Weideflächen; 59 vom Stamm Ascher: Mischal mit seinen Weideflächen, Abdon mit seinen Weideflächen, 60 Helkat mit seinen Weideflächen, Rehob mit seinen Weideflächen; 61 vom Stamm Naftali: Kedesch in Galiläa mit seinen Weideflächen, Hammon mit seinen Weideflächen, Kirjatajim mit seinen Weideflächen.

62 Den übrigen Nachkommen Meraris gaben sie vom Stamm Sebulon: (Jokneam mit seinen Weideflächen, Karta mit seinen Weideflächen,) Rimmon mit seinen Weideflächen, Tabor mit seinen Weideflächen; 63 im Land jenseits des Jordan bei Jericho, östlich des Jordan, vom Stamm Ruben: Bezer in der Steppe mit seinen Weideflächen, Jahaz mit seinen Weideflächen, 64 Kedemot mit seinen Weideflächen, Mefaat mit seinen Weideflächen; 65 vom Stamm Gad: Ramot in Gilead mit seinen Weideflächen, Mahanajim mit seinen Weideflächen, 66 Heschbon mit seinen Weideflächen und Jaser mit seinen Weideflächen.

Der Stamm Issachar

7 Die Söhne Issachars waren: Tola, Puwa, Jaschub und Schimron, zusammen vier. 2 Die Söhne Tolas waren: Usi, Refaja, Jeriël, Jachmai, Jibsam und Schemuël. Sie waren Häupter der Großfamilien Tolas, tapfere Krieger, jeder entsprechend seiner Geschlechterfolge. Zur Zeit Davids zählten sie 22 600 Mann. 3 Die Söhne Usis waren: Serachja, Michael, Obadja, Joël und Jischija, insgesamt fünf. Sie alle waren Oberhäupter. 4 Sie hatten, geordnet nach ihrer Geschlechterfolge und nach ihren Großfamilien, ein Kriegsheer von 36 000 Mann zu stellen; denn sie hatten viele Frauen und Kinder. 5 Ihre Brüder aus allen Sippen Issachars waren tapfere Krieger. Ihre Aufzeichnung ergab insgesamt 87 000 Mann.

Der Stamm Benjamin

6 Die Söhne Benjamins waren: Bela, Becher und Jediaël, insgesamt drei. 7 Die Söhne Belas waren:

Ezbon, Usi, Usiël, Jerimot und Ir, insgesamt fünf.
Sie waren Häupter ihrer Großfamilien und tapfere
Krieger. Ihre Aufzeichnung ergab 22 034 Mann.
8 Die Söhne Bechers waren: Semira, Joasch, Elië-
ser, Eljoënai, Omri, Jeremot, Abija, Anatot und
Alemet. Sie alle waren Söhne Bechers. 9 Die Auf-
zeichnung entsprechend ihrer Geschlechterfolge
nach den Häuptern ihrer Großfamilien und nach
den tapferen Kriegern ergab 20 200 Mann. 10 Der
Sohn Jediaëls war Bilhan, und die Söhne Bilhans
waren: Jëusch, Benjamin, Ehud, Kenaana, Setan,
Tarschisch und Ahischahar. 11 Sie alle waren
Söhne Jediaëls, Häupter ihrer Großfamilien, tap-
fere Krieger, 17 200 Mann, die im Heer zum
Krieg ausrückten.
12 Schuppim und Huppim waren Söhne Irs, Hu-
schim der Sohn Ahers.

Der Stamm Naftali

13 Die Söhne Naftalis waren: Jachzeel, Guni, Jezer
und Schallum, die Nachkommen der Bilha.

Der Stamm Manasse

14 Der Sohn Manasses war Asriël. Seine aramäi-
sche Nebenfrau gebar Machir, den Vater Gileads.
15 Machir nahm eine Frau für Huppim und Schup-
pim. Der Name seiner Schwester war Maacha.
Der Name des zweiten (Sohnes Hefers) war Ze-
lofhad. Dieser hatte nur Töchter. 16 Maacha, die
Frau Machirs, gebar einen Sohn und nannte ihn
Peresch; sein Bruder hieß Scheresch. Dessen
Söhne waren Ulam und Rekem. 17 Der Sohn
Ulams war Bedan. Das waren die Söhne Gileads,
des Sohnes Machirs, des Sohnes Manasses.
18 Seine Schwester Molechet gebar Ischhod, Abië-
ser und Machla. 19 Die Söhne Schemidas waren
Achjan, Schechem, Likhi und Aniam.

Der Stamm Efraim

20 Der Sohn Efraims war Schutelach. Dessen Sohn
war Bered, dessen Sohn Tahat, dessen Sohn
Elada, dessen Sohn Tahat, 21 dessen Sohn Sabad
und dessen Sohn Schutelach sowie Eser und Elad.
Diese erschlug die einheimische Bevölkerung
von Gat, weil sie hinabgezogen waren, um deren
Vieh wegzunehmen. 22 Darüber trauerte ihr Vater
Efraim lange Zeit, und seine Brüder kamen, ihn zu
trösten. 23 Dann ging er zu seiner Frau; sie wurde
schwanger und gebar einen Sohn. Er nannte ihn
Beria, da er zur Zeit des Unglücks in seinem Haus
geboren wurde. 24 Seine Tochter war Scheera. Sie
erbaute das untere und das obere Bet-Horon so-
wie Usen-Scheera.
25 Weitere Söhne (Efraims) waren Refach und Re-
schef. Dessen Sohn war Telach, dessen Sohn Ta-
han, 26 dessen Sohn Ladan, dessen Sohn Ammi-
hud, dessen Sohn Elischama, 27 dessen Sohn Nun
und dessen Sohn Josua.
28 Ihr Besitz und ihre Wohnplätze waren Bet-El
mit seinen Tochterstädten, gegen Osten Naara, ge-
gen Westen Geser mit seinen Tochterstädten, Si-
chem mit seinen Tochterstädten bis nach Aja und
seinen Tochterstädten. 29 In der Hand der Nach-
kommen Manasses waren Bet-Schean mit seinen
Tochterstädten, Taanach mit seinen Tochterstäd-
ten, Megiddo mit seinen Tochterstädten und Dor
mit seinen Tochterstädten. In ihnen wohnten die
Nachkommen Josefs, des Sohnes Israels.

Der Stamm Ascher

30 Die Söhne Aschers waren: Jimna, Jischwa,
Jischwi und Beria. Ihre Schwester war Serach.
31 Die Söhne Berias waren Heber und Malkiël. Die-
ser war der Vater von Birsajit. 32 Heber zeugte
Jaflet, Schemer, Hotam und deren Schwester
Schua. 33 Die Söhne Jaflets waren Pasach, Bimhal
und Aschwat. Das waren die Söhne Jaflets. 34 Die
Söhne Schemers waren: Ahi, Rohga, Hubba und
Aram. 35 Die Söhne seines Bruders Hotam waren:
Zofach, Jimna, Schelesch und Amal. 36 Die Söhne
Zofachs waren: Suach, Harnefer, Schual, Beri,
Jimra, 37 Bezer, Hod, Schamma, Schilscha, Jitran
und Beera. 38 Die Söhne Jitrans waren: Jefunne, Pi-
spa und Ara. 39 Die Söhne Ullas waren: Arach,
Hanniël und Rizja. 40 Alle diese waren Nachkom-
men Aschers, auserlesene Häupter von Großfa-
milien, tapfere Krieger, Häupter unter den führen-
den Männern. Ihre Aufzeichnung für das
Kriegsheer ergab 26 000 Mann.

Das zweite Verzeichnis des Stammes Benjamin

8 Benjamin zeugte Bela als seinen Erstgebore-
nen, Aschbel als zweiten, Achrach als drit-
ten, 2 Noha als vierten und Rafa als fünften. 3 Bela
hatte folgende Söhne: Ard, Gera, Abihud, 4 Abi-
schua, Naaman, Ahoach, 5 Gera, Schefufan und
Huram.
6 Und das waren die Söhne Ehuds ... Sie waren
die Familienhäupter der Bewohner von Geba ...
Man führte sie in die Verbannung nach Manahat.

7 Naaman, Ahija und Gera … Dieser führte sie gefangen fort. Er zeugte Usa und Ahihud.

8 Schaharajim zeugte im Grünland von Moab Söhne, nachdem er seine Frauen Huschim und Baara entlassen hatte. 9 Mit seiner Frau Hodesch zeugte er Jobab, Zibja, Mescha, Malkam, 10 Jëuz, Sacheja und Mirma. Das waren seine Söhne, die Häupter ihrer Großfamilien. 11 Mit Huschim zeugte er Abitub und Elpaal. 12 Die Söhne Elpaals waren: Eber, Mischam und Schemed. Dieser baute Ono und Lod mit seinen Tochterstädten.

13 Beria und Schema waren die Häupter der Großfamilien der Einwohner von Ajalon. Sie vertrieben die Einwohner von Gat. 14 Ihre Brüder waren Elpaal, Schaschak und Jeroham. 15 Sebadja, Arad, Eder, 16 Michael, Jischpa und Joha waren Söhne Berias. 17 Sebadja, Meschullam, Hiski, Heber, 18 Jischmerai, Jislia und Jobab waren Söhne Elpaals. 19 Jakim, Sichri, Sabdi, 20 Eliënai, Zilletai, Eliël, 21 Adaja, Beraja und Schimrat waren Söhne Schimis. 22 Jischpan, Eber, Eliël, 23 Abdon, Sichri, Hanan, 24 Hananja, Elam, Antotija, 25 Jifdeja und Penuël waren Söhne Schaschaks. 26 Schamscherai, Scheharja, Atalja, 27 Jaareschja, Elija und Sichri waren Söhne Jerohams. 28 Sie waren Häupter der Großfamilien entsprechend ihrer Geschlechterfolge, ihre Oberhäupter, und wohnten in Jerusalem.

Die Familie Sauls

29 In Gibeon wohnte Jëiël, der Vater Gibeons. Seine Frau war Maacha, 30 und sein erstgeborener Sohn war Abdon. Ihm folgten Zur, Kisch, Baal, Ner, Nadab, 31 Gedor, Achjo, Secher und Miklot. 32 Miklot zeugte Schima. Auch sie wohnten in Jerusalem bei ihren Brüdern, ihnen gegenüber. 33 Ner zeugte Abner, und Kisch zeugte Saul. Saul zeugte Jonatan, Malkischua, Abinadab und Eschbaal. 34 Der Sohn Jonatans war Merib-Baal. Merib-Baal zeugte Micha. 35 Die Söhne Michas waren: Piton, Melech, Tachrea und Ahas. 36 Ahas zeugte Joadda, und Joadda zeugte Alemet, Asmawet und Simri. Simri zeugte Moza, 37 Moza zeugte Bina; dessen Sohn war Rafa, dessen Sohn Elasa und dessen Sohn Azel. 38 Azel hatte sechs Söhne, und das sind ihre Namen: Asrikam, Bochru, Jischmael, Schearja, Obadja und Hanan. Alle diese waren Söhne Azels. 39 Die Söhne seines Bruders Eschek waren: Ulam, sein Erstgeborener; der zweite war Jëusch und der dritte Elifelet. 40 Die Söhne Ulams waren tapfere Krieger, die den Bogen spannten. Sie hatten viele Söhne und Enkel, insgesamt hundertfünfzig. Alle diese gehörten zu den Nachkommen Benjamins.

9 So ließ sich ganz Israel in die Stammeslisten eintragen. Sie wurden in das Buch der Könige von Israel und Juda aufgenommen.

Jerusalemer Familien nach dem Exil

Juda wurde wegen seiner Treulosigkeit nach Babel weggeführt. 2 Die ersten Ansiedler, die sich wieder auf ihrem Besitz in ihren Städten niederließen, waren Israeliten, Priester, Leviten und Tempeldiener. 3 In Jerusalem wohnten von den Angehörigen Judas, Benjamins, Efraims und Manasses folgende:

4 Utai, der Sohn Ammihuds, des Sohnes Omris, des Sohnes Imris, des Sohnes Banis, ein Nachkomme des Perez, des Sohnes Judas. 5 Von den Nachkommen Schelas: Asaja, der Erstgeborene, und dessen Söhne. 6 Von den Nachkommen Serachs: Jëuël. Die Zahl ihrer Brüder betrug 690 Mann.

7 Von den Nachkommen Benjamins: Sallu, der Sohn Meschullams, des Sohnes Hodawjas, des Sohnes Senuas; 8 ferner Jibneja, der Sohn Jerohams, und Ela, der Sohn Usis, des Sohnes Michris, sowie Meschullam, der Sohn Schefatjas, des Sohnes Reguëls, des Sohnes Jibnijas; 9 dazu ihre Brüder nach ihrer Geschlechterfolge, insgesamt 956 Mann. Sie alle waren Oberhäupter ihrer Großfamilien.

10 Von den Priestern: Jedaja, Jojarib, Jachin, 11 Asarja, der Sohn Hilkijas, des Sohnes Meschullams, des Sohnes Zadoks, des Sohnes Merajots, des Sohnes Ahitubs, der Fürst des Hauses Gottes; 12 ferner Adaja, der Sohn Jerohams, des Sohnes Paschhurs, des Sohnes Malkijas, und Masai, der Sohn Adiëls, des Sohnes Jachseras, des Sohnes Meschullams, des Sohnes Meschillemots, des Sohnes Immers, 13 sowie ihre Brüder, die Häupter ihrer Großfamilien, insgesamt 1760 Mann. Sie waren tüchtige Männer in der Besorgung des Dienstes im Haus Gottes.

14 Von den Leviten: Schemaja, der Sohn Haschubs, des Sohnes Asrikams, des Sohnes Haschabjas, von den Nachkommen Meraris; 15 ferner Bakbakar, Heresch, Galal, Mattanja, der Sohn Michas, des Sohnes Sichris, des Sohnes Asafs, 16 sowie Abda, der Sohn Schammuas, des Sohnes

Galals, des Sohnes Jedutuns, und Berechja, der
Sohn Asas, des Sohnes Elkanas, der in den Dör-
fern der Netofatiter wohnte.
17 Die Torwächter waren: Schallum, Akkub, Tal-
mon und Ahiman. Ihr Bruder Schallum war das
Oberhaupt. 18 Er hat bis heute die Wache am Kö-
nigstor im Osten. Das sind die Torwächter in den
Lagern der Leviten.

Levitische Dienste

19 Schallum, der Sohn Kores, des Sohnes Abiasafs,
des Sohnes Korachs, und seine Brüder aus seiner
Großfamilie, die Korachiter, hatten als Wächter
den Dienst an den Schwellen des Zeltes zu be-
sorgen. Ihre Väter waren im Lager des Herrn
Wächter am Eingang gewesen. 20 Pinhas, der
Sohn Eleasars, war einst ihr Anführer – der Herr
sei mit ihm. 21 Secharja, der Sohn Meschelemjas,
war Torwächter am Eingang des Offenbarungs-
zeltes. 22 Die als Torwächter an den Schwellen
ausersehen waren, zählten insgesamt 212 Mann.
Sie hatten sich in ihren Dörfern in die Stammesli-
sten eingetragen und waren von David und dem
Seher Samuel in ihr Amt eingesetzt worden.
23 Mit ihren Söhnen standen sie nach der Dienst-
ordnung als Wächter an den Toren zum Haus des
Herrn, zum Haus des Zeltes. 24 Sie waren nach den
vier Himmelsrichtungen aufgestellt, nach Osten,
Westen, Norden und Süden. 25 Ihre Brüder wohn-
ten in ihren Dörfern und mußten jeweils sieben
Tage, von einem Zeitpunkt zum andern, mit ih-
nen zum Dienst erscheinen. 26 Ständig im Dienst
waren nur die vier obersten Torwächter.
Einige Leviten hatten die Aufsicht über die Kam-
mern und die Schätze im Haus Gottes. 27 Sie blie-
ben auch während der Nacht in der Nähe des
Hauses Gottes; denn ihnen war die Wache über-
tragen, und sie hatten den Schlüssel, um jeden
Morgen zu öffnen. 28 Einige von ihnen überwach-
ten die Geräte für den Dienst. Sie trugen sie abge-
zählt hinein und brachten sie abgezählt wieder
heraus. 29 Andere waren zur Aufsicht über die
sonstigen Geräte und alle Geräte des Heiligtums
bestellt. Sie hatten das Feinmehl, den Wein und
das Öl, den Weihrauch und verschiedenartigen
Balsam zu besorgen. 30 Einige von den Söhnen der
Priester bereiteten die Salben für den Balsam.
31 Mattitja, einer der Leviten, der Erstgeborene des
Korachiters Schallum, war amtlich mit der Zube-
reitung des Backwerks beauftragt. 32 Ein Teil der
Kehatiter, ihrer Amtsbrüder, hatte für die Schau-
brote zu sorgen, die sie jeden Sabbat aufzulegen
hatten.
33 Das waren die Sänger, Häupter der Großfami-
lien bei den Leviten, die, von anderen Arbeiten
befreit, in den Kammern wohnten, da sie Tag und
Nacht im Dienst sein mußten . . .
34 Das waren die Häupter der Großfamilien der
Leviten nach ihrer Geschlechterfolge, die Häup-
ter. Sie wohnten in Jerusalem.

Die Familie Sauls

35 In Gibeon wohnte Jëiël, der Vater Gibeons.
Seine Frau war Maacha, 36 und sein erstgeborener
Sohn war Abdon. Ihm folgten Zur, Kisch, Baal,
Ner, Nadab, 37 Gedor, Achjo, Secher und Miklot.
38 Miklot zeugte Schima. Auch sie wohnten in Je-
rusalem bei ihren Brüdern, ihnen gegenüber.
39 Ner zeugte Abner, und Kisch zeugte Saul. Saul
zeugte Jonatan, Malkischua, Abinadab und Esch-
baal. 40 Der Sohn Jonatans war Merib-Baal. Merib-
Baal zeugte Micha. 41 Die Söhne Michas waren: Pi-
ton, Melech, Tachrea und Ahas. 42 Ahas zeugte
Joadda, und Joadda zeugte Alemet, Asmawet und
Simri. Simri zeugte Moza, 43 Moza zeugte Bina;
dessen Sohn war Refaja, dessen Sohn Elasa und
dessen Sohn Azel. 44 Azel hatte sechs Söhne, und
das sind ihre Namen: Asrikam, Bochru, Jisch-
mael, Schearja, Obadja und Hanan. Das waren die
Söhne Azels.

Die Geschichte Davids: 10,1–29,30

Das Ende Sauls

10 Als die Philister gegen Israel kämpften,
flohen die Israeliten vor ihnen. Viele wa-
ren gefallen und lagen erschlagen auf dem Ge-
birge Gilboa. 2 Die Philister verfolgten Saul und
seine Söhne und erschlugen Sauls Söhne Jonatan,
Abinadab und Malkischua. 3 Um Saul selbst ent-
stand ein schwerer Kampf. Die Bogenschützen
hatten ihn getroffen, und er war schwer verwun-
det. 4 Da sagte Saul zu seinem Waffenträger: Zieh

dein Schwert, und durchbohre mich damit! Sonst
kommen diese Unbeschnittenen und treiben mit
mir ihren Mutwillen. Der Waffenträger wollte es
nicht tun; denn er hatte große Angst. Da nahm
Saul selbst das Schwert und stürzte sich hinein.
5 Als der Waffenträger sah, daß Saul tot war,
stürzte auch er sich in sein Schwert und starb. 6 So
kamen Saul und seine drei Söhne ums Leben;
sein ganzes Haus starb mit ihm. 7 Als die Israeliten
in der Ebene (Jesreel) sahen, daß die Krieger Isra-
els geflohen und daß Saul und seine Söhne tot wa-
ren, verließen sie ihre Städte und flohen. Dann ka-
men die Philister und besetzten die Städte.
8 Als am nächsten Tag die Philister kamen, um
die Erschlagenen auszuplündern, fanden sie Saul
und seine Söhne, die auf dem Gebirge Gilboa ge-
fallen waren. 9 Sie zogen ihn aus, nahmen seinen
Kopf und seine Rüstung und schickten beides im
Land der Philister umher, um ihren Götzen und
dem Volk die Siegesnachricht zu übermitteln.
10 Die Rüstung Sauls legten sie im Tempel ihrer
Götter nieder. Seinen Kopf aber hefteten sie an
den Tempel des Dagon. 11 Als die Einwohner von
Jabesch-Gilead hörten, was die Philister mit Saul
gemacht hatten, 12 brachen alle kriegstüchtigen
Männer auf, nahmen die Leiche Sauls und die Lei-
chen seiner Söhne und brachten sie nach Jabesch.
Sie begruben ihre Gebeine unter der Terebinthe in
Jabesch und fasteten sieben Tage lang.
13 So starb Saul wegen der Treulosigkeit, die er ge-
gen den Herrn begangen hatte. Er hatte das Wort
des Herrn nicht befolgt und den Totengeist be-
fragt, um Auskunft zu suchen; 14 an den Herrn
aber hatte er sich nicht gewandt. Darum ließ er
ihn sterben und übergab das Königtum David,
dem Sohn Isais.

Die Anerkennung Davids als König

11 Ganz Israel versammelte sich bei David in
Hebron und sagte: Wir sind doch dein
Fleisch und Bein. 2 Schon früher, als Saul noch Kö-
nig war, hast du Israel in den Kampf und wieder
nach Hause geführt. Und der Herr, dein Gott, hat
zu dir gesagt: Du sollst der Hirt meines Volkes Is-
rael sein, du sollst der Fürst meines Volkes Israel
werden. 3 Alle Ältesten Israels kamen zum König
nach Hebron; David schloß mit ihnen in Hebron
einen Vertrag vor dem Herrn, und sie salbten Da-
vid zum König von Israel gemäß dem Wort, das
der Herr durch Samuel verkündet hatte.

Die Eroberung Jerusalems

4 David zog mit ganz Israel nach Jerusalem, das ist
Jebus. Dort saßen noch die Jebusiter, die damals
im Land wohnten. 5 Die Jebusiter aber sagten zu
David: Du wirst nicht in die Stadt hereinkommen.
Doch David eroberte die Burg Zion; sie wurde die
Stadt Davids. 6 Damals sagte David: Wer als erster
die Jebusiter schlägt, soll Hauptmann und Anfüh-
rer werden. Da stieg Joab, der Sohn der Zeruja, als
erster hinauf und wurde Hauptmann. 7 David ließ
sich in der Burg nieder, und daher nannte man sie
Davidstadt. 8 Er baute an der Stadt ringsum vom
Millo an und im Umkreis, während Joab die
übrige Stadt wiederherstellte. 9 David wurde im-
mer mächtiger, und der Herr der Heere war mit
ihm.

Davids Helden

10 Das sind die Obersten der Helden Davids, die mit
ganz Israel in der Sache des Königtums fest zu ihm
hielten, um ihn nach dem Wort des Herrn zum Kö-
nig von Israel zu machen. 11 Das ist das Verzeichnis
der Helden Davids: Jaschobam, der Sohn Hach-
monis, war das Haupt der Drei; er schwang seine
Lanze über dreihundert Männer und erschlug sie
alle auf einmal. 12 Nach ihm kommt der Ahoachiter
Eleasar, der Sohn Dodos. 13 Er war bei David, als die
Philister sich bei Pas-Dammim zum Kampf sam-
melten. Dort war ein Gerstenfeld. Als das Volk vor
den Philistern floh, 14 stellte er sich mitten in das
Feld, behauptete es und schlug die Philister. So
verlieh ihm der Herr einen großen Sieg.
15 Als sich einst das Lager der Philister in der
Rafaïterebene befand, kamen drei von den dreißig
Helden zu David in das Felsennest, in die Höhle
Adullam. 16 David hielt sich damals in seiner Berg-
festung auf, und ein Posten der Philister lag in
Betlehem. 17 Da bekam David großen Durst, und
er sagte: Wer bringt mir Wasser aus der Zisterne
am Tor von Betlehem? 18 Da drangen die drei Hel-
den in das Lager der Philister ein, schöpften Was-
ser aus der Zisterne am Tor von Betlehem, nah-
men es mit und brachten es David. Doch er wollte
es nicht trinken, sondern goß es als Trankopfer für
den Herrn aus 19 und sagte: Das sei fern von mir,
Gott, daß ich so etwas tue. Soll ich das Blut dieser
Männer trinken, die unter Lebensgefahr hinge-
gangen sind? Denn unter Lebensgefahr haben sie
es geholt. Darum wollte er es nicht trinken. Eine
solche Tat vollbrachten die drei Helden.

Weitere Helden Davids

20 Joabs Bruder Abischai war der Anführer der Dreißig. Er schwang seinen Speer über dreihundert Männer und erschlug sie; er hatte bei den drei Helden einen großen Namen. 21 Unter den Dreißig war er hoch geehrt, und er wurde ihr Anführer, aber an die Drei reichte er nicht heran.

22 Benaja aus Kabzeel, der Sohn Jojadas, war ein tapferer Mann, der große Taten vollbrachte. Er erschlug die beiden Söhne Ariëls aus Moab. Als einmal Schnee gefallen war, kam er zu einer Zisterne und erlegte darin einen Löwen. 23 Auch erschlug er einen riesenhaften Ägypter, der fünf Ellen groß war. Der Ägypter hatte einen Speer gleich einem Weberbaum in der Hand. Benaja aber ging nur mit einem Stock auf ihn los, riß ihm den Speer aus der Hand und tötete ihn mit diesem Speer. 24 Solche Taten vollbrachte Benaja, der Sohn Jojadas. Er hatte bei den drei Helden einen großen Namen. 25 Unter den Dreißig war er hoch geehrt, aber an die Drei reichte er nicht heran. David stellte ihn an die Spitze seiner Leibwache.

26 Tapfere Helden waren Joabs Bruder Asaël, Elhanan aus Betlehem, der Sohn Dodos, 27 Schammot aus Harod, Helez aus Bet-Pelet, 28 Ira aus Tekoa, der Sohn des Ikkesch, Abiëser aus Anatot, 29 Sibbechai aus Huscha, Ilai der Ahoachiter, 30 Mahrai aus Netofa, Heled aus Netofa, der Sohn Baanas, 31 Ittai aus Gibea in Benjamin, der Sohn Ribais, Benaja aus Piraton, 32 Hiddai aus Nahale-Gaasch, Abiël aus Bet-Araba, 33 Asmawet aus Bahurim, Eljachba aus Schaalbim, 34 Jaschen der Guniter, Jonatan aus Harar, der Sohn Schages, 35 Ahiam aus Harar, der Sohn Sachars, Elifal, der Sohn Urs, 36 Hefer aus Mechera, Ahija aus Gilo, 37 Hezro aus Karmel, Naarai, der Sohn Esbais, 38 Joël, der Bruder Natans, Mibhar, der Sohn Hagris, 39 Zelek, der Ammoniter, Nachrai aus Beerot, der Waffenträger Joabs, des Sohnes der Zeruja, 40 Ira aus Jattir, Gareb aus Jattir, 41 Urija, der Hetiter, Sabad, der Sohn Achlais, 42 Adina, der Sohn Schisas, aus dem Stamm Ruben, Haupt der Rubeniter und Anführer von dreißig Mann, 43 Hanan, der Sohn Maachas, Joschafat aus Meten, 44 Usija aus Aschtarot, Schama und Jëiël, die Söhne Hotams, aus Aroër, 45 Jediaël, der Sohn Schimris, und sein Bruder Joha aus Tiz, 46 Eliël aus Mahanajim, Jeribai und Joschawja, die Söhne Elnaams, Jitma, der Moabiter, 47 Eliël, Obed und Jaasiël aus Zoba.

Das dritte Verzeichnis von Anhängern Davids

12 Diese sind es, die zu David nach Ziklag kamen, als er sich noch von Saul, dem Sohn des Kisch, fernhalten mußte. Sie gehörten zu den Helden, die ihn im Kampf unterstützten. 2 Sie waren mit dem Bogen ausgerüstet und konnten mit der rechten und mit der linken Hand Steine schleudern und Pfeile mit dem Bogen abschießen. Von den Stammesbrüdern Sauls, von Benjamin, kamen: 3 Ahiëser, ihr Anführer, ferner Joasch, der Sohn Schemaas, aus Gibea, Jesiël und Pelet, die Söhne Asmawets, Beracha und Jehu aus Anatot, 4 Jischmaja aus Gibeon, ein Held unter den Dreißig und ihr Anführer, 5 Jirmeja, Jahasiël, Johanan und Josabad aus Gedera, 6 Elusai, Jerimot, Bealja, Schemarja und Schefatja aus Haruf, 7 Elkana, Jischija, Asarel, Joëser und Jaschobam, die Korachiter, 8 Joëla und Sebadja, die Söhne Jerohams, aus Gedor.

9 Auch Gaditer traten zu David über und kamen in die Bergfestung in der Wüste. Sie waren tapfere Helden, kampfgeübte Krieger mit Schild und Lanze, waren wie Löwen anzusehen und flink wie Gazellen auf den Bergen. 10 Eser war der erste, Obadja der zweite, Eliab der dritte, 11 Mischmanna der vierte, Jirmeja der fünfte, 12 Attai der sechste, Eliël der siebte, 13 Johanan der achte, Elsabad der neunte, 14 Jirmeja der zehnte, Machbannai der elfte. 15 Diese waren von den Gaditern gekommen. Sie waren Hauptleute im Heer. Der kleinste von ihnen nahm es mit hundert, der stärkste mit tausend auf. 16 Sie waren es, die im ersten Monat den Jordan überquerten, als er über die Ufer getreten war und die Täler im Osten und Westen abgeschnitten waren.

17 Auch Angehörige Benjamins und Judas kamen zu David in die Bergfestung. 18 David trat zu ihnen heraus, sprach sie an und sagte: Wenn ihr in friedlicher Absicht zu mir kommt, um mir zu helfen, so bin ich zur Gemeinschaft mit euch bereit. Wenn ihr aber kommt, um mich den Feinden zu verraten, obwohl ich kein Unrecht begangen habe, dann soll der Gott unserer Väter es sehen und euch strafen. 19 Da ergriff ein Geist Amasai, das Haupt der Dreißig, so daß er ausrief: Dir, David, gehören wir. Zu dir, Sohn Isais, stehen wir. Heil, Heil sei dir, Heil deinem Helfer; denn dir hilft dein Gott. Da nahm sie David auf und reihte sie ein unter die Anführer seiner Schar.

[20] Auch von Manasse gingen einige zu David
über. David zog damals im Heer der Philister ge-
gen Saul in den Krieg, brachte ihnen aber keine
Hilfe, da ihn die Fürsten der Philister nach einer
Beratung wegschickten. Sie sagten nämlich: Er
könnte um den Preis unserer Köpfe zu seinem
Herrn, zu Saul, übergehen. [21] David kehrte daher
nach Ziklag zurück. Zu dieser Zeit stießen von
Manasse zu ihm: Adnach, Josabad, Jediaël, Mi-
chael, Josabad, Elihu und Zilletai, die Häupter der
Tausendschaften Manasses. [22] Sie halfen David im
Kampf gegen die Räuberscharen (der Amalekiter);
denn sie alle waren tapfere Krieger und wurden
Oberste im Heer. [23] Tag für Tag kamen Leute zu Da-
vid, um ihm zu helfen; und so entstand ein großes
Heerlager gleich einem Heerlager Gottes.

Die Gefolgschaft bei der Thronerhebung in Hebronn

[24] Das sind die Zahlen aller wehrfähigen Männer,
die zu David nach Hebron kamen, um ihm nach
dem Wort des Herrn das Königtum Sauls zu über-
tragen: [25] Aus Juda kamen 6800 wehrfähige
Männer, die Schild und Lanze trugen. [26] Aus Si-
meon kamen 7100 tapfere Krieger, [27] aus Levi
4600 Mann, [28] dazu Jojada, der Fürst der Nach-
kommen Aarons, mit 3700 Mann [29] und Zadok,
ein junger tapferer Krieger, dessen Großfamilie
22 Führer stellte. [30] Aus Benjamin, den Stammes-
brüdern Sauls, kamen 3000 Mann. Ihre Mehrheit
war bis dahin in der Gefolgschaft des Hauses Saul
geblieben.

[31] Aus Efraim kamen 20 800 in ihren Großfami-
lien hochangesehene Krieger, [32] aus dem halben
Stamm Manasse 18 000 Mann, die namentlich
dazu bestimmt waren, zu kommen und David
zum König zu machen. [33] Von den Angehörigen Is-
sachars, die die Zeiten verstanden und wußten,
was Israel zu tun hatte, kamen 200 Oberste mit
allen Stammesbrüdern, die ihrem Befehl unter-
standen. [34] Aus Sebulon kamen 50 000 wehr-
fähige Männer, die mit allen Kriegswaffen zu
kämpfen verstanden und sich ohne Vorbehalt ein-
ordneten. [35] Aus Naftali kamen 1000 Anführer
und mit ihnen 37 000 Mann mit Schild und
Lanze, [36] aus Dan 28 600 kampfbereite Männer,
[37] aus Ascher 40 000 wehrfähige, kampfbereite
Männer. [38] Von jenseits des Jordan, aus Ruben,
Gad und dem halben Stamm Manasse kamen
120 000 Mann mit allen Waffen eines Kriegshee-
res. [39] Alle diese waren Krieger, die sich willig ein-
ordneten. Sie kamen in ehrlicher Gesinnung nach
Hebron, um David zum König von ganz Israel zu
machen; aber auch alle übrigen Israeliten waren
einig im Wunsch, David zum König zu machen.
[40] Sie blieben drei Tage dort bei David; sie aßen
und tranken, denn ihre Stammesbrüder hatten
für sie gesorgt. [41] Auch jene, die bis nach Issachar,
Sebulon und Naftali hin in ihrer Nähe wohnten,
brachten auf Eseln, Kamelen, Maultieren und Rin-
dern Lebensmittel zum Unterhalt herbei: Mehl,
Feigen- und Traubenkuchen, Wein, Öl und eine
große Menge Rinder und Schafe; denn es
herrschte Freude in Israel.

Die Überführung der Bundeslade nach Jerusalem

13 David besprach sich mit den Obersten
der Tausend- und Hundertschaften und
mit allen führenden Leuten. [2] Dann sagte er zur
ganzen Versammlung Israels: Wenn ihr einver-
standen seid und wenn es dem Herrn, unserem
Gott, gefällt, schicken wir überallhin Boten zu un-
seren Brüdern, die in allen Gegenden Israels ge-
blieben sind, sowie zu den Priestern und Leviten,
die in ihren Städten und auf ihren Weideflächen
wohnen. Sie sollen sich bei uns versammeln,
[3] und wir wollen die Lade unseres Gottes zu uns
heraufholen; denn in den Tagen Sauls haben wir
uns nicht um sie gekümmert. [4] Die ganze Ver-
sammlung stimmte dem Vorhaben zu; denn der
Plan gefiel dem ganzen Volk.

[5] David versammelte nun ganz Israel vom
Schihor in Ägypten bis Lebo-Hamat, um die Lade
Gottes von Kirjat-Jearim heraufzuholen. [6] Er zog
mit ganz Israel nach Baala bei Kirjat-Jearim, das zu
Juda gehörte, um von dort die Lade Gottes her-
aufzuholen, über der der Name des Herrn, der
über den Kerubim thront, ausgerufen worden ist.
[7] Sie holten die Lade Gottes auf einem neuen Wa-
gen vom Haus Abinadabs ab; Usa und Achjo lenk-
ten den Wagen. [8] David und ganz Israel tanzten
und sangen vor Gott mit ganzer Hingabe und
spielten auf Zithern, Harfen und Pauken, mit Zim-
beln und Trompeten. [9] Als sie zur Tenne Kidons
kamen, brachen die Rinder aus, und Usa streckte
seine Hand aus, um die Lade festzuhalten. [10] Da
entbrannte der Zorn des Herrn gegen Usa, und er
erschlug ihn, weil er seine Hand nach der Lade
ausgestreckt hatte, so daß er dort vor Gott starb.
[11] David war sehr erregt darüber, daß der Herr den

Usa so plötzlich dahingerafft hatte, und man
nennt den Ort bis heute darum Perez-Usa (Weg-
raffung Usas). 12 An jenem Tag bekam David Angst
vor Gott, so daß er sagte: Wie soll ich die Lade
Gottes zu mir bringen? 13 Er ließ sie darum nicht
zu sich in die Davidstadt bringen, sondern stellte
sie in das Haus Obed-Edoms aus Gat. 14 Drei Mo-
nate lang blieb die Lade Gottes im Haus Obed-
Edoms, und der Herr segnete das Haus Obed-
Edoms und alles, was ihm gehörte.

Das Erstarken des Königtums

14 Hiram, der König von Tyrus, schickte
eine Gesandtschaft zu David und ließ
ihm Zedernholz überbringen; auch Maurer und
Zimmerleute schickte er, die ihm einen Palast
bauen sollten. 2 So erkannte David, daß ihn der
Herr als König von Israel bestätigt hatte; denn we-
gen seines Volkes Israel war Davids Königtum zu
hohem Ansehen gelangt. 3 David nahm sich noch
weitere Frauen in Jerusalem und zeugte noch
Söhne und Töchter. 4 Das sind die Namen der
Söhne, die ihm in Jerusalem geboren wurden:
Schima, Schobab, Natan, Salomo, 5 Jibhar, Eli-
schua, Elpelet, 6 Nogah, Nefeg, Jafia, 7 Elischama,
Beeljada und Elifelet.

Krieg mit den Philistern

8 Die Philister hörten, daß David zum König von
ganz Israel gesalbt worden war. Da zogen alle
herauf, um David gefangenzunehmen. David er-
fuhr davon und zog ihnen entgegen. 9 Als die Phi-
lister herankamen und in der Rafaïterebene um-
herstreiften, 10 befragte David Gott: Soll ich die
Philister angreifen? Wirst du sie in meine Hand
geben? Der Herr antwortete ihm: Greif sie an, ich
will sie in deine Hand geben. 11 Da zog David nach
Baal-Perazim. Dort schlug er die Philister und
sagte: Gott hat durch meine Hand die Reihen mei-
ner Feinde durchbrochen, wie Wasser (einen
Damm) durchbricht. Deshalb nennt man jenen
Ort Baal-Perazim (Herr der Durchbrüche). 12 Die
Philister ließen dort ihre Götter zurück, und David
befahl, sie im Feuer zu verbrennen.

13 Doch die Philister streiften noch einmal im Tal
der Rafaïter umher. 14 David befragte Gott wieder,
und Gott antwortete ihm: Zieh nicht hinter ihnen
her, sondern umgeh sie, und komm von den
Baka-Bäumen her an sie heran! 15 Wenn du dann
in den Wipfeln der Baka-Bäume ein Geräusch wie
von Schritten hörst, dann rück zum Kampf aus;
denn Gott geht vor dir her, um das Heer der Phi-
lister zu schlagen. 16 David tat, was Gott ihm be-
fohlen hatte, und er schlug das Heer der Philister
(im ganzen Gebiet) von Gibeon bis Geser. 17 So
drang der Ruhm Davids in alle Länder, und der
Herr legte Furcht vor ihm auf alle Völker.

Die Überführung der Lade in die Davidstadt

15 David baute sich Häuser in der David-
stadt; er richtete auch eine Stätte für die
Lade Gottes her und stellte ein Zelt für sie auf.
2 Damals ordnete er an, daß nur die Leviten die
Lade tragen dürfen; denn sie hat der Herr erwählt,
seine Lade zu tragen und immerfort bei ihr Dienst
zu tun.

3 Hierauf berief David ganz Israel nach Jerusa-
lem, um die Lade des Herrn an den Ort zu brin-
gen, den er für sie hergerichtet hatte. 4 Er ließ die
Nachkommen Aarons und die Leviten kommen:
5 von den Nachkommen Kehats den Vorsteher
Uriël und seine Brüder, 120 Mann, 6 von den
Nachkommen Meraris den Vorsteher Asaja und
seine Brüder, 220 Mann, 7 von den Nachkommen
Gerschoms den Vorsteher Joël und seine Brüder,
130 Mann, 8 von den Nachkommen Elizafans den
Vorsteher Schemaja und seine Brüder, 200 Mann,
9 von den Nachkommen Hebrons den Vorsteher
Eliël und seine Brüder, 80 Mann, 10 von den Nach-
kommen Usiëls den Vorsteher Amminadab und
seine Brüder, 112 Mann.

11 David rief die Priester Zadok und Abjatar sowie
die Leviten Uriël, Asaja, Joël, Schemaja, Eliël und
Amminadab zu sich 12 und befahl ihnen: Ihr seid
die Familienhäupter der Leviten. Ihr und eure
Brüder, heiligt euch, und bringt die Lade des
Herrn, des Gottes Israels, herauf an den Ort, den
ich für sie hergerichtet habe. 13 Weil ihr beim er-
stenmal nicht beteiligt wart, hat der Herr, unser
Gott, Unglück über uns gebracht; denn wir sind
nicht auf ihn bedacht gewesen, wie es sich gehört
hätte. 14 Da heiligten sich die Priester und die Le-
viten, um die Lade des Herrn, des Gottes Israels,
heraufzubringen. 15 Die Leviten hoben die Lade
Gottes mit den Tragstangen auf ihre Schultern,
wie es Mose auf Befehl des Herrn angeordnet
hatte.

16 Den Vorstehern der Leviten befahl David, sie
sollten ihre Stammesbrüder, die Sänger, mit ihren
Instrumenten, mit Harfen, Zithern und Zimbeln,

aufstellen, damit sie zum Freudenjubel laut ihr
Spiel ertönen ließen. 17 Sie stellten daher die Levi-
ten Heman, den Sohn Joëls, und seinen Stam-
mesbruder Asaf, den Sohn Berechjas, auf, ferner
von den Nachkommen Meraris ihren Stammes-
bruder Etan, den Sohn Kuschajas. 18 Zu ihnen ka-
men von ihren Brüdern im zweiten Dienstrang:
Secharja, Jaasiël, Schemiramot, Jehiël, Unni, Eliab,
Benaja, Maaseja, Mattitja, Elifelehu, Mikneja,
Obed-Edom und Jëiël, [die Torwächter]. 19 Die Sän-
ger Heman, Asaf und Etan schlugen die bronze-
nen Zimbeln. 20 Secharja, Jaasiël, Schemiramot, Je-
hiël, Unni, Eliab, Maaseja und Benaja spielten
nach elamitischer Weise auf Harfen, 21 und Mat-
titja, Elifelehu, Mikneja, Obed-Edom, Jëiël und
Asasja in der achten Stufe auf Zithern, um den Ge-
sang zu führen. 22 Kenanja, der Vorsteher der Le-
viten, leitete den Vortrag. Er gab dazu Anweisun-
gen, da er sich darauf verstand. 23 Berechja und
Elkana waren Torwächter für die Lade. 24 Die Prie-
ster Schebanja, Joschafat, Netanel, Amasai,
Secharja, Benaja und Eliëser bliesen die Trompe-
ten vor der Lade Gottes. Obed-Edom und Jehija
waren Torwächter für die Lade.

Der Einzug der Lade

25 David, die Ältesten Israels und die Führer der
Tausendschaften, die gegangen waren, um die
Bundeslade des Herrn aus dem Haus Obed-
Edoms heraufzuholen, waren voller Freude. 26 Da-
mit Gott den Leviten, die die Bundeslade des
Herrn trugen, beistand, opferte man sieben Stiere
und sieben Widder. 27 David war mit einem Man-
tel aus Byssus bekleidet, ebenso alle Leviten, die
die Lade trugen, sowie die Sänger und Kenanja,
der den Vortrag der Sänger leitete. Dabei trug Da-
vid das leinene Efod. 28 So brachte ganz Israel die
Bundeslade des Herrn hinauf unter großem Ju-
belgeschrei und unter dem Klang des Widder-
horns, unter dem Lärm der Trompeten und Zim-
beln, beim Spiel der Harfen und Zithern.
29 Als die Bundeslade des Herrn in die Davidstadt
kam, schaute Michal, Sauls Tochter, aus dem Fen-
ster, und als sie sah, wie König David hüpfte und
tanzte, verachtete sie ihn in ihrem Herzen.

16 Man trug die Lade Gottes in das Zelt, das
David für sie aufgestellt hatte, setzte sie
an ihren Platz in der Mitte des Zeltes und brachte
Brand- und Heilsopfer vor Gott dar. 2 Als David mit
dem Darbringen der Brand- und Heilsopfer fertig
war, segnete er das Volk im Namen des Herrn
3 und ließ an alle Israeliten, Männer und Frauen,
je einen Laib Brot, einen Dattelkuchen und einen
Traubenkuchen austeilen.

Das Loblied Davids

4 David bestellte für den Dienst vor der Lade des
Herrn Leviten, die den Herrn, den Gott Israels,
rühmen, loben und preisen sollten. 5 Er bestellte
Asaf als ersten, Secharja als zweiten, ferner Jaa-
siël, Schemiramot, Jehiël, Mattitja, Eliab, Benaja,
Obed-Edom und Jëiël. Sie sollten die Harfen und
Zithern spielen, Asaf die Zimbeln schlagen 6 und
die Priester Benaja und Jahasiël ständig die Trom-
peten blasen vor der Bundeslade Gottes.
7 An jenem Tag ließ David Asaf und seine Amts-
brüder zum erstenmal diesen Lobpreis zur Ehre
des Herrn vortragen:
8 Dankt dem Herrn! Ruft seinen Namen an! /
Macht unter den Völkern seine Taten bekannt!
9 Singt ihm und spielt ihm, / sinnt nach über all
seine Wunder!
10 Rühmt euch seines heiligen Namens! / Alle,
die den Herrn suchen, sollen sich von Herzen
freuen.
11 Fragt nach dem Herrn und seiner Macht, /
sucht sein Antlitz allezeit!
12 Denkt an die Wunder, die er getan hat, / an
seine Zeichen und die Beschlüsse aus seinem
Mund!
13 Bedenkt es, ihr Nachkommen seines Knechtes
Abraham, / ihr Kinder Jakobs, die er erwählt hat!
14 Er, der Herr, ist unser Gott. / Seine Herrschaft
umgreift die Erde.
15 Ewig denkt er an seinen Bund, / an das Wort,
das er gegeben hat für tausend Geschlechter,
16 an den Bund, den er mit Abraham geschlos-
sen, / an den Eid, den er Isaak geschworen hat.
17 Er bestimmte ihn als Satzung für Jakob, / als
ewigen Bund für Israel.
18 Er sprach: Dir will ich Kanaan geben, / das
Land, das dir als Erbe bestimmt ist.
19 Als sie noch gering waren an Zahl, / nur we-
nige und fremd im Land,
20 und noch zogen von Volk zu Volk, / von einem
Reich zum andern,
21 da ließ er sie von niemand bedrücken, / wies
ihretwegen Könige zurecht:
22 Tastet meine Gesalbten nicht an, / tut meinen
Propheten nichts zuleide!

23 Singt dem Herrn, alle Länder der Erde! / Ver-
kündet sein Heil von Tag zu Tag!
24 Erzählt bei den Völkern von seiner Herrlich-
keit, / bei allen Nationen von seinen Wundern!
25 Denn groß ist der Herr und hoch zu preisen, /
mehr zu fürchten als alle Götter.
26 Alle Götter der Heiden sind nichtig, / der Herr
aber hat den Himmel geschaffen.
27 Hoheit und Pracht sind vor seinem Angesicht, /
Macht und Glanz in seinem Heiligtum.
28 Bringt dar dem Herrn, ihr Stämme der Völker, /
bringt dar dem Herrn Lob und Ehre!
29 Bringt dar dem Herrn die Ehre seines Na-
mens, / spendet Opfergaben, und tretet vor ihn
hin! / In heiligem Schmuck werft euch nieder
vor dem Herrn,
30 erbebt vor ihm, alle Länder der Erde! / Den
Erdkreis hat er gegründet, so daß er nicht wankt.
31 Der Himmel freue sich, die Erde frohlocke. /
Verkündet bei den Völkern: Der Herr ist König.
32 Es brause das Meer und alles, was es erfüllt, /
es jauchze die Flur und was auf ihr wächst.
33 Jubeln sollen alle Bäume des Waldes vor dem
Herrn, / wenn er kommt, um die Erde zu richten.
34 Danket dem Herrn, denn er ist gütig, / denn
seine Huld währt ewig.
35 Sagt: Hilf uns, du Gott unsres Heils, / führe uns
zusammen, rette uns vor den Völkern!
Wir wollen deinen heiligen Namen preisen, /
uns rühmen, weil wir dich loben dürfen.
36 Gepriesen sei der Herr, der Gott Israels, / vom
Anfang bis ans Ende der Zeiten.
Und das ganze Volk rief: Amen, und: Lob sei
dem Herrn.

Der Gottesdienst in Jerusalem und in Gibeon

37 Auf Befehl Davids blieben Asaf und seine Brü-
der vor der Bundeslade des Herrn, um dauernd
den täglichen Dienst bei ihr zu verrichten. 38 Bei
ihnen waren Obed-Edom und seine Brüder, acht-
undsechzig Mann. Obed-Edom, der Sohn Jedu-
tuns, und Hosa waren Torwächter.
39 Dem Priester Zadok aber und seinen Amts-
brüdern, den Priestern, übertrug er den Dienst
vor der Wohnstätte des Herrn auf der Kulthöhe
in Gibeon. 40 Sie sollten täglich am Morgen und
am Abend auf dem Brandopferaltar dem Herrn
Opfer darbringen und alles ausführen, was im
Gesetz geschrieben steht, auf das der Herr die Is-
raeliten verpflichtet hat. 41 Bei ihnen waren He-
man und Jedutun sowie die anderen, die ausge-
wählt und namentlich dazu bestimmt waren,
den Herrn zu loben: »Denn seine Huld währt
ewig.« 42 Heman und Jedutun hatten Trompeten
und Zimbeln für die Spieler und Instrumente für
die Gotteslieder. Die Söhne Jedutuns waren für
das Tor bestellt.
43 Dann ging das ganze Volk wieder nach Hause.
Auch David ging heim, um seine Familie zu be-
grüßen.

Die Verheißung an David

17 Als nun David in seinem Haus wohnte,
sagte er zu dem Propheten Natan: Ich
wohne in einem Haus aus Zedernholz, die Bun-
deslade des Herrn aber steht in einem Zelt. 2 Na-
tan antwortete David: Tu alles, was du im Sinn
hast; denn Gott ist mit dir. 3 Aber in jener Nacht
erging das Wort Gottes an Natan: 4 Geh zu mei-
nem Knecht David, und sag zu ihm: So spricht
der Herr: Nicht du sollst mir das Haus bauen, da-
mit ich darin wohne. 5 Seit dem Tag, als ich Israel
aus Ägypten herausgeführt habe, habe ich bis
zum heutigen Tag nie in einem Haus gewohnt,
sondern bin von Zelt zu Zelt, von Wohnstätte zu
Wohnstätte mitgewandert. 6 Habe ich in der Zeit,
als ich bei den Israeliten von Ort zu Ort zog, je-
mals zu einem der Richter Israels, die ich als Hir-
ten über mein Volk eingesetzt hatte, ein Wort ge-
sagt und sie gefragt: Warum habt ihr mir kein
Haus aus Zedernholz gebaut? 7 Sag also jetzt mei-
nem Knecht David: So spricht der Herr der
Heere: Ich habe dich von der Weide und von der
Herde weggeholt, damit du Fürst meines Volkes
Israel wirst, 8 und bin überall mit dir gewesen,
wohin du auch gegangen bist. Ich habe alle
deine Feinde vor deinen Augen vernichtet, und
ich will dir einen Namen machen, der dem Na-
men der Großen auf der Erde gleich ist. 9 Ich will
meinem Volk Israel einen Platz zuweisen und
will es einpflanzen, damit es an seinem Ort (si-
cher) wohnen kann und sich nicht mehr ängsti-
gen muß und schlechte Menschen es nicht zu-
grunde richten wie am Anfang, 10 seit den Tagen,
als ich Richter in meinem Volk Israel eingesetzt
habe. Ich werfe alle deine Feinde nieder und
mache dich groß. Der Herr aber wird dir ein
Haus bauen. 11 Wenn deine Tage erfüllt sind und
du zu deinen Vätern gehst, dann werde ich ei-
nen von deinen Nachkommen, einen von dei-

nen Söhnen, als deinen Nachfolger einsetzen
und seinem Königtum Bestand verleihen. 12 Er
wird für mich ein Haus bauen, und ich werde
seinem Thron ewigen Bestand verleihen. 13 Ich
will für ihn Vater sein, und er wird für mich
Sohn sein. Meine Huld will ich ihm nicht ent-
ziehen, wie ich sie dem entzogen habe, der vor
dir König war. 14 In meinem Haus und in mei-
nem Königtum werde ich ihm ewigen Bestand
verleihen; sein Thron wird für immer bestehen
bleiben.
15 Natan sprach zu David genau so, wie es (ihm)
gesagt und offenbart worden war.

Das Gebet Davids

16 Da ging König David hin, setzte sich vor dem
Herrn nieder und sagte: Wer bin ich, mein Herr
und Gott, und was ist mein Haus, daß du mich bis
hierher geführt hast? 17 Weil das in deinen Augen
noch zu wenig war, o Gott, hast du dem Haus dei-
nes Knechtes Zusagen für eine ferne Zukunft ge-
macht und mich angeschaut . . . mein Herr und
Gott. 18 Was soll David noch weiter zu dir sagen?
Du kennst deinen Knecht. 19 Herr, um deines
Knechtes willen und nach der Absicht deines
Herzens hast du alle diese großen Taten getan und
alle diese großen Dinge offenbart. 20 Herr, keiner
ist dir gleich, und außer dir gibt es keinen Gott
nach allem, was wir mit unseren Ohren gehört
haben. 21 Welches andere Volk auf der Erde ist wie
dein Volk Israel? Wo wäre ein Gott hingegangen,
um ein Volk für sich freizukaufen und sich den
Ruhm großer und erstaunlicher Taten zu ver-
schaffen? Du hast vor den Augen deines Volkes,
das du von den Ägyptern freigekauft hast, ganze
Völker vertrieben.
22 Du hast Israel für immer zu deinem Volk be-
stimmt, und du, Herr, bist sein Gott geworden.
23 Möge doch jetzt auch das Wort, Herr, das du
über deinen Knecht und über sein Haus gespro-
chen hast, sich für immer als wahr erweisen. Tu,
was du gesagt hast. 24 Dann wird dein Name sich
als wahr erweisen und groß sein für ewige Zeiten,
und man wird sagen: Der Herr der Heere ist Isra-
els Gott!, und das Haus deines Knechtes David
wird vor deinen Augen Bestand haben. 25 Denn
du, mein Gott, hast deinem Knecht offenbart: Ich
will dir ein Haus bauen. Darum fand dein Knecht
den Mut, zu dir zu beten. 26 Ja, Herr, du bist der
einzige Gott; du hast deinem Knecht ein solches
Glück zugesagt. 27 Du hast jetzt gnädig das Haus
deines Knechtes gesegnet, damit es ewig vor dei-
nen Augen Bestand hat. Denn du, Herr, hast es
gesegnet, und es bleibt für immer gesegnet.

Die Siege Davids

18 Hernach schlug David die Philister. Er un-
terwarf sie und nahm ihnen Gat und
seine Tochterstädte weg. 2 Auch die Moabiter
schlug er; sie wurden David untertan und tribut-
pflichtig.
3 David schlug auch Hadad-Eser, den König von
Zoba, das in Richtung Hamat liegt, als dieser aus-
gezogen war, um seine Macht am Eufrat zu festi-
gen. 4 David erbeutete von ihm tausend Wagen
und nahm siebentausend Wagenkämpfer und
zwanzigtausend Fußsoldaten gefangen; er ließ
alle Wagenpferde lähmen und behielt nur hun-
dert von ihnen für sich zurück.
5 Als die Aramäer von Damaskus Hadad-Eser,
dem König von Zoba, zu Hilfe kamen, erschlug
David zweiundzwanzigtausend von ihnen 6 und
besetzte das Aramäerreich von Damaskus. So
wurden die Aramäer David untertan und tribut-
pflichtig. Der Herr half David bei allem, was er un-
ternahm. 7 David erbeutete die goldenen Schilde,
die die Krieger Hadad-Esers trugen, und brachte
sie nach Jerusalem. 8 In Tibhat und Kun, den Städ-
ten Hadad-Esers, erbeutete David eine sehr große
Menge Bronze, aus der Salomo später das
»Eherne Meer«, die Säulen und die bronzenen
Geräte anfertigen ließ.
9 Als Toï, der König von Hamat, hörte, daß David
das ganze Heer Hadad-Esers, des Königs von
Zoba, geschlagen hatte, 10 schickte er seinen Sohn
Hadoram mit Gefäßen aus Gold, Silber und
Bronze zu König David. Er ließ ihm den Friedens-
gruß entbieten und ihn dazu beglückwünschen,
daß er Hadad-Eser im Krieg geschlagen hatte. Toï
lebte nämlich im Krieg mit Hadad-Eser. 11 König
David weihte auch diese Gefäße dem Herrn, zu-
sammen mit dem Silber und Gold, das er von al-
len Völkern, von Edom und Moab, von den Am-
monitern, Philistern und Amalekitern erbeutet
hatte.
12 Abischai, der Sohn der Zeruja, schlug von
Edom im Salztal achtzehntausend Mann, 13 und
David setzte in Edom Vögte ein. So wurde ganz
Edom von David unterworfen. Der Herr half Da-
vid bei allem, was er unternahm.

Die Beamten Davids

14 David war König von ganz Israel und sorgte für Recht und Gerechtigkeit in seinem ganzen Volk. 15 Joab, der Sohn der Zeruja, war Heerführer. Joschafat, der Sohn Ahiluds, war Sprecher des Königs. 16 Zadok, der Sohn Ahitubs, und Abjatar, der Sohn Ahimelechs, waren Priester. Schawscha war Staatsschreiber. 17 Benaja, der Sohn Jojadas, war Befehlshaber der Kereter und Peleter. Die Söhne Davids waren die Ersten an der Seite des Königs.

Der Krieg mit den Ammonitern und Aramäern

19 Als darauf Nahasch, der König der Ammoniter, starb und sein Sohn an seiner Stelle König wurde, 2 sagte David: Ich will Hanun, dem Sohn des Nahasch, mein Wohlwollen zeigen, weil sein Vater auch mir sein Wohlwollen gezeigt hat. Und David schickte eine Gesandtschaft zu Hanun und ließ ihm sein Beileid zum Tod seines Vaters aussprechen. Als die Diener Davids in das Land der Ammoniter kamen, um Hanun das Beileid auszusprechen, 3 sagten die Fürsten der Ammoniter zu Hanun: Will David wirklich deinen Vater vor deinen Augen ehren, weil er Leute schickt, die dir sein Beileid aussprechen sollen? Sind seine Diener nicht viel eher zu dir gekommen, um das Land auszukundschaften und zu durchforschen und es dann zu verwüsten? 4 Darauf ließ Hanun die Diener Davids festnehmen, ihnen den Bart scheren und ihnen die Kleider zur Hälfte abschneiden, bis zum Gesäß herauf. So schickte er sie weg. 5 Sie zogen fort, und als man David meldete, was mit den Männern geschehen war, schickte er ihnen jemand entgegen und ließ ihnen, weil sie so schwer geschändet waren, sagen: Bleibt in Jericho, und kehrt erst zurück, wenn euer Bart wieder gewachsen ist.

6 Als die Ammoniter merkten, daß sie sich bei David verhaßt gemacht hatten, schickten Hanun und die Ammoniter tausend Talente Silber, um in Mesopotamien, Aram-Maacha und Zoba Wagenkämpfer samt Wagen anzuwerben. 7 Sie warben zweiunddreißigtausend Kriegswagen an und gewannen den König von Maacha mit seinen Kriegsleuten. Diese zogen heran und lagerten vor Medeba. Auch die Ammoniter sammelten sich aus ihren Städten und zogen in den Kampf. 8 David erfuhr davon und schickte Joab mit dem ganzen Heer, allen kriegstüchtigen Männern, hin. 9 Die Ammoniter rückten aus und stellten sich vor der Stadt zum Kampf auf, während die Könige, die gekommen waren, jeweils für sich draußen auf dem freien Feld standen. 10 Als Joab sah, daß ihm ein Angriff von vorn und von hinten drohte, traf er eine Auswahl aus der Kerntruppe Israels und stellte sie gegen die Aramäer auf. 11 Den Rest des Heeres unterstellte er seinem Bruder Abischai, damit sie sich den Ammonitern gegenüber aufstellten. 12 Joab sagte: Wenn die Aramäer stärker sind als ich, dann komm du mir zu Hilfe! Wenn die Ammoniter stärker sind als du, dann werde ich dir zu Hilfe kommen. 13 Sei tapfer! Wir wollen mutig für unser Volk und für die Städte unseres Gottes kämpfen. Der Herr aber möge tun, was er für recht hält. 14 Dann griff Joab mit seinen Leuten die Aramäer an, und diese ergriffen die Flucht vor ihm. 15 Als die Ammoniter sahen, daß die Aramäer flohen, ergriffen sie die Flucht vor seinem Bruder Abischai und zogen sich in die Stadt zurück. Joab kehrte heim nach Jerusalem.

16 Die Aramäer sahen, daß sie von Israel geschlagen waren. Sie schickten Boten und ließen die Aramäer, die diesseits des Stromes wohnten, ausrücken; an ihrer Spitze stand Schobach, der Oberbefehlshaber Hadad-Esers. 17 Als man das David meldete, versammelte er ganz Israel, überschritt den Jordan, zog gegen sie und nahm ihnen gegenüber Aufstellung. Während er sich den Aramäern gegenüber zum Kampf aufstellte, eröffneten sie den Kampf. 18 Doch sie mußten vor den Israeliten fliehen. David vernichtete siebentausend aramäische Kriegswagen und tötete vierzigtausend Mann von ihren Fußtruppen. Auch Schobach, den Oberbefehlshaber des Heeres, tötete er. 19 Die Vasallen Hadad-Esers sahen nun ein, daß sie von den Israeliten besiegt waren. Sie schlossen Frieden mit David und unterwarfen sich ihm. Von da an hatten die Aramäer kein Verlangen mehr, den Ammonitern zu helfen.

20 Um die Jahreswende, zu der Zeit, in der die Könige in den Krieg ziehen, führte Joab die Streitmacht in das Feld und verwüstete das Land der Ammoniter. Er rückte bis Rabba vor und belagerte es. David selbst blieb in Jerusalem. Joab eroberte Rabba und zerstörte es. 2 David nahm ihrem König die Krone vom Haupt. Er stellte fest, daß ihr Gewicht ein Talent Gold betrug; an ihr war ein kostbarer Stein. Sie wurde nun Davids Krone. Und er schaffte eine sehr

große Beute aus der Stadt fort. 3 Auch ihre Ein-
wohner führte er fort und stellte sie an die
Steinsägen, an die eisernen Spitzhacken und an
die eisernen Äxte. So machte er es mit allen Städ-
ten der Ammoniter. Dann kehrte David mit dem
ganzen Heer nach Jerusalem zurück.

Einzelne Heldentaten

4 Danach kam es bei Geser wieder zum Kampf mit
den Philistern. Damals erschlug Sibbechai aus
Huscha den Sippai, der zu den Rafaïtern gehörte.
Die Philister wurden niedergeworfen.

5 Als es wieder einmal zum Kampf gegen die Phi-
lister kam, erschlug Elhanan, der Sohn Jaïrs, den
Lachmi, den Bruder Goljats aus Gat, dessen Speer
einem Weberbaum glich. 6 Dann kam es noch ein-
mal bei Gat zum Kampf. Da trat ein Mann von rie-
senhafter Größe auf; er hatte je sechs Finger und
sechs Zehen, zusammen vierundzwanzig; auch
er stammte von Rafa ab. 7 Als er Israel verhöhnte,
erschlug ihn Jonatan, der Sohn von Davids Bruder
Schima. 8 Diese stammten von Rafa aus Gat ab; sie
fielen durch die Hand Davids und seiner Krieger.

Davids Volkszählung

21 Der Satan trat gegen Israel auf und reizte
David, Israel zu zählen. 2 David befahl
Joab und den Anführern des Volkes: Geht, zählt
Israel von Beerscheba bis Dan, und bringt mir
Bescheid, damit ich weiß, wie viele es sind. 3 Joab
aber sagte zum König: Der Herr möge sein Volk
vermehren, hundertmal mehr, als es jetzt ist. Sind
denn nicht alle, mein Herr und König, Untertanen
meines Herrn? Warum hat mein Herr diesen
Wunsch? Warum soll Israel in Schuld geraten?
4 Doch der König beharrte gegenüber Joab auf sei-
nem Befehl. So ging Joab weg und durchzog ganz
Israel. Als er nach Jerusalem zurückkam, 5 gab er
David das Ergebnis der Volkszählung bekannt.
Ganz Israel zählte 1 100 000 Krieger, die mit
dem Schwert kämpfen konnten, und Juda zählte
470 000 Mann, die mit dem Schwert kämpfen
konnten. 6 Levi und Benjamin hatte Joab nicht zu-
sammen mit ihnen gezählt; denn der Befehl des
Königs war ihm ein Greuel.

7 Doch das mißfiel Gott; darum schlug er Israel.
8 Nun sagte David zu Gott: Ich habe schwer ge-
sündigt, weil ich das getan habe. Doch vergib dei-
nem Knecht seine Schuld; denn ich habe sehr un-
vernünftig gehandelt. 9 Der Herr aber sprach zu
Gad, dem Seher Davids: 10 Geh und sag zu David:
So spricht der Herr: Dreierlei lege ich dir vor.
Wähl dir eines davon! Das werde ich dir antun.
11 Gad kam zu David und sagte zu ihm: So spricht
der Herr: Wähle dir: 12 drei Jahre Hungersnot, oder
drei Monate, in denen du vor deinen Feinden flie-
hen mußt und das Schwert deiner Gegner dich
verfolgt, oder drei Tage, in denen das Schwert des
Herrn, die Pest, im Land wütet und der Engel des
Herrn über alle Gebiete Israels Verderben bringt.
Überleg nun, was ich dem, der mich gesandt hat,
als Antwort überbringen soll. 13 Da sagte David zu
Gad: Ich habe große Angst. Ich will lieber dem
Herrn in die Hände fallen; denn seine Barmher-
zigkeit ist groß. Den Menschen aber möchte ich
nicht in die Hände fallen. 14 Da ließ der Herr über
Israel eine Pest kommen, und es kamen in Israel
siebzigtausend Menschen um.

15 Gott sandte einen Engel nach Jerusalem, um es
ins Verderben zu stürzen. Doch als er mit der Ver-
nichtung begann, sah es der Herr, und das Unheil
reute ihn. Er sagte zu dem Engel des Verderbens:
Es ist jetzt genug, laß deine Hand sinken! Der En-
gel des Herrn stand gerade bei der Tenne des Je-
busiters Arauna. 16 Als David aufblickte, sah er den
Engel des Herrn zwischen Erde und Himmel ste-
hen. Er hielt das gezückte Schwert in der Hand
gegen Jerusalem gerichtet. Da fielen David und
die Ältesten, die in Trauergewänder gehüllt wa-
ren, auf ihr Angesicht nieder, 17 und David rief zu
Gott: Habe nicht ich befohlen, das Volk zu zählen?
Ich bin es doch, der gesündigt und Böses getan
hat. Aber diese, die Herde, was haben denn sie
getan? Herr, mein Gott, erheb deine Hand zum
Schlag gegen mich und gegen das Haus meines
Vaters, nicht aber gegen dein Volk!

Die Bestimmung des Tempelplatzes

18 Der Engel des Herrn befahl Gad, zu David zu sa-
gen, er solle hinaufgehen und dem Herrn auf der
Tenne des Jebusiters Arauna einen Altar errich-
ten. 19 David ging hinauf, wie ihm Gad im Namen
des Herrn befohlen hatte. 20 Arauna hatte sich
umgewandt und den Engel erblickt. Seine vier
Söhne, die bei ihm waren, versteckten sich. Er
drosch gerade Weizen. 21 Als nun David zu Arau-
na kam und dieser aufschaute und David sah,
kam er aus der Tenne heraus und warf sich vor
David mit dem Gesicht zur Erde nieder. 22 Da
sagte David zu Arauna: Überlaß mir den Platz der

Tenne! Ich möchte auf ihm einen Altar für den
Herrn errichten. Um den vollen Kaufpreis sollst
du ihn mir geben, damit die Plage im Volk auf-
hört. 23 Arauna antwortete David: Du magst ihn
nehmen; mein Herr und König tue, was er für gut
findet. Ich gebe dir die Rinder für die Brandopfer,
die Dreschschlitten als Brennholz und den Wei-
zen zum Speiseopfer; ich will dir alles geben.
24 Doch König David sagte zu Arauna: Nein, ich
will dir den Platz zum vollen Preis abkaufen. Ich
will nicht dein Eigentum wegnehmen und dem
Herrn unbezahlte Brandopfer darbringen. 25 So
gab David dem Arauna für den Platz sechshun-
dert abgewogene Goldschekel. 26 Er baute dort
einen Altar für den Herrn, brachte Brand- und
Heilsopfer dar und rief den Herrn an. Dieser ant-
wortete ihm durch Feuer, das vom Himmel auf
den Altar des Brandopfers niederfiel. 27 Dem
Engel aber gebot der Herr, das Schwert in die
Scheide zu stecken.

28 Damals merkte David, daß ihn der Herr auf der
Tenne des Jebusiters Arauna erhörte, und brachte
dort Opfer dar. 29 Die Wohnstätte des Herrn aber,
die Mose in der Wüste angefertigt hatte, und der
Brandopferaltar waren zu jener Zeit auf der
Kulthöhe von Gibeon. 30 Doch David konnte sich
nicht mehr dorthin begeben, um Gott aufzusu-
chen; denn ihn hatte vor dem Schwert des Engels
des Herrn Schrecken erfaßt.

Die Vorbereitungen für den Tempelbau

22 Damals sagte David: Hier soll das Haus
Gottes, des Herrn, stehen und hier
der Altar für die Brandopfer Israels. 2 Er ließ
daher die Fremden im Land Israel zusammenho-
len und bestellte sie als Steinmetzen, die Qua-
dern für den Bau des Hauses Gottes behauen
sollten. 3 Auch ließ er eine Menge Eisen für die
Nägel, für die Torflügel und für die Klammern be-
reitstellen, dazu Bronze in einer Menge, daß sie
nicht mehr gewogen werden konnte, 4 und un-
gezählte Zedernstämme. Die Bewohner von Si-
don und Tyrus lieferten David Zedernholz in
Menge. 5 David dachte nämlich: Mein Sohn Sa-
lomo ist noch jung und unerfahren; das Haus
aber, das dem Herrn gebaut werden soll, muß
groß werden und in aller Welt Lob und Bewun-
derung finden. Ich will daher Vorbereitungen
dazu treffen. So stellte David vor seinem Tod vie-
les bereit.

6 Dann rief er seinen Sohn Salomo und trug ihm
auf, dem Herrn, dem Gott Israels, ein Haus zu
bauen. 7 Er sagte zu ihm: Ich selbst hatte vor, dem
Namen des Herrn, meines Gottes, ein Haus zu
bauen. 8 Da erging das Wort des Herrn an mich:
Du hast viel Blut vergossen und schwere Kriege
geführt. Du sollst meinem Namen kein Haus
bauen; denn du hast vor meinen Augen viel Blut
zur Erde fließen lassen. 9 Doch wurde dir ein Sohn
geboren. Dieser wird ein Mann der Ruhe sein: Ich
will ihm Ruhe vor allen seinen Feinden ringsum
verschaffen. Salomo ist sein Name, und in seinen
Tagen werde ich Israel Frieden und Ruhe ge-
währen. 10 Er wird meinem Namen ein Haus
bauen; er wird für mich Sohn sein, und ich werde
für ihn Vater sein. Seinen Königsthron werde ich
in Israel festigen für immer. 11 Möge jetzt der Herr
mit dir sein, mein Sohn, damit du Erfolg hast und
das Haus des Herrn, deines Gottes, baust, wie er
es von dir vorausgesagt hat. 12 Nur gebe dir der
Herr Klugheit und Einsicht. Er mache dich zum
Gebieter in Israel und helfe dir, das Gesetz des
Herrn, deines Gottes, zu erfüllen. 13 Du wirst Er-
folg haben, wenn du die Gesetze und Rechtsvor-
schriften gewissenhaft befolgst, die der Herr dem
Mose für Israel aufgetragen hat. Sei mutig und
stark! Fürchte dich nicht, und verzag nicht! 14 Sieh
her, trotz aller Not konnte ich für das Haus des
Herrn hunderttausend Talente Gold und eine Mil-
lion Talente Silber bereitstellen. Bronze und Eisen
sind in solchen Mengen vorhanden, daß sie nicht
gewogen werden können. Auch Holz und Steine
habe ich herbeigeschafft; und du wirst noch mehr
dazutun. 15 Du hast Handwerker in großer Anzahl,
Steinmetzen, Maurer, Zimmerleute und zahllose
Künstler, die jede Arbeit 16 in Gold, Silber, Bronze
und Eisen ausführen können. Auf denn, geh ans
Werk, und der Herr sei mit dir.

17 Darauf befahl David allen führenden Männern
Israels, seinem Sohn Salomo zu helfen: 18 Ist nicht
der Herr, euer Gott, mit euch gewesen, und hat
euch ringsum Ruhe verschafft? Er hat die Bewoh-
ner des Landes in meine Gewalt gegeben, so daß
nun das Land dem Herrn und seinem Volk unter-
worfen ist. 19 Richtet daher euer Herz und euren
Sinn darauf, den Herrn, euren Gott, zu suchen.
Auf denn, baut das Heiligtum Gottes, des Herrn,
um dann die Bundeslade des Herrn und die heili-
gen Geräte Gottes in das Haus zu bringen, das
man seinem Namen errichtet.

Die Dienstklassen der Leviten

23 David war alt und hochbetagt und be-
stellte seinen Sohn Salomo zum König
von Israel. 2 Er versammelte dazu alle führenden
Männer Israels, die Priester und Leviten.
3 Die Leviten waren von dreißig Jahren an auf-
wärts gezählt worden. Ihre Zahl betrug 38 000
Mann. 4 Von diesen hatten 24 000 den Dienst
im Haus des Herrn zu leiten, 6000 waren
Listenführer und Richter, 5 4000 Torwächter,
und 4000 sollten den Herrn mit den Instrumen-
ten preisen, die David zum Lobpreis anfertigen
ließ.
6 David teilte die Leviten in Klassen ein nach den
Söhnen Levis: Gerschon, Kehat und Merari.
7 Zu den Nachkommen Gerschons gehörten La-
dan und Schimi. 8 Von den Söhnen Ladans war Je-
hiël der erste; ihm folgten Setam und Joël; insge-
samt waren es drei. 9 Die Söhne Jehiëls waren
Schelomit, Hasiël und Haran, insgesamt drei. Sie
waren die Familienhäupter Ladans. 10 Die Söhne
Schimis waren Jahat, Sisa, Jëusch und Beria. Das
waren die vier Söhne Schimis. 11 Jahat war der er-
ste, Sisa der zweite. Jëusch und Beria hatten nur
wenige Söhne; sie bildeten daher nur eine Groß-
familie und eine Dienstklasse.
12 Die Söhne Kehats waren: Amram, Jizhar, He-
bron und Usiël, insgesamt vier. 13 Die Söhne Am-
rams waren Aaron und Mose. Aaron und seine
Söhne wurden für immer dazu bestimmt, Hoch-
heiliges zu betreuen, Rauchopfer vor dem Herrn
zu verbrennen, ihm zu dienen und allezeit in sei-
nem Namen zu segnen. 14 Die Söhne des Mose
aber, des Mannes Gottes, wurden dem Stamm
der Leviten zugerechnet. 15 Die Söhne des Mose
waren Gerschom und Eliëser. 16 Von den Söhnen
Gerschoms war Schubaël der erste. 17 Der Erstge-
borene Eliësers war Rehabja. Andere Söhne hatte
er nicht. Die Söhne Rehabjas dagegen waren sehr
zahlreich. 18 Von den Söhnen Jizhars war Schelo-
mit der erste. 19 Die Söhne Hebrons waren: der er-
ste Jerija, der zweite Amarja, der dritte Jahasiël,
der vierte Jekamam. 20 Von den Söhnen Usiëls war
Micha der erste und Jischija der zweite.
21 Die Söhne Meraris waren Machli und Muschi.
Die Söhne Machlis waren Eleasar und Kisch.
22 Eleasar hinterließ keine Söhne, als er starb; er
hatte nur Töchter, und diese heirateten die Söhne
des Kisch, ihre Vettern. 23 Die Söhne Muschis wa-
ren: Machli, Eder und Jeremot, insgesamt drei.

Die Aufgaben der Leviten

24 Das waren die Leviten nach ihren Großfamilien
mit deren Häuptern, wie sie Kopf für Kopf gezählt
und bestellt worden waren. Sie besorgten, von
zwanzig Jahren an aufwärts, den Dienst am Haus
des Herrn. 27 Nach den letzten Anordnungen Da-
vids zählte man die Leviten von zwanzig Jahren
an aufwärts. 25 David sagte nämlich: Der Herr, der
Gott Israels, hat seinem Volk Israel Ruhe verlie-
hen und für immer in Jerusalem Wohnung ge-
nommen. 26 Die Leviten brauchen das Zelt und all
seine Geräte für den Dienst nicht mehr zu tragen.
28 Ihre Stellung im Dienst des Hauses des Herrn an
der Seite der Söhne Aarons verpflichtet sie viel-
mehr zur Aufsicht über die Höfe und Kammern,
zur Reinigung alles Heiligen, zum Dienst im Haus
Gottes, 29 zur Besorgung der Schaubrote, des Fein-
mehls für die Speiseopfer und die ungesäuerten
Brote, der Bratpfannen und des Backwerks sowie
zur Überwachung der Hohl- und Längenmaße.
30 Sie müssen auch jeden Morgen und Abend
bereitstehen, um den Herrn zu loben und zu
preisen. 31 Desgleichen sollen sie bei allen Brand-
opfern, die an den Sabbaten, Neumonden und
Festen dem Herrn dargebracht werden, vollzäh-
lig, wie es ihre Pflicht ist, immer vor ihm erschei-
nen. 32 So sollen sie den Dienst im Offenbarungs-
zelt, den Dienst am Heiligtum und die Bedienung
der Söhne Aarons, ihrer Amtsbrüder, bei ihren
Verrichtungen im Haus des Herrn übernehmen.

Die Dienstklassen der Priester

24 Auch die Nachkommen Aarons waren in
Abteilungen gegliedert. Die Söhne Aa-
rons waren: Nadab, Abihu, Eleasar und Itamar.
2 Nadab und Abihu starben vor ihrem Vater. Da sie
keine Söhne hatten, übernahmen Eleasar und Ita-
mar das Priestertum. 3 David teilte sie gemeinsam
mit Zadok, einem Nachkommen Eleasars, und
mit Ahimelech, einem Nachkommen Itamars, in
ihre Dienstklassen ein. 4 Dabei ergab sich, daß bei
den Nachkommen Eleasars mehr führende Män-
ner waren als bei den Nachkommen Itamars.
Man teilte daher den Nachkommen Eleasars
sechzehn Oberhäupter von Großfamilien zu und
den Nachkommen Itamars nur acht für ihre
Großfamilien. 5 Doch teilte man diese wie jene
durch das Los ein; denn Fürsten des Heiligtums,
Fürsten Gottes, waren sowohl unter den Nach-
kommen Eleasars wie auch unter den Nachkom-

men Itamars. 6 Der Schreiber Schemaja, der Sohn
Netanels, ein Levit, schrieb sie auf im Beisein des
Königs, der führenden Männer, des Priesters Za-
dok, Abjatars, des Sohnes Ahimelechs, sowie der
Familienhäupter der Priester und Leviten. Jeweils
zwei Großfamilien wurden aus der Linie Eleasars
und eine aus der Linie Itamars ausgelost.
7 Das erste Los fiel auf Jojarib, das zweite auf Je-
daja, 8 das dritte auf Harim, das vierte auf Seorim,
9 das fünfte auf Malkija, das sechste auf Mijamin,
10 das siebte auf Koz, das achte auf Abija, 11 das
neunte auf Jeschua, das zehnte auf Schechanja,
12 das elfte auf Eljaschib, das zwölfte auf Jakim,
13 das dreizehnte auf Huppa, das vierzehnte auf Je-
schebab, 14 das fünfzehnte auf Bilga, das sech-
zehnte auf Immer, 15 das siebzehnte auf Hesir, das
achtzehnte auf Pizzez, 16 das neunzehnte auf
Petachja, das zwanzigste auf Jeheskel, 17 das ein-
undzwanzigste auf Jachin, das zweiundzwanzig-
ste auf Gamul, 18 das dreiundzwanzigste auf
Delaja, das vierundzwanzigste auf Maasja. 19 Das
waren ihre Dienstklassen, nach denen sie in das
Haus des Herrn kommen mußten, wie es ihre
Pflicht war, die sie von ihrem Vater Aaron über-
nommen hatten; so hatte es ihm der Herr, der
Gott Israels, befohlen.

Die Levitenordnung

20 Zu den übrigen Leviten, und zwar zu den Söh-
nen Amrams, gehörte Schubaël, zu den Söhnen
Schubaëls Jechdeja. 21 Von Rehabja, und zwar von
den Söhnen Rehabjas, war Jischija der erste. 22 Zu
den Nachkommen Jizhars gehörte Schelomit, zu
den Söhnen Schelomits Jahat. 23 Von den Söhnen
Hebrons war Jerija der erste, Amarja der zweite,
Jahasiël der dritte, Jekamam der vierte. 24 Der Sohn
Usiëls war Micha. Zu den Söhnen Michas ge-
hörte Schamir. 25 Der Bruder Michas war Jischija.
Zu den Söhnen Jischijas gehörte Secharja. 26 Die
Söhne Meraris waren Machli und Muschi. Der
Sohn Jaasijas war Bani. 27 Meraris Nachkommen
über Jaasija waren: Bani, Schoham, Sakkur und
Ibri. 28 Zu Machli gehörten Eleasar, der keine Kin-
der hatte, und Kisch. 29 Der Sohn des Kisch war
Jerachmeel. 30 Die Söhne Muschis waren: Machli,
Eder und Jerimot. – Das waren die Leviten nach
ihren Großfamilien. 31 Auch sie warfen das Los
wie ihre Brüder, die Söhne Aarons, im Beisein des
Königs David, Zadoks und Ahimelechs sowie der
Familienhäupter der Priester und Leviten, und
zwar die Familien des Oberhauptes wie die sei-
nes jüngsten Bruders.

Die Dienstklassen der Sänger

25 David und die Obersten des Heeres son-
derten die Söhne Asafs, Hemans und Je-
dutuns, die auf Zithern, Harfen und Zimbeln
spielten, für ihren Dienst aus. Und das ist das
Verzeichnis der Männer, die den Dienst versa-
hen: 2 Von den Söhnen Asafs: Sakkur, Josef, Ne-
tanja und Asarela. Die Söhne Asafs standen un-
ter der Leitung Asafs, der nach der Anweisung
des Königs spielte. 3 Von Jedutun: die Söhne
Jedutuns: Gedalja, Zeri, Schimi, Jeschaja,
Haschabja und Mattitja, insgesamt sechs. Sie
standen unter der Leitung ihres Vaters Jedutun,
der zum Lob und Preis des Herrn die Zither
spielte. 4 Von Heman: die Söhne Hemans: Buk-
kija, Mattanja, Usiël, Schubaël, Jerimot, Hananja,
Hanani, Eliata, Giddalti, Romamti-Eser, Joschbe-
kascha, Malloti, Hotir, Mahasiot. 5 Sie alle waren
Söhne Hemans, des Sehers des Königs, gemäß
der Verheißung Gottes, der ihm Erhöhung der
Macht versprach. So schenkte Gott dem Heman
vierzehn Söhne und drei Töchter. 6 Alle diese
spielten unter der Leitung ihrer Väter, nämlich
Asafs, Jedutuns und Hemans, beim Gesang im
Haus des Herrn auf Zimbeln, Harfen und Zi-
thern. Sie hatten den Dienst im Haus Gottes
nach der Weisung des Königs zu besorgen. 7 Sie
zählten zusammen mit ihren Amtsbrüdern, die
im Gesang zu Ehren des Herrn unterrichtet wa-
ren, 288 Mann, lauter geübte Leute. 8 Sie warfen
das Los zur Feststellung des Dienstes, und zwar
der Geringste wie der Größte, der Meister wie
der Schüler.

9 Das erste Los traf auf Josef,
das zweite auf Gedalja, seine Brüder und
Söhne: 12;
10 das dritte auf Sakkur, seine Söhne und Brü-
der: 12;
11 das vierte auf Zeri, seine Söhne und Brüder: 12;
12 das fünfte auf Netanja, seine Söhne und Brü-
der: 12;
13 das sechste auf Bukkija, seine Söhne und Brü-
der: 12;
14 das siebte auf Asarela, seine Söhne und Brü-
der: 12;
15 das achte auf Jeschaja, seine Söhne und Brü-
der: 12;

16 das neunte auf Mattanja, seine Söhne und Brü-
der: 12;
17 das zehnte auf Schimi, seine Söhne und Brü-
der: 12;
18 das elfte auf Usiël, seine Söhne und Brüder: 12;
19 das zwölfte auf Haschabja, seine Söhne und
Brüder: 12;
20 das dreizehnte auf Schubaël, seine Söhne und
Brüder: 12;
21 das vierzehnte auf Mattitja, seine Söhne und
Brüder: 12;
22 das fünfzehnte auf Jerimot, seine Söhne und
Brüder: 12;
23 das sechzehnte auf Hananja, seine Söhne und
Brüder: 12;
24 das siebzehnte auf Joschbekascha, seine
Söhne und Brüder: 12;
25 das achtzehnte auf Hanani, seine Söhne und
Brüder: 12;
26 das neunzehnte auf Malloti, seine Söhne und
Brüder: 12;
27 das zwanzigste auf Eliata, seine Söhne und
Brüder: 12;
28 das einundzwanzigste auf Hotir, seine Söhne
und Brüder: 12;
29 das zweiundzwanzigste auf Giddalti, seine
Söhne und Brüder: 12;
30 das dreiundzwanzigste auf Mahasiot, seine
Söhne und Brüder: 12;
31 das vierundzwanzigste auf Romamti-Eser,
seine Söhne und Brüder: 12.

Die Torwächter

26 Bei den Abteilungen der Torwächter
gehörte Meschelemja, der Sohn Kores,
ein Nachkomme Abiasafs, zu den Korachitern.
2 Von den Söhnen Meschelemjas war Secharja der
Erstgeborene, Jediaël der zweite, Sebadja der
dritte, Jatniël der vierte, 3 Elam der fünfte, Johanan
der sechste, Eljoënai der siebte.
4 Von den Söhnen Obed-Edoms war Schemaja
der Erstgeborene, Josabad der zweite, Joach der
dritte, Sachar der vierte, Netanel der fünfte, 5 Am-
miël der sechste, Issachar der siebte, Pëulletai der
achte. Gott hatte ihn nämlich gesegnet. 6 Auch sei-
nem Sohn Schemaja wurden Söhne geboren. Sie
wurden Oberhäupter in ihren Großfamilien;
denn sie waren tüchtige Männer. 7 Die Söhne
Schemajas waren Otni, Refaël und Obed. Die
Söhne seines Bruders Elsabad waren Elihu und
Semachja, ebenfalls tüchtige Männer. 8 Diese alle
waren Nachkommen Obed-Edoms. Sie selbst,
ihre Söhne und Brüder, waren tüchtige Leute und
zu ihrem Dienst befähigt: zweiundsechzig An-
gehörige Obed-Edoms.
9 Auch Meschelemja hatte Söhne und Brüder,
achtzehn tüchtige Männer.
10 Ebenso wurden Hosa, einem Nachkommen
Meraris, Söhne geboren. Schimri war ihr Ober-
haupt. Sein Vater hatte ihn dazu gemacht, obwohl
er nicht der Erstgeborene war. 11 Sein zweiter
Sohn war Hilkija, der dritte Tebalja, der vierte
Secharja. Insgesamt hatte Hosa dreizehn Söhne
und Brüder.
12 Diese Abteilungen der Torwächter besorgten
die Wache mit der Gesamtheit ihrer Männer. Wie
ihre Brüder taten sie Dienst im Haus des Herrn.
13 Sie warfen für jedes einzelne Tor das Los in ihren
Großfamilien, der Geringste wie der Größte. 14 Das
Los für das Osttor fiel auf Meschelemja; für seinen
Sohn Secharja, einen klugen Berater, warf man
das Los, und es traf auf das Nordtor. 15 Obed-Edom
fiel das Südtor zu und seinen Söhnen das Vorrats-
haus. 16 Auf Hosa traf das Westtor mit dem Schalle-
chettor an der aufsteigenden Straße. Eine Wache
entsprach der andern.
17 Im Osten standen täglich sechs Posten, im
Norden täglich vier, im Süden täglich vier, an den
Vorratskammern je zwei. 18 Am Parbar im Westen
waren vier für die Straße und zwei für den Parbar
bestimmt. 19 Das waren die Abteilungen der Tor-
wächter aus den Nachkommen der Korachiter
und den Nachkommen Meraris.

Die Aufseher über die Schatzkammern

20 Einige von den Leviten, ihren Stammesbrüdern,
wachten über die Schätze des Hauses Gottes und
über die Schätze aus den Weihegaben. 21a Es wa-
ren dies die Söhne Ladans, eines Nachkommen
Gerschons, nämlich Jehiël 22a mit seinen Söhnen
sowie Setam und sein Bruder Joël. 21b Sie waren
die Familienhäupter Ladans, des Sohnes Ger-
schons, 22b und wachten über die Schätze im Haus
des Herrn. 23 Zu ihnen kamen Nachkommen Am-
rams, Jizhars, Hebrons und Usiëls. 24 Schubaël, der
Sohn Gerschoms und Enkel des Mose, war Ober-
aufseher über die Schätze gewesen. 25 Sein Stam-
mesbruder aus der Linie Eliësers war dessen
Sohn Rehabja; dessen Sohn war Jeschaja, dessen
Sohn Joram, dessen Sohn Sichri und dessen Sohn

Schelomit. 26 Schelomit und seine Brüder hatten die Aufsicht über alle Schätze aus den Weihegaben, die König David, die Häupter der Großfamilien, die Obersten der Tausend- und Hundertschaften und die Obersten des Heeres gespendet hatten. 27 Diese hatten aus der Kriegsbeute Weihegaben gestiftet, um das Haus des Herrn gut auszustatten. 28 Sie überwachten auch alles, was der Seher Samuel, Saul, der Sohn des Kisch, Abner, der Sohn Ners, und Joab, der Sohn der Zeruja, gespendet hatten. Jeder, der eine Weihegabe darbrachte, legte sie in die Hand Schelomits und seiner Brüder.

Die Verwaltungsdienste

29 Von den Nachkommen Jizhars waren Kenanja und seine Söhne als Beamte und Richter für die äußeren Angelegenheiten in Israel bestellt. 30 Von den Nachkommen Hebrons hatten Haschabja und seine Brüder, siebzehnhundert tüchtige Männer, die Aufsicht über Israel westlich des Jordan in allen Angelegenheiten des Herrn und im Dienst des Königs. 31 Haupt der Hebroniter war Jerija. Im vierzigsten Jahr der Regierung Davids suchte man anhand der Geschlechterlisten die Großfamilien der Hebroniter ab und fand unter ihnen tüchtige Männer in Jaser in Gilead. 32 König David setzte Jerija und seine Stammesbrüder, zweitausendsiebenhundert tüchtige Männer, Häupter ihrer Familien, über die Rubeniter, Gaditer und den halben Stamm Manasse in allen Angelegenheiten Gottes und des Königs.

Die Heerführer Davids

27 Die Israeliten nach ihrer Anzahl, die Familienhäupter, die Obersten der Tausend- und Hundertschaften und ihre Beamten dienten dem König in allen Angelegenheiten der Abteilungen, die Monat für Monat das ganze Jahr hindurch antraten und abzogen. Jede Abteilung war 24 000 Mann stark.

2 Die erste Abteilung für den ersten Monat befehligte Jaschobam, der Sohn Sabdiëls. Zu seiner Abteilung gehörten 24 000 Mann. 3 Er war ein Nachkomme des Perez und Haupt aller Obersten des Heeres im ersten Monat. 4 Die Abteilung des zweiten Monats befehligte der Ahoachiter Dodai, ein Fürst. Zu seiner Abteilung gehörten 24 000 Mann. 5 Der dritte Heerführer, für den dritten Monat, war Benaja, der Sohn des Priesters Jojada, ein Oberhaupt. Zu seiner Abteilung gehörten 24 000 Mann. 6 Dieser Benaja war ein Held unter den Dreißig und Anführer der Dreißig sowie seiner eigenen Abteilung. Sein Sohn war Ammisabad. 7 Der vierte Befehlshaber, für den vierten Monat, war Asaël, der Bruder Joabs. Nach ihm war es sein Sohn Sebadja. Zu seiner Abteilung gehörten 24 000 Mann. 8 Der fünfte, für den fünften Monat, war der Oberst Schamhut, ein Nachkomme Serachs. Zu seiner Abteilung gehörten 24 000 Mann. 9 Der sechste, für den sechsten Monat, war Ira, der Sohn des Ikkesch, aus Tekoa. Zu seiner Abteilung gehörten 24 000 Mann. 10 Der siebte, für den siebten Monat, war Helez aus Pelet, ein Efraimiter. Zu seiner Abteilung gehörten 24 000 Mann. 11 Der achte, für den achten Monat, war der Huschatiter Sibbechai, ein Nachkomme Serachs. Zu seiner Abteilung gehörten 24 000 Mann. 12 Der neunte, für den neunten Monat, war Abiëser aus Anatot vom Stamm Benjamin. Zu seiner Abteilung gehörten 24 000 Mann. 13 Der zehnte, für den zehnten Monat, war Mahrai aus Netofa, ein Nachkomme Serachs. Zu seiner Abteilung gehörten 24 000 Mann. 14 Der elfte, für den elften Monat, war Benaja aus Piraton, ein Efraimiter. Zu seiner Abteilung gehörten 24 000 Mann. 15 Der zwölfte, für den zwölften Monat, war Heldai aus Netofa vom Geschlecht Otniël. Zu seiner Abteilung gehörten 24 000 Mann.

Die Oberhäupter der Stämme

16 Diese standen an der Spitze der Stämme Israels: Fürst bei den Rubenitern war Eliëser, der Sohn Sichris; bei Simeon war es Schefatja, der Sohn Maachas; 17 bei Levi Haschabja, der Sohn Kemuëls; bei Aaron Zadok; 18 bei Juda Elihu, ein Bruder Davids; bei Issachar Omri, der Sohn Michaels; 19 bei Sebulon Jischmaja, der Sohn Obadjas; bei Naftali Jerimot, der Sohn Asriëls; 20 bei den Efraimitern Hoschea, der Sohn Asasjas; bei der einen Hälfte des Stammes Manasse Joël, der Sohn Pedajas; 21 bei der anderen Hälfte des Stammes Manasse in Gilead war es Jiddo, der Sohn Secharjas; bei Benjamin Jaasiël, der Sohn Abners; 22 bei Dan Asarel, der Sohn Jerohams. Das waren die Anführer der Stämme Israels.

23 Die Zahl derer, die noch nicht zwanzig Jahre alt waren, hatte David nicht aufnehmen lassen; denn der Herr hatte versprochen, daß er Israel zahlreich werden lasse wie die Sterne des Him-

mels. 24 Joab, der Sohn der Zeruja, hatte die Zäh-
lung begonnen, aber nicht zu Ende geführt, da
ihretwegen ein Zorngericht über Israel gekom-
men war. So wurde ihre Zahl nicht in die Chronik
des Königs David aufgenommen.

Die Verwalter des königlichen Besitzes

25 Asmawet, der Sohn Adiëls, hatte die Aufsicht
über die Schätze des Königs, Jonatan, der Sohn
Usijas, über die Vorräte auf dem Land, in den Städ-
ten, Dörfern und Türmen, 26 Esri, der Sohn Kelubs,
über die Feldarbeiter, die den Boden zu bestellen
hatten, 27 Schimi aus Rama über die Weinberge,
Sabdi aus Schefam über die Weinvorräte in den
Weinbergen, 28 Baal-Hanan aus Bet-Gader über die
Öl- und Maulbeerfeigenbäume in der Schefela, Jo-
asch über die Ölvorräte, 29 Schitrai, der Scharoni-
ter, über die Rinder, die in der Scharonebene wei-
deten, Schafat, der Sohn Adlais, über die Rinder in
den Tälern, 30 der Ismaeliter Obil über die Kamele,
Jechdeja aus Meronot über die Esel, 31 der Hagari-
ter Jasis über die Schafe und Ziegen. Sie alle wa-
ren Verwalter des Eigentums, das dem König Da-
vid gehörte.

Die höchsten Beamten

32 Jonatan, der Onkel Davids, war sein Berater. Er
war ein kluger, schriftkundiger Mann. Jehiël, der
Sohn Hachmonis, war bei den Söhnen des Kö-
nigs. 33 Ahitofel war Berater des Königs, der Arki-
ter Huschai war Freund des Königs. 34 Nach Ahi-
tofel war Jojada, der Sohn Benajas (Berater des
Königs). Abjatar war Priester und Joab Heerführer
des Königs.

Der Auftrag zum Tempelbau

28 David versammelte in Jerusalem alle
führenden Männer Israels, die Vorsteher
der Stämme und der Abteilungen, die im Dienst
des Königs standen, die Obersten der Tausend-
und der Hundertschaften, die Verwalter des
ganzen Eigentums und des Viehbesitzes des Kö-
nigs und seiner Söhne, dazu die Hofbeamten, die
Helden und alle tapferen Krieger. 2 Dabei erhob
sich König David und sagte: Hört mich an, meine
Brüder und mein Volk! Ich selbst hatte vor, für die
Bundeslade des Herrn, den Fußschemel unseres
Gottes, eine Ruhestätte zu errichten, und traf Vor-
bereitungen für den Bau. 3 Doch Gott sprach zu
mir: Du sollst meinem Namen kein Haus bauen;
denn du hast Kriege geführt und Blut vergossen.
4 Der Herr, der Gott Israels, hat mich aus dem
ganzen Haus meines Vaters für immer zum König
von Israel auserwählt. Er hat Juda zur Herrschaft
bestimmt und im Haus Juda das Haus meines Va-
ters. Unter den Söhnen meines Vaters hat er an
mir Gefallen gefunden, so daß er mich zum König
über Israel machte. 5 Unter allen meinen Söhnen
aber – der Herr hat mir ja viele Söhne geschenkt
– hat er meinen Sohn Salomo erwählt, daß er auf
dem Königsthron des Herrn über Israel herrscht.
6 Er sprach zu mir: Dein Sohn Salomo soll mein
Haus und meine Höfe bauen; denn ihn habe ich
mir zum Sohn erwählt, und ich werde ihm Vater
sein. 7 Ich will seinem Königtum ewigen Bestand
verleihen, wenn er mannhaft meine Gebote und
Anordnungen befolgt, wie es heute der Fall ist.
8 Und nun ermahne ich euch vor den Augen ganz
Israels, der Versammlung des Herrn, und vor den
Ohren unseres Gottes: Achtet auf alle Gebote des
Herrn, eures Gottes, und befolgt sie, damit ihr im
Besitz des prächtigen Landes bleibt und es für im-
mer auf eure Söhne nach euch vererben könnt.
9 Du aber, mein Sohn Salomo, erkenne den Gott
deines Vaters; diene ihm mit ungeteiltem Herzen
und williger Seele; denn der Herr erforscht alle
Herzen und kennt jedes Sinnen der Gedanken.
Wenn du ihn suchst, läßt er sich von dir finden.
Wenn du ihn aber verläßt, verwirft er dich auf
ewig. 10 Sieh nun zu: Der Herr hat dich erwählt,
daß du ihm ein Haus als Heiligtum erbaust. Sei
mutig, und geh ans Werk!

11 Darauf übergab David seinem Sohn Salomo
den Plan der Vorhalle, des Hauptraums mit seinen
Schatzkammern, Obergemächern und Innenräu-
men und des Raums der Deckplatte 12 sowie den
Plan von allem, was er sich für die Höfe des Tem-
pels und für alle Kammern ringsum vorgenom-
men hatte. Er gab Anweisungen über die Schätze
des Gotteshauses und die Schätze aus den Wei-
hegaben, 13 über die Abteilungen der Priester und
Leviten, über den Vollzug des gesamten Dienstes
am Haus des Herrn und über alle Geräte, die man
zum Dienst im Haus des Herrn benötigte. 14 Dazu
übergab er ihm seine Berechnungen über das
Gold, mit Angabe des Gewichtes des Goldes für
jedes einzelne Dienstgerät, und über alle silber-
nen Geräte, mit Angabe des Gewichtes eines je-
den Dienstgerätes. 15 Er nannte ihm das Gewicht
der goldenen Leuchter mit ihren goldenen Lam-

pen, mit Angabe des Gewichtes eines jeden
Leuchters und seiner Lampen, sowie der silber-
nen Leuchter, mit Angabe des Gewichtes eines
jeden Leuchters und seiner Lampen, entspre-
chend der Verwendung eines jeden Leuchters.
[16] Er bestimmte das Gold mit Angabe des Ge-
wichtes für die einzelnen Schaubrotetische und
des Silbers für die silbernen Tische. [17] Ebenso gab
er ihm Auskunft über die Gabeln, Schalen und
Kannen aus purem Gold, über die goldenen Be-
cher, mit Angabe des Gewichtes eines jeden Be-
chers, auch über die silbernen Becher, mit An-
gabe des Gewichtes eines jeden Bechers. [18] Er
verordnete geläutertes Gold für den Räucheraltar,
mit Angabe des Gewichtes, und Gold für den Auf-
bau des Thronwagens, die Kerubim, die ihre Flü-
gel ausbreiteten und die Bundeslade des Herrn
bedeckten. [19] All das legte er dar in einer Schrift
aus der Hand des Herrn, die über ihm ruhte, und
erörterte alle Arbeiten, die der Plan vorsah.

[20] Dann sagte David zu seinem Sohn Salomo: Sei
mutig und stark! Geh ans Werk! Fürchte dich
nicht, und verzage nicht! Denn der Herr, mein
Gott, wird mit dir sein. Er wird dich nicht erlah-
men lassen und dich nicht im Stich lassen, bis alle
Arbeiten für den Dienst des Hauses des Herrn zu
Ende geführt sind. [21] Sieh, die Abteilungen der
Priester und Leviten stehen da, zu jeder Dienst-
leistung im Haus Gottes bereit. Bei jeder Arbeit
und zu jedem Dienst werden dir alle willig nach
ihren Fähigkeiten beistehen; ebenso werden dir
die führenden Männer und das ganze Volk in je-
der Angelegenheit zur Seite stehen.

Die Spenden für den Tempelbau

29 Darauf wandte sich König David an die
ganze Versammlung: Mein Sohn Salomo,
den allein Gott erwählt hat, ist noch jung und un-
erfahren. Das Werk aber ist groß; denn wir bauen
nicht für Menschen, sondern für Gott, den Herrn.
[2] Nach meinen besten Kräften habe ich nun für
das Haus meines Gottes Gold beschafft für die gol-
denen, Silber für die silbernen, Bronze für die
bronzenen, Eisen für die eisernen und Holz für
die hölzernen Gegenstände, dazu Schohamsteine
mit Einfassungen, Malachit und buntfarbige
Steine sowie allerlei Edelsteine und Alabaster in
Menge. [3] Aus Liebe zum Haus meines Gottes
spende ich aus meinem Besitz, meinem Gold und
Silber, über all das hinaus, was ich für das Haus
des Heiligtums schon bereitgestellt habe, [4] noch
weitere 3 000 Talente Gold vom Ofirgold und
7 000 Talente geläutertes Silber. Man soll damit
die Wände der Räume verkleiden [5] und Gold zur
Verfügung haben für die goldenen und Silber für
die silbernen Gegenstände und für jede Arbeit
von Künstlerhand. Wer ist nun bereit, seine Hand
ebenso für den Herrn zu füllen?

[6] Da zeigten die Häupter der Großfamilien, die
Vorsteher der israelitischen Stämme, die Ober-
sten der Tausend- und Hundertschaften und die
obersten Beamten des königlichen Dienstes ihre
Freigebigkeit. [7] Sie spendeten für den Bau des
Hauses Gottes 5 000 Talente Gold, 10 000 Gold-
dariken, 10 000 Talente Silber, 18 000 Talente
Bronze, 100 000 Talente Eisen. [8] Wer Edelsteine
besaß, gab sie zum Schatz des Hauses des Herrn
in die Hände Jehiëls, eines Nachkommen Ger-
schons. [9] Das Volk freute sich über diese Freige-
bigkeit; denn sie hatten mit ungeteiltem Herzen
willig für den Herrn gespendet. Auch König David
hatte eine große Freude.

Das Dankgebet Davids

[10] Da pries David den Herrn vor der ganzen Ver-
sammlung und rief: Gepriesen bist du, Herr, Gott
unseres Vaters Israel, von Ewigkeit zu Ewigkeit.
[11] Dein, Herr, sind Größe und Kraft, Ruhm und
Glanz und Hoheit; dein ist alles im Himmel und
auf Erden. Herr, dein ist das Königtum. Du erhebst
dich als Haupt über alles. [12] Reichtum und Ehre
kommen von dir; du bist der Herrscher über das
All. In deiner Hand liegen Kraft und Stärke; von
deiner Hand kommt alle Größe und Macht.
[13] Darum danken wir dir, unser Gott, und rühmen
deinen herrlichen Namen. [14] Doch wer bin ich,
und was ist mein Volk, daß wir die Kraft besaßen,
diese Gaben zu spenden? Von dir kommt ja alles;
und was wir dir gegeben haben, stammt aus dei-
ner Hand. [15] Denn wir sind nur Gäste bei dir,
Fremdlinge, wie alle unsere Väter. Wie ein Schat-
ten sind unsere Tage auf Erden und ohne Hoff-
nung. [16] Herr, unser Gott, diese ganze Fülle, die wir
bereitgestellt haben, um dir, deinem heiligen Na-
men, ein Haus zu bauen, kam aus deiner Hand; dir
gehört alles. [17] Ich weiß, mein Gott, daß du die Her-
zen prüfst und an Aufrichtigkeit Gefallen hast. Mit
aufrichtigem Herzen habe ich dies alles gegeben,
und ich habe mit Freuden gesehen, wie auch dein
Volk, das sich hier eingefunden hat, dir willig

spendet. 18 Herr, Gott unserer Väter Abraham,
Isaak und Israel, erhalte diese Gesinnung für im-
mer im Herzen deines Volkes! Lenke sein Herz auf
dich! 19 Gib auch meinem Sohn Salomo ein unge-
teiltes Herz, damit er auf deine Gebote, Anord-
nungen und Gesetze achtet und alles tut, um den
Bau zu errichten, den ich vorbereitet habe.

20 Dann befahl David der ganzen Versammlung:
Preist den Herrn, euren Gott! Und die ganze Ver-
sammlung lobte den Herrn, den Gott ihrer Väter.
Sie verneigten sich und warfen sich nieder vor
dem Herrn und dem König.

Salomos Thronbesteigung

21 Am folgenden Tag brachten sie dem Herrn Op-
fer dar. Sie spendeten zu Brandopfern tausend
Stiere, tausend Widder, tausend Lämmer sowie
die dazugehörenden Trankopfer. Dazu kam eine
Menge Schlachtopfer für ganz Israel. 22 Voller
Freude aßen und tranken sie an jenem Tag vor
dem Herrn und machten Salomo, den Sohn Da-
vids, zum zweitenmal zum König. Sie salbten ihn
zum Fürsten des Herrn, und Zadok salbten sie
zum Priester. 23 Salomo setzte sich nun anstelle
seines Vaters David als König auf den Thron des
Herrn. Er hatte Glück, und ganz Israel leistete ihm
Gehorsam. 24 Alle hohen Beamten und Helden,
auch alle Söhne des Königs David unterwarfen
sich Salomo. 25 Der Herr ließ Salomo überaus
mächtig werden vor den Augen Israels. Er verlieh
seinem Königtum einen Glanz, wie ihn kein Kö-
nig in Israel vor ihm besessen hatte.

Der Abschluß der Geschichte Davids

26 David, der Sohn Isais, war König von ganz Is-
rael. 27 Die Zeit, die er in Israel regierte, betrug vier-
zig Jahre. In Hebron regierte er sieben und in Je-
rusalem dreiunddreißig Jahre. 28 Er starb in hohem
Alter, satt an Tagen, Reichtum und Ehre. Sein
Sohn Salomo wurde König an seiner Stelle. 29 Die
frühere und die spätere Geschichte des Königs
David ist aufgezeichnet in der Geschichte des Se-
hers Samuel, in der Geschichte des Propheten Na-
tan und in der Geschichte des Sehers Gad. 30 Sie
berichten von seiner ganzen Regierung, seiner
Machtentfaltung und von den Zeiten, die über
ihn, über Israel und alle Reiche der Länder hin-
weggegangen sind.

DAS ZWEITE BUCH DER CHRONIK

Die Geschichte Salomos: 1,1–9,31

Salomos Bitte um Weisheit

1 Salomo, der Sohn Davids, gewann Macht in
seinem Königtum, der Herr, sein Gott, war
mit ihm und ließ ihn überaus stark werden.

2 Er sprach mit ganz Israel, den Obersten der Tau-
send- und Hundertschaften, den Richtern, mit al-
len Fürsten aus ganz Israel und mit den Häuptern
der Großfamilien. 3 Dann ging er mit der ganzen
Versammlung, die bei ihm war, zur Kulthöhe von
Gibeon; denn hier war das Offenbarungszelt
Gottes, das Mose, der Knecht des Herrn, in der
Wüste angefertigt hatte. 4 Die Lade Gottes jedoch
hatte David aus Kirjat-Jearim an den Ort bringen
lassen, den er für sie hergerichtet hatte. Er hatte
nämlich in Jerusalem ein Zelt für sie aufgestellt.
5 Der bronzene Altar, den Bezalel, der Sohn Uris
und Enkel Hurs, gemacht hatte, stand in Gibeon
vor der Wohnstätte des Herrn. Ihn suchten Sa-
lomo und die ganze Versammlung Israels auf. 6 Sa-
lomo stieg dort auf den bronzenen Altar vor dem
Herrn beim Offenbarungszelt und brachte auf
ihm tausend Brandopfer dar.

7 In jener Nacht erschien Gott dem Salomo und
forderte ihn auf: Sprich eine Bitte aus, die ich dir
gewähren soll. 8 Salomo antwortete Gott: Du hast
meinem Vater David große Huld erwiesen und
mich an seiner Stelle zum König gemacht. 9 So
möge sich nun, mein Herr und Gott, dein Wort an
meinen Vater David als wahr erweisen; denn du
hast mich zum König gemacht über ein Volk, das

zahlreich ist wie der Staub der Erde. 10 Verleih mir daher Weisheit und Einsicht, damit ich weiß, wie ich mich vor diesem Volk verhalten soll. Denn wer könnte sonst dieses mächtige Volk regieren? 11 Gott antwortete Salomo: Weil dir das am Herzen liegt, weil du nicht um Reichtum, Vermögen, Ehre oder um den Tod deiner Feinde, auch nicht um langes Leben gebeten hast, sondern weil du um Weisheit und Einsicht gebeten hast, um mein Volk zu regieren, zu dessen König ich dich bestellt habe, 12 sollen dir Weisheit und Einsicht zuteil werden. Aber auch Reichtum, Vermögen und Ehre will ich dir geben, wie sie kein König vor dir erlangt hat und auch nach dir keiner haben wird. 13 Darauf ging Salomo von der Kulthöhe in Gibeon, vom Offenbarungszelt, weg nach Jerusalem und herrschte über Israel.

Salomos Reichtum

14 Salomo beschaffte sich Wagen und die Besatzung dazu. Er hatte vierzehnhundert Wagen und zwölftausend Mann als Besatzung und brachte sie in die Wagenstädte sowie in die Umgebung des Königs nach Jerusalem. 15 Der König machte das Silber und das Gold in Jerusalem so häufig wie die Steine und die Zedern so zahlreich wie die Maulbeerfeigenbäume in der Schefela. 16 Man bezog die Pferde für Salomo aus Ägypten und Koë. Die Händler des Königs kauften sie in Koë. 17 Einen Wagen brachten sie aus Ägypten für sechshundert und ein Pferd für hundertfünfzig Silberschekel. Ebenso trieb man Handel mit allen hetitischen und aramäischen Königen.

Die Vorbereitungen zum Tempelbau

18 Salomo beschloß, einen Tempel für den Namen des Herrn und eine königliche Residenz für sich zu bauen.

2 Er ließ 70 000 Lastträger und 80 000 Steinhauer im Gebirge auszählen und setzte 3600 Aufseher über sie. 2 Dann sandte er Boten zu Hiram, dem König von Tyrus, und ließ ihm sagen: Du hast meinem Vater David geholfen und ihm Zedern geliefert, damit er sich ein Haus als Wohnung bauen konnte. 3 Ich möchte jetzt dem Namen des Herrn, meines Gottes, ein Haus bauen und es ihm weihen. Man soll wohlriechendes Räucherwerk vor ihm anzünden, ständig die Brote auflegen und jeden Morgen und jeden Abend, an den Sabbaten, Neumondtagen und Festen des Herrn, unseres Gottes, Brandopfer darbringen. So ist es Israel für ewige Zeiten zur Pflicht gemacht worden. 4 Das Haus, das ich bauen will, soll groß werden, denn unser Gott ist größer als alle Götter. 5 Wer aber besitzt die Kraft, ihm ein Haus zu bauen? Der Himmel und die Himmel der Himmel fassen ihn nicht. Und wer bin ich, daß ich ihm ein Haus baue, wenn auch nur, um Rauchopfer vor ihm darzubringen?

6 Schick mir nun einen fähigen Mann, der Arbeiten in Gold, Silber, Bronze, Eisen, rotem Purpur, Karmesin und blauem Purpur ausführen kann und sich aufs Gravieren versteht. Er soll mit den Künstlern zusammenarbeiten, die bei mir in Juda und Jerusalem sind und die mein Vater David bestellt hat. 7 Liefere mir auch Zedern, Zypressen und Algummimholz vom Libanon! Ich weiß, daß deine Leute die Bäume des Libanon zu fällen verstehen. Meine Leute sollen deinen Leuten dabei helfen. 8 Sie sollen eine Menge Holz herrichten; denn das Haus, das ich bauen will, soll groß und wunderbar werden. 9 Den Arbeitern, die das Holz fällen, gebe ich zum Unterhalt für deine Knechte 20 000 Kor Weizen, 20 000 Kor Gerste, 20 000 Bat Wein und 20 000 Bat Öl.

10 Hiram, der König von Tyrus, antwortete Salomo in einem Schreiben, das er ihm sandte: Weil der Herr sein Volk liebt, hat er dich ihm als König gegeben. 11 Ferner schrieb Hiram: Gepriesen sei der Herr, der Gott Israels, der Himmel und Erde gemacht hat. Er hat dem König David einen weisen Sohn gegeben, der Einsicht und Verstand besitzt, um ein Haus für den Herrn und eine königliche Residenz für sich selbst zu bauen. 12 Ich schicke dir einen fähigen, klugen Mann, Hiram-Abi, 13 den Sohn einer danitischen Frau. Sein Vater stammt aus Tyrus. Er versteht es, Arbeiten in Gold, Silber, Bronze, Eisen, Stein, Holz, rotem und blauem Purpur, Byssus und Karmesin auszuführen, alle Gravierungen zu besorgen und jeden Plan zu entwerfen, der ihm aufgetragen wird. Er wird mit deinen Künstlern und den Künstlern meines Herrn, deines Vaters David, zusammenarbeiten. 14 Den Weizen, die Gerste, das Öl und den Wein, von denen mein Herr gesprochen hat, möge er seinen Knechten liefern. 15 Wir aber werden die Bäume auf dem Libanon fällen, so viele du nötig hast, und sie dir in Flößen auf dem Meer nach Jafo schaffen. Du magst sie dann nach Jerusalem hinaufbringen.

16 Salomo ließ nun alle Fremden zählen, die im
Land Israel wohnten, nachdem schon sein Vater
David eine Zählung unter ihnen vorgenommen
hatte. Es fanden sich 153 600 Mann. 17 Von diesen
machte er 70 000 zu Lastträgern, 80 000 zu
Steinhauern im Gebirge und 3600 zu Aufsehern,
die das Volk zur Arbeit anhalten sollten.

Der Tempelbau

3 Salomo begann, das Haus des Herrn in Jeru-
salem auf dem Berg Morija zu bauen, wo der
Herr seinem Vater David erschienen war, an der
Stätte, die David bestimmt hatte, auf der Tenne
des Jebusiters Arauna. 2 Er begann den Bau im
zweiten Monat, im vierten Jahr seiner Regierung.
3 Dies sind die Grundmaße, die Salomo für den
Bau des Hauses Gottes festlegte: Die Länge betrug
sechzig Ellen – die Elle nach dem früheren Maß
gerechnet – und die Breite zwanzig Ellen. 4 Die
Halle vor dem Hauptraum war zwanzig Ellen
breit, entsprechend der Breite des Hauses, und
zwanzig Ellen hoch. Er überzog sie innen mit pu-
rem Gold. 5 Den Hauptraum vertäfelte er mit Zy-
pressenholz, überzog dieses mit echtem Gold und
brachte Palmen und kettenförmige Bänder darauf
an. 6 Auch schmückte er das Haus mit kostbaren
Steinen. Das Gold war Parwajimgold. 7 So überzog
er das Haus, die Balken, die Schwellen, seine
Wände und Türen mit Gold und ließ in die
Wände Kerubim einschnitzen.

Das Allerheiligste

8 Er schuf den Raum des Allerheiligsten. Seine
Länge betrug zwanzig Ellen, der Breite des Hau-
ses entsprechend, und seine Breite zwanzig El-
len. Er überzog es mit echtem Gold im Gewicht
von sechshundert Talenten. 9 Für die Nägel ver-
wendete er Gold im Gewicht von fünfzig Sche-
keln. Auch die Obergemächer ließ er mit Gold
verkleiden.
10 Im Raum des Allerheiligsten ließ er zwei Ke-
rubim anfertigen ... und mit Gold überziehen.
11 Die Flügel der Kerubim hatten zusammen eine
Spannweite von zwanzig Ellen. Der Flügel des
einen war fünf Ellen lang und berührte die Wand
des Hauses. Der zweite Flügel war fünf Ellen lang
und berührte den Flügel des anderen Kerubs.
12 Der Flügel des zweiten Kerubs war fünf Ellen
lang und berührte die Wand des Hauses, und auch
der andere Flügel war fünf Ellen lang und stieß an
den Flügel des ersten Kerubs. 13 Die Flügel dieser
Kerubim hatten eine Spannweite von zwanzig El-
len. Sie selbst standen auf ihren Füßen, und ihre
Gesichter waren dem Innenraum zugewandt.
14 Er verfertigte auch den Vorhang aus blauem und
rotem Purpur, aus Karmesin und Byssus und
brachte darauf Kerubim an.

Die Ausstattung des Tempels

15 Für die Vorderseite des Hauses machte er zwei
Säulen von achtzehn Ellen Höhe. Das Kapitell auf
ihnen maß fünf Ellen. 16 Dazu schuf er kettenför-
mige Bänder und brachte sie oben auf den Säulen
an. Auch machte er hundert Granatäpfel und be-
festigte sie an den kettenförmigen Bändern. 17 Die
Säulen stellte er vor dem Tempel auf, die eine auf
der rechten, die andere auf der linken Seite. Die
rechte nannte er Jachin, die linke Boas.
4 Er ließ einen bronzenen Altar herstellen,
zwanzig Ellen lang, zwanzig Ellen breit und
zehn Ellen hoch.
2 Dann machte er das »Meer«. Es wurde aus
Bronze gegossen, maß zehn Ellen von einem
Rand zum andern, war völlig rund und fünf Ellen
hoch. Eine Schnur von dreißig Ellen konnte es
rings umspannen. 3 Unterhalb seines Rands wa-
ren rundum Bilder von Rindern. In einem Band
von dreißig Ellen Länge umsäumten sie das Meer
ringsum in zwei Reihen. Sie wurden bei seinem
Guß mitgegossen. 4 Das Meer stand auf zwölf Rin-
dern. Von ihnen schauten drei nach Norden, drei
nach Westen, drei nach Süden und drei nach
Osten. Das Meer ruhte oben auf den Rindern.
Ihre Hinterteile waren nach innen gekehrt. 5 Die
Wand des Meeres war eine Handbreit dick. Sein
Rand war wie der Rand eines Bechers geformt, ei-
ner Lilienblüte gleich. Es faßte dreitausend Bat.
6 Auch machte er zehn Kessel, von denen er fünf
an die Südseite und fünf an die Nordseite brachte.
Sie dienten für die Waschungen; was zum Brand-
opfer gehörte, sollte man in ihnen abspülen. Das
Meer war für die Waschungen der Priester be-
stimmt.
7 Er machte die zehn goldenen Leuchter der Vor-
schrift gemäß und stellte sie im Tempel auf, fünf
auf der rechten und fünf auf der linken Seite. 8 Fer-
ner machte er zehn Tische und brachte sie in den
Tempel, fünf auf die rechte und fünf auf die linke
Seite. Desgleichen verfertigte er hundert goldene
Schalen.

9 Auch schuf er den Vorhof der Priester und den
großen Hof mit seinen Toren. Die Torflügel über-
zog er mit Bronze. 10 Das Meer stellte er an die
Südseite des Hauses gegen Südosten. 11 Endlich
machte Hiram die Töpfe, Schaufeln und Schalen.
So führte Hiram die Arbeiten zu Ende, die er
dem König Salomo für das Haus Gottes anzuferti-
gen hatte: 12 zwei Säulen, zwei beckenförmige
Kapitelle oben auf den Säulen, die zwei Flecht-
werke, mit denen man die beiden beckenförmi-
gen Kapitelle oben auf den Säulen bedeckte, 13 die
vierhundert Granatäpfel für die beiden Flecht-
werke, die in zwei Reihen an jedem Flechtwerk
angebracht waren und die die beiden beckenför-
migen Kapitelle auf den Säulen bedeckten, 14 die
zehn fahrbaren Gestelle, die zehn Kessel für die
Gestelle, 15 das eine Meer, die zwölf Rinder unter
ihm, 16 die Töpfe, Schaufeln und Gabeln. Alle diese
Geräte machte Hiram-Abi dem König Salomo für
das Haus des Herrn aus glatter Bronze. 17 In der Jor-
danau zwischen Sukkot und Zereda ließ sie der
König in Formen aus festem Lehm gießen. 18 Sa-
lomo ließ alle diese Geräte in überaus großer
Menge anfertigen; das Gewicht der Bronze war
darum nicht festzustellen.
19 Salomo ließ alle Geräte, die zum Haus Gottes
gehörten, anfertigen: den goldenen Altar, die Ti-
sche, auf die man die Schaubrote legte, 20 die
Leuchter mit ihren Lampen aus bestem Gold, um
sie der Vorschrift gemäß vor der Gotteswohnung
anzuzünden, 21 die goldenen Blüten, Lampen und
Dochtscheren aus bestem Gold, 22 ferner die Mes-
ser, Schalen, Schüsseln und Pfannen aus bestem
Gold. An den Türen des Hauses waren die Flügel
im inneren Raum gegen das Allerheiligste und die
beiden Türflügel, die zum Hauptraum führten,
mit Gold verkleidet.

5 So wurden alle Arbeiten, die Salomo für das
Haus des Herrn ausführen ließ, vollendet.
Dann brachte er die Weihegaben seines Vaters
David hinein und legte das Silber, das Gold und
alle Geräte in die Schatzkammern des Hauses
Gottes.

Die Übertragung der Bundeslade

2 Damals versammelte Salomo die Ältesten Isra-
els, alle Stammesführer und die Anführer der is-
raelitischen Großfamilien in Jerusalem, um die
Bundeslade des Herrn aus der Stadt Davids, das
ist Zion, heraufzuholen. 3 Am Fest, das ist im sieb-
ten Monat, kamen alle Männer Israels beim Kö-
nig zusammen. 4 In Gegenwart aller Ältesten Is-
raels nahmen die Leviten die Lade 5 und brachten
sie zugleich mit dem Offenbarungszelt und den
heiligen Geräten, die im Zelt waren, hinauf. Die
Priester und die Leviten übernahmen den Träger-
dienst. 6 König Salomo aber und die ganze Ge-
meinde Israels, die bei ihm vor der Lade versam-
melt war, schlachteten Schafe und Rinder, die
man wegen ihrer Menge nicht zählen und nicht
berechnen konnte. 7 Darauf stellten die Priester
die Bundeslade des Herrn an ihren Platz, in die
Gotteswohnung des Hauses, in das Allerheiligste,
unter die Flügel der Kerubim. 8 Denn die Kerubim
breiteten ihre Flügel über den Ort, wo die Lade
stand, und bedeckten sie und ihre Stangen von
oben her. 9 Die Stangen waren so lang, daß man
ihre Spitzen an der Lade vor der Gotteswohnung
sehen konnte; draußen aber waren sie nicht zu
sehen. Sie blieben dort bis zum heutigen Tag. 10 In
der Lade befanden sich nur die zwei Tafeln, die
Mose am Horeb hineingelegt hatte, die Tafeln des
Bundes, den der Herr mit den Israeliten beim Aus-
zug aus Ägypten geschlossen hatte.
11 Darauf traten die Priester aus dem Heiligtum.
Alle, die gekommen waren, unabhängig davon,
zu welcher Abteilung sie gehörten, hatten sich
geheiligt. 12 Die levitischen Sänger, Asaf, Heman,
Jedutun, ihre Söhne und Brüder, standen alle, in
Byssus gekleidet, mit Zimbeln, Harfen und Zi-
thern an der Ostseite des Altars. Bei ihnen waren
hundertzwanzig Priester, die auf Trompeten blie-
sen. 13 Es kam wie aus einem Mund, wenn die
Trompeter und Sänger gleichzeitig zum Lob und
Preis des Herrn sich vernehmen ließen. Als sie
mit ihren Trompeten, Zimbeln und Musikinstru-
menten einsetzten und den Herrn priesen, »Denn
er ist gütig, denn seine Huld währt ewig«, erfüllte
eine Wolke den Tempel, das Haus des Herrn. 14 Die
Priester konnten wegen der Wolke ihren Dienst
nicht verrichten; denn die Herrlichkeit des Herrn
erfüllte das Haus Gottes.

6 Damals sagte Salomo: Der Herr sprach, er
wolle im Dunkel wohnen. 2 Ich habe ein
fürstliches Haus für dich gebaut, eine Wohnstätte
für ewige Zeiten.

Die Ansprache des Königs

3 Dann wandte sich der König um und segnete die
ganze Versammlung Israels. Alle standen, 4 und er

betete: Gepriesen sei der Herr, der Gott Israels.
Seine Hand hat ausgeführt, was sein Mund mei-
nem Vater David verheißen hat, als er sprach:
5 Seit dem Tag, da ich mein Volk aus dem Land
Ägypten führte, habe ich aus keinem der Stämme
Israels eine Stadt für den Bau eines Hauses er-
wählt, um meinen Namen dort wohnen zu las-
sen. Auch habe ich keinen Mann zum Fürsten
meines Volkes Israel erwählt. 6 Nur Jerusalem
habe ich zur Wohnung für meinen Namen und
David zum Herrscher über mein Volk Israel er-
wählt. 7 Mein Vater David wollte dem Namen des
Herrn, des Gottes Israels, ein Haus bauen. 8 Doch
der Herr sprach zu ihm: Wenn du dir vorgenom-
men hast, meinem Namen ein Haus zu bauen,
hast du einen guten Entschluß gefaßt. 9 Doch
sollst nicht du das Haus bauen, sondern erst dein
leiblicher Sohn soll meinem Namen das Haus
bauen. 10 Der Herr hat jetzt sein Versprechen, das
er gegeben hat, wahr gemacht: Ich bin an die
Stelle meines Vaters David getreten und habe den
Thron Israels bestiegen, wie es der Herr zugesagt
hat. Ich habe dem Namen des Herrn, des Gottes
Israels, das Haus gebaut 11 und die Lade darin auf-
gestellt. Sie enthält die Tafeln des Bundes, den der
Herr mit den Israeliten geschlossen hat.

Das Weihegebet

12 Dann trat er in Gegenwart der ganzen Ver-
sammlung Israels vor den Altar des Herrn und
breitete seine Hände aus. 13 Salomo hatte nämlich
eine bronzene Tribüne anfertigen lassen und sie
in der Mitte des Hofes aufgestellt. Sie war fünf El-
len lang, fünf Ellen breit und drei Ellen hoch. Er
trat auf sie, ließ sich im Angesicht der ganzen Ver-
sammlung Israels auf die Knie nieder, breitete
seine Hände zum Himmel aus 14 und betete: Herr,
Gott Israels, im Himmel und auf der Erde gibt es
keinen Gott, der so wie du Bund und Huld seinen
Knechten bewahrt, die mit ungeteiltem Herzen
vor ihm leben. 15 Du hast das Versprechen gehal-
ten, das du deinem Knecht, meinem Vater David,
gegeben hast. Deine Hand hat heute erfüllt, was
dein Mund versprochen hat. 16 Und nun, Herr,
Gott Israels, halte auch das andere Versprechen,
das du deinem Knecht David, meinem Vater, ge-
geben hast, als du sagtest: Es soll dir nie an einem
Nachkommen fehlen, der vor mir auf dem Thron
Israels sitzt, wenn nur deine Söhne darauf achten,
ihren Weg so nach meinem Gesetz zu gehen, wie
du es getan hast. 17 Herr, Gott Israels, möge sich
jetzt dein Wort, das du deinem Knecht David ge-
geben hast, als wahr erweisen.

18 Wohnt denn Gott wirklich bei den Menschen
auf der Erde? Siehe, selbst der Himmel und die
Himmel der Himmel fassen dich nicht, wieviel
weniger dieses Haus, das ich gebaut habe.
19 Wende dich, Herr, mein Gott, dem Beten und
Flehen deines Knechtes zu! Hör auf das Rufen
und auf das Gebet, das dein Knecht vor dir ver-
richtet. 20 Halte deine Augen offen über diesem
Haus bei Tag und bei Nacht, über der Stätte, von
der du gesagt hast, daß du deinen Namen hierher
legen willst. Höre auf das Gebet, das dein Knecht
an dieser Stätte verrichtet. 21 Achte auf das Flehen
deines Knechtes und deines Volkes Israel, wenn
sie an dieser Stätte beten. Höre sie im Himmel,
dem Ort, wo du wohnst. Höre sie, und verzeih!

22 Wenn sich jemand gegen seinen Nächsten
verfehlt und dieser ihm einen Eid abverlangt, den
er schwören muß, und er dann kommt und vor
deinem Altar in diesem Haus schwört, 23 so höre
du es im Himmel, und greif ein! Verschaff deinen
Knechten Recht! Vergilt dem Schuldigen, und laß
sein Tun auf ihn selbst zurückfallen! Den Schuld-
losen aber sprich frei, und vergilt ihm, wie es sei-
ner Gerechtigkeit entspricht.

24 Wenn dein Volk Israel von einem Feind ge-
schlagen wird, weil es gegen dich gesündigt hat,
und dann wieder umkehrt, deinen Namen preist
und in diesem Haus zu dir betet und fleht, 25 so
höre du es im Himmel! Vergib deinem Volk Israel
seine Sünde; laß sie in das Land zurückkommen,
das du ihnen und ihren Vätern gegeben hast.

26 Wenn der Himmel verschlossen ist und kein
Regen fällt, weil sie gegen dich gesündigt haben,
und wenn sie dann an diesem Ort beten, deinen
Namen preisen und von ihrer Sünde lassen, weil
du sie demütigst, 27 so höre du sie im Himmel! Ver-
gib deinen Knechten und deinem Volk Israel ihre
Sünden; denn du führst sie den guten Weg, den
sie gehen sollen. Spende Regen deinem Land, das
du deinem Volk zum Erbbesitz gegeben hast.

28 Wenn im Land Hungersnot herrscht, wenn
Pest ausbricht, wenn Getreidebrand, Rost, Heu-
schrecken und Ungeziefer auftreten, wenn
Feinde sie im eigenen Land bedrängen, wenn ir-
gendeine Plage oder Krankheit sie trifft, 29 (so höre
du) jedes Gebet und Flehen eines jeden einzelnen
und deines ganzen Volkes Israel; denn sie alle

kennen ihre Not und ihr Leid und erheben ihre Hände zu diesem Haus. 30 Höre sie dann im Himmel, dem Ort, wo du wohnst, und verzeih! Vergilt jedem, was sein Tun verdient. Du kennst ja ihre Herzen; denn du allein kennst die Herzen der Menschen. 31 So werden sie dich fürchten und auf deinen Wegen gehen, solange sie in dem Land leben, das du unseren Vätern gegeben hast.

32 Auch Fremde, die nicht zu deinem Volk Israel gehören, werden wegen deines großen Namens, deiner starken Hand und deines hoch erhobenen Armes aus fernem Land kommen. Sie werden kommen und in diesem Haus beten. 33 Höre sie dann im Himmel, dem Ort, wo du wohnst, und tu alles, weswegen der Fremde zu dir ruft. Dann werden alle Völker der Erde deinen Namen erkennen. Sie werden dich fürchten, wie dein Volk Israel dich fürchtet, und erfahren, daß dein Name ausgerufen ist über diesem Haus, das ich gebaut habe.

34 Wenn dein Volk gegen seine Feinde in den Krieg zieht, auf dem Weg, den du es sendest, und wenn es dann zu dir betet, zu dieser Stadt hingewendet, die du erwählt hast, und zu dem Haus hin, das ich deinem Namen gebaut habe, 35 so höre du im Himmel sein Beten und Flehen, und verschaff ihm Recht!

36 Wenn sie gegen dich sündigen – es gibt ja niemand, der nicht sündigte – und du ihnen zürnst, sie ihren Bedrängern preisgibst und ihre Feinde sie gefangen fortführen in ein fernes oder nahes Land, 37 so werden sie im Land ihrer Gefangenschaft in sich gehen. Sie werden im Land ihrer Gefangenschaft umkehren, zu dir flehen und rufen: Wir haben gesündigt, Unrecht getan und gefrevelt. 38 Mit ganzem Herzen und ganzer Seele werden sie im Land ihrer Feinde, von denen sie als Gefangene weggeführt wurden, zu dir umkehren und beten, zu dem Land hingewendet, das du ihren Vätern gegeben hast, zu der Stadt hin, die du erwählt hast, und zu dem Haus hin, das ich deinem Namen gebaut habe. 39 Höre dann im Himmel, dem Ort, wo du wohnst, ihr Beten und Flehen. Verschaff ihnen Recht, und verzeih deinem Volk, was es gegen dich gesündigt hat.

40 Laß jetzt, mein Gott, deine Augen für das Gebet an diesem Ort offen sein und deine Ohren darauf achthaben! 41 Herr und Gott, mach dich nun auf zum Ort deiner Ruhe, du und deine machtvolle Lade! Deine Priester, Herr und Gott, sollen sich in Heil kleiden und deine Frommen sich des Glückes freuen. 42 Herr und Gott, weise deinen Gesalbten nicht ab! Sei eingedenk der Hulderweise an David, deinen Knecht!

Der Abschluß der Feier

7 Als Salomo sein Gebet beendet hatte, fiel Feuer vom Himmel und verzehrte das Brandopfer und die Schlachtopfer. Die Herrlichkeit des Herrn erfüllte den Tempel. 2 Die Priester konnten das Haus des Herrn nicht betreten, da die Herrlichkeit des Herrn es erfüllte. 3 Alle Israeliten sahen, wie das Feuer herabfiel und wie die Herrlichkeit des Herrn über dem Tempel erschien. Sie warfen sich mit dem Gesicht zur Erde auf das Steinpflaster nieder, beteten den Herrn an und priesen ihn: »Denn er ist gütig, denn seine Huld währt ewig.«

4 Dann brachten der König und das ganze Volk vor dem Herrn Opfer dar. 5 Zweiundzwanzigtausend Rinder und hundertzwanzigtausend Schafe ließ König Salomo zum Opfer schlachten. So vollzogen der König und das ganze Volk die Weihe des Hauses Gottes. 6 Die Priester taten ihren Dienst, und die Leviten spielten die Instrumente für die Lieder des Herrn. König David hatte diese Geräte anfertigen lassen, um den Herrn zu preisen: »Denn seine Huld währt ewig.« Während die Leviten den Lobpreis Davids vortrugen, bliesen die Priester ihnen gegenüber die Trompeten, und ganz Israel nahm daran teil. 7 Salomo weihte auch die Mitte des Hofes, der vor dem Haus des Herrn war, als er dort die Brandopfer und die Fettstücke der Heilsopfer darbrachte. Der bronzene Altar, den Salomo hatte anfertigen lassen, konnte nämlich das Brandopfer, das Speiseopfer und die Fettstücke nicht fassen.

8 Salomo feierte damals mit ganz Israel, das von Lebo-Hamat bis zum Grenzbach Ägyptens zu einer sehr großen Versammlung erschienen war, auch das (Laubhütten-)Fest sieben Tage lang. 9 Am achten Tag hielten sie eine Festversammlung. Die Weihe des Altars hatten sie nämlich sieben Tage lang gefeiert, und auch das Fest dauerte sieben Tage. 10 Am dreiundzwanzigsten Tag des siebten Monats entließ der König das Volk zu seinen Zelten. Sie waren voll Freude und frohen Mutes über das Gute, das der Herr an David, an Salomo und an seinem Volk Israel getan hatte.

Die göttliche Verheißung für den Tempel

11 Nachdem Salomo das Haus des Herrn und den kö-
niglichen Palast vollendet und alle seine Pläne für
das Haus des Herrn und für seinen Palast verwirk-
licht hatte, 12 erschien ihm der Herr in der Nacht und
sprach zu ihm: Ich habe dein Gebet gehört und die-
sen Ort als Opferstätte für mich erwählt. 13 Wenn ich
den Himmel verschließe und kein Regen fällt oder
wenn ich der Heuschrecke gebiete, das Land kahl-
zufressen, wenn ich die Pest in mein Volk sende
14 und mein Volk, über das mein Name ausgerufen
ist, sich demütigt und betet, mich sucht und von
seinen schlechten Wegen umkehrt, dann höre ich
es im Himmel. Ich verzeihe seine Sünde und
bringe seinem Land Heilung. 15 Meine Augen sol-
len jetzt für das Gebet an diesem Ort offen sein, und
meine Ohren sollen darauf achten. 16 Ich habe jetzt
dieses Haus erwählt und geheiligt, damit mein
Name ewig hier sei. Meine Augen und mein Herz
werden allezeit hier weilen. 17 Wenn du deinen
Weg vor mir gehst, wie ihn dein Vater David ge-
gangen ist, und wenn du alles tust, was ich dir be-
fohlen habe, wenn du auf meine Gesetze und
Rechtsvorschriften achtest, 18 dann werde ich dei-
nen Königsthron bestehen lassen, wie ich es dei-
nem Vater David zugesichert habe, zu dem ich ge-
sagt habe: Es soll dir nie an einem Herrscher über
Israel fehlen. 19 Doch wenn ihr euch von mir ab-
wendet und meine Gesetze und Gebote, die ich
euch gegeben habe, übertretet, wenn ihr euch an-
schickt, andere Götter zu verehren und euch vor
ihnen niederzuwerfen, 20 dann werde ich euch aus
meinem Land vertreiben, das ich euch gegeben
habe. Dieses Haus, das ich meinem Namen ge-
weiht habe, werde ich aus meinem Angesicht
wegschaffen und zum Gespött und zum Hohn un-
ter allen Völkern machen. 21 Jeder, der an diesem
Haus, das so erhaben war, vorübergeht, wird sich
entsetzen und fragen: Warum hat der Herr diesem
Land und diesem Haus das angetan? 22 Und man
wird antworten: Weil sie den Herrn, den Gott ihrer
Väter, der sie aus Ägypten geführt hat, verlassen
und sich an andere Götter gehängt, sich vor ihnen
niedergeworfen und sie verehrt haben, darum hat
er all dieses Unglück über sie gebracht.

Verschiedene Nachrichten über Salomo

8 Nach Ablauf von zwanzig Jahren, in denen
Salomo das Haus des Herrn und seinen Pa-
last gebaut hatte, 2 baute er auch die Städte aus, die
Hiram ihm (zurück) gegeben hatte, und siedelte
Israeliten darin an.
3 Salomo zog nach Hamat-Zoba und eroberte es.
4 Er baute Tadmor in der Steppe aus und alle Vor-
ratsstädte, die er in Hamat anlegte. 5 Er baute auch
das obere und das untere Bet-Horon zu Festungen
mit Mauern, Toren und Riegeln aus, 6 ebenso
Baala und alle Vorratsstädte, die ihm gehörten, die
Städte für die Wagen und ihre Mannschaft und
was er sonst in Jerusalem, auf dem Libanon und
im ganzen Bereich seiner Herrschaft zu bauen
wünschte.
7 Die Reste der Hetiter, Amoriter, Perisiter, Hiwi-
ter und Jebusiter, die nicht zu den Israeliten
gehörten 8 und von denen noch Nachkommen im
Land lebten – die Israeliten hatten sie nicht aus-
gerottet – hob Salomo als Fronarbeiter aus, und
sie blieben es bis zum heutigen Tag. 9 Von den Is-
raeliten aber machte Salomo niemand zum Skla-
ven für seine Arbeit; sie waren seine Krieger,
seine Obersten und Hauptleute, die Befehlshaber
über seine Wagen und deren Mannschaft. 10 Zwei-
hundertfünfzig Werkführer, die unter dem Befehl
der Statthalter Salomos standen, hatten die Auf-
sicht über die Arbeiter.
11 Salomo brachte die Tochter des Pharao aus der
Davidstadt in das Haus, das er für sie gebaut hatte;
denn er sagte: Eine Frau soll nicht im Haus Da-
vids, des Königs von Israel, wohnen; denn die
Räume, in die die Lade des Herrn gekommen ist,
sind heilig.
12 Damals brachte Salomo auf dem Altar, den er
vor der Halle für den Herrn erbaut hatte, Brand-
opfer dar. 13 Auch an den Sabbaten und Neu-
mondtagen ließ er die Opfer darbringen, die nach
dem Befehl des Mose für diese Tage angeordnet
waren. Das gleiche tat er dreimal im Jahr, jeweils
an den Festen, am Fest der Ungesäuerten Brote,
am Wochenfest und am Laubhüttenfest. 14 Dem
Auftrag seines Vaters David folgend, bestellte er
die Abteilungen der Priester für ihren Dienst und
die Leviten für ihre Aufgabe, Loblieder zu singen
und an der Seite der Priester Dienst zu tun, wie es
für jeden Tag vorgeschrieben war. Auch bestellte
er die Torwächter nach ihren Abteilungen für die
einzelnen Tore; denn so lautete der Befehl Davids,
des Mannes Gottes. 15 Man wich in keinem Punkt
von den Befehlen ab, die der König für die Priester
und für die Leviten erlassen hatte. 16 So wurde das
ganze Werk Salomos planmäßig ausgeführt, vom

Tag der Grundlegung des Hauses des Herrn bis zu
seiner Fertigstellung, bis zur Vollendung des Hau-
ses des Herrn.
17 Damals begab sich Salomo nach Ezjon-Geber
und Elat an der Küste des Meeres in Edom. 18 Hi-
ram schickte ihm durch seine Knechte Schiffe
und geübte Seefahrer. Sie fuhren mit den Leuten
Salomos nach Ofir, holten von dort vierhundert-
fünfzig Talente Gold und brachten es dem König
Salomo.

Die Königin von Saba

9 Die Königin von Saba hörte vom Ruf Salomos
und kam mit sehr großem Gefolge, mit Ka-
melen, die Balsam, eine Menge Gold und Edel-
steine trugen, nach Jerusalem, um ihn mit Rätsel-
fragen auf die Probe zu stellen. Sie trat bei Salomo
ein und redete mit ihm über alles, was sie sich
vorgenommen hatte. 2 Salomo gab ihr Antwort
auf alle Fragen. Es gab nichts, was ihm verborgen
war und was er ihr nicht hätte sagen können. 3 Als
nun die Königin von Saba die Weisheit Salomos
erkannte, als sie den Palast sah, den er gebaut
hatte, 4 die Speisen auf seiner Tafel, die Sitzplätze
seiner Beamten, das Aufwarten seiner Diener
und ihre Gewänder, seine Mundschenken und
ihre Gewänder, sein Opfer, das er im Haus des
Herrn darbrachte, da stockte ihr der Atem. 5 Sie
sagte zum König: Was ich in meinem Land über
dich und deine Weisheit gehört habe, ist wirklich
wahr. 6 Ich wollte es nicht glauben, bis ich nun
selbst gekommen bin und es mit eigenen Augen
gesehen habe. Und wahrhaftig, nicht einmal die
Hälfte hat man mir berichtet von der Größe dei-
ner Weisheit. Du übertriffst alles, was ich gehört
habe. 7 Glücklich sind deine Männer und glück-
lich diese deine Diener, die allezeit vor dir stehen
und deine Weisheit hören. 8 Gepriesen sei Jahwe,
dein Gott, der an dir Gefallen gefunden und dich
auf seinen Thron gesetzt hat, damit du König bist
für Jahwe, deinen Gott. Weil dein Gott Israel liebt
und ihm ewigen Bestand verleihen will, hat er
dich zum König bestellt, damit du Recht und Ge-
rechtigkeit übst. 9 Sie gab dem König hundert-
zwanzig Talente Gold, dazu eine sehr große
Menge Balsam und Edelsteine. Balsam, wie ihn
die Königin von Saba dem König Salomo
schenkte, gab es nicht wieder.
10 Auch die Leute Hirams und die Leute Salomos,
die Gold aus Ofir holten, brachten Algummim-
holz und Edelsteine. 11 Der König ließ aus dem Al-
gummimholz Schnitzarbeiten für das Haus des
Herrn und den königlichen Palast sowie Zithern
und Harfen für die Sänger anfertigen. Dergleichen
hatte man vordem im Land Juda nicht gesehen.
12 König Salomo gewährte der Königin von Saba
alles, was sie wünschte und begehrte, ausge-
nommen das, was sie dem König geschenkt hatte.
Schließlich kehrte sie mit ihrem Gefolge in ihr
Land zurück.

Salomos Reichtum

13 Das Gewicht des Goldes, das alljährlich bei Sa-
lomo einging, betrug sechshundertsechsundsech-
zig Goldtalente. 14 Dabei sind nicht eingerechnet
die Abgaben, die von den Kaufleuten und Händ-
lern kamen. Auch alle Könige von Arabien und
die Statthalter des Landes brachten Salomo Gold
und Silber.
15 König Salomo ließ zweihundert Schilde aus
gehämmertem Gold herstellen. Sechshundert
Schekel gehämmertes Gold verwandte er für je-
den Schild. 16 Dazu machte er dreihundert kleinere
Schilde aus gehämmertem Gold. Dreihundert
Schekel Gold verwendete er für jeden. Er brachte
sie in das Libanonwaldhaus.
17 Ferner ließ der König einen großen Thron aus
Elfenbein anfertigen und mit purem Gold über-
ziehen. 18 Sechs Stufen führten zum Thron hinauf.
An seiner Rückseite war ein goldenes Lamm, und
zu beiden Seiten des Sitzes befanden sich Arm-
lehnen. Zwei Löwen standen neben den Lehnen
19 und zwölf zu beiden Seiten der sechs Stufen.
Dergleichen ist noch für kein Königreich geschaf-
fen worden.
20 Alle Trinkgefäße des Königs Salomo waren aus
Gold; ebenso waren alle Geräte des Libanon-
waldhauses aus bestem Gold. Silber galt in den
Tagen Salomos als wertlos; 21 denn der König hatte
eine Flotte, die mit den Leuten Hirams nach Tar-
schisch fuhr. Einmal in drei Jahren kam die Tar-
schischflotte und brachte Gold, Silber, Elfenbein,
Affen und Perlhühner.
22 So übertraf König Salomo alle Könige der Erde
an Reichtum und Weisheit. 23 Alle Könige der Erde
begehrten, ihn zu sehen und die Weisheit zu
hören, die Gott in sein Herz gelegt hatte. 24 Alle
brachten ihm Jahr für Jahr ihre Gaben: silberne
und goldene Gefäße, Gewänder, Waffen, Balsam,
Pferde und Maultiere.

25 Salomo hatte viertausend Stallplätze für seine Pferde sowie Wagen und zwölftausend Mann als Besatzung. Er brachte sie in die Wagenstädte sowie in die Umgebung des Königs nach Jerusalem. 26 Er war Herrscher über alle Könige vom Eufrat bis zum Land der Philister und bis an die Grenze Ägyptens. 27 Salomo machte das Silber in Jerusalem so häufig wie die Steine und die Zedern so zahlreich wie die Maulbeerfeigenbäume in der Schefela. 28 Man bezog die Pferde für Salomo aus Ägypten und aus allen Ländern.

Salomos Tod

29 Die übrige Geschichte Salomos, die frühere und die spätere, ist aufgezeichnet in der Geschichte des Propheten Natan, in der Weissagung Ahijas aus Schilo und in der Vision des Sehers Jedo über Jerobeam, den Sohn Nebats. 30 Salomo war vierzig Jahre in Jerusalem König über ganz Israel. 31 Er entschlief zu seinen Vätern, und man begrub ihn in der Stadt seines Vaters David. Sein Sohn Rehabeam wurde König an seiner Stelle.

Die Geschichte Judas bis zum Untergang: 10,1–36,23

Der Abfall der zehn Nordstämme

10 Rehabeam begab sich nach Sichem; denn dorthin war ganz Israel gekommen, um ihn zum König zu machen. 2 Jerobeam, der Sohn Nebats, hörte davon, während er in Ägypten war, wohin er vor dem König Salomo hatte fliehen müssen; er kehrte jetzt aus Ägypten zurück. 3 Man sandte zu ihm und ließ ihn rufen. So kamen also Jerobeam und ganz Israel (nach Sichem), und sie sagten zu Rehabeam: 4 Dein Vater hat uns ein hartes Joch auferlegt. Erleichtere jetzt den harten Dienst deines Vaters und das schwere Joch, das er uns auferlegt hat. Dann wollen wir dir dienen. 5 Er antwortete ihnen: Kommt nach drei Tagen wieder zu mir! Als sich das Volk entfernt hatte, 6 beriet sich König Rehabeam mit den älteren Männern, die zu Lebzeiten seines Vaters Salomo in dessen Dienst gestanden hatten. Er fragte sie: Welchen Rat gebt ihr mir? Was soll ich diesem Volk antworten? 7 Sie sagten zu ihm: Wenn du gut gegen dieses Volk bist, ihnen zu Willen bist und freundlich mit ihnen redest, dann werden sie immer deine Diener sein. 8 Doch er verwarf den Rat, den die Älteren ihm gegeben hatten, und beriet sich mit den jungen Leuten, die mit ihm groß geworden waren und jetzt in seinem Dienst standen. 9 Er fragte sie: Welchen Rat gebt ihr mir? Was sollen wir diesem Volk antworten, das zu mir sagt: Erleichtere das Joch, das dein Vater uns auferlegt hat. 10 Die jungen Leute, die mit ihm groß geworden waren, sagten zu ihm: So sollst du dem Volk antworten, das zu dir sagt: Dein Vater hat uns ein schweres Joch auferlegt. Erleichtere es uns! So sollst du zu ihnen sagen: Mein kleiner Finger ist stärker als die Lenden meines Vaters. 11 Hat mein Vater euch ein schweres Joch aufgebürdet, so werde ich es noch schwerer machen. Mein Vater hat euch mit Peitschen gezüchtigt, ich werde euch mit Skorpionen züchtigen.

12 Am dritten Tag kamen Jerobeam und das ganze Volk zu Rehabeam; denn der König hatte ihnen gesagt: Kommt am dritten Tag wieder zu mir! 13 Der König gab ihnen nun eine harte Antwort. Er verwarf den Rat der Älteren 14 und antwortete ihnen nach dem Rat der jungen Leute: Mein Vater hat euer Joch schwer gemacht. Ich werde es noch schwerer machen. Mein Vater hat euch mit Peitschen gezüchtigt, ich werde euch mit Skorpionen züchtigen. 15 Der König hörte also nicht auf das Volk; denn Gott hatte es so bestimmt, um das Wort wahr zu machen, das er durch Ahija von Schilo zu Jerobeam, dem Sohn Nebats, gesprochen hatte.

16 Als alle Israeliten sahen, daß der König nicht auf sie hörte, gaben sie ihm zur Antwort:

Welchen Anteil haben wir an David? / Wir haben keinen Erbbesitz beim Sohn Isais. / In deine Zelte, Israel! / Nun kümmere dich um dein Haus, David!

So begab sich ganz Israel zu seinen Zelten. 17 Nur über die Israeliten, die in den Städten Judas wohnten, blieb Rehabeam König. 18 Und als er den Fronaufseher Hadoram hinschickte, steinigten ihn die Israeliten zu Tode. Dem König Rehabeam gelang es, den Wagen zu besteigen und nach Jerusalem zu entkommen. 19 So fiel Israel vom Haus David ab und ist abtrünnig bis zum heutigen Tag.

11 Rehabeam kam nach Jerusalem und ver-
sammelte das Haus Juda und Benjamin,
hundertachtzigtausend auserlesene Krieger, um
gegen die Israeliten zu kämpfen und das König-
tum für Rehabeam zurückzugewinnen. 2 Doch
das Wort des Herrn erging an Schemaja, den
Mann Gottes: 3 Sag zu Rehabeam, dem Sohn Sa-
lomos, dem König von Juda, und zu allen Israeli-
ten in Juda und Benjamin: 4 So spricht der Herr:
Zieht nicht in den Krieg gegen eure Brüder! Jeder
kehre in sein Haus zurück; denn ich habe es so
verfügt. Sie hörten auf die Worte des Herrn und sa-
hen davon ab, gegen Jerobeam zu ziehen. 5 Reha-
beam blieb in Jerusalem.

Rehabeam

Rehabeam baute Städte in Juda zu Festungen aus.
6 Er baute aus: Betlehem, Etam, Tekoa, 7 Bet-Zur,
Socho, Adullam, 8 Gat, Marescha, Sif, 9 Adorajim,
Lachisch, Aseka, 10 Zora, Ajalon und Hebron, die
alle in Juda und Benjamin lagen, lauter Festungen.
11 Er machte die Festungen stark, setzte Befehls-
haber über sie ein und legte Vorräte an Nah-
rungsmitteln, Öl und Wein in ihnen an. 12 In jede
einzelne Stadt brachte er Schilde und Lanzen. So
machte er sie sehr stark.

Rehabeam herrschte über Juda und Benjamin.
13 Auch die Priester und Leviten, die (zerstreut) in
ganz Israel lebten, stellten sich aus all ihren Ge-
bieten bei ihm ein. 14 Denn die Leviten verließen
ihre Weideflächen und ihren Besitz und zogen
nach Juda und Jerusalem, weil Jerobeam und
seine Söhne ihnen den Priesterdienst für den
Herrn verwehrten. 15 Jerobeam bestellte sich ei-
gene Priester für die Kulthöhen, für die Bocksgei-
ster und für die Kälber, die er gemacht hatte. 16 Den
Leviten folgten aus allen Stämmen Israels auch
andere, die darauf bedacht waren, den Herrn, den
Gott Israels, zu suchen. Sie kamen nach Jerusa-
lem, um dem Herrn, dem Gott ihrer Väter, Opfer
darzubringen. 17 Sie stärkten das Reich Juda und
waren drei Jahre lang eine Stütze für Rehabeam,
den Sohn Salomos; denn drei Jahre folgten sie den
Wegen Davids und Salomos.

18 Rehabeam nahm sich Mahalat, die Tochter Je-
rimots, des Sohnes Davids, und der Abihajil, der
Tochter Eliabs, des Sohnes Isais, zur Frau. 19 Sie
gebar ihm die Söhne Jëusch, Schemarja und Sa-
ham. 20 Nach ihr nahm er Maacha, die Enkelin Ab-
schaloms. Sie gebar ihm Abija, Attai, Sisa und
Schelomit. 21 Rehabeam aber liebte Maacha, die
Enkelin Abschaloms, mehr als seine anderen
Frauen und Nebenfrauen. Er hatte nämlich acht-
zehn Frauen und sechzig Nebenfrauen genom-
men und achtundzwanzig Söhne und sechzig
Töchter gezeugt. 22 Abija, den Sohn der Maacha,
bestellte Rehabeam zum Oberhaupt und Fürsten
unter seinen Brüdern; denn er hatte vor, ihn zum
König zu machen. 23 In kluger Weise verteilte er
alle Gegenden Judas und Benjamins und alle
festen Städte an seine Söhne. Auch verschaffte er
ihnen reichlichen Unterhalt und warb viele
Frauen für sie.

12 Als aber seine Herrschaft gefestigt und er
stark geworden war, fiel er mit ganz Is-
rael vom Gesetz des Herrn ab. 2 Im fünften Jahr
des Königs Rehabeam zog Schischak, der König
von Ägypten, gegen Jerusalem, da sie dem Herrn
untreu geworden waren. 3 Er kam mit zwölfhun-
dert Wagen und sechzigtausend Wagenkämpfern.
Zahllos war das Kriegsvolk, das mit ihm aus
Ägypten kam: Libyer, Sukkijiter und Kuschiter.
4 Er eroberte die Festungen in Juda und rückte vor
Jerusalem. 5 Damals kam der Prophet Schemaja zu
Rehabeam und zu den führenden Leuten Judas,
die sich vor Schischak nach Jerusalem zurückge-
zogen hatten, und sagte zu ihnen: So spricht der
Herr: Ihr habt mich verlassen; darum verlasse
auch ich euch und übergebe euch der Hand
Schischaks. 6 Doch nun demütigten sich die
führenden Leute Israels und der König und sag-
ten: Der Herr ist gerecht. 7 Als der Herr sah, daß
sie sich demütigten, erging das Wort des Herrn an
Schemaja: Sie haben sich gedemütigt; darum
werde ich sie nicht verderben. Bald werde ich ih-
nen Rettung bringen, und mein Zorn soll sich
nicht durch Schischak über Jerusalem ergießen.
8 Doch sollen sie ihm untertan werden, damit sie
den Unterschied zwischen meinem Dienst und
dem Dienst der irdischen Reiche erfahren.
9 Schischak, der König von Ägypten, zog also ge-
gen Jerusalem. Er raubte die Schätze des Tempels
und die Schätze des königlichen Palastes und
nahm alles weg, auch die goldenen Schilde, die
Salomo hatte anfertigen lassen. 10 An deren Stelle
ließ König Rehabeam bronzene anfertigen und
übergab sie den Befehlshabern der Läufer, die den
Eingang zum Haus des Königs bewachten. 11 Sooft
nun der König in das Haus des Herrn ging, kamen
die Läufer, trugen die Schilde und brachten sie

dann wieder in ihre Wachstube zurück. 12 Da der
König sich demütigte, ließ der Zorn des Herrn von
ihm ab, so daß er ihn nicht ganz zugrunde rich-
tete. Es gab ja in Juda noch manches Gute. 13 So ge-
wann König Rehabeam wieder festen Halt in Je-
rusalem und herrschte weiter als König.

Er war einundvierzig Jahre alt, als er König
wurde, und regierte siebzehn Jahre in Jerusalem,
der Stadt, die der Herr aus allen Stämmen Israels
erwählt hatte, um seinen Namen dorthin zu le-
gen. Seine Mutter hieß Naama und war eine Am-
moniterin. 14 Er tat Böses und war nicht darauf be-
dacht, den Herrn zu suchen.

15 Die frühere und die spätere Geschichte Reha-
beams ist aufgezeichnet in der Geschichte des
Propheten Schemaja und des Sehers Iddo. Sie ent-
halten auch seinen Stammbaum. Der Krieg zwi-
schen Rehabeam und Jerobeam dauerte die ganze
Zeit an. 16 Rehabeam entschlief zu seinen Vätern
und wurde in der Davidstadt begraben. Sein Sohn
Abija wurde König an seiner Stelle.

Abija

13 Im achtzehnten Jahr des Königs Jero-
beam wurde Abija König von Juda. 2 Er re-
gierte drei Jahre in Jerusalem. Seine Mutter hieß
Michaja und war eine Tochter Uriëls aus Gibea.

Es war aber Krieg zwischen Abija und Jero-
beam. 3 Abija begann den Kampf mit einem Heer
von vierhunderttausend auserlesenen Kriegern.
Jerobeam stellte ihm achthunderttausend auser-
lesene, tapfere Krieger entgegen. 4 Da stieg Abija
auf die Höhe des Berges Zemarajim im Gebirge
Efraim und rief: Hört mich an, Jerobeam und ganz
Israel! 5 Wißt ihr denn nicht, daß der Herr, der Gott
Israels, David und seinen Söhnen das Königtum
von Israel in einem Salzbund auf ewige Zeiten
verliehen hat? 6 Doch Jerobeam, der Sohn Nebats,
der Knecht Salomos, des Sohnes Davids, erhob
sich und empörte sich gegen seinen Herrn. 7 Um
ihn sammelten sich haltlose, nichtswürdige
Leute, die Rehabeam, dem Sohn Salomos, überle-
gen waren. Rehabeam war eben noch jung und
zaghaft und konnte gegen sie nicht aufkommen.
8 Ihr glaubt nun, euch gegen das Königtum des
Herrn, das in der Hand der Söhne Davids liegt, be-
haupten zu können, weil ihr ein großer Haufen
seid und die goldenen Kälber bei euch habt, die
Jerobeam zu euren Göttern gemacht hat. 9 Habt
ihr nicht die Priester des Herrn, die Nachkommen
Aarons, und die Leviten verstoßen und euch Prie-
ster bestellt wie die Völker anderer Länder? Jeder,
der mit einem jungen Stier und sieben Widdern
zu euch kam, um sich in das Priesteramt einset-
zen zu lassen, wurde Priester der Nichtgötter.
10 Doch unser Gott ist der Herr. Wir haben ihn
nicht verlassen. Die Nachkommen Aarons die-
nen ihm als Priester, und die Leviten versehen
ihren Dienst. 11 Jeden Morgen und jeden Abend
bringen sie dem Herrn Brandopfer und wohlrie-
chendes Räucherwerk dar, schichten Brote auf
den reinen Tisch und bedienen den goldenen
Leuchter mit seinen Lampen, um sie jeden Abend
anzuzünden; denn wir achten auf die Anordnung
des Herrn, unseres Gottes. Doch ihr habt ihn ver-
lassen. 12 Seht: Gott ist mit uns, er steht an unserer
Spitze. Bei uns sind auch seine Priester mit den
Lärmtrompeten, um gegen euch Kriegslärm zu
blasen. Israeliten, kämpft nicht gegen den Herrn,
den Gott eurer Väter; denn ihr werdet keinen Er-
folg haben.

13 Doch Jerobeam ließ die Leute im Hinterhalt
eine Umgehung ausführen, um den Judäern in
den Rücken zu fallen. So stand seine Abteilung
vor den Judäern, der Hinterhalt aber in ihrem
Rücken. 14 Als daher die Judäer sich umwandten,
sahen sie, daß ihnen der Angriff von vorne und
von hinten drohte. Sie schrien zum Herrn, und
die Priester bliesen die Trompeten. 15 Dann erho-
ben die Judäer das Kriegsgeschrei, und während
sie lärmten, schlug Gott den Jerobeam und ganz
Israel durch Abija und Juda. 16 Die Israeliten muß-
ten vor den Judäern fliehen. Gott gab sie in ihre
Gewalt, 17 und Abija und seine Leute versetzten
ihnen harte Schläge, so daß fünfhunderttausend
auserlesene Krieger von ihnen fielen. 18 So wur-
den die Israeliten damals gedemütigt, die Judäer
aber gewannen die Oberhand; denn sie stützten
sich auf den Herrn, den Gott ihrer Väter. 19 Abija
verfolgte Jerobeam und nahm ihm folgende
Städte weg: Bet-El mit seinen Tochterstädten, Je-
schana mit seinen Tochterstädten und Efron mit
seinen Tochterstädten. 20 Jerobeam kam in den Ta-
gen Abijas nicht wieder zu Macht. Schließlich
schlug ihn der Herr, und er starb. 21 Abija aber
wurde mächtig. Er nahm sich vierzehn Frauen
und zeugte zweiundzwanzig Söhne und sech-
zehn Töchter.

22 Die übrige Geschichte Abijas, sein Leben und
seine Reden sind aufgezeichnet in den Erläute-

rungen des Propheten Iddo. 23 Abija entschlief zu
seinen Vätern; man begrub ihn in der Davidstadt.
Sein Sohn Asa wurde König an seiner Stelle. In
seinen Tagen hatte das Land zehn Jahre Ruhe.

Asas Erfolge

14 Asa tat, was gut und recht war in den Au-
gen des Herrn, seines Gottes. 2 Er ent-
fernte die fremden Altäre und die Kulthöhen, zer-
brach die Steinmale, hieb die Kultpfähle um 3 und
befahl den Judäern, den Herrn, den Gott ihrer
Väter, zu suchen und das Gesetz und die Gebote
zu halten. 4 Er beseitigte die Kulthöhen und die
Rauchopferaltäre aus allen Städten Judas. Das
Reich hatte Ruhe unter ihm.
5 Weil das Land Ruhe hatte und weil er in jenen
Jahren keinen Krieg führen mußte, konnte Asa
Festungen in Juda ausbauen. Der Herr hatte ihm
nämlich Ruhe verschafft. 6 Er sagte daher zu den
Männern Judas: Wir wollen diese Städte aus-
bauen und sie mit Mauern, Türmen, Toren und
Riegeln versehen; denn noch liegt das Land frei
vor uns. Weil wir den Herrn, unseren Gott, eifrig
gesucht haben, hat er uns ringsum Ruhe ver-
schafft. So konnten sie bauen und hatten Erfolg.
7 Asa hatte ein Heer von dreihunderttausend
Mann aus Juda, die Schild und Lanze führten, und
zweihundertachtzigtausend Mann aus Benjamin,
die den Rundschild trugen und den Bogen spann-
ten. Sie alle waren tapfere Krieger. 8 Gegen sie zog
der Kuschiter Serach mit einem Heer von einer
Million Mann und dreihundert Wagen. Er kam bis
Marescha. 9 Asa zog ihm entgegen, und sie stell-
ten sich im Tal nördlich von Marescha zum Kampf
auf. 10 Doch Asa rief zum Herrn, seinem Gott, und
sagte: Herr, im Streit zwischen einem Mächtigen
und einem Schwachen kann niemand so helfen
wie du. Hilf uns, Herr, unser Gott; denn du bist
unsere Stütze, und in deinem Namen sind wir ge-
gen diese Übermacht gezogen. Herr, du bist unser
Gott, und kein Mensch soll etwas gegen dich ver-
mögen. 11 Da schlug der Herr die Kuschiter vor Asa
und Juda, und die Kuschiter mußten fliehen; 12 Asa
und seine Leute verfolgten sie bis Gerar. Von den
Kuschitern fielen so viele, daß sie sich nicht mehr
erholten. Sie zerbrachen vor dem Herrn und sei-
nem Heerlager. Die Judäer aber machten reiche
Beute. 13 Sie schlugen alle Städte im Umkreis von
Gerar; denn der Schrecken des Herrn war über
sie gekommen. Die Judäer plünderten sie aus;
denn es gab in ihnen viel zu erbeuten. 14 Auch die
Zeltlager bei den Herden überwältigten sie, führ-
ten eine Menge Schafe und Ziegen und Kamele
fort und kehrten dann nach Jerusalem zurück.

Die Bundeserneuerung unter Asa

15 Über Asarja, den Sohn Odeds, kam der
Geist Gottes. 2 Er ging zu Asa hinaus und
sagte zu ihm: Hört mich an, Asa und ihr alle von
Juda und Benjamin! Der Herr ist mit euch, wenn
ihr zu ihm haltet. Wenn ihr ihn sucht, läßt er sich
von euch finden; wenn ihr ihn aber verlaßt, ver-
läßt er euch. 3 Lange Zeit lebte Israel ohne den
wahren Gott, ohne einen belehrenden Priester,
ohne Gesetz. 4 In ihrer Not bekehrten sie sich
zum Herrn, dem Gott Israels, und da sie ihn such-
ten, ließ er sich von ihnen finden. 5 In jenen Zei-
ten konnte niemand sicher aus- und eingehen;
denn große Unruhe lag über allen Bewohnern der
Länder. 6 Ein Volk wurde vom andern bedrängt,
eine Stadt von der andern; denn Gott beunruhigte
sie durch allerlei Not. 7 Ihr aber, seid stark! Eure
Hände sollen nicht erschlaffen; denn euer Tun
wird seinen Lohn finden.
8 Als Asa diese Worte und Weissagungen des
Propheten Asarja, des Sohnes Odeds, hörte, ent-
fernte er mutig die Götzenbilder aus dem ganzen
Gebiet von Juda und Benjamin sowie aus den
Städten, die er im Gebirge Efraim erobert hatte.
Auch erneuerte er den Altar des Herrn, der vor
dem Tempel des Herrn stand. 9 Dann versammelte
er ganz Juda und Benjamin sowie die Leute von
Efraim, Manasse und Simeon, die sich bei ihnen
aufhielten. Sehr viele waren nämlich aus Israel zu
ihm übergegangen, als sie sahen, daß der Herr,
sein Gott, mit ihm war. 10 Im dritten Monat des
fünfzehnten Jahres der Regierung Asas kamen sie
in Jerusalem zusammen 11 und opferten an jenem
Tag dem Herrn siebenhundert Rinder und sieben-
tausend Schafe von der Beute, die sie gemacht
hatten. 12 Sie gingen die Verpflichtung ein, mit
ganzem Herzen und ganzer Seele den Herrn, den
Gott ihrer Väter, zu suchen. 13 Wer aber nicht den
Herrn, den Gott Israels, suchen würde, sollte getö-
tet werden, sei er klein oder groß, Mann oder
Frau. 14 Das schworen sie dem Herrn mit lauter
Stimme, unter Freudenrufen, beim Schall der
Trompeten und Hörner. 15 Ganz Juda freute sich
über den Schwur; denn sie hatten ihn mit
ganzem Herzen geleistet. Und da sie mit bestem

Willen den Herrn suchten, ließ er sich von ihnen
finden und verschaffte ihnen ringsum Ruhe.
16 König Asa enthob auch seine Großmutter
Maacha ihrer Stellung als Herrin, weil sie der
Aschera ein Schandbild errichtet hatte. Er ließ das
Schandbild umhauen, es zertrümmern und im Ki-
drontal verbrennen. 17 Nur die Kulthöhen ver-
schwanden nicht aus Israel. Doch das Herz Asas
war ungeteilt (beim Herrn), solange er lebte. 18 Er
brachte auch die Weihegaben seines Vaters und
seine eigenen Weihegaben in das Haus Gottes:
Silber, Gold und allerlei Geräte.

Der Krieg Asas mit dem Nordreich

19 Es gab keinen Krieg bis zum fünfunddreißigsten
Jahr der Regierung Asas.

16 Im sechsunddreißigsten Regierungsjahr
Asas zog Bascha, der König von Israel, ge-
gen Juda und baute Rama aus, um Asa, den König
von Juda, daran zu hindern, in den Krieg zu zie-
hen. 2 Da nahm Asa Silber und Gold aus den
Schatzkammern des Tempels und des königli-
chen Palastes und sandte es an Ben-Hadad, den
König von Aram, der in Damaskus seinen Sitz
hatte. Dabei ließ er ihm sagen: 3 Zwischen mir
und dir, zwischen meinem Vater und deinem Va-
ter soll ein Bündnis sein. Ich schicke dir Silber und
Gold. Löse also dein Bündnis mit Bascha, dem Kö-
nig von Israel, damit er von mir abzieht. 4 Ben-Ha-
dad hörte auf König Asa. Er sandte seine Heer-
führer gegen die Städte Israels, und diese
verwüsteten Ijon, Dan und Abel-Majim sowie
alle Vorratshäuser in den Städten Naftalis. 5 Als
Bascha das erfuhr, hörte er auf, Rama auszu-
bauen, und stellte die Arbeit ein. 6 König Asa aber
holte ganz Juda herbei und ließ die Steine und Bal-
ken wegnehmen, mit denen Bascha Rama ausge-
baut hatte. Mit ihnen baute er Geba und Mizpa
aus.
7 Damals kam der Seher Hanani zu Asa, dem Kö-
nig von Juda, und hielt ihm vor: Weil du dich auf
den König von Aram gestützt hast und nicht auf
den Herrn, deinen Gott, darum ist das Heer des
Königs von Aram deiner Hand entkommen. 8 Hat-
ten nicht auch die Kuschiter und Libyer ein ge-
waltiges Heer mit sehr vielen Wagen und Wa-
genkämpfern? Weil du dich aber auf den Herrn
stütztest, gab er es in deine Gewalt. 9 Denn die Au-
gen des Herrn schweifen über die ganze Erde, um
denen ein starker Helfer zu sein, die mit ungeteil-
tem Herzen zu ihm halten. Hierin hast du töricht
gehandelt; denn von nun an wirst du Krieg ha-
ben. 10 Asa aber wurde zornig über den Seher. Er
ließ ihn im Gefängnis in den Block legen; denn er
war über ihn sehr aufgebracht. Auch einige aus
dem Volk ließ Asa damals mißhandeln.

Der Tod Asas

11 Die frühere und die spätere Geschichte Asas ist
aufgezeichnet im Buch der Könige von Juda und
Israel. 12 Im neununddreißigsten Jahr seiner Re-
gierung erkrankte Asa an den Füßen. Die Krank-
heit war sehr heftig. Aber auch in der Krankheit
suchte er nicht den Herrn, sondern die Ärzte.
13 Asa entschlief zu seinen Vätern; er starb im ein-
undvierzigsten Jahr seiner Regierung. 14 Man
setzte ihn bei in seiner Grabstätte, die er sich in
der Davidstadt angelegt hatte. Man legte ihn auf
ein Lager, das mit Balsam und allerlei kunstvoll
zubereiteten Salben ausgestattet war, und zün-
dete zu seiner Ehre ein gewaltiges Feuer an.

Joschafats glückliche Regierung

17 Joschafat, der Sohn Asas, wurde König
anstelle seines Vaters. Er wurde mächtig
in Israel, 2 brachte Truppen in alle befestigten
Städte Judas und legte eine Besatzung in das Land
Juda und in die Städte Efraims, die sein Vater Asa
erobert hatte. 3 Der Herr war mit Joschafat; denn
er folgte den früheren Wegen seines Vaters und
suchte nicht die Baale auf, 4 sondern den Gott sei-
nes Vaters. Er befolgte seine Gebote und machte
es nicht wie Israel. 5 Darum festigte der Herr
die Königsherrschaft in seiner Hand. Ganz Juda
brachte Joschafat Geschenke, so daß ihm Reich-
tum und Ehre in hohem Maß zuteil wurden. 6 Da
sein Herz den Wegen des Herrn folgte, erstarkte
sein Mut, und so entfernte er auch die Kulthöhen
und die Kultpfähle aus Juda.
7 Im dritten Jahr seiner Regierung sandte er seine
Beamten Ben-Hajil, Obadja, Secharja, Netanel
und Michaja zur Belehrung des Volkes in die
Städte Judas. 8 Bei ihnen waren die Leviten Sche-
maja, Netanja, Sebadja, Asaël, Schemiramot, Jo-
natan, Adonija, Tobija und Tob-Adonija sowie die
Priester Elischama und Joram. 9 Sie lehrten in Juda;
mit dem Gesetzbuch des Herrn durchzogen sie
alle Städte Judas und belehrten das Volk.
10 Über alle Königreiche der Länder rings um Juda
kam der Schrecken des Herrn, so daß sie mit

Joschafat keinen Krieg anfingen. 11 Die Philister
brachten ihm Geschenke und zahlten Tribut.
Auch die Araber lieferten ihm Kleinvieh: sieben-
tausendsiebenhundert Widder und siebentau-
sendsiebenhundert Ziegenböcke. 12 So wurde Jo-
schafat immer mächtiger. Er baute in Juda Burgen
und Vorratsstädte 13 und unternahm viel in den
Städten Judas. In Jerusalem standen tapfere Krie-
ger zu seiner Verfügung. 14 Und das war ihre
Dienstordnung nach ihren Großfamilien: Für Juda
waren als Tausendschaftsführer bestellt der
Oberst Adna mit 300 000 tapferen Kriegern 15 und
ihm zur Seite der Oberst Johanan mit 280 000
Mann 16 sowie Amasja, der Sohn Sichris, der sich
freiwillig (zum Kriegsdienst) für den Herrn ge-
stellt hatte, mit 200 000 tapferen Kriegern. 17 Aus
Benjamin kam Eljada, ein tapferer Krieger, mit
200 000 Mann, die Bogen und Schild trugen.
18 Ihm zur Seite stand Josabad mit 180 000 zum
Heeresdienst gerüsteten Männern. 19 Sie dienten
dem König zusätzlich zu jenen, die er in die Fe-
stungen in ganz Juda gebracht hatte.

18 So wurden Joschafat Reichtum und Ehre
in hohem Maß zuteil.

Joschafats Teilnahme am Feldzug Ahabs

Joschafat verschwägerte sich mit Ahab. 2 Als er
nach einigen Jahren zu Ahab nach Samaria kam,
ließ Ahab für ihn und seine Leute eine Menge
Schafe und Rinder schlachten und überredete
ihn, gegen Ramot-Gilead in den Krieg zu ziehen.
3 Ahab, der König von Israel, fragte Joschafat, den
König von Juda: Würdest du mit mir gegen Ra-
mot-Gilead ziehen? Er antwortete: Ich ziehe mit
dir, mein Volk mit deinem Volk. Ich nehme mit dir
am Krieg teil.

4 Joschafat bat aber den König von Israel: Befrag
doch zuvor den Herrn! 5 Da versammelte der Kö-
nig von Israel die Propheten, vierhundert Mann,
und fragte sie: Soll ich gegen Ramot-Gilead zu
Felde ziehen, oder soll ich es lassen? Sie gaben
den Bescheid: Zieh hinauf! Gott gibt die Stadt in
die Hand des Königs. 6 Doch Joschafat sagte: Ist
hier sonst kein Prophet des Herrn, den wir befra-
gen könnten? 7 Der König von Israel antwortete
Joschafat: Es ist noch einer da, durch den wir den
Herrn befragen könnten. Doch ich hasse ihn;
denn er weissagt mir nie Gutes, sondern immer
nur Schlimmes. Es ist Micha, der Sohn Jimlas.
Joschafat erwiderte: Der König sage das nicht. 8 Da
rief der König von Israel einen Hofbeamten herbei
und befahl ihm, unverzüglich Micha, den Sohn
Jimlas, zu holen. 9 Der König von Israel und
Joschafat, der König von Juda, saßen in königli-
chen Gewändern auf ihren Thronen. Sie befan-
den sich auf der Tenne beim Tor Samarias, und alle
Propheten weissagten vor ihnen. 10 Zidkija, der
Sohn Kenaanas, hatte sich eiserne Hörner ge-
macht und rief: So spricht der Herr: Mit diesen
wirst du die Aramäer niederstoßen, bis du sie ver-
nichtet hast. 11 Alle Propheten weissagten in glei-
cher Weise und riefen: Zieh nach Ramot-Gilead,
und sei erfolgreich; der Herr gibt die Stadt in die
Hand des Königs.

12 Der Bote aber, der Micha holen sollte, redete
ihm zu: Die Worte der Propheten waren ohne
Ausnahme günstig für den König. Mögen deine
Worte ihren Worten gleichen. Sag daher Gutes an!
13 Doch Micha erwiderte: So wahr der Herr lebt:
Nur was Gott mir sagt, werde ich sagen. 14 Als er
zum König kam, fragte ihn dieser: Micha, sollen
wir gegen Ramot-Gilead zu Felde ziehen, oder
sollen wir es lassen? Micha antwortete: Zieht hin-
auf, und seid erfolgreich! Sie werden eurer Ge-
walt übergeben werden. 15 Doch der König ent-
gegnete: Wie oft muß ich dich beschwören, mir
im Namen des Herrn nur die Wahrheit zu sagen?
16 Da sagte Micha: Ich sah ganz Israel über die
Berge zerstreut wie Schafe, die keinen Hirten ha-
ben. Und der Herr sagte: Sie haben keine Herren
mehr. So gehe jeder in Frieden nach Hause. 17 Da
wandte sich der König von Israel an Joschafat:
Habe ich es dir nicht gesagt? Er weissagt mir nie
Gutes, sondern immer nur Schlimmes. 18 Micha
aber fuhr fort: Darum hört das Wort des Herrn: Ich
sah den Herrn auf seinem Thron sitzen; das ganze
Heer des Himmels stand zu seiner Rechten und
seiner Linken. 19 Und der Herr fragte: Wer will
Ahab, den König von Israel, betören, so daß er
nach Ramot-Gilead hinaufzieht und dort fällt? Da
hatte der eine diesen, der andere jenen Vorschlag.
20 Zuletzt trat der Geist vor, stellte sich vor den
Herrn und sagte: Ich werde ihn betören. Der Herr
fragte ihn: Auf welche Weise? 21 Er gab zur Ant-
wort: Ich werde mich aufmachen und zu einem
Lügengeist im Mund all seiner Propheten wer-
den. Da sagte der Herr: Du wirst ihn betören; du
vermagst es. Geh und tu es! 22 So hat der Herr jetzt
einen Geist der Lüge in den Mund deiner Pro-
pheten gelegt; denn er hat über dich Unheil be-

schlossen. 23 Da trat Zidkija, der Sohn Kenaanas,
zu Micha, schlug ihn ins Gesicht und rief: Wie,
sollte denn der Geist des Herrn von mir gewichen
sein, um mit dir zu reden? 24 Micha erwiderte: Du
wirst es an jenem Tag erfahren, an dem du von ei-
nem Gemach in das andere eilst, um dich zu ver-
stecken. 25 Der König von Israel aber gab den Be-
fehl: Nehmt Micha fest, führt ihn zum
Stadtobersten Amon und zum Prinzen Joasch
26 und meldet: So spricht der König: Werft diesen
Mann ins Gefängnis, und haltet ihn streng bei
Brot und Wasser, bis ich wohlbehalten zurück-
komme. 27 Doch Micha erwiderte: Wenn du wohl-
behalten zurückkommst, dann hat der Herr nicht
durch mich geredet. [Und er sagte: Hört, alle ihr
Völker!]
28 Darauf zog der König von Israel mit Joschafat,
dem König von Juda, gegen Ramot-Gilead. 29 Der
König von Israel sagte zu Joschafat: Ich will mich
verkleiden und so in den Kampf ziehen. Du aber
behalte deine Gewänder an! So ging der König
von Israel verkleidet in den Kampf. 30 Der König
von Aram hatte aber den Obersten seiner Kriegs-
wagen befohlen: Greift niemanden an, er sei ho-
hen oder niederen Ranges, außer den König von
Israel. 31 Als daher die Obersten der Kriegswagen
Joschafat erblickten und ihn für den König von Is-
rael hielten, stürmten sie auf ihn ein, so daß er um
Hilfe schrie. Doch der Herr half ihm und lenkte sie
von ihm weg. 32 Als sie nämlich sahen, daß er
nicht der König von Israel war, ließen sie von ihm
ab. 33 Ein Mann aber spannte aufs Geratewohl sei-
nen Bogen und traf den König von Israel zwi-
schen Panzer und Leibgurt. Dieser befahl daher
dem Wagenlenker: Wende um, und bring mich
aus der Schlacht; denn ich bin verwundet. 34 Da
aber die Schlacht an jenem Tag heftig wurde, hielt
der König von Israel den Aramäern gegenüber im
Wagen stand bis zum Abend. Zur Zeit des Son-
nenuntergangs starb er.

19 Joschafat aber, der König von Juda, kehrte
wohlbehalten nach Jerusalem in sein
Haus zurück. 2 Da trat ihm der Seher Jehu, der
Sohn Hananis, entgegen und hielt ihm vor: Muß-
test du dem Frevler helfen, und liebst du jene, die
den Herrn hassen? So lastet nun der Zorn des
Herrn auf dir. 3 Doch fand sich auch Gutes an dir.
Du hast die Kultpfähle aus dem Land beseitigt und
deinen Sinn darauf gerichtet, den wahren Gott zu
suchen.

Joschafats Sorge für das Recht

4 Joschafat blieb in Jerusalem. Dann zog er wieder
von Beerscheba bis zum Gebirge Efraim unter
dem Volk umher und führte es zum Herrn, dem
Gott ihrer Väter, zurück. 5 Er bestellte Richter im
Land für jede einzelne feste Stadt Judas 6 und gab
ihnen die Weisung: Seht zu, was ihr tut; denn
nicht im Auftrag von Menschen haltet ihr Ge-
richt, sondern im Auftrag des Herrn. Er steht euch
in der Rechtsprechung zur Seite. 7 Laßt euch also
von der Furcht des Herrn leiten, und handelt ge-
wissenhaft; denn beim Herrn, unserem Gott, gibt
es keine Ungerechtigkeit, kein Ansehen der Per-
son, keine Bestechlichkeit. 8 Außerdem bestellte
Joschafat in Jerusalem Leviten, Priester und Fami-
lienhäupter für das Gericht des Herrn und für
Streitigkeiten unter den Einwohnern Jerusalems.
9 Er trug ihnen auf: Mit Furcht vor dem Herrn, mit
Festigkeit und ehrlichem Herzen verfahrt folgen-
dermaßen: 10 Bei jedem Streitfall, den eure Brüder
in ihren Städten euch vorlegen, mag es sich nun
um Blutschuld oder um eine Weisung, um ein Ge-
bot oder um Gesetze und Rechte handeln, sollt ihr
die Beteiligten warnen, damit sie nicht vor dem
Herrn schuldig werden und ein Zorngericht über
euch und eure Brüder kommt. Das sollt ihr tun,
damit ihr euch nicht versündigt. 11 Seht, der Ober-
priester Amarja ist euer Vorgesetzter in allen An-
gelegenheiten des Herrn und Sebadja, der Sohn
Jischmaels, der Fürst des Hauses Juda, in allen An-
gelegenheiten des Königs. Als Beamte stehen
euch die Leviten zur Verfügung. Geht mutig an
die Arbeit, und der Herr sei mit dem, der seine
Pflicht erfüllt.

Joschafats Sieg über die Feinde

20 Danach zogen die Moabiter und Ammo-
niter mit einer Anzahl von Mëunitern
zum Krieg gegen Joschafat heran. 2 Boten kamen
und meldeten Joschafat: Ein großer Heerhaufen
zieht von jenseits des Meeres, von Edom, gegen
dich. Sie stehen schon in Hazezon-Tamar, das ist
En-Gedi. 3 Joschafat geriet in Furcht; er beschloß,
den Herrn zu befragen, und ließ in ganz Juda ein
Fasten ausrufen. 4 Die Judäer versammelten sich,
um vom Herrn (Hilfe) zu erbitten. Auch aus allen
Städten Judas kamen sie herbei, um den Herrn zu
bitten. 5 Joschafat aber trat im Haus des Herrn, im
neuen Vorhof, vor die Versammlung Judas und Je-
rusalems 6 und betete: Herr, Gott unserer Väter,

bist nicht du Gott im Himmel und Herrscher über
alle Reiche der Völker? In deiner Hand liegen
Kraft und Stärke; niemand kann dir widerstehen.
7 Hast nicht du, unser Gott, die Bewohner dieses
Landes vor deinem Volk Israel vertrieben und für
alle Zeiten ihr Gebiet den Nachkommen Abra-
hams, deines Freundes, gegeben? 8 Sie ließen sich
darin nieder, bauten deinem Namen ein Heilig-
tum und sagten: 9 Wenn Unglück, Schwert, Über-
schwemmung, Pest oder Hunger über uns kom-
men, wollen wir vor dieses Haus und vor dein
Angesicht hintreten; denn dein Name ist gegen-
wärtig in diesem Haus. Wir wollen in unserer Not
zu dir rufen, und du wirst uns dann hören und
wirst helfen. 10 Da stehen nun die Ammoniter,
Moabiter und die Bewohner des Berglands Seïr
(an unseren Grenzen). Du hast den Israeliten bei
ihrem Auszug aus Ägypten nicht erlaubt, ihr Ge-
biet zu betreten. Sie haben sich von ihnen fern-
gehalten und sie nicht ausgerottet. 11 Dafür erwei-
sen sie uns nun Böses; sie kommen, um uns aus
deinem Besitz zu vertreiben, den du uns verlie-
hen hast. 12 Wirst du, unser Gott, nicht über sie Ge-
richt halten? Wir sind machtlos vor dieser gewal-
tigen Menge, die gegen uns zieht, und wissen
nicht, was wir tun sollen. Nur auf dich sind un-
sere Augen gerichtet.

13 Während ganz Juda, mit Kindern, Frauen und
Söhnen, vor dem Herrn stand, 14 kam mitten in der
Versammlung der Geist des Herrn über Jahasiël,
den Sohn Secharjas, des Sohnes Benajas, des Soh-
nes Jëiëls, des Sohnes Mattanjas, einen Leviten
von den Söhnen Asafs. 15 Er rief: Ihr Judäer alle, ihr
Einwohner Jerusalems und du, König Joschafat,
merkt auf! So spricht der Herr zu euch: Fürchtet
euch nicht, und erschreckt nicht vor diesem
großen Heerhaufen; denn nicht eure, sondern
Gottes Sache ist der Krieg. 16 Zieht morgen gegen
sie hinab! Sie werden die Steige von Ziz herauf-
kommen, und ihr werdet am Ausgang des Tals
vor der Wüste Jeruël auf sie stoßen. 17 Doch wer-
det ihr nicht kämpfen müssen. Tretet an, bleibt
aber stehen, und seht zu, wie der Herr euch Ret-
tung verschafft. Juda und Jerusalem, fürchtet euch
nicht, und habt keine Angst! Morgen sollt ihr vor
ihren Augen ausrücken, und der Herr wird mit
euch sein. 18 Da verneigte sich Joschafat mit dem
Gesicht zur Erde. Auch alle Judäer und die Ein-
wohner Jerusalems fielen vor dem Herrn nieder
und beteten ihn an. 19 Darauf erhoben sich von
den Leviten die Nachkommen Kehats, und zwar
die Nachkommen Korachs, um den Herrn, den
Gott Israels, mit lauter und mächtiger Stimme zu
preisen.

20 Früh am nächsten Morgen zogen sie in die
Wüste von Tekoa. Beim Aufbruch trat Joschafat
hin und rief: Hört mir zu, Juda und ihr Einwohner
Jerusalems! Vertraut auf den Herrn, euren Gott,
dann werdet ihr bestehen. Vertraut auf seine Pro-
pheten, dann werdet ihr Erfolg haben. 21 Nach-
dem er sich mit dem Volk beraten hatte, stellte er
Sänger für den Herrn auf, die in heiligem
Schmuck dem kampfbereiten Heer voranzogen,
Loblieder sangen und riefen: Dankt dem Herrn;
denn seine Huld währt ewig. 22 Während sie den
Jubelruf und Lobpreis anstimmten, führte der
Herr Feinde aus dem Hinterhalt gegen die Am-
moniter, Moabiter und die Bewohner des Berg-
lands Seïr, die gegen Juda gezogen waren, so daß
sie geschlagen wurden. 23 Darauf stellten sich die
Ammoniter und Moabiter gegen die Bewohner
des Berglands Seïr, weihten sie dem Untergang
und vernichteten sie. Nachdem sie die Bewoh-
ner Seïrs vollends aufgerieben hatten, gerieten
sie selbst gegeneinander zu ihrem eigenen Ver-
derben. 24 Als daher die Judäer an die Stelle ka-
men, von der aus man die Wüste überschauen
konnte, und ihren Blick auf die feindlichen Scha-
ren richteten, sahen sie nur Leichen am Boden
liegen; keiner war entkommen. 25 Da rückte
Joschafat mit seinen Leuten an, um die Beute zu
sammeln. Sie fanden bei ihnen eine Menge Wa-
ren, Kleider, kostbare Geräte und nahmen so viel
an sich, daß sie es nicht mehr tragen konnten.
Drei Tage plünderten sie; denn die Beute war
reichlich. 26 Am vierten Tag sammelten sie sich im
Tal Beracha und priesen dort den Herrn. Darum
nennt man diese Gegend Tal Beracha (Preistal) bis
zum heutigen Tag. 27 Darauf wandten sich alle
Männer Judas und Jerusalems mit Joschafat an ih-
rer Spitze voller Freude zur Heimkehr nach Jeru-
salem; denn der Herr hatte ihnen Freude über
ihre Feinde verliehen. 28 Unter dem Spiel der Har-
fen, Zithern und Trompeten kamen sie nach Jeru-
salem zum Haus des Herrn. 29 Der Schrecken
Gottes aber erfaßte alle Reiche der Länder, als sie
hörten, daß der Herr gegen die Feinde Israels
gekämpft habe. 30 So hatte das Reich Joschafats
Frieden, und sein Gott verschaffte ihm ringsum
Ruhe.

Weitere Nachrichten über Joschafat

31 Joschafat war König von Juda. Er war fünfund-
dreißig Jahre alt, als er König wurde, und regierte
fünfundzwanzig Jahre in Jerusalem. Seine Mutter
hieß Asuba und war eine Tochter Schilhis. 32 Er
folgte den Wegen seines Vaters Asa, ohne von ih-
nen abzuweichen, und tat, was dem Herrn gefiel.
33 Nur die Kulthöhen verschwanden nicht. Das
Volk hatte seinen Sinn noch nicht auf den Gott
seiner Väter gerichtet.

34 Die übrige Geschichte Joschafats, die frühere
und die spätere, ist aufgezeichnet in der Ge-
schichte Jehus, des Sohnes Hananis, die in das
Buch der Könige von Israel aufgenommen
wurde.

35 Zuletzt verbündete sich Joschafat, der König
von Juda, mit Ahasja, dem König von Israel, des-
sen Tun frevelhaft war. 36 Joschafat schloß mit ihm
ein Abkommen, um Schiffe zu bauen, die nach
Tarschisch fahren sollten. Sie bauten die Schiffe in
Ezjon-Geber. 37 Doch Eliëser, der Sohn Dodawas
aus Marescha, weissagte gegen Joschafat: Weil du
dich mit Ahasja verbündet hast, wird der Herr
dein Werk zerstören. So zerschellten denn die
Schiffe und konnten nicht nach Tarschisch fahren.

Joram

21 Joschafat entschlief zu seinen Vätern
und wurde bei seinen Vätern in der Da-
vidstadt begraben. Sein Sohn Joram wurde König
an seiner Stelle. 2 Seine Brüder, die Söhne
Joschafats, waren: Asarja, Jehiël, Secharja, Asarja,
Michael und Schefatja; sie alle waren Söhne
Joschafats, des Königs von Juda. 3 Ihr Vater gab ih-
nen reiche Geschenke an Silber, Gold und ande-
ren Kostbarkeiten, dazu befestigte Städte in Juda.
Das Königtum aber verlieh er Joram; denn dieser
war der Erstgeborene. 4 Doch Joram erhob sich
gegen das Königtum seines Vaters, gewann die
Oberhand und ließ alle seine Brüder und auch ei-
nige führende Männer Israels mit dem Schwert
hinrichten.

5 Joram war zweiunddreißig Jahre alt, als er
König wurde, und regierte acht Jahre in Jeru-
salem. 6 Er folgte den Wegen der Könige von Israel,
wie es das Haus Ahab getan hatte; denn er hatte
eine Tochter Ahabs zur Frau, und er tat, was dem
Herrn mißfiel. 7 Doch der Herr wollte das Haus Da-
vid nicht verderben wegen des Bundes, den er
mit David geschlossen hatte, und weil er ihm ver-
sprochen hatte, er werde ihm und seinen Söhnen
für immer eine Leuchte geben.

8 In den Tagen Jorams fiel Edom von Juda ab und
setzte einen eigenen König ein. 9 Joram zog daher
mit seinen Obersten und allen Kriegswagen ge-
gen sie. Während der Nacht griff er an und schlug
die Edomiter, die ihn und die Obersten der Kriegs-
wagen umzingelt hatten. 10 Doch Edom fiel von
Juda ab und ist abtrünnig bis zum heutigen Tag.
Damals, zur gleichen Zeit, fiel auch Libna von Juda
ab; denn Joram hatte den Herrn, den Gott seiner
Väter, verlassen. 11 Auch errichtete er Kulthöhen
auf den Bergen Judas und verführte die Einwoh-
ner Jerusalems zur Untreue und Juda zum Abfall.

12 Damals traf ein Schreiben des Propheten Elija
bei ihm ein. Es hatte folgenden Inhalt: So spricht
der Herr, der Gott deines Vaters David: Weil du
nicht auf den Wegen deines Vaters Joschafat und
auf den Wegen Asas, des Königs von Juda, 13 son-
dern auf den Wegen der Könige von Israel gegan-
gen bist, weil du Juda und die Einwohner Jerusa-
lems zur Untreue verführt hast, wie es das Haus
Ahab getan hat, und weil du deine eigenen Brü-
der aus der Familie deines Vaters, die besser wa-
ren als du, getötet hast, 14 darum wird der Herr
dein Volk, deine Söhne und Frauen und deinen
ganzen Besitz mit harten Schlägen treffen. 15 Du
selbst wirst in schweres Siechtum verfallen und
an deinen Eingeweiden erkranken, so daß sie
nach Jahr und Tag infolge der Krankheit heraus-
fallen werden.

16 Der Herr reizte nun den Wagemut der Philister
und der Araber, die neben den Kuschitern woh-
nen, gegen Joram auf. 17 Sie zogen gegen Juda,
überfielen das Land und nahmen den ganzen Be-
sitz weg, der sich im Palast des Königs fand; auch
seine Söhne und Frauen führten sie weg. Es blieb
ihm kein Sohn außer Joahas, dem jüngsten von
ihnen. 18 Nach all dem schlug der Herr den Joram
mit einer unheilbaren Krankheit in den Einge-
weiden. 19 Nach Jahr und Tag, zwei Tage vor sei-
nem Ende, fielen infolge der Krankheit seine Ein-
geweide heraus, und er starb unter großen
Schmerzen. Das Volk zündete zu seiner Ehre kein
Feuer an, wie das bei seinen Vätern geschehen
war. 20 Er war zweiunddreißig Jahre alt, als er Kö-
nig wurde, und regierte acht Jahre in Jerusalem. Er
ging dahin, von niemand bedauert. Man begrub
ihn in der Davidstadt, aber nicht in den Gräbern
der Könige.

Ahasja

22 Die Einwohner Jerusalems machten nun
seinen jüngsten Sohn Ahasja zum König
an seiner Stelle. Alle älteren Brüder hatte die Räu-
berbande getötet, die mit den Arabern in das La-
ger eingedrungen war. So kam Ahasja, der Sohn
Jorams, des Königs von Juda, zur Herrschaft.
2 Ahasja war zweiundzwanzig Jahre alt, als er Kö-
nig wurde, und regierte ein Jahr in Jerusalem.
Seine Mutter hieß Atalja; sie war eine Enkelin
Omris. 3 Auch er folgte den Wegen des Hauses
Ahab; denn seine Mutter verführte ihn durch
ihren Rat zum Bösen. 4 Wie die Angehörigen des
Hauses Ahab tat er, was dem Herrn mißfiel; denn
diese stürzten ihn nach dem Tod seines Vaters
durch ihren Rat ins Verderben.

5 Ihrem Rat folgend, zog er mit Joram, dem Sohn
Ahabs, dem König von Israel, gegen Hasaël, den
König von Aram, nach Ramot-Gilead in den Krieg.
Dabei verwundeten die Aramäer Joram, 6 und er
mußte heimkehren, um in Jesreel von den Wun-
den Heilung zu suchen, die ihm die Aramäer ge-
schlagen hatten, als er in Ramot gegen ihren Kö-
nig Hasaël kämpfte. Ahasja, der Sohn Jorams, der
König von Juda, kam hinab, um Joram, den Sohn
Ahabs, in Jesreel zu besuchen, als er krank danie-
derlag. 7 Von Gott aber war es zum Verderben
Ahasjas bestimmt, daß er sich zu Joram begab.
Mit Joram fuhr er nach seiner Ankunft Jehu, dem
Enkel Nimschis, entgegen, den der Herr gesalbt
hatte, damit er das Haus Ahab ausrotte. 8 Als Jehu
seinen Streit mit dem Haus Ahab austrug, stieß er
auf die Hofleute Judas und die Verwandten Ahas-
jas, die im Dienst Ahasjas standen, und machte
sie nieder. 9 Dann ließ er Ahasja suchen. Man
nahm ihn fest, während er sich in Samaria ver-
borgen hielt, brachte ihn vor Jehu und tötete ihn.
Doch gab man ihm ein Grab; denn sie sagten: Er
ist ein Enkel Joschafats, der den Herrn mit
ganzem Herzen gesucht hat. Im Haus Ahasjas
war nun niemand mehr, der fähig gewesen wäre,
die Königsherrschaft zu übernehmen.

Atalja

10 Als Atalja, die Mutter Ahasjas sah, daß ihr Sohn
tot war, ging sie daran, die ganze Nachkommen-
schaft der königlichen Familie des Hauses Juda
auszurotten. 11 Doch Joscheba, die Tochter des Kö-
nigs, nahm Joasch, den Sohn Ahasjas, aus dem
Kreis der Königssöhne, die ermordet werden soll-
ten, weg und brachte ihn heimlich mit seiner
Amme in die Bettenkammer. Dort versteckte sie
ihn vor Atalja, so daß diese ihn nicht töten konnte.
Joscheba, die Tochter des Königs Joram und Frau
des Priesters Jojada, war die Schwester Ahasjas.
12 Joasch blieb sechs Jahre bei ihr im Haus Gottes
verborgen, während Atalja das Land regierte.

23 Doch im siebten Jahr faßte Jojada Mut
und verbündete sich mit den Hundert-
schaftsführern, mit Asarja, dem Sohn Jerohams,
Jischmaël, dem Sohn Johanans, Asarja, dem Sohn
Obeds, Maaseja, dem Sohn Adajas, und
Elischafat, dem Sohn Sichris. 2 Sie durchzogen
Juda und versammelten die Leviten aus allen
Städten Judas sowie die Häupter der israelitischen
Großfamilien in Jerusalem. 3 Dort schloß die Ver-
sammlung im Haus Gottes einen Bund mit dem
König. Jojada legte ihnen dar: Seht da den Sohn
des Königs! Er soll herrschen, wie der Herr den
Nachkommen Davids versprochen hat. 4 Das ist
es, was ihr tun sollt: Ein Drittel von der Wache, die
am Sabbat aufzieht, soll bei den Priestern und Le-
viten sein, die an den Schwellen wachen. 5 Ein
Drittel soll am Königspalast und ein Drittel am Je-
sodtor stehen. Das ganze Volk aber soll in den Hö-
fen des Hauses des Herrn bleiben. 6 Niemand darf
in das Haus des Herrn kommen als nur die Prie-
ster und die diensttuenden Leviten; diese können
eintreten, denn sie sind heilig. Das ganze Volk
aber soll die Anordnungen des Herrn befolgen.
7 Die Leviten sollen sich mit der Waffe in der Hand
um den König scharen. Wer in das Haus einzu-
dringen versucht, soll getötet werden. Seid beim
König, wenn er einzieht und wenn er auszieht.
8 Die Leviten und Judäer befolgten alle Weisungen
des Priesters Jojada. Jeder holte seine Leute, so-
wohl jene, die am Sabbat aufzogen, als auch jene,
die am Sabbat abzogen; denn der Priester Jojada
hatte die Abteilungen nicht entlassen. 9 Er gab den
Anführern der Hundertschaften die Lanzen so-
wie die großen und kleinen Schilde, die dem Kö-
nig David gehört hatten und sich jetzt im Haus
Gottes befanden. 10 Die ganze Mannschaft stellte
er mit der Waffe in der Hand von der Südseite des
Tempels bis zur Nordseite vor dem Altar und dem
Tempel rings um den König auf. 11 Dann führte
man den Königssohn heraus. Man überreichte
ihm den Stirnreif und das Königsgesetz und
machte ihn so zum König. Jojada und seine Söhne
salbten ihn und riefen: Es lebe der König!

12 Als Atalja das Geschrei des Volkes hörte, das
herbeilief und dem König zujubelte, kam sie zu
den Leuten in das Haus des Herrn. 13 Da sah sie
den König am Eingang bei seiner Säule stehen;
die Obersten und die Trompeter waren bei ihm,
und alle Bürger des Landes waren voller Freude
und bliesen die Trompeten, während die Sänger
mit ihren Instrumenten dastanden und das Zei-
chen zum Lobpreis gaben. Atalja zerriß ihre Klei-
der und schrie: Verrat, Verrat! 14 Doch der Priester
Jojada befahl den Hundertschaftsführern, die das
Kommando über die Truppen hatten: Führt sie
durch die Reihen hinaus, und jeder, der ihr folgen
will, soll mit dem Schwert niedergeschlagen wer-
den. Er sagte: Tötet sie nicht im Haus des Herrn!
15 Da legte man Hand an sie, und als sie zum Ein-
gang des Roßtores am königlichen Palast kam,
machte man sie dort nieder.

16 Jojada schloß nun den Bund des Herrn mit dem
ganzen Volk und mit dem König. Sie versprachen,
daß sie das Volk des Herrn sein wollten. 17 Darauf
zog das ganze Volk zum Baalstempel und riß ihn
nieder. Sie zertrümmerten seine Altäre und Bilder
und erschlugen den Baalspriester Mattan vor den
Altären.

18 Dann betraute Jojada die Priester und Leviten
mit der Aufsicht über das Haus des Herrn. David
hatte sie für das Haus des Herrn in Klassen einge-
teilt; nach seiner Anweisung sollten sie unter
Freudengesängen und Liedern die Brandopfer für
den Herrn darbringen, wie sie im Gesetz des
Mose vorgeschrieben sind. 19 Auch stellte er
Wächter an die Tore des Hauses des Herrn, damit
niemand hereinkäme, der mit einer Unreinheit
behaftet wäre. 20 Hierauf nahm Jojada die Hun-
dertschaftsführer, die Vornehmen und Großen
des Volkes sowie alle Bürger des Landes und
führte den König vom Haus des Herrn hinab. Sie
kamen durch das obere Tor in den königlichen Pa-
last und setzten Joasch auf den Königsthron.
21 Alle Bürger des Landes waren voller Freude,
und die Stadt blieb ruhig. Atalja aber hatte man
mit dem Schwert umgebracht.

Joasch

24 Joasch war sieben Jahre alt, als er König
wurde, und regierte vierzig Jahre in Je-
rusalem. Seine Mutter hieß Zibja und stammte
aus Beerscheba. 2 Joasch tat, was dem Herrn ge-
fiel, solange der Priester Jojada lebte. 3 Jojada warb
für ihn zwei Frauen, und er zeugte Söhne und
Töchter.

4 Danach faßte Joasch den Entschluß, das Haus
des Herrn zu erneuern. 5 Er ließ die Priester und
die Leviten zusammenkommen und sagte zu ih-
nen: Geht in die Städte Judas, und sammelt Geld
von ganz Israel, um Jahr für Jahr Ausbesserungen
am Haus eures Gottes vornehmen zu können. Be-
eilt euch dabei! Als sich aber die Leviten nicht be-
eilten, 6 rief Joasch den Oberpriester Jojada zu sich
und hielt ihm vor: Warum hast du die Leviten
nicht angehalten, von Juda und Jerusalem die Ab-
gabe zu erheben, die Mose, der Knecht des Herrn,
und die Versammlung Israels für das Zelt der Bun-
desurkunde vorgeschrieben haben? 7 Die ruch-
lose Atalja und ihre Bauleute haben das Haus
Gottes verfallen lassen und sogar die Weihegaben
des Hauses des Herrn für die Baale verwendet.
8 Der König ließ nun einen Kasten anfertigen und
außen am Tor des Hauses des Herrn aufstellen.
9 Dann rief man in Juda und Jerusalem aus, man
solle die Abgabe für den Herrn entrichten, die
Mose, der Knecht Gottes, den Israeliten in der
Wüste befohlen hat. 10 Alle führenden Männer
und das ganze Volk waren darüber erfreut. Sie
brachten ihre Beiträge und warfen sie in den Ka-
sten, bis er voll war. 11 Zu bestimmten Zeiten ließ
man den Kasten durch Leviten zur Überprüfung
zum König bringen. Wenn man sah, daß viel Geld
darin war, kamen der Schreiber des Königs und
der Beauftragte des Oberpriesters, leerten den Ka-
sten und trugen ihn wieder an seinen Platz
zurück. Das taten sie Tag für Tag und brachten viel
Geld zusammen. 12 Der König und Jojada überga-
ben es den Werkmeistern, die am Haus des Herrn
tätig waren, und diese bestellten Maurer und
Zimmerleute sowie Eisen- und Bronzeschmiede,
die das Haus des Herrn erneuern und seine Schä-
den beseitigen sollten. 13 Die Werkmeister griffen
zu, und unter ihrer Leitung gingen die Ausbesse-
rungsarbeiten gut voran. Sie stellten das Haus
Gottes nach seinen Plänen wieder her und er-
höhten seine Festigkeit. 14 Als sie fertig waren,
brachten sie den Rest des Geldes vor den König
und vor Jojada, und dieser ließ dafür Geräte für
das Haus des Herrn, Kult- und Opfergeräte, Scha-
len und sonstige Gefäße aus Gold und Silber an-
fertigen.

Solange Jojada lebte, wurden ständig im Haus
des Herrn Opfer dargebracht. 15 Jojada aber wurde

alt und satt an Lebenstagen; er war hundertdreißig Jahre alt, als er starb. 16 Man begrub ihn bei den Königen in der Davidstadt; denn er hatte an Israel, für Gott und sein Haus, Gutes getan.

17 Nach dem Tod Jojadas kamen die führenden Männer Judas zum König und warfen sich vor ihm nieder. Dieser hörte damals auf sie, 18 so daß sie den Bund des Herrn, des Gottes ihrer Väter, verließen und die Kultpfähle und Götzenbilder verehrten. Wegen dieser Schuld kam ein Zorngericht über Juda und Jerusalem. 19 Der Herr schickte Propheten zu ihnen, um sie zur Umkehr zum Herrn zu bewegen, aber man hörte nicht auf ihre Warnung. 20 Da kam der Geist Gottes über Secharja, den Sohn des Priesters Jojada. Er trat vor das Volk und hielt ihm vor: So spricht Gott: Warum übertretet ihr die Gebote des Herrn? So könnt ihr kein Glück mehr haben. Weil ihr den Herrn verlassen habt, wird er euch verlassen. 21 Sie aber taten sich gegen ihn zusammen und steinigten ihn auf Befehl des Königs im Hof des Hauses des Herrn. 22 König Joasch dachte nicht mehr an die Treue, mit der ihm Jojada, der Vater Secharjas, gedient hatte, sondern ließ dessen Sohn töten. Dieser aber rief sterbend aus: Der Herr möge es sehen und vergelten.

23 Um die Jahreswende zog das Heer der Aramäer gegen Joasch. Sie drangen nach Juda und Jerusalem vor und machten alle führenden Männer des Volkes nieder. Ihre gesamte Beute brachte man zum König von Damaskus. 24 Mit nur wenig Kriegern war das Heer der Aramäer gekommen; aber der Herr gab ein sehr großes Heer in ihre Gewalt, weil die Israeliten den Herrn, den Gott ihrer Väter, verlassen hatten. So vollzogen die Aramäer an Joasch das Strafgericht. 25 Als sie abzogen und ihn schwerkrank zurückließen, verschworen sich seine Diener gegen ihn wegen der Blutschuld am Sohn des Priesters Jojada und erschlugen ihn auf seinem Bett. Man begrub ihn in der Davidstadt, aber nicht in den Gräbern der Könige. 26 Die Verschwörer waren Sabad, der Sohn der Ammoniterin Schimat, und Josabad, der Sohn der Moabiterin Schomer. 27 Weitere Nachrichten über seine Söhne, über die vielen Prophetensprüche gegen ihn und über die Wiederherstellung des Hauses Gottes sind aufgezeichnet in den Erläuterungen zum Buch der Könige. Sein Sohn Amazja wurde König an seiner Stelle.

Amazja

25 Amazja war fünfundzwanzig Jahre alt, als er König wurde, und regierte neunundzwanzig Jahre in Jerusalem. Seine Mutter hieß Joaddan und stammte aus Jerusalem. 2 Er tat, was dem Herrn gefiel, wenn auch nicht mit ungeteiltem Herzen. 3 Sobald die Herrschaft fest in seiner Hand war, ließ er die Diener hinrichten, die seinen Vater, den König, erschlagen hatten. 4 Ihre Söhne aber verschonte er, wie es im Gesetz, im Buch des Mose, geschrieben steht, wo der Herr geboten hat: Die Väter sollen nicht für ihre Söhne und die Söhne nicht für ihre Väter mit dem Tod bestraft werden, sondern jeder soll nur für sein eigenes Verbrechen sterben.

5 Amazja versammelte die Judäer aus ganz Juda und Benjamin und stellte sie nach Großfamilien unter den Führern der Tausend- und Hundertschaften auf. Er ließ alle, die zwanzig Jahre und darüber waren, mustern. Ihre Zählung ergab dreihunderttausend auserlesene, wehrfähige Männer, die Lanze und Schild trugen. 6 Dazu ließ er in Israel hunderttausend tapfere Krieger um hundert Silbertalente anwerben. 7 Doch ein Gottesmann kam zu ihm und sagte: Das Heer Israels, o König, soll nicht mit dir ziehen; denn der Herr ist nicht mit Israel, er hilft keinem Efraimiter. 8 Rück vielmehr allein aus, und nimm mutig und entschlossen den Kampf auf! Gott könnte dich sonst vor dem Feind zu Fall bringen; denn Gott hat die Macht, zu helfen oder zu stürzen. 9 Amazja erwiderte dem Gottesmann: Wozu habe ich dann den israelitischen Söldnerscharen hundert Talente gegeben? Der Gottesmann antwortete: Der Herr kann dir viel mehr als diese geben. 10 Da schied Amazja die Truppe, die aus Efraim zu ihm gekommen war, aus und ließ sie in ihre Heimat zurückkehren. Sie geriet deswegen in heftigen Zorn über Juda und zog grollend in ihr Land zurück. 11 Amazja aber faßte Mut und führte sein Volk in den Krieg. Er zog in das Salztal und erschlug von den Seïritern zehntausend Mann. 12 Zehntausend nahmen die Judäer lebend gefangen, führten sie auf die Höhe eines Felsens und stürzten sie hinab, so daß alle zerschmettert wurden. 13 Die Angehörigen der Söldnertruppe aber, die Amazja zurückgeschickt und am Kriegszug nicht hatte teilnehmen lassen, überfielen die Städte Judas zwischen Samaria und Bet-Horon, erschlugen dort dreitausend Mann und machten reiche Beute.

Amazjas Übermut und Tod

14 Nach der Rückkehr vom Sieg über die Edomiter
stellte Amazja die Götter der Seïriter, die er mit-
gebracht hatte, als Götter für sich auf, fiel vor ih-
nen nieder und brachte ihnen Opfer dar. 15 Da ent-
brannte der Zorn des Herrn gegen Amazja. Er
sandte einen Propheten zu ihm und ließ ihm sa-
gen: Warum suchst du die Götter des Volkes, die
ihr Volk aus deiner Hand nicht retten konnten?
16 Amazja fiel ihm ins Wort und rief: Haben wir
dich zum Berater des Königs bestellt? Halt ein!
Warum soll man dich schlagen? Da hielt der Pro-
phet inne und sagte: Ich weiß, daß Gott dein Ver-
derben plant, weil du das getan und auf meinen
Rat nicht gehört hast.

17 Nach einer Beratung sandte Amazja, der König
von Juda, Boten an Joasch, den Sohn des Joahas,
des Sohnes Jehus, den König von Israel, und ließ
ihm sagen: Komm, wir wollen (im Kampf) einan-
der gegenübertreten. 18 Doch Joasch, der König
von Israel, ließ dem König Amazja von Juda sa-
gen: Der Dornstrauch auf dem Libanon ließ der
Zeder auf dem Libanon sagen: Gib deine Tochter
meinem Sohn zur Frau! Aber die Tiere des Liba-
non liefen über den Dornstrauch und zertraten
ihn. 19 Du denkst: Ich habe Edom besiegt!, und bist
übermütig geworden. Wahre jetzt deinen Ruhm,
und bleib zu Hause! Wozu willst du das Unglück
herausfordern und zu Fall kommen, du und Juda
mit dir? 20 Doch Amazja wollte nicht hören; denn
Gott hatte es so bestimmt, um sie ihren Feinden
preiszugeben, weil sie die Götter der Edomiter
suchten. 21 Joasch, der König von Israel, rückte dar-
aufhin aus. Er und Amazja, der König von Juda,
traten bei Bet-Schemesch, das zu Juda gehört, ein-
ander gegenüber. 22 Die Judäer wurden von den
Israeliten geschlagen und flohen zu ihren Zelten.
23 Den König Amazja von Juda, den Sohn des Jo-
asch, des Sohnes des Joahas, nahm König Joasch
von Israel bei Bet-Schemesch gefangen und
brachte ihn nach Jerusalem. Dort riß er die Mauer
der Stadt vom Efraimtor bis zum Ecktor auf einer
Strecke von vierhundert Ellen nieder, 24 nahm al-
les Gold und Silber sowie alle Geräte, die sich im
Haus Gottes bei Obed-Edom befanden, samt den
Schätzen des königlichen Palastes, ließ sich Gei-
seln stellen und kehrte nach Samaria zurück.

25 Amazja, der Sohn des Joasch, der König von
Juda, lebte nach dem Tod des Joasch, des Sohnes
des Joahas, des Königs von Israel, noch fünfzehn
Jahre. 26 Die übrige Geschichte Amazjas, die frü-
here und die spätere, ist aufgezeichnet im Buch
der Könige von Juda und Israel. 27 Zur Zeit, da Ama-
zja sich vom Herrn abwandte, bildete sich in Jeru-
salem gegen ihn eine Verschwörung. Er floh nach
Lachisch; aber man sandte Verfolger hinter ihm
her nach Lachisch, die ihn dort erschlugen. 28 Man
brachte ihn auf Pferden nach Jerusalem und be-
grub ihn bei seinen Vätern in der Davidstadt.

Usija (Asarja)

26 Das ganze Volk von Juda nahm Usija, der
damals sechzehn Jahre alt war, und
machte ihn zum König anstelle seines Vaters
Amazja. 2 Er baute Elat aus, das er für Juda zurück-
gewonnen hatte, nachdem Amazja zu seinen Vä-
tern entschlafen war. 3 Usija war sechzehn Jahre
alt, als er König wurde, und regierte zweiundfünf-
zig Jahre in Jerusalem. Seine Mutter hieß Jecholja
und stammte aus Jerusalem. 4 Genau wie sein Va-
ter Amazja tat er, was dem Herrn gefiel. 5 Er war
bestrebt, Gott zu suchen, solange Secharja lebte,
der ihn in der Furcht Gottes unterwies; und so-
lange er den Herrn suchte, ließ ihn Gott erfolg-
reich sein. 6 Er unternahm einen Kriegszug gegen
die Philister, riß die Mauern von Gat, Jabne und
Aschdod nieder und baute Städte bei Aschdod
und im übrigen Gebiet der Philister aus. 7 Gott
stand ihm bei gegen die Philister, gegen die Ara-
ber, die in Gur-Baal wohnten, und gegen die Mëu-
niter. 8 Die Ammoniter zahlten ihm Tribut, und
sein Ruhm reichte bis an die Grenze Ägyptens;
denn er war überaus mächtig geworden. 9 In Jeru-
salem baute Usija Türme am Ecktor und am Taltor
sowie im Winkel und befestigte sie. 10 Auch in der
Steppe baute er Türme und grub viele Zisternen.
Er besaß nämlich große Herden in der Schefela
und in der Ebene und beschäftigte Acker- und
Weinbauern in den Bergen und im Fruchtland;
denn er liebte den Ackerbau. 11 Usija hatte ein
kriegstüchtiges Heer, das, nach Abteilungen ge-
gliedert, in der Stärke ausrückte, die der Staats-
schreiber Jëïël und der Amtmann Maaseja unter
Aufsicht Hananjas, eines der Obersten des Königs,
bei der Musterung festgestellt hatten. 12 Unter den
Kriegern waren insgesamt zweitausendsechs-
hundert Häupter von Großfamilien. 13 Sie befehlig-
ten ein Heer von dreihundertsiebentausendfünf-
hundert kampffähigen Männern, die stark genug
waren, um dem König gegen seine Feinde zu hel-

fen. 14 Für das ganze Heer stellte Usija Schilde, Lan-
zen, Helme, Panzer, Bogen und Schleudersteine
bereit. 15 In Jerusalem ließ er kunstvolle Wurfma-
schinen bauen und auf den Türmen und Mauer-
ecken aufstellen, um Pfeile und große Steine
abschießen zu können. So wurde er weithin
berühmt; denn ihm wurde außergewöhnliche
Hilfe zuteil, so daß er an Macht gewann.

16 Doch als er mächtig geworden war, wurde
sein Herz übermütig, und er handelte verkehrt. Er
wurde dem Herrn, seinem Gott, untreu und
drang in den Tempel des Herrn ein, um auf dem
Rauchopferaltar zu opfern. 17 Aber der Priester
Asarja folgte ihm mit achtzig mutigen Priestern
des Herrn. 18 Sie traten dem König Usija entgegen
und sagten zu ihm: Nicht dir, Usija, steht es zu,
dem Herrn Rauchopfer darzubringen, sondern
den Priestern, den Söhnen Aarons, die geweiht
sind, das Rauchopfer darzubringen. Verlaß das
Heiligtum; denn du bist untreu geworden, und es
gereicht dir nicht zur Ehre vor Gott, dem Herrn.
19 Usija wurde zornig; er hielt schon die Räucher-
pfanne in der Hand, um das Rauchopfer darzu-
bringen. Als er sich aber zornig gegen die Priester
wandte, brach an seiner Stirn der Aussatz hervor.
Es geschah vor den Augen der Priester, während
er im Tempel neben dem Rauchopferaltar stand.
20 Als daher der Oberpriester Asarja und alle an-
deren Priester sich ihm zuwandten, zeigte sich
der Aussatz an seiner Stirn. Sie drängten ihn ei-
ligst von dort weg, und auch er selbst beeilte sich
hinauszukommen, da der Herr ihn geschlagen
hatte. 21 So war König Usija aussätzig bis zu sei-
nem Tod. Da er vom Haus des Herrn ausgeschlos-
sen war, mußte er als Aussätziger in einem abge-
sonderten Haus wohnen, während sein Sohn
Jotam Vorsteher des königlichen Palastes war und
die Bürger des Landes regierte.

22 Die übrige Geschichte Usijas, die frühere und
die spätere, schrieb der Prophet Jesaja, der Sohn
des Amoz. 23 Usija entschlief zu seinen Vätern,
und man begrub ihn bei seinen Vätern auf dem
Feld bei der Grabstätte der Könige; denn man
sagte: Er war aussätzig. Sein Sohn Jotam wurde
König an seiner Stelle.

Jotam

27 Jotam war fünfundzwanzig Jahre alt, als
er König wurde, und regierte sechzehn
Jahre in Jerusalem. Seine Mutter hieß Jeruscha
und war eine Tochter Zadoks. 2 Er tat, was dem
Herrn gefiel, genau wie sein Vater Usija, aber er
drang nicht in den Tempel des Herrn ein. Das Volk
jedoch handelte immer noch verkehrt. 3 Er baute
das obere Tor am Haus des Herrn. Auch an der
Mauer des Ofel baute er viel. 4 Ebenso baute er
Städte im Gebirge Juda aus, errichtete Burgen und
Türme in den Waldgebieten, 5 führte Krieg mit
dem König der Ammoniter und besiegte ihn. Die
Ammoniter mußten ihm in jenem Jahr hundert
Talente Silber, zehntausend Kor Weizen und
zehntausend Kor Gerste abliefern. Die gleiche Ab-
gabe leisteten sie auch im zweiten und dritten
Jahr. 6 So wurde Jotam mächtig; denn er achtete in
seinem Verhalten auf den Herrn, seinen Gott.

7 Die übrige Geschichte Jotams, alle seine Kriege
und Unternehmungen, sind aufgezeichnet im
Buch der Könige von Israel und Juda. 8 Er war fünf-
undzwanzig Jahre alt, als er König wurde, und re-
gierte sechzehn Jahre in Jerusalem. 9 Jotam ent-
schlief zu seinen Vätern, und man begrub ihn in
der Davidstadt. Sein Sohn Ahas wurde König an
seiner Stelle.

Ahas

28 Ahas war zwanzig Jahre alt, als er König
wurde, und regierte sechzehn Jahre in Je-
rusalem. Er tat nicht wie sein Vater David, was
dem Herrn gefiel, 2 sondern er folgte den Wegen
der Könige von Israel. Auch ließ er Gußbilder für
die Baale anfertigen, 3 opferte im Tal Ben-Hinnom,
verbrannte seine Söhne im Feuer und ahmte so
die Greuel der Völker nach, die der Herr vor den
Augen der Israeliten vertrieben hatte. 4 Auf den
Kulthöhen und Hügeln und unter jedem üppigen
Baum brachte er Schlacht- und Rauchopfer dar.

5 Darum gab ihn der Herr, sein Gott, in die Hand
des Königs der Aramäer. Sie schlugen ihn, führten
ihm viele Gefangene weg und brachten sie nach
Damaskus. Ebenso geriet er in die Hand des Kö-
nigs von Israel. Pekach, der Sohn Remaljas, berei-
tete ihm eine schwere Niederlage. 6 Er erschlug
an einem Tag in Juda hundertzwanzigtausend
Mann, lauter tapfere Krieger, da sie den Herrn,
den Gott ihrer Väter verlassen hatten. 7 Sichri, ein
efraimitischer Kriegsheld, tötete den Königssohn
Maaseja, den Hausvorsteher Asrikam und El-
kana, den Zweiten nach dem König. 8 Die Israeli-
ten führten von ihren Stammesbrüdern zwei-
hunderttausend Frauen, Söhne und Töchter als

Gefangene weg, machten bei ihnen auch reiche Beute und brachten sie nach Samaria.

9 Dort lebte ein Prophet des Herrn namens Oded. Dieser ging dem Heer entgegen, das nach Samaria zurückkehrte, und hielt ihm vor: Seht, weil der Herr, der Gott eurer Väter, über Juda erzürnt war, hat er sie in eure Hand gegeben. Ihr habt unter ihnen mit einer Wut gemordet, die zum Himmel schreit. 10 Jetzt wollt ihr euch Leute aus Juda und Jerusalem als Knechte und Mägde untertan machen. Steht denn nicht ihr gerade in Schuld vor dem Herrn, eurem Gott? 11 Hört daher jetzt auf mich! Gebt die Gefangenen zurück, die ihr von euren Stammesbrüdern weggeführt habt. Es würde sonst der glühende Zorn des Herrn euch treffen. 12 Darauf traten einige von den Häuptern der Efraimiter, nämlich Asarja, der Sohn Johanans, Berechja, der Sohn Meschillemots, Jehiskija, der Sohn Schallums, und Amasa, der Sohn Hadlais, zu den Heimkehrern vom Feldzug hin, 13 redeten mit ihnen und sagten: Bringt die Gefangenen nicht hierher! Schon liegt eine Schuld vor dem Herrn auf uns, und ihr wollt unsere Sünde und Schuld noch vermehren. Ist doch unsere Schuld schon groß genug, und der glühende Zorn des Herrn lastet auf Israel. 14 Daraufhin gaben die bewaffneten Krieger in Gegenwart der Obersten und der ganzen Versammlung die Gefangenen und die Beute frei. 15 Männer, die namentlich dazu bestimmt waren, gingen hin und nahmen sich der Gefangenen an. Sie bekleideten alle, die nackt waren, aus der Beute und versahen sie mit Gewändern und Schuhen. Sie gaben ihnen zu essen und zu trinken, salbten die Schwachen unter ihnen und setzten sie auf Esel. So brachten sie die Gefangenen in die Palmenstadt Jericho in die Nähe ihrer Stammesbrüder. Sie selbst kehrten nach Samaria zurück.

Die Bedrängnis durch Assur

16 In jener Zeit sandte König Ahas einen Hilferuf an den König von Assur; 17 denn auch die Edomiter waren eingedrungen, hatten Juda besiegt und Gefangene weggeführt. 18 Zugleich überfielen die Philister die Städte der Schefela und des judäischen Negeb, eroberten Bet-Schemesch, Ajalon, Gederot, Socho mit seinen Tochterstädten, Timna mit seinen Tochterstädten und Gimso mit seinen Tochterstädten und setzten sich darin fest; 19 denn der Herr demütigte Juda wegen Ahas', des Königs von Juda, der die Zügellosigkeit in Juda förderte und gegen den Herrn treulos war. 20 Tiglat-Pileser, der König von Assur, kam zu ihm; doch brachte er ihm nur Bedrängnis, aber keine Stärkung. 21 Ahas mußte den Tempel, den königlichen Palast und die führenden Männer berauben und alles dem König von Assur geben, fand jedoch keine Hilfe. 22 Selbst in der Zeit der Bedrängnis setzte König Ahas seine Treulosigkeit gegen den Herrn fort. 23 Er brachte den Göttern von Damaskus, die ihn geschlagen hatten, Opfer dar und sagte: Die Götter der aramäischen Könige haben ihren Verehrern geholfen. Ihnen will ich opfern, und sie werden mir helfen. Doch sie dienten nur dazu, ihn und ganz Israel zu Fall zu bringen. 24 Ahas ließ die Geräte des Hauses Gottes zusammenholen und zerschlagen, schloß die Tore des Hauses des Herrn und errichtete Altäre an allen Ecken Jerusalems. 25 In jeder einzelnen Stadt Judas baute er Kulthöhen, um anderen Göttern zu opfern. So erzürnte er den Herrn, den Gott seiner Väter.

26 Seine übrige Geschichte und alle seine Unternehmungen, die früheren und die späteren, sind aufgezeichnet im Buch der Könige von Juda und Israel. 27 Ahas entschlief zu seinen Vätern, und man begrub ihn in Jerusalem, innerhalb der Stadt, legte ihn also nicht in die Gräber der Könige von Israel. Sein Sohn Hiskija wurde König an seiner Stelle.

Einleitung zur Geschichte Hiskijas

29 Hiskija war fünfundzwanzig Jahre alt, als er König wurde, und regierte neunundzwanzig Jahre in Jerusalem. Seine Mutter hieß Abi und war eine Tochter Secharjas. 2 Genau wie sein Vater David tat er, was dem Herrn gefiel.

Die Wiederherstellung des Kultes

3 Im ersten Jahr seiner Regierung, im ersten Monat, öffnete er die Tore des Hauses des Herrn und setzte sie wieder instand. 4 Darauf ließ er die Priester und die Leviten kommen, versammelte sie auf dem Platz im Osten 5 und sagte zu ihnen: Leviten, hört mich an! Heiligt euch jetzt, und heiligt das Haus des Herrn, des Gottes eurer Väter! Schafft alles Unreine aus dem Heiligtum! 6 Unsere Väter haben treulos gehandelt und getan, was dem Herrn, unserem Gott, mißfällt. Sie haben ihn verlassen und ihre Blicke von der Wohnstätte des Herrn abgewandt und ihr den Rücken gekehrt.

7 Sogar die Tore der Vorhalle (des Tempels) haben
sie geschlossen, die Lampen ausgelöscht, kein
Rauchopfer angezündet und dem Gott Israels im
Heiligtum kein Brandopfer dargebracht. 8 Darum
kam der Zorn des Herrn über Juda und Jerusalem.
Er machte sie zum Schreckbild, zum Gegenstand
des Entsetzens und zum Gespött, wie ihr es mit
eigenen Augen seht. 9 Deswegen sind unsere Vä-
ter unter dem Schwert gefallen und sind unsere
Söhne, Töchter und Frauen in Gefangenschaft.
10 Ich habe nun vor, einen Bund mit dem Herrn,
dem Gott Israels, zu schließen, damit sein glühen-
der Zorn von uns abläßt. 11 Meine Söhne, seid jetzt
nicht nachlässig! Euch hat ja der Herr dazu er-
wählt, daß ihr vor ihm steht und ihm dient. Ihr
sollt seine Diener sein und ihm Opfer darbringen.
12 Da standen folgende Leviten auf: Mahat, der
Sohn Amasais, und Joël, der Sohn Asarjas, von
den Nachkommen der Kehatiter; Kisch, der Sohn
Abdis, und Asarja, der Sohn Jehallelels, von den
Nachkommen Meraris; Joach, der Sohn Simmas,
und Eden, der Sohn Joachs, von den Gerschoni-
tern; 13 Schimri und Jëiël von den Nachkommen
Elizafans; Secharja und Mattanja von den Nach-
kommen Asafs; 14 Jehiël und Schimi von den
Nachkommen Hemans; Schemaja und Usiël von
den Nachkommen Jedutuns. 15 Sie versammelten
ihre Stammesbrüder und heiligten sich. Dann
gingen sie auf Befehl des Königs, der sich auf die
Worte des Herrn stützte, daran, das Haus des
Herrn zu reinigen. 16 Die Priester betraten das
Innere des Hauses des Herrn, um es zu reinigen.
Sie schafften alles Unreine, das sie im Tempel des
Herrn fanden, in den Hof des Hauses des Herrn.
Dort übernahmen es die Leviten und trugen
es in das Kidrontal hinaus. 17 Am ersten Tag des
ersten Monats begannen sie mit der Reinigung;
am achten Tag des Monats kamen sie zur Vor-
halle des Herrn; dann heiligten sie das Haus des
Herrn innerhalb von acht Tagen. Am sechzehn-
ten Tag des ersten Monats hatten sie die Arbeit
vollendet.
18 Darauf gingen sie zum König Hiskija hinein
und meldeten: Wir haben das ganze Haus des
Herrn gesäubert. Den Brandopferaltar mit all sei-
nen Geräten, den Tisch für die Schaubrote mit all
seinen Geräten, 19 alle Geräte, die König Ahas
während seiner Regierung durch seine Treulosig-
keit entweiht hat, haben wir instandgesetzt und
geheiligt. Sie stehen nun vor dem Altar des Herrn.

20 Am nächsten Morgen versammelte König His-
kija die führenden Männer der Stadt und ging mit
ihnen in das Haus des Herrn hinauf. 21 Man führte
sieben Stiere, sieben Widder, sieben Lämmer und
sieben Ziegenböcke als Sündopfer für das Königs-
haus, für das Heiligtum und für Juda herbei, und
der König befahl den Priestern, den Nachkom-
men Aarons, sie auf dem Altar des Herrn darzu-
bringen. 22 Man schlachtete die Rinder; die Prie-
ster fingen das Blut auf und sprengten es an den
Altar. Dann schlachteten sie die Widder und
sprengten das Blut an den Altar. Dann schlach-
teten sie die Lämmer und sprengten das Blut
an den Altar. 23 Zuletzt brachte man die Böcke für
das Sündopfer vor den König und die Versamm-
lung, damit sie die Hände auf sie legten. 24 Dann
schlachteten die Priester die Böcke und sprengten
das Blut als Sündopfer an den Altar, um für ganz
Israel Sühne zu erwirken; denn der König hatte
das Brandopfer und das Sündopfer für ganz Israel
bestimmt. 25 Er stellte die Leviten mit Zimbeln,
Harfen und Zithern im Haus des Herrn auf, wie es
der Anordnung Davids, des königlichen Sehers
Gad und des Propheten Natan entsprach. Diese
Weisungen waren vom Herrn durch seine Pro-
pheten ergangen. 26 Die Leviten traten mit den In-
strumenten Davids und die Priester mit ihren
Trompeten an. 27 Dann ließ Hiskija das Brandopfer
auf dem Altar darbringen. Als das Opfer begann,
setzten gleichzeitig auch der Gesang zur Ehre des
Herrn und die Trompeten ein, begleitet von den
Instrumenten Davids, des Königs von Israel. 28 Die
ganze Versammlung warf sich nieder, während
der Gesang ertönte und die Trompeten schmet-
terten. Dies alles dauerte bis zum Abschluß des
Opfers. 29 Nach der Darbringung des Brandopfers
verneigten sich der König und alle, die sich bei
ihm eingefunden hatten, und warfen sich nieder.
30 König Hiskija und die führenden Männer be-
fahlen den Leviten, den Herrn mit den Worten Da-
vids und des Sehers Asaf zu preisen. Diese san-
gen den Lobpreis mit Freuden, verneigten sich
und warfen sich nieder.
31 Hierauf nahm Hiskija das Wort und sagte: Ihr
steht jetzt mit vollen Händen vor dem Herrn. Tre-
tet heran, und bringt Schlacht- und Dankopfer
zum Haus des Herrn! Da brachte die Versamm-
lung Schlacht- und Dankopfer herbei; manche
gaben freiwillig noch Brandopfer hinzu. 32 Die An-
zahl der Brandopfer, die die Versammlung spen-

dete, betrug siebzig Rinder, hundert Widder und
zweihundert Lämmer. Sie wurden alle als Brand-
opfer dem Herrn dargebracht. 33 Die Weihegaben
beliefen sich auf sechshundert Rinder und drei-
tausend Schafe. 34 Es waren aber zu wenig Priester
vorhanden, um alle Brandopfer enthäuten zu
können. Daher halfen ihnen ihre Amtsbrüder, die
Leviten, bis die Arbeit geschehen war und die
Priester sich geheiligt hatten; denn die Leviten
hatten sich eifriger um ihre Heiligung bemüht als
die Priester. 35 Es war aber auch die Anzahl der
Brandopfer sehr groß, die neben den Fettstücken
der Heilsopfer und den zum Brandopfer gehören-
den Trankopfern dargebracht werden mußten. So
wurde der Dienst im Haus des Herrn wiederher-
gestellt. 36 Hiskija und das ganze Volk freuten sich,
daß Gott dies dem Volk gewährt hatte; denn es
war wider Erwarten schnell geschehen.

Die Feier des Paschafestes

30 Hiskija sandte Boten zu ganz Israel und
Juda, schrieb auch Briefe an Efraim und
Manasse und forderte sie auf, zum Haus des
Herrn nach Jerusalem zu kommen und zur Ehre
des Herrn, des Gottes Israels, das Pascha zu fei-
ern. 2 Dann beriet er sich mit seinen Hofleuten
und der ganzen Versammlung in Jerusalem, ob sie
das Pascha nicht erst im zweiten Monat begehen
sollten; 3 denn sie konnten es damals nicht abhal-
ten, da sich nicht genügend Priester geheiligt hat-
ten und das Volk nicht in Jerusalem versammelt
war. 4 Der Plan gefiel dem König und der ganzen
Versammlung. 5 Sie beschlossen, man solle in
ganz Israel von Dan bis Beerscheba ausrufen, daß
sie kommen und in Jerusalem zur Ehre des Herrn,
des Gottes Israels, das Pascha feiern sollten; denn
man hatte es bisher nicht vollzählig so gehalten,
wie es vorgeschrieben war.

6 Die Eilboten durchzogen nun mit den Briefen
aus der Hand des Königs und seiner Hofleute ganz
Israel und Juda und verkündeten im Auftrag des
Königs: Israeliten, kehrt um zum Herrn, dem Gott
Abrahams, Isaaks und Israels, damit er sich dem
Rest zuwendet, der von der Hand der Könige von
Assur verschont geblieben ist. 7 Seid nicht wie
eure Väter und Brüder, die dem Herrn, dem Gott
ihrer Väter, untreu geworden sind, so daß er sie
zu einem Bild des Entsetzens machte, wie ihr es
vor Augen habt. 8 Seid jetzt nicht hartnäckig wie
eure Väter! Reicht dem Herrn die Hand, und
kommt in sein Heiligtum, das er für immer gehei-
ligt hat. Dient dem Herrn, eurem Gott, damit sein
Zorn von euch abläßt. 9 Wenn ihr zum Herrn
zurückkehrt, werden eure Brüder und Söhne Er-
barmen finden bei denen, die sie als Gefangene
weggeführt haben. Sie werden in dieses Land
zurückkehren dürfen; denn der Herr, euer Gott,
ist gnädig und barmherzig. Er wird sein Angesicht
nicht von euch abwenden, wenn ihr zu ihm um-
kehrt.

10 Die Eilboten zogen von Stadt zu Stadt durch
das Gebiet von Efraim und Manasse bis nach Se-
bulon. Doch man lachte und spottete über sie.
11 Nur einige Männer von Ascher, Manasse und
Sebulon beugten sich und kamen nach Jerusalem.
12 Auch in Juda waltete die Hand Gottes und be-
wirkte, daß sie einmütig den Befehl des Königs
und der führenden Männer befolgten, wie es dem
Wort des Herrn entsprach. 13 So versammelte sich
viel Volk in Jerusalem, um im zweiten Monat das
Fest der Ungesäuerten Brote zu begehen. Es war
eine sehr große Versammlung. 14 Sie machten sich
auf, entfernten die Altäre in Jerusalem, beseitigten
alle Rauchopferaltäre und warfen sie in das Ki-
drontal. 15 Am vierzehnten Tag des zweiten Mo-
nats schlachteten sie das Pascha. Die Priester und
Leviten aber fühlten sich beschämt. Sie heiligten
sich, brachten Brandopfer zum Haus des Herrn
16 und begaben sich pflichtgemäß an ihren Platz,
nach dem Gesetz des Mose, des Mannes Gottes.
Die Priester sprengten das Blut (an den Altar), das
sie von den Leviten entgegennahmen. 17 Weil
viele in der Versammlung sich nicht geheiligt hat-
ten, schlachteten die Leviten die Paschalämmer
für alle, denen die Reinheit fehlte, die man für die
Weihe an den Herrn brauchte. 18 Denn ein großer
Teil des Volkes, viele nämlich aus Efraim, Ma-
nasse, Issachar und Sebulon, hatten sich nicht
gereinigt. Sie aßen das Pascha nicht in der vorge-
schriebenen Weise. Doch Hiskija betete für sie
und sagte: Der Herr, der Gütige, entsühne 19 jeden,
der seinen Sinn darauf richtet, den Herrn, den
Gott seiner Väter, zu suchen, auch wenn er nicht
die Reinheit besitzt, die dem Heiligtum gebührt.
20 Der Herr hörte auf Hiskija und ließ das Volk un-
versehrt. 21 So feierten die Israeliten, die sich in Je-
rusalem eingefunden hatten, das Fest der Unge-
säuerten Brote sieben Tage hindurch mit großer
Freude. Tag für Tag priesen die Leviten und Prie-
ster den Herrn mit lauten Instrumenten. 22 Die Le-

viten zeigten großes Verständnis für den Dienst des Herrn, und Hiskija ermunterte sie zu ihrer Arbeit. Als dann die sieben Tage der Festzeit zu Ende waren, an denen sie Heilsopfer darbrachten und den Herrn, den Gott ihrer Väter, priesen, 23 beschloß die ganze Versammlung, weitere sieben Tage zu feiern, und so machten sie auch diese sieben Tage zu einem Freudenfest. 24 Hiskija, der König von Juda, hatte nämlich tausend Stiere und siebentausend Schafe für die Versammlung gestiftet, und die führenden Männer hatten tausend Stiere und zehntausend Schafe für die Versammlung gestiftet; von den Priestern aber hatten sich sehr viele geheiligt. 25 So freute sich die ganze Versammlung Judas, die Priester und die Leviten und alle, die aus Israel gekommen waren, auch die Fremden, die sich aus dem Gebiet Israels eingefunden hatten oder in Juda wohnten. 26 Die Freude war groß in Jerusalem; denn seit den Tagen Salomos, des Sohnes Davids, des Königs von Israel, hatte es dergleichen in Jerusalem nicht mehr gegeben. 27 Zuletzt standen die levitischen Priester auf und segneten das Volk. Gott hörte ihr Rufen, und ihr Gebet drang zu seiner heiligen Wohnung, zum Himmel, empor.

31 Nachdem sie dies alles beendet hatten, zogen die anwesenden Israeliten insgesamt in die Städte Judas, zertrümmerten die Steinmale, hieben die Kultpfähle um und zerstörten die Kulthöhen und Altäre in ganz Juda, Benjamin, Efraim und Manasse vollständig. Darauf kehrten alle in ihre Städte auf ihren Besitz zurück.

Die Neuordnung des Tempeldienstes

2 Hiskija stellte die Abteilungen der Priester und Leviten nach ihren Dienstklassen auf. Er wies alle Priester und Leviten einzeln in ihren Dienst ein und bestellte sie zum Vollzug der Brand- und Heilsopfer, zu Dienstleistungen und zum Vortrag der Dank- und Lobgesänge an den Toren des Lagers des Herrn.

3 Der Beitrag, den der König aus seinem Vermögen für die Brandopfer leistete, betraf die Opfer am Morgen und am Abend sowie die Brandopfer an den Sabbaten, Neumondtagen und Festen, die durch das Gesetz des Herrn vorgeschrieben waren.

4 Hiskija befahl dem Volk, das heißt, den Einwohnern Jerusalems, die den Priestern und den Leviten zustehenden Anteile abzuliefern, damit sie sich ganz dem Gesetz des Herrn widmen könnten. 5 Sobald der Befehl bekannt wurde, brachten die Israeliten die Ersterträge von Getreide, Most, Öl, Honig und allen Früchten des Feldes reichlich herbei und lieferten den Zehnten von allem vollzählig ab. 6 Ebenso brachten die Israeliten und die Judäer, die in den Städten Judas wohnten, den Zehnten von den Rindern und Schafen sowie den Zehnten von den Weihegaben, die dem Herrn, ihrem Gott, übergeben wurden. Sie reihten Stapel an Stapel. 7 Im dritten Monat fingen sie an, die unterste Schicht zu legen, und im siebten Monat waren sie damit fertig. 8 Als dann Hiskija und die führenden Männer kamen und die aufgestapelten Mengen sahen, priesen sie den Herrn und sein Volk Israel. 9 Hiskija erkundigte sich bei den Priestern und den Leviten wegen der aufgestapelten Mengen, 10 und der Oberpriester Asarja aus dem Haus Zadok gab zur Antwort: Seitdem man begonnen hat, die Abgaben in das Haus des Herrn zu bringen, haben wir zu essen, werden satt und lassen noch reichlich übrig; denn der Herr hat sein Volk gesegnet. Diese Menge ist übriggeblieben.

11 Hiskija ließ nun Kammern im Haus des Herrn herrichten, und als man sie hergerichtet hatte, 12 brachte man die Abgaben, die Zehnten und die Weihegaben gewissenhaft dorthin. Der Levit Konanja war Aufseher über sie und sein Bruder Schimi sein Stellvertreter. 13 Ihnen standen auf Anordnung des Königs Hiskija und Asarjas, des Fürsten des Hauses Gottes, Jehiël, Asasja, Nahat, Asaël, Jerimot, Josabad, Eliël, Jismachja, Mahat und Benaja als Beamte zur Seite. 14 Der Levit Kore, der Sohn Jimnas, der Wächter am Osttor, wachte über die freiwilligen Spenden an Gott, damit die für den Herrn bestimmte Abgabe und das Hochheilige abgeliefert würden. 15 Ihm standen Eden, Minjamin, Jeschua, Schemaja, Amarja und Schechanja in den Priesterstädten gewissenhaft zur Seite, damit ihre Amtsbrüder, die Vornehmen wie die Geringen, abteilungsweise ihre Anteile erhielten.

16 Außerdem hatte man für alle, die abteilungsweise in das Haus des Herrn kamen, um aufgrund ihrer Obliegenheiten und entsprechend den Erfordernissen eines jeden Tages ihren Dienst zu verrichten, Verzeichnisse angelegt. Sie erfaßten alle männlichen Personen, die drei Jahre und darüber waren. 17 Dabei war die Eintragung der Prie-

ster nach Großfamilien geschehen; die Leviten wurden, von zwanzig Jahren an aufwärts, nach ihren Obliegenheiten und nach ihren Abteilungen aufgeschrieben. 18 Die Eintragung erfaßte bei jeder Gemeinschaft alle Kinder, Frauen, Söhne und Töchter; denn auch diese wurden durch deren ständigen Dienst geheiligt. 19 Für die Söhne Aarons, die Priester, die auf den Weideflächen ihrer Städte wohnten, wurden in jeder einzelnen Stadt Männer bestellt, die namentlich bestimmt waren, um allen männlichen Angehörigen der Priester und allen im Verzeichnis stehenden Leviten ihre Anteile zu geben.

20 So verfuhr Hiskija in ganz Juda. Er tat, was gut, recht und getreu war vor dem Herrn, seinem Gott. 21 Bei jedem Unternehmen, das er im Dienst des Hauses Gottes oder für das Gesetz und die Gebote begann, um seinen Gott zu suchen, handelte er mit Hingabe seines ganzen Herzens und hatte Erfolg.

Sanheribs Feldzug gegen Jerusalem

32 Nach diesen Maßnahmen und diesen Beweisen der Treue Hiskijas zog Sanherib, der König von Assur, heran. Er fiel in Juda ein, belagerte die festen Städte und gedachte, sie für sich zu erobern. 2 Als Hiskija sah, daß Sanherib herankam und sich zum Krieg gegen Jerusalem anschickte, 3 überlegte er mit seinen Obersten und Helden, ob man nicht die Wasserquellen außerhalb der Stadt verstopfen solle. Sie unterstützten sein Vorhaben. 4 Man holte viel Volk zusammen und verstopfte alle Quellen und den Bach, der mitten durch das Tal fließt; denn man sagte sich: Wozu sollen die Könige von Assur bei ihrer Ankunft reichlich Wasser finden? 5 Auch unternahm der König Anstrengungen, um die ganze Mauer auszubessern, in der Risse entstanden waren. Er erhöhte die Türme, baute draußen die andere Mauer, befestigte den Millo in der Davidstadt und ließ viele Wurfspieße und Schilde anfertigen. 6 Dann setzte er Kriegsoberste über das Volk und versammelte sie vor sich am Platz vor dem Stadttor. Dort sprach er ihnen Mut zu und sagte: 7 Seid mutig und tapfer! Fürchtet euch nicht, und erschreckt nicht vor dem König von Assur und dem großen Heer, das bei ihm ist; denn bei uns ist mehr als bei ihm. 8 Bei ihm sind Arme aus Fleisch, bei uns aber ist der Herr, unser Gott, der uns hilft und unsere Kriege führt. Das Volk wurde durch die Worte Hiskijas, des Königs von Juda, ermutigt.

9 Als dann Sanherib, der König von Assur, später mit seiner ganzen Streitmacht vor Lachisch stand, sandte er seine Diener nach Jerusalem zu Hiskija, dem König von Juda, und zu allen Judäern, die in Jerusalem wohnten. Er ließ ihnen sagen: 10 So spricht Sanherib, der König von Assur: Worauf vertraut ihr denn, daß ihr im belagerten Jerusalem bleibt? 11 Hiskija führt euch nur irre, um euch durch Hunger und Durst umkommen zu lassen, wenn er sagt: Der Herr, unser Gott, wird uns aus der Hand des Königs von Assur retten. 12 Hat nicht gerade Hiskija seine Kulthöhen und Altäre beseitigt und in Juda und Jerusalem angeordnet: Nur vor einem einzigen Altar dürft ihr euch niederwerfen und auf ihm Opfer anzünden? 13 Wißt ihr denn nicht, was ich und meine Väter mit allen Völkern in anderen Ländern gemacht haben? Konnten denn die Götter der Völker in diesen Ländern ihr Land aus meiner Hand retten? 14 Wer von all den Göttern dieser Völker, die meine Väter dem Untergang geweiht haben, konnte sein Volk aus meiner Hand retten? Wie sollte dann euer Gott euch aus meiner Hand retten? 15 Laßt euch jetzt nicht von Hiskija betören und euch nicht auf diese Weise irreführen! Glaubt ihm nicht! Denn kein Gott irgendeines anderen Volkes oder Reiches konnte sein Volk aus meiner Hand und aus der Hand meiner Väter retten. Wieviel weniger wird euer Gott euch aus meiner Hand retten! 16 Noch vieles andere redeten die Abgesandten Sanheribs gegen Gott, den Herrn, und seinen Knecht Hiskija. 17 Sanherib schrieb auch einen Brief, in dem er den Herrn, den Gott Israels, verhöhnte. Er schrieb darin über ihn: Wie die Götter der Völker in anderen Ländern ihr Volk nicht aus meiner Hand gerettet haben, so wird auch der Gott Hiskijas sein Volk nicht aus meiner Hand retten. 18 Der Bevölkerung Jerusalems, die auf der Mauer stand, riefen die Abgesandten ihren Auftrag mit lauter Stimme auf judäisch zu, um sie in Furcht und Schrecken zu versetzen und so die Stadt erobern zu können. 19 Sie redeten vom Gott Jerusalems wie von den Göttern der anderen Völker auf der Erde, die nur ein Werk von Menschen sind. 20 Doch König Hiskija und der Prophet Jesaja, der Sohn des Amoz, beteten in dieser Angelegenheit zum Herrn und riefen zum Himmel. 21 Da sandte der Herr einen Engel, der alle Kriegshel-

den, Fürsten und Hauptleute im Lager des Königs
von Assur vernichtete. Sanherib mußte, mit
Schande bedeckt, in sein Land zurückkehren. Als
er in den Tempel seines Gottes kam, machten ihn
dort seine eigenen Söhne mit dem Schwert nie-
der. 22 So befreite der Herr den Hiskija und die Ein-
wohner Jerusalems aus der Hand Sanheribs, des
Königs von Assur, und aus der Hand aller Feinde.
Er verlieh ihnen ringsum Ruhe. 23 Viele brachten
Gaben für den Herrn nach Jerusalem und kost-
bare Geschenke für Hiskija, den König von Juda.
Er war seitdem hochgeehrt in den Augen aller
Völker.

Weitere Nachrichten über Hiskija

24 In jenen Tagen wurde Hiskija schwer krank und
war dem Tod nahe. Er betete zum Herrn, und die-
ser erhörte ihn und gab ihm ein Wunderzeichen.
25 Doch Hiskija zeigte keine Dankbarkeit für die
empfangene Wohltat und wurde hochmütig. Da
kam ein Zorngericht über ihn und über Juda und
Jerusalem. 26 Nun aber demütigte sich Hiskija mit
den Einwohnern Jerusalems in seinem Stolz, und
so kam das Zorngericht des Herrn nicht schon in
den Tagen Hiskijas über sie.

27 Hiskija wurden Reichtum und Ehre in hohem
Maß zuteil. Er erwarb Schätze an Silber, Gold,
Edelsteinen, Balsam, Schilden und allerlei kostba-
ren Geräten. 28 Auch hatte er Speicher für Ge-
treide, Most und Öl, dazu Ställe für jede Art von
Vieh und Hürden für die Herden. 29 Er hatte sich
nämlich Esel und einen reichen Besitz an Schafen
und Rindern verschafft; denn Gott hatte ihm ein
sehr großes Vermögen verliehen. 30 Hiskija war es
auch, der den oberen Abfluß des Gihonwassers
verstopfte und es nach Westen in die Davidstadt
hinableitete. Bei allem, was er unternahm, hatte
er Erfolg. 31 So war es auch, als die babylonischen
Obersten ihre Unterhändler zu ihm sandten, um
Auskunft über das Zeichen zu erlangen, das im
Land erschienen war. Da überließ ihn Gott sich
selbst, um zu erproben, wie er wirklich gesinnt
war.

32 Die übrige Geschichte Hiskijas und seine
frommen Taten sind aufgezeichnet in der Vision
des Propheten Jesaja, des Sohnes des Amoz, und
im Buch der Könige von Juda und Israel. 33 His-
kija entschlief zu seinen Vätern, und man be-
grub ihn beim Aufgang zu den Gräbern der
Nachkommen Davids. Bei seinem Tod erwiesen
ihm ganz Juda und die Einwohner Jerusalems
die Ehre. Sein Sohn Manasse wurde König an
seiner Stelle.

Manasse

33 Manasse war zwölf Jahre alt, als er König
wurde, und regierte fünfundfünfzig Jahre
in Jerusalem. 2 Er tat, was dem Herrn mißfiel, und
ahmte die Greuel der Völker nach, die der Herr
vor den Augen der Israeliten vertrieben hatte. 3 Er
baute die Kulthöhen wieder auf, die sein Vater
Hiskija zerstört hatte, errichtete Altäre für die
Baale, ließ Kultpfähle anfertigen, warf sich vor
dem ganzen Heer des Himmels nieder und diente
ihm. 4 Auch baute er solche Altäre im Haus des
Herrn, obwohl der Herr gesagt hatte: In Jerusalem
soll mein Name auf ewig bleiben. 5 In den beiden
Höfen des Tempels baute er Altäre für das ganze
Heer des Himmels. 6 Er ließ im Tal Ben-Hinnom
seine Söhne durch das Feuer gehen, trieb Zaube-
rei, Wahrsagerei und andere geheime Künste, be-
stellte Totenbeschwörer und Zeichendeuter. So
tat er vieles, was dem Herrn mißfiel und ihn er-
zürnte. 7 Er brachte auch das Götterbild, das er
hatte anfertigen lassen, in das Haus Gottes, von
dem Gott zu David und dessen Sohn Salomo ge-
sagt hatte: Auf dieses Haus und auf Jerusalem, das
ich aus allen Stämmen Israels auserwählt habe,
will ich meinen Namen auf ewig legen. 8 Ich
werde Israels Fuß nicht mehr außerhalb des Lan-
des ziehen lassen, das ich für eure Väter bestimmt
habe, wenn sie nur alles befolgen, was ich ihnen
im ganzen Gesetz, in den Geboten und Rechts-
vorschriften des Mose befohlen habe. 9 Doch
Manasse verführte Juda und die Einwohner Jeru-
salems, noch Schlimmeres zu tun als die Völker,
die der Herr vor den Augen der Israeliten ver-
nichtet hatte. 10 Der Herr redete zu Manasse und
zu seinem Volk. Doch sie achteten nicht darauf.

11 Da ließ der Herr die Heerführer des Königs
von Assur gegen sie anrücken. Sie ergriffen
Manasse in seinem Versteck, fesselten ihn mit
bronzenen Ketten und führten ihn nach Babel.
12 Als man ihn so bedrängte, suchte er den Herrn,
seinen Gott, zu besänftigen. Er beugte sich tief
vor dem Gott seiner Väter 13 und betete zu ihm.
Gott erbarmte sich seiner; er hörte sein Flehen
und ließ ihn als König nach Jerusalem zurück-
kehren. So mußte Manasse erfahren, daß der
Herr der wahre Gott ist.

14 Danach baute er draußen an der Davidstadt
eine Mauer, die im Tal westlich vom Gihon gegen
das Fischtor lief, so daß er den Ofel umschloß; er
machte sie sehr hoch. Auch bestellte er Kriegs-
oberste für alle befestigten Städte Judas. 15 Sodann
entfernte er die fremden Götter und das Götzen-
bild aus dem Haus des Herrn, auch alle Altäre, die
er auf dem Berg des Hauses des Herrn und in Je-
rusalem errichtet hatte, und warf sie vor die Stadt
hinaus. 16 Den Altar des Herrn aber stellte er wie-
der her, brachte auf ihm Heils- und Dankopfer dar
und befahl Juda, dem Herrn, dem Gott Israels, zu
dienen. 17 Doch opferte das Volk immer noch auf
den Kulthöhen, wenn auch nur dem Herrn, sei-
nem Gott.

18 Die übrige Geschichte Manasses, sein Gebet
zu seinem Gott und die Worte der Seher, die im
Namen des Herrn, des Gottes Israels, zu ihm re-
deten, sind aufgezeichnet in der Geschichte der
Könige von Israel. 19 Sein Gebet und dessen Er-
hörung, alle seine Sünden und treulosen Taten,
die Orte, an denen er Kulthöhen errichtete und
Kultpfähle und Götzenbilder aufstellte, bevor er
sich demütigte, sind aufgezeichnet in der Ge-
schichte seiner Seher. 20 Manasse entschlief zu
seinen Vätern, und man begrub ihn im Garten
seines Hauses. Sein Sohn Amon wurde König an
seiner Stelle.

Amon

21 Amon war zweiundzwanzig Jahre alt, als er Kö-
nig wurde, und regierte zwei Jahre in Jerusalem.
22 Wie sein Vater Manasse tat er, was dem Herrn
mißfiel; er opferte allen Götzenbildern, die sein
Vater Manasse hatte machen lassen, und verehrte
sie. 23 Doch demütigte er sich nicht vor dem Herrn
wie sein Vater Manasse, sondern vermehrte die
Schuld. 24 Gegen ihn zettelten seine Diener eine
Verschwörung an und töteten ihn in seinem
Haus. 25 Doch die Bürger des Landes erschlugen
alle, die sich gegen König Amon verschworen
hatten, und machten seinen Sohn Joschija zum
König an seiner Stelle.

Joschijas Kampf gegen den Götzendienst

34 Joschija war acht Jahre alt, als er König
wurde, und regierte einunddreißig Jahre
in Jerusalem. 2 Er tat, was dem Herrn gefiel, und
folgte den Wegen seines Vaters David, ohne nach
rechts oder links abzuweichen.

3 Im achten Jahr seiner Regierung, als er noch
jung war, begann er, den Gott seines Vaters David
zu suchen. Im zwölften Jahr fing er an, Juda und
Jerusalem von den Kulthöhen, den Kultpfählen,
den Schnitz- und Gußbildern zu reinigen. 4 Vor
seinen Augen riß man die Altäre der Baale nieder.
Er ließ die Rauchopferaltäre, die auf ihnen stan-
den, zerschlagen, die Kultpfähle zerstören, die
Schnitz- und Gußbilder zermalmen, ihren Staub
auf die Gräber derer streuen, die ihnen geopfert
hatten, 5 und Gebeine von Priestern auf ihren Al-
tären verbrennen. So reinigte er Juda und Jerusa-
lem. 6 Auch in den Städten von Manasse, Efraim,
Simeon bis nach Naftali 7 riß er überall auf ihren
Plätzen die Altäre nieder, zerstörte die Kultpfähle,
zermalmte die Götzenbilder und zertrümmerte
die Rauchopferaltäre im ganzen Land Israel. Dann
kehrte er nach Jerusalem zurück.

Die Auffindung des Gesetzbuchs

8 Im achtzehnten Jahr seiner Regierung, während
der Säuberung des Landes und des Tempels,
sandte König Joschija Schafan, den Sohn Azaljas,
den Stadtobersten Maaseja und den Sprecher des
Königs, Joach, den Sohn des Joahas, in das Haus
des Herrn, seines Gottes, um es instandsetzen zu
lassen. 9 Sie kamen zum Hohenpriester Hilkija,
und man gab das Geld heraus, das in das Haus
Gottes gebracht worden war und das die Leviten,
die Wächter an den Schwellen, von Manasse,
Efraim und dem ganzen übrigen Israel, von ganz
Juda, Benjamin und den Einwohnern Jerusalems
gesammelt hatten. 10 Sie gaben es den Werkmei-
stern, die im Haus des Herrn angestellt waren,
und diese verwendeten es für die Arbeiter, die im
Haus des Herrn tätig waren, um seine Schäden
auszubessern und das Haus instandzusetzen.
11 Sie gaben es den Zimmerleuten und Bauarbei-
tern zum Ankauf von Bruchsteinen und Holz zur
Beschaffung der Klammern und zur Erneuerung
des Gebälks in den Gebäuden, die von den Köni-
gen von Juda vernachlässigt worden waren. 12 Die
Männer handelten bei ihrer Arbeit auf Treu und
Glauben. Zu ihrer Leitung waren die Leviten Ja-
hat und Obadja von den Nachkommen Meraris
sowie Secharja und Meschullam von den Nach-
kommen Kehats bestellt. Die Leviten, die sich auf
die Musikinstrumente verstanden, 13 befehligten
die Lastträger und hatten die Aufsicht über alle
Arbeiter bei verschiedenen Dienstleistungen.

Einzelne Leviten waren Schreiber, Listenführer
und Torwächter.
14 Als man das Geld herausnahm, das in das
Haus des Herrn gebracht worden war, fand der
Priester Hilkija das Buch des Gesetzes des Herrn,
das durch Mose verkündet worden war. 15 Hilkija
berichtete darüber dem Staatsschreiber Schafan
und sagte: Ich habe im Haus des Herrn das Ge-
setzbuch gefunden. Hilkija übergab Schafan das
Buch, 16 und dieser brachte es zum König mit der
Meldung: Deine Knechte haben alles ausgeführt,
was ihnen aufgetragen wurde. 17 Sie haben das
Geld ausgeschüttet, das sich im Haus des Herrn
vorfand, und es den Aufsehern und Arbeitern ge-
geben. 18 Dann sagte der Staatsschreiber zum Kö-
nig: Der Priester Hilkija hat mir ein Buch gegeben.
Schafan las dem König daraus vor.
19 Als der König die Worte des Gesetzes hörte,
zerriß er seine Kleider 20 und befahl dem Priester
Hilkija sowie Ahikam, dem Sohn Schafans, Ab-
don, dem Sohn Michas, dem Staatsschreiber
Schafan und Asaja, dem Diener des Königs:
21 Geht und befragt den Herrn für mich und den
Rest Israels und Judas wegen des Buches, das auf-
gefunden wurde. Denn der Zorn des Herrn, der
sich über uns ergossen hat, muß groß sein, weil
unsere Väter auf das Wort des Herrn nicht geach-
tet und weil sie nicht getan haben, was in diesem
Buch niedergeschrieben ist.
22 Da ging Hilkija mit den Männern, die der Kö-
nig bestimmt hatte, zur Prophetin Hulda. Sie war
die Frau Schallums, des Sohnes Tokhats, des Soh-
nes Hasras, des Verwalters der Kleiderkammer,
und wohnte in Jerusalem in der Neustadt. Die
Abgesandten trugen ihr die Angelegenheit vor,
23 und sie gab ihnen diese Antwort: So spricht der
Herr, der Gott Israels: Sagt zu dem Mann, der
euch zu mir geschickt hat: 24 So spricht der Herr:
Ich bringe Unheil über diesen Ort und seine Be-
wohner, alle Flüche, die im Buch geschrieben ste-
hen, das man dem König von Juda vorgelesen hat.
25 Denn sie haben mich verlassen, anderen Göt-
tern geopfert und mich durch alle Werke ihrer
Hände erzürnt. Darum hat sich mein Zorn über
diesen Ort ergossen, und er wird nicht erlöschen.
26 Sagt aber zum König von Juda, der euch herge-
sandt hat, um den Herrn zu befragen: So spricht
der Herr, der Gott Israels: Durch die Worte, die du
gehört hast, 27 wurde dein Herz erweicht. Du hast
dich vor Gott gedemütigt, als du seine Drohungen
gegen diesen Ort und seine Bewohner vernom-
men hast. Du hast dich vor mir gedemütigt, deine
Kleider zerrissen und hast vor mir geweint.
Darum habe ich dich erhört – Spruch des Herrn.
28 Ich werde dich mit deinen Vätern vereinen, und
du sollst in Frieden in deinem Grab beigesetzt
werden. Deine Augen sollen all das Unheil nicht
mehr sehen, das ich über diesen Ort und seine Be-
wohner bringen werde. – Sie berichteten das
dem König.

Die Erneuerung des Bundes

29 Der König ließ alle Ältesten Judas und Jerusa-
lems bei sich zusammenkommen. 30 Er ging zum
Haus des Herrn hinauf mit allen Männern Judas
und den Einwohnern Jerusalems, den Priestern
und Leviten und allem Volk, alt und jung. Er ließ
ihnen alle Worte des Bundesbuches vorlesen,
das im Haus des Herrn gefunden worden war.
31 Dann trat der König an seinen Platz und schloß
vor dem Herrn diesen Bund: Er wolle dem Herrn
folgen, auf seine Gebote, Satzungen und Gesetze
von ganzem Herzen und ganzer Seele achten
und die Vorschriften des Bundes durchführen,
die in diesem Buch niedergeschrieben sind. 32 Er
ließ auch alle, die sich in Jerusalem und Benja-
min befanden, dem Bund beitreten, und die Ein-
wohner Jerusalems hielten sich an den Bund
Gottes, des Gottes ihrer Väter. 33 Joschija ent-
fernte alle Greuel aus allen Gebieten der Israeli-
ten und veranlaßte alle, die in Israel lebten, dem
Herrn, ihrem Gott, zu dienen. Solange er lebte,
fielen sie nicht mehr vom Herrn, dem Gott ihrer
Väter, ab.

Die Feier des Paschafestes

35 Joschija feierte in Jerusalem ein Pascha
zur Ehre des Herrn. Man schlachtete das
Pascha am vierzehnten Tag des ersten Monats.
2 Er ließ die Priester zu ihrem Dienst antreten und
ermunterte sie zu ihrer Tätigkeit im Haus des
Herrn. 3 Zu den Leviten, die ganz Israel zu unter-
weisen hatten und dem Herrn heilig waren, sagte
er: Die heilige Lade hat man in das Haus ge-
bracht, das Salomo, der Sohn Davids, der König
von Israel, gebaut hat. Ihr braucht sie nicht mehr
auf euren Schultern zu tragen. Dient nun dem
Herrn, eurem Gott, und seinem Volk Israel! 4 Hal-
tet euch bereit nach euren Großfamilien und eu-
ren Abteilungen gemäß der Vorschrift Davids,

des Königs von Israel, und der Weisung seines
Sohnes Salomo. 5 Seid den Familiengruppen eurer
Brüder, den Leuten des Volkes, im Heiligtum zu
Diensten; ein Teil einer levitischen Großfamilie
(soll jeweils bereitstehen). 6 Schlachtet das Pa-
scha, und heiligt euch! Bereitet es auch für eure
Brüder, damit alles geschieht, was der Herr durch
Mose gesagt hat.
7 Joschija spendete den Leuten aus dem Volk,
die sich eingefunden hatten, 30 000 Stück Klein-
vieh, Lämmer und junge Ziegen zu Paschaopfern
und 3000 Rinder. Sie stammten aus dem Besitz
des Königs. 8 Auch seine hohen Beamten gaben
freiwillige Spenden für das Volk, die Priester und
die Leviten. Hilkija, Secharja und Jehiël, die Vor-
steher des Gotteshauses, gaben den Priestern
2600 Stück Kleinvieh zu Paschaopfern und 300
Rinder. 9 Konanja und seine Brüder Schemaja
und Netanel, ferner Haschabja, Jëiël und Josabad,
die Vorsteher der Leviten, spendeten für die Levi-
ten 5000 Tiere zu Paschaopfern und 500 Rinder.
10 Als man so zum Dienst gerüstet war, traten die
Priester an ihren Platz und die Leviten zu ihren
Abteilungen gemäß dem Befehl des Königs. 11 Die
Leviten schlachteten die Paschaopfer, und die
Priester sprengten das Blut aus, das sie aus ihrer
Hand empfingen. Darauf enthäuteten die Leviten
die Tiere. 12 Die zum Brandopfer bestimmten
Stücke legten sie beiseite und gaben sie den
Familiengruppen des Volkes, damit sie dem
Herrn dargebracht würden, wie es im Buch des
Mose vorgeschrieben war. Ebenso machten sie
es mit den Rindern. 13 Dann brieten sie das
Pascha der Vorschrift gemäß am Feuer. Die heili-
gen Gaben kochten sie in Kesseln, Töpfen und
Schüsseln und brachten sie eilends zu allen An-
gehörigen des Volkes. 14 Hierauf besorgten sie das
Pascha für sich selbst und für die Priester; denn
die Priester, die Nachkommen Aarons, waren
mit der Darbringung der Brandopfer und der
Fettstücke bis in die Nacht hinein beschäftigt.
Darum bereiteten es die Leviten für sich und die
Priester, die Nachkommen Aarons. 15 Die Sänger,
die Nachkommen Asafs, waren an ihrem Platz
gemäß der Vorschrift Davids, Asafs, Hemans und
Jedutuns, des königlichen Sehers. Ebenso stan-
den die Torwächter an den einzelnen Toren. Sie
brauchten ihren Dienst nicht zu verlassen; denn
ihre Amtsbrüder, die Leviten, bereiteten für sie
das Pascha.
16 So war der gesamte Dienst für den Herrn an je-
nem Tag gut geordnet. Man feierte das Pascha und
brachte auf dem Altar des Herrn Brandopfer dar,
wie es König Joschija befohlen hatte. 17 Sieben
Tage lang begingen damals die Israeliten, die sich
eingefunden hatten, das Pascha und das Fest der
Ungesäuerten Brote. 18 Ein Pascha wie dieses war
seit den Tagen des Propheten Samuel in Israel
nicht mehr gefeiert worden. Keiner von den Kö-
nigen Israels hat ein Pascha veranstaltet, wie es
Joschija mit den Priestern und Leviten, mit ganz
Juda und den anwesenden Israeliten und den Ein-
wohnern Jerusalems feierte. 19 Im achtzehnten
Jahr der Regierung Joschijas wurde dieses Pascha
begangen.

Das Ende Joschijas

20 Nachdem Joschija all dies zur Instandsetzung
des Hauses getan hatte, zog Necho, der König
von Ägypten, herauf, um bei Karkemisch am
Eufrat zu kämpfen. Joschija stellte sich ihm ent-
gegen. 21 Necho aber sandte Boten zu ihm und
ließ ihm sagen: Was habe ich mit dir zu tun, Kö-
nig von Juda? Nicht gegen dich ziehe ich heute,
sondern gegen das Herrscherhaus, das mit mir
im Krieg steht. Gott hat mir Eile geboten; laß da-
her ab von Gott, der auf meiner Seite steht;
sonst wird er dich verderben. 22 Doch Joschija
zog sich nicht vor Necho zurück, sondern wagte
es, ihn anzugreifen. Er hörte nicht auf die Worte
Nechos, die aus dem Mund Gottes kamen, son-
dern trat in der Ebene von Megiddo zum Kampf
gegen ihn an. 23 Aber die Bogenschützen trafen
den König Joschija, der nun seinen Dienern zu-
rief: Bringt mich weg, denn ich bin schwer ver-
wundet. 24 Sie hoben ihn vom Kriegswagen,
setzten ihn auf seinen zweiten Wagen und
brachten ihn nach Jerusalem. Dort starb er und
wurde in den Gräbern seiner Väter beigesetzt.
Ganz Juda und Jerusalem trauerten um Joschija.
25 Jeremia aber hielt Klage über Joschija, und alle
Sänger und Sängerinnen singen auf ihn Klagelie-
der bis zum heutigen Tag. Es wurde dies zu ei-
nem festen Brauch in Israel. Sie sind aufgezeich-
net in den Klageliedern.
26 Die übrige Geschichte Joschijas und seine
frommen Taten, die ganz dem entsprachen, was
im Gesetz des Herrn vorgeschrieben ist, 27 seine
frühere und spätere Geschichte, all das ist aufge-
zeichnet im Buch der Könige von Israel und Juda.

Joahas

36 Die Bürger des Landes nahmen nun Joa-
has, den Sohn Joschijas, und machten ihn
anstelle seines Vaters zum König in Jerusalem.
2 Joahas war dreiundzwanzig Jahre alt, als er Kö-
nig wurde. Er regierte drei Monate in Jerusalem;
3 dann setzte ihn der König von Ägypten als König
in Jerusalem ab und legte dem Land eine Geld-
buße von hundert Talenten Silber und einem Ta-
lent Gold auf. 4 Er machte Eljakim, den Bruder des
Joahas, zum König von Juda und Jerusalem und
änderte seinen Namen in Jojakim. Seinen Bruder
Joahas aber nahm Necho fest und brachte ihn
nach Ägypten.

Jojakim

5 Jojakim war fünfundzwanzig Jahre alt, als er
König wurde. Er regierte elf Jahre in Jerusalem
und tat, was dem Herrn, seinem Gott, mißfiel.
6 Gegen ihn zog Nebukadnezzar, der König von
Babel, herauf und legte ihn in Ketten, um ihn
nach Babel wegzuführen. 7 Auch einen Teil der
Geräte des Hauses des Herrn brachte Nebukad-
nezzar nach Babel und stellte sie in seinem Palast
in Babel auf.
8 Die übrige Geschichte Jojakims, die Greuelta-
ten, die er verübte, und was sich sonst über ihn
findet, das alles ist aufgezeichnet im Buch der Kö-
nige von Israel und Juda. Sein Sohn Jojachin
wurde König an seiner Stelle.

Jojachin

9 Jojachin war achtzehn Jahre alt, als er König
wurde. Er regierte drei Monate und zehn Tage in
Jerusalem und tat, was dem Herrn mißfiel. 10 Um
die Jahreswende ließ König Nebukadnezzar ihn
samt den kostbaren Geräten des Hauses des
Herrn nach Babel bringen. Er machte Zidkija, den
Bruder Jojakims, zum König von Juda und Jerusa-
lem.

Zidkija

11 Zidkija war einundzwanzig Jahre alt, als er Kö-
nig wurde. Er regierte elf Jahre in Jerusalem 12 und
tat, was dem Herrn, seinem Gott, mißfiel; er
beugte sich nicht vor dem Propheten Jeremia, der
im Auftrag des Herrn zu ihm sprach. 13 Auch fiel er
vom König Nebukadnezzar ab, der ihn bei Gott
einen Eid hatte schwören lassen. Er versteifte sei-
nen Nacken, verhärtete sein Herz und kehrte
nicht um zum Herrn, dem Gott Israels. 14 Auch alle
führenden Männer Judas und die Priester und das
Volk begingen viel Untreue. Sie ahmten die Greu-
eltaten der Völker nach und entweihten das
Haus, das der Herr in Jerusalem zu seinem Heilig-
tum gemacht hatte. 15 Immer wieder hatte der
Herr, der Gott ihrer Väter, sie durch seine Boten
gewarnt; denn er hatte Mitleid mit seinem Volk
und seiner Wohnung. 16 Sie aber verhöhnten die
Boten Gottes, verachteten sein Wort und verspot-
teten seine Propheten, bis der Zorn des Herrn ge-
gen sein Volk so groß wurde, daß es keine Hei-
lung mehr gab.

Das Ende des Reiches Juda

17 Der Herr ließ nun den König der Chaldäer gegen
sie heranziehen. Dieser tötete ihre jungen Krieger
in ihrem Heiligtum mit dem Schwert und ver-
schonte keinen jungen Mann und keine junge
Frau, keinen Greis und Betagten; alle gab Gott in
seine Hand. 18 Nebukadnezzar ließ die großen und
kleinen Geräte des Hauses Gottes, die Tempel-
schätze und die Schätze des Königs und seiner
hohen Beamten insgesamt nach Babel bringen.
19 Die Chaldäer verbrannten das Haus Gottes, ris-
sen die Mauern Jerusalems nieder, legten Feuer
an alle seine Paläste und zerstörten alle wertvol-
len Geräte. 20 Alle, die dem Schwert entgangen
waren, führte Nebukadnezzar in die Verbannung
nach Babel. Dort mußten sie ihm und seinen Söh-
nen als Sklaven dienen, bis das Reich der Perser
zur Herrschaft kam. 21 Da ging das Wort in Erfül-
lung, das der Herr durch den Mund Jeremias ver-
kündet hatte. Das Land bekam seine Sabbate er-
setzt, es lag brach während der ganzen Zeit der
Verwüstung, bis siebzig Jahre voll waren.

Der Beginn der Wiederherstellung Israels

22 Im ersten Jahr des Königs Kyrus von Persien
sollte sich erfüllen, was der Herr durch Jeremia ge-
sprochen hatte. Darum erweckte der Herr den
Geist des Königs Kyrus von Persien, und Kyrus
ließ in seinem ganzen Reich mündlich und
schriftlich den Befehl verkünden: 23 So spricht Ky-
rus, der König von Persien: Der Herr, der Gott des
Himmels, hat mir alle Reiche der Erde verliehen.
Er selbst hat mir aufgetragen, ihm in Jerusalem in
Juda ein Haus zu bauen. Jeder unter euch, der zu
seinem Volk gehört – der Herr, sein Gott, sei mit
ihm –, der soll hinaufziehen.

DIE BÜCHER ESRA UND NEHEMIA

DAS BUCH ESRA

Die Heimkehr der Juden und der Wiederaufbau des Tempels: 1,1–6,22

Die Erlaubnis zur Heimkehr und zum Tempelbau

1 Im ersten Jahr des Königs Kyrus von Persien
sollte sich erfüllen, was der Herr durch Jere-
mia gesprochen hatte. Darum erweckte der Herr
den Geist des Königs Kyrus von Persien, und Ky-
rus ließ in seinem ganzen Reich mündlich und
schriftlich den Befehl verkünden: 2 So spricht der
König Kyrus von Persien: Der Herr, der Gott des
Himmels, hat mir alle Reiche der Erde verliehen.
Er selbst hat mir aufgetragen, ihm in Jerusalem in
Juda ein Haus zu bauen. 3 Jeder unter euch, der zu
seinem Volk gehört – sein Gott sei mit ihm –, der
soll nach Jerusalem in Juda hinaufziehen und das
Haus des Herrn, des Gottes Israels, aufbauen;
denn er ist der Gott, der in Jerusalem wohnt. 4 Und
jeden, der irgendwo übriggeblieben ist, sollen die
Leute des Ortes, in dem er ansässig war, unter-
stützen mit Silber und Gold, mit beweglicher
Habe und Vieh, neben den freiwilligen Gaben für
das Haus Gottes in Jerusalem.
5 Die Familienoberhäupter von Juda und Benja-
min sowie die Priester und Leviten, kurz alle, de-
ren Geist Gott erweckte, machten sich auf den
Weg, um nach Jerusalem zu ziehen und dort das
Haus des Herrn zu bauen. 6 Alle ihre Nachbarn
unterstützten sie in jeder Weise mit Silber und
Gold, mit beweglicher Habe und mit Vieh sowie
mit wertvollen Dingen, abgesehen von dem,
was jeder für den Tempel spendete. 7 König Kyrus
gab auch die Geräte des Hauses des Herrn
zurück, die Nebukadnezzar aus Jerusalem weg-
geschleppt und in das Haus seines Gottes ge-
bracht hatte. 8 König Kyrus von Persien übergab
sie dem Schatzmeister Mitredat, und dieser
zählte sie Scheschbazzar, dem Oberen von Juda,
vor. 9 Das war ihre Zahl: 30 goldene Opferscha-
len, 1000 silberne Opferschalen, 29 Räucher-
pfannen; 10 30 goldene Becher, 410 silberne Be-
cher, 1000 sonstige Geräte. 11 Insgesamt waren
es 5400 Geräte aus Gold und Silber. All das
brachte Scheschbazzar mit, als er mit den Ver-
schleppten von Babel nach Jerusalem zurück-
kehrte.

Das Verzeichnis der heimkehrenden Laien

2 Hier folgt eine Liste der Einwohner der Pro-
vinz Juda, die aus der Gefangenschaft und
der Verschleppung heimzogen. Nebukadnezzar,
der König von Babel, hatte sie nach Babel ge-
bracht; nun kehrten sie nach Jerusalem und Juda
zurück, jeder in seine Stadt. 2 Sie kamen zusam-
men mit Serubbabel, Jeschua, Nehemja, Seraja,
Reelaja, Mordochai, Bilschan, Misperet, Bigwai,
Rehum und Baana.
Das ist die Zahl der Männer des Volkes Israel:
3 Nachkommen des Parosch: 2172. 4 Nachkom-
men Schefatjas: 372. 5 Nachkommen Arachs:
775. 6 Nachkommen des Pahat-Moab, und zwar
Nachkommen Jeschuas und Joabs: 2812. 7 Nach-
kommen Elams: 1254. 8 Nachkommen Sattus:
945. 9 Nachkommen Sakkais: 760. 10 Nachkom-
men Banis: 642. 11 Nachkommen Bebais: 623.
12 Nachkommen Asgads: 1222. 13 Nachkommen
Adonikams: 666. 14 Nachkommen Bigwais:
2056. 15 Nachkommen Adins: 454. 16 Nachkom-
men Aters aus der Linie Hiskijas: 98.
17 Nachkommen Bezais: 323. 18 Nachkommen Jo-
ras: 112. 19 Nachkommen Haschums: 223.
20 Nachkommen Gibbars: 95. 21 Männer aus
Betlehem: 123. 22 Männer aus Netofa: 56.
23 Männer aus Anatot: 128. 24 Männer aus Asma-
wet: 42. 25 Männer aus Kirjat-Jearim, Kefira und
Beerot: 743. 26 Männer aus Rama und Geba:
621. 27 Männer aus Michmas: 122. 28 Männer
aus Bet-El und Ai: 223. 29 Männer aus Nebo: 52.
30 Nachkommen des Magbisch: 156. 31 Nachkom-
men eines anderen Elam: 1254. 32 Nachkommen
Harims: 320. 33 Männer aus Lod, Hadid und
Ono: 725. 34 Männer aus Jericho: 345.
35 Nachkommen Senaas: 3630.

Das Verzeichnis der heimkehrenden Priester und Leviten

36 Von den Priestern: Nachkommen Jedajas vom Haus Jeschua: 973. 37 Nachkommen Immers: 1052. 38 Nachkommen Paschhurs: 1247. 39 Nachkommen Harims: 1017.

40 Von den Leviten: Nachkommen Jeschuas, und zwar Nachkommen Kadmiëls, Binnuis und Hodawjas: 74.

41 Von den Sängern: Nachkommen Asafs: 128.

42 Von den Torwächtern: Nachkommen Schallums, Nachkommen Aters, Nachkommen Talmons, Nachkommen Akkubs, Nachkommen Hatitas, Nachkommen Schobais, im ganzen: 139.

43 Von den Tempeldienern: Nachkommen Zihas, Nachkommen Hasufas, Nachkommen Tabbaots, 44 Nachkommen des Keros, Nachkommen Sias, Nachkommen Padons, 45 Nachkommen Lebanas, Nachkommen Hagabas, Nachkommen Akkubs, 46 Nachkommen Hagabs, Nachkommen Salmais, Nachkommen Hanans, 47 Nachkommen Giddels, Nachkommen Gahars, Nachkommen Reajas, 48 Nachkommen Rezins, Nachkommen Nekodas, Nachkommen Gasams, 49 Nachkommen Usas, Nachkommen Paseachs, Nachkommen Besais, 50 Nachkommen Asnas, Nachkommen der Mëuniter, Nachkommen der Nefusiter, 51 Nachkommen Bakbuks, Nachkommen Hakufas, Nachkommen Harhurs, 52 Nachkommen Bazluts, Nachkommen Mehidas, Nachkommen Harschas, 53 Nachkommen des Barkos, Nachkommen Siseras, Nachkommen Temachs, 54 Nachkommen Neziachs, Nachkommen Hatifas.

55 Von den Nachkommen der Knechte Salomos: Nachkommen Sotais, Nachkommen Soferets, Nachkommen Perudas, 56 Nachkommen Jaalas, Nachkommen Darkons, Nachkommen Giddels, 57 Nachkommen Schefatjas, Nachkommen Hattils, Nachkommen des Pocheret-Zebajim und Nachkommen des Ami. 58 Die Gesamtzahl der Tempeldiener und der Nachkommen der Knechte Salomos betrug 392.

59 Die Folgenden kamen aus Tel-Melach, Tel-Harscha, Kerub-Addon und Immer, konnten aber nicht angeben, ob sie ihrer Familie und Herkunft nach aus Israel stammten: 60 Nachkommen Delajas, Nachkommen Tobijas und Nachkommen Nekodas, im ganzen 652; 61 dazu bei den Priestern die Nachkommen Habajas, die Nachkommen des Koz und die Nachkommen Barsillais; dieser hatte eine von den Töchtern Barsillais aus Gilead geheiratet und dessen Namen angenommen. 62 Die Genannten suchten ihre Eintragung im Geschlechterverzeichnis, aber man fand sie nicht; deshalb wurden sie aus dem Priesterstand ausgeschlossen. 63 Der Statthalter untersagte ihnen, vom Hochheiligen zu essen, bis ein Priester für den Losentscheid mit Urim und Tummim zur Verfügung stehe.

Die Volkszählung

64 Die ganze Volksgemeinde zählte insgesamt 42 360 Personen. 65 Dabei waren ihre Knechte und Mägde nicht mitgerechnet; das waren im ganzen 7337 Personen; dazu kamen noch 200 Sänger und Sängerinnen. 66 Pferde hatten sie 736, Maultiere 245, 67 Kamele 435, Esel 6720.

68 Als sie zum Haus des Herrn in Jerusalem kamen, machten einige von den Familienoberhäuptern großzügige Spenden, damit man das Gotteshaus an seiner alten Stelle wieder errichten könne. 69 Ihrem Vermögen entsprechend gaben sie für den Bauschatz 61 000 Golddariken, 5000 Minen Silber und 100 Priestergewänder.

70 Die Priester, die Leviten, ein Teil des Volkes, die Sänger, die Torwächter und die Tempeldiener ließen sich in ihren Städten nieder, ebenso alle übrigen Israeliten.

Der Beginn des Kults und des Tempelbaus

3 Als der siebte Monat herankam und die Israeliten bereits in ihren Heimatstädten waren, versammelte sich das ganze Volk geschlossen in Jerusalem. 2 Jeschua, der Sohn des Jozadak, mit seinen Brüdern, den Priestern, und Serubbabel, der Sohn Schealtiëls, mit seinen Brüdern gingen daran, den Altar des Gottes Israels wieder aufzubauen, um auf ihm Brandopfer darzubringen, wie es im Gesetz des Gottesmannes Mose vorgeschrieben ist. 3 Sie errichteten den Altar an seiner alten Stelle, obwohl die Völker der Nachbarländer sie davon abzuschrecken suchten, und brachten auf ihm dem Herrn Brandopfer dar, je ein Brandopfer am Morgen und am Abend. 4 Dann feierten sie der Vorschrift entsprechend das Laubhüttenfest und brachten Tag für Tag so viele Opfer dar, wie es für die einzelnen Tage festgesetzt ist. 5 Von da an brachten

sie auch das ständige Brandopfer wieder dar, fer-
ner die Opfer an den Neumondtagen und an al-
len dem Herrn geheiligten Festzeiten sowie alle
freiwilligen Opfer, die jemand dem Herrn spen-
dete. 6 Am ersten Tag des siebten Monats hatten
sie begonnen, dem Herrn Brandopfer darzubrin-
gen; aber die Fundamente für den Tempel des
Herrn waren noch nicht gelegt. 7 Darum nahmen
sie Steinhauer und Zimmerleute in Dienst; den
Sidoniern und Tyrern lieferten sie Nahrungsmit-
tel, Getränke und Öl, damit sie Zedernstämme
vom Libanon über das Meer nach Jafo brachten;
das hatte ihnen der König Kyrus von Persien er-
laubt.

8 Im zweiten Monat des zweiten Jahres nach ih-
rer Ankunft beim Gotteshaus in Jerusalem mach-
ten sich ans Werk Serubbabel, der Sohn Scheal-
tiël s, und Jeschua, der Sohn des Jozadak, mit
ihren übrigen Brüdern, nämlich den Priestern,
Leviten und allen, die aus der Gefangenschaft
nach Jerusalem zurückgekommen waren. Sie be-
stimmten die Leviten, die zwanzig Jahre und äl-
ter waren, dazu, die Arbeiten am Haus des Herrn
zu leiten.

9 Jeschua, seine Söhne und Brüder, Kadmiël
und seine Söhne sowie die Söhne Hodawjas tra-
ten gemeinsam an, um die anzuleiten, die die
Arbeiten am Gotteshaus ausführten; dazu ka-
men noch die Söhne Henadads sowie ihre
Söhne und Brüder, ebenfalls Leviten. 10 Als die
Bauleute das Fundament für den Tempel des
Herrn gelegt hatten, kamen die Priester in ihren
Gewändern und mit den Trompeten, außerdem
die Leviten, die Nachkommen Asafs, mit den
Zimbeln, um den Herrn zu preisen nach der
Ordnung Davids, des Königs von Israel. 11 Sie be-
gannen, den Herrn zu loben und zu preisen:
»Denn er ist gütig und seine Huld gegenüber Is-
rael währt ewig«. Und das ganze Volk erhob ein
lautes Jubelgeschrei zum Preis des Herrn, weil
das Fundament für das Haus des Herrn gelegt
war. 12 Viele betagte Priester, Leviten und Famili-
enoberhäupter hatten noch den ersten Tempel
gesehen. Als nun vor ihren Augen das Funda-
ment für den neuen Tempel gelegt wurde, wein-
ten sie laut. Viele andere aber schrien vor Jubel
und Freude. 13 Man konnte im lauten Freudenju-
bel das Weinen der anderen kaum hören, so laut
war das Geschrei des Volkes, und der Lärm war
weithin zu hören.

Die Störung beim Tempelbau

4 Die Feinde von Juda und Benjamin erfuhren,
daß die Heimkehrer für den Herrn, den Gott
Israels, einen Tempel bauten. 2 Da kamen sie zu
Serubbabel und den Familienoberhäuptern und
sagten: Wir wollen zusammen mit euch bauen.
Denn wie ihr verehren auch wir euren Gott und
opfern ihm seit der Zeit des Königs Asarhaddon
von Assur, der uns hierher gebracht hat. 3 Aber Se-
rubbabel, Jeschua und die übrigen Oberhäupter
der Großfamilien Israels erwiderten ihnen: Es
geht nicht, daß wir mit euch zusammen unserem
Gott ein Haus bauen, sondern wir allein wollen
für den Herrn, den Gott Israels, bauen, wie es uns
König Kyrus von Persien aufgetragen hat. 4 Da
machte das Volk des Landes die Leute von Juda
mutlos und schreckte sie vom Bauen ab. 5 Man
bestach sogar königliche Räte gegen sie, um ihr
Vorhaben zu vereiteln; das dauerte die ganze Re-
gierungszeit des Perserkönigs Kyrus bis zur Re-
gierung des Königs Darius von Persien. 6 Als dann
Xerxes König wurde, setzten sie zu Beginn seiner
Herrschaft eine Anklage gegen die Bewohner von
Juda und Jerusalem auf.

7 In der Zeit des Artaxerxes schrieb Bischlam
zusammen mit Mitredat, Tabeel und seinen übri-
gen Amtsgenossen an den König Artaxerxes
von Persien. Der Brief war ins Aramäische über-
setzt und in aramäischer Schrift geschrieben.
8 Der Befehlshaber Rehum und der Schreiber
Schimschai schrieben an den König Artaxerxes
folgenden Brief gegen Jerusalem: 9 Die Absender:
Der Befehlshaber Rehum und der Schreiber
Schimschai sowie ihre übrigen Amtsgenossen,
die Richter, Gesandten, Aufseher und Verwalter,
die Leute aus Erech, Babel und Susa – das sind
Elamiter – 10 und die übrigen Volksgruppen, die
der große und berühmte Asenappar weggeführt
und in den Städten von Samaria und im übrigen
Gebiet jenseits des Stroms angesiedelt hat. 11 Dies
ist nun eine Abschrift des Briefes, den sie an Ar-
taxerxes schickten: An den König Artaxerxes,
von deinen Knechten, den Leuten jenseits des
Stroms. 12 Dem König sei gemeldet: Die Juden,
die aus deiner Nähe wegzogen, sind zu uns
nach Jerusalem gekommen. Sie bauen die auf-
rührerische und böse Stadt wieder auf; sie stel-
len die Mauern wieder her und sichern die Fun-
damente. 13 Dem König sei nun gemeldet: Wenn
diese Stadt wieder aufgebaut ist und ihre Mau-

ern vollendet sind, dann entrichten die Juden keine Steuern, Abgaben und Zölle mehr. So bringt sie den Königen schließlich nur Schaden. 14 Nun ist aber das Salz des Palastes unser Salz; darum ist es nicht recht, wenn wir mitansehen, wie der König erniedrigt wird. Deshalb senden wir dem König Nachricht: 15 Man möge in der Chronik deiner Väter nachforschen; du wirst dann in der Chronik finden und feststellen: Diese Stadt ist eine aufrührerische Stadt; sie hat Königen und Provinzen Schaden gebracht, und von jeher hat man in ihr Empörung angestiftet. Deshalb ist diese Stadt ja auch zerstört worden. 16 Wir machen also den König darauf aufmerksam: Wird diese Stadt wieder aufgebaut und werden ihre Mauern vollendet, dann hast du keinen Anteil mehr am Gebiet jenseits des Stroms.

Das Verbot der Fortsetzung des Baus

17 Der König schickte folgende Erwiderung: An den Befehlshaber Rehum und den Schreiber Schimschai sowie ihre übrigen Genossen, die in Samaria und dem übrigen Gebiet jenseits des Stroms wohnen, meinen Gruß. 18 Das Schriftstück, das ihr an uns gesandt habt, ist mir in Übersetzung vorgelesen worden. 19 Daraufhin befahl ich nachzuforschen, und man fand: Diese Stadt hat sich von jeher gegen die Könige erhoben, und in ihr gab es immer wieder Aufruhr und Empörung. 20 Mächtige Könige geboten über Jerusalem und herrschten über das ganze Gebiet jenseits des Stroms, und ihnen entrichtete man Steuern, Abgaben und Zölle. 21 Gebt also Befehl, daß man jenen Männern ihr Tun verwehrt. Diese Stadt darf nicht wieder aufgebaut werden, bis weitere Anordnungen von mir ergehen. 22 Hütet euch, in dieser Sache nachlässig zu sein; sonst könnte großer Schaden zum Nachteil der Könige entstehen.

23 Sobald das Schreiben des Königs Artaxerxes vor Rehum und dem Schreiber Schimschai sowie ihren Amtsgenossen verlesen worden war, gingen diese eilends nach Jerusalem zu den Juden und hinderten sie mit Waffengewalt an ihrer Arbeit. 24 So kam die Arbeit am Gotteshaus in Jerusalem zum Stillstand und ruhte bis zum zweiten Jahr der Herrschaft des Perserkönigs Darius.

Die Wiederaufnahme der Bauarbeiten

5 Damals traten Haggai, der Prophet, und Sacharja, der Sohn Iddos, auf und sprachen als Propheten zu den Juden in Juda und Jerusalem im Namen des Gottes Israels, der über ihnen wachte. 2 Daraufhin machten sich Serubbabel, der Sohn Schealtiëls, und Jeschua, der Sohn des Jozadak, an die Arbeit und nahmen den Bau des Gotteshauses in Jerusalem wieder auf. Die Propheten Gottes standen ihnen bei und unterstützten sie.

3 In dieser Zeit kamen Tattenai, der Statthalter des Gebiets jenseits des Stroms, und Schetar-Bosnai sowie ihre Amtsgenossen zu den Juden und fragten sie: Wer hat euch die Erlaubnis erteilt, dieses Haus wieder aufzubauen und das Holzwerk innen zu vollenden? 4 Und sie fragten weiter: Wie heißen die Männer, die diesen Bau aufführen? 5 Aber über die Ältesten der Juden wachte das Auge ihres Gottes; so ließ man sie weiterarbeiten, bis ein Bericht an Darius abgegangen und die Antwort darauf zurückgekommen sei.

6 Das ist eine Abschrift des Briefes, den Tattenai, der Statthalter des Gebiets jenseits des Stroms, und Schetar-Bosnai mit seinen Amtsgenossen, den Beamten im Gebiet jenseits des Stroms, an den König Darius sandten. 7 Sie schickten ihm einen Bericht folgenden Inhalts: Dem König Darius alles Gute! 8 Dem König sei gemeldet, daß wir in der Provinz Juda das Haus des großen Gottes besichtigt haben. Die Leute bauen es mit Quadersteinen und belegen die Wände mit Holz. Sie betreiben diese Arbeit mit Eifer, und sie geht unter ihren Händen gut voran. 9 Wir befragten die Ältesten: Wer hat euch die Erlaubnis erteilt, dieses Haus wieder aufzubauen und das Holzwerk innen zu vollenden? 10 Wir fragten sie auch nach ihren Namen, um sie dir zu melden. Was wir schreiben, sind die Namen der Männer, die an ihrer Spitze stehen. 11 Sie gaben uns folgende Antwort: Wir verehren den Gott des Himmels und der Erde und bauen das Gotteshaus wieder auf, das einst viele Jahre lang hier stand; ein großer König von Israel hat es erbaut und vollendet. 12 Unsere Väter aber erzürnten den Gott des Himmels; darum gab er sie in die Hand des Chaldäers Nebukadnezzar, des Königs von Babel. Er zerstörte dieses Haus und verschleppte das Volk nach Babel. 13 Doch im ersten Jahr, als Kyrus König von Babel war, gab König Kyrus den Befehl, dieses Gotteshaus wieder aufzubauen. 14 Nebukadnez-

zar hatte auch die goldenen und silbernen Geräte des Gotteshauses aus dem Tempel von Jerusalem weggenommen und in den Tempel von Babel gebracht. König Kyrus ließ sie nun wieder aus dem Tempel von Babel holen und einem Mann namens Scheschbazzar übergeben, den er als Statthalter einsetzte. 15 Er sagte zu ihm: Nimm diese Geräte, zieh heim, und bring sie in den Tempel zu Jerusalem! Das Gotteshaus soll an seiner alten Stelle wieder aufgebaut werden. 16 Darauf kam jener Scheschbazzar und legte die Fundamente für das Gotteshaus in Jerusalem. Seitdem baut man daran, bis jetzt; aber es ist noch nicht fertig.

17 Wenn es dem König nun recht ist, so forsche man dort in Babel in den königlichen Schatzhäusern nach, ob wirklich von König Kyrus ein Befehl vorliegt, jenes Gotteshaus in Jerusalem wieder aufzubauen. Seinen Entscheid in der Sache sende dann der König uns zu.

Der Weiterbau mit königlicher Unterstützung

6 Auf Befehl des Königs Darius forschte man nun in den Schatzhäusern nach, dort, wo in Babel die Urkunden aufbewahrt wurden. 2 In der Festung Ekbatana in der Provinz Medien fand man eine Schriftrolle, in der geschrieben war: Beurkundung: 3 Im ersten Jahr des Königs Kyrus hat König Kyrus einen Befehl erlassen, der das Gotteshaus in Jerusalem betrifft: Das Haus soll wieder aufgebaut werden als Ort, an dem man Opfer darbringt. Seine Fundamente sollen erhalten bleiben. Seine Höhe soll sechzig Ellen betragen und seine Breite zwanzig Ellen. 4 Auf drei Lagen Quadersteinen soll eine Lage Holz kommen. Die Kosten bestreitet der königliche Hof. 5 Auch soll man die goldenen und silbernen Geräte des Gotteshauses zurückgeben, die Nebukadnezzar aus dem Tempel von Jerusalem weggenommen und nach Babel gebracht hat. Alles soll wieder an seinen alten Platz in den Tempel von Jerusalem kommen und in das Gotteshaus gebracht werden.

6 Darum, Tattenai, Statthalter des Gebiets jenseits des Stroms, Schetar-Bosnai und eure Amtsgenossen, die Beamten des Gebiets jenseits des Stroms: Haltet euch aus der Sache dort heraus! 7 Laßt die Arbeit an jenem Gotteshaus weitergehen! Der Statthalter der Juden und ihre Ältesten mögen das Gotteshaus an seiner früheren Stelle wieder aufbauen. 8 Auch ordne ich an, wie ihr die Ältesten der Juden dort beim Bau jenes Gotteshauses unterstützen sollt: Aus den königlichen Einkünften, die das Gebiet jenseits des Stroms aufbringt, sollen jenen Männern pünktlich die Kosten bezahlt werden, damit sie nicht aufgehalten werden. 9 Auch ist ihnen jeden Tag ohne Versäumnis zu liefern, was nach den Angaben der Priester von Jerusalem an Stieren, Widdern und Lämmern als Brandopfer für den Gott des Himmels benötigt wird, auch Weizen und Salz, Wein und Öl. 10 So mögen sie dem Gott des Himmels wohlgefällige Opfer darbringen und auch für das Leben des Königs und seiner Söhne beten. 11 Schließlich befehle ich: Jedem, der diesen Erlaß mißachtet, reiße man einen Balken aus seinem Haus und pfähle ihn auf diesem Balken; sein Haus soll wegen seines Vergehens zu einem Trümmerhaufen gemacht werden. 12 Der Gott aber, der seinen Namen dort wohnen läßt, vernichte jeden König und jedes Volk, die sich unterfangen, den Erlaß zu mißachten und jenes Gotteshaus in Jerusalem zu zerstören. Ich, Darius, habe den Befehl gegeben; man befolge ihn genau.

Die Vollendung des Baus und die Tempelweihe

13 Tattenai, der Statthalter des Gebiets jenseits des Stroms, Schetar-Bosnai und ihre Amtsgenossen befolgten genau den Befehl, den der König Darius gesandt hatte, 14 und die Ältesten der Juden bauten weiter. Dank der Wirksamkeit Haggais, des Propheten, und Sacharjas, des Sohnes Iddos, kamen sie gut voran. Sie konnten den Bau vollenden, wie der Gott Israels es geboten und wie Kyrus und Darius sowie der Perserkönig Artaxerxes es befohlen hatten. 15 Das Gotteshaus war fertig am dritten Tag des Monats Adar, im sechsten Jahr der Regierung des Königs Darius. 16 Die Israeliten, die Priester, die Leviten und die übrigen, die heimgekehrt waren, feierten voll Freude die Einweihung dieses Gotteshauses. 17 Bei der Einweihung des Gotteshauses brachten sie als Opfer dar: hundert Stiere, zweihundert Widder und vierhundert Lämmer, dazu als Sündopfer für ganz Israel zwölf Ziegenböcke, entsprechend der Zahl der Stämme Israels. 18 Für den Gottesdienst in Jerusalem bestellten sie die Priester nach ihren Klassen und die Leviten nach ihren Abteilungen, wie es das Buch des Mose vorschreibt.

19 Am vierzehnten Tag des ersten Monats feier-
ten die Heimkehrer das Pascha-Fest. 20 Jeder der
Priester und Leviten hatte sich gereinigt, so daß
sie alle rein waren. Die Leviten schlachteten das
Paschalamm für alle Heimkehrer und für ihre
Brüder, die Priester, und für sich selbst. 21 Dieses
Paschalamm aßen die Israeliten, die aus der Ver-
bannung heimgekehrt waren, sowie alle, die sich
von der Unreinheit der Völker des Landes abge-
sondert hatten, um mit ihnen zusammen den
Herrn, den Gott Israels, zu suchen. 22 Sieben Tage
lang feierten sie voll Freude das Fest der Unge-
säuerten Brote. Denn der Herr hatte sie froh ge-
macht und ihnen das Herz des Königs von Assur
zugewandt, so daß er sie bei der Arbeit am Haus
Gottes, des Gottes Israels, unterstützte.

Esra und die Neuordnung der Gemeinde in Jerusalem: 7,1–10,44

Esra, der Gesetzeslehrer

7 Nach diesen Ereignissen unter der Herr-
schaft des Perserkönigs Artaxerxes kam Esra,
der Sohn Serajas, des Sohnes Asarjas, des Sohnes
Hilkijas, 2 des Sohnes Schallums, des Sohnes
Zadoks, des Sohnes Ahitubs, 3 des Sohnes Amar-
jas, des Sohnes Asarjas, des Sohnes Merajots,
4 des Sohnes Serachjas, des Sohnes Usis, des Soh-
nes Bukkis, 5 des Sohnes Abischuas, des Sohnes
des Pinhas, des Sohnes Eleasars, des Sohnes des
Hohenpriesters Aaron. 6 Dieser Esra kam also von
Babel herauf. Er war ein Schriftgelehrter, kundig
im Gesetz des Mose, das der Herr, der Gott Isra-
els, gegeben hatte. Weil die Hand des Herrn, sei-
nes Gottes, über ihm war, gewährte der König
ihm alles, was er wünschte. 7 Mit ihm zog im sieb-
ten Jahr des Königs Artaxerxes auch eine Anzahl
von Israeliten sowie von Priestern, Leviten, Sän-
gern, Torwächtern und Tempeldienern nach Jeru-
salem. 8 Im fünften Monat dieses siebten Regie-
rungsjahrs des Königs kam Esra in Jerusalem an.
9 Den Aufbruch von Babel hatte er auf den Ersten
des ersten Monats festgesetzt, und am Ersten des
fünften Monats kam er in Jerusalem an, da die
gütige Hand seines Gottes über ihm war. 10 Denn
Esra war von ganzem Herzen darauf aus, das Ge-
setz des Herrn zu erforschen und danach zu han-
deln und es als Satzung und Recht in Israel zu leh-
ren.

Der zweite Befehl zur Rückführung

11 Das ist eine Abschrift des Erlasses, den der Kö-
nig Artaxerxes dem Priester und Schriftgelehrten
Esra mitgab, dem Schriftkundigen in den Geboten
und Satzungen, die der Herr Israel gegeben hatte:
12 Artaxerxes, der König der Könige, wünscht dem
Priester Esra, dem Schriftkundigen im Gesetz des
Gottes des Himmels, alles Gute. 13 Das ist es, was
ich befehle: Jeder in meinem Reich, der zum Volk
Israel oder seinen Priestern und Leviten gehört
und gewillt ist, nach Jerusalem zu gehen, darf mit
dir ziehen. 14 Denn du bist von dem König und sei-
nen sieben Räten ausgesandt und sollst nach dem
Gesetz deines Gottes, das in deiner Hand ist, un-
tersuchen, wie es in Juda und Jerusalem steht.
15 Auch sollst du das Silber und Gold hinbringen,
das der König und seine Räte dem Gott Israels ge-
spendet haben, der in Jerusalem seine Wohnstätte
hat. 16 Bring auch alles Silber und Gold dorthin, das
du in der ganzen Provinz Babel bekommst, samt
den Spenden, die das Volk Israel und die Priester
für das Haus ihres Gottes in Jerusalem geben.
17 Von diesem Geld sollst du dann gewissenhaft
Stiere, Widder und Lämmer sowie die dazu-
gehörenden Speiseopfer und Trankopfer kaufen
und sie auf dem Altar des Hauses eures Gottes in
Jerusalem darbringen. 18 Das übrige Silber und
Gold dürft ihr nach dem Willen eures Gottes ver-
wenden, wie es dir und deinen Amtsbrüdern gut
scheint. 19 Auch die Geräte, die man dir für den
Dienst im Haus deines Gottes übergibt, sollst du
dem Gott in Jerusalem abliefern. 20 Den restlichen
Bedarf für das Haus deines Gottes, den du aufzu-
bringen hast, bekommst du aus den königlichen
Schatzhäusern. 21 Ich, der König Artaxerxes, be-
fehle allen Schatzmeistern im Gebiet jenseits des
Stroms: Alles, was der Priester Esra, der Schrift-
kundige im Gesetz des Gottes des Himmels, von
euch fordert, soll man pünktlich liefern, 22 und
zwar bis zu hundert Talenten Silber, bis zu hun-
dert Kor Weizen, bis zu hundert Bat Wein, bis zu
hundert Bat Öl, dazu Salz in jeder Menge. 23 Alles,
was der Gott des Himmels befiehlt, soll man mit
frommem Eifer liefern für das Haus des Gottes des

Himmels, damit nicht ein Strafgericht das Reich des Königs und seiner Söhne trifft.

Neue Anordnungen

[24] Auch wird euch folgendes bekannt gemacht: Niemand ist befugt, irgendeinem Priester, Leviten, Sänger, Torwächter, Tempeldiener oder Arbeiter dieses Gotteshauses Steuern, Abgaben oder Zölle aufzuerlegen.

[25] Du aber, Esra, bestelle Rechtskundige und Richter nach dem weisen Gesetz deines Gottes, das in deiner Hand ist; sie sollen dem ganzen Volk im Gebiet jenseits des Stroms Recht sprechen, allen, die das Gesetz deines Gottes kennen; wer es aber nicht kennt, den sollt ihr es lehren. [26] Doch über jeden, der das Gesetz deines Gottes und das Gesetz des Königs nicht befolgt, halte man streng Gericht und verurteile ihn je nachdem zum Tod, zum Ausschluß (aus der Gemeinde), zu einer Geldstrafe oder zu Gefängnis!

[27] Gepriesen sei der Herr, der Gott unserer Väter! Denn er hat dem König das alles ins Herz gelegt, um das Haus des Herrn in Jerusalem so herrlich auszustatten. [28] Mir hat er die Gunst des Königs und seiner Räte sowie all der mächtigen Großen des Königs zugewandt. Ich aber faßte Mut, da die Hand des Herrn, meines Gottes, über mir war, und sammelte Familienoberhäupter aus Israel, die bereit waren, mit mir hinaufzuziehen.

Das Verzeichnis der Heimkehrer

8 Das sind die Familienoberhäupter und die bei ihnen Eingetragenen, die unter der Herrschaft des Königs Artaxerxes mit mir aus Babel hinaufgezogen sind: [2] Von den Nachkommen des Pinhas: Gerschom; von den Nachkommen Itamars: Daniel; von den Nachkommen Davids: Hattusch, [3] der Sohn Schechanjas. Von den Nachkommen des Parosch: Secharja und mit ihm 150 eingetragene Männer. [4] Von den Nachkommen des Pahat-Moab: Eljoënai, der Sohn Serachjas, und mit ihm 200 Männer. [5] Von den Nachkommen Sattus: Schechanja, der Sohn Jahasiëls, und mit ihm 300 Männer. [6] Von den Nachkommen Adins: Ebed, der Sohn Jonatans, und mit ihm 50 Männer. [7] Von den Nachkommen Elams: Jeschaja, der Sohn Ataljas, und mit ihm 70 Männer. [8] Von den Nachkommen Schefatjas: Sebadja, der Sohn Michaels, und mit ihm 80 Männer. [9] Von den Nachkommen Joabs: Obadja, der Sohn Jehiëls, und mit ihm 218 Männer. [10] Von den Nachkommen Banis: Schelomit, der Sohn Josifjas, und mit ihm 160 Männer. [11] Von den Nachkommen Bebais: Secharja, der Sohn Bebais, und mit ihm 28 Männer. [12] Von den Nachkommen Asgads: Johanan, der Sohn Katans, und mit ihm 110 Männer. [13] Von den Nachkommen Adonikams: die letzten; sie heißen: Elifelet, Jëiël und Schemaja, und mit ihnen 60 Männer. [14] Und von den Nachkommen Bigwais: Utai, der Sohn Sabbuds, und mit ihm 70 Männer.

[15] Ich ließ alle an dem Fluß zusammenkommen, der an Ahawa vorbeifließt. Dort blieben wir drei Tage. Ich stellte fest, daß zwar Laienvolk und Priester da waren; doch fand ich dort keine Leviten. [16] Da schickte ich einige verständige Männer, nämlich Eliëser, Ariël, Schemaja, Elnatan, Jarib, Elnatan, Natan, Secharja und Meschullam [17] zu Iddo, dem Vorsteher der Ortschaft Kasifja; ich sagte ihnen, was sie zu Iddo und zu seinen Brüdern, die in der Ortschaft Kasifja ansässig waren, sagen sollten, damit sie uns Diener für das Haus unseres Gottes überließen. [18] Da die gütige Hand unseres Gottes über uns war, schickten sie uns einen einsichtigen Mann, einen von den Nachkommen Machlis, des Sohnes Levis, des Sohnes Israels, nämlich Scherebja, mit seinen Söhnen und Brüdern, zusammen 18 Männer; [19] ferner von den Nachkommen Meraris den Haschabja und mit ihm Jeschaja samt ihren Söhnen und Brüdern, 20 Männer; [20] dazu eine Anzahl von Tempeldienern, die David und die Obersten dem Tempel geschenkt hatten, damit sie den Leviten dienten, im ganzen 220 Tempeldiener. Sie alle sind namentlich aufgezeichnet.

Der Bericht über die Reise

[21] Dann rief ich dort am Fluß bei Ahawa ein Fasten aus; so wollten wir uns vor unserem Gott beugen und von ihm eine glückliche Reise erbitten für uns, unsere Familien und die ganze Habe. [22] Denn ich schämte mich, vom König Soldaten und Reiter zu fordern, die uns gegen Feinde auf dem Weg schützen sollten. Vielmehr hatten wir dem König gesagt: Die Hand unseres Gottes ist schützend über allen, die ihn suchen; doch seine Macht und sein Zorn kommen über alle, die ihn verlassen. [23] Wir fasteten also und suchten in dieser Sache Hilfe bei unserem Gott, und er erhörte uns.

◁ 22 | *So gib mir Antwort (Ijob 33)*

24 Dann wählte ich von den Obersten der Prie-
ster zwölf aus, dazu Scherebja und Haschabja
und mit ihnen noch zehn ihrer Brüder. 25 Ich wog
vor ihnen das Silber, das Gold und die Geräte,
die Weihegaben, die der König, seine Räte und
Großen sowie alle Israeliten, die dort lebten, für
das Haus unseres Gottes gestiftet hatten. 26 Ich
wog alles und legte es in ihre Hände: sechshun-
dertfünfzig Talente Silber und hundert silberne
Geräte, die zwei Talente wogen; ferner hundert
Talente Gold 27 und zwanzig goldene Becher im
Wert von tausend Golddariken sowie zwei Ge-
räte aus feinster, glänzender Bronze, kostbar wie
Gold. 28 Und ich sagte zu ihnen: Ihr seid dem
Herrn heilig, auch die Geräte sind heilig; das Sil-
ber und das Gold sind Weihegaben für den
Herrn, den Gott eurer Väter. 29 Bewacht und
behütet das alles, bis ihr es vor den Obersten der
Priester und Leviten sowie den Oberhäuptern
der Familien Israels in Jerusalem wägt und dar-
bringt, in den Räumen des Hauses des Herrn.
30 Die Priester und Leviten nahmen das Silber,
das Gold und die Geräte abgewogen in Empfang,
um sie nach Jerusalem in das Haus unseres
Gottes zu bringen.

31 Am zwölften Tag des ersten Monats brachen
wir von dem Fluß bei Ahawa auf, um nach Jeru-
salem zu ziehen. Die Hand unseres Gottes war
über uns, und er beschützte uns unterwegs vor
Feinden und Räubern. 32 Als wir nach Jerusalem
kamen, ruhten wir dort drei Tage aus. 33 Am vier-
ten Tag wog man im Haus unseres Gottes das Sil-
ber und das Gold sowie die Geräte und übergab
sie dem Priester Meremot, dem Sohn Urijas; bei
ihm waren Eleasar, der Sohn des Pinhas, sowie
die Leviten Josabad, der Sohn Jeschuas, und No-
adja, der Sohn Binnuis. 34 Man übergab alles, ge-
zählt und gewogen, und verzeichnete gleichzeitig
das genaue Gewicht.

35 Die Verschleppten, die jetzt aus der Gefan-
genschaft heimgekehrt waren, brachten dem
Gott Israels Brandopfer dar: zwölf Stiere für ganz
Israel, sechsundneunzig Widder und siebenund-
siebzig Lämmer, ferner zwölf Ziegenböcke für
ein Sündopfer – all das als Brandopfer für den
Herrn.

36 Man übergab die Anordnungen des Königs
den königlichen Satrapen und den Statthaltern im
Gebiet jenseits des Stroms. Sie unterstützten von
nun an das Volk und das Haus Gottes.

Das Verbot von Mischehen

9 Als das vollbracht war, kamen die Obersten
zu mir und sagten: Das Volk Israel und die
Priester und die Leviten haben sich nicht fern-
gehalten von der Bevölkerung des Landes und
ihren Greueltaten, von den Kanaanitern, Hetitern,
Perisitern, Jebusitern, Ammonitern, Moabitern,
Ägyptern und Amoritern. 2 Sie haben von deren
Töchtern Frauen genommen für sich und ihre
Söhne. So hat sich der heilige Same mit den Völ-
kern des Landes vermischt, und die Obersten und
Beamten waren bei diesem Treubruch die ersten.
3 Als ich das hörte, zerriß ich mein Gewand und
meinen Mantel; ich raufte mir die Haare und den
Bart und setzte mich erschüttert nieder. 4 Da ver-
sammelten sich alle um mich, die wegen des
Treubruchs der Heimkehrer die Drohungen des
Gottes Israels fürchteten. Bis zum Abendopfer
saß ich erschüttert da.

Esras Bußgebet

5 Zur Zeit des Abendopfers erhob ich mich aus
meiner Bußübung, mit zerrissenem Gewand und
Mantel. Dann warf ich mich auf die Knie, breitete
die Hände aus und betete zum Herrn, meinem
Gott: 6 Mein Gott, ich schäme mich und wage
nicht, die Augen zu dir, mein Gott, zu erheben.
Denn unsere Vergehen sind uns über den Kopf
gewachsen; unsere Schuld reicht bis zum Him-
mel. 7 Seit den Tagen unserer Väter bis heute sind
wir in großer Schuld. Wegen unserer Vergehen
wurden wir, unsere Könige und Priester, den
Königen der Länder ausgeliefert, dem Schwert,
der Gefangenschaft, der Plünderung und der
Schande, wie es noch heute der Fall ist. 8 Jetzt, für
einen kurzen Augenblick, hat der Herr, unser
Gott, uns Erbarmen gezeigt; er hat einen Rest ge-
rettet und übriggelassen und uns einen Ruheplatz
an seinem heiligen Ort gewährt. So ließ unser
Gott unsere Augen aufleuchten, er ließ uns ein
wenig aufleben in unserer Knechtschaft. 9 Ja, wir
sind Knechte. Aber auch in unserer Knechtschaft
hat unser Gott uns nicht verlassen. Er wandte uns
die Gunst der Könige von Persien zu. Er ließ uns
aufleben, so daß wir das Haus unseres Gottes
wieder aufbauen und es aus den Trümmern wie-
der aufrichten konnten. Er gewährte uns ein ge-
schütztes Gebiet in Juda und Jerusalem.

10 Aber jetzt, unser Gott, was sollen wir nach all
dem sagen? Wir haben ja deine Gebote verlassen.

11 Du hast durch deine Diener, die Propheten, ge-
boten: Das Land, in das ihr kommt, um es in Be-
sitz zu nehmen, ist ein beflecktes Land; denn die
Völker im Land haben es befleckt; in ihrer Un-
reinheit haben sie es mit ihren Greueltaten erfüllt,
vom einen Ende bis zum andern. 12 Darum dürft
ihr eure Töchter nicht ihren Söhnen als Frauen
geben, noch dürft ihr ihre Töchter für eure Söhne
nehmen. Ihr Glück und ihren Wohlstand sollt ihr
nicht begehren. Dann werdet ihr stark sein und
die Güter des Landes genießen und sie euren Kin-
dern vererben für alle Zeit.
13 Was ist alles über uns gekommen wegen un-
serer bösen Taten und unserer großen Schuld!
Dabei hast du, unser Gott, unsere Schuld mit
Nachsicht behandelt und uns diese Schar von Ge-
retteten gelassen. 14 Können wir nach alledem von
neuem deine Gebote brechen und uns mit diesen
greuelbeladenen Völkern verschwägern? Mußt
du uns dann nicht zürnen, bis wir ganz vernich-
tet sind, so daß kein Rest von Geretteten mehr
übrig bleibt? 15 Herr, Gott Israels, du bist gerecht;
darum hast du uns als geretteten Rest übrig ge-
lassen, wie es heute der Fall ist. Nun stehen wir
vor dir mit unserer Schuld. Nein, so kann nie-
mand vor dir bestehen.

Die Auflösung der Mischehen

10 Während Esra vor dem Haus Gottes auf
den Knien lag und weinend sein Gebet
und sein Bekenntnis sprach, versammelte sich
um ihn eine sehr große Gemeinde von Männern,
Frauen und Kindern aus Israel. Auch das Volk ver-
goß viele Tränen. 2 Schechanja, der Sohn Jehiëls,
einer der Nachkommen Elams, nahm das Wort
und sagte zu Esra: Ja, wir haben unserem Gott die
Treue gebrochen; wir haben fremde Frauen aus
der Bevölkerung des Landes geheiratet. Doch
auch jetzt gibt es noch Hoffnung für Israel: 3 Wir
wollen jetzt mit unserem Gott einen Bund
schließen und uns verpflichten, daß wir alle frem-
den Frauen samt ihren Kindern wegschicken
nach dem Rat meines Herrn und aller, die das
Gebot unseres Gottes fürchten. Man handle nach
dem Gesetz. 4 Steh auf! Denn dir obliegt die Sache.
Wir aber stehen dir bei. Faß Mut, und handle! 5 Da
stand Esra auf; er ließ die Obersten der Priester,
der Leviten und ganz Israels schwören, nach
diesem Vorschlag zu handeln, und sie leisteten
den Eid. 6 Dann verließ Esra den Platz vor dem
Haus Gottes und ging in die Kammer Johanans,
des Sohnes Eljaschibs. Dort verbrachte er die
Nacht, aß aber kein Brot und trank kein Wasser;
denn er trauerte über den Treubruch der Heim-
kehrer.
7 Dann machte man in Juda und Jerusalem allen
Heimkehrern bekannt, sie sollten sich in Jerusa-
lem versammeln. 8 Jeder, der nicht binnen drei Ta-
gen komme, wie es die Vorsteher und Ältesten
beschlossen hätten, dessen ganzer Besitz solle
der Vernichtung anheimfallen und er selbst solle
aus der Gemeinde der Heimkehrer ausgeschlos-
sen werden. 9 Da versammelten sich nach drei Ta-
gen alle Männer von Juda und Benjamin in Jeru-
salem; es war am zwanzigsten Tag des neunten
Monats. Das ganze Volk ließ sich auf dem Platz
vor dem Haus Gottes nieder. Alle zitterten wegen
der Sache, um die es ging, aber auch wegen des
Regens, der niederging. 10 Der Priester Esra stand
auf und sagte zu ihnen: Ihr habt dem Herrn die
Treue gebrochen; ihr habt fremde Frauen genom-
men und so die Schuld Israels noch größer ge-
macht. 11 So legt nun vor dem Herrn, dem Gott eu-
rer Väter, ein Bekenntnis ab, und tut, was er
wünscht: Trennt euch von der Bevölkerung des
Landes, insbesondere von den fremden Frauen!
12 Darauf antwortete die ganze Gemeinde laut: Al-
les, was du uns gesagt hast, müssen wir tun.
13 Aber es sind viele Menschen, und es ist Regen-
zeit; da kann man nicht im Freien bleiben, und
die Angelegenheit ist nicht an einem oder zwei
Tagen abzumachen. Denn viele von uns haben
sich in dieser Sache verfehlt. 14 Unsere Vorsteher
sollen darum die ganze Gemeinde vertreten. Alle,
die in unseren Städten fremde Frauen geheiratet
haben, sollen dann zu festgesetzten Zeiten her-
kommen, dazu die Ältesten und Richter jeder ein-
zelnen Stadt, bis wir den Zorn unseres Gottes, der
wegen dieser Sache entbrannt ist, von uns abge-
wendet haben.
15 Nur Jonatan, der Sohn Asaëls, und Jachseja,
der Sohn Tikwas, sprachen gegen diesen Vor-
schlag; Meschullam und der Levit Schabbetai un-
terstützten sie. 16 Die Heimkehrer machten es aber
so, wie vorgeschlagen worden war. Der Priester
Esra wählte Männer aus, für jede Großfamilie ein
Familienoberhaupt; alle wurden mit Namen auf-
gerufen. Am ersten Tag des zehnten Monats tra-
ten sie zusammen, um die Sache zu untersuchen,
17 und am ersten Tag des ersten Monats waren sie

fertig mit den Fällen aller Männer, die fremde
Frauen geheiratet hatten.

Die Liste der Betroffenen

18 Unter den Priestern fand man folgende, die
fremde Frauen geheiratet hatten: Von den Nach-
kommen Jeschuas, des Sohnes des Jozadak, und
seinen Brüdern: Maaseja, Eliëser, Jarib und Ge-
dalja. 19 Sie gaben die Hand darauf, ihre Frauen
wegzuschicken, und brachten für ihre Schuld ei-
nen Widder als Schuldopfer dar. 20 Von den Nach-
kommen Immers fand man schuldig: Hanani und
Sebadja; 21 von den Nachkommen Harims: Maa-
seja, Elija, Schemaja, Jehiël und Usija; 22 von den
Nachkommen Paschhurs: Eljoënai, Maaseja,
Jischmael, Netanel, Josabad und Elasa. 23 Von den
Leviten: Josabad, Schimi, Kelaja, das ist Kelita,
Petachja, Juda und Eliëser. 24 Von den Sängern: El-
jaschib. Von den Torwächtern: Schallum, Telem
und Uri. 25 Unter den Israeliten von den Nach-
kommen des Parosch: Ramja, Jisija, Malkija, Mija-
min, Eleasar, Malkija und Benaja; 26 von den
Nachkommen Elams: Mattanja, Secharja, Jehiël,
Abdi, Jeremot und Elija; 27 von den Nachkommen
Sattus: Eljoënai, Eljaschib, Mattanja, Jeremot, Sa-
bad und Asisa; 28 von den Nachkommen Bebais:
Johanan, Hananja, Sabbai und Atlai; 29 von den
Nachkommen Banis: Meschullam, Malluch,
Adaja, Jaschub, Scheal und Jeremot; 30 von den
Nachkommen des Pahat-Moab: Adna, Kelal, Be-
naja, Maaseja, Mattanja, Bezalel, Binnui und
Manasse; 31 von den Nachkommen Harims: Elië-
ser, Jischija, Malkija, Schemaja, Simeon, 32 Benja-
min, Malluch und Schemarja; 33 von den Nach-
kommen Haschums: Mattenai, Mattatta, Sabad,
Elifelet, Jeremai, Manasse und Schimi; 34 von den
Nachkommen Bigwais: Maadai, Amram, Uël,
35 Benaja, Bedja, Keluhi, 36 Wanja, Meremot, Elja-
schib, 37 Mattanja, Mattenai und Jaasai; 38 von den
Nachkommen Binnuis: Schimi, 39 Schelemja, Na-
tan und Adaja; 40 von den Nachkommen Sakkais:
Schaschai, Scharai, 41 Asarel, Schelemja, Sche-
marja, 42 Schallum, Amarja und Josef; 43 von den
Nachkommen Nebos: Jëiël, Mattitja, Sabad, Se-
bina, Jaddai, Joël und Benaja. 44 Alle diese hatten
fremde Frauen geheiratet; sie trennten sich nun
von ihren Frauen, auch wenn sie von ihnen Kin-
der hatten.

DAS BUCH NEHEMIA

Der Wiederaufbau durch Nehemia: 1,1–6,19

Das Gebet Nehemias

1 Bericht des Nehemia, des Sohnes Hachaljas.
Im Monat Kislew, im zwanzigsten Jahr des
Artaxerxes, war ich in der Festung Susa;
2 da kam Hanani, einer meiner Brüder, mit einigen
Männern aus Juda. Ich fragte sie, wie es den Juden
gehe, den Geretteten, die von den Gefangenen
übriggeblieben waren, und wie es um Jerusalem
stehe. 3 Sie sagten zu mir: Der Rest, der von den Ge-
fangenen übriggeblieben ist, lebt dort in der Pro-
vinz in großer Not und Schmach. Die Stadtmauer
von Jerusalem ist niedergelegt, und die Tore sind
abgebrannt. 4 Als ich das hörte, setzte ich mich nie-
der und weinte. Ich trauerte tagelang, fastete und
betete zu dem Gott des Himmels. 5 Ich sagte:
Ach, Herr, Gott des Himmels, du großer und
furchtgebietender Gott! Du hältst deinen Bund
und bewahrst deine Gnade denen, die dich lieben
und deine Gebote halten. 6 Hab ein aufmerksames
Ohr und ein offenes Auge, und hör das Gebet dei-
nes Knechtes! Ich bete jetzt Tag und Nacht vor dir
für die Söhne Israels, deine Diener. Ich lege ein
Bekenntnis ab wegen der Sünden der Söhne Isra-
els. Wir haben gegen dich gesündigt; auch ich
und meine Familie haben gesündigt. 7 Wir haben
sehr schlecht gegen dich gehandelt: Wir haben
die Gebote, Gesetze und Anordnungen mißach-
tet, die du deinem Diener Mose gegeben hast.
8 Aber denk an das Wort, das du deinem Diener
Mose aufgetragen hast: Wenn ihr mir die Treue

brecht, dann werde ich euch unter die Völker zerstreuen; 9 wenn ihr aber zu mir umkehrt, meine Gebote befolgt und sie ausführt, dann sammle ich euch wieder, selbst die, die bis ans Ende des Himmels verschlagen wurden; ich bringe sie an den Ort, den ich erwählt habe, um dort meinen Namen wohnen zu lassen.

10 Sie sind ja deine Knechte, dein Volk, das du erlöst hast mit deiner großen Kraft und deiner starken Hand. 11 Ach, Herr, dein Ohr höre aufmerksam auf das Gebet deines Knechtes und das Gebet deiner Knechte, die von Herzen deinen Namen fürchten: Gewähre deinem Knecht heute Erfolg, und laß ihn Erbarmen finden bei diesem Mann!

Ich war nämlich Mundschenk beim König.

Die Rückkehr Nehemias

2 Im Monat Nisan, im zwanzigsten Jahr des Königs Artaxerxes, nahm ich den Wein und reichte ihn dem König – mein Amt war es nämlich, für den Wein zu sorgen. Nie zuvor hatte der König mein Aussehen schlecht gefunden; 2 jetzt aber fragte er mich: Warum siehst du so schlecht aus? Du bist doch nicht etwa krank? Nein, du hast gewiß Kummer. Ich erschrak sehr; 3 dann sagte ich zum König: Der König möge ewig leben. Wie sollte ich nicht schlecht aussehen? Die Stadt, in der die Gräber meiner Väter sind, liegt in Trümmern, und ihre Tore sind vom Feuer verzehrt. 4 Der König erwiderte: Was möchtest du also? Da betete ich zum Gott des Himmels; 5 dann sagte ich zum König: Wenn du, König, es für gut findest und wenn du deinem Knecht vertraust, so sende mich nach Juda, damit ich die Stadt wieder aufbaue, in der die Gräber meiner Väter sind.

6 Darauf fragte mich der König, während die Königin neben ihm saß: Wie lang soll deine Reise dauern? Wann kommst du zurück? Ich nannte ihm eine bestimmte Zeit; der König war einverstanden und ließ mich ziehen. 7 Ich sagte dem König noch: Wenn der König es für gut findet, dann gebe man mir Briefe mit an die Statthalter des Gebiets jenseits des Stroms, damit sie mich bis nach Juda durchreisen lassen; 8 ferner einen Brief an Asaf, den Verwalter der königlichen Wälder: Er soll mir Bauholz liefern für die Tore der Tempelburg, für die Stadtmauer und für das Haus, in das ich ziehen will. Der König bewilligte es mir, weil die gütige Hand meines Gottes über mir war.

9 So kam ich zu den Statthaltern im Gebiet jenseits des Stroms, und ich übergab ihnen die Briefe des Königs. Der König hatte mir auch Hauptleute und Reiter als Geleit gegeben. 10 Sanballat, der Horoniter, und Tobija, der Knecht von Ammon, hörten davon. Es verdroß sie sehr, daß da ein Mann kam, der sich für das Wohl der Israeliten einsetzte.

Der Entschluß zum Mauerbau

11 So kam ich nach Jerusalem. Dort blieb ich drei Tage. 12 Dann machte ich mich bei Nacht auf, nahm aber nur einige wenige Männer mit. Noch hatte ich keinem Menschen mitgeteilt, was mein Gott mir eingegeben hatte, für Jerusalem zu tun. Ich nahm keine Tiere mit außer dem einen, auf dem ich ritt. 13 So ritt ich bei Nacht zum Taltor hinaus. An der Drachenquelle vorbei gelangte ich zum Aschentor. Dabei besichtigte ich die Mauern Jerusalems: Sie waren niedergerissen und die Tore vom Feuer verzehrt. 14 Ich ritt zum Quelltor und zum Königsteich hinüber. Hier konnte ich mit dem Reittier nicht mehr vorwärts kommen. 15 So ging ich bei Nacht das Bachtal hinauf und besichtigte die Mauer. Dann kehrte ich um und kam durch das Taltor wieder zurück. 16 Die Vorsteher wußten nicht, wohin ich gegangen war und was ich vorhatte. Denn ich hatte bis dahin den Juden nichts mitgeteilt, weder den Priestern noch den Vornehmen, noch den Beamten und den übrigen, die an dem Werk mitwirken sollten. 17 Jetzt aber sagte ich zu ihnen: Ihr seht selbst, in welchem Elend wir leben: Jerusalem liegt in Trümmern, und seine Tore sind abgebrannt. Gehen wir daran und bauen wir die Mauern Jerusalems wieder auf! So machen wir unserer Schande ein Ende. 18 Dann berichtete ich ihnen, wie die Hand meines Gottes so gütig über mir gewesen war und was der König mir zugesagt hatte. Da sagten sie: Wir wollen ans Werk gehen und bauen. Und sie nahmen die gute Sache in die Hand.

19 Als aber Sanballat, der Horoniter, Tobija, der Knecht von Ammon, und der Araber Geschem davon hörten, verspotteten sie uns und sagten verächtlich: Was soll das, was ihr da macht? Wollt ihr euch etwa gegen den König auflehnen? 20 Ich ließ ihnen antworten: Der Gott des Himmels wird uns Erfolg verleihen. Wir, seine Knechte, wollen ans Werk gehen und bauen. Ihr hingegen habt weder einen Anteil (an der Stadt) noch Anrecht

(auf sie); es gibt keine Erinnerung an euch in Je-
rusalem.

Der Bericht über den Bau

3 Der Hohepriester Eljaschib und seine Brüder,
die Priester, machten sich ans Werk und bau-
ten das Schaftor auf. Sie setzten die Balken ein
und brachten die Torflügel an. Sie bauten weiter
bis zum Turm der Hundert, setzten die Balken ein
und kamen bis zum Turm Hananel. 2 Anschlie-
ßend bauten die Männer von Jericho, und dane-
ben baute Sakkur, der Sohn Imris. 3 Das Fischtor
bauten die Söhne des Senaa; sie setzten die Bal-
ken ein und brachten die Torflügel, Riegel und
Sperrbalken an. 4 Neben ihnen arbeitete an der In-
standsetzung Meremot, der Sohn Urijas, des Soh-
nes des Koz. Daneben arbeitete Meschullam, der
Sohn Berechjas, des Sohnes Meschesabels. Da-
neben arbeitete Zadok, der Sohn Baanas. 5 Dane-
ben arbeiteten die Leute aus Tekoa. Die Vorneh-
men unter ihnen freilich beugten den Nacken
nicht zum Dienst für ihre Herren. 6 Jojada, der
Sohn Paseachs, und Meschullam, der Sohn Be-
sodjas, arbeiteten an der Instandsetzung des Je-
schanators; sie setzten die Balken ein und brach-
ten die Torflügel, Riegel und Sperrbalken an.
7 Daneben arbeitete Melatja aus Gibeon und Ja-
don aus Meronot sowie die Leute aus Gibeon und
Mizpa, dort wo der Statthalter des Gebiets jen-
seits des Stroms seinen Sitz hatte. 8 Daneben ar-
beitete Usiël, der Sohn Harhajas, einer von den
Goldschmieden; und daneben arbeitete Hananja,
ein Salbenhersteller. Sie befestigten Jerusalem bis
zur Breiten Mauer. 9 Daneben arbeitete Refaja, der
Sohn Hurs, der Vorsteher der einen Hälfte des Be-
zirks von Jerusalem. 10 Daneben arbeitete Jedaja,
der Sohn Harumafs, gegenüber seinem Haus; und
daneben arbeitete Hattusch, der Sohn Haschab-
nejas. 11 Malkija, der Sohn Harims, und Haschub,
der Sohn des Pahat-Moab, arbeiteten an der In-
standsetzung des folgenden Stückes und des
Ofenturms. 12 Daneben arbeitete Schallum, der
Sohn des Lohesch, der Vorsteher der anderen
Hälfte des Bezirks von Jerusalem. Ihm halfen
seine Töchter. 13 Hanun und die Einwohner von
Sanoach arbeiteten an der Instandsetzung des Tal-
tors; sie bauten es auf und brachten die Torflügel,
Riegel und Sperrbalken an; sie setzten auch wei-
tere tausend Ellen der Mauer instand, bis zum
Aschentor. 14 Malkija, der Sohn Rechabs, der Vor-
steher des Bezirks von Bet-Kerem, arbeitete an
der Instandsetzung des Aschentors; er baute es
auf und brachte die Torflügel, Riegel und Sperr-
balken an. 15 Schallun, der Sohn Kolhoses, der Vor-
steher des Bezirks von Mizpa, arbeitete an der In-
standsetzung des Quelltors; er baute es auf,
versah es mit einem Dach und brachte die Torflü-
gel, Riegel und Sperrbalken an. Weiter setzte er
die Mauer am Teich der Wasserleitung beim Kö-
nigsgarten instand, bis zu den Stufen, die von der
Davidstadt herabführen. 16 Hinter ihm arbeitete
Nehemja, der Sohn des Asbuk, der Vorsteher der
einen Hälfte des Bezirks von Bet-Zur; er arbeitete
bis zu der Stelle gegenüber den Gräbern Davids
und weiter bis zum künstlichen Teich und zur Ka-
serne der Leibwache. 17 Hinter ihm arbeiteten die
Leviten, nämlich Rehum, der Sohn Banis, und da-
neben Haschabja, der Vorsteher der einen Hälfte
des Bezirks von Keïla; er arbeitete für seinen Be-
zirk. 18 Hinter ihm arbeiteten die Brüder dieser Le-
viten unter Binnui, dem Sohn des Henadad, dem
Vorsteher der anderen Hälfte des Bezirks von
Keïla. 19 Neben ihm arbeitete Eser, der Sohn Je-
schuas, der Vorsteher von Mizpa, an der Instand-
setzung des folgenden Stückes, gegenüber dem
Aufstieg zum Zeughaus am Winkel. 20 Hinter ihm
arbeitete Baruch, der Sohn Sabbais, an der In-
standsetzung des anschließenden Stückes, vom
Winkel bis an den Eingang zum Haus des Ho-
henpriesters Eljaschib. 21 Hinter ihm arbeitete Me-
remot, der Sohn Urijas, des Sohnes des Koz, am
anschließenden Stück, vom Eingang bis zum
Ende des Hauses von Eljaschib. 22 Hinter ihm ar-
beiteten die Priester, die im Umkreis wohnten.
23 Dahinter arbeiteten Benjamin und Haschub
gegenüber ihrem Haus, und hinter ihnen arbei-
tete Asarja, der Sohn Maasejas, des Sohnes Ana-
nejas, neben seinem Haus. 24 Dahinter arbeitete
Binnui, der Sohn Henadads, an der Instandset-
zung des anschließenden Stückes, vom Haus des
Asarja bis zum Winkel und weiter bis zur Ecke.
25 Palal, der Sohn Usais, arbeitete gegenüber dem
Winkel und dem oberen Turm, der vom könig-
lichen Palast am Wachthof vorspringt. Hinter
ihm arbeiteten Pedaja, der Sohn des Parosch,
26 und die Tempeldiener, die auf dem Ofel wohn-
ten, bis zu der Stelle gegenüber dem Wassertor
im Osten und dem vorspringenden Turm. 27 Da-
hinter arbeiteten die Leute von Tekoa an der In-
standsetzung des anschließenden Stückes, von

der Stelle, die dem großen, vorspringenden Turm
gegenüberliegt, bis zur Mauer des Ofel. 28 Ober-
halb des Roßtors arbeiteten die Priester, jeder sei-
nem Haus gegenüber. 29 Dahinter arbeitete Zadok,
der Sohn Immers, seinem Haus gegenüber, und
hinter ihm arbeitete Schemaja, der Sohn
Schechanjas, der Wächter des Osttors. 30 Dahinter
arbeiteten Hananja, der Sohn Schelemjas, und Ha-
nun, der sechste Sohn Zalafs, an der Instandset-
zung eines weiteren Stückes. Dahinter arbeitete
Meschullam, der Sohn Berechjas, gegenüber sei-
ner Zelle. 31 Hinter ihm arbeitete Malkija, einer
von den Goldschmieden, bis zum Haus der Tem-
peldiener und der Händler, gegenüber dem
Wachttor, und bis zum Obergemach an der Ecke.
32 Und zwischen dem Obergemach an der Ecke
und dem Schaftor arbeiteten die Goldschmiede
und die Händler.

Der Spott der Feinde

33 Als Sanballat hörte, daß wir die Mauer aufbau-
ten, wurde er zornig und ärgerte sich sehr. Er
spottete über die Juden 34 und sagte vor seinen
Brüdern und dem Heer von Samarien: Was ma-
chen diese elenden Juden da? Wollen sie Jerusa-
lem wieder für sich befestigen? Wollen sie Opfer
darbringen? Wollen sie es an einem Tag vollen-
den? Können sie die Steine, die doch ausgeglüht
sind, aus den Schutthaufen zu neuem Leben auf-
richten? 35 Und Tobija von Ammon, der neben ihm
stand, sagte: Laßt sie nur bauen! Springt ein Fuchs
hinauf, dann reißt er ihre Steinmauer nieder.

36 Hör, unser Gott, wie wir zum Gespött gewor-
den sind. Laß ihren Hohn auf sie selbst zurückfal-
len! Gib sie der Plünderung und der Gefangen-
schaft preis! 37 Deck ihr Vergehen nicht zu! Ihre
Sünde soll bei dir nicht ausgelöscht sein; denn sie
haben die Bauenden beleidigt.

38 Wir bauten an der Mauer weiter, und bald
hatte sich die Mauer ringsum bis zur Hälfte ge-
schlossen. Das ermutigte das Volk zur weiteren
Arbeit.

Störaktionen von außen

4 Als aber Sanballat und Tobija sowie die Ara-
ber, die Ammoniter und die Leute von Asch-
dod hörten, daß der Wiederaufbau der Mauer von
Jerusalem voranging – denn die Breschen schlos-
sen sich allmählich –, wurden sie wütend, 2 und
alle zusammen verschworen sich, gegen Jerusa-
lem in den Krieg zu ziehen und dort Unruhe zu
stiften. 3 Wir aber beteten zu unserem Gott und
stellten Tag und Nacht eine Wache auf, um uns
vor ihnen zu schützen. 4 Doch dann sagten die Ju-
den: Den Trägern geht die Kraft aus; denn es liegt
zu viel Schutt da; es wird uns nie gelingen, die
Mauer aufzubauen. 5 Unsere Feinde aber sagten:
Sie sollen nichts merken und nichts von uns se-
hen, bis wir mitten unter ihnen stehen; dann met-
zeln wir sie nieder und machen dem Unterneh-
men ein Ende. 6 Doch die Juden, die bei ihnen
lebten, kamen und sagten uns mindestens zehn-
mal: Aus allen Orten ringsum, wo sie wohnen,
ziehen sie gegen uns heran. 7 Da stellte ich unter-
halb der Mauer auf dem freien Gelände das Volk
nach Sippen geordnet auf, mit Schwertern, Lan-
zen und Bogen bewaffnet. 8 Ich musterte sie, dann
erhob ich mich und sagte zu den Vornehmen, den
Beamten und den übrigen Männern: Fürchtet
euch nicht vor ihnen! Denkt an den Herrn; er ist
groß und furchtgebietend. Kämpft für eure Brüder
und Söhne, für eure Töchter und Frauen und für
eure Häuser!

9 Unsere Feinde erfuhren, daß uns ihr Vorhaben
bekannt geworden war. So vereitelte Gott ihren
Plan, und wir alle kehrten zu der Mauer zurück,
jeder zu seiner Arbeit. 10 Seit jenem Tag arbeitete
nur die Hälfte meiner Leute am Bau; die andere
Hälfte hielt Lanzen, Schilde, Bogen und Panzer
bereit, und die Obersten standen hinter dem
ganzen Volk Juda, 11 das an der Mauer baute. Die
Lastträger arbeiteten so: Mit der einen Hand taten
sie ihre Arbeit, in der andern hielten sie den Wurf-
spieß. 12 Von den Bauleuten hatte jeder sein
Schwert um die Hüften gegürtet, und so bauten
sie. Ständig hatte ich den Hornbläser bei mir,
13 und ich sagte zu den Vornehmen, den Beamten
und den übrigen: Die Arbeit ist vielfältig und weit
ausgedehnt. Wir stehen auf der Mauer zerstreut
und weit voneinander entfernt. 14 Wo ihr also das
Horn ertönen hört, dort sammelt euch um uns!
Unser Gott wird für uns streiten. 15 So arbeiteten
wir am Bau, während die Hälfte die Lanzen bereit
hielt, vom Anbruch der Morgenröte bis zum Auf-
gang der Sterne. 16 Damals sagte ich dem Volk
noch: Jeder soll mit seinen Leuten auch nachts in
Jerusalem bleiben; dann stehen sie uns in der
Nacht als Wache zur Verfügung und am Tag zur
Arbeit. 17 Weder ich noch meine Brüder, weder
meine Leute noch die Wachmannschaft, die mich

begleitete, keiner von uns zog seine Kleider aus;
jeder hatte seine Waffe an der Seite.

Unfriede in den eigenen Reihen

5 Die Männer des einfachen Volkes und ihre
Frauen erhoben aber laute Klage gegen ihre
jüdischen Stammesbrüder. 2 Die einen sagten:
Wir müssen unsere Söhne und Töchter verpfän-
den, um Getreide zu bekommen, damit wir zu es-
sen haben und leben können. 3 Andere sagten:
Wir müssen unsere Felder, Weinberge und Häu-
ser verpfänden, um in der Hungerzeit Getreide zu
bekommen. 4 Wieder andere sagten: Auf unsere
Felder und Weinberge mußten wir Geld aufneh-
men für die Steuern des Königs. 5 Wir sind doch
vom selben Fleisch wie unsere Stammesbrüder;
unsere Kinder sind ihren Kindern gleich, und
doch müssen wir unsere Söhne und Töchter zu
Sklaven erniedrigen. Einige von unseren Töch-
tern sind schon erniedrigt worden. Wir sind
machtlos, und unsere Felder und Weinberge
gehören anderen.
6 Als ich ihre Klage und diese Worte hörte, wurde
ich sehr zornig. 7 Ich überlegte mir die Sache;
dann stellte ich die Vornehmen und die Beamten
zur Rede und sagte zu ihnen: Die eigenen Stam-
mesbrüder bedrückt ihr mit Schuldforderungen.
Und ich berief ihretwegen eine große Versamm-
lung ein 8 und sagte zu ihnen: Wir haben von un-
seren jüdischen Stammesbrüdern, die an andere
Völker verkauft worden waren, so viele wie mög-
lich losgekauft. Ihr aber, ihr wollt eure eigenen
Stammesbrüder verkaufen, damit sie dann wie-
der an uns verkauft werden. Da schwiegen sie
und wußten nichts zu erwidern. 9 Darauf sagte
ich: Was ihr tut, ist nicht recht. Wollt ihr nicht das
Gebot unseres Gottes gewissenhaft einhalten,
um so dem Hohn der uns feindlichen Völker zu
entgehen? 10 Auch ich und meine Brüder und
meine Leute haben Stammesbrüdern Geld und
Getreide geliehen. Erlassen wir ihnen doch diese
Schuldforderungen. 11 Gebt ihnen unverzüglich
ihre Äcker und Weinberge, ihre Ölgärten und
Häuser zurück, und erlaßt ihnen die Schuld an
Geld und Getreide, Wein und Öl, die sie bei euch
haben. 12 Da erklärten sie: Wir wollen alles
zurückgeben und nichts mehr von ihnen fordern.
Wir wollen tun, was du gesagt hast. Darauf rief
ich die Priester herbei und ließ die Leute
schwören, daß sie ihre Zusage halten würden.
13 Dann schüttelte ich den Bausch meines Ge-
wandes aus und sagte: Genauso schüttle Gott je-
den, der diese Zusage nicht hält, aus seinem Haus
und seinem Eigentum; er sei ebenso ausgeschüt-
telt und leer. Die ganze Versammlung antwortete:
Amen, so sei es!, und pries den Herrn; und das
Volk erfüllte die Zusage.

Nehemia als Statthalter

14 Außerdem verzichtete ich mit meinen Brüdern
auf den Unterhalt, den ich als Statthalter hätte be-
anspruchen können, und zwar von dem Tag an,
an dem mich der König zum Statthalter in Juda be-
stellt hatte, vom zwanzigsten bis zum zweiund-
dreißigsten Jahr des Artaxerxes, also zwölf Jahre
lang. 15 Die Statthalter, die mir vorangingen, hatten
das Volk schwer belastet; sie hatten von ihm täg-
lich vierzig Silberschekel für ihren Unterhalt er-
hoben; auch ihre Leute hatten das Volk unter-
drückt. Ich hingegen tat das aus Gottesfurcht
nicht. 16 Auch beim Bau der Mauer habe ich selbst
Hand angelegt. Wir haben kein Feld gekauft. Alle
meine Leute halfen dort gemeinsam bei der Bau-
arbeit. 17 An meinem Tisch speisten die führenden
Juden und die Beamten, hundertfünfzig an der
Zahl, sowie die, die von den Völkern ringsumher
zu uns kamen. 18 Täglich wurden ein Ochse, sechs
auserlesene Schafe und auch Geflügel zubereitet,
und all das ging auf meine Kosten. Dazu kam alle
zehn Tage eine Menge von verschiedenen Wei-
nen. Trotzdem habe ich den Unterhalt eines Statt-
halters nicht eingefordert; denn der Frondienst
lag schon schwer genug auf diesem Volk.
19 Denk daran, mein Gott, und laß mir all das zu-
gute kommen, was ich für dieses Volk getan habe.

Die Abwehr der Feinde

6 Sanballat, Tobija, der Araber Geschem und
unsere übrigen Feinde erfuhren, daß ich die
Mauer fertig gebaut hatte und daß in ihr keine
Lücke mehr war. Allerdings hatte ich damals die
Torflügel noch nicht in die Tore eingesetzt. 2 Da
ließen Sanballat und Geschem mir sagen: Komm,
wir wollen uns in Kefirim in der Ebene von Ono
treffen. Sie hatten aber Böses gegen mich im Sinn.
3 Ich schickte Boten an sie mit der Antwort: Ich ar-
beite gerade an einem großen Werk; darum kann
ich nicht kommen. Die Arbeit würde stocken,
wenn ich sie verließe und zu euch käme. 4 Vier-
mal schickten sie mir die gleiche Einladung, und

jedesmal gab ich ihnen die gleiche Antwort. 5 Da
schickte mir Sanballat in gleicher Weise zum fünf-
tenmal seinen Diener; er brachte einen un-
verschlossenen Brief, 6 in dem stand: Unter den
Völkern geht das Gerücht um – und Geschem
bestätigt es –, daß du mit den Juden einen Auf-
stand planst. Deshalb baust du die Mauer auf.
Und du willst, wie man sagt, König der Juden
werden. 7 Du hast auch, so hört man, Propheten
bestellt, die in Jerusalem von dir sagen und aus-
rufen sollen: Juda hat einen König. Solche
Gerüchte werden aber dem König zu Ohren kom-
men. Darum komm jetzt, wir wollen zusammen
beraten. 8 Ich ließ ihm antworten: Nichts von
dem, was du behauptest, ist geschehen. Das hast
du alles selbst erfunden. 9 Sie alle wollten uns
nämlich einschüchtern; sie dachten: Dann lassen
sie die Hände von dem Werk, und es kommt nicht
zustande. Nun aber rührte ich die Hände erst
recht.

10 Eines Tages ging ich in das Haus Schemajas,
des Sohnes Delajas, des Sohnes Mehetabels; er
war nämlich dort festgehalten. Er sagte: Gehen
wir zusammen in das Haus Gottes, ins Innere des
Tempels, und verschließen wir die Türen des
Tempels! Denn man wird kommen, um dich zu
töten. In der Nacht wird man kommen, um dich
zu töten. 11 Ich erwiderte: Sollte ein Mann wie ich
fliehen? Wer von meinesgleichen würde am Le-
ben bleiben, wenn er den Tempel beträte? Ich
gehe nicht hin. 12 Ich erkannte deutlich, daß nicht
Gott ihn geschickt hatte; er hatte vielmehr diese
Prophezeiung über mich nur gesprochen, weil To-
bija und Sanballat ihn gedungen hatten. 13 Er war
gedungen, damit ich aus Furcht so handeln und
mich versündigen sollte. Damit wollten sie mich
in üblen Ruf bringen, um mich verächtlich zu ma-
chen. 14 Mein Gott, vergiß dem Tobija und dem
Sanballat nicht, was sie getan haben, auch nicht
der Prophetin Noadja und den übrigen Propheten,
die mir Angst machen wollten.

15 Nach zweiundfünfzig Tagen, am Fünfund-
zwanzigsten des Monats Elul, war die Mauer
vollendet. 16 Als alle unsere Feinde es hörten,
fürchteten sich alle Völker rings um uns her. Ihr
Hochmut verging ihnen, und sie mußten einse-
hen, daß unser Gott es war, der dieses Werk voll-
bracht hatte.

17 In jener Zeit sandten die Vornehmen von Juda
auch viele Briefe an Tobija, und Briefe von Tobija
gelangten an sie. 18 Denn viele Menschen in Juda
waren ihm durch einen Eid verpflichtet. Er war
nämlich der Schwiegersohn Schechanjas, des
Sohnes Arachs, und sein Sohn Johanan hatte die
Tochter Meschullams, des Sohnes Berechjas, ge-
heiratet. 19 Auch rühmten sie vor mir seine Ver-
dienste und trugen ihm zu, was ich sagte. Tobija
schickte auch Briefe, um mir Furcht zu machen.

Ordnungen und Reformen: 7,1–13,31

Die Fertigstellung der Mauer

7 Als die Mauer gebaut war und ich die Tor-
flügel hatte einsetzen lassen, wurden die
Torwächter bestellt. 2 Zu Befehlshabern über
Jerusalem ernannte ich meinen Bruder Ha-
nani und den Burghauptmann Hananja; denn
dieser war ein zuverlässiger und gottesfürchti-
ger Mann, wie es nicht viele gab. 3 Ich sagte
zu ihnen: Die Tore Jerusalems dürfen erst ge-
öffnet werden, wenn die Sonne heiß scheint;
und noch während sie am Himmel steht, soll
man die Tore schließen und verriegeln. Auch soll
man Wachen aus den Einwohnern Jerusalems
bilden; jeder soll eine bestimmte Zeit des Wach-
dienstes haben, und zwar jeweils vor seinem
Haus.

Das Verzeichnis der Laienbevölkerung

4 Nun war die Stadt weit ausgedehnt und groß;
es war aber wenig Volk darin, und es gab nicht
viele Häuser, die wieder aufgebaut waren. 5 Da
gab mir mein Gott in den Sinn, die Vornehmen,
die Beamten und das Volk zusammenzurufen,
um sie nach Familien in Listen einzutragen.
Ich fand das Familienverzeichnis derer, die zu-
erst heimgekehrt waren; darin fand ich geschrie-
ben:

6 Hier folgt eine Liste der Einwohner der Provinz
Juda, der Verschleppten, die aus dem Exil heim-
gekehrt sind. Nebukadnezzar, der König von Ba-
bel, hatte sie verschleppt; nun kehrten sie nach Je-
rusalem und Juda zurück, jeder in seine Stadt. 7 Sie
kamen mit Serubbabel, Jeschua, Nehemja, Asarja,

Raamja, Nahamani, Mordochai, Bilschan, Mispe-
ret, Bigwai, Rehum und Baana.
Das ist die Zahl der Männer des Volkes Israel:
8 Nachkommen des Parosch 2172. 9 Nachkom-
men Schefatjas 372. 10 Nachkommen Arachs 652.
11 Nachkommen Pahat-Moabs, und zwar Nach-
kommen Jeschuas und Joabs, 2818. 12 Nachkom-
men Elams 1254. 13 Nachkommen Sattus 845.
14 Nachkommen Sakkais 760. 15 Nachkommen
Binnuis 648. 16 Nachkommen Bebais 628.
17 Nachkommen Asgads 2322. 18 Nachkommen
Adonikams 667. 19 Nachkommen Bigwais 2067.
20 Nachkommen Adins 655. 21 Nachkommen
Aters der Linie Hiskija 98. 22 Nachkommen Ha-
schums 328. 23 Nachkommen Bezais 324.
24 Nachkommen Harifs 112. 25 Nachkommen Gi-
beons 95. 26 Männer von Betlehem und Netofa
188. 27 Männer von Anatot 128. 28 Männer von
Bet-Asmawet 42. 29 Männer von Kirjat-Jearim, Ke-
fira und Beerot 743. 30 Männer von Rama und
Geba 621. 31 Männer von Michmas 122. 32 Män-
ner von Bet-El und Ai 123. 33 Männer von dem an-
dern Nebo 52. 34 Nachkommen des andern Elam
1254. 35 Nachkommen Harims 320. 36 Männer
von Jericho 345. 37 Männer von Lod, Hadid und
Ono 721. 38 Nachkommen Senaas 3930.

Das Verzeichnis der Priester und Leviten

39 Von den Priestern: Nachkommen Jedajas vom
Haus Jeschua 973. 40 Nachkommen Immers
1052. 41 Nachkommen Paschhurs 1247. 42 Nach-
kommen Harims 1017.
43 Von den Leviten: Nachkommen Jeschuas,
nämlich Kadmiël, Binnui und Hodawja, 74.
44 Von den Sängern: Nachkommen Asafs 148.
45 Von den Torwächtern: Nachkommen Schal-
lums, Nachkommen Aters, Nachkommen Tal-
mons, Nachkommen Akkubs, Nachkommen
Hatitas, Nachkommen Schobais, zusammen 138.
46 Von den Tempeldienern: Nachkommen Zihas,
Nachkommen Hasufas, Nachkommen Tabbaots,
47 Nachkommen des Keros, Nachkommen Sias,
Nachkommen Padons, 48 Nachkommen Lebanas,
Nachkommen Hagabas, Nachkommen Salmais,
49 Nachkommen Hanans, Nachkommen Giddels,
Nachkommen Gahars, 50 Nachkommen Reajas,
Nachkommen Rezins, Nachkommen Nekodas,
51 Nachkommen Gasams, Nachkommen Usas,
Nachkommen Paseachs, 52 Nachkommen Besais,
Nachkommen der Mëuniter, Nachkommen der
Nefusiter, 53 Nachkommen des Bakbuk, Nach-
kommen Hakufas, Nachkommen Harhurs,
54 Nachkommen Bazluts, Nachkommen Mehidas,
Nachkommen Harschas, 55 Nachkommen des
Barkos, Nachkommen Siseras, Nachkommen
Temachs, 56 Nachkommen Neziachs und Nach-
kommen Hatifas. 57 Von den Nachkommen der
Knechte Salomos: Nachkommen Sotais, Nach-
kommen Soferets, Nachkommen Perudas,
58 Nachkommen Jaalas, Nachkommen Darkons,
Nachkommen Giddels, 59 Nachkommen Schefat-
jas, Nachkommen Hattils, Nachkommen des
Pocheret-Zebajim und Nachkommen Amons.
60 Zusammen waren es 392 Tempeldiener und
Nachkommen der Knechte Salomos.
61 Die Folgenden sind aus Tel-Melach, Tel-Har-
scha, Kerub-Addon und Immer gekommen,
konnten aber nicht angeben, ob sie nach Großfa-
milie und Abkunft überhaupt aus Israel stamm-
ten: 62 Nachkommen Delajas, Nachkommen Tobi-
jas und Nachkommen Nekodas, insgesamt 642;
63 dazu bei den Priestern die Nachkommen Ha-
bajas, die Nachkommen des Koz und die Nach-
kommen Barsillais; dieser hatte eine von den
Töchtern Barsillais aus Gilead geheiratet und
dessen Namen angenommen. 64 Die Genannten
suchten ihre Eintragung im Geschlechterver-
zeichnis; aber man fand sie nicht; deshalb wur-
den sie aus dem Priesterstand ausgeschlossen;
65 der Statthalter untersagte ihnen, vom Hochhei-
ligen zu essen, bis der Priester mit den Urim und
Tummim auftrete.

Die Volkszählung

66 Die ganze Volksgemeinde zählte insgesamt
42 360 Personen. 67 Dabei waren ihre Knechte
und Mägde nicht mitgerechnet; es waren
7337 Personen. Dazu kamen 245 Sänger
und Sängerinnen; und sie hatten 736 Pferde und
245 Maultiere, 68 sowie 435 Kamele und 6720
Esel.
69 Einige von den Familienoberhäuptern brach-
ten Spenden für das Werk. Der Statthalter spen-
dete für den Bauschatz 1000 Golddariken, 50
Schalen, 30 Priesterkleider und 500 (Minen Sil-
ber). 70 Von den Familienoberhäuptern spendeten
einige für den Bauschatz 20 000 Golddariken
und 2200 Minen Silber. 71 Was das übrige Volk
spendete, betrug 20 000 Golddariken, 2000 Mi-
nen Silber und 67 Priesterkleider.

72 Die Priester, Leviten, Torwächter und Sänger,
auch ein Teil des Volkes und die Tempeldiener,
ließen sich in ihren Städten nieder, und ebenso
alle übrigen Israeliten in ihren Städten. Als der
siebte Monat herankam, waren die Israeliten be-
reits in ihren Städten.

Die Unterweisung im Gesetz

8 Das ganze Volk versammelte sich geschlos-
sen auf dem Platz vor dem Wassertor und bat
den Schriftgelehrten Esra, das Buch mit dem Ge-
setz des Mose zu holen, das der Herr den Israeli-
ten vorgeschrieben hat. 2 Am ersten Tag des sieb-
ten Monats brachte der Priester Esra das Gesetz
vor die Versammlung; zu ihr gehörten die Män-
ner und die Frauen und alle, die das Gesetz ver-
stehen konnten. 3 Vom frühen Morgen bis zum
Mittag las Esra auf dem Platz vor dem Wassertor
den Männern und Frauen und denen, die es ver-
stehen konnten, das Gesetz vor. Das ganze Volk
lauschte auf das Buch des Gesetzes. 4 Der Schrift-
gelehrte Esra stand auf einer Kanzel aus Holz, die
man eigens dafür errichtet hatte. Neben ihm
standen rechts Mattitja, Schema, Anaja, Urija, Hil-
kija und Maaseja, und links Pedaja, Mischaël,
Malkija, Haschum, Haschbaddana, Secharja und
Meschullam. 5 Esra öffnete das Buch vor aller Au-
gen; denn er stand höher als das versammelte
Volk. Als er das Buch aufschlug, erhoben sich
alle. 6 Dann pries Esra den Herrn, den großen
Gott; darauf antworteten alle mit erhobenen
Händen: Amen, amen! Sie verneigten sich, war-
fen sich vor dem Herrn nieder, mit dem Gesicht
zur Erde. 7 Die Leviten Jeschua, Bani, Scherebja,
Jamin, Akkub, Schabbetai, Hodija, Maaseja, Ke-
lita, Asarja, Josabad, Hanan und Pelaja erklärten
dem Volk das Gesetz; die Leute blieben auf ihrem
Platz. 8 Man las aus dem Buch, dem Gesetz
Gottes, in Abschnitten vor und gab dazu Er-
klärungen, so daß die Leute das Vorgelesene ver-
stehen konnten.

9 Der Statthalter Nehemia, der Priester und
Schriftgelehrte Esra und die Leviten, die das Volk
unterwiesen, sagten dann zum ganzen Volk:
Heute ist ein heiliger Tag zu Ehren des Herrn, eu-
res Gottes. Seid nicht traurig, und weint nicht!
Alle Leute weinten nämlich, als sie die Worte
des Gesetzes hörten. 10 Dann sagte Esra zu ih-
nen: Nun geht, haltet ein festliches Mahl, und
trinkt süßen Wein! Schickt auch denen etwas,
die selbst nichts haben; denn heute ist ein heili-
ger Tag zur Ehre des Herrn. Macht euch keine
Sorgen; denn die Freude am Herrn ist eure
Stärke. 11 Auch die Leviten beruhigten das ganze
Volk und sagten: Seid still, denn dieser Tag ist
heilig. Macht euch keine Sorgen! 12 Da gingen
alle Leute nach Hause, um zu essen und zu trin-
ken und auch andern davon zu geben und um
ein großes Freudenfest zu begehen; denn sie
hatten die Worte verstanden, die man ihnen ver-
kündet hatte.

Die Feier des Laubhüttenfestes

13 Am zweiten Tag versammelten sich die Famili-
enoberhäupter des ganzen Volkes sowie die Prie-
ster und Leviten bei dem Schriftgelehrten Esra,
um die Worte des Gesetzes weiter kennenzuler-
nen. 14 Da fanden sie im Gesetz, das der Herr
durch Mose geboten hat, die Stelle, an der es
heißt: Die Israeliten sollen während des Festes
im siebten Monat in Laubhütten wohnen. 15 Wie
man sie unterrichtet hatte, ließen sie nun in all
ihren Städten und in Jerusalem ausrufen: Geht
in die Berge und holt Zweige von veredelten
und von wilden Ölbäumen, Zweige von Myr-
ten, Palmen und Laubbäumen zum Bau von
Laubhütten, wie es vorgeschrieben ist. 16 Da ging
das Volk hinaus; man holte Zweige und baute
sich Laubhütten, der eine auf seinem flachen
Dach, andere in ihren Höfen, in den Vorhöfen
des Gotteshauses, auf dem Platz am Wassertor
und auf dem Platz am Efraimtor. 17 Die ganze Ge-
meinde, alle, die aus der Gefangenschaft heim-
gekehrt waren, bauten Laubhütten und wohn-
ten darin. So hatten die Israeliten es nicht mehr
gehalten seit den Tagen Josuas, des Sohnes
Nuns, bis zu diesem Tag, und die Freude war
überaus groß. 18 Jeden Tag las Esra aus dem Buch
des Gesetzes Gottes vor, vom ersten Tag bis zum
letzten. So feierte man das Fest sieben Tage lang;
am achten Tag war, wie vorgeschrieben, die
Festversammlung.

Der Bußgottesdienst

9 Am vierundzwanzigsten Tag dieses Monats
kamen die Israeliten zu einem Fasten zu-
sammen, in Bußgewänder gehüllt und das
Haupt mit Staub bedeckt. 2 Die, die ihrer Ab-
stammung nach Israeliten waren, sonderten sich
von allen Fremden ab; sie traten vor und be-

kannten ihre Sünden und die Vergehen ihrer Väter. 3 Sie erhoben sich von ihren Plätzen, und man las drei Stunden lang aus dem Buch des Gesetzes des Herrn, ihres Gottes, vor. Dann bekannten sie drei Stunden lang ihre Schuld und warfen sich vor dem Herrn, ihrem Gott, nieder. 4 Auf der Tribüne der Leviten erhoben sich Jeschua, Bani, Kadmiël, Schebanja, Bunni, Scherebja, Bani und Kenani und riefen laut zum Herrn, ihrem Gott. 5 Die Leviten Jeschua, Kadmiël, Bani, Haschabneja, Scherebja, Hodija, Schebanja und Petachja sagten: Erhebt euch, und preist den Herrn, euren Gott, von Ewigkeit zu Ewigkeit! Man preise deinen herrlichen Namen, obwohl er erhaben ist über allen Preis und Ruhm.

Das Bußgebet

6 Du, Herr, bist der Einzige. Du hast den Himmel geschaffen und den Himmel der Himmel und sein ganzes Heer, die Erde und alles, was auf ihr ist, die Meere und alles, was darin lebt. Ihnen allen gibst du das Leben. Das Heer des Himmels betet dich an. 7 Du, Herr, bist der Gott, der Abraham auserwählt hat. Du hast ihn aus Ur in Chaldäa herausgeführt und ihm den Namen Abraham verliehen. 8 Du hast sein Herz getreu befunden; deshalb hast du mit ihm den Bund geschlossen (und ihm versprochen), seinen Nachkommen das Land der Kanaaniter, Hetiter, Amoriter, Perisiter, Jebusiter und Girgaschiter zu geben; und du hast dein Wort gehalten, denn du bist gerecht. 9 Du hast das Elend unserer Väter in Ägypten gesehen, und du hast ihren Notschrei am Schilfmeer gehört. 10 Du hast Zeichen und Wunder getan am Pharao, an all seinen Dienern und am ganzen Volk in seinem Land; denn du wußtest, daß sie mit Israel ihren Übermut getrieben hatten. So hast du dir einen Namen gemacht, der gerühmt wird bis zum heutigen Tag. 11 Du hast das Meer vor ihnen zerteilt, und sie schritten auf trockenem Boden mitten durchs Meer; doch ihre Verfolger hast du in die Tiefe gestürzt, wie einen Stein, der in reißendem Wasser versinkt. 12 Durch eine Wolkensäule hast du sie bei Tag geleitet und durch eine Feuersäule bei Nacht, um ihnen den Weg zu erhellen, den sie gehen sollten. 13 Du bist auf den Berg Sinai herabgestiegen und hast vom Himmel her mit ihnen gesprochen; du hast ihnen klare Ordnungen und zuverlässige Gesetze gegeben, gute Satzungen und Gebote. 14 Deinen heiligen Sabbat hast du ihnen bekannt gemacht und hast ihnen durch deinen Diener Mose Gebote, Satzungen und Anweisungen gegeben. 15 Du hast ihnen Brot vom Himmel gegeben, als sie Hunger hatten, und hast Wasser aus dem Felsen sprudeln lassen, als sie Durst litten. Endlich hast du ihnen befohlen, in das Land, das du ihnen unter einem Eid zugesagt hattest, hineinzuziehen und es in Besitz zu nehmen.

16 Unsere Väter aber wurden hochmütig; sie waren trotzig und hörten nicht auf deine Gebote. 17 Sie weigerten sich zu gehorchen und dachten nicht mehr an die Wunder, die du an ihnen getan hattest. Hartnäckig setzten sie sich in den Kopf, als Sklaven nach Ägypten zurückzukehren. Doch du bist ein Gott, der verzeiht, du bist gnädig und barmherzig, langmütig und reich an Huld; darum hast du sie nicht verlassen. 18 Sie machten sich sogar ein gegossenes Kalb und sagten: Das ist dein Gott, der dich aus Ägypten herausgeführt hat!, und sie verübten schwere Frevel. 19 Du aber hast sie in deinem großen Erbarmen nicht in der Wüste verlassen. Die Wolkensäule wich nicht von ihnen bei Tag, sondern führte sie auf ihrem Weg; ebenso erhellte die Feuersäule bei Nacht den Weg, den sie gehen sollten. 20 Du gabst ihnen deinen guten Geist, um sie zur Einsicht zu bringen. Du entzogst ihnen dein Manna nicht und gabst ihnen Wasser für ihren Durst. 21 Vierzig Jahre lang hast du für sie in der Wüste gesorgt. Sie litten keinen Mangel; ihre Kleider zerfielen nicht, ihre Füße schwollen nicht an. 22 Du hast ihnen ganze Reiche und Völker ausgeliefert und als Randgebiet zugeteilt. So nahmen sie das Land des Königs Sihon von Heschbon in Besitz und das Land des Königs Og des Baschan. 23 Du hast ihre Nachkommen so zahlreich gemacht wie die Sterne am Himmel und hast sie in das Land geführt, von dem du ihren Vätern versprochen hattest, sie würden dort hineinziehen und es in Besitz nehmen. 24 Und die Nachkommen zogen in das Land und nahmen es in Besitz. Du hast ihnen die Kanaaniter, die Bewohner des Landes, unterworfen. Du gabst sie in ihre Gewalt, die Völker des Landes samt ihren Königen, und sie durften mit ihnen machen, was sie wollten. 25 Sie eroberten befestigte Städte und fruchtbares Ackerland.

Häuser mit all ihrem Reichtum nahmen sie in Besitz, ausgehauene Zisternen, Weinberge, Ölbäume und Obstbäume in Menge. Sie aßen sich satt, wurden fett und lebten gut von deinen reichen Gaben.

26 Dann aber wurden sie trotzig; sie empörten sich gegen dich und kehrten deinem Gesetz den Rücken. Deine Propheten warnten sie zwar und wollten sie zu dir zurückführen; doch man tötete sie und verübte schwere Frevel. 27 Da gabst du unsere Väter in die Gewalt ihrer Feinde, die sie hart bedrängten. Wenn sie dann bedrängt wurden, schrien sie zu dir, und du erhörtest sie im Himmel. In deinem großen Erbarmen schicktest du ihnen Retter, die sie aus der Gewalt ihrer Feinde befreiten. 28 Doch sobald sie Ruhe hatten, taten sie wieder Dinge, die dir mißfielen. Da liefertest du sie wieder der Gewalt ihrer Feinde aus, die sie unterdrückten. Nun schrien sie wieder zu dir, und du erhörtest sie im Himmel; oft hast du sie befreit in deinem großen Erbarmen. 29 Du warntest sie, um sie zu deinem Gesetz zurückzuführen. Sie aber waren stolz; sie hörten nicht auf deine Gebote und versündigten sich gegen deine Vorschriften; und doch lebt durch sie der Mensch, der sie befolgt. Sie kehrten dir trotzig den Rücken zu, waren starrsinnig und gehorchten dir nicht. 30 Viele Jahre hast du mit ihnen Geduld gehabt, hast sie gewarnt durch deinen Geist, durch deine Propheten; doch sie hörten nicht. Da gabst du sie in die Gewalt der benachbarten Völker. 31 In deinem großen Erbarmen hast du sie aber nicht ausgerottet; du hast sie nicht verlassen, denn du bist ein gnädiger und barmherziger Gott.

32 Und jetzt, unser Gott, du großer, starker, furchtgebietender Gott, der den Bund hält und uns seine Gnade bewahrt: Achte nicht gering all die Mühsal, die uns getroffen hat, unsere Könige und Vorsteher, unsere Priester und Propheten, unsere Väter und dein ganzes Volk seit den Tagen der Könige von Assur bis heute. 33 Du warst gerecht bei allem, was über uns gekommen ist. Du hast uns deine Treue bewiesen; wir aber haben gesündigt. 34 Unsere Könige, Vorsteher und Priester und unsere Väter befolgten dein Gesetz nicht; sie mißachteten deine Gebote und die Warnungen, die du an sie gerichtet hast. 35 Sie lebten in ihrem eigenen Königreich, in der Fülle des Reichtums, den du ihnen gewährt hast, in dem weiten, fruchtbaren Land, das du vor sie hingebreitet hast; sie aber haben dir trotzdem nicht gedient und sich nicht von ihrem bösen Treiben abgewandt. 36 Darum sind wir heute Knechte. Du hast unseren Vätern dieses Land gegeben, damit sie seine Früchte und seinen Reichtum genießen; wir aber leben darin als Knechte. 37 Sein reicher Ertrag geht an die Könige, die du wegen unserer Sünden über uns gesetzt hast. Sie verfügen über uns selbst und unser Vieh nach ihrem Belieben. Darum sind wir in großer Not.

Die Verpflichtung auf das Gesetz

10 Wegen all dem schließen wir nun einen Vertrag und schreiben ihn nieder. Auf der gesiegelten Urkunde stehen die Namen unserer Obersten, Leviten und Priester. 2 Auf der gesiegelten Urkunde stehen: der Statthalter Nehemia, der Sohn Hachaljas, und Zidkija, 3 Seraja, Asarja, Jirmeja, 4 Paschhur, Armarja, Malkija, 5 Hattusch, Schebanja, Malluch, 6 Harim, Meremot, Obadja; 7 Daniel, Ginneton, Baruch, 8 Meschullam, Abija, Mijamin, 9 Maasja, Bilga und Schemaja; das sind die Priester.

10 Dann die Leviten: Jeschua, der Sohn Asanjas, Binnui, der Nachkomme Henadads, und Kadmiël, 11 sodann ihre Brüder Schebanja, Hodija, Kelita, Pelaja, Hanan, 12 Micha, Rehob, Haschabja, 13 Sakkur, Scherebja, Schebanja, 14 Hodija, Bani und Beninu.

15 Dann folgen die Oberhäupter des Volkes: Parosch, Pahat-Moab, Elam, Sattu, Bani, 16 Bunni, Asgad, Bebai, 17 Adonija, Bigwai, Adin, 18 Ater, Hiskija, Asur, 19 Hodija, Haschum, Bezai, 20 Harif, Anatot, Nebai, 21 Magpiasch, Meschullam, Hesir, 22 Meschesabel, Zadok, Jaddua, 23 Pelatja, Hanan, Anaja, 24 Hoschea, Hananja, Haschub, 25 Lohesch, Pilha, Schobek, 26 Rehum, Haschabna, Maaseja, 27 Ahija, Hanan, Anan, 28 Malluch, Harim und Baana.

29 Die übrigen vom Volk, von den Priestern und Leviten, die Torwächter, Sänger und Tempeldiener, alle, die sich von den Völkern der anderen Länder abgesondert und dem Gesetz Gottes zugewandt haben, ihre Frauen, Söhne und Töchter, alle, die das nötige Verständnis besitzen: 30 Sie schließen sich ihren führenden Brüdern an; sie verpflichten sich unter Eid und Schwur, das Gesetz Gottes zu befolgen, das durch Mose, den Diener Gottes, gegeben wurde, und alle Gebote des

Herrn, unseres Gottes, seine Vorschriften und Satzungen zu beachten und zu erfüllen.

31 Wir werden unsere Töchter nicht den Völkern im Land zu Frauen geben, noch ihre Töchter für unsere Söhne nehmen. 32 Wenn die Völker des Landes Waren, besonders Getreide jeder Art, am Sabbat zum Verkauf anbieten, werden wir ihnen am Sabbat oder an einem anderen heiligen Tag nichts abnehmen. Wir verzichten in jedem siebten Jahr auf den Ertrag des Bodens und auf jede Schuldforderung. 33 Ferner übernehmen wir die Pflicht, jährlich ein Drittelschekel für den Dienst im Haus unseres Gottes zu geben, 34 für die Schaubrote, das tägliche Speiseopfer und das tägliche Brandopfer, für die Opfer an den Sabbaten, Neumondtagen und Festen, für die Weiheopfer und die Sündopfer, durch die man Israel Sühne verschafft, und für alle Arbeiten im Haus unseres Gottes. 35 Die Lieferung des Brennholzes haben wir ausgelost unter den Priestern, den Leviten und dem Volk. Jede Familie soll es jährlich zu der für sie bestimmten Zeit zum Haus unseres Gottes bringen. Es soll auf dem Altar des Herrn, unseres Gottes, brennen, wie es im Gesetz vorgeschrieben ist. 36 Ferner bringen wir jährlich zum Haus des Herrn die ersten Erträge unserer Felder und die ersten Erträge aller Baumfrüchte, 37 unsere erstgeborenen Söhne und die ersten Jungen unseres Viehs, wie es im Gesetz vorgeschrieben ist. Die ersten Jungen unserer Rinder und Schafe bringen wir zum Haus unseres Gottes für die Priester, die im Haus unseres Gottes Dienst tun. 38 Den Erstanteil von unserem Brotteig und von den Früchten aller Bäume sowie von Wein und Öl bringen wir für die Priester in die Kammern des Hauses unseres Gottes. Den Leviten geben wir den Zehnten vom Ertrag unseres Bodens. Die Leviten selbst erheben den Zehnten an allen Orten, wo wir das Feld bebauen. 39 Wenn die Leviten den Zehnten erheben, soll ein Priester, ein Nachkomme Aarons, die Leviten begleiten. Die Leviten bringen dann den Zehnten vom Zehnten zum Haus unseres Gottes in die Vorratskammern. – 40 In diese Kammern nämlich bringen die Israeliten und die Leviten die Abgaben an Getreide, Wein und Öl. Dort sind die Vorratsbehälter des Heiligtums, der Priester, die Dienst tun, der Torwächter und Sänger. – So werden wir das Haus unseres Gottes nicht im Stich lassen.

Die Liste der Einwohner Jerusalems

11 Die Obersten des Volkes ließen sich in Jerusalem nieder. Die übrigen Männer warfen das Los und veranlaßten so jeden Zehnten, sich in der heiligen Stadt Jerusalem niederzulassen. Neun Zehntel blieben in den Landstädten. 2 Das Volk aber segnete alle Männer, die sich bereit erklärten, in Jerusalem zu wohnen.

3 Das sind die Oberhäupter des Bezirks, die in Jerusalem und in den Städten Judas wohnten. Alle wohnten in ihren Städten, jeder auf seinem Besitz: die Israeliten, die Priester, die Leviten, die Tempeldiener und die Nachkommen der Knechte Salomos. 4 In Jerusalem wohnten von den Angehörigen der Stämme Juda und Benjamin folgende Männer: von den Angehörigen des Stammes Juda: Ataja, der Sohn Usijas, des Sohnes Secharjas, des Sohnes Amarjas, des Sohnes Schefatjas, des Sohnes Mahalels, von den Nachkommen des Perez; 5 ferner Maaseja, der Sohn Baruchs, des Sohnes Kolhoses, des Sohnes Hasajas, des Sohnes Adajas, des Sohnes Jojaribs, des Sohnes Secharjas, von den Nachkommen Schelas. 6 Die Gesamtzahl der Nachkommen des Perez, die in Jerusalem wohnten, betrug 468 kriegstüchtige Männer. 7 Von den Angehörigen des Stammes Benjamin waren es folgende Männer: Sallu, der Sohn Mechullams, des Sohnes Joëds, des Sohnes Pedajas, des Sohnes Kolajas, des Sohnes Maasejas, des Sohnes Itiëls, des Sohnes Jeschajas, 8 und seine Brüder, insgesamt 928 kriegstüchtige Männer. 9 Ihr Vorsteher war Joël, der Sohn Sichris; Juda, der Sohn Senuas, stand der Stadt als zweiter vor.

10 Von den Priestern: Jedaja, Jojarib, Jachin; 11 Seraja, der Sohn Hilkijas, des Sohnes Meschullams, des Sohnes Zadoks, des Sohnes Merajots, des Sohnes Ahitubs, der Fürst des Hauses Gottes; 12 dazu ihre Brüder, die den Dienst im Tempel versahen, insgesamt 822 Männer; ferner Adaja, der Sohn Jerohams, des Sohnes Pelaljas, des Sohnes Amzis, des Sohnes Secharjas, des Sohnes Paschhurs, des Sohnes Malkijas, 13 und seine Brüder, 242 Familienoberhäupter; weiter Amaschsai, der Sohn Asarels, des Sohnes Achsais, des Sohnes Meschillemots, des Sohnes Immers, 14 und seine Brüder, 128 kriegstüchtige Männer. Ihr Vorsteher war Sabdiël, der Sohn Haggedolims. 15 Von den Leviten: Schemaja, der Sohn Haschubs, des Sohnes Asrikams, des Sohnes Haschabjas, des Sohnes

Bunnis. [16] Von den Oberhäuptern der Leviten: Schabbetai und Josabad, die dem äußeren Dienst des Hauses Gottes vorstanden. [17] Mattanja, der Sohn Michas, des Sohnes Sabdis, des Sohnes Asafs, der den Lobgesang leitete und beim Gebet das Danklied anstimmte; Bakbukja als zweiter unter seinen Brüdern; ferner Abda, der Sohn Schammuas, des Sohnes Galals, des Sohnes Jedutuns. [18] Insgesamt wohnten 284 Leviten in der Heiligen Stadt.

[19] Dazu die Torwächter: Akkub, Talmon und ihre Brüder, die an den Toren Wache hielten, insgesamt 172 Männer.

Die Ansiedlungsbestimmungen

[21] Die Tempeldiener wohnten auf dem Ofel. Ziha und Gischpa standen ihnen vor. [22] Vorsteher der Leviten in Jerusalem war Usi, der Sohn Banis, des Sohnes Haschabjas, des Sohnes Mattanjas, des Sohnes Michas, einer der Nachkommen Asafs, die nach der Dienstordnung des Hauses Gottes zu singen hatten. [23] Für sie galt nämlich eine königliche Vorschrift, die bestimmte, was die Sänger an den einzelnen Tagen zu singen hatten. [24] Petachja, der Sohn Meschesabels, einer der Nachkommen Serachs, des Sohnes Judas, stand dem König in allem, was das Volk betraf, zur Seite.

[20] Die übrigen Israeliten, Priester und Leviten wohnten in den anderen Städten Judas, jeder auf seinem Besitztum, [25] und in den Gehöften auf ihren Fluren. Angehörige des Stammes Juda wohnten in Kirjat-Arba und seinen Tochterstädten, in Dibon und seinen Tochterstädten, in Kabzeel und den dazugehörenden Gehöften, [26] in Jeschua, Molada und Bet-Pelet, [27] in Hazar-Schual sowie in Beerscheba und seinen Tochterstädten, [28] in Ziklag sowie in Mechona und seinen Tochterstädten, [29] in En-Rimmon, Zora, Jarmut, [30] Sanoach, Adullam und den zu ihnen gehörenden Gehöften, in Lachisch und seiner Gemarkung sowie in Aseka und seinen Tochterstädten. Sie siedelten also von Beerscheba bis zum Hinnomtal.

[31] Angehörige des Sammes Benjamin wohnten in Geba, Michmas und Aja sowie in Bet-El und seinen Tochterstädten, [32] ferner in Anatot, Nob, Ananeja, [33] Hazor, Rama, Gittajim, [34] Hadid, Zeboim, Neballat, [35] Lod und Ono und im Tal der Werkleute. [36] Von den Leviten kamen einige Abteilungen Judas zu Benjamin.

Die Listen von Priester- und Levitenfamilien

12 Folgende Priester und Leviten kamen herauf, zusammen mit Serubbabel, dem Sohn Schealtiëls, und Jeschua: Seraja, Jirmeja, Esra, [2] Amarja, Malluch, Hattusch, [3] Schechanja, Harim, Meremot, [4] Iddo, Ginneton, Abija, [5] Mijamin, Maadja, Bilga, [6] Schemaja, Jojarib, Jedaja, [7] Sallu, Amok, Hilkija und Jedaja. Das waren die Oberhäupter der Priester zur Zeit Jeschuas. Ferner ihre Brüder, [8] die Leviten: Jeschua, Binnui, Kadmiël, Scherebja, Juda und Mattanja; ihm und seinen Brüdern oblag der Lobgesang. [9] Ihnen gegenüber standen Bakbukja und Unni und ihre Brüder, so wie sie für den Dienst eingeteilt waren.

[10] Jeschua zeugte Jojakim, Jojakim zeugte Eljaschib und Eljaschib Jojada; [11] Jojada zeugte Jonatan und Jonatan zeugte Jaddua.

[12] In der Zeit Jojakims waren folgende Priester die Oberhäupter ihrer Familien: Meraja in der Familie Seraja, Hananja in der Familie Jirmeja, [13] Meschullam in der Familie Esra, Johanan in der Familie Amarja, [14] Jonatan in der Familie Malluch, Josef in der Familie Schebanja, [15] Adna in der Familie Harim, Helkai in der Familie Meremot, [16] Sacharja in der Familie Iddo, Meschullam in der Familie Ginneton, [17] Sichri in der Familie Abija, ... in der Familie Mijamin, Piltai in der Familie Maadja, [18] Schammua in der Familie Bilga, Jonatan in der Familie Schemaja, [19] Mattenai in der Familie Jojarib, Usi in der Familie Jedaja, [20] Kallai in der Familie Sallu, Eber in der Familie Amok, [21] Haschabja in der Familie Hilkija, Netanel in der Familie Jedaja.

[22] Die Oberhäupter der levitischen Priesterfamilien in der Zeit Eljaschibs, Jojadas, Johanans und Jadduas sind in der Chronik verzeichnet bis zur Regierung des Persers Darius. [23] Von den Leviten sind die Oberhäupter der Familien in der Chronik verzeichnet bis zur Zeit Johanans, des Sohnes Eljaschibs. [24] Die Oberhäupter der Leviten waren: Haschabja, Scherebja, Jeschua, Binnui, Kadmiël und ihre Brüder, die ihnen beim Lob- und Dankgesang gegenüberstanden, Abteilung für Abteilung, nach der Vorschrift des Gottesmannes David, [25] nämlich Mattanja, Bakbukja und Obadja. Meschullam, Talmon und Akkub hielten als Torwächter die Wache an den Vorratskammern der Tore. [26] Diese Leviten waren im Amt zur Zeit Jojakims, des Sohnes Jeschuas, des Sohnes Jozadaks,

und zur Zeit des Statthalters Nehemia und des Priesters und Schriftgelehrten Esra.

Die Einweihung der Mauer

27 Bei der Einweihung der Mauer Jerusalems holte man die Leviten aus allen ihren Wohnsitzen nach Jerusalem, um mit frohen Lobgesängen und mit der Musik von Zimbeln, Harfen und Zithern die Einweihung zu vollziehen. 28 Da fanden sich die Sänger aus dem Umkreis von Jerusalem ein und aus den Gehöften der Leute von Netofa, 29 aus Bet-Gilgal und den Gemarkungen von Geba und Asmawet; die Sänger hatten sich nämlich rings um Jerusalem Gehöfte gebaut. 30 Die Priester und Leviten reinigten sich selbst; sie reinigten auch das Volk, die Tore und die Mauer.

31 Dann ließ ich die Vorsteher von Juda auf die Mauer steigen und stellte zwei große Festchöre auf. Der eine zog oben auf der Mauer nach rechts dem Aschentor zu. 32 Ihm folgte Hoschaja mit der einen Hälfte der Vorsteher von Juda. 33 Dann kamen Asarja, Esra, Meschullam, 34 Juda, Benjamin, Schemaja und Jirmeja; 35 sie waren Priester und bliesen die Trompeten. Dann kamen Secharja, der Sohn Jonatans, des Sohnes Schemajas, des Sohnes Mattanjas, des Sohnes Michajas, des Sohnes Sakkurs, des Sohnes Asafs, 36 und seine Brüder Schemaja, Asarel, Milalai, Gilalai, Maai, Netanel, Juda und Hanani mit den Musikinstrumenten des Gottesmannes David. Vor ihnen her schritt Esra, der Schriftgelehrte. 37 Sie zogen zum Quelltor, stiegen dann geradeaus die Stufen zur Davidstadt und den Aufgang zur Mauer hinauf und kamen am Palast Davids entlang zum Wassertor im Osten. 38 Der zweite Festchor ging nach links – ihm folgte ich mit der andern Hälfte des Volkes –, oben auf der Mauer am Ofenturm vorbei zur Breiten Mauer, 39 dann über das Efraimtor, das Jeschanator und das Fischtor, am Turm Hananel und am Tor der Hundert vorbei zum Schaftor; er machte halt am Wachtor. 40 Dann stellten sich die beiden Festchöre im Hof des Hauses Gottes auf, auch ich und die Hälfte der Beamten, die bei mir waren, 41 sowie die Priester Eljakim, Maaseja, Mijamin, Michaja, Eljoënai, Secharja und Hananja mit den Trompeten 42 und (die Leviten) Maaseja, Schemaja, Eleasar, Usi, Johanan, Malkija, Elam und Eser. Nun ließen sich die Sänger hören; ihr Leiter war Jisrachja. 43 An diesem Tag brachte man große Schlachtopfer dar, und alle freuten sich; denn Gott hatte ihnen eine große Freude bereitet. Auch die Frauen und Kinder waren fröhlich, und der Jubel in Jerusalem war weithin zu hören.

Die Ordnung der heiligen Abgaben

44 In jener Zeit wurden Männer bestellt zur Aufsicht über die Kammern, die für die Vorräte, Abgaben, Erstlingsfrüchte und Zehnten bestimmt waren. In diesen Kammern sammelte man von den Feldern der einzelnen Städte die Anteile, die den Priestern und Leviten gesetzlich zukamen. Denn die Juden waren den Priestern und Leviten, die im Dienst standen, wohlgesinnt. 45 Sie versahen den Dienst (im Haus) ihres Gottes und vollzogen die Reinigungsriten; auch die Sänger und Torwächter taten Dienst nach den Vorschriften Davids und seines Sohnes Salomo. 46 Denn schon früher, in der Zeit Davids und Asafs, gab es Vorsteher der Sänger, die zur Ehre Gottes Lob- und Danklieder vortrugen. 47 Zur Zeit Serubbabels und zur Zeit Nehemias lieferte ganz Israel die Anteile für die Sänger und Torwächter ab, je nachdem es der tägliche Bedarf erforderte. Man gab den Leviten einen heiligen Anteil, und die Leviten gaben davon den Söhnen Aarons einen heiligen Anteil.

Weitere Reformen Nehemias

13 Zu jener Zeit las man dem Volk aus dem Buch des Mose vor; da fand man die Stelle, an der steht: Ammoniter und Moabiter dürfen niemals in die Gemeinde Gottes eintreten; 2 denn sie sind den Israeliten einst nicht mit Brot und Wasser entgegengekommen. Moab hat gegen sie Bileam gedungen, der sie verfluchen sollte. Doch unser Gott verwandelte den Fluch in einen Segen. 3 Als man dieses Gesetz gehört hatte, sonderte man aus Israel alle Mischvölker aus.

4 Früher hatte der Priester Eljaschib die Kammern des Hauses unseres Gottes betreut; er war verwandt mit Tobija 5 und hatte darum für ihn eine große Kammer einrichten lassen. Dort bewahrte man früher das Opfermehl und den Weihrauch auf sowie die Behälter und den Zehnten von Getreide, Wein und Öl, der den Leviten, Sängern und Torwächtern gesetzlich zukam, außerdem die Abgaben für die Priester. 6 Bei all dem war ich aber nicht in Jerusalem gewesen; denn im zweiunddreißigsten Jahr des Artaxerxes, des Königs von

Babel, war ich zum König gereist. Nach einiger
Zeit erbat ich aber vom König (die Erlaubnis zur
Abreise) 7 und kam wieder nach Jerusalem. Nun
bemerkte ich die Untat, die Eljaschib zugunsten
Tobijas begangen hatte, indem er ihm in den Vor-
höfen des Hauses Gottes eine Kammer eingerich-
tet hatte. 8 Das mißfiel mir sehr, und ich warf den
ganzen Hausrat Tobijas aus der Kammer hinaus.
9 Dann ließ ich die Kammer reinigen und brachte
die Behälter des Hauses Gottes, das Opfermehl
und den Weihrauch wieder dorthin.

10 Ich erfuhr auch, daß die Anteile der Leviten
nicht abgeliefert wurden; darum waren die Levi-
ten und die Sänger, die den Dienst zu versehen
hatten, weggegangen, jeder auf seinen Landbe-
sitz. 11 Da machte ich den Beamten Vorwürfe und
sagte: Warum wird das Haus Gottes vernachläs-
sigt? Und ich holte die Leviten wieder zusammen
und stellte sie auf ihren Posten. 12 Nun brachte
ganz Juda wieder den Zehnten von Getreide,
Wein und Öl zu den Vorratskammern. 13 Zur Auf-
sicht über die Vorratskammern bestimmte ich den
Priester Schelemja, den Schreiber Zadok und den
Leviten Pedaja. Ihnen stellte ich Hanan, den Sohn
Sakkurs, des Sohnes Mattanjas, an die Seite, denn
sie galten als zuverlässig. Ihnen oblag es nun, den
Zehnten an ihre Brüder zu verteilen.

14 Denk dafür an mich, mein Gott, und lösch die
guten Taten nicht aus, die ich für das Haus meines
Gottes und seine Ordnung vollbracht habe.

Die Sabbatordnung

15 Damals sah ich in Juda Leute, die am Sabbat die
Kelter traten. Andere brachten Getreide ein und
luden es auf Esel; auch Wein, Trauben, Feigen
und Lasten aller Art brachten sie am Sabbattag
nach Jerusalem. Ich verwarnte sie, weil sie an
diesem Tag Lebensmittel verkauften. 16 Die Leute
von Tyrus, die in Juda wohnten, brachten Fische
und allerlei Waren und verkauften sie am Sabbat
an die Juden, sogar in Jerusalem. 17 Da machte ich
den Vornehmen von Juda Vorwürfe und sagte zu
ihnen: Wie könnt ihr eine solche Untat begehen
und den Sabbat entweihen? 18 Haben das nicht
schon eure Väter getan? Dafür ließ unser Gott all
dieses Unheil über uns und diese Stadt kommen.
Wollt ihr neuen Zorn über Israel bringen, indem
ihr den Sabbat entweiht? 19 Ich ließ von da an vor
dem Anbruch des Sabbats, wenn es in den Toren
Jerusalems dunkel wurde, die Tore schließen und
befahl, sie erst nach dem Sabbat wieder zu öff-
nen. Auch stellte ich einige meiner Leute an die
Tore, damit am Sabbattag keine Lasten herein-
gebracht wurden. 20 Einmal und ein zweites Mal
übernachteten die Händler und die Verkäufer
von allerlei Waren draußen vor Jerusalem. 21 Da
warnte ich sie und sagte zu ihnen: Wozu über-
nachtet ihr gerade vor der Mauer? Wenn ihr es
noch einmal tut, lasse ich euch festnehmen. Von
da an kamen sie nicht mehr am Sabbat. 22 Den Le-
viten aber befahl ich, sie sollten sich reinigen und
sich als Wächter an die Tore stellen, damit man
den Sabbattag heilighalte. Auch dafür denk an
mich, mein Gott, und sei mir gnädig in deiner
großen Huld!

Das Verbot der Mischehen

23 Damals sah ich auch Juden, die Frauen von
Aschdod, Ammon und Moab geheiratet hatten.
24 Die Hälfte ihrer Kinder redete in der Sprache
von Aschdod oder in der Sprache eines der ande-
ren Völker, konnten aber nicht mehr Jüdisch.
25 Ich machte ihnen Vorwürfe und verfluchte sie.
Einige von ihnen schlug ich und packte sie bei
den Haaren. Ich beschwor sie bei Gott: Ihr dürft
eure Töchter nicht ihren Söhnen geben noch ihre
Töchter zu Frauen für eure Söhne oder für euch
selbst nehmen. 26 Hat sich nicht wegen solcher
Frauen Salomo, der König Israels, versündigt? Un-
ter den vielen Völkern gab es keinen König wie
ihn. Er wurde von seinem Gott geliebt; darum
hatte ihn Gott zum König über ganz Israel ge-
macht. Aber selbst ihn haben die fremden Frauen
zur Sünde verführt. 27 Und jetzt hört man von
euch, daß ihr genau dieselbe Untat begeht und
unserem Gott die Treue brecht, indem ihr fremde
Frauen heiratet.

28 Einer der Söhne des Hohenpriesters Jojada, des
Sohnes Eljaschibs, war der Schwiegersohn des
Sanballat von Horon; ihn verwies ich aus meinem
Gebiet. 29 Vergiß es ihnen nicht, mein Gott, daß sie
das Priestertum und den Bund der Priester und
Leviten befleckt haben.

30 So habe ich das Volk von allem gereinigt, was
fremd war. Für die Priester und Leviten habe ich
Ordnungen aufgestellt, die jedem seinen Dienst
zuteilen. 31 Auch habe ich angeordnet, wie man an
den festgesetzten Zeiten das Brennholz liefern
und die ersten Erträge bringen soll. Denk daran,
mein Gott, und halt es mir zugute!

◁ 24 | *Mit meinem Gott überspringe ich Mauern (Ps 18)*

DAS BUCH TOBIT

Einleitung: 1,1–2

1 Buch der Geschichte Tobits.
Tobit war der Sohn Tobiëls, des Sohnes Hana-
nels, des Sohnes Aduëls, des Sohnes Gabaëls. Er
gehörte zum Geschlecht Asiëls und zum Stamm
Naftali. [2] Zur Zeit des assyrischen Königs Sal-
manassar wurde er als Gefangener aus Tisbe ver-
schleppt, einem Ort südlich von Kedesch-Naftali
in Galiläa, oberhalb Hazor.

Die Anfechtung und Not Tobits: 1,3–3,17

Tobit in der Heimat

[3] Ich, Tobit, habe mich mein ganzes Leben lang an
den Weg der Wahrheit und Gerechtigkeit gehal-
ten, und ich habe den Brüdern aus meinem
Stamm und meinem Volk, die mit mir zusammen
in das Land der Assyrer nach Ninive gekommen
waren, aus Barmherzigkeit viel geholfen. [4] Als ich
noch in meiner Heimat im Land Israel lebte – ich
war damals ein junger Mann –, sagte sich das
ganze Geschlecht meines Stammvaters Naftali
vom Tempel in Jerusalem los. Jerusalem war die
Stadt, die aus dem ganzen Stammesgebiet Israels
auserwählt worden war, damit alle Stämme dort
ihre Opfer darbrachten; dort war der Tempel, die
Wohnung des Allerhöchsten, für alle Geschlech-
ter und für alle Zeiten geweiht und gebaut wor-
den. [5] Alle Stämme, die sich losgesagt hatten,
opferten dem Stierbild des Baal, auch das Ge-
schlecht meines Stammvaters Naftali. [6] Nur ich
zog immer wieder zu den Festen nach Jerusalem,
wie es ganz Israel durch ewige Satzung vorge-
schrieben ist. Ich brachte die Erstlinge, die Zehn-
ten der Feldfrüchte und die Wolle von der ersten
Schafschur mit [7] und gab sie den Priestern, den
Söhnen Aarons, für den Altar. Den ersten Zehn-
ten aller Feldfrüchte gab ich den Leviten, die in Je-
rusalem Dienst taten. Den zweiten Zehnten ver-
kaufte ich und verwendete den Erlös alljährlich
für meine Wallfahrt nach Jerusalem. [8] Den dritten
Zehnten gab ich denen, für die er bestimmt war,
wie es Debora, die Mutter meines Vaters, geboten
hatte; denn ich war nach dem Tod meines Vaters
völlig verwaist. [9] Als ich ein Mann geworden war,
heiratete ich Hanna, die aus dem Geschlecht un-
seres Vaters stammte, und wir bekamen einen
Sohn, den wir Tobias nannten.

Tobit in der Verbannung

[10] In der Gefangenschaft in Ninive aßen die Brü-
der meines Stammes und alle Leute meines
Volkes von den Speisen, die auch die Heiden
aßen. [11] Ich aber hütete mich, davon zu essen,
[12] denn ich dachte mit ganzem Herzen an Gott.
[13] Der Höchste schenkte mir Gunst und Ansehen
bei Salmanassar, und ich wurde Einkäufer am
Hof. [14] Dabei kam ich auf einer Reise auch nach
Medien und vertraute Gabël, dem Bruder des Ga-
brija, in der Stadt Rages in Medien zehn Talente
Silber zur Aufbewahrung an. [15] Als Salmanassar
starb, wurde sein Sohn Sanherib an seiner Stelle
König. Seine Regierungszeit war von Unruhen er-
füllt, und ich konnte nicht mehr nach Medien rei-
sen.
[16] Schon zur Zeit Salmanassars hatte ich den Brü-
dern meines Stammes aus Barmherzigkeit viel ge-
holfen: [17] Ich gab den Hungernden mein Brot und
den Nackten meine Kleider; wenn ich sah, daß ei-
ner aus meinem Volk gestorben war und daß man
seinen Leichnam hinter die Stadtmauer von Ni-
nive geworfen hatte, begrub ich ihn. [18] Ich begrub
heimlich auch alle, die der König Sanherib hin-
richten ließ, nachdem er wie ein Flüchtling aus Ju-
däa heimgekehrt war. Denn viele ließ er in seiner
Wut hinrichten. Wenn aber der König die Leichen
suchen ließ, waren sie nicht mehr zu finden. [19] Ein
Einwohner von Ninive ging jedoch zum König

und erstattete Anzeige; er sagte, ich sei es, der sie
begrabe. Deshalb mußte ich mich verstecken. Als
ich erfuhr, daß man mich suchte, um mich zu tö-
ten, bekam ich Angst und floh. 20 Damals wurde
mir meine ganze Habe geraubt, und es blieb mir
nichts mehr als nur meine Frau Hanna und mein
Sohn Tobias. 21 Doch es dauerte nicht einmal fünf-
zig Tage, da wurde Sanherib von seinen beiden
Söhnen ermordet. Sie mußten in das Gebirge Ara-
rat fliehen, aber dann wurde sein Sohn Asarhad-
don an seiner Stelle König. Er machte Achikar,
den Sohn meines Bruders Hanaël, zum Herrn
über das ganze Rechnungswesen und die ganze
Verwaltung seines Reiches. 22 Weil Achikar ein
gutes Wort für mich einlegte, durfte ich nach Ni-
nive zurückkehren. Achikar war Mundschenk
und Siegelbewahrer sowie Bevollmächtigter für
die Verwaltung des Reiches und das Rechnungs-
wesen. Asarhaddon hatte ihm, meinem Neffen,
die zweithöchste Stelle in seinem Reich verlie-
hen.

Tobits Erblindung

2 Als ich heimkehrte und meine Frau Hanna
und mein Sohn Tobias mir wiedergeschenkt
waren, veranstaltete man mir zu Ehren am
Pfingsttag – dem Fest der Sieben Wochen – ein
Festmahl. 2 Ich setzte mich zu Tisch; als ich aber
die vielen Speisen sah, sagte ich zu meinem
Sohn: Geh zu unseren Brüdern, und wenn du ei-
nen Armen findest, der dem Herrn treugeblieben
ist, bring ihn her; ich warte auf dich. 3 Er kam
zurück und sagte: Auf dem Marktplatz liegt einer
von unserem Volk, den man erdrosselt hat. 4 Ich
sprang auf, noch ehe ich etwas gegessen hatte,
und verbarg den Toten bis zum Sonnenuntergang
in einer Hütte. 5 Nach meiner Rückkehr wusch
ich mich und aß voll Trauer mein Mahl. 6 Ich er-
innerte mich an das Wort des Propheten Amos:
Eure Feste sollen sich in Trauer verwandeln und
alle eure Freudenlieder in Totenklage. Und ich be-
gann zu weinen. 7 Nach Sonnenuntergang ging
ich hinaus, um ein Grab zu schaufeln, und be-
grub den Toten. 8 Meine Nachbarn aber sagten
hämisch: Er hat schon gar keine Angst mehr, we-
gen dieser Tat hingerichtet zu werden. Eben erst
hat er fliehen müssen, und schon begräbt er wie-
der die Toten.

9 Als ich ihn begraben hatte und in der Nacht
nach Hause kam, legte ich mich an der Hofmauer
zum Schlafen nieder, weil ich unrein geworden
war. Mein Gesicht ließ ich unbedeckt, 10 ohne auf
die Sperlinge zu achten, die in der Mauer niste-
ten. Da ließen die Sperlinge ihren warmen Kot in
meine offenen Augen fallen, und es bildeten sich
weiße Flecke in meinen Augen. Ich ging zu den
Ärzten, doch sie konnten mir nicht helfen. Achi-
kar sorgte für meinen Unterhalt, bis er in die Pro-
vinz Elymaïs zog.

Tobits Verhöhnung durch seine Frau

11 Meine Frau Hanna fertigte zu Hause Webarbei-
ten an, wie sie Frauen zu machen pflegen, 12 und
lieferte sie dann bei den Bestellern ab. Einmal ge-
schah es, daß sie ihr nicht nur den Lohn zahlten,
sondern auch noch ein Ziegenböckchen dazu-
schenkten. 13 Als sie heimkam, fing das Tier an zu
meckern. Ich fragte sie: Wo hast du das Böckchen
her? Es ist doch nicht etwa gestohlen? Dann gib
es seinen Eigentümern zurück! Denn was ge-
stohlen ist, darf man nicht essen. 14 Sie erwiderte:
Es wurde mir zusätzlich zu meinem Lohn ge-
schenkt. Aber ich glaubte ihr nicht und verlangte,
daß sie es seinen Eigentümern zurückbrachte,
und ich schämte mich ihretwegen. Doch sie ant-
wortete: Wo ist denn der Lohn für deine Barm-
herzigkeit und Gerechtigkeit? Jeder weiß, was sie
dir eingebracht haben.

Tobits Gebet

3 Da wurde ich traurig und begann zu wei-
nen. In meinem Schmerz betete ich: 2 Herr,
du bist gerecht, alle deine Wege und Taten zeu-
gen von deiner Barmherzigkeit und Wahrheit;
wahr und gerecht ist dein Gericht in Ewigkeit.
3 Denk an mich, und blick auf mich herab! Straf
mich nicht für die Sünden und Fehler, die ich
und meine Väter dir gegenüber begangen haben.
4 Sie haben nicht auf deine Gebote gehört. Darum
hast du uns der Plünderung, der Gefangenschaft
und dem Tod preisgegeben; bei allen Völkern,
unter die wir zerstreut worden sind, hast du uns
zum Gespött gemacht. 5 Auch jetzt treffen mich
zu Recht deine harten Strafen, die du über mich
kommen läßt wegen meiner und meiner Väter
Sünden. Denn wir haben deine Gebote nicht ge-
halten und haben den Weg deiner Wahrheit ver-
lassen. 6 Tu also mit mir, was dir gefällt. Laß mei-
nen Geist von mir scheiden; laß mich sterben
und zu Staub werden! Es ist besser für mich, tot

zu sein als zu leben. Denn ungerechte Vorwürfe
mußte ich anhören, und ich bin sehr betrübt. Laß
mich jetzt aus meiner Not zur ewigen Ruhestatt
gelangen! Wende deine Augen nicht von mir
ab!

Saras Verhöhnung durch ihre Mägde

7 Am gleichen Tag geschah es, daß in Ekbatana in
Medien Sara, die Tochter Raguëls, von den Mäg-
den ihres Vaters ebenfalls beschimpft wurde. 8 Sie
war mit sieben Männern verheiratet gewesen;
doch der böse Dämon Aschmodai hatte sie alle
getötet, bevor sie mit ihr geschlafen hatten. Die
Mägde sagten zu ihr: Begreifst du denn nicht, daß
du deine eigenen Männer erwürgst? Sieben hast
du gehabt, doch kein einziger ist dir geblieben.
9 Mit welchem Recht also behandelst du uns so
hart? Wenn sie schon sterben mußten, dann ver-
schwinde du doch mit ihnen! Hoffentlich bekom-
men wir nie einen Sohn oder eine Tochter von dir
zu sehen.

Saras Gebet

10 Als Sara das hörte, wurde sie so traurig, daß sie
sich erhängen wollte. Aber sie dachte: Ich bin
die einzige Tochter meines Vaters. Wenn ich das
täte, wäre es eine große Schande für ihn, und
ich wäre schuld daran, daß der alte Mann vor
Kummer ins Grab sinkt. 11 Darum trat sie ans
Fenster und betete: Gepriesen seist du, Herr,
mein Gott. Gepriesen sei dein heiliger und ehr-
würdiger Name in Ewigkeit. Alle deine Werke
sollen dich ewig preisen. 12 Nun aber, Herr, habe
ich meine Augen und mein Gesicht dir zuge-
wandt. 13 Laß mich von dieser Erde scheiden, da-
mit ich nicht länger solche Beschimpfungen
hören muß. 14 Du weißt, Herr, daß ich frei bin
von jeder Sünde mit einem Mann. 15 Weder mei-
nen eigenen Namen noch den meines Vaters
habe ich befleckt in dem Land, wo ich gefangen
bin. Ich bin die einzige Tochter meines Vaters; er
hat kein anderes Kind, das ihn beerben könnte.
Auch ist kein naher Verwandter da und kein
Sohn eines Verwandten, dessen Frau ich wer-
den müßte. Schon sieben Männer habe ich ver-
loren. Was nützt mir da noch das Leben? Doch
wenn es dir nicht gefällt, mich sterben zu lassen,
dann blick auf mich herab, und hab Erbarmen
mit mir, damit ich nicht länger solche Beschimp-
fungen hören muß.

Gottes Hilfe in Aussicht

16 Das Gebet beider, Tobits und Saras, fand Gehör
bei der Majestät des großen Rafael. 17 Er wurde ge-
sandt, um beide zu heilen: um Tobit von den
weißen Flecken auf seinen Augen zu befreien
und um Sara, die Tochter Raguëls, mit Tobits Sohn
Tobias zu vermählen und den bösen Dämon
Aschmodai zu fesseln. Denn Tobias sollte Sara zur
Frau haben. Und Tobit kehrte zur gleichen Zeit in
sein Haus zurück, als Sara, die Tochter Raguëls,
aus ihrem Zimmer herabkam.

Die Rettung durch Gottes gütige Führung: 4,1–12,22

Belehrungen für Tobias

4 An diesem Tag erinnerte sich Tobit an das
Geld, das er in der Stadt Rages in Medien bei
Gabaël hinterlegt hatte. 2 Er dachte: Ich habe mir
den Tod gewünscht. Warum soll ich nicht meinen
Sohn Tobias rufen und ihm von dem Geld er-
zählen, bevor ich sterbe? 3 Er rief ihn also und
sagte: Mein Sohn, wenn ich gestorben bin, be-
grab mich! Laß deine Mutter nicht im Stich, son-
dern halte sie in Ehren, solange sie lebt. Tu, was
sie erfreut, und mach ihr keinen Kummer! 4 Denk
daran, mein Sohn, daß sie deinetwegen viel Be-
schwerden hatte, als sie dich in ihrem Schoß trug.
Wenn sie gestorben ist, begrab sie an meiner Seite
im selben Grab! 5 Denk alle Tage an den Herrn, un-
seren Gott, mein Sohn, und hüte dich davor, zu
sündigen und seine Gebote zu übertreten. Handle
gerecht, solange du lebst; geh nicht auf den We-
gen des Unrechts! 6 Denn wenn du dich an die
Wahrheit hältst, wirst du bei allem, was du tust,
erfolgreich sein. 7 Allen, die gerecht handeln, hilf
aus Barmherzigkeit mit dem, was du hast. Sei
nicht kleinlich, wenn du Gutes tust. Wende dei-
nen Blick niemals ab, wenn du einen Armen
siehst, dann wird auch Gott seinen Blick nicht
von dir abwenden. 8 Hast du viel, so gib reichlich

von dem, was du besitzt; hast du wenig, dann zö-
gere nicht, auch mit dem Wenigen Gutes zu tun.
9 Auf diese Weise wirst du dir einen kostbaren
Schatz für die Zeit der Not ansammeln. 10 Denn
Gutes zu tun rettet vor dem Tod und bewahrt vor
dem Weg in die Finsternis. 11 Wer aus Barmherzig-
keit hilft, der bringt dem Höchsten eine Gabe dar,
die ihm gefällt.
12 Mein Sohn, hüte dich vor jeder Art von Un-
zucht! Vor allem: nimm eine Frau aus dem Stamm
deiner Väter! Nimm keine fremde Frau, die nicht
zum Volk deines Vaters gehört; denn wir stam-
men von Propheten ab. Mein Sohn, denk an
Noach, Abraham, Isaak und Jakob, unsere ersten
Vorfahren! Sie alle haben Frauen aus ihrem
Stamm geheiratet und sind mit Kindern gesegnet
worden; ihre Nachkommen werden das Land be-
sitzen. 13 Darum liebe die Brüder aus deinem
Stamm, mein Sohn, fühle dich nicht erhaben über
deine Verwandten und die Söhne und Töchter
deines Volkes, und sei nicht zu stolz, dir aus ihrer
Mitte eine Frau zu nehmen. Denn Stolz führt ins
Verderben und bringt Zerrüttung mit sich. Auch
Charakterlosigkeit führt zu Erniedrigung und
großer Not; die Charakterlosigkeit ist nämlich die
Mutter des Hungers.
14 Wenn einer für dich gearbeitet hat, dann ent-
halt ihm seinen Lohn nicht vor bis zum nächsten
Tag, sondern zahl ihn sofort aus! Wenn du Gott auf
diese Weise dienst, wird man auch dir deinen
Lohn auszahlen. Gib acht auf dich bei allem, was
du tust, mein Sohn, und zeig durch dein Beneh-
men, daß du gut erzogen bist. 15 Was dir selbst ver-
haßt ist, das mute auch einem anderen nicht zu!
Betrink dich nicht; der Rausch soll nicht dein Be-
gleiter sein. 16 Gib dem Hungrigen von deinem
Brot und dem Nackten von deinen Kleidern!
Wenn du Überfluß hast, dann tu damit Gutes, und
sei nicht kleinlich, wenn du Gutes tust. 17 Spende
dein Brot beim Begräbnis der Gerechten, gib es
nicht den Sündern! 18 Such nur bei Verständigen
Rat; einen brauchbaren Ratschlag verachte nicht!
19 Preise Gott, den Herrn, zu jeder Zeit; bitte ihn,
daß dein Weg geradeaus führt und daß alles, was
du tust und planst, ein gutes Ende nimmt. Denn
kein Volk ist Herr seiner Pläne, sondern der Herr
selbst gibt alles Gute, und er erniedrigt, wen er
will, wie es ihm gefällt. Denk also an meine Leh-
ren, mein Sohn! Laß sie dir nie aus dem Herzen
reißen!
20 Und jetzt will ich dir noch etwas sagen:
Ich habe Gabaël, dem Bruder des Gabrija, in der
Stadt Rages in Medien zehn Talente Silber zur
Aufbewahrung anvertraut. 21 Hab also keine
Angst, mein Sohn, weil wir verarmt sind. Du hast
ein großes Vermögen, wenn du nur Gott fürch-
test, alle Sünde meidest und das tust, was ihm ge-
fällt.

Ein Reisegefährte

5 Tobias antwortete ihm: Ich will alles tun, Va-
ter, was du mir aufgetragen hast. 2 Aber wie
soll ich das Geld holen? Ich kenne Gabaël doch
nicht. 3 Da gab ihm der Vater den Schuldschein
und sagte: Such jemand, der mit dir auf die Reise
geht. Ich will ihn entlohnen, solange ich noch am
Leben bin. Mach dich also auf den Weg, und hol
das Geld ab! 4 Tobias ging auf die Suche nach ei-
nem Begleiter und traf dabei Rafael; Rafael war
ein Engel, aber Tobias wußte es nicht. 5 Er fragte
ihn: Könnte ich mit dir nach Rages in Medien rei-
sen? Bist du mit der Gegend dort vertraut? 6 Der
Engel antwortete: Ich will mit dir reisen; ich
kenne den Weg und war schon bei unserem Bru-
der Gabaël zu Gast. 7 Tobias bat ihn: Wart auf
mich, ich will es meinem Vater sagen. 8 Der Engel
antwortete ihm: Geh, aber halte dich nicht auf!
9 Tobias ging nach Hause und sagte zu seinem Va-
ter: Ich habe einen Mann gefunden, der mit mir
reisen will. Da sagte der Vater: Ruf ihn her zu mir!
Ich möchte wissen, aus welchem Stamm er
kommt und ob er auch zuverlässig genug ist, um
dich zu begleiten. 10 Tobias holte den Engel; Rafael
kam, und sie begrüßten einander. 11 Tobit fragte
ihn: Bruder, aus welchem Stamm und aus wel-
cher Familie kommst du? Sag es mir! 12 Da erwi-
derte Rafael: Geht es dir um den Stamm und die
Familie oder um einen Mann, der gegen eine Ent-
lohnung mit deinem Sohn auf die Reise geht? To-
bit sagte: Bruder, ich möchte nur deine Herkunft
und deinen Namen wissen. 13 Da antwortete Rafa-
el: Ich bin Asarja, der Sohn des großen Hananja,
einer von den Brüdern deines Stammes. 14 Darauf
sagte Tobit: Sei willkommen, mein Bruder! Sei mir
nicht böse, daß ich nach deinem Stamm und dei-
ner Familie gefragt habe. Ich sehe, mein Bruder,
daß du aus einem guten und edlen Geschlecht
stammst. Denn ich habe Hananja und Natan, die
Söhne des großen Schimi, kennengelernt, als wir
zusammen nach Jerusalem pilgerten, um dort den

Herrn anzubeten und das Erstlingsopfer und den Zehnten unserer Ernte darzubringen. Auch diese beiden hatten sich nicht beirren lassen, als unsere Brüder von Gott abfielen. Bruder, du stammst von guten Vorfahren. [15] Aber sag mir: Welchen Lohn soll ich dir geben? Eine Drachme täglich und dazu den Lebensunterhalt, wie ihn auch mein Sohn erhält? [16] Ich will dir aber noch etwas zu deinem Lohn hinzugeben, wenn ihr gesund zurückkehrt. [17] So einigten sie sich.

Darauf sagte Tobit zu Tobias: Mach dich fertig zur Reise! Ich wünsche euch alles Gute auf den Weg. Als der Sohn alles für die Reise vorbereitet hatte, sagte sein Vater zu ihm: Mach dich mit dem Mann auf den Weg! Gott, der im Himmel wohnt, wird euch auf eurer Reise behüten; sein Engel möge euch begleiten. Da brachen die beiden auf, und der Hund des jungen Tobias lief mit.

Tobits Zuversicht

[18] Hanna aber, die Mutter des Tobias, weinte und sagte zu Tobit: Warum hast du unseren Sohn weggeschickt? War er nicht die Stütze unseres Alters, als er noch bei uns ein- und ausging? [19] Wir hätten dieses Geld gar nicht gebraucht; denn es ist nichts, verglichen mit dem Leben unseres Sohnes. [20] Was uns der Herr zum Leben gegeben hat, reicht für uns. [21] Tobit antwortete: Mach dir keine Sorgen, Schwester; er wird gesund zurückkommen, und du wirst ihn wiedersehen. [22] Denn ein guter Engel begleitet ihn, und seine Reise wird ein gutes Ende nehmen; er wird sicherlich gesund heimkehren. [23] Da hörte sie auf zu weinen.

Wunderbare Heilmittel

6 Die beiden kamen auf ihrer Reise abends an den Tigris, wo sie übernachteten. [2] Als der junge Tobias im Fluß baden wollte, schoß ein Fisch aus dem Wasser hoch und wollte ihn verschlingen. [3] Der Engel rief Tobias zu: Pack ihn! Da packte der junge Mann zu und warf den Fisch ans Ufer. [4] Und der Engel sagte zu Tobias: Schneide den Fisch auf, nimm Herz, Leber und Galle heraus und bewahre sie gut auf! [5] Der junge Tobias tat, was ihm der Engel sagte. Dann brieten sie den Fisch und aßen ihn.

[6] Als sie weiterreisten und in die Gegend von Ekbatana kamen, [7] fragte der junge Tobias den Engel: Asarja, lieber Bruder, wozu sollen die Leber, das Herz und die Galle des Fisches gut sein? [8] Rafael antwortete: Wenn ein Mann oder eine Frau von einem Dämon oder einem bösen Geist gequält wird, soll man das Herz und die Leber des Fisches in Gegenwart dieses Menschen verbrennen; dann wird er von der Plage befreit. [9] Und wenn jemand weiße Flecken in den Augen hat, soll man die Augen mit der Galle bestreichen; so wird er geheilt.

Der Heiratsplan

[10] Als sie in der Nähe der Stadt Ekbatana waren, [11] sagte der Engel zu dem jungen Tobias: Bruder, heute werden wir bei Raguël übernachten. Es ist ein Verwandter von dir. Er hat nur ein einziges Kind, eine Tochter namens Sara. [12] Ich will mit ihm reden, daß er sie dir zur Frau geben soll. Denn dir steht ihr Erbe zu, weil du ihr einziger Verwandter bist. Das Mädchen ist schön und klug. [13] Darum hör mir zu! Ich will mit ihrem Vater sprechen, und wenn wir aus Rages zurückkommen, feiern wir die Hochzeit. Denn ich weiß, daß Raguël sie nach dem Gesetz des Mose keinem anderen Mann geben darf, sonst wird er mit dem Tod bestraft; denn du hast vor allen anderen Anspruch auf ihr Erbe. [14] Der junge Tobias antwortete: Asarja, Bruder, ich habe gehört, daß das Mädchen schon mit sieben Männern verheiratet war, daß aber alle im Brautgemach gestorben sind. [15] Ich bin der einzige Sohn meines Vaters und habe Angst, daß ich ebenso sterben muß wie die anderen Männer, wenn ich das Brautgemach betrete. Ein Dämon liebt sie und bringt alle um, die ihr nahekommen. Darum habe ich Angst, daß ich sterben muß und daß ich dann meinen Vater und meine Mutter aus Kummer um mich ins Grab bringe. Sie haben keinen zweiten Sohn, der sie dann begraben könnte. [16] Da sagte der Engel zu ihm: Erinnerst du dich nicht mehr, wie dein Vater dir aufgetragen hat, nur eine Frau aus deinem Volk zu heiraten? Darum hör jetzt auf mich, Bruder! Sie wird deine Frau werden. Und mach dir keine Sorgen wegen des Dämons! Noch in dieser Nacht wird sie deine Frau. [17] Wenn du in das Brautgemach gehst, nimm etwas Glut aus dem Räucherbecken, leg ein Stück vom Herz und von der Leber des Fisches darauf, und laß es verbrennen! Sobald der Dämon den Geruch spürt, wird er fliehen und in alle Ewig-

keit nicht mehr zurückkommen. 18 Wenn du
dann zu ihr gehst, steht beide auf und ruft den
barmherzigen Gott an; er wird euch helfen und
Erbarmen mit euch haben. Hab also keine
Angst; das Mädchen ist schon immer für dich
bestimmt gewesen. Du wirst sie aus ihrer Not
befreien; sie wird mit dir ziehen und wird dir ge-
wiß Kinder schenken. 19 Als Tobias das hörte,
faßte er Zuneigung zu dem Mädchen, und sein
Herz gehörte ihr.

Die Ankunft bei den Verwandten

7 Als sie in Ekbatana beim Haus Raguëls ange-
langt waren, kam ihnen Sara entgegen und
hieß sie willkommen. Sie erwiderten ihren Gruß,
und Sara führte sie ins Haus. 2 Da sagte Raguël zu
seiner Frau Edna: Wie sieht doch dieser junge
Mann meinem Vetter Tobit ähnlich! 3 Raguël fragte
die beiden: Woher seid ihr, liebe Brüder? Sie ant-
worteten: Wir gehören zu den Leuten vom Stamm
Naftali, die in Ninive in der Gefangenschaft leben.
4 Da fragte er sie: Kennt ihr unseren Bruder Tobit?
Sie sagten: Wir kennen ihn. 5 Er fragte weiter: Geht
es ihm gut? Sie antworteten: Er lebt und ist gesund.
Tobias fügte hinzu: Er ist mein Vater. 6 Da sprang
Raguël auf und umarmte ihn unter Tränen; er seg-
nete ihn und sagte: Du bist der Sohn eines guten
und edlen Mannes. Als er dann hörte, daß Tobit
das Augenlicht verloren hatte, wurde er traurig
und weinte; 7 auch seine Frau Edna und seine Toch-
ter Sara brachen in Tränen aus.
Man nahm die beiden Gäste herzlich auf. 8 Man
schlachtete einen Widder und setzte ihnen ein
reiches Mahl vor.

Tobias und Sara

9 Da bat Tobias den Rafael: Asarja, mein Bruder,
bring doch zur Sprache, worüber du unterwegs
mit mir geredet hast, damit die Sache zu einem
glücklichen Ende kommt. 10 Rafael teilte Raguël al-
les mit. Darauf sagte Raguël zu Tobias: Iß und
trink, und laß es dir gut gehen! Du hast einen An-
spruch darauf, mein Kind zu heiraten. Ich muß dir
aber die Wahrheit sagen: 11 Ich habe meine Toch-
ter schon sieben Männern zur Frau gegeben;
doch jeder, der zu ihr ins Brautgemach ging, ist
noch in derselben Nacht gestorben. Aber laß es
dir jetzt trotzdem gut gehen! 12 Tobias erwiderte:
Ich will nichts essen, ehe ihr sie mir nicht feierlich
zur Frau gegeben habt. Da sagte Raguël: Du sollst
sie bekommen, sie ist von jetzt an nach Recht und
Gesetz deine Frau. Du bist mit ihr verwandt; sie
gehört dir. Der barmherzige Gott schenke euch
viel Glück. 13 Und er ließ seine Tochter Sara rufen,
nahm sie bei der Hand und gab sie Tobias zur
Frau; er sagte: Hier, sie ist dein nach dem Gesetz
des Mose. Führ sie zu deinem Vater! Und er seg-
nete sie. 14 Dann rief er seine Frau Edna herbei,
nahm ein Blatt Papier, schrieb den Ehevertrag,
und man setzte das Siegel darunter. Darauf be-
gannen sie mit dem Mahl.
15 Raguël rief seine Frau Edna und sagte zu ihr:
Schwester, richte das andere Zimmer her, und
führ Sara hinein. 16 Sie tat, was er sagte, und
führte sie hinein. Sara aber begann zu weinen.
Ihre Mutter trocknete ihr die Tränen und tröstete
sie: 17 Hab Vertrauen, mein Kind! Nach so viel
Leid schenke dir der Herr des Himmels und der
Erde endlich Freude. Hab nur Vertrauen, meine
Tochter!

Die glücklichen Brautleute

8 Nach der Mahlzeit führten sie Tobias zu Sara.
2 Als er hineinging, erinnerte er sich an die
Worte Rafaels; er nahm etwas Glut aus dem Räu-
cherbecken, legte das Herz und die Leber des Fi-
sches darauf und ließ sie verbrennen. 3 Sobald der
Dämon den Geruch spürte, floh er in den hinter-
sten Winkel Ägyptens; dort wurde er von dem
Engel gefesselt.
4 Als Tobias und Sara in der Kammer allein wa-
ren, erhob sich Tobias vom Lager und sagte: Steh
auf, Schwester, wir wollen beten, damit der Herr
Erbarmen mit uns hat. 5 Und er begann zu beten:
Sei gepriesen, Gott unserer Väter; gepriesen sei
dein heiliger und ruhmreicher Name in alle Ewig-
keit. Die Himmel und alle deine Geschöpfe müs-
sen dich preisen. 6 Du hast Adam erschaffen und
hast ihm Eva zur Frau gegeben, damit sie ihm hilft
und ihn ergänzt. Von ihnen stammen alle Men-
schen ab. Du sagtest: Es ist nicht gut, daß der
Mensch allein ist; wir wollen für ihn einen Men-
schen machen, der ihm hilft und zu ihm paßt.
7 Darum, Herr, nehme ich diese meine Schwester
auch nicht aus reiner Lust zur Frau, sondern aus
wahrer Liebe. Hab Erbarmen mit mir, und laß
mich gemeinsam mit ihr ein hohes Alter errei-
chen! 8 Und Sara sagte zusammen mit ihm:
Amen. 9 Und beide schliefen die Nacht über mit-
einander.

Raguëls Freude

10 Morgens stand Raguël auf, ging hinaus und hob
ein Grab aus. Er dachte: Sicher ist auch die-
ser Mann gestorben. 11 Als er wieder ins Haus
kam, 12 sagte er zu seiner Frau Edna: Schick eine
Magd hinauf; sie soll nachsehen, ob er noch lebt.
Wenn er nicht mehr lebt, wollen wir ihn begra-
ben, ohne daß es jemand merkt. 13 Die Magd öff-
nete die Tür, ging hinein und sah, daß die beiden
schliefen. 14 Sie ging wieder hinaus und berichtete
ihnen, Tobias sei noch am Leben. 15 Da pries Ra-
guël Gott und betete: Sei gepriesen, Gott, mit rei-
nem und heiligem Lobpreis. Deine Heiligen und
alle deine Geschöpfe sollen dich preisen. Alle
deine Engel und alle deine Auserwählten sollen
dich preisen in alle Ewigkeit. 16 Sei gepriesen, weil
du mir diese Freude bereitet hast und weil nicht
eingetroffen ist, was ich befürchtet habe. Du hast
uns in deiner großen Barmherzigkeit geholfen.
17 Sei gepriesen, weil du mit diesen beiden Men-
schen Erbarmen hattest, die die einzigen Kinder
ihrer Eltern sind. Herr, hab Erbarmen mit ihnen,
und laß sie ihr Leben in Gesundheit und Freude
verbringen, geschützt von deinem Erbarmen!
18 Dann befahl er seinen Knechten, das Grab wie-
der zuzuschütten.

19 Er veranstaltete für das Paar ein Hochzeitsfest,
das vierzehn Tage dauerte, 20 und noch vor Been-
digung der Hochzeitsfeier beschwor er Tobias,
nicht abzureisen, ehe die vierzehn Tage des
Festes zu Ende seien. 21 Dann solle er die Hälfte
seines Vermögens in Empfang nehmen und
wohlbehalten zu seinem Vater zurückkehren.
Das übrige, sagte er, wirst du erhalten, wenn ich
und meine Frau tot sind.

Rafaels Freundesdienst

9 Tobias rief Rafael und sagte zu ihm: 2 Asarja,
mein Bruder, nimm einen Knecht und zwei
Kamele, und reise nach Rages in Medien zu Ga-
baël. Hol mir das Geld, und bring Gabaël zur
Hochzeit mit! 3 Denn Raguël hat mich beschwo-
ren, noch nicht wegzugehen. 4 Mein Vater zählt
die Tage, und wenn ich zu lange fortbleibe, wird
er sich große Sorgen machen. 5 Rafael reiste ab,
blieb die Nacht über bei Gabaël und legte ihm den
Schuldschein vor. Gabaël holte die versiegelten
Beutel und gab sie ihm. 6 Am frühen Morgen bra-
chen sie gemeinsam auf und kamen zur Hochzeit.
Und Tobias pries seine Frau.

Tobit und Hanna in Sorge

10 Inzwischen zählte sein Vater Tobit die
Tage. Als die Zeit um war, die für die
Reise vorgesehen war, und die beiden nicht
zurückkamen, 2 dachte er: Vielleicht hat man sie
abgewiesen, oder Gabaël ist gestorben, und nie-
mand ist da, der Tobias das Geld gibt. 3 Und er
machte sich große Sorgen. 4 Seine Frau sagte zu
ihm: Unserem Sohn ist etwas zugestoßen; des-
halb kommt er nicht. Sie begann schon, ihn zu be-
weinen, und klagte: 5 Alles ist mir gleichgültig ge-
worden, mein Kind, seit ich dich, das Licht meiner
Augen, weggehen ließ. 6 Tobit sagte zu ihr: Sei ru-
hig, mach dir keine Sorgen; es geht ihm gut. 7 Sie
aber antwortete: Schweig, du kannst mich nicht
täuschen. Meinem Sohn ist etwas zugestoßen.
Und sie lief jeden Tag hinaus auf den Weg, auf
dem er fortgezogen war. Tagsüber aß sie nichts,
und in der Nacht hörte sie nicht auf, um ihren
Sohn Tobias zu klagen, bis schließlich die vier-
zehn Tage der Hochzeitsfeierlichkeiten um wa-
ren, die Tobias auf die beschwörenden Bitten Ra-
guëls hin in Ekbatana verbrachte.

Tobias auf der Heimreise

8 Nun aber bat Tobias den Raguël: Laß mich heim-
reisen, sonst geben mein Vater und meine Mutter
die Hoffnung auf, mich je wiederzusehen. 9 Sein
Schwiegervater bat ihn: Bleib bei mir; ich will je-
mand zu deinem Vater schicken und ihm sagen
lassen, wie es dir geht. Doch Tobias erwiderte:
Nein, laß mich zu meinem Vater zurückkehren!
10 Da stand Raguël auf, vertraute ihm Sara als seine
Frau an und gab ihm die Hälfte seines Vermögens:
Sklaven, Vieh und Geld. 11 Zum Abschied segnete
er sie und sagte: Meine Kinder, der Gott des Him-
mels möge euch mit Kindern segnen, ehe ich
sterbe. 12 Und zu seiner Tochter sagte er: Halte
deine Schwiegereltern in Ehren; von jetzt an sind
sie deine Eltern. Ich möchte immer nur Gutes von
dir hören. Und er küßte sie. 13 Edna sagte zu To-
bias: Lieber Bruder, der Herr des Himmels geleite
dich nach Hause. Er schenke mir das Glück, daß
ich von dir und meiner Tochter Sara noch Kinder
sehe; dann will ich mich freuen und dem Herrn
danken. Ich vertraue dir meine Tochter an. Mach
ihr keinen Kummer! 14 Dann reiste Tobias ab. Er
dankte Gott, daß er seiner Reise so viel Erfolg be-
schieden hatte, und segnete Raguël und seine
Frau Edna.

Tobits Heilung

11 Als sie auf ihrer Heimreise in die Nähe
von Ninive kamen, sagte Rafael zu Tobias:
2 Weißt du noch, Bruder, wie es deinem Vater ging,
als du ihn verlassen hast? 3 Wir wollen deshalb
deiner Frau vorausgehen und das Haus für ihren
Empfang vorbereiten. 4 Nimm auch die Galle des
Fisches mit! Sie machten sich auf den Weg, und
der Hund lief hinter ihnen her.
5 Hanna saß am Weg und hielt nach ihrem Sohn
Ausschau. 6 Als sie ihn kommen sah, rief sie sei-
nem Vater zu: Dein Sohn kommt zurück und mit
ihm der Mann, der ihn begleitet hat. 7 Rafael aber
sagte zu Tobias: Ich weiß, dein Vater wird wieder
sehen können. 8 Streich ihm die Galle auf die Au-
gen! Sie wird zwar brennen; aber wenn er sich
die Augen reibt, wird er die weißen Flecken weg-
wischen und wird dich wieder sehen können.
9 Hanna war inzwischen herbeigeeilt, fiel ihrem
Sohn um den Hals und rief: Ich habe dich wie-
dergesehen, mein Sohn, jetzt kann ich ruhig ster-
ben. Und beide brachen in Tränen aus. 10 Auch To-
bit versuchte, ihm entgegenzugehen, stolperte
aber an der Tür. Da lief ihm sein Sohn entgegen
11 und fing ihn auf. Und er strich seinem Vater die
Galle auf die Augen und sagte: Hab keine Angst,
mein Vater! 12 Tobit rieb sich die Augen, weil sie
brannten; da begannen die weißen Flecken, sich
von den Augenwinkeln aus abzulösen. 13 Und er
konnte seinen Sohn sehen, fiel ihm um den Hals
und sagte unter Tränen: 14 Sei gepriesen, Gott, ge-
priesen sei dein heiliger Name in Ewigkeit. Ge-
priesen seien alle deine heiligen Engel. Du hast
mich gezüchtigt und hast wieder Erbarmen mit
mir gehabt. Denn ich darf meinen Sohn Tobias
wieder sehen. 15 Voll Freude ging der Sohn mit sei-
nem Vater ins Haus und erzählte ihm, was für
wunderbare Dinge er in Medien erlebt hatte.

Saras Ankunft

16 Dann ging Tobit seiner Schwiegertochter bis an
das Tor von Ninive entgegen. Er war voll Freude
und pries Gott, und alle, die ihn sahen, staunten,
daß er wieder sehen konnte. Tobit aber bezeugte
ihnen, daß Gott Erbarmen mit ihm gehabt hatte.
17 Als Tobit seiner Schwiegertochter begegnete,
segnete er sie und sagte: Sei willkommen, meine
Tochter! Gepriesen sei Gott, der dich zu uns ge-
führt hat, und gesegnet seien dein Vater und
deine Mutter. 18 Bei allen Brüdern aus seinem
Stamm in Ninive herrschte große Freude. 19 Auch
Achikar und sein Neffe Nadab kamen, und sieben
Tage lang wurde die Hochzeit des Tobias mit ei-
nem fröhlichen Fest gefeiert.

Rafaels Selbstoffenbarung

12 Danach rief Tobit seinen Sohn Tobias zu
sich und sagte: Mein Sohn, vergiß nicht
den Lohn für den Mann, der dich begleitet hat.
Du mußt ihm aber mehr geben, als wir ihm ver-
sprochen haben. 2 Tobias antwortete: Vater, ich
werde keinen Schaden erleiden, wenn ich ihm
die Hälfte von all dem gebe, was ich mitgebracht
habe. 3 Denn er hat mich gesund zu dir zurück-
gebracht; er hat meine Frau geheilt; er hat mein
Geld abgeholt, und auch dich hat er geheilt. 4 Da
sagte der alte Tobit: Ja, er hat es verdient. 5 Dann
rief er den Engel zu sich und sagte: Nimm die
Hälfte von allem, was ihr mitgebracht habt. 6 Der
Engel aber nahm die beiden beiseite und sagte
zu ihnen: Preist Gott, und lobt ihn! Gebt ihm die
Ehre, und bezeugt vor allen Menschen, was er
für euch getan hat. Es ist gut, Gott zu preisen
und seinen Namen zu verherrlichen und voll
Ehrfurcht seine Taten zu verkünden. Hört nie
auf, ihn zu preisen. 7 Es ist gut, das Geheimnis ei-
nes Königs zu wahren; die Taten Gottes aber soll
man offen rühmen. Tut Gutes, dann wird euch
kein Unglück treffen. 8 Es ist gut, zu beten und
zu fasten, barmherzig und gerecht zu sein. Lie-
ber wenig, aber gerecht, als viel und ungerecht.
Besser, barmherzig sein, als Gold aufhäufen.
9 Denn Barmherzigkeit rettet vor dem Tod und
reinigt von jeder Sünde. Wer barmherzig und
gerecht ist, wird lange leben. 10 Wer aber sün-
digt, ist der Feind seines eigenen Lebens. 11 Ich
will euch nichts verheimlichen; ich habe gesagt:
Es ist gut, das Geheimnis eines Königs zu wah-
ren; die Taten Gottes aber soll man offen rüh-
men. 12 Darum sollt ihr wissen: Als ihr zu Gott
flehtet, du und deine Schwiegertochter Sara, da
habe ich euer Gebet vor den heiligen Gott
gebracht. Und ebenso bin ich in deiner Nähe
gewesen, als du die Toten begraben hast. 13 Auch
als du ohne zu zögern vom Tisch aufgestan-
den bist und dein Essen stehengelassen hast,
um einem Toten den letzten Dienst zu erweisen,
blieb mir deine gute Tat nicht verborgen, son-
dern ich war bei dir. 14 Nun hat mich Gott auch
gesandt, um dich und deine Schwiegertochter

Sara zu heilen. 15 Ich bin Rafael, einer von den
sieben heiligen Engeln, die das Gebet der Heili-
gen emportragen und mit ihm vor die Majestät
des heiligen Gottes treten.
16 Da erschraken die beiden und fielen vol-
ler Furcht vor ihm nieder. 17 Er aber sagte zu ih-
nen: Fürchtet euch nicht! Friede sei mit euch. Preist
Gott in Ewigkeit! 18 Nicht weil ich euch eine Gunst
erweisen wollte, sondern weil unser Gott es
wollte, bin ich zu euch gekommen. Darum preist
ihn in Ewigkeit! 19 Während der ganzen Zeit, in
der ihr mich gesehen habt, habe ich nichts ge-
gessen und getrunken; ihr habt nur eine Erschei-
nung gesehen. 20 Jetzt aber dankt Gott! Ich steige
wieder auf zu dem, der mich gesandt hat. Doch ihr
sollt alles, was geschehen ist, in einem Buch auf-
schreiben.
21 Als sie wieder aufstanden, sahen sie ihn nicht
mehr. 22 Und sie verkündeten überall, welch
große und wunderbare Dinge Gott getan hatte
und daß ihnen der Engel des Herrn erschienen
war.

Der Lobpreis des Rettergottes und letzte Mahnungen: 13,1–14,15

Tobits Lobgesang

13 Und Tobit schrieb zum Lobpreis Gottes
ein Gebet nieder:
2 Gepriesen sei Gott, der in Ewigkeit lebt, / sein
Königtum sei gepriesen. / Er züchtigt und hat
auch wieder Erbarmen; / er führt hinab in die Un-
terwelt / und führt auch wieder zum Leben. /
Niemand kann seiner Macht entfliehen.
3 Bekennt euch zu ihm vor allen Völkern, / ihr
Kinder Israels; / denn er selbst hat uns unter die
Völker zerstreut.
4 Verkündet dort seine erhabene Größe, / preist
ihn laut vor allem, was lebt. / Denn er ist unser
Herr und Gott, / er ist unser Vater in alle Ewigkeit.
5 Er züchtigt uns wegen unserer Sünden, / doch
hat er auch wieder Erbarmen. / Er führt uns aus
allen Völkern zusammen, / von überall her, wo-
hin ihr verschleppt worden seid.
6 Wenn ihr zu ihm umkehrt, / von ganzem
Herzen und aus ganzer Seele, / und euch an sei-
ne Wahrheit haltet, / dann kehrt er sich euch
zu / und verbirgt sein Angesicht nicht mehr vor
euch.
7 Wenn ihr dann seht, was er für euch tut, / be-
kennt euch laut und offen zu ihm! / Preist den
Herrn der Gerechtigkeit, / rühmt den ewigen Kö-
nig!
8 Ich bekenne mich zum Herrn / im Land der
Verbannung, / ich bezeuge den Sündern seine
Macht / und erhabene Größe. / Kehrt um, ihr
Sünder, / tut, was recht ist in seinen Augen. /
Vielleicht ist er gnädig und hat mit euch Erbar-
men.
9 Ich will meinen Gott rühmen, / den König des
Himmels, / meine Seele freut sich / über die er-
habene Größe meines Gottes.
10 Alle, die in Jerusalem wohnen, / sollen sich zu
ihm bekennen und sagen: / Jerusalem, du heilige
Stadt! / Der Herr bestraft die Taten deiner Kinder, /
doch er hat wieder Erbarmen / mit den Söhnen der
Gerechten.
11 Bekenne dich zum Herrn in rechter Weise, /
preise den ewigen König, / damit sein Zelt von
neuem errichtet wird, / dir zur großen Freude.
12 Er mache in dir die Gefangenen wieder froh /
und schenke denen, die im Elend leben, seine
Liebe, / für alle Zeiten bis in Ewigkeit.
13 Von weither werden die Völker kommen, /
um den Namen des Herrn, unseres Gottes, zu
preisen. / Sie tragen Geschenke herbei, / Ge-
schenke für den himmlischen König. / Alle Men-
schen jubeln dir zu.
14 Verflucht sind alle, die dich hassen, / auf ewig
gesegnet alle, die dich lieben.
15 Freu dich und juble / über alle Gerechten! / Sie
werden vereint sein / und den Herrn der Ge-
rechten preisen. / Wohl denen, die dich lieben; /
sie werden sich freuen / über den Frieden, den du
schenkst.
16 Wohl denen, die betrübt waren / über deine
harten Strafen; / denn sie werden sich über dich
freuen, / wenn sie all deine Herrlichkeit sehen. /
Sie werden sich freuen in Ewigkeit. / Meine
Seele preise Gott, den großen König.
17 Denn Jerusalem wird wieder aufgebaut / aus
Saphir und Smaragd; / seine Mauern macht man

aus Edelstein, / seine Türme und Wälle aus
reinem Gold; / Jerusalems Plätze werden ausge-
legt / mit Beryll und Rubinen und mit Steinen aus
Ofir.
18 Halleluja ruft man in all seinen Gassen /
und stimmt in den Lobpreis ein: / Gepriesen sei
Gott; / er hat uns groß gemacht für alle Zeiten.

Letzte Ermahnungen

14 So beendete Tobit seinen Lobpreis. 2 Er
war achtundfünfzig Jahre alt, als er sein
Augenlicht verlor; acht Jahre später konnte er
wieder sehen. Er blieb immer wohltätig und
hörte nie auf, Gott, den Herrn, zu fürchten und
sich zu ihm zu bekennen. 3 Er wurde sehr alt.
Eines Tages rief er seinen Sohn und dessen Kin-
der zu sich und sagte: Mein Sohn, ich bin alt
und werde bald aus dem Leben scheiden. 4 Zieh
mit deinen Kindern nach Medien, mein Sohn;
denn ich bin überzeugt, daß der Prophet Jona
recht hatte, als er sagte, daß Ninive ganz zerstört
werden wird; in Medien aber wird vorläufig
noch Frieden herrschen, bis auch für dieses
Land die Zeit gekommen ist. Ich bin auch über-
zeugt davon, daß unsere Brüder, die noch in der
Heimat leben, aus dem gesegneten Land verjagt
werden; Jerusalem wird verlassen sein, und das
Haus Gottes wird niedergebrannt werden und
verwüstet daliegen, bis eine bestimmte Zeit
vergangen ist. 5 Dann wird Gott Erbarmen mit
ihnen haben und sie wieder in die Heimat
zurückführen. Sie werden den Tempel wieder
aufbauen, doch nicht so schön, wie der frühere
war; er wird stehen, bis die Zeit dieser Welt
abgelaufen ist. Dann werden alle aus der Ge-
fangenschaft zurückkehren und Jerusalem in sei-
ner ganzen Pracht wieder aufbauen. In sei-
ner Mitte wird das Haus Gottes errichtet, ein
herrlicher Bau, der für alle Zeiten Bestand hat
bis in Ewigkeit. Das haben die Propheten über
Jerusalem geweissagt. 6 Und alle Völker werden
sich dem Herrn, unserem Gott, zuwenden und
ihm wahre Ehrfurcht entgegenbringen. Man
wird die Götterbilder vergraben, und alle Völker
werden den Herrn preisen. 7 Sein Volk wird sich
zu Gott bekennen, und der Herr wird sein Volk
großmachen. Alle, die den Weg der Wahrheit
und Gerechtigkeit gehen, werden sich freuen;
sie werden Gott, den Herrn, lieben und ihren
Brüdern Gutes tun. 8 Zieh also fort aus Ninive,
mein Sohn; denn es wird alles eintreffen, was
der Prophet Jona gesagt hat. 9 Befolge das Gesetz
und die Gebote; sei immer barmherzig und ge-
recht, dann wird es dir gutgehen. Begrab mich
und deine Mutter in Ehren; gib ihr ein Grab an
meiner Seite! Doch bleibt nicht länger in Ninive!
10 Mein Sohn, denk daran, wie Nadab an Achikar
gehandelt hat, der ihn aufgezogen hatte; er
hat ihn aus dem Licht in die Finsternis gestoßen
und ihm seine Fürsorge übel vergolten. Achikar
wurde gerettet; dem Nadab aber wurde sein
übles Verhalten vergolten, und er stürzte selbst
in die Finsternis. Achikar war barmherzig und
wurde aus der tödlichen Falle gerettet, die
Nadab ihm gestellt hatte. Nadab aber geriet sel-
ber in die Falle und ging zugrunde. 11 Daran
könnt ihr sehen, meine Kinder, daß die Barm-
herzigkeit viel vermag und daß die Gerechtigkeit
rettet. Als Tobit das gesagt hatte, verstarb er auf
seinem Lager. Er war hundertachtundfünfzig
Jahre alt geworden, und Tobias begrub ihn in Eh-
ren.

Abschluß: 14,12–15

12 Als Hanna gestorben war, begrub er sie an
der Seite seines Vaters. Dann zog er mit sei-
ner Frau und seinen Kindern nach Ekbatana
zu seinem Schwiegervater Raguël. 13 Er war
von allen geachtet und erreichte ein hohes Al-
ter. Er begrub seine Schwiegereltern in Ehren
und erbte ihren Besitz ebenso wie zuvor den
Besitz seines Vaters Tobit. 14 Im Alter von hun-
dertsiebenundzwanzig Jahren starb er in Ekba-
tana in Medien. 15 Vor seinem Tod hörte er noch
vom Untergang Ninives, das von Nebukadnez-
zar und Xerxes erobert wurde. So konnte er sich
noch vor seinem Tod über den Fall Ninives
freuen.

DAS BUCH JUDIT

Die Bedrohung: 1,1–3,10

Der Krieg zwischen Nebukadnezzar und Arphaxad

1 Es war im zwölften Jahr des Nebukadnezzar,
der in der großen Stadt Ninive als König der
Assyrer regierte. Zur gleichen Zeit regierte damals
in Ekbatana Arphaxad als König der Meder. 2 Arp-
haxad hatte aus behauenen Steinen von drei El-
len Breite und sechs Ellen Länge rings um Ekba-
tana Mauern errichten lassen, die siebzig Ellen
hoch und fünfzig Ellen breit waren. 3 Die Türme
der Mauern hatte er über den Stadttoren hundert
Ellen hoch aufgeführt; ihre Grundfläche war
sechzig Ellen breit. 4 Die Stadttore selber hatte er
siebzig Ellen hoch und vierzig Ellen breit machen
lassen, damit die Abteilungen seiner Helden und
die Regimenter seiner Fußtruppen genügend
Raum zum Ausrücken hatten.
5 Zu jener Zeit führte König Nebukadnezzar Krieg
gegen König Arphaxad in der großen Ebene, das
heißt in der Ebene im Gebiet von Regu. 6 Arphaxad
schlossen sich alle Bewohner des Berglandes an
sowie alle, die am Eufrat und Tigris, am Hydaspes
und im Flachland des Elamiterkönigs Arjoch
wohnten; es waren viele Völker, die zum Aufge-
bot der Söhne Cheleüds zusammenströmten.

Der vergebliche Hilferuf an die Nachbarvölker

7 Der Assyrerkönig Nebukadnezzar schickte Bo-
ten zu allen Bewohnern Persiens und zu allen, die
ihre Wohnsitze im Westen hatten, nämlich zu den
Bewohnern von Zilizien und von Damaskus, zu
allen Bewohnern des Libanon, des Antilibanon
und der Küstengebiete, 8 zu den Völkerschaften
am Karmel und in Gilead, zu den Bewohnern des
oberen Galiläa und der großen Ebene Jesreel, 9 zu
allen, die in Samaria und in seinen Städten und
jenseits des Jordan wohnten bis nach Jerusalem,
Batane, Chelus, Kadesch und zum Grenzbach
Ägyptens, zu den Bewohnern von Tachpanhes
und Ramesse und den Bewohnern des ganzen
Landes Goschen, 10 ja, über Zoan und Memfis hin-
aus zu allen Bewohnern Ägyptens bis zu den
Grenzen Äthiopiens.
11 Doch alle Bewohner der ganzen Erde miß-
achteten den Befehl des Assyrerkönigs Nebukad-
nezzar und leisteten ihm keine Heeresfolge, denn
sie hatten keine Angst vor ihm; er war in ihren
Augen nicht mehr als ein gewöhnlicher Mensch.
Darum beschimpften sie seine Boten und ließen
sie mit leeren Händen wieder abziehen. 12 Da ent-
brannte Nebukadnezzars Zorn über all diese Län-
der, und er schwor bei seinem Thron und seinem
Reich, an dem ganzen Gebiet von Zilizien, Da-
maskus und Syrien Rache zu nehmen und alle
Bewohner Moabs, die Ammoniter, ganz Judäa
und alle Bewohner Ägyptens bis zum Gebiet der
beiden Meere mit seinem Schwert auszurotten.

Der Sieg über Arphaxad

13 Im siebzehnten Jahr seiner Regierung griff er Kö-
nig Arphaxad mit seinem Heer an und konnte
den Kampf für sich entscheiden; das gesamte
Heer des Arphaxad, seine ganze Reiterei und all
seine Wagen jagte er in die Flucht. 14 Er eroberte
seine Städte und drang bis nach Ekbatana vor; er
besetzte die Türme der Stadt, gab ihre Häuser der
Plünderung preis und machte so ihre Pracht zu-
schanden. 15 Arphaxad nahm er im Bergland von
Regu gefangen, durchbohrte ihn mit seinen Spee-
ren und setzte seiner Macht für immer ein Ende.
16 Darauf kehrte er mit seinem ganzen Gefolge, ei-
ner fast unübersehbaren Menge von Soldaten,
nach Ninive zurück. Im Hochgefühl seines Erfol-
ges feierte er dort mit dem Heer ein Freudenfest,
das hundertzwanzig Tage lang dauerte.

Der Plan Nebukadnezzars

2 Im achtzehnten Jahr seiner Regierung erging
am zweiundzwanzigsten Tag des ersten Mo-
nats im Palast Nebukadnezzars, des Königs der
Assyrer, der Befehl, an der ganzen Erde das Straf-
gericht zu vollstrecken, das der König angedroht
hatte. 2 Er rief alle seine Minister und Generäle zu-
sammen, hielt mit ihnen eine geheime Beratung
ab und verfügte mit seinem Wort alles Unheil
über die Erde. 3 Auch seine Berater waren der

Meinung, daß alle zu vernichten seien, die dem Wort des Königs nicht gehorcht hätten.

Der Auftrag des Holofernes

4 Als Nebukadnezzar, der König der Assyrer, die Beratung beendet hatte, bestellte er Holofernes zu sich, den Oberbefehlshaber seiner Truppen, der nach ihm den höchsten Rang einnahm, und sagte zu ihm:

5 So spricht der Großkönig, der Herr der ganzen Erde: Du sollst von hier ausziehen und Männer mit dir nehmen, die auf ihren Mut vertrauen: hundertzwanzigtausend Mann Fußtruppen und ein Aufgebot von zwölftausend Pferden und Reitern. 6 Du sollst gegen alle Länder im Westen zu Feld ziehen, weil sie meinem Wort nicht gehorcht haben. 7 Befiehl ihnen, schon Erde und Wasser bereitzuhalten. Denn ich will in meinem Zorn gegen sie zu Felde ziehen; die ganze Erde werde ich mit den Füßen meiner Truppen bedecken und den Besitz der Menschen meinen Männern zur Plünderung preisgeben. 8 Ihre Täler sollen sich mit Gefallenen füllen; jeder Bach und Fluß soll übervoll werden von Toten. 9 Ihre Gefangenen will ich bis an die Grenzen der Erde verschleppen. 10 Zieh also aus, und erobere mir ihr ganzes Gebiet! Alle, die sich dir ergeben, sollst du mir aufbewahren für den Tag ihrer Bestrafung. 11 Alle aber, die Widerstand leisten, sollst du schonungslos dem Tod und der Plünderung preisgeben in deinem ganzen Machtbereich. 12 Bei meinem Leben und bei der Macht meines Königtums – ich habe gesprochen, und ich werde meinen Entschluß ausführen. 13 Du aber wag es nicht, auch nur einen einzigen Befehl deines Herrn zu übertreten. Erfülle, was ich dir befohlen habe; führ es unverzüglich aus!

Die Aufstellung des Heeres

14 Holofernes ging von seinem Herrn weg und rief alle Befehlshaber, Feldherren und Hauptleute der assyrischen Truppen zusammen. 15 Er hob für das Heer die besten Leute aus, wie ihm sein Herr befohlen hatte: hundertzwanzigtausend Mann Fußvolk und zwölftausend berittene Bogenschützen, 16 und teilte sie in Kampftruppen ein. 17 Für den Transport der Kriegsgeräte beschaffte er sich eine gewaltige Menge von Kamelen, Eseln und Maultieren; außerdem brachte er eine unübersehbare Herde von Schafen, Rindern und Ziegen für ihre Verpflegung zusammen, 18 dazu reichlich Proviant für alle und sehr viel Gold und Silber aus dem Palast des Königs.

19 Darauf setzte er sich mit seinem ganzen Heer in Marsch, um dem König Nebukadnezzar voranzuziehen und alle Länder im Westen mit seinen Wagen, Reitern und Elitetruppen zu überfluten. 20 Eine Masse von Hilfsvölkern schloß sich ihnen an, unübersehbar wie ein Heuschreckenschwarm und wie der Sand der Erde; man konnte ihre Menge nicht zählen.

Der Kriegszug des Holofernes

21 Von Ninive zogen sie drei Tagesmärsche weit bis zur Ebene von Bektilet und schlugen jenseits von Bektilet in der Nähe des Gebirges, das im Norden von Ober-Zilizien liegt, ihr Lager auf. 22 Von dort rückte Holofernes mit seiner ganzen Streitmacht, seinen Fußtruppen, Reitern und Wagen, gegen das Bergland vor. 23 Er eroberte Put und Lud und plünderte die Rassiter und Ismaeliter aus, die am Rand der Wüste südlich des Cheleerlandes wohnten. 24 Dann überschritt er den Eufrat und zog durch Mesopotamien; er zerstörte alle befestigten Städte am Fluß Habor bis hin zum Meer. 25 Er eroberte das Gebiet von Zilizien und machte alle nieder, die ihm Widerstand leisteten. So kam er in das Gebiet von Jafet, das im Süden liegt und Arabien vorgelagert ist. 26 Er kreiste alle Midianiter ein, steckte ihre Zeltlager in Brand und raubte ihr Vieh. 27 Zur Zeit der Weizenernte stieg er in die Ebene von Damaskus hinab, brannte die Felder nieder, vernichtete die Herden, das Klein- und Großvieh, plünderte die Städte, verheerte die Ebenen und erschlug alle jungen Männer mit scharfem Schwert.

Die Besetzung der Reiche an der Meeresküste

28 Furcht und Zittern befiel alle Bewohner der Küstengebiete, in Sidon und Tyrus, in Sur und Okina sowie alle Einwohner von Jamnia; auch die Einwohner von Aschdod und Aschkelon bekamen große Angst vor ihm.

3 Sie schickten Boten zu ihm mit einem Friedensangebot und ließen ihm sagen: 2 Wir, die Sklaven des großen Königs Nebukadnezzar, liegen dir zu Füßen. Tu mit uns, wie du willst. 3 Unsere Gehöfte, alle unsere Ortschaften und Weizenfelder, die Herden, das Klein- und Großvieh in allen Hürden an unseren Lagerplätzen stehen dir

zur Verfügung. Verfahr damit nach deinem Belieben! 4 Auch unsere Städte mit ihren Einwohnern sind dir untertan. Komm und verfahr mit ihnen nach deinem Willen! 5 Mit dieser Botschaft kamen die Männer zu Holofernes.

6 Da stieg er mit seinen Truppen zur Küste hinab, besetzte die befestigten Städte und hob dort die tüchtigsten Männer aus zur Verstärkung seines Heeres. 7 Die Einwohner der Städte und des Landes empfingen ihn mit Kränzen und unter Tanz und Paukenschlag. 8 Doch er ließ alle ihre Kulthöhen zerstören und ihre Götterhaine umhauen. Ihm war die Macht gegeben, alle Götter der Erde zu vernichten. Alle Völker sollten nur Nebukadnezzar verehren und alle Stämme und Nationen ihn als Gott anrufen.

Die Bedrohung des Gottesvolkes

9 So kam er in das Gebiet von Jesreel nahe bei Dotan, das vor dem großen Gebirgszug von Judäa liegt. 10 Er schlug zwischen Gabbai und Skythopolis sein Lager auf und blieb dort einen Monat, um den ganzen Troß seines Heeres zusammenzuziehen.

Das Gottesvolk in großer Bedrängnis: 4,1–7,32

Die Gefahr

4 Die Israeliten, die in Judäa wohnten, hörten von allem, was Holofernes, der oberste Feldherr des Assyrerkönigs Nebukadnezzar, den Völkern angetan und wie er alle ihre Heiligtümer geplündert und vernichtet hatte. 2 Da befiel sie Furcht und Schrecken vor ihm, und sie hatten Angst um Jerusalem und den Tempel des Herrn, ihres Gottes. 3 Denn sie waren noch nicht lange aus der Gefangenschaft heimgekehrt; erst kürzlich hatte sich das ganze Volk von Judäa wieder gesammelt und waren die heiligen Geräte, der Altar und der Tempel nach der Entweihung neu geweiht worden.

Die Vorbereitung des Widerstandes

4 Sie schickten Boten in das ganze Gebiet von Samarien und Kona, nach Bet-Horon, Abel-Majim und Jericho sowie nach Choba, Hazor und in das Tal von Salim. 5 Sie besetzten alle hohen Bergkuppen, befestigten die Ortschaften und versahen sie mit Lebensmitteln für den Krieg; denn ihre Felder waren eben abgeerntet worden. 6 Jojakim, der zu jener Zeit Hoherpriester in Jerusalem war, schrieb an die Einwohner von Betulia und Betomestajim, das Jesreel gegenüber vor der Ebene nahe bei Dotan liegt, 7 sie sollten die Gebirgspässe besetzt halten. Durch sie konnte man nach Judäa vordringen. Es war aber auch leicht, den Vormarsch der Heranrückenden dort aufzuhalten; die Gebirgswege waren nämlich so schmal, daß jeweils nur zwei Mann nebeneinander hindurchgehen konnten. 8 Die Israeliten taten, was ihnen der Hohepriester Jojakim und die Ältesten des ganzen Volkes Israel in Jerusalem befohlen hatten.

Das Flehen zu Gott um Rettung

9 Alle Männer Israels aber flehten Gott inständig an und taten Buße unter strengem Fasten. 10 Sie selbst, ihre Frauen, ihre Kinder und ihr Vieh, aber auch alle Fremden, die bei ihnen wohnten, die Tagelöhner und Sklaven, legten Bußgewänder an. 11 Alle Israeliten in Jerusalem, ihre Frauen und Kinder warfen sich vor dem Tempel nieder, streuten sich vor dem Herrn Asche auf das Haupt und legten Bußgewänder an. 12 Selbst den Altar umhüllten sie mit einem Bußgewand. Sie schrien alle einmütig in stürmischen Gebeten zu dem Gott Israels, er möge doch nicht zulassen, daß man ihre Kinder raube, ihre Frauen als Beute verteile, die Städte ihres Erbbesitzes zerstöre und das Heiligtum entweihe und verwüste, zum Gespött für die Heiden. 13 Und der Herr hörte ihr Rufen und sah auf ihre Not. Das Volk fastete mehrere Tage lang in ganz Judäa und in Jerusalem vor dem Heiligtum des Herrn, des Allmächtigen. 14 Auch der Hohepriester Jojakim mit der ganzen Priesterschaft im Tempel und den Dienern des Herrn legten Bußgewänder an; so brachten sie das tägliche Brandopfer dar und dazu die gelobten und die freiwilligen Opfergaben des Volkes. 15 Auf ihren Kopfbund hatten sie Asche gestreut, und sie riefen mit aller Macht zum Herrn, er möge doch gnädig auf das ganze Haus Israel herabschauen.

Der Kriegsrat bei Holofernes

5 Holofernes, dem Oberbefehlshaber des assy-
rischen Heeres, wurde gemeldet, daß die Is-
raeliten sich zum Krieg gerüstet, die Gebirgspässe
gesperrt, alle hohen Bergkuppen befestigt und in
der Ebene Hindernisse angelegt hatten. 2 Da ent-
brannte sein Zorn. Er berief alle Fürsten von
Moab, die Heerführer von Ammon und alle Statt-
halter der Küstengebiete zu sich 3 und sagte zu ih-
nen: Sagt mir, ihr Söhne Kanaans, was ist das für
ein Volk, das da im Bergland haust? Wie heißen
die Städte, die es bewohnt? Wie groß ist die Streit-
macht dieser Leute, und worin liegt ihre Kraft und
Stärke? Wer gebietet über sie als König und An-
führer ihres Heeres? 4 Und warum haben sie allein
von allen Bewohnern des Westens es abgelehnt,
mir zu huldigen?

Die Rede des Ammoniters Achior

5 Da antwortete ihm Achior, der Anführer aller
Ammoniter: Möge mein Herr anhören, was sein
Knecht ihm zu sagen hat. Ich will dir die Wahr-
heit sagen über dieses Volk, das in dem Bergland
hier in deiner Nähe wohnt; kein falsches Wort
soll aus dem Mund deines Knechtes kommen.
6 Diese Leute stammen von den Chaldäern ab.
7 Sie hatten sich zuerst in Mesopotamien nieder-
gelassen, weil sie den Göttern ihrer Väter im
Land der Chaldäer nicht mehr dienen wollten.
8 Sie waren nämlich von dem Glauben ihrer Vor-
fahren abgewichen und hatten ihre Verehrung
dem Gott des Himmels zugewandt, zu dessen Er-
kenntnis sie gelangt waren. Deshalb hatten die
Chaldäer sie aus dem Bereich ihrer Götter ver-
trieben, und sie waren nach Mesopotamien ge-
flohen, wo sie sich einige Zeit aufhielten. 9 Doch
ihr Gott gebot ihnen, ihren Wohnsitz zu verlas-
sen und in das Land Kanaan weiterzuziehen.
Hier ließen sie sich nieder und wurden reich an
Gold, Silber und an riesigen Herden. 10 Weil aber
eine Hungersnot über das Land Kanaan herein-
brach, zogen sie nach Ägypten und blieben dort,
solange sie Nahrung fanden. Dort wuchsen sie
zu einer gewaltigen Menge heran, und ihr Volk
war nicht mehr zu zählen. 11 Da schritt der König
von Ägypten gegen sie ein. Arglistig befahl er ih-
nen, in mühseliger Arbeit Ziegel herzustellen.
Man unterdrückte sie und machte sie zu Sklaven.
12 Sie aber schrien zu ihrem Gott, und dieser
schlug das ganze Land Ägypten mit Plagen, ge-
gen die es keine Abhilfe gab. Darauf jagten die
Ägypter sie aus ihrem Land fort. 13 Gott aber trock-
nete das Rote Meer vor ihnen aus. 14 Er führte sie
den Weg zum Sinai und nach Kadesch-Barnea,
und sie vertrieben alle Bewohner der Wüste.
15 Dann ließen sie sich im Land der Amoriter nie-
der und vernichteten mit ihrem Heer alle Ein-
wohner von Heschbon. Danach überschritten sie
den Jordan, nahmen das ganze Bergland in Be-
sitz, 16 verjagten die Kanaaniter, die Perisiter, Jebu-
siter, Sichemiter und alle Girgaschiter und ließen
sich dort für lange Zeit nieder. 17 Solange sie sich
nicht gegen ihren Gott versündigten, blieb das
Glück ihnen treu; denn ihnen steht ein Gott bei,
der das Unrecht haßt. 18 Als sie aber von dem Weg
abwichen, den er ihnen gewiesen hatte, wurden
sie in vielen Kriegen mehr und mehr aufgerieben
und schließlich als Gefangene in ein fremdes
Land verschleppt. Der Tempel ihres Gottes wurde
dem Erdboden gleichgemacht, und ihre Städte
fielen ihren Feinden in die Hand. 19 Jetzt aber ha-
ben sie sich wieder ihrem Gott zugewandt und
sind aus den Ländern heimgekehrt, in die sie ver-
streut worden waren. Sie haben Jerusalem, wo
ihr Heiligtum steht, wieder in Besitz genommen
und das verlassene Bergland von neuem besie-
delt. 20 Wenn nun, mein Herr und Gebieter, auf
diesem Volk eine Schuld lastet und sie sich gegen
ihren Gott versündigt haben und wenn wir uns
vergewissert haben, daß dieser Anlaß zum
Unheil bei ihnen vorliegt, dann können wir hin-
aufziehen und sie vernichtend schlagen. 21 Wenn
aber ihr Volk sich nichts zuschulden kommen
ließ, dann möge mein Herr nur ja davon Abstand
nehmen. Sonst würde ihnen nämlich ihr Herr
und Gott Hilfe leisten, und wir müßten uns dann
vor aller Welt schämen.

Die feindliche Reaktion des Heeres

22 Diese Rede des Achior rief bei allen Soldaten,
die im Umkreis des Zeltes standen, Empörung
hervor. Die Offiziere des Holofernes sowie alle
Bewohner der Küstengebiete und von Moab
forderten, man solle ihn niederhauen. 23 Sie sag-
ten: Wir haben doch keine Angst vor den Israeli-
ten. Sie sind doch ein Volk, das weder die Macht
noch die Kraft hat für einen harten Feldzug.
24 Darum, Gebieter Holofernes, wollen wir hin-
aufziehen; sie sollen deinem ganzen Heer zum
Fraß dienen.

Die Rede des Holofernes an Achior

6 Als sich der Lärm bei den Männern, die um
den Kriegsrat herumstanden, gelegt hatte,
sagte Holofernes, der Oberbefehlshaber der assy-
rischen Streitmacht, in Gegenwart des ganzen
Söldnerheeres zu Achior und zu allen Moabi-
tern: 2 Wer bist du denn, Achior, und was bedeu-
ten schon diese Söldner Efraims, daß du dich
heute in unserer Mitte als Prophet aufspielst und
erklärst, man dürfe das Volk Israel nicht bekrie-
gen, weil sein Gott ihm Hilfe leiste? Gibt es
denn überhaupt einen Gott außer Nebukadnez-
zar? Er wird seine Macht aufbieten und sie vom
Erdboden vertilgen, ohne daß ihr Gott sie rettet.
3 Wir aber, seine Knechte, werden sie schlagen
wie einen einzigen Mann. Sie werden dem An-
sturm unserer Reiterei nicht widerstehen kön-
nen; 4 mit ihr werden wir sie vernichten, so daß
die Berge von ihrem Blut getränkt und die Felder
mit ihren Leichen übersät sein werden. Sie wer-
den uns nicht standhalten, sondern restlos un-
tergehen. Das sagt der König Nebukadnezzar,
der Herr der ganzen Erde; er hat es so bestimmt,
und seine Worte können nicht zurückgenom-
men werden.
5 Aber du, Achior, Söldner aus Ammon, hast
diese Worte an deinem Unglückstag gesprochen.
Du sollst mir von heute an nicht mehr unter die
Augen treten, bis ich die Rache an diesem Volk
aus Ägypten vollstreckt habe. 6 Wenn ich dann
zurückkomme, soll das Schwert meines Heeres
und die Lanze meiner Gefolgsleute auch deine
Rippen durchbohren, und du wirst zusammen
mit ihren Toten dahinsinken. 7 Meine Diener wer-
den dich auf das Bergland schaffen und dich in
einen der Orte an den Gebirgspässen bringen.
8 Dort sollst du gemeinsam mit ihnen umkom-
men. 9 Wenn du aber in deinem Herzen die Hoff-
nung hegst, daß sie nicht überwältigt werden,
dann brauchst du nicht vor Angst zu zittern. Ich
habe gesprochen, und keines meiner Worte wird
unerfüllt bleiben.

Die Auslieferung Achiors

10 Darauf befahl Holofernes den Dienern, die in sei-
nem Zelt bereitstanden, Achior festzunehmen,
ihn nach Betulia zu bringen und an die Israeliten
auszuliefern. 11 Seine Diener ergriffen ihn, führten
ihn aus dem Lager in die Ebene hinaus und brach-
ten ihn in das Bergland hinauf. So gelangten sie zu
den Quellen unterhalb von Betulia. 12 Als die Män-
ner in der Stadt sie erblickten, griffen sie zu den
Waffen und liefen aus der Stadt hinaus auf den
Gipfel des Berges; die mit Schleudern bewaffne-
ten Männer versperrten den Gegnern den Auf-
stieg, indem sie Steine hinabschleuderten. 13 Die
Feinde suchten Deckung im Schutz der Berg-
wand; dann fesselten sie Achior, ließen ihn am
Fuß des Abhangs liegen und kehrten zu ihrem
Herrn zurück.

Achior in Betulia

14 Die Israeliten kamen aus ihrer Stadt herunter
zu Achior und banden ihn los; sie führten ihn
nach Betulia und brachten ihn vor die leitenden
Männer ihrer Stadt. 15 Das waren in jenen Tagen
Usija, der Sohn Michas, aus dem Stamm Simeon,
Kabri, der Sohn Otniëls, und Karmi, der Sohn
Malkiëls. 16 Sie beriefen alle Ältesten der Stadt zu
einer Versammlung; auch alle jungen Männer
und die Frauen liefen herbei. Sie stellten Achior
in die Mitte der versammelten Menge, und Usija
fragte ihn, was vorgefallen sei. 17 Achior berich-
tete ihnen über die Verhandlungen im Kriegsrat
des Holofernes und teilte ihnen alles mit, was er
im Kreis der assyrischen Heerführer gesagt hatte,
aber auch, was Holofernes prahlerisch gegen das
Haus Israel geäußert hatte. 18 Da warf sich das
Volk nieder, betete zu Gott und rief: 19 Herr, Gott
des Himmels, blick herab, und sieh ihre Über-
heblichkeit, hab Erbarmen mit unserem ge-
demütigten Volk, und schau heute gnädig auf die
Schar derer, die dir geweiht sind. 20 Dann spra-
chen sie Achior Mut zu und lobten ihn sehr.
21 Usija nahm ihn aus der Versammlung mit nach
Hause und gab ein Gastmahl für die Ältesten.
Während der ganzen Nacht aber riefen sie den
Gott Israels um Hilfe an.

Der Anfang der Belagerung von Betulia

7 Am folgenden Tag befahl Holofernes seinem
ganzen Heer und allen seinen Hilfsvölkern,
gegen Betulia vorzurücken, die Gebirgspässe zu
besetzen und den Kampf gegen die Israeliten zu
eröffnen. 2 So begann an jenem Tag der Aufbruch
des ganzen Heeres. Die einsatzfähige Streitmacht
zählte zusammen hundertsiebzigtausend Mann
Fußtruppen und zwölftausend Berittene, nicht
eingerechnet den Troß und die dazugehörigen
Mannschaften; es war eine gewaltige Menge.

3 Sie schlugen in der Ebene bei Betulia an der
Quelle ihr Lager auf und besetzten ein Gebiet,
das sich in der Breite von Dotan bis Jibleam und
in der Länge von Betulia bis Kyamon gegenüber
Jesreel erstreckte. 4 Als die Israeliten ihre große
Zahl sahen, waren sie tief bestürzt, und einer
sagte zum andern: Diese Leute werden das
ganze Land auffressen; weder die hohen Berge
noch die Täler und Hügel werden ihre Last tra-
gen können. 5 Dennoch griffen alle zu den Waf-
fen; sie zündeten auf ihren Stadttürmen Feuer an
und hielten die ganze Nacht hindurch Wache.
6 Am nächsten Tag rückte Holofernes mit seiner
ganzen Reiterei an, vor den Augen der Israeliten
in Betulia. 7 Er ließ die Pässe erkunden, die zu ih-
rer Stadt hinaufführten, spürte ihre Wasserquel-
len auf und nahm sie in Besitz. Er stellte dort be-
waffnete Posten auf und kehrte zu seinem Heer
zurück.

Die Rede der Heerführer an Holofernes

8 Da kamen zu ihm alle Heerführer der Edomiter,
alle Hauptleute der Moabiter und die Befehlsha-
ber der Küstengebiete. Sie sagten: 9 Möge doch
unser Gebieter einen Rat anhören, damit dei-
nem Heer kein Schaden entsteht. 10 Dieses Volk
der Israeliten vertraut nämlich weniger auf seine
Speere als vielmehr auf die Höhe der Berge, die
es bewohnt; denn es ist gar nicht so leicht, zu
den Gipfeln ihrer Berge vorzudringen. 11 Darum,
Gebieter, tritt gegen sie nicht in einer geordne-
ten Feldschlacht an; dann wird kein einziger
Mann von deinen Leuten fallen. 12 Bleib in dei-
nem Lager, und spar jeden Mann deines Heeres!
Es genügt, wenn deine Knechte die Wasser-
quelle in ihren Besitz bringen, die am Fuß des
Berges entspringt. 13 Denn dort holen die Bewoh-
ner Betulias ihr Wasser. Dann wird der Durst sie
umbringen, und sie müssen ihre Stadt auslie-
fern. Wir aber wollen mit unseren Leuten auf
die benachbarten Berggipfel steigen und dort
Wache stehen, damit niemand die Stadt verlas-
sen kann. 14 Dann werden sie mit ihren Frauen
und Kindern vor Hunger verschmachten, und
bevor noch das Schwert über sie kommt, wer-
den sie hingestreckt auf den Gassen vor ihren
Häusern liegen. 15 So wirst du sie schwer dafür
büßen lassen, daß sie dir Widerstand geleistet
haben und dir nicht mit der Bitte um Frieden
entgegengekommen sind.

Die Verzögerungstaktik des Holofernes

16 Diese Worte gefielen dem Holofernes und all sei-
nen Offizieren, und er befahl, den Rat zu befol-
gen. 17 Darauf machten sich eine Abteilung der
Ammoniter und mit ihnen fünftausend Assyrer
auf den Weg; sie schlugen in der Ebene ein Lager
auf und besetzten die Brunnen und Quellen der
Israeliten. 18 Die Edomiter und die Ammoniter
aber schlugen im Bergland gegenüber von Dotan
ein Lager auf. Außerdem schickten sie Abteilun-
gen nach Süden und Osten gegen die Stadt Egre-
bel, die in der Nähe von Chus am Bach Mochmur
liegt. Das übrige Heer der Assyrer hatte sein Lager
in der Ebene und bedeckte das ganze Land; ihre
Zelte und ihr Troß bildeten ein riesiges Heerlager;
es war eine gewaltige Menge.

Der Wassermangel in Betulia

19 Die Israeliten aber schrien zum Herrn, ihrem
Gott. Sie hatten allen Mut verloren, da sie
ringsum von ihren Feinden eingeschlossen wa-
ren und es kein Entrinnen mehr gab. 20 Nachdem
die Belagerung durch das ganze Heer der Assyrer
mit ihrem Fußvolk, ihren Wagen und Reitern vier-
unddreißig Tage gedauert hatte, ging in sämtli-
chen Behältern der Einwohner von Betulia das
Wasser zur Neige. 21 Auch die Zisternen wurden
leer. Die Belagerten konnten sich an keinem ein-
zigen Tag mehr satt trinken, weil sie nur ein be-
stimmtes Maß an Wasser zugeteilt bekamen.
22 Ihre Kinder verschmachteten; die Frauen und
jungen Männer wurden ohnmächtig vor Durst,
sie fielen auf den Straßen der Stadt und in den Tor-
wegen um, denn sie hatten keine Kraft mehr.

Die Verzweiflung der Bewohner von Betulia

23 Da versammelte sich das ganze Volk, die jungen
Männer, die Frauen und Kinder, bei Usija und
den leitenden Männern der Stadt, erhoben ein
lautes Geschrei und riefen den Ältesten zu:
24 Gott sei Richter zwischen uns und euch. Ihr
habt ein schweres Unrecht an uns begangen,
weil ihr mit den Assyrern nicht friedlich verhan-
deln wolltet. 25 Jetzt gibt es für uns keine Rettung
mehr; denn Gott hat uns an sie verkauft. Darum
müssen wir verdursten und vor ihren Augen
elend zugrunde gehen. 26 Ruft sie also jetzt herbei,
und liefert die ganze Stadt den Soldaten des Holo-
fernes und seinem Heer zur Plünderung aus! 27 Es
ist besser für uns, ihnen als Beute in die Hände

zu fallen. Wenn wir auch zu Sklaven gemacht
werden, so bleiben wir doch wenigstens am Le-
ben und brauchen nicht mit eigenen Augen den
Tod unserer Säuglinge und das Dahinsterben un-
serer Frauen und Kinder mit anzusehen. 28 Wir
beschwören euch beim Himmel und bei der
Erde, bei unserem Gott, dem Herrn unserer Vä-
ter, der uns für unsere Sünden und die Vergehen
unserer Väter bestraft, Gott möge nicht am heuti-
gen Tag diese Drohung an uns wahr machen.
29 Und in der Versammlung erhob sich ein allge-
meines heftiges Klagen; alle schrien mit lauter
Stimme zu Gott, dem Herrn.

Usijas ermutigende Antwort

30 Doch Usija sagte zu ihnen: Faßt Mut, Brüder!
Wir wollen noch fünf Tage aushalten. In dieser
Zeit wird der Herr, unser Gott, uns sein Erbarmen
wieder zuwenden; er wird uns nicht für immer
verlassen. 31 Sollten aber diese Tage vergehen,
ohne daß uns geholfen wird, dann will ich tun,
was ihr gefordert habt. 32 Dann ließ er das Volk
auseinandergehen, jeden auf seinen Posten, und
sie begaben sich wieder auf die Mauern und
Türme der Stadt. Die Frauen und Kinder aber
schickte er in ihre Häuser zurück. In der Stadt
herrschte tiefe Niedergeschlagenheit.

Die Rettung des Gottesvolkes: 8,1–16,25

Herkunft und Leben der Judit

8 Davon hörte in jenen Tagen Judit, die Toch-
ter Meraris, des Sohnes des Uz, des Sohnes
Josefs, des Sohnes Usiëls, des Sohnes Hilkijas,
des Sohnes Hananjas, des Sohnes Gideons, des
Sohnes Rafains, des Sohnes Ahitubs, des Sohnes
Elijas, des Sohnes Hilkijas, des Sohnes Eliabs,
des Sohnes Natanaels, des Sohnes Schelumiëls,
des Sohnes Zurischaddais, des Sohnes Simeons,
des Sohnes Israels. 2 Ihr Mann Manasse, der aus
ihrem Stamm und ihrer Sippe war, hatte zur Zeit
der Gerstenernte den Tod gefunden. 3 Als er
nämlich bei den Garbenbindern auf dem Feld
stand, traf ihn ein Hitzschlag; er mußte sich zu
Bett legen und starb in seiner Heimatstadt Be-
tulia. Man begrub ihn bei seinen Vätern auf dem
Feld zwischen Dotan und Jibleam. 4 Nun lebte
Judit schon drei Jahre und vier Monate als
Witwe in ihrem Haus. 5 Sie hatte für sich auf
dem flachen Dach ihres Hauses ein Zelt aufstel-
len lassen, hatte ein Trauergewand angelegt und
trug die Kleider einer Witwe. 6 Sie fastete, seit sie
Witwe war, alle Tage, außer am Sabbat und am
Vortag des Sabbats, am Neumond und am Vortag
des Neumonds und an den Festen und Freu-
dentagen des Hauses Israel. 7 Sie hatte eine
schöne Gestalt und ein blühendes Aussehen. Ihr
Gatte Manasse hatte ihr Gold und Silber,
Knechte und Mägde, Vieh und Felder hinterlas-
sen, die sie in ihrem Besitz hielt. 8 Niemand
konnte ihr etwas Böses nachsagen; denn sie
war sehr gottesfürchtig.

Judits Stellung zur Verzweiflung der Bewohner

9 Judit hörte von den Vorwürfen des Volkes gegen
das Stadtoberhaupt, als es wegen des Wasser-
mangels den Mut verlor. Ebenso erfuhr sie, was
Usija den Leuten geantwortet hatte und daß er ih-
nen unter Eid versprochen hatte, nach Ablauf von
fünf Tagen die Stadt an die Assyrer auszuliefern.
10 Da ließ sie durch ihre Dienerin, die ihrem
ganzen Hauswesen vorstand, die Ältesten ihrer
Heimatstadt, Kabri und Karmi, herbeiholen.

Judits Gespräch mit den Ältesten der Stadt

11 Als sie zu ihr kamen, sagte sie zu ihnen: Hört
mich an, ihr Vorsteher der Einwohner von Betulia!
Es war nicht recht, was ihr heute vor dem Volk ge-
sagt habt. Durch diesen Eid, den ihr geschworen
habt, habt ihr Gott und euch selbst festgelegt;
denn ihr habt erklärt, daß ihr die Stadt unseren
Feinden ausliefern wollt, wenn der Herr euch
nicht inzwischen Hilfe schickt. 12 Wer seid ihr
denn, daß ihr am heutigen Tag Gott auf die Probe
stellt und euch vor allen Leuten an die Stelle
Gottes setzt? 13 Ihr wollt den Herrn, den Allmächti-
gen, auf die Probe stellen und kommt doch ewig
zu keiner Erkenntnis. 14 Nicht einmal die Tiefe des
Menschenherzens könnt ihr ergründen und die
Gedanken seines Geistes erfassen. Wie wollt ihr
dann Gott erforschen, der das alles geschaffen hat?
Wie wollt ihr seine Gedanken erkennen und
seine Absichten verstehen? Nein, meine Brüder,
reizt den Herrn, unseren Gott, nicht zum Zorn!
15 Auch wenn er nicht gewillt ist, uns in diesen fünf

Tagen Hilfe zu schaffen, so hat doch er zu bestim-
men, zu welcher Zeit er uns helfen oder uns vor
den Augen unserer Feinde vernichten will.
16 Versucht nicht, die Entscheidungen des Herrn,
unseres Gottes, zu erzwingen; denn Gott ist nicht
wie ein Mensch, dem man drohen kann, und wie
ein Menschenkind, das man beeinflussen kann.
17 Darum wollen wir die Rettung von ihm erwar-
ten und ihn um Hilfe anrufen. Er wird unser Fle-
hen erhören, wenn es seinem Willen entspricht.
18 Denn eines gab es bei uns nicht und gibt es auch
heute nicht: Es gibt weder einen Stamm noch eine
Familie, weder einen Gau noch eine Stadt, die von
Menschen gemachte Götter anbeten, wie es in
früherer Zeit geschah. 19 Damals wurden unsere
Väter dem Schwert und der Plünderung preisge-
geben und mußten vor den Augen unserer Feinde
schwere Niederlagen erleiden. 20 Wir aber kennen
keinen anderen Gott als ihn allein. Daher dürfen
wir hoffen, daß er uns und unser Volk nicht im
Stich lassen wird. 21 Wenn wir nämlich überwältigt
werden, dann wird auch ganz Judäa erobert und
unser Heiligtum geplündert werden. Von uns aber
wird Gott für die Entweihung des Heiligtums blu-
tige Rechenschaft fordern. 22 Uns wird er die Er-
mordung unserer Brüder, die Entvölkerung des
Landes, die Verwüstung unseres Erbbesitzes zur
Last legen, inmitten der Heiden, bei denen wir als
Sklaven dienen und unseren Herren Anlaß zu
Spott und Verachtung sein werden. 23 Unsere
Knechtschaft wird dann nicht mehr zum Guten
gewendet werden, sondern der Herr, unser Gott,
wird sie für uns zur Schande werden lassen. 24 Da-
her, liebe Brüder, wollen wir jetzt unseren Stam-
mesbrüdern beweisen, daß wir für ihr Leben ein-
stehen und daß das Heiligtum, der Tempel und der
Altar, sich auf uns verlassen können. 25 Bei alldem
aber laßt uns dem Herrn, unserem Gott, danken,
daß er uns ebenso prüft wie schon unsere Väter.
26 Denkt daran, was er mit Abraham machte, wie
er Isaak prüfte und was Jakob im syrischen Meso-
potamien erlebte, als er die Schafe Labans, des
Bruders seiner Mutter, hütete. 27 Denn wie er
diese Männer im Feuer geläutert hat, um ihr Herz
zu prüfen, so hat er auch mit uns kein Strafgericht
vor, sondern der Herr züchtigt seine Freunde, um
sie zur Einsicht zu führen.

28 Da sagte Usija zu ihr: Alles, was du gesagt hast,
kam aus einem edlen Herzen, und es gibt nie-
mand, der deinen Worten widersprechen kann.
29 Deine Weisheit wird ja nicht erst heute offenbar,
sondern schon von deiner frühesten Jugend an
kennt das ganze Volk deine Einsicht und weiß,
wie edel die Gedanken deines Herzens sind.
30 Aber das Volk leidet furchtbaren Durst; sie
zwangen uns zu tun, was wir ihnen versprochen
haben, und einen Eid auf uns zu laden, den wir
nicht brechen dürfen. 31 Doch bete du jetzt für uns,
denn du bist eine gottesfürchtige Frau. Dann wird
der Herr Regen schicken, um unsere Zisternen zu
füllen, und wir brauchen nicht zu verschmachten.

32 Da sagte Judit zu ihnen: Hört mich an! Ich will
eine Tat vollbringen, von der man noch in fern-
sten Zeiten den Kindern unseres Volkes erzählen
wird. 33 Kommt diese Nacht an das Tor, wenn ich
mit meiner Dienerin hinausgehe. Bevor die Frist
abgelaufen ist, die ihr für die Übergabe der Stadt
an unsere Feinde gesetzt habt, wird der Herr
durch meine Hand Israel gnädig Hilfe bringen.
34 Fragt nicht nach meinem Vorhaben; denn ich
werde euch nichts mitteilen, bevor das vollendet
ist, was ich tun will.

35 Da sagten Usija und die Stadtältesten zu ihr:
Geh in Frieden! Gott, der Herr, sei dein Führer bei
dem Strafgericht an unseren Feinden. 36 Dann ver-
ließen sie das Zelt und kehrten auf ihre Posten
zurück.

Judits Gebet

9 Judit warf sich auf ihr Gesicht nieder, streute
sich Asche auf das Haupt und öffnete das
Bußgewand, das sie trug. Es war gerade die Zeit,
zu der man an jenem Abend in Jerusalem im Haus
Gottes das Rauchopfer darbrachte. Und Judit rief
laut zum Herrn; sie sagte: 2 Herr, du Gott meines
Stammvaters Simeon! Du hast ihm das Schwert in
die Hand gegeben zur Bestrafung der Fremden,
die den Gürtel der Jungfrau lösten, um sie zu be-
flecken, die ihre Schenkel entblößten, um sie zu
schänden, und ihren Schoß entweihten zu ihrer
Schande. Du hattest nämlich geboten: Das darf
nicht geschehen. Und dennoch taten sie es. 3 Des-
wegen gabst du ihre Fürsten Mördern preis und
tauchtest zur Vergeltung das Lager, das ihrer
Arglist gedient hatte, in Blut; du erschlugst die
Knechte samt ihren Herren, ja auch die Herren auf
ihren Thronen. 4 Du gabst ihre Frauen dem Raub
und ihre Töchter der Gefangenschaft preis, und
ihren ganzen Besitz gabst du deinen geliebten
Söhnen; denn sie glühten vor Eifer für dich, hatten

Abscheu vor der Befleckung ihres Blutes und rie-
fen zu dir um Hilfe. Gott, mein Gott, erhöre auch
mich, die Witwe! 5 Du hast bewirkt, was damals
war und auch was vorher und später geschah.
Doch auch was jetzt geschieht und noch kommen
wird, hast du erdacht, und es ist eingetroffen, was
du geplant hast. 6 Deine Beschlüsse standen da
und sagten: Hier sind wir! Denn alle deine Wege
sind schon gebahnt, und dein Gericht ist eine be-
schlossene Sache. 7 Sieh doch auf die Assyrer! Sie
verfügen über ein gewaltiges Heer, brüsten sich
mit ihren Rossen und Reitern, sind stolz auf die
Schlagkraft ihres Fußvolkes, vertrauen auf ihre
Schilde und Speere, ihre Bogen und Schleudern
und wollen nicht einsehen, daß du der Herr bist,
der den Kriegen ein Ende setzt. 8 »Herr« ist dein
Name. Brich ihre Stärke mit deiner Macht, und
vernichte ihre Kraft in deinem Zorn! Denn sie ha-
ben beschlossen, dein Heiligtum zu entweihen,
das Zelt, in dem dein herrlicher Name wohnt, zu
beflecken und die Hörner deines Altars mit dem
Schwert abzuschlagen. 9 Schau dir ihren Übermut
an, und laß deinen Zorn auf ihr Haupt herabfah-
ren! Schenke mir, der Witwe, die Kraft zu der Tat,
die ich plane. 10 Schlag den Knecht wie den Herrn
und den Herrn wie den Diener durch meine listi-
gen Worte; brich ihren Trotz durch die Hand einer
Frau! 11 Denn deine Macht stützt sich nicht auf die
große Zahl, deine Herrschaft braucht keine star-
ken Männer, sondern du bist der Gott der Schwa-
chen und der Helfer der Geringen; du bist der Bei-
stand der Armen, der Beschützer der Verachteten
und der Retter der Hoffnungslosen. 12 Ja, du Gott
meines Vaters und Gott deines Erbbesitzes Israel,
du Herr des Himmels und der Erde, Schöpfer der
Meere und König deiner ganzen Schöpfung, er-
höre mein Gebet! 13 Laß meine listigen Worte Wun-
den und Striemen schlagen bei denen, die gegen
deinen Bund und dein heiliges Haus, gegen den
Berg Zion und den Wohnsitz deiner Söhne Böses
beschlossen haben. 14 Laß dein ganzes Volk und
alle Stämme erkennen und wissen, daß du der
wahre Gott bist, der Gott aller Macht und Stärke,
und daß es für dein Volk Israel keinen anderen Be-
schützer gibt als dich allein.

Judits Gang ins feindliche Lager

10 Als sie ihr flehentliches Gebet zu dem
Gott Israels beendet und alles gesagt
hatte, 2 stand sie auf, rief ihre Dienerin und stieg in
das Haus hinab, wo sie sich am Sabbat und an den
Festtagen aufzuhalten pflegte. 3 Dort legte sie das
Bußgewand ab, das sie trug, zog ihre Witwen-
kleider aus, wusch ihren Körper mit Wasser und
salbte sich mit einer wohlriechenden Salbe. Hier-
auf ordnete sie ihre Haare, setzte ein Diadem auf
und zog die Festkleider an, die sie zu Lebzeiten ih-
res Gatten Manasse getragen hatte. 4 Auch zog sie
Sandalen an, legte ihre Fußspangen, Armbänder,
Fingerringe, Ohrgehänge und all ihren Schmuck
an und machte sich schön, um die Blicke aller
Männer, die sie sähen, auf sich zu ziehen. 5 Ihrer
Dienerin gab sie einen Schlauch Wein und ein Ge-
fäß mit Öl; sie füllte einen Sack mit Gerstenmehl,
getrockneten Feigen und reinen Broten, ver-
packte all diese Dinge sorgfältig und lud sie ihrer
Dienerin auf. 6 Darauf gingen sie zum Stadttor von
Betulia hinaus. Dort trafen sie Usija sowie Kabri
und Karmi, die Ältesten der Stadt, auf ihrem Po-
sten. 7 Als sie Judits verwandeltes Aussehen sa-
hen und die Kleider, die sie angelegt hatte, kamen
sie aus dem Staunen über ihre Schönheit nicht
mehr heraus und sagten zu ihr: 8 Der Gott unserer
Väter mache dich zu einem Werkzeug seiner
Gnade und lasse dein Vorhaben gelingen, zum
Ruhm Israels und zur Verherrlichung Jerusalems.
9 Sie aber neigte sich vor Gott im Gebet und sagte
dann zu ihnen: Gebt Befehl, daß mir das Stadttor
geöffnet wird; ich will hinausgehen und tun, was
ihr mit mir besprochen habt. Da befahlen sie den
jungen Männern, das Tor für sie zu öffnen, wie sie
es gewünscht hatte. 10 Man öffnete das Tor, und Ju-
dit ging mit ihrer Dienerin hinaus. Die Männer in
der Stadt aber sahen ihr nach, bis sie den Berg hin-
abgestiegen und durch das Tal gegangen war und
man sie nicht mehr sehen konnte.

11 Als sie im Tal weitergingen, begegneten ihr as-
syrische Vorposten. 12 Sie hielten sie fest und frag-
ten: Zu welchem Volk gehörst du? Woher kommst
du, und wohin gehst du? Sie antwortete: Ich
gehöre zum Volk der Hebräer und laufe von ihnen
fort, weil sie euch doch bald zum Fraß vorgewor-
fen werden. 13 Ich will zu Holofernes, dem Ober-
befehlshaber eures Heeres, gehen und ihm eine
zuverlässige Nachricht bringen; ich will ihm zei-
gen, welchen Weg er einschlagen muß, um das
ganze Bergland in seinen Besitz zu bringen, ohne
daß dabei einer von seinen Leuten Leib und Le-
ben verliert. 14 Als die Männer ihre Worte hörten
und ihr Gesicht betrachteten, dessen Schönheit

sie bezauberte, sagten sie: 15 Du hast dein Leben
gerettet, weil du dich beeilt hast, von dort oben
unserem Herrn entgegenzugehen. Komm jetzt zu
seinem Zelt! Einige von uns werden dich beglei-
ten und dich ihm übergeben. 16 Hab keine Angst,
wenn du vor ihm stehst. Sag ihm, was du zu sa-
gen hast, dann wird er dich gnädig behandeln.
17 Darauf wählten sie von ihren Leuten hundert
Männer zum Geleit für Judit und ihre Dienerin
aus; diese führten sie zum Zelt des Holofernes.

18 Im ganzen Lager entstand eine große Unruhe;
denn die Nachricht von Judits Ankunft hatte sich
schon in den Zelten herumgesprochen. Die Leute
eilten herbei und umringten sie, als sie vor dem
Zelt des Holofernes stand, bis man sie ihm ange-
meldet hatte. 19 Sie bewunderten ihre Schönheit
und übertrugen ihre Bewunderung auch auf die
Israeliten. Einer sagte zum andern: Wer kann die-
ses Volk verachten, das solche Frauen in seiner
Mitte hat? Es wäre nicht klug, auch nur einen ein-
zigen Mann von ihnen übrig zu lassen; wenn
man sie laufen läßt, sind sie imstande, noch die
ganze Welt zu überlisten.

Die Begegnung mit Holofernes

20 Schließlich kamen die Leibwächter des Holofer-
nes und sein ganzes Gefolge heraus und führten
sie in das Zelt. 21 Holofernes lag auf seinem Lager
unter einem Mückennetz aus Purpur und Gold,
in das Smaragde und andere Edelsteine einge-
webt waren. 22 Als man ihm Judit anmeldete, trat
er in den Vorraum des Zeltes hinaus, wobei ihm
silberne Leuchter vorangetragen wurden. 23 So-
bald er und sein Gefolge Judit erblickten, gerieten
sie alle in Erstaunen über die Schönheit ihres Ge-
sichts. Sie warf sich vor ihm nieder und huldigte
ihm, doch seine Diener richteten sie wieder auf.

Das Gespräch des Holofernes mit Judit

11 Holofernes sagte zu ihr: Nur Mut, Frau,
fürchte dich nicht! Ich habe noch keinem
Menschen etwas zuleid getan, der sich für den
Dienst Nebukadnezzars, des Königs der ganzen
Erde, entschieden hat. 2 Ich hätte auch jetzt gegen
dein Volk, das im Bergland wohnt, nie meinen
Speer erhoben, wenn es mir nicht seine Verach-
tung gezeigt hätte; das haben sie sich selbst zu
verdanken. 3 Sag mir jetzt, warum du von ihnen
entflohen und zu uns übergelaufen bist. Es war
deine Rettung, daß du hergekommen bist. Sei un-
besorgt, du wirst heute nacht und auch weiterhin
am Leben bleiben. 4 Niemand wird dir ein Leid an-
tun. Im Gegenteil, man wird dich gut behandeln,
wie es die Diener meines Herrn, des Königs Ne-
bukadnezzar, gewohnt sind.

5 Judit sagte zu ihm: Nimm die Worte deiner
Sklavin gnädig auf, und erlaube deiner Magd, vor
dir zu reden. Ich erzähle meinem Herrn in dieser
Nacht keine Lüge. 6 Wenn du dem Rat deiner
Magd folgst, dann wird Gott dein Unternehmen
zu einem guten Ende führen, und mein Herr wird
sein Ziel nicht verfehlen. 7 Denn so wahr Nebu-
kadnezzar lebt, der König der ganzen Erde, und so
wahr die Macht dessen gilt, der dich aussandte,
um alle Welt zur Ordnung zu rufen: Du machst
ihm nicht nur die Menschen untertan; auch die
wilden Tiere, das Vieh und die Vögel werden
dank deiner Tatkraft unter der Herrschaft Nebu-
kadnezzars und seines ganzen Hauses leben.
8 Wir haben nämlich von deiner Weisheit und von
den großartigen Fähigkeiten deines Geistes
gehört; aller Welt ist bekannt, daß du allein im
ganzen Reich tüchtig bist, erfolgreich durch dein
Wissen und bewundernswert in der Krieg-
führung. 9 Was die Rede betrifft, die Achior in dei-
nem Kriegsrat gehalten hat, so sind uns seine
Ausführungen zu Ohren gekommen; denn die
Männer von Betulia haben ihn am Leben gelas-
sen, und er hat ihnen alles berichtet, was er bei dir
gesprochen hat. 10 Darum sage ich dir, mein Herr
und Gebieter, verachte seine Rede nicht, sondern
nimm sie dir zu Herzen! Sie entspricht nämlich
der Wahrheit: Unser Volk kann tatsächlich nur
dann bestraft werden, und das Schwert hat nur
dann Gewalt über sie, wenn sie sich gegen ihren
Gott versündigt haben.

11 Jetzt aber ist es so, daß mein Herr nicht unver-
richteterdinge wieder abziehen muß. Der Tod
wird über sie kommen; denn eine Sünde hat von
ihnen Besitz ergriffen, und sie werden ihren Gott
zum Zorn reizen, sobald sie das Unerlaubte wirk-
lich tun. 12 Als ihnen nämlich die Lebensmittel
ausgingen und der Wasservorrat immer knapper
wurde, beschlossen sie, sich über ihr Vieh herzu-
machen, und sie sind gewillt, all das zu verzeh-
ren, was Gott ihnen in seinem Gesetz als Nah-
rung verboten hat. 13 Auch die Ersterträge des
Getreides und den Zehnten von Wein und Öl, die
sie als Weihegaben für die diensttuenden Priester
unseres Gottes in Jerusalem aufbewahrt haben,

beschlossen sie, restlos zu verzehren; dabei darf
keiner aus dem Volk die Weihegaben auch nur
mit den Händen anrühren. 14 Sie haben Boten
nach Jerusalem geschickt, weil die dortige Bevöl-
kerung ebenso gehandelt hat; nun sollen die Bo-
ten ihnen den Schulderlaß des Ältestenrates be-
sorgen. 15 Doch folgendes wird geschehen: Sobald
ihnen der Schulderlaß mitgeteilt ist und sie zur Tat
schreiten, werden sie dir noch am gleichen Tag zu
ihrem Verderben ausgeliefert. 16 Daher bin ich,
deine Sklavin, von ihnen weggelaufen, nachdem
ich das alles durchschaut hatte. Ja, Gott hat mich
gesandt, damit ich mit dir die Dinge vollbringe,
über die alle Welt, wenn sie davon erfährt, in Stau-
nen gerät. 17 Deine Sklavin ist eine gottesfürchtige
Frau und dient Tag und Nacht dem Gott des Him-
mels. Jetzt will ich bei dir bleiben, mein Herr;
doch in der Nacht wird deine Sklavin in die
Schlucht hinausgehen. Ich will zu Gott beten,
und er wird mir sagen, wann sie ihre Sünden be-
gangen haben. 18 Dann will ich kommen und es
dir mitteilen. Du aber wirst mit deinen Truppen
ausziehen, und keiner von ihnen wird dir Wider-
stand leisten. 19 Ich werde dich quer durch Judäa
bis nach Jerusalem führen und dort mitten in der
Stadt deinen Feldherrnstuhl aufrichten. Du wirst
sie wegführen wie Schafe, die keinen Hirten ha-
ben, und kein Hund wird gegen dich bellen. Das
wurde mir kraft meiner Sehergabe offenbart, und
ich bin hergesandt worden, um es dir kundzutun.
20 Ihre Worte gefielen Holofernes und seinem
ganzen Gefolge. Sie staunten über die Weisheit
und sagten: 21 Es gibt von einem Ende der Erde bis
zum andern keine zweite Frau, die so bezau-
bernd aussieht und so verständig reden kann.
22 Holofernes sagte zu ihr: Dein Gott hat wohl
daran getan, daß er dich aus deinem Volk her-
sandte; so wird uns der Sieg zuteil, aber jene, die
meinen Herrn verachtet haben, wird das Verder-
ben treffen. 23 Wahrhaftig, du bist wunderschön
und verstehst ausgezeichnet zu reden. Wenn du
tust, was du versprochen hast, dann soll dein Gott
auch mein Gott sein; du sollst im Palast des Kö-
nigs Nebukadnezzar wohnen und in aller Welt
berühmt sein.

Judits Sorge um die rituelle Reinheit

12 Dann ließ er sie in den Raum führen, wo
sein silbernes Tafelgerät aufgestellt war,
und befahl, ihr von den feinen Speisen auf seinem
Tisch vorzusetzen und von seinem Wein zu trin-
ken zu geben. 2 Doch Judit sagte: Ich werde nichts
davon nehmen, damit ich keinen Anstoß errege.
Man soll mir statt dessen von meinem Vorrat zu
essen geben, den ich mitgebracht habe. 3 Da fragte
Holofernes: Wenn aber dein Vorrat erschöpft ist,
woher sollen wir dann solche Nahrungsmittel be-
schaffen? Wir haben ja niemand aus deinem Volk
bei uns. 4 Judit erwiderte: Bei deinem Leben, mein
Herr, noch bevor deine Magd ihren Vorrat aufge-
braucht hat, wird der Herr durch meine Hand
vollbringen, was er beschlossen hat. 5 Darauf führ-
ten die Diener des Holofernes sie in das Zelt, wo
sie bis Mitternacht schlief. Um die Zeit der Mor-
genwache stand sie auf, 6 schickte einen Boten zu
Holofernes und ließ ihm sagen: Möge mein Herr
Anweisung geben, daß man deine Sklavin zum
Gebet hinausgehen läßt. 7 Da befahl Holofernes
seinen Leibwächtern, sie nicht daran zu hindern.
So verbrachte sie drei Tage im Lager und ging jede
Nacht in die Schlucht von Betulia hinaus, um sich
im Lager an der Wasserquelle zu baden. 8 Wenn
sie aus dem Bad herausstieg, flehte sie zu dem
Herrn, dem Gott Israels, er möge ihr Vorhaben ge-
lingen lassen und ihrem Volk wieder aufhelfen.
9 Dann kehrte sie im Zustand der Reinheit zurück
und blieb in dem Zelt, bis sie gegen Abend ihr Es-
sen zu sich nahm.

Judit beim Gastmahl des Holofernes

10 Am vierten Tag gab Holofernes ein Gastmahl nur
für seine Dienerschaft; von den Männern, die
sonst um ihn waren, lud er keinen ein. 11 Dem Eu-
nuchen Bagoas, der sein ganzes Eigentum zu ver-
walten hatte, gab er den Auftrag: Geh und rede
der Hebräerin zu, die deiner Obhut anvertraut ist,
daß sie zu uns kommt und mit uns ißt und trinkt.
12 Es wäre wahrhaftig eine Schande für uns, wenn
wir eine solche Frau gehen ließen, ohne mit ihr
zusammengewesen zu sein. Sie selber würde
uns auslachen, wenn wir sie nicht an uns rissen.
13 Bagoas ging weg, trat bei Judit ein und sagte:
Möge das schöne Mädchen nicht zögern, zu mei-
nem Herrn zu kommen; sie soll ihm gegenüber
den Ehrenplatz einnehmen, mit uns Wein trinken
und fröhlich sein und heute den assyrischen
Mädchen gleich werden, die im Palast Nebukad-
nezzars ihren Dienst tun. 14 Judit entgegnete: Wer
bin ich, daß ich meinem Herrn widersprechen
dürfte? Ich will unverzüglich alles tun, was er

wünscht; das soll mir eine Freude sein bis zum
Tag meines Todes.
15 Judit stand auf, legte ihr bestes Kleid und ihren
ganzen Schmuck an. Ihre Dienerin eilte voraus
und legte für sie gegenüber von Holofernes die
Teppiche auf den Boden, die sie von Bagoas als La-
ger für ihre täglichen Mahlzeiten erhalten hatte.
16 Darauf trat Judit ein und nahm Platz. Holofernes
aber war über sie ganz außer sich vor Entzücken.
Seine Leidenschaft entbrannte, und er war begie-
rig danach, mit ihr zusammenzusein. Denn seit er
sie gesehen hatte, lauerte er auf eine günstige Ge-
legenheit, um sie zu verführen. 17 Als Holofernes
sie aufforderte: Trink doch, und sei vergnügt mit
uns!, 18 erwiderte Judit: Gern will ich trinken,
Herr, denn ich habe in meinem ganzen Leben
noch keine solche Ehre erfahren wie heute. 19 Sie
griff zu, aß und trank vor seinen Augen, was ihre
Dienerin zubereitet hatte. 20 Holofernes wurde
ihretwegen immer fröhlicher und trank so viel
Wein, wie er noch nie zuvor in seinem Leben an
einem einzigen Tag getrunken hatte.

Judits Rettungstat

13 Als es dann Nacht geworden war, bra-
chen seine Diener eilig auf. Bagoas
schloß von außen das Zelt und trennte so die Die-
ner von seinem Herrn. Sie suchten ihr Nachtlager
auf, denn sie waren alle von dem ausgedehnten
Mahl ermüdet. 2 Judit allein blieb in dem Zelt
zurück, wo Holofernes, vom Wein übermannt,
vornüber auf sein Lager gesunken war. 3 Judit
hatte ihrer Dienerin befohlen, draußen vor ihrem
Schlafgemach stehen zu bleiben und wie alle Tage
zu warten, bis sie herauskäme; sie werde näm-
lich zum Gebet hinausgehen. Im gleichen Sinne
hatte sie auch mit Bagoas gesprochen. 4 Inzwi-
schen hatte sich die ganze Gesellschaft entfernt,
und es befand sich kein Mensch mehr im Schlaf-
gemach des Holofernes. Judit trat an das Lager des
Holofernes und betete still: Herr, du Gott aller
Macht, sieh in dieser Stunde gnädig auf das, was
meine Hände zur Verherrlichung Jerusalems tun
werden. 5 Jetzt ist der Augenblick gekommen,
daß du dich deines Erbbesitzes annimmst und
daß ich mein Vorhaben ausführe, zum Verderben
der Feinde, die sich gegen uns erhoben haben.
6 Dann ging sie zum Bettpfosten am Kopf des Ho-
lofernes und nahm von dort sein Schwert herab.
7 Sie ging ganz nahe zu seinem Lager hin, ergriff
sein Haar und sagte: Mach mich stark, Herr, du
Gott Israels, am heutigen Tag! 8 Und sie schlug
zweimal mit ihrer ganzen Kraft auf seinen Nak-
ken und hieb ihm den Kopf ab. 9 Dann wälzte sie
seinen Rumpf von dem Lager und riß das Mük-
kennetz von den Tragstangen herunter. 10 Kurz da-
nach ging sie hinaus und übergab den Kopf des
Holofernes ihrer Dienerin, die ihn in einen Sack
steckte. Sie machten sich dann beide wie ge-
wöhnlich auf den Weg, als wollten sie zum Beten
gehen. Sie gingen jedoch, nachdem sie das Lager
durchquert hatten, um die Schlucht herum, stie-
gen den Berg nach Betulia hinauf und gelangten
vor das Stadttor.

Judits Rückkehr nach Betulia und der Jubel des Volkes

11 Schon von weitem rief Judit den Wächtern am
Tor zu: Öffnet, öffnet schnell das Tor! Gott ist mit
uns, ja unser Gott ist mit uns. Er offenbart in Israel
seine segensreiche Macht, an unseren Feinden
aber seine strafende Gewalt. Das hat er auch
heute bewiesen. 12 Als die Männer in der Stadt
ihre Stimme hörten, eilten sie zum Stadttor hin-
unter und riefen die Ältesten der Stadt zusam-
men. 13 Alle liefen herbei, vom Kleinsten bis zum
Größten, denn sie konnten es nicht fassen, daß Ju-
dit zurückgekommen war. Sie öffneten das Tor
und ließen die beiden Frauen herein. Dann zün-
deten sie ein Feuer an, um den Platz zu beleuch-
ten, und umringten sie. 14 Judit aber rief ihnen laut
zu: Lobt Gott, ja lobt ihn! Lobt Gott! Er hat dem
Haus Israel sein Erbarmen nicht entzogen, son-
dern er hat in dieser Nacht unsere Feinde durch
meine Hand vernichtend getroffen. 15 Dann zog
sie den Kopf aus dem Sack und zeigte ihn den
Männern mit den Worten: Seht, das ist der Kopf
des Holofernes, des Oberbefehlshabers der assy-
rischen Truppen, und das hier ist das Mücken-
netz, unter dem er in seinem Rausch lag. Der Herr
hat ihn durch die Hand einer Frau erschlagen.
16 So wahr der Herr lebt, der mich auf dem Weg be-
schützt hat, den ich gegangen bin: Zwar hat ihn
mein Anblick verführt und in das Verderben ge-
stürzt, aber er hat mich durch keine Sünde be-
fleckt oder geschändet. 17 Das Volk war zutiefst er-
griffen; sie verneigten sich, warfen sich vor Gott
nieder und riefen einmütig: Gepriesen seist du,
unser Gott, der du am heutigen Tag die Feinde dei-
nes Volkes vernichtet hast.

Usijas Lob für Judit

18 Usija aber sagte: Meine Tochter, du bist von
Gott, dem Allerhöchsten, mehr gesegnet als alle
anderen Frauen auf der Erde. Gepriesen sei der
Herr, unser Gott, der Himmel und Erde geschaf-
fen hat. Durch seine Hilfe ist es dir gelungen, dem
Anführer unserer Feinde den Kopf abzuschlagen.
19 Die Erinnerung an dein Vertrauen soll in Ewig-
keit nicht aus den Herzen der Menschen ent-
schwinden, die sich an die Macht Gottes erin-
nern. 20 Gott möge dir ewigen Ruhm schenken
und dich reich mit seinem Segen belohnen. Denn
in der Not unseres Volkes hast du dein Leben
nicht geschont; nein, du hast entschlossen unse-
ren Untergang von uns abgewehrt, du bist vor un-
serem Gott auf geradem Weg gegangen. Und alles
Volk rief: Amen, amen.

Judits Anweisungen

14 Da sagte Judit zu ihnen: Hört mich an,
meine Brüder! Nehmt diesen Kopf, und
hängt ihn an der Zinne eurer Stadtmauer auf!
2 Wenn dann der Morgen anbricht und die
Sonne über der Erde aufgeht, greift alle zu den
Waffen, und rückt mit allen wehrfähigen Män-
nern zum Stadttor hinaus! Ihr müßt einen
Anführer an ihre Spitze stellen und dann so tun,
als ob ihr hinabsteigen und die assyrischen Vor-
posten in der Ebene angreifen wollt; in Wirk-
lichkeit aber dürft ihr nicht hinabgehen. 3 Dann
werden die feindlichen Vorposten sich kampf-
bereit machen, in ihr Lager eilen und die Anfüh-
rer der assyrischen Truppen wecken. Wenn sie
vor dem Zelt des Holofernes zusammenströ-
men, ihn aber nicht finden, werden sie, von
Schrecken gepackt, vor euch flüchten. 4 Ihr aber
und die Bewohner des ganzen Landes Israel
setzt ihnen nach und macht sie auf der Flucht
nieder! 5 Doch zuvor ruft mir noch den Ammoni-
ter Achior, damit er sich den Mann ansieht und
ihn wiedererkennt, der das Haus Israel verachtet
und der ihn als einen Todgeweihten zu uns ge-
schickt hat.

Achiors Lob für Judit und seine Bekehrung

6 Da rief man Achior aus dem Haus des Usija her-
bei. Als er kam und in der Hand eines Mannes
aus der Volksmenge den Kopf des Holofernes er-
blickte, fiel er ohnmächtig zu Boden. 7 Nachdem
man ihn wieder aufgerichtet hatte, warf er sich Ju-
dit zu Füßen, verneigte sich vor ihr und sagte: Ge-
priesen seist du in allen Zelten Judas und bei allen
Völkern. Wer immer deinen Namen hört, wird
vor Schrecken erzittern. 8 Doch jetzt erzähl mir,
was du in diesen Tagen getan hast. Judit berich-
tete ihm vor dem ganzen Volk alles, was sie getan
hatte, angefangen von dem Tag ihres Weggangs
bis zu dem Augenblick ihres jetzigen Gesprächs.
9 Als sie mit ihrem Bericht fertig war, brach das
Volk in lauten Jubel aus und erhob in der Stadt ein
Freudengeschrei. 10 Achior aber, der begriff, daß
der Gott Israels diese Tat vollbracht hatte, glaubte
aus ganzem Herzen an Gott; er ließ sich be-
schneiden und wurde von da an dem Haus Israel
zugerechnet, und so ist es bis auf den heutigen
Tag geblieben.

Die Verwirrung der Assyrer

11 Sobald der Morgen anbrach, hängte man den
Kopf des Holofernes an der Mauer auf. Alle
Männer griffen zu den Waffen und zogen in
Scharen zu den Wegen, die in das Gebirge hin-
aufführten. 12 Als die Assyrer sie sahen, meldeten
sie es ihren Anführern; diese eilten zu den Feld-
herren, Obersten und allen Offizieren. 13 Sie tra-
fen sich beim Zelt des Holofernes und sagten zu
dem Verwalter seines gesamten Eigentums:
Weck doch unseren Herrn! Diese Sklaven wa-
gen es herabzukommen und bieten uns den
Kampf an, um vollends in ihr Verderben zu ren-
nen. 14 Da ging Bagoas hinein und klatschte vor
dem Zeltvorhang; denn er war der Meinung,
Holofernes schlafe mit Judit. 15 Als niemand Ge-
hör gab, schlug er den Vorhang zurück und trat
in das Schlafgemach ein. Da fand er Holofernes
tot ausgestreckt auf der Schwelle liegen und sah,
daß ihm der Kopf abgeschlagen worden war.
16 Er stieß einen lauten Schrei aus und zerriß un-
ter Weinen, Stöhnen und lautem Klagen seine
Kleider. 17 Dann eilte er in das Zelt, wo Judit un-
tergebracht war; als er sie nicht mehr vorfand,
stürzte er unter die Soldaten hinaus und schrie:
18 Diese Sklaven haben Verrat geübt! Ein einzel-
nes Weib der Hebräer hat Schande über das
ganze Haus des Königs Nebukadnezzar ge-
bracht. Seht her: Holofernes liegt am Boden, und
er hat keinen Kopf mehr. 19 Als sie das hörten,
zerrissen die Führer des assyrischen Heeres ihre
Kleider; tiefe Bestürzung ergriff sie, und ihr Kla-
gegeschrei schallte laut durch das Lager.

Die Flucht der Assyrer

15 Als die Männer in den Zelten hörten, was geschehen war, packte sie das Entsetzen. 2 Furcht und Schrecken überfiel sie, und keiner wollte mehr bei dem andern bleiben. Sie stoben auseinander und liefen auf allen Wegen in der Ebene und im Gebirge davon. 3 Auch die, die auf den Berghöhen rings um Betulia ihr Lager hatten, wandten sich zur Flucht. Nun aber machten sich die wehrfähigen Israeliten über sie her. 4 Usija schickte Boten nach Betomestajim, Bebai, Choba und Kola sowie in das ganze übrige Land Israel. Sie berichteten, was sich zugetragen hatte, und forderten die Bevölkerung auf, sich ebenfalls auf die Feinde zu stürzen und sie zu vernichten. 5 Sobald die Israeliten das hörten, fielen sie einmütig über die Feinde her, verfolgten sie bis nach Choba und schlugen sie nieder. Auch die Bewohner Jerusalems und des ganzen Berglandes fanden sich ein; denn man hatte ihnen gemeldet, was mit dem Heer ihrer Feinde geschehen war. Die Bewohner von Gilead und Galiläa fielen den Assyrern in die Flanke. Sie fügten ihnen schwere Verluste zu, bis sie über das Gebiet von Damaskus hinaus waren. 6 Die zurückgebliebenen Einwohner von Betulia machten sich über das Lager der Assyrer her, plünderten es und verschafften sich großen Reichtum. 7 Was übrigblieb, nahmen die Israeliten an sich, als sie von der Verfolgung zurückkehrten. Auch die Dörfer und Gehöfte im Bergland und in der Ebene machten große Beute; denn es gab davon eine unermeßliche Menge.

Der Jubel über Judit

8 Der Hohepriester Jojakim und der Ältestenrat von Israel, die in Jerusalem wohnten, kamen herbei, um die rettende Tat zu sehen, die der Herr für Israel getan hatte, aber auch um Judit aufzusuchen und sie zu beglückwünschen. 9 Sie traten bei ihr ein, lobten sie wie aus einem Mund und sagten zu ihr: Du bist der Ruhm Jerusalems, du bist die große Freude Israels und der Stolz unseres Volkes. 10 Mit deiner Hand hast du das alles getan, du hast segensreiche Taten für Israel vollbracht, und Gott hat daran Gefallen gehabt. Sei gesegnet vom Herrn, dem Allmächtigen, für ewige Zeiten. Und alles Volk rief: Amen.

11 Dreißig Tage lang plünderte die Menge das feindliche Lager. Man schenkte Judit das Zelt des Holofernes, alle seine silbernen Geräte, die Ruhebetten, die Gefäße und alle übrigen Einrichtungsgegenstände. Sie nahm ihren Anteil an der Beute und packte ihn auf ihr Maultier; auch ihre Wagen ließ sie anspannen und verstaute die Beute darauf.

12 Alle Frauen in Israel eilten herbei, um Judit zu sehen, und sangen ihr Lob. Als sie sich ihr zu Ehren zu einem Festreigen aufstellten, nahm Judit belaubte Zweige in die Hand und gab auch den umstehenden Frauen davon. 13 Sie und ihre Begleiterinnen setzten sich Kränze von Ölzweigen auf, und so ging sie vor dem ganzen Volk her und führte den Festreigen der Frauen an. Ihr folgten alle Männer von Israel in Waffen und mit Kränzen geschmückt. Von allen Lippen ertönten Loblieder. 14 Judit aber stimmte im Beisein von ganz Israel das folgende Danklied an, und alles Volk sang den Lobpreis mit, im Wechsel mit ihr.

Judits Lobgesang

16 Judit sang:
Stimmt ein Lied an für meinen Gott unter Paukenschall, / singt für den Herrn unter Zimbelklang! / Preist ihn, und singt sein Lob, / rühmt seinen Namen, und ruft ihn an!

2 Denn der Herr ist ein Gott, / der den Kriegen ein Ende setzt; / er führte mich heim in sein Lager inmitten des Volkes / und rettete mich aus der Gewalt der Feinde.

3 Assur kam von den Bergen des Nordens / mit seiner unzählbaren Streitmacht; / die Masse der Truppen verstopfte die Täler, / sein Reiterheer bedeckte die Hügel.

4 Brandschatzen wollten sie mein Gebiet, / die Jugend morden mit scharfem Schwert, / den zarten Säugling am Boden zerschmettern, / die Kinder als Beute verschleppen, / als billigen Raub die Mädchen entführen.

5 Doch der Herr, der Allmächtige, gab sie preis, / er gab sie der Vernichtung preis / durch die Hand einer Frau.

6 Ihr Held fiel nicht durch die Kraft junger Männer, / nicht Söhne von Riesen erschlugen ihn, / noch traten ihm hohe Recken entgegen. / Nein, Judit, Meraris Tochter, / bannte seine Macht mit dem Reiz ihrer Schönheit.

7 Sie legte ihr Witwengewand ab, / um den Bedrängten in Israel zu helfen. / Sie salbte ihr Gesicht mit duftendem Öl,

8 sie schmückte ihre Haare mit einem Diadem / und zog ein Leinenkleid an, um ihn zu verführen.

9 Ihre Sandalen bezauberten sein Auge. / So schlug ihre Schönheit sein Herz in Bann. / Das Schwert traf seinen Nacken mit Wucht.

10 Die Perser erschraken vor ihrer Kühnheit, / die Meder erstarrten vor ihrem Mut.

11 Jubel erfüllte mein armes Volk – / sie aber gerieten in Schrecken. / Die Meinen waren schwach – / sie aber packte Entsetzen. / Die einen stimmten den Schlachtruf an – / die anderen ergriffen die Flucht.

12 Erbärmliches Volk! Man stieß sie nieder / und schlug sie nieder wie Kinder von Ehebrecherinnen; / sie kamen um durch das Heer meines Herrn.

13 Ich singe meinem Gott ein neues Lied; / Herr, du bist groß und voll Herrlichkeit. / Wunderbar bist du in deiner Stärke, / keiner kann dich übertreffen.

14 Dienen muß dir deine ganze Schöpfung. / Denn du hast gesprochen, und alles entstand. / Du sandtest deinen Geist, um den Bau zu vollenden. / Kein Mensch kann deinem Wort widerstehen.

15 Meere und Berge erbeben in ihrem Grund, / vor dir zerschmelzen die Felsen wie Wachs. / Doch wer dich fürchtet, der erfährt deine Gnade.

16 Zu gering ist jedes Opfer, um dich zu erfreuen, / alle Fettstücke sind nichts beim Opfer für dich. / Wer den Herrn fürchtet, der ist groß für immer.

17 Doch weh den Völkern, die mein Volk bekämpfen. / Am Tag des Gerichts straft sie der allmächtige Herr, / er schickt Feuer und Würmer in ihr Gebein; / in Ewigkeit sollen sie heulen vor Schmerz.

Das Siegesfest in Jerusalem

18 Als sie nach Jerusalem gekommen waren, warfen sie sich vor Gott zum Gebet nieder. Die Leute reinigten sich und brachten ihre Brandopfer, ihre freiwilligen Opfer und ihre sonstigen Gaben dar. 19 Judit stiftete dem Heiligtum alles, was ihr das Volk aus der Beute des Holofernes überlassen hatte. Auch das Mückennetz, das sie aus seinem Schlafgemach mitgenommen hatte, schenkte sie Gott als Weihegabe. 20 Drei Monate lang feierte das Volk vor dem Heiligtum in Jerusalem ein Freudenfest, und Judit blieb bei ihnen.

Die letzten Jahre Judits

21 Nach Ablauf dieser Zeit kehrte jeder in seinen Erbbesitz zurück. Judit ging nach Betulia und blieb auf ihrem Anwesen. Solange sie lebte, war sie im ganzen Land hochgerühmt. 22 Viele hätten sie gern zur Frau gehabt; aber seit ihr Gatte Manasse gestorben und zu seinen Vätern gerufen war, durfte kein Mann sie mehr berühren, ihr Leben lang. 23 Sie erlebte ein sehr hohes Alter und wurde im Haus ihres Mannes hundertfünf Jahre alt. Ihrer Dienerin schenkte sie die Freiheit. Sie starb in Betulia, und man bestattete sie in der Grabhöhle ihres Gatten Manasse. 24 Das Haus Israel betrauerte sie sieben Tage lang. Vor ihrem Tod hatte sie noch ihren Besitz an alle Verwandten ihres Gatten Manasse und an die Angehörigen ihrer eigenen Familie verteilt. 25 Niemand aber wagte mehr, die Israeliten zu beunruhigen, solange Judit lebte, und auch noch lange Zeit nach ihrem Tod.

DAS BUCH ESTER

Mordechai und die Verschwörung gegen König Artaxerxes: 1,1a–r

Der Traum Mordechais

1 1a Im zweiten Jahr der Regierung des Großkönigs Artaxerxes, am ersten Tag des Monats Nisan, hatte Mordechai, der Sohn Jaïrs, des Sohnes Schimis, des Sohnes des Kisch, aus dem Stamm Benjamin, einen Traum. 1b Der Jude Mordechai wohnte in der Stadt Susa; er war ein angesehener Mann, der am Hof des Königs diente. 1c Er gehörte zu denen, die der babylonische König Nebukadnezzar mit Jojachin, dem König von Juda, aus Jerusalem verschleppt hatte. 1d Er hatte folgenden Traum: Es gab Geschrei und Lärm,

Donner und Erdbeben, und ein Tumult entstand
auf der Erde. 1e Plötzlich kamen zwei große Dra-
chen, beide bereit zu kämpfen. Sie brüllten laut,
1f und durch ihr Brüllen wurden alle Völker zum
Kampf aufgereizt, so daß sie gegen das Volk der
Gerechten Krieg führten. 1g Es war ein Tag des
Dunkels und der Finsternis; Bedrängnis und Not,
Unheil und großer Tumult waren auf der Erde.
1h Das ganze Volk der Gerechten geriet in Bestür-
zung. Sie fürchteten Unheil und rechneten mit
ihrem Untergang. Da schrien sie zu Gott. 1i Auf ihr
Rufen hin wurde aus einer kleinen Quelle ein
großer Strom mit viel Wasser. 1k Licht und Sonne
schienen wieder; die Niedrigen wurden erhöht,
und sie vernichteten die Angesehenen. 1l Als Mor-
dechai diesen Traum gehabt hatte, erwachte er.
Den ganzen Tag überlegte er, was Gott wohl be-
schlossen habe, und versuchte, auf jede nur mög-
liche Weise den Traum zu verstehen.

Die Aufdeckung der Verschwörung

1m Mordechai schlief im Palast in der Nähe der
zwei Hofbeamten Gabata und Teresch, die den
Palast bewachten. 1n Dabei hörte er, was sie mit-
einander überlegten; er versuchte, über ihre
Pläne Genaueres zu erfahren, und entdeckte, daß
sie einen Anschlag gegen König Artaxerxes vor-
bereiteten. Er zeigte sie beim König an, 1o und der
König verhörte die beiden Beamten. Sie gestan-
den und wurden hingerichtet. 1p Zur Erinnerung
ließ der König diese Begebenheit aufzeichnen;
auch Mordechai machte Aufzeichnungen dar-
über. 1q Und der König beauftragte Mordechai, im
Palast zu dienen, und belohnte ihn für seine Tat
mit reichen Geschenken. 1r Aber der Bugäer Ha-
man, der Sohn Hammedatas, ein angesehener
Mann beim König, suchte wegen der beiden Hof-
beamten des Königs Unheil über Mordechai und
sein Volk zu bringen.

Die Erhebung Esters zur Königin: 1,1–2,23

Das Mahl im Königspalast

1 Es war zur Zeit des Artaxerxes, jenes Arta-
xerxes, der von Indien bis Kusch über hun-
dertsiebenundzwanzig Provinzen herrschte.
2 Drei Jahre, nachdem König Artaxerxes in der
Burg Susa den Thron seines Reiches bestiegen
hatte, 3 gab er ein Festmahl für alle seine Fürsten
und Beamten. Die Obersten des Heeres von Per-
sien und Medien, die Vornehmen und die Statt-
halter der Provinzen waren erschienen, 4 und er
stellte viele Tage lang seinen ganzen Reichtum
und seine königliche Pracht, seine Herrlichkeit
und seinen ungeheueren Prunk zur Schau, hun-
dertachtzig Tage lang. 5 Am Ende dieser Tage gab
der König allen, die in der Burg Susa waren, vom
Größten bis zum Geringsten, sieben Tage lang im
Hofgarten des Palastes ein Festmahl. 6 Weißes Lei-
nen, violetter Purpurstoff und andere feine Ge-
webe waren mit weißen und roten Schnüren in
silbernen Ringen an Alabastersäulen aufgehängt.
Auf dem Mosaikboden aus Alabaster, weißem
und buntem Marmor und Perlmuttsteinen stan-
den goldene und silberne Ruhelager. 7 Man trank
aus goldenen Gefäßen, von denen keines den an-
dern gleich war. Großzügig ließ der König seinen
Wein ausschenken. 8 Bei dem Gelage sollte kei-
nerlei Zwang herrschen. Denn der König hatte
seinen Palastbeamten befohlen: Jeder kann tun,
was ihm beliebt. 9 Auch Königin Waschti gab ein
Festmahl für die Frauen, die im Palast des Königs
Artaxerxes lebten.

Die Verstoßung der Königin Waschti

10 Als König Artaxerxes am siebten Tag vom Wein
angeheitert war, befahl er Mehuman, Biseta, Har-
bona, Bigta, Abagta, Setar und Karkas, den sieben
Hofbeamten, die ihn persönlich bedienten, 11 die
Königin Waschti im königlichen Diadem vor ihn
zu bringen, damit das Volk und die Fürsten ihre
Schönheit bewunderten; denn sie war sehr
schön. 12 Aber die Königin Waschti weigerte sich,
dem Befehl des Königs, den die Hofbeamten über-
bracht hatten, zu folgen und zu kommen. Da
wurde der König erbost, und es packte ihn großer
Zorn.

13 Er besprach sich mit den Weisen, die sich in der
Geschichte auskennen; denn er pflegte seine An-
gelegenheiten vor den Kreis der Gesetzes- und
Rechtskundigen zu bringen, 14 die zu ihm Zutritt
hatten, nämlich Karschena, Schetar, Admata, Tar-
schisch, Meres, Marsena, Memuchan, die sieben
Fürsten Persiens und Mediens. Sie hatten freien

Zugang zum König und nahmen den ersten Rang im Königreich ein. 15 Er fragte: Was soll man nach dem Gesetz mit der Königin Waschti tun, nachdem sie dem Befehl des Königs Artaxerxes, den ihr die Hofbeamten überbracht haben, nicht gefolgt ist? 16 Da sagte Memuchan zum König und zu den Fürsten: Nicht nur gegen den König, sondern auch gegen alle Fürsten und alle Völker, die in all den Provinzen des Königs Artaxerxes leben, hat sich Königin Waschti verfehlt. 17 Denn das Verhalten der Königin wird allen Frauen bekannt werden, und sie werden die Achtung vor ihren Ehemännern verlieren und sagen: König Artaxerxes befahl der Königin Waschti, vor ihm zu erscheinen; aber sie kam nicht. 18 Von heute an werden alle Fürstinnen Persiens und Mediens, die vom Verhalten der Königin hören, dies allen Fürsten des Königs vorhalten, und es gibt viel Ärger und Verdruß. 19 Wenn es dem König recht ist, möge ein unwiderruflicher königlicher Erlaß ergehen, der in den Gesetzen der Perser und Meder aufgezeichnet wird: Waschti darf dem König Artaxerxes nicht mehr unter die Augen treten. Der König aber verleihe den Rang der Königin einer anderen, die würdiger ist als sie. 20 Wenn die Anordnung, die der König erläßt, in seinem ganzen großen Reich bekannt wird, dann werden alle Frauen ihren Ehemännern, den vornehmsten wie den geringsten, die gebührende Achtung erweisen. 21 Der Vorschlag gefiel dem König und den Fürsten, und der König handelte nach Memuchans Worten. 22 Er sandte Schreiben an alle königlichen Provinzen, an jede Provinz in ihrer eigenen Schrift und an jedes Volk in seiner Sprache, damit alle Männer Herr in ihrem Haus blieben [redend in der Sprache seines Volkes].

Der Entschluß des Königs

2 Als sich nach einiger Zeit der Zorn des Königs gelegt hatte, erinnerte er sich wieder an Waschti und an das, was sie getan und was man über sie beschlossen hatte. 2 Da sagten die Pagen des Königs: Man sollte für den König schöne junge Mädchen suchen. 3 Der König soll in jeder Provinz seines Reiches Männer beauftragen, alle schönen jungen Mädchen in den Frauenpalast auf der Burg Susa zu bringen und dem königlichen Kämmerer Hegai, dem Aufseher der Frauen, zu übergeben. Dort sollen sie der nötigen Schönheitspflege unterzogen werden. 4 Und das Mädchen, das dem König gefällt, soll anstelle Waschtis Königin werden. Der König fand den Vorschlag gut und handelte nach ihm.

Ester am königlichen Hof

5 In der Burg Susa lebte ein Jude namens Mordechai. Er war der Sohn Jaïrs, des Sohnes Schimis, des Sohnes des Kisch, aus dem Stamm Benjamin. 6 Er war mit den Verschleppten aus Jerusalem gekommen, die der babylonische König Nebukadnezzar zusammen mit König Jojachin deportiert hatte. 7 Er war der Vormund von Hadassa, der Tochter seines Onkels, die auch Ester hieß. Sie hatte keinen Vater und keine Mutter mehr. Das Mädchen war von schöner Gestalt und großer Anmut. Nach dem Tod ihres Vaters und ihrer Mutter hatte Mordechai sie als seine Tochter angenommen. 8 Als der Befehl und Erlaß des Königs bekannt wurde, brachte man viele Mädchen zur Burg Susa und gab sie in die Obhut Hegais. Auch Ester wurde in den Königspalast geholt und Hegai, dem Aufseher der Frauen, übergeben. 9 Das Mädchen fand sein Gefallen und seine Gunst. Er war sehr darauf bedacht, daß sie die nötige Pflege und die richtige Kost erhielt; außerdem gab er ihr sieben auserlesene Dienerinnen aus dem Königshaus. Später ließ er sie mit ihren Dienerinnen in die schönsten Räume des Frauenpalastes umziehen. 10 Ester hatte nichts von ihrem Volk und ihrer Abstammung erzählt; denn Mordechai hatte sie angewiesen, nichts davon zu sagen. 11 Jeden Tag ging Mordechai zum Hof des Frauenpalastes, um zu erfahren, wie es Ester ging und was mit ihr geschah. 12 Der Reihe nach wurden alle Mädchen zu König Artaxerxes geholt. Zuvor waren sie, wie es für die Frauen Vorschrift war, zwölf Monate lang gepflegt worden; denn so lange dauerte ihre Schönheitspflege: sechs Monate Myrrhenöl und sechs Monate Balsam und andere Schönheitsmittel der Frauen. 13 Dann gingen die Mädchen zum König, und alles, was sie sich aus dem Haus der Frauen wünschten, gab man ihnen in den Königspalast mit. 14 Am Abend gingen sie hinein, und am Morgen kamen sie zurück und wurden in den zweiten Frauenpalast gebracht und dem königlichen Kämmerer Schaaschgas anvertraut, dem Aufseher der Nebenfrauen. Sie durften nicht mehr zum König gehen, außer wenn der König Gefallen an ihnen gefunden hatte und sie ausdrücklich rufen ließ.

Esters Erhebung zur Königin

15 Eines Tages war Ester, die Tochter Abihajils, des Onkels Mordechais, der sie als seine Tochter angenommen hatte, an der Reihe, zum König zu gehen. Sie wollte nichts mitnehmen, außer was der königliche Kämmerer Hegai, der Aufseher der Frauen, ihr nahelegte. Ester aber gefiel allen, die sie sahen. 16 Es war im zehnten Monat, dem Monat Tebet, im siebten Jahr der Regierung des Königs, als Ester zu Artaxerxes in den königlichen Palast geholt wurde. 17 Und der König liebte Ester mehr als alle Frauen zuvor, und sie gewann seine Gunst und Zuneigung mehr als alle anderen Mädchen. Er setzte ihr das königliche Diadem auf und machte sie anstelle Waschtis zur Königin. 18 Der König veranstaltete zu Ehren Esters ein großes Festmahl für alle seine Fürsten und Diener. Den Provinzen gewährte er einen Steuererlaß, und mit königlicher Freigebigkeit teilte er Geschenke aus. 19 Damals, als man die Mädchen [zum zweitenmal] zusammenholte, hatte Mordechai einen Posten am Tor des königlichen Palastes. 20 Ester aber erzählte nichts von ihrer Abstammung und ihrem Volk, wie Mordechai ihr aufgetragen hatte. Ester hielt sich an die Worte Mordechais, wie früher, als sie noch seine Pflegetochter war.

Die Aufdeckung einer Verschwörung

21 In jenen Tagen, als Mordechai einen Posten am Tor des königlichen Palastes hatte, planten Bigtan und Teresch, zwei unzufriedene königliche Kämmerer, die zu den Türhütern gehörten, einen Anschlag auf König Artaxerxes. 22 Mordechai erfuhr davon und berichtete es der Königin Ester. Ester sagte es im Auftrag Mordechais dem König weiter. 23 Die Sache wurde untersucht und aufgedeckt. Man hängte die beiden auf und hielt das Ereignis in der Chronik fest, die für den König geführt wurde.

Hamans Anschlag gegen die Juden: 3,1–15

Der Racheplan

3 Nach diesen Ereignissen zeichnete König Artaxerxes den Agagiter Haman, den Sohn Hammedatas, in besonderer Weise aus und gab ihm einen höheren Rang als allen anderen Fürsten seiner Umgebung. 2 Alle königlichen Diener am Tor des Palastes fielen vor Haman nieder und huldigten ihm; denn so hatte es der König ihm zu Ehren befohlen. Mordechai aber fiel nicht nieder und huldigte ihm nicht. 3 Da sagten die königlichen Diener am Tor des Palastes zu Mordechai: Warum setzt du dich über das Gebot des Königs hinweg? 4 Das sagten sie jeden Tag zu ihm, doch er hörte nicht auf sie. Sie meldeten es Haman, weil sie sehen wollten, ob Mordechai mit seiner Begründung Erfolg haben werde; er hatte ihnen nämlich gesagt, er sei Jude. 5 Als Haman merkte, daß Mordechai nicht vor ihm niederfiel und ihm nicht huldigte, wurde er sehr zornig. 6 Aber es schien ihm nicht genug, nur Mordechai zu beseitigen. Da man ihm gesagt hatte, welchem Volk Mordechai angehörte, wollte Haman alle Juden im Reich des Artaxerxes vernichten – das ganze Volk Mordechais.

Der Ausrottungsplan

7 Im ersten Monat, dem Monat Nisan, im zwölften Jahr des Königs Artaxerxes, warf man in Gegenwart Hamans das Pur, das ist das Los, über die einzelnen Tage und Monate, und das Los fiel auf den dreizehnten Tag des zwölften Monats, des Monats Adar. 8 Darauf sagte Haman zu König Artaxerxes: Es gibt ein Volk, das über alle Provinzen deines Reiches verstreut lebt, aber sich von den anderen Völkern absondert. Seine Gesetze sind von denen aller anderen Völker verschieden; auch die Gesetze des Königs befolgen sie nicht. Es ist nicht richtig, daß der König ihnen das durchgehen läßt. 9 Wenn der König einverstanden ist, soll ein schriftlicher Erlaß herausgegeben werden, sie auszurotten. Dann kann ich den Schatzmeistern zehntausend Talente Silber übergeben und in die königlichen Schatzkammern bringen lassen. 10 Da zog der König seinen Siegelring vom Finger und gab ihn dem Agagiter Haman, dem Sohn Hammedatas, dem Feind der Juden, 11 und er sagte zu Haman: Das Silber lasse ich dir; mach mit dem Volk, was dir richtig erscheint.

Der Erlaß

[12] Am dreizehnten Tag des ersten Monats wurden die Schreiber des Königs gerufen. Man schrieb an die Satrapen des Königs, die Statthalter der einzelnen Provinzen und die Fürsten aller Völker der einzelnen Provinzen in ihrer eigenen Schrift und Sprache alles genau so, wie es Haman befohlen hatte. Der Erlaß war im Namen des Königs Artaxerxes geschrieben und mit dem Siegelring des Königs gesiegelt. [13] Durch Eilboten sandte man das Schreiben an alle königlichen Provinzen (mit dem Befehl): Man solle alle Juden, jung und alt, auch Kinder und Frauen, am gleichen Tag, dem dreizehnten Tag im zwölften Monat, dem Monat Adar, erschlagen, ermorden und ausrotten und ihren Besitz plündern.

[13a] Hier ist eine Abschrift des Briefes: Der Großkönig Artaxerxes schreibt den Statthaltern der hundertsiebenundzwanzig Provinzen von Indien bis Kusch und den untergeordneten Behörden: [13b] Als Herrscher über viele Völker und Gebieter über die ganze Welt habe ich beschlossen – nicht aus überheblicher Willkür, sondern in meinem allzeit bewiesenen Streben nach Milde und Güte –, meinen Untertanen in jeder Hinsicht ein ruhiges Leben zu sichern, die Entwicklung des Reiches zu fördern, es bis an die Grenzen mit guten Straßen zu versehen und allen Menschen wieder den ersehnten Frieden zu schenken. [13c] Als ich meine Ratgeber fragte, wie das erreicht werden könnte, hat Haman, der sich bei uns durch seine Besonnenheit hervorgetan und seine unwandelbare edle Gesinnung und feste Treue unter Beweis gestellt hat und der im Reich den zweithöchsten Rang innehat, [13d] uns darauf hingewiesen, daß sich ein bestimmtes heimtückisches Volk unter alle Nationen der Erde gemischt habe, das durch seine Gesetze zu jedem anderen Volk in Gegensatz stehe. Es mißachte ununterbrochen die Anordnungen unserer Könige, so daß die Verwaltung des ganzen Reiches beeinträchtigt ist, obwohl sie von uns ausgezeichnet geleitet wird. [13e] So sind wir zu der Ansicht gelangt, daß dieses Volk als einziges sich gegen alle Menschen ohne Ausnahme feindselig verhält, nach absonderlichen und befremdlichen Gesetzen lebt und sich gegen die Interessen unseres Landes stellt und die schlimmsten Verbrechen begeht, so daß im Reich keine geordneten Verhältnisse eintreten können. [13f] Darum ordnen wir an: Alle, die euch Haman, der Leiter der Staatskanzlei, unser zweiter Vater, in seinem Brief näher beschrieben hat, sollen am vierzehnten Tag des Monats Adar des laufenden Jahres samt ihren Frauen und Kindern ohne Gnade und Erbarmen durch das Schwert ihrer Feinde radikal ausgerottet werden. [13g] So werden diese seit jeher feindseligen Menschen an einem einzigen Tag eines gewaltsamen Todes sterben und in die Unterwelt hinabfahren, unser Land aber wird sich in Zukunft einer beständigen und ungestörten Ruhe erfreuen.

[14] In jede einzelne Provinz wurde eine Abschrift des Erlasses geschickt, und dieser wurde als Gesetz veröffentlicht, damit alle Völker für diesen Tag bereit seien. [15] Die Boten ritten hinaus, durch königlichen Befehl zur Eile gedrängt. Während das Gesetz in der Burg Susa veröffentlicht wurde, saßen der König und Haman beisammen und tranken; die Stadt Susa aber war in großer Aufregung.

Die Abwendung der Gefahr: 4,1–7,10

Esters Vermittlung

4 Als Mordechai von allem, was geschehen war, erfuhr, zerriß er seine Kleider, hüllte sich in Sack und Asche, ging in die Stadt und erhob ein lautes Klagegeschrei. [2] So kam er bis vor das Tor des Königspalastes; aber es war nicht erlaubt, im Trauergewand durch das Tor des Palastes zu gehen. [3] Auch in allen Provinzen herrschte bei den Juden überall große Trauer, sobald der Erlaß und das Gesetz des Königs eintrafen. Man fastete, weinte und klagte. Viele schliefen in Sack und Asche. [4] Als die Dienerinnen und Kämmerer zu Ester kamen und ihr berichteten, erschrak die Königin sehr. Sie schickte Mordechai Gewänder, damit er sich bekleiden und das Trauergewand ablegen könne. Doch er nahm sie nicht an. [5] Da rief Ester den königlichen Kämmerer Hatach, den der König zu ihrem Diener bestimmt hatte, und schickte ihn zu Mordechai, um zu erfahren, was vorgefallen sei und warum er sich so seltsam ver-

halte. 6 Hatach ging zu Mordechai auf den Markt-
platz vor das Tor des Palastes hinaus. 7 Und Mor-
dechai erzählte ihm alles, was geschehen war,
und sagte ihm sogar, wieviel Silber Haman in die
königlichen Schatzkammern liefern wollte, so-
bald er die Juden ausgerottet hätte. 8 Er gab ihm
auch eine Abschrift des Erlasses über die Ausrot-
tung der Juden, der in Susa veröffentlicht worden
war; ihn sollte Hatach Ester zeigen, ihr alles er-
zählen und sie dringend bitten, zum König zu ge-
hen und ihn inständig um Gnade für ihr Volk an-
zuflehen. 9 Hatach kam und berichtete Ester, was
Mordechai gesagt hatte. 10 Ester schickte Hatach
wieder zu Mordechai und ließ ihm sagen: 11 Alle
Diener des Königs und alle Einwohner der könig-
lichen Provinzen wissen, daß für jeden, Mann
oder Frau, der zum König in den inneren Hof geht,
ohne gerufen worden zu sein, das gleiche Gesetz
gilt: Man tötet ihn. Nur wenn der König ihm das
goldene Zepter entgegenstreckt, bleibt er am Le-
ben. Ich bin schon dreißig Tage nicht mehr zum
König gerufen worden. 12 Hatach teilte Mordechai
mit, was Ester gesagt hatte. 13 Mordechai ließ Ester
erwidern: Glaub ja nicht, weil du im Königspalast
lebst, könntest du dich als einzige von allen Juden
retten. 14 Wenn du in diesen Tagen schweigst,
dann wird den Juden anderswoher Hilfe und Ret-
tung kommen. Du aber und das Haus deines Va-
ters werden untergehen. Wer weiß, ob du nicht
gerade dafür in dieser Zeit Königin geworden bist?
15 Ester ließ Mordechai antworten: 16 Geh und ruf
alle Juden zusammen, die in Susa leben. Fastet für
mich! Eßt und trinkt drei Tage und Nächte lang
nichts! Auch ich und meine Dienerinnen wollen
ebenso fasten. Dann will ich zum König gehen,
obwohl es gegen das Gesetz verstößt. Wenn ich
umkomme, komme ich eben um. 17 Mordechai
ging weg und tat alles genau so, wie es Ester ihm
befohlen hatte.

Das Gebet Mordechais

17a Mordechai dachte an alle die Taten des Herrn,
und er betete zum Herrn: 17b Herr, Herr, König, du
Herrscher über alles! Deiner Macht ist das All un-
terworfen, und niemand kann sich dir widerset-
zen, wenn du Israel retten willst; 17c denn du hast
Himmel und Erde gemacht und alles, was wir un-
ter dem Himmel bestaunen. Du bist der Herr über
alles, und niemand kann es wagen, sich dir, dem
Herrn, entgegenzustellen. 17d Du kennst alles. Du
weißt, Herr, daß es weder aus Hochmut, noch
aus Überheblichkeit, noch aus Ruhmsucht ge-
schah, wenn ich mich vor dem überheblichen
Haman nicht niedergeworfen habe. Denn ich
würde gern seine Fußsohlen küssen, wenn es für
die Rettung Israels von Nutzen wäre. 17e Ich habe
so gehandelt, weil ich nicht die Ehre eines Men-
schen über die Ehre Gottes stellen wollte. Ich
werde mich vor niemand niederwerfen, außer
vor dir, meinem Gott, und ich handle nicht aus
Überheblichkeit so. 17f Und nun, Herr und Gott,
König, Gott Abrahams, verschone dein Volk!
Denn sie blicken voll Haß auf uns und wollen
uns ins Verderben stürzen; sie sind darauf aus zu
vernichten, was von Anfang an dein Erbbesitz
war. 17g Übersieh dein Erbteil nicht, das du dir von
den Ägyptern losgekauft hast. 17h Hör auf mein
Flehen, hab Erbarmen mit deinem Erbbesitz und
verwandle unsere Trauer in Freude, damit wir
am Leben bleiben und deinen Namen preisen,
Herr; laß den Mund derer, die dich loben, nicht
verstummen! – 17i Auch ganz Israel schrie mit
aller Kraft (zum Herrn); denn der Tod stand ihnen
vor Augen.

Das Gebet der Ester

17k Auch die Königin Ester wurde von Todesangst
ergriffen und suchte Zuflucht beim Herrn. Sie
legte ihre prächtigen Gewänder ab und zog die
Kleider der Notzeit und Trauer an. Statt der kost-
baren Salben tat sie Asche und Staub auf ihr
Haupt, vernachlässigte ihren Körper, und wo sie
sonst ihren prunkvollen Schmuck trug, hingen
jetzt ihre Haare in Strähnen herab. Und sie be-
tete zum Herrn, dem Gott Israels: 17l Herr, unser
König, du bist der einzige. Hilf mir! Denn ich bin
allein und habe keinen Helfer außer dir; die Ge-
fahr steht greifbar vor mir. 17m Von Kindheit an
habe ich in meiner Familie und meinem Stamm
gehört, daß du, Herr, Israel aus allen Völkern er-
wählt hast; du hast dir unsere Väter aus allen
ihren Vorfahren als deinen ewigen Erbbesitz
ausgesucht und hast an ihnen gehandelt, wie du
es versprochen hattest. 17n Wir aber haben uns
gegen dich verfehlt, und du hast uns unseren
Feinden ausgeliefert, weil wir ihre Götter ver-
ehrt haben. Du bist gerecht, Herr. 17o Jetzt aber ist
es unseren Feinden nicht mehr genug, uns grau-
sam zu unterjochen, sondern sie haben ihren
Götzen geschworen, dein Versprechen zu verei-

teln, deinen Erbbesitz zu vernichten, den Mund
derer, die dich loben, verstummen zu lassen und
das Licht deines Tempels und das Feuer auf dei-
nem Altar auszulöschen. 17p Statt dessen wollen
sie den Heiden den Mund öffnen, damit sie ihre
nichtigen Götzen preisen und auf ewige Zeiten
einen sterblichen König verherrlichen. 17q Über-
laß dein Zepter, Herr, nicht den nichtigen Göt-
zen! Man soll nicht höhnisch über unseren
Sturz lachen. Laß ihre Pläne sich gegen sie selbst
kehren; den aber, der all das gegen uns veran-
laßt hat, mach zum warnenden Beispiel! 17r Denk
an uns, Herr! Offenbare dich in der Zeit unserer
Not, und gib mir Mut, König der Götter und
Herrscher über alle Mächte! 17s Leg mir in Gegen-
wart des Löwen die passenden Worte in den
Mund, und stimm sein Herz um, damit er unse-
ren Feind haßt und ihn und seine Gesinnungs-
genossen vernichtet. 17t Uns aber rette mit deiner
Hand! Hilf mir, denn ich bin allein und habe
niemand außer dir, o Herr! 17u Du kennst alles.
Du weißt auch, daß ich den Prunk der Heiden
hasse und das Bett eines Unbeschnittenen und
Fremden verabscheue. 17v Du weißt, daß ich das
Zeichen meiner Würde verabscheue und es an
den Tagen meines öffentlichen Auftretens nur
unter Zwang auf dem Kopf trage. 17w Ich verab-
scheue es wie die blutigen Stoffetzen zur Zeit
meiner Unreinheit und trage es nicht an den Ta-
gen, an denen ich meine Ruhe habe. 17x Deine
Magd hat nicht am Tisch Hamans gegessen, ich
habe keinem königlichen Gelage durch meine
Anwesenheit Glanz verliehen und habe keinen
Opferwein getrunken. 17y Seit deine Magd hier-
her kam, bist du für sie der einzige Grund, sich
zu freuen, Herr, du Gott Abrahams. 17z Gott, du
hast Macht über alle: Erhöre das Flehen der Ver-
zweifelten, und befrei uns aus der Hand der Bö-
sen! Befrei mich von meinen Ängsten!

Die Audienz beim König

5 Am dritten Tag legte Ester ihre königlichen
Gewänder an und ging in den inneren Pa-
lasthof, der vor dem Haus des Königs lag. Der Kö-
nig saß im Königshaus auf seinem Königsthron,
dem Eingang gegenüber. 2 Als der König die Köni-
gin Ester im Hof stehen sah, fand sie Gnade vor
seinen Augen. Der König streckte ihr das goldene
Zepter entgegen, das er in der Hand hielt. Ester
trat näher und berührte die Spitze des Zepters.

[5,1 Am dritten Tag legte Ester, als sie ihr Gebet
beendet hatte, ihr Bußgewand ab und zog ihre
Prunkgewänder an. 1a Nachdem sie ihre strah-
lende Schönheit wieder gewonnen hatte, betete
sie zu dem allsehenden Gott und Retter. Dann
nahm sie zwei Dienerinnen mit; auf die eine
stützte sie sich nach der Art der vornehmen
Frauen, die andere ging hinter ihr und trug ihr
die Schleppe. 1b Sie selbst strahlte in blühender
Schönheit, ihr Gesicht war bezaubernd und hei-
ter, ihr Herz aber war beklommen vor Furcht.
1c Sie durchschritt alle Türen und blieb vor dem
König stehen. Er saß auf seinem königlichen
Thron, angetan mit seinen Prunkgewändern voll
Gold und Edelsteinen. Der Anblick war furchter-
regend. 1d Als er aufblickte und die Königin in
wildem Zorn mit feuerrotem Gesicht ansah,
wurde sie bleich, fiel in Ohnmacht und sank auf
die Schulter der Dienerin, die vorausging. 1e Da
erweichte Gott das Herz des Königs. Besorgt
sprang er vom Thron auf und nahm sie in seine
Arme, bis sie wieder zu sich kam. Dann redete
er ihr mit freundlichen Worten zu und sagte:
1f Was hast du, Ester? Ich bin dein Bruder, sei un-
besorgt! Du sollst nicht sterben; denn unser Be-
fehl gilt nur für die anderen. Komm her! 2 Dann
nahm er das goldene Zepter, legte es ihr auf den
Nacken, küßte sie und sagte: Nun rede mit mir!
2a Da sagte sie zu ihm: Ich sah dich, Herr, wie ei-
nen Engel Gottes, und mein Herz erschrak aus
Furcht vor deinem majestätischen Anblick; denn
du bist herrlich, Herr, und dein Gesicht ist voll
Wohlwollen. 2b Während sie mit ihm redete, fiel
sie wieder in Ohnmacht. Der König war sehr be-
stürzt, und sein ganzes Gefolge suchte ihr Mut
zu machen.] 3 Der König sagte zu ihr: Was willst
du, Königin Ester? Was hast du für einen
Wunsch? Auch wenn es die Hälfte meines Rei-
ches wäre, du sollst es erhalten. 4 Ester antwor-
tete: Wenn es dem König gefällt, möge er heute
mit Haman zu dem Festmahl kommen, das ich
für ihn vorbereitet habe.

Die Einladung zum Festmahl bei Ester

5 Der König sagte: Holt in aller Eile Haman her, da-
mit wir Esters Wunsch erfüllen können. Und der
König kam mit Haman zu dem Festmahl, das
Ester vorbereitet hatte. 6 Als sie beim Wein saßen,
sagte der König zu Ester: Was hast du für eine
Bitte? Sie wird dir erfüllt. Was hast du für einen

Wunsch? Selbst wenn es die Hälfte des Reiches
wäre, man wird es dir geben. 7 Ester antwortete:
Das ist meine Bitte und mein Wunsch: 8 Wenn ich
beim König Gnade gefunden habe und es ihm ge-
fällt, mir zu geben, worum ich bitte, und meinen
Wunsch zu erfüllen, dann möge der König auch
morgen mit Haman zu dem Festmahl kommen,
das ich für sie veranstalte. Morgen will ich dann
die Frage des Königs beantworten.

Hamans Racheplan gegen Mordechai

9 Haman ging an diesem Tag fröhlich und gut ge-
launt nach Hause. Als er aber am Tor des Königs-
palastes Mordechai sah, der sich nicht erhob und
keinerlei Ehrfurcht vor ihm zeigte, geriet er in
Zorn über Mordechai. 10 Doch er ließ sich nichts
anmerken. Er ging nach Hause und rief seine
Freunde und seine Frau Seresch zu sich. 11 Und er
erzählte ihnen von seinem gewaltigen Reichtum
und von seinen vielen Söhnen, von all der
Macht, die ihm der König verliehen habe, und
wie er ihn hoch über alle anderen Fürsten und
königlichen Diener gestellt habe. 12 Haman sagte:
Auch Königin Ester hat an dem Festmahl, das sie
veranstaltete, nur den König und mich teilneh-
men lassen. Und auch morgen bin ich von ihr zu-
sammen mit dem König eingeladen. 13 Aber mein
Glück ist noch nicht vollkommen, solange ich
den Juden Mordechai am Tor des Palastes sitzen
sehe. 14 Da sagten seine Frau Seresch und alle
seine Freunde zu ihm: Man könnte doch einen
Galgen errichten, fünfzig Ellen hoch. Du aber sag
morgen früh dem König, man solle Mordechai
daran aufhängen. Dann kannst du mit dem König
frohen Herzens zu dem Mahl gehen. Der Vor-
schlag gefiel Haman sehr, und er ließ den Galgen
aufstellen.

Die Erhöhung Mordechais

6 In jener Nacht konnte der König nicht ein-
schlafen. Darum ließ er sich das Buch der
Denkwürdigkeiten, die Chronik, bringen, und
man las ihm daraus vor. 2 Da fand man den Be-
richt, wie Mordechai Bigtan und Teresch an-
zeigte, die beiden königlichen Kämmerer, die zu
den Türhütern gehörten und einen Anschlag auf
den König Artaxerxes geplant hatten. 3 Der König
fragte: Welche Belohnung und Auszeichnung hat
Mordechai dafür erhalten? Die Diener des Kö-
nigs, die um ihn waren, antworteten: Er hat
nichts erhalten. 4 Da fragte der König: Wer steht
draußen im Hof? Haman aber war gerade in den
äußeren Hof des Königspalastes gekommen, um
dem König zu sagen, man solle Mordechai an
dem Galgen aufhängen, den er für ihn hatte auf-
stellen lassen. 5 Die Diener antworteten dem Kö-
nig: Haman steht im Hof. Der König sagte: Er soll
hereinkommen. 6 Haman trat ein. Der König
fragte ihn: Was soll mit einem Mann geschehen,
den der König besonders ehren will? Haman
dachte: Wen könnte der König wohl mehr ehren
wollen als mich? 7 Deshalb sagte Haman zum Kö-
nig: Wenn der König einen Mann besonders eh-
ren will, 8 lasse er ein königliches Gewand holen,
das sonst der König selbst trägt, und ein Pferd,
auf dem sonst der König reitet und dessen Kopf
königlich geschmückt ist. 9 Das Gewand und das
Pferd soll man einem der vornehmsten Fürsten
des Königs geben, und er soll den Mann, den der
König besonders ehren will, bekleiden, ihn auf
dem Pferd über den Platz der Stadt führen und
vor ihm ausrufen: So geht es einem Mann, den
der König besonders ehren will. 10 Darauf sagte
der König zu Haman: Hol in aller Eile das
Gewand und das Pferd, und tu alles, was du
gesagt hast, mit dem Juden Mordechai, der am
Tor des Palastes sitzt. Und laß nichts von dem
aus, was du vorgeschlagen hast. 11 Haman nahm
das Gewand und das Pferd, kleidete Mordechai
ein, führte ihn auf dem Pferd über den Platz der
Stadt und rief vor ihm aus: So geht es einem
Mann, den der König besonders ehren will.
12 Dann kehrte Mordechai zum Tor des Palastes
zurück. Haman aber eilte nach Haus, traurig und
mit verhülltem Kopf. 13 Und er erzählte seiner
Frau Seresch und seinen Freunden alles, was
ihm zugestoßen war. Seine weisen [Ratgeber]
und seine Frau Seresch sagten: Wenn Morde-
chai, der dich schon zu stürzen begonnen hat,
zum Volk der Juden gehört, wirst du nichts gegen
ihn ausrichten, sondern du wirst gewiß durch
ihn zu Fall kommen. 14 Als sie noch redeten, tra-
fen die königlichen Kämmerer ein, um Haman in
Eile zu dem Festmahl zu holen, das Ester vorbe-
reitet hatte.

Hamans Ende

7 Der König und Haman kamen zu dem
Mahl, das die Königin Ester gab, 2 und der
König sagte auch am zweiten Tag zu Ester, als

sie beim Wein saßen: Was hast du für eine Bitte,
Königin Ester? Sie wird dir erfüllt. Was hast du
für einen Wunsch? Selbst wenn es die Hälfte des
Reiches wäre – man wird es dir geben. 3 Die Kö-
nigin Ester antwortete: Wenn ich beim König
Wohlwollen gefunden habe und wenn es ihm
gefällt, dann möge mir und meinem Volk das Le-
ben geschenkt werden. Das ist meine Bitte und
mein Wunsch. 4 Man hat mich und mein Volk
verkauft, um uns zu erschlagen, zu ermorden
und auszurotten. Wenn man uns als Sklaven
und Sklavinnen verkaufen würde, hätte ich
nichts gesagt; denn dann gäbe es keinen Feind,
der es wert wäre, daß man seinetwegen den Kö-
nig belästigt. 5 Da sagte der König Artaxerxes zu
Königin Ester: Wer ist der Mann? Wo ist der
Mensch, der es wagt, so etwas zu tun? 6 Ester
antwortete: Dieser gefährliche Feind ist der ver-
brecherische Haman hier. Da erschrak Haman
vor dem König und der Königin. 7 Der König aber
stand auf, verließ voll Zorn das Trinkgelage und
ging in den Garten des Palastes. Haman trat zu
Ester und flehte sie um sein Leben an; denn er
sah, daß sein Untergang beim König besiegelt
war. 8 Als der König aus dem Garten wieder in
den Raum zurückkam, in dem das Trinkgelage
stattfand, hatte sich Haman über das Polster ge-
worfen, auf dem Ester lag. Der König sagte: Tut
man jetzt sogar hier in meiner Gegenwart der
Königin Gewalt an? Kaum hatte der König das
gesagt, da verhüllte man schon das Gesicht Ha-
mans. 9 Harbona, einer der Hofbeamten, sagte
zum König: Vor dem Haus Hamans steht schon
ein fünfzig Ellen hoher Galgen; ihn hat Haman
für Mordechai aufgestellt, der dem König durch
seine Anzeige einen guten Dienst erwiesen hat.
Der König befahl: Hängt ihn daran auf!
10 Da hängten sie Haman an den Galgen, den er
für Mordechai errichtet hatte, und der Zorn des
Königs legte sich.

Die Rettung der Juden: 8,1–10,3

Mordechais Erhöhung und Esters erneute Bitte

8 Noch am gleichen Tag schenkte König Arta-
xerxes der Königin Ester das Haus des Ju-
denfeindes Haman. Mordechai aber erhielt Zu-
tritt zum König; denn Ester hatte dem König
gesagt, wie nahe Mordechai mit ihr verwandt
war. 2 Der König zog seinen Siegelring, den er
Haman hatte abnehmen lassen, vom Finger und
gab ihn Mordechai. Ester machte Mordechai
zum Verwalter von Hamans Haus. 3 Ester redete
noch einmal mit dem König; sie fiel ihm wei-
nend zu Füßen und flehte ihn an, das drohende
Unheil, das der Agagiter Haman gegen die Juden
geplant hatte, von ihnen abzuwenden. 4 Der Kö-
nig streckte Ester sein goldenes Zepter entgegen,
und Ester stand auf und trat vor den König. 5 Sie
sagte: Wenn es dem König gefällt und ich sein
Wohlwollen gefunden habe, wenn ihm mein
Vorschlag richtig erscheint und ich seine Gunst
genieße, dann soll durch einen schriftlichen Er-
laß die Anordnung widerrufen werden, die der
Agagiter Haman, der Sohn Hammedatas, in der
Absicht getroffen hat, die Juden in allen königli-
chen Provinzen auszurotten. 6 Denn wie konnte
ich das Unglück mit ansehen, das mein Volk
trifft, wie könnte ich den Untergang meines
Stammes mit ansehen?

Der Erlaß zum Schutz der Juden

7 Da sagte König Artaxerxes zu Königin Ester
und zu dem Juden Mordechai: Ich habe Ester
das Haus Hamans übergeben, den man am
Galgen aufgehängt hat, weil er seine Hand ge-
gen die Juden erhob. 8 Jetzt aber sollt ihr im
Namen des Königs einen schriftlichen Erlaß zu-
gunsten der Juden herausgeben, wie er euch
richtig erscheint. Siegelt ihn mit dem königli-
chen Siegelring; denn ein Schreiben, das im
Namen des Königs verfaßt und mit dem könig-
lichen Siegelring gesiegelt ist, kann nicht mehr
rückgängig gemacht werden. 9 Da rief man die
königlichen Schreiber; es war der dreiundzwan-
zigste Tag im dritten Monat, dem Monat Siwan.
Und so, wie es Mordechai befahl, wurde zu-
gunsten der Juden ein schriftlicher Erlaß heraus-
gegeben und an die Satrapen, Statthalter und
Fürsten der hundertsiebenundzwanzig Provin-
zen von Indien bis Kusch geschickt, für jede ein-

zelne Provinz in ihrer eigenen Schrift und für jedes einzelne Volk in seiner eigenen Sprache. 10 Man verfaßte die Schreiben im Namen des Königs Artaxerxes, siegelte mit dem königlichen Siegelring und verschickte sie mit Eilboten auf Postpferden, die aus den königlichen Gestüten stammten. 11 Mit diesem Erlaß gestattete der König den Juden in allen Städten, sich zusammenzutun, um für ihr Leben einzutreten, um in jedem Volk und in jeder Provinz alle ihre Gegner samt ihren Frauen und Kindern zu erschlagen, zu ermorden und auszurotten und ihren Besitz zu plündern; 12 das sollte in allen Provinzen des Königs Artaxerxes am gleichen Tag geschehen, am dreizehnten Tag im zwölften Monat, dem Monat Adar.

12a Dies ist eine Abschrift des Briefes: 12b Der Großkönig Artaxerxes entbietet den Statthaltern der hundertsiebenundzwanzig Provinzen von Indien bis Kusch und allen, denen unsere Angelegenheiten am Herzen liegen, seinen Gruß. 12c Viele, die aufgrund der überreichen Güte ihrer Wohltäter hoch geehrt waren, waren damit noch nicht zufrieden; sie versuchten nicht nur, unseren Untertanen zu schaden, sondern sie konnten auch den Überfluß nicht ertragen und planen sogar Anschläge gegen ihre eigenen Wohltäter. 12d Sie wollen nicht nur die Dankbarkeit unter den Menschen beseitigen, sondern sie sind durch die Prahlerei derer, die vom Guten nichts wissen wollen, überheblich geworden und meinen, dem Gericht des alles durchschauenden Gottes, der das Böse haßt, entfliehen zu können. 12e Schon viele, die als Herrscher eingesetzt waren, hat der schlechte Einfluß von Freunden, die mit den Staatsgeschäften betraut waren, mitschuldig am Tod Unschuldiger gemacht und sie in schreckliches Unglück gestürzt. 12f Das lautere Wohlwollen der Herrschenden wurde durch ihre böswilligen und verlogenen Ratschläge getäuscht. 12g Das ersieht man schon aus den altüberlieferten Geschichten; noch viel deutlicher aber wird es, wenn ihr all das untersucht, was vor euren Augen geschehen ist: Die Niederträchtigkeit derer, die ihr hohes Amt mißbrauchten, hat zu großem Unrecht geführt. 12h In Anbetracht der veränderten Lage nehmen wir uns vor, in Zukunft darauf zu achten, daß alle Menschen im Reich ungestört und in Frieden leben können; 12i alles, was uns zur Kenntnis gebracht wird, werden wir erst nach genauerem Zusehen entscheiden.

12k So ging es auch mit dem Mazedonier Haman, dem Sohn Hammedatas. Obwohl er in Wahrheit dem persischen Volk und unserer Güte sehr fern stand, wurde er bei uns gastlich aufgenommen. 12l Er erfuhr unsere Liebe zu den Menschen, die wir allen Völkern erweisen, in so reichem Maß, daß er sogar als unser Vater ausgerufen wurde und als der zweite Mann neben dem König bei allen immer höchste Verehrung genoß. 12m Doch er ertrug seine hohe Würde nicht, sondern er wollte uns die Herrschaft und das Leben rauben. 12n Er versuchte, Mordechai, unseren Retter und steten Wohltäter, und Ester, die untadelige Mitinhaberin der Königswürde, durch hinterhältige Intrigen mit ihrem ganzen Volk ins Verderben zu stürzen. 12o Auf diese Weise glaubte er, uns aller Freunde zu berauben und die Herrschaft über die Perser den Mazedoniern verschaffen zu können. 12p Wir aber finden, daß die Juden, die dieser Erzschurke ausrotten wollte, keine Aufrührer sind, sondern daß sie als Bürger nach sehr gerechten Gesetzen leben, 12q als Kinder des höchsten, größten und lebendigen Gottes, der unser Reich, wie schon zu Zeiten unserer Vorfahren, in der schönsten Ordnung erhält. 12r Es wird daher gut sein, wenn ihr euch nicht nach den Schreiben richtet, die euch Haman, der Sohn Hammedatas, geschickt hat. Denn ihr Verfasser ist mit seiner ganzen Familie vor den Toren Susas gekreuzigt worden; der über alles herrschende Gott hat ihm nämlich sehr bald die wohlverdiente Strafe geschickt.

12s Ihr sollt überall eine Abschrift dieses Briefes öffentlich aushängen, damit man die Juden nach ihren eigenen Gesetzen leben läßt. Man soll ihnen helfen, sich an dem einen Tag, der für ihre Verfolgung festgesetzt war, gegen alle zu verteidigen, von denen sie angegriffen werden; es ist der dreizehnte Tag im zwölften Monat, dem Monat Adar. 12t Diesen Tag hat der alles beherrschende Gott statt zu einem Tag der Vernichtung für das auserwählte Volk zu einem Tag der Freude gemacht. 12u Daher sollt ihr neben euren großen Gedenktagen einen weiteren besonderen Festtag mit aller Freude feiern, damit er von jetzt an uns und allen uns treu ergebenen Persern Heil bringt; für die aber, die uns bedrohen, soll er ein Mahnmal des Untergangs sein. 12x Jede Stadt und jede Provinz, die nicht danach handelt, wird ohne Erbarmen mit Feuer und Schwert verwüstet. Kein Mensch wird sie mehr betreten, selbst den Tieren und Vögeln soll sie für immer verhaßt sein.

[13] In jeder einzelnen Provinz wurde eine Abschrift des Erlasses als Gesetz für alle Völker veröffentlicht; die Juden sollten bereit sein, sich an diesem Tag an ihren Feinden zu rächen. [14] Die Boten ritten auf Postpferden, die aus den (königlichen) Gestüten stammten, hinaus, durch königlichen Befehl zu großer Eile gedrängt. Auch in der Burg Susa wurde das Gesetz veröffentlicht. [15] Als Mordechai den König verließ, trug er ein königliches Gewand aus violettem Purpur und weißem Leinen, eine große goldene Krone und einen Mantel aus kostbarem Leinen und rotem Purpur, und die Stadt Susa war voll Jubel und Freude. [16] Die Juden waren glücklich, sie jauchzten vor Freude und waren wieder angesehen. [17] In jeder Provinz und in jeder Stadt, überall, wo der Erlaß des Königs und sein Befehl bekannt wurde, jauchzten die Juden vor Freude, sie aßen und tranken und ließen es sich an diesem Tag gut gehen. In allen Völkern der Erde bekannten sich viele zum Judentum; denn ein Schrecken vor den Juden hatte sie befallen.

Der Siegestag der Juden

9 Am dreizehnten Tag im zwölften Monat, dem Monat Adar, sollte der Erlaß des Königs und sein Befehl ausgeführt werden. Es war der Tag, an dem die Gegner der Juden gehofft hatten, sie zu überwältigen. Doch nun überwältigten umgekehrt die Juden ihre Feinde. [2] In allen Provinzen des Königs Artaxerxes taten sich die Juden in den Städten zusammen und überfielen die, die den Untergang der Juden geplant hatten. Niemand konnte ihnen standhalten; denn alle Völker hatte Schrecken vor ihnen befallen; [3] auch alle Fürsten der Provinzen, die Satrapen, Statthalter und königlichen Beamten, waren auf seiten der Juden; denn Schrecken vor Mordechai hatte sie befallen. [4] Mordechai war nämlich im Königspalast hoch angesehen, und es war in allen Provinzen bekannt geworden, daß er immer einflußreicher wurde. [5] So metzelten die Juden alle ihre Feinde mit dem Schwert nieder; es gab ein großes Blutbad. Sie machten mit ihren Gegnern, was sie wollten. [6] In der Burg Susa brachten die Juden fünfhundert Männer um, [7] und auch Parschandata, Dalfon, Aspata, [8] Porata, Adalja, Aridata, [9] Parmaschta, Arisai, Aridai und Wajesata, [10] die zehn Söhne des Judenfeindes Haman, des Sohnes Hammedatas, töteten sie, aber sie vergriffen sich nicht an ihrem Besitz. [11] Als man an jenem Tag dem König meldete, wie viele Menschen in der Burg Susa erschlagen worden waren, [12] sagte er zur Königin Ester: In der Burg Susa haben die Juden ein Blutbad angerichtet; man hat fünfhundert Männer, auch die zehn Söhne Hamans, umgebracht. Was haben sie dann wohl in den übrigen königlichen Provinzen getan? Hast du einen Wunsch? Er wird dir erfüllt werden. Hast du eine Bitte? Sie soll erfüllt werden. [13] Ester antwortete: Wenn es dem König gefällt, soll den Juden in Susa erlaubt werden, auch morgen nach dem Gesetz von heute zu handeln. Außerdem soll man die zehn Söhne Hamans an den Galgen hängen. [14] Der König befahl, es solle so geschehen. Man gab also in Susa noch einen Erlaß heraus und hängte die zehn Söhne Hamans auf. [15] Auch am vierzehnten Tag des Monats Adar taten sich die Juden in Susa zusammen und töteten dort dreihundert Männer; aber an ihrem Besitz vergriffen sie sich nicht. [16] Die übrigen Juden in den königlichen Provinzen versammelten sich, um für ihr Leben einzutreten; sie verschafften sich Ruhe vor ihren Feinden und töteten fünfundsiebzigtausend ihrer Gegner; aber an ihrem Besitz vergriffen sie sich nicht. [17] Das geschah am dreizehnten Tag des Monats Adar, am vierzehnten Tag des Monats jedoch war Ruhe. Sie feierten ihn als Festtag mit Essen und Trinken. [18] Die Juden in Susa aber versammelten sich am Dreizehnten und Vierzehnten des Monats; bei ihnen war am Fünfzehnten wieder Ruhe, und sie feierten ihn als Festtag mit Essen und Trinken. [19] Deswegen begehen die Juden in den unbefestigten Orten auf dem Land den vierzehnten Tag des Monats Adar als Festtag, den sie mit Essen und Trinken feiern und an dem sie sich gegenseitig beschenken.

Die Einführung des Purimfestes

[20] Mordechai schrieb alles auf, was geschehen war. Er schickte Schreiben an alle Juden in allen Provinzen des Königs Artaxerxes nah und fern [21] und machte ihnen zur Pflicht, den vierzehnten und den fünfzehnten Tag des Monats Adar in jedem Jahr als Festtag zu begehen. [22] Das sind die Tage, an denen die Juden wieder Ruhe hatten vor ihren Feinden; es ist der Monat, in dem sich ihr

Kummer in Freude verwandelte und ihre Trauer
in Glück. Sie sollten sie als Festtage mit Essen und
Trinken begehen und sich gegenseitig beschen-
ken, und auch den Armen sollten sie Geschenke
geben. 23 So wurde bei den Juden das, was sie da-
mals zum erstenmal taten und was Mordechai ih-
nen vorschrieb, zu einem festen Brauch. 24 Denn
der Agagiter Haman, der Sohn Hammedatas, der
Feind aller Juden, hatten den Plan gefaßt, die Ju-
den auszurotten, und hatte das Pur, das heißt das
Los geworfen, um sie in Schrecken zu versetzen
und auszurotten. 25 Als das dem König bekannt
wurde, ordnete er in einem Schreiben an: Sein bö-
ser Plan gegen die Juden solle auf ihn selbst
zurückfallen; man hänge ihn und seine Söhne an
den Galgen. 26 Darum nennt man diese Tage das
Purimfest, nach dem Wort Pur. Wegen all dem,
was in diesem Schreiben stand und was sie selbst
gesehen und erlebt hatten, 27 machten es sich die
Juden zur Pflicht und erklärten es zur un-
verbrüchlichen Satzung für sich, für ihre Nach-
kommen und für alle, die sich ihnen anschließen
würden, diese beiden Tage alljährlich, wie vorge-
schrieben, zur festgesetzten Zeit zu begehen.
28 Diese Tage sollten in Erinnerung bleiben und in
jeder Generation, in jeder Familie, in jeder Pro-
vinz und in jeder Stadt begangen werden. Die Ju-
den sollten nie aufhören, das Purimfest zu feiern,
diese Tage sollten bei ihren Nachkommen nie ver-
gessen werden. 29 Um den Purim-Erlaß mit allem
Nachdruck zu bestätigen, verfaßten die Königin
Ester, die Tochter Abihajils, und der Jude Morde-
chai ein zweites Schreiben. 30 Sie schickten es
mit Glück- und Segenswünschen an alle Juden in
den hundertsiebenundzwanzig Provinzen des
Reiches des Artaxerxes, 31 um das Datum der Pu-
rimtage festzulegen, wie es der Jude Mordechai
und Königin Ester angeordnet und wie sie es
selbst sich und ihren Nachkommen zur Pflicht
gemacht hatten. Das Schreiben enthielt die Vor-
schriften für das Fasten und die Wehklage.
32 Esters Worte bestätigten die Anordnungen für
das Purimfest, und alles wurde in einer Urkunde
aufgezeichnet.

Der Bericht über die Taten des Artaxerxes und die Stellung Mordechais

10 König Artaxerxes verpflichtete das Land
und die Inseln zum Frondienst. 2 Alle
großen und eindrucksvollen Taten und der ge-
naue Bericht über die hohe Stellung Mordechais,
die ihm der König verliehen hatte, sind in der
Chronik der Könige von Medien und Persien
aufgezeichnet. 3 Denn der Jude Mordechai war
der zweite Mann nach König Artaxerxes, er war
bei den Juden hoch angesehen und beliebt bei
allen seinen Stammesbrüdern. Er suchte das
Wohl seines Volkes und war auf das Wohlerge-
hen all seiner Nachkommen bedacht.

Die Deutung des Traumes Mordechais

3a Da sagte Mordechai: Durch Gott ist das alles
geschehen. 3b Ich erinnere mich an den Traum,
den ich darüber hatte. Nichts davon ist unerfüllt
geblieben. 3c Die kleine Quelle, die zum großen
Strom mit viel Wasser wurde, als das Licht und
die Sonne wieder schienen, dieser Strom ist
Ester; der König heiratete sie und machte sie zur
Königin. 3d Die beiden Drachen sind ich und
Haman. 3e Die Völker sind die, die gemeinsam
das Andenken an die Juden auslöschen wollten.
3f Mein Volk aber, das sind die Israeliten; sie ha-
ben zu Gott geschrien und sind gerettet worden.
Der Herr hat sein Volk gerettet, der Herr hat uns
von allen diesen Leiden erlöst, Gott hat große
Zeichen und Wunder getan, wie sie unter den
Völkern noch nie geschehen sind. 3g Deshalb
machte er zwei Lose, eines für das Volk Gottes
und eines für alle anderen Völker. 3h Die beiden
Lose fielen auf die Zeit und die Stunde und den
Tag, an dem vor den Augen Gottes und mitten
unter allen Völkern die Entscheidung fiel. 3i Gott
hat sich an sein Volk, das sein Erbbesitz ist, er-
innert und ihm zu seinem Recht verholfen.
3k Diese Tage im Monat Adar, der vierzehnte und
der fünfzehnte, sollen zu allen Zeiten und in al-
len Generationen unter den Augen Gottes in sei-
nem Volk Israel mit ausgelassener Freude ge-
meinsam gefeiert werden.

Die Unterschrift zum griechischen Esterbuch

3l Im vierten Jahr der Regierung des Ptolemäus
und der Kleopatra überbrachten Dositheus, der,
wie er sagte, Priester und Levit war, und sein
Sohn Ptolemäus den vorliegenden Purimbericht.
Sie sagten, er sei echt; Lysimachus, der Sohn des
Ptolemäus, ein Mann aus Jerusalem, habe ihn
übersetzt.

DIE BÜCHER DER MAKKABÄER

DAS ERSTE BUCH DER MAKKABÄER

Die Verfolgung des Volkes Israel: 1,1–64

Der Beginn der griechischen Herrschaft

1 Der Mazedonier Alexander, Sohn des Philip-
pus, zog damals vom Land der Kittäer aus. Er
besiegte Darius, den König der Perser und Meder,
und wurde als erster König von Griechenland
sein Nachfolger.
2 Er führte viele Kriege, eroberte zahlreiche
Festungen und ließ die Könige der Erde er-
schlagen; 3 er kam bis an das Ende der Welt,
plünderte viele Völker aus, und die ganze Erde
lag ihm wehrlos zu Füßen. Da wurde sein Herz
stolz und überheblich. 4 Er stellte ein sehr großes
Heer auf, herrschte über Länder, Völker und Für-
sten und machte sie sich tributpflichtig. 5 Doch
dann sank er aufs Krankenlager und fühlte sei-
nen Tod nahen. 6 Er rief seine höchsten Offiziere
zusammen, die mit ihm aufgewachsen waren,
und verteilte sein Reich unter sie, solange er
noch lebte. 7 Zwölf Jahre hatte Alexander regiert,
als er starb.
8 Seine Offiziere übernahmen die Regierung, je-
der in seinem Bereich. 9 Nach seinem Tod setzten
sich alle die Königskrone auf; ebenso hielten es
ihre Nachkommen lange Zeit hindurch. Sie brach-
ten großes Unglück über die Erde.
10 Aus ihnen ging ein besonders gottloser Sproß
hervor, Antiochus Epiphanes, der Sohn des Kö-
nigs Antiochus. Er war als Geisel in Rom gewe-
sen und trat im Jahr 137 der griechischen Herr-
schaft die Regierung an.

Das Aufkommen der Verräter

11 Zu dieser Zeit traten Verräter am Gesetz in Is-
rael auf, die viele (zum Abfall) überredeten. Sie
sagten: Wir wollen einen Bund mit den fremden
Völkern schließen, die rings um uns herum le-
ben; denn seit wir uns von ihnen abgesondert
haben, geht es uns schlecht. 12 Dieser Vorschlag
gefiel ihnen, 13 und einige aus dem Volk fanden
sich bereit, zum König zu gehen. Der König gab
ihnen die Erlaubnis, nach den Gesetzen der
fremden Völker zu leben. 14 Sie errichteten in Je-
rusalem eine Sportschule, wie es bei den frem-
den Völkern Brauch ist, 15 und ließen bei sich die
Beschneidung rückgängig machen. So fielen sie
vom heiligen Bund ab, vermischten sich mit den
fremden Völkern und gaben sich dazu her, Böses
zu tun.

Der Angriff der Heiden auf den Tempel

16 Als Antiochus sah, daß sich seine Herrschaft
gefestigt hatte, faßte er den Plan, auch König
von Ägypten zu werden und so über zwei Rei-
che zu herrschen. 17 Er drang mit vielen Soldaten
in Ägypten ein, mit Streitwagen und Kriegsele-
fanten, mit Reitern und einer großen Flotte, 18 und
führte Krieg gegen Ptolemäus, den König von
Ägypten. Ptolemäus wurde von ihm geschlagen
und mußte fliehen, nachdem viele seiner Leute
im Kampf gefallen waren. 19 Die befestigten Städte
Ägyptens wurden erobert und das Land geplün-
dert.
20 Antiochus wandte sich nach seinem Sieg über
Ägypten im Jahr 143 gegen Israel und rückte mit
zahlreichen Truppen hinauf vor Jerusalem. 21 In
seiner Vermessenheit betrat er sogar das Heilig-
tum; er raubte den goldenen Rauchopferaltar,
den Leuchter samt seinem Zubehör,
22 den Tisch für die Schaubrote, die Opfer- und
Trinkschalen, die goldenen Rauchfässer, den Vor-
hang, die Kronen und den goldenen Schmuck
von der Vorderseite des Tempels. Von allem ließ
er das Gold abschlagen. 23 Dann nahm er das Sil-
ber, das Gold, die kostbaren Geräte, und was er
von den versteckten Schätzen finden konnte,
24 und ließ alles in sein Land schleppen. Er rich-
tete ein Blutbad an und führte ganz vermessene
Reden.
25 Da kam große Trauer über das ganze Land Is-
rael.

26 Die Vornehmen und Alten stöhnten; / die Mäd-
chen und jungen Männer verloren ihre Kraft, /
und die Schönheit der Frauen verfiel.
27 Jeder Bräutigam stimmte die Totenklage an, /
die Braut saß trauernd in ihrem Gemach.
28 Das Land zitterte um seine Bewohner. / Das
ganze Haus Jakob war mit Schande bedeckt.

Die Verwüstung der Stadt Jerusalem

29 Zwei Jahre später schickte der König einen Be-
amten in die Städte von Judäa mit dem Auftrag,
die Steuern einzutreiben. Er kam mit zahlreichen
Truppen nach Jerusalem. 30 Hinterlistig bot er den
Einwohnern zunächst Frieden an. Als man ihm
Glauben schenkte, fiel er plötzlich über die Stadt
her, richtete großen Schaden in ihr an und
brachte viele Israeliten um. 31 Er ließ die Stadt
plündern und in Brand stecken und die Häuser
und Stadtmauern ringsum niederreißen. 32 Frauen
und Kinder schleppte man in die Sklaverei, und
ihren Besitz nahm man als Beute mit. 33 Um die
Davidstadt bauten sie eine hohe und feste Mauer
mit mächtigen Türmen, damit sie ihnen als Burg
dienen konnte. 34 Sie legten eine heidnische Be-
satzung hinein, Männer, die sich nicht an das Ge-
setz hielten. Diese setzten sich dort fest, 35 versa-
hen sich mit Waffen und Proviant und brachten
auch die Beute, die sie in Jerusalem gemacht hat-
ten, dort unter. So wurden sie zu einer großen Ge-
fahr.
36 Aus dem Hinterhalt bedrohten sie das Heilig-
tum; / immer waren sie für Israel ein schlimmer
Feind.
37 Rings um den Tempel vergossen sie unschul-
diges Blut / und entweihten die heilige Stätte.
38 Jerusalems Einwohner flohen vor ihnen, / und
Ausländer zogen in die Stadt ein. / Ihren eigenen
Kindern wurde die Stadt fremd, / und ihre Söhne
verließen sie.
39 Ihr Heiligtum wurde leer wie die Wüste, / ihre
Feste verwandelten sich in Trauer. / Ihre Sabbate
wurden verhöhnt; / statt geehrt zu sein, war sie
verachtet.
40 So groß ihre Herrlichkeit gewesen war, / so
groß war nun ihre Schande. / Von ihrer Höhe ist
sie herabgestürzt, / jetzt liegt sie in Trauer.

Die Verfolgung der treuen Israeliten

41 Damals schrieb der König seinem ganzen
Reich vor, alle sollen zu einem einzigen Volk
werden, 42 und jeder solle seine Eigenart aufge-
ben. Alle Völker fügten sich dem Erlaß des Kö-
nigs. 43 Auch vielen Männern aus Israel gefiel der
Gottesdienst, den er angeordnet hatte; sie opfer-
ten den Götterbildern und entweihten den Sab-
bat. 44 Der König schickte Boten nach Jerusalem
und in die Städte Judäas mit der schriftlichen
Anordnung, man solle eine Lebensform über-
nehmen, die dem Land fremd war. 45 Brand-,
Schlacht- und Trankopfer im Heiligtum seien ein-
zustellen, Sabbate und Feste zu entweihen,
46 das Heiligtum und die Heiligen zu schänden.
47 Man solle statt dessen Altäre, Heiligtümer und
Tempel für die fremden Götter errichten sowie
Schweine und andere unreine Tiere opfern.
48 Ihre Söhne dürften sie nicht mehr beschnei-
den, vielmehr sollten sie sich mit jeder denkba-
ren Unreinheit und Schande beflecken. 49 So
sollte das Gesetz in Vergessenheit geraten, und
alle seine Vorschriften sollten hinfällig werden.
50 Wer aber des Königs Anordnung nicht befolge,
müsse sterben. 51 Ähnliche Anweisungen erließ
er für sein ganzes Reich.
Er setzte Beamte ein, die die Durchführung im
ganzen Volk überwachen sollten; auch gab er den
Befehl, der Reihe nach in allen Städten Judäas ei-
nen Opfergottesdienst zu halten.
52 Viele aus dem Volk schlossen sich ihnen an;
sie alle fielen vom Gesetz ab und trieben es
schlimm im Land. 53 Die Israeliten mußten sich
vor ihnen verstecken, wo immer sie Zuflucht
fanden.
54 Am fünfzehnten Kislew des Jahres 145 ließ
der König auf dem Brandopferaltar den unheilvol-
len Greuel aufstellen; auch in den Städten Judäas
ringsum baute man Altäre. 55 Vor den Haustüren
und auf den Plätzen opferte man Weihrauch.
56 Alle Buchrollen des Gesetzes, die man fand,
wurden zerrissen und verbrannt. 57 Wer im Besitz
einer Bundesrolle angetroffen wurde oder zum
Gesetz hielt, wurde aufgrund der königlichen An-
ordnung zum Tod verurteilt. 58 Sie ließen Israel
ihre Macht fühlen und gingen mit Gewalt gegen
alle vor, die sie Monat für Monat in den Städten
aufspürten. 59 Am fünfundzwanzigsten des Mo-
nats (Kislew) brachten sie auf dem Altar, den sie
über dem Brandopferaltar errichtet hatten, ein
Opfer dar. 60 Frauen, die ihre Kinder hatten be-
schneiden lassen, wurden auf Befehl (des Königs)
hingerichtet; 61 dabei hängte man die Säuglinge an

den Hals ihrer Mütter. Auch ihre Familien
brachte man um samt denen, die die Beschnei-
dung vorgenommen hatten. 62 Dennoch blieben
viele aus Israel fest und stark; sie aßen nichts, was
unrein war. 63 Lieber wollten sie sterben, als sich
durch die Speisen unrein machen und den heili-
gen Bund entweihen. So starben sie. 64 Ein gewal-
tiger Zorn lag auf Israel.

Der Aufstand gegen die Verfolger: 2,1–70

Mattatias und seine Söhne

2 Damals trat ein Priester auf aus dem Ge-
schlecht des Jojarib namens Mattatias; sein
Vater war Johanan, der Sohn Simeons. Er
stammte aus Jerusalem, hatte sich aber in Modeïn
niedergelassen. 2 Er hatte fünf Söhne: Johanan,
den man auch Gaddi nannte, 3 Simeon mit dem
Beinamen Tassi, 4 Judas, der als der Makkabäer be-
kannt wurde, 5 Eleasar, dem man den Namen
Awaran gab, und Jonatan, der auch Apphus hieß.
6 Als er das gotteslästerliche Treiben in Judäa und
in Jerusalem sah, sagte er:
7 Ach, warum bin ich geboren, daß ich erleben
muß, / wie man mein Volk vernichtet / und die
heilige Stadt zerstört? / Ohnmächtig mußte man
zusehen, / wie sie in die Gewalt ihrer Feinde ge-
riet, / wie die heilige Stätte Fremden in die Hände
fiel.
8 Ihr Tempel wurde wie ein ehrloser Mann,
9 ihre Kostbarkeiten schleppte man als Beute
fort. / Auf den Plätzen erschlug man ihre kleinen
Kinder; / ihre jungen Männer fielen unter dem
Schwert des Feindes.
10 Welches Volk hat nicht ein Stück des Reiches
erhalten, / hat sich nicht seinen Anteil an der
Beute errafft?
11 Ihren ganzen Schmuck nahm man ihr weg. /
Die Freie wurde zur Sklavin.
12 Seht, unser Heiligtum, / unsere Zierde und un-
ser Ruhm, liegt verödet; / fremde Völker haben es
entweiht.
13 Wozu leben wir noch?
14 Und Mattatias und seine Söhne zerrissen ihre
Gewänder, zogen Bußkleider an und gaben sich
tiefer Trauer hin.

Der Aufstand des Mattatias

15 Da kamen die Beamten, die vom König den Auf-
trag hatten, die Einwohner zum Abfall von Gott
zu zwingen, in die Stadt Modeïn, um die Opfer
durchzuführen. 16 Viele Männer aus Israel kamen
zu ihnen; auch Mattatias und seine Söhne muß-
ten erscheinen.
17 Da wandten sich die Leute des Königs an Mat-
tatias und sagten: Du besitzt in dieser Stadt
Macht, Ansehen und Einfluß und hast die Unter-
stützung deiner Söhne und Verwandten. 18 Tritt
also als erster vor, und tu, was der König ange-
ordnet hat. So haben es alle Völker getan, auch die
Männer in Judäa und alle, die in Jerusalem ge-
blieben sind. Dann wirst du mit deinen Söhnen
zu den Freunden des Königs gehören; auch wird
man dich und deine Söhne mit Silber, Gold und
vielen Geschenken überhäufen.
19 Mattatias aber antwortete mit lauter Stimme:
Auch wenn alle Völker im Reich des Königs ihm
gehorchen und jedes von der Religion seiner Vä-
ter abfällt und sich für seine Anordnungen ent-
scheidet – 20 ich, meine Söhne und meine Ver-
wandten bleiben beim Bund unserer Väter. 21 Der
Himmel bewahre uns davor, das Gesetz und
seine Vorschriften zu verlassen. 22 Wir gehorchen
den Befehlen des Königs nicht, und wir weichen
weder nach rechts noch nach links von unserer
Religion ab.
23 Kaum hatte er das gesagt, da trat vor aller Au-
gen ein Jude vor und wollte auf dem Altar von
Modeïn opfern, wie es der König angeordnet
hatte. 24 Als Mattatias das sah, packte ihn leiden-
schaftlicher Eifer; er bebte vor Erregung und ließ
seinem gerechten Zorn freien Lauf: Er sprang vor
und erstach den Abtrünnigen über dem Altar.
25 Zusammen mit ihm erschlug er auch den kö-
niglichen Beamten, der sie zum Opfer zwingen
wollte, und riß den Altar nieder; 26 der leiden-
schaftliche Eifer für das Gesetz hatte ihn gepackt,
und er tat, was einst Pinhas mit Simri, dem Sohn
des Salu, gemacht hatte. 27 Dann ging Mattatias
durch die Stadt und rief laut: Wer sich für das Ge-
setz ereifert und zum Bund steht, der soll mir fol-
gen. 28 Und er floh mit seinen Söhnen in die Berge;
ihren ganzen Besitz ließen sie in der Stadt zurück.

Der Kampf am Sabbat

29 Damals gingen viele, die Recht und Gerechtig-
keit suchten, in die Wüste hinunter, um dort zu
leben. 30 Ihre Kinder und ihre Frauen und auch ihr
Vieh nahmen sie mit; denn ihre Lage zu Hause
war unerträglich geworden. 31 Aber man meldete
den Beauftragten des Königs und der Besatzung,
die in der Davidstadt von Jerusalem war: Die
Leute, die die Anordnung des Königs mißachtet
haben, sind in die Wüste zu den Höhlen hinab-
gezogen. 32 Da setzte ihnen eine starke Truppe
nach; als sie die Juden eingeholt hatte, stellte sie
sich ihnen gegenüber auf und machte sich zum
Kampf bereit. An jenem Tag war gerade Sabbat.
33 Die Soldaten riefen ihnen zu: Jetzt ist noch Zeit.
Kommt heraus und tut, was der König sagt; dann
bleibt ihr am Leben. 34 Die Juden antworteten: Wir
gehen nicht hinaus und tun nicht, was der König
sagt; wir werden den Sabbat nicht entweihen.
35 Da gingen die Soldaten sofort zum Angriff über.
36 Die Juden gaben keine Antwort mehr; sie war-
fen nicht einmal Steine auf sie, noch versperrten
sie die Eingänge der Höhlen. 37 Denn sie sagten:
Wir wollen lieber alle sterben, als schuldig wer-
den. Himmel und Erde sind unsere Zeugen, daß
ihr uns gegen jedes Recht umbringt. 38 Am Sabbat
begannen die Soldaten den Kampf; so starben die
Juden mit ihren Frauen und Kindern, etwa tau-
send Menschen, und auch ihr Vieh kam zusam-
men mit ihnen um.

39 Als Mattatias und seine Anhänger das erfuh-
ren, hielten sie für die Toten eine große Trauerfeier
ab. 40 Sie sagten zueinander: Wenn wir alle so han-
deln, wie unsere Brüder gehandelt haben, und
nicht gegen die fremden Völker für unser Leben
und unsere Gesetze kämpfen, dann vertilgen sie
uns bald von der Erde. 41 Und sie beschlossen
noch am gleichen Tag: Wenn uns jemand am Sab-
bat angreift, werden wir gegen ihn kämpfen, da-
mit wir nicht alle umkommen wie unsere Brüder
in den Höhlen.

Erste Erfolge der Aufständischen

42 Damals schloß sich ihnen auch die Gemein-
schaft der Hasidäer an; das waren tapfere Männer
aus Israel, die alle dem Gesetz treu ergeben wa-
ren. 43 Auch alle anderen, die vor dem Unheil flo-
hen, kamen zu ihnen und verstärkten ihre Rei-
hen. 44 Sie stellten eine bewaffnete Streitmacht
auf,
und sie erschlugen die Sünder in ihrem Zorn, /
die Frevler in ihrem Grimm.

Wer übrig blieb, mußte zu den Nachbarvölkern
fliehen, um sein Leben zu retten. 45 Mattatias und
seine Anhänger zogen durch das ganze Land und
rissen die Altäre nieder. 46 Alle unbeschnittenen
Kinder, die sie in dem Gebiet Israels fanden, be-
schnitten sie gewaltsam.

47 Sie verfolgten die frechen Frevler; / in allem,
was sie taten, hatten sie Glück.

48 Sie entrissen das Gesetz der Gewalt fremder
Völker / und der Hand der Könige. / Dem Sünder
ließen sie keine Macht.

Vermächtnis und Tod des Mattatias

49 Schließlich kam für Mattatias die Zeit, daß er
sterben mußte. Da sagte er zu seinen Söhnen:

Nun sind über uns Hochmut und Strafe gekom-
men, / die Zeit des Zusammenbruchs und lo-
dernder Zorn.

50 Jetzt ereifert euch für das Gesetz, meine
Söhne, / setzt euer Leben ein für den Bund unse-
rer Väter!

51 Denkt an die Taten, / die unsere Väter zu ihren
Zeiten vollbrachten; / erwerbt euch großen
Ruhm und einen ewigen Namen!

52 Wurde Abraham nicht für treu befunden in der
Erprobung, / und wurde ihm das nicht als Ge-
rechtigkeit angerechnet?

53 Josef hielt das Gebot, als man ihn bedrängte, /
und wurde Herr über Ägypten.

54 Pinhas, unser Ahnherr, ereiferte sich für Got-
tes Sache / und empfing den Bund ewigen Prie-
stertums.

55 Weil Josua seinen Auftrag erfüllte, / wurde er
Richter in Israel.

56 Kaleb sprach als Zeuge vor dem Volk die Wahr-
heit; / darum bekam er ein Erbteil im Land.

57 David hielt die Treue; / darum erhielt er den
Königsthron als ewiges Erbe.

58 Elija kämpfte mit leidenschaftlichem Eifer für
das Gesetz / und wurde in den Himmel aufge-
nommen.

59 Hananja, Asarja und Mischaël hatten Ver-
trauen; / darum wurden sie aus den Flammen ge-
rettet.

60 Weil Daniel unschuldig war, / wurde er dem
Rachen der Löwen entrissen.

61 Überdenkt unsere ganze Vergangenheit: / Kei-
ner, der ihm vertraut, kommt zu Fall.

62 Habt keine Angst vor den Worten eines bösen
Menschen! / Seine Herrlichkeit verfällt der Fäul-
nis und den Würmern.
63 Heute noch reckt er sich hoch empor, / mor-
gen schon ist er verschwunden; / denn er ist wie-
der zu Staub geworden, / und mit seinen Plänen
ist's aus.
64 Meine Söhne, seid stark und mutig im Kampf
für das Gesetz; / denn durch das Gesetz werdet
ihr euch Ruhm erwerben.
65 Da ist Simeon, euer Bruder. Ich weiß, daß er
ein kluger Mann ist. Hört immer auf ihn! Er soll
euer Vater sein. 66 Judas, der Makkabäer, ist seit
seiner Jugend ein tapferer Krieger. Er soll an der
Spitze eures Heeres stehen und den Kampf für
sein Volk führen. 67 Schart alle um euch, die das
Gesetz halten. Nehmt Rache für euer Volk! 68 Zahlt
es den fremden Völkern heim! Achtet auf das,
was das Gesetz befiehlt.
69 Und nachdem er sie gesegnet hatte, wurde er
mit seinen Vätern vereint. 70 Er starb im Jahr 146.
Man setzte ihn im Grab seiner Väter in Modeïn
bei, und ganz Israel hielt feierlich die Totenklage
um ihn.

Die Taten des Judas: 3,1–9,22

Das Loblied auf Judas

3 An die Stelle des Mattatias trat sein Sohn Ju-
das mit dem Beinamen der Makkabäer. 2 Alle
seine Brüder unterstützten ihn, wie auch alle, die
sich seinem Vater angeschlossen hatten. Freudig
kämpften sie für Israel.
3 Er machte sein Volk weithin berühmt. / Als
Kriegsheld zog er seinen Panzer an, / legte seine
Waffen um und führte Krieg; / sein Schwert war
der Schutz seines Heeres.
4 Er glich im Kampf einem Löwen, / einem jun-
gen Löwen, der sich brüllend auf die Beute stürzt.
5 Er verfolgte die Sünder und spürte sie auf; / er
vertilgte alle, die sein Volk verwirrten.
6 Aus Furcht vor ihm verloren die Sünder den
Mut, / alle Übeltäter vergingen vor Angst. / Sei-
ner Hand gelang die Befreiung.
7 Vielen Königen schaffte er großen Verdruß, /
doch Jakob erfreute er mit seinen Taten. / Sein
Andenken sei ewig gepriesen.
8 Er zog durch die Städte Judäas, / vernichtete die
Frevler im Land / und wandte Gottes Zorn von Is-
rael ab.
9 Man sprach von ihm bis ans Ende der Welt; /
er sammelte wieder, was verloren war.

Abwehr heidnischer Angriffe

10 Apollonius sammelte Truppen aus den fremden
Völkern und dazu ein großes Heer aus Samarien,
um gegen Israel Krieg zu führen. 11 Als Judas da-
von erfuhr, zog er ihm entgegen und besiegte und
erschlug ihn. Viele kamen in diesem Kampf um;
die übrigen flohen. 12 Danach holte man sich die
Beute. Judas nahm das Schwert des Apollonius an
sich; er gebrauchte es in jedem Kampf, solange er
lebte.
13 Seron, der Befehlshaber der Streitkräfte in Sy-
rien, hörte, daß Judas eine Gemeinschaft von Ge-
treuen um sich geschart hatte, die mit ihm in den
Kampf auszogen. 14 Da dachte er: Ich will mir ei-
nen Namen machen und im Reich berühmt wer-
den: Ich werde einen Feldzug unternehmen ge-
gen Judas und seine Leute, die das Wort des
Königs verachten. 15 Ein großes Heer ruchloser
Männer schloß sich ihm an und zog zu seiner Un-
terstützung mit ihm hinauf, um an den Israeliten
Rache zu nehmen. 16 Er kam bis zur Steige von
Bet-Horon. Judas zog ihm mit ganz wenigen Män-
nern entgegen. 17 Als diese das Heer sahen, das ge-
gen sie ausgerückt war, sagten sie zu Judas: Wie
können wir mit so wenigen Leuten gegen eine
solche Übermacht kämpfen? Außerdem sind wir
ganz erschöpft; denn wir haben heute noch
nichts gegessen.
18 Judas antwortete: Es kann leicht sein, daß viele
wenigen in die Hände fallen; für den Himmel
macht es keinen Unterschied, ob er durch viele
oder wenige Rettung bringt. 19 Denn der Sieg im
Kampf liegt nicht an der Größe des Heeres, son-
dern an der Kraft, die vom Himmel kommt.
20 Diese Leute da ziehen voll Hochmut und Bos-
heit gegen uns in den Kampf, um uns mit unseren
Frauen und Kindern auszurotten und unsere
Habe zu plündern. 21 Wir aber kämpfen für unser
Leben und für unsere Gesetze. 22 Der Himmel
wird sie vor unseren Augen vernichtend schla-

gen. Darum habt keine Angst vor ihnen! [23] Kaum hatte er das gesagt, da stürzte er sich überraschend auf die Feinde, und Seron und sein Heer wurden vor seinen Augen aufgerieben. [24] Sie verfolgten ihn von der Steige von Bet-Horon bis in die Ebene hinab, und es fielen gegen achthundert Mann von ihnen; die übrigen flohen ins Land der Philister.

[25] Da begann man, sich vor Judas und seinen Brüdern zu fürchten, / Schrecken befiel die Völker ringsum.

[26] Selbst der König hörte seinen Namen; / die ganze Welt erzählte von den Kämpfen des Judas.

Die Kriegsvorbereitungen des Antiochus Epiphanes

[27] Als König Antiochus von diesen Ereignissen hörte, wurde er sehr zornig. Er schickte Boten aus und zog alle Streitkräfte seines Reiches zusammen: ein gewaltig großes Heer. [28] Dann öffnete er seine Schatzkammer, gab seinen Truppen Sold für ein Jahr und befahl ihnen, sich für jeden Fall bereitzuhalten. [29] Doch merkte er, daß das Geld im Staatsschatz ausging. Auch kamen nur noch wenig Steuern aus dem Land ein, weil er Streit und Unglück über das Land gebracht hatte, als er die uralten Bräuche aufhob. [30] Er war also besorgt, daß er, wie es schon einige Male vorgekommen war, nicht mehr so aufwendig wie früher leben und keine Geschenke mehr verteilen könnte. Er war nämlich bisher besonders freigebig gewesen, mehr als die Könige vor ihm. [31] In seiner großen Verlegenheit beschloß er, nach Persien zu ziehen, um in jenen Provinzen die Steuern einzutreiben und auf diese Weise viel Geld zusammenzubringen. [32] Als seinen Statthalter über das Gebiet zwischen dem Eufrat und der Grenze Ägyptens ließ er Lysias zurück, einen Mann, der sehr angesehen war und aus königlicher Familie stammte. [33] Ihm übertrug er auch bis zu seiner Rückkehr die Erziehung seines Sohnes Antiochus. [34] Ferner überließ er ihm die Hälfte der Truppen und die Kriegselefanten und gab ihm Anweisungen über alle anstehenden Maßnahmen, auch gegen die Bewohner von Judäa und Jerusalem. [35] Er sagte, er solle ein Heer gegen Israel schicken, um seine Macht zu brechen, um alles zu vernichten, was von Jerusalem noch übrig sei, und sogar die Erinnerung an die Juden auslöschen. [36] Er solle Menschen aus fremden Völkern in ihrem ganzen Gebiet ansiedeln und das Land an sie verlosen. [37] Die andere Hälfte der Truppen nahm der König mit sich; er brach im Jahr 147 von seiner Hauptstadt Antiochia auf, überquerte den Eufrat und marschierte in die östlichen Provinzen.

Der Angriff des Gorgias und des Nikanor

[38] Lysias aber wählte Ptolemäus aus, den Sohn des Dorymenes, außerdem Nikanor und Gorgias, tapfere Männer, die zu den Freunden des Königs gehörten, [39] und schickte sie mit vierzigtausend Mann und siebentausend Reitern auf den Weg. Sie sollten in Judäa einmarschieren und das Land verwüsten, wie es der König befohlen hatte. [40] Sie brachen also mit ihrem ganzen Heer auf, zogen bis Emmaus und schlugen dort in der Ebene ihr Lager auf. [41] Als die Händler in jener Gegend von ihnen hörten, kamen sie mit viel Silber und Gold und mit Fußfesseln zum Lager, um die Israeliten als Sklaven aufzukaufen. Dem Heer schlossen sich auch noch Truppen aus Syrien und aus dem Land der Philister an.

[42] Als Judas und seine Brüder sahen, daß großes Unheil drohte und die feindlichen Truppen schon auf ihrem Gebiet ihr Lager aufschlugen, und als sie erfuhren, welche Befehle der König gegeben hatte, um das Volk völlig zu vernichten, [43] sagten sie zueinander: Wir wollen die Trümmer unseres Volkes wiederaufbauen und für unser Volk und das Heiligtum kämpfen. [44] Und sie kamen zusammen, um sich zum Kampf zu rüsten, aber auch, um zu beten und Gnade und Mitleid zu erflehen.

[45] Jerusalem war menschenleer wie eine Wüste, / von den Kindern der Stadt / ging keines mehr ein oder aus. / Die heilige Stätte war entweiht. / Ausländer hausten in der Burg, / sie war ein Gasthaus für fremde Völker. / Die Freude war aus Jakob verschwunden, / Flöte und Harfe waren verstummt.

Der Bittgottesdienst in Mizpa

[46] Sie versammelten sich also und gingen nach Mizpa. Das ist ein Ort, der Jerusalem gegenüber liegt und an dem die Israeliten früher eine Gebetsstätte hatten. [47] Sie fasteten an jenem Tag, zogen Bußkleider an, streuten sich Staub auf das Haupt und zerrissen ihre Gewänder. [48] Sie breiteten die Gesetzesrolle aus, um eine Entscheidung zu erhalten, so wie die fremden Völker ihre Götterbilder befragen. [49] Auch brachten sie die prie-

sterlichen Gewänder, die Erstlingsfrüchte und
den Zehnten herbei, befahlen den Nasiräern, de-
ren Zeit abgelaufen war, sich zu versammeln,
50 und schrien laut zum Himmel: Was sollen wir
mit diesen Dingen und diesen Menschen tun, wo
sollen wir sie hinbringen? 51 Man entweiht und
schändet dein Heiligtum; deine Priester leben in
Trauer und Elend. 52 Sieh her: Man führt fremde
Völker zusammen, um uns auszurotten. Du
weißt, was sie mit uns vorhaben. 53 Wie können
wir ihrem Angriff standhalten, wenn du uns nicht
hilfst? 54 Dabei ließen sie die Trompeten blasen
und schrien laut.

55 Danach setzte Judas Heerführer ein, jeweils
über tausend, hundert, fünfzig und zehn. 56 Alle,
die (kurz zuvor) ein Haus gebaut, eine Frau ge-
heiratet oder Weinberge angelegt hatten oder die
Angst hatten, ließ er nach Hause zurückkehren,
wie es das Gesetz vorschreibt. 57 Danach brach
das Heer auf und schlug südlich von Emmaus sein
Lager auf. 58 Judas sagte: Legt eure Waffen an, und
seid tapfer! Macht euch bereit, morgen früh mit
diesen fremden Völkern zu kämpfen, die man zu-
sammengeführt hat, um uns und unser Heiligtum
zu vernichten. 59 Denn wir wollen lieber im
Kampf fallen als zusehen, wie Unglück über un-
ser Volk und über das Heiligtum kommt. 60 Doch
wie der Himmel will, so soll es geschehen.

Der Sieg über Gorgias

4 Gorgias aber nahm eine Abteilung von
fünftausend Mann und tausend ausgesuch-
ten Reitern und brach mit ihnen in der Nacht auf.
2 Er wollte nämlich das jüdische Heer überfallen
und überraschend schlagen; Leute aus der Burg
zeigten ihm den Weg. 3 Doch Judas erfuhr davon
und brach selbst mit seinen Männern auf, um das
Lager der königlichen Streitkräfte vor Emmaus
anzugreifen, 4 solange die anderen Truppen vom
Lager getrennt waren. 5 Gorgias erreichte noch in
der Nacht das Lager der Juden, fand aber nie-
mand. Daher suchte er sie in den Bergen, denn er
dachte: Sie sind vor uns geflohen.

6 Bei Tagesanbruch erschien Judas mit dreitau-
send Mann in der Ebene. Doch sie waren nicht so
ausgerüstet und bewaffnet, wie sie es wünsch-
ten. 7 Als sie das Kriegslager der fremden Völker
sahen, das stark, fest gebaut und ringsum von Rei-
terei umgeben war – lauter gut ausgebildete Sol-
daten –, 8 da sagte Judas zu seinen Männern: Habt
keine Angst vor ihrer Übermacht, und fürchtet
euch nicht vor ihrer Kampfkraft! 9 Denkt daran,
wie unsere Väter im Roten Meer gerettet wur-
den, als der Pharao sie mit seinem Heer verfolgte.
10 Laßt uns den Himmel anrufen, daß er uns ge-
wogen ist und des Bundes mit unseren Vätern ge-
denkt und daß er dieses Heer heute vor unseren
Augen vernichtend schlägt. 11 Dann werden alle
Völker erkennen, daß es einen gibt, der Israel los-
kauft und rettet.

12 Als die fremden Soldaten aufblickten, sahen
sie die Juden heranrücken. 13 Da kamen sie aus
ihrem Lager heraus, um zu kämpfen; die Männer
des Judas aber bliesen die Widderhörner. 14 Die
beiden Heere stießen aufeinander, und die frem-
den Völker wurden vernichtend geschlagen und
flohen in die Ebene. 15 Alle, die nicht schnell genug
waren, fielen unter dem Schwert. Die Juden ver-
folgten sie bis nach Geser und in die Ebene von
Idumäa, Aschdod und Jamnia und erschlugen un-
gefähr dreitausend von ihnen. 16 Dann hörte Judas
mit seinen Leuten auf, sie zu verfolgen und kehrte
um. 17 Er sagte zu seinen Männern: Fallt noch
nicht über die Beute her; denn uns steht noch ein
Kampf bevor. 18 Gorgias steht mit seinen Truppen
dicht vor uns in den Bergen. Stellt euch also zum
Kampf gegen eure Feinde auf und greift sie an;
nachher könnt ihr in aller Ruhe eure Beute holen.
19 Während Judas noch sprach, sah man eine Ab-
teilung der Feinde hinter dem Berg auftauchen.
20 Als sie merkten, daß ihre Leute geschlagen wa-
ren und die Juden das Lager angezündet hatten –
der weithin sichtbare Rauch zeigte an, was ge-
schehen war –, 21 bekamen sie bei diesem Anblick
große Angst. Als sie außerdem sahen, daß das
Heer des Judas kampfbereit in der Ebene stand,
22 flohen sie alle ins Land der Philister.

23 Jetzt erst machte sich Judas an die Plünderung
des Lagers. Sie erbeuteten viel Gold und Silber,
violette und rote Purpurstoffe und andere reiche
Schätze. 24 Auf dem Rückmarsch priesen und lob-
ten sie den Himmel: »Denn er ist gütig, denn
seine Huld währt ewig«. 25 So wurde Israel an je-
nem Tag wunderbar gerettet.

Der erste Angriff des königlichen Heeres unter Lysias

26 Die Philister, die sich hatten retten können, ka-
men zu Lysias und meldeten ihm, was gesche-
hen war. 27 Auf diese Nachricht hin war er be-

stürzt und in großer Sorge. Denn der Feldzug ge-
gen Israel war nicht so verlaufen, wie er es ge-
wollt hatte; der Auftrag des Königs war nicht aus-
geführt worden. 28 Darum warb er im nächsten
Jahr sechzigtausend Söldner an, ausgesuchte
Männer, dazu fünftausend Reiter, um wieder ge-
gen die Juden zu Felde zu ziehen. 29 Sie zogen
nach Idumäa und schlugen in Bet-Zur ihr Lager
auf. Judas aber kam ihnen mit zehntausend Mann
entgegen.

30 Als Judas das gewaltige Heerlager der Feinde
erblickte, sprach er folgendes Gebet: Gepriesen
seist du, Retter Israels. Du hast den wütenden Rie-
sen durch deinen Knecht David erschlagen; du
hast das Kriegslager der Philister Jonatan, dem
Sohn Sauls, und seinem Waffenträger in die Hand
gegeben. 31 Gib dieses Heer deinem Volk Israel
preis! Sie sollen beschämt werden samt ihrem
Fußvolk und ihrer Reiterei. 32 Jag ihnen einen
Schrecken ein, und laß ihren kühnen Mut
schwinden! Ihr Untergang soll sie erschüttern.
33 Schlag sie nieder durch das Schwert derer, die
dich lieben. Dann werden alle, die deinen Namen
kennen, dein Lob singen.

34 Als nun die Heere aufeinanderstießen, fielen
etwa fünftausend von den Soldaten des Lysias.
35 Als Lysias sah, welche Niederlage sein Heer er-
litten hatte, und wie kühn die Leute des Judas wa-
ren, bereit, tapfer zu leben oder zu sterben, kehrte
er nach Antiochia zurück. Dort warb er Söldner
an, um mit noch stärkerer Macht noch einmal ge-
gen Judäa zu ziehen.

Die Reinigung und Weihe des Tempels

36 Judas und seine Brüder aber sagten: Unsere
Feinde sind nun vernichtend geschlagen. Wir
wollen nach Jerusalem hinaufziehen, den Tempel
reinigen und ihn neu weihen. 37 Das ganze Heer
versammelte sich also und zog zum Berg Zion
hinauf. 38 Da sahen sie das Heiligtum verödet da-
liegen. Der Brandopferaltar war entweiht; die
Tore hatte man verbrannt. In den Vorhöfen wuchs
Unkraut wie in einem Wald oder auf einem Berg,
und die Nebengebäude waren verfallen. 39 Da zer-
rissen sie ihre Gewänder, begannen laut zu kla-
gen und streuten sich Staub auf das Haupt. 40 Sie
warfen sich nieder, mit dem Gesicht zur Erde. Sie
bliesen die Signaltrompeten und schrien zum
Himmel. 41 Dann befahl Judas einer Schar seiner
Männer, die Besatzung der Burg zu belagern, bis
das Heiligtum gereinigt sei. 42 Er wählte untadelige
und gesetzestreue Priester aus, 43 damit sie das
Heiligtum reinigten und die entweihten Steine an
einen unreinen Ort trugen. 44 Sie berieten, was sie
mit dem entweihten Brandopferaltar tun sollten.
45 Es kam ihnen der gute Gedanke, ihn niederzu-
reißen; denn er hätte ihnen Schande gebracht, da
die fremden Völker ihn entweiht hatten. So rissen
sie den Altar nieder 46 und legten die Steine an ei-
nen passenden Ort auf dem Tempelberg nieder,
bis ein Prophet komme und entscheide, was da-
mit geschehen solle. 47 Dann nahmen sie unbe-
hauene Steine, wie es das Gesetz vorschreibt,
und errichteten einen neuen Altar, der genauso
aussah wie der alte. 48 Auch das Heiligtum und die
Innenräume des Tempels bauten sie wieder auf
und reinigten die Vorhöfe. 49 Sie fertigten neue hei-
lige Geräte an und stellten den Leuchter, den
Rauchopferaltar und den Tisch in den Tempel.
50 Dann brachten sie auf dem Altar ein Rauchopfer
dar, zündeten die Lichter an dem Leuchter an, so
daß der Tempel hell wurde, 51 legten Schaubrote
auf den Tisch und hängten den Vorhang auf. So
beendeten sie alle Arbeiten, die sie sich vorge-
nommen hatten.

52 Am Fünfundzwanzigsten des neunten Mo-
nats – das ist der Monat Kislew – im Jahr 148 stan-
den sie früh am Morgen auf 53 und brachten auf
dem neuen Brandopferaltar, den sie errichtet hat-
ten, Opfer dar, so wie sie das Gesetz vorschreibt.
54 Zur gleichen Zeit und am selben Tag, an dem ihn
die fremden Völker entweiht hatten, wurde er
neu geweiht, unter Liedern, Zither- und Harfen-
spiel und dem Klang der Zimbeln. 55 Das ganze
Volk warf sich nieder auf das Gesicht, sie beteten
an und priesen den Himmel, der ihnen Erfolg ge-
schenkt hatte. 56 Acht Tage lang feierten sie die Al-
tarweihe, brachten mit Freuden Brandopfer dar
und schlachteten Heils- und Dankopfer. 57 Sie
schmückten die Vorderseite des Tempels mit Krän-
zen und kleinen Schilden aus Gold; sie erneuerten
die Tore und auch die Nebengebäude, die sie wie-
der mit Türen versahen. 58 Im Volk herrschte sehr
große Freude; denn die Schande, die ihnen die
fremden Völker zugefügt hatten, war beseitigt.
59 Judas faßte mit seinen Brüdern und mit der
ganzen Gemeinde Israels den Beschluß, Jahr für
Jahr zur selben Zeit mit festlichem Jubel die Tage
der Altarweihe zu begehen, und zwar acht Tage
lang, vom fünfundzwanzigsten Kislew an.

[60] In jener Zeit errichteten sie rund um den Zionsberg auch hohe Mauern mit festen Türmen, damit die fremden Völker nicht mehr in dieses Gebiet eindringen und es entweihen konnten, wie sie es vorher getan hatten. [61] Und Judas ordnete Truppen ab, um ihn zu bewachen. Auch Bet-Zur ließ er befestigen und legte eine Besatzung hinein, um das Volk gegen Idumäa abzusichern.

Die Feldzüge gegen die Idumäer und Ammoniter

5 Als aber die Völker ringsum hörten, daß die Juden den Altar neu errichtet und das Heiligtum wieder geweiht hatten, so daß alles war wie früher, gerieten sie in heftigen Zorn. [2] Sie beschlossen, alle aus dem Stamm Jakobs, die bei ihnen wohnten, auszurotten, und begannen, im Volk Tod und Verderben zu verbreiten.

[3] Da griff Judas die Nachkommen Esaus an, die jenen Teil Idumäas bewohnten, der Akrabattene heißt; sie hatten nämlich die Grenze nach Israel abgeriegelt. Er brachte ihnen eine schwere Niederlage bei, ließ sie seine Macht fühlen und ihren Besitz plündern. [4] Auch dachte er daran, welche Untaten die Beoniter begangen hatten; sie hatten nämlich den Juden an den Wegen aufgelauert und waren für das Volk wie ein Netz und eine Falle gewesen. [5] Daher schloß er sie jetzt in ihre Fliehtürme ein und belagerte sie; er weihte sie dem Untergang und verbrannte die Türme mit allen, die darin waren. [6] Dann zog er hinüber gegen die Ammoniter. Er traf auf eine starke Streitmacht mit vielen Kriegern; ihr Anführer war Timotheus. [7] Judas verwickelte sie in zahlreiche Gefechte, und sie wurden von ihm vernichtend geschlagen und besiegt. [8] Er eroberte auch die Stadt Jaser und ihre Tochterstädte. Dann kehrte er nach Judäa zurück.

Die Vorbereitungen zur Rettung der Juden in Galiläa und in Gilead

[9] Da rotteten sich die Völker des Landes Gilead gegen die Israeliten, die in ihrem Gebiet lebten, zusammen, um sie zu töten. Doch diese konnten sich in die Festung Datema flüchten. [10] Sie schrieben an Judas und seine Brüder einen Brief mit folgendem Inhalt: Die Völker ringsum haben sich gegen uns zusammengerottet, um uns zu vernichten. [11] Sie stehen bereit, um zu kommen und die Festung zu erobern, in die wir geflohen sind. Timotheus führt ihre Streitkräfte an. [12] Darum komm her, und rette uns aus ihrer Gewalt, denn viele von uns sind schon gefallen. [13] Auch unsere Brüder, die unter den Leuten von Tubi lebten, hat man umgebracht, ihre Frauen gefangengenommen, ihre Kinder und ihren Besitz geraubt. Etwa tausend Männer sind dort umgekommen.

[14] Judas und seine Brüder hatten den Brief noch nicht zu Ende gelesen, da kamen andere Boten aus Galiläa in zerrissenen Kleidern und brachten ihnen die Nachricht: [15] Die Einwohner von Ptolemaïs, Tyrus und Sidon und dem ganzen oberen Galiläa, soweit es Fremdstämmige bewohnen, haben sich zusammengetan, um uns auszurotten.

[16] Als Judas und das Volk das hörten, beriefen sie eine große Versammlung ein, um zu beraten, was sie für ihre bedrängten Brüder tun sollten, die von den Feinden angegriffen wurden. [17] Judas sagte zu seinem Bruder Simeon: Such dir geeignete Männer aus, mach dich auf den Weg, und befrei deine Brüder in Galiläa; ich und mein Bruder Jonatan wollen nach Gilead ziehen. [18] Als Anführer des Volkes ließ er Josef, den Sohn Secharjas, und Asarja mit dem Rest des Heeres zur Bewachung Judäas zurück.

[19] Er gab ihnen den Befehl: Übernehmt die Führung dieser Leute, aber laßt euch in keinen Kampf mit fremden Völkern ein, bevor wir zurückgekehrt sind. [20] Simeon erhielt dreitausend Mann zugeteilt, mit denen er nach Galiläa ziehen sollte, Judas dagegen achttausend Mann für Gilead.

Die Feldzüge nach Galiläa und Gilead

[21] Simeon zog also nach Galiläa. Dort lieferte er den fremden Völkern zahlreiche Gefechte, und sie wurden vor seinen Augen vernichtend geschlagen. [22] Er verfolgte sie bis an die Tore von Ptolemaïs. Von den fremden Völkern fielen ungefähr dreitausend Mann, und Simeon machte reiche Beute bei ihnen. [23] Dann führte er die Juden aus Galiläa und Arbatta mit ihren Frauen und Kindern und ihrem ganzen Besitz unter großem Jubel nach Judäa zurück.

[24] Judas, der Makkabäer, und sein Bruder Jonatan hatten indessen den Jordan überschritten und waren drei Tagesmärsche durch die Steppe gezogen. [25] Dort trafen sie auf die Nabatäer, die ihnen freundlich begegneten und ihnen alles erzählten, was ihren Brüdern in Gilead zugestoßen war. [26] Viele von ihnen würden in Bosora, Bosor, Alema, Kaspin, Maked und Karnajim festgehalten, lauter großen, befestigten Städten. [27] Auch in

den übrigen Städten Gileads halte man sie fest,
und morgen wolle man sich anschicken, die Fe-
stungen zu belagern und zu erstürmen. Alle soll-
ten an einem einzigen Tag umgebracht werden.
28 Da kehrte Judas mit seinem Heer überra-
schend um. Er nahm den Weg durch die Steppe
von Bosora, eroberte die Stadt, erschlug mit schar-
fem Schwert die gesamte männliche Bevölke-
rung, plünderte die Stadt völlig aus und brannte
sie nieder.
29 Noch in der gleichen Nacht brach er wieder auf,
und sie zogen bis vor die Festung Datema. 30 Als sie
gegen Morgen Ausschau hielten, da sahen sie ein
unzählbar großes Heer; die Soldaten schleppten
Sturmleitern und Belagerungsmaschinen heran,
um die Festung zu erstürmen und gingen schon
zum Angriff gegen die Juden über. 31 Judas sah, daß
der Kampf bereits begonnen hatte: Der Lärm aus
der Stadt, Trompetengeschmetter und lautes Ge-
schrei drangen bis zum Himmel. 32 Da rief er den
Männern in seinem Heer zu: Kämpft heute für un-
sere Brüder! 33 Dann griff er die Feinde mit drei Ab-
teilungen von hinten an; seine Leute bliesen die
Trompeten und beteten laut. 34 Sobald das Heer des
Timotheus merkte, daß es der Makkabäer war, lie-
fen sie vor ihm davon. Er brachte ihnen eine
schwere Niederlage bei; etwa achttausend Mann
von ihnen fielen an diesem Tag.
35 Danach wandte sich Judas gegen Alema. Er
griff die Stadt an und eroberte sie, erschlug die ge-
samte männliche Bevölkerung, ließ die Stadt
plündern und brannte sie nieder. 36 Von dort brach
er auf und eroberte Kaspin, Maked, Bosor und die
übrigen Städte Gileads.
37 Nach diesen Ereignissen sammelte Timotheus
ein neues Heer und schlug gegenüber von Rafon,
jenseits der Schlucht, sein Lager auf. 38 Judas
schickte Späher aus, die das Lager erkunden soll-
ten. Sie meldeten ihm: Alle Völker, die rings um
uns wohnen, sind zu ihm gestoßen; es ist ein ge-
waltiges Heer. 39 Auch arabische Hilfstruppen hat
er angeworben. Sie haben auf der anderen Seite
der Schlucht ihr Lager bezogen und stehen bereit,
gegen dich zum Kampf auszurücken. Da zog Ju-
das ihnen entgegen. 40 Als er sich mit seinem Heer
dem Bach, der durch die Schlucht führte, näherte,
sagte Timotheus zu seinen Heerführern: Wenn er
zuerst über den Bach zu uns herüberkommt, kön-
nen wir ihm nicht standhalten; dann wird er uns
sicherlich überwältigen. 41 Wenn er aber Angst hat
und sein Lager jenseits des Baches aufschlägt,
dann gehen wir zu ihm hinüber und werden ihn
überwältigen. 42 Als Judas sich dem Gebirgsbach
genähert hatte, ließ er Heeresschreiber in der
Schlucht antreten und gab ihnen den Befehl: Nie-
mand darf hier haltmachen, sondern alle sollen
zum Kampf vorrücken. 43 Er selbst ging als erster
über den Bach, den Feinden entgegen, und alle
seine Krieger folgten ihm. Und die fremden Völ-
ker wurden von ihm vernichtend geschlagen; sie
warfen ihre Waffen weg und flüchteten sich in
das Heiligtum von Karnajim. 44 Aber die Juden er-
oberten die Stadt und verbrannten das Heiligtum
mit allen, die darin waren. So wurde Karnajim ge-
demütigt, und niemand konnte Judas mehr Wi-
derstand leisten.
45 Nun sammelte Judas alle Israeliten, die in Gi-
lead lebten, jung und alt, mit ihren Frauen und
Kindern und ihrem Besitz, eine gewaltige Men-
schenmenge, um mit ihnen nach Judäa zu zie-
hen. 46 Sie kamen bis Efron. Diese große und stark
befestigte Stadt lag auf ihrem Weg. Man konnte
sie weder links noch rechts umgehen, sondern
mußte mitten durch sie hindurchziehen. 47 Aber
die Einwohner der Stadt schlossen vor ihnen die
Tore und versperrten sie außerdem mit Steinen.
48 Da schickte Judas Unterhändler zu ihnen mit
dem friedlichen Vorschlag: Wir wollen durch euer
Land ziehen, um in unser Land zu kommen. Kei-
ner wird euch etwas Böses tun; wir wollen nur
durchmarschieren. Aber die Einwohner wollten
ihnen die Tore nicht öffnen. 49 Nun ließ Judas im
Heer den Befehl ausrufen, jeder solle dort Stellung
beziehen, wo er gerade sei. 50 Da stellten sich die
Krieger auf, und Judas ließ die Stadt den ganzen
Tag und die ganze Nacht hindurch angreifen, bis
sie fiel. 51 Er erschlug ihre gesamte männliche Be-
völkerung mit scharfem Schwert, zerstörte die
Stadt völlig und ließ sie plündern. Dann mar-
schierte er über die Leichen der Erschlagenen hin-
weg durch die Stadt.
52 Sie überquerten den Jordan in der großen
Ebene gegenüber von Bet-Schean. 53 Judas sorgte
dafür, daß die Nachzügler zusammenblieben,
und auf dem ganzen Weg sprach er den Leuten
Mut zu, bis sie Judäa erreichten. 54 Dann zogen sie
mit Jubel und Freude zum Berg Zion hinauf und
brachten dort Brandopfer dar; denn keiner von ih-
nen war gefallen, alle waren wohlbehalten heim-
gekehrt.

Die wahren Führer Israels

55 Zu der Zeit, als Judas und Jonatan in Gilead waren und als sein Bruder Simeon in Galiläa vor Ptolemaïs lag, 56 hörten die Heerführer Josef, der Sohn Secharjas, und Asarja von den kühnen Taten, die jene vollbracht hatten. 57 Da sagten sie: Auch wir wollen uns einen Namen machen und einen Feldzug gegen die fremden Völker ringsum führen. 58 Sie gaben also den Soldaten, die sie bei sich hatten, den Befehl, gegen Jamnia zu ziehen. 59 Aber Gorgias und seine Männer rückten ihnen aus der Stadt zum Kampf entgegen. 60 Josef und Asarja wurden geschlagen und bis an die Grenze von Judäa verfolgt. An jenem Tag fielen fast zweitausend aus dem Volk Israel. 61 Das Volk hatte eine schwere Niederlage erlitten, weil sie nicht auf Judas und seine Brüder gehört hatten, sondern sich einbildeten, auch sie könnten große Taten vollbringen. 62 Doch sie waren nicht aus dem Geschlecht derer, die mit der Rettung Israels beauftragt waren.

63 Der große Judas und seine Brüder dagegen erwarben sich hohen Ruhm bei ganz Israel und bei allen Völkern, überall wo ihr Name bekannt wurde. 64 Die Leute kamen herbei, um sie zu beglückwünschen. 65 Judas und seine Brüder zogen auch zum Kampf gegen die Nachkommen Esaus im Süden. Er schlug Hebron und seine Tochterstädte, eroberte ihre Festungen und brannte ihre Türme ringsum nieder.

66 Dann zog er gegen das Philisterland. Als das Heer dabei durch Marescha kam, 67 fielen einige Priester im Kampf. Sie waren schlecht beraten gewesen, in den Krieg zu ziehen, um Heldentaten zu vollbringen. 68 Dann machte Judas eine Ausweichbewegung und zog nach Aschdod im Land der Philister. Dort zerstörte er die Altäre der Philister, verbrannte ihre Götterbilder, plünderte die Städte und kehrte dann nach Judäa zurück.

Das Ende des Antiochus Epiphanes und die Thronbesteigung des Antiochus V.

6 König Antiochus durchzog unterdessen die östlichen Provinzen. Er hörte von einer Stadt in Persien namens Elymaïs, die berühmt war wegen ihres Reichtums an Silber und Gold. 2 Auch gibt es in ihr einen sehr reichen Tempel; der mazedonische König Alexander, der Sohn des Philippus, der als erster Grieche König geworden war, hatte dort goldene Schilde, Rüstungen und Waffen hinterlassen. 3 Antiochus marschierte also hin und versuchte, die Stadt zu erobern und zu plündern. Doch er blieb ohne Erfolg; denn die Einwohner der Stadt hatten von seinem Plan erfahren 4 und leisteten ihm bewaffneten Widerstand. Er mußte fluchtartig abziehen und machte sich sehr niedergeschlagen auf den Rückweg nach Babylon.

5 Noch in Persien erreichte ihn ein Bote mit der Nachricht, daß die Heere, die in Judäa einmarschiert waren, geschlagen worden waren. 6 Auch Lysias, der an der Spitze einer starken Streitmacht in den Kampf gezogen war, habe gegen die Juden eine schwere Niederlage erlitten. Deren Bewaffnung und Kampfkraft habe sich durch die große Beute, die sie bei den geschlagenen Armeen machten, verstärkt. 7 Den Greuel, den er auf dem Altar in Jerusalem hatte aufstellen lassen, hätten sie wieder entfernt und den Tempelbezirk wie früher mit hohen Mauern umgeben, ebenso seine Stadt Bet-Zur.

8 Als der König das hörte, war er bestürzt und sehr beunruhigt. Er mußte sich niederlegen, da ihn eine Schwäche befiel; so niedergeschlagen war er, weil seine Pläne gescheitert waren. 9 So ging es mehrere Tage. Er bekam immer neue Anfälle tiefer Schwermut und rechnete schon damit, daß er sterben müsse. 10 Er rief seine Freunde zusammen und sagte zu ihnen: Der Schlaf flieht meine Augen, und ich bin vor Sorgen zusammengebrochen. 11 Ich habe mich gefragt: Wie bin ich nur in diese große Not und Bedrängnis geraten, in der ich mich jetzt befinde? Ich war während meiner Regierung doch immer leutselig und beliebt. 12 Jetzt fallen mir die bösen Dinge ein, die ich in Jerusalem getan habe. Ich habe dort alle Geräte aus Silber und Gold mitgenommen, ja, ich habe ohne Grund den Auftrag gegeben, die Bewohner Judäas auszurotten. 13 Deswegen ist dieses Unglück über mich gekommen, das weiß ich jetzt. Und nun sterbe ich ganz verzweifelt in einem fremden Land.

14 Er rief Philippus, einen seiner Freunde, zu sich und setzte ihn als Herrscher über sein ganzes Königreich ein. 15 Er überreichte ihm das königliche Diadem, sein Gewand und seinen Siegelring und gab ihm den Auftrag, seinen Sohn Antiochus anzuleiten und zu erziehen, bis er die Regierung übernehmen könne. 16 Dann starb König Antiochus dort im Jahr 149.

[17] Als Lysias erfuhr, daß der König tot war, setzte
er als dessen Nachfolger seinen Sohn Antiochus
ein, dessen Erziehung ihm während seiner Min-
derjährigkeit oblag, und gab ihm den Beinamen
Eupator.

Der zweite Angriff des königlichen Heeres unter Lysias

[18] Die Besatzung der Burg in Jerusalem schloß die
Israeliten, die im Tempel waren, von allen Seiten
ein. Sie versuchte unaufhörlich, Unheil anzurich-
ten, und die Fremden hatten an ihnen einen star-
ken Rückhalt. [19] Judas faßte daher den Plan, sie zu
vernichten, und berief alle wehrfähigen Männer
zur Belagerung zusammen. [20] Sie kamen, und
man begann im Jahr 150 mit der Belagerung; da-
bei baute man sogar Wurf- und Belagerungsma-
schinen. [21] Einige von der Besatzung konnten den
Belagerungsring durchbrechen; zu ihnen stießen
mehrere Ruchlose aus Israel. [22] Sie begaben sich
zum König und sagten: Wie lange zögerst du, uns
unser Recht zu verschaffen und für unsere Brüder
Rache zu nehmen? [23] Wir haben deinem Vater be-
reitwillig gedient; wir haben so gelebt, wie er es
sagte, und haben seine Anordnungen befolgt.
[24] Deswegen sind uns unsere eigenen Landsleute
fremd geworden; ja, sie haben jeden von uns, den
sie fanden, umgebracht und haben unseren Be-
sitz geraubt. [25] Doch nicht allein gegen uns haben
sie die Hand erhoben, sondern auch gegen alle
ihre Nachbarn. [26] Jetzt sind sie sogar vor die Burg
von Jerusalem gezogen, um sie zu erobern; außer-
dem haben sie den Tempel und Bet-Zur befestigt.
[27] Wenn du ihnen nicht bald zuvorkommst, wer-
den sie noch mehr unternehmen, und du wirst
sie nicht mehr aufhalten können.

[28] Als der König das hörte, wurde er zornig. Er
ließ alle seine Freunde zu sich kommen, sowohl
die Anführer des Fußvolks als auch die der Reite-
rei. [29] Auch aus anderen Reichen und von den In-
seln kamen Söldnertruppen zu ihm. [30] Im ganzen
bestand sein Heer aus hunderttausend Mann
Fußvolk, zwanzigtausend Reitern und zweiund-
dreißig Kriegselefanten.

[31] Sie zogen durch Idumäa und belagerten Bet-
Zur. Der Kampf zog sich lange hin. Sie bauten
auch Belagerungsmaschinen; die Belagerten
machten jedoch einen Ausfall, verbrannten sie
und schlugen sich tapfer. [32] Da zog Judas von der
Burg in Jerusalem ab und schlug dem königlichen
Heer gegenüber bei Bet-Sacharja sein Lager auf.
[33] Am nächsten Morgen ließ der König das Heer in
aller Frühe aufbrechen und in einem Eilmarsch
nach Bet-Sacharja marschieren. Die Truppen
schwärmten aus, und man stieß in die Trompe-
ten. [34] Den Elefanten hielt man den Saft von Trau-
ben und Maulbeeren vor, um sie zum Kampf zu
reizen. [35] Darauf verteilte man die Tiere auf die
einzelnen Abteilungen. Zu jedem Elefanten stell-
ten sie tausend Mann; diese hatten Kettenpanzer
an und auf dem Kopf bronzene Helme. Außerdem
waren jedem Tier fünfhundert ausgesuchte Reiter
zugeordnet; [36] sie hatten sich schon vorher immer
bei den Tieren aufgehalten und waren ihnen
überall gefolgt, wohin sie auch gingen. [37] Jedes
Tier trug einen befestigten, gut gesicherten Turm
aus Holz, der kunstfertig angeschnallt war, dazu
vier Soldaten, die von dem Turm aus kämpften,
sowie seinen indischen Lenker. [38] Die übrige Rei-
terei stellte der König außen an die beiden Flügel
des Heeres, um die Gegner zu beunruhigen und
die eigenen Reihen zu decken. [39] Als die Sonne
sich in den goldenen und ehernen Schilden
brach, da strahlten die Berge wider und leuchte-
ten auf wie brennende Fackeln. [40] Ein Teil des kö-
niglichen Heeres stellte sich oben auf den Bergen,
ein anderer unten in der Ebene auf. Dann began-
nen sie, sicher und geordnet vorzurücken. [41] Da
zitterten alle, die das Getöse der Menge hörten
und sahen, wie die Massen aufmarschierten und
die Waffen aneinanderschlugen; denn es war ein
gewaltig großes und starkes Heer.

[42] Judas rückte mit seinen Truppen ebenfalls
vor, und es kam zum Kampf; dabei fielen vom Heer
des Königs sechshundert Mann. [43] Eleasar Awaran
sah einen Elefanten, dessen Panzer königlichen
Schmuck trug und der alle anderen Tiere über-
ragte. Da er glaubte, darauf sitze der König,
[44] opferte er sich, um sein Volk zu retten und sich
ewigen Ruhm zu erwerben. [45] Er lief mutig auf ihn
zu, mitten in die feindliche Schlachtreihe hinein,
teilte nach links und rechts tödliche Hiebe aus
und schlug sich eine Bresche durch die Reihen.
[46] So drang er bis zu dem Elefanten vor, stellte sich
unter ihn und durchbohrte ihn. Das Tier brach zu-
sammen und fiel auf ihn, so daß er erdrückt wurde.
[47] Als die Juden die Stärke und das Ungestüm der
königlichen Truppen sahen, wichen sie ihnen aus.

[48] Die Truppen des königlichen Heeres rückten
daraufhin nach Jerusalem hinauf, um die Juden

dort zum Kampf zu stellen. Der König schlug in Judäa und am Berg Zion ein Lager auf.

49 Mit der Besatzung von Bet-Zur schloß er Frieden, und sie verließ die Stadt. Dort waren nämlich während der Belagerung die Nahrungsmittel ausgegangen; denn man beging im Land ein Sabbatjahr. 50 Der König ließ Bet-Zur besetzen und legte eine Garnison hinein, um es zu sichern.

51 Dann belagerte er viele Tage lang den Tempel. Er ließ Wurf- und Belagerungsmaschinen, auch Brand- und Steinschleudern aufstellen, dazu Armbrüste für Pfeile und kleinere Schleudermaschinen. 52 Aber die Juden bauten ebenfalls Maschinen, und der Kampf zog sich lange hin. 53 Doch die Vorratsräume waren leer, weil das Jahr ein siebtes Jahr war; zudem hatten die, die man bei den fremden Völkern gerettet und nach Judäa gebracht hatte, den Rest der Vorräte aufgebraucht. 54 Die Besatzung litt daher Hunger, und die Truppen liefen auseinander, jeder ging nach Hause; nur wenige Männer blieben beim Tempel zurück.

Der Religionsfriede des Lysias

55 Da hörte Lysias, Philippus, den König Antiochus noch zu seinen Lebzeiten zum Erzieher seines Sohnes Antiochus bestimmt hatte, bis dieser die Regierung antreten könne, 56 sei aus Persien und Medien zurückgekehrt, zusammen mit den Truppen, die den (verstorbenen) König begleitet hatten; er versuche, die Regierung an sich zu bringen. 57 Daher entschloß sich Lysias, möglichst rasch abzuziehen; er sagte zum König, zu den Offizieren und den Soldaten: Unsere Lage wird von Tag zu Tag schwieriger. Es gibt wenig zu essen, und der Ort, den wir belagern, ist stark befestigt. Überdies ruht auf uns die Sorge um das Reich. 58 Reichen wir darum diesen Leuten die Hand und schließen wir Frieden mit ihnen und ihrem ganzen Volk! 59 Wir wollen ihnen zugestehen, daß sie wie früher nach ihren Gesetzen leben können. Denn weil wir ihre Gesetze abschaffen wollten, haben sie sich gegen uns aufgelehnt und all das getan. 60 Der König und die Heerführer waren mit diesem Vorschlag einverstanden; er ließ den Juden Frieden anbieten, und sie nahmen ihn an. 61 Der König und die Heerführer leisteten ihnen einen Eid; darauf verließen die Juden die Festung. 62 Aber als der König den Berg Zion betrat und sah, wie stark der Ort befestigt war, brach er den Eid, den er geschworen hatte, und gab den Befehl, die Mauer ringsum einzureißen. 63 Dann zog er in Eilmärschen ab und kehrte nach Antiochia zurück. Er fand die Stadt im Besitz des Philippus, eröffnete den Kampf gegen ihn und nahm die Stadt mit Gewalt.

Neue Angriffe auf Israel nach der Thronbesteigung des Demetrius I.

7 Im Jahr 151 floh Demetrius, der Sohn des Seleukus, aus Rom, landete mit nur wenigen Männern in einer Stadt am Meer und rief sich dort zum König aus. 2 Als er in den Palast seiner Väter einzog, nahmen die Truppen Antiochus und Lysias fest, um sie ihm auszuliefern. 3 Das wurde ihm mitgeteilt; er aber sagte: Ich will ihr Gesicht nicht sehen. 4 Da brachten die Truppen die beiden um, und Demetrius setzte sich auf den Thron seines Reiches.

5 Alle Gesetzlosen und Frevler aus Israel kamen zu ihm. Ihr Anführer war Alkimus, der Hoherpriester werden wollte. 6 Sie verklagten das Volk beim König und sagten: Judas und seine Brüder haben alle deine Freunde umgebracht und uns aus unserer Heimat vertrieben. 7 Schick darum einen Mann, dem du vertraust, er soll kommen und sich das ganze Unheil ansehen, das sie uns und dem Land des Königs zugefügt haben. Dann soll er sie und alle, die sie unterstützen, bestrafen.

8 Der König wählte Bakchides, einen der Freunde des Königs; er hatte den Befehl jenseits des Stroms, galt viel im Reich und war dem König treu ergeben. 9 Mit ihm schickte er den ruchlosen Alkimus, den er als Hohenpriester einsetzte, und gab ihm den Auftrag, an den Israeliten Vergeltung zu üben.

10 Sie brachen mit einem großen Heer auf und zogen nach Judäa. Er schickte Boten an Judas und seine Brüder und bot ihnen mit hinterlistigen Worten Frieden. 11 Doch diese glaubten ihnen nicht; denn sie sahen, daß sie mit einem großen Heer gekommen waren.

12 Eine Gruppe von Schriftgelehrten ging indessen gemeinsam zu Alkimus und Bakchides, um eine gerechte Lösung zu suchen. 13 Auch bemühten sich die Hasidäer, als erste von den Israeliten, bei ihnen um Frieden. 14 Sie sagten sich nämlich: Ein Priester aus der Familie des Aaron ist zusammen mit den Truppen hergekommen; er wird uns nichts Böses tun. 15 Alkimus unterhielt sich auch friedlich mit ihnen, ja, er schwor ihnen: Wir wer-

den euch und euren Freunden kein Leid zufügen.
16 Sie glaubten ihm; er aber ließ sechzig von ihnen
festnehmen und noch am selben Tag hinrichten,
genau wie geschrieben steht: 17 Die Leichen dei-
ner Frommen haben sie rings um Jerusalem zer-
streut, und ihr Blut haben sie vergossen, und kei-
ner hat sie begraben. 18 Da begann das ganze Volk,
sich vor ihnen zu fürchten und zu zittern. Man
sagte: Bei ihnen gibt es weder Treue noch Recht;
denn sie haben den Vertrag gebrochen trotz des
Eides, den sie geschworen haben.

19 Bakchides marschierte von Jerusalem nach
Bet-Sajit und schlug dort sein Lager auf. Er ließ
viele von den Männern, die zu ihm übergelaufen
waren, festnehmen, dazu auch einige Männer
aus dem Volk, und befahl, sie an der großen Zi-
sterne niederzumetzeln. 20 Er übergab das Land
dem Alkimus und ließ zu seiner Unterstützung ei-
nen Teil der Truppen zurück. Dann kehrte Bakchi-
des zum König zurück.

21 Alkimus aber kämpfte um das Hohepriester-
amt. 22 Alle Unruhestifter im Volk sammelten sich
um ihn; sie rissen die Macht über Judäa an sich
und stürzten Israel tief ins Unglück. 23 Judas sah all
das Unheil, das Alkimus und seine Anhänger bei
den Israeliten anrichteten; sie waren schlimmer
als die Ausländer. 24 Da brach er auf, zog durch das
Gebiet von ganz Judäa und übte an den Überläu-
fern Vergeltung, so daß sie sich nicht mehr frei im
Land bewegen konnten. 25 Alkimus merkte, daß
Judas und seine Leute an Macht gewannen, und
da er einsah, daß er ihnen nicht gewachsen war,
wandte er sich wieder an den König und brachte
schwere Anklagen gegen sie vor.

Der Angriff und die Niederlage des Nikanor

26 Da schickte der König einen seiner bedeutend-
sten Anführer, Nikanor, der ein erbitterter Geg-
ner Israels war; er trug ihm auf, das Volk zu ver-
nichten. 27 Nikanor kam mit einem großen Heer
nach Jerusalem. Er schickte Boten zu Judas und
seinen Brüdern und sprach hinterlistig von Frie-
den. Er sagte: 28 Ich will keinen Krieg mit euch.
Darum will ich mich in Begleitung von nur ein
paar Leuten in aller Freundschaft mit euch treffen,
um über den Frieden zu reden. 29 Er kam auch zu
Judas, und sie begrüßten einander freundschaft-
lich. Seine Soldaten hielten sich indessen bereit,
den Judas zu verschleppen. 30 Judas aber erfuhr,
daß er in böser Absicht gekommen war. Da
wurde er vorsichtig und wollte nicht mehr mit
ihm zusammenkommen. 31 Nun merkte Nikanor,
daß sein Plan entdeckt worden war, und er zog
aus, um Judas bei Kafar-Salama zum Kampf zu
stellen. 32 Aber fast fünfhundert von den Leuten
des Nikanor fielen, und seine Soldaten mußten
sich in die Davidstadt flüchten.

33 Nach diesen Ereignissen ging Nikanor zum
Berg Zion hinauf. Aus dem Tempelbezirk kamen
ihm Priester und Älteste des Volkes entgegen, um
ihn friedlich zu begrüßen und ihm das Opfer zu
zeigen, das man für den König darbrachte. 34 Er
aber verhöhnte und verspottete sie und machte
sie unrein. Er prahlte 35 und schwor voller Zorn:
Wenn Judas und sein Heer mir nicht sofort ausge-
liefert werden, dann stecke ich dieses Haus in
Brand, sobald ich heil zurück bin. Dann ging er
wütend weg. 36 Die Priester gingen wieder hinein,
stellten sich vor den Altar und den Tempel, wein-
ten und sagten: 37 Du hast dieses Haus erwählt,
damit dein Name darüber ausgerufen werde; es
sollte für dein Volk ein Haus des Betens und
Flehens sein. 38 Übe Vergeltung an diesem Men-
schen und an seinem Heer! Sie sollen unter dem
Schwert fallen. Denk an ihre Lästerungen, und
laß sie nicht weiterleben!

39 Nikanor verließ Jerusalem und schlug in Bet-
Horon sein Lager auf; dort stieß eine Abteilung
Soldaten aus Syrien zu ihm. 40 Judas dagegen
hatte mit dreitausend Mann sein Lager bei Ha-
dascha, und er betete: 41 Damals, als die Leute des
Königs von Assur über dich gelästert hatten, kam
dein Engel und erschlug hundertfünfundachtzig-
tausend von ihnen. 42 Schlag heute dieses Heer
vor unseren Augen genauso, damit die, die von
ihnen übrig bleiben, erkennen, daß Nikanor
schlimme Worte gegen dein Heiligtum ausge-
stoßen hat. Richte ihn, wie es sein Verbrechen
verdient.

43 Am Dreizehnten des Monats Adar stießen die
Heere aufeinander, und das Heer des Nikanor
wurde vernichtend geschlagen; er selbst fiel als
erster im Kampf. 44 Als sein Heer sah, daß Nikanor
gefallen war, warfen sie die Waffen weg und flo-
hen. 45 Die Juden verfolgten sie einen Tagesmarsch
weit, von Hadascha bis nach Geser, und bliesen
mit den Signaltrompeten hinter ihnen her. 46 Aus
allen umliegenden Dörfern Judäas kamen die
Männer heraus und umzingelten die Flüchten-
den. Da wandten sich die Feinde gegeneinander,

und alle fielen unter dem Schwert; nicht einer
von ihnen blieb übrig.
47 Die Juden nahmen ihnen ihre Ausrüstungen
weg und machten reiche Beute. Dem Nikanor
schlugen sie den Kopf ab und ebenso die rechte
Hand, die er so vermessen ausgestreckt hatte; sie
brachten beides nach Jerusalem und hängten es
dort öffentlich auf. 48 Im Volk herrschte große
Freude; sie begingen diesen Tag als einen großen
Festtag 49 und beschlossen, den dreizehnten Adar
künftig jedes Jahr zu feiern.
50 Danach hatte Judäa für kurze Zeit Ruhe.

Das Bündnis des Judas mit Rom

8 Judas hörte, wie man von den Römern er-
zählte, sie seien geübt im Kriegführen, er-
wiesen allen, die zu ihnen hielten, Wohlwollen
und schlössen Freundschaft mit jedem, der sie
darum bitte. Sie seien in der Tat kriegstüchtige
Männer. 2 Man berichtete ihm auch von ihren
Feldzügen und von ihren kühnen Unternehmun-
gen gegen die Galater, die sie unterworfen und
tributpflichtig gemacht hatten, 3 ebenso von ihren
Taten in Spanien: Dort hatten sie die Silber- und
Goldbergwerke erobert 4 und durch ihre Klugheit
und Ausdauer das ganze Land an sich gebracht,
obgleich es von ihnen weit entfernt liegt. Die Kö-
nige, die vom Ende der Welt gegen sie herange-
zogen waren, hatten sie besiegt und ihnen eine
vernichtende Niederlage beigebracht; die übri-
gen mußten ihnen jährlich Tribut zahlen. 5 Philip-
pus und Perseus, die Könige der Kittäer, und alle
anderen, die sich gegen sie auflehnten, hatten sie
im Krieg vernichtend geschlagen und unterwor-
fen. 6 Als Antiochus, der Großkönig von Asien,
mit hundertzwanzig Elefanten, mit Reiterei,
Streitwagen und einem gewaltigen Heer gegen
sie zum Kampf auszog, wurde er von ihnen ver-
nichtend geschlagen. 7 Sie nahmen ihn lebendig
gefangen und erlegten ihm und seinen Nachfol-
gern einen hohen Tribut auf; er mußte Geiseln
stellen und einen Teil seines Gebietes abtreten.
8 Sie nahmen ihm die Provinzen Indien, Medien
und Lydien ab, einige der besten Länder, die er
besaß, und schenkten sie dem König Eumenes.
9 Als die Bewohner von Griechenland den Plan
faßten, in den Krieg zu ziehen, um die Römer zu
vernichten, 10 wurde diesen die Sache bekannt.
Sie schickten nur einen einzigen Befehlshaber
aus, um gegen sie Krieg zu führen. Von den Grie-
chen wurden viele verwundet und kamen um.
Die Römer führten ihre Frauen und Kinder gefan-
gen weg, plünderten ihre Habe und nahmen das
Land in Besitz; sie schleiften ihre Festungen und
machten sich die Griechen untertan; so ist es ge-
blieben bis auf den heutigen Tag. 11 Auch alle an-
deren Reiche und die Inseln, die sich irgendwann
gegen sie erhoben, hatten sie besiegt und sich un-
tertan gemacht. 12 Ihren Freunden aber und allen,
die sich auf sie verließen, hielten sie die Freund-
schaft. Sie unterwarfen die Könige nah und fern,
und wer ihren Namen hörte, hatte Angst vor ih-
nen. 13 Wem sie aber zur Herrschaft verhelfen
wollen, der wird König, und ebenso setzen sie ab,
wen sie wollen. Auf diese Weise sind sie sehr
groß geworden.
14 Bei all dem setzt sich keiner von ihnen eine
Krone auf oder legt Purpurgewänder an, um da-
mit zu prunken. 15 Vielmehr haben sie sich eine
Ratsversammlung (den Senat) geschaffen, und je-
den Tag halten dreihundertundzwanzig Ratsher-
ren darüber Rat, wie das Volk gut zu regieren sei.
16 Einem einzigen Mann übertragen sie vertrau-
ensvoll für ein Jahr die Regierung über sich und
die Herrschaft über ihr ganzes Land. Alle gehor-
chen dem einen, ohne daß es Neid oder Eifer-
sucht unter ihnen gibt.
17 Judas wählte Eupolemus, den Sohn Johanans
und Enkel des Koz, aus, sowie Jason, den Sohn
Eleasars, und schickte sie nach Rom, um mit den
Römern ein Freundschafts- und Waffenbündnis
zu schließen, 18 damit das Joch von Judäa genom-
men werde; denn die Römer sahen ja, wie die Kö-
nige der Griechen Israel in Knechtschaft hielten.
19 Sie reisten also nach Rom – es war ein sehr wei-
ter Weg –, traten vor den Senat und sagten: 20 Ju-
das, der Makkabäer, seine Brüder und das jüdi-
sche Volk haben uns zu euch geschickt. Wir
wollen mit euch ein Friedensbündnis schließen
und als eure Bundesgenossen und Freunde ein-
geschrieben werden.
21 Der Senat war mit dem Vorschlag einverstan-
den. 22 Dies ist eine Abschrift der Urkunde, die sie
auf Bronzetafeln aufzeichnen und nach Jerusalem
schicken ließen, damit die Erinnerung an das Frie-
densbündnis ständig gegenwärtig bleibe:
23 Den Römern und dem jüdischen Volk soll es
zu Wasser und zu Land immer wohl ergehen;
Schwert und Feind mögen ihnen fern bleiben.
24 Wenn Rom oder irgendeinem seiner Bundesge-

nossen in seinem ganzen Machtbereich zuerst
ein Krieg droht, 25 wird das jüdische Volk, je nach-
dem es die Lage erfordert, bereitwillig mit in den
Kampf ziehen. 26 Den Kriegführenden brauchen
keine Nahrungsmittel, keine Waffen, kein Geld
und auch keine Schiffe geliefert zu werden,
wenn Rom es so für richtig hält. Sie werden
ihren Verpflichtungen ohne Gegenleistung nach-
kommen. 27 Ebenso werden die Römer, wenn
das jüdische Volk zuerst in einen Krieg ver-
wickelt wird, bereitwillig mitkämpfen, je nach
den Umständen. 28 Den Bundesgenossen brau-
chen keine Nahrungsmittel, Waffen, kein Geld
und auch keine Schiffe geliefert zu werden,
wenn Rom es so für richtig hält; sie werden
ihren Verpflichtungen ohne Hinterlist nachkom-
men.

29 Das ist der Wortlaut des Vertrags, den die Rö-
mer mit dem Volk der Juden geschlossen haben.

30 Wenn später die beiden Parteien etwas hinzu-
fügen oder streichen wollen, können sie es nach
ihrem Belieben tun. Die Zusätze oder Streichun-
gen werden gültig sein.

31 Dem König Demetrius aber haben wir ge-
schrieben wegen des Unrechts, das er den Juden
zugefügt hat: Warum lastet dein Joch so schwer
auf unseren Freunden und Bundesgenossen, den
Juden? 32 Wenn sie jetzt noch einmal deinetwegen
vorstellig werden, verhelfen wir ihnen zu ihrem
Recht und führen gegen dich Krieg zu Wasser und
zu Land.

Die letzte Schlacht und der Tod des Judas

9 Demetrius erfuhr, daß Nikanor und sein
Heer im Kampf gefallen waren. Da schickte
er Bakchides und Alkimus zum zweitenmal nach
Judäa und gab ihnen die im Süden stehende Ar-
mee mit. 2 Sie nahmen den Weg nach Gilgal,
schlugen vor Mesalot in der Gegend von Arbela
ihr Lager auf, eroberten die Stadt und brachten
viele Menschen um. 3 Im ersten Monat des Jahres
152 schlugen sie ihr Lager bei Jerusalem auf. 4 Von
dort zogen sie mit zwanzigtausend Mann und
zweitausend Reitern nach Berea. 5 Judas aber
hatte mit dreitausend ausgewählten Soldaten
sein Lager bei Elasa.

6 Als die Juden die Übermacht der feindlichen
Truppen sahen, bekamen sie große Angst. Viele
liefen aus dem Lager fort, so daß am Ende nur
noch achthundert Mann übrig waren. 7 Judas sah,
daß sich sein Heer auflöste, während der Kampf
unmittelbar bevorstand. Er wurde sehr bestürzt,
denn er hatte keine Zeit mehr, seine Leute
wieder zusammenzubringen. 8 Niedergeschlagen
sagte er zu denen, die noch da waren: Auf! Wir
wollen gegen unsere Feinde hinaufziehen. Viel-
leicht können wir doch gegen sie kämpfen. 9 Sie
aber widersprachen ihm und sagten: Es ist
unmöglich. Wir wollen lieber jetzt unser Leben
retten und dann mit unseren Brüdern zurück-
kommen und gegen sie kämpfen. Wir sind zu
wenige. 10 Judas antwortete: Auf keinen Fall
werde ich vor ihnen fliehen. Wenn unsere Zeit
gekommen ist, dann wollen wir für unsere Brü-
der tapfer in den Tod gehen; auf unsere Ehre soll
kein Schatten fallen.

11 Da rückte das feindliche Heer aus seinem La-
ger aus und bezog ihnen gegenüber Stellung; die
Reiterei wurde in zwei Gruppen geteilt, die
Schleuderer und Bogenschützen gingen vor der
Streitmacht her, ebenso die Reihe der tapferen
Vorkämpfer. 12 Bakchides war auf dem rechten
Flügel. Die beiden Flügel der Schlachtreihe näher-
ten sich, und man blies die Trompeten. Auch die
Leute des Judas stießen in die Trompeten. 13 Die
Erde bebte vor dem Getöse, das die Heere mach-
ten, und vom Morgen bis zum Abend dauerte der
Kampf Mann gegen Mann. 14 Als Judas bemerkte,
daß Bakchides mit dem Kern seiner Truppe rechts
stand, scharten sich alle tapferen Männer um ihn,
15 und der rechte Flügel der Feinde wurde von ih-
nen vernichtend geschlagen; sie verfolgten sie bis
zum Gebirge von Aschdod. 16 Als die Truppen auf
dem linken Flügel sahen, daß der rechte geschla-
gen war, schwenkten sie um und folgten den
Spuren des Judas und seiner Leute. 17 Es ent-
wickelte sich ein erbitterter Kampf, in dem beide
Seiten schwere Verluste erlitten. 18 Auch Judas fiel;
die übrigen flohen.

19 Jonatan und Simeon holten ihren Bruder und
bestatteten ihn im Grab seiner Väter in Modeïn.
20 Ganz Israel beweinte ihn und hielt um ihn eine
große Totenklage ab. Sie trauerten viele Tage lang
und sagten: 21 Ach, der Held ist gefallen, Israels
Retter.

22 Die übrige Geschichte des Judas, seine ande-
ren Feldzüge und kühnen Unternehmungen, die
er durchführte, und seine sonstigen großen Taten
– all das ist hier nicht erwähnt worden; es wäre
zu viel geworden.

Die Taten Jonatans: 9,23–12,52

Die Wahl Jonatans zum Anführer Israels

23 Nach dem Tod des Judas erhoben die Abtrünni-
gen in allen Teilen Israels wiederum ihr Haupt,
und alle Übeltäter wagten sich wieder ans Licht.
24 In jenen Tagen gab es eine furchtbare Hungers-
not; wie die Verräter, so wurde auch das Land un-
treu. 25 Bakchides wählte die abtrünnigen Männer
aus und machte sie zu Herren des Landes.
26 Diese spürten die Anhänger des Judas auf, ver-
hörten sie und brachten sie zu Bakchides. Er
nahm Rache an ihnen und ließ sie mißhandeln.
27 Große Bedrängnis herrschte in Israel, wie seit
den Tagen der Propheten nicht mehr.

28 Da kamen alle Anhänger des Judas zusammen
und sagten zu Jonatan: 29 Seit dein Bruder Judas tot
ist, gibt es keinen mehr, der gegen die Feinde, ge-
gen Bakchides und gegen die Gegner unseres
Volkes in den Krieg zieht, wie er es getan hat.
30 Darum haben wir dich heute gewählt. So wie er
sollst du uns anführen und leiten in unserem
Kampf. 31 Jonatan übernahm also die Führung und
trat die Nachfolge seines Bruders Judas an.

Kleinkrieg an den Grenzen Judäas

32 Bakchides erfuhr davon und trachtete ihm nach
dem Leben. 33 Als Jonatan und sein Bruder Si-
meon mit ihrer ganzen Gefolgschaft das hörten,
flohen sie in die Wüste von Tekoa und hielten sich
bei der mit Wasser gefüllten Zisterne von Asfar
auf. [34 Aber Bakchides erfuhr davon, und zwar
am Sabbat; er ging mit all seinen Leuten auf die
andere Seite des Jordan.] 35 Er schickte seinen Bru-
der Johanan an der Spitze seiner Truppe zu den
mit ihm befreundeten Nabatäern und ließ sie bit-
ten, ihr zahlreiches Gepäck bei ihnen aufbewah-
ren zu dürfen. 36 Doch die Söhne Jambris aus Me-
deba zogen aus, ergriffen Johanan mit allem, was
er bei sich hatte, und nahmen ihn mit.

37 Darauf meldete man Jonatan und seinem Bru-
der Simeon: Die Söhne Jambris wollen eine große
Hochzeit veranstalten und die Braut, die Tochter
eines der vornehmen Herren Kanaans, in einem
großen Festzug aus Nadabat heimführen. 38 Da
dachten sie daran, daß die Söhne Jambris das Blut
ihres Bruders Johanan vergossen hatten; sie zo-
gen hinauf und versteckten sich im Gebirge.
39 Plötzlich sahen sie einen lärmenden Zug
mit viel Gepäck daherziehen. Der Bräutigam,
seine Freunde und seine Brüder kamen ihnen
mit Pauken, Liedern und in starker Bewaffnung
entgegen. 40 Sie fielen aus dem Hinterhalt über sie
her und richteten unter ihnen ein Blutbad an;
viele wurden erschlagen, die übrigen flohen ins
Gebirge. Ihre ganze Habe nahmen sie als Beute
mit.

41 Da wurde die Hochzeit zur Trauerfeier
und der Klang ihrer Lieder zur Totenklage.

42 Auf diese Weise rächten sie das Blut ihres Bru-
ders; dann kehrten sie in das Dickicht am Jordan
zurück.

43 Als Bakchides davon erfuhr, kam er am Sabbat
mit einem großen Heer an das Ufer des Jordan.
44 Jonatan sagte zu seinen Leuten: Kommt, wir
müssen um unser Leben kämpfen. Noch nie wa-
ren wir in einer solchen Lage. 45 Die Feinde haben
uns eingeschlossen; auf beiden Seiten ist das Was-
ser des Jordan mit seinen Sümpfen und seinem
Dickicht. Wir können nicht ausweichen. 46 Darum
schreit laut zum Himmel, damit ihr aus der Hand
eurer Feinde gerettet werdet.

47 Darauf begann der Kampf Mann gegen Mann.
Jonatan holte aus, um Bakchides zu erschlagen,
der aber konnte ihm ausweichen. 48 Dann spran-
gen Jonatan und seine Leute in den Jordan und
schwammen ans andere Ufer. Die Feinde aber
setzten ihnen nicht über den Jordan nach. 49 Vom
Heer des Bakchides fielen an jenem Tag ungefähr
tausend Mann.

Die Festigung der königlichen Herrschaft in Judäa

50 Bakchides kehrte nach Jerusalem zurück. Er
legte in Judäa befestigte Städte an: die Festungen
bei Jericho, Emmaus, Bet-Horon, Bet-El, Timna,
Faraton und Tefon. Er versah sie mit hohen Mau-
ern und Toren; an den Toren brachte er Querbal-
ken zum Verriegeln an. 51 Dann legte er Besatzun-
gen hinein, die das Volk Israel im Zaum halten
sollten. 52 Auch in den Städten Bet-Zur und Geser
und an der Burg von Jerusalem ließ er Befesti-
gungsarbeiten ausführen und Truppen und Provi-
ant hineinbringen. 53 Von den Männern, die eine
führende Stellung im Land innehatten, nahm er
die Söhne als Geiseln und hielt sie in der Burg von
Jerusalem gefangen.

54 Im zweiten Monat des Jahres 153 befahl Al-
kimus, die Mauer des inneren Tempelvorhofs ein-
zureißen. Er ließ mit den Abbrucharbeiten begin-
nen, um zu zerstören, was die Propheten erbaut
hatten. 55 Doch dann wurde Alkimus vom Schlag
getroffen, und sein Plan wurde nicht ausgeführt.
Er konnte den Mund nicht mehr öffnen; er war
gelähmt und konnte kein Wort mehr sagen, nicht
einmal mehr sein Testament machen. 56 Wenig
später starb Alkimus unter großen Qualen. 57 Als
Bakchides sah, daß Alkimus tot war, kehrte er
zum König zurück, und Judäa hatte zwei Jahre
lang Ruhe.

Neuer Kleinkrieg und Erfolge Jonatans

58 Danach kamen alle Verräter zu einer Beratung
zusammen. Sie sagten: Jonatan und seine An-
hänger leben sorglos in ihren Häusern und fühlen
sich sicher. Wenn wir jetzt Bakchides kommen
lassen, kann er alle in einer einzigen Nacht fest-
nehmen. 59 Sie gingen also zu ihm und bespra-
chen sich mit ihm. 60 Bakchides machte sich mit
einem großen Heer auf den Weg. Er schickte
heimlich Briefe an alle seine Verbündeten in Ju-
däa mit der Aufforderung, Jonatan und seine An-
hänger gefangenzunehmen. Aber es gelang ih-
nen nicht; denn ihr Vorhaben war bekannt
geworden. 61 Statt dessen ließ Jonatan von den im
Land wohnenden Männern, die für den verbre-
cherischen Anschlag verantwortlich waren, fünf-
zig ergreifen und töten.
62 Dann setzten sich Jonatan und Simeon mit
ihren Anhängern in die Wüste nach Bet-Basi
ab. Jonatan ließ dort alles wieder aufbauen, was
in Trümmern lag, und befestigte den Ort. 63 Als
Bakchides davon erfuhr, zog er alle seine Trup-
pen zusammen und erteilte den Leuten von Ju-
däa entsprechende Anweisungen. 64 Er rückte ge-
gen Bet-Basi vor und schlug dort sein Lager auf.
Er ließ Belagerungsmaschinen aufstellen und be-
rannte den Ort viele Tage lang. 65 Da ließ Jonatan
seinen Bruder Simeon in der Stadt zurück; er
selbst ging mit einer Handvoll Leute in die Dörfer
der Umgebung. 66 Dabei schlug er den Odomera
und seine Sippe; auch überfiel er ein Zeltlager
des Stammes Fasiron. Sie begannen zu siegen
und rückten verstärkt wieder hinauf. 67 Simeon
aber machte mit seinen Leuten einen Ausfall aus
der Stadt und steckte die Belagerungsmaschinen
in Brand. 68 Bakchides wurde von ihnen ange-
griffen und vernichtend geschlagen. Sie bereite-
ten ihm großen Verdruß, weil das von ihm ge-
plante Unternehmen zu einem völligen Fehl-
schlag wurde.
69 Da wurde Bakchides sehr wütend über die
Verräter, die ihm den Rat gegeben hatten, in das
Land zu kommen. Er brachte viele von ihnen um
und beschloß, in sein Land zurückzukehren. 70 So-
bald Jonatan davon hörte, schickte er Gesandte zu
ihm, um einen Friedensvertrag mit ihm abzu-
schließen und die Gefangenen freizubekommen.
71 Bakchides nahm die Vorschläge Jonatans an und
schwor ihm, nie wieder in seinem Leben etwas
gegen ihn zu unternehmen. 72 Auch ließ er die Ge-
fangenen frei, die er vorher in Judäa gemacht
hatte. Dann zog er ab und kehrte nach Hause
zurück. Judäa betrat er nie wieder.
73 Darauf ruhten in Israel die Waffen. Jonatan ließ
sich in Michmas nieder und begann, als Richter
über das Volk zu herrschen. Die Frevler in Israel
aber rottete er aus.

Das Bündnisangebot des Demetrius I.

10 Im Jahr 160 zog Alexander Epiphanes,
der Sohn des Antiochus, gegen Ptolemaïs
und besetzte es. Die Einwohner nahmen ihn auf,
und er trat dort die Herrschaft an. 2 Als König De-
metrius das hörte, sammelte er viele Truppen und
zog gegen ihn in den Kampf.
3 An Jonatan schickte Demetrius einen Brief mit
Friedensbeteuerungen und versprach ihm hohe
Würden. 4 Denn er dachte: Wir wollen schnell mit
ihm Frieden schließen, bevor er sich mit Alexan-
der gegen uns verbündet. 5 Sonst erinnert er sich
nämlich an all das Unheil, das wir ihm, seinen
Brüdern und seinem Volk angetan haben. 6 Er gab
Jonatan die Vollmacht, Truppen auszuheben und
als seine Verbündeten auszurüsten. Auch ver-
sprach er, die in der Burg von Jerusalem festge-
haltenen Geiseln freizulassen.
7 Jonatan kam nach Jerusalem und las den Brief
der ganzen Bevölkerung und der Besatzung der
Burg laut vor. 8 Als sie hörten, daß er vom König
die Vollmacht erhalten hatte, Truppen auszuhe-
ben, bekamen sie große Angst. 9 Die Besatzung
der Burg lieferte dem Jonatan die Geiseln aus, und
er gab sie ihren Eltern zurück. 10 Jonatan ließ sich
in Jerusalem nieder und begann in der Stadt mit
Bauarbeiten und Ausbesserungen. 11 Er gab den
Handwerkern den Auftrag, den Berg Zion und die

Stadtmauern mit Quadersteinen zu befestigen.
Das führten sie auch aus.
12 Darauf flohen die Fremden aus den Festungen,
die Bakchides erbaut hatte. 13 Sie machten sich alle
davon und kehrten nach Hause zurück. 14 Nur in
Bet-Zur blieben von denen, die vom Gesetz und
von den Geboten abgefallen waren, einige
zurück; dort fanden sie nämlich Zuflucht.

Die Einsetzung Jonatans zum Hohenpriester durch Alexander

15 König Alexander erfuhr, was Demetrius Jonatan
alles zugesichert hatte. Man berichtete ihm auch
von den Kriegen und den Heldentaten Jonatans
und seiner Brüder und von den zahlreichen
Mühen, die sie auf sich genommen hatten. 16 Da
sagte er: Können wir noch einmal solch einen
Mann finden wie ihn? Wir wollen ihn zu unserem
Freund und Verbündeten machen. 17 Er schrieb
also einen Brief und schickte ihn an Jonatan. Der
Brief hatte folgenden Inhalt: 18 König Alexander
grüßt seinen Bruder Jonatan. 19 Wir haben gehört,
daß du ein tapferer Mann bist; du bist es wert, un-
ser Freund zu sein. 20 Darum ernennen wir dich
heute zum Hohenpriester über dein Volk; du
darfst den Titel Freund des Königs führen. Halte
zu uns, und bewahre uns die Freundschaft! Zu-
gleich übersandte er ihm den Purpurmantel und
einen goldenen Kranz.
21 Im siebten Monat des Jahres 160 legte Jonatan
am Laubhüttenfest das heilige Gewand an. Er hob
Truppen aus und verschaffte sich eine Menge
Waffen.

Die Zugeständnisse des Demetrius I. an Jonatan

22 Als Demetrius davon hörte, war er bestürzt. Er
sagte: Was haben wir da gemacht! 23 Alexander ist
uns zuvorgekommen. Er hat die Freundschaft der
Juden gewonnen, so daß sie ihn unterstützen.
24 Doch ich will ihnen auch schreiben. Ich will ih-
nen gut zureden und versprechen, sie auszu-
zeichnen und zu beschenken. Vielleicht werden
sie mich dann unterstützen.
25 Er schrieb ihnen also folgenden Brief: König
Demetrius grüßt das jüdische Volk. 26 Ihr habt die
Verträge, die ihr mit uns geschlossen habt, gehal-
ten, habt uns die Freundschaft bewahrt und euch
nicht unseren Feinden angeschlossen. Wir haben
es vernommen und uns darüber gefreut. 27 Bleibt
uns auch weiterhin treu! Wir werden euch das
Gute vergelten, das ihr uns erweist. 28 Wir werden
euch viele Verpflichtungen erlassen und euch Ge-
schenke machen. 29 Von heute an erkläre ich euch
für frei und erlasse allen Juden die Kopfsteuer, die
Salzsteuer und die Lieferung der Kränze. 30 Von
heute an verzichte ich für immer auf den dritten
Teil der Erträge der Felder und auf die Hälfte der
Erträge der Bäume, die mir aus Judäa zustehen so-
wie aus den drei Bezirken Samariens und Ga-
liläas, die an Judäa angeschlossen worden sind.
31 Jerusalem sei heilig und unantastbar und soll mit
seiner Umgebung vom Zehnten und von der
Steuer befreit sein. 32 Ich verzichte auch auf die Be-
fehlsgewalt über die Burg von Jerusalem. Ich ge-
statte dem Hohenpriester, selbst die Männer aus-
zuwählen, die er als Wache in die Burg legen will.
33 In meinem ganzen Reich lasse ich alle Juden, die
als Gefangene aus Judäa verschleppt worden
sind, ohne Lösegeld frei. Auch ihre Tiere darf nie-
mand zum Frondienst heranziehen. 34 An allen
Festen, Sabbaten, Neumonden und Feiertagen so-
wie drei Tage vor und nach einem Fest braucht
kein Jude in meinem Reich Steuern oder Schul-
den zu bezahlen. 35 Niemand soll einen von ihnen
in irgendeiner Sache belangen oder belästigen
dürfen. 36 Bis zu dreißigtausend Juden sollen in
das königliche Heer aufgenommen werden und
den gleichen Sold erhalten wie alle anderen Sol-
daten des Königs. 37 Sie sollen auch in den großen
Festungen des Königs Dienst tun und Vertrauens-
stellungen im Reich einnehmen. Ihre Offiziere
und Befehlshaber sind aus ihren eigenen Reihen
zu wählen. Sie dürfen nach ihren eigenen Geset-
zen leben, ganz so, wie es der König für Judäa
angeordnet hat. 38 Die drei Bezirke, die von der
Provinz Samarien abgetrennt und Judäa ange-
schlossen worden sind, sollen unter gemeinsa-
mer Verwaltung zu Judäa gehören und nur dem
Hohenpriester unterstellt sein. 39 Ptolemaïs und
das angrenzende Gebiet vermache ich als Ge-
schenk dem Tempel von Jerusalem; daraus soll
der nötige Aufwand für den Tempeldienst bestrit-
ten werden.
40 Auf eigene Rechnung will ich aus geeigneten
Orten jährlich fünfzehntausend Silberschekel auf-
bringen. 41 Alles, was die Behörden von den in den
früheren Jahren üblichen Zuwendungen noch
nicht bezahlt haben, sollen sie von nun an für die
Arbeiten am Tempel zur Verfügung stellen.
42 Auch die fünftausend Silberschekel, die bisher

vom Jahresaufkommen des Tempels als Steuer er-
hoben wurden, werden erlassen und sollen den
diensttuenden Priestern zukommen. 43 Jeder, der
sich in das Heiligtum von Jerusalem flüchtet oder
in das zum Tempel gehörende Gebiet, wird mit
seinem ganzen Besitz, den er in meinem Reich
hat, von jeder Schuld dem König gegenüber und
von jeder anderen geschäftlichen Verpflichtung
frei sein. 44 Die Kosten für die Arbeiten am Heilig-
tum, sowohl für Neubauten wie für Ausbesse-
rungen, gehen zu Lasten des Königs, 45 ebenso
gehen die Kosten für den Bau der Mauern in Je-
rusalem und für die Stadtmauern, die es umge-
ben, auf die Rechnung des Königs, schließlich
auch die Mauerbauten in Judäa.

Das Bündnis zwischen Jonatan und Alexander

46 Als Jonatan und das Volk diese Versprechungen
hörten, glaubten sie ihnen nicht und gingen nicht
darauf ein; denn sie dachten an das große Unheil,
das er in Israel angerichtet, und in welche Not er
sie gebracht hatte. 47 Sie hielten zu Alexander,
weil er ihnen zuerst Frieden angeboten hatte,
und sie kämpften die ganze Zeit auf seiner Seite.
48 König Alexander zog große Truppenmassen
zusammen und schlug Demetrius gegenüber sein
Lager auf. 49 Die beiden Könige eröffneten den
Kampf gegeneinander. Das Heer des Demetrius
floh; Alexander setzte ihm nach und gewann die
Oberhand. 50 Er kämpfte hartnäckig, bis die Sonne
unterging. An jenem Tag fiel Demetrius in der
Schlacht.
51 Alexander schickte Gesandte zu Ptolemäus,
dem König von Ägypten, und ließ ihm folgendes
sagen: 52 Ich bin in mein Reich zurückgekehrt,
habe mich auf den Thron meiner Väter gesetzt
und die Herrschaft angetreten. Ich habe Deme-
trius besiegt und unser Land in meine Gewalt ge-
bracht. 53 Ich habe mit ihm gekämpft; er wurde
mit seinem Heer von uns vernichtend geschla-
gen. So haben wir uns auf den Thron seines Rei-
ches gesetzt. 54 Laßt uns nun miteinander Freund-
schaft schließen. Gib mir deine Tochter zur Frau,
damit wir uns durch diese Heirat miteinander ver-
schwägern. Ich werde dir und ihr Geschenke ma-
chen, die deiner würdig sind.
55 König Ptolemäus antwortete: Welch glückli-
cher Tag, an dem du in das Land deiner Väter
zurückgekehrt bist und dich auf den Thron ihres
Reiches gesetzt hast. 56 Ich will auf deinen Vor-
schlag eingehen. Doch komm mir bis Ptolemaïs
entgegen, damit wir uns kennenlernen. Dann
werde ich mich mit dir verschwägern, wie du ge-
schrieben hast.
57 Ptolemäus verließ Ägypten und nahm seine
Tochter Kleopatra mit sich. Im Jahr 162 kam er
nach Ptolemaïs. 58 Als König Alexander mit ihm
zusammenkam, gab er ihm seine Tochter zur
Frau. Er veranstaltete in Ptolemaïs eine glänzende
Hochzeit für sie, wie es bei Königen üblich ist.
59 König Alexander schrieb an Jonatan, er möge
doch zu ihm kommen und sich mit ihm treffen.
60 Da begab sich Jonatan mit glänzendem Gefolge
nach Ptolemaïs und traf dort die beiden Könige. Er
brachte ihnen und ihren Freunden Silber, Gold
und viele Geschenke mit. So gewann er sie für
sich. 61 Aber ehrlose Männer aus Israel, Verräter,
traten gemeinsam auf und klagten ihn an. Doch
der König schenkte ihnen keine Beachtung.
62 Vielmehr gab er die Anweisung, Jonatan an-
stelle der Gewänder, die er trug, mit Purpur zu be-
kleiden. Das geschah, 63 und der König ließ ihn ne-
ben sich Platz nehmen. Dann sagte er zu seinen
höchsten Beamten: Nehmt ihn mit in die Stadt,
und gebt bekannt, daß niemand ihn in irgendei-
ner Sache anklagen darf; keiner darf ihm aus
irgendeinem Grund Ungelegenheiten bereiten.
64 Als die Ankläger sahen, daß er öffentlich geehrt
wurde und mit Purpur bekleidet war, machten sie
sich alle davon. 65 Der König ließ Jonatan noch
weitere Ehrungen zukommen: Er ließ ihn in das
Verzeichnis seiner ersten Freunde aufnehmen
und ernannte ihn zum Befehlshaber und Statt-
halter. 66 Darauf kehrte Jonatan in Frieden und voll
Freude nach Jerusalem zurück.

Sieg Jonatans über ein Heer des Demetrius II.

67 Im Jahr 165 kam Demetrius, der Sohn des De-
metrius, aus Kreta in das Land seiner Väter. 68 Als
König Alexander das hörte, war er sehr bestürzt
und kehrte nach Antiochia zurück. 69 Demetrius
ernannte Apollonius zum Statthalter von Zölesy-
rien. Dieser brachte ein großes Heer zusammen
und schlug sein Lager bei Jamnia auf. Von dort
schickte er dem Hohenpriester Jonatan diese Bot-
schaft:
70 Nur du allein stellst dich gegen uns. Deinet-
wegen verlacht und verhöhnt man mich. Was
maßt du dir uns gegenüber an in deinen Bergen?
71 Wenn du dich auf deine Truppen verlassen

kannst, dann komm doch herunter zu uns in die
Ebene; dort wollen wir unsere Kräfte messen.
Denn bei mir befinden sich die Truppen aus den
Städten. 72 Frag doch nach, und erkundige dich,
wer ich bin und wer die Leute sind, die auf
meiner Seite stehen. Man wird dir sagen, daß ihr
uns nicht standhalten könnt. Schon zweimal
wurden deine Vorfahren in ihrem Land in die
Flucht geschlagen. 73 In der Ebene wirst du dich
auch diesmal gegen die Reiterei und gegen eine
solche Streitmacht nicht halten können; da gibt
es nämlich keinen Stein und keinen Kiesel und
auch keinen Schlupfwinkel, in den man fliehen
kann.

74 Als Jonatan die Worte des Apollonius ver-
nahm, war er empört und rückte mit zehntau-
send Mann aus Jerusalem aus. Sein Bruder Si-
meon ging zu seiner Unterstützung mit. 75 Vor Jafo
schlug er sein Lager auf. Die Einwohner der Stadt
verschlossen die Tore vor ihm; denn Apollonius
hatte eine Besatzung nach Jafo gelegt. Als die Ju-
den aber angriffen, 76 bekamen die Einwohner
Angst und übergaben die Stadt, und Jonatan
nahm Jafo in Besitz. 77 Das erfuhr Apollonius, der
mit dreitausend Reitern und einem großen Heer
ein Lager bezogen hatte. Er zog auf Aschdod zu,
als wolle er durch die Stadt ziehen. Zugleich
rückte er in die Ebene vor, weil er sich auf seine
starke Reiterei verließ. 78 Jonatan aber setzte ihm
nach bis vor Aschdod. Dort gerieten die Heere
aneinander. 79 Apollonius hatte tausend Reiter in
einem Hinterhalt zurückgelassen. 80 Jonatan be-
merkte den Hinterhalt, aber die Reiter umzingel-
ten sein Heer und schossen vom frühen Morgen
bis zum Abend mit Pfeilen auf seine Leute. 81 Aber
die Männer hielten stand, wie Jonatan befohlen
hatte, und die Pferde der Feinde wurden müde.
82 Dann ließ Simeon seine Streitkräfte ausschwär-
men und griff die feindlichen Fußtruppen an.
Da die Reiterei erschöpft war, wurde das Heer
von ihm in die Flucht geschlagen. 83 Die Reiterei
wurde über die ganze Ebene hin zersprengt und
floh nach Aschdod; sie gingen in den Tempel Da-
gons, ihres Götzenbildes, um sich zu retten. 84 Jo-
natan steckte Aschdod und die Nachbarorte in
Brand und plünderte sie; er brannte auch den
Tempel des Dagon nieder mit allen, die sich dort-
hin geflüchtet hatten. 85 Es waren etwa achttau-
send Mann, die durch das Schwert oder im Feuer
umkamen.

86 Von dort brach Jonatan auf und schlug sein
Lager bei Aschkelon auf. Die Einwohner kamen
ihm in einem festlichen Zug aus der Stadt entge-
gen. 87 Dann kehrten Jonatan und seine Leute mit
großer Beute nach Jerusalem zurück.

88 Als König Alexander davon hörte, erwies er
ihm noch weitere Ehren. 89 Er übersandte ihm
eine goldene Spange, wie man sie Angehörigen
der königlichen Familie verleiht; auch übergab er
ihm die Stadt Ekron mit ihrem ganzen Gebiet
zum Besitz.

Der Untergang Alexanders

11 Damals zog der König von Ägypten Trup-
pen zusammen, so zahlreich wie der
Sand am Ufer des Meeres, dazu viele Schiffe;
denn er wollte mit List die Herrschaft über das
Reich Alexanders gewinnen, um es seinem Reich
anzugliedern. 2 Er rückte in Syrien ein, aber so, als
komme er in friedlicher Absicht. Die Einwohner
der Städte öffneten ihm die Tore und gingen ihm
entgegen. König Alexander hatte es so angeord-
net, weil Ptolemäus sein Schwiegervater war. 3 Je-
desmal, wenn Ptolemäus eine Stadt betreten
hatte, ließ er eine Abteilung seiner Truppen als
Besatzung dort. 4 Als er nach Aschdod zog, zeigte
man ihm den niedergebrannten Tempel Dagons
und die durch das Feuer verwüstete Stadt und
Umgebung von Aschdod. Dazu häufte man an
seinem Weg die Leichen der Erschlagenen und
Verbrannten aus dem Krieg mit Jonatan auf. 5 Man
erzählte dem König, was Jonatan getan hatte, um
ihn in ein schlechtes Licht zu setzen, aber der Kö-
nig schwieg dazu. 6 Jonatan kam dem König in Jafo
mit einem glänzenden Gefolge entgegen. Sie be-
grüßten einander und blieben die Nacht über
dort. 7 Anschließend begleitete Jonatan den König
bis zum Fluß Eleutherus; dann kehrte er nach Je-
rusalem zurück.

8 König Ptolemäus aber brachte alle Küstenstädte
bis nach Seleuzia am Meer in seine Gewalt; denn
er führte gegen Alexander Böses im Schild. 9 Dem
König Demetrius ließ er durch Gesandte mittei-
len: Wir wollen einen Bund miteinander schlie-
ßen. Ich will dir meine Tochter geben, die Alex-
ander jetzt zur Frau hat. Du sollst im Reich deines
Vaters als König herrschen. 10 Ich bereue, daß ich
ihm meine Tochter gegeben habe; denn er hat
versucht, mich zu ermorden. 11 Ptolemäus aber
machte Alexander deswegen so schlecht, weil er

sein Reich haben wollte. [12] Er nahm ihm seine Tochter weg und gab sie Demetrius zur Frau. So brach er mit Alexander, und es wurde überall bekannt, daß sie zu Feinden geworden waren.

[13] Ptolemäus zog in Antiochia ein und setzte sich die Krone von Asien auf; zwei Kronen trug er nun: die von Ägypten und die von Asien. [14] König Alexander war zu dieser Zeit gerade in Zilizien, weil die Bevölkerung jenes Gebietes von ihm abzufallen drohte. [15] Sobald er von den Vorfällen hörte, zog er zum Kampf gegen Ptolemäus aus. Dieser rückte ihm mit einem starken Heer entgegen und schlug ihn in die Flucht. [16] Alexander floh nach Arabien, weil er glaubte, dort einen Zufluchtsort zu finden; nun stand König Ptolemäus auf der Höhe seiner Macht. [17] Der Araber Sabdiël ließ Alexander den Kopf abschlagen und an Ptolemäus schicken. [18] Doch drei Tage später starb auch König Ptolemäus. Seine Besatzungstruppen wurden von den Einwohnern der befestigten Städte niedergemacht. [19] So kam im Jahr 167 Demetrius an die Herrschaft.

Das Bündnis zwischen Jonatan und Demetrius II.

[20] Zur selben Zeit rief Jonatan die Männer von Judäa zusammen, um die Burg von Jerusalem zu belagern. Sie stellten viele Belagerungsmaschinen gegen sie auf. [21] Da gingen einige Verräter, Feinde ihres eigenen Volkes, zum König und berichteten ihm, Jonatan belagere die Burg. [22] Als der König das hörte, wurde er sehr wütend. Kaum hatte er die Nachricht erhalten, da begab er sich sofort nach Ptolemaïs. Er erteilte Jonatan schriftlich den Befehl, die Belagerung abzubrechen und sofort zu einer Unterredung zu ihm nach Ptolemaïs zu kommen. [23] Als Jonatan die Nachricht erhielt, befahl er, die Belagerung fortzusetzen; dann wählte er sich einige Begleiter aus den Ältesten Israels und den Priestern aus und wagte die Reise. [24] Mit Silber, Gold, Gewändern und mit vielen anderen Geschenken fuhr er zum König nach Ptolemaïs. Es gelang ihm, den König umzustimmen. [25] Einige Verräter aus dem Volk brachten zwar Beschuldigungen gegen ihn vor, [26] aber der König verhielt sich ihm gegenüber wie seine Vorgänger und erwies ihm Ehre in Gegenwart all seiner Freunde. [27] Er bestätigte ihn im Hohenpriesteramt und in allen anderen Würden, die man ihm bis dahin übertragen hatte, und verlieh ihm den Titel Freund ersten Ranges. [28] Jonatan bat den König, Judäa, die drei Bezirke und Samarien steuerfrei zu machen, und versprach ihm dafür dreihundert Talente zu geben. [29] Der König war einverstanden und stellte Jonatan über alle diese Punkte folgende Urkunde aus:

[30] König Demetrius grüßt seinen Bruder Jonatan und das jüdische Volk. [31] Wir haben euretwegen unserem Verwandten Lasthenes einen Brief geschrieben, dessen Abschrift wir auch euch zu eurer Unterrichtung zukommen lassen: [32] König Demetrius grüßt Vater Lasthenes. [33] Das mit uns befreundete jüdische Volk ist seinen Verpflichtungen uns gegenüber nachgekommen. Darum haben wir beschlossen, ihnen ihre Freundschaft zu vergelten. [34] Wir bestätigen ihnen den Besitz von Judäa und den drei Bezirken Efraim, Lod und Ramatajim. Diese sind mit allem, was zu ihnen gehört, von Samarien abgetrennt und zu Judäa geschlagen worden. Für alle, die in Jerusalem opfern, gelte das als Ersatz für die königlichen Steuern, die der König bei ihnen bisher jährlich von den Erträgen der Felder und Bäume erhoben hat. [35] Wir überlassen ihnen auch alle unsere anderen Einkünfte, den Zehnten und die Steuern, die uns von jetzt an zustehen, ferner die Abgaben aus den Salzteichen und die Kränze, auf die wir Anspruch haben. [36] Nichts davon soll je rückgängig gemacht werden. [37] Laßt euch nun eine Abschrift machen; sie soll Jonatan übergeben und auf dem heiligen Berg an einem Ort, der allen zugänglich ist, aufgestellt werden.

Jonatans Hilfe für Demetrius II.

[38] Als König Demetrius feststellte, daß unter seiner Herrschaft im Land Ruhe herrschte und daß niemand sich ihm widersetzte, schickte er alle seine Soldaten nach Hause, außer den Söldnertruppen, die er bei den Völkern auf den Inseln angeworben hatte. Das nahmen ihm die Soldaten, die schon unter seinen Vorgängern gedient hatten, sehr übel. [39] Tryphon, der früher zur Umgebung Alexanders gehört hatte, merkte, wie unzufrieden alle Soldaten über Demetrius waren. Er reiste daher zu dem Araber Jamliku, der Antiochus, den kleinen Sohn Alexanders, aufzog, [40] und drängte ihn, ihm den Jungen mitzugeben, damit er seinem Vater als König nachfolgen könne. Er unterrichtete ihn auch über das Vorgehen des Demetrius, und wie dieser sich die Feindschaft seiner Truppen zugezogen hatte. Tryphon blieb längere Zeit dort.

[41] Jonatan hatte inzwischen König Demetrius ge-
beten, die Besatzungstruppen aus der Burg von
Jerusalem und aus den anderen Festungen abzu-
ziehen; sie verhielten sich nämlich feindlich ge-
gen Israel. [42] Demetrius ließ Jonatan sagen: Nicht
nur das will ich für dich und dein Volk tun; ich
werde dich und dein Volk hoch zu Ehren bringen,
sobald ich Gelegenheit dazu habe. [43] Im Augen-
blick wäre es aber gut, wenn du mir Männer
schicktest, die mir im Kampf helfen können. Alle
meine Truppen sind nämlich von mir abgefallen.
[44] Jonatan sandte ihm dreitausend kampferfah-
rene Männer nach Antiochia. Als sie beim König
eintrafen, freute er sich sehr über ihre Ankunft.
[45] Da rotteten sich etwa hundertzwanzigtausend
Einwohner mitten in der Stadt zusammen, um
den König umzubringen. [46] Der König flüchtete
sich in den Palast, aber die Einwohner besetzten
die Durchgangsstraßen der Stadt und begannen
den Kampf. [47] Da rief der König die Juden zu Hilfe.
Sie fanden sich sofort vollzählig bei ihm ein,
schwärmten in die Stadt aus und erschlugen an
jenem Tag fast hunderttausend Menschen. [48] Sie
steckten auch die Stadt in Brand und machten
große Beute. So retteten sie den König. [49] Als nun
die Einwohner bemerkten, daß die Stadt der Will-
kür der Juden ausgeliefert war, verloren sie jeden
Mut; sie schrien zum König und flehten: [50] Schließ
Frieden mit uns! Wenn nur die Juden aufhören,
gegen uns und die Stadt zu kämpfen! [51] Sie warfen
die Waffen weg und schlossen Frieden. Die Juden
aber wurden vom König und von allen seinen Un-
tertanen geehrt. Man sprach von ihnen in seinem
ganzen Reich, und sie kehrten mit reicher Beute
nach Jerusalem zurück.

Jonatans Parteinahme für Antiochus VI.

[52] König Demetrius hatte die Macht wieder fest in
seiner Hand, und das Land war ruhig unter seiner
Herrschaft. [53] Da hielt er nichts von dem, was er
versprochen hatte. Er brach mit Jonatan und ver-
galt ihm die erwiesene Freundschaft nicht, son-
dern setzte ihm hart zu. [54] Danach kehrte Tryphon
mit dem kleinen Antiochus zurück. Der Knabe
trat die Herrschaft an und setzte sich die Krone
auf. [55] Alle Truppen, die Demetrius davongejagt
hatte, schlossen sich ihm an. Sie kämpften gegen
Demetrius und schlugen ihn in die Flucht.
[56] Tryphon erbeutete die Elefanten und nahm An-
tiochia ein.

[57] Danach schrieb Antiochus der Jüngere an Jo-
natan: Ich bestätige dich im Hohenpriesteramt
und unterstelle dir die vier Bezirke. Du darfst auch
den Titel Freund des Königs führen. [58] Und er ließ
Jonatan goldenes Tafelgerät überbringen und ge-
währte ihm das Vorrecht, aus goldenen Bechern
zu trinken, sich in Purpur zu kleiden und eine gol-
dene Spange zu tragen. [59] Jonatans Bruder Simeon
machte er zum Befehlshaber über alle Truppen,
die zwischen der Tyrischen Steige und der ägyp-
tischen Grenze ihren Standort hatten. [60] Darauf
brach Jonatan auf, zog durch das Gebiet jenseits
des Stroms und wandte sich dann gegen die
Städte in der Küstenebene. Alle Truppen in Syrien
schlossen sich ihm als Verbündete an. Als er vor
Aschkelon erschien, bereiteten ihm die Bürger
vor der Stadt einen glänzenden Empfang. [61] Von
dort zog er nach Gaza. Doch die Einwohner von
Gaza schlossen die Tore. Jonatan belagerte die
Stadt, brannte die Häuser in der Umgebung nie-
der und plünderte sie aus. [62] Daraufhin baten die
Einwohner Gazas Jonatan um Frieden. Er schloß
mit ihnen einen Vertrag, nahm die Söhne der
führenden Familien als Geiseln und ließ sie nach
Jerusalem bringen. Dann zog er durch das Land
bis nach Damaskus.
[63] Dabei erfuhr Jonatan, daß die Feldherren des
Demetrius mit einem großen Heer nach Kedesch
in Galiläa gezogen seien, um seine Maßnahmen
zu durchkreuzen. [64] Daher rückte er gegen sie vor.
Seinen Bruder Simeon aber hatte er im Land
zurückgelassen. [65] Simeon schlug sein Lager vor
Bet-Zur auf, belagerte die Stadt lange Zeit und
schloß sie ein. [66] Schließlich baten sie ihn um Frie-
den. Er ging darauf ein, vertrieb die Feinde von
dort, besetzte die Stadt und legte Truppen hinein.
[67] Jonatan bezog mit seinem Heer ein Lager am
See Gennesaret. Morgens brachen sie früh auf
und zogen in die Ebene von Hazor. [68] Dort stießen
sie auf fremde Truppen. Diese hatten einen Teil ih-
rer Männer in den Bergen als Hinterhalt gegen Jo-
natan zurückgelassen und griffen ihn nun von
vorn an. [69] Dann brachen die Truppen, die im Hin-
terhalt lagen, aus ihrer Stellung hervor und griffen
in den Kampf ein. [70] Da liefen alle Soldaten Jona-
tans davon. Keiner blieb zurück, außer den Trup-
penführern Mattatias, dem Sohn Abschaloms,
und Judas, dem Sohn Halfis. [71] Jonatan aber zerriß
sein Gewand, streute sich Staub auf das Haupt
und betete. [72] Dann nahm er den Kampf gegen die

Feinde auf und schlug sie in die Flucht. 73 Als seine
Leute, die davongelaufen waren, das sahen, kehr-
ten sie zu ihm zurück und machten sich mit ihm
an die Verfolgung, bis sie das Lager der Feinde bei
Kedesch erreichten. Dort machten sie halt. 74 An
jenem Tag fielen von den fremden Truppen etwa
dreitausend Mann. Darauf kehrte Jonatan nach Je-
rusalem zurück.

Jonatans Bündnisse mit Rom und Sparta

12 Als Jonatan sah, daß die Zeit für ihn gün-
stig war, wählte er einige Männer aus
und sandte sie nach Rom, um den Freundschafts-
vertrag mit den Römern zu bestätigen und zu
erneuern. 2 Auch nach Sparta und nach anderen
Orten schickte er Briefe gleicher Art. 3 Die Abge-
sandten reisten nach Rom, traten vor den Senat
und sagten: Uns schicken der Hohepriester Jona-
tan und das jüdische Volk, um das frühere Freund-
schaftsbündnis mit den Römern zu erneuern.
4 Man gab ihnen Briefe mit an die Behörden der
Orte unterwegs mit der Anweisung, sie sicher
nach Judäa weiterzuleiten.
5 Hier ist eine Abschrift des Briefes, den Jonatan
an die Spartaner schrieb: 6 Der Hohepriester Jona-
tan, der Ältestenrat des Volkes, die Priester und
das ganze jüdische Volk grüßen ihre Brüder, die
Spartaner. 7 Schon vor längerer Zeit hat euer König
Arëus an den Hohenpriester Onias einen Brief ge-
richtet, in dem steht, daß ihr unsere Brüder seid,
wie aus der Abschrift hervorgeht. 8 Onias empfing
den Abgesandten ehrenvoll und nahm den Brief
entgegen, in dem ausdrücklich vom Freund-
schaftsbündnis die Rede war. 9 So etwas haben
wir zwar nicht nötig; denn unser Trost sind die
heiligen Bücher, die wir besitzen. 10 Dennoch
wollten wir diese Botschaft an euch senden und
die brüderliche Gemeinschaft und Freundschaft
mit euch erneuern, damit wir euch nicht fremd
werden. Viel Zeit ist nämlich verflossen, seit ihr
eure Gesandtschaft zu uns geschickt hattet. 11 Wir
haben seither an allen Festen und an allen Tagen,
die dafür vorgesehen sind, bei unseren Opfern
und Gebeten ständig an euch gedacht. Denn so
gehört es sich, und es entspricht ja auch der Sitte,
an die Brüder zu denken. 12 Wir freuen uns über
euren Ruhm. 13 Wir selbst waren in großer Not
und sind in viele Kämpfe verwickelt worden;
denn die Könige ringsum führten Krieg gegen
uns. 14 Dennoch wollten wir wegen dieser Kriege
weder euch noch den anderen Verbündeten und
Freunden zur Last fallen. 15 Denn wir haben den
Himmel selbst als Helfer und Beistand. Darum
sind wir vor unseren Feinden gerettet worden,
und unsere Feinde liegen gedemütigt am Boden.
16 Jetzt haben wir Numenius, den Sohn des
Antiochus, und Antipater, den Sohn Jasons, als
Gesandte zu den Römern geschickt, um das alte
Freundschaftsbündnis mit ihnen zu erneuern.
17 Wir haben ihnen aufgetragen, auf ihrer Reise
auch euch zu besuchen, euch Grüße zu bestellen
und unseren Brief zu überreichen, in dem wir
euch anbieten, die brüderliche Gemeinschaft mit
uns zu erneuern. 18 Es wäre freundlich von euch,
uns darauf Antwort zu geben.
19 Und hier ist die Abschrift des Briefes, den die
Spartaner an Onias gesandt hatten: 20 Arëus, Kö-
nig der Spartaner, grüßt den Hohenpriester Onias.
21 In einer Schrift über die Spartaner und Juden
fand sich die Nachricht, daß sie Brüder sind und
beide von Abraham abstammen. 22 Da wir dies er-
fahren haben, wäre es freundlich von euch, uns
zu schreiben, wie es euch geht. 23 Wir schreiben
euch wieder. Eure Herden und eure Habe gehö-
ren uns und unsere euch. Wir geben den Auftrag,
daß man euch darüber Auskunft gibt.

Der Feldzug gegen die Truppen des Demetrius II.

24 Jonatan erfuhr, daß die Feldherren des Deme-
trius mit einem noch größeren Heer als zuvor
zurückgekehrt waren, um gegen ihn zu kämpfen.
25 Er brach von Jerusalem auf und traf in der Ge-
gend von Hamat auf sie. Er wollte ihnen nämlich
keine Zeit lassen, in sein Land einzudringen.
26 Späher, die er in ihr Lager geschickt hatte, mel-
deten ihm bei ihrer Rückkehr, daß die Feinde sich
zu einem nächtlichen Überfall vorbereitet hatten.
27 Bei Sonnenuntergang befahl daher Jonatan sei-
nen Leuten, wach zu bleiben und die ganze
Nacht kampfbereit unter Waffen zu stehen. Rings
um das Lager stellte er Posten auf. 28 Als die Geg-
ner merkten, daß Jonatan mit seinen Leuten
kampfbereit war, packte sie Furcht und Schrek-
ken. Sie zündeten in ihrem Lager Wachfeuer an
und zogen ab. 29 Jonatan und seine Leute bemerk-
ten bis zum Morgen nichts; denn sie sahen die
Feuer brennen. 30 Jonatan nahm zwar die Verfol-
gung auf, konnte die Feinde aber nicht mehr ein-
holen; denn sie hatten den Eleutherus bereits
überschritten.

31 Jonatan wandte sich nun gegen die sabadäi-
schen Araber, schlug sie und plünderte sie aus.
32 Dann brach er nach Damaskus auf und zog
durch das ganze dazwischen liegende Gebiet.
33 Auch Simeon war aufgebrochen. Er mar-
schierte auf Aschkelon und auf die Festungen in
jenem Gebiet zu; dann wandte er sich überra-
schend gegen Jafo und besetzte es. 34 Er hatte näm-
lich gehört, daß die Einwohner vorhatten, die Fe-
stung den Leuten des Demetrius zu übergeben.
Daher legte er eine Besatzung hinein, um die
Stadt zu bewachen.

Die Belagerung der Burg von Jerusalem durch Jonatan

35 Als Jonatan zurückgekehrt war, ließ er die Älte-
sten des Volkes zusammenkommen und beriet mit
ihnen über die Anlage von Festungen in Judäa.
36 Auch sollten die Mauern von Jerusalem erhöht
werden; ferner sei zwischen der Burg und der Stadt
eine hohe Mauer zu errichten, um die Burg völlig
von der Stadt abzuschneiden, damit die Besatzung
weder etwas kaufen noch verkaufen könne. 37 So
kam man zum Ausbau der Stadt zusammen. Als
ein Teil der Mauer oberhalb des Tales im Osten ein-
stürzte, besserte man sie wieder aus und gab ihr
den Namen Kafnata. 38 Simeon baute Hadid in der
Schefela aus, befestigte es und versah es mit Toren
und die Tore mit Querbalken zum Verriegeln.

Der Verrat des Tryphon an Jonatan

39 Tryphon strebte nach der Herrschaft über Asien
und wollte sich selbst die Königskrone aufsetzen;
deshalb trachtete er König Antiochus nach dem
Leben. 40 Doch er fürchtete, daß Jonatan das nicht
zulassen und Krieg gegen ihn führen werde. So
suchte er nach Mitteln und Wegen, ihn in seine
Gewalt zu bekommen und umzubringen. Darum
zog er nach Bet-Schean.
41 Jonatan rückte ihm mit vierzigtausend kampf-
erprobten Männern nach Bet-Schean entge-
gen. 42 Als Tryphon sah, daß Jonatan ein gro-
ßes Heer bei sich hatte, fürchtete er sich, et-
was gegen ihn zu unternehmen. 43 Er bereitete
ihm einen glänzenden Empfang, stellte ihn all
seinen Freunden vor, machte ihm Geschenke
und befahl seinen Freunden und Soldaten: Ge-
horcht ihm wie mir selbst! 44 Dann sagte er zu
Jonatan: Warum hast du dieses ganze Heer
bemüht? Es droht doch kein Krieg. 45 Laß sie
nach Hause gehen, wähl dir einige Männer als
Begleitung aus, und geh mit mir nach Ptolemaïs!
Ich werde dir die Stadt und die übrigen Festun-
gen übergeben und auch alle anderen Truppen
und alle Behörden. Nur deswegen bin ich ge-
kommen, dann ziehe ich wieder ab. 46 Jonatan
vertraute ihm und tat, was Tryphon ihm vorge-
schlagen hatte. Er entließ seine Truppen, und sie
zogen nach Judäa ab. 47 Dreitausend Mann be-
hielt er bei sich, von denen er zweitausend in
Galiläa ließ; nur tausend begleiteten ihn. 48 So-
bald Jonatan Ptolemaïs betreten hatte, schlossen
die Einwohner die Tore, nahmen ihn fest und er-
schlugen alle, die mit ihm gekommen waren,
mit dem Schwert. 49 Tryphon entsandte außer-
dem Fußvolk und Reiterei nach Galiläa und in
die Große Ebene, um alle Truppen Jonatans nie-
derzumachen. 50 Als diese merkten, daß Jonatan
mit seinen Begleitern den Feinden in die Hände
gefallen und umgekommen war, machten sie
einander Mut und marschierten kampfbereit in
bester Ordnung weiter. 51 Als die Verfolger sa-
hen, daß Jonatans Männer um ihr Leben kämp-
fen würden, kehrten sie um. 52 Die jüdischen
Truppen kamen unversehrt in Judäa an. Sie trau-
erten um Jonatan und seine Begleiter und waren
voller Angst; auch ganz Israel war in großer
Trauer.

Die Taten Simeons: 12,53–16,24

Die Wahl Simeons zum Anführer Israels

53 Alle Völker ringsum versuchten, Israel zu
vernichten. Denn sie sagten sich: Sie haben kei-
nen Führer und Helfer mehr. Nun wollen wir ge-
gen sie kämpfen und die Erinnerung an sie austil-
gen.

13 Simeon erfuhr, daß Tryphon ein großes
Heer zusammengebracht hatte, um in Ju-
däa einzufallen und es zu vernichten. 2 Auch
merkte er, wie das Volk voller Angst und Furcht
war. Darum ging er nach Jerusalem hinauf und
rief das Volk zusammen. 3 Er sprach ihnen Mut zu

und sagte: Ihr wißt selbst, wie ich, meine Brüder
und meine Familie sich für unsere Gesetze und
für das Heiligtum eingesetzt und welche Kämpfe
und Gefahren wir dafür auf uns genommen ha-
ben. 4 Alle meine Brüder sind nun für Israel ge-
storben; ich allein bin übriggeblieben. 5 Ich denke
nicht daran, im Augenblick der Not mein Leben
zu schonen. Denn ich bin nicht mehr wert als
meine Brüder. 6 Vielmehr will ich mein Volk, das
Heiligtum, unsere Frauen und Kinder rächen.
Denn alle Völker haben sich zusammengetan,
um uns auszurotten, weil sie uns hassen. 7 Sobald
das Volk seine Worte hörte, faßte es neuen Mut
8 und rief laut: Sei du unser Führer anstelle deiner
Brüder Judas und Jonatan! 9 Nimm unseren Kampf
in deine Hand! Alles, was du befiehlst, wollen wir
tun. 10 Simeon rief alle kampffähigen Männer zu-
sammen, ließ den Bau der Mauern von Jerusalem
so schnell wie möglich zu Ende führen und si-
cherte die Stadt nach allen Seiten. 11 Jonatan, den
Sohn des Abschalom, schickte er mit einem an-
sehnlichen Heer nach Jafo. Dieser vertrieb die
Einwohner und blieb in der Stadt.

Tryphons Feldzug gegen Jerusalem und Jonatans Tod

12 Tryphon brach mit einem großen Heer von
Ptolemaïs auf, um in Judäa einzufallen. Jonatan
nahm er als Gefangenen mit sich. 13 Simeon
schlug sein Lager bei Hadid am Rand der Ebene
auf. 14 Da erfuhr Tryphon, Simeon habe anstelle
seines Bruders Jonatan die Führung übernom-
men und werde den Kampf gegen ihn fortsetzen.
Er schickte zu ihm Unterhändler mit der Bot-
schaft: 15 Wir halten deinen Bruder Jonatan nur
fest, weil er der königlichen Schatzkammer Geld
schuldet für die Ämter, die er innehat. 16 Schick
uns also hundert Talente Silber und zwei seiner
Söhne als Geiseln, damit er nicht von uns abfällt,
sobald er wieder frei ist; dann werden wir ihn frei-
lassen.

17 Simeon merkte wohl, daß ihr Vorschlag nicht
ehrlich gemeint war. Dennoch ließ er das Geld
und die Kinder holen, um sich beim Volk nicht
verhaßt zu machen. 18 Sonst hätte man nämlich
gesagt: Jonatan mußte sterben, weil Simeon das
Geld und die Kinder für ihn nicht ausgeliefert hat.
19 So lieferte er die Kinder und die hundert Talente
aus; aber es zeigte sich, daß Tryphon ein Lügner
war; denn er ließ Jonatan nicht frei.

20 Danach rückte Tryphon heran, um in Judäa
einzufallen und es zu verwüsten. Er machte dabei
einen Umweg über Adora; aber Simeon trat ihm
mit seinem Heer überall entgegen, wo er ins Land
eindringen wollte. 21 Die Besatzung der Burg von
Jerusalem schickte Boten zu Tryphon, die ihn zur
Eile drängten und ihn aufforderten, von der Wü-
ste her einen Durchbruch zu versuchen und Nah-
rungsmittel für sie heranzuschaffen. 22 Daraufhin
stellte Tryphon die gesamte Reiterei bereit, um
durchzubrechen; aber in jener Nacht fiel sehr viel
Schnee, und er konnte wegen des Schnees nicht
durchkommen. Da zog er ab nach Gilead. 23 In der
Nähe von Baskama ließ er Jonatan umbringen
und begraben. 24 Dann zog Tryphon ab und kehrte
in sein Land zurück.

25 Simeon schickte einige Männer, um die Ge-
beine seines Bruders Jonatan holen und in Mo-
deïn, der Stadt seiner Väter, bestatten zu lassen.
26 Ganz Israel hielt eine große Totenklage für ihn
ab und trauerte viele Tage um ihn. 27 Simeon ließ
ein hohes, weithin sichtbares Denkmal über dem
Grab seines Vaters und seiner Brüder errichten.
Für die Vorder- und Rückseite verwendete er be-
hauene Steine. 28 Auch ließ er sieben Pyramiden
bauen, von denen jeweils zwei einander gegen-
überstanden: für den Vater, die Mutter und die
vier Brüder. 29 Um die Pyramiden ließ er eine
kunstvolle Anlage errichten, indem er sie mit ho-
hen Säulen umgab. An den Säulen ließ er zum
ewigen Gedenken Rüstungen anbringen und ne-
ben den Rüstungen Schiffe einmeißeln. Das
Denkmal sollte für alle sichtbar sein, die auf dem
Meer vorüberfahren. 30 Dieses Grabmal, das er in
Modeïn errichtete, steht noch heute dort.

Das Bündnis zwischen Simeon und Demetrius II.

31 Tryphon ließ den jungen König Antiochus heim-
tückisch ermorden, 32 trat seine Nachfolge an und
setzte sich die Krone von Asien auf. Er richtete im
Land großes Unheil an.

33 Simeon legte in Judäa Festungen an, umgab sie
mit hohen Türmen und gewaltigen Mauern, ver-
sah sie mit Toren und Riegeln und ließ Proviant in
die Festungen bringen. 34 Dann wählte Simeon ei-
nige Männer aus, die er zu König Demetrius
sandte, um einen Steuernachlaß für das Land zu
erwirken. Denn Tryphon war nur auf Ausbeu-
tung aus. 35 König Demetrius antwortete ihm mit
folgendem Brief:

36 König Demetrius grüßt Simeon, den Hohenpriester und Freund der Könige, sowie die Ältesten und das jüdische Volk. 37 Den goldenen Kranz und den Palmzweig, den ihr gesandt habt, haben wir erhalten. Wir sind bereit, ein für allemal Frieden mit euch zu schließen und die Behörden anzuweisen, euch Nachlaß zu gewähren. 38 Alles, was wir euch bestätigt haben, bleibt in Kraft; auch die Festungen, die ihr angelegt habt, dürfen bestehen bleiben. 39 Wir vergeben euch alle Nachlässigkeiten und Verfehlungen, die ihr bis auf den heutigen Tag begangen habt, und erlassen euch den Kranz, den ihr noch schuldet. Sollten noch andere Abgaben von Jerusalem erhoben worden sein, sollen sie künftig wegfallen. 40 Wenn ihr Leute habt, die geeignet sind, in unserer Leibgarde Dienst zu tun, sollen sie angenommen werden. Zwischen uns soll Friede herrschen.

41 Im Jahr 170 wurde das Joch der fremden Völker von Israel genommen. 42 Das Volk begann, Urkunden und Verträge mit der Formel einzuleiten: Im Jahr 1 der Regierung Simeons, des Hohenpriesters, Befehlshabers und Führers der Juden.

Die endgültige Befreiung Israels

43 Damals zog Simeon nach Geser, schloß die Stadt mit seinen Truppen ein, errichtete einen Belagerungsturm und ließ ihn an die Stadt heranschieben. Man schlug eine Bresche in einen Turm der Stadtmauer und besetzte ihn. 44 Dann sprang die Mannschaft des Belagerungsturms in die Stadt hinein. Es entstand ein großes Durcheinander in der Stadt. 45 Ihre Bürger stiegen mit Frauen und Kindern auf die Mauern, zerrissen ihre Gewänder, schrien laut und baten Simeon, mit ihnen Frieden zu schließen. 46 Sie sagten: Vergilt uns nicht nach unserer Schuld, sondern nach deiner Güte! 47 Simeon ließ sich erweichen und stellte den Kampf ein. Er vertrieb sie jedoch aus der Stadt und ließ die Häuser, in denen Götterbilder waren, entsühnen; dann zog er feierlich mit Lobliedern und Preisgesängen in die Stadt ein. 48 Er entfernte alles Unreine und siedelte gesetzestreue Männer an. Dann ließ er die Stadt noch stärker befestigen und baute auch für sich ein Haus in der Stadt.

49 Die Besatzung der Burg von Jerusalem war von jeder Verbindung mit dem Land abgeschnitten; sie konnten weder etwas kaufen noch etwas verkaufen und hatten fast nichts mehr zu essen; eine beträchtliche Anzahl von ihnen kam durch den Hunger um. 50 Da baten sie Simeon um Frieden. Er gewährte ihn, vertrieb sie aber von dort und entsühnte die Burg von jeder Befleckung. 51 Am dreiundzwanzigsten Tag des zweiten Monats im Jahr 171 zogen die Israeliten unter der Musik von Harfen, Zimbeln und Zithern mit Hymnen und Gesängen in die Burg ein; sie trugen Palmzweige in den Händen und sangen Freudenlieder. Denn Israel war von einem gefährlichen Feind befreit. 52 Simeon setzte fest, daß dieser Tag jährlich feierlich begangen werden solle. Er ließ die zur Burg hin gelegene Seite des Tempelbergs noch stärker befestigen und nahm mit seinem Gefolge Wohnung in der Burg. 53 Als Simeon sah, daß sein Sohn Johanan zu einem Mann herangewachsen war, machte er ihn zum Befehlshaber aller Streitkräfte, und Johanan ließ sich in Geser nieder.

14 Im Jahr 172 zog König Demetrius seine Truppen zusammen und brach nach Medien auf, um Hilfstruppen für den Kampf gegen Tryphon zu gewinnen. 2 Als Arsakes, der König von Persien und Medien, erfuhr, daß Demetrius in sein Gebiet eingedrungen war, sandte er einen seiner Feldherren mit dem Auftrag aus, Demetrius lebendig gefangen zu nehmen. 3 Der Feldherr machte sich auf den Weg, schlug das Heer des Demetrius, nahm ihn gefangen und brachte ihn zu Arsakes, der ihn ins Gefängnis warf.

Das Loblied auf Simeon

4 Das Land Judäa hatte Ruhe, solange Simeon lebte. / Er sorgte für das Wohl seines Volkes. / Sie freuten sich jeden Tag über seine Macht / und seinen Ruhm.

5 Sein Ruhm wuchs, als er den Hafen von Jafo gewann; / so öffnete er einen Weg zu den Inseln.

6 Er erweiterte das Gebiet seines Volkes / und gewann die Herrschaft über das ganze Land.

7 Viele Verbannte führte er wieder zurück. / Er eroberte Geser, Bet-Zur und die Burg / und vernichtete darin alles, was unrein war. / Niemand widersetzte sich ihm.

8 Sie bebauten in Frieden ihr Land; / der Boden gab seinen Ertrag, / die Bäume auf dem Feld ihre Frucht.

9 Auf den Plätzen saßen die Alten; / alle sprachen über ihr Glück. / Die jungen Männer gingen im Schmuck ihrer Waffen umher.

10 Er versorgte die Städte mit Nahrung / und
baute sie zu Festungen aus. / Sein Name wurde
berühmt bis an das Ende der Welt.
11 Er brachte dem Land den Frieden, / in Israel
herrschte Jubel und Freude.
12 Jeder saß unter seinem Weinstock und seinem
Feigenbaum, / und niemand schreckte sie auf.
13 Der Feind verschwand aus dem Land; / in je-
nen Tagen wurden die Könige besiegt.
14 Er stärkte alle Schwachen im Land / und setzte
sich ein für das Gesetz. / Alle Verräter und Sün-
der aber rottete er aus.
15 Das Heiligtum baute er prachtvoll aus, / viele
Geräte für den Tempel schaffte er an.

Die Erneuerung der Bündnisse mit Sparta und Rom

16 Als man in Rom – und auch in Sparta – erfuhr,
daß Jonatan tot war, war man sehr bestürzt. 17 Als
man aber hörte, sein Bruder Simeon habe seine
Nachfolge als Hoherpriester angetreten und das
Land mit seinen Städten sei fest in seiner Hand,
18 schrieben sie ihm auf Bronzetafeln einen Brief
und boten ihm an, das Freundschaftsbündnis mit
ihm zu erneuern, das sie mit seinen Brüdern Ju-
das und Jonatan geschlossen hatten. 19 Diese Bot-
schaft wurde vor der Volksversammlung in Jeru-
salem verlesen.
20 Hier ist eine Abschrift des Briefes, den die
Spartaner schickten: Die Regierung und die Stadt
der Spartaner grüßen den Hohenpriester Simeon,
die Ältesten, die Priester und das ganze übrige jü-
dische Volk, ihre Brüder. 21 Die Gesandten, die ihr
zu unserem Volk geschickt habt, haben uns von
eurem Ruhm und eurem Ansehen berichtet, und
wir haben uns über ihren Besuch sehr gefreut.
22 Was sie vor dem Rat des Volkes gesagt haben,
haben wir, wie folgt, schriftlich festgehalten:
Numenius, der Sohn des Antiochus, und Anti-
pater, der Sohn Jasons, sind als Gesandte der Ju-
den zu uns gekommen, um die Freundschaft mit
uns zu erneuern. 23 Das Volk hat beschlossen, ih-
nen einen glänzenden Empfang zu bereiten und
die Niederschrift ihrer Rede im Staatsarchiv zu
hinterlegen, damit das Volk von Sparta sie nicht
vergißt. – Eine Abschrift davon schickten sie an
den Hohenpriester Simeon.
24 Danach sandte Simeon den Numenius mit ei-
nem großen goldenen Schild, der tausend Minen
wog, nach Rom, um das Bündnis mit den Römern
zu bekräftigen.

Die Bestätigung Simeons durch das jüdische Volk

25 Als man im Volk davon erfuhr, sagte man: Wie
können wir Simeon und seinen Söhnen danken?
26 Denn er, seine Brüder und seine ganze Familie
waren uns Halt und Stütze. Er hat den Kampf ge-
gen Israels Feinde geführt und sie vertrieben und
mit seinen Brüdern dem Volk die Freiheit errun-
gen. Man fertigte Bronzetafeln an, die man auf
dem Berg Zion an Säulen befestigte 27 und auf de-
nen folgendes stand:
Am achtzehnten Tag des Monats Elul im Jahr
172 – das ist im dritten Jahr der Regierung des
großen Hohenpriesters Simeon in Asaramel –
28 wurde auf der großen Versammlung der Prie-
ster, des Volkes, der Führer des Volkes und der Äl-
testen des Landes uns folgendes bekanntgege-
ben: 29 Als wiederholt im Land Krieg ausbrach,
scheuten Simeon, der Sohn des Mattatias, aus der
Familie Jojaribs, und seine Brüder keine Gefahr.
Sie stellten sich den Feinden ihres Volkes entge-
gen, um ihr Heiligtum und das Gesetz zu erhal-
ten, und verschafften ihrem Volk großen Ruhm.
30 Jonatan führte sein Volk zusammen; er wurde
ihr Hoherpriester, bis er mit seinen Vätern vereint
wurde. 31 Als darauf ihre Feinde den Plan faßten,
in das Land einzufallen, um es zu vernichten und
ihr Heiligtum anzutasten, 32 erhob sich Simeon
und kämpfte für sein Volk. Aus eigenen Mitteln
brachte er viel Geld auf und versorgte die Krieger
seines Volkes mit Waffen und Verpflegung. 33 Er
ließ die Städte Judäas befestigen, besonders Bet-
Zur, das an der Grenze von Judäa liegt; er legte
eine jüdische Besatzung dorthin, wo zuvor ein
Waffenlager der Feinde gewesen war. 34 Auch die
Städte Jafo am Meer und Geser bei Aschdod ließ
er befestigen. Früher wohnten dort die Feinde, er
aber siedelte Juden an und ließ ihnen alles zu-
kommen, was sie zu ihrem Unterhalt brauchten.
35 Als das Volk sah, wie treu Simeon war und wel-
chen Ruhm er seinem Volk zu verschaffen suchte,
machten sie ihn zu ihrem Führer und Hohenprie-
ster zum Dank für all diese Taten, für die Gerech-
tigkeit und Treue, die er seinem Volk bewies, und
für sein Bestreben, auf jede Weise sein Volk zu för-
dern. 36 Es ist ihm zu seiner Zeit gelungen, die
Fremden aus dem Land zu vertreiben, vor allem
die, die in der Davidstadt in Jerusalem wohnten
und sich eine Burg gebaut hatten, aus der sie Aus-
fälle machten, die Umgebung des Tempels ent-
weihten und seiner Heiligkeit großen Schaden

zufügten. 37 Er siedelte in der Davidstadt Juden an
und ließ sie befestigen, um Land und Stadt zu si-
chern. Auch ließ er die Mauern von Jerusalem
höher machen. 38 Demgemäß bestätigte ihn König
Demetrius im Hohenpriesteramt. 39 Er ernannte
ihn zu seinem Freund und zeichnete ihn durch
hohe Ehren aus. 40 Denn er hatte gehört, daß Rom
die Juden Freunde, Verbündete und Brüder ge-
nannt und den Gesandten Simeons einen glän-
zenden Empfang bereitet hatte.

41 Darum beschlossen die Juden und ihre Prie-
ster, Simeon solle für immer ihr Anführer und Ho-
herpriester sein, bis ein wahrer Prophet auftrete.
42 Auch solle er ihr Befehlshaber sein und für das
Heiligtum Sorge tragen; durch ihn seien die Be-
amten zu ernennen für die Arbeiten am Tempel,
für das Land, das Heer und die Festungen.
43 [Er solle für das Heiligtum Sorge tragen.] Alle
hätten ihm zu gehorchen. Jede Urkunde im Land
müsse in seinem Namen ausgestellt werden.
Auch dürfe er sich in Gold und Purpur kleiden.
44 Keinem aus dem Volk oder aus der Priester-
schaft sei es erlaubt, eine dieser Bestimmungen
außer Kraft zu setzen, gegen seine Anordnungen
zu verstoßen, ohne seine Erlaubnis im Land eine
Versammlung einzuberufen, Purpur zu tragen
oder eine goldene Spange anzulegen. 45 Jeder, der
dem zuwiderhandle oder sich nicht daran halte,
mache sich strafbar.

46 Das ganze Volk beschloß, diese Verfügungen
zugunsten Simeons zu erlassen. 47 Simeon nahm
an; er willigte ein, Hoherpriester, Befehlshaber
und Fürst der Juden und ihrer Priester zu sein und
in allem den Vorsitz zu führen. 48 Sie ließen diese
Urkunde auf Bronzetafeln schreiben und im Vor-
hof des Tempels für alle sichtbar aufstellen. 49 Eine
Abschrift davon sei in der Schatzkammer für Si-
meon und seine Söhne zu hinterlegen.

Das Bündnis zwischen Simeon und Antiochus VII.

15 Antiochus, der Sohn des Königs Deme-
trius, schickte von den Inseln ein Schrei-
ben an Simeon, den Priester und Fürsten der Ju-
den, und an das ganze Volk. 2 Es hatte folgenden
Inhalt: König Antiochus grüßt Simeon, den Ho-
henpriester und Fürsten, und das jüdische Volk.
3 Ein paar Verbrecher haben die Herrschaft über
das Reich unserer Väter an sich gerissen. Ich will
nun das Reich wieder übernehmen und in ihm
die alte Ordnung wiederherstellen. Ich habe zahl-
reiche Streitkräfte angeworben, mehrere Kriegs-
schiffe ausgerüstet, 4 und will mit ihnen landen,
um alle zur Rechenschaft zu ziehen, die unser
Land verwüstet und so viele Städte in meinem
Reich entvölkert haben.

5 Ich bestätige dir den Erlaß aller Steuern, auf die
die Könige vor mir verzichtet haben, und aller
sonstigen Geschenke, die sie dir erlassen haben.
6 Hiermit gestatte ich dir, eigene Münzen für dein
Land zu prägen. 7 Jerusalem und das Heiligtum
sollen frei sein. Du darfst alle Waffen behalten, die
du dir beschafft hast, dazu alle Festungen, die du
angelegt hast und die in deiner Hand sind. 8 Alle
Schulden an die königliche Kasse, auch die künf-
tigen Forderungen der Krone, seien dir von jetzt
an für immer erlassen. 9 Sobald wir die Herrschaft
angetreten haben, werden wir dich, dein Volk
und den Tempel mit hohen Ehren auszeichnen,
so daß sich euer Ruhm über die ganze Welt ver-
breitet.

10 Im Jahr 174 kam Antiochus in das Land seiner
Väter. Alle Truppen schlossen sich ihm an; nur
wenige blieben bei Tryphon. 11 Antiochus ver-
folgte ihn, und Tryphon flüchtete nach Dor am
Meer. 12 Er hatte gemerkt, daß für ihn schlimme
Zeiten angebrochen waren; denn seine Truppen
hatten ihn verlassen. 13 Antiochus belagerte Dor
mit hundertzwanzigtausend Soldaten und acht-
tausend Reitern. 14 Er schloß die Stadt ein und ließ
sie mit den Schiffen vom Meer her angreifen. So
setzte er ihr zu Wasser und zu Land hart zu und
ließ niemand hinein oder heraus.

Nachträge zum Vertrag mit Rom

15 Zu dieser Zeit kam Numenius mit seinen Be-
gleitern aus Rom zurück; er hatte Briefe mit fol-
gendem Inhalt an verschiedene Könige und Län-
der bei sich:

16 Der römische Konsul Luzius grüßt König
Ptolemäus. 17 Die jüdischen Gesandten sind als
Freunde und Verbündete zu uns gekommen, um
das alte Freundschaftsbündnis zu erneuern; der
Hohepriester Simeon und das jüdische Volk hat-
ten sie geschickt. 18 Sie brachten auch einen gol-
denen Schild im Wert von tausend Minen mit.
19 Wir haben nun beschlossen, Könige und Länder
schriftlich anzuweisen, nichts gegen die Juden zu
unternehmen, gegen sie, ihre Städte und ihr Land
keinen Krieg zu führen und ihre Gegner nicht zu
unterstützen. 20 Auch beschlossen wir, den Schild

von ihnen anzunehmen. 21 Wenn nun irgendwelche Verbrecher aus ihrem Land zu euch geflohen sind, so liefert sie dem Hohenpriester Simeon aus, damit er sie nach dem jüdischen Gesetz bestrafen kann. 22 Im gleichen Sinn schrieb Luzius an die Könige Demetrius, Attalus, Ariarathes und Arsakes 23 sowie an alle folgenden Länder: nach Sampsame, Sparta, Delos, Myndos, Sikyon, Karien, Samos, Pamphylien, Lyzien, Halikarnaß, Rhodos, Phaselis, Kos, Side, Arwad, Gortyna, Knidos, Zypern und Zyrene. 24 Eine Abschrift schickten die Römer an den Hohenpriester Simeon.

Die Entfremdung zwischen Simeon und Antiochus VII.

25 König Antiochus belagerte Dor von der Vorstadt aus. Er ließ seine Truppen ununterbrochen gegen die Stadt anrennen, stellte Belagerungsmaschinen auf und hielt Tryphon eingeschlossen, so daß niemand hinein oder heraus konnte. 26 Simeon sandte dem König zu seiner Unterstützung zweitausend ausgesuchte Krieger, dazu Silber und Gold und viel Kriegsausrüstung. 27 Aber der König wollte es nicht annehmen; er brach vielmehr mit ihm und machte alles rückgängig, was er vorher mit ihm vertraglich vereinbart hatte. 28 Er schickte einen seiner Freunde namens Athenobius als Unterhändler zu ihm und ließ ihm sagen: Ihr habt Jafo, Geser und die Burg von Jerusalem besetzt, Städte meines Königreiches. 29 Ihr Gebiet habt ihr verwüstet und großen Schaden im Land angerichtet, und viele Orte in meinem Reich habt ihr an euch gerissen. 30 Nun gebt die Städte wieder heraus, die ihr besetzt habt; ebenso entrichtet die Steuern für die Orte außerhalb Judäas, die ihr euch angeeignet habt. 31 Andernfalls gebt als Ersatz fünfhundert Talente Silber, weitere fünfhundert Talente für den Schaden, den ihr angerichtet habt, und für die Steuern der Städte. Sonst kommen wir und führen Krieg gegen euch. 32 Athenobius, der Freund des Königs, kam nach Jerusalem. Als er die Prachtentfaltung Simeons, den Schrank mit den goldenen und silbernen Geräten und den großen Hofstaat sah, war er sehr erstaunt. Er meldete Simeon die Worte des Königs; 33 doch der gab zur Antwort: Wir haben kein fremdes Land besetzt und uns nichts angeeignet, was uns nicht gehörte, sondern wir haben nur das Erbe unserer Väter zurückgeholt, das unsere Feinde zu Unrecht vorübergehend an sich gerissen hatten. 34 Wir nutzen nur die Gelegenheit und halten das Erbe unserer Väter fest. 35 Was aber Jafo und Geser betrifft, auf die du Anspruch erhebst, so ist zu sagen: Diese Städte haben unserem Volk und Land großen Schaden zugefügt. Wir wollen für sie hundert Talente zahlen.

Athenobius gab ihm keine Antwort, 36 sondern ging wütend zum König zurück. Er unterrichtete ihn über die Antwort Simeons, über seine Prachtentfaltung und über alles, was er gesehen hatte. Da geriet der König in heftigen Zorn.

Der Sieg der Söhne Simeons über Kendebäus

37 Tryphon entkam auf einem Schiff nach Orthosia. 38 Der König ernannte Kendebäus zum Befehlshaber über die Küste und teilte ihm Fußtruppen und Reiterei zu. 39 Er gab ihm den Auftrag, an der Grenze Judäas ein Lager aufzuschlagen, den Ort Kidron auszubauen und mit festen Toren zu versehen, um gegen die Juden Krieg zu führen, während er selbst die Verfolgung des Tryphon aufnahm. 40 Kendebäus zog nach Jamnia und begann, das jüdische Volk zu reizen, Überfälle auf Judäa zu machen, Juden gefangenzunehmen und zu ermorden. 41 Er baute Kidron aus und legte Reiter und Fußtruppen hinein. Diese unternahmen Streifzüge auf den Straßen Judäas, wie ihnen der König befohlen hatte.

16 Da kam Johanan von Geser herauf und berichtete seinem Vater Simeon von den Unternehmungen des Kendebäus. 2 Simeon rief seine beiden ältesten Söhne, Judas und Johanan, zu sich und sagte zu ihnen: Ich, meine Brüder und meine Familie haben von Jugend an bis auf den heutigen Tag die Kriege Israels geführt. Oft gelang es uns, Israel zu retten. 3 Nun bin ich alt geworden; ihr aber seid durch des Himmels Gnade herangewachsen. Tretet an meine und meines Bruders Stelle, zieht aus, und kämpft für unser Volk! Der Himmel möge euch helfen. 4 Er hob im Land zwanzigtausend besonders kampferprobte Männer aus, dazu Reiter. Sie zogen gegen Kendebäus und blieben über Nacht in Modeïn. 5 Früh am nächsten Morgen rückten sie aus in die Ebene. Plötzlich trafen sie auf ein großes Heer, Fußvolk und Reiterei. Es lag aber eine Schlucht zwischen ihnen. 6 Johanan machte mit seinen Leuten dem Feind gegenüber halt. Als er merkte, daß sie Angst hatten, die Schlucht zu durchqueren, ging er als erster hinüber. Das sahen seine

Männer und folgten ihm auf die andere Seite. 7 Dann zog er das Heer auseinander und ließ die Reiterei sich mitten zwischen dem Fußvolk aufstellen; die Reiterei des Feindes war nämlich sehr stark. 8 Man stieß in die Trompeten, und Kendebäus wurde samt seinem Heer geschlagen und hatte viele Gefallene zu beklagen. Der Rest floh in die Festung. 9 Bei dieser Gelegenheit wurde Judas, der Bruder des Johanan, verwundet. Johanan aber nahm die Verfolgung auf, bis er nach Kidron kam, das Kendebäus ausgebaut hatte. 10 Da flohen sie weiter in die Türme bei Aschdod. Johanan ließ die Stadt in Brand stecken; dabei kamen etwa zweitausend Feinde um. Johanan aber kehrte wohlbehalten nach Judäa zurück.

Die Ermordung Simeons und der Regierungsantritt Johanans

11 Ptolemäus, der Sohn Abubs, war Befehlshaber in der Ebene von Jericho. Er besaß viel Silber und Gold; 12 denn er war der Schwiegersohn des Hohenpriesters. 13 Da wurde er stolz; er wollte die Herrschaft über das Land an sich reißen und plante einen heimtückischen Anschlag, um Simeon und seine Söhne aus dem Weg zu räumen. 14 Als Simeon die Städte in jener Gegend besuchte, um dort nach dem Rechten zu sehen, kam er mit seinen Söhnen Judas und Mattatias im elften Monat, das ist der Schebat, des Jahres 177 nach Jericho. 15 Der Sohn Abubs hatte eine kleine Festung namens Dok erbaut. Dort nahm er sie voll Hinterlist auf. Er veranstaltete für sie ein großes Gelage, hielt aber im Hintergrund einige Männer versteckt. 16 Als Simeon und seine Söhne betrunken waren, sprangen Ptolemäus und seine Leute auf, griffen zu ihren Waffen, drangen zu Simeon in den Speisesaal ein und erschlugen ihn und seine beiden Söhne und einige aus seinem Gefolge. 17 So beging Ptolemäus einen gemeinen Verrat und vergalt Gutes mit Bösem.

18 Ptolemäus berichtete darüber dem König in einem Brief, und bat ihn, ihm Truppen zu Hilfe zu schicken und ihm das Land und die Städte zu übergeben. 19 Auch schickte er einige Männer nach Geser, um Johanan ermorden zu lassen. Die Hauptleute forderte er schriftlich auf, zu ihm zu kommen; er wolle ihnen Silber und Gold und andere Geschenke geben. 20 Wieder andere schickte er aus, damit sie Jerusalem und den Tempelberg besetzten. 21 Aber jemand lief voraus und meldete Johanan in Geser, sein Vater und seine Brüder seien tot; er sagte: Er hat bereits Leute ausgeschickt, um auch dich umbringen zu lassen.

22 Als Johanan das hörte, erschrak er sehr. Die Männer aber, die kamen, um ihn zu ermorden, ließ er ergreifen und niedermachen; denn er wußte, daß sie ihn umbringen wollten.

23 Die weitere Geschichte Johanans, die Kriege, die er führte, die Taten, die er vollbrachte, auch wie er die Mauern bauen ließ und was er sonst unternahm – 24 all das steht in der Chronik seines Hohenpriestertums geschrieben, von dem Tag an, da er anstelle seines Vaters Hoherpriester wurde.

DAS ZWEITE BUCH DER MAKKABÄER

Briefe der Juden Jerusalems an die Juden in Ägypten: 1,1–2,18

Der erste Brief zum Tempelweihfest

1 Wir, eure Brüder, die Juden aus Jerusalem und aus dem Land Judäa, grüßen euch, unsere Brüder, die Juden, die in Ägypten wohnen, und wünschen euch Frieden. 2 Gott möge euch Gutes erweisen und seines Bundes gedenken, den er mit seinen treuen Dienern Abraham, Isaak und Jakob geschlossen hat. 3 Er gebe euch allen ein Herz, das euch fähig macht, ihn zu fürchten und seiner Lehre mutig und bereitwillig zu folgen. 4 Er öffne euer Herz für sein Gesetz und für die Gebote und schenke euch Frieden. 5 Er erhöre eure Gebete, schenke euch Versöhnung und verlasse euch nicht in der Not. 6 So beten wir hier für euch.

7 Unter der Regierung des Demetrius, im Jahr
169, haben wir Juden euch geschrieben: In der
höchsten Not, die in diesen Jahren über uns kam,
als Jason und sein Anhang vom heiligen Land und
vom Königreich abfielen, 8 verbrannten sie das
Tempeltor und vergossen unschuldiges Blut. Wir
aber beteten zum Herrn, und er hat uns erhört. So
konnten wir wieder Brand- und Speiseopfer dar-
bringen; wir zündeten die Leuchter an und legten
die Schaubrote aus. 9 Und nun begeht die Tage des
Laubhüttenfestes im Monat Kislew! Geschrieben
im Jahr 188.

Der zweite Brief zum Tempelweihfest

10 Die Bewohner Jerusalems und Judäas, der Hohe
Rat und Judas wünschen dem Aristobul, dem
Lehrer des Königs Ptolemäus, aus dem Ge-
schlecht der gesalbten Priester, und den Juden
Ägyptens Glück und Heil. 11 Wir danken Gott von
Herzen, der uns aus großen Gefahren errettet hat.
So sind wir bereit, selbst mit einem König zu strei-
ten. 12 Gott selbst nämlich hat alle verjagt, die ge-
gen die Heilige Stadt gekämpft haben. 13 Denn als
der Fürst mit seinem Heer, das als unüberwind-
lich galt, nach Persien zog, fanden sie im Tempel
der Nanäa den Tod. Die Priester der Nanäa hatten
sie nämlich überlistet. 14 Unter dem Vorwand, sich
mit der Göttin zu vermählen, war Antiochus mit
seinen Freunden, die ihn begleiteten, zum Tem-
pel gekommen; sozusagen als Mitgift wollte er
sich dabei die großen Reichtümer aneignen. 15 Die
Priester der Nanäa legten die Schätze für sie auch
bereit, und Antiochus ging mit einigen wenigen
Männern in den heiligen Bezirk. Sobald er aber
das Heiligtum betreten hatte, schlossen sie das
Tor. 16 Sie öffneten eine geheime Tür an der Decke,
warfen schwere Steine herab, zerschmetterten
den Fürsten (und seine Begleiter), zerstückelten
sie, schnitten ihnen die Köpfe ab und warfen sie
hinaus zu denen, die draußen stehen geblieben
waren. 17 Für all das sei unser Gott gepriesen: Er
hat die Sünder dem Untergang preisgegeben.

18 Wir wollen nun am fünfundzwanzigsten Kis-
lew die Reinigung des Tempels feiern. Darum
hielten wir es für unsere Pflicht, euch davon zu
benachrichtigen, damit auch ihr sie wie die Tage
des Laubhüttenfestes feiern könnt und wie die
Tage des Feuers. (Letztere erinnern an den Tag,) an
dem Nehemia nach dem Aufbau von Tempel und
Altar erstmals wieder Opfer darbrachte. 19 Denn
als unsere Väter nach Persien in die Verbannung
geführt wurden, nahmen die Priester, die fromm
geblieben waren, etwas von dem Feuer des
Altars mit und verbargen es heimlich im Schacht
eines leeren Brunnens. Sie versteckten es so, daß
die Stelle allen unbekannt blieb. 20 Darüber ver-
gingen viele Jahre. Doch als es Gott gefiel, sandte
der König von Persien den Nehemia her. Der
schickte die Nachkommen jener Priester aus,
um das Feuer holen zu lassen, das ihre Väter
einst versteckt hatten. 21 Als sie uns erklärten, kein
Feuer gefunden zu haben, sondern nur eine dicke
Flüssigkeit, befahl er ihnen, etwas davon zu
schöpfen und zu ihm zu bringen. Das Opfer
wurde hergerichtet. Dann ließ Nehemia von den
Priestern das Brennholz, und was darauf lag, mit
diesem zähflüssigen Wasser begießen. 22 So ge-
schah es. Nach einiger Zeit brach die Sonne her-
vor, die von Wolken verdeckt gewesen war. Da
flammte ein großes Feuer auf, und alle staunten.
23 Während das Opfer verbrannte, beteten die
Priester und alle anderen, die bei ihnen waren; Jo-
natan stimmte an, und die übrigen, darunter auch
Nehemia, beteten laut mit.

24 Das Gebet aber lautete so: Herr, o Herr, du Gott
und Schöpfer aller Dinge, furchtbarer, starker, ge-
rechter und barmherziger Gott! Du allein bist Kö-
nig, und du bist gütig. 25 Du allein gibst alle Gaben.
Nur du bist gerecht, allmächtig und ewig. Du ret-
test Israel aus aller Not. Du hast unsere Väter er-
wählt und sie heilig gemacht. 26 Nimm dieses Op-
fer an für dein ganzes Volk Israel! Behüte dein
Erbteil, und mach es heilig! 27 Sammle uns aus der
Zerstreuung, befrei alle, die bei den Heiden in
Knechtschaft leben, schau auf die Verachteten
und Verabscheuten! Dadurch sollen die Heiden
erkennen, daß du unser Gott bist. 28 Strafe die stol-
zen und frechen Unterdrücker! 29 Pflanz dein Volk
an deinem heiligen Ort ein! Denn so hat es Mose
zugesagt.

30 Die Priester begleiteten die Loblieder, die man
sang, mit Musik. 31 Als das Opfer verbrannt war,
ließ Nehemia das übriggebliebene Wasser auf
große Steine schütten. 32 Da entzündete sich eine
lodernde Flamme. Sie verzehrte sich im Schein
des Feuers, das vom Altar her leuchtete. 33 Dieses
Ereignis wurde überall bekannt, und man mel-
dete dem persischen König, an der Stelle, an der
die Priester, die in die Verbannung gingen, das
Feuer versteckt hätten, sei das Wasser zum Vor-

schein gekommen, das die Leute des Nehemia
dann über das Opfer gossen. 34 Nachdem der Kö-
nig die Sache geprüft hatte, ließ er den Ort um-
frieden und für heilig erklären. 35 Auch nahm der
König viele kostbare Geschenke und verteilte sie
unter die, denen er wohlgesinnt war. 36 Die Leute
um Nehemia nannten das Wasser Neftar, das
heißt: Reinigung. Bei den meisten aber heißt es
Neftai.
2 In den Schriften steht, Jeremia, der Prophet
sei es gewesen, der befohlen habe, etwas
von dem Feuer – wie schon gesagt – zu nehmen,
als sie in die Verbannung geführt wurden. 2 Der
Prophet habe ferner den Verbannten das Gesetz
übergeben und ihnen eingeschärft, die Gebote
des Herrn nicht zu vergessen noch im Herzen irre
zu werden, wenn sie die goldenen und silbernen
Götzen und ihren Prunk sähen. 3 Mit manchen
Reden solcher Art ermahnte er sie, das Gesetz
nicht aus ihrem Herzen schwinden zu lassen. 4 In
dem Buch stand weiter zu lesen, daß der Prophet
einen Gottesspruch empfangen habe und darauf-
hin das Zelt und die Lade hinter sich hertragen
ließ. Er sei hinausgegangen zu dem Berg, auf den
Mose gestiegen war, um das von Gott verheißene
Erbteil zu sehen. 5 Dort fand Jeremia eine Höhle
wie ein Haus. Er trug das Zelt, die Lade und den
Rauchopferaltar hinein; dann verschloß er den
Eingang. 6 Einige von seinen Begleitern gingen
hin, um sich den Weg zu markieren; aber sie
konnten ihn nicht finden. 7 Als Jeremia davon
hörte, schalt er sie und sagte: Die Stelle soll unbe-
kannt bleiben, bis Gott sein Volk wieder sammelt
und ihm wieder gnädig ist. 8 Dann aber bringt der
Herr dies alles wieder ans Licht, und die Herrlich-
keit des Herrn wird erscheinen und auch die
Wolke, genauso wie sie sich in den Tagen des
Mose gezeigt hat und in der Zeit, als Salomo be-
tete, daß der Ort hochheilig werden möge.
9 Es wurde ferner erzählt, wie jener Weise bei der
Einweihung und bei der Vollendung des Tempels
opferte. 10 So wie Mose zum Herrn gebetet hatte –
und dann war Feuer vom Himmel gefallen und
hatte die Opferstücke verzehrt –, so betete auch
Salomo, und das Feuer fiel herab und verzehrte
die Brandopfer. 11 Mose sagte: Weil man das Sünd-
opfer nicht gegessen hat, wurde es verbrannt.
12 Ebenso hat auch Salomo acht Tage lang gefeiert.
13 Das gleiche wird auch in den Schriften und in
den Erinnerungen Nehemias erzählt; dort steht
auch, wie er eine Bücherei anlegte und die
Bücher der Könige und der Propheten und die
(Lieder) Davids sammelte, auch königliche Ur-
kunden über Weihegaben. 14 Genauso hat auch Ju-
das alle Bücher wieder gesammelt, die in dem
Krieg, den wir führen mußten, zerstreut worden
waren. Sie befinden sich heute bei uns. 15 Sollten
euch einige davon fehlen, so laßt sie durch Boten
holen!
16 Wir haben euch geschrieben, weil wir nun die
Tempelreinigung begehen wollen. Ihr werdet gut
daran tun, diese Tage mitzufeiern. 17 Gott hat sein
ganzes Volk gerettet und allen das Erbe und die
Königsherrschaft und das Priestertum und die
Heiligung verliehen, 18 wie er es durch das Gesetz
verheißen hat. Darum hoffen wir nun, daß Gott
bald mit uns Erbarmen hat und uns aus der
ganzen Welt an seinen heiligen Ort zusammen-
führt. Denn er hat uns schon aus großen Gefah-
ren gerettet und hat den heiligen Ort gereinigt.

Das Vorwort des Verfassers: 2,19–32

19 Die Ereignisse um den Makkabäer Judas und
seine Brüder – wie sie den erhabenen Tempel rei-
nigten und den Altar wieder einweihten; 20 ferner
die Kriege, die sie gegen Antiochus Epiphanes
und seinen Sohn Eupator führten; 21 die himmli-
schen Erscheinungen, die den ruhmreichen und
tapferen Verteidigern des Judentums halfen, so
daß es ihnen, obschon sie nur wenige waren, ge-
lang, das ganze Land zurückzuerobern, die Mas-
sen der Barbaren zu verjagen, 22 auch das auf der
ganzen Welt hochberühmte Heiligtum wiederzu-
gewinnen, die Stadt zu befreien, die Gesetze, die
abgeschafft werden sollten, wieder in Kraft zu
setzen – denn der Herr war ihnen in seiner
großen Güte gnädig –, 23 all das hat Jason aus Zy-
rene in fünf Büchern genau beschrieben. Wir nun
wollen versuchen, es hier in einem einzigen
Buch kurz zusammenzufassen. 24 Wir bemerkten

nämlich die Flut der Zahlen, und wie schwierig es
wegen der Menge des Stoffes ist, sich in die ge-
schichtliche Darstellung einzuarbeiten. 25 So nah-
men wir uns vor, die, die gern lesen, zu unterhal-
ten, denen, die mit Eifer auswendig lernen, zu
helfen, allen aber, die das Buch auf irgendeine
Weise in die Hand bekommen, zu nützen. 26 Uns
ist es allerdings nicht leicht gefallen, in mühseli-
ger Arbeit diesen Auszug anzufertigen; es hat
vielmehr Schweiß und durchwachte Nächte ge-
kostet. 27 Wer ein Gastmahl anordnet und den
Nutzen anderer sucht, hat es ja auch nicht leicht.
Dennoch haben wir die Mühe gern auf uns ge-
nommen, um uns viele zu Dank zu verpflichten.
28 Die Einzelheiten genau zu untersuchen, über-
ließen wir dem Geschichtsschreiber. Wir haben
uns nur darum bemüht, einen ordentlichen Aus-
zug anzufertigen. 29 Wenn man ein neues Haus
baut, muß sich der Architekt um das ganze Ge-
bäude kümmern; Dekorateur und Maler dagegen
müssen nur das prüfen, was zur Ausschmückung
nötig ist. Ähnlich beurteile ich auch unsere Auf-
gabe. 30 Sich daran zu machen, die überlieferten
Nachrichten kritisch zu beurteilen und bis ins ein-
zelne genau zu untersuchen, ist Sache des Histo-
rikers. 31 Wer aber nur nacherzählen will, darf die
Darstellung straffen, auch wenn die genaue Aus-
arbeitung nach den Regeln der Geschichtsschrei-
bung dabei zu kurz kommt.
32 Nun aber wollen wir sofort mit unserer Erzäh-
lung beginnen; wir haben uns schon allzu lang
mit dem Vorwort aufgehalten, und es wäre ja un-
sinnig, vor der Erzählung viele Worte zu machen,
die Erzählung selbst aber zu kürzen.

Jerusalem unter Gottes Schutz: 3,1–40

Die Heilige Stadt

3 Die Bewohner der Heiligen Stadt lebten in
tiefem Frieden und hielten die Gesetze aufs
treueste; denn der Hohepriester Onias war ein
frommer Mann und haßte alles Böse. 2 Darum
ehrten sogar die Könige den Ort und schmückten
das Heiligtum mit den kostbarsten Weihegaben.
3 So bestritt Seleukus, der König Asiens, aus sei-
nen eigenen Einkünften alle Kosten, die durch
den Opferdienst entstanden.

Der Verrat Simeons am Tempel

4 Ein gewisser Simeon aus dem Stamm Benjamin
war als Tempelvorsteher eingesetzt worden. Er
entzweite sich jedoch mit dem Hohenpriester
wegen der Marktordnung in der Stadt. 5 Weil er
sich gegen Onias nicht durchsetzen konnte, ging
er zu Apollonius, dem Sohn des Tharseas, der
damals Befehlshaber in Zölesyrien und Phöni-
zien war. 6 Er erzählte ihm, der Tempelschatz in
Jerusalem sei voll von unvorstellbaren Reichtü-
mern; unzählbar sei die Menge des Geldes. Sie
stehe in keinem Verhältnis zu dem, was man für
die Opfer aufwenden müsse, und lasse sich
leicht für den König beschlagnahmen. 7 Als Apol-
lonius mit dem König zusammentraf, berichtete
er, was man ihm über die Gelder hinterbracht
hatte. Der aber bestimmte seinen Kanzler He-
liodor und schickte ihn auf den Weg mit dem
Auftrag, sich die erwähnten Gelder ausliefern zu
lassen.

Der Anschlag auf den Tempelschatz

8 Heliodor machte sich sofort auf die Reise, an-
geblich um die Städte in Zölesyrien und Phöni-
zien zu besuchen, in Wirklichkeit jedoch, um
das Vorhaben des Königs auszuführen. 9 Als er
nach Jerusalem kam, wurde er vom Hohenprie-
ster der Stadt freundlich empfangen. Da gab er
bekannt, welche Anzeige gemacht worden sei,
und teilte den wahren Grund seiner Anwesen-
heit mit. Er fragte, ob sich die Sache wirklich so
verhalte. 10 Der Hohepriester erklärte ihm, es
handele sich um hinterlegtes Gut von Witwen
und Waisen; 11 ein Teil gehöre auch Hyrkanus,
dem Sohn des Tobija, einem sehr einflußreichen
Mann. – So hatte der ruchlose Simeon gelogen.
– Alles zusammen belaufe sich nur auf vierhun-
dert Talente Silber und zweihundert Talente
Gold. 12 Man dürfe aber doch denen nicht Un-
recht tun, die ihr Vertrauen auf die Heiligkeit des
Ortes und auf die Würde und Unantastbarkeit
des weltberühmten Heiligtums gesetzt hätten.
13 Heliodor berief sich jedoch auf die Befehle, die
er vom König erhalten hatte, und bestand dar-
auf, alles für die königliche Schatzkammer zu be-

schlagnahmen. 14 Am festgesetzten Tag schickte er sich an hineinzugehen, um eine Untersuchung der Schätze anzustellen.

Der Bittgottesdienst um die Rettung des Tempels

Da geriet die ganze Stadt in nicht geringe Bestürzung. 15 Die Priester warfen sich in ihren heiligen Gewändern vor dem Altar nieder und riefen den Himmel an: Er habe die Hinterlegung von Geld durch Gesetze geordnet; so solle er es jetzt denen, die es hinterlegt hatten, unversehrt bewahren. 16 Wer aber die Gestalt des Hohenpriesters sah, dem blutete das Herz. Wie er aussah und wie sein Gesicht sich verfärbt hatte, verriet seine innere Qual. 17 Furcht und Zittern nämlich hatten den Mann befallen, und er bebte am ganzen Leib. Allen, die ihn sahen, wurde der Schmerz seines Herzens offenbar. 18 Die Leute stürzten in Scharen aus den Häusern heraus zum öffentlichen Gebet; denn dem Tempel drohte Schande. 19 Die Frauen zogen Trauerkleider an, die die Brüste freiließen, und drängten sich auf die Straßen. Von den jungen Mädchen aber, die man sonst eingeschlossen hielt, liefen die einen an die Türen, die andern auf die Mauern; einige beugten sich aus den Fenstern heraus. 20 Sie alle streckten die Hände zum Himmel empor und beteten flehentlich. 21 Es war zum Erbarmen, wie die Menge sich in heillosem Durcheinander zu Boden warf und wie der Hohepriester sich in seinem Kummer so schrecklich ängstigte. 22 So riefen sie zum Herrn, dem Allherrscher, er möge das anvertraute Gut denen, die es hinterlegt hatten, unversehrt und ganz sicher bewahren.

Die Bestrafung des Tempelräubers

23 Heliodor jedoch machte sich daran, seinen Entschluß auszuführen. 24 Schon stand er mit der Leibwache an der Schatzkammer. Da ließ der Herr der Geister und aller Macht eine gewaltige Erscheinung sichtbar werden. Alle, die ihn frech begleitet hatten, erschraken vor Gottes Macht; ihre Kräfte verließen sie, und sie bekamen große Angst. 25 Denn es erschien ihnen ein Pferd mit einem schrecklichen Reiter darauf; das Pferd war mit prächtigem Geschirr geschmückt. Es stürmte wild auf Heliodor ein und traf ihn heftig mit den Vorderhufen. Sein Reiter aber trug eine goldene Rüstung. 26 Noch zwei andere junge Männer erschienen, voll gewaltiger Kraft, in strahlender Schönheit und herrlich gekleidet. Sie traten auf Heliodor zu und peitschten von beiden Seiten auf ihn ein; pausenlos schlugen sie ihn mit vielen Hieben. 27 Da stürzte er zu Boden, und es wurde ihm schwarz vor den Augen. Man hob ihn schnell auf und legte ihn auf eine Bahre. 28 Eben noch war er mit großem Gefolge und der ganzen Leibwache zu der genannten Schatzkammer gekommen; nun trug man ihn hilflos hinaus. Deutlich hatte man die Herrschermacht Gottes erkannt. 29 So lag er da, durch Gottes Macht gestürzt, der Sprache beraubt, ohne jede Hoffnung auf Rettung. 30 Die Juden aber priesen den Herrn, der an seinem Ort so herrlich seine Macht gezeigt hatte; und das Heiligtum, das eben noch voll war von Angst und Verwirrung, war erfüllt von Freude und Jubel; denn der allmächtige Herr hatte sich offenbart.

Die Bekehrung des Tempelräubers

31 Sehr bald kamen ein paar Vertraute Heliodors zu Onias und baten ihn, er möge doch den Höchsten anrufen und so dem das Leben schenken, der in den letzten Zügen lag. 32 Aus Sorge, der König könne der Meinung verfallen, Heliodor sei einem hinterhältigen Anschlag der Juden zum Opfer gefallen, brachte der Hohepriester ein Opfer dar, damit der Mann wieder gesund würde. 33 Während der Hohepriester noch mit dem Versöhnungsopfer beschäftigt war, erschienen dem Heliodor dieselben jungen Männer wie zuvor, in der gleichen Kleidung. Sie traten zu ihm und sagten: Danke dem Hohenpriester Onias vielmals; denn seinetwegen schenkt der Herr dir gnädig das Leben. 34 Der Himmel hat dich gezüchtigt. Nun verkünde du allen die gewaltige Kraft Gottes! Nach diesen Worten entschwanden sie.

35 Da ließ Heliodor dem Herrn ein Opfer darbringen und machte ihm große Gelübde, weil er ihn am Leben gelassen hatte. Er nahm Abschied von Onias und zog mit seinen Truppen zum König zurück. 36 Vor allen Menschen bezeugte er die Taten des größten Gottes, die er mit eigenen Augen gesehen hatte. 37 Als der König ihn fragte, wer geeignet sei, noch einmal nach Jerusalem geschickt zu werden, gab er zur Antwort: 38 Wenn du einen Feind oder einen Hochverräter weißt, dann schick ihn dorthin! Du kannst sicher sein, daß er

geprügelt zurückkommt, wenn er überhaupt am
Leben bleibt; denn an jenem Ort wirkt wahrhaf-
tig eine göttliche Kraft. [39] Er, der im Himmel
wohnt, ist selbst der Wächter und Schützer jenes
Ortes; und wer in böser Absicht dorthin kommt,
den schlägt er nieder.
[40] Das waren die Ereignisse um Heliodor und um
die Rettung des Tempels.

Der Einbruch der Sünde: 4,1–50

Neue Umtriebe Simeons

4 Der oben genannte Simeon, der den Tempel-
schatz und das Vaterland verraten hatte, ver-
leumdete Onias, er sei es gewesen, der Heliodor
habe schlagen lassen und der das Unheil ins Werk
gesetzt habe. [2] Den Wohltäter der Stadt, den für-
sorglichen Beschützer seiner Mitbürger und Eife-
rer für die Gesetze, wagte er einen Hochverräter
zu nennen. [3] Die Feindschaft verschärfte sich
derart, daß einer von den Vertrauten Simeons
mehrere Morde verübte. [4] Onias erkannte, daß
der Streit unerträglich wurde und daß außerdem
Apollonius, der Sohn des Menestheus, Befehls-
haber von Zölesyrien und Phönizien, die Bosheit
Simeons noch unterstützte. [5] Darum begab er sich
zum König, nicht um die Mitbürger zu verklagen,
sondern weil er das allgemeine und das beson-
dere Wohl des ganzen Volkes im Auge hatte. [6] Er
erkannte nämlich, daß ohne Einschreiten des Kö-
nigs der öffentliche Friede nicht wiederherzustel-
len sei; denn Simeon würde nicht von seiner Ra-
serei ablassen.

Die Einführung heidnischer Sitten in Jerusalem

[7] Seleukus starb, und Antiochus mit dem Beina-
men Epiphanes übernahm die Herrschaft. Da er-
schlich sich Jason, der Bruder des Onias, das Ho-
hepriesteramt. [8] Bei einer Unterredung versprach
er dem König nämlich dreihundertsechzig Talente
Silber, dazu noch aus anderen Einkünften achtzig
Talente. [9] Außerdem wolle er sich schriftlich ver-
pflichten, weitere hundertfünfzig Talente zu zah-
len, wenn er die Vollmacht erhalte, eine Sport-
schule und einen Übungsplatz für junge Leute zu
errichten – denn daran sei ihm sehr gelegen – so-
wie den Einwohnern Jerusalems das antiocheni-
sche Bürgerrecht zu verleihen. [10] Der König war
einverstanden.

Sobald Jason das Amt an sich gebracht hatte,
führte er unter seinen Landsleuten die griechi-
sche Lebensart ein. [11] Er schaffte die günstigen Pri-
vilegien ab, die die Juden durch Vermittlung des
Johanan vom König erhalten hatten. Dieser Jo-
hanan war der Vater des Eupolemus, der als Ge-
sandter nach Rom gegangen war, um dort ein
Freundschaftsbündnis zu schließen. Jason hob
die althergebrachte Verfassung auf und führte
neue, widerrechtliche Gebräuche ein. [12] Absicht-
lich ließ er unmittelbar unterhalb der Burg eine
Sportschule errichten, und die Söhne der besten
Familien brachte er dazu, den griechischen Hut
aufzusetzen. [13] So kam das Griechentum in Mode;
man fiel ab zu der fremden Art. Schuld daran war
die maßlose Schlechtigkeit des ruchlosen Jason,
der den Namen des Hohenpriesters zu Unrecht
trug. [14] Schließlich kümmerten sich die Priester
nicht mehr um den Dienst am Altar; der Tempel
galt in ihren Augen nichts, und für die Opfer hat-
ten sie kaum mehr Zeit. Dafür gingen sie eilig auf
den Sportplatz, sobald die Aufforderung zum Dis-
kuswerfen erging, um an dem Spiel, das vom
Gesetz verboten war, teilzunehmen. [15] Die Ehren
ihres Vaterlandes achteten sie gering, auf griechi-
sche Auszeichnungen dagegen waren sie ganz
versessen. [16] Darum sollten sie auch in große Not
geraten. Gerade die, denen sie alles nachmachten
und denen sie ganz gleich werden wollten, wur-
den ihre Feinde und Peiniger. [17] Man kann sich
nämlich nicht leichthin über die göttlichen Ge-
setze hinwegsetzen. Aber das wird die Folgezeit
deutlich zeigen.

[18] Als der König die Wettkämpfe besuchte, die
alle fünf Jahre in Tyrus ausgetragen werden,
[19] sandte der nichtswürdige Jason Männer aus Je-
rusalem, die das antiochenische Bürgerrecht er-
worben hatten, als Zuschauer dorthin und gab ih-
nen dreihundert Silberdrachmen mit für das
Opfer an Herakles. Doch baten die Überbringer,
das Geld nicht zum Opfer zu verwenden, weil
sich das nicht zieme, sondern es für einen ande-
ren Zweck zurückzulegen. [20] Nach der Absicht
des Auftraggebers wäre es also für das Herakles-

opfer bestimmt gewesen; es lag allein an den
Überbringern, daß man es zur Ausrüstung der
Galeeren verwendete.
21 Zur Thronbesteigung des Königs Philometor
entsandte Antiochus den Apollonius, den Sohn
des Menestheus, nach Ägypten. Dabei brachte er
in Erfahrung, daß der ägyptische König seiner Po-
litik feindlich gegenüberstehe, und sorgte sich um
seine Sicherheit. Er zog deshalb nach Jafo und von
dort nach Jerusalem. 22 Jason und die Stadt berei-
teten ihm einen großartigen Empfang; unter
Fackelschein und Freudengeschrei hielt er seinen
Einzug. Dann brachte er seine Truppen wieder
nach Phönizien ins Quartier.

Das Hohepriesteramt in der Hand der Sünder

23 Drei Jahre darauf schickte Jason den Menelaus,
den Bruder des vorhin erwähnten Simeon,
zum König; er sollte ihm das Geld überbringen und
schwebende Verhandlungen über wichtige Staats-
geschäfte zum Abschluß bringen. 24 Menelaus ver-
schaffte sich jedoch Empfehlungen an den
König, trat als bedeutender Mann auf und schmei-
chelte ihm, überbot Jason um dreihundert Talente
Silber und brachte so das Amt des Hohenpriesters
an sich. 25 Mit der königlichen Ernennungsur-
kunde kam er zurück. Sonst hatte er nichts an sich,
was des hohenpriesterlichen Amtes würdig ge-
wesen wäre. Statt dessen besaß er die Leidenschaft
eines rohen Tyrannen und die Wut eines wilden
Tieres. 26 Jason, der seinen eigenen Bruder hinterli-
stig verdrängt hatte, wurde nun selbst durch einen
anderen hinterlistig verdrängt und als Flüchtling
ins Ammoniterland vertrieben.
27 Menelaus hatte sich zwar der Herrschaft
bemächtigt, machte jedoch keine Anstalten, das
Geld aufzubringen, das er dem König versprochen
hatte, 28 obschon Sostratus, der Befehlshaber der
Burg, ihn wiederholt mahnte; dieser hatte nämlich
die Gelder einzutreiben. Deswegen bestellte der
König beide vor sich. 29 Menelaus ließ als Stellver-
treter im Hohenpriesteramt seinen Bruder Lysima-
chus zurück, Sostratus aber Krates, den Befehlsha-
ber der zyprischen Truppen.

Die Ermordung des rechtmäßigen Hohenpriesters

30 In diesem Augenblick brach in den Städten Tar-
sus und Mallus ein Aufstand aus, weil sie Antio-
chis, der Nebenfrau des Königs, als Geschenk ver-
macht worden waren. 31 In großer Eile begab sich
der König dorthin, um die Sache beizulegen, und
ließ als seinen Stellvertreter einen hohen Beamten,
Andronikus, zurück. 32 Da glaubte Menelaus, eine
günstige Gelegenheit gefunden zu haben: Er ent-
wendete aus dem Tempel einige goldene Geräte
und schenkte sie Andronikus; andere hatte er nach
Tyrus und in die benachbarten Städte verkaufen
können. 33 Onias, der davon sichere Kenntnis er-
halten hatte, tadelte ihn scharf; er hatte sich in ei-
nen Asylort bei Daphne, einem Vorort Antiochias,
zurückgezogen. 34 Menelaus ging deswegen zu
Andronikus, sprach mit ihm unter vier Augen und
redete ihm zu, Onias aus dem Weg zu schaffen.
Andronikus suchte Onias auf. Da er sich zur Hin-
terlist hatte verleiten lassen, erhob er die rechte
Hand zum Schwur, reichte sie dann Onias und
überredete ihn, trotz seines Argwohns den Ort zu
verlassen. Dann ließ ihn Andronikus, ohne das
Recht zu scheuen, auf der Stelle umbringen. 35
Nicht nur die Juden, sondern auch viele aus ande-
ren Völkern entsetzten sich über dieses Unrecht
und waren empört über die Ermordung des Man-
nes.
36 Als der König aus den Orten Ziliziens zurück-
kam, gingen die Juden der Stadt zu ihm und be-
schwerten sich. Wie sie, waren auch die Grie-
chen sehr entrüstet, weil man Onias gegen alle
Ordnung ermordet hatte. 37 Antiochus wurde von
Herzen betrübt; es ergriff ihn Mitleid, und er ver-
goß Tränen, weil der Verstorbene ein so besonne-
ner und edler Mann gewesen war. 38 Dann ent-
brannte sein Zorn; er ließ Andronikus sofort den
Purpur abnehmen, die Kleider vom Leib reißen
und ihn so durch die ganze Stadt führen, bis zu
der Stelle, an der er das Verbrechen gegen Onias
begangen hatte. Dort ließ er den Mörder hinrich-
ten. So hat ihm der Herr mit der verdienten Strafe
vergolten.

Der Raub am Tempelschatz

39 In der Stadt aber verging sich Lysimachus mit
Wissen des Menelaus mehrmals am Tempel-
schatz. Als sich das Gerücht davon weit verbrei-
tete, rottete sich das Volk gegen Lysimachus zu-
sammen. Viele goldene Geräte waren schon
verschleppt worden. 40 Als nun die Menge sich er-
hob und in heftigen Zorn geriet, bewaffnete Lysi-
machus fast dreitausend Mann und begann,
gewaltsam gegen die Leute vorzugehen. Ein ge-
wisser Auranus führte sie an, der ebenso alt wie

wahnsinnig war. 41 Als die Leute merkten, daß Ly-
simachus angreifen ließ, rafften sie Steine zusam-
men oder dicke Stöcke – ein paar füllten ihre
Hände sogar mit der Asche, die dort lag – und
schleuderten alles durcheinander gegen die Män-
ner des Lysimachus. 42 So verwundeten sie viele
von ihnen, einige streckten sie nieder, alle aber
jagten sie in die Flucht. Den Tempelräuber selbst
aber schlugen sie beim Schatzhaus tot.

43 Wegen dieser Sache wurde gegen Menelaus
ein gerichtliches Verfahren eingeleitet. 44 Als der
König nach Tyrus kam, erhoben drei Männer, die
vom Hohen Rat geschickt waren, vor ihm die An-
klage. 45 Menelaus war schon verloren; da ver-
sprach er Ptolemäus, dem Sohn des Dorymenes,
viel Geld, damit er den König zu seinen Gunsten
überrede. 46 Ptolemäus nahm also den König in ei-
nen Säulengang beiseite, als wolle er ihn etwas
ausruhen lassen, und stimmte ihn um. 47 Darauf
sprach der König den Menelaus, der an dem
ganzen Unheil schuld war, von den Anklage-
punkten frei; die Unglücklichen aber, die, selbst
wenn sie vor Skythen gesprochen hätten, wegen
erwiesener Unschuld freigesprochen worden
wären, verurteilte er zum Tod. 48 Unverzüglich
mußten sie die ungerechte Strafe erleiden, sie, die
doch nur für ihre Stadt, ihr Volk und die heiligen
Geräte eingetreten waren. 49 Sogar Einwohner
von Tyrus entrüsteten sich darüber und gaben ih-
nen ein prunkvolles Begräbnis.

50 Menelaus aber blieb aufgrund der Habgier der
Mächtigen im Amt. Seine Bosheit nahm immer
mehr zu, und er wurde zu einem großen Feind
seiner Mitbürger.

Der Einbruch des Unheils: 5,1–7,42

Ein Vorzeichen

5 Um diese Zeit unternahm Antiochus seinen
zweiten Feldzug gegen Ägypten. 2 Da er-
schienen fast vierzig Tage lang über der ganzen
Stadt Reiter, die durch die Lüfte jagten, in gold-
durchwirkten Gewändern; Lanzenträger rückten
in Abteilungen zum Kampf aus, Schwerter zuck-
ten. 3 Reiterscharen ordneten sich zur Schlacht,
Angriffe wurden gemacht, von beiden Seiten
rannte man gegeneinander an, Schilde bewegten
sich, Speere gab es in Menge, Wurfgeschosse flo-
gen, goldener Waffenschmuck blitzte auf, und
man sah Rüstungen aller Art. 4 Alle beteten des-
halb, die Erscheinung möge etwas Gutes bedeu-
ten.

Der Bürgerkrieg in Jerusalem

5 Es kam aber das falsche Gerücht auf, Antiochus
sei gestorben. Da unternahm Jason mit nicht we-
niger als tausend Mann einen überraschenden
Angriff auf die Stadt. Er drängte die Verteidiger auf
der Mauer rasch in die Enge; als er die Stadt ganz
besetzt hatte, flüchtete sich Menelaus in die Burg.
6 Jason aber richtete unter seinen Mitbürgern ein
schonungsloses Blutbad an, ohne zu bedenken,
daß Glück gegenüber den eigenen Leuten das
größte Unglück ist. Es sah aus, als habe er Feinde
und nicht Landsleute besiegt und ausgeplündert.
7 Dennoch konnte er die Herrschaft nicht an sich
reißen. Sein Anschlag brachte ihm am Schluß nur
Schande, und er mußte zum zweitenmal in das
Ammoniterland fliehen.

8 Er nahm schließlich ein böses Ende. Aretas, der
Fürst der Araber, ließ ihn gefangen setzen; er aber
entkam und floh von Stadt zu Stadt. Von allen
gehetzt, als Verräter der Gesetze verhaßt, ver-
wünscht als Henker des Vaterlandes und seiner
Mitbürger, verschlug es ihn nach Ägypten. 9 Und
wie er viele Menschen aus ihrem Vaterland in die
Fremde getrieben hatte, so kam er selbst in der
Fremde um, nämlich bei den Spartanern, zu de-
nen er übers Meer gefahren war, um bei ihnen
Schutz zu finden; die Spartaner waren ja mit den
Juden verwandt. 10 So wie er viele ohne Grab hatte
daliegen lassen, so trauerte jetzt auch niemand
um ihn; auch er erhielt keinerlei Begräbnis und
kein Grab bei seinen Vätern.

Der Überfall des heidnischen Königs

11 Als dem König zu Ohren kam, was geschehen
war, glaubte er, Judäa wolle von ihm abfallen.
Wütend wie ein wildes Tier brach er daher
mit seinem Heer von Ägypten auf und nahm
die Stadt mit Waffengewalt ein. 12 Er befahl sei-
nen Soldaten, alle, die ihnen begegneten, rück-
sichtslos niederzuhauen und auch die zu er-

schlagen, die sich auf das Dach ihrer Häuser ge-
flüchtet hätten. 13 Sie richteten unter jung und alt
ein großes Blutbad an; junge Männer, Frauen
und Kinder kamen um, man erstach Mädchen
und Säuglinge. 14 In nur drei Tagen verlor die
Stadt achtzigtausend Einwohner; vierzigtausend
fanden im Kampf den Tod, ebensoviele, wie man
ermordet hatte, wurden in die Sklaverei ver-
kauft.

15 Doch das genügte dem König noch nicht; in
seiner Frechheit betrat er den heiligsten Tempel
der ganzen Erde unter der Führung des Mene-
laus, der die Gesetze und sein Vaterland verraten
hatte. 16 Seine blutbefleckten Hände griffen nach
den heiligen Geräten, und was andere Könige ge-
stiftet hatten, um Glanz und Würde des Ortes zu
erhöhen, raffte er mit unreinen Händen zusam-
men.

17 In seinem Übermut erkannte Antiochus nicht,
daß der Herr nur für eine kurze Zeit zornig war,
weil die Einwohner der Stadt gesündigt hatten,
und deswegen nicht auf den Ort achtete. 18 Hätten
sich die Juden damals nicht in viele Sünden ver-
strickt, dann wäre ihm, sobald er sich vorwagte,
seine Frechheit durch Peitschenhiebe ausgetrie-
ben worden, ähnlich wie dem Heliodor, der von
König Seleukus zur Durchsuchung der Schatz-
kammer ausgeschickt worden war. 19 Aber der
Herr hat nicht das Volk erwählt wegen des Ortes,
sondern den Ort wegen des Volkes. 20 Deswegen
litt auch der Ort mit unter den Unglücksschlägen,
die das Volk trafen, wie er später Anteil hatte an
seinem Glück. Als der Allherrscher zürnte, lag der
Ort verlassen da; als aber der große Herr sich wie-
der versöhnen ließ, wurde er in aller Pracht wie-
derhergestellt.

Jerusalem in der Hand der Heiden

21 Antiochus also ließ tausendachthundert Talente
aus dem Tempel schaffen und zog eilig ab nach
Antiochia. In seiner Vermessenheit glaubte er, das
Land schiffbar und das Meer gangbar machen zu
können – so überheblich war er. 22 Er ließ bei sei-
nem Abzug mehrere Befehlshaber zurück, die
das Volk unterdrücken sollten. In Jerusalem war
es Philippus, seiner Herkunft nach ein Phrygier,
seiner Gesinnung nach ein Barbar, noch wilder
als der, der ihn eingesetzt hatte; 23 auf dem Berg
Garizim war es Andronikus. Dazu kam Mene-
laus, der sich seinen Mitbürgern gegenüber noch
herrischer aufführte als die anderen; denn er
haßte die jüdischen Bürger.

24 Außerdem schickte der König den Anführer
der Mysier, Apollonius, mit einem Heer von
zweiundzwanzigtausend Mann; er hatte ihm
befohlen, alle wehrfähigen Männer umzubrin-
gen, die Frauen und Kinder aber in die Sklaverei
zu verkaufen. 25 Als Apollonius in Jerusalem an-
kam, spielte er zunächst den Friedfertigen. Er
wartete bis zum heiligen Sabbattag. Als er nun
bemerkte, daß die Juden sich jeder Arbeit ent-
hielten, gab er seinen Leuten Befehl, zu den
Waffen zu greifen und auszurücken. 26 Alle, die
zum festlichen Gottesdienst gegangen waren,
ließ er niederstechen. Dann fielen sie mit der
blanken Waffe in die Stadt ein und erschlugen
viele Menschen.

27 Judas aber, mit dem Beinamen der Makkabäer,
schloß sich mit neun Gefährten zusammen und
zog sich in die Wüste zurück. Er lebte mit seinen
Leuten in den Bergen wie die Tiere. Sie ernährten
sich die ganze Zeit nur von Pflanzen, um nicht
ebenfalls unrein zu werden.

Die Verfolgung der jüdischen Religion

6 Nicht lange darauf schickte der König einen
alten Athener; der sollte die Juden zwingen,
die Gesetze ihrer Väter aufzugeben und ihr Leben
nicht mehr durch Gottes Gesetze lenken zu las-
sen. 2 Auch sollte er den Tempel zu Jerusalem
schänden und ihn Zeus, dem Herrscher des
Olymp, weihen; ähnlich sollte er den Tempel auf
dem Berg Garizim nach Zeus, dem Hüter des
Gastrechts, benennen, was der (gastfreundli-
chen) Art der Einwohner jenes Ortes entgegen-
kam. 3 Der Ansturm der Bosheit war kaum zu er-
tragen und allen zuwider. 4 Denn die Heiden
erfüllten das Heiligtum mit wüstem Treiben und
mit Gelagen. Sie gaben sich mit Dirnen ab und
ließen sich in den heiligen Vorhöfen mit Frauen
ein. Auch brachten sie vieles hinein, was nicht
hineingehörte. 5 Auf den Brandopferaltar häuften
sie unerlaubte und vom Gesetz verbotene Dinge.
6 Man konnte weder den Sabbat halten noch die
alten Feste begehen, ja, man durfte sich über-
haupt nicht mehr als Jude bekennen. 7 Zu ihrer Er-
bitterung mußten die Einwohner sich jeden Mo-
nat am Geburtstag des Königs zum Opfermahl
führen lassen, und am Fest der Dionysien zwang
man sie, zu Ehren des Dionysos mit Efeu be-

kränzt in der Prozession mitzugehen. 8 Auf Vor-
schlag der Einwohner von Ptolemaïs wurde in
den benachbarten griechischen Städten ein Be-
schluß bekanntgegeben, sie sollten mit den Juden
ebenso verfahren und Opfermahlzeiten veran-
stalten. 9 Wer sich aber nicht entschließen wolle,
zur griechischen Lebensweise überzugehen, sei
hinzurichten.
Da konnte man nun das Elend sehen, das her-
einbrach. 10 Man führte nämlich zwei Frauen vor,
die ihre Kinder beschnitten hatten. Darauf hängte
man ihnen die Säuglinge an die Brüste, führte sie
öffentlich in der Stadt umher und stürzte sie dann
von der Mauer. 11 Andere waren in der Nähe zu-
sammengekommen, um heimlich in Höhlen den
Sabbat zu begehen. Sie wurden an Philippus ver-
raten, und da sie sich wegen der Würde des heili-
gen Tages scheuten, sich zu wehren, wurden sie
alle zusammen verbrannt.

Eine Geschichtsbetrachtung des Verfassers

12 An dieser Stelle möchte ich die Leser des Buches
ermahnen, sich durch die schlimmen Ereignisse
nicht entmutigen zu lassen. Sie mögen bedenken,
daß die Strafen unser Volk nicht vernichten, son-
dern erziehen sollen. 13 Denn wenn die Sünder
nicht lange geschont, sondern sofort bestraft wer-
den, ist das ein Zeichen großer Güte. 14 Bei den an-
deren Völkern wartet der Herr geduldig, bis das
Maß ihrer Sünden voll ist; dann erst schlägt er zu.
Mit uns aber beschloß er, anders zu verfahren,
15 damit er uns nicht am Ende verurteilen müsse,
wenn wir es mit unseren Sünden bis zum Äußer-
sten getrieben hätten. 16 Daher entzieht er uns nie
sein Erbarmen, sondern er erzieht sein Volk durch
Unglück und läßt es nicht im Stich. 17 Das soll uns
zur Beherzigung gesagt sein. Nach dieser kurzen
Abschweifung aber wollen wir mit der Erzählung
fortfahren.

Das Martyrium des Eleasar

18 Unter den angesehensten Schriftgelehrten war
Eleasar, ein Mann von hohem Alter und edlen
Gesichtszügen. Man sperrte ihm den Mund auf
und wollte ihn zwingen, Schweinefleisch zu
essen. 19 Er aber zog den ehrenvollen Tod einem
Leben voll Schande vor, ging freiwillig auf die
Folterbank zu 20 und spuckte das Fleisch wie-
der aus. In solcher Haltung mußten alle heran-
treten, die sich standhaft wehrten zu essen, was
man nicht essen darf – nicht einmal um des
geliebten Lebens willen. 21 Die Leute, die bei
dem gesetzwidrigen Opfermahl Dienst taten
und die den Mann von früher her kannten, nah-
men ihn heimlich beiseite und redeten ihm
zu, er solle sich doch Fleisch holen lassen, das
er essen dürfe, und es selbst zubereiten. Dann
solle er tun, als ob er von dem Opferfleisch esse,
wie es der König befohlen habe. 22 Wenn er es
so mache, entgehe er dem Tod; weil sie alte
Freunde seien, würden sie ihn mit Nachsicht be-
handeln.
23 Er aber faßte einen edlen Entschluß, wie es
sich gehörte für einen Mann, der so alt und we-
gen seines Alters angesehen war, in Würde er-
graut, der von Jugend an vorbildlich gelebt und –
was noch wichtiger ist – den heiligen, von Gott
gegebenen Gesetzen gehorcht hatte. So erklärte
er ohne Umschweife, man solle ihn ruhig zur Un-
terwelt schicken. 24 Wer so alt ist wie ich, soll sich
nicht verstellen. Viele jungen Leute könnten
sonst glauben, Eleasar sei mit seinen neunzig Jah-
ren noch zu der fremden Lebensart übergegan-
gen. 25 Wenn ich jetzt heucheln würde, um eine
geringe, kurze Zeit länger zu leben, würde ich sie
irreleiten, meinem Alter aber Schimpf und
Schande bringen. 26 Vielleicht könnte ich mich für
den Augenblick der Bestrafung durch die Men-
schen entziehen; doch nie, weder lebendig noch
tot, werde ich den Händen des Allherrschers ent-
fliehen. 27 Darum will ich jetzt wie ein Mann ster-
ben und mich so meines Alters würdig zeigen.
28 Der Jugend aber hinterlasse ich ein leuchtendes
Beispiel, wie man mutig und mit Haltung für die
ehrwürdigen und heiligen Gesetze eines schönen
Todes stirbt. Nach diesen Worten ging er gerade-
wegs zur Folterbank.
29 Da schlug die Freundlichkeit, die ihm seine
Begleiter eben noch erwiesen hatten, in Feind-
schaft um; denn was er gesagt hatte, hielten sie
für Wahnsinn. 30 Als man ihn zu Tod prügelte,
sagte er stöhnend: Der Herr mit seiner heiligen
Erkenntnis weiß, daß ich dem Tod hätte entrin-
nen können. Mein Körper leidet qualvoll unter
den Schlägen, meine Seele aber erträgt sie mit
Freuden, weil ich ihn fürchte. 31 So starb er; durch
seinen Tod hinterließ er nicht nur der Jugend,
sondern den meisten aus dem Volk ein Beispiel
für edle Gesinnung und ein Denkmal der Tu-
gend.

Das Martyrium der sieben Brüder und ihrer Mutter

7 Ein andermal geschah es, daß man sieben
Brüder mit ihrer Mutter festnahm. Der König
wollte sie zwingen, entgegen dem göttlichen Ge-
setz Schweinefleisch zu essen, und ließ sie darum
mit Geißeln und Riemen peitschen. 2 Einer von ih-
nen ergriff für die andern das Wort und sagte: Was
willst du uns fragen und von uns wissen? Eher
sterben wir, als daß wir die Gesetze unserer Väter
übertreten. 3 Da wurde der König zornig und be-
fahl, Pfannen und Kessel heißzumachen. 4 Kaum
waren sie heiß geworden, ließ er ihrem Sprecher
die Zunge abschneiden, ihm nach Skythenart die
Kopfhaut abziehen und Nase, Ohren, Hände und
Füße stückweise abhacken. Dabei mußten die an-
deren Brüder und die Mutter zuschauen. 5 Den
gräßlich Verstümmelten, der noch atmete, ließ er
ans Feuer bringen und in der Pfanne braten.
Während sich der Dunst aus der Pfanne nach al-
len Seiten verbreitete, sprachen sie und ihre Mut-
ter einander Mut zu, in edler Haltung zu sterben.
Sie sagten: 6 Gott der Herr schaut auf uns, und ge-
wiß hat er Erbarmen mit uns. Denn so hat es
Mose klar gesagt in dem Lied, in dem er öffentlich
das Volk anklagte: Und er wird mit seinen Die-
nern Erbarmen haben.

7 Als der erste der Brüder auf diese Weise gestor-
ben war, führten sie den zweiten zur Folterung.
Sie zogen ihm die Kopfhaut samt den Haaren ab
und fragten ihn: Willst du essen, bevor wir dich
Glied für Glied foltern? 8 Er antwortete in seiner
Muttersprache: Nein! Deshalb wurde er genauso
wie der erste gefoltert. 9 Als er in den letzten Zü-
gen lag, sagte er: Du Unmensch! Du nimmst uns
dieses Leben; aber der König der Welt wird uns zu
einem neuen, ewigen Leben auferwecken, weil
wir für seine Gesetze gestorben sind.

10 Nach ihm folterten sie den dritten. Als sie
seine Zunge forderten, streckte er sie sofort her-
aus und hielt mutig die Hände hin. 11 Dabei sagte
er gefaßt: Vom Himmel habe ich sie bekommen,
und wegen seiner Gesetze achte ich nicht auf sie.
Von ihm hoffe ich sie wiederzuerlangen. 12 Sogar
der König und seine Leute staunten über den Mut
des jungen Mannes, dem die Schmerzen nichts
bedeuteten.

13 Als er tot war, quälten und mißhandelten sie
den vierten genauso. 14 Dieser sagte, als er dem
Ende nahe war: Gott hat uns die Hoffnung gege-
ben, daß er uns wieder auferweckt. Darauf war-
ten wir gern, wenn wir von Menschenhand ster-
ben. Für dich aber gibt es keine Auferstehung
zum Leben.

15 Anschließend nahmen sie sich den fünften vor
und mißhandelten ihn. 16 Der sah den König an
und sagte: Du bist ein vergänglicher Mensch, und
doch hast du die Macht unter den Menschen zu
tun, was du willst. Aber glaub nicht, unser Volk
sei von Gott verlassen. 17 Mach nur so weiter! Du
wirst seine gewaltige Kraft spüren, wenn er dich
und deine Nachkommen züchtigt.

18 Nach ihm holten sie den sechsten. Sterbend
sagte er: Laß dich nicht täuschen! Du wirst nichts
ausrichten. Denn wir sind selbst schuld an
unserem Leid, weil wir gegen unseren Gott ge-
sündigt haben. Darum konnte so Unfaßbares ge-
schehen. 19 Glaub aber ja nicht, daß du heil da-
vonkommst; denn du hast es gewagt, mit Gott zu
kämpfen.

20 Auch die Mutter war überaus bewunderns-
wert, und sie hat es verdient, daß man sich an sie
mit Hochachtung erinnert. An einem einzigen
Tag sah sie nacheinander ihre sieben Söhne ster-
ben und ertrug es tapfer, weil sie dem Herrn ver-
traute. 21 In edler Gesinnung stärkte sie ihr weibli-
ches Gemüt mit männlichem Mut, redete jedem
von ihnen in ihrer Muttersprache zu und sagte:
22 Ich weiß nicht, wie ihr in meinem Leib entstan-
den seid, noch habe ich euch Atem und Leben
geschenkt; auch habe ich keinen von euch aus
den Grundstoffen zusammengefügt. 23 Nein, der
Schöpfer der Welt hat den werdenden Menschen
geformt, als er entstand; er kennt die Entstehung
aller Dinge. Er gibt euch gnädig Atem und Leben
wieder, weil ihr jetzt um seiner Gesetze willen
nicht auf euch achtet. 24 Antiochus aber glaubte,
sie verachte ihn, und er hatte den Verdacht, sie
wolle ihn beschimpfen.

Nun war nur noch der Jüngste übrig. Auf ihn re-
dete der König nicht nur mit guten Worten ein,
sondern versprach ihm unter vielen Eiden, ihn
reich und sehr glücklich zu machen, wenn er von
der Lebensart seiner Väter abfalle; auch wolle er
ihn zu seinem Freund machen und ihn mit hohen
Staatsämtern betrauen. 25 Als der Junge nicht dar-
auf einging, rief der König die Mutter und redete
ihr zu, sie solle dem Knaben doch raten, sich zu
retten. 26 Erst nach langem Zureden willigte sie
ein, ihren Sohn zu überreden. 27 Sie beugte sich zu
ihm nieder, und den grausamen Tyrannen ver-

spottend, sagte sie in ihrer Muttersprache: Mein
Sohn, hab Mitleid mit mir! Neun Monate habe ich
dich in meinem Leib getragen, ich habe dich drei
Jahre gestillt, dich ernährt, erzogen und für dich
gesorgt, bis du nun so groß geworden bist. 28 Ich
bitte dich, mein Kind, schau dir den Himmel und
die Erde an; sieh alles, was es da gibt, und er-
kenne: Gott hat das aus dem Nichts erschaffen,
und so entstehen auch die Menschen. 29 Hab
keine Angst vor diesem Henker, sei deiner Brüder
würdig, und nimm den Tod an! Dann werde ich
dich zur Zeit der Gnade mit deinen Brüdern wie-
derbekommen.

30 Kaum hatte sie aufgehört, da sagte der Junge:
Auf wen wartet ihr? Dem Befehl des Königs ge-
horche ich nicht; ich höre auf den Befehl des Ge-
setzes, das unseren Vätern durch Mose gegeben
wurde. 31 Du aber, der sich alle diese Bosheiten ge-
gen die Hebräer ausgedacht hat, du wirst Gottes
Händen nicht entkommen. 32 Denn wir leiden
nur, weil wir gesündigt haben. 33 Wenn auch der
lebendige Herr eine kurze Zeit lang zornig auf uns
ist, um uns durch Strafen zu erziehen, so wird er
sich doch mit seinen Dienern wieder versöhnen.
34 Du Ruchloser aber, du größter Verbrecher der
Menschheit, überheb dich nicht, und werde nicht
durch falsche Hoffnungen übermütig, wenn du
deine Hand gegen die Kinder des Himmels er-
hebst. 35 Denn noch bist du dem Gericht des all-
mächtigen Gottes, der alles sieht, nicht entron-
nen. 36 Unsere Brüder sind nach kurzem Leiden
mit der göttlichen Zusicherung ewigen Lebens
gestorben; du jedoch wirst beim Gericht Gottes
die gerechte Strafe für deinen Übermut zahlen.
37 Ich gebe wie meine Brüder Leib und Leben hin
für die Gesetze unserer Väter und rufe zu Gott, er
möge seinem Volk bald wieder gnädig sein; du
aber sollst unter Qualen und Schlägen bekennen
müssen, daß nur er Gott ist. 38 Bei mir und meinen
Brüdern möge der Zorn des Allherrschers auf-
hören, der sich zu Recht über unser ganzes Volk
ergossen hat.

39 Da wurde der König zornig und verfuhr mit
ihm noch schlimmer als mit den anderen – so
sehr hatte ihn der Hohn verletzt. 40 Auch der Jüng-
ste starb also mit reinem Herzen und vollendetem
Gottvertrauen. 41 Zuletzt starb nach ihren Söhnen
die Mutter.

42 Soviel sei über die Opfergelage und die schlim-
men Mißhandlungen berichtet.

Die Wiederherstellung Jerusalems: 8,1–10,8

Der Aufstand des Makkabäers Judas

8 Judas aber, den man auch Makkabäer nennt,
und seine Leute schlichen sich heimlich in
die Dörfer und holten ihre Verwandten zu sich;
auch gewannen sie die treugebliebenen Juden, so
daß sie etwa sechstausend Mann zusammen-
brachten. 2 Sie riefen zum Herrn, er möge auf das
von allen geschundene Volk schauen und Mitleid
haben mit dem Tempel, den ruchlose Menschen
entweiht hätten, 3 er möge auch der Stadt gnädig
sein, die zerstört werde und bald dem Erdboden
gleichgemacht sei, und auf das unschuldig ver-
gossene Blut hören, das (anklagend) zu ihm auf-
schreie. 4 Er solle daran denken, daß man entge-
gen jedem Recht unschuldige Kinder ermordet
und seinen Namen gelästert habe, und zeigen,
daß er das Böse hasse.

5 Sobald der Makkabäer eine Streitmacht aufge-
stellt hatte, konnten ihn die Heiden nicht mehr
aufhalten; denn der Herr hatte seinem Zorn
Gnade folgen lassen. 6 Er überfiel Städte und Dör-
fer und steckte sie in Brand. Da er günstige Stel-
lungen bezog, jagte er nicht wenige Feinde in die
Flucht. 7 Meist nutzte er die Nächte zu solchen
Unternehmungen, und der Ruf seiner Kühnheit
verbreitete sich überall.

Der Sieg des Judas über Nikanor und andere Feinde

8 Philippus merkte, daß der Mann rasch an Macht
gewann und von Tag zu Tag erfolgreicher wurde;
er schrieb daher an Ptolemäus, den Befehlshaber
von Zölesyrien und Phönizien, er solle der Sache
des Königs zu Hilfe kommen. 9 Dieser benannte
sofort Nikanor, den Sohn des Patroklus, der zu
den ersten Freunden des Königs gehörte, und ließ
ihn an der Spitze eines Heeres von mindestens
zwanzigtausend Mann aus aller Herren Länder
ausrücken, mit dem Auftrag, die gesamte Bevöl-
kerung Judäas auszurotten. Er gab ihm auch Gor-

gias mit, einen im Kriegswesen erfahrenen Be-
fehlshaber.
[10] Der König mußte den Römern noch zweitau-
send Talente Kriegsschulden auszahlen; Nikanor
beschloß, diese Summe aus dem Verkauf gefan-
gener Juden aufzubringen. [11] Unverzüglich ließ er
durch Boten in den Hafenstädten bekanntgeben,
man könne zu ihm kommen und jüdische Skla-
ven kaufen; für ein Talent versprach er neunzig
Personen zu liefern. Er ahnte nicht, daß ihn bald
die Strafe des Allherrschers ereilen würde.
[12] Judas hörte vom Anmarsch Nikanors und ließ
seinen Leuten bekanntgeben, daß jener mit sei-
nem Heer in der Nähe ein Lager aufgeschlagen
habe. [13] Die Feiglinge und die, die dem Urteil
Gottes mißtrauten, liefen weg und machten sich
davon. [14] Die anderen aber verkauften alles, was
sie noch hatten; zugleich baten sie den Herrn, sie
zu retten; denn der verruchte Nikanor habe sie
schon verkauft, bevor er ihnen überhaupt begeg-
net sei, [15] und wenn er es schon nicht ihretwegen
tun wolle, dann doch wegen der Bündnisse, die
er mit ihren Vätern geschlossen habe, und weil
über ihnen selbst sein heiliger und herrlicher
Name ausgerufen worden sei.
[16] Der Makkabäer ließ seine Leute zusammen-
kommen, sechstausend an der Zahl. Er redete ih-
nen zu, sich von den Feinden nicht aus der Fas-
sung bringen zu lassen und nicht ängstlich zu
werden, weil die Heiden in solchen Massen ohne
jeden Grund gegen sie heranrückten. Sie sollten
tapfer kämpfen [17] und sich stets vor Augen halten,
mit welch frechem Übermut man entgegen allem
Recht den heiligen Ort behandelt habe, wie übel
man der Stadt mitgespielt und wie schlimm man
sie zugerichtet habe und daß die von den Vorfah-
ren ererbte Verfassung aufgelöst worden sei. [18] Er
sagte: Sie verlassen sich auf ihre Waffen und auf die
Kühnheit, mit der sie angreifen; wir aber verlassen
uns auf den allmächtigen Gott, der unsere Angrei-
fer und die ganze Welt mit einem einzigen Wink
vernichten kann. [19] Weiter zählte er ihnen auf, wie
oft Gott ihren Vorfahren geholfen habe, etwa ge-
gen Sanherib, als hundertfünfundachtzigtausend
Mann den Tod fanden. [20] Er erwähnte auch die
Schlacht mit den Galatern in Babylon: Da waren
sie, zusammen mit viertausend Mazedoniern nur
achttausend Mann stark, zum Kampf angetreten,
und als die Mazedonier in eine verzweifelte Lage
gerieten, schlugen sie, weil der Himmel ihnen half,
mit sechstausend Mann hundertzwanzigtausend
vernichtend und machten reiche Beute.
[21] So machte er ihnen Mut, damit sie bereit wä-
ren, für die Gesetze und das Vaterland zu sterben.
Dann teilte er sein Heer in vier Abteilungen ein.
[22] An die Spitze der einzelnen Gruppen stellte er
seine Brüder Simeon, Josef und Jonatan, denen er
je fünfzehnhundert Mann zuwies, [23] und außer-
dem den Eleasar. Er selbst las aus der Heiligen
Schrift vor und gab die Losung aus: Mit Gottes
Hilfe! Dann trat er vor die erste Reihe und griff Ni-
kanor an.
[24] Da ihnen der Allherrscher im Kampf half,
machten sie mehr als neuntausend Feinde nieder,
verwundeten und verstümmelten den größten
Teil des Heeres Nikanors und zwangen alle übri-
gen zur Flucht. [25] Dabei erbeuteten sie auch das
Geld der Leute, die gekommen waren, um sie zu
kaufen. Sie verfolgten sie eine Strecke weit, kehr-
ten dann aber um, weil sie keine Zeit mehr hat-
ten. [26] Es war nämlich am Tag vor dem Sabbat;
darum setzten sie ihnen nicht länger nach. [27] Sie
nahmen den Feinden die Waffen weg und zogen
ihnen die Rüstungen aus. Dann feierten sie den
Sabbat; begeistert priesen sie den Herrn und lob-
ten seine Taten. Durch seinen Schutz hatten sie
diesen Tag erleben können, an dem er ihnen von
neuem seine Gnade zugewandt hatte.
[28] Nach dem Sabbat verteilten sie die Beute. Zu-
erst gaben sie davon den Mißhandelten und den
Witwen und Waisen; den Rest verteilten sie un-
ter sich selbst und ihre Kinder. [29] Danach hielten
sie einen Bittgottesdienst ab und baten den barm-
herzigen Herrn, er möge sich mit seinen Dienern
wieder völlig aussöhnen.
[30] Sie kämpften auch gegen die Truppen des Ti-
motheus und des Bakchides, töteten von ihnen
über zwanzigtausend Mann und eroberten einige
hoch in den Bergen gelegene Festungen. Die rei-
che Beute verteilten sie zu gleichen Teilen unter
sich und unter die Mißhandelten, die Waisen und
Witwen und unter die alten Leute. [31] Sie sammel-
ten die Waffen der Erschlagenen ein und bewahr-
ten sie sorgfältig an geeigneten Orten auf. Die
übrige Beute schafften sie nach Jerusalem.
[32] Auch Phylarches, einen ganz ruchlosen Mann
aus der Umgebung des Timotheus, töteten sie; er
hatte den Juden viel Böses getan. [33] Bei der Sie-
gesfeier in der Vaterstadt verbrannten sie die
Männer, die die heiligen Tore angezündet hatten,

sowie den Kallisthenes; er hatte sich in ein klei-
nes Haus geflüchtet. So erhielt er den verdienten
Lohn für seine Verruchtheit.
34 Der dreimal verfluchte Nikanor aber, der die
tausend Händler mitgebracht hatte, um die Ju-
den zu verkaufen, 35 wurde von denen, die er ver-
achtet hatte, mit Hilfe des Herrn gedemütigt. Er
mußte sein Prachtgewand ausziehen und sich
wie ein entlaufener Sklave mitten durch das Land
allein nach Antiochia durchschlagen, wo er völlig
niedergeschlagen über den Verlust seines Heeres
ankam. 36 Er, der sich unterfangen hatte, den Tri-
but für die Römer aus den Gefangenen Jerusalems
aufzubringen, mußte nun verkünden, daß die Ju-
den jemanden hätten, der für sie kämpfe, und daß
sie deshalb unverwundbar seien; denn sie achte-
ten auf die Gesetze, die jener erlassen hatte.

Das Gottesgericht über den heidnischen König

9 Etwa zur selben Zeit mußte Antiochus mit
Schimpf und Schande aus Persien abziehen.
2 Er war in die Stadt, die man Persepolis nennt, ein-
marschiert. Bei dem Versuch, den Tempel auszu-
rauben und eine Besatzung in die Stadt zu legen,
erhob sich die Bevölkerung in Massen und griff zu
den Waffen. Die Truppen wurden geschlagen und
Antiochus von den Einwohnern verjagt; er mußte
schmählich den Rückzug antreten.
3 In der Gegend von Ekbatana erhielt er die
Nachricht von der Niederlage Nikanors und der
Truppen des Timotheus. 4 Da geriet er in heftigen
Zorn und glaubte, seine Wut über die unglückli-
che Flucht an den Juden auslassen zu können.
Darum befahl er dem Wagenlenker, ohne Un-
terbrechung bis zum Ziel durchzufahren. Aber
schon drohte ihm das Gericht des Himmels; denn
in seiner Vermessenheit sagte er: Sobald ich in Je-
rusalem bin, mache ich die Stadt zu einem Fried-
hof für alle Juden.
5 Doch der Herr, der alles sieht, Israels Gott, traf
ihn, ohne daß es jemand sehen konnte, mit einem
Schlag, für den es keine Heilung gab. Kaum hatte er
zu reden aufgehört, da spürte er in seinen Ein-
geweiden quälende Schmerzen, die kein Arzt
lindern konnte. 6 Damit geschah ihm ganz recht,
hatte er doch die Eingeweide anderer durch zahl-
lose ausgefallene Foltern gequält. 7 Dennoch blieb
sein Stolz ungebrochen; die Vermessenheit hatte
ihn ganz und gar in Besitz genommen. Glühende
Wut gegen die Juden verzehrte ihn, und er befahl
dem Wagenlenker, noch schneller zu fahren. Doch
dann geschah es: In voller Fahrt fiel er aus dem da-
hinrasenden Wagen und stürzte so schwer, daß er
sich alle Glieder verrenkte. 8 Eben noch hatte er in
maßloser Aufgeblasenheit geglaubt, er könne den
Wogen des Meeres gebieten und die Gipfel der
Berge auf einer Waage wiegen. Nun lag er auf der
Erde, und man mußte ihn auf eine Bahre legen. So
zeigte sich an ihm sichtbar Gottes Macht. 9 Aus den
Augen des Verruchten krochen Würmer; wäh-
rend er noch lebte, verfaulte sein Fleisch unter
Schmerzen und Qualen, und der Verwesungsge-
ruch, der von ihm ausging, verpestete das ganze
Lager. 10 Kurz zuvor hatte er noch geglaubt, er
könne nach den Sternen des Himmels greifen;
jetzt konnte es niemand mehr bei ihm aushalten,
so unerträglich war der Gestank.
11 Da endlich begann der Gepeinigte, von seinem
maßlosen Hochmut abzulassen und unter Gottes
Schlägen zur Einsicht zu kommen; denn seine
Schmerzen wurden immer schlimmer. 12 Als er
seinen Geruch selbst nicht mehr ertragen konnte,
sagte er: Wenn man nur ein sterblicher Mensch
ist, soll man sich Gott unterordnen und nicht
überheblich sein. 13 Der Verbrecher rief sogar den
Herrn an, fand aber bei ihm kein Erbarmen mehr.
Er gelobte, 14 die Heilige Stadt, die er kurzerhand
hatte dem Erdboden gleichmachen und in einen
Friedhof umwandeln wollen, in den Rang einer
freien Stadt zu erheben. 15 Hatte er zuerst be-
schlossen, die Juden nicht einmal eines Grabes zu
würdigen, sondern sie samt den Säuglingen den
Raubvögeln und den wilden Tieren zum Fraß vor-
zuwerfen, so wollte er sie nun alle den Bürgern
von Athen gleichstellen. 16 Er versprach, den heili-
gen Tempel, den er zuvor geplündert hatte, mit
den schönsten Weihegeschenken auszuschmük-
ken, die heiligen Geräte um ein Vielfaches zu
ersetzen und die nötigen Aufwendungen für
die Opfer aus eigenen Mitteln aufbringen. 17 Ja, er
wollte sogar selbst Jude werden und überall hin-
gehen, wo Menschen wohnen, um Gottes Macht
zu verkünden.
18 Trotzdem ließen seine Schmerzen nicht nach;
denn das gerechte Gericht Gottes war über ihn
gekommen. Da gab er alle Hoffnung auf und
schrieb den Juden einen Brief, der eigentlich eine
Bittschrift war. Der Brief hatte diesen Inhalt:
19 Seinen guten jüdischen Bürgern wünscht An-
tiochus, König und Befehlshaber, viel Freude, Ge-

sundheit und Wohlergehen. 20 Ich danke Gott sehr, wenn ihr gesund seid und wenn es auch euren Kindern und eurem Besitz nach Wunsch ergeht. Dafür setze ich meine Hoffnung auf den Himmel. 21 Ich erinnere mich in Liebe an die Achtung und freundliche Hochschätzung, die ihr mir entgegengebracht habt. Bei meiner Rückkehr aus Persien zog ich mir eine Krankheit zu, die mich sehr belastet. Darum hielt ich es für nötig, für die öffentliche Sicherheit aller Bürger zu sorgen. 22 Nicht daß ich mich schon aufgegeben hätte – ich habe vielmehr gute Hoffnung, wieder gesund zu werden. 23 Aber ich dachte daran, daß schon mein Vater jedesmal einen Nachfolger bestimmte, wenn er sich mit seinem Heer im Osten aufhielt. 24 Falls dann etwas Unvorhergesehenes eintrat oder ein Mißgeschick gemeldet wurde, wußten die Bewohner des Reiches, wem die Regierung übertragen worden war, und sie brauchten sich nicht zu beunruhigen. 25 Auch sehe ich, wie die Machthaber an den Grenzen unseres Landes, unsere Nachbarn, nur auf eine günstige Gelegenheit lauern und die kommende Entwicklung abwarten. Darum habe ich in aller Form meinen Sohn Antiochus zum Nachfolger bestimmt; ihn habe ich den meisten von euch ja schon oft anvertraut und empfohlen, wenn ich plötzlich in die östlichen Provinzen hinaufziehen mußte. An ihn habe ich einen Brief geschrieben, den ich beilege. 26 Ich bitte euch eindringlich: Denkt daran, wieviel Gutes ich eurer Gemeinschaft und jedem einzelnen von euch erwiesen habe, und bewahrt mir und meinem Sohn euer Wohlwollen! 27 Ich bin überzeugt, daß er meine Politik der Güte und Freundschaft weiterführen und in gutem Einvernehmen mit euch bleiben wird.

28 Der Menschenmörder und Gotteslästerer endete also fern seiner Heimat im Gebirge auf jämmerliche Weise, unter entsetzlichen Schmerzen, ganz wie er sie anderen zugefügt hatte. 29 Sein Jugendfreund Philippus ließ den Leichnam überführen; dann begab er sich nach Ägypten zu Ptolemäus Philometor, weil er dem Sohn des Antiochus nicht traute.

Die Reinigung des entweihten Tempels

10 Der Makkabäer aber und seine Leute konnten unter der Führung des Herrn das Heiligtum und die Stadt wieder in Besitz nehmen. 2 Sie rissen die Altäre ein, die die Heiden auf dem Tempelplatz errichtet hatten, und legten die Umfriedungsmauern nieder. 3 Den Tempel selbst reinigten sie und bauten einen neuen Brandopferaltar. Sie schlugen Feuer aus Steinen und zündeten so die Opfer an, die sie nach zweijähriger Unterbrechung wieder darbringen konnten. Auch bemühten sie sich um Räucherwerk, Leuchter und Schaubrote.

4 Dann warfen sie sich auf die Erde nieder und flehten zum Herrn, daß sie nie wieder in solches Unglück gerieten. Für den Fall, daß sie noch einmal sündigen sollten, wollten sie lieber von ihm selbst in Güte gezüchtigt werden als in die Hände frecher und barbarischer Heiden fallen.

5 Es traf sich, daß die Reinigung des Tempels auf den gleichen Tag fiel, an dem ihn die Fremden entweiht hatten, nämlich auf den fünfundzwanzigsten Kislew. 6 Sie feierten acht Tage lang ein fröhliches Fest nach Art des Laubhüttenfestes; dabei dachten sie daran, daß sie noch vor kurzem das Laubhüttenfest wie wilde Tiere in den Höhlen der Berge verbracht hatten. 7 Sie nahmen Stäbe, die sie mit grünen Blättern umwunden hatten, in die Hand und Laubzweige – auch Palmzweige – und brachten dem Loblieder dar, der den Weg zur Reinigung des Ortes bereitet hatte, der sein Eigentum ist. 8 Sie setzten durch eine öffentliche Entschließung und Abstimmung fest, daß das ganze jüdische Volk jedes Jahr diese Tage festlich zu begehen habe.

Die Ereignisse unter Antiochus Eupator: 10,9–13,26

Der Regierungsantritt des Antiochus Eupator

9 So starb Antiochus, den man Epiphanes nannte. 10 Jetzt wollen wir noch berichten, was unter Antiochus Eupator geschah, dem Sohn dieses ruchlosen Menschen. Dabei fassen wir kurz zusammen, welches Unheil aus den kriegerischen Verwicklungen entstand.

11 Als Eupator seine Herrschaft antrat, ernannte er einen Mann namens Lysias zum Reichsverweser; außerdem machte er ihn zum Befehlsha-

ber über Zölesyrien und Phönizien und zum
Oberkommandierenden über die dort liegenden
Truppen. 12 Ptolemäus, mit dem Zunamen Ma-
kron, hatte als erster den Juden Gerechtigkeit wi-
derfahren lassen, weil ihnen soviel Unrecht ge-
schehen war; er hatte versucht, den Streit mit
ihnen friedlich beizulegen. 13 Seine Vertrauten ver-
klagten ihn deswegen bei Eupator. Schon vorher
hatte er allerorten als Verräter gegolten; denn er
hatte Zypern, das ihm von Philometor anvertraut
worden war, verlassen und war zu Antiochus
Epiphanes übergelaufen. Da er seine ehrenvolle
Stellung nicht mehr in Ehren verwalten konnte,
machte er seinem Leben durch Gift ein Ende.

Die Kämpfe mit den Idumäern und mit Timotheus

14 Gorgias wurde Befehlshaber in dieser Gegend;
er warb Söldner an und führte Krieg gegen die
Juden, wo er nur konnte. 15 Außer ihm machten
auch die Idumäer, die eine Reihe gut gelegener
Festungen besaßen, den Juden zu schaffen. Sie
hatten Flüchtlinge aus Jerusalem bei sich aufge-
nommen und begannen, Krieg zu führen.

16 Die Männer um den Makkabäer hielten einen
Bittgottesdienst ab und baten Gott, ihr Bundesge-
nosse zu sein. Dann berannten sie die Festungen
der Idumäer. 17 Sie eroberten sie im Sturm, schlu-
gen die Verteidiger auf den Mauern in die Flucht
und machten jeden nieder, der ihnen in die
Hände fiel. Dabei töteten sie mindestens zwan-
zigtausend Mann. 18 Nicht weniger als neuntau-
send Mann konnten sich in zwei stark befestigte
Burgen flüchten, die für eine Belagerung mit al-
lem aufs beste ausgerüstet waren. 19 Der Mak-
kabäer zog ab, da seine Anwesenheit an einem
anderen Ort dringend notwendig war. Doch ließ
er Simeon und Josef zurück, ferner Zachäus mit
seinen Leuten; sie reichten aus, um die Burgen zu
belagern. 20 Simeons Soldaten nahmen jedoch aus
Habgier Bestechungsgelder an und ließen für
siebzigtausend Drachmen einige Leute aus den
Burgen entweichen. 21 Sobald der Makkabäer da-
von erfuhr, rief er die Führer des Volkes zusam-
men und erhob Anklage: Man habe die Brüder
um Geld verkauft, da man zu deren Schaden die
Feinde freigelassen habe. 22 Er ließ die Verräter
hinrichten und eroberte die beiden Burgen auf
der Stelle. 23 Mit seinen Waffen hatte er überall Er-
folg, und so vernichtete er in den beiden Festun-
gen über zwanzigtausend Mann.

24 Timotheus – derselbe, den die Juden schon
einmal geschlagen hatten – sammelte ein großes
Söldnerheer und brachte auch ziemlich viel Rei-
terei aus der Provinz Asien zusammen. Damit
rückte er an, um Judäa zu erobern. 25 Als er schon
in der Nähe war, riefen die Männer des Mak-
kabäers Gott um Hilfe an, streuten sich Erde auf
das Haupt und zogen Bußgewänder an. 26 Sie war-
fen sich vor den Stufen des Brandopferaltars nie-
der und baten den, der ihnen wieder gnädig war,
ihren Feinden feindlich gesinnt zu sein und ihren
Widersachern zu widerstehen, wie das Gesetz
sagt. 27 Nach diesem Gebet nahmen sie ihre Waf-
fen, verließen die Stadt und rückten Timotheus
entgegen. Als sie sich den Feinden näherten, hiel-
ten sie sich zunächst zurück. 28 Sobald aber die
Sonne aufging und es hell wurde, stießen die bei-
den Heere aufeinander. Die einen hatten als Bürg-
schaft für einen glücklichen Sieg neben ihrer Tap-
ferkeit nur ihr Gottvertrauen; die anderen ließen
sich im Kampf durch ihre wilde Wut treiben.
29 Schon war die Schlacht heftig entbrannt, da er-
schienen den Kämpfenden vom Himmel her fünf
herrliche Reiter auf goldgezäumten Pferden und
stellten sich an die Spitze der Juden. 30 Zwei von
ihnen nahmen den Makkabäer in ihre Mitte,
deckten ihn mit ihren Rüstungen und schützten
ihn vor jeder Verwundung; auf die Feinde aber
schossen sie Pfeile und Blitze. Diese wurden ge-
blendet und flohen verwirrt nach allen Seiten.
31 So kamen zwanzigtausendfünfhundert Mann
und sechshundert Reiter um.

32 Timotheus selbst flüchtete sich mit anderen in
eine Festung namens Geser, die sehr stark befe-
stigt war; ihr Kommandant war Chäreas. 33 Die
Truppen des Makkabäers belagerten vier Tage
lang voll Begeisterung die Festung. 34 Die Verteidi-
ger, die sich in ihren Befestigungen sicher fühlten,
führten lästerliche Reden und schrien freche
Worte herunter. 35 Am Morgen des fünften Tages
packte zwanzig junge Männer aus dem Heer des
Makkabäers der Zorn, als sie die Lästerreden hör-
ten. Sie stürmten mutig auf die Mauer los und
schlugen in wilder Wut jeden nieder, der sich ih-
nen in den Weg stellte. 36 Andere umgingen die
Stadt und erzwangen sich mit demselben Mut
den Zugang zu den Verteidigern; sie legten Feuer
an die Türme und steckten sie in Brand und ver-
brannten so die Lästerer bei lebendigem Leib.
Wieder andere brachen die Tore auf, ließen die

übrigen Truppen ein und eroberten die Stadt im
Handstreich. 37 Timotheus, der sich in einer Zi-
sterne versteckt hatte, stachen sie nieder, ebenso
seinen Bruder Chäreas und den Apollophanes.
38 Darauf priesen sie mit Lob- und Dankliedern
den Herrn, der so Großes für Israel getan und ih-
nen den Sieg geschenkt hatte.

Der Sieg des Judas über Lysias

11 Der Reichsverweser Lysias, des Königs
Vormund und Verwandter, war über
diese Ereignisse sehr verärgert. 2 Er zog daher in
kürzester Zeit an die achtzigtausend Mann zu-
sammen, dazu seine ganze Reiterei, und mar-
schierte gegen die Juden. Er hatte vor, aus der
Stadt Jerusalem eine griechische Siedlung zu ma-
chen, 3 das Heiligtum ebenso wie die heidnischen
Kultstätten zu besteuern und das Amt des Ho-
henpriesters jedes Jahr für Geld auszuschreiben.
4 Doch rechnete er überhaupt nicht mit der Macht
Gottes, sondern stützte seine Überlegungen al-
lein auf die Zehntausende von Fußtruppen, die
Tausende von Reitern und seine achtzig Elefan-
ten. 5 Er drang in Judäa ein, rückte vor die Festung
Bet-Zur, die hundertfünfzig Stadien von Jerusa-
lem entfernt liegt, und bestürmte sie.

6 Als die Leute des Makkabäers von der Belage-
rung der Festung erfuhren, flehten sie mit dem
ganzen Volk unter Klagen und Weinen den Herrn
an, er möge doch einen guten Engel schicken, um
Israel zu retten. 7 Der Makkabäer griff als erster
nach den Waffen und hielt eine anfeuernde Rede
an die anderen: Sie sollten, zusammen mit ihm,
die Gefahr auf sich nehmen und ihren Brüdern zu
Hilfe eilen. Geschlossen und voll Kampfesmut
brachen sie auf.

8 Sie waren noch in der Nähe von Jerusalem, da
erschien ihnen ein Reiter und zog in einem
weißen Gewand und einer blinkenden goldenen
Waffenrüstung vor ihnen her. 9 Gemeinsam prie-
sen sie den barmherzigen Gott, und ihr Mut
wurde so groß, daß sie bereit gewesen wären,
nicht nur Menschen, sondern auch die wildesten
Tiere und eiserne Mauern zusammenzuschla-
gen. 10 Sie rückten mit ihrem himmlischen Bun-
desgenossen, zum Kampf bereit, vor; denn der
Herr hatte Erbarmen mit ihnen. 11 Sie stürzten sich
wie Löwen auf die Feinde und erschlugen elftau-
send von ihnen, dazu sechzehnhundert Reiter.
Alle übrigen jagten sie in die Flucht; 12 die meisten
davon waren verwundet und konnten nur das
nackte Leben retten. Auch Lysias selbst konnte
sich nur durch eine schimpfliche Flucht retten.

Der Friedensschluß des Lysias mit den Juden

13 Da Lysias jedoch nicht ohne Verstand war und
über die erlittene Niederlage nachdachte, begriff
er, daß die Hebräer unbesiegbar waren, weil der
starke Gott auf ihrer Seite kämpfte. 14 Darum
schickte er Unterhändler, die auf einen Friedens-
vertrag drängen und jeder annehmbaren Bedin-
gung zustimmen sollten; er ließ sagen, er wolle
auch dem König sehr zureden, mit ihnen Freund-
schaft zu schließen. 15 Der Makkabäer ging auf alle
Vorschläge des Lysias ein, ohne indes seinen Vor-
teil zu vernachlässigen. Alle Forderungen, die er
für die Juden stellte und dem Lysias schriftlich
vorlegte, nahm der König an.

16 Lysias schrieb an die Juden einen Brief, der fol-
genden Inhalt hatte:
Lysias grüßt das jüdische Volk. 17 Eure Abgesand-
ten Johanan und Abschalom haben euer Ant-
wortschreiben vorgelegt, das unten beigefügt ist,
und mich gebeten, die darin geäußerten Forde-
rungen zu genehmigen. 18 Was in die Zuständig-
keit des Königs fällt, habe ich ihm dargelegt; er ist
auf jede annehmbare Bedingung eingegangen.
19 Wenn ihr weiterhin die Politik der Regierung
wohlwollend aufnehmt, werde ich mich bemü-
hen, euch Vorteile zu verschaffen. 20 Was die Ein-
zelheiten betrifft, habe ich euren und meinen Un-
terhändlern aufgetragen, mit euch zu verhandeln.
21 Lebt wohl! Im Jahr 148, am Vierundzwanzig-
sten des Monats Dioskorus.

22 Im Brief des Königs stand dies:
König Antiochus grüßt seinen Bruder Lysias.
23 Nachdem unser Vater zu den Göttern hinüber-
gegangen ist, wollen wir, daß die Untertanen des
Reichs ungestört ihren Beschäftigungen nachge-
hen können. 24 Andererseits haben wir erfahren,
daß die Juden mit der von meinem Vater ge-
wünschten Übernahme griechischer Sitten nicht
einverstanden sind, es vielmehr vorziehen, auf
ihre eigene Art zu leben, und verlangen, daß man
ihnen wieder gestattet, ihren Gewohnheiten zu
folgen. 25 Wir beschließen darum, daß auch dieses
Volk ungestört bleibt, und verfügen, daß man ih-
nen ihr Heiligtum zurückgibt, und daß sie ihr Le-
ben so einrichten können, wie es schon zur Zeit
ihrer Vorfahren Brauch war. 26 Du wirst nun am

besten zu ihnen Gesandte schicken und ihnen
die Hand zum Frieden reichen, damit sie die
Grundlinien unserer Politik erkennen, Vertrauen
fassen und ihre Angelegenheiten zu ihrer Zufrie-
denheit regeln können.
27 Der Brief des Königs an das Volk lautete so:
König Antiochus grüßt den Rat und alle übrigen
Juden. 28 Wir hoffen, daß es euch gut geht; auch
wir erfreuen uns guter Gesundheit.
29 Menelaus hat uns wissen lassen, daß ihr nach
Hause zu eurer Arbeit zurückkehren wollt. 30 Je-
dem also, der bis zum dreißigsten Tag des Monats
Xanthikus heimkehrt, wird Friede angeboten mit
der Zusicherung, 31 daß die Juden ihre gewohnten
Speisevorschriften und Gesetze befolgen dürfen;
keiner von ihnen darf dabei irgendwie belangt
werden für Vergehen, die er in Unkenntnis der
Verhältnisse begangen hat. 32 Ich habe Menelaus
zu eurer Beruhigung zu euch geschickt.
33 Lebt wohl! Im Jahr 148, am Fünfzehnten des
Monats Xanthikus.
34 Auch die Römer schickten ihnen einen Brief;
er hatte folgenden Inhalt:
Die römischen Gesandten Quintus Memmius
und Titus Manius grüßen das jüdische Volk.
35 Auch wir sind einverstanden mit den Bedin-
gungen, die Lysias, der Verwandte des Königs,
mit euch ausgehandelt hat. 36 Laßt uns die Vor-
schläge, die er dem König unterbreiten will, zu-
kommen, sobald ihr sie geprüft habt, damit wir
eure Sache vortragen können, wie es für euch am
günstigsten ist; wir sind nämlich auf dem Weg
nach Antiochia. 37 Teilt uns deswegen auch umge-
hend durch Boten eure Meinung darüber mit.
38 Lebt wohl! Im Jahr 148, am Fünfzehnten des
Monats Xanthikus.

Die Rache an den Judenverfolgern in Jafo und Jamnia

12 Nach dem Abschluß der Verträge kehrte
Lysias zum König zurück. Die Juden be-
gannen, wieder ihre Felder zu bestellen. 2 Die Be-
fehlshaber in jener Gegend aber, Timotheus,
Apollonius, der Sohn des Gennäus, ferner
Hieronymus, Demophon und auch Nikanor, der
Statthalter von Zypern, ließen die Juden nicht in
Ruhe und Frieden leben.
3 Die Einwohner von Jafo begingen folgendes
entsetzliche Verbrechen: Sie luden die Juden, die
unter ihnen wohnten, ein, mit ihren Frauen und
Kindern in Schiffe, die sie zur Verfügung stellten,
einzusteigen. Sie taten, als ob sie nichts Böses ge-
gen sie im Schild führten, 4 sondern aufgrund ei-
nes öffentlichen Beschlusses der Stadt handelten.
Die Juden nahmen das Angebot an, da sie den
Frieden wollten und keinen bösen Verdacht heg-
ten. Aber als sie auf dem offenen Meer waren,
wurden die Boote versenkt; mindestens zwei-
hundert Menschen ertranken. 5 Als Judas von der
schrecklichen Tat gegen die Angehörigen seines
Volkes erfuhr, gab er sie seinen Männern be-
kannt, 6 rief Gott, den gerechten Richter, an und
überfiel die Mörder, die sich mit dem Blut seiner
Brüder befleckt hatten. In der Nacht zündete er
den Hafen an, verbrannte die Schiffe und stach
alle nieder, die sich dorthin geflüchtet hatten. 7 Die
Stadt selbst hatte ihre Tore verrammelt. So mußte
er abziehen, aber er nahm sich vor, wiederzu-
kommen, und die ganze Stadt Jafo zu vernichten.
8 Als er erfuhr, daß die Bürger von Jamnia mit den
Juden, die bei ihnen lebten, dasselbe tun wollten,
9 überfiel er auch die Leute von Jamnia bei Nacht
und steckte den Hafen samt der Flotte in Brand.
Der Feuerschein war zweihundertvierzig Stadien
weit bis nach Jerusalem zu sehen.

Die erfolgreichen Feldzüge des Judas jenseits des Jordan

10 Von dort zogen sie weiter gegen Timotheus. Sie
waren gerade neun Stadien weit marschiert, da
griffen fünftausend Araber mit fünfhundert Rei-
tern Judas an. 11 Nach hitzigem Kampf gewannen
die Männer des Judas die Oberhand; denn Gott
half ihnen. Die bedrängten Nomaden baten Judas
um Frieden, versprachen, ihm und seinen Leuten
Vieh zu liefern und ihnen auch sonst gute Dien-
ste zu erweisen. 12 Da Judas der Ansicht war, ihre
Hilfe könne ihnen tatsächlich bei vielen Gelegen-
heiten von Nutzen sein, war er damit einverstan-
den, mit ihnen Frieden zu schließen. Die Araber
verpflichteten sich durch Handschlag und zogen
sich zu ihren Zelten zurück.
13 Judas griff auch eine Stadt namens Kaspin an;
sie war ringsum mit Wällen und Mauern befe-
stigt. Ihre Bevölkerung setzte sich aus Menschen
verschiedenster Völker zusammen. 14 Weil sie sich
auf ihre hohen Mauern und auf ihre Vorräte ver-
ließen, wurden sie immer unverschämter gegen
die Leute des Judas, beschimpften sie, lästerten
Gott und schrien unflätige Worte. 15 Die Männer

des Judas riefen den großen Herrn der Welt an, der
Jericho zur Zeit Josuas ohne Rammböcke und
Belagerungsmaschinen zu Boden geschmettert
hatte. Dann stürmten sie mit dem Mut von
Löwen gegen die Mauern an, 16 und weil Gott es
so wollte, konnten sie die Stadt einnehmen. Sie
richteten in ihr ein unbeschreibliches Blutbad an,
so daß ein zwei Stadien breiter See, der neben der
Stadt lag, von dem Blut, das in ihn geflossen war,
angefüllt zu sein schien.
17 Dann marschierten sie siebenhundertfünfzig
Stadien weiter, bis sie zum Charax kamen, wo die
sogenannten Tubianer-Juden wohnten. 18 Timo-
theus trafen sie dort nicht an; denn er war, ohne
etwas unternommen zu haben, von dort abgezo-
gen. Aber er hatte in einem stark befestigten Ort
eine Garnison zurückgelassen. 19 Dositheus und
Sosipater, zwei Offiziere aus dem Stab des Mak-
kabäers, rückten aus und töteten die über zehn-
tausend Mann starke Besatzung, die Timotheus
in der Festung zurückgelassen hatte. 20 Dann teilte
der Makkabäer sein Heer in mehrere Gruppen
auf, übertrug jeweils einem seiner Offiziere den
Befehl über eine Gruppe und zog in Eilmärschen
gegen Timotheus, der über hundertzwanzigtau-
send Mann an Fußtruppen und zweitausend-
fünfhundert Reiter verfügte.
21 Als Timotheus vom Anmarsch des Judas er-
fuhr, schickte er Frauen, Kinder und den übrigen
Troß in eine Stadt namens Karnajim voraus. Die-
sen Ort konnte man kaum belagern, da er wegen
zahlreicher Engpässe fast unzugänglich war.
22 Kaum zeigte sich die erste Abteilung des Judas,
da gerieten die Feinde in Furcht und Schrecken,
denn der, der alles überschaut, ließ eine Erschei-
nung sichtbar werden. Sie rannten in wilder
Flucht davon, jeder in eine andere Richtung. Da-
bei fügten sie vielfach einander selbst Schaden zu,
ja, sie durchbohrten sich gegenseitig mit den Spit-
zen ihrer Schwerter. 23 Doch Judas setzte ihnen
stürmisch nach und erschlug von den Verruchten
gegen dreißigtausend Mann. 24 Timotheus selbst
fiel den Leuten des Dositheus und des Sosipater
in die Hände. Er flehte mit schönen, doch falschen
Worten, ihn unbehelligt freizulassen; die Eltern
und Brüder sehr vieler Juden seien in der Gewalt
seiner Leute, und es könne sein, daß man auf sie
keine Rücksicht nehme. 25 Mit vielen Worten
brachte er sie dazu, seinen Versprechungen, er
werde diese Menschen unversehrt zurückgeben,
zu glauben. Um die Brüder zu retten, ließen sie
ihn laufen.
26 Darauf zog Judas gegen Karnajim und das Hei-
ligtum der Atargatis und erschlug fünfundzwan-
zigtausend Menschen. 27 Als sie geschlagen und
vernichtet waren, rückte Judas vor das stark befe-
stigte Efron, dessen große Einwohnerschaft sich
aus vielen Völkern zusammensetzte. Junge und
kräftige Männer standen vor den Mauern und
wehrten sich tapfer. In der Stadt selbst war eine
große Anzahl von Wurfmaschinen mit Geschos-
sen aufgestellt. 28 Da riefen die Juden zum Herrn,
der den Ansturm der Feinde mit Macht zer-
malmt; sie brachten die Stadt in ihre Gewalt und
töteten in ihr etwa fünfundzwanzigtausend Men-
schen.
29 Dann brachen sie auf und zogen in Eilmär-
schen von dort nach Skythopolis, das sechshun-
dert Stadien von Jerusalem entfernt liegt. 30 Die Ju-
den, die dort wohnten, stellten jedoch den
Einwohnern von Skythopolis das Zeugnis aus, sie
seien freundlich zu ihnen und hätten ihnen in der
bösen Zeit ihr Mitgefühl bewiesen. 31 Da bedank-
ten sie sich und forderten sie auf, auch in Zukunft
dem jüdischen Volk wohlgesinnt zu bleiben. Dar-
auf begaben sie sich nach Jerusalem, da das Wo-
chenfest unmittelbar bevorstand.

Die bestrafte Untreue einiger Juden und das Sühnopfer für die Toten

32 Nach dem sogenannten Pfingstfest zogen sie in
Eilmärschen gegen Gorgias, den Befehlshaber der
Idumäer. 33 Er rückte mit dreitausend Fußsoldaten
und vierhundert Reitern aus. 34 Als sie zum Kampf
antraten, fielen einige von den Juden. 35 Do-
sitheus, ein Reiter von den Leuten Bakenors, ein
sehr starker Mann, packte Gorgias fest am Man-
tel und zog mit allen Kräften an ihm. Aber als
er den Verfluchten lebendig gefangennehmen
wollte, preschte ein thrakischer Reiter heran und
schlug ihm den Arm ab. Gorgias konnte sich nach
Marescha flüchten. 36 Die Leute Esris kämpften
weiter bis zur Erschöpfung. Da rief Judas zum
Herrn, er solle als ihr Bundesgenosse und Bahn-
brecher im Kampf erscheinen. 37 In der Sprache
seiner Väter erhob er das Kriegsgeschrei und
stimmte Preislieder an, drang unversehens auf die
Leute des Gorgias ein und schlug sie in die Flucht.
38 Daraufhin führte Judas das Heer in die Stadt
Adullam. Als der siebte Tag der Woche anbrach,

reinigten sie sich, wie es bei ihnen Brauch war,
und begingen dort den Sabbat. 39 Am nächsten Tag
kamen die Leute des Judas, um die Leichen der
Gefallenen zu überführen – es war inzwischen
höchste Zeit geworden – und sie inmitten ihrer
Angehörigen in den Familiengräbern zu bestat-
ten. 40 Da entdeckten sie, daß alle Toten unter
ihren Kleidern Amulette der Götter von Jamnia
trugen, obwohl das den Juden vom Gesetz her
verboten ist. Da wurde allen klar, daß die Männer
deswegen gefallen waren, 41 und sie priesen nun
alle das Wirken des Herrn, des gerechten Rich-
ters, der das Verborgene ans Licht bringt. 42 An-
schließend hielten sie einen Bittgottesdienst ab
und beteten, daß die begangene Sünde wieder
völlig ausgelöscht werde. Der edle Judas aber er-
mahnte die Leute, sich von Sünden rein zu hal-
ten; sie hätten ja mit eigenen Augen gesehen,
welche Folgen das Vergehen der Gefallenen ge-
habt habe. 43 Er veranstaltete eine Sammlung, an
der sich alle beteiligten, und schickte etwa zwei-
tausend Silberdrachmen nach Jerusalem, damit
man dort ein Sündopfer darbringe. Damit han-
delte er sehr schön und edel; denn er dachte an
die Auferstehung. 44 Hätte er nicht erwartet, daß
die Gefallenen auferstehen werden, wäre es näm-
lich überflüssig und sinnlos gewesen, für die To-
ten zu beten. 45 Auch hielt er sich den herrlichen
Lohn vor Augen, der für die hinterlegt ist, die in
Frömmigkeit sterben. Ein heiliger und frommer
Gedanke! Darum ließ er die Toten entsühnen, da-
mit sie von der Sünde befreit werden.

Ein erfolgloser Angriff auf Jerusalem

13 Im Jahr 149 erfuhren die Leute des Ju-
das, daß Antiochus Eupator mit einem
großen Heer gegen Judäa marschierte. 2 Er wurde
begleitet von dem Reichsverweser Lysias, seinem
Vormund. Jeder führte ein Heer von hundert-
zehntausend griechischen Fußsoldaten, fünftau-
sendreihundert Reitern, zweiundzwanzig Elefan-
ten und dreihundert Sichelwagen. 3 Ihnen schloß
sich auch Menelaus an; er redete heuchlerisch
auf den König ein, nicht um das Vaterland zu ret-
ten, sondern weil er glaubte, er habe Aussicht,
wieder in sein Amt (als Hoherpriester) eingesetzt
zu werden. 4 Der höchste König über allen Köni-
gen aber ließ Antiochus zornig werden auf den
Verruchten, und als Lysias andeutete, dieser sei
an allem Unglück schuld, befahl er, ihn nach
Beröa zu schaffen und dort umzubringen. So ist es
Brauch in jener Gegend. 5 Es gibt dort nämlich ei-
nen fünfzig Ellen hohen Turm, der mit glühender
Asche gefüllt ist. In ihm ist eine drehbare Ma-
schine angebracht, die sich nach allen Seiten
schräg zur Asche neigt. 6 Wer des Tempelraubes
schuldig ist oder ein anderes schweres Verbre-
chen begangen hat, den stoßen dort alle in den
Tod. 7 Auf diese Weise fand der Gesetzesbrecher
Menelaus den Tod. Nicht einmal Erde zum Be-
gräbnis wurde ihm zuteil. 8 Damit geschah ihm
nur recht; denn er hatte viele Verbrechen gegen
den Altar begangen, dessen Feuer und Asche hei-
lig sind. Nun fand er in Asche den Tod.
9 Der König aber hatte das Herz eines Barbaren;
er begann, den Juden noch weit Schlimmeres in
Aussicht zu stellen als das, was zur Zeit seines
Vaters geschehen war. 10 Judas hörte davon und
ließ dem Volk bekanntgeben, man solle Tag und
Nacht zum Herrn beten. Wenn je zu einer Zeit,
dann müsse er ihnen jetzt helfen. Man wolle ih-
nen das Gesetz, das Vaterland und den heiligen
Tempel rauben. 11 Gerade erst habe das Volk ein
wenig aufatmen können; Gott möge doch nicht
zulassen, daß sie den ruchlosen Heiden in die
Hände fielen. 12 Drei Tage lang lagen sie ohne Un-
terbrechung auf den Knien und flehten unter Trä-
nen und Fasten gemeinsam den barmherzigen
Herrn an. Judas sprach ihnen Mut zu; dann gab
er ihnen den Befehl, sich bereitzuhalten. 13 Auf ei-
ner geheimen Sitzung der Ältesten ließ er den Be-
schluß fassen, man solle, bevor der König in Ju-
däa eindringen und die Stadt in seine Gewalt
bringen könne, ausrücken und die Sache mit
Gottes Hilfe entscheiden. 14 Er stellte den Ausgang
dem Schöpfer der Welt anheim und feuerte seine
Männer an, bis zum Tod tapfer für Gesetze, Hei-
ligtum, Stadt, Vaterland und Verfassung zu kämp-
fen. Dann schlug er bei Modeïn ein Lager auf.
15 Er gab seinen Truppen als Losung die Worte:
Gottes Sieg. Mit den besten seiner jungen Krie-
ger, die er eigens ausgewählt hatte, überfiel er
nachts das Zelt des Königs, erschlug etwa zwei-
tausend Mann und erstach den Leitelefanten des
Königs mitsamt seinem Treiber. 16 Als sie schließ-
lich das ganze Lager in Furcht und Verwirrung
gebracht hatten, zogen sie sich siegreich wieder
zurück. 17 Bei Tagesanbruch war alles vorbei; der
Herr hatte ihnen mit seiner schützenden Macht
beigestanden.

[18] Nachdem der König diese Kostprobe jüdischer Tapferkeit erhalten hatte, versuchte er, das Land mit Hilfe von List zu besetzen. [19] Er rückte gegen die starke jüdische Festung Bet-Zur vor, wurde aber zurückgeschlagen; dann stieß er wieder vor und wurde wieder geschlagen. [20] Judas ließ die Besatzung mit allem versorgen, was sie brauchte. [21] Ein jüdischer Soldat namens Rhodokus aber verriet den Feinden die militärischen Geheimnisse. Er wurde verhört, festgenommen und eingekerkert. [22] Dann verhandelte der König zum zweitenmal mit der Besatzung von Bet-Zur, schloß mit ihnen einen Vertrag und zog ab. Dabei stieß er auf das Heer des Judas und erlitt eine Schlappe.

[23] Da erfuhr er, daß Philippus in Antiochia abgefallen sei; er hatte ihn dort zurückgelassen, um die Regierungsgeschäfte zu führen. Der König war sehr niedergeschlagen. Er sprach freundlich mit den Juden, gab ihnen nach, sicherte ihnen eidlich die Erfüllung aller gerechten Ansprüche zu, versöhnte sich mit ihnen und brachte ein Opfer dar, ehrte den Tempel und bewies dem Ort sein Wohlwollen. [24] Für den Makkabäer gab er einen Empfang. Als Befehlshaber über das ganze Gebiet Ptolemaïs bis zu den Gerrenern ließ er den Hegemonides zurück [25] und begab sich dann nach Ptolemaïs. Die Einwohner dieser Stadt waren nämlich über die Verträge sehr verärgert; sie hatten sich heftig beschwert und wollten die Abmachungen rückgängig machen. [26] Lysias trat auf die Rednerbühne, gab Rechenschaft, so gut er konnte, überredete, beschwichtigte, stimmte die Leute um und brach dann nach Antiochia auf.

So verliefen der Anmarsch und der Abzug des Königs.

Der Feldzug Nikanors: 14,1–15,36

Die Intrige des Hohenpriesters Alkimus gegen Judas

14 Drei Jahre später erfuhren die Leute des Judas, daß Demetrius, der Sohn des Seleukus, mit starken Truppen und einer Flotte im Hafen von Tripolis gelandet sei. [2] Antiochus und dessen Vormund Lysias habe er aus dem Weg räumen lassen und das Land in seine Gewalt gebracht.

[3] Damals lebte ein Mensch namens Alkimus; er war früher einmal Hoherpriester gewesen, hatte sich aber schon vor der Zeit der Religionsvermischung freiwillig unrein gemacht. Wie er wohl wußte, hatte er sich dadurch in eine ausweglose Lage gebracht, so daß er nie wieder an den heiligen Altar treten konnte. [4] Darum kam er um das Jahr 151 zu König Demetrius und überreichte ihm einen goldenen Kranz mit einem Palmzweig, dazu Ölzweige, wie sie am Heiligtum gebräuchlich sind. An diesem Tag unternahm er weiter nichts. [5] Als aber Demetrius ihn vor seinen Rat rufen ließ und ihn fragte, wie die Stimmung unter den Juden sei und welche Pläne sie hätten, ergriff er die Gelegenheit, um sie für sein eigenes wahnwitziges Vorhaben zu nutzen. Er antwortete:

[6] Es gibt unter den Juden Leute, die sich Hasidäer nennen; sie stehen unter der Führung des Makkabäers Judas. Sie hetzen zu Krieg und Aufruhr und lassen das Reich nicht zur Ruhe kommen. [7] Dadurch wurde mir meine ehrenvolle Stellung geraubt, die mir aufgrund meiner Abstammung zukommt, nämlich das Amt des Hohenpriesters. Nun bin ich hierher gekommen, [8] einmal weil ich der königlichen Sache aufrichtig ergeben bin, dann aber auch aus Sorge für meine Mitbürger. Denn der Unverstand der eben genannten Leute hat unser ganzes Volk in nicht geringes Elend gestürzt. [9] Wenn du, mein König, dir einen genauen Überblick über die Lage verschafft hast, dann sorge für das Land und für unser bedrängtes Volk; du bist ja gegen jedermann freundlich und wohlgesinnt. [10] Solange aber Judas noch lebt, kann es im Reich keinen Frieden geben.

[11] Kaum hatte er das vorgebracht, da hetzten die anderen Vertrauten des Königs, die den Bestrebungen des Judas feindlich gegenüberstanden, Demetrius noch mehr auf. [12] Dieser berief sofort Nikanor, dem er das Kommando über die Elefanten gegeben hatte, und setzte ihn zum Befehlshaber über Judäa ein. Er schickte ihn weg [13] mit dem schriftlichen Auftrag, Judas zu beseitigen, seine Anhänger zu zerstreuen, Alkimus aber als Hohenpriester über den allerhöchsten Tempel

einzusetzen. 14 Dem Nikanor schlossen sich in Scharen die Heiden an, die vor Judas aus Judäa geflohen waren; denn sie glaubten, das Unglück und Mißgeschick der Juden werde ihnen Glück bringen.

Die Freundschaft zwischen Nikanor und Judas

15 Als die Juden vom Anmarsch Nikanors erfuhren und hörten, daß zusammen mit ihm die Heiden anrückten, streuten sie sich Erde auf das Haupt und flehten Gott an, der sein Volk für ewige Zeiten geschaffen hat und sich immer vor aller Welt sichtbar seines Erbteils annimmt. 16 Auf Beschluß ihres Anführers brachen sie sofort auf und trafen bei dem Dorf Dessau auf die Feinde. 17 Simeon, der Bruder des Judas, war zwar schon mit Nikanor zusammengestoßen und hatte sich langsam zurückziehen müssen, weil sein Gegner ihn völlig unvermutet überrascht hatte. 18 Aber Nikanor kam zu Ohren, wie tapfer die Männer des Judas seien und wie mutig sie für ihr Vaterland kämpften; darum wich er der Entscheidung in offener Schlacht aus. 19 Er schickte statt dessen Posidonius, Theodotus und Mattatias, um Friedensverhandlungen aufzunehmen. 20 Nach langen Überlegungen legte der Anführer den Leuten seine Ansicht dar. Es zeigte sich, daß man einer Meinung war, und so billigte man die Verträge. 21 Man verabredete einen Termin, um sich unter Ausschluß der Öffentlichkeit an einem bestimmten Ort zu treffen. Von jeder Seite fuhr ein Wagen vor, und man stellte Stühle auf. 22 Auf Anordnung des Judas hielten sich Bewaffnete in günstiger Stellung bereit, damit die Feinde nicht heimtückisch überraschend einen Anschlag verüben konnten. Doch die Unterredung verlief ohne Zwischenfälle.

23 Nikanor hielt sich in Jerusalem auf, ohne irgendwelchen Anstoß zu erregen; er entließ die Anhänger, die ihm massenweise zugeströmt waren. 24 Auch hatte er Judas ständig um sich und war ihm herzlich zugetan. 25 Er redete ihm zu, er solle heiraten und eine Familie gründen. So heiratete Judas, und es ging ihm gut, und er freute sich seines Lebens.

Die Entzweiung zwischen Judas und Nikanor

26 Dem Alkimus blieb nicht verborgen, daß die beiden einander wohlgesinnt waren. Er verschaffte sich die abgeschlossenen Verträge, begab sich zu Demetrius und hinterbrachte ihm, Nikanor handle dem Staatswohl zuwider: Er habe Judas, den Feind seines Reiches, zum Nachfolger bestimmt. 27 Der König war sehr aufgebracht und gereizt durch die Verleumdungen dieses Schurken. Er schrieb an Nikanor, daß er die Verträge für untragbar halte, und befahl ihm, den Makkabäer auf der Stelle gefesselt nach Antiochia zu schaffen. 28 Nikanor geriet beim Empfang dieser Nachricht in große Bestürzung. Es war ihm sehr zuwider, die Vereinbarungen zu brechen; denn Judas hatte ja kein Unrecht getan. 29 Da er sich aber dem König nicht widersetzen konnte, wartete er auf eine günstige Gelegenheit, um seinen Auftrag mit Hilfe einer List ausführen zu können. 30 Doch der Makkabäer merkte, daß Nikanor ihm gegenüber immer abweisender wurde und daß seine gewohnte Freundlichkeit sich abkühlte. Er wußte, daß diese Schroffheit nichts Gutes bedeuten könne. Darum rief er eine Anzahl von seinen Leuten zusammen und versteckte sich mit ihnen vor Nikanor.

31 Als Nikanor dahinter kam, daß ihn der Mann geschickt überlistet hatte, begab er sich zum allerhöchsten, heiligen Tempel, gerade als die Priester die vorgeschriebenen Opfer darbrachten, und befahl ihnen, Judas auszuliefern. 32 Als diese unter Eid versicherten, sie wüßten nicht, wo sich der Gesuchte zur Zeit aufhalte, 33 erhob er die rechte Hand gegen den Tempel und schwor: Wenn ihr mir Judas nicht gefesselt herausgebt, werde ich dieses Gotteshaus dem Erdboden gleichmachen, den Brandopferaltar niederreißen und an seiner Stelle dem Dionysos einen herrlichen Tempel errichten. 34 Nach diesen Worten ging er weg.

Die Priester erhoben ihre Hände zum Himmel und riefen zu dem, der immer unser Volk beschützt. Sie beteten: 35 Herr, du bist auf nichts angewiesen; dennoch hat es dir gefallen, einen Tempel bauen zu lassen, in dem du unter uns wohnst. 36 Nun, heiliger Herr, von dem alle Heiligung ausgeht, bewahre dieses Haus, das vor kurzem erst entsühnt wurde, unbefleckt in Ewigkeit.

Der Tod Rasis

37 Unter den Ältesten der Stadt Jerusalem gab es einen Mann namens Rasi. Er war seinen Mitbürgern freundlich zugetan, stand in hohem Anse-

hen und hieß wegen seiner Güte Vater der Juden. Dieser Mann wurde bei Nikanor angezeigt. 38 Er hatte sich nämlich schon vor der Zeit der Religionsvermischung offen für das Judentum entschieden und sich dafür bis zum äußersten mit Leib und Leben eingesetzt. 39 Nikanor beschloß, seine Abneigung gegen die Juden sichtbar zu bekunden, und schickte über fünfhundert Soldaten aus, um ihn verhaften zu lassen. 40 Er glaubte nämlich, durch seine Festnahme den Juden einen schweren Schlag zu versetzen.

41 Schon waren die Truppen dabei, den Turm zu besetzen; sie versuchten, sich den Eingang durch das Hoftor mit Gewalt zu erzwingen, und riefen nach Feuer, um die Türen in Brand zu setzen. Rasi war von allen Seiten umzingelt. Da stürzte er sich in das Schwert; 42 denn er wollte lieber in Ehren sterben als den Verruchten in die Hände fallen und eine schimpfliche Behandlung erfahren, die seiner edlen Herkunft unwürdig war. 43 In der Hast aber hatte er sich nicht sofort tödlich getroffen; die Männer stürmten bereits durch die Türen herein. Da lief er mutig hinauf auf die Mauer und stürzte sich entschlossen auf die Menge hinab. 44 Weil diese sofort zurückwich, entstand ein freier Raum, und er fiel mitten auf den leeren Platz. 45 Doch er lebte immer noch; in höchster Erregung erhob er sich, während das Blut in Strömen aus seinen schrecklichen Wunden schoß, durchbrach im Laufschritt die Menge und stellte sich auf einen steil abfallenden Felsen. 46 Fast schon verblutet, riß er sich die Eingeweide aus dem Leib, packte sie mit beiden Händen und schleuderte sie auf die Leute hinunter; dabei rief er den Herrn über Leben und Tod an, er möge sie ihm wiedergeben. So starb er.

Nikanors Lästerungen

15 Nikanor erfuhr, daß Judas sich mit seinen Männern in der Gegend von Samaria aufhielt; da beschloß er, sie ohne jede Gefahr am Ruhetag anzugreifen. 2 Aber die Juden, die gezwungen waren, ihn zu begleiten, sagten: Bring sie doch nicht um, als seist du ein wildes Tier oder ein Barbar. Halte den Tag in Ehren, der von dem, der die ganze Welt überblickt, in besonderer Weise mit Heiligkeit ausgezeichnet wurde. 3 Der dreimal Verfluchte fragte, ob es im Himmel wirklich einen Herrscher gebe, der befohlen habe, den Sabbat zu begehen. 4 Sie bekannten: Der lebendige Herr selbst, der Herrscher im Himmel, hat angeordnet, den Sabbat zu halten. 5 Da erwiderte er: Und ich bin der Herrscher auf der Erde; ich befehle, die Waffen zu ergreifen und zu tun, was das Staatswohl verlangt. Dennoch gelang es ihm nicht, seinen verbrecherischen Plan auszuführen.

Die Ermutigung der Kämpfer durch Judas

6 Nikanor, der in seinem Stolz seinen Kopf hoch trug, hatte beschlossen, öffentlich ein Denkmal seines Sieges über die Männer des Judas zu errichten. 7 Der Makkabäer aber hörte nicht auf, sein Vertrauen und all seine Hoffnung auf die Hilfe des Herrn zu setzen. 8 Er ermahnte seine Männer, sich vor den anrückenden Heiden nicht zu fürchten. Sie sollten daran denken, wie der Himmel ihnen in der Vergangenheit geholfen habe; auch jetzt dürften sie vom Allherrscher den Sieg erwarten. 9 Mit Worten aus dem Gesetz und aus den Propheten flößte er ihnen Mut ein, erinnerte sie auch an die Kämpfe, die sie schon bestanden hatten, und stärkte so ihren Kampfesmut.

10 Nachdem er ihre Begeisterung geweckt hatte, spornte er sie noch weiter an, indem er sie daran erinnerte, wie die Heiden die Verträge nicht gehalten und ihre Schwüre gebrochen hatten. 11 So wappnete er jeden von ihnen, nicht mit der Sicherheit, die Schild und Lanze verleihen, sondern mit dem Mut, den rechte Worte entfachen. Auch erzählte er ihnen einen überaus glaubwürdigen Traum, der alle sehr erfreute. 12 Er hatte folgendes gesehen: Ihm war der frühere Hohepriester Onias erschienen, ein edler und gerechter Mann, bescheiden im Umgang, von gütigem Wesen und besonnen im Reden, von Kindheit an in allem aufs Gute bedacht; dieser breitete seine Hände aus und betete für das ganze jüdische Volk. 13 In gleicher Haltung erschien dann ein Mann mit grauem Haar, von herrlicher Gestalt; der Glanz einer wunderbaren, überwältigenden Hoheit ging von ihm aus. 14 Onias begann zu reden und sagte: Das ist der Freund seiner Brüder, der viel für das Volk und die heilige Stadt betet, Jeremia, der Prophet Gottes. 15 Dann streckte Jeremia die rechte Hand aus und übergab ihm ein goldenes Schwert; dabei sagte er: 16 Nimm das heilige Schwert, das Gott dir schenkt. Mit ihm wirst du die Feinde schlagen.

17 Die Worte des Judas gaben ihnen Zuversicht;
denn sie waren sehr schön und hatten die Kraft,
zur Tapferkeit anzuspornen und die Jugend mit
männlichem Mut zu erfüllen. Man beschloß, kein
Lager zu beziehen, sondern kühn anzugreifen
und mit allem Mut im Kampf Mann gegen Mann
die Entscheidung herbeizuführen; denn die Stadt,
die Religion und das Heiligtum seien in Gefahr.
18 Sie fürchteten weniger um Frauen und Kinder,
um Brüder und Verwandte, als um die Heiligkeit
des Tempels. 19 Die in der Stadt Zurückgebliebe-
nen waren hauptsächlich in Angst wegen des
Angriffs draußen auf offenem Feld. 20 Alle warte-
ten, daß die Entscheidung falle. Schon hatten die
Feinde sich vereinigt, und ihr Heer rückte geord-
net vor; die Elefanten wurden aufgestellt, wo es
am günstigsten war; die Reiterei verteilte sich auf
die Flügel. 21 Der Makkabäer sah, wie die Massen
der Feinde dastanden, die verschiedenen Waffen-
gattungen, die zur Wildheit gereizten Tiere. Da er-
hob er seine Hände zum Himmel und rief zum
Herrn, der Wunder vollbringt. Denn er wußte,
daß es nicht auf die Waffen ankommt, sondern
daß denen der Sieg zufällt, die Gott für würdig er-
achtet. 22 Dabei sprach er dieses Gebet: Unser
Herrscher, du hast zu Hiskija, dem König von
Juda, deinen Engel gesandt, und er erschlug im
Heer Sanheribs hundertfünfundachtzigtausend
Mann. 23 Herrscher im Himmel, sende auch jetzt
einen guten Engel vor uns her, damit er Furcht
und Schrecken verbreitet. 24 Vor deinem gewalti-
gen Arm sollen alle erschrecken, die lästernd ge-
gen dein heiliges Volk heranziehen. So sprach er.

Die Niederlage und der Tod Nikanors

25 Die Truppen Nikanors rückten mit Trompeten-
geschmetter und Kampfliedern vor. 26 Die Leute
des Judas dagegen griffen die Feinde unter Beten
und Flehen an. 27 Mit den Händen kämpften sie,
im Herzen beteten sie zu Gott. Mindestens fünf-
unddreißigtausend Mann streckten sie zu Boden,
hocherfreut, daß Gott sich so sichtbar offenbarte.
28 Schon war der Kampf beendet, und sie wollten
voller Freude aufbrechen, da entdeckten sie Nika-
nor, der in seiner Rüstung erschlagen dalag. 29 Es
gab ein großes Geschrei und Getümmel, und sie
priesen den Herrn in der Sprache ihrer Väter. 30 Ju-
das, der immer mit Leib und Seele für seine Mit-
bürger gestritten hatte, der von Jugend an seinen
Landsleuten herzlich zugetan war, gab den Be-
fehl, ihm den Kopf und eine Hand mitsamt dem
Arm abzuschlagen und nach Jerusalem zu brin-
gen.

31 Sobald er dort angekommen war, rief er seine
Landsleute zusammen und befahl den Priestern,
sich vor dem Altar aufzustellen; auch schickte er
Boten zu der Besatzung der Burg. 32 Dann zeigte
er den Kopf des Verbrechers Nikanor und die
Hand des Lästerers, die dieser prahlend gegen das
heilige Haus des Allherrschers ausgestreckt hatte.
33 Die Zunge des ruchlosen Nikanor ließ er her-
ausschneiden, zerstückeln und den Vögeln zum
Fraß vorwerfen; den Arm ließ er vor dem Tempel
aufhängen als Zeichen des bestraften Wahnsinns.
34 Alle priesen den Herrn im Himmel, der seine
Macht so sichtbar gezeigt hatte, und riefen: Ge-
priesen sei der, der seinen Ort vor der Entwei-
hung bewahrt hat. 35 Den Kopf Nikanors hängte
Judas an die Burg als ein für alle sichtbares und of-
fenkundiges Zeichen der Hilfe des Herrn. 36 In ei-
ner öffentlichen Abstimmung beschlossen alle
einstimmig, diesen Tag nicht ohne Feier vergehen
zu lassen, sondern ihm einen besonderen Rang
zu verleihen; es ist der dreizehnte Tag des zwölf-
ten Monats, der auf aramäisch Adar heißt, der Tag
vor dem Mordechai-Tag.

Nachwort: 15,37–39

37 Das waren die Ereignisse, die mit Nikanor zu-
sammenhingen. Seit jener Zeit blieb die Stadt im
Besitz der Hebräer. Darum höre ich hier mit der Er-
zählung auf. 38 Ist sie gut und geschickt erzählt,
habe ich mein Ziel erreicht; ist sie aber schlecht
oder mittelmäßig – ich habe mein Bestes getan.
39 Es ist gleich ungesund, unvermischten Wein oder
pures Wasser zu trinken. Wein mit Wasser ver-
mischt hingegen schmeckt vorzüglich. Ähnlich
hängt es auch vom Aufbau der Erzählung ab, ob sie
den Geist des Lesers erfreut, dem dieses Buch in die
Hände kommt. Damit will ich schließen.

DIE BÜCHER DER LEHRWEISHEIT UND DIE PSALMEN

DAS BUCH IJOB

Die Rahmenerzählung: 1,1–2,10

Ijobs Rechtlichkeit

1 Im Lande Uz lebte ein Mann mit Namen
Ijob. Dieser Mann war untadelig und recht-
schaffen; er fürchtete Gott und mied das Böse.
2 Sieben Söhne und drei Töchter wurden ihm
geboren. 3 Er besaß siebentausend Stück Klein-
vieh, dreitausend Kamele, fünfhundert Joch Rin-
der und fünfhundert Esel, dazu zahlreiches Ge-
sinde. An Ansehen übertraf dieser Mann alle
Bewohner des Ostens. 4 Reihum hielten seine
Söhne ein Gastmahl, ein jeder an seinem Tag in
seinem Haus. Dann schickten sie hin und luden
auch ihre Schwestern ein, mit ihnen zu essen und
zu trinken. 5 Wenn die Tage des Gastmahls vorbei
waren, schickte Ijob hin und entsühnte sie. Früh
am Morgen stand er auf und brachte so viele
Brandopfer dar, wie er Kinder hatte. Denn Ijob
sagte: Vielleicht haben meine Kinder gesündigt
und Gott gelästert in ihrem Herzen. So tat Ijob
jedesmal.

Zwei Bewährungsproben: 1,6–2,10

Der Verlust des Reichtums

6 Nun geschah es eines Tages, da kamen die Got-
tessöhne, um vor den Herrn hinzutreten; unter
ihnen kam auch der Satan. 7 Der Herr sprach zum
Satan: Woher kommst du? Der Satan antwortete
dem Herrn und sprach: Die Erde habe ich durch-
streift, hin und her. 8 Der Herr sprach zum Satan:
Hast du auf meinen Knecht Ijob geachtet? Seines-
gleichen gibt es nicht auf der Erde, so untadelig
und rechtschaffen, er fürchtet Gott und meidet
das Böse. 9 Der Satan antwortete dem Herrn und
sagte: Geschieht es ohne Grund, daß Ijob Gott
fürchtet? 10 Bist du es nicht, der ihn, sein Haus
und all das Seine ringsum beschützt? Das Tun
seiner Hände hast du gesegnet; sein Besitz hat
sich weit ausgebreitet im Land. 11 Aber streck nur
deine Hand gegen ihn aus, und rühr an all das,
was sein ist; wahrhaftig, er wird dir ins Angesicht
fluchen.

12 Der Herr sprach zum Satan: Gut, all sein Besitz
ist in deiner Hand, nur gegen ihn selbst streck
deine Hand nicht aus! Darauf ging der Satan weg
vom Angesicht des Herrn.

13 Nun geschah es eines Tages, daß seine Söhne
und Töchter im Haus ihres erstgeborenen Bruders
aßen und Wein tranken. 14 Da kam ein Bote zu Ijob
und meldete: Die Rinder waren beim Pflügen,
und die Esel weideten daneben. 15 Da fielen Sa-
bäer ein, nahmen sie weg und erschlugen die
Knechte mit scharfem Schwert. Ich ganz allein
bin entronnen, um es dir zu berichten. 16 Noch ist
dieser am Reden, da kommt schon ein anderer
und sagt: Feuer Gottes fiel vom Himmel, schlug
brennend ein in die Schafe und Knechte und ver-
zehrte sie. Ich ganz allein bin entronnen, um es
dir zu berichten. 17 Noch ist dieser am Reden, da
kommt schon ein anderer und sagt: Die Chaldäer
stellten drei Rotten auf, fielen über die Kamele
her, nahmen sie weg und erschlugen die Knechte
mit scharfem Schwert. Ich ganz allein bin entron-
nen, um es dir zu berichten. 18 Noch ist dieser am
Reden, da kommt schon ein anderer und sagt:
Deine Söhne und Töchter aßen und tranken Wein
im Haus ihres erstgeborenen Bruders. 19 Da kam
ein gewaltiger Wind über die Wüste und packte
das Haus an allen vier Ecken; es stürzte über die
jungen Leute, und sie starben. Ich ganz allein bin
entronnen, um es dir zu berichten. 20 Nun stand
Ijob auf, zerriß sein Gewand, schor sich das
Haupt, fiel auf die Erde und betete an. 21 Dann
sagte er:

Nackt kam ich hervor aus dem Schoß meiner Mutter; / nackt kehre ich dahin zurück. / Der Herr hat gegeben, der Herr hat genommen; / gelobt sei der Name des Herrn.

22 Bei alldem sündigte Ijob nicht und äußerte
nichts Ungehöriges gegen Gott.

Der Verlust der Gesundheit

2 Nun geschah es eines Tages, da kamen die
Gottessöhne, um vor den Herrn hinzutre-
ten; unter ihnen kam auch der Satan, um vor

den Herrn hinzutreten. [2] Da sprach der Herr zum
Satan: Woher kommst du? Der Satan antwortete
dem Herrn: Die Erde habe ich durchstreift, hin
und her. [3] Der Herr sprach zum Satan: Hast du
auf meinen Knecht Ijob geachtet? Seinesgleichen
gibt es nicht auf der Erde, so untadelig und recht-
schaffen; er fürchtet Gott und meidet das Böse.
Noch immer hält er fest an seiner Frömmigkeit,
obwohl du mich gegen ihn aufgereizt hast, ihn
ohne Grund zu verderben. [4] Der Satan antwor-
tete dem Herrn und sagte: Haut um Haut! Alles,
was der Mensch besitzt, gibt er hin für sein Le-
ben. [5] Doch streck deine Hand aus, und rühr an
sein Gebein und Fleisch; wahrhaftig, er wird dir
ins Angesicht fluchen. [6] Da sprach der Herr zum
Satan: Gut, er ist in deiner Hand. Nur schone
sein Leben! [7] Der Satan ging weg vom Angesicht
Gottes und schlug Ijob mit bösartigem Ge-
schwür von der Fußsohle bis zum Scheitel. [8] Ijob
setzte sich mitten in die Asche und nahm eine
Scherbe, um sich damit zu schaben. [9] Da sagte
seine Frau zu ihm: Hältst du immer noch fest an
deiner Frömmigkeit? Lästere Gott, und stirb! [10] Er
aber sprach zu ihr: Wie eine Törin redet, so re-
dest du. Nehmen wir das Gute an von Gott, sol-
len wir dann nicht auch das Böse annehmen?
Bei all dem sündigte Ijob nicht mit seinen Lip-
pen.

Die Streitreden: 2,11–31,40

Der Besuch der Freunde

[11] Die drei Freunde Ijobs hörten von all dem Bösen,
das über ihn gekommen war. Und sie kamen, je-
der aus seiner Heimat: Elifas aus Teman, Bildad
aus Schuach und Zofar aus Naama. Sie vereinbar-
ten hinzugehen, um ihm ihre Teilnahme zu be-
zeigen und um ihn zu trösten.
[12] Als sie von fern aufblickten, erkannten sie ihn
nicht; sie schrien auf und weinten. Jeder zerriß
sein Gewand; sie streuten Asche über ihr Haupt
gegen den Himmel. [13] Sie saßen bei ihm auf der
Erde sieben Tage und sieben Nächte; keiner
sprach ein Wort zu ihm. Denn sie sahen, daß sein
Schmerz sehr groß war.

Ijobs Klage

Die Last des Lebens

3 Danach tat Ijob seinen Mund auf und ver-
fluchte seinen Tag. [2] Ijob ergriff das Wort und
sprach:
[3] Ausgelöscht sei der Tag, an dem ich geboren
bin, / die Nacht, die sprach: Ein Mann ist emp-
fangen.
[4] Jener Tag werde Finsternis, / nie frage Gott von
oben nach ihm, / nicht leuchte über ihm des Ta-
ges Licht.
[5] Einfordern sollen ihn Dunkel und Finsternis, /
Gewölk über ihn sich lagern, / Verfinsterung am
Tag mache ihn schrecklich.
[6] Jene Nacht, das Dunkel raffe sie hinweg, / sie
reihe sich nicht in die Tage des Jahres, / sie füge
sich nicht zur Zahl der Monde.
[7] Ja, diese Nacht sei unfruchtbar, / kein Jubel
komme auf in ihr.
[8] Verwünschen sollen sie die Verflucher der Ta-
ge, / die es verstehen, den Levíatan zu wecken.
[9] Verfinstert seien ihrer Dämmerung Sterne; / sie
harre auf das Licht, jedoch umsonst; / die Wim-
pern der Morgenröte schaue sie nicht.
[10] Denn sie hat die Pforten / an meiner Mutter
Leib nicht verschlossen, / nicht das Leid verbor-
gen vor meinen Augen.
[11] Warum starb ich nicht vom Mutterschoß weg, /
kam ich aus dem Mutterleib und verschied nicht
gleich?
[12] Weshalb nur kamen Knie mir entgegen, /
wozu Brüste, daß ich daran trank?
[13] Still läge ich jetzt und könnte rasten, / ent-
schlafen wäre ich und hätte Ruhe
[14] bei Königen, bei Ratsherren im Land, / die
Grabkammern für sich erbauten,
[15] oder bei Fürsten, reich an Gold, / die ihre Häu-
ser mit Silber gefüllt.
[16] Wie die verscharrte Fehlgeburt wäre ich nicht
mehr, / Kindern gleich, die das Licht nie geschaut.
[17] Dort hören Frevler auf zu toben, / dort ruhen
aus, deren Kraft erschöpft ist.
[18] Auch Gefangene sind frei von Sorgen, / hören
nicht mehr die Stimme des Treibers.

[19] Klein und groß ist dort beisammen, / der
Sklave ist frei von seinem Herrn.
[20] Warum schenkt er dem Elenden Licht / und
Leben denen, die verbittert sind?
[21] Sie warten auf den Tod, der nicht kommt, / sie
suchen ihn mehr als verborgene Schätze.
[22] Sie würden sich freuen über einen Hügel; /
fänden sie ein Grab, sie würden frohlocken.
[23] Wozu Licht für den Mann auf verborgenem
Weg, / den Gott von allen Seiten einschließt?
[24] Bevor ich noch esse, kommt mir das Seuf-
zen, / wie Wasser strömen meine Klagen hin.
[25] Was mich erschreckte, das kam über mich, /
wovor mir bangte, das traf mich auch.
[26] Noch hatte ich nicht Frieden, nicht Rast, nicht
Ruhe, / fiel neues Ungemach mich an.

Die erste Rede des Elifas: 4,1–5,27

Die Vergeltung

4 Da antwortete Elifas von Teman und
sprach: / [2] Versucht man ein Wort an dich, ist
es dir lästig? / Doch die Rede aufzuhalten, wer
vermag es?
[3] Sieh, viele hast du unterwiesen / und er-
schlaffte Hände stark gemacht.
[4] Dem Strauchelnden halfen deine Worte auf, /
wankenden Knien gabst du Halt.
[5] Nun kommt es über dich, da gibst du auf, / nun
faßt es dich an, da bist du verstört.
[6] Ist deine Gottesfurcht nicht deine Zuversicht, /
dein lauterer Lebensweg nicht deine Hoffnung?
[7] Bedenk doch! Wer geht ohne Schuld zu-
grunde? / Wo werden Redliche im Stich gelas-
sen?
[8] Wohin ich schaue: Wer Unrecht pflügt, / wer
Unheil sät, der erntet es auch.
[9] Durch Gottes Atem gehen sie zugrunde, / sie
schwinden hin im Hauch seines Zornes.
[10] Des Löwen Brüllen, des Leuen Knurren, / des
Junglöwen Zähne werden enttäuscht.
[11] Der Löwe verendet aus Mangel an Beute, / die
Jungen der Löwin zerstreuen sich.

Ein Traum

[12] Zu mir hat sich ein Wort gestohlen, / geflüstert
hat es mein Ohr erreicht.
[13] Im Grübeln und bei Nachtgesichten, / wenn
tiefer Schlaf die Menschen überfällt,
[14] kam Furcht und Zittern über mich / und ließ
erschaudern alle meine Glieder.
[15] Ein Geist schwebt an meinem Gesicht vor-
über, / die Haare meines Leibes sträuben sich.
[16] Er steht, ich kann sein Aussehen nicht erken-
nen, / eine Gestalt nur vor meinen Augen, / ich
höre eine Stimme flüstern:
[17] Ist wohl ein Mensch vor Gott gerecht, / ein
Mann vor seinem Schöpfer rein?
[18] Selbst seinen Dienern traut er nicht, / zeiht
seine Engel noch des Irrtums.
[19] Wie erst jene, die im Lehmhaus wohnen, / die
auf den Staub gegründet sind; / schneller als eine
Motte werden sie zerdrückt.
[20] Vom Morgen bis zum Abend werden sie zer-
schlagen, / für immer gehen sie zugrunde, unbe-
achtet.
[21] Wird nicht das Zelt über ihnen abgebrochen, /
so daß sie sterben, ohne Einsicht?

Die Verantwortlichkeit des Menschen

5 Ruf doch! Ist einer, der dir Antwort gibt? / An
wen von den Heiligen willst du dich wen-
den?
[2] Den Toren bringt der Ärger um, / Leidenschaft
tötet den Narren.
[3] Wohl sah ich einen Toren Wurzel fassen, / doch
plötzlich mußte ich seine Wohnstatt verwün-
schen.
[4] Weit weg vom Heil sind seine Kinder, / werden
zertreten im Tor, sind ohne Helfer.
[5] Seine Ernte verzehrt der Hungernde, / selbst
aus Dornen holt er sie heraus, / Durstige lechzen
nach seinem Gut.
[6] Denn nicht aus dem Staub geht Unheil hervor, /
nicht aus dem Ackerboden sproßt die Mühsal,
[7] sondern der Mensch ist zur Mühsal geboren, /
wie Feuerfunken, die hochfliegen.

Die Unterwerfung unter Gott

[8] Ich aber, ich würde Gott befragen / und Gott
meine Sache vorlegen,
[9] der Großes und Unergründliches tut, / Wun-
der, die niemand zählen kann.
[10] Er spendet Regen über die Erde hin / und sen-
det Wasser auf die weiten Fluren,
[11] um Niedere hoch zu erheben, / damit Trau-
ernde glücklich werden.
[12] Er zerbricht die Ränke der Listigen, / damit
ihre Hände nichts Rechtes vollbringen.

13 Weise fängt er in ihrer List, / damit der
Schlauen Plan sich überstürzt.
14 Am hellen Tag stoßen sie auf Finsternis, / am
Mittag tappen sie umher wie in der Nacht.
15 Er rettet vor dem Schwert ihres Mundes, / aus
der Hand des Starken den Armen.
16 Hoffnung wird den Geringen zuteil, / die Bos-
heit muß ihr Maul verschließen.
17 Ja, wohl dem Mann, den Gott zurechtweist. /
Die Zucht des Allmächtigen verschmähe nicht!
18 Denn er verwundet, und er verbindet, / er
schlägt, doch seine Hände heilen auch.
19 In sechs Drangsalen wird er dich retten, / in
sieben rührt kein Leid dich an.
20 In Hungerzeiten rettet er dich vom Tod, / im
Krieg aus der Gewalt des Schwertes.
21 Du bist geborgen vor der Geißel der Zunge, /
brauchst nicht zu bangen, daß Verwüstung
kommt.
22 Über Verwüstung und Hunger kannst du la-
chen, / von wilden Tieren hast du nichts zu
fürchten.
23 Mit den Steinen des Feldes bist du verbün-
det, / die Tiere des Feldes werden Frieden mit
dir halten.
24 Du wirst erfahren, daß dein Zelt in Frie-
den bleibt; / prüfst du dein Heim, so fehlt dir
nichts.
25 Du wirst erfahren, daß deine Nachkommen
zahlreich sind, / deine Sprößlinge wie das Gras
der Erde.
26 Bei voller Kraft steigst du ins Grab, / wie man
Garben einbringt zu ihrer Zeit.
27 Ja, das haben wir erforscht, so ist es. / Wir ha-
ben es gehört. Nimm auch du es an!

Ijobs Gegenrede: 6,1–7,21

Das unerträgliche Los

6 Da antwortete Ijob und sprach:
2 Ach, würde doch mein Gram gewogen, /
legte man auf die Waage auch mein Leid!
3 Denn nun ist es schwerer als der Sand des
Meeres, / darum reden meine Worte irr.
4 Die Pfeile des Allmächtigen stecken in mir, /
mein Geist hat ihr Gift getrunken, / Gottes
Schrecken stellen sich gegen mich.
5 Schreit denn der Wildesel beim Gras, / oder
brüllt der Stier bei seinem Futter?
6 Ißt man denn ungesalzene Speise? / Wer hat
Geschmack an fadem Schleim?
7 Ich sträube mich, daran zu rühren, / das alles
ist mir wie verdorbenes Brot.
8 Käme doch, was ich begehre, / und gäbe Gott,
was ich erhoffe.
9 Und wollte Gott mich doch zermalmen, / seine
Hand erheben, um mich abzuschneiden.
10 Das wäre noch ein Trost für mich; / ich hüpfte
auf im Leid, mit dem er mich nicht schont. /
Denn ich habe die Worte des Heiligen nicht ver-
leugnet.
11 Was ist meine Kraft, daß ich aushalten könn-
te, / wann kommt mein Ende, daß ich mich ge-
dulde?
12 Ist meine Kraft denn Felsenkraft, / ist mein
Fleisch denn aus Erz?
13 Gibt es keine Hilfe mehr für mich, / ist mir jede
Rettung entschwunden?

Die Enttäuschung über die Freunde

14 Des Freundes Liebe gehört dem Verzagten, /
auch wenn er den Allmächtigen nicht mehr
fürchtet.
15 Meine Brüder sind trügerisch wie ein Bach, /
wie Wasserläufe, die verrinnen;
16 trüb sind sie vom Eis, / wenn über ihnen der
Schnee schmilzt.
17 Zur Zeit der Hitze versiegen sie; / wenn es
heiß wird, verdunsten sie in ihrem Bett.
18 Karawanen biegen ab vom Weg, / folgen ih-
nen in die Wüste und kommen um.
19 Nach ihnen spähen Karawanen aus Tema, /
auf sie vertrauen Handelszüge aus Saba.
20 In ihrer Hoffnung werden sie betrogen, / kom-
men hin und sind enttäuscht.
21 So seid ihr jetzt ein Nein geworden: / Ihr
schaut das Entsetzliche und schaudert.
22 Habe ich denn gesagt: Gebt mir etwas, / von
eurem Vermögen zahlt für mich?
23 Rettet mich aus dem Griff des Bedrängers, /
kauft mich los aus der Hand der Tyrannen!
24 Belehrt mich, so werde ich schweigen, /
worin ich fehlte, macht mir klar!
25 Wie wurden redliche Worte verhöhnt, / was
kann euer Tadel rügen?
26 Gedenkt ihr, Worte zu tadeln? / Spricht der
Verzweifelte in den Wind?
27 Selbst um ein Waisenkind würdet ihr wür-
feln, / sogar euren Freund verschachern.

28 Habt endlich die Güte, wendet euch mir zu, /
ich lüge euch nicht ins Gesicht.
29 Kehrt um, kein Unrecht soll geschehen, /
kehrt um, noch bin ich im Recht.
30 Ist denn Unrecht auf meiner Zunge, / oder
schmeckt mein Gaumen das Schlechte nicht?

Die Not des Lebens

7 Ist nicht Kriegsdienst des Menschen Leben
auf der Erde? / Sind nicht seine Tage die ei-
nes Tagelöhners?
2 Wie ein Knecht ist er, der nach Schatten
lechzt, / wie ein Tagelöhner, der auf den Lohn
wartet.
3 So wurden Monde voll Enttäuschung mein
Erbe, / und Nächte voller Mühsal teilte man mir
zu.
4 Lege ich mich nieder, sage ich: / Wann darf ich
aufstehn? / Wird es Abend, bin ich gesättigt mit
Unrast, bis es dämmert.
5 Mein Leib ist gekleidet in Maden und Schorf, /
meine Haut schrumpft und eitert.
6 Schneller als das Weberschiffchen eilen mei-
ne Tage, / der Faden geht aus, sie schwinden da-
hin.
7 Denk daran, daß mein Leben nur ein Hauch
ist. / Nie mehr schaut mein Auge Glück.
8 Kein Auge gewahrt mich, das nach mir sieht, /
suchen mich deine Augen, dann bin ich nicht
mehr da.
9 Die Wolke schwindet, vergeht, / so steigt nie
mehr auf, wer zur Unterwelt fuhr.
10 Nie kehrt er zurück in sein Haus, / nie mehr
erblickt ihn sein Ort.

Die unbegreifliche Heimsuchung

11 So wehre ich nicht meinem Mund, / mit be-
drängtem Geist will ich reden, / mit betrübter
Seele will ich klagen.
12 Bin ich das Meer, der Meeresdrache, / daß du
gegen mich eine Wache stellst?
13 Sagte ich: Mein Lager soll mich trösten, / mein
Bett trage das Leid mit mir!,
14 so quältest du mich mit Träumen, / und mit
Gesichten jagtest du mich in Angst.
15 Erwürgt zu werden, zöge ich vor, / den Tod
diesem Totengerippe.
16 Ich mag nicht mehr. Ich will nicht ewig leben. /
Laß ab von mir; denn nur ein Hauch sind meine
Tage.
17 Was ist der Mensch, daß du groß ihn achtest /
und deinen Sinn auf ihn richtest,
18 daß du ihn musterst jeden Morgen / und jeden
Augenblick ihn prüfst?
19 Wie lange schon schaust du nicht weg von
mir, / läßt mich nicht los, so daß ich den Speichel
schlucke?
20 Hab' ich gefehlt? / Was tat ich dir, du Men-
schenwächter? / Warum stellst du mich vor dich
als Zielscheibe hin? / Bin ich dir denn zur Last
geworden?
21 Warum nimmst du mein Vergehen nicht
weg, / läßt du meine Schuld nicht nach? / Dann
könnte ich im Staub mich betten; / suchtest du
mich, wäre ich nicht mehr da.

Die erste Rede Bildads: 8,1–22

Das Gesetz der Vergeltung

8 Da antwortete Bildad von Schuach und
sprach: /
2 Wie lange noch willst du derlei reden? / Nur
heftiger Wind sind die Worte deines Mundes.
3 Beugt etwa Gott das Recht, / oder beugt der All-
mächtige die Gerechtigkeit?
4 Haben deine Kinder gefehlt gegen ihn, / gab er
sie der Gewalt ihres Frevels preis.
5 Wenn du mit Eifer Gott suchst, / an den All-
mächtigen dich flehend wendest,
6 wenn du rein bist und recht, / dann wird er
über dich wachen, / dein Heim herstellen, wie es
dir zusteht.
7 Und war dein Anfang auch gering, / dein Ende
wird gewaltig groß.

Das Zeugnis der Erfahrung

8 Ja, frag nur das frühere Geschlecht, / und merk
dir, was die Väter erforschten.
9 Wir sind von gestern nur und wissen nichts, /
wie Schatten sind auf Erden unsre Tage.
10 Unterweisen sie dich nicht, sprechen sie nicht
zu dir, / geben sie dir nicht Worte aus ihrem
Herzen:
11 Wächst ohne Sumpf das Schilfrohr hoch, /
wird Riedgras ohne Wasser groß?
12 In Blüte und noch nicht gemäht, / verwelkt es
schon vor allem Gras.
13 So enden alle, die Gott vergessen, / des Ruch-
losen Hoffen wird zunichte.

14 Ein Spinngewebe ist seine Zuversicht, / ein
Spinnennetz sein Verlaß.
15 Stützt er sich auf sein Haus, es hält nicht
stand, / klammert er sich daran, es bleibt nicht
stehen.
16 Er steht im Saft vor der Sonne, / seine Zweige
überwuchern den Garten,
17 im Geröll verflechten sich seine Wurzeln, /
zwischen Steinen halten sie sich fest.
18 Doch Gott tilgt ihn aus an seiner Stätte, / sie
leugnet ihn: Nie habe ich dich gesehen.
19 Siehe, das ist die Freude seines Weges, / und
ein anderer sprießt aus dem Staub.
20 Ja, Gott verschmäht den Schuldlosen nicht, /
die Hand der Boshaften aber hält er nicht fest.
21 Mit Lachen wird er deinen Mund noch fül-
len, / deine Lippen mit Jubel.
22 Deine Hasser werden sich kleiden in
Schmach, / das Zelt der Frevler besteht nicht
mehr.

Ijobs Gegenrede: 9,1–10,22

Gottes Macht

9 Da antwortete Ijob und sprach:
2 Wahrhaftig weiß ich, daß es so ist: / Wie
wäre ein Mensch bei Gott im Recht!
3 Wenn er mit ihm rechten wollte, / nicht auf
eins von tausend könnt' er ihm Rede stehen.
4 Weisen Sinnes und stark an Macht – / wer böte
ihm Trotz und bliebe heil?
5 Er versetzt Berge; sie merken es nicht, / daß er
in seinem Zorn sie umstürzt.
6 Er erschüttert die Erde an ihrem Ort, / so daß
ihre Säulen erzittern.
7 Er spricht zur Sonne, so daß sie nicht strahlt, /
er versiegelt die Sterne.
8 Er spannt allein den Himmel aus / und schrei-
tet einher auf den Höhen des Meeres.
9 Er schuf das Sternbild des Bären, den Orion, /
das Siebengestirn, die Kammern des Südens.
10 Er schuf so Großes, es ist nicht zu erforschen, /
Wunderdinge, sie sind nicht zu zählen.
11 Zieht er an mir vorüber, ich seh' ihn nicht, /
fährt er daher, ich merk' ihn nicht.
12 Rafft er hinweg, wer hält ihn zurück? / Wer
darf zu ihm sagen: Was tust du da?
13 Gott hält seinen Zorn nicht zurück, / unter ihm
mußten selbst Rahabs Helfer sich beugen.

Die Ohnmacht des Menschen

14 Wie sollte denn ich ihm entgegnen, / wie meine
Worte gegen ihn wählen?
15 Und wär' ich im Recht, ich könnte nichts ent-
gegnen, / um Gnade müßte ich bei meinem Rich-
ter flehen.
16 Wollte ich rufen, würde er mir Antwort ge-
ben? / Ich glaube nicht, daß er auf meine Stimme
hört.
17 Er, der im Sturm mich niedertritt, / ohne
Grund meine Wunden mehrt,
18 er läßt mich nicht zu Atem kommen, / er sät-
tigt mich mit Bitternis.
19 Geht es um Kraft, er ist der Starke, / geht es um
Recht, wer lädt mich vor?
20 Wär' ich im Recht, mein eigener Mund
spräche mich schuldig, / wäre ich gerade, er
machte mich krumm.
21 Schuldlos bin ich, doch achte ich nicht auf
mich, / mein Leben werfe ich hin.
22 Einerlei; so sag' ich es denn: / Schuldlos wie
schuldig bringt er um.
23 Wenn die Geißel plötzlich tötet, / spottet er
über der Schuldlosen Angst.
24 Die Erde ist in Frevlerhand gegeben, / das Ge-
sicht ihrer Richter deckt er zu. / Ist er es nicht,
wer ist es dann?
25 Schneller als ein Läufer eilen meine Tage, / sie
fliehen dahin und schauen kein Glück.
26 Sie gleiten vorbei wie Kähne aus Schilf, / dem
Adler gleich, der auf Beute stößt.
27 Sage ich: Ich will meine Klage vergessen, /
meine Miene ändern und heiter blicken!,
28 so graut mir vor all meinen Schmerzen; / ich
weiß, du sprichst mich nicht frei.
29 Ich muß nun einmal schuldig sein, / wozu
müh' ich mich umsonst?
30 Wollte ich auch mit Schnee mich waschen, /
meine Hände mit Lauge reinigen,
31 du würdest mich doch in die Grube tauchen, /
so daß meinen Kleidern vor mir ekelt.
32 Denn du bist kein Mensch wie ich, / dem ich
entgegnen könnte: / Laßt uns zusammen zum
Gericht gehen!
33 Gäbe es doch einen Schiedsmann zwischen
uns! / Er soll seine Hand auf uns beide legen.
34 Er nehme von mir seine Rute, / sein Schrek-
ken soll mich weiter nicht ängstigen;
35 dann will ich reden, ohne ihn zu fürchten. /
Doch so ist es nicht um mich bestellt.

Ijobs Klage

10 Zum Ekel ist mein Leben mir geworden, / ich lasse meiner Klage freien Lauf, / reden will ich in meiner Seele Bitternis.

2 Ich sage zu Gott: Sprich mich nicht schuldig, / laß mich wissen, warum du mich befehdest.

3 Nützt es dir, daß du Gewalt verübst, / daß du das Werk deiner Hände verwirfst, / doch über dem Plan der Frevler aufstrahlst?

4 Hast du die Augen eines Sterblichen, / siehst du, wie Menschen sehen?

5 Sind Menschentagen deine Tage gleich / und deine Jahre wie des Mannes Tage,

6 daß du Schuld an mir suchst, / nach meiner Sünde fahndest,

7 obwohl du weißt, daß ich nicht schuldig bin / und keiner mich deiner Hand entreißt?

8 Deine Hände haben mich gebildet, mich gemacht; / dann hast du dich umgedreht und mich vernichtet.

9 Denk daran, daß du wie Ton mich geschaffen hast. / Zum Staub willst du mich zurückkehren lassen.

10 Hast du mich nicht ausgegossen wie Milch, / wie Käse mich gerinnen lassen?

11 Mit Haut und Fleisch hast du mich umkleidet, / mit Knochen und Sehnen mich durchflochten.

12 Leben und Huld hast du mir verliehen, / deine Obhut schützte meinen Geist.

13 Doch verbirgst du dies in deinem Herzen; / ich weiß, das hattest du im Sinn.

14 Sündige ich, wirst du mich bewachen, / mich nicht freisprechen von meiner Schuld.

15 Wenn ich schuldig werde, dann wehe mir! / Bin ich aber im Recht, darf ich das Haupt nicht erheben, / bin gesättigt mit Schmach und geplagt mit Kummer.

16 Erhebe ich es doch, jagst du mich wie ein Löwe / und verhältst dich wieder wunderbar gegen mich.

17 Neue Zeugen stellst du gegen mich, / häufst deinen Unwillen gegen mich, / immer neue Heere führst du gegen mich.

18 Warum ließest du mich aus dem Mutterschoß kommen, / warum verschied ich nicht, ehe mich ein Auge sah?

19 Wie nie gewesen wäre ich dann, / vom Mutterleib zum Grab getragen.

20 Sind wenig nicht die Tage meines Lebens? / Laß ab von mir, damit ich ein wenig heiter blicken kann,

21 bevor ich fortgehe ohne Wiederkehr / ins Land des Dunkels und des Todesschattens,

22 ins Land, so finster wie die Nacht, / wo Todesschatten herrscht und keine Ordnung, / und wenn es leuchtet, ist es wie tiefe Nacht.

Die erste Rede Zofars: 11,1–20

Die Größe Gottes

11 Da antwortete Zofar von Naama und sprach:

2 Soll dieser Wortschwall ohne Antwort bleiben, / und soll der Maulheld recht behalten?

3 Dein Geschwätz läßt Männer schweigen, / du darfst spotten, ohne daß einer dich beschämt.

4 Du sagtest: Rein ist meine Lehre, / und lauter war ich stets in deinen Augen.

5 O, daß Gott doch selber spräche, / seine Lippen öffnete gegen dich.

6 Er würde dich der Weisheit Tiefen lehren, / daß sie wie Wunder sind für den klugen Verstand. / Wisse, daß Gott dich zur Rechenschaft zieht in deiner Schuld.

7 Die Tiefen Gottes willst du finden, / bis zur Vollkommenheit des Allmächtigen vordringen?

8 Höher als der Himmel ist sie, was machst du da? / Tiefer als die Unterwelt, was kannst du wissen?

9 Länger als die Erde ist ihr Maß, / breiter ist sie als das Meer.

10 Wenn er daherfährt und gefangennimmt, / wenn er zusammentreibt, wer hält ihn ab?

11 Denn er kennt die falschen Leute, / sieht das Unrecht und nimmt es wahr.

12 Kommt denn ein Hohlkopf zur Besinnung, / wird ein Wildesel als ein Mensch geboren?

Die Aufgabe des Menschen

13 Wenn du selbst dein Herz in Ordnung bringst / und deine Hände zu ihm ausbreitest –

14 wenn Unrecht klebt an deiner Hand, entfern es, / und laß nicht Schlechtigkeit in deinem Zelte wohnen! –,

15 dann kannst du makellos deine Augen erheben, / fest stehst du da und brauchst dich nicht zu fürchten.

16 Dann wirst du auch das Ungemach ver-
gessen, / du denkst daran wie an Wasser, das ver-
lief.
17 Heller als der Mittag erhebt sich dann dein Le-
ben, / die Dunkelheit wird wie der Morgen sein.
18 Du fühlst dich sicher, weil noch Hoffnung ist; /
geborgen bist du, du kannst in Ruhe schlafen.
19 Du kannst dich lagern, ohne daß jemand dich
schreckt, / und viele mühen sich um deine
Gunst.
20 Doch der Frevler Augen verschmachten, /
jede Zuflucht schwindet ihnen; / ihr Hoffen ist,
das Leben auszuhauchen.

Ijobs Gegenrede: 12,1–14,22

Das Schweigen Gottes

12 Da antwortete Ijob und sprach:
2 Wahrhaftig, ihr seid besondere Leute, /
und mit euch stirbt die Weisheit aus.
3 Ich habe auch Verstand wie ihr, / ich falle nicht
ab im Vergleich mit euch. / Wer wüßte wohl der-
gleichen nicht?
4 Zum Spott für die eigenen Freunde soll ich
sein, / ich, der Gott anruft, daß er mich hört, / ein
Spott der Fromme, der Gerechte.
5 Dem Unglück Hohn! So denkt, wer ohne Sorge
ist, / wer fest sich weiß, wenn Füße wanken.
6 In Ruhe sind der Gewaltmenschen Zelte, / voll
Sicherheit sind sie, die Gott erzürnen, / die wäh-
nen, Gott mit ihrer Hand zu greifen.

Das unbegreifliche Walten Gottes

7 Doch frag nur die Tiere, sie lehren es dich, / die
Vögel des Himmels, sie künden es dir.
8 Rede zur Erde, sie wird dich lehren, / die Fi-
sche des Meeres erzählen es dir.
9 Wer wüßte nicht bei alledem, / daß die Hand
des Herrn dies gemacht hat?
10 In seiner Hand ruht die Seele allen Lebens /
und jeden Menschenleibes Geist.
11 Darf nicht das Ohr die Worte prüfen, / wie mit
dem Gaumen man die Speisen schmeckt?
12 Findet sich bei Greisen wirklich Weisheit, /
und ist langes Leben schon Einsicht?
13 Bei ihm allein ist Weisheit und Heldenkraft, /
bei ihm sind Rat und Einsicht.
14 Wenn er einreißt, baut keiner wieder auf; / wen
er einschließt, dem wird nicht mehr geöffnet.
15 Wenn er die Wasser dämmt, versiegen sie, /
läßt er sie frei, zerwühlen sie das Land.
16 Bei ihm ist Macht und Klugheit, / sein ist, wer
irrt und wer irreführt.
17 Er läßt Ratsherren barfuß gehen, / Richter
macht er zu Toren.
18 Fesseln von Königen löst er auf / und bindet ei-
nen Gurt um ihre Hüften.
19 Er läßt Priester barfuß gehen, / alte Ge-
schlechter bringt er zu Fall.
20 Das Wort entzieht er den Bewährten, / den Äl-
testen nimmt er die Urteilskraft.
21 Verachtung gießt er auf die Edlen, / den Star-
ken lockert er den Gurt.
22 Verborgenes enthüllt er aus dem Dunkel, /
Finsternis führt er ans Licht.
23 Völker läßt er wachsen und tilgt sie aus; /
er breitet Völker aus und rafft sie dann hin-
weg.
24 Den Häuptern des Landes nimmt er den Ver-
stand, / läßt sie irren in wegloser Wüste.
25 Sie tappen umher im Dunkel ohne Licht, / er
läßt sie irren wie Trunkene.

Das leere Gerede der Freunde

13 Seht, all das hat mein Auge gesehen, /
mein Ohr gehört und wohl gemerkt.
2 Was ihr wißt, weiß ich auch; / ich falle nicht ab
im Vergleich mit euch.
3 Doch ich will zum Allmächtigen reden, / mit
Gott zu rechten ist mein Wunsch.
4 Ihr aber seid nur Lügentüncher, / untaugliche
Ärzte alle.
5 Daß ihr endlich schweigen wolltet; / das
würde Weisheit für euch sein.
6 Hört doch meinen Rechtsbeweis, / merkt auf
die Streitreden meiner Lippen!
7 Wollt ihr für Gott Verkehrtes reden / und sei-
netwegen Lügen sprechen?
8 Wollt ihr für ihn Partei ergreifen, / für Gott den
Rechtsstreit führen?
9 Ginge es gut, wenn er euch durchforschte, /
könnt ihr ihn täuschen, wie man Menschen
täuscht?
10 In harte Zucht wird er euch nehmen, / wenn
ihr heimlich Partei ergreift.
11 Wird seine Hoheit euch nicht schrecken, /
nicht Schrecken vor ihm euch überfallen?
12 Eure Merksätze sind Sprüche aus Staub, / eure
Schilde Schilde aus Lehm.

Die Verteidigung der eigenen Unschuld

13 Schweigt vor mir, damit ich reden kann. / Dann
komme auf mich, was mag.
14 Meinen Leib nehme ich zwischen die Zähne, /
in meine Hand leg' ich mein Leben.
15 Er mag mich töten, ich harre auf ihn; / doch
meine Wege verteidige ich vor ihm.
16 Schon das wird mir zum Heile dienen, / kein
Ruchloser kommt ja vor sein Angesicht.
17 Hört nun genau auf meine Rede, / was ich er-
kläre vor euren Ohren.
18 Seht, ich bringe den Rechtsfall vor; / ich weiß,
ich bin im Recht.
19 Wer ist es, der mit mir streitet? / Gut, dann will
ich schweigen und verscheiden.
20 Zwei Dinge nur tu mir nicht an, / dann ver-
berge ich mich nicht vor dir:
21 Zieh deine Hand von mir zurück; / nicht soll
die Angst vor dir mich schrecken.
22 Dann rufe, und ich will Rede stehen, / oder ich
rede, und du antworte mir!
23 Wieviel habe ich an Sünden und Vergehen? /
Meine Schuld und mein Vergehen sag mir an!
24 Warum verbirgst du dein Angesicht / und
siehst mich an als deinen Feind?
25 Verwehtes Laub willst du noch scheuchen, /
dürre Spreu noch forttreiben?
26 Denn Bitterkeit verschreibst du mir, / teilst
mir die Sünden meiner Jugend zu.
27 In den Block legst du meine Füße, / du über-
wachst auch alle meine Pfade / und zeichnest ei-
nen Strich um meiner Füße Sohlen.
28 Er selbst zerfällt wie Verfaultes, / dem Kleide
gleich, das die Motte fraß.

Ijobs Hoffnungslosigkeit

14 Der Mensch, vom Weib geboren, / knapp
an Tagen, unruhvoll,
2 er geht wie die Blume auf und welkt, / flieht
wie ein Schatten und bleibt nicht bestehen.
3 Doch über ihm hältst du dein Auge offen, / und
ihn bringst du ins Gericht mit dir.
4 Kann denn ein Reiner von Unreinem kom-
men? / Nicht ein einziger.
5 Wenn seine Tage fest bestimmt sind / und
die Zahl seiner Monde bei dir, / wenn du gesetzt
hast seine Grenzen, / so daß er sie nicht über-
schreitet,
6 schau weg von ihm! Laß ab, / damit er seines
Tags sich freue wie ein Tagelöhner.
7 Denn für den Baum besteht noch Hoffnung, /
ist er gefällt, so treibt er wieder, / sein Sprößling
bleibt nicht aus.
8 Wenn in der Erde seine Wurzel altert / und sein
Stumpf im Boden stirbt,
9 vom Dunst des Wassers sproßt er wieder, / und
wie ein Setzling treibt er Zweige.
10 Doch stirbt ein Mann, so bleibt er kraftlos, /
verscheidet ein Mensch, wo ist er dann?
11 Die Wasser schwinden aus dem Meer, / der
Strom vertrocknet und versiegt.
12 So legt der Mensch sich hin, steht nie mehr
auf; / die Himmel werden vergehen, eh' er er-
wacht, / eh' er aus seinem Schlaf geweckt wird.
13 Daß du mich in der Unterwelt verstecktest, /
mich bergen wolltest, bis dein Zorn sich wendet, /
ein Ziel mir setztest und dann an mich dächtest!
14 Wenn einer stirbt, lebt er dann wieder auf? /
Alle Tage meines Kriegsdienstes harrte ich, / bis
einer käme, um mich abzulösen.
15 Du riefest, und ich gäbe Antwort, / du sehntest
dich nach deiner Hände Werk.
16 Dann würdest du meine Schritte zählen, / auf
meinen Fehltritt nicht mehr achten.
17 Versiegelt im Beutel wäre mein Vergehen, / du
würdest meinen Frevel übertünchen.
18 Jedoch der Berg, der fällt, zergeht, / von seiner
Stätte rückt der Fels.
19 Das Wasser zerreibt Steine, / Platzregen spült
das Erdreich fort; / so machst du das Hoffen des
Menschen zunichte.
20 Du bezwingst ihn für immer, so geht er dahin, /
du entstellst sein Gesicht und schickst ihn fort.
21 Sind seine Kinder in Ehren, er weiß es nicht; /
sind sie verachtet, er merkt es nicht.
22 Sein Leib fühlt nur die eigenen Schmerzen, /
seine Seele trauert nur um sich selbst.

Die zweite Rede des Elifas: 15,1–35

Die Sündigkeit aller Menschen

15 Da antwortete Elifas von Teman und
sprach:
2 Gibt ein Weiser windige Kunde zur Antwort,
füllt er sein Inneres mit Ostwind an,
3 um zu rechten mit Gerede, das nichts taugt, /
mit Worten, in denen kein Nutzen liegt?
4 Du brichst sogar die Gottesfurcht, / zerstörst
das Besinnen vor Gott.

[5] Denn deine Schuld belehrt deinen Mund, / die
Sprache der Listigen hast du gewählt.
[6] Dein eigener Mund verurteilt dich, nicht ich, /
deine Lippen zeugen gegen dich.
[7] Bist du als erster Mensch geboren, / kamst du
zur Welt noch vor den Hügeln?
[8] Hast du gelauscht im Rate Gottes / und die
Weisheit an dich gerissen?
[9] Was weißt du, das wir nicht wissen, / verstehst
du, was uns nicht bekannt ist?
[10] Auch unter uns sind Alte, sind Ergraute, / die
älter sind an Tagen als dein Vater.
[11] Ist zu gering dir Gottes Tröstung, / ein Wort,
das sanft mit dir verfährt?
[12] Wie reißt doch dein Herz dich fort, / wie über-
heben sich deine Augen,
[13] daß gegen Gott deinen Zorn du wendest / und
Worte (gegen ihn) aus deinem Mund stößt?
[14] Was ist der Mensch, daß rein er wäre, / der
vom Weib Geborene, daß er im Recht sein
könnte?
[15] Sieh doch, selbst seinen Heiligen traut er
nicht, / und der Himmel ist nicht rein vor ihm.
[16] Geschweige denn ein Unreiner und Verderb-
ter, / ein Mensch, der Verkehrtes trinkt wie Was-
ser.

Die Hoffnungslosigkeit des Frevlers

[17] Verkünden will ich dir, hör mir zu! / Was ich ge-
schaut, will ich erzählen,
[18] was Weise zu berichten wissen, / was ihre Vä-
ter ihnen nicht verhehlten.
[19] Ihnen allein war das Land gegeben, / kein
Fremder ging unter ihnen einher.
[20] Der Frevler bebt in Ängsten all seine Tage, /
die Zahl der Jahre ist dem Tyrannen verborgen.
[21] In seinen Ohren hallen Schreckensrufe, / mit-
ten im Frieden kommt der Verwüster über ihn.
[22] Er kann nicht hoffen, dem Dunkel zu ent-
fliehen, / aufgespart ist er für das Schwert.
[23] Er irrt umher nach Brot, wo (er es finde), / er
weiß, daß ihn ein schwarzer Tag bedroht.
[24] Not und Drangsal erschrecken ihn, / sie
packen ihn wie ein kampfbereiter König.
[25] Denn gegen Gott erhebt er seine Hand, / ge-
gen den Allmächtigen erkühnt er sich.
[26] Halsstarrig rennt er gegen ihn an / mit den
dicken Buckeln seiner Schilde.
[27] Mit Fett bedeckt er sein Gesicht, / tut Fett um
seine Hüfte.
[28] Er wohnt in zerstörten Städten, / in Häusern,
darin niemand wohnt, / die man zu Trümmer-
stätten bestimmt.
[29] Er wird nicht reich; sein Besitz hat nicht Be-
stand; / zur Erde neigt sich seine Ähre nicht.
[30] Der Finsternis entrinnt er nicht, / die Flam-
menglut dörrt seinen Schößling aus, / er schwin-
det dahin beim Hauch seines Mundes.
[31] Er baue nicht auf eitlen Trug; / denn sein Er-
werb wird nur Enttäuschung sein.
[32] Bevor sein Tag kommt, welkt er hin, / und sein
Palmzweig grünt nicht mehr.
[33] Er stößt ihn ab wie der Weinstock saure Trau-
ben, / wie der Ölbaum wirft er seine Blüten fort.
[34] Unfruchtbar ist der Ruchlosen Rotte, / und
Feuer verzehrt die Zelte der Bestechung.
[35] Von Mühsal schwanger, gebären sie nur Un-
heil; / nur Trug ist, was ihr Schoß hervorbringt.

Ijobs Gegenrede: 16,1–17,16

Die leidigen Tröster

16 Da antwortete Ijob und sprach:
[2] Ähnliches habe ich schon viel gehört; /
leidige Tröster seid ihr alle.
[3] Sind nun zu Ende die windigen Worte, / oder
was sonst reizt dich zum Widerspruch?
[4] Auch ich könnte reden wie ihr, / wenn ihr an
meiner Stelle wäret, / schöne Worte über euch
machen / und meinen Kopf über euch schütteln.
[5] Ich könnte euch stärken mit meinem Mund, /
nicht sparen das Beileid meiner Lippen.

Gottes ungerechter Angriff

[6] Rede ich, hört doch mein Schmerz nicht auf; /
schweige ich, so weicht er nicht vor mir.
[7] Jetzt aber hat er mich erschöpft. / Den Kreis der
Freunde hast du mir verstört
[8] und mich gepackt. / Mein Verfall erhebt sich /
und tritt als Zeuge gegen mich auf; / er wider-
spricht mir ins Gesicht.
[9] Sein Zorn zerreißt, befehdet mich, / knirscht
gegen mich mit den Zähnen, / mein Gegner
schärft die Augen gegen mich.
[10] Sie sperren ihr Maul gegen mich auf, / schla-
gen voll Hohn mich auf die Wangen, / scharen
sich gegen mich zusammen.
[11] Gott gibt mich dem Bösen preis, / in die Hand
der Frevler stößt er mich.

12 In Ruhe lebte ich, da hat er mich erschüttert, /
mich im Nacken gepackt, mich zerschmettert, /
mich als Zielscheibe für sich aufgestellt.
13 Seine Pfeile umschwirren mich, / schonungs-
los durchbohrt er mir die Nieren, / schüttet meine
Galle zur Erde.
14 Bresche über Bresche bricht er mir, / stürmt
wie ein Krieger gegen mich an.
15 Ein Trauergewand hab ich meiner Haut
genäht, / mein Horn in den Staub gesenkt.
16 Mein Gesicht ist vom Weinen rot, / und Dun-
kel liegt auf meinen Wimpern.
17 Doch kein Unrecht klebt an meinen Händen, /
und mein Gebet ist lauter.

Der Zeuge im Himmel

18 O Erde, deck mein Blut nicht zu, / und ohne
Ruhstatt sei mein Hilfeschrei!
19 Nun aber, seht, im Himmel ist mein Zeuge, /
mein Bürge in den Höhen.
20 Da meine Freunde mich verspotten, / tränt zu
Gott hin mein Auge.
21 Recht schaffe er dem Mann bei Gott / und zwi-
schen Mensch und Mensch.
22 Denn nur noch wenig Jahre werden kom-
men, / dann muß ich den Pfad beschreiten, / auf
dem man nicht wiederkehrt.

Die Klage des Verhöhnten

17 Mein Geist ist verwirrt, / meine Tage sind
ausgelöscht, / nur Gräber bleiben mir.
2 Wahrhaftig, nur Spott begleitet mich. / In Bit-
terkeit verbringt mein Auge die Nacht.
3 Hinterleg die Bürgschaft für mich bei dir! / Wer
würde sonst den Handschlag für mich leisten?
4 Ihr Herz hast du der Einsicht verschlossen, /
darum läßt du sie nicht triumphieren.
5 Zum Teilen lädt einer die Freunde ein, /
während die Augen seiner Kinder verschmach-
ten.
6 Zum Spott für die Leute stellte er mich hin, / ich
wurde einer, dem man ins Gesicht spuckt.
7 Vor Kummer ist mein Auge matt, / all meine
Glieder schwinden wie Schatten dahin.
8 Darüber entsetzen sich die Redlichen, / der
Reine empört sich über den Ruchlosen.
9 Doch der Gerechte hält fest an seinem Weg, /
wer reine Hände hat, gewinnt an Kraft.
10 Ihr alle, kehrt um, kommt wieder her, / ich
finde ja noch keinen Weisen bei euch.

Die Not des Verzweifelten

11 Dahin sind meine Tage, / zunichte meine Pläne,
meine Herzenswünsche.
12 Sie machen mir die Nacht zum Tag, / das Licht
nähert sich dem Dunkel.
13 Ich habe keine Hoffnung. / Die Unterwelt
wird mein Haus, / in der Finsternis breite ich
mein Lager aus.
14 Zur Grube rufe ich: Mein Vater bist du!, /
Meine Mutter, meine Schwester!, zum Wurm.
15 Wo ist dann meine Hoffnung / und wo mein
Glück? Wer kann es schauen?
16 Fahren sie zur Unterwelt mit mir hinab, / sin-
ken wir vereint in den Staub?

Die zweite Rede Bildads: 18,1–21

Die Selbstverteidigung Bildads

18 Da antwortete Bildad von Schuach und
sprach:
2 Wann endlich macht ihr Schluß mit den Re-
den? / Nehmt Einsicht an, dann reden wir.
3 Warum sind wir wie Vieh geachtet, / gelten als
unrein in euren Augen?
4 Du, der sich selbst zerfleischt in seinem Zorn, /
soll deinetwegen die Erde sich entvölkern, / der
Fels von seiner Stelle rücken?

Das Schicksal des Frevlers

5 Ja, der Frevler Licht erlischt, / die Flamme seines
Feuers strahlt nicht auf.
6 Das Licht in seinem Zelte dunkelt, / seine
Leuchte über ihm erlischt.
7 Eng wird sein gewaltiger Schritt, / sein eigner
Plan bringt ihn zu Fall.
8 Denn mit seinen Füßen gerät er ins Netz, / und
über Flechtwerk schreitet er dahin.
9 Das Klappnetz packt ihn an der Ferse, / die
Schlinge hält ihn fest.
10 Versteckt am Boden liegt sein Fangstrick, / die
Falle für ihn auf dem Pfad.
11 Ringsum ängstigen ihn Schrecken / und
scheuchen ihn auf Schritt und Tritt.
12 Hungrig nach ihm ist sein Unheil, / das Ver-
derben steht bereit zu seinem Sturz.
13 Es frißt die Glieder seines Leibes, / seine Glie-
der frißt des Todes Erstgeborener.
14 Ausgerissen wird aus seinem Zelt die Zuver-
sicht, / du treibst ihn fort zum König der Schrecken.

15 Ihm Fremdes wohnt in seinem Zelt, / Schwe-
fel wird auf seinen Hof gestreut.
16 Von unten her verdorren seine Wurzeln, / von
oben welken seine Zweige.
17 Sein Andenken schwindet von der Erde, /
kein Name bleibt ihm weit und breit.
18 Sie stoßen ihn vom Licht ins Dunkel / und ja-
gen ihn vom Erdkreis fort.
19 Kein Sproß, kein Stamm bleibt ihm in seinem
Volk, / am Ort seines Aufenthaltes keiner, der ihn
überlebt.
20 Über seinen Tag schaudern die im Westen, /
die im Osten packt das Grauen.
21 Ja, so geht es mit der Wohnung des Frevlers, /
mit dem Ort des Menschen, der Gott nicht kennt.

Ijobs Gegenrede: 19,1–29

Die Zurückweisung der Schmähung

19 Da antwortete Ijob und sprach:
2 Wie lange noch wollt ihr mich quälen /
und mich mit Worten niedertreten?
3 Zum zehntenmal schon schmäht ihr mich /
und schämt euch nicht, mich zu beleidigen.
4 Ging ich wirklich unwissend fehl, / mein Fehl-
tritt weilt doch allein bei mir.
5 Wollt ihr wirklich großtun gegen mich / und
mir meine Schmach beweisen?

Das unbegreifliche Verhalten Gottes

6 Erkennt doch, daß Gott mich niederdrückt, / da
er sein Netz rings um mich warf.
7 Schrei' ich: Gewalt!, wird mir keine Antwort, /
rufe ich um Hilfe, gibt es kein Recht.
8 Meinen Pfad hat er versperrt; ich kann nicht
weiter, / Finsternis legt er auf meine Wege.
9 Meiner Ehre hat er mich entkleidet, / die Krone
mir vom Haupt genommen.
10 Er brach mich ringsum nieder, ich muß da-
hin; / er riß mein Hoffen aus wie einen Baum.
11 Sein Zorn ist gegen mich entbrannt, / gleich
seinen Gegnern gelte ich ihm.
12 Vereint rückten seine Scharen an, / bahnten
gegen mich den Weg, / lagerten sich rings um
mein Zelt.

Die Entfremdung der Verwandten und Freunde

13 Meine Brüder hat er von mir entfernt, / meine
Bekannten sind mir entfremdet.
14 Meine Verwandten, Bekannten blieben
aus, / die Gäste meines Hauses haben mich ver-
gessen.
15 Als Fremder gelte ich meinen Mägden, / von
anderem Stamm bin ich in ihren Augen.
16 Rufe ich meinen Knecht, so antwortet er
nicht; / mit eigenem Mund muß ich ihn anfle-
hen.
17 Mein Atem ist meiner Frau zuwider; / die
Söhne meiner Mutter ekelt es vor mir.
18 Buben selbst verachten mich, / stehe ich auf,
verhöhnen sie mich.
19 Alle meine Gefährten verabscheuen mich, /
die ich liebe, lehnen sich gegen mich auf.
20 An Haut und Fleisch klebt mein Gebein, / nur
das Fleisch an meinen Zähnen blieb.
21 Erbarmt, erbarmt euch meiner, ihr, meine
Freunde! / Denn Gottes Hand hat mich getroffen.
22 Warum verfolgt ihr mich wie Gott, / warum
werdet ihr an meinem Fleisch nicht satt?

Ijobs Hoffnung und Vertrauen

23 Daß doch meine Worte geschrieben würden, /
in einer Inschrift eingegraben
24 mit eisernem Griffel und mit Blei, / für immer
gehauen in den Fels.
25 Doch ich, ich weiß: mein Erlöser lebt, / als
letzter erhebt er sich über dem Staub.
26 Ohne meine Haut, die so zerfetzte, / und ohne
mein Fleisch werde ich Gott schauen.
27 Ihn selber werde ich dann für mich schauen; /
meine Augen werden ihn sehen, nicht mehr
fremd. / Danach sehnt sich mein Herz in meiner
Brust.
28 Wenn ihr sagt: Wie wollen wir ihn verfolgen /
und den Grund der Sache an ihm finden!,
29 dann bangt für euch selber vor dem Schwert; /
denn heftiger Zorn verdient das Schwert, / damit
ihr wißt: Es gibt ein Gericht.

Die zweite Rede Zofars: 20,1–29

Ijobs unbegründeter Vorwurf

20 Da antwortete Zofar von Naama und
sprach:
2 Darum drängt mich meine Erregung zur Ant-
wort, / und deswegen stürmt es in mir.
3 Schmähende Rüge muß ich hören, / doch der
Geist meiner Einsicht läßt mich entgegnen.

Das Schicksal des Frevlers

[4] Weißt du das nicht von Urzeit her, / seit Gott
Menschen auf die Erde gesetzt hat:
[5] daß kurz nur währt der Frevler Jubel, / einen
Augenblick nur des Ruchlosen Freude?
[6] Steigt auch sein Übermut zum Himmel / und
rührt sein Kopf bis ans Gewölk,
[7] wie sein Kot vergeht er doch für immer; /
die ihn gesehen haben, werden fragen: Wo ist
er?
[8] Wie ein Traum verfliegt er / und ist nicht mehr
zu finden, / wird weggescheucht wie ein Gesicht
der Nacht.
[9] Das Auge, das ihn sah, erblickt ihn nicht wieder, / seine Stätte schaut ihn nie mehr.
[10] Seine Söhne müssen bei Armen betteln, / ihre
Hände geben seine Habe zurück.
[11] Strotzen von Jugendkraft auch seine Glieder, /
sie betten sich doch mit ihm in den Staub.
[12] Schmeckt süß das Böse in seinem Mund, /
birgt er es unter seiner Zunge,
[13] spart er es auf und will nicht von ihm lassen, /
hält er es auch tief in seinem Gaumen fest,
[14] in seinem Innern verwandelt sich die Speise, /
sie wird in seinem Leib ihm zu Natterngift.
[15] Das Gut, das er verschlungen hat, speit er
aus; / aus seinem Leib treibt Gott es heraus.
[16] Das Gift von Nattern saugt er ein, / es tötet ihn
der Viper Zunge.
[17] Nicht darf er Bäche von Öl schauen, / nicht
Flüsse, die von Milch und Honig fließen.
[18] Zurückgeben muß er seinen Gewinn, / genießen darf er ihn nicht, / darf sich nicht freuen
am ertauschten Gut.
[19] Denn Arme schlug er nieder, ließ sie liegen, /
raubte das Haus, das er nicht gebaut.
[20] Denn kein Genug kennt er in seinem Bauch, /
drum entkommt er nicht mit seinen Schätzen.
[21] Nichts entgeht seinem Fraß, / darum hält sein
Glück auch nicht stand.
[22] Trotz vollen Überflusses kommt er in Not, /
die ganze Wucht des Elends fällt ihn an.
[23] Und so geschieht es: Um des Frevlers Bauch
zu füllen, / läßt Gott auf ihn die Gluten seines Zornes los, / läßt auf ihn regnen seine Schläge.
[24] Flieht er vor dem Eisenpanzer, / durchbohrt
ihn der Bogen aus Bronze.
[25] In den Rücken fährt ihm Gottes Geschoß, / ein
Blitz in seine Galle. / Schrecken gehen über ihn
hin.
[26] Nur finsteres Unheil ist für ihn aufbewahrt, /
Feuer, von niemand entfacht, verzehrt ihn, / frißt
noch den letzten Mann in seinem Zelt.
[27] Der Himmel enthüllt seine Schuld, / die Erde
bäumt sich gegen ihn auf.
[28] Die Flut wälzt sein Haus hinweg, / Wasserströme am Tag seines Zorns.
[29] Das ist des Frevlers Anteil von Gott, / das
Erbe, das Gott ihm zuspricht.

Ijobs Gegenrede: 21,1–34

Die Bitte um Geduld

21 Da antwortete Ijob und sprach:
[2] Hört, hört doch auf mein Wort, / das
wäre mir schon Trost von euch.
[3] Ertragt mich, so daß ich reden kann. / Habe ich
geredet, dann könnt ihr spotten.
[4] Richt' ich an Menschen meine Klage, / hab' ich
nicht Grund zur Ungeduld?
[5] Wendet euch mir zu, und erstarrt, / und legt die
Hand auf den Mund!
[6] Denk' ich daran, bin ich erschreckt, / und
Schauder packt meinen Leib.

Das Glück des Frevlers

[7] Warum bleiben Frevler am Leben, / werden alt
und stark an Kraft?
[8] Ihre Nachkommen stehen fest vor ihnen, / ihre
Sprößlinge vor ihren Augen.
[9] Ihre Häuser sind in Frieden, ohne Schreck, /
die Rute Gottes trifft sie nicht.
[10] Ihr Stier bespringt und fehlt nicht, / die Kühe
kalben und verwerfen nicht.
[11] Wie Schafe treiben sie ihre Kinder aus, / ihre
Kleinen tanzen und springen.
[12] Sie singen zu Pauke und Harfe, / erfreuen sich
am Klang der Flöte,
[13] verbrauchen ihre Tage im Glück / und fahren
voll Ruhe ins Totenreich.
[14] Und doch sagten sie zu Gott: Weiche von uns! /
Deine Wege wollen wir nicht kennen.
[15] Was ist der Allmächtige, daß wir ihm dienen, /
was nützt es uns, wenn wir ihn angehen?
[16] Doch in ihrer Hand liegt nicht das Glück; / der
Frevler Denkart ist mir fern.
[17] Wie oft erlischt der Frevler Lampe, / kommt
Unheil über sie, / teilt er Verderben zu in seinem
Zorn?

18 Wie oft werden sie wie Stroh vor dem Wind, / wie Spreu, die der Sturm entführt?
19 Nicht dessen Kindern spare Gott sein Unheil auf, / ihm selbst vergelte er, so daß er es spürt.
20 Mit eigenen Augen soll er sein Unglück schauen, / vom Grimm des Allmächtigen soll er trinken.
21 Denn was kümmert ihn sein Haus, wenn er dahin ist, / wenn abgeschnitten seiner Monde Zahl?

Der trügerische Trost

22 Darf man Gott Erkenntnis lehren, / ihn, der die Erhabenen richtet?
23 Der eine stirbt in vollem Glück, / ist ganz in Frieden, sorgenfrei.
24 Seine Schenkel sind voll von Fett, / getränkt mit Mark sind seine Knochen.
25 Der andere stirbt mit bitterer Seele / und hat kein Glück genossen.
26 Zusammen liegen sie im Staub, / und Gewürm deckt beide zu.
27 Ja, euer Denken kenn' ich wohl, / die Ränke, die ihr sinnt gegen mich.
28 Ihr sagt: Wo ist das Haus des Edlen / und wo das Zelt, in dem Frevler wohnen?
29 Habt ihr nie die fahrenden Leute befragt / und ihre Zeichen genau beachtet?
30 Daß am Unglückstag der Böse verschont wird, / weggebracht am Tag des Zorns.
31 Wer hält ihm seinen Lebenswandel vor, / was er getan hat, wer vergilt es ihm?
32 Er aber wird zur Gruft geleitet, / bei seinem Grab hält man die Wacht.
33 Ein Labsal sind für ihn die Schollen des Schachts, / hinter ihm her zieht alle Welt, / vor ihm die Menge ohne Zahl.
34 Wie wollt ihr mich mit Nichtigem trösten? / Eure Antworten bleiben Betrug.

Die dritte Rede des Elifas: 22,1–30

Ijobs angebliche Freveltaten

22 Da antwortete Elifas von Teman und sprach:
2 Kann denn der Mensch Gott nützen? / Nein, sich selber nützt der Kluge.
3 Ist es dem Allmächtigen von Wert, / daß du gerecht bist, / ist es für ihn Gewinn, wenn du unsträfliche Wege gehst?
4 Wegen deiner Gottesfurcht sollte er dich strafen, / vor Gericht mit dir gehen?
5 Ist nicht groß deine Bosheit, / ohne Ende dein Verschulden?
6 Du pfändest ohne Grund deine Brüder, / ziehst Nackten ihre Kleider aus.
7 Den Durstigen tränkst du nicht mit Wasser, / dem Hungernden versagst du das Brot.
8 Dem Mann der Faust gehört das Land, / der Günstling darf darin wohnen.
9 Witwen hast du weggeschickt mit leeren Händen, / der Verwaisten Arme zerschlagen.
10 Deswegen liegen Fallstricke rings um dich her, / und jäher Schrecken ängstigt dich,
11 oder Dunkel, worin du nicht siehst, / und Wasserflut, die dich bedeckt.

Der allwissende Gott

12 Ist Gott nicht wie der Himmel hoch? / Schau, wie die höchsten Sterne ragen.
13 Und da sagst du: Was weiß denn Gott? / Richtet er denn durch das dunkle Gewölk?
14 Wolken umhüllen ihn, so daß er nicht sieht, / am Himmelskreis geht er einher.
15 Willst du dem Pfad der Vorzeit folgen, / den die Männer des Unheils zogen,
16 die vor der Zeit dahingerafft wurden, / über deren Grund sich ein Strom ergoß?
17 Die sagten zu Gott: Weiche von uns!, / und: Was tut uns der Allmächtige an?
18 Und doch, er hat ihre Häuser mit Gütern gefüllt, / und das Planen der Bösen blieb ihm fern.
19 Sehen werden, sich freuen die Gerechten, / der Reine wird sie verspotten:
20 Wahrhaftig, vernichtet sind unsere Gegner, / ihren Rest hat das Feuer verzehrt.

Die Mahnung zu Umkehr und Demut

21 Werde sein Freund, und halte Frieden! / Nur dadurch kommt das Gute dir zu.
22 Nimm doch Weisung an aus seinem Mund, / leg dir seine Worte ins Herz:
23 Kehrst du zum Allmächtigen um, / so wirst du aufgerichtet. / Hältst Unrecht deinem Zelt du fern,
24 wirfst in den Staub das Edelgold, / zum Flußgestein das Feingold,
25 dann wird der Allmächtige dein Edelgold / und erlesenes Silber für dich sein.

26 Dann wirst du am Allmächtigen dich erfreuen / und zu Gott dein Angesicht heben.

27 Flehst du ihn an, so hört er dich, / und du wirst deine Gelübde erfüllen.

28 Beschließt du etwas, dann trifft es ein, / und Licht überstrahlt deine Wege.

29 Wer hochmütig redet, den duckt er, / doch hilft er dem, der die Augen senkt.

30 Er rettet den, der schuldlos ist; / durch deiner Hände Reinheit wird er gerettet.

Ijobs Gegenrede: 23,1–24,25

Der Ruf nach Gott, dem Richter

23 Da antwortete Ijob und sprach:

2 Auch heute ist meine Klage Widerspruch; / schwer lastet seine Hand auf meinem Seufzen.

3 Wüßte ich doch, wie ich ihn finden könnte, / gelangen könnte zu seiner Stätte.

4 Ich wollte vor ihm das Recht ausbreiten, / meinen Mund mit Beweisen füllen.

5 Wissen möchte ich die Worte, die er mir entgegnet, / erfahren, was er zu mir sagt.

6 Würde er in der Fülle der Macht mit mir streiten? / Nein, gerade er wird auf mich achten.

7 Dort würde ein Redlicher mit ihm rechten, / und ich käme für immer frei von meinem Richter.

8 Geh' ich nach Osten, so ist er nicht da, / nach Westen, so merke ich ihn nicht,

9 nach Norden, sein Tun erblicke ich nicht; / bieg' ich nach Süden, sehe ich ihn nicht.

10 Doch er kennt den Weg, den ich gehe; / prüfte er mich, ich ginge wie Gold hervor.

11 Mein Fuß hielt fest an seiner Spur, / seinen Weg hielt ich ein und bog nicht ab.

12 Das Gebot seiner Lippen gab ich nicht auf; / seines Mundes Worte barg ich im Herzen.

13 Doch er bleibt sich gleich. Wer stimmt ihn um? / Wonach ihn gelüstet, das führt er aus.

14 Ja, er vollendet, was er mir bestimmt hat; / und Ähnliches hat er noch viel im Sinn.

15 Darum erschrecke ich vor seinem Angesicht; / denk' ich daran, gerate ich in Angst vor ihm.

16 Gott macht mein Herz verzagt, / der Allmächtige versetzt mich in Schrecken.

17 Denn bin ich nicht von Finsternis umschlossen, / bedeckt nicht Dunkel mein Angesicht?

Der Übermut der Sünder

24 Warum hat der Allmächtige keine Fristen bestimmt? / Warum schauen, die ihn kennen, seine Gerichtstage nicht?

2 Jene verrücken die Grenzen, / rauben Herden und führen sie zur Weide.

3 Den Esel der Waisen treiben sie fort, / pfänden das Rind der Witwe.

4 Vom Weg drängen sie die Armen, / es verbergen sich alle Gebeugten des Landes.

5 Sieh, wie Wildesel in der Steppe / ziehen sie zu ihrer Arbeit aus;
die Steppe suchen sie nach Nahrung ab, / nach Brot für ihre Kinder.

6 Auf dem Feld schneiden sie des Nachts, / halten im Weinberg des Frevlers Nachlese.

7 Nackt verbringen sie die Nacht, ohne Kleider, / haben keine Decke in der Kälte.

8 Vom Regen der Berge sind sie durchnäßt, / klammern sich ohne Schutz an den Fels.

9 Von der Mutterbrust reißen sie die Waisen, / den Säugling des Armen nehmen sie zum Pfand.

10 Nackt müssen sie gehen, ohne Kleid, / hungernd tragen sie Garben.

11 Zwischen Mauern pressen sie Öl, / treten die Kelter und müssen doch dürsten.

12 Aus der Stadt stöhnen Sterbende, / der Erschlagenen Leben schreit laut. / Doch Gott achtet nicht auf ihr Flehen.

13 Sie sind die Rebellen gegen das Licht; / sie nehmen seine Wege nicht wahr, / bleiben nicht auf seinen Pfaden.

14 Ist kein Licht, erhebt sich der Mörder, / tötet Elende und Arme; / in der Nacht gleicht er dem Dieb.

15 Auch des Ehebrechers Auge achtet auf Dämmerung. / Kein Auge, sagt er, soll mich erspähen!, / eine Hülle legt er aufs Gesicht.

16 Im Finstern bricht er ein in die Häuser; / tagsüber verstecken sie sich; / sie wollen nichts wissen vom Licht.

17 Denn Finsternis ist für sie der Morgen zugleich, / denn mit ihren Schrecken sind sie wohl vertraut.

Das Ende der Frevler

18 Schnell reißt ihn das Wasser fort; / verflucht ist ihr Anteil auf Erden; / nicht wendet er den Weg den Weinbergen zu.

19 Dürre und Hitze raffen das Schneewasser
weg, / die Unterwelt den Sünder.
20 Der Mutterschoß vergißt ihn, / Gewürm labt
sich an ihm; / nie mehr wird an ihn gedacht; / ja,
wie Holz wird Frevel zerschmettert.
21 Er tut Böses der Unfruchtbaren, der Kinder-
losen, / keiner Witwe erweist er Gutes.
22 Gott reißt die Starken hinweg in seiner
Macht; / steht er auf, ist niemand seines Lebens
sicher.
23 Sicherheit gibt er ihm, er traue darauf; / aber
seine Augen überwachen ihren Weg.
24 Sie kommen hoch für kurze Zeit, dann ist es
aus. / Sie werden umgebogen, alle mit der Faust
gepackt / und wie Ährenspitzen abgeschnitten.
25 Ist es nicht so? Wer straft mich Lügen / und
bringt meine Rede zum Schweigen?

Die dritte Rede Bildads

Die Sündhaftigkeit aller Menschen

25 Da antwortete Bildad von Schuach und
sprach:
2 Herrschaft und Schrecken sind bei ihm, / der
Frieden schafft in seinen Höhen.
3 Kann man seine Scharen zählen, / und über
wem erhebt sich nicht sein Licht?
4 Wie wäre ein Mensch gerecht vor Gott, / wie
wäre rein der vom Weib Geborene?
5 Siehe, selbst der Mond glänzt nicht hell, / die
Sterne sind nicht rein in seinen Augen,
6 geschweige denn der Mensch, die Made, / der
Menschensohn, der Wurm.

Ijobs Gegenrede: 26,1–27,23

Leere Worte ohne Wahrheit

26 Da antwortete Ijob und sprach:
2 Wie hilfst du doch dem Schwachen
auf, / stehst du bei dem kraftlosen Arm!
3 Wie gut rätst du dem, der nicht weise ist, / tust
ihm Wissen in Fülle kund!
4 Wem trägst du die Reden vor, / und wessen
Atem geht von dir aus?

Die Größe der Allmacht Gottes

5 Die Totengeister zittern drunten, / die Wasser
mit ihren Bewohnern.
6 Nackt liegt die Unterwelt vor ihm, / keine
Hülle deckt den Abgrund.
7 Er spannt über dem Leeren den Norden, /
hängt die Erde auf am Nichts.
8 Er bindet das Wasser in sein Gewölk; / doch
birst darunter die Wolke nicht.
9 Er verschließt den Anblick seines Throns / und
breitet darüber sein Gewölk.
10 Eine Grenze zieht er rund um die Wasser / bis
an den Rand von Licht und Finsternis.
11 Die Säulen des Himmels erzittern, / sie er-
schrecken vor seinem Drohen.
12 Durch seine Kraft stellt still er das Meer, /
durch seine Klugheit zerschmettert er Rahab.
13 Durch seinen Hauch wird heiter der Himmel, /
seine Hand durchbohrt die flüchtige Schlange.
14 Siehe, das sind nur die Säume seines Waltens; /
wie ein Flüstern ist das Wort, / das wir von ihm ver-
nehmen. /
Doch das Donnern seiner Macht, / wer kann es
begreifen?

Die Unschuldsbeteuerung vor den Freunden

27 Dann setzte Ijob seine Rede fort und
sprach:
2 So wahr Gott lebt, der mir mein Recht entzog, /
der Allmächtige, der meine Seele quälte:
3 Solange noch Atem in mir ist / und Gottes
Hauch in meiner Nase,
4 soll Unrecht nicht von meinen Lippen kom-
men, / noch meine Zunge Falsches reden.
5 Fern sei es mir, euch recht zu geben, / ich gebe,
bis ich sterbe, meine Unschuld nicht preis.
6 An meinem Rechtsein halt' ich fest und
lass' es nicht; / mein Herz schilt keinen meiner
Tage.

Der Untergang der Frevler

7 Mein Feind sei wie ein Frevler, / mein Gegner
wie ein Bösewicht.
8 Denn was ist des Ruchlosen Hoffen, / wenn er
dahingeht, / wenn Gott das Leben von ihm
nimmt?
9 Wird Gott sein Schreien hören, / wenn über
ihn die Drangsal kommt?
10 Kann er sich des Allmächtigen erfreuen / und
Gott anrufen zu jeder Zeit?
11 Ich will euch belehren über Gottes Tun, / nicht
verhehlen, was der Allmächtige plant.
12 Ihr habt es ja alle selbst gesehen. / Warum
führt ihr nichtige Reden?
13 Das ist des Frevlers Anteil bei Gott, / der

Gewalttätigen Erbe, / das sie vom Allmächtigen
empfangen:
14 Werden zahlreich seine Söhne, / fürs Schwert
sind sie bestimmt; / nie werden seine Kinder satt
an Brot.
15 Was übrigbleibt, wird durch den Tod begra-
ben, / und seine Witwen weinen nicht.
16 Häuft er auch Silber auf wie Staub / und be-
schafft er sich Kleider wie Lehm:
17 er schafft sie zwar an; / doch anziehen wird sie
der Gerechte, / das Silber wird der Schuldlose er-
ben.
18 Er baut wie die Spinne sein Haus / und wie die
Hütte, die der Wächter aufstellt.
19 Reich legt er sich schlafen, nichts ist ihm ge-
nommen. / Macht er die Augen auf, ist nichts
mehr da.
20 Schrecken holt ihn ein wie eine Wasserflut, /
der Sturmwind trägt ihn fort bei Nacht.
21 Der Ostwind hebt ihn hoch, er muß dahin, / er
weht ihn weg von seinem Ort.
22 Er stürzt sich auf ihn schonungslos, / seiner
Gewalt will er entfliehen.
23 Man klatscht über ihn in die Hände / und
zischt ihn fort von seiner Stätte.

Das Lied über die Weisheit: 28,1–28

Die Erhabenheit der Weisheit

28 Wohl gibt es einen Fundort für das Sil-
ber, / eine Stätte für das Gold, wo man
es läutert.
2 Eisen holt man aus der Erde, / Gestein wird zu
Kupfer geschmolzen.
3 Es setzt der Mensch dem Finstern eine
Grenze; / er forscht hinein bis in das Letzte, /
ins düstere, dunkle Gestein.
4 Stollen gräbt ein fremdes Volk; / vergessen,
ohne Halt für den Fuß, / hängt es, schwebt es,
den Menschen fern.
5 Die Erde, daraus das Brotkorn kommt, / wird in
den Tiefen wie mit Feuer zerstört.
6 Fundort des Saphirs ist ihr Gestein, / und Gold-
staub findet sich darin.
7 Kein Raubvogel kennt den Weg dahin; / kein
Falkenauge hat ihn erspäht.
8 Das stolze Wild betritt ihn nicht, / kein Löwe
schreitet über ihn.
9 An harte Kiesel legt er die Hand, / von Grund
auf wühlt er Berge um.
10 In Felsen haut er Stollen ein, / und lauter Kost-
barkeiten erblickt sein Auge.
11 Sickerbäche dämmt er ein, / Verborgenes
bringt er ans Licht.
12 Die Weisheit aber, wo ist sie zu finden, / und
wo ist der Ort der Einsicht?
13 Kein Mensch kennt die Schicht, in der sie
liegt; / sie findet sich nicht in der Lebenden Land.
14 Die Urflut sagt: Bei mir ist sie nicht. / Der
Ozean sagt: Bei mir weilt sie nicht.
15 Man kann nicht Feingold für sie geben, / nicht
Silber als Preis für sie wägen.
16 Nicht wiegt sie Gold aus Ofir auf, / kein kost-
barer Karneol, kein Saphir.
17 Gold und Glas stehen ihr nicht gleich, / kein
Tausch für sie ist Goldgerät,
18 nicht zu reden von Korallen und Kristall; /
weit über Perlen geht der Weisheit Besitz.
19 Der Topas von Kusch kommt ihr nicht gleich, /
und reinstes Gold wiegt sie nicht auf.

Gottes Weg

20 Die Weisheit aber, wo kommt sie her, / und wo
ist der Ort der Einsicht?
21 Verhüllt ist sie vor aller Lebenden Auge, / ver-
borgen vor den Vögeln des Himmels.
22 Abgrund und Tod sagen: / Unser Ohr ver-
nahm von ihr nur ein Raunen.
23 Gott ist es, der den Weg zu ihr weiß, / und nur
er kennt ihren Ort.
24 Denn er blickt bis hin zu den Enden der Erde; /
was unter dem All des Himmels ist, sieht er.
25 Als er dem Wind sein Gewicht schuf / und die
Wasser nach Maß bestimmte,
26 als er dem Regen das Gesetz schuf / und einen
Weg dem Donnergewölk,
27 damals hat er sie gesehen und gezählt, / sie
festgestellt und erforscht.
28 Doch zum Menschen sprach er: / Seht, die
Furcht vor dem Herrn, das ist Weisheit, / das Mei-
den des Bösen ist Einsicht.

Ijobs Schlußrede: 29,1– 31,40

Die gesegnete Vergangenheit

29 Dann setzte Ijob seine Rede fort und
sprach:
2 Daß ich doch wäre / wie in längst vergangenen
Monden, / wie in den Tagen, da mich Gott be-
schirmte,

[3]als seine Leuchte über meinem Haupt erstrahlte, / in seinem Licht ich durch das Dunkel ging.
[4]So, wie ich in den Tagen meiner Frühzeit war, / als Gottes Freundschaft über meinem Zelte stand,
[5]als der Allmächtige noch mit mir war, / meine Kinder mich umgaben,
[6]als meine Schritte sich in Milch gebadet, / Bäche von Öl der Fels mir ergoß.
[7]Ging ich durchs Tor zur Stadt hinauf, / ließ ich auf dem Platz meinen Sitz aufstellen;
[8]sahen mich die Jungen, so traten sie scheu beiseite, / die Alten standen auf und blieben stehen.
[9]Fürsten hielten mit Reden sich zurück / und legten ihre Hand auf ihren Mund.
[10]Der Edlen Stimme blieb stumm, / am Gaumen klebte ihre Zunge.
[11]Hörte mich ein Ohr, pries es mich glücklich, / das Auge, das mich sah, stimmte mir zu.
[12]Denn ich rettete den Armen, der schrie, / die Waise, die ohne Hilfe war.
[13]Der Segen des Verlorenen kam über mich, / und jubeln ließ ich der Witwe Herz.
[14]Ich bekleidete mich mit Gerechtigkeit, / wie Mantel und Kopfbund umhüllte mich mein Recht.
[15]Auge war ich für den Blinden, / dem Lahmen wurde ich zum Fuß.
[16]Vater war ich für die Armen, / des Unbekannten Rechtsstreit prüfte ich.
[17]Ich zerschmetterte des Bösen Kiefer, / entriß die Beute seinen Zähnen.
[18]So dachte ich: Mit meinem Nest werde ich verscheiden / und gleich dem Phönix meine Tage mehren.
[19]Meine Wurzel reiche bis an das Wasser, / auf meinen Zweigen nächtige Tau.
[20]Neu bleibe mir meine Ehre, / mein Bogen verjünge sich in meiner Hand.
[21]Auf mich horchten und warteten sie, / lauschten schweigend meinem Rat.
[22]Wenn ich sprach, nahm keiner das Wort; / es träufelte nieder auf sie meine Rede.
[23]Sie harrten auf mich wie auf Regen, / sperrten den Mund wie nach Spätregen auf.
[24]Lächelte ich denen zu, die ohne Vertrauen, / sie wiesen das Leuchten meines Gesichts nicht ab.
[25]Ich bestimmte ihr Tun, ich saß als Haupt, / thronte wie ein König inmitten der Schar, / wie einer, der Trauernde tröstet.

Die schreckliche Gegenwart

30 Jetzt aber lachen über mich, / die jünger sind als ich an Tagen, / deren Väter ich nicht für wert geachtet, / sie bei den Hunden meiner Herde anzustellen.
[2]Was sollte mir auch ihrer Hände Kraft? / Geschwunden war ihre Rüstigkeit
[3]durch Mangel und durch harten Hunger; / Leute, die das dürre Land abnagen, / das Gras der Wüste und der Wüstenei.
[4]Sie pflücken Salzmelde im Gesträuch, / und Ginsterwurzeln sind ihr Brot.
[5]Aus der Gemeinschaft wurden sie verjagt; / man schreit ihnen nach wie einem Dieb.
[6]Am Hang der Täler müssen sie wohnen, / in Erdhöhlen und in Felsgeklüft.
[7]Zwischen Sträuchern schreien sie kläglich, / drängen sich zusammen unter wildem Gestrüpp.
[8]Blödes Gesindel, Volk ohne Namen, / wurden sie aus dem Land hinausgepeitscht.
[9]Jetzt aber bin ich ihr Spottlied, / bin zum Klatsch für sie geworden.
[10]Sie verabscheuen mich, rücken weit von mir weg, / scheuen sich nicht, mir ins Gesicht zu speien.
[11]Denn Gott löste mein Seil und beugte mich nieder, / sie aber ließen die Zügel vor mir schießen.
[12]Zur rechten Seite erhebt sich eine Schar, / treibt meine Füße weg, / wirft gegen mich ihre Unheilsdämme auf.
[13]Meinen Pfad reißen sie auf, helfen zu meinem Verderben, / und niemand wehrt ihnen.
[14]Wie durch eine breite Bresche kommen sie heran, / wälzen sich unter Trümmern her.
[15]Schrecken stürzen auf mich ein, / verjagt wie vom Wind ist mein Adel, / wie eine Wolke entschwand mein Heil.
[16]Und nun zerfließt die Seele in mir, / des Elends Tage packen mich an.
[17]Des Nachts durchbohrt es mir die Knochen, / mein nagender Schmerz kommt nicht zur Ruh.
[18]Mit Allgewalt packt er mich am Kleid, / schnürt wie der Gürtel des Rocks mich ein.
[19]Er warf mich in den Lehm, / so daß ich Staub und Asche gleiche.
[20]Ich schreie zu dir, und du erwiderst mir nicht; / ich stehe da, doch du achtest nicht auf mich.
[21]Du wandelst dich zum grausamen Feind gegen mich, / mit deiner starken Hand befehdest du mich.

[22] Du hebst mich in den Wind, fährst mich da-
hin, / läßt mich zergehen im Sturmgebraus.
[23] Ja, ich weiß, du führst mich zum Tod, / zur
Sammelstätte aller Lebenden.
[24] Doch nicht an Trümmer legt er die Hand.–/
Schreit man nicht um Hilfe beim Untergang?
[25] Weinte ich nicht um den, der harte Tage
hatte, / grämte sich nicht meine Seele über den
Armen?
[26] Ja, ich hoffte auf Gutes, doch Böses kam, / ich
harrte auf Licht, doch Finsternis kam.
[27] Mein Inneres kocht und kommt nicht
zur Ruhe, / mich haben die Tage des Elends er-
reicht.
[28] Geschwärzt, doch nicht von der Sonne ge-
brannt, / stehe ich auf in der Gemeinde, schreie
laut.
[29] Den Schakalen wurde ich zum Bruder, / den
Straußenhennen zum Freund.
[30] Die Haut an mir ist schwarz, / von Fieberglut
brennen meine Knochen.
[31] Zur Trauer wurde mein Harfenspiel, / mein
Flötenspiel zum Klagelied.

Erneute Unschuldsbeteuerung vor Gott

31 Einen Bund schloß ich mit meinen
Augen, / nie eine Jungfrau lüstern anzu-
sehen.
[2] Was wäre sonst mein Teil von Gott dort oben, /
mein Erbe vom Allmächtigen in der Höhe?
[3] Ist nicht Verderben dem Frevler bestimmt /
und Mißgeschick den Übeltätern?
[4] Sieht er denn meine Wege nicht, / zählt er
nicht alle meine Schritte?
[5] Wenn ich in Falschheit einherging, / wenn
zum Betrug mein Fuß eilte,
[6] dann wäge Gott mich auf gerechter Waage, / so
wird er meine Unschuld anerkennen.
[7] Wenn mein Schritt vom Wege wich, / mein
Herz meinen Augen folgte, / an meinen Händen
Makel klebte,
[8] dann esse ein anderer, was ich säe, / entwur-
zelt werde, was mir sproßt.
[9] Wenn sich mein Herz von einer Frau betören
ließ / und ich an der Tür meines Nachbarn lau-
erte,
[10] dann mahle meine Frau einem andern, / und
andere sollen sich beugen über sie.
[11] Denn das wäre eine Schandtat / und ein Ver-
brechen, von Richtern zu strafen.
[12] Denn das wäre Feuer, das zum Abgrund
frißt / und meine ganze Habe entwurzelt.
[13] Wenn ich das Recht meines Knechts mißach-
tet / und das meiner Magd im Streit mit mir,
[14] was könnt' ich tun, wenn Gott sich erhöbe, /
was ihm entgegnen, wenn er mich prüfte?
[15] Hat nicht mein Schöpfer auch ihn im Mutter-
leib geschaffen, / hat nicht der Eine uns im Mut-
terschoß gebildet?
[16] Wenn ich der Armen Wunsch versagte, / ver-
schmachten ließ der Witwe Augen,
[17] wenn ganz allein ich meinen Bissen aß, / das
Waisenkind aber nicht davon aß –
[18] von Jugend an hat wie ein Vater er mich groß-
gezogen, / vom Mutterschoß an mich geleitet –,
[19] wenn ich den Verlorenen sah ohne Kleid / und
ohne Decke den Verarmten,
[20] wenn nicht seine Lenden mir dankten, / er
nicht von der Schur meiner Lämmer sich wärmte,
[21] wenn meine Hand der Waise drohte, / weil ich
am Tor Helfer für mich sah,
[22] dann falle die Schulter mir vom Nacken, / bre-
che der Arm mir aus dem Gelenk.
[23] Ja, Schrecken träfe mich, Gottes Verderben, /
vor seiner Hoheit hielte ich nicht stand.
[24] Wenn ich auf Gold meine Hoffnung setzte, /
zum Feingold sprach: Du meine Zuversicht!,
[25] wenn ich mich freute, daß groß mein Vermö-
gen, / daß viel erreicht hat meine Hand,
[26] wenn ich die leuchtende Sonne sah, wie sie
strahlte, / den Mond, wie er herrlich dahinzog,
[27] wenn heimlich sich mein Herz betören ließ /
und meine Hand dem Mund zum Kuß sich bot,
[28] auch das wäre ein Verbrechen, vom Richter zu
strafen, / denn Gott da droben hätte ich verleug-
net.
[29] Wenn ich am Unglück meines Feinds mich
freute / und triumphierte, daß Unheil ihn traf –
[30] habe ich doch meinem Mund zu sündigen ver-
boten, / sein Leben mit Fluch zu verwünschen –.
[31] Wenn meine Zeltgenossen nicht gestanden: /
Wer wurde von seinem Fleisch nicht gesättigt?
[32] Kein Fremder mußte draußen übernachten, /
dem Wanderer tat meine Tür ich auf.
[33] Wenn ich nach Menschenart meine Frevel
verhehlte, / meine Schuld verbarg in meiner
Brust,
[34] weil ich die große Menge scheute / und die
Verachtung der Sippen mich schreckte, / so
schwiege ich still und ginge nicht zur Tür hinaus.

Ijobs Warten auf Gottes Antwort

35 Gäbe es doch einen, der mich hört. / Das ist
mein Begehr, daß der Allmächtige mir Antwort
gibt: / Hier ist das Schriftstück, das mein Gegner
geschrieben.
36 Auf meine Schulter wollte ich es heben, / als
Kranz es um den Kopf mir winden.
37 Ich täte die Zahl meiner Schritte ihm kund, /
ich nahte mich ihm wie ein Fürst.
38 Wenn über mich mein Acker schrie, / seine
Furchen miteinander weinten,
39 wenn seinen Ertrag ich verzehrte, ohne zu be-
zahlen, / das Verlangen seines Herrn ich unerfüllt
ließ,
40 sollen Dornen wachsen statt Weizen, / statt
Gerste stinkendes Kraut. /
Zu Ende sind die Worte Ijobs.

Die Reden Elihus: 32,1–37,24

Die erste Rede Elihus: 32,1–33,33

Die Selbstvorstellung

32 Nun hörten jene drei Männer auf, Ijob zu
entgegnen, weil er gerecht war in seinen
Augen. 2 Da entbrannte der Zorn Elihus, des Soh-
nes Barachels, des Busiters aus dem Geschlecht
Ram. Gegen Ijob entbrannte sein Zorn, weil er
sich vor Gott für gerecht hielt. 3 Auch gegen seine
drei Freunde entbrannte sein Zorn, weil sie keine
Antwort mehr fanden, um Ijob schuldig zu spre-
chen. 4 Elihu aber hatte Ijob gegenüber mit Worten
gezögert, weil jene älter waren als er. 5 Doch als
Elihu sah, daß die drei Männer keine Antwort
mehr wußten, entbrannte sein Zorn. 6 Da ergriff
Elihu, der Sohn Barachels, der Busiter, das Wort
und sprach:
Noch bin ich jung an Jahren, / doch ihr seid
hochbetagt; / deshalb hielt ich mich zurück und
scheute mich, / euch mein Wissen zu beweisen.
7 Ich dachte: Mag erst das Alter reden, / der
Jahre Fülle Weisheit künden.
8 Jedoch, es ist der Geist im Menschen, / des All-
mächtigen Hauch, der ihn verständig macht.
9 Die alt an Jahren sind, nicht immer sind sie
weise / noch Greise stets des Rechten kundig.
10 Darum sage ich: Hört mich an! / Beweisen will
auch ich mein Wissen.
11 Seht, gewartet habe ich auf eure Worte, / ge-
lauscht auf eure klugen Sprüche, / bis ihr die rech-
ten Worte fändet.
12 Ich bin euch aufmerksam gefolgt, / doch seht,
keiner hat Ijob widerlegt, / keiner von euch ihm
zu entgegnen vermocht.
13 Sagt nicht: Wir haben die Weisheit gefun-
den: / Gott wird ihn verstoßen, nicht ein Mensch.
14 Nicht gegen mich richten sich seine Reden, /
nicht mit euren Worten werd' ich ihm entgegnen.
15 Besiegt sind sie, geben keine Antwort mehr, /
die Worte sind ihnen ausgegangen.
16 Soll ich nun warten, wenn sie nicht reden, /
wenn sie dastehen, nichts mehr zu sagen wis-
sen?
17 So will auch ich nun meinen Teil erwidern, /
beweisen will auch ich mein Wissen.
18 Denn angefüllt bin ich mit Worten, / mich
drängt der Geist in meiner Brust.
19 Mein Inneres ist wie Wein, der keine Luft
hat, / wie neue Schläuche muß es bersten.
20 Reden will ich, dann wird mir leichter, / ich
öffne meine Lippen und entgegne.
21 Ich ergreife für niemand Partei / und sage kei-
nem Schmeichelworte.
22 Denn ich versteh' mich nicht aufs Schmei-
cheln, / sonst raffte mich mein Schöpfer bald hin-
weg.

Die Zusammenfassung der Argumente Ijobs

33 Du aber, Ijob, hör doch auf meine Rede, /
all meinen Worten leih dein Ohr!
2 Siehe, ich habe meinen Mund geöffnet, /
schon spricht am Gaumen meine Zunge.
3 Gerade sind die Worte meines Herzens, / lau-
tere Weisheit reden meine Lippen.
4 Gottes Geist hat mich erschaffen, / der Atem
des Allmächtigen mir das Leben gegeben.
5 Wenn du kannst, so gib mir Antwort! / Leg es
mir vor, und stell dich!
6 Schau, ich bin wie du vor Gott, / auch ich bin
nur aus Lehm geformt.
7 Furcht vor mir braucht dich nicht zu er-
schrecken, / Druck von mir nicht auf dir lasten.

◁ 26 | *Du deckst mir den Tisch (Ps 23)*

8 Jedoch, du sprachst vor meinen Ohren, / und
ich vernahm der Worte Laut:
9 Rein bin ich und ohne Sünde, / makellos und
ohne Schuld.
10 Vorwürfe sucht Gott gegen mich zu finden, /
er sieht mich an als seinen Feind.
11 Meine Füße legt er in den Block, / er über-
wacht alle meine Pfade.
12 Da bist du nicht im Recht, sage ich dir, / denn
Gott ist größer als der Mensch.
13 Weshalb hast du mit ihm gehadert, / weil er all
deinen Worten nicht erwidert?

Gottes vielfältige Zeichen

14 Denn einmal redet Gott / und zweimal, man
achtet nicht darauf.
15 Im Traum, im Nachtgesicht, / wenn tiefer
Schlaf auf die Menschen fällt, / im Schlummer auf
dem Lager,
16 da öffnet er der Menschen Ohr / und schreckt
sie auf durch Warnung,
17 um von seinem Tun den Menschen abzubrin-
gen, / den Hochmut aus dem Manne auszutrei-
ben,
18 seine Seele vor dem Grab zu retten, / sein Le-
ben davor, in den Todesschacht hinabzusteigen.
19 Er wird gemahnt durch Schmerz auf seinem
Lager, / und ständig ist Kampf in seinen Gliedern.
20 Am Brot verspürt sein Leben Ekel / und seine
Seele an der Lieblingsspeise.
21 Es schwindet sein Fleisch, man sieht's nicht
mehr. / Abgemagert bis auf die Knochen, / die
man sonst nicht sieht.
22 Dem Grabe nähert sich seine Seele, / sein Le-
ben den Todesboten.
23 Wenn dann ein Engel ihm zur Seite steht, / ein
Mittler, einer von den Tausenden, / dem Men-
schen zu verkünden, was recht ist,
24 wenn dieser sich erbarmt und spricht: / Erlös
ihn, daß er nicht ins Grab absteige, / Lösegeld
hab' ich für ihn gefunden!,
25 dann blüht sein Fleisch in Jugendfrische, / zu
Jugendtagen kehrt er zurück.
26 Betet er zu Gott, so ist er ihm gnädig, / er
darf sein Angesicht schauen in festlichem Ju-
bel. / Dem Menschen gibt er die Gerechtigkeit
wieder.
27 Er singt bei den Menschen und spricht: / Ge-
sündigt hatte ich und das Recht verkehrt; / doch
hat er mir nicht mit Gleichem vergolten,
28 meine Seele erlöst vor dem Abstieg ins Grab, /
mein Leben darf schauen das Licht.
29 Sieh, alles das pflegt Gott zu tun, / zweimal, ja
dreimal mit den Menschen,
30 um fernzuhalten seine Seele von dem Grab, /
um ihm zu leuchten mit dem Licht des Lebens.
31 Merk auf, Ijob, hör mich an, / schweig still, daß
ich rede!
32 Hast Worte du bereit, entgegne mir! / Sprich
nur; denn gern gebe ich dir recht.
33 Wenn aber nicht, hör du mich an! / Schweig
still, damit ich dich Weisheit lehre.

Die zweite Rede Elihus: 34,1–37

Die Verwegenheit Ijobs

34 Dann ergriff Elihu das Wort und sprach:
2 Ihr Weisen, hört meine Worte, / ihr Kun-
digen, leiht mir Gehör!
3 Denn das Ohr prüft die Worte, / und der Gau-
men schmeckt die Speise.
4 Laßt das Recht uns untersuchen, / erkennen
unter uns, was gut ist.
5 Denn Ijob sagt: Ich bin im Recht, / doch Gott
hat mir mein Recht entzogen.
6 Meinem Recht zuwider soll ich lügen? / Un-
heilbar traf mich ohne Schuld der Pfeil.
7 Wo ist ein Mann wie Ijob, / der Lästerung wie
Wasser trinkt,
8 der hingeht, um sich den Übeltätern zuzuge-
sellen, / und mit den Frevlern Umgang pflegt?
9 Er sagte ja: Es nützt dem Menschen nichts, /
daß er in Freundschaft lebt mit Gott.

Das gerechte Handeln des Allmächtigen

10 Darum hört mir zu, ihr Männer mit Verstand! /
Fern ist es Gott, Unrecht zu tun, / und dem All-
mächtigen, Frevel zu üben.
11 Nein, was der Mensch tut, das vergilt er
ihm, / nach eines jeden Verhalten läßt er es ihn
treffen.
12 Nein, wahrhaftig, nie tut Gott unrecht, / und
der Allmächtige beugt nicht das Recht.
13 Wer hat ihm seine Erde anvertraut, / und wer
den ganzen Erdkreis hingestellt?
14 Wenn er auf ihn den Sinn nur richtet, / seinen
Geist und Atem zu sich holt,
15 muß alles Fleisch zusammen sterben, / der
Mensch zum Staube wiederkehren.

Gottes Macht

16 Hast du Verstand, so höre dies, / lausche dem
Laut meiner Worte!
17 Kann, wer das Recht haßt, Herrschaft führen? /
Und willst du den Gerechten, / den Erhabenen
verklagen,
18 ihn, der zum König sagt: Du Nichtsnutz!, / zu
Edelmännern: Bösewicht!,
19 der nicht auf Fürsten Rücksicht nimmt, / vor-
nehm nicht vor arm begünstigt; / denn alle sind
sie seiner Hände Werk.
20 Sie sterben plötzlich, mitten in der Nacht; /
das Volk gerät in Aufruhr, und sie müssen fort. /
Starke müssen weichen, / ohne daß eine Hand
sich rührt.
21 Denn seine Augen schauen auf des Menschen
Wege, / alle seine Schritte sieht er wohl.
22 Kein Dunkel gibt es, keine Finsternis, / wo
sich die Übeltäter bergen könnten.
23 Denn dem Menschen setzt er keine Frist, / zu
Gott ins Gericht zu gehen.
24 Gewaltige knickt er ohne Verhör / und stellt
andere an ihren Platz.

Gottes Recht

25 Wahrhaftig, Gott kennt ja ihre Taten, / er stürzt
sie bei Nacht, und sie sind zermalmt.
26 Wie Frevler schlägt er sie / an einem Ort, wo
man es sieht,
27 deshalb, weil sie von ihm wichen, / nicht ach-
teten auf alle seine Wege.
28 So läßt er der Armen Geschrei zu sich kom-
men, / er hört das Geschrei der Gebeugten.
29 Hält er sich still, wer spricht ihn schuldig? /
Verbirgt er sein Gesicht, wer nimmt ihn wahr? /
Über Volk und Menschen aber wacht er,
30 damit nicht ruchlose Menschen herrschen, /
die dem Volk zum Fallstrick werden.
31 Denn nicht ist's an Gott, zu sagen: / Geirrt
habe ich, ich mach's nicht wieder falsch.
32 Was ich nicht sehe, lehre du mich! / Tat ich Un-
recht, ich will es nicht mehr tun.
33 Soll er nach deinem Sinn vergelten, / weil du
verwirfst? /
So mußt ja du entscheiden, nicht ich, / und was
du weißt, das sage an!
34 Verständige Männer werden zu mir sagen, /
ein jeder Weise, der mich hört:
35 Bar des Wissens redet Ijob, / und unbedacht
sind seine Worte.
36 Wohlan, weiter werde Ijob geprüft, / weil er
nach der Frevler Art erwidert.
37 Denn Frevel fügt er noch zu seiner Sünde, / in
unserer Mitte höhnt er laut, / mehrt seine Worte
gegen Gott.

Die dritte Rede Elihus: 35,1–16

Gottes Überlegenheit

35 Dann ergriff Elihu das Wort und sprach:
2 Hältst du das für ein Rechtsverfahren? /
Du behauptest bloß: Gerecht bin ich vor Gott.
3 Du sagst: Was nützt es mir, / was habe ich da-
von, daß ich nicht sündige?
4 Ich will mit Worten dir erwidern / und deinen
Freunden auch mit dir.
5 Schau den Himmel an und sieh, / blick zu den
Wolken auf hoch über dir!
6 Wenn du gesündigt hast, was tust du ihm, /
sind zahlreich deine Frevel, was schadest du
ihm?
7 Tust du recht, was gibst du ihm, / oder was
empfängt er aus deiner Hand?
8 Menschen wie dich trifft dein Frevel, / dein
Gerechtsein nur die Menschenkinder.

Gottes Langmut

9 Sie schreien über der Bedrücker Menge, / rufen
um Hilfe unter dem Arm der Großen.
10 Doch keiner fragt: Wo ist Gott, mein Schöpfer, /
der Loblieder schenkt bei Nacht,
11 der uns mehr lehrt als die Tiere der Erde / und
uns weiser macht als die Vögel des Himmels?
12 Dort schreien sie, und doch antwortet er nicht /
wegen des Übermuts der Bösen.
13 Wahrhaftig umsonst, Gott hört es nicht, / und
der Allmächtige sieht es nicht an.
14 Gar wenn du sagst, du sähest ihn nicht –/ das
Gericht steht bei ihm, du aber harre auf ihn!
15 Jetzt aber, da sein Zorn nicht straft / und er
nicht groß des Frevels achtet,
16 reißt Ijob sinnlos auf den Mund, / macht große
Worte im Unverstand.

Die vierte Rede Elihus: 36,1–37,24

Über die Vergeltung Gottes

36 Dann fuhr Elihu fort und sprach:
2 Wart ein wenig, ich will es dir künden, /
ich hab' für Gott noch mehr zu sagen.

3 Ich rufe mein Wissen weit hinaus, / meinem
Schöpfer verschaff' ich Recht.
4 Denn wahrhaftig, meine Worte sind kein Trug, /
ein Mann vollkommenen Wissens steht vor dir.
5 Denn Gott ist gewaltig, doch verwirft er nicht, /
gewaltig an Kraft und an Weisheit.
6 Den Frevler läßt er nicht am Leben, / doch den
Gebeugten schafft er Recht.
7 Er wendet seine Augen nicht von dem Ge-
rechten; / Könige auf dem Thron: / für immer
setzt er sie ein, sie werden groß.
8 Doch sind in Fesseln sie geschlagen, / gefan-
gen in des Elends Stricken,
9 so hält er ihnen ihr Tun vor / und ihr Vergehen,
weil sie stolz geworden.
10 Er öffnet ihr Ohr zur Warnung, / fordert sie auf,
vom Bösen zu lassen.
11 Wenn sie gehorchen und ihm dienen, / voll-
enden sie im Glück ihre Tage, / in Wonnen ihre
Jahre.
12 Hören sie nicht, so fahren sie zum Todesschacht
hinab, / verscheiden im Unverstand.
13 Ruchlos Gesinnte hegen Groll, / schreien nicht
um Hilfe, wenn er sie fesselt.
14 Jung schon muß ihre Seele sterben, / wie das
Leben der Lustknaben ist ihr Leben.

Über das Leid

15 Den Geplagten rettet Gott durch seine Plage /
und öffnet durch Bedrängnis sein Ohr.
16 Auch dich entreißt er dem Rachen der Be-
drängnis, / in Weite stehst du, nicht in Enge, / voll
ist deine Tafel von fetten Speisen.
17 Doch wenn du wie ein Frevler richtest, / wird
Recht und Gericht dich treffen.
18 Zornglut verleite dich nicht beim Schicksals-
schlag, / und reiches Lösegeld verführe dich
nicht.
19 Wird dein Schreien aus der Not dich führen /
und alle Anstrengungen voll Kraft?
20 Sehne nicht die Nacht herbei, / die Völker von
ihrer Stätte vertreibt.
21 Hüte dich, und wende dich nicht zum Bösen! /
Denn darum wirst du durch Leid geprüft.

Über Gottes Größe

22 Sieh, groß ist Gott in seiner Macht. / Wer ist ein
Lehrer wie er?
23 Wer will ihm weisen seinen Weg? / Wer kann
ihm sagen: Du tust Unrecht?
24 Denk daran, hoch sein Werk zu preisen, / von
dem die Menschen Lieder singen.
25 Alle Welt schaut es voll Staunen, / von ferne
nur erblickt es der Mensch.
26 Sieh, Gott ist groß, nicht zu begreifen, / uner-
forschlich ist die Zahl seiner Jahre.
27 Denn er zieht die Wassertropfen herauf, / als
Regen ergießen sie sich aus der Flut.
28 Durch ihn rieseln die Wolken, / träufeln nieder
auf die vielen Menschen.
29 Wer gar versteht der Wolke Schweben, / den
Donnerhall aus seinem Zelt?
30 Sieh, darüber breitet er sein Licht / und deckt
des Meeres Wurzeln zu.
31 Denn damit richtet er die Völker, / gibt Speise
in reicher Fülle.
32 Mit leuchtenden Blitzen füllt er beide Hände, /
bietet sie auf gegen den, der angreift.
33 Ihn kündigt an sein Donnerhall, / wenn er im
Zorn gegen den Frevel eifert.

Über Gottes Macht

37 Darum erbebt mein Herz sehr heftig, /
pocht erregt an seiner Stelle.
2 Hört, hört das Toben der Stimme Gottes, /
welch ein Grollen seinem Mund entfährt.
3 Unter dem ganzen Himmel läßt er es los / und
seinen Blitz über die Säume der Erde.
4 Hinter ihm brüllt der Donner drein, / er
dröhnt mit erhabener Stimme. / Nicht hält er
(die Blitze) zurück, / wenn sein Donner gehört
wird.
5 Gott dröhnt mit seiner Stimme, wunder-
bar, / er schafft große Dinge, wir verstehen sie
nicht:
6 Dem Schnee befiehlt er: Fall zur Erde!, / dem
Regenschwall, seinen mächtigen Güssen.
7 Er versiegelt die Hand aller Menschen, / so daß
alle Welt sein Tun erkennt.
8 Die Tiere verkriechen sich in ihr Versteck, / sie
lagern in ihren Höhlen.
9 Aus seiner Kammer kommt der Sturm, / von
den Winden des Nordens die Kälte.
10 Durch Gottes Hauch entsteht das Eis, / liegt
starr des Wassers Fläche.
11 Auch belädt er die Wolken mit Naß, / streut
umher die leuchtenden Wolken.
12 Sie ziehen hin und her, wie er sie lenkt, / um
alles, was er gebietet, / zu wirken auf dem Kreis
der Erde.

13 Sei es als Zuchtrute, sei es auch für seine Erde, /
sei es als Erweis seiner Huld, / so läßt er es sie tref-
fen.

Über die Furcht vor Gott

14 Hör dir dies an, Ijob! Steh still, / um die Wunder
Gottes zu betrachten.
15 Weißt du, wie Gott ihnen Auftrag gibt, / wie
das Licht seiner Wolke aufstrahlt?
16 Weißt du um der Wolke Schweben, / um die
Wunderwerke des Allwissenden?
17 Du, dem die Kleider vor Hitze glühen, / wenn
die Erde unter dem Südwind liegt,
18 wölbst du gleich ihm das Wolkenfirmament, /
das fest ist wie ein gegossener Spiegel?
19 Lehre du uns, was wir ihm sagen sollen. / Wir
können wegen des Dunkels nichts vorbringen.
20 Muß man ihm erst erzählen, wenn ich rede? /
Muß es erst einer sagen, / damit es ihm mitgeteilt
wird?
21 Und nun, wenn man das Sonnenlicht nicht
sieht, / ist es verdunkelt durch die Wolken, / ein
Windhauch bläst und fegt sie weg.
22 Vom Norden naht ein Lichtglanz, / um Gott
her ist schreckliche Herrlichkeit.
23 Den Allmächtigen ergründen wir nicht, / er ist
erhaben an Macht und Recht, / er ist reich an Ge-
rechtigkeit; Recht beugt er nicht.
24 Darum sollen die Menschen ihn fürchten. /
Keinen sieht er an, wie weise sie auch sind.

Die Antwort Gottes: 38,1–41,26

Die erste Rede Gottes

Fragen zum Geheimnis der Schöpfung

38 Da antwortete der Herr dem Ijob aus dem
Wettersturm und sprach:
2 Wer ist es, der den Ratschluß verdunkelt / mit
Gerede ohne Einsicht?
3 Auf, gürte deine Lenden wie ein Mann: / Ich
will dich fragen, du belehre mich!
4 Wo warst du, als ich die Erde gegründet? / Sag
es denn, wenn du Bescheid weißt.
5 Wer setzte ihre Maße? Du weißt es ja. / Wer hat
die Meßschnur über ihr gespannt?
6 Wohin sind ihre Pfeiler eingesenkt? / Oder wer
hat ihren Eckstein gelegt,
7 als alle Morgensterne jauchzten, / als jubelten
alle Gottessöhne?
8 Wer verschloß das Meer mit Toren, / als schäu-
mend es dem Mutterschoß entquoll,
9 als Wolken ich zum Kleid ihm machte, / ihm
zur Windel dunklen Dunst,
10 als ich ihm ausbrach meine Grenze, / ihm Tor
und Riegel setzte
11 und sprach: Bis hierher darfst du und
nicht weiter, / hier muß sich legen deiner Wogen
Stolz?
12 Hast du je in deinem Leben dem Mor-
gen geboten, / dem Frührot seinen Ort be-
stimmt,
13 daß es der Erde Säume fasse / und daß die
Frevler von ihr abgeschüttelt werden?
14 Sie wandelt sich wie Siegelton, / (die Dinge)
stehen da wie ein Gewand.
15 Den Frevlern wird ihr Licht entzogen, / zer-
schmettert der erhobene Arm.
16 Bist du zu den Quellen des Meeres gekom-
men, / hast du des Urgrunds Tiefe durchwan-
dert?
17 Haben dir sich die Tore des Todes geöffnet, /
hast du der Finsternis Tore geschaut?
18 Hast du der Erde Breiten überblickt? / Sag es,
wenn du das alles weißt.
19 Wo ist der Weg zur Wohnstatt des Lichts? / Die
Finsternis, wo hat sie ihren Ort,
20 daß du sie einführst in ihren Bereich, / die
Pfade zu ihrem Haus sie führst?
21 Du weißt es ja; du wurdest damals ja gebo-
ren, / und deiner Tage Zahl ist groß.
22 Bist du zu den Kammern des Schnees ge-
kommen, / hast du die Kammern des Hagels ge-
sehen,
23 den ich für Zeiten der Drangsal aufgespart, /
für den Tag des Kampfes und der Schlacht?
24 Wo ist der Weg dorthin, wo das Licht sich
verteilt, / der Ostwind sich über die Erde zer-
streut?
25 Wer grub der Regenflut eine Rinne, / einen
Weg für das Donnergewölk,

26 um Regen zu senden auf unbewohntes Land, /
auf die Steppe, darin niemand wohnt,
27 um zu sättigen die Wildnis und Öde / und fri-
sches Gras sprossen zu lassen?
28 Hat der Regen einen Vater, / oder wer zeugte
die Tropfen des Taus?
29 Aus wessen Schoß ging das Eis hervor, / des
Himmels Reif, wer hat ihn geboren?
30 Wie Stein erstarren die Wasser / und wird fest
die Fläche der Flut.
31 Knüpfst du die Bande des Siebengestirns, /
oder löst du des Orions Fesseln?
32 Führst du heraus des Tierkreises Sterne zur
richtigen Zeit, / lenkst du die Löwin samt ihren
Jungen?
33 Kennst du die Gesetze des Himmels, / legst du
auf die Erde seine Urkunde nieder?
34 Erhebst du zu den Wolken deine Stimme, /
daß dich die Woge des Wassers bedeckt?
35 Entsendest du die Blitze, daß sie eilen / und dir
sagen: Wir sind da?
36 Wer verlieh dem Ibis Weisheit, / oder wer gab
Einsicht dem Hahn?
37 Wer zählt in Weisheit die Wolken, / und die
Schläuche des Himmels, wer schüttet sie aus,
38 wenn der Erdboden hart wird, als sei er ge-
gossen, / und Erdschollen zusammenkleben?
39 Erjagst du Beute für die Löwin, / stillst du den
Hunger der jungen Löwen,
40 wenn sie sich ducken in den Verstecken, / im
Dickicht auf der Lauer liegen?
41 Wer bereitet dem Raben seine Nahrung, /
wenn seine Jungen schreien zu Gott / und um-
herirren ohne Futter?

39 Kennst du der Steinböcke Wurfzeit, /
überwachst du das Werfen der Hirsche?
2 Zählst du die Monde, die tragend sie füllen, /
kennst du die Zeit ihres Wurfs?
3 Sie kauern sich, werfen ihre Jungen, / werden
los ihre Wehen.
4 Ihre Jungen erstarken, wachsen im Freien, /
laufen hinaus und kehren nicht zu ihnen zurück.
5 Wer hat das Maultier freigelassen, / des Wild-
esels Fesseln, wer schloß sie auf?
6 Ich gab ihm zur Behausung die Steppe, / zu sei-
ner Wohnung die salzige Trift.
7 Er verlacht das Lärmen der Stadt, / hört nicht
des Treibers Geschrei.
8 Die Berge sucht er nach Weide ab, / jeglichem
Grün spürt er nach.
9 Wird dir der Wildstier dienen wollen, / bleibt
er an deiner Krippe zur Nacht?
10 Hältst du am Seil ihn in der Furche, / pflügt er
die Täler hinter dir her?
11 Traust du ihm, weil er so stark ist? / Überläßt
du ihm deine Arbeit?
12 Glaubst du ihm, daß er wiederkommt / und
deine Saat auf die Tenne bringt?
13 Lustig schlägt die Straußenhenne die Flügel. /
Ist ihre Schwinge darum so / wie die des Storches
und Falken?
14 Nein, sie gibt der Erde ihre Eier preis, / läßt sie
erwärmen im Sand,
15 vergißt, daß sie ein Fuß zerdrücken, / das Wild
des Feldes sie zertreten kann;
16 sie behandelt ihre Jungen hart wie Frem-
de; / war umsonst ihre Mühe, es erschreckt sie
nicht.
17 Denn Gott ließ sie Weisheit vergessen, / gab
ihr an Verstand keinen Teil.
18 Im Augenblick aber, wenn sie hochschnellt, /
verlacht sie das Roß und seinen Reiter.
19 Gabst du dem Roß die Heldenstärke, / kleidest
du mit einer Mähne seinen Hals?
20 Läßt du wie Heuschrecken es springen? /
Furchtbar ist sein stolzes Wiehern.
21 Es scharrt im Tal und freut sich, / zieht mit
Macht dem Kampf entgegen.
22 Es spottet der Furcht und kennt keine Angst /
und kehrt nicht um vor dem Schwert.
23 Über ihm klirrt der Köcher, / Speer und
Sichelschwert blitzen.
24 Mit Donnerbeben wirbelt es den Staub auf, /
steht nicht still beim Klang des Horns.
25 Sooft das Horn hallt, wiehert es »hui« / und
wittert den Kampf schon von weitem, / der An-
führer Lärm und das Schlachtgeschrei.
26 Kommt es von deiner Einsicht, / daß der Falke
sich aufschwingt / und nach Süden seine Flügel
ausbreitet?
27 Fliegt auf dein Geheiß der Adler so hoch / und
baut seinen Horst in der Höhe?
28 Auf Felsen wohnt und nächtigt er, / auf der
Felsenzacke und an steiler Wand.
29 Von dort erspäht er die Beute, / seine Augen
schauen ins Weite.
30 Nach Blut schon gieren seine Jungen; / wo Er-
schlagene sind, ist er zur Stelle.

40 Da antwortete der Herr dem Ijob und
sprach:

2 Mit dem Allmächtigen will der Tadler rechten? / Der Gott anklagt, antworte drauf!

Ijobs Antwort: 40,3–5

3 Da antwortete Ijob dem Herrn und sprach:
4 Siehe, ich bin zu gering. Was kann ich dir erwidern? / Ich lege meine Hand auf meinen Mund.
5 Einmal habe ich geredet, ich tu es nicht wieder; / ein zweites Mal, doch nun nicht mehr!

Die zweite Rede Gottes

Gottes Weisheit und Macht

6 Da antwortete der Herr dem Ijob aus dem Wettersturm / und sprach:
7 Auf, gürte deine Lenden wie ein Mann! / Ich will dich fragen, du belehre mich!
8 Willst du wirklich mein Recht zerbrechen, / mich schuldig sprechen, damit du recht behältst?
9 Hast du denn einen Arm wie Gott, / dröhnst du wie er mit Donnerstimme?
10 So schmücke dich mit Hoheit und mit Majestät, / und kleide dich in Prunk und Pracht!
11 Laß die Fluten deines Zornes sich ergießen, / schau an jeden Stolzen, demütige ihn!
12 Schau an jeden Stolzen, zwing ihn nieder! / Zertritt die Frevler auf der Stelle!
13 Verbirg sie insgesamt im Staub, / schließ sie leibhaftig im Erdinnern ein!
14 Dann werde auch ich dich preisen, / weil deine Rechte den Sieg dir verschaffte.
15 Sieh doch das Nilpferd, das ich wie dich erschuf. / Gras frißt es wie ein Rind.
16 Sieh doch die Kraft in seinen Lenden / und die Stärke in den Muskeln seines Leibs!
17 Wie eine Zeder läßt es hängen seinen Schwanz; / straff sind verflochten seiner Schenkel Sehnen.
18 Seine Knochen sind Röhren von Erz, / wie Eisenstangen sein Gebein.
19 Es ist der Anfang der Wege Gottes; / der es gemacht hat, gab ihm sein Schwert.
20 Doch die Berge tragen ihm Futter zu, / und alle Tiere des Feldes spielen dort.
21 Es lagert unter Kreuzdornbüschen, / in dem Versteck von Schilf und Sumpf.
22 Kreuzdornbüsche decken es mit Schatten, / die Pappeln am Fluß umgeben es.
23 Schwillt auch der Fluß, es zittert nicht, / bleibt ruhig, wenn auch die Flut ihm ins Maul dringt.
24 Kann man an den Augen es fassen, / mit Haken ihm die Nase durchbohren?
25 Kannst du das Krokodil am Angelhaken ziehen, / mit der Leine seine Zunge niederdrücken?
26 Legst du ein Binsenseil ihm in die Nase, / durchbohrst du mit einem Haken seine Backe?
27 Fleht es dich groß um Gnade an? / Richtet es zärtliche Worte an dich?
28 Schließt es einen Pakt mit dir, / so daß du es dauernd nehmen kannst zum Knecht?
29 Kannst du mit ihm wie mit einem Vogel spielen, / bindest du es für deine Mädchen an?
30 Feilschen darum die Jagdgenossen, / verteilen sie es stückweise unter die Händler?
31 Kannst du seine Haut mit Spießen spicken, / mit einer Fischharpune seinen Kopf?
32 Leg nur einmal deine Hand daran! / Denk an den Kampf! Du tust es nie mehr.
41 Sieh, das Hoffen darauf wird enttäuscht; / sein bloßer Anblick bringt zu Fall.
2 So kühn ist keiner, es zu reizen; / wer könnte ihm wohl trotzen?
3 Wer begegnete ihm und bliebe heil? / Unter dem ganzen Himmel gibt es so einen nicht.
4 Ich will nicht schweigen von seinen Gliedern, / wie groß und mächtig, wie wohlgeschaffen es ist.
5 Wer öffnet die Hülle seines Kleides, / wer dringt in seinen Doppelpanzer ein?
6 Wer öffnet die Tore seines Mauls? / Rings um seine Zähne lagert Schrecken.
7 Reihen von Schilden sind sein Rücken, / verschlossen mit Siegel aus Kieselstein.
8 Einer reiht sich an den andern, / kein Lufthauch dringt zwischen ihnen durch.
9 Fest haftet jeder an dem andern, / sie sind verklammert, lösen sich nicht.
10 Sein Niesen läßt Licht aufleuchten; / seine Augen sind wie des Frührots Wimpern.
11 Aus seinem Maul fahren brennende Fackeln, / feurige Funken schießen hervor.
12 Rauch dampft aus seinen Nüstern / wie aus kochendem, heißem Topf.
13 Sein Atem entflammt glühende Kohlen, / eine Flamme schlägt aus seinem Maul hervor.

[14] Stärke wohnt in seinem Nacken, / vor ihm her hüpft bange Furcht.
[15] Straff liegt seines Wanstes Fleisch, / wie angegossen, unbewegt.
[16] Sein Herz ist fest wie Stein, / fest wie der untere Mühlstein.
[17] Erhebt es sich, erschrecken selbst die Starken; / vor Schrecken wissen sie nicht aus noch ein.
[18] Trifft man es, kein Schwert hält stand, / nicht Lanze noch Geschoß und Pfeil.
[19] Eisen achtet es wie Stroh, / Bronze wie morsch gewordenes Holz.
[20] Kein Bogenpfeil wird es verjagen, / in Stoppeln verwandeln sich ihm die Steine der Schleuder.
[21] Wie Stoppeln dünkt ihm die Keule, / es lacht nur über Schwertergerassel.
[22] Sein Unteres sind Scherbenspitzen; / ein Dreschbrett breitet es über den Schlamm.
[23] Die Tiefe läßt es brodeln wie den Kessel, / macht das Meer zu einem Salbentopf.
[24] Es hinterläßt eine leuchtende Spur; / man meint, die Flut sei Greisenhaar.
[25] Auf Erden gibt es seinesgleichen nicht, / dazu geschaffen, um sich nie zu fürchten.
[26] Alles Hohe blickt es an; / König ist es über alle stolzen Tiere.

Ijobs Umkehr und Unterwerfung: 42,1–6

42 Da antwortete Ijob dem Herrn und sprach:
[2] Ich hab' erkannt, daß du alles vermagst; / kein Vorhaben ist dir verwehrt.
[3] Wer ist es, der ohne Einsicht den Rat verdunkelt? / So habe ich denn im Unverstand geredet über Dinge, / die zu wunderbar für mich und unbegreiflich sind.
[4] Hör doch, ich will nun reden, / ich will dich fragen, du belehre mich!
[5] Vom Hörensagen nur hatte ich von dir vernommen; / jetzt aber hat mein Auge dich geschaut.
[6] Darum widerrufe ich und atme auf, / in Staub und Asche.

Die Rahmenerzählung: 42,7–17

Ijobs Rechtfertigung

[7] Als der Herr diese Worte zu Ijob gesprochen hatte, sagte der Herr zu Elifas von Teman: Mein Zorn ist entbrannt gegen dich und deine beiden Gefährten; denn ihr habt nicht recht von mir geredet wie mein Knecht Ijob. [8] So nehmt nun sieben Jungstiere und sieben Widder, geht hin zu meinem Knecht Ijob, und bringt ein Brandopfer für euch dar! Mein Knecht Ijob aber soll für euch Fürbitte einlegen; nur auf ihn nehme ich Rücksicht, daß ich euch nichts Schlimmeres antue. Denn ihr habt nicht recht von mir geredet wie mein Knecht Ijob. [9] Da gingen Elifas von Teman, Bildad von Schuach und Zofar von Naama hin und taten, was der Herr ihnen gesagt hatte. Und der Herr nahm Rücksicht auf Ijob.

Ijobs neues Glück

[10] Der Herr wendete das Geschick Ijobs, als er für seinen Nächsten Fürbitte einlegte; und der Herr mehrte den Besitz Ijobs auf das Doppelte.
[11] Da kamen zu ihm alle seine Brüder, alle seine Schwestern und alle seine früheren Bekannten und speisten mit ihm in seinem Haus. Sie bezeigten ihm ihr Mitleid und trösteten ihn wegen all des Unglücks, das der Herr über ihn gebracht hatte. Ein jeder schenkte ihm eine Kesita und einen goldenen Ring.
[12] Der Herr aber segnete die spätere Lebenszeit Ijobs mehr als seine frühere. Er besaß vierzehntausend Schafe, sechstausend Kamele, tausend Joch Rinder und tausend Esel. [13] Auch bekam er sieben Söhne und drei Töchter.
[14] Die erste nannte er Jemima, die zweite Kezia und die dritte Keren-Happuch. [15] Man fand im ganzen Land keine schöneren Frauen als die Töchter Ijobs; ihr Vater gab ihnen Erbbesitz unter ihren Brüdern. [16] Ijob lebte danach noch hundertvierzig Jahre; er sah seine Kinder und Kindeskinder, vier Geschlechter. [17] Dann starb Ijob, hochbetagt und satt an Lebenstagen.

DIE PSALMEN

Das erste Buch

Die beiden Wege

1 Wohl dem Mann, der nicht dem Rat der Frev-
ler folgt, /
nicht auf dem Weg der Sünder geht, / nicht im
Kreis der Spötter sitzt,
2 sondern Freude hat an der Weisung des Herrn, /
über seine Weisung nachsinnt bei Tag und bei
Nacht.
3 Er ist wie ein Baum, / der an Wasserbächen ge-
pflanzt ist,
der zur rechten Zeit seine Frucht bringt / und
dessen Blätter nicht welken.
Alles, was er tut, / wird ihm gut gelingen.
4 Nicht so die Frevler: / Sie sind wie Spreu, die
der Wind verweht.
5 Darum werden die Frevler im Gericht nicht be-
stehn / noch die Sünder in der Gemeinde der
Gerechten.
6 Denn der Herr kennt den Weg der Gerech-
ten, / der Weg der Frevler aber führt in den Ab-
grund.

Der Herr und sein Gesalbter

2 Warum toben die Völker, / warum machen
die Nationen vergebliche Pläne?
2 Die Könige der Erde stehen auf, / die Großen
haben sich verbündet / gegen den Herrn und sei-
nen Gesalbten.
3 »Laßt uns ihre Fesseln zerreißen / und von uns
werfen ihre Stricke!«
4 Doch er, der im Himmel thront, lacht, / der
Herr verspottet sie.
5 Dann aber spricht er zu ihnen im Zorn, / in sei-
nem Grimm wird er sie erschrecken:
6 »Ich selber habe meinen König eingesetzt / auf
Zion, meinem heiligen Berg.«
7 Den Beschluß des Herrn will ich kundtun. /
Er sprach zu mir: »Mein Sohn bist du. / Heute
habe ich dich gezeugt.
8 Fordere von mir, und ich gebe dir die Völker
zum Erbe, / die Enden der Erde zum Eigentum.
9 Du wirst sie zerschlagen mit eiserner Keule, /
wie Krüge aus Ton wirst du sie zertrümmern.«
10 Nun denn, ihr Könige, kommt zur Einsicht, /
laßt euch warnen, ihr Gebieter der Erde!
11 Dient dem Herrn in Furcht, / und küßt ihm mit
Beben die Füße,
12 damit er nicht zürnt / und euer Weg nicht in
den Abgrund führt.
Denn wenig nur, und sein Zorn ist entbrannt. /
Wohl allen, die ihm vertrauen!

Hilferuf in Feindesnot

3 [Ein Psalm Davids, als er vor seinem Sohn
Abschalom floh.]
2 Herr, wie zahlreich sind meine Bedränger; / so
viele stehen gegen mich auf.
3 Viele gibt es, die von mir sagen: / »Er findet
keine Hilfe bei Gott.« [Sela]
4 Du aber, Herr, bist ein Schild für mich, / du bist
meine Ehre und richtest mich auf.
5 Ich habe laut zum Herrn gerufen; / da erhörte
er mich von seinem heiligen Berg. [Sela]
6 Ich lege mich nieder und schlafe ein, / ich
wache wieder auf, denn der Herr beschützt
mich.
7 Viele Tausende von Kriegern fürchte ich nicht, /
wenn sie mich ringsum belagern.
8 Herr, erhebe dich, / mein Gott, bring mir Hilfe!
Denn all meinen Feinden hast du den Kiefer zer-
schmettert, / hast den Frevlern die Zähne zerbro-
chen.
9 Beim Herrn findet man Hilfe. / Auf dein Volk
komme dein Segen! [Sela]

Gottes Schutz in der Nacht

4 [Für den Chormeister. Mit Saitenspiel. Ein
Psalm Davids.]
2 Wenn ich rufe, erhöre mich, / Gott, du mein
Retter!
Du hast mir Raum geschaffen, als mir angst
war. / Sei mir gnädig, und hör auf mein Fle-
hen!
3 Ihr Mächtigen, wie lange noch schmäht ihr
meine Ehre, / warum liebt ihr den Schein und
sinnt auf Lügen? [Sela]

4 Erkennt doch: Wunderbar handelt der Herr an
den Frommen; / der Herr erhört mich, wenn ich
zu ihm rufe.
5 Ereifert ihr euch, so sündigt nicht! / Bedenkt es
auf eurem Lager, und werdet still! [Sela]
6 Bringt rechte Opfer dar, / und vertraut auf den
Herrn!
7 Viele sagen: »Wer läßt uns Gutes erleben?« /
Herr, laß dein Angesicht über uns leuchten!
8 Du legst mir größere Freude ins Herz, / als an-
dere haben bei Korn und Wein in Fülle.
9 In Frieden leg' ich mich nieder und schlafe
ein; / denn du allein, Herr, läßt mich sorglos ru-
hen.

Ein Gebet zum Morgenopfer

5 [Für den Chormeister. Zum Flötenspiel. Ein
Psalm Davids.]
2 Höre meine Worte, Herr, / achte auf mein Seuf-
zen!
3 Vernimm mein lautes Schreien, mein König
und mein Gott, / denn ich flehe zu dir.
4 Herr, am Morgen hörst du mein Rufen, / am
Morgen rüst' ich das Opfer zu, halte Ausschau
nach dir.
5 Denn du bist kein Gott, dem das Unrecht ge-
fällt; / der Frevler darf nicht bei dir weilen.
6 Wer sich brüstet, besteht nicht vor deinen Au-
gen; / denn dein Haß trifft alle, die Böses tun.
7 Du läßt die Lügner zugrunde gehn, / Mörder
und Betrüger sind dem Herrn ein Greuel.
8 Ich aber darf dein Haus betreten / dank deiner
großen Güte,
ich werfe mich nieder in Ehrfurcht / vor deinem
heiligen Tempel.
9 Leite mich, Herr, in deiner Gerechtigkeit, /mei-
nen Feinden zum Trotz; / ebne deinen Weg vor
mir!
10 Aus ihrem Mund kommt kein wahres Wort, /
ihr Inneres ist voll Verderben.
Ihre Kehle ist ein offenes Grab, / aalglatt ist ihre
Zunge.
11 Gott, laß sie dafür büßen; / sie sollen fallen
durch ihre eigenen Ränke.
Verstoße sie wegen ihrer vielen Verbrechen; /
denn sie empören sich gegen dich.
12 Doch alle sollen sich freuen, die auf dich ver-
trauen, / und sollen immerfort jubeln.
Beschütze alle, die deinen Namen lieben, / da-
mit sie dich rühmen.
13 Denn du, Herr, segnest den Gerechten. /
Wie mit einem Schild deckst du ihn mit deiner
Gnade.

Ein Bußgebet in Todesnot

6 [Für den Chormeister. Mit Saitenspiel nach
der Achten. Ein Psalm Davids.]
2 Herr, strafe mich nicht in deinem Zorn, / und
züchtige mich nicht in deinem Grimm!
3 Sei mir gnädig, Herr, ich sieche dahin; / heile
mich, Herr, denn meine Glieder zerfallen!
4 Meine Seele ist tief verstört. / Du aber, Herr,
wie lange säumst du noch?
5 Herr, wende dich mir zu und errette mich, / in
deiner Huld bring mir Hilfe!
6 Denn bei den Toten denkt niemand mehr an
dich. / Wer wird dich in der Unterwelt noch prei-
sen?
7 Ich bin erschöpft vom Seufzen, / jede Nacht be-
netzen Ströme von Tränen mein Bett, / ich über-
schwemme mein Lager mit Tränen.
8 Mein Auge ist getrübt vor Kummer, / ich bin
gealtert wegen all meiner Gegner.
9 Weicht zurück von mir, all ihr Frevler; / denn
der Herr hat mein lautes Weinen gehört.
10 Gehört hat der Herr mein Flehen, / der Herr
nimmt mein Beten an.
11 In Schmach und Verstörung geraten all meine
Feinde, / sie müssen weichen und gehen plötz-
lich zugrunde.

Gebet in Verfolgung

7 [Ein Klagelied Davids, das er dem Herrn sang
wegen des Benjaminiters Kusch.]
2 Herr, mein Gott, ich flüchte mich zu dir; / hilf
mir vor allen Verfolgern und rette mich,
3 damit mir niemand wie ein Löwe das Leben
raubt, / mich zerreißt, und keiner ist da, der mich
rettet.
4 Wenn ich das getan habe, Herr, mein Gott, /
wenn an meinen Händen Unrecht klebt,
5 wenn ich meinem Freunde Böses tat, / wenn
ich den quälte, der mich grundlos bedrängt hat,
6 dann soll mich der Feind verfolgen und ergrei-
fen; / er richte mein Leben zugrunde / und trete
meine Ehre mit Füßen. [Sela]
7 Herr, steh auf in deinem Zorn, / erheb dich ge-
gen meine wütenden Feinde!
Wach auf, du mein Gott! / Du hast zum Gericht
gerufen. / Der Herr richtet die Völker.

8 Um dich stehe die Schar der Völker im Kreis; /
über ihnen throne du in der Höhe!
9 Herr, weil ich gerecht bin, verschaff mir Recht, /
(und tu an mir Gutes,) weil ich schuldlos bin!
10 Die Bosheit der Frevler finde ein Ende, / doch
gib dem Gerechten Bestand, / gerechter Gott, der
du auf Herz und Nieren prüfst.
11 Ein Schild über mir ist Gott, / er rettet die Men-
schen mit redlichem Herzen.
12 Gott ist ein gerechter Richter, / ein Gott, der
täglich strafen kann.
13 Wenn der Frevler sein Schwert wieder
schärft, / seinen Bogen spannt und zielt,
14 dann rüstet er tödliche Waffen gegen sich
selbst, / bereitet sich glühende Pfeile.
15 Er hat Böses im Sinn; / er geht schwanger mit
Unheil, und Tücke gebiert er.
16 Er gräbt ein Loch, er schaufelt es aus, / doch
er stürzt in die Grube, die er selber gemacht
hat.
17 Seine Untat kommt auf sein eigenes Haupt, /
seine Gewalttat fällt auf seinen Scheitel zurück.
18 Ich will dem Herrn danken, denn er ist ge-
recht; / dem Namen des Herrn, des Höchsten,
will ich singen und spielen.

Die Herrlichkeit des Schöpfers – die Würde des Menschen

8 [Für den Chormeister. Nach dem Kelterlied.
Ein Psalm Davids.]
2 Herr, unser Herrscher, / wie gewaltig ist dein
Name auf der ganzen Erde; / über den Himmel
breitest du deine Hoheit aus.
3 Aus dem Mund der Kinder und Säuglinge
schaffst du dir Lob, / deinen Gegnern zum Trotz; /
deine Feinde und Widersacher müssen verstum-
men.
4 Seh' ich den Himmel, das Werk deiner Finger, /
Mond und Sterne, die du befestigt:
5 Was ist der Mensch, daß du an ihn denkst, /
des Menschen Kind, daß du dich seiner an-
nimmst?
6 Du hast ihn nur wenig geringer gemacht als
Gott, / hast ihn mit Herrlichkeit und Ehre ge-
krönt.
7 Du hast ihn als Herrscher eingesetzt über das
Werk deiner Hände, / hast ihm alles zu Füßen ge-
legt:
8 All die Schafe, Ziegen und Rinder / und auch
die wilden Tiere,
9 die Vögel des Himmels und die Fische im
Meer, / alles, was auf den Pfaden der Meere da-
hinzieht.
10 Herr, unser Herrscher, / wie gewaltig ist dein
Name auf der ganzen Erde!

Gott, der Retter der Armen und Bedrängten

9 [Für den Chormeister. Nach der Weise »Stirb
für den Sohn!« Ein Psalm Davids.]
2 Ich will dir danken, Herr, aus ganzem Herzen, /
verkünden will ich all deine Wunder.
3 Ich will jauchzen und an dir mich freuen, / für
dich, du Höchster, will ich singen und spielen.
4 Denn zurückgewichen sind meine Feinde, /
gestürzt und vergangen vor deinem Angesicht.
5 Du hast mir Recht verschafft und für mich ent-
schieden, / dich auf den Thron gesetzt als ein ge-
rechter Richter.
6 Du hast die Völker bedroht, die Frevler ver-
nichtet, / ihren Namen gelöscht für immer und
ewig.
7 Die Feinde sind dahin, zerschlagen für im-
mer. / Du hast Städte entvölkert, ihr Ruhm ist ver-
sunken.
8 Der Herr aber thront für ewig; / er stellt seinen
Thron auf zum Gericht.
9 Er richtet den Erdkreis gerecht, / er spricht den
Völkern das Urteil, das sie verdienen.
10 So wird der Herr für den Bedrückten zur Burg, /
zur Burg in Zeiten der Not.
11 Darum vertraut dir, wer deinen Namen
kennt; / denn du, Herr, verläßt keinen, der dich
sucht.
12 Singt dem Herrn, der thront auf dem Zion, /
verkündet unter den Völkern seine Taten!
13 Denn er, der jede Blutschuld rächt, denkt an
die Armen, / und ihren Notschrei vergißt er nicht.
14 Sei mir gnädig in meiner Not; / Herr, sieh
doch, wie sie mich hassen!
Führ mich herauf von den Pforten des Todes, /
15 damit ich all deinen Ruhm verkünde in den To-
ren von Zion / und frohlocke, weil du mir hilfst.
16 Völker versanken in der Grube, die sie selber
gegraben; / im Netz, das sie heimlich gelegt, hat
ihr Fuß sich verfangen.
17 Kundgetan hat sich der Herr: Er hielt sein Ge-
richt; / im eigenen Werk hat sich der Frevler ver-
strickt. [Zwischenspiel. Sela]
18 Hinabfahren müssen die Frevler zum Toten-
reich, / alle Heiden, die Gott vergessen.

19 Doch der Arme ist nicht auf ewig vergessen, /
des Elenden Hoffnung ist nicht für immer verlo-
ren.
20 Erheb dich, Herr, damit nicht der Mensch
triumphiert, / damit die Völker gerichtet werden
vor deinem Angesicht.
21 Wirf Schrecken auf sie, o Herr! / Erkennen sol-
len die Völker: Sie sind nur Menschen. [Sela]

Ein Hilferuf gegen gewalttätige Menschen

10 Herr, warum bleibst du so fern, / ver-
birgst dich in Zeiten der Not?
2 In seinem Hochmut quält der Frevler die Ar-
men. / Er soll sich fangen in den Ränken, die er
selbst ersonnen hat.
3 Denn der Frevler rühmt sich nach Herzens-
lust, / er raubt, er lästert und verachtet den Herrn.
4 Überheblich sagt der Frevler: / »Gott straft nicht.
Es gibt keinen Gott.« / So ist sein ganzes Denken.
5 Zu jeder Zeit glückt ihm sein Tun. / Hoch dro-
ben und fern von sich wähnt er deine Gerichte.
6 Er sagt in seinem Herzen: »Ich werde niemals
wanken. / Von Geschlecht zu Geschlecht trifft
mich kein Unglück.«
7 Sein Mund ist voll Fluch und Trug und Ge-
walttat; / auf seiner Zunge sind Verderben und
Unheil.
8 Er liegt auf der Lauer in den Gehöften / und
will den Schuldlosen heimlich ermorden; / seine
Augen spähen aus nach dem Armen.
9 Er lauert im Versteck wie ein Löwe im Dik-
kicht, / er lauert darauf, den Armen zu fangen; /
er fängt den Armen und zieht ihn in sein Netz.
10 Er duckt sich und kauert sich nieder, / seine
Übermacht bringt die Schwachen zu Fall.
11 Er sagt in seinem Herzen: »Gott vergißt es, / er
verbirgt sein Gesicht, er sieht es niemals.«
12 Herr, steh auf, Gott, erheb deine Hand, / ver-
giß die Gebeugten nicht!
13 Warum darf der Frevler Gott verachten, / und
in seinem Herzen sagen: »Du strafst nicht«?
14 Du siehst es ja selbst; / denn du schaust auf
Unheil und Kummer.
Der Schwache vertraut sich dir an; / du bist den
Verwaisten ein Helfer.
15 Zerbrich den Arm des Frevlers und des Bösen, /
bestraf seine Frevel, / so daß man von ihm nichts
mehr findet.
16 Der Herr ist König für immer und ewig, / in sei-
nem Land gehen die Heiden zugrunde.
17 Herr, du hast die Sehnsucht der Armen ge-
stillt, / du stärkst ihr Herz, du hörst auf sie:
18 Du verschaffst den Verwaisten und Bedrück-
ten ihr Recht. / Kein Mensch mehr verbreite
Schrecken im Land.

Gottes Blick auf den Menschen

11 [Für den Chormeister. Von David.]
Beim Herrn finde ich Zuflucht. / Wie
könnt ihr mir sagen: / »In die Berge flieh wie ein
Vogel«?
2 Schon spannen die Frevler den Bogen, / sie le-
gen den Pfeil auf die Sehne,
um aus dem Dunkel zu treffen / die Menschen
mit redlichem Herzen.
3 Gerät alles ins Wanken, / was kann da der Ge-
rechte noch tun?
4 Der Herr weilt in seinem heiligen Tempel, / der
Thron des Herrn ist im Himmel.
Seine Augen schauen herab, / seine Blicke prü-
fen die Menschen.
5 Der Herr prüft Gerechte und Frevler; / wer Ge-
walttat liebt, den haßt er aus tiefster Seele.
6 Auf die Frevler lasse er Feuer und Schwefel reg-
nen; / sengender Wind sei ihr Anteil.
7 Denn der Herr ist gerecht, er liebt gerechte Ta-
ten; / wer rechtschaffen ist, darf sein Angesicht
schauen.

Die Falschheit der Menschen – die Treue Gottes

12 [Für den Chormeister. Nach der Achten.
Ein Psalm Davids.]
2 Hilf doch, o Herr, die Frommen schwinden da-
hin, / unter den Menschen gibt es keine Treue
mehr.
3 Sie lügen einander an, einer den andern, / mit fal-
scher Zunge und zwiespältigem Herzen reden sie.
4 Der Herr vertilge alle falschen Zungen, / jede
Zunge, die vermessen redet.
5 Sie sagen: »Durch unsre Zunge sind wir mäch-
tig; / unsre Lippen sind unsre Stärke. Wer ist uns
überlegen?«
6 Die Schwachen werden unterdrückt, die Ar-
men seufzen. / Darum spricht der Herr: »Jetzt
stehe ich auf, / dem Verachteten bringe ich Heil.«
7 Die Worte des Herrn sind lautere Worte, / Sil-
ber, geschmolzen im Ofen, / von Schlacken ge-
schieden, geläutert siebenfach.
8 Du, Herr, wirst uns behüten / und uns vor die-
sen Leuten für immer erretten,

9 auch wenn die Frevler frei umhergehen / und
unter den Menschen die Gemeinheit groß wird.

Klage und Vertrauen in großer Not

13 [Für den Chormeister.
Ein Psalm Davids.]
2 Wie lange noch, Herr, vergißt du mich ganz? /
Wie lange noch verbirgst du dein Gesicht vor mir?
3 Wie lange noch muß ich Schmerzen ertragen
in meiner Seele, / in meinem Herzen Kummer
Tag für Tag? / Wie lange noch darf mein Feind
über mich triumphieren?
4 Blick doch her, erhöre mich, Herr, mein Gott, /
erleuchte meine Augen, damit ich nicht ent-
schlafe und sterbe, 5 damit mein Feind nicht sagen
kann: / »Ich habe ihn überwältigt«, damit meine
Gegner nicht jubeln, / weil ich ihnen erlegen bin.
6 Ich aber baue auf deine Huld, / mein Herz soll
über deine Hilfe frohlocken.
Singen will ich dem Herrn, / weil er mir Gutes
getan hat.

Die Torheit der Gottesleugner

14 [Für den Chormeister.
Von David.]
Die Toren sagen in ihrem Herzen: / »Es gibt kei-
nen Gott.«
Sie handeln verwerflich und schnöde; / da ist
keiner, der Gutes tut.
2 Der Herr blickt vom Himmel herab auf die
Menschen, / ob noch ein Verständiger da ist, der
Gott sucht.
3 Alle sind sie abtrünnig und verdorben, / keiner
tut Gutes, auch nicht ein einziger.
4 Haben denn all die Übeltäter keine Einsicht? /
Sie verschlingen mein Volk.
Sie essen das Brot des Herrn, / doch seinen Na-
men rufen sie nicht an.
5 Es trifft sie Furcht und Schrecken; / denn Gott
steht auf der Seite der Gerechten.
6 Die Pläne der Armen wollt ihr vereiteln, / doch
ihre Zuflucht ist der Herr.
7 Ach, käme doch vom Zion Hilfe für Israel! /
Wenn einst der Herr das Geschick seines Volkes
wendet, / dann jubelt Jakob, dann freut sich Israel.

Die Bedingungen für den Eintritt ins Heiligtum

15 [Ein Psalm Davids.]
Herr, wer darf Gast sein in deinem
Zelt, / wer darf weilen auf deinem heiligen Berg?
2 Der makellos lebt und das Rechte tut; / der von
Herzen die Wahrheit sagt 3 und mit seiner Zunge
nicht verleumdet;
der seinem Freund nichts Böses antut / und sei-
nen Nächsten nicht schmäht;
4 der den Verworfenen verachtet, / doch alle, die
den Herrn fürchten, in Ehren hält;
der sein Versprechen nicht ändert, / das er sei-
nem Nächsten geschworen hat;
5 der sein Geld nicht auf Wucher ausleiht / und
nicht zum Nachteil des Schuldlosen Bestechung
annimmt.
Wer sich danach richtet, / der wird niemals
wanken.

Gott, der Anteil seiner Getreuen

16 [Ein Lied Davids.]
Behüte mich, Gott, denn ich vertraue
dir. / 2 Ich sage zum Herrn: »Du bist mein Herr;
mein ganzes Glück bist du allein.«
3 An den Heiligen im Lande, den Herrlichen, / an
ihnen nur hab' ich mein Gefallen.
4 Viele Schmerzen leidet, wer fremden Göttern
folgt. / Ich will ihnen nicht opfern, / ich nehme
ihre Namen nicht auf meine Lippen.
5 Du, Herr, gibst mir das Erbe und reichst mir
den Becher; / du hältst mein Los in deinen Hän-
den.
6 Auf schönem Land fiel mir mein Anteil zu. / Ja,
mein Erbe gefällt mir gut.
7 Ich preise den Herrn, der mich beraten hat. /
Auch mahnt mich mein Herz in der Nacht.
8 Ich habe den Herrn beständig vor Augen. / Er
steht mir zur Rechten, ich wanke nicht.
9 Darum freut sich mein Herz und frohlockt
meine Seele; / auch mein Leib wird wohnen in
Sicherheit.
10 Denn du gibst mich nicht der Unterwelt preis; /
du läßt deinen Frommen das Grab nicht schauen.
11 Du zeigst mir den Pfad zum Leben. / Vor dei-
nem Angesicht herrscht Freude in Fülle, / zu dei-
ner Rechten Wonne für alle Zeit.

Das Gebet eines Verfolgten

17 [Ein Gebet Davids.]
Höre, Herr, die gerechte Sache, / achte
auf mein Flehen, / vernimm mein Gebet von Lip-
pen ohne Falsch!
2 Von deinem Angesicht ergehe mein Urteil; /
denn deine Augen sehen, was recht ist.

3 Prüfst du mein Herz, / suchst du mich heim in
der Nacht und erprobst mich, / dann findest du
an mir kein Unrecht.
Mein Mund verging sich nicht, / 4 trotz allem,
was die Menschen auch treiben; / ich halte mich
an das Wort deiner Lippen.
5 Auf dem Weg deiner Gebote gehn meine
Schritte, / meine Füße wanken nicht auf deinen
Pfaden.
6 Ich rufe dich an, denn du, Gott, erhörst mich. /
Wende dein Ohr mir zu, vernimm meine Rede!
7 Wunderbar erweise deine Huld! / Du rettest
alle, die sich an deiner Rechten vor den Feinden
bergen.
8 Behüte mich wie den Augapfel, den Stern des
Auges, / birg mich im Schatten deiner Flügel
9 vor den Frevlern, die mich hart bedrängen, /
vor den Feinden, die mich wütend umringen.
10 Sie haben ihr hartes Herz verschlossen, / sie
führen stolze Worte im Mund,
11 sie lauern mir auf, jetzt kreisen sie mich ein; /
sie trachten danach, mich zu Boden zu strecken,
12 so wie der Löwe voll Gier ist zu zerreißen, /
wie der junge Löwe, der im Hinterhalt lauert.
13 Erheb dich, Herr, tritt dem Frevler entgegen! /
Wirf ihn zu Boden, mit deinem Schwert entreiß
mich ihm!
14 Rette mich, Herr, mit deiner Hand vor diesen
Leuten, / vor denen, die im Leben schon alles ha-
ben.
Du füllst ihren Leib mit Gütern, / auch ihre
Söhne werden noch satt / und hinterlassen den
Enkeln, was übrigbleibt.
15 Ich aber will in Gerechtigkeit dein Angesicht
schauen, / mich satt sehen an deiner Gestalt,
wenn ich erwache.

Ein Danklied des Königs für Rettung und Sieg

18 [Für den Chormeister. Von David, dem
Knecht des Herrn, der dem Herrn die
Worte dieses Liedes sang an dem Tag, als ihn der
Herr aus der Gewalt all seiner Feinde und aus der
Hand Sauls errettet hatte.
2 Er sprach:]
Ich will dich rühmen, Herr, meine Stärke, 3 Herr,
du mein Fels, meine Burg, mein Retter,
mein Gott, meine Feste, in der ich mich berge, /
mein Schild und sicheres Heil, meine Zuflucht.
4 Ich rufe: Der Herr sei gepriesen!, / und ich
werde vor meinen Feinden gerettet.
5 Mich umfingen die Fesseln des Todes, / mich
erschreckten die Fluten des Verderbens.
6 Die Bande der Unterwelt umstrickten mich, /
über mich fielen die Schlingen des Todes.
7 In meiner Not rief ich zum Herrn / und schrie
zu meinem Gott.
Aus seinem Heiligtum hörte er mein Rufen, /
mein Hilfeschrei drang an sein Ohr.
8 Da wankte und schwankte die Erde, / die
Grundfesten der Berge erbebten. / Sie wankten,
denn sein Zorn war entbrannt.
9 Rauch stieg aus seiner Nase auf, / aus seinem
Mund kam verzehrendes Feuer, / glühende Koh-
len sprühten aus von ihm.
10 Er neigte den Himmel und fuhr herab, / zu sei-
nen Füßen dunkle Wolken.
11 Er fuhr auf dem Kerub und flog daher; / er
schwebte auf den Flügeln des Windes.
12 Er hüllte sich in Finsternis, / in dunkles Was-
ser und dichtes Gewölk wie in ein Zelt.
13 Von seinem Glanz erstrahlten die Wolken, /
Hagel fiel nieder und glühende Kohlen.
14 Da ließ der Herr den Donner im Himmel erdröh-
nen, / der Höchste ließ seine Stimme erschallen.
15 Er schoß seine Pfeile und streute sie, / er
schleuderte Blitze und jagte sie dahin.
16 Da wurden sichtbar die Tiefen des Meeres, /
die Grundfesten der Erde wurden entblößt
vor deinem Drohen, Herr, / vor dem Schnauben
deines zornigen Atems.
17 Er griff aus der Höhe herab und faßte mich, /
zog mich heraus aus gewaltigen Wassern.
18 Er entriß mich meinen mächtigen Feinden, /
die stärker waren als ich und mich haßten.
19 Sie überfielen mich am Tag meines Unheils, /
doch der Herr wurde mein Halt.
20 Er führte mich hinaus ins Weite, / er befreite
mich, denn er hatte an mir Gefallen.
21 Der Herr hat gut an mir gehandelt und mir ver-
golten, / weil ich gerecht bin und meine Hände
rein sind.
22 Denn ich hielt mich an die Wege des Herrn /
und fiel nicht ruchlos ab von meinem Gott.
23 Ja, ich habe alle seine Gebote vor Augen, /
weise seine Gesetze niemals ab.
24 Ich war vor ihm ohne Makel, / ich nahm mich
in acht vor der Sünde.
25 Darum hat der Herr mir vergolten, weil ich ge-
recht bin / und meine Hände rein sind vor seinen
Augen.

26 Gegen den Treuen zeigst du dich treu, / an
dem Aufrichtigen handelst du recht.
27 Gegen den Reinen zeigst du dich rein, / doch
falsch gegen den Falschen.
28 Dem bedrückten Volk bringst du Heil, / doch
die Blicke der Stolzen zwingst du nieder.
29 Du, Herr, läßt meine Leuchte erstrahlen, /
mein Gott macht meine Finsternis hell.
30 Mit dir erstürme ich Wälle, / mit meinem Gott
überspringe ich Mauern.
31 Vollkommen ist Gottes Weg, / das Wort des
Herrn ist im Feuer geläutert. / Ein Schild ist er für
alle, die sich bei ihm bergen.
32 Denn wer ist Gott als allein der Herr, / wer ist
ein Fels, wenn nicht unser Gott?
33 Gott hat mich mit Kraft umgürtet, / er führte
mich auf einen Weg ohne Hindernis.
34 Er ließ mich springen schnell wie Hirsche, /
auf hohem Weg ließ er mich gehen.
35 Er lehrte meine Hände zu kämpfen, / meine
Arme, den ehernen Bogen zu spannen.
36 Du gabst mir deine Hilfe zum Schild, / deine
Rechte stützt mich; / du neigst dich mir zu und
machst mich groß.
37 Du schaffst meinen Schritten weiten Raum, /
meine Knöchel wanken nicht.
38 Ich verfolge meine Feinde und hole sie ein, /
ich kehre nicht um, bis sie vernichtet sind.
39 Ich schlage sie nieder; / sie können sich nicht
mehr erheben, sie fallen und liegen unter meinen
Füßen.
40 Du hast mich zum Kampf mit Kraft umgürtet, /
hast alle in die Knie gezwungen, die sich gegen
mich erhoben.
41 Meine Feinde hast du zur Flucht gezwungen; /
ich konnte die vernichten, die mich hassen.
42 Sie schreien, doch hilft ihnen niemand, /
sie schreien zum Herrn, doch er gibt keine Ant-
wort.
43 Ich zermalme sie zu Staub vor dem Wind, /
schütte sie auf die Straße wie Unrat.
44 Du rettest mich vor zahllosem Kriegsvolk, / du
machst mich zum Haupt über ganze Völker.
Stämme, die ich früher nicht kannte, sind mir
nun untertan. 45 Sobald sie mich nur hören, ge-
horchen sie.
Mir huldigen die Söhne der Fremde, / 46 sie kom-
men zitternd aus ihren Burgen hervor.
47 Es lebt der Herr! Mein Fels sei gepriesen. / Der
Gott meines Heils sei hoch erhoben;
48 denn Gott verschaffte mir Vergeltung / und
unterwarf mir die Völker.
49 Du hast mich von meinen Feinden befreit, /
mich über meine Gegner erhoben, / dem Mann
der Gewalt mich entrissen.
50 Darum will ich dir danken, Herr, vor den Völ-
kern, / ich will deinem Namen singen und spie-
len.
51 Seinem König verlieh er große Hilfe, / Huld er-
wies er seinem Gesalbten, / David und seinem
Stamm auf ewig.

Lob der Schöpfung – Lob des Gesetzes

19 [Für den Chormeister. Ein Psalm Davids.]
2 Die Himmel rühmen die Herrlichkeit
Gottes, / vom Werk seiner Hände kündet das Fir-
mament.
3 Ein Tag sagt es dem andern, / eine Nacht tut es
der andern kund,
4 ohne Worte und ohne Reden, / unhörbar bleibt
ihre Stimme.
5 Doch ihre Botschaft geht in die ganze Welt hin-
aus, / ihre Kunde bis zu den Enden der Erde.
Dort hat er der Sonne ein Zelt gebaut. 6 Sie tritt
aus ihrem Gemach hervor wie ein Bräutigam;
sie frohlockt wie ein Held / und läuft ihre Bahn.
7 Am einen Ende des Himmels geht sie auf / und
läuft bis ans andere Ende; / nichts kann sich vor
ihrer Glut verbergen.
8 Die Weisung des Herrn ist vollkommen, / sie
erquickt den Menschen.
Das Gesetz des Herrn ist verläßlich, / den Un-
wissenden macht es weise.
9 Die Befehle des Herrn sind richtig, / sie er-
freuen das Herz;
das Gebot des Herrn ist lauter, / es erleuchtet die
Augen.
10 Die Furcht des Herrn ist rein, / sie besteht für
immer.
Die Urteile des Herrn sind wahr, / gerecht sind
sie alle.
11 Sie sind kostbarer als Gold, als Feingold in Men-
ge. / Sie sind süßer als Honig, als Honig aus Waben.
12 Auch dein Knecht läßt sich von ihnen war-
nen; / wer sie beachtet, hat reichen Lohn.
13 Wer bemerkt seine eigenen Fehler? / Sprich
mich frei von Schuld, die mir nicht bewußt ist!
14 Behüte deinen Knecht auch vor vermessenen
Menschen; / sie sollen nicht über mich herr-
schen.

Dann bin ich ohne Makel / und rein von schwerer Schuld.
15 Die Worte meines Mundes mögen dir gefallen; / was ich im Herzen erwäge, stehe dir vor Augen, / Herr, mein Fels und mein Erlöser.

Bitte für den König

20 [Für den Chormeister. Ein Psalm Davids.]
2 Der Herr erhöre dich am Tag der Not, / der Name von Jakobs Gott möge dich schützen.
3 Er sende dir Hilfe vom Heiligtum / und stehe dir bei vom Zion her.
4 An all deine Speiseopfer denke er, / nehme dein Brandopfer gnädig an. [Sela.]
5 Er schenke dir, was dein Herz begehrt, / und lasse all deine Pläne gelingen.
6 Dann wollen wir jubeln über deinen Sieg, / im Namen unsres Gottes das Banner erheben. / All deine Bitten erfülle der Herr.
7 Nun bin ich gewiß: / der Herr schenkt seinem Gesalbten den Sieg;
er erhört ihn von seinem heiligen Himmel her / und hilft ihm mit der Macht seiner Rechten.
8 Die einen sind stark durch Wagen, die andern durch Rosse, / wir aber sind stark im Namen des Herrn, unsres Gottes.
3 die andern durch Rosse, / wir aber sind stark im Namen des Herrn, unsres Gottes.
9 Sie sind gestürzt und gefallen; / wir bleiben aufrecht und stehen.
10 Herr, verleihe dem König den Sieg! / Erhör uns am Tag, da wir rufen!

Dank für den Sieg des Königs

21 [Für den Chormeister. Ein Psalm Davids.]
2 An deiner Macht, Herr, freut sich der König; / über deine Hilfe, wie jubelt er laut!
3 Du hast ihm den Wunsch seines Herzens erfüllt, / ihm nicht versagt, was seine Lippen begehrten. [Sela]
4 Du kamst ihm entgegen mit Segen und Glück, / du kröntest ihn mit einer goldenen Krone.
5 Leben erbat er von dir, du gabst es ihm, / viele Tage, für immer und ewig.
6 Groß ist sein Ruhm durch deine Hilfe, / du hast ihn bekleidet mit Hoheit und Pracht.
7 Du machst ihn zum Segen für immer; / wenn du ihn anblickst, schenkst du ihm große Freude.
8 Denn der König vertraut auf den Herrn, / die Huld des Höchsten läßt ihn niemals wanken.
9 Deine Hand wird all deine Feinde finden; / wer dich haßt, den trifft deine Rechte.
10 Du läßt sie glühen wie einen feurigen Ofen, / sobald du erscheinst.
Der Herr verschlingt sie im Zorn, / das Feuer verzehrt sie.
11 Du wirst ihre Brut von der Erde vertilgen; / ihr Geschlecht (verschwindet) aus der Mitte der Menschen.
12 Schmieden sie auch böse und listige Pläne, / richten sie doch nichts aus gegen dich.
13 Du schlägst sie alle in die Flucht, / wenn du mit deinem Bogen auf sie zielst.
14 Erhebe dich, Herr, in deiner Macht! / Deiner siegreichen Kraft wollen wir singen und spielen.

Gottverlassenheit und Heilsgewißheit

22 [Für den Chormeister. Nach der Weise »Hinde der Morgenröte«. Ein Psalm Davids.]
2 Mein Gott, mein Gott, warum hast du mich verlassen, / bist fern meinem Schreien, den Worten meiner Klage?
3 Mein Gott, ich rufe bei Tag, doch du gibst keine Antwort; / ich rufe bei Nacht und finde doch keine Ruhe.
4 Aber du bist heilig, / du thronst über dem Lobpreis Israels.
5 Dir haben unsre Väter vertraut, / sie haben vertraut, und du hast sie gerettet.
6 Zu dir riefen sie und wurden befreit, / dir vertrauten sie und wurden nicht zuschanden.
7 Ich aber bin ein Wurm und kein Mensch, / der Leute Spott, vom Volk verachtet.
8 Alle, die mich sehen, verlachen mich, / verziehen die Lippen, schütteln den Kopf:
9 »Er wälze die Last auf den Herrn, / der soll ihn befreien!
Der reiße ihn heraus, / wenn er an ihm Gefallen hat.«
10 Du bist es, der mich aus dem Schoß meiner Mutter zog, / mich barg an der Brust der Mutter.
11 Von Geburt an bin ich geworfen auf dich, / vom Mutterleib an bist du mein Gott.
12 Sei mir nicht fern, denn die Not ist nahe, / und niemand ist da, der hilft.
13 Viele Stiere umgeben mich, / Büffel von Baschan umringen mich.

Wie ein Schatten geht der Mensch dahin (Ps 39) | 27 ▷

[14] Sie sperren gegen mich ihren Rachen auf, / reißende, brüllende Löwen.
[15] Ich bin hingeschüttet wie Wasser, / gelöst haben sich all meine Glieder. / Mein Herz ist in meinem Leib wie Wachs zerflossen.
[16] Meine Kehle ist trocken wie eine Scherbe, /
die Zunge klebt mir am Gaumen, / du legst mich in den Staub des Todes.
[17] Viele Hunde umlagern mich, / eine Rotte von Bösen umkreist mich. / Sie durchbohren mir Hände und Füße.
[18] Man kann all meine Knochen zählen; / sie gaffen und weiden sich an mir.
[19] Sie verteilen unter sich meine Kleider / und werfen das Los um mein Gewand.
[20] Du aber, Herr, halte dich nicht fern! / Du, meine Stärke, eil mir zu Hilfe!
[21] Entreiße mein Leben dem Schwert, / mein einziges Gut aus der Gewalt der Hunde!
[22] Rette mich vor dem Rachen des Löwen, / vor den Hörnern der Büffel rette mich Armen!
[23] Ich will deinen Namen meinen Brüdern verkünden, / inmitten der Gemeinde dich preisen.
[24] Die ihr den Herrn fürchtet, preist ihn, / ihr alle vom Stamm Jakobs, rühmt ihn; / erschauert alle vor ihm, ihr Nachkommen Israels!
[25] Denn er hat nicht verachtet, / nicht verabscheut das Elend des Armen.
Er verbirgt sein Gesicht nicht vor ihm; / er hat auf sein Schreien gehört.
[26] Deine Treue preise ich in großer Gemeinde; / ich erfülle meine Gelübde vor denen, die Gott fürchten.
[27] Die Armen sollen essen und sich sättigen; / den Herrn sollen preisen, die ihn suchen. / Aufleben soll euer Herz für immer.
[28] Alle Enden der Erde sollen daran denken /
und werden umkehren zum Herrn: / Vor ihm werfen sich alle Stämme der Völker nieder.
[29] Denn der Herr regiert als König; / er herrscht über die Völker.
[30] Vor ihm allein sollen niederfallen die Mächtigen der Erde, / vor ihm sich alle niederwerfen, die in der Erde ruhen.
[Meine Seele, sie lebt für ihn; [31] mein Stamm wird ihm dienen.]
Vom Herrn wird man dem künftigen Geschlecht erzählen, / [32] seine Heilstat verkündet man dem kommenden Volk; / denn er hat das Werk getan.

Der gute Hirt

23 [Ein Psalm Davids.]
Der Herr ist mein Hirte, / nichts wird mir fehlen.
[2] Er läßt mich lagern auf grünen Auen / und führt mich zum Ruheplatz am Wasser.
[3] Er stillt mein Verlangen; / er leitet mich auf rechten Pfaden, treu seinem Namen.
[4] Muß ich auch wandern in finsterer Schlucht, / ich fürchte kein Unheil;
denn du bist bei mir, / dein Stock und dein Stab geben mir Zuversicht.
[5] Du deckst mir den Tisch / vor den Augen meiner Feinde.
Du salbst mein Haupt mit Öl, / du füllst mir reichlich den Becher.
[6] Lauter Güte und Huld werden mir folgen mein Leben lang, / und im Haus des Herrn darf ich wohnen für lange Zeit.

Der Einzug des Herrn in sein Heiligtum

24 [Ein Psalm Davids.]
Dem Herrn gehört die Erde und was sie erfüllt, / der Erdkreis und seine Bewohner.
[2] Denn er hat ihn auf Meere gegründet, / ihn über Strömen befestigt.
[3] Wer darf hinaufziehn zum Berg des Herrn, / wer darf stehn an seiner heiligen Stätte?
[4] Der reine Hände hat und ein lauteres Herz, / der nicht betrügt und keinen Meineid schwört.
[5] Er wird Segen empfangen vom Herrn / und Heil von Gott, seinem Helfer.
[6] Das sind die Menschen, die nach ihm fragen, / die dein Antlitz suchen, Gott Jakobs. [Sela]
[7] Ihr Tore, hebt euch nach oben, / hebt euch, ihr uralten Pforten; / denn es kommt der König der Herrlichkeit.
[8] Wer ist der König der Herrlichkeit? / Der Herr, stark und gewaltig, / der Herr, mächtig im Kampf.
[9] Ihr Tore, hebt euch nach oben, / hebt euch, ihr uralten Pforten; / denn es kommt der König der Herrlichkeit.
[10] Wer ist der König der Herrlichkeit? / Der Herr der Heerscharen, / er ist der König der Herrlichkeit. [Sela]

Die Bitte um Vergebung und Leitung

25 [Von David.]
Zu dir, Herr, erhebe ich meine Seele.
[2] Mein Gott, auf dich vertraue ich.

◁ 28 | *Weise sterben, genauso gehen Tor und Narr zugrunde (Ps 49)*

Laß mich nicht scheitern, / laß meine Feinde nicht triumphieren!
3 Denn niemand, der auf dich hofft, wird zuschanden; / zuschanden wird, wer dir schnöde die Treue bricht.
4 Zeige mir, Herr, deine Wege, / lehre mich deine Pfade!
5 Führe mich in deiner Treue und lehre mich; / denn du bist der Gott meines Heiles. / Auf dich hoffe ich allezeit.
6 Denk an dein Erbarmen, Herr, / und an die Taten deiner Huld; / denn sie bestehen seit Ewigkeit.
7 Denk nicht an meine Jugendsünden und meine Frevel! / In deiner Huld denk an mich, Herr, denn du bist gütig.
8 Gut und gerecht ist der Herr, / darum weist er die Irrenden auf den rechten Weg.
9 Die Demütigen leitet er nach seinem Recht, / die Gebeugten lehrt er seinen Weg.
10 Alle Pfade des Herrn sind Huld und Treue / denen, die seinen Bund und seine Gebote bewahren.
11 Um deines Namens willen, Herr, verzeih mir; / denn meine Schuld ist groß.
12 Wer ist der Mann, der Gott fürchtet? / Ihm zeigt er den Weg, den er wählen soll.
13 Dann wird er wohnen im Glück, / seine Kinder werden das Land besitzen.
14 Die sind Vertraute des Herrn, die ihn fürchten; / er weiht sie ein in seinen Bund.
15 Meine Augen schauen stets auf den Herrn; / denn er befreit meine Füße aus dem Netz.
16 Wende dich mir zu und sei mir gnädig; / denn ich bin einsam und gebeugt.
17 Befrei mein Herz von der Angst, / führe mich heraus aus der Bedrängnis!
18 Sieh meine Not und Plage an, / und vergib mir all meine Sünden!
19 Sieh doch, wie zahlreich meine Feinde sind, / mit welch tödlichem Haß sie mich hassen!
20 Erhalte mein Leben und rette mich, / laß mich nicht scheitern! / Denn ich nehme zu dir meine Zuflucht.
21 Unschuld und Redlichkeit mögen mich schützen, / denn ich hoffe auf dich, o Herr.
22 O Gott, erlöse Israel / aus all seinen Nöten!

Die Bitte eines unschuldig Verfolgten

26 [Von David.]
Verschaff mir Recht, o Herr; denn ich habe ohne Schuld gelebt. / Dem Herrn habe ich vertraut, ohne zu wanken.
2 Erprobe mich, Herr, und durchforsche mich, / prüfe mich auf Herz und Nieren!
3 Denn mir stand deine Huld vor Augen, / ich ging meinen Weg in Treue zu dir.
4 Ich saß nicht bei falschen Menschen, / mit Heuchlern hatte ich keinen Umgang.
5 Verhaßt ist mir die Schar derer, die Unrecht tun; / ich sitze nicht bei den Frevlern.
6 Ich wasche meine Hände in Unschuld; / ich umschreite, Herr, deinen Altar,
7 um laut dein Lob zu verkünden / und all deine Wunder zu erzählen.
8 Herr, ich liebe den Ort, wo dein Tempel steht, / die Stätte, wo deine Herrlichkeit wohnt.
9 Raff mich nicht hinweg mit den Sündern, / nimm mir nicht das Leben / zusammen mit dem der Mörder!
10 An ihren Händen klebt Schandtat, / ihre Rechte ist voll von Bestechung.
11 Ich aber gehe meinen Weg ohne Schuld. / Erlöse mich, und sei mir gnädig!
12 Mein Fuß steht auf festem Grund. / Den Herrn will ich preisen in der Gemeinde.

Die Gemeinschaft mit Gott

27 [Von David.]
Der Herr ist mein Licht und mein Heil: / Vor wem sollte ich mich fürchten?
Der Herr ist die Kraft meines Lebens: / Vor wem sollte mir bangen?
2 Dringen Frevler auf mich ein, / um mich zu verschlingen,
meine Bedränger und Feinde, / sie müssen straucheln und fallen.
3 Mag ein Heer mich belagern: / Mein Herz wird nicht verzagen.
Mag Krieg gegen mich toben: / Ich bleibe dennoch voll Zuversicht.
4 Nur eines erbitte ich vom Herrn, / danach verlangt mich:
Im Haus des Herrn zu wohnen / alle Tage meines Lebens,
die Freundlichkeit des Herrn zu schauen / und nachzusinnen in seinem Tempel.
5 Denn er birgt mich in seinem Haus / am Tag des Unheils;
er beschirmt mich im Schutz seines Zeltes, / er hebt mich auf einen Felsen empor.

6 Nun kann ich mein Haupt erheben / über die
Feinde, die mich umringen.
Ich will Opfer darbringen in seinem Zelt, Opfer
mit Jubel; / dem Herrn will ich singen und spielen.
7 Vernimm, o Herr, mein lautes Rufen; / sei mir
gnädig, und erhöre mich!
8 Mein Herz denkt an dein Wort: »Sucht mein Angesicht!« / Dein Angesicht, Herr, will ich suchen.
9 Verbirg nicht dein Gesicht vor mir; weise deinen
Knecht im Zorn nicht ab! / Du wurdest meine Hilfe.
Verstoß mich nicht, verlaß mich nicht, / du Gott
meines Heiles!
10 Wenn mich auch Vater und Mutter verlassen, / der Herr nimmt mich auf.
11 Zeige mir, Herr, deinen Weg, / leite mich auf
ebener Bahn trotz meiner Feinde!
12 Gib mich nicht meinen gierigen Gegnern
preis; / denn falsche Zeugen stehen gegen mich
auf und wüten.
13 Ich aber bin gewiß, zu schauen / die Güte des
Herrn im Land der Lebenden.
14 Hoffe auf den Herrn, und sei stark! / Hab festen
Mut, und hoffe auf den Herrn!

Hilferuf in Todesgefahr und Dank für Erhörung

28 [Von David.]
Zu dir rufe ich, Herr, mein Fels. / Wende
dich nicht schweigend ab von mir!
Denn wolltest du schweigen, / würde ich denen gleich, die längst begraben sind.
2 Höre mein lautes Flehen, wenn ich zu dir
schreie, / wenn ich die Hände zu deinem Allerheiligsten erhebe.
3 Raff mich nicht weg mit den Übeltätern und
Frevlern, / die ihren Nächsten freundlich grüßen, / doch Böses hegen in ihrem Herzen.
4 Vergilt ihnen, wie es ihrem Treiben entspricht /
und ihren bösen Taten.
Vergilt ihnen, wie es das Werk ihrer Hände verdient. / Wende ihr Tun auf sie selbst zurück!
5 Denn sie achten nicht auf das Walten des
Herrn / und auf das Werk seiner Hände.
Darum reißt er sie nieder / und richtet sie nicht
wieder auf.
6 Der Herr sei gepriesen. / Denn er hat mein lautes Flehen erhört.
7 Der Herr ist meine Kraft und mein Schild, /
mein Herz vertraut ihm.
Mir wurde geholfen. Da jubelte mein Herz; / ich
will ihm danken mit meinem Lied.
8 Der Herr ist die Stärke seines Volkes, / er ist
Schutz und Heil für seinen Gesalbten.
9 Hilf deinem Volk, und segne dein Erbe, / führe
und trage es in Ewigkeit!

Gottes Herrlichkeit im Gewitter

29 [Ein Psalm Davids.]
Bringt dar dem Herrn, ihr Himmlischen, /
bringt dar dem Herrn Lob und Ehre!
2 Bringt dar dem Herrn die Ehre seines Namens, /
werft euch nieder vor dem Herrn in heiligem
Schmuck!
3 Die Stimme des Herrn erschallt über den Wassern. / Der Gott der Herrlichkeit donnert, / der
Herr über gewaltigen Wassern.
4 Die Stimme des Herrn ertönt mit Macht, / die
Stimme des Herrn voll Majestät.
5 Die Stimme des Herrn zerbricht die Zedern, /
der Herr zerschmettert die Zedern des Libanon.
6 Er läßt den Libanon hüpfen wie ein Kalb, / wie
einen Wildstier den Sirjon.
7 Die Stimme des Herrn sprüht flammendes
Feuer, / 8 die Stimme des Herrn läßt die Wüste beben, / beben läßt der Herr die Wüste von Kadesch.
9 Die Stimme des Herrn wirbelt Eichen empor, /
sie reißt ganze Wälder kahl. / In seinem Palast
rufen alle: O herrlicher Gott!
10 Der Herr thront über der Flut, / der Herr thront
als König in Ewigkeit.
11 Der Herr gebe Kraft seinem Volk. / Der Herr
segne sein Volk mit Frieden.

Dank für die Rettung aus Todesnot

30 [Ein Psalm. Ein Lied zur Tempelweihe.
Von David.]
2 Ich will dich rühmen, Herr, / denn du hast
mich aus der Tiefe gezogen / und läßt meine
Feinde nicht über mich triumphieren.
3 Herr, mein Gott, ich habe zu dir geschrien, /
und du hast mich geheilt.
4 Herr, du hast mich herausgeholt aus dem Reich
des Todes, / aus der Schar der Todgeweihten
mich zum Leben gerufen.
5 Singt und spielt dem Herrn, ihr seine Frommen, / preist seinen heiligen Namen!
6 Denn sein Zorn dauert nur einen Augenblick, /
doch seine Güte ein Leben lang.
Wenn man am Abend auch weint, / am Morgen
herrscht wieder Jubel.

7 Im sicheren Glück dachte ich einst: / Ich werde
niemals wanken.
8 Herr, in deiner Güte / stelltest du mich auf den
schützenden Berg.
Doch dann hast du dein Gesicht verborgen. / Da
bin ich erschrocken.
9 Zu dir, Herr, rief ich um Hilfe, / ich flehte mei-
nen Herrn um Gnade an.
10 (Ich sagte:) / Was nützt dir mein Blut, wenn ich
begraben bin? / Kann der Staub dich preisen,
deine Treue verkünden?
11 Höre mich, Herr, sei mir gnädig! / Herr, sei du
mein Helfer!
12 Da hast du mein Klagen in Tanzen verwan-
delt, / hast mir das Trauergewand ausgezogen
und mich mit Freude umgürtet.
13 Darum singt dir mein Herz und will nicht ver-
stummen. / Herr, mein Gott, ich will dir danken
in Ewigkeit.

Gott, die sichere Zuflucht

31 [Für den Chormeister. Ein Psalm Davids.]
2 Herr, ich suche Zuflucht bei dir. / Laß
mich doch niemals scheitern; / rette mich in dei-
ner Gerechtigkeit!
3 Wende dein Ohr mir zu, / erlöse mich bald!
Sei mir ein schützender Fels, / eine feste Burg,
die mich rettet.
4 Denn du bist mein Fels und meine Burg; / um
deines Namens willen wirst du mich führen und
leiten.
5 Du wirst mich befreien aus dem Netz, das sie
mir heimlich legten; / denn du bist meine Zu-
flucht.
6 In deine Hände lege ich voll Vertrauen meinen
Geist; / du hast mich erlöst, Herr, du treuer Gott.
7 Dir sind alle verhaßt, die nichtige Götzen ver-
ehren, / ich aber verlasse mich auf den Herrn.
8 Ich will jubeln und über deine Huld mich
freuen; / denn du hast mein Elend angesehn, /
du bist mit meiner Not vertraut.
9 Du hast mich nicht preisgegeben der Gewalt
meines Feindes, / hast meinen Füßen freien
Raum geschenkt.
10 Herr, sei mir gnädig, denn mir ist angst; / vor
Gram zerfallen mir Auge, Seele und Leib.
11 In Kummer schwindet mein Leben dahin, /
meine Jahre verrinnen im Seufzen.
Meine Kraft ist ermattet im Elend, / meine Glie-
der sind zerfallen.
12 Zum Spott geworden bin ich all meinen Fein-
den, / ein Hohn den Nachbarn, ein Schrecken
den Freunden; / wer mich auf der Straße sieht,
der flieht vor mir.
13 Ich bin dem Gedächtnis entschwunden wie ein
Toter, / bin geworden wie ein zerbrochenes Gefäß.
14 Ich höre das Zischeln der Menge – Grauen
ringsum. / Sie tun sich gegen mich zusammen; /
sie sinnen darauf, mir das Leben zu rauben.
15 Ich aber, Herr, ich vertraue dir, / ich sage: »Du
bist mein Gott.«
16 In deiner Hand liegt mein Geschick; / entreiß
mich der Hand meiner Feinde und Verfolger!
17 Laß dein Angesicht leuchten über deinem
Knecht, / hilf mir in deiner Güte!
18 Herr, laß mich nicht scheitern, / denn ich rufe
zu dir.
Scheitern sollen die Frevler, / verstummen und
hinabfahren ins Reich der Toten.
19 Jeder Mund, der lügt, soll sich schließen, / der
Mund, der frech gegen den Gerechten redet, /
hochmütig und verächtlich.
20 Wie groß ist deine Güte, Herr, / die du bereit-
hältst für alle, die dich fürchten und ehren;
du erweist sie allen, / die sich vor den Men-
schen zu dir flüchten.
21 Du beschirmst sie im Schutz deines Ange-
sichts / vor dem Toben der Menschen.
Wie unter einem Dach bewahrst du sie / vor
dem Gezänk der Zungen.
22 Gepriesen sei der Herr, der wunderbar an mir
gehandelt / und mir seine Güte erwiesen hat zur
Zeit der Bedrängnis.
23 Ich aber dachte in meiner Angst: / Ich bin aus
deiner Nähe verstoßen.
Doch du hast mein lautes Flehen gehört, / als
ich zu dir um Hilfe rief.
24 Liebt den Herrn, all seine Frommen! / Seine
Getreuen behütet der Herr, / doch den Hochmüti-
gen vergilt er ihr Tun mit vollem Maß.
25 Euer Herz sei stark und unverzagt, / ihr alle,
die ihr wartet auf den Herrn.

Freude über die Vergebung

32 [Von David. Ein Weisheitslied.]
Wohl dem, dessen Frevel vergeben /
und dessen Sünde bedeckt ist.
2 Wohl dem Menschen, dem der Herr die Schuld
nicht zur Last legt / und dessen Herz keine
Falschheit kennt.

3 Solang’ ich es verschwieg, waren meine Glie-
der matt, / den ganzen Tag mußte ich stöh-
nen.
4 Denn deine Hand lag schwer auf mir bei Tag
und bei Nacht; / meine Lebenskraft war verdorrt
wie durch die Glut des Sommers. [Sela]
5 Da bekannte ich dir meine Sünde / und ver-
barg nicht länger meine Schuld vor dir.
Ich sagte: Ich will dem Herrn meine Frevel be-
kennen. / Und du hast mir die Schuld vergeben.
[Sela]
6 Darum soll jeder Fromme in der Not zu dir be-
ten; / fluten hohe Wasser heran, ihn werden sie
nicht erreichen.
7 Du bist mein Schutz, bewahrst mich vor Not; /
du rettest mich und hüllst mich in Jubel. [Sela]
8 »Ich unterweise dich und zeige dir den Weg,
den du gehen sollst. / Ich will dir raten; über dir
wacht mein Auge.«
9 Werdet nicht wie Roß und Maultier, / die ohne
Verstand sind.
Mit Zaum und Zügel muß man ihr Ungestüm
bändigen, / sonst folgen sie dir nicht.
10 Der Frevler leidet viele Schmerzen, / doch wer
dem Herrn vertraut, den wird er mit seiner Huld
umgeben.
11 Freut euch am Herrn und jauchzt, ihr Gerech-
ten, / jubelt alle, ihr Menschen mit redlichem
Herzen!

Ein Loblied auf den mächtigen und gütigen Gott

33 Ihr Gerechten, jubelt vor dem Herrn; / für
die Frommen ziemt es sich, Gott zu loben.
2 Preist den Herrn mit der Zither, / spielt für ihn
auf der zehnsaitigen Harfe!
3 Singt ihm ein neues Lied, / greift voll in die Sai-
ten und jubelt laut!
4 Denn das Wort des Herrn ist wahrhaftig, / all
sein Tun ist verläßlich.
5 Er liebt Gerechtigkeit und Recht, / die Erde ist
erfüllt von der Huld des Herrn.
6 Durch das Wort des Herrn wurden die Himmel
geschaffen, / ihr ganzes Heer durch den Hauch
seines Mundes.
7 Wie in einem Schlauch faßt er das Wasser des
Meeres, / verschließt die Urflut in Kammern.
8 Alle Welt fürchte den Herrn; / vor ihm sollen
alle beben, die den Erdkreis bewohnen.
9 Denn der Herr sprach, und sogleich geschah
es; / er gebot, und alles war da.
10 Der Herr vereitelt die Beschlüsse der Heiden, /
er macht die Pläne der Völker zunichte.
11 Der Ratschluß des Herrn bleibt ewig beste-
hen, / die Pläne seines Herzens überdauern die
Zeiten.
12 Wohl dem Volk, dessen Gott der Herr ist, / der
Nation, die er sich zum Erbteil erwählt hat.
13 Der Herr blickt herab vom Himmel, / er sieht
auf alle Menschen.
14 Von seinem Thronsitz schaut er nieder / auf
alle Bewohner der Erde.
15 Der ihre Herzen gebildet hat, / er achtet auf all
ihre Taten.
16 Dem König hilft nicht sein starkes Heer, / der
Held rettet sich nicht durch große Stärke.
17 Nichts nützen die Rosse zum Sieg, / mit all ih-
rer Kraft können sie niemand retten.
18 Doch das Auge des Herrn ruht auf allen, die ihn
fürchten und ehren, / die nach seiner Güte aus-
schaun;
19 denn er will sie dem Tod entreißen / und in der
Hungersnot ihr Leben erhalten.
20 Unsre Seele hofft auf den Herrn; / er ist für uns
Schild und Hilfe.
21 Ja, an ihm freut sich unser Herz, / wir ver-
trauen auf seinen heiligen Namen.
22 Laß deine Güte über uns walten, o Herr, /
denn wir schauen aus nach dir.

Unter Gottes Schutz

34 [Von David, als er sich vor Abimelech
wahnsinnig stellte und dieser ihn fort-
jagte und er ging.]
2 Ich will den Herrn allezeit preisen; / immer sei
sein Lob in meinem Mund.
3 Meine Seele rühme sich des Herrn; / die Ar-
men sollen es hören und sich freuen.
4 Verherrlicht mit mir den Herrn, / laßt uns ge-
meinsam seinen Namen rühmen.
5 Ich suchte den Herrn, und er hat mich er-
hört, / er hat mich all meinen Ängsten entris-
sen.
6 Blickt auf zu ihm, so wird euer Gesicht leuch-
ten, / und ihr braucht nicht zu erröten.
7 Da ist ein Armer; er rief, und der Herr erhörte
ihn. / Er half ihm aus all seinen Nöten.
8 Der Engel des Herrn umschirmt alle, die ihn
fürchten und ehren, / und er befreit sie.
9 Kostet und seht, wie gütig der Herr ist; / wohl
dem, der zu ihm sich flüchtet!

10 Fürchtet den Herrn, ihr seine Heiligen; / denn
wer ihn fürchtet, leidet keinen Mangel.
11 Reiche müssen darben und hungern; / wer aber
den Herrn sucht, braucht kein Gut zu entbehren.
12 Kommt, ihr Kinder, hört mir zu! / Ich will euch
in der Furcht des Herrn unterweisen.
13 Wer ist der Mensch, der das Leben liebt / und
gute Tage zu sehen wünscht?
14 Bewahre deine Zunge vor Bösem / und deine
Lippen vor falscher Rede!
15 Meide das Böse, und tu das Gute; / suche Frie-
den, und jage ihm nach!
16 Die Augen des Herrn blicken auf die Gerech-
ten, / seine Ohren hören ihr Schreien.
17 Das Antlitz des Herrn richtet sich gegen die Bö-
sen, / um ihr Andenken von der Erde zu tilgen.
18 Schreien die Gerechten, so hört sie der Herr; /
er entreißt sie all ihren Ängsten.
19 Nahe ist der Herr den zerbrochenen Herzen, /
er hilft denen auf, die zerknirscht sind.
20 Der Gerechte muß viel leiden, / doch allem
wird der Herr ihn entreißen.
21 Er behütet all seine Glieder, / nicht eines von
ihnen wird zerbrochen.
22 Den Frevler wird seine Bosheit töten; / wer
den Gerechten haßt, muß es büßen.
23 Der Herr erlöst seine Knechte; / straflos bleibt,
wer zu ihm sich flüchtet.

Bitte um Rettung vor falschen Anklägern

35 [Von David.]
Streite, Herr, gegen alle, die gegen mich
streiten, / bekämpfe alle, die mich bekämpfen!
2 Ergreife Schild und Waffen; / steh auf, um mir
zu helfen!
3 Schwing den Speer und die Lanze gegen meine
Verfolger! / Sag zu mir: »Ich bin deine Hilfe.«
4 In Schmach und Schande sollen alle fallen, /
die mir nach dem Leben trachten.
Zurückweichen sollen sie und vor Scham errö-
ten, / die auf mein Unglück sinnen.
5 Sie sollen werden wie Spreu vor dem Wind; /
der Engel des Herrn stoße sie fort.
6 Ihr Weg soll finster und schlüpfrig sein; / der
Engel des Herrn verfolge sie.
7 Denn sie haben mir ohne Grund ein Netz ge-
legt, / mir ohne Grund eine Grube gegraben.
8 Unvermutet ereile ihn das Verderben; / er
fange sich selbst in seinem Netz, / er falle in die
eigene Grube.
9 Meine Seele aber wird jubeln über den Herrn /
und sich über seine Hilfe freuen.
10 Mit Leib und Seele will ich sagen: / Herr, wer
ist wie du?
Du entreißt den Schwachen dem, der stärker
ist, / den Schwachen und Armen dem, der ihn
ausraubt.
11 Da treten ruchlose Zeugen auf. / Man wirft mir
Dinge vor, von denen ich nichts weiß.
12 Sie vergelten mir Gutes mit Bösem; / ich bin
verlassen und einsam.
13 Ich aber zog ein Bußkleid an, als sie erkrank-
ten, / und quälte mich ab mit Fasten. / Nun kehre
mein Gebet zurück in meine Brust.
14 Als wäre es ein Freund oder ein Bruder, / so
ging ich betrübt umher,
wie man Leid trägt um die Mutter, / trauernd
und tief gebeugt.
15 Doch als ich stürzte, lachten sie / und taten
sich zusammen.
Sie taten sich gegen mich zusammen / wie
Fremde, die ich nicht kenne.
Sie hören nicht auf, mich zu schmähen; / 16 sie
verhöhnen und verspotten mich, / knirschen ge-
gen mich mit den Zähnen.
17 Herr, wie lange noch wirst du das ansehn? /
Rette mein Leben vor den wilden Tieren, / mein
einziges Gut vor den Löwen!
18 Ich will dir danken in großer Gemeinde, / vor
zahlreichem Volk dich preisen.
19 Über mich sollen die sich nicht freuen, / die
mich ohne Grund befeinden.
Sie sollen nicht mit den Augen zwinkern, / die
mich grundlos hassen.
20 Denn was sie reden, dient nicht dem Frie-
den; / gegen die Stillen im Land ersinnen sie li-
stige Pläne.
21 Sie reißen den Mund gegen mich auf und sa-
gen: / »Dir geschieht recht. Jetzt sehen wir's mit
eigenen Augen.«
22 Du hast es gesehen, Herr. So schweig doch
nicht! / Herr, bleib mir nicht fern!
23 Wach auf, tritt ein für mein Recht, / verteidige
mich, mein Gott und mein Herr!
24 Verschaff mir Recht nach deiner Gerechtigkeit,
Herr, mein Gott! / Sie sollen sich über mich nicht
freuen.
25 Laß sie nicht denken: »Recht so! Das freut
uns.« / Sie sollen nicht sagen: »Wir haben ihn ver-
schlungen.«

[26] In Schmach und Schande sollen alle fallen, /
die sich über mein Unglück freuen,
in Schimpf und Schande sich kleiden, / die gegen mich prahlen.
[27] Alle sollen sich freuen und jubeln, / die wünschen, daß ich im Recht bin.
Sie sollen jederzeit sagen: »Groß ist der Herr, /
er will das Heil seines Knechtes.«
[28] Meine Zunge soll deine Gerechtigkeit verkünden, / dein Lob alle Tage.

Gott, die Quelle des Lebens

36 [Für den Chormeister. Von David, dem Knecht des Herrn.]
[2] Der Frevler spricht: »Ich bin entschlossen zum Bösen.« / In seinen Augen gibt es kein Erschrekken vor Gott.
[3] Er gefällt sich darin, / sich schuldig zu machen und zu hassen.
[4] Die Worte seines Mundes sind Trug und Unheil; / er hat es aufgegeben, weise und gut zu handeln.
[5] Unheil plant er auf seinem Lager, / er betritt schlimme Wege und scheut nicht das Böse.
[6] Herr, deine Güte reicht, so weit der Himmel ist, / deine Treue, so weit die Wolken ziehn.
[7] Deine Gerechtigkeit steht wie die Berge Gottes, / deine Urteile sind tief wie das Meer.
Herr, du hilfst Menschen und Tieren. /
[8] Gott, wie köstlich ist deine Huld!
Die Menschen bergen sich im Schatten deiner Flügel, /
[9] sie laben sich am Reichtum deines Hauses; / du tränkst sie mit dem Strom deiner Wonnen.
[10] Denn bei dir ist die Quelle des Lebens, / in deinem Licht schauen wir das Licht.
[11] Erhalte denen, die dich kennen, deine Huld / und deine Gerechtigkeit den Menschen mit redlichem Herzen!
[12] Laß mich nicht kommen unter den Fuß der Stolzen; / die Hand der Frevler soll mich nicht vertreiben.
[13] Dann brechen die Bösen zusammen, / sie werden niedergestoßen und können nie wieder aufstehn.

Gott, der Anwalt der Guten

37 [Von David.]
Errege dich nicht über die Bösen, / wegen der Übeltäter ereifere dich nicht!
[2] Denn sie verwelken schnell wie das Gras, /
wie grünes Kraut verdorren sie.
[3] Vertrau auf den Herrn und tu das Gute, / bleib wohnen im Land und bewahre Treue!
[4] Freu dich innig am Herrn! / Dann gibt er dir, was dein Herz begehrt.
[5] Befiehl dem Herrn deinen Weg und vertrau ihm; / er wird es fügen.
[6] Er bringt deine Gerechtigkeit heraus wie das Licht / und dein Recht so hell wie den Mittag.
[7] Sei still vor dem Herrn und harre auf ihn! / Erhitze dich nicht über den Mann, dem alles gelingt, / den Mann, der auf Ränke sinnt.
[8] Steh ab vom Zorn und laß den Grimm; / erhitze dich nicht, es führt nur zu Bösem.
[9] Denn die Bösen werden ausgetilgt; / die aber auf den Herrn hoffen, werden das Land besitzen.
[10] Eine Weile noch, und der Frevler ist nicht mehr da; / schaust du nach seiner Wohnung – / sie ist nicht mehr zu finden.
[11] Doch die Armen werden das Land bekommen, / sie werden Glück in Fülle genießen.
[12] Der Frevler sinnt auf Ränke gegen den Gerechten / und knirscht gegen ihn mit den Zähnen.
[13] Der Herr verlacht ihn, / denn er sieht, daß sein Tag kommt.
[14] Die Frevler zücken das Schwert / und spannen ihren Bogen;
sie wollen den Schwachen und Armen fällen / und alle hinschlachten, die den rechten Weg gehn.
[15] Ihr Schwert dringe in ihr eigenes Herz, / und ihre Bogen sollen zerbrechen.
[16] Besser das Wenige, das der Gerechte besitzt, / als der Überfluß vieler Frevler.
[17] Denn die Arme der Frevler werden zerschmettert, / doch die Gerechten stützt der Herr.
[18] Der Herr kennt die Tage der Bewährten, / ihr Erbe hat ewig Bestand.
[19] In bösen Zeiten werden sie nicht zuschanden, / sie werden satt in den Tagen des Hungers.
[20] Doch die Frevler gehen zugrunde, / die Feinde des Herrn sind wie die Pracht der Auen: / Sie schwinden dahin, wie Rauch schwinden sie hin.
[21] Der Frevler muß borgen und kann nicht bezahlen, / doch freigebig schenkt der Gerechte.
[22] Denn wen der Herr segnet, der wird das Land besitzen, / aber wen er verflucht, der wird ausgetilgt.

23 Der Herr festigt die Schritte des Mannes, / er
hat Gefallen an seinem Weg.
24 Auch wenn er strauchelt, stürzt er nicht hin; /
denn der Herr hält ihn fest an der Hand.
25 Einst war ich jung, nun bin ich alt, / nie sah ich
einen Gerechten verlassen / noch seine Kinder
betteln um Brot.
26 Allzeit ist er mildtätig, gern leiht er aus, / seine
Kinder werden zum Segen.
27 Meide das Böse und tu das Gute, / so bleibst
du wohnen für immer.
28 Denn der Herr liebt das Recht / und verläßt
seine Frommen nicht.

Doch das Geschlecht der Frevler wird ausgetilgt, / sie werden für immer vernichtet.

29 Die Gerechten werden das Land besitzen /
und darin wohnen für alle Zeiten.
30 Der Mund des Gerechten bewegt Worte der
Weisheit, / und seine Zunge redet, was recht ist.
31 Er hat die Weisung seines Gottes im Herzen, /
seine Schritte wanken nicht.
32 Der Frevler belauert den Gerechten / und
sucht ihn zu töten.
33 Der Herr überläßt ihn nicht seiner Hand, / läßt
nicht zu, daß man ihn vor Gericht verurteilt.
34 Hoffe auf den Herrn / und bleib auf seinem
Weg!

Er wird dich erhöhen zum Erben des Landes; / du wirst sehen, wie der Frevler vernichtet wird.

35 Ich sah einen Frevler, bereit zu Gewalttat; / er
reckte sich hoch wie eine grünende Zeder.
36 Wieder ging ich vorüber, und er war nicht
mehr da; / ich suchte ihn, doch er war nicht zu
finden.
37 Achte auf den Frommen und schau auf den
Redlichen! / Denn Zukunft hat der Mann des
Friedens.
38 Die Sünder aber werden alle zusammen ver-
nichtet; / die Zukunft der Frevler ist Untergang.
39 Die Rettung der Gerechten kommt vom
Herrn, / er ist ihre Zuflucht in Zeiten der Not.
40 Der Herr hilft ihnen und rettet sie, / er rettet
sie vor den Frevlern;

er schenkt ihnen Heil, / denn sie suchen Zuflucht bei ihm.

Die Klage eines Kranken

38 [Ein Psalm Davids. Zum Weihrauchopfer.]
2 Herr, strafe mich nicht in deinem Zorn, /
und züchtige mich nicht in deinem Grimm!
3 Denn deine Pfeile haben mich getroffen, /
deine Hand lastet schwer auf mir.
4 Nichts blieb gesund an meinem Leib, weil du
mir grollst, / weil ich gesündigt, blieb an meinen
Gliedern nichts heil.
5 Denn meine Sünden schlagen mir über dem
Kopf zusammen, / sie erdrücken mich wie eine
schwere Last.
6 Mir schwären, mir eitern die Wunden / wegen
meiner Torheit.
7 Ich bin gekrümmt und tief gebeugt, / den
ganzen Tag geh' ich traurig einher.
8 Denn meine Lenden sind voller Brand, / nichts
blieb gesund an meinem Leib.
9 Kraftlos bin ich und ganz zerschlagen, / ich
schreie in der Qual meines Herzens.
10 All mein Sehnen, Herr, liegt offen vor dir, /
mein Seufzen ist dir nicht verborgen.
11 Mein Herz pocht heftig, mich hat die Kraft ver-
lassen, / geschwunden ist mir das Licht der Augen.
12 Freunde und Gefährten bleiben mir fern in
meinem Unglück, / und meine Nächsten meiden
mich.
13 Die mir nach dem Leben trachten, legen
mir Schlingen; / die mein Unheil suchen, planen
Verderben, / den ganzen Tag haben sie Arglist im
Sinn.
14 Ich bin wie ein Tauber, der nicht hört, / wie ein
Stummer, der den Mund nicht auftut.
15 Ich bin wie einer, der nicht mehr hören kann, /
aus dessen Mund keine Entgegnung kommt.
16 Doch auf dich, Herr, harre ich; / du wirst mich
erhören, Herr, mein Gott.
17 Denn ich sage: »Über mich sollen die sich nicht
freuen, / die gegen mich prahlen, wenn meine
Füße straucheln.
18 Ich bin dem Fallen nahe, / mein Leid steht mir
immer vor Augen.
19 Ja, ich bekenne meine Schuld, / ich bin wegen
meiner Sünde in Angst.
20 Die mich ohne Grund befehden, sind stark; /
viele hassen mich wegen nichts.
21 Sie vergelten mir Gutes mit Bösem, / sie sind
mir feind; denn ich trachte nach dem Guten.
22 Herr, verlaß mich nicht, bleib mir nicht fern,
mein Gott! 23 Eile mir zu Hilfe, Herr, du mein Heil!

Die Not des vergänglichen Menschen

39 [Für den Chormeister. Von Jedutun. Ein
Psalm Davids.]

2 Ich sagte: Ich will auf meine Wege achten, / da-
mit ich nicht sündige mit meiner Zunge.
Ich lege meinem Mund einen Zaum an, / so-
lange der Frevler vor mir steht.
3 So blieb ich stumm und still; / ich schwieg,
vom Glück verlassen, / doch mein Schmerz war
aufgerührt.
4 Heiß wurde mir das Herz in der Brust, / bei
meinem Grübeln entbrannte ein Feuer; / da
mußte ich reden:
5 Herr, tu mir mein Ende kund und die Zahl mei-
ner Tage! / Laß mich erkennen, wie sehr ich ver-
gänglich bin!
6 Du machtest meine Tage nur eine Spanne lang, /
meine Lebenszeit ist vor dir wie ein Nichts. / Ein
Hauch nur ist jeder Mensch. [Sela]
7 Nur wie ein Schatten geht der Mensch einher, /
um ein Nichts macht er Lärm. / Er rafft zusammen
und weiß nicht, wer es einheimst.
8 Und nun, Herr, worauf soll ich hoffen? / Auf
dich allein will ich harren.
9 Entreiß mich allen, die mir Unrecht tun, / und
überlaß mich nicht dem Spott der Toren!
10 Ich bin verstummt, ich tue den Mund nicht
mehr auf. / Denn so hast du es gefügt.
11 Nimm deine Plage weg von mir! / Unter der
Wucht deiner Hand vergehe ich.
12 Du strafst und züchtigst den Mann wegen sei-
ner Schuld, / du zerstörst seine Anmut wie Mot-
ten das Kleid, / ein Hauch nur ist jeder Mensch.
[Sela]
13 Hör mein Gebet, Herr, vernimm mein
Schreien, / schweig nicht zu meinen Tränen!
Denn ich bin nur ein Gast bei dir, / ein Fremd-
ling wie all meine Väter.
14 Wende dein strafendes Auge ab von mir, / so
daß ich heiter blicken kann, / bevor ich dahin-
fahre und nicht mehr da bin.

Dank, Hingabe und Bitte

40 [Für den Chormeister.
Ein Psalm Davids.]
2 Ich hoffte, ja ich hoffte auf den Herrn. / Da
neigte er sich mir zu und hörte mein Schreien.
3 Er zog mich herauf aus der Grube des Grau-
ens, / aus Schlamm und Morast.
Er stellte meine Füße auf den Fels, / machte fest
meine Schritte.
4 Er legte mir ein neues Lied in den Mund, / ei-
nen Lobgesang auf ihn, unsern Gott.
Viele werden es sehen, sich in Ehrfurcht nei-
gen / und auf den Herrn vertrauen.
5 Wohl dem Mann, der auf den Herrn sein Ver-
trauen setzt, / sich nicht zu den Stolzen hält /
noch zu treulosen Lügnern.
6 Zahlreich sind die Wunder, die du getan hast, /
und deine Pläne mit uns; / Herr, mein Gott,
nichts kommt dir gleich.
Wollte ich von ihnen künden und reden, / es
wären mehr, als man zählen kann.
7 An Schlacht- und Speiseopfern hast du kein
Gefallen, / Brand- und Sündopfer forderst du
nicht.
Doch das Gehör hast du mir eingepflanzt; /
8 darum sage ich: Ja ich komme. / In dieser Schrift-
rolle steht, was an mir geschehen ist.
9 Deinen Willen zu tun, mein Gott, macht mir
Freude, / deine Weisung trag' ich im Herzen.
10 Gerechtigkeit verkünde ich in großer Ge-
meinde, / meine Lippen verschließe ich nicht;
Herr, du weißt es.
11 Deine Gerechtigkeit verberge ich nicht im
Herzen, / ich spreche von deiner Treue und
Hilfe,
ich schweige nicht über deine Huld und Wahr-
heit / vor der großen Gemeinde.
12 Du, Herr, verschließ mir nicht dein Erbar-
men, / deine Huld und Wahrheit mögen mich im-
mer behüten!
13 Denn Leiden ohne Zahl umfangen mich, /
meine Sünden holen mich ein, / ich vermag nicht
mehr aufzusehn.
Zahlreicher sind sie als die Haare auf meinem
Kopf, / der Mut hat mich ganz verlassen.
14 Gewähre mir die Gunst, Herr, und reiß mich
heraus; / Herr, eile mir zu Hilfe!
15 In Schmach und Schande sollen alle fallen, /
die mir nach dem Leben trachten.
Zurückweichen sollen sie und vor Scham errö-
ten, / die sich über mein Unglück freuen.
16 Vor Schande sollen alle schaudern, / die zu mir
sagen: »Dir geschieht recht.«
17 Alle, die dich suchen, frohlocken; / sie mögen
sich freuen in dir.
Die dein Heil lieben, sollen immer sagen: / Groß
ist Gott, der Herr.
18 Ich bin arm und gebeugt; / der Herr aber sorgt
für mich.
Meine Hilfe und mein Retter bist du. / Mein
Gott, säume doch nicht!

Das Gebet eines Kranken und Verfolgten

41 [Für den Chormeister. Ein Psalm Davids.]
2 Wohl dem, der sich des Schwachen an-
nimmt; / zur Zeit des Unheils wird der Herr ihn
retten.
3 Ihn wird der Herr behüten / und am Leben er-
halten.
Man preist ihn glücklich im Land. / Gib ihn
nicht seinen gierigen Feinden preis!
4 Auf dem Krankenbett wird der Herr ihn stär-
ken; / seine Krankheit verwandelst du in Kraft.
5 Ich sagte: Herr sei mir gnädig, / heile mich;
denn ich habe gegen dich gesündigt.
6 Meine Feinde reden böse über mich: / »Wann
stirbt er endlich, und wann vergeht sein Name?«
7 Besucht mich jemand, / so kommen seine
Worte aus falschem Herzen.
Er häuft in sich Bosheit an, / dann geht er hin-
aus und redet.
8 Im Haß gegen mich sind sich alle einig; / sie tu-
scheln über mich und sinnen auf Unheil:
9 »Verderben hat sich über ihn ergossen; / wer
einmal daliegt, steht nicht mehr auf.«
10 Auch mein Freund, dem ich vertraute, / der
mein Brot aß, hat gegen mich geprahlt.
11 Du aber, Herr, sei mir gnädig; / richte mich auf,
damit ich ihnen vergelten kann.
12 Daran erkenne ich, daß du an mir Gefallen
hast: / wenn mein Feind nicht über mich trium-
phieren darf.
13 Weil ich aufrichtig bin, hältst du mich fest /
und stellst mich vor dein Antlitz für immer.
14 Gepriesen sei der Herr, der Gott Israels, / von
Ewigkeit zu Ewigkeit. Amen, ja amen.

Das zweite Buch

Sehnsucht nach dem lebendigen Gott

42 [Für den Chormeister. Ein Weisheitslied
der Korachiter.]
2 Wie der Hirsch lechzt nach frischem Wasser, /
so lechzt meine Seele, Gott, nach dir.
3 Meine Seele dürstet nach Gott, / nach dem le-
bendigen Gott.
Wann darf ich kommen / und Gottes Antlitz
schauen?
4 Tränen waren mein Brot bei Tag und bei
Nacht; / denn man sagt zu mir den ganzen
Tag: / »Wo ist nun dein Gott?«
5 Das Herz geht mir über, wenn ich daran
denke: / wie ich zum Haus Gottes zog in festli-
cher Schar, / mit Jubel und Dank in feiernder
Menge.
6 Meine Seele, warum bist du betrübt / und bist
so unruhig in mir?
Harre auf Gott; denn ich werde ihm noch dan-
ken, / meinem Gott und Retter, auf den ich
schaue.
7 Betrübt ist meine Seele in mir, darum denke ich
an dich / im Jordanland, am Hermon, am Mizar-
Berg.
8 Flut ruft der Flut zu beim Tosen deiner Wasser, /
all deine Wellen und Wogen gehen über mich hin.
9 Bei Tag schenke der Herr seine Huld; / ich singe
ihm nachts und flehe zum Gott meines Lebens.
10 Ich sage zu Gott, meinem Fels: / »Warum hast
du mich vergessen?
Warum muß ich trauernd umhergehen, / von
meinem Feind bedrängt?«
11 Wie ein Stechen in meinen Gliedern / ist für
mich der Hohn der Bedränger;
denn sie rufen mir ständig zu: / »Wo ist nun dein
Gott?«
12 Meine Seele, warum bist du betrübt / und bist
so unruhig in mir?
Harre auf Gott; denn ich werde ihm noch dan-
ken, / meinem Gott und Retter, auf den ich schaue.
43 Verschaff mir Recht, o Gott, / und führe
meine Sache gegen ein treuloses Volk! /
Rette mich vor bösen und tückischen Menschen!
2 Denn du bist mein starker Gott. / Warum hast
Du mich verstoßen?
Warum muß ich trauernd umhergehen, / von
meinem Feind bedrängt?
3 Sende dein Licht und deine Wahrheit, / damit
sie mich leiten;
sie sollen mich führen zu deinem heiligen Berg /
und zu deiner Wohnung.
4 So will ich zum Altar Gottes treten, zum Gott
meiner Freude. / Jauchzend will ich dich auf der
Harfe loben, / Gott, mein Gott.
5 Meine Seele, warum bist du betrübt / und bist
so unruhig in mir?

Harre auf Gott; denn ich werde ihm noch dan-
ken, / meinem Gott und Retter, auf den ich
schaue.

Klage in Kriegsnot

44 [Für den Chormeister. Ein Weisheitslied
der Korachiter.]
2 Gott, wir hörten es mit eigenen Ohren, / un-
sere Väter erzählten uns
von dem Werk, das du in ihren Tagen vollbracht
hast, / in den Tagen der Vorzeit.
3 Mit eigener Hand hast du Völker vertrieben, /
sie aber eingepflanzt.
Du hast Nationen zerschlagen, / sie aber ausge-
sät.
4 Denn sie gewannen das Land nicht mit ihrem
Schwert, / noch verschaffte ihr Arm ihnen den
Sieg;
nein, deine Rechte war es, dein Arm und dein
leuchtendes Angesicht; / denn du hattest an ih-
nen Gefallen.
5 Du, mein König und mein Gott, / du bist es, der
Jakob den Sieg verleiht.
6 Mit dir stoßen wir unsere Bedränger nieder, /
in deinem Namen zertreten wir unsere Gegner.
7 Denn ich verlasse mich nicht auf meinen Bo-
gen, / noch kann mein Schwert mir helfen;
8 nein, du hast uns vor unsern Bedrängern geret-
tet; / alle, die uns hassen, bedeckst du mit Schande.
9 Wir rühmen uns Gottes den ganzen Tag / und
preisen deinen Namen auf ewig. [Sela]
10 Doch nun hast du uns verstoßen und mit
Schmach bedeckt, / du ziehst nicht mit unserm
Heer in den Kampf.
11 Du läßt uns vor unsern Bedrängern fliehen, /
und Menschen, die uns hassen, plündern uns
aus.
12 Du gibst uns preis wie Schlachtvieh, / unter
die Völker zerstreust du uns.
13 Du verkaufst dein Volk um ein Spottgeld / und
hast an dem Erlös keinen Gewinn.
14 Du machst uns zum Schimpf für die Nach-
barn, / zu Spott und Hohn bei allen, die rings
um uns wohnen.
15 Du machst uns zum Spottlied der Völker, / die
Heiden zeigen uns nichts als Verachtung.
16 Meine Schmach steht mir allzeit vor Augen, /
und Scham bedeckt mein Gesicht
17 wegen der Worte des lästernden Spötters, /
wegen der rachgierigen Blicke des Feindes.
18 Das alles ist über uns gekommen, / und doch
haben wir dich nicht vergessen, / uns von dei-
nem Bund nicht treulos abgewandt.
19 Unser Herz ist nicht von dir gewichen, / noch
hat unser Schritt deinen Pfad verlassen.
20 Doch du hast uns verstoßen an den Ort der
Schakale / und uns bedeckt mit Finsternis.
21 Hätten wir den Namen unseres Gottes verges-
sen / und zu einem fremden Gott die Hände er-
hoben,
22 würde Gott das nicht ergründen? / Denn er
kennt die heimlichen Gedanken des Herzens.
23 Nein, um deinetwillen werden wir getötet Tag
für Tag, / behandelt wie Schafe, / die man zum
Schlachten bestimmt hat.
24 Wach auf! Warum schläfst du, Herr? / Erwa-
che, verstoß nicht für immer!
25 Warum verbirgst du dein Gesicht, / vergißt un-
sere Not und Bedrängnis?
26 Unsere Seele ist in den Staub hinabgebeugt, /
unser Leib liegt am Boden.
27 Steh auf und hilf uns! / In deiner Huld erlöse
uns!

Ein Lied zur Hochzeit des Königs

45 [Für den Chormeister. Nach der Weise
»Lilien«. Ein Weisheitslied der Korachiter.
Ein Liebeslied.]
2 Mein Herz fließt über von froher Kunde, / ich
weihe mein Lied dem König. / Meine Zunge
gleicht dem Griffel des flinken Schreibers.
3 Du bist der Schönste von allen Menschen, /
Anmut ist ausgegossen über deine Lippen; /
darum hat Gott dich für immer gesegnet.
4 Gürte, du Held, dein Schwert um die Hüfte, /
kleide dich in Hoheit und Herrlichkeit!
5 Zieh aus mit Glück, kämpfe für Wahrheit und
Recht! / Furchtgebietende Taten soll dein rechter
Arm dich lehren.
6 Deine Pfeile sind scharf, dir unterliegen die Völ-
ker, / die Feinde des Königs verlieren den Mut.
7 Dein Thron, du Göttlicher, steht für immer und
ewig; / das Zepter deiner Herrschaft ist ein ge-
rechtes Zepter.
8 Du liebst das Recht und haßt das Unrecht, /
darum hat Gott, dein Gott, dich gesalbt mit dem
Öl der Freude / wie keinen deiner Gefährten.
9 Von Myrrhe, Aloe und Kassia duften all deine
Gewänder, aus Elfenbeinhallen erfreut dich Sai-
tenspiel.

10 Königstöchter gehen dir entgegen, / die Braut
steht dir zur Rechten im Schmuck von Ofirgold.
11 Höre, Tochter, sieh her und neige dein Ohr, /
vergiß dein Volk und dein Vaterhaus!
12 Der König verlangt nach deiner Schönheit; / er
ist ja dein Herr, verneig dich vor ihm!
13 Die Töchter von Tyrus kommen mit Gaben, /
deine Gunst begehren die Edlen des Volkes.
14 Die Königstochter ist herrlich geschmückt, /
ihr Gewand ist durchwirkt mit Gold und Perlen.
15 Man geleitet sie in buntgestickten Kleidern
zum König, / Jungfrauen sind ihr Gefolge, / ihre
Freundinnen führt man zu dir.
16 Man geleitet sie mit Freude und Jubel, / sie zie-
hen ein in den Palast des Königs.
17 An die Stelle deiner Väter treten einst deine Söh-
ne; / du bestellst sie zu Fürsten im ganzen Land.
18 Ich will deinen Namen rühmen von Ge-
schlecht zu Geschlecht; / darum werden die Völ-
ker dich preisen immer und ewig.

Gott, unsre Burg

46 [Für den Chormeister. Von den Korachi-
tern. Nach der Weise »Mädchen«. Ein
Lied.]
2 Gott ist uns Zuflucht und Stärke, / ein bewähr-
ter Helfer in allen Nöten.
3 Darum fürchten wir uns nicht, wenn die Erde
auch wankt, / wenn Berge stürzen in die Tiefe
des Meeres,
4 wenn seine Wasserwogen tosen und schäu-
men / und vor seinem Ungestüm die Berge erzit-
tern.
Der Herr der Heerscharen ist mit uns, / der Gott
Jakobs ist unsre Burg. [Sela]
5 Die Wasser eines Stromes erquicken die Gottes-
stadt, / des Höchsten heilige Wohnung.
6 Gott ist in ihrer Mitte, darum wird sie niemals
wanken; / Gott hilft ihr, wenn der Morgen an-
bricht.
7 Völker toben, Reiche wanken, / es dröhnt sein
Donner, da zerschmilzt die Erde.
8 Der Herr der Heerscharen ist mit uns, / der
Gott Jakobs ist unsre Burg. [Sela]
9 Kommt und schaut die Taten des Herrn, / der
Furchtbares vollbringt auf der Erde.
10 Er setzt den Kriegen ein Ende / bis an die Gren-
zen der Erde;
er zerbricht die Bogen, zerschlägt die Lanzen, /
im Feuer verbrennt er die Schilde.
11 »Laßt ab und erkennt, daß ich Gott bin, / erha-
ben über die Völker, erhaben auf Erden.«
12 Der Herr der Heerscharen ist mit uns, / der
Gott Jakobs ist unsre Burg. [Sela]

Gott, der König aller Völker

47 [Für den Chormeister. Ein Psalm der Ko-
rachiter.]
2 Ihr Völker alle, klatscht in die Hände; / jauchzt
Gott zu mit lautem Jubel!
3 Denn furchtgebietend ist der Herr, der Höch-
ste, / ein großer König über die ganze Erde.
4 Er unterwirft uns Völker / und zwingt Natio-
nen unter unsre Füße.
5 Er wählt unser Erbland für uns aus, / den Stolz
Jakobs, den er liebt. [Sela]
6 Gott stieg empor unter Jubel, / der Herr beim
Schall der Hörner.
7 Singt unserm Gott, ja singt ihm! / Spielt un-
serm König, spielt ihm!
8 Denn Gott ist König der ganzen Erde. / Spielt
ihm ein Psalmenlied!
9 Gott wurde König über alle Völker, / Gott sitzt
auf seinem heiligen Thron.
10 Die Fürsten der Völker sind versammelt / als
Volk des Gottes Abrahams.
Denn Gott gehören die Mächte der Erde; / er ist
hoch erhaben.

Die Stadt des großen Königs

48 [Ein Lied. Ein Psalm der Korachiter.]
2 Groß ist der Herr und hoch zu preisen / in der
Stadt unsres Gottes.
3 Sein heiliger Berg ragt herrlich empor; / er ist
die Freude der ganzen Welt.
Der Berg Zion liegt weit im Norden; / er ist die
Stadt des großen Königs.
4 Gott ist in ihren Häusern bekannt / als ein si-
cherer Schutz.
5 Denn seht: Die Könige vereinten sich / und zo-
gen gemeinsam heran;
6 doch als sie aufsahen, erstarrten sie vor
Schreck, / sie waren bestürzt und liefen davon.
7 Dort packte sie das Zittern, / wie die Wehen
eine gebärende Frau,
8 Wie der Sturm vom Osten, / der die Schiffe von
Tarschisch zerschmettert.
9 Wie wir's gehört hatten, so erlebten wir's
jetzt / in der Stadt des Herrn der Heere,

in der Stadt unsres Gottes; / Gott läßt sie ewig
bestehen. [Sela]
10 Über deine Huld, o Gott, denken wir nach / in
deinem heiligen Tempel.
11 Wie dein Name, Gott, so reicht dein Ruhm bis
an die Enden der Erde; / deine rechte Hand ist
voll von Gerechtigkeit.
12 Der Berg Zion freue sich, / die Töchter Judas
sollen über deine gerechten Urteile jubeln.
13 Umkreist den Zion, / umschreitet ihn, zählt
seine Türme!
14 Betrachtet seine Wälle, / geht in seinen Palä-
sten umher, / damit ihr dem kommenden Ge-
schlecht erzählen könnt:
15 »Das ist Gott, unser Gott für immer und ewig. /
Er wird uns führen in Ewigkeit.«

Die Vergänglichkeit des Menschen

49 [Für den Chormeister. Ein Psalm der Ko-
rachiter.]
2 Hört dies an, ihr Völker alle, / vernehmt es, alle
Bewohner der Erde,
3 ihr Leute aus dem Volk und vom Adel, / Reiche
und Arme zusammen!
4 Mein Mund spreche weise Worte; / was mein
Herz ersinnt, sei voller Einsicht.
5 Ich wende mein Ohr einem Weisheitsspruch
zu, / ich enthülle mein Geheimnis beim Harfen-
spiel.
6 Warum soll ich mich in bösen Tagen fürchten, /
wenn mich der Frevel tückischer Feinde umgibt?
7 Sie verlassen sich ganz auf ihren Besitz / und
rühmen sich ihres großen Reichtums.
8 Loskaufen kann doch keiner den andern /
noch an Gott für ihn ein Sühnegeld zahlen
9 – für das Leben ist jeder Kaufpreis zu hoch; /
für immer muß man davon abstehn –,
10 damit er auf ewig weiterlebt / und niemals das
Grab schaut.
11 Denn man sieht: Weise sterben; genauso ge-
hen Tor und Narr zugrunde, / sie müssen andern
ihren Reichtum lassen.
12 Das Grab ist ihr Haus auf ewig, / ist ihre Woh-
nung für immer, / ob sie auch Länder nach ihren
Namen benannten.
13 Der Mensch bleibt nicht in seiner Pracht; / er
gleicht dem Vieh, das verstummt.
14 So geht es denen, die auf sich selbst vertrauen, /
und so ist das Ende derer, die sich in großen Worten
gefallen. [Sela]
15 Der Tod führt sie auf seine Weide wie Schafe, /
sie stürzen hinab zur Unterwelt.
Geradewegs sinken sie hinab in das Grab; / ihre
Gestalt zerfällt, die Unterwelt wird ihre Wohnstatt.
16 Doch Gott wird mich loskaufen aus dem Reich
des Todes, / ja, er nimmt mich auf. [Sela]
17 Laß dich nicht beirren, wenn einer reich wird /
und die Pracht seines Hauses sich mehrt;
18 denn im Tod nimmt er das alles nicht mit, /
seine Pracht steigt nicht mit ihm hinab.
19 Preist er sich im Leben auch glücklich / und
sagt zu sich: / »Man lobt dich, weil du dir's wohl
sein läßt«,
20 so muß er doch zur Schar seiner Väter hinab, /
die das Licht nie mehr erblicken.
21 Der Mensch in Pracht, doch ohne Einsicht, / er
gleicht dem Vieh, das verstummt.

Der rechte Gottesdienst

50 [Ein Psalm Asafs.]
Der Gott der Götter, der Herr, spricht, /
er ruft der Erde zu / vom Aufgang der Sonne bis
zum Untergang.
2 Vom Zion her, der Krone der Schönheit, / geht
Gott strahlend auf.
3 Unser Gott kommt und schweigt nicht; / Feuer
frißt vor ihm her; um ihn stürmt es gewaltig.
4 Dem Himmel droben und der Erde ruft er zu, /
er werde sein Volk nun richten:
5 »Versammelt mir all meine Frommen, / die den
Bund mit mir schlossen beim Opfer.«
6 Die Himmel sollen seine Gerechtigkeit kün-
den; / Gott selbst wird Richter sein. [Sela]
7 »Höre, mein Volk, ich rede. / Israel, ich klage
dich an, / ich, der ich dein Gott bin.
8 Nicht wegen deiner Opfer rüg ich dich, / deine
Brandopfer sind mir immer vor Augen.
9 Doch nehme ich von dir Stiere nicht an / noch
Böcke aus deinen Hürden.
10 Denn mir gehört alles Getier des Waldes, / das
Wild auf den Bergen zu Tausenden.
11 Ich kenne alle Vögel des Himmels, / was sich
regt auf dem Feld, ist mein eigen.
12 Hätte ich Hunger, ich brauchte es dir nicht zu
sagen, / denn mein ist die Welt und was sie er-
füllt.
13 Soll ich denn das Fleisch von Stieren essen /
und das Blut von Böcken trinken?
14 Bring Gott als Opfer dein Lob, / und erfülle
dem Höchsten deine Gelübde!

15 Rufe mich an am Tag der Not; / dann rette ich
dich, und du wirst mich ehren.«
16 Zum Frevler aber spricht Gott: / »Was zählst du
meine Gebote auf / und nimmst meinen Bund in
deinen Mund?
17 Dabei ist Zucht dir verhaßt, / meine Worte
wirfst du hinter dich.
18 Siehst du einen Dieb, so läufst du mit, / du
machst dich mit Ehebrechern gemein.
19 Dein Mund redet böse Worte, / und deine
Zunge stiftet Betrug an.
20 Von deinem Bruder redest du schändlich, / auf
den Sohn deiner Mutter häufst du Verleumdung.
21 Das hast du getan, und ich soll schweigen? /
Meinst du, ich bin wie du? / Ich halte es dir vor
Augen und rüge dich.
22 Begreift es doch, ihr, die ihr Gott vergeßt! /
Sonst zerreiße ich euch, und niemand kann euch
retten.
23 Wer Opfer des Lobes bringt, ehrt mich; / wer
rechtschaffen lebt, dem zeig' ich mein Heil.«

Bitte um Vergebung und Neuschaffung

51 [Für den Chormeister. Ein Psalm Davids,
2 als der Prophet Natan zu ihm kam,
nachdem sich David mit Batseba vergangen
hatte.]
3 Gott, sei mir gnädig nach deiner Huld, / tilge
meine Frevel nach deinem reichen Erbarmen!
4 Wasch meine Schuld von mir ab, / und mach
mich rein von meiner Sünde!
5 Denn ich erkenne meine bösen Taten, / meine
Sünde steht mir immer vor Augen.
6 Gegen dich allein habe ich gesündigt, / ich
habe getan, was dir mißfällt.
So behältst du recht mit deinem Urteil, / rein
stehst du da als Richter.
7 Denn ich bin in Schuld geboren; / in Sünde hat
mich meine Mutter empfangen.
8 Lauterer Sinn im Verborgenen gefällt dir, / im
Geheimen lehrst du mich Weisheit.
9 Entsündige mich mit Ysop, dann werde ich
rein; / wasche mich, dann werde ich weißer als
Schnee.
10 Sättige mich mit Entzücken und Freude! / Ju-
beln sollen die Glieder, die du zerschlagen hast.
11 Verbirg dein Gesicht vor meinen Sünden, /
tilge all meine Frevel!
12 Erschaffe mir, Gott, ein reines Herz, / und gib
mir einen neuen, beständigen Geist!
13 Verwirf mich nicht von deinem Angesicht, /
und nimm deinen heiligen Geist nicht von mir!
14 Mach mich wieder froh mit deinem Heil; / mit
einem willigen Geist rüste mich aus!
15 Dann lehre ich Abtrünnige deine Wege, / und
die Sünder kehren um zu dir.
16 Befrei mich von Blutschuld, Herr, du Gott mei-
nes Heiles, / dann wird meine Zunge jubeln über
deine Gerechtigkeit.
17 Herr, öffne mir die Lippen, / und mein Mund
wird deinen Ruhm verkünden.
18 Schlachtopfer willst du nicht, ich würde sie dir
geben; / an Brandopfern hast du kein Gefallen.
19 Das Opfer, das Gott gefällt, ist ein zerknirsch-
ter Geist, / ein zerbrochenes und zerschlagenes
Herz wirst du, Gott, nicht verschmähen.
20 In deiner Huld tu Gutes an Zion; / bau die
Mauern Jerusalems wieder auf!
21 Dann hast du Freude an rechten Opfern, / an
Brandopfern und Ganzopfern, / dann opfert man
Stiere auf deinem Altar.

**Die Überheblichkeit des Bösen –
das Vertrauen des Frommen**

52 [Für den Chormeister. Ein Weisheitslied
Davids, 2 als der Edomiter Doëg zu Saul
kam und ihm meldete: David ist in das Haus des
Ahimelech gegangen.]
3 Was rühmst du dich deiner Bosheit, du Mann
der Gewalt, / was prahlst du allzeit vor dem
Frommen?
4 Du Ränkeschmied, du planst Verderben; /
deine Zunge gleicht einem scharfen Messer.
5 Du liebst das Böse mehr als das Gute / und
Lüge mehr als wahrhaftige Rede. [Sela]
6 Du liebst lauter verderbliche Worte, / du tücki-
sche Zunge.
7 Darum wird Gott dich verderben für immer, /
dich packen und herausreißen aus deinem Zelt, /
dich entwurzeln aus dem Land der Lebenden.
[Sela]
8 Gerechte werden es sehen und sich fürchten; /
sie werden über ihn lachen und sagen:
9 »Seht, das ist der Mann, / der nicht zu Gott
seine Zuflucht nahm;
auf seinen großen Reichtum hat er sich verlas-
sen / und auf seinen Frevel gebaut.«
10 Ich aber bin im Haus Gottes wie ein grünender
Ölbaum; / auf Gottes Huld vertraue ich immer
und ewig.

11 Ich danke dir, Herr, in Ewigkeit; / denn du hast
das alles vollbracht.
Ich hoffe auf deinen Namen im Kreis der From-
men; / denn du bist gütig.

Die Torheit der Gottesleugner

53 [Für den Chormeister. Nach der Weise
»Krankheit«. Ein Weisheitslied Davids.]
2 Die Toren sagen in ihrem Herzen: / »Es gibt kei-
nen Gott.«
Sie handeln verwerflich und schnöde; / da ist
keiner, der Gutes tut.
3 Gott blickt vom Himmel herab auf die Men-
schen, / ob noch ein Verständiger da ist, der Gott
sucht.
4 Alle sind sie abtrünnig und verdorben, / keiner
tut Gutes, auch nicht ein einziger.
5 Haben denn die Übeltäter keine Einsicht? / Sie
verschlingen mein Volk.
Sie essen Gottes Brot, / doch seinen Namen ru-
fen sie nicht an.
6 Es trifft sie Furcht und Schrecken, / obwohl
doch nichts zu fürchten ist.
Deinen Bedrängern hat Gott die Glieder zer-
schlagen. / Gott läßt sie scheitern, denn er hat sie
verworfen.
7 Ach käme doch vom Zion Hilfe für Israel! /
Wenn Gott einst das Geschick seines Volkes wen-
det, / dann jubelt Jakob, dann freut sich Israel.

Hilferuf eines Bedrängten

54 [Für den Chormeister. Mit Saitenspiel.
Ein Weisheitslied Davids, 2 als die Sifiter
kamen und Saul meldeten: David hält sich bei uns
verborgen.]
3 Hilf mir, Gott, durch deinen Namen, / verschaff
mir Recht mit deiner Kraft!
4 Gott, höre mein Flehen, / vernimm die Worte
meines Mundes!
5 Denn es erheben sich gegen mich stolze
Menschen, / freche Leute trachten mir nach
dem Leben; / sie haben Gott nicht vor Augen.
[Sela]
6 Doch Gott ist mein Helfer, / der Herr beschützt
mein Leben.
7 Auf meine Gegner falle das Unheil zurück. /
Weil du treu bist, vernichte sie!
8 Freudig bringe ich dir dann mein Opfer dar /
und lobe deinen Namen, Herr; denn du bist
gütig.
9 Der Herr hat mich herausgerissen aus all mei-
ner Not, / und mein Auge kann auf meine Feinde
herabsehn.

Klage und Vertrauen eines Alleingelassenen

55 [Für den Chormeister. Mit Saitenspiel.
Ein Weisheitslied Davids.]
2 Vernimm, o Gott, mein Beten; / verbirg dich
nicht vor meinem Flehen!
3 Achte auf mich, und erhöre mich! / Unstet
schweife ich umher und klage.
4 Das Geschrei der Feinde macht mich verstört; /
mir ist angst, weil mich die Frevler bedrängen.
Sie überhäufen mich mit Unheil / und befehden
mich voller Grimm.
5 Mir bebt das Herz in der Brust; / mich überfie-
len die Schrecken des Todes.
6 Furcht und Zittern erfaßten mich; / ich schau-
derte vor Entsetzen.
7 Da dachte ich: »Hätte ich doch Flügel wie eine
Taube, / dann flöge ich davon und käme zur Ruhe.«
8 Weit fort möchte ich fliehen, / die Nacht ver-
bringen in der Wüste. [Sela]
9 An einen sicheren Ort möchte ich eilen / vor
dem Wetter, vor dem tobenden Sturm.
10 Entzweie sie, Herr, verwirr ihre Sprache! /
Denn in der Stadt sehe ich Gewalttat und Hader.
11 Auf ihren Mauern umschleicht man sie bei Tag
und bei Nacht; / sie ist voll Unheil und Mühsal.
12 In ihr herrscht Verderben; / Betrug und Unter-
drückung weichen nicht von ihren Märkten.
13 Denn nicht mein Feind beschimpft mich, / das
würde ich ertragen;
nicht ein Mann, der mich haßt, tritt frech gegen
mich auf, / vor ihm könnte ich mich verbergen.
14 Nein, du bist es, ein Mensch aus meiner Um-
gebung, / mein Freund, mein Vertrauter,
15 mit dem ich, in Freundschaft verbunden, /
zum Haus Gottes gepilgert bin inmitten der
Menge.
16 Der Tod soll sie überfallen, / lebend sollen sie
hinabfahren ins Totenreich. / Denn ihre Häuser
und Herzen sind voller Bosheit.
17 Ich aber, zu Gott will ich rufen, / der Herr wird
mir helfen.
18 Am Abend, am Morgen, am Mittag seufze ich
und stöhne; / er hört mein Klagen.
19 Er befreit mich, bringt mein Leben in Sicher-
heit / vor denen, die gegen mich kämpfen, /
wenn es auch viele sind, die gegen mich angehn.

20 Gott hört mich und beugt sie nieder, / er, der
als König thront seit Ewigkeit. [Sela]
Denn sie kehren nicht um / und fürchten Gott nicht.
21 Der Feind legt Hand an Gottes Freunde, / er
entweiht Gottes Bund.
22 Glatt wie Butter sind seine Reden, / doch in
seinem Herzen sinnt er auf Streit;
seine Worte sind linder als Öl / und sind doch gezückte Schwerter.
24 Du aber, Gott, wirst sie hinabstürzen in die
tiefste Grube. / Gewalttätige und Betrüger erreichen nicht die Mitte ihres Lebens. / Ich aber setze mein Vertrauen auf dich.
23 Wirf deine Sorge auf den Herrn, er hält dich auf-
recht! / Er läßt den Gerechten niemals wanken.

Das Vertrauensbekenntnis eines Angefeindeten

56 [Für den Chormeister. Nach der Weise »Stumme Taube der Ferne«. Ein Lied Davids. Aus der Zeit, als die Philister ihn in Gat ergriffen.]
2 Sei mir gnädig, Gott, denn Menschen stellen
mir nach; / meine Feinde bedrängen mich Tag für Tag.
3 Täglich stellen meine Gegner mir nach; / ja, es
sind viele, die mich voll Hochmut bekämpfen.
4 An dem Tag, da ich mich fürchten muß, / setze
ich auf dich mein Vertrauen.
5 Ich preise Gottes Wort. / Ich vertraue auf Gott
und fürchte mich nicht. / Was können Menschen mir antun?
6 Sie verdrehen meine Worte den ganzen Tag; /
auf mein Verderben geht ihr ganzes Sinnen.
7 Sie lauern und spähen und beobachten genau
meine Schritte; / denn sie trachten mir nach dem Leben.
8 Sie haben gefrevelt; es gibt für sie kein Entrinnen. / In deinem Zorn, o Gott, wirf die Völker zu Boden!
9 Mein Elend ist aufgezeichnet bei dir. / Sammle
meine Tränen in einem Krug, / zeichne sie auf in deinem Buch!
10 Dann weichen die Feinde zurück an dem Tag,
da ich rufe. / Ich habe erkannt: Mir steht Gott zur Seite.
11 Ich preise Gottes Wort, / ich preise das Wort
des Herrn.
12 Ich vertraue auf Gott und fürchte mich nicht. /
Was können Menschen mir antun?

13 Ich schulde dir die Erfüllung meiner Gelübde,
o Gott; / ich will dir Dankopfer weihen.
14 Denn du hast mein Leben dem Tod entrissen, / meine Füße bewahrt vor dem Fall.
So gehe ich vor Gott meinen Weg / im Licht der Lebenden.

Geborgenheit im Schutz Gottes

57 [Für den Chormeister. Nach der Weise »Zerstöre nicht!«. Ein Lied Davids, als er vor Saul in die Höhle floh.]
2 Sei mir gnädig, o Gott, sei mir gnädig; / denn
ich flüchte mich zu dir.
Im Schatten deiner Flügel finde ich Zuflucht, / bis das Unheil vorübergeht.
3 Ich rufe zu Gott, dem Höchsten, / zu Gott, der
mir beisteht.
4 Er sende mir Hilfe vom Himmel; / meine
Feinde schmähen mich. [Sela] / Gott sende seine Huld und Treue.
5 Ich muß mich mitten unter Löwen lagern, / die
gierig auf Menschen sind.
Ihre Zähne sind Spieße und Pfeile, / ein scharfes Schwert ihre Zunge.
7 Sie haben meinen Schritten ein Netz gelegt /
und meine Seele gebeugt.
Sie haben mir eine Grube gegraben; / doch fielen sie selbst hinein. [Sela]
6 Erheb dich über die Himmel, o Gott! / Deine
Herrlichkeit erscheine über der ganzen Erde.
8 Mein Herz ist bereit, o Gott, / mein Herz ist be-
reit, / ich will dir singen und spielen.
9 Wach auf, meine Seele! / Wacht auf, Harfe
und Saitenspiel! / Ich will das Morgenrot wekken.
10 Ich will dich vor den Völkern preisen, Herr, /
dir vor den Nationen lobsingen.
11 Denn deine Güte reicht, so weit der Himmel
ist, / deine Treue, so weit die Wolken ziehn.
12 Erheb dich über die Himmel, o Gott; / deine
Herrlichkeit erscheine über der ganzen Erde.

Gott, der gerechte Richter

58 [Für den Chormeister. Nach der Weise »Zerstöre nicht!«. Ein Lied Davids.]
2 Sprecht ihr wirklich Recht, ihr Mächtigen? /
Richtet ihr die Menschen gerecht?
3 Nein, ihr schaltet im Land nach Willkür, / euer
Herz ist voll Bosheit; / eure Hände bahnen dem Unrecht den Weg.

4 Vom Mutterschoß an sind die Frevler treulos, /
von Geburt an irren sie vom Weg ab und lügen.
5 Ihr Gift ist wie das Gift der Schlange, / wie das
Gift der tauben Natter, die ihr Ohr verschließt,
6 die nicht auf die Stimme des Beschwörers
hört, / der sich auf Zaubersprüche versteht.
7 O Gott, zerbrich ihnen die Zähne im Mund! /
Zerschlage, Herr, das Gebiß der Löwen!
8 Sie sollen vergehen wie verrinnendes Was-
ser, / wie Gras, das verwelkt auf dem Weg,
9 wie die Schnecke, die sich auflöst in Schleim; /
wie eine Fehlgeburt sollen sie die Sonne nicht
schauen.
10 Ehe eure Töpfe das Feuer des Dornstrauchs
spüren, / fege Gott die Feinde hinweg, ob frisch,
ob verdorrt.
11 Wenn er die Vergeltung sieht, freut sich der Ge-
rechte; / er badet seine Füße im Blut des Frevlers.
12 Dann sagen die Menschen: »Der Gerechte er-
hält seinen Lohn; / es gibt einen Gott, der auf Er-
den Gericht hält.«

Klage und Zuversicht eines Verfolgten

59 [Für den Chormeister. Nach der Weise
»Zerstöre nicht!«. Ein Lied Davids, als
Saul hinschickte und man das Haus bewachte,
um ihn zu töten.]
2 Entreiß mich den Feinden, mein Gott, / be-
schütze mich vor meinen Gegnern!
3 Entreiß mich denen, die Unrecht tun, / rette
mich vor den Mördern!
4 Sieh her: Sie lauern mir auf, / Mächtige stellen
mir nach.
Ich aber habe keinen Frevel begangen und
keine Sünde; 5 Herr, ich bin ohne Schuld.
Sie stürmen vor und stellen sich auf. / Wach auf,
komm mir entgegen, sieh her!
6 Herr, du Gott der Heerscharen, Gott Israels, /
werde wach, suche alle Völker heim! / Sei kei-
nem treulosen Frevler gnädig! [Sela]
7 Abend für Abend kommen sie wieder, / sie
kläffen wie Hunde, durchstreifen die Stadt.
8 Ja, sie geifern mit ihrem Maul. / Die Schwerter
zwischen ihren Lippen, wer nimmt sie wahr?
9 Du aber, Herr, verlachst sie; / du spottest über
alle Völker.
10 Meine Stärke, an dich will ich mich halten, /
denn du, Gott, bist meine Burg.
11 Mein huldreicher Gott kommt mir entgegen; /
Gott läßt mich herabsehen auf meine Gegner.
12 Töte sie nicht, / damit mein Volk nicht vergißt.
In deiner Kraft zerstreue sie, / wirf sie nieder,
Herr, unser Schild!
13 Wegen der Sünde ihres Mundes, wegen all ih-
rer Reden / sollen sie sich in ihrem Hochmut ver-
fangen; / denn sie fluchen und verbreiten nur Lü-
gen.
14 Vernichte sie im Zorn, / vernichte sie; sie sol-
len zugrundegehen.
Sie sollen erkennen, daß Gott der Herrscher in
Jakob ist / und bis an das Ende der Erde. [Sela]
15 Abend für Abend kommen sie wieder, / sie
kläffen wie Hunde, durchstreifen die Stadt.
16 Sie streunen umher, gierig nach Fraß; / wer-
den sie nicht satt, dann knurren sie.
17 Ich aber will deine Macht besingen, / will über
deine Huld jubeln am Morgen.
Denn du bist eine Burg für mich, / bist meine
Zuflucht am Tag der Not.
18 Meine Stärke, dir will ich singen und spielen; /
denn du, Gott, bist meine Burg, mein huldreicher
Gott.

Bitte um Hilfe nach einer Niederlage

60 [Für den Chormeister. Nach der Weise
»Lilie des Zeugnisses«. Ein Lied Davids
zum Lehren, 2 als er mit den Aramäern Mesopo-
tamiens und den Aramäern von Zoba kämpfte
und als Joab umkehrte und die Edomiter im Salz-
tal schlug, zwölftausend Mann.]
3 Du hast uns verworfen, o Gott, und zerschla-
gen. / Du hast uns gezürnt. Richte uns wieder auf!
4 Erschüttert hast du das Land und gespalten. /
Heile seine Risse! Denn es kam ins Wanken.
5 Du hast dein Volk hart geprüft, / du gabst uns
betäubenden Wein zu trinken.
6 Für alle, die dich fürchten, hast du ein Zeichen
aufgestellt, / zu dem sie fliehen können vor dem
Bogen. [Sela]
7 Hilf mit deiner Rechten, erhöre uns, / damit die
gerettet werden, die du so sehr liebst.
8 Gott hat in seinem Heiligtum gesprochen: /
»Ich will triumphieren, will Sichem verteilen /
und das Tal von Sukkot vermessen.
9 Mein ist Gilead, mein auch Manasse, / Efraim
ist der Helm auf meinem Haupt, / Juda mein Herr-
scherstab.
10 Doch Moab ist mein Waschbecken, / auf Edom
werfe ich meinen Schuh, / ich triumphiere über
das Land der Philister.«

11 Wer führt mich hin zu der befestigten Stadt, /
wer wird mich nach Edom geleiten?
12 Gott, hast denn du uns verworfen? / Du ziehst
ja nicht aus, o Gott, mit unseren Heeren.
13 Bring uns doch Hilfe im Kampf mit dem Feind! /
Denn die Hilfe von Menschen ist nutzlos.
14 Mit Gott werden wir Großes vollbringen; / er
selbst wird unsere Feinde zertreten.

Fürbitte für den König

61 [Für den Chormeister. Mit Saitenspiel.
Von David.]
2 Gott, höre mein Flehen, / achte auf mein Beten!
3 Vom Ende der Erde rufe ich zu dir; / denn mein
Herz ist verzagt. / Führe mich auf den Felsen, der
mir zu hoch ist!
4 Du bist meine Zuflucht, / ein fester Turm gegen
die Feinde.
5 In deinem Zelt möchte ich Gast sein auf ewig, /
mich bergen im Schutz deiner Flügel. [Sela]
6 Denn du, o Gott, hast meine Gelübde gehört /
und denen das Erbe gegeben, / die deinen Na-
men fürchten.
7 Füge den Tagen des Königs noch viele hinzu! /
Seine Jahre mögen dauern von Geschlecht zu Ge-
schlecht.
8 Er throne ewig vor Gottes Angesicht. / Huld
und Treue mögen ihn behüten.
9 Dann will ich allzeit deinem Namen singen
und spielen / und Tag für Tag meine Gelübde er-
füllen.

Vertrauen auf Gottes Macht und Huld

62 [Für den Chormeister. Nach Jedutun. Ein
Psalm Davids.]
2 Bei Gott allein kommt meine Seele zur Ruhe, /
von ihm kommt mir Hilfe.
3 Nur er ist mein Fels, meine Hilfe, meine Burg; /
darum werde ich nicht wanken.
4 Wie lange rennt ihr an gegen einen einzigen, /
stürmt alle heran wie gegen eine fallende Wand, /
wie gegen eine Mauer, die einstürzt?
5 Ja, sie planen, ihn von seiner Höhe zu stürzen; /
Lügen ist ihre Lust.
Sie segnen mit ihrem Mund, / doch in ihrem
Herzen fluchen sie. [Sela]
6 Bei Gott allein kommt meine Seele zur Ruhe; /
denn von ihm kommt meine Hoffnung.
7 Nur er ist mein Fels, meine Hilfe, meine Burg; /
darum werde ich nicht wanken.
8 Bei Gott ist mein Heil, meine Ehre; / Gott ist
mein schützender Fels, meine Zuflucht.
9 Vertrau ihm, Volk (Gottes), zu jeder Zeit! /
Schüttet euer Herz vor ihm aus! / Denn Gott ist
unsere Zuflucht. [Sela]
10 Nur ein Hauch sind die Menschen, / die Leute
nur Lug und Trug.
Auf der Waage schnellen sie empor, / leichter
als ein Hauch sind sie alle.
11 Vertraut nicht auf Gewalt, / verlaßt euch nicht
auf Raub!
Wenn der Reichtum auch wächst, / so verliert
doch nicht euer Herz an ihn!
12 Eines hat Gott gesagt, / zweierlei habe ich
gehört:
Bei Gott ist die Macht;/
13 Herr, bei dir ist die Huld.
Denn du wirst jedem vergelten, / wie es seine
Taten verdienen.

Sehnsucht nach Gott

63 [Ein Psalm Davids, als er in der Wüste
Juda war.]
2 Gott, du mein Gott, dich suche ich, / meine
Seele dürstet nach dir.
Nach dir schmachtet mein Leib / wie dürres,
lechzendes Land ohne Wasser.
3 Darum halte ich Ausschau nach dir im Heilig-
tum, / um deine Macht und Herrlichkeit zu se-
hen.
4 Denn deine Huld ist besser als das Leben; /
darum preisen dich meine Lippen.
5 Ich will dich rühmen mein Leben lang, / in dei-
nem Namen die Hände erheben.
6 Wie an Fett und Mark wird satt meine Seele, /
mit jubelnden Lippen soll mein Mund dich prei-
sen.
7 Ich denke an dich auf nächtlichem Lager / und
sinne über dich nach, wenn ich wache.
8 Ja, du wurdest meine Hilfe; / jubeln kann ich
im Schatten deiner Flügel.
9 Meine Seele hängt an dir, / deine rechte Hand
hält mich fest.
10 Viele trachten mir ohne Grund nach dem Le-
ben, / aber sie müssen hinabfahren in die Tiefen
der Erde.
11 Man gibt sie der Gewalt des Schwertes preis, /
sie werden eine Beute der Schakale.
12 Der König aber freue sich an Gott. / Wer bei
ihm schwört, darf sich rühmen. / Doch allen Lüg-
nern wird der Mund verschlossen.

Bitte um Schutz vor den Feinden

64 [Für den Chormeister. Ein Psalm Davids.]
2 Höre, o Gott, mein lautes Klagen, /
schütze mein Leben vor dem Schrecken des Fein-
des!
3 Verbirg mich vor der Schar der Bösen, / vor
dem Toben derer, die Unrecht tun.
4 Sie schärfen ihre Zunge wie ein Schwert, /
schießen giftige Worte wie Pfeile,
5 um den Schuldlosen von ihrem Versteck aus zu
treffen. / Sie schießen auf ihn, plötzlich und ohne
Scheu.
6 Sie sind fest entschlossen zu bösem Tun. / Sie
planen, Fallen zu stellen, und sagen: »Wer sieht
uns schon?«
7 Sie haben Bosheit im Sinn, / doch halten sie
ihre Pläne geheim.
Ihr Inneres ist heillos verdorben, / ihr Herz ist
ein Abgrund.
8 Da trifft sie Gott mit seinem Pfeil; / sie werden
jählings verwundet.
9 Ihre eigene Zunge bringt sie zu Fall. / Alle, die
es sehen, schütteln den Kopf.
10 Dann fürchten sich alle Menschen; / sie ver-
künden Gottes Taten / und bedenken sein Wir-
ken.
11 Der Gerechte freut sich am Herrn und sucht
bei ihm Zuflucht. / Und es rühmen sich alle Men-
schen mit redlichem Herzen.

Dank für Gottes Gaben

65 [Für den Chormeister. Ein Psalm Davids.
Ein Lied.]
2 Dir gebührt Lobgesang, Gott, auf dem Zion, /
dir erfüllt man Gelübde.
3 Du erhörst die Gebete. / Alle Menschen kom-
men zu dir 4 unter der Last ihrer Sünden.
Unsere Schuld ist zu groß für uns, / du wirst sie
vergeben.
5 Wohl denen, die du erwählst und in deine
Nähe holst, / die in den Vorhöfen deines Heilig-
tums wohnen.
Wir wollen uns am Gut deines Hauses sätti-
gen, / am Gut deines Tempels.
6 Du vollbringst erstaunliche Taten, / erhörst uns
in Treue, du Gott unsres Heiles,
du Zuversicht aller Enden der Erde / und der
fernsten Gestade.
7 Du gründest die Berge in deiner Kraft, / du gür-
test dich mit Stärke.
8 Du stillst das Brausen der Meere, / das Brausen
ihrer Wogen, das Tosen der Völker.
9 Alle, die an den Enden der Erde wohnen, / er-
schauern vor deinen Zeichen; / Ost und West er-
füllst du mit Jubel.
10 Du sorgst für das Land und tränkst es; / du
überschüttest es mit Reichtum.
Der Bach Gottes ist reichlich gefüllt, / du
schaffst ihnen Korn; so ordnest du alles.
11 Du tränkst die Furchen, ebnest die Schollen, /
machst sie weich durch Regen, segnest ihre Ge-
wächse.
12 Du krönst das Jahr mit deiner Güte, / deinen
Spuren folgt Überfluß.
13 In der Steppe prangen die Auen, / die Höhen
umgürten sich mit Jubel.
14 Die Weiden schmücken sich mit Herden, / die
Täler hüllen sich in Korn. / Sie jauchzen und sin-
gen.

Aufruf zum Lobpreis

66 [Für den Chormeister. Ein Lied. Ein
Psalm.]
Jauchzt vor Gott, alle Länder der Erde! / 2 Spielt
zum Ruhm seines Namens! / Verherrlicht ihn mit
Lobpreis!
3 Sagt zu Gott: »Wie ehrfurchtgebietend sind
deine Taten; / vor deiner gewaltigen Macht müs-
sen die Feinde sich beugen.«
4 Alle Welt bete dich an und singe dein Lob, / sie
lobsinge deinem Namen! [Sela]
5 Kommt und seht die Taten Gottes! / Staunens-
wert ist sein Tun an den Menschen:
6 Er verwandelte das Meer in trockenes Land, /
sie schritten zu Fuß durch den Strom; / dort wa-
ren wir über ihn voll Freude.
7 In seiner Kraft ist er Herrscher auf ewig; / seine
Augen prüfen die Völker. / Die Trotzigen können
sich gegen ihn nicht erheben. [Sela]
8 Preist unsern Gott, ihr Völker; / laßt laut sein
Lob erschallen!
9 Er erhielt uns am Leben / und ließ unseren Fuß
nicht wanken.
10 Du hast, o Gott, uns geprüft, / und uns geläu-
tert, wie man Silber läutert.
11 Du brachtest uns in schwere Bedrängnis / und
legtest uns eine drückende Last auf die Schulter.
12 Du ließest Menschen über unsere Köpfe schrei-
ten. / Wir gingen durch Feuer und Wasser. / Doch
du hast uns in die Freiheit hinausgeführt.

13 Ich komme mit Opfern in dein Haus; / ich er-
fülle dir meine Gelübde,
14 die ich einst dir versprach, / die dir mein Mund
in der Not gelobte.
15 Fette Tiere bringe ich dir als Brandopfer dar, /
zusammen mit dem Rauch von Widdern; / ich
richte dir Rinder und Böcke zu. [Sela]
16 Ihr alle, die ihr Gott fürchtet, kommt und
hört; / ich will euch erzählen, was er mir Gutes ge-
tan hat.
17 Zu ihm hatte ich mit lauter Stimme gerufen, /
und schon konnte mein Mund ihn preisen.
18 Hätte ich Böses im Sinn gehabt, / dann hätte
der Herr mich nicht erhört.
19 Gott aber hat mich erhört, / hat auf mein drän-
gendes Beten geachtet.
20 Gepriesen sei Gott; denn er hat mein Gebet
nicht verworfen / und mir seine Huld nicht ent-
zogen.

Dank für den Segen Gottes

67 [Für den Chormeister. Mit Saitenspiel.
Ein Psalm. Ein Lied.]
2 Gott sei uns gnädig und segne uns. / Er lasse
über uns sein Angesicht leuchten, [Sela]
3 damit auf Erden sein Weg erkannt wird / und
unter allen Völkern sein Heil.
4 Die Völker sollen dir danken, o Gott, / danken
sollen dir die Völker alle.
5 Die Nationen sollen sich freuen und jubeln. /
Denn du richtest den Erdkreis gerecht.
Du richtest die Völker nach Recht / und regierst
die Nationen auf Erden. [Sela]
6 Die Völker sollen dir danken, o Gott, / danken
sollen dir die Völker alle.
7 Das Land gab seinen Ertrag. / Es segne uns
Gott, unser Gott.
8 Es segne uns Gott. / Alle Welt fürchte und ehre
ihn.

Ein Lied auf Gottes Sieg und Herrschaft

68 [Für den Chormeister. Ein Psalm Davids.
Ein Lied.]
2 Gott steht auf, seine Feinde zerstieben; / die
ihn hassen, fliehen vor seinem Angesicht.
3 Sie verfliegen, wie Rauch verfliegt; /
wie Wachs am Feuer zerfließt, / so vergehen die
Frevler vor Gottes Angesicht.
4 Die Gerechten aber freuen sich und jubeln vor
Gott; / sie jauchzen in heller Freude.
5 Singt für Gott, spielt seinem Namen; / jubelt
ihm zu, ihm, der auf den Wolken einherfährt!
Preist seinen Namen! / Freut euch vor seinem
Angesicht!
6 Ein Vater der Waisen, ein Anwalt der Wit-
wen / ist Gott in seiner heiligen Wohnung.
7 Gott bringt die Verlassenen heim, / führt die
Gefangenen hinaus in das Glück; / doch die
Empörer müssen wohnen im dürren Land.
8 Gott, als du deinem Volk voranzogst, / als du die
Wüste durchschrittest, [Sela.] 9 da bebte die Erde,
da ergossen sich die Himmel vor Gott, / vor
Gott, dem Herrn vom Sinai, vor Israels Gott.
10 Gott, du ließest Regen strömen in Fülle / und
erquicktest dein verschmachtendes Erbland.
11 Deine Geschöpfe finden dort Wohnung; / Gott,
in deiner Güte versorgst du den Armen.
12 Der Herr entsendet sein Wort; / groß ist der
Siegesbotinnen Schar.
13 Die Könige der Heere fliehen, sie fliehen. / Im
Haus verteilt man die Beute.
14 Was bleibt ihr zurück in den Hürden? / Du
Taube mit silbernen Schwingen, mit goldenem
Flügel!
15 Als der Allmächtige die Könige vertrieb, / fiel
Schnee auf dem Zalmon.
16 Ein Gottesberg ist der Baschanberg, / ein Ge-
birge, an Gipfeln reich, ist der Baschan.
17 Warum blickt ihr voll Neid, ihr hohen Gipfel, /
auf den Berg, den Gott sich zum Wohnsitz er-
wählt hat? / Dort wird der Herr wohnen in Ewig-
keit.
18 Die Wagen Gottes sind zahllos, tausendmal
tausend. / Vom Sinai zieht der Herr zu seinem
Heiligtum.
19 Du zogst hinauf zur Höhe, / führtest Gefan-
gene mit;
du nahmst Gaben entgegen von den Men-
schen. / Auch Empörer müssen wohnen bei
Gott, dem Herrn.
20 Gepriesen sei der Herr, Tag für Tag! / Gott trägt
uns, er ist unsre Hilfe. [Sela]
21 Gott ist ein Gott, der uns Rettung bringt, / Gott,
der Herr, führt uns heraus aus dem Tod.
22 Denn Gott zerschmettert das Haupt seiner
Feinde, / den Kopf des Frevlers, der in Sünde da-
hinlebt.
23 Der Herr hat gesprochen: »Ich bringe (sie) von
Baschan zurück, / ich bringe (sie) zurück aus den
Tiefen des Meeres.

24 Dein Fuß wird baden im Blut, / die Zunge dei-
ner Hunde ihren Anteil bekommen an den Fein-
den.«
25 Gott, sie sahen deinen Einzug, / den Einzug
meines Gottes und Königs ins Heiligtum:
26 voraus die Sänger, die Saitenspieler danach, /
dazwischen Mädchen mit kleinen Pauken.
27 Versammelt euch und preist unsern Gott, /
den Herrn in der Gemeinde Israels:
28 voran der kleine Stamm Benjamin, / im Zug
die Fürsten von Juda, / die Fürsten von Sebulon,
die Fürsten von Naftali.
29 Biete auf, o Gott, deine Macht, / die Got-
tesmacht, die du an uns erwiesen hast /
30a von deinem Tempel aus, hoch über Jerusa-
lem.
31 Wehr ab das Untier im Schilf, die Rotte der Star-
ken, / wehr ab die Herrscher der Völker!
Sie sind gierig nach Silber, tritt sie nieder; / zer-
streue die Völker, die Lust haben am Krieg.
30b Könige kommen mit Gaben, / 32 aus Ägypten
bringt man Geräte von Erz, / Kusch erhebt zu
Gott seine Hände.
33 Ihr Königreiche der Erde, singt für Gott, / singt
und spielt für den Herrn, [Sela]
34 der dahinfährt über den Himmel, den uralten
Himmel, / der seine Stimme erhebt, seine macht-
volle Stimme.
35 Preist Gottes Macht! / Über Israel ragt seine
Hoheit empor, / seine Macht ragt bis zu den
Wolken.
36 Gott in seinem Heiligtum ist voll Majestät, Is-
raels Gott; / seinem Volk verleiht er Stärke und
Kraft. Gepriesen sei Gott.

Der Hilferuf eines unschuldig Verfolgten

69 [Für den Chormeister. Nach der Weise
»Lilien«. Von David.]
2 Hilf mir, o Gott! / Schon reicht mir das Wasser
bis an die Kehle.
3 Ich bin in tiefem Schlamm versunken / und
habe keinen Halt mehr;
ich geriet in tiefes Wasser, / die Strömung reißt
mich fort.
4 Ich bin müde vom Rufen, / meine Kehle ist
heiser,
mir versagen die Augen, / während ich warte
auf meinen Gott.
5 Zahlreicher als die Haare auf meinem Kopf /
sind die, die mich grundlos hassen.
Zahlreich sind meine Verderber, meine verloge-
nen Feinde. / Was ich nicht geraubt habe, soll ich
erstatten.
6 Gott, du kennst meine Torheit, / meine Verfeh-
lungen sind dir nicht verborgen.
7 Wer auf dich hofft, Herr, du Herr der Heere, /
soll durch mich nicht scheitern;
wer dich sucht, Gott Israels, / gerate durch mich
nicht in Schande.
8 Denn deinetwegen erleide ich Schmach, / und
Schande bedeckt mein Gesicht.
9 Entfremdet bin ich den eigenen Brüdern, / den
Söhnen meiner Mutter wurde ich fremd.
10 Denn der Eifer für dein Haus hat mich ver-
zehrt; / die Schmähungen derer, die dich schmä-
hen, / haben mich getroffen.
11 Ich nahm mich durch Fasten in Zucht, / doch
es brachte mir Schmach und Schande.
12 Ich ging in Sack und Asche, / doch sie riefen
Spottverse hinter mir her.
13 Man redet über mich in der Versammlung am
Tor, / von mir singen die Zecher beim Wein.
14 Ich aber bete zu dir, / Herr, zur Zeit der Gnade.
Erhöre mich in deiner großen Huld, / Gott, hilf
mir in deiner Treue!
15 Entreiß mich dem Sumpf, / damit ich nicht ver-
sinke.
Zieh mich heraus aus dem Verderben, / aus dem
tiefen Wasser!
16 Laß nicht zu, daß die Flut mich über-
schwemmt, / die Tiefe mich verschlingt, / der
Brunnenschacht über mir seinen Rachen
schließt.
17 Erhöre mich, Herr, in deiner Huld und Güte, /
wende dich mir zu in deinem großen Erbarmen!
18 Verbirg nicht dein Gesicht vor deinem
Knecht; / denn mir ist angst. Erhöre mich bald!
19 Sei mir nah, und erlöse mich! / Befrei mich
meinen Feinden zum Trotz!
20 Du kennst meine Schmach und meine
Schande. / Dir stehen meine Widersacher alle vor
Augen.
21 Die Schande bricht mir das Herz, / ganz krank
bin ich vor Schmach;
umsonst habe ich auf Mitleid gewartet, / auf ei-
nen Tröster, doch ich habe keinen gefunden.
22 Sie gaben mir Gift zu essen, / für den Durst
reichten sie mir Essig.
23 Der Opfertisch werde für sie zur Falle, / das
Opfermahl zum Fangnetz.

24 Blende ihre Augen, so daß sie nicht mehr se-
hen; / lähme ihre Hüften für immer!
25 Gieß über sie deinen Grimm aus, / dein
glühender Zorn soll sie treffen!
26 Ihr Lagerplatz soll veröden, / in ihren Zelten
soll niemand mehr wohnen.
27 Denn sie verfolgen den Mann, den du schon
geschlagen hast, / und mehren den Schmerz des-
sen, / der von dir getroffen ist.
28 Rechne ihnen Schuld über Schuld an, / damit
sie nicht teilhaben an deiner Gerechtigkeit.
29 Sie seien aus dem Buch des Lebens getilgt /
und nicht bei den Gerechten verzeichnet.
30 Ich aber bin elend und voller Schmerzen; /
doch deine Hilfe, o Gott, wird mich erhöhen.
31 Ich will den Namen Gottes rühmen im Lied, /
in meinem Danklied ihn preisen.
32 Das gefällt dem Herrn mehr als ein Opfer-
stier, / mehr als Rinder mit Hörnern und Klauen.
33 Schaut her, ihr Gebeugten, und freut euch; /
ihr, die ihr Gott sucht: Euer Herz lebe auf!
34 Denn der Herr hört auf die Armen, / er ver-
achtet die Gefangenen nicht.
35 Himmel und Erde sollen ihn rühmen, / die
Meere und was sich in ihnen regt.
36 Denn Gott wird Zion retten, / wird Judas
Städte neu erbauen.
Seine Knechte werden dort wohnen und das
Land besitzen, / 37 ihre Nachkommen sollen es er-
ben; / wer seinen Namen liebt, soll darin woh-
nen.

Bitte um Gottes Hilfe

70 [Für den Chormeister. Von David. Zum
Weihrauchopfer.]
2 Gott, komm herbei, um mich zu retten, / Herr,
eil mir zu Hilfe!
3 In Schmach und Schande sollen alle fallen, /
die mir nach dem Leben trachten.
Zurückweichen sollen sie und vor Scham errö-
ten, / die sich über mein Unglück freuen.
4 Beschämt sollen sich alle abwenden, die la-
chen und höhnen / und sagen: »Dir geschieht
recht.«
5 Alle, die dich suchen, frohlocken; / sie mögen
sich freuen in dir.
Die dein Heil lieben, sollen immer sagen: /
»Groß ist Gott, der Herr.«
6 Ich aber bin arm und gebeugt. / Eile, o Gott, mir
zu Hilfe!
Meine Hilfe und mein Retter bist du. / Herr,
säume doch nicht!

Gott, die Zuflucht bis ins Alter

71 Herr, ich suche Zuflucht bei dir. / Laß
mich doch niemals scheitern!
2 Reiß mich heraus und rette mich in deiner Ge-
rechtigkeit, / wende dein Ohr mir zu und hilf mir!
3 Sei mir ein sicherer Hort, / zu dem ich allzeit
kommen darf.
Du hast mir versprochen zu helfen; / denn du
bist mein Fels und meine Burg.
4 Mein Gott, rette mich aus der Hand des Frev-
lers, / aus der Faust des Bedrückers und Schurken!
5 Herr, mein Gott, du bist ja meine Zuversicht, /
meine Hoffnung von Jugend auf.
6 Vom Mutterleib an stütze ich mich auf dich, /
vom Mutterschoß an bist du mein Beschützer; /
dir gilt mein Lobpreis allezeit.
7 Für viele bin ich wie ein Gezeichneter, / du
aber bist meine starke Zuflucht.
8 Mein Mund ist erfüllt von deinem Lob, / von
deinem Ruhm den ganzen Tag.
9 Verwirf mich nicht, wenn ich alt bin, / verlaß
mich nicht, wenn meine Kräfte schwinden.
10 Denn meine Feinde reden schlecht von mir, /
die auf mich lauern, beraten gemeinsam;
11 sie sagen: »Gott hat ihn verlassen. / Verfolgt
und ergreift ihn! / Für ihn gibt es keinen Retter.«
12 Gott, bleib doch nicht fern von mir! / Mein
Gott, eil mir zu Hilfe!
13 Alle, die mich bekämpfen, / sollen scheitern
und untergehn;
über sie komme Schmach und Schande, / weil
sie mein Unglück suchen.
14 Ich aber will jederzeit hoffen, / all deinen
Ruhm noch mehren.
15 Mein Mund soll von deiner Gerechtigkeit kün-
den / und von deinen Wohltaten sprechen den
ganzen Tag; / denn ich kann sie nicht zählen.
16 Ich will kommen in den Tempel Gottes, des
Herrn, / deine großen und gerechten Taten allein
will ich rühmen.
17 Gott, du hast mich gelehrt von Jugend auf, /
und noch heute verkünde ich dein wunderbares
Walten.
18 Auch wenn ich alt und grau bin, / o Gott, ver-
laß mich nicht,
damit ich von deinem machtvollen Arm der
Nachwelt künde, / den kommenden Geschlech-

tern von deiner Stärke / 19 und von deiner Ge-
rechtigkeit, Gott, die größer ist als alles.
Du hast Großes vollbracht. / Mein Gott, wer ist
wie du?
20 Du ließest mich viel Angst und Not erfahren. /
Belebe mich neu, / führe mich herauf aus den Tie-
fen der Erde!
21 Bring mich wieder zu Ehren! / Du wirst mich
wiederum trösten.
22 Dann will ich dir danken mit Saitenspiel / und
deine Treue preisen;
mein Gott, du Heiliger Israels, / ich will dir auf
der Harfe spielen.
23 Meine Lippen sollen jubeln, / denn dir will ich
singen und spielen, / meine Seele, die du erlöst
hast, soll jubeln.
24 Auch meine Zunge soll von deiner Gerechtig-
keit reden den ganzen Tag. / Denn alle, die mein
Unglück suchen, müssen vor Scham erröten und
scheitern.

Der Friedenskönig und sein Reich

72 [Von Salomo.]
Verleih dein Richteramt, o Gott, dem Kö-
nig, / dem Königssohn gib dein gerechtes Walten!
2 Er regiere dein Volk in Gerechtigkeit / und
deine Armen durch rechtes Urteil.
3 Dann tragen die Berge Frieden für das Volk /
und die Höhen Gerechtigkeit.
4 Er wird Recht verschaffen den Gebeugten im
Volk, / Hilfe bringen den Kindern der Armen, / er
wird die Unterdrücker zermalmen.
5 Er soll leben, solange die Sonne bleibt und der
Mond, / bis zu den fernsten Geschlechtern.
6 Er ströme wie Regen herab auf die Felder, / wie
Regenschauer, die die Erde benetzen.
7 Die Gerechtigkeit blühe auf in seinen Tagen /
und großer Friede, bis der Mond nicht mehr da ist.
8 Er herrsche von Meer zu Meer, / vom Strom
bis an die Enden der Erde.
9 Vor ihm sollen seine Gegner sich beugen, /
Staub sollen lecken all seine Feinde.
10 Die Könige von Tarschisch und von den Inseln
bringen Geschenke, / die Könige von Saba und
Seba kommen mit Gaben.
11 Alle Könige müssen ihm huldigen, / alle Völ-
ker ihm dienen.
12 Denn er rettet den Gebeugten, der um Hilfe
schreit, / den Armen und den, der keinen Helfer
hat.
13 Er erbarmt sich des Gebeugten und Schwa-
chen, / er rettet das Leben der Armen.
14 Von Unterdrückung und Gewalttat befreit er
sie, / ihr Blut ist in seinen Augen kostbar.
15 Er lebe, und Gold von Saba soll man ihm ge-
ben! / Man soll für ihn allezeit beten, / stets für
ihn Segen erflehen.
16 Im Land gebe es Korn in Fülle. / Es rausche auf
dem Gipfel der Berge.
Seine Frucht wird sein wie die Bäume des Liba-
non. / Menschen blühn in der Stadt wie das Gras
der Erde.
17 Sein Name soll ewig bestehen; / solange die
Sonne bleibt, sprosse sein Name.
Glücklich preisen sollen ihn alle Völker / und in
ihm sich segnen.
18 Gepriesen sei der Herr, der Gott Israels! / Er al-
lein tut Wunder.
19 Gepriesen sei sein herrlicher Name in Ewig-
keit! / Seine Herrlichkeit erfülle die ganze Erde. /
Amen, ja amen.
[Ende der Gebete Davids, des Sohnes Isais.]

Das dritte Buch

Das scheinbare Glück der Frevler

73 [Ein Psalm Asafs.]
Lauter Güte ist Gott für Israel, / für alle
Menschen mit reinem Herzen.
2 Ich aber – fast wären meine Füße gestrauchelt, /
beinahe wäre ich gefallen.
3 Denn ich habe mich über die Prahler ereifert, /
als ich sah, daß es diesen Frevlern so gut ging.
4 Sie leiden ja keine Qualen, / ihr Leib ist gesund
und wohlgenährt.
5 Sie kennen nicht die Mühsal der Sterblichen, /
sind nicht geplagt wie andere Menschen.
6 Darum ist Hochmut ihr Halsschmuck, / wie ein
Gewand umhüllt sie Gewalttat.
7 Sie sehen kaum aus den Augen vor Fett, / ihr
Herz läuft über von bösen Plänen.

8 Sie höhnen, und was sie sagen, ist schlecht; /
sie sind falsch und reden von oben herab.
9 Sie reißen ihr Maul bis zum Himmel auf / und
lassen auf Erden ihrer Zunge freien Lauf.
10 Darum wendet sich das Volk ihnen zu / und
schlürft ihre Worte in vollen Zügen.
11 Sie sagen: »Wie sollte Gott das merken? / Wie
kann der Höchste das wissen?«
12 Wahrhaftig, so sind die Frevler: / Immer im
Glück, häufen sie Reichtum auf Reichtum.
13 Also hielt ich umsonst mein Herz rein / und
wusch meine Hände in Unschuld.
14 Und doch war ich alle Tage geplagt / und
wurde jeden Morgen gezüchtigt.
21 Mein Herz war verbittert, / mir bohrte der
Schmerz in den Nieren;
22 ich war töricht und ohne Verstand, / war wie
ein Stück Vieh vor dir.
15 Hätte ich gesagt: »Ich will reden wie sie«, /
dann hätte ich an deinen Kindern Verrat geübt.
16 Da sann ich nach, um das zu begreifen; / es
war eine Qual für mich,
17 bis ich dann eintrat ins Heiligtum Gottes / und
begriff, wie sie enden.
18 Ja, du stellst sie auf schlüpfrigen Grund, / du
stürzt sie in Täuschung und Trug.
19 Sie werden plötzlich zunichte, / werden da-
hingerafft und nehmen ein schreckliches Ende,
20 wie ein Traum, der beim Erwachen verblaßt, /
dessen Bild man vergißt, wenn man aufsteht.
23 Ich aber bleibe immer bei dir, / du hältst mich
an meiner Rechten.
24 Du leitest mich nach deinem Ratschluß / und
nimmst mich am Ende auf in Herrlichkeit.
25 Was habe ich im Himmel außer dir? / Neben
dir erfreut mich nichts auf der Erde.
26 Auch wenn mein Leib und mein Herz ver-
schmachten, / Gott ist der Fels meines Herzens /
und mein Anteil auf ewig.
27 Ja, wer dir fern ist, geht zugrunde; / du ver-
nichtest alle, die dich treulos verlassen.
28 Ich aber – Gott nahe zu sein ist mein Glück. /
Ich setze auf Gott, den Herrn, mein Vertrauen. /
Ich will all deine Taten verkünden.

Klage über die Verwüstung des Heiligtums

74 [Ein Weisheitslied Asafs.]
Warum, Gott, hast du uns für immer ver-
stoßen? / Warum ist dein Zorn gegen die Herde
deiner Weide entbrannt?
2 Denk an deine Gemeinde, die du vorzeiten er-
worben, / als Stamm dir zu eigen erkauft, / an
den Berg Zion, den du zur Wohnung erwählt hast.
3 Erheb deine Schritte zu den uralten Trüm-
mern! / Der Feind hat im Heiligtum alles verwü-
stet.
4 Deine Widersacher lärmten an deiner heiligen
Stätte, / stellten ihre Banner auf als Zeichen des
Sieges.
5 Wie einer die Axt schwingt im Dickicht des
Waldes, / 6 so zerschlugen sie all das Schnitzwerk
mit Beil und Hammer.
7 Sie legten an dein Heiligtum Feuer, / entweih-
ten die Wohnung deines Namens bis auf den
Grund.
8 Sie sagten in ihrem Herzen: »Wir zerstören al-
les.« / Und sie verbrannten alle Gottesstätten
ringsum im Land.
9 Zeichen für uns sehen wir nicht, / es ist kein
Prophet mehr da, / niemand von uns weiß, wie
lange noch.
10 Wie lange, Gott, darf der Bedränger noch
schmähen; / darf der Feind ewig deinen Namen
lästern?
11 Warum ziehst du die Hand von uns ab, / hältst
deine Rechte im Gewand verborgen?
12 Doch Gott ist mein König von alters her, / Ta-
ten des Heils vollbringt er auf Erden.
13 Mit deiner Macht hast du das Meer zerspal-
ten, / die Häupter der Drachen über den Wassern
zerschmettert.
14 Du hast die Köpfe des Levíatan zermalmt, / ihn
zum Fraß gegeben den Ungeheuern der See.
15 Hervorbrechen ließest du Quellen und Bä-
che, / austrocknen Ströme, die sonst nie versie-
gen.
16 Dein ist der Tag, dein auch die Nacht, / hinge-
stellt hast du Sonne und Mond.
17 Du hast die Grenzen der Erde festgesetzt, /
hast Sommer und Winter geschaffen.
18 Denk daran: Der Feind schmäht den Herrn, /
ein Volk ohne Einsicht lästert deinen Namen.
19 Gib dem Raubtier das Leben deiner Taube
nicht preis; / das Leben deiner Armen vergiß
nicht für immer!
20 Blick hin auf deinen Bund! / Denn voll von
Schlupfwinkeln der Gewalt ist unser Land.
21 Laß den Bedrückten nicht beschämt von dir
weggehn! / Arme und Gebeugte sollen deinen
Namen rühmen.

22 Erheb dich, Gott, und führe deine Sache! / Bedenke, wie die Toren dich täglich schmähen.
23 Vergiß nicht das Geschrei deiner Gegner, / das Toben deiner Widersacher, das ständig emporsteigt.

Gott, der gerechte Richter

75 [Für den Chormeister. Nach der Weise »Zerstöre nicht!«. Ein Psalm Asafs. Ein Lied.]
2 Wir preisen dich, Gott, wir preisen dich; / dein Name ist denen nahe, die deine Wunder erzählen.
3 »Ja, zu der Zeit, die ich selbst bestimme, / halte ich Gericht nach meinem Recht.
4 Die Erde mit allen, die auf ihr wohnen, mag wanken; / doch ich selbst habe ihre Säulen auf festen Grund gestellt.« [Sela]
5 Ich sage zu den Stolzen: Seid nicht so vermessen!, / und zu den Frevlern: Brüstet euch nicht mit eurer Macht!
6 Brüstet euch nicht stolz mit eurer Macht, / redet nicht so überheblich daher!
7 Denn weder vom Osten noch vom Westen / noch aus der Wüste kommt die Erhöhung.
8 Nein, der Richter ist Gott; / den einen erniedrigt er, den andern erhöht er.
9 Ja, in der Hand des Herrn ist ein Becher, / herben, gärenden Wein reicht er dar;
ihn müssen alle Frevler der Erde trinken, / müssen ihn samt der Hefe schlürfen.
10 Ich aber werde jubeln für immer; / dem Gott Jakobs will ich singen und spielen.
11 »Ich schlage die ganze Macht der Frevler nieder; / doch das Haupt des Gerechten wird hoch erhoben.«

Der Weltenrichter auf dem Zion

76 [Für den Chormeister. Mit Saitenspiel. Ein Psalm Asafs. Ein Lied.]
2 Gott gab sich zu erkennen in Juda, / sein Name ist groß in Israel.
3 Sein Zelt erstand in Salem, / seine Wohnung auf dem Zion.
4 Dort zerbrach er die blitzenden Pfeile des Bogens, / Schild und Schwert, die Waffen des Krieges. [Sela]
5 Du bist furchtbar und herrlich, / mehr als die ewigen Berge.
6 Ausgeplündert sind die tapferen Streiter, / sie sinken hin in den Schlaf; / allen Helden versagen die Hände.
7 Wenn du drohst, Gott Jakobs, / erstarren Rosse und Wagen.
8 Furchtbar bist du. Wer kann bestehen vor dir, / vor der Gewalt deines Zornes?
9 Vom Himmel her machst du das Urteil bekannt; / Furcht packt die Erde, und sie verstummt,
10 wenn Gott sich erhebt zum Gericht, / um allen Gebeugten auf der Erde zu helfen. [Sela]
11 Denn auch der Mensch voll Trotz muß dich preisen / und der Rest der Völker dich feiern.
12 Legt Gelübde ab und erfüllt sie dem Herrn, eurem Gott! / Ihr alle ringsum, bringt Gaben ihm, den ihr fürchtet.
13 Er nimmt den Fürsten den Mut; / furchterregend ist er für die Könige der Erde.

Gottes Weg mit seinem Volk

77 [Für den Chormeister. Nach Jedutun. Ein Psalm Asafs.]
2 Ich rufe zu Gott, ich schreie, / ich rufe zu Gott, bis er mich hört.
3 Am Tag meiner Not suche ich den Herrn; / unablässig erhebe ich nachts meine Hände, / meine Seele läßt sich nicht trösten.
4 Denke ich an Gott, muß ich seufzen; / sinne ich nach, dann will mein Geist verzagen. [Sela]
5 Du läßt mich nicht mehr schlafen; / ich bin voll Unruhe und kann nicht reden.
6 Ich sinne nach über die Tage von einst, / ich will denken an längst vergangene Jahre.
7 Mein Herz grübelt bei Nacht, / ich sinne nach, es forscht mein Geist.
8 Wird der Herr mich denn auf ewig verstoßen / und mir niemals mehr gnädig sein?
9 Hat seine Huld für immer ein Ende, / ist seine Verheißung aufgehoben für alle Zeiten?
10 Hat Gott seine Gnade vergessen, / im Zorn sein Erbarmen verschlossen? [Sela]
11 Da sagte ich mir: »Das ist mein Schmerz, / daß die Rechte des Höchsten so anders handelt.«
12 Ich denke an die Taten des Herrn, / ich will denken an deine früheren Wunder.
13 Ich erwäge all deine Werke / und will nachsinnen über deine Taten.
14 Gott, dein Weg ist heilig. / Wo ist ein Gott, so groß wie unser Gott?

15 Du allein bist der Gott, der Wunder tut, / du
hast deine Macht den Völkern kundgetan.
16 Du hast mit starkem Arm dein Volk erlöst, / die
Kinder Jakobs und Josefs. [Sela]
17 Die Wasser sahen dich, Gott, / die Wasser sa-
hen dich und bebten. / Die Tiefen des Meeres
tobten.
18 Die Wolken gossen ihr Wasser aus, / das Ge-
wölk ließ die Stimme dröhnen, / auch deine
Pfeile flogen dahin.
19 Dröhnend rollte dein Donner, / Blitze erhell-
ten den Erdkreis, / die Erde bebte und wankte.
20 Durch das Meer ging dein Weg, / dein Pfad
durch gewaltige Wasser, / doch niemand sah
deine Spuren.
21 Du führtest dein Volk wie eine Herde / durch
die Hand von Mose und Aaron.

Die Geschichte Israels als Mahnung und Warnung

78 [Ein Weisheitslied Asafs.]
Mein Volk, vernimm meine Weisung! /
Wendet euer Ohr zu den Worten meines Mundes!
2 Ich öffne meinen Mund zu einem Spruch; / ich
will die Geheimnisse der Vorzeit verkünden.
3 Was wir hörten und erfuhren, / was uns die Vä-
ter erzählten,
4 das wollen wir unseren Kindern nicht verber-
gen, / sondern dem kommenden Geschlecht er-
zählen:
die ruhmreichen Taten und die Stärke des
Herrn, / die Wunder, die er getan hat.
5 Er stellte sein Gesetz auf in Jakob, / gab in Is-
rael Weisung / und gebot unseren Vätern, ihre
Kinder das alles zu lehren,
6 damit das kommende Geschlecht davon er-
fahre, / die Kinder späterer Zeiten; / sie sollten
aufstehen und es weitergeben an ihre Kinder,
7 damit sie ihr Vertrauen auf Gott setzen, / die Ta-
ten Gottes nicht vergessen / und seine Gebote
bewahren
8 und nicht werden wie ihre Väter, / jenes Ge-
schlecht voll Trotz und Empörung, / das wankel-
mütige Geschlecht, dessen Geist nicht treu zu
Gott hielt.
9 Die Söhne Efraims, Kämpfer mit Pfeil und Bo-
gen, / wandten den Rücken am Tag der Schlacht;
10 Gottes Bund hielten sie nicht, / sie weigerten
sich, seiner Weisung zu folgen.
11 Sie vergaßen die Taten des Herrn, / die Wun-
der, die er sie sehen ließ.
12 Vor den Augen ihrer Väter vollbrachte er Wun-
der / im Land Ägypten, im Gefilde von Zoan.
13 Er spaltete das Meer und führte sie hindurch, /
er ließ das Wasser feststehen wie einen Damm.
14 Er leitete sie bei Tag mit der Wolke / und die
ganze Nacht mit leuchtendem Feuer.
15 Er spaltete Felsen in der Wüste / und gab dem
Volk reichlich zu trinken, wie mit Wassern der Ur-
flut.
16 Er ließ Bäche aus dem Gestein entspringen, /
ließ Wasser fließen gleich Strömen.
17 Doch sie sündigten weiter gegen ihn, / sie
trotzten in der Wüste dem Höchsten.
18 In ihrem Herzen versuchten sie Gott, / forder-
ten Nahrung für den Hunger.
19 Sie redeten gegen Gott; sie fragten: / »Kann
uns denn Gott den Tisch decken in der Wüste?
20 Zwar hat er an den Felsen geschlagen, / so daß
Wasser floß und Bäche strömten.
Kann er uns auch Brot verschaffen / und sein
Volk mit Fleisch versorgen?«
21 Das hörte der Herr und war voll Grimm; /
Feuer flammte auf gegen Jakob, / Zorn erhob sich
gegen Israel,
22 weil sie Gott nicht glaubten / und nicht auf
seine Hilfe vertrauten.
23 Dennoch gebot er den Wolken droben / und
öffnete die Tore des Himmels.
24 Er ließ Manna auf sie regnen als Speise, / er
gab ihnen Brot vom Himmel.
25 Da aßen die Menschen Wunderbrot; / Gott
gab ihnen Nahrung in Fülle.
26 Er ließ den Ostwind losbrechen droben am
Himmel, / führte in seiner Macht den Südwind
herbei,
27 ließ Fleisch auf sie regnen wie Staub, / gefie-
derte Vögel wie Sand am Meer.
28 Er ließ sie mitten ins Lager fallen, / rings um
Israels Zelte.
29 Da aßen alle und wurden satt; / er hatte ihnen
gebracht, was sie begehrten.
30 Noch aber hatten sie ihre Gier nicht gestillt, /
noch war die Speise in ihrem Mund,
31 da erhob sich gegen sie Gottes Zorn; / er er-
schlug ihre Führer / und streckte die jungen Män-
ner Israels nieder.
32 Doch sie sündigten trotz allem weiter / und
vertrauten nicht seinen Wundern.
33 Darum ließ er ihre Tage schwinden wie einen
Hauch / und ihre Jahre voll Schrecken vergehen.

34 Wenn er dreinschlug, fragten sie nach Gott, /
kehrten um und suchten ihn.
35 Sie dachten daran, daß Gott ihr Fels ist, / Gott,
der Höchste, ihr Erlöser.
36 Doch sie täuschten ihn mit falschen Worten, /
und ihre Zunge belog ihn.
37 Ihr Herz hielt nicht fest zu ihm, / sie hielten
seinem Bund nicht die Treue.
38 Er aber vergab ihnen voll Erbarmen die
Schuld / und tilgte sein Volk nicht aus.
Oftmals ließ er ab von seinem Zorn / und un-
terdrückte seinen Groll.
39 Denn er dachte daran, daß sie nichts sind als
Fleisch, / nur ein Hauch, der vergeht und nicht
wiederkehrt.
40 Wie oft haben sie ihm in der Wüste getrotzt, /
ihn gekränkt in der Steppe!
41 Immer wieder stellten sie ihn auf die Probe, /
sie reizten den heiligen Gott Israels.
42 Sie dachten nicht mehr an seine mächtige
Hand, / an den Tag, als er sie vom Unterdrücker
befreite,
43 als er in Ägypten Zeichen tat / und Wunder im
Gefilde von Zoan:
44 Er verwandelte ihre Flüsse und Bäche in
Blut; / sie konnten daraus nicht mehr trin-
ken.
45 Er schickte einen Schwarm von Fliegen, der
fraß sie auf, / ein Heer von Fröschen, das vertilgte
sie.
46 Ihre Ernte überließ er den Grillen / und den
Heuschrecken den Ertrag ihrer Mühen.
47 Ihre Reben zerschlug er mit Hagel, / ihre
Maulbeerbäume mit Körnern aus Eis.
48 Ihr Vieh überließ er der Pest / und ihre Herden
den Seuchen.
49 Er ließ die Glut seines Zorns auf sie los: /
Grimm und Wut und Bedrängnis, / Boten des Un-
heils in Scharen.
50 Er ließ seinem Zorn freien Lauf; / er bewahrte
sie nicht vor dem Tod / und lieferte ihr Leben der
Pest aus.
51 Er schlug in Ägypten alle Erstgeburt, / in den
Zelten Hams die Blüte der Jugend.
52 Dann führte er sein Volk hinaus wie Schafe, /
leitete sie wie eine Herde durch die Wüste.
53 Er führte sie sicher, sie mußten nichts fürch-
ten, / doch ihre Feinde bedeckte das Meer.
54 Er brachte sie in sein heiliges Land, / in die
Berge, die er erwarb mit mächtiger Hand.
55 Er vertrieb die Völker vor ihnen, / ließ in ihren
Zelten die Stämme Israels wohnen / und teilte ih-
nen ihr Erbteil zu.
56 Doch sie versuchten Gott und trotzten dem
Höchsten; / sie hielten seine Satzungen nicht.
57 Wie ihre Väter, fielen sie treulos von ihm ab, /
sie wandten sich ab wie ein Bogen, der versagt.
58 Sie erbitterten ihn mit ihrem Kult auf den
Höhen / und reizten seine Eifersucht mit ihren
Götzen.
59 Als Gott es sah, war er voll Grimm / und sagte
sich los von Israel.
60 Er verwarf seine Wohnung in Schilo, / das Zelt,
wo er unter den Menschen wohnte.
61 Er gab seine Macht in Gefangenschaft, / seine
heilige Lade fiel in die Hand des Feindes.
62 Er lieferte sein Volk dem Schwert aus; / er war
voll Grimm über sein Eigentum.
63 Die jungen Männer fraß das Feuer; / den jun-
gen Mädchen sang man kein Brautlied.
64 Die Priester wurden mit dem Schwert erschla-
gen; / die Witwen konnten die Toten nicht be-
weinen.
65 Da erwachte der Herr wie aus dem Schlaf, /
wie ein Held, der betäubt war vom Wein.
66 Er schlug seine Feinde zurück / und gab sie
ewiger Schande preis.
67 Das Zelt Josefs verwarf er, / dem Stamm
Efraim entzog er die Erwählung.
68 Doch den Stamm Juda erwählte er, / den Berg
Zion, den er liebt.
69 Dort baute er sein hoch aufragendes Heilig-
tum, / so fest wie die Erde, / die er für immer ge-
gründet hat.
70 Und er erwählte seinen Knecht David; / er
holte ihn weg von den Hürden der Schafe, / 71 von
den Muttertieren nahm er ihn fort,
damit er sein Volk Jakob weide / und sein Erbe
Israel.
72 Er sorgte als Hirt für sie mit lauterem Herzen /
und führte sie mit klugen Händen.

Die Klage über die Zerstörung Jerusalems

79 [Ein Psalm Asafs.]
Gott, die Heiden sind eingedrungen
in dein Erbe, / sie haben deinen heiligen Tempel
entweiht / und Jerusalem in Trümmer gelegt.
2 Die Leichen deiner Knechte haben sie zum
Fraß gegeben den Vögeln des Himmels, / die Lei-
ber deiner Frommen den Tieren des Feldes.

3 Ihr Blut haben sie wie Wasser vergossen / rings
um Jerusalem, / und keiner hat sie begraben.
4 Zum Schimpf sind wir geworden / in den Au-
gen der Nachbarn, / zu Spott und Hohn bei allen,
die rings um uns wohnen.
5 Wie lange noch, Herr? Willst du auf ewig zür-
nen? / Wie lange noch wird dein Eifer lodern wie
Feuer?
6 Gieß deinen Zorn aus über die Heiden, / die
dich nicht kennen, / über jedes Reich, das deinen
Namen nicht anruft.
7 Denn sie haben Jakob aufgezehrt / und seine
Felder verwüstet.
8 Rechne uns die Schuld der Vorfahren nicht
an! / Mit deinem Erbarmen komm uns eilends
entgegen! / Denn wir sind sehr erniedrigt.
9 Um der Ehre deines Namens willen / hilf uns,
du Gott unsres Heils! / Um deines Namens wil-
len reiß uns heraus und vergib uns die Sünden!
10 Warum dürfen die Heiden sagen: / »Wo ist nun
ihr Gott?«
Laß kund werden an den Heiden vor unsern Au-
gen, / wie du das vergossene Blut deiner Knechte
vergiltst.
11 Das Stöhnen der Gefangenen dringe zu dir. /
Befrei die Todgeweihten durch die Kraft deines
Armes!
12 Zahl unsern Nachbarn siebenfach heim / die
Schmach, die sie dir, Herr, angetan.
13 Wir aber, dein Volk, die Schafe deiner Weide, /
wollen dir ewig danken, / deinen Ruhm verkün-
den von Geschlecht zu Geschlecht.

Bitte für Israel, den Weinstock Gottes

80 [Für den Chormeister. Nach der Weise
»Lilien«. Ein Zeugnis. Ein Psalm Asafs.]
2 Du Hirte Israels, höre, / der du Josef weidest
wie eine Herde!
Der du auf den Kerubim thronst, erscheine /
3 vor Efraim, Benjamin und Manasse!
Biete deine gewaltige Macht auf, / und komm
uns zu Hilfe!
4 Gott, richte uns wieder auf! / Laß dein Ange-
sicht leuchten, dann ist uns geholfen.
5 Herr, Gott der Heerscharen, wie lange noch
zürnst du, / während dein Volk zu dir betet?
6 Du hast sie gespeist mit Tränenbrot, / sie über-
reich getränkt mit Tränen.
7 Du machst uns zum Spielball der Nachbarn, /
und unsere Feinde verspotten uns.
8 Gott der Heerscharen, richte uns wieder auf! /
Laß dein Angesicht leuchten, dann ist uns gehol-
fen.
9 Du hobst in Ägypten einen Weinstock aus, / du
hast Völker vertrieben, ihn aber eingepflanzt.
10 Du schufst ihm weiten Raum; / er hat Wurzeln
geschlagen und das ganze Land erfüllt.
11 Sein Schatten bedeckte die Berge, / seine
Zweige die Zedern Gottes.
12 Seine Ranken trieb er bis hin zum Meer / und
seine Schößlinge bis zum Eufrat.
13 Warum rissest du seine Mauern ein? / Alle, die
des Weges kommen, plündern ihn aus.
14 Der Eber aus dem Wald wühlt ihn um, / die
Tiere des Feldes fressen ihn ab.
15 Gott der Heerscharen, wende dich uns wieder
zu! / Blick vom Himmel herab, und sieh auf uns!
Sorge für diesen Weinstock
16 und für den Gar-
ten, den deine Rechte gepflanzt hat.
17 Die ihn im Feuer verbrannten wie Kehricht, /
sie sollen vergehen / vor deinem drohenden An-
gesicht.
18 Deine Hand schütze den Mann zu deiner
Rechten, / den Menschensohn, / den du für dich
groß und stark gemacht.
19 Erhalt uns am Leben! / Dann wollen wir dei-
nen Namen anrufen / und nicht von dir weichen.
20 Herr, Gott der Heerscharen, richte uns wieder
auf! / Laß dein Angesicht leuchten, dann ist uns
geholfen.

Aufruf zur Treue gegen Gott

81 [Für den Chormeister. Nach dem Kelter-
lied. Von Asaf.]
2 Jubelt Gott zu, er ist unsre Zuflucht; / jauchzt
dem Gott Jakobs zu!
3 Stimmt an den Gesang, schlagt die Pauke, / die
liebliche Laute, dazu die Harfe!
4 Stoßt in die Posaune am Neumond / und zum
Vollmond, am Tag unsres Festes!
5 Denn das ist Satzung für Israel, / Entscheid des
Gottes Jakobs.
6 Das hat er als Gesetz für Josef erlassen, / als
Gott gegen Ägypten auszog.
Eine Stimme höre ich, die ich noch nie ver-
nahm:
7 Seine Schulter hab' ich von der Bürde be-
freit, / seine Hände kamen los vom Lastkorb.
8 Du riefst in der Not, / und ich riß dich heraus;
ich habe dich aus dem Gewölk des Donners er-
hört, / an den Wassern von Meríba geprüft. [Sela]

9 Höre, mein Volk, ich will dich mahnen! / Israel,
wolltest du doch auf mich hören!
10 Für dich gibt es keinen andern Gott. / Du sollst
keinen fremden Gott anbeten.
11 Ich bin der Herr, dein Gott, / der dich herauf-
geführt hat aus Ägypten. / Tu deinen Mund auf!
Ich will ihn füllen.
12 Doch mein Volk hat nicht auf meine Stimme
gehört; / Israel hat mich nicht gewollt.
13 Da überließ ich sie ihrem verstockten Her-
zen, / und sie handelten nach ihren eigenen Plä-
nen.
14 Ach daß doch mein Volk auf mich hörte, / daß
Israel gehen wollte auf meinen Wegen!
15 Wie bald würde ich seine Feinde beugen, /
meine Hand gegen seine Bedränger wen-
den.
16 Alle, die den Herrn hassen, müßten Israel
schmeicheln, / und das sollte für immer so blei-
ben.
17 Ich würde es nähren mit bestem Weizen / und
mit Honig aus dem Felsen sättigen.

Bitte um Gottes Eingreifen als Richter

82 [Ein Psalm Asafs.]
Gott steht auf in der Versammlung der
Götter, / im Kreis der Götter hält er Gericht.
2 »Wie lange noch wollt ihr ungerecht richten /
und die Frevler begünstigen? [Sela]
3 Verschafft Recht den Unterdrückten und Wai-
sen, / verhelft den Gebeugten und Bedürftigen
zum Recht!
4 Befreit die Geringen und Armen, / entreißt sie
der Hand der Frevler!«
5 Sie aber haben weder Einsicht noch Ver-
stand, / sie tappen dahin im Finstern. / Alle
Grundfesten der Erde wanken.
6 »Wohl habe ich gesagt: Ihr seid Götter, / ihr alle
seid Söhne des Höchsten.
7 Doch nun sollt ihr sterben wie Menschen, /
sollt stürzen wie jeder der Fürsten.«
8 Erheb dich, Gott, und richte die Erde! / Denn
alle Völker werden dein Erbteil sein.

Eine Bitte um Hilfe gegen Feinde des Volkes

83 [Ein Lied. Ein Psalm Asafs.]
2 Schweig doch nicht, o Gott, bleib nicht
still, / o Gott, bleib nicht stumm!
3 Sieh doch, deine Feinde toben; / die dich has-
sen, erheben das Haupt.
4 Gegen dein Volk ersinnen sie listige Pläne /
und halten Rat gegen die, die sich bei dir bergen.
5 Sie sagen: »Wir wollen sie ausrotten als Volk; /
an den Namen Israel soll niemand mehr denken.«
6 Ja, sie halten einmütig Rat / und schließen ein
Bündnis gegen dich:
7 Edoms Zelte und die Ismaeliter, / Moab und die
Hagariter,
8 Gebal, Ammon und Amalek, / das Philister-
land und die Bewohner von Tyrus.
9 Zu ihnen gesellt sich auch Assur / und leiht sei-
nen Arm den Söhnen Lots. [Sela]
10 Mach es mit ihnen wie mit Midian und Sise-
ra, / wie mit Jabin am Bach Kischon,
11 die du bei En-Dór vernichtet hast. / Sie wurden
zum Dung für die Äcker.
12 Mach ihre Fürsten wie Oreb und Seeb, /
wie Sebach und Zalmunna mach all ihre Füh-
rer! 13 Sie sagten: »Wir wollen Gottes Land er-
obern.«
14 Mein Gott, laß sie dahinwirbeln wie Staub, /
wie Spreu vor dem Wind!
15 Wie das Feuer, das ganze Wälder verbrennt, /
wie die Flamme, die Berge versengt,
16 so jage sie davon mit deinem Sturm, / und
schrecke sie mit deinem Wetter!
17 Bedecke mit Schmach ihr Gesicht, / damit sie,
Herr, nach deinem Namen fragen.
18 Beschämt sollen sie sein und verstört für im-
mer, / sollen vor Schande zugrunde gehn.
19 Sie sollen erkennen, daß du es bist. Herr ist
dein Name. / Du allein bist der Höchste über der
ganzen Erde.

Die Freude am Heiligtum

84 [Für den Chormeister. Nach dem Kelter-
lied. Ein Psalm der Korachiter.]
2 Wie liebenswert ist deine Wohnung, Herr der
Heerscharen! / 3 Meine Seele verzehrt sich in
Sehnsucht / nach dem Tempel des Herrn.
Mein Herz und mein Leib jauchzen ihm zu, /
ihm, dem lebendigen Gott.
4 Auch der Sperling findet ein Haus / und die
Schwalbe ein Nest für ihre Jungen – / deine Al-
täre, Herr der Heerscharen, mein Gott und mein
König.
5 Wohl denen, die wohnen in deinem Haus, / die
dich allezeit loben. [Sela]
6 Wohl den Menschen, die Kraft finden in dir, /
wenn sie sich zur Wallfahrt rüsten.

7 Ziehen sie durch das trostlose Tal, / wird es für
sie zum Quellgrund, / und Frühregen hüllt es in
Segen.
8 Sie schreiten dahin mit wachsender Kraft; /
dann schauen sie Gott auf dem Zion.
9 Herr der Heerscharen, höre mein Beten, / ver-
nimm es, Gott Jakobs! [Sela]
10 Gott, sieh her auf unsern Schild, / schau auf
das Antlitz deines Gesalbten!
11 Denn ein einziger Tag in den Vorhöfen deines
Heiligtums / ist besser als tausend andere.
Lieber an der Schwelle stehen im Haus meines
Gottes / als wohnen in den Zelten der Frevler.
12 Denn Gott der Herr ist Sonne und Schild. / Er
schenkt Gnade und Herrlichkeit;
der Herr versagt denen, die rechtschaffen sind,
keine Gabe. / 13 Herr der Heerscharen, wohl dem,
der dir vertraut!

Bitte um das verheißene Heil

85 [Für den Chormeister. Ein Psalm der Ko-
rachiter.]
2 Einst hast du, Herr, dein Land begnadet / und
Jakobs Unglück gewendet,
3 hast deinem Volk die Schuld vergeben, / all
seine Sünden zugedeckt, [Sela]
4 hast zurückgezogen deinen ganzen Grimm /
und deinen glühenden Zorn gedämpft.
5 Gott, unser Retter, richte uns wieder auf, / laß
von deinem Unmut gegen uns ab!
6 Willst du uns ewig zürnen, / soll dein Zorn
dauern von Geschlecht zu Geschlecht?
7 Willst du uns nicht wieder beleben, / so daß
dein Volk sich an dir freuen kann?
8 Erweise uns, Herr, deine Huld, / und gewähre
uns dein Heil!
9 Ich will hören, was Gott redet: Frieden ver-
kündet der Herr seinem Volk und seinen From-
men, / den Menschen mit redlichem Herzen.
[Sela]
10 Sein Heil ist denen nahe, die ihn fürchten. /
Seine Herrlichkeit wohne in unserm Land.
11 Es begegnen einander Huld und Treue; / Ge-
rechtigkeit und Friede küssen sich.
12 Treue sproßt aus der Erde hervor; / Gerechtig-
keit blickt vom Himmel hernieder.
13 Auch spendet der Herr dann Segen, / und un-
ser Land gibt seinen Ertrag.
14 Gerechtigkeit geht vor ihm her, / und Heil folgt
der Spur seiner Schritte.

Der Hilferuf eines Armen zu Gott

86 [Ein Gebet Davids.]
Wende dein Ohr mir zu, erhöre mich,
Herr! / Denn ich bin arm und gebeugt.
2 Beschütze mich, denn ich bin dir ergeben! /
Hilf deinem Knecht, der dir vertraut!
3 Du bist mein Gott. Sei mir gnädig, o Herr! / Den
ganzen Tag rufe ich zu dir.
4 Herr, erfreue deinen Knecht; / denn ich erhebe
meine Seele zu dir.
5 Herr, du bist gütig und bereit zu verzeihen, /
für alle, die zu dir rufen, reich an Gnade.
6 Herr, vernimm mein Beten, / achte auf mein
lautes Flehen!
7 Am Tag meiner Not rufe ich zu dir; / denn du
wirst mich erhören.
8 Herr, unter den Göttern ist keiner wie du, /
und nichts gleicht den Werken, / die du geschaffen
hast.
9 Alle Völker kommen und beten dich an, / sie
geben, Herr, deinem Namen die Ehre.
10 Denn du bist groß und tust Wunder; / du allein
bist Gott.
11 Weise mir, Herr, deinen Weg; / ich will ihn ge-
hen in Treue zu dir.
Richte mein Herz darauf hin, / allein deinen Na-
men zu fürchten!
12 Ich will dir danken, Herr, mein Gott, / aus
ganzem Herzen, / will deinen Namen ehren im-
mer und ewig.
13 Du hast mich den Tiefen des Totenreichs ent-
rissen. / Denn groß ist über mir deine Huld.
14 Gott, freche Menschen haben sich gegen mich
erhoben, / die Rotte der Gewalttäter trachtet mir
nach dem Leben; / doch dich haben sie nicht vor
Augen.
15 Du aber, Herr, bist ein barmherziger und gnädi-
ger Gott, / du bist langmütig, reich an Huld und
Treue.
16 Wende dich mir zu und sei mir gnädig, / gib
deinem Knecht wieder Kraft, / und hilf dem Sohn
deiner Magd!
17 Tu ein Zeichen, und schenke mir Glück! / Alle,
die mich hassen, sollen es sehen und sich schä-
men, / weil du, Herr, mich gerettet und getröstet
hast.

Ein Loblied auf Zion, die Mutter aller Völker

87 [Ein Psalm der Korachiter. Ein Lied.]
2 Der Herr liebt (Zion), seine Gründung

auf heiligen Bergen; / mehr als all seine Stätten in
Jakob liebt er die Tore Zions.
3 Herrliches sagt man von dir, / du Stadt unseres
Gottes. [Sela]
4 Leute aus Ägypten und Babel / zähle ich zu de-
nen, die mich kennen;
auch von Leuten aus dem Philisterland, / aus Ty-
rus und Kusch / sagt man: Er ist dort geboren.
5 Doch von Zion wird man sagen: / Jeder ist dort
geboren. / Er, der Höchste, hat Zion gegründet.
6 Der Herr schreibt, wenn er die Völker ver-
zeichnet: / Er ist dort geboren. [Sela]
7 Und sie werden beim Reigentanz singen: / All
meine Quellen entspringen in dir.

Die Klage eines Kranken und Einsamen

88 [Ein Lied. Ein Psalm der Korachiter. Für
den Chormeister. Nach der Weise
»Krankheit« zu singen. Ein Weisheitslied Hemans,
des Esrachiters.]
2 Herr, du Gott meines Heils, / zu dir schreie ich
am Tag und bei Nacht.
3 Laß mein Gebet zu dir dringen, / wende dein
Ohr meinem Flehen zu!
4 Denn meine Seele ist gesättigt mit Leid, / mein
Leben ist dem Totenreich nahe.
5 Schon zähle ich zu denen, die hinabsinken ins
Grab, / bin wie ein Mann, dem alle Kraft genom-
men ist.
6 Ich bin zu den Toten hinweggerafft, / wie Er-
schlagene, die im Grabe ruhen;
an sie denkst du nicht mehr, / denn sie sind dei-
ner Hand entzogen.
7 Du hast mich ins tiefste Grab gebracht, / tief
hinab in finstere Nacht.
8 Schwer lastet dein Grimm auf mir, / all deine
Wogen stürzen über mir zusammen. [Sela]
9 Die Freunde hast du mir entfremdet, / mich
ihrem Abscheu ausgesetzt; / ich bin gefangen
und kann nicht heraus.
10 Mein Auge wird trübe vor Elend. / Jeden Tag,
Herr, ruf' ich zu dir; / ich strecke nach dir meine
Hände aus.
11 Wirst du an den Toten Wunder tun, / werden
Schatten aufstehn, um dich zu preisen? [Sela]
12 Erzählt man im Grab von deiner Huld, / von
deiner Treue im Totenreich?
13 Werden deine Wunder in der Finsternis be-
kannt, / deine Gerechtigkeit im Land des Verges-
sens?
14 Herr, darum schreie ich zu dir, / früh am Mor-
gen tritt mein Gebet vor dich hin.
15 Warum, o Herr, verwirfst du mich, / warum
verbirgst du dein Gesicht vor mir?
16 Gebeugt bin ich und todkrank von früher Ju-
gend an, / deine Schrecken lasten auf mir, und ich
bin zerquält.
17 Über mich fuhr die Glut deines Zorns dahin, /
deine Schrecken vernichten mich.
18 Sie umfluten mich allzeit wie Wasser / und
dringen auf mich ein von allen Seiten.
19 Du hast mir die Freunde und Gefährten ent-
fremdet; / mein Vertrauter ist nur noch die Fin-
sternis.

Das Klagelied über die Verwerfung des Hauses David

89 [Ein Weisheitslied Etans, des Esrachiters.]
2 Von den Taten deiner Huld, Herr, will ich
ewig singen, / bis zum fernsten Geschlecht laut
deine Treue verkünden.
3 Denn ich bekenne: Deine Huld besteht für im-
mer und ewig; / deine Treue steht fest im Himmel.
4 »Ich habe einen Bund geschlossen mit mei-
nem Erwählten / und David, meinem Knecht, ge-
schworen:
5 Deinem Haus gebe ich auf ewig Bestand, / und
von Geschlecht zu Geschlecht / richte ich deinen
Thron auf.« [Sela]
6 Die Himmel preisen, Herr, deine Wunder / und
die Gemeinde der Heiligen deine Treue.
7 Denn wer über den Wolken ist wie der Herr, /
wer von den Göttern ist dem Herrn gleich?
8 Gewaltig ist Gott im Rat der Heiligen, / für alle
rings um ihn her ist er groß und furchtbar.
9 Herr, Gott der Heerscharen, wer ist wie du? /
Mächtig bist du, Herr, und von Treue umgeben.
10 Du beherrschst die Empörung des Meeres; /
wenn seine Wogen toben – du glättest sie.
11 Rahab hast du durchbohrt und zertreten, /
deine Feinde zerstreut mit starkem Arm.
12 Dein ist der Himmel, dein auch die Erde; / den
Erdkreis und was ihn erfüllt hast du gegründet.
13 Nord und Süd hast du geschaffen, / Tabor und
Hermon jauchzen bei deinem Namen.
14 Dein Arm ist voll Kraft, / deine Hand ist stark,
deine Rechte hoch erhoben.
15 Recht und Gerechtigkeit sind die Stützen dei-
nes Thrones, / Huld und Treue schreiten vor dei-
nem Antlitz her.

16 Wohl dem Volk, das dich als König zu feiern
weiß! / Herr, sie gehen im Licht deines Angesichts.
17 Sie freuen sich über deinen Namen zu jeder
Zeit, / über deine Gerechtigkeit jubeln sie.
18 Denn du bist ihre Schönheit und Stärke, / du
erhöhst unsre Kraft in deiner Güte.
19 Ja, unser Schild gehört dem Herrn, / unser Kö-
nig dem heiligen Gott Israels.
20 Einst hast du in einer Vision zu deinen From-
men gesprochen: / »Einen Helden habe ich zum
König gekrönt, / einen jungen Mann aus dem
Volk erhöht.
21 Ich habe David, meinen Knecht, gefunden /
und ihn mit meinem heiligen Öl gesalbt.
22 Beständig wird meine Hand ihn halten / und
mein Arm ihn stärken.
23 Kein Feind soll ihn täuschen, / kein ruchloser
Mensch kann ihn bezwingen.
24 Vor ihm will ich die Feinde zerschmettern, /
und alle, die ihn hassen, schlage ich nieder.
25 Meine Treue und meine Huld begleiten ihn, /
und in meinem Namen erhebt er sein Haupt.
26 Ich lege seine Hand auf das Meer, / über die
Ströme herrscht seine Rechte.
27 Er wird zu mir rufen: Mein Vater bist du, /
mein Gott, der Fels meines Heiles.
28 Ich mache ihn zum erstgeborenen Sohn, /
zum Höchsten unter den Herrschern der Erde.
29 Auf ewig werde ich ihm meine Huld bewah-
ren, / mein Bund mit ihm bleibt allzeit bestehen.
30 Sein Geschlecht lasse ich dauern für immer /
und seinen Thron, solange der Himmel währt.
31 Wenn seine Söhne meine Weisung verlas-
sen, / nicht mehr leben nach meiner Ordnung,
32 wenn sie meine Gesetze entweihen, / meine
Gebote nicht mehr halten,
33 dann werde ich ihr Vergehen mit der Rute stra-
fen / und ihre Sünde mit Schlägen.
34 Doch ich entziehe ihm nicht meine Huld, /
breche ihm nicht die Treue.
35 Meinen Bund werde ich nicht entweihen; /
was meine Lippen gesprochen haben, / will ich
nicht ändern.
36 Eines hab' ich geschworen, so wahr ich heilig
bin, / und niemals werde ich David belügen:
37 Sein Geschlecht soll bleiben auf ewig, / sein
Thron habe Bestand vor mir wie die Sonne;
38 er soll ewig bestehen wie der Mond, / der ver-
läßliche Zeuge über den Wolken.« [Sela]
39 Nun aber hast du deinen Gesalbten versto-
ßen, / ihn verworfen und mit Zorn überschüttet,
40 hast den Bund mit deinem Knecht zerbro-
chen, / zu Boden getreten seine Krone.
41 Eingerissen hast du all seine Mauern, / in
Trümmer gelegt seine Burgen.
42 Alle, die des Weges kommen, plündern ihn
aus, / er wird zum Gespött seiner Nachbarn.
43 Du hast die Hand seiner Bedränger hoch erho-
ben, / hast all seine Feinde erfreut.
44 Du hast die Spitze seines Schwertes umge-
kehrt, / hast im Kampf ihm den Sieg verweigert.
45 Du hast ein Ende gemacht seinem Glanz / und
seinen Thron zu Boden geworfen.
46 Du hast ihm die Tage der Jugend verkürzt /
und ihn bedeckt mit Schande. [Sela]
47 Wie lange noch, Herr? Verbirgst du dich ewig? /
Soll dein Zorn wie Feuer brennen?
48 Bedenke, Herr: Was ist unser Leben, / wie ver-
gänglich hast du alle Menschen erschaffen!
49 Wo ist der Mann, der ewig lebt und den Tod
nicht schaut, / der sich retten kann vor dem Zu-
griff der Unterwelt? [Sela]
50 Herr, wo sind die Taten deiner Huld geblieben, /
die du David in deiner Treue geschworen hast?
51 Herr, denk an die Schmach deines Knechtes! /
Im Herzen brennt mir der Hohn der Völker,
52 mit dem deine Feinde mich schmähen, Herr, /
und die Schritte deines Gesalbten verhöhnen.
53 Gepriesen sei der Herr in Ewigkeit. / Amen, ja
amen.

Das vierte Buch

Der ewige Gott – der vergängliche Mensch

90 [Ein Gebet des Mose, des Mannes Got-
tes.]
Herr, du warst unsere Zuflucht / von Ge-
schlecht zu Geschlecht.
2 Ehe die Berge geboren wurden, / die Erde ent-
stand und das Weltall, / bist du, o Gott, von Ewig-
keit zu Ewigkeit.
3 Du läßt die Menschen zurückkehren zum Staub /
und sprichst: »Kommt wieder, ihr Menschen!«

4 Denn tausend Jahre sind für dich / wie der Tag,
der gestern vergangen ist, / wie eine Wache in
der Nacht.
5 Von Jahr zu Jahr säst du die Menschen aus; /
sie gleichen dem sprossenden Gras.
6 Am Morgen grünt es und blüht, / am Abend
wird es geschnitten und welkt.
7 Denn wir vergehen durch deinen Zorn, / wer-
den vernichtet durch deinen Grimm.
8 Du hast unsre Sünden vor dich hingestellt, / un-
sere geheime Schuld in das Licht deines Ange-
sichts.
9 Denn all unsre Tage gehn hin unter deinem
Zorn, / wir beenden unsere Jahre wie einen Seuf-
zer.
10 Unser Leben währt siebzig Jahre, / und wenn
es hoch kommt, sind es achtzig.
Das Beste daran ist nur Mühsal und Beschwer, /
rasch geht es vorbei, wir fliegen dahin.
11 Wer kennt die Gewalt deines Zornes / und
fürchtet sich vor deinem Grimm?
12 Unsre Tage zu zählen, lehre uns! / Dann ge-
winnen wir ein weises Herz.
13 Herr, wende dich uns doch endlich zu! / Hab
Mitleid mit deinen Knechten!
14 Sättige uns am Morgen mit deiner Huld! / Dann
wollen wir jubeln und uns freuen all unsre Tage.
15 Erfreue uns so viele Tage, wie du uns gebeugt
hast, / so viele Jahre, wie wir Unglück erlitten.
16 Zeig deinen Knechten deine Taten / und ihren
Kindern deine erhabene Macht!
17 Es komme über uns die Güte des Herrn, uns-
res Gottes. / Laß das Werk unsrer Hände gedei-
hen, / ja, laß gedeihen das Werk unsrer Hände!

Unter dem Schutz des Höchsten

91 Wer im Schutz des Höchsten wohnt /
und ruht im Schatten des Allmächtigen,
2 der sagt zum Herrn: »Du bist für mich Zuflucht
und Burg, / mein Gott, dem ich vertraue.«
3 Er rettet dich aus der Schlinge des Jägers / und
aus allem Verderben.
4 Er beschirmt dich mit seinen Flügeln, / unter
seinen Schwingen findest du Zuflucht, / Schild
und Schutz ist dir seine Treue.
5 Du brauchst dich vor dem Schrecken der Nacht
nicht zu fürchten, / noch vor dem Pfeil, der am
Tag dahinfliegt,
6 nicht vor der Pest, die im Finstern schleicht, /
vor der Seuche, die wütet am Mittag.
7 Fallen auch tausend zu deiner Seite, / dir zur
Rechten zehnmal tausend, / so wird es doch dich
nicht treffen.
8 Ja, du wirst es sehen mit eigenen Augen, / wirst
zuschauen, wie den Frevlern vergolten wird.
9 Denn der Herr ist deine Zuflucht, / du hast dir
den Höchsten als Schutz erwählt.
10 Dir begegnet kein Unheil, / kein Unglück naht
deinem Zelt.
11 Denn er befiehlt seinen Engeln, / dich zu be-
hüten auf all deinen Wegen.
12 Sie tragen dich auf ihren Händen, / damit dein
Fuß nicht an einen Stein stößt;
13 du schreitest über Löwen und Nattern, / trittst
auf Löwen und Drachen.
14 »Weil er an mir hängt, will ich ihn retten; / ich
will ihn schützen, denn er kennt meinen Namen.
15 Wenn er mich anruft, dann will ich ihn er-
hören. / Ich bin bei ihm in der Not, / befreie ihn
und bringe ihn zu Ehren.
16 Ich sättige ihn mit langem Leben / und lasse
ihn schauen mein Heil.«

Ein Loblied auf die Treue Gottes

92 [Ein Psalm. Ein Lied für den Sabbattag.]
2 Wie schön ist es, dem Herrn zu dan-
ken, / deinem Namen, du Höchster, zu singen,
3 am Morgen deine Huld zu verkünden / und in
den Nächten deine Treue
4 zur zehnsaitigen Laute, zur Harfe, / zum Klang
der Zither.
5 Denn du hast mich durch deine Taten froh ge-
macht; / Herr, ich will jubeln über die Werke dei-
ner Hände.
6 Wie groß sind deine Werke, o Herr, / wie tief
deine Gedanken!
7 Ein Mensch ohne Einsicht erkennt das nicht, /
ein Tor kann es nicht verstehen.
8 Wenn auch die Frevler gedeihen / und alle, die
Unrecht tun, wachsen, / so nur, damit du sie für
immer vernichtest.
9 Herr, du bist der Höchste, / du bleibst auf ewig.
10 Doch deine Feinde, Herr, wahrhaftig, deine
Feinde vergehen; / auseinandergetrieben wer-
den alle, die Unrecht tun.
11 Du machtest mich stark wie einen Stier, / du
salbtest mich mit frischem Öl.
12 Mein Auge blickt herab auf meine Verfolger, /
auf alle, die sich gegen mich erheben; / mein Ohr
hört vom Geschick der Bösen.

13 Der Gerechte gedeiht wie die Palme, / er
wächst wie die Zedern des Libanon.
14 Gepflanzt im Haus des Herrn, / gedeihen sie in
den Vorhöfen unseres Gottes.
15 Sie tragen Frucht noch im Alter / und bleiben
voll Saft und Frische;
16 sie verkünden: Gerecht ist der Herr; / mein
Fels ist er, an ihm ist kein Unrecht.

Das Königtum Gottes

93 Der Herr ist König, bekleidet mit Hoheit; / der Herr hat sich bekleidet und
mit Macht umgürtet.
Der Erdkreis ist fest gegründet, / nie wird er
wanken.
2 Dein Thron steht fest von Anbeginn, / du bist
seit Ewigkeit.
3 Fluten erheben sich, Herr, / Fluten erheben ihr
Brausen, / Fluten erheben ihr Tosen.
4 Gewaltiger als das Tosen vieler Wasser, / gewaltiger als die Brandung des Meeres / ist der
Herr in der Höhe.
5 Deine Gesetze sind fest und verläßlich; /
Herr, deinem Haus gebührt Heiligkeit / für alle
Zeiten.

Gott, der Anwalt der Gerechten

94 Gott der Vergeltung, o Herr, / du Gott der
Vergeltung, erscheine!
2 Erhebe dich, Richter der Erde, / vergilt den Stolzen ihr Tun!
3 Wie lange noch dürfen die Frevler, o Herr, /
wie lange noch dürfen die Frevler frohlocken?
4 Sie führen freche Reden, / alle, die Unrecht tun,
brüsten sich.
5 Herr, sie zertreten dein Volk, / sie unterdrücken dein Erbteil.
6 Sie bringen die Witwen und Waisen um / und
morden die Fremden.
7 Sie denken: Der Herr sieht es ja nicht, / der
Gott Jakobs merkt es nicht.
8 Begreift doch, ihr Toren im Volk! / Ihr Unvernünftigen, wann werdet ihr klug?
9 Sollte der nicht hören, der das Ohr gepflanzt
hat, / sollte der nicht sehen, der das Auge geformt
hat?
10 Sollte der nicht strafen, der die Völker erzieht, / er, der die Menschen Erkenntnis lehrt?
11 Der Herr kennt die Gedanken der Menschen: /
Sie sind nichts als ein Hauch.
12 Wohl dem Mann, den du, Herr, erziehst, / den
du mit deiner Weisung belehrst.
13 Du bewahrst ihn vor bösen Tagen, / bis man
dem Frevler die Grube gräbt.
14 Ja, der Herr wird sein Volk nicht verstoßen /
und niemals sein Erbe verlassen.
15 Nun spricht man wieder Recht nach Gerechtigkeit; / ihr folgen alle Menschen mit redlichem
Herzen.
16 Wer wird sich für mich gegen die Frevler erheben, / wer steht für mich ein gegen den, der Unrecht tut?
17 Wäre nicht der Herr meine Hilfe, / bald würde
ich im Land des Schweigens wohnen.
18 Wenn ich sage: »Mein Fuß gleitet aus«, / dann
stützt mich, Herr, deine Huld.
19 Mehren sich die Sorgen des Herzens, / so erquickt dein Trost meine Seele.
20 Kann sich mit dir der bestechliche Richter verbünden, / der willkürlich straft, gegen das Gesetz?
21 Sie wollen das Leben des Gerechten vernichten / und verurteilen schuldlose Menschen.
22 Doch meine Burg ist der Herr, / mein Gott ist
der Fels meiner Zuflucht.
23 Er wird ihnen ihr Unrecht vergelten / und sie
wegen ihrer Bosheit vernichten; / vernichten
wird sie der Herr, unser Gott.

Aufruf zur Treue gegen Gott

95 Kommt, laßt uns jubeln vor dem Herrn /
und zujauchzen dem Fels unsres Heiles!
2 Laßt uns mit Lob seinem Angesicht nahen, /
vor ihm jauchzen mit Liedern!
3 Denn der Herr ist ein großer Gott, / ein großer
König über allen Göttern.
4 In seiner Hand sind die Tiefen der Erde, / sein
sind die Gipfel der Berge.
5 Sein ist das Meer, das er gemacht hat, / das
trockene Land, das seine Hände gebildet.
6 Kommt, laßt uns niederfallen, uns vor ihm verneigen, / laßt uns niederknien vor dem Herrn, unserm Schöpfer!
7 Denn er ist unser Gott, / wir sind das Volk seiner Weide, / die Herde, von seiner Hand geführt.
Ach, würdet ihr doch heute auf seine Stimme
hören! / 8 »Verhärtet euer Herz nicht wie in
Meríba, / wie in der Wüste am Tag von Massa!
9 Dort haben eure Väter mich versucht, / sie haben mich auf die Probe gestellt und hatten doch
mein Tun gesehen.

10 Vierzig Jahre war mir dies Geschlecht zuwi-
der, / und ich sagte: Sie sind ein Volk, dessen Herz
in die Irre geht; / denn meine Wege kennen sie
nicht.
11 Darum habe ich in meinem Zorn geschwo-
ren: / Sie sollen nicht kommen in das Land mei-
ner Ruhe.«

Der Herr, König und Richter aller Welt

96 Singt dem Herrn ein neues Lied, / singt
dem Herrn, alle Länder der Erde!
2 Singt dem Herrn und preist seinen Namen, /
verkündet sein Heil von Tag zu Tag!
3 Erzählt bei den Völkern von seiner Herr-
lichkeit, / bei allen Nationen von seinen Wun-
dern!
4 Denn groß ist der Herr und hoch zu preisen, /
mehr zu fürchten als alle Götter.
5 Alle Götter der Heiden sind nichtig, / der Herr
aber hat den Himmel geschaffen.
6 Hoheit und Pracht sind vor seinem Angesicht, /
Macht und Glanz in seinem Heiligtum.
7 Bringt dar dem Herrn, ihr Stämme der Völker, /
bringt dar dem Herrn Lob und Ehre!
8 Bringt dar dem Herrn die Ehre seines Namens, /
spendet Opfergaben, und tretet ein in sein Heilig-
tum!
9 In heiligem Schmuck werft euch nieder vor
dem Herrn, / erbebt vor ihm, alle Länder der
Erde!
10 Verkündet bei den Völkern: / Der Herr ist Kö-
nig.
Den Erdkreis hat er gegründet, so daß er nicht
wankt. / Er richtet die Nationen so, wie es recht
ist.
11 Der Himmel freue sich, die Erde frohlocke, / es
brause das Meer und alles, was es erfüllt.
12 Es jauchze die Flur und was auf ihr wächst. /
Jubeln sollen alle Bäume des Waldes
13 vor dem Herrn, wenn er kommt, / wenn er
kommt, um die Erde zu richten.
Er richtet den Erdkreis gerecht / und die Natio-
nen nach seiner Treue.

Aufruf zur Freude über den Herrscher der Welt

97 Der Herr ist König. Die Erde frohlocke. /
Freuen sollen sich die vielen Inseln.
2 Rings um ihn her sind Wolken und Dunkel, /
Gerechtigkeit und Recht sind die Stützen seines
Throns.
3 Verzehrendes Feuer läuft vor ihm her / und
frißt seine Gegner ringsum.
4 Seine Blitze erhellen den Erdkreis; / die Erde
sieht es und bebt.
5 Berge schmelzen wie Wachs vor dem Herrn, /
vor dem Antlitz des Herrschers aller Welt.
6 Seine Gerechtigkeit verkünden die Himmel, /
seine Herrlichkeit schauen alle Völker.
7 Alle, die Bildern dienen, werden zuschan-
den, / alle, die sich der Götzen rühmen. / Vor ihm
werfen sich alle Götter nieder.
8 Zion hört es und freut sich, / Judas Töchter ju-
beln, Herr, über deine Gerichte.
9 Denn du, Herr, bist der Höchste über der
ganzen Erde, / hoch erhaben über alle Götter.
10 Ihr, die ihr den Herrn liebt, haßt das Böse! / Er
behütet das Leben seiner Frommen, / er entreißt
sie der Hand der Frevler.
11 Ein Licht erstrahlt den Gerechten / und Freude
den Menschen mit redlichem Herzen.
12 Ihr Gerechten, freut euch am Herrn, / und lobt
seinen heiligen Namen!

Ein neues Lied auf den Richter und Retter

98 [Ein Psalm.]
Singt dem Herrn ein neues Lied; / denn
er hat wunderbare Taten vollbracht.
Er hat mit seiner Rechten geholfen / und mit sei-
nem heiligen Arm.
2 Der Herr hat sein Heil bekannt gemacht / und
sein gerechtes Wirken enthüllt / vor den Augen
der Völker.
3 Er dachte an seine Huld / und an seine Treue
zum Hause Israel.
Alle Enden der Erde / sahen das Heil unsres
Gottes.
4 Jauchzt vor dem Herrn, alle Länder der Erde, /
freut euch, jubelt und singt!
5 Spielt dem Herrn auf der Harfe, / auf der Harfe
zu lautem Gesang!
6 Zum Schall der Trompeten und Hörner /
jauchzt vor dem Herrn, dem König!
7 Es brause das Meer und alles, was es erfüllt, /
der Erdkreis und seine Bewohner.
8 In die Hände klatschen sollen die Ströme, / die
Berge sollen jubeln im Chor
9 vor dem Herrn, wenn er kommt, / um die Erde
zu richten.
Er richtet den Erdkreis gerecht, / die Nationen
so, wie es recht ist.

Der heilige Gott auf dem Zion

99 Der Herr ist König: Es zittern die Völker.
Er thront auf dem Kerubim: Es wankt die
Erde.
2 Groß ist der Herr auf Zion, / über alle Völker er-
haben.
3 Preisen sollen sie deinen großen, majestäti-
schen Namen. / Denn er ist heilig.
4 Stark ist der König, er liebt das Recht. / Du hast
die Weltordnung fest begründet, / hast Recht und
Gerechtigkeit in Jakob geschaffen.
5 Rühmt den Herrn, unseren Gott; / werft euch
am Schemel seiner Füße nieder! / Denn er ist hei-
lig.
6 Mose und Aaron sind unter seinen Priestern, /
Samuel unter denen, die seinen Namen anru-
fen; / sie riefen zum Herrn, und er hat sie er-
hört.
7 Aus der Wolkensäule sprach er zu ihnen; /
seine Gebote hielten sie, / die Satzung, die er ih-
nen gab.
8 Herr, unser Gott, du hast sie erhört; / du warst
ihnen ein verzeihender Gott, / aber du hast ihre
Frevel vergolten.
9 Rühmt den Herrn, unsern Gott, / werft euch
nieder an seinem heiligen Berge! / Denn heilig ist
der Herr, unser Gott.

Lobgesang des Volkes beim Einzug ins Heiligtum

100 [Ein Psalm zum Dankopfer.]
Jauchzt vor dem Herrn, alle Länder der
Erde! / 2 Dient dem Herrn mit Freude! / Kommt
vor sein Antlitz mit Jubel!
3 Erkennt: Der Herr allein ist Gott. / Er hat uns
geschaffen, wir sind sein Eigentum, / sein Volk
und die Herde seiner Weide.
4 Tretet mit Dank durch seine Tore ein! / Kommt
mit Lobgesang in die Vorhöfe seines Tempels! /
Dankt ihm, preist seinen Namen!
5 Denn der Herr ist gütig, / ewig währt seine
Huld, / von Geschlecht zu Geschlecht seine
Treue.

Die Vorsätze eines Königs

101 [Ein Psalm Davids.]
Von Gnade und Recht will ich sin-
gen; / dir, o Herr, will ich spielen.
2 Ich will auf den Weg der Bewährten achten. /
Wann kommst du zu mir? / Ich lebe in der Stille
meines Hauses mit lauterem Herzen.
3 Ich richte mein Auge nicht auf Schändliches; /
ich hasse es, Unrecht zu tun, es soll nicht an mir
haften.
4 Falschheit sei meinem Herzen fern; / ich will
das Böse nicht kennen.
5 Wer den Nächsten heimlich verleumdet, / den
bring' ich zum Schweigen.
Stolze Augen und hochmütige Herzen / kann
ich nicht ertragen.
6 Meine Augen suchen die Treuen im Land; / sie
sollen bei mir wohnen. / Wer auf rechten Wegen
geht, der darf mir dienen.
7 In meinem Haus soll kein Betrüger wohnen; /
kein Lügner kann vor meinen Augen bestehen.
8 Morgen für Morgen spreche ich das Urteil /
über die Frevler im Land, / um in der Stadt des
Herrn alle auszurotten, / die Unrecht tun.

Das Gebet eines Unglücklichen

102 [Gebet eines Unglücklichen, wenn er
in Verzweiflung ist und vor dem Herrn
seine Sorge ausschüttet.]
2 Herr, höre mein Gebet! / Mein Schreien dringe
zu dir.
3 Verbirg dein Antlitz nicht vor mir! / Wenn ich
in Not bin, wende dein Ohr mir zu! / Wenn ich
dich anrufe, erhöre mich bald!
4 Meine Tage sind wie Rauch geschwunden, /
meine Glieder wie von Feuer verbrannt.
5 Versengt wie Gras und verdorrt ist mein Herz, /
so daß ich vergessen habe, mein Brot zu essen.
6 Vor lauter Stöhnen und Schreien / bin ich nur
noch Haut und Knochen.
7 Ich bin wie eine Dohle in der Wüste, / wie eine
Eule in öden Ruinen.
8 Ich liege wach, und ich klage / wie ein einsa-
mer Vogel auf dem Dach.
9 Den ganzen Tag schmähen mich die Feinde; /
die mich verhöhnen, nennen meinen Namen
beim Fluchen.
10 Staub muß ich essen wie Brot, / mit Tränen mi-
sche ich meinen Trank;
11 denn auf mir lasten dein Zorn und dein
Grimm. / Du hast mich hochgerissen und zu
Boden geschleudert.
12 Meine Tage schwinden dahin wie Schatten, /
ich verdorre wie Gras.
13 Du aber, Herr, du thronst für immer und
ewig, / dein Name dauert von Geschlecht zu
Geschlecht.

14 Du wirst dich erheben, dich über Zion erbar-
men; / denn es ist Zeit, ihm gnädig zu sein, die
Stunde ist da.
15 An Zions Steinen hängt das Herz deiner
Knechte, / um seine Trümmer tragen sie Leid.
16 Dann fürchten die Völker den Namen des
Herrn / und alle Könige der Erde deine Herrlich-
keit.
17 Denn der Herr baut Zion wieder auf / und er-
scheint in all seiner Herrlichkeit.
18 Er wendet sich dem Gebet der Verlassenen
zu, / ihre Bitten verschmäht er nicht.
19 Dies sei aufgeschrieben für das kommende Ge-
schlecht, / damit das Volk, das noch erschaffen
wird, / den Herrn lobpreise.
20 Denn der Herr schaut herab aus heiliger
Höhe, / vom Himmel blickt er auf die Erde nieder;
21 er will auf das Seufzen der Gefangenen hö-
ren / und alle befreien, die dem Tod geweiht sind,
22 damit sie den Namen des Herrn auf dem Zion
verkünden / und sein Lob in Jerusalem,
23 wenn sich dort Königreiche und Völker ver-
sammeln, / um den Herrn zu verehren.
24 Er hat meine Kraft auf dem Weg gebrochen, /
er hat meine Tage verkürzt.
25 Darum sage ich: Raff mich nicht weg in der
Mitte des Lebens, / mein Gott, dessen Jahre Ge-
schlecht um Geschlecht überdauern!
26 Vorzeiten hast du der Erde Grund gelegt, / die
Himmel sind das Werk deiner Hände.
27 Sie werden vergehen, du aber bleibst; / sie alle
zerfallen wie ein Gewand;
du wechselst sie wie ein Kleid, / und sie
schwinden dahin.
28 Du aber bleibst, der du bist, / und deine Jahre
enden nie.
29 Die Kinder deiner Knechte werden (in Sicher-
heit) wohnen, / ihre Nachkommen vor deinem
Antlitz bestehen.

Ein Loblied auf den gütigen und verzeihenden Gott

103 [Von David.]
Lobe den Herrn, meine Seele, / und al-
les in mir seinen heiligen Namen!
2 Lobe den Herrn, meine Seele, / und vergiß
nicht, was er dir Gutes getan hat:
3 der dir all deine Schuld vergibt / und all deine
Gebrechen heilt,
4 der dein Leben vor dem Untergang rettet / und
dich mit Huld und Erbarmen krönt,
5 der dich dein Leben lang mit seinen Gaben sät-
tigt; / wie dem Adler wird dir die Jugend erneu-
ert.
6 Der Herr vollbringt Taten des Heiles, / Recht
verschafft er allen Bedrängten.
7 Er hat Mose seine Wege kundgetan, / den Kin-
dern Israels seine Werke.
8 Der Herr ist barmherzig und gnädig, / lang-
mütig und reich an Güte.
9 Er wird nicht immer zürnen, / nicht ewig im
Groll verharren.
10 Er handelt an uns nicht nach unsern Sünden /
und vergilt uns nicht nach unsrer Schuld.
11 Denn so hoch der Himmel über der Erde ist, / so
hoch ist seine Huld über denen, die ihn fürchten.
12 So weit der Aufgang entfernt ist vom Unter-
gang, / so weit entfernt er die Schuld von uns.
13 Wie ein Vater sich seiner Kinder erbarmt, / so
erbarmt sich der Herr über alle, die ihn fürchten.
14 Denn er weiß, was wir für Gebilde sind; / er
denkt daran: Wir sind nur Staub.
15 Des Menschen Tage sind wie Gras, / er blüht
wie die Blume des Feldes.
16 Fährt der Wind darüber, ist sie dahin; / der Ort,
wo sie stand, weiß von ihr nichts mehr.
17 Doch die Huld des Herrn währt immer und
ewig / für alle, die ihn fürchten und ehren;
sein Heil erfahren noch Kinder und Enkel; /
18 alle, die seinen Bund bewahren, / an seine Ge-
bote denken und danach handeln.
19 Der Herr hat seinen Thron errichtet im Him-
mel, / seine königliche Macht beherrscht das All.
20 Lobt den Herrn, ihr seine Engel, / ihr starken
Helden, die seine Befehle vollstrecken, / seinen
Worten gehorsam!
21 Lobt den Herrn, all seine Scharen, / seine Die-
ner, die seinen Willen vollziehen!
22 Lobt den Herrn, all seine Werke, / an jedem
Ort seiner Herrschaft! / Lobe den Herrn, meine
Seele!

Ein Loblied auf den Schöpfer

104 Lobe den Herrn, meine Seele! /
Herr, mein Gott, wie groß bist du! / Du
bist mit Hoheit und Pracht bekleidet.
2 Du hüllst dich in Licht wie in ein Kleid, / du
spannst den Himmel aus wie ein Zelt.
3 Du verankerst die Balken deiner Wohnung im
Wasser. / Du nimmst dir die Wolken zum Wagen, /
du fährst einher auf den Flügeln des Sturmes.

4 Du machst dir die Winde zu Boten / und lo-
dernde Feuer zu deinen Dienern.
5 Du hast die Erde auf Pfeiler gegründet; / in alle
Ewigkeit wird sie nicht wanken.
6 Einst hat die Urflut sie bedeckt wie ein Kleid, /
die Wasser standen über den Bergen.
7 Sie wichen vor deinem Drohen zurück, / sie
flohen vor der Stimme deines Donners.
8 Da erhoben sich Berge und senkten sich Tä-
ler / an den Ort, den du für sie bestimmt hast.
9 Du hast den Wassern eine Grenze gesetzt, / die
dürfen sie nicht überschreiten; / nie wieder sol-
len sie die Erde bedecken.
10 Du läßt die Quellen hervorsprudeln in den
Tälern, / sie eilen zwischen den Bergen dahin.
11 Allen Tieren des Feldes spenden sie Trank, /
die Wildesel stillen ihren Durst daraus.
12 An den Ufern wohnen die Vögel des Him-
mels, / aus den Zweigen erklingt ihr Gesang.
13 Du tränkst die Berge aus deinen Kammern, /
aus deinen Wolken wird die Erde satt.
14 Du läßt Gras wachsen für das Vieh, / auch
Pflanzen für den Menschen, die er anbaut,
damit er Brot gewinnt von der Erde / 15 und
Wein, der das Herz des Menschen erfreut,
damit sein Gesicht von Öl erglänzt / und Brot
das Menschenherz stärkt.
16 Die Bäume des Herrn trinken sich satt, / die
Zedern des Libanon, die er gepflanzt hat.
17 In ihnen bauen die Vögel ihr Nest, / auf den
Zypressen nistet der Storch.
18 Die hohen Berge gehören dem Steinbock, /
dem Klippdachs bieten die Felsen Zuflucht.
19 Du hast den Mond gemacht als Maß für die
Zeiten, / die Sonne weiß, wann sie untergeht.
20 Du sendest Finsternis, und es wird Nacht, /
dann regen sich alle Tiere des Waldes.
21 Die jungen Löwen brüllen nach Beute, / sie
verlangen von Gott ihre Nahrung.
22 Strahlt die Sonne dann auf, so schleichen sie
heim / und lagern sich in ihren Verstecken.
23 Nun geht der Mensch hinaus an sein Tag-
werk, / an seine Arbeit bis zum Abend.
24 Herr, wie zahlreich sind deine Werke! / Mit
Weisheit hast du sie alle gemacht, / die Erde ist
voll von deinen Geschöpfen.
25 Da ist das Meer, so groß und weit, / darin
ein Gewimmel ohne Zahl: kleine und große Tiere.
26 Dort ziehen die Schiffe dahin, / auch der Levía-
tan, den du geformt hast, / um mit ihm zu spielen.
27 Sie alle warten auf dich, / daß du ihnen Speise
gibst zur rechten Zeit.
28 Gibst du ihnen, dann sammeln sie ein; / öff-
nest du deine Hand, werden sie satt an Gutem.
29 Verbirgst du dein Gesicht, sind sie verstört; /
nimmst du ihnen den Atem, so schwinden sie
hin / und kehren zurück zum Staub der Erde.
30 Sendest du deinen Geist aus, so werden sie
alle erschaffen, / und du erneuerst das Antlitz der
Erde.
31 Ewig währe die Herrlichkeit des Herrn; / der
Herr freue sich seiner Werke.
32 Er blickt auf die Erde, und sie erbebt; / er rührt
die Berge an, und sie rauchen.
33 Ich will dem Herrn singen, solange ich lebe, /
will meinem Gott spielen, solange ich da bin.
34 Möge ihm mein Dichten gefallen. / Ich will
mich freuen am Herrn.
35 Doch die Sünder sollen von der Erde ver-
schwinden, / und es sollen keine Frevler mehr da-
sein. / Lobe den Herrn, meine Seele! / Halleluja!

Ein Loblied auf den Herrn der Geschichte

105 Dankt dem Herrn! Ruft seinen Namen
an! / Macht unter den Völkern seine
Taten bekannt!
2 Singt ihm und spielt ihm, / sinnt nach über all
seine Wunder!
3 Rühmt euch seines heiligen Namens! / Alle,
die den Herrn suchen, / sollen sich von Herzen
freuen.
4 Fragt nach dem Herrn und seiner Macht; /
sucht sein Antlitz allezeit!
5 Denkt an die Wunder, die er getan hat, / an
seine Zeichen und die Beschlüsse aus seinem
Mund.
6 Bedenkt es, ihr Nachkommen seines Knechtes
Abraham, / ihr Kinder Jakobs, die er erwählt hat.
7 Er, der Herr, ist unser Gott. / Seine Herrschaft
umgreift die Erde.
8 Ewig denkt er an seinen Bund, / an das Wort,
das er gegeben hat für tausend Geschlechter,
9 an den Bund, den er mit Abraham geschlos-
sen, / an den Eid, den er Isaak geschworen hat.
10 Er bestimmte ihn als Satzung für Jakob, / als
ewigen Bund für Israel.
11 Er sprach: Dir will ich Kanaan geben, / das
Land, das dir als Erbe bestimmt ist.
12 Als sie noch gering waren an Zahl, / nur we-
nige und fremd im Land,

13 und noch zogen von Volk zu Volk, / von einem
Reich zum andern,
14 da ließ er sie von niemand bedrücken, / wies
ihretwegen Könige zurecht:
15 »Tastet meine Gesalbten nicht an, / tut meinen
Propheten nichts zuleide!«
16 Dann aber rief er den Hunger ins Land, / ent-
zog ihnen allen Vorrat an Brot.
17 Doch hatte er ihnen einen Mann vorausge-
sandt: / Josef wurde als Sklave verkauft.
18 Man spannte seine Füße in Fesseln / und
zwängte seinen Hals ins Eisen
19 bis zu der Zeit, als sein Wort sich erfüllte / und
der Spruch des Herrn ihm recht gab.
20 Da sandte der König einen Boten und ließ ihn
frei, / der Herrscher der Völker ließ ihn heraus.
21 Er bestellte ihn zum Herrn über sein Haus, /
zum Gebieter über seinen ganzen Besitz.
22 Er sollte die Fürsten lenken nach seinem
Sinn / und die Ältesten Weisheit lehren.
23 Und Israel kam nach Ägypten, / Jakob wurde
Gast im Lande Hams.
24 Da mehrte Gott sein Volk gewaltig, / machte
es stärker als das Volk der Bedrücker.
25 Er wandelte ihren Sinn zum Haß gegen sein
Volk, / so daß sie an seinen Knechten tückisch
handelten.
26 Dann sandte er Mose, seinen Knecht, / und
Aaron, den Gott sich erwählte.
27 Sie wirkten unter ihnen seine Zeichen, / im
Lande Hams seine Wunder.
28 Er sandte Finsternis, da wurde es dunkel; /
doch achteten sie nicht auf sein Wort.
29 Er verwandelte ihre Gewässer in Blut / und
ließ ihre Fische sterben.
30 Ihr Land wimmelte von Fröschen / bis hinein
in den Palast des Königs.
31 Er gebot, da kamen Schwärme von Fliegen /
und von Stechmücken über das ganze Gebiet.
32 Er schickte ihnen Hagel statt Regen, / flam-
mendes Feuer auf ihr Land.
33 Er zerschlug ihnen Weinstock und Feigen-
baum / und knickte in ihrem Gebiet die Bäume
um.
34 Er gebot, da kamen Schwärme von Grillen /
und Wanderheuschrecken in gewaltiger Zahl.
35 Sie fraßen alles Grün in ihrem Land, / sie
fraßen die Frucht ihrer Felder.
36 Er erschlug im Land jede Erstgeburt, / die
ganze Blüte der Jugend.
37 Er führte sein Volk heraus mit Silber und
Gold; / in seinen Stämmen fand sich kein
Schwächling.
38 Bei ihrem Auszug waren die Ägypter froh; /
denn Schrecken vor ihnen hatte sie alle befallen.
39 Eine Wolke breitete er aus, um sie zu decken, /
und Feuer, um die Nacht zu erleuchten.
40 Als sie ihn baten, schickte er Wachteln / und
sättigte sie mit Brot vom Himmel.
41 Er öffnete den Felsen, und Wasser entquoll
ihm, / wie ein Strom floß es dahin in der Wüste.
42 Denn er dachte an sein heiliges Wort / und an
Abraham, seinen Knecht.
43 Er führte sein Volk heraus in Freude, / seine
Erwählten in Jubel.
44 Er gab ihnen die Länder der Völker / und ließ
sie den Besitz der Nationen gewinnen,
45 damit sie seine Satzungen hielten / und seine
Gebote befolgten. / Halleluja!

Gottes Güte – Israels Undank

106 Halleluja!
Danket dem Herrn; denn er ist gütig, /
denn seine Huld währt ewig.
2 Wer kann die großen Taten des Herrn erzäh-
len, / all seinen Ruhm verkünden?
3 Wohl denen, die das Recht bewahren, / und zu
jeder Zeit tun, was gerecht ist.
4 Denk an mich, Herr, aus Liebe zu deinem
Volk, / such mich auf und bring mir Hilfe!
5 Laß mich das Glück deiner Erwählten
schauen, / an der Freude deines Volkes mich
freuen, / damit ich gemeinsam mit deinem Erbe
mich rühmen kann.
6 Wir haben zusammen mit unsern Vätern ge-
sündigt, / wir haben Unrecht getan und gefrevelt.
7 Unsre Väter in Ägypten begriffen deine Wun-
der nicht, / dachten nicht an deine reiche Huld /
und trotzten dem Höchsten am Schilfmeer.
8 Er aber hat sie gerettet, um seinen Namen zu
ehren / und seine Macht zu bekunden.
9 Er bedrohte das Schilfmeer, da wurde es
trocken; / wie durch eine Steppe führte er sie
durch die Fluten.
10 Er rettete sie aus der Hand derer, die sie haß-
ten, / erlöste sie aus der Gewalt des Feindes.
11 Ihre Bedränger bedeckte das Wasser, / nicht ei-
ner von ihnen blieb übrig.
12 Nun glaubten sie Gottes Worten / und sangen
laut seinen Lobpreis.

13 Doch sie vergaßen schnell seine Taten, / woll-
ten auf seinen Ratschluß nicht warten.
14 Sie wurden in der Wüste begehrlich / und ver-
suchten Gott in der Öde.
15 Er gab ihnen, was sie von ihm verlangten; /
dann aber erfaßte sie Ekel und Überdruß.
16 Sie wurden im Lager eifersüchtig auf Mose /
und auf Aaron, den Heiligen des Herrn.
17 Die Erde tat sich auf, sie verschlang den Da-
tan / und bedeckte die Rotte Abírams.
18 Feuer verbrannte die Rotte, / Flammen ver-
zehrten die Frevler.
19 Sie machten am Horeb ein Kalb / und warfen
sich vor dem Gußbild nieder.
20 Die Herrlichkeit Gottes tauschten sie ein / ge-
gen das Bild eines Stieres, der Gras frißt.
21 Sie vergaßen Gott, ihren Retter, / der einst in
Ägypten Großes vollbrachte,
22 Wunder im Lande Hams, / furchterregende Ta-
ten am Schilfmeer.
23 Da faßte er einen Plan, und er hätte sie ver-
nichtet, / wäre nicht Mose, sein Erwählter, für sie
in die Bresche gesprungen, / so daß Gott sie im
Zorn nicht vertilgte.
24 Sie verschmähten das köstliche Land; / sie
glaubten seinen Verheißungen nicht.
25 In ihren Zelten murrten sie, / hörten nicht auf
die Stimme des Herrn.
26 Da erhob er gegen sie die Hand, / um sie nie-
derzustrecken noch in der Wüste,
27 ihre Nachkommen unter die Völker zu zer-
streuen, / sie in alle Welt zu versprengen.
28 Sie hängten sich an den Báal-Pegór / und aßen
die Opfer der toten Götzen.
29 Sie erbitterten Gott mit ihren schändlichen Ta-
ten, / bis über sie eine schwere Plage kam.
30 Pinhas trat auf und hielt Gericht; / so wurde
die Plage abgewandt.
31 Das rechnete Gott ihm als Gerechtigkeit an, /
ihm und seinem Geschlecht für immer und ewig.
32 An den Wassern von Meríba reizten sie Gottes
Zorn, / ihretwegen erging es Mose übel.
33 Denn sie hatten seinen Geist erbittert, / sein
Mund redete unbedacht.
34 Sie rotteten die Völker nicht aus, / wie ihnen
der Herr einst befahl.
35 Sie vermischten sich mit den Heiden / und
lernten von ihren Taten.
36 Sie dienten ihren Götzen; / die wurden ihnen
zur Falle.
37 Sie brachten ihre Söhne und Töchter dar / als
Opfer für die Dämonen.
38 Sie vergossen schuldloses Blut, / das Blut ihrer
Söhne und Töchter,
die sie den Götzen Kanaans opferten; / so
wurde das Land durch Blutschuld entweiht.
39 Sie wurden durch ihre Taten unrein / und bra-
chen Gott mit ihrem Tun die Treue.
40 Der Zorn des Herrn entbrannte gegen
sein Volk, / er empfand Abscheu gegen sein
Erbe.
41 Er gab sie in die Hand der Völker, / und die sie
haßten, beherrschten sie.
42 Ihre Feinde bedrängten sie, / unter ihre Hand
mußten sie sich beugen.
43 Oft hat er sie befreit; / sie aber trotzten seinem
Beschluß / und versanken in ihrer Schuld.
44 Doch als er ihr Flehen hörte, / sah er auf ihre
Not
45 und dachte ihnen zuliebe an seinen Bund; / er
hatte Mitleid in seiner großen Gnade.
46 Bei denen, die sie verschleppten, / ließ er sie
Erbarmen erfahren.
47 Hilf uns, Herr, unser Gott, / führe uns aus den
Völkern zusammen!
Wir wollen deinen heiligen Namen preisen, /
uns rühmen, weil wir dich loben dürfen.
48 Gepriesen sei der Herr, der Gott Israels, / vom
Anfang bis ans Ende der Zeiten. / Alles Volk soll
sprechen: Amen. / Halleluja!

Das fünfte Buch

Ein Danklied der Erlösten

107 Danket dem Herrn, denn er ist gütig, /
denn seine Huld wạhrt ewig.
2 So sollen alle sprechen, die vom Herrn erlöst
sind, / die er von den Feinden befreit hat.
3 Denn er hat sie aus den Ländern gesammelt, /
vom Aufgang und Niedergang, vom Norden und
Süden.
4 Sie, die umherirrten in der Wüste, im Ödland, /
und den Weg zur wohnlichen Stadt nicht fanden,

5 die Hunger litten und Durst, / denen das Leben dahinschwand,

6 die dann in ihrer Bedrängnis schrien zum Herrn, / die er ihren Ängsten entriß

7 und die er führte auf geraden Wegen, / so daß sie zur wohnlichen Stadt gelangten:

8 sie alle sollen dem Herrn danken für seine Huld, / für sein wunderbares Tun an den Menschen,

9 weil er die lechzende Seele gesättigt, / die hungernde Seele mit seinen Gaben erfüllt hat.

10 Sie, die saßen in Dunkel und Finsternis, / gefangen in Elend und Eisen,

11 die den Worten Gottes getrotzt / und verachtet hatten den Ratschluß des Höchsten,

12 deren Herz er durch Mühsal beugte, / die stürzten und denen niemand beistand,

13 die dann in ihrer Bedrängnis schrien zum Herrn, / die er ihren Ängsten entriß,

14 die er herausführte aus Dunkel und Finsternis / und deren Fesseln er zerbrach:

15 sie alle sollen dem Herrn danken für seine Huld, / für sein wunderbares Tun an den Menschen,

16 weil er die ehernen Tore zerbrochen, / die eisernen Riegel zerschlagen hat.

17 Sie, die dahinsiechten in ihrem sündhaften Treiben, / niedergebeugt wegen ihrer schweren Vergehen,

18 denen vor jeder Speise ekelte, / die nahe waren den Pforten des Todes,

19 die dann in ihrer Bedrängnis schrien zum Herrn, / die er ihren Ängsten entriß,

20 denen er sein Wort sandte, die er heilte / und vom Verderben befreite:

21 sie alle sollen dem Herrn danken für seine Huld, / für sein wunderbares Tun an den Menschen.

22 Sie sollen ihm Dankopfer weihen, / mit Jubel seine Taten verkünden.

23 Sie, die mit Schiffen das Meer befuhren / und Handel trieben auf den großen Wassern,

24 die dort die Werke des Herrn bestaunten, / seine Wunder in der Tiefe des Meeres

25 – Gott gebot und ließ den Sturmwind aufstehn, / der hoch die Wogen türmte –,

26 die zum Himmel emporstiegen / und hinabfuhren in die tiefste Tiefe, / so daß ihre Seele in der Not verzagte,

27 die wie Trunkene wankten und schwankten, / am Ende waren mit all ihrer Weisheit,

28 die dann in ihrer Bedrängnis schrien zum Herrn, / die er ihren Ängsten entriß

29 – er machte aus dem Sturm ein Säuseln, / so daß die Wogen des Meeres schwiegen –,

30 die sich freuten, daß die Wogen sich legten / und er sie zum ersehnten Hafen führte:

31 sie alle sollen dem Herrn danken für seine Huld, / für sein wunderbares Tun an den Menschen.

32 Sie sollen ihn in der Gemeinde des Volkes rühmen, / ihn loben im Kreis der Alten.

33 Er machte Ströme zur dürren Wüste, / Oasen zum dürstenden Ödland,

34 fruchtbares Land zur salzigen Steppe; / denn seine Bewohner waren böse.

35 Er machte die Wüste zum Wasserteich, / verdorrtes Land zu Oasen.

36 Dort siedelte er Hungernde an, / sie gründeten wohnliche Städte.

37 Sie bestellten Felder, pflanzten Reben / und erzielten reiche Ernten.

38 Er segnete sie, so daß sie sich gewaltig vermehrten, / gab ihnen große Mengen an Vieh.

39 Dann aber wurden sie geringer an Zahl, / gebeugt unter der Last von Leid und Kummer.

40 Er goß über die Edlen Verachtung aus, / ließ sie umherirren in wegloser Wüste.

41 Die Armen hob er aus dem Elend empor / und vermehrte ihre Sippen, einer Herde gleich.

42 Die Redlichen sehn es und freuen sich, / doch alle bösen Menschen verstummen.

43 Wer ist weise und beachtet das alles, / wer begreift die reiche Huld des Herrn?

Gott, Hilfe und Schutz seines Volkes

108 [Ein Lied. Ein Psalm Davids.]
2 Mein Herz ist bereit, o Gott, / mein Herz ist bereit, / ich will dir singen und spielen.
Wach auf, meine Seele! / 3 Wacht auf, Harfe und
Saitenspiel! / Ich will das Morgenrot wecken.

4 Ich will dich vor den Völkern preisen, Herr, / dir vor den Nationen lobsingen.

5 Denn deine Güte reicht, so weit der Himmel ist, / deine Treue, so weit die Wolken ziehn.

6 Erheb dich über die Himmel, o Gott! / Deine Herrlichkeit erscheine über der ganzen Erde.

7 Hilf mit deiner Rechten, erhöre uns, / damit die gerettet werden, die du so sehr liebst.

8 Gott hat in seinem Heiligtum gesprochen: /
»Ich will triumphieren, will Sichem verteilen /
und das Tal von Sukkot vermessen.
9 Mein ist Gilead, mein auch Manasse, / Efraim
ist der Helm auf meinem Haupt, / Juda mein Herr-
scherstab.
10 Doch Moab ist mein Waschbecken, / auf Edom
werfe ich meinen Schuh, / ich triumphiere über
das Land der Philister.«
11 Wer führt mich hin zu der befestigten Stadt, /
wer wird mich nach Edom geleiten?
12 Gott, hast denn du uns verworfen? / Du ziehst
ja nicht aus, o Gott, mit unsern Heeren.
13 Bring uns doch Hilfe im Kampf mit dem Feind! /
Denn die Hilfe von Menschen ist nutzlos.
14 Mit Gott werden wir Großes vollbringen; / er
selbst wird unsere Feinde zertreten.

Bitte um Hilfe gegen erbarmungslose Feinde

109 [Für den Chormeister. Ein Psalm Da-
vids.]
Gott, den ich lobe, schweig doch nicht! 2 Denn
ein Mund voll Frevel, ein Lügenmaul hat sich ge-
gen mich aufgetan. / Sie reden zu mir mit falscher
Zunge, / 3 umgeben mich mit Worten voll Haß /
und bekämpfen mich ohne Grund.
4 Sie befeinden mich, während ich für sie bete,
5 sie vergelten mir Gutes mit Bösem, / mit Haß
meine Liebe.
6 Sein Frevel stehe gegen ihn auf als Zeuge, / ein
Ankläger trete an seine Seite.
7 Aus dem Gericht gehe er verurteilt hervor, /
selbst sein Gebet werde zur Sünde.
8 Nur gering sei die Zahl seiner Tage, / sein Amt
soll ein andrer erhalten.
9 Seine Kinder sollen zu Waisen werden / und
seine Frau zur Witwe.
10 Unstet sollen seine Kinder umherziehen und
betteln, / aus den Trümmern ihres Hauses ver-
trieben.
11 Sein Gläubiger reiße all seinen Besitz an sich, /
Fremde sollen plündern, was er erworben hat.
12 Niemand sei da, der ihm die Gunst bewahrt, /
keiner, der sich der Waisen erbarmt.
13 Seine Nachkommen soll man vernichten, / im
nächsten Geschlecht schon erlösche sein Name.
14 Der Herr denke an die Schuld seiner Väter, /
ungetilgt bleibe die Sünde seiner Mutter.
15 Ihre Schuld stehe dem Herrn allzeit vor Au-
gen, / ihr Andenken lösche er aus auf Erden.
16 Denn dieser Mensch dachte nie daran, Gnade
zu üben; / er verfolgte den Gebeugten und Ar-
men / und wollte den Verzagten töten.
17 Er liebte den Fluch – der komme über ihn; / er
verschmähte den Segen – der bleibe ihm fern.
18 Er zog den Fluch an wie ein Gewand; / der
dringe wie Wasser in seinen Leib, / wie Öl in
seine Glieder.
19 Er werde für ihn wie das Kleid, in das er sich
hüllt, / wie der Gürtel, der ihn allzeit umschließt.
20 So lohne der Herr es denen, die mich verkla-
gen, / und denen, die Böses gegen mich reden.
21 Du aber, Herr und Gebieter, / handle an mir,
wie es deinem Namen entspricht, / reiß mich
heraus in deiner gütigen Huld!
22 Denn ich bin arm und gebeugt, / mir bebt das
Herz in der Brust.
23 Wie ein flüchtiger Schatten schwinde ich da-
hin; / sie schütteln mich wie eine Heuschrecke
ab.
24 Mir wanken die Knie vom Fasten, / mein Leib
nimmt ab und wird mager.
25 Ich wurde für sie zum Spott und zum Hohn, /
sie schütteln den Kopf, wenn sie mich sehen.
26 Hilf mir, Herr, mein Gott, / in deiner Huld er-
rette mich!
27 Sie sollen erkennen, daß deine Hand dies voll-
bracht hat, / daß du, o Herr, es getan hast.
28 Mögen sie fluchen – du wirst segnen. / Meine
Gegner sollen scheitern, dein Knecht aber darf
sich freuen.
29 Meine Ankläger sollen sich bedecken mit
Schmach, / wie in einen Mantel sich in Schande
hüllen.
30 Ich will den Herrn preisen mit lauter Stim-
me, / in der Menge ihn loben.
31 Denn er steht dem Armen zur Seite, / um ihn
vor falschen Richtern zu retten.

Die Einsetzung des priesterlichen Königs auf dem Zion

110 [Ein Psalm Davids.]
So spricht der Herr zu meinem
Herrn: / Setze dich mir zur Rechten, / und ich
lege dir deine Feinde
als Schemel unter die Füße.
2 Vom Zion strecke der Herr das Zepter deiner
Macht aus: / »Herrsche inmitten deiner Feinde!«
3 Dein ist die Herrschaft am Tage deiner Macht, /
(wenn du erscheinst) in heiligem Schmuck;

ich habe dich gezeugt noch vor dem Morgen-
stern, / wie den Tau in der Frühe.
4 Der Herr hat geschworen, und nie wird's ihn
reuen: / »Du bist Priester auf ewig nach der Ord-
nung Melchisedeks.«
5 Der Herr steht dir zur Seite; / er zerschmettert
Könige am Tage seines Zornes.
6 Er hält Gericht unter den Völkern, er häuft die
Toten, / die Häupter zerschmettert er weithin auf
Erden.
7 Er trinkt aus dem Bach am Weg; / so kann er
(von neuem) das Haupt erheben.

Ein Preislied auf die Wundertaten des Herrn

111 Halleluja!
Den Herrn will ich preisen von ganzem
Herzen / im Kreis der Frommen, inmitten der Ge-
meinde.
2 Groß sind die Werke des Herrn, / kostbar allen,
die sich an ihnen freuen.
3 Er waltet in Hoheit und Pracht, / seine Ge-
rechtigkeit hat Bestand für immer.
4 Er hat ein Gedächtnis an seine Wunder gestif-
tet, / der Herr ist gnädig und barmherzig.
5 Er gibt denen Speise, die ihn fürchten, / an sei-
nen Bund denkt er auf ewig.
6 Er hat seinem Volk seine machtvollen Taten
kundgetan, / um ihm das Erbe der Völker zu ge-
ben.
7 Die Werke seiner Hände sind gerecht und be-
ständig, / all seine Gebote sind verläßlich.
8 Sie stehen fest für immer und ewig, / geschaf-
fen in Treue und Redlichkeit.
9 Er gewährte seinem Volk Erlösung / und be-
stimmte seinen Bund für ewige Zeiten. / Furcht-
gebietend ist sein Name und heilig.
10 Die Furcht des Herrn ist der Anfang der Weis-
heit; / alle, die danach leben, sind klug. / Sein
Ruhm hat Bestand für immer.

Der Segen der Gottesfurcht

112 Halleluja!
Wohl dem Mann, der den Herrn fürch-
tet und ehrt / und sich herzlich freut an seinen
Geboten.
2 Seine Nachkommen werden mächtig im
Land, / das Geschlecht der Redlichen wird ge-
segnet.
3 Wohlstand und Reichtum füllen sein Haus, /
sein Heil hat Bestand für immer.
4 Den Redlichen erstrahlt im Finstern ein Licht: /
der Gnädige, Barmherzige und Gerechte.
5 Wohl dem Mann, der gütig und zum Helfen be-
reit ist, / der das Seine ordnet, wie es recht ist.
6 Niemals gerät er ins Wanken; / ewig denkt
man an den Gerechten.
7 Er fürchtet sich nicht vor Verleumdung; / sein
Herz ist fest, er vertraut auf den Herrn.
8 Sein Herz ist getrost, er fürchtet sich nie; / denn
bald wird er herabschauen auf seine Bedränger.
9 Reichlich gibt er den Armen, / sein Heil hat Be-
stand für immer; / er ist mächtig und hoch geehrt.
10 Voll Verdruß sieht es der Frevler, / er knirscht
mit den Zähnen und geht zugrunde. / Zunichte
werden die Wünsche der Frevler.

Ein Loblied auf Gottes Hoheit und Huld

113 Halleluja!
Lobet, ihr Knechte des Herrn, / lobt
den Namen des Herrn!
2 Der Name des Herrn sei gepriesen / von nun
an bis in Ewigkeit.
3 Vom Aufgang der Sonne bis zum Untergang /
sei der Name des Herrn gelobt.
4 Der Herr ist erhaben über alle Völker, / seine
Herrlichkeit überragt die Himmel.
5 Wer gleicht dem Herrn, unserm Gott, / im Him-
mel und auf Erden,
6 ihm, der in der Höhe thront, / der hinabschaut
in die Tiefe,
7 der den Schwachen aus dem Staub emporhebt /
und den Armen erhöht, der im Schmutz liegt?
8 Er gibt ihm einen Sitz bei den Edlen, / bei den
Edlen seines Volkes.
9 Die Frau, die kinderlos war, läßt er im Hause
wohnen; / sie wird Mutter und freut sich an
ihren Kindern. / Halleluja!

Ein Lobpreis auf die Befreiung Israels

114 Als Israel aus Ägypten auszog, / Ja-
kobs Haus aus dem Volk mit fremder
Sprache,
2 da wurde Juda Gottes Heiligtum, / Israel das
Gebiet seiner Herrschaft.
3 Das Meer sah es und floh, / der Jordan wich
zurück.
4 Die Berge hüpften wie Widder, / die Hügel wie
junge Lämmer.
5 Was ist mit dir, Meer, daß du fliehst, / und mit
dir, Jordan, daß du zurückweichst?

6 Ihr Berge, was hüpft ihr wie Widder, / und ihr
Hügel, wie junge Lämmer?
7 Vor dem Herrn erbebe, du Erde, / vor dem Ant-
litz des Gottes Jakobs,
8 der den Fels zur Wasserflut wandelt / und Kie-
selgestein zu quellendem Wasser.

Der Gott Israels und die Götter der anderen Völker

115 Nicht uns, o Herr, bring zu Ehren, /
nicht uns, sondern deinen Namen, /
in deiner Huld und Treue!
2 Warum sollen die Völker sagen: / »Wo ist denn
ihr Gott?«
3 Unser Gott ist im Himmel; / alles, was ihm ge-
fällt, das vollbringt er.
4 Die Götzen der Völker sind nur Silber
und Gold, / ein Machwerk von Menschen-
hand.
5 Sie haben einen Mund und reden nicht, / Au-
gen und sehen nicht;
6 sie haben Ohren und hören nicht, / eine Nase
und riechen nicht;
7 mit ihren Händen können sie nicht greifen, /
mit den Füßen nicht gehen, / sie bringen keinen
Laut hervor aus ihrer Kehle.
8 Die sie gemacht haben, sollen ihrem Mach-
werk gleichen, / alle, die den Götzen vertrauen.
9 Israel, vertrau auf den Herrn! / Er ist für euch
Helfer und Schild.
10 Haus Aaron, vertrau auf den Herrn! / Er ist für
euch Helfer und Schild.
11 Alle, die ihr den Herrn fürchtet, vertraut
auf den Herrn! / Er ist für euch Helfer und
Schild.
12 Der Herr denkt an uns, er wird uns segnen, /
er wird das Haus Israel segnen, / er wird das Haus
Aaron segnen.
13 Der Herr wird alle segnen, die ihn fürchten, /
segnen Kleine und Große.
14 Es mehre euch der Herr, / euch und eure Kin-
der.
15 Seid gesegnet vom Herrn, / der Himmel und
Erde gemacht hat.
16 Der Himmel ist der Himmel des Herrn, / die
Erde aber gab er den Menschen.
17 Tote können den Herrn nicht mehr loben, /
keiner, der ins Schweigen hinabfuhr.
18 Wir aber preisen den Herrn / von nun an bis
in Ewigkeit. / Halleluja!

Der Dank für Rettung aus Todesnot

116 Ich liebe den Herrn; / denn er hat
mein lautes Flehen gehört
2 und sein Ohr mir zugeneigt / an dem Tag, als
ich zu ihm rief.
3 Mich umfingen die Fesseln des Todes, / mich
befielen die Ängste der Unterwelt, / mich trafen
Bedrängnis und Kummer.
4 Da rief ich den Namen des Herrn an: / »Ach
Herr, rette mein Leben!«
5 Der Herr ist gnädig und gerecht, / unser Gott ist
barmherzig.
6 Der Herr behütet die schlichten Herzen; / ich
war in Not, und er brachte mir Hilfe.
7 Komm wieder zur Ruhe, mein Herz! / Denn
der Herr hat dir Gutes getan.
8 Ja, du hast mein Leben dem Tod entrissen, /
meine Tränen (getrocknet), / meinen Fuß (be-
wahrt vor) dem Gleiten.
9 So gehe ich meinen Weg vor dem Herrn / im
Land der Lebenden.

Ein Lied zum Dankopfer

10 Voll Vertrauen war ich, auch wenn ich sagte: /
Ich bin so tief gebeugt.
11 In meiner Bestürzung sagte ich: / Die Men-
schen lügen alle.
12 Wie kann ich dem Herrn all das vergelten, /
was er mir Gutes getan hat?
13 Ich will den Kelch des Heils erheben / und an-
rufen den Namen des Herrn.
14 Ich will dem Herrn meine Gelübde erfüllen /
offen vor seinem ganzen Volk.
15 Kostbar ist in den Augen des Herrn / das Ster-
ben seiner Frommen.
16 Ach Herr, ich bin doch dein Knecht, / dein
Knecht bin ich, der Sohn deiner Magd. / Du hast
meine Fesseln gelöst.
17 Ich will dir ein Opfer des Dankes bringen /
und anrufen den Namen des Herrn.
18 Ich will dem Herrn meine Gelübde erfüllen /
offen vor seinem ganzen Volk,
19 in den Vorhöfen am Haus des Herrn, / in dei-
ner Mitte, Jerusalem. / Halleluja!

Aufruf an alle Völker zum Lob Gottes

117 Lobet den Herrn, alle Völker, / preist
ihn, alle Nationen!
2 Denn mächtig waltet über uns seine Huld, / die
Treue des Herrn währt in Ewigkeit. / Halleluja!

Eine Dankliturgie

118 Danket dem Herrn, denn er ist gütig, /
denn seine Huld währt ewig.
2 So soll Israel sagen: / Denn seine Huld währt
ewig.
3 So soll das Haus Aaron sagen: / Denn seine
Huld währt ewig.
4 So sollen alle sagen, die den Herrn fürchten und
ehren: / Denn seine Huld währt ewig.
5 In der Bedrängnis rief ich zum Herrn; /
der Herr hat mich erhört und mich frei ge-
macht.
6 Der Herr ist bei mir, ich fürchte mich nicht. /
Was können Menschen mir antun?
7 Der Herr ist bei mir, er ist mein Helfer; / ich
aber schaue auf meine Hasser herab.
8 Besser, sich zu bergen beim Herrn, / als auf
Menschen zu bauen.
9 Besser, sich zu bergen beim Herrn, / als auf
Fürsten zu bauen.
10 Alle Völker umringen mich; / ich wehre sie ab
im Namen des Herrn.
11 Sie umringen, ja, sie umringen mich; / ich
wehre sie ab im Namen des Herrn.
12 Sie umschwirren mich wie Bienen, / wie ein
Strohfeuer verlöschen sie; / ich wehre sie ab im
Namen des Herrn.
13 Sie stießen mich hart, sie wollten mich stür-
zen; / der Herr aber hat mir geholfen.
14 Meine Stärke und mein Lied ist der Herr; / er
ist für mich zum Retter geworden.
15 Frohlocken und Jubel erschallt in den Zelten
der Gerechten: / »Die Rechte des Herrn wirkt mit
Macht!
16 Die Rechte des Herrn ist erhoben, / die Rechte
des Herrn wirkt mit Macht!«
17 Ich werde nicht sterben, sondern leben, / um
die Taten des Herrn zu verkünden.
18 Der Herr hat mich hart gezüchtigt, / doch er
hat mich nicht dem Tod übergeben.
19 Öffnet mir die Tore zur Gerechtigkeit, / damit
ich eintrete, um dem Herrn zu danken.
20 Das ist das Tor zum Herrn, / nur Gerechte tre-
ten hier ein.
21 Ich danke dir, daß du mich erhört hast; / du
bist für mich zum Retter geworden.
22 Der Stein, den die Bauleute verwarfen, / er ist
zum Eckstein geworden.
23 Das hat der Herr vollbracht, / vor unseren Au-
gen geschah dieses Wunder.
24 Dies ist der Tag, den der Herr gemacht hat; /
wir wollen jubeln und uns an ihm freuen.
25 Ach, Herr, bring doch Hilfe! / Ach, Herr, gib
doch Gelingen!
26 Gesegnet sei er, der kommt im Namen des
Herrn. / Wir segnen euch, vom Haus des Herrn
her. / 27 Gott, der Herr, erleuchte uns.
Mit Zweigen in den Händen / schließt euch zu-
sammen zum Reigen, / bis zu den Hörnern des
Altars!
28 Du bist mein Gott, dir will ich danken; / mein
Gott, dich will ich rühmen.
29 Dankt dem Herrn, denn er ist gütig, / denn
seine Huld währt ewig.

Ein Lobgesang auf Gottes Wort

119 (Alef)
Wohl denen, deren Weg ohne Tadel
ist, / die leben nach der Weisung des Herrn.
2 Wohl denen, die seine Vorschriften befolgen /
und ihn suchen von ganzem Herzen,
3 die kein Unrecht tun / und auf seinen Wegen
gehn.
4 Du hast deine Befehle gegeben, / damit man
sie genau beachtet.
5 Wären doch meine Schritte fest darauf gerich-
tet, / deinen Gesetzen zu folgen!
6 Dann werde ich niemals scheitern, / wenn ich
auf all deine Gebote schaue.
7 Mit lauterem Herzen will ich dir danken, /
wenn ich deine gerechten Urteile lerne.
8 Deinen Gesetzen will ich immer folgen. / Laß
mich doch niemals im Stich!
(Bet)
9 Wie geht ein junger Mann seinen Pfad ohne Ta-
del? / Wenn er sich hält an dein Wort.
10 Ich suche dich von ganzem Herzen. / Laß
mich nicht abirren von deinen Geboten!
11 Ich berge deinen Spruch im Herzen, / damit
ich gegen dich nicht sündige.
12 Gepriesen seist du, Herr. / Lehre mich deine
Gesetze!
13 Mit meinen Lippen verkünde ich / alle Urteile
deines Mundes.
14 Nach deinen Vorschriften zu leben / freut
mich mehr als großer Besitz.
15 Ich will nachsinnen über deine Befehle / und
auf deine Pfade schauen.
16 Ich habe meine Freude an deinen Gesetzen, /
dein Wort will ich nicht vergessen.

(Gimel)
17 Tu deinem Knecht Gutes, erhalt mich am Le-
ben! / Dann will ich dein Wort befolgen.
18 Öffne mir die Augen / für das Wunderbare an
deiner Weisung!
19 Ich bin nur Gast auf Erden. / Verbirg mir nicht
deine Gebote!
20 In Sehnsucht nach deinem Urteil / verzehrt
sich allezeit meine Seele.
21 Du drohst den Stolzen. / Verflucht sei, wer
abirrt von deinen Geboten.
22 Nimm von mir Schmach und Verachtung! /
Denn was du vorschreibst, befolge ich.
23 Wenn auch Fürsten gegen mich beraten: /
dein Knecht sinnt nach über deine Gesetze.
24 Deine Vorschriften machen mich froh; / sie
sind meine Berater.
(Dalet)
25 Meine Seele klebt am Boden. / Durch dein
Wort belebe mich!
26 Ich habe dir mein Geschick erzählt, und du er-
hörtest mich. / Lehre mich deine Gesetze!
27 Laß mich den Weg begreifen, den deine Be-
fehle mir zeigen, / dann will ich nachsinnen über
deine Wunder.
28 Meine Seele zerfließt vor Kummer. / Richte
mich auf durch dein Wort!
29 Halte mich fern vom Weg der Lüge; / begnade
mich mit deiner Weisung!
30 Ich wählte den Weg der Wahrheit; / nach dei-
nen Urteilen hab' ich Verlangen.
31 Ich halte an deinen Vorschriften fest. / Herr,
laß mich niemals scheitern!
32 Ich eile voran auf dem Weg deiner Gebote, /
denn mein Herz machst du weit.
(He)
33 Herr, weise mir den Weg deiner Gesetze! / Ich
will ihn einhalten bis ans Ende.
34 Gib mir Einsicht, damit ich deiner Weisung
folge / und mich an sie halte aus ganzem Herzen.
35 Führe mich auf dem Pfad deiner Gebote! / Ich
habe an ihm Gefallen.
36 Deinen Vorschriften neige mein Herz zu, /
doch nicht der Habgier!
37 Wende meine Augen ab von eitlen Dingen; /
durch dein Wort belebe mich!
38 Erfülle deinem Knecht die Verheißung, / die al-
len gilt, die dich fürchten und ehren.
39 Wende die Schande ab, vor der mir graut; /
denn deine Entscheide sind gut.
40 Nach deinen Befehlen hab' ich Verlangen. /
Gib mir neue Kraft durch deine Gerechtigkeit!
(Waw)
41 Herr, deine Huld komme auf mich herab / und
deine Hilfe, wie du es verheißen hast.
42 Dann kann ich dem, der mich schmäht, erwi-
dern; / denn ich vertraue auf dein Wort.
43 Entziehe meinem Mund nicht das Wort der
Wahrheit! / Ich hoffe so sehr auf deine Ent-
scheide.
44 Ich will deiner Weisung beständig folgen, / auf
immer und ewig.
45 Dann schreite ich aus auf freier Bahn; / denn
ich frage nach deinen Befehlen.
46 Deine Gebote will ich vor Königen bezeu-
gen / und mich nicht vor ihnen schämen.
47 An deinen Geboten habe ich meine Freude, /
ich liebe sie von Herzen.
48 Ich erhebe meine Hände zu deinen Gebo-
ten; / nachsinnen will ich über deine Gesetze.
(Sajin)
49 Denk an das Wort für deinen Knecht, / durch
das du mir Hoffnung gabst.
50 Das ist mein Trost im Elend: / Deine Ver-
heißung spendet mir Leben.
51 Frech verhöhnen mich die Stolzen; / ich aber
weiche nicht ab von deiner Weisung.
52 Denke ich an deine Urteile seit alter Zeit, /
Herr, dann bin ich getröstet.
53 Zorn packt mich wegen der Frevler, / weil sie
deine Weisung mißachten.
54 Zum Lobgesang wurden mir deine Gesetze /
im Haus meiner Pilgerschaft.
55 In der Nacht denke ich, Herr, an deinen Na-
men; / ich will deine Weisung beachten.
56 Deine Befehle zu befolgen / ist das Glück, das
mir zufiel.
(Chet)
57 Mein Anteil ist der Herr; / ich habe verspro-
chen, dein Wort zu beachten.
58 Ich suche deine Gunst von ganzem Herzen. /
Sei mir gnädig nach deiner Verheißung!
59 Ich überdenke meine Wege, / zu deinen Vor-
schriften lenke ich meine Schritte.
60 Ich eile und säume nicht, / deine Gebote zu
halten.
61 Auch wenn mich die Stricke der Frevler fes-
seln, / vergesse ich deine Weisung nicht.
62 Um Mitternacht stehe ich auf, um dich zu prei-
sen / wegen deiner gerechten Entscheide.

63 Ich bin ein Freund all derer, die dich fürch-
ten und ehren, / und aller, die deine Befehle be-
folgen.
64 Von deiner Güte, Herr, ist die Erde erfüllt. /
Lehre mich deine Gesetze!
(Tet)
65 Du hast deinem Knecht Gutes erwiesen, / o
Herr, nach deinem Wort.
66 Lehre mich Erkenntnis und rechtes Urteil! /
Ich vertraue auf deine Gebote.
67 Ehe ich gedemütigt wurde, ging mein Weg in
die Irre; / nun aber halte ich mich an deine Ver-
heißung.
68 Du bist gut und wirkst Gutes. / Lehre mich
deine Gesetze!
69 Stolze verbreiten über mich Lügen, / ich aber
halte mich von ganzem Herzen an deine Befehle.
70 Abgestumpft und satt ist ihr Herz, / ich aber
ergötze mich an deiner Weisung.
71 Daß ich gedemütigt wurde, war für mich gut; /
denn so lernte ich deine Gesetze.
72 Die Weisung deines Mundes ist mir lieb, /
mehr als große Mengen von Gold und Silber.
(Jod)
73 Deine Hände haben mich gemacht und ge-
formt. / Gib mir Einsicht, damit ich deine Gebote
lerne.
74 Wer dich fürchtet, wird mich sehen und sich
freuen; / denn ich warte auf dein Wort.
75 Herr, ich weiß, daß deine Entscheide gerecht
sind; / du hast mich gebeugt, weil du treu für
mich sorgst.
76 Tröste mich in deiner Huld, / wie du es deinem
Knecht verheißen hast.
77 Dein Erbarmen komme über mich, damit ich
lebe; / denn deine Weisung macht mich froh.
78 Schande über die Stolzen, die mich zu Unrecht
bedrücken! / Ich aber sinne nach über deine Be-
fehle.
79 Mir sollen sich alle zuwenden, die dich fürch-
ten und ehren / und die deine Vorschriften ken-
nen.
80 Mein Herz richte sich ganz nach deinen Ge-
setzen; / dann werde ich nicht zuschanden.
(Kaf)
81 Nach deiner Hilfe sehnt sich meine Seele; / ich
warte auf dein Wort.
82 Meine Augen sehnen sich nach deiner Ver-
heißung, / sie fragen: Wann wirst du mich trö-
sten?
83 Ich bin wie ein Schlauch voller Risse, / doch
deine Gesetze habe ich nicht vergessen.
84 Wie viele Tage noch bleiben deinem Knecht? /
Wann wirst du meine Verfolger richten?
85 Stolze stellen mir Fallen, / sie handeln nicht
nach deiner Weisung.
86 Zuverlässig sind all deine Gebote. / Zu Un-
recht verfolgt man mich. Komm mir zu Hilfe!
87 Fast hätte man mich von der Erde ausgetilgt; /
dennoch halte ich fest an deinen Befehlen.
88 In deiner großen Huld laß mich leben, /
und ich will beachten, was dein Mund mir gebie-
tet.
(Lamed)
89 Herr, dein Wort bleibt auf ewig, / es steht fest
wie der Himmel.
90 Deine Treue währt von Geschlecht zu Ge-
schlecht; / du hast die Erde gegründet, sie bleibt
bestehen.
91 Nach deiner Ordnung bestehen sie bis heute, /
und dir ist alles dienstbar.
92 Wäre nicht dein Gesetz meine Freude, / ich
wäre zugrunde gegangen in meinem Elend.
93 Nie will ich deine Befehle vergessen; / denn
durch sie schenkst du mir Leben.
94 Ich bin dein, errette mich! / Ich frage nach dei-
nen Befehlen.
95 Frevler lauern mir auf, um mich zu vernich-
ten; / doch mein Sinn achtet auf das, was du ge-
bietest.
96 Ich sah, daß alles Vollkommene Grenzen hat; /
doch dein Gebot kennt keine Schranken.
(Mem)
97 Wie lieb ist mir deine Weisung; / ich sinne
über sie nach den ganzen Tag.
98 Dein Gebot macht mich weiser als all meine
Feinde; / denn immer ist es mir nahe.
99 Ich wurde klüger als all meine Lehrer; / denn
über deine Vorschriften sinne ich nach.
100 Mehr Einsicht habe ich als die Alten; / denn
ich beachte deine Befehle.
101 Von jedem bösen Weg halte ich meinen Fuß
zurück; / denn ich will dein Wort befolgen.
102 Ich weiche nicht ab von deinen Entschei-
den, / du hast mich ja selbst unterwiesen.
103 Wie köstlich ist für meinen Gaumen dei-
ne Verheißung, / süßer als Honig für meinen
Mund.
104 Aus deinen Befehlen gewinne ich Einsicht, /
darum hasse ich alle Pfade der Lüge.

(Nun)
105 Dein Wort ist meinem Fuß eine Leuchte, / ein
Licht für meine Pfade.
106 Ich tat einen Schwur, und ich will ihn hal-
ten: / Ich will deinen gerechten Entscheidungen
folgen.
107 Herr, ganz tief bin ich gebeugt. / Durch dein
Wort belebe mich!
108 Herr, nimm mein Lobopfer gnädig an, / und
lehre mich deine Entscheide!
109 Mein Leben ist ständig in Gefahr, / doch ich
vergesse nie deine Weisung.
110 Frevler legen mir Schlingen, / aber ich irre
nicht ab von deinen Befehlen.
111 Deine Vorschriften sind auf ewig mein Erb-
teil; / denn sie sind die Freude meines Herzens.
112 Mein Herz ist bereit, dein Gesetz zu erfüllen /
bis ans Ende und ewig.
(Samech)
113 Zwiespältige Menschen sind mir von Grund
auf verhaßt, / doch dein Gesetz ist mir lieb.
114 Du bist mein Schutz und mein Schild, / ich
warte auf dein Wort.
115 Weicht zurück von mir, ihr Bösen! / Ich will
die Gebote meines Gottes befolgen.
116 Stütze mich, damit ich lebe, wie du es ver-
heißen hast. / Laß mich in meiner Hoffnung nicht
scheitern!
117 Gib mir Halt, dann finde ich Rettung; / immer
will ich auf deine Gesetze schauen.
118 Alle, die sich von deinen Gesetzen entfernen,
verwirfst du; / denn ihr Sinnen und Trachten ist
Lüge.
119 Alle Frevler im Land sind für dich wie
Schlacken, / darum liebe ich, was du gebietest.
120 Aus Ehrfurcht vor dir erschauert mein Leib, /
vor deinen Urteilen empfinde ich heilige Scheu.
(Ajin)
121 Ich tue, was recht und gerecht ist. / Gib mich
meinen Bedrückern nicht preis!
122 Verbürg dich für das Wohl deines Knechtes, /
damit die Stolzen mich nicht unterdrücken.
123 Meine Augen sehnen sich nach deiner Hilfe, /
nach deiner gerechten Verheißung.
124 Handle an deinem Knecht nach deiner Huld, /
und lehre mich deine Gesetze!
125 Ich bin dein Knecht. Gib mir Einsicht, / damit
ich verstehe, was du gebietest.
126 Herr, es ist Zeit zu handeln; / man hat dein
Gesetz gebrochen.
127 Darum liebe ich deine Gebote / mehr als Rot-
gold und Weißgold.
128 Darum lebe ich genau nach deinen Befehlen; /
ich hasse alle Pfade der Lüge.
(Pe)
129 Deine Vorschriften sind der Bewunderung
wert; / darum bewahrt sie mein Herz.
130 Die Erklärung deiner Worte bringt Erleuch-
tung, / den Unerfahrenen schenkt sie Einsicht.
131 Weit öffne ich meinen Mund / und lechze
nach deinen Geboten; / denn nach ihnen hab'
ich Verlangen.
132 Wende dich mir zu, sei mir gnädig, / wie es
denen gebührt, die deinen Namen lieben.
133 Festige meine Schritte, wie du es verheißen
hast. / Laß kein Unrecht über mich herrschen!
134 Erlöse mich aus der Gewalt der Menschen; /
dann will ich deine Befehle halten.
135 Laß dein Angesicht leuchten über deinem
Knecht, / und lehre mich deine Gesetze!
136 Tränenbäche strömen aus meinen Augen, /
weil man dein Gesetz nicht befolgt.
(Zade)
137 Herr, du bist gerecht, / und deine Entscheide
sind richtig.
138 Du hast deine Vorschriften erlassen in Ge-
rechtigkeit / und in großer Treue.
139 Der Eifer für dich verzehrt mich; / denn
meine Gegner vergessen deine Worte.
140 Deine Worte sind rein und lauter; / dein
Knecht hat sie lieb.
141 Ich bin gering und verachtet, / doch ich ver-
gesse nie deine Befehle.
142 Deine Gerechtigkeit bleibt ewig Gerechtig-
keit, / deine Weisung ist Wahrheit.
143 Mich trafen Not und Bedrängnis, / doch deine
Gebote machen mich froh.
144 Deine Vorschriften sind auf ewig gerecht. /
Gib mir Einsicht, damit ich lebe.
(Qof)
145 Erhöre mich, Herr, ich rufe von ganzem Her-
zen; / deine Gesetze will ich halten.
146 Ich rufe zu dir; errette mich, / dann will ich
deinen Vorschriften folgen.
147 Schon beim Morgengrauen komme ich und
flehe; / ich warte auf dein Wort.
148 Meine Augen eilen den Nachtwachen vor-
aus; / denn ich sinne nach über deine Verheißung.
149 Höre auf meine Stimme in deiner Huld; / be-
lebe mich, Herr, durch deine Entscheide!

150 Mir nähern sich tückische Verfolger; / sie ha-
ben sich weit von deiner Weisung entfernt.
151 Doch du bist nahe, Herr, / und alle deine Ge-
bote sind Wahrheit.
152 Aus deinen Vorschriften weiß ich seit lan-
gem, / daß du sie für ewig bestimmt hast.
(Resch)
153 Sieh mein Elend an, und rette mich; / denn
ich habe deine Weisung nicht vergessen.
154 Verschaff mir Recht, und erlöse mich; / nach
deiner Weisung erhalte mein Leben!
155 Fern bleibt den Frevlern das Heil; / denn sie
fragen nicht nach deinen Gesetzen.
156 Herr, groß ist dein Erbarmen; / durch deine
Entscheide belebe mich!
157 Viele verfolgen und quälen mich, / doch von
deinen Vorschriften weich ich nicht ab.
158 Wenn ich Abtrünnige sehe, empfinde ich Ab-
scheu, / weil sie dein Wort nicht befolgen.
159 Sieh an, wie sehr ich deine Vorschriften lie-
be; / Herr, in deiner Huld belebe mich!
160 Das Wesen deines Wortes ist Wahrheit, /
deine gerechten Urteile haben alle auf ewig Be-
stand.
(Schin)
161 Fürsten verfolgen mich ohne Grund, / doch
mein Herz fürchtet nur dein Wort.
162 Ich freue mich über deine Verheißung / wie
einer, der reiche Beute gemacht hat.
163 Ich hasse die Lüge, sie ist mir ein Greuel, /
doch deine Weisung habe ich lieb.
164 Siebenmal am Tag singe ich dein Lob / wegen
deiner gerechten Entscheide.
165 Alle, die deine Weisung lieben, empfangen
Heil in Fülle; / es trifft sie kein Unheil.
166 Herr, ich hoffe auf deine Hilfe / und befolge
deine Gebote.
167 Meine Seele beachtet, was du gebietest, / und
liebt es von Herzen.
168 Ich folge deinen Vorschriften und Befehlen; /
denn alle meine Wege (liegen offen) vor dir.
(Taw)
169 Herr, zu dir dringe mein Rufen. / Gib mir Ein-
sicht, getreu deinem Wort!
170 Mein Flehen komme vor dein Angesicht. /
Reiß mich heraus getreu deiner Verheißung!
171 Meine Lippen sollen überströmen von Lob-
preis; / denn du lehrst mich deine Gesetze.
172 Meine Zunge soll deine Verheißung besin-
gen; / denn deine Gebote sind alle gerecht.
173 Deine Hand sei bereit, mir zu helfen; / denn
ich habe mir deine Befehle erwählt.
174 Ich sehne mich, Herr, nach deiner Hilfe, / und
deine Weisung macht mich froh.
175 Laß meine Seele leben, damit sie dich preisen
kann. / Deine Entscheidungen mögen mir helfen.
176 Ich bin verirrt wie ein verlorenes Schaf. / Su-
che deinen Knecht! / Denn deine Gebote habe
ich nicht vergessen.

Ein Hilferuf gegen Verleumder

120 [Ein Wallfahrtslied.]
Ich rief zum Herrn in meiner Not, /
und er hat mich erhört.
2 Herr, rette mein Leben vor Lügnern, / rette es
vor falschen Zungen!
3 Was soll er dir tun, was alles dir antun, / du
falsche Zunge?
4 Scharfe Pfeile von Kriegerhand / und glühende
Ginsterkohlen dazu.
5 Weh mir, daß ich als Fremder in Meschech bin /
und bei den Zelten von Kedar wohnen muß!
6 Ich muß schon allzu lange wohnen / bei Leu-
ten, die den Frieden hassen.
7 Ich verhalte mich friedlich; / doch ich brauche
nur zu reden, dann suchen sie Hader und Streit.

Der Wächter Israels

121 [Ein Wallfahrtslied.]
Ich hebe meine Augen auf zu den Ber-
gen: / Woher kommt mir Hilfe?
2 Meine Hilfe kommt vom Herrn, / der Himmel
und Erde gemacht hat.
3 Er läßt deinen Fuß nicht wanken; / er, der dich
behütet, schläft nicht.
4 Nein, der Hüter Israels / schläft und schlum-
mert nicht.
5 Der Herr ist dein Hüter, der Herr gibt dir Schat-
ten; / er steht dir zur Seite.
6 Bei Tag wird dir die Sonne nicht schaden / noch
der Mond in der Nacht.
7 Der Herr behüte dich vor allem Bösen, / er
behüte dein Leben.
8 Der Herr behüte dich, wenn du fortgehst und
wiederkommst, / von nun an bis in Ewigkeit.

Ein Lied zur Wallfahrt nach Jerusalem

122 [Ein Wallfahrtslied Davids.]
Ich freute mich, als man mir sagte: /
»Zum Haus des Herrn wollen wir pilgern.«

◁ 32 | *Brot von der Erde und Wein, der das Herz des Menschen erfreut (Ps 104)*

2 Schon stehen wir in deinen Toren, Jerusalem: / 3 Jerusalem, du starke Stadt, / dicht gebaut und fest gefügt.

4 Dorthin ziehen die Stämme hinauf, die Stämme des Herrn, / wie es Israel geboten ist, / den Namen des Herrn zu preisen.

5 Denn dort stehen Throne bereit für das Gericht, / die Throne des Hauses David.

6 Erbittet für Jerusalem Frieden! / Wer dich liebt, sei in dir geborgen.

7 Friede wohne in deinen Mauern, / in deinen Häusern Geborgenheit.

8 Wegen meiner Brüder und Freunde / will ich sagen: In dir sei Friede.

9 Wegen des Hauses des Herrn, unseres Gottes, / will ich dir Glück erflehen.

Aufblick zu Gott

123 [Ein Wallfahrtslied.] Ich erhebe meine Augen zu dir, / der du hoch im Himmel thronst.

2 Wie die Augen der Knechte auf die Hand ihres Herrn, / wie die Augen der Magd auf die Hand ihrer Herrin,

so schauen unsre Augen auf den Herrn, unsern Gott, / bis er uns gnädig ist.

3 Sei uns gnädig, Herr, sei uns gnädig! / Denn übersatt sind wir vom Hohn der Spötter,

4 übersatt ist unsre Seele von ihrem Spott, / von der Verachtung der Stolzen.

Israels Dank für die Befreiung

124 [Ein Wallfahrtslied Davids.] Hätte sich nicht der Herr für uns eingesetzt / – so soll Israel sagen –,

2 hätte sich nicht der Herr für uns eingesetzt, / als sich gegen uns Menschen erhoben,

3 dann hätten sie uns lebendig verschlungen, / als gegen uns ihr Zorn entbrannt war.

4 Dann hätten die Wasser uns weggespült, / hätte sich über uns ein Wildbach ergossen.

5 Dann hätten sich über uns die Wasser ergossen, / die wilden und wogenden Wasser.

6 Gelobt sei der Herr, / der uns nicht ihren Zähnen als Beute überließ.

7 Unsre Seele ist wie ein Vogel dem Netz des Jägers entkommen; / das Netz ist zerrissen, und wir sind frei.

8 Unsre Hilfe steht im Namen des Herrn, / der Himmel und Erde gemacht hat.

Gott, der Beschützer seines Volkes

125 [Ein Wallfahrtslied.] Wer auf den Herrn vertraut, steht fest wie der Zionsberg, / der niemals wankt, der ewig bleibt.

2 Wie Berge Jerusalem rings umgeben, / so ist der Herr um sein Volk, von nun an auf ewig.

3 Das Zepter des Frevlers soll nicht auf dem Erbland der Gerechten lasten, / damit die Hand der Gerechten nicht nach Unrecht greift.

4 Herr, tu Gutes den Guten, / den Menschen mit redlichem Herzen!

5 Doch wer auf krumme Wege abbiegt, / den jage, Herr, samt den Frevlern davon! / Frieden über Israel!

Tränen und Jubel

126 [Ein Wallfahrtslied.] Als der Herr das Los der Gefangenschaft Zions wendete, / da waren wir alle wie Träumende.

2 Da war unser Mund voll Lachen / und unsere Zunge voll Jubel.

Da sagte man unter den andern Völkern: / »Der Herr hat an ihnen Großes getan.«

3 Ja, Großes hat der Herr an uns getan. / Da waren wir fröhlich.

4 Wende doch, Herr, unser Geschick, / wie du versiegte Bäche wieder füllst im Südland.

5 Die mit Tränen säen, / werden mit Jubel ernten.

6 Sie gehen hin unter Tränen / und tragen den Samen zur Aussaat.

Sie kommen wieder mit Jubel / und bringen ihre Garben ein.

Die Mühe des Menschen und der Segen Gottes

127 [Ein Wallfahrtslied Salomos.] Wenn nicht der Herr das Haus baut, / müht sich jeder umsonst, der daran baut.

Wenn nicht der Herr die Stadt bewacht, / wacht der Wächter umsonst.

2 Es ist umsonst, daß ihr früh aufsteht / und euch spät erst niedersetzt,

um das Brot der Mühsal zu essen; / denn der Herr gibt es den Seinen im Schlaf.

3 Kinder sind eine Gabe des Herrn, / die Frucht des Leibes ist sein Geschenk.

4 Wie Pfeile in der Hand des Kriegers, / so sind Söhne aus den Jahren der Jugend.

5 Wohl dem Mann, der mit ihnen den Köcher ge-
füllt hat! / Beim Rechtsstreit mit ihren Feinden
scheitern sie nicht.

Haussegen

128 [Ein Wallfahrtslied.]
Wohl dem Mann, der den Herrn
fürchtet und ehrt / und der auf seinen Wegen
geht!
2 Was deine Hände erwarben, kannst du ge-
nießen; / wohl dir, es wird dir gut ergehn.
3 Wie ein fruchtbarer Weinstock ist deine Frau /
drinnen in deinem Haus.
Wie junge Ölbäume sind deine Kinder / rings
um deinen Tisch.
4 So wird der Mann gesegnet, / der den Herrn
fürchtet und ehrt.
5 Es segne dich der Herr vom Zion her. / Du sollst
dein Leben lang das Glück Jerusalems schauen
6 und die Kinder deiner Kinder sehen. / Frieden
über Israel!

Hoffnung in der Bedrängnis

129 [Ein Wallfahrtslied.]
Sie haben mich oft bedrängt von Ju-
gend auf, / – so soll Israel sagen –,
2 sie haben mich oft bedrängt von Jugend auf, /
doch sie konnten mich nicht bezwingen.
3 Die Pflüger haben auf meinem Rücken ge-
pflügt, / ihre langen Furchen gezogen.
4 Doch der Herr ist gerecht, / er hat die Stricke
der Frevler zerhauen.
5 Beschämt sollen alle weichen, / alle, die Zion
hassen.
6 Sie sollen wie das Gras auf den Dächern sein, /
das verdorrt, noch bevor man es ausreißt.
7 Kein Schnitter kann seine Hand damit füllen, /
kein Garbenbinder den Arm.
8 Keiner, der vorübergeht, wird sagen: / »Der Se-
gen des Herrn sei mit euch.« – / Wir aber segnen
euch im Namen des Herrn.

Bitte in tiefer Not

130 [Ein Wallfahrtslied.]
Aus der Tiefe rufe ich, Herr, zu dir: /
2 Herr, höre meine Stimme!
Wende dein Ohr mir zu, / achte auf mein lautes
Flehen!
3 Würdest du, Herr, unsere Sünden beachten, /
Herr, wer könnte bestehen?
4 Doch bei dir ist Vergebung, / damit man in Ehr-
furcht dir dient.
5 Ich hoffe auf den Herrn, es hofft meine Seele, /
ich warte voll Vertrauen auf sein Wort.
6 Meine Seele wartet auf den Herrn / mehr als
die Wächter auf den Morgen.
Mehr als die Wächter auf den Morgen / 7 soll Is-
rael harren auf den Herrn.
Denn beim Herrn ist die Huld, / bei ihm ist Er-
lösung in Fülle.
8 Ja, er wird Israel erlösen / von all seinen Sünden.

Der Frieden in Gott

131 [Ein Wallfahrtslied.]
Herr, mein Herz ist nicht stolz, / nicht
hochmütig blicken meine Augen.
Ich gehe nicht um mit Dingen, / die mir zu wun-
derbar und zu hoch sind.
2 Ich ließ meine Seele ruhig werden und still; /
wie ein kleines Kind bei der Mutter ist meine
Seele still in mir.
3 Israel, harre auf den Herrn / von nun an bis in
Ewigkeit!

Die Erwählung Davids und des Zion

132 [Ein Wallfahrtslied.]
O Herr, denk an David, / denk an all
seine Mühen,
2 wie er dem Herrn geschworen, / dem starken
Gott Jakobs gelobt hat:
3 »Nicht will ich mein Zelt betreten / noch mich
zur Ruhe betten,
4 nicht Schlaf den Augen gönnen / noch Schlum-
mer den Lidern,
5 bis ich eine Stätte finde für den Herrn, / eine
Wohnung für den starken Gott Jakobs.«
6 Wir hörten von seiner Lade in Efrata, / fanden
sie im Gefilde von Jáar.
7 Laßt uns hingehen zu seiner Wohnung / und
niederfallen vor dem Schemel seiner Füße!
8 Erheb dich, Herr, komm an den Ort deiner
Ruhe, / du und deine machtvolle Lade!
9 Deine Priester sollen sich bekleiden mit Ge-
rechtigkeit, / und deine Frommen sollen jubeln.
10 Weil David dein Knecht ist, / weise deinen Ge-
salbten nicht ab!
11 Der Herr hat David geschworen, / einen Eid,
den er niemals brechen wird:
»Einen Sproß aus deinem Geschlecht / will ich
setzen auf deinen Thron.

12 Wenn deine Söhne meinen Bund bewahren, /
mein Zeugnis, das ich sie lehre,
dann sollen auch ihre Söhne / auf deinem
Thron sitzen für immer.«
13 Denn der Herr hat den Zion erwählt, / ihn zu
seinem Wohnsitz erkoren:
14 »Das ist für immer der Ort meiner Ruhe; / hier
will ich wohnen, ich hab' ihn erkoren.
15 Zions Nahrung will ich reichlich segnen, / mit
Brot seine Armen sättigen.
16 Seine Priester will ich bekleiden mit Heil, /
seine Frommen sollen jauchzen und jubeln.
17 Dort lasse ich Davids Macht erstarken / und
stelle für meinen Gesalbten ein Licht auf.
18 Ich bedecke seine Feinde mit Schande; / doch
auf ihm erglänzt seine Krone.«

Ein Lob der brüderlichen Eintracht

133 [Ein Wallfahrtslied Davids.]
Seht doch, wie gut und schön ist es, /
wenn Brüder miteinander in Eintracht wohnen.
2 Das ist wie köstliches Salböl, / das vom Kopf
hinabfließt auf den Bart, auf Aarons Bart, / das auf
sein Gewand hinabfließt.
3 Das ist wie der Tau des Hermon, / der auf den
Berg Zion niederfällt. / Denn dort spendet der
Herr Segen und Leben in Ewigkeit.

Nächtliches Loblied im Tempel

134 [Ein Wallfahrtslied.]
Wohlan, nun preiset den Herrn, / all
ihr Knechte des Herrn,
die ihr steht im Haus des Herrn, / zu nächtlicher
Stunde.
2 Erhebt eure Hände zum Heiligtum, / und preist
den Herrn!
3 Es segne dich der Herr vom Zion her, / (der
Herr,) der Himmel und Erde gemacht hat.

Loblied auf Gottes Wirken in Schöpfung und Geschichte

135 Halleluja!
Lobt den Namen des Herrn, / lobt ihn,
ihr Knechte des Herrn,
2 die ihr steht im Haus des Herrn, / in den Vor-
höfen am Haus unsres Gottes.
3 Lobt den Herrn, denn der Herr ist gütig. / Singt
und spielt seinem Namen, denn er ist freundlich.
4 Der Herr hat sich Jakob erwählt, / Israel wurde
sein Eigentum.
5 Ja, das weiß ich: Groß ist der Herr, / unser Herr
ist größer als alle Götter.
6 Alles, was dem Herrn gefällt, vollbringt er, / im
Himmel, auf der Erde, / in den Meeren, in allen
Tiefen.
7 Er führt Wolken herauf vom Ende der Erde, / er
läßt es blitzen und regnen, / aus seinen Kammern
holt er den Sturmwind hervor.
8 Er erschlug Ägyptens Erstgeburt, / bei Men-
schen und beim Vieh.
9 Gegen dich, Ägypten, sandte er Zeichen und
Wunder, / gegen den Pharao und all seine
Knechte.
10 Er schlug viele Völker nieder / und tötete
mächtige Könige:
11 Sihon, den König der Amoriter, / Og, den Kö-
nig von Baschan, / und alle Reiche Kanaans.
12 Ihr Land gab er Israel zum Erbe, / zum Erbe Is-
rael, seinem Volk.
13 Herr, dein Name währt ewig, / das Gedenken
an dich, Herr, dauert von Geschlecht zu Ge-
schlecht.
14 Denn der Herr verschafft Recht seinem Volk; /
er hat mit seinen Knechten Mitleid.
15 Die Götzen der Heiden sind nur Silber und
Gold, / ein Machwerk von Menschenhand.
16 Sie haben einen Mund und reden nicht, / Au-
gen und sehen nicht;
17 sie haben Ohren und hören nicht; / auch ist
kein Hauch in ihrem Mund.
18 Die sie gemacht haben, sollen ihrem Mach-
werk gleichen, / alle, die den Götzen vertrauen.
19 Haus Israel, preise den Herrn! / Haus Aaron,
preise den Herrn!
20 Haus Levi, preise den Herrn! / Alle, die ihr den
Herrn fürchtet, preist den Herrn!
21 Gepriesen sei der Herr auf Zion, / er, der thront
in Jerusalem. / Halleluja!

Danklitanei für Gottes ewige Huld

136 Danket dem Herrn, denn er ist gütig, /
denn seine Huld währt ewig!
2 Danket dem Gott aller Götter, / denn seine
Huld währt ewig!
3 Danket dem Herrn aller Herren, / denn seine
Huld währt ewig!
4 Der allein große Wunder tut, / denn seine Huld
währt ewig,
5 der den Himmel geschaffen hat in Weisheit, /
denn seine Huld währt ewig,

6 der die Erde über den Wassern gegründet hat, /
denn seine Huld währt ewig,
7 der die großen Leuchten gemacht hat, / denn
seine Huld währt ewig,
8 die Sonne zur Herrschaft über den Tag, / denn
seine Huld währt ewig,
9 Mond und Sterne zur Herrschaft über die
Nacht, / denn seine Huld währt ewig.
10 Der die Erstgeburt der Ägypter schlug, / denn
seine Huld währt ewig,
11 und Israel herausführte aus ihrer Mitte, / denn
seine Huld währt ewig,
12 mit starker Hand und erhobenem Arm, / denn
seine Huld währt ewig,
13 der das Schilfmeer zerschnitt in zwei Teile, /
denn seine Huld währt ewig,
14 und Israel hindurchführte zwischen den Was-
sern, / denn seine Huld währt ewig,
15 und den Pharao ins Meer stürzte samt seinem
Heer, / denn seine Huld währt ewig.
16 Der sein Volk durch die Wüste führte, / denn
seine Huld währt ewig,
17 der große Könige schlug, / denn seine Huld
währt ewig,
18 und mächtige Könige tötete, / denn seine Huld
währt ewig,
19 Sihon, den König der Amoriter, / denn seine
Huld währt ewig,
20 und Og, den König von Baschan, / denn seine
Huld währt ewig,
21 und der ihr Land zum Erbe gab, / denn seine
Huld währt ewig,
22 der es Israel gab, seinem Knecht, / denn seine
Huld währt ewig.
23 Der an uns dachte in unsrer Erniedrigung, /
denn seine Huld währt ewig,
24 und uns den Feinden entriß, / denn seine
Huld währt ewig,
25 der allen Geschöpfen Nahrung gibt, / denn
seine Huld währt ewig.
26 Danket dem Gott des Himmels, / denn seine
Huld währt ewig.

Heimweh nach dem Zion in der Verbannung

137 An den Strömen von Babel, / da saßen
wir und weinten, / wenn wir an Zion
dachten.
2 Wir hängten unsere Harfen / an die Weiden in
jenem Land.
3 Dort verlangten von uns die Zwingherren Lie-
der, / unsere Peiniger forderten Jubel: / »Singt
uns Lieder vom Zion!«
4 Wie könnten wir singen die Lieder des Herrn, /
fern, auf fremder Erde?
5 Wenn ich dich je vergesse, Jerusalem, / dann
soll mir die rechte Hand verdorren.
6 Die Zunge soll mir am Gaumen kleben, / wenn
ich an dich nicht mehr denke, / wenn ich Jerusa-
lem nicht zu meiner höchsten Freude erhebe.
7 Herr, vergiß den Söhnen Edoms nicht den Tag
von Jerusalem; / sie sagten: »Reißt nieder, bis auf
den Grund reißt es nieder.«
8 Tochter Babel, du Zerstörerin! / Wohl dem, der
dir heimzahlt, was du uns getan hast!
9 Wohl dem, der deine Kinder packt / und sie am
Felsen zerschmettert!

Dank für Gottes Hilfe

138 [Von David.]
Ich will dir danken aus ganzem Her-
zen, / dir vor den Engeln singen und spielen;
2 ich will mich niederwerfen zu deinem heiligen
Tempel hin / und deinem Namen danken für
deine Huld und Treue.
Denn du hast die Worte meines Mundes ge-
hört, / deinen Namen und dein Wort über alles
verherrlicht.
3 Du hast mich erhört an dem Tag, als ich rief; /
du gabst meiner Seele große Kraft.
4 Dich sollen preisen, Herr, alle Könige der
Welt, / wenn sie die Worte deines Mundes ver-
nehmen.
5 Sie sollen singen von den Wegen des Herrn; /
denn groß ist die Herrlichkeit des Herrn.
6 Ja, der Herr ist erhaben; / doch er schaut auf die
Niedrigen, / und die Stolzen erkennt er von fern.
7 Gehe ich auch mitten durch große Not: / du er-
hältst mich am Leben.
Du streckst die Hand aus gegen meine wüten-
den Feinde, / und deine Rechte hilft mir.
8 Der Herr nimmt sich meiner an. / Herr, deine
Huld währt ewig. / Laß nicht ab vom Werk dei-
ner Hände!

Der Mensch vor dem allwissenden Gott

139 [Für den Chormeister. Ein Psalm Da-
vids.]
Herr, du hast mich erforscht und du kennst
mich. / 2 Ob ich sitze oder stehe, du weißt von
mir. / Von fern erkennst du meine Gedanken.

3 Ob ich gehe oder ruhe, es ist dir bekannt; / du
bist vertraut mit all meinen Wegen.
4 Noch liegt mir das Wort nicht auf der Zunge – /
du, Herr, kennst es bereits.
5 Du umschließt mich von allen Seiten / und
legst deine Hand auf mich.
6 Zu wunderbar ist für mich dieses Wissen, / zu
hoch, ich kann es nicht begreifen.
7 Wohin könnte ich fliehen vor deinem Geist, /
wohin mich vor deinem Angesicht flüchten?
8 Steige ich hinauf in den Himmel, so bist du
dort; / bette ich mich in der Unterwelt, bist du zugegen.
9 Nehme ich die Flügel des Morgenrots / und
lasse mich nieder am äußersten Meer,
10 auch dort wird deine Hand mich ergreifen /
und deine Rechte mich fassen.
11 Würde ich sagen: »Finsternis soll mich bedekken, / statt Licht soll Nacht mich umgeben«, /
12 auch die Finsternis wäre für dich nicht finster,
die Nacht würde leuchten wie der Tag, / die Finsternis wäre wie Licht.
13 Denn du hast mein Inneres geschaffen, / mich
gewoben im Schoß meiner Mutter.
14 Ich danke dir, daß du mich so wunderbar gestaltet hast. / Ich weiß: Staunenswert sind deine Werke.
15 Als ich geformt wurde im Dunkeln, / kunstvoll
gewirkt in den Tiefen der Erde, / waren meine Glieder dir nicht verborgen.
16 Deine Augen sahen, wie ich entstand, / in deinem Buch war schon alles verzeichnet;
meine Tage waren schon gebildet, / als noch keiner von ihnen da war.
17 Wie schwierig sind für mich, o Gott, deine Gedanken, / wie gewaltig ist ihre Zahl!
18 Wollte ich sie zählen, es wären mehr als der
Sand. / Käme ich bis zum Ende, wäre ich noch immer bei dir.
19 Wolltest du, Gott, doch den Frevler töten! / Ihr
blutgierigen Menschen, laßt ab von mir!
20 Sie reden über dich voll Tücke / und mißbrauchen deinen Namen.
21 Soll ich die nicht hassen, Herr, die dich hassen, / die nicht verabscheuen, die sich gegen dich erheben?
22 Ich hasse sie mit glühendem Haß; / auch mir
sind sie zu Feinden geworden.
23 Erforsche mich, Gott, und erkenne mein
Herz, / prüfe mich, und erkenne mein Denken!
24 Sieh her, ob ich auf dem Weg bin, der dich
kränkt, / und leite mich auf dem altbewährten Weg!

Hilferuf zu Gott, dem Anwalt des Armen

140 [Für den Chormeister. Ein Psalm Davids.]
2 Rette mich, Herr, vor bösen Menschen, / vor
gewalttätigen Leuten schütze mich!
3 Denn sie sinnen in ihrem Herzen auf Böses, /
jeden Tag schüren sie Streit.
4 Wie die Schlangen haben sie scharfe Zungen / und hinter den Lippen Gift wie die Nattern. [Sela]
5 Behüte mich, Herr, vor den Händen der Frevler, / vor gewalttätigen Leuten schütze mich, /
die darauf sinnen, mich zu Boden zu stoßen.
6 Hochmütige legen mir heimlich Schlingen, /
Böse spannen ein Netz aus, / stellen mir Fallen am Wegrand. [Sela]
7 Ich sage zum Herrn: Du bist mein Gott. / Vernimm, o Herr, mein lautes Flehen!
8 Herr, mein Gebieter, meine starke Hilfe, / du
beschirmst mein Haupt am Tag des Kampfes.
9 Herr, erfülle nicht die Wünsche des Frevlers, /
laß seine Pläne nicht gelingen! [Sela]
10 Die mich umzingeln, sollen das Haupt nicht
erheben; / die Bosheit ihrer Lippen treffe sie selbst.
11 Er lasse glühende Kohlen auf sie regnen, / er
stürze sie hinab in den Abgrund, / so daß sie nie wieder aufstehn.
12 Der Verleumder soll nicht bestehen im Land, /
den Gewalttätigen treffe das Unglück Schlag auf Schlag.
13 Ich weiß, der Herr führt die Sache des Armen, /
er verhilft den Gebeugten zum Recht. –
14 Deinen Namen preisen nur die Gerechten; /
vor deinem Angesicht dürfen nur die Redlichen bleiben.

Bitte um Bewahrung vor Sünde

141 [Ein Psalm Davids.]
Herr, ich rufe zu dir. Eile mir zu Hilfe; / höre auf meine Stimme, wenn ich zu dir rufe.
2 Wie ein Rauchopfer steige mein Gebet vor dir
auf; / als Abendopfer gelte vor dir, / wenn ich meine Hände erhebe.
3 Herr, stell eine Wache vor meinen Mund, /
eine Wehr vor das Tor meiner Lippen!

4 Gib, daß mein Herz sich bösen Worten nicht zuneigt, / daß ich nichts tue, was schändlich ist,
zusammen mit Menschen, die Unrecht tun. / Von ihren Leckerbissen will ich nicht kosten.

5 Der Gerechte mag mich schlagen aus Güte: / Wenn er mich bessert, ist es Salböl für mein Haupt;
da wird sich mein Haupt nicht sträuben. / Ist er in Not, will ich stets für ihn beten.

6 Haben ihre Richter sich auch die Felsen hinabgestürzt, / sie sollen hören, daß mein Wort für sie freundlich ist.

7 Wie wenn man Furchen zieht und das Erdreich aufreißt, / so sind unsre Glieder hingestreut an den Rand der Unterwelt.

8 Mein Herr und Gott, meine Augen richten sich auf dich; / bei dir berge ich mich. Gieß mein Leben nicht aus!

9 Vor der Schlinge, die sie mir legten, bewahre mich, / vor den Fallen derer, die Unrecht tun!

10 Die Frevler sollen sich in ihren eigenen Netzen fangen, / während ich heil entkomme.

Hilferuf in schwerer Bedrängnis

142 [Ein Weisheitslied Davids, als er in der Höhle war. Ein Gebet.]

2 Mit lauter Stimme schrei ich zum Herrn, / laut flehe ich zum Herrn um Gnade.

3 Ich schütte vor ihm meine Klagen aus, / eröffne ihm meine Not.

4 Wenn auch mein Geist in mir verzagt, / du kennst meinen Pfad.
Auf dem Weg, den ich gehe, / legten sie mir Schlingen.

5 Ich blicke nach rechts und schaue aus, / doch niemand ist da, der mich beachtet.
Mir ist jede Zuflucht genommen, / niemand fragt nach meinem Leben.

6 Herr, ich schreie zu dir, / ich sage: Meine Zuflucht bist du, / mein Anteil im Land der Lebenden.

7 Vernimm doch mein Flehen; / denn ich bin arm und elend.
Meinen Verfolgern entreiß mich; / sie sind viel stärker als ich.

8 Führe mich heraus aus dem Kerker, / damit ich deinen Namen preise.
Die Gerechten scharen sich um mich, / weil du mir Gutes tust.

Gebet um Kraft und Hilfe gegen Feinde

143 [Ein Psalm Davids.]
Herr, höre mein Gebet, vernimm mein Flehen; / in deiner Treue erhöre mich, in deiner Gerechtigkeit!

2 Geh mit deinem Knecht nicht ins Gericht; / denn keiner, der lebt, ist gerecht vor dir.

3 Der Feind verfolgt mich, tritt mein Leben zu Boden, / er läßt mich in der Finsternis wohnen wie längst Verstorbene.

4 Mein Geist verzagt in mir, / mir erstarrt das Herz in der Brust.

5 Ich denke an die vergangenen Tage, / sinne nach über all deine Taten, / erwäge das Werk deiner Hände.

6 Ich breite die Hände aus (und bete) zu dir; / meine Seele dürstet nach dir wie lechzendes Land. [Sela]

7 Herr, erhöre mich bald, / denn mein Geist wird müde;
verbirg dein Antlitz nicht vor mir, / damit ich nicht werde wie Menschen, die längst begraben sind.

8 Laß mich deine Huld erfahren am frühen Morgen; / denn ich vertraue auf dich.
Zeig mir den Weg, den ich gehen soll; / denn ich erhebe meine Seele zu dir.

9 Herr, entreiß mich den Feinden! / Zu dir nehme ich meine Zuflucht.

10 Lehre mich, deinen Willen zu tun; denn du bist mein Gott. / Dein guter Geist leite mich auf ebenem Pfad.

11 Um deines Namens willen, Herr, erhalt mich am Leben, / führe mich heraus aus der Not in deiner Gerechtigkeit!

12 Vertilge in deiner Huld meine Feinde, / laß all meine Gegner untergehn! / Denn ich bin dein Knecht.

Danklied auf das Glück des Gottesvolkes

144 [Von David]
Gelobt sei der Herr, der mein Fels ist, / der meine Hände den Kampf gelehrt hat, meine Finger den Krieg.

2 Du bist meine Huld und Burg, / meine Festung, mein Retter, mein Schild, dem ich vertraue. / Er macht mir Völker untertan.

3 Herr, was ist der Mensch, daß du dich um ihn kümmerst, / des Menschen Kind, daß du es beachtest?

4 Der Mensch gleicht einem Hauch, / seine Tage
sind wie ein flüchtiger Schatten.
5 Herr, neig deinen Himmel, und steig herab, /
rühre die Berge an, so daß sie rauchen.
6 Schleudre Blitze, und zerstreue die Feinde, /
schieß deine Pfeile ab, und jag sie dahin!
7 Streck deine Hände aus der Höhe herab, und
befreie mich; / reiß mich heraus aus gewaltigen
Wassern, / aus der Hand der Fremden!
8 Alles, was ihr Mund sagt, ist Lüge, / Meineide
schwört ihre Rechte.
9 Ein neues Lied will ich, o Gott, dir singen, / auf
der zehnsaitigen Harfe will ich dir spielen,
10 der du den Königen den Sieg verleihst / und
David, deinen Knecht, errettest.
Vor dem bösen Schwert 11 errette mich, / entreiß
mich der Hand der Fremden!
Alles, was ihr Mund sagt, ist Lüge, / Meineide
schwört ihre Rechte.
12 Unsre Söhne seien wie junge Bäume, / hoch-
gewachsen in ihrer Jugend,
unsre Töchter wie schlanke Säulen, / die ge-
schnitzt sind für den Tempel.
13 Unsre Speicher seien gefüllt, / überquellend
von vielerlei Vorrat;
unsre Herden mögen sich tausendfach meh-
ren, / vieltausendfach auf unsren Fluren.
14 Unsre Kühe mögen tragen, ohne zu verwerfen
und ohne Unfall; / kein Wehgeschrei werde laut
auf unsern Straßen.
15 Wohl dem Volk, dem es so ergeht, / glücklich
das Volk, dessen Gott der Herr ist!

Lobpreis der Größe und Güte Gottes

145 [Ein Loblied Davids.]
Ich will dich rühmen, mein Gott und
König, / und deinen Namen preisen immer und
ewig;
2 ich will dich preisen Tag für Tag / und deinen
Namen loben immer und ewig.
3 Groß ist der Herr und hoch zu loben, / seine
Größe ist unerforschlich.
4 Ein Geschlecht verkünde dem andern den
Ruhm deiner Werke / und erzähle von deinen ge-
waltigen Taten.
5 Sie sollen vom herrlichen Glanz deiner Hoheit
reden; / ich will deine Wunder besingen.
6 Sie sollen sprechen von der Gewalt deiner er-
schreckenden Taten; / ich will von deinen großen
Taten berichten.
7 Sie sollen die Erinnerung an deine große Güte
wecken / und über deine Gerechtigkeit jubeln.
8 Der Herr ist gnädig und barmherzig, / lang-
mütig und reich an Gnade.
9 Der Herr ist gütig zu allen, / sein Erbarmen
waltet über all seinen Werken.
10 Danken sollen dir, Herr, all deine Werke / und
deine Frommen dich preisen.
11 Sie sollen von der Herrlichkeit deines Kö-
nigtums reden, / sollen sprechen von deiner
Macht,
12 den Menschen deine machtvollen Taten ver-
künden / und den herrlichen Glanz deines Kö-
nigtums.
13 Dein Königtum ist ein Königtum für ewige Zei-
ten, / deine Herrschaft währt von Geschlecht zu
Geschlecht.
[Der Herr ist treu in all seinen Worten, / voll
Huld in all seinen Taten.]
14 Der Herr stützt alle, die fallen, / und richtet alle
Gebeugten auf.
15 Aller Augen warten auf dich, / und du gibst ih-
nen Speise zur rechten Zeit.
16 Du öffnest deine Hand / und sättigst alles, was
lebt, nach deinem Gefallen.
17 Gerecht ist der Herr in allem, was er tut, / voll
Huld in all seinen Werken.
18 Der Herr ist allen, die ihn anrufen, nahe, / al-
len, die zu ihm aufrichtig rufen.
19 Die Wünsche derer, die ihn fürchten, erfüllt
er, / er hört ihr Schreien und rettet sie.
20 Alle, die ihn lieben, behütet der Herr, / doch
alle Frevler vernichtet er.
21 Mein Mund verkünde das Lob des Herrn. / Al-
les, was lebt, preise seinen heiligen Namen im-
mer und ewig!

Preislied auf Gott, den Herrn und Helfer Israels

146 Halleluja!
Lobe den Herrn, meine Seele! / 2 Ich
will den Herrn loben, solange ich lebe, / meinem
Gott singen und spielen, solange ich da bin.
3 Verlaßt euch nicht auf Fürsten, / auf Men-
schen, bei denen es doch keine Hilfe gibt.
4 Haucht der Mensch sein Leben aus / und kehrt
er zurück zur Erde, / dann ist es aus mit all seinen
Plänen.
5 Wohl dem, dessen Halt der Gott Jakobs ist / und
der seine Hoffnung / auf den Herrn, seinen Gott,
setzt.

6 Der Herr hat Himmel und Erde gemacht, /
das Meer und alle Geschöpfe; / er hält ewig die
Treue.
7 Recht verschafft er den Unterdrückten, / den
Hungernden gibt er Brot; / der Herr befreit die Ge-
fangenen.
8 Der Herr öffnet den Blinden die Augen, / er
richtet die Gebeugten auf.
9 Der Herr beschützt die Fremden / und verhilft
den Waisen und Witwen zu ihrem Recht.
Der Herr liebt die Gerechten, / doch die Schritte
der Frevler leitet er in die Irre.
10 Der Herr ist König auf ewig, / dein Gott, Zion,
herrscht von Geschlecht zu Geschlecht. / Halle-
luja!

Bekenntnis zu Gott, dem Retter Israels

147 Halleluja!
Gut ist es, unserm Gott zu singen; /
schön ist es, ihn zu loben.
2 Der Herr baut Jerusalem wieder auf, / er sam-
melt die Versprengten Israels.
3 Er heilt die gebrochenen Herzen / und verbin-
det ihre schmerzenden Wunden.
4 Er bestimmt die Zahl der Sterne / und ruft sie
alle mit Namen.
5 Groß ist unser Herr und gewaltig an Kraft, / un-
ermeßlich ist seine Weisheit.
6 Der Herr hilft den Gebeugten auf / und ernied-
rigt die Frevler.
7 Stimmt dem Herrn ein Danklied an, / spielt un-
serm Gott auf der Harfe!
8 Er bedeckt den Himmel mit Wolken, / spendet
der Erde Regen / und läßt Gras auf den Bergen
sprießen.
9 Er gibt dem Vieh seine Nahrung, / gibt den jun-
gen Raben, wonach sie schreien.
10 Er hat keine Freude an der Kraft des Pferdes, /
kein Gefallen am schnellen Lauf des Mannes.
11 Gefallen hat der Herr an denen, die ihn fürch-
ten und ehren, / die voll Vertrauen warten auf
seine Huld.

Dank für Gottes Güte

12 Jerusalem, preise den Herrn, / lobsinge, Zion,
deinem Gott!
13 Denn er hat die Riegel deiner Tore festge-
macht, / die Kinder in deiner Mitte gesegnet;
14 er verschafft deinen Grenzen Frieden, / und
sättigt dich mit bestem Weizen.
15 Er sendet sein Wort zur Erde, / rasch eilt sein
Befehl dahin.
16 Er spendet Schnee wie Wolle, / streut den Reif
aus wie Asche.
17 Eis wirft er herab in Brocken, / vor seiner Kälte
erstarren die Wasser.
18 Er sendet sein Wort aus, und sie schmelzen, /
er läßt den Wind wehen, dann rieseln die Wasser.
19 Er verkündet Jakob sein Wort, / Israel seine Ge-
setze und Rechte.
20 An keinem andern Volk hat er so gehandelt, /
keinem sonst seine Rechte verkündet. / Halleluja!

Danklitanei auf Gott, den Schöpfer und Herrn

148 Halleluja!
Lobt den Herrn vom Himmel her, /
lobt ihn in den Höhen:
2 Lobt ihn, all seine Engel, / lobt ihn, all seine
Scharen;
3 lobt ihn, Sonne und Mond, / lobt ihn, all ihr
leuchtenden Sterne;
4 lobt ihn, alle Himmel / und ihr Wasser über
dem Himmel!
5 Loben sollen sie den Namen des Herrn; / denn
er gebot, und sie waren erschaffen.
6 Er stellte sie hin für immer und ewig, / er gab
ihnen ein Gesetz, das sie nicht übertreten.
7 Lobt den Herrn, ihr auf der Erde, / ihr See-
ungeheuer und all ihr Tiefen,
8 Feuer und Hagel, Schnee und Nebel, / du
Sturmwind, der sein Wort vollzieht,
9 ihr Berge und all ihr Hügel, / ihr Fruchtbäume
und alle Zedern,
10 ihr wilden Tiere und alles Vieh, / Kriechtiere
und gefiederte Vögel,
11 ihr Könige der Erde und alle Völker, / ihr Für-
sten und alle Richter auf Erden,
12 ihr jungen Männer und auch ihr Mädchen, /
ihr Alten mit den Jungen!
13 Loben sollen sie den Namen des Herrn; / denn
sein Name allein ist erhaben, / seine Hoheit
strahlt über Erde und Himmel.
14 Seinem Volk verleiht er Macht, / das ist ein
Ruhm für all seine Frommen, / für Israels Kinder,
das Volk, das ihm nahen darf. Halleluja!

Ein Kampflied des Gottesvolkes

149 Halleluja!
Singt dem Herrn ein neues Lied! / Sein
Lob erschalle in der Gemeinde der Frommen.

[2] Israel soll sich über seinen Schöpfer freuen, /
die Kinder Zions über ihren König jauchzen.
[3] Seinen Namen sollen sie loben beim Rei-
gentanz, / ihm spielen auf Pauken und Har-
fen.
[4] Der Herr hat an seinem Volk Gefallen, / die Ge-
beugten krönt er mit Sieg.
[5] In festlichem Glanz sollen die Frommen
frohlocken, / auf ihren Lagern jauchzen:
[6] Loblieder auf Gott in ihrem Mund, / ein zwei-
schneidiges Schwert in der Hand,
[7] um die Vergeltung zu vollziehn an den Völ-
kern, / an den Nationen das Strafgericht,
[8] um ihre Könige mit Fesseln zu binden, / ihre
Fürsten mit eisernen Ketten,
[9] um Gericht über sie zu halten, so wie geschrie-
ben steht. / Herrlich ist das für all seine Frommen.
Halleluja!

Das große Halleluja

150 Halleluja!
Lobet Gott in seinem Heiligtum, / lobt
ihn in seiner mächtigen Feste!
[2] Lobt ihn für seine großen Taten, / lobt ihn in
seiner gewaltigen Größe!
[3] Lobt ihn mit dem Schall der Hörner, / lobt ihn
mit Harfe und Zither!
[4] Lobet ihn mit Pauken und Tanz, / lobt ihn mit
Flöten und Saitenspiel!
[5] Lobt ihn mit hellen Zimbeln, / lobt ihn mit klin-
genden Zimbeln!
[6] Alles, was atmet, / lobe den Herrn! Halleluja!

DAS BUCH DER SPRICHWÖRTER

Einleitung: 1,1–7

1 Sprichwörter Salomos, des Sohnes Davids, /
des Königs von Israel:
[2] um Weisheit zu lernen und Zucht, / um kun-
dige Rede zu verstehen,
[3] um Zucht und Verständnis zu erlangen, / Ge-
rechtigkeit, Rechtssinn und Redlichkeit,
[4] um Unerfahrenen Klugheit zu verleihen, / der
Jugend Kenntnis und Umsicht.
[5] Der Weise höre und vermehre sein Wissen, /
der Verständige lerne kluge Führung,
[6] um Sinnspruch und Gleichnis zu verstehen, /
die Worte und Rätsel der Weisen.
[7] Gottesfurcht ist Anfang der Erkenntnis, / nur
Toren verachten Weisheit und Zucht.

Eine Sammlung von Weisheitslehren: 1,8–9,18

Die Warnung vor Verführung und Unerfahrenheit

[8] Höre, mein Sohn, auf die Mahnung des Vaters, /
und die Lehre deiner Mutter verwirf nicht!
[9] Sie sind ein schöner Kranz auf deinem Haupt /
und eine Kette für deinen Hals.
[10] Mein Sohn, wenn dich Sünder locken, / dann
folg ihnen nicht,
[11] wenn sie sagen: Geh mit uns, / wir wollen dar-
auf lauern, Blut zu vergießen, / ohne Grund dem
Arglosen nachzustellen;

12 wie die Unterwelt wollen wir sie lebendig ver-
schlingen, / Männer in ihrer Kraft, als wären sie
dem Grab verfallen.
13 Manch kostbares Stück werden wir finden, /
mit Beute unsere Häuser füllen.
14 Wirf dein Los in unserm Kreis, / gemeinsam
sei uns der Beutel.
15 Mein Sohn, geh nicht mit ihnen, / halte dei-
nen Fuß fern von ihrem Pfad!
16 Denn ihre Füße laufen dem Bösen nach, / sie
eilen, Blut zu vergießen.
17 Umsonst wird das Netz ausgespannt / vor den
Augen aller Vögel;
18 sie aber lauern auf ihr eigenes Blut, / sie trach-
ten sich selbst nach dem Leben.
19 So enden alle, die sich durch Raub bereichern: /
Wer ihn an sich nimmt, dem raubt er das Leben.
20 Die Weisheit ruft laut auf der Straße, / auf den
Plätzen erhebt sie ihre Stimme.
21 Am Anfang der Mauern predigt sie, / an den
Stadttoren hält sie ihre Reden:
22 Wie lang noch, ihr Törichten, liebt ihr
Betörung, / gefällt den Zuchtlosen ihr dreistes Ge-
rede, / hassen die Toren Erkenntnis?
23 Wendet euch meiner Mahnung zu! / Dann
will ich auf euch meinen Geist ausgießen / und
meine Worte euch kundtun.
24 Als ich rief, habt ihr euch geweigert, / meine
drohende Hand hat keiner beachtet;
25 jeden Rat, den ich gab, habt ihr ausgeschla-
gen, / meine Mahnung gefiel euch nicht.
26 Darum werde auch ich lachen, / wenn euch
Unglück trifft, / werde spotten, wenn Schrecken
über euch kommt,
27 wenn der Schrecken euch wie ein Unwet-
ter naht / und wie ein Sturm euer Unglück her-
einbricht, / wenn Not und Drangsal euch über-
fallen.
28 Dann werden sie nach mir rufen, doch ich
höre nicht; / sie werden mich suchen, aber nicht
finden.
29 Weil sie die Einsicht haßten / und nicht die
Gottesfurcht wählten,
30 meinen Rat nicht wollten, / meine ganze
Mahnung mißachteten,
31 sollen sie nun essen von der Frucht ihres Tuns /
und von ihren Plänen sich sättigen.
32 Denn die Abtrünnigkeit der Haltlosen ist ihr
Tod, / die Sorglosigkeit der Toren ist ihr Verder-
ben.
33 Wer aber auf mich hört, wohnt in Sicherheit, /
ihn stört kein böser Schrecken.

2 Mein Sohn, wenn du meine Worte an-
nimmst / und meine Gebote beherzigst,
2 der Weisheit Gehör schenkst, / dein Herz der
Einsicht zuneigst,
3 wenn du nach Erkenntnis rufst, / mit lauter
Stimme um Einsicht bittest,
4 wenn du sie suchst wie Silber, / nach ihr
forschst wie nach Schätzen,
5 dann wirst du die Gottesfurcht begreifen / und
Gotteserkenntnis finden.
6 Denn der Herr gibt Weisheit, / aus seinem
Mund kommen Erkenntnis und Einsicht.
7 Für die Redlichen hält er Hilfe bereit, / den
Rechtschaffenen ist er ein Schild.
8 Er hütet die Pfade des Rechts / und bewacht
den Weg seiner Frommen.
9 Dann begreifst du, was Recht und Gerechtig-
keit ist, / Redlichkeit und jedes gute Verhalten;
10 denn Weisheit zieht ein in dein Herz, / Er-
kenntnis beglückt deine Seele.
11 Besonnenheit wacht über dir, / und Einsicht
behütet dich.
12 Sie bewahrt dich vor dem Weg des Bösen, /
vor Leuten, die Verkehrtes reden,
13 die den rechten Weg verlassen, / um auf dunk-
len Pfaden zu gehen,
14 die sich freuen am bösen Tun / und jubeln über
die Verkehrtheit des Schlechten,
15 deren Pfade krumm verlaufen / und deren
Straßen in die Irre führen.
16 Sie bewahrt dich vor der Frau des andern, / vor
der Fremden, die verführerisch redet,
17 die den Gefährten ihrer Jugend verläßt / und
den Bund ihres Gottes vergißt;
18 ihr Haus sinkt hinunter zur Totenwelt, / ihre
Straße führt zu den Totengeistern hinab.
19 Wer zu ihr geht, kehrt nie zurück, / findet nie
wieder die Pfade des Lebens.
20 Darum geh auf dem Weg der Guten, / halte
dich an die Pfade der Gerechten;
21 denn die Redlichen werden das Land bewoh-
nen, / wer rechtschaffen ist, wird darin bleiben.
22 Die Frevler aber werden aus dem Land ver-
stoßen, / die Verräter aus ihm weggerissen.

3 Mein Sohn, vergiß meine Lehre nicht, / be-
wahre meine Gebote in deinem Herzen!
2 Denn sie vermehren die Tage und Jahre deines
Lebens / und bringen dir Wohlergehen.

[3] Nie sollen Liebe und Treue dich verlassen; /
binde sie dir um den Hals, / schreib sie auf die Ta-
fel deines Herzens!
[4] Dann erlangst du Gunst und Beifall / bei Gott
und den Menschen.
[5] Mit ganzem Herzen vertrau auf den Herrn, /
bau nicht auf eigene Klugheit;
[6] such ihn zu erkennen auf all deinen Wegen, /
dann ebnet er selbst deine Pfade.
[7] Halte dich nicht selbst für weise, / fürchte den
Herrn, und fliehe das Böse!
[8] Das ist heilsam für deine Gesundheit / und er-
frischt deine Glieder.
[9] Ehre den Herrn mit deinem Vermögen, / mit
dem Besten von dem, was du erntest.
[10] Dann füllen sich deine Scheunen mit Korn, /
deine Fässer laufen über von Wein.
[11] Mein Sohn, verachte nicht die Zucht des
Herrn, / widersetz dich nicht, wenn er dich zu-
rechtweist.
[12] Wen der Herr liebt, den züchtigt er, / wie ein
Vater seinen Sohn, den er gern hat.
[13] Wohl dem Mann, der Weisheit gefunden, /
dem Mann, der Einsicht gewonnen hat.
[14] Denn sie zu erwerben ist besser als Silber, / sie
zu gewinnen ist besser als Gold.
[15] Sie übertrifft die Perlen an Wert, / keine kost-
baren Steine kommen ihr gleich.
[16] Langes Leben birgt sie in ihrer Rechten, / in ih-
rer Linken Reichtum und Ehre;
[17] ihre Wege sind Wege der Freude, / all ihre
Pfade führen zum Glück.
[18] Wer nach ihr greift, dem ist sie ein Lebens-
baum, / wer sie festhält, ist glücklich zu preisen.
[19] Der Herr hat die Erde mit Weisheit gegrün-
det / und mit Einsicht den Himmel befestigt.
[20] Durch sein Wissen brechen die tiefen Quellen
hervor / und träufeln die Wolken den Tau herab.
[21] Mein Sohn, laß beides nicht aus den Augen: /
Bewahre Umsicht und Besonnenheit!
[22] Dann werden sie dir ein Lebensquell, / ein
Schmuck für deinen Hals;
[23] dann gehst du sicher deinen Weg / und stößt
mit deinem Fuß nicht an.
[24] Gehst du zur Ruhe, so schreckt dich nichts
auf, / legst du dich nieder, erquickt dich dein
Schlaf.
[25] Du brauchst dich vor jähem Erschrecken nicht
zu fürchten / noch vor dem Verderben, das über
die Frevler kommt.
[26] Der Herr wird deine Zuversicht sein, / er be-
wahrt deinen Fuß vor der Schlinge.
[27] Versag keine Wohltat dem, der sie braucht, /
wenn es in deiner Hand liegt, Gutes zu tun.
[28] Wenn du jetzt etwas hast, / sag nicht zu dei-
nem Nächsten: / Geh, komm wieder, morgen
will ich dir etwas geben.
[29] Sinne nichts Böses gegen deinen Nächsten, /
der friedlich neben dir wohnt.
[30] Bring niemand ohne Grund vor Gericht, /
wenn er dir nichts Böses getan hat.
[31] Beneide den Gewalttätigen nicht, / wähle kei-
nen seiner Wege;
[32] denn ein Greuel ist dem Herrn der Ränke-
schmied, / die Redlichen sind seine Freunde.
[33] Der Fluch des Herrn fällt auf das Haus
des Frevlers, / die Wohnung der Gerechten seg-
net er.
[34] Die Zuchtlosen verspottet er, / den Gebeugten
erweist er seine Gunst.
[35] Die Weisen erlangen Ehre, / die Toren aber
häufen Schande auf sich.

Die Mahnung zur Weisheit

4 Ihr Söhne, hört auf die Mahnung des Va-
ters, / merkt auf, damit ihr Einsicht lernt;
[2] denn gute Lehre gebe ich euch. / Laßt nicht ab
von meiner Weisung!
[3] Als ich noch ein Knabe war bei meinem Vater, /
das zarte und einzige Kind meiner Mutter,
[4] da lehrte er mich und sagte zu mir: / Nimm dir
meine Worte zu Herzen, / folge meinen Geboten,
und du wirst leben.
[5] Erwirb dir Weisheit, erwirb dir Einsicht, /
vergiß sie nicht, weich nicht ab von meinen Wor-
ten!
[6] Laß nicht von ihr, und sie wird dich behüten, /
liebe sie, und sie wird dich beschützen.
[7] Anfang der Weisheit ist: Erwirb dir Weisheit, /
erwirb dir Einsicht mit deinem ganzen Vermö-
gen!
[8] Halte sie hoch, dann wird sie dich erhöhen; /
sie bringt dich zu Ehren, wenn du sie umarmst.
[9] Sie setzt dir einen schönen Kranz auf das
Haupt, / eine prächtige Krone wird sie dir schen-
ken.
[10] Höre, mein Sohn, und nimm meine Worte an, /
dann mehren sich die Jahre deines Lebens.
[11] Den Weg der Weisheit zeige ich dir, / ich leite
dich auf ebener Bahn.

12 Wenn du gehst, ist dein Schritt nicht beengt, /
wenn du läufst, wirst du nicht straucheln.
13 Halt fest an der Zucht, und laß davon nicht ab, /
bewahre sie; denn sie ist dein Leben.
14 Betritt nicht den Pfad der Frevler, / beschreite
nicht den Weg der Bösen!
15 Meide ihn, geh nicht auf ihm, / kehr dich von
ihm ab, und geh vorbei!
16 Denn sie schlafen nicht, ehe sie Böses tun; /
der Schlaf flieht sie, bis sie Verbrechen bege-
hen.
17 Sie essen das Brot des Unrechts / und trinken
den Wein der Gewalttat.
18 Doch der Pfad der Gerechten / ist wie das Licht
am Morgen; / es wird immer heller bis zum
vollen Tag.
19 Der Weg der Frevler ist wie dunkle Nacht; / sie
merken nicht, worüber sie fallen.
20 Mein Sohn, achte auf meine Worte, / neige
dein Ohr meiner Rede zu!
21 Laß sie nicht aus den Augen, / bewahre sie tief
im Herzen!
22 Denn Leben bringen sie dem, der sie findet, /
und Gesundheit seinem ganzen Leib.
23 Mehr als alles hüte dein Herz; / denn von ihm
geht das Leben aus.
24 Vermeide alle Falschheit des Mundes, / und
Verkehrtheit der Lippen halt von dir fern!
25 Deine Augen sollen geradeaus schauen, / und
deine Blicke richte nach vorn!
26 Ebne die Straße für deinen Fuß, / und alle
deine Wege seien geordnet.
27 Bieg nicht ab, weder rechts noch links, / halt
deinen Fuß vom Bösen zurück!

Die Warnung vor der fremden Frau

5 Mein Sohn, merk auf meinen weisen Rat, /
neige meiner Einsicht dein Ohr zu,
2 damit du Besonnenheit bewahrst / und deine
Lippen auf Klugheit achten.
3 Denn die Lippen der fremden Frau triefen von
Honig, / glatter als Öl ist ihr Mund.
4 Doch zuletzt ist sie bitter wie Wermut, / scharf
wie ein zweischneidiges Schwert.
5 Ihre Füße steigen zur Totenwelt hinab, / ihre
Schritte gehen der Unterwelt zu.
6 Den ebenen Pfad zum Leben verfehlt sie, / sie
geht krumme Wege und merkt es nicht.
7 Nun denn, ihr Söhne, hört auf mich, / weicht
nicht ab von den Worten, die mein Mund spricht.
8 Halte deinen Weg von ihr fern, / komm ihrer
Haustür nicht nahe!
9 Sonst schenkst du andern deine Kraft, / deine
Jahre einem Rücksichtslosen;
10 sonst sättigen sich Fremde an deinem Besitz, /
die Frucht deiner Arbeit kommt in das Haus eines
andern,
11 und am Ende wirst du stöhnen, / wenn dein
Leib und dein Fleisch dahinsiechen.
12 Dann wirst du bekennen: / Weh mir, ich habe
die Zucht gehaßt, / mein Herz hat die Warnung
verschmäht;
13 ich habe nicht auf die Stimme meiner Erzieher
gehört, / mein Ohr nicht meinen Lehrern zuge-
neigt.
14 Fast hätte mich alles Unheil getroffen / in der
Versammlung und in der Gemeinde.
15 Trink Wasser aus deiner eigenen Zisterne, /
Wasser, das aus deinem Brunnen quillt.
16 Sollen deine Quellen auf die Straße fließen, /
auf die freien Plätze deine Bäche?
17 Dir allein sollen sie gehören, / kein Fremder
soll teilen mit dir.
18 Dein Brunnen sei gesegnet; / freu dich der
Frau deiner Jugendtage,
19 der lieblichen Gazelle, der anmutigen Gemse! /
Ihre Liebkosung mache dich immerfort trunken, /
an ihrer Liebe berausch dich immer wieder!
20 Warum solltest du dich an einer Fremden be-
rauschen, / den Busen einer andern umfangen?
21 Denn der Weg eines jeden liegt offen vor
den Augen des Herrn, / er achtet auf alle seine
Pfade.
22 Der Frevler verfängt sich in der eigenen
Schuld, / die Stricke seiner Sünde halten ihn fest.
23 Er stirbt aus Mangel an Zucht, / wegen seiner
großen Torheit stürzt er ins Verderben.

Die Weisheit im täglichen Leben

6 Mein Sohn, hast du deinem Nächsten Bürg-
schaft geleistet, / hast du einem Fremden
den Handschlag gegeben,
2 hast du dich durch deine Worte gebunden, /
bist du gefangen durch deine Worte,
3 dann tu doch dies, mein Sohn: Reiß dich los; /
denn du bist in die Hände deines Nächsten gera-
ten. / Geh eilends hin, und bestürm deinen Näch-
sten!
4 Gönne deinen Augen keinen Schlaf, / keinen
Schlummer deinen Wimpern,

5 entreiß dich seiner Hand wie eine Gazelle, /
wie ein Vogel der Hand des Jägers!
6 Geh zur Ameise, du Fauler, / betrachte ihr Ver-
halten, und werde weise!
7 Sie hat keinen Meister, / keinen Aufseher und
Gebieter,
8 und doch sorgt sie im Sommer für Futter, /
sammelt sich zur Erntezeit Vorrat.
9 Wie lang, du Fauler, willst du noch daliegen, /
wann willst du aufstehen von deinem Schlaf?
10 Noch ein wenig schlafen, noch ein wenig
schlummern, / noch ein wenig die Arme ver-
schränken, um auszuruhen.
11 Da kommt schon die Armut wie ein Strolch
über dich, / die Not wie ein zudringlicher Bett-
ler.
12 Ein Nichtsnutz, ja ein Gauner, / wer daher-
kommt mit Lügen im Mund,
13 wer mit den Augen zwinkert, mit den Füßen
deutet, / Zeichen gibt mit den Fingern.
14 Tücke im Herzen, stets voll böser Ränke, / zet-
telt er jederzeit Händel an.
15 Darum wird plötzlich das Verderben über ihn
kommen, / im Nu, ohne Rettung, wird er zer-
schmettert.
16 Sechs Dinge sind dem Herrn verhaßt, / sieben
sind ihm ein Greuel:
17 Stolze Augen, eine falsche Zunge, / Hände, die
unschuldiges Blut vergießen,
18 ein Herz, das finstere Pläne hegt, / Füße, die
schnell dem Bösen nachlaufen,
19 ein falscher Zeuge, der Lügen zuflüstert, / und
wer Streit entfacht unter Brüdern.

Die eheliche Treue

20 Achte, mein Sohn, auf das Gebot deines Va-
ters, / mißachte nicht die Lehre deiner Mutter!
21 Binde sie dir für immer aufs Herz, / und winde
sie dir um den Hals!
22 Wenn du gehst, geleitet sie dich, / wenn du
ruhst, behütet sie dich, / beim Erwachen redet sie
mit dir.
23 Denn eine Leuchte ist das Gebot und die Lehre
ein Licht, / ein Weg zum Leben sind Mahnung
und Zucht.
24 Sie bewahren dich vor der Frau des Näch-
sten, / vor der glatten Zunge der Fremden.
25 Begehre nicht in deinem Herzen ihre Schön-
heit, / laß dich nicht fangen durch ihre Wim-
pern!
26 Einer Dirne zahlt man bis zu einem Laib Brot, /
die Frau eines andern jagt dir das kostbare Leben
ab.
27 Trägt man denn Feuer in seinem Gewand, /
ohne daß die Kleider in Brand geraten?
28 Kann man über glühende Kohlen schreiten, /
ohne sich die Füße zu verbrennen?
29 So ist es mit dem, der zur Frau seines Nächsten
geht. / Keiner bleibt ungestraft, der sie berührt.
30 Verachtet man nicht den Dieb, auch wenn er
nur stiehlt, / um sein Verlangen zu stillen, weil er
Hunger hat?
31 Wird er ertappt, so muß er siebenfach zah-
len, / den ganzen Besitz seines Hauses geben.
32 Wer Ehebruch treibt, ist ohne Verstand, / nur
wer sich selbst vernichten will, läßt sich darauf ein.
33 Schläge und Schande bringt es ihm ein, / un-
austilgbar ist seine Schmach.
34 Denn Eifersucht bringt den Ehemann in Wut, /
er kennt keine Schonung am Tag der Rache.
35 Kein Sühnegeld nimmt er an; / magst du auch
Geschenke häufen, er willigt nicht ein.
7 Mein Sohn, achte auf meine Worte, / meine
Gebote verwahre bei dir!
2 Achte auf meine Gebote, damit du am Leben
bleibst, / hüte meine Lehre wie deinen Augapfel!
3 Binde sie dir an die Finger, / schreib sie auf die
Tafel deines Herzens!
4 Sag zur Weisheit: Du bist meine Schwester!, /
und nenne die Klugheit deine Freundin!
5 Sie bewahrt dich vor der Frau eines andern, /
vor der Fremden, die verführerisch redet.
6 Vom Fenster meines Hauses, / durch das Git-
ter, habe ich ausgeschaut;
7 da sah ich bei den Unerfahrenen, / da be-
merkte ich bei den Burschen / einen jungen
Mann ohne Verstand:
8 Er ging über die Straße, bog um die Ecke / und
nahm den Weg zu ihrem Haus;
9 als der Tag sich neigte, in der Abenddämme-
rung, / um die Zeit, da es dunkel wird und die
Nacht kommt.
10 Da! Eine Frau kommt auf ihn zu, / im Kleid der
Dirnen, mit listiger Absicht;
11 voll Leidenschaft ist sie und unbändig, / ihre
Füße blieben nicht mehr im Haus;
12 bald auf den Gassen, bald auf den Plätzen, / an
allen Straßenecken lauert sie.
13 Nun packt sie ihn, küßt ihn, / sagt zu ihm mit
keckem Gesicht:

14 Ich war zu Heilsopfern verpflichtet, / und
heute erfüllte ich meine Gelübde.
15 Darum bin ich ausgegangen, dir entgegen, /
ich habe dich gesucht und gefunden.
16 Ich habe Decken über mein Bett gebreitet, /
bunte Tücher aus ägyptischem Leinen;
17 ich habe mein Lager besprengt / mit Myrrhe,
Aloe und Zimt.
18 Komm, wir wollen bis zum Morgen in Liebe
schwelgen, / wir wollen die Liebeslust kosten.
19 Denn mein Mann ist nicht zu Hause, / er ist
auf Reisen, weit fort.
20 Den Geldbeutel hat er mitgenommen, / erst
am Vollmondstag kehrt er heim.
21 So macht sie ihn willig mit viel Überredung, /
mit schmeichelnden Lippen verführt sie ihn.
22 Betört folgt er ihr, / wie ein Ochse, den man
zum Schlachten führt, / wie ein Hirsch, den das
Fangseil umschlingt,
23 bis ein Pfeil ihm die Leber zerreißt; / wie ein
Vogel, der in das Netz fliegt / und nicht merkt,
daß es um sein Leben geht.
24 Darum, ihr Söhne, hört auf mich, / achtet auf
meine Reden!
25 Dein Herz schweife nicht ab auf ihre Wege, /
verirre dich nicht auf ihre Pfade!
26 Denn zahlreich sind die Erschlagenen, die
sie gefällt hat; / viele sind es, die sie ermordet hat;
27 ihr Haus ist ein Weg zur Unterwelt, / er führt
zu den Kammern des Todes.

Die Weisheit als Gabe Gottes

8 Ruft nicht die Weisheit, / erhebt nicht die
Klugheit ihre Stimme?
2 Bei der Stadtburg, auf den Straßen, / an der
Kreuzung der Wege steht sie;
3 neben den Toren, wo die Stadt beginnt, / am
Zugang zu den Häusern ruft sie laut:
4 Euch, ihr Leute, lade ich ein, / meine Stimme
ergeht an alle Menschen:
5 Ihr Unerfahrenen, werdet klug, / ihr Törichten,
nehmt Vernunft an!
6 Hört her! Aufrichtig rede ich. / Redlich ist, was
meine Lippen reden.
7 Die Wahrheit spricht meine Zunge, / Unrech-
tes ist meinen Lippen ein Greuel.
8 Alle meine Worte sind recht, / keines von ih-
nen ist hinterhältig und falsch.
9 Für den Verständigen sind sie alle klar / und
richtig für den, der Erkenntnis fand.
10 Nehmt lieber Bildung an als Silber, / lieber Ver-
ständnis als erlesenes Gold!
11 Ja, Weisheit übertrifft die Perlen an Wert, /
keine kostbaren Steine kommen ihr gleich.
12 Ich, die Weisheit, verweile bei der Klugheit, /
ich entdecke Erkenntnis und guten Rat.
13 Gottesfurcht verlangt, Böses zu hassen. / Hoch-
mut und Hoffart, schlechte Taten / und einen ver-
logenen Mund hasse ich.
14 Bei mir ist Rat und Hilfe; / ich bin die Einsicht,
bei mir ist Macht.
15 Durch mich regieren die Könige / und ent-
scheiden die Machthaber, wie es Recht ist;
16 durch mich versehen die Herrscher ihr Amt, /
die Vornehmen und alle Verwalter des Rechts.
17 Ich liebe alle, die mich lieben, / und wer mich
sucht, der wird mich finden.
18 Reichtum und Ehre sind bei mir, / angesehe-
ner Besitz und Glück;
19 meine Frucht ist besser als Gold und Fein-
gold, / mein Nutzen übertrifft wertvolles Sil-
ber.
20 Ich gehe auf dem Weg der Gerechtigkeit, /
mitten auf den Pfaden des Rechtes,
21 um denen, die mich lieben, Gaben zu verlei-
hen / und ihre Scheunen zu füllen.
22 Der Herr hat mich geschaffen im Anfang sei-
ner Wege, / vor seinen Werken in der Urzeit;
23 in frühester Zeit wurde ich gebildet, / am An-
fang, beim Ursprung der Erde.
24 Als die Urmeere noch nicht waren, / wurde
ich geboren, / als es die Quellen noch nicht gab,
die wasserreichen.
25 Ehe die Berge eingesenkt wurden, / vor den
Hügeln wurde ich geboren.
26 Noch hatte er die Erde nicht gemacht und die
Fluren / und alle Schollen des Festlands.
27 Als er den Himmel baute, war ich dabei, / als
er den Erdkreis abmaß über den Wassern,
28 als er droben die Wolken befestigte / und
Quellen strömen ließ aus dem Urmeer,
29 als er dem Meer seine Satzung gab / und
die Wasser nicht seinen Befehl übertreten durf-
ten,
30 als er die Fundamente der Erde abmaß, / da
war ich als geliebtes Kind bei ihm.
Ich war seine Freude Tag für Tag / und spielte
vor ihm allezeit.
31 Ich spielte auf seinem Erdenrund, / und meine
Freude war es, bei den Menschen zu sein.

32 Nun, ihr Söhne, hört auf mich! / Wohl dem,
der auf meine Wege achtet.
33 Hört die Mahnung, und werdet weise, / lehnt
sie nicht ab!
34 Wohl dem, der auf mich hört, / der Tag für Tag
an meinen Toren wacht / und meine Türpfosten
hütet.
35 Wer mich findet, findet Leben / und erlangt
das Gefallen des Herrn.
36 Doch wer mich verfehlt, der schadet sich
selbst; / alle, die mich hassen, lieben den Tod.
9 Die Weisheit hat ihr Haus gebaut, / ihre sie-
ben Säulen behauen.
2 Sie hat ihr Vieh geschlachtet, ihren Wein ge-
mischt / und schon ihren Tisch gedeckt.
3 Sie hat ihre Mägde ausgesandt / und lädt ein
auf der Höhe der Stadtburg:
4 Wer unerfahren ist, kehre hier ein. / Zum Un-
wissenden sagt sie:
5 Kommt, eßt von meinem Mahl, / und trinkt
vom Wein, den ich mischte.
6 Laßt ab von der Torheit, dann bleibt ihr am Le-
ben, / und geht auf dem Weg der Einsicht!
7 Wer den Zuchtlosen tadelt, erntet Schimpf, /
wer den Frevler rügt, erntet Schande.
8 Rüge den Zuchtlosen nicht; sonst haßt er dich. /
Rüge den Weisen, dann liebt er dich.
9 Unterrichte den Weisen, damit er noch weiser
wird; / belehre den Gerechten, damit er dazu-
lernt.
10 Anfang der Weisheit ist die Gottesfurcht, / die
Kenntnis des Heiligen ist Einsicht.
11 Ja, durch mich werden deine Tage zahlreich, /
nehmen die Jahre deines Lebens zu.
12 Bist du weise, so bist du weise zum eigenen
Nutzen, / bist du aber unbeherrscht, hast du al-
lein es zu tragen.
13 Frau Torheit fiebert nach Verführung; / das ist
alles, was sie versteht.
14 Sie sitzt vor der Tür ihres Hauses / auf einem
Sessel bei der Stadtburg,
15 um die Vorübergehenden einzuladen, / die ge-
radeaus ihre Pfade gehen:
16 Wer unerfahren ist, kehre hier ein. / Zum Un-
wissenden sagt sie:
17 Süß ist gestohlenes Wasser, / heimlich ent-
wendetes Brot schmeckt lecker.
18 Und er weiß nicht, daß Totengeister dort hau-
sen, / daß ihre Gäste in den Tiefen der Unterwelt
sind.

Die erste salomonische Spruchsammlung: 10,1–22,16

10 Sprichwörter Salomos:
Ein kluger Sohn macht dem Vater Freude,
/ ein dummer Sohn ist der Kummer seiner Mut-
ter.
2 Unrecht Gut gedeiht nicht, / Gerechtigkeit
aber rettet vor dem Tod.
3 Das Verlangen des Gerechten sättigt der Herr, /
die Gier der Frevler stößt er zurück.
4 Lässige Hand bringt Armut, / fleißige Hand
macht reich.
5 Wer im Sommer sammelt, ist ein kluger
Mensch; / in Schande gerät, wer zur Erntezeit
schläft.
6 Segen ruht auf dem Haupt des Gerechten, / im
Mund der Frevler versteckt sich Gewalttat.
7 Das Andenken des Gerechten ist gesegnet, /
der Name der Frevler vermodert.
8 Verständiger Sinn nimmt die Gebote an, / wer
Törichtes redet, kommt zu Fall.
9 Wer aufrichtig seinen Weg geht, geht sicher, /
wer krumme Wege geht, wird durchschaut.
10 Wer mit den Augen zwinkert, schafft Leid, /
wer offen tadelt, stiftet Frieden.
11 Der Mund des Gerechten ist ein Lebensquell, /
im Mund der Frevler versteckt sich Gewalttat.
12 Haß weckt Streit, / Liebe deckt alle Vergehen
zu.
13 Auf den Lippen des Einsichtigen findet man
Weisheit, / auf den Rücken des Unverständigen
paßt der Stock.
14 Weise verbergen ihr Wissen, / der Mund des
Toren ist drohendes Verderben.
15 Dem Reichen ist seine Habe eine feste Burg, /
dem Armen bringt seine Armut Verderben.
16 Der Besitz des Gerechten führt zum Leben, /
das Einkommen des Frevlers zur Sünde.
17 Den Weg zum Leben geht, wer Zucht be-
wahrt; / wer Warnung mißachtet, geht in die Irre.

18 Wer Haß verbirgt, heuchelt; / wer Verleumdung ausstreut, ist ein Tor.
19 Bei vielem Reden bleibt die Sünde nicht aus, / wer seine Lippen zügelt, ist klug.
20 Erlesenes Silber ist die Zunge des Gerechten, / das Sinnen des Frevlers ist wenig wert.
21 Die Lippen des Gerechten leiten viele, / die Toren sterben an Unverstand.
22 Der Segen des Herrn macht reich, / eigene Mühe tut nichts hinzu.
23 Des Toren Freude ist es, Böses zu tun, / des Verständigen Freude, weise zu sein.
24 Was der Frevler fürchtet, kommt über ihn, / was die Gerechten ersehnen, wird ihnen zuteil.
25 Wenn der Sturm daherbraust, ist der Frevler verloren, / der Gerechte ist fest gegründet für immer.
26 Wie Essig für die Zähne und Rauch für die Augen / ist der Faule für den, der ihn schickt.
27 Gottesfurcht bringt langes Leben, / doch die Jahre der Frevler sind verkürzt.
28 Die Hoffnung der Gerechten blüht auf, / die Erwartung der Frevler wird zunichte.
29 Dem Schuldlosen ist der Herr eine Zuflucht, / Verderben aber den Übeltätern.
30 Der Gerechte wird niemals wanken, / doch die Frevler bleiben nicht im Land wohnen.
31 Der Mund des Gerechten bringt Weisheit hervor, / eine Zunge voll Falschheit aber wird abgeschnitten.
32 Die Lippen des Gerechten achten auf das, was gefällt, / der Mund der Frevler aber auf das, was verkehrt ist.

11 Falsche Waage ist dem Herrn ein Greuel, / volles Gewicht findet sein Gefallen.
2 Kommt Übermut, kommt auch Schande, / doch bei den Bescheidenen ist die Weisheit zu Hause.
3 Die Redlichen leitet ihre Lauterkeit, / die Verräter richtet ihre Falschheit zugrunde.
4 Reichtum hilft nicht am Tag des Zorns, / Gerechtigkeit aber rettet vor dem Tod.
5 Dem Lauteren ebnet seine Gerechtigkeit den Weg, / der Frevler aber kommt durch seine Bosheit zu Fall.
6 Die Redlichen rettet ihre Gerechtigkeit, / die Verräter schlägt ihre eigene Gier in Fesseln.
7 Beim Tod des Frevlers wird sein Hoffen zunichte, / die falsche Erwartung schwindet dahin.
8 Der Gerechte wird aus der Not gerettet, / an seine Stelle tritt der Böse.
9 Vom Mund des Ruchlosen droht dem Nächsten Verderben, / die Gerechten befreien sich durch ihre Umsicht.
10 Wenn es dem Gerechten gut geht, freut sich die Stadt; / sie jubelt beim Untergang der Frevler.
11 Eine Stadt kommt hoch durch den Segen der Redlichen, / durch den Mund der Frevler wird sie niedergerissen.
12 Wer den Nächsten verächtlich macht, / ist ohne Verstand, / doch ein kluger Mensch schweigt.
13 Wer als Verleumder umhergeht, / gibt Geheimnisse preis, / der Verläßliche behält eine Sache für sich.
14 Fehlt es an Führung, kommt ein Volk zu Fall, / Rettung ist dort, wo viele Ratgeber sind.
15 Wer für einen Fremden bürgt, ist übel daran; / wer den Handschlag ablehnt, geht sicher.
16 Eine liebenswerte Frau kommt zu Ehren, / Sitz der Schande ist ein Weib, das gute Sitten haßt. / Die Faulen bringen es zu nichts, / wer fleißig ist, kommt zu Reichtum.
17 Die Güte eines Menschen kommt ihm selbst zugute, / der Hartherzige schneidet sich ins eigene Fleisch.
18 Der Frevler erzielt trügerischen Gewinn, / wer Gerechtigkeit sät, hat beständigen Ertrag.
19 Wer in der Gerechtigkeit feststeht, erlangt das Leben, / wer dem Bösen nachjagt, den Tod.
20 Verkehrte Menschen sind dem Herrn ein Greuel, / er hat Gefallen an denen, die den rechten Weg gehen.
21 Gewiß, der Böse bleibt nicht ungestraft, / doch die Söhne der Gerechten werden gerettet.
22 Ein goldener Ring im Rüssel eines Schweins / ist ein Weib, schön, aber sittenlos.
23 Das Begehren der Gerechten führt zu vollem Glück, / die Hoffnung der Frevler endet im Zorngericht.
24 Mancher teilt aus und bekommt immer mehr, / ein anderer kargt übers Maß und wird doch ärmer.
25 Wer wohltätig ist, wird reich gesättigt, / wer andere labt, wird selbst gelabt.
26 Wer Getreide zurückhält, den verwünschen die Leute, / wer Korn auf den Markt bringt, auf dessen Haupt kommt Segen.
27 Wer Gutes erstrebt, sucht das Gefallen Gottes; / wer nach dem Bösen trachtet, den trifft es.

28 Wer auf seinen Reichtum vertraut, der fällt, / die Gerechten aber sprossen wie grünes Laub.

29 Wer sein Haus verkommen läßt, erntet Wind, / und der Tor wird Sklave des Weisen.

30 Die Frucht der Gerechtigkeit ist ein Lebensbaum, / Gewalttat raubt die Lebenskraft.

31 Wird dem Gerechten vergolten auf der Erde, / dann erst recht dem Frevler und Sünder.

12 Wer Zucht liebt, liebt Erkenntnis, / wer Zurechtweisung haßt, ist dumm.

2 Der Gute findet Gefallen beim Herrn; / den Heimtückischen aber spricht er schuldig.

3 Wer unrecht tut, hat keinen Bestand, / doch die Wurzel der Gerechten sitzt fest.

4 Eine tüchtige Frau ist die Krone ihres Mannes, / eine schändliche ist wie Fäulnis in seinen Knochen.

5 Die Gedanken der Gerechten trachten nach Recht, / die Pläne der Frevler sind auf Betrug aus.

6 Die Reden der Frevler sind ein Lauern auf Blut, / die Redlichen rettet ihr Mund.

7 Die Frevler werden gestürzt und sind dahin, / das Haus der Gerechten hat Bestand.

8 Nach dem Maß seiner Klugheit wird ein jeder gelobt, / verkehrter Sinn fällt der Verachtung anheim.

9 Besser unbeachtet bleiben und seine Arbeit verrichten, / als großtun und kein Brot haben.

10 Der Gerechte weiß, was sein Vieh braucht, / doch das Herz der Frevler ist hart.

11 Wer sein Feld bestellt, wird satt von Brot, / wer nichtigen Dingen nachjagt, ist ohne Verstand.

12 Schwankender Lehm ist die Burg der Bösen, / die Wurzel der Gerechten hat festen Grund.

13 Der Böse verfängt sich im Lügengespinst, / der Gerechte entkommt der Bedrängnis.

14 Von der Frucht seines Mundes wird der Mensch reichlich gesättigt; / nach dem Tun seiner Hände wird ihm vergolten.

15 Der Tor hält sein eigenes Urteil für richtig, / der Weise aber hört auf Rat.

16 Der Tor zeigt sogleich seinen Ärger, / klug ist, wer Schimpfworte einsteckt.

17 Wer Wahrheit spricht, sagt aus, was recht ist, / der falsche Zeuge aber betrügt.

18 Mancher Leute Gerede verletzt wie Schwertstiche, / die Zunge der Weisen bringt Heilung.

19 Ein Mund, der die Wahrheit sagt, / hat für immer Bestand, / eine lügnerische Zunge nur einen Augenblick.

20 Wer auf Böses sinnt, betrügt sich selbst, / wer heilsamen Rat gibt, erntet Freude.

21 Kein Unheil trifft den Gerechten, / doch die Frevler erdrückt das Unglück.

22 Lügnerische Lippen sind dem Herrn ein Greuel, / doch wer zuverlässig ist in seinem Tun, der gefällt ihm.

23 Ein kluger Mensch verbirgt sein Wissen, / das Herz der Toren schreit die Narrheit hinaus.

24 Die Hand der Fleißigen erringt die Herrschaft, / die lässige Hand muß Frondienste leisten.

25 Kummer im Herzen bedrückt den Menschen, / ein gutes Wort aber heitert ihn auf.

26 Der Gerechte findet fette Weide; / der Weg der Frevler führt in die Irre.

27 Bequemlichkeit erjagt sich kein Wild, / kostbare Güter erlangt der Fleißige.

28 Der Pfad der Gerechtigkeit führt zum Leben, / der Weg der Abtrünnigen führt zum Tod.

13 Ein weiser Sohn ist die Frucht der Erziehung des Vaters, / der zuchtlose aber hört nicht auf Mahnung.

2 Von der Frucht seiner Worte zehrt der Gute, / aber die Verräter begehren Gewalttat.

3 Wer seine Lippen hütet, bewahrt sein Leben, / wer seinen Mund aufreißt, den trifft Verderben.

4 Das Verlangen des Faulen regt sich vergebens, / das Verlangen der Fleißigen wird befriedigt.

5 Verlogene Worte haßt der Gerechte, / der Frevler handelt schändlich und schimpflich.

6 Gerechtigkeit behütet den Schuldlosen auf seinem Weg, / Frevler bringt die Sünde zu Fall.

7 Mancher stellt sich reich und hat doch nichts, / ein anderer stellt sich arm und hat großen Besitz.

8 Der Reichtum eines Mannes ist das Lösegeld für sein Leben, / der Arme jedoch hört nichts von Loskauf.

9 Das Licht der Gerechten strahlt auf, / die Lampe der Frevler erlischt.

10 Der Leichtsinnige stiftet aus Übermut Zank, / doch wer sich beraten läßt, der ist klug.

11 Schnell errafftes Gut schwindet schnell, / wer Stück für Stück sammelt, wird reich.

12 Hingehaltene Hoffnung macht das Herz krank, / erfülltes Verlangen ist ein Lebensbaum.

13 Wer gute Worte mißachtet, erleidet Schaden, / wer Ehrfurcht hat vor dem Gebot, bleibt unversehrt.

14 Die Lehre des Weisen ist ein Lebensquell, / um den Schlingen des Todes zu entgehen.

15 Rechte Einsicht bringt Gunst, / aber den Ver-
rätern bringt ihr Verhalten den Untergang.
16 Der Kluge tut alles mit Überlegung, / der Tor
verbreitet nur Dummheit.
17 Ein gewissenloser Bote richtet Unheil an, / ein
zuverlässiger Bote bringt Heilung.
18 Armut und Schande erntet ein Verächter der
Zucht, / doch wer Tadel beherzigt, wird geehrt.
19 Ein erfüllter Wunsch tut dem Herzen wohl, /
vom Bösen zu lassen ist dem Toren ein Greuel.
20 Wer mit Weisen unterwegs ist, wird weise, /
wer mit Toren verkehrt, dem geht es übel.
21 Unglück verfolgt die Sünder, / den Gerechten
wird mit Gutem vergolten.
22 Der Gute hinterläßt seinen Enkeln das Erbe, /
der Besitz des Sünders wird für den Gerechten
aufgespart.
23 In der Hand der Vornehmen ist reichlich Nah-
rung; / der Arme wird zu Unrecht dahingerafft.
24 Wer die Rute spart, haßt seinen Sohn, / wer
ihn liebt, nimmt ihn früh in Zucht.
25 Der Gerechte hat zu essen, bis sein Hunger
gestillt ist, / der Bauch der Frevler aber muß dar-
ben.

14 Frau Weisheit hat ihr Haus gebaut, / die
Torheit reißt es nieder mit eigenen Hän-
den.
2 Wer geradeaus seinen Weg geht, fürchtet den
Herrn, / wer krumme Wege geht, verachtet ihn.
3 Im Mund des Toren ist eine Rute für seinen
Rücken, / den Weisen behüten seine Lippen.
4 Wo keine Ochsen sind, bleibt die Krippe leer, /
reicher Ertrag kommt durch die Kraft des Stieres.
5 Ein zuverlässiger Zeuge lügt nicht, / aber ein
falscher Zeuge flüstert Lügen zu.
6 Der Zuchtlose sucht Weisheit, doch vergebens, /
dem Verständigen fällt die Erkenntnis leicht.
7 Tritt einem törichten Mann gegenüber, / und
du erfährst keine verständigen Worte.
8 Die Weisheit des Klugen gibt ihm Einsicht in
seinen Weg, / aber die Dummheit der Toren führt
zu Täuschung.
9 In den Zelten der Toren wohnt Schuld, / das
Haus der Rechtschaffenen findet Gefallen.
10 Das Herz allein kennt seinen Kummer, / auch
in seine Freude mischt sich kein Fremder.
11 Das Haus der Frevler wird zertrümmert, / das
Zelt der Redlichen gedeiht.
12 Manch einem scheint sein Weg der rechte, /
aber am Ende sind es Wege des Todes.
13 Auch beim Lachen kann ein Herz leiden, / das
Ende der Freude ist Gram.
14 Dem Untreuen werden seine Vergehen ver-
golten, / dem guten Menschen seine edlen Taten.
15 Der Unerfahrene traut jedem Wort, / der Kluge
achtet auf seinen Schritt.
16 Der Weise hat Scheu und meidet das Böse, /
der Tor läßt sich gehen und ist vermessen.
17 Der Zornige handelt töricht, / der Ränke-
schmied ist verhaßt.
18 Die Unerfahrenen verfallen der Torheit, / die
Klugen krönen sich mit Erkenntnis.
19 Die Bösen müssen sich bücken vor den Guten /
und die Frevler an der Tür des Gerechten.
20 Selbst seinem Nächsten ist der Arme verhaßt, /
der Reiche aber hat viele Freunde.
21 Wer seinen Nächsten verachtet, sündigt; / wohl
dem, der Erbarmen hat mit den Notleidenden.
22 Gewiß geht in die Irre, wer Böses plant; /
Liebe und Treue erlangt, wer Gutes plant.
23 Jede Arbeit bringt Erfolg, / leeres Geschwätz
führt nur zu Mangel.
24 Die Krone der Weisen ist ihre Klugheit, / der
Kranz der Toren ist ihre Narrheit.
25 Ein verläßlicher Zeuge rettet Leben, / wer Lü-
gen zuflüstert, der täuscht.
26 Der Gottesfürchtige hat feste Zuversicht, /
noch seine Söhne haben eine Zuflucht.
27 Die Gottesfurcht ist ein Lebensquell, / um den
Schlingen des Todes zu entgehen.
28 Viel Volk ist der Glanz des Königs, / wenig
Leute sind des Fürsten Untergang.
29 Der Langmütige ist immer der Klügere, / der
Jähzornige treibt die Torheit auf die Spitze.
30 Ein gelassenes Herz bedeutet Leben für den
Leib, / doch Knochenfraß ist die Leidenschaft.
31 Wer den Geringen bedrückt, schmäht dessen
Schöpfer, / ihn ehrt, wer Erbarmen hat mit dem
Bedürftigen.
32 Durch seine Bosheit wird der Frevler gestürzt, /
der Gerechte findet Zuflucht in seiner Redlichkeit.
33 Im Herzen des Verständigen ruht Weisheit, /
im Innern der Toren ist sie nicht bekannt.
34 Gerechtigkeit erhöht ein Volk, / der Völker
Schmach ist die Sünde.
35 Die Gunst des Königs ruht auf dem klugen Die-
ner, / den schändlichen aber trifft sein Zorn.

15 Eine sanfte Antwort dämpft die Erre-
gung, / eine kränkende Rede reizt zum
Zorn.

2 Die Zunge der Weisen verkündet Erkenntnis, / der Mund der Narren sprudelt Torheit hervor.

3 An jedem Ort sind die Augen des Herrn, / sie wachen über Gute und Böse.

4 Eine sanfte Zunge ist ein Lebensbaum, / eine falsche Zunge bricht das Herz.

5 Der Tor verschmäht die Zucht seines Vaters, / wer auf Zurechtweisung achtet, ist klug.

6 Im Haus des Gerechten gibt es reichen Vorrat, / was der Frevler erwirbt, wird zerschlagen.

7 Die Lippen der Weisen streuen Erkenntnis aus, / das Herz der Toren ist verkehrt.

8 Das Opfer der Frevler ist dem Herrn ein Greuel, / am Gebet der Rechtschaffenen aber hat er Gefallen.

9 Ein Greuel ist dem Herrn der Weg des Frevlers, / wer aber der Gerechtigkeit nachjagt, den liebt er.

10 Schlimme Strafe trifft den, der den rechten Pfad verläßt, / wer Zurechtweisung haßt, muß sterben.

11 Totenreich und Unterwelt liegen offen vor dem Herrn, / wieviel mehr die Herzen der Menschen.

12 Ein Zuchtloser liebt es nicht, daß man ihn rügt, / zu weisen Menschen begibt er sich nicht.

13 Ein fröhliches Herz macht das Gesicht heiter, / Kummer im Herzen bedrückt das Gemüt.

14 Das Herz des Verständigen sucht Erkenntnis, / der Mund der Toren ergeht sich in Torheit.

15 Der Bedrückte hat lauter böse Tage, / der Frohgemute hat ständig Feiertag.

16 Besser wenig in Gottesfurcht / als reiche Schätze und keine Ruhe.

17 Besser ein Gericht Gemüse, wo Liebe herrscht, / als ein gemästeter Ochse und Haß dabei.

18 Ein hitziger Mensch erregt Zank, / ein langmütiger besänftigt den Streit.

19 Der Weg des Faulen ist wie ein Dornengestrüpp, / der Pfad der Redlichen aber ist gebahnt.

20 Ein kluger Sohn macht dem Vater Freude, / nur ein törichter Mensch verachtet seine Mutter.

21 Torheit macht dem Unverständigen Freude, / der einsichtige Mann geht den geraden Weg.

22 Wo es an Beratung fehlt, da scheitern die Pläne, / wo viele Ratgeber sind, gibt es Erfolg.

23 Jeden freut es, wenn er (kluge) Antwort geben kann, / und wie gut ist doch ein Wort zur rechten Zeit.

24 Einen Lebenspfad zur Höhe gibt es für den Klugen, / damit er der Totenwelt drunten entgeht.

25 Das Haus der Stolzen reißt der Herr nieder, / den Grenzstein der Witwe aber macht er fest.

26 Die Pläne des Bösen sind dem Herrn ein Greuel, / aber freundliche Reden gefallen ihm.

27 Wer sich durch Raub bereichert, zerstört sein Haus, / wer Bestechung von sich weist, wird lange leben.

28 Der Gerechte überlegt sich im Herzen jede Antwort, / aber der Mund der Frevler sprudelt Schlechtes hervor.

29 Fern ist der Herr den Frevlern, / doch das Gebet der Gerechten hört er.

30 Strahlende Augen erfreuen das Herz, / frohe Kunde labt den Leib.

31 Ein Ohr, das auf heilsame Mahnungen hört, / hält sich unter den Weisen auf.

32 Wer Zucht abweist, verachtet sich selbst; / wer aber auf Mahnungen hört, erwirbt Verstand.

33 Gottesfurcht erzieht zur Weisheit, / und Demut geht der Ehre voran.

16 Der Mensch entwirft die Pläne im Herzen, / doch vom Herrn kommt die Antwort auf der Zunge.

2 Jeder meint, sein Verhalten sei fehlerlos, / doch der Herr prüft die Geister.

3 Befiehl dem Herrn dein Tun an, / so werden deine Pläne gelingen.

4 Alles hat der Herr für seinen Zweck erschaffen, / so auch den Frevler für den Tag des Unheils.

5 Ein Greuel ist dem Herrn jeder Hochmütige; / er bleibt gewiß nicht ungestraft.

6 Durch Liebe und Treue wird Schuld gesühnt, / durch Gottesfurcht weicht man dem Bösen aus.

7 Gefallen dem Herrn die Wege eines Menschen, / so versöhnt er auch seine Feinde mit ihm.

8 Besser wenig und gerecht / als viel Besitz und Unrecht.

9 Des Menschen Herz plant seinen Weg, / doch der Herr lenkt seinen Schritt.

10 Gottesentscheid kommt von den Lippen des Königs, / sein Mund verfehlt sich nicht, wenn er ein Urteil fällt.

11 Rechte Waage und Waagschalen sind Sache des Herrn, / sein Werk sind alle Gewichtssteine im Beutel.

12 Frevlerisches Tun ist Königen ein Greuel; / denn ein Thron steht fest durch Gerechtigkeit.

13 Gerechte Lippen gefallen dem König, / wer
aufrichtig redet, den liebt er.
14 Des Königs Grimm gleicht Todesboten; / aber
ein Weiser kann ihn besänftigen.
15 Im leuchtenden Gesicht des Königs liegt Le-
ben, / sein Wohlwollen gleicht der Regenwolke
im Frühjahr.
16 Weisheit erwerben ist besser als Gold, / Ein-
sicht erwerben vortrefflicher als Silber.
17 Böses zu meiden ist das Ziel der Rechtschaffe-
nen; / wer auf seinen Weg achtet, bewahrt sein
Leben.
18 Hoffart kommt vor dem Sturz, / und Hochmut
kommt vor dem Fall.
19 Besser bescheiden sein mit Demütigen, / als
Beute teilen mit Stolzen.
20 Wer auf das Wort des Herrn achtet, findet
Glück; / wohl dem, der auf ihn vertraut.
21 Wer ein weises Herz hat, den nennt man ver-
ständig, / gefällige Rede fördert die Belehrung.
22 Wer Verstand besitzt, dem ist er ein Lebens-
quell, / die Strafe der Toren ist die Torheit selbst.
23 Das Herz des Weisen macht seinen Mund
klug, / es mehrt auf seinen Lippen die Belehrung.
24 Freundliche Worte sind wie Wabenhonig, /
süß für den Gaumen, heilsam für den Leib.
25 Manch einem scheint sein Weg der rechte, /
aber am Ende sind es Wege des Todes.
26 Der Hunger des Arbeiters arbeitet für ihn; /
denn sein Mund treibt ihn an.
27 Ein Taugenichts ist ein Ofen voll Unheil, / auf
seinen Lippen ist es wie sengendes Feuer.
28 Ein tückischer Mensch erregt Streit, / ein Ver-
leumder entzweit Freunde.
29 Der Gewalttätige verführt seinen Nächsten, /
er bringt ihn auf einen Weg, der nicht gut ist.
30 Wer mit den Augen zwinkert, sinnt auf
Tücke; / wer die Lippen verzieht, hat das Böse
schon vollbracht.
31 Graues Haar ist eine prächtige Krone, / auf
dem Weg der Gerechtigkeit findet man sie.
32 Besser ein Langmütiger als ein Kriegsheld, /
besser, wer sich selbst beherrscht, als wer Städte
erobert.
33 Im Bausch des Gewandes schüttelt man das
Los, / doch jede Entscheidung kommt allein vom
Herrn.

17 Besser ein trockenes Stück Brot und
Ruhe dabei / als ein Haus voll Braten und
dabei Streit.
2 Ein kluger Knecht wird Herr über einen mißra-
tenen Sohn, / und mit den Brüdern teilt er das
Erbe.
3 Der Schmelztiegel ist für Silber da, der Ofen für
Gold, / die Herzen aber prüft der Herr.
4 Der Übeltäter achtet auf böse Lippen, / der Lüg-
ner horcht hin auf eine verderbte Zunge.
5 Wer den Armen verspottet, schmäht dessen
Schöpfer, / wer sich über ein Unglück freut, bleibt
nicht ungestraft.
6 Eine Krone der Alten sind Kindeskinder; / der
Kinder Ruhm sind ihre Väter.
7 Dem Toren stehen hochtönende Worte nicht
an, / noch viel weniger dem Edlen die Sprache
der Lüge.
8 Bestechungsgeld ist ein Zauberstein in den Au-
gen des Gebers; / wohin er sich wendet, hat er
Erfolg.
9 Wer Fehler zudeckt, sucht Freundschaft; / wer
eine Sache weiterträgt, trennt Freunde.
10 Tadel erschüttert einen Verständigen mehr /
als hundert Schläge einen Toren.
11 Der Böse trachtet nach Aufruhr, / aber ein
strenger Gerichtsbote wird gegen ihn ausgesandt.
12 Lieber einer Bärin begegnen, der man die Jun-
gen geraubt hat, / als einem Toren in seinem Un-
verstand.
13 Vergilt einer Gutes mit Bösem, / weicht das
Unheil nicht von seinem Haus.
14 Wer Streit anfängt, entfesselt eine Wasserflut, /
drum halt ein, ehe der Zank ausbricht.
15 Wer Schuldige freispricht und wer Un-
schuldige verurteilt, / beide sind dem Herrn ein
Greuel.
16 Wozu denn Geld in der Hand des Toren? /
Etwa um Weisheit zu kaufen, da ihm doch der
Verstand fehlt?
17 Der Freund erweist zu jeder Zeit Liebe, / als
Bruder für die Not ist er geboren.
18 Ohne Verstand ist, wer Handschlag leistet, /
wer Bürgschaft übernimmt für einen andern.
19 Verbrechen liebt, wer Streit liebt; / wer seine
Tür zu hoch macht, will den Einsturz.
20 Wer ein unaufrichtiges Herz hat, findet kein
Glück, / wer sich beim Reden verstellt, stürzt ins
Unheil.
21 Wer einen Toren zeugt, dem bringt es Gram; /
der Vater eines Narren kann sich nicht freuen.
22 Ein fröhliches Herz tut dem Leib wohl, / ein
bedrücktes Gemüt läßt die Glieder verdorren.

23 Bestechung aus dem Gewandbausch nimmt der Frevler an, / um die Pfade des Rechts zu verkehren.

24 Vor dem Blick des Verständigen steht Weisheit, / doch die Augen des Toren schweifen bis ans Ende der Erde.

25 Ein törichter Sohn bereitet seinem Vater Verdruß / und Kummer seiner Mutter, die ihn geboren hat.

26 Schon eine Geldstrafe für den Unschuldigen ist nicht gut, / aber Edle schlagen zu lassen ist gegen das Recht.

27 Wer sich zurückhält beim Reden, hat tiefe Einsicht, / wer kühl überlegt, ist ein verständiger Mann.

28 Auch ein Tor kann als weise gelten, wenn er schweigt, / als einsichtig, wenn er seine Lippen verschließt.

18 Der Abtrünnige sucht nach einem Vorwand, / um loszubrechen mit aller Gewalt.

2 Der Tor hat kein Gefallen an Einsicht, / vielmehr daran, sein Herz zur Schau zu stellen.

3 Kommt Frevel, kommt auch Verachtung / und mit der Schandtat die Schmach.

4 Tiefe Wasser sind die Worte aus dem Mund eines Menschen, / ein sprudelnder Bach, eine Quelle der Weisheit.

5 Es ist nicht gut, einen Schuldigen zu begünstigen / und den Unschuldigen abzuweisen vor Gericht.

6 Die Lippen des Toren beginnen Streit, / sein Mund schreit nach Schlägen.

7 Dem Toren wird sein Mund zum Verderben; / seine Lippen werden ihm selbst zur Falle.

8 Die Worte des Verleumders sind wie Leckerbissen, / sie gleiten hinab in die Kammern des Leibes.

9 Wer lässig ist bei seiner Arbeit, / ist schon ein Bruder des Mörders.

10 Ein fester Turm ist der Name des Herrn, / dorthin eilt der Gerechte und ist geborgen.

11 Für den Reichen ist sein Vermögen wie eine feste Stadt, / wie eine hohe Mauer – in seiner Einbildung.

12 Vor dem Sturz ist das Herz des Menschen überheblich, / aber der Ehre geht Demut voran.

13 Gibt einer Antwort, bevor er gehört hat, / ist es Torheit und Schande für ihn.

14 Der Geist des Menschen überwindet die Krankheit, / doch einen zerschlagenen Geist, wer kann den aufrichten?

15 Das Herz des Verständigen erwirbt sich Erkenntnis, / das Ohr der Weisen sucht Erkenntnis.

16 Geschenke schaffen dem Geber Raum / und geleiten ihn vor die Großen.

17 Recht bekommt in seinem Streitfall der erste, / aber dann kommt der andere und geht der Sache nach.

18 Streitigkeiten beendet das Los; / es entscheidet zwischen Mächtigen.

19 Ein getäuschter Bruder ist verschlossener als eine Festung, / Streitigkeiten sind wie der Sperrriegel einer Burg.

20 Von der Frucht seines Mundes wird ein jeder satt, / vom Ertrag seiner Lippen wird er gesättigt.

21 Tod und Leben stehen in der Macht der Zunge; / wer sie liebevoll gebraucht, genießt ihre Frucht.

22 Wer eine Frau gefunden, hat Glück gefunden / und das Gefallen des Herrn erlangt.

23 Flehentlich redet der Arme, / der Reiche aber antwortet mit Härte.

24 Manche Freunde führen ins Verderben, / manch ein lieber Freund ist anhänglicher als ein Bruder.

19 Besser ein Armer, der schuldlos seinen Weg geht,
als einer mit verlogenen Lippen, der ein Tor ist.

2 Schon unvernünftige Begierde ist nicht gut, / und wer hastig rennt, tritt fehl.

3 Die Torheit verdirbt dem Menschen den Weg, / und dann grollt sein Herz gegen den Herrn.

4 Besitz vermehrt die Zahl der Freunde, / der Arme aber wird von seinem Freund verlassen.

5 Ein falscher Zeuge bleibt nicht ungestraft, / wer Lügen flüstert, wird nicht entrinnen.

6 Viele umschmeicheln den Vornehmen, / und jeder will der Freund eines freigebigen Mannes sein.

7 Vom Armen wollen alle seine Brüder nichts wissen, / erst recht bleiben ihm seine Freunde fern. / [Gute Einsicht ist denen nahe, die sich um sie kümmern, / ein verständiger Mann findet sie. / Wer viel redet, versündigt sich.] / Wer Worten nachjagt, wird nicht entrinnen.

8 Wer Verstand erwirbt, liebt sich selbst, / wer Einsicht bewahrt, findet sein Glück.

9 Ein falscher Zeuge bleibt nicht ungestraft, / wer Lügen flüstert, geht zugrunde.

10 Wohlleben steht dem Toren nicht an, / noch
weniger einem Knecht, über Fürsten zu herr-
schen.
11 Einsicht macht den Menschen langmütig, / sein
Ruhm ist es, über Verfehlungen hinwegzugehen.
12 Wie das Knurren des Löwen ist der Zorn des
Königs, / doch wie Tau auf dem Gras ist seine
Gunst.
13 Ein Unglück für den Vater ist ein törichter
Sohn / und wie ein ständig tropfendes Dach das
Gezänk einer Frau.
14 Haus und Habe sind das Erbe der Väter, / doch
eine verständige Frau kommt vom Herrn.
15 Faulheit versenkt in Schlaf, / ein träger
Mensch muß hungern.
16 Wer (Gottes) Gebot bewahrt, bewahrt sein Le-
ben, / wer seine Wege verachtet, muß sterben.
17 Wer Erbarmen hat mit dem Elenden, leiht dem
Herrn; / er wird ihm seine Wohltat vergelten.
18 Züchtige deinen Sohn, solange noch Hoffnung
ist, / doch laß dich nicht hinreißen, ihn zu töten.
19 Der maßlos Jähzornige muß büßen; / denn
willst du schlichten, machst du es noch ärger.
20 Hör auf guten Rat, und nimm Zucht an, / da-
mit du weise wirst für die Zukunft.
21 Viele Pläne faßt das Herz des Menschen, /
doch nur der Ratschluß des Herrn hat Bestand.
22 Die Menschen streben nach Gewinn, / doch
besser ein Armer als ein Betrüger.
23 Die Gottesfurcht führt zum Leben; / gesättigt
geht man zur Ruhe, / von keinem Übel heimge-
sucht.
24 Greift der Faule mit der Hand in die Schüs-
sel, / bringt er sie nicht einmal zum Mund zurück.
25 Schlägst du den Zuchtlosen, so wird der Uner-
fahrene klug; / weist man den Verständigen zu-
recht, gewinnt er Einsicht.
26 Wer den Vater mißhandelt, die Mutter weg-
jagt, / ist ein verkommener, schändlicher Sohn.
27 Gibst du es auf, mein Sohn, auf Mahnung zu
hören, / so entziehst du dich den Worten der Ein-
sicht.
28 Ein nichtsnutziger Zeuge verspottet das
Recht, / der Mund der Frevler sprudelt Unheil her-
vor.
29 Für die Zuchtlosen stehen Ruten bereit / und
Schläge für den Rücken der Toren.

20 Ein Zuchtloser ist der Wein, ein Lärmer
das Bier; / wer sich hierin verfehlt, wird
nie weise.
2 Wie das Knurren des Löwen ist der Grimm des
Königs; / wer ihn erzürnt, verwirkt sein Leben.
3 Es ehrt den Menschen, vom Streit abzulas-
sen, / jeder Tor aber bricht los.
4 Der Faule pflügt nicht im Herbst; / sucht er in
der Erntezeit, so ist nichts da.
5 Ein tiefes Wasser sind die Pläne im Herzen des
Menschen, / doch der Verständige schöpft es her-
auf.
6 Viele Menschen rühmen sich ihrer Güte, /
aber wer findet einen, auf den Verlaß ist?
7 Wer als Gerechter unbescholten seinen Weg
geht: / Wohl den Kindern, die er hinterläßt.
8 Ein König auf dem Richterstuhl / sondert mit
seinem Scharfblick alles Böse aus.
9 Wer kann sagen: Ich habe mein Herz geläu-
tert, / rein bin ich von meiner Sünde?
10 Zweierlei Gewicht und zweierlei Maß, / beide
sind dem Herrn ein Greuel.
11 An seinem Treiben läßt schon der Knabe er-
kennen, / ob sein Tun lauter und redlich sein
wird.
12 Das Ohr, das hört, und das Auge, das sieht, /
der Herr hat sie beide geschaffen.
13 Liebe nicht den Schlaf, damit du nicht arm
wirst; / halte deine Augen offen, und du hast Brot
genug.
14 Schlecht, schlecht, sagt der Käufer; / geht er
aber weg, so rühmt er sich.
15 Gold gibt es und viele Perlen, / ein kostbarer
Schmuck aber sind verständige Lippen.
16 Nimm ihm das Kleid, denn er hat für einen an-
dern gebürgt, / fremder Leute wegen pfände bei
ihm!
17 Süß schmeckt dem Menschen das Brot der
Lüge, / hernach aber füllt sich sein Mund mit Kie-
seln.
18 Pläne kommen durch Beratung zustande. /
Darum führe den Kampf mit Überlegung!
19 Geheimnisse verrät, wer als Verleumder um-
hergeht. / Darum laß dich nicht ein mit einem
Schwätzer!
20 Wer seinem Vater flucht und seiner Mutter, /
dessen Lampe erlischt zur Zeit der Finsternis.
21 Ein Besitz, schnell errafft am Anfang, / ist nicht
gesegnet an seinem Ende.
22 Sag nicht: Ich will das Böse vergelten. / Ver-
trau auf den Herrn, er wird dir helfen.
23 Ein Greuel ist dem Herrn zweierlei Gewicht, /
eine falsche Waage ist nicht recht.

24 Der Herr lenkt die Schritte eines jeden. / Wie
könnte der Mensch seinen Weg verstehen?
25 Eine Falle ist es, unbedacht zu rufen: Ge-
weiht!, / und erst nach dem Gelübde zu überle-
gen.
26 Ein weiser König sondert die Frevler aus / und
vergilt ihnen ihre Untat.
27 Der Herr wacht über den Atem des Men-
schen, / er durchforscht alle Kammern des Leibes.
28 Güte und Treue behüten den König, / er stützt
seinen Thron durch Güte.
29 Der Ruhm der Jungen ist ihre Kraft, / die Zier
der Alten ihr graues Haar.
30 Blutige Striemen läutern den Bösen / und
Schläge die Kammern des Leibes.
21 Wie ein Wasserbach ist das Herz des Kö-
nigs in der Hand des Herrn; / er lenkt es,
wohin er will.
2 Jeder meint, sein Verhalten sei richtig, / doch
der Herr prüft die Herzen.
3 Gerechtigkeit üben und Recht / ist dem Herrn
lieber als Schlachtopfer.
4 Hoffart der Augen, Übermut des Herzens –/
die Leuchte der Frevler versagt.
5 Die Pläne des Fleißigen bringen Gewinn, /
doch der hastige Mensch hat nur Mangel.
6 Wer Schätze erwirbt mit verlogener Zunge, / jagt
nach dem Wind, er gerät in die Schlingen des Todes.
7 Gewalttat reißt die Frevler hinweg, / denn sie
weigern sich, das Rechte zu tun.
8 Der Weg des Unehrlichen ist gewunden, / aber
das Tun des Lauteren ist gerade.
9 Besser in einer Ecke des Daches wohnen / als
eine zänkische Frau im gemeinsamen Haus.
10 Das Verlangen des Frevlers geht nach dem Bö-
sen, / sein Nächster findet bei ihm kein Erbarmen.
11 Muß der Zuchtlose büßen, so wird der Uner-
fahrene weise, / belehrt man den Weisen, so
nimmt er Einsicht an.
12 Der Gerechte handelt klug am Haus des Frev-
lers, / wenn er die Frevler ins Unheil stürzt.
13 Wer sein Ohr verschließt vor dem Schreien des
Armen, / wird selbst nicht erhört, wenn er um
Hilfe ruft.
14 Eine heimliche Gabe besänftigt den Zorn, / ein
Geschenk aus dem Gewandbausch den heftigen
Grimm.
15 Der Gerechte freut sich, wenn Recht ge-
schieht, / doch den Übeltäter versetzt das in
Schrecken.
16 Wer abirrt vom Weg der Einsicht, / wird bald
in der Versammlung der Totengeister ruhen.
17 Der Not verfällt, wer Vergnügen liebt, / wer
Wein und Salböl liebt, wird nicht reich.
18 Für den Gerechten dient der Frevler als Löse-
geld, / anstelle des Redlichen der Treulose.
19 Besser in der Wüste hausen / als Ärger mit ei-
ner zänkischen Frau.
20 Ein kostbarer Schatz ist in der Wohnung des
Weisen, / aber ein törichter Mensch vergeudet ihn.
21 Wer nach Gerechtigkeit und Güte strebt, / fin-
det Leben und Ehre.
22 Der Weise ersteigt die Stadt der Mächtigen /
und stürzt das Bollwerk, auf das sie vertraut.
23 Wer seinen Mund und seine Zunge behütet, /
der behütet sein Leben vor Drangsal.
24 Der Freche und Stolze, einen Zuchtlosen nennt
man ihn, / er handelt in maßlosem Übermut.
25 Den Faulen bringt sein Begehren um, / denn
zu arbeiten weigern sich seine Hände;
26 den ganzen Tag begehrt er voll Gier, / der Ge-
rechte aber gibt, ohne zu geizen.
27 Das Opfer der Frevler ist (dem Herrn) ein
Greuel, / zumal wenn es in schlechter Absicht
dargebracht wird.
28 Ein falscher Zeuge geht zugrunde, / wer aber
zu hören versteht, redet erfolgreich.
29 Der Frevler zeigt Trotz in seiner Miene, / der
Redliche ordnet seine Wege.
30 Keine Weisheit gibt es, keine Einsicht, / kei-
nen Rat gegenüber dem Herrn.
31 Das Roß wird gerüstet für den Tag der
Schlacht, / doch der Sieg steht beim Herrn.
22 Guter Ruf ist kostbarer als großer Reich-
tum, / hohes Ansehen besser als Silber
und Gold.
2 Reiche und Arme begegnen einander, / doch
der Herr hat sie alle erschaffen.
3 Der Kluge sieht das Unheil und verbirgt sich, /
die Unerfahrenen laufen weiter und müssen es
büßen.
4 Der Lohn für Demut und Gottesfurcht / ist
Reichtum, Ehre und Leben.
5 Dornen und Schlingen liegen auf dem Weg des
Falschen; / wer sein Leben behütet, bleibt ihnen
fern.
6 Erzieh den Knaben für seinen Lebensweg, /
dann weicht er auch im Alter nicht davon ab.
7 Der Reiche hat die Armen in seiner Gewalt, /
der Schuldner ist seines Gläubigers Knecht.

8 Wer Unrecht sät, erntet Unheil, / der Stecken
seines Übermuts versagt.
9 Wer ein gütiges Auge hat, wird gesegnet, / weil
er den Armen von seinem Brot gibt.
10 Vertreib den Zuchtlosen, so schwindet der
Zank, / Streiten und Schimpfen hören auf.
11 Wer die Lauterkeit des Herzens liebt – / wegen
seiner gefälligen Rede wird der König sein Freund.
12 Die Augen des Herrn behüten den Einsichti-
gen, / das Gerede des Verräters bringt er zu Fall.
13 Der Faule sagt: Ein Löwe ist draußen, / mitten
auf der Straße käme ich ums Leben.
14 Der Mund fremder Frauen ist eine tiefe
Grube; / wem der Herr zürnt, der fällt hinein.
15 Steckt Torheit im Herzen des Knaben, / die
Rute der Zucht vertreibt sie daraus.
16 Wer den Armen bedrückt, macht ihn reich, /
wer dem Reichen gibt, macht ihn arm.

Die Worte von Weisen: 22,17–24,33

Eine Sprichwörtersammlung

17 Worte von Weisen:
Neige mir dein Ohr zu, und hör auf meine
Worte, / nimm dir meine Lehren zu Herzen!
18 Schön ist es, wenn du sie in deinem Innern
bewahrst; / sie mögen fest wie ein Zeltpflock auf
deinen Lippen haften.
19 Damit dein Vertrauen auf dem Herrn steht, /
lehre ich dich heute seinen Weg.
20 Habe ich nicht dreißig Sätze für dich aufge-
schrieben / als wissenswerte Ratschläge,
21 um dir verläßliche Worte mitzuteilen, / damit
du deinem Auftraggeber antworten kannst?
22 Beraube den Schwachen nicht, denn er ist
ja so schwach, / zertritt den Armen nicht am Tor!
23 Denn der Herr führt den Rechtsstreit für sie /
und raubt denen das Leben, die sie berauben.
24 Befreunde dich nicht mit dem Jähzornigen, /
verkehre nicht mit einem Hitzkopf,
25 damit du dich nicht an seine Pfade gewöhnst /
und dir eine Schlinge legst für dein Leben.
26 Sei nicht unter denen, die sich durch Hand-
schlag verpflichten, / die Bürgschaft leisten für
Schulden;
27 wenn du nicht zahlen kannst, / nimmt man
dein Bett unter dir weg.
28 Verschieb nicht die alte Grenze, / die deine Vä-
ter gesetzt haben.
29 Siehst du einen, der gewandt ist in seinem Be-
ruf: / vor Königen wird er dienen. / [Nicht wird
er vor Niedrigen dienen.]
23 Wenn du zu Tisch sitzt bei einem Herr-
scher, / so achte nur auf das, was vor dir
steht.
2 Setz ein Messer an deine Kehle, / wenn du ein
gieriger Mensch bist.
3 Sei nicht begierig auf seine Leckerbissen; / sie
sind eine trügerische Speise.
4 Müh dich nicht ab, um Reichtum zu erwer-
ben / und dabei deine Einsicht aufzugeben.
5 Flüchtig ist er; schaust du nach ihm, ist er weg; /
plötzlich macht er sich Flügel und fliegt wie ein Ad-
ler zum Himmel.
6 Iß nicht das Brot des Geizigen, / sei nicht be-
gierig auf seine Leckerbissen!
7 Denn sie schmecken in der Kehle wie etwas
Ekliges. / Er sagt zu dir: Iß und trink!, / doch sein
Herz ist dir nicht zugetan.
8 Den Bissen, den du gegessen hast, mußt du er-
brechen, / und deine freundlichen Worte hast du
vergeudet.
9 Rede nicht vor den Ohren eines Törichten; /
denn er mißachtet deine klugen Worte.
10 Verschieb nicht die alte Grenze, / dring nicht
in die Felder der Waisen vor!
11 Denn ihr Anwalt ist mächtig, / er wird ihre Sa-
che gegen dich führen.

Mahnungen

12 Öffne dein Herz für die Zucht, / dein Ohr für ver-
ständige Reden!
13 Erspar dem Knaben die Züchtigung nicht; /
wenn du ihn schlägst mit dem Stock, wird er
nicht sterben.
14 Du schlägst ihn mit dem Stock, / bewahrst
aber sein Leben vor der Unterwelt.
15 Mein Sohn, wenn dein Herz weise ist, / so
freut sich auch mein eigenes Herz.
16 Mein Inneres ist voll Jubel, / wenn deine Lip-
pen reden, was recht ist.
17 Dein Herz ereifere sich nicht wegen der
Sünder, / sondern eifere stets nach Gottesfurcht!

18 Denn sicher gibt es eine Zukunft, / deine Hoff-
nung wird nicht zerschlagen.
19 Höre, mein Sohn, und sei weise, / lenk dein
Herz auf geraden Weg!
20 Gesell dich nicht zu den Weinsäufern, / zu sol-
chen, die im Fleischgenuß schlemmen;
21 denn Säufer und Schlemmer werden arm, /
Schläfrigkeit kleidet in Lumpen.
22 Hör auf deinen Vater, der dich gezeugt hat, /
verachte deine Mutter nicht, wenn sie alt wird.
23 Erwirb dir Wahrheit, und verkauf sie nicht
mehr: / Weisheit, Zucht und Einsicht!
24 Laut jubelt der Vater des Gerechten; / wer
einen weisen Sohn hat, kann sich über ihn
freuen.
25 Deine Eltern mögen sich freuen; / jubeln
möge die Mutter, die dich gebar.
26 Gib mir dein Herz, mein Sohn, / deine Augen
mögen an meinen Wegen Gefallen finden;
27 denn die Ehebrecherin ist eine tiefe Grube, /
die fremde Frau ein enger Brunnen.
28 Ja, wie ein Räuber lauert sie auf / und mehrt
die Verräter unter den Menschen.
29 Wer hat Ach? Wer hat Weh? / Wer Gezänk?
Wer Klage? / Wer hat Wunden wegen nichts? /
Wer trübe Augen?
30 Jene, die bis in die Nacht beim Wein sitzen, /
die kommen, um den Mischwein zu probieren.
31 Schau nicht nach dem Wein, / wie er rötlich
schimmert, / wie er funkelt im Becher: / Er trinkt
sich so leicht!
32 Zuletzt beißt er wie eine Schlange, / verspritzt
Gift gleich einer Viper.
33 Deine Augen sehen seltsame Dinge, / dein
Herz redet wirres Zeug.
34 Du bist wie einer, der auf hoher See schläft, /
der einschläft über dem Steuer des Schiffes.
35 Man hat mich geschlagen, doch es tat mir
nicht weh, / man hat mich gehauen, aber ich
habe nichts gespürt.
Wann wache ich auf? / Von neuem will ich zum
Wein greifen.

Lebensregeln

24 Sei nicht neidisch auf böse Menschen, /
such keinen Umgang mit ihnen!
2 Denn ihr Herz sinnt auf Gewalttat, / Unheil re-
den ihre Lippen.
3 Durch Weisheit wird ein Haus gebaut, / durch
Umsicht gewinnt es Bestand.
4 Durch Klugheit werden die Kammern gefüllt /
mit allerlei wertvollen, köstlichen Gütern.
5 Der Weise ist dem Starken überlegen, / ein ver-
ständiger Mensch dem robusten.
6 Denn durch Überlegung gewinnst du den
Kampf, / viele Ratgeber verhelfen zum Sieg.
7 Zu hoch hängt dem Toren die Weisheit, / am Tor
tut er den Mund nicht auf.
8 Wer stets darauf aus ist, Böses zu tun, / den
nennt man einen Ränkeschmied.
9 Das Trachten des Toren ist Sünde, / der Zucht-
lose ist den Menschen ein Greuel.
10 Zeigst du dich lässig am Tag der Bedrängnis, /
so wird auch deine Kraft bedrängt.
11 Befrei jene, die man zum Tod schleppt; / die
zur Hinrichtung wanken, rette sie doch!
12 Wolltest du sagen: Gott weiß von uns
nichts; – / hat er, der die Herzen prüft, keine
Kenntnis?
Hat er, der über dich wacht, kein Wissen?
Ja, er vergilt jedem Menschen, / wie sein Tun es
verdient.
13 Iß Honig, mein Sohn, denn er ist gut, / Wa-
benhonig ist süß für den Gaumen.
14 Wisse: Genauso ist die Weisheit für dich. / Fin-
dest du sie, dann gibt es eine Zukunft, / deine
Hoffnung wird nicht zerschlagen.
15 Belaure nicht frevlerisch die Wohnung des Ge-
rechten, / zerstöre sein Ruhelager nicht!
16 Denn siebenmal fällt der Gerechte und steht
wieder auf, / doch die Frevler stürzen ins Un-
glück.
17 Freu dich nicht über den Sturz deines Fein-
des, / dein Herz juble nicht, wenn er strauchelt,
18 damit nicht der Herr es sieht und mißbilligt /
und seinen Zorn von ihm abwendet.
19 Erhitz dich nicht wegen der Übeltäter, / erei-
fere dich nicht wegen der Frevler!
20 Denn für den Bösen gibt es keine Zukunft, /
die Lampe der Frevler erlischt.
21 Fürchte den Herrn, mein Sohn, und den
König; / mit diesen beiden überwirf dich nicht!
22 Denn plötzlich geht von ihnen Verderben
aus, / und unvermutet kommt Unheil von bei-
den.

Weisheitssprüche

23 Auch folgende Sprichwörter stammen von Wei-
sen: / Im Gericht auf die Person sehen ist nicht
recht.

24 Wer zum Schuldigen sagt: Unschuldig bist
du!, / den verfluchen die Menschen, / verwün-
schen die Leute.
25 Denen aber, die entscheiden, wie es recht
ist, geht es gut; / über sie kommt Segen und
Glück.
26 Einen Kuß auf die Lippen gibt, / wer richtig
antwortet.
27 Nimm draußen deine Arbeit auf und bestell
dein Feld, / danach gründe deinen Hausstand!
28 Tritt gegen deinen Nächsten nicht als fal-
scher Zeuge auf, / betrüge nicht mit deinen Wor-
ten!
29 Sag nicht: Wie er mir getan hat, / so will ich
auch ihm tun, / einem jedem will ich vergel-
ten, / wie es seine Taten verdienen.
30 Am Acker eines Faulen ging ich vorüber, / am
Weinberg eines unverständigen Menschen:
31 Sieh da, er war ganz überwuchert von Di-
steln, / seine Fläche mit Unkraut bedeckt, / seine
Steinmauer eingerissen.
32 Ich sah es und machte mir meine Gedanken, /
ich betrachtete es und zog die Lehre daraus:
33 Noch ein wenig schlafen, noch ein wenig
schlummern, / noch ein wenig die Arme ver-
schränken, um auszuruhen.
34 Da kommt schon die Armut wie ein Strolch
über dich, / die Not wie ein zudringlicher Bettler.

Die zweite Salomonische Spruchsammlung: 25,1–29,27

25 Auch das sind Sprichwörter Salomos, die
die Männer Hiskijas, des Königs von
Juda, sammelten.
2 Gottes Ehre ist es, eine Sache zu verhül-
len, / des Königs Ehre ist es, eine Sache zu erfor-
schen.
3 Der Himmel so hoch und die Erde so tief /
und das Herz des Königs: sie sind nicht zu erfor-
schen.
4 Scheidet man die Schlacken vom Silber, / ge-
lingt dem Feinschmied das Gefäß.
5 Scheidet man den Frevler vom König, / erlangt
dessen Thron Bestand durch Gerechtigkeit.
6 Rühme dich nicht vor dem König, / und stell
dich nicht an den Platz der Großen;
7 denn besser, man sagt zu dir: Rück hier herauf, /
als daß man dich nach unten setzt wegen eines Vor-
nehmen.
Was deine Augen sahen, / 8 bring es nicht über-
eilt als Streitfall vor;
denn was willst du später tun, / wenn dein
Nächster dich bloßstellt?
9 Trag deinen Streit mit deinem Nächsten aus, /
doch verrate nicht das Geheimnis eines andern,
10 sonst wird dich schmähen, wer es hört, / und
dein Geschwätz wird auf dich zurückfallen.
11 Wie goldene Äpfel auf silbernen Schalen / ist
ein Wort, gesprochen zur rechten Zeit.
12 Wie ein goldener Ring und Schmuck aus Fein-
gold / ist ein weiser Mahner für ein Ohr, das
zuhört.
13 Wie kühlender Schnee an einem Sommertag /
ist ein verläßlicher Bote für den, der ihn sendet; /
er erquickt die Seele seines Herrn.
14 Aufziehende Wolken mit Wind, doch kein Re-
gen, / so ist ein Mann, der Versprechungen macht
und nicht hält.
15 Mit Geduld wird ein Vorgesetzter umge-
stimmt, / sanfte Zunge bricht Knochen.
16 Findest du Honig, iß nur, soviel dir bekommt, /
sonst wirst du ihn satt und erbrichst ihn.
17 Mach dich rar im Haus deines Nächsten, /
sonst wird er dich satt und verabscheut dich.
18 Keule und Schwert und scharfer Pfeil: / das ist
einer, der falsch aussagt / gegen seinen Näch-
sten.
19 Schlechter Zahn und stolpernder Fuß: / der
Verräter am Tag der Not.
20 Essig auf Laugensalz – / (so ist,) wer Lieder
singt vor einem mißmutigen Herzen.
[Wie die Motte am Kleid, der Wurm im Holz, / so
nagt der Kummer am Herzen des Menschen.]
21 Hat dein Feind Hunger, gib ihm zu essen, / hat
er Durst, gib ihm zu trinken;
22 so sammelst du glühende Kohlen auf sein
Haupt, / und der Herr wird es dir vergelten.
23 Der Nordwind bringt Regen, / eine heim-
tückische Zunge zornige Gesichter.
24 Besser in einer Ecke des Daches wohnen / als
eine zänkische Frau im gemeinsamen Haus.
25 Kühles Wasser für eine durstige Kehle / ist
eine gute Nachricht aus fernem Land.

26 Ein getrübter Brunnen, ein verschütteter Quell / ist ein Gerechter, der vor dem Frevler wankt.

27 Zu viel Honig essen ist nicht gut: / Ebenso spare mit ehrenden Worten!

28 Eine Stadt mit eingerissener Mauer / ist ein Mann, der sich nicht beherrscht.

26 Wie Schnee im Sommer und Regen zur Erntezeit, / so unpassend ist Ehre für einen Toren.

2 Wie der Spatz wegflattert und die Schwalbe davonfliegt, / so ist ein unverdienter Fluch; er trifft nicht ein.

3 Dem Pferd die Peitsche, dem Esel den Zaum, / dem Rücken der Toren den Stock.

4 Antworte dem Toren nicht, wie es seine Dummheit verdient, / damit nicht auch du ihm gleich wirst.

5 Antworte dem Toren, wie es seine Dummheit verdient, / damit er sich nicht einbildet, ein Weiser zu sein.

6 Die Füße haut sich ab, Schaden muß leiden, / wer Botschaft sendet durch einen Toren.

7 Schlaff wie die Schenkel des Lahmen / ist ein Weisheitsspruch im Mund der Toren.

8 Den Stein bindet in der Schleuder fest, / wer einem Toren Ehre erweist.

9 Ein Dornzweig geriet in die Hand eines Betrunkenen: / ein Weisheitsspruch in den Mund der Toren.

10 Ein Schütze, der alle verwundet – / ein Tor und ein Betrunkener, wenn sie vorübergehen.

11 Wie ein Hund, der zurückkehrt zu dem, was er erbrochen hat, / so ist ein Tor, der seine Dummheit wiederholt.

12 Siehst du jemand, der sich selbst für weise hält – / mehr Hoffnung gibt es für den Toren als für ihn.

13 Der Faule sagt: Ein Löwe ist auf dem Weg, / ein Raubtier ist auf den Straßen.

14 Die Tür dreht sich in ihrer Angel / und der Faule in seinem Bett.

15 Greift der Faule mit der Hand in die Schüssel, / ist er zu träg, sie zum Mund zurückzubringen.

16 Der Faule hält sich selbst für weiser / als sieben, die klug antworten können.

17 Einen vorbeilaufenden Hund packt bei den Ohren, / wer sich in einen Streit mischt, der ihn nichts angeht.

18 Wie ein Verrückter, der Brandpfeile schleudert, / Pfeile und tödliche Waffen,

19 so ist einer, der seinen Nächsten täuscht / und dazu sagt: Ich mach doch nur Spaß.

20 Ist kein Holz mehr da, erlischt das Feuer; / wo kein Verleumder ist, legt sich der Streit.

21 Wie Kohlen die Glut und Holz das Feuer, / so schürt ein zänkischer Mensch den Streit.

22 Die Worte des Verleumders sind wie Leckerbissen, / sie gleiten hinab in die Kammern des Leibes.

23 Silberglasur über Tongeschirr – / glatte Lippen und ein böses Herz.

24 Mit seinen Reden verstellt sich der Gehässige, / doch in seinem Herzen ist er voll Tücke.

25 Klingt seine Stimme auch freundlich, trau ihm nicht, / denn sieben Greuel sind in seinem Herzen.

26 Hüllt sich sein Haß auch in Heuchelei, / seine Schlechtigkeit wird bloßgestellt in der Volksversammlung.

27 Wer eine Grube gräbt, fällt selbst hinein, / wer einen Stein hochwälzt, auf den rollt er zurück.

28 Eine verlogene Zunge führt zum Zusammenbruch, / ein heuchlerischer Mund verursacht den Sturz.

27 Rühme dich nicht des morgigen Tages, / denn du weißt nicht, was der Tag gebiert.

2 Rühmen soll dich ein anderer, nicht dein eigener Mund, / ein Fremder, nicht deine eigenen Lippen.

3 Schwer ist der Stein, und eine Last ist der Sand, / doch der Ärger mit einem Toren ist schwerer als beide.

4 Mag der Zorn grausam sein / und überschäumend die Wut, / wer aber besteht vor der Eifersucht?

5 Besser offener Tadel / als Liebe, die sich nicht zeigt.

6 Treu gemeint sind die Schläge eines Freundes, / doch trügerisch die Küsse eines Feindes.

7 Der Satte tritt Honig mit Füßen, / doch dem Hungrigen schmeckt alles Bittere süß.

8 Wie ein Vogel, der aus seinem Nest flüchtet, / so ist ein Mensch, der aus seiner Heimat fliehen muß.

9 Salböl und Weihrauch erfreuen das Herz, / die Herzlichkeit eines Freundes erfreut mehr als duftendes Holz.

10 Deinen Freund und deines Vaters Freund gib nicht auf, / geh nicht in das Haus deines Bruders, wenn du in Not bist.

Besser ein Nachbar in der Nähe als ein Bruder in der Ferne.
11 Sei weise, mein Sohn, und erfreue mein Herz, / damit ich dem antworten kann, der mich beschimpft.
12 Der Kluge sieht das Unheil und verbirgt sich, / die Unerfahrenen laufen weiter und müssen es büßen.
13 Nimm ihm das Kleid; / denn er hat für einen andern gebürgt, / fremder Leute wegen pfände bei ihm!
14 Wer seinen Nächsten zu laut begrüßt, / dem wird es frühmorgens als Verwünschung ausgelegt.
15 Ein ständig tropfendes Dach in der Regenzeit / und eine zänkische Frau gleichen einander.
16 Wer sie festhält, hält den Wind fest, / und seine Hand greift nach Öl.
17 Eisen wird an Eisen geschliffen; / so schleift einer den Charakter des andern.
18 Wer einen Feigenbaum pflegt, wird seine Frucht essen, / wer auf seinen Herrn achtgibt, wird geehrt.
19 Wie Wasser ein Spiegel ist für das Gesicht, / so ist das Herz des Menschen ein Spiegel für den Menschen.
20 Unterwelt und Totenreich sind unersättlich, / und unersättlich sind die Augen des Menschen.
21 Der Schmelztiegel prüft das Silber, der Ofen das Gold, / der Mensch aber wird geprüft im Urteil dessen, der ihn lobt.
22 Zerstampfst du den Toren auch mit dem Stößel, / [im Mörser zwischen den Körnern,]
seine Torheit weicht nicht von ihm.
23 Kümmere dich um das Aussehen deiner Schafe, / und sorge für deine Herden;
24 denn Besitz bleibt nicht für ewig / und Reichtum nicht für alle Zeit.
25 Kommt das Gras hervor, erscheint das Grün, / sammelt man die Kräuter auf den Bergen,
26 dann gibt es Lämmer für deine Kleidung, / Böcke als Kaufpreis für Äcker
27 und genug Ziegenmilch für dich als Nahrung, / als Nahrung für dein Haus / [und Lebensunterhalt für deine Mägde].

28 Der Frevler flieht, auch wenn ihn keiner verfolgt, / der Gerechte fühlt sich sicher wie ein Löwe.
2 Durch seine Frevel bekommt ein Land viele Herrscher, / durch einen verständigen, einsichtsvollen Mann erhält die / Ordnung Bestand.
3 Ein Vornehmer, der die Armen unterdrückt, / ist wie Regen, der alles wegschwemmt / und kein Brot bringt.
4 Wer die Lehre preisgibt, rühmt den Frevler, / wer die Lehre beachtet, bekämpft ihn.
5 Böse Menschen verstehen nicht, was recht ist, / die aber, die den Herrn suchen, verstehen alles.
6 Besser ein Armer, der schuldlos seinen Weg geht, / als ein Reicher, der krumme Wege geht.
7 Wer sich an die Lehre hält, ist ein verständiger Sohn, / wer mit Verschwendern umgeht, macht seinem Vater Schande.
8 Wer sein Vermögen durch Zins und Aufschlag vermehrt, / sammelt für den, der Erbarmen hat mit den Armen.
9 Wendet einer sein Ohr ab, um die Lehre nicht zu hören, / dann ist sogar sein Gebet ein Greuel.
10 Wer Rechtschaffene irreführt auf einen bösen Weg, / der fällt in seine eigene Grube; / die Schuldlosen aber erlangen Gutes.
11 Der Reiche hält sich selbst für klug, / doch ein verständiger Armer durchschaut ihn.
12 Haben Gerechte die Oberhand, gibt es glanzvolle Zeiten, / erheben sich die Frevler, verstecken sich die Menschen.
13 Wer seine Sünden verheimlicht, hat kein Glück, / wer sie bekennt und meidet, findet Erbarmen.
14 Wohl dem Menschen, der stets Gott fürchtet; / wer aber sein Herz verhärtet, fällt ins Unglück.
15 Ein grollender Löwe, ein gieriger Bär – / ein frevelhafter Herrscher über ein schwaches Volk.
16 Mancher Fürst ist klein an Verstand und groß als Unterdrücker; / wer Ausbeutung haßt, hat ein langes Leben.
17 Ein Mensch, auf dem Blutschuld lastet, / ist flüchtig bis zum Grab; man halte ihn nicht.
18 Wer schuldlos seinen Weg geht, dem wird geholfen, / wer krumme Wege geht, fällt in die Grube.
19 Wer sein Feld bestellt, wird satt von Brot, / wer nichtigen Dingen nachjagt, wird satt von Armut.
20 Ein ehrlicher Mensch erntet vielfachen Segen, / wer aber hastet, um sich zu bereichern, bleibt nicht ungestraft.
21 Auf die Person sehen ist nicht recht, / für einen Bissen Brot wird mancher zum Verbrecher.
22 Nach Reichtum giert ein neidischer Mensch / und bedenkt nicht, daß Mangel über ihn kommen wird.

23 Wer einen andern zurechtweist, / findet
schließlich Dank, / mehr als der Schmeichler.
24 Wer Vater oder Mutter beraubt / und meint, er
tue kein Unrecht, / macht sich zum Genossen
des Mörders.
25 Der Habgierige erregt Streit, / wer auf den
Herrn vertraut, wird reichlich gelabt.
26 Wer auf seinen eigenen Verstand vertraut, ist
ein Tor, / wer in Weisheit seinen Weg geht, wird
gerettet.
27 Wer dem Armen gibt, hat keinen Mangel, /
wer seine Augen verschließt, wird viel verflucht.
28 Erheben sich die Frevler, dann verbergen sich
die Menschen, / gehen sie zugrunde, dann kom-
men die Gerechten an die Macht.
29 Wer bei Tadel halsstarrig bleibt, / wird
plötzlich zerschmettert, / und es gibt
keine Heilung.
2 Kommen die Gerechten an die Macht, dann
freut sich das Volk, / herrscht der Frevler, dann
stöhnt das Volk.
3 Wer Weisheit liebt, erfreut seinen Vater; /
wer mit Dirnen verkehrt, verschleudert das Ver-
mögen.
4 Ein König richtet das Land auf durch Pflege des
Rechts, / wer Abgaben erpreßt, zerstört es.
5 Wer seinem Nächsten schmeichelt, / breitet
ihm ein Netz vor die Füße.
6 In Sünde verstrickt sich der Böse, / doch der
Gerechte jubelt und freut sich.
7 Der Gerechte hat Verständnis für den Rechts-
streit der Armen, / der Frevler aber kennt kein
Verständnis.
8 Hetzer bringen eine Stadt in Aufruhr, / Weise
beschwichtigen die Erregung.
9 Rechtet ein Weiser mit einem Toren, / tobt die-
ser und lacht und gibt keine Ruhe.
10 Mörder hassen den Schuldlosen, / Recht-
schaffene bemühen sich um sein Leben.
11 Ein Tor läßt seiner ganzen Erregung freien
Lauf, / aber ein Weiser hält sie zurück.
12 Achtet ein Herrscher auf Lügen, / werden alle
seine Beamten zu Schurken.
13 Der Arme und der Ausbeuter begegnen einan-
der, / der Herr gibt beiden das Augenlicht.
14 Spricht ein König den Geringen zuverlässig
Recht, / hat sein Thron für immer Bestand.
15 Rute und Rüge verleihen Weisheit, / ein zü-
gelloser Knabe macht seiner Mutter Schande.
16 Herrschen die Frevler, dann herrscht die
Sünde, / doch die Gerechten erleben ihren
Sturz.
17 Züchtige deinen Sohn, so wird er dir Verdruß
ersparen / und deinem Herzen Freude machen.
18 Ohne prophetische Offenbarung verwildert
das Volk; / wohl ihm, wenn es die Lehre be-
wahrt.
19 Durch Worte wird kein Sklave gebessert, / er
versteht sie wohl, aber kehrt sich nicht daran.
20 Siehst du einen, der eilfertig ist im Reden, /
mehr Hoffnung gibt es für den Toren als für
ihn.
21 Ein Sklave, verwöhnt von Jugend an, / wird
am Ende widerspenstig.
22 Ein aufbrausender Mensch erregt Streit, / ein
Jähzorniger begeht viele Sünden.
23 Hochmut erniedrigt den Menschen, / doch
der Demütige kommt zu Ehren.
24 Wer mit dem Dieb teilt, haßt sich selbst, / er
hört die Verfluchung, doch er macht keine An-
zeige.
25 Die Angst des Menschen führt ihn in die
Falle; / wer auf den Herrn vertraut, ist gesichert.
26 Viele suchen die Gunst des Herrschers, / aber
das Recht kommt für alle vom Herrn.
27 Der Übeltäter ist den Gerechten ein Greuel. /
Der Rechtschaffene ist für den Frevler ein
Greuel.

Die Worte Agurs: 30,1–14

30 Worte Agurs, des Sohnes des Jake aus
Massa.
Spruch des Mannes Laïtiël: / Ich mühte mich ab
mit Gott und bin am Ende.
2 Denn ich bin zu dumm für einen Menschen, /
ich habe keinen Menschenverstand,
3 ich habe keine Weisheit gelernt / und keine
Kenntnis des Heiligen erlangt.

4 Wer stieg zum Himmel hinauf und kam wieder
herab? / Wer sammelte den Wind in seine Fäu-
ste? / Wer band das Wasser in ein Gewand? / Wer
setzte fest alle Enden der Erde? / Wie ist sein
Name und wie der Name seines Sohnes, wenn
du es weißt?
5 Jede Rede Gottes ist im Feuer geläutert; / ein
Schild ist er für alle, die bei ihm sich bergen.
6 Füg seinen Worten nichts hinzu, / sonst
überführt er dich, und du stehst als Lügner
da.
7 Um zweierlei bitte ich dich, / versag es mir
nicht, bevor ich sterbe:
8 Falschheit und Lügenwort halt fern von mir; /
gib mir weder Armut noch Reichtum, / nähr
mich mit dem Brot, das mir nötig ist,
9 damit ich nicht, satt geworden, dich verleugne /
und sage: Wer ist denn der Herr?,
damit ich nicht als Armer zum Dieb wer-
de / und mich am Namen meines Gottes ver-
greife.
10 Verleumde nicht den Knecht bei seinem
Herrn, / sonst verflucht er dich, und du mußt es
büßen.
11 Ein Geschlecht, das seinem Vater flucht / und
seine Mutter nicht segnet;
12 ein Geschlecht, das rein ist in den eigenen Au-
gen, / doch nicht gewaschen von seinem
Schmutz;
13 ein Geschlecht – wie überheblich sind sei-
ne Augen / und wie hochmütig seine Wim-
pern;
14 ein Geschlecht, dessen Zähne Schwerter / und
dessen Gebiß Messer sind, / um die Notleiden-
den aus dem Land wegzufressen / und die Ar-
men weg aus der Menschheit.

Die Zahlensprüche: 30,15–33

15 Der Blutegel hat zwei Töchter: Gib! – Gib!
Drei sind es, die nie satt werden, / vier sagen
nie: Genug:
16 Die Unterwelt und der unfruchtbare Mutter-
schoß, / die Erde, die nicht satt wird an Wasser, /
und das Feuer, das nie sagt: Genug!
17 Ein Auge, das den Vater verspottet / und
die alte Mutter verachtet, / das hacken die Ra-
ben am Bach aus, / die jungen Adler fressen es
auf.
18 Drei Dinge sind mir unbegreiflich, / vier ver-
mag ich nicht zu fassen:
19 den Weg des Adlers am Himmel, / den Weg
der Schlange über den Felsen, / den Weg des
Schiffes auf hoher See, / den Weg des Mannes bei
der jungen Frau.
20 So benimmt sich die ehebrecherische Frau: /
Sie ißt, wischt sich den Mund / und sagt: Ich
habe nichts Böses getan.
21 Unter dreien erzittert das Land, / unter vieren
wird es ihm unerträglich:
22 unter einem Sklaven, wenn er König wird, /
und einem Toren, wenn er Brot im Überfluß
hat,
23 unter einer Verschmähten, wenn sie geheira-
tet wird, / und einer Sklavin, wenn sie ihre Her-
rin verdrängt.
24 Vier sind die Kleinsten auf Erden / und sind
doch die Allerklügsten:
25 Die Ameisen sind kein starkes Volk / und be-
sorgen sich doch im Sommer ihr Futter;
26 Klippdachse sind ein Volk ohne Macht, / und
doch bauen sie ihre Wohnung im Fels;
27 die Heuschrecken haben keinen König, / und
doch schwärmen sie alle geordnet aus;
28 Eidechsen fängst du mit der Hand, / und doch
wohnen sie in Königspalästen.
29 Drei sind es, die stolz einherschreiten, / vier
haben einen stolzen Gang:
30 der Löwe, der Held unter den Tieren, / der vor
keinem umkehrt;
31 der Hahn, der einherstolziert, und der Leit-
bock / und der König, wenn er vor seinem Volk
auftritt wie ein Gott.
32 Wenn du dich stolz erhoben und dabei bla-
miert hast / oder wenn du nachdenkst – so leg
die Hand auf den Mund!
33 Denn stößt man Milch, so gibt es Butter, /
stößt man die Nase, so gibt es Blut, stößt man den
Zorn, so gibt es Streit.

Die Worte an Lemuël: 31,1–9

31 Worte an Lemuël, den König von Massa,
mit denen ihn seine Mutter ermahnt
hat:
2 Was soll ich dir sagen, Lemuël, mein Erstgebo-
rener, / du Sohn meines Schoßes, / was, du Sohn
meiner Gelübde?
3 Gib deine Kraft nicht den Frauen hin, / dein
Tun und Treiben nicht denen, die Könige verder-
ben.
4 Könige sollen sich nicht, Lemuël, / Könige sol-
len sich nicht mit Wein betrinken, / Fürsten nicht
berauschenden Trank begehren.
5 Er könnte beim Trinken seine Pflicht verges-
sen / und das Recht aller Notleidenden verdrehen.
6 Gebt berauschenden Trank dem, der zusam-
menbricht, / und Wein denen, die im Herzen ver-
bittert sind.
7 Ein solcher möge trinken und seine Armut ver-
gessen / und nicht mehr an seine Mühsal den-
ken.
8 Öffne deinen Mund für den Stummen, / für das
Recht aller Schwachen!
9 Öffne deinen Mund, richte gerecht, / verschaff
dem Bedürftigen und Armen Recht!

Das Lob der tüchtigen Frau: 31,10–31

10 Eine tüchtige Frau, wer findet sie? / Sie übertrifft
alle Perlen an Wert.
11 Das Herz ihres Mannes vertraut auf sie, / und
es fehlt ihm nicht an Gewinn.
12 Sie tut ihm Gutes und nichts Böses / alle Tage
ihres Lebens.
13 Sie sorgt für Wolle und Flachs / und schafft mit
emsigen Händen.
14 Sie gleicht den Schiffen des Kaufmanns: / Aus
der Ferne holt sie ihre Nahrung.
15 Noch bei Nacht steht sie auf, / um ihrem Haus
Speise zu geben / [und den Mägden, was ihnen
zusteht].
16 Sie überlegt es und kauft einen Acker, /
vom Ertrag ihrer Hände pflanzt sie einen Wein-
berg.
17 Sie gürtet ihre Hüften mit Kraft / und macht
ihre Arme stark.
18 Sie spürt den Erfolg ihrer Arbeit, / auch des
Nachts erlischt ihre Lampe nicht.
19 Nach dem Spinnrocken greift ihre Hand, / ihre
Finger fassen die Spindel.
20 Sie öffnet ihre Hand für den Bedürftigen / und
reicht ihre Hände dem Armen.
21 Ihr bangt nicht für ihr Haus vor dem Schnee; /
denn ihr ganzes Haus hat wollene Kleider.
22 Sie hat sich Decken gefertigt, / Leinen und
Purpur sind ihr Gewand.
23 Ihr Mann ist in den Torhallen geachtet, / wenn
er zu Rat sitzt mit den Ältesten des Landes.
24 Sie webt Tücher und verkauft sie, / Gürtel lie-
fert sie dem Händler.
25 Kraft und Würde sind ihr Gewand, / sie spot-
tet der drohenden Zukunft.
26 Öffnet sie ihren Mund, dann redet sie klug, /
und gütige Lehre ist auf ihrer Zunge.
27 Sie achtet auf das, was vorgeht im Haus, / und
ißt nicht träge ihr Brot.
28 Ihre Söhne stehen auf und preisen sie glück-
lich, / auch ihr Mann erhebt sich und rühmt
sie:
29 Viele Frauen erwiesen sich tüchtig, / doch du
übertriffst sie alle.
30 Trügerisch ist Anmut, vergänglich die Schön-
heit, / nur eine gottesfürchtige Frau verdient
Lob.
31 Preist sie für den Ertrag ihrer Hände, / ihre
Werke soll man am Stadttor loben.

Der Mund kann lachen, wenn das Herz auch traurig ist (Spr 14) | 33 ▷

LE
B
SK
O

DAS BUCH KOHELET

Buchtitel: 1,1

1 Worte Kohelets, des Davidsohnes, der König in Jerusalem war.

Vorspruch: 1,2–3

2 Windhauch, Windhauch, sagte Kohelet, Windhauch, Windhauch, das ist alles Windhauch. 3 Welchen Vorteil hat der Mensch von all seinem Besitz, für den er sich anstrengt unter der Sonne?

Wechsel, Dauer und Vergessen: 1,4–11

4 Eine Generation geht, eine andere kommt. / Die Erde steht in Ewigkeit.

5 Die Sonne, die aufging und wieder unterging, / atemlos jagt sie zurück an den Ort, wo sie wieder aufgeht.

6 Er weht nach Süden, dreht nach Norden, / dreht, dreht, weht, der Wind. / Weil er sich immerzu dreht, kehrt er zurück, der Wind.

7 Alle Flüsse fließen ins Meer, / das Meer wird nicht voll.

Zu dem Ort, wo die Flüsse entspringen, / kehren sie zurück, um wieder zu entspringen.

8 Alle Dinge sind rastlos tätig, / kein Mensch kann alles ausdrücken,

nie wird ein Auge satt, wenn es beobachtet, / nie wird ein Ohr vom Hören voll.

9 Was geschehen ist, wird wieder geschehen, / was man getan hat, wird man wieder tun: / Es gibt nichts Neues unter der Sonne.

10 Zwar gibt es bisweilen ein Ding, von dem es heißt: / Sieh dir das an, das ist etwas Neues – / aber auch das gab es schon in den Zeiten, die vor uns gewesen sind.

11 Nur gibt es keine Erinnerung an die Früheren, / und auch an die Späteren, die erst kommen werden,

auch an sie wird es keine Erinnerung geben / bei denen, die noch später kommen werden.

Die Bedingtheit des Menschen – die Undurchschaubarkeit Gottes: 1,12–3,15

Drei Überblicke

12 Ich, Kohelet, war in Jerusalem König über Israel. 13 Ich hatte mir vorgenommen, das Wissen daraufhin zu untersuchen und zu erforschen, ob nicht alles, was unter dem Himmel getan wurde, ein schlechtes Geschäft war, für das die einzelnen Menschen durch Gottes Auftrag sich abgemüht haben. 14 Ich beobachtete alle Taten, die unter der Sonne getan wurden. Das Ergebnis: Das ist alles Windhauch und Luftgespinst.

15 Was krumm ist, kann man nicht gerade biegen; / was nicht da ist, kann man nicht zählen.

16 Ich überlegte mir folgendes: Ich habe mein Wissen immerzu vergrößert, so daß ich jetzt darin jeden übertreffe, der vor mir über Jerusalem geherrscht hat. Oft konnte ich Wissen und Können beobachten. 17 So habe ich mir vorgenommen zu erkennen, was Wissen wirklich ist, und zu erkennnen, was Verblendung und Unwissen wirk-

◁ 34 | *Alles ist nichtig und wie ein Haschen nach Wind (Koh 1)*

lich sind. Ich erkannte, daß auch dies ein Luftge-
spinst ist. 18 Denn:
Viel Wissen, viel Ärger, / wer das Können
mehrt, der mehrt die Sorge.

2 Ich dachte mir: Auf, versuch es mit der
Freude, genieß das Glück! Das Ergebnis:
Auch das ist Windhauch.
2 Über das Lachen sagte ich: Wie verblendet!, /
über die Freude: Was bringt sie schon ein?

Menschliches Glück durch Weltgestaltung

3 Ich trieb meine Forschung an mir selbst, indem ich
meinen Leib mit Wein lockte, während mein Ver-
stand das Wissen auf die Weide führte, und indem
ich das Unwissen gefangennahm. Ich wollte dabei
beobachten, wo es vielleicht für die einzelnen
Menschen möglich ist, sich unter dem Himmel
Glück zu verschaffen während der wenigen Tage
ihres Lebens. 4 Ich vollbrachte meine großen Taten:
Ich baute mir Häuser, / ich pflanzte Weinberge.
5 Ich legte mir Gärten und Parks an, / darin
pflanzte ich alle Arten von Bäumen.
6 Ich legte Wasserbecken an, / um aus ihnen den
sprossenden Baumbestand zu bewässern.
7 Ich kaufte Sklaven und Sklavinnen, / obwohl
ich schon hausgeborene Sklaven besaß.
Auch Vieh besaß ich in großer Zahl, Rinder,
Schafe, Ziegen, / mehr als alle meine Vorgänger in
Jerusalem.
8 Ich hortete auch Silber und Gold / und, als mei-
nen persönlichen Schatz, Könige und ihre Pro-
vinzen.
Ich besorgte mir Sänger und Sängerinnen / und
die Lust jedes Menschen: einen großen Harem.
9 Ich war schon groß gewesen, doch ich gewann
noch mehr hinzu, so daß ich alle meine Vorgän-
ger in Jerusalem übertraf. Und noch mehr: Mein
Wissen stand mir zur Verfügung, 10 und was im-
mer meine Augen sich wünschten, verwehrte ich
ihnen nicht. Ich mußte meinem Herzen keine
einzige Freude versagen. Denn mein Herz konnte
immer durch meinen ganzen Besitz Freude ge-
winnen. Und das war mein Anteil, den ich durch
meinen ganzen Besitz gewinnen konnte. 11 Doch
dann dachte ich nach über alle meine Taten, die
meine Hände vollbracht hatten, und über den Be-
sitz, für den ich mich bei diesem Tun angestrengt
hatte. Das Ergebnis: Das ist alles Windhauch und
Luftgespinst. Es gibt keinen Vorteil unter der
Sonne.

Bildung und Besitz in ihrer Bedingtheit

12 Ich dachte nach, indem ich beobachtete, was
Wissen wirklich ist und was Verblendung und
Unwissen wirklich sind. Außerdem: Was für ein
Mann wird auf den König folgen, den sie einst
eingesetzt haben? 13 Ich beobachtete: Es gibt einen
Vorteil, den das Wissen bietet, aber nicht das Un-
wissen, wie es einen Vorteil gibt, den das Licht
bietet, aber nicht die Dunkelheit:
14 Der Gebildete hat Augen im Kopf, der Unge-
bildete tappt im Dunkeln.
Aber ich erkannte auch: Beide trifft ein und das-
selbe Geschick. 15 Da dachte ich mir: Was den Un-
gebildeten trifft, trifft also auch mich. Warum bin
ich dann über die Maßen gebildet? Und ich über-
legte mir, daß auch das Windhauch ist. 16 Denn an
den Gebildeten gibt es ebensowenig wie an den
Ungebildeten eine Erinnerung, die ewig währt,
weil man schon in den Tagen, die bald kommen,
beide vergessen wird. Wie ist es möglich, daß der
Gebildete ebenso sterben muß wie der Ungebil-
dete? 17 Da verdroß mich das Leben. Denn das Tun,
das unter der Sonne getan wurde, lastete auf mir
als etwas Schlimmes. Denn es ist alles Wind-
hauch und Luftgespinst.
18 Mich verdroß auch mein ganzer Besitz, für
den ich mich unter der Sonne anstrenge und
den ich dem Menschen lassen muß, der nach
mir kommt. 19 Wer weiß, ob er ein Wissender ist
oder ein Unwissender? Jedenfalls wird er über
meinen ganzen Besitz verfügen, für den ich
mich unter der Sonne angestrengt und mein
Wissen eingesetzt habe. Auch das ist Wind-
hauch.
20 Ich stellte mich um und überließ mich der Ver-
zweiflung über meinen ganzen Besitz, für den ich
mich unter der Sonne angestrengt hatte. 21 Denn
es kommt vor, daß ein Mensch, dessen Besitz
durch Wissen, Können und Erfolg erworben
wurde, ihn einem andern, der sich nicht dafür an-
gestrengt hat, als dessen Anteil überlassen muß.
Auch das ist Windhauch und etwas Schlimmes,
das häufig vorkommt. 22 Was erhält der Mensch
dann durch seinen ganzen Besitz und durch das
Gespinst seines Geistes, für die er sich unter der
Sonne anstrengt?
23 Alle Tage besteht sein Geschäft nur aus Sor-
ge und Ärger, / und selbst in der Nacht kommt
sein Geist nicht zur Ruhe. Auch das ist Wind-
hauch.

Gottes Handeln in seiner Vollkommenheit und Undurchschaubarkeit

24 Nicht im Menschen selbst gründet das Glück,
daß er essen und trinken und durch seinen Besitz
das Glück selbst kennenlernen kann. Ich habe
vielmehr beobachtet, daß dies von Gottes Verfü-
gung abhängt. 25 Denn wer hat zu essen, wer
weiß zu genießen, wenn nicht ich? 26 Aber es gibt
Menschen, denen Gott wohlwill. Es sind die, de-
nen er Wissen, Können und Freude geschenkt
hat. Und es gibt Menschen, deren Leben verfehlt
ist. Es sind diejenigen, die er mit dem Geschäft be-
auftragt hat, zu sammeln und zu horten und dann
alles denen zu geben, denen er wohlwill. Auch
das ist Windhauch und Luftgespinst.

3 Alles hat seine Stunde. Für jedes Geschehen
unter dem Himmel gibt es eine bestimmte
Zeit:
2 eine Zeit zum Gebären / und eine Zeit zum
Sterben, / eine Zeit zum Pflanzen / und eine Zeit
zum Abernten der Pflanzen,
3 eine Zeit zum Töten / und eine Zeit zum Hei-
len, / eine Zeit zum Niederreißen / und eine Zeit
zum Bauen,
4 eine Zeit zum Weinen / und eine Zeit zum La-
chen, / eine Zeit für die Klage / und eine Zeit für
den Tanz;
5 eine Zeit zum Steinewerfen / und eine Zeit zum
Steinesammeln, / eine Zeit zum Umarmen / und
eine Zeit, die Umarmung zu lösen,
6 eine Zeit zum Suchen / und eine Zeit zum Ver-
lieren, / eine Zeit zum Behalten / und eine Zeit
zum Wegwerfen,
7 eine Zeit zum Zerreißen / und eine Zeit zum
Zusammennähen, / eine Zeit zum Schweigen /
und eine Zeit zum Reden,
8 eine Zeit zum Lieben / und eine Zeit zum Has-
sen, / eine Zeit für den Krieg / und eine Zeit für
den Frieden.
9 Wenn jemand etwas tut – welchen Vorteil hat
er davon, daß er sich anstrengt? 10 Ich sah mir das
Geschäft an, für das jeder Mensch durch Gottes
Auftrag sich abmüht. 11 Gott hat das alles zu seiner
Zeit auf vollkommene Weise getan. Überdies hat
er die Ewigkeit in alles hineingelegt, doch ohne
daß der Mensch das Tun, das Gott getan hat, von
seinem Anfang bis zu seinem Ende wiederfinden
könnte. 12 Ich hatte erkannt: Es gibt kein in allem
Tun gründendes Glück, es sei denn, ein jeder freut
sich, und so verschafft er sich Glück, während er
noch lebt, 13 wobei zugleich immer, wenn ein
Mensch ißt und trinkt und durch seinen ganzen
Besitz das Glück kennenlernt, das ein Geschenk
Gottes ist. 14 Jetzt erkannte ich: Alles, was Gott tut,
geschieht in Ewigkeit. Man kann nichts hinzufü-
gen und nichts abschneiden, und Gott hat be-
wirkt, daß die Menschen ihn fürchten. 15 Was
auch immer geschehen ist, war schon vorher da,
und was geschehen soll, ist schon geschehen,
und Gott wird das Verjagte wieder suchen.

Die Übel der Welt: 3,16–4,16

Unrecht bei Gericht

16 Noch etwas habe ich beobachtet unter der
Sonne: An der Stätte, wo man Urteil spricht, ge-
schieht Unrecht; an der Stätte, wo man gerechtes
Urteil sprechen sollte, geschieht Unrecht. 17 Da
dachte ich mir: Gott ist es, der den Unschuldigen
wie den Schuldigen verurteilt. Denn eine be-
stimmte Zeit für jedes Geschehen und für jedes
Tun gibt es (auch) dort. 18 Was die einzelnen Men-
schen angeht, dachte ich mir, daß Gott sie her-
ausgegriffen hat und daß sie selbst (daraus) er-
kennen müssen, daß sie eigentlich Tiere sind.
19 Denn jeder Mensch unterliegt dem Geschick,
und auch die Tiere unterliegen dem Geschick. Sie
haben ein und dasselbe Geschick. Wie diese ster-
ben, so sterben jene. Beide haben ein und den-
selben Atem. Einen Vorteil des Menschen ge-
genüber dem Tier gibt es da nicht. Beide sind
Windhauch. 20 Beide gehen an ein und denselben
Ort. Beide sind aus Staub entstanden, beide keh-
ren zum Staub zurück. 21 Wer weiß, ob der Atem
der einzelnen Menschen wirklich nach oben
steigt, während der Atem der Tiere ins Erdreich
hinabsinkt? 22 So habe ich eingesehen: Es gibt
kein Glück, es sei denn, der Mensch kann durch
sein Tun Freude gewinnen. Das ist sein Anteil.
Wer könnte es ihm ermöglichen, etwas zu ge-
nießen, das erst nach ihm sein wird?

Ausbeutung und Konkurrenzkampf

4 Dann wieder habe ich alles beobachtet, was
unter der Sonne getan wird, um Menschen
auszubeuten. Sieh, die Ausgebeuteten weinen,
und niemand tröstet sie; von der Hand ihrer Aus-
beuter geht Gewalt aus, und niemand tröstet
sie. 2 Da preise ich immer wieder die Toten, die
schon gestorben sind, und nicht die Lebenden,
die noch leben müssen. 3 Glücklicher aber als
beide preise ich den, der noch nicht geworden
ist, der noch nicht das schlimme Tun gesehen
hat, das unter der Sonne getan wird. 4 Denn ich
beobachtete: Jede Arbeit und jedes erfolgreiche
Tun bedeutet Konkurrenzkampf zwischen den
Menschen. Auch das ist Windhauch und Luftge-
spinst.
5 Der Ungebildete legt die Hände in den Schoß /
und hat doch sein Fleisch zum Essen.
6 Besser eine Handvoll und Ruhe, / als beide
Hände voll und Arbeit und Luftgespinst.

Der alleinstehende Mensch

7 Und wieder habe ich etwas unter der Sonne be-
obachtet, das Windhauch ist. 8 Es kommt vor, daß
jemand allein steht und niemanden bei sich hat. Ja,
er besitzt nicht einmal einen Sohn oder Bruder.
Aber sein Besitz ist ohne Grenzen, und überdies
kann sein Auge vom Reichtum nicht genug be-
kommen. Doch für wen strenge ich mich dann an,
und warum gönne ich mir kein Glück? Auch das
ist Windhauch und ein schlechtes Geschäft. 9 Zwei
sind besser als einer allein, falls sie nur reichen Er-
trag aus ihrem Besitz ziehen. 10 Denn wenn sie hin-
fallen, richtet einer den anderen auf. Doch wehe
dem, der allein ist, wenn er hinfällt, ohne daß einer
bei ihm ist, der ihn aufrichtet. 11 Außerdem:
Wenn zwei zusammen schlafen, / wärmt einer
den andern; / einer allein – wie soll er warm wer-
den?
12 Und wenn jemand einen einzelnen auch über-
wältigt, / zwei sind ihm gewachsen, / und eine
dreifache Schnur / reißt nicht so schnell.

Wankelmütige Volksgunst

13 Besser ein junger Mann, der niedriger Herkunft,
aber gebildet ist, / als ein König, der alt, aber un-
gebildet ist –
weil er es nicht mehr verstand, auf Ratschläge
zu hören. 14 Der junge Mann wurde aus dem Ge-
fängnis befreit und wurde König, obwohl er,
während der andere schon regierte, arm zur
Welt gekommen war. 15 Aber ich habe beobach-
tet, daß alle Lebenden, die unter der Sonne um-
herlaufen, sich auf die Seite des nächsten jungen
Mannes stellten, der statt seiner hochkommt. 16
Die Volksmenge nimmt kein Ende, gleichgültig,
wer an ihre Spitze getreten ist. Im übrigen wer-
den die Späteren auch mit ihm nicht zufrieden
sein. Denn auch das ist Windhauch und Luftge-
spinst.

Ratschlag für das religiöse Verhalten: 4,17–5,6

Hören, Opfern und Sprechen im Gottesdienst

17 Zügle deinen Schritt, wenn du zum Gotteshaus
gehst.
Tritt ein, um zuzuhören, / und nicht, wie die Un-
gebildeten, um Opfer abzugeben.
Sie verstehen nicht einmal, Böses zu tun.
5 Sei nicht zu schnell mit dem Mund,
ja selbst innerlich fiebere nicht, vor
Gott das Wort zu ergreifen. Gott ist im Him-
mel, du bist auf der Erde, also mach wenig
Worte!
2 Im Traum schließt man viele Geschäfte ab, der
Ungebildete macht viele Worte.

Gelübde

3 Wenn du Gott ein Gelübde machst, / dann zö-
gere nicht, es zu erfüllen.
Die Ungebildeten gefallen Gott nicht: / Was du
gelobst, erfülle!
4 Es ist besser, wenn du nichts gelobst, / als
wenn du etwas gelobst und nicht er-füllst.
5 Laß nicht zu, daß dein Mund / dein Fleisch in
Sünde stürzt.
Erkläre nie vor dem Boten: / Es war ein Versehen.
Warum soll Gott zürnen über das, was du re-
dest, / und vernichten, was deine Hände tun?
6 Vielmehr, wo Träume sich mehren und Wind-
hauch und viele Worte, / da fürchte du Gott!

Über Armut und Reichtum: 5,7–6,10

Beamtenherrschaft

7 Wenn du beobachtest, daß in der Provinz die Ar-
men ausgebeutet und Gericht und Gerechtigkeit
nicht gewährt werden, dann wundere dich nicht
über solche Vorgänge:
Ein Mächtiger deckt den andern, / hinter beiden
stehen noch Mächtigere,
8 und es ist auf jeden Fall ein Vorteil für das Land,
wenn das bebaute Feld einem König untersteht.

Die Nutzlosigkeit des Reichtums

9 Wer das Geld liebt, / bekommt vom Geld nie ge-
nug;
wer den Luxus liebt, / hat nie genug Einnah-
men – auch das ist Windhauch.
10 Mehrt sich das Vermögen, / so mehren sich
auch die, die es verzehren.
Was für ein Erfolg bleibt dem Besitzer? / Seine
Augen dürfen zusehen.
11 Süß ist der Schlaf des Arbeiters, / ob er wenig
oder viel zu essen hat.
Dem Reichen raubt sein voller Bauch / die Ruhe
des Schlafs.

Verlust des Reichtums

12 Es gibt etwas Schlimmes, etwas wie eine Krank-
heit, das ich unter der Sonne beobachtet habe:
wenn Reichtum, der für seinen Besitzer ängstlich
gehütet wurde, diesem Schlimmes brachte.
13 Durch ein schlechtes Geschäft ging ihm dieser
Reichtum verloren. Er hatte einen Sohn gezeugt,
aber jetzt hat er nichts mehr, das ihm gehört.
14 Wie er aus dem Leib seiner Mutter herausge-
kommen ist – nackt, wie er kam, muß er wieder ge-
hen. Von seinem Besitz darf er überhaupt nichts
forttragen, nichts, das er als ihm gehörig mitneh-
men könnte. 15 So ist auch dies etwas Schlimmes, et-
was wie eine Krankheit. Genau wie er kam, muß
er gehen. Welchen Vorteil bringt es ihm, daß er sich
anstrengt für den Wind? 16 Auch wird er während
seines ganzen restlichen Lebens sein Essen im
Dunkeln einnehmen; er wird sich häufig ärgern,
und Krankheit und Unmut werden ihn plagen.

Unverwerteter Reichtum

17 Dies ist etwas, was ich eingesehen habe: Das
vollkommene Glück besteht darin, daß jemand
ißt und trinkt und das Glück kennenlernt durch
seinen eigenen Besitz, für den er sich unter der
Sonne anstrengt während der wenigen Tage sei-
nes Lebens, die Gott ihm geschenkt hat. Denn
das ist sein Anteil. 18 Außerdem: Immer wenn
Gott einem Menschen Reichtum und Wohlstand
geschenkt und ihn ermächtigt hat, davon zu es-
sen und seinen Anteil fortzutragen und durch
seinen Besitz Freude zu gewinnen, besteht das
eigentliche Geschenk Gottes darin, 19 daß dieser
Mensch sich nicht so oft daran erinnern muß,
wie wenige Tage sein Leben zählt, weil Gott ihn
sich um die Freude seines Herzens bemühen
läßt.

6 Doch es gibt etwas Schlimmes, das ich un-
ter der Sonne beobachtet habe; es lastet häu-
fig auf dem Menschen: 2 Gott schenkt einem
Menschen so viel Reichtum, Wohlstand und Gel-
tung, daß ihm nichts fehlt von allem, was er sich
wünschen könnte; aber Gott ermächtigt ihn
nicht, davon zu essen, sondern ein Fremder ißt
es auf. Das ist Windhauch und eine schlimme
Krankheit.

Langes Leben und Reichtum ohne Freude

3 Wenn ein Mann hundert Söhne zeugt und viele
Jahre lebt, so daß seine Lebenszeit wirklich lang
ist, wenn er sich selbst aber seines Vermögens
doch nicht bedienen kann, um sich satt zu essen,
auch wenn niemals ein Grab auf ihn warten
würde – ich sage: Eine Fehlgeburt hat es besser
als er. 4 Denn:
Als Windhauch kam sie, ins Dunkel geht sie, /
in Dunkel bleibt ihr Name gehüllt.
5 Sie hat auch die Sonne nicht gesehen und nicht
gekannt. So hat sie Ruhe, er nicht.

Langes Leben in Armut und ohne Freude

6 Und wenn er zweimal tausend Jahre lebte, aber
das Glück nicht kennenlernte: Gehen nicht
beide zu ein und demselben Ort? 7 Alles Arbei-
ten des Menschen ist für den Rachen des Toten-
reichs, und dessen Schlund wird niemals voll.
8 Denn was hat der Gebildete dem Ungebildeten
voraus, was nutzt es dem Armen, auch wenn er
etwas kann, noch unter den Lebenden zu wei-
len?

9 Besser, etwas vor Augen zu haben, / als ein
hungriger Rachen.
Aber auch das ist Windhauch und Luftgespinst.
10 Was auch immer jemand war, er hat vorher
schon seinen Namen bekommen; es war er-
kannt, daß er nur ein Mensch sein wird, und er
kann nicht mit dem streiten, der mächtiger als er
ist.

Alte Spruchweisheiten – kritisch überprüft: 6,11–9,6

Einleitung

11 Es gibt viele Worte, die nur den Windhauch ver-
mehren. Was nützt das dem Menschen? 12 Denn:
Wer kann erkennen, was für den Menschen bes-
ser ist in seinem Leben, während der wenigen
Tage seines Lebens voll Windhauch, die er wie
ein Schatten verbringt? Und wer kann dem Men-
schen verkünden, was nach ihm unter der Sonne
geschehen wird?

Zum Thema: Nachruhm

7 Besser ein guter Name als Parfüm – / und
der Tag eines Todes als der Tag einer Geburt;
2 besser der Gang in ein Haus, wo man trauert, /
als der Gang in ein Haus, wo man trinkt.
Weil dies das Ende jedes Menschen ist, / macht,
wer noch lebt, sich Gedanken.
3 Besser sich ärgern als lachen; / denn bei einem
vergrämten Gesicht wird das Herz heiter.
4 Das Herz der Gebildeten ist im Haus, wo man
trauert, / das Herz der Ungebildeten im Haus, wo
man sich freut.

Zum Thema: Bildung

5 Besser, die Mahnrede eines Gebildeten anhö-
ren, / als dem Gesang der Ungebildeten lauschen;
6 denn wie das Prasseln der Dornen unter dem
Kessel, / so ist das Lachen des Ungebildeten. –
Aber auch das ist Windhauch, denn:
7 Erpressung verblendet den Gebildeten, / und
Bestechung verdirbt den Verstand.

Zum Thema: Zurückhaltung und Hängen am Hergebrachten

8 Besser der Ausgang einer Sache als ihr An-
fang, / besser der Vorsichtige als der Stürmische.
9 Laß dich nicht aufregen, so daß du dich är-
gerst, / denn Ärger steckt in den Ungebildeten. –
10 Doch frag nicht: Wie kommt es, daß die frühe-
ren Zeiten besser waren als unsere? Denn deine
Frage zeugt nicht von Wissen.

Zum Thema: Wissen als Mittel zu langem Leben

11 Wissen ist soviel wert wie Erbbesitz, / es ist so-
gar mehr wert für die, welche die Sonne sehen;
12 denn wer sich im Schatten des Wissens birgt,
der ist auch im Schatten des Geldes; / aber das
ist der Vorteil des Könnens: Das Wissen erhält sei-
nen Besitzer am Leben. –
13 Doch sieh ein, daß Gottes Tun noch hinzu-
kommt.
Denn:
Wer kann geradebiegen, was er gekrümmt hat?
14 Am Glückstag erfreue dich deines Glücks, und
am Unglückstag sieh ein: Auch diesen hat Gott
geschaffen, genau wie jenen, so daß der Mensch
von dem, was nach ihm kommt, gar nichts her-
ausfinden kann. 15 In meinen Tagen voll Wind-
hauch habe ich beides beobachtet: Es kommt vor,
daß ein gesetzestreuer Mensch trotz seiner Ge-
setzestreue elend endet, und es kommt vor, daß
einer, der sich nicht um das Gesetz kümmert,
trotz seines bösen Tuns ein langes Leben hat.
16 Halte dich nicht zu streng an das Gesetz, und sei
nicht maßlos im Erwerb von Wissen! Warum soll-
test du dich selbst ruinieren? 17 Entfern dich nicht
zu weit vom Gesetz, und verharre nicht im Un-
wissen: Warum solltest du vor der Zeit sterben?
18 Es ist am besten, wenn du an dem einen fest-
hältst, aber auch das andere nicht losläßt. Wer
Gott fürchtet, wird sich in jedem Fall richtig ver-
halten.

Zum Thema: Wissen als Schutz

19 Das Wissen ist für den Gebildeten ein stärkerer
Schutz / als zehn Machthaber zusammen, / die
in der Stadt geherrscht haben. –
20 Doch gibt es auf der Erde keinen einzigen
Menschen, der so gesetzestreu wäre, daß er stets
richtig handelt, ohne je einen Fehler zu begehen.
21 Hör auch nicht auf all die Worte, die man so sagt.
Denn niemals wirst du einen Untergebenen über
dich schimpfen hören, 22 und doch bist du dir be-

wußt, daß auch du sehr oft über andere ge-
schimpft hast.

Zum Thema: Überliefertes Wissen und Wissen aus Beobachtung

23 Auf allen Wegen habe ich es mit dem Wissen
versucht. Ich habe gesagt: Ich will lernen und da-
durch gebildet werden. Aber das Wissen blieb für
mich in der Ferne.
24 Fern ist alles, was geschehen ist, / und tief, tief
versunken – / wer könnte es wiederfinden?
25 So habe ich, genauer: mein Verstand, mich
umgestellt. Ich wollte forschend und suchend er-
kennen, was dasjenige Wissen wirklich ist, das
Einzelbeobachtungen zusammenrechnet. Ferner
wollte ich erkennen, ob Gesetzesübertretung mit
mangelnder Bildung und Unwissen mit Verblen-
dung zusammenhängt. 26 Immer wieder finde ich
die Ansicht, stärker als der Tod sei die Frau. Denn:
Sie ist ein Ring von Belagerungstürmen, / und
ihr Herz ist ein Fangnetz, / Fesseln sind ihre
Arme.
Wem Gott wohlwill, der kann sich vor ihr ret-
ten, / wessen Leben verfehlt ist, wird von ihr ein-
gefangen.
27 Aber sieh dir an, was ich, Beobachtung um Be-
obachtung, herausgefunden habe, sagte Kohelet,
bis ich schließlich das Rechenergebnis fand,
28 oder vielmehr: wie ich immer wieder suchte
und nichts fand:
Von tausend Menschen habe ich nur einen wie-
dergefunden, / aber der, den ich von ihnen allen
wiedergefunden habe, war keine Frau.
29 Sieh dir an, was ich als einziges herausgefun-
den habe:
Gott hat die Menschen rechtschaffen gemacht, /
aber sie haben sich in allen möglichen Berechnun-
gen versucht.

8 Wer ist hier gebildet? Wer versteht es, ein
Wort zu deuten?

Zum Thema: Gebildete und König

Das Wissen eines Menschen macht seine Miene
strahlend, / und seine strengen Züge lösen sich. –
2 Ich (dagegen sage): Achte auf die Befehle des
Königs, und zwar im Hinblick auf den vor Gott ge-
leisteten Eid. 3 Entferne dich nicht hastig aus sei-
ner Gegenwart, und versteife dich nicht auf eine
Sache, wenn sie schlimm auszugehen droht.
Denn alles, wozu er sich entscheidet, setzt er
auch durch. 4 Hinter dem Wort des Königs steht
nun einmal die Macht. Wer also kann ihm sagen:
Was tust du?

Zum Thema: Schicksal des gebildeten Gesetzestreuen und des ungebildeten Gesetzesübertreters

5 Wer auf das Gebot achtet, den trifft nichts Schlim-
mes, / der Verstand des Gebildeten weiß die
rechte Zeit. –
6 Allerdings:
Es gibt die rechte Zeit für jedes Geschehen, und:
Schlimmes Geschick lastet häufig auf dem Men-
schen, und:
7 Er weiß nicht, was geschehen wird. / Wie es
geschehen wird – wer verkündet es ihm?
8 Es gibt keinen Menschen, der Macht hat über
den Wind, / so daß er den Wind einschließen
könnte.
Es gibt keine Macht über den Sterbetag. / Es gibt
im Krieg keinen Urlaub. / Selbst ein Gesetzes-
bruch kann die Gesetzesbrecher nicht retten.
9 All dies habe ich beobachtet, als ich mich zu ei-
ner Zeit, wo ein Mensch seine Macht über den
andern Menschen dazu benutzte, diesem zu
schaden, mit jedem Tun beschäftigte, das unter
der Sonne getan wurde. 10 Dabei habe ich beob-
achtet, wie Menschen, die das Gesetz übertreten
hatten, ein Begräbnis erhielten, während andere,
die recht getan hatten, ankamen und vom Ort des
Heiligtums wieder weggehen und bald in der
Stadt vergessen sein werden. Auch das ist Wind-
hauch. 11 Denn:
Wo keine Strafe verhängt wird, / ist die Bosheit
schnell am Werk.
Deshalb wächst im Herzen der Menschen die
Lust, Böses zu tun. 12 Denn:
Ein Sünder kann hundertmal Böses tun / und
dennoch lange leben.

Weiterführung

Freilich kenne ich das Wort:
Denen, die Gott fürchten, wird es gut gehen, /
weil sie sich vor ihm fürchten;
13 dem, der das Gesetz übertritt, wird es nicht gut
gehen, / und er wird kein langes Leben haben,
gleich dem Schatten, / weil er sich nicht vor Gott
fürchtet. –
14 Doch es gibt etwas, das auf der Erde getan
wurde und Windhauch ist:

Es gibt gesetzestreue Menschen, denen es so er-
geht, / als hätten sie wie Gesetzesbrecher gehan-
delt;
und es gibt Gesetzesbrecher, / denen es so er-
geht, / als hätten sie wie Gesetzestreue gehan-
delt.
Ich schloß daraus, daß auch dies Windhauch ist.
15 Da pries ich die Freude; denn es gibt für den
Menschen kein Glück unter der Sonne, es sei
denn, er ißt und trinkt und freut sich. Das soll ihn
begleiten bei seiner Arbeit während der Lebens-
tage, die Gott ihm unter der Sonne geschenkt hat.

Zum Thema: Grenzen der Erkenntnis

16/17 Als ich mir vorgenommen hatte zu erkennen,
was Wissen wirklich ist, und zu beobachten, wel-
ches Geschäft eigentlich auf der Erde getätigt
wird, da sah ich ein, daß der Mensch, selbst wenn
er seinen Augen bei Tag und Nacht keinen Schlaf
gönnt, das Tun Gottes in seiner Ganzheit nicht
wiederfinden kann, das Tun, das unter der Sonne
getan wurde. Deshalb strengt der Mensch, da-
nach suchend, sich an und findet es doch nicht
wieder. Selbst wenn der Gebildete behauptet, er
erkenne – er kann es doch nicht wiederfinden.
9 Denn ich habe über dies alles nachgedacht
und dies alles überprüft, wobei sich ergab:
Die Gesetzestreuen und Gebildeten mit ihrem
Tun stehen unter Gottes Verfügung. Der Mensch
erkennt nicht, ob er geliebt ist oder ob er ver-
schmäht ist. So liegt auch bei ihnen beides offen
vor ihnen. 2 Beides – wie bei allen Menschen.
Aber ein und dasselbe Geschick trifft den Geset-
zestreuen und den Gesetzesbrecher, den Guten,
den Reinen und den Unreinen, den Opfernden
und den, der nicht opfert. Dem Guten ergeht
es wie dem Sünder, dem Schwörenden ebenso
wie dem, der den Schwur scheut. 3 Das ist das
Schlimme an allem, was unter der Sonne getan
wurde, daß alle dann ein und dasselbe Geschick
trifft und daß in den Menschen überdies die Lust
zum Bösen wächst und Verblendung ihren Geist
erfaßt, während sie leben und danach, wenn sie
zu den Toten müssen – 4 ja, wer würde da ausge-
nommen? Für jeden Lebenden gibt es noch Zu-
versicht. Denn:
Ein lebender Hund ist besser als ein toter
Löwe.
5 Und: Die Lebenden erkennen, daß sie sterben
werden; die Toten aber erkennen überhaupt
nichts mehr. Sie erhalten auch keine Belohnung
mehr; denn die Erinnerung an sie ist in Verges-
senheit versunken. 6 Liebe, Haß und Eifersucht ge-
gen sie, all dies ist längst erloschen. Auf ewig ha-
ben sie keinen Anteil mehr an allem, was unter
der Sonne getan wurde.

Ratschläge Kohelets: 9,7–12,8

Freude und kraftvolles Handeln

7 Also: Iß freudig dein Brot, und trink vergnügt
deinen Wein; denn das, was du tust, hat Gott
längst so festgelegt, wie es ihm gefiel. 8 Trag je-
derzeit frische Kleider, und nie fehle duftendes
Öl auf deinem Haupt. 9 Mit einer Frau, die du
liebst, genieß das Leben alle Tage deines Lebens
voll Windhauch, die er dir unter der Sonne ge-
schenkt hat, alle deine Tage voll Windhauch.
Denn das ist dein Anteil am Leben und an dem
Besitz, für den du dich unter der Sonne an-
strengst. 10 Alles, was deine Hand, solange du
Kraft hast, zu tun vorfindet, das tu! Denn es gibt
weder Tun noch Rechnen noch Können noch
Wissen in der Unterwelt, zu der du unterwegs
bist.

Zufall und Zeit

11 Wiederum habe ich unter der Sonne beobach-
tet:
Nicht den Schnellen gehört im Wettlauf der
Sieg, / nicht den Tapferen der Sieg im Kampf, /
auch nicht den Gebildeten die Nahrung, / auch
nicht den Klugen der Reichtum, / auch nicht den
Könnern der Beifall, / sondern jeden treffen Zufall
und Zeit.
12 Außerdem: Der Mensch kennt seine Zeit
nicht.
Wie Fische, die ins Unglücksnetz geraten sind, /
wie Vögel, die ins Klappnetz geraten sind, / ebenso
verfangen sich die einzelnen Menschen in ihre /
Unglückszeit, / wenn sie plötzlich über sie herab-
fällt.

Wissen und Macht

13 Auch folgendes habe ich unter der Sonne beob-
achtet, ein Beispiel von Wissen, das ich für be-
deutsam hielt: 14 Es war eine kleine Stadt. Die
hatte nur wenige Einwohner. Ein mächtiger Kö-
nig zog gegen sie aus. Er schloß sie ein und baute
gegen sie hohe Belagerungstürme. 15 In der Stadt
fand sich ein armer, aber gebildeter Mann. Der
rettete die Stadt durch sein Wissen. Später aber er-
innerte sich kein Mensch mehr an diesen armen
Mann. 16 Da sagte ich:

Wissen ist besser als Macht, / aber das Wissen des Armen gilt nichts, / und niemand will seine Worte hören.

17 Bedächtige Worte von Gebildeten / hört man sich lieber an / als das Geschrei des Herrschers der Ungebildeten,

18 und Wissen ist besser als Waffen – / aber ein einziger, der falsch entscheidet, / kann viele Werte zerstören.

Dummheit

10 Sterbende Fliegen – da stinkt und gärt sogar das (duftende) Öl für die Schönheitspflege; / schwerer als Wissen und Geltung wiegt eine kleine Dummheit.

2 Der Verstand des Gebildeten wählt den rechten Weg, / der Verstand des Ungebildeten den linken;

3 doch der Dumme – welchen Weg er auch einschlägt, / ihm fehlt der Verstand, / obwohl er von jedem andern gesagt hat: Er ist dumm.

Gelassenheit

4 Wenn der Herrscher gegen dich in Zorn gerät, bewahre die Ruhe; / denn Gelassenheit bewahrt vor großen Fehlern.

Ungerechte Behandlung bei Hof

5 Es gibt etwas Schlimmes, das ich unter der Sonne beobachtet habe – solch ein Versehen, wie es vom Machthaber zu kommen pflegt:

6 Die Dummheit wurde auf höchste Posten gestellt, / und Reiche müssen unten sitzen.

7 Ich habe Sklaven hoch zu Pferd gesehen / und Fürsten, die wie Sklaven zu Fuß gehen mußten.

Lauernde Gefahren

8 Wer eine Grube gräbt, kann hineinfallen, / wer eine Mauer einreißt, den kann die Schlange beißen,

9 wer Steine bricht, kann sich dabei verletzen, / wer Holz spaltet, bringt sich dadurch in Gefahr.

Anwendung des Wissens

10 Wenn die Axt stumpf geworden ist / und ihr Benutzer hat sie nicht vorher geschliffen, / dann braucht er mehr Kraft – / Wissen hätte ihm den Vorteil gebracht, daß er sein Werkzeug / vorbereitet hätte.

11 Der Schlangenbeschwörer hat keinen Vorteil, / wenn die Schlange beißt, bevor er sie beschworen hat.

Der Ungebildete

12 Worte aus dem Mund des Gebildeten finden Beifall, / jedes Wort von den Lippen des Ungebildeten bringt ihn selbst in Verwirrung.

13 Wenn er redet, steht Dummheit am Anfang, / am Ende schlimme Verblendung.

14 Und der Dumme redet endlos. Dabei kann
doch der Mensch nicht erkennen, was gesche-
hen wird. Und was nach ihm geschieht – wer
verkündet es ihm? 15 Die Arbeit erschöpft die Un-
gebildeten: Keiner hat es verstanden, in die Stadt
zu ziehen.

Königshof und Schicksal des Volks

16 Weh dir, Land, / dessen König ein Knabe ist / und dessen Fürsten schon früh am Morgen tafeln.

17 Wohl dir, Land, / dessen König von edlem Geschlecht ist

und dessen Fürsten zur richtigen Zeit tafeln, / beherrscht und nicht wie Zecher.

Faulheit

18 Ist einer träge, so senkt sich das Gebälk, / läßt er die Hände sinken, so dringt der Regen ins Haus.

Geld

19 Man schlemmt und will dabei lachen, / der Wein erfreut die Lebenden, / das Geld macht alles möglich.

Vom Reden über Mächtige

20 Nicht einmal in Gedanken / schimpf auf den König, / nicht einmal im Schlafzimmer schimpf auf einen Reichen;

denn die Vögel des Himmels können dein Wort verbreiten, / alles, was Flügel hat, / könnte die Nachricht weitermelden.

Berechenbarkeit und Unberechenbarkeit der Zukunft

11 Leg dein Brot auf die Wasserfläche, /
denn noch nach vielen Tagen wirst du es
wiederfinden –
2 verteil dein Kapital auf sieben oder gar auf
acht; / denn du weißt nicht, welches Unglück
über das Land kommt.
3 Wenn die Wolken sich mit Regen füllen, /
schütten sie ihn auch über das Land aus;
wenn ein Baum nach Süden oder Norden fällt – /
wohin der Baum auch fällt, da bleibt er liegen.

Tatkräftiges Handeln

4 Wer ständig nach dem Wind schaut, kommt
nicht zum Säen, / wer ständig die Wolken beob-
achtet, kommt nicht zum Ernten.
5 Wie du den Weg des Windes ebensowenig wie
das Werden des Kindes im Leib der Schwangeren
erkennen kannst, so kannst du auch das Tun
Gottes nicht erkennen, der alles tut. 6 Am Morgen
beginne zu säen, auch gegen Abend laß deine
Hand noch nicht ruhen; denn du kannst nicht im
voraus erkennen, was Erfolg haben wird, das eine
oder das andere, oder ob sogar beide zugleich zu
guten Ergebnissen führen.
7 Dann wird das Licht süß sein, / und den Augen
wird es wohltun, die Sonne zu sehen.
8 Denn selbst wenn ein Mensch viele Jahre zu
leben hat, / freue er sich in dieser ganzen Zeit, /
und er denke zugleich an die dunklen Tage: /
Auch sie werden viele sein. / Alles, was kommt,
ist Windhauch.

Freude in der Jugend im Blick auf Alter und Tod

9 Freu dich, junger Mann, in deiner Jugend, / sei
heiteren Herzens in deinen frühen Jahren!
Geh auf den Wegen, die dein Herz dir sagt, / zu
dem, was deine Augen vor sich sehen.
[Aber sei dir bewußt, daß Gott dich für all das
vor Gericht ziehen wird.]
10 Halte deinen Sinn von Ärger frei, / und schütz
deinen Leib vor Krankheit; / denn die Jugend und
das dunkle Haar sind Windhauch.

12 Denk an deinen Schöpfer in deinen
frühen Jahren, / ehe die Tage der
Krankheit kommen und die Jahre dich errei-
chen, / von denen du sagen wirst: Ich mag sie
nicht!,
2 ehe Sonne und Licht und Mond und Sterne er-
löschen / und auch nach dem Regen wieder Wol-
ken aufziehen:
3 am Tag, da die Wächter des Hauses zittern, / die
starken Männer sich krümmen, / die Müllerin-
nen ihre Arbeit einstellen, weil sie zu wenige
sind, / es dunkel wird bei den Frauen, die aus den
Fenstern blicken,
4 und das Tor zur Straße verschlossen wird; /
wenn das Geräusch der Mühle verstummt, /
steht man auf beim Zwitschern der Vögel, / doch
die Töne des Lieds verklingen;
5 selbst vor der Anhöhe fürchtet man sich / und
vor den Schrecken am Weg; / der Mandelbaum
blüht, / die Heuschrecke schleppt sich dahin, /
die Frucht der Kaper platzt, / doch ein Mensch
geht zu seinem ewigen Haus, / und die Klagen-
den ziehen durch die Straßen –
6 ja, ehe die silberne Schnur zerreißt, / die gol-
dene Schale bricht, / der Krug an der Quelle zer-
schmettert wird, / das Rad zerbrochen in die
Grube fällt,
7 der Staub auf die Erde zurückfällt als das, was
er war, / und der Atem zu Gott zurückkehrt, / der
ihn gegeben hat.

Rahmenvers

8 Windhauch, Windhauch, sagte Kohelet, das ist
alles Windhauch.

Zwei Nachworte von Herausgebern: 12,9–14

Das erste Nachwort

9 Kohelet war ein Gelehrter. Außerdem hat er
einfachen Leuten Kenntnisse beigebracht. Er
hörte zu und prüfte, er hat viele Sprichwörter
selbst in Form gebracht. 10 Kohelet hat sich
bemüht, gut formulierte Worte zu entdecken, und
hier sind diese wahren Worte sorgfältig aufge-
schrieben.
11 Worte von Gelehrten sind wie Ochsen-
stecken, / Sprüche aus Sammlungen aber sitzen

wie eingetriebene Nägel – / sie sind die Gabe
eines einzigen Hirten.

Das zweite Nachwort

12 Im übrigen, mein Sohn, laß dich warnen! Es
nimmt kein Ende mit dem vielen Bücherschrei-
ben, und viel Studieren ermüdet den Leib. 13 Hast
du alles gehört, so lautet der Schluß:
Fürchte Gott, und achte auf seine Gebote!
Das allein hat jeder Mensch nötig. 14 Denn Gott
wird jedes Tun vor das Gericht bringen, das über
alles Verborgene urteilt, es sei gut oder böse.

DAS HOHELIED

1 Das Hohelied Salomos.
2 Mit Küssen seines Mundes bedecke er
mich. Süßer als Wein ist deine Liebe.
3 Köstlich ist der Duft deiner Salben, / dein
Name hingegossenes Salböl; / darum lieben dich
die Mädchen.
4 Zieh mich her hinter dir! Laß uns eilen! / Der
König führt mich in seine Gemächer.
Jauchzen laßt uns, deiner uns freuen, / deine
Liebe höher rühmen als Wein. / Dich liebt man zu
Recht.
5 Braun bin ich, doch schön, / ihr Töchter Jeru-
salems,
wie die Zelte von Kedar, / wie Salomos Decken.
6 Schaut mich nicht so an, / weil ich gebräunt
bin. / Die Sonne hat mich verbrannt.
Meiner Mutter Söhne waren mir böse, / ließen
mich Weinberge hüten; / den eigenen Weinberg
konnte ich nicht hüten.
7 Du, den meine Seele liebt, / sag mir: Wo wei-
dest du die Herde? / Wo lagerst du am Mittag?
Wozu soll ich erst umherirren / bei den Herden
deiner Gefährten?
8 Wenn du das nicht weißt, / du schönste der
Frauen,
dann folge den Spuren der Schafe, / dann weide
deine Zicklein / dort, wo die Hirten lagern.
9 Mit der Stute an Pharaos Wagen / vergleiche
ich dich, meine Freundin.
10 Schön sind deine Wangen zwischen den Kett-
chen, / dein Hals in der Perlenschnur.
11 Machen wir dir noch goldene Kettchen, /
kleine Silberkugeln daran.
12 Solange der König an der Tafel liegt, / gibt
meine Narde ihren Duft.
13 Mein Geliebter ruht wie ein Beutel mit Myr-
rhe / an meiner Brust.
14 Eine Hennablüte ist mein Geliebter mir / aus
den Weinbergen von En-Gedi.
15 Schön bist du, meine Freundin, / ja, du bist
schön. / Zwei Tauben sind deine Augen.
16 Schön bist du, mein Geliebter, / verlockend. /
Frisches Grün ist unser Lager,
17 Zedern sind die Balken unseres Hauses, / Zy-
pressen die Wände.
2 Ich bin eine Blume auf den Wiesen des Scha-
ron, / eine Lilie der Täler.
2 Eine Lilie unter Disteln / ist meine Freundin
unter den Mädchen.
3 Ein Apfelbaum unter Waldbäumen / ist mein
Geliebter unter den Burschen.
In seinem Schatten begehre ich zu sitzen. / Wie
süß schmeckt seine Frucht meinem Gaumen!
4 In das Weinhaus hat er mich geführt. / Sein Zei-
chen über mir heißt Liebe.
5 Stärkt mich mit Traubenkuchen, / erquickt
mich mit Äpfeln; / denn ich bin krank vor Liebe.
6 Seine Linke liegt unter meinem Kopf, / seine
Rechte umfängt mich.
7 Bei den Gazellen und Hirschen auf der Flur /
beschwöre ich euch, Jerusalems Töchter:
Stört die Liebe nicht auf, / weckt sie nicht, / bis
es ihr selbst gefällt.
8 Horch! Mein Geliebter! / Sieh da, er kommt.
Er springt über die Berge, / hüpft über die Hügel.
9 Der Gazelle gleicht mein Geliebter, / dem jun-
gen Hirsch.
Ja, draußen steht er / an der Wand unsres Hauses;
er blickt durch die Fenster, / späht durch die Git-
ter.
10 Der Geliebte spricht zu mir: / Steh auf, meine
Freundin, / meine Schöne, so komm doch!
11 Denn vorbei ist der Winter, / verrauscht der
Regen.

12 Auf der Flur erscheinen die Blumen; / die Zeit
zum Singen ist da.
Die Stimme der Turteltaube / ist zu hören in un-
serem Land.
13 Am Feigenbaum reifen die ersten Früchte; /
die blühenden Reben duften.
Steh auf, meine Freundin, / meine Schöne, so
komm doch!
14 Meine Taube im Felsennest, / versteckt an der
Steilwand,
dein Gesicht laß mich sehen, / deine Stimme
hören!
Denn süß ist deine Stimme, / lieblich dein Ge-
sicht.
15 Fangt uns die Füchse, / die kleinen Füchse!
Sie verwüsten die Weinberge, / unsre blühen-
den Reben.
16 Der Geliebte ist mein, / und ich bin sein; / er
weidet in den Lilien.
17 Wenn der Tag verweht / und die Schatten
wachsen,
komm du, mein Geliebter, / der Gazelle gleich,
dem jungen Hirsch / auf den Balsambergen.

3 Des Nachts auf meinem Lager suchte ich ihn,
/ den meine Seele liebt. / Ich suchte ihn und
fand ihn nicht.
2 Aufstehen will ich, die Stadt durchstreifen, /
die Gassen und Plätze, / ihn suchen, den meine
Seele liebt.
Ich suchte ihn und fand ihn nicht.
3 Mich fanden die Wächter / bei ihrer Runde
durch die Stadt.
Habt ihr ihn gesehen, / den meine Seele liebt?
4 Kaum war ich an ihnen vorüber, / fand ich ihn,
den meine Seele liebt.
Ich packte ihn, ließ ihn nicht mehr los, / bis ich
ihn ins Haus meiner Mutter brachte, / in die Kam-
mer derer, die mich geboren hat.
5 Bei den Gazellen und Hirschen der Flur / be-
schwöre ich euch, Jerusalems Töchter:
Stört die Liebe nicht auf, / weckt sie nicht, / bis
es ihr selbst gefällt.
6 Wer ist sie, / die da aus der Steppe heraufsteigt /
in Säulen von Rauch,
umwölkt von Myrrhe und Weihrauch, / von al-
len Wohlgerüchen der Händler?
7 Sieh da, das ist Salomos Sänfte;
sechzig Helden geleiten sie, / Israels Helden,
8 alle vertraut mit dem Schwert, / geschult für
den Kampf;
jeder trägt sein Schwert an der Hüfte / gegen die
Schrecken der Nacht.
9 Einen Tragsessel ließ König Salomo zimmern /
aus Holz vom Libanon,
10 die Pfosten in Silber, / die Lehne in Gold,
der Sitz in Purpur, / das Innere mit Steinen be-
legt.
11 Ihr Töchter Jerusalems, kommt heraus / und
schaut, ihr Töchter Zions, / König Salomo mit der
Krone!
Damit hat ihn seine Mutter gekrönt / am Tage
seiner Hochzeit, / an dem Tag seiner Herzens-
freude.

4 Schön bist du, meine Freundin, / ja, du bist
schön.
Hinter dem Schleier / deine Augen wie Tauben.
Dein Haar gleicht einer Herde von Ziegen, / die
herabzieht von Gileads Bergen.
2 Deine Zähne sind wie eine Herde / frisch ge-
schorener Schafe, / die aus der Schwemme stei-
gen.
Jeder Zahn hat sein Gegenstück, / keinem fehlt
es.
3 Rote Bänder sind deine Lippen; / lieblich ist
dein Mund.
Dem Riß eines Granatapfels gleicht deine
Schläfe / hinter dem Schleier.
4 Wie der Turm Davids ist dein Hals, / in Schich-
ten von Steinen erbaut;
tausend Schilde hängen daran, / lauter Waffen
von Helden.
5 Deine Brüste sind wie zwei Kitzlein, / wie die
Zwillinge einer Gazelle, / die in den Lilien weiden.
6 Wenn der Tag verweht und die Schatten wach-
sen, / will ich zum Myrrhenberg gehen, / zum
Weihrauchhügel.
7 Alles an dir ist schön, meine Freundin; / kein
Makel haftet dir an.
8 Komm doch mit mir, meine Braut, vom Liba-
non, / weg vom Libanon komm du mit mir!
Weg vom Gipfel des Amana, / von den Höhen
des Senir und Hermon;
weg von den Lagern der Löwen, / den Bergen
der Panther.
9 Verzaubert hast du mich, / meine Schwester
Braut; / ja verzaubert
mit einem (Blick) deiner Augen, / mit einer
Perle deiner Halskette.
10 Wie schön ist deine Liebe, / meine Schwester
Braut;

wieviel süßer ist deine Liebe als Wein, / der Duft
deiner Salben köstlicher als alle Balsamdüfte.
11 Von deinen Lippen, Braut, tropft Honig; /
Milch und Honig ist unter deiner Zunge.
Der Duft deiner Kleider ist wie des Libanon Duft.
12 Ein verschlossener Garten ist meine Schwe-
ster Braut, / ein verschlossener Garten, / ein ver-
siegelter Quell.
13 Ein Lustgarten sproßt aus dir, / Granatbäume
mit köstlichen Früchten, / Hennadolden, Nar-
denblüten,
14 Narde, Krokus, Gewürzrohr und Zimt, / alle
Weihrauchbäume,
Myrrhe und Aloe, / allerbester Balsam.
15 Die Quelle des Gartens bist du, / ein Brunnen
lebendigen Wassers, / Wasser vom Libanon.
16 Nordwind, erwache! Südwind, herbei! /
Durchweht meinen Garten, / laßt strömen die
Balsamdüfte!
Mein Geliebter komme in seinen Garten / und
esse von den köstlichen Früchten.

5 Ich komme in meinen Garten, Schwester
Braut; / ich pflücke meine Myrrhe, den Bal-
sam; esse meine Wabe samt dem Honig, / trinke
meinen Wein und die Milch.
Freunde, eßt und trinkt, / berauscht euch an der
Liebe!
2 Ich schlief, doch mein Herz war wach. / Horch,
mein Geliebter klopft:
Mach auf, meine Schwester und Freundin, /
meine Taube, du Makellose!
Mein Kopf ist voll Tau, / aus meinen Locken
tropft die Nacht.
3 Ich habe mein Kleid schon abgelegt – / wie soll
ich es wieder anziehen?
Die Füße habe ich gewaschen – / soll ich sie
wieder beschmutzen?
4 Mein Geliebter streckte die Hand durch die
Luke; / da bebte mein Herz ihm entgegen.
5 Ich stand auf, dem Geliebten zu öffnen. / Da
tropften meine Hände von Myrrhe am Griff des
Riegels.
6 Ich öffnete meinem Geliebten: / Doch der Ge-
liebte war weg, verschwunden. / Mir stockte der
Atem: Er war weg.
Ich suchte ihn, ich fand ihn nicht. / Ich rief ihn,
er antwortete nicht.
7 Da fanden mich die Wächter / bei ihrer Runde
durch die Stadt; / sie schlugen, sie verletzten
mich.
Den Mantel entrissen sie mir, / die Wächter der
Mauern.
8 Ich beschwöre euch, Jerusalems Töchter: /
Wenn ihr meinen Geliebten findet, sagt ihm, / ich
bin krank vor Liebe.
9 Was hat dein Geliebter den andern voraus, / du
schönste der Frauen?
Was hat dein Geliebter den andern voraus, / daß
du so uns beschwörst?
10 Mein Geliebter ist weiß und rot, / ist ausge-
zeichnet vor Tausenden.
11 Sein Haupt ist reines Gold. / Seine Locken sind
Rispen, rabenschwarz.
12 Seine Augen sind wie Tauben an Wasser-
bächen; / (die Zähne), in Milch gebadet, sitzen fest.
13 Seine Wangen sind wie Balsambeete, / darin
Gewürzkräuter sprießen,
seine Lippen wie Lilien; / sie tropfen von flüssi-
ger Myrrhe.
14 Seine Finger sind wie Stäbe aus Gold, / mit
Steinen aus Tarschisch besetzt.
Sein Leib ist wie eine Platte aus Elfenbein, / mit
Saphiren bedeckt.
15 Seine Schenkel sind Marmorsäulen, / auf
Sockeln von Feingold.
Seine Gestalt ist wie der Libanon, / erlesen wie
Zedern.
16 Sein Mund ist voll Süße; / alles ist Wonne an
ihm.
Das ist mein Geliebter, / ja, das ist mein
Freund, / ihr Töchter Jerusalems.

6 Wohin ist dein Geliebter gegangen, / du
schönste der Frauen?
Wohin wandte sich dein Geliebter? / Wir wol-
len ihn suchen mit dir.
2 In seinen Garten ging mein Geliebter / zu den
Balsambeeten,
um in den Gartengründen zu weiden, / um Li-
lien zu pflücken.
3 Meinem Geliebten gehöre ich, / und mir
gehört der Geliebte, / der in den Lilien weidet.
4 Schön wie Tirza bist du, meine Freundin, /
lieblich wie Jerusalem, / prächtig wie Himmels-
bilder.
5 Wende deine Augen von mir, / denn sie ver-
wirren mich.
Dein Haar gleicht einer Herde von Ziegen, / die
von Gilead herabziehen.
6 Deine Zähne sind wie eine Herde von Mutter-
schafen, / die aus der Schwemme steigen.

Jeder Zahn hat sein Gegenstück, / keinem fehlt
es.
7 Dem Riß eines Granatapfels gleicht deine
Schläfe / hinter deinem Schleier.
8 Sechzig Königinnen (hat Salomo), / achtzig
Nebenfrauen / und Mädchen ohne Zahl.
9 Doch einzig ist meine Taube, die Makellose, /
die Einzige ihrer Mutter, / die Erwählte ihrer Ge-
bärerin.
Erblicken sie die Mädchen, / sie preisen sie; /
Königinnen und Nebenfrauen rühmen sie.
10 Wer ist, die da erscheint wie das Morgenrot, /
wie der Mond so schön,
strahlend rein wie die Sonne, / prächtig wie
Himmelsbilder?
11 In den Nußgarten stieg ich hinab, / um nach
dem Sprossen der Palme zu sehen,
um zu sehen, ob der Weinstock treibt, / die Gra-
natbäume blühen.
12 Da entführte mich meine Seele, / ich weiß
nicht wie, / zu den Wagen meines edlen Volkes.

7 Wende dich, wende dich, Schulammit! /
Wende dich, wende dich, / damit wir dich
betrachten.
Was wollt ihr an Schulammit sehen? / Den La-
ger-Tanz!
2 Wie schön sind deine Schritte in den San-
dalen, / du Edelgeborene. / Deiner Hüften Rund
ist wie Geschmeide, / gefertigt von Künstler-
hand.
3 Dein Schoß ist ein rundes Becken, / Würzwein
mangle ihm nicht.
Dein Leib ist ein Weizenhügel, / mit Lilien um-
stellt.
4 Deine Brüste sind wie zwei Kitzlein, / wie die
Zwillinge einer Gazelle.
5 Dein Hals ist ein Turm aus Elfenbein. / Deine
Augen sind wie die Teiche zu Heschbon / beim
Tor von Bat-Rabbim.
Deine Nase ist wie der Libanonturm, / der ge-
gen Damaskus schaut.
6 Dein Haupt gleicht oben dem Karmel; / wie
Purpur sind deine Haare; / ein König liegt in den
Ringeln gefangen.
7 Wie schön bist du und wie reizend, / du Liebe
voller Wonnen!
8 Wie eine Palme ist dein Wuchs; / deine Brüste
sind wie Trauben.
9 Ich sage: Ersteigen will ich die Palme; / ich
greife nach den Rispen.
Trauben am Weinstock seien mir deine Brüste, /
Apfelduft sei der Duft deines Atems,
10 dein Mund köstlicher Wein, / der glatt in mich
eingeht, / der Lippen und Zähne mir netzt.
11 Ich gehöre meinem Geliebten, / und ihn ver-
langt nach mir.
12 Komm, mein Geliebter, wandern wir auf das
Land, / schlafen wir in den Dörfern.
13 Früh wollen wir dann zu den Weinbergen
gehen / und sehen, ob der Weinstock schon
treibt,
ob die Rebenblüte sich öffnet, / ob die Granat-
bäume blühen. / Dort schenke ich dir meine
Liebe.
14 Die Liebesäpfel duften; / an unsrer Tür warten
alle köstlichen Früchte,
frische und solche vom Vorjahr; / für dich hab'
ich sie aufgehoben, Geliebter.

8 Ach, wärst du doch mein Bruder, / genährt
an der Brust meiner Mutter.
Träfe ich dich dann draußen, / ich würde dich
küssen; / niemand dürfte mich deshalb verach-
ten.
2 Führen wollte ich dich, / in das Haus mei-
ner Mutter dich bringen, / die mich erzogen
hat.
Würzwein gäbe ich dir zu trinken, / Granat-
apfelmost.
3 Seine Linke liegt unter meinem Kopf, / seine
Rechte umfängt mich.
4 Ich beschwöre euch, Jerusalems Töchter: / Was
stört ihr die Liebe auf, / warum weckt ihr sie,
ehe ihr selbst es gefällt?
5 Wer ist sie, / die aus der Steppe heraufsteigt, /
auf ihren Geliebten gestützt?
Unter dem Apfelbaum hab' ich dich geweckt, /
dort, wo deine Mutter dich empfing, / wo deine
Gebärerin in Wehen lag.
6 Leg mich wie ein Siegel auf dein Herz, / wie ein
Siegel an deinen Arm!
Stark wie der Tod ist die Liebe, / die Leiden-
schaft ist hart wie die Unterwelt.
Ihre Gluten sind Feuergluten, / gewaltige Flam-
men.
7 Auch mächtige Wasser können die Liebe nicht
löschen; / auch Ströme schwemmen sie nicht
weg.
Böte einer für die Liebe den ganzen Reich-
tum seines Hauses, / nur verachten würde man
ihn.

8 Wir haben eine kleine Schwester, / noch ohne
Brüste.
Was tun wir mit unsrer Schwester, / wenn je-
mand um sie wirbt?
9 Ist sie eine Mauer, / bauen wir silberne Zinnen
auf ihr.
Ist sie eine Tür, / versperren wir sie mit einem
Zedernbrett.
10 Ich bin eine Mauer, / meine Brüste gleichen
Türmen.
Da hab' ich in seinen Augen / Gefallen gefun-
den.
11 Salomo besaß einen Weinberg / in Baal-Ha-
mon; / den Weinberg übergab er Hütern.
Für seine Frucht würde jeder / tausend Silber-
stücke bezahlen.
12 Mein eigener Weinberg liegt vor mir. / Die tau-
send laß ich dir, Salomo, / und zweihundert noch
denen, / die seine Früchte hüten.
13 Die du in den Gärten weilst, / auf deine
Stimme lauschen die Freunde; / laß sie mich
hören!
14 Fort, fort, mein Geliebter, / der Gazelle gleich,
dem jungen Hirsch / auf den Balsambergen.

DAS BUCH DER WEISHEIT

Aufforderung zu einem Leben nach der Weisheit 1,1–6,21

Die Mahnung zu gerechtem Leben

1 Liebt Gerechtigkeit, ihr Herrscher der Erde, /
denkt in Frömmigkeit an den Herrn, / sucht
ihn mit reinem Herzen!
2 Denn er läßt sich finden von denen, die ihn
nicht versuchen, / und zeigt sich denen, die ihm
nicht mißtrauen.
3 Verkehrte Gedanken trennen von Gott; / wird
seine Macht herausgefordert, / dann weist sie die
Toren zurück.
4 In eine Seele, die auf Böses sinnt, / kehrt die
Weisheit nicht ein, / noch wohnt sie in einem
Leib, / der sich der Sünde hingibt.
5 Denn der heilige Geist, der Lehrmeister, flieht
vor der Falschheit, / er entfernt sich von unver-
ständigen Gedanken / und wird verscheucht,
wenn Unrecht naht.
6 Die Weisheit ist ein menschenfreundlicher
Geist, / doch läßt sie die Reden des Lästerers
nicht straflos; / denn Gott ist Zeuge seiner heim-
lichen Gedanken, / untrüglich durchschaut er
sein Herz / und hört seine Worte.
7 Der Geist des Herrn erfüllt den Erdkreis, / und
er, der alles zusammenhält, kennt jeden Laut.
8 Darum bleibt keiner verborgen, der Böses re-
det, / das Strafurteil geht nicht an ihm vorüber.
9 Die Pläne des Frevlers werden untersucht; /
der Herr erfährt von seinen Reden / und bestraft
seine Vergehen.
10 Denn das eifersüchtige Ohr hört alles, / kein
leises Murren bleibt ihm verborgen.
11 Hütet euch also vor unnützem Murren, / und
verwehrt eurer Zunge das Verleumden! / Denn
euer heimliches Reden verhallt nicht ungehört, /
und ein Mund, der lügt, tötet die Seele.
12 Jagt nicht dem Tod nach in den Irrungen eures
Lebens, / und zieht nicht durch euer Handeln das
Verderben herbei!
13 Denn Gott hat den Tod nicht gemacht / und
hat keine Freude am Untergang der Lebenden.
14 Zum Dasein hat er alles geschaffen, / und heil-
bringend sind die Geschöpfe der Welt. / Kein Gift
des Verderbens ist in ihnen, / das Reich des Todes
hat keine Macht auf der Erde; / 15 denn die Ge-
rechtigkeit ist unsterblich.

Vom Treiben der Frevler

16 Die Frevler aber holen winkend und rufend den
Tod herbei / und sehnen sich nach ihm wie nach
einem Freund; / sie schließen einen Bund mit
ihm, / weil sie es verdienen, ihm zu gehören.
2 Sie tauschen ihre verkehrten Gedanken aus
und sagen: / Kurz und traurig ist unser Le-
ben; / für das Ende des Menschen gibt es keine

Arznei, / und man kennt keinen, der aus der Welt
des Todes befreit.
2 Durch Zufall sind wir geworden, / und danach
werden wir sein, als wären wir nie gewesen. /
Der Atem in unserer Nase ist Rauch, / und das
Denken ist ein Funke, / der vom Schlag des Her-
zens entfacht wird;
3 verlöscht er, dann zerfällt der Leib zu Asche, /
und der Geist verweht wie dünne Luft.
4 Unser Name wird bald vergessen, / niemand
denkt mehr an unsere Taten. / Unser Leben geht
vorüber wie die Spur einer Wolke / und löst sich
auf wie ein Nebel, / der von den Strahlen der
Sonne verscheucht / und von ihrer Wärme zu Bo-
den gedrückt wird.
5 Unsere Zeit geht vorüber wie ein Schatten, /
unser Ende wiederholt sich nicht; / es ist versie-
gelt, und keiner kommt zurück.
6 Auf, laßt uns die Güter des Lebens genießen /
und die Schöpfung auskosten, / wie es der Jugend
zusteht.
7 Erlesener Wein und Salböl sollen uns reichlich
fließen, / keine Blume des Frühlings darf uns ent-
gehen.
8 Bekränzen wir uns mit Rosen, ehe sie verwel-
ken;
9 keine Wiese bleibe unberührt / von unserem
ausgelassenen Treiben. / Überall wollen wir Zei-
chen der Fröhlichkeit zurücklassen; / das ist un-
ser Anteil, das fällt uns zu.
10 Laßt uns den Gerechten unterdrücken, / der
in Armut lebt, / die Witwe nicht schonen / und
das graue Haar des betagten Greises nicht
scheuen!
11 Unsere Stärke soll bestimmen, was Gerechtig-
keit ist; / denn das Schwache erweist sich als
unnütz.
12 Laßt uns dem Gerechten auflauern! / Er ist uns
unbequem und steht unserem Tun im Weg. / Er
wirft uns Vergehen gegen das Gesetz vor / und
beschuldigt uns des Verrats an unserer Erziehung.
13 Er rühmt sich, die Erkenntnis Gottes zu besit-
zen, / und nennt sich einen Knecht des Herrn.
14 Er ist unserer Gesinnung ein lebendiger Vor-
wurf, / schon sein Anblick ist uns lästig;
15 denn er führt ein Leben, / das dem der andern
nicht gleicht, / und seine Wege sind grundver-
schieden.
16 Als falsche Münze gelten wir ihm; / von un-
seren Wegen hält er sich fern wie von Unrat. /
Das Ende der Gerechten preist er glücklich / und
prahlt, Gott sei sein Vater.
17 Wir wollen sehen, ob seine Worte wahr sind, /
und prüfen, wie es mit ihm ausgeht.
18 Ist der Gerechte wirklich Sohn Gottes, / dann
nimmt sich Gott seiner an / und entreißt ihn der
Hand seiner Gegner.
19 Roh und grausam wollen wir mit ihm verfah-
ren, / um seine Sanftmut kennenzulernen, /
seine Geduld zu erproben.
20 Zu einem ehrlosen Tod wollen wir ihn verur-
teilen; / er behauptet ja, es werde ihm Hilfe ge-
währt.
21 So denken sie, aber sie irren sich; / denn ihre
Schlechtigkeit macht sie blind.
22 Sie verstehen von Gottes Geheimnissen
nichts, / sie hoffen nicht auf Lohn für die Fröm-
migkeit / und erwarten keine Auszeichnung für
untadelige Seelen.
23 Gott hat den Menschen zur Unvergänglichkeit
erschaffen / und ihn zum Bild seines eigenen We-
sens gemacht.
24 Doch durch den Neid des Teufels kam der Tod
in die Welt, / und ihn erfahren alle, die ihm an-
gehören.

Das jenseitige Los der Guten und der Bösen

3 Die Seelen der Gerechten sind in Gottes
Hand, / und keine Qual kann sie berühren.
2 In den Augen der Toren sind sie gestorben, / ihr
Heimgang gilt als Unglück,
3 ihr Scheiden von uns als Vernichtung; / sie
aber sind in Frieden.
4 In den Augen der Menschen wurden sie ge-
straft; / doch ihre Hoffnung ist voll Unsterblich-
keit.
5 Ein wenig nur werden sie gezüchtigt; / doch
sie empfangen große Wohltat. / Denn Gott hat sie
geprüft / und fand sie seiner würdig.
6 Wie Gold im Schmelzofen hat er sie erprobt /
und sie angenommen als ein vollgültiges Opfer.
7 Beim Endgericht werden sie aufleuchten / wie
Funken, die durch ein Stoppelfeld sprühen.
8 Sie werden Völker richten / und über Natio-
nen herrschen, / und der Herr wird ihr König sein
in Ewigkeit.
9 Alle, die auf ihn vertrauen, werden die Wahr-
heit erkennen, / und die Treuen werden bei ihm
bleiben in Liebe. / Denn Gnade und Erbarmen
wird seinen Erwählten zuteil.

Das schönste der Lieder Salomos (Hld 1) | 35 ▷

10 Die Frevler aber werden für ihre Pläne be-
straft, / sie, die den Gerechten mißachtet ha-
ben / und vom Herrn abgefallen sind.
11 Unglücklich sind alle, / die Weisheit und Be-
lehrung verachten; / leer ist ihre Hoffnung, ver-
geblich sind ihre Mühen / und wertlos ihre Ta-
ten.
12 Ihre Frauen sind unverständig / und ihre Kin-
der böse, / fluchbeladen ist ihr Geschlecht.

Kinderlose Gerechte und kinderreiche Frevler

13 Selig ist die Kinderlose, die unschuldig blieb /
und kein Lager der Sünde kannte; / sie wird
gleich einer Mutter geehrt, / wenn die Seelen
ihren Lohn empfangen.
14 Selig ist auch der Kinderlose, / der sich nicht
frevelhaft verging / und gegen den Herrn nichts
Böses plante; / besondere Gnade wird seiner
Treue zuteil / und ein gar köstlicher Anteil am
Tempel des Herrn.
15 Denn ruhmreich ist der Lohn guter Mühe /
und unvergänglich die Wurzel der Klugheit.
16 Doch die Kinder von Ehebrechern verküm-
mern, / und die Nachkommen einer sündigen
Verbindung schwinden dahin.
17 Auch wenn sie lange leben, gelten sie nichts, /
und ehrlos ist am Ende ihr Alter.
18 Sterben sie früh, so haben sie keine Hoffnung /
und keinen Trost am Tag des Gerichts;
19 denn schlimm ist das Ende eines schuldhaften
Geschlechts.
4 Besser ist Kinderlosigkeit mit Tugend; un-
sterblich ist ihr Ruhm, / sie steht in Ehren bei
Gott und bei den Menschen.
2 Ist sie zugegen, ahmt man sie nach; / ist sie
entschwunden, sehnt man sie herbei. / In der
Ewigkeit triumphiert sie, / geschmückt mit dem
Kranz, / Siegerin im Wettstreit um einen edlen
Preis.
3 Doch die große Kinderschar der Frevler bringt
keinen Nutzen; / sie ist ein unechtes Gewächs, /
treibt keine Wurzeln in die Tiefe / und faßt kei-
nen sicheren Grund.
4 Breitet es auch eine Zeitlang üppig seine
Zweige aus, / so wird es doch vom Wind hin und
her geschüttelt / und von der Gewalt der Stürme
entwurzelt.
5 Die Äste, die noch schwach sind, werden ge-
knickt; / ihre Frucht ist unbrauchbar, unreif und
ungenießbar, / zu gar nichts geeignet.
6 Denn die Kinder eines sündigen Beischlafs /
treten im Gericht als Zeugen auf / für die Schlech-
tigkeit ihrer Eltern.

Der frühe Heimgang des Gerechten und das lange Leben der Frevler

7 Der Gerechte aber, kommt auch sein Ende früh, /
geht in Gottes Ruhe ein.
8 Denn ehrenvolles Alter besteht nicht in einem
langen Leben / und wird nicht an der Zahl der
Jahre gemessen.
9 Mehr als graues Haar bedeutet für die Men-
schen die Klugheit, / und mehr als Greisenalter
wiegt ein Leben ohne Tadel.
10 Er gefiel Gott und wurde von ihm geliebt; / da er
mitten unter Sündern lebte, wurde er entrückt.
11 Er wurde weggenommen, / damit nicht
Schlechtigkeit seine Einsicht verkehrte / und
Arglist seine Seele täuschte.
12 Denn der Reiz des Bösen verdunkelt das
Gute, / und der Taumel der Begierde verdirbt den
arglosen Sinn.
13 Früh vollendet, hat der Gerechte doch ein
volles Leben gehabt;
14 da seine Seele dem Herrn gefiel, / enteilte sie
aus der Mitte des Bösen. / Die Leute sahen es,
ohne es zu verstehen; / sie nahmen es sich nicht
zu Herzen,
15 daß Gnade und Erbarmen seinen Auserwähl-
ten zuteil wird, / Belohnung seinen Heiligen.
16 Der Gerechte, der entschlafen ist, / verur-
teilt die Frevler, die noch leben, / die früh voll-
endete Jugend / das hohe Alter des Ungerech-
ten.
17 Die Frevler sehen das Ende des Weisen, / ver-
stehen aber nicht, was der Herr mit ihm wollte /
und warum er ihn in Sicherheit brachte.
18 Sie sehen es und gehen darüber hinweg; /
doch der Herr lacht über sie.
19 Dann werden sie verachtete Leichen sein, /
ewiger Spott bei den Toten. / Sie werden ver-
stummen, / wenn er sie kopfüber hinabstürzt /
und aus ihren Grundfesten reißt. / Sie werden
völlig vernichtet und erleiden Qualen; / die Erin-
nerung an sie verschwindet.

Die Bösen und die Guten im Endgericht

20 Zitternd kommen sie zum Gericht über ihre
Sünden; / ihre Vergehen treten ihnen entgegen
und überführen sie.

◁ 36 | *Draußen steht er an der Wand unseres Hauses (Hld 2)*

5 Dann wird der Gerechte voll Zuversicht da-
stehen vor denen, die ihn bedrängt / und
seine Mühen verachtet haben.
2 Wenn sie ihn sehen, packt sie entsetzliche
Furcht, / und sie geraten außer sich über seine
unerwartete Rettung.
3 Jetzt denken sie anders; / seufzend und voll
Angst sagen sie zueinander:
4 Dieser war es, den wir einst verlachten, / ver-
spotteten und verhöhnten, wir Toren. / Sein Le-
ben hielten wir für Wahnsinn / und sein Ende für
ehrlos.
5 Jetzt zählt er zu den Söhnen Gottes, / bei den
Heiligen hat er sein Erbteil.
6 Also sind wir vom Weg der Wahrheit abgeirrt; /
das Licht der Gerechtigkeit strahlte uns nicht, /
und die Sonne ging nicht für uns auf.
7 Bis zum Überdruß gingen wir die Pfade des Un-
rechts / und des Verderbens / und wanderten
durch weglose Wüsten, / aber den Weg des Herrn
erkannten wir nicht.
8 Was nützte uns der Übermut, / was brachten
uns Reichtum und Prahlerei?
9 All das ist vorbei wie ein Schatten, / wie eine
flüchtige Nachricht.
10 Wie wenn ein Schiff durch die wogende Flut
fährt: / Ist es vorübergezogen, so ist von ihm
keine Spur mehr zu finden, / kein Pfad seines
Kiels in den Wellen.
11 Wie wenn ein Vogel durch die Luft fliegt: /
Kein Zeichen findet sich von seiner Bahn;
er peitscht die leichte Luft mit seinem Flügel-
schlag / und durchschneidet sie mit gewaltig rau-
schenden Schwingen, / doch bleibt kein Zeichen
seines Weges in ihr zurück.
12 Oder wie wenn ein Pfeil auf das Ziel geschos-
sen wird: / Die geteilte Luft strömt sofort wieder
zusammen, / so daß man seine Bahn nicht mehr
erkennt.
13 So sind wir ins Dasein getreten, um hinzu-
schwinden; / wir hatten keinerlei Tugend aufzu-
weisen, / sondern wurden von unserer Schlech-
tigkeit verschlungen.
14 Ja, die Hoffnung des Frevlers ist wie die Spreu,
die der Wind verweht, / wie der Gischt, den der
Sturm verjagt, / wie der Rauch, den der Wind zer-
stäubt; / sie schwindet wie die Erinnerung an ei-
nen flüchtigen Gast.
15 Die Gerechten aber leben in Ewigkeit, / der
Herr belohnt sie, der Höchste sorgt für sie.
16 Darum werden sie aus der Hand des Herrn /
das Reich der Herrlichkeit empfangen und die
Krone der Schönheit.
Denn er wird sie mit seiner Rechten behüten /
und mit seinem Arm beschützen.
17 Er rüstet sich mit seinem Eifer / und macht die
Schöpfung zur Waffe, mit der er die Feinde be-
straft.
18 Als Panzer zieht er Gerechtigkeit an, / und als
Helm setzt er strenges Gericht auf.
19 Als Schild nimmt er unüberwindliche Heilig-
keit, / 20 und grimmigen Zorn schärft er zum
Schwert; / zusammen mit ihm kämpft die ganze
Welt gegen die Toren.
21 Treffsicher fahren die Blitzespfeile dahin; / ab-
geschossen aus den Wolken wie von einem wohl-
gerundeten Bogen, / fliegen sie auf ihr Ziel.
22 Eine Steinschleuder entsendet Hagelkörner, /
die voll von göttlichem Zorn sind.
Das Wasser des Meeres wütet gegen die Fein-
de, / und Ströme schlagen grimmig über ihnen
zusammen.
23 Der Atem des Allmächtigen erhebt sich gegen
sie / und trägt sie wie ein Sturm davon.
So bringt die Gesetzlosigkeit Verheerung über
die ganze Erde, / und das böse Tun stürzt die
Throne der Mächtigen.

Die Mahnung, die Weisheit zu suchen

6 Hört also, ihr Könige, und seid verständig, /
lernt, ihr Gebieter der ganzen Welt!
2 Horcht, ihr Herrscher der Massen, / die ihr
stolz seid auf Völkerscharen!
3 Der Herr hat euch die Gewalt gegeben, / der
Höchste die Herrschaft, / er, der eure Taten prüft
und eure Pläne durchforscht.
4 Ihr seid Diener seines Reichs, / aber ihr habt
kein gerechtes Urteil gefällt, das Gesetz nicht be-
wahrt / und die Weisung Gottes nicht befolgt.
5 Schnell und furchtbar wird er kommen und
euch bestrafen; / denn über die Großen ergeht
ein strenges Gericht.
6 Der Geringe erfährt Nachsicht und Erbarmen, /
doch die Mächtigen werden gerichtet mit Macht.
7 Denn der Herrscher des Alls scheut niemand /
und weicht vor keiner Größe zurück. / Er hat
klein und groß erschaffen / und trägt gleiche
Sorge für alle;
8 den Mächtigen aber droht strenge Untersu-
chung.

9 An euch also, ihr Herrscher, richten sich meine Worte, / damit ihr Weisheit lernt und nicht sündigt.
10 Wer das Heilige heilig hält, wird geheiligt, / und wer sich darin unterweisen läßt, findet Schutz.
11 Verlangt also nach meinen Worten; / sehnt euch danach, und ihr werdet gute Belehrung empfangen.
12 Strahlend und unvergänglich ist die Weisheit; / wer sie liebt, erblickt sie schnell, / und wer sie sucht, findet sie.
13 Denen, die nach ihr verlangen, / gibt sie sich sogleich zu erkennen.
14 Wer sie am frühen Morgen sucht, braucht keine Mühe, / er findet sie vor seiner Türe sitzen.
15 Über sie nachzusinnen ist vollkommene Klugheit; / wer ihretwegen wacht, wird schnell von Sorge frei.
16 Sie geht selbst umher, um die zu suchen, die ihrer würdig sind; / freundlich erscheint sie ihnen auf allen Wegen / und kommt jenen entgegen, die an sie denken.
17 Ihr Anfang ist aufrichtiges Verlangen nach Bildung; / das eifrige Bemühen um Bildung aber ist Liebe.
18 Liebe ist Halten ihrer Gebote; / Erfüllen der Gebote sichert Unvergänglichkeit,
19 und Unvergänglichkeit bringt in Gottes Nähe.
20 So führt das Verlangen nach Weisheit zur Herrschaft hinauf.
21 Ihr Herrscher der Völker, wenn ihr Gefallen an Thronen und Zeptern habt, / dann ehrt die Weisheit, damit ihr ewig herrscht.

Das Wesen und Wirken der Weisheit: 6,22–8,18

Einleitung

22 Ich will verkünden, was die Weisheit ist und wie sie wurde, / und will euch kein Geheimnis verbergen.
Ich will ihre Spur vom Anfang der Schöpfung an verfolgen, / ihre Kenntnis will ich verbreiten / und nicht an der Wahrheit vorbeigehen.
23 Verzehrender Neid soll mich nicht auf meinem Weg begleiten; / denn er hat mit der Weisheit nichts gemein.
24 Eine große Anzahl von Weisen ist Heil für die Welt, / ein kluger König ist Wohlstand für das Volk.
25 Laßt euch also durch meine Worte unterweisen; / es wird euch von Nutzen sein.

Der sterbliche Mensch als Empfänger der Weisheit

7 Auch ich bin ein sterblicher Mensch wie alle anderen, / Nachkomme des ersten, aus Erde gebildeten Menschen.
Im Schoß der Mutter wurde ich zu Fleisch geformt, /
2 zu dem das Blut in zehn Monaten gerann durch den Samen des Mannes / und die Lust, die im Beischlaf hinzukam.
3 Geboren atmete auch ich die gemeinsame Luft, / ich fiel auf die Erde, die Gleiches von allen erduldet, / und Weinen war mein erster Laut wie bei allen.
4 In Windeln und mit Sorgen wurde ich aufgezogen;
5 kein König trat anders ins Dasein.
6 Alle haben den einen gleichen Eingang zum Leben; / gleich ist auch der Ausgang.

Die Gottesgabe der Weisheit

7 Daher betete ich, und es wurde mir Klugheit gegeben; / ich flehte, und der Geist der Weisheit kam zu mir.
8 Ich zog sie Zeptern und Thronen vor, / Reichtum achtete ich für nichts im Vergleich mit ihr.
9 Keinen Edelstein stellte ich ihr gleich; / denn alles Gold erscheint neben ihr wie ein wenig Sand, / und Silber gilt ihr gegenüber soviel wie Lehm.
10 Ich liebte sie mehr als Gesundheit und Schönheit / und zog ihren Besitz dem Lichte vor; / denn niemals erlischt der Glanz, / der von ihr ausstrahlt.
11 Zugleich mit ihr kam alles Gute zu mir, / unzählbare Reichtümer waren in ihren Händen.
12 Ich freute mich über sie alle, / weil die Weisheit lehrt, sie richtig zu gebrauchen, / wußte aber nicht, daß sie auch deren Ursprung ist.
13 Uneigennützig lernte ich, und neidlos gebe ich weiter; / ihren Reichtum behalte ich nicht für mich.
14 Ein unerschöpflicher Schatz ist sie für die Menschen; / alle, die ihn erwerben, erlangen die Freundschaft Gottes. / Sie sind empfohlen durch die Gaben der Unterweisung.

Bitte um die Gabe der Lehre

15 Mir aber gewähre Gott, nach meiner Einsicht zu
sprechen / und zu denken, wie die empfangenen
Gaben es wert sind;
denn er ist der Führer der Weisheit / und hält die
Weisen auf dem rechten Weg.
16 Wir und unsere Worte sind in seiner Hand, /
auch alle Klugheit und praktische Erfahrung.
17 Er verlieh mir untrügliche Kenntnis der
Dinge, / so daß ich den Aufbau der Welt und das
Wirken der Elemente verstehe,
18 Anfang und Ende und Mitte der Zeiten, / die
Abfolge der Sonnenwenden und den Wandel der
Jahreszeiten,
19 den Kreislauf der Jahre und die Stellung der
Sterne,
20 die Natur der Tiere und die Wildheit der
Raubtiere, / die Gewalt der Geister und die Ge-
danken der Menschen, / die Verschiedenheit der
Pflanzen und die Kräfte der Wurzeln.
21 Alles Verborgene und alles Offenbare habe ich
erkannt; / denn es lehrte mich die Weisheit, die
Meisterin aller Dinge.

Das Wesen der Weisheit

22 In ihr ist ein Geist, / gedankenvoll, heilig, ein-
zigartig, mannigfaltig, zart, beweglich, / durch-
dringend, unbefleckt, klar, / unverletzlich, das
Gute liebend, scharf,
23 nicht zu hemmen, wohltätig, menschen-
freundlich, / fest, sicher, ohne Sorge, alles vermö-
gend, alles überwachend / und alle Geister durch-
dringend, / die denkenden, reinen und zartesten.
24 Denn die Weisheit ist beweglicher als alle Be-
wegung; / in ihrer Reinheit durchdringt und er-
füllt sie alles.
25 Sie ist ein Hauch der Kraft Gottes / und reiner
Ausfluß der Herrlichkeit des Allherrschers; /
darum fällt kein Schatten auf sie.
26 Sie ist der Widerschein des ewigen Lichts, /
der ungetrübte Spiegel von Gottes Kraft, / das Bild
seiner Vollkommenheit.
27 Sie ist nur eine und vermag doch alles; / ohne
sich zu ändern, erneuert sie alles.
Von Geschlecht zu Geschlecht tritt sie in heilige
Seelen ein / und schafft Freunde Gottes und Pro-
pheten;
28 denn Gott liebt nur den, / der mit der Weisheit
zusammenwohnt.
29 Sie ist schöner als die Sonne und über-
trifft jedes Sternbild. / Sie ist strahlender als das
Licht;
30 denn diesem folgt die Nacht, / doch über die
Weisheit siegt keine Schlechtigkeit.

8 Machtvoll entfaltet sie ihre Kraft von einem
Ende zum andern / und durchwaltet voll
Güte das All.

Die Weisheit als Lehrerin der Tugend

2 Sie habe ich geliebt und gesucht von Jugend
auf, / ich suchte sie als Braut heimzuführen / und
fand Gefallen an ihrer Schönheit.
3 Im Umgang mit Gott beweist sie ihren Adel, /
der Herr über das All gewann sie lieb.
4 Eingeweiht in das Wissen Gottes, / bestimmte
sie seine Werke.
5 Ist Reichtum begehrenswerter Besitz im Le-
ben, / was ist dann reicher als die Weisheit, die in
allem wirkt?
6 Wenn Klugheit wirksam ist, / wer in aller Welt
ist ein größerer Meister als sie?
7 Wenn jemand Gerechtigkeit liebt, / in ihren
Mühen findet er die Tugenden.
Denn sie lehrt Maß und Klugheit, / Gerech-
tigkeit und Tapferkeit, / die Tugenden, die im Le-
ben der Menschen nützlicher sind als alles an-
dere.
8 Wenn jemand nach reicher Erfahrung strebt: /
sie kennt das Vergangene und errät das Kom-
mende,
sie versteht, die Worte schön zu formen und Rät-
selhaftes zu deuten; / sie weiß im voraus Zeichen
und Wunder / und kennt den Ausgang von Peri-
oden und Zeiten.

Die Weisheit als Lebensgefährtin

9 So beschloß ich, sie als Lebensgefährtin heimzu-
führen; / denn ich wußte, daß sie mir guten Rat
gibt / und Trost in Sorge und Leid.
10 Mit ihr werde ich Ruhm beim Volke haben /
und trotz meiner Jugend vom Alter geehrt sein.
11 Ich werde als scharfsinniger Richter gelten /
und in den Augen der Mächtigen Staunen erre-
gen.
12 Schweige ich, so warten sie in Spannung, /
spreche ich, so merken sie auf, / rede ich länger,
so legen sie die Hand auf den Mund.

13 Mit ihr werde ich Unsterblichkeit erlangen / und ewigen Ruhm bei der Nachwelt hinterlassen.
14 Völker werde ich sorgsam leiten, / und Nationen werden mir untertan sein.
15 Schreckliche Tyrannen werden mich fürchten, wenn sie von mir hören; / in der Volksversammlung werde ich mich als tüchtig und im Krieg als tapfer erweisen.
16 Komme ich nach Hause, / dann werde ich bei ihr ausruhen; denn der Umgang mit ihr hat nichts Bitteres, / das Leben mit ihr kennt keinen Schmerz, / sondern nur Frohsinn und Freude.
17 Als ich dies bei mir überlegte und in meinem Herzen erwog, / daß das Leben mit der Weisheit Unsterblichkeit bringt,
18 die Freundschaft mit ihr reine Freude / und die Mühen ihrer Hände unerschöpflichen Reichtum, daß stete Gemeinschaft mit ihr Klugheit bringt / und das Zwiegespräch mit ihr Ruhm –, / da ging ich auf die Suche nach ihr, um sie heimzuführen.

Salomos großes Gebet: Das Walten der Weisheit in der Geschichte: 8,19–19,22

Das Gebet um Weisheit: 8,19–9,19

Einleitung

19 Ich war ein begabtes Kind und hatte eine gute
Seele erhalten, 20 oder vielmehr: gut, wie ich war,
kam ich in einen unverdorbenen Leib. 21 Ich erkannte aber, daß ich die Weisheit nur als Geschenk Gottes erhalten könne – und schon hier war es die Klugheit, die mich erkennen ließ, wessen Gnadengeschenk sie ist. Daher wandte ich mich an den Herrn und sprach zu ihm aus ganzem Herzen:

Die Bitte um Weisheit

9 Gott der Väter und Herr des Erbarmens, / du hast das All durch dein Wort gemacht.
2 Den Menschen hast du durch deine Weisheit erschaffen, / damit er über deine Geschöpfe herrscht.
3 Er soll die Welt in Heiligkeit und Gerechtigkeit leiten / und Gericht halten in rechter Gesinnung.
4 Gib mir die Weisheit, die an deiner Seite thront, / und verstoß mich nicht aus der Schar deiner Kinder!
5 Ich bin ja dein Knecht, der Sohn deiner Magd, / ein schwacher Mensch, dessen Leben nur kurz ist, / und gering ist meine Einsicht in Recht und Gesetz.
6 Wäre einer auch vollkommen unter den Menschen, / er wird kein Ansehen genießen wenn ihm deine Weisheit fehlt.
7 Du bist es, der mich zum König deines Volkes / und zum Richter deiner Söhne und Töchter erwählt hat.
8 Du hast befohlen, / einen Tempel auf deinem heiligen Berg zu bauen / und einen Altar in der Stadt deiner Wohnung, / ein Abbild des heiligen Zeltes, das du von Anfang an entworfen hast.
9 Mit dir ist die Weisheit, die deine Werke kennt / und die zugegen war, als du die Welt erschufst.
Sie weiß, was dir gefällt / und was recht ist nach deinen Geboten.
10 Sende sie vom heiligen Himmel / und schick sie vom Thron deiner Herrlichkeit,
damit sie bei mir sei und alle Mühe mit mir teile / und damit ich erkenne, was dir gefällt.
11 Denn sie weiß und versteht alles; / sie wird mich in meinem Tun besonnen leiten / und mich in ihrem Lichtglanz schützen.
12 Dann wird dir mein Handeln gefallen; / ich werde dein Volk gerecht regieren / und des Throns meines Vaters würdig sein.
13 Denn welcher Mensch kann Gottes Plan erkennen, / oder wer begreift, was der Herr will?
14 Unsicher sind die Berechnungen der Sterblichen / und hinfällig unsere Gedanken;
15 denn der vergängliche Leib beschwert die Seele, / und das irdische Zelt belastet den um vieles besorgten Geist.
16 Wir erraten kaum, was auf der Erde vorgeht, / und finden nur mit Mühe,
was doch auf der Hand liegt; / wer kann dann ergründen, was im Himmel ist?
17 Wer hat je deinen Plan erkannt, wenn du ihm nicht Weisheit gegeben / und deinen heiligen Geist aus der Höhe gesandt hast?

18 So wurden die Pfade der Erdenbewohner ge-
rade gemacht, / und die Menschen lernten, was
dir gefällt;
19 durch die Weisheit wurden sie gerettet.

**Die rettende Macht der Weisheit –
sieben Beispiele:** 10,1–11,4

Adam

10 Sie hat den Urvater der Welt nach seiner
Erschaffung behütet, als er noch allein
war; sie hat ihn aus seiner Sünde befreit 2 und ihm
die Kraft gegeben, über alles zu herrschen. 3 Ein
Ungerechter aber, der in seinem Zorn von ihr ab-
fiel, ging durch seine Leidenschaft zugrunde, die
ihn zum Brudermord trieb.

Noach

4 Die Weisheit hat die Erde, die seinetwegen
überflutet wurde, wieder gerettet und den Ge-
rechten auf wertlosem Holz durch die Wasser
gesteuert.

Abraham

5 Als die Völker, einmütig nur in ihrer Schlech-
tigkeit, durch die Verwirrung ihrer Sprache
getrennt wurden, erwählte sie den Gerechten
und behütete ihn, so daß er vor Gott ohne Tadel
war und trotz der Liebe zu seinem Kind stark
blieb.

Lot

6 Als die Frevler zugrunde gingen, rettete sie ei-
nen Gerechten, so daß er vor dem Feuer flie-
hen konnte, das auf die fünf Städte fiel; 7 von ih-
rer Schlechtigkeit zeugen heute noch rauchen-
des Ödland und Pflanzen, die zur Unzeit Früchte
tragen, und eine Salzsäule ragt als Denkmal
einer ungläubigen Seele empor. 8 Jene, die an der
Weisheit achtlos vorübergingen, erlitten nicht
nur Schaden, weil sie das Gute nicht erkannten,
sondern sie hinterließen auch den Lebenden ein
Mahnmal ihrer Torheit, damit nicht verborgen
bleibe, worin sie sich verfehlt hatten. 9 Die Weis-
heit aber rettete ihre Diener aus jeglicher Müh-
sal.

Jakob

10 Einen Gerechten, der vor dem Zorn des Bruders
floh, geleitete sie auf geraden Wegen, zeigte ihm
das Reich Gottes und enthüllte ihm heilige Ge-
heimnisse. Sie machte ihn reich bei seiner harten
Arbeit und vermehrte den Ertrag seiner Mühen.
11 Sie half ihm gegen die Habsucht seiner Unter-
drücker und verschaffte ihm Wohlstand. 12 Sie be-
schützte ihn vor seinen Feinden und gab ihm Si-
cherheit vor seinen Verfolgern. In einem harten
Kampf verlieh sie ihm den Siegespreis, damit er
erkannte, daß Gottesfurcht stärker als alles an-
dere ist.

Josef

13 Einen Gerechten, der verkauft worden war, ließ
sie nicht im Stich, sondern bewahrte ihn vor der
Sünde. 14 Sie stieg mit ihm in den Kerker hinab
und verließ ihn während seiner Gefangenschaft
nicht, bis sie ihm das königliche Zepter brachte
und Gewalt über seine Bedrücker. Sie überführte
alle, die ihn beschuldigt hatten, als Lügner und
verlieh ihm ewigen Ruhm.

Das Volk Israel

15 Sie hat ein heiliges Volk, ein untadeliges Ge-
schlecht, aus der Gewalt einer Nation gerettet, die
es unterdrückte. 16 Sie ging in die Seele eines Die-
ners des Herrn ein und widerstand schrecklichen
Königen durch Zeichen und Wunder. 17 Sie gab
den Heiligen den Lohn ihrer Mühen und geleitete
sie auf wunderbarem Weg. Sie wurde ihnen am
Tag zum Schutz und in der Nacht zum Sternen-
licht. 18 Sie führte sie durch das Rote Meer und ge-
leitete sie durch gewaltige Wasser. 19 Ihre Feinde
aber ließ sie in der Flut ertrinken und spülte sie
aus der Tiefe des Abgrunds ans Land. 20 Darum
plünderten die Gerechten die Frevler aus, sie prie-
sen, Herr, deinen heiligen Namen und lobten ein-
mütig deine schützende Hand. 21 Denn die Weis-
heit hat den Mund der Stummen geöffnet, und
die Zungen der Unmündigen hat sie beredt ge-
macht.

11 Sie ließ alles gelingen, was sie unter
der Führung des heiligen Propheten
unternahmen. 2 Sie zogen durch eine unbe-
wohnte Wüste und schlugen in unwegsamen
Gegenden ihre Zelte auf. 3 Sie leisteten ihren
Feinden Widerstand und wehrten ihre Gegner
ab. 4 Als sie dürsteten und dich anriefen, wurde
ihnen Wasser aus schroffem Fels gegeben, so
daß sie ihren Durst stillen konnten aus hartem
Gestein.

Das Volk Gottes und seine Feinde – sieben Vergleiche: 11,5–19,22

Das Wasser des Nil – das Wasser aus dem Felsen

5 Denn was ihren Feinden zur Strafe wurde, das
empfingen sie als Wohltat in ihrer Not. 6 Der stän-
dig fließende Strom wurde durch schmutziges
Blut getrübt. 7 So wurden jene für den befohle-
nen Kindermord gestraft. Diesen aber gabst du
wider Erwarten reichlich Wasser, 8 nachdem du
ihnen vorher durch ihren Durst gezeigt hattest,
wie ihre Gegner von dir bestraft wurden. 9 Denn
als sie geprüft und, wenn auch nur milde, zu-
rechtgewiesen wurden, da erkannten sie, wie
die Frevler im Zorn gerichtet und gepeinigt wor-
den waren. 10 Sie hast du wie ein mahnender Va-
ter auf die Probe gestellt, die Frevler aber wie ein
strenger König gerichtet und verurteilt. 11 Fern
von den Gerechten wurden sie ebenso geplagt,
wie damals, als sie ihnen noch nahe waren;
12 denn zweifaches Leid und Seufzen brachte ih-
nen die Erinnerung an das Vergangene: 13 Als sie
nämlich hörten, daß ihre eigene Bestrafung je-
nen sogar zur Wohltat geworden war, da erkann-
ten sie das Wirken des Herrn. 14 Den sie einst aus-
gesetzt und weggeworfen, den sie mit Hohn
abgewiesen hatten, den mußten sie am Ende
von allem bestaunen, nachdem sie einen viel
schlimmeren Durst gelitten hatten als die Ge-
rechten.

Erste Einschaltung: Gottes Art zu strafen

15 Zur Strafe für ihre frevlerische Torheit, in die sie
sich verirrt hatten, als sie vernunftloses Gewürm
und armseliges Ungeziefer verehrten, sandtest du
ihnen eine Menge vernunftloser Tiere. 16 Sie soll-
ten erkennen: Man wird mit dem gestraft, womit
man sündigt.

17 Für deine allmächtige Hand, die aus unge-
formtem Stoff die Welt gestaltet hat, wäre es keine
Schwierigkeit gewesen, eine Menge von Bären
gegen sie zu senden oder grimmige Löwen 18 oder
unbekannte, neugeschaffene, wuterfüllte Tiere,
die feuersprühenden Atem aushauchen oder zi-
schenden Dampf ausstoßen oder schreckliche
Funken aus den Augen sprühen. 19 Nicht nur ihre
verderbliche Gewalt hätte sie zermalmen, schon
ihr furchterregender Anblick hätte sie vernichten
können. 20 Aber abgesehen davon hätten sie
durch einen einzigen Hauch fallen können, ver-
folgt von deinem Strafgericht und fortgeweht
vom Sturm deiner Macht.

Du aber hast alles nach Maß, Zahl und Gewicht
geordnet. 21 Denn du bist immer imstande, deine
große Macht zu entfalten. Wer könnte der Kraft
deines Arms widerstehen? 22 Die ganze Welt ist ja
vor dir wie ein Stäubchen auf der Waage, wie ein
Tautropfen, der am Morgen zur Erde fällt.
23 Du hast mit allen Erbarmen, weil du alles ver-
magst, und siehst über die Sünden der Men-
schen hinweg, damit sie sich bekehren. 24 Du
liebst alles, was ist, und verabscheust nichts von
allem, was du gemacht hast; denn hättest du et-
was gehaßt, so hättest du es nicht geschaffen.
25 Wie könnte etwas ohne deinen Willen Bestand
haben, oder wie könnte etwas erhalten bleiben,
das nicht von dir ins Dasein gerufen wäre? 26 Du
schonst alles, weil es dein Eigentum ist, Herr, du
Freund des Lebens.

12 Denn in allem ist dein unvergänglicher
Geist. 2 Darum bestrafst du die Sünder
nur nach und nach; du mahnst sie und erinnerst
sie an ihre Sünden, damit sie sich von der
Schlechtigkeit abwenden und an dich glauben,
Herr.

3 Du hast auch die früheren Bewohner deines
heiligen Landes gehaßt, 4 weil sie abscheuliche
Verbrechen verübten, Zauberkünste und un-
heilige Festbräuche; 5 sie waren erbarmungslose
Kindermörder und verzehrten beim Opfermahl
Menschenfleisch und Menschenblut. Darum be-
schlossest du, mitten im Gelage die Teilnehmer
6 und deren Eltern, die mit eigener Hand hilflose
Wesen töteten, durch die Hände unserer Väter zu
vernichten; 7 denn das Land, das dir vor allen an-
deren teuer ist, sollte eine seiner würdige Bevöl-
kerung von Gotteskindern erhalten. 8 Doch selbst
mit jenen gingst du schonend um, weil sie Men-
schen waren; du sandtest deinem Heer Hornis-
sen voraus, um sie nach und nach zu vernichten.
9 Obgleich du die Macht hattest, in einer Schlacht
die Frevler den Gerechten in die Hand zu geben,
oder sie durch wilde Tiere oder ein unerbittliches
Wort mit einem Schlag auszurotten, 10 vollzogst du
doch erst nach und nach die Strafe und ließest so
Zeit für die Umkehr. Dabei wußtest du genau, daß
ihr Ursprung böse und ihre Schlechtigkeit ange-
boren war und daß sich ihr Denken in Ewigkeit
nicht ändern werde; 11 sie waren schon von An-
fang an ein verfluchter Stamm.

Keine Furcht vor irgend jemand hat dich dazu
bestimmt, sie für ihre Sünden ohne Strafe zu las-
sen. 12 Denn wer darf sagen: Was hast du getan?
Wer vermag sich deinem Urteilsspruch zu wider-
setzen? Wer könnte dich anklagen wegen des Un-
tergangs von Völkern, die du selbst geschaffen
hast? Wer wollte gegen dich auftreten als Anwalt
schuldiger Menschen? 13 Denn es gibt keinen Gott
außer dir, der für alles Sorge trägt; daher brauchst
du nicht zu beweisen, daß du gerecht geurteilt
hast. 14 Kein König und kein Herrscher kann dich
zur Rede stellen wegen der Menschen, die du ge-
straft hast.

15 Gerecht, wie du bist, verwaltest du das All ge-
recht und hältst es für unvereinbar mit deiner
Macht, den zu verurteilen, der keine Strafe ver-
dient. 16 Deine Stärke ist die Grundlage deiner Ge-
rechtigkeit, und deine Herrschaft über alles läßt
dich gegen alles Nachsicht üben. 17 Stärke beweist
du, wenn man an deine unbeschränkte Macht
nicht glaubt, und bei denen, die sie kennen, strafst
du die trotzige Auflehnung. 18 Weil du über Stärke
verfügst, richtest du in Milde und behandelst uns
mit großer Nachsicht; denn die Macht steht dir
zur Verfügung, wann immer du willst.

19 Durch solches Handeln hast du dein Volk ge-
lehrt, daß der Gerechte menschenfreundlich sein
muß, und hast deinen Söhnen die Hoffnung ge-
schenkt, daß du den Sündern die Umkehr ge-
währst. 20 Du hast die Feinde deiner Kinder, auch
wenn sie den Tod verdienten, sehr nachsichtig
und nur nach und nach gestraft und ihnen Zeit
und Möglichkeit gegeben, sich von ihrer Schlech-
tigkeit abzuwenden. 21 Aber wieviel umsichtiger
noch hast du deine Söhne bestraft, deren Vätern
du Gutes verheißen hast, als du mit ihnen unter
Eid den Bund schlossest. 22 Während du uns er-
ziehst, geißelst du unsere Feinde zehntausend-
fach, damit wir als Richter deine Güte uns zum
Vorbild nehmen und auf Erbarmen hoffen, wenn
wir selber vor dem Gericht stehen.

23 Du hast jene, die in Torheit und Unrecht da-
hinlebten, mit ihren eigenen Greueln gepeinigt.
24 Allzuweit waren sie in die Irre gegangen, als sie
die allerhäßlichsten und verachtetsten Tiere für
Götter hielten und wie unverständige Kinder sich
täuschen ließen. 25 Darum hast du ihnen wie un-
vernünftigen Kindern eine Strafe gesandt, die sie
zum Gespött machte. 26 Wer sich aber durch eine
Strafe, die ihn zum Gespött macht, nicht warnen
läßt, der wird eine Strafe erleiden, die der Macht
Gottes entspricht. 27 In ihren Leiden wurden sie
zornig über die Tiere, die sie für Götter hielten
und mit denen sie jetzt gestraft wurden. So er-
fuhren sie jenen, von dem sie vorher nichts wis-
sen wollten, und erkannten ihn als den wahren
Gott; deshalb war ja auch die äußerste Strafe über
sie gekommen.

Zweite Einschaltung:
Die Torheit des Götzendienstes

13 Töricht waren von Natur alle Menschen,
denen die Gotteserkenntnis fehlte. Sie
hatten die Welt in ihrer Vollkommenheit vor Au-
gen, ohne den wahrhaft Seienden erkennen zu
können. Beim Anblick der Werke erkannten sie
den Meister nicht, 2 sondern hielten das Feuer,
den Wind, die flüchtige Luft, den Kreis der Ge-
stirne, die gewaltige Flut oder die Himmelsleuch-
ten für weltbeherrschende Götter. 3 Wenn sie
diese, entzückt über ihre Schönheit, als Götter an-
sahen, dann hätten sie auch erkennen sollen,
wieviel besser ihr Gebieter ist; denn der Urheber
der Schönheit hat sie geschaffen. 4 Und wenn sie
über ihre Macht und ihre Kraft in Staunen gerie-
ten, dann hätten sie auch erkennen sollen, wie-
viel mächtiger jener ist, der sie geschaffen hat;
5 denn von der Größe und Schönheit der Ge-
schöpfe läßt sich auf ihren Schöpfer schließen.
6 Dennoch verdienen jene nur geringen Tadel.
Vielleicht suchen sie Gott und wollen ihn finden,
gehen aber dabei in die Irre. 7 Sie verweilen bei
der Erforschung seiner Werke und lassen sich
durch den Augenschein täuschen; denn schön
ist, was sie schauen. 8 Doch auch sie sind unent-
schuldbar: 9 Wenn sie durch ihren Verstand schon
fähig waren, die Welt zu erforschen, warum fan-
den sie dann nicht eher den Herrn der Welt?

10 Unselig aber sind jene, die auf Totes ihre Hoff-
nung setzen und Werke von Menschenhand als
Götter bezeichnen, Gold und Silber, kunstvolle
Gebilde und Tiergestalten oder einen nutzlosen
Stein, ein Werk uralter Herkunft. 11 Da sägte ein
Holzschnitzer einen geeigneten Baum ab, entrin-
dete ihn ringsum geschickt, bearbeitete ihn sorg-
fältig und machte daraus ein nützliches Gerät für
den täglichen Gebrauch. 12 Die Abfälle seiner Ar-
beit verwendete er, um sich die Nahrung zu be-
reiten, und aß sich satt. 13 Was dann noch übrig-
blieb und zu nichts brauchbar war, ein krummes,

knotiges Stück Holz, das nahm er, schnitzte daran
so eifrig und fachgemäß, wie man es tut, wenn
man am Abend von der Arbeit abgespannt ist,
formte es zum Bild eines Menschen 14 oder machte
es einem armseligen Tier ähnlich, beschmierte es
mit Mennig und roter Schminke, überstrich alle
schadhaften Stellen, 15 machte ihm eine würdige
Wohnstatt, stellte es an der Wand auf und befe-
stigte es mit Eisen. 16 So sorgte er dafür, daß es nicht
herunterfiel, wußte er doch, daß es sich nicht hel-
fen kann; es ist ein Bild und braucht Hilfe.
17 Aber wenn er um Besitz, Ehe und Kinder be-
tet, dann schämt er sich nicht, das Leblose anzu-
reden. Um Gesundheit ruft er das Kraftlose an,
18 Leben begehrt er vom Toten. Hilfe erfleht er vom
ganz Hilflosen und gute Reise von dem, was nicht
einmal den Fuß bewegen kann. 19 Für seine Ar-
beit, für Gewinn und Erfolg seines Handwerks
bittet er um Kraft von einem, dessen Hände völlig
kraftlos sind.

14 Ein anderer, der sich zu einer Seefahrt rü-
stet, auf der er wilde Wogen durchque-
ren wird, ruft ein Holz an, das gebrechlicher ist
als das Fahrzeug, das ihn trägt. 2 Das Fahrzeug hat
der Erwerbstrieb ersonnen und die Weisheit ei-
nes Künstlers hergestellt. 3 Deine Vorsehung, Va-
ter, steuert es; denn du hast auch im Meer einen
Weg gebahnt und in den Wogen einen sicheren
Pfad. 4 Damit zeigst du, daß du imstande bist, aus
jeder Lage zu retten, so daß auch jemand, der
keine Erfahrung hat, ein Schiff besteigen kann.
5 Du willst, daß die Werke deiner Weisheit nicht
ungenutzt bleiben. Darum vertrauen Menschen
ihr Leben sogar einem winzigen Holz an und fah-
ren wohlbehalten auf einem Floß durch die Bran-
dung. 6 So hat auch in der Urzeit beim Untergang
der übermütigen Riesen die Hoffnung der Welt
sich auf ein Floß geflüchtet und, durch deine
Hand gesteuert, der Welt den Samen eines neuen
Geschlechtes hinterlassen. 7 Denn Segen ruht auf
dem Holz, durch das Gerechtigkeit geschieht.
8 Fluch hingegen trifft das von Händen geformte
Holz und seinen Bildner, ihn, weil er es bearbei-
tet hat, jenes, weil es Gott genannt wurde, ob-
wohl es vergänglich ist. 9 Denn Gott sind in
gleicher Weise Frevler wie Frevel verhaßt; 10 mit
dem Bildner wird sein Werk der Strafe verfallen.
11 Darum kommt auch über die Götzenbilder der
Völker das Gericht, weil sie in Gottes Schöpfung
zum Greuel geworden sind, zum Anstoß für die
Seelen der Menschen und zur Schlinge für die
Füße der Toren.
12 Mit dem Gedanken an Götzenbilder beginnt
der Abfall, und ihre Erfindung führt zur Sittenver-
derbnis. 13 Weder waren sie von Anfang an da,
noch werden sie ewig bleiben. 14 Durch die eitle
Ruhmsucht der Menschen sind sie in die Welt ge-
kommen; darum ist ihnen auch ein jähes Ende
zugedacht. 15 Bedrückt durch allzu frühe Trauer
ließ ein Vater von seinem Kind, das gar schnell
hinweggerafft wurde, ein Bildnis machen; so
ehrte er einen toten Menschen als Gott und
führte bei seinen Leuten geheime Kulte und fest-
liche Bräuche ein. 16 Im Lauf der Zeit verfestigte
sich die frevelhafte Sitte und wurde schließlich als
Gesetz befolgt; 17 die Standbilder erhielten auf An-
ordnung der Herrscher göttliche Verehrung.
Konnten die Menschen einen König nicht unmit-
telbar ehren, weil er weit weg wohnte, dann ver-
gegenwärtigten sie den Fernen; sie machten von
dem verehrten König ein Bildnis, das allen sicht-
bar war, um dem Abwesenden, als ob er gegen-
wärtig wäre, mit Eifer zu huldigen. 18 Der Ehrgeiz
des Künstlers führte dazu, daß auch jene, die den
König gar nicht kannten, ihm göttliche Verehrung
erwiesen. 19 Wohl um dem Herrscher zu gefallen,
bot er seine ganze Kunst auf, um ihn schöner dar-
zustellen, als er war. 20 Von der Anmut des Bildes
hingerissen, betete die Menge den, der noch kurz
zuvor nur als Mensch geehrt wurde, jetzt wie ei-
nen Gott an. 21 Der Welt ist dies zum Verhängnis
geworden: Die Menschen haben, unter dem
Druck von Unglück oder Herrschermacht, Stein
und Holz den Namen beigelegt, der mit niemand
geteilt werden kann.
22 Als ob es nicht genug wäre, in der Erkenntnis
Gottes zu irren, nennen sie in dem heftigen Zwie-
spalt, den die Unwissenheit in ihr Leben bringt,
so große Übel auch noch Frieden. 23 Bei kinder-
mörderischen Festbräuchen, heimlichen Kulten
oder wilden Gelagen mit fremdartigen Sitten
24 halten sie weder Leben noch Ehe rein, sondern
einer tötet heimtückisch den andern oder belei-
digt ihn durch Ehebruch. 25 Alles ist ein wirres Ge-
misch von Blut und Mord, Diebstahl und Betrug,
Verdorbenheit, Untreue, Aufruhr und Meineid;
26 es herrscht Umkehrung der Werte, undankbare
Vergeßlichkeit, Befleckung der Seelen, wider-
natürliche Unzucht, Zerrüttung der Ehen, Ehe-
bruch und Zügellosigkeit. 27 Die Verehrung der na-

menlosen Götzenbilder ist aller Übel Anfang, Ur-
sache und Höhepunkt. 28 Sie rasen im Freuden-
taumel, weissagen Lügen, leben in Ungerechtig-
keit oder schwören leichthin einen Meineid. 29 Im
Vertrauen auf leblose Götzen fürchten sie nicht,
daß ihre Meineide ihnen schaden könnten. 30 Je-
doch für beides wird sie die gerechte Strafe tref-
fen: daß sie sich von Gott eine verkehrte Vorstel-
lung machten, indem sie Götzenbilder verehrten,
und daß sie unter Mißachtung der Heiligkeit des
Eides hinterlistig und ungerecht schworen. 31 Es
ist nie die Macht derer, bei denen sie schworen,
sondern immer die den Sündern gebührende
Strafe, die die Vergehen der Frevler verfolgt.

15 Du aber, unser Gott, bist gütig, wahrhaf-
tig und langmütig; voll Erbarmen durch-
waltest du das All. 2 Auch wenn wir sündigen,
gehören wir dir, da wir deine Stärke kennen;
doch wir wollen nicht sündigen, da wir wissen,
daß wir dein Eigentum sind. 3 Denn es ist vollen-
dete Gerechtigkeit, dich zu verstehen; und deine
Stärke zu kennen ist die Wurzel der Unsterblich-
keit. 4 Die arglistige Erfindung der Menschen hat
uns nicht verführt, die unfruchtbare Arbeit der
Maler, eine mit bunten Farben besudelte Gestalt.
5 Ihr Anblick erregt die Sehnsucht der Toren und
weckt in ihnen das Verlangen nach der leblosen
Gestalt eines toten Bildes. 6 Liebhaber des Bösen
und solcher Hoffnungen würdig sind alle, die es
anfertigen, die nach ihm verlangen und die es an-
beten.

7 Der Töpfer knetet mühsam den weichen Ton,
um daraus Gefäße zu unserem Gebrauch zu for-
men. Aus dem gleichen Lehm bildet er solche, die
sauberen Zwecken dienen, und solche für das Ge-
genteil, alle in gleicher Weise; über den Gebrauch
eines jeden entscheidet der Töpfer. 8 Aus dem glei-
chen Lehm formt er in verkehrter Mühe auch ei-
nen nichtigen Gott, er, der vor kurzem aus Erde
entstand und bald dorthin zurückkehrt, woher er
genommen ist, wenn seine Seele, das ihm anver-
traute Darlehen, zurückgefordert wird. 9 Doch es
kümmert ihn nicht, daß er dahinschwinden wird
und nur ein kurzes Leben hat. Er wetteifert mit
Goldschmieden und Silbergießern, er ahmt Kup-
ferschmiede nach und sieht seinen Ruhm darin,
Trugbilder zu formen. 10 Asche ist sein Herz, noch
weniger wert als Erdenstaub seine Hoffnung, und
sein Leben ist wertloser als Lehm. 11 Seinen eige-
nen Bildner hat er nämlich nicht erkannt, den, der
ihm eine wirkende Seele eingehaucht und Le-
bensatem eingeblasen hat. 12 Nein, er hält unser
Leben für ein Kinderspiel, das Dasein für einen
einträglichen Jahrmarkt; er sagt, man müsse aus
allem, auch aus Schlechtem, Gewinn ziehen.
13 Denn er weiß besser als alle, daß er sündigt,
wenn er aus dem gleichen Erdenstoff nicht nur
zerbrechliche Gefäße, sondern auch Götzenbil-
der fertigt.

14 Ganz unverständig aber und ärmer als eines
Kindes Seele waren die Feinde, die dein Volk
knechteten. 15 Sie hielten alle Götzen der Völker
für Götter, Götter, die weder ihre Augen gebrau-
chen können, um zu sehen, noch ihre Nase, um
die Luft zu atmen, noch ihre Ohren, um zu hören,
noch die Finger ihrer Hände, um zu tasten, und
deren Füße nicht gehen können. 16 Ein Mensch
hat sie gemacht, einer, dem der Geist nur gelie-
hen ist, hat sie gebildet; kein Mensch hat die
Kraft, einen Gott zu bilden, der auch nur ihm sel-
ber ähnlich wäre. 17 Als Sterblicher schafft er mit
frevelhaften Händen nur Totes. Er ist besser als
seine angebeteten Gebilde; denn er bekam ein-
mal Leben, diese aber nie. 18 Sie verehren sogar die
widerlichsten Tiere, die dümmsten im Vergleich
mit den anderen, 19 solche, die nicht einmal schön
sind, so daß man an ihnen Gefallen finden
könnte, soweit das beim Anblick von Tieren mög-
lich ist, die zudem Gottes Lob und seinen Segen
verloren haben.

Frösche – Wachteln

16 Darum wurden sie mit Recht durch ähn-
liche Tiere gezüchtigt und durch eine
Menge von Ungeziefer gequält. 2 Während sie auf
solche Weise gezüchtigt wurden, hast du deinem
Volk eine Wohltat erwiesen und mit den Wach-
teln seinem heftigen Verlangen eine fremdartige
Nahrung gegeben. 3 Während jenen in ihrem
Hunger die Eßlust verging wegen der Häßlichkeit
der gegen sie gesandten Tiere, bekamen diese
nach nur kurzer Entbehrung sogar eine fremdar-
tige Speise. 4 Über jene Unterdrücker sollte unab-
wendbarer Hunger kommen; diese aber sollten
nur kurz spüren, wie ihre Feinde gequält wurden.

Heuschrecken und Stechfliegen – giftige Schlangen

5 Auch damals, als die schreckliche Wut wilder
Tiere über sie hereinbrach und sie durch die Bisse
tückischer Schlangen umkamen, dauerte dein

Zorn nicht bis ans Ende. 6 Zur Warnung wurden sie nur kurz in Schrecken versetzt und bekamen ein Rettungszeichen, damit sie sich an die Vorschrift deines Gesetzes erinnerten. 7 Wer sich dorthin wandte, wurde nicht durch das gerettet, was er anschaute, sondern durch dich, den Retter aller. 8 Dadurch hast du unsere Feinde überzeugt, daß du es bist, der aus allem Übel erlöst. 9 Denn sie wurden durch die Bisse der Heuschrecken und der Stechfliegen getötet, ohne daß es ein Heilmittel für sie gab; sie verdienten es ja, durch solches Ungeziefer gezüchtigt zu werden. 10 Deine Söhne aber wurden nicht einmal durch die Zähne giftspritzender Schlangen überwältigt; denn dein Erbarmen kam ihnen zu Hilfe und heilte sie. 11 Sie wurden gebissen, aber schnell wieder gerettet, damit sie sich an deine Worte erinnerten; denn sie sollten nicht in tiefes Vergessen versinken, sondern sich ungehindert deiner Wohltaten erfreuen. 12 Weder Kraut noch Wundpflaster machte sie gesund, sondern dein Wort, Herr, das alles heilt. 13 Du hast Gewalt über Leben und Tod; du führst zu den Toren der Unterwelt hinab und wieder herauf. 14 Ein Mensch kann zwar in seiner Schlechtigkeit töten; doch den entschwundenen Geist holt er nicht zurück, und die weggenommene Seele kann er nicht befreien.

Hagel – Manna

15 Unmöglich ist es, deiner Hand zu entfliehen. 16 Denn die Frevler, die behaupten, dich nicht zu kennen, wurden durch die Kraft deines Armes gezüchtigt: Ungewöhnliche Regengüsse, Hagelschauer und schreckliche Wolkenbrüche peitschten auf sie nieder, und Feuer verzehrte sie. 17 Das seltsamste war, daß das Wasser, das sonst alles löscht, die Kraft des Feuers noch verstärkte; denn die Natur kämpft für die Gerechten. 18 Das eine Mal wurde die Flamme gezähmt, damit sie nicht die Tiere verzehrte, die gegen die Ruchlosen gesandt waren; diese sollten sehen und erkennen, daß sie von Gottes Strafe verfolgt wurden. 19 Das andere Mal brannte die Flamme mit ungewöhnlicher Kraft mitten im Wasser, um die Erzeugnisse des schuldbeladenen Landes zu vernichten.

20 Dein Volk dagegen nährtest du mit der Speise der Engel, und unermüdlich gabst du ihm fertiges Brot vom Himmel. Deine Gabe gewährte jeden Genuß und entsprach jedem Geschmack; 21 sie offenbarte deine zarte Liebe zu deinen Kindern. Sie erfüllte das Verlangen eines jeden, der sie genoß, und verwandelte sich in alles, was einer wollte. 22 Schnee und Eis hielten dem Feuer stand und schmolzen nicht. Deine Kinder sollten erkennen, daß nur die Früchte der Feinde vom Feuer vernichtet wurden, das im Hagel brannte und in den Regengüssen blitzte, 23 und daß es umgekehrt sogar seine eigene Kraft vergaß, damit die Gerechten Nahrung hätten. 24 Denn die Schöpfung, die dir, ihrem Schöpfer, dient, steigert ihre Kräfte, um die Schuldigen zu bestrafen, und hält sie zurück, um denen Gutes zu tun, die auf dich vertrauen. 25 Darum diente sie auch damals deinem Geschenk, das alle ernährte, und verwandelte sich in alles, was die Bittenden wünschten. 26 Deine geliebten Söhne, Herr, sollten daraus lernen: Nicht die verschiedenartigen Früchte ernähren den Menschen, sondern dein Wort erhält alle, die dir vertrauen. 27 Denn dasselbe, das vom Feuer nicht vernichtet wurde, schmolz sogleich, wenn es ein flüchtiger Sonnenstrahl erwärmte. 28 So sollte man erkennen, daß man, um dir zu danken, der Sonne zuvorkommen und sich noch vor dem Aufgang des Lichtes an dich wenden muß. 29 Denn die Hoffnung des Undankbaren schmilzt wie winterlicher Reif und verrinnt wie unnützes Wasser.

Finsternis – Feuersäule

17 Groß und nicht zu ergründen sind deine Entscheide; darum verfiel in Irrtum, wer sich nicht belehren ließ. 2 Denn die Frevler meinten, das heilige Volk knechten zu können; und jetzt lagen sie da, Gefangene der Finsternis, Gefesselte einer langen Nacht, eingeschlossen in den Häusern, von der ewigen Vorsehung verbannt. 3 Sie glaubten, mit ihren geheimen Sünden unter der dunklen Decke der Vergessenheit verborgen zu sein; da packte sie furchtbares Entsetzen. Sie wurden durch Trugbilder aufgeschreckt und auseinandergejagt. 4 Auch der geheimste Winkel, in den sie sich flüchteten, konnte sie nicht vor Furcht bewahren; schreckenerregendes Getöse umbrauste sie, und düstere Gespenster mit finsteren Mienen tauchten auf. 5 Keine Kraft irgendeines Feuers war stark genug, Licht zu bringen; nicht einmal der strahlende Glanz der Gestirne vermochte es, diese entsetzliche Nacht zu erhellen. 6 Nur einen schaurigen Feuerherd, der sich von selbst entzündet hatte, sahen sie aufglühen; verschwand die Erscheinung, so hielten sie, außer sich vor Entset-

zen, die Dinge, die sie sahen, für noch schlimmer.
7 Da versagten die Gaukeleien der Zauberkunst,
und die Probe auf das prahlerische Wissen fiel
schmählich aus. 8 Jene, die immer versprachen,
Furcht und Verwirrung von der kranken Seele zu
bannen, krankten nun selber an einer lächerli-
chen Angst. 9 Auch wenn nichts Schreckliches sie
ängstigte, wurden sie durch raschelndes Getier
und zischelnde Schlangen aufgescheucht und
vergingen vor Furcht. Nicht einmal in die Luft
wollten sie blicken, der man doch nirgends ent-
fliehen kann. 10 Denn die Schlechtigkeit bezeugt
selbst ihr feiges Wesen, wenn sie gestraft wird.
Unter dem Druck des Gewissens befürchtet sie
immer das Schlimmste. 11 Furcht ist ja nichts ande-
res als der Verzicht auf die von der Vernunft ange-
botene Hilfe. 12 Je weniger man solche Hilfe erwar-
tet, um so schlimmer erscheint es, die Ursache der
Qual nicht zu kennen. 13 In Wahrheit hatte jene
Nacht keine Gewalt; aus den Tiefen der machtlo-
sen Totenwelt war sie heraufgestiegen. Sie aber,
die wie sonst schlafen wollten, 14 wurden bald
durch Schreckgespenster aufgescheucht, bald
durch Mutlosigkeit gelähmt; denn plötzliche und
unerwartete Furcht hatte sie befallen. 15 So wurde
jeder dort, wo er zu Boden sank, ein Gefangener,
der in einen Kerker ohne Eisenfesseln einge-
schlossen war. 16 Ob Bauer oder Hirt oder ein Tag-
löhner, der einsam arbeitete, alle wurden über-
rascht und mußten sich dem unentrinnbaren
Zwang fügen, alle wurden durch die gleiche Kette
der Finsternis gefesselt. 17 Das Pfeifen des Windes,
der wohlklingende Gesang der Vögel auf den
Zweigen der Bäume, das Rauschen ungestüm
strömender Wasser, das wilde Donnern stürzen-
der Felsen, 18 das Laufen hüpfender Tiere, die man
nicht sehen konnte, das laute Gebrüll wilder
Raubtiere, das aus den Schluchten der Berge
zurückgeworfene Echo: alles und jedes jagte ih-
nen lähmende Furcht ein. 19 Die ganze Welt stand
in strahlendem Licht, und alle gingen ungehindert
ihrer Arbeit nach. 20 Nur über jene breitete sich
drückende Nacht aus, Bild der Finsternis, die sie
dereinst aufnehmen sollte. Doch mehr als unter
der Finsternis litten sie unter ihrer eigenen Angst.
18 Deinen Heiligen dagegen strahlte hell-
stes Licht. Die anderen hörten ihre
Stimme, ohne sie selbst zu sehen, und priesen sie
glücklich, mochten diese vorher noch so viel er-
duldet haben. 2 Sie dankten ihnen, daß sie für das
früher erlittene Unrecht keine Rache nahmen,
und baten um Verzeihung für ihr feindliches Ver-
halten. 3 Statt jener Finsternis gabst du den Dei-
nen eine flammende Feuersäule als Führerin auf
unbekanntem Weg, als freundliche Sonne auf ih-
rer ruhmvollen Wanderung. 4 Jene hingegen hat-
ten es verdient, des Lichtes beraubt und in Fin-
sternis gefangen zu sein, weil sie einst deine
Söhne eingeschlossen und gefangen hielten,
durch die das unvergängliche Licht des Gesetzes
der Welt gegeben werden sollte.

Tod der Erstgeborenen – Tod in der Wüste

5 Sie hatten beschlossen, die Kinder der Heiligen zu
töten, und nur ein einziges Kind wurde ausgesetzt
und gerettet. Zur Strafe hast du ihnen viele ihrer ei-
genen Kinder weggenommen und sie alle auf ein-
mal in gewaltiger Wasserflut vernichtet. 6 Jene
Nacht wurde unseren Vätern vorher angekündigt;
denn sie sollten zuversichtlich sein und sicher wis-
sen, welchen eidlichen Zusagen sie vertrauen
konnten. 7 So erwartete dein Volk die Rettung
der Gerechten und den Untergang der Feinde.
8 Während du die Gegner straftest, hast du uns zu
dir gerufen und verherrlicht. 9 Denn im Verborge-
nen feierten die frommen Söhne der Guten ihr Op-
ferfest; sie verpflichteten sich einmütig auf das
göttliche Gesetz, daß die Heiligen in gleicher Weise
Güter wie Gefahren teilen sollten, und sangen
schon im voraus die Loblieder der Väter. 10 Da
hallte ihnen das wirre Geschrei der Feinde entge-
gen, und sie hörten die laute Klage über die toten
Kinder. 11 Das gleiche Urteil traf Herrn und Knecht;
der Mann aus dem Volk und der König hatten das
gleiche Leid zu tragen. 12 Durch die gleiche Todesart
hatten alle zusammen unzählige Tote. Es waren
nicht genügend Lebende da, um sie zu begraben;
denn mit einem Schlag waren die besten Nach-
kommen vernichtet worden. 13 Bisher waren sie
durch die Künste ihrer Zauberer ungläubig geblie-
ben; jetzt aber mußten sie beim Untergang der
Erstgeborenen bekennen: Dieses Volk ist Gottes
Sohn. 14 Als tiefes Schweigen das All umfing und
die Nacht bis zur Mitte gelangt war, 15 da sprang
dein allmächtiges Wort vom Himmel, vom königli-
chen Thron herab als harter Krieger mitten in das
dem Verderben geweihte Land. 16 Es trug das
scharfe Schwert deines unerbittlichen Befehls, trat
hin und erfüllte alles mit Tod; es berührte den Him-
mel und stand auf der Erde. 17 Plötzlich schreckten

sie furchtbare Traumgesichte auf, und ungeahnte
Ängste überfielen sie. 18 Einer stürzte hier, ein an-
derer dort halbtot zu Boden und bekannte, aus
welchem Grund er sterben mußte. 19 Denn die er-
schreckenden Träume hatten es ihnen vorausge-
sagt; sie sollten nicht umkommen, ohne zu wis-
sen, warum sie so Schlimmes erlitten.

20 Auch die Gerechten lernten eine Probe des To-
des kennen: Eine große Anzahl wurde in der Wü-
ste dahingerafft; doch der Zorn hielt nicht lange an.
21 Ein Mann ohne Tadel sprang als Vorkämpfer ein
mit der Waffe seines heiligen Dienstes, mit Gebet
und sühnendem Räucherwerk. Er trat dem Zorn
entgegen, machte dem Unheil ein Ende und zeigte
so, daß er dein Diener war. 22 Er überwand die Not
nicht durch Körperkraft und nicht durch Waffenge-
walt, sondern durch das Wort bezwang er den Stra-
fenden, indem er ihn an die eidlich bekräftigten
Bündnisse mit den Vätern erinnerte. 23 Denn als
die Toten sich schon häuften, trat er dazwischen,
hielt seinen Ansturm auf und schnitt ihm den Weg
zu den Lebenden ab. 24 Auf seinem langen Ge-
wand war die ganze Welt dargestellt, auf den vier
Reihen der Edelsteine waren die ruhmreichen Na-
men der Väter eingeschnitten und auf seinem
Stirnband dein hoheitsvoller Name. 25 Davor wich
der Verderber voll Furcht zurück; denn es genügte
schon diese Probe des Zornes.

Untergang im Meer – Rettung durch das Meer

19 Über die Frevler kam erbarmungsloser
Zorn, bis sie vernichtet waren; denn Gott
wußte im voraus, wie sie sich verhalten würden:
2 Sie selbst hatten den Abzug der Gerechten ge-
stattet und sie sogar dazu gedrängt; dann aber än-
derten sie ihren Sinn und verfolgten sie. 3 Sie wa-
ren noch mit der Bestattung der Toten beschäftigt
und klagten an ihren Gräbern, als sie in ihrer Tor-
heit einen anderen Entschluß faßten und denen
wie Entlaufenen nachsetzten, denen sie flehent-
lich zugeredet hatten wegzugehen. 4 Das selbst-
verschuldete Verhängnis trieb sie in diesen
Untergang und ließ sie alles vergessen, was ge-
schehen war; denn sie sollten über die bisherigen
Plagen hinaus die äußerste Strafe erleiden.

5 Deinem Volk aber sollte sich ein unerwarteter
Weg eröffnen, während jene einen ungewöhnli-
chen Tod fanden. 6 Das Wesen der ganzen Schöp-
fung wurde neugestaltet; sie gehorchte deinen Be-
fehlen, damit deine Kinder unversehrt bewahrt
blieben. 7 Man sah die Wolke, die das Lager über-
schattete, trockenes Land tauchte auf, wo zuvor
Wasser war; es zeigte sich ein Weg ohne Hinder-
nisse durch das Rote Meer, eine grüne Ebene stieg
aus der gewaltigen Flut. 8 Von deiner Hand behütet,
zogen sie vollzählig hindurch und sahen stau-
nenswerte Wunder. 9 Sie weideten wie Rosse,
hüpften wie Lämmer und lobten dich, Herr, ihren
Retter. 10 Denn sie dachten zudem auch an das, was
im fremden Land geschehen war: wie Mücken
nicht von Tieren, sondern von der Erde hervorge-
bracht wurden, und wie der Fluß nicht Wasser-
tiere, sondern eine Menge Frösche auswarf.
11 Schließlich sahen sie auch Vögel auf eine neue
Weise entstehen, als sie, um ihre Gier zu befriedi-
gen, nach üppigen Speisen verlangten. 12 Zu ihrem
Trost entstiegen nämlich Wachteln dem Meer.

13 Die Strafen kamen über die Sünder nicht ohne
Warnung durch wuchtige Blitze. Mit Recht
mußten sie für ihre bösen Taten leiden, weil sie ei-
nen so schlimmen Fremdenhaß gezeigt hatten.
14 Während andere die Unbekannten, die zu ihnen
kamen, nicht aufnahmen, machten diese sogar
Gäste, die ihre Wohltäter waren, zu Sklaven.
15 Noch mehr: Gewiß wird auch jene eine Strafe
treffen, weil sie Fremde feindselig empfangen hat-
ten; 16 diese aber haben Gäste, die sie festlich auf-
genommen hatten und die schon die gleichen
Bürgerrechte genossen, mit schwerem Fron-
dienst geplagt. 17 Wie jene an der Türe des Gerech-
ten mit Blindheit geschlagen wurden, so auch
diese, als sie von dichter Finsternis umgeben wa-
ren und jeder versuchte, seine Türe zu finden.

Schluß

18 Die Elemente verändern sich untereinander,
wie auf einer Harfe die Töne den Rhythmus än-
dern und doch den gleichen Klang behalten. Dies
läßt sich aus der Betrachtung der Geschehnisse
deutlich erkennen. 19 Landtiere verwandelten sich
in Wassertiere, und schwimmende Tiere stiegen
ans Land. 20 Das Feuer steigerte im Wasser die ihm
eigene Kraft, und das Wasser vergaß seine lö-
schende Wirkung. 21 Flammen verzehrten nicht
das Fleisch der hinfälligen Tiere, die hineingerie-
ten, noch schmolz im Feuer die eisartige, leicht-
schmelzende himmlische Speise. 22 In allem hast
du, Herr, dein Volk groß gemacht und verherr-
licht; du hast es nicht im Stich gelassen, sondern
bist ihm immer und überall beigestanden.

DAS BUCH JESUS SIRACH

Das Vorwort zur griechischen Übersetzung

Vieles und Großes ist uns durch das Gesetz, die Propheten und die anderen Schriften, die ihnen folgen, geschenkt worden. Dafür ist Israel zu loben wegen seiner Bildung und Weisheit. Doch soll jeder, der sie zu lesen versteht, nicht nur sich selbst daran bilden, sondern die Gelehrten sollen auch imstande sein, andere durch Wort und Schrift zu fördern.

So befaßte sich mein Großvater Jesus sorgfältig mit dem Gesetz, mit den Propheten und mit den anderen von den Vätern überkommenen Schriften. Er verschaffte sich eine gründliche Kenntnis von ihnen und fühlte sich dann gedrängt, auch selbst etwas zu schreiben, um dadurch Bildung und Weisheit zu fördern. Wer es sich mit Liebe aneignet, wird es in einem gesetzestreuen Leben noch vermehren. Ihr seid nun aufgefordert, mit Wohlwollen und Aufmerksamkeit zu lesen. Doch mögt ihr Nachsicht üben, wenn wir vielleicht einige der schwer zu übersetzenden Ausdrücke unbefriedigend wiedergegeben haben. Es ist ja nicht gleich, ob man etwas in der hebräischen Grundsprache liest oder ob es in eine andere Sprache übertragen wird. Nicht nur dieses Buch, sondern auch das Gesetz, die Propheten und die übrigen Schriften weisen keinen geringen Unterschied auf, wenn man sie in der Grundsprache liest.

Ich kam im achtunddreißigsten Jahr des Königs Euergetes nach Ägypten und hielt mich dort eine Zeitlang auf. Da ich dort eine ähnlich hohe Bildung vorfand, habe ich es für notwendig gehalten, auch selbst Fleiß und Mühe aufzuwenden, um dieses Buch zu übersetzen. Inzwischen habe ich mit rastlosem Eifer und mit Sachkenntnis das Werk abgeschlossen, um es für jene herauszugeben, die sich auch in der Fremde weiterbilden wollen und sich vorgenommen haben, nach dem Gesetz zu leben.

Erziehung zur Weisheit: 1,1–4,19

Die Quelle der Weisheit

1 Alle Weisheit stammt vom Herrn, / und ewig
ist sie bei ihm.
2 Den Sand des Meeres, die Tropfen des Re-
gens / und die Tage der Vorzeit, wer hat sie ge-
zählt?
3 Die Höhe des Himmels, die Breite der Erde /
und die Tiefe des Meeres, wer hat sie gemessen?
4 Früher als sie alle ist die Weisheit erschaffen, /
von Ewigkeit her die verständige Einsicht.
6 Die Wurzel der Weisheit – wem wurde sie ent-
hüllt, / ihre Pläne – wer hat sie durchschaut?
8 Nur einer ist weise, höchst ehrfurchtgebie-
tend: / der auf seinem Thron sitzt, der Herr.
9 Er hat sie geschaffen, geschaut und gezählt, /
sie ausgegossen über all seine Werke.
10 Den Menschen ist sie unterschiedlich zuge-
teilt; / er spendet sie denen, die ihn fürchten.

Die Krone der Weisheit

11 Die Gottesfurcht ist Ruhm und Ehre, / Hoheit ist
sie und eine prächtige Krone.
12 Die Gottesfurcht macht das Herz froh, / sie gibt
Freude, Frohsinn und langes Leben.
13 Dem Gottesfürchtigen geht es am Ende gut, /
am Tag seines Todes wird er gepriesen.
14 Anfang der Weisheit ist die Gottesfurcht, / den
Glaubenden ist sie angeboren.
15 Bei den Frommen hat sie einen dauernden
Wohnsitz, / und bei ihren Nachkommen wird sie
bleiben.
16 Fülle der Weisheit ist die Gottesfurcht, / sie labt
die Menschen mit ihren Früchten.
17 Ihr ganzes Haus füllt sie mit Schätzen an, / die
Speicher mit ihren Gütern.
18 Krone der Weisheit ist die Gottesfurcht, / sie
läßt Heil und Gesundheit sprossen.

19 Verständnis und weise Einsicht gießt sie aus, /
sie erhöht den Ruhm aller, die an ihr festhalten.
20 Wurzel der Weisheit ist die Gottesfurcht, / ihre
Zweige sind langes Leben.

Der Feind der Weisheit

21 Die Gottesfurcht hält Sünden fern, / wer in ihr
verbleibt, vertreibt allen Zorn.
22 Ungerechter Zorn kann nicht Recht behal-
ten, / wütender Zorn bringt zu Fall.
23 Der Geduldige hält aus bis zur rechten Zeit, /
doch dann erfährt er Freude.
24 Bis zur rechten Zeit hält er mit seinen Worten
zurück, / dann werden viele seine Klugheit prei-
sen.
25 In den Kammern der Weisheit liegen kluge
Sinnsprüche, / doch dem Sünder ist die Gottes-
furcht ein Greuel.
26 Begehrst du Weisheit, so halte die Gebote, /
und der Herr wird dir die Weisheit schenken.
27 Denn die Gottesfurcht ist Weisheit und Bil-
dung, / an Treue und Demut hat Gott Gefallen.
28 Sei nicht mißtrauisch gegen die Gottesfurcht, /
und nahe ihr nicht mit zwiespältigem Herzen!
29 Sei kein Heuchler vor den Menschen, / und
hab acht auf deine Lippen!
30 Überhebe dich nicht, damit du nicht fällst /
und Schande über dich bringst;
sonst enthüllt der Herr, was du verbirgst, / und
bringt dich zu Fall inmitten der Gemeinde,
weil du dich der Gottesfurcht genaht hast, / ob-
wohl dein Herz voll Trug war.

Vertrauen und Treue gegen Gott

2 Mein Sohn, wenn du dem Herrn dienen
willst, / dann mach dich auf Prüfung gefaßt!
2 Sei tapfer und stark, / zur Zeit der Heimsu-
chung überstürze nichts!
3 Hänge am Herrn, und weiche nicht ab, / damit
du am Ende erhöht wirst.
4 Nimm alles an, was über dich kommen mag, /
halt aus in vielfacher Bedrängnis!
5 Denn im Feuer wird das Gold geprüft, / und je-
der, der Gott gefällt, im Schmelzofen der Be-
drängnis.
6 Vertrau auf Gott, er wird dir helfen, / hoffe auf
ihn, er wird deine Wege ebnen.
7 Ihr, die ihr den Herrn fürchtet, / hofft auf sein
Erbarmen, / weicht nicht ab, damit ihr nicht zu
Fall kommt.
8 Ihr, die ihr den Herrn fürchtet, vertraut auf
ihn, / und er wird euch den Lohn nicht vorent-
halten.
9 Ihr, die ihr den Herrn fürchtet, hofft auf
Heil, / auf immerwährende Freude und auf Er-
barmen!
10 Schaut auf die früheren Generationen und
seht: / Wer hat auf den Herrn vertraut / und ist
dabei zuschanden geworden?
Wer hoffte auf ihn und wurde verlassen? / Wer
rief ihn an, und er erhörte ihn nicht?
11 Denn gnädig und barmherzig ist der Herr; / er
vergibt die Sünden und hilft zur Zeit der Not.
12 Weh den mutlosen Herzen und den schlaffen
Händen, / dem Menschen, der auf zweierlei We-
gen geht.
13 Weh dem schlaffen Herzen, weil es nicht
glaubt; / darum wird es keinen Schutz haben.
14 Weh euch, die ihr die Hoffnung verloren habt. /
Was werdet ihr tun, wenn euch der Herr zur Re-
chenschaft zieht?
15 Wer den Herrn fürchtet, ist nicht ungehorsam
gegen sein Wort, / wer ihn liebt, hält seine Wege
ein.
16 Wer den Herrn fürchtet, sucht ihm zu ge-
fallen, / wer ihn liebt, ist erfüllt von seinem Ge-
setz.
17 Wer den Herrn fürchtet, macht sein Herz be-
reit / und demütigt sich vor ihm.
18 Besser ist es, in die Hände des Herrn zu fal-
len / als in die Hände der Menschen.
Denn wie seine Größe, so ist sein Erbarmen, /
und wie sein Name, so sind auch seine Werke.

Ehrfurcht gegen die Eltern

3 Hört, ihr Söhne, was das Recht des Vaters
ist, / und handelt danach, damit es euch gut
geht.
2 Denn der Herr hat den Kindern befohlen, ihren
Vater zu ehren, / und die Söhne verpflichtet, das
Recht ihrer Mutter zu achten.
3 Wer den Vater ehrt, erlangt Verzeihung der Sün-
den, / 4 und wer seine Mutter achtet, / gleicht ei-
nem Menschen, der Schätze sammelt.
5 Wer den Vater ehrt, wird Freude haben an den
eigenen Kindern, / und wenn er betet, wird er Er-
hörung finden.
6 Wer den Vater achtet, wird lange leben, / und
wer seiner Mutter Ehre erweist, der erweist sie
dem Herrn.

7 Wer den Herrn fürchtet, ehrt seinen Vater / und
dient seinen Eltern wie Vorgesetzten.
8 Mein Sohn, ehre deinen Vater in Wort und Tat, /
damit aller Segen über dich kommt.
9 Der Segen des Vaters festigt die Wurzel, /
doch der Fluch der Mutter reißt die junge Pflanze
aus.
10 Such deinen Ruhm nicht darin, den Vater
herabzusetzen, / denn das ist keine Ehre für
dich.
11 Die Ehre eines Menschen ist die seines Vaters; /
wer seine Mutter verachtet, sündigt schwer.
12 Mein Sohn, wenn dein Vater alt ist, nimm
dich seiner an, / und betrübe ihn nicht, solange
er lebt.
13 Wenn sein Verstand abnimmt, sieh es ihm
nach, / und beschäme ihn nicht in deiner Vollkraft!
14 Denn die Liebe zum Vater wird nicht vergessen, / sie wird als Sühne für deine Sünden eingetragen.
15 Zur Zeit der Bedrängnis wird sie dir vergolten
werden; / sie läßt deine Sünden schmelzen wie
Wärme den Reif.
16 Wie ein Gotteslästerer handelt, wer seinen Vater im Stich läßt, / und von Gott ist verflucht, wer
seine Mutter kränkt.

Bescheidenheit

17 Mein Sohn, bei all deinem Tun bleibe bescheiden, / und du wirst mehr geliebt werden als einer, der Gaben verteilt.
18 Je größer du bist, um so mehr bescheide dich, /
dann wirst du Gnade finden bei Gott.
20 Denn groß ist die Macht Gottes, / und von den
Demütigen wird er verherrlicht.
21 Such nicht zu ergründen, was dir zu wunderbar ist, / untersuch nicht, was dir verhüllt ist.
22 Was dir zugewiesen ist, magst du durchforschen, / doch das Verborgene hast du nicht
nötig.
23 Such nicht hartnäckig zu erfahren, / was deine
Kraft übersteigt. / Es ist schon zu viel, was du sehen darfst.
24 Vielfältig sind die Gedanken der Menschen, /
schlimmer Wahn führt in die Irre.
25 [Wer kein Auge hat, dem fehlt das Licht, / wer
keine Einsicht hat, dem fehlt die Weisheit.]
26 Ein trotziges Herz nimmt ein böses Ende, /
wer aber das Gute liebt, den wird es geleiten.
27 Ein trotziges Herz schafft sich viel Leid, / und
der Frevler häuft Sünde auf Sünde.
28 Für die Wunde des Übermütigen gibt es keine
Heilung, / denn ein giftiges Kraut hat in ihm seine
Wurzeln.
29 Ein weises Herz versteht die Sinnsprüche [der
Weisen], / ein Ohr, das auf die Weisheit hört, macht
Freude.
30 Wie Wasser loderndes Feuer löscht, / so sühnt
Mildtätigkeit Sünde.
31 Wer Gutes tut, dem begegnet es auf seinen Wegen, / sobald er wankt, findet er eine Stütze.

Mildtätigkeit

4 Mein Sohn, entzieh dem Armen nicht den
Lebensunterhalt, / und laß die Augen des
Betrübten nicht vergebens warten!
2 Enttäusche den Hungrigen nicht, / und das
Herz des Unglücklichen errege nicht!
3 Verweigere die Gabe dem Bedürftigen nicht,
4 und mißachte nicht die Bitten des Geringen!
5 Verbirg dich nicht vor dem Verzweifelten, / und gib ihm keinen Anlaß, dich zu verfluchen.
6 Schreit der Betrübte im Schmerz seiner Seele, /
so wird Gott, sein Fels, auf sein Wehgeschrei
hören.
7 Mach dich beliebt in der Gemeinde, / beuge
das Haupt vor dem, der sie führt.
8 Neige dem Armen dein Ohr zu, / und erwidere
ihm freundlich den Gruß!
9 Rette den Bedrängten vor seinen Bedrängern; / ein gerechtes Gericht sei dir nicht widerwärtig.
10 Sei den Waisen wie ein Vater / und den Witwen wie ein Gatte!
Dann wird Gott dich seinen Sohn nennen, / er
wird Erbarmen mit dir haben / und dich vor dem
Grab bewahren.

Der Weg zum Leben

11 Die Weisheit belehrt ihre Söhne, / sie mahnt eindringlich alle, die auf sie achten.
12 Wer sie liebt, liebt das Leben, / wer sie sucht,
wird Gott gefallen.
13 Wer sie ergreift, findet Ehre beim Herrn / und
wird unter Gottes Segen leben.
14 Der Dienst an ihr ist Dienst am Heiligtum; /
wer sie liebt, den liebt der Herr.
15 Wer auf mich hört, wird gerecht richten, / wer

mir zuhört, wohnt in meinen innersten Kammern.

16 Hat er Vertrauen zu mir, wird er mich erlangen, / auch seine Nachkommen werden mich besitzen.

17 Denn unerkannt gehe ich mit ihm / und prüfe ihn durch Versuchungen.

Furcht und Bangen lasse ich über ihn kommen, / bis sein Herz von mir erfüllt ist.

18 Dann wende ich mich ihm zu, / zeige ihm den geraden Weg und enthülle ihm meine Geheimnisse.

19 Weicht er ab, so verwerfe ich ihn / und überlasse ihn denen, die ihn vernichten.

Die Gottesfurcht im Leben der Gemeinschaft: 4,20–18,14

Die echte und die falsche Scham

20 Mein Sohn, achte auf die rechte Zeit, / und scheue das Unrecht! Deiner selbst sollst du dich nicht schämen müssen.

21 Es gibt eine Scham, die Sünde bringt, / und eine Scham, die Ehre und Ruhm einträgt.

22 Sei nicht parteiisch, dir selbst zum Schaden, / strauchle nicht, dir selbst zum Fall.

23 Halte zur rechten Zeit dein Wort nicht zurück, / verbirg deine Weisheit nicht!

24 Denn die Weisheit zeigt sich in der Rede / und die Einsicht in der Antwort der Zunge.

25 Widerstreite der Wahrheit nicht; / deiner Torheit sollst du dich schämen.

26 Schäme dich nicht, von der Sünde umzukehren, / leiste nicht trotzig Widerstand!

27 Unterwirf dich nicht dem Toren, / nimm keine Rücksicht auf den Herrscher!

28 Bis zum Tod setz dich ein für das Recht, / dann wird der Herr für dich kämpfen.

29 Sei nicht prahlerisch mit deinen Worten / und schlaff und matt in deinem Tun!

30 Spiel nicht in deinem Haus den Löwen, / vor dem sich deine Knechte fürchten müssen.

Das rechte Verhalten gegen den Besitz

31 Deine Hand sei nicht ausgestreckt zum Nehmen / und verschlossen beim Zurückgeben.

5 Verlaß dich nicht auf deinen Reichtum, / und sag nicht: Ich kann es mir leisten.

2 Folg nicht deinem Herzen und deinen Augen, / um nach dem Begehren deiner Seele zu leben.

3 Sag nicht: Wer vermag etwas gegen meine Macht? / Denn der Herr rächt die Verfolgten.

4 Sag nicht: Ich habe gesündigt, / doch was ist mir geschehen? / Denn der Herr hat viel Geduld.

5 Verlaß dich nicht auf die Vergebung, / füge nicht Sünde an Sünde,

6 indem du sagst: Seine Barmherzigkeit ist groß, / er wird mir viele Sünden verzeihen.

Denn Erbarmen ist bei ihm, aber auch Zorn, / auf den Frevlern ruht sein Grimm.

7 Zögere nicht, dich zu ihm zu bekehren, / verschieb es nicht Tag um Tag!

Denn sein Zorn bricht plötzlich aus, / zur Zeit der Vergeltung wirst du dahingerafft.

8 Vertrau nicht auf trügerische Schätze; / sie nützen nichts am Tag des Zorns.

Die Verantwortung beim Reden

9 Worfle nicht bei jedem Wind, / und geh nicht auf jedem Pfad!

10 Bleib fest bei deiner Überzeugung, / eindeutig sei deine Rede.

11 Sei schnell bereit zum Hören, / aber bedächtig bei der Antwort!

12 Nur wenn du imstande bist, antworte deinem Mitmenschen, / wenn nicht, leg die Hand auf den Mund!

13 Ehre und Schmach liegen in der Hand des Schwätzers, / des Menschen Zunge ist sein Untergang.

14 Laß dich nicht doppelzüngig nennen, / und verleumde niemand mit deinen Worten!

Denn für den Dieb ist Schande bestimmt, / schlimme Schmach für den Doppelzüngigen.

15 Im Kleinen wie im Großen handle nicht unrecht, / sei nicht statt eines Freundes ein Feind!

6 Schlimmen Ruf und Schande / erntet die schmähsüchtige Frau, / ebenso schlecht ist der doppelzüngige Mann.

2 Verfall nicht der Macht deiner Gier; / sie wird wie ein Stier deine Kraft abweiden.

3 Dein Laub wird sie fressen, deine Früchte verderben / und dich zurücklassen wie einen dürren Baum.

4 Freche Gier richtet ihre Opfer zugrunde / und
macht sie zum Gespött des Feindes.

Die Freundschaft

5 Sanfte Rede erwirbt viele Freunde, / freundliche
Lippen sind willkommen.
6 Viele seien es, die dich grüßen, / dein Vertrau-
ter aber sei nur einer aus tausend.
7 Willst du einen Freund gewinnen, / gewinne
ihn durch Erprobung, / schenk ihm nicht zu
schnell dein Vertrauen!
8 Mancher ist Freund je nach der Zeit, / am Tag
der Not hält er nicht stand.
9 Mancher Freund wird zum Feind, / unter
Schmähungen deckt er den Streit mit dir auf.
10 Mancher ist Freund als Gast am Tisch, / am
Tag des Unheils ist er nicht zu finden.
11 In deinem Glück ist er eins mit dir, / in deinem
Unglück trennt er sich von dir.
12 Trifft dich ein Unglück, wendet er sich gegen
dich / und hält sich vor dir verborgen.
13 Von deinen Feinden halte dich fern, / vor dei-
nen Freunden sei auf der Hut!
14 Ein treuer Freund ist wie ein festes Zelt; /
wer einen solchen findet, hat einen Schatz ge-
funden.
15 Für einen treuen Freund gibt es keinen Preis, /
nichts wiegt seinen Wert auf.
16 Das Leben ist geborgen bei einem treuen
Freund, / ihn findet, wer Gott fürchtet.
17 Wer den Herrn fürchtet, hält rechte Freund-
schaft, / wie er selbst, so ist auch sein Freund.

Der Weg zur Weisheit

18 Mein Sohn, lerne Zucht von Jugend an, / und du
wirst Weisheit gewinnen, bis du ergraut bist.
19 Wie ein Pflüger und Schnitter geh auf sie zu, /
und warte auf ihren reichen Ertrag!
Du wirst in ihrem Dienst nur wenig Mühe ha-
ben / und bald ihre Früchte genießen.
20 Rauh ist sie für den Toren, / wer ohne Einsicht
ist, erträgt sie nicht.
21 Wie ein schwerer Stein lastet sie auf ihm, / er
zögert nicht, sie abzuwerfen.
22 Denn die Zucht ist wie ihr Name, / vielen ist
sie unbequem.
23 Höre, mein Sohn, nimm meine Lehre an, /
verschmäh nicht meinen Rat!
24 Bring deine Füße in ihre Fesseln, / deinen Hals
unter ihr Joch!
25 Beuge deinen Nacken, und trage sie, / werde
ihrer Stricke nicht überdrüssig!
26 Mit ganzem Herzen schreite auf sie zu, / mit
voller Kraft halte ihre Wege ein!
27 Frage und forsche, suche und finde! / Hast du
sie erfaßt, laß sie nicht wieder los!
28 Denn schließlich wirst du bei ihr Ruhe finden, /
sie wandelt sich dir in Freude.
29 Ihre Fessel wird dir zum sicheren Schutz, /
ihre Stricke werden zu goldenen Gewändern.
30 Ein Goldschmuck ist ihr Joch, / ihre Garne
sind ein Purpurband.
31 Als Prachtgewand kannst du sie anlegen, / sie
aufsetzen als herrliche Krone.
32 Wenn du willst, mein Sohn, kannst du weise
werden, / du wirst klug, wenn du dein Herz dar-
auf richtest.
33 Bist du bereit zu hören, so wirst du belehrt, /
neigst du dein Ohr, erlangst du Bildung.
34 Verweile gern im Kreis der Alten, / wer weise
ist, dem schließ dich an!
35 Lausche gern jeder ernsten Rede, / keinen
Weisheitsspruch laß dir entgehen!
36 Achte auf den, der Weisheit hat, und suche ihn
auf; / dein Fuß trete seine Türschwelle aus.
37 Achte auf die Furcht vor dem Herrn, / sinn al-
lezeit über seine Gebote nach!
Dann gibt er deinem Herzen Einsicht, / er
macht dich weise, wie du es begehrst.

Gefahren für den Weisen

7 Tu nichts Böses, so trifft dich nichts Bö-
ses. / 2 Bleib der Sünde fern, so meidet sie
dich.
3 Säe nicht in Furchen des Unrechts, / damit du
es nicht siebenfach erntest.
4 Begehr von Gott kein Herrscheramt / und vom
König keinen Ehrenplatz!
5 Halte dich nicht für gerecht vor Gott, / nicht für
klug vor dem König!
6 Begehr nicht, Herrscher zu werden, / wenn dir
die Kraft fehlt, dem Übermut zu steuern;
du würdest sonst den Vornehmen fürchten /
und deine Ehre beflecken.
7 Setz dich nicht ins Unrecht bei der Versamm-
lung am Tor, / bring dich nicht selbst zu Fall vor
der Gemeinde!
8 Sinne nicht darauf, die Sünde zu wiederholen; /
schon bei einer bleibst du nicht straflos.
9 Sag nicht: Auf die Menge meiner Gaben wird

Gott sehen, / und wenn ich dem Höchsten op-
fere, nimmt er es an.
10 Sei nicht kleinmütig beim Gebet / und nicht
säumig beim Wohltun!
11 Blick nicht geringschätzig auf einen Verbitter-
ten; / bedenk, daß einer da ist, der erhöht und er-
niedrigt.
12 Sinne nicht auf Unrecht gegen deinen Bruder, /
auch nicht gegen den Freund und Gefährten.
13 Jede Lüge mißfalle dir; / denn sie hat nichts
Gutes zu erhoffen.
14 Rede nicht heimlich in der Versammlung der
Fürsten, / und wiederhol nicht die Worte beim
Gebet!
15 Sei nicht leichtfertig bei der schweren Arbeit
auf dem Acker, / denn von Gott ist sie zugewie-
sen.
16 Überschätz dich nicht vor dem Volk; / bedenk,
daß der Zorn nicht ausbleibt.
17 Demütige deinen Stolz ganz tief, / denn was
den Menschen erwartet, ist die Verwesung.
[Sag nicht vorschnell: Welch ein Widersinn! /
Überlaß es Gott, und willige ein in seinen Weg!]

Das rechte Verhalten im häuslichen Kreis

18 Wechsle keinen Freund für Geld, / einen treuen
Bruder nicht für Gold aus Ofir!
19 Verachte nicht eine kluge Frau; / liebenswür-
dige Güte ist mehr wert als Perlen.
20 Mißhandle einen Sklaven nicht, der dir treu
dient, / auch nicht einen Tagelöhner, der sich wil-
lig einsetzt.
21 Einen klugen Sklaven liebe wie dich selbst, /
verweigere ihm die Freilassung nicht!
22 Hast du Vieh, so schau darauf; / ist es brauch-
bar, so behalt es!
23 Hast du Söhne, nimm sie in Zucht, / und gib
ihnen Frauen in jungen Jahren!
24 Hast du Töchter, so behüte ihren Leib; / zeig
dich ihnen nicht allzu freundlich!
25 Bring die Tochter aus dem Haus, dann zieht die
Sorge aus; / doch verheirate sie nur mit einem
verständigen Mann!
26 Hast du eine Frau, so verstoße sie nicht, / und
schenk dein Vertrauen keiner Geschiedenen!
27 Ehre deinen Vater von ganzem Herzen, / ver-
giß niemals die Schmerzen deiner Mutter!
28 Denk daran, daß sie dir das Leben gaben. /
Wie kannst du ihnen vergelten, was sie für dich
taten?

Die Erfüllung heiliger Pflichten

29 Fürchte Gott von ganzem Herzen, / seine Prie-
ster halt in Ehren!
30 Liebe deinen Schöpfer mit aller Kraft, / und laß
seine Diener nie im Stich!
31 Ehre Gott und achte den Priester, / entrichte
ihm den Anteil, wie es dir geboten ist:
den Speiseanteil vom Schuldopfer und die frei-
willige Abgabe, / die gesetzlichen Schlachtopfer
und die heilige Abgabe.
32 Streck deine Hand auch dem Armen entge-
gen, / damit dein Segen vollkommen sei.
33 Schenk jedem Lebenden deine Gaben, / und
auch dem Toten versag deine Liebe nicht!
34 Entzieh dich nicht den Weinenden, / vielmehr
trauere mit den Trauernden!
35 Säume nicht, den Kranken zu besuchen, /
dann wirst du von ihm geliebt.
36 Bei allem, was du tust, denk an das Ende, / so
wirst du niemals sündigen.

Takt und Klugheit

8 Streite nicht mit einem Mächtigen, / damit
du ihm nicht in die Hände fällst.
2 Kämpf nicht gegen einen Reichen an, / sonst
wirft er zu deinem Verderben sein Geld ins Ge-
wicht.
Schon viele hat das Geld übermütig gemacht, /
die Herzen der Großen hat es verführt.
3 Zank nicht mit einem Schwätzer, / und leg
nicht noch Holz auf das Feuer!
4 Pflege keinen Umgang mit einem Toren; / er
wird die Weisen doch nur verachten.
5 Beschäm keinen, der sich von der Sünde be-
kehrt hat; / denk daran, daß wir alle schuldig
sind.
6 Beschimpf keinen alten Mann; / denn auch
mancher von uns wird ein Greis.
7 Freu dich nicht, wenn einer gestorben ist, / be-
denk: Wir alle werden sterben.
8 Verwirf die Rede der Weisen nicht, / wirf dich
vielmehr auf ihre Sinnsprüche!
Denn dadurch wirst du Bildung lernen, / um
vor Fürsten stehen zu können.
9 Verachte nicht die Überlieferung der Alten, /
die sie übernommen haben von ihren Vätern.
Dann wirst du Einsicht lernen, / um antworten
zu können, sobald es notwendig ist.
10 Entzünde nicht die Glut des Frevlers, / damit
du in der Flamme seines Feuers nicht verbrennst.

11 Weich einem Zuchtlosen nicht aus, / sonst lau-
ert er heimlich auf deine Reden.
12 Borge keinem, der mächtiger ist als du. / Hast
du geborgt, so hast du verloren.
13 Bürge für keinen, der höher steht als du. / Hast
du gebürgt, so mußt du zahlen.
14 Rechte nicht mit einem Richter; / denn er
spricht Recht, wie es ihm beliebt.
15 Mit einem Gewalttätigen geh nicht des Wegs, /
damit du nicht schweres Unheil über dich bringst.
Denn er läuft rücksichtslos weiter, / und du
gehst zugrunde durch seinen Unverstand.
16 Einem Jähzornigen biete nicht die Stirn, / und
reite mit ihm nicht durch die Wüste!
Leicht wiegt in seinen Augen die Blutschuld; /
wenn kein Helfer da ist, bringt er dich um.
17 Führe kein vertrauliches Gespräch mit einem
Toren; / er kann dein Geheimnis nicht für sich be-
halten.
18 Vor einem Fremden tu nichts, was geheim blei-
ben soll; / du weißt nicht, wie er sich am Ende
verhält.
19 Öffne dein Herz nicht jedem Menschen, / und
wirf das Glück nicht von dir!

Der rechte Umgang mit Frauen

9 Sei nicht eifersüchtig gegen die Frau an dei-
ner Brust, / damit sie nicht auf böse Gedan-
ken gegen dich selbst kommt.
2 Liefere dich nicht einer Frau aus, / damit sie
nicht Gewalt bekommt über dich.
3 Nah dich nicht einer fremden Frau, / damit du
nicht in ihre Netze fällst.
4 Verkehr nicht mit einer Saitenspielerin, / damit
du nicht durch ihre Töne gefangen wirst.
5 Denk nicht zuviel an ein Mädchen, / damit du
nicht seinetwegen der Strafe verfällst.
6 Gib dich nicht mit einer Dirne ab, / damit sie
dich nicht um dein Erbe bringt.
7 Schau nicht umher auf den Wegen zur Stadt, /
streif nicht umher in ihren abgelegenen Win-
keln!
8 Verhüll dein Auge vor einer reizvollen Frau, /
blick nicht auf eine Schönheit, die dir nicht gehört.
Wegen einer Frau kamen schon viele ins Ver-
derben, / sie versengt ihre Liebhaber wie Feuer.
9 Streck dich nicht mit einer Verheirateten zum
Weingelage hin, / sitz nicht berauscht mit ihr zu-
sammen, / damit du ihr nicht dein Herz zuneigst
und verblutend ins Grab sinkst.

Der rechte Umgang von Mann zu Mann

10 Gib einen alten Freund nicht auf; / denn ein
neuer hält nicht zu dir.
Neuer Freund, neuer Wein: / Nur alt trinkst du
ihn gern.
11 Sei nicht neidisch auf einen bösen Menschen; /
denn du weißt nicht, wann sein Tag ihn erreicht.
12 Liebäugle nicht mit einem übermütigen Men-
schen, der Erfolg hat, / bedenk, daß er nicht bis
zum Tod straflos bleibt.
13 Bleib dem Menschen fern, der Macht hat zu tö-
ten, / und setz dich nicht Todesängsten aus!
Nahst du dich ihm, so verfehle dich nicht, /
sonst nimmt er dir das Leben.
Wisse, daß du dich zwischen Schlingen be-
wegst / und über eine Fanggrube schreitest.
14 Antworte deinem Nächsten, so gut du kannst, /
du selbst aber berate dich mit Weisen!
15 Stell deine Überlegung zusammen mit Ver-
ständigen an, / und berate alles in ihrem Kreis!
16 Gerechte Männer seien deine Tischgenossen, /
dein Ruhm bestehe in der Gottesfurcht.
17 Die Hände der Weisen fassen das Richtige an, /
ein redegewandter Weiser ist Herrscher in seinem
Volk.
18 Gefürchtet in der Stadt ist der Schwätzer, / ein
prahlerischer Mund ist verhaßt.

Der weise Herrscher

10 Ein weiser Herrscher festigt sein Volk, /
die Regierung eines Verständigen ist
wohlgeordnet.
2 Wie der Herrscher des Volkes, so seine Beam-
ten, / wie das Haupt der Stadt, so ihre Bewohner.
3 Ein König ohne Zucht richtet die Stadt zu-
grunde, / volkreich wird die Stadt durch kluge
Fürsten.
4 In Gottes Hand liegt die Herrschaft über den
Erdkreis; / er setzt zur rechten Zeit den rechten
Mann über ihn.
5 In Gottes Hand liegt der Erfolg eines Men-
schen, / er verleiht dem Gesetzgeber seine
Würde.
6 Füg dem Nächsten keinerlei Unrecht zu, / geh
nie den Weg des Übermuts!
7 Dem Herrn und den Menschen ist Übermut
verhaßt, / Unterdrückung gilt bei beiden als Un-
tat.
8 Die Herrschaft geht von einem Volk auf das an-
dere über / wegen Gewalttat und Übermut.

9 Warum überhebt sich der Mensch aus Staub
und Asche, / dessen Leib schon zu Lebzeiten ver-
west?
10 Ein wenig Krankheit bringt den Arzt in Erre-
gung: / Heute König, morgen tot!
11 Stirbt der Mensch, so wird ihm Moder zuteil, /
Maden, Geschmeiß und Gewürm.
12 Mit dem Trotz des Menschen fängt sein Über-
mut an, / wenn sich sein Herz abkehrt von sei-
nem Schöpfer.
13 Ein See der Maßlosigkeit ist die Sünde, / aus
ihr quillt Unrecht hervor.
Darum wirkt Gott Wunder und Plagen / und
schlägt den Sünder bis zur Vernichtung.
14 Gott stürzt den Thron der Stolzen / und setzt
an ihre Stelle die Demütigen.
16 Gott verwischt die Spuren der Völker, / ihren
Wurzelstock schlägt er ab bis auf den Grund.
17 Er fegt sie aus dem Land und rottet sie aus, /
ihr Andenken läßt er von der Erde verschwin-
den.
18 Maßlosigkeit ziemt dem Menschen nicht, /
frecher Zorn nicht dem von einer Frau Gebore-
nen.

Die wahre und die falsche Ehre

19 Welches Geschlecht ist geachtet? Das des Men-
schen. / Welches Geschlecht ist geachtet? Das
des Gottesfürchtigen.
Welches Geschlecht ist verachtet? Das des Men-
schen. / Welches Geschlecht ist verachtet? Das
des Gesetzesübertreters.
20 Unter Brüdern ist ihr Oberhaupt geehrt, / aber
in Gottes Augen der Gottesfürchtige.
22 Gast und Fremder, Ausländer und Armer: /
ihr Ruhm ist die Gottesfurcht.
23 Keinen verständigen Armen soll man verach-
ten / und keinen Gewalttätigen ehren.
24 Fürsten, Richter und Herrscher sind geehrt, /
doch keiner ist größer als der Gottesfürchtige.
25 Einem verständigen Sklaven müssen Freie die-
nen, / doch ein kluger Mann braucht nicht zu kla-
gen.
26 Spiel nicht den Weisen, wenn du arbeiten
sollst, / tu nicht vornehm, wenn du in Not bist.
27 Besser einer, der arbeitet und großen Reich-
tum gewinnt, / als einer, der vornehm tut und
nichts zu essen hat.
28 Mein Sohn, in Demut ehre dich selbst, / beur-
teile dich, wie du es verdienst.
29 Wer wird den rechtfertigen, der sich selbst ins
Unrecht setzt? / Wer wird den ehren, der sich
selbst die Ehre abspricht?
30 Es gibt Arme, die wegen ihrer Klugheit geehrt
sind. / Es gibt Leute, die wegen ihres Reichtums
geehrt sind.
31 Wird einer als Armer geehrt, wieviel mehr,
wenn er reich wird. / Wird einer als Reicher ver-
achtet, wieviel mehr, wenn er arm wird.

11 Weisheit erhebt das Haupt des Armen /
und läßt ihn unter Fürsten sitzen.
2 Lobe keinen Menschen wegen seiner (schö-
nen) Gestalt, / verachte keinen Menschen we-
gen seines (bescheidenen) Aussehens!
3 Unansehnlich unter den geflügelten Tieren ist
die Biene, / und doch bringt sie den besten Ertrag
ein.
4 Spotte nicht über das Kleid eines Betrübten, /
verhöhne keinen, der Trauertag hat.
Denn unbegreiflich sind die Fügungen des
Herrn, / verborgen ist den Menschen sein Tun.
5 Viele, die unterdrückt waren, bestiegen den
Thron, / viele, an die niemand dachte, trugen die
Krone.
6 Viele, die hoch standen, wurden tief verachtet, /
und Angesehene wurden den Niedrigen ausge-
liefert.
7 Tadle nicht, ehe du geprüft hast; / zuerst unter-
suche, dann weise zurecht!
8 Gib keine Antwort, bevor du gehört hast, /
sprich nicht mitten in einer Rede!
9 Wenn du nicht beleidigt wirst, reg dich nicht
auf! / Nimm nicht teil am Streit der Übermütigen!

Die rechte Einstellung zum Erwerb

10 Mein Sohn, warum willst du dir soviel Mühe be-
reiten? / Es bleibt doch keiner ungestraft, der zu
hastig vorandrängt.
Läufst du zu rasch, erreichst du das Ziel nicht; /
fliehst du zu schnell, entkommst du nicht.
11 Da müht sich einer, plagt sich und hastet, /
doch um so mehr bleibt er zurück.
12 Da ermattet einer und bricht unterwegs zusam-
men, / ist arm an Kraft und reich an Schwäche,
doch das Auge des Herrn schaut ihn gütig an, /
er schüttelt den schmutzigen Staub von ihm ab.
13 Er richtet sein Haupt auf und erhöht ihn, / so
daß viele über ihn staunen.
14 Gutes und Böses, Leben und Tod, / Armut und
Reichtum kommen vom Herrn.

15 [Weisheit, Einsicht und Kenntnis des Gesetzes
sind vom Herrn, / Liebe und Rechtschaffenheit
kommen von ihm.
16 Irrtum und Finsternis sind für die Sünder er-
schaffen; / wer sich des Bösen rühmt, mit dem
wird das Böse alt.]
17 Der Lohn des Herrn für den Gerechten steht
fest, / sein Wille setzt sich für immer durch.
18 Mancher wird reich, weil er sich plagt, / doch
verwirkt er seinen Erwerb.
19 Er sagt zwar zu gegebener Zeit: Ich habe Ruhe
gefunden, / nun will ich meine Güter genießen.
Aber er weiß nicht, wie lange es dauert; / er hin-
terläßt sie andern und stirbt.
20 Mein Sohn, steh fest in deiner Pflicht, und
geh ihr nach, / bei deinem Tun bleibe bis ins Al-
ter!
21 Wundere dich nicht über die Übeltäter; / früh
morgens mach dich auf zum Herrn, und hoffe auf
sein Licht!
Denn leicht ist es in den Augen des Herrn, / den
Armen plötzlich und schnell reich zu machen.
22 Gottes Segen ist der Lohn des Gerechten, / zur
bestimmten Zeit blüht seine Hoffnung auf.
23 Sag nicht: Ich habe meine Wünsche erfüllt, /
was geht mir noch ab?
24 Sag nicht: Ich bin versorgt, / welches Unheil
könnte über mich kommen?
25 Das Glück von heute läßt das Unglück verges-
sen, / das Unglück von heute läßt das Glück ver-
gessen.
26 Denn leicht ist es in den Augen des Herrn, /
am Todestag dem Menschen nach seinen Taten
zu vergelten.
27 Schlimme Zeit läßt die Lust vergessen, / das
Ende des Menschen gibt über ihn Auskunft.
28 Preise niemand glücklich vor seinem Tod; /
denn erst an seinem Ende erkennt man den Men-
schen.

Die rechte Vorsicht

29 Bring nicht jeden Menschen ins Haus; / denn
viele Wunden schlägt der Verleumder.
30 Wie ein im Korb gefangener Vogel ist das Herz
des Übermütigen / oder wie ein Spion, der eine
Bresche erspäht.
31 Der Verleumder verkehrt Gutes in Böses, /
und deine besten Absichten bringt er in Verdacht.
32 Einen Funken entfacht er zum Brand, / der
Niederträchtige lauert auf Blut.
33 Hüte dich vor einem Bösen; denn er zeugt Bö-
ses. / Warum willst du für immer einen Makel da-
vontragen?
34 Nimmst du den Fremden auf, entfremdet er
dich deiner Lebensart; / er entzweit dich mit dei-
ner Familie.

12 Wenn du Gutes tust, wisse, wem du es
tust, / dann wirst du Dank ernten für
deine Wohltat.
2 Tu dem Gerechten Gutes; dann findest du
Lohn, / wenn nicht von ihm, so doch vom
Herrn.
3 Ohne Dank bleibt, wer einen Frevler be-
schenkt, / auch hat er kein gutes Werk vollbracht.
4 Gib dem Guten, nicht aber dem Bösen, / un-
terstütze den Demütigen, gib nicht dem Hoch-
mütigen!
5 Rüste ihn nicht mit Kampfwaffen aus, / sonst
greift er dich selbst mit ihnen an.
Doppeltes Übel trifft dich [in der Zeit der Not] /
für all das Gute, das du ihm getan hast.
6 Denn auch Gott haßt die Bösen, / den Frevlern
vergilt er mit Strafe.
8 Im Glück erkennt man den Freund nicht, /
aber im Unglück bleibt der Feind nicht verborgen.
9 Im Glück ist auch der Feind ein Freund; / im
Unglück wendet auch der Freund sich ab.
10 Trau niemals einem Feind; / denn seine Bos-
heit gleicht dem rostenden Eisen.
11 Zeigt er sich auch willig und tut unterwürfig, /
nimm dich in acht, und hüte dich vor ihm!
Sei zu ihm wie ein Spiegelputzer, / und beachte
die letzten Spuren des Rostes!
12 Laß ihn nicht an deiner Seite stehen, / sonst
stürzt er dich und tritt an deine Stelle.
Laß ihn nicht zu deiner Rechten sitzen, / sonst
strebt er nach deinem Sitz.
Zu spät begreifst du dann meine Worte / und
stimmst in meine Klage ein.
13 Wer bedauert den Schlangenbeschwörer,
wenn er gebissen wird, / und den, der sich
reißenden Tieren nähert?
14 Ihnen gleicht, wer mit einem Schurken ver-
kehrt / und sich in seine Sünden verstrickt.
15 Solange er neben dir steht, zeigt er sich nicht
offen, / wankst du aber, hält er nicht stand.
16 Auf seinen Lippen hat der Gegner süße Worte, /
doch in seinem Herzen sinnt er auf Verderben.
Mag auch der Feind mit seinen Augen weinen, /
findet er Gelegenheit, wird er an Blut nicht satt.

17 Trifft dich ein Unglück, findet er sich ein; / als
heuchelnder Helfer sucht er dich zu stürzen.
18 Er schüttelt den Kopf und schwingt die Hand, /
doch unter viel dunklem Gerede ändert er das Ge-
sicht.
13 Wer Pech anrührt, dem klebt es an der
Hand; / wer mit einem Zuchtlosen um-
geht, nimmt seine Art an.
2 Wie willst du tragen, was dir zu schwer ist? /
Ist einer reicher als du, wie kannst du mit ihm zu-
sammengehen?
Wie kann der irdene Topf mit dem Kessel zu-
sammengehen? / Der Kessel stößt an ihn, und er
zerbricht.
3 Der Reiche tut Unrecht und prahlt noch damit, /
der Arme leidet Unrecht und muß um Gnade bit-
ten.
4 Bist du ihm nützlich, ist er um dich bemüht, /
brichst du zusammen, läßt er dich im Stich.
5 Hast du etwas, gibt er dir schöne Worte, / doch
er macht dich arm, ohne daß es ihm leid tut.
6 Hat er dich nötig, schmeichelt er dir, / er lächelt
dir zu und macht dir Hoffnung.
7 Solange es Vorteil bringt, hält er dich zum be-
sten, / zweimal, dreimal täuscht er dich.
Sieht er dich dann wieder, geht er an dir vorbei /
und schüttelt den Kopf über dich.
8 Gib acht, wag dich nicht zu weit vor, / und
werde nicht wie die, denen der Verstand fehlt.
9 Naht sich ein Vornehmer, halte dich fern, / um
so mehr wird er dich an sich ziehen.
10 Dräng dich nicht vor, sonst mußt du dich wie-
der zurückziehen; / zieh dich aber nicht ganz
zurück, sonst wirst du vergessen.
11 Sei nicht zu sicher im freien Umgang mit ihm, /
trau nicht seinen vielen Reden!
Mit seinen vielen Reden sucht er dich zu ver-
führen, / er lächelt dir zu und forscht dich aus.
12 Grausam handelt der Mächtige und kennt kein
Mitleid, / gegen das Leben vieler schmiedet er
heimliche Pläne.
13 Gib acht, und sei vorsichtig, / geh nicht mit ge-
walttätigen Menschen!
15 Jedes Lebewesen liebt seinesgleichen, / jeder
Mensch den, der ihm ähnlich ist.
16 Jedes Lebewesen hat seinesgleichen um sich, /
mit seinesgleichen gehe auch der Mensch zusam-
men.
17 Geht etwa der Wolf mit dem Lamm zusammen? /
Ebensowenig der Frevler mit dem Gerechten.
18 Lebt etwa die Hyäne mit dem Hund in Frie-
den / und der Reiche in Frieden mit dem Ar-
men?
19 Des Löwen Beute sind die Wildesel in der Wü-
ste; / so sind die Geringen die Weide des Reichen.
20 Ein Greuel für den Stolzen ist die Demut, / ein
Greuel für den Reichen ist der Arme.
21 Wankt ein Reicher, wird er vom Freund ge-
stützt, / wankt ein Geringer, wird er vom Freund
gestürzt.
22 Redet ein Reicher, so hat er viele Helfer. / Sein
törichtes Gerede nennen sie schön.
Redet ein Geringer, ruft man: Pfui! / Mag er
auch klug reden, für ihn ist kein Platz.
23 Redet ein Reicher, dann schweigen alle, / sie
erheben seine Klugheit bis zu den Wolken.
Redet ein Geringer, heißt es: Wer ist denn das? /
Stolpert er, dann stoßen sie ihn noch.

Der rechte Genuß

24 Gut ist der Reichtum, wenn keine Schuld an
ihm klebt; / schlimm ist die Armut, die aus Über-
mut entstand.
25 Das Herz des Menschen verändert sein Ge-
sicht / und macht es heiter oder traurig.
26 Zeichen des glücklichen Herzens ist ein frohes
Gesicht; / Sorgen und Kummer sind quälendes
Grübeln.
14 Wohl dem Menschen, dem sein eigener
Mund keine Vorwürfe macht, / der nicht
klagen muß vor Kummer über seine Sünden.
2 Wohl dem Menschen, der sich nicht selbst ta-
deln muß / und dessen Hoffnung nicht aufhört.
3 Einem Engherzigen steht Reichtum nicht an. /
Wozu braucht ein Geiziger Gold?
4 Wer gegen sich selbst geizt, sammelt für einen
andern; / in seinen Gütern wird ein Fremder
schwelgen.
5 Wer sich selbst nichts gönnt, wem kann der
Gutes tun? / Er wird seinem eigenen Glück nicht
begegnen.
6 Keiner ist schlimmer daran als einer, der sich
selbst nichts gönnt, / ihn selbst trifft die Strafe für
seine Mißgunst.
7 Tut er etwas Gutes, dann tut er es aus Verse-
hen, / und am Ende zeigt er seine Schlechtigkeit.
8 Schlimm ist ein Geizhals, / der sein Gesicht ab-
wendet und die Hungernden verachtet.
9 Dem Auge des Toren ist sein Besitz zu klein, /
ein geiziges Auge trocknet die Seele aus.

10 Das Auge des Geizigen hastet nach Speise, /
Unruhe herrscht an seinem Tisch.
[Ein gütiges Auge mehrt das Brot, / selbst eine
schwache Quelle spendet Wasser auf den Tisch.]
11 Mein Sohn, wenn du imstande bist, pflege
dich selbst; / soweit du kannst, laß es dir gutge-
hen!
12 Denk daran, daß der Tod nicht säumt / und die
Frist bis zur Unterwelt dir unbekannt ist.
13 Bevor du stirbst, tu Gutes dem Freund; / be-
schenk ihn, soviel du vermagst.
14 Versag dir nicht das Glück des heutigen Tages; /
an der Lust, die dir zusteht, geh nicht vorbei!
15 Mußt du nicht einem andern deinen Besitz
hinterlassen, / den Erben, die das Los werfen
über das, was du mühsam erworben hast?
16 Beschenk den Bruder, und gönn auch dir et-
was; / denn in der Unterwelt ist kein Genuß
mehr zu finden.
17 Wir alle werden alt wie ein Kleid; / es ist ein
ewiges Gesetz: Alles muß sterben.
18 Wie sprossende Blätter am grünen Baum / –
das eine welkt, das andere wächst nach –,
so sind die Geschlechter von Fleisch und Blut: /
das eine stirbt, das andere reift heran.
19 Alle ihre Werke vermodern, / was ihre Hände
schufen, folgt ihnen nach.

Das rechte Suchen nach Weisheit

20 Wohl dem Menschen, der nachsinnt über die
Weisheit / der sich bemüht um Einsicht,
21 der seinen Sinn richtet auf ihre Wege / und auf
ihre Pfade achtet,
22 der ihr nachgeht wie ein Späher / und an ihren
Eingängen lauert,
23 der durch ihre Fenster schaut / und an ihren
Türen horcht,
24 der sich bei ihrem Haus niederläßt / und seine
Zeltstricke an ihrer Mauer befestigt,
25 der neben ihr sein Zelt aufstellt / und so eine
gute Wohnung hat,
26 der sein Nest in ihr Laub baut / und in ihren
Zweigen die Nacht verbringt,
27 der sich in ihrem Schatten vor der Hitze ver-
birgt / und im Schutz ihres Hauses wohnt.

15 Wer den Herrn fürchtet, handelt so, / und
wer am Gesetz festhält, erlangt die Weis-
heit.
2 Sie geht ihm entgegen wie eine Mutter, / wie
eine junge Gattin nimmt sie ihn auf.
3 Sie nährt ihn mit dem Brot der Klugheit / und
tränkt ihn mit dem Wasser der Einsicht.
4 Er stützt sich auf sie und kommt nicht zu Fall, /
er vertraut auf sie und wird nicht enttäuscht.
5 Sie erhöht ihn über seine Gefährten, / sie öff-
net ihm den Mund in der Versammlung.
6 Sie läßt ihn Jubel und Freude finden, / unver-
gänglichen Ruhm wird sie ihm verleihen.
7 Für schlechte Menschen ist sie unerreichbar, /
Unbeherrschte werden sie nicht schauen.
8 Den Zuchtlosen ist sie fern. / Lügner denken
nicht an sie.
9 Schlecht klingt das Gotteslob im Mund des
Frevlers, / es ist ihm von Gott nicht zugeteilt.
10 Im Mund des Weisen erklinge das Gotteslob, /
und wer dazu Vollmacht hat, unterrichte darin.

Die Verantwortung des Menschen

11 Sag nicht: Meine Sünde kommt von Gott. /
Denn was er haßt, das tut er nicht.
12 Sag nicht: Er hat mich zu Fall gebracht. / Denn
er hat keine Freude an schlechten Menschen.
13 Verabscheuungswürdiges haßt der Herr; / alle,
die ihn fürchten, bewahrt er davor.
14 Er hat am Anfang den Menschen erschaffen /
und ihn der Macht der eigenen Entscheidung
überlassen.
15 [Er gab ihm seine Gebote und Vorschriften.] /
Wenn du willst, kannst du das Gebot halten; /
Gottes Willen zu tun ist Treue.
16 Feuer und Wasser sind vor dich hingestellt; /
streck deine Hände aus nach dem, was dir gefällt.
17 Der Mensch hat Leben und Tod vor sich; / was
er begehrt, wird ihm zuteil.
18 Überreich ist die Weisheit des Herrn; / stark
und mächtig ist er und sieht alles.
19 Die Augen Gottes schauen auf das Tun des
Menschen, / er kennt alle seine Taten.
20 Keinem gebietet er zu sündigen, / und die Be-
trüger unterstützt er nicht.

Die Sünde und ihre Folgen

16 Wünsch dir nicht schöne Kinder, wenn
sie nichts taugen, / und freu dich nicht
über mißratene Söhne!
2 Mögen sie auch zahlreich sein, freu dich nicht
über sie, / wenn sie keine Gottesfurcht besit-
zen.
3 Verlaß dich nicht auf ihre Lebensdauer, / setz
kein Vertrauen in ihre Zukunft!

Besser als tausend ist einer [der Gottes Willen
tut], / besser kinderlos sterben als schlimme
Nachkommen haben.
4 Durch einen einzigen Verständigen vermehrt
sich die Stadt, / durch die Sippe der Abtrünnigen
verödet sie.
5 Viel von dem hat mein Auge gesehen, / mehr
noch hat mein Ohr vernommen:
6 Im Kreis der Frevler flammt Feuer auf; / gegen
ein sündiges Volk entbrennt der Zorn.
7 Er hat den Fürsten der Vorzeit nicht verziehen, /
als sie sich in ihrer Stärke empörten.
8 Er hat die Mitbürger Lots nicht geschont, / als
sie zügellos waren in ihrem Übermut.
9 Er hat das todgeweihte Volk nicht geschont, /
das wegen seiner Sünden das Land verlor,
10 auch nicht die sechshunderttausend Mann
Fußvolk; / sie wurden dahingerafft wegen ihres
verbrecherischen Herzens.
11 Wie erst ergeht es dem einzelnen, der hals-
starrig ist: / Ein Wunder wäre es, wenn er straflos
bliebe.
Denn bei Gott sind Erbarmen und Zorn, / er ver-
gibt und verzeiht, / doch auch den Zorn schüttet
er aus.
12 Sein Erbarmen ist so groß wie sein Strafen, /
jeden richtet er nach seinen Taten.
13 Der Verbrecher entkommt nicht mit seinem
Raub, / doch der Hoffnung des Gerechten setzt
Gott kein Ende.
14 Jedem Wohltätigen wird sein Lohn zuteil, / je-
der empfängt nach seinen Taten.
15 [Der Herr verhärtete das Herz des Pharao, / der
ihn nicht erkannte, / obwohl seine Werke unter
dem Himmel offenbar waren.
16 Sein Erbarmen ist allen seinen Geschöpfen
sichtbar, / sein Licht und sein Dunkel hat er den
Menschen zugeteilt.]
17 Sag nicht: Ich bin vor Gott verborgen, / wer
denkt an mich in der Höhe?
In der großen Menge bleibe ich unbemerkt, /
was bin ich in der Gesamtzahl der Menschen?
18 Der Himmel, der höchste Himmel, das Meer
und das Land, / sie wanken, wenn er sie heim-
sucht.
19 Der Untergrund der Berge und die Grundfe-
sten der Erde, / sie erbeben gewaltig, wenn er sie
anschaut.
20 Doch an mich denkt er nicht, / und wer ach-
tet auf meine Wege?
21 Sündige ich, sieht mich kein Auge, / betrüge
ich ganz heimlich, wer weiß es? –
22 Das gerechte Tun, wer macht es bekannt? /
Und was darf ich hoffen, wenn ich das Gebot
halte?
23 Nur ein Unvernünftiger behauptet solches, /
nur ein törichter Mensch denkt so.

Gottes Wege mit den Menschen

24 Hört auf mich, und lernt von meiner Erfah-
rung, / richtet euren Sinn auf meine Worte!
25 Wohlüberlegt trage ich meine Gedanken vor, /
und bescheiden teile ich mein Wissen mit:
26 Als Gott am Anfang seine Werke erschuf / und
ihnen zu ihrem Dasein Gesetze gab,
27 hat er ihre Aufgabe für immer festgelegt / und
ihren Machtbereich für alle Zeiten.
Sie ermatten nicht und werden nicht müde, /
sie lassen nicht nach in ihrer Kraft.
28 Keines seiner Werke verdrängt das andere, /
und bis in Ewigkeit widerstreben sie seinem Be-
fehl nicht.
29 Dann hat der Herr auf die Erde geblickt / und
sie mit seinen Gütern erfüllt.
30 Mit allerlei Lebewesen bedeckte er ihre
Fläche, / und sie kehren wieder zu ihr zurück.
17 Der Herr hat die Menschen aus Erde er-
schaffen / und läßt sie wieder zu ihr
zurückkehren.
2 Gezählte Tage und eine bestimmte Zeit wies er
ihnen zu / und gab ihnen Macht über alles auf
der Erde.
3 Ihm selbst ähnlich hat er sie mit Kraft beklei-
det / und sie nach seinem Abbild erschaffen.
4 Auf alle Wesen legte er die Furcht vor ihnen, /
über Tiere und Vögel sollten sie herrschen.
6 Er bildete ihnen Mund und Zunge, Auge und
Ohr, / und ein Herz zum Denken gab er ihnen.
7 Mit kluger Einsicht erfüllte er sie / und lehrte
sie, Gutes und Böses zu erkennen.
8 Er zeigte ihnen die Größe seiner Werke, / um
die Furcht vor ihm in ihr Herz zu pflanzen.
9 Sie sollten für immer seine Wunder rühmen /
10 und seinen heiligen Namen loben.

Die Erwählung Israels

11 Er hat ihnen Weisheit geschenkt / und ihnen
das lebenspendende Gesetz gegeben.
12 Einen ewigen Bund hat er mit ihnen geschlos-
sen / und ihnen seine Gebote mitgeteilt.

13 Ihre Augen sahen seine machtvolle Herrlich-
keit, / ihr Ohr vernahm seine gewaltige Stimme.
14 Er sprach zu ihnen: Hütet euch vor allem Un-
recht! / Er schrieb ihnen ihr Verhalten gegenüber
dem Nächsten vor.
15 Ihre Wege liegen allezeit offen vor ihm, / sie
sind nicht verborgen vor seinen Augen.
17 Für jedes Volk bestellte er einen Herrscher, /
Israel aber ist der Erbbesitz des Herrn.
19 Alle ihre Taten stehen vor ihm wie die Sonne, /
seine Augen ruhen stets auf ihren Wegen.
20 Ihre Frevel sind vor ihm nicht verborgen, / alle
ihre Sünden stehen dem Herrn vor Augen.
22 Das Almosen eines jeden ist bei ihm wie ein
Siegelring, / des Menschen Wohltat behütet er
wie einen Augapfel.
23 Schließlich erhebt er sich und vergilt ihnen, /
er läßt die Vergeltung über ihr Haupt kommen.

Reue und Umkehr

24 Den Reumütigen aber gewährt er Umkehr /
und tröstet die Hoffnungslosen / [und bestimmte
sie für ein Leben in der Wahrheit].
25 Wende dich zum Herrn, laß ab von der Sünde, /
bete vor ihm, und beseitige das Ärgernis!
26 Kehre zum Höchsten zurück, und wende dich
ab vom Bösen, / hasse stets das Schlechte!
27 Wer wird in der Unterwelt den Höchsten lo-
ben / anstelle derer, die leben und ihn preisen?
28 Beim Toten, der nicht mehr ist, verstummt der
Lobgesang; / nur der Lebende und Gesunde
preist den Herrn.
29 Wie groß ist das Erbarmen des Herrn / und
seine Nachsicht gegen alle, die umkehren zu
ihm.
30 Denn nicht wie Gott ist der Mensch, / Gottes
Gedanken sind nicht wie die Gedanken der Men-
schen.
31 Was ist heller als die Sonne? / Und selbst sie
verfinstert sich; / so ist auch das Begehren von
Fleisch und Blut böse.
32 Das Heer in der Höhe zieht er zur Rechen-
schaft, / erst recht die Menschen, die nur Staub
und Asche sind.

Die Größe Gottes

18 Der Herr, der in Ewigkeit lebt, hat alles
insgesamt erschaffen, / der Herr allein er-
weist sich als gerecht.
4 Keiner vermag seine Werke zu verkünden. /
Wer ergründet seine großen Taten?
5 Wer kann seine gewaltige Größe beschreiben /
und seine großen Taten aufzählen bis zum Ende?
6 Man kann nichts wegnehmen und nichts hin-
zutun, / unmöglich ist es, die Wunder des Herrn
zu ergründen.
7 Ist der Mensch am Ende angelangt, / steht er
noch am Anfang, / wenn er es aufgibt, ist er ratlos.
8 Was ist der Mensch, und wozu nützt er? / Was
ist gut an ihm, und was ist schlecht?
9 Das Leben eines Menschen dauert / höchstens
hundert Jahre.
10 Wie ein Wassertropfen im Meer und wie ein
Körnchen im Sand, / so verhalten sich die weni-
gen Jahre zu der Zeit der Ewigkeit.
11 Darum hat der Herr mit ihnen Geduld, / und
er gießt über sie sein Erbarmen aus.
12 Er sieht und weiß, daß ihr Ende schlimm ist; /
darum hat er so viel Nachsicht mit ihnen.
13 Das Erbarmen des Menschen gilt nur seinem
Nächsten, / das Erbarmen des Herrn allen Men-
schen.
Er weist zurecht, erzieht und belehrt / und führt
wie ein Hirt seine Herde zurück.
14 Glücklich alle, die auf sein Erbarmen hoffen /
und seine Gebote annehmen.

Verschiedene Mahnungen und Warnungen: 18,15–24,34

Das Verhalten des Weisen

15 Mein Sohn, bring keinen Makel auf deine Wohl-
taten, / und füg zu keiner Gabe kränkende Worte!
16 Vertreibt nicht der Tau die Hitze? / So ist das
Wort mehr als die Gabe.
17 Ist das Wort nicht mehr wert als die Gabe? /
Dem Gütigen steht beides wohl an.
18 Der Tor schmäht in liebloser Weise, / die Gabe
des Geizigen macht die Augen traurig.
19 Bevor du redest, unterrichte dich, / und ehe du
krank wirst, sorge für die Gesundheit!
20 Noch vor dem Gericht erforsche dich selbst, /
dann wird dir in der Stunde der Prüfung verzie-
hen.

21 Demütige dich, ehe du zu Fall kommst; / zur Zeit der Sünde laß Umkehr erkennen!

22 Säume nicht, ein Gelübde rechtzeitig einzulösen, / warte nicht bis zum Tod, um davon frei zu werden.

23 Ehe du gelobst, überdenk dein Gelübde, / sei nicht wie einer, der den Herrn versucht.

24 Denk an den Zorn am Ende der Tage, / an die Zeit der Vergeltung, wenn er sein Gesicht abwendet.

25 Denk zur Zeit des Überflusses an die Zeit des Hungers, / in den Tagen des Reichtums an Armut und Not!

26 Vom Morgen zum Abend wechselt die Zeit, / alles eilt dahin vor dem Herrn.

27 Ein Weiser nimmt sich immer in acht, / in Zeiten der Sünde hütet er sich vor Verfehlung.

28 Jeder Verständige soll Weisheit lehren; / wer sie gefunden hat, soll ihr Lob verkünden.

29 Wer klug zu reden vermag, ist selbst ein Weisheitslehrer / und trägt in Bescheidenheit seine Sinnsprüche vor.

Die Beherrschung der Begierden

30 Folg nicht deinen Begierden, / von deinen Gelüsten halte dich fern!

31 Wenn du erfüllst, was deine Seele begehrt, / erfüllst du das Begehren deines Feindes.

32 Freu dich nicht über ein wenig Lust; / doppelt so schwer wird dann die Armut sein.

33 Sei kein Fresser und Säufer; / denn sonst bleibt nichts im Beutel.

19 Wer das tut, wird niemals reich, / wer das Wenige geringschätzt, richtet sich zugrunde.

2 Wein und Weiber machen das Herz zügellos; / wer sich an Dirnen hängt, wird frech.

3 [Moder und Würmer nehmen ihn in Besitz, / freche Gier richtet den zugrunde, über den sie herrscht.]

4 Wer schnell vertraut, ist leichtfertig, / wer sündigt, verfehlt sich gegen sich selbst.

5 Wer sich über eine Schlechtigkeit freut, wird selbst verachtet, / [wer den Lüsten widerstrebt, krönt sein Leben.

6 Wer seine Zunge beherrscht, lebt ohne Streit;] / wer Gerede verbreitet, dem fehlt es an Verstand.

7 Verbreite niemals ein Gerede, / dann wird auch dich niemand schmähen.

8 Rede weder über Freund noch Feind; / wenn du einen Freund hast, enthülle nichts über ihn!

9 Denn wer dich hört, wird sich vor dir hüten / und dir zur gegebenen Zeit seinen Groll zeigen.

10 Hast du etwas gehört, so sterbe es in dir; / sei unbesorgt, es wird dich nicht zerreißen.

11 Um eines Wortes willen kommt der Tor in Wehen / wie eine Gebärende durch ihre Leibesfrucht.

12 Wie ein Pfeil im Schenkel sitzt, / so steckt das Wort im Leib des Toren.

13 Stell den Freund zur Rede, ob er etwas getan hat, / und wenn er es getan hat – damit er es nicht wieder tut.

14 Stell deinen Nächsten zur Rede, ob er etwas gesagt hat, / und wenn er es gesagt hat – damit er es nicht wiederholt.

15 Stell den Freund zur Rede, denn oft gibt es Verleumdung; / trau nicht jedem Wort!

16 Mancher gleitet aus, doch ohne Absicht. / Wer hätte noch nie mit seiner Zunge gesündigt?

17 Stell deinen Nächsten zur Rede, ehe du ihm Vorwürfe machst. / Gib dem Gesetz des Höchsten Raum!

Rechte und falsche Klugheit

20 Alle Weisheit ist Furcht vor dem Herrn; / in jeder Weisheit liegt Erfüllung des Gesetzes.

22 Schlechtes zu kennen ist keine Weisheit, / der Rat der Sünder ist keine Klugheit.

23 Es gibt eine Schläue, die ein Greuel ist, / und es gibt Einfältige, die nichts Schlechtes tun.

24 Besser ist es, arm an Klugheit und gottesfürchtig zu sein, / als reich an Einsicht, aber das Gesetz zu übertreten.

25 Es gibt eine listige Schläue, doch sie ist ungerecht; / mancher verstellt sich, um Rechtschaffenheit vorzutäuschen.

26 Mancher geht gebeugt und traurig einher, / doch sein Inneres ist voll Tücke.

27 Er schlägt den Blick nieder und stellt sich taub; / wo er nicht durchschaut wird, tritt er gegen dich auf.

28 Wenn ihm die Kraft fehlt, Unrecht zu tun, / tut er doch Böses, sobald er Gelegenheit findet.

29 Am Aussehen erkennt man den Menschen, / am Gesichtsausdruck erkennt ihn der Weise.

30 Die Kleidung des Menschen offenbart sein Verhalten, / die Schritte des Menschen zeigen, was an ihm ist.

Das rechtzeitige Reden und Schweigen

20 Manche Ermahnung geschieht zur Unzeit; / mancher schweigt, und der ist weise.
2 Keinen Dank erntet, wer den Zornigen zurechtweist;
3 wer Lob erteilt, bleibt vor Schimpf bewahrt.
4 Wie ein Entmannter, der bei einem Mädchen liegt, / ist einer, der mit Gewalt das Recht durchsetzen will.
5 Mancher schweigt und gilt als weise, / mancher wird trotz vielen Redens verachtet.
6 Mancher schweigt, weil er keine Antwort weiß, / mancher schweigt, weil er die rechte Zeit beachtet.
7 Der Weise schweigt bis zur rechten Zeit, / der Tor aber achtet nicht auf die rechte Zeit.
8 Wer viele Worte macht, wird zum Ekel, / der Anmaßende wird gehaßt.
9 Mancher Erfolg wird dem Menschen zum Schaden, / mancher Gewinn wird zum Verlust.
10 Es gibt Geschenke, von denen man nichts hat, / es gibt Geschenke, die man doppelt vergüten muß.
11 Es gibt Demütigung um der Ehre willen; / mancher erhob sein Haupt aus der Erniedrigung.
12 Mancher kauft vieles billig ein / und muß es doch siebenfach bezahlen.
13 Wer klug zu reden weiß, macht sich beliebt, / die Liebenswürdigkeit der Toren ist umsonst.
14 Vom Geschenk eines Toren hast du nichts, / denn sieben Augen hat er, nicht nur eines.
15 Er gibt wenig und schimpft viel, / er reißt den Mund auf wie ein Ausrufer.
Heute leiht er, morgen fordert er zurück; / solch ein Mensch ist verhaßt.
16 Der Tor sagt: Ich habe keinen Freund, / meine Wohltaten finden keinen Dank.
17 Alle, die sein Brot essen, haben böse Zungen: / Wie oft und wie viel verlachen sie ihn!
18 Besser ein Fehltritt auf dem Boden als ein Fehltritt durch die Zunge; / so schnell wird auch der Sturz der Bösen kommen.
19 Ein Wort zur Unzeit ist ein Braten ohne Salz, / im Mund des Ungebildeten findet es sich dauernd.
20 Ein Sinnspruch aus dem Mund des Toren wird verachtet, / denn er spricht ihn nicht zur rechten Zeit.
21 Mancher sündigt nicht, obwohl er arm ist; / er läßt sich in seiner Ruhe nicht stören.
22 Mancher richtet aus Scham sich selbst zugrunde; / weil er (seine Not) verbirgt, geht er unter.
23 Mancher gibt aus Scham dem Freund Versprechen / und macht ihn sich ohne Grund zum Feind.
24 Ein schlimmer Schandfleck am Menschen ist die Lüge; / im Mund des Ungebildeten findet sie sich dauernd.
25 Besser ein Dieb als einer, der immer nur lügt; / beide aber werden zugrunde gehen.
26 Das Ende des Lügners ist Schmach, / immerfort haftet seine Schande an ihm.

Verschiedene Sprichwörter

27 Wer weise ist im Reden, kommt voran, / ein kluger Mann ist bei den Machthabern beliebt.
28 Wer das Land bebaut, schichtet hohe Garbenstöße auf; / wer den Machthabern gefällt, kann manches Unrecht gutmachen.
29 Geschenke und Gaben blenden die Augen der Weisen, / wie ein Zügel im Maul lenken sie Vorwürfe ab.
30 Verborgene Weisheit und versteckter Schatz: / was nützen sie beide?
31 Besser einer, der seine Torheit verbirgt, / als einer, der seine Weisheit verbirgt.

Die Grundlehre des Weisen

21 Mein Sohn, hast du gesündigt, tu es nicht wieder, / und bete wegen deiner früheren Sünden!
2 Flieh vor der Sünde wie vor der Schlange; / kommst du ihr zu nahe, so beißt sie dich.
Löwenzähne sind ihre Zähne, / sie rauben den Menschen das Leben.
3 Wie ein zweischneidiges Schwert ist jedes Unrecht; / für die Wunde, die es schlägt, gibt es keine Heilung.
4 Gewalttat und Hochmut verwüsten den Wohlstand, / das Haus des Übermütigen stürzt ein.
5 Das Gebet aus dem Mund des Armen dringt zu den Ohren Gottes, / und rasch kommt Gottes Gericht.
6 Wer Ermahnung haßt, folgt der Spur des Sünders; / wer den Herrn fürchtet, nimmt sie sich zu Herzen.
7 Von weitem erkennt man den Schwätzer; / der Erfahrene merkt es, wenn jener entgleist.

8 Baut einer sein Haus mit fremdem Geld, / sam-
melt er Steine für einen Schutthaufen.
9 Ein Bündel Werg ist die Versammlung der
Ruchlosen, / ihr Ende ist die Feuerflamme.
10 Der Weg der Sünder ist frei von Steinen; / doch
sein Ende ist die Tiefe der Unterwelt.

Der Weise und der Tor

11 Wer das Gesetz befolgt, beherrscht seinen Trieb, /
und Gottesfurcht ist vollendete Weisheit.
12 Der Unkluge läßt sich nicht erziehen; / doch
es gibt auch Klugheit, die viel Bitterkeit einträgt.
13 Das Wissen des Weisen schwillt an wie ein
Bach, / wie ein lebendiger Quell ist sein Rat.
14 Das Herz des Toren ist wie eine geborstene Zi-
sterne: / Es hält keine Weisheit fest.
15 Hört der Verständige ein weises Wort, / lobt er
es und fügt andere hinzu.
Hört es der Leichtfertige, lacht er darüber, / er
wirft es weit hinter sich.
16 Das Gespräch des Toren ist wie eine Last auf
der Reise, / doch auf den Lippen des Verständigen
findet sich Anmut.
17 Die Rede des Weisen begehrt man in der Ver-
sammlung, / und seine Worte überdenkt man im
Herzen.
18 Wie ein Gefängnis ist dem Toren die Weisheit, /
Erkenntnis ist dem Unverständigen wie eine
Fessel.
19 Wie Ketten an den Füßen ist dem Unvernünf-
tigen die Zucht / und wie Handschellen an der
rechten Hand.
20 Der Tor lacht mit lauter Stimme, / der Kluge
aber lächelt kaum leise.
21 Wie ein goldener Schmuck ist dem Weisen
die Zucht / und wie eine Spange am rechten
Arm.
22 Der Fuß des Toren eilt rasch ins Haus, / der Be-
sonnene aber wartet bescheiden.
23 Der Tor blickt durch die Tür ins Haus hinein, /
der Wohlerzogene bleibt draußen stehen.
24 Ungezogen ist es, an der Tür zu horchen, / der
Verständige aber verschließt seine Ohren.
25 Die Lippen der Frevler erzählen ihre eigene
Torheit, / die Worte der Verständigen sind wohl-
abgewogen.
26 Die Toren haben ihr Herz auf der Zunge, / die
Weisen haben ihre Zunge im Herzen.
27 Verflucht der Ruchlose den Gerechten, / so
verflucht er sich selbst.
28 Sich selbst besudelt der Verleumder; / wo er
wohnt, ist er verhaßt.

22 Einem beschmutzten Stein gleicht
der Faule, / jeder ruft pfui, weil er ekel-
haft ist.
2 Einem Ballen Kot gleicht der Faule, / jeder, der
ihn berührt hat, schüttelt sich die Hand ab.

Mißratene Kinder und unbelehrbare Toren

3 Schande für den Vater ist ein mißratener Sohn, /
eine (mißratene) Tochter ist ihm zur Schmach ge-
boren.
4 Eine kluge Tochter bringt ihrem Mann Besitz
ein, / eine schändliche macht ihrem Vater Kum-
mer;
5 die trotzige bereitet dem Vater und dem Gatten
Schande, / von beiden wird sie verachtet.
6 Wie Musik zur Trauer ist eine Rede zur
falschen Zeit, / Schläge und Zucht aber zeugen
stets von Weisheit.
9 Wer einen Toren belehrt, leimt Scherben zu-
sammen, / er sucht einen Schlafenden aus tiefem
Schlummer zu wecken.
10 Wer mit einem Toren redet, redet einen Schla-
fenden an; / schließlich fragt dieser: Was ist
denn?
11 Über einen Toten weine, / denn das Lebens-
licht erlosch ihm;
über einen Toren weine, / denn die Einsicht er-
losch ihm.
Weniger weine über einen Toten, denn er ruht
aus; / das schlechte Leben des Toren ist schlim-
mer als der Tod.
12 Die Trauer um den Toten währt sieben Tage, /
die um den Toren und Ruchlosen alle Tage seines
Lebens.
13 Mit einem Unvernünftigen mach nicht viele
Worte, / und geh nicht mit einem Schwein!
Hüte dich vor ihm, damit du dich nicht zu ärgern
brauchst / und nicht besudelt wirst, wenn es sich
schüttelt.
Geh ihm aus dem Weg, und du wirst Ruhe fin-
den / und keinen Verdruß haben mit seinem Un-
verstand.
14 Was ist schwerer als Blei? / Wie könnte es an-
ders heißen als: der Tor?
15 Sand, Salz und Eisenblöcke / sind leichter zu
tragen als ein unvernünftiger Mensch.
16 Holzgebälk, eingelassen ins Mauerwerk, / löst
sich bei keiner Erschütterung:

So ist ein Herz, gestützt auf überlegten Rat; / zu
keiner Zeit verzagt es.
17 Ein Herz, das auf kluge Überlegung gegründet
ist, / ist (fest) wie Sandverputz an glatter Mauer.
18 Steinchen, die obenauf liegen, / halten dem
Wind nicht stand:
So ist ein feiges Herz mit törichter Gesinnung: /
Vor keinem Schrecken hält es stand.

Die Treue des Weisen

19 Wer ins Auge stößt, treibt Tränen heraus; / wer
ins Herz stößt, treibt Freundschaft hinaus.
20 Wer mit Steinen nach Vögeln wirft, verscheucht sie; / wer den Freund beschimpft, vertreibt die Freundschaft.
21 Hast du gegen den Freund das Schwert gezogen, / verzweifle nicht: Es gibt einen Rückweg.
22 Hast du den Mund aufgetan gegen den
Freund, / verzage nicht: Es gibt eine Versöhnung.
Doch bei Beschimpfung, Geheimnisverrat und
tückischem Schlag entflieht jeder Freund.
23 Halte dem Nächsten in der Armut die Treue, /
dann kannst du mit ihm auch sein Glück genießen.
Halte bei ihm aus in der Zeit der Not, / dann hast
du auch Anteil an seinem Besitz.
24 Dem Feuer gehen Rauch und Qualm voraus, /
ebenso dem Blutvergießen Streitereien.
25 Ist dein Freund verarmt, beschäme ihn nicht, /
und versteck dich nicht vor ihm!
26 Hast du einen Freund, plaudere von ihm
nichts aus, / sonst wird sich jeder, der dich hört,
vor dir hüten.

Gebet um Selbstbeherrschung

27 Wer setzt eine Wache vor meinen Mund, / vor
meine Lippen ein kunstvolles Siegel,
damit ich durch sie nicht zu Fall komme / und
meine Zunge mich nicht ins Verderben stürzt?
23 Herr, Vater und Gebieter meines Lebens,
/ bring mich durch sie nicht zu Fall!
2 Wer hält eine Peitsche bereit für mein Denken /
und eine Zuchtrute für mein Herz,
um ihre Vergehen nicht zu schonen / und ihnen
keine Sünden zu gestatten,
3 damit meine Fehler sich nicht mehren, / meine
Sünden sich nicht häufen / und ich nicht zu Fall
komme vor meinen Feinden, / so daß mein Gegner sich über mich freuen könnte?
4 Herr, Vater und Gott meines Lebens, / überlaß
mich nicht ihrem Plan!
5 Übermütige Augen gib mir nicht, / halte fern
von mir die Begierde!
6 Unzucht und Sinnenlust sollen mich nicht ergreifen, / schamloser Gier gib mich nicht preis!

Eine Unterweisung über das Reden

7 Ihr Söhne, vernehmt die Unterweisung über das
Reden; / wer sie beachtet, verfehlt sich nicht.
8 Durch seine Lippen verstrickt sich der Sünder, /
Lästerer und Stolze stürzen durch sie.
9 Gewöhn deinen Mund nicht ans Schwören, /
den Namen des Heiligen zu nennen, gewöhn dir
nicht an!
10 Wie ein Sklave, der dauernd straffällig wird, /
von Striemen nie frei bleibt, / so bleibt von Sünde
nicht rein, / wer immerfort schwört und Gottes
Namen ausspricht.
11 Ein Mensch, der viel schwört, häuft Schuld auf
sich, / die Strafrute weicht nicht von seinem Haus.
Verfehlt er sich unbedacht, / lastet seine Sünde
auf ihm;
übersieht er den Schwur, sündigt er doppelt, /
schwört er falsch, bleibt er nicht ungestraft; / ja,
sein Haus wird von Leiden erfüllt.
12 Es gibt ein Reden, das der Pest vergleichbar
ist; / möge es sich im Erbland Jakobs nicht finden.
Den Frommen liegt dies alles fern, / sie wälzen
sich nicht in Sünden.
13 Gewöhn deinen Mund nicht an Zuchtlosigkeit; / denn es kommt dabei zu sündhaften Reden.
14 Denk an Vater und Mutter, / wenn du im Kreis
der Großen sitzt, / damit du bei ihnen keinen Anstoß erregst / und nicht durch dein Benehmen
dich zum Toren machst / und wünschen mußt,
nicht geboren zu sein, / und den Tag deiner Geburt verfluchst.
15 Hat sich einer an schändliche Reden gewöhnt, /
nimmt er sein Leben lang keine Zucht mehr an.

Warnung vor Unzucht

16 Zwei Gruppen von Menschen häufen die Sünden, / drei ziehen den Zorn herbei:
Leidenschaftliche Begierde, sie brennt wie
Feuer / und erlischt nicht, bis sie sich verzehrt
hat;
der Mensch, der am eigenen Leib Unzucht
treibt / und nicht aufhört, bis das Feuer verglüht;
17 der Wollüstige, dem jedes Brot süß schmeckt, /
der nicht aufhört, bis er tot ist;

18 der Mensch, der Ehebruch treibt auf seinem Lager, / der bei sich denkt: Wer sieht mich?

Dunkel umgibt mich, Wände verbergen mich, / keiner sieht mich, warum sollte ich mich fürchten zu sündigen?

19 Er denkt nicht an den Höchsten, / nur die Augen der Menschen fürchtet er.

Er bedenkt nicht, daß die Augen des Herrn / zehntausendmal heller sind als die Sonne,

daß sie alle Wege des Menschen sehen / und die geheimsten Winkel durchdringen.

20 Schon ehe es geschieht, ist ihm alles bekannt, / ebenso, wenn es vollbracht ist.

21 Jener wird auf den Straßen der Stadt verurteilt; / wo er es nicht vermutet, da wird er ergriffen.

22 So auch die Frau, die ihren Mann verläßt / und von einem andern einen Erben zur Welt bringt:

23 Erstens war sie dem Gesetz des Höchsten untreu, / zweitens hat sie sich gegen ihren Gatten vergangen,

drittens hat sie in Unzucht die Ehe gebrochen / und von einem andern Kinder zur Welt gebracht.

24 Sie wird vor die Gemeinde geführt, / und ihre Kinder werden es büßen müssen.

25 Ihre Sprößlinge werden keine Wurzel treiben, / und ihre Zweige keine Frucht bringen.

26 Ihr Andenken hinterläßt sie zum Fluch, / ihre Schande wird niemals getilgt.

27 Alle Bewohner des Landes werden erkennen, / alle Nachkommen werden einsehen:

Nichts ist besser als die Furcht vor dem Herrn, / nichts süßer, als seine Gebote zu halten.

Lob der Weisheit

24 Die Weisheit lobt sich selbst, / sie rühmt sich bei ihrem Volk.

2 Sie öffnet ihren Mund in der Versammlung Gottes / und rühmt sich vor seinen Scharen:

3 Ich ging aus dem Mund des Höchsten hervor, / und wie Nebel umhüllte ich die Erde.

4 Ich wohnte in den Höhen, / auf einer Wolkensäule stand mein Thron.

5 Den Kreis des Himmels umschritt ich allein, / in der Tiefe des Abgrunds ging ich umher.

6 Über die Fluten des Meeres und über alles Land, / über alle Völker und Nationen hatte ich Macht.

7 Bei ihnen allen suchte ich einen Ort der Ruhe, / ein Volk, in dessen Land ich wohnen könnte.

8 Da gab der Schöpfer des Alls mir Befehl; / er, der mich schuf, wußte für mein Zelt eine Ruhestätte.

Er sprach: In Jakob sollst du wohnen, / in Israel sollst du deinen Erbbesitz haben.

9 Vor der Zeit, am Anfang, hat er mich erschaffen, / und bis in Ewigkeit vergehe ich nicht.

10 Ich tat vor ihm Dienst im heiligen Zelt / und wurde dann auf dem Zion eingesetzt.

11 In der Stadt, die er ebenso liebt wie mich, fand ich Ruhe, / Jerusalem wurde mein Machtbereich.

12 Ich faßte Wurzel bei einem ruhmreichen Volk, / im Eigentum des Herrn, in seinem Erbbesitz.

13 Wie eine Zeder auf dem Libanon wuchs ich empor, / wie ein wilder Ölbaum auf dem Hermongebirge.

14 Wie eine Palme in En-Gedi wuchs ich empor, / wie Oleandersträucher in Jericho,

wie ein prächtiger Ölbaum in der Schefela, / wie eine Platane am Wasser wuchs ich empor.

15 Wie Zimt und duftendes Gewürzrohr, / wie beste Myrrhe strömte ich Wohlgeruch aus,

wie Galbanum, Onyx und Stakte, / wie Weihrauchwolken im heiligen Zelt.

16 Ich breitete wie eine Terebinthe meine Zweige aus, / und meine Zweige waren voll Pracht und Anmut.

17 Wie ein Weinstock trieb ich schöne Ranken, / meine Blüten wurden zu prächtiger und reicher Frucht.

19 Kommt zu mir, die ihr mich begehrt, / sättigt euch an meinen Früchten!

20 An mich zu denken ist süßer als Honig, / mich zu besitzen ist besser als Wabenhonig. / [Mein Andenken reicht bis zu den fernsten Generationen.]

21 Wer mich genießt, den hungert noch, / wer mich trinkt, den dürstet noch.

22 Wer auf mich hört, wird nicht zuschanden, / wer mir dient, fällt nicht in Sünde. / [Wer mich ans Licht hebt, hat ewiges Leben.]

Weisheit und Gotteswort

23 Dies alles ist das Bundesbuch des höchsten Gottes, / das Gesetz, das Mose uns vorschrieb / als Erbe für die Gemeinde Jakobs.

25 Es ist voll von Weisheit, wie der Pischonfluß (voll Wasser ist), / wie der Tigris in den Tagen der ersten Ähren;

26 es strömt über von Einsicht, / ähnlich der Flut des Eufrat, / ähnlich dem Jordan in den Tagen der Ernte;

[27] es fließt von Belehrung über, ähnlich dem Nil, /
ähnlich dem Gihon in den Tagen der Weinlese.
[28] Wer als erster es erforschte, kam nicht ans
Ende, / ebensowenig ergründet es der letzte.
[29] Übervoll wie das Meer ist sein Sinn, / sein Rat
ist tiefer als der Ozean.
[30] Ich selbst war wie ein Bewässerungsgraben, /
wie ein Kanal, der hinabfließt zum Garten.
[31] Ich dachte: Ich will meinen Garten tränken, /
meine Beete bewässern.
Da wurde mir der Kanal zum Strom, / und mein
Strom wurde zum Meer.
[32] So strahle ich weiterhin Belehrung aus wie die
Morgenröte, / ich lasse sie leuchten bis in die
Ferne.
[33] Weiterhin gieße ich Lehre aus wie Propheten-
worte / und hinterlasse sie den fernsten Genera-
tionen.
[34] Seht, nicht allein für mich habe ich mich ge-
plagt, / sondern für alle, die Weisheit suchen.

Die Erfahrungen des Weisheitslehrers: 25,1–42,14

Männer und Frauen

25 Drei Dinge gefallen mir, / sie sind Gott
und den Menschen angenehm:
Eintracht unter Brüdern, Liebe zwischen
Freunden, / Mann und Frau, die einander verste-
hen.
[2] Drei Gruppen von Menschen sind mir ver-
haßt, / ihre Lebensweise verabscheue ich sehr: /
den hochmütigen Armen, / den betrügerischen
Reichen, / den ehebrecherischen Greis ohne Ver-
nunft.
[3] Hast du in der Jugend nicht gesammelt, / wie
wirst du im Alter etwas haben?
[4] Wie gut steht Hochbetagten rechtes Urteil an /
und den Alten, Rat zu wissen.
[5] Wie gut steht Hochbetagten Weisheit an, /
würdigen Männern Überlegung und Rat.
[6] Ein Ehrenkranz der Alten ist reiche Erfah-
rung, / ihr Ruhm ist die Gottesfurcht.
[7] Neun, die ich im Sinn habe, preise ich, / zehn
führe ich rühmend im Mund:
Einen Mann, der Freude hat an seinen Kindern, /
und einen, der den Sturz seiner Feinde erlebt.
[8] Wohl dem Gatten einer klugen Frau, / und der
nicht gleichsam mit einem Gespann von Ochs
und Esel pflügen muß.
Wohl dem, der nicht durch seine Zunge zu Fall
kommt / und der keinem dienen muß, der unter
ihm steht.
[9] Wohl dem, der einen Freund fand / und der zu
Ohren sprechen darf, die hören.
[10] Wie groß ist einer, der Weisheit fand; / doch
keiner übertrifft den Gottesfürchtigen.
[11] Die Furcht vor dem Herrn überragt alles; / wer
an ihr festhält, ist mit niemand vergleichbar.
[13] Jede Wunde, nur keine Herzenswunde; / jede
Bosheit, nur keine Frauenbosheit.
[14] Jedes Ungemach, nur kein Ungemach durch
die zurückgesetzte Frau, / jede Rache, nur keine
Rache durch die Nebenfrau.
[15] Kein Gift ist schlimmer als Schlangengift, /
kein Zorn schlimmer als Frauenzorn.
[16] Lieber mit einem Löwen oder Drachen zusam-
menhausen, / als bei einer bösen Frau wohnen.
[17] Die Schlechtigkeit einer Frau macht ihr Ausse-
hen düster / und verfinstert ihr Gesicht wie das
einer Bärin.
[18] Sitzt ihr Mann im Freundeskreis, / muß er
unwillkürlich seufzen.
[19] Kaum eine Bosheit ist wie Frauenbosheit; /
das Los des Sünders treffe auf sie.
[20] Wie ein sandiger Aufstieg für die Füße eines
Greises / ist eine zungenfertige Frau für einen stil-
len Mann.
[21] Fall nicht herein auf die Schönheit einer Frau, /
begehre nicht, was sie besitzt.
[22] Denn harte Knechtschaft und Schande ist es, /
wenn eine Frau ihren Mann ernährt.
[23] Bedrücktes Herz und düsteres Gesicht / und
ein wundes Herz: eine böse Frau;
schlaffe Hände und zitternde Knie: / eine Frau,
die ihren Mann nicht glücklich macht.
[24] Von einer Frau nahm die Sünde ihren Anfang, /
ihretwegen müssen wir alle sterben.
[25] Gib dem Wasser keinen Abfluß / und einer
schlechten Frau keine Freiheit!
[26] Geht sie dir nicht zur Seite, / trenn sie von dei-
nem Leib!
26 Eine gute Frau – wohl ihrem Mann! /
Die Zahl seiner Jahre verdoppelt sich.

2 Eine tüchtige Frau pflegt ihren Mann; / so voll-
endet er seine Jahre in Frieden.
3 Eine gute Frau ist ein guter Besitz; / er wird
dem zuteil, der Gott fürchtet;
4 ob reich, ob arm, sein Herz ist guter Dinge, /
sein Gesicht jederzeit heiter.
5 Vor drei Dingen bangt mir das Herz, / vor vie-
ren befällt mich die Furcht:
Gerede in der Stadt, Auflauf der Massen und Ver-
leumdung – / schlimmer sind sie alle als der Tod.
6 Eine eifersüchtige Frau bringt Kummer und Be-
trübnis, / die Geißel der Zunge ist allen (vieren)
gemeinsam.
7 Ein scheuerndes Ochsenjoch ist eine böse
Frau; / wer sie nimmt, faßt einen Skorpion an.
8 Großer Verdruß ist eine trunksüchtige Frau; /
sie kann ihre Schande nicht verbergen.
9 Die lüsterne Frau verrät sich durch ihren Au-
genaufschlag, / an ihren Wimpern wird sie er-
kannt.
10 Gegen eine Schamlose verstärke die Wache, /
damit sie keine Gelegenheit findet und ausnützt.
11 Auf eine Frau mit frechem Blick gib acht; / sei
nicht überrascht, wenn sie dir untreu wird.
12 Wie ein durstiger Wanderer den Mund auftut
und vom ersten besten Wasser trinkt, / so läßt sie
sich vor jedem Pfahl nieder und öffnet den Köcher
vor dem Pfeil.
13 Die Anmut der Frau entzückt ihren Mann, /
ihre Klugheit erfrischt seine Glieder.
14 Eine Gottesgabe ist eine schweigsame Frau, /
unbezahlbar ist eine Frau mit guter Erziehung.
15 Anmut über Anmut ist eine schamhafte Frau; /
kein Preis wiegt eine auf, die sich selbst beherrscht.
16 Wie die Sonne aufstrahlt in den höchsten
Höhen, / so die Schönheit einer guten Frau als
Schmuck ihres Hauses.
17 Wie die Lampe auf dem heiligen Leuchter
scheint, / so ein schönes Gesicht auf einer edlen
Gestalt.
18 Wie goldene Säulen auf silbernem Sockel /
sind schlanke Beine auf wohlgeformten Füßen.
19 [Mein Sohn, bewahre die Blüte deiner Jugend
gesund, / gib deine Kraft nicht Fremden hin!
20 Hast du auf dem ganzen Feld einen fruchtba-
ren Acker ausgesucht, / streu getrost deine Saat
aus zur Fortpflanzung deines Geschlechts!
21 Dann werden deine Kinder dich umgeben, /
sie werden groß werden im Vertrauen auf das
edle Geschlecht.
22 Eine käufliche Frau ist dem Auswurf gleichzu-
achten, / eine Verheiratete ist für ihre Liebhaber
wie ein Turm des Todes.
23 Eine ruchlose Frau wird dem Frevler zuteil, /
eine fromme erhält, wer den Herrn fürchtet.
24 Eine schamlose Frau zerstört die Scham, / eine
anständige Frau hat Scheu auch vor dem eigenen
Mann.
25 Eine unverschämte Frau wird wie ein Hund
geachtet, / eine schamhafte fürchtet den Herrn.
26 Eine Frau, die ihren Mann ehrt, erscheint allen
als weise, / eine Frau, die ihn verachtet, wird von
allen als ruchlos erkannt.
27 Eine großsprecherische und zungenfertige
Frau / erscheint wie eine schmetternde Kriegs-
trompete.
Ein jeder Mann, der dazu schweigen [muß, /
muß sein Leben in Kriegsunruhen verbringen.]

Verschiedene Warnungen

28 Über zwei Dinge ist mein Herz betrübt, / über
drei packt mich der Zorn:
Ein vermögender Mann, der arm wird und dar-
ben muß, / und angesehene Männer, wenn sie
mißachtet werden;
wer von der Gerechtigkeit zur Sünde abweicht, /
den bestimmt der Herr für das Schwert.
29 Schwerlich bleibt ein Kaufmann frei von
Schuld; / ein Händler wird sich nicht rein halten
von Sünde.

27 Des Geldes wegen haben schon viele ge-
sündigt; / wer es anzuhäufen sucht,
schaut nicht genau hin.
2 Zwischen zwei Steine läßt sich ein Pflock
stecken; / so drängt sich zwischen Kauf und Ver-
kauf die Sünde.
3 Hältst du nicht fest an der Gottesfurcht, / stürzt
plötzlich und bald dein Haus zusammen.
4 Im Sieb bleibt, wenn man es schüttelt, der Ab-
fall zurück; / so entdeckt man die Fehler eines
Menschen, wenn man über ihn nachdenkt.
5 Töpferware wird nach der Brennhitze des
Ofens eingeschätzt, / ebenso der Mensch nach
dem Urteil, das man über ihn fällt.
6 Der Art des Baumes entspricht seine Frucht; /
so wird ein jeder nach seiner Gesinnung beurteilt.
7 Lobe keinen Menschen, ehe du ihn beurteilt
hast; / denn das ist die Prüfung für jeden.
8 Strebst du nach Gerechtigkeit, so erlangst du
sie, / wie ein Prachtgewand kannst du sie anlegen.

9 Vögel lassen sich bei ihresgleichen nieder; /
Treue kommt zu denen, die sie üben.
10 Der Löwe lauert auf Beute; / so auch die Sünde
auf alle, die Unrecht tun.
11 Die Rede des Frommen ist immer klug, / der
Tor aber ändert sich wie der Mond.
12 Im Kreis von Toren schau auf die Zeit, / im
Kreis von Verständigen aber verweile!
13 Die Rede der Toren ist abscheulich, / ihr La-
chen schwelgt in sündhafter Lust.
14 Beim Gerede dessen, der viel schwört, sträu-
ben sich die Haare, / bei seinem Gezänk hält man
sich die Ohren zu.
15 Zu Blutvergießen führt der Streit der Über-
mütigen, / ihr Schimpfen ist unerträglich.

Die Lauterkeit und die Wahrhaftigkeit

16 Wer Geheimes verrät, zerstört das Vertrauen, /
er findet keinen Freund, der zu ihm steht.
17 Liebe den Freund, und sei ihm treu! / Hast du
aber seine Geheimnisse verraten, / brauchst du
ihm nicht mehr nachzugehen.
18 Denn wie ein Mensch, der seinen Besitz ver-
tan hat, / so hast du die Freundschaft des Gefähr-
ten vertan.
19 Und wie man einen Vogel aus der Hand weg-
fliegen läßt, / so hast du den Freund weggehen
lassen / und fängst ihn nie wieder ein.
20 Lauf ihm nicht nach, denn er ist schon zu
weit, / wie eine Gazelle aus der Schlinge ist er
entflohen.
21 Eine Wunde läßt sich verbinden, ein Streit bei-
legen, / doch wer ein Geheimnis verrät, hat keine
Hoffnung.
22 Wer mit dem Auge zwinkert, plant Böses, /
wer einen solchen Menschen sieht, / hält sich
von ihm fern.
23 Ins Gesicht hinein macht er dir schöne Worte /
und bewundert deine Reden;
nachher aber dreht er seine Worte um / und
bringt dich durch deine eigenen Worte zu Fall.
24 Vieles ist mir verhaßt, aber nichts so wie er; /
auch der Herr wird ihn hassen.
25 Wer einen Stein hochwirft, auf den fällt er
zurück, / wer hinterlistig schlägt, verwundet sich
selbst.
26 Wer eine Grube gräbt, fällt selbst hinein, / wer
eine Schlinge legt, verfängt sich in ihr.
27 Wer Unrecht tut, auf den rollt es zurück, / und
er weiß nicht, woher es ihm kommt.
28 Spott und Schimpf treffen den Übermütigen, /
wie ein Löwe lauert die Rache auf ihn.
29 Schlingen und Netze fangen die, die sie ma-
chen, / und lassen sie nicht los bis zum Tag ihres
Todes.
30 Groll und Zorn, auch diese sind abscheulich, /
nur der Sünder hält daran fest.

Zwietracht und Vergebung

28 Wer sich rächt, an dem rächt sich der
Herr; / dessen Sünden behält er im Ge-
dächtnis.
2 Vergib deinem Nächsten das Unrecht, / dann
werden dir, wenn du betest, auch deine Sünden
vergeben.
3 Der Mensch verharrt im Zorn gegen den an-
dern, / vom Herrn aber sucht er Heilung zu er-
langen?
4 Mit seinesgleichen hat er kein Erbarmen, /
aber wegen seiner eigenen Sünden bittet er um
Gnade?
5 Obwohl er nur ein Wesen aus Fleisch ist, ver-
harrt er im Groll, / wer wird da seine Sünden ver-
geben?
6 Denk an das Ende, laß ab von der Feindschaft, /
denk an Untergang und Tod, / und bleib den Ge-
boten treu!
7 Denk an die Gebote, und grolle dem Nächsten
nicht, / denk an den Bund des Höchsten, und ver-
zeih die Schuld!
8 Bleib fern dem Streit, dann verringerst du die
Zahl der Sünden; / denn ein jähzorniger Mensch
entfacht Streit.
9 Ein sündiger Mensch bringt Freunde durchein-
ander, / zwischen friedliche Leute schleudert er
Zwietracht.
10 Je nach dem Brennstoff flammt das Feuer auf, /
je nach dem Einfluß wächst der Streit.
Je nach der Macht eines Menschen wütet sein
Zorn, / je nach dem Reichtum steigert er seine
Wut.
11 Ein schneller Funke entzündet das Feuer, / ein
schneller Streit führt zu Blutvergießen.
12 Bläst du den Funken an, flammt er auf; /
spuckst du darauf, so erlischt er: / Beides kommt
aus deinem Mund.
13 Der Verleumder sei verflucht; / viele, die fried-
lich lebten, hat er zugrunde gerichtet.
14 Der Verleumder hat schon viele zum Wanken
gebracht / und sie von Volk zu Volk getrieben;

feste Städte hat er zerstört, / Paläste von Großen
umgestürzt.
15 Der Verleumder hat tüchtige Frauen wegge-
jagt / und sie des Ertrags ihrer Mühen beraubt.
16 Wer auf ihn achtet, findet keine Ruhe, / er
kann nicht in Frieden wohnen.
17 Peitschenhieb schlägt Striemen, / Zungenhieb
zerbricht Knochen.
18 Viele sind gefallen durch ein scharfes
Schwert, / noch viel mehr sind gefallen durch
die Zunge.
19 Wohl dem, der vor ihr geschützt ist / und ihrer
Wut nicht anheimfällt,
der nicht ihr Joch ziehen muß, / nicht an ihre
Stricke gebunden ist.
20 Denn ihr Joch ist ein eisernes Joch, / ihre
Stricke sind eherne Stricke.
21 Der Tod durch sie ist ein schlimmer Tod, / bes-
ser als sie ist die Unterwelt.
22 Keine Macht hat sie über Fromme, / sie wer-
den nicht versengt durch ihre Flamme.
23 Wer den Herrn verläßt, verfällt ihr, / sie flammt
an ihm auf und erlischt nicht mehr.
Sie stürzt sich auf ihn wie ein Löwe, / wie ein
Panther zerreißt sie ihn.
24 Schau, deinen Weinberg umzäunst du mit Dor-
nen, / mach auch Tür und Riegel an deinen Mund!
25 Dein Silber und Gold verwahrst du abgewo-
gen, / mach auch für deine Worte Waage und Ge-
wicht!
26 Hüte dich, daß du durch sie nicht strauchelst /
und nicht zu Fall kommst vor den Augen dessen,
der darauf lauert.

Borgen und Bürgen

29 Wer dem Nächsten borgt, erweist Liebe, /
wer ihm unter die Arme greift, erfüllt die
Gebote.
2 Borge dem Nächsten, wenn er in Not ist, /
doch gib dem Nächsten auch zurück zur rechten
Zeit!
3 Halte dein Wort, und sei treu gegen ihn, / dann
bekommst du stets, was du nötig hast.
4 Viele Schuldner bitten um ein Darlehen, / doch
dann verärgern sie ihre Helfer.
5 Bis er etwas bekommt, küßt er dem andern die
Hand / und redet mit ihm unterwürfig wegen sei-
nes Geldes.
Am Tag der Rückzahlung aber enttäuscht er
ihn, / weil er erst nach langer Zeit zurückerstattet.
6 Ist er auch zahlungsfähig, bringt er kaum die
Hälfte / und betrachtet es wie einen Fund;
ist er es nicht, bringt er ihn um sein Geld / und
macht sich ihn leichtfertig zum Feind.
Fluchen und Schimpfen zahlt er ihm zurück, /
statt mit Ehre vergilt er mit Schmach.
7 Viele sind nicht aus Härte zurückhaltend, / sie
fürchten nur unnötigen Ärger.
8 Hab dennoch Geduld mit dem Bedürftigen, /
und laß ihn nicht auf die Wohltat warten!
9 Um des Gebotes willen nimm dich des Ar-
men an, / laß ihn in seiner Not nicht leer wegge-
hen!
10 Setz dein Geld ein für den Bruder und Freund, /
laß es nicht rosten unter dem Stein, bis es verdirbt.
11 Leg dir einen Schatz an nach den Geboten des
Höchsten; / der wird dir mehr nützen als Gold.
12 Wohltaten verschnüre, und leg sie in deine Vor-
ratskammer, / sie werden dich retten aus allem
Unheil.
13 Besser als ein fester Schild und eineschwere
Lanze / werden sie für dich gegen den Feind strei-
ten.
14 Der gute Mensch bürgt für den Nächsten; /
nur wer die Scham verloren hat, flieht vor seinem
Bürgen.
15 Vergiß nie die Gefälligkeit des Bürgen, / gab er
doch sich selbst für dich hin.
16 Der Sünder mißachtet die Gefälligkeit des Bür-
gen, / 17 doch seinen Schöpfer mißachtet, / wer
seinen Helfer mißachtet.
18 Bürgschaft hat schon viele Vermögende zu-
grunde gerichtet, / hat sie umhergeworfen wie
eine Woge im Meer;
reiche Männer hat sie heimatlos gemacht, / so
daß sie umherirrten bei fremden Völkern.
19 Der Sünder wird in Bürgschaft verwickelt, /
wer trüben Geschäften nachjagt, fällt in Prozesse.
20 Steh für den Nächsten ein, so gut du kannst, /
doch sei auf der Hut, daß du nicht hereinfällst.

Heimat und Fremde

21 Das Wichtigste zum Leben sind Brot und Was-
ser, / Kleidung und Wohnung, um die Blöße zu
bedecken.
22 Besser das Leben eines Armen unter schüt-
zendem Dach / als köstliche Leckerbissen in der
Fremde.
23 Ob wenig oder viel, sei zufrieden, / dann hörst
du keinen Vorwurf in der Fremde.

24 Schlimm ist ein Leben von einem Haus zum
andern; / wo du fremd bist, darfst du den Mund
nicht auftun.
25 Ohne Dank reichst du Trank und Speise / und
mußt noch bittere Worte hören:
26 Komm, Fremder, deck den Tisch, / und wenn
du etwas hast, gib mir zu essen!
27 Fort, Fremder, ich habe eine Ehrenpflicht: /
Ein Bruder kam zu Gast, ich brauche das Haus.
28 Für einen Mann mit Bildung ist es hart, / ge-
schmäht zu werden, wenn man in der Fremde
lebt, / oder beschimpft zu werden wenn man ei-
nem geborgt hat.

Die Kinder

30 Wer seinen Sohn liebt, hält den Stock für
ihn bereit, / damit er später Freude erle-
ben kann.
2 Wer seinen Sohn in Zucht hält, / wird Freude
an ihm haben / und kann sich bei Bekannten sei-
ner rühmen.
3 Wer seinen Sohn unterweist, / erweckt den
Neid des Feindes, / bei seinen Freunden kann er
auf ihn stolz sein.
4 Stirbt der Vater, so ist es, als wäre er nicht tot; /
denn er hat sein Abbild hinterlassen.
5 Solange er lebt, sieht er ihn und freut sich, /
wenn er stirbt, ist er nicht betrübt:
6 Er hat seinen Feinden einen Rächer hinterlas-
sen / und seinen Freunden einen, der ihnen
dankbar ist.
7 Wer den Sohn verzärtelt, muß ihm einst die
Wunden verbinden; / dann zittert bei jedem Auf-
schrei sein Herz.
8 Ein ungebändigtes Pferd wird störrisch, / ein
zügelloser Sohn wird unberechenbar.
9 Verzärtle den Sohn, und er wird dich enttäu-
schen; / scherze mit ihm, und er wird dich be-
trüben.
10 Lach nicht mit ihm, sonst bekommst du Kum-
mer / und beißt dir am Ende die Zähne aus.
11 Laß ihn nicht den Herrn spielen in der Jugend; /
laß dir seine Bosheiten nicht gefallen!
12 Beug ihm den Kopf in Kindestagen; / schlag
ihn aufs Gesäß, solange er noch klein ist,
sonst wird er störrisch und widerspenstig gegen
dich, / und du hast Kummer mit ihm.
13 Halte deinen Sohn in Zucht, und mach ihm das
Joch schwer, / sonst überhebt er sich gegen dich
in seiner Torheit.

Gesundheit und Reichtum

14 Besser arm und gesunde Glieder / als reich und
mit Krankheit geschlagen.
15 Ein Leben in Gesundheit ist mir lieber als
Gold, / ein frohes Herz lieber als Perlen.
16 Kein Reichtum geht über den Reichtum ge-
sunder Glieder, / kein Gut über die Freude des
Herzens.
17 Besser sterben als ein unnützes Leben, / bes-
ser Ruhe für immer als dauerndes Leid.
18 Leckerbissen, einem verschlossenen Mund
dargereicht, / sind wie Opfergaben, die man vor
ein Götzenbild hinstellt;
19 was nützen sie den Götzen der Heiden, / die
nicht essen und nicht riechen können?
Ihnen gleicht einer, der Reichtum besitzt, / ihn
aber nicht genießen kann.
20 Mit den Augen erblickt er ihn und seufzt / wie
ein Entmannter, der ein Mädchen umarmt.
21 Überlaß dich nicht der Sorge, / schade dir nicht
selbst durch dein Grübeln!
22 Herzensfreude ist Leben für den Menschen, /
Frohsinn verlängert ihm die Tage.
23 Überrede dich selbst, und beschwichtige dein
Herz, / halte Verdruß von dir fern!
Denn viele tötet die Sorge, / und Verdruß hat
keinen Wert.
24 Neid und Ärger verkürzen das Leben, / Kum-
mer macht vorzeitig alt.
25 Der Schlaf des Fröhlichen wirkt wie eine
Mahlzeit, / das Essen schlägt gut bei ihm an.
31 Schlaflosigkeit wegen des Reichstums
zehrt am Fleisch, / die Sorge um ihn
nimmt der Schlummer.
2 Die Sorge um den Lebensunterhalt ver-
scheucht den Schlummer, / mehr als schwere
Krankheit vertreibt sie ihn.
3 Der Reiche müht sich ab, um ein Vermögen zu
sammeln; / ist er zur Ruhe gekommen, frönt er
dem Genuß.
4 Der Arme plagt sich und verbraucht seine
Kraft; / wenn er ruht, muß er hungern.
5 Wer das Gold liebt, bleibt nicht ungestraft, /
wer dem Geld nachjagt, versündigt sich.
6 Viele sind es, die sich vom Gold fesseln lassen, /
die ihr Vertrauen auf Perlen setzen.
7 Eine Falle ist das für den Toren, / jeder Einfäl-
tige läßt sich damit fangen.
8 Wohl dem Mann, der schuldlos befunden
wird, / der sich nicht aus Habgier versündigt.

[9] Wo gibt es den? Wir wollen ihn preisen. / Denn
Staunenswertes hat er in seinem Volk vollbracht.
[10] Wo gibt es einen, der sich in solcher Prü-
fung bewährt hat? / Das wird ihm zur Ehre ge-
reichen.
Wer konnte sündigen und sündigte nicht, / Bö-
ses tun, tat es aber nicht?
[11] Darum ist sein Glück von Dauer, / die Ge-
meinde verkündet sein Lob.

Das Benehmen bei Tisch

[12] Mein Sohn, sitzt du am Tisch eines Großen, /
dann reiß den Rachen nicht auf!
[13] Sag nicht: Es ist reichlich da. / Denk daran, wie
häßlich ein gieriges Auge ist.
Schlimmeres als das Auge hat Gott nicht er-
schaffen; / darum muß es bei jeder Gelegenheit
weinen.
[14] Wohin schon ein anderer blickt, / dahin streck
deine Hand nicht aus, / sonst triffst du mit ihm in
der Schüssel zusammen.
[15] Sorge für einen Nächsten wie für dich selbst, /
und denk an all das, was auch dir zuwider ist.
[16] Iß wie ein gesitteter Mann, was vor dir liegt, /
und sei nicht gierig, sonst verabscheut man dich.
[17] Hör als erster auf, wie es der Anstand ver-
langt, / und schlürfe nicht, sonst erregst du An-
stoß.
[18] Auch wenn du unter vielen sitzt, / streck die
Hand nicht vor dem Nachbarn aus!
[19] Hat ein wohlerzogener Mensch nicht mit we-
nig genug? / So wird es ihm in seinem Bett nicht
übel.
[20] Schmerz, Schlaflosigkeit und Qual / und Ma-
gendrücken hat der törichte Mensch.
Gesunden Schlaf hat einer, der den Magen nicht
überlädt; / steht er am Morgen auf, fühlt er sich
wohl.
[21] Hast du dich dennoch von Leckerbissen ver-
führen lassen, / steh auf, erbrich sie, und du hast
Ruhe.
[22] Höre, mein Sohn, und verachte mich nicht, /
und du wirst schließlich meine Worte begreifen.
Bei all deinem Tun sei bescheiden, / so wird
dich kein Schaden treffen.
[23] Wer bei Tisch anständig ist, wird gelobt, / sein
guter Ruf steht fest.
[24] Wer sich bei Tisch schlecht benimmt, / wird
öffentlich beschimpft, / sein schlechter Ruf steht
fest.
[25] Auch beim Wein spiele nicht den starken
Mann! / Schon viele hat der Rebensaft zu Fall ge-
bracht.
[26] Wie der Ofen das Werk des Schmiedes prüft, /
so ist der Wein eine Probe für die Zuchtlosen.
[27] Wie ein Lebenswasser ist der Wein für den
Menschen, / wenn er ihn mäßig trinkt.
Was ist das für ein Leben, wenn man keinen
Wein hat, / der doch von Anfang an zur Freude
geschaffen wurde?
[28] Frohsinn, Wonne und Lust bringt Wein, / zur
rechten Zeit und genügsam getrunken.
[29] Kopfweh, Hohn und Schimpf / bringt Wein,
getrunken in Erregung und Zorn.
[30] Zu viel Wein ist eine Falle für den Toren, / er
schwächt die Kraft und schlägt viele Wunden.
[31] Beim Weingelage nörgle nicht am Nachbarn
herum, / verspotte ihn nicht, wenn er heiter ist.
Sag zu ihm kein schmähendes Wort, / und
streite mit ihm nicht vor den Leuten!

32 Wenn du das Gastmahl leitest, überheb
dich nicht, / sei unter den Gästen wie ei-
ner von ihnen!
Sorg erst für sie, dann setz dich selbst, / trag erst
auf, was sie brauchen, dann laß dich nieder,
[2] damit du dich über sie freuen kannst, / und für
dein gutes Benehmen Beifall findest.
[3] Ergreife das Wort, alter Mann, denn dir steht es
an. / Doch schränke die Belehrung ein, / und
halte den Gesang nicht auf!
[4] Wo man singt, schenk nicht kluge Reden aus! /
Was willst du zur Unzeit den Weisen spielen?
[5] Ein Rubin an goldenem Geschmeide, / das ist
ein schönes Lied beim Weingelage.
[6] Ein Smaragdsiegel in goldener Fassung, / das
ist ein Gesang bei köstlichem Wein.
[7] Als Jüngerer ergreife das Wort nur, wenn du
mußt, / wenn man dich nachdrücklich zwei-
oder dreimal auffordert.
[8] Dräng die Worte zusammen, fasse dich kurz, /
sei wie einer, der etwas weiß, aber auch schwei-
gen kann.
[9] Im Kreis der Vornehmen überheb dich nicht, /
behellige Ältere nicht durch viele Fragen!
[10] Vor dem Hagel leuchtet der Blitz, / vor dem Be-
scheidenen leuchtet die Gunst.
[11] Wenn es Zeit ist, bleib nicht länger, / geh nach
Haus, und sei nicht ausgelassen;
[12] dort sei lustig, und überlaß dich deiner Stim-
mung, / in Gottesfurcht, nicht in Unverstand.

13 Und für all das preise deinen Schöpfer, / der
dich mit seinen Gaben erfreut hat.

Der Weise und das Gesetz Gottes

14 Wer Gott sucht, nimmt Belehrung an, / wer sich
ihm zuwendet, erhält Antwort.
15 Wer im Gesetz forscht, entdeckt seinen Wert, /
wer aber heuchelt, verfängt sich darin.
16 Wer den Herrn fürchtet, weiß, was recht ist, /
aus dem Dunkel läßt er sicheren Rat aufleuchten.
17 Der Ruchlose lehnt Zurechtweisung ab, / er
verdreht das Gesetz, wie er es braucht.
18 Der Weise verbirgt die Einsicht nicht, / der
Überhebliche und der Zuchtlose lehnen Beleh-
rung ab.
19 Tu nichts ohne Rat und Überlegung, / dann
hast du dir nach der Tat nichts vorzuwerfen.
20 Geh nicht auf einem Weg voller Fallstricke, /
dann werden deine Füße nicht anstoßen und
straucheln.
21 Fühle dich unterwegs nie sicher vor Räubern, /
22 und sei vorsichtig auf deinen Pfaden!
23 Bei all deinem Tun achte auf dich selbst; /
denn wer dies tut, beachtet das Gebot.
24 Wer das Gesetz hält, achtet auf sich selbst; /
wer auf den Herrn vertraut, wird nicht zuschan-
den.
33 Wer den Herrn fürchtet, den trifft kein
Unheil; / fällt er in Versuchung, wird er
wieder befreit.
2 Wer das Gesetz verabscheut, ist nicht weise, /
er schwankt wie ein Schiff im Sturm.
3 Ein verständiger Mann ist redekundig, / seine
Weisung ist zuverlässig wie ein Losentscheid.
4 Richte deine Rede erst zurecht, dann halte sie! /
Zuerst ein Haus zum Wohnen, dann zieh ein!
5 Wie ein Wagenrad ist das Herz des Toren, / wie
ein rollendes Rad sind seine Gedanken.
6 Wie ein geiles Roß ist ein gehässiger Freund, /
unter jedem Reiter wiehert es.

Die Rangordnung der Dinge

7 Warum unterscheidet sich ein Tag vom andern, /
wo doch alles Licht im Jahr von der Sonne kommt?
8 Durch die Weisheit des Herrn sind sie unter-
schieden, / und es gibt unter ihnen Feiertage.
9 Die einen hat er gesegnet und geheiligt, / die
andern zu gewöhnlichen Tagen gemacht.
10 Alle Menschen sind aus Lehm geformt, / aus
Staub ist der Mensch gemacht.
11 Die Weisheit des Herrn hat sie unterschieden /
und ihre Wege verschieden festgesetzt.
12 Die einen von ihnen segnete und erhöhte er /
die einen heiligte er und ließ sie sich nahekom-
men;
die andern verfluchte und erniedrigte er / und
stieß sie aus ihrem Amt.
13 Wie Ton in der Hand des Töpfers, / geformt
nach seinem Belieben,
so ist der Mensch in der Hand seines Schöp-
fers, / von ihm erhält er sein Geschick.
14 Neben dem Bösen das Gute, neben dem Leben
der Tod, / neben dem Guten der Frevler.
15 Schau hin auf alle Werke Gottes: / Alle sind sie
paarweise geschaffen, eins entspricht dem an-
dern.
16 Auch ich bin als letzter eifrig gewesen, / wie
einer, der Nachlese hält hinter den Winzern.
17 Mit Gottes Segen bin ich vorangekommen, /
wie ein Winzer habe ich die Kelter gefüllt.
18 Seht, nicht für mich allein habe ich mich
geplagt, / sondern für alle, die Bildung su-
chen.
19 Hört auf mich, ihr Großen des Volkes, / ihr Vor-
steher der Gemeinde, horcht auf!

Die Herrschaft im Haus

20 Sohn und Frau, Bruder und Freund, / laß sie
nicht herrschen über dich, solange du lebst.
21 Solange noch Leben und Atem in dir sind, /
mach dich von niemand abhängig!
Übergib keinem dein Vermögen, / sonst mußt
du ihn wieder darum bitten.
22 Besser ist es, daß deine Söhne dich bitten müs-
sen, / als daß du auf die Hände deiner Söhne
schauen mußt.
23 In allen deinen Taten behaupte dich als Herr, /
und beschmutze deine Ehre nicht!
24 Wenn deine Lebenstage gezählt sind, / an dei-
nem Todestag, verteil das Erbe!
25 Futter, Stock und Last für den Esel, / Brot,
Schläge und Arbeit für den Sklaven!
26 Gib deinem Sklaven Arbeit, sonst sucht er das
Nichtstun. / Trägt er den Kopf hoch, wird er dir
untreu.
27 Joch und Strick beugen den Nacken, / dem
schlechten Sklaven gehören Block und Folter.
28 Gib deinem Sklaven Arbeit, / damit er sich
nicht auflehnt; / 29 denn einem Müßigen fällt viel
Schlechtigkeit ein.

30 Befiehl ihn zur Arbeit, wie es ihm gebührt; / gehorcht er nicht, leg ihn in schwere Ketten!

Aber gegen keinen sei maßlos, / und tu nichts ohne gutes Recht!

31 Hast du nur einen einzigen Sklaven, / halt ihn wie dich selbst; / denn wie dich selbst hast du ihn nötig.

Hast du nur einen einzigen Sklaven, / betrachte ihn als Bruder, / wüte nicht gegen dein eigenes Blut!

32 Behandelst du ihn schlecht, / und er läuft weg und ist verschwunden, 33 wie willst du ihn wieder finden?

Leere Träume und Gottesfurcht

34 Nichtige und trügerische Hoffnung ist Sache des Toren, / und Träume regen nur Törichte auf.

2 Wie einer, der nach Schatten greift und dem Wind nachjagt, / so ist einer, der sich auf Träume verläßt.

3 Das Traumbild ist ein Spiegel, / das Abbild eines Gesichts gegenüber dem Gesicht selbst.

4 Wie kann Reines vom Unreinen kommen? / Wie kann Wahres von der Lüge kommen?

5 Wahrsagung, Zeichendeuterei und Träume sind nichtig: / Was du erhoffst, macht das Herz sich vor.

6 Sind sie nicht vom Höchsten zur Warnung gesandt, / so schenk ihnen keine Beachtung!

7 Träume haben schon viele in die Irre geführt, / weil sie ihnen vertrauten, sind sie gestrauchelt.

8 Das Gesetz wird zuverlässig in Erfüllung gehen. / Vollkommen ist Weisheit in einem ehrlichen Mund.

9 Wer viel gereist ist, hat reiches Wissen, / und der Erfahrene redet verständig.

10 Wer nichts erfahren hat, weiß wenig, / 11 der Vielgereiste nimmt zu an Klugheit.

12 Vieles habe ich auf meinen Reisen gesehen, / viele Dinge habe ich durchgestanden.

13 Oft mußte ich Todesgefahren bestehen, / aber ich wurde gerettet, und sie gingen vorüber.

14 Der Geist der Gottesfürchtigen wird leben; / 15 denn ihr Hoffen ist auf ihren Retter gerichtet.

16 Wer den Herrn fürchtet, verzagt nicht / und hat keine Angst, denn der Herr ist seine Hoffnung.

17 Wohl dem, der den Herrn fürchtet. / 18 Auf wen vertraut er, und wer ist seine Stütze?

19 Die Augen des Herrn ruhen auf denen, die ihn lieben; / er ist ein starker Schild, eine mächtige Stütze, / Schutz vor dem Glutwind, / Schatten in der Mittagshitze, / Halt vor dem Straucheln, Hilfe vor dem Fall,

20 Freude für das Herz, Licht für die Augen, / Heilung, Leben und Segen.

Opfer und Gebet

21 Ein Brandopfer von unrechtem Gut ist eine befleckte Gabe, / 22 Opfer des Bösen gefallen Gott nicht.

23 Kein Gefallen hat der Höchste an den Gaben der Sünder, / auch für eine Menge Brandopfer vergibt er die Sünden nicht.

24 Man schlachtet den Sohn vor den Augen des Vaters, / wenn man ein Opfer darbringt vom Gut der Armen.

25 Kärgliches Brot ist der Lebensunterhalt der Armen, / wer es ihnen vorenthält, ist ein Blutsauger.

26 Den Nächsten mordet, wer ihm den Unterhalt nimmt, / 27 Blut vergießt, wer dem Arbeiter den Lohn vorenthält.

28 Einer baut auf, einer reißt nieder – / was haben sie mehr davon als die Mühe?

29 Einer segnet, einer flucht – / auf wessen Stimme wird der Herr hören?

30 Reinigt sich einer von einem Toten, berührt ihn aber wieder, / was nützt ihm dann die Waschung?

31 So ist ein Mensch, der seiner Sünden wegen fastet, / aber hingeht und dasselbe wieder tut.

Wer wird sein Gebet erhören, / und was hat er von seinem Fasten?

35 Viele Opfer bringt dar, wer das Gesetz befolgt; / 2 Heilsopfer spendet, wer die Gebote hält;

3 Speiseopfer bringt dar, wer Liebe erweist; / 4 Dankopfer spendet, wer Almosen gibt:

5 Abkehr vom Bösen findet das Gefallen des Herrn: / als Sühne gilt ihm die Abkehr vom Unrecht.

6 Erscheine nicht mit leeren Händen vor dem Herrn, / 7 denn das alles muß geschehen, weil es angeordnet ist.

8 Die Opfergabe des Gerechten macht den Altar glänzend von Fett, / und ihr Wohlgeruch steigt zum Höchsten auf.

9 Das Opfer des Gerechten ist angenehm, / sein Gedenkopfer wird nicht vergessen werden.

10 Freigebig ehre den Herrn, / nicht gering sei die
Gabe in deinen Händen.
11 Bei all deinen guten Werken zeig ein frohes Ge-
sicht, / und weihe deinen Zehnten mit Freude!
12 Wie Gott dir gegeben hat, so gib auch ihm, /
freigebig und so gut, wie du kannst.
13 Denn er ist ein Gott, der vergilt, / siebenfach
wird er es dir erstatten.
14 Versuche nicht, ihn zu bestechen, / denn er
nimmt nichts an;
15 vertrau nicht auf Opfergaben, / die durch Un-
terdrückung erworben sind.
Er ist ja der Gott des Rechts, / bei ihm gibt es
keine Begünstigung.
16 Er ist nicht parteiisch gegen den Armen, / das
Flehen des Bedrängten hört er.
17 Er mißachtet nicht das Schreien der Waise /
und der Witwe, die viel zu klagen hat.
18 Rinnt nicht die Träne über die Wange, / 19 und
klagt nicht Seufzen gegen den, der sie verursacht?
[Denn von der Wange steigt sie zum Himmel
empor; / der Herr achtet darauf, und es mißfällt
ihm.]
20 Die Nöte des Unterdrückten nehmen ein
Ende, / das Schreien des Elenden verstummt.
21 Das Flehen des Armen dringt durch die Wol-
ken, / es ruht nicht, bis es am Ziel ist.
Es weicht nicht, bis Gott eingreift / 22 und Recht
schafft als gerechter Richter.

Gottes Hilfe für das Volk

Auch wird der Herr nicht säumen / und wie ein
Kriegsheld sich nicht aufhalten lassen, / bis er die
Hüften des Gewalttätigen zerschmettert
23 und an den Völkern Vergeltung geübt hat, / bis
er das Zepter des Hochmuts zerschlagen / und
den Stab des Frevels zerbrochen hat,
24 bis er dem Menschen sein Tun vergolten hat /
und seine Taten entsprechend seinen Absichten,
25 bis er den Rechtsstreit für sein Volk entschie-
den / und es durch seine Hilfe erfreut hat.
26 Köstlich ist das Erbarmen des Herrn in der Zeit
der Not, / wie die Regenwolke in der Zeit der
Dürre.

Ein Gebet um Rettung

36 Rette uns, du Gott des Alls, / 2 und wirf
deinen Schrecken auf alle Völker!
3 Schwing deine Hand gegen das fremde Volk, /
damit es deine mächtigen Taten sieht.
4 Wie du dich an uns vor ihren Augen als heilig
bezeugt hast, / so verherrliche dich an ihnen vor
unseren Augen,
5 damit sie erkennen, wie wir es erkannten: / Es
gibt keinen Gott außer dir.
6 Erneuere die Zeichen, wiederhole die Wunder, /
7 zeige die Macht deiner Hand und die Kraft deines
rechten Armes!
8 Weck deinen Zorn, ergieß deinen Groll, /
9 beuge den Gegner, wirf den Feind zu Boden!
10 Beschleunige das Ende, und schau auf die
Zeit! / Denn wer darf zu dir sagen: Was tust du?
11 Wer entkommt, der werde von der Glut deines
Zornes verzehrt, / die Peiniger deines Volkes sol-
len zugrunde gehen.
12 Bring das Haupt der Fürsten Moabs zum
Schweigen, / das sagt: Es gibt keinen außer mir.
13 Sammle alle Stämme Jakobs, / 16 verteil den
Erbbesitz wie in den Tagen der Vorzeit!
17 Hab Erbarmen mit dem Volk, das deinen Na-
men trägt, / mit Israel, den du deinen Erstgebore-
nen nanntest.
18 Hab Erbarmen mit deiner heiligen Stadt, / mit
Jerusalem, dem Ort, wo du wohnst.
19 Erfülle Zion mit deinem Glanz / und deinen
Tempel mit deiner Herrlichkeit!
20 Leg Zeugnis ab für das, was du ehedem verfügt
hast; / erfülle die Weissagung, / die in deinem
Namen ergangen ist.
21 Gib allen ihren Lohn, die auf dich hoffen, / und
bestätige so deine Propheten!
22 Erhöre das Gebet deiner Diener; / du hast
doch Gefallen an deinem Volk.
Alle Enden der Erde sollen erkennen: / Du bist
der ewige Gott.

Die kluge Wahl des Vertrauten

23 Der Hals schluckt jede Speise, / doch die eine
Speise schmeckt besser als die andere.
24 Der Gaumen prüft geschenkte Leckerbissen, /
das kluge Herz die Leckerbissen der Lüge.
25 Ein tückischer Sinn verursacht Leid, / doch ein
kluger Mann gibt es ihm zurück.
26 Eine Frau nimmt jeden beliebigen Mann, /
doch die eine Frau ist schöner als die andere.
27 Eine schöne Frau macht das Gesicht strah-
lend, / sie übertrifft alle Lust der Augen.
28 Hat sie dazu noch eine friedfertige Sprache, /
so zählt ihr Gatte nicht zu den gewöhnlichen
Menschen.

29 Wer eine Frau gewinnt, macht den besten Ge-
winn: / eine Hilfe, die ihm entspricht, eine stüt-
zende Säule.
30 Fehlt die Mauer, so wird der Weinberg verwü-
stet, / fehlt die Frau, ist einer rastlos und ruhelos.
31 Wer traut einer Horde Soldaten, / die dahin-
stürmt von Stadt zu Stadt?
So steht es mit einem Mann, der kein Heim hat: /
Er geht zur Ruhe, wo es gerade Abend wird.

37 Jeder Freund sagt: Ich bin dein Freund. /
Doch mancher Freund ist nur dem Na-
men nach Freund.
2 Ist es nicht ein tödlicher Schmerz, / wenn ein
gleichgesinnter Freund zum Feind wird?
3 Weh, treuloser Freund, wozu bist du geschaf-
fen? / Um die weite Erde mit Falschheit zu erfül-
len?
4 Übel ist ein Freund, der nur nach dem Tisch
sieht; / zur Zeit der Not hält er sich fern.
5 Ein guter Freund kämpft mit dem Feind, / er
hält den Schild gegen den Widersacher.
6 Vergiß nicht den Kampfgefährten! / Hast du
Beute gemacht, laß ihn nicht leer ausgehen!
7 Jeder Ratgeber weist mit der Hand die Rich-
tung, / doch mancher rät einen Weg zum eigenen
Vorteil.
8 Hüte dich vor dem Ratgeber! / Erforsche zuerst,
was seine Absicht ist.
Denn auch er denkt an sich selbst. / Doch
warum soll das Los ihm zufallen?
9 Er sagt zu dir: Dein Weg ist der rechte. / Dann
stellt er sich beiseite und schaut zu, wie du arm
wirst.
10 Berate dich nicht mit deinem Neider; / vor
dem, der eifersüchtig ist, verbirg Geheimes!
11 Berate dich nicht mit einer Frau über ihre Ne-
benbuhlerin, / mit einem Feind über den Kampf
gegen ihn, / mit einem Händler über das Ge-
schäft, / mit einem Käufer über die Ware, / mit ei-
nem Geizhals über die Liebestätigkeit, / mit ei-
nem Unbarmherzigen über das Glück des
Mitmenschen, / mit einem Faulen über seine Ar-
beit, / mit einem Arbeiter über die Aussaat, / mit
einem trägen Sklaven über die Menge der Arbeit.
Vertraue dich nie diesen Menschen an, / wenn
du Rat einholst.
12 Doch berate dich mit einem stets Besonne-
nen, / von dem du weißt, daß er die Gebote hält, /
mit einem, dessen Herz denkt wie dein Herz / und
der dir hilft, wenn du strauchelst.
13 Doch achte auch auf den Rat deines Gewis-
sens. / Wer ist dir treuer als dieses?
14 Das Gewissen des Menschen gibt ihm bessere
Auskunft / als sieben Wächter auf der Warte.
15 Bei alledem bete zu Gott! / Er wird in Treue
deine Schritte lenken.
16 Der Anfang eines jeden Werkes ist das Wort, /
der Anfang jeder Tat die Überlegung.
17 Die Wurzel der Pläne ist das Herz. / 18 Vier Rei-
ser wachsen daraus hervor:
Gutes und Böses, Leben und Tod. / Doch die
Zunge hat Gewalt über sie alle.
19 Es gibt Weise, die für viele weise sind, / für sich
selber aber sind sie Toren.
20 Es gibt Weise, die trotz ihres Wortes verachtet
sind, / von allen Genüssen sind sie ausgeschlos-
sen.
21 [Denn vom Herrn wurde ihm kein Huld zu-
teil, / weil ihm alle Weisheit fehlt.]
22 Es gibt Weise, die für sich selbst weise sind; /
die Frucht ihres Wissens zeigt sich an ihrem Leib.
23 Es gibt Weise, die für ihr Volk weise sind; / die
Frucht ihres Wissens ist von Dauer.
24 Wer weise ist für sich selbst, sättigt sich an Ge-
nüssen, / alle, die ihn sehen, preisen ihn glücklich.
25 [Des Menschen Leben währt zählbare Tage, /
das Leben des Volkes Israel unzählbare Tage.]
26 Wer weise ist für das Volk, erlangt Ehre, / sein
Ruhm wird dauernd weiterleben.

Krankheit und Tod

27 Mein Sohn, prüfe dich in deiner Lebensweise, /
beobachte, was dir schlecht bekommt, und meide
es!
28 Denn nicht alles ist für alle gut, / nicht jeder
kann jedes wählen.
29 Giere nicht nach jedem Genuß, / stürz dich
nicht auf alle Leckerbissen!
30 Denn im Übermaß des Essens steckt die
Krankheit, / der Unmäßige verfällt heftigem Er-
brechen.
31 Schon viele sind durch Unmäßigkeit gestor-
ben, / wer sich aber beherrscht, verlängert sein
Leben.

38 Schätze den Arzt, weil man ihn braucht; /
denn auch ihn hat Gott erschaffen.
2 Von Gott hat der Arzt die Weisheit, / vom Kö-
nig empfängt er Geschenke.
3 Das Wissen des Arztes erhöht sein Haupt, / bei
Fürsten hat er Zutritt.

4 Gott bringt aus der Erde Heilmittel hervor, / der Einsichtige verschmähe sie nicht.

5 Wurde nicht durch ein Holz das Wasser süß, / so daß Gottes Macht sich zeigte?

6 Er gab dem Menschen Einsicht, / um sich durch seine Wunderkräfte zu verherrlichen.

7 Durch Mittel beruhigt der Arzt den Schmerz, / ebenso bereitet der Salbenmischer die Arznei,

8 damit Gottes Werke nicht aufhören / und die Hilfe nicht von der Erde verschwindet.

9 Mein Sohn, bei Krankheit säume nicht, / bete zu Gott; denn er macht gesund.

10 Laß ab vom Bösen, mach deine Hände rechtschaffen, / reinige dein Herz von allen Sünden!

11 Bring den beruhigenden Duft eines Gedenkopfers dar, / mach die Gabe fett, wenn dein Vermögen es erlaubt.

12 Doch auch dem Arzt gewähre Zutritt! / Er soll nicht fernbleiben; denn auch er ist notwendig.

13 Zu gegebener Zeit liegt in seiner Hand der Erfolg; / denn auch er betet zu Gott,

14 er möge ihm die Untersuchung gelingen lassen / und die Heilung zur Erhaltung des Lebens.

15 Wer gegen seinen Schöpfer sündigt, / muß die Hilfe des Arztes in Anspruch nehmen.

16 Mein Sohn, um den Toten laß Tränen fließen, / trauere, und stimm das Klagelied an!

Bestatte seinen Leib, wie es ihm zusteht, / verbirg dich nicht bei seinem Hinscheiden!

17 Sei betrübt, mein Sohn, und überlaß dich heftiger Klage, / halte die Trauer ein, wie es ihm gebührt,

einen Tag oder zwei, der Nachrede wegen; / dann tröste dich über den Kummer hinweg!

18 Aus Kummer entsteht Unheil; / denn ein trauriges Herz bricht die Kraft.

19 Schlimmer als der Tod ist dauernder Kummer, / ein leidvolles Leben ist ein Fluch für das Herz.

20 Lenke deinen Sinn nicht mehr auf den Toten, / laß von der Erinnerung an ihn ab, / und denk an die Zukunft!

21 Denk nicht mehr an ihn; / denn es gibt für ihn keine Hoffnung. / Was kannst du ihm nützen? Dir aber schadest du.

22 Denk daran, daß seine Bestimmung auch deine Bestimmung ist: / Gestern er und heute du.

23 Wie der Tote ruht, ruhe auch die Erinnerung an ihn, / tröste dich, wenn sein Leben erloschen ist.

Aufgabe und Stellung des Schriftgelehrten

24 Die Weisheit des Schriftgelehrten vermehrt das Wissen. / Wer frei ist von Arbeit, kann sich der Weisheit widmen.

25 Wie kann sich einer der Weisheit widmen, / der den Pflug hält und mit dem Treiberstachel prahlt,

der Rinder auf die Weide treibt, Ochsen zurückholt, / sich mit den Jungstieren unterhält,

26 der seinen Sinn auf das Eggen der Furchen richtet / und darauf bedacht ist, die Mast zu vollenden?

27 Arbeiten muß auch der Handwerker und Künstler, / der Tag und Nacht beschäftigt ist,

der Siegelringe schneidet oder dessen Aufgabe es ist, / in das bunte Gewebe Abwechslung zu bringen,

der seinen Sinn auf die Wiedergabe des Musters richtet / und darauf bedacht ist, das Werk schön zu vollenden.

28 Ebenso der Schmied, der am Amboß sitzt / und auf die eisernen Geräte achtet,

dem der Hauch des Feuers das Fleisch schmelzen läßt / und den die Hitze des Ofens durchglüht,

dem der Lärm des Hammers das Ohr betäubt / und dessen Augen auf das Muster des Gerätes gebannt sind,

der seinen Sinn auf die Vollendung der Stücke richtet / und darauf bedacht ist, das fertige Werk zu verzieren.

29 Ebenso der Töpfer, der vor seiner Arbeit sitzt / und mit seinen Füßen die Scheibe dreht,

der unaufhörlich um seine Arbeit besorgt ist / und dessen ganzer Eifer der großen Anzahl gilt,

30 der mit dem Arm den Ton knetet / und ihm mit den Füßen die Zähigkeit nimmt,

der seinen Sinn auf die Vollendung der Glasur richtet / und darauf bedacht ist, den Ofen richtig zu erhitzen.

31 Sie alle verlassen sich auf ihre Hände, / und jeder ist erfahren in seinem Geschäft.

32 Ohne sie wird keine Stadt besiedelt, / und wo sie sich niederlassen, hungern sie nicht.

33 Aber zur Volksversammlung werden sie nicht hinzugezogen, / in der Gemeinde ragen sie nicht hervor.

Sie sitzen auf keinem Richterstuhl / und kennen sich nicht aus in Recht und Gesetz.

Weise Bildung offenbaren sie nicht, / Sinnsprüche sind bei ihnen nicht zu finden.

[34] Sie kennen sich nur in weltlichen Berufen
aus, / ihr Sinnen richtet sich auf die Ausübung
des Gewerbes.
Anders, wer sich der Gottesfurcht widmet / und
das Gesetz des Höchsten erforscht.

39 Die Weisheit aller Vorfahren ergründet er
/ und beschäftigt sich mit den Weissa-
gungen;
[2] er achtet auf die Reden berühmter Männer, /
und in die Tiefen der Sinnsprüche dringt er ein.
[3] Er erforscht den verborgenen Sinn der Gleich-
nisse / und verweilt über den Rätseln der Sinn-
sprüche.
[4] Im Kreis der Großen tut er Dienst / und er-
scheint vor den Fürsten;
er bereist das Land fremder Völker, / erfährt
Gutes und Böses unter den Menschen;
[5] er richtet seinen Sinn darauf, / den Herrn, sei-
nen Schöpfer, zu suchen, / und betet zum Höch-
sten;
er öffnet seinen Mund zum Gebet / und fleht
wegen seiner Sünden.
[6] Wenn Gott, der Höchste, es will, / wird er mit
dem Geist der Einsicht erfüllt:
Er bringt eigene Weisheitsworte hervor, / und
im Gebet preist er den Herrn.
[7] Er versteht sich auf Rat und Erkenntnis / und
erforscht die Geheimnisse;
[8] er trägt verständige Lehre vor, / und das Gesetz
des Herrn ist sein Ruhm.
[9] Viele loben seine Einsicht; / sie wird niemals
vergehen.
Sein Andenken wird nicht schwinden, / sein
Name lebt fort bis in ferne Geschlechter.
[10] Von seiner Weisheit erzählt die Gemeinde, /
sein Lob verkündet das versammelte Volk.
[11] Solange er lebt, wird er mehr gelobt als tausend
andere; / geht er zur Ruhe ein, genügt ihm sein
Nachruhm.

Die Einladung zum Gotteslob

[12] Weiterhin will ich mit Überlegung reden; / denn
ich bin angefüllt wie der volle Mond.
[13] Hört mich, ihr frommen Söhne, und ihr werdet
gedeihen / wie die Zeder, die am Wasserlauf
wächst.
[14] Ihr werdet Duft verströmen wie der Weih-
rauch, / ihr werdet Blüten treiben wie die Lilie.
Erhebt die Stimme, und singt im Chor, / preist
den Herrn für all seine Werke!
[15] Verherrlicht seinen Namen, / feiert ihn mit
Lobgesang, / mit Liedern zu Harfe und Saiten-
spiel!
Sprecht unter lautem Jubel: / [16] Alle Werke Got-
tes sind gut, / sie genügen zur rechten Zeit für je-
den Bedarf.
[17] Durch sein Wort stellt er das Meer hin wie ei-
nen Wall, / durch den Befehl seines Mundes sei-
nen Wasserspeicher.
[18] Was er will, geschieht ohne Verzug, / kein Hin-
dernis gibt es für seine Hilfe.
[19] Das Tun aller Menschen liegt vor ihm, / nichts
ist verborgen vor seinen Augen.
[20] Von Ewigkeit zu Ewigkeit blickt er hernie-
der. / Gibt es eine Grenze für seine Hilfe?
Nichts ist klein und gering bei ihm, / nichts ist
für ihn zu unbegreiflich und zu schwer.
[21] Man sage nicht: Wozu dies, wozu das? /
Denn alles ist für seinen besonderen Zweck be-
stimmt.
Man sage nicht: Dies ist schlechter als das. /
Denn alles ist zu seiner Zeit von Wert.
[22] Sein Segen strömt über wie der Nil, / wie der
Eufrat tränkt er den Erdkreis.
[23] So hat auch sein Zorn ganze Völker vertrie-
ben, / er hat wasserreiches Land zur Salzwüste
gemacht.
[24] Seine Pfade sind für die Rechtschaffenden
eben, / wie sie für die Verbrecher unwegsam
sind.
[25] Von Anbeginn hat er Gutes den Guten zuge-
teilt, / doch den Schlechten Gutes und Schlechtes.
[26] Das Nötigste im Leben des Menschen sind: /
Wasser, Feuer, Eisen und Salz, / kräftiger Weizen,
Milch und Honig, / Blut der Trauben, Öl und Klei-
dung.
[27] All dies dient den Guten zum Guten,/ doch
für die Schlechten verwandelt es sich in Schlech-
tes.
[28] Es gibt Winde, die für das Gericht geschaffen
sind / und durch ihr Wüten Berge versetzen.
Ihre Kraft schütten sie aus zur Zeit des Verder-
bens / und stillen den Zorn ihres Schöpfers.
[29] Feuer und Hagel, Hunger und Pest, / auch sie
sind für das Gericht erschaffen,
[30] reißende Tiere, Skorpion und Natter, / rächen-
des Schwert zur Vernichtung der Frevler:
Alle diese Dinge sind zu ihrem Zweck erschaf-
fen, / sie sind im Speicher aufbewahrt, / und zu
ihrer Zeit werden sie losgelassen.

31 Wenn er ihnen befiehlt, jauchzen sie auf, / sie
erfüllen ihren Auftrag, / ohne seinem Wort zu wi-
derstreben.
32 Darum stand es bei mir von Anfang an fest, /
ich bedachte es und lege es schriftlich nieder:
33 Alle Werke Gottes sind gut, / sie genügen zur
rechten Zeit für jeden Bedarf.
34 Man sage nicht: Dies ist schlechter als das. /
Denn alles ist zu seiner Zeit von Wert.
35 Nun jubelt von ganzem Herzen, / und preist
den Namen des Heiligen!

Das Übel in der Welt

40 Große Mühsal hat Gott den Menschen
zugeteilt,/ ein schweres Joch ihnen auf-
erlegt
von dem Tag, an dem sie aus dem Schoß ihrer
Mutter hervorgehen, / bis zum Tag ihrer Rück-
kehr zur Mutter aller Lebenden:
2 ihr Grübeln und die Angst ihres Herzens, /
der Gedanke an die Zukunft, an den Tag ihres To-
des.
3 Von dem, der auf hohem Thron sitzt, / bis zu
dem, der in Staub und Asche sitzt,
4 von dem, der Krone und Stirnreif trägt, / bis zu
dem, der ein Kleid aus Fellen trägt:
5 Zorn, Eifersucht, Sorge und Schrecken, / Todes-
angst, Zank und Streit.
Noch auf dem Bett zur Ruhezeit / verwirrt der
nächtliche Schlaf ihm den Sinn.
6 Bald wird er, nach einem Augenblick der
Ruhe, / von schrecklichen Träumen aufgejagt,
bald in die Irre getrieben durch Vorspiegelungen
seiner Seele, / wie ein Flüchtling, der dem Verfol-
ger entrinnt;
7 gerade während er sich rettet, wacht er auf /
und wundert sich über die Angst um nichts.
8 Hinzu kommt über alles Lebende, vom Men-
schen bis zum Vieh, / und über die Sünder sie-
benfach:
9 Pest und Blut, Fieber und Schwert, / Untergang
und Verderben, Hunger und Tod.
10 Für den Frevler ist das Übel erschaffen, / und
seinetwegen kommt die Vernichtung.
11 Alles, was von der Erde stammt, / kehrt zur Erde
zurück, / was aus der Höhe stammt, zur Höhe.

Der Wert der Treue

12 Jede Bestechung und Ungerechtigkeit wird aus-
gerottet, / Treue aber besteht für immer.
13 Der Reichtum des Frevlers ist wie ein reißen-
der Bach, / wie ein mächtiger Fluß beim Gewit-
terregen.
14 Schwillt er an, dann werden Felsen bewegt, /
doch plötzlich versiegt er für immer.
15 Der Schößling des Gewalttätigen treibt keinen
Sproß; / denn die Wurzel des Ruchlosen liegt auf
einem Felsenriff,
16 wie Riedgras am Bachrand, / das schneller als
jedes Gras verdorrt.
17 Liebe aber wird in Ewigkeit nicht ausgetilgt, /
Barmherzigkeit besteht für immer.

Die höchsten Güter

18 Überfluß und Verdienst machen das Leben an-
genehm, / doch mehr als beide, einen Schatz zu
finden.
19 Nachkommenschaft und Städtebau geben
dem Namen Bestand, / doch mehr als beide,
Weisheit zu finden.
Viehzucht und Ackerbau lassen den Leib
gedeihen, / doch mehr als beide eine treue
Frau.
20 Wein und Bier erfreuen das Herz, / doch mehr
als beide die Freundesliebe.
21 Flöte und Harfe verschönern das Lied, / doch
mehr als beide eine reine Stimme.
22 Anmut und Schönheit entzücken das Auge, /
doch mehr als beide die Blumen des Feldes.
23 Freund und Gefährte leiten zur rechten Zeit, /
doch mehr als beide eine verständige Frau.
24 Bruder und Helfer nützen in der Zeit der
Not, / doch mehr als beide eine rettende Liebes-
gabe.
25 Gold und Silber stützen den Fuß, / doch mehr
als beide ein guter Rat.
26 Reichtum und Macht erheben das Herz, /
doch mehr als beide die Gottesfurcht.
Hat man Gottesfurcht, so gibt es keine Not, /
neben ihr braucht man keine Stütze zu su-
chen;
27 die Gottesfurcht ist wie ein gesegnetes Para-
dies, / über seine ganze Pracht (breitet sich) ihr
schirmendes Dach.

Das Betteln

28 Mein Sohn, lebe nicht vom Betteln! / Besser
sterben, als aufdringlich sein.
29 Wer nach dem Tisch anderer schauen muß, /
dessen Leben ist nicht als Leben zu rechnen.

Geschenkte Leckerbissen beschmutzen die Kehle, / dem verständigen Mann bereiten sie Magenschmerzen.
30 Im Mund des Frechen ist Betteln süß, / doch in seinem Innern brennt es wie Feuer.

Der Tod

41 Tod, wie bitter ist es, an dich zu denken, / für den, der ruhig sein Heim bewohnt,
für den, der ohne Sorge ist und in allem Erfolg hat / und noch kräftig genug ist, die Lust zu genießen.
2 Tod, wie gut ist es, daß du auferlegt bist, / für den betrübten und kraftlosen Menschen,
für den, der strauchelt und überall anstößt, / der verzweifelt ist und die Hoffnung verloren hat.
3 Fürchte dich nicht vor dem Tod, / weil er dir auferlegt ist.
Denk daran: / Vorfahren und Nachkommen trifft es wie dich.
4 Er ist das Los, das allen Sterblichen von Gott bestimmt ist. / Was sträubst du dich gegen das Gesetz des Höchsten?
Ob tausend Jahre, ob hundert oder zehn, / im Totenreich gibt es keine Beschwerde über die Lebensdauer.
5 Eine verächtliche Brut ist das Geschlecht der Bösen, / ein törichtes Gezücht haust in der Wohnung des Frevlers.
6 Dem Sohn des Verbrechers geht die Herrschaft verloren, / seine Nachkommen leben für immer in Schande.
7 Einen schlechten Vater verfluchen die Kinder, / denn seinetwegen werden sie verachtet.
8 Weh euch, ihr ruchlosen Männer, / die ihr das Gesetz des Höchsten verlassen habt.
9 Wenn ihr euch vermehrt, ist es zum Unglück, / wenn ihr Kinder zeugt, ist es zur Trauer;
wenn ihr strauchelt, ist es zur dauernden Freude, / wenn ihr sterbt, ist es zum Fluch.
10 Alles, was aus dem Nichts kommt, / kehrt in das Nichts zurück; / so auch der Ruchlose aus dem Leeren ins Leere.
11 Ein Hauch ist der Mensch dem Leibe nach, / doch der Name des Frommen wird nicht getilgt.
12 Sei besorgt um deinen Namen; denn er begleitet dich / treuer als tausend kostbare Schätze.
13 Das Gut des Lebens währt zählbare Tage, / das Gut des Namens unzählige Tage.

Das Verbergen der Weisheit

14 Verborgene Weisheit und versteckter Schatz, / was nützen sie beide?
15 Besser ist einer, der seine Torheit verbirgt, / als einer, der seine Weisheit verbirgt.

Die rechte und die falsche Scham

16 Hört, Söhne, die Lehre von der Scham, / lernt, was Scham ist nach meinem Urteil.
Nicht jede Scham ziemt sich, / nicht jedes Schamempfinden ist empfehlenswert.
17 Schäme dich vor Vater und Mutter der Unzucht, / vor Fürst und Herrscher der Lüge,
18 vor dem Herrn und der Herrin des Betrugs, / vor Gemeinde und Volk der Sünde, / vor dem Gefährten und Freund der Untreue,
19 vor dem Ort, an dem du wohnst, der Unterschlagung. / (Schäme dich,) Eid und Vertrag zu verletzen,
den Ellbogen aufzustemmen beim Mahl, / eine erbetene Gabe zu verweigern,
21 deinen Bruder abzuweisen, / die Verteilung der Opferanteile zu unterlassen,
20 einen Gruß nicht zu erwidern, / einer Verheirateten nachzuschauen, / den Blick auf eine fremde Frau zu werfen,
22 mit deiner Magd dich abzugeben / und dich ihrem Bett zu nähern.
(Schäme dich) der üblen Nachrede gegenüber dem Freund, / und wenn du geschenkt hast, zu schimpfen,
42 ein Wort, das du gehört hast, weiterzutragen / und ein vertrauliches Gespräch zu verraten.
Dann bist du in der Tat schamhaft / und findest Gunst bei allen Menschen.
Aber nimm keine falsche Rücksicht, / und schäme dich nicht folgender Dinge:
2 des Gesetzes des Höchsten und seiner Satzung, / des gerechten Urteils, das nicht den Schuldigen freispricht,
3 der Abrechnung mit dem Geschäftsfreund und dem Kaufmann, / der Verteilung von Erbe und Besitz,
4 der Säuberung von Waagschalen und Waage, / der Reinigung von Maß und Gewicht, / des Einkaufs, ob viel oder wenig,

[5] des Handelns um den Kaufpreis mit dem Krä-
mer, / der häufigen Züchtigung der Kinder / und
der Schläge für einen schlechten und trägen Skla-
ven.
[6] (Schäme dich nicht,) eine schlimme Frau in Ge-
wahrsam zu halten / und dort abzuschließen, wo
viele Hände sind,
[7] ein Verzeichnis aufzustellen, / wenn du etwas
hinterlegt hast, / auch Einnahme und Ausgabe
immer aufzuschreiben,
[8] einen Unverständigen und Toren zurechtzu-
weisen / und einen haltlosen Greis, der Unzucht
treibt.
Dann bist du in Wahrheit vorsichtig / und ein be-
hutsamer Mann vor den Augen aller Menschen.

Die Sorgen des Vaters um seine Tochter

[9] Eine Tochter ist für den Vater ein Schatz, den er
hütet, / die Sorge um sie nimmt ihm den Schlaf:
in ihrer Jugend, daß sie nicht verschmäht wird, /
nach der Heirat, daß sie nicht verstoßen wird,
[10] als Mädchen, daß sie nicht verführt wird, / bei
ihrem Gatten, daß sie nicht untreu wird,
im Haus ihres Vaters, daß sie nicht schwanger
wird, / im Haus ihres Gatten, daß sie nicht kin-
derlos bleibt.
[11] Mein Sohn, wache streng über deine Toch-
ter, / damit sie dich nicht in schlechten Ruf
bringt,
kein Stadtgespräch und keinen Volksauflauf er-
regt, / dich nicht beschämt in der Versammlung
am Stadttor.
Wo sie sich aufhält, sei kein Fenster, / kein Aus-
blick auf die Wege ringsum.
[12] Keinem Mann zeige sie ihre Schönheit, / und
unter Frauen halte sie sich nicht auf.
[13] Denn aus dem Kleid kommt die Motte, /
aus der einen Frau die Schlechtigkeit der an-
dern.
[14] Besser ein unfreundlicher Mann als eine
freundliche Frau / und (besser) eine gewissen-
hafte Tochter als jede Art von Schmach.

Der Lobpreis Gottes in Natur und Geschichte: 42,15–50,24

Das Lob des Schöpfers in der Natur

[15] Nun will ich der Werke Gottes gedenken; / was
ich gesehen habe, will ich erzählen:
Durch Gottes Wort entstanden seine Werke; /
seine Lehre ist ein Ausfluß seiner Liebe.
[16] Über allem strahlt die leuchtende Sonne, / die
Herrlichkeit des Herrn erfüllt alle seine Werke.
[17] Die Heiligen Gottes vermögen nicht, / alle
seine Wunder zu erzählen.
Gott gibt seinen Heerscharen die Kraft, / vor sei-
ner Herrlichkeit zu bestehen.
[18] Meerestiefe und Menschenherz durchforscht
er, / und er kennt alle ihre Geheimnisse.
Der Höchste hat Kenntnis von allem, / bis in die
fernste Zeit sieht er das Kommende.
[19] Vergangenheit und Zukunft macht er kund /
und enthüllt die Rätsel des Verborgenen.
[20] Es fehlt ihm keine Einsicht, / kein Ding ent-
geht ihm.
[21] Seine machtvolle Weisheit hat er fest gegrün-
det, / er ist der Einzige von Ewigkeit her.
Nichts ist hinzuzufügen, nichts wegzuneh-
men, / er braucht keinen Lehrmeister.
[22] Alle seine Werke sind vortrefflich, / doch se-
hen wir nur einen Funken und ein Spiegelbild.
[23] Alles lebt und besteht für immer, / für jeden
Gebrauch ist alles bereit.
[24] Jedes Ding ist vom andern verschieden, / kei-
nes von ihnen hat er vergeblich gemacht.
[25] Eines ergänzt durch seinen Wert das andere. /
Wer kann sich satt sehen an ihrer Pracht?

Die Größe Gottes in der Schöpfung

43 Die Schönheit der Höhe, das klare Firma-
ment und der gewaltige Himmel sind ein
herrlicher Anblick.
[2] Die Sonne geht auf und erglänzt in vollem
Licht, / ein staunenswertes Gestirn, das Werk des
Höchsten.
[3] Steht sie in der Mittagshöhe, / versetzt sie die
Welt in Glut, / wer hält es aus in ihrer Hitze?
[4] Ein brennender Schmelzofen ist das Kunst-
werk des Gießers; / der Pfeil der Sonne setzt
Berge in Brand;
ihre Feuerzunge verbrennt das bewohnte
Land, / ihr Licht versengt das Auge.

5 Ja, groß ist der Herr, ihr Schöpfer, / sein Wort
läßt seinen Helden erstrahlen.
6 Der Mond führt die Zeiten herauf; / er herrscht
bis ans Ende und dient für immer als Zeichen.
7 Durch ihn werden Fristen und Festzeiten be-
stimmt, / ist er erschöpft, freut er sich wieder auf
seinen Umlauf.
8 Der Neumond ist so, wie sein Name sagt: / Er
erneuert sich selbst. / Wie staunenswert ist er in
seinem Wechsel.
Er ist ein Fahrzeug für das Heer der Wolken in
der Höhe / und läßt durch seinen Glanz das Him-
melsgewölbe erglühen.
9 Des Himmels Schönheit und Pracht sind die
Sterne, / ein strahlender Schmuck in den Höhen
Gottes.
10 Durch Gottes Wort stehen sie geordnet da /
und ermatten nicht bei ihrer Nachtwache.
11 Schau den Regenbogen an, und preise seinen
Schöpfer; / denn überaus schön und herrlich ist er.
12 Über den Himmelskreis erstreckt er sich in sei-
ner Pracht, / Gottes Hand hat ihn machtvoll aus-
gespannt.
13 Gottes Machtwort zeichnet den Blitz hin, /
läßt die Brandpfeile seines Gerichtes leuchten.
14 Zu seinem Dienst hat er einen Speicher geöff-
net, / läßt er Wolken fliegen wie Vögel.
15 Seine Allmacht ballt die Wolken zusammen /
und schlägt aus ihnen Hagelsteine.
17a Seines Donners Stimme läßt die Erde beben, /
16 mit seiner Kraft erschüttert er die Berge.
Sein Wort hetzt den Südwind auf, / 17b den to-
benden Nordwind, den Sturm und Orkan.
Seinen Schnee streut er aus wie Vogel-
schwärme; / wie einfallende Heuschrecken wir-
belt er herab.
18 Sein weißer Glanz blendet die Augen, / bei
seinem Rieseln bebt das Herz.
19 Auch den Reif schüttet er aus wie Salz / und
läßt Eisblumen sprießen wie Dornen.
20 Den kalten Nordwind läßt er wehen, / wie
Erdschollen läßt er die Quellen erstarren.
Jedes stehende Gewässer überzieht er / und
kleidet den Teich wie mit einem Panzer.
21 Das Grün der Berge versengt er wie durch
Hitze, / die sprossende Flur wie durch Flam-
menglut.
22 Linderung für alles ist das Träufeln der Wol-
ken, / der Tau, der sich ergießt, um das Trockene
zu erfrischen.
23 Sein kluger Plan bändigte das Meer / und
pflanzte Inseln im Ozean ein.
24 Die Seefahrer erzählen von der Weite des Mee-
res; / hören es unsere Ohren, so erschaudern wir.
25 Dort gibt es Wunderwesen, die erstaunlich-
sten seiner Werke, / allerlei Getier und die Unge-
heuer des Weltmeers.
26 In seinem Dienst hat sein Bote Erfolg, / und
durch sein Wort vollzieht er seinen Willen.
27 Sagten wir nochmal soviel, wir kämen an kein
Ende; / darum sei der Rede Schluß: Er ist alles!
28 Wir können (ihn) nur loben, aber nie erfassen, /
ist er doch größer als alle seine Werke.
29 Überaus ehrfurchtgebietend ist der Herr, / un-
begreiflich ist seine Stärke.
30 Ihr, die ihr den Herrn lobt, singt laut, / soviel
ihr könnt; denn nie wird es genügen.
Ihr, die ihr ihn preist, schöpft neue Kraft, werdet
nicht müde; / denn fassen könnt ihr es nie.
31 Wer hat ihn gesehen, daß er erzählen könnte, /
und wer kann ihn loben, wie es ihm entspricht?
32 Die Menge des Verborgenen ist größer als das
Genannte, / nur wenige von seinen Werken habe
ich gesehen.
33 Alles hat der Herr gemacht, / und den From-
men hat er Weisheit verliehen.

Das Lob der Väter Israels

44 Die ehrwürdigen Männer will ich prei-
sen, / unsere Väter, wie sie aufeinander
folgten.
2 Viel Ehre hat der Höchste ausgeteilt, / viel von
seiner Größe, seit den Tagen der Vorzeit:
3 Männer, die über die Erde als Könige herrsch-
ten / und die berühmt waren durch ihre Macht;
die Rat erteilten durch ihre Einsicht, / die pro-
phetisch alle Dinge erschauten;
4 Fürsten des Volkes wegen ihrer Klugheit, / an-
gesehen wegen ihres Scharfsinns;
redekundig durch ihre Kenntnis der Schriften, /
Lehrer von Sinnsprüchen durch ihre Lebenser-
fahrung;
5 Dichter von Liedern in Versmaß, / Verfasser
von geschriebenen Sinnsprüchen;
6 tüchtige Männer, auf Macht gestützt, / unbe-
helligt in ihrem Wohnsitz:
7 Sie alle waren geehrt zu ihrer Zeit, / und ihr
Ruhm blühte in ihren Tagen.
8 Manche hinterließen einen Namen, / so daß
man ihr Lob weitererzählte.

9 Andere blieben ohne Nachruhm; / sie sind er-
loschen, sobald sie starben.
Sie sind, als wären sie nie gewesen, / und
ebenso auch ihre Kinder.
10 Jene aber sind die ehrwürdigen Männer, / de-
ren Hoffnung nicht vergeht.
11 Bei ihren Nachkommen bleibt ihr Gut, / ihr
Erbe bei ihren Enkeln.
12 Ihre Nachkommen halten fest an ihrem Bund, /
und ebenso ihre Kinder, um der Väter willen.
13 Ihre Nachkommen haben für immer Bestand, /
ihr Ruhm wird niemals ausgelöscht.
14 Ihr Leib ist in Frieden bestattet, / ihr Name lebt
fort von Geschlecht zu Geschlecht.
15 Von ihrer Weisheit erzählt die Gemeinde, / ihr
Lob verkündet das versammelte Volk.

Das Beispiel Henochs

16 Henoch ging seinen Weg mit dem Herrn und
wurde entrückt: / ein Beispiel der Gotteser-
kenntnis für alle Zeiten.

Das Vorbild Noachs

17 Der gerechte Noach wurde untadelig befun-
den, / zur Zeit des Untergangs war er ein neuer
Anfang.
Durch ihn blieb ein Rest erhalten, / der Bund
mit ihm beendete die Sintflut.
18 Ein ewiger Bund wurde mit ihm geschlossen: /
Nie wieder sollte alles Leben vernichtet werden.

Die Bedeutung Abrahams

19 Abraham wurde der Vater vieler Völker, / seine
Ehre blieb makellos.
20 Er hielt das Gebot des Höchsten / und trat in
einen Bund mit ihm.
Wie ihm befohlen wurde, hat er sich beschnit-
ten; / in der Prüfung wurde er treu befunden.
21 Darum hat ihm Gott mit einem Eid zugesi-
chert, / durch seine Nachkommen die Völker zu
segnen,
sie zahlreich zu machen wie den Staub auf der
Erde / und seine Nachkommen zu erhöhen wie
die Sterne,
ihnen Besitz zu geben von Meer zu Meer, /
vom Eufrat bis an die Grenzen der Erde.

Der Segen Isaaks und Jakobs

22 Das gleiche sicherte er Isaak zu / um Abrahams,
seines Vaters willen.
23 Den Bund mit allen Vorfahren übertrug er auf
ihn. / Auch auf Israels Haupt ruhte der Segen.
Er bestätigte ihm die Erstgeburt / und übergab
ihm sein Erbe.
Er bestimmte es für die Stämme, / zum Anteil
für die Zwölf.
Er ließ von ihm einen Mann abstammen, / der
bei allen Lebenden in Ansehen stand:

Die Größe des Mose

45 Geliebt von Gott und den Menschen: /
Mose, sein Andenken sei zum Segen.
2 Er nannte ihn einen Gott / und stärkte ihn zu
furchterregenden Taten.
3 Durch sein Wort ließ er schnell die Zeichen ge-
schehen / und verlieh ihm Macht vor dem König.
Er sandte ihn zum Volk und zeigte ihm seine
Herrlichkeit.
4 Wegen seiner Treue und Bescheidenheit / er-
wählte er ihn aus allen Sterblichen.
5 Er ließ ihn seine Stimme hören / und zu der
dunklen Wolke herantreten.
In seine Hand legte er die Gebote, / die Lehre
voll Leben und Einsicht,
um Jakob seine Gesetze zu lehren / und Israel
seine Satzungen und Vorschriften.

Die Erwählung Aarons

6 Gleich ihm erhöhte er einen Heiligen: / Aaron
aus dem Stamm Levi.
7 Er hat ihn bestellt für das ewige Priesteramt /
und über ihn seine Hoheit ausgebreitet.
Er beglückte ihn mit seiner Herrlichkeit / und
umhüllte ihn mit dem schönsten Schmuck.
8 Er kleidete ihn ganz in Pracht / und schmückte
ihn mit herrlichen Gewändern: / mit Beinklei-
dern, Leibrock und Obergewand.
9 Dessen Saum verzierte er mit Glöckchen im
Kreis / und mit klingenden Granatäpfeln ringsum.
Sie sollten bei seinen Schritten lieblichen Klang
geben, / damit er im Heiligtum zu hören war und
sein Volk aufmerksam wurde.
10 Auch schmückte er ihn mit den heiligen Ge-
wändern aus Gold, / aus violettem und rotem
Purpur – einer Kunstweberarbeit –, / mit der
Lostasche für den Schiedsspruch, dem Efod,
11 und dem Gürtel aus Karmesin – einer Weber-
arbeit –, / mit den Edelsteinen, gestochen wie
Siegel / und eingefaßt – einer Steinschneider-
arbeit –;

auf ihnen standen in eingeschnittener Schrift /
die Namen der Stämme Israels, um sie (bei Gott)
in Erinnerung zu bringen;
12 sodann der Goldreif auf dem Kopfbund, / die
Rosette mit der eingravierten Inschrift: Heilig!
Eine herrliche Pracht, eine gewaltige Auszeich-
nung, / eine Augenweide, eine vollendete Schön-
heit.
13 Vorher hat es nichts Ähnliches gegeben, / und
niemals darf es ein Unbefugter tragen.
Nur seinen Söhnen hat er dies anvertraut, / und
so halten es seine Söhne für alle Zeiten.
14 Sein Speiseopfer wird ganz verbrannt, / zwei-
mal täglich, als regelmäßiges Opfer.
15 Mose hat ihn in sein Amt eingesetzt / und ihn
mit heiligem Öl gesalbt.
So wurde ihm ein ewiger Bund gewährt und
auch seinen Nachkommen, / solange der Him-
mel steht:
den Dienst zu tun, für Gott Priester zu sein / und
sein Volk in seinem Namen zu segnen.
16 Er hat ihn erwählt aus allen Lebenden, / damit
er Brandopfer und Fettstücke darbringe,
den beruhigenden Duft des Gedenkopfers auf-
steigen lasse / und für die Söhne Israels Sühne er-
wirke.
17 Er gab ihm seine Gebote / und Vollmacht über
Gesetz und Recht.
So unterwies Aaron sein Volk im Gesetz / und
Israels Söhne im Recht.
18 Als sich Unbefugte gegen ihn empörten / und
in der Wüste auf ihn eifersüchtig wurden,
die Leute um Datan und Abiram / sowie Korach
und sein Anhang, in heftiger Wut,
19 da sah es der Herr und wurde zornig, / er ver-
nichtete sie in seinem glühenden Zorn.
Er bewirkte ein Wunder gegen sie / und ver-
tilgte sie in den Flammen seines Feuers.
20 Das Ansehen Aarons vermehrte er noch / und
gab ihm sein Erbteil:
Die heiligen Erstlinge gab er ihm zur Nah-
rung, / 21a die Gaben für den Herrn sollten sie es-
sen.
20d Die Schaubrote wurden sein Anteil, / 21b und
die Abgaben sollten ihm und seinen Nachkom-
men zufallen.
22 Vom Landbesitz des Volkes aber sollte er nichts
erben, / in ihrer Mitte kein Erbteil erhalten;
denn der Herr ist sein Anteil / und sein Erbe in-
mitten der Söhne Israels.

Die Bestimmung des Pinhas

23 Ferner Pinhas, der Sohn Eleasars: / Er bekam als
dritter das hohe Amt, / weil er sich einsetzte für
den Gott des Alls / und für sein Volk in die
Bresche trat, / als er dem Antrieb seines Her-
zens folgte / und für die Söhne Israels Sühne er-
wirkte.
24 Darum hat der Herr auch für ihn eine Bestim-
mung getroffen, / einen Heilsbund gestiftet: / Er
sollte das Heiligtum versorgen.
So sollte ihm und seinen Söhnen / das Hohe-
priesteramt gehören für ewige Zeiten.
25 Sein Bund mit David, dem Sohn Isais aus dem
Stamm Juda, / bestand in der Erbnachfolge eines
Herrschers von Gottes Gnaden; / ebenso gehört
die Erbnachfolge Aarons Pinhas und seinen Söh-
nen.
Nun lobt den gütigen Herrn, / der euch mit Ehre
gekrönt hat.
26 Er gebe euch Weisheit ins Herz, / sein Volk in
Gerechtigkeit zu lenken,
damit euer Glück nie endet / noch euer hohes
Amt bis in fernste Zeiten.

Die Tapferkeit Josuas und Kalebs

46 Ein tapferer Kriegsheld war Josua, der
Sohn Nuns, / der Mose im Amt des Pro-
pheten zur Seite stand.
Er war dazu geschaffen, seinem Namen ent-
sprechend, / für die Erwählten Gottes eine große
Hilfe zu sein,
an den Feinden Rache zu nehmen / und Israel
in sein Erbland zu führen.
2 Wie herrlich war er, wenn er die Hand erhob /
und das Sichelschwert schwang gegen eine Stadt.
3 Wer konnte ihm standhalten, / wenn er die
Kriege des Herrn führte?
4 Blieb nicht auf seinen Befehl die Sonne stehen, /
wurde nicht ein Tag doppelt so lang?
5 Er rief zu Gott, dem Höchsten, / als er in Not
war, umringt von seinen Feinden;
der höchste Gott erhörte ihn / und ließ Hagel-
steine und Eis regnen.
6 Er schleuderte sie auf das feindliche Volk, / am
Abhang vernichtete er die Gegner.
So sollten alle dem Untergang geweihten Völker
erkennen, / wie genau der Herr ihre Kämpfe be-
obachtet.
Auch war er dem Herrn in allem ergeben / 7 und
bewies Treue in den Tagen des Mose. / Josua und

Kaleb, der Sohn Jefunnes, / sie blieben standhaft
beim Aufruhr des Volkes,
wandten das Zorngericht von der Gemeinde ab /
und machten dem üblen Gerede ein Ende.
8 Darum wurden sie beide auch verschont, / als
einzige von den sechshunderttausend Männern
des Fußvolks,
und in ihr Erbland geführt, / in das Land, wo
Milch und Honig fließen.
9 Gott gab dem Kaleb Kraft, / die ihm bis ins Grei-
senalter erhalten blieb,
damit er die Höhen des Landes besetzen
konnte; / auch seine Nachkommen behielten das
Erbe.
10 Dadurch sollten alle Söhne Jakobs erkennen, /
wie gut es ist, dem Herrn in allem ergeben zu
sein.

Die Treue der Richter

11 Dann die Richter, jeder mit seinem Namen: /
alle, die sich nicht beirren ließen und nicht ab-
trünnig wurden von Gott. / Ihr Andenken sei
zum Segen.
12 Ihre Gebeine mögen von ihrer Stätte empor-
sprossen / und ihren Ruhm erneuern an den Söh-
nen.

Die Verdienste Samuels

13 Geschätzt von seinem Volk, geliebt von seinem
Schöpfer, / mit Sehnsucht erwartet von Geburt
an, / dem Herrn geweiht im Prophetenamt: / Sa-
muel, der Richter und Priester.
Auf Gottes Wort hin führte er das Königtum ein /
und salbte Fürsten für das Volk.
14 Im Auftrag des Herrn berief er die Versamm-
lung ein / und wachte über die Zelte Jakobs.
15 Als Seher wurde er befragt wegen seiner Zu-
verlässigkeit / und war in seinem Wort ein ver-
läßlicher Prophet.
16 Auch er rief zu Gott, / als er das Milchlamm
opferte;
17 da donnerte der Herr vom Himmel her, / un-
ter gewaltigem Dröhnen ließ er seine Stimme
hören.
18 Er demütigte die feindlichen Heerführer / und
vernichtete alle Fürsten der Philister.
19 Als Samuel sich dann zur Ruhe legte, / rief er
den Herrn und seinen Gesalbten als Zeugen an:
Von wem nahm ich Geschenke an, / und seien
es nur Sandalen?
Aber niemand brachte etwas gegen ihn vor. /
[Bis zu seinem Ende zeigte sich seine Weisheit
vor Gott und allen Menschen.]
20 Er wurde sogar befragt, nachdem er schon ge-
storben war, / und kündigte dem König sein
Schicksal an.
Aus der Erde erhob er seine Stimme und weis-
sagte, / um den Frevel des Volkes zu beenden.

Die Erwählung Davids

47 Nach ihm stand Natan auf, / um vor Da-
vid hinzutreten.
2 Wie das Fett herausgehoben ist aus dem Op-
ferfleisch, / so David aus Israel.
3 Er spielte mit Löwen, als wären es Ziegen, / mit
Bären, als wären es Schafe.
4 In seiner Jugend erschlug er den Riesen / und
befreite das Volk von der Schmach,
indem er mit der Hand die Schleuder schwang /
und Goliats Hochmut zerbrach.
5 Denn er hatte Gott, den Höchsten, angerufen, /
und dieser gab seiner rechten Hand Kraft,
um den kampferprobten Mann niederzustrek-
ken / und die Macht seines Volkes zu mehren.
6 Darum haben ihn die Frauen besungen / und
ihm zugerufen: Zehntausend (erschlug er)!
7 Als er die Krone trug, führte er Krieg / und
demütigte ringsum die Feinde.
Er schlug die feindlichen Philister / und zer-
brach ihre Macht bis heute.
8 Bei allen seinen Taten stimmte er Loblieder an /
auf Gott, den Höchsten, mit rühmenden Worten.
Er liebte seinen Schöpfer von ganzem Herzen, /
alle Tage pries er ihn mit Liedern.
9 Vor dem Altar ließ er Saiteninstrumente auf-
stellen / und schuf Psalmweisen für die Harfen-
begleitung.
10 Den Festen verlieh er Glanz / und verschö-
nerte die Feiertage im Kreislauf des Jahres.
Vom Lobgesang auf Gottes heiligen Namen /
hallte das Heiligtum wider schon vor dem Mor-
gen.
11 Der Herr verzieh ihm seine Sünde / und be-
gründete seine Macht für immer.
Er übergab ihm das Königsgesetz / und festigte
seinen Thron über Israel.

Die Weisheit und die Torheit Salomos

12 Seinetwegen erstand ihm als Nachfolger / ein
weiser Sohn, der in Sicherheit leben konnte.

13 Salomo war König in friedlichen Tagen, / Gott
verschaffte ihm Ruhe ringsum.
Er baute ein Haus für den Namen des Herrn /
und errichtete ein Heiligtum für immer.
14 Wie weise warst du in deiner Jugend, / von
Bildung strömtest du über wie der Nil.
15 Die Erde bedecktest du mit deinem Wissen, /
bis zur Himmelshöhe ließest du Lieder aufsteigen.
16 Bis zu den fernsten Inseln gelangte dein
Ruhm, / und man begehrte danach, dich zu hören.
17 Durch Lied und Sinnspruch, Rätsel und Gleich-
nis / hast du die Völker in Staunen versetzt.
18 Du wurdest benannt nach dem Namen des
Hochgeehrten, / der auch über Israel ausgerufen
ist.
Gold hast du angehäuft wie Eisen / und das Sil-
ber vermehrt wie Blei.
19 Doch gabst du dich den Frauen hin / und
ließest sie herrschen über deinen Leib.
20 Du hast deine Ehre befleckt / und dein Ehebett
entweiht.
So hast du Zorn über deine Nachkommen ge-
bracht / und Klage über dein Ehelager,
21 indem das Volk unter zwei Zepter kam / und
aus Efraim ein abtrünniges Reich wurde.
22 Gott aber hat seine Huld nicht aufgegeben /
und keines seiner Worte unerfüllt gelassen.
Er hat seinem Erwählten den Sproß und Sohn
nicht ausgerottet, / die Nachkommen seines
Freundes nicht ausgetilgt.
So hat er Jakob einen Rest gelassen / und David
einen Wurzelsproß aus ihm selbst.
23 Salomo entschlief in Verzweiflung / und hin-
terließ einen starrköpfigen Sohn,
reich an Torheit, arm an Einsicht: / Rehabeam,
der durch seinen Entschluß das Volk entzweite.
Dann stand Jerobeam auf, der Sohn Nebats; /
sein Andenken sei ausgelöscht.
Er sündigte und verführte Israel zur Sünde. / Er
verschuldete Efraims Fall / 24 und die Vertreibung
aus ihrem Land.
Ihre Sünde wurde sehr groß, / 25 allem Bösen ga-
ben sie sich hin.

Der Eifer Elijas

48 Da stand ein Prophet auf wie Feuer, /
seine Worte waren wie ein brennender
Ofen.
2 Er entzog ihnen ihren Vorrat an Brot, / durch
sein Eifern verringerte er ihre Zahl.
3 Auf Gottes Wort hin verschloß er den Himmel, /
und dreimal ließ er Feuer herniederfallen.
4 Wie ehrfurchtgebietend warst du, Elija, / wer
dir gleichkommt, kann sich rühmen.
5 Einen Verstorbenen hast du vom Tod erweckt, /
aus der Unterwelt, nach Gottes Willen.
6 Könige hast du ins Grab geschickt, / Vornehme
von ihren Lagern hinweg.
7 Am Sinai hast du Strafbefehle vernommen, /
am Horeb Urteile der Rache.
8 Könige hast du gesalbt für die Vergeltung / und
einen Propheten als deinen Nachfolger.
9 Du wurdest im Wirbelsturm nach oben ent-
rückt, / in Feuermassen himmelwärts.
10 Von dir sagt die Schrift, / du stehst bereit für die
Endzeit,
um den Zorn zu beschwichtigen, bevor er ent-
brennt, / um den Söhnen das Herz der Väter zu-
zuwenden / und Jakobs Stämme wieder aufzu-
richten.
11 Wohl dem, der dich sieht und stirbt; / denn
auch er wird leben.

Die Wundermacht Elischas

12 Elija ist im Wirbelsturm entschwunden, / Eli-
scha wurde mit seinem Geist erfüllt.
Doppelt so viele Zeichen wirkte er, / zu Wun-
dern wurden alle Worte aus seinem Mund.
Solange er lebte, hat er vor niemand gezittert, /
kein Sterblicher hatte Macht über seinen Geist.
13 Nichts war für ihn unerreichbar, / noch im
Grab zeigte sein Leichnam Prophetenkraft.
14 In seinem Leben vollbrachte er Wunder / und
bei seinem Tod erstaunliche Taten.
15 Trotz allem bekehrte das Volk sich nicht; / sie
ließen nicht ab von ihren Sünden,
bis sie aus ihrem Land verschleppt / und in alle
Welt verstreut wurden.
Aber für Juda ist ein kleiner Rest geblieben / und
dem Haus David noch ein Fürst.
16 Von ihnen taten einige, was recht ist, / andere
verübten unerhörten Frevel.

Das Werk Hiskijas

17 Hiskija sicherte seine Stadt, / indem er Wasser
hineinleitete.
Mit dem Eisen durchbrach er Felsen / und
dämmte den Teich zwischen Bergen ein.
18 In seinen Tagen zog Sanherib herauf / und ent-
sandte den Rabschake.

Dieser streckte seine Hand gegen Zion aus, /
und übermütig lästerte er Gott.
19 Da zitterten sie trotz allem Übermut ihres Her-
zens, / und wanden sich wie eine Gebärende.
20 Sie riefen zu Gott, dem Höchsten, / und streck-
ten nach ihm die Hände aus.
Er hörte auf ihr lautes Flehen / und half ihnen
durch Jesaja.
21 Er schlug die Assyrer in ihrem Lager / und ver-
wirrte sie durch eine Seuche.

Das Wort Jesajas

22 Denn Hiskija hatte das Rechte getan, / war fest-
geblieben auf Davids Wegen,
die der Prophet Jesaja ihm gewiesen hatte, / der
große und zuverlässige Seher.
23 Auf Jesajas Befehl ging die Sonne zurück, /
und er verlängerte dem König das Leben.
24 Mit großer Geisteskraft schaute er die Zukunft /
und tröstete die Trauernden in Zion.
25 Für fernste Zeit verkündete er das Kommende /
und das Verborgene, bevor es geschah.

Die Treue Joschijas

49 Der Name Joschija gleicht duftendem
Weihrauch, / würzig und vom Salbenmi-
scher zubereitet.
Sein Andenken ist süß wie Honig im Mund /
und wie ein Lied beim Weingelage.
2 Denn er litt wegen unserer Treulosigkeit /
und machte den abscheulichen Götzen ein
Ende.
3 Er richtete sein Herz ganz auf Gott / und be-
wies Treue in Zeiten des Unrechts.

Die Verdienste späterer großer Männer Israels

4 Außer David, Hiskija und Joschija / haben alle
Könige ruchlos gehandelt: / Bis zu ihrem Unter-
gang haben die Könige von Juda / das Gesetz des
Höchsten verlassen.
5 Ihre Macht gaben sie an andere hin, / ihre Ehre
an ein fremdes Volk.
6 Sie zündeten die Heilige Stadt an, / so daß die
Straßen verödeten,
7 zur Strafe dafür, daß sie Jeremia mißhandelt ha-
ben, / obwohl er vom Mutterleib an zum Pro-
pheten geschaffen war,
um auszureißen, niederzureißen und zu ver-
nichten, / aber auch um aufzubauen, einzupflan-
zen und zu stärken.
8 Ezechiel sah eine Vision / und beschrieb die
Gestalten am Thronwagen.
9 Er gedachte auch des Ijob, / der die Wege der
Gerechtigkeit einhielt.
10 Ferner die Zwölf Propheten: / Ihre Gebeine
mögen von ihrer Stätte emporsprossen.
Sie brachten Heilung für Jakobs Volk / und hal-
fen ihm durch zuverlässige Hoffnung.
11 Wie könnten wir Serubbabel gebührend prei-
sen, / war er doch wie ein Siegelring an der rech-
ten Hand,
12 ebenso Jeschua, den Sohn des Jozadak? / Sie
beide erbauten zu ihrer Zeit das Gotteshaus;
sie errichteten den heiligen Tempel, / der zu
dauernder Herrlichkeit bestimmt ist.
13 Nehemia, sein Andenken in Ehren! / Er baute
unsere Trümmer wieder auf
und stellte das Zerstörte wieder her, / Tore und
Riegel setzte er ein.

Rückblick auf die Großen des Anfangs

14 Kaum einer auf Erden kommt Henoch gleich, /
darum wurde er auch lebend entrückt.
15 Gab es je einen Mann wie Josef? / Selbst sein
Leichnam wurde sorgfältig erhalten.
16 Sem, Set und Enosch sind hoch geehrt, / aber
Adam übertrifft alle Menschen an Ruhm.

Die Größe des Hohenpriesters Simeon

50 Der größte unter seinen Brüdern, der
Ruhm seines Volkes, / ist der Priester Si-
meon, der Sohn Johanans.
Zu seiner Zeit wurde das Gotteshaus ausgebes-
sert, / in seinen Tagen der Tempel befestigt.
2 Zu seiner Zeit wurde die Mauer gebaut, / die
Zinnen der Gotteswohnung beim Königspalast.
3 In seinen Tagen wurde der Teich gegraben, /
ein Becken, groß wie ein Meer.
4 Er hat sein Volk gegen Plünderung gesichert, /
seine Stadt gegen den Feind befestigt.
5 Wie herrlich, wenn er herausschaute aus dem
Zelt, / wenn er heraustrat zwischen dem Vorhang:
6 wie ein leuchtender Stern zwischen den Wol-
ken, / wie der Vollmond in den Tagen des Festes,
7 wie die strahlende Sonne über dem Königspa-
last, / wie ein Regenbogen, der in den Wolken er-
scheint,
8 wie Blütenzweige in den Tagen des Festes, /
wie eine Lilie an Wasserläufen, / wie das Grün
des Libanon an Sommertagen,

9 wie Weihrauchfeuer auf dem Speiseopfer, /
wie ein vergoldetes Gefäß, mit dem Hammer ge-
trieben / und mit Edelsteinen besetzt,
10 wie ein üppiger Ölbaum voll von Früchten, /
wie ein wilder Ölbaum mit saftigen Zweigen.
11 (Wie herrlich,) wenn er die Prachtgewänder
angelegt / und sich mit allem Schmuck bekleidet
hatte,
wenn er emporstieg zum erhabenen Altar / und
die Einfassung des heiligen Raumes mit Glanz er-
füllte,
12 wenn er die Opferstücke aus der Hand seiner
Brüder nahm, / während er selbst bei dem aufge-
schichteten Holz stand.
Rings umgab ihn der Kranz seiner Söhne / wie
junge Zedern auf dem Libanon.
Wie Pappeln am Bach umstanden ihn / 13 alle
Söhne Aarons in ihrer Pracht,
die Feueropfer des Herrn in ihrer Hand / vor der
ganzen Versammlung Israels,
14 bis er den Dienst am Altar vollendet / und das
Opferholz für den Höchsten geordnet hatte.
15 Dann streckte er die Hand nach dem Becher
aus / und opferte von dem Blut der Trauben;
er goß es aus an den Fuß des Altars / zum be-
ruhigenden Duft für den Höchsten, den König des
Alls.
16 Jetzt stießen die Söhne Aarons in die getriebe-
nen Trompeten, / sie bliesen mit gewaltigem
Schall zur Erinnerung vor dem Höchsten.
17 Alle Versammelten beeilten sich / und warfen
sich auf ihr Gesicht zur Erde nieder,
um den Höchsten anzubeten, / den Heiligen Is-
raels.
18 Dann stimmte man die Gesänge an / und ließ
zur Musik süßen Jubel ertönen.
19 Alles Volk jubelte / im Gebet vor dem Barm-
herzigen,
bis der Priester den Dienst des Herrn vollendet /
und ihm die vorgechriebenen Opfer dargebracht
hatte.
20 Dann stieg er herab und erhob seine Hände /
über die ganze Gemeinde Israels.
Der Segen des Herrn war auf seinen Lippen, /
den Namen des Herrn nennen zu dürfen war sein
Ruhm.
21 Sie aber fielen zum zweitenmal nieder, / um
den Segen von ihm zu empfangen.

Aufforderung zum Lobpreis Gottes

22 Nun lobt den Herrn, den Gott des Alls, / der
Wunderbares auf der Erde vollbringt,
der einen Menschen erhöht vom Mutterschoß
an / und an ihm handelt nach seinem Gefallen.
23 Er gebe euch Weisheit ins Herz, / und der
Friede sei mit euch.
24 Beständig bleibe seine Huld bei Simeon; / er
erhalte ihm den Bund mit Pinhas,
der weder ihm gebrochen werden soll / noch sei-
nen Nachkommen, solange der Himmel steht.

Die Anhänge: 50,25–51,30

Die Abgrenzung gegen die Nachbarn Israels

25 Zwei Völker verabscheue ich, / und das dritte
ist kein Volk:
26 Die Bewohner von Seïr und vom Philisterland /
und das törichte Volk, das in Sichem wohnt.

Das Schlußwort des Verfassers

27 Weise Bildung und passende Sinnsprüche / von
Jesus, dem Sohn Eliasars, des Sohnes Sirachs,
dessen Herz von Schriftauslegung überströmte /
und der Einsicht hervorquellen ließ.
28 Wohl dem Mann, der hierüber nachsinnt; /
wer es sich zu Herzen nimmt, wird weise.
29 Wer danach handelt, hat Kraft zu allem; / denn
die Gottesfurcht ist ihr tiefster Inhalt.

Das Danklied

51 Ich will dich preisen, mein Herr und Kö-
nig, / ich will dich loben, Gott meines
Heils.
Ich will deinen Namen verkünden, / du Hort
meines Lebens,
2 denn du hast mich vom Tod errettet. / Du
hast meinen Leib vor dem Grab bewahrt, /
meinen Fuß dem Griff der Unterwelt entris-
sen.
Du hast mich befreit von der Geißel böser Zun-
gen, / von den Lippen treuloser Lügner.
Gegen meine Widersacher standest du mir zur
Seite, 3 in deiner großen Huld hast du mir gehol-
fen

aus der Schlinge derer, die auf meinen Fall lau-
ern, / aus der Hand jener, die mir nach dem Le-
ben trachten.
Aus vielen Nöten hast du mich erlöst, / 4 aus
der Bedrängnis der Flammen, die mich um-
ringten, / aus Gluten, die nicht (wirklich) ge-
schürt,
5 aus dem Schoß der Flut, nicht (wirklich) von
Wasser, / (sondern) von schändlichen Lippen und
Erfindern von Lüge, / 6 von den Pfeilen der fal-
schen Zunge.
Schon war ich dem Tod nahe / und mein Leben
den Tiefen der Unterwelt.
7 Ich wandte mich nach allen Seiten und fand
keinen Helfer, / ich spähte nach einem Beistand,
doch keiner war da.
8 Da dachte ich an das Erbarmen des Herrn, / an
die Taten seiner Huld, die seit Ewigkeit bestehen.
Er hilft allen, die auf ihn vertrauen, / und erlöst
sie aus jeder Gefahr.
9 So erhob ich von der Erde meine Stimme, / ich
schrie von den Toren der Unterwelt her.
10 Ich rief: Herr, mein Vater bist du, / mein Gott,
mein rettender Held.
Verlaß mich nicht am Tag der Not, / am Tag der
Vernichtung und Verwüstung!
11 Deinen Namen will ich allzeit loben, / an dich
denken im Gebet.
Da hörte der Herr meine Stimme / und achtete
auf mein Flehen.
12 Er erlöste mich von allem Unheil / und rettete
mich am Tag der Not.
Darum danke ich dem Herrn / und will seinen
Namen loben und verherrlichen.
Danket dem Herrn, denn er ist gut, / denn seine
Huld währt ewig
Danket dem Gott der Lobgesänge, / denn seine
Huld währt ewig,
Danket dem Wächter Israels, / denn seine Huld
währt ewig.
Danket dem Schöpfer des Alls, / denn seine
Huld währt ewig.
Danket dem Erlöser Israels, / denn seine Huld
währt ewig.
Danket dem, der Israels Versprengte sammelt, /
denn seine Huld währt ewig.
Danket dem Erbauer seiner Stadt und seines
Heiligtums, / denn seine Huld währt ewig.
Danket dem, der dem Haus David Macht ver-
lieh, / denn seine Huld währt ewig.
Danket dem, der Zadoks Söhne zu Priestern er-
wählt hat, / denn seine Huld währt ewig.
Danket dem Schild Abrahams, / denn seine
Huld währt ewig.
Danket dem Fels Isaaks, / denn seine Huld
währt ewig.
Danket dem Starken Jakobs, / denn seine Huld
währt ewig.
Danket dem, der Zion erwählt hat, / denn seine
Huld währt ewig.
Danket dem König der höchsten Könige, / denn
seine Huld währt ewig.
Seinem Volk verleiht er Macht – / das ist
ein Ruhm für all seine Frommen, / für Israels
Söhne, das Volk, das sich ihm nahen darf. Halle-
luja!

Nachwort auf die Weisheit

13 Als ich jung und noch nicht unstet war, / suchte
ich eifrig die Weisheit.
14 Sie kam zu mir in ihrer Schönheit, / und bis zu-
letzt will ich sie erstreben.
15 Und wie nach dem Blühen die Trauben reifen, /
die das Herz erfreuen,
so schritt mein Fuß auf geradem Weg; / denn
schon von Jugend an habe ich sie erkannt.
16 Nur kurz hörte ich hin, / und schon fand ich
Belehrung in Menge.
17 Sie ist für mich zur Amme geworden; / mei-
nem Lehrer will ich danken.
18 Ich hatte im Sinn, Freude zu erleben, / ich
strebte ohne Rast nach Glück.
19 Ich verlangte brennend nach ihr / und wandte
von ihr meinen Blick nicht ab.
20 Ich richtete mein Verlangen auf sie, / und auf
ihren Höhen wanke ich nicht.
Meine Hand öffnete ihre Tore, / und ich nahm
sie leibhaftig wahr.
Ich habe ihretwegen meine Hände gereinigt, /
und ich fand die Weisheit in ihrer Reinheit.
Einsicht erwarb ich durch sie von Anfang an, /
darum lasse ich nicht von ihr.
21 Mein Herz war erregt, sie zu schauen, / darum
erwarb ich sie als kostbares Gut.
22 Der Herr gab meinen Lippen Erfolg, / mit mei-
ner Zunge will ich ihm danken.
23 Kehrt bei mir ein, ihr Unwissenden, / verweilt
in meinem Lehrhaus!
24 Wie lange noch wollt ihr das alles entbehren /
und eure Seele dürsten lassen?

[25] Ich öffne meinen Mund und sage von ihr: / Erwerbt euch Weisheit, es kostet nichts.
[26] Beugt euren Nacken unter ihr Joch, / und nehmt ihre Last auf euch!
Denen, die sie suchen, ist sie nahe, / und wer sich ihr ganz hingibt, findet sie.
[27] Seht mit eigenen Augen, daß ich mich nur wenig bemühte, / aber viel Ruhe gefunden habe.
[28] Hört auf meine knapp bemessene Lehre! / Durch sie werdet ihr viel Silber und Gold erwerben.
[29] Eure Seele freue sich an meinem Lehrstuhl, / meines Liedes sollt ihr euch nicht schämen.
[30] Tut eure Werke vor der Zeit (der Vergeltung), / so wird er euch den Lohn geben zur rechten Zeit.
[Gepriesen sei der Herr auf ewig, / gelobt sei sein Name für alle Zeiten.
Die Weisheit des Jesus, des Sohnes Eleasars, des Sohnes Sirachs.
Der Name des Herrn sei gepriesen von nun an bis in Ewigkeit.]

DIE BÜCHER DER PROPHETEN

DAS BUCH JESAJA

I. Teil. Der erste Jesaja (Protojesaja): 1,1–39,8

Worte über Juda und Jerusalem aus der Frühzeit des Propheten: 1,1–12,6

Einleitung

1 Vision des Jesaja, des Sohnes des Amoz,
über Juda und Jerusalem, die er zu der Zeit
hatte, als Usija, Jotam, Ahas und Hiskija Könige
von Juda waren.

Die Untreue des Volkes

2 Hört, ihr Himmel! Erde, horch auf! / Denn der
Herr spricht:
Ich habe Söhne großgezogen und emporge-
bracht, / doch sie sind von mir abgefallen.
3 Der Ochse kennt seinen Besitzer / und der Esel
die Krippe seines Herrn;
Israel aber hat keine Erkenntnis, / mein Volk hat
keine Einsicht.
4 Weh dem sündigen Volk, der schuldbeladenen
Nation, / der Brut von Verbrechern, den verkom-
menen Söhnen!
Sie haben den Herrn verlassen, / den Heiligen
Israels haben sie verschmäht / und ihm den Rük-
ken gekehrt.

Die Folgen der Sünde

5 Wohin soll man euch noch schlagen? / Ihr bleibt
ja doch abtrünnig.
Der ganze Kopf ist wund, / das ganze Herz ist
krank:
6 Vom Kopf bis zum Fuß kein heiler Fleck, / nur
Beulen, Striemen und frische Wunden,
sie sind nicht ausgedrückt, nicht verbunden, /
nicht mit Öl gelindert.
7 Euer Land ist verödet, / eure Städte sind nie-
dergebrannt.
Fremde verzehren vor euren Augen den Ertrag
eurer Äcker; / verödet wie das zerstörte Sodom
ist euer Land.
8 Die Tochter Zion steht verlassen da / wie eine
Hütte im Weinberg,
wie eine Wächterhütte im Gurkenfeld / [wie
eine belagerte Stadt].
9 Hätte der Herr der Heere nicht einen Rest für
uns übriggelassen, / wir wären wie Sodom ge-
worden, / wir glichen Gomorra.

Der falsche und der wahre Gottesdienst

10 Hört das Wort des Herrn, ihr Herrscher von So-
dom! / Vernimm die Weisung unseres Gottes, /
du Volk von Gomorra!
11 Was soll ich mit euren vielen Schlachtopfern?, /
spricht der Herr.
Die Widder, die ihr als Opfer verbrennt, / und
das Fett eurer Rinder habe ich satt; / das Blut
der Stiere, der Lämmer und Böcke ist mir zuwi-
der.
12 Wenn ihr kommt, um mein Angesicht zu
schauen – / wer hat von euch verlangt, daß ihr
meine Vorhöfe zertrampelt?
13 Bringt mir nicht länger sinnlose Gaben, /
Rauchopfer, die mir ein Greuel sind.
Neumond und Sabbat und Festversammlung /
Frevel und Feste – ertrage ich nicht.
14 Eure Neumondfeste und Feiertage / sind mir
in der Seele verhaßt,
sie sind mir zur Last geworden, / ich bin es
müde, sie zu ertragen.
15 Wenn ihr eure Hände ausbreitet, / verhülle ich
meine Augen vor euch.
Wenn ihr auch noch so viel betet, / ich höre es
nicht. / Eure Hände sind voller Blut.
16 Wascht euch, reinigt euch! / Laßt ab von eu-
rem üblen Treiben! / Hört auf, vor meinen Augen
Böses zu tun!
17 Lernt, Gutes zu tun! / Sorgt für das Recht!
Helft den Unterdrückten! / Verschafft den Wai-
sen Recht, / tretet ein für die Witwen!

Der Rechtsstreit Gottes mit seinem Volk

18 Kommt her, wir wollen sehen, / wer von uns
recht hat, / spricht der Herr.
Wären eure Sünden auch rot wie Scharlach, /
sie sollen weiß werden wie Schnee.

Wären sie rot wie Purpur, / sie sollen weiß werden wie Wolle.
19 Wenn ihr bereit seid zu hören, / sollt ihr den Ertrag des Landes genießen.
20 Wenn ihr aber trotzig seid und euch weigert, / werdet ihr vom Schwert gefressen. / Ja, der Mund des Herrn hat gesprochen.

Das Gericht über Jerusalem

21 Ach, sie ist zur Dirne geworden, die treue Stadt. / Einst war dort das Recht in voller Geltung,
die Gerechtigkeit war dort zu Hause, / jetzt aber herrschen die Mörder.
22 Dein Silber wurde zu Schlacke, / dein Wein ist verwässert.
23 Deine Fürsten sind Aufrührer / und eine Bande von Dieben,
alle lassen sich gerne bestechen / und jagen Geschenken nach.
Sie verschaffen den Waisen kein Recht, / die Sache der Witwen gelangt nicht vor sie.
24 Darum – Spruch Gottes, des Herrn der Heere, / des Starken Israels:
Weh meinen Gegnern, / ich will Rache nehmen an ihnen, / mich rächen an meinen Feinden.
25 Ich will meine Hand gegen dich wenden, / deine Schlacken will ich mit Lauge ausschmelzen, / all dein Blei schmelze ich aus.
26 Ich will dir wieder Richter geben wie am Anfang / und Ratsherrn wie zu Beginn.
Dann wird man dich die Burg der Gerechtigkeit nennen, / die treue Stadt.
27 Zion wird durch das Recht gerettet, / wer dort umkehrt, durch die Gerechtigkeit.
28 Doch alle Abtrünnigen und Sünder werden zerschmettert. / Wer den Herrn verläßt, wird vernichtet.
29 Ihr werdet in Schande stürzen / wegen der Eichen, die euch gefallen,
und werdet euch schämen / wegen der (heiligen) Haine, die ihr so gern habt.
30 Ihr werdet wie eine Eiche, deren Blätter verwelken, / und wie ein Garten, dessen Wasser versiegt ist.
31 Dann wird der Starke zu Werg, / und sein Tun zum zündenden Funken;
beide verbrennen zusammen, und niemand kann löschen.

Jerusalem als Mittelpunkt des messianischen Reiches

2 Das Wort, das Jesaja, der Sohn des Amoz, in einer Vision über Juda und Jerusalem gehört hat.
2 Am Ende der Tage wird es geschehen:
Der Berg mit dem Haus des Herrn / steht fest gegründet als höchster der Berge;
er überragt alle Hügel. / Zu ihm strömen alle Völker.
3 Viele Nationen machen sich auf den Weg. / Sie sagen: Kommt,
wir ziehen hinauf zum Berg des Herrn / und zum Haus des Gottes Jakobs.
Er zeige uns seine Wege, / auf seinen Pfaden wollen wir gehen.
Denn von Zion kommt die Weisung des Herrn, / aus Jerusalem sein Wort.
4 Er spricht Recht im Streit der Völker, / er weist viele Nationen zurecht.
Dann schmieden sie Pflugscharen aus ihren Schwertern / und Winzermesser aus ihren Lanzen.
Man zieht nicht mehr das Schwert, / Volk gegen Volk, und übt nicht mehr für den Krieg.
5 Ihr vom Haus Jakob, kommt, / wir wollen unsere Wege gehen im Licht des Herrn.

Der Tag Jahwes

6 Ja, du hast dein Volk, das Haus Jakob, verstoßen; / denn es ist voll von Zauberern und Wahrsagern / wie das Volk der Philister / und überflutet von Fremden.
7 Sein Land ist voll Silber und Gold, / zahllos sind seine Schätze.
Sein Land ist voll von Pferden, / zahllos sind seine Wagen.
8 Sein Land ist voll von Götzen. / Alle beten das Werk ihrer Hände an, / das ihre Finger gemacht haben.
9 Doch die Menschen müssen sich ducken, / jeder Mann muß sich beugen. / Verzeih ihnen nicht!
10 Verkriech dich im Felsen, / verbirg dich im Staub
vor dem Schrecken des Herrn / und seiner strahlenden Pracht!
11 Da senken sich die stolzen Augen der Menschen, / die hochmütigen Männer müssen sich ducken, / der Herr allein ist erhaben an jenem Tag.

[12] Denn der Tag des Herrn der Heere kommt / über alles Stolze und Erhabene, / über alles Hohe – es wird erniedrigt –,
[13] über alle hochragenden Zedern des Libanon / und alle Eichen des Baschan,
[14] über alle hohen Berge und alle stattlichen Hügel,
[15] über jeden hohen Turm und jede steile Mauer,
[16] über alle Tarschisch-Schiffe / und die kostbaren Segler.
[17] Die stolzen Menschen müssen sich ducken, / die hochmütigen Männer sich beugen, / der Herr allein ist erhaben an jenem Tag.
[18] Die Götzen aber schwinden alle dahin.
[19] Verkriecht euch in Felshöhlen und Erdlöchern / vor dem Schrecken des Herrn
und vor seiner strahlenden Pracht, / wenn er sich erhebt, um die Erde zu erschrecken.
[20] An jenem Tag nimmt jeder seine silbernen und goldenen Götzen, / die er gemacht hat, um sie anzubeten, / und wirft sie den Fledermäusen und Ratten hin;
[21] und man wird sich in den Spalten und Höhlen / der Felsen verkriechen / vor dem Schrecken des Herrn
und vor seiner strahlenden Pracht, / wenn er sich erhebt, um die Erde zu erschrecken.
[[22] Laßt doch ab vom Menschen; / in seiner Nase ist nur ein Lufthauch. / Was bedeutet er schon?]

Die Beseitigung der führenden Schichten

3 Seht, Gott, der Herr der Heere, / nimmt Jerusalem und Juda jede Stütze und Hilfe
[jede Unterstützung mit Brot / und jede Unterstützung mit Wasser]:
[2] den Helden und Krieger, / den Richter und den Propheten, / den Wahrsager und den Ältesten,
[3] den Hauptmann, den Höfling, den Ratsherrn, / den weisen Zauberer und den klugen Beschwörer.
[4] Ich mache junge Burschen zu ihren Fürsten. / Willkür soll über sie herrschen.
[5] Dann bedrängt im Volk einer den andern, / und jeder bedrängt seinen Nächsten.
Die Jungen sind frech zu den Alten, / die Geringen zu den geachteten Männern.
[6] Dann faßt einer im Haus seines Vaters / den Bruder am Arm und sagt:
Du hast noch einen Mantel, / du mußt unser Anführer sein. / Sei der Herr dieser Trümmer!
[7] Der aber wird an jenem Tag schreien: / Ich bin doch kein Arzt,
und in meinem Haus gibt es kein Brot, / und es gibt keinen Mantel. / Macht mich nicht zum Führer des Volkes!
[8] Ja, Jerusalem stürzt, und Juda fällt; / denn ihre Worte und ihre Taten richten sich gegen den Herrn, / sie trotzen den Augen seiner Majestät.
[9] Ihre frechen Gesichter klagen sie an, / wie Sodom reden sie ganz offen von ihren Sünden. / Weh ihnen, sie bereiten sich selber ihr Unglück.
[10] Wohl dem Gerechten, denn ihm geht es gut; / er wird die Frucht seiner Taten genießen.
[11] Weh dem Frevler, ihm geht es schlecht; / denn was er selber getan hat, / das wird man ihm antun.
[12] Mein Volk – seine Herrscher sind voller Willkür, / Wucherer beherrschen das Volk.
Mein Volk, deine Führer führen dich in die Irre, / sie bringen dich ab vom richtigen Weg.
[13] Der Herr steht bereit, um Recht zu sprechen; / er steht da, um sein Volk zu richten.
[14] Der Herr geht ins Gericht / mit den Ältesten und den Fürsten seines Volkes:
Ihr, ihr habt den Weinberg geplündert; / eure Häuser sind voll von dem, / was ihr den Armen geraubt habt.
[15] Wie kommt ihr dazu, mein Volk zu zerschlagen? / Ihr zermalmt das Gesicht der Armen – / Spruch des Herrn der Heere.

Die hochmütigen Frauen von Jerusalem

[16] Der Herr sprach: Weil die Töchter Zions
hochmütig sind, ihre Hälse recken und mit verführerischen Blicken daherkommen, immerzu trippelnd daherstolzieren und mit ihren Fußspangen klirren,
[17] darum wird der Herr den Scheitel der Töchter Zions mit Schorf bedecken und ihre Schläfen kahl werden lassen.
[18] An jenem Tag wird ihnen der Herr ihren Schmuck wegnehmen: die Fußspangen, die kleinen Sonnen und Monde,
[19] die Ohrgehänge und Armkettchen, die Schleier
[20] und Turbane, die Fußkettchen und die Prachtgürtel, die Riechfläschchen und die Amulette,
[21] die Fingerringe und Nasenreife,
[22] die Festkleider und Umhänge, die Umschlagtücher und Täschchen
[23] und die Spiegel, die feinen Schleier, die Schals und Kopftücher.
[24] Dann habt ihr Moder statt Balsam, / Strick statt Gürtel, Glatze statt kunstvolle Locken,

Trauergewand statt Festkleid, / ja, Schande statt
Schönheit.
25 Deine Männer sterben durchs Schwert, /
deine jungen Krieger fallen im Kampf.
26 Zions Tore ächzen und klagen; / ausgeplün-
dert sitzt es am Boden.

4 An jenem Tag klammern sich sieben Frauen
an einen einzigen Mann und sagen: Wir
wollen unser eigenes Brot essen und uns selber
kleiden, nur laß uns deinen Namen tragen, nimm
die Schande von uns!

Die Rettung der Übriggebliebenen

2 An jenem Tag wird, was der Herr sprossen läßt,
für alle Israeliten, die entronnen sind, eine Zierde
und Ehre sein; die Früchte des Landes sind ihr
Stolz und Ruhm. 3 Dann wird der Rest von Zion,
und wer in Jerusalem noch übrig ist, heilig ge-
nannt werden, jeder, der in Jerusalem in das Ver-
zeichnis derer, die am Leben bleiben sollen, ein-
getragen ist. 4 Wenn der Herr durch den Sturm
des Gerichts und den Sturm der Läuterung von
den Töchtern Zions den Kot abgewaschen und
aus Jerusalems Mitte die Blutschuld weggespült
hat, 5 dann kommt er, und über dem ganzen Ge-
biet des Berges Zion und seinen Festplätzen er-
scheint bei Tag eine Wolke und bei Nacht Rauch
und eine strahlende Feuerflamme. Denn über al-
lem liegt als Schutz und Schirm die Herrlichkeit
des Herrn; 6 sie spendet bei Tag Schatten vor der
Hitze und ist Zuflucht und Obdach bei Unwetter
und Regen.

Das Lied vom Weinberg

5 Ich will ein Lied singen von meinem gelieb-
ten Freund, / ein Lied vom Weinberg meines
Liebsten.
Mein Freund hatte einen Weinberg / auf einer
fruchtbaren Höhe.
2 Er grub ihn um und entfernte die Steine / und
bepflanzte ihn mit den edelsten Reben.
Er baute mitten darin einen Turm / und hieb
eine Kelter darin aus.
Dann hoffte er, / daß der Weinberg süße Trau-
ben brächte, / doch er brachte nur saure Beeren.
3 Nun sprecht das Urteil, Jerusalems Bürger und
ihr Männer von Juda, / im Streit zwischen mir
und dem Weinberg!
4 Was konnte ich noch für meinen Weinberg
tun, / das ich nicht für ihn tat?
Warum hoffte ich denn auf süße Trauben? /
Warum brachte er nur saure Beeren?
5 Jetzt aber will ich euch kundtun, / was ich mit
meinem Weinberg mache:
Ich entferne seine schützende Hecke; / so wird
er zur Weide.
Seine Mauer reiße ich ein; / dann wird er zer-
trampelt.
6 Zu Ödland will ich ihn machen. / Man soll seine
Reben nicht schneiden / und soll ihn nicht hacken;
Dornen und Disteln werden dort wuchern. / Ich
verbiete den Wolken, ihm Regen zu spenden.
7 Ja, der Weinberg des Herrn der Heere / ist das
Haus Israel,
und die Männer von Juda sind die Reben, / die
er zu seiner Freude gepflanzt hat.
Er hoffte auf Rechtsspruch – / doch siehe da:
Rechtsbruch,
und auf Gerechtigkeit – / doch siehe da: Der
Rechtlose schreit.

Sechs Weherufe über das trotzige Israel

8 Weh euch, die ihr Haus an Haus reiht / und Feld
an Feld fügt,
bis kein Platz mehr da ist / und ihr allein im
Land ansässig seid.
9 Meine Ohren hören das Wort des Herrn der
Heere: / Wahrhaftig, alle eure Häuser sollen ver-
öden.
So groß und schön sie auch sind: / Sie sollen un-
bewohnt sein.
10 Ein Weinberg von zehn Morgen bringt nur ein
Bat Wein, / ein Hómer Saatgut bringt nur ein Efa
Korn.
11 Weh euch, die ihr schon früh am Morgen / hin-
ter dem Bier her seid
und sitzen bleibt bis spät in die Nacht, / wenn
euch der Wein erhitzt.
12 Bei ihren Gelagen spielt man Zither und
Harfe, / Pauken und Flöten;
aber was der Herr tut, beachten sie nicht, / was
seine Hände vollbringen, sehen sie nicht.
13 Darum muß mein Volk in die Verbannung; /
denn es hat keine Erkenntnis.
Seine Reichen sterben vor Hunger, / die Masse
der Armen verschmachtet vor Durst.
14 Darum sperrt die Unterwelt ihren Rachen auf,
maßlos weit reißt sie ihr Maul auf,
so daß des Volkes Pracht und Reichtum hinab-
fährt, / der ganze lärmende, johlende Haufen.

15 Die Menschen müssen sich ducken, / jeder
Mann muß sich beugen, / die stolzen Augen wer-
den sich senken.
16 Doch der Herr der Heere ist erhaben, / wenn
er Gericht hält,
durch seine Gerechtigkeit / erweist der heilige
Gott sich als heilig.
17 Dann grasen dort Lämmer wie auf der Weide, /
in den Ruinen weiden fette Schafe.
18 Weh euch, die ihr die Strafe wie mit Ochsen-
stricken herbeizieht / und die Sünde wie mit Wa-
genseilen.
19 Ihr sagt: Was er tun will, das tue er schnell; /
er soll sich beeilen, damit wir es sehen;
was der Heilige Israels plant, treffe bald ein; /
wir wollen es wissen.
20 Weh denen, die das Böse gut und das
Gute böse nennen, / die die Finsternis zum
Licht und das Licht zur Finsternis machen, /
die das Bittere süß und das Süße bitter ma-
chen.
21 Weh denen, die in ihren eigenen Augen weise
sind / und sich selbst für klug halten.
22 Weh denen, die Helden sind, / wenn es gilt,
Wein zu trinken, / und tapfer, wenn es gilt, starke
Getränke zu brauen,
23 die den Schuldigen für Bestechungsgeld frei-
sprechen und dem Gerechten sein Recht vorent-
halten.
24 Darum: Wie des Feuers Zunge die Stoppeln
frißt / und wie das Heu in der Flamme zusam-
mensinkt,
so soll ihre Wurzel verfaulen / und ihre Blüte
wie Staub aufgewirbelt werden.
Denn sie haben die Weisung des Herrn der
Heere von sich gewiesen / und über das Wort des
Heiligen Israels gelästert.

Die Ankündigung der assyrischen Invasion

25 Darum entbrennt der Zorn des Herrn gegen sein
Volk; / er streckt seine Hand aus gegen das Volk
und schlägt zu.
Da erzittern die Berge, / und die Leichen liegen
auf den Gassen wie Abfall.
Doch bei all dem läßt sein Zorn nicht nach, /
seine Hand bleibt ausgestreckt.
26 Er stellt ein Feldzeichen auf für ein Volk in der
Ferne,
er pfeift es herbei vom Ende der Erde, / und
schon kommen sie eilig heran.
27 Kein Müder ist unter ihnen, keiner, der stol-
pert, / keiner, der einnickt und schläft.
Bei keinem löst sich der Gürtel von den Hüften, /
noch reißt ein Schuhriemen ab.
28 Ihre Pfeile sind scharf, / alle ihre Bogen gespannt
Die Hufe ihrer Pferde sind hart wie Kiesel, / die
Räder sausen dahin wie der Sturm.
29 Es ist ein Lärm wie das Brüllen des Löwen, /
wie wenn ein Junglöwe brüllt.
Er knurrt und packt seine Beute, / er schleppt sie
fort, / und niemand reißt sie ihm weg.
30 Und es dröhnt über ihnen an jenem Tag / wie
das Brausen des Meeres.
Wohin man blickt auf der Erde: / nur Finsternis
voller Angst; / das Licht ist durch Wolken ver-
dunkelt.

Die Berufung des Propheten

6 Im Todesjahr des Königs Usija sah ich den
Herrn. Er saß auf einem hohen und erhabe-
nen Thron. Der Saum seines Gewandes füllte den
Tempel aus. 2 Serafim standen über ihm. Jeder
hatte sechs Flügel: Mit zwei Flügeln bedeckten
sie ihr Gesicht, mit zwei bedeckten sie ihre Füße,
und mit zwei flogen sie. 3 Sie riefen einander zu:
Heilig, heilig, heilig ist der Herr der Heere. / Von
seiner Herrlichkeit ist die ganze Erde erfüllt.
4 Die Türschwellen bebten bei ihrem lauten Ruf,
und der Tempel füllte sich mit Rauch.
5 Da sagte ich: Weh mir, ich bin verloren. Denn
ich bin ein Mann mit unreinen Lippen und lebe
mitten in einem Volk mit unreinen Lippen, und
meine Augen haben den König, den Herrn der
Heere, gesehen. 6 Da flog einer der Serafim zu mir;
er trug in seiner Hand eine glühende Kohle, die er
mit einer Zange vom Altar genommen hatte. 7 Er
berührte damit meinen Mund und sagte:
Das hier hat deine Lippen berührt: / Deine
Schuld ist getilgt, / deine Sünde gesühnt.
8 Danach hörte ich die Stimme des Herrn, der
sagte: Wen soll ich senden? Wer wird für uns ge-
hen? Ich antwortete: Hier bin ich, sende mich!
9 Da sagte er:
Geh und sag diesem Volk: / Hören sollt ihr,
hören, aber nicht verstehen. / Sehen sollt ihr, se-
hen, aber nicht erkennen.
10 Verhärte das Herz dieses Volkes, / verstopf ihm
die Ohren, / verkleb ihm die Augen,
damit es mit seinen Augen nicht sieht / und mit
seinen Ohren nicht hört,

damit sein Herz nicht zur Einsicht kommt / und
sich nicht bekehrt und nicht geheilt wird.
11 Ich fragte: Wie lange, Herr? / Er antwortete:
Bis die Städte verödet sind und unbewohnt, /
die Häuser menschenleer, / bis das Ackerland zur
Wüste geworden ist.
12 Der Herr wird die Menschen weit weg trei-
ben; / dann ist das Land leer und verlassen.
13 Bleibt darin noch ein Zehntel übrig – / auch sie
werden schließlich vernichtet,
wie bei einer Eiche oder Terebinthe, / von der
nur der Stumpf bleibt, wenn man sie fällt. / [Ihr
Stumpf ist heiliger Same.]

Die Weissagung über den Immanuel

7 In der Zeit, als Ahas, der Sohn Jotams, des
Sohnes Usijas, König von Juda war, zogen Re-
zin, der König von Aram, und Pekach, der Sohn
Remaljas, der König von Israel, gegen Jerusalem in
den Krieg; aber sie konnten die Stadt nicht ein-
nehmen. 2 Als man dem Haus David meldete:
Aram hat sich mit Efraim verbündet!, da zitterte
das Herz des Königs und das Herz seines Volkes,
wie die Bäume des Waldes im Wind zittern. 3 Der
Herr aber sagte zu Jesaja: Geh zur Walkerfeld-
straße hinaus, zusammen mit deinem Sohn
Schear-Jaschub (Ein Rest kehrt um), an das Ende
der Wasserleitung des oberen Teiches, um Ahas zu
treffen. 4 Sag zu ihm: Bewahre die Ruhe, fürchte
dich nicht! Dein Herz soll nicht verzagen wegen
dieser beiden Holzscheite, dieser rauchenden
Stummel, wegen des glühenden Zorns Rezins
von Aram und des Sohnes Remaljas. 5 Zwar pla-
nen Aram, Efraim und der Sohn Remaljas Böses
gegen dich und sagen: 6 Wir wollen gegen Juda zie-
hen, es an uns reißen und für uns erobern; dann
wollen wir den Sohn Tabeals dort zum König ma-
chen. 7 Doch so spricht Gott, der Herr:
Das kommt nicht zustande, / das wird nicht ge-
schehen.
8 Denn das Haupt von Aram ist Damaskus, / und
das Haupt von Damaskus ist Rezin.
Noch fünfundsechzig Jahre, / dann wird Efraim
zerschlagen, / es wird aufhören, ein Volk zu sein.
9 Das Haupt von Efraim ist Samaria, / und das
Haupt von Samaria ist der Sohn Remaljas. /
Glaubt ihr nicht, so bleibt ihr nicht.
10 Der Herr sprach noch einmal zu Ahas; er sagte:
11 Erbitte dir vom Herrn, deinem Gott, ein Zeichen,
sei es von unten, aus der Unterwelt, oder von
oben, aus der Höhe. 12 Ahas antwortete: Ich will
um nichts bitten und den Herrn nicht auf die
Probe stellen. 13 Da sagte Jesaja: Hört her, ihr vom
Haus David! Genügt es euch nicht, Menschen zu
belästigen? Müßt ihr auch noch meinen Gott
belästigen? 14 Darum wird euch der Herr von sich
aus ein Zeichen geben: Seht, die Jungfrau wird ein
Kind empfangen, sie wird einen Sohn gebären,
und sie wird ihm den Namen Immanuel (Gott mit
uns) geben. 15 Er wird Butter und Honig essen bis
zu der Zeit, in der er versteht, das Böse zu ver-
werfen und das Gute zu wählen. 16 Denn noch be-
vor das Kind versteht, das Böse zu verwerfen und
das Gute zu wählen, wird das Land verödet sein,
vor dessen beiden Königen dich das Grauen
packt. 17 Der Herr wird Tage kommen lassen über
dich und dein Volk und das Haus deines Vaters
[durch den König von Assur], wie man sie nicht
mehr erlebt hat, seit Efraim von Juda abgefallen
ist.
18 An jenem Tag wird der Herr den Fliegen an
den Mündungen des Nil in Ägypten pfeifen und
den Bienen im Land Assur, 19 und alle kommen
und lassen sich nieder in den Schluchten und
Felsspalten, in allen Hecken und an allen Wasser-
stellen. 20 An jenem Tag wird der Herr mit dem
Messer, das er jenseits des Eufrat gekauft hat [mit
dem König von Assur], euch den Kopf kahlsche-
ren und die Schamhaare abrasieren; auch den
Bart schneidet er ab.
21 An jenem Tag wird ein Mann nur eine junge
Kuh und ein paar Schafe halten. 22 Aber sie wer-
den so viel Milch geben, daß man Butter essen
kann. Ja, Butter und Honig essen alle, die im Land
übriggeblieben sind. 23 An jenem Tag wird jedes
Grundstück, auf dem jetzt tausend Weinstöcke im
Wert von tausend Silberstücken stehen, voll von
Dornen und Disteln sein. 24 Nur mit Pfeil und Bo-
gen geht man dorthin; denn das ganze Land ist
voll von Dornen und Disteln. 25 Aus Angst vor den
Dornen und Disteln geht man auf keinen von all
den Bergen mehr, die man jetzt noch mit der
Hacke bearbeitet. Man treibt die Rinder dorthin
und läßt die Schafe dort weiden.

Die Geburt eines Sohnes des Propheten

8 Der Herr sagte zu mir: Nimm eine große Ta-
fel, und schreib darauf mit einem gewöhnli-
chen Griffel: Maher-Schalal-Hasch-Bas (Schnelle
Beute – Rascher Raub). 2 Und ich nahm mir zu-

verlässige Zeugen, den Priester Urija und
Secharja, den Sohn Jeberechjas. 3 Dann ging ich
zu der Prophetin, und sie wurde schwanger
und gebar einen Sohn. Da sagte der Herr zu mir:
Gib ihm den Namen Maher-Schalal-Hasch-Bas!
4 Denn noch bevor der Knabe »Vater« und »Mut-
ter« sagen lernt, wird man den Reichtum von Da-
maskus und die Beute von Samaria dem König
von Assur vorantragen.

Warnung vor Unglauben und Untreue

5 Weiter sagte der Herr zu mir: 6 Weil dieses Volk
die ruhig dahinfließenden Wasser von Schiloach
verachtet und vor Rezin und dem Sohn Remaljas
verzagt, 7 darum wird der Herr die gewaltigen und
großen Wasser des Eufrat [den König von Assur
und seine ganze Macht] über sie dahinfluten las-
sen. Und der Fluß wird alle seine Kanäle überflu-
ten und über alle Ufer treten. 8 Auch auf Juda wird
er übergreifen, er wird es überfluten und über-
schwemmen, bis er den Leuten an den Hals
reicht. Die Ausläufer seiner Fluten bedecken weit
und breit dein Land, Immanuel.

9 Tobt, ihr Völker! Ihr werdet doch zerschmet-
tert. / Horcht auf, ihr Enden der Erde!
Rüstet nur! Ihr werdet doch zerschmettert. / Rü-
stet! Ihr werdet zerschmettert.
10 Macht nur Pläne! Sie werden vereitelt. / Was
ihr auch sagt, es kommt nicht zustande. / Denn
»Gott ist mit uns«.
11 Denn so sprach der Herr, als seine Hand mich
packte und er mich davon abhielt, auf dem Weg
dieses Volkes zu gehen:
12 Nennt nicht alles Verschwörung, / was dieses
Volk Verschwörung nennt.
Was es fürchtet, sollt ihr nicht fürchten; / wovor
es erschrickt, davor sollt ihr nicht erschrecken.
13 Den Herrn der Heere sollt ihr heilig halten; /
vor ihm sollt ihr euch fürchten, / vor ihm sollt ihr
erschrecken.
14 Er wird das Heiligtum sein für die beiden Rei-
che Israels: / der Stein, an dem man anstößt, / der
Felsen, an dem man zu Fall kommt.
Eine Schlinge und Falle wird er sein / für alle,
die in Jerusalem wohnen.
15 Viele stolpern darüber, / sie fallen und zer-
schellen; / sie verstricken und verfangen sich.
16 Ich will diese Warnung sorgfältig bewahren /
und die Lehre in meinen Jüngern wie mit einem
Siegel verschließen.
17 Ich will auf den Herrn warten, / der jetzt sein
Angesicht vor dem Haus Jakob verhüllt, / auf ihn
will ich hoffen.
18 Seht, ich und die Kinder, / die der Herr mir ge-
schenkt hat,
wir sind in Israel ein (warnendes) Zeichen, / ein
Mahnmal vom Herrn der Heere, / der auf dem
Berg Zion wohnt.
19 Wenn man euch sagt: Befragt die Totengeister
und Zauberkundigen, die flüstern und murmeln!,
(dann erwidert:) Soll ein Volk nicht lieber seinen
Gott befragen? Warum soll man für die Lebenden
die Toten befragen? 20 Lehre und Warnung: Wer
nicht so denkt, für den gibt es kein Morgenrot.
21 Er wandert umher, verdrossen und hungrig.
Und wenn er hungert, dann wird er wütend, und
er verflucht seinen König und seinen Gott. Er
blickt nach oben 22 und blickt zur Erde; aber übe-
rall sieht er nur Not, Finsternis und beängstigen-
des Dunkel. Doch die Finsternis wird ver-
scheucht; 23 denn wer jetzt in Not ist, bleibt nicht
im Dunkel.
Einst hat er das Land Sebulon und das Land
Naftali verachtet, aber später bringt er die Straße
am Meer wieder zu Ehren, das Land jenseits des
Jordan, das Gebiet der Heiden.

Die Verheißung der Geburt des göttlichen Kindes

9 Das Volk, das im Dunkel lebt, / sieht ein hel-
les Licht;
über denen, die im Land der Finsternis woh-
nen, / strahlt ein Licht auf.
2 Du erregst lauten Jubel / und schenkst große
Freude.
Man freut sich in deiner Nähe, / wie man sich
freut bei der Ernte, / wie man jubelt, wenn Beute
verteilt wird.
3 Denn wie am Tag von Midian zerbrichst du das
drückende Joch, / das Tragholz auf unserer Schul-
ter und den Stock des Treibers.
4 Jeder Stiefel, der dröhnend daherstampft, / je-
der Mantel, der mit Blut befleckt ist, / wird ver-
brannt, wird ein Fraß des Feuers.
5 Denn uns ist ein Kind geboren, / ein Sohn ist
uns geschenkt.
Die Herrschaft liegt auf seiner Schulter; / man
nennt ihn: Wunderbarer Ratgeber, Starker Gott, /
Vater in Ewigkeit, Fürst des Friedens.
6 Seine Herrschaft ist groß, / und der Friede hat
kein Ende.

Auf dem Thron Davids herrscht er über sein
Reich; / er festigt und stützt es durch Recht und
Gerechtigkeit, / jetzt und für alle Zeiten.
Der leidenschaftliche Eifer des Herrn der Heere /
wird das vollbringen.

Die Ankündigung des Strafgerichts über Israel

7 Der Herr hat ein Wort gegen Jakob geschleudert, /
es fiel in Israel nieder.
8 Das ganze Volk sollte zur Einsicht kommen, /
Efraim, und wer in Samaria wohnt, / alle, die
hochmütig prahlten:
9 Die Ziegelmauern sind gefallen, / jetzt bauen
wir mit Quadern;
die Maulbeerbäume hat man gefällt, / jetzt
pflanzen wir Zedern.
10 Da stachelte der Herr Jakobs Gegner auf / und
hetzte seine Feinde gegen ihn,
11 Aram im Osten, die Philister im Westen, / und
sie fraßen Israel mit gierigem Maul.
Doch bei all dem läßt sein Zorn nicht nach, /
seine Hand bleibt ausgestreckt.
12 Aber das Volk kehrte nicht um zu dem, der es
schlug; / sie suchten den Herrn der Heere nicht.
13 Da schnitt der Herr dem Volk Israel den Kopf
und den Schwanz ab, / Palmzweig und Binse am
selben Tag:
14 Die Ältesten und Vornehmen, sie sind der
Kopf; / der Schwanz sind die Propheten, die Lü-
gen verkünden.
15 Die Führer dieses Volks sind Verführer; / wer
sich von ihnen führen läßt, / wird in die Irre ge-
leitet.
16 Deshalb verschont der Herr weder die Män-
ner, / noch hat er mit den Witwen und Waisen Er-
barmen.
Denn alle sind ruchlos und böse; / aus jedem
Mund kommt verruchtes Geschwätz.
Doch bei all dem läßt sein Zorn nicht nach, /
seine Hand bleibt ausgestreckt.
17 Denn ihre Bosheit loderte auf wie ein Feuer, /
das Dornen und Disteln verzehrt.
Es entzündete das Dickicht des Waldes, / so daß
es in Rauchschwaden aufging.
18 Der Zorn des Herrn der Heere versengte das
Land; / das Volk wurde ein Raub der Flammen. /
Keiner verschonte den andern:
19 Man fraß rechts und blieb hungrig, / man fraß
links und wurde nicht satt. / Jeder fraß seinen
Nachbarn.
20 Manasse fraß Efraim und Efraim Manasse, /
und beide zusammen fraßen Juda.
Doch bei all dem läßt sein Zorn nicht nach, /
seine Hand bleibt ausgestreckt.

Ein Wehruf über die ungerechten Richter

10 Weh denen, die unheilvolle Gesetze er-
lassen / und unerträgliche Vorschriften
machen,
2 um die Schwachen vom Gericht fernzuhalten /
und den Armen meines Volkes ihr Recht zu rau-
ben,
um die Witwen auszubeuten und die Waisen
auszuplündern.
3 Was wollt ihr tun, wenn die Strafe naht, /
wenn das Unwetter von fern heraufzieht?
Zu wem wollt ihr flüchten, um Hilfe zu finden, /
wo euren Reichtum verstecken?
4 Ihr werdet euch unter Gefangenen (am Boden)
krümmen / und werdet unter Erschlagenen
liegen.
Doch bei all dem läßt sein Zorn nicht nach, /
seine Hand bleibt ausgestreckt.

Die Androhung der Vernichtung Assurs

5 Weh Assur, dem Stock meines Zorns! / Es ist der
Knüppel in meiner wütenden Hand.
6 Gegen ein ruchloses Volk schicke ich ihn, / auf
die Nation, der ich zürne, lasse ich ihn los,
damit er Beute erbeutet und raubt wie ein Räu-
ber, / sie zertritt wie den Staub auf den Straßen.
7 Doch Assur stellt es sich nicht so vor, / sein
Herz plant es anders,
es hat nur Vernichtung im Sinn, / die Ausrot-
tung nicht weniger Völker.
8 Denn es sagt: Ist nicht jeder meiner Fürsten ein
König? / 9 Ging es nicht Kalne genau so wie Kar-
kemisch, / Hamat wie Arpad, Samaria wie Da-
maskus?
10 Wie meine Hand die Königreiche der Götter er-
obert hat, / deren Götterbilder die von Jerusalem
und Samaria übertrafen,
11 wie ich es mit Samaria und seinen Göttern ge-
macht habe, / so mache ich es auch mit Jerusalem
und seinen Göttern.
12 Wenn der Herr sein Werk auf dem Berg Zion
und in Jerusalem vollendet hat, dann straft er das
hochmütige Gebaren und die dreiste Überheb-
lichkeit des Königs von Assur; 13 denn er hat ge-
sagt:

◁ 40 | *Ein Reis wird hervorgehen aus dem Stumpf Isais (Jes 11)*

Das alles habe ich mit meiner starken Hand /
und mit meiner Weisheit vollbracht; / denn ich
bin klug.
Die Grenzen zwischen den Völkern habe ich
aufgehoben, / ihre Schätze geplündert, / wie ein
Held habe ich die Könige vom Thron gestoßen.
14 Wie man in ein Nest greift, so griff meine
Hand / nach dem Reichtum der Völker.
Wie man verlassene Eier sammelt, / so habe ich
alle Länder der Erde gesammelt.
Da war keiner, der mit den Flügeln schlug, / kei-
ner, der den Schnabel aufriß und piepste.
15 Prahlt denn die Axt gegenüber dem, / der mit
ihr hackt, / oder brüstet die Säge sich vor dem, /
der mit ihr sägt?
Das wäre, wie wenn der Stock den Mann
schwingt, der ihn hochhebt, oder wie wenn der
Knüppel den hochhebt, der nicht aus Holz ist.
16 Darum schickt Gott, der Herr der Heere, / den
feisten Männern (von Assur) die Schwindsucht.
Er entfacht ein Feuer unter Assurs Pracht, / ein
loderndes Feuer.
17 Israels Licht wird zum Feuer, / sein Heiliger
wird zur Flamme.
Sie brennt und verzehrt die Dornen und Disteln
von Assur / an einem einzigen Tag.
18 Seinen herrlichen Wald, seinen fruchtbaren
Garten, / mit Stumpf und Stiel vernichtet er ihn; /
es ist, wie wenn ein Kranker dahinsiecht.
19 Von den Bäumen in seinem Wald / bleiben nur
wenige übrig, / selbst ein Kind kann sie zählen.
20 An jenem Tag wird Israels Rest – und wer vom
Haus Jakob entkommen ist – sich nicht mehr auf
den stützen, der ihn schlägt, sondern er stützt sich
in beständiger Treue auf den Herrn, auf den Heili-
gen Israels.
21 Ein Rest kehrt um zum starken Gott, / ein Rest
von Jakob.
22 Israel, wenn auch dein Volk so zahlreich ist /
wie der Sand am Meer – / nur ein Rest von ihnen
kehrt um. / Die Vernichtung ist beschlossen, / die
Gerechtigkeit flutet heran.
23 Ja, Gott, der Herr der Heere, vollstreckt auf der
ganzen Erde die Vernichtung, die er beschlossen
hat.
24 Darum – so spricht Gott, der Herr der Heere:
Fürchte dich nicht, mein Volk, das auf dem Berg
Zion wohnt, vor Assur, das dich mit dem Stock
schlägt und das seinen Knüppel gegen dich er-
hebt wie einst die Ägypter. 25 Nur noch ganz
kurze Zeit, dann wird mein grimmiger Zorn sie
völlig vernichten, 26 dann schwingt der Herr der
Heere über sie die Peitsche, wie einst, als er Mi-
dian am Rabenfels schlug. Er erhebt seinen Stab
über das Meer wie einst in Ägypten.
27 An jenem Tag fällt Assurs Last von deiner
Schulter, / sein Joch wird von deinem Nacken ge-
nommen.
28 Assur zieht von Rimmon herauf, / rückt gegen
Aja vor,
marschiert durch Migron und läßt seinen Troß
in Michmas zurück.
29 Sie passieren den Paß und übernachten
in Geba. / Rama erschrickt, und es flieht Gibea-
Saul.
30 Laß deine Stimme gellen, Tochter Gallim! /
Lausche, Lajescha! Anatot, antworte ihr!
31 Madmena flüchtet, / die Bewohner von Ge-
bim ergreifen die Flucht.
32 Heute noch wird er in Nob Stellung bezie-
hen / und seine Hand drohend gegen den Berg
der Tochter Zion erheben, / gegen Jerusalems
Hügel.
33 Seht, Gott, der Herr der Heere, / schlägt mit
schrecklicher Gewalt die Zweige ab.
Die mächtigen Bäume werden gefällt, / und al-
les, was hoch ist, wird niedrig.
34 Das Dickicht des Waldes wird mit dem Eisen
gerodet, / der Libanon fällt durch die Hand eines
Mächtigen.

Die Ankündigung des messianischen Reiches

11 Doch aus dem Baumstumpf Isais wächst
ein Reis hervor, / ein junger Trieb aus sei-
nen Wurzeln bringt Frucht.
2 Der Geist des Herrn läßt sich nieder auf ihm: /
der Geist der Weisheit und der Einsicht, / der
Geist des Rates und der Stärke, / der Geist der Er-
kenntnis und der Gottesfurcht.
3 [Er erfüllt ihn mit dem Geist der Gottes-
furcht.] / Er richtet nicht nach dem Augen-
schein, / und nicht nur nach dem Hörensagen
entscheidet er,
4 sondern er richtet die Hilflosen gerecht / und
entscheidet für die Armen des Landes, / wie es
recht ist.
Er schlägt den Gewalttätigen / mit dem Stock
seines Wortes
und tötet den Schuldigen / mit dem Hauch sei-
nes Mundes.

[5] Gerechtigkeit ist der Gürtel um seine Hüften, / Treue der Gürtel um seinen Leib.
[6] Dann wohnt der Wolf beim Lamm, / der Panther liegt beim Böcklein.
Kalb und Löwe weiden zusammen, / ein kleiner Knabe kann sie hüten.
[7] Kuh und Bärin freunden sich an, / ihre Jungen liegen beieinander. / Der Löwe frißt Stroh wie das Rind.
[8] Der Säugling spielt vor dem Schlupfloch der Natter, / das Kind streckt seine Hand / in die Höhle der Schlange.
[9] Man tut nichts Böses mehr / und begeht kein Verbrechen / auf meinem ganzen heiligen Berg;
denn das Land ist erfüllt von der Erkenntnis des Herrn, / so wie das Meer mit Wasser gefüllt ist.
[10] An jenem Tag wird es der Sproß aus der Wurzel Isais sein, / der dasteht als Zeichen für die Nationen;
die Völker suchen ihn auf; / sein Wohnsitz ist prächtig.
[11] An jenem Tag wird der Herr seine Hand von neuem erheben, / um den übriggebliebenen Rest seines Volkes zurückzugewinnen,
von Assur und Ägypten, von Patros und Kusch, / von Elam, Schinar und Hamat / und von den Inseln des Meeres.
[12] Er stellt für die Völker ein Zeichen auf, / um die Versprengten Israels wieder zu sammeln, / um die Zerstreuten Judas zusammenzuführen / von den vier Enden der Erde.
[13] Dann hört der Neid Efraims auf, / die Feinde Judas werden vernichtet.
Efraim ist nicht mehr eifersüchtig auf Juda, / und Juda ist nicht mehr Efraims Feind.
[14] Sie stoßen nach Westen vor wie im Flug, / den Philistern in die Flanke; / vereint plündern sie die Völker des Ostens aus.
Sie ergreifen Besitz von Edom und Moab, / die Ammoniter müssen ihnen gehorchen.
[15] Der Herr trocknet die Bucht des ägyptischen Meeres aus; / er schwingt in glühendem Zorn seine Faust gegen den Eufrat
und zerschlägt ihn in sieben einzelne Bäche, / so daß man in Sandalen hindurchgehen kann.
[16] So entsteht eine Straße für den Rest seines Volkes, / der übriggelassen wurde von Assur,
eine Straße, wie es sie für Israel gab, / als es aus Ägypten heraufzog.

Das Danklied der Geretteten

12 An jenem Tag wirst du sagen:/ Ich danke dir, Herr.
Du hast mir gezürnt, / doch dein Zorn hat sich gewendet, / und du hast mich getröstet.
[2] Ja, Gott ist meine Rettung; / ihm will ich vertrauen und niemals verzagen.
Denn meine Stärke und mein Lied ist der Herr. / Er ist für mich zum Retter geworden.
[3] Ihr werdet Wasser schöpfen voll Freude / aus den Quellen des Heils.
[4] An jenem Tag werdet ihr sagen: / Dankt dem Herrn! Ruft seinen Namen an!
Macht seine Taten unter den Völkern bekannt, / verkündet: Sein Name ist groß und erhaben!
[5] Preist den Herrn; / denn herrliche Taten hat er vollbracht; / auf der ganzen Erde soll man es wissen.
[6] Jauchzt und jubelt, ihr Bewohner von Zion; / denn groß ist in eurer Mitte der Heilige Israels.

Worte über einzelne Völker: 13,1–23,18

Das Gericht über Babel: 13,1–14,23

Die Vernichtung Babels

13 Ausspruch über Babel – eine Vision, die Jesaja, der Sohn des Amoz, hatte:
[2] Stellt auf einem kahlen Berg ein Feldzeichen auf, / erhebt die Stimme, und ruft meine Helden herbei!
Winkt mit der Hand: Sie sollen einziehen / durch die Tore der Edlen.
[3] Ich selbst habe meine heiligen Krieger aufgeboten, / ich habe sie alle zusammengerufen,
meine hochgemuten, jauchzenden Helden, / damit sie meinen Zorn vollstrecken.
[4] Horch, es dröhnt im Gebirge / wie der Lärm von zahllosen Menschen.
Horch, ganze Königreiche brausen heran, / viele Völker kommen zusammen. / Der Herr der Heere mustert die Truppen.

5 Sie kommen aus einem fernen Land, vom Ende
des Himmels: / der Herr und die Waffen sei-
nes Zorns, / um das ganze Land zu verwü-
sten.
6 Schreit auf, denn der Tag des Herrn ist nahe; /
er kommt wie eine zerstörende Macht vom All-
mächtigen.
7 Da sinken alle Hände herab, / und das Herz al-
ler Menschen verzagt.
8 Sie sind bestürzt; sie werden von Krämpfen
und Wehen befallen, / wie eine Gebärende win-
den sie sich.
Einer starrt auf den andern, / wie Feuer glüht ihr
Gesicht.
9 Seht, der Tag des Herrn kommt, / voll Grau-
samkeit, Grimm und glühendem Zorn; / dann
macht er die Erde zur Wüste, / und die Sünder
vertilgt er.
10 Die Sterne und Sternbilder am Himmel / las-
sen ihr Licht nicht mehr leuchten.
Die Sonne ist dunkel, schon wenn sie aufgeht, /
der Mond läßt sein Licht nicht mehr scheinen.
11 Dann bestrafe ich den Erdkreis für seine Ver-
brechen / und die Bösen für ihre Vergehen.
Dem Hochmut der Stolzen mache ich ein
Ende / und werfe die hochmütigen Tyrannen zu
Boden.
12 Die Menschen mache ich seltener als Fein-
gold, / die Menschenkinder rarer als Golderz aus
Ofir.
13 Dann wird der Himmel erzittern, / und die
Erde beginnt an ihrem Ort zu wanken
wegen des Grimms des Herrn der Heere / am
Tag seines glühenden Zorns.
14 Wie aufgescheuchte Gazellen, / wie eine
Schafherde, die niemand zusammenhält,
so eilt dann jeder zu seinem Volk, / so flieht je-
der in sein Land.
15 Man sticht jeden nieder, dem man begegnet; /
wen man zu fassen bekommt, / der fällt unter
dem Schwert.
16 Vor ihren Augen werden ihre Kinder zer-
schmettert, / ihre Häuser geplündert, ihre Frauen
geschändet.
17 Seht, ich stachle die Meder gegen sie auf, / de-
nen das Silber nichts gilt / und das Gold nichts be-
deutet.
18 Ihre Bogen strecken die jungen Männer nie-
der; / mit der Leibesfrucht haben sie kein Erbar-
men, / mit den Kindern kein Mitleid.
19 Wie es Sodom und Gomorra erging, / als Gott
sie zerstörte,
so wird es Babel ergehen, / dem Kleinod unter
den Königreichen, / dem Schmuckstück der stol-
zen Chaldäer.
20 Für immer wird es unbewohnt sein, / bis zu
den fernsten Generationen / wird es nicht mehr
besiedelt.
Nicht einmal ein Beduine / schlägt dort sein
Zelt auf, / kein Hirt läßt seine Herde dort la-
gern.
21 Dort haben nur Wüstenhunde ihr Lager, / die
Häuser sind voller Eulen,
Strauße lassen sich dort nieder, / und Böcke
springen umher.
22 Hyänen heulen in Babels Palästen, / in den
Lustschlössern heulen Schakale.
Die Zeit (seines Endes) steht nahe bevor, / Ba-
bels (letzte) Tage verzögern sich nicht.

Das Spottlied auf den König von Babel

14 Der Herr wird mit Jakob Erbarmen haben
und Israel von neuem erwählen. Er wird
ihnen Ruhe gewähren in ihrer Heimat; Fremde
gesellen sich ihnen bei und schließen sich an das
Haus Jakob an. 2 Die Völker werden Israel neh-
men und in seine Heimat zurückführen, und im
Land des Herrn wird das Haus Israel sie zu Leib-
eigenen machen, zu Knechten und Mägden. Es
wird die gefangenhalten, die es gefangenhielten,
und wird die unterdrücken, die es einst unter-
drückten. 3 Und wenn der Herr dir dann Ruhe ge-
währt nach deinen Leiden, deiner Unruhe und
der harten Knechtschaft, die du erdulden muß-
test, 4 dann wirst du auf den König von Babel die-
ses Spottlied singen:
Ach, der Unterdrücker fand sein Ende, / ein
Ende nahm die Not.
5 Der Herr hat die Knüppel der Frevler zerbro-
chen, / den Stock der Tyrannen,
6 der in seinem Zorn die Völker erschlug, / sie
schlug ohne Ende,
der die Völker in seiner Wut zertrat / und sie
verfolgte ohne jedes Erbarmen.
7 Nun hat die ganze Welt Ruhe und Frieden, /
man bricht in Jubel aus.
8 Selbst die Zypressen und die Zedern des Liba-
non / machen sich über dich lustig:
Seit du am Boden liegst, kommt keiner mehr
her, / um uns zu fällen.

9 Das Totenreich drunten gerät in Erregung, /
wenn du hinabkommst.
Deinetwegen weckt es die Totengeister auf, /
alle Fürsten der Erde,
alle Könige der Völker läßt es aufstehen von
ihren Thronen.
10 Sie alle rufen dir zu: / Auch du bist nun
kraftlos geworden wie wir, / jetzt bist du uns
gleich.
11 Hinabgeschleudert zur Unterwelt ist deine
Pracht / samt deinen klingenden Harfen.
Auf Würmer bist du gebettet, / Maden sind
deine Decke.
12 Ach, du bist vom Himmel gefallen, / du strah-
lender Sohn der Morgenröte.
Zu Boden bist du geschmettert, / du Bezwinger
der Völker.
13 Du aber hattest in deinem Herzen gedacht: /
Ich ersteige den Himmel;
dort oben stelle ich meinen Thron auf, / über
den Sternen Gottes;
auf den Berg der (Götter)versammlung setze ich
mich, / im äußersten Norden.
14 Ich steige weit über die Wolken hinauf, / um
dem Höchsten zu gleichen.
15 Doch in die Unterwelt wirst du hinabgewor-
fen, / in die äußerste Tiefe.
16 Jeder, der dich sieht, starrt dich an, / er blickt
genau auf dich hin und denkt:
Ist das der Mann, der die Königreiche in Schrek-
ken versetzte, / der die Erde erbeben ließ,
17 der die Welt zur Wüste gemacht hat, / ihre
Städte zerstörte, / der die Gefangenen nicht nach
Hause entließ?
18 Alle Könige der Völker ruhen in Ehren, / jeder
in seinem Grab;
19 du aber wurdest hingeworfen ohne Begräb-
nis, / wie ein verachteter Bastard.
Mit Erschlagenen bist du bedeckt, / die vom
Schwert durchbohrt sind, / wie ein zertretener
Leichnam.
Mit denen, die in steinerne Grüfte hinabstei-
gen, 20 bist du nicht vereint im Grab.
Du hast dein eigenes Land zugrunde gerichtet, /
hingemordet dein eigenes Volk;
darum soll man die Namen der Nachkom-
men dieses Verbrechers / niemals mehr nen-
nen.
21 Richtet eine Schlachtbank her für seine Söhne /
wegen der Sünden des Vaters,
damit sie sich niemals wieder erheben und die
Welt erobern / und den Erdkreis mit Städten er-
füllen.

Die völlige Verwüstung Babels

22 Ich will mich gegen Babel erheben – Spruch des
Herrn der Heere –, mit Stumpf und Stiel will ich
seinen Namen und Samen vernichten – Spruch
des Herrn. 23 Ich mache es zum Platz für die Eulen
und zu einem sumpfigen Teich, mit meinem ver-
nichtenden Besen fege ich es hinweg – Spruch
des Herrn der Heere.

Das Gericht über andere Völker: 14,24–21,17

Die Ankündigung der Vernichtung des assyrischen Heeres

24 Der Herr der Heere hat geschworen: / Wie ich
es erdacht habe, so wird es geschehen; / wie ich
es plante, so wird es auch kommen.
25 In meinem eigenen Land will ich Assur zer-
schmettern, / ich will es auf meinen Bergen zer-
treten.
Dann wird sein Joch von ihnen genommen, /
und seine Last fällt von ihrer Schulter.
26 Das ist der Plan, der für die ganze Erde be-
schlossen ist, / das ist die Hand, die über alle Völ-
ker ausgestreckt ist.
27 Denn der Herr der Heere hat es beschlossen. /
Wer kann es vereiteln?
Seine Hand ist ausgestreckt. / Wer will sie
zurückbiegen?

Die Ankündigung des Gerichts über die Philister

28 Im Todesjahr des Königs Ahas erging folgender
Ausspruch:
29 Freu dich nicht, Land der Philister, / weil der
Stock zerbrochen ist, der dich schlug;
denn aus der Schlange geht wie aus einer Wur-
zel
eine Natter hervor, / und ihre Frucht ist ein flie-
gender Drache.
30 Auf meiner Wiese weiden die Schwachen, /
dort leben die Armen in Sicherheit;
deine Wurzeln aber lasse ich verhungern, / den
Rest von dir werde ich erschlagen.
31 Schreit auf, ihr Tore, jammere, o Stadt, / ver-
zage, Land der Philister!
Denn von Norden kommt Rauch, / und keiner
entfernt sich aus den Reihen des Heeres.

32 Was gibt man den Gesandten der Völker
zur Antwort? / Der Herr hat Zion gegründet, /
die Armen seines Volkes finden dort ihre Zu-
flucht.

Ankündigung des Gerichts über Moab

15 Ausspruch über Moab:
Über Nacht wurde Ar verwüstet, / ging
Moab zugrunde.
Über Nacht wurde Kir verwüstet, / ging Moab
zugrunde.
2 Die Tochter Dibon steigt zu den Kulthöhen hin-
auf, / um dort zu klagen.
Über Nebo und Medeba jammert Moab. / Jeder
Kopf ist kahlgeschoren, / alle Bärte hat man ab-
geschnitten.
3 Auf den Gassen geht man in Trauergewän-
dern, / alle weinen auf den Dächern und Plät-
zen / und zerfließen in Tränen.
4 Heschbon schreit und Elale, / bis nach Jahaz ist
ihre Stimme zu hören.
Darum zittern die Krieger von Moab, / ihre
Seele verzagt.
5 Mein Herz schreit auf wegen Moab; / bis nach
Zoar fliehen die Menschen [bis Eglat-Scheli-
schija].
Die Steige von Luhit steigt man weinend hin-
auf. / Auf dem Weg nach Horonajim schreien die
Leute / über das Unglück.
6 Die Quellen von Nimrim versiegen; / das Gras
ist verwelkt;
verdorrt sind die Wiesen; / alles Grün ist ver-
schwunden.
7 Darum schleppen sie ihre letzte Habe / und
ihre Vorräte über den Weidenbach fort.
8 Überallhin dringt das Klagegeschrei, / bis an
die Grenzen von Moab.
Bis nach Eglajim hört man das Jammern, / man
hört es bis Beer-Elim.
9 Voll Blut sind die Bäche von Dibon. / Doch
ich bringe über Dibon noch größeres Un-
glück:
Löwen über die aus Moab Entronnenen, / über
den Rest von Adama.
16 Schickt Lämmer für den Herrscher des
Landes von Sela durch die Wüste zum
Berg der Tochter Zion!
2 Wie flüchtende Vögel, aus dem Nest ver-
scheucht, / so sind die Töchter Moabs an den Fur-
ten des Arnon.
3 Mach einen Plan, triff eine Entscheidung! /
Wie die Nacht breite deinen Schatten aus am hell-
lichten Tag,
versteck die Verjagten, / verrate die Flüchtigen
nicht!
4 Laß die Flüchtlinge Moabs bei dir verweilen; /
versteck sie bei dir vor ihrem Verfolger!
Ist der Unterdrücker beseitigt, / der Verfolger
vernichtet, / und sind die Eroberer aus dem Land
verschwunden,
5 dann wird durch (Gottes) Huld ein Thron er-
richtet; / darauf sitzt [im Zelt Davids] ein zuver-
lässiger Richter, / der das Recht sucht und die Ge-
rechtigkeit fördert.
6 Wir haben von Moabs Stolz gehört – / es ist
stolz über die Maßen –
von seinem Dünkel (haben wir gehört), / von
seinem Stolz und Übermut, / und sein Ge-
schwätz ist nicht wahr.
7 Darum jammert Moab laut um Moab, / alle
jammern laut.
Den Traubenkuchen von Kir-Heres weinen sie
nach; / sie sind ganz niedergeschlagen.
8 Denn die Pflanzungen von Heschbon sind
verwelkt, / verwelkt ist der Weinstock von
Sibma.
Die Herren der Völker haben seine Reben zer-
treten, / die bis Jaser reichten, bis in die Wüste
hinaus sich verloren,
seine Ranken breiteten sich aus, / sie zogen sich
hin bis zum Meer.
9 Darum weine ich, wie Jaser um dich weint, /
Weinstock von Sibma; / ich benetze euch
mit meinen Tränen, Heschbon und Elale. / Es gibt
bei euch keinen Jubel mehr über Weinlese und
Ernte;
10 verschwunden sind Freude und Jubelge-
schrei / aus dem fruchtbaren Land; / in den Wein-
bergen jauchzt man nicht mehr / und jubelt nicht
mehr.
Niemand stampft mehr in der Kelter die Trau-
ben. / Verstummt ist das Jauchzen.
11 Darum jammert mein Herz um Moab wie eine
Zither, / mein Inneres klagt um Kir-Heres.
12 Wenn aber Moab auf seiner Kulthöhe er-
scheint / und sich abmüht (mit Opfern),
wenn es in sein Heiligtum geht, um zu beten: /
Es wird nichts erreichen.
13 Dieses Wort hat der Herr einst über Moab ge-
sprochen.

14 Jetzt aber hat der Herr so gesprochen: In
drei Jahren – drei Söldnerjahren – wird Moabs
Macht und all seine Pracht ganz gering; was aber
übrigbleibt, wird schwach und unansehnlich
sein.

Die Ankündigung des Gerichts über Damaskus und über das Nordreich Israel

17 Ausspruch über Damaskus.
Seht hin: Damaskus verschwindet / und
wird keine Stadt mehr sein, / es wird zu einem
Haufen von Trümmern.
2 Die Städte um Aroër sind verlassen; / sie
gehören den Herden, / die dort ungestört lagern.
3 Mit dem Bollwerk von Efraim ist es zu Ende, /
mit dem Königreich von Damaskus.
Dem Rest von Aram wird es gehen / wie der
Macht der Israeliten – / Spruch des Herrn der
Heere.
4 An jenem Tag schrumpft Jakobs Macht zusam-
men, / das Fett seines Leibes schwindet dahin.
5 Dann wird es sein, wie wenn ein Schnitter die
Halme packt / und mit seinem Arm die Ähren ab-
mäht.
Dann wird es sein, wie wenn jemand Ähren
aufliest / in der Rafaïterebene:
6 Nur ein Rest bleibt für die Nachlese übrig / wie
beim Abernten der Ölbäume:
zwei, drei reife Oliven an den oberen Ästen des
Baumes, / vier oder fünf an seinen Zweigen – /
Spruch des Herrn, des Gottes Israels.
7 An jenem Tag werden die Menschen auf ihren
Schöpfer blicken, / ihre Augen werden auf den
Heiligen Israels schauen.
8 Sie blicken nicht mehr auf die Altäre, / das
Machwerk ihrer Hände,
sie schauen nicht mehr auf das, was ihre Finger
gemacht haben, / auf die Kultpfähle und die Räu-
cheraltäre.
9 An jenem Tag sind deine befestigten Städte ver-
lassen / wie die Städte der Hiwiter und Amoriter,
die man verlassen hat aus Furcht vor den Israe-
liten; / es wird eine schaurige Öde entstehen.
10 Denn du hast den Gott, der dich rettet, ver-
gessen; / an den Felsen, auf dem du Zuflucht fin-
dest, / hast du nicht mehr gedacht.
Leg nur liebliche Gärten an, / bepflanze sie mit
Setzlingen aus der Fremde,
11 pfleg sie an dem Tag, an dem du sie pflanzt, / laß
sie wachsen an dem Morgen, / an dem du sie säst:
Dahin ist die Ernte am Tag deiner Krankheit /
und des heillosen Schmerzes.

Der Wehruf über die Assyrer

12 Weh, welch Getöse von zahlreichen Völkern; /
wie das Tosen des Meeres, so tosen sie.
Man hört das Toben der Nationen; / wie das To-
ben gewaltiger Fluten, so toben sie.
13 [Die Nationen toben wie das Toben gewaltiger
Fluten.] / Doch der Herr wird ihnen drohen, /
dann fliehen sie weit in die Ferne,
dahingejagt vom Wind wie die Spreu auf den
Bergen, / wie Disteln, die der Sturm vor sich her-
rollt.
14 Am Abend herrscht plötzlich Schrecken, / doch
ehe es Morgen wird – verschwunden sind sie.
Das ist das Schicksal derer, die uns ausplündern
wollen, / das Los derer, die uns berauben wol-
len.

Ankündigung des Gerichts über Kusch

18 Weh dem Land der Heuschreckenschwär-
me / jenseits der Flüsse von Kusch.
2 Es schickt seine Boten aus auf dem Nil, / in Pa-
pyruskähnen über das Wasser.
Geht, ihr schnellen Boten, / zu dem hochge-
wachsenen Volk mit der glänzenden Haut,
zu der Nation, die man weit und breit fürch-
tet, / zu dem Volk, das kraftvoll alles zertritt, / des-
sen Land von den Flüssen durchschnitten wird.
3 Ihr Bewohner der Welt, ihr Bürger der Erde, /
seht alle hin,
wenn man das Zeichen aufstellt auf den Ber-
gen, horcht alle auf, / wenn man das Widderhorn
bläst.
4 Denn so hat der Herr zu mir gesprochen: / Ich
will mir alles betrachten von meinem Platz aus,
unbewegt wie die glühende Hitze am Mittag, /
wie die Dunstwolken in der Hitze des Sommers.
5 Ja, noch vor der Ernte, wenn die Blüte vorbei
ist / und die Frucht zur Traube heranreift,
schneidet er die Reben ab mit dem Messer; / er
entfernt die Triebe, er reißt sie ab.
6 Sie alle werden den Raubvögeln der Berge
überlassen / und den wilden Tieren im Land.
Den Sommer über sitzen die Raubvögel darauf, /
und im Winter sind dort die wilden Tiere.
7 In jener Zeit werden von dem hochgewachse-
nen Volk mit der glänzenden Haut dem Herrn der
Heere Geschenke gebracht, von der Nation, die

man weit und breit fürchtet, von dem Volk, das
kraftvoll alles zertritt, dessen Land von Flüssen
durchschnitten wird. Man bringt die Geschenke
an den Ort, wo der Name des Herrn der Heere ge-
genwärtig ist: zum Berg Zion.

Ankündigung des Gerichts über Ägypten

19 Ausspruch über Ägypten.
Seht, der Herr fährt auf einer leichten
Wolke daher; / er kommt nach Ägypten.
Vor seinem Angesicht zittern die Götter Ägyp-
tens, / den Ägyptern verzagt das Herz in der
Brust.
2 Ich hetze Ägypter gegen Ägypter, / und sie
kämpfen gegeneinander:
Bruder gegen Bruder, Nachbar gegen Nach-
bar, / Stadt gegen Stadt, Gau gegen Gau.
3 Der Geist Ägyptens gerät mitten in ihm in Ver-
wirrung, / ich vereitle seine Pläne.
Dann befragen sie die Götter und die Zaube-
rer, / die Totengeister und die Gelehrten.
4 Doch ich gebe die Ägypter in die Gewalt eines
strengen Herrn, / ein harter König wird über sie
herrschen – / Spruch Gottes, des Herrn der Heere.
5 Das Wasser im Meer versiegt, / der Fluß trock-
net aus.
6 Die Kanäle Ägyptens verbreiten üble Gerü-
che, / seicht und trocken sind die Arme des
Nil, / Binsen und Schilfrohr verwelken.
7 Das Riedgras am Nil, an der Mündung des
Nil, / alle Saaten am Nil sind vertrocknet, / sie
sind verweht und dahin.
8 Die Fischer klagen und trauern, / alle, die ihre
Angel auswerfen im Nil.
Wer sein Netz im Wasser auslegen will, / ist
bekümmert.
9 Wer Flachs anbaut, erntet Enttäuschung. / Die
Hechlerinnen und die Weber erblassen;
10 die Seiler sind niedergeschlagen; / alle Arbei-
ter verlieren den Mut.
11 Die Fürsten von Zoan sind Narren; / was die
Weisen dem Pharao raten, ist Unsinn.
Wie könnt ihr zum Pharao sagen: / Ich bin der
Sohn eines Weisen, / der Sohn von königlichen
Ahnen?
12 Wo sind denn deine weisen Berater? / Sie sol-
len dir sagen und erklären, / was der Herr der
Heere beschlossen hat über Ägypten.
13 Die Fürsten von Zoan sind dumm, / und
die Fürsten von Memfis lassen sich täuschen. /
Die Führer der Stämme führen Ägypten in die
Irre.
14 Der Herr hat ihnen einen Geist eingegossen,
der sie schwindlig macht, / so daß sie Ägypten in
die Irre führen bei allem, was es tut, / und es nun
wie ein Betrunkener taumelt, / der sich erbricht.
15 So wird in Ägypten niemand mehr etwas voll-
bringen, / niemand, weder Kopf noch Schwanz, /
weder Palme noch Binse.
16 An jenem Tag werden die Ägypter wie die Wei-
ber sein: Sie erschrecken und zittern, wenn der
Herr der Heere seine Faust gegen sie schwingt.
17 Das Land Juda wird für Ägypten zum Schrecken
werden. Sooft man Judas Namen erwähnt, er-
schrickt Ägypten vor dem Plan, den der Herr der
Heere gegen Ägypten gefaßt hat.
18 An jenem Tag werden fünf Städte in Ägypten
die Sprache Kanaans sprechen und beim Herrn
der Heere schwören. Eine von ihnen wird Ir-He-
res (Sonnenstadt) heißen.
19 An jenem Tag wird es
für den Herrn mitten in Ägypten einen Altar ge-
ben, und an Ägyptens Grenze wird ein Steinmal
für den Herrn aufgestellt.
20 Das wird ein Zeichen
und Zeugnis für den Herrn der Heere in Ägypten
sein: Wenn sie beim Herrn gegen ihre Unter-
drücker Klage erheben, wird er ihnen einen Ret-
ter schicken, der für sie kämpft und sie befreit.
21 Der Herr wird sich den Ägyptern offenbaren,
und die Ägypter werden an jenem Tag den Herrn
erkennen; sie werden ihm Schlachtopfer und
Speiseopfer darbringen, sie werden dem Herrn
Gelübde ablegen und sie auch erfüllen.
22 Der Herr
wird die Ägypter zwar schlagen, er wird sie aber
auch heilen: Wenn sie zum Herrn umkehren, läßt
er sich durch ihre Bitte erweichen und heilt sie.
23 An jenem Tag wird eine Straße von Ägypten
nach Assur führen, so daß die Assyrer nach Ägyp-
ten und die Ägypter nach Assur ziehen können.
Und Ägypten wird zusammen mit Assur (dem
Herrn) dienen.
24 An jenem Tag wird Israel als drit-
tes dem Bund von Ägypten und Assur beitreten,
zum Segen für die ganze Erde.
25 Denn der Herr
der Heere wird sie segnen und sagen: Gesegnet
ist Ägypten, mein Volk, und Assur, das Werk mei-
ner Hände, und Israel, mein Erbbesitz.

Die Verschleppung der Ägypter und der Kuschiter

20 2 Der Herr hatte durch Jesaja, den Sohn
des Amoz gesprochen und gesagt: Geh,
leg dein Bußgewand ab, und zieh deine Schuhe

aus! Jesaja hatte es getan und war nackt und bar-
fuß umhergegangen. 1 In dem Jahr nun, in dem im
Auftrag des Königs Sargon von Assur ein Feldherr
nach Aschdod kam, es belagerte und eroberte,
3 sagte der Herr: Daß mein Knecht Jesaja drei Jahre
lang nackt und barfuß umherging, ist ein (war-
nendes) Zeichen und Sinnbild für Ägypten und
Kusch: 4 So werden die gefangenen Ägypter und
die aus ihrer Heimat vertriebenen Kuschiter, jung
und alt, vom König von Assur nackt und barfuß
weggeführt – mit entblößtem Gesäß, zur Schande
Ägyptens. 5 Dann wird man erschrecken und sich
schämen, weil man nach Kusch Ausschau gehal-
ten und mit Ägypten geprahlt hat. 6 Und die Be-
wohner der Küstenstädte werden an jenem Tag
sagen: Seht, so geht es denen, nach denen wir
Ausschau hielten und zu denen wir flohen, um
Hilfe und Rettung vor dem König von Assur zu
finden. Wie können dann wir noch entkommen?

Erneute Ankündigung des Gerichts über Babel

21 Ausspruch über die Wüste am Meer:
Wie die Stürme im Negeb toben, / so
kommt Unheil aus der Wüste, / aus dem schauri-
gen Land.
2 Eine schreckliche Vision wurde mir gezeigt: /
Der Empörer empört sich, der Vernichter vernich-
tet.
Zieh herauf, Elam! / Medien, beginne mit der
Belagerung! / Ich mache allem Seufzen ein Ende.
3 Darum zittert mein ganzer Leib, / Krämpfe be-
fallen mich / wie die Wehen eine gebärende Frau.
Ich bin betäubt von dem, was ich höre, / be-
stürzt von dem, was ich sehe.
4 Mein Herz pocht wild, mich schüttelt ein
Schauder. / Das ersehnte Dunkel des Abends
macht der Herr für mich zum Schrecken.
5 Man deckt den Tisch, legt die Polster zurecht
und ißt und trinkt. / Steht auf, ihr Fürsten, ölt eu-
ren Schild ein!
6 Denn so hat der Herr zu mir gesagt: / Geh, stell
einen Späher auf! / Was er sieht, soll er melden.
7 Sieht er Wagen und Pferdegespanne, / einen
Zug von Eseln, einen Zug von Kamelen, / soll er
darauf achten, genau darauf achten.
8 Der Späher rief: / Herr, den ganzen Tag stehe
ich auf meinem Posten, / die ganze Nacht halte
ich Wache.
9 Seht, dort kommt ein Zug von Männern, dazu
Pferdegespanne. / Und er begann zu rufen:
Gefallen ist Babel, gefallen, / und all seine Göt-
terbilder hat man zu Boden geschmettert.
10 Du mein zerschlagenes, zerdroschenes Volk! /
Was ich hörte vom Herrn der Heere, / von Israels
Gott, das verkünde ich euch.

Der Spruch über Edom

11 Ausspruch über Edom.
Aus Seïr ruft man mir zu: / Wächter, wie lange
noch dauert die Nacht? / Wächter, wie lange
noch dauert die Nacht?
12 Der Wächter antwortet: / Es kommt der Mor-
gen, es kommt auch die Nacht. / Wenn ihr fragen
wollt, kommt wieder, und fragt!

Die Ankündigung des Gerichts über Arabien

13 Ausspruch über Arabien.
Übernachtet im Gebüsch, in der Steppe, / ihr
Karawanen von Dedan!
14 Bringt den Durstigen Wasser, / ihr Bewohner
der Gegend von Tema! / Kommt den Fliehenden
entgegen mit Brot!
15 Denn sie sind vor den Schwertern geflohen, /
vor dem gezückten Schwert,
vor dem gespannten Bogen, / vor dem schwe-
ren Kampf.
16 Denn so hat der Herr zu mir gesagt: Noch
ein Jahr – ein Söldnerjahr –, dann ist es mit
der ganzen Macht Kedars zu Ende. 17 Von den
Bogenschützen in Kedar bleiben nur wenige
übrig. Der Herr, der Gott Israels, hat gespro-
chen.

Das Gericht über Jerusalem: 22,1–25

Die unverbesserlichen Einwohner Jerusalems

22 Ausspruch über das Tal der Vision. Was
ist mit dir? / Warum sind deine Bewoh-
ner alle auf die Dächer gestiegen,
2 du Stadt voll Lärm und Gedränge, / du fröhli-
che Burg?
Deine Toten wurden nicht vom Schwert getö-
tet, / sie sind nicht im Krieg gefallen.
3 Alle deine Anführer sind gemeinsam geflo-
hen, / ohne einen einzigen Bogenschuß wurden
sie gefangen;
alle, die man von dir noch fand, wurden gefes-
selt, / wenn sie auch noch so weit flohen.
4 Darum sage ich: Blickt von mir weg, / ich
weine in bitterem Schmerz.

Bemüht euch nicht, mich zu trösten / über die
Mißhandlung der Tochter, meines Volkes.
[5] Denn einen Tag der Bestürzung, der Verwü-
stung und Verwirrung / schickt Gott, der Herr der
Heere.
Im Tal der Vision macht man gewaltigen Lärm /
und stürmt mit Geschrei gegen den Berg an.
[6] Elam hat den Köcher umgehängt, / vor die Wa-
gen Arams sind Pferde gespannt, / Kir hat den
Schild aus der Hülle genommen.
[7] Deine herrlichen Täler füllten sich mit Wa-
gen, / vor deinem Tor stellten sich die Reiter
auf.
[8] So nahm er Juda jeden Schutz. / Ihr aber habt
an jenem Tag nach euren Waffen im »Waldhaus«
gesehen;
[9] ihr habt festgestellt, wie rissig die (Mauer der)
Davidstadt war; / ihr habt im unteren Teich das
Wasser gesammelt
[10] und habt Jerusalems Häuser gezählt; / ihr habt
die Häuser abgerissen / und (mit den Steinen) die
Mauer befestigt;
[11] ihr habt zwischen den beiden Mauern ein
Becken angelegt, / um das Wasser des alten Tei-
ches zu sammeln,
doch ihr habt nicht auf den geblickt, / der alles
bewirkt; / ihr habt nicht auf den geschaut, / der
alles aus der Ferne bestimmt.
[12] An jenem Tag befahl Gott, der Herr der Heere, /
zu weinen und zu klagen, / sich eine Glatze zu
scheren / und Trauergewänder zu tragen.
[13] Doch was sieht man: Freude und Frohsinn, /
Rindertöten und Schafeschlachten, / Fleisches-
sen und Weintrinken,
(und ihr sagt:) Laßt uns essen und trinken, /
denn morgen sind wir tot.
[14] Der Herr der Heere hat mir offenbart: / Diese
Schuld wird euch bis zu eurem Tod nicht verge-
ben, / spricht Gott, der Herr der Heere.

Die Absetzung Schebnas

[15] So spricht Gott, der Herr der Heere: Auf, geh zu
dem Verwalter hier, zu Schebna, dem Palastvor-
steher, [16] und sag: Wie kommst du dazu, und wer
bist du denn, daß du dir hier ein Grab aushauen
läßt? – Da läßt er sich hoch oben ein Grab
aushauen, im Felsen sich eine Wohnung aus-
meißeln! – [17] Gib acht, der Herr wird dich in ho-
hem Bogen wegschleudern. [18] Er wird dich zu ei-
nem Knäuel zusammenwickeln und wie einen
Ball in ein geräumiges Land rollen. Dort wirst du
sterben; dorthin kommen dann deine Prunkwa-
gen, du Schandfleck im Haus deines Herrn. [19] Ich
verjage dich aus deinem Amt, ich vertreibe dich
von deinem Posten.

Die Einsetzung Eljakims

[20] An jenem Tag werde ich meinen Knecht Elja-
kim, den Sohn Hilkijas, berufen. [21] Ich bekleide ihn
mit deinem Gewand und lege ihm deine Schärpe
um. Ich übergebe ihm dein Amt, und er wird für
die Einwohner Jerusalems und für das Haus Juda
ein Vater sein. [22] Ich lege ihm den Schlüssel des
Hauses David auf die Schulter. Wenn er öffnet,
kann niemand schließen; wenn er schließt, kann
niemand öffnen. [23] Ich schlage ihn an einer festen
Stelle als Pflock ein; er wird in seinem Vaterhaus
den Ehrenplatz einnehmen.
[24] Wenn sich aber all die vielen Mitglieder seines
Vaterhauses mit Kindern und Kindeskindern an
ihn hängen, alle die Kännchen, die Töpfe und
Krüge, [25] an jenem Tag – Spruch des Herrn der
Heere – wird der Pflock, den man an der festen
Stelle eingeschlagen hat, nachgeben. Er wird her-
ausbrechen und herunterfallen, so daß alles zer-
bricht, was an ihm aufgehängt war. Wahrhaftig,
der Herr hat gesprochen.

Das Gericht über Tyrus und Sidon: 23,1–18

23 Ausspruch über Tyrus.
Jammert, ihr Tarschisch-Schiffe; / denn
euer Hafen wurde zerstört.
Bei der Heimfahrt aus dem Land der Kittäer /
wurde es ihnen bekannt.
[2] Verstummt, ihr Bewohner der Küste, / ihr Kauf-
leute von Sidon,
die ihr über das Meer fahrt / und deren Boten
das große Wasser überqueren.
[3] Die Saaten am Fluß, die Ernten am Nil brach-
ten reichen Ertrag; / Sidon wurde zum Handels-
platz für die Völker.
[4] Schäme dich, Sidon; / denn zu dir sagt das
Meer [die Festung am Meer]:
Ich lag nicht in Wehen und habe nicht gebo-
ren, / und ich zog weder Söhne noch Töchter
groß.
[5] Wenn das die Ägypter erfahren, / zittern sie
wie einst bei der Nachricht aus Tyrus.
[6] Fahrt nach Tarschisch hinüber; / jammert, ihr
Bewohner der Küste!

7 Ist das eure fröhliche Stadt, / in den Tagen der
Vorzeit gegründet, / die Stadt, die ihre Siedler aus-
sandte in weiteste Fernen?
8 Wer hat das über Tyrus beschlossen, / das einst
Kronen verschenkte,
dessen Kaufleute wie Fürsten auftraten / und
dessen Händler die vornehmsten Herren der Erde
waren?
9 Der Herr der Heere hat beschlossen, / die
ganze Pracht zuschanden zu machen / und den
Stolz aller vornehmen Herren der Erde zu bre-
chen.
10 Bebau dein Land [wie am Nil], Tochter Tar-
schisch, / es gibt keinen Hafen mehr.
11 Der Herr hat seine Hand ausgestreckt über das
Meer, / er hat die Königreiche erschüttert.
Er hat den Befehl erlassen, / Kanaans Burgen in
Trümmer zu legen.
12 Er sagte: Nie mehr sollst du fröhlich sein, /
Tochter Sidon, du vergewaltigte Jungfrau.
Steh auf, fahr zu den Kittäern – / auch dort fin-
dest du keine Ruhe.
13 [Denn die Chaldäer waren das Volk – nicht As-
sur ist es gewesen –, die Sidon zum Aufenthalt
der Wüstentiere machen wollten. Sie stellten ihre
Belagerungstürme auf, zerstörten die Paläste und
machten sie zu einem Trümmerhaufen.]
14 Jammert, ihr Tarschisch-Schiffe, / denn euer
Hafen wurde zerstört.
15 Dann wird Tyrus siebzig Jahre lang – solange
wie ein König lebt – vergessen sein. Nach siebzig
Jahren aber wird es Tyrus gehen, wie es im Lied
von der Dirne heißt:
16 Nimm die Zither, / durchstreife die Stadt, /
vergessene Dirne!
Spiele schön, / und singe viel, / damit man an
dich denkt.
17 Nach siebzig Jahren wird sich der Herr wieder
um Tyrus kümmern: Die Stadt wird wieder ihren
Dirnenlohn erhalten und mit allen Königreichen
der Welt, die es auf Erden gibt, Unzucht treiben.
18 Aber ihr Gewinn und ihr Dirnenlohn wird dem
Herrn als heilige Gabe gehören. Er wird nicht an-
gesammelt und gehortet, sondern wird denen,
die in der Nähe des Herrn wohnen, als reiche
Nahrung und prächtige Kleidung dienen.

Die Jesaja-Apokalypse: 24,1–27,13

Die Ankündigung des Weltgerichts

24 Seht her! Der Herr verheert und verwü-
stet die Erde; / er verändert ihr Gesicht /
und zerstreut ihre Bewohner.
2 Dann geht es dem Laien wie dem Priester, /
dem Knecht wie dem Herrn,
der Magd wie der Herrin, / dem Käufer wie dem
Verkäufer,
dem Gläubiger wie dem Schuldner, / dem, der
ausleiht, wie dem, der leiht.
3 Verheert wird die Erde, verheert, / geplün-
dert wird sie, geplündert. / Ja, der Herr hat es ge-
sagt.
4 Die Erde welkt, sie verwelkt, / die Welt zerfällt,
sie verwelkt, / Himmel und Erde zerfallen.
5 Die Erde ist entweiht durch ihre Bewohner; /
denn sie haben die Weisungen übertreten,
die Gesetze verletzt, / den ewigen Bund gebro-
chen.
6 Darum wird ein Fluch die Erde zerfressen; /
ihre Bewohner haben sich schuldig gemacht.
Darum schwinden die Bewohner der Erde da-
hin, / nur wenige Menschen werden übriggelas-
sen.
7 Der Wein ist dahin, die Rebe verwelkt; / alle,
die einst so heiter waren, seufzen und stöhnen.
8 Verstummt ist der fröhliche Klang der Trom-
meln, / der Lärm der Übermütigen ist zu Ende, /
verstummt ist der fröhliche Klang der Zither.
9 Man trinkt keinen Wein mehr bei frohem Ge-
sang, / das Bier der Zecher ist bitter geworden.
10 Die öde Stadt liegt in Trümmern, / alle Häuser
sind für den Zutritt verschlossen.
11 Auf den Gassen jammern die Leute: / Es gibt
keinen Wein mehr!
Jede Freude ist verschwunden, / aller Jubel hat
die Erde verlassen.
12 Von der Stadt blieben nur noch Ruinen, / auch
das Tor wurde zertrümmert.
13 Dann ist es unter den Völkern auf der Erde, /
wie wenn man Oliven abschlägt, / wie bei der
Nachlese, wenn die Ernte vorbei ist.

14 Sie beginnen zu jubeln, / sie preisen die Größe
des Herrn.
Jauchzt, ihr im Westen, / 15 ehrt den Herrn, ihr im
Osten!
Und ihr auf den Inseln im Meer, / preist den Na-
men des Herrn, des Gottes Israels!
16 Von den äußersten Enden der Erde hören wir
Lieder: / Preis dem Gerechten!
Ich aber sage: / Weh mir! Elend, Elend kommt
über mich.
Treulose handeln treulos, / ja, die Treulosen bre-
chen die Treue.
17 Grauen, Grube und Garn warten auf euch, /
ihr Bewohner der Erde.
18 Wer dem Lärm des Grauens entflieht, / fällt in
die Grube.
Wer aus der Grube entkommt, / fängt sich im
Garn.
Die Schleusen hoch droben werden geöffnet, /
die Fundamente der Erde werden erschüttert.
19 Die Erde birst und zerbirst, / die Erde bricht
und zerbricht, / die Erde wankt und schwankt.
20 Wie ein Betrunkener taumelt die Erde, / sie
schwankt wie eine wacklige Hütte.
Ihre Sünden lasten auf ihr; / sie fällt und kann
sich nicht mehr erheben.
21 An jenem Tag wird der Herr hoch droben / das
Heer in der Höhe zur Rechenschaft ziehen / und
auf der Erde die Könige der Erde.
22 Sie werden zusammengetrieben / und in eine
Grube gesperrt;
sie werden ins Gefängnis geworfen, / und nach
einer langen Zeit wird er sie strafen.
23 Dann muß der Mond sich schämen, / muß die
Sonne erbleichen.
Denn der Herr der Heere ist König / auf dem
Berg Zion und in Jerusalem, / er offenbart seinen
Ältesten seine strahlende Pracht.

Der Dank für den Untergang der feindlichen Stadt

25 Herr, du bist mein Gott, / ich will dich
rühmen und deinen Namen preisen.
Denn du hast wunderbare Pläne verwirklicht, /
von fern her zuverlässig und sicher.
2 Du hast die Stadt zu einem Steinhaufen
gemacht, / die starke Burg zu einem Trümmer-
feld,
die Paläste der Fremden zu einem verwüste-
ten Ort, / den man in Ewigkeit nicht mehr auf-
baut.
3 Darum ehren dich mächtige Völker; / vor dir
fürchten sich die Städte der gewalttätigen Natio-
nen.
4 Du bist die Zuflucht der Schwachen, / die Zu-
flucht der Armen in ihrer Not;
du bietest ihnen ein Obdach bei Regen und
Sturm / und Schatten bei glühender Hitze.
Denn der Sturm der Gewaltigen ist wie ein Re-
genguß im Winter, / wie die Hitze im trockenen
Land.
5 Du bringst den Lärm der Fremden zum
Schweigen, / wie ein Wolkenschatten die Hitze
mildert, / das Lied der Gewaltigen läßt du ver-
stummen.

Das Festmahl auf dem Berg Zion

6 Der Herr der Heere wird auf diesem Berg / für
alle Völker ein Festmahl geben
mit den feinsten Speisen, / ein Gelage mit erle-
senen Weinen,
mit den besten und feinsten Speisen, / mit be-
sten, erlesenen Weinen.
7 Er zerreißt auf diesem Berg die Hülle, / die alle
Nationen verhüllt, / und die Decke, die alle Völ-
ker bedeckt.
8 Er beseitigt den Tod für immer. / Gott, der Herr,
wischt die Tränen ab von jedem Gesicht.
Auf der ganzen Erde nimmt er von seinem Volk
die Schande hinweg. / Ja, der Herr hat gespro-
chen.

Der Dank für die Vernichtung Moabs

9 An jenem Tag wird man sagen: / Seht, das ist un-
ser Gott,
auf ihn haben wir unsere Hoffnung gesetzt, / er
wird uns retten.
Das ist der Herr, auf ihn setzen wir unsere Hoff-
nung. / Wir wollen jubeln und uns freuen über
seine rettende Tat.
10 Ja, die Hand des Herrn ruht auf diesem Berg. /
Moab aber wird an Ort und Stelle zerstampft, /
wie Stroh in der Jauche zerstampft wird.
11 Wenn Moab darin auch mit den Händen
rudert / wie der Schwimmer beim Schwim-
men,
so drückt er den Stolzen doch nieder, / auch
wenn seine Hände sich wehren.
12 Deine festen, schützenden Mauern werden
niedergerissen; / der Herr stürzt sie zu Boden; sie
liegen im Staub.

Das Siegeslied

26 An jenem Tag singt man in Juda dieses Lied:
Wir haben eine befestigte Stadt, / zu unserem Schutz baute der Herr Mauern und Wälle.
2 Öffnet die Tore, / damit ein gerechtes Volk durch sie einzieht, / ein Volk, das dem Herrn die Treue bewahrt.
3 Sein Sinn ist fest; / du schenkst ihm Ruhe und Frieden; / denn es verläßt sich auf dich.
4 Verlaßt euch stets auf den Herrn; / denn der Herr ist ein ewiger Fels.
5 Er hat die Bewohner des hohen Berges hinabgestürzt, / die hoch aufragende Stadt;
er hat sie zu Boden geworfen, / in den Staub hat er sie gestoßen.
6 Sie wird zermalmt von den Füßen der Armen, / unter den Tritten der Schwachen.

Das Lied auf die Gerechtigkeit Gottes

7 Der Weg des Gerechten ist gerade, / du ebnest dem Gerechten die Bahn.
8 Herr, auf das Kommen deines Gerichts vertrauen wir.
Deinen Namen anzurufen und an dich zu denken / ist unser Verlangen.
9 Meine Seele sehnt sich nach dir in der Nacht, / auch mein Geist ist voll Sehnsucht nach dir.
Denn dein Gericht ist ein Licht für die Welt, / die Bewohner der Erde lernen deine Gerechtigkeit kennen.
10 Aber der Frevler lernt nie, was gerecht ist, / auch wenn du ihm Gnade erweist.
Selbst im Land der Gerechtigkeit tut er noch Unrecht, / doch er wird den erhabenen Glanz des Herrn nicht erblicken.
11 Herr, deine Hand ist erhoben, / doch deine Gegner sehen es nicht;
aber sie werden es sehen, / und sie werden beschämt sein
von deiner leidenschaftlichen Liebe zu deinem Volk; / ja, Feuer wird sie verzehren.
12 Herr, du wirst uns Frieden schenken; / denn auch alles, was wir bisher erreichten, / hast du für uns getan.
13 Herr, unser Gott, es beherrschten uns andere Herren als du, / doch nur deinen Namen werden wir rühmen.
14 Die Toten werden nicht leben, / die Verstorbenen stehen nie wieder auf;
denn du hast sie bestraft und vernichtet, / jede Erinnerung an sie hast du getilgt.
15 Du hast dein Volk vermehrt, o Herr, / du hast es vermehrt;
du hast deine Herrlichkeit erwiesen, / auf allen Seiten hast du die Grenzen des Landes erweitert.
16 Herr, in der Not suchten wir dich; / wir schrien in unserer Qual, als du uns straftest.
17 Wie eine schwangere Frau, / die nahe daran ist, ihr Kind zu gebären,
die sich in ihren Wehen windet und schreit, / so waren wir, Herr, in deinen Augen.
18 Wir waren schwanger und lagen in Wehen; / doch als wir gebaren, war es ein Wind.
Wir brachten dem Land keine Rettung, / kein Erdenbewohner wurde geboren.
19 Deine Toten werden leben, / die Leichen stehen wieder auf; / wer in der Erde liegt, wird erwachen und jubeln.
Denn der Tau, den du sendest, / ist ein Tau des Lichts; / die Erde gibt die Toten heraus.

Das Gericht über die Feinde

20 Auf, mein Volk, geh in deine Kammern, / und verschließ die Tür hinter dir!
Verbirg dich für kurze Zeit, / bis der Zorn vergangen ist.
21 Denn der Herr verläßt den Ort, wo er ist, / um die Erdenbewohner für ihre Schuld zu bestrafen.
Dann deckt die Erde das Blut, das sie trank, wieder auf / und verbirgt die Ermordeten nicht mehr in sich.

27 An jenem Tag bestraft der Herr mit seinem harten, großen, starken Schwert den Leviatan, die schnelle Schlange, den Leviatan, die gewundene Schlange. Den Drachen im Meer wird er töten.

Das Lied vom Weinberg Israel

2 An jenem Tag gibt es einen prächtigen Weinberg. / Besingt ihn in einem Lied!
3 Ich, der Herr, bin sein Wächter, / immer wieder bewässere ich ihn.
Damit niemand ihm schadet, / bewache ich ihn bei Tag und bei Nacht.
4 Ich habe jetzt keinen Zorn mehr. / Fände ich Dornen und Disteln darin,
ich würde sie alle bekämpfen, / ich würde sie alle zusammen verbrennen,

5 es sei denn, man sucht bei mir Schutz / und schließt mit mir Frieden, ja Frieden mit mir.
6 In künftigen Tagen schlägt Jakob wieder Wurzel, / Israel blüht und gedeiht, / und der Erdkreis füllt sich mit Früchten.

Die Entsühnung Israels

7 Hat er sie geschlagen, / wie er ihre Schläger schlug?
Hat er sie umgebracht, / wie er ihre Mörder umgebracht hat?
8 Du hast sie aufgescheucht und verjagt / und so gegen sie den Rechtsstreit geführt.
Mit einem heftigen Sturm / jagte er sie am Tag des Ostwinds davon.
9 Darum sei dadurch Jakobs Schuld wieder gesühnt, / darin bestehe die volle Befreiung von seiner Sünde,
daß er alle Altarsteine vernichtet, wie man Kalksteine zerschlägt. / Nie mehr soll man Kultpfähle und Rauchopferaltäre errichten.

Die Bestrafung des Gegners

10 Ja, die befestigte Stadt ist einsam geworden, / ein entvölkerter Ort, verlassen wie die Steppe.
Dort weiden die Rinder und legen sich nieder. / Sie fressen die Zweige ab.
11 Wenn dann die Äste verdorren, bricht man sie ab, / und die Frauen kommen und machen Feuer damit.
Es ist ein Volk ohne Einsicht; / deshalb hat sein Schöpfer kein Erbarmen mit ihm, / er, der es geformt hat, ist ihm nicht gnädig.

Die Sammlung der verstreuten Israeliten

12 An jenem Tag wird der Herr Ähren ausklopfen / vom Eufrat bis zum Grenzbach Ägyptens;
dann, ihr Söhne Israels, liest man euch auf, / einen nach dem andern.
13 An jenem Tag wird man das große Widderhorn blasen, / dann kommen die Verirrten aus Assur nach Hause, / und die in Ägypten Verstreuten kehren zurück;
sie fallen vor dem Herrn in Jerusalem nieder, / auf dem heiligen Berg.

Worte über Israel und Juda aus der späteren Zeit des Propheten: 28,1–35,10

Der Untergang Samarias

28 Weh der stolzen Krone der betrunkenen Efraimiter, / ihrem verwelkten Kranz von prächtigen Blumen,
auf dem Gipfel über dem fruchtbaren Tal / derer, die der Wein überwältigt hat.
2 Seht, der Herr schickt einen gewaltigen Helden: / Wie ein Hagelschlag, wie ein verheerender Sturm,
wie ein Wolkenbruch mit seinen mächtigen Fluten / wirft er alles mit Macht zu Boden.
3 Mit seinen Füßen zertritt er die stolze Krone / der betrunkenen Efraimiter.
4 Dann geht es dem verwelkten Kranz von prächtigen Blumen, / auf dem Gipfel über dem fruchtbaren Tal, / wie einer frühreifen Feige vor der Ernte:
Wer sie erblickt, der verschlingt sie, / kaum daß er sie in der Hand hat.

Der heilige Rest

5 An jenem Tag wird der Herr der Heere für den Rest seines Volkes / zu einer herrlichen Krone und einem prächtigen Kranz;
6 er verleiht dem, der zu Gericht sitzt, den Geist des Rechts / und gibt denen Kraft, die den Feind zum Stadttor hinausdrängen.

Die untreuen Priester und Propheten in Jerusalem

7 Sogar diese hier schwanken, berauscht vom Wein, / und taumeln, betäubt vom Bier.
Priester und Propheten schwanken vom Bier, / sind überwältigt vom Wein.
Sie taumeln vom Bier, / sie schwanken bei ihren Visionen, / sie torkeln, wenn sie ihr Urteil verkünden.
8 Alle Tische sind voll von Erbrochenem, / sind voll von Kot bis auf den letzten Fleck.
9 Wen will der Mann denn Erkenntnis lehren, / wem das Gehörte erklären?
Kindern, die man eben von der Milch entwöhnte, / die man gerade von der Brust nahm?

[10] Was soll sein Gestammel, sein Papperlapapp, /
sein Geschwätz bald hier, / sein Geschwätz bald
dort?
[11] Ja, mit stammelnder Lippe und fremder Zunge /
redet er künftig zu diesem Volk.
[12] Er hatte zu ihnen gesagt: So findet ihr Ruhe; /
gönnt doch den Müden die Rast, / hier ist der Ort
der Erholung. / Sie aber wollten nicht hören.
[13] Darum ergeht das Wort des Herrn an sie / in
Form von Gestammel, von Papperlapapp,
von Geschwätz bald hier / und Geschwätz bald
dort,
damit sie gehen und hintenüber fallen, / damit
sie sich verfangen und verstricken / und schließlich zerschellen.
[14] Darum hört das Wort des Herrn, ihr Spötter, /
ihr Sprüchemacher bei diesem Volk in Jerusalem.
[15] Ihr habt gesagt: Wir haben mit dem Tod ein
Bündnis geschlossen, / wir haben mit der Unterwelt einen Vertrag gemacht.
Wenn die Flut heranbraust, / erreicht sie uns
nicht;
denn wir haben unsere Zuflucht zur Lüge genommen / und uns hinter der Täuschung versteckt.

Die ungläubigen Spötter

[16] Darum – so spricht Gott, der Herr:
Seht her, ich lege einen Grundstein in Zion, / einen harten und kostbaren Eckstein,
ein Fundament, das sicher und fest ist: / Wer
glaubt, der braucht nicht zu fliehen.
[17] Als Senkblei nehme ich das Recht / und als
Wasserwaage die Gerechtigkeit.
Aber der Hagelsturm fegt eure Lügenzuflucht
hinweg, / und das Wasser schwemmt euer Versteck fort;
[18] euer Bündnis mit dem Tod ist dann gelöst, /
euer Vertrag mit der Unterwelt hat keinen Bestand.
Wenn die Flut heranbraust, / werdet ihr wie zertrampeltes Weideland.
[19] Sooft sie heranbraust, reißt sie euch mit. / Morgen für Morgen braust sie heran, / sie kommt bei
Tag und bei Nacht. / Dann wird man nur noch mit
Entsetzen das Gehörte erklären.
[20] Das Bett ist zu kurz, / man kann sich nicht ausstrecken,
die Decke ist zu schmal, / man kann sich nicht
einhüllen.
[21] Denn der Herr wird sich erheben wie am Berg
Perazim, / wie im Tal bei Gibeon wird er toben
und seine Tat vollbringen, seine seltsame Tat, /
sein Werk vollenden, sein befremdliches Werk.
[22] Darum laßt jetzt euren Spott, / sonst werden
eure Fesseln noch fester.
Denn ich habe es von Gott, dem Herrn der
Heere, gehört: / Die Vernichtung der ganzen Welt
ist beschlossen.

Das Gleichnis vom Bauern

[23] Horcht auf, hört meine Stimme, / gebt acht, hört
auf mein Wort!
[24] Pflügt denn der Bauer jeden Tag, um zu säen, /
beackert und eggt er denn jeden Tag seine Felder?
[25] Nein, wenn er die Äcker geebnet hat, / streut
er Kümmel und Dill aus,
sät Weizen und Gerste / und an den Rändern
den Dinkel.
[26] So unterweist und belehrt ihn sein Gott, / damit er es recht macht.
[27] Auch fährt man nicht mit dem Dreschschlitten
über den Dill / und mit den Wagenrädern über
den Kümmel,
sondern man klopft den Dill mit dem Stock aus /
und den Kümmel mit Stecken.
[28] Zermalmt man etwa das Getreide (beim Dreschen)? / Nein, man drischt es nicht endlos,
man läßt die Wagenräder und die Hufe der Tiere /
nicht darübergehen, bis es zermalmt ist.
[29] Auch dies lehrt der Herr der Heere; / sein Rat
ist wunderbar, er schenkt großen Erfolg.

Die Belagerung und die Rettung der Stadt

29 Weh dir, Ariël, Ariël, / du Stadt, die David
einst belagert hat! / Fügt nur Jahr an Jahr,
feiert nur Fest auf Fest!
[2] Ich greife Ariël an, / so daß man jammert und
stöhnt. / Du wirst für mich wie ein Opferherd
sein.
[3] Ringsum werde ich dich belagern, / ich ziehe
Gräben um dich herum / und schütte Wälle gegen dich auf.
[4] Dann wirst du am Boden liegen und winseln, /
deine Worte dringen dumpf aus dem Staub.
Wie wenn aus der Erde ein Totengeist spricht, /
so tönt deine Stimme; / deine Worte sind nur
noch ein Geflüster im Staub.
[5] Doch wie feiner Staub wird der Haufen der
Belagerer sein, wie dahinfliegende Spreu die

Schar der Unterdrücker. Dann geschieht es –
plötzlich, ganz plötzlich: 6 Vom Herrn der Heere
wirst du mit Donner und Getöse und mit lautem Dröhnen heimgesucht, mit Wind und Wirbelsturm und mit Flammen verzehrenden Feuers.
7 Dann wird es dem Haufen all der Völker, die gegen Ariël kämpfen, all denen, die es umzingeln, belagern und bestürmen, gehen wie in einem Traum, einer nächtlichen Vision: 8 Wie
wenn ein Hungriger träumt, daß er ißt, dann aber aufwacht und immer noch hungrig ist, und wie wenn ein Durstiger träumt, daß er trinkt, dann aber aufwacht und immer noch matt ist und Durst hat, so wird es dem Haufen all der Völker gehen, die gegen den Berg Zion in den Krieg ziehen.

Drohungen gegen die Verblendeten

9 Starrt einander an, und erstarrt, / seid verblendet und blind!
Seid berauscht, doch nicht vom Wein, / taumelt, doch nicht vom Bier!
10 Denn der Herr hat über euch einen Geist der Ohnmacht gebracht; / er hat eure Augen [die Propheten] verschlossen und euren Kopf [die Seher] verhüllt.
11 So wurde für euch jede Offenbarung wie die Worte in einem versiegelten Buch: Wenn man es einem Menschen gibt, der lesen kann, und zu ihm sagt: Lies es mir vor!, dann antwortet er: Ich
kann es nicht lesen, denn es ist versiegelt. 12 Und
wenn man das Buch einem Mann gibt, der nicht lesen kann, und zu ihm sagt: Lies es mir vor!, dann antwortet er: Ich kann nicht lesen.
13 Der Herr sagte:
Weil dieses Volk sich mir nur mit Worten nähert / und mich bloß mit den Lippen ehrt, / sein Herz aber fernhält von mir,
weil seine Furcht vor mir / nur auf einem angelernten menschlichen Gebot beruht,
14 darum will auch ich in Zukunft an diesem Volk seltsam handeln, / so seltsam, wie es niemand erwartet.
Dann wird die Weisheit seiner Weisen vergehen / und die Klugheit seiner Klugen verschwinden.
15 Weh denen, die ihre geheimen Pläne vor dem Herrn verbergen, / damit im Dunkel bleibt, was sie tun.
Sie sagen: Wer sieht uns schon, und wer kennt uns?
16 Weh euch, die ihr alles verdreht. / Ist denn der Ton so viel wie der Töpfer?
Sagt denn das Werk von dem, der es herstellt: / Er hat mich nicht gemacht?
Oder sagt der Topf von dem Töpfer: / Er versteht nichts?

Friede und Glück für Israel

17 Nur noch kurze Zeit, / dann verwandelt sich der Libanon in einen Garten, / und der Garten wird zu einem Wald.
18 An jenem Tag hören alle, die taub sind, / sogar Worte, die nur geschrieben sind, / und die Augen der Blinden sehen selbst im Dunkeln und Finstern.
19 Die Erniedrigten freuen sich wieder über den Herrn, / und die Armen jubeln über den Heiligen Israels.
20 Denn der Unterdrücker ist nicht mehr da, / der Schurke ist erledigt, / ausgerottet sind alle, die Böses tun wollen,
21 die andere als Verbrecher verleumden, / die dem Richter, der am Tor sitzt, Fallen stellen / und den Unschuldigen um sein Recht bringen mit haltlosen Gründen.
22 Darum – so spricht der Herr zum Haus Jakob, / der Herr, der Abraham losgekauft hat:
Nun braucht sich Jakob nicht mehr zu schämen, / sein Gesicht muß nicht mehr erbleichen.
23 Wenn das Volk sieht, / was meine Hände in seiner Mitte vollbringen, / wird es meinen Namen heilighalten.
Es wird den Heiligen Jakobs als heilig verehren / und erschrecken vor Israels Gott.
24 Dann kommen die Verwirrten zur Einsicht, / und wer aufsässig war, läßt sich belehren.

Die Nutzlosigkeit des Bündnisses mit Ägypten

30 Weh den trotzigen Söhnen – Spruch des Herrn –, / die einen Plan ausführen, der nicht von mir ist,
und ein Bündnis schließen, / das nicht nach meinem Sinn ist; / sie häufen Sünde auf Sünde.
2 Sie machen sich auf den Weg nach Ägypten, / ohne meinen Mund zu befragen.

Sie suchen beim Pharao Zuflucht und Schutz /
und flüchten in den Schatten Ägyptens.
3 Doch der Schutz des Pharao bringt euch nur
Schande, / die Flucht in den Schatten Ägyptens
bringt euch nur Schmach.
4 Wenn auch Israels Fürsten nach Zoan gingen /
und seine Boten nach Hanes:
5 Sie werden doch alle enttäuscht von dem Volk, /
das nichts nützt,
das niemand Nutzen und Hilfe verschafft, / son-
dern nur Schande und Schmach bringt.
6 Ausspruch über die Tiere des Negeb:
Durch ein Land der Ängste und Nöte, / der jun-
gen Löwen, der knurrenden Löwen, / der Nat-
tern und fliegenden Schlangen
bringen sie ihren Reichtum auf dem Rücken der
Esel,
ihre Schätze auf dem Höcker der Kamele / zu
dem Volk, das nichts nützt.
7 Nichtig und nutzlos ist die Hilfe Ägyptens; /
darum nenne ich es: die untätige Rahab.

Die Bestrafung des trotzigen Volkes

8 Nun geh, schreib es vor ihren Augen auf eine Ta-
fel, / ritz es als Inschrift ein, / damit es für künf-
tige Zeiten auf immer bezeugt ist:
9 Sie sind ein trotziges Volk, mißratene Söhne, /
Söhne, die auf die Weisung des Herrn nicht hö-
ren.
10 Sie sagen zu den Sehern: Seht nichts!, / und zu
den Propheten: Erschaut für uns ja nicht, was
wahr ist,
sondern sagt, was uns schmeichelt, / erschaut
für uns das, was uns täuscht.
11 Weicht nur ab vom rechten Weg, / verlaßt den
richtigen Pfad, / laßt uns in Ruhe mit dem Heili-
gen Israels!
12 Darum – so spricht der Heilige Israels: / Weil
ihr dieses Wort mißachtet,
weil ihr auf Ränke vertraut / und euch auf das
Falsche verlaßt,
13 darum wird eure Schuld für euch sein / wie
ein herabfallendes Bruchstück / von einer hoch
aufragenden Mauer, / die dann plötzlich, urplötz-
lich einstürzt.
14 Sie zerbricht wie der Krug eines Töpfers, / den
man ohne Erbarmen zerschlägt,
so daß sich unter all den Stücken keine Scherbe
mehr findet, / mit der man Feuer vom Herd
holen kann / oder Wasser schöpfen aus der Zi-
sterne.
15 Denn so spricht der Herr, der Heilige Israels:
Nur in Umkehr und Ruhe liegt eure Rettung, /
nur Stille und Vertrauen verleihen euch Kraft.
Doch ihr habt nicht gewollt, / 16 sondern gesagt:
Nein, auf Rossen wollen wir dahinfliegen. /
Darum sollt ihr jetzt fliehen.
Ihr habt gesagt: Auf Rennpferden wollen wir
reiten. / Darum rennen die Verfolger euch
nach.
17 Tausende werden zittern, wenn ein einziger
droht, / wenn nur fünf euch drohen, ergreift ihr
alle die Flucht,
bis das, was von euch übrig ist, aussieht, / wie
ein Fahnenmast auf dem Gipfel eines Berges, /
wie ein Feldzeichen auf dem Hügel.

Die Begnadigung des Volkes

18 Darum wartet der Herr darauf, / euch seine
Gnade zu zeigen,
darum erhebt er sich, / um euch sein Erbarmen
zu schenken.
Denn der Herr ist ein Gott des Rechtes; / wohl
denen, die auf ihn warten.
19 Ja, du Volk auf dem Berg Zion, / das in Jerusa-
lem wohnt, / du brauchst jetzt nicht mehr zu
weinen.
Der Herr ist dir gnädig, wenn du um Hilfe
schreist; / er wird dir antworten, sobald er dich
hört.
20 Auch wenn dir der Herr bisher nur wenig Brot
und nicht genug Wasser gab, / so wird er, dein
Lehrer, sich nicht mehr verbergen.
Deine Augen werden deinen Lehrer sehen, /
21 deine Ohren werden es hören, wenn er dir
nachruft:
Hier ist der Weg, auf ihm müßt ihr gehen, / auch
wenn ihr selbst rechts oder links gehen woll-
tet.
22 Dann wirst du deine Götzen aus Silber / und
deine Götterbilder aus Gold entweihen.
Wie Abfall wirfst du sie weg und sagst: / Hinaus
mit euch!
23 Dann spendet er Regen für die Saat, / die du
auf den Acker gesät hast.
Das Korn, das auf dem Acker heranreift, / wird
üppig und fett sein. / Auf weiten Wiesen weidet
dein Vieh an jenem Tag.

24 Die Rinder und Esel, die dir bei der Feldarbeit
helfen, / bekommen würziges Futter zu fres-
sen, / das man mit Schaufel und Gabel gemischt
hat.
25 Auf allen hohen Bergen und stattlichen Hü-
geln / gibt es Bäche voll Wasser
am Tag des großen Mordens, / wenn die Türme
einstürzen.
26 Zu der Zeit, wenn der Herr die Leiden seines
Volkes heilt und seine Wunden verbindet, wird
das Licht des Mondes so hell sein wie das Licht
der Sonne, und das Licht der Sonne wird sie-
benmal so stark sein wie das Licht von sieben Ta-
gen.

Das Gericht über Assur

27 Seht her, der Herr [sein Name] kommt aus der
Ferne. / Sein Zorn ist entflammt, / gewaltig dro-
hend, zieht er heran.
Seine Lippen sind voll grollendem Zorn, / seine
Zunge ist wie ein verzehrendes Feuer,
28 sein Atem wie ein reißender Bach, / der bis an
den Hals reicht.
Er spannt die Völker ins Joch / und legt den Na-
tionen den Zaum an, / um sie in die Irre und ins
Unheil zu führen.
29 Dann singt ihr Lieder wie in der Nacht, / in der
man sich heiligt für das Fest.
Ihr freut euch von Herzen / wie die Pilger, die
unter dem Klang ihrer Flöten / zum Berg des
Herrn, zu Israels Felsen, hinaufziehen.
30 Der Herr läßt seine mächtige Stimme er-
schallen, / und man sieht, wie sein Arm herab-
zuckt
mit zornigem Grollen und verzehrendem
Feuer, / mit Sturm, Gewitter und Hagel.
31 Vor der Stimme des Herrn wird Assur
erschrecken, / wenn er zuschlägt mit seinem
Stock,
32 jedesmal, wenn die Zuchtrute auf Assur her-
absaust, / mit der der Herr auf es einschlägt.
Unter dem Klang von Pauken und Zithern / und
bei schwungvollem Reigentanz kämpft er gegen
Assur.
33 Ja, schon längst ist eine Feuerstelle bereitet, /
auch für den König ist sie bestimmt; / tief ist sie
und weit;
ein Holzstoß ist da, Feuer und Brennholz in
Menge, / der Atem des Herrn brennt darin wie
ein Schwefelstrom.

Erneute Warnung vor Ägypten

31 Weh denen, die nach Ägypten ziehen, /
um Hilfe zu finden, / und sich auf Pferde
verlassen,
die auf die Menge ihrer Wagen vertrauen / und
auf ihre zahlreichen Reiter.
Doch auf den Heiligen Israels blicken sie nicht /
und fragen nicht nach dem Herrn.
2 Aber auch er ist klug; er führt das Unheil her-
bei; / er nimmt sein Wort nicht zurück.
Er erhebt sich gegen dieses Haus von Verbre-
chern / und gegen die Helfer derer, die Böses
tun.
3 Auch der Ägypter ist nur ein Mensch und
kein Gott, / seine Pferde sind nur Fleisch, nicht
Geist.
Streckt der Herr seine Hand aus, / dann kommt
der Beschützer zu Fall,
und ebenso fällt auch sein Schützling; / sie ge-
hen alle beide zugrunde.

Jahwes Kampf für seine Getreuen

4 So hat der Herr zu mir gesagt:
Wie der Löwe über seiner Beute knurrt, / der
junge Löwe, gegen den man alle Hirten zusam-
menruft,
wie er vor ihrem Geschrei nicht erschrickt / und
sich bei ihrem Lärm nicht duckt,
so ist der Herr der Heere, wenn er herabsteigt, /
um auf dem Gipfel des Berges Zion, / auf seiner
Anhöhe, zu kämpfen.
5 Wie ein Vogel mit ausgebreiteten Flügeln / wird
der Herr der Heere Jerusalem schützen, / es be-
schirmen und befreien, verschonen und retten.
6 Kehrt um zu ihm, Israels Söhne, / zu ihm, von
dem ihr euch soweit entfernt habt.
7 An jenem Tag verachtet ihr all die silbernen und
goldenen Götzen, / die ihr mit euren schuldbe-
fleckten Händen gemacht habt.
8 Assur wird fallen durch das Schwert, doch nicht
durch das eines Mannes; / das Schwert wird es
vernichten, doch nicht das eines Menschen.
Es wird vor dem Schwert die Flucht ergreifen, /
seine jungen Männer werden zur Fron gezwun-
gen.
9 Seine starken Helden vergehen vor Grauen, /
seine Fürsten lassen die Feldzeichen im Stich –
Spruch des Herrn,
der in Zion einen Feuerherd hat, / in Jerusalem
einen glühenden Ofen.

Das Reich der Gerechtigkeit

32 Seht: Ein König wird kommen, / der gerecht regiert, / und Fürsten, die herrschen, wie es recht ist.
2 Jeder von ihnen wird wie ein Zufluchtsort vor dem Sturm sein, / wie ein schützendes Dach beim Gewitter,
wie Wassergräben an einem dürren Ort, / wie der Schatten eines mächtigen Felsens im trockenen Land.
3 Dann sind die Augen der Sehenden nicht mehr verklebt, / die Ohren der Hörenden hören wieder zu.
4 Das Herz der Unbesonnenen gewinnt Erkenntnis und Einsicht, / die Zunge der Stammelnden redet wieder deutlich und klar.
5 Der Dummkopf wird nicht mehr edel genannt, / und der Schurke wird nicht mehr für vornehm gehalten.
6 Denn der Dummkopf redet nur Unsinn, / und er hat nur Unheil im Sinn,
er handelt ruchlos / und redet lästerlich über den Herrn.
Er läßt den Hungrigen darben, / den Durstigen läßt er nicht trinken.
7 Die Waffen des Schurken bringen Unglück, / er plant nur Verbrechen,
um die Schwachen durch trügerische Worte ins Verderben zu stürzen, / selbst wenn der Arme beweist, daß er im Recht ist.
8 Der Edle aber plant nur Edles / und tritt für das Edle ein.

Die leichtsinnigen Frauen

9 Ihr sorglosen Frauen, hört meine Stimme, / ihr selbstsicheren Töchter, hört auf mein Wort!
10 Über Jahr und Tag werdet ihr zittern, / auch wenn ihr jetzt so selbstsicher seid;
denn die Weinernte ist vernichtet, / es gibt keine Obsternte mehr.
11 Zittert, ihr Sorglosen, / erschreckt, ihr selbstsicheren Frauen,
zieht euch aus, entkleidet euch, / und legt das Trauerkleid an!
12 Schlagt euch an die Brust, / und klagt um die prächtigen Felder, / die fruchtbaren Reben,
13 um die Äcker meines Volkes, / auf denen nur Dornen und Disteln wachsen,
um all die Häuser voll Jubel, / um die fröhliche Stadt.
14 Denn die Paläste sind verlassen, / der Lärm der Stadt ist verstummt.
Der Hügel der Burg mit dem Wachtturm / ist für immer verödet;
dort tummeln sich die Wildesel, / dort weiden die Herden.

Die Wirkung des Geistes aus der Höhe

15 Wenn aber der Geist aus der Höhe über uns ausgegossen wird, / dann wird die Wüste zum Garten, / und der Garten wird zu einem Wald.
16 In der Wüste wohnt das Recht, / die Gerechtigkeit weilt in den Gärten.
17 Das Werk der Gerechtigkeit wird der Friede sein, / der Ertrag der Gerechtigkeit sind Ruhe und Sicherheit für immer.
18 Mein Volk wird an einer Stätte des Friedens wohnen, / in sicheren Wohnungen, an stillen und ruhigen Plätzen.
19 Aber der Wald stürzt in jähem Sturz, / die Stadt versinkt in der Tiefe.
20 Wohl euch! Ihr könnt an allen Gewässern säen / und eure Rinder und Esel frei laufen lassen.

Der Weheruf über den Feind

33 Weh dir, der du immer zerstörst / und selbst nie zerstört worden bist.
Weh dir, du Empörer, / gegen den sich noch niemand empört hat.
Denn wenn du alles zerstört hast, / wirst du selbst zerstört.
Wenn du das Ziel deiner Empörung erreicht hast, / wirst du selbst zum Ziel einer Empörung.

Ein Gebet in der Not

2 Herr, hab mit uns Erbarmen; / denn wir hoffen auf dich.
Sei uns ein helfender Arm an jedem Morgen, / sei in der Not unsere Rettung!
3 Vor dem lauten Getöse fliehen die Nationen; / wenn du dich erhebst, flüchten die Völker nach allen Seiten.
4 Man rafft Beute zusammen, / so wie die Heuschrecken alles erraffen;
wie die Grashüpfer springen, / so springt man und raubt.

[5] Der Herr ist erhaben, er wohnt in der Höhe; / er wird Zion mit Recht und Gerechtigkeit erfüllen.
[6] Es wird sichere Zeiten erleben. / Weisheit und Erkenntnis sind der Reichtum, der es rettet; / sein Schatz ist die Furcht vor dem Herrn.

Die Verödung des Landes

[7] Hört: Draußen schreien die Krieger (vor Angst), / bitterlich weinen die Boten des Friedens.
[8] Die Wege sind verödet, / die Straßen sind leer.
Den Vertrag hat man gebrochen, / man verachtet die Zeugen (des Bundes) / und schätzt die Menschen gering.
[9] Das Land welkt in Trauer dahin, / der Libanon ist beschämt, seine Bäume verdorren.
Die Scharon-Ebene ist zur Steppe geworden, / entlaubt sind Baschan und Karmel.

Das Gericht über die Sünder

[10] Jetzt stehe ich auf, spricht der Herr, / jetzt erhebe ich mich, jetzt richte ich mich auf.
[11] Ihr seid schwanger mit Heu und bringt Stroh zur Welt. / Mein Atem ist wie ein Feuer, das euch verzehrt.
[12] Die Völker werden zu Kalk verbrannt. / Sie lodern wie abgehauene Dornen im Feuer.
[13] Ihr in der Ferne, hört, was ich tue; / ihr in der Nähe, erkennt meine Kraft!
[14] Die Sünder in Zion beginnen zu zittern, / ein Schauder erfaßt die ruchlosen Menschen.
Wer von uns hält es aus neben dem verzehrenden Feuer, / wer von uns hält es aus neben der ewigen Glut?
[15] Wer rechtschaffen lebt und immer die Wahrheit sagt, / wer es ablehnt, Gewinn zu erpressen,
wer sich weigert, Bestechungsgelder zu nehmen, / wer sein Ohr verstopft, um keinen Mordplan zu hören, / und die Augen schließt, um nichts Böses zu sehen:
[16] der wird auf den Bergen wohnen, / Felsenburgen sind seine Zuflucht;
man reicht ihm sein Brot, / und seine Wasserquelle versiegt nicht.

Die bessere Zukunft

[17] Deine Augen werden den König in seiner Schönheit erblicken, / sie sehen ein weites Land.
[18] Dein Herz denkt an die (früheren) Schrecken zurück: / Wo ist der, der damals zählte,
wo ist der, der abwog? / Wo ist der, der die Türme gezählt hat?
[19] Du wirst das freche Volk nicht mehr sehen, / das Volk mit der dunklen, unverständlichen Sprache, / mit den gestammelten, sinnlosen Worten.
[20] Schau auf Zion, die Stadt unserer Feste! / Deine Augen werden Jerusalem sehen,
den Ort der Ruhe, / das Zelt, das man nicht abbricht,
dessen Pflöcke man niemals mehr ausreißt, / dessen Stricke nie mehr zerreißen.
[21] Ja, dort wird der Herr unser mächtiger Gott sein. / Es ist ein Ort mit breiten Flüssen und Strömen.
Keine Ruderboote fahren auf ihnen; / kein Prunkschiff segelt darauf,
[23a] denn die Taue sind schlaff, / sie halten den Mastbaum nicht fest, / man kann kein Segel mehr spannen.
[22] Ja, der Herr ist unser Richter, / der Herr gibt uns Gesetze; / der Herr ist unser König, er wird uns retten.
[23b] Dann verteilen die Blinden große Beute untereinander, / die Lahmen machen einen ergiebigen Raubzug.
[24] Kein Mensch in der Stadt wird mehr sagen: / Ich bin krank.
Dem Volk, das in Zion wohnt, / ist seine Schuld vergeben.

Die Ankündigung des Gerichts über Edom

34 Kommt her, ihr Völker, und hört, / horcht auf, ihr Nationen!
Die Erde und alles, was sie erfüllt, / die Welt und alles, was auf ihr sproßt, sollen es hören,
[2] daß der Herr über alle Völker erzürnt ist, / daß er zornig ist auf all ihre Heere.
Er hat sie dem Untergang geweiht / und zum Schlachtopfer bestimmt.
[3] Die Erschlagenen wirft man hinaus, / der Gestank ihrer Leichen steigt auf,
die Berge triefen von ihrem Blut, / [4] alle Hügel zerfließen.
Wie eine Buchrolle rollt sich der Himmel zusammen, / sein ganzes Heer welkt dahin,
wie Laub am Weinstock verwelkt, / wie Früchte am Feigenbaum schrumpfen.

5 Am Himmel erscheint das Schwert des
Herrn. / Seht her, es fährt auf Edom herab, / auf
das Volk, das der Herr im Gericht dem Untergang
weiht.
6 Das Schwert des Herrn ist voll Blut, / es trieft
von Fett,
vom Blut der Lämmer und Böcke, / vom Nierenfett der Widder;
denn der Herr hält in Bozra ein Opferfest ab, /
ein großes Schlachtfest in Edom.
7 Da fallen die Büffel und Kälber, / die Stiere und
Ochsen.
Ihr Land wird betrunken vom Blut, / ihr Erdreich ist getränkt von Fett.
8 Denn der Herr hat einen Tag der Rache bestimmt, / ein Jahr der Vergeltung für den Streit um
Zion.
9 In Edoms Bächen wird das Wasser zu Pech, /
sein Boden verwandelt sich in Schwefel, / sein
Land wird zu brennendem Pech.
10 Es erlischt nicht bei Tag und bei Nacht, / der
Rauch steigt unaufhörlich empor.
Das Land ist für Generationen verödet, / nie
mehr zieht jemand hindurch.
11 Dohlen und Eulen nehmen es in Besitz, /
Käuze und Raben hausen darin.
Der Herr spannt die Meßschnur »Öde« darüber, /
er legt das Senkblei »Leere« an.
12 Die Bocksgeister werden dort ihr Unwesen
treiben. / Die Edlen Edoms leben nicht mehr.
Man ruft dort keinen König mehr aus, / mit all
seinen Fürsten hat es ein Ende.
13 An seinen Palästen ranken sich Dornen empor, / in den Burgen wachsen Nesseln und Disteln.
Das Land wird zu einem Ort für Schakale, / zu
einem Platz für die Strauße.
14 Wüstenhunde und Hyänen treffen sich hier, /
die Bocksgeister begegnen einander.
Auch Lilit (das Nachtgespenst) ruht sich dort
aus / und findet für sich eine Bleibe.
15 Der Kauz hat hier sein sicheres Nest, / er legt
seine Eier und brütet sie aus.
Auch die Geier sammeln sich hier, / einer neben dem andern.
16 Forscht nach im Buch des Herrn, / dort werdet
ihr lesen:
Keines dieser Tiere ist ausgeblieben, / keines
braucht seinen Gefährten zu suchen;
denn der Mund des Herrn hat es befohlen, /
sein Geist hat sie zusammengeführt.
17 Er selbst hat für sie das Los geworfen, / er hat
mit eigener Hand das Land vermessen und ihnen
zugeteilt:
Für immer sollen sie es besitzen, / von Generation zu Generation darin wohnen.

Die Verheißung des messianischen Heils

35 Die Wüste und das trockene Land sollen
sich freuen, / die Steppe soll jubeln und
blühen.
2 Sie soll prächtig blühen wie eine Lilie, / jubeln
soll sie, jubeln und jauchzen.
Die Herrlichkeit des Libanon wird ihr geschenkt, / die Pracht des Karmel und der Ebene
Scharon.
Man wird die Herrlichkeit des Herrn sehen, /
die Pracht unseres Gottes.
3 Macht die erschlafften Hände wieder stark /
und die wankenden Knie wieder fest!
4 Sagt den Verzagten: / Habt Mut, fürchtet euch
nicht!
Seht, hier ist euer Gott! / Die Rache Gottes wird
kommen und seine Vergeltung; / er selbst wird
kommen und euch erretten.
5 Dann werden die Augen der Blinden geöffnet, / auch die Ohren der Tauben sind wieder
offen.
6 Dann springt der Lahme wie ein Hirsch, / die
Zunge des Stummen jauchzt auf.
In der Wüste brechen Quellen hervor, / und
Bäche fließen in der Steppe.
7 Der glühende Sand wird zum Teich / und das
durstige Land zu sprudelnden Quellen.
An dem Ort, wo jetzt die Schakale sich lagern, / gibt es dann Gras, Schilfrohr und Binsen.
8 Eine Straße wird es dort geben; / man nennt
sie den Heiligen Weg.
Kein Unreiner darf ihn betreten. / Er gehört
dem, der auf ihm geht. / Unerfahrene gehen nicht
mehr in die Irre.
9 Es wird keinen Löwen dort geben, / kein Raubtier betritt diesen Weg,
keines von ihnen ist hier zu finden. / Dort gehen nur die Erlösten.
10 Die vom Herrn Befreiten kehren zurück / und
kommen voll Jubel nach Zion.
Ewige Freude ruht auf ihren Häuptern. / Wonne
und Freude stellen sich ein, / Kummer und Seufzen entfliehen.

Geschichtlicher Anhang: 36,1–39,8

Sanheribs Feldzug gegen Jerusalem: 36,1–37,38

Die erste Gesandtschaft Sanheribs

36 Im vierzehnten Jahr des Königs Hiskija zog Sanherib, der König von Assur, gegen alle befestigten Städte Judas und nahm sie ein. 2 Der König von Assur sandte den Rabschake mit einer großen Streitmacht von Lachisch aus nach Jerusalem gegen König Hiskija. Er stellte sich an der Wasserleitung des oberen Teiches auf, der an der Walkerfeldstraße liegt. 3 Der Palastvorsteher Eljakim, der Sohn Hilkijas, der Staatsschreiber Schebna und der Sprecher des Königs Joach, der Sohn Asafs, gingen zu ihm hinaus.

4 Da sagte der Rabschake zu ihnen: Sagt zu Hiskija: So spricht der Großkönig, der König von Assur: Worauf vertraust du denn, daß du dich so sicher fühlst? 5 Du glaubst wohl, bloßes Gerede sei im Krieg schon Rat und Stärke? Auf wen vertraust du also, daß du von mir abgefallen bist? 6 Du vertraust gewiß auf Ägypten, dieses geknickte Schilfrohr, das jeden, der sich darauf stützt, in die Hand sticht und sie durchbohrt. Denn so macht es der Pharao, der König von Ägypten, mit allen, die ihm vertrauen. 7 Wenn ihr aber zu mir sagt: Wir vertrauen auf Jahwe, unseren Gott, dann bedenkt: Ist nicht gerade er der Gott, dessen Kulthöhen und Altäre Hiskija beseitigt hat? Hat nicht Hiskija in Juda und Jerusalem angeordnet: Nur vor diesem Altar in Jerusalem dürft ihr euch niederwerfen? 8 Geh doch mit meinem Herrn, dem König von Assur, eine Wette ein! Ich gebe dir zweitausend Pferde. Kannst du die Reiter für sie stellen? 9 Wie willst du auch nur einen einzigen Statthalter meines Herrn in die Flucht schlagen, und wäre es der unbedeutendste seiner Knechte? Du vertraust ja nur auf Ägypten, auf seine Wagen und deren Besatzung. 10 Außerdem: Bin ich denn gegen den Willen Jahwes heraufgezogen, um dieses Land zu verwüsten? Jahwe selbst hat mir befohlen: Zieh gegen dieses Land, und verwüste es! 11 Da sagten Eljakim, Schebna und Joach zu dem Rabschake: Sprich doch aramäisch mit deinen Knechten! Wir verstehen es. Sprich vor den Ohren des Volkes, das auf der Mauer steht, nicht judäisch mit uns! 12 Der Rabschake antwortete ihnen: Hat mich mein Herr etwa beauftragt, das alles nur zu deinem Herrn und zu dir zu sagen, und nicht vielmehr zu all den Männern, die auf der Mauer sitzen und ihren eigenen Kot essen und ihren Harn trinken wie ihr? 13 Dann trat der Rabschake vor und rief laut auf judäisch: Hört die Worte des Großkönigs, des Königs von Assur! 14 So spricht der König: Laßt euch nicht von Hiskija betören; denn er kann euch nicht retten. 15 Er soll euch nicht verleiten, auf Jahwe zu vertrauen, und sagen: Jahwe wird uns sicher retten, diese Stadt wird dem König von Assur nicht in die Hände fallen. 16 Hört nicht auf Hiskija! Denn so spricht der König von Assur: Trefft mit mir ein Abkommen, und ergebt euch! Dann kann jeder von euch von seinem Weinstock und von seinem Feigenbaum essen und Wasser aus seiner Zisterne trinken, 17 bis ich komme und euch in ein Land bringe, das eurem Land gleicht: in ein Land voll Getreide und Most, ein Land voll Brot und Wein. 18 Laßt euch von Hiskija nicht in die Irre führen, wenn er sagt: Jahwe wird uns retten. Hat denn einer von den Göttern der anderen Völker sein Land vor dem König von Assur gerettet? 19 Wo sind die Götter von Hamat und Arpad? Wo sind die Götter von Sefarwajim? Haben sie etwa Samaria vor mir gerettet? 20 Wer von all den Göttern der anderen Länder hat sein Land vor mir gerettet? Wie sollte denn Jahwe Jerusalem vor mir retten? 21 Die Männer aber schwiegen und gaben ihm keine Antwort; denn der König hatte befohlen: Ihr dürft ihm nicht antworten.

22 Der Palastvorsteher Eljakim, der Sohn Hilkijas, der Staatsschreiber Schebna und der Sprecher des Königs Joach, der Sohn Asafs, zerrissen ihre Kleider, gingen zu Hiskija und berichteten ihm, was der Rabschake gesagt hatte.

Die Reaktion des Königs Hiskija

37 Als König Hiskija das hörte, zerriß er seine Kleider, legte ein Trauergewand an und ging in das Haus des Herrn. 2 Dann sandte er den Palastvorsteher Eljakim, den Staatsschreiber Schebna und die Ältesten der Priester in Trauergewändern zum Propheten Jesaja, dem Sohn des Amoz. 3 Sie sagten zu ihm: So spricht Hiskija: Heute ist ein Tag der Not, der Strafe und der Schande. Die Kinder sind bis an die Öffnung des Mutterschoßes gelangt, doch den Frauen fehlt die Kraft zum Gebären.

4 Aber vielleicht hört der Herr, dein Gott, die Worte
des Rabschake, den sein Herr, der König von Assur,
hergesandt hat, damit er den lebendigen Gott be-
schimpft; und vielleicht schickt der Herr, dein Gott,
eine Strafe für die Worte, die er gehört hat. Darum
bete für den Rest, der noch übrig ist.
5 Jesaja antwortete den Abgesandten des Königs
Hiskija, die zu ihm gekommen waren: 6 Sagt zu eu-
rem Herrn folgendes: So spricht der Herr: Fürchte
dich nicht wegen der Worte, die du gehört hast und
mit denen die Knechte des Königs von Assur mich
verhöhnt haben. 7 Seht, ich lege einen Geist in ihn,
so daß er ein Gerücht hört und in sein Land zurück-
kehrt; dort bringe ich ihn durch das Schwert zu Fall.

Die zweite Gesandtschaft Sanheribs

8 Der Rabschake trat den Rückweg an und fand
den König von Assur im Kampf gegen die Stadt
Libna. Sanherib war inzwischen, wie der Rab-
schake gehört hatte, von Lachisch abgezogen.
9 Dann erfuhr Sanherib, daß Tirhaka, der König
von Kusch, zum Kampf gegen ihn heranzog. Er
schickte wiederum Boten zu Hiskija mit dem Auf-
trag: 10 So sollt ihr zu Hiskija, dem König von Juda,
sagen: Laß dir nicht von deinem Gott, auf den du
vertraust, einreden, Jerusalem werde dem König
von Assur nicht in die Hände fallen. 11 Du hast
doch gehört, was die Könige von Assur mit allen
anderen Ländern gemacht haben: Sie haben sie
dem Untergang geweiht. Und du meinst, du wirst
gerettet? 12 Sind denn die Völker, die von meinen
Vätern vernichtet wurden, von ihren Göttern ge-
rettet worden, die Völker von Gosan, Haran und
Rezef, die Söhne von Eden, die in Telassar wohn-
ten? 13 Wo ist der König von Hamat, der König von
Arpad, der König der Stadt Sefarwajim, wo sind
die Könige von Hena und Awa?

Das Gebet des Königs

14 Hiskija nahm das Schreiben von den Boten in
Empfang und las es. Dann ging er zum Haus des
Herrn hinauf, breitete das Schreiben vor dem
Herrn aus und 15 betete zum Herrn. Er sagte: 16 Herr
der Heere, Gott Israels, der über den Kerubim
thront, du allein bist der Gott aller Reiche der Erde.
Du hast den Himmel und die Erde gemacht.
17 Wende mir dein Ohr zu, Herr, und höre! Öffne,
Herr, deine Augen und sieh her! Hör alles, was San-
herib sagt, der seinen Boten hergesandt hat, um
den lebendigen Gott zu verhöhnen. 18 Es ist wahr,
Herr, die Könige von Assur haben alle Völker ver-
nichtet und ihre Länder verwüstet 19 und ihre Göt-
ter ins Feuer geworfen. Aber das waren keine
Götter, sondern Werke von Menschenhand, aus
Holz und Stein; darum konnte man sie vernichten.
20 Nun aber, Herr, unser Gott, rette uns aus seiner
Hand, damit alle Reiche der Erde erkennen, daß du,
Jahwe, Gott bist, du allein.

Die Verheißung der göttlichen Hilfe

21 Jesaja, der Sohn des Amoz, schickte zu Hiskija
einen Boten und ließ ihm sagen: So spricht der
Herr, der Gott Israels: Ich habe gehört, wie du
wegen des Königs Sanherib von Assur zu mir ge-
betet hast. 22 Das ist das Wort des Herrn gegen ihn:
Dich verachtet, dich verspottet / die Jungfrau,
die Tochter Zion.
Die Tochter Jerusalem / schüttelt spöttisch den
Kopf über dich.
23 Wen hast du beschimpft und verhöhnt, / ge-
gen wen die Stimme erhoben,
auf wen voll Hochmut herabgeblickt? / Auf den
Heiligen Israels.
24 Durch deine Gesandten hast du den Herrn ver-
höhnt; / du hast gesagt:
Mit meinen zahlreichen Wagen fuhr ich auf die
Höhen der Berge, / in die fernsten Winkel des Li-
banon.
Ich fällte seine hohen Zedern, / seine schönsten
Zypressen,
kam bis zu seinen entlegensten Höhen, / in das
Dickicht seiner Wälder.
25 Ich habe Brunnen gegraben / und fremdes
Wasser getrunken.
Ich ließ unter dem Schritt meiner Füße / alle
Ströme Ägyptens vertrocknen.
26 Hast du es nicht gehört? / Schon vor langer
Zeit habe ich es so gefügt,
seit den Tagen der Vorzeit habe ich es so ge-
plant, / jetzt ließ ich es kommen.
So konntest du befestigte Städte zerstören / und
in Trümmer verwandeln.
27 Ihre Bewohner waren machtlos, / in Schrek-
ken und Schande gestoßen.
Sie glichen den Pflanzen auf dem Feld, / dem
frischen Grün,
dem Gras auf den Dächern, / das im Ostwind
verdorrt.
28 Ich weiß, ob du ruhst, ob du gehst oder
kommst, / ob du dich gegen mich auflehnst.

29 Weil du gegen mich wütest / und dein Lärm
meine Ohren erreicht hat,
ziehe ich dir einen Ring durch die Nase / und
lege dir einen Zaum in das Maul.
Auf dem Weg, auf dem du herankamst, / treibe
ich dich wieder zurück.
30 Und das soll für dich (Hiskija) ein Vorzeichen
sein: In diesem Jahr ißt man, was von selbst nach-
wächst, im nächsten Jahr, was wild wächst; im
dritten Jahr aber sollt ihr wieder säen und ernten,
die Weinberge bepflanzen und ihre Früchte ge-
nießen. 31 Wer vom Haus Juda entronnen und
übriggeblieben ist, wird unten wieder Wurzeln
treiben und oben Frucht tragen. 32 Denn von Jeru-
salem wird ein Rest (in das Land) hinausziehen,
vom Berg Zion ziehen die Geretteten hinaus. Der
leidenschaftliche Eifer des Herrn der Heere voll-
bringt das. 33 Darum – so spricht der Herr über den
König von Assur: Er wird nicht in diese Stadt ein-
dringen; er wird keinen einzigen Pfeil hinein-
schießen, er wird nicht unter dem Schutz seines
Schildes gegen sie anrennen und wird keinen
Damm gegen sie aufschütten. 34 Auf dem Weg, auf
dem er gekommen ist, wird er wieder zurück-
kehren. Aber in diese Stadt wird er nicht eindrin-
gen – Spruch des Herrn. 35 Ich werde diese Stadt
beschützen und retten, um meinetwillen und um
meines Knechtes David willen.

Die Rettung der Stadt

36 In jener Nacht zog der Engel des Herrn aus und
erschlug im Lager der Assyrer hundertfünfund-
achtzigtausend Mann. Als man am nächsten
Morgen aufstand, fand man sie alle als Leichen.
37 Da brach Sanherib, der König von Assur, auf
und kehrte in sein Land zurück. Er blieb in Ni-
nive. 38 Als er eines Tages im Tempel seines Gottes
Nisroch betete, erschlugen ihn seine Söhne
Adrammelech und Sarezer mit dem Schwert.
Darauf mußten sie in das Land Ararat fliehen, und
Sanheribs Sohn Asarhaddon wurde an seiner
Stelle König.

Weitere Nachrichten über Jesaja und Hiskija: 38,1–39,8

Die Krankheit Hiskijas

38 In jenen Tagen wurde Hiskija schwer
krank und war dem Tod nahe. Der Pro-
phet Jesaja, der Sohn des Amoz, kam zu ihm und
sagte: So spricht der Herr: Bestell dein Haus; denn
du wirst sterben, du wirst nicht am Leben blei-
ben. 2 Da drehte sich Hiskija mit dem Gesicht zur
Wand und betete zum Herrn: 3 Ach Herr, denk
daran, daß ich mein Leben lang treu und mit auf-
richtigem Herzen meinen Weg vor deinen Augen
gegangen bin und daß ich immer getan habe, was
dir gefällt. Und Hiskija begann laut zu weinen.
4 Da erging das Wort des Herrn an Jesaja: 5 Geh zu
Hiskija, und sag zu ihm: So spricht der Herr, der
Gott deines Vaters David: Ich habe dein Gebet
gehört und deine Tränen gesehen. Ich will zu dei-
ner Lebenszeit noch fünfzehn Jahre hinzufügen.
[6 Und ich will dich und diese Stadt aus der Gewalt
des Königs von Assur retten und diese Stadt be-
schützen.] 7 Das soll für dich das Zeichen des
Herrn sein, daß der Herr sein Versprechen halten
wird: 8 Siehe, ich lasse den Schatten, der auf den
Stufen des Ahas bereits herabgestiegen ist, wie-
der zehn Stufen hinaufsteigen. Da stieg der Schat-
ten auf den Stufen, die er bereits herabgestiegen
war, wieder zehn Stufen hinauf.

Das Danklied Hiskijas

9 Ein Lied, das König Hiskija von Juda verfaßt hat,
als er nach seiner Krankheit wieder genesen war:
10 Ich sagte: In der Mitte meiner Tage / muß ich
hinab zu den Pforten der Unterwelt, / man raubt
mir den Rest meiner Jahre.
11 Ich sagte: Ich darf den Herrn nicht mehr
schauen / im Land der Lebenden,
keinen Menschen mehr sehen bei den Bewoh-
nern der Erde.
12 Meine Hütte bricht man über mir ab, / man
schafft sie weg wie das Zelt eines Hirten.
Wie ein Weber hast du mein Leben zu Ende ge-
woben, / du schneidest mich ab wie ein fertig ge-
wobenes Tuch.
Vom Anbruch des Tages bis in die Nacht / gibst
du mich völlig preis;
13 bis zum Morgen schreie ich um Hilfe. / Wie
ein Löwe zermalmt er all meine Knochen.
14 Ich zwitschere wie eine Schwalbe, / ich gurre
wie eine Taube.
Meine Augen blicken ermattet nach oben: / Ich
bin in Not, Herr. Steh mir bei!
15 Was kann ich ihm sagen, was soll ich reden, /
da er es selber getan hat?
Es flieht mich der Schlaf; / denn meine Seele ist
verbittert.

16 Herr, ich vertraue auf dich; / du hast mich geprüft. / Mach mich gesund, und laß mich wieder genesen!

17 Du hast mich aus meiner bitteren Not gerettet, / du hast mich vor dem tödlichen Abgrund bewahrt; / denn all meine Sünden warfst du hinter deinen Rücken.

18 Ja, in der Unterwelt dankt man dir nicht, / die Toten loben dich nicht;
wer ins Grab gesunken ist, / kann nichts mehr von deiner Güte erhoffen.

19 Nur die Lebenden danken dir, / wie ich am heutigen Tag. / Von deiner Treue erzählt der Vater den Kindern.

20 Der Herr war bereit, mir zu helfen; / wir wollen singen und spielen im Haus des Herrn, / solange wir leben.

Ein Nachtrag über die Krankheit Hiskijas

21 Darauf sagte Jesaja: Man hole einen Feigen-
brei und streiche ihn auf das Geschwür, da-
mit der König gesund wird. 22 Hiskija aber
fragte Jesaja: Was ist das Zeichen dafür, daß ich
wieder zum Haus des Herrn hinaufgehen werde?

Die Gesandtschaft aus Babel

39 Damals sandte Merodach-Baladan, der
Sohn Baladans, der König von Babel, ei-
nen Brief und Geschenke an Hiskija; denn er
hatte von seiner Krankheit und von seiner Gene-
sung gehört. 2 Hiskija freute sich darüber und
zeigte den Gesandten sein Schatzhaus, das Silber
und das Gold, die Vorräte an Balsam und feinem
Öl, sein ganzes Waffenlager und alle anderen
Schätze, die er besaß. Es gab nichts in seinem
Haus und in seinem ganzen Herrschaftsbereich,
das er ihnen nicht gezeigt hätte. 3 Danach kam der
Prophet Jesaja zu König Hiskija und fragte ihn:
Was haben diese Männer gesagt? Woher kamen
sie? Hiskija antwortete: Sie sind aus einem fernen
Land, aus Babel, zu mir gekommen. 4 Er fragte
weiter: Was haben sie in deinem Haus gesehen?
Hiskija antwortete: Sie haben alles gesehen, was
in meinem Haus ist. Es gibt nichts in meinen
Schatzkammern, das ich ihnen nicht gezeigt
hätte. 5 Da sagte Jesaja zu Hiskija: Höre das Wort
des Herrn der Heere: 6 Es werden Tage kommen,
an denen man alles, was in deinem Haus ist, alles,
was deine Väter bis zum heutigen Tag angesam-
melt haben, nach Babel bringt. Nichts wird übrig-
bleiben, spricht der Herr. 7 Auch von deinen eige-
nen Söhnen, die du noch bekommen wirst, wird
man einige mitnehmen, und sie werden als Käm-
merer im Palast des Königs von Babel dienen
müssen. 8 Hiskija sagte zu Jesaja: Das Wort des
Herrn, das du mir gesagt hast, ist gut. Und er
dachte: Zu meinen Lebzeiten herrscht ja noch
Friede und Sicherheit.

II. Teil. Der zweite Jesaja (Deuterojesaja) 40,1–55,13

Einleitung: Die Verheißung der Heimkehr: 40,1–11

40 Tröstet, tröstet mein Volk, / spricht euer Gott.

2 Redet Jerusalem zu Herzen / und verkündet der Stadt,
daß ihr Frondienst zu Ende geht, / daß ihre Schuld beglichen ist;
denn sie hat die volle Strafe erlitten / von der Hand des Herrn / für all ihre Sünden.

3 Eine Stimme ruft: / Bahnt für den Herrn einen Weg durch die Wüste!
Baut in der Steppe eine ebene Straße / für unseren Gott!

4 Jedes Tal soll sich heben, / jeder Berg und Hügel sich senken.
Was krumm ist, soll gerade werden, / und was hüglig ist, werde eben.

5 Dann offenbart sich die Herrlichkeit des Herrn, / alle Sterblichen werden sie sehen. / Ja, der Mund des Herrn hat gesprochen.

6 Eine Stimme sagte: Verkünde! / Ich fragte: Was soll ich verkünden?
Alles Sterbliche ist wie das Gras, / und all seine Schönheit ist wie die Blume auf dem Feld.

7 Das Gras verdorrt, die Blume verwelkt, / wenn
der Atem des Herrn darüberweht. / Wahrhaftig,
Gras ist das Volk.
8 Das Gras verdorrt, die Blume verwelkt, /
doch das Wort unseres Gottes bleibt in Ewig-
keit.
9 Steig auf einen hohen Berg, / Zion, du Botin der
Freude!
Erheb deine Stimme mit Macht, / Jerusalem, du
Botin der Freude!
Erheb deine Stimme, fürchte dich nicht! / Sag den
Städten in Juda: / Seht, da ist euer Gott.
10 Seht, Gott der Herr, kommt mit Macht, / er
herrscht mit starkem Arm.
Seht, er bringt seinen Siegespreis mit: / Alle, die
er gewonnen hat, gehen vor ihm her.
11 Wie ein Hirt führt er seine Herde zur Weide, /
er sammelt sie mit starker Hand.
Die Lämmer trägt er auf dem Arm, / die Mut-
terschafe führt er behutsam.

Preis der Erhabenheit Gottes: 40,12–20; 41,6–7; 40,21–31

12 Wer mißt das Meer mit der hohlen Hand? / Wer
kann mit der ausgespannten Hand den Himmel
vermessen? / Wer mißt den Staub der Erde mit ei-
nem Scheffel?
Wer wiegt die Berge mit einer Waage / und mit
Gewichten die Hügel?
13 Wer bestimmt den Geist des Herrn? / Wer
kann sein Berater sein und ihn unterrichten?
14 Wen fragt er um Rat, / und wer vermittelt ihm
Einsicht?
Wer kann ihn über die Pfade des Rechts beleh-
ren? / Wer lehrt ihn das Wissen / und zeigt ihm
den Weg der Erkenntnis?
15 Seht, die Völker sind wie ein Tropfen am Ei-
mer, / sie gelten soviel wie ein Stäubchen auf der
Waage. / Ganze Inseln wiegen nicht mehr als ein
Sandkorn.
16 Der Libanon reicht nicht aus für das Brenn-
holz, / sein Wild genügt nicht für die Opfer.
17 Alle Völker sind vor Gott wie ein Nichts, / für
ihn sind sie wertlos und nichtig.
18 Mit wem wollt ihr Gott vergleichen / und wel-
ches Bild an seine Stelle setzen?
19 Der Handwerker gießt ein Götterbild, / der
Goldschmied überzieht es mit Gold / und fertigt
silberne Ketten dazu.
20 Wer arm ist, wählt für ein Weihegeschenk /
ein Holz, das nicht fault;
er sucht einen fähigen Meister, / der ihm das
Götterbild aufstellt, / so daß es nicht wackelt.
41,6 Dabei hilft einer dem andern; / er sagt zu sei-
nem Bruder: Pack an!
7 So ermuntert der Handwerker den Gold-
schmied, / der, der glättet, den Schmied am Am-
boß;
er sagt: Die Lötung ist gut!, / dann befestigt er das
Ganze mit Nägeln, / damit es nicht wackelt.
40,21 Wißt ihr es nicht, hört ihr es nicht, / war es
euch nicht von Anfang an bekannt?
Habt ihr es nicht immer wieder erfahren / seit
der Grundlegung der Erde?
22 Er ist es, der über dem Erdenrund thront; / wie
Heuschrecken sind ihre Bewohner.
Wie einen Schleier spannt er den Himmel
aus, / er breitet ihn aus wie ein Zelt zum Woh-
nen.
23 Er macht die Fürsten zunichte, / er nimmt den
Richtern der Erde jeden Einfluß.
24 Kaum sind sie gesät und gepflanzt, / kaum
wurzelt ihr Stamm in der Erde,
da bläst er sie an, so daß sie verdorren; / der
Sturm trägt sie fort wie Spreu.
25 Mit wem wollt ihr mich vergleichen? /
Wem sollte ich ähnlich sein?, spricht der Hei-
lige.
26 Hebt eure Augen in die Höhe, und seht: / Wer
hat die (Sterne) dort oben erschaffen?
Er ist es, der ihr Heer täglich zählt und herauf-
führt, / der sie alle beim Namen ruft.
Vor dem Allgewaltigen und Mächtigen wagt
keiner zu fehlen.
27 Jakob, warum sagst du, / Israel, warum
sprichst du:
Mein Weg ist dem Herrn verborgen, / meinem
Gott entgeht mein Recht?
28 Weißt du es nicht, hörst du es nicht? / Der
Herr ist ein ewiger Gott, / der die weite Erde er-
schuf.
Er wird nicht müde und matt, / unergründlich
ist seine Einsicht.

29 Er gibt dem Müden Kraft, / dem Kraftlosen
verleiht er große Stärke.
30 Die Jungen werden müde und matt, / junge
Männer stolpern und stürzen.
31 Die aber, die dem Herrn vertrauen, / schöpfen
neue Kraft, / sie bekommen Flügel wie Adler.
Sie laufen und werden nicht müde, / sie gehen
und werden nicht matt.

Das Gericht über die Völker: 41,1–29

Die Berufung des Kyrus

41 Ihr Inseln, hört schweigend auf mich, /
ihr Völker, wartet auf mich!
Sie sollen kommen und ihre Sache vortragen, /
wir wollen vor Gericht gehen, alle zusammen.
2 Wer hat im Osten den geweckt, / dem Gerech-
tigkeit folgt auf Schritt und Tritt?
Wer gibt ihm die Völker preis / und unterwirft
ihm die Könige?
Sein Schwert macht sie zu Staub, / sein Bogen
macht sie zu Spreu, die verweht.
3 Er verfolgt sie, rückt unversehrt vor, / berührt
kaum mit den Füßen den Weg.
4 Wer hat das bewirkt und vollbracht? / Er, der
von Anfang an die Generationen (ins Dasein) rief.
Ich, der Herr, bin der Erste, / und noch bei den
Letzten bin ich derselbe.
5 Die Inseln sehen es und geraten in Furcht, / die
Enden der Erde erzittern; / sie nähern sich und
kommen herbei.

Trost für Israel

8 Du, mein Knecht Israel, / du, Jakob, den ich er-
wählte, / Nachkomme meines Freundes Abra-
ham:
9 Ich habe dich von den Enden der Erde geholt, /
aus ihrem äußersten Winkel habe ich dich gerufen.
Ich habe zu dir gesagt: Du bist mein Knecht, /
ich habe dich erwählt und dich nicht verschmäht.
10 Fürchte dich nicht, denn ich bin mit dir; / hab
keine Angst, denn ich bin dein Gott.
Ich helfe dir, ja, ich mache dich stark, / ja, ich
halte dich mit meiner hilfreichen Rechten.
11 Schmach und Schande kommt über alle, / die
sich über dich erhitzen.
Die Männer, die mit dir streiten, / werden zu-
nichte und gehen zugrunde.
12 Du wirst sie suchen, aber nicht mehr finden, /
die Männer, die mit dir zanken.
Sie werden zunichte und finden ihr Ende, / die
Männer, die dich bekriegen.
13 Denn ich bin der Herr, dein Gott, / der deine
rechte Hand ergreift
und der zu dir sagt: Fürchte dich nicht, / ich
werde dir helfen.
14 Fürchte dich nicht, du armer Wurm Jakob, / du
Würmlein Israel!
Ich selber werde dir helfen – Spruch des Herrn. /
Der Heilige Israels löst dich aus.
15 Zu einem Dreschschlitten mache ich dich, /
zu einem neuen Schlitten mit vielen Schnei-
den.
Berge wirst du dreschen und sie zermalmen, /
und Hügel machst du zu Spreu.
16 Du worfelst sie, und es verweht sie der Wind, /
es zerstreut sie der Sturm.
Du aber jubelst über den Herrn, / du rühmst
dich des Heiligen Israels.

Der wunderbare Auszug aus Babel

17 Die Elenden und Armen suchen Wasser, / doch
es ist keines da; / ihre Zunge vertrocknet vor
Durst.
Ich, der Herr, will sie erhören, / ich, der Gott Is-
raels, verlasse sie nicht.
18 Auf den kahlen Hügeln lasse ich Ströme
hervorbrechen / und Quellen inmitten der Tä-
ler.
Ich mache die Wüste zum Teich / und das aus-
getrocknete Land zur Oase.
19 In der Wüste pflanze ich Zedern, / Akazien,
Ölbäume und Myrten.
In der Steppe setze ich Zypressen, / Platanen
und auch Eschen.
20 Dann werden alle sehen und erkennen, / be-
greifen und verstehen,
daß die Hand des Herrn das alles gemacht hat, /
daß der Heilige Israels es erschaffen hat.

Die Nichtigkeit der heidnischen Götter

21 Bringt eure Sache vor, spricht der Herr, / schafft
eure Beweise herbei, spricht Jakobs König.

22 Sie sollen vorbringen und uns kundtun, / was sich ereignen wird.

Was bedeutet das Vergangene? Teilt es uns mit, / damit auch wir unseren Sinn darauf richten.

Oder laßt uns das Zukünftige hören, / damit wir das Ende erfahren.

23 Tut kund, was später noch kommt, / damit wir erkennen: Ja, ihr seid Götter.

Ja, tut Gutes oder Böses, / damit wir alle zusammen es sehen und staunen.

24 Seht, ihr seid nichts, / euer Tun ist ein Nichts; / einen Greuel wählt, wer immer euch wählt.

25 Ich habe ihn im Norden geweckt, und er kam; / im Osten habe ich ihn beim Namen gerufen.

Er hat die Fürsten wie Lehm zertreten, / wie ein Töpfer den Ton stampft.

26 Wer hat es kundgetan von Anfang an, / so daß wir es wußten?

Wer hat es im voraus kundgetan, / so daß wir sagen konnten: Es ist richtig?

Niemand hat es kundgetan, / niemand hat es gemeldet, / keiner hörte von euch ein einziges Wort.

27 Ich habe Zion als erster (gesagt): / Sieh her, da ist es!, / und habe Jerusalem einen Freudenboten geschickt.

28 Ich blickte umher, doch niemand war da, / keiner von diesen hier konnte mir raten / und Antwort geben auf meine Fragen.

29 Seht her: Sie alle sind nichts, / ihr Tun ist ein Nichts; / windig und wesenlos sind die Bilder der Götter.

Das erste Lied vom Gottesknecht: 42,1–9

42 Seht, das ist mein Knecht, den ich stütze; / das ist mein Erwählter, an ihm finde ich Gefallen.

Ich habe meinen Geist auf ihn gelegt, / er bringt den Völkern das Recht.

2 Er schreit nicht und lärmt nicht / und läßt seine Stimme nicht auf der Straße erschallen.

3 Das geknickte Rohr zerbricht er nicht, / und den glimmenden Docht löscht er nicht aus; / ja, er bringt wirklich das Recht.

4 Er wird nicht müde und bricht nicht zusammen, / bis er auf der Erde das Recht begründet hat. / Auf sein Gesetz warten die Inseln.

5 So spricht Gott, der Herr, / der den Himmel erschaffen und ausgespannt hat, / der die Erde gemacht hat und alles, was auf ihr wächst, der den Menschen auf der Erde den Atem verleiht / und allen, die auf ihr leben, den Geist:

6 Ich, der Herr, habe dich aus Gerechtigkeit gerufen, / ich fasse dich an der Hand.

Ich habe dich geschaffen und dazu bestimmt, / der Bund für mein Volk / und das Licht für die Völker zu sein:

7 blinde Augen zu öffnen, / Gefangene aus dem Kerker zu holen

und alle, die im Dunkel sitzen, / aus ihrer Haft zu befreien.

8 Ich bin Jahwe, das ist mein Name; / ich überlasse die Ehre, die mir gebührt, keinem andern, / meinen Ruhm nicht den Götzen.

9 Seht, das Frühere ist eingetroffen, / Neues kündige ich an.

Noch ehe es zum Vorschein kommt, / mache ich es euch bekannt.

Verheißung des Auszugs aus Babel: 42,10–44,23

Der Sieg Gottes

10 Singt dem Herrn ein neues Lied, / verkündet seinen Ruhm bis ans Ende der Erde!

Es jauchze das Meer und alles, was es erfüllt, / die Inseln und ihre Bewohner.

11 Die Wüste und ihre Städte sollen sich freuen, / die Dörfer, die Kedar bewohnt.

Die Bewohner von Sela sollen singen vor Freude und jubeln auf den Gipfeln der Berge.

[12] Sie sollen die Herrlichkeit des Herrn verkün-
den, / seinen Ruhm auf den Inseln verbreiten.
[13] Der Herr zieht in den Kampf wie ein Held, /
er entfacht seine Leidenschaft wie ein Krie-
ger.
Er erhebt den Schlachtruf und schreit, / er zeigt
sich als Held gegenüber den Feinden.
[14] Ich hatte sehr lange geschwiegen, / ich war
still und hielt mich zurück.
Wie eine Gebärende will ich nun schreien, / ich
schnaube und schnaufe.
[15] Die Berge und Hügel dörre ich aus / und lasse
ihr Gras völlig vertrocknen.
Flüsse mache ich zu festem Boden, / und Teiche
lege ich trocken.
[16] Blinde führe ich auf Wegen, die sie nicht ken-
nen, / auf unbekannten Pfaden lasse ich sie wan-
dern.
Die Finsternis vor ihren Augen mache ich zu
Licht; / was krumm ist, mache ich gerade.
Das sind die Taten, die ich vollbrachte, / und ich
lasse davon nicht mehr ab.
[17] Alle müssen weichen und werden beschämt, /
die auf Götzenbilder vertrauen,
die zu gegossenen Bildern sagen: / Ihr seid un-
sere Götter.

Israel, der blinde und taube Knecht Gottes

[18] Ihr, die ihr taub seid, hört, / ihr Blinden, blickt
auf, und seht her!
[19] Wer ist so blind wie mein Knecht / und so taub
wie der Bote, den ich sende?
Wer ist so blind wie mein Vertrauter / und so
taub wie der Knecht des Herrn?
[20] Vieles sieht er, aber er beachtet es nicht; / die
Ohren hat er offen und hört doch nicht.
[21] Der Herr hatte um seiner Gerechtigkeit willen
beschlossen, / das Gesetz groß und herrlich zu
machen.
[22] Doch jetzt sind sie ein beraubtes, ausgeplün-
dertes Volk; / alle sind in den Kerker geworfen,
ins Gefängnis gesperrt.
Sie wurden als Beute verschleppt, / und kein
Retter war da;
sie wurden ausgeplündert, und niemand sagte: /
Gib es zurück!
[23] Wer von euch vernimmt diese Worte, / wer
merkt auf und hört künftig darauf?
[24] Wer lieferte Jakob den Plünderern aus / und Is-
rael den Räubern?
Hat nicht der Herr es getan, / gegen den wir ge-
sündigt hatten?
Sie wollten nicht auf seinen Wegen gehen, / sie
hörten nicht auf sein Gesetz.
[25] Da goß er über sie seinen glühenden Zorn aus /
und den Schrecken des Krieges:
Ringsum hat er sie umlodert, / doch sie merkten
es nicht;
du hast sie in Brand gesetzt, / doch sie nahmen
es sich nicht zu Herzen.

Die Heimkehr Israels

43 Jetzt aber – so spricht der Herr, / der dich
geschaffen hat, Jakob, / und der dich ge-
formt hat, Israel:
Fürchte dich nicht, denn ich habe dich aus-
gelöst, / ich habe dich beim Namen gerufen, / du
gehörst mir.
[2] Wenn du durchs Wasser schreitest, bin ich bei
dir, / wenn durch Ströme, dann reißen sie dich
nicht fort.
Wenn du durchs Feuer gehst, wirst du nicht
versengt, / keine Flamme wird dich verbren-
nen.
[3] Denn ich, der Herr, bin dein Gott, / ich, der Hei-
lige Israels, bin dein Retter.
Ich gebe Ägypten als Kaufpreis für dich, / Kusch
und Seba gebe ich für dich.
[4] Weil du in meinen Augen teuer und wertvoll
bist / und weil ich dich liebe,
gebe ich für dich ganze Länder / und für dein Le-
ben ganze Völker.
[5] Fürchte dich nicht, denn ich bin mit dir. / Vom
Osten bringe ich deine Kinder herbei, / vom We-
sten her sammle ich euch.
[6] Ich sage zum Norden: Gib her!, / und zum Sü-
den: Halt nicht zurück!
Führe meine Söhne heim aus der Ferne, /
meine Töchter vom Ende der Erde!
[7] Denn jeden, der nach meinem Namen benannt
ist, / habe ich zu meiner Ehre erschaffen, / ge-
formt und gemacht.

Gott, der einzige Retter

[8] Bringt das Volk her, das blind ist, / obwohl es Au-
gen hat, / und taub, obwohl es Ohren hat.
[9] Alle Völker sollen sich versammeln, / die Na-
tionen sollen zusammenkommen.
Wer von ihnen kündigt dies an, / und wer kann
uns sagen, was früher war?

Sie sollen ihre Zeugen stellen, / damit sie recht bekommen, / damit man (die Zeugen) hört und sagt: Es ist wahr.
10 Ihr seid meine Zeugen – Spruch des Herrn – / und auch mein Knecht, den ich erwählte,
damit ihr erkennt und mir glaubt / und einseht, daß ich es bin.
Vor mir wurde kein Gott erschaffen, / und auch nach mir wird es keinen geben.
11 Ich bin Jahwe, ich, / und außer mir gibt es keinen Retter.
12 Ich habe es selbst angekündet und euch gerettet, / ich habe es euch zu Gehör gebracht.
Kein fremder (Gott) ist bei euch gewesen. / Ihr seid meine Zeugen – Spruch des Herrn.
Ich allein bin Gott; / 13 auch künftig werde ich es sein.
Niemand kann mir etwas entreißen. / Ich handle. Wer kann es rückgängig machen?

Der Weg durch die Wüste

14 So spricht der Herr, euer Erlöser, / der Heilige Israels:
Um euretwillen schicke ich (Boten) nach Babel / und reiße alle Riegel heraus, / die Chaldäer aber werden mit Ketten gefesselt.
15 Ich bin der Herr, euer Heiliger, / euer König, Israels Schöpfer.
16 So spricht der Herr, der einen Weg durchs Meer bahnt, / einen Pfad durch das gewaltige Wasser,
17 der Wagen und Rosse ausziehen läßt, / zusammen mit einem mächtigen Heer;
doch sie liegen am Boden und stehen nicht mehr auf, / sie sind erloschen und verglüht wie ein Docht.
18 Denkt nicht mehr an das, was früher war; / auf das, was vergangen ist, sollt ihr nicht achten.
19 Seht her, nun mache ich etwas Neues. / Schon kommt es zum Vorschein, merkt ihr es nicht?
Ja, ich lege einen Weg an durch die Steppe / und Straßen durch die Wüste.
20 Die wilden Tiere werden mich preisen, / die Schakale und Strauße,
denn ich lasse in der Steppe Wasser fließen / und Ströme in der Wüste, / um mein Volk, mein erwähltes, zu tränken.
21 Das Volk, das ich mir erschaffen habe, / wird meinen Ruhm verkünden.

Die Schuld Israels und die Gnade Gottes

22 Jakob, du hast mich nicht gerufen, / Israel, du hast dir mit mir keine Mühe gemacht.
23 Du brachtest mir keine Lämmer als Brandopfer dar, / und mit Schlachtopfern hast du mich nicht geehrt.
Ich habe dich nicht zu Speiseopfern gezwungen / und von dir keinen Weihrauch gefordert / und dich dadurch geplagt.
24 Du hast mir für dein Geld kein Gewürzrohr gekauft / und hast mich nicht gelabt mit dem Fett deiner Opfer.
Nein, du hast mir mit deinen Sünden Arbeit gemacht, / mit deinen üblen Taten hast du mich geplagt.
25 Ich, ich bin es, der um meinetwillen deine Vergehen auslöscht, / ich denke nicht mehr an deine Sünden.
26 Lade mich vor, gehen wir miteinander vor Gericht; / verteidige dich, damit du recht bekommst.
27 Schon dein Urahn hat gesündigt; / deine Anführer sind mir untreu geworden;
28 deine Fürsten haben mein Heiligtum entweiht. / Darum habe ich Jakob preisgegeben, / damit man es dem Untergang weiht, / und Israel, damit man es verspottet.

Die Ausgießung des Geistes

44 Jetzt aber höre, Jakob, mein Knecht, / Israel, den ich erwählte.
2 So spricht der Herr, dein Schöpfer, / der dich im Mutterleib geformt hat, der dir hilft:
Fürchte dich nicht, Jakob, mein Knecht, / du, Jeschurun, den ich erwählte.
3 Denn ich gieße Wasser auf den dürstenden Boden, / rieselnde Bäche auf das trockene Land.
Ich gieße meinen Geist über deine Nachkommen aus / und meinen Segen über deine Kinder.
4 Dann sprossen sie auf wie das Schilfgras, / wie Weidenbäume an Wassergräben.
5 Der eine sagt: Ich gehöre dem Herrn. / Ein anderer benennt sich mit dem Namen Jakobs.
Einer schreibt auf seine Hand: Für den Herrn. / Ein anderer wird ehrenvoll mit dem Namen Israel benannt.

Gottes Ewigkeit und Einzigkeit

6 So spricht der Herr, Israels König, / sein Erlöser, der Herr der Heere:
Ich bin der Erste, ich bin der Letzte, / außer mir gibt es keinen Gott.
7 Wer ist mir gleich? Er soll sich melden, / er tue es mir kund und beweise es mir.
Wer hat von Anfang an die Zukunft verkündet? / Sie sollen uns sagen, was alles noch kommt.
8 Erschreckt nicht, und fürchtet euch nicht! / Habe ich es euch nicht schon längst zu Gehör gebracht und verkündet?
Ihr seid meine Zeugen: Gibt es einen Gott außer mir? / Es gibt keinen Fels außer mir, ich kenne keinen.

Die Hilflosigkeit der Götzen

9 Ein Nichts sind alle, die ein Götterbild formen; / ihre geliebten Götzen nützen nichts.
Wer sich zu seinen Göttern bekennt, sieht nichts, / ihm fehlt es an Einsicht; darum wird er beschämt.
10 Wer sich einen Gott macht / und sich ein Götterbild gießt, / hat keinen Nutzen davon.
11 Seht her, alle, die sich ihm anschließen, / werden beschämt, / die Schmiede sind nichts als Menschen.
Sie sollen sich alle versammeln und vor mich treten; / dann werden sie alle von Schrecken gepackt und beschämt.
12 Der Schmied facht die Kohlenglut an, / er formt (das Götterbild) mit seinem Hammer / und bearbeitet es mit kräftigem Arm.
Dabei wird er hungrig und hat keine Kraft mehr. / Trinkt er kein Wasser, so wird er ermatten.
13 Der Schnitzer mißt das Holz mit der Meßschnur, / er entwirft das Bild mit dem Stift / und schnitzt es mit seinem Messer;
er umreißt es mit seinem Zirkel / und formt die Gestalt eines Mannes,
das prächtige Bild eines Menschen; / in einem Haus soll es wohnen.
14 Man fällt eine Zeder, wählt eine Eiche / oder sonst einen mächtigen Baum,
den man stärker werden ließ / als die übrigen Bäume im Wald.
Oder man pflanzt einen Lorbeerbaum, / den der Regen groß werden läßt.
15 Das Holz nehmen die Menschen zum Heizen; / man macht ein Feuer und wärmt sich daran.
Auch schürt man das Feuer und bäckt damit Brot. / Oder man schnitzt daraus einen Gott / und wirft sich nieder vor ihm;
man macht ein Götterbild / und fällt vor ihm auf die Knie.
16 Den einen Teil des Holzes wirft man ins Feuer / und röstet Fleisch in der Glut / und sättigt sich an dem Braten.
Oder man wärmt sich am Feuer und sagt: / Oh, wie ist mir warm! Ich spüre die Glut.
17 Aus dem Rest des Holzes aber macht man sich einen Gott, / ein Götterbild, vor das man sich hinkniet,
zu dem man betet und sagt: / Rette mich, du bist doch mein Gott!
18 Unwissend sind sie und ohne Verstand; / denn ihre Augen sind verklebt,
sie sehen nichts mehr, / und ihr Herz wird nicht klug.
19 Sie überlegen nichts, / sie haben keine Erkenntnis und Einsicht, / so daß sie sich sagen würden:
Den einen Teil habe ich ins Feuer geworfen, / habe Brot in der Glut gebacken / und Fleisch gebraten und es gegessen.
Aus dem Rest des Holzes aber habe ich mir / einen abscheulichen Götzen gemacht, / und nun knie ich nieder vor einem Holzklotz.
20 Wer Asche hütet, / den hat sein Herz verführt und betrogen.
Er wird sein Leben nicht retten / und wird nicht sagen: / Ich halte ja nur ein Trugbild in meiner rechten Hand.

Die Erlösung Israels

21 Denk daran, Jakob, und du, Israel, / daß du mein Knecht bist.
Ich habe dich geschaffen, du bist mein Knecht; / Israel, ich vergesse dich nicht.
22 Ich fege deine Vergehen hinweg wie eine Wolke / und deine Sünden wie Nebel. / Kehr um zu mir; denn ich erlöse dich.
23 Jauchzt, ihr Himmel, denn der Herr hat gehandelt; / jubelt, ihr Tiefen der Erde!
Brecht in Jubel aus, ihr Berge, / ihr Wälder mit all euren Bäumen!
Denn der Herr hat Jakob erlöst / und an Israel bewiesen, wie herrlich er ist.

Die Ankündigung der Befreiung durch Kyrus: 44,24–48,22

Die Berufung und die Aufgabe des Kyrus

24 So spricht der Herr, dein Erlöser, / der dich im
Mutterleib geformt hat:
Ich bin der Herr, der alles bewirkt, / der ganz allein den Himmel ausgespannt hat, / der die Erde gegründet hat aus eigener Kraft,
25 der das Wirken der Zauberer vereitelt / und
die Wahrsager zu Narren macht,
der die Weisen zum Rückzug zwingt / und ihre Klugheit als Dummheit entlarvt,
26 der das Wort seiner Knechte erfüllt / und den
Plan ausführt, den seine Boten verkünden,
der zu Jerusalem sagt: Du wirst wieder bewohnt!, / und zu den Städten Judas: Ihr werdet wieder aufgebaut werden, / ich baue eure Ruinen wieder auf!,
27 der zum tiefen Meer sagt: Trockne aus, / ich
lasse deine Fluten versiegen!,
28 der zu Kyrus sagt: Mein Hirt – / alles, was ich
will, wird er vollenden!,
der zu Jerusalem sagt: / Du wirst wieder aufgebaut werden!, / und zum Tempel: Du wirst wieder dastehen.

45 So spricht der Herr zu Kyrus, seinem Gesalbten, / den er an der rechten Hand gefaßt hat,
um ihm die Völker zu unterwerfen, um die Könige zu entwaffnen, / um ihm die Türen zu öffnen und kein Tor verschlossen zu halten:
2 Ich selbst gehe vor dir her / und ebne die Berge
ein.
Ich zertrümmere die bronzenen Tore / und zerschlage die eisernen Riegel.
3 Ich gebe dir verborgene Schätze / und Reichtü-
mer, die im Dunkel versteckt sind.
So sollst du erkennen, daß ich der Herr bin, / der dich bei deinem Namen ruft, ich, Israels Gott.
4 Um meines Knechtes Jakob willen, / um Isra-
els, meines Erwählten, willen / habe ich dich bei deinem Namen gerufen;
ich habe dir einen Ehrennamen gegeben, / ohne daß du mich kanntest.
5 Ich bin der Herr, und sonst niemand; / außer
mir gibt es keinen Gott.
Ich habe dir den Gürtel angelegt / ohne daß du mich kanntest,
6 damit man vom Aufgang der Sonne bis zu ih-
rem Untergang erkennt, / daß es außer mir keinen Gott gibt. / Ich bin der Herr, und sonst niemand.
7 Ich erschaffe das Licht und mache das Dun-
kel, / ich bewirke das Heil und erschaffe das Unheil. / Ich bin der Herr, der das alles vollbringt.
8 Taut, ihr Himmel, von oben, / ihr Wolken, laßt
Gerechtigkeit regnen!
Die Erde tue sich auf und bringe das Heil hervor, / sie lasse Gerechtigkeit sprießen. / Ich, der Herr, will es vollbringen.

Gegen die Unzufriedenen und die Zweifler

9 Weh dem, der mit seinem Schöpfer rechtet, / er,
eine Scherbe unter irdenen Scherben.
Sagt denn der Ton zu dem Töpfer: / Was machst du mit mir?,
und zu dem, der ihn verarbeitet: / Du hast kein Geschick?
10 Weh dem, der zum Vater sagt: Warum zeugtest
du mich?, / und zur Mutter: Warum brachtest du mich zur Welt?
11 So spricht der Herr, / der Heilige Israels und
sein Schöpfer:
Wollt ihr mir etwa Vorwürfe machen wegen meiner Kinder / und Vorschriften über das Werk meiner Hände?
12 Ich habe die Erde gemacht / und die Men-
schen auf ihr geschaffen.
Ich habe den Himmel ausgespannt mit meinen Händen, / und ich befehle seinem ganzen Heer.
13 Ich habe ihn (Kyrus) aus Gerechtigkeit zum
Aufbruch veranlaßt. / Alle Wege ebne ich ihm.
Er baut meine Stadt wieder auf, / mein verschlepptes Volk läßt er frei,
aber nicht für Lösegeld oder Geschenke. / Der Herr der Heere hat gesprochen.

Die Huldigung der Heidenvölker

14 So spricht der Herr:
Die Ägypter mit ihren Erträgen, / die Kuschiter mit ihrem Gewinn
und die großgewachsenen Sebaiter / werden zu dir kommen und dir gehören; / in Ketten werden sie hinter dir herziehen.

Sie werfen sich nieder vor dir und bekennen: /
Nur bei dir gibt es einen Gott, / und sonst gibt es
keinen.
15 Wahrhaftig, du bist ein verborgener Gott. / Is-
raels Gott ist der Retter.
16 Schmach und Schande kommt über sie alle, /
die Götzenschmiede geraten in Schande.
17 Israel aber wird vom Herrn gerettet, / wird für
immer errettet.
Über euch kommt keine Schande und Schmach
mehr / für immer und ewig.
18 Denn so spricht der Herr, der den Himmel er-
schuf, / er ist der Gott, der die Erde geformt und
gemacht hat –
er ist es, der sie erhält, / er hat sie nicht als Wü-
ste geschaffen,
er hat sie zum Wohnen gemacht –: / Ich bin der
Herr, und sonst niemand.
19 Ich habe nicht im Verborgenen geredet, / ir-
gendwo in einem finsteren Land.
Ich habe nicht zum Geschlecht Jakobs gesagt: /
Sucht mich im leeren Raum!
Ich bin der Herr, der die Wahrheit spricht / und
der verkündet, was recht ist.
20 Versammelt euch, kommt alle herbei, / tre-
tet herzu, die ihr aus den Völkern entkommen
seid.
Wer hölzerne Götzen umherträgt, / hat keine
Erkenntnis, / wer einen Gott anbetet, der nie-
manden rettet.
21 Macht es bekannt, bringt es vor, / beratet euch
untereinander:
Wer hat das alles seit langem verkündet / und
längst im voraus angesagt?
War es nicht ich, der Herr? / Es gibt keinen Gott
außer mir; / außer mir gibt es keinen gerechten
und rettenden Gott.
22 Wendet euch mir zu, und laßt euch erretten, /
ihr Menschen aus den fernsten Ländern der
Erde; / denn ich bin Gott, und sonst niemand.
23 Ich habe bei mir selbst geschworen, / und
mein Mund hat die Wahrheit gesprochen, / es ist
ein unwiderrufliches Wort:
Vor mir wird jedes Knie sich beugen, / und jede
Zunge wird bei mir schwören:
24 Nur beim Herrn – sagt man von mir – / gibt es
Rettung und Schutz. / Beschämt kommen alle zu
ihm, die sich ihm widersetzten.
25 Alle Nachkommen Israels bekommen ihr
Recht / und erlangen Ruhm durch den Herrn.

Der Sturz der Götzen Babels und die Allmacht Jahwes

46 Bel bricht zusammen, / Nebo krümmt
sich am Boden.
Babels Götter werden auf Tiere geladen. / Eine
Last seid ihr, eine aufgebürdete Last für das er-
müdete Vieh.
2 Die Tiere krümmen sich und brechen zusam-
men, / sie können die Lasten nicht retten; / sie
müssen selbst mit in die Gefangenschaft ziehen.
3 Hört auf mich, ihr vom Haus Jakob, / und ihr
alle, die vom Haus Israel noch übrig sind,
die mir aufgebürdet sind vom Mutterleib an, /
die von mir getragen wurden, / seit sie den Schoß
ihrer Mutter verließen.
4 Ich bleibe derselbe, so alt ihr auch werdet, / bis
ihr grau werdet, will ich euch tragen.
Ich habe es getan, / und ich werde euch weiter-
hin tragen, / ich werde euch schleppen und retten.
5 Mit wem wollt ihr mich vergleichen, / neben
wen mich stellen?
An wem wollt ihr mich messen, / um zu sehen,
ob wir uns gleichen?
6 Man schüttet Gold aus dem Beutel / und wiegt
Silber ab auf der Waage.
Man bezahlt einen Goldschmied, / damit er ei-
nen Gott daraus macht. / Man kniet nieder und
wirft sich sogar zu Boden.
7 Man trägt ihn auf der Schulter / und schleppt
ihn umher;
dann stellt man ihn wieder auf seinen Platz, /
und dort bleibt er stehen; / er rührt sich nicht von
der Stelle.
Ruft man ihn an, so antwortet er nicht; / wenn
man in Not ist, kann er nicht helfen.

Kyrus, das Werkzeug Jahwes

8 Denkt daran, und achtet darauf, / ihr Treulosen,
nehmt es zu Herzen!
9 Denkt an das, was früher galt, in uralten Zei-
ten: / Ich bin Gott, und sonst niemand, / ich bin
Gott, und niemand ist wie ich.
10 Ich habe von Anfang an die Zukunft verkün-
det / und lange vorher gesagt, was erst gesche-
hen sollte.
Ich sage: Mein Plan steht fest, / und alles, was
ich will, führe ich aus.
11 Ich habe aus dem Osten einen Adler gerufen, /
aus einem fernen Land rief ich den Mann, / den
ich brauchte für meinen Plan.

Ich habe es gesagt, und ich lasse es kommen. / Ich habe es geplant, und ich führe es aus.
12 Hört auf mich, ihr Verzagten, / denen das Heil noch fern ist.
13 Ich selbst bringe euch das Heil, / es ist nicht mehr fern; / meine Hilfe verzögert sich nicht.
Ich bringe Hilfe für Zion / und verleihe Israel meine strahlende Pracht.

Der Sturz Babels

47 Steig herab, Tochter Babel, / Jungfrau, setz dich in den Staub!
Setz dich auf die Erde; / es gibt keinen Thron mehr (für dich), Tochter Chaldäas. / Jetzt nennt man dich nicht mehr die Feine, die Zarte.
2 Nimm die Mühle, und mahle das Mehl! / Weg mit dem Schleier!
Heb deine Schleppe hoch, entblöße die Beine, / und wate durchs Wasser!
3 Deine Scham wird entblößt, / man sieht deine Schande.
Unerbittlich nehme ich Rache, / 4 spricht unser Erlöser;
»Herr der Heere« heißt er und »Der Heilige Israels«.
5 Setz dich hin, und verstumme! / Geh hinaus ins Dunkel, Tochter Chaldäas!
Denn nun nennt dich niemand mehr / »Herrin der Reiche«.
6 Ich war zornig über mein Volk, / ich entweihte mein Erbe / und gab es in deine Gewalt.
Doch du hast ihm kein Erbarmen geschenkt, / du hast den Greisen ein zu schweres Joch auferlegt.
7 Du dachtest: / Ich bleibe für immer und ewig die Herrin.
Du hast dir das alles nicht zu Herzen genommen, / hast nie an das Ende gedacht.
8 Nun aber höre, du üppiges Weib, / die du in Sicherheit lebst / und in deinem Herzen denkst:
Ich und sonst niemand! / Niemals sitze ich da als Witwe, / Kinderlosigkeit kenne ich nicht.
9 Doch beides wird dich ereilen, / plötzlich, am gleichen Tag:
Kinderlos wirst du und Witwe, / in voller Schwere trifft dich das Unheil,
trotz all deiner Zauberei / und trotz der Macht deiner beschwörenden Formeln.
10 Du hast dich auf deine bösen Taten verlassen / und gedacht: Es sieht mich ja keiner.
Deine Weisheit und dein Wissen verleiteten dich, / in deinem Herzen zu denken: / Ich und sonst niemand!
11 Doch es wird ein Unheil über dich kommen, / das du nicht wegzaubern kannst.
Ein Verderben wird dich überfallen, / das du nicht zu bannen vermagst.
Und plötzlich wird dein Untergang kommen, / an den du niemals gedacht hast.
12 Dann stell dich hin / mit deinen beschwörenden Formeln
und mit deinen vielen Zaubersprüchen, / mit denen du dich seit deiner Jugend abgemüht hast.
Vielleicht kannst du dir helfen, / vielleicht das Unglück verscheuchen.
13 Du hast dir große Mühe gemacht / mit deinen vielen Beratern;
sollen sie doch auftreten und dich retten, / sie, die den Himmel deuten
und die Sterne betrachten, / die dir an jedem Neumond verkünden, was kommt.
14 Wie die Spreu werden sie sein, / die das Feuer verbrennt.
Sie können sich nicht retten / vor der Gewalt der Flammen.
Das wird keine Glut sein, an der man sich wärmt, / kein Feuer, um das man herumsitzt.
15 So geht es all deinen Zauberern, / um die du dich seit deiner Jugend bemüht hast.
Sie machen sich alle davon, / keiner will dir mehr helfen.

Der Erweis der Gottheit des Herrn durch Weissagungen

48 Hört her, ihr vom Haus Jakob, / die ihr den Namen Israels tragt / und Judas Nachkommen seid,
die ihr beim Namen des Herrn schwört / und euch bekennt zu Israels Gott, / aber nicht offen und ehrlich.
2 Sie nennen sich nach der Heiligen Stadt / und verlassen sich auf Israels Gott, / der »Herr der Heere« genannt wird.
3 Was früher war, hatte ich schon längst im voraus verkündet, / es kam aus meinem Mund, ich ließ es hören; / plötzlich habe ich gehandelt, und es traf ein.
4 Weil ich wußte, daß du halsstarrig bist, / daß dein Nacken eiserne Sehnen hat / und deine Stirn aus Bronze ist,

[5] hatte ich es dir schon längst im voraus verkün-
det; / ich ließ es dich hören, bevor es geschah, da-
mit du nicht sagst:
Mein Götterbild hat das vollbracht, / mein geschnitztes und gegossenes Bild hat es befohlen.
[6] Du hast es gehört. Betrachte nun alles! / Willst
du es nicht andern verkünden?
Von jetzt an lasse ich dich etwas Neues hören, / etwas Verborgenes, von dem du nichts weißt.
[7] Eben erst kam es zustande, / nicht schon vor
langer Zeit.
Zuvor hast du nichts erfahren davon, / damit du nicht sagst: / Das habe ich längst schon gewußt.
[8] Du hast davon nichts gehört und gewußt, /
dein Ohr war bisher nicht offen.
Denn ich wußte, daß du treulos sein wirst, / man nennt dich »abtrünnig vom Mutterleib an«.
[9] Doch um meines Namens willen / halte ich
meinen Zorn lange zurück,
um meiner Ehre willen bezähme ich mich, / um dich nicht vernichten zu müssen.
[10] Ich habe dich geläutert, doch nicht wie Silber: /
Im Schmelzofen des Elends prüfte ich dich.
[11] Nur um meinetwillen handle ich jetzt, / denn
sonst würde mein Name entweiht; / ich über-
lasse die Ehre, die mir gebührt, keinem andern.

Kyrus, der Beauftragte Jahwes

[12] Jakob, höre auf mich, / höre mich, Israel, den ich
berief: / Ich bin es, ich, der Erste und auch der
Letzte.
[13] Meine Hand hat die Fundamente der Erde ge-
legt, / meine Rechte hat den Himmel ausge-
spannt; / ich rief ihnen zu, und schon standen sie
alle da.
[14] Versammelt euch alle und hört – / wer von
den Göttern hat so etwas jemals verkündet? –:
Der, den der Herr liebt, wird meinen Willen an
Babel vollstrecken, / und sein Arm wird es an
den Chaldäern bewirken.
[15] Ich habe gesprochen, und ich habe ihn auch
berufen, / ich habe ihn kommen lassen, / und er
wird seinen Weg erfolgreich beenden.
[16] Kommt her zu mir, und hört, was ich sage: /
Ich habe von Anfang an nicht im Verborgenen ge-
redet; / seit das alles geschieht, bin ich dabei. /
[Und jetzt hat Gott, der Herr, mich und seinen
Geist gesandt.]

Die Lehre aus der Vergangenheit

[17] So spricht der Herr, dein Erlöser, / der Heilige Is-
raels:
Ich bin der Herr, dein Gott, / der dich lehrt, was Nutzen bringt,
und der dich auf den Weg führt, / den du gehen sollst.
[18] Hättest du doch auf meine Gebote geachtet! /
Dein Glück wäre wie ein Strom / und dein Heil
wie die Wogen des Meeres.
[19] Deine Nachkommen wären (zahlreich) wie
der Sand / und deine leiblichen Kinder wie seine
Körner. / Ihr Name wäre in meinen Augen nicht
getilgt und gelöscht.

Die glückliche Heimkehr aus Babel

[20] Heraus aus Babel, flieht aus Chaldäa! / Verkün-
det es jauchzend, damit man es hört.
Ruft es hinaus bis ans Ende der Erde! / Ruft: Der Herr hat seinen Knecht Jakob ausgelöst.
[21] Sie litten keinen Durst, als er sie durch die Wü-
ste führte; / Wasser ließ er für sie aus dem Felsen
sprudeln, / er spaltete den Felsen, und es strömte
das Wasser.
[[22] Die Ruchlosen finden keinen Frieden, spricht
der Herr.]

Das zweite Lied vom Gottesknecht: 49,1–9c

49 Hört auf mich, ihr Inseln, / merkt auf, ihr Völker in der Ferne!
Der Herr hat mich schon im Mutterleib berufen; / als ich noch im Schoß meiner Mutter war, hat er meinen Namen genannt.
[2] Er machte meinen Mund zu einem scharfen
Schwert, / er verbarg mich im Schatten seiner
Hand.
Er machte mich zum spitzen Pfeil / und steckte mich in seinen Köcher.
[3] Er sagte zu mir: Du bist mein Knecht, Israel, /
an dem ich meine Herrlichkeit zeigen will.

4 Ich aber sagte: Vergeblich habe ich mich
bemüht, / habe meine Kraft umsonst und nutzlos
vertan.
Aber mein Recht liegt beim Herrn / und mein
Lohn bei meinem Gott.
5 Jetzt aber hat der Herr gesprochen, / der mich
schon im Mutterleib / zu seinem Knecht gemacht
hat,
damit ich Jakob zu ihm heimführe / und Israel
bei ihm versammle.
So wurde ich in den Augen des Herrn geehrt, /
und mein Gott war meine Stärke.
6 Und er sagte:
Es ist zu wenig, daß du mein Knecht bist, / nur
um die Stämme Jakobs wieder aufzurichten / und
die Verschonten Israels heimzuführen.
Ich mache dich zum Licht für die Völker; / damit mein Heil bis an das Ende der Erde reicht.
7 So spricht der Herr, der Befreier Israels, sein
Heiliger, / zu dem tief verachteten Mann,
dem Abscheu der Leute, / dem Knecht der Tyrannen:
Könige werden es sehen und sich erheben, /
Fürsten werfen sich nieder,
um des Herrn willen, der treu ist, / um des Heiligen Israels willen, / der dich erwählt hat.
8 So spricht der Herr:
Zur Zeit der Gnade will ich dich erhören, / am
Tag der Rettung dir helfen.
Ich habe dich geschaffen und dazu bestimmt, /
der Bund zu sein für das Volk,
aufzuhelfen dem Land / und das verödete Erbe
neu zu verteilen,
9 den Gefangenen zu sagen: Kommt heraus!, /
und denen, die in der Finsternis sind: / Kommt
ans Licht!

Die Wiederherstellung des Zion: 49,9D–50,3

Die wunderbare Heimkehr

Auf allen Bergen werden sie weiden, / auf allen
kahlen Hügeln finden sie Nahrung.
10 Sie leiden weder Hunger noch Durst, / Hitze
und Sonnenglut schaden ihnen nicht.
Denn er leitet sie voll Erbarmen / und führt sie
zu sprudelnden Quellen.
11 Alle Berge mache ich zu Wegen, / und meine
Straßen werden gebahnt sein.
12 Seht her: Sie kommen von fern, / die einen
von Norden und Westen, / andere aus dem Land
der Siniter.
13 Jubelt, ihr Himmel, jauchze, o Erde, / freut
euch, ihr Berge!
Denn der Herr hat sein Volk getröstet / und sich
seiner Armen erbarmt.

Gottes Trost für Zion

14 Doch Zion sagt: Der Herr hat mich verlassen, /
Gott hat mich vergessen.
15 Kann denn eine Frau ihr Kindlein vergessen, /
eine Mutter ihren leiblichen Sohn?
Und selbst wenn sie ihn vergessen würde: / ich
vergesse dich nicht.
16 Sieh her: Ich habe dich eingezeichnet in meine
Hände, / deine Mauern habe ich immer vor Augen.
17 Deine Erbauer eilen herbei, / und alle, die dich
zerstört und verwüstet haben, ziehen davon.
18 Blick auf und schau umher: / Alle versammeln
sich und kommen zu dir.
So wahr ich lebe – Spruch des Herrn: / Du sollst
sie alle wie einen Schmuck anlegen, / du sollst
dich mit ihnen schmücken wie eine Braut.
19 Denn dein ödes, verheertes, zerstörtes Land /
wird jetzt zu eng für seine Bewohner, / weit weg
sind alle, die dich verschlingen wollten.
20 Bald wirst du, die du kinderlos warst, / mit eigenen Ohren hören, wie deine Kinder sagen:
Mir ist der Platz hier zu eng, / rück zur Seite, ich
will mich setzen.
21 Dann wirst du dich in deinem Herzen fragen: / Wer hat mir diese (Kinder) geboren?
Ich war doch kinderlos und unfruchtbar, / war
verbannt und verstoßen.
Wer hat mir die Kinder herangezogen? / Ich war
doch allein übriggeblieben. / Wo kommen sie her?
22 So spricht Gott, der Herr: / Sieh her, ich hebe
die Hand in Richtung der Völker, / ich errichte für
die Nationen ein Zeichen, / und sie bringen auf
ihren Armen deine Söhne herbei / und tragen
deine Töchter auf ihren Schultern.
23 Könige werden deine Kinder pflegen / und
Fürstinnen ihre Ammen sein.

Mit dem Gesicht zur Erde / werfen sie sich nie-
der vor dir / und lecken dir den Staub von den
Füßen.
Dann wirst du erkennen, daß ich der Herr bin /
und daß keiner beschämt wird, der auf mich hofft.
24 Kann man einem Starken die Beute entrei-
ßen? / Kann einem Mächtigen der Gefangene
entkommen?
25 So spricht der Herr: / Auch einem Starken ent-
reißt man den Gefangenen, / und einem Mächti-
gen entkommt seine Beute.
Ich selbst will mit deinem Gegner streiten, / ich
selbst will deine Söhne befreien.
26 Deinen Unterdrückern gebe ich ihr eigenes
Fleisch zu essen, / sie sollen sich an ihrem Blut
berauschen wie an Most.
Dann werden alle Sterblichen erkennen, / daß
ich, der Herr, dein Retter bin / und ich, der Starke
Jakobs, dein Erlöser.

50 So spricht der Herr:
Wo ist denn die Scheidungsurkun-
de, / mit der ich eure Mutter fortgeschickt
habe?
Wo ist mein Gläubiger, / dem ich euch verkauft
habe?
Seht, wegen eurer bösen Taten wurdet ihr ver-
kauft, / wegen eurer Vergehen wurde eure Mut-
ter fortgeschickt.
2 Warum war niemand da, als ich kam, / warum
gab niemand Antwort, als ich rief?
Ist meine Hand denn zu schwach, um zu be-
freien, / fehlt mir die Kraft, um zu retten?
Durch meine Drohung trockne ich das Meer
aus. / Ich mache Flüsse zur Wüste,
so daß die Fische verfaulen aus Mangel an Was-
ser / und sterben vor Durst.
3 Ich kleide den Himmel in Schwarz / und hülle
ihn in ein Trauergewand.

Das dritte Lied vom Gottesknecht: 50,4–9

4 Gott, der Herr, gab mir die Zunge eines Jün-
gers, / damit ich verstehe, die Müden zu stär-
ken / durch ein aufmunterndes Wort.
Jeden Morgen weckt er mein Ohr, / damit ich
auf ihn höre wie ein Jünger.
5 Gott, der Herr, hat mir das Ohr geöffnet. / Ich
aber wehrte mich nicht / und wich nicht zurück.
6 Ich hielt meinen Rücken denen hin, / die mich
schlugen,
und denen, die mir den Bart ausrissen, / meine
Wangen.
Mein Gesicht verbarg ich nicht / vor Schmä-
hungen und Speichel.
7 Doch Gott, der Herr, wird mir helfen; / darum
werde ich nicht in Schande enden.
Deshalb mache ich mein Gesicht hart wie einen
Kiesel; / ich weiß, daß ich nicht in Schande ge-
rate.
8 Er, der mich freispricht, ist nahe. / Wer wagt es,
mit mir zu streiten?
Laßt uns zusammen vortreten! / Wer ist mein
Gegner im Rechtsstreit? / Er trete zu mir heran.
9 Seht her, Gott, der Herr, wird mir helfen. / Wer
kann mich für schuldig erklären?
Seht: Sie alle zerfallen / wie ein Gewand, das
die Motten zerfressen.

Mahnung zum Vertrauen: 50,10–52,12

Die mächtige Hilfe Gottes

10 Wer von euch den Herrn fürchtet, / der höre auf
die Stimme seines Knechtes.
Wer im Dunkel lebt und wem kein Licht leuch-
tet, / der vertraue auf den Namen des Herrn /
und verlasse sich auf seinen Gott.
11 Ihr alle aber, die ihr Feuer legt / und Brand-
pfeile entzündet,
sollt in die Glut eures eigenen Feuers laufen /
und in die Brandpfeile geraten, / die ihr ent-
flammt habt.
Durch meine Hand kommt das über euch; / am
Ort der Qualen werdet ihr liegen.

51 Hört auf mich, die ihr der Gerechtig-
keit nachjagt / und die ihr den Herrn
sucht.

Blickt auf den Felsen, aus dem ihr gehauen
seid, / auf den Schacht, aus dem ihr herausge-
bohrt wurdet.
2 Blickt auf Abraham, euren Vater, / und auf Sara,
die euch gebar.
Er war allein, als ich ihn rief; / doch ich habe ihn
gesegnet / und ihm viele Nachkommen ge-
schenkt.
3 Denn der Herr hat Erbarmen mit Zion, / er hat
Erbarmen mit all seinen Ruinen.
Seine Wüste macht er wie Eden, / seine Öde
wie den Garten des Herrn.
Freude und Fröhlichkeit findet man dort, / Lob-
preis und den Klang von Liedern.
4 Horcht her, ihr Völker, / hört auf mich, ihr Na-
tionen!
Denn von mir kommt die Weisung, / und mein
Recht wird zum Licht der Völker.
5 Plötzlich ist meine Gerechtigkeit da, / und von
mir kommt die Hilfe.
Mein Arm verschafft den Völkern ihr Recht; /
auf mich hoffen die Inseln, / sie warten auf mei-
nen Arm.
6 Blickt auf zum Himmel, / betrachtet die Erde
hier unten!
Der Himmel zerflattert wie Rauch, / die Erde
zerfällt wie ein Kleid; / ihre Bewohner sterben
wie die Fliegen.
Doch meine hilfreiche Gnade bleibt für immer
bestehen, / meine Gerechtigkeit wird niemals er-
schüttert.
7 Hört auf mich, die ihr das Recht kennt, / du
Volk, das mein Gesetz im Herzen trägt.
Fürchtet euch nicht vor der Beschimpfung durch
Menschen, / erschreckt nicht vor ihrem Spott!
8 Denn man frißt sie, wie die Motte das Kleid, /
man frißt sie, wie die Schabe die Wolle.
Doch meine Gerechtigkeit bleibt für immer be-
stehen / und von Generation zu Generation
meine hilfreiche Gnade.

Der starke Arm Jahwes

9 Wach auf, wach auf, bekleide dich mit Macht, /
Arm des Herrn!
Wach auf wie in den früheren Tagen, / wie bei
den Generationen der Vorzeit!
Warst du es nicht, der die Rahab zerhieb / und
den Drachen durchbohrte?
10 Warst du es nicht, der das Meer austrocknen
ließ, / die Wasser der großen Flut, / der die Tiefen
des Meeres zum Weg gemacht hat, / damit die Er-
lösten hindurchziehen konnten?
11 Die vom Herrn Befreiten kehren zurück / und
kommen voll Jubel nach Zion.
Ewige Freude ruht auf ihren Häuptern. / Wonne
und Freude stellen sich ein, / Kummer und Seuf-
zen entfliehen.
12 Ich bin es, ja, ich, der euch tröstet. / Was hast
du, daß du dich fürchtest vor sterblichen Men-
schen, / vor Menschen, die dahinschwinden wie
Gras?
13 Warum vergißt du den Herrn, deinen Schöp-
fer, / der den Himmel ausgespannt und die Fun-
damente der Erde gelegt hat?
Warum zitterst du dauernd vor der Wut dessen,
der dich bedrängt, / der darauf ausgeht, dich zu
vernichten? / Wo ist denn die Wut dessen, der
dich bedrängt?
14 Bald wird der Gefesselte freigelassen; / er wird
nicht im Kerker sterben, / und es mangelt ihm
nicht mehr an Brot.
15 Ich bin doch der Herr, dein Gott, / der das
Meer aufwühlt, so daß die Wogen tosen. / Herr
der Heere ist sein Name.
16 Ich habe dir meine Worte in den Mund gelegt, /
im Schatten meiner Hand habe ich dich verborgen,
als ich den Himmel ausspannte und die Funda-
mente der Erde legte / und zu Zion sagte: Du bist
mein Volk.

Der Zornbecher Gottes

17 Raff dich auf, raff dich auf, / steh auf, Jerusalem!
Du hast aus dem Becher des Zorns getrunken, /
den der Herr in der Hand hielt.
Du hast aus dem betäubenden Becher getrun-
ken und ihn geleert.
18 Da war von all den Söhnen, die sie gebar, / kei-
ner, der sie geführt hat.
Da war von all den Söhnen, die sie aufzog, / kei-
ner, der sie bei der Hand nahm.
19 Beides hat dich getroffen / – doch wer klagt
schon um dich? –:
Verheerung und Zerstörung, Hunger und
Schwert. / Doch wer tröstet dich schon?
20 An allen Straßenecken lagen deine Söhne hilf-
los da, / wie Wildschafe im Netz, / überwältigt
vom Zorn des Herrn, / vom Schelten deines
Gottes.
21 Darum hör doch her, du Ärmste, / die du be-
trunken bist, aber nicht vom Wein:

22 So spricht der Herr, dein Gott und Gebieter, /
der für sein Volk kämpft:
Schon nehme ich dir den betäubenden Becher aus der Hand, / den Kelch meines Zorns; / du sollst daraus nicht mehr trinken.
23 Ich reiche ihn denen, die dich quälten, / die zu
dir sagten: Wirf dich zu Boden, / wir schreiten über dich weg.
So mußtest du deinen Rücken zum Fußboden machen, / zum Weg für die, die über dich schritten.

Das neue Heil für Zion

52 Wach auf, Zion, wach auf, / zieh das Gewand deiner Macht an!
Zieh deine Prunkkleider an, / Jerusalem, du heilige Stadt! / Denn Unbeschnittene und Unreine werden dich nicht mehr betreten.
2 Schüttle den Staub von dir ab, / steh auf, du ge-
fangenes Jerusalem!
Löse die Fesseln von deinem Hals, / gefangene Tochter Zion!
3 Denn so spricht der Herr: / Umsonst wurdet
ihr verkauft, / und ihr sollt nicht mit Geld losgekauft werden.
4 Denn so spricht Gott, der Herr: / Nach Ägyp-
ten zog mein Volk einst hinab, / um dort in der Fremde zu leben. / Auch von Assur wurde es ohne Grund unterdrückt.
5 Aber was erlebe ich jetzt – Spruch des Herrn –?/
Man nahm mein Volk, ohne zu bezahlen,
und nun prahlen seine Beherrscher – Spruch des Herrn –; / ständig, jeden Tag wird mein Name gelästert.
6 Darum soll mein Volk an jenem Tag meinen Na-
men erkennen / und wissen, daß ich es bin, der sagt: Ich bin da.
7 Wie willkommen sind auf den Bergen / die
Schritte des Freudenboten,
der Frieden ankündigt, / der eine frohe Botschaft bringt und Rettung verheißt, / der zu Zion sagt: Dein Gott ist König.
8 Horch, deine Wächter erheben die Stimme, /
sie beginnen alle zu jubeln.
Denn sie sehen mit eigenen Augen, / wie der Herr nach Zion zurückkehrt.
9 Brecht in Jubel aus, jauchzt alle zusammen, /
ihr Trümmer Jerusalems!
Denn der Herr tröstet sein Volk, / er erlöst Jerusalem.
10 Der Herr macht seinen heiligen Arm frei / vor
den Augen aller Völker.
Alle Enden der Erde / sehen das Heil unseres Gottes.
11 Fort, fort! Zieht von dort weg! / Faßt nichts Un-
reines an!
Zieht von dort weg! / Haltet euch rein; / denn ihr tragt die Geräte des Herrn.
12 Doch zieht nicht weg in Hast, / geht nicht fort
in Eile;
denn der Herr geht vor euch her, / und er, Israels Gott, beschließt auch euren Zug.

Das vierte Lied vom Gottesknecht: 52,13–53,12

13 Seht, mein Knecht hat Erfolg, / er wird groß sein
und hoch erhaben.
14 Viele haben sich über ihn entsetzt, / so ent-
stellt sah er aus, nicht mehr wie ein Mensch, / seine Gestalt war nicht mehr die eines Menschen.
15 Jetzt aber setzt er viele Völker in Staunen, / Kö-
nige müssen vor ihm verstummen.
Denn was man ihnen noch nie erzählt hat, das sehen sie nun;
was sie niemals hörten, / das erfahren sie jetzt.
53 Wer hat unserer Kunde geglaubt? / Der Arm des Herrn – wem wurde er offenbar?
2 Vor seinen Augen wuchs er auf wie ein junger
Sproß, / wie ein Wurzeltrieb aus trockenem Boden.
Er hatte keine schöne und edle Gestalt, / so daß wir ihn anschauen mochten.
Er sah nicht so aus, / daß wir Gefallen fanden an ihm.
3 Er wurde verachtet und von den Menschen ge-
mieden, / ein Mann voller Schmerzen, / mit Krankheit vertraut.
Wie einer, vor dem man das Gesicht verhüllt, / war er verachtet; wir schätzten ihn nicht.
4 Aber er hat unsere Krankheit getragen / und
unsere Schmerzen auf sich geladen.

Wir meinten, er sei von Gott geschlagen, / von ihm getroffen und gebeugt.
5 Doch er wurde durchbohrt wegen unserer Verbrechen, / wegen unserer Sünden zermalmt.
Zu unserem Heil lag die Strafe auf ihm, / durch seine Wunden sind wir geheilt.
6 Wir hatten uns alle verirrt wie Schafe, / jeder ging für sich seinen Weg.
Doch der Herr lud auf ihn / die Schuld von uns allen.
7 Er wurde mißhandelt und niedergedrückt, / aber er tat seinen Mund nicht auf.
Wie ein Lamm, das man zum Schlachten führt, / und wie ein Schaf angesichts seiner Scherer, / so tat auch er seinen Mund nicht auf.
8 Durch Haft und Gericht wurde er dahingerafft, / doch wen kümmerte sein Geschick?
Er wurde vom Land der Lebenden abgeschnitten / und wegen der Verbrechen seines Volkes zu Tode getroffen.
9 Bei den Ruchlosen gab man ihm sein Grab, / bei den Verbrechern seine Ruhestätte,
obwohl er kein Unrecht getan hat / und kein trügerisches Wort in seinem Mund war.
10 Doch der Herr fand Gefallen an seinem zerschlagenen (Knecht), / er rettete den, der sein Leben als Sühnopfer hingab.
Er wird Nachkommen sehen und lange leben. / Der Plan des Herrn wird durch ihn gelingen.
11 Nachdem er so vieles ertrug, / erblickt er das Licht. / Er sättigt sich an Erkenntnis.
Mein Knecht, der gerechte, / macht die vielen gerecht; / er lädt ihre Schuld auf sich.
12 Deshalb gebe ich ihm seinen Anteil unter den Großen, / und mit den Mächtigen teilt er die Beute,
weil er sein Leben dem Tod preisgab / und sich unter die Verbrecher rechnen ließ.
Denn er trug die Sünden von vielen / und trat für die Schuldigen ein.

Die Verheißung des Glücks im neuen Zion: 54,1–55,5

Der Segen Gottes für das Volk

54 Freu dich, du Unfruchtbare, die nie gebar, / du, die nie in Wehen lag, / brich in Jubel aus und jauchze!
Denn die Einsame hat jetzt viel mehr Söhne / als die Vermählte, spricht der Herr.
2 Mach den Raum deines Zeltes weit, / spann deine Zelttücher aus, ohne zu sparen. / Mach die Stricke lang und die Pflöcke fest!
3 Denn nach rechts und links breitest du dich aus. / Deine Nachkommen werden Völker beerben / und verödete Städte besiedeln.
4 Fürchte dich nicht, du wirst nicht beschämt; / schäme dich nicht, du wirst nicht enttäuscht.
Denn die Schande in deiner Jugend wirst du vergessen, / an die Schmach deiner Witwenschaft wirst du nicht mehr denken.
5 Denn dein Schöpfer ist dein Gemahl, / »Herr der Heere« ist sein Name.
Der Heilige Israels ist dein Erlöser, / »Gott der ganzen Erde« wird er genannt.
6 Ja, der Herr hat dich gerufen / als verlassene, bekümmerte Frau.
Kann man denn die Frau verstoßen, / die man in der Jugend geliebt hat?, / spricht dein Gott.
7 Nur für eine kleine Weile habe ich dich verlassen, / doch mit großem Erbarmen hole ich dich heim.
8 Einen Augenblick nur verbarg ich vor dir mein Gesicht / in aufwallendem Zorn;
aber mit ewiger Huld habe ich Erbarmen mit dir, / spricht dein Erlöser, der Herr.
9 Wie in den Tagen Noachs soll es für mich sein: / So wie ich damals schwor,
daß die Flut Noachs die Erde nie mehr überschwemmen wird, / so schwöre ich jetzt, dir nie mehr zu zürnen / und dich nie mehr zu schelten.
10 Auch wenn die Berge von ihrem Platz weichen / und die Hügel zu wanken beginnen –
meine Huld wird nie von dir weichen / und der Bund meines Friedens nicht wanken, / spricht der Herr, der Erbarmen hat mit dir.

Das neue Jerusalem

11 Du Ärmste, vom Sturm Gepeitschte, / die ohne
Trost ist,
sieh her: Ich selbst lege dir ein Fundament aus
Malachit / und Grundmauern aus Saphir.
12 Aus Rubinen mache ich deine Zinnen, / aus
Beryll deine Tore / und alle deine Mauern aus
kostbaren Steinen.
13 Alle deine Söhne werden Jünger des
Herrn sein, / und groß ist der Friede deiner
Söhne.
14 Du wirst auf Gerechtigkeit gegründet sein. /
Du bist fern von Bedrängnis,
denn du brauchst dich nicht mehr zu fürchten, /
und bist fern von Schrecken; / er kommt an dich
nicht heran.
15 Wenn dich jemand angreift, mißlingt es, /
denn es geschieht ohne mich; / wer dich angreift,
fällt im Kampf gegen dich.
16 Ich habe den Schmied erschaffen, / der das
Kohlenfeuer entfacht und Waffen erzeugt, / wie
es seinem Handwerk entspricht.
Ich habe auch den, der vernichtet, erschaffen, /
damit er zerstört.
17 Keine Waffe wird etwas ausrichten, die man
gegen dich schmiedet; / jede Zunge, die dich vor
Gericht verklagt, / strafst du Lügen.
Das ist das Erbteil der Knechte des Herrn: /
Von mir kommt ihre Rettung – Spruch des
Herrn.

Die Teilnahme des ganzen Volkes am Heil

55 Auf, ihr Durstigen, kommt alle zum Was-
ser! / Auch wer kein Geld hat, soll kom-
men.
Kauft Getreide, und eßt, kommt und kauft oh-
ne Geld, / kauft Wein und Milch ohne Bezahlung!
2 Warum bezahlt ihr mit Geld, was euch nicht
nährt, / und mit dem Lohn eurer Mühen, / was
euch nicht satt macht?
Hört auf mich, dann bekommt ihr das Beste
zu essen / und könnt euch laben an fetten Speisen.
3 Neigt euer Ohr mir zu, und kommt zu mir, /
hört, dann werdet ihr leben.
Ich will einen ewigen Bund mit euch schlie-
ßen / gemäß der beständigen Huld, die ich David
erwies.
4 Seht her: Ich habe ihn zum Zeugen für die Völ-
ker gemacht, / zum Fürsten und Gebieter der Na-
tionen.
5 Völker, die du nicht kennst, wirst du rufen; /
Völker, die dich nicht kennen, eilen zu dir,
um des Herrn, deines Gottes, des Heiligen Isra-
els willen, / weil er dich herrlich gemacht hat.

Epilog: Mahnung zur Umkehr und zum Vertrauen auf Gottes Wort: 55,6–13

6 Sucht den Herrn, solange er sich finden läßt, /
ruft ihn an, solange er nahe ist.
7 Der Ruchlose soll seinen Weg verlassen, / der
Frevler seine Pläne.
Er kehre um zum Herrn, / damit er Erbarmen
hat mit ihm,
und zu unserem Gott; / denn er ist groß im Ver-
zeihen.
8 Meine Gedanken sind nicht eure Gedanken, /
und eure Wege sind nicht meine Wege –/ Spruch
des Herrn.
9 So hoch der Himmel über der Erde ist, / so
hoch erhaben sind meine Wege über eure
Wege / und meine Gedanken über eure Gedan-
ken.
10 Denn wie der Regen und der Schnee vom
Himmel fällt / und nicht dorthin zurückkehrt, /
sondern die Erde tränkt und sie zum Keimen und
Sprossen bringt, / wie er dem Sämann Samen
gibt und Brot zum Essen,
11 so ist es auch mit dem Wort, / das meinen
Mund verläßt:
Es kehrt nicht leer zu mir zurück, / sondern be-
wirkt, was ich will, / und erreicht all das, wozu
ich es ausgesandt habe.
12 Voll Freude werdet ihr fortziehen, / wohlbe-
halten kehrt ihr zurück.
Berge und Hügel brechen bei eurem Anblick in
Jubel aus, / alle Bäume auf dem Feld klatschen
Beifall.
13 Statt Dornen wachsen Zypressen, / statt Brenn-
nesseln Myrten.
Das geschieht zum Ruhm des Herrn / als ein
ewiges Zeichen, das niemals getilgt wird.

III. Teil. Der dritte Jesaja (Tritojesaja): 56,1–66,24

Verheißung an die Fremden und die Kinderlosen: 56,1–8

56 So spricht der Herr:
Wahrt das Recht, und sorgt für Gerech-
tigkeit; / denn bald kommt von mir das Heil, /
meine Gerechtigkeit wird sich bald offenbaren.
2 Wohl dem Mann, der so handelt, / wohl dem
Menschen, der daran festhält,
den Sabbat zu halten und nie zu entweihen /
und seine Hand vor jeder bösen Tat zu bewah-
ren.
3 Der Fremde, der sich dem Herrn angeschlossen
hat, / soll nicht sagen: / Sicher wird der Herr
mich ausschließen aus seinem Volk.
Der Verschnittene soll nicht sagen: / Ich bin nur
ein dürrer Baum.
4 Denn so spricht der Herr: / Den Verschnitte-
nen, die meine Sabbate halten,
die gerne tun, was mir gefällt, / und an meinem
Bund festhalten,
5 ihnen allen errichte ich in meinem Haus / und
in meinen Mauern ein Denkmal,
ich gebe ihnen einen Namen, / der mehr wert
ist als Söhne und Töchter:
Einen ewigen Namen gebe ich ihnen, / der nie-
mals ausgetilgt wird.
6 Die Fremden, die sich dem Herrn angeschlos-
sen haben, / die ihm dienen und seinen Namen
lieben,
um seine Knechte zu sein, / alle, die den Sabbat
halten
und ihn nicht entweihen, / die an meinem
Bund festhalten,
7 sie bringe ich zu meinem heiligen Berg / und
erfülle sie in meinem Bethaus mit Freude.
Ihre Brandopfer und Schlachtopfer finden Gefal-
len auf meinem Altar, / denn mein Haus wird ein
Haus des Gebets für alle Völker genannt.
8 Spruch Gottes, des Herrn, / der die verstoße-
nen Israeliten sammelt:
Noch mehr, als ich schon von ihnen gesammelt
habe, / will ich dort versammeln.

Eine Drohung gegen die Führer des Volkes: 56,9–57,13

9 Ihr Tiere auf dem Feld, kommt alle, und freßt, /
kommt alle, ihr Tiere im Wald!
10 Die Wächter des Volkes sind blind, / sie mer-
ken allesamt nichts.
Es sind lauter stumme Hunde, / sie können
nicht bellen.
Träumend liegen sie da / und haben gern ihre
Ruhe.
11 Aber gierig sind diese Hunde, sie sind unersätt-
lich. / So sind die Hirten: / Sie verstehen nicht auf-
zumerken.
Jeder geht seinen eigenen Weg / und ist aus-
schließlich auf seinen eigenen Vorteil bedacht;
12 (er sagt:) Kommt her, ich hole Wein. / Wir trin-
ken uns voll mit Bier.
Und wie heute, so soll es auch morgen sein; /
hoch soll es hergehen.
57 Der Gerechte kommt um, doch niemand
nimmt es sich zu Herzen.
Die Frommen werden dahingerafft, / doch es
kümmert sich niemand darum.
Weil das Unrecht herrscht, / wird der Gerechte
dahingerafft.
2 Aber er gelangt zum Frieden; / und wer sei-
nen Weg geradeaus ging, / ruht aus auf seinem
Lager.
3 Ihr aber, ihr Söhne der Zauberin, kommt her-
bei, / ihr Kinder eines Ehebrechers und einer
Dirne!
4 Über wen macht ihr euch lustig, / gegen wen
reißt ihr das Maul auf, / wem streckt ihr die
Zunge heraus?
Ihr seid doch selbst Kinder des Frevels, / eine
Lügenbrut.
5 Ihr geratet in Gier unter den Eichen, / unter je-
dem üppigen Baum.
Ihr schlachtet Kinder in den Schluchten / und in
den Klüften der Felsen.

6 Zwischen den glatten Wänden der Schlucht er-
füllt sich dein Schicksal, / doch gerade sie werden
dir zum Verhängnis;
auch für sie hast du Trankopfer ausgegossen und
Speiseopfer dargebracht. / Und das soll ich ruhig
mit ansehen?
7 Auf hoch aufragenden Bergen / hast du dein
Lager aufgeschlagen.
Auch dorthin stiegst du hinauf, / um Schlacht-
opfer darzubringen.
8 Hinter Türen und Pfosten / hast du dein Erin-
nerungszeichen angebracht.
Du hast dich von mir freigemacht und bist hin-
aufgestiegen / und hast dir dort ein breites Lager
zurechtgemacht.
Dann kauftest du dir Leute, / deren Beilager du
liebtest; / du hast ihre Kraft bestaunt.
9 Für den Moloch hast du dein Öl verschwendet /
und deine Salben aufgehäuft.
Du hast deine Boten in die Ferne geschickt, / bis
tief hinab in die Unterwelt.
10 Auf dem langen Weg bist du müde geworden, /
aber du hast nie gesagt: Es ist umsonst!
Immer wieder hast du neue Kraft gefunden, /
darum bist du nicht schwach geworden.
11 Wen hast du denn so sehr gescheut und ge-
fürchtet, / daß du mich betrogen hast?
An mich hast du nicht gedacht, / um mich hast
du dich nicht gekümmert.
Nicht wahr, weil ich schwieg und mich ver-
barg, / hast du mich nicht gefürchtet?
12 Ich will verraten, wie es um deine / Gerech-
tigkeit und um dein Tun bestellt ist: / Sie werden
dir nichts mehr nützen.
13 Wenn du um Hilfe schreist, / dann sollen doch
deine vielen Götzen dich retten;
aber sie alle trägt der Wind davon, / ein Hauch
bläst sie weg.
Doch wer mir vertraut, / wird das Land zum
Erbe bekommen / und meinen heiligen Berg be-
sitzen.

Eine Verheißung für die Frommen: 57,14–21

14 Bahnt eine Straße, ebnet den Weg, / entfernt die
Hindernisse auf dem Weg meines Volkes!
15 Denn so spricht der Hohe und Erhabene, / der
ewig Thronende, dessen Name »Der Heilige« ist:
Als Heiliger wohne ich in der Höhe, / aber ich
bin auch bei den Zerschlagenen und Bedrückten,
um den Geist der Bedrückten wieder aufleben
zu lassen / und das Herz der Zerschlagenen neu
zu beleben.
16 Denn ich klage nicht für immer an, / noch will
ich für immer zürnen.
Sonst müßte ihr Geist vor mir vergehen / und
ihr Atem, den ich erschuf.
17 Kurze Zeit zürnte ich wegen der Sünde (des
Volkes), / ich schlug es und verbarg mich voll
Zorn.
Treulos ging es seine eigenen Wege. /
18 Ich sah,
welchen Weg es ging.
Aber ich will es heilen und führen und wie-
derum trösten, /
19 seinen Trauernden schaffe ich
Lob auf den Lippen.
Friede, Friede den Fernen und den Nahen,
spricht der Herr, / ich werde sie heilen.
20 Aber die Ruchlosen sind wie das aufgewühlte
Meer, / das nie zur Ruhe kommen kann / und
dessen Wasser Schmutz aufwühlt und Schlamm.
21 Die Ruchlosen finden keinen Frieden, / spricht
mein Gott.

Die Vorbereitung auf das kommende Heil: 58,1–59,21

Die wahre Frömmigkeit

58 Rufe aus voller Kehle, halte dich nicht
zurück! / Laß deine Stimme ertönen wie
eine Posaune!
Halt meinem Volk seine Vergehen vor / und
dem Haus Jakob seine Sünden!
2 Sie suchen mich Tag für Tag; / denn sie wollen
meine Wege erkennen.

Wie ein Volk, das Gerechtigkeit übt / und das vom Recht seines Gottes nicht abläßt,
so fordern sie von mir ein gerechtes Urteil / und möchten, daß Gott ihnen nah ist.
3 Warum fasten wir, und du siehst es nicht? Warum tun wir Buße, und du merkst es nicht?
Seht, an euren Fasttagen macht ihr Geschäfte / und treibt alle eure Arbeiter zur Arbeit an.
4 Obwohl ihr fastet, gibt es Streit und Zank, / und ihr schlagt zu mit roher Gewalt.
So wie ihr jetzt fastet, / verschafft ihr eurer Stimme droben kein Gehör.
5 Ist das ein Fasten, wie ich es liebe, / ein Tag, an dem man sich der Buße unterzieht:
wenn man den Kopf hängen läßt, / so wie eine Binse sich neigt, / wenn man sich mit Sack und Asche bedeckt?
Nennst du das ein Fasten / und einen Tag, der dem Herrn gefällt?
6 Nein, das ist ein Fasten, wie ich es liebe: / die Fesseln des Unrechts zu lösen, / die Stricke des Jochs zu entfernen,
die Versklavten freizulassen, / jedes Joch zu zerbrechen,
7 an die Hungrigen dein Brot auszuteilen, / die obdachlosen Armen ins Haus aufzunehmen,
wenn du einen Nackten siehst, ihn zu bekleiden / und dich deinen Verwandten nicht zu entziehen.
8 Dann wird dein Licht hervorbrechen wie die Morgenröte, / und deine Wunden werden schnell vernarben.
Deine Gerechtigkeit geht dir voran, / die Herrlichkeit des Herrn folgt dir nach.
9 Wenn du dann rufst, / wird der Herr dir Antwort geben,
und wenn du um Hilfe schreist, wird er sagen: / Hier bin ich.
Wenn du der Unterdrückung bei dir ein Ende machst, / auf keinen mit dem Finger zeigst und niemand verleumdest,
10 dem Hungrigen dein Brot reichst / und den Darbenden satt machst,
dann geht im Dunkel dein Licht auf, / und deine Finsternis wird hell wie der Mittag.
11 Der Herr wird dich immer führen, / auch im dürren Land macht er dich satt / und stärkt deine Glieder.
Du gleichst einem bewässerten Garten, / einer Quelle, deren Wasser niemals versiegt.
12 Deine Leute bauen die uralten Trümmerstätten wieder auf, / die Grundmauern aus der Zeit vergangener Generationen stellst du wieder her.
Man nennt dich den Maurer, / der die Risse ausbessert, / den, der die Ruinen wieder bewohnbar macht.
13 Wenn du am Sabbat nicht aus dem Haus gehst / und an meinem heiligen Tag keine Geschäfte machst, / wenn du den Sabbat (den Tag der) Wonne nennst, / einen Ehrentag den heiligen Tag des Herrn,
wenn du ihn ehrst, indem du keine Gänge machst, / keine Geschäfte betreibst und keine Verhandlungen führst,
14 dann wirst du am Herrn deine Wonne haben, / dann lasse ich dich über die Höhen der Erde dahinfahren
und das Erbe deines Vaters Jakob genießen. / Ja, der Mund des Herrn hat gesprochen.

Die Hindernisse für das kommende Heil

59 Seht her, die Hand des Herrn ist nicht zu kurz, / um zu helfen,
sein Ohr ist nicht schwerhörig, / so daß er nicht hört.
2 Nein, was zwischen euch und eurem Gott steht, / das sind eure Vergehen;
eure Sünden verdecken sein Gesicht, / so daß er euch nicht hört.
3 Denn eure Hände sind mit Blut befleckt, / eure Finger mit Unrecht.
Eure Lippen lügen, / eure Zunge flüstert (Worte voll) Bosheit.
4 Keiner bringt gerechte Klagen vor, / keiner hält ehrlich Gericht.
Man stützt sich auf Nichtigkeiten / und stellt haltlose Behauptungen auf;
man geht schwanger mit Unheil / und bringt Verderben zur Welt.
5 Schlangeneier brüten sie aus / und weben Spinnengewebe.
Wer von ihren Eiern ißt, muß sterben; / zerdrückt man eines, kriecht eine Natter heraus.
6 Die Fäden, die sie spinnen, / taugen nicht zu Gewändern, / man kann sich nicht bekleiden mit dem, / was sie erzeugen.
Ihre Taten sind Taten des Unheils, / Gewalttat ist in ihren Händen.

7 Sie laufen dem Bösen nach, / schnell sind sie
dabei, / unschuldiges Blut zu vergießen.
Ihre Gedanken sind Gedanken des Unheils, /
Scherben und Verderben sind auf ihren Stra-
ßen.
8 Den Weg des Friedens kennen sie nicht, / auf
ihren Spuren gibt es kein Recht.
Sie gehen krumme Pfade; / keiner, der ihnen
folgt, lernt den Frieden kennen.
9 Darum bleibt das Recht von uns fern, / die Ge-
rechtigkeit erreicht uns nicht. / Wir hoffen auf
Licht, doch es bleibt finster;
wir hoffen auf den Anbruch des Tages, / doch
wir gehen im Dunkeln.
10 Wir tasten uns wie Blinde an der Wand ent-
lang / und tappen dahin, als hätten wir keine Au-
gen.
Wir stolpern am Mittag, als wäre schon Däm-
merung, / wir leben im Finstern wie die To-
ten.
11 Wir brummen alle wie Bären / und gurren wie
Tauben.
Wir hoffen auf unser Recht, doch es kommt
nicht, / und auf die Rettung, doch sie bleibt uns
fern.
12 Denn unsere Frevel gegen dich sind zahl-
reich, / unsere Sünden klagen uns an.
Wir sind uns unserer Vergehen bewußt, / wir
kennen unsere Schuld:
13 Untreue und Verleugnung des Herrn, / Abkehr
von unserem Gott.
Wir reden von Gewalttat und Aufruhr, /
wir haben Lügen im Herzen und sprechen sie
aus.
14 So weicht das Recht zurück, / die Gerechtig-
keit bleibt in der Ferne.
Die Redlichkeit kommt auf dem Marktplatz zu
Fall, / die Rechtschaffenheit findet nirgendwo
Einlaß.
15 Jede Redlichkeit wird vermißt, / wer das Böse
meidet, wird ausgeraubt.
Das hat der Herr gesehen, / und ihm mißfiel,
daß es kein Recht mehr gab.
16 Er sah, daß keiner sich regte, / und war ent-
setzt, daß niemand einschritt.
Da half ihm sein eigener Arm, / seine eigene
Gerechtigkeit war seine Stütze.
17 Er legte die Gerechtigkeit an wie einen Pan-
zer / und setzte den Helm der Hilfe auf.
Er machte die Rache zu seinem Gewand / und
umhüllte sich mit leidenschaftlichem Eifer wie
mit einem Mantel.
18 Wie es die Taten verdienen, so übt er Vergel-
tung; / er zürnt seinen Gegnern
und vergilt seinen Feinden; / bis hin zu den In-
seln übt er Vergeltung.
19 Dann fürchtet man im Westen den Na-
men des Herrn / und im Osten seine Herrlich-
keit.
Ja, er kommt wie ein reißender Strom, / den der
Sturm des Herrn vor sich hertreibt.
20 Doch für Zion kommt er als Erlöser / und für
alle in Jakob,
die umkehren von ihrer Sünde – / Spruch des
Herrn.
21 Das ist der Bund, den ich mit ihnen schließe,
spricht der Herr: Mein Geist, der auf dir ruht,
soll nicht von dir weichen, und meine Worte, die
ich dir in den Mund gelegt habe, sollen immer
in deinem Mund bleiben und im Mund deiner
Kinder und im Mund deiner Enkel, jetzt und in
Ewigkeit – spricht der Herr.

Die künftige Herrlichkeit Zions: 60,1–62,12

Die Wallfahrt der Völker zum gesegneten Jerusalem

60 Auf, werde licht, denn es kommt dein
Licht, und die Herrlichkeit des Herrn geht
leuchtend auf über dir.
2 Denn siehe, Finsternis bedeckt die Erde / und
Dunkel die Völker,
doch über dir geht leuchtend der Herr auf, /
seine Herrlichkeit erscheint über dir.
3 Völker wandern zu deinem Licht / und Könige
zu deinem strahlenden Glanz.
4 Blick auf und schau umher: / Sie alle versam-
meln sich und kommen zu dir.
Deine Söhne kommen von fern, / deine Töchter
trägt man auf den Armen herbei.
5 Du wirst es sehen, und du wirst strahlen, /
dein Herz bebt vor Freude und öffnet sich
weit.

Denn der Reichtum des Meeres strömt dir zu, / die Schätze der Völker kommen zu dir.

6 Zahllose Kamele bedecken dein Land, / Dromedare aus Midian und Efa.

Alle kommen von Saba, / bringen Weihrauch und Gold / und verkünden die ruhmreichen Taten des Herrn.

7 Alle Schafe von Kedar scharen sich bei dir, / die Widder von Nebajot stehen in deinem Dienst.

Als willkommene Opfer steigen sie auf meinen Altar; / so verherrliche ich mein herrliches Haus.

8 Wer sind die, die heranfliegen wie Wolken, / wie Tauben zu ihrem Schlag?

9 Die Schiffe kommen bei mir zusammen, / voran die Schiffe von Tarschisch,

um deine Söhne mit ihrem Gold und Silber / aus der Ferne zu bringen,

zum Ruhm des Herrn, deines Gottes, / des Heiligen Israels, / weil er dich herrlich gemacht hat.

10 Fremde bauen deine Mauern, / ihre Könige stehen in deinem Dienst.

Denn in meinem Zorn habe ich dich geschlagen, / aber in meinem Wohlwollen zeige ich dir mein Erbarmen.

11 Deine Tore bleiben immer geöffnet, / sie werden bei Tag und bei Nacht nicht geschlossen,

damit man den Reichtum der Völker zu dir hineintragen kann; / auch ihre Könige führt man herbei.

12 Denn jedes Volk und jedes Reich, / das dir nicht dient, geht zugrunde, / die Völker werden völlig vernichtet.

13 Die Pracht des Libanon kommt zu dir, / Zypressen, Platanen und Eschen zugleich,

um meinen heiligen Ort zu schmücken; / dann ehre ich den Platz, wo meine Füße ruhen.

14 Gebückt kommen die Söhne deiner Unterdrücker zu dir, / alle, die dich verachtet haben, / werfen sich dir zu Füßen.

Man nennt dich »Die Stadt des Herrn« / und »Das Zion des Heiligen Israels«.

15 Dafür, daß du verlassen warst und verhaßt / und niemand dich besucht hat,

mache ich dich zum ewigen Stolz, / zur Freude für alle Generationen.

16 Du wirst die Milch der Völker saugen / und an der Brust von Königen trinken.

Dann wirst du erkennen, / daß ich, der Herr, dein Retter bin / und ich, der Starke Jakobs, dein Erlöser.

17 Statt Kupfer bringe ich Gold, / statt Eisen bringe ich Silber, / statt Holz Kupfer und statt Steine Eisen.

Ich setze den Frieden als Aufsicht über dich ein / und die Gerechtigkeit als deinen Vogt.

18 Man hört nichts mehr von Unrecht in deinem Land, / von Verheerung und Zerstörung in deinem Gebiet.

Deine Mauern nennst du »Rettung« / und deine Tore »Ruhm«.

19 Bei Tag wird nicht mehr die Sonne dein Licht sein, / und um die Nacht zu erhellen, scheint dir nicht mehr der Mond,

sondern der Herr ist dein ewiges Licht, / dein Gott dein strahlender Glanz.

20 Deine Sonne geht nicht mehr unter, / und dein Mond nimmt nicht mehr ab;

denn der Herr ist dein ewiges Licht, / zu Ende sind deine Tage der Trauer.

21 Dein Volk besteht nur aus Gerechten; / sie werden für immer das Land besitzen / als aufblühende Pflanzung des Herrn,

als das Werk seiner Hände, / durch das er seine Herrlichkeit zeigt.

22 Der Kleinste wird zu einer Tausendschaft, / der Geringste zu einem starken Volk.

Ich, der Herr, führe es schnell herbei, / sobald es Zeit dafür ist.

Die frohe Botschaft des Gesalbten Jahwes

61 Der Geist Gottes, des Herrn, ruht auf mir; denn der Herr hat mich gesalbt.

Er hat mich gesandt, damit ich den Armen eine frohe Botschaft bringe / und alle heile, deren Herz zerbrochen ist,

damit ich den Gefangenen die Entlassung verkünde / und den Gefesselten die Befreiung,

2 damit ich ein Gnadenjahr des Herrn ausrufe, / einen Tag der Vergeltung unseres Gottes, / damit ich alle Trauernden tröste,

3 die Trauernden Zions erfreue, / ihnen Schmuck bringe anstelle von Schmutz,

Freudenöl statt Trauergewand, / Jubel statt der Verzweiflung.

Man wird sie »Die Eichen der Gerechtigkeit« nennen, / »Die Pflanzung, durch die der Herr seine Herrlichkeit zeigt«.

4 Dann bauen sie die uralten Trümmerstätten wieder auf / und richten die Ruinen ihrer Vorfahren wieder her.

Die verödeten Städte erbauen sie neu, / die Ruinen vergangener Generationen.

5 Fremde stehen bereit und führen eure Herden auf die Weide, / Ausländer sind eure Bauern und Winzer.

6 Ihr alle aber werdet »Priester des Herrn« genannt, / man sagt zu euch »Diener unseres Gottes«.

Was die Völker besitzen, werdet ihr genießen, / mit ihrem Reichtum könnt ihr euch brüsten.

7 Doppelte Schande mußten sie ertragen, / sie wurden angespuckt und verhöhnt;

darum erhalten sie doppelten Besitz in ihrem Land, / ewige Freude wird ihnen zuteil.

8 Denn ich, der Herr, liebe das Recht, / ich hasse Verbrechen und Raub.

Ich bin treu und gebe ihnen den Lohn, / ich schließe mit ihnen einen ewigen Bund.

9 Ihre Nachkommen werden bei allen Nationen bekannt sein / und ihre Kinder in allen Völkern.

Jeder, der sie sieht, wird erkennen: / Das sind die Nachkommen, die der Herr gesegnet hat.

10 Von Herzen will ich mich freuen über den Herrn. / Meine Seele soll jubeln über meinen Gott.

Denn er kleidet mich in Gewänder des Heils, / er hüllt mich in den Mantel der Gerechtigkeit,

wie ein Bräutigam sich festlich schmückt / und wie eine Braut ihr Geschmeide anlegt.

11 Denn wie die Erde die Saat wachsen läßt / und der Garten die Pflanzen hervorbringt,

so bringt Gott, der Herr, Gerechtigkeit hervor / und Ruhm vor allen Völkern.

Die verherrlichte Stadt Gottes

62 Um Zions willen kann ich nicht schweigen, / um Jerusalems willen nicht still sein,

bis das Recht in ihm aufstrahlt wie ein helles Licht / und sein Heil aufleuchtet wie eine brennende Fackel.

2 Dann sehen die Völker deine Gerechtigkeit / und alle Könige deine strahlende Pracht.

Man ruft dich mit einem neuen Namen, / den der Mund des Herrn für dich bestimmt.

3 Du wirst zu einer prächtigen Krone / in der Hand des Herrn,

zu einem königlichen Diadem / in der Rechten deines Gottes.

4 Nicht länger nennt man dich »Die Verlassene« / und dein Land nicht mehr »Das Ödland«,

sondern man nennt dich »Meine Wonne« / und dein Land »Die Vermählte«.

Denn der Herr hat an dir seine Freude, / und dein Land wird mit ihm vermählt.

5 Wie der junge Mann sich mit der Jungfrau vermählt, / so vermählt sich mit dir dein Erbauer.

Wie der Bräutigam sich freut über die Braut, / so freut sich dein Gott über dich.

6 Auf deine Mauern, Jerusalem, stellte ich Wächter. / Weder bei Tag noch bei Nacht dürfen sie schweigen.

Ihr, die ihr den Herrn (an Zion) erinnern sollt, / gönnt euch keine Ruhe!

7 Laßt auch ihm keine Ruhe, / bis er Jerusalem wieder aufbaut, / bis er es auf der ganzen Erde berühmt macht.

8 Der Herr hat geschworen bei seiner rechten Hand / und bei seinem starken Arm:

Nie mehr gebe ich dein Korn / deinen Feinden zu essen.

Nie mehr trinken Fremde deinen Wein, / für den du so hart gearbeitet hast.

9 Nein, wer das Korn geerntet hat, soll es auch essen / und den Herrn dafür preisen.

Wer den Wein geerntet hat, soll ihn auch trinken / in den Vorhöfen meines Heiligtums.

10 Zieht durch die Tore ein und aus, / und bahnt dem Volk einen Weg!

Baut, ja baut eine Straße, / und räumt die Steine beiseite! / Stellt ein Zeichen auf für die Völker!

11 Hört, was der Herr bis ans Ende der Erde bekanntmacht: / Sagt der Tochter Zion:

Sieh her, jetzt kommt deine Rettung. / Siehe, er bringt seinen Siegespreis mit:

Alle, die er gewonnen hat, / gehen vor ihm her.

12 Dann nennt man sie »Das heilige Volk«, / »Die Erlösten des Herrn«.

Und dich nennt man / »Die begehrte, die nicht mehr verlassene Stadt«.

Völkergericht und endzeitliches Heil: 63,1–66,24

Die Ankündigung des Gerichts an den Völkern

63 Wer ist jener, der aus Edom kommt, / aus
Bozra in rot gefärbten Gewändern?
Er schreitet in prächtigen Kleidern daher / in sei-
ner gewaltigen Kraft.
Ich bin es, ich verkünde Gerechtigkeit, / ich bin
der mächtige Helfer.
2 Warum aber ist dein Gewand so rot, / ist
dein Kleid wie das eines Mannes, der die Kelter
tritt?
3 Ich allein trat die Kelter; / von den Völkern war
niemand dabei.
Da zertrat ich sie voll Zorn, / zerstampfte sie in
meinem Grimm.
Ihr Blut spritzte auf mein Gewand / und be-
fleckte meine Kleider.
4 Denn ein Tag der Rache lag mir im Sinn, / und
das Jahr der Erlösung war gekommen.
5 Ich sah mich um, doch niemand wollte
mir helfen; / ich war bestürzt, weil keiner mir
beistand.
Da half mir mein eigener Arm, / mein Zorn war
meine Stütze.
6 Ich zertrat die Völker in meinem Zorn, / ich
zerschmetterte sie in meinem Grimm, / und ihr
Blut ließ ich zur Erde rinnen.

Das Gebet des Volkes um Gottes Erscheinen

7 Die Huld des Herrn will ich preisen, / die ruhm-
reichen Taten des Herrn,
alles, was der Herr für uns tat, / seine große Güte,
die er dem Haus Israel erwies / in seiner Barm-
herzigkeit und seiner großen Huld.
8 Er sagte: Sie sind doch mein Volk, / meine
Söhne, die nicht enttäuschen. / Er wurde ihr Ret-
ter in jeder Not.
9 Nicht ein Bote oder ein Engel, / sondern sein
Angesicht hat sie gerettet.
In seiner Liebe und seinem Mitleid / hat er
selbst sie erlöst.
Er hat sie emporgehoben und sie getragen / in
all den Tagen der Vorzeit.
10 Sie aber lehnten sich gegen ihn auf / und be-
trübten seinen heiligen Geist.
Da wandelte er sich und wurde ihr Feind, / ja,
er führte Krieg gegen sie.
11 Nun dachten sie an die Tage der Vorzeit, / die
Zeit seines Knechtes Mose:
Wo ist der, der den Hirten seiner Schafe aus dem
Meer herausgeführt hat? / Wo ist der, der seinen
heiligen Geist in ihn gelegt hat,
12 der an der rechten Seite des Mose ging / und
ihm half mit mächtigem Arm,
der das Wasser vor ihnen zerteilte, / um sich
ewigen Ruhm zu verschaffen,
13 der sie durch die Fluten führte / wie Pfer-
de durch die Steppe, / ohne daß sie strauchel-
ten?
14 Der Geist des Herrn ließ sie zur Ruhe
kommen, / wie das Vieh, das ins Tal hinab-
zieht.
So führtest du einst dein Volk, / um dir herrli-
chen Ruhm zu verschaffen.
15 Blick vom Himmel herab, und sieh her / von
deiner heiligen, herrlichen Wohnung!
Wo ist dein leidenschaftlicher Eifer / und deine
Macht,
dein großes Mitleid und dein Erbarmen? / Halte
dich nicht von uns fern!
16 Du bist doch unser Vater; / denn Abraham
weiß nichts von uns,
Israel will uns nicht kennen. / Du, Herr, bist un-
ser Vater, / »Unser Erlöser von jeher« wirst du ge-
nannt.
17 Warum läßt du uns, Herr, von deinen Wegen
abirren / und machst unser Herz hart, / so daß
wir dich nicht mehr fürchten?
Kehre zurück um deiner Knechte willen, /
um der Stämme willen, die dein Eigentum
sind.
18 Erst vor kurzem haben unsere Feinde dein hei-
liges Volk vertrieben; / dein Heiligtum haben sie
zertreten.
19 Uns geht es, als wärest du nie unser Herrscher
gewesen, / als wären wir nicht nach deinem Na-
men benannt.
Reiß doch den Himmel auf, und komm herab, /
so daß die Berge zittern vor dir.
64 Komm wie ein Feuer, das Reisig entzün-
det, / wie ein Feuer, das Wasser zum Sie-
den bringt.
Mach deinen Feinden deinen Namen bekannt, /
so daß die Völker zittern vor dir,

Der Säugling spielt vor dem Schlupfloch der Natter (Jes 11) | 41 ▷

2 wenn du schreckliche und nie erwartete Taten
vollbringst. / [Komm herab, so daß die Berge zittern vor dir.]
3 Seit Menschengedenken hat man noch nie vernommen, / kein Ohr hat gehört, kein Auge gesehen,
daß es einen Gott gibt außer dir, / der denen Gutes tut, die auf ihn hoffen.
4 Ach, kämst du doch denen entgegen, / die tun, was recht ist, / und nachdenken über deine Wege.
Ja, du warst zornig; / denn wir haben gegen dich gesündigt, / von Urzeit an sind wir treulos geworden.
5 Wie unreine (Menschen) sind wir alle geworden, / unsere ganze Gerechtigkeit ist wie ein schmutziges Kleid.
Wie Laub sind wir alle verwelkt, / unsere Schuld trägt uns fort wie der Wind.
6 Niemand ruft deinen Namen an, / keiner rafft sich dazu auf, festzuhalten an dir.
Denn du hast dein Angesicht vor uns verborgen / und hast uns der Gewalt unserer Schuld überlassen.
7 Und doch bist du, Herr, unser Vater. / Wir sind der Ton, und du bist unser Töpfer, / wir alle sind das Werk deiner Hände.
8 Herr, zürne uns doch nicht allzu sehr, / denk nicht für immer an unsere Schuld! / Sieh doch her: Wir alle sind dein Volk.
9 Deine heiligen Städte sind zur Wüste geworden. / Zion ist eine Wüste, Jerusalem eine Öde.
10 Unser heiliger, herrlicher Tempel, / wo unsere Väter dich priesen,
ist ein Raub der Flammen geworden; / alles, was uns lieb war, liegt nun in Trümmern.
11 Kannst du dich bei all dem zurückhalten, Herr, / kannst du schweigen und uns so sehr erniedrigen?

Gegen die Götzendiener

65 Ich wäre zu erreichen gewesen für die, die nicht nach mir fragten,
ich wäre zu finden gewesen für die, / die nicht nach mir suchten.
Ich sagte zu einem Volk, / das meinen Namen nicht anrief: / Hier bin ich, hier bin ich.
2 Den ganzen Tag streckte ich meine Hände aus / nach einem abtrünnigen Volk,
das einen Weg ging, der nicht gut war, / nach seinen eigenen Plänen,
3 nach einem Volk, / das in seinem Trotz mich ständig ärgert.
Sie bringen Schlachtopfer dar in Gärten / und Rauchopfer auf Ziegeln;
4 sie sitzen in Grabkammern / und verbringen die Nächte in Höhlen;
sie essen das Fleisch von Schweinen / und haben Brühe von verdorbenem Fleisch in ihren Töpfen;
5 sie sagen: Bleib, wo du bist, komm mir nicht nahe, / sonst bist du geweiht.
Diese Menschen sind wie Rauch in meiner Nase, / wie ein immer brennendes Feuer.
6 Seht her, alles ist aufgeschrieben bei mir, / und ich werde nicht schweigen, / sondern zahle ihnen heim, wie sie es verdienen;
7 ich zahle ihnen den Lohn aus für ihre Schuld / und die Schuld ihrer Väter, spricht der Herr.
Weil sie auf den Bergen Weihrauch verbrannten / und mich auf den Hügeln verhöhnten,
messe ich ihnen ihren Lohn zu / und zahle ihnen heim, wie sie es verdienen.
8 So spricht der Herr: / Sobald sich Saft in der Traube findet, / sagt man: Verdirb sie nicht, denn es ist Segen darin.
Ebenso will ich um meiner Knechte willen handeln, / um nicht alle vernichten zu müssen.
9 Ich lasse aus Jakob Nachkommen hervorgehen / und aus Juda einen Erben für meine Berge.
Meine Auserwählten sollen das Land besitzen, / und meine Knechte sollen dort wohnen.
10 Für mein Volk, das nach mir fragt, / wird dann (die Ebene) Scharon zur Schafweide / und das Achortal zum Lagerplatz der Rinder.
11 Euch aber, die ihr den Herrn verlassen, / meinen heiligen Berg vergessen,
dem Glücksgott den Tisch gedeckt / und dem Gott des Schicksals den Weinkrug gefüllt habt,
12 überantworte ich dem Schwert: / Ihr müßt euch alle ducken und werdet geschlachtet.
Denn ihr gabt keine Antwort, als ich euch rief, / als ich zu euch redete, hörtet ihr nicht,
sondern ihr habt getan, was mir mißfällt, / und habt euch für das entschieden, / was ich nicht will.

◁ 42 | *Ich habe dich eingezeichnet in meine Hand (Jes 49)*

13 Darum – so spricht Gott, der Herr: / Meine
Knechte sollen essen, / doch ihr leidet Hunger.
Meine Knechte sollen trinken, / doch ihr leidet
Durst.
Meine Knechte sollen sich freuen, / doch ihr
müßt euch schämen.
14 Meine Knechte sollen aus Herzenslust ju-
beln, / doch ihr werdet schreien vor Herzeleid /
und heulen vor Verzweiflung.
15 Ihr müßt euren Namen dazu hergeben, / daß
meine Auserwählten ihn beim Eid / als Fluch-
wort gebrauchen und sagen:
Genauso töte dich Gott, der Herr. / Meinen
Knechten aber wird man einen anderen Namen
geben.
16 Wer sich segnet im Land, / wird sich Segen
wünschen von Gott, dem Getreuen,
und wer schwört im Land, / wird schwören
bei Gott, dem Getreuen.

Das endzeitliche Heil

Ja, vergessen sind die früheren Nöte, / sie sind
meinen Augen entschwunden.
17 Denn schon erschaffe ich einen neuen Him-
mel / und eine neue Erde.
Man wird nicht mehr an das Frühere den-
ken, / es kommt niemand mehr in den Sinn.
18 Nein, ihr sollt euch ohne Ende freuen und ju-
beln / über das, was ich erschaffe.
Denn ich mache aus Jerusalem Jubel / und aus
seinen Einwohnern Freude.
19 Ich will über Jerusalem jubeln / und mich
freuen über mein Volk.
Nie mehr hört man dort lautes Weinen / und
lautes Klagen.
20 Dort gibt es keinen Säugling mehr, / der nur
wenige Tage lebt,
und keinen Greis, / der nicht das volle Alter er-
reicht;
wer als Hundertjähriger stirbt, gilt noch als
jung, / und wer nicht hundert Jahre alt wird, /
gilt als verflucht.
21 Sie werden Häuser bauen und selbst darin
wohnen, / sie werden Reben pflanzen / und
selbst ihre Früchte genießen.
22 Sie bauen nicht, / damit ein anderer in ihrem
Haus wohnt,
und sie pflanzen nicht, / damit ein anderer die
Früchte genießt.
In meinem Volk werden die Menschen so alt /
wie die Bäume.
Was meine Auserwählten mit eigenen Händen
erarbeitet haben, / werden sie selber verbrau-
chen.
23 Sie arbeiten nicht mehr vergebens, / sie
bringen nicht Kinder zur Welt für einen jähen
Tod.
Denn sie sind die Nachkommen der vom
Herrn Gesegneten / und ihre Sprößlinge zusam-
men mit ihnen.
24 Schon ehe sie rufen, gebe ich Antwort, /
während sie noch reden, erhöre ich sie.
25 Wolf und Lamm weiden zusammen, / der
Löwe frißt Stroh wie das Rind / [doch die
Schlange nährt sich von Staub].
Man tut nichts Böses mehr / und begeht kein
Verbrechen / auf meinem ganzen heiligen Berg,
spricht der Herr.

Die Beschreibung der Endzeit

66 So spricht der Herr:
Der Himmel ist mein Thron / und die
Erde der Schemel für meine Füße.
Was wäre das für ein Haus, / das ihr mir bauen
könntet?
Was wäre das für ein Ort, / an dem ich ausru-
hen könnte?
2 Denn all das hat meine Hand gemacht; / es
gehört mir ja schon – Spruch des Herrn.
Ich blicke auf den Armen und Zerknirschten /
und auf den, der zittert vor meinem Wort.
3 Man opfert Rinder – und erschlägt Men-
schen; / man opfert Schafe – und erwürgt
Hunde;
man bringt Speiseopfer dar – / und auch
Schweineblut;
man spendet Weihrauch – / und preist einen
Götzen.
Wie diese Menschen ihre eigenen Wege
wählen / und an ihren Götterbildern Gefallen
haben,
4 so wähle ich für sie die Strafe aus / und
bringe über sie Schrecken.
Denn sie gaben keine Antwort, als ich sie
rief, / als ich zu ihnen redete, hörten sie nicht;
sondern sie haben getan, was mir mißfällt, /
und haben sich für das entschieden, / was ich
nicht will.

5 Hört das Wort des Herrn, / die ihr zittert vor
seinem Wort!
Eure Brüder, die euch hassen, / die euch um
meines Namens willen verstoßen,
sie sagen: Der Herr soll doch seine Herrlichkeit
zeigen, / damit wir eure Freude mit erleben. /
Aber sie werden beschämt.
6 Horcht: Getöse dringt aus der Stadt, / Getöse
aus dem Tempel. / Horcht: Der Herr vergilt sei-
nen Feinden ihr Tun.
7 Noch ehe die Frau ihre Wehen bekommt, /
hat sie schon geboren;
ehe die Wehen über sie kamen, / brachte sie
einen Knaben zur Welt.
8 Wer hat so etwas je gehört, / wer hat je der-
gleichen gesehen?
Wird ein Land an einem einzigen Tag gebo-
ren, / kommt ein Volk auf einmal zur Welt?
Doch Zion, kaum in den Wehen, / hat schon
ihre Kinder geboren.
9 Hätte ich ihr etwa den Schoß öffnen sollen, /
ohne sie gebären zu lassen?, spricht der Herr.
Sollte ich, der die Frauen gebären läßt, / hnen
den Schoß verschließen?, spricht dein Gott.
10 Freut euch mit Jerusalem! / Jubelt in der
Stadt, alle, die ihr sie liebt.
Seid fröhlich mit ihr, / alle, die ihr über sie
traurig wart.
11 Saugt euch satt an ihrer tröstenden Brust, /
trinkt und labt euch an ihrem mütterlichen
Reichtum!
12 Denn so spricht der Herr: / Seht her: Wie ei-
nen Strom leite ich den Frieden zu ihr
und den Reichtum der Völker wie einen rau-
schenden Bach.
Ihre Kinder wird man auf den Armen tragen /
und auf den Knien schaukeln.
13 Wie eine Mutter ihren Sohn tröstet, / so trö-
ste ich euch; / in Jerusalem findet ihr Trost.
14 Wenn ihr das seht, wird euer Herz sich
freuen, / und ihr werdet aufblühen wie frisches
Gras.
So offenbart sich die Hand des Herrn an sei-
nen Knechten, / aber seine Feinde wird er be-
drohen.
15 Ja, seht, der Herr kommt wie das Feuer heran, /
wie der Sturm sind seine Wagen,
um in glühendem Zorn Vergeltung zu üben, /
und er droht mit feurigen Flammen.
16 Ja, mit Feuer und Schwert hält der Herr Ge-
richt über alle Sterblichen, / und viele sind es,
die der Herr erschlägt.
17 Alle, die sich weihen und reinigen bei den
Gärten / für den einen, der in der Mitte steht,
die Schweinefleisch, Würmer und Mäuse ver-
zehren, / sie alle nehmen ein Ende – Spruch des
Herrn.
18 Ich kenne ihre Taten und ihre Gedanken und
komme, um die Völker aller Sprachen zusam-
menzurufen, und sie werden kommen und
meine Herrlichkeit sehen. 19 Ich stelle bei ihnen
ein Zeichen auf und schicke von ihnen einige,
die entronnen sind, zu den übrigen Völkern:
nach Tarschisch, Pul und Lud, Meschech und
Rosch, Tubal und Jawan und zu den fernen In-
seln, die noch nichts von mir gehört und meine
Herrlichkeit noch nicht gesehen haben. Sie sol-
len meine Herrlichkeit unter den Völkern ver-
künden. 20 Sie werden aus allen Völkern eure
Brüder als Opfergabe für den Herrn herbeiholen
auf Rossen und Wagen, in Sänften, auf Maultie-
ren und Dromedaren, her zu meinem heiligen
Berg nach Jerusalem, spricht der Herr, so wie die
Söhne Israels ihr Opfer in reinen Gefäßen zum
Haus des Herrn bringen. 21 Und auch aus ihnen
werde ich Männer als Priester und Leviten aus-
wählen, spricht der Herr.
22 Wie der neue Himmel und die neue Erde, /
die ich erschaffe, / vor mir stehen – Spruch des
Herrn –, / so wird euer Stamm und euer Name
dastehen.
23 An jedem Neumond und an jedem Sabbat /
wird alle Welt kommen, um mir zu huldigen, /
spricht der Herr.
24 Dann wird man hinausgehen, / um die Lei-
chen derer zu sehen, / die sich gegen mich auf-
gelehnt haben.
Denn der Wurm in ihnen wird nicht sterben, /
und das Feuer in ihnen wird niemals erlö-
schen; / ein Ekel sind sie für alle Welt.

DAS BUCH JEREMIA

Die Gerichtsworte über Jerusalem und Juda: 1,1–25,14

Überschrift

1 Die Worte Jeremias, des Sohnes Hilkijas, aus
der Priesterschaft zu Anatot im Land Benja-
min. [2] An ihn erging das Wort des Herrn zur Zeit
des Königs Joschija von Juda, des Sohnes Amons,
im dreizehnten Jahr seiner Regierung, [3] ebenso
zur Zeit des Königs Jojakim von Juda, des Sohnes
Joschijas, bis das elfte Jahr des Königs Zidkija von
Juda, des Sohnes Joschijas, zu Ende ging, als im
fünften Monat Jerusalem in die Verbannung zie-
hen mußte.

Die Berufung Jeremias zum Propheten

[4] Das Wort des Herrn erging an mich: [5] Noch ehe
ich dich im Mutterleib formte, habe ich dich aus-
ersehen, noch ehe du aus dem Mutterschoß her-
vorkamst, habe ich dich geheiligt, zum Propheten
für die Völker habe ich dich bestimmt. [6] Da sagte
ich: Ach, mein Gott und Herr, ich kann doch nicht
reden, ich bin ja noch so jung. [7] Aber der Herr er-
widerte mir: Sag nicht: Ich bin noch so jung. Wo-
hin ich dich auch sende, dahin sollst du gehen,
und was ich dir auftrage, das sollst du verkünden.
[8] Fürchte dich nicht vor ihnen; denn ich bin mit
dir, um dich zu retten – Spruch des Herrn. [9] Dann
streckte der Herr seine Hand aus, berührte mei-
nen Mund und sagte zu mir: Hiermit lege ich
meine Worte in deinen Mund. [10] Sieh her! Am
heutigen Tag setze ich dich über Völker und Rei-
che; du sollst ausreißen und niederreißen, ver-
nichten und einreißen, aufbauen und einpflan-
zen.

Zwei Visionen

[11] Das Wort des Herrn erging an mich: Was siehst
du, Jeremia? Ich antwortete: Einen Mandelzweig
sehe ich. [12] Da sprach der Herr zu mir: Du hast
richtig gesehen; denn ich wache über mein Wort
und führe es aus. [13] Abermals erging an mich das
Wort des Herrn: Was siehst du? Ich antwortete: Ei-
nen dampfenden Kessel sehe ich; sein Rand neigt
sich von Norden her. [14] Da sprach der Herr zu mir:
Von Norden her ergießt sich das Unheil über alle
Bewohner des Landes. [15] Ja, ich rufe alle Stämme
der Nordreiche – Spruch des Herrn –, damit sie
kommen und ihre Richterstühle an den Torein-
gängen Jerusalems aufstellen, gegen all seine
Mauern ringsum und gegen alle Städte von Juda.
[16] Dann werde ich mein Urteil über sie sprechen
und sie strafen für alles Böse, das sie getan haben,
weil sie mich verlassen, anderen Göttern geopfert
und das Werk ihrer eigenen Hände angebetet ha-
ben. [17] Du aber gürte dich, tritt vor sie hin, und ver-
künde ihnen alles, was ich dir auftrage. Erschrick
nicht vor ihnen, sonst setze ich dich vor ihren Au-
gen in Schrecken. [18] Ich selbst mache dich heute
zur befestigten Stadt, zur eisernen Säule und zur
ehernen Mauer gegen das ganze Land, gegen die
Könige, Beamten und Priester von Juda und ge-
gen die Bürger des Landes. [19] Mögen sie dich
bekämpfen, sie werden dich nicht bezwingen;
denn ich bin mit dir, um dich zu retten – Spruch
des Herrn.

Das treulose Volk

2 Das Wort des Herrn erging an mich: [2] Auf! Ruf
Jerusalem laut ins Ohr: So spricht der Herr:
Ich denke an deine Jugendtreue, an die Liebe dei-
ner Brautzeit, wie du mir in der Wüste gefolgt
bist, im Land ohne Aussaat. [3] Heiliger Besitz war
Israel dem Herrn, Erstlingsfrucht seiner Ernte.
Wer davon aß, machte sich schuldig, Unheil kam
über ihn – Spruch des Herrn.
[4] Hört das Wort des Herrn, ihr vom Haus Jakob
und all ihr Geschlechter des Hauses Israel! [5] So
spricht der Herr: Was fanden eure Väter Unrech-
tes an mir, daß sie sich von mir entfernten, nich-
tigen Göttern nachliefen und so selber zunichte
wurden? [6] Sie fragten nicht: Wo ist der Herr, der
uns aus Ägypten heraufgeführt, der uns in der
Wüste den Weg gewiesen hat, im Land der Step-
pen und Schluchten, im dürren und düsteren
Land, im Land, das keiner durchwandert und nie-
mand bewohnt? [7] Ich brachte euch dann in das
Gartenland, um euch seine Früchte und Güter ge-
nießen zu lassen. Aber kaum seid ihr dort gewe-

sen, da habt ihr mein Land entweiht und mir
mein Eigentum zum Abscheu gemacht. 8 Die Prie-
ster fragten nicht: Wo ist der Herr? Die Hüter des
Gesetzes kannten mich nicht, die Hirten des
Volkes wurden mir untreu. Die Propheten traten
im Dienst des Baal auf und liefen unnützen Göt-
zen nach. 9 Darum muß ich euch weiter anklagen
– Spruch des Herrn – und gegen eure Kindeskin-
der Klage erheben. 10 Geht doch hinüber zu den
Inseln der Kittäer, und seht euch um, oder schickt
nach Kedar, forscht genau nach, und seht zu, ob
irgendwo etwas Ähnliches geschah. 11 Hat je ein
Volk seine Götter gewechselt? Dabei sind es gar
keine Götter. Mein Volk aber hat seinen Ruhm ge-
gen unnütze Götzen vertauscht. 12 Entsetzt euch
darüber, ihr Himmel, erschaudert gewaltig –
Spruch des Herrn. 13 Denn mein Volk hat doppel-
tes Unrecht verübt: Mich hat es verlassen, den
Quell des lebendigen Wassers, um sich Zisternen
zu graben, Zisternen mit Rissen, die das Wasser
nicht halten.

14 Ist Israel denn ein Knecht oder ein im Haus ge-
borener Sklave? Warum wurde es zur Beute,
15 über der Löwen brüllten und knurrten? Man hat
sein Land zur Wüste gemacht; seine Städte sind
verbrannt und menschenleer. 16 Sogar die Leute
von Memfis und Tachpanhes zertrümmern dir
den Schädel. 17 Geschieht das nicht deshalb, weil
du den Herrn, deinen Gott, verlassen hast? 18 Was
nützt es dir jetzt, nach Ägypten zu laufen, um Nil-
wasser zu trinken, oder nach Assur zu laufen, um
Eufratwasser zu trinken? 19 Dein böses Tun straft
dich, deine Abtrünnigkeit klagt dich an. So er-
kenne doch und sieh ein, wie schlimm und bitter
es ist, den Herrn, deinen Gott, zu verlassen und
keine Furcht vor mir zu haben – Spruch Gottes,
des Herrn der Heere.

20 Von jeher hast du dein Joch zerbrochen, deine
Stricke zerrissen und gesagt: Ich will nicht die-
nen. Auf jedem hohen Hügel und unter jedem üp-
pigen Baum hast du dich als Dirne hingestreckt.
21 Ich aber hatte dich als Edelrebe gepflanzt, als
gutes, edles Gewächs. Wie hast du dich gewan-
delt zum Wildling, zum entarteten Weinstock!
22 Selbst wenn du dich mit Lauge waschen und
noch soviel Seife verwenden wolltest, deine
Schuld bliebe doch ein Schmutzfleck vor meinen
Augen – Spruch Gottes, des Herrn. 23 Wie kannst
du sagen: Ich bin nicht unrein geworden, den
Baalen bin ich nicht nachgelaufen? Schau auf dein
Treiben im Tal, erkenne, was du verübt hast. Eine
schnelle Kamelstute bist du, die kreuz und quer
ihre Wege rennt, 24 eine wilde Eselin, die an die
Wüste gewöhnt ist. In ihrer Brunst schnappt sie
nach Luft. Wer vermag ihre Gier zu hemmen? Je-
der, der sie begehrt, findet sie ohne Mühe zur Zeit
ihrer Brunst. 25 Gib acht, daß du dir den Fuß nicht
wund läufst und daß deine Kehle nicht durstig
wird. Du aber sagst: Nein, laß mich! Denn ich bin
verliebt in die Fremden und will ihnen nachlau-
fen. 26 Wie ein ertappter Dieb sich schämt, so müs-
sen sich die Leute vom Haus Israel schämen, sie
selbst, ihre Könige und Beamten, ihre Priester
und Propheten. 27 Sie sagen ja zum Holz: »Du bist
mein Vater«, und zum Stein: »Du hast mich gebo-
ren«. Sie kehren mir den Rücken zu und nicht das
Gesicht; sind sie aber in Not, dann rufen sie: Er-
heb dich, und hilf uns! 28 Wo sind nun deine Göt-
ter, die du dir gemacht hast? Sie mögen sich er-
heben, falls sie dir helfen können, wenn du in Not
bist. Denn so zahlreich wie deine Städte, Juda,
sind auch deine Götter.

29 Warum streitet ihr gegen mich? Ihr alle seid
mir untreu geworden – Spruch des Herrn. 30 Ver-
geblich schlug ich eure Söhne; sie ließen sich
nicht erziehen. Euer Schwert fraß eure Propheten
wie ein reißender Löwe. 31 Ihr nun, das gegen-
wärtige Geschlecht, schaut auf das Wort des
Herrn! Bin ich denn für Israel eine Wüste gewor-
den oder ein finsteres Land? Warum sagt mein
Volk: Wir wollen frei umherschweifen, wir kom-
men nicht mehr zu dir? 32 Vergißt denn ein
Mädchen seinen Schmuck, eine Braut ihre Bän-
der? Mein Volk aber hat mich vergessen seit un-
gezählten Tagen. 33 Wie gut findest du deinen
Weg, wenn du Liebe suchst. Sogar an Verbrechen
hast du dein Verhalten gewöhnt. 34 Selbst am
Saum deiner Kleider klebt das Blut von Armen,
von Unschuldigen, die du nicht etwa beim Ein-
bruch ertappt hast. 35 Und trotzdem sagst du: Ich
bin unschuldig; sein Zorn hat sich ja von mir ab-
gewandt. – Aber ich gehe ins Gericht mit dir, weil
du sagst: Ich habe mich nicht versündigt.
36 Wie kannst du nur so leicht bereit sein, deinen
Weg zu wechseln! Auch von Ägypten wirst du
enttäuscht, wie du von Assur enttäuscht worden
bist. 37 Auch von dort wirst du wegziehen, die
Hände über dem Kopf. Denn der Herr verwirft
alle, denen du vertraust; du hast mit ihnen kein
Glück.

Der Bundesbruch als Ehebruch

3 Wenn ein Mann seine Frau entläßt und
wenn sie von ihm weggeht und die Frau
eines andern wird, wendet er sich dann ihr
wieder zu? Würde das Land nicht völlig ent-
weiht? Du aber hast mit vielen Freunden gebuhlt,
und da solltest du zu mir zurückkehren dürfen? –
Spruch des Herrn. 2 Blick hin und schau zu den
Höhen hinauf! Wo hast du dich nicht schänden
lassen? An allen Wegen hast du auf sie gewartet
wie ein Araber in der Wüste. Mit deiner Unzucht
und Verkommenheit hast du das Land entweiht.
3 Da blieb der Regen aus, und auch der Frühjahrs-
regen kam nicht. Doch du hattest die freche Stirn
einer Dirne und wolltest dich nicht schämen.
4 Gewiß, von da an hast du mir zugerufen: Mein
Vater, der Freund meiner Jugend bist du. 5 Wird
er denn ewig zürnen oder immerfort nachtragen?
Ja, so sagtest du und tatest Böses, so viel du konn-
test.

6 Der Herr sprach zu mir zur Zeit des Königs Jo-
schija: Hast du gesehen, was Israel, die Abtrün-
nige, getan hat? Sie begab sich auf jeden hohen
Berg und unter jeden üppigen Baum und trieb
dort Unzucht. 7 Ich dachte: Nachdem sie dies alles
getan hat, wird sie schließlich zu mir zurückkeh-
ren; aber sie kehrte nicht zurück. Das sah ihre
Schwester Juda, die Treulose. 8 Auch sah sie, daß
ich Israel, die Abtrünnige, wegen ihres Ehebruchs
entließ und ihr die Scheidungsurkunde gab. Aber
das schreckte ihre Schwester Juda, die Treulose,
nicht ab; sie ging hin und trieb ebenfalls Unzucht.
9 Durch ihre leichtfertige Unzucht hat sie das Land
entweiht und mit Stein und Holz Ehebruch ge-
trieben. 10 Bei all dem ist auch ihre Schwester Juda,
die Treulose, nicht mit ganzem Herzen zu mir
zurückgekehrt, sondern nur zum Schein – Spruch
des Herrn.

11 Auch sagte der Herr zu mir: Israel, die Abtrün-
nige, trifft weniger Schuld als Juda, die Treulose.
12 Geh hin, ruf diese Worte gegen Norden, und
sprich: Kehr zurück, Israel, du Abtrünnige –
Spruch des Herrn! Ich schaue dich nicht mehr zor-
nig an; denn ich bin gütig – Spruch des Herrn –,
ich trage nicht ewig nach. 13 Doch erkenne deine
Schuld: Dem Herrn, deinem Gott, hast du die
Treue gebrochen, überallhin bist du zu den frem-
den Göttern gelaufen [unter jeden üppigen
Baum], auf meine Stimme aber hast du nicht
gehört – Spruch des Herrn.

Die bessere Zukunft

14 Kehrt um, ihr abtrünnigen Söhne – Spruch des
Herrn; denn ich bin euer Gebieter. Ich hole euch,
einen aus jeder Stadt und zwei aus jeder Sippe,
und bringe euch nach Zion. 15 Ich gebe euch Hir-
ten nach meinem Herzen; mit Einsicht und Klug-
heit werden sie euch weiden. 16 In jenen Tagen,
wenn ihr euch im Land vermehrt und fruchtbar
seid – Spruch des Herrn –, wird man nicht mehr
rufen: Die Bundeslade des Herrn! Sie wird nie-
mand in den Sinn kommen; man denkt nicht
mehr an sie, vermißt sie nicht und stellt auch
keine neue her. 17 In jener Zeit wird man Jerusa-
lem »Thron des Herrn« nennen; dort, beim Na-
men des Herrn in Jerusalem, werden sich alle Völ-
ker versammeln, und sie werden nicht mehr dem
Trieb ihres bösen Herzens folgen. 18 In jenen Tagen
wird das Haus Juda zum Haus Israel gehen, und
sie werden vereint aus dem Nordland in das Land
kommen, das ich euren Vätern zum Erbe gege-
ben habe.

Die Umkehr durch Buße

19 Ich hatte gedacht: / Ja, ich will dich / unter die
Söhne aufnehmen
und dir ein liebliches Land geben, / das herr-
lichste Erbteil unter den Völkern.
Ich dachte, du würdest mich Vater nennen /
und dich nicht abwenden von mir.
20 Doch wie eine Frau ihres Freundes wegen
treulos wird, / so seid auch ihr mir treulos ge-
worden, / ihr vom Haus Israel – Spruch des
Herrn.
21 Horch, man hört auf den Höhen / das Weinen
und Flehen der Söhne Israels,
weil sie krumme Wege gegangen sind / und den
Herrn, ihren Gott, vergessen haben.
22 Kehrt um, ihr abtrünnigen Söhne, / ich will
eure Abtrünnigkeit heilen.
»Da sind wir, wir kommen zu dir; / denn du bist
der Herr, unser Gott!
23 Fürwahr, Trug sind die Höhen, / der Lärm auf
den Bergen.
Fürwahr, beim Herrn, unserm Gott, / ist Israels
Rettung.
24 Doch der Baal fraß seit unsrer Jugend alles, /
was unsere Väter erwarben, / ihre Schafe und
Rinder, ihre Söhne und Töchter.
25 Wir betten uns in unsere Schmach, / und un-
sere Schande bedeckt uns.

Denn wir haben gesündigt gegen den Herrn, unsern Gott, / wir selbst und unsere Väter, / von Jugend an bis auf den heutigen Tag. / Wir haben nicht gehört / auf die Stimme des Herrn, unseres Gottes.«

4 Wenn du umkehren willst, Israel – Spruch des Herrn –, / darfst du zu mir zurückkehren;

wenn du deine Greuel entfernst, / brauchst du vor mir nicht zu fliehen.

2 Schwörst du aufrichtig: So wahr der Herr lebt!, / nach Recht und Gerechtigkeit,

dann werden sich Völker mit ihm segnen / und seiner sich rühmen.

3 Denn so spricht der Herr / zu den Leuten von Juda und zu Jerusalem:

Nehmt Neuland unter den Pflug, / und sät nicht in die Dornen!

4 Beschneidet euch für den Herrn, / und entfernt die Vorhaut eures Herzens, / ihr Leute von Juda und ihr Einwohner Jerusalems!

Sonst bricht mein Zorn wie Feuer los / wegen eurer bösen Taten; / er brennt, und niemand kann löschen.

Der Krieg im Land

5 Meldet es in Juda, / verkündet es in Jerusalem,

stoßt überall im Land in die Trompete, / ruft aus voller Kehle und sagt:

Sammelt euch! / Hinein in die befestigten Städte!

6 Stellt Wegzeichen auf: Nach Zion! / Flüchtet, bleibt nicht stehen!

Denn Unheil bringe ich von Norden / und großes Verderben.

7 Der Löwe hat sich aus dem Dickicht erhoben, / der Völkerwürger ist aufgebrochen;

er hat sein Land verlassen, / um dein Land zur Wüste zu machen. / Deine Städte werden zerstört und entvölkert.

8 Darum legt Trauerkleider an, / klagt und heult:

Nein, der glühende Zorn des Herrn / hat sich nicht von uns abgewandt.

9 An jenem Tag wird es geschehen – Spruch des Herrn: / Vergehen wird der Mut des Königs / und der Mut der Machthaber.

Die Priester werden starr sein vor Schrecken, / die Propheten werden sich entsetzen.

10 Sie sagen: Ach, Gebieter und Herr, / wahrhaftig, schwer hast du getäuscht, dieses Volk und Jerusalem.

Du sagtest: Heil werdet ihr finden!, / und nun geht uns das Schwert an die Kehle.

11 In jener Zeit wird man von diesem Volk / und von Jerusalem sagen:

Ein Glutwind von den Höhen in der Wüste / ist losgebrochen gegen die Tochter meines Volkes; / kein Wind zum Worfeln und Reinigen;

12 ein Wind, der viel heftiger ist, / kommt auf meinen Befehl. / Jetzt spreche ich selbst das Urteil über sie.

13 Seht, wie Wettergewölk zieht er herauf, / seine Wagen gleichen dem Sturm,

seine Rosse sind schneller als Adler. / Weh uns, wir sind verloren!

14 Wasche dein Herz vom Bösen rein, Jerusalem, / damit du gerettet wirst.

Wie lange noch wohnen in dir / deine frevelhaften Gedanken?

15 Horcht nur, man meldet aus Dan, / aus Efraims Bergland kündet man Unheil:

16 Berichtet: Die Völker sind da! / Gebt Kunde an Jerusalem:

Belagerer kommen aus fernem Land, / sie erheben gegen Judas Städte ihr Kriegsgeschrei.

17 Wie Feldwächter haben sie Juda umstellt; / denn mir hat es getrotzt – Spruch des Herrn.

18 Dein Verhalten und Tun haben dir das eingebracht. / Deine bösen Taten sind schuld, daß es so bitter steht, / daß es dich bis ins Herz trifft.

19 O mein Leib, mein Leib! / Ich winde mich vor Schmerz.

O meines Herzens Wände! / Mein Herz tobt in mir;

ich kann nicht schweigen. / Denn ich höre Trompetenschall und Kriegslärm;

20 »Schlag auf Schlag« schreit man, / das ganze Land wird verwüstet.

Plötzlich sind meine Zelte vernichtet, / im Nu sind meine Zeltdecken dahin.

21 Wie lange noch muß ich die Kriegsfahne sehen, / Trompetenschall hören?

22 Ach, töricht ist mein Volk; / mich kennen sie nicht.

Sie sind unverständige Kinder, / ja, sie sind ohne Einsicht.

Sie wissen, wie man Böses tut, / aber Gutes zu tun verstehen sie nicht.

23 Ich schaute die Erde an: Sie war wüst und wirr. / Ich schaute zum Himmel: Er war ohne sein Licht.

[24] Ich schaute die Berge an: Sie wankten, / und
alle Hügel bebten.
[25] Ich schaute hin: Kein Mensch war da, / auch
alle Vögel des Himmels waren verschwunden.
[26] Ich schaute hin: Das Gartenland war Wüste, /
und all seine Städte waren zerstört,
zerstört durch den Herrn, / durch seinen glühenden Zorn.
[27] Ja, so spricht der Herr: / Das ganze Land soll
zur Öde werden; / doch völlig vernichten will ich
es nicht.
[28] Mag darüber die Erde vertrocknen / und der
Himmel droben sich verfinstern:
Fürwahr, ich habe gesprochen, / und es reut mich nicht;
ich habe meinen Plan gefaßt / und nehme ihn nicht zurück.
[29] Vor dem Lärm der Pferde und Bogenschützen /
fliehen alle Bewohner des Landes;
sie kriechen in Höhlen, / verstecken sich im Dickicht / und klettern die Felsen hinauf.
Verlassen steht jede Stadt, / niemand wohnt mehr darin.
[30] Du aber, was tust du? / Wie kannst du in Pur-
pur dich kleiden,
mit Goldschmuck dich zieren, / dir mit Schminke die Augen weiten?
Umsonst machst du dich schön. / Die Liebhaber verschmähen dich; / sie trachten dir nach dem Leben.
[31] Ja, ich höre Geschrei wie von einer Frau in We-
hen, / Stöhnen wie von einer Erstgebärenden, /
das Schreien der Tochter Zion,
die nach Atem ringt und die Hände ausstreckt: / Weh mir, unter Mörderhand endet mein Leben!

Die schwere Schuld

5 Zieht durch Jerusalems Straßen, / schaut genau hin, und forscht nach,
sucht auf seinen Plätzen, ob ihr einen findet, / ob einer da ist, der Recht übt
und auf Treue bedacht ist: / Dann will ich der Stadt verzeihen – Spruch des Herrn.
[2] Doch selbst wenn sie sagen: / »So wahr der
Herr lebt«, / schwören sie gewiß einen Meineid.
[3] Herr, sind deine Augen nicht auf Treue gerich-
tet? / Du hast sie geschlagen, / aber es tut ihnen
nicht weh;
du hast sie beinahe vernichtet, / aber sie wollen sich nicht erziehen lassen.
Ihre Stirn ist härter als Stein, / sie weigern sich umzukehren.
[4] Ich aber dachte: Nur die geringen Leute, / nur
sie handeln töricht,
weil sie den Weg des Herrn nicht kennen, / das Recht ihres Gottes.
[5] Ich will doch lieber zu den Großen gehen / und
zu ihnen reden;
denn sie kennen den Weg des Herrn, / das Recht ihres Gottes.
Doch auch sie haben das Joch zerbrochen, / die Stricke zerrissen.
[6] Darum schlägt sie der Löwe des Waldes, / der
Steppenwolf überwältigt sie.
Vor ihren Städten lauert der Panther, / alle, die herauskommen, werden zerfleischt.
Denn zahlreich sind ihre Verbrechen, / schwer wiegt ihre Abtrünnigkeit.
[7] Weshalb sollte ich dir vergeben? / Deine Söhne
haben mich verlassen / und bei Nichtgöttern ge-
schworen.
Ich machte sie satt, doch sie trieben Ehebruch / und waren zu Gast im Dirnenhaus.
[8] Hengste sind sie geworden, feist und geil, / je-
der wiehert nach der Frau seines Nächsten.
[9] Sollte ich das nicht bestrafen – Spruch des
Herrn – / und an einem solchen Volk keine Rache
nehmen?
[10] Steigt auf ihre Rebenhänge, und verwüstet
sie! / Doch völlig vernichten sollt ihr sie nicht.
Reißt ihre Reben weg; / denn sie gehören nicht dem Herrn.
[11] Sie sind mir ja gänzlich untreu geworden, / das
Haus Israel und das Haus Juda – Spruch des
Herrn.
[12] Sie haben den Herrn verleugnet und gesagt: /
Er ist ein Nichts!
Kein Unheil kommt über uns, / weder Schwert noch Hunger werden wir spüren.
[13] Doch diese Propheten werden zunichte; / das
Gotteswort ist nicht bei ihnen. / [So wird es ih-
nen ergehen.]
[14] Darum – so spricht der Herr, / der Gott der Heere:
Weil man solche Reden führt, / seht, darum mache ich meine Worte / in deinem Mund zu Feuersglut
und dieses Volk da zum Brennholz, / das von ihr verzehrt wird.
[15] Seht, ich lasse über euch herfallen, Haus Is-
rael, / ein Volk aus der Ferne – Spruch des Herrn.

Ein unüberwindliches Volk ist es, / ein uraltes Volk, / ein Volk, dessen Sprache du nicht kennst / und dessen Rede du nicht verstehst.
16 Sein Köcher ist wie ein offenes Grab, / sie alle sind Helden.
17 Es frißt deine Ernte und dein Brot, / es frißt deine Söhne und Töchter,
es frißt deine Schafe und Rinder, / es frißt deinen Weinstock und Feigenbaum,
es zerschlägt mit dem Schwert / deine befestigten Städte, auf die du vertraust.
18 Doch auch in jenen Tagen – Spruch des Herrn – will ich euch nicht völlig vernichten.
19 Wenn man dann fragt: Weshalb hat der Herr, unser Gott, uns das alles angetan?, so sag zu ihnen: Wie ihr mich verlassen und fremden Göttern in eurem Land gedient habt, so müßt ihr Fremden dienen in einem Land, das euch nicht gehört.
20 Verkündet dies im Haus Jakob, / und ruft es in Juda aus:
21 Hör das, du törichtes Volk ohne Verstand: / Augen haben sie und sehen nicht; / Ohren haben sie und hören nicht.
22 Fürchtet ihr mich denn nicht – Spruch des Herrn –, / zittert ihr nicht vor meinem Angesicht?
Ich bin es, der dem Meer die Düne / als Grenze gesetzt hat, / als ewige Schranke, die es nicht überschreiten darf.
Mag es auch toben, es richtet nichts aus; / mögen seine Wogen auch tosen, / sie können die Schranke nicht überschreiten.
23 Dieses Volk aber hat ein störrisches, trotziges Herz. / Sie wichen vom Weg ab und gingen davon.
24 Sie sagten nicht bei sich selbst: / Laßt uns den Herrn fürchten, unseren Gott,
der Regen spendet im Herbst / und im Frühjahr zur rechten Zeit, / der uns die feste Ordnung der Erntewochen bewahrt.
25 Eure Frevel haben diese Ordnung gestört, / eure Sünden haben euch den Regen vorenthalten.
26 Ja, Frevler gibt es in meinem Volk; / sie lauern, gebückt wie Vogelsteller,
Fallen stellen sie auf, / Menschen wollen sie fangen.
27 Wie ein Korb mit Vögeln gefüllt ist, / so sind ihre Häuser voll Betrug;
dadurch sind sie mächtig und reich geworden, /
28 fett und feist. / Auch sündigen sie durch ruchloses Tun. / Das Recht pflegen sie nicht,
das Recht der Waisen, die Erfolg erwarten, / und die Sache der Armen entscheiden sie nicht.
29 Sollte ich das nicht bestrafen – Spruch des Herrn – / und an einem solchen Volk keine Rache nehmen?
30 Wüstes, Gräßliches geschieht im Land: / 31 Die Propheten weissagen Lüge,
und die Priester richten ihre Lehre nach ihnen aus; / mein Volk aber liebt es so.
Doch was werdet ihr tun, / wenn es damit zu Ende geht?

Die Kriegsgefahr als Strafe

6 Flieht, ihr Leute von Benjamin, / hinaus aus Jerusalem!
Stoßt in Tekoa in die Trompete, / und richtet über Bet-Kerem ein Zeichen auf!
Denn von Norden droht Unheil / und großes Verderben.
2 Die Schöne und Verwöhnte, / die Tochter Zion, ich vernichte sie.
3 Hirten kommen zu ihr mit ihren Herden; / sie schlagen rings um sie ihre Zelte auf, / jeder weidet seinen Bereich ab.
4 Ruft gegen Zion den Heiligen Krieg aus! / Auf! Greifen wir an am Mittag! –
Weh uns: Schon neigt sich der Tag, / die Abendschatten strecken sich.
5 Auf! Greifen wir an in der Nacht, / zerstören wir ihre Paläste!
6 Denn so spricht der Herr der Heere: / Fällt ihre Bäume, / und werft einen Wall auf gegen Jerusalem!
Das ist die Stadt, von der erwiesen ist: / Alles in ihr ist Unterdrückung.
7 Wie ein Brunnen sein Wasser sprudeln läßt, / so läßt sie ihre Schlechtigkeit sprudeln.
Von Gewalttat und Unrecht hört man in ihr; / ständig sind mir vor Augen / Leid und Mißhandlung.
8 Laß dich warnen, Jerusalem, / sonst trenne ich mich von dir,
sonst mache ich dich zur Wüste, / zum Land ohne Bewohner.
9 So spricht der Herr der Heere:
Genaue Nachlese wie am Weinstock / soll man halten am Rest Israels.

Leg deine Hand an / wie ein Winzer an die Reben!

10 Zu wem soll ich reden, / und wer wird mich hören, wenn ich mahne?

Ihr Ohr ist ja unbeschnitten, / sie können nichts vernehmen.

Das Wort des Herrn dient ihnen zum Spott; / es gefällt ihnen nicht.

11 Darum bin ich erfüllt vom Zorn des Herrn, / bin es müde, ihn länger zurückzuhalten. –

Gieß ihn aus über das Kind auf der Straße / und zugleich über die Schar der jungen Männer!

Ja, alle werden gefangengenommen, / Mann und Frau, Greis und Hochbetagter.

12 Ihre Häuser gehen an andere über, / die Felder und auch die Frauen.

Denn ich strecke meine Hand aus / gegen die Bewohner des Landes – Spruch des Herrn.

13 Sie sind doch alle, vom Kleinsten bis zum Größten, / nur auf Gewinn aus;

vom Propheten bis zum Priester betrügen sie alle.

14 Den Schaden meines Volkes / möchten sie leichthin heilen, indem sie rufen: / Heil, Heil! Aber kein Heil ist da.

15 Schämen müßten sie sich, weil sie Greuel verüben.

Doch sie schämen sich nicht; / Scham ist ihnen unbekannt.

Deshalb müssen sie fallen, / wenn die anderen fallen.

Sobald ich sie zur Rechenschaft ziehe, / werden sie stürzen, spricht der Herr.

Jerusalems Trotz

16 So spricht der Herr:

Stellt euch an die Wege, und haltet Ausschau, / fragt nach den Pfaden der Vorzeit,

fragt, wo der Weg zum Guten liegt; / geht auf ihm, so werdet ihr Ruhe finden für eure Seele. / Sie aber sagten: Wir gehen nicht.

17 Auch habe ich Wächter für euch aufgestellt: / Achtet auf den Schall der Trompete! / Sie aber sagten: Wir achten nicht darauf.

18 Darum hört, ihr Völker, und erkennt, / was ich ihnen antun will.

19 Höre es, Erde! / Schon bringe ich Unheil über dieses Volk / als die Frucht seiner bösen Gesinnung.

Denn auf meine Worte haben sie nicht geachtet, / und meine Weisung haben sie verschmäht.

20 Was soll mir der Weihrauch aus Saba / und das gute Gewürzrohr aus fernem Land?

Eure Brandopfer gefallen mir nicht, / eure Schlachtopfer sind mir nicht angenehm.

21 Darum – so spricht der Herr:

Ich lege diesem Volk Hindernisse in den Weg, / so daß sie darüber straucheln.

Väter und Söhne zusammen, / einer wie der andere geht zugrunde.

22 So spricht der Herr:

Seht, ein Volk zieht vom Nordland heran, / ein großes Volk bricht auf / von den Grenzen der Erde.

23 Sie kommen mit Bogen und Sichelschwert, / grausam sind sie und ohne Erbarmen.

Ihr Lärm gleicht dem Brausen des Meeres, / und sie reiten auf Rossen,

Krieger, zum Kampf gerüstet / gegen dich, Tochter Zion.

24 Kaum hörten wir diese Nachricht, / da erschlafften uns die Hände,

es packte uns die Angst, / das Zittern wie eine Gebärende.

25 Geht nicht aufs Feld hinaus, / macht euch nicht auf den Weg; / denn der Feind greift zum Schwert – Grauen ringsum!

26 Tochter, mein Volk, leg das Trauerkleid an, / und wälz dich im Staub!

Halte Trauer wie um den einzigen Sohn, / bitterste Klage: / »Ach, jählings kam über uns der Verwüster.«

Der Prophet als Prüfer des Volkes

27 Zum Prüfer für mein Volk habe ich dich bestellt / [zum Metallprüfer]; / du sollst sein Verhalten erkennen und prüfen.

28 Sie alle sind schlimme Empörer, / Verleumder sind sie,

Bronze und Eisen sind sie, / alle zusammen Verbrecher.

29 Der Blasebalg schnaubt, / doch das Blei bleibt unberührt vom Feuer.

Umsonst versucht der Schmelzer zu schmelzen; / die Bösen lassen sich nicht ausscheiden.

30 »Verworfenes Silber« nennt man sie; / denn verworfen hat sie der Herr.

Die Tempelrede

7 Das Wort, das vom Herrn an Jeremia erging:
2 Stell dich an das Tor des Hauses des Herrn! Dort ruf dieses Wort aus und sprich: Hört das Wort

des Herrn, ganz Juda, alle, die ihr durch diese Tore
kommt, um dem Herrn zu huldigen. 3 So spricht
der Herr der Heere, der Gott Israels: Bessert euer
Verhalten und euer Tun, dann will ich bei euch
wohnen hier an diesem Ort. 4 Vertraut nicht auf
die trügerischen Worte: Der Tempel des Herrn, der
Tempel des Herrn, der Tempel des Herrn ist hier!
5 Denn nur wenn ihr euer Verhalten und euer Tun
von Grund auf bessert, wenn ihr gerecht ent-
scheidet im Rechtsstreit, 6 wenn ihr die Fremden,
die Waisen und Witwen nicht unterdrückt, un-
schuldiges Blut an diesem Ort nicht vergießt und
nicht anderen Göttern nachlauft zu eurem eige-
nen Schaden, 7 dann will ich bei euch wohnen
hier an diesem Ort, in dem Land, das ich euren
Vätern gegeben habe für ewige Zeiten. 8 Freilich,
ihr vertraut auf die trügerischen Worte, die nichts
nützen. 9 Wie? Stehlen, morden, die Ehe brechen,
falsch schwören, dem Baal opfern und anderen
Göttern nachlaufen, die ihr nicht kennt –, 10 und
dabei kommt ihr und tretet vor mein Angesicht in
diesem Haus, über dem mein Name ausgerufen
ist, und sagt: Wir sind geborgen!, um dann weiter
alle jene Greuel zu treiben. 11 Ist denn in euren Au-
gen dieses Haus, über dem mein Name ausgeru-
fen ist, eine Räuberhöhle geworden? Gut, dann
betrachte auch ich es so – Spruch des Herrn.
12 Geht doch zu meiner Stätte in Schilo, wo ich
früher meinen Namen wohnen ließ, und schaut,
was ich ihr angetan habe wegen des Bösen, das
mein Volk Israel verübt hat. 13 Nun denn, ihr habt
genau das gleiche getan – Spruch des Herrn. Als
ich immer wieder zu euch redete, habt ihr nicht
gehört; als ich euch rief, habt ihr nicht geantwor-
tet. 14 Deshalb werde ich mit dem Haus, über dem
mein Name ausgerufen ist und auf das ihr euch
verlaßt, und mit der Stätte, die ich euch und euren
Vätern gegeben habe, so verfahren, wie ich mit
Schilo verfuhr. 15 Verstoßen werde ich euch von
meinem Angesicht, wie ich alle eure Brüder, alle
Nachkommen Efraims, verstoßen habe.

Die Verwerfung der Abtrünnigen

16 Du aber, bete nicht für dieses Volk! Fang nicht
an, für sie zu flehen und zu bitten! Dränge mich
nicht! Denn ich werde dich nicht erhören.
17 Siehst du nicht, was sie in den Städten Judas und
auf den Straßen Jerusalems treiben? 18 Die Kinder
sammeln Holz, die Väter zünden das Feuer an,
und die Frauen kneten den Teig, um Opferkuchen
für die Himmelskönigin zu backen. Anderen Göt-
tern spendet man Trankopfer, um mir weh zu tun.
19 Aber tun sie wirklich mir weh – Spruch des
Herrn –, und nicht vielmehr sich selbst, zu ihrer
eigenen Schande? 20 Darum – so spricht Gott der
Herr: Seht, mein Zorn und Grimm ergießt sich
über diesen Ort, über Menschen und Vieh, über
die Bäume des Feldes und die Früchte des Ackers;
er brennt und wird nicht erlöschen.

Gehorsam, nicht Opfer

21 So spricht der Herr der Heere, der Gott Israels:
Häuft nur Brandopfer auf Schlachtopfer, und eßt
Opferfleisch! 22 Denn ich habe euren Vätern, als
ich sie aus Ägypten herausführte, nichts gesagt
und nichts befohlen, was Brandopfer und
Schlachtopfer betrifft. 23 Vielmehr gab ich ihnen
folgendes Gebot: Hört auf meine Stimme, dann
will ich euer Gott sein, und ihr sollt mein Volk
sein. Geht in allem den Weg, den ich euch be-
fehle, damit es euch gut geht. 24 Sie aber hörten
nicht und neigten mir ihr Ohr nicht zu, sondern
folgten den Eingebungen und Trieben ihres bösen
Herzens. Sie zeigten mir den Rücken und nicht
das Gesicht. 25 Von dem Tag an, als eure Väter aus
Ägypten auszogen, bis auf den heutigen Tag
sandte ich zu euch immer wieder alle meine
Knechte, die Propheten. 26 Aber man hörte nicht
auf mich und neigte mir nicht das Ohr zu, viel-
mehr blieben sie hartnäckig und trieben es noch
schlimmer als ihre Väter. 27 Auch wenn du ihnen
alle diese Worte sagst, werden sie nicht auf dich
hören. Wenn du sie rufst, werden sie dir nicht ant-
worten. 28 Sag ihnen also: Dies ist das Volk, das
nicht auf die Stimme des Herrn, seines Gottes,
hörte und sich nicht erziehen ließ. Die Treue ist
dahin, aus ihrem Mund verschwunden.

Die Greuel des Götzendienstes

29 Schneide dein Haar ab, und wirf es weg, stimm
Klage an auf den Höhen! Denn der Herr hat das
Geschlecht, dem er grollt, verworfen und ver-
stoßen. 30 Ja, die Söhne Judas taten, was mir
mißfällt – Spruch des Herrn. Sie haben in dem
Haus, über dem mein Name ausgerufen ist, ihre
Scheusale aufgestellt, um es zu entweihen.
31 Auch haben sie die Kulthöhe des Tofet im Tal
Ben-Hinnom gebaut, um ihre Söhne und Töchter
im Feuer zu verbrennen, was ich nie befohlen
habe und was mir niemals in den Sinn gekom-

men ist. 32 Seht, darum kommen Tage – Spruch
des Herrn –, da wird man nicht mehr vom Tofet
reden oder vom Tal Ben-Hinnom, sondern vom
Mordtal, und im Tofet wird man Tote begraben,
weil anderswo kein Platz mehr ist. 33 Ja, die Lei-
chen dieses Volkes werden den Vögeln des Him-
mels und den Tieren des Feldes zum Fraß dienen,
und niemand wird sie verscheuchen. 34 Verstum-
men lasse ich in den Städten Judas und auf den
Straßen Jerusalems Jubelruf und Freudenruf, den
Ruf des Bräutigams und den Ruf der Braut; denn
das Land wird zur Wüste werden.

8 In jener Zeit – Spruch des Herrn – wird man
die Gebeine der Könige von Juda, die Ge-
beine seiner Beamten, die Gebeine der Priester,
die Gebeine der Propheten und die Gebeine der
Einwohner Jerusalems aus ihren Gräbern holen.
2 Man wird sie hinstreuen vor die Sonne, den
Mond und das ganze Himmelsheer, denen ihre
Liebe galt, denen sie dienten und nachliefen, die
sie befragten und anbeteten. Sie werden weder
gesammelt noch bestattet werden. Dünger auf
dem Acker sollen sie sein. 3 Besser als das Leben
wäre der Tod auch für den Rest, für alle, die übrig-
bleiben von diesem bösen Geschlecht an allen
Orten, überall, wohin immer ich sie verstoße –
Spruch des Herrn der Heere.

Abkehr und Strafe

4 Du sollst zu ihnen sagen: So spricht der Herr: /
Wer hinfällt, steht der nicht wieder auf?
Wer vom Weg abkommt, / kehrt der nicht wie-
der zurück?
5 Warum wendet dieses Volk sich ab [Jerusa-
lem] / und beharrt auf der Abkehr?
Warum hält es am Irrtum fest, / weigert sich um-
zukehren?
6 Ich horche hin und höre: / Schlechtes reden
sie, / keiner bereut sein böses Tun und sagt: / Was
habe ich getan?
Jeder wendet sich ab und läuft weg, / schnell
wie ein Roß, das im Kampf dahinstürmt.
7 Selbst der Storch am Himmel kennt seine Zei-
ten; / Turteltaube, Schwalbe und Drossel halten
die Frist ihrer Rückkehr ein; / mein Volk aber
kennt nicht / die Rechtsordnung des Herrn.
8 Wie könnt ihr sagen: Weise sind wir, / und das
Gesetz des Herrn ist bei uns?
Ja! Aber der Lügengriffel der Schreiber / hat es
zur Lüge gemacht.
9 Zuschanden werden die Weisen, / sie stehen
bestürzt da und werden gefangen.
Das Wort des Herrn haben sie verworfen, / und
ihre eigene Weisheit, was nützt sie ihnen?
10 Darum gebe ich ihre Frauen an Fremde, / ihre
Felder an Eroberer.
Sind sie doch alle, vom Kleinsten bis zum Größ-
ten, nur auf Gewinn aus; / vom Propheten bis
zum Priester / betrügen sie alle.
11 Den Schaden der Tochter, meines Volkes, /
möchten sie leichthin heilen, indem sie rufen: /
Heil, Heil! Aber kein Heil ist da.
12 Schämen müßten sie sich, weil sie Greuel ver-
üben. / Doch sie schämen sich nicht; / Scham ist
ihnen unbekannt.
Deshalb müssen sie fallen, / wenn die anderen
fallen.
Sobald ich sie zur Rechenschaft ziehe, / werden
sie stürzen, spricht der Herr.
13 Will ich bei ihnen ernten – Spruch des
Herrn –, / so sind keine Trauben am Weinstock,
keine Feigen am Feigenbaum, / und das Laub ist
verwelkt. / Darum habe ich für sie Verwüster be-
stellt.
14 Warum sitzen wir da? Sammelt euch! / Hinein
in die befestigten Städte!
Dort werden wir umkommen; / denn der Herr,
unser Gott, läßt uns umkommen.
Er läßt uns Giftwasser trinken, / weil wir ge-
sündigt haben gegen den Herrn.
15 [Wir hofften auf Heil, / doch kommt nichts
Gutes,
auf die Zeit der Heilung, / doch ach, nur Schrek-
ken!]
16 Man hört von Dan her das Schnauben der
Rosse, / vom Wiehern seiner Hengste bebt das
ganze Land.
Sie kommen und fressen / das Land und seinen
Ertrag, / die Stadt und ihre Bewohner.
17 Denn seht, ich sende giftige Schlangen unter
euch, / gegen die es keine Beschwörung gibt;
sie werden euch beißen, / [– Spruch des Herrn –]
und es gibt keine Heilung.
18 Kummer steigt in mir auf, / mein Herz ist krank.
19 Horch! Die Tochter, mein Volk, / schreit aus ei-
nem fernen Land:
Ist denn der Herr nicht in Zion, / oder ist sein Kö-
nig nicht dort? –
[Warum haben sie mich erzürnt / mit ihren Göt-
terbildern, mit den fremden Götzen?]

[20] Die Ernte ist vorüber, der Herbst ist vorbei, / uns aber ist nicht geholfen worden.
[21] Der Zusammenbruch der Tochter, meines Volkes, / hat mich gebrochen, / traurig bin ich, Entsetzen hat mich gepackt.
[22] Gibt es denn keinen Balsam in Gilead, / ist dort kein Wundarzt?
Warum schließt sich denn nicht / die Wunde der Tochter, meines Volkes?
[23] Ach, wäre mein Haupt doch Wasser, / mein Auge ein Tränenquell:
Tag und Nacht beweinte ich / die Erschlagenen der Tochter, meines Volkes.

Die Klage über Juda

9 Hätte ich doch eine Herberge in der Wüste! / Dann könnte ich mein Volk verlassen / und von ihm weggehen.
Denn sie sind alle Ehebrecher, / eine Rotte von Treulosen.
[2] Sie machen ihre Zunge zu einem gespannten Bogen; / Lüge, nicht Wahrhaftigkeit herrscht im Land.
Ja, sie schreiten von Verbrechen zu Verbrechen; / mich aber kennen sie nicht – Spruch des Herrn.
[3] Nehmt euch in acht vor eurem Nächsten, / keiner traue seinem Bruder!
Denn jeder Bruder betrügt, / und jeder Nächste verleumdet.
[4] Ein jeder täuscht seinen Nächsten, / die Wahrheit reden sie nicht.
Sie haben ihre Zunge ans Lügen gewöhnt, / sie handeln verkehrt, zur Umkehr sind sie zu träge.
[5] Überall Unterdrückung, nichts als Betrug! / Sie weigern sich, mich zu kennen – / Spruch des Herrn.
[6] Darum – so spricht der Herr der Heere: / Ja, ich werde sie schmelzen und prüfen;
denn wie sollte ich sonst verfahren / mit der Tochter, meinem Volk?
[7] Ein tödlicher Pfeil ist ihre Zunge, / trügerisch redet ihr Mund;
»Friede« sagt man zum Nächsten, / doch im Herzen plant man den Überfall.
[8] Sollte ich sie dafür nicht bestrafen – Spruch des Herrn – / und an einem solchen Volk keine Rache nehmen?
[9] Erhebt über die Berge hin Weinen und Klagen, / über die Weideplätze der Steppe ein Totenlied!
Denn sie sind verwüstet, niemand zieht hindurch, / und sie hören die Stimme der Herden nicht mehr.
Von den Vögeln des Himmels bis zum Vieh / ist alles geflohen, auf und davon.
[10] Jerusalem mache ich zum Trümmerhaufen, / zur Behausung für Schakale.
Judas Städte mache ich zum Ödland, / das niemand bewohnt.
[11] Wer ist so weise, daß er dies einsieht? Zu wem
hat der Mund des Herrn geredet, daß er verkün-
den kann, warum das Land zugrunde geht,
warum es verwüstet ist gleich der Wüste, die nie-
mand durchzieht? [12] Der Herr erwiderte: Weil sie
meine Weisung aufgaben, die ich ihnen vorgelegt
habe, nicht auf meine Stimme hörten und nicht
meine Weisung befolgten, [13] sondern dem Trieb ih-
res Herzens folgten und den Baalen nachliefen,
an die ihre Väter sie gewöhnt hatten. [14] Darum –
so spricht der Herr der Heere, der Gott Israels: Ich
gebe ihnen [diesem Volk] Wermut zu essen und
Giftwasser zu trinken. [15] Ich zerstreue sie unter
die Völker, von denen weder sie noch ihre Väter
wußten, und schicke das Schwert hinter ihnen
her, bis ich sie vernichtet habe.
[16] So spricht der Herr der Heere:
Begreift es! Ruft die Klagefrauen herbei! / Schickt nach den weisen Frauen! Sie sollen kommen.
[17] Schnell sollen sie kommen / und Klage über uns anstimmen,
so daß unsre Augen von Tränen fließen / und unsre Wimpern von Wasser triefen.
[18] Da, horch, ein Klagelied ist aus Zion zu hören: / Ach, wie sind wir mißhandelt, / in große Schande gestürzt!
Wir müssen die Heimat verlassen, / unsre Wohnungen hat man zerstört.
[19] Ja, hört, ihr Frauen, das Wort des Herrn, / euer Ohr vernehme das Wort seines Mundes.
Lehrt eure Töchter die Klage, / eine lehre die andere das Totenlied:
[20] Der Tod ist durch unsre Fenster gestiegen, / eingedrungen in unsre Paläste.
Er rafft das Kind von der Straße weg, / von den Plätzen die jungen Männer.
[21] Die Leichen der Leute / liegen wie Dünger auf dem Feld,
wie Garben hinter dem Schnitter; / keiner ist da, der sie sammelt.
[22] So spricht der Herr:

Der Weise rühme sich nicht seiner Weisheit, /
der Starke rühme sich nicht seiner Stärke, / der
Reiche rühme sich nicht seines Reichtums.
23 Nein, wer sich rühmen will, rühme sich dessen, / daß er Einsicht hat und mich erkennt,
daß er weiß: Ich, der Herr, bin es, / der auf der
Erde Gnade, Recht und Gerechtigkeit schafft.
Denn an solchen Menschen habe ich Gefallen /
– Spruch des Herrn.
24 Fürwahr, es werden Tage kommen – Spruch
des Herrn –, da ziehe ich alle Beschnittenen zur
Rechenschaft: 25 Ägypten, Juda, Edom, Ammon,
Moab und alle mit gestutztem Haar, die in der
Wüste wohnen; denn alle Völker gelten mir als
unbeschnitten – auch das ganze Haus Israel hat
ein unbeschnittenes Herz.

Gott und die Götzenbilder

10 Hört das Wort, das der Herr zu euch spricht, / ihr vom Haus Israel.
2 So spricht der Herr:
Gewöhnt euch nicht an den Weg der Völker, /
erschreckt nicht vor den Zeichen des Himmels, /
wenn auch die Völker vor ihnen erschrecken.
3 Denn die Gebräuche der Völker sind leerer
Wahn. / Ihre Götzen sind nur Holz,
das man im Wald schlägt, / ein Werk aus der
Hand des Schnitzers, / mit dem Messer verfertigt.
4 Er verziert es mit Silber und Gold, / mit Nagel
und Hammer macht er es fest, / so daß es nicht
wackelt.
5 Sie sind wie Vogelscheuchen im Gurkenfeld. /
Sie können nicht reden; / man muß sie tragen,
weil sie nicht gehen können.
Fürchtet euch nicht vor ihnen; / denn sie können weder Schaden zufügen / noch Gutes bewirken.
6 Niemand, Herr, ist wie du: / Groß bist du, und
groß an Kraft ist dein Name.
7 Wer sollte dich nicht fürchten, / du König der
Völker? / Ja, das steht dir zu.
Denn unter allen Weisen der Völker / und in jedem ihrer Reiche ist keiner wie du.
8 Sie alle sind töricht und dumm. / Was die nichtigen Götzen zu bieten haben – Holz ist es.
9 Sie sind gehämmertes Silber aus Tarschisch /
und Gold aus Ofir, / Arbeit des Schnitzers und
Goldschmieds;
violetter und roter Purpur ist ihr Gewand; / sie
alle sind nur das Werk kunstfertiger Männer.
10 Der Herr aber ist in Wahrheit Gott, / lebendiger Gott und ewiger König.
Vor seinem Zorn erbebt die Erde, / die Völker
halten seinen Groll nicht aus.
11 Von jenen dagegen sollt ihr sagen: / Die Götter, die weder Himmel noch Erde erschufen, / sie
sollen verschwinden von der Erde und unter dem
Himmel.
12 Er aber hat die Erde erschaffen durch seine
Kraft, / den Erdkreis gegründet durch seine Weisheit, / durch seine Einsicht den Himmel ausgespannt.
13 Läßt er seine Stimme ertönen, / dann rauschen die Wasser am Himmel.
Wolken führt er herauf vom Rand der Erde; / er
läßt es blitzen und regnen, / aus seinen Kammern
entsendet er den Wind.
14 Töricht steht jeder Mensch da, ohne Erkenntnis, / beschämt jeder Goldschmied mit seinem
Götzenbild;
denn seine Bilder sind Trug, / kein Atem ist in
ihnen.
15 Nichtig sind sie, ein Spottgebilde. / Zur Zeit ihrer Heimsuchung gehen sie zugrunde.
16 Anders der Gott, der Jakobs Anteil ist. / Denn
er ist der Schöpfer des Alls
und Israel der Stamm, der ihm gehört. / Herr der
Heere ist sein Name.

Klage und Bitte

17 Raff dein Bündel zusammen! Fort aus dem
Land, / du schwer bedrängte Stadt!
18 Denn so spricht der Herr:
Fürwahr, diesmal schleudere ich / die Bewohner des Landes hinweg
und bringe sie in Bedrängnis, / damit sie mich
finden.
19 Weh mir ob meines Zusammenbruchs! / Unheilbar ist meine Wunde.
Ich aber hatte gedacht: / Das ist doch nur eine
Krankheit, / die ich ertragen kann.
20 Nun ist mein Zelt verwüstet, / alle meine Zeltstricke sind zerrissen.
Meine Kinder gingen von mir fort / und sind
nicht mehr.
Niemand schlägt mein Zelt wieder auf / und
breitet darüber die Zeltdecken aus.
21 Denn töricht waren die Hirten, / den Herrn
suchten sie nicht;

deshalb hatten sie keinen Erfolg, / und ihre
ganze Herde wurde zerstreut.
22 Horch, eine Kunde trifft eben ein, / großes
Getöse vom Nordland her:
Judas Städte sollen zum Ödland werden, / zur
Behausung für Schakale.
23 Ich weiß, Herr, daß der Mensch seinen Weg /
nicht zu bestimmen vermag, / daß keiner beim
Gehen seinen Schritt lenken kann.
24 Herr, züchtige mich, doch mit rechtem Maß, /
nicht in deinem Zorn, / sonst machst du mich
allzu elend.
25 Gieß deinen Zorn aus über die Völker, / die
dich nicht kennen,
und über die Stämme, / die deinen Namen nicht
anrufen.
Denn sie haben Jakob verschlungen und ver-
nichtet, / seine Wohnstätte verwüstet.

Der gebrochene Bund

11 Das Wort, das vom Herrn an Jeremia er-
ging: 2 Hört die Worte dieses Bundes! Du
sollst sie den Leuten von Juda und den Einwoh-
nern Jerusalems verkünden. 3 Du sollst ihnen sa-
gen: So spricht der Herr, der Gott Israels: Verflucht
der Mensch, der nicht hört auf die Worte dieses
Bundes, 4 die ich euren Vätern aufgetragen habe,
als ich sie aus Ägypten herausführte, aus dem
Schmelzofen des Eisens: Hört auf meine Stimme,
und handelt in allem nach meinen Geboten; dann
werdet ihr mein Volk sein, und ich will euer Gott
sein. 5 Nur so kann ich den Eid halten, den ich eu-
ren Vätern geschworen habe: ihnen ein Land zu
geben, in dem Milch und Honig fließen, wie ihr
es heute habt. Ich antwortete: Ja, Herr. 6 Darauf
sprach der Herr zu mir: Verkünde alle diese Worte
laut in den Städten Judas und auf den Straßen Je-
rusalems: Hört die Worte dieses Bundes, und han-
delt danach! 7 Denn ich habe eure Väter, schon als
ich sie aus Ägypten heraufführte und bis zum
heutigen Tag, immer wieder beschworen: Hört
auf meine Stimme! 8 Sie aber haben nicht gehört
und mir ihr Ohr nicht zugeneigt; alle folgten dem
Trieb ihres bösen Herzens. So mußte ich an ihnen
alle Worte dieses Bundes erfüllen, den zu halten
ich ihnen geboten habe, den sie aber nicht gehal-
ten haben. 9 Der Herr sagte zu mir: Es gibt eine
Verschwörung unter den Leuten von Juda und
den Einwohnern Jerusalems. 10 Sie sind zurückge-
kehrt zu den Sünden ihrer Väter, die sich weiger-
ten, meinen Worten zu gehorchen. Auch sie sind
fremden Göttern nachgelaufen, um ihnen zu die-
nen. Das Haus Israel und das Haus Juda haben
meinen Bund gebrochen, den ich mit ihren Vä-
tern geschlossen habe.
11 Darum – so spricht der Herr: Jetzt bringe ich
Unheil über sie, dem sie nicht entgehen können.
Schreien sie dann zu mir, so werde ich nicht auf
sie hören. 12 Wenn aber die Städte Judas und die
Einwohner Jerusalems hingehen und zu den Göt-
tern schreien, denen sie Opfer darbringen, dann
werden diese zur Zeit der Not ihnen ganz gewiß
nicht helfen können. 13 Denn so zahlreich wie
deine Städte sind auch deine Götter, Juda, und so
zahlreich wie die Straßen Jerusalems sind die
schändlichen Altäre, die ihr errichtet habt, um
dem Baal zu opfern. 14 Du aber bete nicht für die-
ses Volk! Fang nicht an, für sie zu flehen und zu
bitten. Denn ich höre nicht, wenn du zu mir rufst
wegen ihrer Not.
15 Was hat mein Liebling in meinem Haus zu su-
chen, wenn er nur Schlimmes verübt? Können
Zehnt und Opferfleisch das Unheil von dir fern-
halten, so daß du dann jubeln könntest? 16 Einen
üppigen Ölbaum von schöner Gestalt hatte der
Herr dich genannt. Wenn der gewaltige (Kriegs-)
Lärm ertönt, legt er Feuer an ihn, so daß seine
Zweige häßlich werden. 17 Der Herr der Heere, der
dich pflanzte, hat Unheil über dich verhängt we-
gen der bösen Taten, die das Haus Israel und das
Haus Juda verübten; dem Baal opferten sie, um
mich zu erzürnen.

Die Mordpläne gegen Jeremia

18 Der Herr ließ es mich wissen, und so wußte ich
es; damals ließest du mich ihr Treiben durch-
schauen. 19 Ich selbst war wie ein zutrauliches
Lamm, das zum Schlachten geführt wird, und
ahnte nicht, daß sie gegen mich Böses planten:
Wir wollen den Baum im Saft verderben; wir wol-
len ihn ausrotten aus dem Land der Lebenden, so
daß man seinen Namen nicht mehr erwähnt.
20 Aber der Herr der Heere richtet gerecht, er prüft
Herz und Nieren. Ich werde sehen, wie du Rache
an ihnen nimmst; denn dir habe ich meine Sache
anvertraut. 21 Darum – so spricht der Herr gegen
die Leute von Anatot, die mir nach dem Leben
trachten und sagen: Du darfst nicht als Prophet im
Namen des Herrn auftreten, wenn du nicht durch
unsere Hand sterben willst. 22 Darum – so spricht

der Herr der Heere: Seht, ich werde sie zur Re-
chenschaft ziehen. Die jungen Männer sterben
durchs Schwert, ihre Söhne und Töchter sterben
vor Hunger. [23] So wird den Leuten von Anatot
kein Rest mehr bleiben, wenn ich Unheil über sie
bringe, das Jahr ihrer Bestrafung.

Der Prophet in seelischer Not

12 Du bleibst im Recht, Herr, wenn ich mit
dir streite; / dennoch muß ich mit dir
rechten.
Warum haben die Frevler Erfolg, / weshalb kön-
nen alle Abtrünnigen sorglos sein?
[2] Du hast sie eingepflanzt, und sie schlagen Wur-
zel, / sie wachsen heran und bringen auch Frucht.
Nur ihrem Mund bist du nah, / ihrem Herzen
aber fern.
[3] Du jedoch, Herr, kennst und durchschaust
mich; / du hast mein Herz erprobt / und weißt,
daß es an dir hängt.
Raff sie weg wie Schafe zum Schlachten, / son-
dere sie aus für den Tag des Mordens!
[4] Wie lange noch soll das Land vertrocknen, /
das Grün auf allen Feldern verdorren?
Weil seine Bewohner Böses tun, / schwinden
Vieh und Vögel dahin. / Denn sie denken: Er
sieht unsre Zukunft nicht. –
[5] Wenn schon der Wettlauf mit Fußgängern dich
ermüdet, / wie willst du mit Pferden um die
Wette laufen?
Wenn du nur im friedlichen Land dich sicher
fühlst, / wie wirst du dich verhalten / im Dickicht
des Jordan?
[6] Selbst deine Brüder und das Haus deines Va-
ters / handeln treulos an dir; / auch sie schreien
laut hinter dir her.
Trau ihnen nicht, / selbst wenn sie freundlich
mit dir reden.

Die Klage Gottes über sein Land

[7] Ich verlasse mein Haus, / ich verstoße mein Erb-
teil.
Meinen Herzensliebling gebe ich preis / in die
Hand seiner Feinde.
[8] Mein Erbteil wandte sich gegen mich / wie ein
Löwe im Wald.
Es erhob gegen mich seine Stimme; / deshalb
bin ich ihm feind.
[9] Ist mir mein Erbteil zur Höhle einer Hyäne ge-
worden, / daß Raubvögel es umlagern?
Auf, sammelt euch, alle Tiere des Feldes, /
kommt zum Fraß!
[10] Hirten in großer Zahl / haben meinen Wein-
berg verwüstet,
mein Feld zertreten, / mein prächtiges Feld zur
öden Wüste gemacht.
[11] Man hat es in dürres Ödland verwandelt, /
verwüstet liegt es vor mir.
Das ganze Land ist verödet, / doch keiner
nimmt sich das zu Herzen.
[12] Über alle Hügel der Steppe drangen Verderber
ein; / denn das Schwert des Herrn frißt von
einem Ende des Landes zum andern. / Kein
Mensch bleibt unversehrt.
[13] Sie haben Weizen gesät und Dornen geerntet, /
sie haben sich abgemüht, doch ohne Ertrag.
Enttäuscht sind sie von ihrer Ernte; / (sie ist ver-
nichtet) durch den glühenden Zorn des Herrn.

Gericht oder Heil für die Nachbarn

[14] So spricht der Herr: Alle meine bösen Nachbarn,
die das Erbteil antasten, das ich meinem Volk Israel
zum Erbe gegeben habe, fürwahr, ich reiße sie von
ihrem Boden weg; doch auch das Haus Juda reiße
ich aus ihrer Mitte. [15] Aber nachdem ich sie wegge-
rissen habe, will ich mich ihrer wieder erbarmen
und sie zurückbringen, einen jeden in sein Erbteil
und in seine Heimat. [16] Lernen sie dann die rechte
Lebensweise meines Volkes, so daß sie bei mei-
nem Namen schwören: So wahr der Herr lebt!,
wie sie vorher mein Volk gelehrt hatten, beim Baal
zu schwören, dann sollen sie inmitten meines
Volkes wiederhergestellt werden. [17] Gehorchen sie
jedoch nicht, so werde ich dieses Volk völlig aus-
reißen und vernichten – Spruch des Herrn.

Gottes Strafe im Gleichnis

13 So hat der Herr zu mir gesagt: Geh, kauf
dir einen leinenen Gürtel, und leg ihn dir
um die Hüften, aber tauch ihn nicht ins Wasser!
[2] Da kaufte ich, wie der Herr mir aufgetragen
hatte, den Gürtel und legte ihn mir um die Hüften.
[3] Nun erging das Wort des Herrn zum zweitenmal
an mich; er sagte: [4] Nimm den gekauften Gürtel,
den du um die Hüften trägst, mach dich auf den
Weg an den Eufrat, und verbirg ihn dort in einer
Felsspalte! [5] Ich ging hin und verbarg ihn am
Eufrat, wie mir der Herr befohlen hatte. [6] Nach
längerer Zeit sprach der Herr zu mir: Mach dich
auf den Weg an den Eufrat, und hol den Gürtel

zurück, den du dort auf meinen Befehl hin ver-
borgen hast. 7 Da ging ich zum Eufrat, suchte den
Gürtel und holte ihn von der Stelle, wo ich ihn
verborgen hatte. Doch der Gürtel war verdorben,
zu nichts mehr zu gebrauchen. 8 Nun erging das
Wort des Herrn an mich: 9 So spricht der Herr:
Ebenso verderbe ich die stolze Pracht Judas und
Jerusalems, wie groß sie auch sei. 10 Dieses böse
Volk weigert sich, auf meine Worte zu hören, es
folgt dem Trieb seines Herzens und läuft anderen
Göttern nach, um ihnen zu dienen und sie anzu-
beten; es soll daher wie dieser Gürtel werden, der
zu nichts mehr zu gebrauchen ist. 11 Denn wie
sich der Gürtel den Hüften des Mannes an-
schmiegt, so wollte ich, daß sich das ganze Haus
Juda mir anschmiegte – Spruch des Herrn –, da-
mit es mein Volk und mein Ruhm, mein Preis und
mein Schmuck wäre. Sie aber haben nicht ge-
horcht. 12 Du sollst ihnen das folgende Wort aus-
richten: So spricht der Herr, der Gott Israels: Jeden
Krug kann man mit Wein füllen. Wenn sie dir dar-
auf erwidern: Wissen wir nicht selbst, daß man
jeden Krug mit Wein füllen kann?, 13 dann sollst du
ihnen antworten: So spricht der Herr: Seht, ich
fülle alle Bewohner dieses Landes mit Trunken-
heit, die Könige, die auf Davids Thron sitzen, die
Priester, die Propheten und alle Einwohner Jeru-
salems. 14 Ich zerschmettere sie, den einen am an-
dern, Väter und Söhne zugleich – Spruch des
Herrn. Keine Schonung, kein Mitleid und kein Er-
barmen hält mich ab, sie zu vernichten.

Die Warnung vor Hochmut

15 Hört und merkt auf! / Seid nicht hochmütig;
denn der Herr redet.
16 Erweist dem Herrn, eurem Gott, die Ehre, / be-
vor es dunkel wird, / bevor eure Füße straucheln
auf dämmrigen Bergen.
Wartet ihr dann auf das Licht – / er verwan-
delt es in Finsternis / und macht es zur Dunkel-
heit.
17 Wenn ihr aber darauf nicht hört, / so muß ich
im Verborgenen weinen über den Hochmut,
und mein Auge muß ohne Unterlaß Tränen
vergießen, / da die Herde des Herrn weggeführt
wird.

Die drohende Wegführung

18 Sag zum König und zur Herrin: / Setzt euch tief
hinunter;
denn eure prächtige Krone / sinkt euch vom
Haupt.
19 Die Städte im Negeb sind verschlossen, / und
niemand kann sie öffnen. / Weggeführt wird ganz
Juda, vollständig weggeführt.

Die Schändung Jerusalems

20 Blick auf [Jerusalem], / und schau, wie sie kom-
men vom Norden!
Wo bleibt da die Herde, / die dir anvertraut war, /
deine prächtigen Schafe?
21 Was wirst du sagen, / wenn man die Freunde,
die du selbst an dich gewöhnt hast, / als Herren
über dich setzt?
Werden dich nicht Wehen ergreifen / wie eine
gebärende Frau?
22 Und wenn du dich fragst: / Warum hat mich
das alles getroffen?,
so wisse: Wegen deiner großen Schuld wird
deine Schleppe aufgehoben / und dein Leib ver-
gewaltigt.
23 Ändert wohl ein Neger seine Hautfarbe / oder
ein Leopard seine Flecken?
Dann könntet auch ihr euch noch bessern, / die
ihr ans Böse gewöhnt seid.
24 So aber zerstreue ich euch wie Spreu, / die ver-
fliegt, wenn der Wüstenwind weht.
25 Das ist dein Los, dein Lohn, / von mir dir zu-
gemessen – Spruch des Herrn –,
weil du mich vergessen / und dich auf Lügen
verlassen hast.
26 Nun hebe auch ich deine Schleppe auf, / bis
über dein Gesicht, / so daß deine Schande offen-
bar wird,
27 deine Ehebrüche, dein geiles Wiehern, / deine
schändliche Unzucht.
Auf den Hügeln und auf dem Feld / habe ich
deine Greuel gesehen.
Weh dir, Jerusalem, / weil du dich nicht rei-
nigst – / wie lange noch?

Die große Dürre

14 Das Wort des Herrn erging an Jeremia
wegen der großen Dürre:
2 Juda ist ausgedörrt; / seine Tore verfallen,
sie sinken trauernd zu Boden, / und Jerusalems
Klageschrei steigt empor.
3 Die Vornehmen schicken ihre Diener nach Was-
ser; / sie kommen zu den Brunnen, / finden aber
kein Wasser;

◁ 44 | *Da ließ er ihn schlagen und in den Block spannen (Jer 20)*

sie kehren mit leeren Krügen zurück. / [Sie sind
bestürzt und enttäuscht / und verhüllen ihr Haupt.]
4 Die Bauern sind um den Ackerboden besorgt; /
denn es fiel kein Regen im Land.
Sie sind bestürzt / und verhüllen ihr Haupt.
5 Selbst die Hirschkuh im Feld / läßt ihr Junges
im Stich, / weil kein Grün mehr da ist.
6 Die Wildesel stehen auf den kahlen Höhen; /
sie schnappen nach Luft wie Schakale.
Ihre Augen erlöschen; / denn nirgends ist Gras.
7 Unsre Sünden klagen uns an. / Doch um dei-
nes Namens willen handle, o Herr!
Ja, zahlreich sind unsre Vergehen; / gegen dich
haben wir gesündigt.
8 Du, Israels Hoffnung, / sein Retter zur Zeit der
Not,
warum bist du wie ein Fremder im Land und
wie ein Wanderer, / der nur über Nacht einkehrt?
9 Warum bist du wie ein ratloser Mann, / wie ein
Krieger, der nicht zu siegen vermag?
Du bist doch in unsrer Mitte, Herr, / und dein
Name ist über uns ausgerufen. / Verlaß uns nicht!

Von Gott verworfen

10 So spricht der Herr von diesem Volk: Haltlos hin
und her zu schweifen, das lieben sie; ihren Füßen
gönnen sie keine Ruhe. Doch der Herr hat kein Ge-
fallen an ihnen. Jetzt denkt er an ihre Schuld und
straft ihre Sünden. 11 Und der Herr sprach zu mir:
Bete nicht um das Wohlergehen dieses Volkes!
12 Auch wenn sie fasten, höre ich nicht auf ihr Fle-
hen; wenn sie Brandopfer und Speiseopfer dar-
bringen, habe ich kein Gefallen an ihnen. Durch
Schwert, Hunger und Pest mache ich ihnen ein
Ende. 13 Da sagte ich: Ach, Herr und Gott, die Pro-
pheten sagen doch zu ihnen: Ihr werdet das
Schwert nicht sehen, der Hunger wird nicht über
euch kommen, sondern beständiges Heil gewähre
ich euch an diesem Ort. 14 Aber der Herr erwiderte
mir: Lüge ist, was die Propheten in meinem Na-
men verkünden. Ich habe sie weder gesandt noch
beauftragt, ich habe nicht zu ihnen gesprochen. Er-
logene Visionen, leere Wahrsagerei und selbster-
dachten Betrug verkünden sie euch. 15 Darum spre-
che ich, der Herr, so gegen die Propheten, die in
meinem Namen weissagen, obwohl ich sie nicht
gesandt habe, und die behaupten, Schwert und
Hunger werde es nicht geben in diesem Land:
Durch Schwert und Hunger werden diese Prophe-
ten enden. 16 Die Leute aber, denen sie weissagen,
werden auf den Straßen Jerusalems liegen, hinge-
streckt durch Hunger und Schwert. Niemand wird
sie begraben, sie, ihre Frauen, Söhne und Töchter.
So gieße ich das verdiente Unheil über sie aus.
17 Du sollst zu ihnen dieses Wort sagen:
Meine Augen fließen über von Tränen / bei Tag
und bei Nacht / und finden keine Ruhe.
Denn großes Verderben brach herein / über die
Jungfrau, die Tochter, mein Volk, / eine unheil-
bare Wunde.
18 Gehe ich aufs Feld hinaus – / seht, vom
Schwert Durchbohrte!
Komme ich in die Stadt – / seht, vom Hunger
Gequälte!
Ja, auch Propheten und Priester werden ver-
schleppt / in ein Land, das sie nicht kennen.

Die Klage des Volkes

19 Hast du denn Juda ganz verworfen, / wurde dir
Zion zum Abscheu?
Warum hast du uns so geschlagen, / daß es für
uns keine Heilung mehr gibt?
Wir hofften auf Heil, / doch kommt nichts Gutes,
auf die Zeit der Heilung, / doch ach, nur Schrek-
ken!
20 Wir erkennen, Herr, unser Unrecht, / die
Schuld unsrer Väter: / Ja, wir haben gegen dich
gesündigt.
21 Um deines Namens willen verschmäh nicht, /
verstoß nicht den Thron deiner Herrlichkeit!
Gedenke deines Bundes mit uns, / und löse ihn
nicht!
22 Gibt es etwa Regenspender / unter den Göt-
zen der Völker?
Oder ist es der Himmel, der von selbst regnen
läßt? / Bist nicht du es, Herr, unser Gott?
Wir setzen unsre Hoffnung auf dich; / denn du
hast dies alles gemacht.

Das unabänderliche Strafgericht

15 Doch der Herr sprach zu mir: Selbst
wenn Mose und Samuel vor mein Ange-
sicht träten, würde sich mein Herz diesem Volk
nicht mehr zuneigen. Schaff sie mir aus den Au-
gen, sie sollen gehen. 2 Fragen sie dich dann: Wo-
hin sollen wir gehen?, so sag ihnen: So spricht der
Herr: Wer der Pest verfallen ist, zur Pest! Wer dem
Schwert, zum Schwert! Wer dem Hunger, zum
Hunger! Wer der Gefangenschaft, zur Gefangen-
schaft! 3 Vier Plagen biete ich gegen sie auf –

Spruch des Herrn: Das Schwert zum Morden, die
Hunde zum Fortschleifen, die Vögel des Himmels
und die Tiere des Feldes zum Fressen und Vertil-
gen. 4 Ich mache sie zu einem Bild des Schreckens
für alle Reiche der Erde wegen des Manasse, des
Sohnes Hiskijas, des Königs von Juda, zur Strafe
für das, was er in Jerusalem verübt hat.

Jerusalems Ende

5 Wer wird mit dir, Jerusalem, Mitleid haben, /
und wer wird dich bedauern?
Wer wird kommen, / um nach deinem Ergehen
zu fragen?
6 Du selbst hast mich verworfen – Spruch des
Herrn – / du hast mir den Rücken gekehrt.
Deshalb streckte ich meine Hand gegen dich
aus / und zerstörte dich; / ich bin der Nachsicht
müde geworden.
7 Die Bewohner habe ich mit der Schaufel ge-
worfelt / auf den freien Plätzen des Landes.
Ich habe mein Volk kinderlos gemacht / und es
dem Untergang geweiht,
weil es von seinen schlimmen Wegen / nicht
umkehren wollte.
8 Seine Witwen wurden zahlreicher / als der
Sand am Meer;
ich brachte über sie [die Mütter der jungen Män-
ner] / am hellen Mittag den Verwüster,
ließ jählings auf sie fallen / Angst und Schrek-
ken.
9 Die Mutter, die sieben Söhne gebar, / welkte
dahin, verhauchte ihr Leben.
Ihr sank die Sonne mitten am Tag, / sie fiel in
Schande und Schmach.
Den Rest des Volkes gebe ich dem Schwerte
preis / vor den Augen seiner Feinde – Spruch des
Herrn.

Die Klage des Propheten

10 Weh mir, Mutter, daß du mich geboren hast, / ei-
nen Mann, der mit aller Welt in Zank und Streit liegt.
Ich bin niemands Gläubiger und niemands
Schuldner, / und doch fluchen mir alle.
11 Fürwahr, Herr, ich habe dir mit gutem Willen ge-
dient, / ich bin für den Feind bei dir eingetreten /
zur Zeit des Unheils und der Bedrängnis.
12 [Kann man Eisen zertrümmern, / Eisen vom
Norden, und Kupfer?
13 Dein Vermögen und deine Schätze / gebe ich
zur Plünderung preis
als Lohn für all deine Sünden / in deinem
ganzen Gebiet.
14 Ich mache dich zum Sklaven deiner Feinde /
in einem Land, das du nicht kennst.
Denn Feuer lodert auf in meinem Zorn, / gegen
euch ist es entbrannt.]
15 Du weißt es, Herr; denk an mich, / und nimm
dich meiner an! Nimm für mich Rache an meinen
Verfolgern!
Raff mich nicht hinweg, / sondern schieb dei-
nen Zorn hinaus! / Bedenke, daß ich deinetwillen
Schmach erleide.
16 Kamen Worte von dir, / so verschlang ich sie; /
dein Wort war mir Glück und Herzensfreude;
denn dein Name ist über mir ausgerufen, / Herr,
Gott der Heere.
17 Ich sitze nicht heiter im Kreis der Fröhlichen; /
von deiner Hand gepackt, sitze ich einsam; / denn
du hast mich mit Groll angefüllt.
18 Warum dauert mein Leiden ewig / und ist
meine Wunde so bösartig, / daß sie nicht heilen
will?
Wie ein versiegender Bach / bist du mir gewor-
den, / ein unzuverlässiges Wasser.
19 Darum – so spricht der Herr:
Wenn du umkehrst, lasse ich dich umkehren, /
dann darfst du wieder vor mir stehen.
Redest du Edles und nicht Gemeines, / dann
darfst du mir wieder Mund sein.
Jene sollen sich dir zuwenden, / du aber wende
dich ihnen nicht zu.
20 Dann mache ich dich für dieses Volk / zur
festen, ehernen Mauer.
Mögen sie dich bekämpfen, / sie werden dich
nicht bezwingen;
denn ich bin mit dir, / um dir zu helfen und dich
zu retten / – Spruch des Herrn.
21 Ja, ich rette dich aus der Hand der Bösen, / ich
befreie dich aus der Faust der Tyrannen.

Jeremias Einsamkeit – ein Zeichen für Israel

16 Das Wort des Herrn erging an mich: 2 Du
sollst dir keine Frau nehmen und weder
Söhne noch Töchter haben an diesem Ort. 3 Denn
so spricht der Herr über die Söhne und Töchter, die
an diesem Ort geboren werden, über ihre Mütter,
die sie gebären, und über ihre Väter, die sie zeugen
in diesem Land: 4 Eines qualvollen Todes müssen
sie sterben; man wird sie nicht beklagen und nicht
begraben; sie werden zum Dünger auf dem Acker.

Durch Schwert und Hunger kommen sie um; ihre
Leichen werden zum Fraß für die Vögel des Him-
mels und die Tiere des Feldes. 5 Ja, so hat der Herr
gesprochen: Betritt kein Trauerhaus, geh nicht zur
Totenklage, und bezeig niemandem Beileid! Denn
ich habe diesem Volk mein Heil entzogen – Spruch
des Herrn –, die Güte und das Erbarmen. 6 Groß
und klein muß sterben in diesem Land; man wird
sie nicht begraben und nicht beklagen. Niemand
ritzt sich ihretwegen wund oder schert sich kahl.
7 Keinem wird man das Trauerbrot brechen, um
ihn wegen eines Verstorbenen zu trösten; man
wird ihm nicht den Trostbecher reichen wegen
seines Vaters oder seiner Mutter. 8 Auch ein Haus,
in dem ein Gastmahl stattfindet, sollst du nicht be-
treten, um mit den Leuten bei Speise und Trank zu
sitzen. 9 Denn so spricht der Herr der Heere, der
Gott Israels: Seht, verstummen lasse ich an diesem
Ort, vor euren Augen und in euren Tagen, Jubelruf
und Freudenruf, den Ruf des Bräutigams und den
Ruf der Braut.

Die Gründe für das Gericht

10 Wenn du nun diesem Volk das alles verkündest
und man dich fragt: Warum droht der Herr uns all
dieses schwere Unheil an? Worin besteht unsre
Schuld, und welche Sünde haben wir gegen den
Herrn, unsern Gott, begangen?, 11 so antworte ih-
nen: Eure Väter haben mich verlassen – Spruch
des Herrn; sie liefen anderen Göttern nach, dien-
ten ihnen und beteten sie an. Mich aber haben sie
verlassen und meine Weisung nicht befolgt. 12 Ihr
selbst aber habt es noch schlimmer getrieben als
eure Väter. Seht, jeder von euch folgt dem Trieb
seines bösen Herzens, ohne auf mich zu hören.
13 Darum schleudere ich euch aus diesem Land
hinaus, in das Land, das euch und euren Vätern
unbekannt war. Dort mögt ihr anderen Göttern
dienen Tag und Nacht; ich aber werde euch keine
Gnade mehr schenken. [14 Darum seht, es werden
Tage kommen – Spruch des Herrn –, da sagt man
nicht mehr: So wahr der Herr lebt, der die Söhne
Israels aus Ägypten heraufgeführt hat!, 15 sondern:
So wahr der Herr lebt, der die Söhne Israels aus
dem Nordland und aus allen Ländern, in die er sie
verstoßen hatte, heraufgeführt hat. Ich bringe sie
zurück in ihr Heimatland, das ich ihren Vätern ge-
geben habe.]
16 Seht, ich hole viele Fischer – Spruch des
Herrn –, die sollen sie fangen; dann hole ich viele
Jäger, die sollen sie erlegen auf jedem Berg und
Hügel und in den Felsenklüften. 17 Denn meine
Augen sehen alle ihre Wege; sie können sich vor
mir nicht verstecken, und ihre Schuld ist vor mei-
nen Augen nicht verborgen. 18 So vergelte ich
zunächst nach dem Maß ihrer Schuld und Sünde,
weil sie mein Land durch das Aas ihrer Scheusale
entweiht und mein Erbteil mit ihren abscheuli-
chen Götzen angefüllt haben.

Die Bekehrung der Völker

19 Herr, meine Kraft und meine Burg, / meine Zu-
flucht am Tag der Not!
Zu dir kommen Völker von den Enden der Erde /
und sagen: Nur Trug besaßen unsre Väter, / Wahn-
gebilde, die nichts nützen.
20 Kann ein Mensch sich Götter machen? / Das
sind doch keine Götter.
21 Darum seht, ich bringe sie zur Erkenntnis; / ja,
diesmal bringe ich sie zur Erkenntnis meiner
Macht und meiner Gewalt,
und sie werden erkennen: / Mein Name ist
Jahwe, der Herr.

Judas Sünde und Strafe

17 Judas Sünde ist aufgeschrieben mit eiser-
nem Griffel, / mit diamantenem Stift ein-
gegraben
in die Tafel ihres Herzens / und in die Hörner ih-
rer Altäre,
2 damit auch ihre Söhne noch denken an
ihre Altäre und Kultpfähle / bei den üppigen
Bäumen und auf den hohen Hügeln des Berg-
lands.
3 Dein Vermögen und alle deine Schätze / gebe
ich zur Plünderung preis
als Lohn für all deine Sünden / in deinem
ganzen Gebiet.
4 Du mußt von deinem Erbteil lassen, / das ich
dir gegeben habe.
Ich mache dich zum Sklaven deiner Feinde / in
einem Land, das du nicht kennst.
Denn Feuer lodert auf in meinem Zorn, / für im-
mer ist es entbrannt.

Fluch oder Segen

5 [So spricht der Herr:]
Verflucht der Mann, der auf Menschen vertraut, /
auf schwaches Fleisch sich stützt, / und dessen
Herz sich abwendet vom Herrn.

6 Er ist wie ein kahler Strauch in der Steppe, / der
nie einen Regen kommen sieht;
er bleibt auf dürrem Wüstenboden, / im salzi-
gen Land, wo niemand wohnt.
7 Gesegnet der Mann, der auf den Herrn sich ver-
läßt / und dessen Hoffnung der Herr ist.
8 Er ist wie ein Baum, der am Wasser gepflanzt
ist / und am Bach seine Wurzeln ausstreckt:
Er hat nichts zu fürchten, wenn Hitze kommt; /
seine Blätter bleiben grün;
auch in einem trockenen Jahr ist er ohne Sorge, /
unablässig bringt er seine Früchte.

Weisheitssprüche

9 Arglistig ohnegleichen ist das Herz und unver-
besserlich. / Wer kann es ergründen?
10 Ich, der Herr, erforsche das Herz / und prüfe
die Nieren,
um jedem zu vergelten, wie es sein Verhalten
verdient, / entsprechend der Frucht seiner Taten.
11 Wie ein Rebhuhn, das ausbrütet, / was es
nicht gelegt hat,
so ist ein Mensch, / der Reichtum durch Un-
recht erwirbt.
In der Mitte seiner Tage muß er ihn verlassen, /
und am Ende steht er als Narr da.

Das Gebet des verfolgten Propheten

12 Ein Thron der Herrlichkeit, erhaben von Anbe-
ginn, / ist die Stätte unsres Heiligtums.
13 Du Hoffnung Israels, Herr! / Alle, die dich ver-
lassen, werden zuschanden,
die sich von dir abwenden, / werden in den
Staub geschrieben;
denn sie haben den Herrn verlassen, / den
Quell lebendigen Wassers.
14 Heile mich, Herr, so bin ich heil, / hilf mir, so
ist mir geholfen; / ja, mein Lobpreis bist du.
15 Jene sagen zu mir: / Wo bleibt denn das Wort
des Herrn? / Soll es doch eintreffen!
16 Ich aber habe dich nie gedrängt wegen des Un-
heils / und habe den Unglückstag nicht herbei-
gewünscht.
Du weißt es selbst; / was mir über die Lippen
kam, / liegt dir offen vor Augen.
17 Werde nicht zum Schrecken für mich, / du
meine Zuflucht am Tag des Unheils!
18 Meine Verfolger sollen zuschanden werden, /
nicht aber ich.
Sie sollen erschrecken, / nicht aber ich.
Bring über sie den Tag des Unheils, / zerbrich sie
im verdienten Zusammenbruch!

Die Sabbatheiligung

19 So sprach der Herr zu mir: Geh und stell dich in
das Tor der Söhne des Volkes, durch das die Kö-
nige von Juda aus- und einziehen, und in alle Tore
Jerusalems.
20 Sag zu ihnen: Hört das Wort des
Herrn, ihr Könige von Juda, ganz Juda und alle
Einwohner Jerusalems, die ihr durch diese Tore
kommt.
21 So spricht der Herr: Hütet euch um eu-
res Lebens willen, am Tag des Sabbats eine Last
zu tragen und durch die Tore Jerusalems herein-
zubringen.
22 Auch dürft ihr am Sabbat keine Last
aus euren Häusern hinaustragen und keinerlei
Arbeit verrichten. Vielmehr sollt ihr den Sabbat
heiligen, wie ich es euren Vätern geboten habe.
23 Doch sie haben nicht gehört und ihr Ohr mir
nicht zugeneigt, sondern ihren Nacken versteift,
ohne zu gehorchen und ohne Zucht anzuneh-
men.
24 Ihr aber, wenn ihr bereitwillig auf mich
hört – Spruch des Herrn – und am Sabbat keine
Last durch die Tore dieser Stadt bringt, sondern
den Sabbat heiligt und an ihm keinerlei Arbeit
verrichtet,
25 dann werden durch die Tore dieser
Stadt Könige einziehen, die auf dem Thron Da-
vids sitzen; mit Wagen und Rossen werden sie
fahren, sie und ihre Beamten, die Männer von
Juda und die Einwohner Jerusalems, und diese
Stadt wird für immer bewohnt sein.
26 Dann kom-
men von den Städten Judas und aus der Umge-
bung Jerusalems, vom Land Benjamin, von der
Schefela, vom Gebirge und vom Negeb her Wall-
fahrer, die Brandopfer, Schlachtopfer und Spei-
seopfer samt Weihrauch bringen; auch Dankopfer
bringen sie dar im Haus des Herrn.
27 Wenn ihr
aber nicht auf mein Gebot hört, den Sabbat zu hei-
ligen, keine Last zu tragen und am Sabbat durch
die Tore Jerusalems zu bringen, dann lege ich
Feuer an seine Tore, das Jerusalems Paläste ver-
zehrt und nie mehr erlischt.

Das Gleichnis vom Töpfer

18 Das Wort, das vom Herrn an Jeremia er-
ging:
2 Mach dich auf, und geh zum Haus
des Töpfers hinab! Dort will ich dir meine Worte
mitteilen.
3 So ging ich zum Haus des Töpfers hin-
ab. Er arbeitete gerade mit der Töpferscheibe.
4 Mißriet das Gefäß, das er in Arbeit hatte, wie es
beim Ton in der Hand des Töpfers vorkommen

kann, so machte der Töpfer daraus wieder ein anderes Gefäß, ganz wie es ihm gefiel. 5 Da erging an mich das Wort des Herrn: 6 Kann ich nicht mit euch verfahren wie dieser Töpfer, Haus Israel? – Spruch des Herrn. Seht, wie der Ton in der Hand des Töpfers, so seid ihr in meiner Hand, Haus Israel. 7 Bald drohe ich einem Volk oder einem Reich, es auszureißen, niederzureißen und zu vernichten. 8 Kehrt aber das Volk, dem ich gedroht habe, um von seinem bösen Tun, so reut mich das Unheil, das ich ihm zugedacht hatte. 9 Bald sage ich einem Volk oder einem Reich zu, es aufzubauen und einzupflanzen. 10 Tut es aber dann, was mir mißfällt, und hört es nicht auf meine Stimme, so reut mich das Gute, das ich ihm zugesagt habe. 11 Und nun sag zu den Leuten von Juda und zu den Einwohnern Jerusalems: So spricht der Herr: Seht, ich bereite Unheil gegen euch vor und fasse einen Plan gegen euch. Kehrt doch um, ein jeder von seinem bösen Weg, und bessert euer Verhalten und euer Tun! 12 Aber sie werden sagen: Vergebliche Mühe! Wir wollen unseren eigenen Plänen folgen, und jeder von uns will nach dem Trieb seines bösen Herzens handeln. 13 Deshalb spricht der Herr: Fragt unter den Völkern, wer je Ähnliches gehört hat. Ganz Abscheuliches hat die Jungfrau Israel getan. 14 Weicht denn das Felsgestein von der Landschaft, der Schnee vom Libanon, oder versiegen immerströmende Wasser, sprudelnde Quellen? 15 Mein Volk aber hat mich vergessen; nichtigen Götzen bringt es Opfer dar. Doch ich lasse sie straucheln auf ihren Wegen, den altgewohnten Bahnen, so daß sie auf ungebahnten Pfaden gehen müssen. 16 Ich will ihr Land zu einem Ort des Entsetzens machen, zum Gespött für immer. Jeder, der dort vorbeikommt, wird sich entsetzen und den Kopf schütteln. 17 Wie der Ostwind zerstreue ich sie vor dem Feind. Ich zeige ihnen den Rücken und nicht das Gesicht am Tag ihres Verderbens.

Die Bitte um Bestrafung der Gegner

18 Sie aber sagten: / Kommt, laßt uns gegen Jeremia Pläne schmieden!
Denn nie wird dem Priester die Weisung ausgehen, / dem Weisen der Rat und dem Propheten das Wort.
Kommt, wir wollen ihn mit seinen eigenen Worten schlagen / und achtgeben auf alles, was er sagt.

19 Gib du, Herr, acht auf mich, / und höre das Gerede meiner Widersacher!
20 Darf man denn Gutes mit Bösem vergelten? / [Denn sie haben (mir) eine Grube gegraben.]
Denk daran, wie ich vor dir stand, / um zu ihren Gunsten zu sprechen / und deinen Zorn von ihnen abzuwenden.
21 Darum gib ihre Kinder dem Hunger preis, / und liefere sie der Gewalt des Schwertes aus!
Ihre Frauen sollen der Kinder beraubt / und zu Witwen werden,
ihre Männer töte die Pest, / ihre jungen Männer erschlage das Schwert in der Schlacht.
22 Geschrei soll man hören aus ihren Häusern, / wenn du plötzlich plündernde Horden über sie kommen läßt.
Denn sie haben (mir) eine Grube gegraben, um mich zu fangen; / meinen Füßen haben sie Schlingen gelegt.
23 Du aber, Herr, / du kennst all ihre Mordpläne gegen mich.
Nimm für ihre Schuld keine Sühne an, / lösch bei dir ihre Sünde nicht aus!
Laß sie zu Fall kommen vor deinen Augen, / handle an ihnen zur Zeit deines Zorns!

Drohreden und ihre Folgen

19 Der Herr sprach zu mir: Geh und kauf dir einen irdenen Krug, und nimm einige Älteste des Volkes und der Priester mit dir! 2 Dann geh hinaus zum Tal Ben-Hinnom am Eingang des Scherbentors! Dort verkünde die Worte, die ich dir sage. 3 Du sollst sagen: Hört das Wort des Herrn, ihr Könige und ihr Einwohner Jerusalems! So spricht der Herr der Heere, der Gott Israels: Seht, ich bringe solches Unheil über diesen Ort, daß jedem, der davon hört, die Ohren gellen. 4 Denn sie haben mich verlassen, mir diesen Ort entfremdet und an ihm anderen Göttern geopfert, die ihnen, ihren Vätern und den Königen von Juda früher unbekannt waren. Mit dem Blut Unschuldiger haben sie diesen Ort angefüllt. 5 Sie haben dem Baal eine Kulthöhe gebaut, um ihre Söhne als Brandopfer für den Baal im Feuer zu verbrennen, was ich nie befohlen oder angeordnet habe und was mir niemals in den Sinn gekommen ist. 6 Seht, darum werden Tage kommen – Spruch des Herrn –, da wird man diesen Ort nicht mehr Tofet oder Tal Ben-Hinnom nennen, sondern Mordtal. 7 Dann vereitle ich die Pläne Judas und Jerusalems

an diesem Ort. Ich bringe sie vor den Augen ihrer
Feinde durch das Schwert zu Fall und durch die
Hand derer, die ihnen nach dem Leben trachten.
Ich gebe ihre Leichen den Vögeln des Himmels
und den Tieren des Feldes zum Fraß. 8 Ich mache
diese Stadt zu einem Ort des Entsetzens und zum
Gespött; jeder, der dort vorbeikommt, wird sich
entsetzen und spotten über alle Schläge, die sie
getroffen haben. 9 Ich gebe ihnen das Fleisch ihrer
Söhne und Töchter zu essen; einer wird das
Fleisch des andern verzehren in der Not und Be-
drängnis, mit der ihre Feinde und alle, die ihnen
nach dem Leben trachten, sie bedrängen. –
10 Dann zerbrich den Krug vor den Augen der
Männer, die mit dir gehen. 11 Sag ihnen: So spricht
der Herr der Heere: Ebenso zerbreche ich dieses
Volk und diese Stadt, wie man Töpfergeschirr zer-
bricht, so daß es nie wieder heil werden kann. Im
Tofet wird man Tote bestatten, weil sonst kein
Platz ist zum Begraben. 12 So werde ich mit diesem
Ort verfahren – Spruch des Herrn – und mit sei-
nen Bewohnern, um diese Stadt dem Tofet gleich-
zumachen. 13 Die Häuser Jerusalems und die Häu-
ser der Könige von Juda sollen unrein werden wie
der Ort des Tofet, alle Häuser, auf deren Dächern
man dem ganzen Heer des Himmels Rauchopfer
und anderen Göttern Trankopfer dargebracht
hat. – 14 Als nun Jeremia vom Tofet zurückkam,
wohin der Herr ihn zum Weissagen gesandt hatte,
begab er sich in den Vorhof beim Haus des Herrn
und sagte zu allem Volk: 15 So spricht der Herr der
Heere, der Gott Israels: Seht, ich bringe über diese
Stadt und über alle ihre Nachbarstädte all das Un-
heil, das ich ihr angedroht habe, weil sie ihren
Nacken versteift haben und nicht auf meine
Worte hören wollen.

20 Der Priester Paschhur, der Sohn des Im-
mer, der Oberaufseher im Haus des
Herrn, hörte, wie Jeremia diese prophetischen
Worte verkündete. 2 Da ließ Paschhur den Pro-
pheten Jeremia schlagen und in den Block span-
nen, der im oberen Benjamintor beim Haus des
Herrn war. 3 Als ihn Paschhur am nächsten Mor-
gen aus dem Block entließ, sagte Jeremia zu ihm:
Nicht mehr Paschhur nennt dich der Herr, son-
dern: »Grauen ringsum«. 4 Denn so spricht der
Herr: Ja, ich gebe dich dem Grauen preis, dich und
alle deine Freunde. Sie werden unter dem
Schwert ihrer Feinde fallen, und du mußt mit ei-
genen Augen zusehen. Ganz Juda aber gebe ich
in die Hand des Königs von Babel; er wird sie
nach Babel wegführen und mit dem Schwert er-
schlagen. 5 Auch allen Besitz dieser Stadt, all ihre
Habe, alles Kostbare und alle Schätze der Könige
von Juda gebe ich in die Hand ihrer Feinde; sie
werden alles rauben, wegschleppen und nach Ba-
bel bringen. 6 Du aber, Paschhur, und alle deine
Hausgenossen, ihr werdet in die Verbannung zie-
hen; nach Babel wirst du kommen, dort wirst du
sterben und dort begraben werden, du und alle
deine Freunde, denen du Lügen geweissagt hast.

Das Prophetenschicksal

7 Du hast mich betört, o Herr, / und ich ließ mich
betören; / du hast mich gepackt und überwältigt.
Zum Gespött bin ich geworden den ganzen Tag, /
ein jeder verhöhnt mich.
8 Ja, sooft ich rede, muß ich schreien, / »Gewalt
und Unterdrückung!« muß ich rufen.
Denn das Wort des Herrn bringt mir / den
ganzen Tag nur Spott und Hohn.
9 Sagte ich aber: Ich will nicht mehr an ihn den-
ken / und nicht mehr in seinem Namen spre-
chen!,
so war es mir, als brenne in meinem Herzen ein
Feuer, / eingeschlossen in meinem Innern.
Ich quälte mich, es auszuhalten, / und konnte
nicht;
10 hörte ich doch das Flüstern der Vielen: / Grauen
ringsum! Zeigt ihn an! / Wir wollen ihn anzeigen.
Meine nächsten Bekannten / warten alle dar-
auf, daß ich stürze:
Vielleicht läßt er sich betören, / daß wir ihm bei-
kommen können und uns an ihm rächen.
11 Doch der Herr steht mir bei wie ein gewaltiger
Held. / Darum straucheln meine Verfolger und
kommen nicht auf.
Sie werden schmählich zuschanden, / da sie
nichts erreichen, / in ewiger, unvergeßlicher
Schmach.
12 Aber der Herr der Heere prüft den Gerechten, /
er sieht Herz und Nieren.
Ich werde deine Rache an ihnen erleben; / denn
dir habe ich meine Sache anvertraut.
13 Singt dem Herrn, rühmt den Herrn; / denn er
rettet das Leben des Armen aus der Hand der
Übeltäter. –
14 Verflucht der Tag, an dem ich geboren wurde; /
der Tag, an dem meine Mutter mich gebar, / sei
nicht gesegnet.

15 Verflucht der Mann, / der meinem Vater die
frohe Kunde brachte:
Ein Kind, ein Knabe ist dir geboren!, / und ihn
damit hoch erfreute.
16 Jener Tag gleiche den Städten, / die der Herr
ohne Erbarmen zerstört hat.
Er höre Wehgeschrei am Morgen / und Kriegs-
lärm um die Mittagszeit,
17 weil er mich nicht sterben ließ im Mutterleib. /
So wäre meine Mutter mir zum Grab geworden, /
ihr Schoß auf ewig schwanger geblieben.
18 Warum denn kam ich hervor aus dem Mutter-
schoß, / um nur Mühsal und Kummer zu erleben /
und meine Tage in Schande zu beenden?

Der Beginn der Belagerung Jerusalems

21 Das Wort, das vom Herrn an Jeremia er-
ging, als König Zidkija den Paschhur, den
Sohn Malkijas, und den Priester Zefanja, den Sohn
Maasejas, zu ihm sandte mit dem Auftrag:
2 Befrag doch den Herrn für uns! Denn Nebukad-
nezzar, der König von Babel, führt gegen uns
Krieg; vielleicht handelt der Herr an uns wie bei all
seinen früheren Wundern, so daß Nebukadnezzar
von uns abziehen muß. 3 Jeremia aber antwortete
ihnen: Meldet Zidkija folgendes: 4 So spricht der
Herr, der Gott Israels: Fürwahr, ich drehe in eurer
Hand die Waffen um, mit denen ihr vor der Mauer
gegen den König von Babel und die Chaldäer, die
euch belagern, kämpft, und hole sie ins Innere die-
ser Stadt. 5 Ich selbst kämpfe gegen euch mit hoch
erhobener Hand und starkem Arm, mit Zorn,
Grimm und großem Groll. 6 Ich schlage die Ein-
wohner dieser Stadt, Mensch und Vieh; an schwe-
rer Pest sollen sie sterben. 7 Und danach – Spruch
des Herrn – liefere ich Zidkija, den König von Juda,
seine Diener und das Volk, das in dieser Stadt der
Pest, dem Schwert und dem Hunger entronnen ist,
der Hand Nebukadnezzars, des Königs von Babel,
aus, der Hand ihrer Feinde und der Hand derer, die
ihnen nach dem Leben trachten. Er wird sie mit
scharfem Schwert erschlagen, ohne Mitleid, ohne
Schonung, ohne Erbarmen.
8 Zu diesem Volk aber sollst du sagen: So spricht
der Herr: Seht, den Weg des Lebens und den Weg
des Todes stelle ich euch zur Wahl. 9 Wer in dieser
Stadt bleibt, der stirbt durch Schwert, Hunger und
Pest. Wer aber hinausgeht und sich den Chal-
däern, die euch belagern, ergibt, der wird überle-
ben und sein Leben wie ein Beutestück gewin-
nen. 10 Denn ich habe mein Angesicht gegen diese
Stadt gerichtet zu ihrem Unheil, nicht zu ihrem
Heil – Spruch des Herrn. Der Hand des Königs
von Babel wird sie ausgeliefert, und er wird sie
mit Feuer verbrennen.

Die Botschaft an die Regierung

11 An das Haus des Königs von Juda: / Hört das
Wort des Herrn, Haus David!
12 So spricht der Herr: / Haltet jeden Morgen ge-
rechtes Gericht!
Rettet den Ausgeplünderten / aus der Hand des
Gewalttäters!
Sonst bricht mein Zorn wie Feuer los; / er
brennt, und niemand kann löschen.
13 Nun gehe ich gegen dich vor, du Stadt, / die du
in der Mulde des Felsengebirges / über der Ebene
wohnst – Spruch des Herrn.
Ihr freilich sagt: Wer kann über uns kommen /
und eindringen in unsere Bauten?
14 Ich zahle euch heim, wie es eure Taten ver-
dienen / – Spruch des Herrn.
Ich lege Feuer an den Wald dieser Stadt, / das
ringsum alles verzehrt.

Das Drohwort im Königspalast

22 So hat der Herr gesprochen: Geh hinab in
den Palast des Königs von Juda, und rede
dort folgende Worte! 2 Du sollst sagen: König von
Juda, der du auf dem Thron Davids sitzt, höre das
Wort des Herrn, du selbst, deine Diener und deine
Leute, die durch diese Tore kommen. 3 So spricht
der Herr: Sorgt für Recht und Gerechtigkeit, und
rettet den Ausgeplünderten aus der Hand des Ge-
walttäters! Fremde, Waisen und Witwen bedrängt
und mißhandelt nicht; vergießt kein unschuldiges
Blut an diesem Ort! 4 Wenn ihr wirklich dieses Wort
erfüllt, dann werden durch die Tore dieses Palastes
Könige einziehen, die auf dem Thron Davids sit-
zen; mit Wagen und Rossen werden sie fahren, sie
selbst, ihre Beamten und ihre Leute. 5 Hört ihr aber
nicht auf diese Worte, so schwöre ich bei mir selbst
– Spruch des Herrn: Zum Trümmerhaufen wird
dieser Palast. 6 Ja, so spricht der Herr gegen den Pa-
last des Königs von Juda: Giltst du mir auch so viel
wie Gilead, wie der Gipfel des Libanon, fürwahr,
ich mache dich zur Wüste, zur unbewohnten
Stadt. 7 Ich biete Verwüster gegen dich auf, die mit
ihren Äxten kommen, deine auserlesenen Zedern
umhauen und ins Feuer werfen. 8 Wenn dann

Leute aus vielen Völkern an dieser Stadt vorbei-
kommen und einander fragen: Warum hat der Herr
so an dieser großen Stadt gehandelt?, 9 wird man er-
widern: Weil sie den Bund mit dem Herrn, ihrem
Gott, aufgegeben, andere Götter angebetet und ih-
nen gedient haben.

Gegen Schallum

10 Weint nicht um den Toten, und beklagt ihn
nicht! Weint vielmehr um den, der fortmußte;
denn er kehrt nie wieder zurück, nie mehr sieht
er sein Heimatland. 11 Denn so spricht der Herr
über Schallum, den Sohn Joschijas, den König
von Juda, der seinem Vater Joschija in der Re-
gierung gefolgt war und wegziehen mußte von
diesem Ort: Nie mehr kommt er hierher zurück.
12 An dem Ort, wohin man ihn verschleppt hat,
dort wird er sterben und dieses Land nie wieder-
sehen.

Gegen Jojakim

13 Weh dem, der seinen Palast / mit Ungerechtig-
keit baut, / seine Gemächer mit Unrecht,
der seinen Nächsten ohne Entgelt arbeiten läßt /
und ihm seinen Lohn nicht gibt,
14 der sagt: Ich baue mir einen stattlichen Palast /
und weite Gemächer.
Er setzt ihm hohe Fenster ein, / täfelt ihn mit Ze-
dernholz / und bemalt ihn mit Mennigrot.
15 Bist du König geworden, / um mit Zedern zu
prunken?
Hat dein Vater nicht auch gegessen und getrun-
ken, / dabei aber für Recht und Gerechtigkeit ge-
sorgt? / Und es ging ihm gut.
16 Dem Schwachen und Armen verhalf er zum
Recht. / Heißt nicht das, mich wirklich erken-
nen? / – Spruch des Herrn.
17 Doch deine Augen und dein Herz / sind nur
auf deinen Vorteil gerichtet,
auf das Blut des Unschuldigen, das du vergießt, /
auf Bedrückung und Erpressung, die du verübst.
18 Darum – so spricht der Herr über Jojakim, /
den Sohn Joschijas, den König von Juda:
Man wird für ihn nicht die Totenklage halten: /
»Ach, mein Bruder! Ach, Schwester!«
Man wird für ihn nicht die Totenklage halten: /
»Ach, der Herrscher! Ach, seine Majestät!«
19 Ein Eselsbegräbnis wird er bekommen. / Man
schleift ihn weg und wirft ihn hin, / draußen vor
den Toren Jerusalems.

Jerusalems Sturz

20 (Jerusalem,) steig auf den Libanon, und schrei, /
im Baschan erheb deine Stimme,
schrei vom Abarimgebirge herab, / daß alle
deine Freunde zerschmettert sind.
21 Ich habe dir zugeredet, / als du dich noch si-
cher fühltest; / du aber hast gesagt: Ich höre nicht.
So hast du es getrieben von Jugend an: / Du hast
auf meine Stimme nicht gehört.
22 All deine Hirten wird der Wind weiden, /
deine Freunde müssen fort in die Gefangenschaft.
Dann wirst du Schmach und Schande ernten /
wegen all deiner Untaten.
23 Die du auf dem Libanon thronst (Jerusalem), /
in Zedern nistest,
wie wirst du stöhnen, wenn Wehen über dich
kommen, / Schmerzen wie die einer Gebären-
den.

Gegen Jojachin

24 So wahr ich lebe – Spruch des Herrn –, selbst
wenn Jojachin, der Sohn Jojakims und König von
Juda, ein Siegelring an meiner Rechten wäre, ich
risse dich weg. 25 Ich gebe dich in die Hand derer,
die dir nach dem Leben trachten, in die Hand
derer, vor denen dir graut, in die Hand Nebukad-
nezzars, des Königs von Babel, und in die Hand
der Chaldäer. 26 Ich schleudere dich samt deiner
Mutter, die dich gebar, in ein anderes Land, in
dem ihr nicht geboren seid, und dort werdet ihr
sterben. 27 In das Land aber, nach dem ihr Herz
sehnlich zurückverlangt, werden sie nie wieder
kommen. – 28 Ist denn dieser Mann Jojachin ein
verachtetes, zerschlagenes Gefäß oder ein Gerät,
das niemand mehr mag? Warum wird er fortge-
schleudert und hingeworfen in ein Land, das er
nicht kennt? 29 Land, Land, Land, höre das Wort
des Herrn! 30 So spricht der Herr: Schreibt diesen
Mann als kinderlos ein, als Mann, der in seinem
Leben kein Glück hat. Denn keinem seiner Nach-
kommen wird es glücken, sich auf den Thron Da-
vids zu setzen und wieder über Juda zu herr-
schen.

Der Davidsproß

23 Weh den Hirten, die die Schafe meiner
Weide zugrunde richten und zerstreuen
– Spruch des Herrn. 2 Darum – so spricht der Herr,
der Gott Israels, über die Hirten, die mein Volk
weiden: Ihr habt meine Schafe zerstreut und

versprengt und habt euch nicht um sie geküm-
mert. Jetzt ziehe ich euch zur Rechenschaft
wegen eurer bösen Taten – Spruch des Herrn.
3 Ich selbst aber sammle den Rest meiner Schafe
aus allen Ländern, wohin ich sie versprengt habe.
Ich bringe sie zurück auf ihre Weide; sie sollen
fruchtbar sein und sich vermehren. 4 Ich werde
für sie Hirten bestellen, die sie weiden, und sie
werden sich nicht mehr fürchten und ängstigen
und nicht mehr verlorengehen – Spruch des
Herrn.
5 Seht, es kommen Tage – Spruch des Herrn –, da
werde ich für David einen gerechten Sproß er-
wecken. Er wird als König herrschen und weise
handeln, für Recht und Gerechtigkeit wird er sor-
gen im Land. 6 In seinen Tagen wird Juda gerettet
werden, Israel kann in Sicherheit wohnen. Man
wird ihm den Namen geben: Der Herr ist unsere
Gerechtigkeit. 7 Darum seht, es werden Tage kom-
men – Spruch des Herrn –, da sagt man nicht
mehr: So wahr der Herr lebt, der die Söhne Isra-
els aus Ägypten heraufgeführt hat!, 8 sondern: So
wahr der Herr lebt, der das Geschlecht des Hau-
ses Israel aus dem Nordland und aus allen Län-
dern, in die er sie verstoßen hatte, heraufgeführt
und zurückgebracht hat. Dann werden sie wieder
in ihrem Heimatland wohnen.

Gegen die falschen Propheten

9 Über die Propheten:
Mir bricht das Herz in der Brust, / alle meine
Glieder zittern.
Wie ein Betrunkener bin ich, / wie ein Mann,
der vom Wein überwältigt ist, / wegen des Herrn
und seiner heiligen Worte:
10 Voll von Ehebrechern ist das Land; / ja, wegen
des Fluches vertrocknet das Land, / sind die Wei-
deplätze der Steppe verdorrt.
Schlechtigkeit ist ihr Ziel, / Unrecht ihre Stärke.
11 Sogar Prophet und Priester sind ruchlose Frev-
ler, / selbst in meinem Haus stoße ich auf ihre
Schlechtigkeit / – Spruch des Herrn.
12 Deshalb wird ihr Weg für sie / wie ein schlüpf-
riger Pfad;
sie stürzen in der Finsternis, / sie kommen darin
zu Fall.
Denn Unheil bringe ich über sie, / das Jahr ihrer
Bestrafung – Spruch des Herrn.
13 Zwar habe ich auch bei Samarias Propheten
Häßliches gesehen:
Sie weissagten im Namen des Baal / und ver-
führten mein Volk Israel.
14 Aber bei den Propheten Jerusalems / sah ich
grauenhafte Dinge:
Sie brechen die Ehe, gehen mit Lügen um und
bestärken die Bösen, / so daß keiner umkehrt von
seinem bösen Treiben.
Für mich sind alle wie Sodom, / Jerusalems
Einwohner sind für mich wie Gomorra.
15 Darum – so spricht der Herr der Heere / gegen
die Propheten:
Ich gebe ihnen Wermut zu essen / und Gift-
wasser zu trinken;
denn von den Propheten Jerusalems / ist Frevel
ausgegangen ins ganze Land.
16 So spricht der Herr der Heere: / Hört nicht
auf die Worte der Propheten, / die euch weissa-
gen.
Sie betören euch nur; sie verkünden Visionen, /
die aus dem eigenen Herzen stammen, / nicht
aus dem Mund des Herrn.
17 Immerzu sagen sie denen, / die das Wort des
Herrn verachten: / Das Heil ist euch sicher!;
und jedem, der dem Trieb seines Herzens
folgt, / versprechen sie: Kein Unheil kommt über
euch.
18 Doch wer hat an der Ratsversammlung des
Herrn teilgenommen, / hat ihn gesehen und sein
Wort gehört?
Wer hat sein Wort vernommen / und kann es
verkünden?
19 Hört, der Sturm des Herrn [sein Grimm] bricht
los. / Ein Wirbelsturm braust hinweg über die
Köpfe der Frevler.
20 Der Zorn des Herrn hört nicht auf, / bis er die
Pläne seines Herzens ausgeführt und vollbracht
hat. / Am Ende der Tage werdet ihr es klar erken-
nen.
21 Ich habe diese Propheten nicht ausgesandt, /
dennoch laufen sie;
ich habe nicht zu ihnen gesprochen, / dennoch
weissagen sie.
22 Hätten sie an meiner Ratsversammlung teilge-
nommen,
so könnten sie meinem Volk meine Worte ver-
künden, / damit es umkehrt von seinem schlech-
ten Weg / und von seinen bösen Taten.
23 Bin ich denn ein Gott aus der Nähe – Spruch
des Herrn – / und nicht vielmehr ein Gott aus der
Ferne?

24 Kann sich einer in Schlupfwinkeln verstek-
ken, / so daß ich ihn nicht sähe? – Spruch des
Herrn.
Bin nicht ich es, / der Himmel und Erde erfüllt?
– Spruch des Herrn.
25 Ich habe gehört, was die Propheten reden, die
in meinem Namen Lügen weissagen und spre-
chen: Einen Traum habe ich gehabt, einen Traum.
26 Wie lange noch? Haben sie denn wirklich etwas
in sich, die Propheten, die Lügen weissagen und
selbsterdachten Betrug? 27 Durch ihre Träume, die
sie einander erzählen, möchten sie meinen Na-
men in Vergessenheit bringen bei meinem Volk,
wie ihre Väter meinen Namen wegen des Baal
vergessen haben. 28 Der Prophet, der einen Traum
hat, erzählt nur einen Traum; wer aber mein Wort
hat, der verkündet wahrhaftig mein Wort. Was hat
das Stroh mit dem Korn zu tun? – Spruch des
Herrn. 29 Ist nicht mein Wort wie Feuer – Spruch
des Herrn – und wie ein Hammer, der Felsen zer-
schmettert? 30 Darum gehe ich nun gegen die Pro-
pheten vor – Spruch des Herrn –, die einander
meine Worte stehlen. 31 Nun gehe ich gegen die
Propheten vor – Spruch des Herrn –, die ihre
Zunge gebrauchen, um Sprüche zu machen. 32 Ja,
nun gehe ich gegen die Propheten mit ihren erlo-
genen Träumen vor – Spruch des Herrn; sie er-
zählen die Träume und verführen mein Volk
durch ihre Lügen und ihr freches Geschwätz. Ich
aber habe sie weder gesandt noch beauftragt, und
sie sind diesem Volk ganz unnütz – Spruch des
Herrn.

Die »Last« des Herrn

33 Fragt dich dieses Volk oder ein Prophet oder ein
Priester: Was ist der »Last-Spruch« des Herrn?, so
antworte ihnen: Ihr selbst seid die Last, und ich
werfe euch ab – Spruch des Herrn. 34 Den Pro-
pheten aber, den Priester und das Volk, jeden, der
sagt: »Last-Spruch des Herrn«, den ziehe ich samt
seinem Haus zur Rechenschaft – Spruch des
Herrn. 35 Vielmehr sollt ihr so zueinander und un-
tereinander sagen: Was hat der Herr geantwor-
tet?, oder: Was hat der Herr gesagt? 36 Aber den
Ausdruck »Last-Spruch des Herrn« sollt ihr nicht
mehr gebrauchen. Denn »die Last« ist für jeden
sein eigenes Wort, weil ihr die Worte des lebendi-
gen Gottes, des Herrn der Heere, unseres Gottes,
verdreht habt. 37 So soll man zum Propheten sa-
gen: Was hat der Herr dir geantwortet?, oder: Was
hat der Herr gesagt? 38 Wenn ihr aber »Last-Spruch
des Herrn« sagt, so sagt der Herr darauf: Weil ihr
dieses Wort »Last-Spruch des Herrn« gebraucht,
obwohl ich euch verbieten ließ, »Last-Spruch des
Herrn« zu sagen, 39 darum hebe ich euch empor
und schleudere euch samt der Stadt, die ich euch
und euren Vätern gegeben habe, weg von mei-
nem Angesicht. 40 Ich verhänge über euch ewige
Schande und ewige Schmach, die nie vergessen
werden soll.

Die beiden Feigenkörbe

24 Der Herr ließ mich schauen: Da standen
zwei Körbe mit Feigen vor dem Tempel
des Herrn. Dies geschah, nachdem Nebukadnez-
zar, der König von Babel, Jojachin, den Sohn Joja-
kims, den König von Juda, sowie die Großen von
Juda samt den Schmieden und Schlossern aus Je-
rusalem weggeführt und nach Babel gebracht
hatte. 2 In dem einen Korb waren sehr gute Feigen,
wie Frühfeigen, im andern Korb sehr schlechte
Feigen, so schlecht, daß sie ungenießbar waren.
3 Der Herr fragte mich: Was siehst du, Jeremia? Fei-
gen, antwortete ich. Die guten Feigen sind sehr
gut, die schlechten aber sehr schlecht, so schlecht,
daß sie ungenießbar sind. 4 Nun erging an mich
das Wort des Herrn: 5 So spricht der Herr, der Gott
Israels: Wie auf diese guten Feigen, so schaue ich
liebevoll auf die Verschleppten aus Juda, die ich
von diesem Ort vertrieben habe ins Land der
Chaldäer. 6 Ich richte meine Augen liebevoll auf
sie und lasse sie in dieses Land heimkehren. Ich
will sie aufbauen, nicht niederreißen, einpflan-
zen, nicht ausreißen. 7 Ich gebe ihnen ein Herz, da-
mit sie erkennen, daß ich der Herr bin. Sie werden
mein Volk sein, und ich werde ihr Gott sein; denn
sie werden mit ganzem Herzen zu mir umkehren.
8 Aber wie mit den schlechten Feigen, die so
schlecht sind, daß sie ungenießbar sind, [ja, so
spricht der Herr] so verfahre ich mit Zidkija, dem
König von Juda, mit seinen Großen und dem Rest
Jerusalems, mit denen, die in diesem Land übrig-
geblieben sind, und denen, die sich in Ägypten
niedergelassen haben. 9 Ich mache sie zu einem
Bild des Schreckens für alle Reiche der Erde, zum
Schimpf und Gespött, zum Hohn und zum Fluch
an allen Orten, an die ich sie verstoße. 10 Ich sende
unter sie Schwert, Hunger und Pest, bis sie ganz
ausgerottet sind aus dem Land, das ich ihnen und
ihren Vätern gegeben habe.

Das drohende Exil

25 Das Wort über das ganze Volk von Juda,
das an Jeremia erging im vierten Jahr Jo-
jakims, des Sohnes Joschijas, des Königs von Juda;
es war das erste Jahr Nebukadnezzars, des Königs
von Babel. 2 Der Prophet Jeremia richtete es an das
ganze Volk von Juda und an alle Einwohner Jeru-
salems; er sagte: 3 Seit dem dreizehnten Jahr Jo-
schijas, des Sohnes Amons, des Königs von Juda,
bis zum heutigen Tag, also dreiundzwanzig Jahre
lang, ist an mich das Wort des Herrn ergangen,
und ich habe es euch unermüdlich weitergege-
ben. [Ihr aber habt nicht gehört. 4 Der Herr hat im-
mer wieder alle seine Knechte, die Propheten, zu
euch gesandt. Ihr aber habt nicht gehört und euer
Ohr nicht geneigt, um zu hören.] 5 Ich sagte: Kehrt
doch alle um von eurem schlechten Weg und von
euren bösen Taten; dann dürft ihr in dem Land
bleiben, das der Herr euch und euren Vätern ge-
geben hat seit jeher und für immer. [6 Lauft nicht
anderen Göttern nach, um ihnen zu dienen und
sie anzubeten, und erzürnt mich nicht durch das
Werk eurer Hände, damit ich euch nicht Schlim-
mes antun muß.] 7 Aber ihr habt nicht auf mich
gehört [– Spruch des Herrn –, um mich zu erzür-
nen durch das Werk eurer Hände, zu eurem eige-
nen Schaden]. 8 Darum – so spricht der Herr der
Heere: Weil ihr auf meine Worte nicht gehört
habt, 9 darum hole ich alle Stämme des Nordens
herbei – Spruch des Herrn –, auch Nebukadnez-
zar, den König von Babel, meinen Knecht. Ich
lasse sie über dieses Land und seine Bewohner
kommen und über alle diese Völker ringsum. Ich
weihe sie dem Untergang und mache sie zu ei-
nem Bild des Entsetzens, zum Gespött und zur
dauernden Schmach. 10 Ich lasse bei ihnen auf-
hören den Jubelruf und den Freudenruf, den Ruf
des Bräutigams und den Ruf der Braut, das
Geräusch der Handmühle und das Licht der
Lampe. 11 Dieses ganze Land wird zum Trümmer-
feld und zu einem Bild des Entsetzens, und diese
Völker werden dem König von Babel siebzig
Jahre lang dienen. 12 Sind aber die siebzig Jahre
vorüber, dann ziehe ich den König von Babel und
jenes Volk zur Rechenschaft für ihre Schuld –
Spruch des Herrn – und auch das Land der
Chaldäer, indem ich es für immer zur schaurigen
Wüste mache. 13 Ich lasse über jenes Land all das
kommen, was ich ihm angedroht habe, alles, was
in diesem Buch aufgezeichnet ist [was Jeremia
über alle Völker geweissagt hat]. 14 Denn auch sie
werden mächtigen Völkern und großen Königen
dienen müssen. So vergelte ich ihnen entspre-
chend ihren Taten und dem Tun ihrer Hände.

Die Einleitung zu den Gerichtsworten über die Völker: 25,15–38

Der Zornbecher für die Völker

15 Ja, so hat der Herr, der Gott Israels, zu mir ge-
sprochen: Nimm diesen Becher voll Zornwein
aus meiner Hand, und gib ihn allen Völkern zu
trinken, zu denen ich dich sende. 16 Trinken sollen
sie, taumeln und torkeln vor dem Schwert, das
ich unter sie schicke. 17 Da nahm ich den Becher
aus der Hand des Herrn und ließ alle Völker trin-
ken, zu denen der Herr mich sandte: 18 Jerusalem
und die Städte Judas – samt seinen Königen und
Fürsten –, um sie zu Trümmerhaufen zu machen,
zu einem Bild des Entsetzens, zum Gespött und
zum Fluch [wie es heute ist], 19 den Pharao, den
König von Ägypten, samt seinen Höflingen und
Fürsten und seinem ganzen Volk, 20 das gesamte
Völkergemisch, alle Könige des Landes Uz, alle
Könige des Philisterlandes, (die Städte) Asch-
kelon, Gaza, Ekron und den Rest von Aschdod,
21 Edom, Moab und die Ammoniter, 22 alle Könige
von Tyrus, alle Könige von Sidon sowie die Kö-
nige der Inseln jenseits des Meeres, 23 Dedan,
Tema, Bus und alle mit gestutztem Haar, 24 alle
Könige Arabiens und alle Könige des Völkerge-
misches, die in der Wüste wohnen, 25 alle Könige
von Simri, von Elam und Medien, 26 auch alle Kö-
nige des Nordens, die in der Nähe und die in der
Ferne, einen nach dem andern, ja, alle Reiche [der
Welt], die es auf der Erde gibt; und zuletzt soll der
König von Scheschach trinken. 27 Sag zu ihnen: So
spricht der Herr der Heere, der Gott Israels: Trinkt,
berauscht euch, und speit, stürzt hin, und steht
nicht mehr auf vor dem Schwert, das ich unter
euch schicke. 28 Weigern sie sich aber, den Becher
aus deiner Hand anzunehmen und zu trinken,
dann sag zu ihnen: So spricht der Herr der Heere:
Trinken müßt ihr. 29 Denn seht, bei der Stadt, über

der mein Name ausgerufen ist, beginne ich mit
dem Unheil, und da solltet ihr ungestraft bleiben?
Nein, ihr werdet nicht ungestraft bleiben; denn
ich rufe das Schwert gegen alle Bewohner der
Erde – Spruch des Herrn der Heere.

Das Gericht über die Völker

30 Du aber sollst ihnen als Prophet alle diese Worte
verkünden und zu ihnen sagen:
Aus der Höhe herab donnert der Herr, / von seiner heiligen Wohnung her läßt er seine Stimme erschallen.
Mächtig donnert er über seiner Flur / und ruft wie die Keltertreter.
31 Zu allen Erdbewohnern dringt der Schall, / ja bis ans Ende der Erde; / denn der Herr hat einen Rechtsstreit mit den Völkern:
Er hält Gericht über alle Sterblichen / und liefert die Schuldigen dem Schwert aus / – Spruch des Herrn.
32 So spricht der Herr der Heere:
Seht, Unheil schreitet von Volk zu Volk, / ein gewaltiger Sturm bricht los / von den Grenzen der Erde.
33 Die vom Herrn Erschlagenen liegen an jenem Tag / von einem Ende der Erde bis zum andern.
Man beklagt sie nicht, / man sammelt sie nicht / und begräbt sie nicht; / sie werden zum Dünger auf dem Acker.
34 Klagt, ihr Hirten, und schreit; / wälzt euch im Staub, ihr Herren der Herde!
Denn die Zeit ist gekommen, / daß ihr geschlachtet werdet;
ich zerschmettere euch, daß ihr berstet wie ein Prunkgefäß.
35 Es gibt keine Flucht mehr für die Hirten, / kein Entrinnen für die Herren der Herde.
36 Horcht, wie die Hirten schreien / und die Herren der Herde wehklagen, / weil der Herr ihre Weide verwüstet.
37 Verdorrt sind die friedlichen Wiesen / vor dem glühenden Zorn des Herrn.
38 Er verläßt sein Versteck wie ein Löwe; / ihr Land ist zu einem Bild des Entsetzens geworden
durch sein rasendes Schwert / und durch die Glut seines Zorns.

Die Gerichtsworte über Israel und Juda: 26,1–29,32

Die Tempelrede

26 Im Anfang der Regierung Jojakims, des
Sohnes Joschijas, des Königs von Juda,
erging vom Herrn dieses Wort: 2 So spricht der
Herr: Stell dich in den Vorhof des Hauses des
Herrn, und sag zu den Leuten, die aus allen Städten Judas kommen, um im Haus des Herrn anzubeten, alles, was ich dir ihnen zu verkünden aufgetragen habe; kein Wort sollst du weglassen.
3 Vielleicht hören sie und kehren um, jeder von
seinem bösen Weg, so daß mich das Unheil reut,
das ich ihnen wegen ihrer schlechten Taten
zugedacht habe. 4 Sag also zu ihnen: So spricht
der Herr: Wenn ihr nicht auf mein Wort hört und
meiner Weisung nicht folgt, die ich euch gegeben
habe, 5 wenn ihr nicht auf die Worte meiner Knechte, der Propheten, hört, die ich immer wieder zu euch sende, obwohl ihr nicht
hört, 6 dann verfahre ich mit diesem Haus wie
mit Schilo und mache diese Stadt zu einem Fluch
bei allen Völkern der Erde. 7 Die Priester, die Propheten und das ganze Volk hörten, wie Jeremia
diese Worte vor dem Haus des Herrn vortrug.
8 Als Jeremia alles gesagt hatte, was er im Auftrag
des Herrn vor dem ganzen Volk zu verkünden
hatte, ergriffen ihn die Priester, die Propheten
und alles Volk und schrien: Jetzt mußt du sterben. 9 Warum weissagst du im Namen des Herrn:
Wie Schilo wird es diesem Haus gehen, und
diese Stadt wird verwüstet und entvölkert werden? Das ganze Volk rottete sich beim Haus des
Herrn um Jeremia zusammen. 10 Als die Beamten
Judas von diesen Vorgängen hörten, gingen sie
vom Königspalast zum Haus des Herrn hinauf
und setzten sich am Eingang des Neuen Tempeltors nieder. 11 Die Priester und Propheten sagten
zu den Beamten und zum ganzen Volk: Dieser
Mann hat den Tod verdient; denn er hat gegen
diese Stadt geweissagt, wie ihr mit eigenen Ohren gehört habt. 12 Jeremia aber erwiderte allen
Beamten und dem ganzen Volk: Der Herr hat
mich gesandt, damit ich als Prophet gegen dieses

Haus und diese Stadt alle Worte verkünde, die ihr
gehört habt. 13 Nun also, bessert euer Verhalten
und euer Tun, und hört auf die Stimme des
Herrn, eures Gottes! Dann wird den Herrn das
Unheil reuen, das er euch angedroht hat. 14 Ich
selbst bin in eurer Hand; macht mit mir, was
ihr für gut und recht haltet. 15 Aber das sollt ihr
wissen: Wenn ihr mich tötet, bringt ihr unschul-
diges Blut über euch, über diese Stadt und ihre
Einwohner. Denn der Herr hat mich wirklich
zu euch gesandt, damit ich euch alle diese Worte
in die Ohren rufe. 16 Da sagten die Beamten
und das ganze Volk zu den Priestern und Prophe-
ten: Dieser Mann hat den Tod nicht verdient;
denn er hat zu uns im Namen des Herrn, un-
seres Gottes, geredet. 17 Einige von den Ältesten
des Landes standen auf und sagten zu der
ganzen Volksversammlung: 18 Micha von More-
schet, der zur Zeit Hiskijas, des Königs von Juda,
als Prophet wirkte, hat zum ganzen Volk Juda ge-
sagt: So spricht der Herr der Heere: Zion wird
umgepflügt zu Ackerland, Jerusalem wird zum
Trümmerhaufen, der Tempelberg zur überwu-
cherten Höhe. 19 Haben ihn etwa Hiskija, der Kö-
nig von Juda, und ganz Juda deshalb hingerich-
tet? Hat er nicht Gott gefürchtet und den Zorn
des Herrn besänftigt, so daß den Herrn das Un-
heil reute, das er ihnen angedroht hatte? Und wir
sollten ein so großes Unrecht tun zu unserem ei-
genen Schaden?

Die Ermordung des Propheten Urija

20 Damals wirkte noch ein anderer Mann als Pro-
phet im Namen des Herrn, Urija, der Sohn Sche-
majas, aus Kirjat-Jearim. Er weissagte gegen diese
Stadt und dieses Land mit ganz ähnlichen Worten
wie Jeremia. 21 Der König Jojakim, alle seine Heer-
führer und alle Beamten hörten von seinen Re-
den. Daher suchte der König ihn zu töten. Als
Urija davon erfuhr, bekam er Angst, floh und ge-
langte nach Ägypten. 22 Der König Jojakim aber
schickte Leute nach Ägypten, nämlich Elnatan,
den Sohn Achbors, mit einigen Männern. 23 Sie
holten Urija aus Ägypten und brachten ihn zu Kö-
nig Jojakim; dieser ließ ihn mit dem Schwert er-
schlagen und seinen Leichnam zu den Gräbern
des niedrigen Volkes werfen. 24 Ahikam jedoch,
der Sohn Schafans, beschützte Jeremia, so daß
man ihn nicht dem Volk auslieferte, das ihn töten
wollte.

Das Joch Babels

27 Im Anfang der Regierung Zidkijas, des
Sohnes Joschijas, des Königs von Juda, er-
ging vom Herrn folgendes Wort an Jeremia. 2 So
sprach der Herr zu mir: Mach dir Stricke und Joch-
hölzer, und leg sie dir auf den Nacken! 3 Dann
schick eine Botschaft an den König von Edom,
den König von Moab, den König der Ammoniter,
den König von Tyrus und den König von Sidon,
durch die Gesandten, die zu Zidkija, dem König
von Juda, nach Jerusalem gekommen sind. 4 Gib
ihnen folgenden Auftrag an ihre Gebieter: So
spricht der Herr der Heere, der Gott Israels: Sagt
so zu euren Gebietern: 5 Ich bin es, der die Erde er-
schaffen hat samt den Menschen und den Tieren,
die auf der Erde leben, durch meine gewaltige
Kraft und meinen hoch erhobenen Arm, und ich
gebe sie, wem ich will. 6 Jetzt gebe ich alle diese
Länder in die Hand meines Knechtes, des Königs
Nebukadnezzar von Babel; selbst die Tiere des
Feldes mache ich ihm dienstbar. 7 Alle Völker sol-
len ihm untertan sein, ihm, seinem Sohn und sei-
nem Enkel, bis auch für sein eigenes Land die Zeit
kommt, daß große Völker und mächtige Könige
es knechten. 8 Will aber ein Volk oder Reich dem
König Nebukadnezzar von Babel nicht untertan
sein und seinen Nacken nicht unter das Joch des
Königs von Babel beugen, so werde ich dieses
Volk mit Schwert, Hunger und Pest heimsuchen
– Spruch des Herrn –, bis ich es seiner Hand aus-
geliefert habe. 9 Ihr aber, hört nicht auf eure Pro-
pheten, Wahrsager, Träumer, Zeichendeuter und
Zauberer, wenn sie zu euch sagen: Ihr werdet
dem König von Babel nicht untertan sein. 10 Denn
sie lügen, wenn sie euch weissagen, und damit
vertreiben sie euch aus eurer Heimat; denn ich
verstoße euch, so daß ihr zugrunde geht. 11 Das
Volk aber, das seinen Nacken unter das Joch des
Königs von Babel beugt und ihm untertan ist,
lasse ich ungestört auf seinem heimatlichen Bo-
den – Spruch des Herrn –; es kann ihn bebauen
und auf ihm wohnen. 12 Auch zu Zidkija, dem Kö-
nig von Juda, redete ich ganz in diesem Sinn:
Beugt euren Nacken unter das Joch des Königs
von Babel, und seid ihm und seinem Volk unter-
tan; dann bleibt ihr am Leben. 13 Warum sollt ihr,
du und dein Volk, durch Schwert, Hunger und
Pest umkommen, wie der Herr dem Volk, das
dem König von Babel nicht untertan sein will, an-
gedroht hat? 14 Hört nicht auf die Reden der Pro-

pheten, die zu euch sagen: Ihr sollt dem König
von Babel nicht untertan sein. Denn was sie euch
weissagen, ist Lüge. 15 Ich habe sie nicht gesandt
– Spruch des Herrn –; darum ist es Lüge, wenn
sie in meinem Namen weissagen; die Folge wird
sein, daß ich euch verstoße und daß ihr zugrunde
geht, ihr und die Propheten, die euch weissagen.
16 Zu den Priestern und dem ganzen Volk sagte
ich: So spricht der Herr: Hört nicht auf die Reden
eurer Propheten, die euch weissagen: Die Geräte
des Hauses des Herrn werden aus Babel zurück-
gebracht werden, und zwar bald. Denn was sie
euch weissagen, ist Lüge. 17 Hört nicht auf sie! Seid
dem König von Babel untertan; dann bleibt ihr am
Leben. Warum soll diese Stadt ein Trümmerhau-
fen werden? 18 Wenn sie Propheten sind und das
Wort des Herrn wirklich bei ihnen ist, so mögen
sie doch den Herrn der Heere bestürmen, daß die
Geräte, die noch im Haus des Herrn, im Palast des
Königs von Juda und in Jerusalem verblieben
sind, nicht auch nach Babel kommen. 19 Denn so
spricht der Herr der Heere über die Säulen, das
Eherne Meer, die fahrbaren Gestelle und den Rest
der in dieser Stadt noch verbliebenen Geräte,
20 die Nebukadnezzar, der König von Babel, nicht
mitgenommen hat, als er Jojachin, den Sohn Joja-
kims, den König von Juda, aus Jerusalem nach Ba-
bel verschleppte samt allen Vornehmen Judas
und Jerusalems: 21 Ja, so spricht der Herr der Heere,
der Gott Israels, über die Geräte, die im Haus des
Herrn, im Palast des Königs von Juda und in Jeru-
salem verblieben sind: 22 Nach Babel werden sie
gebracht, und dort bleiben sie bis zu dem Tag, an
dem ich mich ihrer annehme – Spruch des Herrn
– und sie wieder an diesen Ort heraufbringe.

Der falsche Prophet Hananja

28 Im selben Jahr, im Anfang der Regierung
Zidkijas, des Königs von Juda, im fünften
Monat des vierten Jahres, sagte der Prophet
Hananja, der Sohn Asurs aus Gibeon, im Haus des
Herrn vor den Priestern und dem ganzen Volk zu
Jeremia: 2 So spricht der Herr der Heere, der Gott
Israels: Ich zerbreche das Joch des Königs von Ba-
bel. 3 Noch zwei Jahre, und ich bringe alle Geräte
des Hauses des Herrn, die Nebukadnezzar, der
König von Babel, von diesem Ort weggenommen
und nach Babel gebracht hat, wieder an diesen
Ort zurück. 4 Auch Jojachin, den Sohn Jojakims,
den König von Juda, samt allen Verschleppten aus
Juda, die nach Babel gebracht wurden, führe ich
an diesen Ort zurück – Spruch des Herrn –; denn
ich zerbreche das Joch des Königs von Babel. 5 Der
Prophet Jeremia antwortete dem Propheten
Hananja vor den Priestern und vor dem ganzen
Volk, das im Haus des Herrn stand. 6 Der Prophet
Jeremia sagte: Ganz recht! Mag der Herr so tun.
Der Herr erfülle deine Worte, die du verkündet
hast, und bringe die Geräte des Hauses des Herrn
und alle Verschleppten aus Babel zurück an die-
sen Ort. 7 Doch höre das Wort, das ich dir und dem
ganzen Volk in die Ohren rufe: 8 Die Propheten,
die vor mir und vor dir je gelebt haben, weis-
sagten Krieg, Unheil und Pest gegen viele Länder
und mächtige Reiche. 9 Der Prophet aber, der Heil
weissagt – an der Erfüllung des prophetischen
Wortes erkennt man den Propheten, den der Herr
wirklich gesandt hat. 10 Da nahm der Prophet
Hananja das Jochholz vom Nacken des Propheten
Jeremia und brach es entzwei. 11 Vor dem ganzen
Volk erklärte Hananja: So spricht der Herr: Ebenso
nehme ich binnen zwei Jahren das Joch Nebu-
kadnezzars, des Königs von Babel, vom Nacken
aller Völker und zerbreche es. Der Prophet Jere-
mia ging seines Weges.
12 Nachdem nun der Prophet Hananja das Joch-
holz vom Nacken des Propheten Jeremia genom-
men und zerbrochen hatte, erging das Wort des
Herrn an Jeremia: 13 Geh und sag zu Hananja: So
spricht der Herr: Jochstangen aus Holz hast du zer-
brochen, dafür aber mußt du nun Jochstangen aus
Eisen machen. 14 Denn so spricht der Herr der
Heere, der Gott Israels: Ein eisernes Joch habe ich
auf den Nacken aller dieser Völker gelegt; sie müs-
sen Nebukadnezzar, dem König von Babel, unter-
tan sein. [Sie werden ihm untertan sein, und auch
die Tiere des Feldes gebe ich ihm.] 15 Der Prophet
Jeremia sagte also zum Propheten Hananja: Höre,
Hananja! Der Herr hat dich nicht gesandt, und du
hast dieses Volk dazu verführt, auf Lügen zu ver-
trauen. 16 Darum – so spricht der Herr: Siehe, ich
schaffe dich vom Erdboden fort. Noch in diesem
Jahr bist du tot; denn du hast Auflehnung gegen
den Herrn gepredigt. 17 Im siebten Monat dessel-
ben Jahres starb der Prophet Hananja.

Der Brief an die Verbannten

29 Das ist der Wortlaut des Briefes, den der
Prophet Jeremia aus Jerusalem an den
Rest der Ältesten der Gemeinde der Verbannten

sandte, an die Priester, Propheten und das ganze
Volk, das Nebukadnezzar von Jerusalem nach Ba-
bel verschleppt hatte, 2 nachdem der König Joja-
chin, die Herrin, die Hofbeamten, die Großen von
Juda und Jerusalem sowie die Schmiede und
Schlosser aus Jerusalem fortgezogen waren; 3 er
schickte den Brief durch Elasa, den Sohn Scha-
fans, und Gemarja, den Sohn Hilkijas, die Zidkija,
der König von Juda, nach Babel zu Nebukadnez-
zar, dem König von Babel, sandte: 4 So spricht der
Herr der Heere, der Gott Israels, zur ganzen Ge-
meinde der Verbannten, die ich von Jerusalem
nach Babel weggeführt habe: 5 Baut Häuser, und
wohnt darin, pflanzt Gärten, und eßt ihre
Früchte! 6 Nehmt euch Frauen, und zeugt Söhne
und Töchter, nehmt für eure Söhne Frauen, und
gebt eure Töchter Männern, damit sie Söhne und
Töchter gebären. Ihr sollt euch dort vermehren
und nicht vermindern. 7 Bemüht euch um das
Wohl der Stadt, in die ich euch weggeführt habe,
und betet für sie zum Herrn; denn in ihrem Wohl
liegt euer Wohl. 8 Denn so spricht der Herr der
Heere, der Gott Israels: Laßt euch nicht täuschen
von den Propheten, die unter euch sind, und von
euren Wahrsagern. Hört nicht auf die Träume, die
sie träumen. 9 Denn Lüge ist das, was sie euch in
meinem Namen weissagen; ich habe sie nicht ge-
sandt – Spruch des Herrn. 10 Ja, so spricht der Herr:
Wenn siebzig Jahre für Babel vorüber sind, dann
werde ich nach euch sehen, mein Heilswort an
euch erfüllen und euch an diesen Ort zurück-
führen. 11 Denn ich, ich kenne meine Pläne, die ich
für euch habe – Spruch des Herrn –, Pläne des
Heils und nicht des Unheils; denn ich will euch
eine Zukunft und eine Hoffnung geben. 12 Wenn
ihr mich ruft, wenn ihr kommt und zu mir betet,
so erhöre ich euch. 13 Sucht ihr mich, so findet ihr
mich. Wenn ihr von ganzem Herzen nach mir
fragt, 14 lasse ich mich von euch finden – Spruch
des Herrn. Ich wende euer Geschick und sammle
euch aus allen Völkern und von allen Orten, wo-
hin ich euch versprengt habe – Spruch des Herrn.
Ich bringe euch an den Ort zurück, von dem ich
euch weggeführt habe. 15 Zwar werdet ihr sagen:
Auch in Babel hat der Herr für uns Propheten auf-
treten lassen. [16 Fürwahr, so spricht der Herr über
den König, der auf dem Thron Davids sitzt, und
über das ganze Volk, das in dieser Stadt wohnt,
eure Brüder, die noch nicht mit euch in die Ver-
bannung fortgezogen sind, 17 so spricht der Herr
der Heere: Seht, ich schicke unter sie Schwert,
Hunger und Pest, und ich behandle sie wie ver-
dorbene Feigen, die so schlecht sind, daß sie un-
genießbar sind. 18 Ich verfolge sie mit Schwert,
Hunger und Pest und mache sie zu einem Bild des
Schreckens für alle Reiche der Erde, zum Fluch
und zum Entsetzen, zum Hohn und Gespött aller
Völker, zu denen ich sie verstoße, 19 weil sie nicht
auf meine Worte gehört haben – Spruch des
Herrn –, obwohl ich immer wieder meine
Knechte, die Propheten, zu ihnen gesandt habe;
ihr aber habt nicht gehört – Spruch des Herrn.
20 Ihr jedoch, hört jetzt das Wort des Herrn, all ihr
Verschleppten, die ich von Jerusalem nach Babel
wegführen ließ.] 21 So spricht der Herr der Heere,
der Gott Israels, über Ahab, den Sohn Kolajas, und
über Zidkija, den Sohn Maasejas, die euch in mei-
nem Namen Lüge weissagen: Seht, ich liefere sie
Nebukadnezzar, dem König von Babel, aus. Er
wird sie vor euren Augen niederhauen lassen.
22 Dann wird man bei allen Verschleppten Judas,
die in Babel sind, von ihnen das Fluchwort her-
leiten: Der Herr mache dich Zidkija und Ahab
gleich, die der König von Babel im Feuer rösten
ließ. 23 Sie haben nämlich Schändliches in Israel
getrieben, mit den Frauen ihrer Nächsten Ehe-
bruch begangen und in meinem Namen Worte
verkündet, die ich ihnen nicht aufgetragen hatte.
Ich bin der Wissende und der Zeuge – Spruch des
Herrn.

Das Drohwort gegen Schemaja

24 Zu Schemaja aus Nehelam sollst du sagen: 25 So
spricht der Herr der Heere, der Gott Israels: Du
hast in deinem eigenen Namen einen Brief [an
das ganze Volk in Jerusalem und] an den Priester
Zefanja, den Sohn Maasejas, [sowie an alle Prie-
ster] geschickt mit diesem Inhalt: 26 Der Herr hat
dich anstelle des Priesters Jojada zum Priester be-
stellt, damit du im Haus des Herrn achtgibst auf je-
den verrückten Propheten und ihn in Block und
Halseisen legst. 27 Warum bist du also nicht gegen
Jeremia aus Anatot eingeschritten, der sich bei
euch wie ein Prophet gebärdet? 28 Deshalb hat er
auch an uns nach Babel die Botschaft geschickt:
Es wird noch lange dauern; baut Häuser, und
wohnt darin, pflanzt Gärten, und genießt ihre
Früchte!

29 Der Priester Zefanja aber hatte diesen Brief
dem Propheten Jeremia vorgelesen. 30 Da erging

das Wort des Herrn an Jeremia: [31] Schick eine Bot-
schaft an alle Verschleppten: So spricht der Herr
über Schemaja aus Nehelam: Weil Schemaja euch
geweissagt hat, obwohl ich ihn nicht gesandt
hatte, und weil er euch dazu verführt hat, auf Lü-
gen zu vertrauen, [32] darum – so spricht der Herr:
Seht, ich ziehe Schemaja aus Nehelam und seine Nachkommen zur Rechenschaft. Keiner von den Seinen soll unter diesem Volk wohnen bleiben und das Glück schauen, das ich meinem Volk bereite – Spruch des Herrn –; denn er hat Auflehnung gegen den Herrn gepredigt.

Die Trostschrift: 30,1–31,40

Die Rettung Israels und Judas

30 Das Wort, das vom Herrn an Jeremia er-
ging: [2] So spricht der Herr, der Gott Israels:
Schreib dir alle Worte, die ich dir gesagt habe, in ein
Buch! [3] Denn seht, es werden Tage kommen –
Spruch des Herrn –, da wende ich das Geschick
meines Volkes Israel und Juda, spricht der Herr. Ich
führe sie zurück in das Land, das ich ihren Vätern
zum Besitz gegeben habe. [4] Das sind die Worte, die
der Herr über Israel und Juda gesprochen hat:

[5] Ja, so spricht der Herr:
Angstgeschrei vernehmen wir: / Schrecken und kein Friede.
[6] Fragt doch und schaut, / ob je ein Mann Kinder zur Welt bringt.
Warum sehe ich alle Männer / mit den Händen auf den Hüften wie eine Gebärende? / Jedes Gesicht ist verstört und leichenblaß.
[7] Denn groß ist jener Tag, / keiner ist ihm gleich.
Eine Notzeit ist es für Jakob, / doch wird er daraus gerettet.
[8] An jenem Tag wird es geschehen / – Spruch des Herrn der Heere –, / da zerbreche ich das Joch auf seinem Nacken;
ich zerreiße seine Stricke, / und Fremde sollen ihn nicht mehr knechten.
[9] Vielmehr wird mein Volk dem Herrn, / seinem Gott, dienen / und David, seinem König, den ich ihm erstehen lasse.
[10] Fürchte dich nicht, du, mein Knecht Jakob / – Spruch des Herrn –, / verzage nicht, Israel!
Denn ich bin es, der dich aus fernem Land errettet, / deine Kinder aus dem Land ihrer Gefangenschaft.
Jakob wird heimkehren und Ruhe haben; / er wird in Sicherheit leben, / und niemand wird ihn erschrecken.
[11] Denn ich bin mit dir / – Spruch des Herrn –, / um dich zu retten.
Ja, ich vernichte alle Völker, / unter die ich dich zerstreut habe.
Nur dich werde ich niemals vernichten; / ich züchtige dich mit rechtem Maß, / doch ganz ungestraft kann ich dich nicht lassen.

Die Heilung für die Wunden

[12] Ja, so spricht der Herr:
Arg ist dein Schaden, / unheilbar deine Wunde.
[13] [Niemand verschafft dir Recht.] / Für das Geschwür gibt es keine Heilung, / keine Genesung gibt es für dich.
[14] Alle deine Freunde haben dich vergessen, / sie kümmern sich nicht mehr um dich.
Denn wie ein Feind schlägt, / so habe ich dich geschlagen mit harter Züchtigung
[wegen deiner vielfachen Schuld / und deiner zahlreichen Sünden].
[15] Was schreist du über deinen Schaden / und dein arges Leiden?
Wegen deiner vielfachen Schuld / und deiner zahlreichen Sünden / habe ich dir das getan.
[16] Doch alle, die dich fraßen, werden gefressen, / alle deine Bedränger ziehen als Gefangene fort;
wer dich ausplünderte, wird ausgeplündert, / wer dich beraubte, den gebe ich dem Raub preis.
[17] Denn ich lasse dich genesen / und heile dich von deinen Wunden / – Spruch des Herrn –,
weil man dich [das ist Zion] die Verstoßene genannt hat, / nach der niemand fragt.

Die Wiederherstellung des Volkes

[18] So spricht der Herr:
Seht, ich wende das Geschick der Zelte Jakobs, / seiner Wohnstätten erbarme ich mich.
Die Stadt soll auf ihrem Schutthügel aufgebaut werden, / die Burg auf ihrem alten Platz stehen.
[19] Lobgesang wird dort erschallen, / die Stimme fröhlicher Menschen.

Ich will ihre Zahl vermehren, / sie sollen nicht
weniger werden;
ich will ihnen Ehre verschaffen, / sie sollen
nicht verachtet werden.
20 Die Söhne Jakobs werden sein wie ehedem, /
seine Gemeinde wird vor mir bestehen bleiben,
doch alle seine Unterdrücker / ziehe ich zur Re-
chenschaft.
21 Sein Machthaber wird ihm selbst entstam-
men, / sein Herrscher aus seiner Mitte hervorge-
hen.
Ich gewähre ihm Zutritt, so daß er mir nahen
kann; / denn wer sonst dürfte sein Leben wa-
gen, / um mir zu nahen? – Spruch des Herrn.
22 Ihr werdet mein Volk sein, / und ich werde
euer Gott sein.
23 Hört, der Sturm des Herrn [sein Grimm] bricht
los. / Ein Wirbelsturm braust hinweg über die
Köpfe der Frevler.
24 Der glühende Zorn des Herrn hört nicht auf, /
bis er die Pläne seines Herzens ausgeführt und
vollbracht hat. / Am Ende der Tage werdet ihr es
klar erkennen.
31 In jener Zeit – Spruch des Herrn – /
werde ich der Gott aller Stämme Israels
sein, / und sie werden mein Volk sein.

Die Heimkehr aller Versprengten

2 So spricht der Herr:
Gnade fand in der Wüste das Volk, / das vom
Schwert verschont blieb; / Israel zieht zum Ort
seiner Ruhe.
3 Aus der Ferne ist ihm der Herr erschienen: /
Mit ewiger Liebe habe ich dich geliebt, / darum
habe ich dir so lange die Treue bewahrt.
4 Ich baue dich wieder auf, / du sollst neu gebaut
werden, Jungfrau Israel.
Du sollst dich wieder schmücken mit deinen Pau-
ken, / sollst ausziehen im Reigen der Fröhlichen.
5 Wieder sollst du Weingärten pflanzen / auf Sa-
marias Bergen.
Wer Pflanzungen anlegt, / darf ihre Früchte ge-
nießen.
6 Denn es kommt der Tag, / da rufen die Wäch-
ter auf Efraims Bergland:
Auf, laßt uns hinaufpilgern nach Zion / zum
Herrn, unserem Gott.
7 Ja, so spricht der Herr:
Jubelt Jakob voll Freude zu, / und jauchzt über
das Haupt der Völker!
Verkündet, lobsingt und sagt: / Der Herr hat sein
Volk gerettet, / den Rest Israels.
8 Seht, ich bringe sie heim aus dem Nordland /
und sammle sie von den Enden der Erde,
darunter Blinde und Lahme, / Schwangere und
Wöchnerinnen; / als große Gemeinde kehren sie
hierher zurück.
9 Weinend kommen sie, / und tröstend geleite
ich sie.
Ich führe sie an wasserführende Bäche, / auf ei-
nen ebenen Weg, wo sie nicht straucheln.
Denn ich bin Israels Vater, / und Efraim ist mein
erstgeborener Sohn.
10 Hört, ihr Völker, das Wort des Herrn, / ver-
kündet es auf den fernsten Inseln und sagt:
Er, der Israel zerstreut hat, wird es auch sam-
meln / und hüten wie ein Hirt seine Herde.
11 Denn der Herr wird Jakob erlösen / und ihn be-
freien aus der Hand des Stärkeren.
12 Sie kommen und jubeln auf Zions Höhe, / sie
strahlen vor Freude über die Gaben des Herrn, /
über Korn, Wein und Öl, über Lämmer und Rinder.
Sie werden wie ein bewässerter Garten sein /
und nie mehr verschmachten.
13 Dann freut sich das Mädchen beim Reigen-
tanz, / jung und alt sind fröhlich.
Ich verwandle ihre Trauer in Jubel, / tröste und
erfreue sie nach ihrem Kummer.
14 Ich labe die Priester mit Opferfett, / und mein
Volk wird satt an meinen Gaben / – Spruch des
Herrn.

Der Trost durch die Heimkehr

15 So spricht der Herr:
Ein Geschrei ist in Rama zu hören, / bitteres Kla-
gen und Weinen.
Rahel weint um ihre Kinder / und will sich nicht
trösten lassen, / um ihre Kinder, denn sie sind da-
hin.
16 So spricht der Herr:
Verwehre deiner Stimme die Klage / und deinen
Augen die Tränen!
Denn es gibt einen Lohn für deine Mühe –
Spruch des Herrn: / Sie werden zurückkehren
aus dem Feindesland.
17 Es gibt eine Hoffnung für deine Nachkom-
men – Spruch des Herrn: / Die Söhne werden zu-
rückkehren in ihre Heimat.
18 Ich höre gar wohl, wie Efraim klagt: / Du hast
mich erzogen,

und ich ließ mich erziehen / wie ein unge-
zähmter Jungstier.
Führ mich zurück, / umkehren will ich; / denn
du bist der Herr, mein Gott.
19 Ja, nach meiner Umkehr fühle ich Reue; /
nachdem ich zur Einsicht gekommen bin, schlage
ich an meine Brust.
Ich bin beschämt und erröte; / denn ich trage
die Schande meiner Jugend. –
20 Ist mir denn Efraim ein so teurer Sohn / oder
mein Lieblingskind?
Denn sooft ich ihm auch Vorwürfe mache, /
muß ich doch immer wieder an ihn denken.
Deshalb schlägt mein Herz für ihn, / ich muß
mich seiner erbarmen – Spruch des Herrn.
21 Stell dir Wegweiser auf, setz dir Wegmarken, /
achte genau auf die Straße, / auf den Weg, den du
gegangen bist.
Kehr um, Jungfrau Israel, / kehr zurück in diese
deine Städte!
22 Wie lange noch willst du dich sträuben, / du
abtrünnige Tochter?
Denn etwas Neues erschafft der Herr im Land: /
Die Frau wird den Mann umgeben.

Die Segensverheißung

23 So spricht der Herr der Heere, der Gott Is-
raels: Man wird im Land Juda und in seinen
Städten, wenn ich ihr Geschick wende, wieder
dieses Wort sprechen: Es segne dich der Herr,
du Hort der Gerechtigkeit, du heiliger Berg.
24 Juda und alle seine Städte werden zusammen
dort wohnen, Ackerbauern und Wanderhirten.
25 Ja, ich labe den Ermatteten und sättige den
Verschmachtenden. 26 Darum heißt es: Ich er-
wachte und blickte umher, und mein Schlaf
war süß gewesen. 27 Seht, es werden Tage kom-
men – Spruch des Herrn –, da säe ich über
das Haus Israel und das Haus Juda eine Saat
von Menschen und eine Saat von Vieh. 28 Wie
ich über sie gewacht habe, um auszureißen und
einzureißen, zu zerstören, zu vernichten und
zu schaden, so werde ich über sie wachen, um
aufzubauen und einzupflanzen – Spruch des
Herrn. 29 In jenen Tagen sagt man nicht mehr:
Die Väter haben saure Trauben gegessen, und
den Söhnen werden die Zähne stumpf. 30 Nein,
jeder stirbt nur für seine eigene Schuld; nur
dem, der die sauren Trauben ißt, werden die
Zähne stumpf.

Der neue Bund

31 Seht, es werden Tage kommen – Spruch des
Herrn –, in denen ich mit dem Haus Israel und
dem Haus Juda einen neuen Bund schließen
werde, 32 nicht wie der Bund war, den ich mit
ihren Vätern geschlossen habe, als ich sie bei der
Hand nahm, um sie aus Ägypten herauszu-
führen. Diesen meinen Bund haben sie gebro-
chen, obwohl ich ihr Gebieter war – Spruch des
Herrn. 33 Denn das wird der Bund sein, den ich
nach diesen Tagen mit dem Haus Israel schließe
– Spruch des Herrn: Ich lege mein Gesetz in sie
hinein und schreibe es auf ihr Herz. Ich werde ihr
Gott sein, und sie werden mein Volk sein. 34 Kei-
ner wird mehr den andern belehren, man wird
nicht zueinander sagen: Erkennt den Herrn!, son-
dern sie alle, klein und groß, werden mich erken-
nen – Spruch des Herrn. Denn ich verzeihe ih-
nen die Schuld, an ihre Sünde denke ich nicht
mehr.

Das unvergängliche Heil

35 So spricht der Herr, / der die Sonne bestimmt
zum Licht am Tag,
der den Mond und die Sterne bestellt / zum
Licht in der Nacht,
der das Meer aufwühlt, / daß die Wogen brau-
sen, / – Herr der Heere ist sein Name:
36 Nur wenn jemals diese Ordnungen / vor mei-
nen Augen ins Wanken gerieten / – Spruch des
Herrn –,
dann hörten auch Israels Nachkommen auf, /
für alle Zeit vor meinen Augen ein Volk zu sein.
37 So spricht der Herr:
Nur wenn die Himmel droben abgemessen /
und unten die Grundfesten der Erde erforscht
werden könnten,
dann verwürfe auch ich Israels ganze Nach-
kommenschaft / zur Strafe für all das, was sie ge-
tan haben / – Spruch des Herrn.
38 Seht, es werden Tage kommen – Spruch des
Herrn –, da wird die Stadt für den Herrn wieder
aufgebaut, vom Turm Hananels bis zum Ecktor.
39 Weiter läuft die Meßschnur geradeaus zum Hü-
gel Gareb und wendet sich nach Goa. 40 Das ganze
Tal der Leichen und der Fett-Asche und die
ganzen Hänge bis zum Kidronbach, bis zur Ecke
des Roßtors im Osten werden dem Herrn heilig
sein. Sie werden niemals wieder zerstört und ein-
gerissen werden.

Die Heilsworte: 32,1–35,19

Der Ackerkauf in der Notzeit

32 Das Wort, das vom Herrn an Jeremia er-
ging im zehnten Jahr Zidkijas, des Königs
von Juda – das ist das achtzehnte Jahr Nebukad-
nezzars. 2 Damals belagerte das Heer des Königs
von Babel Jerusalem. Der Prophet Jeremia befand
sich im Wachhof am Palast des Königs von Juda in
Haft. 3 Dort hatte ihn Zidkija, der König von Juda,
gefangengesetzt mit der Begründung: Warum
hast du geweissagt: So spricht der Herr: Ich gebe
diese Stadt in die Hand des Königs von Babel, und
er wird sie erobern. 4 Auch Zidkija, der König von
Juda, wird der Hand der Chaldäer nicht entrin-
nen, sondern in die Hand des Königs von Babel
gegeben werden, so daß er von Mund zu Mund
mit ihm reden und ihn Auge in Auge sehen wird.
5 Er wird Zidkija nach Babel bringen; dort wird
er bleiben, bis ich ihn zur Rechenschaft ziehe –
Spruch des Herrn. Wenn ihr mit den Chaldäern
Krieg führt, werdet ihr kein Glück haben. 6 Jere-
mia sagte: Das Wort des Herrn erging an mich:
7 Hanamel, der Sohn deines Onkels Schallum,
wird zu dir kommen und sagen: Kauf dir meinen
Acker in Anatot; denn dir steht es nach dem Ein-
lösungsrecht zu, ihn zu kaufen. 8 Tatsächlich kam
Hanamel, der Sohn meines Onkels, dem Wort des
Herrn gemäß zu mir in den Wachhof und sagte zu
mir: Kauf doch meinen Acker in Anatot [im Land
Benjamin]; denn du hast das Erwerbs- und Einlö-
sungsrecht. Kauf ihn dir! Da erkannte ich, daß es
das Wort des Herrn war. 9 So kaufte ich von Ha-
namel, dem Sohn meines Onkels, den Acker in
Anatot und wog ihm das Geld ab; siebzehn Sil-
berschekel betrug die Summe. 10 Ich schrieb die
Kaufurkunde, versiegelte sie, nahm auch Zeugen
hinzu und wog das Silber auf der Waage ab, alles
nach Gesetz und Vorschrift. 11 Dann nahm ich die
Kaufurkunde, die versiegelte und die offene. 12 Ich
übergab die Urkunde Baruch, dem Sohn Nerijas,
des Sohnes Machsejas, in Gegenwart Hanamels,
des Sohnes meines Onkels, und vor den Zeugen,
die die Kaufurkunde unterschrieben hatten, so-
wie in Gegenwart aller Judäer, die sich im Wach-
hof aufhielten. 13 In ihrer Gegenwart gab ich Ba-
ruch den Auftrag: 14 [So spricht der Herr der Heere,
der Gott Israels:] Nimm diese Urkunden, die ver-
siegelte Kaufurkunde und auch die offene, und leg
sie in ein Tongefäß, damit sie lange Zeit erhalten
bleiben. 15 Denn so spricht der Herr der Heere, der
Gott Israels: Man wird wieder Häuser, Äcker und
Weinberge kaufen in diesem Land.

16 Nachdem ich die Kaufurkunde Baruch, dem
Sohn Nerijas, übergeben hatte, betete ich zum
Herrn: 17 Ach, mein Herr und Gott! Du hast Him-
mel und Erde erschaffen durch deine große Kraft
und deinen hoch erhobenen Arm. Nichts ist dir
unmöglich. 18 Du übst Gnade an Tausenden, doch
zahlst du die Schuld der Väter ihren Söhnen
heim, die nach ihnen kommen, du gewaltiger,
starker Gott, dessen Name Herr der Heere ist.
19 Groß bist du an Rat und mächtig an Tat; deine
Augen wachen über alle Wege der Menschen,
um jedem entsprechend seinem Verhalten und
seinem Verdienst zu vergelten. 20 Du hast an Israel
und an den Menschen Zeichen und Wunder ge-
tan, in Ägypten und bis auf den heutigen Tag. So
hast du dir einen Namen gemacht, wie du ihn
noch heute hast. 21 Du hast dein Volk Israel unter
Zeichen und Wundern, mit starker Hand, mit
hoch erhobenem Arm und gewaltigen Schrek-
kenstaten aus Ägypten herausgeführt. 22 Du hast
ihnen dieses Land gegeben, das du ihren Vätern
eidlich zugesichert hattest, ein Land, in dem
Milch und Honig fließen. 23 Als sie aber dorthin ka-
men und es in Besitz nahmen, hörten sie nicht auf
deine Stimme und folgten deiner Weisung nicht.
Nichts von alledem, was du ihnen befohlen hast,
haben sie getan; darum hast du über sie all dies
Unheil gebracht. 24 Schon kommen die Wälle bis
an die Stadt heran, bald wird man sie einnehmen;
durch Schwert, Hunger und Pest ist die Stadt den
Chaldäern preisgegeben, die gegen sie ankämp-
fen. Was du angedroht hast, ist eingetroffen; du
siehst es ja selbst. 25 Dennoch, mein Herr und
Gott, sagst du zu mir: Kauf dir den Acker für Geld,
und nimm Zeugen hinzu! Aber die Stadt ist doch
den Chaldäern preisgegeben.

26 Nun erging an mich das Wort des Herrn:
27 Siehe, ich bin der Herr, der Gott aller Sterbli-
chen. Ist mir denn irgend etwas unmöglich?
28 Darum – so spricht der Herr: Ich gebe diese
Stadt in die Hand der Chaldäer und in die Hand
Nebukadnezzars, des Königs von Babel, und er
wird sie einnehmen. 29 Die Chaldäer, die gegen

diese Stadt ankämpfen, werden eindringen, die
Stadt in Brand stecken und einäschern samt den
Häusern, auf deren Dächern man dem Baal
Rauchopfer und fremden Göttern Trankopfer dar-
gebracht hat, um mich zu erzürnen. [30] Denn die
Leute von Israel und Juda haben von Jugend an
immer nur das getan, was mir mißfiel, ja, die
Leute von Israel haben mich durch ihr Verhalten
stets nur erzürnt – Spruch des Herrn. [31] In der Tat,
diese Stadt hat seit ihrer Gründung bis zum heu-
tigen Tag meinen Zorn und Grimm erregt, so daß
ich sie von meinem Angesicht verstoßen muß
[32] wegen all des Bösen, das die Leute von Israel
und Juda verübt haben, um mich zu erzürnen, sie,
ihre Könige, ihre Beamten, ihre Priester und ihre
Propheten, die Leute von Juda und die Einwohner
Jerusalems. [33] Sie haben mir den Rücken zuge-
wandt und nicht das Gesicht. Ich habe sie uner-
müdlich belehrt, aber sie hörten nicht darauf und
besserten sich nicht. [34] Vielmehr stellten sie in
dem Haus, über dem mein Name ausgerufen ist,
ihre Scheusale auf, um es zu entweihen. [35] Sie er-
richteten die Kulthöhe des Baal im Tal Ben-Hin-
nom, um ihre Söhne und Töchter für den Moloch
durchs Feuer gehen zu lassen. Das habe ich ihnen
nie befohlen, und niemals ist mir in den Sinn ge-
kommen, solchen Greuel zu verlangen und Juda
in Sünde zu stürzen.

[36] Jetzt aber – so spricht der Herr, der Gott Isra-
els, über diese Stadt, von der ihr sagt, sie sei durch
Schwert, Hunger und Pest dem König von Babel
preisgegeben: [37] Seht, ich sammle sie aus allen
Ländern, wohin ich sie in meinem Zorn und
Grimm und in großem Groll versprengt habe. Ich
bringe sie wieder zurück an diesen Ort und lasse
sie in Sicherheit wohnen. [38] Sie werden mein Volk
sein, und ich werde ihr Gott sein. [39] Ich bringe sie
dazu, nur eines im Sinn zu haben und nur eines
zu erstreben: mich alle Tage zu fürchten, ihnen
und ihren Nachkommen zum Heil. [40] Ich schließe
mit ihnen einen ewigen Bund, daß ich mich nicht
von ihnen abwenden will, sondern ihnen Gutes
erweise. Ich lege ihnen die Furcht vor mir ins
Herz, damit sie nicht von mir weichen. [41] Ich
werde mich über sie freuen, wenn ich ihnen
Gutes erweise. In meiner Treue pflanze ich sie ein
in diesem Land, aus ganzem Herzen und aus
ganzer Seele. [42] Denn so spricht der Herr: Wie ich
über dieses Volk all das große Unheil gebracht
habe, so bringe ich über sie all das Gute, das ich
ihnen verspreche. [43] Man wird wieder Felder kau-
fen in diesem Land, von dem ihr sagt: Es ist eine
Wüste, ohne Mensch und Vieh, der Hand der
Chaldäer preisgegeben. [44] Äcker wird man wieder
kaufen für Geld, Kaufurkunden ausstellen und
versiegeln und Zeugen hinzunehmen im Land
Benjamin, in der Umgebung Jerusalems, in den
Städten Judas und des Gebirges, in den Städten
der Schefela und des Negeb. Denn ich wende ihr
Geschick – Spruch des Herrn.

Das neue Heil für Jerusalem und Juda

33 Das Wort des Herrn erging an Jeremia
zum zweitenmal, während er noch im
Wachhof eingesperrt war: [2] So spricht der Herr,
der die Erde erschaffen, sie geformt und fest ge-
gründet hat, Jahwe ist sein Name: [3] Rufe zu mir,
so will ich dir antworten und dir große, unfaßbare
Dinge mitteilen, die du nicht kennst. [4] Denn so
spricht der Herr, der Gott Israels, über die Häuser
dieser Stadt und die Häuser der Könige Judas, die
man eingerissen hat, um sie gegen die Belage-
rungswälle und für Kriegszwecke zu verwenden,
[5] und die dazu dienten, mit den Chaldäern Krieg
zu führen und mit den Leichen der Leute ange-
füllt zu werden, die ich in meinem Zorn und
Grimm erschlug, weil ich mein Angesicht vor die-
ser Stadt wegen all ihrer bösen Taten verborgen
hatte: [6] Seht, ich bringe ihnen Genesung und Hei-
lung; ich mache sie wieder heil und gewähre ih-
nen beständiges Wohlergehen. [7] Ich wende das
Geschick Judas und Jerusalems und baue sie auf
wie ehedem. [8] Ich reinige sie von all ihrer Schuld,
die sie gegen mich begangen haben, und ich ver-
gebe ihnen alle ihre Verfehlungen, mit denen sie
gesündigt und sich gegen mich aufgelehnt haben.
[9] Dann wird Jerusalem meine Freude sein, mein
Lobpreis und Ruhm bei allen Völkern der Erde,
wenn sie von all dem Guten hören, das ich tue;
sie werden zittern und beben wegen all des
Guten und des Heils, das ich ihm erweise. [10] So
spricht der Herr: An diesem Ort, von dem ihr sagt:
Verwüstet ist er, ohne Mensch und Vieh!, in den
Städten Judas und auf den Straßen Jerusalems, die
verödet sind, ohne Menschen, ohne Bewohner
und ohne Vieh, [11] hört man wieder Jubelruf und
Freudenruf, den Ruf des Bräutigams und den Ruf
der Braut; sie rufen und singen: Dankt dem Herrn
der Heere; denn der Herr ist gütig, denn seine
Huld währt ewig!, und bringen Dankopfer zum

Tempel des Herrn. Ich wende das Geschick des
Landes: Es soll werden wie ehedem, spricht der
Herr.
12 So spricht der Herr der Heere: An diesem Ort,
der verwüstet ist, ohne Mensch und Vieh, und in
allen seinen Städten wird es eine Weide für Hir-
ten geben, die ihre Herden lagern lassen. 13 In den
Städten des Gebirges, der Schefela und des Ne-
geb, im Land Benjamin, in der Umgebung Jerusa-
lems und in den Städten Judas ziehen wieder die
Schafe an dem vorbei, der sie mit der Hand zählt,
spricht der Herr.
14 Seht, es werden Tage kommen – Spruch des
Herrn –, da erfülle ich das Heilswort, das ich über
das Haus Israel und über das Haus Juda gespro-
chen habe. 15 In jenen Tagen und zu jener Zeit
werde ich für David einen gerechten Sproß auf-
sprießen lassen. Er wird für Recht und Gerechtig-
keit sorgen im Land. 16 In jenen Tagen wird Juda
gerettet werden, Jerusalem kann in Sicherheit
wohnen. Man wird ihm den Namen geben:
Jahwe ist unsere Gerechtigkeit. 17 Denn so spricht
der Herr: Nie soll es David an einem Nachkom-
men fehlen, der auf dem Thron des Hauses Israel
sitzt. 18 Auch den levitischen Priestern soll es nie
an einem Nachkommen fehlen, der alle Tage vor
meinen Augen Brandopfer darbringt, Speiseopfer
verbrennt und Schlachtopfer zurichtet.
19 Das Wort des Herrn erging an Jeremia: 20 So
spricht der Herr: Nur wenn mein Bund mit dem
Tag und mein Bund mit der Nacht gebrochen wer-
den könnte, so daß es nicht mehr Tag und Nacht
würde zur rechten Zeit, 21 dann könnte auch mein
Bund mit meinem Knecht David gebrochen wer-
den, so daß er keinen Sohn hätte, der auf seinem
Thron König wäre, und ebenso mein Bund mit
den levitischen Priestern, die mir dienen. 22 So un-
zählbar das Heer des Himmels und so unmeßbar
der Sand des Meeres ist, so zahlreich mache ich
die Nachkommen meines Knechtes David und
die Leviten, die mir dienen.
23 Das Wort des Herrn erging an Jeremia: 24 Hast
du nicht bemerkt, was diese Leute reden: Die
beiden Stammesverbände, die der Herr erwählt
hatte, hat er verworfen!, und wie sie mein Volk
verachten, so daß es in ihren Augen kein Volk
mehr ist? 25 So spricht der Herr: So gewiß ich
meinen Bund mit dem Tag und mit der Nacht
und die Ordnungen von Himmel und Erde fest-
gesetzt habe, 26 so sicher werde ich auch die
Nachkommen Jakobs und meines Knechtes Da-
vid nicht verwerfen; aus seinen Nachkommen
werde ich die Herrscher über die Nachkommen
Abrahams, Isaaks und Jakobs nehmen. Denn ich
werde ihr Geschick wenden und mich ihrer er-
barmen.

Zidkijas Ende

34 Das Wort, das vom Herrn an Jeremia er-
ging, als Nebukadnezzar, der König von
Babel, und sein ganzes Heer, alle Königreiche sei-
nes Herrschaftsgebietes und alle Völkerschaften
gegen Jerusalem und alle seine umliegenden
Städte Krieg führten: 2 So spricht der Herr, der Gott
Israels: Mach dich auf, rede mit Zidkija, dem Kö-
nig von Juda, und sag zu ihm: So spricht der Herr:
Ich gebe diese Stadt in die Hand des Königs von
Babel, und er wird sie niederbrennen. 3 Auch du
wirst seiner Hand nicht entrinnen, sondern er-
griffen und in seine Hand gegeben werden. Auge
in Auge wirst du den König von Babel sehen, und
von Mund zu Mund wird er mit dir reden, und
nach Babel wirst du kommen. 4 Doch höre das
Wort des Herrn, Zidkija, König von Juda! So
spricht der Herr über dich: Du brauchst nicht
durch das Schwert zu sterben. 5 In Frieden kannst
du sterben, und wie deinen Vätern und Vorgän-
gern, den früheren Königen, so wird man auch dir
zu Ehren Totenfeuer anzünden und dir die Toten-
klage halten: »Ach, der Herrscher!« Ich bin es, der
dieses Wort gesprochen hat – Spruch des Herrn.
6 Der Prophet Jeremia sagte alle diese Worte zu
Zidkija, dem König von Juda, in Jerusalem, 7 als das
Heer des Königs von Babel bereits gegen Jerusa-
lem und die übriggebliebenen Städte Judas, näm-
lich Lachisch und Aseka, kämpfte; denn nur diese
befestigten Städte waren in Juda noch übrigge-
blieben.

Der Widerruf der Sklavenfreilassung

8 Das Wort, das vom Herrn an Jeremia erging, als
König Zidkija mit dem ganzen Volk in Jerusalem
das Abkommen getroffen hatte, eine Freilassung
auszurufen. 9 Es sollte nämlich jeder seinen he-
bräischen Sklaven und seine hebräische Sklavin
freilassen, und keiner sollte mehr seinen hebräi-
schen Stammesbruder als Sklaven halten. 10 Dem
hatten sich alle Großen gefügt, ebenso das ganze
Volk, das dem Abkommen beigetreten war, daß
jeder seinen Sklaven oder seine Sklavin freilassen

und nicht mehr als Sklave halten werde. Sie hat-
ten gehorcht und die Sklaven freigelassen. [11] Da-
nach aber holten sie die Sklaven und Sklavinnen,
die sie freigelassen hatten, zurück und machten
sie mit Gewalt wieder zu Sklaven und Sklavin-
nen. [12] Da erging das Wort des Herrn an Jeremia:
[13] So spricht der Herr, der Gott Israels: Ich habe mit
euren Vätern, als ich sie aus Ägypten, dem Skla-
venhaus, herausführte, ein Abkommen getroffen
und verlangt: [14] Alle sieben Jahre soll jeder von
euch seinen hebräischen Stammesbruder, der
sich ihm verkauft hat, freilassen; sechs Jahre soll
er dein Sklave sein, dann sollst du ihn freilassen.
Aber eure Väter haben mir nicht gehorcht und
mir ihr Ohr nicht zugeneigt. [15] Da seid ihr jetzt um-
gekehrt und habt das getan, was in meinen Au-
gen recht ist, indem jeder für seinen Nächsten die
Freilassung ausrief. Vor mir hattet ihr ein Abkom-
men getroffen in dem Haus, über dem mein
Name ausgerufen ist. [16] Aber ihr seid wieder um-
gekehrt und habt meinen Namen entweiht; denn
jeder von euch hat seinen Sklaven oder seine
Sklavin zurückgeholt, die ihr doch völlig freige-
lassen hattet. Ihr habt sie gezwungen, wieder
eure Sklaven und Sklavinnen zu werden. [17] Da-
rum – so spricht der Herr: Ihr habt mir nicht ge-
horcht, und keiner hat für seinen Stammesbruder
und seinen Nächsten die Freilassung ausgerufen.
Wohlan, so rufe ich euch eine Freilassung aus
– Spruch des Herrn – für Schwert, Pest und Hun-
ger, und ich mache euch zu einem Bild des
Schreckens für alle Reiche der Erde. [18] Ich mache
die Männer, die mein Abkommen verletzt und
die Worte der Abmachung, die sie vor mir getrof-
fen hatten, nicht gehalten haben, dem Kalb
gleich, das sie in zwei Hälften zerschnitten haben
und zwischen dessen Stücken sie hindurchge-
gangen sind. [19] Die Großen Judas und Jerusalems,
die Höflinge, die Priester und alle Bürger des Lan-
des, die zwischen den Stücken des Kalbes hin-
durchgegangen sind, [20] sie alle gebe ich in die
Hand ihrer Feinde und derer, die ihnen nach dem
Leben trachten. Ihre Leichen sollen den Vögeln
des Himmels und den Tieren des Feldes zum Fraß
dienen. [21] Auch Zidkija, den König von Juda, und
seine Großen liefere ich ihren Feinden aus und
denen, die ihnen nach dem Leben trachten, dem
Heer des Königs von Babel, das eben von euch ab-
gezogen ist. [22] Schon gebe ich den Befehl – Spruch
des Herrn – und hole sie zu dieser Stadt zurück,
damit sie gegen sie kämpfen, sie erobern und nie-
derbrennen. Die Städte Judas mache ich zur men-
schenleeren Wüste.

Das Vorbild der Rechabiter

35 Das Wort, das vom Herrn an Jeremia er-
ging in den Tagen Jojakims, des Sohnes
Joschijas, des Königs von Juda: [2] Geh hin zur Ge-
meinschaft der Rechabiter, rede mit ihnen, führ
sie zum Haus des Herrn in eine der Hallen, und
gib ihnen Wein zu trinken! [3] Da holte ich Jaasanja,
den Sohn Jirmejas, des Sohnes Habazzinjas, samt
seinen Brüdern und allen seinen Söhnen und der
ganzen Gemeinschaft der Rechabiter. [4] Ich führte
sie zum Haus des Herrn in die Halle der Söhne
Hanans, des Sohnes Jigdaljas, des Gottesmannes,
die neben der Halle der Großen oberhalb der
Halle des Schwellenwächters Maaseja, des Soh-
nes Schallums, gelegen ist. [5] Dann setzte ich den
Leuten von der Gemeinschaft der Rechabiter ge-
füllte Weinkrüge und Becher vor und sagte zu ih-
nen: Trinkt Wein! [6] Sie aber entgegneten: Wir trin-
ken keinen Wein; denn unser Ahnherr Jonadab,
der Sohn Rechabs, hat uns geboten: Ihr sollt nie-
mals Wein trinken, weder ihr selbst noch eure
Söhne. [7] Auch sollt ihr kein Haus bauen, keine
Saat bestellen, keinen Weinberg pflanzen oder be-
sitzen. Vielmehr sollt ihr euer Leben lang in Zel-
ten wohnen, damit ihr lange lebt in dem Land, in
dem ihr euch als Fremde aufhaltet. [8] Wir gehorch-
ten dem Auftrag unseres Ahnherrn Jonadab, des
Sohnes Rechabs, in allem, was er uns gebot; wir
tranken also zeitlebens keinen Wein, weder wir
noch unsere Frauen, Söhne und Töchter. [9] Wir
bauten uns keine Wohnhäuser, wir besaßen kei-
nen Weinberg, keinen Acker und keine Saat.
[10] Wir wohnten in Zelten, und gehorsam handel-
ten wir genauso, wie unser Ahnherr Jonadab es
uns geboten hat. [11] Als jedoch Nebukadnezzar, der
König von Babel, gegen das Land heranzog, da
sagten wir: Kommt, wir wollen uns vor dem Heer
der Chaldäer und dem Heer der Aramäer nach Je-
rusalem begeben. So ließen wir uns in Jerusalem
nieder. [12] Nun erging das Wort des Herrn an Jere-
mia: [13] So spricht der Herr der Heere, der Gott Is-
raels: Geh hin und sag zu den Leuten von Juda
und zu den Einwohnern Jerusalems: Wollt ihr
euch nicht endlich belehren lassen und auf meine
Worte hören? – Spruch des Herrn. [14] Das Gebot Jo-
nadabs, des Sohnes Rechabs, der seinen Söhnen

das Weintrinken verboten hat, wird treu erfüllt;
sie trinken keinen Wein bis zum heutigen Tag,
weil sie dem Befehl ihres Ahnherrn gehorchen.
Ich aber habe immer wieder zu euch geredet,
doch ihr habt mir nicht gehorcht. 15 Und immer
wieder sandte ich zu euch alle meine Knechte, die
Propheten, mit der Mahnung: Kehrt doch alle um
von eurem schlechten Weg! Bessert euer Tun, und
lauft nicht anderen Göttern nach, um ihnen zu
dienen. Dann dürft ihr in dem Land bleiben, das
ich euch und euren Vätern gegeben habe. Ihr aber
habt euer Ohr nicht geneigt und nicht auf mich
gehört. 16 Ja, die Söhne Jonadabs, des Sohnes Re-
chabs, haben das Gebot, das ihnen ihr Ahnherr
gegeben hat, erfüllt. Dieses Volk aber hat mir nicht
gehorcht. 17 Darum – so spricht der Herr, der Gott
der Heere, der Gott Israels: Seht, ich bringe über
Juda und über alle Einwohner Jerusalems das
ganze Unheil, das ich ihnen angedroht habe, weil
sie nicht hörten, sooft ich zu ihnen redete, und
keine Antwort gaben, sooft ich sie rief. 18 Zur Ge-
meinschaft der Rechabiter aber sagte Jeremia: So
spricht der Herr der Heere, der Gott Israels: Weil
ihr dem Gebot eures Ahnherrn Jonadab gehorcht,
alle seine Gebote gehalten und nach allen seinen
Anordnungen gehandelt habt, 19 darum – so
spricht der Herr der Heere, der Gott Israels: Nie-
mals soll es Jonadab, dem Sohne Rechabs, an ei-
nem Nachkommen fehlen, der in meinem Dienst
steht.

Die Berichte Baruchs: 36,1–45,5

Die Verbrennung der Buchrolle

36 Im vierten Jahr Jojakims, des Sohnes Jo-
schijas, des Königs von Juda, erging vom
Herrn dieses Wort an Jeremia: 2 Nimm dir eine
Buchrolle, und schreib darauf alle Worte, die ich
zu dir über Israel und Juda und über alle Völker
gesprochen habe, seitdem ich zu dir rede, von
den Tagen Joschijas an bis heute. 3 Vielleicht wer-
den die Leute vom Haus Juda, wenn sie hören,
wieviel Unheil ich ihnen antun will, umkehren
von ihrem bösen Weg, und ich kann ihnen
Schuld und Sünde verzeihen. 4 Da rief Jeremia
Baruch, den Sohn Nerijas, und Baruch schrieb
nach dem Diktat Jeremias alle Worte, die der
Herr zu ihm gesprochen hatte, auf eine Buch-
rolle. 5 Jeremia gab hierauf Baruch folgenden Auf-
trag: Mir ist es verwehrt, das Haus des Herrn zu
betreten. 6 Darum geh du hin, und lies am Fast-
tag aus der Rolle, die du nach meinem Diktat ge-
schrieben hast, dem Volk im Haus des Herrn die
Worte des Herrn vor. Auch allen Judäern, die aus
ihren Städten herbeiströmen, sollst du sie vorle-
sen. 7 Vielleicht flehen sie vor dem Herrn um Er-
barmen und kehren um, jeder von seinem bö-
sen Weg; denn groß ist der Zorn und Grimm,
den der Herr diesem Volk angedroht hat. 8 Ba-
ruch, der Sohn Nerijas, handelte genau nach
dem Auftrag des Propheten Jeremia und las im
Haus des Herrn die Worte des Herrn aus dem
Buch vor.
9 Im fünften Jahr Jojakims, des Sohnes Joschijas,
des Königs von Juda, hatte man im neunten Mo-
nat alles Volk in Jerusalem und alle Leute, die von
den Städten Judas nach Jerusalem kommen soll-
ten, zu einem Fasten vor dem Herrn aufgerufen.
10 Nun las Baruch im Haus des Herrn dem ganzen
Volk aus dem Buch die Worte Jeremias vor, und
zwar in der Halle Gemarjas, des Sohnes des Staats-
schreibers Schafan, im oberen Vorhof am Eingang
des Neuen Tempeltores. 11 Als Micha, der Sohn Ge-
marjas, des Sohnes Schafans, alle Worte des Herrn
aus dem Buch vernommen hatte, 12 ging er hinab
in den Königspalast zur Halle des Staatsschreibers.
Dort waren gerade alle hohen Beamten zu einer
Sitzung versammelt: der Staatsschreiber Eli-
schama, Delaja, der Sohn Schemajas, Elnatan, der
Sohn Achbors, Gemarja, der Sohn Schafans, Zid-
kija, der Sohn Hananjas, und alle sonstigen Beam-
ten. 13 Micha teilte ihnen alle Worte mit, die er
gehört hatte, als Baruch dem Volk aus dem Buch
vorlas. 14 Da schickten die versammelten Beamten
Jehudi, den Sohn Netanjas, des Sohnes Schelem-
jas, des Sohnes Kuschis, zu Baruch und ließen ihm
sagen: Nimm die Rolle, aus der du dem Volk vor-
gelesen hast, und komm hierher! Sogleich nahm
Baruch, der Sohn Nerijas, die Rolle und ging zu ih-
nen. 15 Sie sagten zu ihm: Setz dich, und lies sie uns
vor! Nun las ihnen Baruch vor. 16 Als sie all die
Worte hörten, schauten sie einander erschrocken
an und sagten [zu Baruch]: Wir müssen das alles

dem König mitteilen. 17 Sie fragten Baruch: Sag uns
doch, wie hast du alle diese Worte niedergeschrie-
ben? 18 Baruch erwiderte ihnen: Jeremia hat mir
alle diese Worte diktiert, und ich habe sie mit Tinte
in das Buch geschrieben. 19 Darauf sagten die Be-
amten zu Baruch: Geh und verbirg dich, du und
auch Jeremia! Niemand soll wissen, wo ihr seid.
20 Dann begaben sie sich zum König in den Palast-
hof, nachdem sie die Rolle in der Halle des Staats-
schreibers Elischama verwahrt hatten, und be-
richteten das alles dem König. 21 Da gab der König
dem Jehudi den Auftrag, die Rolle zu holen, und
dieser holte sie aus der Halle des Staatsschreibers
Elischama. Und Jehudi las sie dem König vor und
allen Beamten, die um den König herumstanden.
22 Der König wohnte im Winterhaus, es war ja der
neunte Monat, und vor ihm brannte das Feuer auf
dem Kohlenbecken. 23 Sooft nun Jehudi drei oder
vier Spalten gelesen hatte, schnitt sie der König
mit dem Schreibermesser ab und warf sie in das
Feuer auf dem Kohlenbecken, bis das Feuer auf
dem Kohlenbecken die ganze Rolle verzehrt
hatte. 24 Niemand erschrak, und niemand zerriß
seine Kleider, weder der König noch irgendeiner
seiner Diener, die all diese Worte gehört hatten.
25 Selbst als Elnatan, Delaja und Gemarja den Kö-
nig bestürmten, die Rolle nicht zu verbrennen,
hörte er nicht auf sie. 26 Vielmehr befahl der König
dem Prinzen Jerachmeël, ferner Seraja, dem Sohn
Asriëls, und Schelemja, dem Sohn Abdeëls, den
Schreiber Baruch und den Propheten Jeremia fest-
zunehmen; aber der Herr hielt sie verborgen.
27 Nachdem der König die Rolle mit den Worten,
die Baruch nach dem Diktat Jeremias niederge-
schrieben hat, verbrannt hatte, erging das Wort des
Herrn an Jeremia: 28 Nimm dir eine andere Rolle,
und schreib all die früheren Worte darauf, die auf
der ersten Rolle standen, die Jojakim, der König
von Juda, verbrannt hat. 29 Über Jojakim aber, den
König von Juda, sollst du sagen: So spricht der Herr:
Du hast diese Rolle verbrannt und gesagt: Warum
hast du darin geschrieben, der König von Babel
werde bestimmt kommen, dieses Land verheeren
und Mensch und Vieh darin vernichten? 30 Darum
– so spricht der Herr über Jojakim, den König von
Juda: Er wird keinen Nachkommen mehr haben,
der auf dem Thron Davids sitzt, und sein Leichnam
soll weggeworfen werden und der Hitze des Tags
und der Kälte der Nacht ausgesetzt sein. 31 Ich
ziehe ihn, seine Nachkommen und seine Diener
zur Rechenschaft für ihre Schuld. Ich bringe über
sie, über die Einwohner Jerusalems und die Leute
von Juda all das Unheil, das ich ihnen angedroht
habe, ohne daß sie hören wollten. 32 Da nahm Jere-
mia eine andere Rolle und übergab sie dem Schrei-
ber Baruch, dem Sohn Nerijas. Dieser schrieb auf
sie nach dem Diktat Jeremias alle Worte des Bu-
ches, das Jojakim, der König von Juda, im Feuer
verbrannt hatte. Ihnen wurden noch viele ähnli-
che Worte hinzugefügt.

Die Botschaft an König Zidkija

37 Anstelle Jojachins, des Sohnes Jojakims,
wurde Zidkija, der Sohn Joschijas, König.
Ihn hatte Nebukadnezzar, der König von Babel,
als König über das Land Juda eingesetzt. 2 Weder
er selbst noch seine Diener, noch die Bürger des
Landes hörten auf die Worte, die der Herr durch
den Propheten Jeremia sprach.
3 König Zidkija sandte einmal Juchal, den Sohn
Schelemjas, und den Priester Zefanja, den Sohn
Maasejas, zum Propheten Jeremia und ließ ihm sa-
gen: Bete doch für uns zum Herrn, unserem Gott!
4 Jeremia konnte sich noch frei unter dem Volk be-
wegen; man hatte ihn noch nicht ins Gefängnis ge-
worfen. 5 Aus Ägypten war damals das Heer des
Pharao aufgebrochen, und als die Chaldäer, die Je-
rusalem belagerten, davon Nachricht erhielten,
rückten sie von Jerusalem ab. 6 Nun erging das Wort
des Herrn an den Propheten Jeremia: 7 So spricht
der Herr, der Gott Israels: Antwortet dem König
von Juda, der euch zu mir gesandt hat, um mich zu
befragen: Fürwahr, das Heer des Pharao, das auf-
gebrochen ist, um euch Hilfe zu bringen, wird in
sein Land Ägypten zurückkehren. 8 Dann werden
die Chaldäer wieder umkehren, gegen diese Stadt
kämpfen, sie erobern und in Brand stecken. 9 So
spricht der Herr: Täuscht euch nicht selbst mit dem
Gedanken: Die Chaldäer ziehen endgültig von uns
ab. Nein, sie ziehen nicht ab. 10 Selbst wenn ihr das
ganze Heer der Chaldäer, die gegen euch kämpfen,
schlagen könntet und nur einige Verwundete von
ihnen übrigblieben, sie würden, jeder in seinem
Zelt, aufstehen und diese Stadt in Brand stecken.

Der Prophet im Gefängnis

11 Damals, als das Heer der Chaldäer vor dem Heer
des Pharao von Jerusalem abgerückt war, 12 wollte
sich Jeremia von Jerusalem ins Land Benjamin be-
geben, um dort mit seinen Verwandten ein Erbe

zu teilen. [13] Er war bereits am Benjamintor angelangt. Dort stand ein Wachhabender namens Jirija, der Sohn Schelemjas, des Sohnes Hananjas. Er hielt den Propheten Jeremia an und rief: Du willst zu den Chaldäern überlaufen. [14] Jeremia entgegnete: Das ist nicht wahr; ich laufe nicht zu den Chaldäern über. Doch Jirija hörte nicht auf ihn; er nahm Jeremia fest und brachte ihn vor die Beamten. [15] Diese waren über Jeremia wütend, schlugen ihn und warfen ihn in den Kerker, in das Haus des Staatsschreibers Jonatan; denn dieses hatte man als Gefängnis eingerichtet. [16] So kam Jeremia in die Zisternenhöhle mit den Gewölben. Dort saß Jeremia lange Zeit gefangen.

[17] Eines Tages ließ ihn König Zidkija holen. Der König fragte ihn heimlich in seinem Palast: Ist ein Wort vom Herrn da? Jeremia bejahte es und antwortete: Du wirst in die Hand des Königs von Babel ausgeliefert werden. [18] Dann sagte Jeremia zum König Zidkija: Welches Verbrechen habe ich an dir, an deinen Dienern und an diesem Volk begangen, daß ihr mich ins Gefängnis geworfen habt? [19] Und wo sind jetzt eure Propheten, die euch geweissagt haben: Der König von Babel wird nicht über euch und dieses Land kommen? [20] Doch nun höre, mein Herr und König! Möge meine Bitte bei dir Gehör finden. Laß mich nicht ins Haus des Staatsschreibers zurückbringen, sonst gehe ich dort zugrunde. [21] Da gab König Zidkija den Befehl, Jeremia im Wachhof zu verwahren, und man versorgte ihn täglich mit einem Laib Brot aus der Bäckergasse, bis alles Brot in der Stadt zu Ende ging. So blieb also Jeremia im Wachhof.

Jeremia in der Zisterne

38 Schefatja, der Sohn Mattans, Gedalja, der Sohn Paschhurs, Juchal, der Sohn Schelemjas, und Paschhur, der Sohn Malkijas, hörten von den Worten, die Jeremia zum ganzen Volk redete, indem er sagte: [2] So spricht der Herr: Wer in dieser Stadt bleibt, der stirbt durch Schwert, Hunger und Pest. Wer aber zu den Chaldäern hinausgeht, der wird überleben; er wird sein Leben wie ein Beutestück gewinnen und davonkommen. [3] So spricht der Herr: Diese Stadt wird ganz sicher dem Heer des Königs von Babel in die Hände fallen, und er wird sie erobern. [4] Darauf sagten die Beamten zum König: Dieser Mann muß mit dem Tod bestraft werden; denn er lähmt mit solchen Reden die Hände der Krieger, die in dieser Stadt noch übriggeblieben sind, und die Hände des ganzen Volkes. Denn dieser Mensch sucht nicht Heil, sondern Unheil für dieses Volk. [5] Der König Zidkija erwiderte: Nun, er ist in eurer Hand; denn der König vermag nichts gegen euch. [6] Da ergriffen sie Jeremia und warfen ihn in die Zisterne des Prinzen Malkija, die sich im Wachhof befand; man ließ ihn an Stricken hinunter. In der Zisterne war kein Wasser, sondern nur Schlamm, und Jeremia sank in den Schlamm.

Die Rettung durch den Kuschiter

[7] Der Kuschiter Ebed-Melech, ein Höfling, der im königlichen Palast bedienstet war, hörte, daß man Jeremia in die Zisterne geworfen hatte. Während der König sich am Benjamintor aufhielt, [8] verließ Ebed-Melech den Palast und sagte zum König: [9] Mein Herr und König, schlecht war alles, was diese Männer dem Propheten Jeremia angetan haben; sie haben ihn in die Zisterne geworfen, damit er dort unten verhungert. Denn es gibt in der Stadt kein Brot mehr. [10] Da befahl der König dem Kuschiter Ebed-Melech: Nimm dir von hier drei Männer mit, und zieh den Propheten Jeremia aus der Zisterne herauf, bevor er stirbt. [11] Ebed-Melech nahm die Männer mit sich und ging zum Königspalast in die Kleiderkammer des Vorratshauses. Dort holte er Stücke von abgelegten und zerrissenen Kleidern und ließ sie an Stricken zu Jeremia in die Zisterne hinunter. [12] Dann rief der Kuschiter Ebed-Melech Jeremia zu: Leg die Stücke der abgelegten und zerrissenen Kleider in deine Achselhöhlen unter die Stricke! Jeremia tat es. [13] Nun zogen sie Jeremia an den Stricken hoch und brachten ihn aus der Zisterne herauf. Von da an blieb Jeremia im Wachhof.

Letzte Warnung an den König

[14] König Zidkija ließ den Propheten Jeremia zu sich an den dritten Eingang beim Haus des Herrn holen. Der König sagte zu Jeremia: Ich möchte dich nach einem Gotteswort fragen. Verschweig mir nichts! [15] Jeremia antwortete Zidkija: Wenn ich es dir verkünde, läßt du mich bestimmt umbringen, und wenn ich dir einen Rat gebe, hörst du nicht auf mich. [16] Da schwor König Zidkija dem Jeremia heimlich und sagte: So wahr der Herr lebt, der uns dieses Leben gegeben hat, ich lasse dich nicht umbringen und gebe dich nicht in die Hand jener Männer, die dir nach dem Leben trachten. [17] Hierauf sagte Jeremia zu Zidkija: So spricht der Herr, der Gott der Heere, der Gott Israels: Wenn du freiwillig

hinausgehst zu den Heerführern des Königs von
Babel, dann ist dein Leben gerettet, diese Stadt
wird nicht in Brand gesteckt, und du bleibst am Le-
ben, du und dein Haus. 18 Gehst du aber nicht hin-
aus zu den Heerführern des Königs von Babel,
dann wird diese Stadt den Chaldäern ausgeliefert.
Sie werden sie in Brand stecken, und du selbst
wirst ihrer Hand nicht entrinnen. 19 König Zidkija
entgegnete Jeremia: Ich habe Angst vor den Ju-
däern, die bereits zu den Chaldäern abgefallen
sind; man könnte mich ihnen ausliefern, und sie
würden mir übel mitspielen. 20 Jeremia versicherte:
Man wird dich nicht ausliefern. Hör doch auf die
Stimme des Herrn in meiner Rede! Dann geht es dir
gut, und dein Leben bleibt erhalten. 21 Weigerst du
dich aber hinauszugehen, so wird geschehen, was
der Herr mich sehen ließ: 22 Ich sah, wie alle Frauen,
die im Palast des Königs von Juda noch übrig wa-
ren, zu den Obersten des Königs von Babel hin-
ausgeführt wurden. Sie klagten:

Überlistet, hereingelegt / haben dich deine gu-
ten Freunde;
stecken deine Füße im Sumpf, / so machen sich
alle davon.

23 Ja, alle deine Frauen und Kinder wird man zu
den Chaldäern hinausführen; auch du wirst ihrer
Hand nicht entrinnen, sondern wirst gefangen
dem König von Babel ausgeliefert werden; diese
Stadt aber wird man in Brand stecken. 24 Zidkija
sagte zu Jeremia: Niemand darf von diesem Ge-
spräch erfahren, sonst mußt du sterben. 25 Wenn
aber die Beamten erfahren, daß ich mit dir gere-
det habe, und wenn sie zu dir kommen und dich
auffordern: Teil uns mit, was du zum König gesagt
hast und was der König zu dir gesagt hat, ver-
heimliche uns nichts, sonst bringen wir dich um!,
26 dann antworte ihnen: Ich habe an den König die
Bitte gerichtet, mich nicht ins Haus Jonatans
zurückbringen zu lassen, weil ich dort zugrunde
gehe. 27 Tatsächlich kamen alle Beamten zu Jere-
mia und fragten ihn. Er antwortete ihnen genau
so, wie ihm der König geboten hatte. Da ließen sie
von ihm ab; denn niemand hatte das Gespräch
gehört. 28 So blieb Jeremia im Wachhof bis zu dem
Tag, an dem Jerusalem erobert wurde.

Der Fall Jerusalems

39 [Nach der Eroberung Jerusalems:] 1 Im
neunten Jahr Zidkijas, des Königs von Juda,
im zehnten Monat, rückte Nebukadnezzar, der Kö-
nig von Babel, mit seiner ganzen Streitmacht vor Je-
rusalem und belagerte es. 2 Im elften Jahr Zidkijas,
am neunten Tag des vierten Monats, wurden Bre-
schen in die Stadtmauer geschlagen. 3 Da zogen alle
Heerführer des Königs von Babel ein und ließen
sich im Mitteltor nieder: [Nergal-Sarezer, der Fürst
von Sin-Magir, und] Nebuschasban, der Oberkäm-
merer, Nergal-Sarezer, der Oberhofmeister, und
alle übrigen Heerführer des Königs von Babel.
4 Als Zidkija, der König von Juda, und alle Krieger
dies sahen, ergriffen sie die Flucht und verließen
bei Nacht die Stadt auf dem Weg zum königlichen
Garten; sie gingen durch das Tor zwischen den bei-
den Mauern und schlugen die Richtung nach der
Araba ein. 5 Aber die chaldäischen Truppen setzten
ihnen nach und holten Zidkija in den Niederungen
von Jericho ein. Sie nahmen ihn gefangen, brach-
ten ihn vor Nebukadnezzar, den König von Babel,
nach Ribla in der Landschaft Hamat, und dieser
sprach das Urteil über ihn. 6 Der König von Babel
ließ in Ribla die Söhne Zidkijas vor dessen Augen
niedermachen; auch alle Vornehmen Judas ließ der
König von Babel niedermachen. 7 Zidkija ließ er
blenden und in Fesseln legen, um ihn nach Babel
zu bringen. 8 Den königlichen Palast und die Häu-
ser der Bürger steckten die Chaldäer in Brand, und
die Mauern Jerusalems rissen sie nieder. 9 Den Rest
der Bevölkerung, der noch in der Stadt geblieben
war, sowie alle, die zum König von Babel überge-
laufen waren, und den Rest der Handwerker ver-
schleppte Nebusaradan, der Kommandant der
Leibwache, nach Babel. 10 Nur von den armen Leu-
ten, die nichts hatten, ließ Nebusaradan, der Kom-
mandant der Leibwache, einen Teil im Land Juda
zurück und gab ihnen Weinberge und Äcker.

Die Befreiung Jeremias

11 Nebukadnezzar, der König von Babel, hatte Ne-
busaradan, dem Kommandanten der Leibwache,
über Jeremia folgende Anweisung gegeben: 12 Laß
ihn holen, kümmere dich um ihn, und füg ihm
kein Leid zu, sondern richte dich nach seinen
Wünschen! 13 Da schickten Nebusaradan, der
Kommandant der Leibwache, Nebuschasban, der
Oberkämmerer, und Nergal-Sarezer, der Ober-
hofmeister, sowie alle Obersten des Königs von
Babel Leute zum Wachhof, 14 ließen Jeremia von
dort holen und übergaben ihn Gedalja, dem Sohn
Ahikams, des Sohnes Schafans, damit er ihn nach
Hause entlasse. So blieb er mitten unter dem Volk.

Die Verheißung für den Kuschiter

15 Als Jeremia noch im Wachhof gefangen saß, war
an ihn das Wort des Herrn ergangen: 16 Geh hin und
sag zu dem Kuschiter Ebed-Melech: So spricht der
Herr der Heere, der Gott Israels: Bald erfülle ich
meine Worte, die ich über diese Stadt gesprochen
habe – zu ihrem Unheil, und nicht zu ihrem Heil;
sie werden an jenem Tag vor deinen Augen ein-
treffen. 17 Aber dich werde ich retten an jenem Tag
– Spruch des Herrn –, und du wirst den Leuten, vor
denen du Angst hast, nicht in die Hände fallen. 18 Ja,
ich werde dich heil entrinnen lassen; du wirst
nicht unter dem Schwert fallen, sondern dein Le-
ben wie ein Beutestück gewinnen, weil du auf
mich vertraut hast – Spruch des Herrn.

Jeremia beim Statthalter Gedalja

40 Das Wort, das vom Herrn an Jeremia er-
ging, nachdem ihn Nebusaradan, der
Kommandant der Leibwache, in Rama freigelassen
hatte. Dieser hatte ihn nämlich holen lassen, als er,
mit Handschellen gefesselt, sich mitten unter den
Gefangenen von Jerusalem und Juda befand, die
nach Babel weggeführt werden sollten. 2 Der Kom-
mandant der Leibwache holte Jeremia und sagte zu
ihm: Jahwe, dein Gott, hatte diesem Ort dieses Un-
heil angedroht. 3 Jetzt hat Jahwe seine Drohung ein-
treffen lassen und vollstreckt; denn ihr habt gegen
Jahwe gesündigt und nicht auf seine Stimme
gehört. So mußte euch dieses Schicksal treffen.
4 Nun aber löse ich dir heute die Fesseln an deinen
Händen. Wenn es dir beliebt, mit mir nach Babel zu
kommen, so komm mit, und ich will für dich sorgen.
Willst du aber nicht mit mir nach Babel kommen, so
laß es! Siehe, das ganze Land liegt vor dir; du kannst
gehen, wohin du willst. 5 Wenn du es vorziehst da-
zubleiben, so kehre um zu Gedalja, dem Sohn Ahi-
kams, des Sohnes Schafans, den der König von Ba-
bel über das Land Juda gesetzt hat. Bleib bei ihm
mitten unter dem Volk, oder geh, wohin du willst.
Der Kommandant der Leibwache gab ihm Reise-
vorrat sowie ein Geschenk und entließ ihn. 6 Jere-
mia ging zu Gedalja, dem Sohn Ahikams, nach
Mizpa und blieb bei ihm mitten unter dem Volk, das
im Land übriggeblieben war.

Gedalja als Statthalter

7 Alle Truppenführer, die samt ihren Mannschaften
noch über das freie Feld verstreut waren, erfuhren,
daß der König von Babel Gedalja, den Sohn Ahi-
kams, als Statthalter im Land eingesetzt und ihm
Männer, Frauen und Kinder sowie jenen Teil der
armen Bevölkerung unterstellt habe, der nicht
nach Babel weggeführt worden war. 8 Sie kamen
nun mit ihren Leuten zu Gedalja nach Mizpa, näm-
lich Jischmael, der Sohn Netanjas, Johanan und Jo-
natan, die Söhne Kareachs, Seraja, der Sohn Tan-
humets, ferner die Söhne Efais aus Netofa und
Jaasanja, der Sohn des Maachatiters. 9 Gedalja, der
Sohn Ahikams, des Sohnes Schafans, schwor ih-
nen und ihren Mannschaften: Fürchtet euch nicht
davor, den Chaldäern untertan zu sein. Bleibt im
Land, und dient dem König von Babel; dann wird
es euch gut gehen. 10 Seht, ich selber bleibe in Mizpa
und vertrete euch vor den Chaldäern, die zu uns
kommen. Ihr aber, erntet Wein, Obst und Öl, sam-
melt es in euren Gefäßen, und bleibt in den Ort-
schaften, die ihr besiedelt. 11 Auch alle jene Judäer,
die sich in Moab, bei den Ammonitern, in Edom
oder in irgendeinem anderen Land aufhielten, er-
fuhren, daß der König von Babel Juda eine Restbe-
völkerung gelassen und über sie Gedalja, den Sohn
Ahikams, des Sohnes Schafans, als Statthalter ein-
gesetzt habe. 12 Daher kehrten alle Judäer aus sämt-
lichen Orten, wohin sie versprengt waren, zurück
und kamen ins Land Juda zu Gedalja nach Mizpa.
Man erntete Wein und Obst in großer Menge.
13 Eines Tages kamen Johanan, der Sohn Ka-
reachs, und alle Truppenführer, die über das freie
Feld verstreut waren, zu Gedalja nach Mizpa.
14 Sie fragten ihn: Weißt du schon, daß Baalis, der
König der Ammoniter, Jischmael, den Sohn Ne-
tanjas, geschickt hat, um dich ermorden zu lassen?
Aber Gedalja, der Sohn Ahikams, glaubte es ihnen
nicht. 15 Nun machte Johanan, der Sohn Kareachs,
dem Gedalja in Mizpa insgeheim den Vorschlag:
Ich will hingehen und Jischmael, den Sohn Netan-
jas, erschlagen, ohne daß jemand davon erfährt.
Warum soll er dich umbringen, so daß alle Judäer,
die sich um dich geschart haben, wieder zerstreut
werden und der Rest von Juda zugrunde geht?
16 Doch Gedalja, der Sohn Ahikams, entgegnete Jo-
hanan, dem Sohn Kareachs: Nein, tu das nicht;
denn was du über Jischmael sagst, ist nicht wahr.

Die Ermordung Gedaljas

41 Aber im siebten Monat kam Jischmael, der
Sohn Netanjas, des Sohnes Elischamas,
ein Mann aus königlichem Geschlecht und einer
von den Großen des Königs, mit zehn Mann zu

Gedalja, dem Sohn Ahikams, nach Mizpa. Wäh-
rend sie dort zusammen aßen, 2 erhob sich Jisch-
mael, der Sohn Netanjas, samt den zehn Männern,
die bei ihm waren, und sie erschlugen Gedalja, den
Sohn Ahikams, des Sohnes Schafans, mit dem
Schwert. So tötete er den Mann, den der König von
Babel als Statthalter im Land eingesetzt hatte.
3 Auch alle Judäer, die bei ihm [bei Gedalja] in Mizpa
waren, und die Chaldäer, die sich dort als militäri-
sche Besatzung befanden, erschlug Jischmael.
4 Am zweiten Tag nach Gedaljas Ermordung, als
noch niemand etwas erfahren hatte, 5 kamen
Männer aus Sichem, Schilo und Samaria, achtzig
Mann, mit geschorenen Bärten, zerrissenen Klei-
dern und eingeritzten Wunden. Sie trugen in
ihren Händen Opfergaben und Weihrauch, um sie
zum Haus des Herrn zu bringen. 6 Da ging ihnen
Jischmael, der Sohn Netanjas, von Mizpa aus ent-
gegen, wobei er laut weinte. Sobald er mit ihnen
zusammentraf, lud er sie ein: Kommt mit zu
Gedalja, dem Sohn Ahikams! 7 Als sie nun in
die Stadtmitte gekommen waren, ermordete sie
Jischmael, der Sohn Netanjas, mit Hilfe der Män-
ner, die er bei sich hatte, und warf sie in die Zi-
sterne. 8 Zehn Männer aber, die sich unter jenen
befanden, hatten zu Jischmael gesagt: Töte uns
nicht; denn wir haben versteckte Vorräte auf dem
Feld: Weizen, Gerste, Öl und Honig. Da sah er da-
von ab, sie zusammen mit ihren Stammesbrüdern
zu töten. 9 Die Zisterne, in die Jischmael alle Lei-
chen der Männer warf, die er Gedaljas wegen er-
schlagen hatte, war jene, die König Asa im Krieg
gegen Bascha, den König von Israel, angelegt
hatte. Diese füllte nun Jischmael, der Sohn
Netanjas, mit Erschlagenen an. 10 Dann führte
Jischmael den ganzen Rest des Volkes, der sich in
Mizpa befand, gefangen hinweg: die Prinzessin-
nen und die ganze Bevölkerung, die in Mizpa ge-
blieben war und die Nebusaradan, der Komman-
dant der Leibwache, Gedalja, dem Sohn Ahikams,
unterstellt hatte. Jischmael, der Sohn Netanjas,
führte sie gefangen weg und zog ab, um über die
Grenze zu den Ammonitern zu gelangen.
11 Johanan, der Sohn Kareachs, und alle Truppen-
führer, die bei ihm waren, hörten von all dem Bö-
sen, das Jischmael, der Sohn Netanjas, verübt
hatte. 12 Sie nahmen ihre gesamte Mannschaft
und zogen aus, um gegen Jischmael, den Sohn
Netanjas, zu kämpfen. Am großen Wasser bei Gi-
beon stießen sie auf ihn. 13 Als das ganze Volk, das
bei Jischmael war, Johanan, den Sohn Kareachs,
und in seiner Begleitung alle Truppenführer er-
blickte, war es hoch erfreut. 14 Alle Leute, die Jisch-
mael gefangen von Mizpa weggeführt hatte,
wandten sich von ihm ab und traten auf die Seite
Johanans, des Sohnes Kareachs. 15 Jischmael aber,
der Sohn Netanjas, konnte mit acht Mann dem Jo-
hanan entkommen und floh zu den Ammonitern.

Die Sammlung des restlichen Volkes

16 Nun übernahm Johanan, der Sohn Kareachs, zu-
sammen mit allen Truppenführern, die bei ihm
waren, den ganzen Rest des Volkes, den Jisch-
mael, der Sohn Netanjas, nach der Ermordung Ge-
daljas, des Sohnes Ahikams, aus Mizpa wegge-
führt hatte: Männer, [Krieger] Frauen, Kinder und
Palastbeamte, die er nun alle von Gibeon weg-
brachte. 17 Sie zogen ab und machten in der Her-
berge des Kimham bei Betlehem halt, in der Ab-
sicht, nach Ägypten weiterzuziehen. 18 So wollten
sie den Chaldäern entkommen; denn sie hatten
Angst vor ihnen, weil Jischmael, der Sohn Netan-
jas, Gedalja, den Sohn Ahikams, erschlagen hatte,
den der König von Babel als Statthalter im Land
eingesetzt hatte.

Die Bitte um ein Gotteswort

42 Da kamen alle Truppenführer und Jo-
hanan, der Sohn Kareachs, ferner Asarja,
der Sohn Haschajas, sowie das ganze Volk, klein
und groß, herbei 2 und sagten zum Propheten Je-
remia: Möge unsere Bitte bei dir Gehör finden:
Bete für uns zum Herrn, deinem Gott, für diesen
ganzen Rest; denn von einst so vielen sind nur
wir wenige übriggeblieben, wie du mit eigenen
Augen siehst. 3 Möge der Herr, dein Gott, uns
kundtun, welchen Weg wir einschlagen und was
wir tun sollen. 4 Der Prophet Jeremia erwiderte ih-
nen: Gut, ich will nach eurem Wunsch zum
Herrn, eurem Gott, beten und euch dann alles,
was der Herr antwortet, mitteilen, ohne euch ein
Wort vorzuenthalten. 5 Sie selbst versicherten Je-
remia: Der Herr sei ein wahrer und treuer Zeuge
gegen uns, wenn wir nicht genau nach dem Wort
handeln, mit dem dich der Herr, dein Gott, zu uns
sendet. 6 Sei es gut oder schlimm, auf die Stimme
des Herrn, unseres Gottes, zu dem wir dich sen-
den, werden wir hören, damit es uns gut gehe,
weil wir auf die Stimme des Herrn, unseres
Gottes, hören.

Die Warnung vor der Auswanderung nach Ägypten

7 Zehn Tage später erging das Wort des Herrn an Je-
remia. 8 Daraufhin rief er Johanan, den Sohn Ka-
reachs, und alle Truppenführer, die bei ihm waren,
sowie das ganze Volk, klein und groß, zusammen
9 und sagte zu ihnen: So spricht der Herr, der Gott
Israels, zu dem ihr mich gesandt habt, um ihm eure
Bitte vorzutragen: 10 Wenn ihr in diesem Land woh-
nen bleibt, so werde ich euch aufbauen und nicht
niederreißen, euch einpflanzen und nicht aus-
reißen; ja, ich bereue das Unheil, das ich euch an-
getan habe. 11 Fürchtet euch nicht vor dem König
von Babel, vor dem ihr Angst habt. Fürchtet euch
nicht vor ihm – Spruch des Herrn –; denn ich bin
mit euch, um euch zu retten und seiner Hand zu
entreißen. 12 Ich bewirke Erbarmen für euch; er
wird sich euer erbarmen und euch in eure Heimat
zurückkehren lassen. 13 Wenn ihr aber sagt: Wir
bleiben nicht in diesem Land!, und auf die Stimme
des Herrn, eures Gottes, nicht hört, 14 sondern sagt:
Nein, nach Ägypten wollen wir ziehen, wo wir
weder Krieg sehen noch Trompetenschall hören,
noch nach Brot hungern werden, und dort wollen
wir bleiben!, 15 nun, dann hört das Wort des Herrn,
ihr, der Rest Judas: So spricht der Herr der Heere,
der Gott Israels: Wenn ihr darauf besteht, nach
Ägypten zu ziehen, und auswandert, um euch dort
niederzulassen, 16 dann wird euch das Schwert, das
ihr fürchtet, dort in Ägypten erreichen, und der
Hunger, vor dem euch bangt, wird euch dort in
Ägypten verfolgen, und ihr werdet dort umkom-
men. 17 Ja, alle, die darauf bestehen, nach Ägypten
zu ziehen, um sich dort niederzulassen, werden
durch Schwert, Hunger und Pest umkommen. Kei-
ner von ihnen wird entkommen, keiner dem Un-
heil entrinnen, das ich über sie bringe. 18 Denn so
spricht der Herr der Heere, der Gott Israels: Wie
sich mein Zorn und Grimm über die Einwohner Je-
rusalems ergossen hat, so wird sich mein Grimm
auch über euch ergießen, wenn ihr nach Ägypten
zieht. Ihr werdet zum Fluch und zu einem Bild des
Entsetzens, zur Verwünschung und zur Schmach
werden. Dieses Land aber werdet ihr nie wieder
sehen.

Die Drohung an die Verstockten

19 Der Herr hat zu euch gesprochen, Rest Judas:
Zieht nicht nach Ägypten! Ihr sollt genau wissen:
Ich warne euch heute. 20 Denn ihr gebt euch einer
gefährlichen Täuschung hin. Ihr selbst habt mich
ja zum Herrn, eurem Gott, gesandt mit den Wor-
ten: Bete für uns zum Herrn, unserem Gott, und
ganz wie der Herr, unser Gott, spricht, gib uns Be-
scheid, und wir werden danach handeln. 21 Heute
nun habe ich euch den Bescheid gegeben, aber
ihr habt auf die Stimme des Herrn, eures Gottes,
nicht gehört, auf nichts von dem, womit er mich
zu euch gesandt hat. 22 Jetzt aber sollt ihr wissen:
Durch Schwert, Hunger und Pest werdet ihr um-
kommen an dem Ort, wohin ihr ziehen wollt, um
euch dort niederzulassen.

Der Zug nach Ägypten

43 Als Jeremia dem ganzen Volk alle Worte
des Herrn, ihres Gottes, vollständig mit-
geteilt hatte, nämlich all die Worte, mit denen
ihn der Herr zu ihnen gesandt hatte, 2 da sagten
Asarja, der Sohn Hoschajas, und Johanan, der
Sohn Kareachs, sowie alle übermütigen Männer
zu Jeremia: Was du sagst, ist erlogen. Nicht der
Herr, unser Gott, hat dich gesandt mit dem Auf-
trag: Ihr sollt nicht nach Ägypten ziehen, um
euch dort niederzulassen. 3 Vielmehr hetzt dich
Baruch, der Sohn Nerijas, gegen uns auf, um uns
den Chaldäern auszuliefern, so daß sie uns töten
oder nach Babel verschleppen.

4 Johanan, der Sohn Kareachs, alle Truppenfüh-
rer und das ganze Volk hörten also nicht auf die
Stimme des Herrn, im Land Juda zu bleiben. 5 Jo-
hanan, der Sohn Kareachs, und alle Truppenfüh-
rer nahmen den ganzen Rest Judas, der aus allen
Völkern, unter die er versprengt gewesen, zu-
rückgekehrt war, um sich im Land Juda niederzu-
lassen: 6 Männer, Frauen und Kinder, die Prinzes-
sinnen und alle Leute, die Nebusaradan, der
Kommandant der Leibwache, bei Gedalja, dem
Sohn Ahikams, des Sohnes Schafans, gelassen
hatte, auch den Propheten Jeremia und Baruch,
den Sohn Nerijas, 7 und sie zogen nach Ägypten,
weil sie nicht auf die Stimme des Herrn hörten,
und kamen bis Tachpanhes.

Die Heimsuchung auch in Ägypten

8 In Tachpanhes erging das Wort des Herrn an Jere-
mia: 9 Nimm vor den Augen judäischer Männer
große Steine in die Hand, und maure sie mit Mörtel
in das Ziegelpflaster am Eingang zum Haus des
Pharao in Tachpanhes! 10 Dann sag zu ihnen: So
spricht der Herr der Heere, der Gott Israels: Seht,

ich werde meinen Knecht Nebukadnezzar, den
König von Babel, herbeiholen; er wird seinen
Thron über diesen Steinen, die ich hier eingemau-
ert habe, aufstellen und sein Prunkzelt darüber aus-
spannen. 11 Er wird kommen und das Land Ägypten
schlagen; wer für den Tod bestimmt ist, verfällt
dem Tod, wer für die Gefangenschaft, der Gefan-
genschaft, und wer für das Schwert, dem Schwert.
12 Er wird an die Tempel der Götter Ägyptens Feuer
legen und die Götter verbrennen oder wegführen.
Er wird das Land Ägypten ablausen, wie ein Hirt
sein Gewand ablaust; danach wird er unbehelligt
abziehen. 13 Er wird die spitzen Säulen des Son-
nentempels in Ägypten zertrümmern und die Tem-
pel der Götter Ägyptens in Brand stecken.

Die Warnung vor Götzendienst

44 Das Wort, das an Jeremia erging für alle
Judäer, die in Ägypten wohnten und sich
in Migdol und Tachpanhes, in Memfis und im
Land Patros angesiedelt hatten: 2 So spricht der
Herr der Heere, der Gott Israels: Ihr selbst habt all
das Unheil miterlebt, das ich über Jerusalem und
alle Städte Judas gebracht habe. Seht, heute sind
sie Trümmerstätten, die niemand mehr bewohnt.
3 Das ist die Folge ihrer bösen Taten; sie erzürnten
mich, indem sie hingingen, um anderen Göttern,
die sie früher nicht kannten, zu opfern und zu die-
nen, sie, ihr und eure Väter. 4 Wohl habe ich im-
mer wieder all meine Knechte, die Propheten, zu
euch gesandt mit der Mahnung: Verübt doch
nicht einen solchen Greuel, den ich so hasse. 5 Sie
aber haben nicht gehört und mir ihr Ohr nicht zu-
geneigt, so daß sie sich von ihrer Bosheit bekehrt
und nicht mehr anderen Göttern geopfert hätten.
6 Daher ergoß sich mein Grimm und Zorn und
wütete in den Städten Judas und in den Straßen
Jerusalems, so daß sie zur Trümmerstätte und
Wüste wurden, wie sie es heute noch sind. 7 Nun
aber spricht so der Herr, der Gott der Heere, der
Gott Israels: Warum tut ihr euch selbst so schwe-
res Leid an, indem ihr eure Männer und Frauen,
Kinder und Säuglinge aus Juda ausrottet und kei-
nen Rest mehr übrigläßt? 8 Denn ihr erzürnt mich
durch das Tun eurer Hände, weil ihr anderen Göt-
tern opfert in Ägypten, wohin ihr ausgewandert
seid, um euch dort niederzulassen. So rottet ihr
euch selbst aus und werdet zum Fluch und Ge-
spött bei allen Völkern der Erde. 9 Habt ihr denn
all das Böse vergessen, das eure Väter und die Kö-
nige von Juda und ihre Frauen, dann auch ihr
selbst und eure Frauen im Land Juda und in den
Straßen Jerusalems getan haben? 10 Sie bereuen es
nicht bis zum heutigen Tag, fürchten sich nicht
und leben nicht nach meiner Weisung und nach
meinen Gesetzen, die ich euch und euren Vätern
vorgelegt habe. 11 Darum – so spricht der Herr der
Heere, der Gott Israels: Seht, ich richte mein An-
gesicht gegen euch zu eurem Unheil, um ganz
Juda auszurotten. 12 Ich raffe den Rest Judas hin-
weg, der darauf bestand, nach Ägypten auszu-
wandern, um sich dort niederzulassen. Sie alle
werden in Ägypten umkommen; sie werden fal-
len durch Schwert und Hunger; klein und groß
wird umkommen. Durch Schwert und Hunger
werden sie sterben und zum Fluch und zu einem
Bild des Entsetzens werden, zur Verwünschung
und zur Schmach. 13 Wie ich Jerusalem heimge-
sucht habe, so suche ich die in Ägypten Angesie-
delten heim mit Schwert, Hunger und Pest. 14 Vom
Rest Judas, der ausgewandert ist, um sich hier in
Ägypten niederzulassen, wird niemand entrin-
nen oder entkommen, um ins Land Juda zurück-
zukehren, obwohl sie sich danach sehnen, zu-
rückzukehren und dort zu bleiben. Ja, nur wenige
werden entrinnen und zurückkehren.

Der offene Abfall

15 Da antworteten alle Männer, die wußten, daß
ihre Frauen anderen Göttern opferten, und alle
Frauen, die dabeistanden, eine große Schar, sowie
alle Leute, die in Ägypten und in Patros wohnten,
dem Jeremia: 16 Was das Wort betrifft, das du im Na-
men des Herrn zu uns gesprochen hast, so hören
wir nicht auf dich. 17 Vielmehr werden wir alles,
was wir gelobt haben, gewissenhaft ausführen:
Wir werden der Himmelskönigin Rauchopfer und
Trankopfer darbringen, wie wir, unsere Väter, un-
sere Könige und unsere Großen in den Städten Ju-
das und in den Straßen Jerusalems es getan haben.
Damals hatten wir Brot genug; es ging uns gut, und
wir litten keine Not. 18 Seit wir aber aufgehört ha-
ben, der Himmelskönigin Rauchopfer und Trank-
opfer darzubringen, fehlt es uns an allem, und wir
kommen durch Schwert und Hunger um. 19 Die
Frauen aber sagten: Geschieht es etwa ohne Wis-
sen und Willen unserer Männer, daß wir der Him-
melskönigin Rauchopfer und Trankopfer darbrin-
gen, daß wir für sie Opferkuchen bereiten, die ihr
Bild wiedergeben, und Trankopfer spenden?

Das Strafgericht

20 Jeremia entgegnete dem ganzen Volk, den Män-
nern, den Frauen und allen, die ihm so geantwor-
tet hatten: 21 Die Opfer, die ihr in den Städten Judas
und auf den Straßen Jerusalems verbrannt habt,
ihr und eure Väter, eure Könige und eure Großen
und die Bürger des Landes – waren nicht gerade
sie es, an die der Herr gedacht und sich erinnert
hat? 22 Schließlich konnte es der Herr nicht mehr
aushalten wegen eurer Untaten und wegen der
Greuel, die ihr verübt habt. Deshalb wurde euer
Land zur Öde, zu einem Bild des Entsetzens und
zum Fluch, unbewohnt, wie es heute noch ist.
23 Weil ihr Rauchopfer dargebracht und gegen den
Herrn gesündigt habt, weil ihr auf die Stimme des
Herrn nicht gehört und euch nicht nach seiner
Weisung, seinen Gesetzen und Mahnungen ge-
richtet habt, darum hat euch dieses Unheil getrof-
fen, wie es heute noch besteht. 24 Zum ganzen Volk
und zu allen Frauen sagte Jeremia: Hört das Wort
des Herrn, ganz Juda, das in Ägypten weilt. 25 So
spricht der Herr der Heere, der Gott Israels: Was ihr
und eure Frauen mit dem Mund gelobt, das führt
ihr mit den Händen aus. Ihr sagt: Unsere verspro-
chenen Gelübde werden wir gewissenhaft erfül-
len und der Himmelskönigin Rauchopfer und
Trankopfer darbringen. Haltet nur eure Gelübde
genau, ja, eure Gelübde erfüllt gewissenhaft! 26 So
höre denn das Wort des Herrn, ganz Juda, das in
Ägypten wohnt: Seht, ich schwöre bei meinem
großen Namen, spricht der Herr: Nie mehr soll
mein Name vom Mund irgendeines Judäers in
ganz Ägypten genannt werden; keiner mehr soll
sagen: So wahr Gott, der Herr, lebt! 27 Seht, ich wa-
che über sie – zu ihrem Unheil, nicht zu ihrem
Heil. Alle Judäer in Ägypten werden durch
Schwert und Hunger umkommen und völlig
vernichtet werden. 28 Nur wenige werden dem
Schwert entrinnen und aus Ägypten ins Land Juda
heimkehren, und der ganze Rest von Juda, der
nach Ägypten ausgezogen ist, um sich dort nieder-
zulassen, wird erkennen, wessen Wort sich erfüllt,
das meine oder das ihre. 29 Dies aber soll euch als
Zeichen dafür dienen – Spruch des Herrn –, daß
ich euch heimsuche an diesem Ort, damit ihr er-
kennt, daß meine Unheilsworte über euch be-
stimmt in Erfüllung gehen: 30 So spricht der Herr:
Seht, ich liefere den Pharao Hofra, den König von
Ägypten, in die Hand seiner Gegner und Todfeinde
aus, wie ich Zidkija, den König von Juda, in die
Hand Nebukadnezzars, des Königs von Babel, sei-
nes Gegners und Todfeindes, ausgeliefert habe.

Ein Gotteswort an Baruch

45 Das Wort, das der Prophet Jeremia zu Ba-
ruch, dem Sohn Nerijas, sagte, als dieser
im vierten Jahr Jojakims, des Sohnes Joschijas, des
Königs von Juda, jene Reden nach dem Diktat Je-
remias in ein Buch schrieb: 2 So spricht der Herr,
der Gott Israels, über dich, Baruch: 3 Du hast ge-
sagt: Weh mir! Denn der Herr häuft noch Kummer
auf mein Leid. Ich bin erschöpft vor Stöhnen und
finde keine Ruhe. 4 Sag zu ihm: So spricht der
Herr: Was ich gebaut habe, breche ich nieder, und
was ich gepflanzt habe, reiße ich aus. [Das betrifft
das ganze Land] 5 Du aber begehrst Großes für
dich? Begehre es nicht! Denn siehe, ich bringe
Unheil über alle Sterblichen – Spruch des Herrn;
dir aber gebe ich dein Leben wie ein Beutestück
überall, wohin du auch gehst.

Die Drohreden über die Völker: 46,1–51,64

Einleitung

46 Das Wort des Herrn gegen die Völker, das
an den Propheten Jeremia erging:

Über Ägypten: 46,2–26

Die Niederlage am Eufrat

2 Über Ägypten: Gegen das Heer des Pharao Ne-
cho, des Königs von Ägypten, das bei Karkemisch
am Eufrat stand und das Nebukadnezzar, der Kö-
nig von Babel, geschlagen hat. Es war im vierten
Jahr Jojakims, des Sohnes Joschijas, des Königs
von Juda.

3 Rüstet Rundschild und Langschild, / rückt aus
zum Kampf!

4 Schirrt die Rosse an, besteigt die Pferde! / Tre-
tet an im Helm, macht die Speere blank, / legt die
Panzer an!

5 Was sehe ich? Warum sind sie bestürzt? / Sie
weichen zurück. Ihre Helden sind zersprengt,

sie ergreifen die Flucht / und wenden sich nicht mehr um – / Grauen ringsum! – Spruch des Herrn.
[6] Der Schnelle kann nicht entfliehen / und der Held nicht entrinnen.
Im Norden, am Ufer des Eufrat, / stürzen sie hin und fallen.
[7] Wer ist es, der anschwoll gleich dem Nil, / dessen Wasser wie Ströme tosen?
[8] Ägypten schwoll an gleich dem Nil, / dessen Wasser wie Ströme tosen.
Es sagte: Ich schwelle an, überschwemme das Land, / vernichte die Städte und ihre Einwohner.
[9] Bäumt euch, ihr Rosse, stürmt los, ihr Wagen! / Rückt aus, ihr Helden:
Kusch und Put, ihr Schildbewehrten, / ihr von Lud, ihr Bogenschützen!
[10] Doch jener Tag ist ein Tag der Rache / für den Herrn, den Gott der Heere; / er rächt sich an seinen Gegnern.
Da frißt das Schwert, / wird satt und trunken von ihrem Blut.
Denn ein Schlachtfest hält der Herr, / der Gott der Heere, / im Land des Nordens am Eufratstrom.
[11] Zieh hinauf nach Gilead, und hole Balsam, / Jungfrau, Tochter Ägypten!
Umsonst verbrauchst du viele Arzneien, / du findest keine Genesung.
[12] Von deiner Schande hören die Völker, / dein Wehgeschrei erfüllt die Erde.
Denn Held an Held ist gestürzt, / miteinander sind beide gefallen.

Die Eroberung Ägyptens

[13] Das Wort, das der Herr zum Propheten Jeremia sprach, als Nebukadnezzar, der König von Babel, heranrückte, um Ägypten zu erobern:
[14] Meldet es in Ägypten, verkündet es in Migdol, / verkündet es in Memfis und Tachpanhes!
Sagt: Stell dich auf, und mach dich bereit; / denn schon frißt das Schwert rings um dich her.
[15] Warum liegt dein Starker zu Boden gestreckt? / Er hielt nicht stand, weil der Herr ihn stieß.
[16] Viele kamen durch ihn zu Fall, / sie stürzten, Mann für Mann.
Da sagten sie: / Auf, zurück zu unsrem Volk,
ins Land unsrer Sippe, / vor dem rasenden Schwert!
[17] Gebt dem Pharao, dem König Ägyptens, den Namen: / Getöse, das die Zeit verpaßte.
[18] So wahr ich lebe – Spruch des Königs, / Herr der Heere ist sein Name –,
wie der Tabor unter den Bergen / und wie der Karmel am Meer, / so mächtig rückt er heran.
[19] Rüste dein Gepäck für die Verbannung, / du seßhafte Tochter Ägypten!
Denn Memfis wird zur Wüste, / wird niedergebrannt und menschenleer.
[20] Eine stattliche Jungkuh ist Ägypten, / die Bremse von Norden stürzt sich auf sie.
[21] Auch seine Söldnertruppen mitten im Land / sind wie gemästete Kälber.
Aber auch sie machen kehrt, / sie fliehen alle und halten nicht stand.
Denn der Tag ihres Verderbens kommt über sie, / die Zeit ihrer Bestrafung.
[22] Ägyptens Stimme gleicht dem Zischen der Schlange, / wenn jene anrücken mit Macht,
wenn sie mit Äxten einfallen, / Holzhackern gleich.
[23] Sie fällen seinen Wald – Spruch des Herrn –, / den undurchdringlichen.
Zahlreicher als Heuschrecken sind sie, / man kann sie nicht zählen.
[24] Zuschanden wird die Tochter Ägypten, / preisgegeben dem Volk aus dem Norden.
[25] Der Herr der Heere, der Gott Israels, hat gesprochen: Seht, ich suche heim den Amon von
No [und den Pharao], Ägypten und seine Götter,
seine Könige und den Pharao samt allen, die sich
auf ihn verlassen. [26] Ich gebe sie in die Hand ihrer
Todfeinde, in die Hand Nebukadnezzars, des Königs von Babel, und in die Hand seiner Untertanen. Aber danach wird das Land wieder bewohnt sein wie in früheren Zeiten – Spruch des Herrn.

Trost für Israel und Drohungen gegen die Philister: 46,27–47,7

Ein Trostwort für Jakob-Israel

[27] Fürchte dich nicht, du, mein Knecht Jakob, / verzage nicht, Israel!
Denn ich bin es, der dich aus fernem Land errettet, / deine Kinder aus dem Land ihrer Gefangenschaft.
Jakob wird heimkehren und Ruhe haben; / er wird in Sicherheit leben, / und niemand wird ihn erschrecken.
[28] Fürchte dich nicht, / du, mein Knecht Jakob – Spruch des Herrn –; / denn ich bin mit dir.

Ja, ich vernichte alle Völker, / unter die ich dich zerstreut habe.
Nur dich werde ich niemals vernichten; / ich züchtige dich mit rechtem Maß, / doch ganz ungestraft kann ich dich nicht lassen.

Über die Philister

47 Das Wort des Herrn gegen die Philister, das an den Propheten Jeremia erging, bevor der Pharao Gaza eroberte.
2 So spricht der Herr:
Seht, Wasser wogen vom Norden heran / und werden zum flutenden Wildbach.
Sie überfluten das Land und was darin ist, / die Städte und ihre Bewohner.
Da schreien die Menschen, / laut klagen alle Bewohner des Landes
3 vor dem donnernden Hufschlag der Hengste, / vor dem Dröhnen der Streitwagen, / vor dem Rasseln der Räder.
Väter schauen sich nicht um nach den Söhnen; / denn ihre Hände sind schlaff
4 wegen des Tages, der kommt, / um alle Philister zu vernichten,
um auszurotten den letzten Helfer / für Tyrus und Sidon.
Ja, der Herr vernichtet die Philister, / den Rest von der Insel Kaftor.
5 Kahlscheren wird sich Gaza, / Aschkelon wird verstummen.
Wie lange noch, du Rest der Anakiter, / mußt du dich wund ritzen?
6 Weh, du Schwert des Herrn, / wie lange noch willst du nicht rasten?
Fahr zurück in die Scheide, / halt ein, und sei still!
7 Wie sollte es rasten, / da doch der Herr ihm Befehl gab?
Gegen Aschkelon und die Meeresküste, / dorthin hat er es bestellt.

Über Moab: 48,1–47

Die Zerstörung

48 Über Moab: So spricht der Herr der Heere, der Gott Israels:
Weh über Nebo, es wird verwüstet, / erobert wird Kirjatajim. / Zuschanden wird die Hochburg und geschleift.
2 Moabs Ruhm ist dahin. / In Heschbon plante man sein Verderben:
Kommt, wir rotten es aus, / so daß es kein Volk mehr ist.
Auch du, Madmen, wirst verstummen; / das Schwert verfolgt dich.
3 Horch! Wehgeschrei aus Horonajim: / Verwüstung und große Zerstörung!
4 Zerstört ist Moab! / So gellt der Schrei bis nach Zoar.
5 Die Steige von Luhit / steigt man weinend hinauf.
Ja, am Abstieg von Horonajim / hört man über die Zerstörung / entsetzliches Schreien.
6 Flieht, rettet euer Leben! / Macht es wie der Wildesel in der Wüste!
7 Weil du auf eigene Werke und Schätze vertraut hast, / wirst auch du erobert werden.
In die Verbannung muß Kemosch ziehen / samt seinen Priestern und Fürsten.
8 Der Verwüster kommt über jede Stadt, / keine Stadt kann sich retten.
Verheert wird das Tal, verwüstet die Ebene, / so spricht der Herr.
9 Setzt ein Grabmal für Moab; / denn es verfällt ganz und gar.
Seine Städte werden zur Wüste, / niemand wohnt mehr darin.
10 Verflucht, wer den Auftrag des Herrn lässig betreibt, / ja, verflucht, wer sein Schwert abhält vom Blutvergießen.

Der Verwüster

11 Ungestört war Moab von Jugend an, / ruhig lag es auf seiner Hefe.
Es wurde nicht umgeschüttet von Gefäß zu Gefäß: / Nie mußte es in die Verbannung ziehen.
Darum blieb ihm sein Wohlgeschmack erhalten, / sein Duft veränderte sich nicht.
12 Darum kommen Tage – Spruch des Herrn –, / da schicke ich Kellermeister zu ihm;
sie gießen es um, / entleeren seine Gefäße und zerschlagen seine Krüge.
13 Moab wird an Kemosch zuschanden, / wie das Haus Israel zuschanden wurde / an Bet-El, auf das es vertraute.
14 Wie könnt ihr sagen: Helden sind wir, / starke Krieger zum Kampf?
15 Der Verwüster Moabs und seiner Städte steigt hinauf; / da steigen seine besten jungen Männer hinab, um geschlachtet zu werden.

– Spruch des Königs, / Herr der Heere ist sein Name.
16 Der Untergang Moabs rückt heran, / schnell eilt sein Unglück herbei.
17 Beklagt es alle, ihr seine Nachbarn, / und alle, die ihr seinen Namen kennt.
Sagt: Ach, wie ist zerbrochen der starke Stab, / das herrliche Zepter!
18 Steig herab von deiner Würde, / setz dich in den Kot, / du thronende Tochter Dibon!
Denn Moabs Verwüster zieht hinauf zu dir, / zerstört deine Burgen.
19 Stellt euch an den Weg und späht aus, / ihr Einwohner von Aroër!
Fragt den Flüchtling und die fliehende Frau, / sagt: Was ist denn geschehen?
20 Zuschanden ist Moab, ja, ganz zerbrochen. / Klagt und schreit! / Meldet am Arnon: Moab ist verwüstet.
21 Ein Gericht kam über das ebene Land, / über Holon, Jahaz und Mefaat,
22 über Dibon, Nebo und Bet-Diblatajim, / 23 über Kirjatajim, Bet-Gamul und Bet-Meon,
24 über Kerijot und Bozra / und über alle Städte des Landes Moab, / die fernen und die nahen.
25 Abgehauen ist Moabs Horn, / zerschmettert sein Arm [– Spruch des Herrn].
26 Macht es betrunken; / denn es hat geprahlt gegen den Herrn.
So stürze Moab in sein eigenes Gespei / und verfalle nun selbst dem Gespött.
27 Oder diente nicht Israel dir zum Gespött? / Wurde es etwa beim Diebstahl ertappt,
daß du höhnend den Kopf geschüttelt hast, / sooft du von ihm sprachst?
28 Verlaßt die Städte, wohnt in den Felsen, / ihr Bewohner von Moab!
Macht es wie die Taube, die nistet / an den Wänden der offenen Schlucht.

Der Hochmut vor dem Fall

29 Wir haben von Moabs Stolz gehört – / es ist stolz über die Maßen –;
von seinem Hochmut und Stolz haben wir gehört, / von seinem Dünkel und hochfahrenden Sinn.
30 Ich kenne seinen Übermut – Spruch des Herrn –, / sein Geschwätz ist nicht wahr, / sein Tun ist nicht recht.
31 Darum jammere ich laut über Moab, / über ganz Moab klage ich / und seufze über die Leute von Kir-Heres.
32 Mehr als um Jaser weine ich um dich, / Weinstock von Sibma;
bis ans Meer zogen sich deine Ranken hin, / sie reichten bis Jaser.
Über deine Weinlese und Ernte / fiel der Verwüster her.
33 Verschwunden sind Freude und Jubelgeschrei / vom Fruchtland und vom Land Moab.
Die Kufen sind leer von Wein, / kein Winzer keltert, / kein Jauchzen ertönt.
34 Das Schreien von Heschbon und Elale dringt
bis Jahaz, laut klagt man von Zoar bis Horonajim
und Eglat-Schelischija; denn selbst das Wasser
von Nimrim versiegt. 35 Ich mache es für Moab
unmöglich – Spruch des Herrn –, daß jemand auf
der Kulthöhe opfert und seinen Göttern Rauchopfer
darbringt. 36 Darum jammert mein Herz um
Moab wie eine Flöte, ja mein Herz jammert um
die Leute von Kir-Heres wie eine Flöte, weil sie
ihre ganze Habe verloren. 37 Jedes Haupt ist kahlgeschoren
und jeder Bart abgeschnitten, an allen
Händen sind Trauermale, und um die Hüften
Trauerkleider. 38 Auf allen Dächern und Plätzen
Moabs hört man nichts als Klage. Ja, ich zerschlage
Moab wie ein Gefäß, das niemand mehr
will – Spruch des Herrn. 39 Ach, wie ist es zerbrochen,
wie hat Moab sich schmählich zur
Flucht gewandt! So wird Moab zum Gespött und
zu einem Bild des Entsetzens für all seine Nachbarn.

Das unabwendbare Strafgericht

40 Denn so spricht der Herr:
Seht, wie ein Adler schwebt es heran / und breitet seine Schwingen über Moab aus.
41 Die Städte werden erobert, / die Festungen eingenommen.
Das Herz der Helden Moabs ist an jenem Tag / wie das Herz einer Frau in Wehen.
42 Vernichtet wird Moab, so daß es kein Volk mehr ist; / denn es hat geprahlt gegen den Herrn.
43 Grauen, Grube und Garn warten auf dich, / Bewohner von Moab – Spruch des Herrn.
44 Wer dem Grauen entflieht, fällt in die Grube, / wer aus der Grube steigt, fängt sich im Garn.
Ja, das werde ich über Moab bringen / im Jahr seiner Bestrafung – Spruch des Herrn.

45 Im Schatten von Heschbon bleiben erschöpft /
Flüchtlinge stehen. / Doch Feuer geht aus
von Heschbon, / eine Flamme von Sihons
Haus.
Es verzehrt die Schläfe Moabs, / den Scheitel
der lärmenden Schreier.
46 Wehe dir, Moab, / verloren bist du, Volk des
Kemosch.
Denn deine Söhne schleppt man in die Verban-
nung, / deine Töchter in die Gefangenschaft.
47 Aber in ferner Zukunft wende ich Moabs Ge-
schick / – Spruch des Herrn. / [Bis hierher geht
das Gerichtswort über Moab.]

Über andere Nachbarvölker: 49,1–39

Über die Ammoniter

49 Über die Ammoniter: So spricht der Herr:
Hat denn Israel keine Söhne, / oder be-
sitzt es keinen Erben?
Warum hat Milkom den Stamm Gad beerbt, /
warum ließ sich sein Volk in dessen Städten nie-
der?
2 Darum seht, es kommen Tage – Spruch des
Herrn –, / da lasse ich gegen das ammonitische
Rabba Kriegslärm ertönen.
Zum wüsten Trümmerhaufen wird es wer-
den, / seine Tochterstädte brennen im Feuer nie-
der,
und Israel wird die beerben, / die ihm sein Erb-
teil raubten – spricht der Herr.
3 Klage laut, Heschbon, denn die Stadt ist zer-
stört. / Schreit, ihr Töchter von Rabba!
Legt Trauerkleider an, haltet die Totenklage, /
lauft umher mit eingeritzten Wunden!
Denn Milkom muß in die Verbannung ge-
hen / zusammen mit seinen Priestern und Für-
sten.
4 Was rühmst du dich deiner Kräfte? / Deine
Kraft wird zerrinnen, du abtrünnige Tochter,
die auf ihre Schätze vertraut und sagt: / Wer
kommt an mich heran?
5 Schon lasse ich über dich kommen / Schrecken
von allen Seiten / – Spruch des Herrn, des Gottes
der Heere.
Ihr stoßt einander vorwärts (auf der Flucht), /
und niemand wird die Flüchtlinge sammeln.
6 Aber danach wende ich das Geschick der Am-
moniter / – Spruch des Herrn.

Über Edom

7 Über Edom: So spricht der Herr der Heere:
Gibt es keine Weisheit mehr in Teman? / Ging
den Klugen der Rat verloren, / ist ihre Weisheit
verdorben?
8 Flieht, macht kehrt, / tief unten versteckt euch,
Einwohner von Dedan!
Denn ich bringe über Esau Verderben, / die Zeit
seiner Bestrafung.
9 Wenn Winzer zu dir kommen, / lassen sie
keine Nachlese übrig.
Wenn Diebe in der Nacht kommen, / zerstören
sie nach Lust.
10 Ja, ich selbst hole Esau aus dem Versteck, /
decke seine Schlupfwinkel auf, / so daß er sich
nicht mehr verbergen kann.
Seine Brut wird vernichtet, / seine Verwandt-
schaft und seine Nachbarn, / so daß keiner mehr
sagt:
11 Laß deine Waisen! Ich will für sie sorgen, /
deine Witwen können sich verlassen auf mich.
12 Denn so spricht der Herr: Sogar jene, die es
nicht verdient hätten, aus dem Becher zu trinken,
müssen daraus trinken, und da solltest du ver-
schont bleiben? Du bleibst nicht verschont, du
mußt trinken. 13 Denn ich schwöre bei mir selbst
– Spruch des Herrn: Zu einem Bild des Entset-
zens, zum Hohn, zur Öde und zum Fluch wird
Bozra, und alle seine Nachbarstädte werden für
immer zu Trümmerhaufen.
14 Ich habe vom Herrn eine Kunde gehört, / ein
Bote ist zu den Völkern gesandt:
Schart euch zusammen, rückt aus gegen Edom, /
tretet an zum Kampf!
15 Ja, ich mache dich klein unter den Völkern, /
verachtet unter den Menschen.
16 Deine furchterregende Macht hat dich betört, /
dein vermessener Sinn,
weil du in Felsklüften wohnst, / an Berges-
höhen dich klammerst.
Baust du dein Nest auch hoch wie der Adler, /
ich stürze dich von dort hinab – Spruch des
Herrn.
17 Edom wird zu einem Bild des Entsetzens; / je-
der, der vorbeikommt, ist entsetzt / und spottet
über alle Schläge, die es erlitt.
18 Wie beim Untergang von Sodom und Gomor-
ra / und ihrer Nachbarstädte, spricht der Herr,
so wird auch dort niemand mehr wohnen, /
kein Mensch darin leben.

[19] Wie ein Löwe, der heraufkommt / aus dem Dickicht des Jordan / zu den immergrünen Auen,
so jage ich sie jählings davon / und setze meinen Erwählten dort ein.
Denn wer ist mir gleich, / wer zieht mich zur Rechenschaft, / und wo ist der Hirt, der vor mir standhält?
[20] Darum hört den Beschluß, / den der Herr gegen Edom gefaßt hat,
und die Pläne, die er ersann / gegen Temans Bewohner:
Wegschleppen wird man die Hirtenknaben, / ihr Weideplatz wird sich über sie entsetzen.
[21] Von Edoms dröhnendem Fall erbebt die Erde, / bis zum Schilfmeer hört man sein Schreien.
[22] Seht, wie ein Adler steigt es empor, / schwebt es heran / und breitet seine Schwingen über Bozra aus.
Das Herz der Helden Edoms ist an jenem Tag / wie das Herz einer Frau in Wehen.

Über Damaskus

[23] Über Damaskus:
Bestürzt sind Hamat und Arpad; / denn böse Nachricht mußten sie hören.
Sie wanken vor Kummer wie das Meer, / das nicht zur Ruhe kommen kann.
[24] Damaskus wird schwach, es wendet sich zur Flucht, / Schrecken erfaßt es, / Angst und Wehen ergreifen es wie eine Gebärende.
[25] Wie ist doch die ruhmreiche Stadt verlassen, / die Burg der Freude!
[26] Darum fallen ihre jungen Männer auf den Plätzen, / alle Krieger kommen um an jenem Tag / – Spruch des Herrn der Heere.
[27] Ich lege Feuer an die Mauer von Damaskus; / es verzehrt die Paläste Ben-Hadads.

Über die arabischen Stämme

[28] Über Kedar und die Reiche von Hazor, die Nebukadnezzar, der König von Babel, erobert hat.
So spricht der Herr:
Auf, zieht gegen Kedar, / bezwingt die Söhne des Ostens!
[29] Man raubt ihre Zelte und Herden, / ihre Decken und ihr ganzes Gerät;
auch ihre Kamele nimmt man mit, / und man ruft über sie: Grauen ringsum!
[30] Flieht, macht euch eilends davon, / tief unten versteckt euch, / ihr Bewohner von Hazor – Spruch des Herrn.
Denn Nebukadnezzar, der König von Babel, / hat gegen euch einen Beschluß gefaßt / und einen Plan gegen euch ersonnen.
[31] Auf, zieht gegen das sorglose Volk, / das in Sicherheit lebt – Spruch des Herrn –,
das keine Tore und Riegel hat; / man haust ja einsam für sich.
[32] Ihre Kamele werden erbeutet, / ihre vielen Herden geraubt.
In alle Winde zerstreue ich sie, / die Leute mit gestutztem Haar,
von allen Seiten bringe ich ihnen Verderben / – Spruch des Herrn.
[33] Hazor wird zur Behausung für die Schakale, / eine Wüste für immer.
Niemand wird mehr dort wohnen, / kein Mensch darin leben.

Über Elam

[34] Das Wort des Herrn gegen Elam, das zu Beginn der Regierung Zidkijas, des Königs von Juda, an den Propheten Jeremia erging.
[35] So spricht der Herr der Heere:
Seht, ich zerbreche den Bogen Elams, / seine stärkste Waffe.
[36] Ich bringe über Elam vier Winde / von den vier Enden des Himmels.
In alle diese Winde zerstreue ich sie, / so daß es kein Volk gibt, / zu dem nicht Versprengte aus Elam kommen.
[37] Ich jage den Elamitern Schrecken ein vor ihren Feinden, / vor allen, die ihnen nach dem Leben trachten.
Unheil lasse ich über sie kommen, / meinen glühenden Zorn – Spruch des Herrn.
Ich schicke das Schwert hinter ihnen her, / bis ich sie vernichtet habe.
[38] Ich stelle meinen Thron in Elam auf / und vernichte dort König und Fürsten – / Spruch des Herrn.
[39] Aber in ferner Zukunft wende ich Elams Geschick / – Spruch des Herrn.

Über Babel: 50,1–51,64

50 Das Wort gegen Babel, das Land der Chaldäer, das der Herr durch den Propheten Jeremia gesprochen hat.

Das Ende des Exils

2 Verkündet unter den Völkern und meldet, / [er-
richtet ein Wegzeichen und meldet] / verheim-
licht nichts, sondern sagt:
Erobert ist Babel, zuschanden ist Bel, / zer-
schmettert Merodach
[zuschanden sind seine Götterbilder, / zer-
schmettert seine Götzen].
3 Denn ein Volk aus dem Norden rückt gegen Ba-
bel heran; / das macht sein Land zur Wüste.
Niemand mehr wohnt darin, / Mensch und
Vieh ergreifen die Flucht / und laufen davon.
4 In jenen Tagen und zu jener Zeit – Spruch des
Herrn – / kommen die Söhne Israels gemeinsam
mit den Söhnen Judas.
Weinend gehen sie ihren Weg / und suchen den
Herrn, ihren Gott.
5 Nach Zion fragen sie, / dorthin ist ihr Blick ge-
richtet.
Sie kommen und verbünden sich mit dem
Herrn / zu einem ewigen, unvergeßlichen Bund.
6 Eine verlorene Herde war mein Volk, / ihre Hir-
ten führten sie in die Irre, / trieben sie ziellos in
die Berge.
Von Berg zu Hügel zogen sie weiter / und ver-
gaßen ihren Lagerplatz.
7 Wer auf sie stieß, fraß sie auf, / und ihre Feinde
sagten:
Wir begehen kein Unrecht; / sie haben ja gegen
den Herrn gesündigt, / den Hort der Gerechtig-
keit, die Hoffnung ihrer Väter.

Der Entscheidungskampf

8 Flieht aus Babel und aus dem Land der Chal-
däer! / Zieht aus, und seid wie Leitböcke, / die
der Herde vorangehen.
9 Denn seht, ich selbst stachle auf / und führe ge-
gen Babel / eine Schar großer Völker vom Nord-
land her;
sie greifen es an, und von dort wird es erobert.
Ihre Pfeile sind wie die eines siegreichen Hel-
den, / der nie zurückkehrt ohne Erfolg.
10 Plünderung trifft Chaldäa, / alle, die es plün-
dern, werden satt / – Spruch des Herrn.
11 Freut euch nur, und jubelt, / ihr, die ihr mein
Erbteil geraubt habt.
Ja, hüpft wie Kälber auf der Wiese, / und wie-
hert wie Hengste!
12 Große Schmach trifft eure Mutter; / sie, die
euch geboren hat, muß sich schämen.
Seht doch, das letzte unter den Völkern: / Wü-
ste, Dürre und Steppe.
13 Durch den Zorn des Herrn bleibt Babel unbe-
wohnt / und wird völlig zur Wüste;
jeder, der an Babel vorbeikommt, ist entsetzt /
und spottet über alle Schläge, die es erlitt.
14 Rüstet euch ringsum zum Kampf gegen Babel, /
all ihr Bogenschützen!
Schießt, und spart die Pfeile nicht! / [Denn ge-
gen den Herrn hat es gesündigt.]
15 Schreit ihm von allen Seiten – / den Kampfruf
entgegen!
Es muß sich ergeben, seine Säulen fallen, /
seine Mauern werden niedergerissen.
Ja, das ist die Rache des Herrn. / Nehmt Rache
an Babel! / Was es selber getan hat, das tut jetzt
an ihm!
16 Rottet in Babel den Sämann aus / und den, der
zur Erntezeit mäht.
Vor dem rasenden Schwert / wendet sich jeder
zu seinem Volk, / jeder flieht in sein Land.
17 Ein versprengtes Schaf war Israel, / von
Löwen gehetzt.
Zuerst hat es der König von Assur gefressen, /
zuletzt hat ihm Nebukadnezzar, der König von
Babel, die Knochen abgenagt.
18 Darum – so spricht der Herr der Heere, der
Gott Israels: / Fürwahr, ich rechne ab mit dem
König von Babel und seinem Land,
wie ich abgerechnet habe / mit dem König von
Assur.
19 Israel aber bringe ich zurück auf seinen Wei-
deplatz; / es soll auf dem Karmel und im Baschan
weiden, / sich im Bergland Efraim und in Gilead
sättigen.
20 In jenen Tagen und zu jener Zeit / – Spruch des
Herrn – / wird man nach der Schuld Israels su-
chen,
doch sie ist nicht mehr vorhanden, / nach den
Sünden Judas, / doch man findet sie nicht mehr.
Denn ich verzeihe dem Rest, / den ich
übriglasse.

Die völlige Zerstörung

21 Zieh gegen Meratajim, / zieh gegen das Land /
und gegen die Bewohner von Pekod!
Erschlag sie, und gib sie dem Untergang preis
– Spruch des Herrn; / tu genau, was ich dir befehle!
22 Kriegslärm herrscht im Land / und großer Zu-
sammenbruch.

[23] Wie wurde zerschlagen und zerschmettert / der Hammer der ganzen Welt!
Welch ein Bild des Entsetzens ist Babel geworden / unter den Völkern!
[24] Du, Babel, hast dir selbst eine Falle gestellt, / und bist auch gefangen worden, ehe du es merktest.
Du wurdest erwischt und gepackt; / denn du hattest den Herrn herausgefordert.
[25] Der Herr hat seine Rüstkammer geöffnet / und die Waffen seines Zornes hervorgeholt.
Denn das ist ein Werk, / das der Herr, der Gott der Heere, / im Land der Chaldäer vollbringt.
[26] Kommt nach Babel vom Ende der Erde! / Öffnet seine Speicher,
werft alles auf einen Haufen zusammen, / wie man Haufen von Korn aufschüttet.
Dann gebt es dem Untergang preis; / kein Rest soll ihm bleiben.
[27] Erschlagt all seine Jungstiere, / hinunter mit ihnen zum Schlachten!
Weh über sie; denn ihr Tag ist gekommen, / die Zeit ihrer Bestrafung.
[28] Horcht! Entronnene Flüchtlinge aus dem Land Babel! / Sie verkünden in Zion die Rache des Herrn, unseres Gottes, / [die Rache für seinen Tempel].
[29] Ruft Schützen auf gegen Babel, / alle Bogenschützen!
Belagert die Stadt ringsum, / laßt keinen entrinnen!
Vergeltet ihr nach ihrem Tun; / alles, was sie selber getan hat, / das tut auch an ihr!
Denn gegen den Herrn hat sie frech gehandelt, / gegen den Heiligen Israels.
[30] Darum fallen ihre jungen Männer auf den Plätzen, / all ihre Krieger kommen um an jenem Tag / – Spruch des Herrn.
[31] Nun gehe ich gegen dich vor, du Freche, / – Spruch des Herrn, des Gottes der Heere.
Denn dein Tag ist gekommen, / die Zeit deiner Bestrafung.
[32] Die Freche strauchelt und fällt, / niemand richtet sie auf.
Ich lege Feuer an ihre Städte, / das ringsum alles verzehrt.

Die Befreiung Israels

[33] So spricht der Herr der Heere:
Unterdrückt sind die Söhne Israels / zusammen mit den Söhnen Judas.
Von allen, die sie in Gefangenschaft führten, / werden sie festgehalten; / man weigert sich, sie zu entlassen.
[34] Doch ihr Erlöser ist stark, / Herr der Heere ist sein Name.
Er führt ihre Sache mit Kraft, / um der Erde Ruhe zu schaffen, / Unruhe aber Babels Bewohnern.
[35] Das Schwert über die Chaldäer – Spruch des Herrn – / und über die Bewohner von Babel, / über seine Fürsten und seine Weisen!
[36] Das Schwert über die Wahrsager, / sie werden zu Narren!
Das Schwert über seine Helden, / sie brechen zusammen!
[37] Das Schwert [über seine Rosse und Wagen und] / über alles Völkergemisch in seinen Reihen, / es wird zu Weibern!
Das Schwert über seine Schätze, / sie werden geraubt!
[38] Das Schwert über seine Wasser, / sie vertrocknen!
Denn es ist ein Land voll von Götzenbildern, / und durch die Schreckbilder werden sie toll.
[39] Darum werden Wüstenhunde und Hyänen dort hausen, / und Strauße werden sich dort niederlassen.
Nie mehr soll es bewohnt sein, / ewig nicht mehr besiedelt werden.
[40] Wie Gott einst Sodom und Gomorra / und ihre Nachbarstädte zerstört hat / – Spruch des Herrn –,
so wird auch dort niemand wohnen, / kein Mensch darin leben.
[41] Seht, ein Volk zieht von Norden heran, / ein großes Volk und viele Könige / brechen auf von den Grenzen der Erde.
[42] Sie kommen mit Bogen und Sichelschwert; / grausam sind sie und ohne Erbarmen.
Ihr Lärm gleicht dem Brausen des Meeres, / und sie reiten auf Rossen,
Krieger, zum Kampf gerüstet / gegen dich, Tochter Babel.
[43] Sobald der König von Babel von ihnen hört, / da erschlaffen ihm die Hände;
es packt ihn die Angst, / das Zittern, wie eine Gebärende.
[44] Wie ein Löwe, der heraufkommt / aus dem Dickicht des Jordan / zu den immergrünen Auen,
so jage ich sie jählings davon / und setze meinen Erwählten dort ein.

Denn wer ist mir gleich, / wer zieht mich zur Rechenschaft, / und wo ist der Hirt, der vor mir standhält?
45 Darum hört den Beschluß, / den der Herr gegen Babel gefaßt hat,
und die Pläne, die er ersann / gegen das Land der Chaldäer:
Wegschleppen wird man die Hirtenknaben, / ihr Weideplatz wird sich über sie entsetzen.
46 Vom Ruf »Erobert ist Babel« erbebt die Erde, / unter den Völkern hört man sein Schreien.

Gottes Strafgericht

51 So spricht der Herr:
Seht, gegen Babel und die Bewohner Chaldäas / wecke ich den Geist eines Verwüsters.
2 Ich sende Worfler nach Babel; / die werden es worfeln und sein Land auskehren, / wenn sie es umzingeln am Tag des Unheils.
3 Nicht erschlaffe, wer den Bogen spannt, / der Gepanzerte werde nicht müde.
Schont seine jungen Männer nicht, / gebt sein ganzes Heer dem Untergang preis!
4 Erschlagene liegen herum im Land der Chaldäer, / Durchbohrte auf seinen Straßen.
5 Denn nicht verwitwet sind Israel und Juda, / nicht verlassen von ihrem Gott, / dem Herrn der Heere.
Doch das Chaldäerland ist voll von Schuld / gegen den Heiligen Israels.
6 Flieht aus Babel, jeder rette sein Leben, / damit ihr nicht umkommt bei seinem Schuldgericht.
Denn es ist die Zeit der Rache für den Herrn; / was Babel verübt hat, zahlt er ihm heim.
7 Babel war in der Hand des Herrn / ein goldener Becher, / der die ganze Erde berauschte.
Von seinem Wein haben die Völker getrunken; / deshalb haben sie den Verstand verloren.
8 Jählings fällt Babel und wird zerschmettert. / Klagt laut darüber!
Holt Balsam für seine Wunde, / vielleicht ist es zu heilen.
9 Wir wollten Babel Heilung bringen, / es war aber nicht mehr zu heilen.
Verlaßt es! Gehen wir, jeder in sein Land! / Denn sein Gericht reicht bis zum Himmel hinauf, / ragt bis zu den Wolken empor.
10 Der Herr hat unsre gerechte Sache / ans Licht gebracht.
Kommt, laßt uns in Zion erzählen, / was der Herr, unser Gott, getan hat.
11 Schärft die Pfeile, füllt die Köcher! / Der Herr hat den Geist der Könige von Medien erweckt;
denn er hegt den Plan, / Babel zu vernichten.
Ja, das ist die Rache des Herrn, / die Rache für seinen Tempel.
12 Errichtet ein Feldzeichen gegen Babels Mauern, / verstärkt die Wache!
Stellt Posten auf, / legt Leute in den Hinterhalt!
Denn der Herr hat seinen Plan gefaßt, / und er führt auch aus, / was er Babels Einwohnern angedroht hat.
13 Die du an großen Wassern wohnst, / so reich an Schätzen, / dein Ende ist da, dein Maß ist voll.
14 Geschworen hat der Herr der Heere bei sich selbst: / Wärst du auch mit Menschen angefüllt / wie mit Heuschrecken, / man stimmt doch den Kampfruf gegen dich an.

Gottes Größe

15 Er hat die Erde erschaffen durch seine Kraft, / den Erdkreis gegründet durch seine Weisheit, / durch seine Einsicht den Himmel ausgespannt.
16 Läßt er seine Stimme ertönen, / dann rauschen die Wasser am Himmel.
Wolken führt er herauf vom Rand der Erde; / er läßt es blitzen und regnen, / aus seinen Kammern entsendet er den Wind.
17 Töricht steht jeder Mensch da, ohne Erkenntnis, / beschämt jeder Goldschmied mit seinem Götzenbild;
denn seine Bilder sind Trug, / kein Atem ist in ihnen.
18 Nichtig sind sie, ein Spottgebilde. / Zur Zeit ihrer Heimsuchung gehen sie zugrunde.
19 Anders der Gott, der Jakobs Anteil ist. / Denn er ist der Schöpfer des Alls / und Israel der Stamm, der ihm gehört. / Herr der Heere ist sein Name.

Babel als Hammer Gottes

20 Du warst mein Hammer, meine Waffe für den Krieg. / Mit dir zerschlug ich Völker, / mit dir stürzte ich Königreiche,
21 mit dir zerschlug ich Roß und Lenker, / mit dir zerschlug ich Wagen und Fahrer,
22 mit dir zerschlug ich Mann und Frau, / mit dir zerschlug ich Greis und Kind, / mit dir zerschlug ich Knabe und Mädchen,

[23] mit dir zerschlug ich Hirt und Herde, / mit dir zerschlug ich Bauer und Gespann, / mit dir zerschlug ich Statthalter und Vorsteher.
[24] Aber ich übe Vergeltung an Babel und an allen Bewohnern Chaldäas / für alles Böse, das sie an Zion vor euren Augen verübten – Spruch des Herrn.
[25] Nun gehe ich gegen dich vor, / du Berg des Verderbens, / der die ganze Erde verdarb – Spruch des Herrn.
Ich strecke meine Hand gegen dich aus, / ich wälze dich weg von den Felsen / und mache dich zum ausgebrannten Berg.
[26] Man wird von dir keinen Eckstein / und keinen Grundstein mehr holen,
nein, Wüste bleibst du für immer / – Spruch des Herrn.

Die Strafe für die Schuld

[27] Errichtet ein Feldzeichen auf der Erde, / stoßt ins Horn unter den Völkern!
Bietet Völker zum Heiligen Krieg auf gegen die Stadt, / ruft Königreiche herbei gegen sie!
Ararat, Minni und Aschkenas, / hebt Truppen aus gegen sie,
laßt Rosse anrücken, / borstigen Heuschrecken gleich!
[28] Bietet Völker zum Heiligen Krieg auf gegen sie, / die Könige von Medien,
seine Statthalter und Vorsteher / und das ganze Land ihrer Herrschaft!
[29] Da bebt und zittert die Erde, / wenn sich an Babel der Plan des Herrn erfüllt,
das Land von Babel zur Wüste zu machen, / die niemand bewohnt.
[30] Die Helden Babels geben den Kampf auf / und hocken in ihren Burgen.
Ihre Heldenkraft ist versiegt, / Weiber sind sie geworden.
Seine Wohnungen steckt man in Brand, / seine Riegel zerbricht man.
[31] Läufer über Läufer stürmt heran, / Bote über Bote,
um dem König von Babel zu melden, / seine Stadt sei von allen Seiten erobert,
[32] die Flußübergänge seien besetzt, / die Kähne im Feuer verbrannt, / die Krieger entmutigt.
[33] Denn so spricht der Herr der Heere, / der Gott Israels:
Die Tochter Babel gleicht der Tenne, / wenn sie festgestampft wird;
noch eine kurze Frist, / dann ist für sie die Erntezeit da.
[34] Nebukadnezzar, der König von Babel, / hat mich gefressen und weggerafft, / mich beiseite gestellt wie ein leeres Gefäß.
Er hat mich wie ein Drache verschlungen, / hat sich den Bauch gefüllt / und mich aus dem Ort meiner Wonne vertrieben.
[35] Was ich an Unrecht und Schaden erlitt, / komme über Babel!, / so sollen die Bürger Zions sagen.
Mein Blut komme über die Bewohner Chaldäas!, / so soll Jerusalem sagen.
[36] Darum – so spricht der Herr:
Ich selber führe deine Sache / und will dich rächen.
Ich lasse seinen Strom vertrocknen / und seine Quelle versiegen.
[37] Babel wird ein Trümmerhaufen, / eine Behausung für die Schakale,
ein Ort des Entsetzens und des Spottes, / wo niemand wohnt.
[38] Alle zusammen brüllen sie wie Löwen, / knurren wie Junglöwen.
[39] Ihrer Gier bereite ich das Gelage, / berausche sie, daß sie betäubt werden,
in ewigen Schlaf versinken / und nie mehr erwachen – Spruch des Herrn.
[40] Ich führe sie hinab wie Lämmer zum Schlachten, / wie Widder und Böcke.

Die endgültige Vernichtung

[41] Weh, genommen und erobert / ist der Ruhm der ganzen Erde.
Weh, Babel ist zu einem Bild des Entsetzens geworden / unter den Völkern.
[42] Das Meer überflutet Babel, / vom Schwall seiner Wogen wird es bedeckt.
[43] Seine Städte werden zur Wüste, / ein Land der Dürre und Steppe,
wo niemand wohnt / und wo kein Mensch mehr hindurchzieht.
[44] Den Bel von Babel suche ich heim / und entreiße seinem Rachen, / was er verschlungen hat.
Die Völker strömen nicht mehr zu ihm. / Auch die Mauer von Babel muß fallen. –
[45] Zieh weg aus seiner Mitte, mein Volk! / Jeder rette sein Leben vor dem glühenden Zorn des Herrn.

46 Euer Herz soll nicht verzagen. / Fürchtet
euch nicht bei dem Gerücht, das man im Land
hört
– man wird im einen Jahr dieses / und im an-
dern Jahr jenes Gerücht hören –,
und wenn Gewalttat im Land regiert / und Herr-
scher gegen Herrscher steht.
47 Darum seht, es kommen Tage, / da suche ich
die Götzen Babels heim;
sein ganzes Land wird zuschanden, / und alle
seine Erschlagenen, seine Gefallenen, liegen in
seinem Gebiet.
48 Dann jubeln über Babel Himmel und Erde /
und alles, was in ihnen ist,
wenn von Norden her die Verwüster einfallen /
– Spruch des Herrn.
49 Babel muß fallen für die Erschlagenen Is-
raels, / ebenso wie die Erschlagenen der ganzen
Welt für Babel gefallen sind.
50 Ihr, die ihr dem Schwert entronnen seid, /
zieht weg, haltet euch nicht auf!
Denkt in der Ferne an den Herrn, / und tragt Je-
rusalem in eurem Herzen!
51 Schämen müssen wir uns; / denn Schmach
mußten wir hören.
Schamröte bedeckt unser Gesicht; / denn
Fremde sind gekommen / über die Heiligtümer
des Hauses des Herrn.
52 Darum seht, es kommen Tage / – Spruch des
Herrn –,
da suche ich seine Götzen heim, / und in sei-
nem ganzen Land röcheln Erschlagene.
53 Wenn Babel auch bis zum Himmel em-
porsteigt / und sich in unzugänglicher Höhe
verschanzt, / so werden doch auf meinen
Wink / Verwüster es überfallen – Spruch des
Herrn.
54 Horch, lautes Schreien von Babel her, / großer
Zusammenbruch im Land der Chaldäer.
55 Denn der Herr verwüstet Babel / und macht
seinem lauten Lärmen ein Ende,
mögen seine Wogen brausen wie gewaltige
Wasser, / mag tosend ihr Lärm erschallen.
56 Ja, der Verwüster kommt über Babel. / Seine
Helden werden gefangengenommen, / ihre Bo-
gen zerbrochen.
Denn der Herr ist ein Gott der Vergeltung; / ge-
nau rechnet er ab.
57 Die Fürsten und Weisen Babels, / seine Statt-
halter, Vorsteher und Kriegshelden mache ich be-
trunken,
in ewigen Schlaf sollen sie sinken / und nie
mehr erwachen – Spruch des Königs, / Herr der
Heere ist sein Name.
58 So spricht der Herr der Heere:
Die breite Mauer von Babel wird geschleift bis
auf den Grund, / seine hohen Tore werden nie-
dergebrannt.
So mühen sich Völker um nichts, / Nationen
plagen sich ab für das Feuer.

Ein geschichtlicher Nachtrag

59 Der Auftrag, den der Prophet Jeremia dem
Seraja, dem Sohn Nerijas, des Sohnes Machsejas,
erteilt hat, als dieser mit Zidkija, dem König von
Juda, in dessen viertem Regierungsjahr nach Ba-
bel reiste. Seraja war oberster Quartiermeister.
60 Jeremia hatte all das Unheil, das über Babel
kommen sollte, in einer einzigen Buchrolle auf-
geschrieben, alle jene Worte, die über Babel auf-
gezeichnet sind. 61 Jeremia sagte zu Seraja: Wenn
du nach Babel kommst, sieh zu, daß du alle diese
Worte laut vorliest. 62 Dann sag: Herr, du selbst
hast diesem Ort angedroht, ihn zu vernichten, so
daß niemand mehr darin wohnt, weder Mensch
noch Vieh; für immer soll er zur Wüste werden.
63 Sobald du diese Buchrolle zu Ende gelesen hast,
binde an sie einen Stein, und wirf sie in den
Eufrat! 64 Sprich dabei: So soll Babel versinken und
nicht wieder hochkommen, wegen des Unheils,
das ich über die Stadt bringe. [So weit reichen die
Worte Jeremias.]

Anhang: Die Zerstörung Jerusalems: 52,1–30

Die Eroberung Jerusalems

52 Zidkija war einundzwanzig Jahre alt, als er
König wurde, und regierte elf Jahre in Je-
rusalem. Seine Mutter hieß Hamutal und war eine
Tochter Jirmejas aus Libna. 2 Er tat, was dem Herrn
mißfiel, ganz so, wie es Jojakim getan hatte. 3 Weil
der Herr zornig war, kam es mit Jerusalem und Juda
so weit, daß er sie von seinem Angesicht verstieß.

Zidkija hatte sich gegen den König von Babel empört. 4 Im neunten Regierungsjahr Zidkijas, am zehnten Tag des zehnten Monats, rückte Nebukadnezzar, der König von Babel, mit seiner ganzen Streitmacht vor Jerusalem und belagerte es. Man errichtete ringsherum einen Belagerungswall. 5 Bis zum elften Jahr des Königs Zidkija wurde die Stadt belagert. 6 Am neunten Tag des vierten Monats war in der Stadt die Hungersnot groß geworden, und die Bürger des Landes hatten kein Brot mehr. 7 Damals wurden Breschen in die Stadtmauer geschlagen. Als der König und alle Krieger das sahen, ergriffen sie die Flucht und verließen die Stadt bei Nacht auf dem Weg durch das Tor zwischen den beiden Mauern, das zum königlichen Garten hinausführt, obwohl die Chaldäer rings um die Stadt lagen. Sie schlugen die Richtung nach der Araba ein. 8 Aber die chaldäischen Truppen setzten dem König nach und holten Zidkija in den Niederungen von Jericho ein, nachdem alle seine Truppen ihn verlassen und sich zerstreut hatten. 9 Man ergriff den König und brachte ihn nach Ribla in der Landschaft Hamat zum König von Babel, und dieser sprach über ihn das Urteil. 10 Der König von Babel ließ die Söhne Zidkijas vor dessen Augen niedermachen; auch alle Großen Judas ließ er in Ribla niedermachen. 11 Zidkija ließ er blenden und in Fesseln legen. Der König von Babel brachte ihn nach Babel und hielt ihn in Haft bis zu seinem Tod.

Die Wegführung in die Verbannung

12 Am zehnten Tag des fünften Monats – das ist im neunzehnten Jahr des Königs Nebukadnezzar, des Königs von Babel – rückte Nebusaradan, der Kommandant der Leibwache, der zum engeren Dienst des Königs von Babel gehörte, in Jerusalem ein 13 und steckte das Haus des Herrn, den königlichen Palast und alle Häuser Jerusalems in Brand. Jedes große Haus ließ er in Flammen aufgehen. 14 Auch alle Umfassungsmauern Jerusalems rissen die chaldäischen Truppen, die dem Kommandanten der Leibwache unterstanden, nieder. 15 Den Rest der Bevölkerung, der noch in der Stadt geblieben war, sowie alle, die zum König von Babel übergelaufen waren, und den Rest der Handwerker schleppte Nebusaradan, der Kommandant der Leibwache, in die Verbannung. 16 Nur von den armen Leuten im Land ließ Nebusaradan, der Kommandant der Leibwache, einen Teil als Wein- und Ackerbauern zurück.

17 Die bronzenen Säulen am Haus des Herrn, die fahrbaren Gestelle und das Eherne Meer beim Haus des Herrn zerschlugen die Chaldäer und nahmen alle Gegenstände aus Bronze mit nach Babel. 18 Auch die Töpfe, Schaufeln, Messer, Schalen und Becher sowie alle bronzenen Geräte, die man beim Tempeldienst verwendete, nahmen sie weg. 19 Ebenso nahm der Kommandant der Leibwache die Becken, Kohlenpfannen, Schalen, Töpfe, Leuchter, Becher und Schüsseln weg, die sämtlich aus Gold oder aus Silber waren, 20 ferner die zwei Säulen, das eine »Meer« [die zwölf bronzenen Rinder unter dem Meer], die Gestelle, die König Salomo für das Haus des Herrn hatte anfertigen lassen – die Bronze von all diesen Geräten war nicht zu wiegen. 21 Was die Säulen betrifft, so hatte jede Säule eine Höhe von achtzehn Ellen, und ein Band von zwölf Ellen umschlang sie; ihre Dicke betrug vier Finger; innen war sie hohl. 22 Oben hatte sie ein Kapitell aus Bronze. Die Höhe des einen Kapitells betrug fünf Ellen; das Kapitell umgaben Flechtwerk und Granatäpfel, alles aus Bronze. Ebenso war es bei der zweiten Säule [und den Granatäpfeln]. 23 Es waren sechsundneunzig frei hängende Granatäpfel; im ganzen waren hundert Granatäpfel rings um das Flechtwerk.

24 Der Kommandant der Leibwache nahm ferner den Oberpriester Seraja, den zweiten Priester Zefanja und die drei Schwellenwächter mit. 25 Aus der Stadt nahm er einen Hofbeamten, der Kommandant der Soldaten war, und sieben Leute vom persönlichen Dienst des Königs mit, die sich noch in der Stadt befanden, sowie den Schreiber des Heerführers, der die Bürger des Landes auszuheben hatte, schließlich sechzig Mann von der Bürgerschaft, die sich noch in der Stadt befanden. 26 Nebusaradan, der Kommandant der Leibwache, nahm sie fest und schickte sie zum König von Babel nach Ribla. 27 Der König von Babel ließ sie in Ribla in der Landschaft Hamat hinrichten. So wurde Juda von seiner Heimat weggeführt.

28 Das ist die Anzahl der Leute, die Nebukadnezzar wegführen ließ: in seinem siebten Regierungsjahr 3023 Judäer, 29 im achtzehnten Jahr Nebukadnezzars 832 Personen aus Jerusalem; 30 im dreiundzwanzigsten Jahr Nebukadnezzars führte Nebusaradan, der Kommandant der Leibwache,

an Judäern 745 Personen weg; im ganzen waren
es 4600 Personen.

Ausblick: Die Begnadigung Jojachins

31 Im siebenunddreißigsten Jahr nach der Weg-
führung Jojachins, des Königs von Juda, am fünf-
undzwanzigsten Tag des zwölften Monats, be-
gnadigte Ewil-Merodach, der König von Babel, im
Jahr seines Regierungsantritts Jojachin, den König
von Juda, und entließ ihn aus dem Kerker.
32 Er
söhnte sich mit ihm aus und wies ihm seinen Sitz
oberhalb des Sitzes der anderen Könige an, die bei
ihm in Babel waren.
33 Er durfte seine Gefängnis-
kleidung ablegen und ständig bei ihm speisen, so-
lange er lebte.
34 Sein Unterhalt – ein dauernder
Unterhalt – wurde ihm bis zu seinem Todestag
vom König von Babel in der bestimmten Menge
täglich geliefert, solange er lebte.

DIE KLAGELIEDER

Das erste Lied: 1,1–22

1 Weh, wie einsam sitzt da / die einst so volkreiche Stadt.
Einer Witwe wurde gleich / die Große unter den Völkern.
Die Fürstin über die Länder / ist zur Fron erniedrigt.
2 Sie weint und weint des Nachts, / Tränen auf ihren Wangen.
Keinen hat sie als Tröster / von all ihren Geliebten.
Untreu sind all ihre Freunde, / sie sind ihr zu Feinden geworden.
3 Gefangen ist Juda im Elend, / in harter Knechtschaft.
Nun weilt sie unter den Völkern / und findet nicht Ruhe.
All ihre Verfolger holten sie ein / mitten in der Bedrängnis.
4 Die Wege nach Zion trauern, / niemand pilgert zum Fest, / verödet sind all ihre Tore.
Ihre Priester seufzen, / ihre Jungfrauen sind voll Gram, / sie selbst trägt Weh und Kummer.
5 Ihre Bedränger sind an der Macht, / ihre Feinde im Glück.
Denn Trübsal hat der Herr ihr gesandt / wegen ihrer vielen Sünden.
Ihre Kinder zogen fort, / gefangen, vor dem Bedränger.
6 Gewichen ist von der Tochter Zion / all ihre Pracht.
Ihre Fürsten sind wie Hirsche geworden, / die keine Weide finden.
Kraftlos zogen sie dahin / vor ihren Verfolgern.
7 Jerusalem denkt an die Tage / ihres Elends, ihrer Unrast,
an all ihre Kostbarkeiten, / die sie einst besessen,
als ihr Volk in Feindeshand fiel / und keiner ihr beistand.
Die Feinde sahen sie an, / lachten über ihre Vernichtung.
8 Schwer gesündigt hatte Jerusalem, / deshalb ist sie zum Abscheu geworden.
All ihre Verehrer verachten sie, / weil sie ihre Blöße gesehen.
Sie selbst aber seufzt / und wendet sich ab (von ihnen).
9 Ihre Unreinheit klebt an ihrer Schleppe, / ihr Ende bedachte sie nicht.
Entsetzlich ist sie gesunken, / keinen hat sie als Tröster.
Sieh doch mein Elend, o Herr, / denn die Feinde prahlen.
10 Der Bedränger streckte die Hand aus / nach all ihren Schätzen.
Zusehen mußte sie, / wie Heiden in ihr Heiligtum drangen;
ihnen hattest du doch verboten, / sich dir zu nahen in der Gemeinde.
11 All ihre Bewohner seufzen, / verlangen nach Brot.

Sie geben ihre Schätze für Nahrung, / nur um am Leben zu bleiben.
Herr, sieh doch und schau, / wie sehr ich verachtet bin.
12 Ihr alle, die ihr des Weges zieht, / schaut doch und seht,
ob ein Schmerz ist wie mein Schmerz, / den man mir angetan,
mit dem der Herr mich geschlagen hat / am Tag seines glühenden Zornes.
13 Aus der Höhe sandte er Feuer, / in meine Glieder ließ er es fallen.
Er spannte ein Netz meinen Füßen, / rücklings riß er mich nieder.
Er machte mich zunichte / und siech für alle Zeit.
14 Schwer ist das Joch meiner Sünden, / von seiner Hand aufgelegt.
Sie stiegen mir über den Hals; / da brach meine Kraft.
Preisgegeben hat mich der Herr, / ich kann mich nicht erheben.
15 Verworfen hat all meine Helden / der Herr in meiner Mitte.
Ein Fest rief er aus gegen mich, / meine Jungmannschaft zu zerschlagen.
Die Kelter trat der Herr / gegen die Jungfrau, Tochter Juda.
16 Darüber muß ich weinen, / von Tränen fließt mein Auge.
Fern sind alle Tröster, / mich zu erquicken.
Verstört sind meine Kinder; / denn der Feind ist stark.
17 Zion ringt die Hände, / sie hat keinen Tröster.
Aufgeboten hat der Herr gegen Jakob / seine Nachbarn, ihn zu bedrängen.
Jerusalem ist unter ihnen / zum Schandfleck geworden.
18 Er, der Herr, ist im Recht. / Ich habe seinem Wort getrotzt.
Hört doch, alle ihr Völker, / und seht meinen Schmerz:
Meine Mädchen, meine jungen Männer / zogen in die Gefangenschaft.
19 Ich rief nach meinen Geliebten; / doch sie betrogen mich.
Meine Priester, meine Ältesten / sind in der Stadt verschmachtet,
als sie Nahrung suchten, / um am Leben zu bleiben.
20 Herr, sieh an, wie mir angst ist. / Es glüht mir in der Brust;
mir dreht sich das Herz im Leibe, / weil ich so trotzig war.
Draußen raubte die Kinder das Schwert, / drinnen raffte sie die Pest dahin.
21 Hör, wie ich stöhne; / ich habe keinen Tröster.
All meine Feinde hörten von meinem Unglück, / freuten sich, daß du es bewirkt hast.
Bring deinen angekündigten Tag, / damit es ihnen ergeht wie mir; /
22 all ihre Bosheit komme vor dich.
Tu dann an ihnen, / wie du an mir getan / wegen all meiner Sünden.
Denn ich stöhne ohne Ende, / und mein Herz ist krank.

Das zweite Lied: 2,1–22

2 Weh, mit seinem Zorn umwölkt / der Herr die Tochter Zion.
Er schleudert vom Himmel zur Erde / die Pracht Israels.
Nicht dachte er an den Schemel seiner Füße / am Tag seines Zornes.
2 Schonungslos hat der Herr vernichtet / alle Fluren Jakobs,
niedergerissen in seinem Grimm / die Bollwerke der Tochter Juda,
zu Boden gestreckt, entweiht / das Königtum und seine Fürsten.
3 Abgehauen hat er in Zornesglut / jedes Horn in Israel.
Er zog seine Rechte zurück / angesichts des Feindes
und brannte in Jakob wie flammendes Feuer, / ringsum alles verzehrend.
4 Er spannte den Bogen wie ein Feind, / stand da, erhoben die Rechte.
Wie ein Gegner erschlug er alles, / was das Auge erfreut.
Im Zelt der Tochter Zion / goß er seinen Zorn aus wie Feuer.

[5] Wie ein Feind ist geworden der Herr, / Israel hat er vernichtet.
Vernichtet hat er alle Paläste, / zerstört seine Burgen.
Auf die Tochter Juda hat er gehäuft / Jammer über Jammer.
[6] Er zertrat wie einen Garten seine Wohnstatt, / zerstörte seinen Festort.
Vergessen ließ der Herr auf Zion / Festtag und Sabbat.
In glühendem Zorn verwarf er / König und Priester.
[7] Seinen Altar hat der Herr verschmäht, / entweiht sein Heiligtum,
überliefert in die Hand des Feindes / die Mauern von Zions Palästen.
Man lärmte im Haus des Herrn / wie an einem Festtag.
[8] Zu schleifen plante der Herr / die Mauer der Tochter Zion.
Er spannte die Meßschnur und zog nicht zurück / die Hand vom Vertilgen.
Trauern ließ er Wall und Mauer; / miteinander sanken sie nieder.
[9] In den Boden sanken ihre Tore, / ihre Riegel hat er zerstört und zerbrochen.
Ihr König und ihre Fürsten sind unter den Völkern, / keine Weisung ist da,
auch keine Offenbarung / schenkt der Herr ihren Propheten.
[10] Am Boden sitzen, verstummt, / die Ältesten der Tochter Zion,
streuen sich Staub aufs Haupt, / legen Trauerkleider an.
Zu Boden senken den Kopf / die Mädchen von Jerusalem.
[11] Meine Augen ermatten vor Tränen, / mein Inneres glüht.
Ausgeschüttet auf die Erde ist mein Herz / über den Zusammenbruch der Tochter, meines Volkes.
Kind und Säugling verschmachten / auf den Plätzen der Stadt.
[12] Sie sagen zu ihren Müttern: / Wo ist Brot und Wein?,
da sie erschöpft verschmachten / auf den Plätzen der Stadt,
da sie ihr Leben aushauchen / auf dem Schoß ihrer Mütter.
[13] Wie soll ich dir zureden, was dir gleichsetzen, / du Tochter Jerusalem?
Womit kann ich dich vergleichen, wie dich trösten, / Jungfrau, Tochter Zion?
Dein Zusammenbruch ist groß wie das Meer, / wer kann dich heilen?
[14] Deine Propheten schauten dir Lug und Trug. / Deine Schuld haben sie nicht aufgedeckt, / um dein Schicksal zu wenden.
Sie schauten dir als Prophetenworte / nur Trug und Verführung.
[15] Über dich klatschen in die Hände / alle, die des Weges ziehen.
Sie zischeln und schütteln den Kopf / über die Tochter Jerusalem:
Ist das die Stadt, die man nannte: / Entzücken der ganzen Welt, Krone der Schönheit?
[16] Über dich reißen ihr Maul auf / all deine Feinde.
Sie zischeln und fletschen die Zähne, / sie sprechen: Wir haben sie verschlungen.
Das ist der Tag, auf den wir hofften. / Wir haben ihn erreicht und gesehen.
[17] Getan hat der Herr, was er geplant, / seinen Drohspruch vollzogen, / den er seit alters verkündet hat.
Eingerissen hat er, nicht geschont. / Den Feind ließ er über dich jubeln, / erhöhte die Macht deiner Gegner.
[18] Schrei laut zum Herrn, / stöhne, Tochter Zion!
Wie einen Bach laß fließen die Tränen / Tag und Nacht!
Niemals gewähre dir Ruhe, / nie laß dein Auge rasten!
[19] Steh auf, klage bei Nacht, / zu jeder Nachtwache Anfang!
Schütte aus wie Wasser dein Herz / vor dem Angesicht des Herrn!
Erhebe zu ihm die Hände / für deiner Kinder Leben,
die vor Hunger verschmachten / an den Ecken aller Straßen.
[20] Herr, sieh doch und schau: / Wem hast du solches getan?
Dürfen Frauen ihre Leibesfrucht essen, / ihre sorgsam gehegten Kinder?
Darf man erschlagen im Heiligtum des Herrn / Priester und Propheten?
[21] Am Boden liegen in den Gassen / Kind und Greis.
Die Mädchen und die jungen Männer / fielen unter dem Schwert.

Du hast sie erschlagen am Tag deines Zorns, /
geschlachtet, ohne zu schonen.
22 Wie zum Festtag hast du gerufen, / die
Schrecken ringsum.
Am Zorntag des Herrn gab es keinen, / der ent-
kam und entrann.
Die ich hegte und großzog, / mein Feind hat sie
vernichtet.

Das dritte Lied: 3,1–66

3 Ich bin der Mann, der Leid erlebt hat / durch
die Rute seines Grimms.
2 Er hat mich getrieben und gedrängt / in Fin-
sternis, nicht ins Licht.
3 Täglich von neuem kehrt er die Hand / nur ge-
gen mich.
4 Er zehrte aus mein Fleisch und meine Haut, /
zerbrach meine Glieder,
5 umbaute und umschloß mich / mit Gift und Er-
schöpfung.
6 Im Finstern ließ er mich wohnen / wie längst
Verstorbene.
7 Er hat mich ummauert, ich kann nicht ent-
rinnen. / Er hat mich in schwere Fesseln ge-
legt.
8 Wenn ich auch schrie und flehte, / er blieb
stumm bei meinem Gebet.
9 Mit Quadern hat er mir den Weg verriegelt, /
meine Pfade irregeleitet.
10 Ein lauernder Bär war er mir, / ein Löwe im
Versteck.
11 Er hat mich vom Weg vertrieben, / mich zer-
fleischt und zerrissen.
12 Er spannte den Bogen und stellte mich hin /
als Ziel für den Pfeil.
13 In die Nieren ließ er mir dringen / die Ge-
schosse seines Köchers.
14 Ein Gelächter war ich all meinem Volk, / ihr
Spottlied den ganzen Tag.
15 Er speiste mich mit bitterer Kost / und tränkte
mich mit Wermut.
16 Meine Zähne ließ er auf Kiesel beißen, / er
drückte mich in den Staub.
17 Du hast mich aus dem Frieden hinausge-
stoßen; / ich habe vergessen, was Glück ist.
18 Ich sprach: Dahin ist mein Glanz / und mein
Vertrauen auf den Herrn.
19 An meine Not und Unrast denken / ist Wer-
mut und Gift.
20 Immer denkt meine Seele daran / und ist be-
trübt in mir.
21 Das will ich mir zu Herzen nehmen, / darauf
darf ich harren:
22 Die Huld des Herrn ist nicht erschöpft, / sein
Erbarmen ist nicht zu Ende.
23 Neu ist es an jedem Morgen; / groß ist deine
Treue.
24 Mein Anteil ist der Herr, sagt meine Seele, /
darum harre ich auf ihn.
25 Gut ist der Herr zu dem, der auf ihn hofft, / zur
Seele, die ihn sucht.
26 Gut ist es, schweigend zu harren / auf die Hilfe
des Herrn.
27 Gut ist es für den Mann, / ein Joch zu tragen
in der Jugend.
28 Er sitze einsam und schweige, / wenn der
Herr es ihm auflegt.
29 Er beuge in den Staub seinen Mund; / viel-
leicht ist noch Hoffnung.
30 Er biete die Wange dem, der ihn schlägt, / und
lasse sich sättigen mit Schmach.
31 Denn nicht für immer / verwirft der Herr.
32 Hat er betrübt, erbarmt er sich auch wieder /
nach seiner großen Huld.
33 Denn nicht freudigen Herzens / plagt und be-
trübt er die Menschen.
34 Daß man mit Füßen tritt / alle Gefangenen des
Landes,
35 daß man das Recht des Mannes beugt / vor
dem Antlitz des Höchsten,
36 daß man im Rechtsstreit den Menschen be-
drückt, / sollte der Herr das nicht sehen?
37 Wer hat gesprochen, und es geschah? / Hat
nicht der Herr es geboten?
38 Geht nicht hervor aus des Höchsten Mund /
das Gute wie auch das Böse?
39 Wie dürfte denn ein Lebender klagen, / ein
Mann über die Folgen seiner Sünden?
40 Prüfen wir unsre Wege, erforschen wir sie, /
und kehren wir um zum Herrn.
41 Erheben wir Herz und Hand / zu Gott im Him-
mel.

42 Wir haben gesündigt und getrotzt; / du aber
hast nicht vergeben.
43 Du hast dich in Zorn gehüllt und uns verfolgt, /
getötet und nicht geschont.
44 Du hast dich in Wolken gehüllt, / kein Gebet
kann sie durchstoßen.
45 Zu Unrat und Auswurf hast du uns gemacht /
inmitten der Völker.
46 Ihren Mund rissen gegen uns auf / all unsre
Feinde.
47 Grauen und Grube wurde uns zuteil, / Verwüstung und Verderben.
48 Tränenströme vergießt mein Auge / über
den Zusammenbruch der Tochter, meines Volkes.
49 Mein Auge ergießt sich und ruht nicht; / es
hört nicht auf,
50 bis der Herr vom Himmel her / sieht und
schaut.
51 Mein Auge macht mich elend / vor lauter
Weinen in meiner Stadt.
52 Wie auf einen Vogel machten sie Jagd
auf mich, / die ohne Grund meine Feinde
sind.
53 Sie stürzten in die Grube mein Leben / und
warfen Steine auf mich.
54 Das Wasser ging mir über den Kopf; / ich
sagte: Ich bin verloren.
55 Da rief ich deinen Namen, Herr, / tief unten
aus der Grube.
56 Du hörst meine Stimme. / Verschließ nicht
dein Ohr vor meinem Seufzen, meinem Schreien!
57 Du warst nahe am Tag, da ich dich rief; / du
sagtest: Fürchte dich nicht!
58 Du, Herr, hast meine Sache geführt, / hast
mein Leben erlöst.
59 Du, Herr, hast meine Bedrückung gesehen, /
hast mir Recht verschafft.
60 Du hast gesehen ihre ganze Rachgier, / all ihr
Planen gegen mich.
61 Du hast ihr Schmähen gehört, o Herr, / all ihr
Planen gegen mich.
62 Das Denken und Reden meiner Gegner / ist
gegen mich den ganzen Tag.
63 Blick auf ihr Sitzen und Stehen! / Ein Spottlied
bin ich für sie.
64 Du wirst ihnen vergelten, Herr, / nach dem
Tun ihrer Hände.
65 Du wirst ihren Sinn verblenden. / Dein Fluch
über sie!
66 Du wirst sie im Zorn verfolgen und vernichten / unter deinem Himmel, o Herr.

Das vierte Lied: 4,1–22

4 Weh, wie glanzlos ist das Gold, / gedunkelt
das köstliche Feingold,
hingeschüttet die heiligen Steine / an den Ecken
aller Straßen.
2 Die edlen Kinder Zions, / einst aufgewogen mit
reinem Gold,
weh, wie Krüge aus Ton sind sie geachtet, / wie
Werk von Töpferhand.
3 Selbst Schakale reichen die Brust, / säugen ihre
Jungen.
Die Töchter meines Volkes sind grausam / wie
Strauße in der Wüste.
4 Des Säuglings Zunge klebt / an seinem Gaumen vor Durst.
Kinder betteln um Brot; / keiner bricht es ihnen.
5 Die einst Leckerbissen schmausten, / verschmachteten auf den Straßen.
Die einst auf Purpur lagen, / wälzen sich jetzt im
Unrat.
6 Größer ist die Schuld der Tochter, meines
Volkes, / als die Sünde Sodoms,
das plötzlich vernichtet wurde, / ohne daß eine
Hand sich rührte.
7 Ihre jungen Männer waren reiner als Schnee, /
weißer als Milch,
ihr Leib rosiger als Korallen, / saphirblau ihre
Adern.
8 Schwärzer als Ruß sehen sie aus, / man erkennt sie nicht auf den Straßen.
Die Haut schrumpft ihnen am Leib, / trocken
wie Holz ist sie geworden.
9 Besser die vom Schwert Getöteten / als die
vom Hunger Getöteten;
sie sind verschmachtet, / vom Mißertrag der
Felder getroffen.

10 Die Hände liebender Mütter / kochten die ei-
genen Kinder.
Sie dienten ihnen als Speise / beim Zusammen-
bruch der Tochter, meines Volkes.
11 Randvoll gemacht hat der Herr seinen Grimm, /
ausgegossen seinen glühenden Zorn.
Er entfachte in Zion ein Feuer, / das bis auf den
Grund alles verzehrte.
12 Kein König eines Landes, kein Mensch auf der
Erde / hätte jemals geglaubt,
daß ein Bedränger und Feind / durchschritte die
Tore Jerusalems.
13 Wegen der Sünden ihrer Propheten, / wegen
der Verfehlung ihrer Priester,
die in ihrer Mitte vergossen haben / das Blut
von Gerechten,
14 wankten sie blind durch die Gassen, / besu-
delt mit Blut,
so daß man nicht berühren mochte / ihre Klei-
der.
15 Fort, unrein!, rief man ihnen zu. / Fort, fort!
Rührt mich nicht an!
Da flohen sie, da wankten sie. / Unter den Völ-
kern sagte man: / Sie durften nicht länger bleiben.
16 Der Herr selbst hat sie zerstreut, / schaut sie
nicht mehr an.
Keine Ehrfurcht zollte man den Priestern, /
Greise fanden keine Gnade.
17 Als wir uns noch die Augen nach Hilfe aus-
schauten, / war es umsonst.
Auf unserer Warte spähten wir nach einem
Volk, / das dann doch keine Hilfe brachte.
18 Man horchte auf unsere Schritte, / wir konn-
ten nicht auf die Straßen.
Unser Ende war nah, die Tage voll, / ja, unser
Ende kam.
19 Schneller waren unsere Verfolger, / als Adler
am Himmel.
Sie jagten uns auf den Bergen, / lauerten uns auf
in der Wüste.
20 Unser Lebensatem, der Gesalbte des Herrn, /
ist gefangen in ihren Gruben.
Wir aber hatten gedacht: / In seinem Schatten
werden wir leben unter den Völkern.
21 Juble nur, und freue dich, Tochter Edom, / die
du wohnst im Lande Uz.
Auch zu dir wird der Becher kommen, / du
wirst dich betrinken und dich entblößen.
22 Zu Ende ist deine Schuld, Tochter Zion; / nicht
wieder führt er dich in Verbannung.
Deine Schuld bestraft er, Tochter Edom, / deckt
deine Sünden auf.

Das fünfte Lied: 5,1–22

5 Herr, denk daran, was uns geschehen, /
blick her, und sieh unsre Schmach!
2 An Ausländer fiel unser Erbe, / unsre Häuser
kamen an Fremde.
3 Wir wurden Waisen, Kinder ohne Vater, / un-
sere Mütter wurden Witwen.
4 Unser Wasser trinken wir für Geld, / unser
Holz müssen wir bezahlen.
5 Wir werden getrieben, das Joch auf dem
Nacken, / wir sind müde, man versagt uns die
Ruhe.
6 Nach Ägypten streckten wir die Hand, / nach
Assur, um uns mit Brot zu sättigen.
7 Unsere Väter haben gesündigt; sie sind nicht
mehr. / Wir müssen ihre Sünden tragen.
8 Sklaven herrschen über uns, / niemand ent-
reißt uns ihren Händen.
9 Unter Lebensgefahr holen wir unser Brot, / be-
droht vom Schwert der Wüste.
10 Unsere Haut glüht wie ein Ofen / von den Glu-
ten des Hungers.
11 Frauen hat man in Zion geschändet, / Jung-
frauen in den Städten von Juda.
12 Fürsten wurden von Feindeshand gehängt, /
den Ältesten nahm man die Ehre.
13 Junge Männer mußten die Handmühlen
schleppen, / unter der Holzlast brachen Knaben
zusammen.
14 Die Alten blieben fern vom Tor, / die Jungen
vom Saitenspiel.
15 Dahin ist unseres Herzens Freude, / in Trauer
gewandelt unser Reigen.
16 Die Krone ist uns vom Haupt gefallen. / Weh
uns, wir haben gesündigt.
17 Darum ist krank unser Herz, / darum sind trüb
unsere Augen
18 über den Zionsberg, der verwüstet liegt; /
Füchse laufen dort umher.

19 Du aber, Herr, bleibst ewig, / dein Thron von
Geschlecht zu Geschlecht.
20 Warum willst du uns für immer vergessen, /
uns verlassen fürs ganze Leben?
21 Kehre uns, Herr, dir zu, / dann können wir uns
zu dir bekehren. / Erneuere unsere Tage, damit
sie werden wie früher.
22 Oder hast du uns denn ganz verworfen, /
zürnst du uns über alle Maßen?

DAS BUCH BARUCH

Einleitung: 1,1–14

1 Das ist der Wortlaut des Buches, das Baruch,
der Sohn Nerijas, des Sohnes Machsejas, des
Sohnes Zidkijas, des Sohnes Hasadjas, des Sohnes
Hilkijas, in Babel geschrieben hat. 2 Es war im
fünften Jahr, am siebten Tag des fünften Monats,
zur selben Zeit, als die Chaldäer Jerusalem eingenommen
und in Brand gesteckt hatten. 3 Baruch
verlas den Wortlaut dieses Buches vor König Jojachin
von Juda, dem Sohn Jojakims, und vor dem
ganzen Volk, das zusammengekommen war, um
die Schrift zu hören. 4 Er las vor den königlichen
Beamten und Prinzen, vor den Ältesten und dem
ganzen Volk, vom Kleinsten bis zum Größten, vor
allen, die in Babel am Fluß Sud angesiedelt waren.
5 Da weinten, fasteten und flehten sie vor dem
Herrn. 6 Dann legten sie Geld zusammen, so viel
ein jeder vermochte, 7 und sandten es nach Jerusalem
an den Priester Jojakim, den Sohn Hilkijas,
des Sohnes Schallums, an die übrigen Priester
und an das ganze Volk, das sich mit ihm in Jerusalem
befand. 8 Baruch selbst hatte bereits am
zehnten Siwan die Geräte des Hauses des Herrn,
die aus dem Tempel verschleppt worden waren,
erhalten, um sie in das Land Juda zurückzubringen.
Es waren jene silbernen Geräte, die König
Zidkija von Juda, der Sohn Joschijas, hatte anfertigen
lassen, 9 nachdem Nebukadnezzar, der König
von Babel, Jojachin aus Jerusalem verschleppt
und nach Babel gebracht hatte, samt den Beamten,
den Schmieden, der Oberschicht und den
Bürgern des Landes. 10 Dazu ließen (die Spender)
sagen: Hier senden wir euch Geld. Kauft dafür
Brandopfer, Sündopfer und Weihrauch, und bereitet
Speiseopfer; bringt sie dar auf dem Altar des
Herrn, unseres Gottes, 11 und betet für das Leben
des Königs Nebukadnezzar von Babel und für
das Leben seines Sohnes Belschazzar, daß ihre
Tage so zahlreich seien wie die Tage des Himmels
über der Erde. 12 Uns aber verleihe der Herr Kraft
und lasse unsere Augen leuchten. So werden wir
leben unter dem Schutz des Königs Nebukadnezzar
von Babel und unter dem Schutz seines
Sohnes Belschazzar, wir werden ihnen lange
Zeit dienen und Gunst vor ihnen finden. 13 Betet
auch für uns zum Herrn, unserem Gott; denn
wir haben gesündigt gegen den Herrn, unseren
Gott, und bis heute hat der Herr seinen Grimm
und Zorn noch nicht von uns abgewendet. 14 Lest
dann dieses Buch vor, das wir euch senden; es
soll am Tag des Festes, und zwar an den Versammlungstagen,
im Haus des Herrn vorgetragen
werden.

Das Gebet der Verbannten: 1,15–3,8

Das Bekenntnis der Schuld

15 Sprecht: Der Herr, unser Gott, ist im Recht; uns
aber treibt es bis heute die Schamröte ins Gesicht,
den Leuten von Juda und den Bewohnern
Jerusalems, 16 unseren Königen und Beamten,
unseren Priestern und Propheten und unseren

Vätern; 17 denn wir haben gegen den Herrn gesündigt 18 und ihm nicht gehorcht. Wir haben auf die Stimme des Herrn, unseres Gottes, nicht gehört und die Gebote nicht befolgt, die der Herr uns vorgelegt hat. 19 Von dem Tag an, als der Herr unsere Väter aus Ägypten herausführte, bis auf den heutigen Tag waren wir ungehorsam gegen den Herrn, unseren Gott. Wir hörten sehr bald nicht mehr auf seine Stimme. 20 So hefteten sich an uns das Unheil und der Fluch, den der Herr durch seinen Diener Mose androhen ließ am Tag, als er unsere Väter aus Ägypten herausführte, um uns ein Land zu geben, in dem Milch und Honig fließen, und so ist es noch heute. 21 Wir haben nicht auf die Stimme des Herrn, unseres Gottes, gehört und auf alle Reden der Propheten, die er zu uns gesandt hat. 22 Jeder von uns folgte der Neigung seines bösen Herzens; wir dienten anderen Göttern und taten, was dem Herrn, unserem Gott, mißfällt.

2 So hat denn der Herr sein Wort erfüllt, das er über uns gesprochen hat, über unsere Richter, die Israel regierten, über unsere Könige und Beamten und über die Leute von Israel und Juda. 2 Unter dem ganzen Himmel ist noch nie so etwas geschehen, wie der Herr es jetzt in Jerusalem geschehen ließ, ganz wie es im Gesetz des Mose geschrieben steht: 3 daß der eine von uns das Fleisch des eigenen Sohnes, der andere das Fleisch der eigenen Tochter essen werde. 4 Der Herr übergab sie allen Königreichen rings um uns und machte sie zum Gespött und zum Fluch bei allen Völkern im Umkreis, unter die er sie zerstreute. 5 Aus Herrschern wurden Unterdrückte; denn wir haben gegen den Herrn, unseren Gott, gesündigt und nicht auf seine Stimme gehört.

6 Der Herr, unser Gott, ist im Recht; uns aber und unseren Vätern treibt es bis heute die Schamröte ins Gesicht. 7 Alles Unheil, das der Herr uns angedroht hat, ist über uns gekommen. 8 Wir haben den Herrn nicht dadurch besänftigt, daß jeder sich von den Wünschen seines bösen Herzens abgewandt hätte. 9 Der Herr aber wachte und brachte das Unheil über uns; denn der Herr ist gerecht in all seinen Fügungen, die er über uns verhängt hat. 10 Wir aber hörten nicht auf seine Stimme und befolgten nicht die Gebote, die der Herr uns vorgelegt hat.

Die Bitte um Vergebung

11 Nun aber, Herr, Gott Israels! Du hast dein Volk aus Ägypten geführt mit starker Hand, mit Zeichen und Wundern, mit großer Macht und erhobenem Arm, und hast dir einen Namen gemacht bis auf den heutigen Tag. 12 Herr, unser Gott, wir haben gesündigt, gefrevelt, Unrecht getan trotz all deiner Satzungen. 13 Nun wende sich dein Zorn von uns. Denn nur wenige von uns sind noch übrig unter den Völkern, wohin du uns zerstreut hast. 14 Erhöre, Herr, unser Gebet und unsere Bitte! Rette uns um deinetwillen! Laß uns Gnade finden bei denen, die uns aus der Heimat weggeführt haben. 15 So soll die ganze Welt erkennen, daß du der Herr, unser Gott, bist. Dein Name ist ja über Israel und seinem Stamm ausgerufen. 16 Herr, schau herab von deiner heiligen Wohnung, und achte auf uns! Neige, Herr, dein Ohr, und höre! 17 Öffne, Herr, deine Augen, und schau! Denn nicht die Toten in der Unterwelt, aus deren Leib der Atem weggenommen ist, preisen die Ehre und Gerechtigkeit des Herrn, 18 sondern die Menschen, die in großer Bedrängnis leben, gebeugt und kraftlos einhergehen und deren Augen schwach sind, die Menschen, die hungern, sie preisen deine Ehre und Gerechtigkeit, Herr. 19 Denn nicht im Vertrauen auf die Verdienste unserer Väter und unserer Könige tragen wir dir unsere Bitte um Erbarmen vor, Herr, unser Gott. 20 Du hast ja deinen Grimm und Zorn gegen uns gerichtet, wie du durch deine Diener, die Propheten, gesprochen hast: 21 So spricht der Herr: Beugt euren Nacken, und seid dem König von Babel untertan; dann dürft ihr in dem Land bleiben, das ich euren Vätern gegeben habe. 22 Hört ihr aber nicht auf die Weisung des Herrn, dem König von Babel untertan zu sein, 23 dann lasse ich in den Städten Judas und in den Straßen Jerusalems Jubelruf und Freudenruf verstummen, den Ruf des Bräutigams und den Ruf der Braut, und das ganze Land wird zur menschenleeren Wüste werden. 24 Doch wir hörten nicht auf deine Weisung, dem König von Babel untertan zu sein. Da hast du deine Worte in Kraft gesetzt, die du durch deine Diener, die Propheten, gesprochen hast, daß man die Gebeine unserer Könige und die Gebeine unserer Väter aus ihrer Grabstätte holen werde. 25 Und wirklich wurden sie herausgeworfen und liegen in der Hitze des Tages und in der

Kälte der Nacht. Auch waren sie unter schreckli-
chen Qualen umgekommen durch Hunger,
Schwert und Pest. 26 Wegen der Verruchtheit des
Hauses Israel und des Hauses Juda hast du das
Haus, über dem dein Name ausgerufen ist, zu
dem gemacht, was es heute ist.

Das Vertrauen auf die Verheißung

27 Doch hast du, Herr, unser Gott, an uns nach dei-
ner ganzen Güte gehandelt und nach all deinem
großen Erbarmen, 28 so wie du durch deinen Die-
ner Mose gesprochen hast an dem Tag, als du ihm
auftrugst, deine Weisung für die Israeliten aufzu-
zeichnen: 29 Hört ihr nicht auf meine Stimme,
dann wird diese unzählbar große Volksmenge zu
einer kleinen Minderheit werden unter den Völ-
kern, wohin ich sie zerstreue. 30 Denn ich weiß,
daß sie nicht auf mich hören werden; sie sind ja
ein halsstarriges Volk. Doch im Land ihrer Ver-
bannung werden sie es sich zu Herzen nehmen.
31 Sie werden erkennen, daß ich der Herr, ihr Gott,
bin. Dann gebe ich ihnen ein verständiges Herz
und Ohren, die hören. 32 Im Land ihrer Verban-
nung werden sie mich preisen und meines
Namens gedenken. 33 Sie werden sich abwenden
von ih-rer Hartnäckigkeit und von ihren bösen
Taten; denn sie werden sich erinnern, wie es
ihren Vätern erging, die gegen den Herrn gesün-
digt haben. 34 Dann werde ich sie in das Land
zurückführen, das ich ihren Vätern Abraham,
Isaak und Jakob unter Eid versprochen habe, und
sie werden (wieder) seine Besitzer sein. Ich ma-
che sie zahlreich, und sie werden nie mehr ver-
mindert. 35 Dann schließe ich mit ihnen einen
ewigen Bund: Ich will ihr Gott sein, und sie sol-
len mein Volk sein; und nie wieder werde ich
mein Volk Israel aus dem Land verstoßen, das ich
ihnen gegeben habe.

3 Herr, Allmächtiger, Gott Israels! Eine Seele in
Ängsten, ein Geist voll Kummer schreit zu
dir. 2 Höre, Herr, erbarme dich, da wir gegen dich
gesündigt haben. 3 Du thronst in Ewigkeit; uns
aber droht ewige Vernichtung. 4 Herr, Allmächti-
ger, Gott Israels! Höre doch das Flehen der Todge-
weihten Israels, der Söhne derer, die gegen dich
gesündigt und auf die Stimme des Herrn, ihres
Gottes, nicht gehört haben; so hat sich das Unheil
an uns geheftet. 5 Denk nicht mehr an die schlech-
ten Taten unserer Väter, sondern denk jetzt an
deine (starke) Hand und an deinen Namen! 6 Du
bist ja der Herr, unser Gott, und wir wollen dich
preisen, Herr. 7 Denn dazu hast du uns die Furcht
vor dir ins Herz gelegt, daß wir deinen Namen an-
rufen. Auch in unserer Verbannung wollen wir
dich preisen. Wir haben unser Herz abgekehrt
von aller Bosheit unserer Väter, die gegen dich ge-
sündigt haben. 8 Siehe, wir sind noch heute in den
Ländern unserer Verbannung, in die du uns ver-
sprengt hast, zum Schimpf, zum Fluchwort und
zur Verwünschung, entsprechend allen schlech-
ten Taten unserer Väter, die abtrünnig wurden
vom Herrn, unserem Gott.

Die göttliche Weisheit, Israels Vorrecht: 3,9–4,4

Die Empfehlung der Weisheit

9 Höre, Israel, die Gebote des Lebens; merkt auf,
um Einsicht zu erlangen. 10 Warum, Israel, warum
lebst du im Gebiet der Feinde, siechst dahin in ei-
nem fremden Land, 11 bist unrein geworden, den
Toten gleich, wurdest zu den Abgeschiedenen
gezählt? 12 Du hast den Quell der Weisheit verlas-
sen. 13 Wärest du auf Gottes Weg gegangen, du
wohntest in Frieden für immer. 14 Nun lerne, wo
die Einsicht ist, wo Kraft und wo Klugheit, dann
erkennst du zugleich, wo langes Leben und Le-
bensglück, wo Licht für die Augen und Frieden zu
finden sind.

Der Hymnus auf die Weisheit

15 Wer hat je den Ort (der Weisheit) gefunden? Wer
ist zu ihren Schatzkammern vorgedrungen? 16 Wo
sind die Gebieter der Völker? Sie herrschten sogar
über die Tiere der Erde 17 und spielten mit den Vö-
geln des Himmels; sie häuften Silber und Gold,
worauf die Menschen vertrauen, und ihr Besitz
hatte keine Grenzen. 18 Wo sind sie, die das Silber
so kunstvoll schmiedeten, daß ihre Werke unbe-
greiflich sind? 19 Verschwunden sind sie, hinabge-
stiegen zur Unterwelt; andere traten an ihre
Stelle. 20 Andere erblickten nach ihnen das Licht
und wohnten auf der Erde; doch auch sie haben

den Weg der Weisheit nicht erkannt, 21 ihre Pfade
nicht verstanden und ihre Spur nicht aufgenom-
men. Auch ihre Söhne blieben ihrem Weg fern.
22 Nicht hörte man die Weisheit in Kanaan, nicht
erschien sie in Teman. 23 Auch die Söhne der Ha-
gar, die überall auf der Erde nach Einsicht suchen,
die Kaufleute von Midian und Teman, die Fabel-
dichter und die Forscher nach Einsicht, auch sie
haben den Weg der Weisheit nicht erkannt und
ihre Pfade nicht entdeckt.
24 Israel, wie groß ist das Haus Gottes, wie weit
das Gebiet seiner Herrschaft! 25 Unendlich groß
und unermeßlich hoch. 26 Dort wurden die Riesen
geboren, die berühmten Männer der Urzeit, hoch
an Wuchs und Meister im Kampf. 27 Und doch hat
Gott nicht diese erwählt, nicht ihnen den Weg der
Weisheit gezeigt. 28 Sie gingen zugrunde, weil sie
ohne Einsicht waren; ihrer Torheit wegen gingen
sie unter. 29 Wer stieg zum Himmel hinauf, holte
die Weisheit und brachte sie aus den Wolken
herab? 30 Wer fuhr über das Meer und entdeckte
sie und brachte sie her gegen lauteres Gold? 31 Kei-
ner weiß ihren Weg, niemand kennt ihren Pfad.
32 Doch der Allwissende kennt sie; er hat sie in sei-
ner Einsicht entdeckt. Er hat ja die Erde für immer
gegründet, er hat sie mit Tieren bevölkert. 33 Er
entsendet das Licht, und es eilt dahin; er ruft es
zurück, und zitternd gehorcht es ihm. 34 Froh
leuchten die Sterne auf ihren Posten. 35 Ruft er sie,
so antworten sie: Hier sind wir. Sie leuchten mit
Freude für ihren Schöpfer. 36 Das ist unser Gott;
kein anderer gilt neben ihm. 37 Er hat den Weg der
Weisheit ganz erkundet und hat sie Jakob, seinem
Diener, verliehen, Israel, seinem Liebling. 38 Dann
erschien sie auf der Erde und hielt sich unter den
Menschen auf.

Das Glück der Weisheit

4 Sie ist das Buch der Gebote Gottes, das Ge-
setz, das ewig besteht. Alle, die an ihr fest-
halten, finden das Leben; doch alle, die sie verlas-
sen, verfallen dem Tod. 2 Kehr um, Jakob, ergreif
sie! Geh deinen Weg im Glanz ihres Lichtes!
3 Überlaß deinen Ruhm keinem andern, dein Vor-
recht keinem fremden Volk! 4 Glücklich sind wir,
das Volk Israel; denn wir wissen, was Gott gefällt.

Jerusalems Klage und Hoffnung: 4,5—5,9

Jerusalems Klage

5 Hab Vertrauen, mein Volk, du trägst den Namen
Israel. 6 Ihr wurdet verkauft an die Völker, doch
nicht zur Vernichtung. Weil ihr Gott erzürnt habt,
wurdet ihr den Feinden preisgegeben. 7 Denn ihr
habt euren Schöpfer zum Zorn gereizt, da ihr den
Dämonen und nicht Gott Opfer darbrachtet. 8 Eu-
ren Ernährer habt ihr vergessen, den ewigen
Gott. Ihr habt auch Jerusalem betrübt, die euch
aufzog. 9 Denn sie hat mit angesehen, wie Gottes
Zorn über euch hereinbrach; da sprach sie: Hört,
ihr Nachbarn Zions! Gott hat großes Leid über
mich gebracht. 10 Denn ich mußte sehen, daß
meine Söhne und Töchter verschleppt wurden,
wie es der Ewige über sie verhängt hat. 11 Mit
Freude habe ich sie großgezogen, mit Weinen und
Klagen mußte ich sie ziehen lassen. 12 Keiner
juble, daß ich Witwe bin und von so vielen ver-
lassen; der Sünden meiner Kinder wegen bin ich
vereinsamt, denn sie sind abgewichen vom Ge-
setz Gottes. 13 Seine Satzungen haben sie nicht an-
erkannt. Sie gingen nicht die Wege der Gottesge-
bote. Die Pfade der Zucht nach seiner rechten
Weisung beschritten sie nicht.
14 Kommt, ihr Nachbarn Zions! Bedenkt die Ge-
fangenschaft, die der Ewige über meine Söhne
und Töchter verhängt hat. 15 Denn er ließ ein Volk
von weit her über sie kommen, ein rohes Volk mit
fremder Sprache; es hatte keine Scheu vor Grei-
sen, kein Mitleid mit Kindern. 16 Es führte die Lieb-
linge der Witwe weg, raubte der Vereinsamten
die Töchter. 17 Ich aber, wie könnte ich euch hel-
fen? 18 Nur er, der das Unheil über euch brachte,
kann euch der Hand eurer Feinde entreißen. 19 So
geht, meine Kinder, geht fort! Ich bleibe ja einsam
zurück. 20 Abgelegt habe ich das Gewand froher
Zeiten, angezogen das Bußkleid meines Elends.
Zum Ewigen will ich rufen, solange ich lebe.

Jerusalems Hoffnung

21 Habt Vertrauen, meine Kinder, schreit zu Gott!
Er wird euch der Gewalt entreißen, den Händen

der Feinde. 22 Denn ich erhoffe vom Ewigen eure Rettung; schon wurde mir vom Heiligen Freude zuteil wegen der Erbarmung, die bald zu euch kommt vom Ewigen, eurem Retter. 23 In Trauer und in Tränen ließ ich euch ziehen, doch wird mir Gott euch wiederschenken zur Freude und zum Jubel für immer. 24 Wie jetzt die Nachbarn Zions eure Gefangenschaft vor Augen haben, so werden sie bald die Rettung sehen, die von eurem Gott kommt; mit großer Herrlichkeit kommt sie zu euch und mit dem Glanz des Ewigen. 25 Meine Kinder, ertragt geduldig den Zorn, der von Gott her über euch kam. Der Feind hat dich verfolgt, bald aber wirst du seinen Untergang sehen und den Fuß auf seinen Nacken setzen.

26 Meine zarten Kinder mußten auf rauhen Wegen ziehen. Sie wurden fortgeschleppt wie eine Herde, von Feinden geraubt. 27 Habt Vertrauen, meine Kinder, schreit zu Gott! Denn er, der es verhängt hat, wird wieder an euch denken. 28 Wie euer Sinn auf den Abfall von Gott gerichtet war, so zeigt nun zehnfachen Eifer, umzukehren und ihn zu suchen. 29 Er, der über euch das Unheil gebracht hat, wird mit eurer Rettung euch ewige Freude bringen.

30 Hab Vertrauen, Jerusalem! Der dir den Namen gab, er wird dich trösten. 31 Unglück über jene, die dir Böses taten und über deinen Sturz sich freuten! 32 Unglück über die Städte, zu deren Sklaven deine Kinder wurden! Unglück über jene Stadt, die deine Söhne als Sklaven aufgenommen hat! 33 Wie sie sich freute über deinen Sturz, frohlockte über deinen Fall, so wird sie ihre eigene Verwüstung betrauern müssen. 34 Ich nehme ihr den Jubel der Volksmenge; ihr Prahlen wandelt sich in Jammer. 35 Denn Feuer vom Ewigen wird über sie kommen für viele Tage, und Dämonen werden dort hausen für lange Zeit. 36 Blick nach Osten, Jerusalem! Schau die Freude, die von Gott zu dir kommt. 37 Siehe, deine Söhne, die du einst fortziehen ließest, kehren zurück; sie kommen, vom Aufgang der Sonne bis zum Untergang, gesammelt durch das Wort des Heiligen; sie freuen sich über die Herrlichkeit des Herrn.

5 Leg ab, Jerusalem, das Kleid deiner Trauer und deines Elends, und bekleide dich mit dem Schmuck der Herrlichkeit, die Gott dir für immer verleiht. 2 Leg den Mantel der göttlichen Gerechtigkeit an; setz dir die Krone der Herrlichkeit des Ewigen aufs Haupt! 3 Denn Gott will deinen Glanz dem ganzen Erdkreis unter dem Himmel zeigen. 4 Gott gibt dir für immer den Namen: Friede der Gerechtigkeit und Herrlichkeit der Gottesfurcht.

5 Steh auf, Jerusalem, und steig auf die Höhe! Schau nach Osten, und sieh deine Kinder: Vom Untergang der Sonne bis zum Aufgang hat das Wort des Heiligen sie gesammelt. Sie freuen sich, daß Gott an sie gedacht hat. 6 Denn zu Fuß zogen sie fort von dir, weggetrieben von Feinden; Gott aber bringt sie heim zu dir, ehrenvoll getragen wie in einer königlichen Sänfte. 7 Denn Gott hat befohlen: Senken sollen sich alle hohen Berge und die ewigen Hügel, und heben sollen sich die Täler zu ebenem Land, so daß Israel unter der Herrlichkeit Gottes sicher dahinziehen kann. 8 Wälder und duftende Bäume aller Art spenden Israel Schatten auf Gottes Geheiß. 9 Denn Gott führt Israel heim in Freude, im Licht seiner Herrlichkeit; Erbarmen und Gerechtigkeit kommen von ihm.

Der Brief des Jeremia: 6,1–72

Einleitung

6 Abschrift des Briefes, den Jeremia an jene gesandt hat, die vom König der Babylonier als Gefangene nach Babel weggeführt werden sollten; darin teilte er ihnen mit, was Gott ihm aufgetragen hatte.

1 Wegen der Sünden, die ihr gegen Gott begangen habt, werdet ihr von Nebukadnezzar, dem König der Babylonier, als Gefangene nach Babel geführt. 2 Seid ihr dann nach Babel gekommen, so müßt ihr dort viele Jahre bleiben, für lange Zeit, bis zu sieben Generationen; danach führe ich euch von dort in Frieden wieder heraus. 3 Nun werdet ihr in Babel Götterbilder aus Silber, Gold und Holz sehen, die man auf den Schultern trägt und die den Völkern Furcht einflößen. 4 Hütet euch dann, euch den Fremden anzugleichen und euch von Furcht vor diesen Göttern erfassen zu

lassen, 5 wenn ihr seht, wie die Menge sich vor
und hinter ihnen niederwirft; sprecht vielmehr
im Herzen: Herr, dir allein gebührt Anbetung.
6 Denn mein Engel ist bei euch; er wird über euer
Leben wachen.

Die Nichtigkeit der Götzenbilder

7 Ein Handwerker hat ihnen eine glatte Zunge
angefertigt; sie selbst wurden mit Gold und Sil-
ber überzogen; doch sind sie Fälschungen und
können nicht reden. 8 Wie für ein Mädchen, das
Schmuck liebt, nimmt man Gold 9 und fertigt
Kronen für die Häupter ihrer Götter. Manchmal
nehmen aber die Priester Gold und Silber heim-
lich von ihren Göttern weg und verwenden es
für sich selber; sie geben davon auch den Dirnen
in der Kammer. 10 Man schmückt sie auch, die
Götter aus Silber, Gold und Holz, mit Gewän-
dern wie Menschen. Diese Götter können sich
aber nicht vor Schmutz und Wurmfraß schüt-
zen. 11 Sie sind in Purpurgewänder gehüllt, 12 und
doch muß man ihnen den Staub aus dem Ge-
sicht wischen, der im Tempel aufwirbelt und
sich dick auf sie legt. 13 Sogar ein Zepter trägt ein
solcher Gott, wie ein Mann, der das Land re-
giert; doch kann er niemand töten, der sich ge-
gen ihn verfehlt. 14 Er hat in der Rechten ein
Schwert oder eine Streitaxt, kann aber nicht ein-
mal sich selbst vor Krieg oder Räubern retten. So
zeigen sie deutlich, daß sie keine Götter sind.
Fürchtet sie also nicht!
15 Wie ein zerbrochenes Tongefäß unbrauchbar
wird, 16 so geht es auch mit ihren Göttern, die in
ihren Tempeln aufgestellt sind: Ihre Augen sind
voll vom Staub, den die Füße der Besucher hin-
eintragen. 17 Und wie die Höfe rings verschlossen
sind, sobald ein Mann, der sich am König vergan-
gen hat, zur Hinrichtung abgeführt werden soll,
so sichern die Priester die Tempel der Götter mit
Türen, Schlössern und Riegeln, damit sie nicht
von Räubern geplündert werden. 18 Die Priester
zünden Lichter an, mehr sogar als für sich selbst,
doch die Götter können keines davon sehen. 19 Es
geht ihnen wie einem Balken am Tempel: Ihr
Inneres wird, wie man sagt, zerfressen. Sie aber
bemerken nicht die Würmer, die aus der Erde
kommen und sie selbst samt ihren Gewändern
aufzehren. 20 Ihre Gesichter sind geschwärzt vom
Rauch, der im Tempel aufsteigt. 21 Auf ihrem Kör-
per und auf ihrem Kopf lassen sich Fledermäuse,
Schwalben und andere Vögel nieder, ebenso
auch Katzen. 22 Daran erkennt ihr, daß sie keine
Götter sind. Fürchtet sie also nicht!
23 Sie sind mit Gold überzogen, damit sie schön
aussehen; wenn aber niemand den Schmutz
wegputzt, glänzen sie nicht. Nicht einmal, als sie
gegossen wurden, spürten sie es. 24 Jeden Preis
zahlte man für sie, obwohl sie keinen Lebens-
atem besitzen. 25 Da sie ihre Füße nicht gebrau-
chen können, werden sie auf den Schultern
getragen und zeigen so den Menschen ihren ei-
genen Unwert. Auch ihre Diener müssen sich
schämen; 26 denn (der Götze) muß von ihnen auf-
gestellt werden, damit er nicht zu Boden fällt.
Stellt man ihn aufrecht hin, so kann er sich selbst
nicht bewegen; steht er schief, kann er sich nicht
aufrichten. Vielmehr setzt man ihnen die Gaben
vor wie den Toten. 27 Mit ihren Opfern aber trei-
ben ihre Priester Mißbrauch und verkaufen sie.
Nicht besser handeln ihre Frauen: Sie pökeln da-
von ein, aber einem Armen oder Schwachen ge-
ben sie nichts. 28 Sogar unreine Frauen und
Wöchnerinnen berühren ihre Opfer. Daran er-
kennt ihr, daß sie keine Götter sind. Fürchtet sie
also nicht!
29 Wie könnte man sie Götter nennen? Sogar
Frauen bringen ihnen Opfer dar, diesen Göttern
aus Silber, Gold und Holz. 30 In ihren Tempeln
hocken die Priester, das Gewand zerrissen, Kopf
und Bart geschoren und das Haupt entblößt. 31 Sie
heulen und schreien vor ihren Göttern wie an-
dere beim Totenmahl. 32 Von ihren Gewändern
nehmen die Priester und kleiden damit ihre
Frauen und Kinder. 33 Ob jemand diesen Göttern
Böses oder Gutes antut, sie sind nicht imstande,
es zu vergelten. Einen König können sie weder
einsetzen noch absetzen. 34 Ebensowenig können
sie Reichtum oder auch nur Geld verschaffen. Hat
ihnen jemand ein Gelübde gemacht, erfüllt es
aber nicht, so können sie keine Rechenschaft for-
dern. 35 Sie können keinen Menschen vom Tod er-
retten noch einen Schwachen dem Starken ent-
reißen. 36 Einen Blinden können sie nicht sehend
machen, einen Bedrängten nicht befreien. 37 Mit
der Witwe haben sie kein Mitleid, dem Waisen-
kind helfen sie nicht. 38 Den Steinen aus den Ber-
gen gleichen die hölzernen, mit Gold und Silber
überzogenen Götter. Wer sie verehrt, wird zu-
schanden. 39 Wie kann einer da glauben oder be-
haupten, sie seien wirklich Götter?

40 Ihrer Ehre schaden die Chaldäer sogar selbst.
Sehen sie nämlich einen Stummen, der nicht
sprechen kann, so bringen sie ihn zu Bel und bit-
ten, daß er die Sprache erhalte, als ob Bel ihn auch
nur wahrnehmen könnte. 41 Und obwohl sie das
wissen, bringen sie es doch nicht über sich, die
Götter zu verlassen; sie haben ja keinen Verstand.
42 Die Frauen aber sitzen, mit Schnüren umwun-
den, an den Wegen und lassen Kleie in Rauch auf-
gehen. 43 Sobald nun eine aus ihrer Mitte von ei-
nem Vorübergehenden mitgenommen worden
ist und sich ihm hingegeben hat, schmäht sie ihre
Nachbarin, weil diese nicht gleich ihr für würdig
befunden und ihre Schnur noch nicht zerrissen
wurde. 44 Was immer bei diesen Göttern ge-
schieht, ist Trug. Wie kann einer da glauben oder
behaupten, daß sie wirklich Götter seien?

45 Von Handwerkern und Goldschmieden sind
sie verfertigt. Sie werden nichts anderes, als was
sie nach dem Willen der Künstler werden sollten.
46 Ihre Hersteller erreichen selbst kein hohes Alter;
47 wie sollten da ihre Erzeugnisse Götter sein?
Nein, nur Trug und Schande hinterlassen sie ihren
Nachkommen. 48 Nähern sich nämlich Krieg und
Unheil diesen Göttern, dann beraten die Priester
miteinander, wo sie sich mit ihnen verstecken
können. 49 Wie sollte man da nicht merken, daß sie
keine Götter sind, da sie sich selbst weder vor
Krieg noch vor Unheil retten können? 50 Sie sind ja
nur hölzerne, mit Gold und Silber überzogene Ge-
bilde; man wird nach alldem erkennen, daß sie
Trug sind. Allen Völkern und Königen wird es
dann offenbar, daß jene keine Götter sind, son-
dern Werke von Menschenhand, und daß ihnen
keine göttliche Wirkkraft innewohnt. 51 Wer sieht
da nicht, daß sie keine Götter sind?

52 Sie können weder einen König im Land ein-
setzen noch den Menschen Regen spenden. 53 Sie
halten nicht Gericht bei ihnen und befreien kei-
nen, dem Unrecht geschah; denn sie sind macht-
los 54 wie die Krähen zwischen Himmel und Erde.
Ergreift gar Feuer den Tempel der hölzernen, mit
Gold und Silber überzogenen Götter, dann flie-
hen zwar ihre Priester und retten sich, sie selbst
aber verbrennen darin wie die Balken. 55 Keinem
König und keinem Feind bieten sie Widerstand.
56 Wie kann einer da annehmen oder glauben, daß
sie Götter sind?

Weder vor Dieben noch vor Räubern können sie
sich retten, diese hölzernen, mit Silber und Gold
überzogenen Götter. 57 Jene sind stärker und neh-
men ihnen das Gold und Silber ringsum ab, samt
den Gewändern, die ihnen umgelegt sind, und
machen sich damit fort, ohne daß die Götter auch
nur sich selber helfen könnten. 58 Besser ist darum
ein König, der seine Stärke zeigt, besser ein nütz-
liches Hausgerät, das der Besitzer brauchen kann,
als solche trügerischen Götter; besser im Haus
eine Tür, die das, was drinnen ist, schützt, als sol-
che trügerischen Götter; besser im Königspalast
eine hölzerne Säule als solche trügerischen Göt-
ter. 59 Sonne, Mond und Sterne, die bestellt sind,
um als Leuchten zu nützen, gehorchen willig.
60 Ebenso ist auch der Blitz, wenn er aufleuchtet,
schön anzusehen. Genauso ist es beim Wind, der
über das ganze Land weht. 61 Wenn den Wolken
von Gott befohlen wird, über die ganze Erde da-
hinzuziehen, so vollführen sie den Auftrag.
62 Wird endlich das Feuer von oben ausgesandt,
um Berge und Wälder zu verzehren, so tut es,
was befohlen war. All dem kommen aber diese
Götter weder an Schönheit gleich noch an Kraft.
63 Daher kann man weder glauben noch behaup-
ten, daß sie wirklich Götter sind; sie sind ja nicht
imstande, Gericht zu halten oder den Menschen
Gutes zu tun. 64 Da ihr nun wißt, daß sie keine
Götter sind, so fürchtet sie nicht!

65 Sie können den Königen weder fluchen noch
sie segnen. 66 Sie lassen bei den Völkern keine Zei-
chen am Himmel erscheinen. Sie können nicht
strahlen wie die Sonne noch leuchten wie der
Mond. 67 Die Tiere sind besser daran als jene;
denn sie können an einen schützenden Ort flie-
hen und sich selber helfen. 68 So ist uns auf gar
keine Weise sichtbar, daß sie Götter sind. Darum
fürchtet sie nicht!

69 Wie im Gurkenfeld eine Vogelscheuche, die
nichts behütet, so sind ihre hölzernen, mit Gold
und Silber überzogenen Götter. 70 Ebenso glei-
chen sie einem Dornbusch im Garten, auf den
sich Vögel jeder Art niederlassen; oder auch ei-
nem Toten, der ins Dunkel geworfen ist, gleichen
diese hölzernen, mit Gold und Silber überzoge-
nen Götter. 71 Auch an den Purpur- und Byssusge-
wändern, die auf ihnen vermodern, erkennt ihr,
daß sie keine Götter sind. Zuletzt werden sie
selbst zerfressen und zum Gespött im Land.
72 Besser ist also ein gerechter Mann, der keine
Götterbilder hat; denn er ist sicher vor dem Ge-
spött.

DAS BUCH EZECHIEL

Die Berufung Ezechiels zum Propheten: 1,1–3,27

Ort und Zeit der Berufung

1 Am fünften Tag des vierten Monats im
dreißigsten Jahr, als ich unter den Ver-
schleppten am Fluß Kebar lebte, öffnete sich der
Himmel, und ich sah eine Erscheinung Gottes.
2 Am fünften Tag des Monats – es war im fünf-
ten Jahr nach der Verschleppung des Königs Joja-
chin – 3 erging das Wort des Herrn an Ezechiel,
den Sohn Busis, den Priester, im Land der
Chaldäer, am Fluß Kebar. Dort kam die Hand des
Herrn über ihn.

Die Erscheinung Gottes

4 Ich sah: Ein Sturmwind kam von Norden, eine
große Wolke mit flackerndem Feuer, umgeben
von einem hellen Schein. Aus dem Feuer strahlte
es wie glänzendes Gold. 5 Mitten darin erschien
etwas wie vier Lebewesen. Und das war ihre Ge-
stalt: Sie sahen aus wie Menschen. 6 Jedes der Le-
bewesen hatte vier Gesichter und vier Flügel.
7 Ihre Beine waren gerade und ihre Füße wie die
Füße eines Stieres; sie glänzten wie glatte und
blinkende Bronze. 8 Unter den Flügeln an ihren
vier Seiten hatten sie Menschenhände. [Auch
Gesichter und Flügel hatten die vier.] 9 Ihre Flügel
berührten einander. Die Lebewesen änderten
beim Gehen ihre Richtung nicht: Jedes ging in die
Richtung, in die eines seiner Gesichter wies.
10 Und ihre Gesichter sahen so aus: Ein Men-
schengesicht (blickte bei allen vier nach vorn), ein
Löwengesicht bei allen vier nach rechts, ein Stier-
gesicht bei allen vier nach links und ein Adlerge-
sicht bei allen vier (nach hinten). 11 Ihre Flügel wa-
ren nach oben ausgespannt. Mit zwei Flügeln
berührten sie einander, und mit zwei bedeckten
sie ihren Leib. 12 Jedes Lebewesen ging in die Rich-
tung, in die eines seiner Gesichter wies. Sie gin-
gen, wohin der Geist sie trieb, und änderten beim
Gehen ihre Richtung nicht. 13 Zwischen den Le-
bewesen war etwas zu sehen wie glühende Koh-
len, etwas wie Fackeln, die zwischen den Lebe-
wesen hin- und herzuckten. Das Feuer gab einen
hellen Schein, und aus dem Feuer zuckten Blitze.
14 Die Lebewesen liefen vor und zurück, und es
sah aus wie Blitze.
15 Ich schaute auf die Lebewesen: Neben jedem
der vier sah ich ein Rad auf dem Boden. 16 Die Rä-
der sahen aus, als seien sie aus Chrysolith ge-
macht. Alle vier Räder hatten die gleiche Gestalt.
Sie waren so gemacht, daß es aussah, als laufe ein
Rad mitten im andern. 17 Sie konnten nach allen
vier Seiten laufen und änderten beim Laufen ihre
Richtung nicht. 18 Ihre Felgen waren so hoch, daß
ich erschrak; sie waren voll Augen, ringsum bei
allen vier Rädern. 19 Gingen die Lebewesen, dann
liefen die Räder an ihrer Seite mit. Hoben sich die
Lebewesen vom Boden, dann hoben sich auch
die Räder. 20 Sie liefen, wohin der Geist sie trieb.
Die Räder hoben sich zugleich mit ihnen; denn
der Geist der Lebewesen war in den Rädern.
21 Gingen die Lebewesen, dann liefen auch die Rä-
der; blieben jene stehen, dann standen auch sie
still. Hoben sich jene vom Boden, dann hoben
sich die Räder zugleich mit ihnen; denn der Geist
der Lebewesen war in den Rädern.
22 Über den Köpfen der Lebewesen war etwas
wie eine gehämmerte Platte befestigt, furchtbar
anzusehen, wie ein strahlender Kristall, oben
über ihren Köpfen. 23 Unter der Platte waren ihre
Flügel ausgespannt, einer zum andern hin. Mit
zwei Flügeln bedeckte jedes Lebewesen seinen
Leib. 24 Ich hörte das Rauschen ihrer Flügel; es
war wie das Rauschen gewaltiger Wassermas-
sen, wie die Stimme des Allmächtigen. Wenn sie
gingen, glich das tosende Rauschen dem Lärm ei-
nes Heerlagers. Wenn sie standen, ließen sie ihre
Flügel herabhängen. 25 Ein Rauschen war auch
oberhalb der Platte, die über ihren Köpfen war.
Wenn sie standen, ließen sie ihre Flügel herab-
hängen.
26 Oberhalb der Platte über ihren Köpfen war et-
was, das wie Saphir aussah und einem Thron
glich. Auf dem, was einem Thron glich, saß eine
Gestalt, die wie ein Mensch aussah. 27 Oberhalb
von dem, was wie seine Hüften aussah, sah ich
etwas wie glänzendes Gold in einem Feuerkranz.

Unterhalb von dem, was wie seine Hüften aus-
sah, sah ich etwas wie Feuer und ringsum einen
hellen Schein. 28 Wie der Anblick des Regenbo-
gens, der sich an einem Regentag in den Wolken
zeigt, so war der helle Schein ringsum. So etwa
sah die Herrlichkeit des Herrn aus. Als ich diese
Erscheinung sah, fiel ich nieder auf mein Gesicht.
Und ich hörte, wie jemand redete.

Die Sendung Ezechiels

2 Er sagte zu mir: Stell dich auf deine Füße,
Menschensohn; ich will mit dir reden. 2 Als
er das zu mir sagte, kam der Geist in mich und
stellte mich auf die Füße. Und ich hörte den, der
mit mir redete. 3 Er sagte zu mir: Menschensohn,
ich sende dich zu den abtrünnigen Söhnen Isra-
els, die sich gegen mich aufgelehnt haben. Sie
und ihre Väter sind immer wieder von mir abge-
fallen, bis zum heutigen Tag. 4 Es sind Söhne mit
trotzigem Gesicht und hartem Herzen. Zu ihnen
sende ich dich. Du sollst zu ihnen sagen: So
spricht Gott, der Herr. 5 Ob sie dann hören oder
nicht – denn sie sind ein widerspenstiges Volk –,
sie werden erkennen müssen, daß mitten unter
ihnen ein Prophet war. 6 Du aber, Menschensohn,
fürchte dich nicht vor ihnen, hab keine Angst vor
ihren Worten! Wenn dich auch Dornen umgeben
und du auf Skorpionen sitzt, hab keine Angst vor
ihren Worten, und erschrick nicht vor ihrem
Blick; denn sie sind ein widerspenstiges Volk. 7 Du
sollst ihnen meine Worte sagen, ob sie hören oder
nicht, denn sie sind widerspenstig.

8 Du aber, Menschensohn, höre, was ich zu dir
sage. Sei nicht widerspenstig wie dieses wider-
spenstige Volk! Öffne deinen Mund, und iß, was
ich dir gebe. 9 Und ich sah: Eine Hand war ausge-
streckt zu mir; sie hielt eine Buchrolle. 10 Er rollte
sie vor mir auf. Sie war innen und außen be-
schrieben, und auf ihr waren Klagen, Seufzer und
Weherufe geschrieben.

3 Er sagte zu mir: Menschensohn, iß, was du
vor dir hast. Iß diese Rolle! Dann geh, und
rede zum Haus Israel! 2 Ich öffnete meinen Mund,
und er ließ mich die Rolle essen. 3 Er sagte zu mir:
Menschensohn, gib deinem Bauch zu essen, fülle
dein Inneres mit dieser Rolle, die ich dir gebe. Ich
aß sie, und sie wurde in meinem Mund süß wie
Honig.

4 Er sagte zu mir: Geh zum Haus Israel, Men-
schensohn, und sprich mit meinen Worten zu ih-
nen! 5 Nicht zu einem Volk mit fremder Sprache
und unverständlicher Rede wirst du gesandt, son-
dern zum Haus Israel, 6 auch nicht zu vielen Völ-
kern mit fremder Sprache und unverständlicher
Rede, deren Worte du nicht verstehst. Würde ich
dich zu ihnen senden, sie würden auf dich hören.
7 Doch das Haus Israel will nicht auf dich hören,
es fehlt ihnen der Wille, auf mich zu hören; denn
jeder vom Haus Israel hat eine harte Stirn und ein
trotziges Herz. 8 Ich aber mache dein Gesicht
ebenso hart wie ihr Gesicht und deine Stirn
ebenso hart wie ihre Stirn. 9 Wie Diamant und
härter als Kieselstein mache ich deine Stirn.
Fürchte sie nicht, erschrick nicht vor ihrem Blick;
denn sie sind ein widerspenstiges Volk. 10 Er sagte
zu mir: Menschensohn, nimm alle meine Worte,
die ich dir sage, mit deinem Herzen auf, und höre
mit deinen Ohren! 11 Geh zu den Verschleppten,
zu den Söhnen deines Volkes, und ob sie hören
oder nicht, sprich zu ihnen, und sag zu ihnen: So
spricht Gott, der Herr.

12 Da hob mich der Geist empor, und ich hörte
hinter mir ein Geräusch, ein gewaltiges Dröhnen,
als sich die Herrlichkeit des Herrn von ihrem Ort
erhob, 13 das Geräusch von den Flügeln der Lebe-
wesen, die einander berührten, und das
Geräusch der Räder neben ihnen, ein lautes, ge-
waltiges Dröhnen. 14 Der Geist, der mich empor-
gehoben hatte, trug mich fort. Ich ging dahin, mit
bitterem und grollendem Herzen, und die Hand
des Herrn lag schwer auf mir. 15 So kam ich zu den
Verschleppten, [die am Fluß Kebar wohnten,] die
in Tel-Abib wohnten, und ich saß dort sieben Tage
lang verstört mitten unter ihnen.

Ezechiel als Wächter Israels

16 Am Ende der sieben Tage erging das Wort des
Herrn an mich: 17 Menschensohn, ich gebe dich
dem Haus Israel als Wächter. Wenn du ein Wort
aus meinem Mund hörst, mußt du sie vor mir
warnen. 18 Wenn ich zu einem, der sich schuldig
gemacht hat, sage: Du mußt sterben!, und wenn
du ihn nicht warnst und nicht redest, um den
Schuldigen von seinem schuldhaften Weg abzu-
bringen, damit er am Leben bleibt, dann wird der
Schuldige seiner Sünde wegen sterben; von dir
aber fordere ich Rechenschaft für sein Blut.
19 Wenn du aber den Schuldigen warnst und er
sich von seiner Schuld und seinem schuldhaften
Weg nicht abwendet, dann wird er seiner Sünde

wegen sterben; du aber hast dein Leben gerettet. 20 Und wenn ein Gerechter sein rechtschaffenes Leben aufgibt und Unrecht tut, werde ich ihn zu Fall bringen, und er wird sterben, weil du ihn nicht gewarnt hast. Seiner Sünde wegen wird er sterben, und an seine gerechten Taten von einst wird man nicht mehr denken. Von dir aber fordere ich Rechenschaft für sein Blut. 21 Wenn du aber den Gerechten davor warnst zu sündigen, und er sündigt nicht, dann wird er am Leben bleiben, weil er gewarnt wurde, und du hast dein Leben gerettet.

Das Verstummen Ezechiels

22 Dann legte sich die Hand des Herrn auf mich. Er sagte zu mir: Steh auf, und geh hinaus in die Ebene! Ich will dort mit dir reden. 23 Ich stand auf und ging in die Ebene hinaus. Und siehe, dort stand die Herrlichkeit des Herrn, so wie ich sie schon am Fluß Kebar gesehen hatte, und ich fiel nieder auf mein Gesicht. 24 Doch der Geist kam in mich und stellte mich wieder auf die Füße. Er redete mit mir und sagte zu mir: Geh in dein Haus, und schließ dich ein! 25 Und du, Menschensohn – sie werden dich fesseln und mit Stricken binden, so daß du nicht mehr zum Volk hinausgehen kannst. 26 Deine Zunge lasse ich dir am Gaumen kleben. Du wirst verstummen und nicht mehr ihr Mahner sein können; denn sie sind ein widerspenstiges Volk. 27 Wenn ich aber mit dir rede, werde ich deinen Mund öffnen. Dann sag zu ihnen: So spricht Gott, der Herr. Wer hören will, der höre, wer nicht hören will, der lasse es; denn sie sind ein widerspenstiges Volk.

Die Drohsprüche gegen Juda und Jerusalem: 4,1–24,27

Symbolische Handlungen: 4,1–5,17

Die Belagerung Jerusalems

4 Du, Menschensohn, nimm dir einen Lehmziegel, leg ihn vor dich hin, und ritze eine Stadt darauf ein [nämlich Jerusalem]! 2 Belagere sie; bau ihr gegenüber einen Belagerungswall; schütte einen Damm gegen sie auf; leg vor ihr ein Truppenlager an, und stell gegen sie ringsum Sturmböcke auf! 3 Nimm eine Eisenplatte, und stell sie als eiserne Mauer zwischen dich und die Stadt! Richte dein Gesicht auf die Stadt: Nun ist sie belagert, und du belagerst sie. Das ist ein (warnendes) Zeichen für das Haus Israel.

Die Dauer der Verbannung

4 Du, leg dich auf deine linke Seite! Dann lege ich die Schuld des Hauses Israel auf dich. So viele Tage, wie du auf dieser Seite liegst, trägst du ihre Schuld. 5 Und ich setze für dich fest: So viele Jahre, wie die Schuld des Hauses Israel dauert, so viele Tage sollst du ihre Schuld tragen: dreihundertneunzig Tage. 6 Wenn du diese Zeit beendet hast, leg dich auf die andere, die rechte Seite, und trag vierzig Tage lang die Schuld des Hauses Juda: einen Tag für jedes Jahr; so setze ich es für dich fest. 7 Dann sollst du dein Gesicht unbeweglich auf das belagerte Jerusalem richten und mit erhobenem Arm gegen die Stadt weissagen. 8 Ich aber lege dir Stricke an, so daß du dich nicht von einer Seite auf die andere drehen kannst, solange bis du die Tage der Belagerung beendet hast.

Hungersnot und Unreinheit

9 Du, nimm dir Weizen, Gerste, Bohnen, Linsen, Hirse und Dinkel; tu sie zusammen in ein Gefäß, und mach dir Brot daraus! Solange du auf der Seite liegst, dreihundertneunzig Tage lang, sollst du davon essen. 10 Das Brot, das du ißt, soll genau abgewogen sein, zwanzig Schekel am Tag; davon sollst du von Zeit zu Zeit essen. 11 Auch das Wasser, das du trinkst, soll genau abgemessen sein: ein sechstel Hin; davon sollst du von Zeit zu Zeit trinken. 12 Das Brot sollst du wie Gerstenbrot zubereiten und essen; auf Menschenkot sollst du es vor aller Augen backen. 13 Und der Herr sprach: Ebenso werden die Israeliten unreines Brot essen bei den Völkern, zu denen ich sie verstoße. 14 Ich aber sagte: Ach, Herr und Gott, ich habe mich noch nie unrein gemacht. Seit meiner Jugend habe ich noch nie von verendeten oder zerrissenen Tieren gegessen. Niemals ist verdorbenes Fleisch in meinen Mund gekommen.

15 Da sagte er zu mir: Gut, ich erlaube dir, dein Brot auf Rindermist statt auf Menschenkot zu backen. 16 Dann sagte er zu mir: Menschensohn,

ich entziehe Jerusalem seinen Vorrat an Brot. Sie
werden ihr Brot wiegen und es mit Sorgen essen;
das Wasser werden sie genau abmessen und mit
Schaudern trinken; 17 denn sie sollen an Brot und
Wasser Mangel haben und sich entsetzen, einer
wie der andere, und sollen dahinsiechen wegen
ihrer Schuld.

Die Vernichtung

5 Du, Menschensohn, nimm ein scharfes
Schwert! Benutz es als Schermesser, und
schneide dir damit das Haar und den Bart ab!
Dann nimm eine Waage, und wiege die Haare!
2 Ein Drittel verbrenne mitten in der Stadt, wenn
die Tage ihrer Belagerung zu Ende sind. Ein ande-
res Drittel zerhau mit dem Schwert in der Umge-
bung der Stadt! Das letzte Drittel streu in den
Wind! Ich will hinter ihnen das Schwert zücken.
3 Einige wenige davon nimm, und binde sie in ei-
nen Zipfel deines Mantels! 4 Aber auch von diesen
nimm noch ein paar Haare, wirf sie ins Feuer, und
verbrenn sie! Von dort wird sich das Feuer aus-
dehnen auf das ganze Haus Israel.

Die Deutung der symbolischen Handlungen

5 So spricht Gott, der Herr: Das ist Jerusalem. Ich
habe es mitten unter die Völker und die Länder
ringsum gesetzt. 6 Aber es war böse und wider-
setzte sich meinen Rechtsvorschriften mehr als
die Völker und meinen Gesetzen mehr als die
Länder ringsum; meine Rechtsvorschriften haben
sie verachtet und nicht nach meinen Gesetzen
gelebt. 7 Darum – so spricht Gott, der Herr: Weil
ihr noch aufsässiger gewesen seid als die Völker
rings um euch, weil ihr nicht nach meinen Ge-
setzen gelebt und meine Rechtsvorschriften nicht
befolgt habt, ja, weil ihr nicht einmal nach den
Bräuchen der Völker ringsum gehandelt habt,
8 darum – so spricht Gott, der Herr: Nun gehe ich
gegen dich (Jerusalem) vor. Vor den Augen der
Völker werde ich mitten in dir Gericht halten.
9 Wegen all deiner Greueltaten werde ich mit dir
tun, was ich noch nie getan habe und auch nie
wieder tun werde. 10 Dann werden mitten in dir
(Jerusalem) Väter ihre Kinder essen und Kinder
ihre Väter. Ich werde ein Strafgericht über dich
abhalten und werde die Menschen, die in dir
noch übrig sind, in alle Winde zerstreuen. 11 So
wahr ich lebe – Spruch Gottes, des Herrn –, weil
du mein Heiligtum mit all deinen Götzen und
Greueltaten unrein gemacht hast, will ich dich
kahlscheren. Mein Auge wird kein Mitleid zei-
gen, und ich werde keine Schonung üben. 12 Ein
Drittel deiner Einwohner wird an der Pest sterben
und durch den Hunger in der Stadt zugrunde ge-
hen. Ein anderes Drittel wird vor deinen Mauern
durch das Schwert umkommen. Das letzte Drittel
werde ich in alle Winde zerstreuen, und ich
werde hinter ihnen das Schwert zücken. 13 So tobt
sich mein Zorn aus, und ich stille meinen Grimm
an ihnen und verschaffe mir Genugtuung. Wenn
ich meinen Zorn an ihnen auslasse, dann erken-
nen sie, daß ich, der Herr, mit leidenschaftlichem
Eifer gesprochen habe.

14 Vor den Augen aller, die vorübergehen, mache
ich dich zum Trümmerhaufen, zum Gespött für
die Völker ringsum. 15 Zum Gespött und zum
Hohn, zur Warnung und zum Schreckbild wirst
du für die Völker ringsum, wenn ich an dir voll
Zorn, Grimm und Groll mein Strafgericht voll-
ziehe. Ich, der Herr, habe gesprochen.

16 Ich schieße die quälenden, vernichtenden
Pfeile des Hungers gegen euch ab; ich schicke sie
ab, um euch zu vernichten. Um euren Hunger zu
vergrößern, entziehe ich euch euren Vorrat an
Brot. 17 Hungersnot und wilde Tiere schicke ich ge-
gen dich, damit sie dir deine Kinder rauben. Pest
und Blutvergießen sollen über dich kommen. Ich
bringe das Schwert über dich. Ich, der Herr, habe
gesprochen.

Gerichtsworte: 6,1–7,27

Die Zerstörung der Kultstätten

6 Das Wort des Herrn erging an mich: 2 Men-
schensohn, richte dein Gesicht auf die Berge
Israels; sprich als Prophet zu ihnen, 3 und sag: Ihr
Berge Israels, hört das Wort Gottes, des Herrn! So
spricht Gott, der Herr, zu den Bergen und Hügeln,
zu den Schluchten und Tälern: Ich selbst werde
das Schwert über euch bringen und eure
Kulthöhen zerstören. 4 Eure Opferaltäre werden
vernichtet und eure Räuchertische zerbrochen.
Eure Erschlagenen werfe ich vor eure Götzen hin.
5 Die Leichen der Israeliten lege ich ihren Götzen
zu Füßen. Eure Gebeine verstreue ich rings um
eure Altäre. 6 Überall, wo ihr wohnt, werden die
Städte verwüstet, und die Kulthöhen veröden;
denn eure Altäre sollen verwüstet und öde sein,
eure Götzen zerbrochen und verschwunden,

eure Räuchertische zerschlagen, eure Mach-
werke vernichtet. [7] Mitten unter euch liegen die
Erschlagenen. Dann werdet ihr erkennen, daß ich
der Herr bin.
[8] Wenn ihr in alle Länder vertrieben seid, lasse
ich einen Rest von euch übrig. Bei den Völkern
werden einige von euch sein, die dem Schwert
entronnen sind. [9] Doch die von euch, die davon-
gekommen sind, werden bei den Völkern, zu de-
nen sie verschleppt wurden, an mich denken;
denn ich zerbreche ihr Herz, das mir untreu ge-
worden ist, und zermalme ihre Augen, die treulos
nach den Götzen schielten. Dann werden sie vor
sich selbst Abscheu empfinden wegen der bösen
Greueltaten, die sie begangen haben, [10] und sie
werden erkennen, daß ich der Herr bin und nicht
umsonst gedroht habe, dieses Unheil über sie zu
bringen.
[11] So spricht Gott, der Herr: Schlag die Hände zu-
sammen, stampf mit dem Fuß auf den Boden, und
schrei: Weh über all die bösen Greueltaten des
Hauses Israel! Ihretwegen werden sie durch
Schwert, Hunger und Pest umkommen. [12] Wer in
der Ferne ist, wird an der Pest sterben; wer nahe
ist, wird unter dem Schwert fallen. Wer übrig und
verschont geblieben ist, wird vor Hunger sterben.
So lasse ich meinen Grimm an ihnen aus. [13] Wenn
die Erschlagenen mitten unter ihren Götzenbil-
dern liegen, rings um ihre Altäre, auf allen Hü-
geln, auf allen Bergeshöhen, unter jedem üppigen
Baum und jeder schattigen Eiche, an den Stellen,
wo sie all ihren Götzen den beruhigenden Duft
ihrer Opfer spendeten, dann werdet ihr erken-
nen, daß ich der Herr bin. [14] Ich strecke meine
Hand gegen sie aus und mache ihr Land zur öden
Wüste, von der Steppe bis nach Ribla, überall, wo
sie wohnen. Dann werden sie erkennen, daß ich
der Herr bin.

Die Ankündigung des Gerichts

7 Das Wort des Herrn erging an mich: [2] Du,
Menschensohn, sag: So spricht Gott, der
Herr, zum Land Israel: Das Ende kommt, das
Ende kommt über die vier Ecken der Erde. [3] Jetzt
ist das Ende für dich da; ich lasse meinen Zorn ge-
gen dich los, ich spreche dir das Urteil, das dein
Verhalten verdient, und strafe dich für alle deine
Greueltaten. [4] Mein Auge zeigt kein Mitleid, und
ich übe keine Schonung, sondern dein Verhalten
lasse ich auf dich zurückfallen, und deine Greuel-
taten sollen sich in deiner Mitte auswirken. Dann
werdet ihr erkennen, daß ich der Herr bin.
[5] So spricht Gott, der Herr: Schon kommt Un-
glück auf Unglück. [6] Das Ende kommt. Es kommt
das Ende. Das Ende nähert sich dir. Siehe, es
kommt. [7] Jetzt ist die Reihe an dir, Bewohner des
Landes. Die Zeit ist da, der Tag ist nahe: Tumult,
kein Jauchzen mehr auf den Bergen! [8] Bald gieße
ich meinen Zorn über dich aus. Ich stille meinen
Zorn an dir, ich spreche dir das Urteil, das dein
Verhalten verdient, und lasse alle deine Greuelta-
ten auf dich zurückfallen. [9] Mein Auge zeigt kein
Mitleid, und ich übe keine Schonung, nach dei-
nem Verhalten vergelte ich dir. Deine Greueltaten
sollen sich in deiner Mitte auswirken. Dann wer-
det ihr erkennen, daß ich der Herr bin und daß ich
zuschlage.
[10] Der Tag ist da. Die Reihe ist an dir; es hat schon
begonnen. Der Rechtsbruch gedeiht, die An-
maßung wächst. [11] Die Gewalttat erhebt sich und
wird zum Zepter der Bösen. Nichts bleibt von ih-
nen, nichts von ihrem Reichtum, nichts von ihrer
Pracht und Herrlichkeit. [12] Die Zeit kommt; der Tag
ist nahe. Der Käufer soll sich nicht freuen, der Ver-
käufer nicht traurig sein; denn glühender Zorn
trifft das ganze Volk. [13] Der Verkäufer wird das Ver-
kaufte nicht wiedererlangen, auch wenn sie am
Leben bleiben; denn glühender Zorn trifft das
ganze Volk. Er erlangt es nicht wieder. Und weil
alle schuldig sind, wird keiner sein Leben festhal-
ten können.
[14] Blast nur die Trompete, und bietet alles auf – es
zieht doch keiner in den Kampf; denn mein
glühender Zorn trifft das ganze Volk. [15] Draußen
das Schwert, drinnen die Pest und der Hunger.
Wer auf dem Feld ist, der stirbt durch das Schwert.
Wer in der Stadt ist, den fressen Hunger und Pest.
[16] Wer entrinnt und verschont wird, haust im Ge-
birge wie die Tauben in den Felsen; jeder stöhnt
wegen seiner Schuld. [17] Alle Hände sinken kraft-
los herunter, und an allen Knien läuft das Wasser
herab. [18] Sie legen Trauergewänder an, und Schau-
der erfaßt sie. Alle Gesichter sind voll Scham, und
alle Köpfe sind kahlgeschoren. [19] Sie werfen ihr Sil-
ber auf die Straße, und ihr Gold ekelt sie an. Ihr
Silber und Gold kann sie nicht retten am Tag des
Zornes des Herrn. Sie werden damit ihre Gier
nicht sättigen und ihren Bauch nicht füllen; denn
all das war für sie der Anlaß, in Sünde zu fallen.
[20] Ihren kostbaren Schmuck haben sie in ihrer An-

maßung genommen und daraus ihre abscheulichen Bilder, ihre Götzen gemacht. Deshalb verekle ich ihnen ihren Schmuck. 21 Ich gebe ihn den Fremden zur Beute, die Bösen der Erde sollen ihn rauben und entweihen. 22 Ich wende mein Angesicht von ihnen ab, und man wird meinen kostbaren Besitz entweihen. Räuber werden kommen und ihn entweihen. 23 Sie werden ein Blutbad anrichten; denn das Land ist voll von Todesurteilen, und die Stadt ist voll von Gewalttat. 24 Ich führe die schlimmsten Völker herbei, damit sie die Häuser besetzen. Ich mache dem Hochmut der Mächtigen ein Ende, ihre Heiligtümer werden entweiht. 25 Dann bekommen sie Angst und suchen Frieden; doch es wird keinen geben. 26 Unglück kommt über Unglück, und eine Schreckensnachricht folgt der andern. Sie verlangen vom Propheten Visionen. Doch der Priester gibt keinen Bescheid, die Ältesten wissen keinen Rat. 27 Der König ist voll Trauer, der Fürst in Entsetzen gehüllt, den Bürgern des Landes erlahmen die Hände. Ich will sie behandeln, wie es ihr Verhalten verdient, und will ihnen das Urteil sprechen, das ihren Urteilen entspricht. Dann werden sie erkennen, daß ich der Herr bin.

Visionen: 8,1–11,25

Die Entrückung des Propheten nach Jerusalem

8 Am fünften Tag des sechsten Monats im sechsten Jahr saß ich in meinem Haus, und die Ältesten von Juda saßen vor mir. Da legte sich die Hand Gottes, des Herrn, auf mich. 2 Und ich sah eine Gestalt, die wie ein Mann aussah. Unterhalb von dem, was wie seine Hüften aussah, war Feuer, und oberhalb von seinen Hüften schien etwas zu leuchten, wie glänzendes Gold. 3 Er streckte etwas aus, das wie eine Hand aussah, und packte mich an meinen Haaren. Und der Geist hob mich empor zwischen Erde und Himmel und brachte mich in einer göttlichen Vision nach Jerusalem, an den Eingang des inneren Nordtors, dorthin, wo das Bild steht, das die Eifersucht (des Herrn) erregt. 4 Dort sah ich die Herrlichkeit des Gottes Israels, wie in der Vision, die ich in der Ebene gesehen hatte.

Die Entweihung des Tempels

5 Er sagte zu mir: Menschensohn, richte deinen Blick nach Norden! Ich blickte nach Norden; da sah ich nördlich des Tores, beim Eingang, den Altar mit jenem Bild, das die Eifersucht (des Herrn) erregt. 6 Er sagte zu mir: Menschensohn, siehst du, was man hier treibt? Es sind große Greueltaten, die das Haus Israel hier begeht; sie bleiben meinem Heiligtum fern. Aber du wirst noch größere Greueltaten sehen.

7 Dann brachte er mich zum Eingang des Vorhofs. Ich sah: Ein Loch war in der Wand. 8 Er sagte zu mir: Menschensohn, durchbrich die Wand! Ich durchbrach die Wand – da war ein Eingang. 9 Er sagte zu mir: Geh hinein, sieh dir die schlimmen Greueltaten an, die man dort begeht. 10 Ich ging hinein und sah: viele Bilder von abscheulichen kleinen und großen Tieren und allen Götzen des Hauses Israel; sie waren ringsum in die Wand eingeritzt. 11 Siebzig Männer von den Ältesten des Hauses Israel, darunter auch Jaasanja, der Sohn Schafans, standen davor. Jeder hatte seine Räucherpfanne in der Hand, und der Duft der Weihrauchwolken stieg empor. 12 Er sagte zu mir: Hast du gesehen, Menschensohn, was die Ältesten des Hauses Israel im Finstern treiben, jeder in der Kammer seines Götterbildes? Sie denken: Der Herr sieht uns nicht; der Herr hat das Land verlassen. 13 Er sagte zu mir: Du wirst sehen, daß sie noch größere Greueltaten begehen.

14 Dann brachte er mich zum Nordtor am Haus des Herrn. Dort saßen Frauen, die Tammus beweinten. 15 Er sagte zu mir: Hast du es gesehen, Menschensohn? Aber du wirst noch größere Greueltaten sehen.

16 Dann brachte er mich zum Innenhof des Hauses des Herrn. Am Eingang zum Tempel des Herrn, zwischen Vorhalle und Altar, standen etwa fünfundzwanzig Männer, mit dem Rücken zum Tempel des Herrn, mit dem Gesicht nach Osten. Sie beteten, nach Osten gewandt, die Sonne an. 17 Er sagte zu mir: Hast du es gesehen, Menschensohn? Waren dem Haus Juda die Greueltaten, die es hier beging, immer noch nicht genug? Mußten sie auch noch das Land mit ihrer Gewalttätigkeit anfüllen, mußten sie mich immer wieder beleidigen und sich den Zweig an die Nase halten? 18 Darum werde auch ich voll Zorn handeln. Mein Auge wird kein Mitleid zeigen, und ich werde keine Schonung üben. Auch wenn sie mir laut in die Ohren schreien, werde ich sie nicht hören.

Die Zerstörung der Stadt

9 Und er schrie mir laut in die Ohren: Das
Strafgericht über die Stadt ist nahe. Jeder soll
sein Werkzeug zum Zertrümmern in die Hand
nehmen. 2 Da kamen sechs Männer vom oberen
Tor, das im Norden liegt. Jeder hatte sein Werk-
zeug zum Zertrümmern in der Hand. Unter ihnen
war auch ein Mann, der ein leinenes Gewand an-
hatte; an seinem Gürtel hing Schreibzeug. Sie ka-
men herein und stellten sich neben den Altar aus
Bronze. 3 Die Herrlichkeit des Gottes Israels
schwebte von den Kerubim, über denen sie war,
hinüber zur Schwelle des Tempels. Er rief den
Mann, der das leinene Gewand anhatte und an
dessen Gürtel das Schreibzeug hing. 4 Der Herr
sagte zu ihm: Geh mitten durch die Stadt Jerusa-
lem und schreib ein T auf die Stirn aller Männer,
die über die in der Stadt begangenen Greueltaten
seufzen und stöhnen. 5 Und ich hörte, wie er zu
den anderen sagte: Geht hinter ihm her durch die
Stadt, und schlagt zu! Euer Auge soll kein Mitleid
zeigen, gewährt keine Schonung! 6 Alt und jung,
Mädchen, Kinder und Frauen sollt ihr erschlagen
und umbringen. Doch von denen, die das T auf
der Stirn haben, dürft ihr keinen anrühren. Be-
ginnt in meinem Heiligtum! Da begannen sie bei
den Ältesten, die vor dem Tempel standen. 7 Er
sagte zu ihnen: Macht den Tempel unrein, füllt
seine Höfe mit Erschlagenen! Dann geht hinaus,
und schlagt in der Stadt zu! 8 Sie schlugen zu, und
ich allein blieb übrig; da fiel ich nieder auf mein
Gesicht und schrie: Ach, Herr und Gott, willst du
deinen ganzen Zorn über Jerusalem ausschütten
und auch noch den letzten Rest Israels vernich-
ten? 9 Er sagte zu mir: Die Schuld des Hauses Is-
rael und des Hauses Juda ist groß, ja übergroß. Das
Land ist voll Blutschuld, die Stadt ist voll Unrecht.
Sie sagen: Der Herr sieht es nicht; der Herr hat das
Land verlassen. 10 Darum zeigt mein Auge kein
Mitleid, und ich übe keine Schonung. Ihr Verhal-
ten lasse ich auf sie selbst zurückfallen. 11 Und der
Mann, der das leinene Gewand anhatte und an
dessen Gürtel das Schreibzeug hing, (kam und)
berichtete: Ich habe getan, was du mir befohlen
hast.

10 Ich sah: Oberhalb der gehämmerten
Platte über den Köpfen der Kerubim war
etwas, das wie Saphir aussah und einem Thron
glich. 2 Er sagte zu dem Mann, der das leinene Ge-
wand anhatte: Geh zwischen die Räder unter den
Kerubim, nimm zwei Hände voll von den glühen-
den Kohlen, die zwischen den Kerubim sind, und
streu sie über die Stadt! Da ging der Mann vor
meinen Augen 3 zu den Kerubim. Sie standen
rechts vom Tempel, als der Mann zu ihnen ging,
und die Wolke erfüllte den Innenhof. 4 Die Herr-
lichkeit des Herrn schwebte von den Kerubim
hinüber zur Schwelle des Tempels. Der Tempel
wurde von der Wolke erfüllt, und der Vorhof war
voll vom Glanz der Herrlichkeit des Herrn. 5 Das
Rauschen der Flügel der Kerubim war bis zum
Vorhof zu hören; es war wie die Stimme des all-
mächtigen Gottes, wenn er spricht. 6 Als er dem
Mann, der das leinene Gewand anhatte, befahl:
Nimm von dem Feuer, das zwischen den Rädern
und zwischen den Kerubim ist!, ging der Mann
und stellte sich neben das Rad. 7 Und ein Kerub
streckte seine Hand aus, nahm von dem Feuer,
das zwischen den Kerubim war, und legte es in
die Hände des Mannes, der das leinene Gewand
anhatte. Der Mann nahm das Feuer und ging hin-
aus.

Der Thronwagen Gottes

8 Unter den Flügeln der Kerubim wurde etwas
sichtbar, das wie eine Menschenhand aussah.
9 Und ich sah neben den Kerubim vier Räder, ein
Rad neben jedem Kerub. Die Räder waren wie
glitzernder Chrysolith. 10 Alle vier sahen gleich
aus, und es schien so, als laufe ein Rad mitten im
andern. 11 Sie konnten nach allen vier Seiten lau-
fen und änderten beim Laufen ihre Richtung
nicht; denn der Richtung, die das vordere Rad ein-
schlug, folgten die anderen. Sie änderten beim
Laufen ihre Richtung nicht. 12 Ihr ganzer Leib, ihr
Rücken, ihre Hände und Flügel und auch die Rä-
der waren bei allen vier ringsum voll Augen. 13 Die
Räder wurden, wie ich deutlich hörte, »Wirbel«
genannt. 14 Jedes Lebewesen hatte vier Gesichter.
Das erste war ein Kerubgesicht, das zweite ein
Menschengesicht, das dritte ein Löwengesicht
und das vierte ein Adlergesicht. 15 Die Kerubim
konnten emporschweben. Es waren die Lebewe-
sen, die ich am Fluß Kebar gesehen hatte. 16 Wenn
die Kerubim gingen, dann liefen die Räder an ih-
rer Seite mit. Auch wenn die Kerubim ihre Flügel
bewegten, um sich von der Erde zu erheben, lö-
sten sich die Räder nicht von ihrer Seite. 17 Blieben
die Kerubim stehen, dann standen auch die Räder
still. Hoben sich die Kerubim empor, dann hoben

sich die Räder mit ihnen; denn der Geist der Lebewesen war in den Rädern.

Der Auszug des Herrn aus dem Tempel

18 Da verließ die Herrlichkeit des Herrn die
Schwelle des Tempels und nahm wieder ihren
Platz über den Kerubim ein. 19 Die Kerubim be-
wegten ihre Flügel und hoben sich vor meinen
Augen vom Boden empor. Sie gingen hinaus, und
die Räder liefen an ihrer Seite mit. Vor dem östli-
chen Tor am Haus des Herrn blieben sie stehen.
Und die Herrlichkeit des Gottes Israels schwebte
über ihnen. 20 Es waren die Lebewesen, die ich
unter dem Thron des Gottes Israels am Fluß
Kebar gesehen hatte, und ich erkannte, daß es Ke-
rubim waren. 21 Jedes dieser Lebewesen hatte vier
Gesichter und vier Flügel. Unter ihren Flügeln
hatten sie etwas, das wie Menschenhände aus-
sah. 22 Ihre Gesichter glichen den Gesichtern, die
ich am Fluß Kebar gesehen hatte. Jedes Lebewe-
sen ging in die Richtung, in die eines seiner Ge-
sichter wies.

Das Strafgericht über die führenden Männer Jerusalems

11 Da hob mich der Geist empor und brachte
mich zum Osttor am Haus des Herrn, das
nach Osten schaut. Vor dem Tor standen fünfund-
zwanzig Männer. Unter ihnen sah ich Jaasanja,
den Sohn Asurs, und Pelatja, den Sohn Benajas,
führende Männer im Volk. 2 Er sagte zu mir: Men-
schensohn, das sind die Männer, die in der Stadt
Unheil ersinnen und böse Pläne fassen. 3 Sie sa-
gen: In nächster Zeit braucht man keine Häuser
zu bauen. Die Stadt ist der Topf, und wir sind das
Fleisch. 4 Darum tritt als Prophet gegen sie auf,
Menschensohn, tritt als Prophet auf! 5 Da überfiel
mich der Geist des Herrn, und er sagte zu mir:
Sag: So spricht der Herr: Das habt ihr gesagt, ihr
vom Haus Israel. Ich weiß sehr gut, was ihr im
Sinn hattet. 6 Ihr habt viele in dieser Stadt erschla-
gen, die Straßen der Stadt sind voll von Erschla-
genen. 7 Darum – so spricht Gott, der Herr: Das
Fleisch, das sind die Erschlagenen, die ihr mitten
in der Stadt getötet habt. Der Topf, das ist die Stadt.
Euch aber werde ich aus ihr vertreiben. 8 Das
Schwert fürchtet ihr; darum werde ich das
Schwert über euch bringen – Spruch Gottes, des
Herrn. 9 Ich vertreibe euch aus der Stadt, ich lie-
fere euch den Fremden aus und halte ein Strafge-
richt über euch ab. 10 Unter dem Schwert werdet
ihr fallen. An Israels Grenze halte ich Gericht
über euch. Dann werdet ihr erkennen, daß ich der
Herr bin. 11 Die Stadt wird für euch nicht der Topf
sein und ihr nicht das Fleisch darin. An Israels
Grenze halte ich Gericht über euch. 12 Daran wer-
det ihr erkennen, daß ich der Herr bin, dessen Ge-
setze ihr nicht gehalten und dessen Rechtsvor-
schriften ihr nicht befolgt habt. Stattdessen habt
ihr nach den Bräuchen der Völker ringsum ge-
handelt.

13 Während ich diese prophetischen Worte
sprach, starb Pelatja, der Sohn Benajas. Da fiel ich
nieder auf mein Gesicht, schrie laut auf und rief:
Ach, Herr und Gott, willst du auch noch den Rest
Israels ausrotten?

Die Erneuerung Israels

14 Das Wort des Herrn erging an mich: 15 Men-
schensohn, die Einwohner Jerusalems sagen von
deinen Brüdern, deinen Verwandten und dem
ganzen Haus Israel: Sie sind fern vom Herrn; das
Land ist uns zum Besitz gegeben. 16 Darum sag: So
spricht Gott, der Herr: Auch wenn ich sie weit
weg unter die Völker geführt und in alle Länder
zerstreut habe, so bin ich doch in den Ländern,
wohin sie gekommen sind, beinahe zum Heilig-
tum für sie geworden.

17 Darum sag: So spricht Gott, der Herr: Ich führe
euch aus allen Völkern zusammen, sammle euch
aus den Ländern, in die ihr zerstreut seid, und
gebe euch das Land Israel. 18 Und sie werden dort-
hin kommen und alle ihre abscheulichen Götzen
aus dem Land entfernen. 19 Ich schenke ihnen ein
anderes Herz und schenke ihnen einen neuen
Geist. Ich nehme das Herz von Stein aus ihrer
Brust und gebe ihnen ein Herz von Fleisch, 20 da-
mit sie nach meinen Gesetzen leben und auf
meine Rechtsvorschriften achten und sie erfüllen.
Sie werden mein Volk sein, und ich werde ihr
Gott sein. 21 Die aber, deren Herz an ihren Götzen
und an ihren Greueltaten hängt – Spruch Gottes,
des Herrn: Ihr Verhalten lasse ich auf sie selbst
zurückfallen.

22 Dann hoben die Kerubim ihre Flügel. Die Rä-
der bewegten sich zugleich mit den Kerubim, und
die Herrlichkeit des Gottes Israels war über ih-
nen. 23 Die Herrlichkeit des Herrn stieg aus der
Mitte der Stadt empor; auf dem Berg im Osten der
Stadt blieb sie stehen. 24 Der Geist hob mich em-

por und brachte mich in dieser göttlichen Vision nach Chaldäa zur Gemeinde der Verschleppten. Dann hob sich das, was ich in der Vision gesehen hatte, empor und verschwand vor meinen Augen. 25 Und ich erzählte den Verschleppten alles, was der Herr mich hatte sehen lassen.

Weitere symbolische Handlungen: 12,1–20

Die Verschleppung

12 Das Wort des Herrn erging an mich: 2 Menschensohn, du wohnst mitten unter einem widerspenstigen Volk, das Augen hat, um zu sehen, und doch nicht sieht, das Ohren hat, um zu hören, und doch nicht hört; denn sie sind ein widerspenstiges Volk. 3 Du, Menschensohn, pack deine Sachen, als würdest du verschleppt, und geh am hellen Tag vor ihren Augen weg, als ob du vor ihren Augen von deinem Wohnsitz an einen andern verschleppt würdest. Vielleicht sehen sie es; aber sie sind ja ein widerspenstiges Volk. 4 Trag dein Gepäck bei Tag vor ihren Augen hinaus, wie ein Mann, der verschleppt wird. Am Abend aber geh selbst vor ihren Augen hinaus, wie die Leute, die in die Verbannung ziehen. 5 Brich dir vor ihren Augen ein Loch in die Wand, und kriech hindurch! 6 Vor ihren Augen nimm das Gepäck auf die Schulter! Bring es in der Dunkelheit weg! Verhülle dein Gesicht, damit du das Land nicht mehr siehst. Denn ich habe dich zum Mahnzeichen für das Haus Israel gemacht. 7 Ich tat, was mir befohlen wurde. Bei Tag trug ich mein Gepäck hinaus, wie ein Mann, der verschleppt wird. Am Abend brach ich mit den Händen ein Loch durch die Wand; in der Dunkelheit kroch ich hindurch. Dann nahm ich vor ihren Augen das Gepäck auf die Schulter.

8 Am nächsten Morgen erging das Wort des Herrn an mich: 9 Menschensohn, hat nicht das Haus Israel, das widerspenstige Volk, zu dir gesagt: Was machst du da? 10 Sag zu ihnen: So spricht Gott, der Herr: Dieses drohende Wort gilt dem Fürsten von Jerusalem und dem ganzen Volk Israel, das in Jerusalem wohnt. 11 Sag: Ich bin ein Mahnzeichen für euch: Was ich getan habe, das wird mit ihnen geschehen; in die Verbannung, in die Gefangenschaft werden sie ziehen. 12 Ihr Fürst wird in der Dunkelheit sein Gepäck auf die Schulter nehmen und hinausgehen. In die Mauer wird man ein Loch brechen, um hindurchzugehen. Er wird sein Gesicht verhüllen, um mit seinen Augen das Land nicht zu sehen. 13 Ich aber werfe mein Netz über ihn, damit er sich in meinen Schlingen fängt. Dann bringe ich ihn nach Babel, ins Land der Chaldäer; doch er wird nichts davon sehen. Dort wird er sterben. 14 Alle, die bei ihm sind und ihm helfen wollen, alle seine Truppen zerstreue ich in alle Winde, und ich zücke das Schwert hinter ihnen. 15 Dann werden sie erkennen, daß ich der Herr bin. Wenn ich sie unter die Völker zerstreue und in alle Länder vertreibe, 16 lasse ich einige von ihnen das Schwert, den Hunger und die Pest überleben, damit sie bei den Völkern, zu denen sie kommen, von all ihren Greueltaten erzählen. Dann werden sie erkennen, daß ich der Herr bin.

Die Not der Belagerten

17 Das Wort des Herrn erging an mich: 18 Menschensohn, iß dein Brot mit Zittern, und trink dein Wasser mit Angst und Entsetzen! 19 Dann sag zum Volk im Land: So spricht Gott, der Herr, zu den Einwohnern Jerusalems über das Land Israel: Sie werden ihr Brot mit Angst essen und ihr Wasser mit Schaudern trinken; denn ihr Land wird verwüstet und ausgeplündert wegen der Gewalttaten all seiner Bewohner. 20 Die bewohnten Städte sollen verheert und das Land verwüstet werden. Dann werdet ihr erkennen, daß ich der Herr bin.

Drohungen und Mahnungen: 12,21–23,49

Gegen die Verächter des Propheten

21 Das Wort des Herrn erging an mich: 22 Menschensohn, was habt ihr da für ein Sprichwort im Land Israel? Ihr sagt: Die Zeit zieht sich hin, die Visionen erfüllen sich nie. 23 Darum sag zu ihnen: So spricht Gott, der Herr: Ich werde mit diesem Sprichwort Schluß machen, und man wird es in Israel nicht mehr gebrauchen. Sag stattdessen zu ihnen: Die Zeit und alles, was die Visionen verkünden, ist nahe. 24 Denn nichtige Seherspräche und trügerische Orakel wird es im Haus Israel nicht mehr geben. 25 Denn ich, der Herr, sage, was ich sage, damit es geschieht. Es läßt nicht mehr lange auf sich warten; denn, du widerspenstiges Volk, wenn ich in euren Tagen spreche, dann führe ich auch aus, was ich sage – Spruch Gottes, des Herrn.

26 Das Wort des Herrn erging an mich: 27 Men-
schensohn, das Haus Israel sagt: Die Vision, die er
hat, handelt von späteren Tagen, er weissagt für
ferne Zeiten. 28 Darum sag zu ihnen: So spricht
Gott, der Herr: Nichts von dem, was ich sage, läßt
lange auf sich warten; was ich sage, geschieht –
Spruch Gottes, des Herrn.

Gegen die falschen Propheten

13 Das Wort des Herrn erging an mich:
2 Menschensohn, sprich als Prophet ge-
gen die Propheten Israels, und sag zu denen, die
aus ihrem eigenen Herzen heraus prophetisch re-
den: Hört das Wort des Herrn! 3 So spricht Gott,
der Herr: Weh den törichten Propheten, die nur
ihrem eigenen Geist folgen und nichts geschaut
haben. 4 Wie Füchse in Ruinen sind deine Pro-
pheten, Israel. 5 Ihr seid nicht in die Bresche ge-
sprungen. Ihr habt keine Mauer für das Haus Is-
rael errichtet, damit es am Tag des Herrn im
Kampf standhalten kann. 6 Sie haben nichtige Vi-
sionen, verkünden falsche Orakel und sagen:
Spruch des Herrn – obwohl der Herr sie nicht ge-
sandt hat. Trotzdem warten sie darauf, daß er ihre
Worte erfüllt. 7 Ist es nicht so, daß ihr nichtige Vi-
sionen gehabt, falsche Orakel verkündet und ge-
sagt habt: Spruch des Herrn – obwohl ich gar
nicht gesprochen hatte? 8 Darum – so spricht Gott,
der Herr: Weil ihr leere Worte gemacht habt und
trügerische Visionen hattet, darum gehe ich ge-
gen euch vor – Spruch Gottes, des Herrn. 9 Ich
strecke meine Hand gegen die Propheten aus, die
nichtige Visionen haben und falsche Orakel ver-
künden. Sie gehören nicht in die Gemeinschaft
meines Volkes und sollen nicht in der Liste des
Hauses Israel verzeichnet sein; sie werden nicht
in das Land Israel kommen. Dann werdet ihr er-
kennen, daß ich Gott, der Herr, bin. 10 Sie führen
mein Volk in die Irre und verkünden Heil, wo es
kein Heil gibt, und wenn das Volk eine Mauer auf-
richtet, dann übertünchen sie sie. 11 Deshalb sag
denen, die sie übertünchen: Sie wird einstürzen.
Es kommt ein Wolkenbruch, Hagel fällt wie Steine
vom Himmel, ein Sturm bricht los, 12 und schon
stürzt die Mauer ein. Wird man dann nicht zu
euch sagen: Wo ist jetzt eure Tünche? 13 Darum –
so spricht Gott, der Herr: Ich lasse in meinem
Zorn einen Sturm losbrechen, in meinem Groll
schicke ich einen Wolkenbruch, in meinem Zorn
einen verheerenden Hagelschlag. 14 Ich reiße die
Wand ein, die ihr übertüncht habt, ich lasse sie zu
Boden stürzen, und ihr Fundament wird bloßge-
legt. Und wenn sie einstürzt, werdet ihr in ihren
Trümmern umkommen. Dann werdet ihr erken-
nen, daß ich der Herr bin. 15 Ich lasse meinen Zorn
an der Mauer aus und an denen, die sie über-
tüncht haben, und ich sage euch: Die Mauer ist
weg, und weg sind die, die sie übertüncht haben,
16 die Propheten Israels, die über Jerusalem pro-
phezeien und der Stadt mit ihren Visionen Heil
versprechen, obwohl es kein Heil gibt – Spruch
Gottes, des Herrn.

17 Du, Menschensohn, richte dein Gesicht auf die
Töchter deines Volkes, die aus ihrem eigenen Her-
zen heraus prophetisch reden. Sprich als Prophet
gegen sie! 18 Sag: So spricht Gott, der Herr: Weh
den Frauen, die Zauberbinden für alle Handge-
lenke nähen und Zaubermützen für Leute jeder
Größe anfertigen, um damit auf Menschenjagd zu
gehen. Meint ihr, ihr könnt in meinem Volk Men-
schen jagen und Menschen verschonen, je nach-
dem, wie es euch paßt? 19 Ihr habt mich entweiht
in meinem Volk für ein paar Hände voll Gerste
und für ein paar Bissen Brot: Ihr habt Menschen
getötet, die nicht sterben sollten, und Menschen
verschont, die nicht am Leben bleiben sollten; ihr
habt mein Volk belogen, das so gern auf Lügen
hört. 20 Darum – so spricht Gott, der Herr: Ich gehe
gegen eure Zauberbinden vor, mit denen ihr die
Menschen jagt wie Vögel, und reiße sie von eu-
ren Armen und lasse die Menschen frei, die ihr
gefangen habt wie Vögel. 21 Ich reiße die Zauber-
mützen, die ihr gemacht habt, herunter und be-
freie mein Volk aus eurer Gewalt. Es wird nicht
länger in eurer Gewalt bleiben. Dann werdet ihr
erkennen, daß ich der Herr bin. 22 Ihr habt dem
Herzen des Gerechten durch eure Lügen Kum-
mer bereitet; ich aber wollte ihm keinen Kummer
bereiten. Statt das Leben des Bösen zu retten,
habt ihr ihn ermutigt, sein verkehrtes Verhalten
nicht zu ändern. 23 Darum sollt ihr keine nichtigen
Visionen mehr haben und keine Orakel mehr
verkünden. Ich werde mein Volk aus eurer Ge-
walt befreien. Dann werdet ihr erkennen, daß ich
der Herr bin.

Gegen die Götzendiener

14 Einige von den Ältesten Israels kamen zu
mir und setzten sich vor mir nieder. 2 Da
erging das Wort des Herrn an mich: 3 Menschen-

sohn, diese Männer haben die Götzen in ihr Herz
geschlossen, sie haben sie vor sich aufgestellt; das
wurde für sie der Anlaß, in Schuld zu fallen. Und
jetzt soll ich mich von ihnen befragen lassen?
4 Darum sprich mit ihnen, und sag zu ihnen:
Wenn jemand aus dem Haus Israel die Götzen in
sein Herz geschlossen und sie vor sich aufgestellt
hat – was für ihn der Anlaß geworden ist, in
Schuld zu fallen – und wenn er dann zum Pro-
pheten kommt, dann werde ich, der Herr, dem,
der mit seinen vielen Götzen zu mir kommt, in ei-
gener Person antworten: 5 Ich werde das Haus Is-
rael hart anfassen, weil sie alle sich um ihrer Göt-
zen willen von mir abgewandt haben. 6 Darum
sag zum Haus Israel: So spricht Gott, der Herr:
Kehrt um! Verlaßt eure Götzen, und wendet eure
Augen ab von all euren abscheulichen Göttern!
7 Wenn jemand aus dem Haus Israel oder aus den
in Israel lebenden Fremden sich von mir abwen-
det, wenn er die Götzen in sein Herz schließt und
sie vor sich aufstellt – was für ihn der Anlaß wird,
in Schuld zu fallen – und wenn er dann zum Pro-
pheten kommt, um mich zu befragen, dann
werde ich, der Herr, ihm in eigener Person ant-
worten: 8 Ich richte meinen Blick gegen diesen
Mann und mache ihn zum sprichwörtlichen
(warnenden) Zeichen, ich merze ihn aus meinem
Volk aus. Dann werdet ihr erkennen, daß ich der
Herr bin. 9 Wenn der Prophet sich jedoch dazu ver-
leiten läßt, etwas zu sagen, dann habe ich, der
Herr, diesen Propheten verleitet, und ich werde
meine Hand gegen ihn ausstrecken und ihn mit-
ten in meinem Volk Israel vernichten. 10 Sie wer-
den beide die Folgen ihrer Schuld tragen müssen;
denn die Schuld dessen, der mich befragt, und die
Schuld des Propheten sind gleich. 11 Dann wird
sich das Haus Israel nicht mehr davon abbringen
lassen, mir zu folgen, und wird sich nicht länger
durch all seine Sünden unrein machen. Sie wer-
den mein Volk sein, und ich werde ihr Gott sein –
Spruch Gottes, des Herrn.

Das unerbittliche Gericht Gottes

12 Das Wort des Herrn erging an mich: 13 Men-
schensohn, wenn sich ein Land gegen mich ver-
sündigt und mir die Treue bricht, und wenn ich
dann meine Hand gegen das Land ausstrecke,
ihm seinen Vorrat an Brot entziehe, den Hunger
ins Land schicke und Mensch und Tier ausrotte
14 und wenn in diesem Land die drei Männer
Noach, Daniel und Ijob leben würden, dann wür-
den nur diese drei um ihrer Gerechtigkeit willen
ihr Leben retten – Spruch Gottes, des Herrn.
15 Oder wenn ich wilde Tiere gegen das Land los-
ließe, die es entvölkern, so daß es zur Wüste
würde und wegen der wilden Tiere kein Mensch
mehr durch das Land reisen könnte, 16 und wenn
diese drei Männer darin wären – so wahr ich
lebe, Spruch Gottes, des Herrn: sie würden nicht
einmal ihre eigenen Söhne und Töchter retten.
Nur sie selbst könnten sich retten, das Land aber
würde zur Wüste werden. 17 Oder wenn ich das
Schwert über dieses Land bringen und sagen
würde: Ein Schwert soll durch das Land fahren,
ich will Mensch und Tier darin ausrotten!, 18 und
wenn diese drei Männer darin wären – so wahr
ich lebe, Spruch Gottes, des Herrn: sie würden
nicht einmal ihre eigenen Söhne und Töchter ret-
ten. Nur sie selbst könnten sich retten. 19 Oder
wenn ich die Pest in jenes Land schicken und
meinen Zorn darüber ausgießen würde, um
Mensch und Tier in einem Blutbad zu vernichten,
20 und wenn Noach, Daniel und Ijob in dem Land
wären – so wahr ich lebe, Spruch Gottes, des
Herrn: nicht einmal ihren Sohn und ihre Tochter
würden sie retten. Sie würden nur ihr eigenes
Leben retten, um ihrer Gerechtigkeit willen.
21 Wahrhaftig, so spricht Gott, der Herr: Selbst
wenn ich die vier schlimmsten Strafen, Schwert,
Hunger, wilde Tiere und Pest, über Jerusalem
bringe, um Mensch und Tier auszurotten, 22 wer-
den einige in der Stadt verschont werden und
übrigbleiben und ihre Söhne und Töchter zu euch
herausführen. Wenn ihr dann ihr Verhalten und
ihre Taten seht, werdet ihr euch über das Unheil
hinwegtrösten, das ich über Jerusalem verhängt
habe, über alles, was ich über die Stadt kommen
ließ. 23 Sie trösten euch darüber hinweg, weil ihr
ihr Verhalten und ihre Taten seht und daran er-
kennt, daß ich all das, was ich mit der Stadt
machte, nicht ohne Grund getan habe – Spruch
Gottes, des Herrn.

Gegen Jerusalem, das unnütze Holz vom Weinstock

15 Das Wort des Herrn erging an mich:
2 Menschensohn, was hat das Holz des
Weinstocks / vor dem Holz aller anderen Sträu-
cher voraus, / die zwischen den Bäumen des Wal-
des wachsen?

3 Nimmt man es etwa, um daraus etwas zu machen? / Oder gebraucht man es als Pflock / und hängt allerlei Geräte daran auf?

4 Nein, man wirft es dem Feuer zum Fraß vor. / Sind dann die beiden Enden des Holzes vom Feuer verzehrt
und hat die Glut seine Mitte erfaßt, / ist es dann noch geeignet, / um etwas daraus zu machen?

5 Schon als es noch ganz war, / konnte man nichts daraus machen.
Hat das Feuer es aber gefressen und ist es verglüht, / kann man erst recht nichts daraus machen.

6 Darum – so spricht Gott, der Herr: / Wie ich das Holz des Weinstocks, / das zwischen den Bäumen des Waldes heranwuchs,
dem Feuer zum Fraß übergab, / so behandle ich auch die, die in Jerusalem wohnen.

7 Wenn ich meinen Blick auf sie richte, / dann wird sie, auch wenn sie dem Feuer entkommen, das Feuer verzehren.
Ihr werdet erkennen, daß ich der Herr bin, / wenn ich meinen Blick auf sie richte.

8 Ich mache das Land zur Wüste; / denn sie haben die Treue gebrochen – / Spruch Gottes, des Herrn.

Gegen Jerusalem, die treulose Frau

16 Das Wort des Herrn erging an mich: 2 Menschensohn, mach Jerusalem seine Greueltaten bewußt! 3 Sag: So spricht Gott, der Herr, zu Jerusalem: Deiner Herkunft und deiner Geburt nach stammst du aus dem Land der Kanaaniter. Dein Vater war ein Amoriter, deine Mutter eine Hetiterin. 4 Bei deiner Geburt, als du geboren wurdest, hat man deine Nabelschnur nicht abgeschnitten. Man hat dich nicht mit Wasser abgewaschen, nicht mit Salz eingerieben, nicht in Windeln gewickelt. 5 Nichts von all dem hat man getan, kein Auge zeigte dir Mitleid, niemand übte Schonung an dir, sondern am Tag deiner Geburt hat man dich auf freiem Feld ausgesetzt, weil man dich verabscheute. 6 Da kam ich an dir vorüber und sah dich in deinem Blut zappeln; und ich sagte zu dir, als du blutverschmiert dalagst: Bleib am Leben! 7 Wie eine Blume auf der Wiese ließ ich dich wachsen. Und du bist herangewachsen, bist groß geworden und herrlich aufgeblüht. Deine Brüste wurden fest; dein Haar wurde dicht. Doch du warst nackt und bloß. 8 Da kam ich an dir vorüber und sah dich, und siehe, deine Zeit war gekommen, die Zeit der Liebe. Ich breitete meinen Mantel über dich und bedeckte deine Nacktheit. Ich leistete dir den Eid und ging mit dir einen Bund ein – Spruch Gottes, des Herrn –, und du wurdest mein. 9 Dann habe ich dich gebadet, dein Blut von dir abgewaschen und dich mit Öl gesalbt. 10 Ich kleidete dich in bunte Gewänder, zog dir Schuhe aus Tahasch-Leder an und hüllte dich in Leinen und kostbare Gewänder. 11 Ich legte dir prächtigen Schmuck an, legte dir Spangen an die Arme und eine Kette um den Hals. 12 Deine Nase schmückte ich mit einem Reif, Ohrringe hängte ich dir an die Ohren und setzte dir eine herrliche Krone auf. 13 Mit Gold und Silber konntest du dich schmücken, in Byssus, Seide und bunte Gewebe dich kleiden. Feinmehl, Honig und Öl war deine Nahrung. So wurdest du strahlend schön und wurdest sogar Königin. 14 Der Ruf deiner Schönheit drang zu allen Völkern; denn mein Schmuck, den ich dir anlegte, hatte deine Schönheit vollkommen gemacht – Spruch Gottes, des Herrn.

15 Doch dann hast du dich auf deine Schönheit verlassen, du hast deinen Ruhm mißbraucht und dich zur Dirne gemacht. Jedem, der vorbeiging, hast du dich angeboten, jedem bist du zu Willen gewesen. 16 Du hast deine bunten Gewänder genommen und dir an den Kulthöhen ein Lager bereitet und darauf Unzucht getrieben. 17 Deinen prächtigen Schmuck aus meinem Gold und Silber, den ich dir geschenkt hatte, hast du genommen und hast dir daraus männliche Figuren gemacht, um mit ihnen Unzucht zu treiben. 18 Deine bunten Gewänder hast du genommen und sie damit bekleidet. Mein Öl und meinen Weihrauch hast du vor sie hingestellt. 19 Das Brot, das ich dir gab – mit Feinmehl, Öl und Honig nährte ich dich –, das hast du ihnen als beruhigenden Duft dargebracht [ja, so war es] – Spruch Gottes, des Herrn. 20 Du hast deine Söhne und Töchter, die du mir geboren hast, genommen und ihnen als Schlachtopfer zum Essen vorgesetzt. War dir dein unzüchtiges Treiben noch nicht genug? 21 Mußtest du auch noch meine Söhne schlachten, um sie ihnen darzubringen und für sie durch das Feuer gehen zu lassen? 22 Bei all deinen Greueltaten und deiner Unzucht hast du die Zeit deiner Jugend vergessen, in der du noch nackt und bloß und zappelnd in deinem Blut lagst.

23 Nach all diesen schändlichen Taten – wehe, weh dir! Spruch Gottes, des Herrn – 24 hast du dir auf jedem freien Platz ein Bett und eine Kulthöhe errichtet. 25 An jeder Straßenecke hast du deine Kulthöhen errichtet, du hast deine Schönheit schändlich mißbraucht, hast dich jedem angeboten, der vorbeiging, und hast unaufhörlich Unzucht getrieben. 26 Du hast dich den Ägyptern, deinen Nachbarn mit dem großen Glied, hingegeben und mit ihnen unaufhörlich Unzucht getrieben, um mich zu erzürnen. 27 Da streckte ich meine Hand aus und nahm dir weg, was dir zustand. Ich lieferte dich deinen rachgierigen Feindinnen aus, den Philisterinnen; sogar sie schämten sich wegen deines schändlichen Treibens. 28 Dann hast du dich mit den Assyrern eingelassen, weil du noch nicht genug hattest. Du hast dich mit ihnen eingelassen, doch auch dann hattest du noch nicht genug. 29 Immer mehr Unzucht hast du getrieben und bist sogar den chaldäischen Krämern nachgelaufen; doch auch dann hattest du noch nicht genug. 30 Wie fiebert dein Herz – Spruch Gottes, des Herrn –, weil du all das getan hast, du selbstherrliche Dirne. 31 Du hast dir an jeder Straßenecke ein Bett und auf jedem freien Platz eine Kulthöhe errichtet. Du warst keine gewöhnliche Dirne; denn du hast es verschmäht, dich bezahlen zu lassen. [32 Die Ehebrecherin nimmt sich statt ihres Mannes fremde Männer.] 33 Jede Dirne bezahlt man; du aber hast all deinen Liebhabern Geschenke gegeben und sie bestochen, damit sie von überall kamen, um mit dir Unzucht zu treiben. 34 Bei deiner Unzucht hast du es gerade umgekehrt gemacht wie andere Frauen: Dir lief niemand nach; du hast selbst bezahlt und dich nicht bezahlen lassen. So hast du es umgekehrt gemacht wie andere.

35 Darum, du Dirne, höre das Wort des Herrn! 36 So spricht Gott, der Herr: Weil du deinen Körper schamlos entblößt hast bei der Unzucht mit deinen Liebhabern, mit all deinen abscheulichen Götzen, und weil du ihnen das Blut deiner Kinder hingegeben hast, 37 deshalb will ich alle deine Liebhaber zusammenrufen, denen du gefallen hast, alle, die du geliebt hast, und auch alle, die du verachtet hast. Und wenn ich sie von allen Seiten bei dir zusammengerufen habe, dann entblöße ich vor ihren Augen deine Scham, damit sie deine Scham unverhüllt sehen. 38 Ich spreche dir das Urteil nach den Rechtsvorschriften für Ehebrecherinnen und Mörderinnen, voll Zorn zahle ich dir heim mit Blut, Grimm und Eifersucht. 39 Ich gebe dich in ihre Hand, damit sie dein Bett zerstören und deine Kulthöhen einreißen, damit sie dir deine Gewänder ausziehen, deinen prächtigen Schmuck wegnehmen und dich nackt und bloß daliegen lassen. 40 Sie berufen eine Volksversammlung gegen dich ein, steinigen dich und hauen dich mit ihren Schwertern in Stücke. 41 Sie werden deine Häuser anzünden und vor den Augen vieler Frauen das Urteil an dir vollstrecken. So mache ich deiner Unzucht ein Ende. Keinem wirst du mehr Dirnenlohn zahlen. 42 Wenn ich meinen Zorn an dir gestillt habe, wird meine Eifersucht aufhören, gegen dich zu wüten. Ich werde Ruhe haben und mich nicht mehr ärgern. 43 Weil du die Tage deiner Jugend vergessen und mich durch dein Treiben gereizt hast, darum lasse ich dein Verhalten auf dich selbst zurückfallen – Spruch Gottes, des Herrn. Hast du nicht neben all deinen Greueln auch noch andere Schandtaten verübt?

44 Wer ein Sprichwort auf dich anwenden will, der sagt: Wie die Mutter, so die Tochter! 45 Du bist die Tochter deiner Mutter, die vor ihrem Mann und ihren Söhnen Abscheu empfand. Du bist die Schwester deiner Schwestern, die vor ihren Männern und Söhnen Abscheu empfanden. Eure Mutter war eine Hetiterin und euer Vater ein Amoriter. 46 Deine ältere Schwester ist Samaria mit ihren Töchtern, die links von dir wohnt; deine jüngere Schwester ist Sodom mit ihren Töchtern, die rechts von dir wohnt. 47 Du bist nicht nur ihrem Beispiel gefolgt und hast nicht nur die gleichen Greueltaten begangen, sondern in kurzer Zeit hast du es in allem noch schlimmer getrieben als sie. 48 So wahr ich lebe – Spruch Gottes, des Herrn: Deine Schwester Sodom und ihre Töchter haben es nicht so getrieben wie du und deine Töchter. 49 Die Schuld deiner Schwester Sodom war, daß sie und ihre Töchter hochmütig waren, daß sie in Überfluß zu essen hatten und in sorgloser Ruhe dahinlebten, ohne den Elenden und Armen zu helfen. 50 Sie wurden hochmütig und begingen Greueltaten vor meinen Augen. Darum habe ich sie verstoßen, wie du selbst gesehen hast. 51 Samaria hat nicht die Hälfte deiner Sünden begangen. Du hast mehr Greueltaten verübt als sie beide zusammen, und du läßt deine Schwestern gerecht erscheinen, sieht man auf all die

Greueltaten, die du begangen hast. 52 Darum trag
auch du deine Schande, die du deine Schwestern
durch deine Sünden entlastet und abscheulicher
als sie gehandelt hast; deshalb erscheinen sie ge-
rechter als du. Darum schäme auch du dich, und
trag deine Schande, weil du deine Schwestern ge-
recht erscheinen läßt.
53 Aber ich werde ihr Schicksal wenden, das
Schicksal Sodoms und ihrer Töchter, das Schick-
sal Samarias und ihrer Töchter, und ich werde
auch dein Schicksal wenden zusammen mit
ihrem Schicksal; 54 denn du sollst deine Schande
tragen, und du sollst dich schämen über all das,
was du getan und wodurch du sie in Sicherheit
gewiegt hast. 55 Deine Schwestern werden wie-
der sein wie früher, Sodom und ihre Töchter, Sa-
maria und ihre Töchter werden wieder sein wie
früher. Auch deine Töchter werden wieder sein
wie früher. 56 Hast du nicht über deine Schwester
Sodom gelästert, als du hochmütig warst, 57 bevor
deine Schlechtigkeit offenbar wurde? So lästern
jetzt ringsum über dich all deine Nachbarinnen,
die Edomiterinnen und die Philisterinnen, die
dich verachten. 58 Die Folgen deines schamlosen
Treibens und deiner Greueltaten hast du zu tra-
gen – Spruch des Herrn.
59 Denn so spricht Gott, der Herr: Ich habe mit dir
gemacht, was du gemacht hast; du hast den Eid
mißachtet und den Bund gebrochen. 60 Aber ich
will meines Bundes gedenken, den ich mit dir in
deiner Jugend geschlossen habe, und will einen
ewigen Bund mit dir eingehen. 61 Du sollst dich an
dein Verhalten erinnern und dich schämen, wenn
ich deine älteren und jüngeren Schwestern
nehme und sie dir zu Töchtern gebe, aber nicht
deshalb, weil du den Bund gehalten hättest. 62 Ich
selbst gehe einen Bund mit dir ein, damit du er-
kennst, daß ich der Herr bin. 63 Dann sollst du dich
erinnern, sollst dich schämen und vor Scham
nicht mehr wagen, den Mund zu öffnen, weil ich
dir alles vergebe, was du getan hast – Spruch
Gottes, des Herrn.

Das Lied von der Untreue des Königs

17 Das Wort des Herrn erging an mich:
2 Menschensohn, trag dem Haus Israel
ein Rätsel vor, erzähl ihm ein Gleichnis! 3 Sag: So
spricht Gott, der Herr:
Ein mächtiger Adler mit gewaltigen Flügeln, /
mit weiten Schwingen,
mit dichtem, buntem Gefieder kam zum Liba-
non / und nahm den Wipfel der Zeder weg.
4 Den obersten Zweig riß er ab. / Ins Land der
Krämer brachte er ihn, / in die Stadt der Händler
legte er ihn.
5 Dann nahm er vom Samen des Landes / und
streute ihn auf ein Saatfeld.
Er setzte ihn an reichlich strömendes Wasser, /
als Uferpflanze pflanzte er ihn,
6 und er wuchs heran / und wurde zum üppigen
Weinstock / von niedrigem Wuchs.
Er sollte seine Ranken dem Adler zuwenden, /
seine Wurzeln sollten in die Tiefe wachsen.
Und er wurde zum Weinstock, / bildete Triebe,
entfaltete Zweige.
7 Doch es kam noch ein anderer mächtiger Ad-
ler / mit gewaltigen Flügeln und dichtem Gefieder.
Da drehte jener Weinstock seine Wurzeln ihm
zu, / trieb ihm seine Ranken entgegen:
Der Adler sollte ihn tränken, / mehr als das
Beet, in das der Weinstock gepflanzt war.
8 Er war doch auf guten Boden gepflanzt, / an
reichlich fließendem Wasser,
um Zweige zu treiben und Früchte zu tragen /
und ein herrlicher Weinstock zu werden.
9 Sag: So spricht Gott, der Herr: / Wird das ge-
lingen?
Wird der Adler nicht seine Wurzeln ausreißen /
und seine Früchte vernichten, / so daß all seine
grünenden Triebe verdorren?
Man braucht keinen starken Arm und nicht
viele Menschen, / um ihn von den Wurzeln zu
reißen.
10 Wohl ist er gepflanzt, doch wird er gedeihen?
Wird er nicht völlig verdorren, / wenn der Ost-
wind ihn trifft? / Auf dem Beet, wo er wuchs,
wird er verdorren.
11 Und das Wort des Herrn erging an mich:
12 Sag doch dem widerspenstigen Volk: / Merkt
ihr denn nicht, was all das bedeutet?
Sag ihnen: / Seht, nach Jerusalem kam der Kö-
nig von Babel;
er nahm ihren König und ihre Beamten gefan-
gen / und führte sie mit sich nach Babel.
13 Und er nahm einen Mann aus königlichem
Stamm / und schloß mit ihm einen Bund,
und er ließ ihn schwören. / Doch die Mächtigen
des Landes nahm er gefangen,
14 damit das Königreich klein blieb / und keinen
Aufstand begann,

damit es den Bund auch hielt, / so daß er Be-
stand haben konnte.
15 Doch jener erhob sich gegen den König von Ba-
bel / und schickte seine Boten ins Land der Ägyp-
ter, / damit man ihm Pferde und viele Krieger ent-
sandte.
Aber wird es gelingen? / Kommt er davon,
wenn er das unternimmt? / Wenn er den Bund
bricht, kommt er dann noch davon?
16 So wahr ich lebe – Spruch Gottes, des Herrn:
In der Residenz des Königs, der ihn zum König
gemacht hat, dessen Eid er mißachtet und des-
sen Bund er gebrochen hat, in Babel wird er
sterben. 17 Denn der Pharao wird ihn nicht mit ei-
ner starken Streitmacht und mit einem großen
Heer im Kampf unterstützen, sondern man wird
einen Damm aufschütten, einen Belagerungs-
wall bauen und viele Menschen umbringen. 18 Er
hat den Eid mißachtet und den Bund gebrochen.
Obwohl er sich mit Handschlag verpflichtet
hatte, hat er all das getan. Er kommt nicht da-
von.
19 Darum – so spricht Gott, der Herr:
So wahr ich lebe – / meinen Eid, den er mißach-
tet,
und meinen Bund, den er gebrochen hat, / ich
lasse sie auf ihn selbst zurückfallen.
20 Ich werfe mein Netz über ihn, er gerät in mein
Garn. / Nach Babel führe ich ihn
und gehe dort mit ihm ins Gericht, / denn er hat
mir die Treue gebrochen.
21 Die tapfersten Krieger in all seinen Truppen /
fallen unter dem Schwert.
Die Übriggebliebenen aber / werden in alle
Winde zerstreut.
Dann werdet ihr erkennen, / daß ich, der Herr,
gesprochen habe.
22 So spricht Gott, der Herr:
Ich selbst nehme ein Stück / vom hohen Wipfel
der Zeder / und pflanze es ein.
Einen zarten Zweig aus den obersten Ästen bre-
che ich ab, / ich pflanze ihn auf einen hoch auf-
ragenden Berg.
23 Auf die Höhe von Israels Bergland pflanze ich
ihn. / Dort treibt er dann Zweige, / er trägt
Früchte und wird zur prächtigen Zeder.
Allerlei Vögel wohnen darin; / alles, was Flügel
hat, wohnt im Schatten ihrer Zweige.
24 Dann werden alle Bäume auf den Feldern er-
kennen, / daß ich der Herr bin.
Ich mache den hohen Baum niedrig, / den nied-
rigen mache ich hoch.
Ich lasse den grünenden Baum verdorren, / den
verdorrten erblühen. / Ich, der Herr, habe ge-
sprochen, und ich führe es aus.

Schuld und Gerechtigkeit

18 Das Wort des Herrn erging an mich: 2 Wie
kommt ihr dazu, im Land Israel das
Sprichwort zu gebrauchen: Die Väter essen saure
Trauben, und den Söhnen werden die Zähne
stumpf? 3 So wahr ich lebe – Spruch Gottes, des
Herrn –, keiner von euch in Israel soll mehr die-
ses Sprichwort gebrauchen. 4 Alle Menschenle-
ben sind mein Eigentum, das Leben des Vaters
ebenso wie das Leben des Sohnes, sie gehören
mir. Nur wer sündigt, soll sterben.
5 Ist jemand gerecht, so handelt er nach Recht
und Gerechtigkeit. 6 Er hält auf den Bergen keine
Opfermahlzeiten ab. Er blickt nicht zu den Göt-
zen des Hauses Israel auf. Er schändet nicht die
Frau seines Nächsten. Einer Frau tritt er nicht
nahe während ihrer Blutung. 7 Er unterdrückt nie-
mand. Er gibt dem Schuldner das Pfand zurück. Er
begeht keinen Raub. Dem Hungrigen gibt er von
seinem Brot, und den Nackten bekleidet er. 8 Er
leiht nicht gegen Zins und treibt keinen Wucher.
Er hält seine Hand vom Unrecht fern. Zwischen
Streitenden fällt er ein gerechtes Urteil. 9 Er lebt
nach meinen Gesetzen, er achtet auf meine
Rechtsvorschriften und befolgt sie treu. Er ist ge-
recht, und deshalb wird er am Leben bleiben –
Spruch Gottes, des Herrn.
10 Angenommen aber, er zeugt einen Sohn, der
gewalttätig wird, der Blut vergießt oder eine an-
dere von diesen Sünden begeht, 11 während er (der
Vater), all das nicht getan hat, (einen Sohn,) der
auf den Bergen Opfermahlzeiten abhält, der die
Frau seines Nächsten schändet, 12 der die Elenden
und Armen unterdrückt, andere beraubt und dem
Schuldner das Pfand nicht zurückgibt, der zu den
Götzen aufblickt und Greueltaten verübt, 13 der ge-
gen Zins leiht und Wucher treibt – soll der dann
am Leben bleiben? Er soll nicht am Leben bleiben.
Er hat alle diese Greueltaten verübt, darum muß
er sterben. Er ist selbst schuld an seinem Tod.
14 Nun hat auch dieser Sohn wieder einen Sohn
gezeugt, und der Sohn sieht alle die Sünden, die
sein Vater begeht. Er sieht sie, begeht sie aber
nicht. 15 Er hält auf den Bergen keine Opfermahl-

zeiten ab. Er blickt nicht zu den Götzen des Hau-
ses Israel auf. Er schändet nicht die Frau seines
Nächsten. 16 Er unterdrückt niemand. Er fordert
kein Pfand und begeht keinen Raub. Dem Hung-
rigen gibt er von seinem Brot, und den Nackten
bekleidet er. 17 Er hält seine Hand vom Unrecht
fern. Er nimmt keinen Zins und treibt keinen Wu-
cher. Er befolgt meine Rechtsvorschriften und
lebt nach meinen Gesetzen. Dieser Sohn wird
nicht wegen der Schuld seines Vaters sterben; er
wird bestimmt am Leben bleiben. 18 Sein Vater
aber mußte wegen seiner Schuld sterben; denn er
hat andere erpreßt und beraubt und in seiner Fa-
milie getan, was nicht recht ist.

19 Ihr aber fragt: Warum trägt der Sohn nicht mit
an der Schuld seines Vaters? Weil der Sohn nach
Recht und Gerechtigkeit gehandelt hat. Er hat auf
alle meine Gesetze geachtet und sie befolgt. Er
wird bestimmt am Leben bleiben. 20 Nur wer sün-
digt, soll sterben. Ein Sohn soll nicht die Schuld
seines Vaters tragen und ein Vater nicht die
Schuld seines Sohnes. Die Gerechtigkeit kommt
nur dem Gerechten zugute, und die Schuld lastet
nur auf dem Schuldigen.

21 Wenn der Schuldige sich von allen Sünden, die
er getan hat, abwendet, auf alle meine Gesetze
achtet und nach Recht und Gerechtigkeit handelt,
dann wird er bestimmt am Leben bleiben und
nicht sterben. 22 Keines der Vergehen, deren er
sich schuldig gemacht hat, wird ihm angerechnet.
Wegen seiner Gerechtigkeit wird er am Leben
bleiben. 23 Habe ich etwa Gefallen am Tod des
Schuldigen – Spruch Gottes, des Herrn – und
nicht vielmehr daran, daß er seine bösen Wege
verläßt und so am Leben bleibt?

24 Wenn jedoch ein Gerechter sein rechtschaffe-
nes Leben aufgibt, wenn er Unrecht tut und all die
Greueltaten begeht, die auch der Böse verübt,
sollte er dann etwa am Leben bleiben? Keine sei-
ner gerechten Taten wird ihm angerechnet. We-
gen seiner Treulosigkeit und wegen der Sünde,
die er begangen hat, ihretwegen muß er sterben.
25 Ihr aber sagt: Das Verhalten des Herrn ist nicht
richtig. Hört doch, ihr vom Haus Israel: Mein Ver-
halten soll nicht richtig sein? Nein, euer Verhalten
ist nicht richtig.

26 Wenn der Gerechte sein rechtschaffenes Le-
ben aufgibt und Unrecht tut, muß er dafür ster-
ben. Wegen des Unrechts, das er getan hat, wird
er sterben. 27 Wenn sich der Schuldige von dem
Unrecht abwendet, das er begangen hat, und
nach Recht und Gerechtigkeit handelt, wird er
sein Leben bewahren. 28 Wenn er alle Vergehen,
deren er sich schuldig gemacht hat, einsieht und
umkehrt, wird er bestimmt am Leben bleiben.
Er wird nicht sterben. 29 Das Haus Israel aber
sagt: Das Verhalten des Herrn ist nicht richtig.
Mein Verhalten soll nicht richtig sein, ihr vom
Haus Israel? Nein, euer Verhalten ist nicht rich-
tig.

30 Darum will ich euch richten, jeden nach sei-
nem Verhalten, ihr vom Haus Israel – Spruch
Gottes, des Herrn. Kehrt um, wendet euch ab von
all euren Vergehen! Sie sollen für euch nicht län-
ger der Anlaß sein, in Sünde zu fallen. 31 Werft alle
Vergehen von euch, die ihr verübt habt! Schafft
euch ein neues Herz und einen neuen Geist!
Warum wollt ihr sterben, ihr vom Haus Israel?
32 Ich habe doch kein Gefallen am Tod dessen, der
sterben muß – Spruch Gottes, des Herrn. Kehrt
um, damit ihr am Leben bleibt.

Die Totenklage über den Fürsten von Israel

19 Du aber, stimm die Totenklage an über
den Fürsten von Israel, 2 und sag:

Was war doch deine Mutter für eine Löwin / un-
ter den Löwen!

Bei jungen Löwen hatte sie ihr Lager / und zog
ihren Nachwuchs auf.

3 Eins von ihren Jungen zog sie groß, / und es
wurde ein starker Löwe.

Er lernte, zu reißen und zu rauben, / er fraß
Menschen.

4 Da bot man Völker gegen ihn auf. / In ihrer
Grube fingen sie ihn / und schleppten ihn an Ha-
ken ins Land Ägypten.

5 Als sie sah, daß ihre Hoffnung vereitelt, / daß
sie zunichte war,

nahm sie von ihren Jungen ein anderes / und
machte es zum starken Löwen.

6 Er tummelte sich unter den Löwen / und
wurde ein starker Löwe.

Er lernte, zu reißen und zu rauben, / er fraß
Menschen.

7 Er zerbrach ihre Burgen / und verheerte ihre
Städte;

das Land, und was in ihm lebte, / entsetzte sich
bei seinem lauten Gebrüll.

8 Da setzte man Völker gegen ihn ein / aus den
Ländern ringsum.

Sie warfen ihr Netz über ihn; / in ihrer Grube
fingen sie ihn.
9 Sie zerrten ihn an Haken in einen Käfig / und
brachten ihn zum König von Babel,
[sie brachten ihn in Gewahrsam,] / damit man
seine Stimme nicht mehr hörte / auf Israels Ber-
gen.
10 Deine Mutter war wie ein Weinstock im Gar-
ten, / der am Wasser gepflanzt ist.
Voll von Früchten und Ranken war er / wegen
des Reichtums an Wasser.
11 Er hatte kräftige Zweige, / für Zepter von Herr-
schern geeignet;
sein Wuchs war hoch, / er ragte bis in die Wol-
ken.
Weithin war er sichtbar wegen seiner Höhe /
und wegen seines dichten Laubes.
12 Doch im Zorn riß man ihn aus / und warf ihn
auf die Erde.
Der Ostwind dörrte ihn aus, / seine Früchte riß
man ab.
Sein kräftiger Stamm verdorrte. / Feuer ver-
zehrte ihn.
13 Nun verpflanzte man ihn in die Wüste, / in
trockenes, dürstendes Land.
14 Und Feuer ging aus von den Zweigen am
Stamm / und fraß seine Früchte.
Kein kräftiger Zweig war mehr an ihm, / kein
Zepter für Herrscher. –
Eine Totenklage ist dieses Lied; / zur Totenklage
ist es geworden.

Die zahlreichen Treulosigkeiten Israels

20 Im fünften Monat des siebten Jahres ka-
men am zehnten Tag des Monats einige
von den Ältesten Israels, um den Herrn zu befra-
gen. Sie setzten sich vor mir nieder. 2 Da erging
das Wort des Herrn an mich: 3 Menschensohn,
rede mit den Ältesten Israels, und sag zu ihnen:
So spricht Gott, der Herr: Seid ihr gekommen, um
mich zu befragen? So wahr ich lebe, ich lasse
mich von euch nicht befragen – Spruch Gottes,
des Herrn. 4 Willst du nicht über sie Gericht hal-
ten, Menschensohn, willst nicht du Gericht hal-
ten? Mach ihnen die Greueltaten ihrer Väter be-
wußt, 5 und sag zu ihnen: So spricht Gott, der
Herr: An dem Tag, als ich Israel erwählt habe, er-
hob ich meine Hand, (um) den Nachkommen des
Hauses Jakob (einen Eid zu leisten). Ich offenbarte
mich ihnen in Ägypten. Ich erhob meine Hand
(zum Schwur) und sprach: Ich bin der Herr, euer
Gott.
6 An jenem Tag erhob ich meine Hand (zum
Schwur), daß ich sie aus Ägypten herausführe in
ein Land, das ich für sie erkundete, in dem Milch
und Honig fließen, ein Schmuckstück unter allen
Ländern. 7 Und ich sagte zu ihnen: Ihr alle, werft
die Götzen weg, an denen eure Augen hängen.
Macht euch nicht unrein durch die Greueltaten
Ägyptens! Ich bin der Herr, euer Gott. 8 Sie aber
widersetzten sich mir und wollten nicht auf mich
hören. Keiner warf die Götzen weg, an denen
seine Augen hingen, und sie sagten sich nicht los
von den Götzen Ägyptens. Da sagte ich: Ich will
meinen Zorn über sie ausgießen und meinen
Grimm an ihnen auslassen, mitten in Ägypten.
9 Aber dann handelte ich um meines Namens wil-
len anders; ich wollte ihn nicht entweihen vor
den Augen der Völker, in deren Mitte sie lebten
und vor deren Augen ich mich ihnen offenbarte,
als ich sie aus Ägypten herausführte.
10 Ich führte sie aus Ägypten heraus, brachte sie
in die Wüste 11 und gab ihnen meine Gesetze. Ich
gab ihnen meine Rechtsvorschriften bekannt, die
der Mensch befolgen muß, damit er durch sie am
Leben bleibt. 12 Auch meine Sabbat-Tage gab ich
ihnen zum Zeichen (des Bundes) zwischen mir
und ihnen. Daran sollte man erkennen, daß ich,
der Herr, Israel heilige. 13 Aber das Haus Israel wi-
dersetzte sich mir in der Wüste. Sie lebten nicht
nach meinen Gesetzen und wiesen meine
Rechtsvorschriften zurück, die der Mensch befol-
gen muß, damit er durch sie am Leben bleibt.
Auch meine Sabbat-Tage entweihten sie völlig.
Da sagte ich: Ich will in der Wüste über sie mei-
nen Zorn ausgießen und sie vernichten. 14 Aber
ich handelte anders um meines Namens willen;
ich wollte ihn nicht entweihen vor den Völkern,
vor deren Augen ich sie (aus Ägypten) herausge-
führt hatte. 15 Doch in der Wüste erhob ich meine
Hand (zum Schwur), daß ich sie nicht in das
Land bringe, das ich für sie bestimmt hatte, in
das Land, wo Milch und Honig fließen, das
Schmuckstück unter allen Ländern. 16 Denn sie
wiesen meine Rechtsvorschriften zurück, sie leb-
ten nicht nach meinen Gesetzen und entweih-
ten meine Sabbat-Tage, weil ihr Herz hinter den
Götzen her war. 17 Aber mein Auge zeigte Mit-
leid mit ihnen: Ich rottete sie nicht völlig aus in
der Wüste.

[18] Zu ihren Söhnen sagte ich in der Wüste: Lebt nicht nach den Gesetzen eurer Väter, achtet nicht auf ihre Rechtsvorschriften, und macht euch nicht unrein an ihren Götzen! [19] Ich bin der Herr, euer Gott. Lebt nach meinen Gesetzen, achtet auf meine Rechtsvorschriften, und befolgt sie! [20] Haltet meine Sabbat-Tage heilig; sie sollen das Zeichen (des Bundes) zwischen mir und euch sein. Daran wird man erkennen, daß ich, der Herr, euer Gott bin. [21] Aber die Söhne widersetzten sich mir. Sie lebten nicht nach meinen Gesetzen, und sie beachteten und befolgten meine Rechtsvorschriften nicht, die der Mensch befolgen muß, damit er durch sie am Leben bleibt. Meine Sabbat-Tage entweihten sie. Da sagte ich: Ich werde in der Wüste meinen Zorn über sie ausgießen und meinen Grimm an ihnen auslassen. [22] Aber ich zog meine Hand zurück und handelte anders, um meines Namens willen; ich wollte ihn nicht vor all den Völkern entweihen, vor deren Augen ich sie (aus Ägypten) herausgeführt hatte. [23] Doch ich erhob in der Wüste meine Hand (zum Schwur), daß ich sie unter die Völker zerstreuen und in alle Länder vertreiben werde, [24] weil sie meine Rechtsvorschriften nicht befolgten, meine Gesetze ablehnten und meine Sabbat-Tage entweihten und weil ihre Augen hinter den Götzen ihrer Väter her waren. [25] Auch gab ich ihnen Gesetze, die nicht gut waren, und Rechtsvorschriften, die es ihnen unmöglich machten, am Leben zu bleiben. [26] Ich machte sie unrein durch ihre Opfergaben; sie ließen nämlich alle Erstgeborenen durch das Feuer gehen. Ich wollte ihnen Entsetzen einjagen; denn sie sollten erkennen, daß ich der Herr bin.

[27] Darum sprich zum Haus Israel, Menschensohn, und sag zu ihnen: So spricht Gott, der Herr: Eure Väter haben mich auch dadurch verhöhnt, daß sie mir untreu wurden. [28] Als ich sie in das Land gebracht hatte – ich hatte ja meine Hand erhoben (und geschworen), es ihnen zu geben –, schlachteten sie, sobald sie irgendeinen hohen Hügel und einen dichtbelaubten Baum sahen, dort ihre Opfer; dort brachten sie ihre ärgerlichen Gaben dar, legten ihre duftenden Spenden nieder, um mich zu beruhigen, und gossen dort ihre Trankopfer aus. [29] Da sagte ich zu ihnen: Was ist das schon, die Höhe, zu der ihr kommt? – Deshalb wird ein solcher Platz bis zum heutigen Tag Kulthöhe genannt.

[30] Darum sag zum Haus Israel: So spricht Gott, der Herr: Wie schon eure Väter, so macht auch ihr euch unrein und lauft in eurer Untreue ihren Götzen nach. [31] Wenn ihr eure Gaben darbringt, eure Söhne durch das Feuer gehen laßt, wenn ihr euch bis zum heutigen Tag immer wieder unrein macht mit all euren Götzen, soll ich mich dann von euch befragen lassen, ihr vom Haus Israel? So wahr ich lebe – Spruch Gottes, des Herrn –, ich lasse mich von euch nicht befragen. [32] Niemals soll geschehen, was euch eingefallen ist, als ihr sagtet: Wir wollen wie die anderen Völker sein, wie die Völkerstämme in anderen Ländern, und wollen Holz und Stein verehren. [33] So wahr ich lebe – Spruch Gottes, des Herrn: Ich will mit starker Hand und hoch erhobenem Arm über euch als König herrschen und dabei meinen Zorn über euch ausgießen. [34] Ich will euch mit starker Hand und hoch erhobenem Arm aus den Völkern herausführen und aus den Ländern, in die ihr zerstreut seid, sammeln und dabei meinen Zorn über euch ausgießen. [35] Ich bringe euch in die Wüste der Völker; dort trete ich euch von Angesicht zu Angesicht als Richter gegenüber. [36] Wie ich mit euren Vätern in der Wüste Ägyptens ins Gericht gegangen bin, so will ich auch mit euch ins Gericht gehen – Spruch Gottes, des Herrn. [37] Ich lasse euch unter dem Hirtenstab an mir vorbeiziehen und zähle euch ab. [38] Die Abtrünnigen und alle, die sich gegen mich auflehnten, sondere ich von euch ab. Ich führe sie zwar aus dem Land, in dem sie als Fremde leben, heraus, in das Land Israel aber werden sie nicht kommen; dann werdet ihr erkennen, daß ich der Herr bin.

[39] Ihr aber vom Haus Israel – so spricht Gott, der Herr –, geht doch alle, und dient euren Götzen! Doch später werdet ihr auf mich hören und meinen heiligen Namen nicht mehr mit euren Opfergaben und mit euren Götzen entweihen. [40] Denn auf meinem heiligen Berg, auf dem hohen Berg Israels – Spruch Gottes, des Herrn –, dort im Land wird mir das ganze Haus Israel dienen. Dort will ich sie gnädig annehmen, und dort fordere ich eure Abgaben und Erstlingsopfer mit all euren heiligen Gaben. [41] Beim beruhigenden Duft eurer Opfer will ich euch gnädig annehmen. Wenn ich euch aus den Völkern herausführe und aus den Ländern sammle, in die ihr zerstreut seid, werde ich mich vor den Augen der Völker an euch als heilig erweisen. [42] Ihr sollt erkennen, daß ich der

Herr bin, wenn ich euch in das Land Israel bringe; denn ich habe meine Hand erhoben (zum Schwur), dieses Land euren Vätern zu geben. 43 Dort werdet ihr euch an euer Verhalten und an all eure Taten erinnern, durch die ihr euch unrein gemacht habt, und es wird euch ekeln vor euch selbst wegen all der bösen Taten, die ihr begangen habt. 44 Ihr werdet erkennen, daß ich der Herr bin, wenn ich um meines Namens willen so an euch handle und nicht nach eurem verkehrten Verhalten und nach euren verwerflichen Taten, ihr vom Haus Israel – Spruch Gottes, des Herrn.

Das Gleichnis vom Waldbrand

21 Das Wort des Herrn erging an mich: 2 Menschensohn, richte dein Gesicht nach Süden, weissage gegen das Südland, tritt als Prophet auf gegen den Wald im Süden, 3 und sag zum Wald des Südlands: Höre das Wort des Herrn: So spricht Gott, der Herr: Ich will Feuer an dich legen, jeden grünen Baum und jeden dürren Baum in dir wird es verzehren. Seine lodernde Flamme wird nicht erlöschen. Alle Gesichter sollen von ihr versengt werden, vom Süden bis zum Norden. 4 Dann wird jeder Sterbliche sehen, daß ich, der Herr, das Feuer entfacht habe. Und es wird nicht erlöschen. 5 Da sagte ich: Ach, Herr und Gott, sie sagen über mich: Er redet ja immer nur in Gleichnissen.

Das Lied vom Schwert des Herrn

6 Das Wort des Herrn erging an mich: 7 Menschensohn, richte dein Gesicht gegen Jerusalem, weissage gegen sein Heiligtum, tritt als Prophet auf gegen das Land Israel, 8 und sag zu ihm: So spricht Gott, der Herr: Nun gehe ich gegen dich vor. Ich ziehe mein Schwert aus der Scheide und rotte bei dir die Gerechten ebenso wie die Schuldigen aus. 9 Weil ich bei dir die Gerechten und die Schuldigen ausrotten will, deshalb wird mein Schwert aus seiner Scheide fahren, gegen jeden Sterblichen vom Süden bis zum Norden. 10 Dann werden alle Sterblichen erkennen, daß ich, der Herr, mein Schwert aus der Scheide gezogen habe. Es wird nicht mehr in die Scheide zurückkehren. 11 Du, Menschensohn, stöhne: Stöhne mit gebrochenen Hüften und in bitterem Schmerz vor ihren Augen. 12 Wenn sie dann zu dir sagen: Warum stöhnst du?, antworte: Weil eine Nachricht kommt, bei der jedes Herz verzagt, alle Hände kraftlos heruntersinken, bei der jeder Atem stockt und an allen Knien das Wasser herabläuft. Seht, es kommt und geschieht – Spruch Gottes, des Herrn.

13 Das Wort des Herrn erging an mich: 14 Menschensohn, tritt als Prophet auf, und sag: So spricht Gott, der Herr: Sag:

Ein Schwert, ein Schwert, / geschärft und poliert.

15 Zum Schlachten, zum Schlachten ist es geschärft; / um wie ein Blitz zu leuchten, ist es poliert.

[Oder sollen wir uns freuen? / Der Stock meines Sohnes verachtet jedes andere Holz.]

16 Man gab es zum Polieren, dann packt es die Faust, / ein Schwert, geschärft und poliert für des Henkers Hand.

17 Schrei und heule, Menschensohn! / Denn es richtet sich gegen mein Volk, / gegen alle Fürsten von Israel.

Dem Schwert sind sie verfallen, sie und mein Volk.

Darum schlag auf die Hüfte! / 18 Denn es wurde erprobt.

[Doch was wird, wenn auch der verachtende Stock nicht mehr ist?] – / Spruch Gottes, des Herrn.

19 Du, Menschensohn, sprich als Prophet, / und schlag die Hände zusammen!

Verdoppelt wird das Schwert, ja verdreifacht. / Ein Schwert zum Morden ist es, zum Morden, / das gewaltige Schwert, das sie durchbohrt.

20 Das Herz soll verzagen, und viele sollen straucheln. / An all ihren Toren habe ich dem Schwert zu schlachten befohlen.

Ja, zum Blitzen bist du gemacht, / zum Schlachten poliert.

21 Zeig, daß du scharf bist! / Zucke nach rechts und nach links, / wohin deine Schneide gelenkt wird.

22 Auch ich schlage die Hände zusammen; / meinen Zorn will ich stillen. – / Ich, der Herr, habe gesprochen.

Eine weitere symbolische Handlung: Das Schwert des Königs von Babel

23 Das Wort des Herrn erging an mich: 24 Du, Menschensohn, mach dir zwei Wege, auf denen das Schwert des Königs von Babel kommt. Sie sollen beide vom gleichen Land ausgehen. Am Anfang

der beiden Wege stell einen Wegweiser zu je einer Stadt auf! 25 Gib die Richtung an, die das Schwert einschlagen kann: entweder Rabbat-Ammon oder Juda mit dem befestigten Jerusalem.
26 Denn der König von Babel steht an der Wegscheide, am Anfang der zwei Wege, und läßt das Orakel entscheiden: Er schüttelt die Pfeile, befragt die Götterbilder und hält Leberschau. 27 In seiner rechten Hand hält er den Entscheid des Orakels: Jerusalem. Jetzt wird er die Sturmböcke aufstellen, das Kampflied anstimmen, das Kriegsgeschrei erheben, die Sturmböcke auf die Tore richten, einen Damm aufschütten und Belagerungstürme bauen. 28 Doch in den Augen der Leute (von Jerusalem) ist das Orakel bedeutungslos. Für sie galten heilige Eide, darum wird er (der König von Babel) sie an ihre Schuld erinnern und sie packen. 29 Darum – so spricht Gott, der Herr: Ihr habt selbst an eure Schuld erinnert – eure Vergehen liegen offen zutage, eure Sünden sind samt all euren Untaten ans Licht gekommen –, und weil ihr überführt seid, wird man euch mit Gewalt packen. 30 Du entweihter, verbrecherischer Fürst von Israel, für den der Tag gekommen ist, die Zeit der endgültigen Abrechnung! 31 So spricht Gott, der Herr: Weg mit dem Turban, herunter mit der Krone! Nichts soll bleiben, wie es ist. Das Niedrige wird hoch, das Hohe wird niedrig. 32 Zu Trümmern, Trümmern, Trümmern mache ich die Stadt. [Auch dies geschieht nicht, bis der kommt, der auf sie ein Anrecht hat und dem ich sie geben will.]

33 Du aber, Menschensohn, sprich als Prophet, und sag: So spricht Gott, der Herr, über die Ammoniter und ihr Hohngelächter. Du sollst sagen: Schwert, Schwert, gezückt zum Schlachten, poliert, um ganze Arbeit zu tun, um wie ein Blitz einzuschlagen. 34 Während sie noch für dich leere Visionen haben und dir falsche Orakel verkünden, ist den todgeweihten Verbrechern das Schwert schon an den Hals gelegt; jetzt ist für sie der Tag gekommen, die Zeit der endgültigen Abrechnung. 35 Steck das Schwert in die Scheide! An dem Ort, wo du erschaffen wurdest, im Land deiner Herkunft will ich dich richten. 36 Ich gieße meinen Groll über dich aus, das Feuer meines Zorns will ich gegen dich entfachen. Ich liefere dich grausamen Menschen aus, die ihr mörderisches Handwerk verstehen. 37 Das Feuer soll dich verzehren. Mitten im Land soll dein Blut fließen. An dich wird sich niemand erinnern. Denn ich, der Herr, habe gesprochen.

Anklage gegen Jerusalem

22 Das Wort des Herrn erging an mich: 2 Du, Menschensohn, willst du das Urteil sprechen, willst du das Urteil sprechen über die Stadt voll Blutschuld, willst du ihr alle ihre Greueltaten bewußt machen, 3 dann sag zu ihr: So spricht Gott, der Herr: Du Stadt, die in ihrer Mitte Blut vergießt, so daß die Zeit (des Gerichts) über sie kommt, und die sich Götzen macht und dadurch unrein wird: 4 Durch das Blut, das du vergossen hast, bist du schuldig geworden, und durch die Götzen, die du gemacht hast, bist du unrein geworden. Du hast dafür gesorgt, daß die Tage (deines Gerichts) nahe gerückt sind; so bist du ans Ende deiner Jahre gekommen. Deshalb mache ich dich zu einem Zeichen der Schande unter den Völkern und des höhnischen Spottes in allen Ländern. 5 Nah und Fern verhöhnt dich; denn dein Name ist befleckt, und deine Bestürzung ist groß.
6 Jeder der Fürsten Israels strebt mit aller Macht danach, in dir Blut zu vergießen. 7 In dir verachtet man Vater und Mutter. In deiner Mitte beutet man die Fremden aus. In dir unterdrückt man Waisen und Witwen. 8 Was mir heilig ist, verachtest du. Meine Sabbat-Tage entweihst du. 9 In dir gibt es Verleumder, die Blut vergießen wollen. Man hält bei dir auf den Bergen Opfermahlzeiten ab. Schandtaten verübt man bei dir: 10 Man schändet die Frau des Vaters, man mißbraucht bei dir Frauen während ihrer Blutung. 11 Der eine treibt abscheuliche Dinge mit der Frau seines Nächsten; ein anderer begeht die Schandtat, seine Schwiegertochter unrein zu machen, wieder ein anderer mißbraucht seine Schwester, die Tochter seines Vaters. 12 Bei dir läßt man sich bestechen und vergießt dadurch Blut. Du nimmst Zins und treibst Wucher und erpreßt deinen Nächsten. Mich aber hast du vergessen – Spruch Gottes, des Herrn.

13 Ich schlage meine Hände zusammen wegen des Gewinns, den du gemacht hast, und wegen der Morde, die in deiner Mitte geschehen sind.
14 Wird dein Herz standhalten können, werden deine Hände stark bleiben in den Tagen, in denen ich gegen dich vorgehe? Ich, der Herr, habe gesprochen, und ich führe es aus. 15 Ich zerstreue deine Einwohner unter die Völker und vertreibe

sie in alle Länder, ich mache der Unreinheit bei dir ein Ende. 16 Durch deine eigene Schuld bist du entweiht vor den Augen der Völker, und du wirst erkennen, daß ich der Herr bin.

Der Schmelzofen des göttlichen Zorns

17 Das Wort des Herrn erging an mich: 18 Menschensohn, das Haus Israel ist für mich zu Schlacke geworden. Sie alle sollten Silber, Kupfer und Zinn, Eisen und Blei im Schmelzofen sein; doch sie sind Schlacke. 19 Darum – so spricht Gott, der Herr: Weil ihr alle zu Schlacke geworden seid, werde ich euch mitten in Jerusalem sammeln. 20 Wie man Silber, Kupfer, Eisen, Blei und Zinn im Schmelzofen zusammentut und darunter das Feuer anzündet, um alles zum Schmelzen zu bringen, so will ich euch in meinem Zorn und Grimm zusammentun, will euch in den Ofen legen und euch zum Schmelzen bringen. 21 Ich tue euch alle zusammen hinein und lasse das Feuer meines Zorns gegen euch auflodern; darin werdet ihr dann schmelzen. 22 Wie Silber im Schmelzofen schmilzt, so werdet ihr darin zum Schmelzen gebracht. Dann erkennt ihr, daß ich, der Herr, meinen Zorn über euch ausschütte.

Die Verderbtheit aller Schichten des Volkes

23 Das Wort des Herrn erging an mich: 24 Menschensohn, sag zu dem Land: Du bist ein Land, das nicht vom Regen begossen, nicht benetzt wird am Tag des Zorns. 25 Mitten in ihm sind seine Fürsten wie brüllende Löwen, die auf Beute aus sind. Sie fressen Menschen, nehmen Schätze und Kostbarkeiten an sich und machen viele Frauen im Land zu Witwen. 26 Seine Priester vergewaltigen mein Gesetz. Sie entweihen, was mir heilig ist. Zwischen heilig und nicht heilig machen sie keinen Unterschied. Sie belehren niemand mehr über unrein und rein, und vor meinen Sabbat-Tagen verschließen sie die Augen. So werde ich mitten unter ihnen entweiht. 27 Mitten in ihm sind seine Beamten wie Wölfe, die auf Beute aus sind; sie vergießen Blut und richten Menschenleben zugrunde, um Gewinn zu machen. 28 Seine Propheten aber übertünchen ihnen alles. Sie haben nichtige Visionen, verkünden ihnen falsche Orakel und sagen: So spricht Gott, der Herr – obwohl der Herr gar nicht gesprochen hat.

29 Die Bürger des Landes erpressen und rauben. Sie beuten die Schwachen und Armen aus und erpressen die Fremden gegen jedes Recht. 30 Da suchte ich unter ihnen einen Mann, der eine Mauer baut oder für das Land in die Bresche springt und mir entgegentritt, damit ich es nicht vernichten muß; aber ich fand keinen. 31 Darum schütte ich meinen Groll über sie aus. Ich vernichte sie im Feuer meines Zorns. Ihr Verhalten lasse ich auf sie selbst zurückfallen – Spruch Gottes, des Herrn.

Das Gleichnis von den schamlosen Schwestern Israel und Juda

23 Das Wort des Herrn erging an mich: 2 Menschensohn! Es waren einst zwei Frauen, Töchter der gleichen Mutter. 3 Sie trieben Unzucht in Ägypten, schon in ihrer Jugend trieben sie Unzucht; dort griff man nach ihren Brüsten, dort streichelte man ihre jugendliche Brust. 4 Die ältere hieß Ohola, ihre Schwester Oholiba. Sie wurden meine Frauen und gebaren Söhne und Töchter. Der Name Ohola meint Samaria, Oholiba Jerusalem. 5 Ohola wurde mir untreu. Sie hatte Verlangen nach ihren Liebhabern, den kriegerischen Assyrern, 6 den in Purpur gekleideten Statthaltern und Herren; alle waren begehrenswerte junge Männer, Reiter hoch zu Roß. 7 Auf sie richtete sie ihr unzüchtiges Verlangen. Sie alle gehörten zu den Tüchtigsten unter den Assyrern. Mit allen, nach denen sie Verlangen hatte, und mit all ihren Götzen machte sie sich unrein. 8 Die Unzucht, die sie in Ägypten getrieben hatte, gab sie nicht auf; denn schon als sie noch jung war, lagen die Ägypter bei ihr, drückten ihre jugendlichen Brüste und besudelten sie mit ihrer Unzucht. 9 Darum gab ich sie in die Gewalt ihrer Liebhaber, in die Gewalt der Assyrer, nach denen sie Verlangen hatte. 10 Sie entblößten ihre Scham, nahmen ihr die Söhne und Töchter weg und erschlugen sie selbst mit dem Schwert. So wurde sie zum warnenden Beispiel für alle Frauen, und man vollstreckte an ihr das Urteil.

11 All das sah ihre Schwester Oholiba; trotzdem trieb sie es in ihrer Gier noch toller als sie und war in ihrer Schamlosigkeit noch schlimmer als sie. 12 Auch sie hatte Verlangen nach den Assyrern, nach den Statthaltern und Herren, den prächtig gekleideten Kriegern, den Reitern hoch zu Roß. Alle waren begehrenswerte junge Männer. 13 Ich sah, daß sie sich unrein machte. Beide trieben es gleich. 14 Doch Oholiba ging noch weiter in ihrem

unzüchtigen Treiben: Sie sah mit Mennig gemalte Wandzeichnungen chaldäischer Männer, 15 die um die Hüften einen Lendenschurz und auf dem Kopf einen herabhängenden Kopfbund trugen. Alle sahen aus wie Helden, wie Babylonier [Chaldäa ist ihre Heimat]. 16 Als ihre Augen sie sahen, erwachte in ihr die Gier, und sie schickte Boten zu ihnen nach Chaldäa. 17 Die Söhne Babels kamen zu ihrem Liebeslager und machten sie unrein mit ihrer Unzucht. Als sie aber durch sie unrein geworden war, wandte sie sich jäh von ihnen ab.

18 Weil sie so offen ihre Unzucht trieb und ihre Scham entblößte, wandte auch ich mich jäh von ihr ab, wie ich mich von ihrer Schwester abgewandt hatte. 19 Sie jedoch ging noch weiter in ihrem unzüchtigen Treiben. Sie dachte an die Tage ihrer Jugend, als sie in Ägypten Unzucht getrieben hatte. 20 Und es erwachte in ihr die Gier nach ihren Liebhabern, deren Glieder wie die Glieder der Esel und deren Erguß wie der Erguß der Hengste waren. 21 Du hattest nämlich das schändliche Treiben deiner Jugend vermißt, als die Ägypter nach deinen Brüsten griffen und deine jugendliche Brust streichelten.

22 Darum, Oholiba – so spricht Gott, der Herr –, hetze ich deine Liebhaber, von denen du dich jäh abgewandt hast, gegen dich auf, von allen Seiten führe ich sie gegen dich heran: 23 die Söhne Babels und alle Chaldäer, Männer aus Pekod, Schoa und Koa, dazu alle Assyrer, begehrenswerte junge Männer, lauter Statthalter und Herren, Helden und Krieger, alle hoch zu Roß. 24 In Scharen überfallen sie dich mit Reitern und Wagen und einem Heer aus vielen Völkern. Mit Langschilden, Rundschilden und Helmen bewaffnet, umstellen sie dich. Dann lege ich ihnen den Fall vor, damit sie nach ihrem Recht über dich richten. 25 Ich lasse dich meine Eifersucht fühlen, damit sie an dir voll Grimm die Strafe vollziehen: Nase und Ohren werden sie dir abschneiden. Was von dir übrigbleibt, fällt unter dem Schwert. Sie nehmen dir die Söhne und Töchter weg. Was dann noch übrig ist von dir, wird vom Feuer verzehrt. 26 Sie ziehen dir die Kleider aus und nehmen dir deinen Schmuck weg. 27 So mache ich deinem schändlichen Treiben und deiner Unzucht, die du schon in Ägypten getrieben hast, ein Ende. Du sollst deine Liebhaber nicht mehr ansehen und nie mehr an Ägypten denken.

28 Denn – so spricht Gott, der Herr – ich will dich in die Gewalt derer geben, gegen die du jetzt voll Haß bist, in die Gewalt derer, von denen du dich jäh abgewandt hast. 29 Sie werden voll Haß gegen dich vorgehen und dir alles nehmen, was du mühsam erworben hast. Sie werden dich nackt und bloß zurücklassen, deine lüsterne, schändliche und unzüchtige Scham wird entblößt sein. 30 Das tut man dir an, weil du den Völkern so unzüchtig nachgelaufen bist und dich mit ihren Götzen unrein gemacht hast. 31 Auf dem Weg deiner Schwester bist du gegangen, darum gebe ich dir ihren Becher in die Hand.

32 So spricht Gott, der Herr:

Den Becher deiner Schwester sollst du leeren, / den tiefen und weiten, der viel faßt. / [Zum Gelächter und Gespött sollst du werden.]

33 Von Trunkenheit und Qual wirst du voll sein. / Ein Becher des Grauens und des Schauderns / ist der Becher deiner Schwester Samaria.

34 Du sollst ihn leertrinken, ja ausschlürfen, / du sollst seine Scherben zerbeißen / und dir die Brüste zerreißen.

Denn ich habe gesprochen – Spruch Gottes, des Herrn.

35 Darum – so spricht Gott, der Herr: Weil du mich vergessen und mich gänzlich verworfen hast, sollst auch du die Strafe für deine Unzucht und dein schändliches Treiben erleiden.

36 Der Herr sagte zu mir: Menschensohn, willst du über Ohola und Oholiba zu Gericht sitzen? Dann halt ihnen ihre Greueltaten vor: 37 Sie haben die Ehe gebrochen, und an ihren Händen klebt Blut. Mit ihren Götzen haben sie Ehebruch begangen, sogar ihre Söhne, die sie mir geboren hatten, ließen sie durch das Feuer gehen, den Götzen zum Fraß. 38 Noch mehr taten sie mir an: Am gleichen Tag haben sie mein Heiligtum unrein gemacht und meine Sabbat-Tage entweiht. 39 Denn noch am selben Tag, an dem sie ihre Söhne den Götzen schlachteten, kamen sie in mein Heiligtum und entweihten es. Ja, so trieben sie es in meinem Haus.

40 Sogar in weite Ferne hast du Boten geschickt und Männer zu dir eingeladen. Als sie kamen, hast du ihretwegen gebadet, deine Augen geschminkt und deinen Schmuck angelegt. 41 Du hast dich auf ein prunkvolles Lager gesetzt; davor stand ein Tisch bereit, auf den du meinen Weihrauch und mein Öl gestellt hattest. 42 Der Lärm einer sorglosen Menge umgab sie; denn

laut zechten die Männer, die Unzahl von Menschen, die man aus der Wüste herbeigeholt hatte. Sie legten den beiden Schwestern Spangen an die Arme und setzten ihnen prächtige Kronen auf. 43 Ich dachte: So haben sie die Ehe gebrochen; wie eine Dirne es treibt, so treiben sie Unzucht. 44 Die Männer gingen zu ihr, wie man zu einer Dirne geht. So gingen sie zu Ohola und Oholiba, den schamlosen Frauen. 45 Doch gerechte Männer werden ihnen das Urteil sprechen nach der Rechtsvorschrift für Ehebrecherinnen und Mörderinnen. Denn sie haben Ehebruch begangen, und an ihren Händen klebt Blut.

46 Ja, so spricht Gott, der Herr: Man berufe eine Volksversammlung gegen sie ein; sie sollen mißhandelt und ausgeraubt werden. 47 Die Volksversammlung soll sie steinigen und mit Schwertern in Stücke hauen. Ihre Söhne und Töchter soll man töten und ihre Häuser verbrennen. 48 So mache ich dem schändlichen Treiben im Land ein Ende, damit alle Frauen gewarnt sind und nicht ebenso schamlos handeln wie ihr. 49 Man wird euch für euer schändliches Treiben bestrafen, und ihr müßt für die Sünden büßen, die ihr mit euren Götzen begangen habt. Dann werdet ihr erkennen, daß ich Gott, der Herr, bin.

Weitere symbolische Handlungen: 24,1–27

Die vergebliche Reinigung der Stadt

24 Am zehnten Tag des zehnten Monats im neunten Jahr erging das Wort des Herrn an mich: 2 Menschensohn, schreib dir das Datum dieses Tages auf, genau den heutigen Tag! Am heutigen Tag begann der König von Babel seinen Angriff auf Jerusalem. 3 Leg dem widerspenstigen Volk ein Gleichnis vor, und sag zu ihnen: So spricht Gott, der Herr:

Stell einen Kessel aufs Feuer, / stell ihn auf; auch Wasser gieß ein!

4 Leg Fleisch hinein, / lauter gute Stücke, Lende und Schulter! / Gib die besten Knochen dazu!

5 Nimm auserlesene Schafe! / Auch Brennholz leg ringsum unter den Kessel!

Laß die Fleischstücke kochen! / Auch die Knochen koch mit!

6 Darum – so spricht Gott, der Herr: / Weh der Stadt voll Blutschuld, / weh dem verrosteten Kessel

und weh dem Rost, der nicht abgeht. / Stück für Stück nimm wahllos heraus!

7 Denn das Blut, das die Stadt vergoß, / ist noch mitten in ihr.

An den nackten Felsen hat sie es hingeschüttet. / Nicht auf die Erde hat sie es vergossen / und nicht mit Erde bedeckt,

8 so daß mein Zorn entbrannte und ich Rache nahm: / Auf dem nackten Felsen vergieße ich ihr Blut; / es wird nicht mit Erde bedeckt.

9 Darum – so spricht Gott, der Herr:

Weh der Stadt voll Blutschuld. / Auch ich schichte einen großen Holzstoß auf,

10 ich häufe das Holz, / ich entzünde das Feuer,

ich koche das Fleisch, / ich gieße die Brühe ab / [und die Knochen sollen verbrennen].

11 Dann stelle ich den Kessel leer auf die Glut, damit das Metall sich erhitzt und glüht, damit schmilzt, was an ihm unrein ist, und der Rost verschwindet. 12 Doch umsonst die Mühe: Der starke Rost geht im Feuer nicht ab.

13 Wegen deiner Schandtaten und deiner Unreinheit – weil ich dich rein machen wollte, du aber nicht frei wurdest von deiner Unreinheit – sollst du nicht mehr rein werden, bis ich meinen Zorn an dir gestillt habe. 14 Ich, der Herr, habe gesprochen. Jetzt ist es soweit, ich führe es aus. Ich sehe nicht tatenlos zu. Ich habe kein Mitleid, es reut mich nicht. Nach deinem Verhalten und deinen Taten will ich dich richten – Spruch Gottes, des Herrn.

Die Zerstörung der Stadt

15 Das Wort des Herrn erging an mich: 16 Menschensohn, ich nehme dir die Freude deiner Augen durch einen jähen Tod. Doch du sollst weder klagen noch weinen. Keine Träne darfst du vergießen, 17 nur leise stöhnen. Keine Trauerfeier sollst du halten. Binde deinen Kopfbund um, und zieh deine Schuhe an! Verhülle deinen Bart nicht, und iß kein Trauerbrot!

18 Ich redete am Morgen zum Volk. Meine Frau starb am Abend, und ich tat am Morgen, was mir

befohlen war. 19 Da sagte das Volk zu mir: Willst du
uns nicht erklären, was dein Verhalten für uns zu
bedeuten hat? 20 Ich antwortete ihnen: Das Wort
des Herrn ist an mich ergangen. 21 Sag zum Haus Is-
rael: So spricht Gott, der Herr: Ich will mein Hei-
ligtum entweihen, den Zufluchtsort, auf den ihr so
stolz seid, die Freude eurer Augen und die Sehn-
sucht eurer Seele. Eure Söhne und Töchter, die ihr
zurückgelassen habt, werden unter dem Schwert
fallen. 22 Dann werdet ihr genauso handeln wie
ich: Ihr werdet den Bart nicht verhüllen und kein
Trauerbrot essen. 23 Euren Kopfbund werdet ihr
auf dem Kopf behalten und eure Schuhe an den
Füßen. Ihr werdet weder klagen noch weinen,
sondern wegen eurer Sünden dahinsiechen und
miteinander stöhnen. 24 Ezechiel wird ein Mahn-
zeichen für euch sein. Genauso wie er gehandelt
hat, werdet ihr handeln; wenn das eintrifft, wer-
det ihr erkennen, daß ich Gott, der Herr, bin.

25 Du aber, Menschensohn, an jenem Tag, wenn
ich ihnen ihren Zufluchtsort nehme, ihre Pracht
und Wonne, die Freude ihrer Augen und die
Sehnsucht ihrer Seele, ihre Söhne und Töchter,
26 an jenem Tag wird zu dir ein Flüchtling kom-
men, um dir die Nachricht zu bringen. 27 Und an
jenem Tag wird in Gegenwart des Flüchtlings
dein Mund geöffnet. Du wirst reden und nicht
mehr stumm sein. So wirst du zu einem Mahn-
zeichen für sie, und sie werden erkennen, daß ich
der Herr bin.

Die Drohsprüche gegen die Nachbarvölker: 25,1–32,32

Gegen die unmittelbaren Nachbarn Israels: 25,1–28,26

Gegen Ammon, Moab, Edom und die Philister

25 Das Wort des Herrn erging an mich:
2 Menschensohn, richte dein Gesicht ge-
gen die Ammoniter, sprich als Prophet über sie,
3 und sag zu ihnen: Hört das Wort Gottes, des
Herrn: So spricht Gott, der Herr: Weil du gegen
mein Heiligtum hin »Ha, ha« geschrien hast, als
es entweiht wurde, und gegen das Land Israel,
als es verwüstet wurde, und gegen das Haus
Juda, als es verschleppt wurde, 4 darum gebe ich
dich jetzt den Völkern des Ostens zum Besitz. Sie
werden ihre Zelte bei dir aufschlagen und ihre
Siedlungen bei dir errichten. Sie werden deine
Früchte essen und deine Milch trinken. 5 Rabba
mache ich zum Weideplatz der Kamele und die
Städte der Ammoniter zum Lager der Schafe und
Ziegen. Dann werdet ihr erkennen, daß ich der
Herr bin. 6 Denn so spricht Gott, der Herr: Weil du
in die Hände geklatscht und mit dem Fuß auf den
Boden gestampft hast, voll höhnischer Schaden-
freude über das Land Israel, 7 darum strecke ich
jetzt meine Hand gegen dich aus, ich überlasse
dich den Völkern zur Plünderung, ich rotte dich
aus unter den Nationen und sorge dafür, daß du
aus der Zahl der Länder verschwindest; ich ver-
nichte dich. Dann wirst du erkennen, daß ich der
Herr bin.

8 So spricht Gott, der Herr: Weil Moab und Seïr sa-
gen: Dem Haus Juda geht es wie allen anderen Völ-
kern!, 9 darum will ich die Flanke Moabs aufreißen,
so daß es bei ihm keine Stadt mehr gibt von einem
Ende zum andern, nicht mehr Bet-Jeschimot, Baal-
Meon und Kirjatajim, die Zierde des Landes. 10 Zu-
sammen mit den Ammonitern gebe ich es den
Völkern des Ostens zum Besitz, so daß die Ammo-
niter unter den Nationen nicht mehr erwähnt wer-
den 11 und ich an Moab das Urteil vollstrecke. Dann
werden sie erkennen, daß ich der Herr bin.

12 So spricht Gott, der Herr: Weil Edom sich am
Haus Juda gerächt hat, weil es Schuld auf sich ge-
laden und Rache an ihm genommen hat, 13 darum
– so spricht Gott, der Herr: Ich strecke meine
Hand gegen Edom aus, ich vernichte darin
Mensch und Tier und mache es zur Wüste. Von
Teman bis Dedan sollen sie unter dem Schwert
fallen. 14 Ich lege meine Rache an Edom in die
Hand meines Volkes Israel. Sie werden an Edom
meinem Zorn und Grimm entsprechend handeln.
Dann wird Edom meine Rache kennenlernen –
Spruch Gottes, des Herrn.

15 So spricht Gott, der Herr: Weil die Philister
rachsüchtig waren und voll Verachtung Rache
nahmen, um Juda aus uralter Feindschaft zu ver-
nichten, 16 darum – so spricht Gott, der Herr: Ich
will jetzt meine Hand gegen die Philister aus-
strecken, ich will die Kereter ausrotten und die
übrigen Völker an der Küste vernichten. 17 Ich

nehme an ihnen gewaltige Rache, mit grimmigen
Strafen. Dann werden sie erkennen, daß ich der
Herr bin, wenn ich mich an ihnen räche.

Gegen Tyrus

26 Am ersten Tag des (zwölften) Monats im
elften Jahr erging das Wort des Herrn an
mich:
2 Menschensohn, weil Tyrus über Jerusalem
sagte: / Ha, das Tor zu den Völkern ist zerbro-
chen;
alles fällt mir zu, jetzt kann ich mich mästen; /
denn die Stadt ist verwüstet!,
3 darum – so spricht Gott, der Herr: / Jetzt gehe
ich gegen dich vor, Tyrus,
und lasse viele Völker gegen dich anbranden, /
wie das Meer seine Wogen anbranden läßt.
4 Sie zerstören die Mauern von Tyrus, / und
seine Türme reißen sie ein.
Sein Erdreich schwemme ich weg, / zum nack-
ten Felsen mache ich Tyrus.
5 Ein Platz zum Trocknen der Netze / wird es
mitten im Meer;
denn ich habe gesprochen – Spruch Gottes, des
Herrn. / Es wird eine Beute der Völker.
6 Seine Töchter auf dem Festland werden / vom
Schwert erschlagen. / Dann wird man erkennen,
daß ich der Herr bin.
7 Denn so spricht Gott, der Herr:
Nebukadnezzar, den König von Babel, / den Kö-
nig der Könige,
führe ich von Norden gegen Tyrus heran, / mit
Rossen und Wagen und Reitern, / mit einem
großen Aufgebot, einem gewaltigen Heer.
8 Deine Töchter auf dem Festland / wird er mit
dem Schwert erschlagen.
Er baut dir gegenüber einen Belagerungswall, /
schüttet einen Damm gegen dich auf / und er-
richtet ein Schilddach.
9 Seinen Sturmbock setzt er an / zum Stoß gegen
deine Mauern, / deine Türme reißt er mit Brech-
eisen ein.
10 Eine Staubwolke wird dich bedecken, / so
viele Pferde hat er.
Unter dem Dröhnen der Reiter und Räder und
Wagen / erzittern deine Mauern,
wenn er durch deine Tore eindringt, / wie man
eindringt in eine Stadt voller Breschen.
11 Mit den Hufen seiner Pferde / zerstampft er all
deine Straßen.
Mit dem Schwert erschlägt er dein Volk, / und
deine mächtigen Säulen stürzt er zu Boden.
12 Sie plündern deinen Besitz / und rauben dir
deine Waren.
Deine Mauern reißen sie ein. / Sie zerstören die
prächtigen Bauten.
Deine Steine, deine Balken, deinen ganzen
Schutt / werfen sie mitten ins Meer.
13 So mache ich deinen lärmenden Liedern ein
Ende, / vom Klang deiner Zithern ist nichts mehr
zu hören.
14 Zum nackten Felsen mache ich dich. / Du
wirst ein Platz zum Trocknen der Netze.
Man baut dich nie wieder auf; / denn ich, der
Herr, habe gesprochen – / Spruch Gottes, des
Herrn.
15 So spricht Gott, der Herr, zu Tyrus: Ist es nicht
so, daß die Inseln erzittern beim Getöse deines
Sturzes, beim Gestöhn der zu Tode Getroffenen,
beim mörderischen Blutbad in deiner Mitte?
16 Dann steigen alle Fürsten der Küstenländer von
ihren Thronen herab, sie legen ihre Gewänder ab
und ziehen ihre bunt gewebten Kleider aus. Sie
hüllen sich in Schrecken und setzen sich auf den
Boden; immer wieder erfaßt sie ein Zittern, und
sie sind entsetzt über dich. 17 Sie stimmen die To-
tenklage über dich an und sagen zu dir:
Ach, wie bist du zerstört, / du Bewohnerin der
Meere, ruhmreiche Stadt,
einst eine Macht auf dem Meer, / du und deine
Bewohner, / die alle ihre Nachbarn in Schrecken
versetzten.
18 Nun aber beben die Inseln / seit dem Tag dei-
nes Sturzes. / Bestürzt sind die Inseln des Mee-
res über dein Ende.
19 Denn so spricht Gott, der Herr: Ich mache
dich zur verwüsteten Stadt; dann wirst du wie
die Städte sein, die nicht mehr bewohnt sind.
Die Urflut lasse ich steigen, so daß gewaltige
Wassermassen dich zudecken. 20 Ich stoße dich
zu denen hinab, die ins Grab gesunken sind,
zum Volk der Vorzeit. Ich weise dir einen Wohn-
sitz zu in den Tiefen der Erde, in der ewigen
Einöde bei denen, die ins Grab gesunken sind.
Denn du sollst nicht mehr bewohnt sein und
dich nicht mehr erheben im Land der Lebenden.
21 Zu einem Bild des Schreckens mache ich dich.
Du bist nicht mehr da, und wer dich sucht, wird
dich in Ewigkeit nicht finden – Spruch Gottes,
des Herrn.

◁ 46 | *Brich ein Loch durch die Wand (Ez 12)*

Die Totenklage über Tyrus, das prächtige Schiff

27 Das Wort des Herrn erging an mich: 2 Du,
Menschensohn, stimm die Totenklage
über Tyrus an! 3 Sag zu Tyrus:
Du, die du wohnst am Zugang zum Meer, / die
du Handel treibst mit den Völkern / bis hin zu
den vielen Inseln,
so spricht Gott, der Herr: Tyrus, du sagst: / Ich
bin (ein Schiff) von vollendeter Schönheit.
4 Im Herzen der Meere liegt dein Gebiet. / Voll-
endet schön schufen dich deine Erbauer.
5 Aus Zypressenholz vom Senirgebirge / bauten
sie all deine Planken,
eine Zeder vom Libanon nahmen sie, / um auf
dir den Mast zu errichten.
6 Deine Ruder machten sie aus Eichen vom
Baschan, / dein Deck aus Elfenbein und
Eschenholz / von den Inseln der Kittäer.
7 Dein Segel war bunt gewebtes ägyptisches
Leinen. / Es sollte dein Erkennungszeichen sein.
Deine Planen waren aus violettem und rotem
Purpur / von den Küsten Elischas.
8 Deine Ruderer stammten aus Sidon und Ar-
wad. / Erfahrene Männer, Tyrus, gab es bei dir. /
Sie waren deine Matrosen.
9 Die Ältesten von Gebal / und seine erfah-
rensten Männer / fuhren auf dir, um deine Risse
zu dichten.
Alle Schiffe des Meeres und ihre Matrosen / ka-
men zu dir, um mit dir Handel zu treiben.
10 Leute von Paras, Lud und Put / dienten in dei-
ner Mannschaft als Krieger.
Schilde und Helme hängten sie auf an dir; /
diese verliehen dir prächtigen Glanz.
11 Die Söhne von Arwad und deine Mannschaft
standen ringsum auf deinen Mauern und die
Wächter auf deinen Türmen. Ihre Schilde hängten
sie rings an deinen Mauern auf. Sie machten deine
Schönheit vollkommen. 12 Tarschisch kaufte bei dir
wegen der Fülle deiner Güter; Silber, Eisen, Zinn
und Blei gaben sie für deine Waren. 13 Jawan, Tubal
und Meschech waren deine Händler. Menschen
und Kupfergeräte gaben sie für deine Handelswa-
ren. 14 Die von Bet-Togarma gaben Zugpferde und
Reitpferde und Maultiere für deine Waren. 15 Die
Söhne von Rhodos waren deine Händler. Viele In-
seln standen als Kaufleute in deinem Dienst; als
Abgaben brachten sie dir Elfenbein und Ebenholz.
16 Edom kaufte bei dir wegen der Fülle deiner Er-
zeugnisse. Karfunkelstein, Purpur, bunte Stoffe,
Byssus, Korallen und Rubine gaben sie für deine
Waren. 17 Juda und das Land Israel waren deine
Händler. Weizen, Oliven, Wachs, Honig, Öl und
Mastix gaben sie für deine Handelswaren. 18 Da-
maskus kaufte bei dir wegen der Fülle deiner Er-
zeugnisse, wegen der Fülle deiner Güter. Wein aus
Helbon und Wolle aus Zahar, 19 Wein aus Usal ga-
ben sie für deine Waren. Gehämmertes Eisen, Zimt
und Gewürzrohr gehörte zu deinen Handelswa-
ren. 20 Dedan war dein Händler für Satteldecken.
21 Arabien und alle Fürsten von Kedar, sie waren
Kaufleute in deinen Diensten. Sie zahlten mit Läm-
mern, Widdern und Böcken. 22 Händler von Saba
und Ragma trieben Handel mit dir. Für den besten
Balsam, für alle Arten von Edelsteinen und Gold
gaben sie deine Waren. 23 Haran, Kanne und Eden,
die Händler von Saba, Assur, ganz Medien trieben
Handel mit dir. 24 Sie waren deine Händler. Prunk-
gewänder und Mäntel aus violettem Purpur,
bunte Stoffe und mehrfarbige Tücher, feste ge-
drehte Seile kauften sie ein für dich.
25 Die Schiffe von Tarschisch dienten dir / als Ka-
rawanen für deine Waren.
So fülltest du dich, / wurdest schwer beladen
mitten im Meer.
26 Über gewaltige Wasser brachten dich deine
Ruderer. / Da zerbrach dich der Ostwind mitten
im Meer.
27 Dein Reichtum, deine Waren, dein Handels-
gut, / deine Seeleute und deine Matrosen,
die Männer, die deine Risse dichten, / die deine
Waren eintauschen,
alle deine Soldaten auf dir / und das ganze Heer,
das du hast, / fallen mitten ins Meer am Tag dei-
nes Sturzes.
28 Beim lauten Geschrei deiner Matrosen / zit-
tern die Küsten.
29 Alle, die das Ruder führen, verlassen ihr
Schiff. / Alle Seefahrer und alle Matrosen bleiben
an Land.
30 Deinetwegen schreien sie laut, / bitterlich
jammern sie.
Sie streuen sich Staub auf das Haupt / und wäl-
zen sich auf dem Boden.
31 Deinetwegen scheren sie sich eine Glatze, /
Trauerkleider legen sie an
und weinen über dich mit verbitterter Seele, /
mit bitterer Klage.
32 In ihrem Jammer stimmen sie über dich / ein
Totenlied an

und halten die Totenklage für dich: / Wer war
Tyrus vergleichbar, mitten im Meer?
33 Als deine Waren vom Meer her kamen, / hast
du viele Völker gesättigt.
Die Könige der Erde machtest du reich / mit dei-
nem gewaltigen Reichtum / und deinen Han-
delswaren.
34 Jetzt liegst du zerbrochen im Meer, / in den
Tiefen der Fluten.
Deine Handelswaren, dein ganzes Heer / sind
mit dir versunken.
35 Alle Bewohner der Küsten sind entsetzt über
dich; / ihren Königen sträubt sich das Haar. / Ver-
stört sind ihre Gesichter.
36 Deine Kaufleute unter den Völkern / zischen
(voll Hohn) über dich.
Zu einem Bild des Schreckens bist du gewor-
den, / für immer dahin.

Gegen den Fürsten von Tyrus

28 Das Wort des Herrn erging an mich:
2 Menschensohn, sag zum Fürsten von
Tyrus: So spricht Gott, der Herr: Dein Herz war
stolz, und du sagtest: Ich bin ein Gott, einen Wohn-
sitz für Götter bewohne ich mitten im Meer. Doch
du bist nur ein Mensch und kein Gott, obwohl du
im Herzen geglaubt hast, daß du wie Gott bist.
3 Gewiß, du bist weiser als Daniel. / Kein Ge-
heimnis war dir zu dunkel.
4 Durch deine Weisheit und Einsicht schufst du
dir Reichtum. / Mit Gold und Silber fülltest du
deine Kammern.
5 Durch deine gewaltige Weisheit, durch deinen
Handel / hast du deinen Reichtum vermehrt.
Doch dein Herz wurde stolz / wegen all deines
Reichtums.
6 Darum – so spricht Gott, der Herr:
Weil du im Herzen geglaubt hast, / daß du wie
Gott bist,
7 darum schicke ich Fremde gegen dich, / tyran-
nische Völker.
Sie zücken das Schwert gegen all deine prächtige
Weisheit, / entweihen deinen strahlenden Glanz.
8 Man stößt dich hinab in das Grab; / wie einer
durchbohrt wird und stirbt, / so stirbst du mitten
im Meer.
9 Willst du dann angesichts deiner Mörder noch
sagen: / Ich bin ein Gott?
Du bist nur ein Mensch und kein Gott / in der
Hand deiner Mörder.
10 Wie Unbeschnittene sterben, / so stirbst du
durch Fremde;
Denn ich habe gesprochen – / Spruch Gottes,
des Herrn.

Die Totenklage über den König von Tyrus

11 Das Wort des Herrn erging an mich: 12 Menschen-
sohn, stimm die Totenklage an über den König von
Tyrus, und sag zu ihm: So spricht Gott, der Herr:
Du warst ein vollendet gestaltetes Siegel, / voll
Weisheit und vollkommener Schönheit.
13 Im Garten Gottes, in Eden, bist du gewesen. /
Allerlei kostbare Steine umgaben dich:
Rubin, Topas, dazu Jaspis, / Chrysolith, Karneol
und Onyx, / Saphir, Karfunkelstein und Smaragd.
Aus Gold war alles gemacht, / was an dir erhöht
und vertieft war,
all diese Zierden brachte man an, / als man dich
schuf.
14 Einem Kerub mit ausgebreiteten, schützenden
Flügeln gesellte ich dich bei. / Auf dem heiligen
Berg der Götter bist du gewesen. / Zwischen den
feurigen Steinen gingst du umher.
15 Ohne Tadel war dein Verhalten / seit dem Tag,
an dem man dich schuf, / bis zu dem Tag, an dem
du Böses getan hast.
16 Durch deinen ausgedehnten Handel / warst
du erfüllt von Gewalttat, / in Sünde bist du gefal-
len.
Darum habe ich dich vom Berg der Götter ver-
stoßen, / aus der Mitte der feurigen Steine / hat
dich der schützende Kerub verjagt.
17 Hochmütig warst du geworden, / weil du so
schön warst.
Du hast deine Weisheit vernichtet, / verblendet
vom strahlenden Glanz.
Ich stieß dich auf die Erde hinab. / Den Blicken
der Könige gab ich dich preis, / damit sie dich alle
begaffen.
18 Du hast durch gewaltige Schuld, / durch un-
redliche Handelsgeschäfte / deine Heiligtümer
entweiht.
So ließ ich mitten in dir ein Feuer ausbrechen, /
das dich verzehrt hat.
Vor den Augen all derer, die dich sahen, /
machte ich dich zu Asche auf der Erde.
19 All deine Freunde unter den Völkern / waren
entsetzt über dich.
Zu einem Bild des Schreckens bist du gewor-
den, / du bist für immer dahin.

Gegen Sidon

[20] Das Wort des Herrn erging an mich: [21] Men-
schensohn, richte dein Gesicht auf Sidon, tritt als
Prophet gegen die Stadt auf, [22] und sag: So spricht
Gott, der Herr:

Jetzt gehe ich gegen dich vor, Sidon, / und verherrliche mich in deiner Mitte.

Dann werden sie erkennen, daß ich der Herr bin, / wenn ich an der Stadt das Urteil vollstrecke / und mich so als heilig erweise.

[23] Ich schicke Pest und Mord in die Gassen der Stadt. / Viele fallen in ihr, erschlagen vom Schwert,

das von überall her auf sie einschlägt. / Dann werden sie erkennen, daß ich der Herr bin.

Verheißung für Israel

[24] Dann droht dem Haus Israel kein stechender
Dorn und kein verletzender Stachel mehr von all
seinen feindlichen Nachbarn. Daran werden sie
erkennen, daß ich Gott, der Herr, bin.

[25] So spricht Gott, der Herr: Wenn ich die vom
Haus Israel aus all den Ländern zusammenführe,
in die sie zerstreut sind, dann erweise ich mich an
ihnen vor den Augen der Völker als heilig. Sie
werden in ihrem Land wohnen, das ich meinem
Knecht Jakob gegeben habe. [26] Dort werden sie in
Sicherheit leben; sie werden Häuser bauen und
Weinberge pflanzen. Sie wohnen in Sicherheit,
sobald ich an all ihren Feinden ringsum das Urteil
vollstrecke. Dann werden sie erkennen, daß ich,
der Herr, ihr Gott bin.

Gegen den Pharao und Ägypten: 29,1–32,32

Das Gericht über den König und sein Land

29 Am zwölften Tag des zehnten Monats im
zehnten Jahr erging das Wort des Herrn
an mich: [2] Menschensohn, richte dein Gesicht auf
den Pharao, den König von Ägypten, tritt als Pro-
phet auf gegen ihn und gegen ganz Ägypten,
[3] und sag: So spricht Gott, der Herr: Jetzt gehe ich
gegen dich vor, Pharao, du König Ägyptens, du
großes Krokodil, das zwischen den Armen des
Nil liegt und sagt:

Mir gehören die Arme des Nil, / ich habe sie selber erschaffen.

[4] Aber ich schlage dir Haken durch die Kinn-
backen und lasse die Fische deines Nil an deinen
Schuppen kleben. Ich ziehe dich herauf aus dei-
nem Nil samt all den Fischen deines Nil, die an
deinen Schuppen kleben.

[5] Dann werfe ich dich in die Wüste hinaus, / dich und all die Fische des Nil.

Aufs trockene Land wirst du fallen. / Niemand holt dich von dort und begräbt dich.

Den wilden Tieren und den Vögeln des Himmels / werfe ich dich vor zum Fraß.

[6] Dann werden alle Ägypter erkennen, / daß ich der Herr bin.

Eine Stütze aus Schilfrohr bist du für das Haus Israel.

[7] Nehmen sie dich in die Hand, dann zerbrichst du / und durchbohrst ihnen die Schulter;

stützen sie sich auf dich, dann zerbrichst du, / und allen beginnen die Hüften zu wanken.

[8] Darum – so spricht Gott, der Herr: Ich bringe
das Schwert über dich und rotte Mensch und
Vieh bei dir aus. [9] Ägypten wird zu Wüste und
Ödland. Dann werden sie erkennen, daß ich der
Herr bin. Du hast gesagt:

Mir gehören die Arme des Nil; / ich habe sie selber erschaffen.

[10] Darum gehe ich jetzt gegen dich und deine
Nilarme vor. Ich mache Ägypten zum dürren Öd-
land, zur Wüste von Migdol bis Syene und bis an
die Grenzen von Kusch. [11] Weder Mensch noch
Tier geht mehr darüber hin. Vierzig Jahre lang
wird es nicht mehr bewohnt sein. [12] Ich mache
Ägypten zur Wüste inmitten verwüsteter Länder.
Seine Städte sollen vierzig Jahre lang verwüstet
daliegen inmitten verödeter Städte. Ich zerstreue
die Ägypter unter die Völker und vertreibe sie in
alle Länder.

[13] Denn so spricht Gott, der Herr: Nach vierzig
Jahren führe ich die Ägypter aus den Völkern zu-
sammen, unter die sie zerstreut wurden. [14] Ich
wende das Geschick Ägyptens und bringe sie
zurück in das Land Patros, das Land ihrer Her-
kunft. Dort werden sie ein unbedeutendes Reich
gründen. [15] Es wird unbedeutend sein im Ver-
gleich zu den anderen Königreichen, und es wird
sich nicht mehr über die anderen Völker erheben.

Ich mache sie ganz klein, damit sie nicht mehr über die Völker herrschen können. 16 Das Haus Israel wird ihnen nicht mehr vertrauen und sich ihnen nicht mehr anschließen; es wird sich hüten, seine alte Schuld wieder in Erinnerung zu rufen. Sie werden erkennen, daß ich Gott, der Herr, bin.

Der Sieg Nebukadnezzars

17 Am ersten Tag des ersten Monats im siebenundzwanzigsten Jahr erging das Wort des Herrn an mich: 18 Menschensohn! Nebukadnezzar, der König von Babel, hat sein Heer vor Tyrus schwere Arbeit verrichten lassen; alle Köpfe wurden kahl, und jede Schulter war zerschunden. Aber Tyrus hat ihn und sein Heer nicht belohnt für die Arbeit, die sie geleistet haben.

19 Darum – so spricht Gott, der Herr: Ich gebe Nebukadnezzar, dem König von Babel, das Land Ägypten. Er wird seine Schätze wegschleppen; er wird alles plündern und reiche Beute machen. Das wird der Lohn seines Heeres sein. 20 Als Belohnung für seine Arbeit gebe ich ihm Ägypten; denn sie haben für mich gearbeitet – Spruch Gottes, des Herrn.

21 An jenem Tag werde ich dem Haus Israel neue Kraft verleihen, und du sollst wieder zu ihnen reden. Dann werden sie erkennen, daß ich der Herr bin.

Das Gericht über Ägypten

30 Das Wort des Herrn erging an mich: 2 Menschensohn, tritt als Prophet auf, und sag: So spricht Gott, der Herr:

Jammert und schreit: / Weh über diesen Tag!

3 Denn der Tag ist nahe, / der Tag des Herrn ist nahe,

ein Tag dunkler Wolken. / Die Zeit für die Völker ist da.

4 Das Schwert dringt ein in Ägypten. / Ein Zittern überfällt die Kuschiter, / wenn in Ägypten die Menschen erschlagen werden und fallen.

Man schleppt seine Schätze hinweg / und reißt seine Grundmauern nieder.

5 (Die Männer aus) Kusch, aus Put und Lud, / das ganze Völkergemisch,

(die Männer aus) Kub und die Söhne des Landes, / mit dem ich einst meinen Bund schloß, / fallen wie sie unter dem Schwert.

6 So spricht der Herr:

Es fallen die Helfer Ägyptens, / seine herrliche Macht sinkt dahin.

Von Migdol bis hin nach Syene / fallen die Krieger unter dem Schwert – / Spruch Gottes, des Herrn.

7 Verwüstet liegt es dann da / inmitten verwüsteter Länder / und seine Städte inmitten verödeter Städte.

8 Sie werden erkennen, daß ich der Herr bin, / wenn ich Ägypten verbrenne, / wenn all seine Helfer zusammenbrechen.

9 An jenem Tag schicke ich meine Boten auf Schiffen hinaus, / um Kusch aus seiner Ruhe zu schrecken.

Ein Zittern überfällt sie am Gerichtstag Ägyptens; / schon trifft all das ein.

10 So spricht Gott, der Herr:

Ich mache der Pracht Ägyptens ein Ende / durch die Hand Nebukadnezzars, / des Königs von Babel.

11 Er und sein Heer, / die gewalttätigsten unter den Völkern, / werden herbeigeholt, um das Land zu vernichten.

Sie zücken ihr Schwert und schlagen Ägypten / und füllen das Land mit erschlagenen Menschen.

12 Ich lege die Nilarme trocken, / verkaufe das Land an Verbrecher,

ich verwüste das Land und alles darin / durch die Hände von Fremden. / Ich, der Herr, habe gesprochen.

13 So spricht Gott, der Herr:

Ich will die Götzen vernichten. / Ich führe das Ende der Götter von Memfis herbei.

Der Fürst von Ägypten wird (bald) nicht mehr leben. / Ich stürze Ägypten in Angst.

14 Patros will ich verwüsten, / Zoan will ich verbrennen, / an No vollstrecke ich das Urteil.

15 Über Sin, die Festung Ägyptens, gieße ich meinen Zorn aus, und ich vernichte die Pracht von No. 16 Ägypten will ich verbrennen. Sin wird sich in Krämpfen winden; No wird man erstürmen, und Memfis wird am hellen Tag von Feinden bedrängt. 17 Die jungen Männer von On und Pi-Beset fallen unter dem Schwert, und die Einwohner dieser Städte ziehen in die Gefangenschaft. 18 Es wird ein schwarzer Tag für Tachpanhes, wenn ich dort die Zepter Ägyptens zerbreche; dann ist es mit seiner herrlichen Macht zu Ende. Finstere Wolken werden Ägypten bedecken, und seine Töchter ziehen in die Gefangenschaft. 19 So voll-

strecke ich an Ägypten das Urteil, und sie werden
erkennen, daß ich der Herr bin.
[20] Am siebten Tag des ersten Monats im elften
Jahr erging das Wort des Herrn an mich: [21] Men-
schensohn, ich habe dem Pharao, dem König von
Ägypten, den Arm zerbrochen. Man hat ihn nicht
verbunden und nicht geschient und ihm keine
Heilung gegönnt, damit er nicht wieder zu Kräf-
ten kommt und zum Schwert greift.
[22] Darum – so spricht Gott, der Herr: Jetzt gehe
ich gegen den Pharao vor, den König von Ägyp-
ten: Ich zerbreche ihm beide Arme, den gesun-
den und den bereits zerbrochenen, und schlage
ihm das Schwert aus der Hand. [23] Ich zerstreue die
Ägypter unter die Völker und vertreibe sie in alle
Länder. [24] Ich stärke die Arme des Königs von Ba-
bel und gebe ihm mein Schwert in die Hand. Dem
Pharao aber zerbreche ich die Arme, so daß er vor
ihm stöhnt wie ein tödlich Verletzter. [25] Ich stärke
die Arme des Königs von Babel; doch die Arme
des Pharao sinken kraftlos herunter. Wenn ich
dem König von Babel mein Schwert in die Hand
gebe und er es über Ägypten schwingt, dann wer-
den sie erkennen, daß ich der Herr bin. [26] Ich zer-
streue die Ägypter unter die Völker und vertreibe
sie in alle Länder. Dann werden sie erkennen,
daß ich der Herr bin.

Das Gleichnis vom Pharao, dem prächtigen Baum

31 Am ersten Tag des dritten Monats im
elften Jahr erging das Wort des Herrn an
mich: [2] Menschensohn, sag zum Pharao, dem Kö-
nig von Ägypten, und zu seinem Gefolge:
Wem war deine Größe vergleichbar? / [3] Auf dem
Libanon stand eine [Esche] Zeder.
Die Pracht ihrer Äste gab reichlichen Schatten. /
Hoch war ihr Wuchs, / und in die Wolken ragte
ihr Wipfel.
[4] Das Wasser machte sie groß. / Die Flut in der
Tiefe ließ sie hoch emporwachsen.
Die Tiefe ließ ihre Ströme fließen / rings um den
Ort, wo sie gepflanzt war,
sie leitete (von dort) ihre Kanäle / zu allen an-
deren Bäumen des Feldes.
[5] So war sie höher gewachsen / als alle anderen
Bäume des Feldes.
Ihre Zweige wurden sehr zahlreich, / und ihre
Äste breiteten sich aus
wegen des Reichtums an Wasser, / als sie em-
porwuchs.
[6] Alle Vögel des Himmels / hatten ihr Nest in
den Zweigen.
Alle wilden Tiere brachten unter den Ästen ihre
Jungen zur Welt. / All die vielen Völker wohnten
in ihrem Schatten.
[7] Schön war sie in ihrer Größe mit ihrem breiten
Geäst; / denn ihre Wurzeln hatten viel Wasser.
[8] Keine Zeder im Garten Gottes war ihr ver-
gleichbar. / Keine Zypresse hatte Zweige wie sie, /
keine Platane so mächtige Äste.
Keiner der Bäume im Garten Gottes / glich ihr
an Schönheit.
[9] Ja, ich hatte sie herrlich gemacht / mit ihren
zahlreichen Zweigen.
Voll Eifersucht auf sie waren im Garten Gottes /
alle Bäume von Eden.
[10] Darum – so spricht Gott, der Herr: Weil sie so
hoch emporwuchs und mit ihrem Wipfel in die
Wolken ragte und wegen ihrer Höhe überheblich
wurde, [11] deshalb liefere ich sie dem mächtigsten
Herrscher der Völker aus. Er behandelt sie so, wie
sie es in ihrer Schlechtigkeit verdient hat; ich
beseitige sie. [12] Fremde, die gewalttätigsten unter
den Völkern, werden sie umhauen und hinwer-
fen. Ihre Zweige fallen auf die Berge und in alle
Täler, ihre Äste zerbrechen in allen Schluchten
der Erde. Alle Völker der Erde verlassen den
Schatten der Zeder und lassen sie liegen.
[13] Auf ihren gefällten Stamm setzen sich alle Vö-
gel des Himmels, die wilden Tiere hausen in
ihren Zweigen.
[14] Darum soll kein Baum mehr am Wasser empor-
wachsen und mit seinem Wipfel in die Wolken ra-
gen, keiner der Bäume am Wasser soll mehr so mä-
chtig und hoch dastehen. Denn alle werden dem
Tod ausgeliefert, sie müssen hinab in die Unterwelt
zu den Menschen, die ins Grab gesunken sind.
[15] So spricht Gott, der Herr: Wenn die Zeder in die
Unterwelt stürzt, dann lasse ich die Flut in der
Tiefe versiegen, ich decke sie zu; ich halte ihre
Ströme zurück, so daß der Reichtum an Wasser
versiegt. Ihretwegen hülle ich den Libanon in
Trauer, und alle Bäume des Feldes sinken in Ohn-
macht. [16] Durch das Getöse ihres Sturzes lasse ich
die Völker erzittern, wenn ich den Baum in die
Unterwelt stürze, hinab zu denen, die ins Grab
gesunken sind. Dann trösten sich in der Unter-
welt alle Bäume von Eden, die erlesenen und be-
sten Bäume des Libanon, alle Bäume am Wasser.
[17] Denn auch sie stürzen zusammen mit ihr in die

Unterwelt, hinab zu denen, die vom Schwert er-
schlagen wurden. Alle aber, die im Schatten der
Zeder wohnten, werden unter die Völker zer-
streut.
18 Welcher der Bäume von Eden glich dir an
Größe und Pracht? Und doch wirst du zusammen
mit den Bäumen von Eden in die Unterwelt ge-
stürzt. Dort wirst du mitten unter den Unbe-
schnittenen liegen, unter denen, die vom
Schwert erschlagen wurden. So geht es dem Pha-
rao und seinem ganzen Gefolge – Spruch Gottes,
des Herrn.

Die Totenklage über den Pharao, das gefangene Krokodil

32 Am ersten Tag des zwölften Monats im
zwölften Jahr erging das Wort des Herrn
an mich: 2 Menschensohn, stimm die Totenklage
an über den Pharao, den König von Ägypten, und
sag zu ihm:
Löwe der Völker, jetzt bist du verstummt. / Und
doch warst du wie ein Krokodil in den Seen,
hast die Flüsse aufgepeitscht, / das Wasser mit
deinen Füßen verschmutzt / und die Fluten auf-
gewühlt.
3 So spricht Gott, der Herr: / Ich werfe über dich
mein Netz,
ein Heer von vielen Völkern, / die ziehen dich
herauf in meinem Schleppnetz.
4 Dann werfe ich dich aufs Land, / schleudere
dich aufs freie Feld.
Alle Vögel des Himmels sollen sich auf dich set-
zen, / und ich sättige mit dir alle Tiere der Erde.
5 Ich lege dein Fleisch auf den Bergen aus / und
fülle die Täler mit deinem Aas.
6 Ich tränke das Land bis hin zu den Bergen / mit
der Flut deines Blutes; / die Schluchten sollen
sich damit füllen.
7 Wenn dein Leben erlischt, / will ich den Him-
mel bedecken / und die Sterne verdüstern.
Die Sonne decke ich zu mit Wolken, / der Mond
läßt sein Licht nicht mehr leuchten.
8 Deinetwegen verdunkle ich / alle die strahlen-
den Lichter am Himmel
und lege Finsternis über dein Land – / Spruch
Gottes, des Herrn.
9 Ich versetze viele Völker in Kummer, / wenn
ich ihnen und all den Ländern,
die du nicht kanntest, / deinen Zusammen-
bruch melde.
10 Über dich werden viele Völker entsetzt sein, /
ihren Königen sträuben sich deinetwegen die
Haare, / wenn ich mein Schwert gegen sie
schwinge.
Sie zittern erregt am Tag deines Sturzes, / jeder
hat Angst um sein Leben.
11 Denn so spricht Gott, der Herr: / Das Schwert
des Königs von Babel kommt über dich.
12 Durch das Schwert der Krieger / bringe ich
dein Gefolge zu Fall.
Sie sind die gewalttätigsten unter den Völkern. /
Sie verwüsten den Stolz von Ägypten, / all seine
Pracht wird zerstört.
13 All sein Vieh lasse ich sterben / an den großen
Gewässern.
Keines Menschen Fuß wird das Wasser mehr
trüben, / noch werden die Hufe der Tiere es trü-
ben.
14 Dann mache ich die Gewässer klar, / und die
Flüsse lasse ich dahingleiten wie Öl – / Spruch
Gottes, des Herrn.
15 Wenn ich Ägypten zum Ödland mache, /
wenn das Land und alles, was darin ist, verödet,
wenn ich alle seine Bewohner erschlage, / dann
werden sie erkennen, daß ich der Herr bin.
16 Das ist eine Totenklage, die man anstim-
men soll; die Töchter der Völker sollen sie an-
stimmen. Die Totenklage über Ägypten und all
seine Pracht sollen sie singen – Spruch Gottes,
des Herrn.

Die Totenklage über den Pharao und sein Gefolge

17 Am fünfzehnten Tag des ersten Monats im
zwölften Jahr erging das Wort des Herrn an mich:
18 Menschensohn, jammre über die Pracht Ägyp-
tens, und geleite sie hinab in die Unterwelt, sie
und die Töchter mächtiger Völker, bring sie zu de-
nen, die ins Grab gesunken sind.
19 Wen hast du an Schönheit übertroffen? / Stürz
hinab, und lieg bei den unbeschnittenen Män-
nern!
20 Mitten unter die, die das Schwert erschlug, /
werden sie fallen ...
21 Dann sagen die starken Helden in der Unter-
welt über die Ägypter: / Samt ihren Helfern sind
sie herabgestürzt
und liegen da wie die unbeschnittenen Män-
ner, / wie die, die das Schwert erschlug.
22 Dort liegt Assur und sein ganzes Heer, /
ringsum sind seine Gräber.

Sie alle hat man erschlagen, / sie fielen unter dem Schwert.
[23] Im tiefsten Grund einer Grube / gab man ihm sein Grab.
Sein Heer liegt rings um sein Grab. / Sie alle hat man erschlagen,
sie fielen unter dem Schwert, / sie, die einst im Land der Lebenden Schrecken verbreitet haben.
[24] Dort liegt Elam und all sein Gefolge / rings um sein Grab.
Sie alle hat man erschlagen, / sie fielen unter dem Schwert,
in die Unterwelt sind sie hinabgestürzt / wie die unbeschnittenen Männer,
sie, die einst im Land der Lebenden / ihren Schrecken verbreitet haben.
Jetzt aber haben sie ihre Schande zu tragen / zusammen mit denen, die ins Grab gesunken sind.
[25] Mitten unter denen, die man erschlug, / hat man ihm und seinem ganzen Gefolge das Lager bereitet.
Rings um ihn her sind die Gräber / von all den Unbeschnittenen, / die man mit dem Schwert erschlug.
Im Land der Lebenden haben sie Schrecken verbreitet, / jetzt aber haben sie ihre Schande zu tragen, / zusammen mit denen, die ins Grab gesunken sind.
Mitten unter Erschlagene legte man sie. / [26] Dort liegen Meschech und Tubal und all ihr Gefolge.
Rings um sie her sind die Gräber / von all den Unbeschnittenen, / die man mit dem Schwert erschlug; / und doch haben sie einst im Land der Lebenden Schrecken verbreitet.
[27] Aber sie liegen nicht bei den gefallenen Kriegern aus früheren Zeiten, / die mit ihrer Rüstung in die Unterwelt hinabgestiegen sind,
denen man das Schwert unter den Kopf / und den Schild auf die Gebeine gelegt hat; / denn die Krieger hatten im Land der Lebenden Schrecken verbreitet.
[28] Auch du wirst inmitten der Unbeschnittenen zerbrochen / und liegst bei denen, die das Schwert erschlug.
[29] Dort liegt Edom, mit seinen Königen / und all seinen Fürsten,
die man trotz ihrer Stärke zu denen gelegt hat, / die das Schwert erschlug.
Sie liegen da bei den unbeschnittenen Männern, / bei denen, die ins Grab gesunken sind.
[30] Dort liegen alle Fürsten des Nordens / und alle Männer von Sidon; / sie stürzten hinab wie alle, die man erschlug.
Trotz ihrer schreckenerregenden Stärke / sind sie zuschanden geworden;
bei den Unbeschnittenen liegen sie, / bei denen, die das Schwert erschlug.
Jetzt haben sie ihre Schande zu tragen / zusammen mit denen, die ins Grab gesunken sind.
[31] Der Pharao wird sie sehen, / und er tröstet sich über den Verlust / seines ganzen Gefolges.
Jetzt sind sie vom Schwert erschlagen, / der Pharao und seine ganze Streitmacht – / Spruch Gottes, des Herrn.
[32] Denn ich habe vor ihm im Land der Lebenden Schrecken verbreitet. / Doch jetzt liegt der Pharao da / mit seinem ganzen Gefolge / inmitten der unbeschnittenen Männer,
bei denen, die das Schwert erschlug – / Spruch Gottes, des Herrn.

Das Gericht und das neue Heil: 33,1–37,28

Der Prophet als Wächter

33 Das Wort des Herrn erging an mich:
[2] Menschensohn, sprich zu den Söhnen deines Volkes, und sag zu ihnen: Wenn ich über ein Land das Schwert kommen lasse und das Volk in dem Land aus seiner Mitte einen Mann wählt und ihn zu seinem Wächter macht,
[3] und wenn dieser Wächter das Schwert über das Land kommen sieht, in das Widderhorn bläst und das Volk warnt,
[4] und wenn dann jemand den Schall des Horns zwar hört, sich aber nicht warnen läßt, so daß das Schwert kommt und ihn dahinrafft, dann ist er selbst schuld an seinem Tod.
[5] Denn er hat den Schall des Horns zwar gehört, sich aber nicht warnen lassen; deshalb ist er selbst schuld an seinem Tod. Wenn er sich jedoch warnen läßt, dann hat er sein Leben gerettet.
[6] Wenn aber der Wächter das Schwert kommen sieht und nicht in das

Widderhorn bläst und das Volk nicht gewarnt
wird, und wenn das Schwert kommt und irgend-
einen dahinrafft, dann wird dieser zwar wegen
seiner eigenen Schuld dahingerafft, aber ich for-
dere für sein Blut Rechenschaft von dem Wäch-
ter.
7 Du aber, Menschensohn, ich gebe dich dem
Haus Israel als Wächter; wenn du ein Wort aus
meinem Mund hörst, mußt du sie vor mir war-
nen. 8 Wenn ich zu einem, der sich schuldig ge-
macht hat, sage: Du mußt sterben!, und wenn du
nicht redest und den Schuldigen nicht warnst,
um ihn von seinem Weg abzubringen, dann wird
der Schuldige seiner Sünde wegen sterben. Von
dir aber fordere ich Rechenschaft für sein Blut.
9 Wenn du aber den Schuldigen vor seinem Weg
gewarnt hast, damit er umkehrt, und wenn er
dennoch auf seinem Weg nicht umkehrt, dann
wird er seiner Sünde wegen sterben; du aber hast
dein Leben gerettet.

Die Freiheit zur Umkehr

10 Du aber, Menschensohn, sag zum Haus Israel:
Ihr behauptet: Unsere Vergehen und unsere Sün-
den lasten auf uns, wir siechen ihretwegen dahin.
Wie sollen wir da am Leben bleiben? 11 Sag zu ih-
nen: So wahr ich lebe – Spruch Gottes, des
Herrn –, ich habe kein Gefallen am Tod des Schul-
digen, sondern daran, daß er auf seinem Weg um-
kehrt und am Leben bleibt. Kehrt um, kehrt um
auf euren bösen Wegen! Warum wollt ihr sterben,
ihr vom Haus Israel?
12 Du aber, Menschensohn, sag zu den Söhnen
deines Volkes: Den Gerechten wird seine Ge-
rechtigkeit nicht retten, sobald er Böses tut. Und
der Schuldige wird durch seine Schuld nicht zu
Fall kommen, sobald er sein schuldhaftes Leben
aufgibt. Der Gerechte aber kann trotz seiner Ge-
rechtigkeit nicht am Leben bleiben, sobald er sün-
digt. 13 Wenn ich zu dem Gerechten sage: Du wirst
am Leben bleiben!, er aber im Vertrauen auf seine
Gerechtigkeit Unrecht tut, dann wird ihm seine
ganze (bisherige) Gerechtigkeit nicht angerech-
net. Wegen des Unrechts, das er getan hat, muß
er sterben. 14 Wenn ich aber zu dem Schuldigen
sage: Du mußt sterben!, und er gibt sein sündhaf-
tes Leben auf, handelt nach Recht und Gerechtig-
keit, 15 gibt (dem Schuldner) das Pfand zurück, er-
setzt, was er geraubt hat, richtet sich nach den
Gesetzen, die zum Leben führen, und tut kein
Unrecht mehr, dann wird er gewiß am Leben
bleiben und nicht sterben. 16 Keine der Sünden,
die er früher begangen hat, wird ihm angerech-
net. Er hat nach Recht und Gerechtigkeit gehan-
delt, darum wird er gewiß am Leben bleiben.
17 Die Söhne deines Volkes aber sagen: Das Ver-
halten des Herrn ist nicht richtig. Dabei ist gerade
ihr Verhalten nicht richtig. 18 Wenn der Gerechte
seine Gerechtigkeit aufgibt und Unrecht tut, muß
er dafür sterben. 19 Und wenn der Schuldige sein
sündhaftes Leben aufgibt und nach Recht und Ge-
rechtigkeit handelt, so wird er deswegen am Le-
ben bleiben. 20 Ihr aber sagt: Das Verhalten des
Herrn ist nicht richtig. Doch ich werde euch rich-
ten, ihr vom Haus Israel, jeden nach seinem Ver-
halten.

Die Nachricht von der Eroberung Jerusalems

21 Am fünften Tag des zehnten Monats im elften
Jahr nach unserer Verschleppung kam ein Flücht-
ling aus Jerusalem zu mir und sagte: Die Stadt ist
gefallen. 22 Aber am Abend, bevor der Flüchtling
eintraf, hatte sich die Hand des Herrn auf mich ge-
legt. Ehe am Morgen der Flüchtling kam, öffnete
der Herr meinen Mund, und mein Mund wurde
geöffnet, und ich war nicht mehr stumm.

Die Erwartung der nicht Verschleppten

23 Das Wort des Herrn erging an mich: 24 Men-
schensohn, die Bewohner der Ruinen im Land Is-
rael sagen: Abraham war nur ein einzelner Mann
und bekam doch das ganze Land; wir aber sind
viele. Um so mehr ist das Land uns zum Besitz ge-
geben. 25 Deshalb sag zu ihnen: So spricht Gott,
der Herr: Ihr eßt (das Opferfleisch) mitsamt dem
Blut, ihr blickt zu euren Göttern auf und vergießt
Blut. Und ihr wollt das Land in Besitz nehmen?
26 Ihr verlaßt euch auf euer Schwert, begeht Greu-
eltaten, und einer schändet die Frau des andern.
Und ihr wollt das Land in Besitz nehmen?
27 Darum sag zu ihnen: So spricht Gott, der Herr:
So wahr ich lebe, wer in den Ruinen ist, fällt un-
ter dem Schwert, wer auf dem freien Feld ist, den
werfe ich den wilden Tieren zum Fraß vor, und
wer sich in den Burgen und Höhlen aufhält, stirbt
an der Pest. 28 Ich mache das Land zur Öde und
Wüste; seine stolze Macht hat ein Ende; das Berg-
land Israels verödet, so daß niemand mehr
durchreist. 29 Dann werden sie erkennen, daß ich
der Herr bin, wenn ich das Land zur Öde und Wü-

ste mache wegen all der Greueltaten, die sie be-
gangen haben.

Die unaufrichtigen Hörer

30 Du, Menschensohn, die Söhne deines Volkes re-
den über dich an den Mauern und Toren der Häu-
ser. Einer sagt zum andern: Komm doch und
höre, was für ein Wort vom Herrn ausgeht. 31 Dann
kommen sie zu dir wie bei einem Volksauflauf,
setzen sich vor dich hin [als mein Volk] und hören
deine Worte an, aber sie befolgen sie nicht; denn
ihr Mund ist voller Lügen, und so handeln sie
auch, und ihr Herz ist nur auf Gewinn aus. 32 Du
bist für sie wie ein Mann, der mit wohlklingender
Stimme von der Liebe singt und dazu schön auf
der Harfe spielt. Sie hören deine Worte an, aber
befolgen sie nicht. 33 Wenn das aber kommt (was
du sagst) – und es kommt –, dann werden sie er-
kennen, daß mitten unter ihnen ein Prophet war.

Die schlechten Hirten

34 Das Wort des Herrn erging an mich:
2 Menschensohn, sprich als Prophet ge-
gen die Hirten Israels, sprich als Prophet, und sag
zu ihnen: So spricht Gott, der Herr: Weh den Hir-
ten Israels, die nur sich selbst weiden. Müssen
die Hirten nicht die Herde weiden? 3 Ihr trinkt die
Milch, nehmt die Wolle für eure Kleidung und
schlachtet die fetten Tiere; aber die Herde führt
ihr nicht auf die Weide. 4 Die schwachen Tiere
stärkt ihr nicht, die kranken heilt ihr nicht, die ver-
letzten verbindet ihr nicht, die verscheuchten
holt ihr nicht zurück, die verirrten sucht ihr nicht,
und die starken mißhandelt ihr. 5 Und weil sie kei-
nen Hirten hatten, zerstreuten sich meine Schafe
und wurden eine Beute der wilden Tiere. 6 Meine
Herde irrte auf allen Bergen und Höhen umher
und war über das ganze Land verstreut. Doch kei-
ner kümmerte sich um sie; niemand suchte sie.
7 Darum ihr Hirten, hört das Wort des Herrn: 8 So
wahr ich lebe – Spruch Gottes, des Herrn: Weil
meine Herde geraubt wurde und weil meine
Schafe eine Beute der wilden Tiere wurden –
denn sie hatten keinen Hirten – und weil meine
Hirten nicht nach meiner Herde fragten, sondern
nur sich selbst und nicht meine Herde weideten,
9 darum, ihr Hirten, hört das Wort des Herrn: 10 So
spricht Gott, der Herr: Nun gehe ich gegen die
Hirten vor und fordere meine Schafe von ihnen
zurück. Ich setze sie ab, sie sollen nicht mehr die
Hirten meiner Herde sein. Die Hirten sollen nicht
länger nur sich selbst weiden: Ich reiße meine
Schafe aus ihrem Rachen, sie sollen nicht länger
ihr Fraß sein.

Der gute Hirt

11 Denn so spricht Gott, der Herr: Jetzt will ich
meine Schafe selber suchen und mich selber um
sie kümmern. 12 Wie ein Hirt sich um die Tiere sei-
ner Herde kümmert an dem Tag, an dem er mit-
ten unter den Schafen ist, die sich verirrt haben,
so kümmere ich mich um meine Schafe und hole
sie zurück von all den Orten, wohin sie sich am
dunklen, düsteren Tag zerstreut haben. 13 Ich führe
sie aus den Völkern heraus, ich hole sie aus den
Ländern zusammen und bringe sie in ihr Land.
Ich führe sie in den Bergen Israels auf die Weide,
in den Tälern und an allen bewohnten Orten des
Landes. 14 Auf gute Weide will ich sie führen, im
Bergland Israels werden ihre Weideplätze sein.
Dort sollen sie auf guten Weideplätzen lagern, auf
den Bergen Israels sollen sie fette Weide finden.
15 Ich werde meine Schafe auf die Weide führen,
ich werde sie ruhen lassen – Spruch Gottes, des
Herrn. 16 Die verlorengegangenen Tiere will ich
suchen, die vertriebenen zurückbringen, die ver-
letzten verbinden, die schwachen kräftigen, die
fetten und starken behüten. Ich will ihr Hirt sein
und für sie sorgen, wie es recht ist.

17 Ihr aber, meine Herde – so spricht Gott, der
Herr –, ich sorge für Recht zwischen Schafen und
Schafen, zwischen Widdern und Böcken. 18 War es
euch nicht genug, auf der besten Weide zu wei-
den? Mußtet ihr auch noch euer übriges Weide-
land mit euren Füßen zertrampeln? War es euch
nicht genug, das klare Wasser zu trinken? Mußtet
ihr den Rest des Wassers mit euren Füßen ver-
schmutzen? 19 Meine Schafe mußten abweiden,
was eure Füße zertrampelt hatten, und trinken,
was eure Füße verschmutzt hatten. 20 Darum – so
spricht Gott, der Herr, zu euch: Ich selbst sorge für
Recht zwischen den fetten und den mageren
Schafen. 21 Weil ihr mit eurem breiten Körper und
eurer Schulter alle schwachen Tiere zur Seite ge-
drängt und weil ihr sie mit euren Hörnern weg-
gestoßen habt, bis ihr sie weggetrieben hattet,
22 deshalb will ich meinen Schafen zu Hilfe kom-
men. Sie sollen nicht länger eure Beute sein; denn
ich werde für Recht sorgen zwischen Schafen
und Schafen.

Das messianische Reich

23 Ich setze für sie einen einzigen Hirten ein, der
sie auf die Weide führt, meinen Knecht David. Er
wird sie weiden, und er wird ihr Hirt sein. 24 Ich
selbst, der Herr, werde ihr Gott sein, und mein
Knecht David wird in ihrer Mitte der Fürst sein.
Ich, der Herr, habe gesprochen.
25 Ich schließe mit ihnen einen Friedensbund:
Ich rotte die wilden Tiere im Land aus. Dann kann
man in der Steppe sicher wohnen und in den
Wäldern schlafen. 26 Ich werde sie und die Umge-
bung meines Berges segnen. Ich schicke Regen
zur rechten Zeit, und der Regen wird Segen brin-
gen. 27 Die Bäume des Feldes werden ihre Früchte
tragen, und das Land wird seinen Ertrag geben.
Sie werden auf ihrem Grund und Boden sicher
sein. Wenn ich die Stangen ihres Jochs zerbreche
und sie der Gewalt derer entreiße, von denen sie
versklavt wurden, werden sie erkennen, daß ich
der Herr bin. 28 Sie werden nicht länger eine Beute
der Völker sein, von den wilden Tieren werden
sie nicht gefressen. Sie werden in Sicherheit woh-
nen, und niemand wird sie erschrecken. 29 Ich
pflanze ihnen einen Garten des Heils. Sie werden
in ihrem Land nicht mehr vom Hunger dahinge-
rafft werden, und die Schmähungen der Völker
müssen sie nicht mehr ertragen. 30 Sie werden
erkennen, daß ich, der Herr, ihr Gott, mit ih-
nen bin und daß sie, das Haus Israel, mein Volk
sind – Spruch Gottes, des Herrn. 31 Ihr seid meine
Schafe, ihr seid die Herde meiner Weide. Ich bin
euer Gott – Spruch Gottes, des Herrn.

Der Drohspruch gegen Edom

35 Das Wort des Herrn erging an mich:
2 Menschensohn, richte dein Gesicht auf
die Berge von Seïr, tritt als Prophet gegen sie auf,
3 und sag zu ihnen: So spricht Gott, der Herr:
Ich gehe gegen dich vor, Bergland von Seïr. / Ich
strecke meine Hand gegen dich aus / und mache
dich zur Wüste und Öde.
4 Deine Städte lege ich in Trümmer, / und du
sollst zur Wüste werden. / Dann wirst du erken-
nen, daß ich der Herr bin.
5 Weil du eine ewige Feindschaft mit den Söhnen
Israels hattest und sie zur Zeit ihres Unglücks, zur
Zeit der endgültigen Abrechnung, dem Schwert
ausgeliefert hast, 6 darum lasse ich dich bluten, so
wahr ich lebe – Spruch Gottes, des Herrn; Blut
soll dich verfolgen. Du hast dich nicht gescheut,
Blut zu vergießen; darum soll Blut dich verfolgen.
7 Ich mache die Berge von Seïr zur Öde und Wü-
ste und vernichte alles, was sich dort bewegt und
regt. 8 Ich fülle sein Bergland mit Erschlagenen;
auf deinen Hügeln, in deinen Tälern und all dei-
nen Schluchten werden die Menschen vom
Schwert erschlagen und fallen.
9 Für immer mache ich dich zum Ödland, /
deine Städte sollen nicht mehr bewohnt sein. /
Dann wirst du erkennen, daß ich der Herr bin.
10 Weil du sagst: Beide Völker und beide Länder
gehören mir; sie sind mein Besitz!, (weil du das
sagst) obwohl doch der Herr dort ist, 11 darum will
ich gegen dich – so wahr ich lebe, Spruch Gottes,
des Herrn – mit dem gleichen leidenschaftlichen
Zorn vorgehen, mit dem du gegen sie in deinem
Haß vorgegangen bist. Ich werde dir zeigen, wer
ich bin, wenn ich dich richte. 12 Dann wirst du er-
kennen, daß ich der Herr bin und daß ich gehört
habe, wie oft du die Berge Israels geschmäht und
gesagt hast: Sie sind völlig verödet. Sie sind uns
zum Fraß vorgeworfen. 13 So habt ihr geprahlt und
seid frech gegen mich gewesen; ich habe es selbst
gehört. 14 So spricht Gott, der Herr: Weil du dich
darüber freust, daß das ganze Land verödet da-
liegt, darum will ich auch dich (zur Wüste) ma-
chen: 15 Weil du dich darüber freust, daß der Erb-
besitz des Hauses Israel verödet daliegt, darum
will ich auch dich (zur Wüste) machen; das Berg-
land von Seïr und ganz Edom sollen veröden.
Dann wird man erkennen, daß ich der Herr bin.

Die Weissagung über Israels Berge

36 Du aber, Menschensohn, sprich als Pro-
phet zu den Bergen Israels, und sag: Ihr
Berge Israels, hört das Wort des Herrn! 2 So spricht
Gott, der Herr: Die Feinde haben von euch gesagt:
Ha, ihr seid für immer verödet; jetzt gehört ihr
uns. 3 Darum tritt als Prophet auf, und sag: So
spricht Gott, der Herr: Weil ihr verödet seid, weil
man von allen Seiten nach euch geschnappt hat,
so daß ihr jetzt Besitz der übrigen Völker seid,
weil ihr ins Gerede gekommen und zum Gespött
der Leute geworden seid, 4 darum, ihr Berge Isra-
els, hört das Wort Gottes, des Herrn: So spricht
Gott, der Herr, zu den Bergen und Hügeln, den
Schluchten und Tälern, zu den verfallenen Rui-
nen und den verlassenen Städten: Weil ihr von
den übrigen Völkern ringsum ausgeplündert und
verspottet worden seid, 5 darum – so spricht Gott,

der Herr – werde ich mit glühender Leidenschaft
über die übrigen Völker und über ganz Edom re-
den. Voll Frohlocken haben sie sich mein Land an-
geeignet. Voll Schadenfreude haben sie das Wei-
deland erbeutet. 6 Darum sprich als Prophet zum
Land Israel, und sag zu den Bergen und Hügeln,
zu den Schluchten und Tälern: So spricht Gott,
der Herr: Ich rede voll Leidenschaft und Grimm,
weil ihr von den Völkern so viel Schimpf ertragen
müßt. 7 Darum – so spricht Gott, der Herr: Ich er-
hebe meine Hand (zum Schwur) und sage: Die
Völker rings um euch werden den gleichen
Schimpf ertragen müssen. 8 Ihr aber, ihr Berge Is-
raels, sollt wieder grün werden und Früchte her-
vorbringen für mein Volk Israel; denn es wird
bald zurückkommen. 9 Seht, ich wende mich
euch wieder zu, und dann ackert und sät man
wieder auf euch, 10 und ich lasse viele Menschen
dort leben, das ganze Haus Israel. Die Städte wer-
den wieder bewohnt sein und die Ruinen aufge-
baut. 11 Ich lasse viele Menschen und Tiere auf
euch leben, und sie werden sich vermehren und
fruchtbar sein. Ich will dafür sorgen, daß ihr wie-
der bewohnt seid, wie ihr es früher wart; ich will
euch mehr Gutes erweisen als je zuvor. Dann
werdet ihr erkennen, daß ich der Herr bin. 12 Viele
Menschen, mein ganzes Volk Israel, lasse ich zu
euch kommen, und sie werden euch in Besitz
nehmen; ihr werdet für immer ihr Erbbesitz sein
und ihnen nie mehr ihre Kinder wegnehmen.
13 So spricht Gott, der Herr: Man sagt zu dir: Du
bist eine Menschenfresserin und hast deinem ei-
genen Volk die Kinder weggenommen. 14 Aber du
sollst keine Menschen mehr fressen und deinem
eigenen Volk nicht mehr die Kinder wegnehmen
– Spruch Gottes, des Herrn. 15 Du sollst nie mehr
anhören müssen, wie die Völker dich beschimp-
fen, und nie mehr ertragen müssen, daß die Na-
tionen dich verhöhnen. Du wirst deinem eigenen
Volk nicht mehr die Kinder wegnehmen – Spruch
Gottes, des Herrn.

Die Verheißung eines neuen Lebens

16 Das Wort des Herrn erging an mich: 17 (Hör zu),
Menschensohn! Als Israel in seinem Land
wohnte, machten sie das Land durch ihr Verhal-
ten und ihre Taten unrein. Wie die monatliche
Unreinheit der Frau war ihr Verhalten in meinen
Augen. 18 Da goß ich meinen Zorn über sie aus,
weil sie Blut vergossen im Land und das Land mit
ihren Götzen befleckten. 19 Ich zerstreute sie unter
die Völker; in alle Länder wurden sie vertrieben.
Nach ihrem Verhalten und nach ihren Taten habe
ich sie gerichtet. 20 Als sie aber zu den Völkern ka-
men, entweihten sie überall, wohin sie kamen,
meinen heiligen Namen; denn man sagte von ih-
nen: Das ist das Volk Jahwes, und doch mußten
sie sein Land verlassen. 21 Da tat mir mein heiliger
Name leid, den das Haus Israel bei den Völkern
entweihte, wohin es auch kam.

22 Darum sag zum Haus Israel: So spricht Gott,
der Herr: Nicht euretwegen handle ich, Haus Is-
rael, sondern um meines heiligen Namens wil-
len, den ihr bei den Völkern entweiht habt, wo-
hin ihr auch gekommen seid. 23 Meinen großen,
bei den Völkern entweihten Namen, den ihr mit-
ten unter ihnen entweiht habt, werde ich wieder
heiligen. Und die Völker – Spruch Gottes, des
Herrn – werden erkennen, daß ich der Herr bin,
wenn ich mich an euch vor ihren Augen als hei-
lig erweise. 24 Ich hole euch heraus aus den Völ-
kern, ich sammle euch aus allen Ländern und
bringe euch in euer Land. 25 Ich gieße reines Was-
ser über euch aus, dann werdet ihr rein. Ich rei-
nige euch von aller Unreinheit und von allen eu-
ren Götzen. 26 Ich schenke euch ein neues Herz
und lege einen neuen Geist in euch. Ich nehme
das Herz von Stein aus eurer Brust und gebe euch
ein Herz von Fleisch. 27 Ich lege meinen Geist in
euch und bewirke, daß ihr meinen Gesetzen folgt
und auf meine Gebote achtet und sie erfüllt.
28 Dann werdet ihr in dem Land wohnen, das ich
euren Vätern gab. Ihr werdet mein Volk sein, und
ich werde euer Gott sein. 29 Ich befreie euch von
allem, womit ihr euch unrein gemacht habt. Ich
rufe dem Getreide zu und befehle ihm zu wach-
sen. Ich verhänge über euch keine Hungersnot
mehr. 30 Ich vermehre die Früchte der Bäume und
den Ertrag des Feldes, damit ihr nicht mehr unter
den Völkern die Schande einer Hungersnot ertra-
gen müßt. 31 Dann werdet ihr an euer verkehrtes
Verhalten und an eure bösen Taten denken, und
es wird euch ekeln vor euch selbst wegen eurer
Greueltaten. 32 Doch nicht euretwegen handle ich
so – Spruch Gottes, des Herrn –, das sollt ihr wis-
sen. Errötet und vergeht vor Scham wegen eures
Treibens, ihr vom Haus Israel.

33 So spricht Gott, der Herr: Wenn ich euch von
all euren Sünden gereinigt habe, mache ich die
Städte wieder bewohnbar, und die Ruinen wer-

den wieder aufgebaut. 34 Das verödete Land wird
bestellt, es liegt nicht mehr öde vor den Augen all
derer, die vorübergehen. 35 Dann wird man sagen:
Dieses verödete Land ist wie der Garten Eden ge-
worden; die zerstörten, verödeten, vernichteten
Städte sind wieder befestigt und bewohnt.
36 Dann werden die Völker, die rings um euch
noch übrig sind, erkennen, daß ich, der Herr, das
Zerstörte wieder aufgebaut und das Ödland wie-
der bepflanzt habe. Ich, der Herr, habe gespro-
chen, und ich führe es aus.
37 So spricht Gott, der Herr: Ich lasse mich vom
Haus Israel dazu bewegen, auch noch das zu
tun: Ich werde die Menschen vermehren wie
eine Schafherde. 38 Wie die zum Opfer geweihten
Schafe, wie die Schafe an den Festen Jerusalem
füllen, so sollen Herden von Menschen die zer-
störten Städte bevölkern. Dann wird man erken-
nen, daß ich der Herr bin.

Die Vision von der Auferweckung Israels

37 Die Hand des Herrn legte sich auf mich,
und der Herr brachte mich im Geist hin-
aus und versetzte mich mitten in die Ebene. Sie
war voll von Gebeinen. 2 Er führte mich ringsum
an ihnen vorüber, und ich sah sehr viele über die
Ebene verstreut liegen; sie waren ganz ausge-
trocknet. 3 Er fragte mich: Menschensohn, kön-
nen diese Gebeine wieder lebendig werden? Ich
antwortete: Herr und Gott, das weißt nur du. 4 Da
sagte er zu mir: Sprich als Prophet über diese Ge-
beine, und sag zu ihnen: Ihr ausgetrockneten Ge-
beine, hört das Wort des Herrn! 5 So spricht Gott,
der Herr, zu diesen Gebeinen: Ich selbst bringe
Geist in euch, dann werdet ihr lebendig. 6 Ich
spanne Sehnen über euch und umgebe euch mit
Fleisch; ich überziehe euch mit Haut und bringe
Geist in euch, dann werdet ihr lebendig. Dann
werdet ihr erkennen, daß ich der Herr bin. 7 Da
sprach ich als Prophet, wie mir befohlen war; und
noch während ich redete, hörte ich auf einmal ein
Geräusch: Die Gebeine rückten zusammen, Bein
an Bein. 8 Und als ich hinsah, waren plötzlich Seh-
nen auf ihnen, und Fleisch umgab sie, und Haut
überzog sie. Aber es war noch kein Geist in ih-
nen. 9 Da sagte er zu mir: Rede als Prophet zum
Geist, rede, Menschensohn, sag zum Geist: So
spricht Gott, der Herr: Geist, komm herbei von
den vier Winden! Hauch diese Erschlagenen an,
damit sie lebendig werden. 10 Da sprach ich als
Prophet, wie er mir befohlen hatte, und es kam
Geist in sie. Sie wurden lebendig und standen auf
– ein großes, gewaltiges Heer.
11 Er sagte zu mir: Menschensohn, diese Gebeine
sind das ganze Haus Israel. Jetzt sagt Israel: Aus-
getrocknet sind unsere Gebeine, unsere Hoffnung
ist untergegangen, wir sind verloren. 12 Deshalb
tritt als Prophet auf, und sag zu ihnen: So spricht
Gott, der Herr: Ich öffne eure Gräber und hole
euch, mein Volk, aus euren Gräbern herauf. Ich
bringe euch zurück in das Land Israel. 13 Wenn ich
eure Gräber öffne und euch, mein Volk, aus euren
Gräbern heraufhole, dann werdet ihr erkennen,
daß ich der Herr bin. 14 Ich hauche euch meinen
Geist ein, dann werdet ihr lebendig, und ich
bringe euch wieder in euer Land. Dann werdet
ihr erkennen, daß ich der Herr bin. Ich habe ge-
sprochen, und ich führe es aus – Spruch des
Herrn.

Eine weitere symbolische Handlung: Die Wiedervereinigung Israels und Judas

15 Das Wort des Herrn erging an mich: 16 Du, Men-
schensohn, nimm dir ein Holz, und schreib dar-
auf: Juda und die mit ihm verbündeten Israeliten.
Dann nimm dir ein anderes Holz, und schreib dar-
auf: Josef [Holz Efraims] und das ganze mit ihm
verbündete Haus Israel. 17 Dann füge beide zu ei-
nem einzigen Holz zusammen, so daß sie eins
werden in deiner Hand. 18 Und wenn die Söhne
deines Volkes dich fragen: Willst du uns nicht er-
klären, was das bedeuten soll?, 19 dann antworte
ihnen: So spricht Gott, der Herr: Ich nehme das
Holz Josefs [das in der Hand Efraims ist] und der
mit ihm verbündeten Stämme Israels und lege es
auf das Holz Judas. Ich mache sie zu einem einzi-
gen Holz, und sie werden eins in meiner Hand.
20 Die Hölzer, auf die du geschrieben hast, sollst du
vor ihren Augen in deiner Hand halten. 21 Dann
sag zu ihnen: So spricht Gott, der Herr: Ich hole
die Israeliten aus den Völkern heraus, zu denen
sie gehen mußten; ich sammle sie von allen Sei-
ten und bringe sie in ihr Land. 22 Ich mache sie in
meinem Land, auf den Bergen Israels, zu einem
einzigen Volk. Sie sollen alle einen einzigen König
haben. Sie werden nicht länger zwei Völker sein
und sich nie mehr in zwei Reiche teilen. 23 Sie
werden sich nicht mehr unrein machen durch
ihre Götzen und Greuel und durch all ihre Unta-
ten. Ich befreie sie von aller Sünde, die sie in ihrer

Untreue begangen haben, und ich mache sie rein.
Dann werden sie mein Volk sein, und ich werde
ihr Gott sein. 24 Mein Knecht David wird ihr König
sein, und sie werden alle einen einzigen Hirten
haben. Sie werden nach meinen Rechtsvorschrif-
ten leben und auf meine Gesetze achten und sie
erfüllen. 25 Sie werden in dem Land wohnen, das
ich meinem Knecht Jakob gegeben habe und in
dem ihre Väter gewohnt haben. Sie und ihre Kin-
der und Kindeskinder werden für immer darin
wohnen, und mein Knecht David wird für alle
Zeit ihr Fürst sein. 26 Ich schließe mit ihnen einen
Friedensbund; es soll ein ewiger Bund sein. Ich
werde sie zahlreich machen. Ich werde mitten
unter ihnen für immer mein Heiligtum errichten,
27 und bei ihnen wird meine Wohnung sein. Ich
werde ihr Gott sein, und sie werden mein Volk
sein. 28 Wenn mein Heiligtum für alle Zeit in ihrer
Mitte ist, dann werden die Völker erkennen, daß
ich der Herr bin, der Israel heiligt.

Der Kampf Gottes gegen Gog: 38,1–39,29

Die Kriegsvorbereitungen Gogs

38 Das Wort des Herrn erging an mich:
2 Menschensohn, richte dein Gesicht auf
Gog im Land Magog, auf den Großfürsten von
Meschech und Tubal, tritt als Prophet gegen ihn
auf, 3 und sag: So spricht Gott, der Herr: Ich will
gegen dich vorgehen, Gog, gegen dich, den
Großfürsten von Meschech und Tubal. 4 Ich reiße
dich herum und schlage dir Haken durch deine
Kinnbacken und führe dich und deine ganze
Streitmacht heraus: Pferde und Reiter, alle präch-
tig gekleidet, ein großes Heer, mit Langschild und
Rundschild; alle haben ihr Schwert in der Hand.
5 Auch Paras, Kusch und Put sind dabei, alle aus-
gerüstet mit Schild und Helm, dazu 6 Gomer und
all seine Truppen, Bet-Togarma aus dem äußer-
sten Norden und all seine Truppen. Viele Völker
ziehen mit dir. 7 Rüste dich, halte dich bereit, du
und dein ganzes Heer, das bei dir versammelt ist;
sei mit ihnen auf dem Posten. 8 Nach langer Zeit
wirst du deinen Auftrag erhalten. Nach vielen
Jahren wirst du in ein Land kommen, dessen
Volk dem Schwert entronnen ist und aus vielen
Völkern wieder auf den Bergen Israels zusam-
mengeführt wurde, die lange verödet waren.
Mitten aus den Völkern wurde es herausgeführt,
und alle leben in Sicherheit. 9 Wie ein Unwetter
ziehst du herauf; wie eine Wolke, die das ganze
Land bedeckt – du und all deine Truppen und
viele Völker mit dir.

10 So spricht Gott, der Herr: An jenem Tag steigen
(unheilvolle) Gedanken in deinem Herzen auf,
und du ersinnst einen bösen Plan. 11 Du sagst: Ich
will gegen das ungeschützte Land hinaufziehen
und die friedlichen Menschen überfallen, die dort
in Sicherheit leben; alle leben sie ohne Mauern,
und sie haben keine Riegel und Tore. 12 Ich will
Beute machen und plündern, ich will diese wie-
der bewohnten Trümmer angreifen und das Volk
überfallen, das aus den Völkern zusammenge-
führt wurde, das sich wieder Herden und Besitz
erworben hat und jetzt auf dem Nabel der Erde
wohnt. 13 Dann werden dich Saba und Dedan und
die Kaufleute und Händler von Tarschisch fragen:
Kommst du, um Beute zu machen? Hast du deine
Heere versammelt, um zu plündern, um Silber
und Gold wegzuschleppen, Herden und Besitz zu
rauben und große Beute zu machen?

14 Darum tritt als Prophet auf, Menschensohn,
und sag zu Gog: So spricht Gott, der Herr: Dann,
wenn mein Volk Israel sich in Sicherheit wähnt,
brichst du auf 15 und ziehst aus deinem Land
heran, aus dem äußersten Norden, du und viele
Völker mit dir, alle zu Pferd, ein großes Heer, eine
gewaltige Streitmacht. 16 Du ziehst gegen mein
Volk Israel heran wie eine Wolke, die das ganze
Land bedeckt. Am Ende der Tage wird es gesche-
hen: Ich lasse dich gegen mein Land heranzie-
hen; denn die Völker sollen mich erkennen,
wenn ich mich vor ihren Augen an dir, Gog, als
heilig erweise.

Der Drohspruch gegen Gog

17 So spricht Gott, der Herr: Du bist der, von dem
ich in früherer Zeit durch meine Knechte gespro-
chen habe, durch die Propheten Israels, die in je-
nen Tagen und Jahren weissagten, daß ich dich
gegen Israel heranziehen lasse. 18 Und an jenem
Tag, wenn Gog gegen das Land Israel heranzieht
– Spruch Gottes, des Herrn –, wird der Groll in

mir aufsteigen. 19 In meinem leidenschaftlichen Ei-
fer, im Feuer meines Zorns, schwöre ich: An je-
nem Tag wird es im ganzen Land Israel ein ge-
waltiges Erdbeben geben. 20 Dann zittern die
Fische im Meer und die Vögel am Himmel vor
mir, das Wild auf dem Feld und alle kleinen Tiere,
die auf dem Erdboden kriechen, und alle Men-
schen auf Erden. Es bersten die Berge, die Fels-
wände stürzen ein, und alle Mauern fallen zu Bo-
den. 21 Dann rufe ich mein ganzes Bergland zum
Krieg gegen Gog auf – Spruch Gottes, des Herrn.
Da wird sich das Schwert des einen gegen den an-
dern wenden. 22 Ich richte ihn durch Pest und
(Ströme von) Blut; ich lasse Wolkenbrüche und
Hagel, Feuer und Schwefel über ihn und seine
Truppen und über die vielen Völker, die bei ihm
sind, herabregnen. 23 So werde ich mich als groß
und heilig erweisen und mich vor den Augen vie-
ler Völker zu erkennen geben. Dann werden sie
erkennen, daß ich der Herr bin.

Der Untergang Gogs

39 Du, Menschensohn, tritt als Prophet ge-
gen Gog auf, und sag: So spricht Gott, der
Herr: Ich will gegen dich vorgehen, Gog, gegen
dich, den Großfürsten von Meschech und Tubal.
2 Ich führe dich und locke dich herbei, ich lasse
dich aus dem äußersten Norden heranziehen und
führe dich ins Bergland von Israel. 3 Dann schlage
ich dir den Bogen aus der linken Hand und lasse
deiner rechten die Pfeile entfallen. 4 Im Bergland
von Israel wirst du umkommen, du und alle deine
Truppen und die Völker, die bei dir sind. Raubvö-
geln aller Art und den wilden Tieren werfe ich
dich zum Fraß vor. 5 Auf dem freien Feld wirst du
fallen; denn ich habe gesprochen – Spruch
Gottes, des Herrn.

6 Gegen Magog und die sorglosen Küstenbe-
wohner sende ich Feuer. Dann werden sie er-
kennen, daß ich der Herr bin. 7 Meinen heiligen
Namen offenbare ich in meinem Volk Israel; ich
will meinen heiligen Namen nie mehr entwei-
hen. Dann werden die Völker erkennen, daß ich
der Herr bin, heilig in Israel. 8 Es kommt und ge-
schieht – Spruch Gottes, des Herrn.

Das ist der Tag, von dem ich gesprochen habe:
9 Die Einwohner der Städte Israels werden hin-
ausgehen; mit den Waffen, mit Langschild und
Rundschild, mit Bogen und Pfeilen, mit Keulen
und Lanzen machen sie Feuer und heizen. Sieben
Jahre lang machen sie Feuer damit. 10 Sie sammeln
kein Holz auf den Feldern, sie schlagen kein Holz
im Wald, sondern verbrennen die Waffen. Sie
plündern die Plünderer und berauben die Räuber
– Spruch Gottes, des Herrn.

11 An jenem Tag weise ich Gog einen Platz für
sein Grab in Israel zu: das Tal der Durchreisenden,
östlich vom (Toten) Meer. Das Grab versperrt
dann den Durchreisenden den Weg. Dort wird
man Gog und all seine Pracht begraben und den
Ort »Tal der Pracht Gogs« nennen. 12 Sieben Mo-
nate wird das Haus Israel brauchen, um alle zu be-
graben, um das Land wieder rein zu machen.
13 Das ganze Volk im Land wird helfen, sie zu be-
graben, und das wird ihm großes Ansehen ver-
schaffen an dem Tag, an dem ich mich als herrlich
erweise – Spruch Gottes, des Herrn. 14 Man wird
Männer auswählen, die ständig durch das Land
ziehen und alle bestatten sollen, die im Land ver-
streut liegengeblieben sind. So soll man das Land
wieder rein machen. Und am Ende der sieben
Monate sollen sie das Land gründlich durchsu-
chen. 15 Wenn diese Männer durch das Land zie-
hen und einer von ihnen einen Menschenkno-
chen findet, soll er die Stelle kennzeichnen, bis
die Totengräber ihn im Tal der Pracht Gogs begra-
ben. 16 [Auch eine Stadt trägt den Namen Hamona,
»Die Pracht«.] So wird man das Land rein machen.

17 Du aber, Menschensohn – so spricht Gott, der
Herr –, sag zu allen Vögeln und zu allen wilden
Tieren: Versammelt euch, und kommt her! Von
überall kommt zu meinem großen Opfer zusam-
men, das ich für euch schlachte, zu meinem
großen Opfer auf den Bergen Israels, kommt, und
freßt Fleisch und trinkt Blut! 18 Das Fleisch der Hel-
den sollt ihr fressen, das Blut der Fürsten der Erde
sollt ihr trinken. Lauter Widder, Lämmer und
Böcke, Stiere und gemästete Rinder aus dem
Baschan sind es. 19 Freßt euch satt am Fett, und be-
rauscht euch am Blut meines Opfers, das ich für
euch geschlachtet habe. 20 An meinem Tisch
könnt ihr euch sättigen mit Pferden und Reitern,
mit Helden und Kriegern aller Art – Spruch
Gottes, des Herrn.

21 So zeige ich unter den Völkern meine Herr-
lichkeit. Alle Völker sehen, wie ich mein Strafge-
richt abhalte, sie sehen, wie ich meine Hand auf
sie lege. 22 Dann wird das Haus Israel erkennen,
daß ich der Herr, sein Gott, bin, von jenem Tag an
und auch weiterhin.

Die Wiederherstellung Israels

23 Die Völker werden erkennen, daß das Haus Israel wegen seiner Schuld verschleppt wurde. Denn sie sind mir untreu geworden; darum habe ich mein Angesicht vor ihnen verborgen und sie ihren Feinden ausgeliefert, so daß alle unter dem Schwert fielen. 24 Wie ihre Unreinheit und ihre Vergehen es verdienten, so habe ich sie behandelt und mein Angesicht vor ihnen verborgen.

25 Darum – so spricht Gott, der Herr: Jetzt werde ich das Geschick Jakobs wenden, ich will Erbarmen haben mit dem ganzen Haus Israel und will mit leidenschaftlichem Eifer für meinen heiligen Namen eintreten. 26 Sie werden ihre Schande vergessen, vergessen, wie oft sie mir untreu waren, wenn sie auf ihrem Grund und Boden in Sicherheit leben, ohne daß sie jemand erschreckt, 27 wenn ich sie aus den Völkern zurückgeholt und aus den Ländern ihrer Feinde gesammelt habe und so mich an ihnen vor den Augen vieler Völker als heilig erweise. 28 Dann werden sie erkennen, daß ich, der Herr, ihr Gott bin; denn nachdem ich sie zu den Völkern weggeführt hatte, habe ich sie wieder in ihrem Land versammelt und keinen von ihnen in der Fremde zurückgelassen. 29 Ich verberge mein Gesicht nicht mehr vor ihnen; denn ich habe meinen Geist über das Haus Israel ausgegossen – Wort Gottes, des Herrn.

Die Vision vom neuen Israel: 40,1–48,35

Der neue Tempel: 40,1–44,3

Die Entrückung des Propheten

40 Am zehnten Tag des Monats am Jahresanfang im fünfundzwanzigsten Jahr nach unserer Verschleppung und im vierzehnten Jahr nach der Eroberung der Stadt (Jerusalem), genau an diesem Tag legte sich die Hand des Herrn auf mich, und er brachte mich dorthin. 2 In göttlichen Visionen brachte er mich ins Land Israel und stellte mich auf einen sehr hohen Berg. In südlicher Richtung war auf dem Berg etwas wie eine Stadt erbaut. 3 Dorthin brachte er mich. Da sah ich einen Mann, der aussah, als sei er aus Bronze. Er hatte eine leinene Schnur und eine Meßlatte in der Hand und stand im Tor. 4 Der Mann sagte zu mir: Menschensohn, öffne deine Augen und Ohren, sieh und höre, und achte auf alles, was ich dir zeige. Denn du bist hierher gebracht worden, damit ich es dir zeige. Berichte alles, was du siehst, dem Haus Israel.

Der Tempel, seine Tore und Höfe

5 Da stand eine Mauer, die den Tempel ringsum außen umgab. Der Mann hatte in der Hand eine Meßlatte von sechs Ellen, die je eine gewöhnliche Elle und eine Handbreit maßen. Und er maß die Dicke der Mauer – eine Latte – und die Höhe – eine Latte. 6 Dann ging er zum Osttor, stieg seine Stufen hinauf und maß die Schwellen des Tores: Sie waren eine Latte breit [jede Schwelle war eine Latte breit]. 7 Dann maß er die Torkammer: Sie war eine Latte lang und eine Latte breit. Der Abstand zwischen den Torkammern betrug fünf Ellen. Und er maß die Schwelle des Tors auf der Tempelseite der Vorhalle des Tors. [8 Er maß die Vorhalle des Tors auf der Tempelseite – eine Latte.] 9 Dann maß er die Vorhalle des Tors – acht Ellen – sowie die Pfeiler des Tors – zwei Ellen. Die Vorhalle des Tors lag auf der Tempelseite des Tors. 10 Drei Torkammern des Osttors lagen auf der einen Seite, drei auf der andern; alle drei hatten jeweils die gleichen Maße, und auch die Pfeiler hüben und drüben hatten die gleichen Maße. 11 Dann maß er die Breite der Toröffnung – zehn Ellen – und die Länge des Torgebäudes – dreizehn Ellen. 12 Vor allen Torkammern war eine Schranke, jeweils eine Elle hoch. Die Torkammern auf beiden Seiten maßen jeweils sechs Ellen. 13 Dann maß er die Breite des Torbaus vom Dachansatz einer Torkammer bis zum Dachansatz der gegenüberliegenden Torkammer von Tür zu Tür – fünfundzwanzig Ellen. [14 Dann maß er die Vorhalle – zwanzig Ellen. An das Tor stieß ringsum der Vorhof.] 15 Von der Vorderseite des Toreingangs bis zur Tempelseite der Vorhalle des Tors innen waren es fünfzig Ellen. 16 Die Torkammern ringsum hatten verschließbare Fenster, ebenso innen die Pfeiler und die Vorhalle. Ringsum befanden sich innen Fenster. Die Pfeiler waren mit Palmen verziert.

17 Dann brachte er mich in den Vorhof. Rings um den Vorhof lagen Räume, und davor war ringsum

ein Steinpflaster angelegt; dreißig Räume grenzten an das Pflaster. 18 Das Steinpflaster schloß sich seitlich an die Tore an, und es war genauso breit wie der Vorsprung der Tore (in den Vorhof). Das war das untere Steinpflaster. 19 Dann maß er den Abstand von der Innenseite der Außentore zur Außenseite der Innentore im Osten und Norden – je hundert Ellen.

20 Auch das Nordtor des Vorhofs maß er der Länge und Breite nach. 21 Es hatte je drei Torkammern auf beiden Seiten. Seine Pfeiler und seine Torkammern hatten die gleichen Maße wie die des ersten Tors. Im ganzen war es fünfzig Ellen lang und fünfundzwanzig Ellen breit. 22 Seine Fenster, seine Vorhalle und sein Palmenschmuck hatten die gleichen Maße wie die des Osttors. Man mußte sieben Stufen zu ihm hinaufsteigen. Auf der Innenseite lag seine Vorhalle. 23 Wie beim Osttor lag auch dem Nordtor ein Tor gegenüber, das zum Innenhof führte, und er maß den Abstand von Tor zu Tor – hundert Ellen.

24 Dann führte er mich nach Süden, und auch im Süden war ein Tor. Und er maß seine Pfeiler und seine Vorhalle; sie entsprachen den Maßen der anderen. 25 Auch die Fenster des Tors und seiner Vorhalle ringsum entsprachen den anderen Fenstern. Im ganzen war es fünfzig Ellen lang und fünfundzwanzig Ellen breit. 26 Sieben Stufen führten zu ihm hinauf. Auf der Innenseite lag seine Vorhalle. Die beiden Pfeiler dieses Tors waren hüben und drüben mit je einer Palme verziert. 27 Auch auf der Südseite war ein Tor zum Innenhof, und er maß den Abstand von Tor zu Tor im Süden – hundert Ellen.

28 Dann brachte er mich durch das Südtor in den Innenhof und maß das Südtor. Es hatte die gleichen Maße wie die anderen Tore: 29 Seine Torkammern, seine Pfeiler und seine Vorhalle hatten die gleichen Maße wie dort. Auch dieses Tor und seine Vorhalle hatten ringsum Fenster. Im ganzen war es fünfzig Ellen lang und fünfundzwanzig Ellen breit.

[30 Ringsherum waren Vorhallen, fünfundzwanzig Ellen lang und fünf Ellen breit.] 31 Seine Vorhalle lag auf der Seite zum Vorhof. Seine Pfeiler waren mit Palmen verziert, und acht Stufen führten zu ihm hinauf.

32 Dann brachte er mich zur Ostseite des Innenhofs und maß das Tor ab. Es hatte die gleichen Maße wie die anderen Tore: 33 Seine Torkammern, seine Pfeiler und seine Vorhalle hatten die gleichen Maße wie dort. Auch dieses Tor und seine Vorhalle hatten ringsum Fenster. Im ganzen war es fünfzig Ellen lang und fünfundzwanzig Ellen breit. 34 Seine Vorhalle lag auf der Seite zum Vorhof. Seine beiden Pfeiler waren hüben und drüben mit je einer Palme verziert, und acht Stufen führten zu ihm hinauf.

35/36 Dann brachte er mich zum (inneren) Nordtor und stellte auch bei seinen Torkammern, seinen Pfeilern und seiner Vorhalle die gleichen Maße fest. Auch dieses Tor hatte ringsum Fenster. Im ganzen war es fünfzig Ellen lang und fünfundzwanzig Ellen breit. 37 Seine Vorhalle lag auf der Seite zum Vorhof, seine beiden Pfeiler waren hüben und drüben mit je einer Palme verziert, und acht Stufen führten zu ihm hinauf.

38 An den Pfeilern des Tors war der Eingang zu einem besonderen Raum, in dem man das Brandopfer abspülte. 39 In der Vorhalle des Tors standen an beiden Seiten je zwei Tische, auf denen die Brand-, Sünd- und Schuldopfer geschlachtet wurden. 40 An der Außenwand standen neben dem Toreingang im Norden je zwei Tische, und an der gegenüberliegenden Wand der Vorhalle des Tors ebenfalls je zwei Tische; 41 je vier Tische standen also an den beiden Stirnwänden (der Vorhalle) des Tors, zusammen acht Tische. Auf ihnen schlachtete man (die Opfertiere).

42/43 Die vier Tische für das Brandopfer waren aus behauenen Steinen. Sie waren anderthalb Ellen lang, anderthalb Ellen breit und eine Elle hoch. Innen (in der Vorhalle) hatte man ringsum handbreite Randleisten angebracht. Auf sie legte man die Geräte, mit denen man die Brand- und Schlachtopfer schlachtete, und auf die Tische legte man das Opferfleisch. 44 Neben dem (nördlichen und südlichen) Innentor lagen zwei Räume; der neben dem Nordtor liegende öffnete sich nach Süden zum Innenhof, der neben dem Südtor liegende öffnete sich nach Norden zum Innenhof. 45 Er sagte zu mir: Der Raum, der sich nach Süden öffnet, gehört den Priestern, die im Tempel dienen. 46 Der Raum aber, der sich nach Norden öffnet, gehört den Priestern, die am Altar dienen; das sind die Nachkommen Zadoks, die als einzige aus dem Stamm Levi vor den Herrn hintreten dürfen, um ihm zu dienen.

47 Dann maß er den Innenhof – ein Quadrat von hundert Ellen Länge und hundert Ellen Breite. Vor

◁ 48 | *Betlehem-Efrata, aus dir wird einer hervorgehen (Mi 5)*

dem Tempelgebäude stand der Altar. 48 Darauf
führte er mich zur Vorhalle des Tempels und maß
die Pfeiler der Vorhalle zu beiden Seiten – je fünf
Ellen. Die Breite der Toröffnung betrug vierzehn
Ellen und die Breite der beiden Seitenwände (ne-
ben der Toröffnung) je drei Ellen. 49 Die Vorhalle
war zwanzig Ellen breit und zwölf Ellen lang.
Zehn Stufen mußte man zu ihr hinaufsteigen. An
den Pfeilern standen außen Säulen, je eine auf je-
der Seite.

41 Dann brachte er mich zur Tempelhalle
und maß die Pfeiler zu beiden Seiten (des
Eingangs); jeder war sechs Ellen dick. [So dick wa-
ren die Pfeiler.] 2 Die Breite der Türöffnung betrug
zehn Ellen und die der beiden Seitenwände ne-
ben der Türöffnung je fünf Ellen. Darauf maß er
die Länge der Tempelhalle – vierzig Ellen – und
ihre Breite – zwanzig Ellen. 3 Er trat ins Innere
und maß die Pfeiler der Türöffnung (zum Aller-
heiligsten) – zwei Ellen – und die Türöffnung –
sechs Ellen – sowie die Breite der Seitenwände
neben der Türöffnung – sieben Ellen. 4 Und er
maß seine Länge – zwanzig Ellen – und seine
Breite an der Seite der Tempelhalle – zwanzig El-
len. Und er sagte zu mir: Das ist das Allerheiligste.

Die Nebengebäude des Tempels

5 Dann maß er die Mauer des Tempelgebäudes –
sechs Ellen dick – und die Breite des Anbaus rings
um das Tempelgebäude – vier Ellen. 6 (In dem An-
bau waren) Nebenräume, einer am andern, im
ganzen dreißig in drei Stockwerken. An der
Mauer des Tempelgebäudes waren ringsum Vor-
sprünge für die (Deckenbalken der) Nebenräume;
die Vorsprünge dienten als Auflagen; es brauch-
ten also in der Wand des Tempelgebäudes keine
Auflagen zu sein. 7 Durch die Nebenräume ergab
sich bis zu einer bestimmten Höhe hinauf eine
Verbreiterung, denn das Tempelgebäude war
ringsum umbaut; durch diesen Anbau ergab sich
eine Verbreiterung bis zu einer bestimmten Höhe.
Vom untersten Stockwerk konnte man (im In-
nern) über das mittlere zum oberen hinaufstei-
gen. 8 Das Tempelgebäude selbst konnte man von
allen Seiten (über die Anbauten) herausragen se-
hen. Die Fundamente der Nebenräume waren
eine ganze Meßlatte dick – sechs Ellen. 9 Die
Außenmauer des Anbaus war fünf Ellen dick.
Zwischen den Nebenräumen des Tempelgebäu-
des 10 und den (Priester-)Räumen war ein freier
Platz von zwanzig Ellen Breite, der rings um den
Tempel herumlief. 11 Aus dem Anbau führten zwei
Türen ins Freie, eine im Norden und eine im Sü-
den. Die Mauer des freien Platzes war ringsum
fünf Ellen dick. 12 Vor dem eingefriedeten Platz lag
auf der Westseite ein (großes) Gebäude, das neun-
zig Ellen breit und siebzig Ellen lang war. Die
Mauer dieses Gebäudes war ringsum fünf Ellen
dick.

Die Maße des Tempels

13 Dann maß er das Tempelgebäude – hundert El-
len lang – sowie den eingefriedeten Platz, das an-
dere Gebäude und seine Mauern – auch hundert
Ellen lang. 14 Die Breite der Vorderseite des Tem-
pels und des eingefriedeten Platzes betrug im
Osten zusammen ebenfalls hundert Ellen. 15 Und
er maß die Breite des (großen) Gebäudes, das vor
dem eingefriedeten Platz lag, auf der Rückseite
und (die Länge) der Terrassenbauten auf seinen
beiden Seiten – wieder je hundert Ellen.

Das Innere des Tempels

Das Innere der Tempelhalle und der Vorhalle, die
aus dem Innenhof in den Tempel führt, 16 waren
getäfelt. Die Rahmen der verschließbaren Fenster
und die drei Gesimse, die von der Schwelle an
ringsum liefen, waren aus Holz; ebenso gab es
vom Fußboden bis zu den Fenstern – die Fenster
waren verdeckbar – 17 und bis über die Türöff-
nungen hinauf eine Holztäfelung. Auf allen Wän-
den ringsum, auch auf den Wänden zum Innen-
raum und nach draußen, war die Täfelung in
Felder eingeteilt, auf denen 18 geschnitzte Keru-
bim und Palmen zu sehen waren, je eine Palme
zwischen zwei Kerubim. Jeder Kerub hatte zwei
Gesichter: 19 Ein Menschengesicht (blickte) zur ei-
nen Palme und ein Löwengesicht zur andern. So
war das ganze Haus ringsum ausgestaltet. 20 Vom
Fußboden bis über die Türöffnungen hinauf wa-
ren an der Tempelwand Kerubim und Palmen an-
gebracht. 21 Die Tür der Tempelhalle hatte einen
vierfach gestuften Türrahmen. Vor dem Allerhei-
ligsten war etwas, das aussah wie 22 ein Altar aus
Holz, drei Ellen hoch, zwei Ellen lang und zwei
Ellen breit. Seine Ecken, sein Sockel und seine
Wände waren aus Holz. Der Mann sagte zu mir:
Das ist der Tisch, der vor dem Herrn steht. 23 Die
Tempelhalle und das Allerheiligste hatten je eine
Doppeltür. 24 Die Türen hatten zwei Türflügel,

zwei drehbare Türflügel, zwei die eine Tür und zwei die andere Tür. 25 An den Türen der Tempelhalle waren Kerubim und Palmen angebracht wie an den Wänden. Außen, an der Vorderseite der Vorhalle, war ein Vordach aus Holz. 26 An den beiden Seitenwänden der Vorhalle und an den Nebenräumen des Tempels [und an den Vordächern] waren verschließbare Fenster und Palmen.

Die Räume für die Priester

42 Dann führte er mich in den nördlichen Teil des Vorhofs hinaus und brachte mich zu einem Bau mit Einzelräumen, der gegenüber dem eingefriedeten Platz und im Norden des (großen) Gebäudes lag. 2 An seiner Längsseite gegenüber dem Nordeingang (des großen Gebäudes) maß dieser Bau hundert Ellen; seine Breite betrug fünfzig Ellen. 3 Der Bau lag gegenüber dem freien Platz von zwanzig Ellen, der zum Innenhof gehörte, und gegenüber dem Steinpflaster, das zum Vorhof gehörte. Er war terrassenartig angelegt, mit drei Stockwerken. 4 Vor den Räumen lief ein Gang entlang, zehn Ellen breit und hundert Ellen lang. Die Eingänge der Räume lagen im Norden. 5 Die oberen Räume des Baus waren kürzer als die mittleren und die unteren; denn die Terrassen nahmen ihnen Platz weg. 6 Das Ganze war dreistöckig; die Stockwerke hatten aber keine Säulen wie der Vorhof; deswegen wurden sie von unten nach oben, vom unteren über das mittlere (bis zum oberen) immer kürzer. 7 Außen zog sich an den Räumen zum Vorhof hin eine Mauer entlang. An der Vorderseite der Räume war sie fünfzig Ellen lang; 8 da die Räume, die zum Vorhof gehörten, ebenfalls fünfzig Ellen lang waren, war die ganze Mauer hundert Ellen lang. 9 Der Zugang zu den unteren Räumen (des Terrassenbaus) lag im Osten, dort, wo man vom Vorhof herkam, 10 an der Breitseite der Mauer zum Vorhof.

Im Süden des eingefriedeten Platzes und des (großen) Gebäudes war ebenfalls ein Bau mit Einzelräumen, 11 und auch an ihrer Vorderseite lief ein Weg entlang. Sie hatten dasselbe Aussehen, die gleiche Länge und Breite, die gleichen Eingänge, dieselbe Anordnung und ebensoviele Türen wie die Räume im Norden. 12 Der Zugang zu den Türen der Räume im Süden lag am Anfang des nach Osten führenden Weges, der am Kopfende der Schutzmauer begann.

13 Der Mann sagte zu mir: Die Räume im Norden und die Räume im Süden, die vor dem umfriedeten Platz liegen, sind heilige Räume. Dort sollen die Priester, die vor den Herrn hintreten dürfen, die hochheiligen Gaben verzehren, und dort sollen sie die hochheiligen Gaben, die Speise-, Sünd- und Schuldopfer niederlegen; denn der Ort ist heilig. 14 Wenn die Priester in das Heiligtum gegangen sind, sollen sie von dort nicht zum Vorhof hinausgehen, sondern ihre Gewänder, in denen sie Dienst getan haben, in diesen Räumen ablegen; denn die Gewänder sind heilig. Sie sollen andere Kleider anziehen und erst dann auf den Platz hinaustreten, der für das Volk vorgesehen ist.

Die Maße des Tempelbezirks

15 Als er den inneren Tempelbezirk vermessen hatte, führte er mich zum Osttor hinaus und vermaß den ganzen Tempelbezirk ringsum. 16 Er maß mit seiner Meßlatte die Ostseite – fünfhundert Ellen [mit der Meßlatte]. Dann wandte er sich (der Nordseite zu) 17 und maß mit der Meßlatte die Nordseite – fünfhundert Ellen. Dann wandte er sich 18 der Südseite zu und maß mit der Meßlatte wieder fünfhundert Ellen. 19 Dann wandte er sich der Westseite zu und maß mit der Meßlatte wieder fünfhundert Ellen. 20 Nach allen vier Windrichtungen vermaß er den Tempelbezirk: Der Tempelbezirk hatte ringsum eine Mauer, fünfhundert Ellen in der Länge und fünfhundert Ellen in der Breite; sie sollte das Heilige vom Unheiligen trennen.

Der Einzug des Herrn in den Tempel

43 Dann führte er mich zu einem der Tore, dem Tor, das im Osten lag. 2 Da sah ich, wie die Herrlichkeit des Gottes Israels aus dem Osten herankam. Ihr Rauschen war wie das Rauschen gewaltiger Wassermassen, und die Erde leuchtete auf von seiner Herrlichkeit. 3 Die Erscheinung, die ich sah, war wie die Erscheinung, die ich damals sah, als er kam, um die Stadt zu vernichten, und wie die Erscheinung, die ich am Fluß Kebar gesehen hatte. Da fiel ich nieder auf mein Gesicht. 4 Und die Herrlichkeit des Herrn zog in den Tempel ein durch das Tor, das im Osten lag.

5 Der Geist hob mich empor und brachte mich in den Innenhof. Und die Herrlichkeit des Herrn erfüllte den Tempel. 6 Dann hörte ich vom Tempel

her, während der Mann neben mir stand, einen, der mit mir redete; 7 er sagte zu mir: Menschensohn, das ist der Ort, wo mein Thron steht, und der Ort, wo meine Füße ruhen; hier will ich für immer mitten unter den Israeliten wohnen. Das Haus Israel aber und seine Könige sollen meinen heiligen Namen nie mehr beflecken mit ihrer Unzucht und mit den Leichen ihrer Könige [wenn sie tot sind]. 8 Sie legten ihre Schwelle neben meine Schwelle und setzten ihre Türpfosten neben meine Türpfosten, so daß zwischen mir und ihnen nur eine Wand war. So befleckten sie meinen heiligen Namen durch die Greueltaten, die sie begingen, und ich mußte sie in meinem Zorn vernichten. 9 Jetzt aber sollen sie ihre Unzucht und die Leichen ihrer Könige von mir fernhalten, so daß ich für immer mitten unter ihnen wohnen kann.

10 Du, Menschensohn, berichte dem Haus Israel über den Tempel, damit sie sich wegen ihrer bösen Taten schämen. Sie sollen den Entwurf des Tempels kennen lernen. 11 Wenn sie sich all dessen schämen, was sie getan haben, dann mach ihnen den Plan des Tempels bekannt, seine Einrichtung, seine Ausgänge und Eingänge und seinen ganzen Plan, alle ihn betreffenden Gesetze [meine ganzen Pläne] und alle ihn betreffenden Anweisungen. Zeichne alles vor ihren Augen auf! Sie sollen darauf achten, daß sie seinen ganzen Plan ausführen und alle ihn betreffenden Gesetze befolgen.

12 Das ist meine Anweisung für den Tempelbezirk. Das ganze Gebiet auf dem Gipfel des Berges ringsum ist hochheiliger Boden. [Siehe, das ist die Anweisung für den Tempelbezirk.]

Der Altar im Innenhof und die Altarweihe

13 Das waren die Maße des Altars, gemessen in Ellen, die Elle zu einer gewöhnlichen Elle und einer Handbreit gerechnet: Der Graben (um den Altar) war eine Elle tief und eine Elle breit, und die gemauerte Einfassung an seinem Rand war eine Spanne breit. Die Höhe des Altars maß: 14 vom Boden des Grabens bis zur unteren Stufe zwei Ellen; die Stufe war eine Elle breit; auf diese niedrige Stufe folgte eine höhere Stufe von vier Ellen, die oben wieder eine Elle zurücksprang. 15 Der (darauf folgende) Opferherd war vier Ellen hoch, und an dem Opferherd ragten vier Hörner empor. 16 Der Opferherd hatte eine Länge von zwölf Ellen und eine Breite von zwölf Ellen; er war quadratisch. 17 Auch die (mittlere) Stufe war quadratisch, vierzehn Ellen lang und vierzehn Ellen breit. Rings um die untere Stufe lief eine gemauerte Einfassung von einer halben Elle (Höhe). Der Graben, der sie umgab, maß ringsum eine Elle. Im Osten führte eine Treppe zum Altar hinauf.

18 Dann sagte er zu mir: Menschensohn, so spricht Gott, der Herr: Das sind die Gesetze für den Tag, an dem der Altar fertiggestellt wird, damit man Brandopfer auf ihm darbringen und Blut auf ihn sprengen kann: 19 Du sollst den levitischen Priestern, den Nachkommen Zadoks, die vor mich hintreten dürfen, um mir zu dienen – Spruch Gottes, des Herrn –, einen jungen Stier zum Sündopfer geben. 20 Dann sollst du etwas von seinem Blut nehmen und es auf die vier Hörner und auf die vier Ecken der (mittleren) Stufe sowie ringsum auf die gemauerte Einfassung tun. So sollst du den Altar entsündigen und entsühnen. 21 Dann sollst du den Stier des Sündopfers nehmen, und man soll ihn auf dem dafür vorgesehenen Platz beim Tempel außerhalb des Heiligtums verbrennen. 22 Am zweiten Tag sollst du einen Ziegenbock, der ohne Fehler ist, als Sündopfer darbringen, und man soll den Altar damit entsündigen, wie man ihn mit dem Stier entsündigt hat.

23 Wenn du die Entsündigung vollzogen hast, sollst du einen jungen Stier, der ohne Fehler ist, sowie einen Widder aus der Herde, der ohne Fehler ist, darbringen. 24 Du sollst beide vor den Herrn bringen, und die Priester sollen sie mit Salz bestreuen und dem Herrn als Brandopfer darbringen. 25 Sieben Tage lang sollst du täglich einen Bock als Sündopfer darbringen, und man soll (täglich) einen jungen Stier und einen Widder aus der Herde – Tiere ohne Fehler – darbringen. 26 Sieben Tage lang soll man den Altar entsühnen, rein machen und einweihen. 27 Man soll diese Tage genau einhalten. Vom achten Tag an sollen dann die Priester auf dem Altar eure Brand- und Heilsopfer darbringen. Dann will ich euch gnädig sein – Spruch Gottes, des Herrn.

Das verschlossene Tor

44 Dann führte er mich zum äußeren Osttor des Heiligtums zurück. Es war geschlossen. 2 Da sagte der Herr zu mir: Dieses Tor soll geschlossen bleiben, es soll nie geöffnet werden, niemand darf hindurchgehen; denn der Herr, der

Gott Israels, ist durch dieses Tor eingezogen; des-
halb bleibt es geschlossen. 3 Nur der Fürst darf,
weil er der Fürst ist, sich dort niedersetzen, um
vor den Augen des Herrn die Opfermahlzeit ab-
zuhalten. Dabei soll er von der Vorhalle des Tores
aus eintreten und auf dem gleichen Weg wieder
hinausgehen.

Die Vorschriften für den Kult und die Verteilung des Landes: 44,4–48,35

Die Leviten und Priester

4 Dann führte er mich zum Nordtor, zur Vorder-
seite des Tempels. Ich sah: Die Herrlichkeit des
Herrn erfüllte den Tempel des Herrn. Und ich fiel
nieder auf mein Gesicht. 5 Der Herr sagte zu mir:
Menschensohn, gib acht, öffne deine Augen und
deine Ohren, und hör auf alles, was ich zu dir
sage, vernimm alle Gesetze und Anweisungen
über den Tempel des Herrn! Achte an allen Ein-
gängen des Heiligtums darauf, wer den Tempel
betritt. 6 Sag zu dem widerspenstigen Haus Israel:
So spricht Gott, der Herr: Hört endlich auf mit all
euren Greueltaten, ihr vom Haus Israel! 7 Fremde,
die unbeschnitten sind am Herzen und unbe-
schnitten am Körper, sie habt ihr eintreten lassen,
sie waren in meinem Heiligtum und haben mei-
nen Tempel entweiht, wenn ihr mir meine Op-
ferspeise, Fett und Blut, dargebracht habt. So habt
ihr mit all euren Greueltaten meinen Bund ge-
brochen. 8 Ihr wolltet den Dienst in meinem Hei-
ligtum nicht verrichten, sondern ihr habt sie an
eurer Stelle den Dienst in meinem Heiligtum ver-
richten lassen.

9 So spricht Gott, der Herr: Kein Fremder, der un-
beschnitten ist am Herzen und unbeschnitten am
Körper, darf mein Heiligtum betreten, keiner von
all den Fremden, die bei den Israeliten leben,
10 sondern nur die Leviten. Doch weil sie mich ver-
lassen haben, als Israel in die Irre ging, und weil
sie statt mir ihren Götzen gefolgt sind, müssen sie
die Folgen ihrer Schuld tragen: 11 Sie dürfen in
meinem Heiligtum nur Wächter an den Tempel-
toren und Tempeldiener sein; sie dürfen (die Tiere
für) das Brandopfer und das Schlachtopfer des
Volkes schlachten und sollen vor den Leuten be-
reitstehen, um ihnen zu dienen. 12 Weil sie ihnen
bei ihrem Götzendienst geholfen haben und für
das Haus Israel der Anlaß wurden, in Schuld zu
fallen, darum habe ich meine Hand gegen sie er-
hoben – Spruch Gottes, des Herrn –; sie müssen
die Folgen ihrer Schuld tragen. 13 Sie dürfen nicht
mehr vor mich hintreten, um mir als Priester zu
dienen und alle meine heiligen Geräte und hoch-
heiligen Opfer zu berühren. Sie müssen ihre
Schande und die Folgen der Greueltaten tragen,
die sie begangen haben. 14 Ich setze sie als Tem-
peldiener ein, damit sie alles erledigen, was im
Tempel zu tun ist. 15 Die levitischen Priester, die
Nachkommen Zadoks, die mir in meinem Heilig-
tum treu gedient haben, als die Israeliten mich
verließen und in die Irre gingen, sie sollen vor
mich hintreten und mir dienen, sie sollen vor mir
stehen, um mir Fett und Blut darzubringen –
Spruch Gottes, des Herrn. 16 Sie dürfen in mein
Heiligtum kommen und an meinen Tisch heran-
treten, um mir zu dienen; sie sollen meinen
Dienst verrichten.

17 Wenn sie durch die Tore des Innenhofs hinein-
gehen, sollen sie Leinengewänder tragen. Sie dür-
fen nichts Wollenes tragen, wenn sie in den Toren
des Innenhofs und im Tempel Dienst tun. 18 Sie sol-
len einen Kopfbund aus Leinen aufsetzen und lei-
nene Hosen anziehen; sie sollen keine Kleider tra-
gen, in denen man schwitzt. 19 Wenn sie in den
Vorhof zum Volk hinausgehen, sollen sie die Lei-
nengewänder ausziehen, in denen sie Dienst ge-
tan haben; sie sollen sie in die heiligen Räume le-
gen und andere Kleider anziehen, damit sie das
Volk nicht durch ihre Leinengewänder heilig ma-
chen.

20 Sie sollen weder ihren Kopf kahlscheren, noch
ihre Haare lang herabhängen lassen, sondern sie
sollen ihr Haar kurz schneiden. 21 Ein Priester darf
keinen Wein trinken, wenn er den Innenhof be-
treten muß. 22 Die Priester dürfen keine Witwe
und keine verstoßene Frau heiraten, sondern nur
Jungfrauen aus der Nachkommenschaft des Hau-
ses Israel. Eine Witwe aber, die mit einem Priester
verheiratet war, dürfen sie zur Frau nehmen.

23 Sie sollen mein Volk über den Unterschied
zwischen heilig und nicht heilig belehren und ih-
nen den Unterschied zwischen unrein und rein
deutlich machen. 24 Bei einem Rechtsstreit sind sie
die Richter; nach meinen Rechtsvorschriften sol-
len sie ihn entscheiden. An allen meinen Festen
sollen sie auf meine Weisungen und meine Ge-
setze achten, und sie sollen meine Sabbat-Tage
heilig halten. 25 Einem Toten sollen sie sich nicht
nähern; denn sie werden dadurch unrein. Nur

beim Tod von Vater und Mutter, Sohn und Toch-
ter, Bruder und unverheirateter Schwester dürfen
sie sich unrein machen; 26 wenn der Priester dann
wieder rein geworden ist, soll er noch sieben Tage
warten. 27 Wenn er danach wieder in den Innen-
hof des Heiligtums geht, um dort Dienst zu tun,
dann soll er ein Sündopfer für sich darbringen –
Spruch Gottes, des Herrn.
28 Erbbesitz dürfen sie nicht haben; ich bin ihr
Erbbesitz. Auch Eigentum sollt ihr ihnen in Israel
nicht geben; ich bin ihr Eigentum. 29 Sie dürfen das
Speise-, Sünd- und Schuldopfer essen. Jede Gabe,
die man in Israel Gott weiht, gehört ihnen. 30 Das
Beste von allen Erstlingsopfern, all eure Abgaben,
die ihr entrichten müßt, gehören den Priestern;
auch das Beste von dem, was ihr backt, sollt ihr
dem Priester geben, damit ihr Segen über eure
Häuser bringt. 31 Verendete und (von Raubtieren)
zerrissene Vögel und Tiere dürfen die Priester
nicht essen.

Die Aufteilung des Kerngebietes

45 Wenn ihr das Land durch das Los verteilt,
sollt ihr ein Stück von fünfundzwanzig-
tausend Ellen Länge und zwanzigtausend Ellen
Breite als eine Abgabe für den Herrn zurückbe-
halten. Es soll in seinem ganzen Umfang heilig
sein. 2 Davon gehört um den Tempel herum ein
Quadrat von fünfhundert mal fünfhundert Ellen
dem Heiligtum, dazu ringsum fünfzig Ellen unbe-
stelltes Land. 3 Von diesem abgemessenen Stück
Land sollt ihr wiederum ein Stück von fünfund-
zwanzigtausend Ellen Länge und zehntausend
Ellen Breite abmessen, auf dem das hochheilige
Heiligtum stehen soll. 4 Das ist das heilige Gebiet
des Landes, und es soll den Priestern gehören, die
den Dienst im Heiligtum verrichten und sich
beim Gottesdienst dem Herrn nähern dürfen. Es
ist der Platz für ihre Häuser und die Weidefläche
für ihre Herden. 5 Das (übrige) Stück von fünfund-
zwanzigtausend Ellen Länge und zehntausend
Ellen Breite soll den Leviten gehören, die den
Tempeldienst verrichten. Es ist ihr Eigentum; dort
können sie ihre Städte bauen und darin wohnen.
6 Als Eigentum der Stadt sollt ihr ein (weiteres)
Stück von fünftausend Ellen Breite und fünfund-
zwanzigtausend Ellen Länge abmessen, genauso
lang wie die heilige Abgabe. Dieses Stück gehört
dem ganzen Haus Israel. 7 Dem Fürsten soll auf
beiden Seiten der heiligen Abgabe und des Ei-
gentums der Stadt, im Westen und Osten, ein Ge-
biet gehören, das an die heilige Abgabe und das
Eigentum der Stadt angrenzt und in der Länge ei-
nem der Stammesanteile von der Westgrenze bis
zur Ostgrenze 8 des Landes entspricht. Es gehört
dem Fürsten als Eigentum in Israel. Meine Für-
sten werden mein Volk nicht mehr unterdrücken,
sondern das Land dem Haus Israel und seinen
Stämmen überlassen.

Mahnung an die Fürsten

9 So spricht Gott, der Herr: Genug, ihr Fürsten Is-
raels! Beseitigt Gewalt und Unterdrückung! Sorgt
für Recht und Gerechtigkeit! Hört auf, mein Volk
von seinem Grund und Boden zu vertreiben –
Spruch Gottes, des Herrn.
10 Verwendet richtige Waagen, richtiges Efa und
richtiges Bat! 11 Das Efa und das Bat sollen das glei-
che Maß haben; das Bat soll der zehnte Teil eines
Hómer sein und ebenso das Efa der zehnte Teil ei-
nes Hómer; nach dem Hómer sollen sich die an-
deren Maße richten. 12 Ein Schekel soll bei euch
zwanzig Gera entsprechen. Zehn Schekel sind
ein Fünftel einer Mine, fünf Schekel ein Zehntel;
fünfzig Schekel sind eine ganze Mine.
13 Folgende Abgaben sollt ihr erheben: von je-
dem Hómer Weizen ein Sechstel Efa und ebenso
von jedem Hómer Gerste ein Sechstel Efa; 14 und
für das Öl gilt: von jedem Kor ein Zehntel Bat; das
Bat ist das Ölmaß; zehn Bat entsprechen einem
Hómer, und zehn Bat entsprechen auch einem
Kor; 15 ferner aus jeder Herde ein Schaf auf je zwei-
hundert Tiere vom Viehbesitz Israels. (Diese Ab-
gabe ist) für die Speise-, Brand- und Heilsopfer (be-
stimmt), die euch entsühnen sollen – Spruch
Gottes, des Herrn. 16 Das ganze Volk im Land hat
diese Abgaben an den Fürsten von Israel zu ent-
richten. 17 Der Fürst aber hat an allen Feiertagen
des Hauses Israel, an den Festen und an den Neu-
mond- und Sabbat-Tagen für Brandopfer, Spei-
seopfer und Trankopfer zu sorgen. Er veranstaltet
die Sünd-, Speise-, Brand- und Heilsopfer, die das
Haus Israel entsühnen sollen.

Die großen Feste

18 So spricht Gott, der Herr: Am ersten Tag des er-
sten Monats sollst du einen jungen Stier nehmen,
der ohne Fehler ist, und das Heiligtum entsündi-
gen. 19 Der Priester nimmt etwas Blut von dem
Sündopfer und bestreicht damit die Türpfosten

des Tempels und die vier Ecken der (mittleren)
Stufe des Altars und die Türpfosten des Tors zum
Innenhof. 20 Dasselbe sollst du am siebten Tag des
Monats tun für die, die sich aus Versehen oder aus
Unwissenheit verfehlt haben. So sollt ihr den
Tempel entsühnen.
21 Am vierzehnten Tag des ersten Monats sollt
ihr das Pascha feiern, ein Fest von sieben Tagen.
Da soll man ungesäuerte Brote essen. 22 Der Fürst
soll an diesem Tag für sich und für das ganze Volk
im Land einen Stier zum Sündopfer bereitstellen.
23 An den sieben Festtagen soll er als Brandopfer
für den Herrn sieben Stiere und sieben Widder,
die ohne Fehler sind, bereitstellen, und zwar an
jedem der sieben Tage, dazu täglich einen Ziegen-
bock als Sündopfer. 24 Für das Speiseopfer soll er
ein Efa Mehl je Stier und ein Efa Mehl je Widder
bereitstellen, dazu je Efa Mehl ein Hin Öl. 25 Ge-
nau dasselbe soll er sieben Tage lang mit dem
Sünd-, Brand- und Speiseopfer und mit dem Öl an
dem Fest machen, das am fünfzehnten Tag des
siebten Monats beginnt.

Die Opfer

46 So spricht Gott, der Herr: Das Osttor des
Innenhofs soll an den sechs Werktagen
geschlossen bleiben, nur am Sabbat und am Neu-
mondtag soll es geöffnet werden.
2 Der Fürst soll von außen her durch die Vorhalle
den Torbau betreten und sich an den Torpfosten
stellen. Dann sollen die Priester sein Brand- und
Heilsopfer darbringen, er aber soll sich an der
Schwelle des Tors niederwerfen und wieder hin-
ausgehen. Das Tor soll erst am Abend geschlossen
werden. 3 Die Bürger des Landes sollen sich an
den Sabbat- und Neumond-Tagen am Eingang die-
ses Tors ebenfalls vor dem Herrn niederwerfen.
4 Das Brandopfer, das der Fürst dem Herrn dar-
bringen läßt, soll am Sabbat-Tag aus sechs Läm-
mern und einem Widder bestehen, die ohne Feh-
ler sind. 5 Zu dem Widder gehört ein Speiseopfer
von einem Efa Mehl, zu den Lämmern ein Speise-
opfer, dessen Menge er selbst bestimmen kann,
dazu ein Hin Öl je Efa Mehl. 6 Am Neumond-Tag
sollen es ein junger Stier, sechs Lämmer und ein
Widder sein, die alle ohne Fehler sind. 7 Zu dem
Stier und zu dem Widder soll er je ein Efa Mehl
als Speiseopfer besorgen, außerdem zu den Läm-
mern so viel, wie er gerade zur Verfügung hat,
und dazu je Efa Mehl ein Hin Öl.
8 Wenn der Fürst den Torbau betritt, soll er ihn
durch die Vorhalle betreten, und auf dem gleichen
Weg muß er wieder hinausgehen. 9 Wenn aber das
Volk an den Festen vor den Herrn tritt, dann soll
der, der durch das Nordtor gekommen ist, um
(den Herrn) anzubeten, durch das Südtor hinaus-
gehen, und wer durch das Südtor gekommen ist,
soll durch das Nordtor hinausgehen. Niemand
soll durch das Tor wieder hinausgehen, durch das
er gekommen ist, sondern jeder soll durch das ge-
genüberliegende Tor hinausgehen. 10 Der Fürst soll
mitten unter ihnen sein; wenn sie hineingehen,
soll auch er hineingehen, und wenn sie hinaus-
gehen, soll auch er hinausgehen.
11 An den Fest- und Feiertagen gehört zu dem
Stier und zu dem Widder ein Speiseopfer von je
einem Efa Mehl und zu den Lämmern ein Speise-
opfer, dessen Menge er selbst bestimmen kann,
dazu ein Hin Öl je Efa Mehl. 12 Wenn der Fürst
dem Herrn von sich aus ein Brandopfer oder ein
Heilsopfer darbringen lassen will, soll man für ihn
das Osttor öffnen. Dann soll er sein Brand- und
Heilsopfer genauso darbringen lassen wie am
Sabbat. Daraufhin soll er hinausgehen, und wenn
er hinausgegangen ist, soll man das Tor schließen.
13 Täglich sollst du dem Herrn ein einjähriges
Lamm, das ohne Fehler ist, als Brandopfer dar-
bringen, und zwar jeden Morgen. 14 Dazu sollst du
als Speiseopfer jeden Morgen ein Sechstel Efa
Mehl und ein Drittel Hin Öl herrichten, mit dem
das Mehl besprengt wird. Das soll das Speiseop-
fer für den Herrn sein. Diese Vorschrift über das
tägliche Opfer soll für immer gelten. 15 Bringt also
jeden Morgen das Lamm, das Speiseopfer und das
Öl als das tägliche Brandopfer dar!

Der Besitz des Fürsten

16 So spricht Gott, der Herr: Wenn der Fürst ei-
nem seiner Söhne etwas von seinem Erbbesitz
schenkt, gehört es seinen Söhnen; es ist ihr Ei-
gentum, und sie können es weitervererben.
17 Wenn er aber etwas von seinem Erbbesitz ei-
nem seiner Diener schenkt, gehört es diesem nur
bis zum nächsten Erlaßjahr; dann fällt es an den
Fürsten zurück. Nur seine Söhne dürfen behal-
ten, was er ihnen von seinem Erbbesitz ge-
schenkt hat. 18 Vom Erbbesitz des Volkes darf der
Fürst nichts nehmen; er darf sie nicht mit Gewalt
von ihrem Eigentum verdrängen. Wenn er seinen
Söhnen etwas vererben will, muß er es von sei-

nem Eigentum nehmen, damit die Angehörigen
meines Volkes nicht von ihrem Eigentum vertrie-
ben werden.

Die Opferküchen des Tempels

19 Dann brachte er mich durch den Eingang auf der
Torseite zu den heiligen Priesterräumen im Nor-
den (des Tempels), und zwar zu einer Stelle am
äußersten Ende (der Räume) im Westen. 20 Dort
sagte er zu mir: Das ist die Stelle, wo die Priester
das Schuld- und das Sündopfer kochen und das
Speiseopfer backen, damit sie es nicht in den Vor-
hof hinausbringen müssen und dadurch das Volk
heiligen. 21 Dann führte er mich in den Vorhof hin-
aus und brachte mich zu den vier Ecken des Vor-
hofs. Und an jeder Ecke des Vorhofs war noch ein
Hof. 22 An allen vier Ecken des Vorhofs waren
kleine Höfe, vierzig Ellen lang und dreißig Ellen
breit. Alle vier Höfe an den Ecken hatten das glei-
che Maß. 23 Und ringsum lief in den vier Höfen
eine Steinmauer, und unten an den Steinmauern
waren ringsum Kochstellen angelegt. 24 Da sagte
er zu mir: Das sind die Küchen, wo die Tempel-
diener das Schlachtopfer des Volkes kochen.

Die Tempelquelle

47 Dann führte er mich zum Eingang des
Tempels zurück, und ich sah, wie unter
der Tempelschwelle Wasser hervorströmte und
nach Osten floß; denn die vordere Seite des Tem-
pels schaute nach Osten. Das Wasser floß unter-
halb der rechten Seite des Tempels herab, südlich
vom Altar. 2 Dann führte er mich durch das Nord-
tor hinaus und ließ mich außen herum zum äuße-
ren Osttor gehen. Und ich sah das Wasser an der
Südseite hervorrieseln. 3 Der Mann ging nach
Osten hinaus, mit der Meßschnur in der Hand,
maß tausend Ellen ab und ließ mich durch das
Wasser gehen; das Wasser reichte mir bis an die
Knöchel. 4 Dann maß er wieder tausend Ellen ab
und ließ mich durch das Wasser gehen; das Was-
ser reichte mir bis zu den Knien. Darauf maß er
wieder tausend Ellen ab und ließ mich hindurch-
gehen; das Wasser ging mir bis an die Hüften.
5 Und er maß noch einmal tausend Ellen ab. Da
war es ein Fluß, den ich nicht mehr durchschrei-
ten konnte; denn das Wasser war tief, ein Wasser,
durch das man schwimmen mußte, ein Fluß, den
man nicht mehr durchschreiten konnte. 6 Dann
fragte er mich: Hast du es gesehen, Menschen-
sohn? Darauf führte er mich zurück, am Ufer des
Flusses entlang. 7 Als ich zurückging, sah ich an
beiden Ufern des Flusses sehr viele Bäume. 8 Er
sagte zu mir: Dieses Wasser fließt in den östlichen
Bezirk, es strömt in die Araba hinab und läuft in
das Meer, in das Meer mit dem salzigen Wasser.
So wird das salzige Wasser gesund. 9 Wohin der
Fluß gelangt, da werden alle Lebewesen, alles,
was sich regt, leben können, und sehr viele
Fische wird es geben. Weil dieses Wasser dort
hinkommt, werden (die Fluten) gesund; wohin
der Fluß kommt, dort bleibt alles am Leben. 10 Von
En-Gedi bis En-Eglajim werden Fischer am Ufer
des Meeres stehen und ihre Netze zum Trocknen
ausbreiten. Alle Arten von Fischen wird es ge-
ben, so zahlreich wie die Fische im großen Meer.
11 Die Lachen und Tümpel aber sollen nicht ge-
sund werden; sie sind für die Salzgewinnung be-
stimmt. 12 An beiden Ufern des Flusses wachsen
alle Arten von Obstbäumen. Ihr Laub wird nicht
welken, und sie werden nie ohne Frucht sein. Je-
den Monat tragen sie frische Früchte; denn das
Wasser des Flusses kommt aus dem Heiligtum.
Die Früchte werden als Speise und die Blätter als
Heilmittel dienen.

Die Verteilung des Landes

13 So spricht Gott, der Herr: Das ist die Grenze, in-
nerhalb derer ihr das Land als Erbbesitz an die
zwölf Stämme Israels verteilen sollt. Josef erhält
das Doppelte. 14 Jeder einzelne soll darin seinen
Erbbesitz erhalten; denn ich habe meine Hand
(zum Schwur) erhoben, es euren Vätern zu ge-
ben. Darum soll euch dieses Land als Erbbesitz
zufallen.
15 Das ist die Grenze des Landes im Norden: vom
großen Meer in Richtung Hetlon bis Lebo-Hamat,
Zedad, 16 Berota, Sibrajim, das zwischen dem Ge-
biet von Damaskus und dem Gebiet von Hamat
liegt, und bis Hazar-Enan am Rand des Haurange-
birges. 17 Die Grenze läuft also vom Meer nach Ha-
zar-Enan, wobei das Gebiet von Damaskus und
Zafon und ebenso das Gebiet von Hamat im Nor-
den liegt. Das ist die Nordgrenze. 18 Im Osten bil-
det der Jordan die Grenze zwischen Gilead und
dem Land Israel (von Hazar-Enan), das zwischen
dem Haurangebirge und Damaskus liegt, bis hin-
ab zum östlichen Meer und Tamar: Das ist die
Ostgrenze. 19 Die Südgrenze im Negeb: von Tamar
bis zu den Quellen von Meribat-Kadesch und

dem Bach, der ins große Meer fließt. Das ist die
Südgrenze im Negeb. [20] Im Westen bildet das
große Meer die Grenze bis zur Höhe von Lebo-
Hamat. Das ist die Westgrenze.
[21] Dieses Land sollt ihr unter die Stämme Israels
aufteilen. [22] Ihr sollt es als Erbbesitz unter euch
und unter die Fremden verlosen, die bei euch le-
ben und die bei euch Söhne und Töchter gezeugt
haben. Sie sollen für euch wie einheimische Israe-
liten sein und sollen sich mit euch zusammen
ihren Erbbesitz mitten unter den Stämmen Israels
erlosen. [23] In dem Stamm, bei dem der Fremde
lebt, sollt ihr ihm seinen Erbbesitz zuteilen –
Spruch Gottes, des Herrn.
48 Das sind die Namen der Stämme: Im
Norden, entlang dem Weg von Hetlon
nach Lebo-Hamat und nach Hazar-Enan – das
Gebiet von Damaskus liegt dabei nördlich, seit-
lich von Hamat – gehört von Osten nach Westen
Dan ein Anteil. [2] Neben dem Gebiet Dans von
Osten nach Westen Ascher – ein Anteil; [3] neben
dem Gebiet Aschers von Osten nach Westen
Naftali – ein Anteil; [4] neben dem Gebiet Naftalis
von Osten nach Westen Manasse – ein Anteil;
[5] neben dem Gebiet Manasses von Osten nach
Westen Efraim – ein Anteil; [6] neben dem Gebiet
Efraims von Osten nach Westen Ruben – ein An-
teil; [7] neben dem Gebiet Rubens von Osten nach
Westen Juda – ein Anteil. [8] Neben dem Gebiet Ju-
das liegt von Osten nach Westen das Land, das ihr
(dem Herrn) als Abgabe entrichten sollt, 25 000
Ellen breit und genauso lang wie jeder andere An-
teil von Osten nach Westen. In der Mitte dieses
Stückes liegt das Heiligtum.
[9] Das Land, das ihr dem Herrn als Abgabe ent-
richtet, hat eine Länge von 25 000 Ellen und eine
Breite von 20 000 Ellen. [10] Die heilige Abgabe soll,
wie folgt, eingeteilt werden: Den Priestern soll ein
Stück gehören, das im Norden 25 000 Ellen lang
ist, im Westen und im Osten 10 000 Ellen breit
und im Süden auch 25 000 Ellen lang. Das Hei-
ligtum des Herrn soll in der Mitte liegen. [11] Den ge-
weihten Priestern aus den Nachkommen Zadoks,
die ihren Dienst verrichtet und mich nicht verlas-
sen haben, als die Israeliten ebenso in die Irre gin-
gen wie die Leviten, [12] ihnen soll als Abgabe ein
Stück von dem Land gehören, das ihr (dem Herrn)
als Abgabe entrichtet habt; dieses Stück ist hoch-
heilig und liegt neben dem Gebiet der Leviten.
[13] Den Leviten soll wie den Priestern ein Gebiet
von 25 000 Ellen Länge und 10 000 Ellen Breite
gehören. Das Ganze hat also eine Länge von
25 000 Ellen und eine Breite von 20 000 Ellen.
[14] Man darf nichts davon verkaufen oder zum
Tausch anbieten, noch darf man dieses beste
Stück des Landes auf andere übertragen; denn es
ist dem Herrn heilig.
[15] Die 5000 Ellen, die längs der 25 000 Ellen in
der Breite noch übrigbleiben, sind nicht heilig,
sondern gehören der Stadt als Wohngebiet und
Weidefläche. Die Stadt soll mitten darin liegen.
[16] Ihre Maße sollen im Norden 4500 Ellen und im
Süden 4500 Ellen betragen, ebenso 4500 Ellen
im Osten und 4500 Ellen im Westen. [17] Die Wei-
defläche der Stadt erstreckt sich 250 Ellen nach
Norden, 250 Ellen nach Süden, 250 Ellen nach
Osten und 250 Ellen nach Westen. [18] Was dann
der Länge nach noch übrig ist längs der heiligen
Abgabe – 10 000 Ellen nach Osten und 10 000
Ellen nach Westen [es liegt längs der heiligen Ab-
gabe] –, von dessen Erträgen sollen sich die Ar-
beiter der Stadt ernähren. [19] Die Arbeiter der Stadt,
die dieses Stück bebauen, sollen aus allen Stäm-
men Israels sein.
[20] Die ganze Abgabe soll 25 000 mal 25 000 El-
len betragen. Dieses ganze Quadrat einschließ-
lich des Eigentums der Stadt sollt ihr als heilige
Abgabe entrichten.
[21] Was zu beiden Seiten der heiligen Abgabe und
des Besitzes der Stadt übrigbleibt, von den 25 000
Ellen der (Ostseite der ganzen) Abgabe bis zur
Ostgrenze (des Landes) und von den 25 000 El-
len der Westseite (der Abgabe) bis zur Westgrenze
(des Landes), diese (beiden) Stücke entlang den
Stammesanteilen sollen dem Fürsten gehören.
Die heilige Abgabe und das Tempelheiligtum lie-
gen mitten darin. [22] Der Besitz der Leviten und der
Besitz der Stadt soll mitten in dem Gebiet liegen,
das dem Fürsten gehört, und das Gebiet des Für-
sten liegt zwischen dem Gebiet Judas und dem
Gebiet Benjamins.
[23] Nun folgen die übrigen Stämme: Von Osten
nach Westen Benjamin – ein Anteil; [24] neben dem
Gebiet Benjamins von Osten nach Westen Si-
meon – ein Anteil; [25] neben dem Gebiet Simeons
von Osten nach Westen Issachar – ein Anteil;
[26] neben dem Gebiet Issachars von Osten nach
Westen Sebulon – ein Anteil; [27] neben dem Gebiet
Sebulons von Osten nach Westen Gad – ein An-
teil. [28] Neben dem Gebiet Gads verläuft im Negeb

die Südgrenze; sie führt von Tamar zu den Quellen von Meribat-Kadesch und zu dem Bach, der ins große Meer fließt.
[29] Das ist das Land, das ihr als Erbbesitz an die Stämme Israels verlosen sollt, und das sind ihre Anteile – Spruch Gottes, des Herrn.

Die heilige Stadt

[30/31] Das sind die Ausgänge der Stadt. Die Stadttore sind nach den Stämmen Israels benannt: auf der Nordseite, die 4500 Ellen mißt, drei Tore: ein Tor ist nach Ruben benannt, ein Tor nach Juda und ein Tor nach Levi; [32] auf der Ostseite, die 4500 Ellen mißt, drei Tore: ein Tor nach Josef, ein Tor nach Benjamin und ein Tor nach Dan; [33] auf der Südseite, die 4500 Ellen mißt, drei Tore: ein Tor nach Simeon, ein Tor nach Issachar und ein Tor nach Sebulon; [34] auf der Westseite, die 4500 Ellen mißt, drei Tore: ein Tor nach Gad, ein Tor nach Ascher und ein Tor nach Naftali. [35] Der Umfang der Stadt beträgt 18 000 Ellen. Und der Name der Stadt soll von heute an sein: Hier ist der Herr.

DAS BUCH DANIEL

Daniel und seine Freunde am babylonischen Hof: 1,1–21

1 Im dritten Jahr der Herrschaft des Königs Jojakim von Juda zog Nebukadnezzar, der König von Babel, gegen Jerusalem und belagerte es. [2] Und der Herr gab König Jojakim von Juda sowie einen Teil der Geräte aus dem Haus Gottes in Nebukadnezzars Gewalt. Er verschleppte sie in das Land Schinar, in den Tempel seines Gottes, die Geräte aber brachte er in das Schatzhaus seines Gottes.
[3] Dann befahl der König seinem Oberkämmerer Aschpenas, einige junge Israeliten an den Hof zu bringen, Söhne von königlicher Abkunft oder wenigstens aus vornehmer Familie; [4] sie sollten frei von jedem Fehler sein, schön an Gestalt, in aller Weisheit unterrichtet und reich an Kenntnissen; sie sollten einsichtig und verständig sein und geeignet, im Palast des Königs Dienst zu tun; Aschpenas sollte sie auch in Schrift und Sprache der Chaldäer unterrichten. [5] Als tägliche Kost wies ihnen der König Speisen und Wein von der königlichen Tafel zu. Sie sollten drei Jahre lang ausgebildet werden und dann in den Dienst des Königs treten.
[6] Unter diesen jungen Männern waren aus dem Stamm Juda Daniel, Hananja, Mischaël und Asarja. [7] Der Oberkämmerer gab ihnen andere Namen: Daniel nannte er Beltschazzar, Hananja Schadrach, Mischaël Meschach und Asarja Abed-Nego.
[8] Daniel war entschlossen, sich nicht mit den Speisen und dem Wein der königlichen Tafel unrein zu machen, und er bat den Oberkämmerer darum, sich nicht unrein machen zu müssen. [9] Gott ließ ihn beim Oberkämmerer Wohlwollen und Nachsicht finden. [10] Der Oberkämmerer sagte aber zu Daniel: Ich fürchte mich vor meinem Herrn, dem König, der euch die Speisen und Getränke zugewiesen hat; er könnte finden, daß ihr schlechter ausseht als die anderen jungen Leute eures Alters; dann wäre durch eure Schuld mein Kopf beim König verwirkt. [11] Da sagte Daniel zu dem Mann, den der Oberkämmerer als Aufseher für ihn selbst sowie für Hananja, Mischaël und Asarja eingesetzt hatte: [12] Versuch es doch einmal zehn Tage lang mit deinen Knechten! Laß uns nur pflanzliche Nahrung zu essen und Wasser zu trinken geben! [13] Dann vergleiche unser Aussehen mit dem der jungen Leute, die von den Speisen des Königs essen. Je nachdem, was du dann siehst, verfahr weiter mit deinen Knechten! [14] Der Aufseher nahm ihren Vorschlag an und machte mit ihnen eine zehntägige Probe. [15] Am Ende der zehn Tage sahen sie besser und wohlgenährter aus als all die jungen Leute, die von den Speisen des Königs aßen. [16] Da ließ der Aufseher ihre Speisen und auch den Wein, den sie trinken sollten, beiseite und gab ihnen Pflanzenkost. [17] Und Gott

verlieh diesen vier jungen Leuten Wissen und Verständnis in jeder Art Schrifttum und Weisheit; Daniel verstand sich auch auf Visionen und Träume aller Art.

18 Als ihre Zeit zu Ende war und man sie vor den König bringen mußte, wie er es bestimmt hatte, stellte sie der Oberkämmerer dem Nebukadnezzar vor. 19 Der König unterhielt sich mit ihnen und fand Daniel, Hananja, Mischaël und Asarja allen anderen überlegen. Sie traten also in den Dienst des Königs. 20 Sooft der König in Fragen, die Weisheit und Einsicht erfordern, ihren Rat einholte, fand er sie allen Zeichendeutern und Wahrsagern in seinem ganzen Reich zehnmal überlegen. 21 Daniel blieb im königlichen Dienst bis ins erste Jahr des Königs Kyrus.

Nebukadnezzars Traum von den Weltreichen: 2,1–49

2 Im zweiten Jahr der Herrschaft Nebukadnezzars hatte dieser einen Traum. Sein Geist wurde davon so beunruhigt, daß er nicht mehr schlafen konnte. 2 Da ließ der König die Zeichendeuter und Wahrsager, die Beschwörer und Chaldäer zusammenrufen; sie sollten ihm Aufschluß geben über seinen Traum. Sie kamen und traten vor den König. 3 Der König sagte zu ihnen: Ich habe einen Traum gehabt; mein Geist ist voll Unruhe, und ich möchte den Traum verstehen. 4 Die Chaldäer sagten zu ihm [aramäisch]: O König, mögest du ewig leben. Erzähl deinen Knechten den Traum, dann geben wir dir die Deutung. 5 Der König antwortete den Chaldäern: Das ist mein unwiderruflicher Entschluß: Wenn ihr mir nicht den Traum und seine Deutung sagen könnt, dann werdet ihr in Stücke gerissen und eure Häuser werden in Schutthaufen verwandelt. 6 Sagt ihr mir aber den Traum und seine Deutung, dann empfangt ihr von mir Geschenke, Gaben und hohe Ehrungen. Gebt mir also den Traum und seine Deutung an! 7 Sie antworteten zum zweitenmal: Der König erzähle seinen Knechten den Traum, dann geben wir ihm die Deutung. 8 Da erwiderte der König: Nun bin ich sicher, daß ihr nur Zeit gewinnen wollt; denn ihr seht, daß mein Entschluß unwiderruflich ist. 9 Wenn ihr mir den Traum nicht sagen könnt, gibt es nur ein Urteil über euch, nämlich: Ihr habt euch verabredet, mir einen erlogenen und verkehrten Spruch vorzutragen, in der Hoffnung, daß sich die Lage ändert. Erzählt mir also den Traum; daran werde ich erkennen, daß ihr ihn auch deuten könnt. 10 Die Chaldäer hielten dem König entgegen: Es gibt keinen Menschen auf der Welt, der sagen könnte, was der König verlangt. Auch hat noch nie ein König, mag er noch so groß und mächtig gewesen sein, ein solches Ansinnen an irgendeinen Zeichendeuter, Wahrsager oder Chaldäer gestellt. 11 Was der König verlangt, ist zu schwierig. Es gibt auch sonst niemand, der es dem König sagen könnte, außer den Göttern; doch diese wohnen nicht bei den Sterblichen. 12 Darüber wurde der König so wütend und zornig, daß er befahl, alle Weisen in Babel umzubringen.

13 Als der Befehl erging, die Weisen zu töten, waren auch Daniel und seine Freunde in Gefahr, getötet zu werden. 14 Aber Daniel, klug und rechtskundig, wandte sich an Arjoch, den Obersten der königlichen Leibwache, der schon unterwegs war, um die Weisen Babels zu töten. 15 Daniel fragte den Bevollmächtigten des Königs, warum der König einen so harten Befehl gegeben habe. Da erklärte ihm Arjoch die Sache. 16 Daniel ging darauf zum König und bat ihn, er möge ihm eine Frist bewilligen, damit er ihm die Deutung des Traumes geben könne. 17 Dann eilte Daniel nach Hause, teilte seinen Gefährten Hananja, Mischaël und Asarja alles mit 18 und sagte, sie sollten wegen dieses Geheimnisses den Gott des Himmels um Erbarmen bitten, damit nicht Daniel und seine Gefährten samt den anderen Weisen Babels umkämen. 19 Darauf wurde ihm das Geheimnis in einer nächtlichen Vision enthüllt, und Daniel pries den Gott des Himmels dafür. 20 Er betete: Der Name Gottes sei gepriesen von Ewigkeit zu Ewigkeit. Denn er hat die Weisheit und die Macht. 21 Er bestimmt den Wechsel der Zeiten und Fristen; er setzt Könige ab und setzt Könige ein. Er gibt den Weisen die Weisheit und den Einsichtigen die Erkenntnis. 22 Er enthüllt tief verborgene Dinge; er weiß, was im Dunkeln ist, und bei ihm wohnt das Licht. 23 Dich, Gott meiner Väter, preise und rühme ich; denn du hast mir Weisheit und Macht

verliehen, und jetzt hast du mich wissen lassen,
was wir von dir erfleht haben: Du hast uns die Sa-
che des Königs wissen lassen.
24 Darauf ging Daniel zu Arjoch, dem der König
aufgetragen hatte, die Weisen Babels umzubrin-
gen; er trat ein und sagte zu ihm: Bring die Weisen
Babels nicht um! Führe mich vor den König! Ich
werde dem König die Deutung seines Traumes ge-
ben. 25 In aller Eile brachte Arjoch Daniel vor den
König und meldete ihm: Ich habe unter den ver-
schleppten Juden einen Mann gefunden, der dem
König die Deutung des Traums geben will. 26 Dar-
auf sagte der König zu Daniel, den man auch Belt-
schazzar nannte: Bist du wirklich imstande, mir
das Traumgesicht, das ich hatte, und seine Deu-
tung zu sagen? 27 Daniel antwortete dem König:
Weise und Wahrsager, Zeichendeuter und Astrolo-
gen vermögen dem König das Geheimnis, nach
dem er fragt, nicht zu enthüllen. 28 Aber es gibt im
Himmel einen Gott, der Geheimnisse offenbart; er
ließ den König Nebukadnezzar wissen, was am
Ende der Tage geschehen wird. Der Traum, den
dein Geist auf deinem Lager hatte, war so:
29 Auf deinem Lager kamen dir, König, Gedanken
darüber, was dereinst geschehen werde; da ließ er,
der die Geheimnisse enthüllt, dich wissen, was ge-
schehen wird. 30 Dieses Geheimnis wurde mir ent-
hüllt, nicht durch eine Weisheit, die ich vor allen
anderen Lebenden voraus hätte, sondern nur, da-
mit du, König, die Deutung erfährst und die Ge-
danken deines Herzens verstehst. 31 Du, König, hat-
test eine Vision: Du sahst ein gewaltiges Standbild.
Es war groß und von außergewöhnlichem Glanz;
es stand vor dir und war furchtbar anzusehen.
32 An diesem Standbild war das Haupt aus reinem
Gold; Brust und Arme waren aus Silber, der Körper
und die Hüften aus Bronze. 33 Die Beine waren aus
Eisen, die Füße aber zum Teil aus Eisen, zum Teil
aus Ton. 34 Du sahst, wie ohne Zutun von Men-
schenhand sich ein Stein von einem Berg löste, ge-
gen die eisernen und tönernen Füße des Standbil-
des schlug und sie zermalmte. 35 Da wurden Eisen
und Ton, Bronze, Silber und Gold mit einemmal zu
Staub. Sie wurden wie Spreu auf dem Dreschplatz
im Sommer. Der Wind trug sie fort, und keine Spur
war mehr von ihnen zu finden. Der Stein aber, der
das Standbild getroffen hatte, wurde zu einem
großen Berg und erfüllte die ganze Erde.
36 Das war der Traum. Nun wollen wir dem König
sagen, was er bedeutet. 37 Du, König, bist der König
der Könige; dir hat der Gott des Himmels Herr-
schaft und Macht, Stärke und Ruhm verliehen.
38 Und in der ganzen bewohnten Welt hat er die
Menschen, die Tiere auf dem Feld und die Vögel
am Himmel in deine Hand gegeben; dich hat er
zum Herrscher über sie alle gemacht: Du bist das
goldene Haupt. 39 Nach dir kommt ein anderes
Reich, geringer als deines; dann ein drittes Reich,
von Bronze, das die ganze Erde beherrschen wird.
40 Ein viertes endlich wird hart wie Eisen sein; Ei-
sen zerschlägt und zermalmt ja alles; und wie Ei-
sen alles zerschmettert, so wird dieses Reich alle
anderen zerschlagen und zerschmettern. 41 Die Fü-
ße und Zehen waren, wie du gesehen hast, teils aus
Töpferton, teils aus Eisen; das bedeutet: Das Reich
wird geteilt sein; es wird aber etwas von der Härte
des Eisens haben, darum hast du das Eisen mit Ton
vermischt gesehen. 42 Daß aber die Zehen teils aus
Eisen, teils aus Ton waren, bedeutet: Zum Teil wird
das Reich hart sein, zum Teil brüchig. 43 Wenn du
das Eisen mit Ton vermischt gesehen hast, so heißt
das: Sie werden sich zwar durch Heiraten mitein-
ander verbinden; doch das eine wird nicht am an-
deren haften, wie sich Eisen nicht mit Ton verbin-
det. 44 Zur Zeit jener Könige wird aber der Gott des
Himmels ein Reich errichten, das in Ewigkeit nicht
untergeht; dieses Reich wird er keinem anderen
Volk überlassen. Es wird alle jene Reiche zermal-
men und endgültig vernichten; es selbst aber wird
in alle Ewigkeit bestehen. 45 Du hast ja gesehen, daß
ohne Zutun von Menschenhand ein Stein vom
Berg losbrach und Eisen, Bronze und Ton, Silber
und Gold zermalmte. Der große Gott hat den König
wissen lassen, was dereinst geschehen wird. Der
Traum ist sicher und die Deutung zuverlässig.
46 Da warf sich König Nebukadnezzar auf sein
Gesicht nieder, huldigte Daniel und befahl, man
sollte ihm Opfer und Weihrauch darbringen.
47 Und der König sagte zu Daniel: Es ist wahr: Euer
Gott ist der Gott der Götter und der Herr der Kö-
nige, und er kann Geheimnisse offenbaren; nur
deshalb konntest du dieses Geheimnis enthüllen.
48 Dann verlieh der König dem Daniel einen ho-
hen Rang und gab ihm viele, reiche Geschenke;
er machte ihn zum Gebieter über die ganze Pro-
vinz Babel und zum obersten Präfekten aller Wei-
sen von Babel. 49 Auf Daniels Bitte betraute der Kö-
nig Schadrach, Meschach und Abed-Nego mit der
Verwaltung der Provinz Babel; Daniel selbst aber
blieb am königlichen Hof.

Die drei jungen Männer im Feuerofen: 3,1–97

Die Standhaftigkeit der drei Freunde

3 König Nebukadnezzar ließ ein goldenes Standbild machen, sechzig Ellen hoch und sechs Ellen breit, und ließ es in der Ebene von Dura in der Provinz Babel aufstellen. 2 Dann berief König Nebukadnezzar die Satrapen, Präfekten und Statthalter ein, die Räte, Schatzmeister, Richter und Polizeiobersten und alle anderen hohen Beamten der Provinzen; sie sollten zur Einweihung des Standbildes kommen, das König Nebukadnezzar errichtet hatte. 3 Da versammelten sich die Satrapen, Präfekten und Statthalter, die Räte, Schatzmeister, Richter und Polizeiobersten und alle anderen hohen Beamten der Provinzen zur Einweihung des Standbildes, das König Nebukadnezzar errichtet hatte. Sie stellten sich vor dem Standbild auf, das König Nebukadnezzar errichtet hatte. 4 Nun verkündete der Herold mit mächtiger Stimme: Ihr Männer aus allen Völkern, Nationen und Sprachen, hört den Befehl! 5 Sobald ihr den Klang der Hörner, Pfeifen und Zithern, der Harfen, Lauten und Sackpfeifen und aller anderen Instrumente hört, sollt ihr niederfallen und das goldene Standbild anbeten, das König Nebukadnezzar errichtet hat. 6 Wer aber nicht niederfällt und es anbetet, wird noch zur selben Stunde in den glühenden Feuerofen geworfen. 7 Sobald daher alle Völker den Klang der Hörner, Pfeifen und Zithern, der Harfen, Lauten und Sackpfeifen und der anderen Instrumente hörten, fielen die Männer aus allen Völkern, Nationen und Sprachen sogleich nieder und beteten das goldene Standbild an, das König Nebukadnezzar errichtet hatte.

8 Sogleich traten einige Chaldäer auf und verklagten die Juden. 9 Sie sagten zum König Nebukadnezzar: O König, mögest du ewig leben. 10 Du, König, hast doch selbst den Befehl erlassen: Jeder soll niederfallen und das goldene Standbild anbeten, wenn er den Klang der Hörner, Pfeifen und Zithern, der Harfen, Lauten und Sackpfeifen und aller anderen Instrumente hört. 11 Wer aber nicht niederfällt und es anbetet, wird in den glühenden Feuerofen geworfen. 12 Nun sind da einige Juden, denen du die Verwaltung der Provinz Babel anvertraut hast: Schadrach, Meschach und Abed-Nego. Diese Männer mißachten dich, König. Sie verehren deine Götter nicht und beten das goldene Standbild, das du errichtet hast, nicht an. 13 Da befahl Nebukadnezzar voll Zorn und Wut, Schadrach, Meschach und Abed-Nego herbeizuholen. Man führte die Männer also vor den König. 14 Nebukadnezzar sagte zu ihnen: Ist es wahr, Schadrach, Meschach und Abed-Nego: Ihr verehrt meine Götter nicht und betet das goldene Standbild nicht an, das ich errichtet habe? 15 Nun, wenn ihr bereit seid, sobald ihr den Klang der Hörner, Pfeifen und Zithern, der Harfen, Lauten und Sackpfeifen und aller anderen Instrumente hört, sofort niederzufallen und das Standbild anzubeten, das ich habe machen lassen, ist es gut; betet ihr es aber nicht an, dann werdet ihr noch zur selben Stunde in den glühenden Feuerofen geworfen. Welcher Gott kann euch dann aus meiner Gewalt erretten? 16 Schadrach, Meschach und Abed-Nego erwiderten dem König Nebukadnezzar: Wir haben es nicht nötig, dir darauf zu antworten: 17 Wenn überhaupt jemand, so kann nur unser Gott, den wir verehren, uns erretten; auch aus dem glühenden Feuerofen und aus deiner Hand, König, kann er uns retten. 18 Tut er es aber nicht, so sollst du, König, wissen: Auch dann verehren wir deine Götter nicht und beten das goldene Standbild nicht an, das du errichtet hast.

19 Da wurde Nebukadnezzar wütend; sein Gesicht verzerrte sich vor Zorn über Schadrach, Meschach und Abed-Nego. Er ließ den Ofen siebenmal stärker heizen, als man ihn gewöhnlich heizte. 20 Dann befahl er, einige der stärksten Männer aus seinem Heer sollten Schadrach, Meschach und Abed-Nego fesseln und in den glühenden Feuerofen werfen. 21 Da wurden die Männer, wie sie waren – in ihren Mänteln, Röcken und Mützen und den übrigen Kleidungsstücken – gefesselt und in den glühenden Feuerofen geworfen. 22 Nach dem strengen Befehl des Königs war aber der Ofen übermäßig geheizt worden, und die herausschlagenden Flammen töteten die Männer, die Schadrach, Meschach und Abed-Nego hingebracht hatten. 23 Die drei Männer aber, Schadrach, Meschach und Abed-Nego, fielen gefesselt in den glühenden Feuerofen.

Das Gebet des Asarja

24 Doch sie gingen mitten in den Flammen umher, lobten Gott und priesen den Herrn. 25 Asarja blieb

stehen, öffnete den Mund und sprach mitten im Feuer folgendes Gebet: [26] Gepriesen und gelobt bist du, Herr, Gott unserer Väter; herrlich ist dein Name in alle Ewigkeit. [27] Denn du bist gerecht in allem, was du getan hast. All deine Taten sind richtig, deine Wege gerade. Alle deine Urteile sind wahr. [28] Du hast gerechte Strafen verhängt, in allem, was du über uns gebracht hast und über Jerusalem, die heilige Stadt unserer Väter. Ja, nach Wahrheit und Recht hast du all dies wegen unserer Sünden herbeigeführt. [29] Denn wir haben gesündigt und durch Treubruch gefrevelt und haben in allem gefehlt. [30] Wir haben deinen Geboten nicht gehorcht, haben weder beachtet noch getan, was du uns zu unserem Wohl befohlen hast. [31] Alles, was du uns geschickt hast, alles, was du uns getan hast, das hast du nach deiner gerechten Entscheidung getan. [32] Du hast uns der Gewalt gesetzloser Feinde und gehässiger Verräter preisgegeben und einem ungerechten König, dem schlimmsten König der ganzen Welt. [33] Und jetzt dürfen wir nicht einmal den Mund auftun. Schande und Schmach kam über deine Diener und Verehrer. [34] Um deines Namens willen verwirf uns nicht für immer; löse deinen Bund nicht auf! [35] Versag uns nicht dein Erbarmen, deinem Freund Abraham zuliebe, deinem Knecht Isaak und Israel, deinem Heiligen, [36] denen du Nachkommen verheißen hast so zahlreich wie die Sterne am Himmel und wie der Sand am Ufer des Meeres. [37] Ach, Herr, wir sind geringer geworden als alle Völker. In aller Welt sind wir heute wegen unserer Sünden erniedrigt. [38] Wir haben in dieser Zeit weder Vorsteher noch Propheten und keinen, der uns anführt, weder Brandopfer noch Schlachtopfer, weder Speiseopfer noch Räucherwerk, noch einen Ort, um dir die Erstlingsgaben darzubringen und um Erbarmen zu finden bei dir. [39] Du aber nimm uns an! Wir kommen mit zerknirschtem Herzen und demütigem Sinn. [40] Wie Brandopfer von Widdern und Stieren, wie Tausende fetter Lämmer, so gelte heute unser Opfer vor dir und verschaffe uns bei dir Sühne. Denn wer dir vertraut, wird nicht beschämt. [41] Wir folgen dir jetzt von ganzem Herzen, fürchten dich und suchen dein Angesicht. [42] Überlaß uns nicht der Schande, sondern handle an uns nach deiner Milde, nach deinem überreichen Erbarmen!

[43] Errette uns, deinen wunderbaren Taten entsprechend; verschaff deinem Namen Ruhm, Herr! [44] Doch alle, die deinen Dienern Böses tun, sollen beschämt werden. Sie sollen zuschanden werden und ihre Herrschaft verlieren. Ihre Stärke soll zerschlagen werden. [45] Sie sollen erkennen, daß du allein der Herr und Gott bist, ruhmreich auf der ganzen Erde.

[46] Die Knechte des Königs, die die drei Männer in den Ofen geworfen hatten, hörten inzwischen nicht auf, den Ofen mit Harz und Werg, Pech und Reisig zu heizen. [47] So schlugen die Flammen bis zu neunundvierzig Ellen hoch aus dem Ofen heraus. [48] Sie griffen um sich und verbrannten jeden Chaldäer, den sie im Umkreis des Ofens erfassen konnten. [49] Aber der Engel des Herrn war zusammen mit Asarja und seinen Gefährten in den Ofen hinabgestiegen. Er trieb die Flammen des Feuers aus dem Ofen hinaus [50] und machte das Innere des Ofens so, als wehte ein taufrischer Wind. Das Feuer berührte sie gar nicht; es tat ihnen nichts zuleide und belästigte sie nicht.

Der Lobgesang der drei jungen Männer

[51] Da sangen die drei im Ofen wie aus einem Mund, sie rühmten und priesen Gott mit den Worten:

[52] Gepriesen bist du, Herr, du Gott unserer Väter, / gelobt und gerühmt in Ewigkeit.

Gepriesen ist dein heiliger, herrlicher Name, / hoch gelobt und verherrlicht in Ewigkeit.

[53] Gepriesen bist du im Tempel deiner heiligen Herrlichkeit, / hoch gerühmt und verherrlicht in Ewigkeit.

[54] Gepriesen bist du, der in die Tiefen schaut und auf Kerubim thront, / gelobt und gerühmt in Ewigkeit.

[55] Gepriesen bist du auf dem Thron deiner Herrschaft, / hoch gerühmt und gefeiert in Ewigkeit.

[56] Gepriesen bist du am Gewölbe des Himmels, / gerühmt und verherrlicht in Ewigkeit.

[57] Preist den Herrn, all ihr Werke des Herrn; / lobt und rühmt ihn in Ewigkeit!

[58] Preist den Herrn, ihr Himmel; / lobt und rühmt ihn in Ewigkeit!

[59] Preist den Herrn, ihr Engel des Herrn; / lobt und rühmt ihn in Ewigkeit!

[60] Preist den Herrn, all ihr Wasser über dem Himmel; / lobt und rühmt ihn in Ewigkeit!

[61] Preist den Herrn, all ihr Mächte des Herrn; / lobt und rühmt ihn in Ewigkeit!

[62] Preist den Herrn, Sonne und Mond; / lobt und rühmt ihn in Ewigkeit!

63 Preist den Herrn, ihr Sterne am Himmel; / lobt
und rühmt ihn in Ewigkeit!
64 Preist den Herrn, aller Regen und Tau; / lobt
und rühmt ihn in Ewigkeit!
65 Preist den Herrn, all ihr Winde; / lobt und
rühmt ihn in Ewigkeit!
66 Preist den Herrn, Feuer und Glut; / lobt und
rühmt ihn in Ewigkeit!
67 Preist den Herrn, Frost und Hitze; / lobt und
rühmt ihn in Ewigkeit!
68 Preist den Herrn, Tau und Schnee; / lobt und
rühmt ihn in Ewigkeit!
69 Preist den Herrn, Eis und Kälte; / lobt und
rühmt ihn in Ewigkeit!
70 Preist den Herrn, Rauhreif und Schnee; / lobt
und rühmt ihn in Ewigkeit!
71 Preist den Herrn, ihr Nächte und Tage; / lobt
und rühmt ihn in Ewigkeit!
72 Preist den Herrn, Licht und Dunkel; / lobt und
rühmt ihn in Ewigkeit!
73 Preist den Herrn, ihr Blitze und Wolken; / lobt
und rühmt ihn in Ewigkeit!
74 Die Erde preise den Herrn; / sie lobe und
rühme ihn in Ewigkeit.
75 Preist den Herrn, ihr Berge und Hügel; / lobt
und rühmt ihn in Ewigkeit!
76 Preist den Herrn, all ihr Gewächse auf Erden; /
lobt und rühmt ihn in Ewigkeit!
77 Preist den Herrn, ihr Quellen; / lobt und rühmt
ihn in Ewigkeit!
78 Preist den Herrn, ihr Meere und Flüsse; / lobt
und rühmt ihn in Ewigkeit!
79 Preist den Herrn, ihr Tiere des Meeres / und
alles, was sich regt im Wasser; / lobt und rühmt
ihn in Ewigkeit!
80 Preist den Herrn, all ihr Vögel am Himmel; /
lobt und rühmt ihn in Ewigkeit!
81 Preist den Herrn, all ihr Tiere, wilde und
zahme; / lobt und rühmt ihn in Ewigkeit!
82 Preist den Herrn, ihr Menschen; / lobt und
rühmt ihn in Ewigkeit!
83 Preist den Herrn, ihr Israeliten; / lobt und
rühmt ihn in Ewigkeit!
84 Preist den Herrn, ihr seine Priester; / lobt und
rühmt ihn in Ewigkeit!
85 Preist den Herrn, ihr seine Knechte; / lobt und
rühmt ihn in Ewigkeit!
86 Preist den Herrn, ihr Geister und Seelen
der Gerechten; / lobt und rühmt ihn in Ewig-
keit!
87 Preist den Herrn, ihr Demütigen und From-
men; / lobt und rühmt ihn in Ewigkeit!
88 Preist den Herrn, Hananja, Asarja und
Mischaël; / lobt und rühmt ihn in Ewigkeit!
Denn er hat uns der Unterwelt entrissen / und
aus der Gewalt des Todes errettet.
Er hat uns aus dem lodernden Ofen befreit, /
uns mitten aus dem Feuer erlöst.
89 Dankt dem Herrn, denn er ist gütig; / denn
seine Huld währt ewig.
90 Preist alle den Herrn, ihr seine Verehrer, /
preist den Gott der Götter;
singt ihm Lob und Dank; / denn ewig währt
seine Güte.

Die Rettung der drei Freunde

91(24) Da erschrak der König Nebukadnezzar; er
sprang auf und fragte seine Räte: Haben wir nicht
drei Männer gefesselt ins Feuer geworfen? Sie ga-
ben dem König zur Antwort: Gewiß, König!
92(25) Er erwiderte: Ich sehe aber vier Männer frei im
Feuer umhergehen. Sie sind unversehrt, und der
vierte sieht aus wie ein Göttersohn. 93(26) Dann ging
Nebukadnezzar zu der Tür des glühenden Ofens
und rief: Schadrach, Meschach und Abed-Nego,
ihr Diener des höchsten Gottes, steigt heraus,
kommt her! Da kamen Schadrach, Meschach und
Abed-Nego aus dem Feuer heraus. 94(27) Nun dräng-
ten auch die Satrapen, Präfekten, Statthalter und
die königlichen Räte herbei. Sie sahen sich die
Männer an und fanden, daß das Feuer keine Macht
über ihren Körper gehabt hatte. Kein Haar auf
ihrem Kopf war versengt. Ihre Mäntel waren un-
versehrt, und nicht einmal Brandgeruch haftete ih-
nen an. 95(28) Da rief Nebukadnezzar aus: Gepriesen
sei der Gott Schadrachs, Meschachs und Abed-Ne-
gos. Denn er hat seinen Engel gesandt und seine
Diener gerettet. Im Vertrauen auf ihn haben sie lie-
ber den Befehl des Königs mißachtet und ihr Leben
dahingegeben, als daß sie irgendeinen anderen
als ihren eigenen Gott verehrten und anbeteten.
96(29) Darum ordne ich an: Jeder, der vom Gott des
Schadrach, Meschach und Abed-Nego verächtlich
spricht, zu welcher Völkerschaft, Nation oder Spra-
che er auch gehört, soll in Stücke gerissen und sein
Haus soll in einen Trümmerhaufen verwandelt
werden. Denn es gibt keinen anderen Gott, der auf
diese Weise retten kann. 97(30) Darauf sorgte der Kö-
nig dafür, daß es Schadrach, Meschach und Abed-
Nego in der Provinz Babel gut ging.

Nebukadnezzars Traum vom stolzen Baum: 3,98–4,34

98(31) Der König Nebukadnezzar an alle Völker, Nationen und Sprachen auf der ganzen Erde: Friede sei mit euch in Fülle. 99(32) Es ist mir eine Freude, die Zeichen und Wunder zu verkünden, die der höchste Gott an mir getan hat. 100(33) Wie groß sind seine Zeichen, wie gewaltig seine Wunder! Sein Reich ist ein ewiges Reich; seine Herrschaft überdauert alle Generationen.

4 Ich, Nebukadnezzar, lebte ohne Sorge in meinem Haus und war glücklich in meinem Palast. 2 Da hatte ich einen Traum, der mich erschreckte. Was ich auf meinem Lager sah, was meine Augen da erblickten, versetzte mich in Angst. 3 Darum ließ ich alle Weisen Babels zu mir rufen, damit sie mir den Traum deuteten. 4 Da kamen die Zeichendeuter, Wahrsager, Chaldäer und Astrologen herbei. Ich erzählte ihnen den Traum; aber sie konnten ihn mir nicht deuten. 5 Zuletzt erschien Daniel vor mir, der nach dem Namen meines Gottes auch Beltschazzar heißt und in dem der Geist der heiligen Götter ist. Ihm erzählte ich nun den Traum und sagte: 6 Beltschazzar, Oberster der Zeichendeuter, von dir weiß ich, daß der Geist der heiligen Götter in dir ist und daß dir kein Geheimnis verschlossen bleibt. Hör also, was ich im Traum gesehen habe, und deute es mir! 7 Was ich auf meinem Lager vor Augen hatte, war dies: Da stand ein Baum mitten auf der Erde; er war sehr hoch. 8 Der Baum wuchs zusehends und wurde immer mächtiger; seine Höhe reichte bis an den Himmel; er war bis ans Ende der ganzen Erde zu sehen. 9 Er hatte prächtiges Laub und trug so viele Früchte, daß er Nahrung für alle bot. Unter ihm fanden die wilden Tiere des Feldes Schatten; die Vögel nisteten in seinen Zweigen; alle Lebewesen ernährten sich von ihm. 10 Während ich auf meinem Lager noch das Traumbild sah, stieg ein Wächter, ein Heiliger, vom Himmel herab. 11 Er befahl mit mächtiger Stimme: Fällt den Baum, und schlagt seine Äste ab! Streift sein Laubwerk ab, und zerstreut seine Früchte! Die Tiere sollen aus seinem Schatten fliehen und die Vögel aus seinen Zweigen. 12 Aber laßt ihm den Wurzelstock in der Erde, im Gras des Feldes, mit einer Fessel aus Eisen und Bronze. Der Tau des Himmels soll ihn benetzen, und mit den Tieren soll er teilhaben am Gras der Erde. 13 Sein Herz sei nicht mehr ein Menschenherz; ein Tierherz soll ihm gegeben werden, und sieben Zeiten sollen über ihn hingehen. 14 Dieser Befehl beruht auf einem Beschluß der Wächter; ein Spruch der Heiligen fordert es. Die Lebenden sollen erkennen: Über die Herrschaft bei den Menschen gebietet der Höchste; er verleiht sie, wem er will, selbst den Niedrigsten der Menschen kann er dazu erheben.

15 Das ist der Traum, den ich, König Nebukadnezzar, gehabt habe. Nun deute ihn, Beltschazzar! Von allen Weisen meines Reiches konnte ihn mir keiner auslegen; du aber kannst es, denn in dir ist der Geist der heiligen Götter.

16 Da war Daniel, der auch Beltschazzar heißt, eine Zeitlang ganz verstört; denn seine Gedanken machten ihm Angst. Doch der König sagte: Beltschazzar, laß dich von dem Traum und seiner Deutung nicht ängstigen! Beltschazzar erwiderte: Mein Herr, der Traum gelte deinen Feinden; seine Deutung treffe deine Widersacher. 17 Du hast einen Baum gesehen; er wuchs zusehends und wurde immer mächtiger. Seine Höhe reichte bis an den Himmel, und er war auf der ganzen Erde zu sehen. 18 Er hatte prächtiges Laub und trug so viele Früchte, daß er Nahrung für alle bot. Unter ihm fanden die wilden Tiere des Feldes Zuflucht, und in seinen Zweigen wohnten die Vögel des Himmels. 19 Dieser Baum bist du, König; du bist groß und mächtig geworden; deine Größe ist immer mehr gewachsen; sie reicht bis zum Himmel und deine Herrschaft bis ans Ende der Erde. 20 Dann hat der König gesehen, wie ein Wächter, ein Heiliger, vom Himmel herabstieg und befahl: Fällt den Baum, und vernichtet ihn! Aber laßt ihm in der Erde, im Gras des Feldes, den Wurzelstock, mit einer Fessel aus Eisen und Bronze. Der Tau des Himmels soll ihn benetzen, und mit den Tieren des Feldes soll er teilhaben (am Gras der Erde), bis sieben Zeiten über ihn hingegangen sind. 21 Das, o König, bedeutet – es ist ein Beschluß des Höchsten, der meinen Herrn, den König, betrifft –: 22 Man wird dich aus der Gemeinschaft der Menschen verstoßen, und du mußt bei den wilden Tieren des Feldes leben. Du wirst dich von Gras ernähren wie die Ochsen, und der Tau des Himmels wird dich benetzen. So gehen sieben Zeiten über dich hin, bis du erkennst, daß der

Höchste über die Herrschaft bei den Menschen gebietet und sie verleiht, wem er will. 23 Schließlich hieß es, man solle den Wurzelstock des Baumes stehen lassen; das bedeutet: Deine Herrschaft bleibt dir erhalten, sobald du anerkennst, daß der Himmel die Macht hat. 24 Darum, o König, nimm meinen Rat an: Lösch deine Sünden aus durch rechtes Tun, tilge deine Vergehen, indem du Erbarmen hast mit den Armen. Dann mag dein Glück vielleicht von Dauer sein.

25 All das kam dann über König Nebukadnezzar. 26 Als er nämlich zwölf Monate später auf (der Dachterasse) des königlichen Palastes zu Babel spazierenging, 27 sagte der König: Ist das nicht das großartige Babel, das ich durch meine gewaltige Macht als Königsstadt erbaut habe, zum Ruhm meiner Herrlichkeit? 28 Noch hatte der König diese Worte auf den Lippen, da fiel eine Stimme vom Himmel: Dir, König Nebukadnezzar, sei gesagt: Die Herrschaft wird dir genommen. 29 Man wird dich aus der Gemeinschaft der Menschen ausstoßen. Du mußt bei den wilden Tieren leben und dich von Gras ernähren wie die Ochsen. So werden sieben Zeiten über dich hingehen, bis du erkennst, daß der Höchste über die Herrschaft bei den Menschen gebietet und sie verleiht, wem er will. 30 Noch in derselben Stunde erfüllte sich dieser Spruch an Nebukadnezzar: Man verstieß ihn aus der Gemeinschaft der Menschen, und er mußte sich von Gras ernähren wie die Ochsen. Der Tau des Himmels benetzte seinen Körper, bis seine Haare so lang wie Adlerfedern waren und seine Nägel wie Vogelkrallen.

31 Als die Zeit verstrichen war, erhob ich, Nebukadnezzar, meine Augen zum Himmel, und mein Verstand kehrte zurück. Da pries ich den Höchsten; ich lobte und verherrlichte den, der ewig lebt. Ja, seine Herrschaft ist eine ewige Herrschaft; sein Reich überdauert alle Generationen. 32 Alle Bewohner der Erde gelten vor ihm wie nichts. Er macht mit dem Heer des Himmels und mit den Bewohnern der Erde, was er will. Es gibt niemand, der seiner Hand wehren und zu ihm sagen dürfte: Was tust du da? 33 Zu derselben Zeit kehrte mein Verstand zurück, und ich erhielt zum Ruhm meines Königtums auch meine Herrlichkeit und meinen königlichen Glanz zurück. Meine Räte und Großen suchten mich auf; man setzte mich wieder in meine Herrschaft ein, und meine Macht wurde noch größer. 34 Ich, Nebukadnezzar, lobe, preise und rühme nun den König des Himmels. Denn alle seine Taten sind vortrefflich und seine Wege gerecht. Die Menschen, die in stolzer Höhe dahinschreiten, kann er erniedrigen.

Das Gastmahl Belschazzars: 5,1–6,1

5 König Belschazzar gab ein großes Gastmahl für seine Großen; es waren tausend Menschen, und zusammen mit den Tausend sprach er dem Wein zu. 2 In seiner Weinlaune nun ließ Belschazzar die goldenen und silbernen Gefäße holen, die sein Vater Nebukadnezzar aus dem Tempel in Jerusalem mitgenommen hatte. Jetzt sollten der König und seine Großen, seine Frauen und Nebenfrauen daraus trinken. 3 Man holte also die goldenen Gefäße, die man aus dem Tempel des Gotteshauses in Jerusalem mitgenommen hatte, und der König und seine Großen, seine Frauen und Nebenfrauen tranken daraus. 4 Sie tranken Wein und lobten die Götter aus Gold und Silber, aus Bronze, Eisen, Holz und Stein.

5 In derselben Stunde erschienen die Finger einer Menschenhand und schrieben gegenüber dem Leuchter etwas auf die weißgetünchte Wand des königlichen Palastes. Der König sah den Rükken der Hand, als sie schrieb. 6 Da erbleichte er, und seine Gedanken erschreckten ihn. Seine Glieder wurden schwach, und ihm schlotterten die Knie. 7 Der König schrie laut, man solle die Wahrsager, Chaldäer und Astrologen holen. Dann sagte er zu den Weisen von Babel: Wer diese Schrift lesen und mir deuten kann – was er auch sei: er soll in Purpur gekleidet werden, eine goldene Kette um den Hals tragen und als der Dritte in meinem Reich herrschen.

8 Da kamen alle Weisen des Königs herbei; aber sie waren nicht imstande, die Schrift zu lesen oder dem König zu sagen, was sie bedeutete. 9 Darüber erschrak König Belschazzar noch mehr, und sein Gesicht wurde bleich. Auch seine Großen gerieten in Angst. 10 Da die Rufe des Königs und seiner Großen bis zur Königin drangen,

kam sie in den Festsaal und sagte: O König, mö-
gest du ewig leben. Laß dich von deinen Gedan-
ken nicht erschrecken; du brauchst nicht zu er-
bleichen. [11] In deinem Reich gibt es einen Mann,
in dem der Geist der heiligen Götter wohnt.
Schon zu deines Vaters Zeiten fand man bei ihm
Erleuchtung und Einsicht und Weisheit, wie nur
die Götter sie haben; deshalb hat König Nebu-
kadnezzar, dein Vater, ihn zum Obersten der Zei-
chendeuter, Wahrsager, Chaldäer und Astrologen
ernannt, dein eigener Vater, o König! [12] Bei diesem
Daniel also, dem der König den Namen Beltschaz-
zar gegeben hat, fand man außergewöhnlichen
Geist sowie Erkenntnis und Einsicht und die
Gabe, Träume auszulegen, Rätsel zu erklären und
schwierige Fragen zu lösen. Darum laß jetzt Da-
niel herrufen; er wird die Deutung geben.

[13] Daniel wurde vor den König gebracht, und der
König sagte zu ihm: Du also bist Daniel, einer von
den verschleppten Juden, die mein Vater, der Kö-
nig, aus Juda hierher gebracht hat. [14] In dir, so habe
ich gehört, ist der Geist der Götter, und bei dir
fand man Erleuchtung und Einsicht und außerge-
wöhnliche Weisheit. [15] Man hat die Weisen und
die Wahrsager vor mich gebracht, damit sie diese
Schrift lesen und mir deuten. Sie konnten mir
aber nicht sagen, was das Geschriebene bedeutet.
[16] Doch du, so habe ich gehört, kannst Deutungen
geben und schwierige Fragen lösen. Wenn du
nun die Schrift lesen und mir deuten kannst, sollst
du in Purpur gekleidet werden, um den Hals eine
goldene Kette tragen und als der Dritte in meinem
Reich herrschen.

[17] Daniel gab dem König zur Antwort: Behalte
deine Gaben oder schenk sie einem andern! Aber
die Schrift will ich für den König lesen und deuten.
[18] Mein König! Der höchste Gott hat deinem Vater
Nebukadnezzar Herrschaft und Macht, Herrlich-
keit und Majestät gegeben. [19] Vor der Macht, die
ihm verliehen war, zitterten und bebten alle Völ-
ker, Nationen und Sprachen. Er tötete, wen er
wollte, und ließ am Leben, wen er wollte. Er er-
höhte, wen er wollte, und stürzte, wen er wollte.
[20] Als aber sein Herz überheblich und sein Geist
hochmütig wurde, stürzte man ihn von seinem kö-
niglichen Thron, und er verlor die Herrscher-
würde. [21] Man verstieß ihn aus der Gemeinschaft
der Menschen. Sein Herz wurde dem der Tiere
gleichgemacht. Er mußte bei den wilden Eseln
hausen und sich von Gras ernähren wie die Och-
sen. Der Tau des Himmels benetzte seinen Körper,
bis er erkannte: Der höchste Gott gebietet über die
Herrschaft bei den Menschen und gibt sie, wem er
will. [22] Obgleich nun du, sein Sohn Belschazzar, das
alles weißt, bist du in deinem Herzen doch nicht
bescheiden geblieben. [23] Du hast dich gegen den
Herrn des Himmels erhoben und dir die Gefäße aus
seinem Tempel herbeischaffen lassen. Du und
deine Großen, deine Frauen und Nebenfrauen, ihr
habt daraus Wein getrunken. Du hast die Götter
aus Gold und Silber, aus Bronze, Eisen, Holz und
Stein gepriesen, die weder sehen noch hören kön-
nen und keinen Verstand haben. Aber den Gott,
der deinen Lebensatem in seiner Hand hat und
dem all deine Wege gehören, den hast du nicht ver-
herrlicht. [24] Darum hat er diese Hand geschickt und
diese Schrift geschrieben. [25] Das Geschriebene lau-
tet aber: Mene mene tekel u-parsin. [26] Diese Worte
bedeuten: Mene: G e z ä h l t hat Gott die Tage dei-
ner Herrschaft und macht ihr ein Ende. [27] Tekel:
G e w o g e n wurdest du auf der Waage und zu
leicht befunden. [28] Peres: G e t e i l t wird dein
Reich und den Medern und Persern gegeben.

[29] Da befahl Belschazzar, Daniel in Purpur zu
kleiden und ihm eine goldene Kette um den Hals
zu legen, und er ließ verkünden, daß Daniel als
der Dritte im Reich herrschen sollte. [30] Aber noch
in derselben Nacht wurde Belschazzar, der König
der Chaldäer, getötet,

6 und der Meder Darius übernahm die Königs-
herrschaft im Alter von zweiundsechzig Jah-
ren.

Daniel in der Löwengrube: 6,2–29

[2] Darius fand es für gut, über das Reich hundert-
zwanzig Satrapen einzusetzen, die über das
ganze Reich verteilt sein sollten. [3] Über diese wie-
der setzte er drei oberste Beamte, zu denen auch
Daniel gehörte. Ihnen sollten die Satrapen Re-
chenschaft ablegen, damit der König keinen Scha-
den erleide. [4] Daniel nun zeichnete sich vor den
anderen obersten Beamten und den Satrapen aus;

denn in ihm war ein außergewöhnlicher Geist. Der König erwog sogar, ihn zum höchsten Beamten des ganzen Reiches zu machen. 5 Da suchten die obersten Beamten und die Satrapen einen Grund, um Daniel wegen seiner Amtsführung anzuklagen. Sie konnten aber keinen Grund zur Anklage und kein Vergehen finden; denn er war zuverlässig; keine Nachlässigkeit und kein Vergehen konnte man ihm nachweisen. 6 Da sagten jene Männer: Wir werden keinen Grund finden, um diesen Daniel anzuklagen, es sei denn, wir finden gegen ihn etwas wegen des Gesetzes seines Gottes. 7 Darum bestürmten die obersten Beamten und Satrapen den König und sagten zu ihm: König Darius, mögest du ewig leben. 8 Alle obersten Beamten des Reiches, die Präfekten, Satrapen, Räte und Statthalter raten dem König, ein Dekret zu erlassen und folgendes Verbot in Kraft zu setzen: Jeder, der innerhalb von dreißig Tagen an irgendeinen Gott oder Menschen außer an dich, König, eine Bitte richtet, der soll in die Löwengrube geworfen werden. 9 Erlaß dieses Verbot, o König, und fertige ein Schreiben darüber aus! Es soll nach dem unwandelbaren Gesetz der Meder und Perser unabänderlich sein. 10 König Darius unterzeichnete das Verbot.

11 Als Daniel erfuhr, daß das Schreiben unterzeichnet war, ging er in sein Haus. In seinem Obergemach waren die Fenster nach Jerusalem hin offen. Dort kniete er dreimal am Tag nieder und richtete sein Gebet und seinen Lobpreis an seinen Gott, ganz so, wie er es gewohnt war. 12 Nun schlichen sich jene Männer heran und fanden Daniel, wie er zu seinem Gott betete und flehte. 13 Darauf gingen sie zum König und erinnerten ihn an sein Verbot; sie sagten: O König, hast du nicht ein Verbot unterzeichnet, nach dem jeder, der innerhalb von dreißig Tagen an irgendeinen Gott oder Menschen außer an dich, König, eine Bitte richtet, in die Löwengrube geworfen werden soll? Der König gab zur Antwort: Die Anordnung steht fest nach dem unwandelbaren Gesetz der Meder und Perser. 14 Da berichteten sie dem König: Daniel, einer von den verschleppten Juden, achtet weder dich, König, noch das Verbot, das du unterschrieben hast, sondern verrichtet dreimal am Tag sein Gebet. 15 Als der König das hörte, war es ihm sehr peinlich, und er dachte nach, wie er Daniel retten könne. Bis Sonnenuntergang bemühte er sich, ihn freizubekommen. 16 Doch jene Männer bestürmten ihn und sagten: Bedenke, König, es ist bei den Medern und Persern Gesetz, daß jedes Verbot und Dekret, das der König erläßt, unabänderlich ist. 17 Darauf befahl der König, Daniel herzubringen, und man warf ihn zu den Löwen in die Grube. Der König sagte noch zu Daniel: Möge dein Gott, dem du so unablässig dienst, dich erretten. 18 Und man nahm einen großen Stein und wälzte ihn auf die Öffnung der Grube. Der König versiegelte ihn mit seinem Siegel und den Siegeln seiner Großen, um zu verhindern, daß an der Lage Daniels etwas verändert würde.

19 Dann ging der König in seinen Palast; fastend verbrachte er die Nacht; er ließ sich keine Speisen bringen und konnte keinen Schlaf finden. 20 Früh am Morgen, als es gerade hell wurde, stand der König auf und ging in Eile zur Löwengrube. 21 Als er sich der Grube näherte, rief er mit schmerzlicher Stimme nach Daniel und fragte: Daniel, du Diener des lebendigen Gottes! Hat dein Gott, dem du so unablässig dienst, dich vor den Löwen erretten können? 22 Daniel antwortete ihm: O König, mögest du ewig leben. 23 Mein Gott hat seinen Engel gesandt und den Rachen der Löwen verschlossen. Sie taten mir nichts zuleide; denn in seinen Augen war ich schuldlos, und auch dir gegenüber, König, bin ich ohne Schuld. 24 Darüber war der König hoch erfreut und befahl, Daniel aus der Grube herauszuholen. So wurde Daniel aus der Grube herausgeholt; man fand an ihm nicht die geringste Verletzung, denn er hatte seinem Gott vertraut. 25 Nun aber ließ der König die Männer herbeiholen, die Daniel verklagt hatten, und ließ sie mit ihren Kindern und Frauen in die Löwengrube werfen. Sie waren noch nicht am Boden der Grube angelangt, da stürzten sich die Löwen auf sie und zermalmten ihnen alle Knochen.

26 Daraufhin schrieb König Darius an alle Völker, Nationen und Sprachen auf der ganzen Erde: Friede sei mit euch in Fülle! 27 Hiermit ordne ich an: Im ganzen Gebiet meines Reiches soll man vor dem Gott Daniels zittern und sich vor ihm fürchten. Denn er ist der lebendige Gott; er lebt in Ewigkeit. Sein Reich geht niemals unter; seine Herrschaft hat kein Ende. 28 Er rettet und befreit; er wirkt Zeichen und Wunder am Himmel und auf der Erde; er hat Daniel aus den Tatzen der Löwen errettet.

29 Daniel aber ging es gut unter dem König Darius und auch unter dem Perserkönig Kyrus.

Daniels Vision von den vier Tieren und vom Menschensohn: 7,1–28

7 Im ersten Jahr Belschazzars, des Königs von
Babel, hatte Daniel einen Traum; auf seinem
Lager hatte er eine Vision. Er schrieb den Traum
auf, und sein Bericht hat folgenden Inhalt: 2 Ich
hatte während der Nacht eine Vision: Die vier
Winde des Himmels wühlten das große Meer auf.
3 Dann stiegen aus dem Meer vier große Tiere her-
auf; jedes hatte eine andere Gestalt. 4 Das erste
war einem Löwen ähnlich, hatte jedoch Adlerflü-
gel. Während ich es betrachtete, wurden ihm die
Flügel ausgerissen; es wurde vom Boden empor-
gehoben und wie ein Mensch auf zwei Füße ge-
stellt, und es wurde ihm ein menschliches Herz
gegeben. 5 Dann erschien ein zweites Tier; es
glich einem Bären und war nach einer Seite hin
aufgerichtet. Es hielt drei Rippen zwischen den
Zähnen in seinem Maul, und man ermunterte es:
Auf, friß noch viel mehr Fleisch! 6 Danach sah ich
ein anderes Tier; es glich einem Panther, hatte
aber auf dem Rücken vier Flügel, wie die Flügel
eines Vogels; auch hatte das Tier vier Köpfe; ihm
wurde die Macht eines Herrschers verliehen.
7 Danach sah ich in meinen nächtlichen Visionen
ein viertes Tier; es war furchtbar und schrecklich
anzusehen und sehr stark; es hatte große Zähne
aus Eisen. Es fraß und zermalmte alles, und was
übrig blieb, zertrat es mit den Füßen. Von den an-
deren Tieren war es völlig verschieden. Auch
hatte es zehn Hörner. 8 Als ich die Hörner be-
trachtete, da wuchs zwischen ihnen ein anderes,
kleineres Horn empor, und vor ihm wurden drei
von den früheren Hörnern ausgerissen; und an
diesem Horn waren Augen wie Menschenaugen
und ein Maul, das anmaßend redete.

9 Ich sah immer noch hin; da wurden Throne
aufgestellt, und ein Hochbetagter nahm Platz.
Sein Gewand war weiß wie Schnee, sein Haar
wie reine Wolle. Feuerflammen waren sein
Thron, und dessen Räder waren loderndes Feuer.
10 Ein Strom von Feuer ging von ihm aus. Tau-
sendmal Tausende dienten ihm, zehntausendmal
Zehntausende standen vor ihm. Das Gericht
nahm Platz, und es wurden Bücher aufgeschla-
gen. 11 Ich sah immer noch hin, bis das Tier – we-
gen der anmaßenden Worte, die das Horn redete
– getötet wurde. Sein Körper wurde dem Feuer
übergeben und vernichtet. 12 Auch den anderen
Tieren wurde die Herrschaft genommen. Doch
ließ man ihnen das Leben bis zu einer bestimm-
ten Frist. 13 Immer noch hatte ich die nächtlichen
Visionen:

Da kam mit den Wolken des Himmels / einer
wie ein Menschensohn.

Er gelangte bis zu dem Hochbetagten / und
wurde vor ihn geführt.

14 Ihm wurden Herrschaft, / Würde und König-
tum gegeben.

Alle Völker, Nationen und Sprachen / müssen
ihm dienen.

Seine Herrschaft ist eine ewige, / unvergäng-
liche Herrschaft. / Sein Reich geht niemals
unter.

15 Darüber war ich, Daniel, im Geist bekümmert,
und was mir vor Augen stand, erschreckte mich.
16 Ich wandte mich an einen der Umstehenden
und bat ihn, mir das alles genau zu erklären. Er
deutete mir die Vorgänge und sagte: 17 Diese gro-
ßen Tiere, vier an der Zahl, bedeuten vier Könige,
die sich auf der Erde erheben werden. 18 Das Kö-
nigtum aber werden die Heiligen des Höchsten
erhalten, und sie werden es behalten für immer
und ewig. 19 Dann wollte ich noch Genaueres
über das vierte Tier erfahren, das Tier, das anders
war als alle anderen, ganz furchtbar anzusehen,
mit Zähnen aus Eisen und mit Klauen aus Bronze,
das alles fraß und zermalmte, und was übrigblieb,
mit den Füßen zertrat. 20 Auch (wollte ich Ge-
naueres erfahren) über die zehn Hörner an sei-
nem Kopf und über das andere Horn, das empor-
gewachsen war und vor dem die drei Hörner
abgefallen waren, das Horn, das Augen und einen
Mund hatte, der anmaßend redete, und das
schließlich größer als die anderen zu sein schien.
21 Ich sah dieses Horn gegen die Heiligen kämpfen.
Es überwältigte sie, 22 bis der Hochbetagte kam.
Da wurde den Heiligen des Höchsten Recht ver-
schafft, und es kam die Zeit, in der die Heiligen
das Königtum erhielten. 23 Der (Engel) antwortete
mir: Das vierte Tier bedeutet: Ein viertes Reich
wird sich auf der Erde erheben, ganz anders als
alle anderen Reiche. Es wird die ganze Erde ver-
schlingen, sie zertreten und zermalmen. 24 Die
zehn Hörner bedeuten: In jenem Reich werden
zehn Könige regieren; doch nach ihnen kommt

ein anderer. Dieser ist ganz anders als die frühe-
ren. Er stürzt drei Könige, [25] er lästert über den
Höchsten und unterdrückt die Heiligen des Höch-
sten. Die Festzeiten und das Gesetz will er än-
dern. Ihm werden die Heiligen für eine Zeit und
zwei Zeiten und eine halbe Zeit ausgeliefert.
[26] Dann aber wird Gericht gehalten. Jenem König
wird seine Macht genommen; er wird endgültig
ausgetilgt und vernichtet. [27] Die Herrschaft und
Macht und die Herrlichkeit aller Reiche unter
dem ganzen Himmel werden dem Volk der Heili-
gen des Höchsten gegeben. Sein Reich ist ein ewi-
ges Reich, und alle Mächte werden ihm dienen
und gehorchen.

[28] Hier endet die Mitteilung. Mich, Daniel, er-
schreckten meine Gedanken sehr, und ich er-
bleichte. Aber ich bewahrte die Mitteilung in mei-
nem Herzen.

Daniels Vision vom Widder und Ziegenbock: 8,1–27

8 Im dritten Jahr der Herrschaft des Königs Bel-
schazzar hatte ich, Daniel, eine Vision, nach
jener anderen, die ich früher gehabt hatte. [2] Ich
hatte eine Vision, und während ich sie sah, be-
fand ich mich in der Burg Susa, die in der Provinz
Elam liegt, am Ulai-Kanal. [3] Ich blickte auf und sah,
wie ein Widder am Kanal stand; er hatte zwei
Hörner. Beide Hörner waren sehr hoch; doch das
eine war noch höher als das andere, und das
höhere wuchs ihm zuletzt. [4] Ich sah, wie der Wid-
der nach Westen, Norden und Süden stieß; kein
Tier hielt ihm stand, und es gab keinen, der sich
aus seiner Gewalt retten konnte. Er tat, was er
wollte, und machte sich groß. [5] Dann bemerkte
ich einen Ziegenbock; er überquerte von Westen
her die ganze Erde, ohne aber den Boden zu
berühren; der Bock hatte ein auffallendes Horn
zwischen den Augen. [6] Er lief zu dem Widder mit
den zwei Hörnern, den ich am Kanal stehen sah,
und rannte mit grimmiger Kraft auf ihn los. [7] Ich
sah, wie er auf den Widder losging und ihm wü-
tend zusetzte. Er stieß gegen den Widder und
brach ihm beide Hörner ab. Der Widder hatte
nicht die Kraft, ihm standzuhalten. Da warf der
Ziegenbock ihn zu Boden und zertrat ihn; und
niemand war da, um den Widder aus seiner Ge-
walt zu retten. [8] Der Ziegenbock wurde über die
Maßen groß. Als er aber am stärksten war, brach
das große Horn ab. An seiner Stelle wuchsen ihm
vier auffallende Hörner, und zwar nach den vier
Himmelsrichtungen. [9] Aus einem der Hörner ging
dann ein anderes Horn hervor. Anfangs klein,
wuchs es gewaltig nach Süden und Osten, nach
dem Ort der Zierde hin. [10] Es wuchs bis zum Ster-
nenheer am Himmel hinauf und warf einige aus
dem Sternenheer auf die Erde herab und zertrat
sie. [11] Ja, bis zum Gebieter des Himmelsheeres
reckte es sich empor; es entzog ihm das tägliche
Opfer und verwüstete sein Heiligtum. [12] Ein Heer
wurde verbrecherisch gegen das tägliche Opfer
eingesetzt. Das Horn stürzte die Wahrheit zu Bo-
den, und was es unternahm, das gelang ihm.

[13] Da hörte ich einen Heiligen (einen Engel) reden,
und ein anderer Heiliger fragte den Redenden: Wie
lange gilt die Vision vom täglichen Opfer, wie
lange bleibt der Greuel der Verwüstung bestehen
und werden das Heiligtum und der Ort der Zierde
zertreten? [14] Er sagte zu mir: Zweitausenddreihun-
dert Abende und Morgen wird es dauern; dann er-
hält das Heiligtum wieder sein Recht.

[15] Während ich, Daniel, noch diese Vision hatte
und sie zu verstehen suchte, da stand vor mir ei-
ner, der aussah wie ein Mann. [16] Und über dem
Ulai-Kanal hörte ich eine Menschenstimme, die
rief: Gabriel, erkläre ihm die Vision! [17] Da kam er
auf mich zu. Als er näher trat, erschrak ich und fiel
mit dem Gesicht zu Boden. Er sagte zu mir:
Mensch, versteh: Die Vision betrifft die Zeit des
Endes. [18] Während er mit mir redete, lag ich ohn-
mächtig da, mit dem Gesicht am Boden. Da
berührte er mich und stellte mich wieder auf die
Beine. [19] Dann sagte er: Siehe, ich kündige dir an,
was in der letzten Zeit, der Zeit des Zorns, ge-
schehen wird; denn die Vision bezieht sich auf
die Zeit des Endes. [20] Der Widder mit den zwei
Hörnern, den du gesehen hast, bedeutet die Kö-
nige von Medien und Persien. [21] Der Ziegenbock
ist der König von Jawan. Das große Horn zwi-
schen seinen Augen ist der erste König. [22] Das
Horn brach ab, und vier andere traten an seine
Stelle; das bedeutet: Aus seinem Volk entstehen
vier Reiche; sie haben aber nicht die gleiche Kraft

wie er. [23]In der letzten Zeit ihrer Herrschaft, wenn die Frevler ihr Maß vollgemacht haben, kommt ein König voll Härte und Verschlagenheit. [24]Er wird mächtig und stark und richtet ungeheures Verderben an; alles, was er unternimmt, gelingt ihm. Mächtige Herrscher wird er vernichten, auch das Volk der Heiligen. [25]Dank seiner Schlauheit gelingt ihm sein Betrug. Er wird überheblich und bringt über viele unversehens Verderben. Selbst gegen den höchsten Gebieter steht er auf; doch ohne Zutun eines Menschen wird er zerschmettert. [26]Die Vision von den Abenden und den Morgen, die dir offenbart wurde, ist wahr; doch du sollst sie geheimhalten; denn sie bezieht sich auf eine ferne Zeit.

[27]Darauf war ich, Daniel, erschöpft und lag mehrere Tage krank zu Bett. Dann stand ich auf und versah wieder meinen Dienst beim König. Doch die Vision bedrückte mich, und ich verstand sie nicht.

Die Weissagung von den siebzig Jahrwochen: 9,1–27

9 Im ersten Jahr, nachdem Darius, der Sohn des Xerxes, aus dem Stamm der Meder, König über das Reich der Chaldäer geworden war, [2]in diesem ersten Jahr seiner Herrschaft suchte ich, Daniel, in den Schriften die Zahl der Jahre zu ergründen, die Jerusalem nach dem Wort des Herrn an den Propheten Jeremia verwüstet sein sollte; es waren siebzig Jahre. [3]Ich richtete mein Gesicht zu Gott, dem Herrn, um ihn mit Gebet und Flehen, bei Fasten in Sack und Asche, zu bitten. [4]Ich betete zum Herrn, meinem Gott, legte ein Bekenntnis ab und sagte: Herr, du großer und furchterregender Gott, du bewahrst denen, die dich lieben und deine Gebote halten, deinen Bund und deine Gnade. [5]Wir haben gesündigt und Unrecht getan, wir sind treulos gewesen und haben uns gegen dich empört; von deinen Geboten und Gesetzen sind wir abgewichen. [6]Wir haben nicht auf deine Diener, die Propheten, gehört, die in deinem Namen zu unseren Königen und Vorstehern, zu unseren Vätern und zu allen Bürgern des Landes geredet haben. [7]Du, Herr, bist im Recht; uns aber steht bis heute die Schamröte im Gesicht, den Leuten von Juda, den Einwohnern Jerusalems und allen Israeliten, seien sie nah oder fern in all den Ländern, wohin du sie verstoßen hast; denn sie haben dir die Treue gebrochen. [8]Ja, Herr, uns steht die Schamröte im Gesicht, unseren Königen, Oberen und Vätern; denn wir haben uns gegen dich versündigt. [9]Aber der Herr, unser Gott, schenkt Erbarmen und Vergebung. Ja, wir haben uns gegen ihn empört. [10]Wir haben nicht auf die Stimme des Herrn, unseres Gottes, gehört und seine Befehle nicht befolgt, die er uns durch seine Diener, die Propheten, gegeben hat. [11]Ganz Israel hat dein Gesetz übertreten, ist davon abgewichen und hat nicht auf deine Stimme gehört. Darum kamen der Fluch und die Verwünschung über uns, die im Gesetz des Mose, des Dieners Gottes, geschrieben stehen; denn wir haben uns gegen Gott versündigt. [12]Gott machte seine Drohung wahr, die er gegen uns und unsere Richter, die uns regierten, ausgesprochen hatte: Er werde so schweres Unheil über uns bringen, daß unter dem ganzen Himmel nie solche Dinge geschehen sein werden wie in Jerusalem. [13]Wie es im Gesetz des Mose geschrieben steht, ist all dieses Unheil über uns gekommen. Und doch haben wir den Herrn, unseren Gott, nicht begütigt, haben uns nicht von unserem bösen Tun abgewandt und nicht auf deine Wahrheit geachtet. [14]Der Herr aber war wach und ließ dieses Unheil über uns kommen. Denn der Herr, unser Gott, ist gerecht in allem, was er tut. Wir aber hörten nicht auf seine Stimme. [15]Jetzt aber, Herr, unser Gott, der du dein Volk mit starker Hand aus Ägypten geführt und dir damit einen Namen gemacht hast bis auf den heutigen Tag! Wir haben gesündigt; wir haben gefrevelt. [16]Herr, wende jetzt deinen grimmigen Zorn von deiner Stadt Jerusalem und von deinem heiligen Berg ab, wie es deinen früheren hilfreichen Taten entspricht. Wegen unserer Sünden und der bösen Taten unserer Väter sind Jerusalem und dein Volk zum Gespött für alle geworden, die rings um uns wohnen. [17]Darum höre jetzt, unser Gott, das Gebet und Flehen deines Knechtes: Herr, laß auch um deiner selbst willen dein Angesicht über deinem Heiligtum leuchten, das verwüstet daliegt. [18]Mein Gott, neig mir dein Ohr zu, und höre mich; öffne deine Augen,

und sieh auf die Trümmer, auf unsere Stadt, über
der dein Name ausgerufen ist. Nicht im Vertrauen
auf unsere guten Taten legen wir dir unsere Bitten
vor, sondern im Vertrauen auf dein großes Erbar-
men. 19 Herr, erhöre! Herr, verzeih! Herr, vernimm
das Gebet, und handle! Mein Gott, auch um dei-
ner selbst willen zögere nicht! Dein Name ist
doch über deiner Stadt und deinem Volk ausgeru-
fen.

20 Während ich noch redete und betete, meine
Sünden und die Sünden meines Volkes Israel be-
kannte und meine Bitte für den heiligen Berg mei-
nes Gottes vor den Herrn, meinen Gott, brachte,
21 während ich also noch mein Gebet sprach, da
kam im Flug der Mann Gabriel, den ich früher in
der Vision gesehen hatte; er kam um die Zeit des
Abendopfers zu mir, 22 redete mit mir und sagte:
Daniel, ich bin gesandt worden, um dir klare Ein-
sicht zu geben. 23 Schon zu Beginn deines Gebets
erging ein Gotteswort, und ich bin gekommen,
um es dir zu verkünden; denn du bist (von Gott)
geliebt. Achte also auf das Wort, und begreife die
Vision!

24 Siebzig Wochen sind für dein Volk / und deine
heilige Stadt bestimmt,
bis der Frevel beendet ist, / bis die Sünde ver-
siegelt und die Schuld gesühnt ist,
bis ewige Gerechtigkeit gebracht wird, / bis Vi-
sionen und Weissagungen besiegelt werden /
und ein Hochheiliges gesalbt wird.

25 Nun begreif und versteh: Von der Verkündi-
gung des Wortes über die Rückführung des Volkes
und den Wiederaufbau Jerusalems bis zur An-
kunft eines Gesalbten, eines Fürsten, sind es sie-
ben Wochen; und zweiundsechzig Wochen lang
baut man die Stadt wieder auf mit ihren Plätzen
und Gräben, obwohl es eine bedrängte Zeit sein
wird. 26 Nach den zweiundsechzig Wochen wird
ein Gesalbter umgebracht, aber ohne (Richter-
spruch). Das Volk eines Fürsten, der kommen
wird, bringt Verderben über die Stadt und das Hei-
ligtum. Er findet sein Ende in der Flut; bis zum
Ende werden Krieg und Verwüstung herrschen,
wie es längst beschlossen ist. 27 Vielen macht er
den Bund schwer, eine Woche lang. In der Mitte
dieser Woche setzt er den Schlachtopfern und
Speiseopfern ein Ende. Oben auf dem Heiligtum
wird ein unheilvoller Greuel stehen, bis das Ver-
derben, das beschlossen ist, über den Verwüster
kommt.

Die letzten Offenbarungen an Daniel: 10,1–12,13

10 Im dritten Jahr des Königs Kyrus von Per-
sien empfing Daniel, der auch Beltschaz-
zar heißt, eine Offenbarung. Das Wort ist zuver-
lässig und kündigt große Not an. Er suchte das
Wort zu verstehen, und das Verständnis wurde
ihm in einer Vision gegeben. 2 In jenen Tagen hielt
ich, Daniel, drei Wochen lang Trauer. 3 Nahrung,
die mir sonst schmeckte, aß ich nicht; Fleisch und
Wein kamen nicht in meinen Mund; auch salbte
ich mich nicht, bis drei volle Wochen vorbei wa-
ren. 4 Am vierundzwanzigsten Tag des ersten Mo-
nats stand ich am Ufer des großen Flusses, des Ti-
gris. 5 Ich blickte auf und sah, wie ein Mann vor
mir stand, der in Leinen gekleidet war und einen
Gürtel aus feinstem Gold um die Hüften trug.
6 Sein Körper glich einem Chrysolith, sein Gesicht
leuchtete wie ein Blitz, und die Augen waren wie
brennende Fackeln. Seine Arme und Beine glänz-
ten wie polierte Bronze. Seine Worte waren wie
das Getöse einer großen Menschenmenge. 7 Nur
ich, Daniel, sah diese Erscheinung; die Männer,
die bei mir waren, sahen die Erscheinung nicht;
doch ein großer Schrecken befiel sie, so daß sie
wegliefen und sich versteckten.

8 So blieb ich allein zurück und sah diese gewal-
tige Erscheinung. Meine Kräfte verließen mich;
ich wurde totenbleich und konnte mich nicht
mehr aufrecht halten. 9 Ich hörte den Schall seiner
Worte; beim Schall seiner Worte fiel ich betäubt zu
Boden und blieb, mit dem Gesicht am Boden, lie-
gen. 10 Doch eine Hand faßte mich an und half mir
auf Knie und Hände. 11 Dann sagte er zu mir: Daniel,
du (von Gott) geliebter Mann, achte auf die Worte,
die ich dir zu sagen habe. Stell dich aufrecht hin;
denn ich bin jetzt zu dir gesandt. Als er so mit mir
redete, erhob ich mich zitternd. 12 Dann sagte er zu
mir: Fürchte dich nicht, Daniel! Schon vom ersten
Tag an, als du dich um Verständnis bemühtest und
dich deswegen vor deinem Gott beugtest, wurden
deine Worte gehört, und wegen deiner Worte bin

ich gekommen. 13 Der Engelfürst des Perserreiches
hat sich mir einundzwanzig Tage lang entgegenge-
stellt, aber Michael, einer der ersten unter den En-
gelfürsten, kam mir zu Hilfe. Darum war ich dort
bei den Königen von Persien entbehrlich. 14 Und
jetzt bin ich gekommen, um dich verstehen zu las-
sen, was deinem Volk in den letzten Tagen zu-
stoßen wird. Denn auch diese Vision bezieht sich
auf jene fernen Tage.

15 Während er das zu mir sagte, blickte ich zu Bo-
den und blieb stumm. 16 Da berührte eine Gestalt,
die aussah wie ein Mensch, meine Lippen. Nun
konnte ich den Mund wieder öffnen und spre-
chen. Ich sagte zu dem, der vor mir stand: Mein
Herr, als ich die Vision sah, wand ich mich in
Schmerzen und verlor alle Kraft. 17 Wie kann ich,
der Knecht meines Herrn, mit meinem Herrn re-
den? Mir fehlt seitdem jede Kraft, selbst der Atem
stockt mir. 18 Da berührte mich die Gestalt, die wie
ein Mensch aussah, von neuem, stärkte mich
19 und sagte: Fürchte dich nicht, du (von Gott) ge-
liebter Mann! Friede sei mit dir. Sei stark, und hab
Vertrauen! Als er so mit mir redete, fühlte ich
mich gestärkt und sagte: Nun rede, mein Herr! Du
hast mich gestärkt. 20 Er sagte: Weißt du, warum
ich zu dir gekommen bin? Ich muß bald zurück-
kehren und mit dem Engelfürsten von Persien
kämpfen. Wenn ich mit ihm fertig bin, dann wird
der Engelfürst von Jawan kommen. 21 Vorher aber
will ich dir mitteilen, was im Buch der Wahrheit
aufgezeichnet ist. Doch keiner hilft mir tatkräftig
gegen sie außer eurem Engelfürsten Michael.

11 Im ersten Jahr des Meders Darius stand
ich ihm helfend und schützend zur Seite.
2 Und jetzt will ich dir die Wahrheit mitteilen:
Noch drei Könige kommen in Persien; der vierte
aber wird größeren Reichtum erwerben als alle
anderen vor ihm. Nachdem er reich und mächtig
geworden ist, bietet er all seine Macht gegen das
Reich von Jawan auf. 3 Dann wird ein kraftvoller
König kommen; er herrscht mit großer Macht
und tut, was er will. 4 Doch kaum ist er aufgetre-
ten, da bricht sein Reich auseinander und teilt
sich nach den vier Himmelsrichtungen. Es fällt
aber nicht seinen Nachkommen zu und ist nicht
mehr so mächtig wie unter seiner Herrschaft.
Denn sein Reich wird vernichtet; es fällt anderen
zu, nicht seinen Erben. 5 Dann erstarkt der König
des Südens; aber einer von seinen Feldherrn wird
mächtiger als er und tritt die Herrschaft an, und
seine Herrschaft wird noch gewaltiger sein.
6 Nach Jahren schließen sie dann ein Bündnis,
und um den Frieden zu bekräftigen, kommt die
Tochter des Königs des Südens zum König des
Nordens. Doch sie verliert die Macht, und auch
ihr Kind bleibt nicht am Leben; zur (bestimmten)
Zeit wird sie dem Untergang preisgegeben, sie,
ihre Begleiter, auch der, der sie gezeugt hat, und
der, der sie zur Frau genommen hat. 7 Aber an sei-
ner Stelle tritt ein Sproß aus ihren Wurzeln auf; er
zieht gegen das Heer aus, dringt in die Festung
des Königs des Nordens ein und verfährt mit ih-
nen, wie es ein Sieger tut. 8 Sogar ihre Götter
nimmt er als Beute nach Ägypten mit, ebenso
ihre Götterbilder und die kostbaren Geräte aus Sil-
ber und Gold. Dann läßt er den König des Nor-
dens einige Jahre in Ruhe. 9 Darauf zieht dieser ge-
gen das Reich des Königs des Südens, muß aber
in sein Land zurückkehren.

10 Doch seine Söhne rüsten zum Krieg und brin-
gen gewaltige Heere zusammen. Einer (von ih-
nen) zieht gegen (den König des Südens); er rückt
vor und überflutet alles. Dann rüstet er nochmals
und dringt bis zu seiner Festung vor. 11 Das erbit-
tert den König des Südens; er zieht gegen den Kö-
nig des Nordens aus und kämpft gegen ihn. Die-
ser hat zwar ein großes Heer aufgestellt, aber das
Heer fällt dem andern in die Hand 12 und wird auf-
gerieben. Da wird sein Herz stolz; er wirft Zehn-
tausende zu Boden, aber er bleibt nicht stark.
13 Der König des Nordens stellt nochmals ein Heer
auf, noch größer als das erste, und nach einigen
Jahren zieht er gegen jenen mit einer großen
Streitmacht und einem riesigen Troß ins Feld. 14 In
jener Zeit erheben sich viele gegen den König des
Südens; auch gewalttätige Leute aus deinem Volk
stehen auf, und so erfüllt sich eine Vision. Aber
sie kommen zu Fall. 15 Da zieht der König des Nor-
dens heran, schüttet einen Wall auf und erobert
eine stark befestigte Stadt. Die Kräfte des Königs
des Südens halten nicht stand; selbst die Truppe
seiner auserlesenen Kämpfer ist nicht stark ge-
nug, um sich zu halten. 16 Der, der gegen ihn
vorrückt, tut (mit ihnen), was er will. Keiner kann
ihm widerstehen; so faßt er Fuß im Land der
Zierde, und seine Hand bringt Vernichtung.
17 Dann faßt er den Plan, das ganze Reich (des Kö-
nigs des Südens) zu unterjochen. Er schließt ei-
nen Vergleich mit ihm und gibt ihm eine seiner
Töchter zur Frau, um seine Macht zu zerstören.

Doch das kommt nicht zustande, es gelingt ihm nicht. 18 Jetzt wendet er sich gegen die Inseln und erobert viele von ihnen. Aber ein Feldherr macht seiner Herausforderung ein Ende, ja, er vergilt ihm seine Herausforderung. 19 Nun wendet er sich den Festungen des eigenen Landes zu. Er stolpert jedoch, fällt und ist nicht mehr zu finden. 20 An seine Stelle tritt einer, der einen Steuereintreiber durch die Zierde des Reiches ziehen läßt. Doch wird er schon nach kurzer Zeit beseitigt, aber nicht öffentlich und nicht im Kampf.

21 An seine Stelle tritt ein verächtlicher Mensch. Ihm überträgt man die Würde des Königtums nicht; er kommt aber unversehens und reißt die Herrschaft durch List an sich. 22 Ganze Heere werden vor ihm hinweggeschwemmt und vernichtet, auch der Fürst des Bundes. 23 Wer sich mit ihm verbündet, gegen den handelt er heimtückisch. Er kommt empor, und obwohl er nur wenige Anhänger hat, wird er stark. 24 Unversehens dringt er in die reichsten Bezirke einer Provinz ein und tut, was weder seine Väter noch seine Ahnen getan haben: Er raubt, macht Beute und verteilt den Besitz an seine Leute. Er denkt Anschläge gegen die Festungen aus, aber das dauert nur eine bestimmte Zeit. 25 Er bietet seine ganze Kraft und seinen ganzen Mut auf und zieht mit einem großen Heer gegen den König des Südens. Darauf rüstet auch der König des Südens mit einem großen und sehr starken Heer zum Krieg; er kann aber nicht standhalten; denn man plant Anschläge gegen ihn. 26 Die eigenen Tischgenossen führen seinen Sturz herbei. Sein Heer wird weggeschwemmt, viele werden erschlagen und fallen. 27 Beide Könige sinnen auf Böses; sie sitzen am selben Tisch zusammen und belügen einander. Aber sie erreichen nichts, denn das Ende steht noch aus, bis zur bestimmten Zeit. 28 Mit großem Troß tritt dann der König des Nordens den Rückweg in sein Land an; sein Sinn ist gegen den Heiligen Bund gerichtet. Er handelt auch entsprechend und kehrt schließlich in sein Land zurück. 29 Zu einer bestimmten Zeit fällt er wieder in den Süden ein. Doch das zweite Mal geht es nicht wie das erste Mal. 30 Kittäische Schiffe greifen ihn an, und er kehrt eingeschüchtert um. Nun wendet er seine Wut gegen den Heiligen Bund und handelt entsprechend. Dann kehrt er heim und erkennt jene an, die den Heiligen Bund verlassen. 31 Er stellt Streitkräfte auf, die das Heiligtum auf der Burg entweihen, das tägliche Opfer abschaffen und den unheilvollen Greuel aufstellen. 32 Er verführt mit seinen glatten Worten die Menschen dazu, vom Bund abzufallen; doch die Schar derer, die ihrem Gott treu sind, bleibt fest und handelt entsprechend. 33 Die Verständigen im Volk bringen viele zur Einsicht; aber eine Zeitlang zwingt man sie nieder mit Feuer und Schwert, mit Haft und Plünderung. 34 Doch während man sie niederzwingt, erfahren sie eine kleine Hilfe; viele schließen sich ihnen an, freilich nur zum Schein. 35 Aber auch manche von den Verständigen kommen zu Fall; so sollen sie geprüft, geläutert und gereinigt werden bis zur Zeit des Endes; denn es dauert noch eine Weile bis zu der bestimmten Zeit.

36 Der König tut, was er will. Er wird übermütig und prahlt gegenüber allen Göttern, auch gegenüber dem höchsten Gott führt er unglaubliche Reden. Dabei hat er Erfolg, bis der Zorn (Gottes) zu Ende ist. Denn was beschlossen ist, muß ausgeführt werden. 37 Er mißachtet sogar die Götter seiner Väter, auch den Liebling der Frauen achtet er nicht und überhaupt keinen Gott; er prahlt gegenüber allen. 38 Statt dessen verehrt er den Gott der Festungen; einen Gott, den seine Väter nicht gekannt haben, verehrt er mit Gold und Silber, mit Edelsteinen und Kostbarkeiten. 39 Starke Festungen greift er an mit Hilfe des fremden Gottes. Alle, die ihn anerkennen, überhäuft er mit Ehren; er verleiht ihnen die Herrschaft über viele Menschen und teilt ihnen als Belohnung Land zu.

40 Zur Zeit des Endes streitet mit ihm der König des Südens. Da stürmt der König des Nordens gegen ihn heran mit Wagen und Reitern und mit vielen Schiffen. Er dringt in die Länder ein, überschwemmt sie und rückt vor. 41 Auch ins Land der Zierde dringt er ein. Viele werden niedergezwungen; nur Edom und Moab und der Hauptteil der Ammoniter entgehen ihm. 42 Er streckt seine Hand nach den Ländern aus; auch für Ägypten gibt es keine Rettung. 43 Er wird Herr über die Schätze von Gold und Silber und über alle Kostbarkeiten Ägyptens. Libyer und Kuschiter leisten ihm Gefolgschaft. 44 Da erschrecken ihn Gerüchte aus dem Osten und dem Norden. In großem Zorn zieht er aus, um viele zu vernichten und auszurotten. 45 Zwischen dem Meer und dem Berg der heiligen Zierde schlägt er seine Prunkzelte auf. Dann geht er seinem Ende zu, und niemand ist da, der ihm hilft.

12 In jener Zeit tritt Michael auf, der große
Engelfürst, der für die Söhne deines Vol-
kes eintritt. Dann kommt eine Zeit der Not, wie
noch keine da war, seit es Völker gibt, bis zu je-
ner Zeit. Doch dein Volk wird in jener Zeit geret-
tet, jeder, der im Buch verzeichnet ist. 2 Von de-
nen, die im Land des Staubes schlafen, werden
viele erwachen, die einen zum ewigen Leben, die
anderen zur Schmach, zu ewigem Abscheu. 3 Die
Verständigen werden strahlen, wie der Himmel
strahlt; und die Männer, die viele zum rechten
Tun geführt haben, werden immer und ewig
wie die Sterne leuchten. 4 Du, Daniel, halte diese
Worte geheim, und versiegle das Buch bis zur Zeit
des Endes! Viele werden nachforschen, und die
Erkenntnis wird groß sein.
5 Als ich, Daniel, aufblickte, standen noch zwei
andere Männer da, der eine diesseits des Fluß-
ufers, der andere jenseits. 6 Einer fragte den
Mann, der in Leinen gekleidet war und über
dem Wasser des Flusses stand: Wie lange dauert
es noch bis zum Ende der unbegreiflichen Ge-
schehnisse? 7 Darauf hörte ich die Stimme des
Mannes, der in Leinen gekleidet war und über
dem Wasser des Flusses stand; er erhob seine
rechte und seine linke Hand zum Himmel,
schwor bei dem, der ewig lebt, und sagte: Es
dauert noch eine Zeit, zwei Zeiten und eine
halbe Zeit. Wenn der am Ende ist, der die Macht
des heiligen Volkes zerschlägt, dann wird sich
das alles vollenden. 8 Ich hörte es, verstand es
aber nicht. Darum fragte ich: Mein Herr, was
wird das letzte von all dem sein? 9 Er erwiderte:
Geh, Daniel! Diese Worte bleiben verschlossen
und versiegelt bis zur Zeit des Endes. 10 Viele
werden geläutert, gereinigt und geprüft. Doch die
ruchlosen Sünder sündigen weiter. Von den Sün-
dern wird es keiner verstehen; aber die Verstän-
digen verstehen es. 11 Von der Zeit an, in der man
das tägliche Opfer abschafft und den unheilvol-
len Greuel aufstellt, sind es zwölfhundertneun-
zig Tage. 12 Wohl dem, der aushält und dreizehn-
hundertfünfunddreißig Tage erreicht! 13 Du aber
geh nun dem Ende zu! Du wirst ruhen, und am
Ende der Tage wirst du auferstehen, um dein Erb-
teil zu empfangen.

Die Anhänge zum Buch Daniel: 13,1–14,42

Die Rettung der Susanna durch Daniel

13 In Babylon wohnte ein Mann mit Namen
Jojakim. 2 Er hatte Susanna, die Tochter
Hilkijas, zur Frau; sie war sehr schön und gottes-
fürchtig. 3 Auch ihre Eltern waren gerecht und hat-
ten ihre Tochter nach dem Gesetz des Mose erzo-
gen. 4 Jojakim war sehr reich; er besaß einen Garten
nahe bei seinem Haus. Die Juden pflegten bei ihm
zusammenzukommen, weil er der Angesehenste
von allen war. 5 Als Richter amtierten in jenem Jahr
zwei Älteste aus dem Volk, von denen galt, was der
Herr gesagt hat: Ungerechtigkeit ging von Babylon
aus, von den Ältesten, von den Richtern, die als Lei-
ter des Volkes galten. 6 Sie hielten sich regelmäßig
im Haus Jojakims auf, und alle, die eine Rechtssa-
che hatten, kamen zu ihnen. 7 Hatten sich nun die
Leute um die Mittagszeit wieder entfernt, dann
kam Susanna und ging im Garten ihres Mannes
spazieren. 8 Die beiden Ältesten sahen sie täglich
kommen und umhergehen; da regte sich in ihnen
die Begierde nach ihr. 9 Ihre Gedanken gerieten auf
Abwege, und ihre Augen gingen in die Irre; sie sa-
hen weder zum Himmel auf, noch dachten sie an
die gerechten Strafen Gottes. 10 Beide hatten wegen
Susanna Liebeskummer; doch keiner sagte dem
anderen etwas von seinem Schmerz. 11 Denn sie
schämten sich darüber, daß sie so begierig waren,
mit ihr zusammenzusein. 12 Ungeduldig warteten
sie jeden Tag darauf, sie zu sehen. 13 Eines Tages
sagte der eine zum andern: Gehen wir nach Hause,
es ist Zeit zum Essen. Sie trennten sich also und gin-
gen weg, 14 dann aber kehrte jeder um, und sie tra-
fen wieder zusammen. Sie fragten einander nach
der Ursache und gestanden sich ihre Leidenschaft.
Daraufhin verabredeten sie eine Zeit, zu der es ih-
nen möglich sein sollte, Susanna allein anzutref-
fen. 15 Während sie auf einen günstigen Tag warte-
ten, kam Susanna eines Tages wie gewöhnlich in
den Garten, nur von zwei Mädchen begleitet, und
wollte baden; denn es war heiß. 16 Niemand war
dort außer den beiden Ältesten, die sich versteckt
hatten und ihr auflauerten. 17 Sie sagte zu den Mäd-
chen: Holt mir Öl und Salben und verriegelt das
Gartentor, damit ich baden kann. 18 Die Mädchen

taten, wie ihnen befohlen war. Sie verriegelten das
Tor und verließen den Garten durch die Seiten-
pforte, um zu holen, was ihnen aufgetragen war.
Von den Ältesten bemerkten sie nichts, denn diese
hatten sich versteckt. 19 Als die Mädchen weg wa-
ren, standen die beiden Ältesten auf, liefen zu Su-
sanna hin 20 und sagten: Das Gartentor ist ver-
schlossen, und niemand sieht uns; wir brennen
vor Verlangen nach dir: Sei uns zu Willen, und gib
dich uns hin! 21 Weigerst du dich, dann bezeugen
wir gegen dich, daß ein junger Mann bei dir war
und daß du deshalb die Mädchen weggeschickt
hast. 22 Da seufzte Susanna und sagte: Ich bin be-
drängt von allen Seiten: Wenn ich es tue, so droht
mir der Tod; tue ich es aber nicht, so werde ich euch
nicht entrinnen. 23 Es ist besser für mich, es nicht zu
tun und euch in die Hände zu fallen, als gegen den
Herrn zu sündigen. 24 Dann schrie Susanna, so laut
sie konnte. Aber zugleich mit ihr schrien auch die
beiden Ältesten, 25 und einer von ihnen lief zum
Gartentor und öffnete es. 26 Als die Leute im Haus
das Geschrei im Garten hörten, eilten sie durch die
Seitentür herbei, um zu sehen, was ihr zugestoßen
sei. 27 Als die Ältesten ihre Erklärung gaben, schäm-
ten sich die Diener sehr; denn noch nie war so et-
was über Susanna gesagt worden.

28 Als am nächsten Morgen das Volk bei Jojakim,
ihrem Mann, zusammenkam, erschienen auch die
beiden Ältesten. Sie kamen mit der verbrecheri-
schen Absicht, gegen Susanna die Todesstrafe zu
erwirken. Sie sagten vor dem Volk: 29 Schickt nach
Susanna, der Tochter Hilkijas, der Frau Jojakims!
Man schickte nach ihr. 30 Sie kam, begleitet von
ihren Eltern, ihren Kindern und allen Verwandten.
31 Susanna war anmutig und sehr schön. 32 Sie war
aber verschleiert. Um sich an ihrer Schönheit zu
weiden, befahlen die Gewissenlosen, sie zu ent-
schleiern. 33 Da weinten ihre Angehörigen, und
alle, die sie sahen, begannen ebenfalls zu weinen.
34 Vor dem ganzen Volk standen nun die beiden Äl-
testen auf und legten die Hände auf den Kopf Su-
sannas. 35 Sie aber blickte weinend zum Himmel
auf; denn ihr Herz vertraute dem Herrn. 36 Die Äl-
testen sagten: Während wir allein im Garten spa-
zierengingen, kam diese Frau mit zwei Mägden
herein. Sie ließ das Gartentor verriegeln und
schickte die Mägde fort. 37 Dann kam ein junger
Mann zu ihr, der sich versteckt hatte, und legte sich
zu ihr. 38 Wir waren gerade in einer abgelegenen
Ecke des Gartens; als wir aber die Sünde sahen, eil-
ten wir zu ihnen hin 39 und sahen, wie sie zusam-
men waren. Den Mann konnten wir nicht festhal-
ten; denn er war stärker als wir; er öffnete das Tor
und entkam. 40 Aber diese da hielten wir fest und
fragten sie, wer der junge Mann war. 41 Sie wollte es
uns aber nicht verraten. Das alles können wir be-
zeugen. Die versammelte Gemeinde glaubte ih-
nen, weil sie Älteste des Volkes und Richter waren,
und verurteilte Susanna zum Tod. 42 Da rief sie laut:
Ewiger Gott, du kennst auch das Verborgene; du
weißt alles, noch bevor es geschieht. 43 Du weißt
auch, daß sie eine falsche Aussage gegen mich ge-
macht haben. Darum muß ich jetzt sterben, ob-
wohl ich nichts von dem getan habe, was diese
Menschen mir vorwerfen.

44 Der Herr erhörte ihr Rufen. 45 Als man sie zur
Hinrichtung führte, erweckte Gott den heiligen
Geist in einem jungen Mann namens Daniel.
46 Dieser rief laut: Ich bin unschuldig am Tod dieser
Frau. 47 Da wandten sich alle Leute nach ihm um
und fragten ihn: Was soll das heißen, was du da ge-
sagt hast? 48 Er trat mitten unter sie und sagte: Seid
ihr so töricht, ihr Söhne Israels? Ohne Verhör und
ohne Prüfung der Beweise habt ihr eine Tochter Is-
raels verurteilt. 49 Kehrt zurück zum Ort des Ge-
richts! Denn diese Ältesten haben eine falsche
Aussage gegen Susanna gemacht. 50 Eilig kehrten
alle Leute wieder um, und die Ältesten sagten zu
Daniel: Setz dich hier mitten unter uns, und sag
uns, was du zu sagen hast. Denn dir hat Gott den
Vorsitz verliehen. 51 Daniel sagte zu ihnen: Trennt
diese beiden Männer, bringt sie weit auseinander!
Ich will sie verhören. 52 Als man sie voneinander ge-
trennt hatte, rief er den einen von ihnen her und
sagte zu ihm: In Schlechtigkeit bist du alt gewor-
den; doch jetzt kommt die Strafe für die Sünden, die
du bisher begangen hast. 53 Ungerechte Urteile hast
du gefällt, Schuldlose verurteilt, aber Schuldige frei-
gesprochen; und doch hat der Herr gesagt: Einen
Schuldlosen und Gerechten sollst du nicht töten.
54 Wenn du also diese Frau wirklich gesehen hast,
dann sag uns: Was für ein Baum war das, unter dem
du die beiden zusammen gesehen hast? Er ant-
wortete: Unter einer Zeder. 55 Da sagte Daniel: Mit
deiner Lüge hast du dein eigenes Haupt getroffen.
Der Engel Gottes wird dich zerspalten; schon hat
er von Gott den Befehl dazu erhalten. 56 Dann ließ
er ihn wegbringen und befahl, den andern vorzu-
führen. Zu ihm sagte er: Du Sohn Kanaans, nicht Ju-
das, dich hat die Schönheit verführt, die Leiden-

schaft hat dein Herz verdorben. 57 So konntet ihr an
den Töchtern Israels handeln, sie fürchteten sich
und waren euch zu Willen. Aber die Tochter Judas
hat eure Gemeinheit nicht geduldet. 58 Nun sag mir:
Was für ein Baum war das, unter dem du die beiden
ertappt hast? Er antwortete: Unter einer Eiche. 59 Da
sagte Daniel zu ihm: Mit deiner Lüge hast auch du
dein eigenes Haupt getroffen. Der Engel Gottes
wartet schon mit dem Schwert in der Hand, um
dich mitten entzweizuhauen. So wird er euch
beide vernichten.

60 Da schrie die ganze Gemeinde laut auf und pries
Gott, der alle rettet, die auf ihn hoffen. 61 Dann er-
hoben sie sich gegen die beiden Ältesten, die Da-
niel durch ihre eigenen Worte als falsche Zeugen
entlarvt hatte. Das Böse, das sie ihrem Nächsten
hatten antun wollen, tat man 62 nach dem Gesetz
des Mose ihnen an: Man tötete sie. So wurde an je-
nem Tag unschuldiges Blut gerettet. 63 Hilkija und
seine Frau priesen Gott wegen ihrer Tochter Su-
sanna, ebenso ihr Mann Jojakim und alle Ver-
wandten, weil sich zeigte, daß sie nichts Schändli-
ches getan hatte. 64 Daniel aber gewann seit jenem
Tag und auch weiterhin beim Volk großes Anse-
hen.

Daniel und die Priester des Bel

14 Der König Astyages ging zu seinen Vätern
heim, und sein Reich übernahm der Perser
Kyrus. 2 Daniel war der Vertraute des Königs, der
ihn höher schätzte als alle seine Freunde. 3 Nun hat-
ten die Babylonier ein Bild des Gottes Bel. Sie wen-
deten für ihn täglich zwölf Scheffel Feinmehl auf,
dazu vierzig Schafe und sechs Krüge Wein. 4 Auch
der König verehrte ihn und kam jeden Tag, um ihn
anzubeten. Daniel aber betete seinen eigenen Gott
an. Der König sagte zu ihm: Warum betest du Bel
nicht an? 5 Er erwiderte: Ich verehre keine Stand-
bilder, die von Menschen gemacht worden sind,
sondern nur den lebendigen Gott, der den Himmel
und die Erde erschaffen hat und die Herrschaft be-
sitzt über alles, was lebt. 6 Der König entgegnete
ihm: Du meinst also, Bel sei kein lebendiger Gott?
Siehst du nicht, welche Mengen er Tag für Tag ißt
und trinkt? 7 Da lachte Daniel und sagte: Laß dich
nicht täuschen, König! Dieser Bel ist innen von
Lehm und außen von Bronze; er hat niemals ge-
gessen oder getrunken. 8 Da wurde der König zor-
nig; er rief die Priester des Bel herbei und sagte zu
ihnen: Wenn ihr mir nicht sagt, wer all diese Men-
gen verzehrt, müßt ihr sterben. 9 Beweist ihr aber,
daß Bel das alles verzehrt, dann muß Daniel ster-
ben, weil er über Bel gelästert hat. Daniel sagte zum
König: Es soll geschehen, was du gesagt hast. 10 Es
waren aber siebzig Belpriester, nicht gerechnet die
Frauen und Kinder. Der König ging nun mit Daniel
in den Tempel Bels. 11 Die Belpriester sagten: Wir ge-
hen jetzt hinaus. Trag du, König, selbst die Speisen
auf, mische den Wein, und stell ihn hin! Verschließ
dann die Tür, und versiegle sie mit deinem Ring!
12 Wenn du morgen früh wiederkommst und dich
nicht davon überzeugen kannst, daß Bel alles ver-
zehrt hat, dann wollen wir sterben, andernfalls
aber Daniel, der uns verleumdet hat. 13 Sie waren
unbesorgt; denn sie hatten sich zum Opfertisch ei-
nen verborgenen Zugang gemacht, durch den sie
jeweils hereinkamen, um alles zu verzehren. 14 Als
die Priester hinausgegangen waren, trug der König
die Speisen für Bel auf. Daniel aber ließ durch seine
Diener Asche holen und damit den ganzen Boden
des Tempels bestreuen, wobei nur der König zu-
sah. Dann gingen sie hinaus, verschlossen die Tür,
versiegelten sie mit dem Ring des Königs und ent-
fernten sich. 15 In der Nacht kamen wie gewöhnlich
die Priester mit ihren Frauen und Kindern; sie aßen
alles auf und tranken den Wein. 16 Früh am Morgen
aber ging der König mit Daniel zum Tempel. 17 Der
König fragte: Sind die Siegel unversehrt, Daniel?
Er antwortete: Sie sind unversehrt, mein König.
18 Kaum war das Portal geöffnet, da blickte der Kö-
nig auf den Opfertisch und rief laut: Groß bist du,
Bel! Bei dir gibt es nie einen Betrug. 19 Doch Daniel
lachte; er hinderte den König, das Innere zu betre-
ten und sagte: Sieh dir doch den Fußboden an und
prüfe, von wem diese Fußspuren sind. 20 Der König
sagte: Ich sehe Fußspuren von Männern, Frauen
und Kindern. 21 Und er wurde zornig und ließ die
Priester mit ihren Frauen und Kindern festneh-
men. Sie mußten ihm die geheime Tür zeigen,
durch die sie hereingekommen waren, um das,
was auf dem Tisch stand, zu verzehren. 22 Darauf
ließ sie der König töten. Den Bel aber übergab er Da-
niel, der ihn und sein Heiligtum zerstörte.

Daniel und der Drache

23 Es gab auch einen großen Drachen, den die Ba-
bylonier wie einen Gott verehrten. 24 Der König
sagte zu Daniel: Von diesem Drachen kannst du
nicht sagen, er sei kein lebendiger Gott. Bete ihn
also an! 25 Daniel erwiderte: Nur den Herrn, mei-

nen Gott, bete ich an; denn er ist wirklich ein
lebendiger Gott. 26 Du aber, König, gib mir die Er-
laubnis, den Drachen zu töten, ohne Schwert und
Keule! Der König sagte: Ich gebe sie dir. 27 Da nahm
Daniel Pech, Talg und Haare, schmolz alles zusam-
men, formte Kuchen daraus und warf sie dem Dra-
chen ins Maul. Der Drache fraß sie und zerbarst. Da
sagte Daniel: Seht, was ihr für Götter verehrt! 28 Als
die Babylonier davon hörten, waren sie empört
und taten sich gegen den König zusammen. Sie
sagten: Der König ist Jude geworden. Den Bel hat
er zertrümmert, den Drachen getötet und die Prie-
ster hingeschlachtet. 29 Sie gingen zum König und
verlangten: Liefere uns Daniel aus! Sonst töten wir
dich und deine Familie. 30 Da sich der König aufs
äußerste bedroht sah, lieferte er ihnen Daniel not-
gedrungen aus. 31 Sie aber warfen ihn in die Löwen-
grube. Dort blieb er sechs Tage lang. 32 In der Grube
waren sieben Löwen; man gab ihnen täglich zwei
Menschen und zwei Schafe zu fressen. Jetzt aber
gab man ihnen nichts, damit sie Daniel fressen soll-
ten.

33 In Judäa lebte damals der Prophet Habakuk. Er
hatte sich eine Mahlzeit gekocht und Brot in einen
Napf gebrockt und ging gerade auf das Feld, um das
Essen den Arbeitern zu bringen. 34 Da sagte der En-
gel des Herrn zu Habakuk: Bring das Essen, das du
in der Hand hast, dem Daniel nach Babylon in die
Löwengrube! 35 Habakuk antwortete: Herr, ich
habe Babylon nie gesehen, und die Grube kenne
ich nicht. 36 Da faßte ihn der Engel des Herrn am
Schopf, trug ihn an seinen Haaren fort und ver-
setzte ihn mit der Gewalt seines Geistes nach Ba-
bylon an den Rand der Grube. 37 Habakuk rief: Da-
niel, Daniel, nimm das Essen, das Gott dir geschickt
hat. 38 Da sagte Daniel: Gott, du hast also an mich
gedacht; du läßt die nicht im Stich, die dich lieben.
39 Dann stand Daniel auf und aß. Den Habakuk aber
versetzte der Engel Gottes sogleich an seinen
früheren Ort zurück.

40 Am siebten Tag kam der König, um Daniel zu be-
trauern. Er trat an die Grube und schaute hinein. Da
sah er Daniel sitzen, 41 und er rief laut: Groß bist du,
Herr, du Gott Daniels. Außer dir gibt es keinen an-
deren Gott. 42 Dann ließ er Daniel herausziehen
und statt seiner die Männer in die Grube werfen,
die ihn hatten vernichten wollen. Und vor seinen
Augen wurden sie sofort aufgefressen.

DAS ZWÖLFPROPHETENBUCH

DAS BUCH HOSEA

Überschrift: 1,1

1 Das Wort des Herrn, das an Hosea, den Sohn
Beeris, in der Zeit erging, als Usija, Jotam, Ahas
und Hiskija Könige von Juda waren und als Jero-
beam, der Sohn des Joasch, König von Israel war.

Die Ehe Hoseas: 1,2–3,5

Die symbolische Botschaft Gottes

2 So begann der Herr durch Hosea zu reden: Der
Herr sagte zu Hosea: Geh, nimm dir eine Kult-
dirne zur Frau, und (zeuge) Dirnenkinder! Denn
das Land hat den Herrn verlassen und ist zur
Dirne geworden. 3 Da ging Hosea und nahm Go-
mer, die Tochter Diblajims, zur Frau; sie wurde
schwanger und gebar ihm einen Sohn. 4 Der Herr
sagte zu Hosea: Gib ihm den Namen Jesreel!
Denn es dauert nicht mehr lange, dann werde ich

das Haus Jehu für die Blutschuld von Jesreel be-
strafen und dem Königtum in Israel ein Ende ma-
chen. 5 An jenem Tag werde ich den Bogen Israels
in der Ebene Jesreel zerbrechen.
6 Als Gomer wieder schwanger wurde und
eine Tochter gebar, sagte der Herr zu Hosea: Gib
ihr den Namen Lo-Ruhama (Kein Erbarmen)!
Denn von jetzt an habe ich kein Erbarmen mehr
mit dem Haus Israel, nein, ich entziehe es ihnen.
7 Mit dem Haus Juda jedoch will ich Erbarmen
haben und ihnen Hilfe bringen; ich helfe ihnen
als der Herr, ihr Gott, aber nicht mit Bogen,
Schwert und Krieg, nicht mit Rossen und Rei-
tern.
8 Als Gomer Lo-Ruhama entwöhnt hatte,
wurde sie wieder schwanger und gebar einen
Sohn. 9 Da sagte der Herr: Gib ihm den Namen
Lo-Ammi (Nicht mein Volk)! Denn ihr seid nicht
mein Volk, und ich bin nicht der »Ich-bin-da« für
euch.

Die kommende Rettung

2 Einst werden die Söhne Israels so zahlreich
sein / wie der Sand am Meer, / der nicht zu
messen und nicht zu zählen ist.
Und statt daß man zu ihnen sagt: / Ihr seid
»nicht mein Volk«,
wird man zu ihnen sagen: / Die Söhne des le-
bendigen Gottes (seid ihr).
2 Die Söhne Judas und die Söhne Israels werden
sich zusammenschließen; / sie werden sich ein
gemeinsames Oberhaupt geben / und die Macht
im Land wiedergewinnen.
Wahrhaftig, ein großer Tag / wird der Tag von
Jesreel sein.
3 Nennt eure Brüder: Ammi (Mein Volk), / und
eure Schwestern: Ruhama (Erbarmen).

Der Prozeß gegen das treulose Israel

4 Verklagt eure Mutter, verklagt sie! / Denn sie ist
nicht meine Frau, / und ich bin nicht ihr Mann.
Sie soll von ihrem Gesicht das Dirnenzeichen
entfernen / und von ihren Brüsten die Male des
Ehebruchs.
5 Sonst ziehe ich sie nackt aus / und stelle sie hin
wie am Tag ihrer Geburt;
ich mache sie der Wüste gleich, / wie verdorr-
tes Land mache ich sie / und lasse sie verdursten.
6 Auch mit ihren Kindern habe ich kein Erbar-
men; / denn es sind Dirnenkinder.
7 Ja, ihre Mutter war eine Dirne, / die Frau, die
sie gebar, trieb schändliche Dinge.
Sie sagte: Ich will meinen Liebhabern folgen; /
sie geben mir Brot und Wasser, / Wolle und Lei-
nen, Öl und Getränke.
8 Darum versperre ich ihr den Weg / mit Dor-
nengestrüpp
und verbaue ihn mit einer Mauer, / so daß sie
ihren Pfad nicht mehr findet.
9 Dann rennt sie ihren Liebhabern nach, holt sie
aber nicht ein. / Sie sucht nach ihnen, findet sie
aber nicht.
Dann wird sie sagen: Ich kehre um / und gehe
wieder zu meinem ersten Mann; / denn damals
ging es mir besser als jetzt.
10 Aber sie hat nicht erkannt, daß ich es
war, / der ihr das Korn und den Wein und das Öl
gab,
der sie mit Silber überhäufte / und mit Gold, aus
dem man dann Baalsbilder machte.
11 Darum hole ich mir mein Korn zurück, / wenn
es Zeit dafür ist, / und auch meinen Wein, wenn
es Zeit ist;
ich nehme ihr meine Wolle und mein Leinen, /
die ihre Blöße verhüllen sollten.
12 Dann entblöße ich ihre Scham / vor den Au-
gen ihrer Liebhaber. / Niemand kann sie meiner
Gewalt entreißen.
13 Ich mache all ihren Freuden ein Ende, / ihren
Feiern und Neumondfesten, / ihren Sabbaten
und den anderen festlichen Tagen.
14 Ich verwüste ihre Reben und Feigenbäume, /
von denen sie sagte: Das ist mein Lohn, / den mir
meine Liebhaber gaben.
Ich mache ihre Weingärten zur Wildnis; / die
wilden Tiere fressen sie kahl.
15 Ich bestrafe sie für all die Feste, / an denen sie
den Baalen Rauchopfer dargebracht hat;
sie hat ihre Ringe und ihren Schmuck angelegt /
und ist ihren Liebhabern gefolgt, / mich aber hat sie
vergessen – Spruch des Herrn.
16 Darum will ich selbst sie verlocken. / Ich will
sie in die Wüste hinausführen / und sie umwer-
ben.
17 Dann gebe ich ihr dort ihre Weinberge wieder, /
und das Achor-Tal mache ich für sie zum Tor der
Hoffnung.
Sie wird mir dorthin bereitwillig folgen / wie in
den Tagen ihrer Jugend, / wie damals, als sie aus
Ägypten heraufzog.

Der neue Bund

18 An jenem Tag – Spruch des Herrn – / wirst du zu mir sagen: Mein Mann!, / und nicht mehr: Mein Baal!
19 Ich lasse die Namen der Baale aus ihrem Mund verschwinden, / so daß niemand mehr ihre Namen anruft.
20 Ich schließe für Israel an jenem Tag einen Bund / mit den Tieren des Feldes
und den Vögeln des Himmels / und mit allem, was auf dem Erdboden kriecht.
Ich zerbreche Bogen und Schwert, / es gibt keinen Krieg mehr im Land, / ich lasse sie Ruhe und Sicherheit finden.
21 Ich traue dich mir an auf ewig; / ich traue dich mir an
um den Brautpreis von Gerechtigkeit und Recht, / von Liebe und Erbarmen,
22 ich traue dich mir an / um den Brautpreis meiner Treue: / Dann wirst du den Herrn erkennen.
23 An jenem Tag – Spruch des Herrn – / will ich erhören:
Ich will den Himmel erhören, / und der Himmel wird die Erde erhören,
24 und die Erde erhört das Korn, / den Wein und das Öl, / und diese erhören Jesreel.
25 Ich säe sie aus in meinem Land. / Ich habe Erbarmen mit Lo-Ruhama (Kein Erbarmen),
und zu Lo-Ammi (Nicht mein Volk) sage ich: / Du bist mein Volk!, / und er wird sagen: (Du bist) mein Gott!

Die Wiederannahme der treulosen Frau

3 Der Herr sagte zu mir: / Geh noch einmal hin und liebe die Frau, / die einen Liebhaber hat und Ehebruch treibt.
(Liebe sie) so, / wie der Herr die Söhne Israels liebt,
obwohl sie sich anderen Göttern zuwenden / und Opferkuchen aus Rosinen lieben.
2 Da kaufte ich sie für fünfzehn Silberstücke / und anderthalb Hómer Gerste.
3 Ich sagte zu ihr: / Du bleibst jetzt viele Tage bei mir,
ohne als Dirne einem Mann zu gehören. / Und so mache auch ich es mit dir.
4 Denn viele Tage bleiben Israels Söhne / ohne König und Fürst,
ohne Opfer und Steinmal, / ohne Efod und ohne Terafim.
5 Danach werden die Söhne Israels umkehren / und den Herrn, ihren Gott, suchen / und ihren König David.
Zitternd werden sie zum Herrn kommen / und seine Güte suchen am Ende der Tage.

Schuld und Rettung: 4,1–14,9

Das Gericht über die Priester

4 Hört das Wort des Herrn, ihr Söhne Israels! / Denn der Herr erhebt Klage / gegen die Bewohner des Landes:
Es gibt keine Treue und keine Liebe / und keine Gotteserkenntnis im Land.
2 Nein, Fluch und Betrug, / Mord, Diebstahl und Ehebruch machen sich breit, / Bluttat reiht sich an Bluttat.
3 Darum soll das Land verdorren, / jeder, der darin wohnt, soll verwelken,
samt den Tieren des Feldes / und den Vögeln des Himmels; / auch die Fische im Meer sollen zugrundegehen.
4 Doch nicht irgendeiner wird verklagt, / nicht irgendwer wird gerügt, / sondern dich, Priester, klage ich an.
5 Am hellichten Tag kommst du zu Fall, / und ebenso wie du stürzt in der Nacht der Prophet. / Auch deine Mutter lasse ich umkommen.
6 Mein Volk kommt um, weil ihm die Erkenntnis fehlt. / Weil du die Erkenntnis verworfen hast, / darum verwerfe auch ich dich als meinen Priester.
Du hast die Weisung deines Gottes vergessen; / deshalb vergesse auch ich deine Söhne.
7 Je mehr sie wurden, / um so mehr sündigten sie gegen mich. / Ihre Ehre tauschen sie ein gegen Schande.
8 Sie nähren sich von der Sünde meines Volkes / und sind gierig nach seinen ruchlosen Opfern.
9 Darum wird es dem Priester ergehen wie dem Volk: / Ich bestrafe ihn für sein Verhalten, / seine Taten vergelte ich ihm.

10 Sie werden zwar essen, doch sie werden nicht
satt, / sie treiben Unzucht, aber sie vermehren
sich nicht.
Ja, sie haben den Herrn verlassen / und sich an
Unzucht gehalten.

Die Sünde Israels

11 Der Opferwein raubt meinem Volk den Ver-
stand: / 12 Es befragt sein Götzenbild aus Holz, /
von seinem Stock erwartet es Auskunft.
Ja, der Geist der Unzucht führt es irre. / Es hat
seinen Gott verlassen / und ist zur Dirne gewor-
den.
13 Sie feiern Schlachtopfer auf den Höhen der
Berge, / auf den Hügeln bringen sie Rauchopfer
dar,
unter Eichen, Storaxbäumen und Terebinthen, /
deren Schatten so angenehm ist.
So werden eure Töchter zu Dirnen, / und eure
Schwiegertöchter brechen die Ehe.
14 Aber ich strafe nicht eure Töchter dafür, / daß
sie zu Dirnen werden,
und nicht eure Schwiegertöchter dafür, / daß sie
die Ehe brechen;
denn sie (die Priester) selbst / gehen mit den
Dirnen beiseite,
mit den Weihedirnen feiern sie Schlacht-
opfer. / So kommt das unwissende Volk zu
Fall.
15 Auch wenn du, Israel, zur Dirne wirst, / so soll
sich doch Juda nicht schuldig machen.
Kommt nicht nach Gilgal, / zieht nicht nach Bet-
Awen hinauf! / Schwört nicht: So wahr der Herr
lebt!
16 Ja, Israel ist störrisch wie eine störrische Kuh. /
Und da sollte der Herr sie auf die Weide führen /
wie die Lämmer auf der weiten Flur?
17 Efraim ist im Bund mit den Götzen, / 18 es sitzt
da, ein Haufen von Zechern;
sie treiben es mit den Dirnen, / sie lieben ihre
schändliche Schamlosigkeit.
19 Doch ein Sturm rafft sie mit seinen Flügeln da-
hin, / sie gehen mit Schande zugrunde wegen ih-
rer Altäre.

Die Abrechnung mit den Führern und dem Volk

5 Hört her, ihr Priester! / Gebt acht, ihr vom
Haus Israel!
Horcht auf, ihr aus dem Königshaus! / Denn ihr
seid die Hüter des Rechts.
Doch ihr wurdet (für das Volk) zu einer Falle in
Mizpa, / zu einem Netz, das auf dem Tabor aus-
gespannt ist,
2 zu einer tiefen Grube in Schittim. / Ich aber
werde euch alle bestrafen.
3 Ich kenne Efraim gut, / Israel kann sich vor mir
nicht verstecken:
Efraim hat es mit den Dirnen getrieben, / Israel
hat sich befleckt.
4 Ihre Taten verhindern, / daß sie umkehren zu
ihrem Gott.
Denn der Geist der Unzucht steckt in ihnen, /
so daß sie den Herrn nicht erkennen.
5 Sein eigener Hochmut klagt Israel an, / Ef-
raim kommt zu Fall durch seine eigene Schuld; /
zusammen mit ihm stürzt auch Juda zu Bo-
den.
6 Sie werden ausziehen mit ihren Schafen und
Rindern, / um den Herrn zu suchen,
doch sie werden ihn nicht finden; / er zieht sich
vor ihnen zurück.
7 Sie haben dem Herrn die Treue gebrochen, / sie
haben Bastarde geboren. / Nun frißt ein glühen-
der Wind ihren ererbten Besitz.

Die Schuld der Bruderstämme

8 Blast in Gibea das Widderhorn, / in Rama die
Trompete!
Schlagt Lärm in Bet-Awen, / schreckt Benjamin
auf!
9 Efraim wird zu einer schauerlichen Wüste, /
wenn der Tag der Züchtigung kommt.
Ich mache bei Israels Stämmen bekannt, / was
fest beschlossen ist.
10 Die Führer Judas handeln wie Menschen, / die
Grenzsteine versetzen. / Ich gieße meinen Groll
wie Wasser über sie aus.
11 Efraim wird unterdrückt, / das Recht wird zer-
treten.
Denn sie waren darauf aus, / dem »Unflat« zu
folgen.
12 Ich aber bin wie Eiter für Efraim, / wie Fäulnis
für das Haus Juda.
13 Als Efraim seine Krankheit sah / und Juda sein
Geschwür,
da ging Efraim nach Assur, / und (Juda) schickte
zum Großkönig.

Aber der kann euch nicht heilen, / er befreit
euch nicht von eurem Geschwür.
14 Denn ich bin für Efraim wie ein Löwe, / wie
ein junger Löwe für das Haus Juda.
Ich, ja, ich reiße (die Beute), / dann gehe ich davon;
ich schleppe sie weg, / und keiner kann sie mir entreißen.
15 Ich gehe weg, ich kehre an meinen Ort zurück, / (und warte,) bis sie mich schuldbewußt suchen,
bis sie in ihrer Not / wieder Ausschau halten nach mir.

Das Bußgebet des Volkes und die Antwort Gottes

6 Kommt, wir kehren zum Herrn zurück! /
Denn er hat (Wunden) gerissen, er wird uns
auch heilen; / er hat verwundet, er wird auch
verbinden.
2 Nach zwei Tagen gibt er uns das Leben zurück, / am dritten Tag richtet er uns wieder auf, /
und wir leben vor seinem Angesicht.
3 Laßt uns streben nach Erkenntnis, / nach der
Erkenntnis des Herrn.
Er kommt so sicher wie das Morgenrot; / er kommt zu uns wie der Regen, / wie der Frühjahrsregen, der die Erde tränkt.
4 Was soll ich tun mit dir, Efraim? / Was soll ich
tun mit dir, Juda?
Eure Liebe ist wie eine Wolke am Morgen / und wie der Tau, der bald vergeht.
5 Darum schlage ich drein durch die Propheten, / ich töte sie durch die Worte meines Mundes. / Dann leuchtet mein Recht auf wie das Licht.
6 Liebe will ich, nicht Schlachtopfer, / Gotteserkenntnis statt Brandopfer.

Das treulose Gottesvolk

7 Sie haben bei Adam den Bund übertreten; / dort
haben sie mir die Treue gebrochen.
8 Gilead ist eine Stadt voller Übeltäter, / mit Blut
befleckt.
9 Die Rotte der Priester liegt auf der Lauer / wie
eine Bande von Räubern,
sie morden auf dem Weg, der nach Sichem führt, / ja, sie treiben schändliche Dinge.
10 In Bet-El habe ich gräßliche Dinge gesehen; /
dort treibt es Efraim mit den Dirnen, / dort befleckt sich Israel.
11 Auch dir, Juda, steht die Ernte bevor. / Wenn
ich das Geschick meines Volkes wende,
7 wenn ich Israel heile, / dann wird die Schuld
Efraims sichtbar / und die Bosheit Samarias.
Denn was sie tun, ist Betrug: / Der Dieb bricht in die Häuser ein, / auf der Straße plündern die Banden.
2 Sie bedenken nicht, / daß ich all ihr böses Tun
im Gedächtnis behalte.
Jetzt werden sie umringt von ihren Taten, / die mir vor Augen stehen.

Die Königsmacher und Königsmörder

3 In ihrer Schlechtigkeit erheitern sie den König, /
in ihrer Falschheit seine Fürsten.
4 Sie alle sind Ehebrecher. / Sie sind wie ein an-
geheizter Backofen,
dessen Feuer der Bäcker nicht mehr schürt, / wenn er den Teig knetet und ihn aufgehen läßt.
5 Am »Tag unseres Königs« / machen sie die Für-
sten schwach
mit der Glut des Weins, / dessen Kraft die Wortführer umwirft.
6 Ja, hinterhältig nähern sie sich, / mit einem
Herzen, das wie ein Backofen glüht:
Die ganze Nacht über schläft ihr Zorn, / am Morgen aber entbrennt er wie ein loderndes Feuer.
7 Sie alle glühen wie ein Backofen; / sie fressen
ihre Regenten.
Alle ihre Könige stürzen; / doch zu mir ruft keiner von ihnen.

Die verfehlte Politik

8 Efraim läßt sich unter die Völker verrühren, /
Efraim ist ein Brot, / das man beim Backen nicht
wendet.
9 Fremde zehren an seiner Kraft, / ohne daß er
es merkt.
Auch werden seine Haare grau, / ohne daß er es merkt.
10 Sein eigener Hochmut klagt Israel an; / doch
es kehrt nicht um zum Herrn, seinem Gott, / und
sucht ihn trotz alledem nicht.

11 Efraim ist wie eine Taube, / leicht zu betören, ohne Verstand. / Sie rufen Ägypten zu Hilfe und laufen nach Assur.

12 Während sie laufen, werfe ich mein Netz über sie, / ich hole sie herunter wie die Vögel des Himmels; / sobald ihr Schwarm sich hören läßt, fange ich sie.

13 Weh ihnen, weil sie mir weggelaufen sind. / Verderben über sie, weil sie mir abtrünnig wurden.

Und da sollte ich sie loskaufen, / ich, über den sie nur Lügen verbreiten?

14 Wenn sie zu mir schreien, / kommt es nicht aus dem Herzen; / sie liegen nur da und heulen.

Sie ritzen sich wund, um Korn und Wein zu erflehen; / sie widersetzen sich mir.

15 Ich bin es, der ihre Arme geübt und gestärkt hat, / aber gegen mich planen sie Böses.

16 Sie wenden sich dem »Nichtsnutz« zu, / sie sind wie ein Bogen, der versagt.

Ihre Fürsten kommen um durch das Schwert / wegen ihrer frechen Zunge. / Deshalb wird man in Ägypten über sie spotten.

Die Tage der Abrechnung

8 Stoß ins Horn! / Denn wie ein Geier kommt das Unheil / über das Haus des Herrn,

weil sie meinen Bund nicht halten / und mein Gesetz mißachten.

2 Sie schreien zwar zu mir: Mein Gott! / Wir, Israel, kennen dich doch.

3 Aber Israel hat das Gute verworfen. / Darum soll der Feind es verfolgen.

4 Sie setzen Könige ein, aber gegen meinen Willen; / sie wählen Fürsten, doch ich erkenne sie nicht an.

Sie machen sich Götzen aus ihrem Silber und Gold – / wohl damit es vernichtet wird.

5 Samaria, dein Kalb ist verworfen. / Mein Zorn ist entbrannt gegen sie; / wie lange noch sind sie unfähig, sich zu läutern?

6 Denn wer sind Israel und das Kalb? / Ein Handwerker hat das Kalb gemacht, / und es ist kein Gott.

Ja, zersplittert soll es am Boden liegen, / das Kalb von Samaria.

7 Denn sie säen Wind, / und sie ernten Sturm.

Halme ohne Ähren bringen kein Mehl. / Und wenn sie es bringen, / verschlingen es Fremde.

8 Israel ist schon verschlungen. / Jetzt gilt es im Kreis der Völker / als wertloses Zeug.

9 Denn Israel ist nach Assur gelaufen. / Ein Wildesel bleibt für sich allein; / Efraim aber macht Liebesgeschenke.

10 Auch wenn sie sich unter den Völkern preisgeben, / treibe ich sie jetzt zusammen;

schon bald sollen sie sich krümmen / unter der Last des Königs der Fürsten.

11 Efraim hat viele Altäre gebaut, / um sich zu entsündigen, / doch die Altäre sind ihm zur Sünde geworden.

12 Ich kann ihnen noch so viele Gesetze aufschreiben, / sie gelten ihnen so wenig wie die eines Fremden.

13 Schlachtopfer lieben sie, / sie opfern Fleisch und essen davon; / der Herr aber hat kein Gefallen an ihnen.

Jetzt denkt er an ihre Schuld / und straft sie für ihre Sünden: / Sie müssen zurück nach Ägypten.

14 Israel hat seinen Schöpfer vergessen / und große Paläste gebaut, / Juda hat viele Festungen errichtet.

Doch ich sende Feuer in seine Städte; / es soll seine Paläste verzehren.

9 Israel, freue dich nicht, / jauchze nicht wie die Völker!

Denn eine Dirne bist du, / du hast deinen Gott verlassen; / auf allen Dreschtennen liebst du Dirnenlohn.

2 Tenne und Kelter werden ihnen die Freundschaft entziehen, / und der Wein wird sie verleugnen.

3 Im Land des Herrn dürfen sie nicht mehr wohnen; / Efraim muß zurück nach Ägypten, / und in Assur müssen sie unreine Speisen essen.

4 Sie können dem Herrn kein Weinopfer mehr spenden, / ihre Schlachtopfer werden von ihm nicht angenommen.

Ihr Brot wird Trauerbrot sein, / alle, die davon essen, werden unrein.

Ja, ihr Brot reicht nur für den eigenen Hunger, / nichts davon kommt in das Haus des Herrn.

5 Was wollt ihr dann tun für den Feiertag, / für den Festtag des Herrn?

6 Ja, sie müssen fort, denn ihr Land ist verwüstet; / Ägypten sammelt sie ein, / Memfis begräbt sie.

So kostbar ihr Silber auch ist, / das Unkraut wird
es von ihnen erben, / in ihren Zelten wachsen die
Dornen.

Die Verfolgung des Propheten

7 Die Tage der Abrechnung sind gekommen, / ge-
kommen sind die Tage der Vergeltung; / Israel
wird es erleben.
Der Prophet ist ein Narr, / der Geistesmann ist
verrückt.
So große Anfeindung zeigt, / wie groß deine
Schuld ist.
8 Efraim, das Volk meines Gottes, / lauert dem
Propheten auf:
Fangnetze bedrohen ihn auf all seinen Wegen; /
auf Feindschaft stößt er sogar im Haus seines
Gottes.
9 Sie haben ihm eine tiefe Grube gegraben / wie
in den Tagen von Gibea.
Doch der Herr denkt an ihre Schuld, / er wird
sie strafen für ihre Sünden.

Die Verwerfung Efraims

10 Wie man Trauben findet in der Wüste, / so fand
ich Israel;
wie die erste Frucht am jungen Feigenbaum, /
so sah ich eure Väter.
Sie aber kamen nach Baal-Pegor / und weihten
sich dem schändlichen Gott; / sie wurden so ab-
scheulich wie der, den sie liebten.
11 Efraim – wie ein Vogelschwarm / fliegt seine
Macht davon:
keine Geburt mehr, / keine Schwangerschaft,
keine Empfängnis.
12 Selbst wenn sie ihre Kinder großziehen, / ma-
che ich sie kinderlos und verlassen.
Ja, weh auch ihnen selbst, / wenn ich mich ab-
wende von ihnen.
13 Ich sehe, wie Efraim seine Kinder zur Beute
der Jäger macht, / wie Efraim seine Söhne dem
Schlächter zuführt.
14 Gib ihnen, Herr, was du ihnen geben willst: /
Gib den Müttern einen unfruchtbaren Schoß und
vertrocknete Brüste!
15 Ihre ganze Bosheit hat sich in Gilgal enthüllt, /
dort habe ich sie hassen gelernt.
Ihrer bösen Taten wegen / vertreibe ich sie aus
meinem Haus.
Nie mehr werde ich sie lieben. / Aufrührer sind
alle ihre Führer.
16 Efraim ist zerschlagen, seine Wurzeln sind
verdorrt, / sie bringen keine Frucht mehr her-
vor.
Auch wenn sie gebären, / töte ich die geliebte
Frucht ihres Schoßes.
17 Mein Gott wird sie verstoßen, / weil sie nicht
auf ihn hörten; / unstet müssen sie umherirren
unter den Völkern.

Der Untergang von Kult und Königtum

10 Israel war ein üppiger Weinstock, / der
seine Frucht brachte.
Je fruchtbarer er war, / desto mehr opferte man
auf den Altären.
Je schöner sein Land wurde, / um so schöner
schmückten sie die Steinmale.
2 Ihr Herz ist geteilt, / jetzt müssen sie büßen.
Der Herr selbst zerschlägt ihre Altäre / und zer-
stört ihre Steinmale.
3 Dann werden sie sagen: / Wir haben keinen
König mehr;
denn wir haben den Herrn nicht gefürchtet. /
Aber auch ein König – was könnte er für uns tun?
4 Sprüche machen, Meineide schwören, / Bünd-
nisse schließen;
und die Rechtsprechung wuchert / wie in den
Ackerfurchen das giftige Unkraut.
5 Um das Kalb von Bet-Awen / müssen die Ein-
wohner von Samaria zittern. / Sein Volk wird
darum trauern.
Mögen auch seine Priester jubeln über seine
Pracht, / wahrhaftig, sie wird ihm genommen.
6 Das Kalb selbst wird nach Assur geschafft / als
Geschenk für den Großkönig.
Efraim erntet Schmach, / Israel geht an seinen
eigenen Beschlüssen zugrunde.
7 Samaria wird vernichtet, / sein König gleicht
einem abgebrochenen Zweig auf dem Wasser.
8 Verwüstet werden die unheilvollen Kulthö-
hen, / diese Sünde Israels.
Dornen und Disteln überwuchern ihre Altäre. /
Dann wird man zu den Bergen sagen: Deckt uns
zu!, / und zu den Hügeln: Fallt auf uns!
9 Seit den Tagen von Gibea dauert Israels Sünde, /
sie sind seither nicht anders geworden.
Wird nicht wie in Gibea / der Krieg über sie
kommen wegen ihrer Verbrechen?

10 Ich komme, um sie zu züchtigen. / Ich werde
Völker versammeln gegen sie, / sie gefangen-
nehmen wegen ihrer doppelten Schuld.
11 Efraim war ein gelehriges Rind, / willig zum
Dreschen.
Als ich vorbeiging und seinen kräftigen Nacken
sah, / spannte ich Efraim ein, um zu pflügen; / Ja-
kob sollte mir eggen:
12 Sät als eure Saat Gerechtigkeit aus, / so werdet
ihr ernten, / wie es der (göttlichen) Liebe ent-
spricht.
Nehmt Neuland unter den Pflug! / Es ist Zeit,
den Herrn zu suchen;
dann wird er kommen / und euch mit Heil über-
schütten.
13 Ihr aber habt Schlechtigkeit eingepflügt; /
darum habt ihr Verbrechen geerntet / und die
Frucht der Lüge gegessen.
Du hast auf deine Macht vertraut / und auf die
Menge deiner Krieger;
14 darum erhebt sich Kriegslärm gegen dein
Volk, / und alle deine Festungen werden zer-
stört,
wie Schalman im Krieg Bet-Arbeel zerstörte, /
am Tag der Schlacht, / an dem man die Mutter
niederstreckte / über ihren Kindern.
15 Das bringt euch Bet-El ein / wegen eurer gren-
zenlosen Bosheit.
Beim Morgengrauen / wird der König von Israel
völlig vernichtet.

Gottes große Liebe

11 Als Israel jung war, gewann ich ihn lieb, /
ich rief meinen Sohn aus Ägypten.
2 Je mehr ich sie rief, / desto mehr liefen sie von
mir weg.
Sie opferten den Baalen / und brachten den Göt-
terbildern Rauchopfer dar.
3 Ich war es, der Efraim gehen lehrte, / ich nahm
ihn auf meine Arme.
Sie aber haben nicht erkannt, / daß ich sie hei-
len wollte.
4 Mit menschlichen Fesseln zog ich sie an mich, /
mit den Ketten der Liebe.
Ich war da für sie wie die (Eltern), / die den
Säugling an ihre Wangen heben. / Ich neigte mich
ihm zu und gab ihm zu essen.
5 Doch er muß wieder zurück nach Ägypten, /
Assur wird sein König sein; / denn sie haben sich
geweigert umzukehren.
6 Das Schwert wird in seinen Städten wüten; /
es wird seinen Schwätzern den Garaus ma-
chen / und sie wegen ihrer Pläne vernich-
ten.
7 Mein Volk verharrt in der Treulosigkeit; /
sie rufen zu Baal, / doch er hilft ihnen nicht
auf.
8 Wie könnte ich dich preisgeben, Efraim, / wie
dich aufgeben, Israel?
Wie könnte ich dich preisgeben wie Adma, /
dich behandeln wie Zebojim?
Mein Herz wendet sich gegen mich, / mein
Mitleid lodert auf.
9 Ich will meinen glühenden Zorn nicht voll-
strecken / und Efraim nicht noch einmal vernich-
ten.
Denn ich bin Gott, nicht ein Mensch, / der Hei-
lige in deiner Mitte. / Darum komme ich nicht in
der Hitze des Zorns.
10 Sie werden hinter Jahwe herziehen. / Er brüllt
wie ein Löwe, ja, er brüllt,
daß die Söhne vom Westmeer / zitternd herbei-
kommen.
11 Wie Vögel kommen sie zitternd herbei aus
Ägypten, / wie Tauben aus dem Land Assur.
Ich lasse sie heimkehren in ihre Häuser – /
Spruch des Herrn.

Das unzuverlässige Volk

12 Mit Lügen umzingelt mich Efraim, / mit
Betrug das Haus Israel.
[Aber Juda hält auch in der Fremde zu Gott /
und bleibt dem Hochheiligen treu.]
2 Efraim weidet den Wind, / immer läuft es dem
Ostwind nach.
Es häuft Lüge auf Lüge, Gewalt auf Gewalt. / Es
schließt mit Assur ein Bündnis / und liefert Öl
nach Ägypten.
3 Darum geht der Herr mit Israel ins Gericht, / er
straft Jakob für sein Verhalten / und zahlt ihm
heim, wie es seine Taten verdienen.
4 Schon im Mutterleib hinterging er seinen
Bruder, / und als er ein Mann war, rang er mit
Gott.
5 [Er wurde Herr über den Engel und siegte.] /
Weinend flehte er ihn um Gnade an.
Er fand ihn in Bet-El, / und dort sprach er mit
ihm.
6 Der Herr, der Gott der Heere, / dessen Name
Jahwe ist, (sagte:)

7 Du wirst mit Hilfe deines Gottes heimkeh-
ren; / bewahre die Liebe und das Recht, / und
hoffe immer auf deinen Gott!
8 Doch dieser Händler hat eine falsche Waage in
der Hand, / er liebt den Betrug.
9 Efraim sagt: Ich bin reich geworden / und habe
mir ein Vermögen erworben.
Nichts, was ich erwarb, / gilt mir als Unrecht
und Sünde.
10 Aber ich, der Herr, / dein Gott seit der Zeit in
Ägypten,
ich lasse dich wieder in Zelten wohnen / wie in
den Tagen der (ersten) Begegnung.
11 Ich rede zu den Propheten, / ich lasse sie viele
Visionen sehen, / und durch die Propheten sende
ich Vernichtung.
12 Schon in Gilead beging man Verbrechen, / und
auch jetzt handeln sie völlig verkehrt.
Sie opfern in Gilgal den Stieren; / darum
werden auch ihre Altäre den Steinhaufen
gleichen, / die man neben den Äckern auf-
häuft.
13 Jakob floh in die Gegend von Aram; / wegen
eines Weibes wurde Israel zum Knecht, / wegen
eines Weibes hütete er Schafe.
14 Aber durch einen Propheten führte der Herr /
Israel aus Ägypten heraus, / und durch einen Pro-
pheten wurde es behütet.
15 Efraim hat Gott bitter gekränkt, / darum wird
sein Herr ihn die Blutschuld büßen lassen / und
ihm die Beschimpfung heimzahlen.

Die letzte Abrechnung

13 Wenn Efraim redete, zitterten alle. / Er
war in Israel mächtig.
Dann aber machte er sich schuldig durch Baal, /
und er verfiel dem Tod.
2 Nun sündigen sie weiter / und machen sich
aus ihrem Silber gegossene Bilder,
kunstfertig stellen sie Götzen her – / alles nur
ein Machwerk von Schmieden.
Ihnen, so sagen sie, müßt ihr opfern. / Men-
schen küssen Kälber.
3 Darum sollen sie werden wie die Wolken
am Morgen / und wie der Tau, der bald ver-
geht,
wie die Spreu, die aus der Tenne stiebt, / und
wie Rauch, der aus der Luke zieht.
4 Ich aber, ich bin der Herr, dein Gott, / seit der
Zeit in Ägypten;
du sollst keinen anderen Gott kennen als
mich. / Es gibt keinen Retter außer mir.
5 Ich habe dich in der Wüste auf die Weide ge-
führt, / im Land der glühenden Hitze.
6 Als sie ihre Weide hatten, wurden sie satt. / Als
sie satt waren, wurde ihr Herz überheblich, /
darum vergaßen sie mich.
7 Deshalb wurde ich für sie zu einem Löwen, /
wie ein Panther lauere ich am Weg.
8 Ich falle sie an wie eine Bärin, / der man die
Jungen geraubt hat, / und zerreiße ihnen die
Brust und das Herz.
Die Hunde fressen sie dann, / und die wilden
Tiere zerfleischen sie.
9 Ich vernichte dich, Israel. / Wer kommt dir zu
Hilfe?
10 Wo ist denn dein König, der dich retten könn-
te, / dich und all deine Städte?
Wo sind deine Regenten, / von denen du sag-
test: / Gib mir einen König und Fürsten!
11 In meinem Zorn gab ich dir einen König, / in
meinem Groll nahm ich ihn weg.
12 Efraims Schuld wird gebündelt verwahrt, /
seine Sünden werden gespeichert.
13 Es kommen die Wehen für seine Geburt; / aber
er ist ein törichtes Kind;
denn wenn die Zeit da ist, / kommt er nicht her-
aus aus dem Mutterschoß.
14 Aus der Gewalt der Unterwelt / sollte ich sie
befreien?
Vom Tod sollte ich sie erlösen? / Tod, wo sind
deine Seuchen?
Unterwelt, wo ist dein Stachel? / Meine Augen
kennen kein Mitleid.
15 Auch wenn Efraim im Kreis seiner Brüder
prächtig gedeiht, / es kommt ein Ostwind, ein
Sturm des Herrn;
er steigt aus der Wüste auf / und läßt Efraims Brun-
nen versiegen / und seine Quellen vertrocknen.
Er plündert die Schatzkammern aus / und raubt
den ganzen kostbaren Besitz.
14 Samaria verfällt seiner Strafe, / weil es
sich empört hat gegen seinen Gott.
Seine Bewohner fallen unter dem Schwert, /
ihre Kinder werden zerschmettert, / die schwan-
geren Frauen werden aufgeschlitzt.

Die Umkehr als Bedingung für die Rettung

2 Kehr um, Israel, zum Herrn, deinem Gott! / Denn
du bist zu Fall gekommen durch deine Schuld.

3 Kehrt um zum Herrn, / nehmt Worte (der Reue)
mit euch, und sagt zu ihm:
Nimm alle Schuld von uns, / und laß uns Gutes
erfahren! / Wir danken es dir mit der Frucht un-
serer Lippen.
4 Assur kann uns nicht retten. / Wir wollen
nicht mehr auf Pferden reiten,
und zum Machwerk unserer Hände sagen wir
nie mehr: Unser Gott. / Denn nur bei dir findet
der Verwaiste Erbarmen.
5 Ich will ihre Untreue heilen / und sie aus lau-
ter Großmut wieder lieben. / Denn mein Zorn hat
sich von Israel abgewandt.
6 Ich werde für Israel da sein wie der Tau, / da-
mit es aufblüht wie eine Lilie / und Wurzeln
schlägt wie der Libanon.
7 Seine Zweige sollen sich ausbreiten, / seine
Pracht soll der Pracht des Ölbaums gleichen / und
sein Duft dem Duft des Libanon.
8 Sie werden wieder in meinem Schatten woh-
nen; / sie bauen Getreide an
und gedeihen wie die Reben, / deren Wein so
berühmt ist wie der Wein vom Libanon.
9 Was hat Efraim noch mit den Götzen zu
tun? / Ich, ja, ich erhöre ihn, ich schaue nach
ihm.
Ich bin wie der grünende Wacholder, / an mir
findest du reiche Frucht.

Nachwort: 14,10

10 Wer weise ist, begreife dies alles, / wer klug ist,
erkenne es.
Ja, die Wege des Herrn sind gerade; / die Ge-
rechten gehen auf ihnen, / die Treulosen aber
kommen auf ihnen zu Fall.

DAS BUCH JOËL

Überschrift: 1,1

1 Das Wort des Herrn, das an Joël, den Sohn Petuëls, erging.

Die Bußfeier wegen der Heuschreckenplage: 1,2–2,27

Die Heuschreckenplage als Anlaß zur Buße

2 Hört her, ihr Ältesten, / horcht alle auf, ihr Be-
wohner des Landes!
Ist so etwas jemals geschehen / in euren Tagen
oder in den Tagen eurer Väter?
3 Erzählt euren Kindern davon, / und eure Kin-
der sollen es ihren Kindern erzählen / und deren
Kinder dem folgenden Geschlecht.
4 Was der Grashüpfer übrigließ, / hat die Wan-
derheuschrecke gefressen;
was die Wanderheuschrecke übrigließ, / hat die
Larve gefressen;

was die Larve übrigließ, / hat der Nager gefres-
sen.
[5] Wacht auf, ihr Betrunkenen, und weint! / Jam-
mert alle, ihr Zecher! / Euer Mund bekommt kei-
nen Wein mehr zu trinken.
[6] Denn ein Volk zog heran gegen mein Land, /
gewaltig groß und nicht zu zählen;
seine Zähne sind Zähne von Löwen, / sein Ge-
biß ist das Gebiß einer Löwin.
[7] Es hat meinen Weinstock verwüstet, / meinen
Feigenbaum völlig verstümmelt.
Abgeschält ließ es ihn liegen, / die Zweige star-
ren bleich in die Luft.
[8] Klagt wie eine Jungfrau im Trauergewand, / die
den Bräutigam ihrer Jugend beweint.
[9] Aus ist es mit dem Speiseopfer, / mit dem
Trankopfer im Haus des Herrn. / Es trauern die
Priester, die Diener des Herrn.
[10] Kahl liegt das Feld, der Acker trauert; / denn
das Korn ist vernichtet, vertrocknet der Wein, /
das Öl ist versiegt.
[11] Die Bauern sind ganz geschlagen, / es jam-
mern die Winzer;
denn Weizen und Gerste, / die Ernte des Feldes
ist verloren.
[12] Der Weinstock ist dürr, der Feigenbaum welk. /
Granatbaum, Dattelpalme und Apfelbaum,
alle Bäume auf dem Feld sind verdorrt; / ja, ver-
dorrt ist die Freude der Menschen.
[13] Legt Trauer an, und klagt, ihr Priester! / Jam-
mert, ihr Diener des Altars!
Kommt, verbringt die Nacht im Trauergewand, /
ihr Diener meines Gottes!
Denn Speiseopfer und Trankopfer / bleiben dem
Haus eures Gottes versagt.
[14] Ordnet ein heiliges Fasten an, / ruft einen Got-
tesdienst aus!
Versammelt die Ältesten / und alle Bewohner
des Landes
beim Haus des Herrn, eures Gottes, / und
schreit zum Herrn:
[15] Weh, was für ein Tag! / Denn der Tag des Herrn
ist nahe; / er kommt mit der Allgewalt des All-
mächtigen.
[16] Vor unseren Augen wurde uns die Nahrung
entrissen, / aus dem Haus unseres Gottes sind
Freude und Jubel verschwunden.
[17] Die Saat liegt vertrocknet unter den Schollen; /
die Scheunen sind verödet, die Speicher zerfal-
len; / denn das Korn ist verdorrt.
[18] Wie brüllt das Vieh! / Die Rinderherden irren
umher,
denn sie finden kein Futter; / selbst die Schaf-
herden leiden Not.
[19] Zu dir rufe ich, Herr; / denn Feuer hat das Gras
der Steppe gefressen, / die Flammen haben alle
Bäume der Felder verbrannt.
[20] Auch die wilden Tiere schreien lechzend zu
dir; / denn die Bäche sind vertrocknet, / und
Feuer hat das Gras der Steppe gefressen.

Der Tag des Herrn

2 Auf dem Zion stoßt in das Horn, / schlagt
Lärm auf meinem heiligen Berg!
Alle Bewohner des Landes sollen zittern; /
denn es kommt der Tag des Herrn,
ja, er ist nahe, / [2] der Tag des Dunkels und
der Finsternis, / der Tag der Wolken und Wet-
ter.
Wie das Morgenrot, / das sich über die Berge
hinbreitet, / kommt ein Volk, groß und gewal-
tig,
wie es vor ihm noch nie eines gab / und nach
ihm keines mehr geben wird / bis zu den fern-
sten Geschlechtern.
[3] Vor ihm her verzehrendes Feuer, / hinter ihm
lodernde Flammen;
vor ihm ist das Land wie der Garten Eden, / hin-
ter ihm schaurige Wüste – / nichts kann ihm ent-
rinnen.
[4] Wie Rosse sehen sie aus, / wie Reiter stürmen
sie dahin.
[5] Wie rasselnde Streitwagen / springen sie über
die Kuppen der Berge,
wie eine prasselnde Feuerflamme, / die die
Stoppeln frißt, / wie ein mächtiges Heer, gerüstet
zur Schlacht.
[6] Bei ihrem Anblick winden sich Völker, / alle
Gesichter glühen vor Angst.
[7] Wie Helden stürmen sie dahin, / wie Krieger
erklettern sie die Mauer.
Jeder verfolgt seinen Weg, / keiner verläßt seine
Bahn.
[8] Keiner stößt den andern; / Mann für Mann zie-
hen sie ihre Bahn.
Mitten durch die Wurfspeere stürmen sie vor, /
ihre Reihen nehmen kein Ende.
[9] Sie überfallen die Stadt, erstürmen die Mau-
ern, / klettern an den Häusern empor, / steigen
durch die Fenster ein wie ein Dieb.

10 Die Erde zittert vor ihnen, der Himmel erbebt; /
Sonne und Mond verfinstern sich, / die Sterne hal-
ten ihr Licht zurück.
11 Und der Herr läßt vor seinem Heer / seine
Stimme dröhnen;
sein Heer ist gewaltig, / mächtig ist der Voll-
strecker seines Befehls.
Ja, groß ist der Tag des Herrn und voll Schrek-
ken. / Wer kann ihn ertragen?

Der Aufruf zur Buße

12 Auch jetzt noch – Spruch des Herrn: / Kehrt um
zu mir von ganzem Herzen / mit Fasten, Weinen
und Klagen.
13 Zerreißt eure Herzen, nicht eure Kleider, / und
kehrt um zum Herrn, eurem Gott!
Denn er ist gnädig und barmherzig, / langmütig
und reich an Güte, / und es reut ihn, daß er das
Unheil verhängt hat.
14 Vielleicht kehrt er um, und es reut ihn, / und
er läßt Segen zurück,
so daß ihr Speise- und Trankopfer darbringen
könnt / für den Herrn, euren Gott.
15 Auf dem Zion stoßt in das Horn, / ordnet ein
heiliges Fasten an, / ruft einen Gottesdienst aus!
16 Versammelt das Volk, / heiligt die Gemeinde!
Versammelt die Alten, / holt die Kinder zusam-
men, auch die Säuglinge!
Der Bräutigam verlasse seine Kammer / und die
Braut ihr Gemach.
17 Zwischen Vorhalle und Altar / sollen die Priester
klagen, / die Diener des Herrn sollen sprechen:
Hab Mitleid, Herr, mit deinem Volk, / und über-
laß dein Erbe nicht der Schande, / damit die Völ-
ker nicht über uns spotten.
Warum soll man bei den Völkern sagen: / Wo ist
denn ihr Gott?

Die Erhörung durch Gott

18 Da erwachte im Herrn / die Leidenschaft für sein
Land, / und er hatte Erbarmen mit seinem Volk.
19 Der Herr antwortete seinem Volk und sprach: /
Seht, ich sende euch Korn, Wein und Öl, / damit ihr
euch daran sättigen könnt.
Ich gebe euch nicht mehr der Schande preis /
unter den Völkern.
20 Den Feind aus dem Norden / schicke ich weit
von euch weg,
ich treibe ihn in ein dürres, verödetes Land, /
seine Vorhut treibe ich zum östlichen Meer / und
seine Nachhut zum westlichen Meer.
Dann erhebt sich ein Gestank, / Verwesungsge-
ruch steigt von ihm auf / [denn er hat sich gebrü-
stet].
21 Fürchte dich nicht, fruchtbares Land! / Freu
dich und juble; / denn der Herr hat Großes getan.
22 Fürchtet euch nicht, ihr Tiere auf dem Feld! /
Denn das Gras in der Steppe wird wieder grün,
der Baum trägt seine Frucht, / Feigenbaum und
Weinstock bringen ihren Ertrag.
23 Jubelt, ihr Söhne Zions, / und freut euch über
den Herrn, euren Gott!
Denn er gibt euch Nahrung, wie es recht ist. /
Er schickt euch den Regen,
Herbstregen und Frühjahrsregen / wie in frühe-
rer Zeit.
24 Die Tennen sind voll von Getreide, / die Kel-
tern fließen über von Wein und Öl.
25 Ich ersetze euch die Ernten, / die von der Wan-
derheuschrecke und der Larve, / vom Nager und
vom Grashüpfer gefressen wurden,
von meinem großen Heer, das ich gegen euch
sandte.
26 Ihr werdet essen und satt werden / und den
Namen des Herrn, eures Gottes, preisen, / der für
euch solche Wunder getan hat. / [Mein Volk
braucht sich nie mehr zu schämen.]
27 Dann werdet ihr erkennen, / daß ich mitten in
Israel bin
und daß ich der Herr, euer Gott, bin, / ich und
sonst niemand. / Mein Volk braucht sich nie
mehr zu schämen.

Das kommende Heil: 3,1–4,21

Die Ausgießung des Geistes

3 Danach aber wird es geschehen, / daß ich
meinen Geist ausgieße über alles Fleisch.
Eure Söhne und Töchter werden Propheten
sein, / eure Alten werden Träume haben, / und
eure jungen Männer haben Visionen.
2 Auch über Knechte und Mägde / werde ich
meinen Geist ausgießen in jenen Tagen.

3 Ich werde wunderbare Zeichen wirken / am Himmel und auf der Erde: / Blut und Feuer und Rauchsäulen.

4 Die Sonne wird sich in Finsternis verwandeln / und der Mond in Blut,

ehe der Tag des Herrn kommt, / der große und schreckliche Tag.

5 Und es wird geschehen: / Wer den Namen des Herrn anruft, wird gerettet.

Denn auf dem Berg Zion / und in Jerusalem gibt es Rettung,

wie der Herr gesagt hat, / und wen der Herr ruft, der wird entrinnen.

Das Gericht über die Völker

4 Denn seht, in jenen Tagen, in jener Zeit, / wenn ich das Geschick Judas und Jerusalems wende,

2 versammle ich alle Völker / und führe sie hinab zum Tal Joschafat;

dort streite ich im Gericht mit ihnen / um Israel, mein Volk und meinen Erbbesitz.

Denn sie haben es unter die Völker zerstreut / und mein Land aufgeteilt.

3 Sie haben über mein Volk das Los geworfen, / einen Knaben haben sie der Dirne als Lohn gegeben / und Mädchen für Wein verkauft, um zu zechen.

4 Und auch ihr, Tyrus und Sidon, und alle ihr
Gaue der Philister, was wollt ihr von mir? Wollt
ihr mir vergelten, was ich euch angetan habe?
Oder wollt ihr mir selbst etwas antun? Leicht
und schnell lasse ich eure Taten auf euch selbst
zurückfallen. 5 Denn ihr habt mein Silber und
Gold genommen und meine kostbaren Schätze
in eure Paläste gebracht. 6 Ihr habt Judas und
Jerusalems Söhne an die Jawaniter verkauft, um
sie aus ihrer Heimat zu entfernen. 7 Seht her,
ich lasse sie aufbrechen von dem Ort, wohin
ihr sie verkauft habt, und lasse eure Taten auf
euch selbst zurückfallen. 8 Und ich verkaufe eure
Söhne und Töchter an die Söhne Judas, und
diese verkaufen sie weiter an die Sabäer, ein
Volk in weiter Ferne. Ja, der Herr hat gesprochen.

9 Ruft den Völkern zu: / Ruft den Heiligen Krieg aus!

Bietet eure Kämpfer auf! / Alle Krieger sollen anrücken und heraufziehen.

10 Schmiedet Schwerter aus euren Pflugscharen / und Lanzen aus euren Winzermessern! / Der Schwache soll sagen: Ich bin ein Kämpfer.

11 Eilt alle herbei, / versammelt euch, ihr Völker ringsum! / Dorthin führe, Herr, deine Kämpfer hinab!

12 Die Völker sollen aufbrechen und heraufziehen zum Tal Joschafat. / Denn dort will ich zu Gericht sitzen über alle Völker ringsum.

13 Schwingt die Sichel; / denn die Ernte ist reif.

Kommt, tretet die Kelter; / denn sie ist voll, die Tröge fließen über. / Denn ihre Bosheit ist groß.

14 Getöse und Getümmel herrscht / im Tal der Entscheidung;

denn der Tag des Herrn ist nahe / im Tal der Entscheidung.

15 Sonne und Mond verfinstern sich, / die Sterne halten ihr Licht zurück.

16 Der Herr brüllt vom Zion her, / aus Jerusalem dröhnt seine Stimme, / so daß Himmel und Erde erbeben.

Doch für sein Volk ist der Herr eine Zuflucht, / er ist eine Burg für Israels Söhne.

17 Dann werdet ihr erkennen, / daß ich der Herr, euer Gott, bin

und daß ich auf dem Zion wohne, / meinem heiligen Berg.

Jerusalem wird heilig sein, / Fremde werden nie mehr hindurchziehen.

18 An jenem Tag triefen die Berge von Wein, / die Hügel fließen über von Milch, / und in allen Bächen Judas strömt Wasser.

Eine Quelle entspringt im Haus des Herrn / und tränkt das Schittim-Tal.

19 Ägypten wird zur Wüste, / Edom wird zur verödeten Steppe,

wegen der Gewalttat an Judas Söhnen, / in deren Land sie unschuldiges Blut vergossen.

20 Juda aber bleibt für immer bewohnt, / und Jerusalem besteht von Geschlecht zu Geschlecht,

21 [ich erkläre ihr Blut für unschuldig, / das ich vorher nicht für unschuldig erklärte, / und der Herr wohnt auf dem Zion.

DAS BUCH AMOS

Überschrift: 1,1

1 Die Worte, die Amos, ein Schafzüchter
aus Tekoa, in Visionen über Israel ge-
hört hat, in der Zeit, als Usija König von Juda
und Jerobeam, der Sohn des Joasch, König
von Israel waren, zwei Jahre vor dem Erdbe-
ben.

Das Gericht über die Völker: 1,3–2,16

Über die Nachbarvölker

2 Er sprach:
Der Herr brüllt vom Zion her, / aus Jerusalem
läßt er seine Stimme erschallen.
Da welken die Auen der Hirten, / und der Gip-
fel des Karmel verdorrt.
3 So spricht der Herr:
Wegen der drei Verbrechen, die Damaskus be-
ging, / wegen der vier nehme ich es nicht zurück:
Weil sie Gilead mit eisernen Dreschschlitten zer-
malmten, / 4 darum schicke ich Feuer gegen Ha-
saëls Haus; / es frißt Ben-Hadads Paläste.
5 Ich zerbreche die Riegel von Damaskus, / ich
vernichte den Herrscher von Bikat-Awen / und
den Zepterträger von Bet-Eden;
das Volk von *Aram* muß in die Verbannung nach
Kir, / spricht der Herr.
6 So spricht der Herr:
Wegen der drei Verbrechen, die Gaza beging, /
wegen der vier nehme ich es nicht zurück:
Weil sie ganze Gebiete entvölkerten, / um die
Verschleppten an Edom auszuliefern,
7 darum schicke ich Feuer in Gazas Mauern; / es
frißt seine Paläste.
8 Ich vernichte den Herrscher von Aschdod /
und den Zepterträger von Aschkelon.
Dann wende ich meine Hand gegen Ekron, /
und der Rest der *Philister* wird verschwinden, /
spricht der Herr.
9 So spricht der Herr:
Wegen der drei Verbrechen, die *Tyrus* beging, /
wegen der vier nehme ich es nicht zurück:
Weil sie Verschleppte scharenweise an Edom
auslieferten / und nicht mehr an den Bund mit
ihren Brüdern dachten,
10 darum schicke ich Feuer in die Mauern von Ty-
rus; / es frißt seine Paläste.
11 So spricht der Herr:
Wegen der drei Verbrechen, die *Edom* beging, /
wegen der vier nehme ich es nicht zurück:
Weil Edom seinen Bruder mit dem Schwert ver-
folgte / und jedes Mitleid unterdrückte,
weil es unversöhnlich festhielt an seinem Zorn /
und nie abließ von seinem Groll,
12 schicke ich Feuer gegen Teman; / es frißt
Bozras Paläste.
13 So spricht der Herr:
Wegen der drei Verbrechen, / die die *Ammoni-
ter* begingen, / wegen der vier nehme ich es nicht
zurück:
Weil sie in Gilead die schwangeren Frauen auf-
schlitzten, / als sie ihr Gebiet erweitern wollten,
14 darum lege ich Feuer an die Mauern von
Rabba; / es frißt seine Paläste
beim Kriegsgeschrei am Tag der Schlacht, / beim
Getöse am Tag des Sturms.
15 Ihr König muß in die Verbannung, / er und alle
seine Großen, / spricht der Herr.

2 So spricht der Herr:
Wegen der drei Verbrechen, die *Moab* be-
ging, / wegen der vier nehme ich es nicht zurück:
Weil Moab die Gebeine des Königs von Edom /
zu Kalk verbrannte,
2 darum schicke ich Feuer gegen Moab; / es frißt
die Paläste von Kerijot,
und Moab geht im Getümmel zugrunde, / beim
Kriegsgeschrei, beim Schall der Hörner.
3 Ich vernichte in Moab den Herrscher / und er-
schlage zusammen mit ihm alle seine Großen, /
spricht der Herr.

Über Juda und Israel

4 So spricht der Herr:
Wegen der drei Verbrechen, die *Juda* beging, / wegen der vier nehme ich es nicht zurück:
Weil sie die Weisung des Herrn mißachteten / und seine Gesetze nicht befolgten,
weil sie sich irreführen ließen von ihren Lügengöttern, / denen schon ihre Väter gefolgt sind,
5 darum schicke ich Feuer gegen Juda; / es frißt Jerusalems Paläste.
6 So spricht der Herr:
Wegen der drei Verbrechen, die *Israel* beging, / wegen der vier nehme ich es nicht zurück:
Weil sie den Unschuldigen für Geld verkaufen / und den Armen für ein Paar Sandalen,
7 weil sie die Kleinen in den Staub treten / und das Recht der Schwachen beugen.
Sohn und Vater gehen zum selben Mädchen, / um meinen heiligen Namen zu entweihen.
8 Sie strecken sich auf gepfändeten Kleidern aus / neben jedem Altar,
von Bußgeldern kaufen sie Wein / und trinken ihn im Haus ihres Gottes.
9 Dabei bin ich es gewesen, / der vor ihren Augen die Amoriter vernichtete,
die groß waren wie die Zedern / und stark wie die Eichen;
ich habe oben ihre Frucht vernichtet / und unten ihre Wurzeln.
10 Ich bin es gewesen, / der euch aus Ägypten heraufgeführt
und euch vierzig Jahre lang / durch die Wüste geleitet hat,
damit ihr das Land der Amoriter / in Besitz nehmen konntet.
11 Ich habe einige eurer Söhne zu Propheten gemacht / und einige von euren jungen Männern zu Nasiräern.
Ist es nicht so, ihr Söhne Israels? – / Spruch des Herrn.
12 Ihr aber habt den Nasiräern / Wein zu trinken gegeben,
und den Propheten habt ihr befohlen: / Ihr dürft nicht mehr als Propheten auftreten.
13 Seht, ich lasse den Boden unter euch schwanken, / wie ein Wagen schwankt, der voll ist von Garben.
14 Dann gibt es auch für den Schnellsten keine Flucht mehr, / dem Starken versagen die Kräfte, / auch der Held kann sein Leben nicht retten.
15 Kein Bogenschütze hält stand, / dem schnellen Läufer helfen seine Beine nichts, / noch rettet den Reiter sein Pferd.
16 Selbst der Tapferste unter den Kämpfern, / nackt muß er fliehen an jenem Tag – / Spruch des Herrn.

Die Anklagen gegen die Oberschicht in Israel: 3,1–6,14

Israels Erwählung und Verantwortung

3 Hört dieses Wort, das der Herr gesprochen hat / über euch, ihr Söhne Israels,
über den ganzen Stamm, / den ich aus Ägypten heraufgeführt habe.
2 Nur euch habe ich erwählt / aus allen Stämmen der Erde;
darum ziehe ich euch zur Rechenschaft / für alle eure Vergehen.

Gott und die Propheten

3 Gehen zwei den gleichen Weg, / ohne daß sie sich verabredet haben?
4 Brüllt der Löwe im Wald, / und er hat keine Beute?
Gibt der junge Löwe Laut in seinem Versteck, / ohne daß er einen Fang getan hat?
5 Fällt ein Vogel zur Erde, / wenn niemand nach ihm geworfen hat?
Springt die Klappfalle vom Boden auf, / wenn sie nichts gefangen hat?
6 Bläst in der Stadt jemand ins Horn, / ohne daß das Volk erschrickt?
Geschieht ein Unglück in einer Stadt, / ohne daß der Herr es bewirkt hat?
7 Nichts tut Gott, der Herr, / ohne daß er seinen Knechten, den Propheten, / zuvor seinen Ratschluß offenbart hat.
8 Der Löwe brüllt – wer fürchtet sich nicht? / Gott, der Herr, spricht – / wer wird da nicht zum Propheten?

Das Gericht über Samaria

9 Ruft es aus über den Palästen von Aschdod / und
über den Palästen in Ägypten!
Sagt: Versammelt euch auf den Bergen rings um
Samaria, / seht euch das wilde Treiben in der
Stadt an / und die Unterdrückung, die dort
herrscht.
10 Sie kennen die Rechtschaffenheit nicht –
Spruch des Herrn –, / sie sammeln Schätze
in ihren Palästen / mit Gewalt und Unterdrük-
kung.
11 Darum – so spricht Gott, der Herr:
Ein Feind wird das Land umzingeln; / er wird
deine Macht niederreißen, / und deine Paläste
werden geplündert.
12 So spricht der Herr:
Wie ein Hirt aus dem Rachen des Löwen / (von
einem Schaf) nur zwei Wadenknochen rettet oder
den Zipfel eines Ohres,
so werden Israels Söhne gerettet, / die in Sama-
ria auf ihrem Diwan sitzen / und auf ihren Pol-
stern aus Damaskus.
13 Hört und bezeugt es dem Haus Jakob – /
Spruch Gottes, des Herrn, des Gottes der
Heere:
14 Ja, an dem Tag, an dem ich Israel / für seine
Verbrechen zur Rechenschaft ziehe, / werde
ich an den Altären von Bet-El die Strafe vollzie-
hen;
die Hörner des Altars werden abgehauen / und
fallen zu Boden.
15 Ich zerschlage den Winterpalast und den Som-
merpalast, / die Elfenbeinhäuser werden ver-
schwinden,
und mit den vielen Häusern ist es zu Ende –/
Spruch des Herrn.

Die Unterdrückung der Armen

4 Hört dieses Wort, / ihr Baschankühe auf dem
Berg von Samaria,
die ihr die Schwachen unterdrückt / und die Ar-
men zermalmt
und zu euren Männern sagt: / Schafft Wein her-
bei, wir wollen trinken.
2 Bei seiner Heiligkeit / hat Gott, der Herr, ge-
schworen:
Seht, Tage kommen über euch, / da holt man
euch mit Fleischerhaken weg,
und was dann noch von euch übrig ist, / mit An-
gelhaken.
3 Ihr müßt durch die Breschen der Mauern hin-
aus, / eine hinter der andern;
man jagt euch dem Hermon zu – / Spruch des
Herrn.

Umkehr – nicht äußerlicher Kult

4 Kommt nach Bet-El, und sündigt, / kommt nach
Gilgal, und sündigt noch mehr!
Bringt jeden Morgen eure Schlachtopfer her-
bei, / bringt am dritten Tag euren Zehnten!
5 Verbrennt als Dankopfer gesäuertes Brot! / Ruft
zu freiwilligen Opfern auf, / verkündet es laut, da-
mit man es hört!
Denn so gefällt es euch, ihr Söhne Israels –/
Spruch Gottes, des Herrn.
6 Ich ließ euch hungern in all euren Städten, /
ich gab euch kein Brot mehr in all euren Dör-
fern,
und dennoch seid ihr nicht umgekehrt zu
mir –/ Spruch des Herrn.
7 Ich versagte euch den Regen / drei Monate vor
der Ernte.
Über der einen Stadt ließ ich es regnen, / über
der anderen nicht;
das eine Feld bekam Regen, / das andere nicht,
so daß es verdorrte.
8 Zwei, drei Städte taumelten zu der einen; / sie
wollten Wasser trinken und blieben doch durstig.
Und dennoch seid ihr nicht umgekehrt zu
mir – / Spruch des Herrn.
9 Ich vernichtete euer Getreide durch Rost und
Mehltau, / ich verwüstete eure Gärten und Wein-
berge;
eure Feigenbäume und eure Ölbäume / fraßen
die Heuschrecken kahl.
Und dennoch seid ihr nicht umgekehrt zu
mir – / Spruch des Herrn.
10 Ich ließ die Pest gegen euch los wie gegen
Ägypten, / eure jungen Männer tötete ich mit
dem Schwert / und gab eure Pferde (den Feinden)
zur Beute;
den Leichengestank von eurem Heerlager / ließ
ich euch in die Nase steigen.
Und dennoch seid ihr nicht umgekehrt zu
mir – / Spruch des Herrn.
11 Ich brachte über euch eine gewaltige Zer-
störung / wie die, die Gott einst über Sodom und
Gomorra verhängte;
ihr wart wie ein Holzscheit, / das man aus dem
Feuer herausholt.

Und dennoch seid ihr nicht umgekehrt zu
mir – / Spruch des Herrn.
12 Darum will ich dir all das antun, Israel, /
und weil ich dir all das antun werde, / mach
dich bereit, deinem Gott gegenüberzutre-
ten.
13 Denn siehe, er formt die Berge, / er erschafft
den Wind,
er verkündet den Menschen, was er im Sinn
hat; / er macht das Morgenrot und die Finster-
nis,
er schreitet über die Höhen der Erde dahin –/
Jahwe, Gott der Heere, ist sein Name.
5 Hört dieses Wort, ihr vom Haus Israel, /
hört die Totenklage, die ich über euch an-
stimme:
2 Gefallen ist sie und steht nicht mehr auf, / die
Jungfrau Israel;
sie liegt zerschmettert am Boden in ihrem
Land, / und niemand richtet sie auf.
3 Denn so spricht Gott, der Herr:
In die Stadt, aus der tausend Männer auszo-
gen, / kehren nur hundert zurück,
und wo hundert auszogen, / kehren nur zehn
zurück.
4 Ja, so spricht der Herr zum Haus Israel: / Sucht
mich, dann werdet ihr leben.
5 Doch sucht nicht Bet-El auf, / geht nicht nach
Gilgal, / zieht nicht nach Beerscheba!
Denn Gilgal droht die Verbannung / und Bet-El
der Untergang.
6 Sucht den Herrn, dann werdet ihr leben. /
Sonst dringt er in das Haus Josef ein
wie ein Feuer, das frißt, / und niemand löscht
Bet-Els Brand.
8 Er hat das Siebengestirn und den Orion er-
schaffen; / er verwandelt die Finsternis in den
hellen Morgen,
er verdunkelt den Tag zur Nacht, / er ruft das
Wasser des Meeres
und gießt es aus über die Erde – / Jahwe ist sein
Name.
9 Plötzlich wird er den Starken vernichten, / und
über die befestigten Städte bricht die Vernichtung
herein.

Die Beugung des Rechts

7 Weh denen, die das Recht in bitteren Wermut
verwandeln / und die Gerechtigkeit zu Boden
schlagen.
10 Bei Gericht hassen sie den, / der zur Gerech-
tigkeit mahnt, / und wer Wahres redet, den ver-
abscheuen sie.
11 Weil ihr von den Hilflosen Pachtgeld annehmt /
und ihr Getreide mit Steuern belegt,
darum baut ihr Häuser aus behauenen Stei-
nen – / und wohnt nicht darin,
legt ihr euch prächtige Weinberge an – / und
werdet den Wein nicht trinken.
12 Denn ich kenne eure vielen Vergehen / und
eure zahlreichen Sünden.
Ihr bringt den Unschuldigen in Not, / ihr laßt
euch bestechen / und weist den Armen ab bei
Gericht.
13 Darum schweigt in dieser Zeit, wer klug ist; /
denn es ist eine böse Zeit.
14 Sucht das Gute, nicht das Böse; / dann werdet
ihr leben,
und dann wird, wie ihr sagt, / der Herr, der Gott
der Heere, bei euch sein.
15 Haßt das Böse, liebt das Gute, / und bringt bei
Gericht das Recht zur Geltung!
Vielleicht ist der Herr, der Gott der Heere, / dem
Rest Josefs dann gnädig.

Der kommende Tag des Herrn

16 Darum – so spricht der Herr, der Gott der
Heere:
Auf allen Plätzen herrscht Trauer, / und auf al-
len Gassen schreit man: Wehe! Wehe!
Den Ackerknecht holt man zur Totenklage, /
den Kenner der Totenlieder ruft man zum Kla-
gen.
17 In allen Weinbergen herrscht Trauer; / denn
ich schreite durch deine Mitte, / spricht der
Herr.
18 Weh denen, die den Tag des Herrn herbeiseh-
nen. / Was nützt euch denn der Tag des Herrn? /
Finsternis ist er, nicht Licht.
19 Es ist, wie wenn jemand einem Löwen ent-
flieht / und ihn dann ein Bär überfällt;
kommt er nach Hause / und stützt sich mit der
Hand auf die Mauer, / dann beißt ihn eine
Schlange.
20 Ja, Finsternis ist der Tag des Herrn, nicht Licht, /
ohne Helligkeit ist er und dunkel.

Der wahre Gottesdienst

21 Ich hasse eure Feste, ich verabscheue sie / und
kann eure Feiern nicht riechen.

22 Wenn ihr mir Brandopfer darbringt, / ich habe
kein Gefallen an euren Gaben, / und eure fetten
Heilsopfer will ich nicht sehen.
23 Weg mit dem Lärm deiner Lieder! / Dein Har-
fenspiel will ich nicht hören,
24 sondern das Recht ströme wie Wasser, / die
Gerechtigkeit wie ein nie versiegender Bach.
25 Habt ihr mir etwa Schlachtopfer und Gaben
dargebracht / während der vierzig Jahre in der
Wüste, / ihr vom Haus Israel?
26 Ihr werdet (den Gott) Sakkut als euren König
vor euch hertragen müssen / und den Kewan,
euren Sterngott, / eure Götter, die ihr euch selber
gemacht habt.
27 Ich will euch in die Gebiete jenseits von Da-
maskus verbannen, / spricht der Herr; / Gott der
Heere ist sein Name.

Die leichtlebige Oberschicht

6 Weh den Sorglosen auf dem Zion / und den
Selbstsicheren auf dem Berg von Samaria.
Weh den Vornehmen des ersten unter den Völ-
kern. / [Weh denen, bei denen sich die Israeliten
versammeln.]
2 Zieht hinüber nach Kalne, und seht euch
dort um! / Geht von da nach Hamat, in die große
Stadt, / und steigt hinunter nach Gat, ins Land der
Philister!
Seid ihr besser als diese Reiche? / Ist euer Ge-
biet größer als ihr Gebiet?
3 Ihr, die ihr den Tag des Unheils hinausschieben
wollt, / führt die Herrschaft der Gewalt herbei.
4 Ihr liegt auf Betten aus Elfenbein / und faulenzt
auf euren Polstern.
Zum Essen holt ihr euch Lämmer aus der Herde /
und Mastkälber aus dem Stall.
5 Ihr grölt zum Klang der Harfe, / ihr wollt Lieder
erfinden wie David.
6 Ihr trinkt den Wein aus großen Humpen, / ihr
salbt euch mit dem feinsten Öl / und sorgt euch
nicht über den Untergang Josefs.
7 Darum müssen sie jetzt in die Verbannung, / al-
len Verbannten voran. / Das Fest der Faulenzer
ist nun vorbei.
8 Gott, der Herr, hat bei sich selbst geschwo-
ren – / Spruch des Herrn, des Gottes der Heere:
Ich verabscheue Jakobs Stolz / und hasse seine
Paläste;
die Stadt und alles, was in ihr ist, / gebe ich
preis.
9 Wenn dann in einem einzigen Haus noch zehn
Menschen übrig sind, / müssen auch sie sterben.
10 Und hebt ein Verwandter oder der Leichenbe-
statter einen Toten auf, / um die Gebeine aus dem
Haus zu schaffen,
und fragt er den, / der im hintersten Winkel des
Hauses sitzt:
Ist noch jemand bei dir?, / dann antwortet die-
ser: Nein! und sagt: / Still! Sprich ja nicht den Na-
men des Herrn aus!
11 Denn der Herr befiehlt, / und man schlägt das
große Haus in Trümmer / und das kleine in
Stücke.
12 Rennen denn Pferde über die Felsen, / oder
pflügt man mit Ochsen das Meer?
Ihr aber habt das Recht in Gift verwandelt /
und die Frucht der Gerechtigkeit in bitteren Wer-
mut.
13 Ihr jubelt über (die Eroberung von) Lo-Dabar
und sagt: / Haben wir nicht aus eigener Kraft
Karnajim erobert?
14 Doch seht, ihr vom Haus Israel, / ich schicke
ein Volk gegen euch, / das euch quälen wird
von Lebo-Hamat bis zum Bach der Araba-
Steppe – / Spruch des Herrn, des Gottes der
Heere.

Die Visionen und ein biographischer Bericht: 7,1–9,6

Die erste Vision: Die Heuschreckenplage

7 Dies zeigte mir Gott, der Herr, in einer Vi-
sion: Er ließ Heuschrecken entstehen, als ge-
rade die Frühjahrssaat zu wachsen begann [die
Frühjahrssaat folgt auf den Schnitt für den König].
2 Sie machten sich daran, alles Grün im Land zu
vertilgen. Da rief ich: Gott, mein Herr, vergib
doch! Was soll denn aus Jakob werden? Er ist ja so
klein. 3 Da reute es den Herrn, und er sagte: Es soll
nicht geschehen.

Die zweite Vision: Die Feuersglut

4 Dies zeigte mir Gott, der Herr, in einer Vision:
Gott, der Herr, rief zur Strafe das Feuer herbei, und

das Feuer fraß die große Flut und wollte schon das
Land Jakobs verschlingen. 5 Da rief ich: Gott, mein
Herr, halte doch ein! Was soll denn aus Jakob wer-
den? Er ist ja so klein. 6 Da reute es den Herrn, und
er sagte: Auch das soll nicht geschehen.

Die dritte Vision: Das Senkblei

7 Dies zeigte mir Gott, der Herr, in einer Vision: Er
stand auf einer Mauer und hatte ein Senkblei in der
Hand. 8 Und der Herr fragte mich: Was siehst du,
Amos? Ich antwortete: Ein Senkblei. Da sagte der
Herr: Sieh her, mit dem Senkblei prüfe ich mein
Volk Israel. Ich verschone es nicht noch einmal.
9 Isaaks Kulthöhen werden verwüstet und Israels
Heiligtümer zerstört; mit dem Schwert in der Hand
erhebe ich mich gegen das Haus Jerobeam.

Die Ausweisung des Propheten

10 Amazja, der Priester von Bet-El, ließ Jerobeam,
dem König von Israel, melden: Mitten im Haus Is-
rael ruft Amos zum Aufruhr gegen dich auf; seine
Worte sind unerträglich für das Land. 11 Denn so
sagt Amos: Jerobeam stirbt durch das Schwert,
und Israel muß sein Land verlassen und in die
Verbannung ziehen.
12 Zu Amos aber sagte Amazja: Geh, Seher, flüchte
ins Land Juda! Iß dort dein Brot, und tritt dort als Pro-
phet auf! 13 In Bet-El darfst du nicht mehr als Prophet
reden; denn das hier ist ein Heiligtum des Königs
und ein Reichstempel. 14 Amos antwortete Amazja:
Ich bin kein Prophet und kein Prophetenschüler,
sondern ich bin ein Viehzüchter, und ich ziehe
Maulbeerfeigen. 15 Aber der Herr hat mich von mei-
ner Herde weggeholt und zu mir gesagt: Geh und
rede als Prophet zu meinem Volk Israel!
16 Darum höre jetzt das Wort des Herrn! Du sagst:
Tritt nicht als Prophet gegen Israel auf, und pro-
phezei nicht gegen das Haus Isaak! 17 Darum – so
spricht der Herr: Deine Frau wird in der Stadt als
Dirne leben, deine Söhne und Töchter fallen un-
ter dem Schwert, dein Ackerland wird mit der
Meßschnur verteilt, du selbst aber stirbst in ei-
nem unreinen Land, und Israel muß sein Land
verlassen und in die Verbannung ziehen.

Die vierte Vision: Der Obstkorb

8 Dies zeigte mir Gott, der Herr, in einer Vi-
sion: Ich sah einen Korb mit reifem Obst. 2 Er
fragte: Was siehst du, Amos? Ich antwortete: Ei-
nen Korb mit reifem Obst. Da sagte der Herr zu
mir: Mein Volk Israel ist reif für das Ende. Ich ver-
schone es nicht noch einmal. 3 An jenem Tag wer-
den die Sängerinnen des Palastes Klagelieder sin-
gen – Spruch des Herrn. Alles ist voller Leichen,
überall wirft man sie hin. Still!

Gegen die Ausbeutung

4 Hört dieses Wort, die ihr die Schwachen verfolgt /
und die Armen im Land unterdrückt.
5 Ihr sagt: Wann ist das Neumondfest vorbei? /
Wir wollen Getreide verkaufen.
Und wann ist der Sabbat vorbei? / Wir wollen
den Kornspeicher öffnen,
das Maß kleiner und den Preis größer machen /
und die Gewichte fälschen.
6 Wir wollen mit Geld die Hilflosen kaufen, / für
ein paar Sandalen die Armen.
Sogar den Abfall des Getreides machen wir zu
Geld.
7 Beim Stolz Jakobs hat der Herr geschworen: /
Keine ihrer Taten werde ich jemals vergessen.
8 Sollte deshalb die Erde nicht beben, / sollten
nicht alle ihre Bewohner voll Trauer sein?
Sollte nicht die ganze Erde sich heben wie der
Nil: / [aufgewühlt sein] und sich wieder senken
wie der Strom von Ägypten?
9 An jenem Tag – Spruch Gottes, des Herrn –/
lasse ich am Mittag die Sonne untergehen
und breite am hellichten Tag / über die Erde Fin-
sternis aus.
10 Ich verwandle eure Feste in Trauer / und all
eure Lieder in Totenklage.
Ich lege allen ein Trauergewand um / und
schere alle Köpfe kahl.
Ich bringe Trauer über das Land / wie die Trauer
um den einzigen Sohn,
und das Ende wird sein / wie der bittere Tag (des
Todes).
11 Seht, es kommen Tage – Spruch Gottes,
des Herrn –, / da schicke ich den Hunger ins
Land,
nicht den Hunger nach Brot, nicht Durst nach
Wasser, / sondern nach einem Wort des Herrn.
12 Dann wanken die Menschen von Meer zu
Meer, / sie ziehen von Norden nach Osten,
um das Wort des Herrn zu suchen; / doch sie fin-
den es nicht.
13 An jenem Tag werden die schönen jungen
Mädchen / und die jungen Männer ohnmächtig
vor Durst,

14 alle, die beim Götzenbild von Samaria schwö-
ren und sagen: / So wahr dein Gott lebt, Dan, so
wahr dein Geliebter lebt, Beerscheba!,
sie werden zu Boden stürzen / und sich nicht
mehr erheben.

Die fünfte Vision: Der Untergang des Tempels und des Volkes

9 Ich sah den Herrn beim Altar stehen. / Er
sagte: Zerschlag den Knauf der Säule, / so
daß die Tragbalken zittern.
Ich zerschmettere allen den Kopf. / Was dann
von ihnen noch übrig ist, / töte ich mit dem
Schwert.
Keiner von ihnen kann entfliehen, / keiner ent-
rinnt, keiner entkommt.
2 Wenn sie in die Totenwelt einbrechen: / meine
Hand packt sie auch dort.
Und wenn sie zum Himmel aufsteigen: / ich
hole sie von dort herunter.
3 Wenn sie sich auf dem Gipfel des Karmel
verstecken: / ich spüre sie dort auf und ergreife
sie.
Wenn sie sich vor mir auf dem Grund des Mee-
res verbergen, / dann gebiete ich der See-
schlange, sie zu beißen.
4 Und wenn sie vor ihren Feinden her in die Ge-
fangenschaft ziehen, / dann befehle ich dort dem
Schwert, sie zu töten.
Ich habe meine Augen auf sie gerichtet / zu
ihrem Unheil, nicht zu ihrem Glück.
5 Gott, der Herr der Heere, / er berührt die Erde,
so daß sie vergeht / und all ihre Bewohner voll
Trauer sind,
so daß die ganze Erde sich hebt wie der Nil /
und sich senkt wie der Strom von Ägypten.
6 Er erbaut seine Hallen im Himmel / und grün-
det sein Gewölbe auf die Erde;
er ruft das Wasser des Meeres / und gießt es aus
über die Erde – / Jahwe ist sein Name.

Gericht und Heil: 9,7–15

Erwählung und Gericht

7 Seid ihr für mich mehr als die Kuschiter, ihr Is-
raeliten? – / Spruch des Herrn.
Wohl habe ich Israel aus Ägypten heraufge-
führt, / aber ebenso die Philister aus Kaftor /
und die Aramäer aus Kir.
8 Die Augen Gottes, des Herrn, / sind auf das
sündige Königreich gerichtet.
Ich lasse es vom Erdboden verschwinden; /
doch ich werde das Haus Jakob nicht völlig ver-
nichten – / Spruch des Herrn.
9 Ja, seht, ich selbst gebe den Befehl, / ich
schüttle unter allen Völkern das Haus Israel,
wie man (Korn) schüttelt in einem Sieb, / ohne
daß ein Stein zu Boden fällt.
10 Alle Sünder meines Volkes / sollen durch das
Schwert umkommen,
alle, die sagen: Das Unheil erreicht uns nicht, /
es holt uns nicht ein.

Die Verheißung des künftigen Heils

11 An jenem Tag richte ich die zerfallene Hütte Da-
vids wieder auf / und bessere ihre Risse aus,
ich richte ihre Trümmer auf / und stelle
alles wieder her / wie in den Tagen der Vor-
zeit,
12 damit sie den Rest von Edom unterwerfen /
und alle Völker,
über denen mein Name ausgerufen ist – /
Spruch des Herrn, der das alles bewirkt.
13 Seht, es kommen Tage – Spruch des Herrn –, /
da folgt der Pflüger dem Schnitter auf dem Fuß /
und der Keltertreter dem Sämann;
da triefen die Berge von Wein, / und alle Hügel
fließen über.
14 Dann wende ich das Geschick meines Volkes
Israel. / Sie bauen die verwüsteten Städte wieder
auf und wohnen darin;
sie pflanzen Weinberge und trinken den
Wein, / sie legen Gärten an und essen die
Früchte.
15 Und ich pflanze sie ein in ihrem Land, / und
nie mehr werden sie ausgerissen
aus ihrem Land, das ich ihnen gegeben habe,
spricht der Herr, dein Gott.

DAS BUCH OBADJA

Überschrift: 1a

1 Vision Obadjas

Das Gericht über Edom: 1b–15

Als ein Bote zu den Völkern gesandt wurde mit
dem Ruf: Auf zum Kampf gegen Edom!, da haben
wir vom Herrn eine Kunde gehört.
So spricht Gott, der Herr, zu Edom:
2 Siehe, ich mache dich klein unter den Völkern, /
du wirst tief verachtet sein.
3 Dein vermessener Sinn hat dich betört; / du
wohnst in Felsenklüften,
du sitzt auf dem hohen Berg / und denkst: Wer
stürzt mich hinab?
4 Erhebst du dich auch wie der Adler / und baust
dein Nest zwischen den Sternen,
ich stürze dich von dort hinab – Spruch des
Herrn.
5 Wenn in der Nacht Diebe oder Räuber bei dir
einbrechen, / ja, dann bist du verloren.
Stehlen sie nicht, was sie wollen? / Und wenn
zu dir Winzer kommen, / lassen sie eine Nach-
lese übrig?
6 Wie wird man Esau durchsuchen / und seine
Verstecke durchstöbern!
7 Man treibt dich fort an die Grenzen; / alle
deine Bundesgenossen betrügen dich, / deine
Freunde überwältigen dich.
Einst aßen sie dein Brot, / jetzt legen sie dir
heimlich eine Schlinge.
8 Ja, an jenem Tag – Spruch des Herrn – / ver-
nichte ich die Weisen in Edom / und die Klugen
im Bergland von Esau.
9 Da packt deine Helden der Schrecken, Teman; /
da werden alle vernichtet im Bergland von Esau.
Wegen des Mordens, / 10 wegen der Gewalttat
an Jakob, deinem Bruder,
bedeckt dich die Schande, / wirst du ausgerottet
für immer.
11 Als die Fremden sein Heer gefangennahmen, /
als die Feinde seine Tore besetzten / und das Los
warfen über Jerusalem,
da standest du dabei, / du wurdest wie einer
von ihnen.
12 Sei nicht schadenfroh am Tag deines Bruders, /
am Tag seines Unheils!
Freu dich nicht über Judas Söhne / am Tag ihres
Untergangs!
Reiß deinen Mund nicht so auf / am Tag der Not!
13 Dring nicht ein in das Tor meines Volkes / am
Tag seines Unglücks!
Sei nicht auch du schadenfroh über sein Unheil /
am Tag seines Unglücks!
Streck nicht die Hand aus nach seinem Gut / am
Tag seines Unglücks!
14 Stell dich nicht an der Wegkreuzung auf, / um
die Fliehenden niederzumachen.
Liefere die Flüchtlinge nicht aus / am Tag der Not!
15 Denn er ist nahe, der Tag des Herrn, / für alle
Völker.
Was du getan hast, das tut man dir an; / dein Tun
fällt zurück auf dich selbst.

Das Gericht über die anderen Völker: 16

16 Ja, wie ihr getrunken habt auf meinem heiligen
Berg, / so müssen alle Völker jetzt unaufhörlich
trinken:
Sie trinken und taumeln, / sie werden, als seien
sie niemals gewesen.

Die Rettung Israels: 17–21

17 Auf dem Berg Zion aber gibt es Rettung, / er
wird ein Heiligtum sein,
und das Haus Jakob nimmt die in Besitz, / die es
besetzten.
18 Dann wird das Haus Jakob zu Feuer / und das
Haus Josef zur Flamme.
Das Haus Esau wird zum Stroh, / das vom
Brand erfaßt und verzehrt wird.
Und vom Haus Esau wird keiner entkommen. /
Denn der Herr hat gesprochen.
19 Den Negeb nehmen sie in Besitz, / das Bergland
von Esau, / die Schefela und das Land der Philister.
Sie nehmen Efraims Flur in Besitz / und
die Fluren von Samarien, Benjamin und Gilead.
20 Die Verbannten von Halach, Söhne Israels, /
nehmen das Land der Kanaaniter in Besitz bis
nach Sarepta;
die Verbannten Jerusalems, die in Sefarad sind, /
besetzen die Städte des Negeb.
21 Befreier ziehen auf den Berg Zion, / um
Gericht zu halten über das Bergland von
Esau. / Und der Herr wird herrschen als König.

DAS BUCH JONA

Die Berufung Jonas: 1,1–2

1 Das Wort des Herrn erging an Jona, den
Sohn Amittais: 2 Mach dich auf den Weg,
und geh nach Ninive, in die große Stadt, und droh
ihr (das Strafgericht) an! Denn die Kunde von
ihrer Schlechtigkeit ist bis zu mir heraufgedrungen.

Jonas Flucht: 1,3–16

3 Jona machte sich auf den Weg; doch er wollte
nach Tarschisch fliehen, weit weg vom Herrn. Er
ging also nach Jafo hinab und fand dort ein Schiff,
das nach Tarschisch fuhr. Er bezahlte das Fahrgeld
und ging an Bord, um nach Tarschisch mitzufahren, weit weg vom Herrn.
4 Aber der Herr ließ auf dem Meer einen heftigen
Wind losbrechen; es entstand ein gewaltiger Seesturm, und das Schiff drohte auseinanderzubrechen.
5 Die Seeleute bekamen Angst, und jeder
schrie zu seinem Gott um Hilfe. Sie warfen sogar
die Ladung ins Meer, damit das Schiff leichter
wurde.
Jona war in den untersten Raum des Schiffes
hinabgestiegen, hatte sich hingelegt und schlief
fest.
6 Der Kapitän ging zu ihm und sagte: Wie
kannst du schlafen? Steh auf, ruf deinen Gott an;
vielleicht denkt dieser Gott an uns, so daß wir
nicht untergehen.
7 Dann sagten sie zueinander:
Kommt, wir wollen das Los werfen, um zu erfahren, wer an diesem unserem Unheil schuld ist. Sie
warfen das Los, und es fiel auf Jona.
8 Da fragten
sie ihn: Sag uns, was treibst du für ein Gewerbe,
und woher kommst du, aus welchem Land und
aus welchem Volk?
9 Er antwortete ihnen: Ich bin
ein Hebräer und verehre Jahwe, den Gott des
Himmels, der das Meer und das Festland gemacht
hat.
10 Da bekamen die Männer große Angst und
sagten zu ihm: Warum hast du das getan? Denn
sie erfuhren, daß er vor Jahwe auf der Flucht war;

er hatte es ihnen erzählt. 11 Und sie sagten zu ihm: Was sollen wir mit dir machen, damit das Meer sich beruhigt und uns verschont? Denn das Meer wurde immer stürmischer. 12 Jona antwortete ihnen: Nehmt mich und werft mich ins Meer, damit das Meer sich beruhigt und euch verschont. Denn ich weiß, daß dieser gewaltige Sturm durch meine Schuld über euch gekommen ist. 13 Die Männer aber ruderten mit aller Kraft, um wieder an Land zu kommen; doch sie richteten nichts aus, denn das Meer stürmte immer heftiger gegen sie an. 14 Da riefen sie zu Jahwe: Ach Herr, laß uns nicht untergehen wegen dieses Mannes, und rechne uns, was wir jetzt tun, nicht als Vergehen an unschuldigem Blut an. Denn wie du wolltest, Herr, so hast du gehandelt. 15 Dann nahmen sie Jona und warfen ihn ins Meer, und das Meer hörte auf zu toben. 16 Da ergriff die Männer große Furcht vor Jahwe und sie schlachteten für Jahwe ein Opfer und machten ihm viele Gelübde.

Die Rettung des Propheten: 2,1–11

2 Der Herr aber schickte einen großen Fisch, der Jona verschlang. Jona war drei Tage und drei Nächte im Bauch des Fisches, 2 und er betete im Bauch des Fisches zum Herrn, seinem Gott:

3 In meiner Not rief ich zum Herrn, / und er erhörte mich.
Aus der Tiefe der Unterwelt schrie ich um Hilfe, / und du hörtest mein Rufen.
4 Du hast mich in die Tiefe geworfen, / in das Herz der Meere;
mich umschlossen die Fluten, / all deine Wellen und Wogen schlugen über mir zusammen.
5 Ich dachte: Ich bin aus deiner Nähe verstoßen. / Wie kann ich deinen heiligen Tempel wieder erblicken?
6 Das Wasser reichte mir bis an die Kehle, / die Urflut umschloß mich; / Schilfgras umschlang meinen Kopf.
7 Bis zu den Wurzeln der Berge, / tief in die Erde kam ich hinab; / ihre Riegel schlossen mich ein für immer.
Doch du holtest mich lebendig aus dem Grab herauf, / Herr, mein Gott.
8 Als mir der Atem schwand, dachte ich an den Herrn, / und mein Gebet drang zu dir, / zu deinem heiligen Tempel.
9 Wer nichtige Götzen verehrt, / der handelt treulos.
10 Ich aber will dir opfern / und laut dein Lob verkünden.
Was ich gelobt habe, will ich erfüllen. / Vom Herrn kommt die Rettung.

11 Da befahl der Herr dem Fisch, Jona ans Land zu speien.

Jona in Ninive: 3,1–10

3 Das Wort des Herrn erging zum zweitenmal an Jona: 2 Mach dich auf den Weg, und geh nach Ninive, in die große Stadt, und droh ihr all das an, was ich dir sagen werde. 3 Jona machte sich auf den Weg und ging nach Ninive, wie der Herr es ihm befohlen hatte. Ninive war eine große Stadt vor Gott; man brauchte drei Tage, um sie zu durchqueren. 4 Jona begann, in die Stadt hineinzugehen; er ging einen Tag lang und rief: Noch vierzig Tage, und Ninive ist zerstört! 5 Und die Leute von Ninive glaubten Gott. Sie riefen ein Fasten aus, und alle, groß und klein, zogen Bußgewänder an. 6 Als die Nachricht davon den König von Ninive erreichte, stand er von seinem Thron auf, legte seinen Königsmantel ab, hüllte sich in ein Bußgewand und setzte sich in die Asche. 7 Er ließ in Ninive ausrufen: Befehl des Königs und seiner Großen: Alle Menschen und Tiere, Rinder, Schafe und Ziegen, sollen nichts essen, nicht weiden und kein Wasser trinken. 8 Sie sollen sich in Bußgewänder hüllen, Menschen und Tiere. Sie sollen laut zu Gott rufen, und jeder soll umkehren und sich von seinen bösen Taten abwenden und von dem Unrecht, das

an seinen Händen klebt. 9 Wer weiß, vielleicht reut es Gott wieder, und er läßt ab von seinem glühenden Zorn, so daß wir nicht zugrunde gehen. 10 Und Gott sah ihr Verhalten; er sah, daß sie umkehrten und sich von ihren bösen Taten abwandten. Da reute Gott das Unheil, das er ihnen angedroht hatte, und er führte die Drohung nicht aus.

Die Belehrung des Propheten: 4,1–11

4 Das mißfiel Jona ganz und gar, und er wurde zornig. 2 Er betete zum Herrn und sagte: Ach Herr, habe ich das nicht schon gesagt, als ich noch daheim war? Eben darum wollte ich ja nach Tarschisch fliehen; denn ich wußte, daß du ein gnädiger und barmherziger Gott bist, langmütig und reich an Huld und daß deine Drohungen dich reuen. 3 Darum nimm mir jetzt lieber das Leben, Herr! Denn es ist für mich besser zu sterben als zu leben. 4 Da erwiderte der Herr: Ist es recht von dir, zornig zu sein?

5 Da verließ Jona die Stadt und setzte sich östlich vor der Stadt nieder. Er machte sich dort ein Laubdach und setzte sich in seinen Schatten, um abzuwarten, was mit der Stadt geschah. 6 Da ließ Gott, der Herr, einen Rizinusstrauch über Jona emporwachsen, der seinem Kopf Schatten geben und seinen Ärger vertreiben sollte. Jona freute sich sehr über den Rizinusstrauch. 7 Als aber am nächsten Tag die Morgenröte heraufzog, schickte Gott einen Wurm, der den Rizinusstrauch annagte, so daß er verdorrte. 8 Und als die Sonne aufging, schickte Gott einen heißen Ostwind. Die Sonne stach Jona auf den Kopf, so daß er fast ohnmächtig wurde. Da wünschte er sich den Tod und sagte: Es ist besser für mich zu sterben als zu leben. 9 Gott aber fragte Jona: Ist es recht von dir, wegen des Rizinusstrauches zornig zu sein? Er antwortete: Ja, es ist recht, daß ich zornig bin und mir den Tod wünsche. 10 Darauf sagte der Herr: Dir ist es leid um den Rizinusstrauch, für den du nicht gearbeitet und den du nicht großgezogen hast. Über Nacht war er da, über Nacht ist er eingegangen. 11 Mir aber sollte es nicht leid sein um Ninive, die große Stadt, in der mehr als hundertzwanzigtausend Menschen leben, die nicht einmal rechts und links unterscheiden können – und außerdem so viel Vieh?

DAS BUCH MICHA

Überschrift: 1,1

1 Das Wort des Herrn, das an Micha aus Moreschet erging in der Zeit, als Jotam, Ahas und Hiskija Könige von Juda waren; er hörte es in Visionen über Samaria und Jerusalem.

Die Drohreden: 1,2–3,12

Gegen Samaria

2 Hört, alle ihr Völker, / horch auf, Erde, und alles, was sie erfüllt:
Gott, der Herr, tritt als Zeuge gegen euch auf, / der Herr tritt heraus aus seinem heiligen Palast.
3 Seht, der Herr verläßt seinen erhabenen Ort, / er steigt herab und schreitet dahin / über die Höhen der Erde.

4 Die Berge zerschmelzen unter ihm / wie
Wachs in der Hitze des Feuers;
die Talgründe werden aufgerissen, / wie wenn
Wasser den Abhang herabstürzt.
5 Das alles geschieht wegen Jakobs Vergehen /
und wegen der Sünde des Hauses Israel.
Was ist Jakobs Vergehen? / Ist es nicht Samaria?
Und was ist die Sünde Judas? / Ist es nicht Jerusalem?
6 Darum mache ich Samaria zu einem Trümmer-
feld, / zu einem Acker, auf dem man Reben
pflanzt.
Ich stürze seine Steine zu Tal / und lege seine
Grundmauern bloß.
7 Alle seine geschnitzten Bilder werden zer-
schlagen, / alle seine Weihegaben im Feuer ver-
brannt, / alle seine Götzen zerstöre ich.
Denn mit Dirnenlohn wurden sie zusammengekauft, / und zu Dirnenlohn werden sie wieder.

Die Klage des Propheten

8 Klagen muß ich und jammern, / barfuß und
nackt gehe ich umher;
ich erhebe ein Geheul wie die Schakale, / ein
Klagegeschrei wie die Strauße.
9 Denn unheilbar ist die Wunde meines Volkes; /
sie reicht bis nach Juda,
bis zum Tor meines Volkes, / bis hin nach Jerusalem.
10 Meldet es nicht in Gat! / Weint nicht in Akko! /
Wälzt euch im Staub in Bet-Leafra!
11 Zieht fort, ihr Bewohner von Schafir! / Die Ein-
wohner Zaanans sind schändlich entblößt / und
können ihre Stadt nicht verlassen.
Es klagt Bet-Ezel. / Er nimmt euch jede Stütze
weg.
12 Ja, die Einwohner von Marot bangen um ihr
Wohl; / denn vom Herrn kam Unheil herab / auf
Jerusalems Tore.
13 Spannt die Pferde vor die Wagen, / ihr Ein-
wohner von Lachisch!
Ja, das war der Anfang der Sünde der Tochter
Zion; / denn in dir trat die Gottlosigkeit Israels zutage.
14 Darum mußt du dich trennen von Moreschet-
Gat. / Die Häuser von Achsib werden für Israels
Könige eine große Enttäuschung.
15 Wieder soll der Eroberer über euch herfallen, /
ihr Einwohner von Marescha; / bis nach Adullam bringt man die Herrlichkeit Israels.
16 Scher dich kahl, Tochter Zion, / trauere über
deine geliebten Kinder!
Scher dir eine Glatze, / so kahl wie die eines
Geiers; / denn man hat deine Kinder verschleppt.

Gegen die Habsucht der Reichen

2 Weh denen, die auf ihrem Lager Unheil planen / und Böses ersinnen.
Wenn es Tag wird, führen sie es aus; / denn sie
haben die Macht dazu.
2 Sie wollen Felder haben und reißen sie an
sich, / sie wollen Häuser haben / und bringen sie
in ihren Besitz.
Sie wenden Gewalt an gegen den Mann und
sein Haus, / gegen den Besitzer und sein Eigentum.
3 Darum – so spricht der Herr: / Seht, ich plane
Unheil gegen diese Sippe.
Dann könnt ihr den Hals / nicht mehr aus der
Schlinge ziehen,
und ihr werdet den Kopf nicht mehr so hoch tragen; / denn es wird eine böse Zeit sein.
4 An jenem Tag singt man ein Spottlied auf euch, /
und es ertönt die Klage: / Vernichtet sind wir, vernichtet!
Den Besitz seines Volkes veräußert der Herr, /
und niemand gibt ihn zurück; / an Treulose ver-
teilt er unsere Felder.
5 Darum wird in der Gemeinde des Herrn keiner
mehr sein, / der euch einen Acker zuteilt mit der
Meßschnur.
6 Sie geifern: Prophezeit nicht! und sagen: / Man
soll nicht prophezeien: / Diese Schmach wird
nicht enden.
7 Ist etwa das Haus Jakob verflucht? / Hat der
Herr die Geduld verloren? / Sind das seine Taten?
Sind seine Worte nicht voll Güte / gegenüber
dem, der geradeaus geht?
8 Gestern noch war es mein Volk, / jetzt steht es
da als mein Feind.
Friedlichen Menschen reißt ihr den Mantel her-
unter, / arglose Wanderer nehmt ihr gefangen, /
als wäre Krieg.
9 Die Frauen meines Volkes vertreibt ihr / aus
ihrem behaglichen Heim,
ihren Kindern nehmt ihr für immer / mein herrliches Land.
10 (Ihr sagt:) Auf, fort mit euch! / Hier ist für euch
kein Ort der Ruhe mehr.

Wegen einer Kleinigkeit pflegt ihr zu pfänden; /
diese Pfändung ist grausam.
11 Würde einer sich nach dem Wind drehen /
und dir vorlügen:
Ich prophezeie dir Wein und Bier!, / das wäre
ein Prophet für dieses Volk.

Die Rettung Israels

12 Ich werde ganz Jakob versammeln, / den Rest
von Israel will ich vereinen.
Ich führe sie zusammen wie die Schafe im
Pferch, / wie die Herde mitten auf der Weide –/
eine wogende Menschenmenge.
13 Ein Vorkämpfer bricht ihnen die Bahn, / sie
brechen durch das Tor in die Stadt ein; / dann zie-
hen sie weiter.
Ihr König geht vor ihnen her, / der Herr schrei-
tet an ihrer Spitze.

Gegen die Rechtsbrecher

3 Ich habe gesagt:
Hört doch, ihr Häupter Jakobs / und ihr Rich-
ter aus dem Haus Israel!
Ist es nicht eure Pflicht, das Recht zu kennen? /
2a Sie aber hassen das Gute und lieben das Böse.
3 Sie fressen mein Volk auf, / sie ziehen den Leu-
ten die Haut ab / und zerbrechen ihnen die Kno-
chen;
sie zerlegen sie wie Fleisch für den Kochtopf, /
wie Braten für die Pfanne.
2b Darum zieht man auch ihnen die Haut ab /
und reißt ihnen das Fleisch von den Knochen.
4 Dann werden sie zum Herrn schreien; / er aber
wird ihnen nicht antworten.
Er wird sein Angesicht vor ihnen verbergen; /
denn ihre Taten sind böse.

Gegen die habgierigen Propheten

5 So spricht der Herr gegen die Propheten: / Sie
verführen mein Volk.
Haben sie etwas zu beißen, / dann rufen sie:
Friede!
Wer ihnen aber nichts in den Mund steckt, /
dem sagen sie den Heiligen Krieg an.
6 Darum kommt die Nacht über euch, / in der ihr
keine Visionen mehr habt,
und die Finsternis, / in der ihr nicht mehr wahr-
sagen könnt.
Die Sonne geht unter für diese Prophe-
ten, / und der Tag wird schwarz über ih-
nen.
7 Die Seher werden zuschanden, / die Wahrsa-
ger müssen sich schämen.
Sie müssen alle ihren Bart verhüllen; / denn
Gottes Antwort bleibt aus.
8 Ich aber, ich bin voller Kraft, / ich bin erfüllt
vom Geist des Herrn, / voll Eifer für das Recht
und voll Mut,
Jakob seine Vergehen vorzuhalten / und Israel
seine Sünden.

Gegen die bestechlichen Führer Israels

9 Hört doch, ihr Häupter des Hauses Jakob / und
ihr Richter aus dem Haus Israel!
Ihr verabscheut das Recht / und macht alles
krumm, was gerade ist.
10 Ihr erbaut Zion mit Blut / und Jerusalem mit
lauter Unrecht.
11 Die Häupter dieser Stadt sprechen Recht / und
nehmen dafür Geschenke an, / ihre Priester leh-
ren gegen Bezahlung.
Ihre Propheten wahrsagen für Geld, / und
doch berufen sie sich auf den Herrn und sa-
gen:
Ist nicht der Herr in unserer Mitte? / Kein Un-
heil kann über uns kommen.
12 Darum wird Zion euretwegen / zum Acker,
den man umpflügt,
Jerusalem wird zu einem Trümmerhaufen, / der
Tempelberg zur überwucherten Höhe.

Die Verheißungen: 4,1–5,14

Die Völkerwallfahrt zum Zion

4 Am Ende der Tage wird es geschehen: / Der
Berg mit dem Haus des Herrn / steht fest ge-
gründet als höchster der Berge;
er überragt alle Hügel. / Zu ihm strömen die
Völker.
2 Viele Nationen machen sich auf den Weg. / Sie
sagen: Kommt,

wir ziehen hinauf zum Berg des Herrn / und zum Haus des Gottes Jakobs.
Er zeige uns seine Wege, / auf seinen Pfaden wollen wir gehen.
Denn von Zion kommt die Weisung, / aus Jerusalem kommt das Wort des Herrn.
3 Er spricht Recht im Streit vieler Völker, / er weist mächtige Nationen zurecht [bis in die Ferne].
Dann schmieden sie Pflugscharen aus ihren Schwertern / und Winzermesser aus ihren Lanzen.
Man zieht nicht mehr das Schwert, Volk gegen Volk, / und übt nicht mehr für den Krieg.
4 Jeder sitzt unter seinem Weinstock / und unter seinem Feigenbaum,
und niemand schreckt ihn auf. / Ja, der Mund des Herrn der Heere hat gesprochen.
5 Denn alle Völker gehen ihren Weg, / jedes ruft den Namen seines Gottes an;
wir aber gehen unseren Weg im Namen Jahwes, / unseres Gottes, für immer und ewig.

Die Bedrohung und Rettung Zions

6 An jenem Tag – Spruch des Herrn – / will ich versammeln, was hinkt,
und zusammenführen, was versprengt ist, / und alle, denen ich Böses zugefügt habe.
7 Ich mache die Hinkenden zum (heiligen) Rest / und die Schwachen zu einem mächtigen Volk.
Und der Herr wird ihr König sein auf dem Berg Zion / von da an auf ewig.
8 Und du, (schützender) Turm für die Herde, / Felsenhöhe der Tochter Zion,
du erhältst wieder die Herrschaft wie früher, / das Königtum kommt wieder zur Tochter Jerusalem.
9 Jetzt aber, warum schreist du so laut? / Gibt es keinen König bei dir?
Ist kein Berater mehr da, / daß dich Wehen ergreifen wie eine gebärende Frau?
10 Winde dich, stöhne, Tochter Zion, / wie eine gebärende Frau!
Denn jetzt mußt du hinaus aus der Stadt, / auf freiem Feld mußt du wohnen.
Du mußt fort bis nach Babel. / Dort wirst du gerettet,
dort wird der Herr dich loskaufen / aus der Hand deiner Feinde.
11 Jetzt versammeln sich viele Völker gegen dich / und sagen: Zion wird entweiht, / und unser Auge soll sich daran weiden.
12 Aber sie kennen nicht die Gedanken des Herrn / und verstehen nicht seine Absicht:
daß er sie sammeln wollte / wie Garben auf einer Tenne.
13 Steh auf, um zu dreschen, Tochter Zion! / Denn ich gebe dir Hörner aus Eisen / und mache dir bronzene Hufe,
damit du viele Völker zermalmst / und ihren Besitz dem Herrn weihst, / ihren Reichtum dem Herrn der ganzen Erde.

Der messianische Herrscher

14 Jetzt ritze dich wund, Tochter der Trauer! / Wir werden von Feinden belagert;
sie schlagen dem Richter Israels / mit dem Stock ins Gesicht.
5 Aber du, Betlehem-Efrata, / so klein unter den Gauen Judas,
aus dir wird mir einer hervorgehen, / der über Israel herrschen soll.
Sein Ursprung liegt in ferner Vorzeit, / in längst vergangenen Tagen.
2 Darum gibt der Herr sie preis, / bis die Gebärende einen Sohn geboren hat.
Dann wird der Rest seiner Brüder heimkehren / zu den Söhnen Israels.
3 Er wird auftreten und ihr Hirt sein / in der Kraft des Herrn, / im hohen Namen Jahwes, seines Gottes.
Sie werden in Sicherheit leben; / denn nun reicht seine Macht / bis an die Grenzen der Erde.
4 Und er wird der Friede sein. / [Wenn Assur in unser Land einfällt / und in unsere Paläste eindringt,
stellen wir ihm sieben Hirten entgegen / und acht fürstliche Männer.
5 Sie werden das Land Assur / mit dem Schwert regieren,
Nimrods Land mit gezückter Waffe.] / Er wird uns vor Assur retten,
wenn es unser Land überfällt / und in unser Gebiet eindringt.

Der heilige Rest

6 Dann ist der Rest Jakobs inmitten vieler Völker / wie der Tau, der vom Herrn kommt, / wie der Regen, der auf die Pflanzen fällt,

der auf niemand angewiesen ist / und auf kei-
nen Menschen zu warten braucht.
7 Unter den Nationen, inmitten vieler Völker, /
ist dann der Rest Jakobs
wie der Löwe unter den Tieren im Wald, / wie
der junge Löwe unter den Schafen im Pferch:
Wenn er einbricht, / schlägt er zu und zerreißt
sie, / und niemand ist da, der sie rettet.
8 Du wirst die Hand gegen deine Feinde erhe-
ben, / und alle deine Gegner werden ausgerottet.
9 An jenem Tag – Spruch des Herrn – / werde ich
die Pferde in deiner Mitte vernichten / und deine
Kriegswagen zerstören.
10 Ich vernichte die Städte in deinem Land / und
reiße alle deine Festungen nieder.
11 Ich vernichte die Zaubermittel in deiner
Hand, / und es wird bei dir keine Zeichendeuter
mehr geben.
12 Ich vernichte deine Götterbilder / und deine
geweihten Steinmale,
und du wirst dich nicht mehr niederwerfen /
vor dem Werk deiner Hände.
13 Die Kultpfähle in deiner Mitte reiße ich aus /
und zerstöre deine Städte.
14 In meinem glühenden Zorn nehme ich Rache /
an den Völkern, die nicht gehorchen.

Weitere Drohreden: 6,1–7,7

Gottes Forderung an sein Volk

6 Hört doch, was der Herr sagt: / Auf, tritt an
zum Rechtsstreit!
Die Berge sollen Zeugen sein, / die Hügel sollen
deine Worte hören.
2 Hört zu, ihr Berge, beim Rechtsstreit des
Herrn, / gebt acht, ihr Fundamente der Erde!
Denn der Herr hat einen Rechtsstreit mit seinem
Volk, / er geht mit Israel ins Gericht:
3 Mein Volk, was habe ich dir getan, / oder
womit bin ich dir zur Last gefallen? / Antworte
mir!
4 Ich habe dich doch aus Ägypten heraufgeführt /
und dich freigekauft aus dem Sklavenhaus.
Ich habe Mose vor dir hergesandt / und Aaron
und Mirjam.
5 Mein Volk, denk daran, / was Balak plante, der
König von Moab, / und was ihm Bileam antwor-
tete, der Sohn Beors;
denk an den Zug von Schittim nach Gilgal, / und
erkenne die rettenden Taten des Herrn.
6 Womit soll ich vor den Herrn treten, / wie mich
beugen vor dem Gott in der Höhe?
Soll ich mit Brandopfern vor ihn treten, / mit
einjährigen Kälbern?
7 Hat der Herr Gefallen an Tausenden von Wid-
dern, / an zehntausend Bächen von Öl?
Soll ich meinen Erstgeborenen hingeben für
meine Vergehen, / die Frucht meines Leibes für
meine Sünde?
8 Es ist dir gesagt worden, Mensch, was gut ist /
und was der Herr von dir erwartet:
Nichts anderes als dies: Recht tun, / Güte und
Treue lieben, / in Ehrfurcht den Weg gehen mit
deinem Gott.

Gerichtsrede gegen Jerusalem

9 Horcht! Der Herr ruft der Stadt zu: / [Klug ist es,
deinen Namen zu fürchten.] / Hört, ihr Bürger
und Räte der Stadt!
10 Kann ich die ungerecht erworbenen Schätze
vergessen, / du Haus voller Unrecht, / und das
geschrumpfte Maß, das verfluchte?
11 Soll ich die gefälschte Waage ungestraft lassen /
und den Beutel mit den falschen Gewichten?
12 Ja, die Reichen in der Stadt / kennen nichts als
Gewalttat,
ihre Einwohner belügen einander, / jedes Wort,
das sie sagen, ist Betrug.
13 Deshalb hole ich aus, um dich zu schlagen /
und dich wegen deiner Sünden in Schrecken zu
stürzen.
14 Du wirst essen, doch du wirst nicht satt; /
Schwindel wird dich befallen.
Was du beiseite schaffst, rettest du nicht; / was
du rettest, übergebe ich dem Schwert.
15 Du wirst säen, aber nicht ernten; / du wirst
Oliven pressen, / aber dich mit dem Öl nicht sal-
ben;
du wirst Trauben keltern, / aber den Wein nicht
trinken.
16 Du hast dich nach Omris Gesetzen gerichtet /
und nach all den bösen Taten des Hauses Ahab; /
nach ihren Ratschlägen habt ihr gelebt.

Darum mache ich dich zur schauerlichen Wü-
ste / und deine Bewohner zum Gespött. / Ihr
müßt es ertragen, daß euch die Völker verhöh-
nen.

Die Klage des Propheten über sein Volk

7 Weh mir! Es geht mir wie nach der Obst-
ernte, / wie bei der Nachlese im Wein-
berg:
Keine Traube ist mehr da zum Essen, / kei-
ne von den Frühfeigen, die mein Herz begehrt.
2 Verschwunden sind die Treuen im Land, / kein
Redlicher ist mehr unter den Menschen.
Alle lauern auf Blut, / einer macht Jagd auf den
andern.
3 Sie trachten nach bösem Gewinn / und lassen
sich's gut gehen:
Die hohen Beamten fordern Geschenke, / die
Richter sind für Geld zu haben,
und die Großen entscheiden nach ihrer Hab-
gier – / so verdrehen sie das Recht.
4 Noch der Beste unter ihnen ist wie eine Distel, /
der Redlichste ist schlimmer als Dornenge-
strüpp.
Doch der Tag deiner Bestrafung kommt; / dann
werden alle bestürzt sein.
5 Traut eurem Nachbarn nicht, / verlaßt euch
nicht auf den Freund! / Hüte deinen Mund vor
der Frau in deinen Armen!
6 Denn der Sohn verachtet den Vater, / die Toch-
ter stellt sich gegen die Mutter,
die Schwiegertochter gegen die Schwiegermut-
ter; / jeder hat die eigenen Hausgenossen zum
Feind.
7 Ich aber schaue aus nach dem Herrn, /
ich warte voll Vertrauen auf Gott, mei-
nen Retter. / Mein Gott wird mich erhö-
ren.

Neue Verheißungen: 7,8–20

Die Zuversicht Jerusalems

8 Freu dich nicht über mich, meine Feindin! /
Zwar liege ich am Boden, / doch ich stehe wieder
auf.
Zwar sitze ich in der Finsternis, / aber der Herr
ist mein Licht.
9 Ich habe mich gegen den Herrn versündigt; /
deshalb muß ich seinen Zorn ertragen,
bis er meine Sache vertritt / und mir Recht ver-
schafft.
Er wird mich hinausführen ins Licht, / ich
werde seine Heilstat erleben.
10 Meine Feindin wird es sehen / und vor Scham
vergehen; / denn sie sagte zu mir:
Wo ist Jahwe, dein Gott? / Und meine Augen
werden sich an ihr weiden. / Dann wird sie zer-
treten wie Gassenkot.

Der Wiederaufbau der Stadt

11 Es kommt der Tag, / an dem man deine Mauern
wieder aufbaut, / der Tag, an dem deine Grenzen
sich weiten.
12 An jenem Tag kommen alle zu dir, / von As-
sur bis Ägypten / und von Ägypten bis zum
Eufrat,
von einem Meer zum andern / und von einem
Gebirge zum andern.
13 Die Erde aber wird zur Wüste / wegen (der
Sünden) ihrer Bewohner; / so ernten sie die
Frucht ihrer Taten.

Das Gebet Jerusalems

14 Führe mit deinem Stab dein Volk auf die Weide, /
die Schafe, die dein Erbbesitz sind,
die einsam lagern in einer Wildnis / mitten im
fruchtbaren Land.
Sie sollen wieder im Baschan und in Gilead wei-
den / wie in den Tagen der Vorzeit.
15 Wie in den Tagen, als du aus Ägypten aus-
zogst, / laß uns deine Wunder schauen!
16 Die Völker mit all ihrer Macht / sollen sich
schämen, wenn sie es sehen.
Sie sollen die Hand auf den Mund legen, / ihre
Ohren sollen taub werden.
17 Staub sollen sie fressen wie die Schlange, /
wie das Gewürm am Boden.
Zitternd sollen sie herauskommen aus ihren
Burgen, / vor den Herrn treten, unseren Gott, /
voll Schrecken und Furcht vor dir.
18 Wer ist ein Gott wie du, / der du Schuld ver-

zeihst und dem Rest deines Erbvolkes / das Unrecht vergibst?
Gott hält nicht für immer fest an seinem Zorn; / denn er liebt es, gnädig zu sein.
19 Er wird wieder Erbarmen haben mit uns / und unsere Schuld zertreten.
Ja, du wirfst all unsere Sünden / in die Tiefe des Meeres hinab.
20 Du wirst Jakob deine Treue beweisen / und Abraham deine Huld,
wie du unseren Vätern geschworen hast / in den Tagen der Vorzeit.

DAS BUCH NAHUM

Überschrift: 1,1

1 Ausspruch über Ninive. Das Buch der Visionen Nahums aus Elkosch.

Gottes Macht in Gnade und Gericht: 1,2–8

2 Ein eifernder und rächender Gott ist der Herr. / Der Herr übt Rache und ist voll Zorn.
Der Herr übt Rache an seinen Gegnern / und hält fest am Zorn gegen seine Feinde.
3 Der Herr ist langmütig und von großer Macht; / doch läßt der Herr gewiß keinen ungestraft.
In Wirbel und Sturm nimmt er seinen Weg, / die Wolken sind der Staub seiner Füße.
4 Er droht dem Meer und macht es trocken, / alle Flüsse läßt er versiegen.
Welk sind Baschan und Karmel, / auch die Blüten des Libanon sind verwelkt.
5 Berge beben vor ihm, / und Hügel geraten ins Wanken.
Die Welt schreit vor ihm auf, / die Erde und all ihre Bewohner.
6 Vor seinem Groll – wer kann da bestehen? / Wer hält stand in der Glut seines Zorns?
Sein Grimm greift um sich wie Feuer, / und die Felsen bersten vor ihm.
7 Gut ist der Herr, / eine feste Burg am Tag der Not. / Er kennt alle, die Schutz suchen bei ihm.
8 Doch in reißender Flut / macht er seinen Gegnern ein Ende, / und Finsternis verfolgt seine Feinde.

Das Gericht über Ninive: 1,9–3,19

Ninives vergebliche Auflehnung gegen Gott

9 Was plant ihr gegen den Herrn? / Er macht doch ein Ende. / Es soll nicht wieder Not aufkommen.
10 Wie dichtes Dornengestrüpp / und wie wirres Windengerank werden sie verbrannt, / wie dürre Spreu; nichts bleibt übrig.
11 Von dir stammt der Mann, / der Böses plant gegen den Herrn, / der Übles im Schild führt.
12 So spricht der Herr:
Auch wenn sie unversehrt sind und zahlreich, / sie werden abgeschnitten, sie gehen vorüber.
Habe ich dich auch gedemütigt, / ich werde dich nicht mehr demütigen.
13 Ja, jetzt zerbreche ich sein Joch, / das auf dir lastet, / und deine Fesseln werde ich sprengen.

14 Der Herr hat über dich bestimmt: / Von dir soll
es keinen Nachkommen mehr geben.
Aus dem Haus deines Gottes / reiße ich Götze
und Gußbild.
Ich schaufle dein Grab; / denn du bist verächtlich
geworden.

2 Seht auf den Bergen die Schritte des Freudenboten! / Er verkündet Frieden!
Juda, feiere deine Feste, / erfülle deine Gelübde!
Denn der Unheilstifter durchstreift dein Land
nicht mehr; / er ist völlig vernichtet.

Die Zerstörung der Stadt

2 Ein Mann zieht hinauf gegen dich, / der dich zerschmettern wird.
Halt Wache! / Beobachte die Wege!
Mach deine Hüften stark! / Rüste dich mit
Macht und Kraft!
3 Wahrhaftig, der Herr / stellt die Pracht Jakobs
wieder her / wie die Pracht Israels;
denn Verwüster haben sie verwüstet / und ihre
jungen Pflanzen vernichtet.
4 Rot leuchtet der Schild seiner Helden. / Seine
Krieger sind in Scharlach gekleidet.
Wie funkelnder Stahl glänzen die Wagen / am
Tag, an dem er sie aufbietet, / und die Speere wiegen sich.
5 Durch die Gassen rasen die Kriegswagen, / sie
stürmen über die Plätze.
Ihr Anblick gleicht Fackeln, / wie Blitze jagen
sie daher.
6 Er denkt an seine Mächtigen; / sie aber straucheln beim Ansturm.
Sie eilen zur Stadtmauer; / doch unbeweglich
steht die Sperre.
7 Die Flußtore sind geöffnet, / schon wankt der
Palast.
8 Die Königin wird zur Schau gestellt, / wird entblößt, wird weggeführt;
ihre Mägde jammern wie gurrende Tauben /
und schlagen sich an die Brust.
9 Ninive ist wie ein voller Teich, / dessen Wasser
davonfließt.
Halt! Halt! (ruft man), / doch keiner wendet sich
um.
10 Plündert das Silber, plündert das Gold! / Kostbarkeiten ohne Ende!
Welche Pracht aller Art / an bezaubernden
Schätzen!
11 Alles leer, entleert, verheert; / das Herz verzagt.
Es wanken die Knie, / ein Zittern in allen Hüften, / alle Gesichter glühen rot.
12 Wo ist jetzt das Versteck der Löwen, / der Tummelplatz der jungen Löwen,
wohin der Löwe geht, um sich zu verbergen, /
wo der junge Löwe bleibt, / ohne daß jemand ihn
aufschreckt?
13 Reichen Raub machte der Löwe für seine Jungen. / Er würgte für seine Löwinnen.
Mit Raub füllte er seine Höhlen, / seine Verstecke mit Raubgut.
14 Nun gehe ich gegen dich vor / – Spruch des
Herrn der Heere.
Ich lasse deine Wagen in Rauch aufgehen, /
deine jungen Löwen frißt das Schwert.
Ich mache deinem Rauben auf der Erde ein
Ende, / nie mehr hört man den Ruf deiner Boten.

Weheruf und Klage

3 Weh der Stadt voll Blutschuld; / sie ist nichts als Lüge.
Voll von Raffgier ist sie, / vom Rauben läßt sie
nicht ab.
2 Knallen von Peitschen / und Gedröhn rasselnder Räder, / rennende Pferde und holpernde Wagen.
3 Hetzende Reiter, flammende Schwerter, / blitzende Lanzen,
eine Menge Erschlagener, / eine Masse von Toten,
kein Ende der Leichen, / man stolpert über die
Leiber.
4 Und all das wegen der zahllosen Buhlschaften / der Buhlerin, die von Anmut strahlte, / die
in Zauberkünsten Meisterin war;
Völker verkaufte sie durch ihr Buhlen, /
Stämme durch ihre Zauberei.
5 Nun gehe ich gegen dich vor / – Spruch des
Herrn der Heere.
Deine Schleppe hebe ich auf / bis über dein Gesicht
und lasse die Völker deine Blöße sehen; / die
Königreiche sehen deine Schande.
6 Mit Kot bewerfe ich dich, / gebe dich der
Verachtung preis / und mache dich zum Schaustück.
7 Dann wird es geschehen: Wer immer dich
sieht, / schreckt vor dir zurück und sagt:
Verwüstet ist Ninive. Wer zeigt ihr Teilnahme? /
Wo soll ich dir einen Tröster suchen?

Spott über Ninive

8 Bist du denn besser als No-Amon, / das an Strö-
men lag, / von Wasser rings umgeben,
dessen Schutzwall ein Meer, / dessen Mauern
die Wasser waren?
9 Kusch war mächtig, / und Ägypten kannte
keine Grenze. / Put und die Libyer zählten zu sei-
nen Helfern.
10 Doch auch No-Amon mußte in die Verban-
nung, / zog in die Gefangenschaft.
Auch seine Kinder wurden zerschmettert an
den Ecken aller Gassen, / und über seine Vor-
nehmen warf man das Los. / Alle seine Großen
wurden in Fesseln gelegt.
11 Auch du wirst betrunken, wirst ohnmächtig
sein. / Auch du wirst Schutz suchen vor dem Feind.
12 All deine Festungen sind Bäume mit frühen
Feigen: / Schüttelt man sie, dann fallen sie dem,
der sie essen will, in den Mund.
13 Die Krieger in deiner Mitte – Weiber sind sie. – /
Weit stehen deinen Feinden / die Tore deines Lan-
des offen; Feuer frißt deine Riegel.
14 Schöpf dir Wasser für die Belagerung, / mach
fest deine Festungen!
Tritt in den Lehm, stampfe den Ton, / halte die
Ziegelform fest!
15 Dann wird das Feuer dich fressen, / wird das
Schwert dich vertilgen, / wird dich fressen wie
ein Heuschreckenschwarm.
Werde zahlreich wie die Heuschrecken, / zahl-
reich wie die Wanderheuschrecken!
16 Du hast deine Händler zahlreicher gemacht /
als die Sterne am Himmel.
Die Heuschrecken häuten sich / und fliegen da-
von.
17 Deine Wächter sind wie Wanderheuschrek-
ken, / deine Beamten wie ein Schwarm von Heu-
schrecken, / die sich an den Mauern lagern an ei-
nem kalten Tag.
Geht die Sonne auf, / so fliehen sie eilig davon.
Man kennt ihren Ort nicht – / wo sind sie
hin?
18 Deine Hirten schlummern, König von Assur; /
deine Mächtigen ruhen.
Dein Volk ist über die Berge zerstreut, / und
keiner sammelt es.
19 Keine Linderung gibt es für deinen Zusam-
menbruch, / unheilbar ist deine Wunde.
Jeder, der hört, was man von dir erzählt, /
klatscht über dich in die Hände.
Denn wen traf nicht / deine Schlechtigkeit zu je-
der Zeit?

DAS BUCH HABAKUK

Überschrift: 1,1

1 Ausspruch, den der Prophet Habakuk in einer Vision hörte.

Der Dialog des Propheten mit Gott: 1,2–2,5

Die Klage des Propheten

2 Wie lange, Herr, soll ich noch rufen, / und du
hörst nicht?
Ich schreie zu dir: Hilfe, Gewalt! / Aber du hilfst
nicht.
3 Warum läßt du mich die Macht des Bösen erle-
ben / und siehst der Unterdrückung zu?
Wohin ich blicke, sehe ich Gewalt und
Mißhandlung, / erhebt sich Zwietracht und
Streit.
4 Darum ist das Gesetz ohne Kraft, / und das
Recht setzt sich gar nicht mehr durch.
Die Bösen umstellen den Gerechten, / und so
wird das Recht verdreht.

Die Antwort Gottes

5 Seht auf die Völker, schaut hin,/ staunt und er-
starrt!
Denn ich vollbringe in euren Tagen eine Tat – /
würde man euch davon erzählen, ihr glaubtet es
nicht.
6 Denn seht, ich stachle die Chaldäer auf, / das
grausame, ungestüme Volk,
das die Weiten der Erde durchzieht, / um Wohn-
plätze zu erobern, die ihm nicht gehören,
7 ein furchtbares und schreckliches Volk, /
das selbst sein Recht und seinen Rang bestimmt.
8 Seine Pferde sind schneller als Panther, / wil-
der als die Wölfe der Steppe.
Seine Rosse und Reiter stürmen heran, / sie
kommen aus der Ferne,
sie fliegen herbei wie ein Geier, / der sich auf
seinen Fraß stürzt.
9 Sie rücken an, entschlossen zu roher Gewalt, /
alle Gesichter vorwärts gerichtet. / Gefangene
raffen sie zusammen wie Sand.
10 Sie machen sich sogar über Könige lustig / und
lachen über mächtige Fürsten;
ja, sie spotten über jede Festung, / sie schütten
einen Erdwall auf und nehmen sie ein.
11 Dann ziehen sie weiter, / wie der Sturmwind
sausen sie dahin.
Doch sie werden es büßen, / denn sie haben
ihre Kraft zu ihrem Gott gemacht.

Erneute Klage des Propheten

12 Herr, bist nicht du von Ewigkeit her mein heili-
ger Gott? / Wir wollen nicht sterben.
Herr, du hast sie doch nur dazu gerufen, / an
uns das Gericht zu vollziehen:
Du, unser Fels, du hast sie dazu bestimmt, / uns
zu bestrafen.
13 Deine Augen sind zu rein, um Böses mit anzu-
sehen, / du kannst der Unterdrückung nicht zu-
sehen.
Warum siehst du also den Treulosen zu und
schweigst, / wenn der Ruchlose den Gerechten
verschlingt?
14 Warum behandelst du die Menschen / wie die
Fische im Meer, / wie das Gewürm, das keinen
Herrn hat?
15 Mit der Angel holt er sie alle herauf, / er
schleppt sie weg in seinem Netz
und rafft sie fort in seinem Fischgarn; / er freut
sich darüber und jubelt.
16 Deshalb opfert er seinem Netz / und bringt sei-
nem Fischgarn Rauchopfer dar;
denn durch sie hat er reichen Gewinn / und ein
üppiges Mahl.
17 Darum zückt er unablässig sein Schwert, / um
ohne Erbarmen die Völker zu morden.

Die Antwort Gottes

2 Ich will auf meinem Wachtturm stehen, / ich
stelle mich auf den Wall
und spähe aus, um zu sehen, was er mir sagt, /
was er auf meine Klage entgegnet.
2 Der Herr gab mir Antwort und sagte: / Schreib
nieder, was du siehst,
schreib es deutlich auf die Tafeln, / damit man es
mühelos lesen kann.
3 Denn erst zu der bestimmten Zeit trifft ein, /
was du siehst;
aber es drängt zum Ende und ist keine Täu-
schung; / wenn es sich verzögert, so warte dar-
auf; / denn es kommt, es kommt und bleibt nicht
aus.
4 Sieh her: Wer nicht rechtschaffen ist, schwin-
det dahin, / der Gerechte aber bleibt wegen sei-
ner Treue am Leben.
5 Wahrhaftig, der Reichtum ist trügerisch, / wer
hochmütig ist, kommt nicht ans Ziel,
wenn er auch seinen Rachen aufsperrt wie
die Unterwelt / und unersättlich ist wie der
Tod,
wenn er auch alle Völker zusammentreibt / und
alle Nationen um sich vereinigt.

Die Weherufe: 2,6–20

Über den Habsüchtigen

6 Werden sie nicht alle ein Spottlied auf ihn an-
stimmen? / Ja, sie werden ihn verhöhnen und sa-
gen:
Weh dem, der zusammenrafft, was nicht ihm
gehört, / und sich hohe Pfänder geben läßt. / Wie
lange wird er es noch treiben?
7 Plötzlich werden vor dir deine Gläubiger ste-

hen, / deine Bedränger werden erwachen, und du wirst ihre Beute.

8 Du hast viele Völker ausgeplündert; / deshalb plündern jetzt die Völker dich aus, die übrigblieben,

wegen des Blutes, das du vergossen hast / unter den Menschen,

wegen der Gewalttaten, die du verübt hast / an Ländern und Städten und an all ihren Bewohnern.

Über den Ausbeuter

9 Weh dem, der für sein Haus unrechten Gewinn sucht / und sich hoch droben sein Nest baut, / um dem drohenden Unheil zu entgehen.

10 Zur Schande für dein eigenes Haus / hast du beschlossen, viele Völker niederzuschlagen; / damit sündigst du gegen dich selbst.

11 Es schreit der Stein in der Mauer, / und der Sparren im Gebälk gibt ihm Antwort.

12 Weh dem, der eine Stadt mit Blut erbaut / und eine Festung auf Unrecht gründet.

13 Bewirkt es nicht der Herr der Heere, / daß die Völker sich plagen nur für das Feuer, / Nationen sich abmühen für nichts?

14 Ja, das Land wird erfüllt sein von der Erkenntnis der Herrlichkeit des Herrn, / so wie das Meer mit Wasser gefüllt ist.

Über den Gewalttätigen

15 Weh dem, der seinen Freund / aus dem Becher seines Zorns trinken läßt,

ja, ihn betrunken macht, / damit man ihn nackt sieht.

16 Du sollst dich an Schande sättigen, nicht an Ehre; / auch du sollst trinken und taumeln.

Der Becher in der Hand des Herrn kommt nun zu dir; / Schmach und Schande bedecken deine Ehre.

17 Denn dich erdrückt dein Verbrechen / gegen den Libanonwald,

und die Vernichtung des Großwilds lastet auf dir, / wegen des Blutes, das du vergossen hast unter den Menschen,

wegen der Gewalttaten, die du verübt hast an Ländern und Städten / und an allen ihren Bewohnern.

Über den Götzendiener

18 Was nützt ein Götterbild, das ein Bildhauer macht, / ein gegossenes Bild, ein Lügenorakel?

Wie kann der Bildhauer auf den Götzen vertrauen, / auf das stumme Gebilde, das er selber gemacht hat?

19 Weh dem, der zum Holz sagt: Erwache!, / und zum stummen Stein: Wach auf!

Gibt der Götze denn Auskunft? / Gewiß, er ist mit Silber und Gold überzogen, / doch er hat keinen Geist, keinen Atem.

20 Der Herr aber wohnt in seinem heiligen Tempel. / Alle Welt schweige in seiner Gegenwart.

Das Gebet des Habakuk: 3,1–19

3 Gebet des Propheten Habakuk, nach der Melodie von Schigjonot.

2 Herr, ich höre die Kunde, / ich sehe, Herr, was du früher getan hast.

Laß es in diesen Jahren wieder geschehen, / offenbare es in diesen Jahren! / Auch wenn du zürnst, denk an dein Erbarmen!

3 Gott kommt von Teman her, / der Heilige kommt vom Gebirge Paran.

Seine Hoheit überstrahlt den Himmel, / sein Ruhm erfüllt die Erde. [Sela]

4 Er leuchtet wie das Licht der Sonne, / ein Kranz von Strahlen umgibt ihn, / in ihnen verbirgt sich seine Macht.

5 Die Seuche zieht vor ihm her, / die Pest folgt seinen Schritten.

6 Wenn er kommt, wird die Erde erschüttert, / wenn er hinblickt, zittern die Völker.

Da zerbersten die ewigen Berge, / versinken die uralten Hügel. / [Das sind von jeher seine Wege.]

7 Die Zelte Kuschans sehe ich voll Unheil; / auch in Midian zittern die Zelte.

8 Herr, ist dein Zorn gegen die Flüsse entbrannt / [gegen die Flüsse dein Zorn]

und dein Groll gegen das Meer, / daß du mit deinen Rossen heranstürmst / und mit deinen siegreichen Wagen?

9 Du hast den Bogen aus der Hülle genommen, / du hast die Pfeile auf die Sehne gelegt. [Sela]
Du spaltest die Erde, / und es brechen Ströme hervor;
10 dich sehen die Berge und zittern, / tosender Regen prasselt nieder;
die Urflut brüllt auf / und reckt ihre Hände empor.
11 Sonne und Mond bleiben in ihrer Wohnung; / sie vergehen im grellen Licht deiner Pfeile, / im Glanz deiner blitzenden Lanze.
12 Voll Zorn schreitest du über die Erde, / in deinem Groll zerstampfst du die Völker.
13 Du ziehst aus, um dein Volk zu retten, / um deinem Gesalbten zu helfen.
Vom Haus des Ruchlosen schlägst du das Dach weg / und legst das Fundament frei / bis hinab auf den Felsen. [Sela]
14 Mit deinen Pfeilen durchbohrst du den Kopf seiner Krieger, / die heranstürmen, um uns zu verjagen.
Sie freuen sich schon voll Übermut, / in ihrem Versteck den Armen zu fressen.
15 Du bahnst mit deinen Rossen den Weg durch das Meer, / durch das gewaltig schäumende Wasser.
16 Ich zitterte am ganzen Leib, als ich es hörte, / ich vernahm den Lärm, und ich schrie.
Fäulnis befällt meine Glieder, / und es wanken meine Schritte.
Doch in Ruhe erwarte ich den Tag der Not, / der dem Volk bevorsteht, das über uns herfällt.
17 Zwar blüht der Feigenbaum nicht, / an den Reben ist nichts zu ernten,
der Ölbaum bringt keinen Ertrag, / die Kornfelder tragen keine Frucht;
im Pferch sind keine Schafe, / im Stall steht kein Rind mehr.
18 Dennoch will ich jubeln über den Herrn, / und mich freuen über Gott, meinen Retter.
19 Gott, der Herr, ist meine Kraft. / Er macht meine Füße schnell wie die Füße der Hirsche / und läßt mich schreiten auf den Höhen.
(Dem Chormeister. Zum Saitenspiel.)

DAS BUCH ZEFANJA

Überschrift: 1,1

1 Wort des Herrn, das an Zefanja, den Sohn Kuschis, des Sohnes Gedaljas, des Sohnes Amarjas, des Sohnes Hiskijas, erging in der Zeit, als Joschija, der Sohn Amons, König von Juda war.

Das Gericht über Juda und die Völker: 1,2–3,8

Das Gericht über Juda

2 Ich raffe alles vom Erdboden weg, / ich raffe es weg – Spruch des Herrn.
3 Mensch und Vieh raffe ich weg, / die Vögel des Himmels raffe ich weg
und die Fische im Meer, / [nämlich alles, was die Frevler zu Fall gebracht hat,]
und ich rotte die Menschen auf der Erde aus – / Spruch des Herrn.
4 Ich strecke meine Hand gegen Juda aus / und gegen alle Einwohner Jerusalems,
und ich rotte an diesem Ort die Reste des Baalsdienstes aus, / samt den Namen der Götzenpriester,

5 alle, die sich auf den Dächern niederwerfen / vor dem Heer des Himmels,
auch alle, die sich vor dem Herrn niederwerfen, / zugleich aber bei ihrem Moloch schwören,
6 und alle, die dem Herrn den Rücken kehren, / die ihn nicht suchen und nicht nach ihm fragen.
7 Schweigt vor Gott, dem Herrn! / Denn der Tag des Herrn ist nahe.
Ja, der Herr hat ein Schlachtopfer vorbereitet, / er hat die eingeladenen Gäste schon (dem Tod) geweiht.
8 Am Tag des Schlachtopfers des Herrn / rechne ich ab mit den großen Herren und den Königssöhnen / und allen, die fremdländische Kleider tragen;
9 an jenem Tag rechne ich ab mit jedem, / der über die Schwelle springt,
mit allen, die das Haus ihres Herrn / mit Betrug und Gewalt anfüllen.
10 An jenem Tag – Spruch des Herrn – / hört man vom Fischtor her Geschrei
und aus der Neustadt lautes Jammern / und von den Hügeln her großes Getöse.
11 Jammert, ihr Bewohner der Senke! / Denn das ganze Krämervolk verstummt, / alle Geldwechsler sind ausgerottet.
12 In jener Zeit durchsuche ich Jerusalem mit der Laterne / und rechne ab mit den Herren,
die dick geworden sind auf ihrer Hefe und denken: / Der Herr tut weder Gutes noch Böses.
13 Darum werden ihre Reichtümer geraubt / und ihre Häuser verwüstet.
Sie werden Häuser bauen, aber nicht darin wohnen; / sie werden Weinberge anlegen, / aber den Wein nicht trinken.

Der Tag des Herrn

14 Der Tag des Herrn ist nahe, der gewaltige Tag, / er ist nahe, schnell kommt er herbei.
Horch, der Tag des Herrn ist bitter, / da schreit sogar der Kriegsheld auf.
15 Ein Tag des Zorns ist jener Tag, / ein Tag der Not und Bedrängnis,
ein Tag des Krachens und Berstens, / ein Tag des Dunkels und der Finsternis, / ein Tag der Wolken und der schwarzen Nacht,
16 ein Tag des Widderhorns und des Kriegsgeschreis
in den befestigten Städten / und auf den hohen Zinnen.
17 Da jage ich den Menschen Angst ein, / so daß sie wie blind umherlaufen; / denn sie haben sich gegen den Herrn versündigt.
Ihr Blut wird hingeschüttet wie Schutt / und ihr fettes Mark wie Kot.
18 Weder ihr Silber noch ihr Gold kann sie retten / am Tag des Zornes des Herrn.
Vom Feuer seines leidenschaftlichen Eifers / wird die ganze Erde verzehrt.
Denn er bereitet allen Bewohnern der Erde ein Ende, / ein schreckliches Ende.

Hoffnung nach Umkehr

2 Du gleichgültiges Volk, / sammelt euch, tut euch zusammen,
2 ehe ihr zerstreut werdet und zerstiebt wie Spreu, / ehe der glühende Zorn des Herrn über euch kommt, / ehe über euch der Tag des glühenden Zornes des Herrn kommt.
3 Sucht den Herrn, ihr Gedemütigten im Land, / die ihr nach dem Recht des Herrn lebt.
Sucht Gerechtigkeit, sucht Demut! / Vielleicht bleibt ihr geborgen / am Tag des Zornes des Herrn.

Das Gericht über die Nachbarvölker

4 Ja, Gaza wird verlassen sein / und Aschkelon wird eine Wüste,
am hellen Mittag treibt man Aschdods Einwohner fort, / und Ekron ackert man um.
5 Weh euch, die ihr das Gebiet am Meer bewohnt, / ihr Volk der Kereter.
Das Wort des Herrn richtet sich gegen euch: / Kanaan, Land der Philister,
ich richte dich zugrunde, / keiner deiner Bewohner bleibt übrig.
6 Das Kereterland wird zum Weideland der Hirten, / es gibt nur noch Pferche für Schafe und Ziegen.
7 Das Gebiet am Meer / fällt dem Rest des Hauses Juda zu.
Sie treiben ihre Herden dorthin / und suchen am Abend ein Lager / in Aschkelons Häusern.

Denn der Herr, ihr Gott, kümmert sich um sie / und wendet ihr Geschick.

8 Ich habe den Hohn Moabs gehört / und die Schimpfworte der Ammoniter,

die mein Volk verhöhnten / und große Reden führten gegen sein Land.

9 Darum – Spruch des Herrn der Heere, / des Gottes Israels:

So wahr ich lebe: Moab wird wie Sodom werden / und die Ammoniter wie Gomorra,

ein Ort des Unkrauts, eine Salzgrube / und eine Wüste für immer.

Der Rest meines Volkes wird sie ausplündern, / der Überrest meines Volkes wird sie beerben.

10 Das ist die Strafe für ihren Hochmut; / denn sie höhnten und führten große Reden / gegen das Volk des Herrn der Heere.

11 Furchterregend tritt der Herr gegen sie auf. / Ja, er vernichtet alle Götter der Erde,

und alle Völker der Inseln werfen sich nieder vor ihm, / jedes an seinem Ort.

12 Auch ihr Kuschiter werdet / von meinem Schwert durchbohrt.

13 Er streckt seine Hand auch nach Norden aus / und vernichtet Assur,

und Ninive macht er zur Öde, / es verdorrt wie die Wüste.

14 Dort lagern Herden, Tiere aller Art, / auf den Kapitellen der Säulen nächtigen Eule und Dohle.

Laut schreit es im Fenster, / ein Rabe krächzt auf der Schwelle. / [Denn das Zederngetäfel ist weg.]

15 Das also ist die fröhliche Stadt, / die sich in Sicherheit wiegte, / die dachte: Ich und sonst niemand!

Welch eine Wüste ist sie geworden, / ein Lager für die wilden Tiere.

Jeder, der dort vorbeikommt, / pfeift und hebt entsetzt seine Hand.

Das Gericht über Jerusalem

3 Weh der trotzigen, der schmutzigen, / der gewalttätigen Stadt.

2 Sie will nicht hören / und nimmt sich keine Warnung zu Herzen.

Sie verläßt sich nicht auf den Herrn / und sucht nicht die Nähe ihres Gottes.

3 Ihre Fürsten sind brüllende Löwen. / Ihre Richter sind wie Wölfe der Steppe, / die bis zum Morgen keinen Knochen mehr übriglassen.

4 Ihre Propheten sind freche Betrüger. / Ihre Priester entweihen das Heilige / und tun Gewalt dem Gesetz an.

5 Aber der Herr tritt für das Recht ein in ihrer Mitte, / er tut kein Unrecht.

Morgen für Morgen fällt er das Urteil, / es fehlt nie beim Aufgang des Lichts. / Doch der Böse kennt keine Scham.

6 Ich habe ganze Völker ausgerottet, / ihre Zinnen liegen zertrümmert am Boden.

Ich habe ihre Straßen entvölkert, / keiner geht dort mehr umher;

ihre Städte sind verwüstet, / ohne Menschen, ohne Bewohner.

7 Ich dachte: Sicher fürchtest du mich jetzt, / nimmst dir die Warnung zu Herzen;

und alles, was ich ihnen auftrug, / werden sie immer vor Augen haben.

Aber nein, sie begingen immer wieder / all ihre schändlichen Taten.

8 Darum wartet nur – Spruch des Herrn – / auf den Tag, an dem ich auftreten werde als Kläger.

Denn ich habe beschlossen: / Völker will ich versammeln, / und Königreiche biete ich auf;

dann schütte ich meinen Groll über sie aus, / die ganze Glut meines Zorns.

Denn vom Feuer meines Eifers / wird die ganze Erde verzehrt.

Die Verheißung für Jerusalem und die Völker

9 Dann werde ich die Lippen der Völker / verwandeln in reine Lippen,

damit alle den Namen des Herrn anrufen / und ihm einmütig dienen.

10 Von jenseits der Ströme von Kusch / bringen mir meine Verehrer dann als Gabe / die Gemeinde meiner Verstreuten.

11 An jenem Tag / brauchst du dich nicht mehr zu schämen,

wegen all deiner schändlichen Taten, / die du gegen mich verübt hast.

Ja, dann entferne ich aus deiner Mitte / die überheblichen Prahler,

und du wirst nicht mehr hochmütig sein / auf
meinem heiligen Berg.
12 Und ich lasse in deiner Mitte übrig / ein demü-
tiges und armes Volk, / das seine Zuflucht sucht
beim Namen des Herrn.
13 Der Rest von Israel wird kein Unrecht mehr
tun / und wird nicht mehr lügen, / in ihrem
Mund findet man kein unwahres Wort mehr.
Ja, sie gehen friedlich auf die Weide, / und nie-
mand schreckt sie auf, wenn sie ruhen.
14 Juble, Tochter Zion! Jauchze, Israel! / Freu dich,
und frohlocke von ganzem Herzen, / Tochter Je-
rusalem!
15 Der Herr hat das Urteil gegen dich aufgehoben /
und deine Feinde zur Umkehr gezwungen.
Der König Israels, der Herr, ist in deiner Mitte; /
du hast kein Unheil mehr zu fürchten.
16 An jenem Tag wird man zu Jerusalem sagen: /
Fürchte dich nicht, Zion! / Laß die Hände nicht
sinken!
17 Der Herr, dein Gott, ist in deiner Mitte, / ein
Held, der Rettung bringt.
Er freut sich und jubelt über dich, / er erneuert
seine Liebe zu dir,
er jubelt über dich und frohlockt, / wie man
frohlockt an einem Festtag.
18 Ich mache deinem Unglück ein Ende, / ich
nehme die Schmach von dir.
19 In jener Zeit vernichte ich alle, die dich unter-
drücken. / Ich helfe den Hinkenden / und
sammle die Verstreuten.
Ich verschaffe ihnen Ruhm und Ansehen / übe-
rall auf der Erde, wo sie Schmach erlit-
ten.
20 In jener Zeit bringe ich euch heim, / in jener
Zeit führe ich euch wieder zusammen.
Ja, ich verleihe euch Ansehen und Ruhm / bei
allen Völkern der Erde,
wenn ich euer Geschick wende. / Ihr werdet es
sehen, spricht der Herr.

DAS BUCH HAGGAI

Der Aufruf zum Tempelbau: 1,1–11

1 Im zweiten Jahr des Königs Darius erging am
ersten Tag des sechsten Monats das Wort des
Herrn durch den Propheten Haggai an den Statt-
halter von Juda, Serubbabel, den Sohn Schealtiëls,
und an den Hohenpriester Jeschua, den Sohn des
Jozadak:
2 So spricht der Herr der Heere: Dieses Volk
sagt: Noch ist die Zeit nicht gekommen, das
Haus des Herrn aufzubauen. 3 Da erging das
Wort des Herrn durch den Propheten Hag-
gai: 4 Ist etwa die Zeit gekommen, daß ihr in
euren getäfelten Häusern wohnt, während die-
ses Haus in Trümmern liegt? 5 Nun aber spricht
der Herr der Heere: Überlegt doch, wie es
euch geht. 6 Ihr sät viel und erntet wenig; ihr
eßt und werdet nicht satt; ihr trinkt, aber zum
Betrinken reicht es euch nicht; ihr zieht Klei-
der an, aber sie halten nicht warm, und wer et-
was verdient, verdient es für einen löcherigen
Beutel.
7 So spricht der Herr der Heere: Überlegt also,
wie es euch geht. 8 Geht ins Gebirge, schafft Holz
herbei, und baut den Tempel wieder auf! Das
würde mir gefallen und mich ehren, spricht der
Herr. 9 Ihr habt viel erhofft und doch nur wenig ge-
erntet; und wenn ihr es einbrachtet, blies ich es
weg. Warum wohl? – Spruch des Herrn der
Heere. Weil mein Haus in Trümmern liegt,
während jeder von euch für sein eigenes Haus
rennt. 10 Deshalb hält der Himmel über euch den
Tau zurück, und die Erde hält ihren Ertrag zurück.
11 Ich rief die Dürre über das Land und über die
Berge, über das Getreide, über den Wein und das
Öl, über alles, was der Boden hervorbringt, über
Mensch und Vieh und über alle Arbeit eurer
Hände.

Der Neuanfang: 1,12–15

12 Serubbabel, der Sohn Schealtiëls, und der Hohe-
priester Jeschua, der Sohn des Jozadak, und alle,
die vom Volk noch übrig waren, hörten auf die
Stimme des Herrn, ihres Gottes, und auf die Worte
des Propheten Haggai; denn der Herr, ihr Gott,
hatte ihn gesandt, und das Volk fürchtete sich vor
dem Herrn. 13 Darum verkündete Haggai, der Bote
des Herrn, dem Volk im Auftrag des Herrn: Ich bin
bei euch – Spruch des Herrn. 14 Und der Herr
weckte den Geist des Statthalters von Juda, Se-
rubbabel, des Sohnes Schealtiëls, und den Geist
des Hohenpriesters Jeschua, des Sohnes des Joza-
dak, und den Geist all derer, die vom Volk noch
übrig waren, so daß sie kamen und die Arbeit am
Tempel ihres Gottes, des Herrn der Heere, auf-
nahmen; 15 das war am vierundzwanzigsten Tag
des sechsten Monats im zweiten Jahr des Königs
Darius.

Der neue Tempel: 2,1–9

2 Am einundzwanzigsten Tag des siebten Mo-
nats erging das Wort des Herrn durch den
Propheten Haggai: 2 Sag zu Serubbabel, dem Sohn
Schealtiëls, dem Statthalter von Juda, und zum
Hohenpriester Jeschua, dem Sohn des Jozadak,
und zu denen, die vom Volk übrig sind: 3 Ist unter
euch noch einer übrig, der diesen Tempel in sei-
ner früheren Herrlichkeit gesehen hat? Und was
seht ihr jetzt? Erscheint er euch nicht wie ein
Nichts? 4 Aber nun fasse Mut, Serubbabel –
Spruch des Herrn –, fasse Mut, Hoherpriester Je-
schua, Sohn des Jozadak, faßt alle Mut, ihr Bürger
des Landes – Spruch des Herrn –, und macht
euch an die Arbeit! Denn ich bin bei euch –
Spruch des Herrn der Heere. 5 Der Bund, den ich
bei eurem Auszug aus Ägypten mit euch ge-
schlossen habe, bleibt bestehen, und mein Geist
bleibt in eurer Mitte. Fürchtet euch nicht! 6 Denn
so spricht der Herr der Heere: Nur noch kurze
Zeit, dann lasse ich den Himmel und die Erde, das
Meer und das Festland, erbeben, 7 und ich lasse
alle Völker erzittern. Dann strömen die Schätze
aller Völker herbei, und ich erfülle dieses Haus
mit Herrlichkeit, spricht der Herr der Heere. 8 Mir
gehört das Silber und mir das Gold – Spruch des
Herrn der Heere. 9 Die künftige Herrlichkeit dieses
Hauses wird größer sein als die frühere, spricht
der Herr der Heere. An diesem Ort schenke ich
die Fülle des Friedens – Spruch des Herrn der
Heere.

Das neue Heil: 2,10–19

10 Im zweiten Jahr des Darius erging am vierund-
zwanzigsten Tag des neunten Monats dieses Wort
des Herrn an den Propheten Haggai:

11 So spricht der Herr der Heere: Erbitte von
den Priestern eine Weisung in folgender Frage:
12 Wenn jemand heiliges Opferfleisch im Zipfel sei-
nes Gewandes trägt und mit dem Zipfel zufällig
Brot oder etwas Gekochtes berührt oder Wein
oder Öl oder sonst etwas Eßbares, wird dieses da-
durch geheiligt? Die Priester antworteten: Nein.
13 Da fragte Haggai: Wenn jemand, der durch eine
Leiche unrein geworden ist, das alles berührt,
wird es dann unrein? Die Priester antworteten: Ja,
es wird unrein. 14 Darauf erwiderte Haggai: Eben-
so sind in meinen Augen dieses Volk und diese
Leute – Spruch des Herrn – und ebenso alles, was
sie tun; und was sie als Opfer darbringen: unrein
ist es.

15 Nun aber gebt acht, was von heute an ge-
schieht. Bevor man am Tempel des Herrn Stein
auf Stein legte, 16 wie ist es euch da ergangen?
Kam man zu einem Kornhaufen, der zwanzig
Efa haben sollte, so waren es nur zehn; kam
man zur Kelter, um fünfzig Bat zu schöpfen, wa-
ren es nur zwanzig. 17 Mit Getreidebrand und
Mehltau und Hagel schlug ich euch und machte

alle eure Arbeit zunichte, und doch wandtet ihr
euch mir nicht zu – Spruch des Herrn. 18 Gebt
acht, was von heute an geschieht, vom vierund-
zwanzigsten Tag des neunten Monats an, dem
Tag, an dem der Grundstein zum Tempel des
Herrn gelegt wurde. Gebt acht, 19 ob das Saatkorn
weiterhin im Speicher bleibt und ob Weinstock
und Feigenbaum, Granatbaum und Ölbaum im-
mer noch keine Frucht tragen. Von heute an
spende ich Segen.

Die Verheißung an den Davidsohn 2,20–23

20 Am vierundzwanzigsten Tag des Monats erging
das Wort des Herrn ein zweites Mal an Haggai:
21 Sag zu Serubbabel, dem Statthalter von Juda:
Ich lasse den Himmel und die Erde erbeben. 22 Ich
stürze die Throne der Könige und zerschlage die
Macht der Königreiche der Völker. Ich stoße die
Kriegswagen samt ihren Fahrern um, die Pferde
sinken samt ihren Reitern zu Boden, einer vom
Schwert des andern getroffen. 23 An jenem Tag –
Spruch des Herrn der Heere – nehme ich dich,
mein Knecht Serubbabel, Sohn Schealtiëls, –
Spruch des Herrn – und mache dich zu meinem
Siegelring; denn ich habe dich erwählt – Spruch
des Herrn der Heere.

DAS BUCH SACHARJA

Erster Teil: Die Visionen und Worte Sacharjas: 1,1–8,23

Der Aufruf zur Umkehr

1 Im zweiten Jahr des Darius erging im achten
Monat das Wort des Herrn an den Propheten
Sacharja, den Sohn Berechjas, des Sohnes Iddos:
2 Schwer hat der Herr euren Vätern gezürnt. 3 Des-
halb sag zu ihnen: So spricht der Herr der Heere:
Kehrt um zu mir – Spruch des Herrn der Heere –,
dann kehre ich um zu euch, spricht der Herr der
Heere. 4 Seid nicht wie eure Väter, denen die
früheren Propheten verkündeten: So spricht der
Herr der Heere: Kehrt doch um von euren heillo-
sen Wegen und von euren heillosen Taten. Aber
sie hörten nicht und schenkten mir kein Gehör –
Spruch des Herrn. 5 Wo sind nun eure Väter? Und
die Propheten – leben sie ewig? 6 Meine Worte
und meine Entschlüsse, die ich durch meine
Knechte, die Propheten, verkünden ließ, haben
sie sich nicht an euren Vätern erfüllt? Darauf
kehrten sie um und sagten: Wie unsere Wege und
unsere Taten es verdienten, gedachte der Herr der
Heere an uns zu handeln, und so hat er gehandelt.

Die erste Vision: Das Gericht über die Völker

7 Am vierundzwanzigsten Tag des elften Monats
– das ist der Monat Schebat – im zweiten Jahr
des Darius erging das Wort des Herrn an den Pro-
pheten Sacharja, den Sohn Berechjas, des Sohnes
Iddos. 8 In dieser Nacht hatte ich eine Vision: Ich
sah einen Mann auf einem rotbraunen Pferd. Er
stand zwischen den Myrtenbäumen in der Tiefe,
und hinter ihm waren rotbraune, blutrote und
weiße Pferde. 9 Ich fragte: Herr, was bedeuten
diese Pferde? Und der Engel, der mit mir redete,
sprach: Ich will dich sehen lassen, was sie be-
deuten. 10 Da ergriff der Mann, der zwischen den
Myrtenbäumen stand, das Wort und sagte: Der
Herr hat diese Pferde gesandt, damit sie die Erde
durchziehen. 11 Und sie antworteten dem Engel
des Herrn, der zwischen den Myrtenbäumen
stand: Wir haben die Erde durchzogen – die
ganze Erde ruht und liegt still. 12 Da sagte der En-
gel des Herrn: Herr der Heere, wie lange versagst
du noch Jerusalem und den Städten Judas dein

Erbarmen, denen du nun siebzig Jahre grollst?
13 Der Herr antwortete dem Engel, der mit mir re-
dete, in freundlichen Worten, Worten voll Trost.
14 Da sagte mir der Engel, der mit mir redete: Ver-
künde: So spricht der Herr der Heere: Mit gro-
ßem Eifer trete ich für Jerusalem und Zion ein;
15 aber ich bin voll glühendem Zorn gegen die
Völker, die sich in falscher Sicherheit wiegen.
Ich war nur ein wenig erzürnt; doch sie wollten
vernichten, als sie mir halfen. 16 Darum – so
spricht der Herr: Voll Erbarmen wende ich mich
Jerusalem wieder zu. Man wird mein Haus dort
aufbauen – Spruch des Herrn der Heere – und
die Richtschnur über Jerusalem spannen. 17 Wei-
ter verkünde: So spricht der Herr der Heere:
Meine Städte werden wieder überfließen von
allen Gütern. Der Herr wird Zion wieder trö-
sten, und er wird Jerusalem wieder auserwäh-
len.

Die zweite Vision: Das Gericht über die Zerstörer Jerusalems

2 Danach blickte ich hin und sah: Da waren
vier Hörner. 2 Ich fragte den Engel, der mit
mir redete: Was bedeuten diese Hörner? Er ant-
wortete mir: Das sind die vier Hörner, die Juda, Is-
rael und Jerusalem zerstreut haben. 3 Darauf ließ
mich der Herr vier Schmiede sehen. 4 Ich fragte:
Wozu sind sie da? Was sollen sie tun? Und er ant-
wortete: Die Hörner haben Juda zerstreut, so daß
kein Mensch mehr sein Haupt erhob; die
Schmiede aber sind gekommen, um sie zu er-
schrecken und die Hörner aller Völker niederzu-
werfen, die ihre Macht gegen Juda aufgeboten ha-
ben, um es zu zerstreuen.

Die dritte Vision: Jerusalem unter Gottes Schutz

5 Danach blickte ich hin und sah: Da war ein
Mann mit einer Meßschnur in der Hand. 6 Ich
fragte: Wohin gehst du? Er antwortete mir: Ich
gehe, um Jerusalem auszumessen und zu sehen,
wie breit und wie lang es sein wird. 7 Da trat der
Engel, der mit mir redete, vor, und ein anderer En-
gel kam ihm entgegen 8 und sagte zu ihm: Lauf
und sag dem jungen Mann dort: Jerusalem wird
eine offene Stadt sein wegen der vielen Men-
schen und Tiere, die darin wohnen. 9 Ich selbst –
Spruch des Herrn – werde für die Stadt ringsum
eine Mauer von Feuer sein und in ihrem Innern
ihr Ruhm und ihre Ehre.

Der Aufruf an die Verbannten

10 Auf, auf! Flieht aus dem Land des Nordens –
Spruch des Herrn. Denn wie die vier Winde des
Himmels habe ich euch zerstreut – Spruch des
Herrn. 11 Auf, Zion, die du in Babel wohnst, rette
dich! 12 Denn so spricht der Herr der Heere – er hat
mich mit Herrlichkeit zu den Völkern gesandt, die
euch ausgeplündert haben –: Wer euch antastet,
tastet meinen Augapfel an. 13 Ja, jetzt hole ich mit
meiner Hand zum Schlag gegen sie aus, so daß sie
eine Beute ihrer eigenen Knechte werden. Und
ihr werdet erkennen, daß der Herr der Heere
mich gesandt hat.

14 Juble und freue dich, Tochter Zion; denn siehe,
ich komme und wohne in deiner Mitte – Spruch
des Herrn. 15 An jenem Tag werden sich viele Völ-
ker dem Herrn anschließen, und sie werden mein
Volk sein, und ich werde in deiner Mitte wohnen.
Dann wirst du erkennen, daß der Herr der Heere
mich zu dir gesandt hat. 16 Der Herr aber wird Juda
in Besitz nehmen; es wird sein Anteil im Heiligen
Land sein. Und er wird Jerusalem wieder auser-
wählen. 17 Alle Welt schweige in der Gegenwart
des Herrn. Denn er tritt hervor aus seiner heiligen
Wohnung.

Die vierte Vision: Der Priesterdienst in der messianischen Zeit

3 Danach ließ er mich den Hohenpriester Je-
schua sehen, der vor dem Engel des Herrn
stand. Der Satan aber stand rechts von Jeschua,
um ihn anzuklagen. 2 Der Engel des Herrn sagte
zum Satan: Der Herr weise dich in die Schranken,
Satan; ja, der Herr, der Jerusalem auserwählt hat,
weise dich in die Schranken. Ist dieser Mann
nicht ein Holzscheit, das man aus dem Feuer ge-
rissen hat? 3 Jeschua hatte nämlich schmutzige
Kleider an, als er vor dem Engel stand. 4 Der Engel
wandte sich an seine Diener und befahl: Zieht
ihm die schmutzigen Kleider aus! Zu ihm aber
sagte er: Hiermit nehme ich deine Schuld von dir
und bekleide dich mit festlichen Gewändern.
5 Und ich befehle: Man soll ihm einen reinen Tur-
ban aufsetzen. Da setzten sie ihm den reinen Tur-
ban auf und bekleideten ihn mit Festgewändern,
und der Engel des Herrn stand dabei.

6 Der Engel des Herrn versicherte Jeschua: 7 So
spricht der Herr der Heere: Wenn du auf meinen
Wegen gehst und wenn du meine Ordnung ein-
hältst, dann wirst du es sein, der mein Haus re-

giert und meine Vorhöfe verwaltet, und ich gebe
dir Zutritt zu meinen Dienern hier.
8 Höre, Hoherpriester Jeschua: Du und deine Ge-
fährten, die vor dir sitzen, ihr seid Männer, die
Wahrzeichen sind. Denn siehe, ich will meinen
Knecht kommen lassen, den Sproß. 9 Denn der
Stein, den ich vor Jeschua hingelegt habe – auf
diesem einen Stein sind sieben Augen. Ich ritze in
ihn eine Inschrift ein – Spruch des Herrn der
Heere –, und ich tilge die Schuld dieses Landes an
einem einzigen Tag. 10 An jenem Tag – Spruch des
Herrn der Heere – werdet ihr einander einladen
unter Weinstock und Feigenbaum.

Die fünfte Vision:
Der Hohepriester und der Davidsohn

4 Danach kehrte der Engel, der mit mir redete,
zurück, weckte mich, wie man jemand vom
Schlaf aufweckt, 2 und sagte zu mir: Was hast du
gesehen? Ich antwortete: Ich hatte eine Vision:
Da stand ein Leuchter, ganz aus Gold, darauf eine
Schale und auf ihr sieben Lampen mit je sieben
Schnäbeln für die Flammen auf den Lampen.
3 Zwei Ölbäume standen daneben, der eine
rechts, der andere links von der Schale. 4 Und ich
sprach weiter und fragte den Engel, der mit mir re-
dete: Herr, was bedeuten diese Ölbäume? 5 Der
Engel, der mit mir redete, antwortete mir: Weißt
du nicht, was sie bedeuten? Ich erwiderte: Nein,
Herr. 6 Da erwiderte er und sagte zu mir: So lautet
das Wort des Herrn an Serubbabel: Nicht durch
Macht, nicht durch Kraft, allein durch meinen
Geist! – spricht der Herr der Heere.
7 Wer bist du, großer Berg? Vor Serubbabel wirst
du zur Ebene. Er holt den Schlußstein hervor, und
man ruft: Wie schön ist er, wie schön! 8 Da erging
das Wort des Herrn an mich: 9 Serubbabels Hände
haben den Grund zu diesem Haus gelegt, und
seine Hände werden es vollenden, damit man er-
kennt, daß mich der Herr der Heere zu euch ge-
sandt hat. 10 Denn wer gering dachte von der Zeit
der kleinen Anfänge, wird sich freuen, wenn er
den auserlesenen Stein in Serubbabels Hand
sieht. Das sind die sieben Augen des Herrn, die
über die ganze Erde schweifen.
11 Ich fragte ihn weiter: Was bedeuten die zwei
Ölbäume auf der rechten und auf der linken Seite
des Leuchters? 12 Und weiter fragte ich ihn: Was
bedeuten die zwei Büschel von Olivenzweigen
bei den beiden goldenen Röhren, durch die das
goldene Öl herabfließt? 13 Er sagte zu mir: Weißt du
nicht, was sie bedeuten? Ich erwiderte: Nein,
Herr. 14 Er sagte: Das sind die beiden Gesalbten,
die vor dem Herrn der ganzen Erde stehen.

Die sechste Vision: Die Ausrottung der Diebe

5 Wieder blickte ich hin und sah eine fliegende
Schriftrolle. 2 Er fragte mich: Was siehst du?
Ich antwortete: Ich sehe eine fliegende Schrift-
rolle, zwanzig Ellen lang und zehn Ellen breit.
3 Da sagte er zu mir: Das ist der Fluch, der über die
ganze Erde dahinfliegt. An jedem, der stiehlt,
wird Rache genommen, dem Fluch entspre-
chend; und an jedem, der schwört, wird Rache
genommen, dem Fluch entsprechend.
4 Ich habe den Fluch dahinfliegen lassen –
Spruch des Herrn der Heere –, und er wird ein-
dringen in das Haus des Diebes und in das Haus
dessen, der bei meinem Namen einen Meineid
schwört. Und der Fluch wird im Innern seines
Hauses bleiben und wird es vernichten samt Holz
und Steinen.

Die siebte Vision: Die Befreiung vom Bösen

5 Der Engel des Herrn, der mit mir redete, kam und
sagte zu mir: Blick hin und sieh, was sich zeigt!
6 Ich fragte: Was ist das? Er antwortete: Was sich
dort zeigt, ist ein Faß. Und er fuhr fort: Das ist ihre
Schuld auf der ganzen Erde. 7 Und siehe: Ein
Deckel aus Blei wurde (von dem Faß) gehoben,
und in dem Faß saß eine Frau. 8 Er sagte: Das ist
die Ruchlosigkeit. Darauf stieß er sie in das Faß
zurück und warf den bleiernen Deckel auf die Öff-
nung. 9 Als ich aufblickte und hinsah, da traten
zwei Frauen hervor, und ein Wind füllte ihre Flü-
gel – sie hatten nämlich Flügel wie Storchenflügel
–, und sie trugen das Faß zwischen Erde und
Himmel fort. 10 Darauf fragte ich den Engel, der mit
mir redete: Wohin bringen sie das Faß? 11 Er ant-
wortete mir: Im Land Schinar soll für die Frau ein
Tempel gebaut werden. Er wird auf festem Grund
stehen, und dort wird sie an ihrem Platz aufge-
stellt werden.

Die achte Vision: Das Gericht über die Feinde

6 Wieder blickte ich hin und sah vier Wa-
gen. Sie fuhren zwischen zwei Bergen her-
vor, und die Berge waren aus Bronze. 2 Am er-
sten Wagen waren rote Pferde, am zweiten Wa-
gen schwarze Pferde, 3 am dritten Wagen weiße

Pferde und am vierten Wagen gescheckte Pferde,
alles starke Tiere. 4 Darauf fragte ich den Engel, der
mit mir redete: Was bedeutet das, Herr? 5 Der En-
gel gab mir zur Antwort: Das sind die vier Winde
des Himmels, die vor dem Herrn der ganzen Erde
standen und nun losstürmen. 6 Die schwarzen
Pferde gehen in das Land des Nordens, die
weißen gehen nach Westen, die gescheckten ge-
hen in das Land des Südens. 7 Die starken Tiere
stürmen los, begierig, die Erde zu durchziehen.
Darauf sagte er: Auf, durchzieht die Erde! Und sie
durchzogen die Erde. 8 Und er rief mir zu: Sieh dir
die Pferde an, die in das Land des Nordens ziehen
– sie bringen meinen Geist über das Land des
Nordens.

Die Zeichen der Heilszeit

9 Danach erging an mich das Wort des Herrn:
10 Nimm einige der Heimkehrer von den Familien
Heldai, Tobija und Jedaja, und komm selbst an die-
sem Tag zum Haus Joschijas, des Sohnes Zefanjas!
Es sind Leute, die aus Babel zurückgekommen
sind. 11 Nimm Silber und Gold, mach eine Krone,
setze sie dem Hohenpriester Jeschua, dem Sohn
des Jozadak, aufs Haupt, 12 und sag zu ihm: So
spricht der Herr der Heere: Da ist ein Mann, Sproß
ist sein Name; denn wo er steht, wird es spros-
sen, und er wird den Tempel des Herrn bauen.
13 Er ist es, der den Tempel des Herrn baut. Er ist
mit Hoheit bekleidet. Er sitzt auf seinem Thron
und herrscht. Ein Priester steht an seinem Thron,
und gemeinsam sorgen sie für den Frieden. 14 Die
Krone wird zur Erinnerung an Heldai, Tobija, Je-
daja und Hen, den Sohn Zefanjas, im Tempel des
Herrn liegen. 15 Aus der Ferne werden sie kom-
men und am Tempel des Herrn bauen. Dann
werdet ihr erkennen, daß mich der Herr der
Heere zu euch gesandt hat. Das wird geschehen,
wenn ihr beharrlich auf die Stimme des Herrn, eu-
res Gottes, hört.

Das wahre Fasten

7 Im vierten Jahr des Königs Darius erging das
Wort des Herrn an Sacharja, am vierten Tag
im neunten Monat, dem Monat Kislew. 2 Bet-El
sandte Sarezer und Regem-Melech mit seinen
Leuten, um den Zorn des Herrn zu besänftigen
3 und um die Priester im Haus des Herrn der Heere
und die Propheten zu fragen: Soll ich weiterhin
im fünften Monat weinen und enthaltsam sein,
wie ich es so viele Jahre getan habe? 4 Da erging
an mich das Wort des Herrn der Heere: 5 Sag dem
ganzen Volk auf dem Land und den Priestern: Ihr
habt gefastet und Klage abgehalten im fünften
und im siebten Monat, und das siebzig Jahre lang
– aber bin ich es, für den ihr so streng gefastet
habt? 6 Und wenn ihr eßt und trinkt, eßt ihr dann
nicht für euch, und trinkt ihr nicht für euch?
7 Kennt ihr nicht die Worte, die der Herr durch die
früheren Propheten verkünden ließ, als man Jeru-
salem und die Städte ringsum sorglos bewohnte,
als der Negeb und die Schefela noch bewohnt wa-
ren? 8 Und das Wort des Herrn erging an Sacharja:
9 So spricht der Herr der Heere: Haltet gerechtes
Gericht, jeder zeige seinem Bruder gegenüber
Güte und Erbarmen; 10 unterdrückt nicht die Wit-
wen und Waisen, die Fremden und Armen, und
plant in eurem Herzen nichts Böses gegeneinan-
der! 11 Doch sie weigerten sich hinzuhören, sie
zeigten sich störrisch und verstopften ihre Ohren,
um nicht zu hören. 12 Sie machten ihr Herz hart
wie Diamant, um die Weisung und die Worte
nicht hören zu müssen, die der Herr der Heere in
der Kraft seines Geistes durch die früheren Pro-
pheten gesandt hat. Deshalb kam der große Zorn
des Herrn der Heere über sie, 13 und es geschah
dies: Wie er einst rief und sie nicht hörten, so rie-
fen nun sie, und ich hörte nicht, spricht der Herr
der Heere. 14 Ich habe sie unter alle Völker ver-
weht, die ihnen unbekannt waren. Nach ihnen
verödete das Land, so daß niemand mehr darin
hin- und herzog, und so haben sie das Land der
Freuden zur Wüste gemacht.

Die künftige Rettung

8 Es erging das Wort des Herrn der Heere: 2 So
spricht der Herr der Heere: Mit großem Eifer
trete ich ein für Zion, ich setze mich glühend ein
für Jerusalem. 3 So spricht der Herr: Ich kehre
zurück nach Zion und wohne wieder in Jerusa-
lem. Dann wird Jerusalem »Stadt der Treue«
heißen und der Berg des Herrn der Heere »Heili-
ger Berg«. 4 So spricht der Herr der Heere: Greise
und Greisinnen werden wieder auf den Plätzen
Jerusalems sitzen; jeder hält wegen seines hohen
Alters einen Stock in der Hand. 5 Die Straßen der
Stadt werden voll Knaben und Mädchen sein, die
auf den Straßen Jerusalems spielen. 6 So spricht
der Herr der Heere: Wenn das dem Rest dieses
Volkes in jenen Tagen zu wunderbar erscheint,

muß es dann auch mir zu wunderbar erscheinen?
– Spruch des Herrn der Heere.
7 So spricht der Herr der Heere: Seht, ich werde
mein Volk befreien aus dem Land des Sonnenauf-
gangs und aus dem Land des Sonnenuntergangs.
8 Ich werde sie heimbringen, und sie werden in Je-
rusalem wohnen. Sie werden mein Volk sein, und
ich werde ihr Gott sein, unwandelbar und treu.
9 So spricht der Herr der Heere: Macht eure
Hände stark, wenn ihr in diesen Tagen die Worte
aus dem Mund des Propheten hört. Die Prophe-
ten treten seit dem Tag auf, an dem das Funda-
ment für das Haus des Herrn der Heere gelegt
wurde, damit der Tempel gebaut werde. 10 Vor die-
sen Tagen brachte die Arbeit des Menschen kei-
nen Ertrag, und es gab keine Nahrung für das
Vieh. Wer aus dem Haus ging und heimkehrte,
fand keine Sicherheit vor dem Feind. Alle Men-
schen ließ ich gegeneinander los. 11 Jetzt aber bin
ich zum Rest des Volkes nicht mehr so wie in den
früheren Tagen – Spruch des Herrn der Heere;
12 denn ich säe das Heil: Der Weinstock gibt seine
Frucht, das Land gibt seinen Ertrag, der Himmel
gibt seinen Tau. Das alles will ich dem Rest dieses
Volkes zu eigen geben. 13 Und wie ihr, Haus Juda
und Haus Israel, ein Fluch unter den Völkern ge-
wesen seid, so werde ich euch erretten, damit ihr
ein Segen seid. Fürchtet euch nicht! Macht eure
Hände stark! 14 Denn so spricht der Herr der
Heere: Wie ich plante, euch Böses zu tun, und es
mich nicht reute, weil eure Väter mich erzürnten,
spricht der Herr der Heere, 15 so kehre ich jetzt um
und plane in diesen Tagen, Jerusalem und dem
Haus Juda Gutes zu tun. Fürchtet euch nicht!
16 Das sind die Dinge, die ihr tun sollt: Sagt un-
tereinander die Wahrheit! Fällt an euren Stadtto-
ren Urteile, die der Wahrheit entsprechen und
dem Frieden dienen. 17 Plant in eurem Herzen
nichts Böses gegen euren Nächsten, und liebt
keine verlogenen Schwüre! Denn das alles hasse
ich – Spruch des Herrn.
18 Und es erging an mich das Wort des Herrn der
Heere: 19 So spricht der Herr der Heere: Das Fasten
des vierten, das Fasten des fünften, das Fasten des
siebten und das Fasten des zehnten Monats wer-
den für das Haus Juda Tage des Jubels und der
Freude und froher Feste sein. Darum liebt die
Treue und den Frieden!
20 So spricht der Herr der Heere: Es wird noch ge-
schehen, daß Völker herbeikommen und die Ein-
wohner vieler Städte. 21 Die Einwohner der einen
Stadt werden zur andern gehen und sagen: Wir
wollen gehen, um den Zorn des Herrn zu besänf-
tigen und den Herrn der Heere zu suchen. – Auch
ich will hingehen. – 22 Viele Völker und mächtige
Nationen werden kommen, um in Jerusalem den
Herrn der Heere zu suchen und den Zorn des
Herrn zu besänftigen.
23 So spricht der Herr der Heere: In jenen Tagen
werden zehn Männer aus Völkern aller Sprachen
einen Mann aus Juda an seinem Gewand fas-
sen, ihn festhalten und sagen: Wir wollen mit
euch gehen; denn wir haben gehört: Gott ist mit
euch.

Zweiter Teil: Verheißungen und Gerichtsworte aus späterer Zeit: 9,1–14,21

Die Rettung eines Restes der Nachbarvölker

9 Ausspruch. Das Wort des Herrn ruht auf
dem Land Hadrach, Damaskus ist seine Ru-
hestätte. Denn dem Herrn gehören die Haupt-
stadt von Aram und alle Stämme Israels, 2 auch
Hamat, das daran grenzt, selbst Tyrus und Sidon,
so klug sie auch sind. 3 Tyrus baute sich eine Fe-
stung, häufte Silber auf wie Staub und Gold wie
Schlamm in den Gassen. 4 Seht, der Herr läßt
es verarmen, er schlägt seine Streitmacht auf
dem Meer; die Stadt wird vom Feuer verzehrt.
5 Aschkelon soll es sehen und sich fürchten,
auch Gaza, und sie sollen gewaltig zittern, auch
Ekron; denn er läßt dahinschwinden, wonach
sie Ausschau hielten. Verschwunden ist der Kö-
nig aus Gaza, Aschkelons Thron steht leer. 6 Ein
Bastard herrscht in Aschdod, ich zerschlage die
Größe der Philister. 7 Ich werde das Blut (das sie
trinken) aus ihrem Mund nehmen und das, was
ich verabscheue, aus ihren Zähnen. So werden
auch sie zu dem Rest gehören, der unserem Gott
zu eigen ist. Sie sind wie eine Sippe in Juda,
Ekron ist wie das Volk der Jebusiter. 8 Ich selbst
werde der Wachtposten sein, der mein Haus vor
Feinden schützt, die in den Krieg und wieder
nach Hause ziehen. Kein Bedrücker greift sie

mehr an; denn jetzt sehe ich auf sie mit meinen
eigenen Augen.

Der kommende Friedenskönig

9 Juble laut, Tochter Zion! Jauchze, Tochter Jerusa-
lem! Siehe, dein König kommt zu dir. Er ist ge-
recht und hilft; er ist demütig und reitet auf einem
Esel, auf einem Fohlen, dem Jungen einer Eselin.
10 Ich vernichte die Streitwagen aus Efraim und die
Rosse aus Jerusalem, vernichtet wird der Kriegs-
bogen.
Er verkündet für die Völker den Frieden; seine
Herrschaft reicht von Meer zu Meer und vom
Eufrat bis an die Enden der Erde.
11 Auch deine Gefangenen werde ich um des
Blutes deines Bundes willen freilassen aus ihrem
Kerker, der wasserlosen Zisterne. 12 Kehrt in Scha-
ren zurück, ihr Gefangenen voll Hoffnung! Ja,
heute verkünde ich: Die doppelte Zahl führe ich
zu dir zurück. 13 Denn ich spanne mir Juda als Bo-
gen und lege Efraim als Pfeil darauf. Ich rufe deine
Söhne, Zion, zum Kampf gegen die Söhne Ja-
wans, ich mache dich zum Schwert eines Helden.
14 Der Herr selbst wird über ihnen erscheinen.
Wie der Blitz schießt sein Pfeil dahin. Gott, der
Herr, bläst ins Horn, er kommt in den Stürmen
des Südens. 15 Der Herr der Heere beschirmt die
Seinen. Die Schleudersteine fressen und zermal-
men. (Seine Krieger) trinken und lärmen wie
beim Wein; sie sind voll Blut wie eine Opfer-
schale, wie die Ecken eines Altars. 16 Der Herr, ihr
Gott, wird sie an jenem Tag retten; er wird sein
Volk retten, wie man Schafe rettet. Edelsteine
glänzen auf seinem Land. 17 Wie groß sind seine
Schätze, wie herrlich ist seine Schönheit! Korn
gibt den jungen Männern Kraft und Most den
Mädchen.

Gottes Erbarmen nach dem Gericht

10 Bittet den Herrn um Regen zur Regenzeit
im Frühjahr! Der Herr läßt Gewitterwol-
ken entstehen, er füllt sie mit Regen und gibt den
Menschen das Grün auf dem Feld.
2 Die Hausgötzen redeten Falsches; die Wahrsa-
ger schauten Lügen. Sie verkündeten nichtige
Träume und spendeten leeren Trost. Darum
wurde das Volk weggetrieben wie Schafe und ge-
riet ins Elend; denn es hatte keinen Hirten. 3 Ge-
gen die Hirten ist mein Zorn entbrannt, die Leit-
hammel ziehe ich zur Rechenschaft. Denn der
Herr der Heere sieht nach seiner Herde, nach dem
Haus Juda, er macht es zu seinem prächtigen
Streitroß. 4 Aus dem Haus Juda kommt ein Edel-
stein, aus ihm ein Zeltpflock, aus ihm ein Kriegs-
bogen; aus ihm kommt jeder, der Macht hat. 5 Sie
alle werden wie Helden sein, die im Krieg den
Feind in den Gassenkot treten. Sie werden kämp-
fen; denn der Herr ist mit ihnen. Dann müssen
sich alle schämen, die auf Pferden reiten. 6 Das
Haus Juda will ich stark machen und das Haus Jo-
sef retten. Ich führe sie zurück; denn ich habe Er-
barmen mit ihnen. Es wird sein, als ob ich sie
nicht verstoßen hätte; denn ich bin Jahwe, ihr
Gott; ich werde sie erhören. 7 Die Söhne Efraims
werden Helden sein. Sie werden sich freuen wie
beim Wein. Ihre Kinder werden es sehen und sich
freuen, und ihr Herz wird jubeln über den Herrn.
8 Ich werde ihnen pfeifen und sie zusammenho-
len; denn ich habe sie losgekauft. Sie werden so
zahlreich sein, wie sie zahlreich waren. 9 Ich habe
sie unter die Völker gesät; doch in der Ferne wer-
den sie an mich denken. Sie werden mit ihren
Kindern am Leben bleiben und heimkehren. 10 Ja,
ich werde sie zurückführen aus Ägypten, und aus
Assur werde ich sie sammeln. Ich werde sie nach
Gilead und zum Libanon bringen, und es wird
nicht genug Platz für sie dasein. 11 Wenn sie aus
dem Land der Not durch das Meer ziehen, wird
der Herr die Wellen im Meer schlagen, und die
Tiefen des Nil werden austrocknen. Dann wird
die Größe Assurs in den Staub getreten, und das
Zepter Ägyptens wird beseitigt. 12 Ich mache sie
stark durch den Herrn, und sie werden in seinem
Namen ihren Weg gehen – Spruch des Herrn.
11 Öffne deine Tore, Libanon, damit das
Feuer deine Zedern frißt. 2 Klage, Zypresse!
Denn die Zeder ist gefallen; ja, die Mächtigen
wurden vernichtet. Klagt, ihr Eichen des Baschan,
denn der undurchdringliche Wald ist dahingesun-
ken. 3 Horch, die Hirten klagen; denn ihre präch-
tige Weide ist vernichtet. Horch, die jungen Lö-
wen brüllen; denn das Dickicht am Jordan ist
vernichtet.

Das Drohwort gegen die schlechten Herrscher

4 So spricht der Herr, mein Gott: Hüte die Schafe,
die geschlachtet werden sollen. 5 Ihre Käufer töten
sie, ohne es zu büßen. Ihre Verkäufer sagen: Ge-
priesen sei der Herr; denn ich bin reich geworden.
Ihre Hirten haben kein Mitleid mit ihnen. 6 Wahr-

haftig, ich habe kein Mitleid mehr mit den Be-
wohnern des Landes – Spruch des Herrn. Seht, je-
den Menschen liefere ich seinem Nächsten aus
und seinem König. Sie zerschlagen das Land, und
ich rette es nicht aus ihrer Hand.
7 Ich hütete die Schafe, die geschlachtet werden
sollten, für die Schafhändler, und ich nahm mir
zwei Ruten. Eine nannte ich Noam (Freundlich-
keit), die andere nannte ich Hobelim (Verbin-
dung), und ich hütete die Herde.
8 Nach meinem Willen verschwanden in einem
einzigen Monat drei Hirten. Ich war zornig auf sie,
auch sie waren meiner überdrüssig. 9 Ich sagte: Ich
hüte euch nicht. Was im Sterben liegt, soll sterben;
was sich verloren hat, sei verloren; und von den
Übriggebliebenen soll einer des andern Fleisch
fressen. 10 Dann nahm ich meine Rute Noam und
hieb sie in Stücke, um meinen Bund zu zerbre-
chen, den ich mit allen Völkern geschlossen hatte.
11 So wurde er an diesem Tag zerbrochen. Da er-
kannten die Schafhändler, die auf mich achtga-
ben, daß dies ein Wort des Herrn war. 12 Ich sagte
zu ihnen: Wenn es euch recht scheint, so bringt
mir meinen Lohn; wenn nicht, so laßt es! Doch sie
wogen mir meinen Lohn ab, dreißig Silberstücke.
13 Da sagte der Herr zu mir: Wirf ihn dem Schmel-
zer hin! Hoch ist der Preis, den ich ihnen wert bin.
Und ich nahm die dreißig Silberstücke und warf
sie im Haus des Herrn dem Schmelzer hin. 14 Da-
nach hieb ich meine zweite Rute, Hobelim, in
Stücke, um den brüderlichen Bund zwischen Juda
und Israel zu zerbrechen. 15 Der Herr sagte zu mir:
Nimm nochmals das Gerät des nichtsnutzigen
Hirten! 16 Denn ich lasse einen Hirten im Land auf-
treten. Um das Vermißte kümmert er sich nicht,
das Verlorene sucht er nicht, das Gebrochene heilt
er nicht, das Gesunde versorgt er nicht. Statt des-
sen ißt er das Fleisch der gemästeten Schafe und
reißt ihnen die Klauen ab.
17 Weh meinem nichtsnutzigen Hirten, der die
Herde im Stich läßt. Das Schwert über seinen
Arm und über sein rechtes Auge! Sein Arm soll
völlig verdorren, sein rechtes Auge soll gänzlich
erblinden.

Jerusalems Not und Errettung

12 Ausspruch. Das Wort des Herrn über Is-
rael. Der Spruch des Herrn, der den Him-
mel ausgespannt, die Erde gegründet und den
Geist im Innern des Menschen geformt hat:
2 Seht, ich mache Jerusalem zur Schale voll berau-
schendem Getränk für alle Völker ringsum [und
auch für Juda wird dies gelten bei der Belagerung
Jerusalems]. 3 An jenem Tag mache ich Jerusalem
für alle Völker zum Stein, den man hochstemmen
will: Jeder, der ihn hebt, wird schwer zerschun-
den. Alle Völker der Erde werden sich gegen Jeru-
salem verbünden. 4 An jenem Tag – Spruch des
Herrn – bringe ich alle Pferde in Verwirrung und
ihre Reiter zur Raserei. Über dem Haus Juda aber
halte ich meine Augen offen, während ich alle
Pferde der Völker mit Blindheit schlage. 5 Dann
werden die Anführer Judas denken: Die Einwoh-
ner Jerusalems sind stark durch den Herrn der
Heere, ihren Gott. 6 An jenem Tag mache ich Judas
Anführer gleich einem Feuerbecken im Holzhau-
fen und gleich brennenden Fackeln in den Gar-
ben. Sie fressen alle Völker ringsum, rechts und
links. Jerusalem aber wird weiterhin an seinem
Ort bleiben, in Jerusalem. 7 Dann wird der Herr zu-
erst die Zelte Judas retten, damit der Stolz des Hau-
ses David und der Stolz der Einwohner Jerusalems
nicht zu groß wird gegenüber Juda. 8 An jenem Tag
beschirmt der Herr die Einwohner Jerusalems,
und dann wird selbst der von ihnen, der strau-
chelt, wie David sein und das Haus David an ihrer
Spitze wie Gott, wie der Engel des Herrn. 9 An je-
nem Tag werde ich danach trachten, alle Völker zu
vernichten, die gegen Jerusalem anrücken. 10 Doch
über das Haus David und über die Einwohner Je-
rusalems werde ich den Geist des Mitleids und des
Gebets ausgießen. Und sie werden auf den
blicken, den sie durchbohrt haben. Sie werden um
ihn klagen, wie man um den einzigen Sohn klagt;
sie werden bitter um ihn weinen, wie man um den
Erstgeborenen weint. 11 An jenem Tag wird die To-
tenklage in Jerusalem so laut sein wie die Klage um
Hadad-Rimmon in der Ebene von Megiddo.
12 Das Land wird trauern, jede Sippe für sich: die
Sippe des Hauses David für sich und ihre Frauen
für sich; die Sippe des Hauses Natan für sich und
ihre Frauen für sich; 13 die Sippe des Hauses Levi
für sich und ihre Frauen für sich; die Sippe des
Hauses Schimi für sich und ihre Frauen für sich;
14 alle überlebenden Sippen, jede Sippe für sich
und ihre Frauen für sich.

13 An jenem Tag wird für das Haus David
und für die Einwohner Jerusalems eine
Quelle fließen zur Reinigung von Sünde und Un-
reinheit.

Die Vernichtung der Götter und der falschen Propheten

2 An jenem Tag – Spruch des Herrn der Heere –
werde ich die Namen der Götzenbilder im Land
ausrotten, so daß man sich nicht mehr an sie er-
innert. Auch die Propheten und den Geist der
Unreinheit werde ich aus dem Land vertreiben.
3 Wenn dann noch einer als Prophet auftritt, so
werden sein Vater und seine Mutter, die ihn her-
vorgebracht haben, zu ihm sagen: Du sollst nicht
am Leben bleiben; denn du hast im Namen des
Herrn Falsches gesagt. Sein Vater und seine Mut-
ter, die ihn hervorgebracht haben, werden ihn
durchbohren, weil er als Prophet auftrat. 4 An je-
nem Tag wird jeder Prophet sich wegen der Vi-
sionen schämen, die er verkündet hat. Um sich
zu verleugnen, wird er seinen härenen Mantel
nicht anziehen. 5 Er wird sagen: Ich bin kein Pro-
phet, ich bin nur ein Mann, der seinen Acker be-
baut; schon von Jugend an besitze ich Ackerland.
6 Wenn man dann zu ihm sagt: Was sind denn
das für Wunden auf deiner Brust?, wird er ant-
worten: Ich wurde im Haus meiner Freunde ver-
wundet.

Die Läuterung des geheiligten Restes

7 Schwert, erheb dich gegen meinen Hirten, gegen
den Mann meines Vertrauens – Spruch des Herrn
der Heere. Schlag den Hirten, dann werden sich
die Schafe zerstreuen. Ich richte meine Hand ge-
gen die Kleinen. 8 Im ganzen Land – Spruch des
Herrn – werden zwei Drittel vernichtet, sie wer-
den umkommen, nur der dritte Teil wird übrig-
bleiben. 9 Dieses Drittel will ich ins Feuer werfen,
um es zu läutern, wie man Silber läutert, um es zu
prüfen, wie man Gold prüft. Sie werden meinen
Namen anrufen, und ich werde sie erhören. Ja,
ich werde sagen: Es ist mein Volk. Und das Volk
wird sagen: Jahwe ist mein Gott.

Der Tag des Herrn

14 Siehe, es kommt ein Tag für den Herrn, an
dem man in deiner Mitte verteilt, was
man bei dir erbeutet hat. 2 Denn ich versammle
alle Völker zum Krieg gegen Jerusalem. Die Stadt
wird erobert, die Häuser werden geplündert, die
Frauen geschändet. Die Hälfte der Stadt zieht in
die Verbannung; aber der Rest des Volkes wird
nicht aus der Stadt vertrieben. 3 Doch dann wird
der Herr hinausziehen und gegen diese Völker
Krieg führen und kämpfen, wie nur er kämpft am
Tag der Schlacht.
4 Seine Füße werden an jenem Tag auf dem Öl-
berg stehen, der im Osten gegenüber von Jerusa-
lem liegt. Der Ölberg wird sich in der Mitte spal-
ten, und es entsteht ein gewaltiges Tal von Osten
nach Westen. Die eine Hälfte des Berges weicht
nach Norden und die andere Hälfte nach Süden.
5 Ihr aber werdet zum Tal meiner Berge fliehen;
denn das Tal der Berge reicht bis zum Jasol. Ja, ihr
werdet fliehen, wie ihr vor dem Erdbeben geflo-
hen seid in den Tagen Usijas, des Königs von
Juda. Dann wird der Herr, mein Gott, kommen
und alle Heiligen mit ihm. 6 An jenem Tag wird es
kein Licht geben, sondern Kälte und Frost.
7 Dann wird es einen Tag lang – er ist dem Herrn
bekannt – weder Tag noch Nacht werden, son-
dern am Abend wird Licht sein. 8 An jenem Tag
wird aus Jerusalem lebendiges Wasser fließen,
eine Hälfte zum Meer im Osten und eine Hälfte
zum Meer im Westen; im Sommer und im Win-
ter wird es fließen. 9 Dann wird der Herr König
sein über die ganze Erde. An jenem Tag wird der
Herr der einzige sein und sein Name der einzige.
10 Das ganze Land von Geba bis Rimmon im Sü-
den Jerusalems wird sich in eine Ebene verwan-
deln, Jerusalem aber wird hoch emporragen und
an seinem Platz bleiben vom Benjamintor bis
zum Ort des alten Tores, bis zum Ecktor, und
vom Turm Hananel bis zu den Keltern des Kö-
nigs. 11 Man wird darin wohnen. Es wird keine
Vernichtung mehr geben, und Jerusalem wird si-
cher sein.
12 Dies aber wird der Schlag sein, den der Herr
gegen alle Völker führt, die gegen Jerusalem in
den Krieg gezogen sind: Er läßt ihren Körper ver-
faulen, noch während sie auf den Füßen stehen;
die Augen verfaulen ihnen in den Augenhöhlen
und die Zunge im Mund. 13 An jenem Tag wird
die Verwirrung groß sein, die der Herr unter ih-
nen bewirkt. Einer wird den andern bei der
Hand packen, einer seine Hand gegen den an-
dern erheben. 14 Selbst Juda wird gegen Jerusalem
kämpfen, und die Macht aller Völker ringsum
wird sich vereinen: Gold, Silber und Gewänder
in großer Menge. 15 Wie der Schlag gegen die Völ-
ker wird der Schlag sein, der die Pferde, Maul-
tiere, Kamele, Esel und das ganze Vieh in diesen
Lagern trifft. 16 Doch wer dann übrigbleibt von al-
len Völkern, die gegen Jerusalem gezogen sind,

wird Jahr für Jahr hinaufziehen, um den König,
den Herrn der Heere, anzubeten und das Laub-
hüttenfest zu feiern. [17] Wer aber nicht nach Jeru-
salem hinaufzieht von allen Stämmen der Erde,
um den König, den Herrn der Heere, anzubeten,
bei dem wird kein Regen fallen. [18] Wenn das Volk
Ägyptens nicht hinaufzieht und nicht zu ihm
kommt, so ereilt es der gleiche Schlag, den der
Herr gegen alle Völker führt, die nicht hinaufzie-
hen, um das Laubhüttenfest zu feiern. [19] Das wird
die Strafe Ägyptens sein und die Strafe aller Völ-
ker, die nicht hinaufziehen, um das Laubhütten-
fest zu feiern.

[20] An jenem Tag wird auf den Pferdeschellen ste-
hen: Dem Herrn heilig. Die Kochtöpfe im Haus
des Herrn werden gebraucht wie die Opferscha-
len vor dem Altar. [21] Jeder Kochtopf in Jerusalem
und Juda wird dem Herrn der Heere geweiht sein.
Alle, die zum Opfer kommen, nehmen die Töpfe
und kochen in ihnen. Und kein Händler wird an
jenem Tag mehr im Haus des Herrn der Heere
sein.

DAS BUCH MALEACHI

Überschrift: 1,1

1 Ausspruch. Wort des Herrn an Israel durch Maleachi.

Das Gericht über Edom und Heil für Israel: 1,2–5

[2] Ich liebe euch, spricht der Herr. / Doch ihr sagt: Worin zeigt sich deine Liebe? –
Ist nicht Esau Jakobs Bruder? – Spruch des Herrn –, / und doch liebe ich Jakob,
[3] Esau aber hasse ich. / Darum mache ich seine Berge zur Öde
und überlasse sein Erbland / den Schakalen der Wüste.
[4] Edom sagt: Wir sind zerschmettert, – / aber wir bauen die Trümmer wieder auf.
Doch so spricht der Herr der Heere: / Sie sollen nur aufbauen; ich reiße es wieder ein.
Man wird sie das Land des Unrechts nennen / und das Volk, dem der Herr ewig zürnt.
[5] Mit eigenen Augen werdet ihr es sehen und werdet sagen: / Groß ist der Herr, weit über Israels Grenzen hinaus.

Die rechte Gottesverehrung: 1,6–14

[6] Der Sohn ehrt seinen Vater / und der Knecht seinen Herrn.
Wenn ich der Vater bin – / wo bleibt dann die Ehrerbietung?
Wenn ich der Herr bin – / wo bleibt dann die Furcht vor mir?,
spricht der Herr der Heere zu euch, ihr Priester, / die ihr meinen Namen verachtet.

Doch ihr sagt: / Wodurch verachten wir denn
deinen Namen?
7 Ihr bringt auf meinem Altar eklige Speisen
dar. / Ihr sagt: Wodurch erregen wir deinen Ekel?
Dadurch, daß ihr sagt: / Der Tisch des Herrn ist
nicht so wichtig.
8 Wenn ihr ein blindes Tier als Schlachtopfer dar-
bringt, / ist das nicht schlecht?
Und wenn ihr ein lahmes und krankes Tier dar-
bringt, / ist das nicht schlecht?
Biete das einmal deinem Statthalter an! / Ob er
wohl Gefallen an dir hat
und dich freundlich ansieht?, / spricht der Herr
der Heere.
9 Und nun versucht, Gott damit zu besänftigen /
und gnädig zu stimmen!
Wenn eure Hände ihm solche Dinge anbieten, /
wie kann er euch dann freundlich ansehen? – /
spricht der Herr der Heere.
10 Wäre doch jemand bei euch, / der die Tore (des
Tempels) verschließt, / damit ihr kein nutzloses
Feuer mehr entfacht auf meinem Altar.
Ich habe kein Gefallen an euch, / spricht der
Herr der Heere, / und ich mag kein Opfer aus eu-
rer Hand.
11 Denn vom Aufgang der Sonne bis zu ihrem
Untergang / steht mein Name groß da bei den
Völkern,
und an jedem Ort wird meinem Namen ein
Rauchopfer dargebracht / und eine reine Opfer-
gabe;
ja, mein Name steht groß da bei den Völkern, /
spricht der Herr der Heere.
12 Ihr aber entweiht ihn, ihr sagt: / Auf dem
Tisch des Herrn darf man eklige Speisen darbrin-
gen, / er ist nicht so wichtig.
13 Ihr sagt: Welch eine Mühsal!, / und facht das
Feuer an – / spricht der Herr der Heere;
ihr bringt von geraubten Tieren / die lahmen
und kranken als Opfer dar.
Soll ich das vielleicht annehmen aus eurer
Hand?, / spricht der Herr.
14 Verflucht ist der Betrüger, der dem Herrn
ein männliches Tier seiner Herde gelobt, /
dann aber ein fehlerhaftes Tier schlach-
tet.
Denn ein großer König bin ich, / spricht der Herr
der Heere, / und mein Name ist bei den Völkern
gefürchtet.

Drohwort gegen die Priester: 2,1–9

2 Jetzt ergeht über euch dieser Beschluß, ihr
Priester:
2 Wenn ihr nicht hört / und nicht von Herzen
darauf bedacht seid,
meinen Namen in Ehren zu halten / – spricht
der Herr der Heere –,
dann schleudere ich meinen Fluch gegen euch /
und verfluche den Segen, der auf euch ruht,
ja, ich verfluche ihn, / weil ihr nicht von Herzen
darauf bedacht seid.
3 Seht, ich schlage euch den Arm ab / und werfe
euch Unrat ins Gesicht,
den Unrat eurer Feste, / und man wird euch zu
ihm hinausschaffen.
4 Dann werdet ihr erkennen, daß ich es bin, / der
diesen Beschluß über euch ergehen ließ,
weil ich einen Bund mit Levi habe, / spricht der
Herr der Heere.
5 Mein Bund bedeutete für ihn Leben und Heil; /
beides gab ich ihm, dazu die Furcht:
Er sollte mich fürchten / und vor meinem Na-
men erschrecken.
6 Zuverlässige Belehrung kam aus seinem
Mund, / nichts Verkehrtes fand sich auf seinen
Lippen,
in Frieden und Aufrichtigkeit ging er mit mir sei-
nen Weg, / und viele hielt er davon ab, schuldig
zu werden.
7 Denn die Lippen des Priesters bewahren die Er-
kenntnis, / und aus seinem Mund erwartet man
Belehrung; / denn er ist der Bote des Herrn der
Heere.
8 Ihr aber, ihr seid abgewichen vom Weg / und
habt viele zu Fall gebracht durch eure Belehrung;
ihr habt den Bund Levis zunichte gemacht, /
spricht der Herr der Heere.
9 Darum mache ich euch verächtlich / und er-
niedrige euch vor dem ganzen Volk,
weil ihr euch nicht an meine Wege haltet / und
auf die Person seht bei der Belehrung.

Gegen Mischehe und Ehescheidung: 2,10–16

10 Haben wir nicht alle denselben Vater? / Hat
nicht der eine Gott uns alle erschaffen?
Warum handeln wir dann treulos, / einer gegen
den andern, / und entweihen den Bund unserer
Väter?
11 Treulos hat Juda gehandelt, / und Greueltaten
sind [in Israel und] in Jerusalem geschehen:
Juda hat das Heiligtum des Herrn [das er liebt]
entweiht / und die Tochter eines fremden Gottes
zur Frau genommen.
12 Der Herr versage dem, der so handelt, / einen,
der für ihn zeugt und für ihn spricht,
in den Zelten Jakobs einen, / der dem Herrn der
Heere Opfer darbringt.
13 Außerdem bedeckt ihr den Altar des Herrn mit
Tränen, / ihr weint und klagt,
weil er sich eurem Opfer nicht mehr zuwen-
det / und es nicht mehr gnädig annimmt aus eu-
rer Hand.
14 Und wenn ihr fragt: Warum?: / Weil der
Herr Zeuge war zwischen dir und der Frau
deiner Jugend, / an der du treulos han-
delst,
obwohl sie deine Gefährtin ist, / die Frau, mit
der du einen Bund geschlossen hast.
15 Hat er nicht eine Einheit geschaffen, / ein le-
bendiges Wesen?
Was ist das Ziel dieser Einheit? / Nachkommen
von Gott.
Nehmt euch also um eures Lebens willen in
acht! / Handle nicht treulos an der Frau deiner Ju-
gend!
16 Wenn einer seine Frau aus Abneigung ver-
stößt, / [spricht der Herr, Israels Gott]
dann befleckt er sich mit einer Gewalttat, /
spricht der Herr der Heere.
Nehmt euch also um eures Lebens willen in
acht / und handelt nicht treulos!

Gottes Erscheinen zum Gericht: 2,17–3,12

17 Ihr ermüdet den Herrn mit euren Reden, / und
ihr fragt: Wodurch ermüden wir ihn?
Dadurch, daß ihr sagt: / Jeder, der Böses tut, / ist
gut in den Augen des Herrn,
an solchen Leuten hat er Gefallen. / Oder auch:
Wo ist denn Gott, der Gericht hält?
3 Seht, ich sende meinen Boten; / er soll den
Weg für mich bahnen.
Dann kommt plötzlich zu seinem Tempel / der
Herr, den ihr sucht,
und der Bote des Bundes, den ihr herbei-
wünscht. / Seht, er kommt!, spricht der Herr der
Heere.
2 Doch wer erträgt den Tag, an dem er kommt? /
Wer kann bestehen, wenn er erscheint?
Denn er ist wie das Feuer im Schmelzofen / und
wie die Lauge im Waschtrog.
3 Er setzt sich, / um das Silber zu schmelzen und
zu reinigen:
Er reinigt die Söhne Levis, / er läutert sie wie
Gold und Silber.
Dann werden sie dem Herrn / die richtigen Op-
fer darbringen.
4 Und dem Herrn wird das Opfer Judas und
Jerusalems angenehm sein, / wie in den Ta-
gen der Vorzeit, / wie in längst vergangenen Jah-
ren.
5 Ich komme herbei, um euch zu richten; /
schon bald komme ich und trete als Zeuge auf
gegen die Zauberer und die Ehebrecher, / gegen
die Meineidigen und gegen alle,
welche die Taglöhner, / Witwen und Waisen
ausbeuten,
den Fremden im Land ihr Recht verweigern /
und mich nicht fürchten, / spricht der Herr der
Heere.
6 Ich, der Herr, habe mich nicht geändert, /
und ihr habt nicht aufgehört, Söhne Jakobs zu
sein.
7 Seit den Tagen eurer Väter / seid ihr von mei-
nen Gesetzen abgewichen / und habt auf sie
nicht geachtet.
Kehrt um zu mir, dann kehre ich mich euch
zu, / spricht der Herr der Heere.
Doch ihr sagt: / Worin soll denn unsere Umkehr
bestehen? –

8 Darf der Mensch Gott betrügen? / Denn ihr be-
trügt mich.
Doch ihr sagt: Womit betrügen wir dich? – / Mit
den Zehnten und Abgaben!
9 Dem Fluch seid ihr verfallen, / doch ihr betrügt
mich weiter, / ihr, das ganze Volk.
10 Bringt den ganzen Zehnten ins Vorratshaus, /
damit in meinem Haus Nahrung vorhanden ist.
Ja, stellt mich auf die Probe damit, / spricht der
Herr der Heere,
und wartet, ob ich euch dann nicht / die Schleu-
sen des Himmels öffne / und Segen im Übermaß
auf euch herabschütte.
11 Den Fresser wehre ich von euch ab, / damit er
nicht die Früchte eurer Äcker vertilgt
und damit der Weinstock auf eurem Feld / nicht
ohne Ertrag bleibt, / spricht der Herr der Heere.
12 Dann werden alle Völker euch glücklich prei-
sen; / denn ihr seid ein glückliches Land, /
spricht der Herr der Heere.

Der Tag der göttlichen Gerechtigkeit: 3,13–22

13 Was ihr über mich sagt, ist kühn, spricht der
Herr. / Doch ihr fragt: Was sagen wir denn über
dich?
14 Ihr sagt: Es hat keinen Sinn, Gott zu dienen. /
Was haben wir davon,
wenn wir auf seine Anordnungen achten / und
vor dem Herrn der Heere in Trauergewändern
umhergehen?
15 Darum preisen wir die Überheblichen glück-
lich, / denn die Frevler haben Erfolg;
sie stellen Gott auf die Probe / und kommen
doch straflos davon. –
16 Darüber redeten die miteinander, / die den
Herrn fürchten.
Der Herr horchte auf und hörte hin, / und man
schrieb vor ihm ein Buch,
das alle in Erinnerung hält, / die den Herrn
fürchten und seinen Namen achten.
17 Sie werden an dem Tag, den ich herbeiführe /
– spricht der Herr der Heere –, / mein besonde-
res Eigentum sein.
Ich werde gut zu ihnen sein, / wie ein Mann gut
ist zu seinem Sohn, der ihm dient.
18 Dann werdet ihr wieder den Unterschied se-
hen / zwischen dem Gerechten und dem, der
Unrecht tut,
zwischen dem, der Gott dient, / und dem, der
ihm nicht dient.
19 Denn seht, der Tag kommt, er brennt wie ein
Ofen: / Da werden alle Überheblichen und Frev-
ler zu Spreu,
und der Tag, der kommt, wird sie verbrennen, /
spricht der Herr der Heere. / Weder Wurzel noch
Zweig wird ihnen bleiben.
20 Für euch aber, die ihr meinen Namen fürch-
tet, / wird die Sonne der Gerechtigkeit aufge-
hen, / und ihre Flügel bringen Heilung.
Ihr werdet hinausgehen und Freudensprünge
machen, / wie Kälber, die aus dem Stall kommen.
21 An dem Tag, den ich herbeiführe, / werdet ihr
die Ruchlosen unter euren Fußsohlen zertreten,
so daß sie zu Asche werden, / spricht der Herr
der Heere.
22 Denkt an das Gesetz meines Knechtes Mose; /
am Horeb habe ich ihm Satzung und Recht über-
geben, / die für ganz Israel gelten.

Der Wegbereiter: 3,23–24

23 Bevor aber der Tag des Herrn kommt, / der
große und furchtbare Tag, / seht, da sende ich zu
euch den Propheten Elija.
24 Er wird das Herz der Väter wieder den Söhnen
zuwenden / und das Herz der Söhne ihren Vä-
tern,
damit ich nicht kommen / und das Land dem
Untergang weihen muß.

Werkstatt

DIE SCHRIFTEN DES NEUEN TESTAMENTS

Jesus Christus erhob den Anspruch, der Retter und Heilbringer zu sein, den Gott im Alten Testament verheißen hatte. So übernahm die christliche Kirche das Alte Testament als Heilige Schrift; daneben überlieferte sie die Worte Jesu und die Berichte über seine Taten und sein Schicksal. Die Worte Jesu wurden schon früh aufgezeichnet, um sie für die Glaubensunterweisung, die Verkündigung im Gottesdienst und für die Missionspredigt verwenden zu können. Bald wurden auch die Berichte über das Leiden Jesu und über die Ereignisse nach seinem Tod niedergeschrieben. Markus verfaßte als erster ein Evangelium. Weitere Evangelienbücher folgten. Daneben entstanden auch andere urchristliche Schriften verschiedenster Art: Briefe von Aposteln und führenden Männern der Kirche an christliche Gemeinden und einzelne Persönlichkeiten; eine Geschichte der jungen Kirche bis zum Aufenthalt des Apostels Paulus in Rom; theologische Lehrschriften, seelsorgliche Anweisungen und ein prophetisches Buch über das Schicksal der Kirche in Gegenwart und Zukunft. Alle diese Schriften wurden etwa zwischen 50 und 120 n. Chr. abgefaßt.

Die im Neuen Testament, dem Buch des Neuen Bundes, enthaltenen urchristlichen Schriften wurden von der Kirche des 2. Jahrhunderts gesammelt, weil sie den Glauben der apostolischen und nachapostolischen Zeit auf zuverlässige Weise bezeugen. Nach Auffassung der Kirche sind sie unter dem Beistand des Heiligen Geistes abgefaßt worden. Sie galten von früh an als für den Glauben und das Leben der Kirche maßgebliche Urkunden (kanonische, das heißt maßgebliche Schriften). Obwohl einige Schriften (Hebr, Jak, 2 Petr, Offb) noch bis ins 4. Jahrhundert umstritten blieben, hat sich der in der Kirche gültige »Kanon« (Maßstab, verbindliches Verzeichnis) im wesentlichen in der zweiten Hälfte des 2. Jahrhunderts durchgesetzt. Er weist heute folgende Ordnung auf: die vier Evangelien und die Apostelgeschichte, dreizehn Briefe des Apostels Paulus, der Brief an die Hebräer, die sieben sog. Katholischen Briefe und die Offenbarung des Johannes.

◁ 50 | *Wir haben seinen Stern gesehen (Mt 2)*

DIE EVANGELIEN

DAS EVANGELIUM NACH MATTHÄUS

Die Vorgeschichte: 1,1–2,23

Der Stammbaum Jesu

1 Stammbaum Jesu Christi, des Sohnes Davids, des Sohnes Abrahams:
2 Abraham war der Vater von Isaak, / Isaak von
Jakob, / Jakob von Juda und seinen Brüdern.
3 Juda war der Vater von Perez und Serach; ihre
Mutter war Tamar. / Perez war der Vater von Hez-
ron, / Hezron von Aram,
4 Aram von Amminadab, / Amminadab von
Nachschon, / Nachschon von Salmon.
5 Salmon war der Vater von Boas; dessen Mut-
ter war Rahab. / Boas war der Vater von Obed;
dessen Mutter war Rut. / Obed war der Vater von
Isai,
6 Isai der Vater des Königs David. / David war der
Vater von Salomo, dessen Mutter die Frau des
Urija war.
7 Salomo war der Vater von Rehabeam, / Reha-
beam von Abija, / Abija von Asa,
8 Asa von Joschafat, / Joschafat von Joram, / Jo-
ram von Usija.
9 Usija war der Vater von Jotam, / Jotam von
Ahas, / Ahas von Hiskija,
10 Hiskija von Manasse, / Manasse von Amos, /
Amos von Joschija.
11 Joschija war der Vater von Jojachin und seinen
Brüdern; das war zur Zeit der Babylonischen Ge-
fangenschaft.
12 Nach der Babylonischen Gefangenschaft /
war Jojachin der Vater von Schealtiël, / Schealtiël
von Serubbabel,
13 Serubbabel von Abihud, / Abihud von Elja-
kim, / Eljakim von Azor.
14 Azor war der Vater von Zadok, / Zadok von
Achim, / Achim von Eliud,
15 Eliud von Eleasar, / Eleasar von Mattan, / Mat-
tan von Jakob.
16 Jakob war der Vater von Josef, dem Mann Ma-
rias; / von ihr wurde Jesus geboren, / der der
Christus (der Messias) genannt wird.
17 Im ganzen sind es also von Abraham bis David
vierzehn Generationen, von David bis zur Baby-
lonischen Gefangenschaft vierzehn Generatio-
nen und von der Babylonischen Gefangenschaft
bis zu Christus vierzehn Generationen.

Die Geburt Jesu

18 Mit der Geburt Jesu Christi war es so: Maria,
seine Mutter, war mit Josef verlobt; noch bevor
sie zusammengekommen waren, zeigte sich, daß
sie ein Kind erwartete – durch das Wirken des
Heiligen Geistes. 19 Josef, ihr Mann, der gerecht
war und sie nicht bloßstellen wollte, beschloß,
sich in aller Stille von ihr zu trennen. 20 Während
er noch darüber nachdachte, erschien ihm ein En-
gel des Herrn im Traum und sagte: Josef, Sohn Da-
vids, fürchte dich nicht, Maria als deine Frau zu
dir zu nehmen; denn das Kind, das sie erwartet,
ist vom Heiligen Geist. 21 Sie wird einen Sohn ge-
bären; ihm sollst du den Namen Jesus geben;
denn er wird sein Volk von seinen Sünden erlö-
sen.
22 Dies alles ist geschehen, damit sich erfüllte,
was der Herr durch den Propheten gesagt hat:
23 *Seht, die Jungfrau wird ein Kind empfangen, /*
einen Sohn wird sie gebären, / und man wird ihm
den Namen Immanuel geben, / das heißt über-
setzt: Gott ist mit uns.
24 Als Josef erwachte, tat er, was der Engel
des Herrn ihm befohlen hatte, und nahm seine
Frau zu sich. 25 Er erkannte sie aber nicht, bis sie
ihren Sohn gebar. Und er gab ihm den Namen Je-
sus.

Die Huldigung der Sterndeuter

2 Als Jesus zur Zeit des Königs Herodes in
Betlehem in Judäa geboren worden war, ka-
men Sterndeuter aus dem Osten nach Jerusalem
2 und fragten: Wo ist der neugeborene König der
Juden? Wir haben seinen Stern aufgehen sehen
und sind gekommen, um ihm zu huldigen. 3 Als
König Herodes das hörte, erschrak er und mit ihm
ganz Jerusalem. 4 Er ließ alle Hohenpriester und
Schriftgelehrten des Volkes zusammenkommen
und erkundigte sich bei ihnen, wo der Messias
geboren werden solle. 5 Sie antworteten ihm: In

Betlehem in Judäa; denn so steht es bei dem Pro-
pheten:
6 *Du, Betlehem* im Gebiet von Juda, / bist kei-
neswegs *die unbedeutendste / unter den führen-*
den Städten von Juda; / denn aus dir wird ein
Fürst hervorgehen, / der Hirt meines Volkes Is-
rael.
7 Danach rief Herodes die Sterndeuter heimlich
zu sich und ließ sich von ihnen genau sagen,
wann der Stern erschienen war. 8 Dann schickte
er sie nach Betlehem und sagte: Geht und forscht
sorgfältig nach, wo das Kind ist; und wenn ihr es
gefunden habt, berichtet mir, damit auch ich hin-
gehe und ihm huldige. 9 Nach diesen Worten des
Königs machten sie sich auf den Weg. Und der
Stern, den sie hatten aufgehen sehen, zog vor ih-
nen her bis zu dem Ort, wo das Kind war; dort
blieb er stehen. 10 Als sie den Stern sahen, wurden
sie von sehr großer Freude erfüllt. 11 Sie gingen in
das Haus und sahen das Kind und Maria, seine
Mutter; da fielen sie nieder und huldigten ihm.
Dann holten sie ihre Schätze hervor und brachten
ihm Gold, Weihrauch und Myrrhe als Gaben dar.
12 Weil ihnen aber im Traum geboten wurde, nicht
zu Herodes zurückzukehren, zogen sie auf einem
anderen Weg heim in ihr Land.

Die Flucht nach Ägypten

13 Als die Sterndeuter wieder gegangen waren,
erschien dem Josef im Traum ein Engel des
Herrn und sagte: Steh auf, nimm das Kind und
seine Mutter, und flieh nach Ägypten; dort
bleibe, bis ich dir etwas anderes auftrage; denn
Herodes wird das Kind suchen, um es zu töten.
14 Da stand Josef in der Nacht auf und floh mit
dem Kind und dessen Mutter nach Ägypten.
15 Dort blieb er bis zum Tod des Herodes. Denn es
sollte sich erfüllen, was der Herr durch den Pro-
pheten gesagt hat: *Aus Ägypten habe ich mei-*
nen Sohn gerufen.

Der Kindermord in Betlehem

16 Als Herodes merkte, daß ihn die Sterndeuter
getäuscht hatten, wurde er sehr zornig, und er
ließ in Betlehem und der ganzen Umgebung alle
Knaben bis zum Alter von zwei Jahren töten, ge-
nau der Zeit entsprechend, die er von den Stern-
deutern erfahren hatte. 17 Damals erfüllte sich, was
durch den Propheten Jeremia gesagt worden ist:
18 *Ein Geschrei war in Rama zu hören, / lautes*
Weinen und Klagen: / Rahel weinte um ihre Kin-
der / und wollte sich nicht trösten lassen, / denn
sie waren dahin.

Die Rückkehr aus Ägypten

19 Als Herodes gestorben war, erschien dem Josef
in Ägypten ein Engel des Herrn im Traum 20 und
sagte: Steh auf, nimm das Kind und seine Mutter,
und zieh in das Land Israel; denn die Leute, die
dem Kind nach dem Leben getrachtet haben, sind
tot. 21 Da stand er auf und zog mit dem Kind und
dessen Mutter in das Land Israel. 22 Als er aber
hörte, daß in Judäa Archelaus an Stelle seines Va-
ters Herodes regierte, fürchtete er sich, dorthin zu
gehen. Und weil er im Traum einen Befehl erhal-
ten hatte, zog er in das Gebiet von Galiläa 23 und
ließ sich in einer Stadt namens Nazaret nieder.
Denn es sollte sich erfüllen, was durch die Pro-
pheten gesagt worden ist: Er wird Nazoräer ge-
nannt werden.

Die Vorbereitung des Wirkens Jesu: 3,1–4,11

Johannes der Täufer

3 In jenen Tagen trat Johannes der Täufer auf
und verkündete in der Wüste von Judäa:
2 Kehrt um! Denn das Himmelreich ist nahe. 3 Er
war es, von dem der Prophet Jesaja gesagt hat:
Eine Stimme ruft in der Wüste: / Bereitet dem
Herrn den Weg! / Ebnet ihm *die Straßen!*
4 Johannes trug ein Gewand aus Kamelhaaren
und einen ledernen Gürtel um seine Hüften; Heu-
schrecken und wilder Honig waren seine Nah-
rung. 5 Die Leute von Jerusalem und ganz Judäa
und aus der ganzen Jordangegend zogen zu ihm
hinaus; 6 sie bekannten ihre Sünden und ließen
sich im Jordan von ihm taufen.
7 Als Johannes sah, daß viele Pharisäer und Sad-
duzäer zur Taufe kamen, sagte er zu ihnen: Ihr
Schlangenbrut, wer hat euch denn gelehrt, daß
ihr dem kommenden Gericht entrinnen könnt?
8 Bringt Frucht hervor, die eure Umkehr zeigt,
9 und meint nicht, ihr könntet sagen: Wir haben ja

Abraham zum Vater. Denn ich sage euch: Gott
kann aus diesen Steinen Kinder Abrahams
machen. 10 Schon ist die Axt an die Wurzel der
Bäume gelegt; jeder Baum, der keine gute Frucht
hervorbringt, wird umgehauen und ins Feuer ge-
worfen.
11 Ich taufe euch nur mit Wasser (zum Zeichen)
der Umkehr. Der aber, der nach mir kommt, ist
stärker als ich, und ich bin es nicht wert, ihm die
Schuhe auszuziehen. Er wird euch mit dem Hei-
ligen Geist und mit Feuer taufen. 12 Schon hält er
die Schaufel in der Hand; er wird die Spreu vom
Weizen trennen und den Weizen in seine
Scheune bringen; die Spreu aber wird er in nie er-
löschendem Feuer verbrennen.

Die Taufe Jesu

13 Zu dieser Zeit kam Jesus von Galiläa an den Jor-
dan zu Johannes, um sich von ihm taufen zu las-
sen. 14 Johannes aber wollte es nicht zulassen und
sagte zu ihm: Ich müßte von dir getauft werden,
und du kommst zu mir? 15 Jesus antwortete ihm:
Laß es nur zu! Denn nur so können wir die Ge-
rechtigkeit (die Gott fordert) ganz erfüllen. Da gab
Johannes nach. 16 Kaum war Jesus getauft und aus
dem Wasser gestiegen, da öffnete sich der Him-
mel, und er sah den Geist Gottes wie eine Taube
auf sich herabkommen. 17 Und eine Stimme aus
dem Himmel sprach: *Das ist mein geliebter Sohn,*
an dem ich Gefallen gefunden habe.

Die Versuchung Jesu

4 Dann wurde Jesus vom Geist in die Wüste
geführt; dort sollte er vom Teufel in Versu-
chung geführt werden. 2 Als er vierzig Tage und
vierzig Nächte gefastet hatte, bekam er Hunger.
3 Da trat der Versucher an ihn heran und sagte:
Wenn du Gottes Sohn bist, so befiehl, daß aus die-
sen Steinen Brot wird. 4 Er aber antwortete: In der
Schrift heißt es: *Der Mensch lebt nicht nur von*
Brot, sondern von jedem Wort, das aus Gottes
Mund kommt. 5 Darauf nahm ihn der Teufel mit
sich in die Heilige Stadt, stellte ihn oben auf den
Tempel 6 und sagte zu ihm: Wenn du Gottes Sohn
bist, so stürz dich hinab; denn es heißt in der
Schrift:
Seinen Engeln befiehlt er, / dich auf ihren Hän-
den zu tragen, / damit dein Fuß nicht an einen
Stein stößt.
7 Jesus antwortete ihm: In der Schrift heißt es
auch: *Du sollst den Herrn, deinen Gott, nicht auf*
die Probe stellen. 8 Wieder nahm ihn der Teufel
mit sich und führte ihn auf einen sehr hohen
Berg; er zeigte ihm alle Reiche der Welt mit ihrer
Pracht 9 und sagte zu ihm: Das alles will ich dir ge-
ben, wenn du dich vor mir niederwirfst und mich
anbetest. 10 Da sagte Jesus zu ihm: Weg mit dir,
Satan! Denn in der Schrift steht: *Vor dem Herrn,*
deinem Gott, sollst du dich niederwerfen und
ihm allein *dienen.* 11 Darauf ließ der Teufel von ihm
ab, und es kamen Engel und dienten ihm.

Das Wirken von Galiläa: 4,12–18,35

Erstes Auftreten in Galiläa

12 Als Jesus hörte, daß man Johannes ins Gefäng-
nis geworfen hatte, zog er sich nach Galiläa
zurück. 13 Er verließ Nazaret, um in Kafarnaum zu
wohnen, das am See liegt, im Gebiet von Sebulon
und Naftali. 14 Denn es sollte sich erfüllen, was
durch den Propheten Jesaja gesagt worden ist:
15 *Das Land Sebulon und das Land Naftali, / die*
Straße am Meer, das Gebiet jenseits des Jordan, /
das heidnische Galiläa:
16 *das Volk, das im Dunkel lebte, / hat ein helles*
Licht gesehen; / denen, die im Schattenreich des
Todes wohnten, / ist ein Licht erschienen.
17 Von da an begann Jesus zu verkünden: Kehrt
um! Denn das Himmelreich ist nahe.

Die Berufung der ersten Jünger

18 Als Jesus am See von Galiläa entlangging, sah
er zwei Brüder, Simon, genannt Petrus, und
seinen Bruder Andreas; sie warfen gerade
ihr Netz in den See, denn sie waren Fischer.
19 Da sagte er zu ihnen: Kommt her, folgt mir
nach! Ich werde euch zu Menschenfischern
machen. 20 Sofort ließen sie ihre Netze liegen
und folgten ihm. 21 Als er weiterging, sah er zwei
andere Brüder, Jakobus, den Sohn des Zebedäus,
und seinen Bruder Johannes; sie waren mit
ihrem Vater Zebedäus im Boot und richteten
ihre Netze her. Er rief sie, 22 und sogleich ver-
ließen sie das Boot und ihren Vater und folgten
Jesus.

Die Wirkung des ersten Auftretens

23 Er zog in ganz Galiläa umher, lehrte in den Syn-
agogen, verkündete das Evangelium vom Reich
und heilte im Volk alle Krankheiten und Leiden.
24 Und sein Ruf verbreitete sich in ganz Syrien.
Man brachte Kranke mit den verschiedensten
Gebrechen und Leiden zu ihm, Besessene,
Mondsüchtige und Gelähmte, und er heilte sie
alle. 25 Scharen von Menschen aus Galiläa, der
Dekapolis, aus Jerusalem und Judäa und aus dem
Gebiet jenseits des Jordan folgten ihm.

Die Bergpredigt:
Die Rede von der wahren Gerechtigkeit: 5,1–7,29

5 Als Jesus die vielen Menschen sah, stieg er
auf einen Berg. Er setzte sich, und seine Jün-
ger traten zu ihm. 2 Dann begann er zu reden und
lehrte sie.

Die Seligpreisungen

3 Er sagte:
Selig, die arm sind vor Gott; / denn ihnen gehört
das Himmelreich.
4 Selig die Trauernden; / denn sie werden getrö-
stet werden.
5 Selig, die keine Gewalt anwenden; / denn sie
werden das Land erben.
6 Selig, die hungern und dürsten nach der Ge-
rechtigkeit; / denn sie werden satt werden.
7 Selig die Barmherzigen; / denn sie werden Er-
barmen finden.
8 Selig, die ein reines Herz haben; / denn sie
werden Gott schauen.
9 Selig, die Frieden stiften; / denn sie werden
Söhne Gottes genannt werden.
10 Selig, die um der Gerechtigkeit willen ver-
folgt werden; / denn ihnen gehört das Himmel-
reich.
11 Selig seid ihr, wenn ihr um meinetwillen be-
schimpft und verfolgt und auf alle mögliche Weise
verleumdet werdet. 12 Freut euch und jubelt: Euer
Lohn im Himmel wird groß sein. Denn so wurden
schon vor euch die Propheten verfolgt.

Vom Salz der Erde und vom Licht der Welt

13 Ihr seid das Salz der Erde. Wenn das Salz sei-
nen Geschmack verliert, womit kann man es
wieder salzig machen? Es taugt zu nichts mehr;
es wird weggeworfen und von den Leuten zer-
treten.
14 Ihr seid das Licht der Welt. Eine Stadt, die auf
einem Berg liegt, kann nicht verborgen bleiben.
15 Man zündet auch nicht ein Licht an und stülpt
ein Gefäß darüber, sondern man stellt es auf den
Leuchter; dann leuchtet es allen im Haus. 16 So soll
euer Licht vor den Menschen leuchten, damit sie
eure guten Werke sehen und euren Vater im Him-
mel preisen.

Vom Gesetz und von den Propheten

17 Denkt nicht, ich sei gekommen, um das Gesetz
und die Propheten aufzuheben. Ich bin nicht ge-
kommen, um aufzuheben, sondern um zu erfül-
len. 18 Amen, das sage ich euch: Bis Himmel und
Erde vergehen, wird auch nicht der kleinste
Buchstabe des Gesetzes vergehen, bevor nicht al-
les geschehen ist. 19 Wer auch nur eines von den
kleinsten Geboten aufhebt und die Menschen
entsprechend lehrt, der wird im Himmelreich der
Kleinste sein. Wer sie aber hält und halten lehrt,
der wird groß sein im Himmelreich.
20 Darum sage ich euch: Wenn eure Gerechtig-
keit nicht weit größer ist als die der Schriftgelehr-
ten und der Pharisäer, werdet ihr nicht in das
Himmelreich kommen.

Vom Töten und von der Versöhnung

21 Ihr habt gehört, daß zu den Alten gesagt worden
ist: *Du sollst nicht töten;* wer aber jemand tötet,
soll dem Gericht verfallen sein. 22 Ich aber sage
euch: Jeder, der seinem Bruder auch nur zürnt,
soll dem Gericht verfallen sein; und wer zu sei-
nem Bruder sagt: Du Dummkopf!, soll dem
Spruch des Hohen Rates verfallen sein; wer aber
zu ihm sagt: Du (gottloser) Narr!, soll dem Feuer
der Hölle verfallen sein.
23 Wenn du deine Opfergabe zum Altar bringst
und dir dabei einfällt, daß dein Bruder etwas
gegen dich hat, 24 so laß deine Gabe dort vor dem
Altar liegen; geh und versöhne dich zuerst mit
deinem Bruder, dann komm und opfere deine
Gabe.
25 Schließ ohne Zögern Frieden mit deinem Geg-
ner, solange du mit ihm noch auf dem Weg zum
Gericht bist. Sonst wird dich dein Gegner vor den
Richter bringen, und der Richter wird dich dem
Gerichtsdiener übergeben, und du wirst ins Ge-
fängnis geworfen. 26 Amen, das sage ich dir: Du
kommst von dort nicht heraus, bis du den letzten
Pfennig bezahlt hast.

Vom Ehebruch

27 Ihr habt gehört, daß gesagt worden ist: *Du sollst
nicht die Ehe brechen.* 28 Ich aber sage euch: Wer
eine Frau auch nur lüstern ansieht, hat in seinem
Herzen schon Ehebruch mit ihr begangen.
29 Wenn dich dein rechtes Auge zum Bösen ver-
führt, dann reiß es aus und wirf es weg! Denn es
ist besser für dich, daß eines deiner Glieder verlo-
rengeht, als daß dein ganzer Leib in die Hölle ge-
worfen wird. 30 Und wenn dich deine rechte Hand
zum Bösen verführt, dann hau sie ab und wirf sie
weg! Denn es ist besser für dich, daß eines deiner
Glieder verlorengeht, als daß dein ganzer Leib in
die Hölle kommt.

Von der Ehescheidung

31 Ferner ist gesagt worden: *Wer seine Frau aus der
Ehe entläßt, muß ihr eine Scheidungsurkunde ge-
ben.* 32 Ich aber sage euch: Wer seine Frau entläßt,
obwohl kein Fall von Unzucht vorliegt, liefert sie
dem Ehebruch aus; und wer eine Frau heiratet,
die aus der Ehe entlassen worden ist, begeht Ehe-
bruch.

Vom Schwören

33 Ihr habt gehört, daß zu den Alten gesagt worden
ist: *Du sollst keinen Meineid schwören,* und: Du
sollst halten, was du dem Herrn geschworen hast.
34 Ich aber sage euch: Schwört überhaupt nicht,
weder beim *Himmel,* denn er *ist Gottes Thron,*
35 noch bei der *Erde,* denn sie *ist der Schemel für
seine Füße,* noch bei Jerusalem, denn *es ist die
Stadt des großen Königs.* 36 Auch bei deinem
Haupt sollst du nicht schwören; denn du kannst
kein einziges Haar weiß oder schwarz machen.
37 Euer Ja sei ein Ja, euer Nein ein Nein; alles an-
dere stammt vom Bösen.

Von der Vergeltung

38 Ihr habt gehört, daß gesagt worden ist: *Auge für
Auge* und *Zahn für Zahn.* 39 Ich aber sage euch:
Leistet dem, der euch etwas Böses antut, keinen
Widerstand, sondern wenn dich einer auf die
rechte Wange schlägt, dann halt ihm auch die an-
dere hin. 40 Und wenn dich einer vor Gericht brin-
gen will, um dir das Hemd wegzunehmen, dann
laß ihm auch den Mantel. 41 Und wenn dich einer
zwingen will, eine Meile mit ihm zu gehen, dann
geh zwei mit ihm. 42 Wer dich bittet, dem gib, und
wer von dir borgen will, den weise nicht ab.

Von der Liebe zu den Feinden

43 Ihr habt gehört, daß gesagt worden ist: *Du sollst
deinen Nächsten lieben* und deinen Feind has-
sen. 44 Ich aber sage euch: Liebt eure Feinde und
betet für die, die euch verfolgen, 45 damit ihr Söhne
eures Vaters im Himmel werdet; denn er läßt
seine Sonne aufgehen über Bösen und Guten,
und er läßt regnen über Gerechte und Unge-
rechte. 46 Wenn ihr nämlich nur die liebt, die euch
lieben, welchen Lohn könnt ihr dafür erwarten?
Tun das nicht auch die Zöllner? 47 Und wenn ihr
nur eure Brüder grüßt, was tut ihr damit Beson-
deres? Tun das nicht auch die Heiden?
48 Ihr sollt also vollkommen sein, wie es auch
euer himmlischer Vater ist.

Vom Almosen

6 Hütet euch, eure Gerechtigkeit vor den Men-
schen zur Schau zu stellen; sonst habt ihr
keinen Lohn von eurem Vater im Himmel zu er-
warten.
2 Wenn du Almosen gibst, laß es also nicht vor
dir herposaunen, wie es die Heuchler in den Syn-
agogen und auf den Gassen tun, um von den Leu-
ten gelobt zu werden. Amen, das sage ich euch:
Sie haben ihren Lohn bereits erhalten.
3 Wenn du Almosen gibst, soll deine linke Hand
nicht wissen, was deine rechte tut. 4 Dein Almo-
sen soll verborgen bleiben, und dein Vater, der
auch das Verborgene sieht, wird es dir vergelten.

Vom Beten – Das Vaterunser

5 Wenn ihr betet, macht es nicht wie die Heuchler.
Sie stellen sich beim Gebet gern in die Synagogen
und an die Straßenecken, damit sie von den Leu-
ten gesehen werden. Amen, das sage ich euch:
Sie haben ihren Lohn bereits erhalten. 6 Du aber
geh in deine Kammer, wenn du betest, und
schließ die Tür zu; dann bete zu deinem Vater, der
im Verborgenen ist. Dein Vater, der auch das Ver-
borgene sieht, wird es dir vergelten.
7 Wenn ihr betet, sollt ihr nicht plappern wie die
Heiden, die meinen, sie werden nur erhört, wenn
sie viele Worte machen. 8 Macht es nicht wie sie;
denn euer Vater weiß, was ihr braucht, noch ehe
ihr ihn bittet. 9 So sollt ihr beten:
Unser Vater im Himmel, / dein Name werde ge-
heiligt,
10 dein Reich komme, / dein Wille geschehe /
wie im Himmel, so auf der Erde.

11 Gib uns heute das Brot, das wir brauchen.
12 Und erlaß uns unsere Schulden, / wie auch
wir sie unseren Schuldnern erlassen haben.
13 Und führe uns nicht in Versuchung, / sondern
rette uns vor dem Bösen.
14 Denn wenn ihr den Menschen ihre Verfeh-
lungen vergebt, dann wird euer himmlischer Va-
ter auch euch vergeben. 15 Wenn ihr aber den
Menschen nicht vergebt, dann wird euch euer
Vater eure Verfehlungen auch nicht vergeben.

Vom Fasten

16 Wenn ihr fastet, macht kein finsteres Gesicht
wie die Heuchler. Sie geben sich ein trübseliges
Aussehen, damit die Leute merken, daß sie fa-
sten. Amen, das sage ich euch: Sie haben ihren
Lohn bereits erhalten. 17 Du aber salbe dein Haar,
wenn du fastest, und wasche dein Gesicht, 18 da-
mit die Leute nicht merken, daß du fastest, son-
dern nur dein Vater, der auch das Verborgene
sieht; und dein Vater, der das Verborgene sieht,
wird es dir vergelten.

Von der falschen und der rechten Sorge

19 Sammelt euch nicht Schätze hier auf der Erde,
wo Motte und Wurm sie zerstören und wo Diebe
einbrechen und sie stehlen, 20 sondern sammelt
euch Schätze im Himmel, wo weder Motte noch
Wurm sie zerstören und keine Diebe einbrechen
und sie stehlen. 21 Denn wo dein Schatz ist, da ist
auch dein Herz.
22 Das Auge gibt dem Körper Licht. Wenn dein
Auge gesund ist, dann wird dein ganzer Körper
hell sein. 23 Wenn aber dein Auge krank ist, dann
wird dein ganzer Körper finster sein. Wenn nun
das Licht in dir Finsternis ist, wie groß muß dann
die Finsternis sein!
24 Niemand kann zwei Herren dienen; er wird
entweder den einen hassen und den andern lie-
ben, oder er wird zu dem einen halten und den
andern verachten. Ihr könnt nicht beiden dienen,
Gott und dem Mammon.
25 Deswegen sage ich euch: Sorgt euch nicht um
euer Leben und darum, daß ihr etwas zu essen
habt, noch um euren Leib und darum, daß ihr et-
was anzuziehen habt. Ist nicht das Leben wichti-
ger als die Nahrung und der Leib wichtiger als die
Kleidung? 26 Seht euch die Vögel des Himmels an:
Sie säen nicht, sie ernten nicht und sammeln
keine Vorräte in Scheunen; euer himmlischer Va-
ter ernährt sie. Seid ihr nicht viel mehr wert als
sie? 27 Wer von euch kann mit all seiner Sorge sein
Leben auch nur um eine kleine Zeitspanne ver-
längern? 28 Und was sorgt ihr euch um eure Klei-
dung? Lernt von den Lilien, die auf dem Feld
wachsen: Sie arbeiten nicht und spinnen nicht.
29 Doch ich sage euch: Selbst Salomo war in all
seiner Pracht nicht gekleidet wie eine von ihnen.
30 Wenn aber Gott schon das Gras so prächtig klei-
det, das heute auf dem Feld steht und morgen ins
Feuer geworfen wird, wieviel mehr dann euch,
ihr Kleingläubigen! 31 Macht euch also keine Sor-
gen und fragt nicht: Was sollen wir essen? Was
sollen wir trinken? Was sollen wir anziehen?
32 Denn um all das geht es den Heiden. Euer
himmlischer Vater weiß, daß ihr das alles braucht.
33 Euch aber muß es zuerst um sein Reich und um
seine Gerechtigkeit gehen; dann wird euch alles
andere dazugegeben.
34 Sorgt euch also nicht um morgen; denn der
morgige Tag wird für sich selbst sorgen. Jeder Tag
hat genug eigene Plage.

Vom Richten

7 Richtet nicht, damit ihr nicht gerichtet wer-
det! 2 Denn wie ihr richtet, so werdet ihr ge-
richtet werden, und nach dem Maß, mit dem ihr
meßt und zuteilt, wird euch zugeteilt werden.
3 Warum siehst du den Splitter im Auge deines
Bruders, aber den Balken in deinem Auge be-
merkst du nicht? 4 Wie kannst du zu deinem Bru-
der sagen: Laß mich den Splitter aus deinem Auge
herausziehen! – und dabei steckt in deinem Auge
ein Balken? 5 Du Heuchler! Zieh zuerst den Balken
aus deinem Auge, dann kannst du versuchen,
den Splitter aus dem Auge deines Bruders her-
auszuziehen.

Von der Entweihung des Heiligen

6 Gebt das Heilige nicht den Hunden, und werft
eure Perlen nicht den Schweinen vor, denn sie
könnten sie mit ihren Füßen zertreten und sich
umwenden und euch zerreißen.

Vom Vertrauen beim Beten

7 Bittet, dann wird euch gegeben; sucht, dann
werdet ihr finden; klopft an, dann wird euch
geöffnet. 8 Denn wer bittet, der empfängt; wer
sucht, der findet; und wer anklopft, dem wird
geöffnet. 9 Oder ist einer unter euch, der seinem

Sohn einen Stein gibt, wenn er um Brot bittet,
10 oder eine Schlange, wenn er um einen Fisch bit-
tet? 11 Wenn nun schon ihr, die ihr böse seid, eu-
ren Kindern gebt, was gut ist, wieviel mehr wird
euer Vater im Himmel denen Gutes geben, die ihn
bitten.

Die Goldene Regel

12 Alles, was ihr also von anderen erwartet, das tut
auch ihnen! Darin besteht das Gesetz und die Pro-
pheten.

Von den zwei Wegen

13 Geht durch das enge Tor! Denn das Tor ist weit,
das ins Verderben führt, und der Weg dahin ist
breit, und viele gehen auf ihm. 14 Aber das Tor, das
zum Leben führt, ist eng, und der Weg dahin ist
schmal, und nur wenige finden ihn.

Von den falschen Propheten

15 Hütet euch vor den falschen Propheten; sie
kommen zu euch wie (harmlose) Schafe, in Wirk-
lichkeit aber sind sie reißende Wölfe. 16 An ihren
Früchten werdet ihr sie erkennen. Erntet man
etwa von Dornen Trauben oder von Disteln Fei-
gen? 17 Jeder gute Baum bringt gute Früchte her-
vor, ein schlechter Baum aber schlechte. 18 Ein
guter Baum kann keine schlechten Früchte her-
vorbringen und ein schlechter Baum keine guten.
19 Jeder Baum, der keine guten Früchte hervor-
bringt, wird umgehauen und ins Feuer geworfen.
20 An ihren Früchten also werdet ihr sie erkennen.
21 Nicht jeder, der zu mir sagt: Herr! Herr!, wird
in das Himmelreich kommen, sondern nur, wer
den Willen meines Vaters im Himmel erfüllt.
22 Viele werden an jenem Tag zu mir sagen: Herr,
Herr, sind wir nicht in deinem Namen als Pro-
pheten aufgetreten, und haben wir nicht mit dei-
nem Namen Dämonen ausgetrieben und mit dei-
nem Namen viele Wunder vollbracht? 23 Dann
werde ich ihnen antworten: Ich kenne euch
nicht. *Weg von mir, ihr Übertreter des Gesetzes!*

Vom Haus auf dem Felsen

24 Wer diese meine Worte hört und danach han-
delt, ist wie ein kluger Mann, der sein Haus auf
Fels baute. 25 Als nun ein Wolkenbruch kam und
die Wassermassen heranfluteten, als die Stürme
tobten und an dem Haus rüttelten, da stürzte es
nicht ein; denn es war auf Fels gebaut. 26 Wer aber
meine Worte hört und nicht danach handelt, ist
wie ein unvernünftiger Mann, der sein Haus auf
Sand baute. 27 Als nun ein Wolkenbruch kam und
die Wassermassen heranfluteten, als die Stürme
tobten und an dem Haus rüttelten, da stürzte es
ein und wurde völlig zerstört.

Die Wirkung der Bergpredigt

28 Als Jesus diese Rede beendet hatte, war die
Menge sehr betroffen von seiner Lehre; 29 denn er
lehrte sie wie einer, der (göttliche) Vollmacht hat,
und nicht wie ihre Schriftgelehrten.

Die Taten des Messias: 8,1–9,34

Die Heilung eines Aussätzigen

8 Als Jesus von dem Berg herabstieg, folgten
ihm viele Menschen. 2 Da kam ein Aussätzi-
ger, fiel vor ihm nieder und sagte: Herr, wenn du
willst, kannst du machen, daß ich rein werde. 3 Je-
sus streckte die Hand aus, berührte ihn und sagte:
Ich will es – werde rein! Im gleichen Augenblick
wurde der Aussätzige rein. 4 Jesus aber sagte zu
ihm: Nimm dich in acht! Erzähl niemand davon,
sondern geh, *zeig dich dem Priester* und bring das
Opfer dar, das Mose angeordnet hat. Das soll für
sie ein Beweis (deiner Heilung) sein.

Der Hauptmann von Kafarnaum

5 Als er nach Kafarnaum kam, trat ein Hauptmann
an ihn heran und bat ihn: 6 Herr, mein Diener liegt
gelähmt zu Hause und hat große Schmerzen. 7 Je-
sus sagte zu ihm: Ich will kommen und ihn ge-
sund machen. 8 Da antwortete der Hauptmann:
Herr, ich bin es nicht wert, daß du mein Haus be-
trittst; sprich nur ein Wort, dann wird mein Die-
ner gesund. 9 Auch ich muß Befehlen gehorchen,
und ich habe selber Soldaten unter mir; sage ich
nun zu einem: Geh!, so geht er, und zu einem an-
dern: Komm!, so kommt er, und zu meinem Die-
ner: Tu das!, so tut er es. 10 Jesus war erstaunt, als
er das hörte, und sagte zu denen, die ihm nach-
folgten: Amen, das sage ich euch: Einen solchen
Glauben habe ich in Israel noch bei niemand ge-
funden. 11 Ich sage euch: Viele werden von Osten
und Westen kommen und mit Abraham, Isaak
und Jakob im Himmelreich zu Tisch sitzen; 12 die
aber, für die das Reich bestimmt war, werden hin-
ausgeworfen in die äußerste Finsternis; dort wer-
den sie heulen und mit den Zähnen knirschen.

13 Und zum Hauptmann sagte Jesus: Geh! Es soll geschehen, wie du geglaubt hast. Und in derselben Stunde wurde der Diener gesund.

Die Heilung der Schwiegermutter des Petrus

14 Jesus ging in das Haus des Petrus und sah, daß dessen Schwiegermutter im Bett lag und Fieber hatte. 15 Da berührte er ihre Hand, und das Fieber wich von ihr. Und sie stand auf und sorgte für ihn.

Die Heilung von Besessenen und Kranken

16 Am Abend brachte man viele Besessene zu ihm. Er trieb mit seinem Wort die Geister aus und heilte alle Kranken. 17 Dadurch sollte sich erfüllen, was durch den Propheten Jesaja gesagt worden ist: *Er hat unsere Leiden auf sich genommen und unsere Krankheiten getragen.*

Von der Nachfolge

18 Als Jesus die vielen Menschen sah, die um ihn waren, befahl er, ans andere Ufer zu fahren. 19 Da kam ein Schriftgelehrter zu ihm und sagte: Meister, ich will dir folgen, wohin du auch gehst. 20 Jesus antwortete ihm: Die Füchse haben ihre Höhlen und die Vögel ihre Nester; der Menschensohn aber hat keinen Ort, wo er sein Haupt hinlegen kann. 21 Ein anderer aber, einer seiner Jünger, sagte zu ihm: Herr, laß mich zuerst heimgehen und meinen Vater begraben! 22 Jesus erwiderte: Folge mir nach; laß die Toten ihre Toten begraben!

Der Sturm auf dem See

23 Er stieg in das Boot, und seine Jünger folgten ihm. 24 Plötzlich brach auf dem See ein gewaltiger Sturm los, so daß das Boot von den Wellen überflutet wurde. Jesus aber schlief. 25 Da traten die Jünger zu ihm und weckten ihn; sie riefen: Herr, rette uns, wir gehen zugrunde! 26 Er sagte zu ihnen: Warum habt ihr solche Angst, ihr Kleingläubigen? Dann stand er auf, drohte den Winden und dem See, und es trat völlige Stille ein. 27 Die Leute aber staunten und sagten: Was ist das für ein Mensch, daß ihm sogar die Winde und der See gehorchen?

Die Heilung der Besessenen von Gadara

28 Als Jesus an das andere Ufer kam, in das Gebiet von Gadara, liefen ihm aus den Grabhöhlen zwei Besessene entgegen. Sie waren so gefährlich, daß niemand den Weg benutzen konnte, der dort vorbeiführte. 29 Sofort begannen sie zu schreien: Was haben wir mit dir zu tun, Sohn Gottes? Bist du hergekommen, um uns schon vor der Zeit zu quälen? 30 In einiger Entfernung weidete gerade eine große Schweineherde. 31 Da baten ihn die Dämonen: Wenn du uns austreibst, dann schick uns in die Schweineherde! 32 Er sagte zu ihnen: Geht! Da verließen sie die beiden und fuhren in die Schweine. Und die ganze Herde stürzte sich den Abhang hinab in den See und kam in den Fluten um. 33 Die Hirten flohen, liefen in die Stadt und erzählten dort alles, auch das, was mit den Besessenen geschehen war. 34 Und die ganze Stadt zog zu Jesus hinaus; als sie ihn trafen, baten sie ihn, ihr Gebiet zu verlassen.

Die Heilung eines Gelähmten

9 Jesus stieg in das Boot, fuhr über den See und kam in seine Stadt. 2 Da brachte man auf einer Tragbahre einen Gelähmten zu ihm. Als Jesus ihren Glauben sah, sagte er zu dem Gelähmten: Hab Vertrauen, mein Sohn, deine Sünden sind dir vergeben! 3 Da dachten einige Schriftgelehrte: Er lästert Gott. 4 Jesus wußte, was sie dachten, und sagte: Warum habt ihr so böse Gedanken im Herzen? 5 Was ist leichter, zu sagen: Deine Sünden sind dir vergeben!, oder zu sagen: Steh auf und geh umher? 6 Ihr sollt aber erkennen, daß der Menschensohn die Vollmacht hat, hier auf der Erde Sünden zu vergeben. Darauf sagte er zu dem Gelähmten: Steh auf, nimm deine Tragbahre, und geh nach Hause! 7 Und der Mann stand auf und ging heim. 8 Als die Leute das sahen, erschraken sie und priesen Gott, der den Menschen solche Vollmacht gegeben hat.

Die Berufung des Matthäus und das Mahl mit den Zöllnern

9 Als Jesus weiterging, sah er einen Mann namens Matthäus am Zoll sitzen und sagte zu ihm: Folge mir nach! Da stand Matthäus auf und folgte ihm. 10 Und als Jesus in seinem Haus beim Essen war, kamen viele Zöllner und Sünder und aßen zusammen mit ihm und seinen Jüngern. 11 Als die Pharisäer das sahen, sagten sie zu seinen Jüngern: Wie kann euer Meister zusammen mit Zöllnern und Sündern essen? 12 Er hörte es und sagte: Nicht die Gesunden brauchen den Arzt, sondern die Kranken. 13 Darum lernt, was es heißt: *Barmherzigkeit*

will ich, nicht Opfer. Denn ich bin gekommen, um
die Sünder zu rufen, nicht die Gerechten.

Die Frage nach dem Fasten

14 Da kamen die Jünger des Johannes zu ihm und
sagten: Warum fasten deine Jünger nicht,
während wir und die Pharisäer fasten? 15 Jesus ant-
wortete ihnen: Können denn die Hochzeitsgäste
trauern, solange der Bräutigam bei ihnen ist? Es
werden aber Tage kommen, da wird ihnen der
Bräutigam genommen sein; dann werden sie fa-
sten.
16 Niemand setzt ein Stück neuen Stoff auf ein al-
tes Kleid; denn der neue Stoff reißt doch wieder
ab, und es entsteht ein noch größerer Riß. 17 Auch
füllt man nicht neuen Wein in alte Schläuche.
Sonst reißen die Schläuche, der Wein läuft aus,
und die Schläuche sind unbrauchbar. Neuen
Wein füllt man in neue Schläuche, dann bleibt bei-
des erhalten.

Die Auferweckung der Tochter eines Synagogenvorstehers und die Heilung einer kranken Frau

18 Während Jesus so mit ihnen redete, kam ein
Synagogenvorsteher, fiel vor ihm nieder und
sagte: Meine Tochter ist eben gestorben; komm
doch, leg ihr deine Hand auf, dann wird sie wie-
der lebendig. 19 Jesus stand auf und folgte ihm mit
seinen Jüngern. 20 Da trat eine Frau, die schon
zwölf Jahre an Blutungen litt, von hinten an ihn
heran und berührte den Saum seines Gewandes;
21 denn sie sagte sich: Wenn ich auch nur sein Ge-
wand berühre, werde ich geheilt. 22 Jesus wandte
sich um, und als er sie sah, sagte er: Hab keine
Angst, meine Tochter, dein Glaube hat dir gehol-
fen. Und von dieser Stunde an war die Frau ge-
heilt. 23 Als Jesus in das Haus des Synagogenvor-
stehers kam und die Flötenspieler und die Menge
der klagenden Leute sah, 24 sagte er: Geht hinaus!
Das Mädchen ist nicht gestorben, es schläft nur.
Da lachten sie ihn aus. 25 Als man die Leute hin-
ausgedrängt hatte, trat er ein und faßte das
Mädchen an der Hand; da stand es auf. 26 Und die
Kunde davon verbreitete sich in der ganzen Ge-
gend.

Die Heilung von zwei Blinden

27 Als Jesus weiterging, folgten ihm zwei Blinde
und schrien: Hab Erbarmen mit uns, Sohn Da-
vids! 28 Nachdem er ins Haus gegangen war, ka-
men die Blinden zu ihm. Er sagte zu ihnen:
Glaubt ihr, daß ich euch helfen kann? Sie ant-
worteten: Ja, Herr. 29 Darauf berührte er ihre Au-
gen und sagte: Wie ihr geglaubt habt, so soll es ge-
schehen. 30 Da wurden ihre Augen geöffnet. Jesus
aber befahl ihnen: Nehmt euch in acht! Niemand
darf es erfahren. 31 Doch sie gingen weg und er-
zählten von ihm in der ganzen Gegend.

Die Heilung eines Stummen

32 Als sie gegangen waren, brachte man zu Jesus
einen Stummen, der von einem Dämon besessen
war. 33 Er trieb den Dämon aus, und der Stumme
konnte reden. Alle Leute staunten und sagten: So
etwas ist in Israel noch nie geschehen. 34 Die Pha-
risäer aber sagten: Mit Hilfe des Anführers der Dä-
monen treibt er die Dämonen aus.

Die Aussendungsrede: 9,35–11,1

Von der Größe der Ernte

35 Jesus zog durch alle Städte und Dörfer, lehrte in
ihren Synagogen, verkündete das Evangelium
vom Reich und heilte alle Krankheiten und Lei-
den. 36 Als er die vielen Menschen sah, hatte er
Mitleid mit ihnen; denn sie waren müde und er-
schöpft *wie Schafe, die keinen Hirten haben.* 37 Da
sagte er zu seinen Jüngern: Die Ernte ist groß,
aber es gibt nur wenig Arbeiter. 38 Bittet also den
Herrn der Ernte, Arbeiter für seine Ernte auszu-
senden.

Die Wahl der Zwölf

10 Dann rief er seine zwölf Jünger zu sich
und gab ihnen die Vollmacht, die unrei-
nen Geister auszutreiben und alle Krankheiten
und Leiden zu heilen. 2 Die Namen der zwölf Apo-
stel sind: an erster Stelle Simon, genannt Petrus,
und sein Bruder Andreas, dann Jakobus, der Sohn
des Zebedäus, und sein Bruder Johannes, 3 Philip-
pus und Bartholomäus, Thomas und Matthäus,
der Zöllner, Jakobus, der Sohn des Alphäus, und
Thaddäus, 4 Simon Kananäus und Judas Iskariot,
der ihn später verraten hat.

Anweisung für die Mission

5 Diese Zwölf sandte Jesus aus und gebot ihnen:
Geht nicht zu den Heiden, und betretet keine
Stadt der Samariter, 6 sondern geht zu den verlo-

renen Schafen des Hauses Israel. 7 Geht und ver-
kündet: Das Himmelreich ist nahe. 8 Heilt Kranke,
weckt Tote auf, macht Aussätzige rein, treibt Dä-
monen aus! Umsonst habt ihr empfangen, um-
sonst sollt ihr geben. 9 Steckt nicht Gold, Silber
und Kupfermünzen in euren Gürtel. 10 Nehmt
keine Vorratstasche mit auf den Weg, kein zwei-
tes Hemd, keine Schuhe, keinen Wanderstab;
denn wer arbeitet, hat ein Recht auf seinen Un-
terhalt. 11 Wenn ihr in eine Stadt oder in ein Dorf
kommt, erkundigt euch, wer es wert ist, euch auf-
zunehmen; bei ihm bleibt, bis ihr den Ort wieder
verlaßt. 12 Wenn ihr in ein Haus kommt, dann
wünscht ihm Frieden. 13 Wenn das Haus es wert
ist, soll der Friede, den ihr ihm wünscht, bei ihm
einkehren. Ist das Haus es aber nicht wert, dann
soll der Friede zu euch zurückkehren. 14 Wenn
man euch aber in einem Haus oder in einer Stadt
nicht aufnimmt und eure Worte nicht hören will,
dann geht weg, und schüttelt den Staub von eu-
ren Füßen. 15 Amen, das sage ich euch: Dem Ge-
biet von Sodom und Gomorra wird es am Tag des
Gerichts nicht so schlimm ergehen wie dieser
Stadt.

Aufforderung zu furchtlosem Bekenntnis

16 Seht, ich sende euch wie Schafe mitten unter die
Wölfe; seid daher klug wie die Schlangen und arg-
los wie die Tauben!

17 Nehmt euch aber vor den Menschen in acht!
Denn sie werden euch vor die Gerichte bringen
und in ihren Synagogen auspeitschen. 18 Ihr wer-
det um meinetwillen vor Statthalter und Könige
geführt, damit ihr vor ihnen und den Heiden
Zeugnis ablegt. 19 Wenn man euch vor Gericht
stellt, macht euch keine Sorgen, wie und was ihr
reden sollt; denn es wird euch in jener Stunde
eingegeben, was ihr sagen sollt. 20 Nicht ihr wer-
det dann reden, sondern der Geist eures Vaters
wird durch euch reden. 21 Brüder werden einan-
der dem Tod ausliefern und Väter ihre Kinder,
und die Kinder werden sich gegen ihre Eltern
auflehnen und sie in den Tod schicken. 22 Und ihr
werdet um meines Namens willen von allen ge-
haßt werden; wer aber bis zum Ende standhaft
bleibt, der wird gerettet. 23 Wenn man euch in der
einen Stadt verfolgt, so flieht in eine andere.
Amen, ich sage euch: Ihr werdet nicht zu Ende
kommen mit den Städten Israels, bis der Men-
schensohn kommt. 24 Ein Jünger steht nicht über
seinem Meister und ein Sklave nicht über sei-
nem Herrn. 25 Der Jünger muß sich damit be-
gnügen, daß es ihm geht wie seinem Meister,
und der Sklave, daß es ihm geht wie seinem
Herrn. Wenn man schon den Herrn des Hauses
Beelzebul nennt, dann erst recht seine Hausge-
nossen.

26 Darum fürchtet euch nicht vor ihnen! Denn
nichts ist verhüllt, was nicht enthüllt wird, und
nichts ist verborgen, was nicht bekannt wird.
27 Was ich euch im Dunkeln sage, davon redet am
hellen Tag, und was man euch ins Ohr flüstert,
das verkündet von den Dächern. 28 Fürchtet euch
nicht vor denen, die den Leib töten, die Seele aber
nicht töten können, sondern fürchtet euch vor
dem, der Seele und Leib ins Verderben der Hölle
stürzen kann. 29 Verkauft man nicht zwei Spatzen
für ein paar Pfennig? Und doch fällt keiner von ih-
nen zur Erde ohne den Willen eures Vaters. 30 Bei
euch aber sind sogar die Haare auf dem Kopf alle
gezählt. 31 Fürchtet euch also nicht! Ihr seid mehr
wert als viele Spatzen. 32 Wer sich nun vor den
Menschen zu mir bekennt, zu dem werde auch
ich mich vor meinem Vater im Himmel beken-
nen. 33 Wer mich aber vor den Menschen ver-
leugnet, den werde auch ich vor meinem Vater im
Himmel verleugnen.

34 Denkt nicht, ich sei gekommen, um Frieden
auf die Erde zu bringen. Ich bin nicht gekommen,
um Frieden zu bringen, sondern das Schwert.
35 Denn ich bin gekommen, um *den Sohn mit sei-
nem Vater zu entzweien und die Tochter mit ihrer
Mutter und die Schwiegertochter mit ihrer
Schwiegermutter;* 36 *und die Hausgenossen eines
Menschen werden seine Feinde sein.*

37 Wer Vater oder Mutter mehr liebt als mich, ist
meiner nicht würdig, und wer Sohn oder Tochter
mehr liebt als mich, ist meiner nicht würdig.
38 Und wer nicht sein Kreuz auf sich nimmt und
mir nachfolgt, ist meiner nicht würdig. 39 Wer das
Leben gewinnen will, wird es verlieren; wer aber
das Leben um meinetwillen verliert, wird es ge-
winnen.

Vom Lohn für die Aufnahme der Jünger

40 Wer euch aufnimmt, der nimmt mich auf, und
wer mich aufnimmt, nimmt den auf, der mich
gesandt hat. 41 Wer einen Propheten aufnimmt,
weil es ein Prophet ist, wird den Lohn eines Pro-
pheten erhalten. Wer einen Gerechten aufnimmt,

weil es ein Gerechter ist, wird den Lohn eines Ge-
rechten erhalten. 42 Und wer einem von diesen
Kleinen auch nur einen Becher frisches Wasser zu
trinken gibt, weil es ein Jünger ist – amen, ich
sage euch: Er wird gewiß nicht um seinen Lohn
kommen.

11 Als Jesus die Unterweisung der zwölf Jün-
ger beendet hatte, zog er weiter, um in den
Städten zu lehren und zu predigen.

Der Beginn der Entscheidung: 11,2–12,50

Die Frage des Täufers

2 Johannes hörte im Gefängnis von den Taten
Christi. Da schickte er seine Jünger zu ihm 3 und
ließ ihn fragen: Bist du der, der kommen soll, oder
müssen wir auf einen andern warten? 4 Jesus ant-
wortete ihnen: Geht und berichtet Johannes, was
ihr hört und seht: 5 *Blinde sehen wieder,* und
Lahme gehen; Aussätzige werden rein, und *Taube*
hören; Tote stehen auf, und *den Armen wird das*
Evangelium verkündet. 6 Selig ist, wer an mir kei-
nen Anstoß nimmt.

Das Urteil Jesu über den Täufer

7 Als sie gegangen waren, begann Jesus zu der
Menge über Johannes zu reden; er sagte: Was
habt ihr denn sehen wollen, als ihr in die Wüste
hinausgegangen seid? Ein Schilfrohr, das im Wind
schwankt? 8 Oder was habt ihr sehen wollen, als
ihr hinausgegangen seid? Einen Mann in feiner
Kleidung? Leute, die fein gekleidet sind, findet
man in den Palästen der Könige. 9 Oder wozu seid
ihr hinausgegangen? Um einen Propheten zu se-
hen? Ja, ich sage euch: Ihr habt sogar mehr gese-
hen als einen Propheten. 10 Er ist der, von dem es
in der Schrift heißt:

Ich sende meinen Boten vor dir her; / er soll den
Weg für dich bahnen.

11 Amen, das sage ich euch: Unter allen Men-
schen hat es keinen größeren gegeben als Johan-
nes den Täufer; doch der Kleinste im Himmel-
reich ist größer als er. 12 Seit den Tagen Johannes'
des Täufers bis heute wird dem Himmelreich Ge-
walt angetan; die Gewalttätigen reißen es an sich.
13 Denn bis hin zu Johannes haben alle Propheten
und das Gesetz (über diese Dinge) geweissagt.
14 Und wenn ihr es gelten lassen wollt: Ja, er ist
Elija, der wiederkommen soll. 15 Wer Ohren hat,
der höre!

16 Mit wem soll ich diese Generation vergle-
chen? Sie gleicht Kindern, die auf dem Marktplatz
sitzen und anderen Kindern zurufen: 17 Wir haben
für euch auf der Flöte (Hochzeitslieder) gespielt,
und ihr habt nicht getanzt; wir haben Klagelieder
gesungen, und ihr habt euch nicht an die Brust ge-
schlagen. 18 Johannes ist gekommen, er ißt nicht
und trinkt nicht, und sie sagen: Er ist von einem
Dämon besessen. 19 Der Menschensohn ist ge-
kommen, er ißt und trinkt; darauf sagen sie: Die-
ser Fresser und Säufer, dieser Freund der Zöllner
und Sünder! Und doch hat die Weisheit durch die
Taten, die sie bewirkt hat, recht bekommen.

Vom Gericht über die galiläischen Städte

20 Dann begann er den Städten, in denen er die
meisten Wunder getan hatte, Vorwürfe zu ma-
chen, weil sie sich nicht bekehrt hatten: 21 Weh
dir, Chorazin! Weh dir, Betsaida! Wenn einst in Ty-
rus und Sidon die Wunder geschehen wären, die
bei euch geschehen sind – man hätte dort in Sack
und Asche Buße getan. 22 Ja, das sage ich euch: Ty-
rus und Sidon wird es am Tag des Gerichts nicht
so schlimm ergehen wie euch. 23 Und du, Kafar-
naum, meinst du etwa, *du wirst bis zum Himmel*
erhoben? Nein, in die Unterwelt wirst du hinab-
geworfen. Wenn in Sodom die Wunder gesche-
hen wären, die bei dir geschehen sind, dann
stünde es noch heute. 24 Ja, das sage ich euch:
Dem Gebiet von Sodom wird es am Tag des Ge-
richts nicht so schlimm ergehen wie dir.

Der Dank Jesu an den Vater

25 In jener Zeit sprach Jesus: Ich preise dich, Vater,
Herr des Himmels und der Erde, weil du all das
den Weisen und Klugen verborgen, den Unmün-
digen aber offenbart hast. 26 Ja, Vater, so hat es dir
gefallen. 27 Mir ist von meinem Vater alles überge-
ben worden; niemand kennt den Sohn, nur der
Vater, und niemand kennt den Vater, nur der
Sohn und der, dem es der Sohn offenbaren will.

Vom leichten Joch Jesu

28 Kommt alle zu mir, die ihr euch plagt und
schwere Lasten zu tragen habt. Ich werde euch
Ruhe verschaffen. 29 Nehmt mein Joch auf euch
und lernt von mir; denn ich bin gütig und von
Herzen demütig; *so werdet ihr Ruhe finden für*
eure Seele. 30 Denn mein Joch drückt nicht, und
meine Last ist leicht.

Das Abreißen der Ähren am Sabbat

12 In jener Zeit ging Jesus an einem Sabbat
durch die Kornfelder. Seine Jünger hatten
Hunger; sie rissen deshalb Ähren ab und aßen da-
von. 2 Die Pharisäer sahen es und sagten zu ihm:
Sieh her, deine Jünger tun etwas, das am Sabbat
verboten ist. 3 Da sagte er zu ihnen: Habt ihr nicht
gelesen, was David getan hat, als er und seine Be-
gleiter hungrig waren – 4 wie er in das Haus Gottes
ging und wie sie die heiligen Brote aßen, die we-
der er noch seine Begleiter, sondern nur die Prie-
ster essen durften? 5 Oder habt ihr nicht im Gesetz
gelesen, daß am Sabbat die Priester im Tempel den
Sabbat entweihen, ohne sich schuldig zu ma-
chen? 6 Ich sage euch: Hier ist einer, der größer ist
als der Tempel. 7 Wenn ihr begriffen hättet, was das
heißt: *Barmherzigkeit will ich, nicht Opfer,* dann
hättet ihr nicht Unschuldige verurteilt; 8 denn der
Menschensohn ist Herr über den Sabbat.

Die Heilung eines Mannes am Sabbat

9 Darauf verließ er sie und ging in ihre Synagoge.
10 Dort saß ein Mann, dessen Hand verdorrt war.
Sie fragten ihn: Ist es am Sabbat erlaubt zu heilen?
Sie suchten nämlich einen Grund zur Anklage
gegen ihn. 11 Er antwortete: Wer von euch wird,
wenn ihm am Sabbat sein Schaf in eine Grube
fällt, es nicht sofort wieder herausziehen? 12 Und
wieviel mehr ist ein Mensch wert als ein Schaf!
Darum ist es am Sabbat erlaubt, Gutes zu tun.
13 Dann sagte er zu dem Mann: Streck deine Hand
aus! Er streckte sie aus, und die Hand war wieder
ebenso gesund wie die andere. 14 Die Pharisäer
aber gingen hinaus und faßten den Beschluß, Je-
sus umzubringen.

Jesus als der Knecht Gottes

15 Als Jesus das erfuhr, ging er von dort weg. Viele
folgten ihm, und er heilte alle Kranken. 16 Aber er
verbot ihnen, in der Öffentlichkeit von ihm zu re-
den. 17 Auf diese Weise sollte sich erfüllen, was
durch den Propheten Jesaja gesagt worden ist:

18 *Seht, das ist mein Knecht, den ich erwählt
habe, / mein Geliebter, an dem ich Gefallen ge-
funden habe.*

*Ich werde meinen Geist auf ihn legen, / und er
wird den Völkern das Recht verkünden.*

19 *Er wird nicht zanken und nicht schreien, / und
man wird seine Stimme nicht auf den Straßen
hören.*

20 *Das geknickte Rohr wird er nicht zerbrechen /
und den glimmenden Docht nicht auslöschen, /
bis er dem Recht zum Sieg verholfen hat.*

21 *Und auf seinen Namen werden die Völker ihre
Hoffnung setzen.*

Verteidigungsrede Jesu

22 Damals brachte man zu ihm einen Besessenen,
der blind und stumm war. Jesus heilte ihn, so daß
der Stumme wieder reden und sehen konnte.
23 Da gerieten alle Leute außer sich und sagten: Ist
er etwa der Sohn Davids? 24 Als die Pharisäer das
hörten, sagten sie: Nur mit Hilfe von Beelzebul,
dem Anführer der Dämonen, kann er die Dämo-
nen austreiben. 25 Doch Jesus wußte, was sie
dachten, und sagte zu ihnen: Jedes Reich, das in
sich gespalten ist, geht zugrunde, und keine Stadt
und keine Familie, die in sich gespalten ist, wird
Bestand haben. 26 Wenn also der Satan den Satan
austreibt, dann liegt der Satan mit sich selbst im
Streit. Wie kann sein Reich dann Bestand haben?
27 Und wenn ich die Dämonen durch Beelzebul
austreibe, durch wen treiben dann eure Anhän-
ger sie aus? Sie selbst also sprechen euch das Ur-
teil. 28 Wenn ich aber die Dämonen durch den
Geist Gottes austreibe, dann ist das Reich Gottes
schon zu euch gekommen. 29 Wie kann einer in
das Haus eines starken Mannes einbrechen und
ihm den Hausrat rauben, wenn er den Mann
nicht vorher fesselt? Erst dann kann er sein Haus
plündern. 30 Wer nicht für mich ist, der ist gegen
mich; wer nicht mit mir sammelt, der zerstreut.

31 Darum sage ich euch: Jede Sünde und Läste-
rung wird den Menschen vergeben werden, aber
die Lästerung gegen den Geist wird nicht verge-
ben. 32 Auch dem, der etwas gegen den Men-
schensohn sagt, wird vergeben werden; wer aber
etwas gegen den Heiligen Geist sagt, dem wird
nicht vergeben, weder in dieser noch in der
zukünftigen Welt.

33 Entweder: der Baum ist gut – dann sind auch
seine Früchte gut. Oder: der Baum ist schlecht –
dann sind auch seine Früchte schlecht. An den
Früchten also erkennt man den Baum. 34 Ihr
Schlangenbrut, wie könnt ihr Gutes reden, wenn
ihr böse seid? Denn wovon das Herz voll ist, da-
von spricht der Mund. 35 Ein guter Mensch bringt
Gutes hervor, weil er Gutes in sich hat, und ein
böser Mensch bringt Böses hervor, weil er Böses
in sich hat.

36 Ich sage euch: Über jedes unnütze Wort, das
die Menschen reden, werden sie am Tag des Ge-
richts Rechenschaft ablegen müssen; 37 denn auf-
grund deiner Worte wirst du freigesprochen, und
aufgrund deiner Worte wirst du verurteilt wer-
den.

Die Verweigerung eines Zeichens

38 Zu dieser Zeit sagten einige Schriftgelehrte und
Pharisäer zu ihm: Meister, wir möchten von dir
ein Zeichen sehen. 39 Er antwortete ihnen: Diese
böse und treulose Generation fordert ein Zeichen,
aber es wird ihr kein anderes gegeben werden als
das Zeichen des Propheten Jona. 40 Denn wie Jona
drei Tage und drei Nächte im Bauch des Fisches
war, so wird auch der Menschensohn drei Tage
und drei Nächte im Innern der Erde sein. 41 Die
Männer von Ninive werden beim Gericht gegen
diese Generation auftreten und sie verurteilen;
denn sie haben sich nach der Predigt des Jona be-
kehrt. Hier aber ist einer, der mehr ist als Jona.
42 Die Königin des Südens wird beim Gericht ge-
gen diese Generation auftreten und sie verurtei-
len; denn sie kam vom Ende der Erde, um die
Weisheit Salomos zu hören. Hier aber ist einer,
der mehr ist als Salomo.

Von der Rückkehr der unreinen Geister

43 Ein unreiner Geist, der einen Menschen verlas-
sen hat, wandert durch die Wüste und sucht ei-
nen Ort, wo er bleiben kann. Wenn er aber kei-
nen findet, 44 dann sagt er: Ich will in mein Haus
zurückkehren, das ich verlassen habe. Und wenn
er es bei seiner Rückkehr leer antrifft, sauber und
geschmückt, 45 dann geht er und holt sieben an-
dere Geister, die noch schlimmer sind als er
selbst. Sie ziehen dort ein und lassen sich nieder.
So wird es mit diesem Menschen am Ende
schlimmer werden als vorher. Dieser bösen Ge-
neration wird es genauso gehen.

Von den wahren Verwandten Jesu

46 Als Jesus noch mit den Leuten redete, standen
seine Mutter und seine Brüder vor dem Haus und
wollten mit ihm sprechen. 47 Da sagte jemand zu
ihm: Deine Mutter und deine Brüder stehen
draußen und wollen mit dir sprechen. 48 Dem, der
ihm das gesagt hatte, erwiderte er: Wer ist meine
Mutter, und wer sind meine Brüder? 49 Und er
streckte die Hand über seine Jünger aus und
sagte: Das hier sind meine Mutter und meine Brü-
der. 50 Denn wer den Willen meines himmlischen
Vaters erfüllt, der ist für mich Bruder und Schwe-
ster und Mutter.

Die Rede über das Himmelreich: 13,1–53

Das Gleichnis vom Sämann

13 An jenem Tag verließ Jesus das Haus und
setzte sich an das Ufer des Sees. 2 Da ver-
sammelte sich eine große Menschenmenge um
ihn. Er stieg deshalb in ein Boot und setzte sich;
die Leute aber standen am Ufer. 3 Und er sprach
lange zu ihnen in Form von Gleichnissen. Er
sagte: Ein Sämann ging aufs Feld, um zu säen.
4 Als er säte, fiel ein Teil der Körner auf den Weg,
und die Vögel kamen und fraßen sie. 5 Ein ande-
rer Teil fiel auf felsigen Boden, wo es nur wenig
Erde gab, und ging sofort auf, weil das Erdreich
nicht tief war; 6 als aber die Sonne hochstieg,
wurde die Saat versengt und verdorrte, weil sie
keine Wurzeln hatte. 7 Wieder ein anderer Teil fiel
in die Dornen, und die Dornen wuchsen und er-
stickten die Saat. 8 Ein anderer Teil schließlich fiel
auf guten Boden und brachte Frucht, teils hun-
dertfach, teils sechzigfach, teils dreißigfach. 9 Wer
Ohren hat, der höre!

Sinn und Zweck der Gleichnisse

10 Da kamen die Jünger zu ihm und sagten: Warum
redest du zu ihnen in Gleichnissen? 11 Er antwor-
tete: Euch ist es gegeben, die Geheimnisse des
Himmelreichs zu erkennen; ihnen aber ist es nicht
gegeben. 12 Denn wer hat, dem wird gegeben, und
er wird im Überfluß haben; wer aber nicht hat,
dem wird auch noch weggenommen, was er hat.
13 Deshalb rede ich zu ihnen in Gleichnissen, weil
sie sehen und doch nicht sehen, weil sie hören
und doch nicht hören und nichts verstehen. 14 An
ihnen erfüllt sich die Weissagung Jesajas:
*Hören sollt ihr, hören, aber nicht verstehen; /
sehen sollt ihr, sehen, aber nicht erkennen.*
15 *Denn das Herz dieses Volkes ist hart gewor-
den, / und mit ihren Ohren hören sie nur
schwer, / und ihre Augen halten sie geschlos-
sen, / damit sie mit ihren Augen nicht sehen /
und mit ihren Ohren nicht hören, / damit sie mit
ihrem Herzen / nicht zur Einsicht kommen, /
damit sie sich nicht bekehren und ich sie nicht
heile.*

Ihr habt mir zu essen gegeben (Mt 25) | 51 ▷
Gebt ihr ihnen zu essen (Mt 14) | 52 ▷▷

KLEIDER FÜR DIE DRITTE WELT

16 Ihr aber seid selig, denn eure Augen sehen und
eure Ohren hören. 17 Amen, ich sage euch: Viele
Propheten und Gerechte haben sich danach ge-
sehnt zu sehen, was ihr seht, und haben es nicht
gesehen, und zu hören, was ihr hört, und haben
es nicht gehört.

Die Deutung des Gleichnisses vom Sämann

18 Hört also, was das Gleichnis vom Sämann be-
deutet. 19 Immer wenn ein Mensch das Wort vom
Reich hört und es nicht versteht, kommt der Böse
und nimmt alles weg, was diesem Menschen ins
Herz gesät wurde; hier ist der Samen auf den Weg
gefallen. 20 Auf felsigen Boden ist der Samen bei
dem gefallen, der das Wort hört und sofort freudig
aufnimmt, 21 aber keine Wurzeln hat, sondern un-
beständig ist; sobald er um des Wortes willen be-
drängt oder verfolgt wird, kommt er zu Fall. 22 In
die Dornen ist der Samen bei dem gefallen, der
das Wort zwar hört, aber dann ersticken es die
Sorgen dieser Welt und der trügerische Reichtum,
und es bringt keine Frucht. 23 Auf guten Boden ist
der Samen bei dem gesät, der das Wort hört und
es auch versteht; er bringt dann Frucht, hundert-
fach oder sechzigfach oder dreißigfach.

Das Gleichnis vom Unkraut unter dem Weizen

24 Und Jesus erzählte ihnen noch ein anderes
Gleichnis: Mit dem Himmelreich ist es wie mit ei-
nem Mann, der guten Samen auf seinen Acker
säte. 25 Während nun die Leute schliefen, kam sein
Feind, säte Unkraut unter den Weizen und ging
wieder weg. 26 Als die Saat aufging und sich die
Ähren bildeten, kam auch das Unkraut zum Vor-
schein. 27 Da gingen die Knechte zu dem Gutsherrn
und sagten: Herr, hast du nicht guten Samen auf
deinen Acker gesät? Woher kommt dann das Un-
kraut? 28 Er antwortete: Das hat ein Feind von mir
getan. Da sagten die Knechte zu ihm: Sollen wir ge-
hen und es ausreißen? 29 Er entgegnete: Nein,
sonst reißt ihr zusammen mit dem Unkraut auch
den Weizen aus. 30 Laßt beides wachsen bis zur
Ernte. Wenn dann die Zeit der Ernte da ist, werde
ich den Arbeitern sagen: Sammelt zuerst das Un-
kraut und bindet es in Bündel, um es zu verbren-
nen; den Weizen aber bringt in meine Scheune.

Das Gleichnis vom Senfkorn

31 Er erzählte ihnen ein weiteres Gleichnis und
sagte: Mit dem Himmelreich ist es wie mit einem
Senfkorn, das ein Mann auf seinen Acker säte.
32 Es ist das kleinste von allen Samenkörnern; so-
bald es aber hochgewachsen ist, ist es größer als
die anderen Gewächse und wird zu einem *Baum,*
so daß *die Vögel des Himmels* kommen und *in
seinen Zweigen nisten.*

Das Gleichnis vom Sauerteig

33 Und er erzählte ihnen noch ein Gleichnis: Mit
dem Himmelreich ist es wie mit dem Sauerteig,
den eine Frau unter einen großen Trog Mehl
mischte, bis das Ganze durchsäuert war.

Die Bedeutung der Gleichnisse

34 Dies alles sagte Jesus der Menschenmenge
durch Gleichnisse; er redete nur in Gleichnissen
zu ihnen. 35 Damit sollte sich erfüllen, was durch
den Propheten gesagt worden ist:
*Ich öffne meinen Mund und rede in Gleichnis-
sen, / ich verkünde, was* seit der Schöpfung *ver-
borgen war.*

Die Deutung des Gleichnisses vom Unkraut

36 Dann verließ er die Menge und ging nach
Hause. Und seine Jünger kamen zu ihm und sag-
ten: Erkläre uns das Gleichnis vom Unkraut auf
dem Acker. 37 Er antwortete: Der Mann, der den
guten Samen sät, ist der Menschensohn; 38 der
Acker ist die Welt; der gute Samen, das sind die
Söhne des Reiches; das Unkraut sind die Söhne
des Bösen; 39 der Feind, der es gesät hat, ist der
Teufel; die Ernte ist das Ende der Welt; die Arbei-
ter bei dieser Ernte sind die Engel. 40 Wie nun das
Unkraut aufgesammelt und im Feuer verbrannt
wird, so wird es auch am Ende der Welt sein:
41 Der Menschensohn wird seine Engel aussen-
den, und sie werden aus seinem Reich alle zu-
sammenholen, die andere verführt und Gottes
Gesetz übertreten haben, 42 und werden sie in
den Ofen werfen, in dem das Feuer brennt. Dort
werden sie heulen und mit den Zähnen knir-
schen. 43 Dann werden die Gerechten im Reich ih-
res Vaters wie die Sonne leuchten. Wer Ohren
hat, der höre!

Die Gleichnisse vom Schatz und von der Perle

44 Mit dem Himmelreich ist es wie mit einem
Schatz, der in einem Acker vergraben war. Ein
Mann entdeckte ihn, grub ihn aber wieder ein.
Und in seiner Freude verkaufte er alles, was er be-

◁◁ 53 | *Meine Seele ist zu Tode betrübt (Mt 26)*
◁ 54 | *Ich kenne den Menschen nicht (Mt 26)*

saß, und kaufte den Acker. [45] Auch ist es mit dem Himmelreich wie mit einem Kaufmann, der schöne Perlen suchte. [46] Als er eine besonders wertvolle Perle fand, verkaufte er alles, was er besaß, und kaufte sie.

Das Gleichnis vom Fischnetz

[47] Weiter ist es mit dem Himmelreich wie mit einem Netz, das man ins Meer warf, um Fische aller Art zu fangen. [48] Als es voll war, zogen es die Fischer ans Ufer; sie setzten sich, lasen die guten Fische aus und legten sie in Körbe, die schlechten aber warfen sie weg. [49] So wird es auch am Ende der Welt sein: Die Engel werden kommen und die Bösen von den Gerechten trennen [50] und in den Ofen werfen, in dem das Feuer brennt. Dort werden sie heulen und mit den Zähnen knirschen.

Abschluß der Rede

[51] Habt ihr das alles verstanden? Sie antworteten: Ja. [52] Da sagte er zu ihnen: Jeder Schriftgelehrte also, der ein Jünger des Himmelreichs geworden ist, gleicht einem Hausherrn, der aus seinem reichen Vorrat Neues und Altes hervorholt.

[53] Als Jesus diese Gleichnisse beendet hatte, zog er weiter.

Weitere Taten – Belehrung der Jünger: 13,54 – 17,27

Die Ablehnung Jesu in seiner Heimat

[54] Jesus kam in seine Heimatstadt und lehrte die Menschen dort in der Synagoge. Da staunten alle und sagten: Woher hat er diese Weisheit und die Kraft, Wunder zu tun? [55] Ist das nicht der Sohn des Zimmermanns? Heißt nicht seine Mutter Maria, und sind nicht Jakobus, Josef, Simon und Judas seine Brüder? [56] Leben nicht alle seine Schwestern unter uns? Woher also hat er das alles? [57] Und sie nahmen Anstoß an ihm und lehnten ihn ab. Da sagte Jesus zu ihnen: Nirgends hat ein Prophet so wenig Ansehen wie in seiner Heimat und in seiner Familie. [58] Und wegen ihres Unglaubens tat er dort nur wenige Wunder.

Das Urteil des Herodes über Jesus

14 Zu dieser Zeit hörte der Tetrarch Herodes, was man von Jesus erzählte. [2] Er sagte zu seinem Gefolge: Das ist Johannes der Täufer. Er ist von den Toten auferstanden; deshalb wirken solche Kräfte in ihm.

Die Enthauptung des Täufers

[3] Herodes hatte nämlich Johannes festnehmen und in Ketten ins Gefängnis werfen lassen. Schuld daran war Herodias, die Frau seines Bruders Philippus. [4] Denn Johannes hatte zu Herodes gesagt: Du hattest nicht das Recht, sie zur Frau zu nehmen. [5] Der König wollte ihn deswegen töten lassen, fürchtete sich aber vor dem Volk; denn man hielt Johannes für einen Propheten. [6] Als aber der Geburtstag des Herodes gefeiert wurde, tanzte die Tochter der Herodias vor den Gästen. Und sie gefiel Herodes so sehr, [7] daß er schwor, ihr alles zu geben, was sie sich wünschte. [8] Da sagte sie auf Drängen ihrer Mutter: Laß mir auf einer Schale den Kopf des Täufers Johannes herbringen. [9] Der König wurde traurig; aber weil er einen Schwur geleistet hatte – noch dazu vor allen Gästen –, befahl er, ihr den Kopf zu bringen. [10] Und er ließ Johannes im Gefängnis enthaupten. [11] Man brachte den Kopf auf einer Schale und gab ihn dem Mädchen, und sie brachte ihn ihrer Mutter. [12] Die Jünger des Johannes aber holten den Leichnam und begruben ihn. Dann gingen sie zu Jesus und berichteten ihm alles.

Die Speisung der Fünftausend

[13] Als Jesus all das hörte, fuhr er mit dem Boot in eine einsame Gegend, um allein zu sein. Aber die Leute in den Städten hörten davon und gingen ihm zu Fuß nach. [14] Als er ausstieg und die vielen Menschen sah, hatte er Mitleid mit ihnen und heilte die Kranken, die bei ihnen waren.

[15] Als es Abend wurde, kamen die Jünger zu ihm und sagten: Der Ort ist abgelegen, und es ist schon spät geworden. Schick doch die Menschen weg, damit sie in die Dörfer gehen und sich etwas zu essen kaufen können. [16] Jesus antwortete: Sie brauchen nicht wegzugehen. Gebt ihr ihnen zu essen! [17] Sie sagten zu ihm: Wir haben nur fünf Brote und zwei Fische bei uns. [18] Darauf antwortete er: Bringt sie her! [19] Dann ordnete er an, die Leute sollten sich ins Gras setzen. Und er nahm die fünf Brote und die zwei Fische, blickte zum Himmel auf, sprach den Lobpreis, brach die Brote und gab sie den Jüngern; die Jünger aber gaben sie den Leuten, [20] und alle aßen und wurden satt. Als die Jünger die übriggebliebenen Brotstücke einsammelten, wurden zwölf Körbe voll. [21] Es waren etwa fünftausend Männer, die an dem Mahl teilnahmen, dazu noch Frauen und Kinder.

Der Gang Jesu auf dem Wasser

22 Gleich darauf forderte er die Jünger auf, ins Boot
zu steigen und an das andere Ufer vorauszufah-
ren. Inzwischen wollte er die Leute nach Hause
schicken. 23 Nachdem er sie weggeschickt hatte,
stieg er auf einen Berg, um in der Einsamkeit zu
beten. Spät am Abend war er immer noch allein
auf dem Berg. 24 Das Boot aber war schon viele
Stadien vom Land entfernt und wurde von den
Wellen hin und her geworfen; denn sie hatten Ge-
genwind. 25 In der vierten Nachtwache kam Jesus
zu ihnen; er ging auf dem See. 26 Als ihn die Jün-
ger über den See kommen sahen, erschraken sie,
weil sie meinten, es sei ein Gespenst, und sie
schrien vor Angst. 27 Doch Jesus begann mit ihnen
zu reden und sagte: Habt Vertrauen, ich bin es;
fürchtet euch nicht! 28 Darauf erwiderte ihm Pe-
trus: Herr, wenn du es bist, so befiehl, daß ich auf
dem Wasser zu dir komme. 29 Jesus sagte: Komm!
Da stieg Petrus aus dem Boot und ging über das
Wasser auf Jesus zu. 30 Als er aber sah, wie heftig
der Wind war, bekam er Angst und begann un-
terzugehen. Er schrie: Herr, rette mich! 31 Jesus
streckte sofort die Hand aus, ergriff ihn und sagte
zu ihm: Du Kleingläubiger, warum hast du ge-
zweifelt? 32 Und als sie ins Boot gestiegen waren,
legte sich der Wind. 33 Die Jünger im Boot aber fie-
len vor Jesus nieder und sagten: Wahrhaftig, du
bist Gottes Sohn.

Krankenheilungen in Gennesaret

34 Sie fuhren auf das Ufer zu und kamen nach Gen-
nesaret. 35 Als die Leute dort ihn erkannten,
schickten sie Boten in die ganze Umgebung. Und
man brachte alle Kranken zu ihm 36 und bat ihn,
er möge sie wenigstens den Saum seines Ge-
wandes berühren lassen. Und alle, die ihn berühr-
ten, wurden geheilt.

Von Reinheit und Unreinheit

15 Da kamen von Jerusalem Pharisäer und
Schriftgelehrte zu Jesus und sagten:
2 Warum mißachten deine Jünger die Überliefe-
rung der Alten? Denn sie waschen sich nicht die
Hände vor dem Essen. 3 Er entgegnete ihnen:
Warum mißachtet denn ihr Gottes Gebot um eu-
rer Überlieferung willen? 4 Gott hat gesagt: *Ehre
Vater und Mutter!*, und: *Wer Vater oder Mutter
verflucht, soll mit dem Tod bestraft werden.* 5 Ihr
aber lehrt: Wer zu Vater oder Mutter sagt: Was ich
dir schulde, erkläre ich zur Opfergabe!, 6 der
braucht seinen Vater oder seine Mutter nicht
mehr zu ehren. Damit habt ihr Gottes Wort um
eurer Überlieferung willen außer Kraft gesetzt.
7 Ihr Heuchler! Der Prophet Jesaja hatte recht, als
er über euch sagte:
8 *Dieses Volk ehrt mich mit den Lippen, / sein
Herz aber ist weit weg von mir.*
9 *Es ist sinnlos, wie sie mich verehren; / was sie
lehren, sind Satzungen von Menschen.*
10 Und er rief die Leute zu sich und sagte: Hört
und begreift: 11 Nicht das, was durch den Mund in
den Menschen hineinkommt, macht ihn unrein,
sondern was aus dem Mund des Menschen her-
auskommt, das macht ihn unrein.
12 Da kamen die Jünger zu ihm und sagten: Weißt
du, daß die Pharisäer über deine Worte empört
sind? 13 Er antwortete ihnen: Jede Pflanze, die
nicht mein himmlischer Vater gepflanzt hat, wird
ausgerissen werden. 14 Laßt sie, es sind blinde
Blindenführer. Und wenn ein Blinder einen Blin-
den führt, werden beide in eine Grube fallen.
15 Da sagte Petrus zu ihm: Erkläre uns jenes rätsel-
hafte Wort! 16 Er antwortete: Seid auch ihr noch im-
mer ohne Einsicht? 17 Begreift ihr nicht, daß alles,
was durch den Mund (in den Menschen) hinein-
kommt, in den Magen gelangt und dann wieder
ausgeschieden wird? 18 Was aber aus dem Mund
herauskommt, das kommt aus dem Herzen, und
das macht den Menschen unrein. 19 Denn aus dem
Herzen kommen böse Gedanken, Mord, Ehe-
bruch, Unzucht, Diebstahl, falsche Zeugenaussa-
gen und Verleumdungen. 20 Das ist es, was den
Menschen unrein macht; aber mit ungewasche-
nen Händen essen macht ihn nicht unrein.

Die Erhörung der Bitte einer heidnischen Frau

21 Von dort zog sich Jesus in das Gebiet von Tyrus
und Sidon zurück. 22 Da kam eine kanaanäische
Frau aus jener Gegend zu ihm und rief: Hab Er-
barmen mit mir, Herr, du Sohn Davids! Meine
Tochter wird von einem Dämon gequält. 23 Jesus
aber gab ihr keine Antwort. Da traten seine Jün-
ger zu ihm und baten: Befrei sie (von ihrer Sorge),
denn sie schreit hinter uns her. 24 Er antwortete:
Ich bin nur zu den verlorenen Schafen des Hau-
ses Israel gesandt. 25 Doch die Frau kam, fiel vor
ihm nieder und sagte: Herr, hilf mir! 26 Er erwi-
derte: Es ist nicht recht, das Brot den Kindern
wegzunehmen und den Hunden vorzuwerfen.

27 Da entgegnete sie: Ja, du hast recht, Herr! Aber
selbst die Hunde bekommen von den Brotresten,
die vom Tisch ihrer Herren fallen. 28 Darauf ant-
wortete ihr Jesus: Frau, dein Glaube ist groß. Was
du willst, soll geschehen. Und von dieser Stunde
an war ihre Tochter geheilt.

Die Heilung vieler Kranker

29 Jesus zog weiter und kam an den See von
Galiläa. Er stieg auf einen Berg und setzte sich.
30 Da kamen viele Menschen und brachten
Lahme, Krüppel, Blinde, Stumme und viele an-
dere Kranke zu ihm; sie legten sie vor ihn hin,
und er heilte sie. 31 Als die Menschen sahen, daß
Stumme plötzlich redeten, Krüppel gesund wur-
den, Lahme gehen und Blinde sehen konnten,
waren sie erstaunt und priesen den Gott Israels.

Die Speisung der Viertausend

32 Jesus rief seine Jünger zu sich und sagte: Ich
habe Mitleid mit diesen Menschen; sie sind
schon drei Tage bei mir und haben nichts mehr zu
essen. Ich will sie nicht hungrig wegschicken,
sonst brechen sie unterwegs zusammen. 33 Da
sagten die Jünger zu ihm: Wo sollen wir in dieser
unbewohnten Gegend so viel Brot hernehmen,
um so viele Menschen satt zu machen? 34 Jesus
sagte zu ihnen: Wie viele Brote habt ihr? Sie ant-
worteten: Sieben, und noch ein paar Fische. 35 Da
forderte er die Leute auf, sich auf den Boden zu
setzen. 36 Und er nahm die sieben Brote und die
Fische, sprach das Dankgebet, brach die Brote
und gab sie den Jüngern, und die Jünger verteilten
sie an die Leute. 37 Und alle aßen und wurden satt.
Dann sammelte man die übriggebliebenen Brot-
stücke ein, sieben Körbe voll. 38 Es waren viertau-
send Männer, die an dem Mahl teilgenommen
hatten, dazu noch Frauen und Kinder. 39 Danach
schickte er die Menge nach Hause, stieg ins Boot
und fuhr in die Gegend von Magadan.

Die Verweigerung eines Zeichens

16 Da kamen die Pharisäer und Sadduzäer
zu Jesus, um ihn auf die Probe zu stellen.
Sie baten ihn: Laß uns ein Zeichen vom Himmel
sehen. 2 Er antwortete ihnen: [3] 4 Diese böse und
treulose Generation fordert ein Zeichen, aber es
wird ihr kein anderes gegeben werden als das
Zeichen des Jona. Und er ließ sie stehen und ging
weg.

Warnung vor den Pharisäern und Sadduzäern

5 Die Jünger fuhren an das andere Ufer. Sie hatten
aber vergessen, Brot mitzunehmen. 6 Und Jesus
sagte zu ihnen: Gebt acht, hütet euch vor dem
Sauerteig der Pharisäer und Sadduzäer! 7 Sie aber
machten sich Gedanken und sagten zueinander:
Wir haben kein Brot mitgenommen. 8 Als Jesus
das merkte, sagte er: Ihr Kleingläubigen, was
macht ihr euch darüber Gedanken, daß ihr kein
Brot habt? 9 Begreift ihr immer noch nicht? Erin-
nert ihr euch nicht an die fünf Brote für die
Fünftausend und daran, wie viele Körbe voll ihr
wieder eingesammelt habt? 10 Auch nicht an die
sieben Brote für die Viertausend, und wie viele
Körbe voll ihr da eingesammelt habt? 11 Warum be-
greift ihr denn nicht, daß ich nicht von Brot ge-
sprochen habe, als ich zu euch sagte: Hütet euch
vor dem Sauerteig der Pharisäer und Sadduzäer?
12 Da verstanden sie, daß er nicht gemeint hatte,
sie sollten sich vor dem Sauerteig hüten, mit dem
man Brot backt, sondern vor der Lehre der Pha-
risäer und Sadduzäer.

Das Messiasbekenntnis des Petrus und die Antwort Jesu

13 Als Jesus in das Gebiet von Cäsarea Philippi
kam, fragte er seine Jünger: Für wen halten die
Leute den Menschensohn? 14 Sie sagten: Die ei-
nen für Johannes den Täufer, andere für Elija, wie-
der andere für Jeremia oder sonst einen Prophe-
ten. 15 Da sagte er zu ihnen: Ihr aber, für wen
haltet ihr mich? 16 Simon Petrus antwortete: Du
bist der Messias, der Sohn des lebendigen Gottes!
17 Jesus sagte zu ihm: Selig bist du, Simon Barjona;
denn nicht Fleisch und Blut haben dir das offen-
bart, sondern mein Vater im Himmel. 18 Ich aber
sage dir: Du bist Petrus, und auf diesen Felsen
werde ich meine Kirche bauen, und die Mächte
der Unterwelt werden sie nicht überwältigen.
19 Ich werde dir die Schlüssel des Himmelreichs
geben; was du auf Erden binden wirst, das wird
auch im Himmel gebunden sein, und was du auf
Erden lösen wirst, das wird auch im Himmel
gelöst sein. 20 Dann befahl er den Jüngern, nie-
mand zu sagen, daß er der Messias sei.

Die erste Ankündigung von Leiden und Auferstehung

21 Von da an begann Jesus, seinen Jüngern zu er-
klären, er müsse nach Jerusalem gehen und von

den Ältesten, den Hohenpriestern und den
Schriftgelehrten vieles erleiden; er werde getötet
werden, aber am dritten Tag werde er auferste-
hen. 22 Da nahm ihn Petrus beiseite und machte
ihm Vorwürfe; er sagte: Das soll Gott verhüten,
Herr! Das darf nicht mit dir geschehen! 23 Jesus
aber wandte sich um und sagte zu Petrus: Weg
mit dir, Satan, geh mir aus den Augen! Du willst
mich zu Fall bringen; denn du hast nicht das im
Sinn, was Gott will, sondern was die Menschen
wollen.

Von Nachfolge und Selbstverleugnung

24 Darauf sagte Jesus zu seinen Jüngern: Wer mein
Jünger sein will, der verleugne sich selbst, nehme
sein Kreuz auf sich und folge mir nach. 25 Denn
wer sein Leben retten will, wird es verlieren; wer
aber sein Leben um meinetwillen verliert, wird es
gewinnen. 26 Was nützt es einem Menschen,
wenn er die ganze Welt gewinnt, dabei aber sein
Leben einbüßt? Um welchen Preis kann ein
Mensch sein Leben zurückkaufen? 27 Der Men-
schensohn wird mit seinen Engeln in der Hoheit
seines Vaters kommen und *jedem* Menschen *ver-
gelten, wie es seine Taten verdienen.*
28 Amen, ich sage euch: Von denen, die hier ste-
hen, werden einige den Tod nicht erleiden, bis sie
den Menschensohn in seiner königlichen Macht
kommen sehen.

Die Verklärung Jesu

17 Sechs Tage danach nahm Jesus Petrus,
Jakobus und dessen Bruder Johannes
beiseite und führte sie auf einen hohen Berg.
2 Und er wurde vor ihren Augen verwandelt;
sein Gesicht leuchtete wie die Sonne, und seine
Kleider wurden blendend weiß wie das Licht.
3 Da erschienen plötzlich vor ihren Augen Mose
und Elija und redeten mit Jesus. 4 Und Petrus
sagte zu ihm: Herr, es ist gut, daß wir hier sind.
Wenn du willst, werde ich hier drei Hütten
bauen, eine für dich, eine für Mose und eine für
Elija. 5 Noch während er redete, warf eine leuch-
tende Wolke ihren Schatten auf sie, und aus der
Wolke rief eine Stimme: Das *ist mein geliebter
Sohn, an dem ich Gefallen gefunden habe; auf
ihn sollt ihr hören.* 6 Als die Jünger das hörten,
bekamen sie große Angst und warfen sich mit
dem Gesicht zu Boden. 7 Da trat Jesus zu ihnen,
faßte sie an und sagte: Steht auf, habt keine
Angst! 8 Und als sie aufblickten, sahen sie nur
noch Jesus.
9 Während sie den Berg hinabstiegen, gebot ih-
nen Jesus: Erzählt niemand von dem, was ihr ge-
sehen habt, bis der Menschensohn von den Toten
auferstanden ist.

Von der Wiederkunft des Elija

10 Da fragten ihn die Jünger: Warum sagen denn
die Schriftgelehrten, zuerst müsse Elija kommen?
11 Er gab zur Antwort: Ja, Elija kommt, *und er wird
alles wiederherstellen.* 12 Ich sage euch aber: Elija
ist schon gekommen, doch sie haben ihn nicht er-
kannt, sondern mit ihm gemacht, was sie woll-
ten. Ebenso wird auch der Menschensohn durch
sie leiden müssen. 13 Da verstanden die Jünger,
daß er von Johannes dem Täufer sprach.

Die Heilung eines mondsüchtigen Jungen

14 Als sie zurückkamen, begegneten sie einer
großen Zahl von Menschen. Da trat ein Mann auf
ihn zu, fiel vor ihm auf die Knie 15 und sagte: Herr,
hab Erbarmen mit meinem Sohn! Er ist mond-
süchtig und hat schwer zu leiden. Immer wieder
fällt er ins Feuer oder ins Wasser. 16 Ich habe ihn
schon zu deinen Jüngern gebracht, aber sie konn-
ten ihn nicht heilen. 17 Da sagte Jesus: O du
ungläubige und unbelehrbare Generation! Wie
lange muß ich noch bei euch sein? Wie lange muß
ich euch noch ertragen? Bringt ihn her zu mir!
18 Dann drohte Jesus dem Dämon. Der Dämon ver-
ließ den Jungen, und der Junge war von diesem
Augenblick an geheilt.
19 Als die Jünger mit Jesus allein waren, wandten
sie sich an ihn und fragten: Warum konnten denn
wir den Dämon nicht austreiben? 20 Er antwor-
tete: Weil euer Glaube so klein ist. Amen, das sage
ich euch: Wenn euer Glaube auch nur so groß ist
wie ein Senfkorn, dann werdet ihr zu diesem
Berg sagen: Rück von hier nach dort!, und er wird
wegrücken. Nichts wird euch unmöglich sein.
[21]

**Die zweite Ankündigung von Leiden
und Auferstehung**

22 Als sie in Galiläa zusammenwaren, sagte Jesus
zu ihnen: Der Menschensohn wird den Men-
schen ausgeliefert werden, 23 und sie werden ihn
töten; aber am dritten Tag wird er auferstehen. Da
wurden sie sehr traurig.

Von der Tempelsteuer

24 Als Jesus und die Jünger nach Kafarnaum ka-
men, gingen die Männer, die die Tempelsteuer
einzogen, zu Petrus und fragten: Zahlt euer Mei-
ster die Doppeldrachme nicht? 25 Er antwortete:
Doch! Als er dann ins Haus hineinging, kam ihm
Jesus mit der Frage zuvor: Was meinst du, Simon,
von wem erheben die Könige dieser Welt Zölle
und Steuern? Von ihren eigenen Söhnen oder von
den anderen Leuten? 26 Als Petrus antwortete:
Von den anderen!, sagte Jesus zu ihm: Also sind
die Söhne frei. 27 Damit wir aber bei niemand An-
stoß erregen, geh an den See und wirf die Angel
aus; den ersten Fisch, den du heraufholst, nimm,
öffne ihm das Maul, und du wirst ein Vierdrach-
menstück finden. Das gib den Männern als Steuer
für mich und für dich.

Die Rede über das Leben in der Gemeinde: 18,1–35

Der Rangstreit der Jünger

18 In jener Stunde kamen die Jünger zu Je-
sus und fragten: Wer ist im Himmelreich
der Größte? 2 Da rief er ein Kind herbei, stellte es
in ihre Mitte 3 und sagte: Amen, das sage ich euch:
Wenn ihr nicht umkehrt und wie die Kinder wer-
det, könnt ihr nicht in das Himmelreich kommen.
4 Wer so klein sein kann wie dieses Kind, der ist
im Himmelreich der Größte. 5 Und wer ein sol-
ches Kind um meinetwillen aufnimmt, der nimmt
mich auf.

Warnung vor der Verführung und der Verachtung von Jüngern

6 Wer einen von diesen Kleinen, die an mich glau-
ben, zum Bösen verführt, für den wäre es besser,
wenn er mit einem Mühlstein um den Hals im tie-
fen Meer versenkt würde. 7 Wehe der Welt mit ih-
rer Verführung! Es muß zwar Verführung geben;
doch wehe dem Menschen, der sie verschuldet.
8 Wenn dich deine Hand oder dein Fuß zum Bö-
sen verführt, dann hau sie ab und wirf sie weg! Es
ist besser für dich, verstümmelt oder lahm in das
Leben zu gelangen, als mit zwei Händen und
zwei Füßen in das ewige Feuer geworfen zu wer-
den. 9 Und wenn dich dein Auge zum Bösen ver-
führt, dann reiß es aus und wirf es weg! Es ist bes-
ser für dich, einäugig in das Leben zu gelangen,
als mit zwei Augen in das Feuer der Hölle ge-
worfen zu werden.
10 Hütet euch davor, einen von diesen Kleinen zu
verachten! Denn ich sage euch: Ihre Engel im
Himmel sehen stets das Angesicht meines himm-
lischen Vaters. [11]

Das Gleichnis vom verlorenen Schaf

12 Was meint ihr? Wenn jemand hundert Schafe
hat und eines von ihnen sich verirrt, läßt er dann
nicht die neunundneunzig auf den Bergen zurück
und sucht das verirrte? 13 Und wenn er es findet –
amen, ich sage euch: er freut sich über dieses eine
mehr als über die neunundneunzig, die sich nicht
verirrt haben. 14 So will auch euer himmlischer Va-
ter nicht, daß einer von diesen Kleinen verloren-
geht.

Von der Verantwortung für den Bruder

15 Wenn dein Bruder sündigt, dann geh zu ihm
und weise ihn unter vier Augen zurecht. Hört er
auf dich, so hast du deinen Bruder zurückgewon-
nen. 16 Hört er aber nicht auf dich, dann nimm ei-
nen oder zwei Männer mit, denn *jede Sache muß
durch die Aussage von zwei oder drei Zeugen ent-
schieden werden.* 17 Hört er auch auf sie nicht,
dann sag es der Gemeinde. Hört er aber auch auf
die Gemeinde nicht, dann sei er für dich wie ein
Heide oder ein Zöllner.
18 Amen, ich sage euch: Alles, was ihr auf Erden
binden werdet, das wird auch im Himmel gebun-
den sein, und alles, was ihr auf Erden lösen wer-
det, das wird auch im Himmel gelöst sein.
19 Weiter sage ich euch: Alles, was zwei von euch
auf Erden gemeinsam erbitten, werden sie von
meinem himmlischen Vater erhalten. 20 Denn wo
zwei oder drei in meinem Namen versammelt
sind, da bin ich mitten unter ihnen.

Von der Pflicht zur Vergebung

21 Da trat Petrus zu ihm und fragte: Herr, wie oft
muß ich meinem Bruder vergeben, wenn er sich
gegen mich versündigt? Siebenmal? 22 Jesus sagte
zu ihm: Nicht *siebenmal,* sondern *siebenundsieb-
zigmal.*

Das Gleichnis vom unbarmherzigen Gläubiger

23 Mit dem Himmelreich ist es deshalb wie mit ei-
nem König, der beschloß, von seinen Dienern
Rechenschaft zu verlangen. 24 Als er nun mit der
Abrechnung begann, brachte man einen zu ihm,
der ihm zehntausend Talente schuldig war.

25 Weil er aber das Geld nicht zurückzahlen
konnte, befahl der Herr, ihn mit Frau und Kin-
dern und allem, was er besaß, zu verkaufen und
so die Schuld zu begleichen. 26 Da fiel der Diener
vor ihm auf die Knie und bat: Hab Geduld mit
mir! Ich werde dir alles zurückzahlen. 27 Der Herr
hatte Mitleid mit dem Diener, ließ ihn gehen und
schenkte ihm die Schuld. 28 Als nun der Diener
hinausging, traf er einen anderen Diener seines
Herrn, der ihm hundert Denare schuldig war. Er
packte ihn, würgte ihn und rief: Bezahl, was du
mir schuldig bist! 29 Da fiel der andere vor ihm
nieder und flehte: Hab Geduld mit mir! Ich
werde es dir zurückzahlen. 30 Er aber wollte
nicht, sondern ging weg und ließ ihn ins Gefäng-
nis werfen, bis er die Schuld bezahlt habe. 31 Als
die übrigen Diener das sahen, waren sie sehr be-
trübt; sie gingen zu ihrem Herrn und berichteten
ihm alles, was geschehen war. 32 Da ließ ihn sein
Herr rufen und sagte zu ihm: Du elender Diener!
Deine ganze Schuld habe ich dir erlassen, weil
du mich so angefleht hast. 33 Hättest nicht auch
du mit jenem, der gemeinsam mit dir in meinem
Dienst steht, Erbarmen haben müssen, so wie
ich mit dir Erbarmen hatte? 34 Und in seinem
Zorn übergab ihn der Herr den Folterknechten,
bis er die ganze Schuld bezahlt habe. 35 Ebenso
wird mein himmlischer Vater jeden von euch be-
handeln, der seinem Bruder nicht von ganzem
Herzen vergibt.

Jesu Wirken in Judäa und in Jerusalem: 19,1–25,46

Der Weg nach Jerusalem: 19,1–20,34

Aufbruch nach Judäa

19 Als Jesus diese Reden beendet hatte, ver-
ließ er Galiläa und zog in das Gebiet von
Judäa jenseits des Jordan. 2 Viele Menschen folg-
ten ihm dorthin, und er heilte sie.

Von Ehescheidung und Ehelosigkeit

3 Da kamen Pharisäer zu ihm, die ihm eine Falle
stellen wollten, und fragten: Darf man seine
Frau aus jedem beliebigen Grund aus der Ehe
entlassen? 4 Er antwortete: Habt ihr nicht gele-
sen, daß der Schöpfer die Menschen am Anfang
als *Mann und Frau geschaffen hat* 5 und daß er
gesagt hat: *Darum wird der Mann Vater und
Mutter verlassen und sich an seine Frau binden,
und die zwei werden e i n Fleisch sein?* 6 Sie
sind also nicht mehr zwei, sondern eins. Was
aber Gott verbunden hat, das darf der Mensch
nicht trennen. 7 Da sagten sie zu ihm: Wozu hat
dann Mose vorgeschrieben, daß man (der Frau)
eine *Scheidungsurkunde geben muß,* wenn
man sich trennen will? 8 Er antwortete: Nur weil
ihr so hartherzig seid, hat Mose euch erlaubt,
eure Frauen aus der Ehe zu entlassen. Am An-
fang war das nicht so. 9 Ich sage euch: Wer seine
Frau entläßt, obwohl kein Fall von Unzucht vor-
liegt, und eine andere heiratet, der begeht Ehe-
bruch.
10 Da sagten die Jünger zu ihm: Wenn das die
Stellung des Mannes in der Ehe ist, dann ist es
nicht gut zu heiraten. 11 Jesus sagte zu ihnen:
Nicht alle können dieses Wort erfassen, sondern
nur die, denen es gegeben ist. 12 Denn es ist so:
Manche sind von Geburt an zur Ehe unfähig,
manche sind von den Menschen dazu gemacht,
und manche haben sich selbst dazu gemacht –
um des Himmelreiches willen. Wer das erfassen
kann, der erfasse es.

Die Segnung der Kinder

13 Da brachte man Kinder zu ihm, damit er ihnen
die Hände auflegte und für sie betete. Die Jünger
aber wiesen die Leute schroff ab. 14 Doch Jesus
sagte: Laßt die Kinder zu mir kommen; hindert sie
nicht daran! Denn Menschen wie ihnen gehört
das Himmelreich. 15 Dann legte er ihnen die
Hände auf und zog weiter.

Von Reichtum und Nachfolge

16 Es kam ein Mann zu Jesus und fragte: Meister,
was muß ich Gutes tun, um das ewige Leben zu
gewinnen? 17 Er antwortete: Was fragst du mich
nach dem Guten? Nur einer ist »der Gute«. Wenn
du aber das Leben erlangen willst, halte die Ge-
bote! 18 Darauf fragte er ihn: Welche? Jesus ant-
wortete: *Du sollst nicht töten, du sollst nicht die
Ehe brechen, du sollst nicht stehlen, du sollst
nicht falsch aussagen;* 19 *ehre Vater und Mutter!*

Und: *Du sollst deinen Nächsten lieben wie dich*
selbst! [20] Der junge Mann erwiderte ihm: Alle
diese Gebote habe ich befolgt. Was fehlt mir jetzt
noch? [21] Jesus antwortete ihm: Wenn du vollkom-
men sein willst, geh, verkauf deinen Besitz und
gib das Geld den Armen; so wirst du einen blei-
benden Schatz im Himmel haben; dann komm
und folge mir nach. [22] Als der junge Mann das
hörte, ging er traurig weg; denn er hatte ein
großes Vermögen. [23] Da sagte Jesus zu seinen Jün-
gern: Amen, das sage ich euch: Ein Reicher wird
nur schwer in das Himmelreich kommen.
[24] Nochmals sage ich euch: Eher geht ein Kamel
durch ein Nadelöhr, als daß ein Reicher in das
Reich Gottes gelangt. [25] Als die Jünger das hörten,
erschraken sie sehr und sagten: Wer kann dann
noch gerettet werden? [26] Jesus sah sie an und
sagte zu ihnen: Für Menschen ist das unmöglich,
für Gott aber ist alles möglich.

[27] Da antwortete Petrus: Du weißt, wir haben al-
les verlassen und sind dir nachgefolgt. Was wer-
den wir dafür bekommen? [28] Jesus erwiderte ih-
nen: Amen, ich sage euch: Wenn die Welt neu
geschaffen wird und der Menschensohn sich auf
den Thron der Herrlichkeit setzt, werdet ihr, die
ihr mir nachgefolgt seid, auf zwölf Thronen sitzen
und die zwölf Stämme Israels richten. [29] Und je-
der, der um meines Namens willen Häuser oder
Brüder, Schwestern, Vater, Mutter, Kinder oder
Äcker verlassen hat, wird dafür das Hundertfache
erhalten und das ewige Leben gewinnen. [30] Viele
aber, die jetzt die Ersten sind, werden dann die
Letzten sein, und die Letzten werden die Ersten
sein.

Das Gleichnis von den Arbeitern im Weinberg

20 Denn mit dem Himmelreich ist es wie
mit einem Gutsbesitzer, der früh am
Morgen sein Haus verließ, um Arbeiter für seinen
Weinberg anzuwerben. [2] Er einigte sich mit den
Arbeitern auf einen Denar für den Tag und
schickte sie in seinen Weinberg. [3] Um die dritte
Stunde ging er wieder auf den Markt und sah an-
dere dastehen, die keine Arbeit hatten. [4] Er sagte
zu ihnen: Geht auch ihr in meinen Weinberg! Ich
werde euch geben, was recht ist. [5] Und sie gingen.
Um die sechste und um die neunte Stunde ging
der Gutsherr wieder auf den Markt und machte
es ebenso. [6] Als er um die elfte Stunde noch ein-
mal hinging, traf er wieder einige, die dort her-
umstanden. Er sagte zu ihnen: Was steht ihr hier
den ganzen Tag untätig herum? [7] Sie antworteten:
Niemand hat uns angeworben. Da sagte er zu ih-
nen: Geht auch ihr in meinen Weinberg! [8] Als es
nun Abend geworden war, sagte der Besitzer des
Weinbergs zu seinem Verwalter: Ruf die Arbeiter,
und zahl ihnen den Lohn aus, angefangen bei den
letzten, bis hin zu den ersten. [9] Da kamen die
Männer, die er um die elfte Stunde angeworben
hatte, und jeder erhielt einen Denar. [10] Als dann
die ersten an der Reihe waren, glaubten sie, mehr
zu bekommen. Aber auch sie erhielten nur einen
Denar. [11] Da begannen sie, über den Gutsherrn zu
murren, [12] und sagten: Diese letzten haben nur
eine Stunde gearbeitet, und du hast sie uns gleich-
gestellt; wir aber haben den ganzen Tag über die
Last der Arbeit und die Hitze ertragen. [13] Da erwi-
derte er einem von ihnen: Mein Freund, dir ge-
schieht kein Unrecht. Hast du nicht einen Denar
mit mir vereinbart? [14] Nimm dein Geld und geh!
Ich will dem letzten ebensoviel geben wie dir.
[15] Darf ich mit dem, was mir gehört, nicht tun, was
ich will? Oder bist du neidisch, weil ich (zu ande-
ren) gütig bin? [16] So werden die Letzten die Ersten
sein und die Ersten die Letzten.

Die dritte Ankündigung von Leiden und Auferstehung

[17] Als Jesus nach Jerusalem hinaufzog, nahm er
unterwegs die zwölf Jünger beiseite und sagte zu
ihnen: [18] Wir gehen jetzt nach Jerusalem hinauf;
dort wird der Menschensohn den Hohenprie-
stern und Schriftgelehrten ausgeliefert; sie wer-
den ihn zum Tod verurteilen [19] und den Heiden
übergeben, damit er verspottet, gegeißelt und ge-
kreuzigt wird; aber am dritten Tag wird er aufer-
stehen.

Vom Herrschen und vom Dienen

[20] Damals kam die Frau des Zebedäus mit ihren
Söhnen zu Jesus und fiel vor ihm nieder, weil sie
ihn um etwas bitten wollte. [21] Er fragte sie: Was
willst du? Sie antwortete: Versprich, daß meine
beiden Söhne in deinem Reich rechts und links
neben dir sitzen dürfen. [22] Jesus erwiderte: Ihr
wißt nicht, um was ihr bittet. Könnt ihr den Kelch
trinken, den ich trinken werde? Sie sagten zu
ihm: Wir können es. [23] Da antwortete er ihnen:
Ihr werdet meinen Kelch trinken; doch den Platz
zu meiner Rechten und zu meiner Linken habe

nicht ich zu vergeben; dort werden die sitzen, für
die mein Vater diese Plätze bestimmt hat.
24 Als die zehn anderen Jünger das hörten, wur-
den sie sehr ärgerlich über die beiden Brüder.
25 Da rief Jesus sie zu sich und sagte: Ihr wißt, daß
die Herrscher ihre Völker unterdrücken und die
Mächtigen ihre Macht über die Menschen miß-
brauchen. 26 Bei euch soll es nicht so sein, sondern
wer bei euch groß sein will, der soll euer Diener
sein, 27 und wer bei euch der Erste sein will, soll
euer Sklave sein. 28 Denn auch der Menschen-
sohn ist nicht gekommen, um sich dienen zu las-
sen, sondern um zu dienen und sein Leben hin-
zugeben als Lösegeld für viele.

Die Heilung von zwei Blinden bei Jericho

29 Als sie Jericho verließen, folgte ihm eine große
Zahl von Menschen. 30 An der Straße aber saßen
zwei Blinde, und als sie hörten, daß Jesus vorbei-
kam, riefen sie laut: Herr, Sohn Davids, hab Er-
barmen mit uns! 31 Die Leute aber wurden ärger-
lich und befahlen ihnen zu schweigen. Sie aber
schrien noch lauter: Herr, Sohn Davids, hab Er-
barmen mit uns! 32 Jesus blieb stehen, rief sie zu
sich und sagte: Was soll ich euch tun? 33 Sie ant-
worteten: Herr, wir möchten, daß unsere Augen
geöffnet werden. 34 Da hatte Jesus Mitleid mit ih-
nen und berührte ihre Augen. Im gleichen Au-
genblick konnten sie wieder sehen, und sie folg-
ten ihm.

Die Auseinandersetzung mit den Gegnern in Jerusalem: 21,1–23,39

Der Einzug in Jerusalem

21 Als sich Jesus mit seinen Begleitern Jeru-
salem näherte und nach Betfage am Öl-
berg kam, schickte er zwei Jünger voraus 2 und
sagte zu ihnen: Geht in das Dorf, das vor euch
liegt; dort werdet ihr eine Eselin angebunden fin-
den und ein Fohlen bei ihr. Bindet sie los, und
bringt sie zu mir! 3 Und wenn euch jemand zur
Rede stellt, dann sagt: Der Herr braucht sie, er läßt
sie aber bald zurückbringen.
4 Das ist geschehen, damit sich erfüllte, was
durch den Propheten gesagt worden ist:
5 *Sagt der Tochter Zion: / Siehe, dein König
kommt zu dir. / Er ist friedfertig, / und er reitet
auf einer Eselin / und auf einem Fohlen, / dem
Jungen eines Lasttiers.*
6 Die Jünger gingen und taten, was Jesus ihnen
aufgetragen hatte. 7 Sie brachten die Eselin und
das Fohlen, legten ihre Kleider auf sie, und er
setzte sich darauf. 8 Viele Menschen breiteten ihre
Kleider auf der Straße aus, andere schnitten
Zweige von den Bäumen und streuten sie auf den
Weg. 9 Die Leute aber, die vor ihm hergingen und
die ihm folgten, riefen:
Hosanna dem Sohn Davids! / *Gesegnet sei er,
der kommt im Namen des Herrn. / Hosanna* in
der Höhe!
10 Als er in Jerusalem einzog, geriet die ganze
Stadt in Aufregung, und man fragte: Wer ist das?
11 Die Leute sagten: Das ist der Prophet Jesus von
Nazaret in Galiläa.

Die Tempelreinigung

12 Jesus ging in den Tempel und trieb alle Händler
und Käufer aus dem Tempel hinaus; er stieß die
Tische der Geldwechsler und die Stände der Tau-
benhändler um 13 und sagte: In der Schrift steht:
Mein Haus soll ein Haus des Gebetes sein. Ihr
aber macht *daraus eine Räuberhöhle.* 14 Im Tempel
kamen Lahme und Blinde zu ihm, und er heilte
sie. 15 Als nun die Hohenpriester und die Schrift-
gelehrten die Wunder sahen, die er tat, und die
Kinder im Tempel rufen hörten: Hosanna dem
Sohn Davids!, da wurden sie ärgerlich 16 und sag-
ten zu ihm: Hörst du, was sie rufen? Jesus ant-
wortete ihnen: Ja, ich höre es. Habt ihr nie gele-
sen: *Aus dem Mund der Kinder und Säuglinge
schaffst du dir Lob?* 17 Und er ließ sie stehen und
ging aus der Stadt hinaus nach Betanien; dort
übernachtete er.

Die Verfluchung eines Feigenbaums

18 Als er am Morgen in die Stadt zurückkehrte,
hatte er Hunger. 19 Da sah er am Weg einen Fei-
genbaum und ging auf ihn zu, fand aber nur Blät-
ter daran. Da sagte er zu ihm: In Ewigkeit soll
keine Frucht mehr an dir wachsen. Und der Fei-
genbaum verdorrte auf der Stelle. 20 Als die Jünger
das sahen, fragten sie erstaunt: Wie konnte der
Feigenbaum so plötzlich verdorren? 21 Jesus ant-
wortete ihnen: Amen, das sage ich euch: Wenn
ihr Glauben habt und nicht zweifelt, dann werdet
ihr nicht nur das vollbringen, was ich mit dem
Feigenbaum getan habe; selbst wenn ihr zu die-
sem Berg sagt: Heb dich empor, und stürz dich ins
Meer!, wird es geschehen. 22 Und alles, was ihr im

Gebet erbittet, werdet ihr erhalten, wenn ihr
glaubt.

Die Frage nach der Vollmacht Jesu

23 Als er in den Tempel ging und dort lehrte, ka-
men die Hohenpriester und die Ältesten des
Volkes zu ihm und fragten: Mit welchem Recht
tust du das alles? Wer hat dir dazu die Vollmacht
gegeben? 24 Jesus antwortete ihnen: Auch ich will
euch eine Frage stellen. Wenn ihr mir darauf ant-
wortet, dann werde ich euch sagen, mit welchem
Recht ich das tue. 25 Woher stammte die Taufe des
Johannes? Vom Himmel oder von den Men-
schen? Da überlegten sie und sagten zueinander:
Wenn wir antworten: Vom Himmel!, so wird er
zu uns sagen: Warum habt ihr ihm dann nicht ge-
glaubt? 26 Wenn wir aber antworten: Von den
Menschen!, dann müssen wir uns vor den Leu-
ten fürchten; denn alle halten Johannes für einen
Propheten. 27 Darum antworteten sie Jesus: Wir
wissen es nicht. Da erwiderte er: Dann sage auch
ich euch nicht, mit welchem Recht ich das alles
tue.

Das Gleichnis von den ungleichen Söhnen

28 Was meint ihr? Ein Mann hatte zwei Söhne. Er
ging zum ersten und sagte: Mein Sohn, geh und
arbeite heute im Weinberg! 29 Er antwortete: Ja,
Herr!, ging aber nicht. 30 Da wandte er sich an den
zweiten Sohn und sagte zu ihm dasselbe. Dieser
antwortete: Ich will nicht. Später aber reute es
ihn, und er ging doch. 31 Wer von den beiden hat
den Willen seines Vaters erfüllt? Sie antworteten:
Der zweite. Da sagte Jesus zu ihnen: Amen, das
sage ich euch: Zöllner und Dirnen gelangen eher
in das Reich Gottes als ihr. 32 Denn Johannes ist ge-
kommen, um euch den Weg der Gerechtigkeit zu
zeigen, und ihr habt ihm nicht geglaubt; aber die
Zöllner und die Dirnen haben ihm geglaubt. Ihr
habt es gesehen, und doch habt ihr nicht bereut
und ihm nicht geglaubt.

Das Gleichnis von den bösen Winzern

33 Hört noch ein anderes Gleichnis: Es war ein
Gutsbesitzer, der *legte einen Weinberg an, zog
ringsherum einen Zaun, hob eine Kelter aus und
baute einen Turm.* Dann verpachtete er den Wein-
berg an Winzer und reiste in ein anderes Land.
34 Als nun die Erntezeit kam, schickte er seine
Knechte zu den Winzern, um seinen Anteil an
den Früchten holen zu lassen. 35 Die Winzer aber
packten seine Knechte; den einen prügelten sie,
den andern brachten sie um, einen dritten stei-
nigten sie. 36 Darauf schickte er andere Knechte,
mehr als das erstemal; mit ihnen machten sie es
genauso. 37 Zuletzt sandte er seinen Sohn zu ih-
nen; denn er dachte: Vor meinem Sohn werden
sie Achtung haben. 38 Als die Winzer den Sohn
sahen, sagten sie zueinander: Das ist der Erbe.
Auf, wir wollen ihn töten, damit wir seinen Besitz
erben. 39 Und sie packten ihn, warfen ihn aus dem
Weinberg hinaus und brachten ihn um. 40 Wenn
nun der Besitzer des Weinbergs kommt: Was wird
er mit solchen Winzern tun? 41 Sie sagten zu ihm:
Er wird diesen bösen Menschen ein böses Ende
bereiten und den Weinberg an andere Winzer
verpachten, die ihm die Früchte abliefern, wenn
es Zeit dafür ist. 42 Und Jesus sagte zu ihnen: Habt
ihr nie in der Schrift gelesen:
*Der Stein, den die Bauleute verworfen haben, /
er ist zum Eckstein geworden; / das hat der Herr
vollbracht, / vor unseren Augen geschah dieses
Wunder?*
44 Und wer auf diesen Stein fällt, der wird zer-
schellen; auf wen der Stein aber fällt, den wird er
zermalmen. 43 Darum sage ich euch: Das Reich
Gottes wird euch weggenommen und einem
Volk gegeben werden, das die erwarteten Früchte
bringt.
45 Als die Hohenpriester und die Pharisäer seine
Gleichnisse hörten, merkten sie, daß er von ihnen
sprach. 46 Sie hätten ihn gern verhaften lassen;
aber sie fürchteten sich vor den Leuten, weil alle
ihn für einen Propheten hielten.

Das Gleichnis vom königlichen Hochzeitsmahl

22 Jesus erzählte ihnen noch ein anderes
Gleichnis: 2 Mit dem Himmelreich ist es
wie mit einem König, der die Hochzeit seines
Sohnes vorbereitete. 3 Er schickte seine Diener,
um die eingeladenen Gäste zur Hochzeit rufen
zu lassen. Sie aber wollten nicht kommen. 4 Da
schickte er noch einmal Diener und trug ihnen
auf: Sagt den Eingeladenen: Mein Mahl ist fertig,
die Ochsen und das Mastvieh sind geschlachtet,
alles ist bereit. Kommt zur Hochzeit! 5 Sie aber
kümmerten sich nicht darum, sondern der eine
ging auf seinen Acker, der andere in seinen
Laden, 6 wieder andere fielen über seine Diener
her, mißhandelten sie und brachten sie um. 7 Da

wurde der König zornig; er schickte sein Heer,
ließ die Mörder töten und ihre Stadt in Schutt und
Asche legen. 8 Dann sagte er zu seinen Dienern:
Das Hochzeitsmahl ist vorbereitet, aber die Gäste
waren es nicht wert (eingeladen zu werden).
9 Geht also hinaus auf die Straßen und ladet alle,
die ihr trefft, zur Hochzeit ein. 10 Die Diener gingen
auf die Straßen hinaus und holten alle zusam-
men, die sie trafen, Böse und Gute, und der Fest-
saal füllte sich mit Gästen.
11 Als sie sich gesetzt hatten und der König ein-
trat, um sich die Gäste anzusehen, bemerkte er
unter ihnen einen Mann, der kein Hochzeitsge-
wand anhatte. 12 Er sagte zu ihm: Mein Freund,
wie konntest du hier ohne Hochzeitsgewand er-
scheinen? Darauf wußte der Mann nichts zu sa-
gen. 13 Da befahl der König seinen Dienern: Bindet
ihm Hände und Füße, und werft ihn hinaus in die
äußerste Finsternis! Dort wird er heulen und mit
den Zähnen knirschen. 14 Denn viele sind gerufen,
aber nur wenige auserwählt.

Die Frage nach der kaiserlichen Steuer

15 Damals kamen die Pharisäer zusammen und be-
schlossen, Jesus mit einer Frage eine Falle zu stel-
len. 16 Sie veranlaßten ihre Jünger, zusammen mit
den Anhängern des Herodes zu ihm zu gehen
und zu sagen: Meister, wir wissen, daß du immer
die Wahrheit sagst und wirklich den Weg Gottes
lehrst, ohne auf jemand Rücksicht zu nehmen;
denn du siehst nicht auf die Person. 17 Sag uns also:
Ist es nach deiner Meinung erlaubt, dem Kaiser
Steuer zu zahlen, oder nicht? 18 Jesus aber er-
kannte ihre böse Absicht und sagte: Ihr Heuchler,
warum stellt ihr mir eine Falle? 19 Zeigt mir die
Münze, mit der ihr eure Steuern bezahlt! Da hiel-
ten sie ihm einen Denar hin. 20 Er fragte sie: Wes-
sen Bild und Aufschrift ist das? 21 Sie antworteten:
Des Kaisers. Darauf sagte er zu ihnen: So gebt
dem Kaiser, was dem Kaiser gehört, und Gott,
was Gott gehört! 22 Als sie das hörten, waren sie
sehr überrascht, wandten sich um und gingen
weg.

Die Frage nach der Auferstehung der Toten

23 Am selben Tag kamen zu Jesus einige von den
Sadduzäern, die behaupten, es gebe keine Auf-
erstehung. Sie fragten ihn: 24 Meister, Mose hat
gesagt: *Wenn ein Mann stirbt, ohne Kinder zu
haben, dann soll sein Bruder dessen Frau heira-
ten und seinem Bruder Nachkommen verschaf-
fen.* 25 Bei uns lebten einmal sieben Brüder. Der
erste heiratete und starb, und weil er keine
Nachkommen hatte, hinterließ er seine Frau sei-
nem Bruder, 26 ebenso der zweite und der dritte
und so weiter bis zum siebten. 27 Als letzte von
allen starb die Frau. 28 Wessen Frau wird sie nun
bei der Auferstehung sein? Alle sieben haben sie
doch zur Frau gehabt. 29 Jesus antwortete ihnen:
Ihr irrt euch; ihr kennt weder die Schrift noch die
Macht Gottes. 30 Denn nach der Auferstehung
werden die Menschen nicht mehr heiraten, son-
dern sein wie die Engel im Himmel. 31 Habt ihr im
übrigen nicht gelesen, was Gott euch über die
Auferstehung der Toten mit den Worten gesagt
hat: 32 *Ich bin der Gott Abrahams, der Gott Isaaks
und der Gott Jakobs?* Er ist doch nicht der Gott
der Toten, sondern der Gott der Lebenden. 33 Als
das Volk das hörte, war es über seine Lehre be-
stürzt.

Die Frage nach dem wichtigsten Gebot

34 Als die Pharisäer hörten, daß Jesus die Saddu-
zäer zum Schweigen gebracht hatte, kamen sie
(bei ihm) zusammen. 35 Einer von ihnen, ein Ge-
setzeslehrer, wollte ihn auf die Probe stellen und
fragte ihn: 36 Meister, welches Gebot im Gesetz
ist das wichtigste? 37 Er antwortete ihm: *Du sollst
den Herrn, deinen Gott, lieben mit ganzem Her-
zen, mit ganzer Seele* und mit all deinen Gedan-
ken. 38 Das ist das wichtigste und erste Gebot.
39 Ebenso wichtig ist das zweite: *Du sollst deinen
Nächsten lieben wie dich selbst.* 40 An diesen bei-
den Geboten hängt das ganze Gesetz samt den
Propheten.

Die Frage nach dem Messias

41 Danach fragte Jesus die Pharisäer, die bei ihm
versammelt waren: 42 Was denkt ihr über den
Messias? Wessen Sohn ist er? Sie antworteten
ihm: Der Sohn Davids. 43 Er sagte zu ihnen: Wie
kann ihn dann David, vom Geist (Gottes) er-
leuchtet, »Herr« nennen? Denn er sagt: 44 *Der Herr
sprach zu meinem Herrn: Setze dich mir zur
Rechten, und ich lege dir deine Feinde unter die
Füße.* 45 Wenn ihn also David »Herr« nennt, wie
kann er dann Davids Sohn sein? 46 Niemand
konnte ihm darauf etwas erwidern, und von die-
sem Tag an wagte keiner mehr, ihm eine Frage zu
stellen.

Worte gegen die Schriftgelehrten und die Pharisäer

23 Darauf wandte sich Jesus an das Volk und an seine Jünger 2 und sagte: Die Schriftgelehrten und die Pharisäer haben sich auf den Stuhl des Mose gesetzt. 3 Tut und befolgt also alles, was sie euch sagen, aber richtet euch nicht nach dem, was sie tun; denn sie reden nur, tun selbst aber nicht, was sie sagen. 4 Sie schnüren schwere Lasten zusammen und legen sie den Menschen auf die Schultern, wollen selber aber keinen Finger rühren, um die Lasten zu tragen. 5 Alles, was sie tun, tun sie nur, damit die Menschen es sehen: Sie machen ihre Gebetsriemen breit und die Quasten an ihren Gewändern lang, 6 bei jedem Festmahl möchten sie den Ehrenplatz und in der Synagoge die vordersten Sitze haben, 7 und auf den Straßen und Plätzen lassen sie sich gern grüßen und von den Leuten Rabbi (Meister) nennen. 8 Ihr aber sollt euch nicht Rabbi nennen lassen; denn nur einer ist euer Meister, ihr alle aber seid Brüder. 9 Auch sollt ihr niemand auf Erden euren Vater nennen; denn nur einer ist euer Vater, der im Himmel. 10 Auch sollt ihr euch nicht Lehrer nennen lassen; denn nur einer ist euer Lehrer, Christus. 11 Der Größte von euch soll euer Diener sein. 12 Denn wer sich selbst erhöht, wird erniedrigt, und wer sich selbst erniedrigt, wird erhöht werden.

13 Weh euch, ihr Schriftgelehrten und Pharisäer, ihr Heuchler! Ihr verschließt den Menschen das Himmelreich. Ihr selbst geht nicht hinein; aber ihr laßt auch die nicht hinein, die hineingehen wollen. [14]

15 Weh euch, ihr Schriftgelehrten und Pharisäer, ihr Heuchler! Ihr zieht über Land und Meer, um einen einzigen Menschen für euren Glauben zu gewinnen; und wenn er gewonnen ist, dann macht ihr ihn zu einem Sohn der Hölle, der doppelt so schlimm ist wie ihr selbst.

16 Weh euch, ihr seid blinde Führer! Ihr sagt: Wenn einer beim Tempel schwört, so ist das kein Eid; wer aber beim Gold des Tempels schwört, der ist an seinen Eid gebunden. 17 Ihr blinden Narren! Was ist wichtiger: das Gold oder der Tempel, der das Gold erst heilig macht? 18 Auch sagt ihr: Wenn einer beim Altar schwört, so ist das kein Eid; wer aber bei dem Opfer schwört, das auf dem Altar liegt, der ist an seinen Eid gebunden. 19 Ihr Blinden! Was ist wichtiger: das Opfer oder der Altar, der das Opfer erst heilig macht? 20 Wer beim Altar schwört, der schwört bei ihm und bei allem, was darauf liegt. 21 Und wer beim Tempel schwört, der schwört bei ihm und bei dem, der darin wohnt. 22 Und wer beim Himmel schwört, der schwört beim Thron Gottes und bei dem, der darauf sitzt.

23 Weh euch, ihr Schriftgelehrten und Pharisäer, ihr Heuchler! Ihr gebt den Zehnten von Minze, Dill und Kümmel und laßt das Wichtigste im Gesetz außer acht: Gerechtigkeit, Barmherzigkeit und Treue. Man muß das eine tun, ohne das andere zu lassen. 24 Blinde Führer seid ihr: Ihr siebt Mücken aus und verschluckt Kamele.

25 Weh euch, ihr Schriftgelehrten und Pharisäer, ihr Heuchler! Ihr haltet Becher und Schüsseln außen sauber, innen aber sind sie voll von dem, was ihr in eurer Maßlosigkeit zusammengeraubt habt. 26 Du blinder Pharisäer! Mach den Becher zuerst innen sauber, dann ist er auch außen rein.

27 Weh euch, ihr Schriftgelehrten und Pharisäer, ihr Heuchler! Ihr seid wie die Gräber, die außen weiß angestrichen sind und schön aussehen; innen aber sind sie voll Knochen, Schmutz und Verwesung. 28 So erscheint auch ihr von außen den Menschen gerecht, innen aber seid ihr voll Heuchelei und Ungehorsam gegen Gottes Gesetz.

29 Weh euch, ihr Schriftgelehrten und Pharisäer, ihr Heuchler! Ihr errichtet den Propheten Grabstätten und schmückt die Denkmäler der Gerechten 30 und sagt dabei: Wenn wir in den Tagen unserer Väter gelebt hätten, wären wir nicht wie sie am Tod der Propheten schuldig geworden. 31 Damit bestätigt ihr selbst, daß ihr die Söhne der Prophetenmörder seid. 32 Macht nur das Maß eurer Väter voll! 33 Ihr Nattern, ihr Schlangenbrut! Wie wollt ihr dem Strafgericht der Hölle entrinnen?

34 Darum hört: Ich sende Propheten, Weise und Schriftgelehrte zu euch; ihr aber werdet einige von ihnen töten, ja sogar kreuzigen, andere in euren Synagogen auspeitschen und von Stadt zu Stadt verfolgen. 35 So wird all das unschuldige Blut über euch kommen, das auf Erden vergossen worden ist, vom Blut Abels, des Gerechten, bis zum Blut des Zacharias, Barachias' Sohn, den ihr im Vorhof zwischen dem Tempelgebäude und dem Altar ermordet habt. 36 Amen, das sage ich euch: Das alles wird über diese Generation kommen.

37 Jerusalem, Jerusalem, du tötest die Propheten und steinigst die Boten, die zu dir gesandt sind.

Wie oft wollte ich deine Kinder um mich sam-
meln, so wie eine Henne ihre Küken unter ihre
Flügel nimmt; aber ihr habt nicht gewollt.
[38] Darum wird euer Haus (von Gott) verlassen.
[39] Und ich sage euch: Von jetzt an werdet ihr mich
nicht mehr sehen, bis ihr ruft: *Gesegnet sei er, der
kommt im Namen des Herrn!*

Die Rede über die Endzeit: 24,1–25,46

Die Ankündigung der Zerstörung des Tempels

24 Als Jesus den Tempel verlassen hatte,
wandten sich seine Jünger an ihn und
wiesen ihn auf die gewaltigen Bauten des Tem-
pels hin. [2] Er sagte zu ihnen: Seht ihr das alles?
Amen, das sage ich euch: Kein Stein wird hier auf
dem andern bleiben; alles wird niedergerissen
werden.

Vom Anfang der Not

[3] Als er auf dem Ölberg saß, wandten sich die
Jünger, die mit ihm allein waren, an ihn und
fragten: Sag uns, wann wird das geschehen, und
was ist das Zeichen für deine Ankunft und das
Ende der Welt? [4] Jesus antwortete: Gebt acht, daß
euch niemand irreführt! [5] Denn viele werden
unter meinem Namen auftreten und sagen: Ich
bin der Messias!, und sie werden viele irrefüh-
ren.
[6] Ihr werdet von Kriegen hören, und Nachrich-
ten über Kriege werden euch beunruhigen. Gebt
acht, laßt euch nicht erschrecken! Das muß ge-
schehen. Es ist aber noch nicht das Ende. [7] Denn
ein Volk wird sich gegen das andere erheben und
ein Reich gegen das andere, und an vielen Orten
wird es Hungersnöte und Erdbeben geben. [8] Doch
das alles ist erst der Anfang der Wehen.
[9] Dann wird man euch in große Not bringen und
euch töten, und ihr werdet von allen Völkern um
meines Namens willen gehaßt. [10] Dann werden
viele zu Fall kommen und einander hassen und
verraten. [11] Viele falsche Propheten werden auf-
treten, und sie werden viele irreführen. [12] Und
weil die Mißachtung von Gottes Gesetz über-
handnimmt, wird die Liebe bei vielen erkalten.
[13] Wer jedoch bis zum Ende standhaft bleibt, der
wird gerettet. [14] Aber dieses Evangelium vom
Reich wird auf der ganzen Welt verkündet wer-
den, damit alle Völker es hören; dann erst kommt
das Ende.

Vom Höhepunkt der Not

[15] Wenn ihr dann am heiligen Ort den *unheilvollen
Greuel* stehen seht, der durch den Propheten Da-
niel vorhergesagt worden ist – der Leser begreife
–, [16] dann sollen die Bewohner von Judäa in die
Berge fliehen; [17] wer gerade auf dem Dach ist, soll
nicht mehr ins Haus gehen, um seine Sachen mit-
zunehmen; [18] wer auf dem Feld ist, soll nicht
zurückkehren, um seinen Mantel zu ho-
len. [19] Weh aber den Frauen, die in jenen Tagen
schwanger sind oder ein Kind stillen. [20] Betet
darum, daß ihr nicht im Winter oder an einem
Sabbat fliehen müßt. [21] Denn es wird eine so große
*Not kommen, wie es noch nie eine gegeben hat,
seit die Welt besteht, und wie es auch keine mehr
geben wird.* [22] Und wenn jene Zeit nicht verkürzt
würde, dann würde kein Mensch gerettet; doch
um der Auserwählten willen wird jene Zeit ver-
kürzt werden.
[23] Wenn dann jemand zu euch sagt: Seht, hier ist
der Messias!, oder: Da ist er!, so glaubt es nicht!
[24] Denn es wird mancher falsche Messias und
mancher falsche Prophet auftreten, und sie wer-
den große Zeichen und Wunder tun, um, wenn
möglich, auch die Auserwählten irrezuführen.
[25] Denkt daran: Ich habe es euch vorausgesagt.
[26] Wenn sie also zu euch sagen: Seht, er ist
draußen in der Wüste!, so geht nicht hinaus; und
wenn sie sagen: Seht, er ist im Haus!, so glaubt es
nicht. [27] Denn wie der Blitz bis zum Westen hin
leuchtet, wenn er im Osten aufflammt, so wird es
bei der Ankunft des Menschensohnes sein.
[28] Überall wo ein Aas ist, da sammeln sich die
Geier.

Vom Kommen des Menschensohnes

[29] Sofort nach den Tagen der großen Not *wird sich
die Sonne verfinstern, und der Mond wird nicht
mehr scheinen; die Sterne werden vom Himmel
fallen,* und die Kräfte des Himmels werden er-
schüttert werden. [30] Danach wird das Zeichen des
Menschensohnes am Himmel erscheinen; dann
werden alle Völker der Erde jammern und klagen,
und sie werden den *Menschensohn* mit großer
Macht und Herrlichkeit *auf den Wolken des Him-
mels kommen sehen.* [31] Er wird seine Engel unter
lautem Posaunenschall aussenden, und sie wer-
den die von ihm Auserwählten *aus allen vier
Windrichtungen zusammenführen,* von einem
Ende des Himmels bis zum andern.

Mahnungen im Hinblick auf das Ende

32 Lernt etwas aus dem Vergleich mit dem Feigenbaum! Sobald seine Zweige saftig werden und Blätter treiben, wißt ihr, daß der Sommer nahe ist. 33 Genauso sollt ihr erkennen, wenn ihr das alles seht, daß das Ende vor der Tür steht. 34 Amen, ich sage euch: Diese Generation wird nicht vergehen, bis das alles eintrifft. 35 Himmel und Erde werden vergehen, aber meine Worte werden nicht vergehen. 36 Doch jenen Tag und jene Stunde kennt niemand, auch nicht die Engel im Himmel, nicht einmal der Sohn, sondern nur der Vater.

37 Denn wie es in den Tagen des Noach war, so wird es bei der Ankunft des Menschensohnes sein. 38 Wie die Menschen in den Tagen vor der Flut aßen und tranken und heirateten, bis zu dem Tag, an dem Noach in die Arche ging, 39 und nichts ahnten, bis die Flut hereinbrach und alle wegraffte, so wird es auch bei der Ankunft des Menschensohnes sein. 40 Dann wird von zwei Männern, die auf dem Feld arbeiten, einer mitgenommen und einer zurückgelassen. 41 Und von zwei Frauen, die mit derselben Mühle mahlen, wird eine mitgenommen und eine zurückgelassen. 42 Seid also wachsam! Denn ihr wißt nicht, an welchem Tag euer Herr kommt.

Das Gleichnis vom wachsamen Hausherrn

43 Bedenkt: Wenn der Herr des Hauses wüßte, zu welcher Stunde in der Nacht der Dieb kommt, würde er wach bleiben und nicht zulassen, daß man in sein Haus einbricht. 44 Darum haltet auch ihr euch bereit! Denn der Menschensohn kommt zu einer Stunde, in der ihr es nicht erwartet.

Das Gleichnis vom treuen und vom schlechten Knecht

45 Wer ist nun der treue und kluge Knecht, den der Herr eingesetzt hat, damit er dem Gesinde zur rechten Zeit gibt, was sie zu essen brauchen? 46 Selig der Knecht, den der Herr damit beschäftigt findet, wenn er kommt! 47 Amen, das sage ich euch: Er wird ihn zum Verwalter seines ganzen Vermögens machen. 48 Wenn aber der Knecht schlecht ist und denkt: Mein Herr kommt noch lange nicht!, 49 und anfängt, seine Mitknechte zu schlagen, wenn er mit Trinkern Gelage feiert, 50 dann wird der Herr an einem Tag kommen, an dem der Knecht es nicht erwartet, und zu einer Stunde, die er nicht kennt; 51 und der Herr wird ihn in Stücke hauen und ihm seinen Platz unter den Heuchlern zuweisen. Dort wird er heulen und mit den Zähnen knirschen.

Das Gleichnis von den zehn Jungfrauen

25 Dann wird es mit dem Himmelreich sein wie mit zehn Jungfrauen, die ihre Lampen nahmen und dem Bräutigam entgegengingen. 2 Fünf von ihnen waren töricht, und fünf waren klug. 3 Die törichten nahmen ihre Lampen mit, aber kein Öl, 4 die klugen aber nahmen außer den Lampen noch Öl in Krügen mit. 5 Als nun der Bräutigam lange nicht kam, wurden sie alle müde und schliefen ein. 6 Mitten in der Nacht aber hörte man plötzlich laute Rufe: Der Bräutigam kommt! Geht ihm entgegen! 7 Da standen die Jungfrauen alle auf und machten ihre Lampen zurecht. 8 Die törichten aber sagten zu den klugen: Gebt uns von eurem Öl, sonst gehen unsere Lampen aus. 9 Die klugen erwiderten ihnen: Dann reicht es weder für uns noch für euch; geht doch zu den Händlern und kauft, was ihr braucht. 10 Während sie noch unterwegs waren, um das Öl zu kaufen, kam der Bräutigam; die Jungfrauen, die bereit waren, gingen mit ihm in den Hochzeitssaal, und die Tür wurde zugeschlossen. 11 Später kamen auch die anderen Jungfrauen und riefen: Herr, Herr, mach uns auf! 12 Er aber antwortete ihnen: Amen, ich sage euch: Ich kenne euch nicht.

13 Seid also wachsam! Denn ihr wißt weder den Tag noch die Stunde.

Das Gleichnis vom anvertrauten Geld

14 Es ist wie mit einem Mann, der auf Reisen ging: Er rief seine Diener und vertraute ihnen sein Vermögen an. 15 Dem einen gab er fünf Talente Silbergeld, einem anderen zwei, wieder einem anderen eines, jedem nach seinen Fähigkeiten. Dann reiste er ab. Sofort 16 begann der Diener, der fünf Talente erhalten hatte, mit ihnen zu wirtschaften, und er gewann noch fünf dazu. 17 Ebenso gewann der, der zwei erhalten hatte, noch zwei dazu. 18 Der aber, der das eine Talent erhalten hatte, ging und grub ein Loch in die Erde und versteckte das Geld seines Herrn. 19 Nach langer Zeit kehrte der Herr zurück, um von den Dienern Rechenschaft zu verlangen. 20 Da kam der, der die fünf Talente erhalten hatte, brachte fünf weitere und sagte: Herr, fünf Talente hast du mir gegeben; sieh her, ich habe noch fünf dazugewonnen. 21 Sein Herr sagte zu

ihm: Sehr gut, du bist ein tüchtiger und treuer Die-
ner. Du bist im Kleinen ein treuer Verwalter ge-
wesen, ich will dir eine große Aufgabe übertra-
gen. Komm, nimm teil an der Freude deines
Herrn! 22 Dann kam der Diener, der zwei Talente
erhalten hatte, und sagte: Herr, du hast mir zwei
Talente gegeben; sieh her, ich habe noch zwei da-
zugewonnen. 23 Sein Herr sagte zu ihm: Sehr gut,
du bist ein tüchtiger und treuer Diener. Du bist im
Kleinen ein treuer Verwalter gewesen, ich will dir
eine große Aufgabe übertragen. Komm, nimm teil
an der Freude deines Herrn! 24 Zuletzt kam auch
der Diener, der das eine Talent erhalten hatte, und
sagte: Herr, ich wußte, daß du ein strenger Mann
bist; du erntest, wo du nicht gesät hast, und sam-
melst, wo du nicht ausgestreut hast; 25 weil ich
Angst hatte, habe ich dein Geld in der Erde ver-
steckt. Hier hast du es wieder. 26 Sein Herr antwor-
tete ihm: Du bist ein schlechter und fauler Diener!
Du hast doch gewußt, daß ich ernte, wo ich nicht
gesät habe, und sammle, wo ich nicht ausgestreut
habe. 27 Hättest du mein Geld wenigstens auf die
Bank gebracht, dann hätte ich es bei meiner Rück-
kehr mit Zinsen zurückerhalten. 28 Darum nehmt
ihm das Talent weg und gebt es dem, der die zehn
Talente hat! 29 Denn wer hat, dem wird gegeben,
und er wird im Überfluß haben; wer aber nicht
hat, dem wird auch noch weggenommen, was er
hat. 30 Werft den nichtsnutzigen Diener hinaus in
die äußerste Finsternis! Dort wird er heulen und
mit den Zähnen knirschen.

Vom Weltgericht

31 Wenn der Menschensohn in seiner Herrlichkeit
kommt und *alle Engel mit ihm,* dann wird er sich
auf den Thron seiner Herrlichkeit setzen. 32 Und
alle Völker werden vor ihm zusammengerufen
werden, und er wird sie voneinander scheiden,
wie der Hirt die Schafe von den Böcken scheidet.
33 Er wird die Schafe zu seiner Rechten versam-
meln, die Böcke aber zur Linken. 34 Dann wird der
König denen auf der rechten Seite sagen: Kommt
her, die ihr von meinem Vater gesegnet seid,
nehmt das Reich in Besitz, das seit der Erschaf-
fung der Welt für euch bestimmt ist. 35 Denn ich
war hungrig, und ihr habt mir zu essen gegeben;
ich war durstig, und ihr habt mir zu trinken gege-
ben; ich war fremd und obdachlos, und ihr habt
mich aufgenommen; 36 ich war nackt, und ihr
habt mir Kleidung gegeben; ich war krank, und
ihr habt mich besucht; ich war im Gefängnis, und
ihr seid zu mir gekommen. 37 Dann werden ihm
die Gerechten antworten: Herr, wann haben wir
dich hungrig gesehen und dir zu essen gegeben,
oder durstig und dir zu trinken gegeben? 38 Und
wann haben wir dich fremd und obdachlos gese-
hen und aufgenommen, oder nackt und dir Klei-
dung gegeben? 39 Und wann haben wir dich
krank oder im Gefängnis gesehen und sind zu dir
gekommen? 40 Darauf wird der König ihnen ant-
worten: Amen, ich sage euch: Was ihr für einen
meiner geringsten Brüder getan habt, das habt ihr
mir getan.

41 Dann wird er sich auch an die auf der linken
Seite wenden und zu ihnen sagen: Weg von mir,
ihr Verfluchten, in das ewige Feuer, das für den
Teufel und seine Engel bestimmt ist! 42 Denn ich
war hungrig, und ihr habt mir nichts zu essen ge-
geben; ich war durstig, und ihr habt mir nichts zu
trinken gegeben; 43 ich war fremd und obdachlos,
und ihr habt mich nicht aufgenommen; ich war
nackt, und ihr habt mir keine Kleidung gegeben;
ich war krank und im Gefängnis, und ihr habt
mich nicht besucht. 44 Dann werden auch sie ant-
worten: Herr, wann haben wir dich hungrig oder
durstig oder obdachlos oder nackt oder krank oder
im Gefängnis gesehen und haben dir nicht gehol-
fen? 45 Darauf wird er ihnen antworten: Amen, ich
sage euch: Was ihr für einen dieser Geringsten
nicht getan habt, das habt ihr auch mir nicht getan.
46 Und sie werden weggehen und die ewige Strafe
erhalten, die Gerechten aber das ewige Leben.

Das Leiden und die Auferstehung Jesu: 26,1–28,20

Der Beschluß des Hohen Rates

26 Als Jesus seine Reden beendet hatte,
sagte er zu seinen Jüngern: 2 Ihr wißt, daß
in zwei Tagen das Paschafest beginnt; da wird der
Menschensohn ausgeliefert und gekreuzigt wer-
den.

3 Um die gleiche Zeit versammelten sich die Ho-
henpriester und die Ältesten des Volkes im Palast

des Hohenpriesters, der Kajaphas hieß, 4 und be-
schlossen, Jesus mit List in ihre Gewalt zu brin-
gen und ihn zu töten. 5 Sie sagten aber: Ja nicht am
Fest, damit kein Aufruhr im Volk entsteht.

Die Salbung in Betanien

6/7 Als Jesus in Betanien im Haus Simons des Aus-
sätzigen bei Tisch war, kam eine Frau mit einem
Alabastergefäß voll kostbarem, wohlriechendem
Öl zu ihm und goß es über sein Haar. 8 Die Jünger
wurden unwillig, als sie das sahen, und sagten:
Wozu diese Verschwendung? 9 Man hätte das Öl
teuer verkaufen und das Geld den Armen geben
können. 10 Jesus bemerkte ihren Unwillen und
sagte zu ihnen: Warum laßt ihr die Frau nicht in
Ruhe? Sie hat ein gutes Werk an mir getan. 11 Denn
die Armen habt ihr immer bei euch, mich aber
habt ihr nicht immer. 12 Als sie das Öl über mich
goß, hat sie meinen Leib für das Begräbnis ge-
salbt. 13 Amen, ich sage euch: Überall auf der Welt,
wo dieses Evangelium verkündet wird, wird man
sich an sie erinnern und erzählen, was sie getan
hat.

Der Verrat durch Judas

14 Darauf ging einer der Zwölf namens Judas Iska-
riot zu den Hohenpriestern 15 und sagte: Was wollt
ihr mir geben, wenn ich euch Jesus ausliefere?
Und sie zahlten ihm dreißig Silberstücke. 16 Von da
an suchte er nach einer Gelegenheit, ihn auszu-
liefern.

Die Vorbereitung des Paschamahls

17 Am ersten Tag des Festes der Ungesäuerten
Brote gingen die Jünger zu Jesus und fragten: Wo
sollen wir das Paschamahl für dich vorbereiten?
18 Er antwortete: Geht in die Stadt zu dem und
dem und sagt zu ihm: Der Meister läßt dir sagen:
Meine Zeit ist da; bei dir will ich mit meinen Jün-
gern das Paschamahl feiern. 19 Die Jünger taten,
was Jesus ihnen aufgetragen hatte, und bereiteten
das Paschamahl vor.

Das Mahl

20 Als es Abend wurde, begab er sich mit den
zwölf Jüngern zu Tisch. 21 Und während sie aßen,
sprach er: Amen, ich sage euch: Einer von euch
wird mich verraten und ausliefern. 22 Da waren
sie sehr betroffen, und einer nach dem andern
fragte ihn: Bin ich es etwa, Herr? 23 Er antwortete:
Der, der die Hand mit mir in die Schüssel getaucht
hat, wird mich verraten. 24 Der Menschensohn
muß zwar seinen Weg gehen, wie die Schrift über
ihn sagt. Doch weh dem Menschen, durch den
der Menschensohn verraten wird. Für ihn wäre
es besser, wenn er nie geboren wäre. 25 Da fragte
Judas, der ihn verriet: Bin ich es etwa, Rabbi? Je-
sus sagte zu ihm: Du sagst es.
26 Während des Mahls nahm Jesus das Brot und
sprach den Lobpreis; dann brach er das Brot,
reichte es den Jüngern und sagte: Nehmt und eßt;
das ist mein Leib. 27 Dann nahm er den Kelch,
sprach das Dankgebet und reichte ihn den Jün-
gern mit den Worten: Trinkt alle daraus; 28 das ist
mein Blut, *das Blut des Bundes,* das für viele ver-
gossen wird zur Vergebung der Sünden. 29 Ich
sage euch: Von jetzt an werde ich nicht mehr von
der Frucht des Weinstocks trinken, bis zu dem
Tag, an dem ich mit euch von neuem davon trinke
im Reich meines Vaters.

Der Gang zum Ölberg

30 Nach dem Lobgesang gingen sie zum Ölberg
hinaus. 31 Da sagte Jesus zu ihnen: Ihr alle werdet
in dieser Nacht an mir Anstoß nehmen und zu
Fall kommen; denn in der Schrift steht: *Ich werde
den Hirten erschlagen, dann werden sich die
Schafe der Herde zerstreuen.* 32 Aber nach meiner
Auferstehung werde ich euch nach Galiläa vor-
ausgehen. 33 Petrus erwiderte ihm: Und wenn alle
an dir Anstoß nehmen – ich niemals! 34 Jesus ent-
gegnete ihm: Amen, ich sage dir: In dieser Nacht,
noch ehe der Hahn kräht, wirst du mich dreimal
verleugnen. 35 Da sagte Petrus zu ihm: Und wenn
ich mit dir sterben müßte – ich werde dich nie
verleugnen. Das gleiche sagten auch alle anderen
Jünger.

Das Gebet in Getsemani

36 Darauf kam Jesus mit den Jüngern zu einem
Grundstück, das man Getsemani nennt, und
sagte zu ihnen: Setzt euch und wartet hier,
während ich dort bete. 37 Und er nahm Petrus
und die beiden Söhne des Zebedäus mit sich. Da
ergriff ihn Angst und Traurigkeit, 38 und er sagte
zu ihnen: Meine Seele ist zu Tode betrübt. Bleibt
hier und wacht mit mir! 39 Und er ging ein Stück
weiter, warf sich zu Boden und betete: Mein Va-
ter, wenn es möglich ist, gehe dieser Kelch an
mir vorüber. Aber nicht wie ich will, sondern

Ich bin unschuldig am Blute dieses Menschen (Mt 27) | 55 ▷
Ihn zwangen sie, Jesus das Kreuz zu tragen (Mt 27) | 56 ▷▷

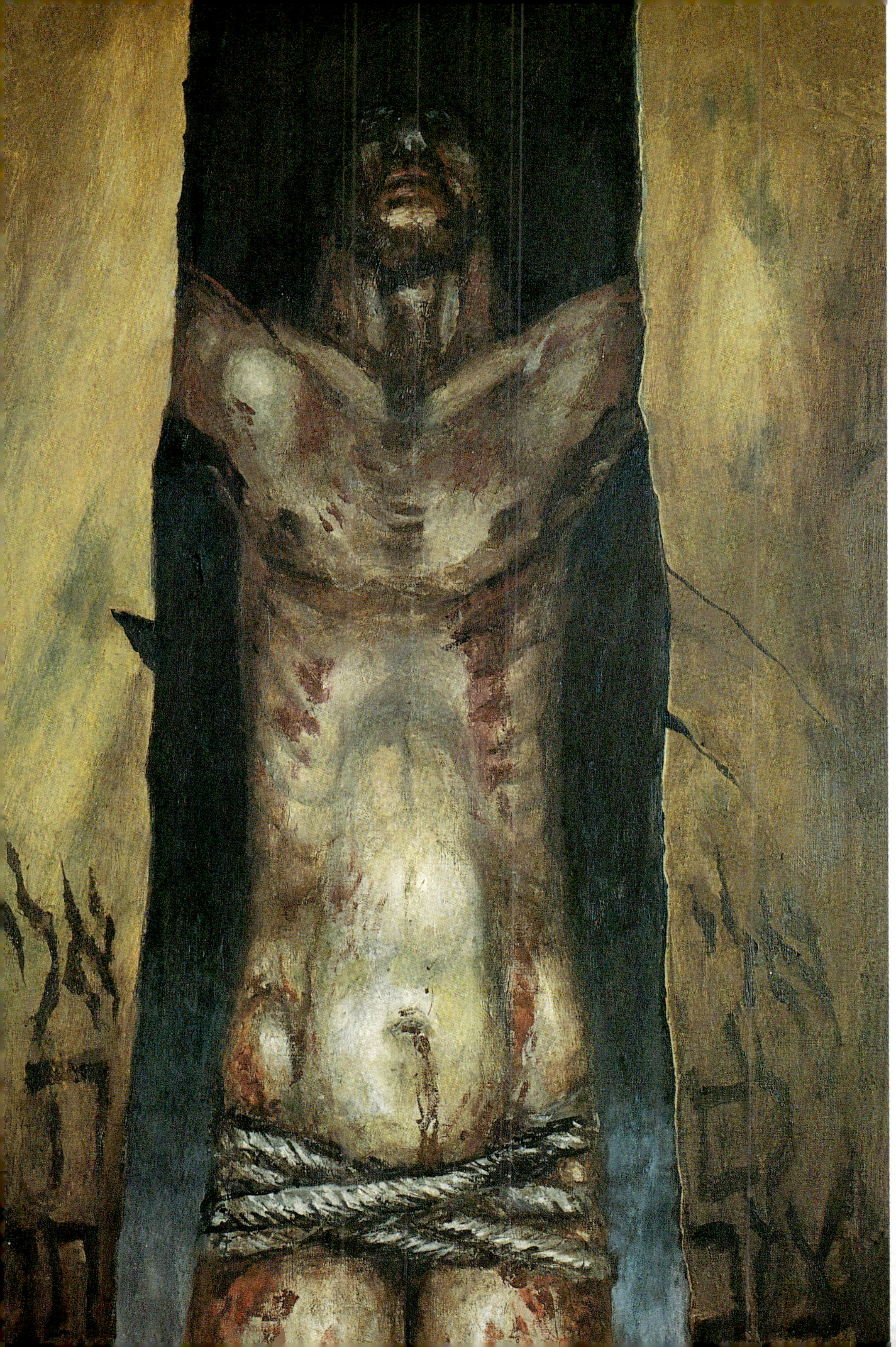

wie du willst. [40] Und er ging zu den Jüngern
zurück und fand sie schlafend. Da sagte er zu Pe-
trus: Konntet ihr nicht einmal eine Stunde mit
mir wachen? [41] Wacht und betet, damit ihr nicht
in Versuchung geratet. Der Geist ist willig, aber
das Fleisch ist schwach. [42] Dann ging er zum
zweitenmal weg und betete: Mein Vater, wenn
dieser Kelch an mir nicht vorübergehen kann,
ohne daß ich ihn trinke, geschehe dein Wille.
[43] Als er zurückkam, fand er sie wieder schlafend,
denn die Augen waren ihnen zugefallen. [44] Und
er ging wieder von ihnen weg und betete zum
drittenmal mit den gleichen Worten. [45] Danach
kehrte er zu den Jüngern zurück und sagte zu ih-
nen: Schlaft ihr immer noch und ruht euch aus?
Die Stunde ist gekommen; jetzt wird der Men-
schensohn den Sündern ausgeliefert. [46] Steht auf,
wir wollen gehen! Seht, der Verräter, der mich
ausliefert, ist da.

Die Gefangennahme

[47] Während er noch redete, kam Judas, einer der
Zwölf, mit einer großen Schar von Männern, die
mit Schwertern und Knüppeln bewaffnet waren;
sie waren von den Hohenpriestern und den Älte-
sten des Volkes geschickt worden. [48] Der Verräter
hatte mit ihnen ein Zeichen verabredet und ge-
sagt: Der, den ich küssen werde, der ist es; nehmt
ihn fest. [49] Sogleich ging er auf Jesus zu und sagte:
Sei gegrüßt, Rabbi! Und er küßte ihn. [50] Jesus er-
widerte ihm: Freund, dazu bist du gekommen?
Da gingen sie auf Jesus zu, ergriffen ihn und nah-
men ihn fest. [51] Doch einer von den Begleitern
Jesu zog sein Schwert, schlug auf den Diener des
Hohenpriesters ein und hieb ihm ein Ohr ab. [52] Da
sagte Jesus zu ihm: Steck dein Schwert in die
Scheide; denn alle, die zum Schwert greifen, wer-
den durch das Schwert umkommen. [53] Oder
glaubst du nicht, mein Vater würde mir sogleich
mehr als zwölf Legionen Engel schicken, wenn
ich ihn darum bitte? [54] Wie würde dann aber die
Schrift erfüllt, nach der es so geschehen muß?
[55] Darauf sagte Jesus zu den Männern: Wie gegen
einen Räuber seid ihr mit Schwertern und Knüp-
peln ausgezogen, um mich festzunehmen. Tag für
Tag saß ich im Tempel und lehrte, und ihr habt
mich nicht verhaftet. [56] Das alles aber ist gesche-
hen, damit die Schriften der Propheten in Erfül-
lung gehen. Da verließen ihn alle Jünger und flo-
hen.

Das Verhör vor dem Hohen Rat

[57] Nach der Verhaftung führte man Jesus zum Ho-
henpriester Kajaphas, bei dem sich die Schriftge-
lehrten und die Ältesten versammelt hatten. [58] Pe-
trus folgte Jesus von weitem bis zum Hof des
hohepriesterlichen Palastes; er ging in den Hof
hinein und setzte sich zu den Dienern, um zu se-
hen, wie alles ausgehen würde.
[59] Die Hohenpriester und der ganze Hohe Rat
bemühten sich um falsche Zeugenaussagen ge-
gen Jesus, um ihn zum Tod verurteilen zu kön-
nen. [60] Sie erreichten aber nichts, obwohl viele
falsche Zeugen auftraten. Zuletzt kamen zwei
Männer [61] und behaupteten: Er hat gesagt: Ich
kann den Tempel Gottes niederreißen und in drei
Tagen wieder aufbauen. [62] Da stand der Hoheprie-
ster auf und fragte Jesus: Willst du nichts sagen zu
dem, was diese Leute gegen dich vorbringen?
[63] Jesus aber schwieg. Darauf sagte der Hoheprie-
ster zu ihm: Ich beschwöre dich bei dem lebendi-
gen Gott, sag uns: Bist du der Messias, der Sohn
Gottes? [64] Jesus antwortete: Du hast es gesagt.
Doch ich erkläre euch: Von nun an werdet ihr d*en*
Menschensohn zur Rechten der Macht *sitzen*
und *auf den Wolken des Himmels kommen* se-
hen. [65] Da zerriß der Hohepriester sein Gewand
und rief: Er hat Gott gelästert! Wozu brauchen wir
noch Zeugen? Jetzt habt ihr die Gotteslästerung
selbst gehört. [66] Was ist eure Meinung? Sie ant-
worteten: Er ist schuldig und muß sterben.
[67] Dann spuckten sie ihm ins Gesicht und schlu-
gen ihn. Andere ohrfeigten ihn [68] und riefen: Mes-
sias, du bist doch ein Prophet! Sag uns: Wer hat
dich geschlagen?

Die Verleugnung durch Petrus

[69] Petrus aber saß draußen im Hof. Da trat eine
Magd zu ihm und sagte: Auch du warst mit diesem
Jesus aus Galiläa zusammen. [70] Doch er leugnete es
vor allen Leuten und sagte: Ich weiß nicht, wovon
du redest. [71] Und als er zum Tor hinausgehen wollte,
sah ihn eine andere Magd und sagte zu denen, die
dort standen: Der war mit Jesus aus Nazaret zu-
sammen. [72] Wieder leugnete er und schwor: Ich
kenne den Menschen nicht. [73] Kurz darauf kamen
die Leute, die dort standen, zu Petrus und sagten:
Wirklich, auch du gehörst zu ihnen, deine Mund-
art verrät dich. [74] Da fing er an, sich zu verfluchen
und schwor: Ich kenne den Menschen nicht.
Gleich darauf krähte ein Hahn, [75] und Petrus erin-

◁◁ 57 | *Mein Gott, mein Gott, warum hast du mich verlassen? (Mt 27)*
◁ 58 | *In der Morgendämmerung des ersten Tages (Mt 28)*

nerte sich an das, was Jesus gesagt hatte: Ehe der Hahn kräht, wirst du mich dreimal verleugnen. Und er ging hinaus und weinte bitterlich.

Die Auslieferung an Pilatus

27 Als es Morgen wurde, faßten die Hohenpriester und die Ältesten des Volkes gemeinsam den Beschluß, Jesus hinrichten zu lassen. [2] Sie ließen ihn fesseln und abführen und lieferten ihn dem Statthalter Pilatus aus.

Das Ende des Judas

[3] Als nun Judas, der ihn verraten hatte, sah, daß Jesus zum Tod verurteilt war, reute ihn seine Tat. Er brachte den Hohenpriestern und den Ältesten die dreißig Silberstücke zurück [4] und sagte: Ich habe gesündigt, ich habe euch einen unschuldigen Menschen ausgeliefert. Sie antworteten: Was geht das uns an? Das ist deine Sache. [5] Da warf er die Silberstücke in den Tempel; dann ging er weg und erhängte sich. [6] Die Hohenpriester nahmen die Silberstücke und sagten: Man darf das Geld nicht in den Tempelschatz tun; denn es klebt Blut daran. [7] Und sie beschlossen, von dem Geld den Töpferacker zu kaufen als Begräbnisplatz für die Fremden. [8] Deshalb heißt dieser Acker bis heute Blutacker. [9] So erfüllte sich, was durch den Propheten Jeremia gesagt worden ist: *Sie nahmen die dreißig Silberstücke – das ist der Preis, den er den Israeliten wert war –* [10] *und kauften für das Geld den Töpferacker, wie mir der Herr befohlen hatte.*

Die Verhandlung vor Pilatus

[11] Als Jesus vor dem Statthalter stand, fragte ihn dieser: Bist du der König der Juden? Jesus antwortete: Du sagst es. [12] Als aber die Hohenpriester und die Ältesten ihn anklagten, gab er keine Antwort. [13] Da sagte Pilatus zu ihm: Hörst du nicht, was sie dir alles vorwerfen? [14] Er aber antwortete ihm auf keine einzige Frage, so daß der Statthalter sehr verwundert war.

[15] Jeweils zum Fest pflegte der Statthalter einen Gefangenen freizulassen, den sich das Volk auswählen konnte. [16] Damals war gerade ein berüchtigter Mann namens Barabbas im Gefängnis. [17] Pilatus fragte nun die Menge, die zusammengekommen war: Was wollt ihr? Wen soll ich freilassen, Barabbas oder Jesus, den man den Messias nennt? [18] Er wußte nämlich, daß man Jesus nur aus Neid an ihn ausgeliefert hatte.

[19] Während Pilatus auf dem Richterstuhl saß, ließ ihm seine Frau sagen: Laß die Hände von diesem Mann, er ist unschuldig. Ich hatte seinetwegen heute nacht einen schrecklichen Traum.

[20] Inzwischen überredeten die Hohenpriester und die Ältesten die Menge, die Freilassung des Barabbas zu fordern, Jesus aber hinrichten zu lassen. [21] Der Statthalter fragte sie: Wen von beiden soll ich freilassen? Sie riefen: Barabbas! [22] Pilatus sagte zu ihnen: Was soll ich dann mit Jesus tun, den man den Messias nennt? Da schrien sie alle: Ans Kreuz mit ihm! [23] Er erwiderte: Was für ein Verbrechen hat er denn begangen? Da schrien sie noch lauter: Ans Kreuz mit ihm! [24] Als Pilatus sah, daß er nichts erreichte, sondern daß der Tumult immer größer wurde, ließ er Wasser bringen, wusch sich vor allen Leuten die Hände und sagte: Ich bin unschuldig am Blut dieses Menschen. Das ist eure Sache! [25] Da rief das ganze Volk: Sein Blut komme über uns und unsere Kinder! [26] Darauf ließ er Barabbas frei und gab den Befehl, Jesus zu geißeln und zu kreuzigen.

Die Verspottung Jesu durch die Soldaten

[27] Da nahmen die Soldaten des Statthalters Jesus, führten ihn in das Prätorium, das Amtsgebäude des Statthalters, und versammelten die ganze Kohorte um ihn. [28] Sie zogen ihn aus und legten ihm einen purpurroten Mantel um. [29] Dann flochten sie einen Kranz aus Dornen; den setzten sie ihm auf und gaben ihm einen Stock in die rechte Hand. Sie fielen vor ihm auf die Knie und verhöhnten ihn, indem sie riefen: Heil dir, König der Juden! [30] Und sie spuckten ihn an, nahmen ihm den Stock wieder weg und schlugen ihm damit auf den Kopf. [31a] Nachdem sie so ihren Spott mit ihm getrieben hatten, nahmen sie ihm den Mantel ab und zogen ihm seine eigenen Kleider wieder an.

Die Kreuzigung

[31b] Dann führten sie Jesus hinaus, um ihn zu kreuzigen. [32] Auf dem Weg trafen sie einen Mann aus Zyrene namens Simon; ihn zwangen sie, Jesus das Kreuz zu tragen. [33] So kamen sie an den Ort, der Golgota genannt wird, das heißt Schädelhöhe. [34] Und *sie gaben* ihm Wein *zu trinken,* der mit Galle vermischt war; als er aber davon gekostet hatte, wollte er ihn nicht trinken.

[35] Nachdem sie ihn gekreuzigt hatten, warfen sie das Los und verteilten seine Kleider unter sich.

36 Dann setzten sie sich nieder und bewachten
ihn. 37 Über seinem Kopf hatten sie eine Aufschrift
angebracht, die seine Schuld angab: Das ist Jesus,
der König der Juden. 38 Zusammen mit ihm wur-
den zwei Räuber gekreuzigt, der eine rechts von
ihm, der andere links. 39 Die Leute, die vorbeika-
men, verhöhnten ihn, *schüttelten den Kopf* 40 und
riefen: Du willst den Tempel niederreißen und in
drei Tagen wieder aufbauen? Wenn du Gottes
Sohn bist, hilf dir selbst, und steig herab vom
Kreuz! 41 Auch die Hohenpriester, die Schriftge-
lehrten und die Ältesten verhöhnten ihn und sag-
ten: 42 Anderen hat er geholfen, sich selbst kann
er nicht helfen. Er ist doch der König von Israel! Er
soll vom Kreuz herabsteigen, dann werden wir
an ihn glauben. 43 *Er hat auf Gott vertraut: der soll
ihn jetzt retten, wenn er an ihm Gefallen hat;* er
hat doch gesagt: Ich bin Gottes Sohn. 44 Ebenso be-
schimpften ihn die beiden Räuber, die man zu-
sammen mit ihm gekreuzigt hatte.

Der Tod Jesu

45 Von der sechsten bis zur neunten Stunde
herrschte eine Finsternis im ganzen Land. 46 Um
die neunte Stunde rief Jesus laut: *Eli, Eli, lema
sabachtani?,* das heißt: *Mein Gott, mein Gott,
warum hast du mich verlassen?* 47 Einige von de-
nen, die dabeistanden und es hörten, sagten: Er ruft
nach Elija. 48 Sogleich lief einer von ihnen hin,
tauchte einen Schwamm *in Essig,* steckte ihn auf
einen Stock und *gab* Jesus *zu trinken.* 49 Die ande-
ren aber sagten: Laß doch, wir wollen sehen, ob
Elija kommt und ihm hilft. 50 Jesus aber schrie noch
einmal laut auf. Dann hauchte er den Geist aus.

51 Da riß der Vorhang im Tempel von oben bis
unten entzwei. Die Erde bebte, und die Felsen
spalteten sich. 52 Die Gräber öffneten sich, und die
Leiber vieler Heiligen, die entschlafen waren,
wurden auferweckt. 53 Nach der Auferstehung
Jesu verließen sie ihre Gräber, kamen in die Hei-
lige Stadt und erschienen vielen.

54 Als der Hauptmann und die Männer, die mit
ihm zusammen Jesus bewachten, das Erdbeben
bemerkten und sahen, was geschah, erschraken
sie sehr und sagten: Wahrhaftig, das war Gottes
Sohn!

55 Auch viele Frauen waren dort und sahen von
weitem zu; sie waren Jesus seit der Zeit in Galiläa
nachgefolgt und hatten ihm gedient. 56 Zu ihnen
gehörten Maria aus Magdala, Maria, die Mutter
des Jakobus und des Josef, und die Mutter der
Söhne des Zebedäus.

Das Begräbnis Jesu

57 Gegen Abend kam ein reicher Mann aus Ari-
mathäa namens Josef; auch er war ein Jünger
Jesu. 58 Er ging zu Pilatus und bat um den Leich-
nam Jesu. Da befahl Pilatus, ihm den Leichnam zu
überlassen. 59 Josef nahm ihn und hüllte ihn in ein
reines Leinentuch. 60 Dann legte er ihn in ein
neues Grab, das er für sich selbst in einen Felsen
hatte hauen lassen. Er wälzte einen großen Stein
vor den Eingang des Grabes und ging weg. 61 Auch
Maria aus Magdala und die andere Maria waren
dort; sie saßen dem Grab gegenüber.

Die Bewachung des Grabes

62 Am nächsten Tag gingen die Hohenpriester und
die Pharisäer gemeinsam zu Pilatus; es war der
Tag nach dem Rüsttag. 63 Sie sagten: Herr, es fiel
uns ein, daß dieser Betrüger, als er noch lebte, be-
hauptet hat: Ich werde nach drei Tagen auferste-
hen. 64 Gib also den Befehl, daß das Grab bis zum
dritten Tag sicher bewacht wird. Sonst könnten
seine Jünger kommen, ihn stehlen und dem Volk
sagen: Er ist von den Toten auferstanden. Und die-
ser letzte Betrug wäre noch schlimmer als alles
zuvor. 65 Pilatus antwortete ihnen: Ihr sollt eine
Wache haben. Geht und sichert das Grab, so gut
ihr könnt. 66 Darauf gingen sie, um das Grab zu si-
chern. Sie versiegelten den Eingang und ließen
die Wache dort.

Die Botschaft des Engels am leeren Grab

28 Nach dem Sabbat kamen in der Morgen-
dämmerung des ersten Tages der Woche
Maria aus Magdala und die andere Maria, um
nach dem Grab zu sehen. 2 Plötzlich entstand ein
gewaltiges Erdbeben; denn ein Engel des Herrn
kam vom Himmel herab, trat an das Grab, wälzte
den Stein weg und setzte sich darauf. 3 Seine Ge-
stalt leuchtete wie ein Blitz, und sein Gewand
war weiß wie Schnee. 4 Die Wächter begannen
vor Angst zu zittern und fielen wie tot zu Boden.
5 Der Engel aber sagte zu den Frauen: Fürchtet
euch nicht! Ich weiß, ihr sucht Jesus, den Ge-
kreuzigten. 6 Er ist nicht hier; denn er ist aufer-
standen, wie er gesagt hat. Kommt her und seht
euch die Stelle an, wo er lag. 7 Dann geht schnell
zu seinen Jüngern und sagt ihnen: Er ist von den

Toten auferstanden. Er geht euch voraus nach Ga-
liläa, dort werdet ihr ihn sehen. Ich habe es euch
gesagt. [8] Sogleich verließen sie das Grab und eil-
ten voll Furcht und großer Freude zu seinen Jün-
gern, um ihnen die Botschaft zu verkünden.

Die Erscheinung Jesu vor den Frauen

[9] Plötzlich kam ihnen Jesus entgegen und sagte:
Seid gegrüßt! Sie gingen auf ihn zu, warfen sich
vor ihm nieder und umfaßten seine Füße. [10] Da
sagte Jesus zu ihnen: Fürchtet euch nicht! Geht
und sagt meinen Brüdern, sie sollen nach Galiläa
gehen, und dort werden sie mich sehen.

Der Betrug der Hohenpriester

[11] Noch während die Frauen unterwegs waren,
kamen einige von den Wächtern in die Stadt und
berichteten den Hohenpriestern alles, was ge-
schehen war. [12] Diese faßten gemeinsam mit den
Ältesten den Beschluß, die Soldaten zu beste-
chen. Sie gaben ihnen viel Geld [13] und sagten: Er-
zählt den Leuten: Seine Jünger sind bei Nacht ge-
kommen und haben ihn gestohlen, während wir
schliefen. [14] Falls der Statthalter davon hört, wer-
den wir ihn beschwichtigen und dafür sorgen,
daß ihr nichts zu befürchten habt. [15] Die Soldaten
nahmen das Geld und machten alles so, wie man
es ihnen gesagt hatte. So kommt es, daß dieses
Gerücht bei den Juden bis heute verbreitet ist.

Der Auftrag des Auferstandenen

[16] Die elf Jünger gingen nach Galiläa auf den Berg,
den Jesus ihnen genannt hatte. [17] Und als sie Jesus
sahen, fielen sie vor ihm nieder. Einige aber hatten
Zweifel. [18] Da trat Jesus auf sie zu und sagte zu ih-
nen: Mir ist alle Macht gegeben im Himmel und
auf der Erde. [19] Darum geht zu allen Völkern, und
macht alle Menschen zu meinen Jüngern; tauft sie
auf den Namen des Vaters und des Sohnes und
des Heiligen Geistes, [20] und lehrt sie, alles zu befol-
gen, was ich euch geboten habe. Seid gewiß: Ich
bin bei euch alle Tage bis zum Ende der Welt.

DAS EVANGELIUM NACH MARKUS

Die Vorbereitung des Wirkens Jesu: 1,1–13

Johannes der Täufer

1 Anfang des Evangeliums von Jesus Christus,
dem Sohn Gottes: [2] Es begann, wie es bei
dem Propheten Jesaja steht:
Ich sende meinen Boten vor dir her; / er soll den
Weg für dich *bahnen.*
[3] *Eine Stimme ruft in der Wüste: / Bereitet dem*
Herrn den Weg! / Ebnet ihm *die Straßen*!
[4] So trat Johannes der Täufer in der Wüste auf
und verkündigte Umkehr und Taufe zur Verge-
bung der Sünden. [5] Ganz Judäa und alle Einwoh-
ner Jerusalems zogen zu ihm hinaus; sie bekann-
ten ihre Sünden und ließen sich im Jordan von
ihm taufen. [6] Johannes trug ein Gewand aus Ka-
melhaaren und einen ledernen Gürtel um seine
Hüften, und er lebte von Heuschrecken und wil-
dem Honig. [7] Er verkündete: Nach mir kommt ei-
ner, der ist stärker als ich; ich bin es nicht wert,
mich zu bücken, um ihm die Schuhe aufzu-
schnüren. [8] Ich habe euch nur mit Wasser getauft,
er aber wird euch mit dem Heiligen Geist taufen.

Die Taufe Jesu

[9] In jenen Tagen kam Jesus aus Nazaret in Galiläa
und ließ sich von Johannes im Jordan taufen.
[10] Und als er aus dem Wasser stieg, sah er, daß der
Himmel sich öffnete und der Geist wie eine Taube
auf ihn herabkam. [11] Und eine Stimme aus dem
Himmel sprach: *Du bist mein geliebter Sohn, an*
dir habe ich Gefallen gefunden.

Die Versuchung Jesu

[12] Danach trieb der Geist Jesus in die Wüste. [13] Dort
blieb Jesus vierzig Tage lang und wurde vom Sa-
tan in Versuchung geführt. Er lebte bei den wilden
Tieren, und die Engel dienten ihm.

Das Wirken Jesu in Galiläa: 1,14–8,26

Erstes Auftreten in Galiläa

14 Nachdem man Johannes ins Gefängnis gewor-
fen hatte, ging Jesus wieder nach Galiläa; er ver-
kündete das Evangelium Gottes 15 und sprach: Die
Zeit ist erfüllt, das Reich Gottes ist nahe. Kehrt
um, und glaubt an das Evangelium!

Die Berufung der ersten Jünger

16 Als Jesus am See von Galiläa entlangging, sah
er Simon und Andreas, den Bruder des Simon,
die auf dem See ihr Netz auswarfen; sie waren
nämlich Fischer. 17 Da sagte er zu ihnen: Kommt
her, folgt mir nach! Ich werde euch zu Men-
schenfischern machen. 18 Sogleich ließen sie ihre
Netze liegen und folgten ihm. 19 Als er ein Stück
weiterging, sah er Jakobus, den Sohn des Zebe-
däus, und seinen Bruder Johannes; sie waren im
Boot und richteten ihre Netze her. 20 Sofort rief er
sie, und sie ließen ihren Vater Zebedäus mit sei-
nen Tagelöhnern im Boot zurück und folgten Je-
sus nach.

Jesus in der Synagoge von Kafarnaum

21 Sie kamen nach Kafarnaum. Am folgenden
Sabbat ging er in die Synagoge und lehrte. 22 Und
die Menschen waren sehr betroffen von sei-
ner Lehre; denn er lehrte sie wie einer, der (gött-
liche) Vollmacht hat, nicht wie die Schriftgelehr-
ten.

23 In ihrer Synagoge saß ein Mann, der von ei-
nem unreinen Geist besessen war. Der begann
zu schreien: 24 Was haben wir mit dir zu tun, Jesus
von Nazaret? Bist du gekommen, um uns ins Ver-
derben zu stürzen? Ich weiß, wer du bist: der Hei-
lige Gottes. 25 Da befahl ihm Jesus: Schweig und
verlaß ihn! 26 Der unreine Geist zerrte den Mann
hin und her und verließ ihn mit lautem Geschrei.
27 Da erschraken alle, und einer fragte den andern:
Was hat das zu bedeuten? Hier wird mit Voll-
macht eine ganz neue Lehre verkündet. Sogar
die unreinen Geister gehorchen seinem Befehl.
28 Und sein Ruf verbreitete sich rasch im ganzen
Gebiet von Galiläa.

Die Heilung der Schwiegermutter des Petrus

29 Sie verließen die Synagoge und gingen zusam-
men mit Jakobus und Johannes gleich in das Haus
des Simon und Andreas. 30 Die Schwiegermutter
des Simon lag mit Fieber im Bett. Sie sprachen mit
Jesus über sie, 31 und er ging zu ihr, faßte sie an der
Hand und richtete sie auf. Da wich das Fieber von
ihr, und sie sorgte für sie.

Die Heilung von Besessenen und Kranken

32 Am Abend, als die Sonne untergegangen war,
brachte man alle Kranken und Besessenen zu Je-
sus. 33 Die ganze Stadt war vor der Haustür ver-
sammelt, 34 und er heilte viele, die an allen mögli-
chen Krankheiten litten, und trieb viele Dämonen
aus. Und er verbot den Dämonen zu reden; denn
sie wußten, wer er war.

Aufbruch aus Kafarnaum

35 In aller Frühe, als es noch dunkel war, stand
er auf und ging an einen einsamen Ort, um zu
beten. 36 Simon und seine Begleiter eilten ihm
nach, 37 und als sie ihn fanden, sagten sie zu ihm:
Alle suchen dich. 38 Er antwortete: Laßt uns
anderswohin gehen, in die benachbarten Dörfer,
damit ich auch dort predige; denn dazu bin ich ge-
kommen. 39 Und er zog durch ganz Galiläa, pre-
digte in den Synagogen und trieb die Dämonen
aus.

Die Heilung eines Aussätzigen

40 Ein Aussätziger kam zu Jesus und bat ihn um
Hilfe; er fiel vor ihm auf die Knie und sagte: Wenn
du willst, kannst du machen, daß ich rein werde.
41 Jesus hatte Mitleid mit ihm; er streckte die Hand
aus, berührte ihn und sagte: Ich will es – werde
rein! 42 Im gleichen Augenblick verschwand der
Aussatz, und der Mann war rein. 43 Jesus schickte
ihn weg und schärfte ihm ein: 44 Nimm dich in
acht! Erzähl niemand etwas davon, sondern geh,
zeig dich dem Priester und bring das Reinigungs-
opfer dar, das Mose angeordnet hat. Das soll
für sie ein Beweis (meiner Gesetzestreue) sein.
45 Der Mann aber ging weg und erzählte bei je-
der Gelegenheit, was geschehen war; er verbrei-
tete die ganze Geschichte, so daß sich Jesus in
keiner Stadt mehr zeigen konnte; er hielt sich
nur noch außerhalb der Städte an einsamen Or-
ten auf. Dennoch kamen die Leute von überallher
zu ihm.

Die Heilung eines Gelähmten

2 Als er einige Tage später nach Kafarnaum
zurückkam, wurde bekannt, daß er (wieder)
zu Hause war. 2 Und es versammelten sich so
viele Menschen, daß nicht einmal mehr vor der
Tür Platz war; und er verkündete ihnen das Wort.
3 Da brachte man einen Gelähmten zu ihm; er
wurde von vier Männern getragen. 4 Weil sie ihn
aber wegen der vielen Leute nicht bis zu Jesus
bringen konnten, deckten sie dort, wo Jesus war,
das Dach ab, schlugen (die Decke) durch und
ließen den Gelähmten auf seiner Tragbahre durch
die Öffnung hinab. 5 Als Jesus ihren Glauben sah,
sagte er zu dem Gelähmten: Mein Sohn, deine
Sünden sind dir vergeben! 6 Einige Schriftgelehrte
aber, die dort saßen, dachten im stillen: 7 Wie
kann dieser Mensch so reden? Er lästert Gott. Wer
kann Sünden vergeben außer dem einen Gott?
8 Jesus erkannte sofort, was sie dachten, und sagte
zu ihnen: Was für Gedanken habt ihr im Herzen?
9 Ist es leichter, zu dem Gelähmten zu sagen:
Deine Sünden sind dir vergeben!, oder zu sagen:
Steh auf, nimm deine Tragbahre, und geh umher?
10 Ihr sollt aber erkennen, daß der Menschensohn
die Vollmacht hat, hier auf der Erde Sünden zu
vergeben. Und er sagte zu dem Gelähmten: 11 Ich
sage dir: Steh auf, nimm deine Tragbahre, und geh
nach Hause! 12 Der Mann stand sofort auf, nahm
seine Tragbahre und ging vor aller Augen weg. Da
gerieten alle außer sich; sie priesen Gott und sagten: So etwas haben wir noch nie gesehen.

Die Berufung des Levi und das Mahl mit den Zöllnern

13 Jesus ging wieder hinaus an den See. Da kamen
Scharen von Menschen zu ihm, und er lehrte sie.
14 Als er weiterging, sah er Levi, den Sohn des Alphäus, am Zoll sitzen und sagte zu ihm: Folge mir
nach! Da stand Levi auf und folgte ihm. 15 Und als
Jesus in seinem Haus beim Essen war, aßen viele
Zöllner und Sünder zusammen mit ihm und seinen Jüngern; denn es folgten ihm schon viele.
16 Als die Schriftgelehrten, die zur Partei der Pharisäer gehörten, sahen, daß er mit Zöllnern und
Sündern aß, sagten sie zu seinen Jüngern: Wie
kann er zusammen mit Zöllnern und Sündern essen? 17 Jesus hörte es und sagte zu ihnen: Nicht die
Gesunden brauchen den Arzt, sondern die Kranken. Ich bin gekommen, um die Sünder zu rufen,
nicht die Gerechten.

Die Frage nach dem Fasten

18 Da die Jünger des Johannes und die Pharisäer zu
fasten pflegten, kamen Leute zu Jesus und sagten:
Warum fasten deine Jünger nicht, während die
Jünger des Johannes und die Jünger der Pharisäer
fasten? 19 Jesus antwortete ihnen: Können denn
die Hochzeitsgäste fasten, solange der Bräutigam
bei ihnen ist? Solange der Bräutigam bei ihnen ist,
können sie nicht fasten. 20 Es werden aber Tage
kommen, da wird ihnen der Bräutigam genommen sein; an jenem Tag werden sie fasten.
21 Niemand näht ein Stück neuen Stoff auf ein altes Kleid; denn der neue Stoff reißt doch vom alten Kleid ab, und es entsteht ein noch größerer
Riß. 22 Auch füllt niemand neuen Wein in alte
Schläuche. Sonst zerreißt der Wein die Schläuche;
der Wein ist verloren, und die Schläuche sind unbrauchbar. Neuer Wein gehört in neue Schläuche.

Das Abreißen der Ähren am Sabbat

23 An einem Sabbat ging er durch die Kornfelder,
und unterwegs rissen seine Jünger Ähren ab.
24 Da sagten die Pharisäer zu ihm: Sieh dir an, was
sie tun! Das ist doch am Sabbat verboten. 25 Er antwortete: Habt ihr nie gelesen, was David getan
hat, als er und seine Begleiter hungrig waren und
nichts zu essen hatten – 26 wie er zur Zeit des Hohenpriesters Abjatar in das Haus Gottes ging und
die heiligen Brote aß, die außer den Priestern niemand essen darf, und auch seinen Begleitern davon gab? 27 Und Jesus fügte hinzu: Der Sabbat ist
für den Menschen da, nicht der Mensch für den
Sabbat. 28 Deshalb ist der Menschensohn Herr
auch über den Sabbat.

Die Heilung eines Mannes am Sabbat

3 Als er ein andermal in eine Synagoge ging,
saß dort ein Mann, dessen Hand verdorrt
war. 2 Und sie gaben acht, ob Jesus ihn am Sabbat
heilen werde; sie suchten nämlich einen Grund
zur Anklage gegen ihn. 3 Da sagte er zu dem
Mann mit der verdorrten Hand: Steh auf und
stell dich in die Mitte! 4 Und zu den anderen
sagte er: Was ist am Sabbat erlaubt: Gutes zu tun
oder Böses, ein Leben zu retten oder es zu vernichten? Sie aber schwiegen. 5 Und er sah sie der
Reihe nach an, voll Zorn und Trauer über ihr verstocktes Herz, und sagte zu dem Mann: Streck
deine Hand aus! Er streckte sie aus, und seine
Hand war wieder gesund. 6 Da gingen die Pha-

risäer hinaus und faßten zusammen mit den An-
hängern des Herodes den Beschluß, Jesus umzu-
bringen.

Der Andrang des Volkes

7 Jesus zog sich mit seinen Jüngern an den See
zurück. Viele Menschen aus Galiläa aber folgten
ihm. Auch aus Judäa, 8 aus Jerusalem und Idumäa,
aus dem Gebiet jenseits des Jordan und aus der
Gegend von Tyrus und Sidon kamen Scharen von
Menschen zu ihm, als sie von all dem hörten, was
er tat. 9 Da sagte er zu seinen Jüngern, sie sollten
ein Boot für ihn bereithalten, damit er von der
Menge nicht erdrückt werde. 10 Denn er heilte
viele, so daß alle, die ein Leiden hatten, sich an
ihn herandrängten, um ihn zu berühren. 11 Wenn
die von unreinen Geistern Besessenen ihn sahen,
fielen sie vor ihm nieder und schrien: Du bist der
Sohn Gottes! 12 Er aber verbot ihnen streng, be-
kannt zu machen, wer er sei.

Die Wahl der Zwölf

13 Jesus stieg auf einen Berg und rief die zu sich, die
er erwählt hatte, und sie kamen zu ihm. 14 Und er
setzte zwölf ein, die er bei sich haben und die er
dann aussenden wollte, damit sie predigten 15 und
mit seiner Vollmacht Dämonen austrieben. 16 Die
Zwölf, die er einsetzte, waren: Petrus – diesen
Beinamen gab er dem Simon –, 17 Jakobus, der
Sohn des Zebedäus, und Johannes, der Bruder des
Jakobus – ihnen gab er den Beinamen Boanerges,
das heißt Donnersöhne –, 18 dazu Andreas, Philip-
pus, Bartholomäus, Matthäus, Thomas, Jakobus,
der Sohn des Alphäus, Thaddäus, Simon Ka-
nanäus 19 und Judas Iskariot, der ihn dann verraten
hat.

Jesus und seine Angehörigen

20 Jesus ging in ein Haus, und wieder kamen so
viele Menschen zusammen, daß er und die Jün-
ger nicht einmal mehr essen konnten. 21 Als seine
Angehörigen davon hörten, machten sie sich auf
den Weg, um ihn mit Gewalt zurückzuholen;
denn sie sagten: Er ist von Sinnen.

Verteidigungsrede Jesu

22 Die Schriftgelehrten, die von Jerusalem herab-
gekommen waren, sagten: Er ist von Beelzebul
besessen; mit Hilfe des Anführers der Dämonen
treibt er die Dämonen aus. 23 Da rief er sie zu sich
und belehrte sie in Form von Gleichnissen: Wie
kann der Satan den Satan austreiben? 24 Wenn ein
Reich in sich gespalten ist, kann es keinen Be-
stand haben. 25 Wenn eine Familie in sich gespal-
ten ist, kann sie keinen Bestand haben. 26 Und
wenn sich der Satan gegen sich selbst erhebt und
mit sich selbst im Streit liegt, kann er keinen Be-
stand haben, sondern es ist um ihn geschehen.
27 Es kann aber auch keiner in das Haus eines star-
ken Mannes einbrechen und ihm den Hausrat
rauben, wenn er den Mann nicht vorher fesselt;
erst dann kann er sein Haus plündern. 28 Amen,
das sage ich euch: Alle Vergehen und Lästerun-
gen werden den Menschen vergeben werden, so
viel sie auch lästern mögen; 29 wer aber den Heili-
gen Geist lästert, der findet in Ewigkeit keine Ver-
gebung, sondern seine Sünde wird ewig an ihm
haften. 30 Sie hatten nämlich gesagt: Er ist von ei-
nem unreinen Geist besessen.

Von den wahren Verwandten Jesu

31 Da kamen seine Mutter und seine Brüder; sie
blieben vor dem Haus stehen und ließen ihn her-
ausrufen. 32 Es saßen viele Leute um ihn herum,
und man sagte zu ihm: Deine Mutter und deine
Brüder stehen draußen und fragen nach dir. 33 Er
erwiderte: Wer ist meine Mutter, und wer sind
meine Brüder? 34 Und er blickte auf die Menschen,
die im Kreis um ihn herumsaßen, und sagte: Das
hier sind meine Mutter und meine Brüder. 35 Wer
den Willen Gottes erfüllt, der ist für mich Bruder
und Schwester und Mutter.

Die Gleichnisse vom Reich Gottes: 4,1–34

Das Gleichnis vom Sämann

4 Ein andermal lehrte er wieder am Ufer des
Sees, und sehr viele Menschen versammel-
ten sich um ihn. Er stieg deshalb in ein Boot auf
dem See und setzte sich; die Leute aber standen
am Ufer. 2 Und er sprach lange zu ihnen und
lehrte sie in Form von Gleichnissen. Bei dieser Be-
lehrung sagte er zu ihnen: 3 Hört! Ein Sämann
ging aufs Feld, um zu säen. 4 Als er säte, fiel ein Teil
der Körner auf den Weg, und die Vögel kamen
und fraßen sie. 5 Ein anderer Teil fiel auf felsigen
Boden, wo es nur wenig Erde gab, und ging sofort
auf, weil das Erdreich nicht tief war; 6 als aber die
Sonne hochstieg, wurde die Saat versengt und
verdorrte, weil sie keine Wurzeln hatte. 7 Wieder

ein anderer Teil fiel in die Dornen, und die Dornen wuchsen und erstickten die Saat, und sie brachte keine Frucht. 8 Ein anderer Teil schließlich fiel auf guten Boden und brachte Frucht; die Saat ging auf und wuchs empor und trug dreißigfach, ja sechzigfach und hundertfach. 9 Und Jesus sprach: Wer Ohren hat zum Hören, der höre!

Sinn und Zweck der Gleichnisse

10 Als er mit seinen Begleitern und den Zwölf allein war, fragten sie ihn nach dem Sinn seiner Gleichnisse. 11 Da sagte er zu ihnen: Euch ist das Geheimnis des Reiches Gottes anvertraut; denen aber, die draußen sind, wird alles in Gleichnissen gesagt; 12 denn

sehen sollen sie, sehen, aber nicht erkennen; / hören sollen sie, hören, aber nicht verstehen, / damit sie sich nicht bekehren / und ihnen nicht vergeben wird.

Die Deutung des Gleichnisses vom Sämann

13 Und er sagte zu ihnen: Wenn ihr schon dieses Gleichnis nicht versteht, wie wollt ihr dann all die anderen Gleichnisse verstehen? 14 Der Sämann sät das Wort. 15 Auf den Weg fällt das Wort bei denen, die es zwar hören, aber sofort kommt der Satan und nimmt das Wort weg, das in sie gesät wurde. 16 Ähnlich ist es bei den Menschen, bei denen das Wort auf felsigen Boden fällt: Sobald sie es hören, nehmen sie es freudig auf; 17 aber sie haben keine Wurzeln, sondern sind unbeständig, und wenn sie dann um des Wortes willen bedrängt oder verfolgt werden, kommen sie sofort zu Fall. 18 Bei anderen fällt das Wort in die Dornen: sie hören es zwar, 19 aber die Sorgen der Welt, der trügerische Reichtum und die Gier nach all den anderen Dingen machen sich breit und ersticken es, und es bringt keine Frucht. 20 Auf guten Boden ist das Wort bei denen gesät, die es hören und aufnehmen und Frucht bringen, dreißigfach, ja sechzigfach und hundertfach.

Vom rechten Hören

21 Er sagte zu ihnen: Zündet man etwa ein Licht an und stülpt ein Gefäß darüber oder stellt es unter das Bett? Stellt man es nicht auf den Leuchter? 22 Es gibt nichts Verborgenes, das nicht offenbar wird, und nichts Geheimes, das nicht an den Tag kommt. 23 Wenn einer Ohren hat zum Hören, so höre er!

24 Weiter sagte er: Achtet auf das, was ihr hört! Nach dem Maß, mit dem ihr meßt und zuteilt, wird euch zugeteilt werden, ja, es wird euch noch mehr gegeben. 25 Denn wer hat, dem wird gegeben; wer aber nicht hat, dem wird auch noch weggenommen, was er hat.

Das Gleichnis vom Wachsen der Saat

26 Er sagte: Mit dem Reich Gottes ist es so, wie wenn ein Mann Samen auf seinen Acker sät; 27 dann schläft er und steht wieder auf, es wird Nacht und wird Tag, der Samen keimt und wächst, und der Mann weiß nicht, wie. 28 Die Erde bringt von selbst ihre Frucht, zuerst den Halm, dann die Ähre, dann das volle Korn in der Ähre. 29 Sobald aber die Frucht reif ist, *legt er die Sichel an; denn die Zeit der Ernte ist da.*

Das Gleichnis vom Senfkorn

30 Er sagte: Womit sollen wir das Reich Gottes vergleichen, mit welchem Gleichnis sollen wir es beschreiben? 31 Es gleicht einem Senfkorn. Dieses ist das kleinste von allen Samenkörnern, die man in die Erde sät. 32 Ist es aber gesät, dann geht es auf und wird größer als alle anderen Gewächse und *treibt* große *Zweige,* so daß *in seinem Schatten die Vögel des Himmels nisten können.*

Schlußbemerkung zu den Gleichnissen

33 Durch viele solche Gleichnisse verkündete er ihnen das Wort, so wie sie es aufnehmen konnten. 34 Er redete nur in Gleichnissen zu ihnen; seinen Jüngern aber erklärte er alles, wenn er mit ihnen allein war.

Taten und Worte Jesu: 4,35–8,26

Der Sturm auf dem See

35 Am Abend dieses Tages sagte er zu ihnen: Wir wollen ans andere Ufer hinüberfahren. 36 Sie schickten die Leute fort und fuhren mit ihm in dem Boot, in dem er saß, weg; einige andere Boote begleiteten ihn. 37 Plötzlich erhob sich ein heftiger Wirbelsturm, und die Wellen schlugen in das Boot, so daß es sich mit Wasser zu füllen begann. 38 Er aber lag hinten im Boot auf einem Kissen und schlief. Sie weckten ihn und riefen: Meister, kümmert es dich nicht, daß wir zugrunde gehen? 39 Da stand er auf, drohte dem Wind und sagte zu dem See: Schweig, sei still! Und der

Wind legte sich, und es trat völlige Stille ein. 40 Er
sagte zu ihnen: Warum habt ihr solche Angst?
Habt ihr noch keinen Glauben? 41 Da ergriff sie
große Furcht, und sie sagten zueinander: Was ist
das für ein Mensch, daß ihm sogar der Wind und
der See gehorchen?

Die Heilung des Besessenen von Gerasa

5 Sie kamen an das andere Ufer des Sees, in
das Gebiet von Gerasa. 2 Als er aus dem Boot
stieg, lief ihm ein Mann entgegen, der von einem
unreinen Geist besessen war. Er kam von den
Grabhöhlen, 3 in denen er lebte. Man konnte ihn
nicht bändigen, nicht einmal mit Fesseln. 4 Schon
oft hatte man ihn an Händen und Füßen gefesselt,
aber er hatte die Ketten gesprengt und die Fesseln
zerrissen; niemand konnte ihn bezwingen. 5 Bei
Tag und Nacht schrie er unaufhörlich in den Grab-
höhlen und auf den Bergen und schlug sich mit
Steinen. 6 Als er Jesus von weitem sah, lief er zu
ihm hin, warf sich vor ihm nieder 7 und schrie
laut: Was habe ich mit dir zu tun, Jesus, Sohn des
höchsten Gottes? Ich beschwöre dich bei Gott,
quäle mich nicht! 8 Jesus hatte nämlich zu ihm ge-
sagt: Verlaß diesen Mann, du unreiner Geist! 9 Je-
sus fragte ihn: Wie heißt du? Er antwortete: Mein
Name ist Legion; denn wir sind viele. 10 Und er
flehte Jesus an, sie nicht aus dieser Gegend zu ver-
bannen.

11 Nun weidete dort an einem Berghang gerade
eine große Schweineherde. 12 Da baten ihn die Dä-
monen: Laß uns doch in die Schweine hineinfah-
ren! 13 Jesus erlaubte es ihnen. Darauf verließen
die unreinen Geister den Menschen und fuhren
in die Schweine, und die Herde stürzte sich den
Abhang hinab in den See. Es waren etwa zwei-
tausend Tiere, und alle ertranken. 14 Die Hirten flo-
hen und erzählten alles in der Stadt und in den
Dörfern. Darauf eilten die Leute herbei, um zu se-
hen, was geschehen war. 15 Sie kamen zu Jesus
und sahen bei ihm den Mann, der von der Legion
Dämonen besessen gewesen war. Er saß ordent-
lich gekleidet da und war wieder bei Verstand. Da
fürchteten sie sich. 16 Die, die alles gesehen hatten,
berichteten ihnen, was mit dem Besessenen und
mit den Schweinen geschehen war. 17 Darauf ba-
ten die Leute Jesus, ihr Gebiet zu verlassen.

18 Als er ins Boot stieg, bat ihn der Mann, der zu-
vor von den Dämonen besessen war, bei ihm
bleiben zu dürfen. 19 Aber Jesus erlaubte es ihm
nicht, sondern sagte: Geh nach Hause, und be-
richte deiner Familie alles, was der Herr für dich
getan und wie er Erbarmen mit dir gehabt hat.
20 Da ging der Mann weg und verkündete in der
ganzen Dekapolis, was Jesus für ihn getan hatte,
und alle staunten.

Die Auferweckung der Tochter des Jaïrus und die Heilung einer kranken Frau

21 Jesus fuhr im Boot wieder ans andere Ufer hin-
über, und eine große Menschenmenge versam-
melte sich um ihn. Während er noch am See war,
22 kam ein Synagogenvorsteher namens Jaïrus zu
ihm. Als er Jesus sah, fiel er ihm zu Füßen 23 und
flehte ihn um Hilfe an; er sagte: Meine Tochter
liegt im Sterben. Komm und leg ihr die Hände auf,
damit sie wieder gesund wird und am Leben
bleibt. 24 Da ging Jesus mit ihm.

Viele Menschen folgten ihm und drängten sich
um ihn. 25 Darunter war eine Frau, die schon
zwölf Jahre an Blutungen litt. 26 Sie war von vielen
Ärzten behandelt worden und hatte dabei sehr zu
leiden; ihr ganzes Vermögen hatte sie ausgege-
ben, aber es hatte ihr nichts genutzt, sondern ihr
Zustand war immer schlimmer geworden. 27 Sie
hatte von Jesus gehört. Nun drängte sie sich in der
Menge von hinten an ihn heran und berührte
sein Gewand. 28 Denn sie sagte sich: Wenn ich
auch nur sein Gewand berühre, werde ich ge-
heilt. 29 Sofort hörte die Blutung auf, und sie spürte
deutlich, daß sie von ihrem Leiden geheilt war.
30 Im selben Augenblick fühlte Jesus, daß eine
Kraft von ihm ausströmte, und er wandte sich in
dem Gedränge um und fragte: Wer hat mein Ge-
wand berührt? 31 Seine Jünger sagten zu ihm: Du
siehst doch, wie sich die Leute um dich drängen,
und da fragst du: Wer hat mich berührt? 32 Er
blickte umher, um zu sehen, wer es getan hatte.
33 Da kam die Frau, zitternd vor Furcht, weil sie
wußte, was mit ihr geschehen war; sie fiel vor
ihm nieder und sagte ihm die ganze Wahrheit.
34 Er aber sagte zu ihr: Meine Tochter, dein Glaube
hat dir geholfen. Geh in Frieden! Du sollst von
deinem Leiden geheilt sein.

35 Während Jesus noch redete, kamen Leute, die
zum Haus des Synagogenvorstehers gehörten,
und sagten (zu Jaïrus): Deine Tochter ist gestor-
ben. Warum bemühst du den Meister noch län-
ger? 36 Jesus, der diese Worte gehört hatte, sagte
zu dem Synagogenvorsteher: Sei ohne Furcht;

glaube nur! 37 Und er ließ keinen mitkommen
außer Petrus, Jakobus und Johannes, den Bruder
des Jakobus. 38 Sie gingen zum Haus des Synago-
genvorstehers. Als Jesus den Lärm bemerkte und
hörte, wie die Leute laut weinten und jammerten,
39 trat er ein und sagte zu ihnen: Warum schreit
und weint ihr? Das Kind ist nicht gestorben,
es schläft nur. 40 Da lachten sie ihn aus. Er aber
schickte alle hinaus und nahm außer seinen Be-
gleitern nur die Eltern mit in den Raum, in dem
das Kind lag. 41 Er faßte das Kind an der Hand und
sagte zu ihm: Talita kum!, das heißt übersetzt:
Mädchen, ich sage dir, steh auf! 42 Sofort stand das
Mädchen auf und ging umher. Es war zwölf Jahre
alt. Die Leute gerieten außer sich vor Entsetzen.
43 Doch er schärfte ihnen ein, niemand dürfe et-
was davon erfahren; dann sagte er, man solle
dem Mädchen etwas zu essen geben.

Die Ablehnung Jesu in seiner Heimat

6 Von dort brach Jesus auf und kam in seine
Heimatstadt; seine Jünger begleiteten ihn.
2 Am Sabbat lehrte er in der Synagoge. Und die
vielen Menschen, die ihm zuhörten, staunten
und sagten: Woher hat er das alles? Was ist das für
eine Weisheit, die ihm gegeben ist! Und was sind
das für Wunder, die durch ihn geschehen! 3 Ist
das nicht der Zimmermann, der Sohn der Maria
und der Bruder von Jakobus, Joses, Judas und Si-
mon? Leben nicht seine Schwestern hier unter
uns? Und sie nahmen Anstoß an ihm und lehn-
ten ihn ab. 4 Da sagte Jesus zu ihnen: Nirgends hat
ein Prophet so wenig Ansehen wie in seiner Hei-
mat, bei seinen Verwandten und in seiner Fami-
lie. 5 Und er konnte dort kein Wunder tun; nur
einigen Kranken legte er die Hände auf und heilte
sie. 6a Und er wunderte sich über ihren Unglau-
ben.

Die Aussendung der zwölf Jünger

6b Jesus zog durch die benachbarten Dörfer und
lehrte. 7 Er rief die Zwölf zu sich und sandte sie
aus, jeweils zwei zusammen. Er gab ihnen die
Vollmacht, die unreinen Geister auszutreiben,
8 und er gebot ihnen, außer einem Wanderstab
nichts auf den Weg mitzunehmen, kein Brot,
keine Vorratstasche, kein Geld im Gürtel, 9 kein
zweites Hemd und an den Füßen nur Sandalen.
10 Und er sagte zu ihnen: Bleibt in dem Haus, in
dem ihr einkehrt, bis ihr den Ort wieder verlaßt.
11 Wenn man euch aber in einem Ort nicht auf-
nimmt und euch nicht hören will, dann geht wei-
ter, und schüttelt den Staub von euren Füßen,
zum Zeugnis gegen sie. 12 Die Zwölf machten sich
auf den Weg und riefen die Menschen zur Um-
kehr auf. 13 Sie trieben viele Dämonen aus und
salbten viele Kranke mit Öl und heilten sie.

Das Urteil des Herodes über Jesus

14 Der König Herodes hörte von Jesus; denn sein
Name war bekannt geworden, und man sagte: Jo-
hannes der Täufer ist von den Toten auferstanden;
deshalb wirken solche Kräfte in ihm. 15 Andere
sagten: Er ist Elija. Wieder andere: Er ist ein Pro-
phet, wie einer von den alten Propheten. 16 Als
aber Herodes von ihm hörte, sagte er: Johannes,
den ich enthaupten ließ, ist auferstanden.

Die Enthauptung des Täufers

17 Herodes hatte nämlich Johannes festnehmen
und ins Gefängnis werfen lassen. Schuld daran
war Herodias, die Frau seines Bruders Philippus,
die er geheiratet hatte. 18 Denn Johannes hatte zu
Herodes gesagt: Du hattest nicht das Recht, die
Frau deines Bruders zur Frau zu nehmen. 19 Hero-
dias verzieh ihm das nicht und wollte ihn töten
lassen. Sie konnte ihren Plan aber nicht durchset-
zen, 20 denn Herodes fürchtete sich vor Johannes,
weil er wußte, daß dieser ein gerechter und heili-
ger Mann war. Darum schützte er ihn. Sooft er
mit ihm sprach, wurde er unruhig und ratlos, und
doch hörte er ihm gern zu. 21 Eines Tages ergab
sich für Herodias eine günstige Gelegenheit. An
seinem Geburtstag lud Herodes seine Hofbeam-
ten und Offiziere zusammen mit den vornehm-
sten Bürgern von Galiläa zu einem Festmahl ein.
22 Da kam die Tochter der Herodias und tanzte,
und sie gefiel dem Herodes und seinen Gästen so
sehr, daß der König zu ihr sagte: Wünsch dir, was
du willst; ich werde es dir geben. 23 Er schwor ihr
sogar: Was du auch von mir verlangst, ich will es
dir geben, und *wenn es die Hälfte meines Reiches
wäre.* 24 Sie ging hinaus und fragte ihre Mutter:
Was soll ich mir wünschen? Herodias antwortete:
Den Kopf des Täufers Johannes. 25 Da lief das Mäd-
chen zum König hinein und sagte: Ich will, daß
du mir sofort auf einer Schale den Kopf des Täu-
fers Johannes bringen läßt. 26 Da wurde der König
sehr traurig, aber weil er vor allen Gästen einen
Schwur geleistet hatte, wollte er ihren Wunsch

nicht ablehnen. 27 Deshalb befahl er einem Scharfrichter, sofort ins Gefängnis zu gehen und den Kopf des Täufers herzubringen. Der Scharfrichter ging und enthauptete Johannes. 28 Dann brachte er den Kopf auf einer Schale, gab ihn dem Mädchen, und das Mädchen gab ihn seiner Mutter. 29 Als die Jünger des Johannes das hörten, kamen sie, holten seinen Leichnam und legten ihn in ein Grab.

Die Rückkehr der Jünger und die Speisung der Fünftausend

30 Die Apostel versammelten sich wieder bei Jesus und berichteten ihm alles, was sie getan und gelehrt hatten. 31 Da sagte er zu ihnen: Kommt mit an einen einsamen Ort, wo wir allein sind, und ruht ein wenig aus. Denn sie fanden nicht einmal Zeit zum Essen, so zahlreich waren die Leute, die kamen und gingen. 32 Sie fuhren also mit dem Boot in eine einsame Gegend, um allein zu sein. 33 Aber man sah sie abfahren, und viele erfuhren davon; sie liefen zu Fuß aus allen Städten dorthin und kamen noch vor ihnen an. 34 Als er ausstieg und die vielen Menschen sah, hatte er Mitleid mit ihnen; denn sie waren *wie Schafe, die keinen Hirten haben.* Und er lehrte sie lange.

35 Gegen Abend kamen seine Jünger zu ihm und sagten: Der Ort ist abgelegen, und es ist schon spät. 36 Schick sie weg, damit sie in die umliegenden Gehöfte und Dörfer gehen und sich etwas zu essen kaufen können. 37 Er erwiderte: Gebt ihr ihnen zu essen! Sie sagten zu ihm: Sollen wir weggehen, für zweihundert Denare Brot kaufen und es ihnen geben, damit sie zu essen haben? 38 Er sagte zu ihnen: Wie viele Brote habt ihr? Geht und seht nach! Sie sahen nach und berichteten: Fünf Brote, und außerdem zwei Fische. 39 Dann befahl er ihnen, den Leuten zu sagen, sie sollten sich in Gruppen ins grüne Gras setzen. 40 Und sie setzten sich in Gruppen zu hundert und zu fünfzig. 41 Darauf nahm er die fünf Brote und die zwei Fische, blickte zum Himmel auf, sprach den Lobpreis, brach die Brote und gab sie den Jüngern, damit sie sie an die Leute austeilten. Auch die zwei Fische ließ er unter allen verteilen. 42 Und alle aßen und wurden satt. 43 Als die Jünger die Reste der Brote und auch der Fische einsammelten, wurden zwölf Körbe voll. 44 Es waren fünftausend Männer, die von den Broten gegessen hatten.

Der Gang Jesu auf dem Wasser

45 Gleich darauf forderte er seine Jünger auf, ins Boot zu steigen und ans andere Ufer nach Betsaida vorauszufahren. Er selbst wollte inzwischen die Leute nach Hause schicken. 46 Nachdem er sich von ihnen verabschiedet hatte, ging er auf einen Berg, um zu beten. 47 Spät am Abend war das Boot mitten auf dem See, er aber war allein an Land. 48 Und er sah, wie sie sich beim Rudern abmühten, denn sie hatten Gegenwind. In der vierten Nachtwache ging er auf dem See zu ihnen hin, wollte aber an ihnen vorübergehen. 49 Als sie ihn über den See gehen sahen, meinten sie, es sei ein Gespenst, und schrien auf. 50 Alle sahen ihn und erschraken. Doch er begann mit ihnen zu reden und sagte: Habt Vertrauen, ich bin es; fürchtet euch nicht! 51 Dann stieg er zu ihnen ins Boot, und der Wind legte sich. Sie aber waren bestürzt und außer sich. 52 Denn sie waren nicht zur Einsicht gekommen, als das mit den Broten geschah; ihr Herz war verstockt.

Krankenheilungen in Gennesaret

53 Sie fuhren auf das Ufer zu, kamen nach Gennesaret und legten dort an. 54 Als sie aus dem Boot stiegen, erkannte man ihn sofort. 55 Die Menschen eilten durch die ganze Gegend und brachten die Kranken auf Tragbahren zu ihm, sobald sie hörten, wo er war. 56 Und immer, wenn er in ein Dorf oder eine Stadt oder zu einem Gehöft kam, trug man die Kranken auf die Straße hinaus und bat ihn, er möge sie wenigstens den Saum seines Gewandes berühren lassen. Und alle, die ihn berührten, wurden geheilt.

Von Reinheit und Unreinheit

7 Die Pharisäer und einige Schriftgelehrte, die aus Jerusalem gekommen waren, hielten sich bei Jesus auf. 2 Sie sahen, daß einige seiner Jünger ihr Brot mit unreinen, das heißt mit ungewaschenen Händen aßen. 3 Die Pharisäer essen nämlich wie alle Juden nur, wenn sie vorher mit einer Handvoll Wasser die Hände gewaschen haben, wie es die Überlieferung der Alten vorschreibt. 4 Auch wenn sie vom Markt kommen, essen sie nicht, ohne sich vorher zu waschen. Noch viele andere überlieferte Vorschriften halten sie ein, wie das Abspülen von Bechern, Krügen und Kesseln. 5 Die Pharisäer und die Schriftgelehrten fragten ihn also: Warum halten sich

deine Jünger nicht an die Überlieferung der Alten, sondern essen ihr Brot mit unreinen Händen? 6 Er antwortete ihnen: Der Prophet Jesaja hatte recht mit dem, was er über euch Heuchler sagte:

Dieses Volk ehrt mich mit den Lippen, / sein Herz aber ist weit weg von mir.

7 *Es ist sinnlos, wie sie mich verehren; / was sie lehren, sind Satzungen von Menschen.*

8 Ihr gebt Gottes Gebot preis und haltet euch an die Überlieferung der Menschen. 9 Und weiter sagte Jesus: Sehr geschickt setzt ihr Gottes Gebot außer Kraft und haltet euch an eure eigene Überlieferung. 10 Mose hat zum Beispiel gesagt: *Ehre deinen Vater und deine Mutter*!, und: *Wer Vater oder Mutter verflucht, soll mit dem Tod bestraft werden.* 11 Ihr aber lehrt: Es ist erlaubt, daß einer zu seinem Vater oder seiner Mutter sagt: Was ich dir schulde, ist Korbán, das heißt: eine Opfergabe. 12 Damit hindert ihr ihn daran, noch etwas für Vater oder Mutter zu tun. 13 So setzt ihr durch eure eigene Überlieferung Gottes Wort außer Kraft. Und ähnlich handelt ihr in vielen Fällen.

14 Dann rief er die Leute wieder zu sich und sagte: Hört mir alle zu und begreift, was ich sage: 15 Nichts, was von außen in den Menschen hineinkommt, kann ihn unrein machen, sondern was aus dem Menschen herauskommt, das macht ihn unrein. [16]

17 Er verließ die Menge und ging in ein Haus. Da fragten ihn seine Jünger nach dem Sinn dieses rätselhaften Wortes. 18 Er antwortete ihnen: Begreift auch ihr nicht? Seht ihr nicht ein, daß das, was von außen in den Menschen hineinkommt, ihn nicht unrein machen kann? 19 Denn es gelangt ja nicht in sein Herz, sondern in den Magen und wird wieder ausgeschieden. Damit erklärte Jesus alle Speisen für rein. 20 Weiter sagte er: Was aus dem Menschen herauskommt, das macht ihn unrein. 21 Denn von innen, aus dem Herzen der Menschen, kommen die bösen Gedanken, Unzucht, Diebstahl, Mord, 22 Ehebruch, Habgier, Bosheit, Hinterlist, Ausschweifung, Neid, Verleumdung, Hochmut und Unvernunft. 23 All dieses Böse kommt von innen und macht den Menschen unrein.

Die Erhörung der Bitte einer heidnischen Frau

24 Jesus brach auf und zog von dort in das Gebiet von Tyrus. Er ging in ein Haus, wollte aber, daß niemand davon erfuhr; doch es konnte nicht verborgen bleiben. 25 Eine Frau, deren Tochter von einem unreinen Geist besessen war, hörte von ihm; sie kam sogleich herbei und fiel ihm zu Füßen. 26 Die Frau, von Geburt Syrophönizierin, war eine Heidin. Sie bat ihn, aus ihrer Tochter den Dämon auszutreiben. 27 Da sagte er zu ihr: Laßt zuerst die Kinder satt werden; denn es ist nicht recht, das Brot den Kindern wegzunehmen und den Hunden vorzuwerfen. 28 Sie erwiderte ihm: Ja, du hast recht, Herr! Aber auch für die Hunde unter dem Tisch fällt etwas von dem Brot ab, das die Kinder essen. 29 Er antwortete ihr: Weil du das gesagt hast, sage ich dir: Geh nach Hause, der Dämon hat deine Tochter verlassen. 30 Und als sie nach Hause kam, fand sie das Kind auf dem Bett liegen und sah, daß der Dämon es verlassen hatte.

Die Heilung eines Taubstummen

31 Jesus verließ das Gebiet von Tyrus wieder und kam über Sidon an den See von Galiläa, mitten in das Gebiet der Dekapolis. 32 Da brachte man einen Taubstummen zu Jesus und bat ihn, er möge ihn berühren. 33 Er nahm ihn beiseite, von der Menge weg, legte ihm die Finger in die Ohren und berührte dann die Zunge des Mannes mit Speichel; 34 danach blickte er zum Himmel auf, seufzte und sagte zu dem Taubstummen: Effata!, das heißt: Öffne dich! 35 Sogleich öffneten sich seine Ohren, seine Zunge wurde von ihrer Fessel befreit, und er konnte richtig reden. 36 Jesus verbot ihnen, jemand davon zu erzählen. Doch je mehr er es ihnen verbot, desto mehr machten sie es bekannt. 37 Außer sich vor Staunen sagten sie: Er hat alles gut gemacht; er macht, daß die Tauben hören und die Stummen sprechen.

Die Speisung der Viertausend

8 In jenen Tagen waren wieder einmal viele Menschen um Jesus versammelt. Da sie nichts zu essen hatten, rief er die Jünger zu sich und sagte: 2 Ich habe Mitleid mit diesen Menschen; sie sind schon drei Tage bei mir und haben nichts mehr zu essen. 3 Wenn ich sie hungrig nach Hause schicke, werden sie unterwegs zusammenbrechen; denn einige von ihnen sind von weither gekommen. 4 Seine Jünger antworteten ihm: Woher soll man in dieser unbewohnten Gegend Brot bekommen, um sie alle satt zu machen? 5 Er fragte sie: Wie viele Brote habt ihr? Sie antworteten: Sieben. 6 Da forderte er die Leute auf,

sich auf den Boden zu setzen. Dann nahm er die
sieben Brote, sprach das Dankgebet, brach die
Brote und gab sie seinen Jüngern zum Verteilen;
und die Jünger teilten sie an die Leute aus. 7 Sie
hatten auch noch ein paar Fische bei sich. Jesus
segnete sie und ließ auch sie austeilen. 8 Die Leute
aßen und wurden satt. Dann sammelte man die
übriggebliebenen Brotstücke ein, sieben Körbe
voll. 9 Es waren etwa viertausend Menschen bei-
sammen. Danach schickte er sie nach Hause.
10 Gleich darauf stieg er mit seinen Jüngern ins
Boot und fuhr in das Gebiet von Dalmanuta.

Die Verweigerung eines Zeichens

11 Da kamen die Pharisäer und begannen ein
Streitgespräch mit ihm; sie forderten von ihm ein
Zeichen vom Himmel, um ihn auf die Probe zu
stellen. 12 Da seufzte er tief auf und sagte: Was for-
dert diese Generation ein Zeichen? Amen, das
sage ich euch: Dieser Generation wird niemals
ein Zeichen gegeben werden. 13 Und er verließ sie,
stieg in das Boot und fuhr ans andere Ufer.

Warnung vor den Pharisäern und vor Herodes

14 Die Jünger hatten vergessen, bei der Abfahrt
Brote mitzunehmen; nur ein einziges hatten sie
dabei. 15 Und er warnte sie: Gebt acht, hütet euch
vor dem Sauerteig der Pharisäer und dem Sauer-
teig des Herodes! 16 Sie aber machten sich Gedan-
ken, weil sie kein Brot bei sich hatten. 17 Als er das
merkte, sagte er zu ihnen: Was macht ihr euch
darüber Gedanken, daß ihr kein Brot habt? Be-
greift und versteht ihr immer noch nicht? Ist denn
euer Herz verstockt? 18 *Habt ihr denn keine Au-
gen, um zu sehen, und keine Ohren, um zu
hören?* Erinnert ihr euch nicht: 19 Als ich die fünf
Brote für die Fünftausend brach, wie viele Körbe
voll Brotstücke habt ihr da aufgesammelt? Sie ant-
worteten ihm: Zwölf. 20 Und als ich die sieben
Brote für die Viertausend brach, wie viele Körbe
voll habt ihr da aufgesammelt? Sie antworteten:
Sieben. 21 Da sagte er zu ihnen: Versteht ihr immer
noch nicht?

Die Heilung eines Blinden bei Betsaida

22 Sie kamen nach Betsaida. Da brachte man einen
Blinden zu Jesus und bat ihn, er möge ihn
berühren. 23 Er nahm den Blinden bei der Hand,
führte ihn vor das Dorf hinaus, bestrich seine Au-
gen mit Speichel, legte ihm die Hände auf und
fragte ihn: Siehst du etwas? 24 Der Mann blickte
auf und sagte: Ich sehe Menschen; denn ich sehe
etwas, das wie Bäume aussieht und umhergeht.
25 Da legte er ihm nochmals die Hände auf die Au-
gen; nun sah der Mann deutlich. Er war geheilt
und konnte alles ganz genau sehen. 26 Jesus
schickte ihn nach Hause und sagte: Geh aber
nicht in das Dorf hinein!

Auf dem Weg nach Jerusalem: 8,27–10,52

Das Messiasbekenntnis des Petrus

27 Jesus ging mit seinen Jüngern in die Dörfer bei
Cäsarea Philippi. Unterwegs fragte er die Jünger:
Für wen halten mich die Menschen? 28 Sie sagten
zu ihm: Einige für Johannes den Täufer, andere
für Elija, wieder andere für sonst einen von den
Propheten. 29 Da fragte er sie: Ihr aber, für wen hal-
tet ihr mich? Simon Petrus antwortete ihm: Du
bist der Messias! 30 Doch er verbot ihnen, mit je-
mand über ihn zu sprechen.

Die erste Ankündigung von Leiden und Auferstehung

31 Dann begann er, sie darüber zu belehren, der
Menschensohn müsse vieles erleiden und von
den Ältesten, den Hohenpriestern und den
Schriftgelehrten verworfen werden; er werde
getötet, aber nach drei Tagen werde er auferste-
hen. 32 Und er redete ganz offen darüber. Da nahm
ihn Petrus beiseite und machte ihm Vorwürfe.
33 Jesus wandte sich um, sah seine Jünger an und
wies Petrus mit den Worten zurecht: Weg mit dir,
Satan, geh mir aus den Augen! Denn du hast nicht
das im Sinn, was Gott will, sondern was die Men-
schen wollen.

Von Nachfolge und Selbstverleugnung

34 Er rief die Volksmenge und seine Jünger zu sich
und sagte: Wer mein Jünger sein will, der ver-
leugne sich selbst, nehme sein Kreuz auf sich und
folge mir nach. 35 Denn wer sein Leben retten will,
wird es verlieren; wer aber sein Leben um mei-

netwillen und um des Evangeliums willen verliert, wird es retten. 36 Was nützt es einem Menschen, wenn er die ganze Welt gewinnt, dabei aber sein Leben einbüßt? 37 Um welchen Preis könnte ein Mensch sein Leben zurückkaufen? 38 Denn wer sich vor dieser treulosen und sündigen Generation meiner und meiner Worte schämt, dessen wird sich auch der Menschensohn schämen, wenn er mit den heiligen Engeln in der Hoheit seines Vaters kommt.

9 Und er sagte zu ihnen: Amen, ich sage euch: Von denen, die hier stehen, werden einige den Tod nicht erleiden, bis sie gesehen haben, daß das Reich Gottes in (seiner ganzen) Macht gekommen ist.

Die Verklärung Jesu

2 Sechs Tage danach nahm Jesus Petrus, Jakobus und Johannes beiseite und führte sie auf einen hohen Berg, aber nur sie allein. Und er wurde vor ihren Augen verwandelt; 3 seine Kleider wurden strahlend weiß, so weiß, wie sie auf Erden kein Bleicher machen kann. 4 Da erschien vor ihren Augen Elija und mit ihm Mose, und sie redeten mit Jesus. 5 Petrus sagte zu Jesus: Rabbi, es ist gut, daß wir hier sind. Wir wollen drei Hütten bauen, eine für dich, eine für Mose und eine für Elija. 6 Er wußte nämlich nicht, was er sagen sollte; denn sie waren vor Furcht ganz benommen. 7 Da kam eine Wolke und warf ihren Schatten auf sie, und aus der Wolke rief eine Stimme: Das ist *mein geliebter Sohn; auf ihn sollt ihr hören.* 8 Als sie dann um sich blickten, sahen sie auf einmal niemand mehr bei sich außer Jesus.

9 Während sie den Berg hinabstiegen, verbot er ihnen, irgend jemand zu erzählen, was sie gesehen hatten, bis der Menschensohn von den Toten auferstanden sei. 10 Dieses Wort beschäftigte sie, und sie fragten einander, was das sei: von den Toten auferstehen.

Von der Wiederkunft des Elija

11 Da fragten sie ihn: Warum sagen die Schriftgelehrten, zuerst müsse Elija kommen? 12 Er antwortete: Ja, Elija kommt zuerst und *stellt* alles *wieder her.* Aber warum heißt es dann vom Menschensohn in der Schrift, er werde viel leiden müssen und verachtet werden? 13 Ich sage euch: Elija ist schon gekommen, doch sie haben mit ihm gemacht, was sie wollten, wie es in der Schrift steht.

Die Heilung eines besessenen Jungen

14 Als sie zu den anderen Jüngern zurückkamen, sahen sie eine große Menschenmenge um sie versammelt und Schriftgelehrte, die mit ihnen stritten. 15 Sobald die Leute Jesus sahen, liefen sie in großer Erregung auf ihn zu und begrüßten ihn. 16 Er fragte sie: Warum streitet ihr mit ihnen? 17 Einer aus der Menge antwortete ihm: Meister, ich habe meinen Sohn zu dir gebracht. Er ist von einem stummen Geist besessen; 18 immer wenn der Geist ihn überfällt, wirft er ihn zu Boden, und meinem Sohn tritt Schaum vor den Mund, er knirscht mit den Zähnen und wird starr. Ich habe schon deine Jünger gebeten, den Geist auszutreiben, aber sie hatten nicht die Kraft dazu. 19 Da sagte er zu ihnen: O du ungläubige Generation! Wie lange muß ich noch bei euch sein? Wie lange muß ich euch noch ertragen? Bringt ihn zu mir! 20 Und man führte ihn herbei. Sobald der Geist Jesus sah, zerrte er den Jungen hin und her, so daß er hinfiel und sich mit Schaum vor dem Mund auf dem Boden wälzte. 21 Jesus fragte den Vater: Wie lange hat er das schon? Der Vater antwortete: Von Kind auf; 22 oft hat er ihn sogar ins Feuer oder ins Wasser geworfen, um ihn umzubringen. Doch wenn du kannst, hilf uns; hab Mitleid mit uns! 23 Jesus sagte zu ihm: Wenn du kannst? Alles kann, wer glaubt. 24 Da rief der Vater des Jungen: Ich glaube; hilf meinem Unglauben! 25 Als Jesus sah, daß die Leute zusammenliefen, drohte er dem unreinen Geist und sagte: Ich befehle dir, du stummer und tauber Geist: Verlaß ihn, und kehr nicht mehr in ihn zurück! 26 Da zerrte der Geist den Jungen hin und her und verließ ihn mit lautem Geschrei. Der Junge lag da wie tot, so daß alle Leute sagten: Er ist gestorben. 27 Jesus aber faßte ihn an der Hand und richtete ihn auf, und der Junge erhob sich.

28 Als Jesus nach Hause kam und sie allein waren, fragten ihn seine Jünger: Warum konnten denn wir den Dämon nicht austreiben? 29 Er antwortete ihnen: Diese Art kann nur durch Gebet ausgetrieben werden.

Die zweite Ankündigung von Leiden und Auferstehung

30 Sie gingen von dort weg und zogen durch Galiläa. Er wollte aber nicht, daß jemand davon erfuhr; 31 denn er wollte seine Jünger über etwas belehren. Er sagte zu ihnen: Der Menschensohn

wird den Menschen ausgeliefert, und sie werden
ihn töten; doch drei Tage nach seinem Tod wird er
auferstehen. 32 Aber sie verstanden den Sinn sei-
ner Worte nicht, scheuten sich jedoch, ihn zu fra-
gen.

Der Rangstreit der Jünger

33 Sie kamen nach Kafarnaum. Als er dann im
Haus war, fragte er sie: Worüber habt ihr unter-
wegs gesprochen? 34 Sie schwiegen, denn sie hat-
ten unterwegs miteinander darüber gesprochen,
wer (von ihnen) der Größte sei. 35 Da setzte er
sich, rief die Zwölf und sagte zu ihnen: Wer der Er-
ste sein will, soll der Letzte von allen und der Die-
ner aller sein. 36 Und er stellte ein Kind in ihre
Mitte, nahm es in seine Arme und sagte zu ihnen:
37 Wer ein solches Kind um meinetwillen auf-
nimmt, der nimmt mich auf; wer aber mich auf-
nimmt, der nimmt nicht nur mich auf, sondern
den, der mich gesandt hat.

Der fremde Wundertäter

38 Da sagte Johannes zu ihm: Meister, wir haben
gesehen, wie jemand in deinem Namen Dämo-
nen austrieb; und wir versuchten, ihn daran zu
hindern, weil er uns nicht nachfolgt. 39 Jesus er-
widerte: Hindert ihn nicht! Keiner, der in meinem
Namen Wunder tut, kann so leicht schlecht von
mir reden. 40 Denn wer nicht gegen uns ist, der ist
für uns. 41 Wer euch auch nur einen Becher Was-
ser zu trinken gibt, weil ihr zu Christus gehört –
amen, ich sage euch: Er wird nicht um seinen
Lohn kommen.

Warnung vor der Verführung

42 Wer einen von diesen Kleinen, die an mich glau-
ben, zum Bösen verführt, für den wäre es besser,
wenn er mit einem Mühlstein um den Hals ins
Meer geworfen würde. 43 Wenn dich deine Hand
zum Bösen verführt, dann hau sie ab; es ist bes-
ser für dich, verstümmelt in das Leben zu gelan-
gen, als mit zwei Händen in die Hölle zu kom-
men, in das nie erlöschende Feuer. [44] 45 Und
wenn dich dein Fuß zum Bösen verführt, dann
hau ihn ab; es ist besser für dich, verstümmelt in
das Leben zu gelangen, als mit zwei Füßen in die
Hölle geworfen zu werden. [46] 47 Und wenn dich
dein Auge zum Bösen verführt, dann reiß es aus;
es ist besser für dich, einäugig in das Reich Gottes
zu kommen, als mit zwei Augen in die Hölle ge-
worfen zu werden, 48 *wo ihr Wurm nicht stirbt*
und das Feuer nicht erlischt.

Vom Salz

49 Denn jeder wird mit Feuer gesalzen werden.
50 Das Salz ist etwas Gutes. Wenn das Salz die
Kraft zum Salzen verliert, womit wollt ihr ihm
seine Würze wiedergeben? Habt Salz in euch,
und haltet Frieden untereinander!

Aufbruch nach Judäa

10 Von dort brach Jesus auf und kam nach
Judäa und in das Gebiet jenseits des Jor-
dan. Wieder versammelten sich viele Leute bei
ihm, und er lehrte sie, wie er es gewohnt war.

Von der Ehescheidung

2 Da kamen Pharisäer zu ihm und fragten: Darf ein
Mann seine Frau aus der Ehe entlassen? Damit
wollten sie ihm eine Falle stellen. 3 Er antwortete
ihnen: Was hat euch Mose vorgeschrieben? 4 Sie
sagten: Mose hat erlaubt, *eine Scheidungsur-*
kunde auszustellen und (die Frau) *aus der Ehe zu*
entlassen. 5 Jesus entgegnete ihnen: Nur weil ihr
so hartherzig seid, hat er euch dieses Gebot gege-
ben. 6 Am Anfang der Schöpfung aber *hat Gott sie*
als Mann und Frau geschaffen. 7 *Darum wird der*
Mann Vater und Mutter verlassen, 8 *und die zwei*
werden e i n Fleisch sein. Sie sind also nicht mehr
zwei, sondern eins. 9 Was aber Gott verbunden
hat, das darf der Mensch nicht trennen.
10 Zu Hause befragten ihn die Jünger noch einmal
darüber. 11 Er antwortete ihnen: Wer seine Frau
aus der Ehe entläßt und eine andere heiratet, be-
geht ihr gegenüber Ehebruch. 12 Auch eine Frau
begeht Ehebruch, wenn sie ihren Mann aus der
Ehe entläßt und einen anderen heiratet.

Die Segnung der Kinder

13 Da brachte man Kinder zu ihm, damit er ihnen
die Hände auflegte. Die Jünger aber wiesen die
Leute schroff ab. 14 Als Jesus das sah, wurde er un-
willig und sagte zu ihnen: Laßt die Kinder zu mir
kommen; hindert sie nicht daran! Denn Men-
schen wie ihnen gehört das Reich Gottes.
15 Amen, das sage ich euch: Wer das Reich Gottes
nicht so annimmt, wie ein Kind, der wird nicht
hineinkommen. 16 Und er nahm die Kinder in
seine Arme; dann legte er ihnen die Hände auf
und segnete sie.

Von Reichtum und Nachfolge

17 Als sich Jesus wieder auf den Weg machte, lief
ein Mann auf ihn zu, fiel vor ihm auf die Knie und
fragte ihn: Guter Meister, was muß ich tun, um
das ewige Leben zu gewinnen? 18 Jesus antwor-
tete: Warum nennst du mich gut? Niemand ist gut
außer Gott, dem Einen. 19 Du kennst doch die Ge-
bote: *Du sollst nicht töten, du sollst nicht die Ehe*
brechen, du sollst nicht stehlen, du sollst nicht
falsch aussagen, du sollst keinen Raub begehen;
ehre deinen Vater und deine Mutter! 20 Er erwi-
derte ihm: Meister, alle diese Gebote habe ich
von Jugend an befolgt. 21 Da sah ihn Jesus an, und
weil er ihn liebte, sagte er: Eines fehlt dir noch:
Geh, verkaufe, was du hast, gib das Geld den Ar-
men, und du wirst einen bleibenden Schatz im
Himmel haben; dann komm und folge mir nach!
22 Der Mann aber war betrübt, als er das hörte,
und ging traurig weg; denn er hatte ein großes
Vermögen. 23 Da sah Jesus seine Jünger an und
sagte zu ihnen: Wie schwer ist es für Menschen,
die viel besitzen, in das Reich Gottes zu kommen!
24 Die Jünger waren über seine Worte bestürzt. Je-
sus aber sagte noch einmal zu ihnen: Meine Kin-
der, wie schwer ist es, in das Reich Gottes zu
kommen! 25 Eher geht ein Kamel durch ein Na-
delöhr, als daß ein Reicher in das Reich Gottes ge-
langt. 26 Sie aber erschraken noch mehr und sag-
ten zueinander: Wer kann dann noch gerettet
werden? 27 Jesus sah sie an und sagte: Für Men-
schen ist das unmöglich, aber nicht für Gott; denn
für Gott ist alles möglich.

28 Da sagte Petrus zu ihm: Du weißt, wir haben
alles verlassen und sind dir nachgefolgt. 29 Jesus
antwortete: Amen, ich sage euch: Jeder, der um
meinetwillen und um des Evangeliums willen
Haus oder Brüder, Schwestern, Mutter, Vater,
Kinder oder Äcker verlassen hat, 30 wird das Hun-
dertfache dafür empfangen: Jetzt in dieser Zeit
wird er Häuser, Brüder, Schwestern, Mütter, Kin-
der und Äcker erhalten, wenn auch unter Verfol-
gungen, und in der kommenden Welt das ewige
Leben. 31 Viele aber, die jetzt die Ersten sind, wer-
den dann die Letzten sein, und die Letzten wer-
den die Ersten sein.

Die dritte Ankündigung von Leiden und Auferstehung

32 Während sie auf dem Weg hinauf nach Jerusa-
lem waren, ging Jesus voraus. Die Leute wunder-
ten sich über ihn, die Jünger aber hatten Angst.
Da versammelte er die Zwölf wieder um sich und
kündigte ihnen an, was ihm bevorstand. 33 Er
sagte: Wir gehen jetzt nach Jerusalem hinauf; dort
wird der Menschensohn den Hohenpriestern
und den Schriftgelehrten ausgeliefert; sie werden
ihn zum Tod verurteilen und den Heiden überge-
ben; 34 sie werden ihn verspotten, anspucken,
geißeln und töten. Aber nach drei Tagen wird er
auferstehen.

Vom Herrschen und vom Dienen

35 Da traten Jakobus und Johannes, die Söhne des
Zebedäus, zu ihm und sagten: Meister, wir möch-
ten, daß du uns eine Bitte erfüllst. 36 Er antwortete:
Was soll ich für euch tun? 37 Sie sagten zu ihm: Laß
in deinem Reich einen von uns rechts und den
andern links neben dir sitzen. 38 Jesus erwiderte:
Ihr wißt nicht, um was ihr bittet. Könnt ihr den
Kelch trinken, den ich trinke, oder die Taufe auf
euch nehmen, mit der ich getauft werde? 39 Sie
antworteten: Wir können es. Da sagte Jesus zu
ihnen: Ihr werdet den Kelch trinken, den ich
trinke, und die Taufe empfangen, mit der ich ge-
tauft werde. 40 Doch den Platz zu meiner Rechten
und zu meiner Linken habe nicht ich zu verge-
ben; dort werden die sitzen, für die diese Plätze
bestimmt sind.

41 Als die zehn anderen Jünger das hörten, wur-
den sie sehr ärgerlich über Jakobus und Johannes.
42 Da rief Jesus sie zu sich und sagte: Ihr wißt, daß
die, die als Herrscher gelten, ihre Völker unter-
drücken und die Mächtigen ihre Macht über die
Menschen mißbrauchen. 43 Bei euch aber soll es
nicht so sein, sondern wer bei euch groß sein will,
der soll euer Diener sein, 44 und wer bei euch der
Erste sein will, soll der Sklave aller sein. 45 Denn
auch der Menschensohn ist nicht gekommen, um
sich dienen zu lassen, sondern um zu dienen und
sein Leben hinzugeben als Lösegeld für viele.

Die Heilung eines Blinden bei Jericho

46 Sie kamen nach Jericho. Als er mit seinen Jün-
gern und einer großen Menschenmenge Jericho
wieder verließ, saß an der Straße ein blinder Bett-
ler, Bartimäus, der Sohn des Timäus. 47 Sobald er
hörte, daß es Jesus von Nazaret war, rief er laut:
Sohn Davids, Jesus, hab Erbarmen mit mir!
48 Viele wurden ärgerlich und befahlen ihm zu
schweigen. Er aber schrie noch viel lauter: Sohn

Eine Stimme ruft in der Wüste: Bereitet dem Herrn den Weg! (Mk 1) | 59 ▷
Wie kann er zusammen mit Zöllnern und Sündern essen? (Mk 2) | 60 ▷▷

Davids, hab Erbarmen mit mir! 49 Jesus blieb stehen und sagte: Ruft ihn her! Sie riefen den Blinden und sagten zu ihm: Hab nur Mut, steh auf, er ruft dich. 50 Da warf er seinen Mantel weg, sprang auf und lief auf Jesus zu. 51 Und Jesus fragte ihn: Was soll ich dir tun? Der Blinde antwortete: Rabbuni, ich möchte wieder sehen können. 52 Da sagte Jesus zu ihm: Geh! Dein Glaube hat dir geholfen. Im gleichen Augenblick konnte er wieder sehen, und er folgte Jesus auf seinem Weg.

Die letzten Tage Jesu in Jerusalem: 11,1–13,37

Der Einzug in Jerusalem

11 Als sie in die Nähe von Jerusalem kamen, nach Betfage und Betanien am Ölberg, schickte er zwei seiner Jünger voraus. 2 Er sagte zu ihnen: Geht in das Dorf, das vor euch liegt; gleich wenn ihr hineinkommt, werdet ihr einen jungen Esel angebunden finden, auf dem noch nie ein Mensch gesessen hat. Bindet ihn los, und bringt ihn her! 3 Und wenn jemand zu euch sagt: Was tut ihr da?, dann antwortet: Der Herr braucht ihn; er läßt ihn bald wieder zurückbringen. 4 Da machten sie sich auf den Weg und fanden außen an einer Tür an der Straße einen jungen Esel angebunden, und sie banden ihn los. 5 Einige, die dabeistanden, sagten zu ihnen: Wie kommt ihr dazu, den Esel loszubinden? 6 Sie gaben ihnen zur Antwort, was Jesus gesagt hatte, und man ließ sie gewähren. 7 Sie brachten den jungen Esel zu Jesus, legten ihre Kleider auf das Tier, und er setzte sich darauf. 8 Und viele breiteten ihre Kleider auf der Straße aus; andere rissen auf den Feldern Zweige (von den Büschen) ab und streuten sie auf den Weg. 9 Die Leute, die vor ihm hergingen und die ihm folgten, riefen:

Hosanna! / Gesegnet sei er, der kommt im Namen des Herrn!

10 Gesegnet sei das Reich unseres Vaters David, / das nun kommt. / *Hosanna* in der Höhe!

11 Und er zog nach Jerusalem hinein, in den Tempel; nachdem er sich alles angesehen hatte, ging er spät am Abend mit den Zwölf nach Betanien hinaus.

Die Verfluchung eines Feigenbaums

12 Als sie am nächsten Tag Betanien verließen, hatte er Hunger. 13 Da sah er von weitem einen Feigenbaum mit Blättern und ging hin, um nach Früchten zu suchen. Aber er fand an dem Baum nichts als Blätter; denn es war nicht die Zeit der Feigenernte. 14 Da sagte er zu ihm: In Ewigkeit soll niemand mehr eine Frucht von dir essen. Und seine Jünger hörten es.

Die Tempelreinigung

15 Dann kamen sie nach Jerusalem. Jesus ging in den Tempel und begann, die Händler und Käufer aus dem Tempel hinauszutreiben; er stieß die Tische der Geldwechsler und die Stände der Taubenhändler um 16 und ließ nicht zu, daß jemand irgend etwas durch den Tempelbezirk trug. 17 Er belehrte sie und sagte: Heißt es nicht in der Schrift: *Mein Haus soll ein Haus des Gebetes für alle Völker sein?* Ihr aber habt daraus eine Räuberhöhle gemacht. 18 Die Hohenpriester und die Schriftgelehrten hörten davon und suchten nach einer Möglichkeit, ihn umzubringen. Denn sie fürchteten ihn, weil alle Leute von seiner Lehre sehr beeindruckt waren. 19 Als es Abend wurde, verließ Jesus mit seinen Jüngern die Stadt.

Vom Glauben

20 Als sie am nächsten Morgen an dem Feigenbaum vorbeikamen, sahen sie, daß er bis zu den Wurzeln verdorrt war. 21 Da erinnerte sich Petrus und sagte zu Jesus: Rabbi, sieh doch, der Feigenbaum, den du verflucht hast, ist verdorrt. 22 Jesus sagte zu ihnen: Ihr müßt Glauben an Gott haben. 23 Amen, das sage ich euch: Wenn jemand zu diesem Berg sagt: Heb dich empor, und stürz dich ins Meer!, und wenn er in seinem Herzen nicht zweifelt, sondern glaubt, daß geschieht, was er sagt, dann wird es geschehen. 24 Darum sage ich euch: Alles, worum ihr betet und bittet – glaubt nur, daß ihr es schon erhalten habt, dann wird es euch zuteil. 25 Und wenn ihr beten wollt und ihr habt einem anderen etwas vorzuwerfen, dann vergebt ihm, damit auch euer Vater im Himmel euch eure Verfehlungen vergibt. [26]

Die Frage nach der Vollmacht Jesu

27 Sie kamen wieder nach Jerusalem. Als er im
Tempel umherging, kamen die Hohenpriester,
die Schriftgelehrten und die Ältesten zu ihm
28 und fragten ihn: Mit welchem Recht tust du
das alles? Wer hat dir die Vollmacht gegeben, das
zu tun? 29 Jesus sagte zu ihnen: Zuerst will ich
euch eine Frage vorlegen. Antwortet mir, dann
werde ich euch sagen, mit welchem Recht
ich das tue. 30 Stammte die Taufe des Johannes
vom Himmel oder von den Menschen? Antwor-
tet mir! 31 Da überlegten sie und sagten zueinan-
der: Wenn wir antworten: Vom Himmel!, so wird
er sagen: Warum habt ihr ihm dann nicht ge-
glaubt? 32 Sollen wir also antworten: Von den
Menschen? Sie fürchteten sich aber vor den Leu-
ten; denn alle glaubten, daß Johannes wirklich
ein Prophet war. 33 Darum antworteten sie Jesus:
Wir wissen es nicht. Jesus erwiderte: Dann sage
auch ich euch nicht, mit welchem Recht ich das
alles tue.

Das Gleichnis von den bösen Winzern

12 Jesus begann zu ihnen (wieder) in Form
von Gleichnissen zu reden. (Er sagte:) Ein
Mann *legte einen Weinberg an, zog ringsherum*
einen Zaun, hob eine Kelter aus und *baute einen*
Turm. Dann verpachtete er den Weinberg an Win-
zer und reiste in ein anderes Land. 2 Als nun die
Zeit dafür gekommen war, schickte er einen
Knecht zu den Winzern, um bei ihnen seinen An-
teil an den Früchten des Weinbergs holen zu las-
sen. 3 Sie aber packten und prügelten ihn und jag-
ten ihn mit leeren Händen fort. 4 Darauf schickte
er einen anderen Knecht zu ihnen; auch ihn
mißhandelten und beschimpften sie. 5 Als er ei-
nen dritten schickte, brachten sie ihn um. Ähn-
lich ging es vielen anderen; die einen wurden ge-
prügelt, die andern umgebracht. 6 Schließlich
blieb ihm nur noch einer: sein geliebter Sohn. Ihn
sandte er als letzten zu ihnen, denn er dachte: Vor
meinem Sohn werden sie Achtung haben. 7 Die
Winzer aber sagten zueinander: Das ist der Erbe.
Auf, wir wollen ihn töten, dann gehört sein Erb-
gut uns. 8 Und sie packten ihn und brachten ihn
um und warfen ihn aus dem Weinberg hinaus.
9 Was wird nun der Besitzer des Weinbergs tun? Er
wird kommen und die Winzer töten und den
Weinberg anderen geben. 10 Habt ihr nicht das
Schriftwort gelesen:

Der Stein, den die Bauleute verworfen haben, /
er ist zum Eckstein geworden;
11 *das hat der Herr vollbracht, / vor unseren Au-*
gen geschah dieses Wunder?
12 Daraufhin hätten sie Jesus gern verhaften las-
sen; aber sie fürchteten die Menge. Denn sie hat-
ten gemerkt, daß er mit diesem Gleichnis sie
meinte. Da ließen sie ihn stehen und gingen weg.

Die Frage nach der kaiserlichen Steuer

13 Einige Pharisäer und einige Anhänger des Hero-
des wurden zu Jesus geschickt, um ihn mit einer
Frage in eine Falle zu locken. 14 Sie kamen zu ihm
und sagten: Meister, wir wissen, daß du immer
die Wahrheit sagst und dabei auf niemand Rück-
sicht nimmst; denn du siehst nicht auf die Person,
sondern lehrst wirklich den Weg Gottes. Ist es er-
laubt, dem Kaiser Steuer zu zahlen, oder nicht?
Sollen wir sie zahlen oder nicht zahlen? 15 Er aber
durchschaute ihre Heuchelei und sagte zu ihnen:
Warum stellt ihr mir eine Falle? Bringt mir einen
Denar, ich will ihn sehen. 16 Man brachte ihm ei-
nen. Da fragte er sie: Wessen Bild und Aufschrift
ist das? Sie antworteten ihm: Des Kaisers. 17 Da
sagte Jesus zu ihnen: So gebt dem Kaiser, was
dem Kaiser gehört, und Gott, was Gott gehört!
Und sie waren sehr erstaunt über ihn.

Die Frage nach der Auferstehung der Toten

18 Von den Sadduzäern, die behaupten, es gebe
keine Auferstehung, kamen einige zu Jesus und
fragten ihn: 19 Meister, Mose hat uns vorgeschrie-
ben: *Wenn ein Mann, der einen Bruder hat, stirbt*
und eine Frau hinterläßt, aber kein Kind, dann
soll sein Bruder die Frau heiraten und seinem
Bruder Nachkommen verschaffen. 20 Es lebten
einmal sieben Brüder. Der erste nahm sich eine
Frau, und als er starb, hinterließ er keine Nach-
kommen. 21 Da nahm sie der zweite; auch er starb,
ohne Nachkommen zu hinterlassen, und ebenso
der dritte. 22 Keiner der sieben hatte Nachkom-
men. Als letzte von allen starb die Frau. 23 Wessen
Frau wird sie nun bei der Auferstehung sein? Alle
sieben haben sie doch zur Frau gehabt. 24 Jesus
sagte zu ihnen: Ihr irrt euch; ihr kennt weder die
Schrift noch die Macht Gottes. 25 Wenn nämlich
die Menschen von den Toten auferstehen, wer-
den sie nicht mehr heiraten, sondern sie werden
sein wie die Engel im Himmel. 26 Daß aber die To-
ten auferstehen, habt ihr das nicht im Buch des

Mose gelesen, in der Geschichte vom Dornbusch, in der Gott zu Mose spricht: *Ich bin der Gott Abrahams, der Gott Isaaks und der Gott Jakobs?* 27 Er ist doch nicht ein Gott von Toten, sondern von Lebenden. Ihr irrt euch sehr.

Die Frage nach dem wichtigsten Gebot

28 Ein Schriftgelehrter hatte ihrem Streit zugehört; und da er bemerkt hatte, wie treffend Jesus ihnen antwortete, ging er zu ihm hin und fragte ihn: Welches Gebot ist das erste von allen? 29 Jesus antwortete: Das erste ist: *Höre, Israel, der Herr, unser Gott, ist der einzige Herr.* 30 *Darum sollst du den Herrn, deinen Gott, lieben mit ganzem Herzen und ganzer Seele,* mit all deinen Gedanken *und all deiner Kraft.* 31 Als zweites kommt hinzu: *Du sollst deinen Nächsten lieben wie dich selbst.* Kein anderes Gebot ist größer als diese beiden. 32 Da sagte der Schriftgelehrte zu ihm: Sehr gut, Meister! Ganz richtig hast du gesagt: Er allein ist der Herr, und es gibt keinen anderen außer ihm, 33 und ihn mit ganzem Herzen, ganzem Verstand und ganzer Kraft zu lieben und den Nächsten zu lieben wie sich selbst, ist weit mehr als alle Brandopfer und anderen Opfer. 34 Jesus sah, daß er mit Verständnis geantwortet hatte, und sagte zu ihm: Du bist nicht fern vom Reich Gottes. Und keiner wagte mehr, Jesus eine Frage zu stellen.

Die Frage nach dem Messias

35 Als Jesus im Tempel lehrte, sagte er: Wie können die Schriftgelehrten behaupten, der Messias sei der Sohn Davids? 36 Denn David hat, vom Heiligen Geist erfüllt, selbst gesagt: *Der Herr sprach zu meinem Herrn: Setze dich mir zur Rechten, und ich lege dir deine Feinde unter die Füße.* 37a David selbst also nennt ihn »Herr«. Wie kann er dann Davids Sohn sein?

Worte gegen die Schriftgelehrten

37b Es war eine große Menschenmenge versammelt und hörte ihm mit Freude zu. 38 Er lehrte sie und sagte: Nehmt euch in acht vor den Schriftgelehrten! Sie gehen gern in langen Gewändern umher, lieben es, wenn man sie auf den Straßen und Plätzen grüßt, 39 und sie wollen in der Synagoge die vordersten Sitze und bei jedem Festmahl die Ehrenplätze haben. 40 Sie bringen die Witwen um ihre Häuser und verrichten in ihrer Scheinheiligkeit lange Gebete. Aber um so härter wird das Urteil sein, das sie erwartet.

Das Opfer der Witwe

41 Als Jesus einmal dem Opferkasten gegenübersaß, sah er zu, wie die Leute Geld in den Kasten warfen. Viele Reiche kamen und gaben viel. 42 Da kam auch eine arme Witwe und warf zwei kleine Münzen hinein. 43 Er rief seine Jünger zu sich und sagte: Amen, ich sage euch: Diese arme Witwe hat mehr in den Opferkasten hineingeworfen als alle andern. 44 Denn sie alle haben nur etwas von ihrem Überfluß hergegeben; diese Frau aber, die kaum das Nötigste zum Leben hat, sie hat alles gegeben, was sie besaß, ihren ganzen Lebensunterhalt.

Die Rede über die Endzeit: 13,1–37

Die Ankündigung der Zerstörung des Tempels

13 Als Jesus den Tempel verließ, sagte einer von seinen Jüngern zu ihm: Meister, sieh, was für Steine und was für Bauten! 2 Jesus sagte zu ihm: Siehst du diese großen Bauten? Kein Stein wird auf dem andern bleiben, alles wird niedergerissen.

Vom Anfang der Not

3 Und als er auf dem Ölberg saß, dem Tempel gegenüber, fragten ihn Petrus, Jakobus, Johannes und Andreas, die mit ihm allein waren: 4 Sag uns, wann wird das geschehen, und an welchem Zeichen wird man erkennen, daß das Ende von all dem bevorsteht? 5 Jesus sagte zu ihnen: Gebt acht, daß euch niemand irreführt! 6 Viele werden unter meinem Namen auftreten und sagen: Ich bin es! Und sie werden viele irreführen.

7 Wenn ihr dann von Kriegen hört und Nachrichten über Kriege euch beunruhigen, laßt euch nicht erschrecken! Das *muß geschehen.* Es ist aber noch nicht das Ende. 8 Denn ein Volk wird sich gegen das andere erheben und ein Reich gegen das andere. Und an vielen Orten wird es Erdbeben und Hungersnöte geben. Doch das ist erst der Anfang der Wehen.

9 Ihr aber, macht euch darauf gefaßt: Man wird euch um meinetwillen vor die Gerichte bringen, in den Synagogen mißhandeln und vor Statthalter und Könige stellen, damit ihr vor ihnen Zeugnis ablegt. 10 Vor dem Ende aber muß allen Völkern

das Evangelium verkündet werden. 11 Und wenn
man euch abführt und vor Gericht stellt, dann
macht euch nicht im voraus Sorgen, was ihr sa-
gen sollt; sondern was euch in jener Stunde ein-
gegeben wird, das sagt! Denn nicht ihr werdet
dann reden, sondern der Heilige Geist. 12 Brüder
werden einander dem Tod ausliefern und Väter
ihre Kinder, und die Kinder werden sich gegen
ihre Eltern auflehnen und sie in den Tod schicken.
13 Und ihr werdet um meines Namens willen von
allen gehaßt werden; wer aber bis zum Ende
standhaft bleibt, der wird gerettet.

Vom Höhepunkt der Not

14 Wenn ihr aber den *unheilvollen Greuel* an dem
Ort seht, wo er nicht stehen darf – der Leser be-
greife –, dann sollen die Bewohner von Judäa in
die Berge fliehen; 15 wer gerade auf dem Dach ist,
soll nicht hinabsteigen und ins Haus gehen, um
etwas mitzunehmen; 16 wer auf dem Feld ist, soll
nicht zurückkehren, um seinen Mantel zu holen.
17 Weh aber den Frauen, die in jenen Tagen
schwanger sind oder ein Kind stillen. 18 Betet
darum, daß dies alles nicht im Winter eintritt.
19 Denn jene Tage werden eine *Not* bringen, *wie es
noch nie eine gegeben hat, seit* Gott *die Welt* er-
schuf, *und wie es auch keine mehr geben wird.*
20 Und wenn der Herr diese Zeit nicht verkürzen
würde, dann würde kein Mensch gerettet; aber
um seiner Auserwählten willen hat er diese Zeit
verkürzt.

21 Wenn dann jemand zu euch sagt: Seht, hier ist
der Messias!, oder: Seht, dort ist er!, so glaubt es
nicht! 22 Denn es wird mancher falsche Messias
und mancher falsche Prophet auftreten, und sie
werden Zeichen und Wunder tun, um, wenn
möglich, die Auserwählten irrezuführen. 23 Ihr
aber, seht euch vor! Ich habe euch alles voraus-
gesagt.

Vom Kommen des Menschensohnes

24 Aber in jenen Tagen, nach der großen Not, *wird
sich die Sonne verfinstern, und der Mond wird
nicht mehr scheinen;* 25 *die Sterne werden* vom
Himmel *fallen,* und die Kräfte des Himmels wer-
den erschüttert werden. 26 Dann wird man den
Menschensohn mit großer Macht und Herrlich-
keit *auf den Wolken kommen* sehen. 27 Und er
wird die Engel aussenden und die von ihm Aus-
erwählten *aus allen vier Windrichtungen zusam-
menführen,* vom Ende der Erde bis zum Ende des
Himmels.

Mahnungen im Hinblick auf das Ende

28 Lernt etwas aus dem Vergleich mit dem Feigen-
baum! Sobald seine Zweige saftig werden und
Blätter treiben, wißt ihr, daß der Sommer nahe ist.
29 Genauso sollt ihr erkennen, wenn ihr (all) das
geschehen seht, daß das Ende vor der Tür steht.
30 Amen, ich sage euch: Diese Generation wird
nicht vergehen, bis das alles eintrifft. 31 Himmel
und Erde werden vergehen, aber meine Worte
werden nicht vergehen. 32 Doch jenen Tag und
jene Stunde kennt niemand, auch nicht die Engel
im Himmel, nicht einmal der Sohn, sondern nur
der Vater.

33 Seht euch also vor, und bleibt wach! Denn
ihr wißt nicht, wann die Zeit da ist. 34 Es ist
wie mit einem Mann, der sein Haus verließ, um
auf Reisen zu gehen: Er übertrug alle Verantwor-
tung seinen Dienern, jedem eine bestimmte
Aufgabe; dem Türhüter befahl er, wachsam zu
sein. 35 Seid also wachsam! Denn ihr wißt nicht,
wann der Hausherr kommt, ob am Abend oder
um Mitternacht, ob beim Hahnenschrei oder
erst am Morgen. 36 Er soll euch, wenn er plötz-
lich kommt, nicht schlafend antreffen. 37 Was
ich aber euch sage, das sage ich allen: Seid
wachsam!

Das Leiden und die Auferstehung Jesu: 14,1–16,20

Der Beschluß des Hohen Rates

14 Es war zwei Tage vor dem Pascha und
dem Fest der Ungesäuerten Brote. Die
Hohenpriester und die Schriftgelehrten suchten
nach einer Möglichkeit, Jesus mit List in ihre Ge-
walt zu bringen, um ihn zu töten. 2 Sie sagten
aber: Ja nicht am Fest, damit es im Volk keinen
Aufruhr gibt.

Die Salbung in Betanien

3 Als Jesus in Betanien im Haus Simons des Aus-
sätzigen bei Tisch war, kam eine Frau mit einem

Alabastergefäß voll echtem, kostbarem Nardenöl,
zerbrach es und goß das Öl über sein Haar. 4 Ei-
nige aber wurden unwillig und sagten zueinan-
der: Wozu diese Verschwendung? 5 Man hätte das
Öl um mehr als dreihundert Denare verkaufen
und das Geld den Armen geben können. Und sie
machten der Frau heftige Vorwürfe. 6 Jesus aber
sagte: Hört auf! Warum laßt ihr sie nicht in Ruhe?
Sie hat ein gutes Werk an mir getan. 7 Denn die Ar-
men habt ihr immer bei euch, und ihr könnt ih-
nen Gutes tun, sooft ihr wollt; mich aber habt ihr
nicht immer. 8 Sie hat getan, was sie konnte. Sie
hat im voraus meinen Leib für das Begräbnis ge-
salbt. 9 Amen, ich sage euch: Überall auf der Welt,
wo das Evangelium verkündet wird, wird man
sich an sie erinnern und erzählen, was sie getan
hat.

Der Verrat durch Judas

10 Judas Iskariot, einer der Zwölf, ging zu den Ho-
henpriestern. Er wollte Jesus an sie ausliefern.
11 Als sie das hörten, freuten sie sich und verspra-
chen, ihm Geld dafür zu geben. Von da an suchte
er nach einer günstigen Gelegenheit, ihn auszu-
liefern.

Die Vorbereitung des Paschamahls

12 Am ersten Tag des Festes der Ungesäuerten
Brote, an dem man das Paschalamm schlachtete,
sagten die Jünger zu Jesus: Wo sollen wir das
Paschamahl für dich vorbereiten? 13 Da schickte er
zwei seiner Jünger voraus und sagte zu ihnen:
Geht in die Stadt; dort wird euch ein Mann be-
gegnen, der einen Wasserkrug trägt. Folgt ihm,
14 bis er in ein Haus hineingeht; dann sagt zu dem
Herrn des Hauses: Der Meister läßt dich fragen:
Wo ist der Raum, in dem ich mit meinen Jüngern
das Paschalamm essen kann? 15 Und der Hausherr
wird euch einen großen Raum im Obergeschoß
zeigen, der schon für das Festmahl hergerichtet
und mit Polstern ausgestattet ist. Dort bereitet al-
les für uns vor! 16 Die Jünger machten sich auf den
Weg und kamen in die Stadt. Sie fanden alles so,
wie er es ihnen gesagt hatte, und bereiteten das
Paschamahl vor.

Das Mahl

17 Als es Abend wurde, kam Jesus mit den Zwölf.
18 Während sie nun bei Tisch waren und aßen,
sagte er: Amen, ich sage euch: Einer von euch
wird mich verraten und ausliefern, *einer von de-
nen, die zusammen mit mir essen.* 19 Da wurden
sie traurig, und einer nach dem andern fragte ihn:
Doch nicht etwa ich? 20 Er sagte zu ihnen: Einer
von euch Zwölf, der mit mir aus derselben Schüs-
sel ißt. 21 Der Menschensohn muß zwar seinen
Weg gehen, wie die Schrift über ihn sagt. Doch
weh dem Menschen, durch den der Menschen-
sohn verraten wird. Für ihn wäre es besser, wenn
er nie geboren wäre.
22 Während des Mahls nahm er das Brot und
sprach den Lobpreis; dann brach er das Brot,
reichte es ihnen und sagte: Nehmt, das ist mein
Leib. 23 Dann nahm er den Kelch, sprach das
Dankgebet, reichte ihn den Jüngern, und sie tran-
ken alle daraus. 24 Und er sagte zu ihnen: Das ist
mein Blut, *das Blut des Bundes,* das für viele ver-
gossen wird. 25 Amen, ich sage euch: Ich werde
nicht mehr von der Frucht des Weinstocks trin-
ken bis zu dem Tag, an dem ich von neuem davon
trinke im Reich Gottes.

Der Gang zum Ölberg

26 Nach dem Lobgesang gingen sie zum Ölberg
hinaus. 27 Da sagte Jesus zu ihnen: Ihr werdet alle
(an mir) Anstoß nehmen und zu Fall kommen;
denn in der Schrift steht: *Ich werde den Hirten
erschlagen, dann werden sich die Schafe zer-
streuen.* 28 Aber nach meiner Auferstehung
werde ich euch nach Galiläa vorausgehen. 29 Da
sagte Petrus zu ihm: Auch wenn alle (an dir) An-
stoß nehmen – ich nicht! 30 Jesus antwortete
ihm: Amen, ich sage dir: Noch heute nacht, ehe
der Hahn zweimal kräht, wirst du mich dreimal
verleugnen. 31 Petrus aber beteuerte: Und wenn
ich mit dir sterben müßte – ich werde dich nie
verleugnen. Das gleiche sagten auch alle ande-
ren.

Das Gebet in Getsemani

32 Sie kamen zu einem Grundstück, das Getse-
mani heißt, und er sagte zu seinen Jüngern:
Setzt euch und wartet hier, während ich bete.
33 Und er nahm Petrus, Jakobus und Johannes
mit sich. Da ergriff ihn Furcht und Angst, 34 und
er sagte zu ihnen: Meine Seele ist zu Tode be-
trübt. Bleibt hier und wacht! 35 Und er ging ein
Stück weiter, warf sich auf die Erde nieder und
betete, daß die Stunde, wenn möglich, an ihm
vorübergehe. 36 Er sprach: Abba, Vater, alles ist

dir möglich. Nimm diesen Kelch von mir! Aber nicht, was ich will, sondern was du willst (soll geschehen). 37 Und er ging zurück und fand sie schlafend. Da sagte er zu Petrus: Simon, du schläfst? Konntest du nicht einmal eine Stunde wach bleiben? 38 Wacht und betet, damit ihr nicht in Versuchung geratet. Der Geist ist willig, aber das Fleisch ist schwach. 39 Und er ging wieder weg und betete mit den gleichen Worten. 40 Als er zurückkam, fand er sie wieder schlafend, denn die Augen waren ihnen zugefallen; und sie wußten nicht, was sie ihm antworten sollten. 41 Und er kam zum drittenmal und sagte zu ihnen: Schlaft ihr immer noch und ruht euch aus? Es ist genug. Die Stunde ist gekommen; jetzt wird der Menschensohn den Sündern ausgeliefert. 42 Steht auf, wir wollen gehen! Seht, der Verräter, der mich ausliefert, ist da.

Die Gefangennahme

43 Noch während er redete, kam Judas, einer der Zwölf, mit einer Schar von Männern, die mit Schwertern und Knüppeln bewaffnet waren; sie waren von den Hohenpriestern, den Schriftgelehrten und den Ältesten geschickt worden. 44 Der Verräter hatte mit ihnen ein Zeichen vereinbart und gesagt: Der, den ich küssen werde, der ist es. Nehmt ihn fest, führt ihn ab, und laßt ihn nicht entkommen. 45 Und als er kam, ging er sogleich auf Jesus zu und sagte: Rabbi! Und er küßte ihn. 46 Da ergriffen sie ihn und nahmen ihn fest. 47 Einer von denen, die dabeistanden, zog das Schwert, schlug auf den Diener des Hohenpriesters ein und hieb ihm ein Ohr ab. 48 Da sagte Jesus zu ihnen: Wie gegen einen Räuber seid ihr mit Schwertern und Knüppeln ausgezogen, um mich festzunehmen. 49 Tag für Tag war ich bei euch im Tempel und lehrte, und ihr habt mich nicht verhaftet; aber (das ist geschehen), damit die Schrift in Erfüllung geht. 50 Da verließen ihn alle und flohen. 51 Ein junger Mann aber, der nur mit einem leinenen Tuch bekleidet war, wollte ihm nachgehen. Da packten sie ihn; 52 er aber ließ das Tuch fallen und lief nackt davon.

Das Verhör vor dem Hohen Rat

53 Darauf führten sie Jesus zum Hohenpriester, und es versammelten sich alle Hohenpriester und Ältesten und Schriftgelehrten. 54 Petrus aber war Jesus von weitem bis in den Hof des hohepriesterlichen Palastes gefolgt; nun saß er dort bei den Dienern und wärmte sich am Feuer.

55 Die Hohenpriester und der ganze Hohe Rat bemühten sich um Zeugenaussagen gegen Jesus, um ihn zum Tod verurteilen zu können; sie fanden aber nichts. 56 Viele machten zwar falsche Aussagen über ihn, aber die Aussagen stimmten nicht überein. 57 Einige der falschen Zeugen, die gegen ihn auftraten, behaupteten: 58 Wir haben ihn sagen hören: Ich werde diesen von Menschen erbauten Tempel niederreißen und in drei Tagen einen anderen errichten, der nicht von Menschenhand gemacht ist. 59 Aber auch in diesem Fall stimmten die Aussagen nicht überein. 60 Da stand der Hohepriester auf, trat in die Mitte und fragte Jesus: Willst du denn nichts sagen zu dem, was diese Leute gegen dich vorbringen? 61 Er aber schwieg und gab keine Antwort. Da wandte sich der Hohepriester nochmals an ihn und fragte: Bist du der Messias, der Sohn des Hochgelobten? 62 Jesus sagte: Ich bin es. Und ihr werdet *den Menschensohn zur Rechten* der Macht *sitzen* und *mit den Wolken des Himmels kommen* sehen. 63 Da zerriß der Hohepriester sein Gewand und rief: Wozu brauchen wir noch Zeugen? 64 Ihr habt die Gotteslästerung gehört. Was ist eure Meinung? Und sie fällten einstimmig das Urteil: Er ist schuldig und muß sterben.

65 Und einige spuckten ihn an, verhüllten sein Gesicht, schlugen ihn und riefen: Zeig, daß du ein Prophet bist! Auch die Diener schlugen ihn ins Gesicht.

Die Verleugnung durch Petrus

66 Als Petrus unten im Hof war, kam eine von den Mägden des Hohenpriesters. 67 Sie sah, wie Petrus sich wärmte, blickte ihn an und sagte: Auch du warst mit diesem Jesus aus Nazaret zusammen. 68 Doch er leugnete es und sagte: Ich weiß nicht und verstehe nicht, wovon du redest. Dann ging er in den Vorhof hinaus. 69 Als die Magd ihn dort bemerkte, sagte sie zu denen, die dabeistanden, noch einmal: Der gehört zu ihnen. 70 Er aber leugnete es wieder ab. Wenig später sagten die Leute, die dort standen, von neuem zu Petrus: Du gehörst wirklich zu ihnen; du bist doch auch ein Galiläer. 71 Da fing er an

zu fluchen und schwor: Ich kenne diesen Menschen nicht, von dem ihr redet. 72 Gleich darauf krähte der Hahn zum zweitenmal, und Petrus erinnerte sich, daß Jesus zu ihm gesagt hatte: Ehe der Hahn zweimal kräht, wirst du mich dreimal verleugnen. Und er begann zu weinen.

Die Verhandlung vor Pilatus

15 Gleich in der Frühe faßten die Hohenpriester, die Ältesten und die Schriftgelehrten, also der ganze Hohe Rat, über Jesus einen Beschluß: Sie ließen ihn fesseln und abführen und lieferten ihn Pilatus aus. 2 Pilatus fragte ihn: Bist du der König der Juden? Er antwortete ihm: Du sagst es. 3 Die Hohenpriester brachten viele Anklagen gegen ihn vor. 4 Da wandte sich Pilatus wieder an ihn und fragte: Willst du denn nichts dazu sagen? Sieh doch, wie viele Anklagen sie gegen dich vorbringen. 5 Jesus aber gab keine Antwort mehr, so daß Pilatus sich wunderte.

6 Jeweils zum Fest ließ Pilatus einen Gefangenen frei, den sie sich ausbitten durften. 7 Damals saß gerade ein Mann namens Barabbas im Gefängnis, zusammen mit anderen Aufrührern, die bei einem Aufstand einen Mord begangen hatten. 8 Die Volksmenge zog (zu Pilatus) hinauf und bat, ihnen die gleiche Gunst zu gewähren wie sonst. 9 Pilatus fragte sie: Wollt ihr, daß ich den König der Juden freilasse? 10 Er merkte nämlich, daß die Hohenpriester nur aus Neid Jesus an ihn ausgeliefert hatten. 11 Die Hohenpriester aber wiegelten die Menge auf, lieber die Freilassung des Barabbas zu fordern. 12 Pilatus wandte sich von neuem an sie und fragte: Was soll ich dann mit dem tun, den ihr den König der Juden nennt? 13 Da schrien sie: Kreuzige ihn! 14 Pilatus entgegnete: Was hat er denn für ein Verbrechen begangen? Sie schrien noch lauter: Kreuzige ihn! 15 Darauf ließ Pilatus, um die Menge zufriedenzustellen, Barabbas frei und gab den Befehl, Jesus zu geißeln und zu kreuzigen.

Die Verspottung Jesu durch die Soldaten

16 Die Soldaten führten ihn in den Palast hinein, das heißt in das Prätorium, und riefen die ganze Kohorte zusammen. 17 Dann legten sie ihm einen Purpurmantel um und flochten einen Dornenkranz; den setzten sie ihm auf 18 und grüßten ihn: Heil dir, König der Juden! 19 Sie schlugen ihm mit einem Stock auf den Kopf und spuckten ihn an, knieten vor ihm nieder und huldigten ihm. 20a Nachdem sie so ihren Spott mit ihm getrieben hatten, nahmen sie ihm den Purpurmantel ab und zogen ihm seine eigenen Kleider wieder an.

Die Kreuzigung

20b Dann führten sie Jesus hinaus, um ihn zu kreuzigen. 21 Einen Mann, der gerade vom Feld kam, Simon von Zyrene, den Vater des Alexander und des Rufus, zwangen sie, sein Kreuz zu tragen. 22 Und sie brachten Jesus an einen Ort namens Golgota, das heißt übersetzt: Schädelhöhe. 23 Dort reichten sie ihm Wein, der mit Myrrhe gewürzt war; er aber nahm ihn nicht. 24 Dann kreuzigten sie ihn. *Sie warfen das Los und verteilten seine Kleider unter sich* und gaben jedem, was ihm zufiel. 25 Es war die dritte Stunde, als sie ihn kreuzigten. 26 Und eine Aufschrift (auf einer Tafel) gab seine Schuld an: Der König der Juden. 27 Zusammen mit ihm kreuzigten sie zwei Räuber, den einen rechts von ihm, den andern links. [28] 29 Die Leute, die vorbeikamen, verhöhnten ihn, *schüttelten den Kopf* und riefen: Ach, du willst den Tempel niederreißen und in drei Tagen wieder aufbauen? 30 Hilf dir doch selbst, und steig herab vom Kreuz! 31 Auch die Hohenpriester und die Schriftgelehrten verhöhnten ihn und sagten zueinander: Anderen hat er geholfen, sich selbst kann er nicht helfen. 32 Der Messias, der König von Israel! Er soll doch jetzt vom Kreuz herabsteigen, damit wir sehen und glauben. Auch die beiden Männer, die mit ihm zusammen gekreuzigt wurden, beschimpften ihn.

Der Tod Jesu

33 Als die sechste Stunde kam, brach über das ganze Land eine Finsternis herein. Sie dauerte bis zur neunten Stunde. 34 Und in der neunten Stunde rief Jesus mit lauter Stimme: *Eloï, Eloï, lema sabachtani?*, das heißt übersetzt: *Mein Gott, mein Gott, warum hast du mich verlassen?* 35 Einige von denen, die dabeistanden und es hörten, sagten: Hört, er ruft nach Elija! 36 Einer lief hin, tauchte einen Schwamm in *Essig,* steckte ihn auf einen Stock und *gab* Jesus *zu trinken.* Dabei sagte er: Laßt uns doch

sehen, ob Elija kommt und ihn herabnimmt.
37 Jesus aber schrie laut auf. Dann hauchte er den
Geist aus.
38 Da riß der Vorhang im Tempel von oben bis un-
ten entzwei.
39 Als der Hauptmann, der Jesus gegenüber-
stand, ihn auf diese Weise sterben sah, sagte
er: Wahrhaftig, dieser Mensch war Gottes
Sohn.
40 Auch einige Frauen sahen von weitem zu, dar-
unter Maria aus Magdala, Maria, die Mutter von
Jakobus dem Kleinen und Joses, sowie Salome;
41 sie waren Jesus schon in Galiläa nachgefolgt und
hatten ihm gedient. Noch viele andere Frauen
waren dabei, die mit ihm nach Jerusalem hinauf-
gezogen waren.

Das Begräbnis Jesu

42 Da es Rüsttag war, der Tag vor dem Sabbat,
und es schon Abend wurde, 43 ging Josef von
Arimathäa, ein vornehmer Ratsherr, der auch
auf das Reich Gottes wartete, zu Pilatus und
wagte es, um den Leichnam Jesu zu bitten.
44 Pilatus war überrascht, als er hörte, daß Je-
sus schon tot sei. Er ließ den Hauptmann kom-
men und fragte ihn, ob Jesus bereits gestorben
sei. 45 Als der Hauptmann ihm das bestätigte,
überließ er Josef den Leichnam. 46 Josef kaufte
ein Leinentuch, nahm Jesus vom Kreuz,
wickelte ihn in das Tuch und legte ihn in ein
Grab, das in einen Felsen gehauen war. Dann
wälzte er einen Stein vor den Eingang des Gra-
bes. 47 Maria aus Magdala aber und Maria, die
Mutter des Joses, beobachteten, wohin der
Leichnam gelegt wurde.

Die Botschaft des Engels im leeren Grab

16 Als der Sabbat vorüber war, kauften
Maria aus Magdala, Maria, die Mutter
des Jakobus, und Salome wohlriechende Öle,
um damit zum Grab zu gehen und Jesus zu
salben. 2 Am ersten Tag der Woche kamen sie in
aller Frühe zum Grab, als eben die Sonne auf-
ging. 3 Sie sagten zueinander: Wer könnte uns
den Stein vom Eingang des Grabes wegwäl-
zen? 4 Doch als sie hinblickten, sahen sie, daß
der Stein schon weggewälzt war; er war sehr
groß. 5 Sie gingen in das Grab hinein und sa-
hen auf der rechten Seite einen jungen Mann
sitzen, der mit einem weißen Gewand beklei-
det war; da erschraken sie sehr. 6 Er aber sagte
zu ihnen: Erschreckt nicht! Ihr sucht Jesus
von Nazaret, den Gekreuzigten. Er ist aufer-
standen; er ist nicht hier. Seht, da ist die Stelle,
wo man ihn hingelegt hatte. 7 Nun aber geht
und sagt seinen Jüngern, vor allem Petrus: Er
geht euch voraus nach Galiläa; dort werdet ihr
ihn sehen, wie er es euch gesagt hat. 8 Da ver-
ließen sie das Grab und flohen; denn Schrecken
und Entsetzen hatte sie gepackt. Und sie sag-
ten niemand etwas davon; denn sie fürchteten
sich.

[Die Erscheinungen des Auferstandenen

9 Als Jesus am frühen Morgen des ersten
Wochentages auferstanden war, erschien er zu-
erst Maria aus Magdala, aus der er sieben Dä-
monen ausgetrieben hatte. 10 Sie ging und berich-
tete es denen, die mit ihm zusammengewesen
waren und die nun klagten und weinten. 11 Als
sie hörten, er lebe und sei von ihr gesehen wor-
den, glaubten sie es nicht. 12 Darauf erschien
er in einer anderen Gestalt zweien von ihnen,
als sie unterwegs waren und aufs Land ge-
hen wollten. 13 Auch sie gingen und berichte-
ten es den anderen, und auch ihnen glaubte
man nicht. 14 Später erschien Jesus auch den
Elf, als sie bei Tisch waren; er tadelte ihren Un-
glauben und ihre Verstocktheit, weil sie denen
nicht glaubten, die ihn nach seiner Aufer-
stehung gesehen hatten. 15 Dann sagte er zu
ihnen: Geht hinaus in die ganze Welt, und
verkündet das Evangelium allen Geschöpfen!
16 Wer glaubt und sich taufen läßt, wird geret-
tet; wer aber nicht glaubt, wird verdammt
werden. 17 Und durch die, die zum Glauben
gekommen sind, werden folgende Zeichen
geschehen: In meinem Namen werden sie Dä-
monen austreiben; sie werden in neuen Spra-
chen reden; 18 wenn sie Schlangen anfassen oder
tödliches Gift trinken, wird es ihnen nicht scha-
den; und die Kranken, denen sie die Hände auf-
legen, werden gesund werden.
19 Nachdem Jesus, der Herr, dies zu ihnen
gesagt hatte, *wurde er in den Himmel aufge-
nommen* und *setzte sich zur Rechten* Gottes.
20 Sie aber zogen aus und predigten überall. Der
Herr stand ihnen bei und bekräftigte die Verkün-
digung durch die Zeichen, die er geschehen
ließ.]

DAS EVANGELIUM NACH LUKAS

Das Vorwort: 1,1–4

1 Schon viele haben es unternommen, einen Bericht über all das abzufassen, was sich unter uns ereignet und erfüllt hat. 2 Dabei hielten sie sich an die Überlieferung derer, die von Anfang an Augenzeugen und Diener des Wortes waren. 3 Nun habe auch ich mich entschlossen, allem von Grund auf sorgfältig nachzugehen, um es für dich, hochverehrter Theophilus, der Reihe nach aufzuschreiben. 4 So kannst du dich von der Zuverlässigkeit der Lehre überzeugen, in der du unterwiesen wurdest.

Die Vorgeschichte: 1,5–2,52

Die Verheißung der Geburt des Täufers

5 Zur Zeit des Herodes, des Königs von Judäa, lebte ein Priester namens Zacharias, der zur Priesterklasse Abija gehörte. Seine Frau stammte aus dem Geschlecht Aarons; sie hieß Elisabet. 6 Beide lebten so, wie es in den Augen Gottes recht ist, und hielten sich in allem streng an die Gebote und Vorschriften des Herrn. 7 Sie hatten keine Kinder, denn Elisabet war unfruchtbar, und beide waren schon in vorgerücktem Alter.

8 Eines Tages, als seine Priesterklasse wieder an der Reihe war und er beim Gottesdienst mitzuwirken hatte, 9 wurde, wie nach der Priesterordnung üblich, das Los geworfen, und Zacharias fiel die Aufgabe zu, im Tempel des Herrn das Rauchopfer darzubringen. 10 Während er nun zur festgelegten Zeit das Opfer darbrachte, stand das ganze Volk draußen und betete. 11 Da erschien dem Zacharias ein Engel des Herrn; er stand auf der rechten Seite des Rauchopferaltars. 12 Als Zacharias ihn sah, erschrak er, und es befiel ihn Furcht. 13 Der Engel aber sagte zu ihm: Fürchte dich nicht, Zacharias! Dein Gebet *ist erhört worden. Deine Frau* Elisabet *wird dir einen Sohn gebären; dem sollst du den Namen* Johannes *geben.* 14 Große Freude wird dich erfüllen, und auch viele andere werden sich über seine Geburt freuen. 15 Denn er wird groß sein vor dem Herrn. *Wein und andere berauschende Getränke wird er nicht trinken,* und schon im Mutterleib wird er vom Heiligen Geist erfüllt sein. 16 Viele Israeliten wird er zum Herrn, ihrem Gott, bekehren. 17 Er wird mit dem Geist und mit der Kraft des Elija dem Herrn vorangehen, um *das Herz der Väter wieder den Kindern zuzuwenden* und die Ungehorsamen zur Gerechtigkeit zu führen und so das Volk für den Herrn bereit zu machen. 18 Zacharias sagte zu dem Engel: Woran soll ich erkennen, daß das wahr ist? Ich bin ein alter Mann, und auch meine Frau ist in vorgerücktem Alter. 19 Der Engel erwiderte ihm: Ich bin Gabriel, der vor Gott steht, und ich bin gesandt worden, um mit dir zu reden und dir diese frohe Botschaft zu bringen. 20 Aber weil du meinen Worten nicht geglaubt hast, die in Erfüllung gehen, wenn die Zeit dafür da ist, sollst du stumm sein und nicht mehr reden können, bis zu dem Tag, an dem all das eintrifft. 21 Inzwischen wartete das Volk auf Zacharias und wunderte sich, daß er so lange im Tempel blieb. 22 Als er dann herauskam, konnte er nicht mit ihnen sprechen. Da merkten sie, daß er im Tempel eine Erscheinung gehabt hatte. Er gab ihnen nur Zeichen mit der Hand und blieb stumm.

23 Als die Tage seines Dienstes (im Tempel) zu Ende waren, kehrte er nach Hause zurück. 24 Bald darauf empfing seine Frau Elisabet einen Sohn und lebte fünf Monate lang zurückgezogen. Sie sagte: 25 Der Herr hat mir geholfen; er hat in diesen Tagen gnädig auf mich geschaut und mich von der Schande befreit, mit der ich in den Augen der Menschen beladen war.

Die Verheißung der Geburt Jesu

26 Im sechsten Monat wurde der Engel Gabriel von Gott in eine Stadt in Galiläa namens Nazaret 27 zu

einer Jungfrau gesandt. Sie war mit einem Mann
namens Josef verlobt, der aus dem Haus David
stammte. Der Name der Jungfrau war Maria. 28 Der
Engel trat bei ihr ein und sagte: Sei gegrüßt, du Be-
gnadete, der Herr ist mit dir. 29 Sie erschrak über
die Anrede und überlegte, was dieser Gruß zu be-
deuten habe. 30 Da sagte der Engel zu ihr: Fürchte
dich nicht, Maria; denn du hast bei Gott Gnade ge-
funden. 31 *Du wirst ein Kind empfangen, einen*
Sohn wirst du gebären: dem sollst du den Namen
Jesus *geben.* 32 Er wird groß sein und Sohn des
Höchsten genannt werden. Gott, der Herr, wird
ihm den Thron seines Vaters David geben. 33 Er
wird über das Haus Jakob in Ewigkeit herrschen,
und *seine Herrschaft* wird kein Ende haben. 34 Ma-
ria sagte zu dem Engel: Wie soll das geschehen, da
ich keinen Mann erkenne? 35 Der Engel antwor-
tete ihr: Der Heilige Geist wird über dich kom-
men, und die Kraft des Höchsten wird dich über-
schatten. Deshalb wird auch das Kind heilig und
Sohn Gottes genannt werden. 36 Auch Elisabet,
deine Verwandte, hat noch in ihrem Alter einen
Sohn empfangen; obwohl sie als unfruchtbar galt,
ist sie jetzt schon im sechsten Monat. 37 Denn *für*
Gott ist nichts unmöglich. 38 Da sagte Maria: Ich
bin die Magd des Herrn; mir geschehe, wie du es
gesagt hast. Danach verließ sie der Engel.

Der Besuch Marias bei Elisabet

39 Nach einigen Tagen machte sich Maria auf den
Weg und eilte in eine Stadt im Bergland von Judäa.
40 Sie ging in das Haus des Zacharias und begrüßte
Elisabet. 41 Als Elisabet den Gruß Marias hörte,
hüpfte das Kind in ihrem Leib. Da wurde Elisabet
vom Heiligen Geist erfüllt 42 und rief mit lauter
Stimme: Gesegnet bist du mehr als alle anderen
Frauen, und gesegnet ist die Frucht deines Leibes.
43 Wer bin ich, daß die Mutter meines Herrn zu
mir kommt? 44 In dem Augenblick, als ich deinen
Gruß hörte, hüpfte das Kind vor Freude in mei-
nem Leib. 45 Selig ist die, die geglaubt hat, daß sich
erfüllt, was der Herr ihr sagen ließ. 46 Da sagte
Maria:

Meine Seele preist die Größe *des Herrn,* / 47 und
mein Geist *jubelt über Gott, meinen Retter.*

48 Denn *auf die Niedrigkeit seiner Magd hat er*
geschaut. / Siehe, von nun an *preisen mich selig*
alle Geschlechter.

49 Denn der Mächtige *hat Großes* an mir *getan,* /
und *sein Name ist heilig.*

50 *Er erbarmt sich* von Geschlecht zu Ge-
schlecht / *über alle, die ihn fürchten.*

51 Er vollbringt mit seinem Arm machtvolle Ta-
ten: / *Er zerstreut, die* im Herzen *voll Hochmut*
sind;

52 *er stürzt die Mächtigen* vom Thron / und *er-*
höht die Niedrigen.

53 *Die Hungernden beschenkt er mit seinen Ga-*
ben / und läßt die Reichen leer ausgehen.

54 *Er nimmt sich seines Knechtes Israel an / und*
denkt an sein Erbarmen,

55 *das er unsern Vätern* verheißen hat, / *Abra-*
ham und seinen Nachkommen auf ewig.

56 Und Maria blieb etwa drei Monate bei ihr;
dann kehrte sie nach Hause zurück.

Die Geburt des Täufers

57 Für Elisabet kam die Zeit der Niederkunft, und
sie brachte einen Sohn zur Welt. 58 Ihre Nachbarn
und Verwandten hörten, welch großes Erbarmen
der Herr ihr erwiesen hatte, und freuten sich mit
ihr. 59 Am achten Tag kamen sie zur Beschneidung
des Kindes und wollten ihm den Namen seines
Vaters Zacharias geben. 60 Seine Mutter aber wi-
dersprach ihnen und sagte: Nein, er soll Johannes
heißen. 61 Sie antworteten ihr: Es gibt doch nie-
mand in deiner Verwandtschaft, der so heißt. 62 Da
fragten sie seinen Vater durch Zeichen, welchen
Namen das Kind haben solle. 63 Er verlangte ein
Schreibtäfelchen und schrieb zum Erstaunen aller
darauf: Sein Name ist Johannes. 64 Im gleichen Au-
genblick konnte er Mund und Zunge wieder ge-
brauchen, und er redete und pries Gott. 65 Und alle,
die in jener Gegend wohnten, erschraken, und
man sprach von all diesen Dingen im ganzen Ber-
gland von Judäa. 66 Alle, die davon hörten, mach-
ten sich Gedanken darüber und sagten: Was wird
wohl aus diesem Kind werden? Denn es war deut-
lich, daß die Hand des Herrn mit ihm war.

67 Sein Vater Zacharias wurde vom Heiligen
Geist erfüllt und begann prophetisch zu reden:

68 *Gepriesen sei der Herr, der Gott Israels!* /
Denn er hat *sein Volk* besucht und *ihm Erlösung*
geschaffen;

69 er hat uns *einen starken Retter* erweckt / im
Hause seines Knechtes *David.*

70 So hat er verheißen von alters her / durch den
Mund seiner heiligen Propheten.

71 Er hat uns *errettet vor unseren Feinden / und*
aus der Hand aller, die uns hassen;

72 er hat *das Erbarmen mit den Vätern* an uns
vollendet / und *an seinen* heiligen Bund *gedacht,*
73 *an den Eid, den er* unserm Vater *Abraham ge-*
schworen hat; / 74 er hat uns geschenkt, daß wir,
aus Feindeshand befreit, / ihm furchtlos dienen
75 in Heiligkeit und Gerechtigkeit / vor seinem
Angesicht all unsre Tage.
76 Und du, Kind, wirst Prophet des Höchsten
heißen; / denn du wirst *dem Herrn* vorangehen
und ihm *den Weg bereiten.*
77 Du wirst sein Volk mit der Erfahrung des Heils
beschenken / in der Vergebung der Sünden.
78 Durch die barmherzige Liebe unseres Gottes /
wird uns besuchen das aufstrahlende Licht aus
der Höhe,
79 um *allen* zu leuchten, *die in Finsternis sitzen*
und im Schatten des Todes, / und unsre Schritte
zu lenken *auf den Weg des Friedens.*
80 Das Kind wuchs heran, und sein Geist wurde
stark. Und Johannes lebte in der Wüste bis zu
dem Tag, an dem er den Auftrag erhielt, in Israel
aufzutreten.

Die Geburt Jesu

2 In jenen Tagen erließ Kaiser Augustus den
Befehl, alle Bewohner des Reiches in Steuer-
listen einzutragen. 2 Dies geschah zum erstenmal;
damals war Quirinius Statthalter von Syrien. 3 Da
ging jeder in seine Stadt, um sich eintragen zu las-
sen.
4 So zog auch Josef von der Stadt Nazaret in Ga-
liläa hinauf nach Judäa in die Stadt Davids, die
Betlehem heißt; denn er war aus dem Haus und
Geschlecht Davids. 5 Er wollte sich eintragen las-
sen mit Maria, seiner Verlobten, die ein Kind er-
wartete. 6 Als sie dort waren, kam für Maria die
Zeit ihrer Niederkunft, 7 und sie gebar ihren Sohn,
den Erstgeborenen. Sie wickelte ihn in Windeln
und legte ihn in eine Krippe, weil in der Herberge
kein Platz für sie war.
8 In jener Gegend lagerten Hirten auf freiem Feld
und hielten Nachtwache bei ihrer Herde. 9 Da trat
der Engel des Herrn zu ihnen, und der Glanz
des Herrn umstrahlte sie. Sie fürchteten sich sehr,
10 der Engel aber sagte zu ihnen: Fürchtet euch
nicht, denn ich verkünde euch eine große Freude,
die dem ganzen Volk zuteil werden soll: 11 Heute
ist euch in der Stadt Davids der Retter geboren; er
ist der Messias, der Herr. 12 Und das soll euch als
Zeichen dienen: Ihr werdet ein Kind finden, das,
in Windeln gewickelt, in einer Krippe liegt. 13 Und
plötzlich war bei dem Engel ein großes himmli-
sches Heer, das Gott lobte und sprach:
14 Verherrlicht ist Gott in der Höhe, / und auf
Erden ist Friede / bei den Menschen seiner
Gnade.
15 Als die Engel sie verlassen hatten und in den
Himmel zurückgekehrt waren, sagten die Hirten
zueinander: Kommt, wir gehen nach Betlehem,
um das Ereignis zu sehen, das uns der Herr ver-
künden ließ. 16 So eilten sie hin und fanden Maria
und Josef und das Kind, das in der Krippe lag. 17 Als
sie es sahen, erzählten sie, was ihnen über dieses
Kind gesagt worden war. 18 Und alle, die es hörten,
staunten über die Worte der Hirten. 19 Maria aber
bewahrte alles, was geschehen war, in ihrem
Herzen und dachte darüber nach. 20 Die Hirten
kehrten zurück, rühmten Gott und priesen ihn für
das, was sie gehört und gesehen hatten; denn al-
les war so gewesen, wie es ihnen gesagt worden
war.

Das Zeugnis des Simeon und der Hanna über Jesus

21 Als acht Tage vorüber waren und das Kind be-
schnitten werden sollte, gab man ihm den Na-
men Jesus, den der Engel genannt hatte, noch ehe
das Kind im Schoß seiner Mutter empfangen
wurde.
22 Dann kam für sie der Tag der vom Gesetz des
Mose vorgeschriebenen Reinigung. Sie brachten
das Kind nach Jerusalem hinauf, um es dem Herrn
zu weihen, 23 gemäß dem Gesetz des Herrn, in
dem es heißt: *Jede männliche Erstgeburt soll dem*
Herrn geweiht sein. 24 Auch wollten sie ihr Opfer
darbringen, wie es das Gesetz des Herrn vor-
schreibt: *ein Paar Turteltauben oder zwei junge*
Tauben.
25 In Jerusalem lebte damals ein Mann namens
Simeon. Er war gerecht und fromm und wartete
auf die Rettung Israels, und der Heilige Geist ruhte
auf ihm. 26 Vom Heiligen Geist war ihm offenbart
worden, er werde den Tod nicht schauen, ehe er
den Messias des Herrn gesehen habe. 27 Jetzt
wurde er vom Geist in den Tempel geführt; und
als die Eltern Jesus hereinbrachten, um zu erfül-
len, was nach dem Gesetz üblich war, 28 nahm Si-
meon das Kind in seine Arme und pries Gott mit
den Worten:
29 Nun läßt du, Herr, deinen Knecht, / wie du ge-
sagt hast, in Frieden scheiden.

30 Denn meine Augen haben *das Heil gesehen,* /
31 das du *vor allen Völkern* bereitet hast,
32 *ein Licht,* das die Heiden erleuchtet, / und
Herrlichkeit für dein Volk *Israel.*
33 Sein Vater und seine Mutter staunten über die
Worte, die über Jesus gesagt wurden. 34 Und
Simeon segnete sie und sagte zu Maria, der Mut-
ter Jesu: Dieser ist dazu bestimmt, daß in Israel
viele durch ihn zu Fall kommen und viele aufge-
richtet werden, und er wird ein Zeichen sein,
dem widersprochen wird. 35 Dadurch sollen die
Gedanken vieler Menschen offenbar werden. Dir
selbst aber wird ein Schwert durch die Seele drin-
gen.
36 Damals lebte auch eine Prophetin namens
Hanna, eine Tochter Penuëls, aus dem Stamm
Ascher. Sie war schon hochbetagt. Als junges
Mädchen hatte sie geheiratet und sieben Jahre
mit ihrem Mann gelebt; 37 nun war sie eine
Witwe von vierundachtzig Jahren. Sie hielt sich
ständig im Tempel auf und diente Gott Tag und
Nacht mit Fasten und Beten. 38 In diesem Augen-
blick nun trat sie hinzu, pries Gott und sprach
über das Kind zu allen, die auf die Erlösung Jeru-
salems warteten.
39 Als seine Eltern alles getan hatten, was das
Gesetz des Herrn vorschreibt, kehrten sie nach
Galiläa in ihre Stadt Nazaret zurück. 40 Das Kind
wuchs heran und wurde kräftig; Gott erfüllte es
mit Weisheit, und seine Gnade ruhte auf ihm.

Der zwölfjährige Jesus im Tempel

41 Die Eltern Jesu gingen jedes Jahr zum Pascha-
fest nach Jerusalem. 42 Als er zwölf Jahre alt ge-
worden war, zogen sie wieder hinauf, wie es
dem Festbrauch entsprach. 43 Nachdem die Fest-
tage zu Ende waren, machten sie sich auf den
Heimweg. Der junge Jesus aber blieb in Jerusa-
lem, ohne daß seine Eltern es merkten. 44 Sie
meinten, er sei irgendwo in der Pilgergruppe, und
reisten eine Tagesstrecke weit; dann suchten sie
ihn bei den Verwandten und Bekannten. 45 Als sie
ihn nicht fanden, kehrten sie nach Jerusalem
zurück und suchten ihn dort. 46 Nach drei Tagen
fanden sie ihn im Tempel; er saß mitten unter den
Lehrern, hörte ihnen zu und stellte Fragen.
47 Alle, die ihn hörten, waren erstaunt über sein
Verständnis und über seine Antworten. 48 Als
seine Eltern ihn sahen, waren sie sehr betroffen,
und seine Mutter sagte zu ihm: Kind, wie konn-
test du uns das antun? Dein Vater und ich haben
dich voll Angst gesucht. 49 Da sagte er zu ihnen:
Warum habt ihr mich gesucht? Wußtet ihr nicht,
daß ich in dem sein muß, was meinem Vater
gehört? 50 Doch sie verstanden nicht, was er da-
mit sagen wollte. 51 Dann kehrte er mit ihnen
nach Nazaret zurück und war ihnen gehorsam.
Seine Mutter bewahrte alles, was geschehen
war, in ihrem Herzen. 52 Jesus aber wuchs heran,
und seine Weisheit nahm zu, und *er fand Gefal-
len bei Gott und den Menschen.*

Die Vorbereitung des Wirkens Jesu: 3,1–4,13

Johannes der Täufer

3 Es war im fünfzehnten Jahr der Regie-
rung des Kaisers Tiberius; Pontius Pi-
latus war Statthalter von Judäa, Herodes Te-
trarch von Galiläa, sein Bruder Philippus Te-
trarch von Ituräa und Trachonitis, Lysanias
Tetrarch von Abilene; 2 Hohepriester waren Han-
nas und Kajaphas. Da erging in der Wüste
das Wort Gottes an Johannes, den Sohn des
Zacharias. 3 Und er zog in die Gegend am Jordan
und verkündigte dort überall Umkehr und Taufe
zur Vergebung der Sünden. 4 (So erfüllte sich,)
was im Buch der Reden des Propheten Jesaja
steht:
*Eine Stimme ruft in der Wüste: / Bereitet dem
Herrn den Weg! / Ebnet ihm die Straßen!*
5 *Jede Schlucht soll aufgefüllt werden, / jeder
Berg und Hügel sich senken.*
*Was krumm ist, soll gerade werden, / was un-
eben ist, soll zum ebenen Weg werden.*
6 *Und alle Menschen werden das Heil sehen, das
von Gott kommt.*
7 Das Volk zog in Scharen zu ihm hinaus, um
sich von ihm taufen zu lassen. Er sagte zu ihnen:
Ihr Schlangenbrut, wer hat euch denn gelehrt,
daß ihr dem kommenden Gericht entrinnen
könnt? 8 Bringt Früchte hervor, die eure Umkehr
zeigen, und fangt nicht an zu sagen: Wir haben

ja Abraham zum Vater. Denn ich sage euch: Gott
kann aus diesen Steinen Kinder Abrahams
machen. 9 Schon ist die Axt an die Wurzel der
Bäume gelegt; jeder Baum, der keine gute Frucht
hervorbringt, wird umgehauen und ins Feuer ge-
worfen.
10 Da fragten ihn die Leute: Was sollen wir also
tun? 11 Er antwortete ihnen: Wer zwei Gewänder
hat, der gebe eines davon dem, der keines hat,
und wer zu essen hat, der handle ebenso. 12 Es ka-
men auch Zöllner zu ihm, um sich taufen zu las-
sen, und fragten: Meister, was sollen wir tun? 13 Er
sagte zu ihnen: Verlangt nicht mehr, als festge-
setzt ist. 14 Auch Soldaten fragten ihn: Was sollen
denn wir tun? Und er sagte zu ihnen: Mißhandelt
niemand, erpreßt niemand, begnügt euch mit eu-
rem Sold!
15 Das Volk war voll Erwartung, und alle über-
legten im stillen, ob Johannes nicht vielleicht
selbst der Messias sei. 16 Doch Johannes gab ih-
nen allen zur Antwort: Ich taufe euch nur mit
Wasser. Es kommt aber einer, der stärker ist als
ich, und ich bin es nicht wert, ihm die Schuhe
aufzuschnüren. Er wird euch mit dem Heiligen
Geist und mit Feuer taufen. 17 Schon hält er die
Schaufel in der Hand, um die Spreu vom Weizen
zu trennen und den Weizen in seine Scheune zu
bringen; die Spreu aber wird er in nie erlöschen-
dem Feuer verbrennen. 18 Mit diesen und vielen
anderen Worten ermahnte er das Volk in seiner
Predigt.
19 Johannes tadelte auch den Tetrarchen Herodes
wegen (der Sache mit) Herodias, der Frau seines
Bruders, und wegen all der anderen Schandtaten,
die er verübt hatte. 20 Deshalb ließ Herodes Johan-
nes ins Gefängnis werfen und lud so noch mehr
Schuld auf sich.

Die Taufe Jesu

21 Zusammen mit dem ganzen Volk ließ auch Je-
sus sich taufen. Und während er betete, öffnete
sich der Himmel, 22 und der Heilige Geist kam
sichtbar in Gestalt einer Taube auf ihn herab, und
eine Stimme aus dem Himmel sprach: *Du bist
mein geliebter Sohn, an dir habe ich Gefallen ge-
funden.*

Die Vorfahren Jesu

23 Jesus war etwa dreißig Jahre alt, als er zum er-
stenmal öffentlich auftrat. Man hielt ihn für den
Sohn Josefs. Die Vorfahren Josefs waren: Eli,
24 Mattat, Levi, Melchi, Jannai, Josef, 25 Mattitja,
Amos, Nahum, Hesli, Naggai, 26 Mahat, Mattitja,
Schimi, Josech, Joda, 27 Johanan, Resa, Serubbabel,
Schealtiël, Neri, 28 Melchi, Addi, Kosam, Elma-
dam, Er, 29 Joschua, Eliëser, Jorim, Mattat, Levi,
30 Simeon, Juda, Josef, Jonam, Eljakim, 31 Melea,
Menna, Mattata, Natan, David, 32 Isai, Obed, Boas,
Salmon, Nachschon, 33 Amminadab, Admin, Arni,
Hezron, Perez, Juda, 34 Jakob, Isaak, Abraham,
Terach, Nahor, 35 Serug, Regu, Peleg, Eber, Sche-
lach, 36 Kenan, Arpachschad, Sem, Noach, La-
mech, 37 Metuschelach, Henoch, Jered, Mahalalel,
Kenan, 38 Enosch, Set, Adam; (der stammte von)
Gott.

Die Versuchung Jesu

4 Erfüllt vom Heiligen Geist, verließ Jesus die
Jordangegend. Darauf führte ihn der Geist
vierzig Tage lang in der Wüste umher, 2 und
dabei wurde Jesus vom Teufel in Versuchung
geführt. Die ganze Zeit über aß er nichts; als
aber die vierzig Tage vorüber waren, hatte er
Hunger. 3 Da sagte der Teufel zu ihm: Wenn du
Gottes Sohn bist, so befiehl diesem Stein, zu
Brot zu werden. 4 Jesus antwortete ihm: In der
Schrift heißt es: *Der Mensch lebt nicht nur von
Brot.* 5 Da führte ihn der Teufel (auf einen Berg)
hinauf und zeigte ihm in einem einzigen
Augenblick alle Reiche der Erde. 6 Und er sagte
zu ihm: All die Macht und Herrlichkeit dieser
Reiche will ich dir geben; denn sie sind mir
überlassen, und ich gebe sie, wem ich will.
7 Wenn du dich vor mir niederwirfst und mich
anbetest, wird dir alles gehören. 8 Jesus antwor-
tete ihm: In der Schrift steht: *Vor dem Herrn,
deinem Gott, sollst du dich niederwerfen und
ihm allein dienen.* 9 Darauf führte ihn der Teufel
nach Jerusalem, stellte ihn oben auf den Tempel
und sagte zu ihm: Wenn du Gottes Sohn bist, so
stürz dich von hier hinab; 10 denn es heißt in der
Schrift:
Seinen Engeln befiehlt er, dich zu behüten;
11 und: *Sie werden dich auf ihren Händen tra-
gen, / damit dein Fuß nicht an einen Stein
stößt.*
12 Da antwortete ihm Jesus: Die Schrift sagt: *Du
sollst den Herrn, deinen Gott, nicht auf die Probe
stellen.* 13 Nach diesen Versuchungen ließ der Teu-
fel für eine gewisse Zeit von ihm ab.

Das Wirken Jesu in Galiläa: 4,14–9,50

Erstes Auftreten in Galiläa

14 Jesus kehrte, erfüllt von der Kraft des Geistes, nach Galiläa zurück. Und die Kunde von ihm verbreitete sich in der ganzen Gegend. 15 Er lehrte in den Synagogen und wurde von allen gepriesen.

Die Ablehnung Jesu in seiner Heimat

16 So kam er auch nach Nazaret, wo er aufgewachsen war, und ging, wie gewohnt, am Sabbat in die Synagoge. Als er aufstand, um aus der Schrift vorzulesen, 17 reichte man ihm das Buch des Propheten Jesaja. Er schlug das Buch auf und fand die Stelle, wo es heißt:

18 *Der Geist des Herrn ruht auf mir; / denn der Herr hat mich gesalbt.*
Er hat mich gesandt, / damit ich den Armen eine gute Nachricht bringe;
damit ich den Gefangenen die Entlassung verkünde / und den Blinden das Augenlicht;
damit ich die Zerschlagenen in Freiheit setze
19 *und ein Gnadenjahr des Herrn ausrufe.*

20 Dann schloß er das Buch, gab es dem Synagogendiener und setzte sich. Die Augen aller in der Synagoge waren auf ihn gerichtet. 21 Da begann er, ihnen darzulegen: Heute hat sich das Schriftwort, das ihr eben gehört habt, erfüllt. 22 Seine Rede fand bei allen Beifall; sie staunten darüber, wie begnadet er redete, und sagten: Ist das nicht der Sohn Josefs? 23 Da entgegnete er ihnen: Sicher werdet ihr mir das Sprichwort vorhalten: Arzt, heile dich selbst! Wenn du in Kafarnaum so große Dinge getan hast, wie wir gehört haben, dann tu sie auch hier in deiner Heimat! 24 Und er setzte hinzu: Amen, das sage ich euch: Kein Prophet wird in seiner Heimat anerkannt. 25 Wahrhaftig, das sage ich euch: In Israel gab es viele Witwen in den Tagen des Elija, als der Himmel für drei Jahre und sechs Monate verschlossen war und eine große Hungersnot über das ganze Land kam. 26 Aber zu keiner von ihnen wurde Elija gesandt, nur zu einer Witwe in Sarepta bei Sidon. 27 Und viele Aussätzige gab es in Israel zur Zeit des Propheten Elischa. Aber keiner von ihnen wurde geheilt, nur der Syrer Naaman. 28 Als die Leute in der Synagoge das hörten, gerieten sie alle in Wut. 29 Sie sprangen auf und trieben Jesus zur Stadt hinaus; sie brachten ihn an den Abhang des Berges, auf dem ihre Stadt erbaut war, und wollten ihn hinabstürzen. 30 Er aber schritt mitten durch die Menge hindurch und ging weg.

Jesus in der Synagoge von Kafarnaum

31 Jesus ging hinab nach Kafarnaum, einer Stadt in Galiläa, und lehrte die Menschen am Sabbat. 32 Sie waren sehr betroffen von seiner Lehre, denn er redete mit (göttlicher) Vollmacht.

33 In der Synagoge saß ein Mann, der von einem Dämon, einem unreinen Geist, besessen war. Der begann laut zu schreien: 34 Was haben wir mit dir zu tun, Jesus von Nazaret? Bist du gekommen, um uns ins Verderben zu stürzen? Ich weiß, wer du bist: der Heilige Gottes! 35 Da befahl ihm Jesus: Schweig und verlaß ihn! Der Dämon warf den Mann mitten in der Synagoge zu Boden und verließ ihn, ohne ihn jedoch zu verletzen. 36 Da waren alle erstaunt und erschrocken, und einer fragte den andern: Was ist das für ein Wort? Mit Vollmacht und Kraft befiehlt er den unreinen Geistern, und sie fliehen. 37 Und sein Ruf verbreitete sich in der ganzen Gegend.

Die Heilung der Schwiegermutter des Petrus

38 Jesus stand auf, verließ die Synagoge und ging in das Haus des Simon. Die Schwiegermutter des Simon hatte hohes Fieber, und sie baten ihn, ihr zu helfen. 39 Er trat zu ihr hin, beugte sich über sie und befahl dem Fieber zu weichen. Da wich es von ihr, und sie stand sofort auf und sorgte für sie.

Die Heilung von Besessenen und Kranken

40 Als die Sonne unterging, brachten die Leute ihre Kranken, die alle möglichen Leiden hatten, zu Jesus. Er legte jedem Kranken die Hände auf und heilte alle. 41 Von vielen fuhren auch Dämonen aus und schrien: Du bist der Sohn Gottes! Da fuhr er sie schroff an und ließ sie nicht reden; denn sie wußten, daß er der Messias war.

Aufbruch aus Kafarnaum

42 Bei Tagesanbruch verließ er die Stadt und ging an einen einsamen Ort. Aber die Menschen suchten ihn, und als sie ihn fanden, wollten sie ihn daran hindern wegzugehen. 43 Er sagte zu ihnen: Ich muß auch den anderen Städten das Evange-

lium vom Reich Gottes verkünden; denn dazu
bin ich gesandt worden. 44 Und er predigte in den
Synagogen Judäas.

Die Berufung der ersten Jünger

5 Als Jesus am Ufer des Sees Gennesaret stand,
drängte sich das Volk um ihn und wollte das
Wort Gottes hören. 2 Da sah er zwei Boote am Ufer
liegen. Die Fischer waren ausgestiegen und wu-
schen ihre Netze. 3 Jesus stieg in das Boot, das
dem Simon gehörte, und bat ihn, ein Stück weit
vom Land wegzufahren. Dann setzte er sich und
lehrte das Volk vom Boot aus. 4 Als er seine Rede
beendet hatte, sagte er zu Simon: Fahr hinaus auf
den See! Dort werft eure Netze zum Fang aus!
5 Simon antwortete ihm: Meister, wir haben die
ganze Nacht gearbeitet und nichts gefangen.
Doch wenn du es sagst, werde ich die Netze aus-
werfen. 6 Das taten sie, und sie fingen eine so
große Menge Fische, daß ihre Netze zu reißen
drohten. 7 Deshalb winkten sie ihren Gefährten
im anderen Boot, sie sollten kommen und ihnen
helfen. Sie kamen, und gemeinsam füllten sie
beide Boote bis zum Rand, so daß sie fast unter-
gingen. 8 Als Simon Petrus das sah, fiel er Jesus zu
Füßen und sagte: Herr, geh weg von mir; ich bin
ein Sünder. 9 Denn er und alle seine Begleiter wa-
ren erstaunt und erschrocken, weil sie so viele Fi-
sche gefangen hatten; 10 ebenso ging es Jakobus
und Johannes, den Söhnen des Zebedäus, die mit
Simon zusammenarbeiteten. Da sagte Jesus zu Si-
mon: Fürchte dich nicht! Von jetzt an wirst du
Menschen fangen. 11 Und sie zogen die Boote an
Land, ließen alles zurück und folgten ihm nach.

Die Heilung eines Aussätzigen

12 Als Jesus in einer der Städte war, kam ein Mann,
der am ganzen Körper Aussatz hatte. Sobald er Je-
sus sah, warf er sich vor ihm zu Boden und bat
ihn: Herr, wenn du willst, kannst du machen, daß
ich rein werde. 13 Da streckte Jesus die Hand aus,
berührte ihn und sagte: Ich will es – werde rein!
Im gleichen Augenblick verschwand der Aussatz.
14 Jesus befahl ihm: Erzähl niemand davon, son-
dern geh, *zeig dich dem Priester* und bring das
Reinigungsopfer dar, wie es Mose angeordnet
hat. Das soll für sie ein Beweis (deiner Heilung)
sein.
15 Sein Ruf verbreitete sich immer mehr, so daß
die Menschen von überall herbeiströmten. Sie
alle wollten ihn hören und von ihren Krankheiten
geheilt werden. 16 Doch er zog sich an einen ein-
samen Ort zurück, um zu beten.

Die Heilung eines Gelähmten

17 Eines Tages, als Jesus wieder lehrte, saßen unter
den Zuhörern auch Pharisäer und Gesetzeslehrer;
sie waren aus allen Dörfern Galiläas und Judäas
und aus Jerusalem gekommen. Und die Kraft des
Herrn drängte ihn dazu, zu heilen. 18 Da brachten
einige Männer einen Gelähmten auf einer Trag-
bahre. Sie wollten ihn ins Haus bringen und vor
Jesus hinlegen. 19 Weil es ihnen aber wegen der
vielen Leute nicht möglich war, ihn hineinzu-
bringen, stiegen sie aufs Dach, deckten die Ziegel
ab und ließen ihn auf seiner Tragbahre in die
Mitte des Raumes hinunter, genau vor Jesus hin.
20 Als er ihren Glauben sah, sagte er zu dem
Mann: Deine Sünden sind dir vergeben. 21 Da
dachten die Schriftgelehrten und die Pharisäer:
Wer ist das, daß er eine solche Gotteslästerung
wagt? Wer außer Gott kann Sünden vergeben?
22 Jesus aber merkte, was sie dachten, und sagte
zu ihnen: Was habt ihr für Gedanken im Herzen?
23 Was ist leichter, zu sagen: Deine Sünden sind dir
vergeben!, oder zu sagen: Steh auf und geh
umher? 24 Ihr sollt aber erkennen, daß der Men-
schensohn die Vollmacht hat, hier auf der Erde
Sünden zu vergeben. Und er sagte zu dem
Gelähmten: Ich sage dir: Steh auf, nimm deine
Tragbahre, und geh nach Hause! 25 Im gleichen
Augenblick stand der Mann vor aller Augen auf.
Er nahm die Tragbahre, auf der er gelegen hatte,
und ging heim, Gott lobend und preisend. 26 Da
gerieten alle außer sich; sie priesen Gott und sag-
ten voller Furcht: Heute haben wir etwas Un-
glaubliches gesehen.

Die Berufung des Levi und das Mahl mit den Zöllnern

27 Als Jesus von dort wegging, sah er einen Zöllner
namens Levi am Zoll sitzen und sagte zu ihm:
Folge mir nach! 28 Da stand Levi auf, verließ alles
und folgte ihm. 29 Und er gab für Jesus in seinem
Haus ein großes Festmahl. Viele Zöllner und an-
dere Gäste waren mit ihnen bei Tisch. 30 Da sag-
ten die Pharisäer und ihre Schriftgelehrten voll
Unwillen zu seinen Jüngern: Wie könnt ihr zu-
sammen mit Zöllnern und Sündern essen und
trinken? 31 Jesus antwortete ihnen: Nicht die Ge-

sunden brauchen den Arzt, sondern die Kranken.
32 Ich bin gekommen, um die Sünder zur Umkehr
zu rufen, nicht die Gerechten.

Die Frage nach dem Fasten

33 Sie sagten zu ihm: Die Jünger des Johannes fa-
sten und beten viel, ebenso die Jünger der Pha-
risäer; deine Jünger aber essen und trinken. 34 Je-
sus erwiderte ihnen: Könnt ihr denn die
Hochzeitsgäste fasten lassen, solange der Bräuti-
gam bei ihnen ist? 35 Es werden aber Tage kom-
men, da wird ihnen der Bräutigam genommen
sein; in jenen Tagen werden sie fasten.
36 Und er erzählte ihnen auch noch ein Gleich-
nis: Niemand schneidet ein Stück von einem
neuen Kleid ab und setzt es auf ein altes Kleid;
denn das neue Kleid wäre zerschnitten, und zu
dem alten Kleid würde das Stück von dem neuen
nicht passen. 37 Auch füllt niemand neuen Wein in
alte Schläuche. Denn der neue Wein zerreißt die
Schläuche; er läuft aus, und die Schläuche sind
unbrauchbar. 38 Neuen Wein muß man in neue
Schläuche füllen. 39 Und niemand, der alten Wein
getrunken hat, will neuen; denn er sagt: Der alte
Wein ist besser.

Das Abreißen der Ähren am Sabbat

6 Als er an einem Sabbat durch die Kornfelder
ging, rissen seine Jünger Ähren ab, zerrieben
sie mit den Händen und aßen sie. 2 Da sagten ei-
nige Pharisäer: Was tut ihr da? Das ist doch am
Sabbat verboten! 3 Jesus erwiderte ihnen: Habt ihr
nicht gelesen, was David getan hat, als er und
seine Begleiter hungrig waren – 4 wie er in das
Haus Gottes ging und die heiligen Brote nahm,
die nur die Priester essen dürfen, und wie er sie
aß und auch seinen Begleitern davon gab? 5 Und
Jesus fügte hinzu: Der Menschensohn ist Herr
über den Sabbat.

Die Heilung eines Mannes am Sabbat

6 An einem anderen Sabbat ging er in die Synagoge
und lehrte. Dort saß ein Mann, dessen rechte Hand
verdorrt war. 7 Die Schriftgelehrten und die Pha-
risäer gaben acht, ob er am Sabbat heilen werde; sie
suchten nämlich einen Grund zur Anklage gegen
ihn. 8 Er aber wußte, was sie im Sinn hatten, und
sagte zu dem Mann mit der verdorrten Hand: Steh
auf und stell dich in die Mitte! Der Mann stand auf
und trat vor. 9 Dann sagte Jesus zu ihnen: Ich frage
euch: Was ist am Sabbat erlaubt: Gutes zu tun oder
Böses, ein Leben zu retten oder es zugrunde gehen
zu lassen? 10 Und er sah sie alle der Reihe nach an
und sagte dann zu dem Mann: Streck deine Hand
aus! Er tat es, und seine Hand war wieder gesund.
11 Da wurden sie von sinnloser Wut erfüllt und be-
rieten, was sie gegen Jesus unternehmen könnten.

Die Wahl der Zwölf

12 In diesen Tagen ging er auf einen Berg, um zu be-
ten. Und er verbrachte die ganze Nacht im Gebet
zu Gott. 13 Als es Tag wurde, rief er seine Jünger zu
sich und wählte aus ihnen zwölf aus; sie nannte
er auch Apostel. 14 (Es waren) Simon, dem er den
Namen Petrus gab, und sein Bruder Andreas,
dazu Jakobus und Johannes, Philippus und Bar-
tholomäus, 15 Matthäus und Thomas, Jakobus, der
Sohn des Alphäus, und Simon, genannt der Zelot,
16 Judas, der Sohn des Jakobus, und Judas Iskariot,
der zum Verräter wurde.

Der Andrang des Volkes

17 Jesus stieg mit ihnen den Berg hinab. In der
Ebene blieb er mit einer großen Schar seiner Jün-
ger stehen, und viele Menschen aus ganz Judäa
und Jerusalem und dem Küstengebiet von Tyrus
und Sidon 18 strömten herbei. Sie alle wollten ihn
hören und von ihren Krankheiten geheilt wer-
den. Auch die von unreinen Geistern Geplagten
wurden geheilt. 19 Alle Leute versuchten, ihn zu
berühren; denn es ging eine Kraft von ihm aus,
die alle heilte.

Die Feldrede: 6,20–49

Seligpreisungen und Weherufe

20 Er richtete seine Augen auf seine Jünger und
sagte:
Selig, ihr Armen, denn euch gehört das Reich
Gottes.
21 Selig, die ihr jetzt hungert, denn ihr werdet satt
werden. / Selig, die ihr jetzt weint, denn ihr wer-
det lachen.
22 Selig seid ihr, wenn euch die Menschen has-
sen und aus ihrer Gemeinschaft ausschließen,
wenn sie euch beschimpfen und euch in Verruf
bringen um des Menschensohnes willen. 23 Freut
euch und jauchzt an jenem Tag; euer Lohn im
Himmel wird groß sein. Denn ebenso haben es
ihre Väter mit den Propheten gemacht.

Er wurde vor ihren Augen verklärt (Mk 9) | 62 ▷
Dieser Mensch war Gottes Sohn (Mk 15) | 63 ▷▷

24 Aber weh euch, die ihr reich seid; denn ihr habt keinen Trost mehr zu erwarten.
25 Weh euch, die ihr jetzt satt seid; denn ihr werdet hungern.
Weh euch, die ihr jetzt lacht; denn ihr werdet klagen und weinen.
26 Weh euch, wenn euch alle Menschen loben; denn ebenso haben es ihre Väter mit den falschen Propheten gemacht.

Von der Vergeltung und von der Liebe zu den Feinden

27 Euch, die ihr mir zuhört, sage ich: Liebt eure Feinde; tut denen Gutes, die euch hassen. 28 Segnet die, die euch verfluchen; betet für die, die euch mißhandeln. 29 Dem, der dich auf die eine Wange schlägt, halt auch die andere hin, und dem, der dir den Mantel wegnimmt, laß auch das Hemd. 30 Gib jedem, der dich bittet; und wenn dir jemand etwas wegnimmt, verlang es nicht zurück. 31 Was ihr von anderen erwartet, das tut ebenso auch ihnen. 32 Wenn ihr nur die liebt, die euch lieben, welchen Dank erwartet ihr dafür? Auch die Sünder lieben die, von denen sie geliebt werden. 33 Und wenn ihr nur denen Gutes tut, die euch Gutes tun, welchen Dank erwartet ihr dafür? Das tun auch die Sünder. 34 Und wenn ihr nur denen etwas leiht, von denen ihr es zurückzubekommen hofft, welchen Dank erwartet ihr dafür? Auch die Sünder leihen Sündern in der Hoffnung, alles zurückzubekommen. 35 Ihr aber sollt eure Feinde lieben und sollt Gutes tun und leihen, auch wo ihr nichts dafür erhoffen könnt. Dann wird euer Lohn groß sein, und ihr werdet Söhne des Höchsten sein; denn auch er ist gütig gegen die Undankbaren und Bösen. 36 Seid barmherzig, wie es auch euer Vater ist!

Vom Richten

37 Richtet nicht, dann werdet auch ihr nicht gerichtet werden. Verurteilt nicht, dann werdet auch ihr nicht verurteilt werden. Erlaßt einander die Schuld, dann wird auch euch die Schuld erlassen werden. 38 Gebt, dann wird auch euch gegeben werden. In reichem, vollem, gehäuftem, überfließendem Maß wird man euch beschenken; denn nach dem Maß, mit dem ihr meßt und zuteilt, wird auch euch zugeteilt werden.
39 Er gebrauchte auch einen Vergleich und sagte: Kann ein Blinder einen Blinden führen? Werden nicht beide in eine Grube fallen? 40 Der Jünger steht nicht über seinem Meister; jeder aber, der alles gelernt hat, wird wie sein Meister sein.
41 Warum siehst du den Splitter im Auge deines Bruders, aber den Balken in deinem eigenen Auge bemerkst du nicht? 42 Wie kannst du zu deinem Bruder sagen: Bruder, laß mich den Splitter aus deinem Auge herausziehen!, während du den Balken in deinem eigenen Auge nicht siehst? Du Heuchler! Zieh zuerst den Balken aus deinem Auge; dann kannst du versuchen, den Splitter aus dem Auge deines Bruders herauszuziehen.

Von der wahren Frömmigkeit

43 Es gibt keinen guten Baum, der schlechte Früchte hervorbringt, noch einen schlechten Baum, der gute Früchte hervorbringt. 44 Jeden Baum erkennt man an seinen Früchten: Von den Disteln pflückt man keine Feigen, und vom Dornstrauch erntet man keine Trauben. 45 Ein guter Mensch bringt Gutes hervor, weil in seinem Herzen Gutes ist; und ein böser Mensch bringt Böses hervor, weil in seinem Herzen Böses ist. Wovon das Herz voll ist, davon spricht der Mund. 46 Was sagt ihr zu mir: Herr! Herr!, und tut nicht, was ich sage?

Vom Haus auf dem Felsen

47 Ich will euch zeigen, wem ein Mensch gleicht, der zu mir kommt und meine Worte hört und danach handelt. 48 Er ist wie ein Mann, der ein Haus baute und dabei die Erde tief aushob und das Fundament auf einen Felsen stellte. Als nun ein Hochwasser kam und die Flutwelle gegen das Haus prallte, konnte sie es nicht erschüttern, weil es gut gebaut war. 49 Wer aber hört und nicht danach handelt, ist wie ein Mann, der sein Haus ohne Fundament auf die Erde baute. Die Flutwelle prallte dagegen, das Haus stürzte sofort in sich zusammen und wurde völlig zerstört.

Zeichen und Worte Jesu: 7,1–9,50

Der Hauptmann von Kafarnaum

7 Als Jesus diese Rede vor dem Volk beendet hatte, ging er nach Kafarnaum hinein. 2 Ein Hauptmann hatte einen Diener, der todkrank war und den er sehr schätzte. 3 Als der Hauptmann von Jesus hörte, schickte er einige von den jüdischen Ältesten zu ihm mit der Bitte, zu kommen

und seinen Diener zu retten. 4 Sie gingen zu Jesus
und baten ihn inständig. Sie sagten: Er verdient
es, daß du seine Bitte erfüllst; 5 denn er liebt unser
Volk und hat uns die Synagoge gebaut. 6 Da ging
Jesus mit ihnen. Als er nicht mehr weit von dem
Haus entfernt war, schickte der Hauptmann
Freunde und ließ ihm sagen: Herr, bemüh dich
nicht! Denn ich bin es nicht wert, daß du mein
Haus betrittst. 7 Deshalb habe ich mich auch nicht
für würdig gehalten, selbst zu dir zu kommen.
Sprich nur ein Wort, dann muß mein Diener ge-
sund werden. 8 Auch ich muß Befehlen gehor-
chen, und ich habe selber Soldaten unter mir;
sage ich nun zu einem: Geh!, so geht er, und zu
einem andern: Komm!, so kommt er, und zu mei-
nem Diener: Tu das!, so tut er es. 9 Jesus war er-
staunt über ihn, als er das hörte. Und er wandte
sich um und sagte zu den Leuten, die ihm folgten:
Ich sage euch: Nicht einmal in Israel habe ich ei-
nen solchen Glauben gefunden. 10 Und als die
Männer, die der Hauptmann geschickt hatte, in
das Haus zurückkehrten, stellten sie fest, daß der
Diener gesund war.

Die Auferweckung eines jungen Mannes in Naïn

11 Einige Zeit später ging er in eine Stadt namens
Naïn; seine Jünger und eine große Men-
schenmenge folgten ihm. 12 Als er in die Nähe des
Stadttors kam, trug man gerade einen Toten her-
aus. Es war der einzige Sohn seiner Mutter, einer
Witwe. Und viele Leute aus der Stadt begleiteten
sie. 13 Als der Herr die Frau sah, hatte er Mitleid
mit ihr und sagte zu ihr: Weine nicht! 14 Dann ging
er zu der Bahre hin und faßte sie an. Die Träger
blieben stehen, und er sagte: Ich befehle dir, jun-
ger Mann: Steh auf! 15 Da richtete sich der Tote auf
und begann zu sprechen, *und* Jesus *gab ihn sei-
ner Mutter zurück.* 16 Alle wurden von Furcht er-
griffen; sie priesen Gott und sagten: Ein großer
Prophet ist unter uns aufgetreten: Gott hat sich
seines Volkes angenommen. 17 Und die Kunde da-
von verbreitete sich überall in Judäa und im
ganzen Gebiet ringsum.

Die Frage des Täufers

18 Johannes erfuhr das alles von seinen Jüngern.
Da rief er zwei von ihnen zu sich, 19 schickte sie
zum Herrn und ließ ihn fragen: Bist du der, der
kommen soll, oder müssen wir auf einen andern
warten? 20 Als die beiden Männer zu Jesus kamen,
sagten sie: Johannes der Täufer hat uns zu dir ge-
schickt und läßt dich fragen: Bist du der, der kom-
men soll, oder müssen wir auf einen andern war-
ten? 21 Damals heilte Jesus viele Menschen von
ihren Krankheiten und Leiden, befreite sie von
bösen Geistern und schenkte vielen Blinden das
Augenlicht. 22 Er antwortete den beiden: Geht
und berichtet Johannes, was ihr gesehen und
gehört habt: *Blinde sehen wieder, Lahme gehen,*
und *Aussätzige* werden rein; *Taube hören, Tote
stehen auf,* und *den Armen wird das Evangelium
verkündet.* 23 Selig ist, wer an mir keinen Anstoß
nimmt.

Das Urteil Jesu über den Täufer

24 Als die Boten des Johannes weggegangen wa-
ren, begann Jesus zu der Menge über Johannes zu
reden; er sagte: Was habt ihr denn sehen wollen,
als ihr in die Wüste hinausgegangen seid? Ein
Schilfrohr, das im Wind schwankt? 25 Oder was
habt ihr sehen wollen, als ihr hinausgegangen
seid? Einen Mann in feiner Kleidung? Leute, die
vornehm gekleidet sind und üppig leben, findet
man in den Palästen der Könige. 26 Oder was habt
ihr sehen wollen, als ihr hinausgegangen seid?
Einen Propheten? Ja, ich sage euch: Ihr habt sogar
mehr gesehen als einen Propheten. 27 Er ist der,
von dem es in der Schrift heißt:

Ich *sende meinen Boten vor dir her; / er soll den
Weg* für dich *bahnen.*

28 Ich sage euch: Unter allen Menschen gibt es
keinen größeren als Johannes; doch der Kleinste
im Reich Gottes ist größer als er. 29 Das ganze Volk,
das Johannes hörte, selbst die Zöllner, sie alle ha-
ben den Willen Gottes anerkannt und sich von Jo-
hannes taufen lassen. 30 Doch die Pharisäer und die
Gesetzeslehrer haben den Willen Gottes mißach-
tet und sich von Johannes nicht taufen lassen.

31 Mit wem soll ich also die Menschen dieser Ge-
neration vergleichen? Wem sind sie ähnlich? 32 Sie
sind wie Kinder, die auf dem Marktplatz sitzen
und einander zurufen: Wir haben für euch auf der
Flöte (Hochzeitslieder) gespielt, und ihr habt nicht
getanzt; wir haben Klagelieder gesungen, und ihr
habt nicht geweint. 33 Johannes der Täufer ist ge-
kommen, er ißt kein Brot und trinkt keinen Wein,
und ihr sagt: Er ist von einem Dämon besessen.
34 Der Menschensohn ist gekommen, er ißt und
trinkt; darauf sagt ihr: Dieser Fresser und Säufer,
dieser Freund der Zöllner und Sünder! 35 Und

doch hat die Weisheit durch alle ihre Kinder recht bekommen.

Die Begegnung Jesu mit der Sünderin

36 Jesus ging in das Haus eines Pharisäers, der ihn zum Essen eingeladen hatte, und legte sich zu Tisch. 37 Als nun eine Sünderin, die in der Stadt lebte, erfuhr, daß er im Haus des Pharisäers bei Tisch war, kam sie mit einem Alabastergefäß voll wohlriechendem Öl 38 und trat von hinten an ihn heran. Dabei weinte sie, und ihre Tränen fielen auf seine Füße. Sie trocknete seine Füße mit ihrem Haar, küßte sie und salbte sie mit dem Öl. 39 Als der Pharisäer, der ihn eingeladen hatte, das sah, dachte er: Wenn er wirklich ein Prophet wäre, müßte er wissen, was das für eine Frau ist, von der er sich berühren läßt; er wüßte, daß sie eine Sünderin ist. 40 Da wandte sich Jesus an ihn und sagte: Simon, ich möchte dir etwas sagen. Er erwiderte: Sprich, Meister! 41 (Jesus sagte:) Ein Geldverleiher hatte zwei Schuldner; der eine war ihm fünfhundert Denare schuldig, der andere fünfzig. 42 Als sie ihre Schulden nicht bezahlen konnten, erließ er sie beiden. Wer von ihnen wird ihn nun mehr lieben? 43 Simon antwortete: Ich nehme an, der, dem er mehr erlassen hat. Jesus sagte zu ihm: Du hast recht. 44 Dann wandte er sich der Frau zu und sagte zu Simon: Siehst du diese Frau? Als ich in dein Haus kam, hast du mir kein Wasser zum Waschen der Füße gegeben; sie aber hat ihre Tränen über meinen Füßen vergossen und sie mit ihrem Haar abgetrocknet. 45 Du hast mir (zur Begrüßung) keinen Kuß gegeben; sie aber hat mir, seit ich hier bin, unaufhörlich die Füße geküßt. 46 Du hast mir nicht das Haar mit Öl gesalbt; sie aber hat mir mit ihrem wohlriechenden Öl die Füße gesalbt. 47 Deshalb sage ich dir: Ihr sind ihre vielen Sünden vergeben, weil sie (mir) so viel Liebe gezeigt hat. Wem aber nur wenig vergeben wird, der zeigt auch nur wenig Liebe. 48 Dann sagte er zu ihr: Deine Sünden sind dir vergeben. 49 Da dachten die anderen Gäste: Wer ist das, daß er sogar Sünden vergibt? 50 Er aber sagte zu der Frau: Dein Glaube hat dir geholfen. Geh in Frieden!

Frauen im Gefolge Jesu

8 In der folgenden Zeit wanderte er von Stadt zu Stadt und von Dorf zu Dorf und verkündete das Evangelium vom Reich Gottes. Die Zwölf begleiteten ihn, 2 außerdem einige Frauen, die er von bösen Geistern und von Krankheiten geheilt hatte: Maria Magdalene, aus der sieben Dämonen ausgefahren waren, 3 Johanna, die Frau des Chuzas, eines Beamten des Herodes, Susanna und viele andere. Sie alle unterstützten Jesus und die Jünger mit dem, was sie besaßen.

Das Gleichnis vom Sämann

4 Als die Leute aus allen Städten zusammenströmten und sich viele Menschen um ihn versammelten, erzählte er ihnen dieses Gleichnis: 5 Ein Sämann ging aufs Feld, um seinen Samen auszusäen. Als er säte, fiel ein Teil der Körner auf den Weg; sie wurden zertreten, und die Vögel des Himmels fraßen sie. 6 Ein anderer Teil fiel auf Felsen, und als die Saat aufging, verdorrte sie, weil es ihr an Feuchtigkeit fehlte. 7 Wieder ein anderer Teil fiel mitten in die Dornen, und die Dornen wuchsen zusammen mit der Saat hoch und erstickten sie. 8 Ein anderer Teil schließlich fiel auf guten Boden, ging auf und brachte hundertfach Frucht. Als Jesus das gesagt hatte, rief er: Wer Ohren hat zum Hören, der höre!

Sinn und Zweck der Gleichnisse

9 Seine Jünger fragten ihn, was das Gleichnis bedeute. 10 Da sagte er: Euch ist es gegeben, die Geheimnisse des Reiches Gottes zu erkennen. Zu den anderen Menschen aber wird nur in Gleichnissen geredet; denn *sie sollen sehen und doch nicht sehen, hören und doch nicht verstehen.*

Die Deutung des Gleichnisses vom Sämann

11 Das ist der Sinn des Gleichnisses: Der Samen ist das Wort Gottes. 12 Auf den Weg ist der Samen bei denen gefallen, die das Wort zwar hören, denen es aber der Teufel dann aus dem Herzen reißt, damit sie nicht glauben und nicht gerettet werden. 13 Auf den Felsen ist der Samen bei denen gefallen, die das Wort freudig aufnehmen, wenn sie es hören; aber sie haben keine Wurzeln: Eine Zeitlang glauben sie, doch in der Zeit der Prüfung werden sie abtrünnig. 14 Unter die Dornen ist der Samen bei denen gefallen, die das Wort zwar hören, dann aber weggehen und in den Sorgen, dem Reichtum und den Genüssen des Lebens ersticken, deren Frucht also nicht reift. 15 Auf guten Boden ist der Samen bei denen gefallen, die das Wort mit gutem und aufrichtigem Herzen hören,

daran festhalten und durch ihre Ausdauer Frucht bringen.

Vom rechten Hören

16 Niemand zündet ein Licht an und deckt es mit einem Gefäß zu oder stellt es unter das Bett, sondern man stellt das Licht auf den Leuchter, damit alle, die eintreten, es leuchten sehen. 17 Es gibt nichts Verborgenes, das nicht offenbar wird, und nichts Geheimes, das nicht bekannt wird und an den Tag kommt. 18 Gebt also acht, daß ihr richtig zuhört! Denn wer hat, dem wird gegeben; wer aber nicht hat, dem wird auch noch weggenommen, was er zu haben meint.

Von den wahren Verwandten Jesu

19 Eines Tages kamen seine Mutter und seine Brüder zu ihm; sie konnten aber wegen der vielen Leute nicht zu ihm gelangen. 20 Da sagte man ihm: Deine Mutter und deine Brüder stehen draußen und möchten dich sehen. 21 Er erwiderte: Meine Mutter und meine Brüder sind die, die das Wort Gottes hören und danach handeln.

Der Sturm auf dem See

22 Eines Tages stieg er mit seinen Jüngern in ein Boot und sagte zu ihnen: Wir wollen ans andere Ufer des Sees hinüberfahren. Und sie fuhren ab. 23 Während der Fahrt aber schlief er ein. Plötzlich brach über dem See ein Wirbelsturm los; das Wasser schlug in das Boot, und sie gerieten in große Gefahr. 24 Da traten sie zu ihm und weckten ihn; sie riefen: Meister, Meister, wir gehen zugrunde! Er stand auf, drohte dem Wind und den Wellen, und sie legten sich, und es trat Stille ein. 25 Dann sagte er zu den Jüngern: Wo ist euer Glaube? Sie aber fragten einander voll Schrecken und Staunen: Was ist das für ein Mensch, daß sogar die Winde und das Wasser seinem Befehl gehorchen?

Die Heilung des Besessenen von Gerasa

26 Sie fuhren in das Gebiet von Gerasa, das dem galiläischen Ufer gegenüberliegt. 27 Als Jesus an Land ging, lief ihm ein Mann aus der Stadt entgegen, der von Dämonen besessen war. Schon seit langem trug er keine Kleider mehr und lebte nicht mehr in einem Haus, sondern in den Grabhöhlen. 28 Als er Jesus sah, schrie er auf, fiel vor ihm nieder und rief laut: Was habe ich mit dir zu tun, Jesus, Sohn des höchsten Gottes? Ich bitte dich: Quäle mich nicht! 29 Jesus hatte nämlich dem unreinen Geist befohlen, den Mann zu verlassen. Denn schon seit langem hatte ihn der Geist in seiner Gewalt, und man hatte ihn wie einen Gefangenen an Händen und Füßen gefesselt. Aber immer wieder zerriß er die Fesseln und wurde von dem Dämon in menschenleere Gegenden getrieben. 30 Jesus fragte ihn: Wie heißt du? Er antwortete: Legion. Denn er war von vielen Dämonen besessen. 31 Und die Dämonen baten Jesus, sie nicht zur Hölle zu schicken.

32 Nun weidete dort an einem Berg gerade eine große Schweineherde. Die Dämonen baten Jesus, ihnen zu erlauben, in die Schweine hineinzufahren. Er erlaubte es ihnen. 33 Da verließen die Dämonen den Menschen und fuhren in die Schweine, und die Herde stürzte sich den Abhang hinab in den See und ertrank. 34 Als die Hirten das sahen, flohen sie und erzählten alles in der Stadt und in den Dörfern. 35 Darauf eilten die Leute herbei, um zu sehen, was geschehen war. Sie kamen zu Jesus und sahen, daß der Mann, den die Dämonen verlassen hatten, wieder bei Verstand war und ordentlich gekleidet Jesus zu Füßen saß. Da fürchteten sie sich. 36 Die, die alles gesehen hatten, berichteten ihnen, wie der Besessene geheilt wurde. 37 Darauf baten alle, die im Gebiet von Gerasa wohnten, Jesus, sie zu verlassen; denn es hatte sie große Angst gepackt. Da stieg Jesus ins Boot und fuhr zurück.

38 Der Mann, den die Dämonen verlassen hatten, bat Jesus, bei ihm bleiben zu dürfen. Doch Jesus schickte ihn weg und sagte: 39 Kehr in dein Haus zurück, und erzähl alles, was Gott für dich getan hat. Da ging er weg und verkündete in der ganzen Stadt, was Jesus für ihn getan hatte.

Die Auferweckung der Tochter des Jaïrus und die Heilung einer kranken Frau

40 Als Jesus (ans andere Ufer) zurückkam, empfingen ihn viele Menschen; sie hatten alle schon auf ihn gewartet. 41 Da kam ein Mann namens Jaïrus, der Synagogenvorsteher war. Er fiel Jesus zu Füßen und bat ihn, in sein Haus zu kommen. 42 Denn sein einziges Kind, ein Mädchen von etwa zwölf Jahren, lag im Sterben.

Während Jesus auf dem Weg zu ihm war, drängten sich die Menschen um ihn und erdrückten ihn beinahe. 43 Darunter war eine Frau, die schon seit zwölf Jahren an Blutungen litt und bisher von

niemand geheilt werden konnte. 44 Sie drängte
sich von hinten an ihn heran und berührte den
Saum seines Gewandes. Im gleichen Augenblick
kam die Blutung zum Stillstand. 45 Da fragte Jesus:
Wer hat mich berührt? Als alle es abstritten, sag-
ten Petrus und seine Gefährten: Meister, die
Leute drängen sich doch von allen Seiten um dich
und erdrücken dich fast. 46 Jesus erwiderte: Es hat
mich jemand berührt; denn ich fühlte, wie eine
Kraft von mir ausströmte. 47 Als die Frau merkte,
daß sie es nicht verheimlichen konnte, kam sie
zitternd zu ihm, fiel vor ihm nieder und erzählte
vor allen Leuten, warum sie ihn berührt hatte und
wie sie durch die Berührung sofort gesund ge-
worden war. 48 Da sagte er zu ihr: Meine Tochter,
dein Glaube hat dir geholfen. Geh in Frieden!

49 Während Jesus noch redete, kam einer, der zum
Haus des Synagogenvorstehers gehörte, und sagte
(zu Jaïrus): Deine Tochter ist gestorben. Bemüh den
Meister nicht länger! 50 Jesus hörte es und sagte zu
Jaïrus: Sei ohne Furcht; glaube nur, dann wird sie
gerettet. 51 Als er in das Haus ging, ließ er niemand
mit hinein außer Petrus, Johannes und Jakobus und
die Eltern des Mädchens. 52 Alle Leute weinten und
klagten über ihren Tod. Jesus aber sagte: Weint
nicht! Sie ist nicht gestorben, sie schläft nur. 53 Da
lachten sie ihn aus, weil sie wußten, daß sie tot war.
54 Er aber faßte sie an der Hand und rief: Mädchen,
steh auf! 55 Da kehrte das Leben in sie zurück, und
sie stand sofort auf. Und er sagte, man solle ihr et-
was zu essen geben. 56 Ihre Eltern aber waren außer
sich. Doch Jesus verbot ihnen, irgend jemand zu er-
zählen, was geschehen war.

Die Aussendung der zwölf Jünger

9 Dann rief er die Zwölf zu sich und gab ihnen
die Kraft und die Vollmacht, alle Dämonen
auszutreiben und die Kranken gesund zu machen.
2 Und er sandte sie aus mit dem Auftrag, das Reich
Gottes zu verkünden und zu heilen. 3 Er sagte zu ih-
nen: Nehmt nichts mit auf den Weg, keinen Wan-
derstab und keine Vorratstasche, kein Brot, kein
Geld und kein zweites Hemd. 4 Bleibt in dem Haus,
in dem ihr einkehrt, bis ihr den Ort wieder verlaßt.
5 Wenn euch aber die Leute in einer Stadt nicht auf-
nehmen wollen, dann geht weg, und schüttelt den
Staub von euren Füßen, zum Zeugnis gegen sie.
6 Die Zwölf machten sich auf den Weg und wan-
derten von Dorf zu Dorf. Sie verkündeten das Evan-
gelium und heilten überall die Kranken.

Das Urteil des Herodes über Jesus

7 Der Tetrarch Herodes hörte von allem, was ge-
schah, und wußte nicht, was er davon halten sollte.
Denn manche sagten: Johannes ist von den Toten
auferstanden. 8 Andere meinten: Elija ist wiederer-
schienen. Wieder andere: Einer der alten Prophe-
ten ist auferstanden. 9 Herodes aber sagte: Johannes
habe ich selbst enthaupten lassen. Wer ist dann die-
ser Mann, von dem man mir solche Dinge erzählt?
Und er hatte den Wunsch, ihn einmal zu sehen.

Die Rückkehr der Jünger und die Speisung der Fünftausend

10 Die Apostel kamen zurück und erzählten Jesus
alles, was sie getan hatten. Dann nahm er sie bei-
seite und zog sich in die Nähe der Stadt Betsaida
zurück, um mit ihnen allein zu sein. 11 Aber die
Leute erfuhren davon und folgten ihm. Er emp-
fing sie freundlich, redete zu ihnen vom Reich
Gottes und heilte alle, die seine Hilfe brauchten.

12 Als der Tag zur Neige ging, kamen die Zwölf zu
ihm und sagten: Schick die Menschen weg, damit
sie in die umliegenden Dörfer und Gehöfte gehen,
dort Unterkunft finden und etwas zu essen be-
kommen; denn wir sind hier an einem abgelege-
nen Ort. 13 Er antwortete: Gebt ihr ihnen zu essen!
Sie sagten: Wir haben nicht mehr als fünf Brote
und zwei Fische; wir müßten erst weggehen und
für all diese Leute Essen kaufen. 14 Es waren etwa
fünftausend Männer. Er erwiderte seinen Jün-
gern: Sagt ihnen, sie sollen sich in Gruppen zu un-
gefähr fünfzig zusammensetzen. 15 Die Jünger ta-
ten, was er ihnen sagte, und veranlaßten, daß sich
alle setzten. 16 Jesus aber nahm die fünf Brote und
die zwei Fische, blickte zum Himmel auf, segnete
sie und brach sie; dann gab er sie den Jüngern, da-
mit sie diese an die Leute austeilten. 17 Und alle
aßen und wurden satt. Als man die übriggeblie-
benen Brotstücke einsammelte, waren es zwölf
Körbe voll.

Das Messiasbekenntnis des Petrus und die erste Ankündigung von Leiden und Auferstehung

18 Jesus betete einmal in der Einsamkeit, und die
Jünger waren bei ihm. Da fragte er sie: Für wen
halten mich die Leute? 19 Sie antworteten: Einige
für Johannes den Täufer, andere für Elija; wieder
andere sagen: Einer der alten Propheten ist aufer-
standen. 20 Da sagte er zu ihnen: Ihr aber, für wen
haltet ihr mich? Petrus antwortete: Für den Mes-

sias Gottes. 21 Doch er verbot ihnen streng, es jemand weiterzusagen.

22 Und er fügte hinzu: Der Menschensohn muß vieles erleiden und von den Ältesten, den Hohenpriestern und den Schriftgelehrten verworfen werden; er wird getötet werden, aber am dritten Tag wird er auferstehen.

Von Nachfolge und Selbstverleugnung

23 Zu allen sagte er: Wer mein Jünger sein will, der verleugne sich selbst, nehme täglich sein Kreuz auf sich und folge mir nach. 24 Denn wer sein Leben retten will, wird es verlieren; wer aber sein Leben um meinetwillen verliert, der wird es retten. 25 Was nützt es einem Menschen, wenn er die ganze Welt gewinnt, dabei aber sich selbst verliert und Schaden nimmt? 26 Denn wer sich meiner und meiner Worte schämt, dessen wird sich der Menschensohn schämen, wenn er in seiner Hoheit kommt und in der Hoheit des Vaters und der heiligen Engel. 27 Wahrhaftig, das sage ich euch: Von denen, die hier stehen, werden einige den Tod nicht erleiden, bis sie das Reich Gottes gesehen haben.

Die Verklärung Jesu

28 Etwa acht Tage nach diesen Reden nahm Jesus Petrus, Johannes und Jakobus beiseite und stieg mit ihnen auf einen Berg, um zu beten. 29 Und während er betete, veränderte sich das Aussehen seines Gesichtes, und sein Gewand wurde leuchtend weiß. 30 Und plötzlich redeten zwei Männer mit ihm. Es waren Mose und Elija; 31 sie erschienen in strahlendem Licht und sprachen von seinem Ende, das sich in Jerusalem erfüllen sollte. 32 Petrus und seine Begleiter aber waren eingeschlafen, wurden jedoch wach und sahen Jesus in strahlendem Licht und die zwei Männer, die bei ihm standen. 33 Als die beiden sich von ihm trennen wollten, sagte Petrus zu Jesus: Meister, es ist gut, daß wir hier sind. Wir wollen drei Hütten bauen, eine für dich, eine für Mose und eine für Elija. Er wußte aber nicht, was er sagte. 34 Während er noch redete, kam eine Wolke und warf ihren Schatten auf sie. Sie gerieten in die Wolke hinein und bekamen Angst. 35 Da rief eine Stimme aus der Wolke: *Das ist mein auserwählter Sohn, auf ihn sollt ihr hören.* 36 Als aber die Stimme erklang, war Jesus wieder allein. Die Jünger schwiegen jedoch über das, was sie gesehen hatten, und erzählten in jenen Tagen niemand davon.

Die Heilung eines besessenen Jungen

37 Als sie am folgenden Tag den Berg hinabstiegen, kam ihnen eine große Menschenmenge entgegen. 38 Da schrie ein Mann aus der Menge: Meister, ich bitte dich, hilf meinem Sohn! Es ist mein einziger. 39 Er ist von einem Geist besessen; plötzlich schreit er auf, wird hin und her gezerrt, und Schaum tritt ihm vor den Mund, und der Geist quält ihn fast unaufhörlich. 40 Ich habe schon deine Jünger gebeten, ihn auszutreiben, aber sie konnten es nicht. 41 Da sagte Jesus: O du ungläubige und unbelehrbare Generation! Wie lange muß ich noch bei euch sein und euch ertragen? Bring deinen Sohn her! 42 Als der Sohn herkam, warf der Dämon ihn zu Boden und zerrte ihn hin und her. Jesus aber drohte dem unreinen Geist, heilte den Jungen und gab ihn seinem Vater zurück. 43a Und alle gerieten außer sich über die Macht und Größe Gottes.

Die zweite Ankündigung von Leiden und Auferstehung

43b Alle Leute staunten über das, was Jesus tat; er aber sagte zu seinen Jüngern: 44 Merkt euch genau, was ich jetzt sage: Der Menschensohn wird den Menschen ausgeliefert werden. 45 Doch die Jünger verstanden den Sinn seiner Worte nicht; er blieb ihnen verborgen, so daß sie ihn nicht begriffen. Aber sie scheuten sich, Jesus zu fragen, was er damit sagen wollte.

Der Rangstreit der Jünger

46 Unter den Jüngern kam die Frage auf, wer von ihnen der Größte sei. 47 Jesus wußte, was in ihrem Herzen vorging. Deshalb nahm er ein Kind, stellte es neben sich 48 und sagte zu ihnen: Wer dieses Kind um meinetwillen aufnimmt, der nimmt mich auf; wer aber mich aufnimmt, der nimmt den auf, der mich gesandt hat. Denn wer unter euch allen der Kleinste ist, der ist groß.

Der fremde Wundertäter

49 Da sagte Johannes: Meister, wir haben gesehen, wie jemand in deinem Namen Dämonen austrieb, und wir versuchten, ihn daran zu hindern, weil er nicht mit uns zusammen dir nachfolgt. 50 Jesus antwortete ihm: Hindert ihn nicht! Denn wer nicht gegen euch ist, der ist für euch.

Auf dem Weg nach Jerusalem: 9,51–19,27

Von der wahren Jüngerschaft: 9,51–13,21

Die ungastlichen Samariter

51 Als die Zeit herankam, in der er (in den Himmel) aufgenommen werden sollte, entschloß sich Jesus, nach Jerusalem zu gehen. 52 Und er schickte Boten vor sich her. Diese kamen in ein samaritisches Dorf und wollten eine Unterkunft für ihn besorgen. 53 Aber man nahm ihn nicht auf, weil er auf dem Weg nach Jerusalem war. 54 Als die Jünger Jakobus und Johannes das sahen, sagten sie: Herr, sollen wir befehlen, daß Feuer vom Himmel fällt und sie vernichtet? 55 Da wandte er sich um und wies sie zurecht. 56 Und sie gingen zusammen in ein anderes Dorf.

Von der Nachfolge

57 Als sie auf ihrem Weg weiterzogen, redete ein Mann Jesus an und sagte: Ich will dir folgen, wohin du auch gehst. 58 Jesus antwortete ihm: Die Füchse haben ihre Höhlen und die Vögel ihre Nester; der Menschensohn aber hat keinen Ort, wo er sein Haupt hinlegen kann. 59 Zu einem anderen sagte er: Folge mir nach! Der erwiderte: Laß mich zuerst heimgehen und meinen Vater begraben. 60 Jesus sagte zu ihm: Laß die Toten ihre Toten begraben; du aber geh und verkünde das Reich Gottes! 61 Wieder ein anderer sagte: Ich will dir nachfolgen, Herr. Zuvor aber laß mich von meiner Familie Abschied nehmen. 62 Jesus erwiderte ihm: Keiner, der die Hand an den Pflug gelegt hat und nochmals zurückblickt, taugt für das Reich Gottes.

Die Aussendung der zweiundsiebzig Jünger

10 Danach suchte der Herr zweiundsiebzig andere aus und sandte sie zu zweit voraus in alle Städte und Ortschaften, in die er selbst gehen wollte. 2 Er sagte zu ihnen: Die Ernte ist groß, aber es gibt nur wenig Arbeiter. Bittet also den Herrn der Ernte, Arbeiter für seine Ernte auszusenden. 3 Geht! Ich sende euch wie Schafe mitten unter die Wölfe. 4 Nehmt keinen Geldbeutel mit, keine Vorratstasche und keine Schuhe! Grüßt niemand unterwegs! 5 Wenn ihr in ein Haus kommt, so sagt als erstes: Friede diesem Haus! 6 Und wenn dort ein Mann des Friedens wohnt, wird der Friede, den ihr ihm wünscht, auf ihm ruhen; andernfalls wird er zu euch zurückkehren. 7 Bleibt in diesem Haus, eßt und trinkt, was man euch anbietet; denn wer arbeitet, hat ein Recht auf seinen Lohn. Zieht nicht von einem Haus in ein anderes! 8 Wenn ihr in eine Stadt kommt und man euch aufnimmt, so eßt, was man euch vorsetzt. 9 Heilt die Kranken, die dort sind, und sagt den Leuten: Das Reich Gottes ist euch nahe. 10 Wenn ihr aber in eine Stadt kommt, in der man euch nicht aufnimmt, dann stellt euch auf die Straße und ruft: 11 Selbst den Staub eurer Stadt, der an unseren Füßen klebt, lassen wir euch zurück; doch das sollt ihr wissen: Das Reich Gottes ist nahe. 12 Ich sage euch: Sodom wird es an jenem Tag nicht so schlimm ergehen wie dieser Stadt.

13 Weh dir, Chorazin! Weh dir, Betsaida! Wenn einst in Tyrus und Sidon die Wunder geschehen wären, die bei euch geschehen sind – man hätte dort in Sack und Asche Buße getan. 14 Tyrus und Sidon wird es beim Gericht nicht so schlimm ergehen wie euch. 15 Und du, Kafarnaum, meinst du etwa, *du wirst bis zum Himmel erhoben? Nein, in die Unterwelt wirst du hinabgeworfen.*

16 Wer euch hört, der hört mich, und wer euch ablehnt, der lehnt mich ab; wer aber mich ablehnt, der lehnt den ab, der mich gesandt hat.

Der Lohn der Jünger

17 Die Zweiundsiebzig kehrten zurück und berichteten voll Freude: Herr, sogar die Dämonen gehorchen uns, wenn wir deinen Namen aussprechen. 18 Da sagte er zu ihnen: Ich sah den Satan wie einen Blitz vom Himmel fallen. 19 Seht, ich habe euch die Vollmacht gegeben, auf Schlangen und Skorpione zu treten und die ganze Macht des Feindes zu überwinden. Nichts wird euch schaden können. 20 Doch freut euch nicht darüber, daß euch die Geister gehorchen, sondern freut euch darüber, daß eure Namen im Himmel verzeichnet sind.

Der Dank Jesu an den Vater

21 In dieser Stunde rief Jesus, vom Heiligen Geist erfüllt, voll Freude aus: Ich preise dich, Vater, Herr des Himmels und der Erde, weil du all das den Weisen und Klugen verborgen, den Unmündigen aber offenbart hast. Ja, Vater, so hat es dir gefallen.

22 Mir ist von meinem Vater alles übergeben wor-
den; niemand weiß, wer der Sohn ist, nur der Va-
ter, und niemand weiß, wer der Vater ist, nur der
Sohn und der, dem es der Sohn offenbaren will.

Die Seligpreisung der Jünger

23 Jesus wandte sich an die Jünger und sagte zu ih-
nen allein: Selig sind die, deren Augen sehen,
was ihr seht. 24 Ich sage euch: Viele Propheten
und Könige wollten sehen, was ihr seht, und ha-
ben es nicht gesehen, und wollten hören, was ihr
hört, und haben es nicht gehört.

Das Beispiel vom barmherzigen Samariter

25 Da stand ein Gesetzeslehrer auf, und um Jesus
auf die Probe zu stellen, fragte er ihn: Meister,
was muß ich tun, um das ewige Leben zu gewin-
nen? 26 Jesus sagte zu ihm: Was steht im Gesetz?
Was liest du dort? 27 Er antwortete: *Du sollst den
Herrn, deinen Gott, lieben mit ganzem Herzen
und ganzer Seele, mit all deiner Kraft* und all dei-
nen Gedanken, und: *Deinen Nächsten sollst du
lieben wie dich selbst.* 28 Jesus sagte zu ihm: Du
hast richtig geantwortet. Handle danach, und du
wirst leben. 29 Der Gesetzeslehrer wollte seine
Frage rechtfertigen und sagte zu Jesus: Und wer
ist mein Nächster?

30 Darauf antwortete ihm Jesus: Ein Mann ging
von Jerusalem nach Jericho hinab und wurde von
Räubern überfallen. Sie plünderten ihn aus und
schlugen ihn nieder; dann gingen sie weg und
ließen ihn halbtot liegen. 31 Zufällig kam ein Prie-
ster denselben Weg herab; er sah ihn und ging
weiter. 32 Auch ein Levit kam zu der Stelle; er sah
ihn und ging weiter. 33 Dann kam ein Mann aus
Samarien, der auf der Reise war. Als er ihn sah,
hatte er Mitleid, 34 ging zu ihm hin, goß Öl und
Wein auf seine Wunden und verband sie. Dann
hob er ihn auf sein Reittier, brachte ihn zu einer
Herberge und sorgte für ihn. 35 Am andern Mor-
gen holte er zwei Denare hervor, gab sie dem
Wirt und sagte: Sorge für ihn, und wenn du mehr
für ihn brauchst, werde ich es dir bezahlen, wenn
ich wiederkomme.

36 Was meinst du: Wer von diesen dreien hat sich
als der Nächste dessen erwiesen, der von den
Räubern überfallen wurde? 37 Der Gesetzeslehrer
antwortete: Der, der barmherzig an ihm gehan-
delt hat. Da sagte Jesus zu ihm: Dann geh und
handle genauso!

Maria und Marta

38 Sie zogen zusammen weiter, und er kam in ein
Dorf. Eine Frau namens Marta nahm ihn freund-
lich auf. 39 Sie hatte eine Schwester, die Maria
hieß. Maria setzte sich dem Herrn zu Füßen und
hörte seinen Worten zu. 40 Marta aber war ganz
davon in Anspruch genommen, für ihn zu sorgen.
Sie kam zu ihm und sagte: Herr, kümmert es dich
nicht, daß meine Schwester die ganze Arbeit mir
allein überläßt? Sag ihr doch, sie soll mir helfen!
41 Der Herr antwortete: Marta, Marta, du machst
dir viele Sorgen und Mühen. 42 Aber nur eines ist
notwendig. Maria hat das Bessere gewählt, das
soll ihr nicht genommen werden.

Das Gebet des Herrn

11 Jesus betete einmal an einem Ort; und als
er das Gebet beendet hatte, sagte einer sei-
ner Jünger zu ihm: Herr, lehre uns beten, wie
schon Johannes seine Jünger beten gelehrt hat.
2 Da sagte er zu ihnen: Wenn ihr betet, so sprecht:
Vater, / dein Name werde geheiligt. / Dein
Reich komme.
3 Gib uns täglich das Brot, das wir brauchen.
4 Und erlaß uns unsere Sünden; / denn auch wir
erlassen jedem, was er uns schuldig ist. / Und
führe uns nicht in Versuchung.

Das Gleichnis vom bittenden Freund

5 Dann sagte er zu ihnen: Wenn einer von euch ei-
nen Freund hat und um Mitternacht zu ihm geht
und sagt: Freund, leih mir drei Brote; 6 denn einer
meiner Freunde, der auf Reisen ist, ist zu mir ge-
kommen, und ich habe ihm nichts anzubieten!,
7 wird dann etwa der Mann drinnen antworten:
Laß mich in Ruhe, die Tür ist schon verschlossen,
und meine Kinder schlafen bei mir; ich kann nicht
aufstehen und dir etwas geben? 8 Ich sage euch:
Wenn er schon nicht deswegen aufsteht und ihm
seine Bitte erfüllt, weil er sein Freund ist, so wird
er doch wegen seiner Zudringlichkeit aufstehen
und ihm geben, was er braucht.

Vom Vertrauen beim Beten

9 Darum sage ich euch: Bittet, dann wird euch ge-
geben; sucht, dann werdet ihr finden; klopft an,
dann wird euch geöffnet. 10 Denn wer bittet, der
empfängt; wer sucht, der findet; und wer
anklopft, dem wird geöffnet. 11 Oder ist unter euch
ein Vater, der seinem Sohn eine Schlange gibt,

wenn er um einen Fisch bittet, 12 oder einen Skor-
pion, wenn er um ein Ei bittet? 13 Wenn nun schon
ihr, die ihr böse seid, euren Kindern gebt, was gut
ist, wieviel mehr wird der Vater im Himmel den
Heiligen Geist denen geben, die ihn bitten.

Verteidigungsrede Jesu

14 Jesus trieb einen Dämon aus, der stumm war.
Als der Dämon den Stummen verlassen hatte,
konnte der Mann reden. Alle Leute staunten. 15 Ei-
nige von ihnen aber sagten: Mit Hilfe von Beel-
zebul, dem Anführer der Dämonen, treibt er die
Dämonen aus. 16 Andere wollten ihn auf die Probe
stellen und forderten von ihm ein Zeichen vom
Himmel. 17 Doch er wußte, was sie dachten, und
sagte zu ihnen: Jedes Reich, das in sich gespalten
ist, wird veröden, und ein Haus ums andere stürzt
ein. 18 Wenn also der Satan mit sich selbst im Streit
liegt, wie kann sein Reich dann Bestand haben?
Ihr sagt doch, daß ich die Dämonen mit Hilfe von
Beelzebul austreibe. 19 Wenn ich die Dämonen
durch Beelzebul austreibe, durch wen treiben
dann eure Anhänger sie aus? Sie selbst also spre-
chen euch das Urteil. 20 Wenn ich aber die Dämo-
nen durch den Finger Gottes austreibe, dann ist
doch das Reich Gottes schon zu euch gekommen.
21 Solange ein bewaffneter starker Mann seinen
Hof bewacht, ist sein Besitz sicher; 22 wenn ihn
aber ein Stärkerer angreift und besiegt, dann
nimmt ihm der Stärkere all seine Waffen weg, auf
die er sich verlassen hat, und verteilt die Beute.
23 Wer nicht für mich ist, der ist gegen mich; wer
nicht mit mir sammelt, der zerstreut.

Von der Rückkehr der unreinen Geister

24 Ein unreiner Geist, der einen Menschen verlas-
sen hat, wandert durch die Wüste und sucht einen
Ort, wo er bleiben kann. Wenn er keinen findet,
sagt er: Ich will in mein Haus zurückkehren, das ich
verlassen habe. 25 Und wenn er es bei seiner Rück-
kehr sauber und geschmückt antrifft, 26 dann geht
er und holt sieben andere Geister, die noch schlim-
mer sind als er selbst. Sie ziehen dort ein und lassen
sich nieder. So wird es mit diesem Menschen am
Ende schlimmer werden als vorher.

Zweierlei Seligpreisungen

27 Als er das sagte, rief eine Frau aus der Menge
ihm zu: Selig die Frau, deren Leib dich getragen
und deren Brust dich genährt hat. 28 Er aber erwi-
derte: Selig sind vielmehr die, die das Wort Gottes
hören und es befolgen.

Die Verweigerung eines Zeichens

29 Als immer mehr Menschen zu ihm kamen,
sagte er: Diese Generation ist böse. Sie fordert ein
Zeichen; aber es wird ihr kein anderes gegeben
werden als das Zeichen des Jona. 30 Denn wie Jona
für die Einwohner von Ninive ein Zeichen war, so
wird es auch der Menschensohn für diese Gene-
ration sein. 31 Die Königin des Südens wird beim
Gericht gegen die Männer dieser Generation auf-
treten und sie verurteilen; denn sie kam vom
Ende der Erde, um die Weisheit Salomos zu
hören. Hier aber ist einer, der mehr ist als Salomo.
32 Die Männer von Ninive werden beim Gericht
gegen diese Generation auftreten und sie verur-
teilen; denn sie haben sich nach der Predigt des
Jona bekehrt. Hier aber ist einer, der mehr ist als
Jona.

Vom Licht und vom Auge

33 Niemand zündet ein Licht an und stellt es in ei-
nen versteckten Winkel oder stülpt ein Gefäß dar-
über, sondern man stellt es auf einen Leuchter,
damit alle, die eintreten, es leuchten sehen.
34 Dein Auge gibt dem Körper Licht. Wenn dein
Auge gesund ist, dann wird auch dein ganzer Kör-
per hell sein. Wenn es aber krank ist, dann wird
dein Körper finster sein. 35 Achte also darauf, daß
in dir nicht Finsternis statt Licht ist. 36 Wenn dein
ganzer Körper von Licht erfüllt und nichts Finste-
res in ihm ist, dann wird er so hell sein, wie wenn
die Lampe dich mit ihrem Schein beleuchtet.

Worte gegen die Pharisäer und die Schriftgelehrten

37 Nach dieser Rede lud ein Pharisäer Jesus zum
Essen ein. Jesus ging zu ihm und setzte sich zu
Tisch. 38 Als der Pharisäer sah, daß er sich vor dem
Essen nicht die Hände wusch, war er verwun-
dert. 39 Da sagte der Herr zu ihm: O ihr Pharisäer!
Ihr haltet zwar Becher und Teller außen sauber,
innen aber seid ihr voll Raubgier und Bosheit.
40 Ihr Unverständigen! Hat nicht der, der das
Äußere schuf, auch das Innere geschaffen? 41 Gebt
lieber, was in den Schüsseln ist, den Armen, dann
ist für euch alles rein.

42 Doch weh euch Pharisäern! Ihr gebt den Zehn-
ten von Minze, Gewürzkraut und allem Gemüse,
die Gerechtigkeit aber und die Liebe zu Gott ver-

geßt ihr. Man muß das eine tun, ohne das andere zu unterlassen.

43 Weh euch Pharisäern! Ihr wollt in den Synagogen den vordersten Sitz haben und auf den Straßen und Plätzen von allen gegrüßt werden.

44 Weh euch: Ihr seid wie Gräber, die man nicht mehr sieht; die Leute gehen darüber, ohne es zu merken.

45 Darauf erwiderte ihm ein Gesetzeslehrer: Meister, damit beleidigst du auch uns. 46 Er antwortete:

Weh auch euch Gesetzeslehrern! Ihr ladet den Menschen Lasten auf, die sie kaum tragen können, selbst aber rührt ihr keinen Finger dafür.

47 Weh euch! Ihr errichtet Denkmäler für die Propheten, die von euren Vätern umgebracht wurden. 48 Damit bestätigt und billigt ihr, was eure Väter getan haben. Sie haben die Propheten umgebracht, ihr errichtet ihnen Bauten. 49 Deshalb hat auch die Weisheit Gottes gesagt: Ich werde Propheten und Apostel zu ihnen senden, und sie werden einige von ihnen töten und andere verfolgen, 50 damit das Blut aller Propheten, das seit der Erschaffung der Welt vergossen worden ist, an dieser Generation gerächt wird, 51 vom Blut Abels bis zum Blut des Zacharias, der im Vorhof zwischen Altar und Tempel umgebracht wurde. Ja, das sage ich euch: An dieser Generation wird es gerächt werden.

52 Weh euch Gesetzeslehrern! Ihr habt den Schlüssel (der Tür) zur Erkenntnis weggenommen. Ihr selbst seid nicht hineingegangen, und die, die hineingehen wollten, habt ihr daran gehindert.

53 Als Jesus das Haus verlassen hatte, begannen die Schriftgelehrten und die Pharisäer, ihn mit vielerlei Fragen hartnäckig zu bedrängen; 54 sie versuchten, ihm eine Falle zu stellen, damit er sich in seinen eigenen Worten verfange.

Warnung vor der Heuchelei der Pharisäer

12 Unterdessen strömten Tausende von Menschen zusammen, so daß es ein gefährliches Gedränge gab. Jesus wandte sich zuerst an seine Jünger und sagte: Hütet euch vor dem Sauerteig der Pharisäer, das heißt vor der Heuchelei. 2 Nichts ist verhüllt, was nicht enthüllt wird, und nichts ist verborgen, was nicht bekannt wird. 3 Deshalb wird man alles, was ihr im Dunkeln redet, am hellen Tag hören, und was ihr einander hinter verschlossenen Türen ins Ohr flüstert, das wird man auf den Dächern verkünden.

Aufforderung zum furchtlosen Bekenntnis

4 Euch aber, meinen Freunden, sage ich: Fürchtet euch nicht vor denen, die den Leib töten, euch aber sonst nichts tun können. 5 Ich will euch zeigen, wen ihr fürchten sollt: Fürchtet euch vor dem, der nicht nur töten kann, sondern die Macht hat, euch auch noch in die Hölle zu werfen. Ja, das sage ich euch: Ihn sollt ihr fürchten. 6 Verkauft man nicht fünf Spatzen für ein paar Pfennig? Und doch vergißt Gott nicht einen von ihnen. 7 Bei euch aber sind sogar die Haare auf dem Kopf alle gezählt. Fürchtet euch nicht! Ihr seid mehr wert als viele Spatzen. 8 Ich sage euch: Wer sich vor den Menschen zu mir bekennt, zu dem wird sich auch der Menschensohn vor den Engeln Gottes bekennen. 9 Wer mich aber vor den Menschen verleugnet, der wird auch vor den Engeln Gottes verleugnet werden. 10 Jedem, der etwas gegen den Menschensohn sagt, wird vergeben werden; wer aber den Heiligen Geist lästert, dem wird nicht vergeben. 11 Wenn man euch vor die Gerichte der Synagogen und vor die Herrscher und Machthaber schleppt, dann macht euch keine Sorgen, wie ihr euch verteidigen oder was ihr sagen sollt. 12 Denn der Heilige Geist wird euch in der gleichen Stunde eingeben, was ihr sagen müßt.

Das Beispiel von der falschen Selbstsicherheit des reichen Mannes

13 Einer aus der Volksmenge bat Jesus: Meister, sag meinem Bruder, er soll das Erbe mit mir teilen. 14 Er erwiderte ihm: Mensch, wer hat mich zum Richter oder Schlichter bei euch gemacht? 15 Dann sagte er zu den Leuten: Gebt acht, hütet euch vor jeder Art von Habgier. Denn der Sinn des Lebens besteht nicht darin, daß ein Mensch aufgrund seines großen Vermögens im Überfluß lebt.

16 Und er erzählte ihnen folgendes Beispiel: Auf den Feldern eines reichen Mannes stand eine gute Ernte. 17 Da überlegte er hin und her: Was soll ich tun? Ich weiß nicht, wo ich meine Ernte unterbringen soll. 18 Schließlich sagte er: So will ich es machen: Ich werde meine Scheunen abreißen und größere bauen; dort werde ich mein ganzes Getreide und meine Vorräte unterbringen. 19 Dann kann ich zu mir selber sagen: Nun hast du einen großen Vorrat, der für viele Jahre reicht. Ruh dich

aus, iß und trink, und freu dich des Lebens! 20 Da
sprach Gott zu ihm: Du Narr! Noch in dieser Nacht
wird man dein Leben von dir zurückfordern. Wem
wird dann all das gehören, was du angehäuft hast?
21 So geht es jedem, der nur für sich selbst Schätze
sammelt, aber vor Gott nicht reich ist.

Von der falschen und der rechten Sorge

22 Und er sagte zu seinen Jüngern: Deswegen sage
ich euch: Sorgt euch nicht um euer Leben und
darum, daß ihr etwas zu essen habt, noch um eu-
ren Leib und darum, daß ihr etwas anzuziehen
habt. 23 Das Leben ist wichtiger als die Nahrung
und der Leib wichtiger als die Kleidung. 24 Seht auf
die Raben: Sie säen nicht und ernten nicht, sie ha-
ben keinen Speicher und keine Scheune; denn
Gott ernährt sie. Wieviel mehr seid ihr wert als
die Vögel! 25 Wer von euch kann mit all seiner
Sorge sein Leben auch nur um eine kleine Zeit-
spanne verlängern? 26 Wenn ihr nicht einmal et-
was so Geringes könnt, warum macht ihr euch
dann Sorgen um all das übrige? 27 Seht euch die Li-
lien an: Sie arbeiten nicht und spinnen nicht.
Doch ich sage euch: Selbst Salomo war in all sei-
ner Pracht nicht gekleidet wie eine von ihnen.
28 Wenn aber Gott schon das Gras so prächtig klei-
det, das heute auf dem Feld steht und morgen ins
Feuer geworfen wird, wieviel mehr dann euch,
ihr Kleingläubigen! 29 Darum fragt nicht, was ihr
essen und was ihr trinken sollt, und ängstigt euch
nicht! 30 Denn um all das geht es den Heiden in der
Welt. Euer Vater weiß, daß ihr das braucht. 31 Euch
jedoch muß es um sein Reich gehen; dann wird
euch das andere dazugegeben.

32 Fürchte dich nicht, du kleine Herde! Denn euer
Vater hat beschlossen, euch das Reich zu geben.

Vom wahren Schatz

33 Verkauft eure Habe, und gebt den Erlös den Ar-
men! Macht euch Geldbeutel, die nicht zerreißen.
Verschafft euch einen Schatz, der nicht abnimmt,
droben im Himmel, wo kein Dieb ihn findet und
keine Motte ihn frißt. 34 Denn wo euer Schatz ist,
da ist auch euer Herz.

Das Gleichnis vom treuen und vom schlechten Knecht

35 Legt euren Gürtel nicht ab, und laßt eure Lam-
pen brennen! 36 Seid wie Menschen, die auf die
Rückkehr ihres Herrn warten, der auf einer Hoch-
zeit ist, und die ihm öffnen, sobald er kommt und
anklopft. 37 Selig die Knechte, die der Herr wach
findet, wenn er kommt! Amen, ich sage euch:
Er wird sich gürten, sie am Tisch Platz nehmen
lassen und sie der Reihe nach bedienen. 38 Und
kommt er erst in der zweiten oder dritten Nacht-
wache und findet sie wach – selig sind sie. 39 Be-
denkt: Wenn der Herr des Hauses wüßte, in wel-
cher Stunde der Dieb kommt, so würde er
verhindern, daß man in sein Haus einbricht.
40 Haltet auch ihr euch bereit! Denn der Men-
schensohn kommt zu einer Stunde, in der ihr es
nicht erwartet.

41 Da sagte Petrus: Herr, meinst du mit diesem
Gleichnis nur uns oder auch all die anderen?
42 Der Herr antwortete: Wer ist denn der treue und
kluge Verwalter, den der Herr einsetzen wird,
damit er seinem Gesinde zur rechten Zeit die
Nahrung zuteilt? 43 Selig der Knecht, den der Herr
damit beschäftigt findet, wenn er kommt!
44 Wahrhaftig, das sage ich euch: Er wird ihn zum
Verwalter seines ganzen Vermögens machen.
45 Wenn aber der Knecht denkt: Mein Herr kommt
noch lange nicht zurück!, und anfängt, die
Knechte und Mägde zu schlagen; wenn er ißt und
trinkt und sich berauscht, 46 dann wird der Herr an
einem Tag kommen, an dem der Knecht es nicht
erwartet, und zu einer Stunde, die er nicht kennt;
und der Herr wird ihn in Stücke hauen und ihm
seinen Platz unter den Ungläubigen zuweisen.

47 Der Knecht, der den Willen seines Herrn
kennt, sich aber nicht darum kümmert und nicht
danach handelt, der wird viele Schläge bekom-
men. 48 Wer aber, ohne den Willen des Herrn zu
kennen, etwas tut, was Schläge verdient, der
wird wenig Schläge bekommen. Wem viel gege-
ben wurde, von dem wird viel zurückgefordert
werden, und wem man viel anvertraut hat, von
dem wird man um so mehr verlangen.

Von Frieden und Zwietracht

49 Ich bin gekommen, um Feuer auf die Erde zu
werfen. Wie froh wäre ich, es würde schon bren-
nen! 50 Ich muß mit einer Taufe getauft werden,
und ich bin sehr bedrückt, solange sie noch nicht
vollzogen ist. 51 Meint ihr, ich sei gekommen, um
Frieden auf die Erde zu bringen? Nein, sage ich
euch, nicht Frieden, sondern Spaltung. 52 Denn
von nun an wird es so sein: Wenn fünf Menschen
im gleichen Haus leben, wird Zwietracht herr-

schen: Drei werden gegen zwei stehen und zwei
gegen drei, 53 der Vater gegen den Sohn und *der
Sohn gegen den Vater*, die Mutter gegen die Toch-
ter und *die Tochter gegen die Mutter,* die Schwie-
germutter gegen ihre Schwiegertochter und *die
Schwiegertochter gegen die Schwiegermutter.*

Von den Zeichen der Zeit

54 Außerdem sagte Jesus zu den Leuten: Sobald ihr
im Westen Wolken aufsteigen seht, sagt ihr: Es
gibt Regen. Und es kommt so. 55 Und wenn der
Südwind weht, dann sagt ihr: Es wird heiß. Und
es trifft ein. 56 Ihr Heuchler! Das Aussehen der
Erde und des Himmels könnt ihr deuten. Warum
könnt ihr dann die Zeichen dieser Zeit nicht deu-
ten? 57 Warum findet ihr nicht schon von selbst das
rechte Urteil?

Von der Versöhnung

58 Wenn du mit deinem Gegner vor Gericht gehst,
bemüh dich noch auf dem Weg, dich mit ihm zu
einigen. Sonst wird er dich vor den Richter
schleppen, und der Richter wird dich dem Ge-
richtsdiener übergeben, und der Gerichtsdiener
wird dich ins Gefängnis werfen. 59 Ich sage dir: Du
kommst von dort nicht heraus, bis du auch den
letzten Pfennig bezahlt hast.

Mahnung zur Umkehr

13 Zu dieser Zeit kamen einige Leute zu Je-
sus und berichteten ihm von den Ga-
liläern, die Pilatus beim Opfern umbringen ließ,
so daß sich ihr Blut mit dem ihrer Opfertiere ver-
mischte. 2 Da sagte er zu ihnen: Meint ihr, daß nur
diese Galiläer Sünder waren, weil das mit ihnen
geschehen ist, alle anderen Galiläer aber nicht?
3 Nein, im Gegenteil: Ihr alle werdet genauso um-
kommen, wenn ihr euch nicht bekehrt. 4 Oder
jene achtzehn Menschen, die beim Einsturz des
Turms von Schiloach erschlagen wurden – meint
ihr, daß nur sie Schuld auf sich geladen hatten,
alle anderen Einwohner von Jerusalem aber
nicht? 5 Nein, im Gegenteil: Ihr alle werdet ge-
nauso umkommen, wenn ihr euch nicht bekehrt.
6 Und er erzählte ihnen dieses Gleichnis: Ein
Mann hatte in seinem Weinberg einen Feigen-
baum; und als er kam und nachsah, ob er Früchte
trug, fand er keine. 7 Da sagte er zu seinem Wein-
gärtner: Jetzt komme ich schon drei Jahre und
sehe nach, ob dieser Feigenbaum Früchte trägt,
und finde nichts. Hau ihn um! Was soll er weiter
dem Boden seine Kraft nehmen? 8 Der Weingärt-
ner erwiderte: Herr, laß ihn dieses Jahr noch
stehen; ich will den Boden um ihn herum aufgra-
ben und düngen. 9 Vielleicht trägt er doch noch
Früchte; wenn nicht, dann laß ihn umhauen.

Die Heilung einer Frau am Sabbat

10 Am Sabbat lehrte Jesus in einer Synagoge. 11 Dort
saß eine Frau, die seit achtzehn Jahren krank war,
weil sie von einem Dämon geplagt wurde; ihr
Rücken war verkrümmt, und sie konnte nicht
mehr aufrecht gehen. 12 Als Jesus sie sah, rief er sie
zu sich und sagte: Frau, du bist von deinem Leiden
erlöst. 13 Und er legte ihr die Hände auf. Im gleichen
Augenblick richtete sie sich auf und pries Gott.
14 Der Synagogenvorsteher aber war empört dar-
über, daß Jesus am Sabbat heilte, und sagte zu den
Leuten: Sechs Tage sind zum Arbeiten da. Kommt
also an diesen Tagen und laßt euch heilen, nicht am
Sabbat! 15 Der Herr erwiderte ihm: Ihr Heuchler!
Bindet nicht jeder von euch am Sabbat seinen Och-
sen oder Esel von der Krippe los und führt ihn zur
Tränke? 16 Diese Tochter Abrahams aber, die der Sa-
tan schon seit achtzehn Jahren gefesselt hielt, sollte
am Sabbat nicht davon befreit werden dürfen?
17 Durch diese Worte wurden alle seine Gegner be-
schämt; das ganze Volk aber freute sich über all die
großen Taten, die er vollbrachte.

Das Gleichnis vom Senfkorn

18 Er sagte: Wem ist das Reich Gottes ähnlich, womit
soll ich es vergleichen? 19 Es ist wie ein Senfkorn,
das ein Mann in seinem Garten in die Erde steckte;
es wuchs und wurde zu einem *Baum,* und *die Vö-
gel des Himmels nisteten in seinen Zweigen.*

Das Gleichnis vom Sauerteig

20 Außerdem sagte er: Womit soll ich das Reich
Gottes vergleichen? 21 Es ist wie der Sauerteig, den
eine Frau unter einen großen Trog Mehl mischte,
bis das Ganze durchsäuert war.

Von der neuen Ordnung im Reich Gottes: 13,22–19,27

Von der engen und von der verschlossenen Tür

22 Auf seinem Weg nach Jerusalem zog er von
Stadt zu Stadt und von Dorf zu Dorf und lehrte.
23 Da fragte ihn einer: Herr, sind es nur wenige, die

gerettet werden? Er sagte zu ihnen: 24 Bemüht
euch mit allen Kräften, durch die enge Tür zu ge-
langen; denn viele, sage ich euch, werden versu-
chen hineinzukommen, aber es wird ihnen nicht
gelingen.

25 Wenn der Herr des Hauses aufsteht und die
Tür verschließt, dann steht ihr draußen, klopft an
die Tür und ruft: Herr, mach uns auf! Er aber wird
euch antworten: Ich weiß nicht, woher ihr seid.
26 Dann werdet ihr sagen: Wir haben doch mit dir
gegessen und getrunken, und du hast auf unseren
Straßen gelehrt. 27 Er aber wird erwidern: Ich sage
euch, ich weiß nicht, woher ihr seid. *Weg von
mir, ihr habt alle Unrecht getan!* 28 Da werdet ihr
heulen und mit den Zähnen knirschen, wenn ihr
seht, daß Abraham, Isaak und Jakob und alle Pro-
pheten im Reich Gottes sind, ihr selbst aber aus-
geschlossen seid. 29 Und man wird von Osten und
Westen und von Norden und Süden kommen
und im Reich Gottes zu Tisch sitzen. 30 Dann wer-
den manche von den Letzten die Ersten sein und
manche von den Ersten die Letzten.

Der Abschied von Galiläa

31 Zu dieser Zeit kamen einige Pharisäer zu ihm
und sagten: Geh weg, verlaß dieses Gebiet, denn
Herodes will dich töten. 32 Er antwortete ihnen:
Geht und sagt diesem Fuchs: Ich treibe Dämonen
aus und heile Kranke, heute und morgen, und am
dritten Tag werde ich mein Werk vollenden.
33 Doch heute und morgen und am folgenden Tag
muß ich weiterwandern; denn ein Prophet darf
nirgendwo anders als in Jerusalem umkommen.

34 Jerusalem, Jerusalem, du tötest die Propheten
und steinigst die Boten, die zu dir gesandt sind.
Wie oft wollte ich deine Kinder um mich sam-
meln, so wie eine Henne ihre Küken unter ihre
Flügel nimmt; aber ihr habt nicht gewollt.
35 Darum wird euer Haus (von Gott) verlassen. Ich
sage euch: Ihr werdet mich nicht mehr sehen, bis
die Zeit kommt, in der ihr ruft: *Gesegnet sei er, der
kommt im Namen des Herrn!*

Die Heilung eines Wassersüchtigen am Sabbat

14 Als Jesus an einem Sabbat in das Haus ei-
nes führenden Pharisäers zum Essen
kam, beobachtete man ihn genau. 2 Da stand auf
einmal ein Mann vor ihm, der an Wassersucht litt.
3 Jesus wandte sich an die Gesetzeslehrer und die
Pharisäer und fragte: Ist es am Sabbat erlaubt zu
heilen, oder nicht? 4 Sie schwiegen. Da berührte er
den Mann, heilte ihn und ließ ihn gehen. 5 Zu ih-
nen aber sagte er: Wer von euch wird seinen
Sohn oder seinen Ochsen, der in den Brunnen
fällt, nicht sofort herausziehen, auch am Sabbat?
6 Darauf konnten sie ihm nichts erwidern.

Mahnung zur Bescheidenheit

7 Als er bemerkte, wie sich die Gäste die Ehren-
plätze aussuchten, nahm er das zum Anlaß, ih-
nen eine Lehre zu erteilen. Er sagte zu ihnen:
8 Wenn du zu einer Hochzeit eingeladen bist, such
dir nicht den Ehrenplatz aus. Denn es könnte ein
anderer eingeladen sein, der vornehmer ist als du,
9 und dann würde der Gastgeber, der dich und ihn
eingeladen hat, kommen und zu dir sagen: Mach
diesem hier Platz! Du aber wärst beschämt und
müßtest den untersten Platz einnehmen. 10 Wenn
du also eingeladen bist, setz dich lieber, wenn du
hinkommst, auf den untersten Platz; dann wird
der Gastgeber zu dir kommen und sagen: Mein
Freund, rück weiter hinauf! Das wird für dich eine
Ehre sein vor allen anderen Gästen. 11 Denn wer
sich selbst erhöht, wird erniedrigt, und wer sich
selbst erniedrigt, wird erhöht werden.

Von den rechten Gästen

12 Dann sagte er zu dem Gastgeber: Wenn du mit-
tags oder abends ein Essen gibst, so lade nicht
deine Freunde oder deine Brüder, deine Ver-
wandten oder reiche Nachbarn ein; sonst laden
auch sie dich ein, und damit ist dir wieder alles
vergolten. 13 Nein, wenn du ein Essen gibst, dann
lade Arme, Krüppel, Lahme und Blinde ein. 14 Du
wirst selig sein, denn sie können es dir nicht ver-
gelten; es wird dir vergolten werden bei der Auf-
erstehung der Gerechten.

Das Gleichnis vom Festmahl

15 Als einer der Gäste das hörte, sagte er zu Jesus:
Selig, wer im Reich Gottes am Mahl teilnehmen
darf. 16 Jesus sagte zu ihm: Ein Mann veranstaltete
ein großes Festmahl und lud viele dazu ein. 17 Als
das Fest beginnen sollte, schickte er seinen Die-
ner und ließ den Gästen, die er eingeladen hatte,
sagen: Kommt, es steht alles bereit! 18 Aber einer
nach dem andern ließ sich entschuldigen. Der er-
ste ließ ihm sagen: Ich habe einen Acker gekauft
und muß jetzt gehen und ihn besichtigen. Bitte,
entschuldige mich! 19 Ein anderer sagte: Ich habe

fünf Ochsengespanne gekauft und bin auf dem Weg, sie mir genauer anzusehen. Bitte, entschuldige mich! 20 Wieder ein anderer sagte: Ich habe geheiratet und kann deshalb nicht kommen. 21 Der Diener kehrte zurück und berichtete alles seinem Herrn. Da wurde der Herr zornig und sagte zu seinem Diener: Geh schnell auf die Straßen und Gassen der Stadt und hol die Armen und die Krüppel, die Blinden und die Lahmen herbei. 22 Bald darauf meldete der Diener: Herr, dein Auftrag ist ausgeführt; aber es ist immer noch Platz. 23 Da sagte der Herr zu dem Diener: Dann geh auf die Landstraßen und vor die Stadt hinaus und nötige die Leute zu kommen, damit mein Haus voll wird. 24 Das aber sage ich euch: Keiner von denen, die eingeladen waren, wird an meinem Mahl teilnehmen.

Vom Ernst der Nachfolge

25 Viele Menschen begleiteten ihn; da wandte er sich an sie und sagte: 26 Wenn jemand zu mir kommt und nicht Vater und Mutter, Frau und Kinder, Brüder und Schwestern, ja sogar sein Leben gering achtet, dann kann er nicht mein Jünger sein. 27 Wer nicht sein Kreuz trägt und mir nachfolgt, der kann nicht mein Jünger sein.

28 Wenn einer von euch einen Turm bauen will, setzt er sich dann nicht zuerst hin und rechnet, ob seine Mittel für das ganze Vorhaben ausreichen? 29 Sonst könnte es geschehen, daß er das Fundament gelegt hat, dann aber den Bau nicht fertigstellen kann. Und alle, die es sehen, würden ihn verspotten 30 und sagen: Der da hat einen Bau begonnen und konnte ihn nicht zu Ende führen.

31 Oder wenn ein König gegen einen anderen in den Krieg zieht, setzt er sich dann nicht zuerst hin und überlegt, ob er sich mit seinen zehntausend Mann dem entgegenstellen kann, der mit zwanzigtausend gegen ihn anrückt? 32 Kann er es nicht, dann schickt er eine Gesandtschaft, solange der andere noch weit weg ist, und bittet um Frieden.

33 Darum kann keiner von euch mein Jünger sein, wenn er nicht auf seinen ganzen Besitz verzichtet.

34 Das Salz ist etwas Gutes. Wenn aber das Salz seinen Geschmack verliert, womit kann man ihm die Würze wiedergeben? 35 Es taugt weder für den Acker noch für den Misthaufen, man wirft es weg. Wer Ohren hat zum Hören, der höre!

Die Gleichnisse vom verlorenen Schaf und von der verlorenen Drachme

15 Alle Zöllner und Sünder kamen zu ihm, um ihn zu hören. 2 Die Pharisäer und die Schriftgelehrten empörten sich darüber und sagten: Er gibt sich mit Sündern ab und ißt sogar mit ihnen.

3 Da erzählte er ihnen ein Gleichnis und sagte: 4 Wenn einer von euch hundert Schafe hat und eins davon verliert, läßt er dann nicht die neunundneunzig in der Steppe zurück und geht dem verlorenen nach, bis er es findet? 5 Und wenn er es gefunden hat, nimmt er es voll Freude auf die Schultern, 6 und wenn er nach Hause kommt, ruft er seine Freunde und Nachbarn zusammen und sagt zu ihnen: Freut euch mit mir; ich habe mein Schaf wiedergefunden, das verloren war. 7 Ich sage euch: Ebenso wird auch im Himmel mehr Freude herrschen über einen einzigen Sünder, der umkehrt, als über neunundneunzig Gerechte, die es nicht nötig haben umzukehren.

8 Oder wenn eine Frau zehn Drachmen hat und eine davon verliert, zündet sie dann nicht eine Lampe an, fegt das ganze Haus und sucht unermüdlich, bis sie das Geldstück findet? 9 Und wenn sie es gefunden hat, ruft sie ihre Freundinnen und Nachbarinnen zusammen und sagt: Freut euch mit mir; ich habe die Drachme wiedergefunden, die ich verloren hatte. 10 Ich sage euch: Ebenso herrscht auch bei den Engeln Gottes Freude über einen einzigen Sünder, der umkehrt.

Das Gleichnis vom verlorenen Sohn

11 Weiter sagte Jesus: Ein Mann hatte zwei Söhne. 12 Der jüngere von ihnen sagte zu seinem Vater: Vater, gib mir das Erbteil, das mir zusteht. Da teilte der Vater das Vermögen auf. 13 Nach wenigen Tagen packte der jüngere Sohn alles zusammen und zog in ein fernes Land. Dort führte er ein zügelloses Leben und verschleuderte sein Vermögen. 14 Als er alles durchgebracht hatte, kam eine große Hungersnot über das Land, und es ging ihm sehr schlecht. 15 Da ging er zu einem Bürger des Landes und drängte sich ihm auf; der schickte ihn aufs Feld zum Schweinehüten. 16 Er hätte gern seinen Hunger mit den Futterschoten gestillt, die die Schweine fraßen; aber niemand gab ihm davon. 17 Da ging er in sich und sagte: Wie viele Tagelöhner meines Vaters haben mehr als genug zu essen, und ich komme hier vor Hunger um. 18 Ich

will aufbrechen und zu meinem Vater gehen und
zu ihm sagen: Vater, ich habe mich gegen den
Himmel und gegen dich versündigt. 19 Ich bin
nicht mehr wert, dein Sohn zu sein; mach mich
zu einem deiner Tagelöhner. 20 Dann brach er auf
und ging zu seinem Vater. Der Vater sah ihn schon
von weitem kommen, und er hatte Mitleid mit
ihm. Er lief dem Sohn entgegen, fiel ihm um den
Hals und küßte ihn. 21 Da sagte der Sohn: Vater,
ich habe mich gegen den Himmel und gegen
dich versündigt; ich bin nicht mehr wert, dein
Sohn zu sein. 22 Der Vater aber sagte zu seinen
Knechten: Holt schnell das beste Gewand, und
zieht es ihm an, steckt ihm einen Ring an die
Hand, und zieht ihm Schuhe an. 23 Bringt das
Mastkalb her, und schlachtet es; wir wollen es-
sen und fröhlich sein. 24 Denn mein Sohn war tot
und lebt wieder; er war verloren und ist wieder-
gefunden worden. Und sie begannen, ein fröhli-
ches Fest zu feiern.
25 Sein älterer Sohn war unterdessen auf dem
Feld. Als er heimging und in die Nähe des Hauses
kam, hörte er Musik und Tanz. 26 Da rief er einen
der Knechte und fragte, was das bedeuten solle.
27 Der Knecht antwortete: Dein Bruder ist gekom-
men, und dein Vater hat das Mastkalb schlachten
lassen, weil er ihn heil und gesund wiederbe-
kommen hat. 28 Da wurde er zornig und wollte
nicht hineingehen. Sein Vater aber kam heraus
und redete ihm gut zu. 29 Doch er erwiderte dem
Vater: So viele Jahre schon diene ich dir, und nie
habe ich gegen deinen Willen gehandelt; mir aber
hast du nie auch nur einen Ziegenbock ge-
schenkt, damit ich mit meinen Freunden ein Fest
feiern konnte. 30 Kaum aber ist der hier gekom-
men, dein Sohn, der dein Vermögen mit Dirnen
durchgebracht hat, da hast du für ihn das Mast-
kalb geschlachtet. 31 Der Vater antwortete ihm:
Mein Kind, du bist immer bei mir, und alles, was
mein ist, ist auch dein. 32 Aber jetzt müssen wir
uns doch freuen und ein Fest feiern; denn dein
Bruder war tot und lebt wieder; er war verloren
und ist wiedergefunden worden.

Das Gleichnis vom klugen Verwalter

16 Jesus sagte zu den Jüngern: Ein reicher
Mann hatte einen Verwalter. Diesen be-
schuldigte man bei ihm, er verschleudere sein
Vermögen. 2 Darauf ließ er ihn rufen und sagte zu
ihm: Was höre ich über dich? Leg Rechenschaft ab
über deine Verwaltung! Du kannst nicht länger
mein Verwalter sein. 3 Da überlegte der Verwalter:
Mein Herr entzieht mir die Verwaltung. Was soll
ich jetzt tun? Zu schwerer Arbeit tauge ich nicht,
und zu betteln schäme ich mich. 4 Doch – ich
weiß, was ich tun muß, damit mich die Leute in
ihre Häuser aufnehmen, wenn ich als Verwalter
abgesetzt bin. 5 Und er ließ die Schuldner seines
Herrn, einen nach dem andern, zu sich kommen
und fragte den ersten: Wieviel bist du meinem
Herrn schuldig? 6 Er antwortete: Hundert Faß Öl.
Da sagte er zu ihm: Nimm deinen Schuldschein,
setz dich gleich hin, und schreib »fünfzig«. 7 Dann
fragte er einen andern: Wieviel bist du schuldig?
Der antwortete: Hundert Sack Weizen. Da sagte
er zu ihm: Nimm deinen Schuldschein, und
schreib »achtzig«.
8 Und der Herr lobte die Klugheit des unehrli-
chen Verwalters und sagte: Die Kinder dieser Welt
sind im Umgang mit ihresgleichen klüger als die
Kinder des Lichtes.

Vom rechten Gebrauch des Reichtums

9 Ich sage euch: Macht euch Freunde mit Hilfe des
ungerechten Mammons, damit ihr in die ewigen
Wohnungen aufgenommen werdet, wenn es (mit
euch) zu Ende geht.
10 Wer in den kleinsten Dingen zuverlässig ist,
der ist es auch in den großen, und wer bei den
kleinsten Dingen Unrecht tut, der tut es auch bei
den großen. 11 Wenn ihr im Umgang mit dem un-
gerechten Reichtum nicht zuverlässig gewesen
seid, wer wird euch dann das wahre Gut anver-
trauen?
12 Und wenn ihr im Umgang mit dem fremden
Gut nicht zuverlässig gewesen seid, wer wird
euch dann euer (wahres) Eigentum geben?
13 Kein Sklave kann zwei Herren dienen; er wird
entweder den einen hassen und den andern lie-
ben, oder er wird zu dem einen halten und den
andern verachten. Ihr könnt nicht beiden dienen,
Gott und dem Mammon.

Das Urteil Jesu über die Pharisäer

14 Das alles hörten auch die Pharisäer, die sehr am
Geld hingen, und sie lachten über ihn. 15 Da sagte
er zu ihnen: Ihr redet den Leuten ein, daß ihr ge-
recht seid; aber Gott kennt euer Herz. Denn was
die Menschen für großartig halten, das ist in den
Augen Gottes ein Greuel.

Vom Gesetz und von der Ehescheidung

16 Bis zu Johannes hatte man nur das Gesetz und
die Propheten. Seitdem wird das Evangelium
vom Reich Gottes verkündet, und alle drängen
sich danach, hineinzukommen. 17 Aber eher wer-
den Himmel und Erde vergehen, als daß auch nur
der kleinste Buchstabe im Gesetz wegfällt.
18 Wer seine Frau aus der Ehe entläßt und eine
andere heiratet, begeht Ehebruch; auch wer eine
Frau heiratet, die von ihrem Mann aus der Ehe
entlassen worden ist, begeht Ehebruch.

Das Beispiel vom reichen Mann und vom armen Lazarus

19 Es war einmal ein reicher Mann, der sich in Pur-
pur und feines Leinen kleidete und Tag für Tag
herrlich und in Freuden lebte. 20 Vor der Tür des
Reichen aber lag ein armer Mann namens La-
zarus, dessen Leib voller Geschwüre war. 21 Er
hätte gern seinen Hunger mit dem gestillt, was
vom Tisch des Reichen herunterfiel. Statt dessen
kamen die Hunde und leckten an seinen Ge-
schwüren. 22 Als nun der Arme starb, wurde er
von den Engeln in Abrahams Schoß getragen.
Auch der Reiche starb und wurde begraben. 23 In
der Unterwelt, wo er qualvolle Schmerzen litt,
blickte er auf und sah von weitem Abraham, und
Lazarus in seinem Schoß. 24 Da rief er: Vater Abra-
ham, hab Erbarmen mit mir, und schick Lazarus
zu mir; er soll wenigstens die Spitze seines Fin-
gers ins Wasser tauchen und mir die Zunge
kühlen, denn ich leide große Qual in diesem
Feuer. 25 Abraham erwiderte: Mein Kind, denk
daran, daß du schon zu Lebzeiten deinen Anteil
am Guten erhalten hast, Lazarus aber nur
Schlechtes. Jetzt wird er dafür getröstet, du aber
mußt leiden. 26 Außerdem ist zwischen uns und
euch ein tiefer, unüberwindlicher Abgrund, so
daß niemand von hier zu euch oder von dort zu
uns kommen kann, selbst wenn er wollte. 27 Da
sagte der Reiche: Dann bitte ich dich, Vater, schick
ihn in das Haus meines Vaters! 28 Denn ich habe
noch fünf Brüder. Er soll sie warnen, damit nicht
auch sie an diesen Ort der Qual kommen. 29 Ab-
raham aber sagte: Sie haben Mose und die Pro-
pheten, auf die sollen sie hören. 30 Er erwiderte:
Nein, Vater Abraham, nur wenn einer von den To-
ten zu ihnen kommt, werden sie umkehren. 31
Darauf sagte Abraham: Wenn sie auf Mose und
die Propheten nicht hören, werden sie sich auch
nicht überzeugen lassen, wenn einer von den To-
ten aufersteht.

Warnung vor der Verführung

17 Er sagte zu seinen Jüngern: Es ist unver-
meidlich, daß Verführungen kommen.
Aber wehe dem, der sie verschuldet. 2 Es wäre
besser für ihn, man würde ihn mit einem Mühl-
stein um den Hals ins Meer werfen, als daß er ei-
nen von diesen Kleinen zum Bösen verführt.
3a Seht euch vor!

Von der Pflicht zur Vergebung

3b Wenn dein Bruder sündigt, weise ihn zurecht;
und wenn er sich ändert, vergib ihm. 4 Und wenn
er sich siebenmal am Tag gegen dich versündigt
und siebenmal wieder zu dir kommt und sagt: Ich
will mich ändern!, so sollst du ihm vergeben.

Von der Macht des Glaubens

5 Die Apostel baten den Herrn: Stärke unseren
Glauben! 6 Der Herr erwiderte: Wenn euer Glaube
auch nur so groß wäre wie ein Senfkorn, würdet ihr
zu dem Maulbeerbaum hier sagen: Heb dich samt
deinen Wurzeln aus dem Boden, und verpflanz
dich ins Meer!, und er würde euch gehorchen.

Das Gleichnis vom unnützen Sklaven

7 Wenn einer von euch einen Sklaven hat, der
pflügt oder das Vieh hütet, wird er etwa zu ihm,
wenn er vom Feld kommt, sagen: Nimm gleich
Platz zum Essen? 8 Wird er nicht vielmehr zu ihm
sagen: Mach mir etwas zu essen, gürte dich, und
bediene mich; wenn ich gegessen und getrunken
habe, kannst auch du essen und trinken. 9 Be-
dankt er sich etwa bei dem Sklaven, weil er getan
hat, was ihm befohlen wurde? 10 So soll es auch
bei euch sein: Wenn ihr alles getan habt, was
euch befohlen wurde, sollt ihr sagen: Wir sind
unnütze Sklaven; wir haben nur unsere Schul-
digkeit getan.

Der dankbare Samariter

11 Auf dem Weg nach Jerusalem zog Jesus durch
das Grenzgebiet von Samarien und Galiläa. 12 Als
er in ein Dorf hineingehen wollte, kamen ihm
zehn Aussätzige entgegen. Sie blieben in der
Ferne stehen 13 und riefen: Jesus, Meister, hab Er-
barmen mit uns! 14 Als er sie sah, sagte er zu ih-
nen: Geht, *zeigt euch den Priestern!* Und

Hinauf nach Judäa in die Stadt Davids (Lk 2) | 66 ▷
Und sie gebar ihren Sohn (Lk 2) | 67 ▷▷

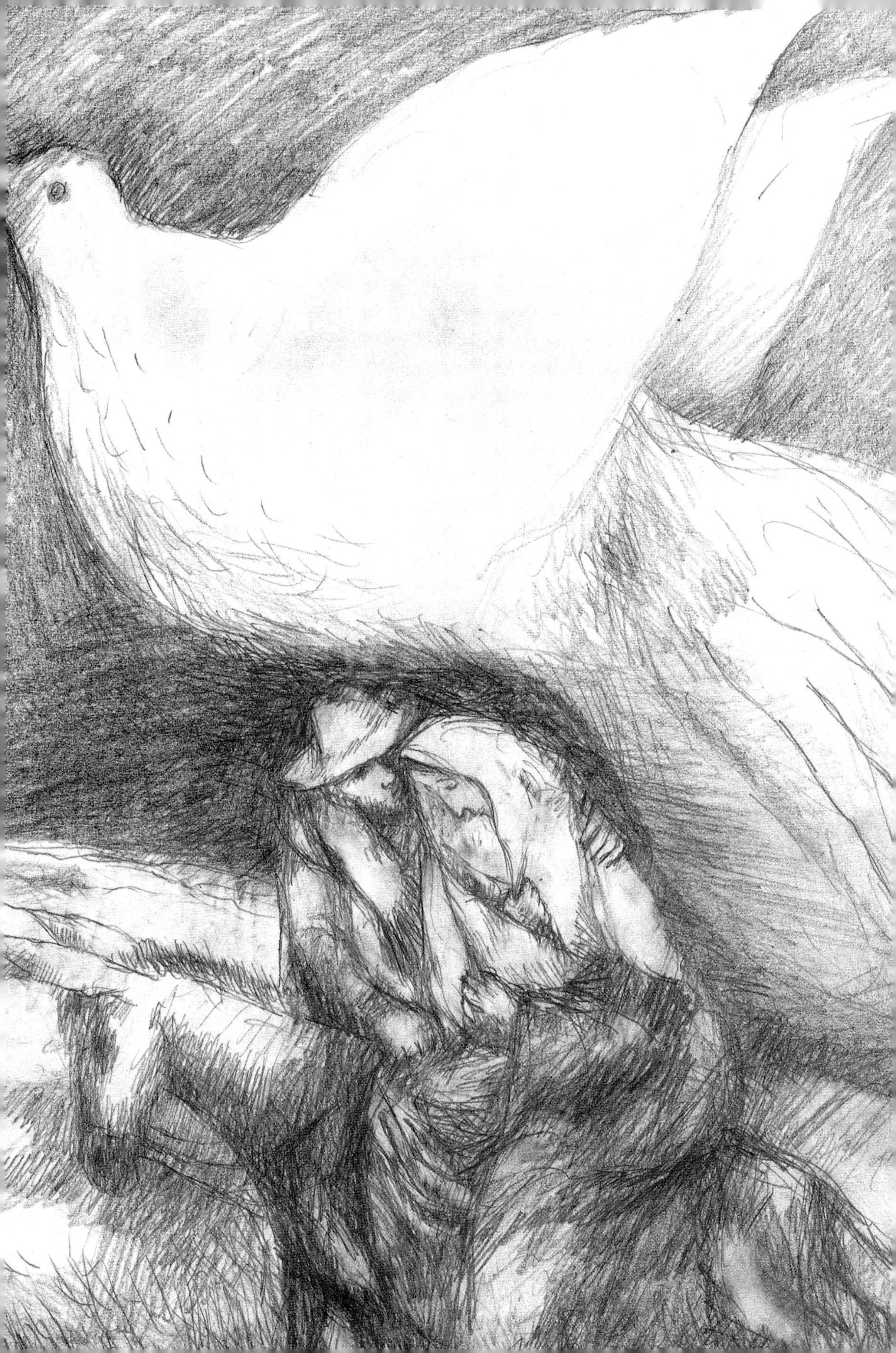

während sie zu den Priestern gingen, wurden sie
rein. 15 Einer von ihnen aber kehrte um, als er sah,
daß er geheilt war; und er lobte Gott mit lauter
Stimme. 16 Er warf sich vor den Füßen Jesu zu Bo-
den und dankte ihm. Dieser Mann war aus Sa-
marien. 17 Da sagte Jesus: Es sind doch alle zehn
rein geworden. Wo sind die übrigen neun? 18 Ist
denn keiner umgekehrt, um Gott zu ehren, außer
diesem Fremden? 19 Und er sagte zu ihm: Steh auf
und geh! Dein Glaube hat dir geholfen.

Vom Kommen des Gottesreiches

20 Als Jesus von den Pharisäern gefragt wurde,
wann das Reich Gottes komme, antwortete er:
Das Reich Gottes kommt nicht so, daß man es an
äußeren Zeichen erkennen könnte. 21 Man kann
auch nicht sagen: Seht, hier ist es!, oder: Dort ist
es! Denn: Das Reich Gottes ist (schon) mitten un-
ter euch.

Vom Kommen des Menschensohnes

22 Er sagte zu den Jüngern: Es wird eine Zeit kom-
men, in der ihr euch danach sehnt, auch nur einen
von den Tagen des Menschensohnes zu erleben;
aber ihr werdet ihn nicht erleben. 23 Und wenn man
zu euch sagt: Dort ist er! Hier ist er!, so geht nicht
hin, und lauft nicht hinterher! 24 Denn wie der Blitz
von einem Ende des Himmels bis zum andern
leuchtet, so wird der Menschensohn an seinem
Tag erscheinen. 25 Vorher aber muß er vieles erlei-
den und von dieser Generation verworfen wer-
den. 26 Und wie es zur Zeit des Noach war, so wird
es auch in den Tagen des Menschensohnes sein.
27 Die Menschen aßen und tranken und heirateten
bis zu dem Tag, an dem *Noach in die Arche ging;*
dann kam die Flut und vernichtete alle. 28 Und es
wird ebenso sein, wie es zur Zeit des Lot war: Sie
aßen und tranken, kauften und verkauften, pflanz-
ten und bauten. 29 Aber an dem Tag, als Lot Sodom
verließ, *regnete es Feuer und Schwefel vom Him-
mel,* und alle kamen um. 30 Ebenso wird es an dem
Tag sein, an dem sich der Menschensohn offenbart.
31 Wer dann auf dem Dach ist und seine Sachen im
Haus hat, soll nicht hinabsteigen, um sie zu holen,
und wer auf dem Feld ist, soll nicht zurückkehren.
32 Denkt an die Frau des Lot! 33 Wer sein Leben zu be-
wahren sucht, wird es verlieren; wer es dagegen
verliert, wird es gewinnen. 34 Ich sage euch: Von
zwei Männern, die in jener Nacht auf einem Bett
liegen, wird der eine mitgenommen und der an-
dere zurückgelassen. 35 Von zwei Frauen, die mit
derselben Mühle Getreide mahlen, wird die eine
mitgenommen und die andere zurückgelassen.
[36] 37 Da fragten sie ihn: Wo wird das geschehen,
Herr? Er antwortete: Wo ein Aas ist, da sammeln
sich auch die Geier.

**Das Gleichnis vom gottlosen Richter
und der Witwe**

18 Jesus sagte ihnen durch ein Gleichnis,
daß sie allezeit beten und darin nicht
nachlassen sollten: 2 In einer Stadt lebte ein Rich-
ter, der Gott nicht fürchtete und auf keinen Men-
schen Rücksicht nahm. 3 In der gleichen Stadt
lebte auch eine Witwe, die immer wieder zu ihm
kam und sagte: Verschaff mir Recht gegen meinen
Feind! 4 Lange wollte er nichts davon wissen.
Dann aber sagte er sich: Ich fürchte zwar Gott
nicht und nehme auch auf keinen Menschen
Rücksicht; 5 trotzdem will ich dieser Witwe zu
ihrem Recht verhelfen, denn sie läßt mich nicht
in Ruhe. Sonst kommt sie am Ende noch und
schlägt mich ins Gesicht. 6 Und der Herr fügte
hinzu: Bedenkt, was der ungerechte Richter sagt.
7 Sollte Gott seinen Auserwählten, die Tag und
Nacht zu ihm schreien, nicht zu ihrem Recht ver-
helfen, sondern zögern? 8 Ich sage euch: Er wird
ihnen unverzüglich ihr Recht verschaffen. Wird
jedoch der Menschensohn, wenn er kommt, auf
der Erde (noch) Glauben vorfinden?

Das Beispiel vom Pharisäer und vom Zöllner

9 Einigen, die von ihrer eigenen Gerechtigkeit über-
zeugt waren und die anderen verachteten, er-
zählte Jesus dieses Beispiel: 10 Zwei Männer gingen
zum Tempel hinauf, um zu beten; der eine war ein
Pharisäer, der andere ein Zöllner. 11 Der Pharisäer
stellte sich hin und sprach leise dieses Gebet: Gott,
ich danke dir, daß ich nicht wie die anderen Men-
schen bin, die Räuber, Betrüger, Ehebrecher oder
auch wie dieser Zöllner dort. 12 Ich faste zweimal in
der Woche und gebe dem Tempel den zehnten Teil
meines ganzen Einkommens. 13 Der Zöllner aber
blieb ganz hinten stehen und wagte nicht einmal,
seine Augen zum Himmel zu erheben, sondern
schlug sich an die Brust und betete: Gott, sei mir
Sünder gnädig! 14 Ich sage euch: Dieser kehrte als
Gerechter nach Hause zurück, der andere nicht.
Denn wer sich selbst erhöht, wird erniedrigt, wer
sich aber selbst erniedrigt, wird erhöht werden.

◁◁ 68 | *Alle Menschen werden das Heil sehen (Lk 3)*
◁ 69 | *Der Geist des Herrn ruht auf mir (Lk 4)*

Die Segnung der Kinder

15 Man brachte auch kleine Kinder zu ihm, damit
er ihnen die Hände auflegte. Als die Jünger das sa-
hen, wiesen sie die Leute schroff ab. 16 Jesus aber
rief die Kinder zu sich und sagte: Laßt die Kinder
zu mir kommen; hindert sie nicht daran! Denn
Menschen wie ihnen gehört das Reich Gottes.
17 Amen, das sage ich euch: Wer das Reich Gottes
nicht so annimmt, wie ein Kind, der wird nicht
hineinkommen.

Von Reichtum und Nachfolge

18 Einer von den führenden Männern fragte ihn:
Guter Meister, was muß ich tun, um das ewige
Leben zu gewinnen? 19 Jesus antwortete: Warum
nennst du mich gut? Niemand ist gut außer Gott,
dem Einen. 20 Du kennst doch die Gebote: *Du
sollst nicht die Ehe brechen, du sollst nicht töten,
du sollst nicht stehlen, du sollst nicht falsch aus-
sagen; ehre deinen Vater und deine Mutter!* 21 Er
erwiderte: Alle diese Gebote habe ich von Jugend
an befolgt. 22 Als Jesus das hörte, sagte er: Eines
fehlt dir noch: Verkauf alles, was du hast, verteil
das Geld an die Armen, und du wirst einen blei-
benden Schatz im Himmel haben; dann komm
und folge mir nach! 23 Der Mann aber wurde sehr
traurig, als er das hörte; denn er war überaus
reich. 24 Jesus sah ihn an und sagte: Wie schwer
ist es für Menschen, die viel besitzen, in das Reich
Gottes zu kommen! 25 Denn eher geht ein Kamel
durch ein Nadelöhr, als daß ein Reicher in das
Reich Gottes gelangt. 26 Die Leute, die das hörten,
fragten: Wer kann dann noch gerettet werden?
27 Er erwiderte: Was für Menschen unmöglich ist,
ist *für Gott möglich.*
28 Da sagte Petrus: Du weißt, wir haben unser Ei-
gentum verlassen und sind dir nachgefolgt. 29 Jesus
antwortete ihnen: Amen, ich sage euch: Jeder, der
um des Reiches Gottes willen Haus oder Frau, Brü-
der, Eltern oder Kinder verlassen hat, 30 wird dafür
schon in dieser Zeit das Vielfache erhalten und in
der kommenden Welt das ewige Leben.

Die dritte Ankündigung von Leiden und Auferstehung

31 Jesus versammelte die Zwölf um sich und sagte
zu ihnen: Wir gehen jetzt nach Jerusalem hinauf;
dort wird sich alles erfüllen, was bei den Prophe-
ten über den Menschensohn steht: 32 Er wird den
Heiden ausgeliefert, wird verspottet, mißhandelt
und angespuckt werden, 33 und man wird ihn
geißeln und töten. Aber am dritten Tag wird er
auferstehen. 34 Doch die Zwölf verstanden das al-
les nicht; der Sinn der Worte war ihnen ver-
schlossen, und sie begriffen nicht, was er sagte.

Die Heilung eines Blinden bei Jericho

35 Als Jesus in die Nähe von Jericho kam, saß ein
Blinder an der Straße und bettelte. 36 Er hörte, daß
viele Menschen vorbeigingen, und fragte: Was
hat das zu bedeuten? 37 Man sagte ihm: Jesus von
Nazaret geht vorüber. 38 Da rief er: Jesus, Sohn Da-
vids, hab Erbarmen mit mir! 39 Die Leute, die vor-
ausgingen, wurden ärgerlich und befahlen ihm
zu schweigen. Er aber schrie noch viel lauter:
Sohn Davids, hab Erbarmen mit mir! 40 Jesus blieb
stehen und ließ ihn zu sich herführen. Als der
Mann vor ihm stand, fragte ihn Jesus: 41 Was soll
ich dir tun? Er antwortete: Herr, ich möchte wie-
der sehen können. 42 Da sagte Jesus zu ihm: Du
sollst wieder sehen. Dein Glaube hat dir geholfen.
43 Im gleichen Augenblick konnte er wieder se-
hen. Da pries er Gott und folgte Jesus. Und alle
Leute, die das gesehen hatten, lobten Gott.

Jesus im Haus des Zöllners Zachäus

19 Dann kam er nach Jericho und ging durch
die Stadt. 2 Dort wohnte ein Mann na-
mens Zachäus; er war der oberste Zollpächter
und war sehr reich. 3 Er wollte gern sehen, wer
dieser Jesus sei, doch die Menschenmenge ver-
sperrte ihm die Sicht; denn er war klein. 4 Darum
lief er voraus und stieg auf einen Maulbeerfei-
genbaum, um Jesus zu sehen, der dort vorbei-
kommen mußte. 5 Als Jesus an die Stelle kam,
schaute er hinauf und sagte zu ihm: Zachäus,
komm schnell herunter! Denn ich muß heute in
deinem Haus zu Gast sein. 6 Da stieg er schnell
herunter und nahm Jesus freudig bei sich auf. 7 Als
die Leute das sahen, empörten sie sich und sag-
ten: Er ist bei einem Sünder eingekehrt. 8 Zachäus
aber wandte sich an den Herrn und sagte: Herr,
die Hälfte meines Vermögens will ich den Armen
geben, und wenn ich von jemand zu viel gefor-
dert habe, gebe ich ihm das Vierfache zurück. 9 Da
sagte Jesus zu ihm: Heute ist diesem Haus das
Heil geschenkt worden, weil auch dieser Mann
ein Sohn Abrahams ist. 10 Denn der Menschen-
sohn ist gekommen, um zu suchen und zu retten,
was verloren ist.

Das Gleichnis vom anvertrauten Geld

11 Weil Jesus schon nahe bei Jerusalem war, mein-
ten die Menschen, die von all dem hörten, das
Reich Gottes werde sofort erscheinen. Daher er-
zählte er ihnen ein weiteres Gleichnis. 12 Er sagte:
Ein Mann von vornehmer Herkunft wollte in ein
fernes Land reisen, um die Königswürde zu er-
langen und dann zurückzukehren. 13 Er rief zehn
seiner Diener zu sich, verteilte unter sie Geld im
Wert von zehn Minen und sagte: Macht Ge-
schäfte damit, bis ich wiederkomme. 14 Da ihn
aber die Einwohner seines Landes haßten,
schickten sie eine Gesandtschaft hinter ihm her
und ließen sagen: Wir wollen nicht, daß dieser
Mann unser König wird. 15 Dennoch wurde er als
König eingesetzt. Nach seiner Rückkehr ließ er
die Diener, denen er das Geld gegeben hatte, zu
sich rufen. Er wollte sehen, welchen Gewinn je-
der bei seinen Geschäften erzielt hatte. 16 Der er-
ste kam und sagte: Herr, ich habe mit deiner Mine
zehn Minen erwirtschaftet. 17 Da sagte der König
zu ihm: Sehr gut, du bist ein tüchtiger Diener.
Weil du im Kleinsten zuverlässig warst, sollst du
Herr über zehn Städte werden. 18 Der zweite kam
und sagte: Herr, ich habe mit deiner Mine fünf
Minen erwirtschaftet. 19 Zu ihm sagte der König:
Du sollst über fünf Städte herrschen. 20 Nun kam
ein anderer und sagte: Herr, hier hast du dein
Geld zurück. Ich habe es in ein Tuch eingebunden
und aufbewahrt; 21 denn ich hatte Angst vor dir,
weil du ein strenger Mann bist: Du hebst ab, was
du nicht eingezahlt hast, und erntest, was du
nicht gesät hast. 22 Der König antwortete: Auf-
grund deiner eigenen Worte spreche ich dir das
Urteil. Du bist ein schlechter Diener. Du hast ge-
wußt, daß ich ein strenger Mann bin? Daß ich ab-
hebe, was ich nicht eingezahlt habe, und ernte,
was ich nicht gesät habe? 23 Warum hast du dann
mein Geld nicht auf die Bank gebracht? Dann
hätte ich es bei der Rückkehr mit Zinsen abheben
können. 24 Und zu den anderen, die dabeistanden,
sagte er: Nehmt ihm das Geld weg, und gebt
es dem, der die zehn Minen hat. 25 Sie sagten zu
ihm: Herr, er hat doch schon zehn. 26 (Da er-
widerte er:) Ich sage euch: Wer hat, dem wird ge-
geben werden; wer aber nicht hat, dem wird
auch noch weggenommen, was er hat. 27 Doch
meine Feinde, die nicht wollten, daß ich ihr König
werde – bringt sie her, und macht sie vor meinen
Augen nieder!

Die letzten Tage in Jerusalem: 19,28–21,38

Die Auseinandersetzung mit den Gegnern in Jerusalem: 19,28–21,4

Der Einzug in Jerusalem

28 Nach dieser Rede zog Jesus weiter und ging
nach Jerusalem hinauf. 29 Als er in die Nähe von
Betfage und Betanien kam, an den Berg, der Öl-
berg heißt, schickte er zwei seiner Jünger voraus
30 und sagte: Geht in das Dorf, das vor uns liegt.
Wenn ihr hineinkommt, werdet ihr dort einen
jungen Esel angebunden finden, auf dem noch
nie ein Mensch gesessen hat. Bindet ihn los, und
bringt ihn her! 31 Und wenn euch jemand fragt:
Warum bindet ihr ihn los?, dann antwortet: Der
Herr braucht ihn. 32 Die beiden machten sich auf
den Weg und fanden alles so, wie er es ihnen ge-
sagt hatte. 33 Als sie den jungen Esel losbanden,
sagten die Leute, denen er gehörte: Warum bindet
ihr den Esel los? 34 Sie antworteten: Der Herr
braucht ihn. 35 Dann führten sie ihn zu Jesus, leg-
ten ihre Kleider auf das Tier und halfen Jesus hin-
auf. 36 Während er dahinritt, breiteten die Jünger
ihre Kleider auf der Straße aus. 37 Als er an die
Stelle kam, wo der Weg vom Ölberg hinabführt,
begannen alle Jünger freudig und mit lauter
Stimme Gott zu loben wegen all der Wunderta-
ten, die sie erlebt hatten. 38 Sie riefen: *Gesegnet sei*
der König, *der kommt im Namen des Herrn.* Im
Himmel Friede und Herrlichkeit in der Höhe!
39 Da riefen ihm einige Pharisäer aus der Menge
zu: Meister, bring deine Jünger zum Schweigen!
40 Er erwiderte: Ich sage euch: Wenn sie schwei-
gen, werden die Steine schreien.

Die Ankündigung der Zerstörung Jerusalems

41 Als er näher kam und die Stadt sah, weinte er
über sie 42 und sagte: Wenn doch auch du an die-
sem Tag erkannt hättest, was dir Frieden bringt.
Jetzt aber bleibt es vor deinen Augen verborgen.
43 Es wird eine Zeit für dich kommen, in der deine

Feinde rings um dich einen Wall aufwerfen, dich
einschließen und von allen Seiten bedrängen.
44 Sie werden dich und deine Kinder zerschmet-
tern und keinen Stein auf dem andern lassen;
denn du hast die Zeit der Gnade nicht erkannt.

Die Tempelreinigung

45 Dann ging er in den Tempel und begann, die
Händler hinauszutreiben. 46 Er sagte zu ihnen: In
der Schrift steht: *Mein Haus soll ein Haus des Ge-
betes sein.* Ihr aber habt daraus *eine Räuberhöhle*
gemacht.

47 Er lehrte täglich im Tempel. Die Hohenpriester,
die Schriftgelehrten und die übrigen Führer des
Volkes aber suchten ihn umzubringen. 48 Sie wuß-
ten jedoch nicht, wie sie es machen sollten, denn
das ganze Volk hing an ihm und hörte ihn gern.

Die Frage nach der Vollmacht Jesu

20 Als er eines Tages im Tempel das Volk
lehrte und das Evangelium verkündete,
kamen die Hohenpriester und die Schriftgelehr-
ten mit den Ältesten hinzu 2 und fragten ihn: Sag
uns: Mit welchem Recht tust du das alles? Wer
hat dir dazu die Vollmacht gegeben? 3 Er antwor-
tete ihnen: Auch ich will euch eine Frage stellen.
Sagt mir: 4 Stammte die Taufe des Johannes vom
Himmel oder von den Menschen? 5 Da überlegten
sie und sagten zueinander: Wenn wir antworten:
Vom Himmel!, so wird er sagen: Warum habt ihr
ihm dann nicht geglaubt? 6 Wenn wir aber ant-
worten: Von den Menschen!, dann wird das
ganze Volk uns steinigen; denn sie sind über-
zeugt, daß Johannes ein Prophet gewesen ist.
7 Darum antworteten sie: Wir wissen nicht, wo-
her. 8 Jesus erwiderte: Dann sage auch ich euch
nicht, mit welchem Recht ich das alles tue.

Das Gleichnis von den bösen Winzern

9 Er erzählte dem Volk dieses Gleichnis: Ein Mann
legte einen Weinberg an, verpachtete ihn an Win-
zer und reiste für längere Zeit in ein anderes Land.
10 Als nun die Zeit dafür gekommen war, schickte
er einen Knecht zu den Winzern, damit sie ihm
seinen Anteil am Ertrag des Weinbergs abliefer-
ten. Die Winzer aber prügelten ihn und jagten ihn
mit leeren Händen fort. 11 Darauf schickte er einen
anderen Knecht; auch ihn prügelten und be-
schimpften sie und jagten ihn mit leeren Händen
fort. 12 Er schickte noch einen dritten Knecht; aber
auch ihn schlugen sie blutig und warfen ihn hin-
aus. 13 Da sagte der Besitzer des Weinbergs: Was
soll ich tun? Ich will meinen geliebten Sohn zu ih-
nen schicken. Vielleicht werden sie vor ihm Ach-
tung haben. 14 Als die Winzer den Sohn sahen,
überlegten sie und sagten zueinander: Das ist der
Erbe; wir wollen ihn töten, damit das Erbgut uns
gehört. 15 Und sie warfen ihn aus dem Weinberg
hinaus und brachten ihn um. Was wird nun der
Besitzer des Weinbergs mit ihnen tun? 16 Er wird
kommen und diese Winzer töten und den Wein-
berg anderen geben. Als sie das hörten, sagten
sie: Das darf nicht geschehen! 17 Da sah Jesus sie
an und sagte: Was bedeutet das Schriftwort:

Der Stein, den die Bauleute verworfen haben, /
er ist zum Eckstein geworden?

18 Jeder, der auf diesen Stein fällt, wird zerschel-
len; auf wen der Stein aber fällt, den wird er zer-
malmen.

19 Die Schriftgelehrten und die Hohenpriester hät-
ten ihn gern noch in derselben Stunde festgenom-
men; aber sie fürchteten das Volk. Denn sie hatten
gemerkt, daß er sie mit diesem Gleichnis meinte.

Die Frage nach der kaiserlichen Steuer

20 Daher lauerten sie ihm auf und schickten Spit-
zel, die sich fromm stellen und ihn bei einer (un-
überlegten) Antwort ertappen sollten. Denn sie
wollten ihn der Gerichtsbarkeit des Statthalters
übergeben. 21 Die Spitzel fragten ihn: Meister, wir
wissen, daß du aufrichtig redest und lehrst und
nicht auf die Person siehst, sondern wirklich den
Weg Gottes lehrst. 22 Ist es uns erlaubt, dem Kaiser
Steuer zu zahlen, oder nicht? 23 Er aber durch-
schaute ihre Hinterlist und sagte zu ihnen: 24 Zeigt
mir einen Denar! Wessen Bild und Aufschrift sind
darauf? Sie antworteten: Die des Kaisers. 25 Da
sagte er zu ihnen: Dann gebt dem Kaiser, was
dem Kaiser gehört, und Gott, was Gott gehört!
26 So gelang es ihnen nicht, ihn öffentlich bei ei-
nem (unüberlegten) Wort zu ertappen. Sie waren
von seiner Antwort sehr überrascht und schwie-
gen.

Die Frage nach der Auferstehung der Toten

27 Von den Sadduzäern, die die Auferstehung leug-
nen, kamen einige zu Jesus und fragten ihn:
28 Meister, Mose hat uns vorgeschrieben: *Wenn
ein Mann, der einen Bruder hat, stirbt und eine
Frau hinterläßt, ohne Kinder zu haben, dann soll*

sein Bruder die Frau heiraten und seinem Bruder
Nachkommen verschaffen. 29 Nun lebten einmal
sieben Brüder. Der erste nahm sich eine Frau, starb
aber kinderlos. 30 Da nahm sie der zweite, 31 danach
der dritte, und ebenso die anderen bis zum sieb-
ten; sie alle hinterließen keine Kinder, als sie star-
ben. 32 Schließlich starb auch die Frau. 33 Wessen
Frau wird sie nun bei der Auferstehung sein? Alle
sieben haben sie doch zur Frau gehabt. 34 Da sagte
Jesus zu ihnen: Nur in dieser Welt heiraten die
Menschen. 35 Die aber, die Gott für würdig hält, an
jener Welt und an der Auferstehung von den Toten
teilzuhaben, werden dann nicht mehr heiraten.
36 Sie können auch nicht mehr sterben, weil sie
den Engeln gleich und durch die Auferstehung zu
Söhnen Gottes geworden sind. 37 Daß aber die To-
ten auferstehen, hat schon Mose in der Geschichte
vom Dornbusch angedeutet, in der er den Herrn
den Gott Abrahams, den Gott Isaaks und den Gott
Jakobs nennt. 38 Er ist doch kein Gott von Toten,
sondern von Lebenden; denn für ihn sind alle le-
bendig. 39 Da sagten einige Schriftgelehrte: Mei-
ster, du hast gut geantwortet. 40 Und man wagte
nicht mehr, ihn etwas zu fragen.

Die Frage nach dem Messias

41 Da fragte er sie: Wie kann man behaupten, der
Messias sei der Sohn Davids? 42 Denn David selbst
sagt im Buch der Psalmen: *Der Herr sprach zu*
meinem Herrn: Setze dich mir zur Rechten, 43 *und*
ich lege dir deine Feinde als Schemel unter die
Füße. 44 David nennt ihn also »Herr«. Wie kann er
dann Davids Sohn sein?

Worte gegen die Schriftgelehrten

45 Jesus sagte vor dem ganzen Volk zu seinen Jün-
gern: 46 Hütet euch vor den Schriftgelehrten! Sie
gehen gern in langen Gewändern umher, lieben
es, wenn man sie auf den Straßen und Plätzen
grüßt, und wollen in der Synagoge die vordersten
Sitze und bei jedem Festmahl die Ehrenplätze ha-
ben. 47 Sie bringen die Witwen um ihre Häuser
und verrichten in ihrer Scheinheiligkeit lange Ge-
bete. Aber um so härter wird das Urteil sein, das
sie erwartet.

Das Opfer der Witwe

21 Er blickte auf und sah, wie die Reichen
ihre Gaben in den Opferkasten legten.
2 Dabei sah er auch eine arme Witwe, die zwei
kleine Münzen hineinwarf. 3 Da sagte er: Wahr-
haftig, ich sage euch: Diese arme Witwe hat mehr
hineingeworfen als alle anderen. 4 Denn sie alle
haben nur etwas von ihrem Überfluß geopfert;
diese Frau aber, die kaum das Nötigste zum Le-
ben hat, sie hat ihren ganzen Lebensunterhalt
hergegeben.

Die Rede über die Endzeit: 21,5–36

Die Ankündigung der Zerstörung des Tempels

5 Als einige darüber sprachen, daß der Tempel mit
schönen Steinen und Weihegeschenken ge-
schmückt sei, sagte Jesus: 6 Es wird eine Zeit kom-
men, da wird von allem, was ihr hier seht, kein
Stein auf dem andern bleiben; alles wird nieder-
gerissen werden.

Vom Anfang der Not

7 Sie fragten ihn: Meister, wann wird das gesche-
hen, und an welchem Zeichen wird man erken-
nen, daß es beginnt? 8 Er antwortete: Gebt acht,
daß man euch nicht irreführt! Denn viele werden
unter meinem Namen auftreten und sagen: Ich
bin es!, und: Die Zeit ist da. – Lauft ihnen nicht
nach!
9 Und wenn ihr von Kriegen und Unruhen hört,
laßt euch dadurch nicht erschrecken! Denn das
muß als erstes *geschehen;* aber das Ende kommt
noch nicht sofort. 10 Dann sagte er zu ihnen: Ein
Volk wird sich gegen das andere erheben und ein
Reich gegen das andere. 11 Es wird gewaltige Erd-
beben und an vielen Orten Seuchen und
Hungersnöte geben; schreckliche Dinge werden
geschehen, und am Himmel wird man gewaltige
Zeichen sehen.
12 Aber bevor das alles geschieht, wird man euch
festnehmen und euch verfolgen. Man wird euch
um meines Namens willen den Gerichten der
Synagogen übergeben, ins Gefängnis werfen und
vor Könige und Statthalter bringen. 13 Dann wer-
det ihr Zeugnis ablegen können. 14 Nehmt euch
fest vor, nicht im voraus für eure Verteidigung zu
sorgen; 15 denn ich werde euch die Worte und die
Weisheit eingeben, so daß alle eure Gegner nicht
dagegen ankommen und nichts dagegen sagen
können. 16 Sogar eure Eltern und Geschwister,
eure Verwandten und Freunde werden euch aus-
liefern, und manche von euch wird man töten.
17 Und ihr werdet um meines Namens willen von

allen gehaßt werden. 18 Und doch wird euch kein
Haar gekrümmt werden. 19 Wenn ihr standhaft
bleibt, werdet ihr das Leben gewinnen.

Vom Gericht über Jerusalem

20 Wenn ihr aber seht, daß Jerusalem von einem
Heer eingeschlossen wird, dann könnt ihr daran
erkennen, daß die Stadt bald verwüstet wird.
21 Dann sollen die Bewohner von Judäa in die
Berge fliehen; wer in der Stadt ist, soll sie verlas-
sen, und wer auf dem Land ist, soll nicht in die
Stadt gehen. 22 Denn das sind die *Tage der Vergel-
tung,* an denen alles in Erfüllung gehen soll, was
in der Schrift steht. 23 Wehe den Frauen, die in je-
nen Tagen schwanger sind oder ein Kind stillen.
Denn eine große Not wird über das Land herein-
brechen: Der Zorn (Gottes) wird über dieses Volk
kommen. 24 Mit scharfem Schwert wird man sie
erschlagen, als Gefangene wird man sie in alle
Länder verschleppen, und *Jerusalem* wird von
den Heiden zertreten werden, bis die Zeiten der
Heiden sich erfüllen.

Vom Kommen des Menschensohnes

25 Es werden Zeichen sichtbar werden an Sonne,
Mond und Sternen, und auf der Erde werden die
Völker bestürzt und ratlos sein über das Toben und
Donnern des Meeres. 26 Die Menschen werden
vor Angst vergehen in der Erwartung der Dinge,
die über die Erde kommen; denn die Kräfte des
Himmels werden erschüttert werden. 27 Dann
wird man den *Menschensohn* mit großer Macht
und Herrlichkeit *auf einer Wolke kommen* sehen.
28 Wenn (all) das beginnt, dann richtet euch auf, und
erhebt eure Häupter; denn eure Erlösung ist nahe.

Mahnungen im Hinblick auf das Ende

29 Und er gebrauchte einen Vergleich und sagte:
Seht euch den Feigenbaum und die anderen
Bäume an: 30 Sobald ihr merkt, daß sie Blätter
treiben, wißt ihr, daß der Sommer nahe ist. 31 Ge-
nauso sollt ihr erkennen, wenn ihr (all) das ge-
schehen seht, daß das Reich Gottes nahe ist.
32 Amen, ich sage euch: Diese Generation wird
nicht vergehen, bis alles eintrifft. 33 Himmel und
Erde werden vergehen, aber meine Worte wer-
den nicht vergehen.

34 Nehmt euch in acht, daß Rausch und Trun-
kenheit und die Sorgen des Alltags euch nicht ver-
wirren und daß jener Tag euch nicht plötzlich
überrascht, 35 (so) wie (man in) eine Falle (gerät);
denn er wird über alle Bewohner der ganzen Erde
hereinbrechen. 36 Wacht und betet allezeit, damit
ihr allem, was geschehen wird, entrinnen und
vor den Menschensohn hintreten könnt.

Die Lehrtätigkeit Jesu im Tempel

37 Tagsüber lehrte Jesus im Tempel; abends aber
ging er zum Ölberg hinaus und verbrachte dort
die Nacht. 38 Schon früh am Morgen kam das
ganze Volk zu ihm in den Tempel, um ihn zu
hören.

Das Leiden und die Auferstehung Jesu: 22,1–24,53

Der Beschluß des Hohen Rates

22 Das Fest der Ungesäuerten Brote, das
Pascha genannt wird, war nahe. 2 Und die
Hohenpriester und die Schriftgelehrten suchten
nach einer Möglichkeit, Jesus (unauffällig) zu be-
seitigen; denn sie fürchteten sich vor dem Volk.

Der Verrat durch Judas

3 Der Satan aber ergriff Besitz von Judas, genannt
Iskariot, der zu den Zwölf gehörte. 4 Judas ging
zu den Hohenpriestern und den Hauptleuten
und beriet mit ihnen, wie er Jesus an sie auslie-
fern könnte. 5 Da freuten sie sich und kamen mit
ihm überein, ihm Geld dafür zu geben. 6 Er sagte
zu und suchte von da an nach einer Gelegenheit,
ihn an sie auszuliefern, ohne daß das Volk es
merkte.

Die Vorbereitung des Paschamahls

7 Dann kam der Tag der Ungesäuerten Brote, an
dem das Paschalamm geschlachtet werden
mußte. 8 Jesus schickte Petrus und Johannes in die
Stadt und sagte: Geht und bereitet das Pascha-
mahl für uns vor, damit wir es gemeinsam essen
können. 9 Sie fragten ihn: Wo sollen wir es vorbe-
reiten? 10 Er antwortete ihnen: Wenn ihr in die
Stadt kommt, wird euch ein Mann begegnen, der
einen Wasserkrug trägt. Folgt ihm in das Haus, in

das er hineingeht, 11 und sagt zu dem Herrn des
Hauses: Der Meister läßt dich fragen: Wo ist der
Raum, in dem ich mit meinen Jüngern das Pascha-
lamm essen kann? 12 Und der Hausherr wird euch
einen großen Raum im Obergeschoß zeigen, der
mit Polstern ausgestattet ist. Dort bereitet alles
vor! 13 Sie gingen und fanden alles so, wie er es ih-
nen gesagt hatte, und bereiteten das Paschamahl
vor.

Das Mahl

14 Als die Stunde gekommen war, begab er sich
mit den Aposteln zu Tisch. 15 Und er sagte zu ih-
nen: Ich habe mich sehr danach gesehnt, vor mei-
nem Leiden dieses Paschamahl mit euch zu es-
sen. 16 Denn ich sage euch: Ich werde es nicht
mehr essen, bis das Mahl seine Erfüllung findet
im Reich Gottes. 17 Und er nahm den Kelch, sprach
das Dankgebet und sagte: Nehmt den Wein, und
verteilt ihn untereinander! 18 Denn ich sage euch:
Von nun an werde ich nicht mehr von der Frucht
des Weinstocks trinken, bis das Reich Gottes
kommt. 19 Und er nahm Brot, sprach das Dankge-
bet, brach das Brot und reichte es ihnen mit den
Worten: Das ist mein Leib, der für euch hin-
gegeben wird. Tut dies zu meinem Gedächtnis!
20 Ebenso nahm er nach dem Mahl den Kelch und
sagte: Dieser Kelch ist *der Neue Bund* in meinem
Blut, das für euch vergossen wird. 21 Doch seht,
der Mann, der mich verrät und ausliefert, sitzt mit
mir am Tisch. 22 Der Menschensohn muß zwar
den Weg gehen, der ihm bestimmt ist. Aber weh
dem Menschen, durch den er verraten wird. 23 Da
fragte einer den andern, wer von ihnen das wohl
sei, der so etwas tun werde.

Vom Herrschen und vom Dienen

24 Es entstand unter ihnen ein Streit darüber, wer
von ihnen wohl der Größte sei. 25 Da sagte Je-
sus: Die Könige herrschen über ihre Völker, und
die Mächtigen lassen sich Wohltäter nennen.
26 Bei euch aber soll es nicht so sein, sondern der
Größte unter euch soll werden wie der Kleinste,
und der Führende soll werden wie der Dienende.
27 Welcher von beiden ist größer: wer bei Tisch
sitzt oder wer bedient? Natürlich der, der bei
Tisch sitzt. Ich aber bin unter euch wie der, der
bedient.
28 In allen meinen Prüfungen habt ihr bei mir
ausgeharrt. 29 Darum vermache ich euch das
Reich, wie es mein Vater mir vermacht hat: 30 Ihr
sollt in meinem Reich mit mir an meinem Tisch
essen und trinken, und ihr sollt auf Thronen sit-
zen und die zwölf Stämme Israels richten.

Die Ankündigung der Verleugnung und der Umkehr des Petrus

31 Simon, Simon, der Satan hat verlangt, daß er
euch wie Weizen sieben darf. 32 Ich aber habe für
dich gebetet, daß dein Glaube nicht erlischt. Und
wenn du dich wieder bekehrt hast, dann stärke
deine Brüder. 33 Darauf sagte Petrus zu ihm: Herr,
ich bin bereit, mit dir sogar ins Gefängnis und in
den Tod zu gehen. 34 Jesus erwiderte: Ich sage dir,
Petrus, ehe heute der Hahn kräht, wirst du drei-
mal leugnen, mich zu kennen.

Die Stunde der Entscheidung

35 Dann sagte Jesus zu ihnen: Als ich euch ohne
Geldbeutel aussandte, ohne Vorratstasche und
ohne Schuhe, habt ihr da etwa Not gelitten? Sie
antworteten: Nein. 36 Da sagte er: Jetzt aber soll
der, der einen Geldbeutel hat, ihn mitnehmen,
und ebenso die Tasche. Wer aber kein Geld hat,
soll seinen Mantel verkaufen und sich dafür ein
Schwert kaufen. 37 Ich sage euch: An mir muß sich
das Schriftwort erfüllen: *Er wurde zu den Verbre-
chern gerechnet.* Denn alles, was über mich ge-
sagt ist, geht in Erfüllung. 38 Da sagten sie: Herr,
hier sind zwei Schwerter. Er erwiderte: Genug
davon!

Das Gebet am Ölberg

39 Dann verließ Jesus die Stadt und ging, wie er
es gewohnt war, zum Ölberg; seine Jünger folg-
ten ihm. 40 Als er dort war, sagte er zu ihnen: Be-
tet darum, daß ihr nicht in Versuchung geratet!
41 Dann entfernte er sich von ihnen ungefähr ei-
nen Steinwurf weit, kniete nieder und betete:
42 Vater, wenn du willst, nimm diesen Kelch von
mir! Aber nicht mein, sondern dein Wille soll ge-
schehen. 43 Da erschien ihm ein Engel vom Him-
mel und gab ihm (neue) Kraft. 44 Und er betete in
seiner Angst noch inständiger, und sein Schweiß
war wie Blut, das auf die Erde tropfte. 45 Nach dem
Gebet stand er auf, ging zu den Jüngern zurück
und fand sie schlafend; denn sie waren vor Kum-
mer erschöpft. 46 Da sagte er zu ihnen: Wie könnt
ihr schlafen? Steht auf und betet, damit ihr nicht
in Versuchung geratet.

Die Gefangennahme

47 Während er noch redete, kam eine Schar Männer; Judas, einer der Zwölf, ging ihnen voran. Er näherte sich Jesus, um ihn zu küssen. 48 Jesus aber sagte zu ihm: Judas, mit einem Kuß verrätst du den Menschensohn? 49 Als seine Begleiter merkten, was (ihm) drohte, fragten sie: Herr, sollen wir mit dem Schwert dreinschlagen? 50 Und einer von ihnen schlug auf den Diener des Hohenpriesters ein und hieb ihm das rechte Ohr ab. 51 Jesus aber sagte: Hört auf damit! Und er berührte das Ohr und heilte den Mann. 52 Zu den Hohenpriestern aber, den Hauptleuten der Tempelwache und den Ältesten, die vor ihm standen, sagte Jesus: Wie gegen einen Räuber seid ihr mit Schwertern und Knüppeln ausgezogen. 53 Tag für Tag war ich bei euch im Tempel, und ihr habt nicht gewagt, gegen mich vorzugehen. Aber das ist eure Stunde, jetzt hat die Finsternis die Macht.

Die Verleugnung durch Petrus

54 Darauf nahmen sie ihn fest, führten ihn ab und brachten ihn in das Haus des Hohenpriesters. Petrus folgte von weitem. 55 Mitten im Hof hatte man ein Feuer angezündet, und Petrus setzte sich zu den Leuten, die dort beieinandersaßen. 56 Eine Magd sah ihn am Feuer sitzen, schaute ihn genau an und sagte: Der war auch mit ihm zusammen. 57 Petrus aber leugnete es und sagte: Frau, ich kenne ihn nicht. 58 Kurz danach sah ihn ein anderer und bemerkte: Du gehörst auch zu ihnen. Petrus aber sagte: Nein, Mensch, ich nicht! 59 Etwa eine Stunde später behauptete wieder einer: Wahrhaftig, der war auch mit ihm zusammen; er ist doch auch ein Galiläer. 60 Petrus aber erwiderte: Mensch, ich weiß nicht, wovon du sprichst. Im gleichen Augenblick, noch während er redete, krähte ein Hahn. 61 Da wandte sich der Herr um und blickte Petrus an. Und Petrus erinnerte sich an das, was der Herr zu ihm gesagt hatte: Ehe heute der Hahn kräht, wirst du mich dreimal verleugnen. 62 Und er ging hinaus und weinte bitterlich.

Die Verspottung durch die Wächter

63 Die Wächter trieben ihren Spott mit Jesus. Sie schlugen ihn, 64 verhüllten ihm das Gesicht und fragten ihn: Du bist doch ein Prophet! Sag uns: Wer hat dich geschlagen? 65 Und noch mit vielen anderen Lästerungen verhöhnten sie ihn.

Das Verhör vor dem Hohen Rat

66 Als es Tag wurde, versammelten sich die Ältesten des Volkes, die Hohenpriester und die Schriftgelehrten, also der Hohe Rat, und sie ließen Jesus vorführen. 67 Sie sagten zu ihm: Wenn du der Messias bist, dann sag es uns! Er antwortete ihnen: Auch wenn ich es euch sage – ihr glaubt mir ja doch nicht; 68 und wenn ich euch etwas frage, antwortet ihr nicht. 69 Von nun an wird *der Menschensohn zur Rechten* des allmächtigen *Gottes sitzen.* 70 Da sagten alle: Du bist also der Sohn Gottes. Er antwortete ihnen: Ihr sagt es – ich bin es. 71 Da riefen sie: Was brauchen wir noch Zeugenaussagen? Wir haben es selbst aus seinem eigenen Mund gehört.

Die Auslieferung an Pilatus

23 Daraufhin erhob sich die ganze Versammlung, und man führte Jesus zu Pilatus. 2 Dort brachten sie ihre Anklage gegen ihn vor; sie sagten: Wir haben festgestellt, daß dieser Mensch unser Volk verführt, es davon abhält, dem Kaiser Steuer zu zahlen, und behauptet, er sei der Messias und König. 3 Pilatus fragte ihn: Bist du der König der Juden? Er antwortete ihm: Du sagst es. 4 Da sagte Pilatus zu den Hohenpriestern und zum Volk: Ich finde nicht, daß dieser Mensch eines Verbrechens schuldig ist. 5 Sie aber blieben hartnäckig und sagten: Er wiegelt das Volk auf und verbreitet seine Lehre im ganzen jüdischen Land von Galiläa bis hierher.

Die Verspottung durch Herodes

6 Als Pilatus das hörte, fragte er, ob der Mann ein Galiläer sei. 7 Und als er erfuhr, daß Jesus aus dem Gebiet des Herodes komme, ließ er ihn zu Herodes bringen, der in jenen Tagen ebenfalls in Jerusalem war. 8 Herodes freute sich sehr, als er Jesus sah; schon lange hatte er sich gewünscht, mit ihm zusammenzutreffen, denn er hatte von ihm gehört. Nun hoffte er, ein Wunder von ihm zu sehen. 9 Er stellte ihm viele Fragen, doch Jesus gab ihm keine Antwort. 10 Die Hohenpriester und die Schriftgelehrten, die dabeistanden, erhoben schwere Beschuldigungen gegen ihn. 11 Herodes und seine Soldaten zeigten ihm offen ihre Verachtung. Er trieb seinen Spott mit Jesus, ließ ihm ein Prunkgewand umhängen und schickte ihn so zu Pilatus zurück. 12 An diesem Tag wurden Herodes und Pilatus Freunde; vorher waren sie Feinde gewesen.

Die Verhandlung vor Pilatus

13 Pilatus rief die Hohenpriester und die anderen führenden Männer und das Volk zusammen 14 und sagte zu ihnen: Ihr habt mir diesen Menschen hergebracht und behauptet, er wiegle das Volk auf. Ich selbst habe ihn in eurer Gegenwart verhört und habe keine der Anklagen, die ihr gegen diesen Menschen vorgebracht habt, bestätigt gefunden, 15 auch Herodes nicht, denn er hat ihn zu uns zurückgeschickt. Ihr seht also: Er hat nichts getan, worauf die Todesstrafe steht. 16 Daher will ich ihn nur auspeitschen lassen, und dann werde ich ihn freilassen. [17] 18 Da schrien sie alle miteinander: Weg mit ihm; laß den Barabbas frei! 19 Dieser Mann war wegen eines Aufruhrs in der Stadt und wegen Mordes ins Gefängnis geworfen worden. 20 Pilatus aber redete wieder auf sie ein, denn er wollte Jesus freilassen. 21 Doch sie schrien: Kreuzige ihn, kreuzige ihn! 22 Zum drittenmal sagte er zu ihnen: Was für ein Verbrechen hat er denn begangen? Ich habe nichts feststellen können, wofür er den Tod verdient. Daher will ich ihn auspeitschen lassen, und dann werde ich ihn freilassen. 23 Sie aber schrien und forderten immer lauter, er solle Jesus kreuzigen lassen, und mit ihrem Geschrei setzten sie sich durch: 24 Pilatus entschied, daß ihre Forderung erfüllt werden solle. 25 Er ließ den Mann frei, der wegen Aufruhr und Mord im Gefängnis saß und den sie gefordert hatten. Jesus aber lieferte er ihnen aus, wie sie es verlangten.

Die Kreuzigung

26 Als sie Jesus hinausführten, ergriffen sie einen Mann aus Zyrene namens Simon, der gerade vom Feld kam. Ihm luden sie das Kreuz auf, damit er es hinter Jesus hertrage. 27 Es folgte eine große Menschenmenge, darunter auch Frauen, die um ihn klagten und weinten. 28 Jesus wandte sich zu ihnen um und sagte: Ihr Frauen von Jerusalem, weint nicht über mich; weint über euch und eure Kinder! 29 Denn es kommen Tage, da wird man sagen: Wohl den Frauen, die unfruchtbar sind, die nicht geboren und nicht gestillt haben. 30 Dann wird man *zu den Bergen sagen: Fallt auf uns!, und zu den Hügeln: Deckt uns zu!* 31 Denn wenn das mit dem grünen Holz geschieht, was wird dann erst mit dem dürren werden?

32 Zusammen mit Jesus wurden auch zwei Verbrecher zur Hinrichtung geführt.

33 Sie kamen zur Schädelhöhe; dort kreuzigten sie ihn und die Verbrecher, den einen rechts von ihm, den andern links. 34 Jesus aber betete: Vater, vergib ihnen, denn sie wissen nicht, was sie tun. Dann *warfen sie das Los und verteilten seine Kleider unter sich.* 35 Die Leute standen dabei und schauten zu; auch die führenden Männer des Volkes *verlachten* ihn und sagten: Anderen hat er geholfen, nun soll er sich selbst helfen, wenn er der erwählte Messias Gottes ist. 36 Auch die Soldaten verspotteten ihn; sie traten vor ihn hin, reichten ihm Essig 37 und sagten: Wenn du der König der Juden bist, dann hilf dir selbst! 38 Über ihm war eine Tafel angebracht; auf ihr stand: Das ist der König der Juden. 39 Einer der Verbrecher, die neben ihm hingen, verhöhnte ihn: Bist du denn nicht der Messias? Dann hilf dir selbst und auch uns! 40 Der andere aber wies ihn zurecht und sagte: Nicht einmal du fürchtest Gott? Dich hat doch das gleiche Urteil getroffen. 41 Uns geschieht recht, wir erhalten den Lohn für unsere Taten; dieser aber hat nichts Unrechtes getan. 42 Dann sagte er: Jesus, denk an mich, wenn du in dein Reich kommst. 43 Jesus antwortete ihm: Amen, ich sage dir: Heute noch wirst du mit mir im Paradies sein.

Der Tod Jesu

44 Es war etwa um die sechste Stunde, als eine Finsternis über das ganze Land hereinbrach. Sie dauerte bis zur neunten Stunde. 45 Die Sonne verdunkelte sich. Der Vorhang im Tempel riß mitten entzwei, 46 und Jesus rief laut: *Vater, in deine Hände lege ich meinen Geist.* Nach diesen Worten hauchte er den Geist aus.

47 Als der Hauptmann sah, was geschehen war, pries er Gott und sagte: Das war wirklich ein gerechter Mensch. 48 Und alle, die zu diesem Schauspiel herbeigeströmt waren und sahen, was sich ereignet hatte, schlugen sich an die Brust und gingen betroffen weg.

49 Alle *seine Bekannten aber standen in einiger Entfernung* (vom Kreuz), auch die Frauen, die ihm seit der Zeit in Galiläa nachgefolgt waren und die alles mit ansahen.

Das Begräbnis Jesu

50/51 Damals gehörte zu den Mitgliedern des Hohen Rates ein Mann namens Josef, der aus der jüdischen Stadt Arimathäa stammte. Er wartete auf das Reich Gottes und hatte dem, was die anderen

beschlossen und taten, nicht zugestimmt, weil er
gut und gerecht war. 52 Er ging zu Pilatus und bat
um den Leichnam Jesu. 53 Und er nahm ihn vom
Kreuz, hüllte ihn in ein Leinentuch und legte ihn
in ein Felsengrab, in dem noch niemand bestattet
worden war. 54 Das war am Rüsttag, kurz bevor
der Sabbat anbrach. 55 Die Frauen, die mit Jesus
aus Galiläa gekommen waren, gaben ihm das Ge-
leit und sahen zu, wie der Leichnam in das Grab
gelegt wurde. 56 Dann kehrten sie heim und be-
reiteten wohlriechende Öle und Salben zu. Am
Sabbat aber hielten sie die vom Gesetz vorge-
schriebene Ruhe ein.

Die Botschaft der Engel im leeren Grab

24 Am ersten Tag der Woche gingen die
Frauen mit den wohlriechenden Salben,
die sie zubereitet hatten, in aller Frühe zum Grab.
2 Da sahen sie, daß der Stein vom Grab wegge-
wälzt war; 3 sie gingen hinein, aber den Leichnam
Jesu, des Herrn, fanden sie nicht. 4 Während sie
ratlos dastanden, traten zwei Männer in leuch-
tenden Gewändern zu ihnen. 5 Die Frauen er-
schraken und blickten zu Boden. Die Männer
aber sagten zu ihnen: Was sucht ihr den Leben-
den bei den Toten? 6 Er ist nicht hier, sondern er ist
auferstanden. Erinnert euch an das, was er euch
gesagt hat, als er noch in Galiläa war: 7 Der Men-
schensohn muß den Sündern ausgeliefert und ge-
kreuzigt werden und am dritten Tag auferstehen.
8 Da erinnerten sie sich an seine Worte. 9 Und sie
kehrten vom Grab in die Stadt zurück und
berichteten alles den Elf und den anderen Jün-
gern. 10 Es waren Maria Magdalene, Johanna und
Maria, die Mutter des Jakobus; auch die übrigen
Frauen, die bei ihnen waren, erzählten es den
Aposteln. 11 Doch die Apostel hielten das alles für
Geschwätz und glaubten ihnen nicht. 12 Petrus
aber stand auf und lief zum Grab. Er beugte sich
vor, sah aber nur die Leinenbinden (dort liegen).
Dann ging er nach Hause, voll Verwunderung
über das, was geschehen war.

Die Begegnung mit dem Auferstandenen auf dem Weg nach Emmaus

13 Am gleichen Tag waren zwei von den Jüngern
auf dem Weg in ein Dorf namens Emmaus, das
sechzig Stadien von Jerusalem entfernt ist. 14 Sie
sprachen miteinander über all das, was sich er-
eignet hatte. 15 Während sie redeten und ihre Ge-
danken austauschten, kam Jesus hinzu und ging
mit ihnen. 16 Doch sie waren wie mit Blindheit ge-
schlagen, so daß sie ihn nicht erkannten. 17 Er
fragte sie: Was sind das für Dinge, über die ihr auf
eurem Weg miteinander redet? Da blieben sie
traurig stehen, 18 und der eine von ihnen – er hieß
Kleopas – antwortete ihm: Bist du so fremd in Je-
rusalem, daß du als einziger nicht weißt, was in
diesen Tagen dort geschehen ist? 19 Er fragte sie:
Was denn? Sie antworteten ihm: Das mit Jesus
aus Nazaret. Er war ein Prophet, mächtig in Wort
und Tat vor Gott und dem ganzen Volk. 20 Doch
unsere Hohenpriester und Führer haben ihn zum
Tod verurteilen und ans Kreuz schlagen lassen.
21 Wir aber hatten gehofft, daß er der sei, der Israel
erlösen werde. Und dazu ist heute schon der
dritte Tag, seitdem das alles geschehen ist. 22 Aber
nicht nur das: Auch einige Frauen aus unserem
Kreis haben uns in große Aufregung versetzt. Sie
waren in der Frühe beim Grab, 23 fanden aber sei-
nen Leichnam nicht. Als sie zurückkamen, er-
zählten sie, es seien ihnen Engel erschienen und
hätten gesagt, er lebe. 24 Einige von uns gingen
dann zum Grab und fanden alles so, wie die
Frauen gesagt hatten; ihn selbst aber sahen sie
nicht.

25 Da sagte er zu ihnen: Begreift ihr denn nicht?
Wie schwer fällt es euch, alles zu glauben, was
die Propheten gesagt haben. 26 Mußte nicht der
Messias all das erleiden, um so in seine Herrlich-
keit zu gelangen? 27 Und er legte ihnen dar, aus-
gehend von Mose und allen Propheten, was in
der gesamten Schrift über ihn geschrieben steht.
28 So erreichten sie das Dorf, zu dem sie unterwegs
waren. Jesus tat, als wolle er weitergehen, 29 aber
sie drängten ihn und sagten: Bleib doch bei uns;
denn es wird bald Abend, der Tag hat sich schon
geneigt. Da ging er mit hinein, um bei ihnen zu
bleiben. 30 Und als er mit ihnen bei Tisch war,
nahm er das Brot, sprach den Lobpreis, brach das
Brot und gab es ihnen. 31 Da gingen ihnen die Au-
gen auf, und sie erkannten ihn; dann sahen sie
ihn nicht mehr. 32 Und sie sagten zueinander:
Brannte uns nicht das Herz in der Brust, als er un-
terwegs mit uns redete und uns den Sinn der
Schrift erschloß? 33 Noch in derselben Stunde bra-
chen sie auf und kehrten nach Jerusalem zurück,
und sie fanden die Elf und die anderen Jünger ver-
sammelt. 34 Diese sagten: Der Herr ist wirklich auf-
erstanden und ist dem Simon erschienen. 35 Da er-

zählten auch sie, was sie unterwegs erlebt und
wie sie ihn erkannt hatten, als er das Brot brach.

Die Erscheinung des Auferstandenen in Jerusalem

36 Während sie noch darüber redeten, trat er selbst
in ihre Mitte und sagte zu ihnen: Friede sei mit
euch! 37 Sie erschraken und hatten große Angst,
denn sie meinten, einen Geist zu sehen. 38 Da
sagte er zu ihnen: Was seid ihr so bestürzt?
Warum laßt ihr in eurem Herzen solche Zweifel
aufkommen? 39 Seht meine Hände und meine
Füße an: Ich bin es selbst. Faßt mich doch an, und
begreift: Kein Geist hat Fleisch und Knochen, wie
ihr es bei mir seht. 40 Bei diesen Worten zeigte
er ihnen seine Hände und Füße. 41 Sie staunten,
konnten es aber vor Freude immer noch nicht
glauben. Da sagte er zu ihnen: Habt ihr etwas zu
essen hier? 42 Sie gaben ihm ein Stück gebratenen
Fisch; 43 er nahm es und aß es vor ihren Augen.
44 Dann sprach er zu ihnen: Das sind die Worte,
die ich zu euch gesagt habe, als ich noch bei
euch war: Alles muß in Erfüllung gehen, was im
Gesetz des Mose, bei den Propheten und in den
Psalmen über mich gesagt ist. 45 Darauf öffnete er
ihnen die Augen für das Verständnis der Schrift.
46 Er sagte zu ihnen: So steht es in der Schrift: Der
Messias wird leiden und am dritten Tag von den
Toten auferstehen, 47 und in seinem Namen wird
man allen Völkern, angefangen in Jerusalem,
verkünden, sie sollen umkehren, damit ihre Sün-
den vergeben werden. 48 Ihr seid Zeugen dafür.
49 Und ich werde die Gabe, die mein Vater ver-
heißen hat, zu euch herabsenden. Bleibt in der
Stadt, bis ihr mit der Kraft aus der Höhe erfüllt
werdet.
50 Dann führte er sie hinaus in die Nähe von Be-
tanien. Dort erhob er seine Hände und segnete
sie. 51 Und während er sie segnete, verließ er sie
und wurde zum Himmel emporgehoben; 52 sie
aber fielen vor ihm nieder. Dann kehrten sie in
großer Freude nach Jerusalem zurück. 53 Und sie
waren immer im Tempel und priesen Gott.

DAS EVANGELIUM NACH JOHANNES

Der Prolog: 1,1–18

1 Im Anfang war das Wort, / und das Wort war
bei Gott, / und das Wort war Gott.
2 Im Anfang war es bei Gott.
3 Alles ist durch das Wort geworden, / und ohne
das Wort wurde nichts, was geworden ist.
4 In ihm war das Leben, / und das Leben war das
Licht der Menschen.
5 Und das Licht leuchtet in der Finsternis, / und
die Finsternis hat es nicht erfaßt.
6 Es trat ein Mensch auf, der von Gott gesandt
war; sein Name war Johannes. 7 Er kam als Zeuge,
um Zeugnis abzulegen für das Licht, damit alle
durch ihn zum Glauben kommen. 8 Er war nicht
selbst das Licht, er sollte nur Zeugnis ablegen für
das Licht.
9 Das wahre Licht, das jeden Menschen erleuch-
tet, / kam in die Welt.
10 Er war in der Welt, / und die Welt ist durch ihn
geworden, / aber die Welt erkannte ihn nicht.
11 Er kam in sein Eigentum, / aber die Seinen
nahmen ihn nicht auf.
12 Allen aber, die ihn aufnahmen, / gab er Macht,
Kinder Gottes zu werden, / allen, die an seinen
Namen glauben,
13 die nicht aus dem Blut, / nicht aus dem Willen
des Fleisches, / nicht aus dem Willen des Man-
nes, / sondern aus Gott geboren sind.
14 Und das Wort ist Fleisch geworden / und
hat unter uns gewohnt, / und wir haben seine
Herrlichkeit gesehen, / die Herrlichkeit des einzi-
gen Sohnes vom Vater, / voll Gnade und Wahr-
heit.
15 Johannes legte Zeugnis für ihn ab und rief:
Dieser war es, über den ich gesagt habe: Er, der

nach mir kommt, ist mir voraus, weil er vor mir
war.
16 Aus seiner Fülle haben wir alle empfangen, /
Gnade über Gnade.
17 Denn das Gesetz wurde durch Mose ge-
geben, die Gnade und die Wahrheit kamen
durch Jesus Christus. 18 Niemand hat Gott
je gesehen. Der Einzige, der Gott ist und
am Herzen des Vaters ruht, er hat Kunde ge-
bracht.

Das öffentliche Wirken Jesu: 1,19–12,50

Die Kennzeichnung der Person und des Auftrags Jesu – Die Anfänge seines Wirkens: 1,19–4,54

Die Aussage Johannes' des Täufers

19 Dies ist das Zeugnis des Johannes: Als die Juden
von Jerusalem aus Priester und Leviten zu ihm
sandten mit der Frage: Wer bist du?, 20 bekannte er
und leugnete nicht; er bekannte: Ich bin nicht der
Messias. 21 Sie fragten ihn: Was bist du dann? Bist
du Elija? Und er sagte: Ich bin es nicht. Bist du der
Prophet? Er antwortete: Nein. 22 Da fragten sie
ihn: Wer bist du? Wir müssen denen, die uns ge-
sandt haben, Auskunft geben. Was sagst du über
dich selbst? 23 Er sagte: Ich bin *die Stimme, die in
der Wüste ruft: Ebnet den Weg für den Herrn!*,
wie der Prophet Jesaja gesagt hat. 24 Unter den Ab-
gesandten waren auch Pharisäer. 25 Sie fragten Jo-
hannes: Warum taufst du dann, wenn du nicht
der Messias bist, nicht Elija und nicht der Pro-
phet? 26 Er antwortete ihnen: Ich taufe mit Wasser.
Mitten unter euch steht der, den ihr nicht kennt
27 und der nach mir kommt; ich bin es nicht wert,
ihm die Schuhe aufzuschnüren. 28 Dies geschah in
Betanien, auf der anderen Seite des Jordan, wo Jo-
hannes taufte.

Das Zeugnis des Täufers für Jesus

29 Am Tag darauf sah er Jesus auf sich zukommen
und sagte: Seht, das Lamm Gottes, das die Sünde
der Welt hinwegnimmt. 30 Er ist es, von dem ich
gesagt habe: Nach mir kommt ein Mann, der mir
voraus ist, weil er vor mir war. 31 Auch ich kannte
ihn nicht; aber ich bin gekommen und taufe mit
Wasser, um Israel mit ihm bekanntzumachen.
32 Und Johannes bezeugte: Ich sah, daß der Geist
vom Himmel herabkam wie eine Taube und auf
ihm blieb. 33 Auch ich kannte ihn nicht; aber er,
der mich gesandt hat, mit Wasser zu taufen, er hat
mir gesagt: Auf wen du den Geist herabkommen
siehst und auf wem er bleibt, der ist es, der mit
dem Heiligen Geist tauft. 34 Das habe ich gesehen,
und ich bezeuge: Er ist der Sohn Gottes.

Die ersten Jünger

35 Am Tag darauf stand Johannes wieder dort, und
zwei seiner Jünger standen bei ihm. 36 Als Jesus
vorüberging, richtete Johannes seinen Blick auf
ihn und sagte: Seht, das Lamm Gottes! 37 Die bei-
den Jünger hörten, was er sagte, und folgten Je-
sus. 38 Jesus aber wandte sich um, und als er sah,
daß sie ihm folgten, fragte er sie: Was wollt ihr?
Sie sagten zu ihm: Rabbi – das heißt übersetzt:
Meister –, wo wohnst du? 39 Er antwortete:
Kommt und seht! Da gingen sie mit und sahen,
wo er wohnte, und blieben jenen Tag bei ihm; es
war um die zehnte Stunde. 40 Andreas, der Bruder
des Simon Petrus, war einer der beiden, die das
Wort des Johannes gehört hatten und Jesus gefolgt
waren. 41 Dieser traf zuerst seinen Bruder Simon
und sagte zu ihm: Wir haben den Messias gefun-
den. Messias heißt übersetzt: der Gesalbte (Chri-
stus). 42 Er führte ihn zu Jesus. Jesus blickte ihn an
und sagte: Du bist Simon, der Sohn des Johannes,
du sollst Kephas heißen. Kephas bedeutet: Fels
(Petrus).
43 Am Tag darauf wollte Jesus nach Galiläa auf-
brechen; da traf er Philippus. Und Jesus sagte zu
ihm: Folge mir nach! 44 Philippus war aus Bet-
saida, dem Heimatort des Andreas und Petrus.
45 Philippus traf Natanaël und sagte zu ihm: Wir
haben den gefunden, über den Mose im Gesetz
und auch die Propheten geschrieben haben: Jesus
aus Nazaret, den Sohn Josefs. 46 Da sagte Natanaël
zu ihm: Aus Nazaret? Kann von dort etwas Gutes
kommen? Philippus antwortete: Komm und sieh!
47 Jesus sah Natanaël auf sich zukommen und
sagte über ihn: Da kommt ein echter Israelit, ein
Mann ohne Falschheit. 48 Natanaël fragte ihn: Wo-
her kennst du mich? Jesus antwortete ihm: Schon

bevor dich Philippus rief, habe ich dich unter dem
Feigenbaum gesehen. 49 Natanaël antwortete
ihm: Rabbi, du bist der Sohn Gottes, du bist der
König von Israel! 50 Jesus antwortete ihm: Du
glaubst, weil ich dir sagte, daß ich dich unter dem
Feigenbaum sah? Du wirst noch Größeres sehen.
51 Und er sprach zu ihm: Amen, amen, ich sage
euch: Ihr werdet den Himmel geöffnet und die
Engel Gottes auf- und niedersteigen sehen über
dem Menschensohn.

Die Hochzeit in Kana als Zeichen

2 Am dritten Tag fand in Kana in Galiläa eine
Hochzeit statt, und die Mutter Jesu war da-
bei. 2 Auch Jesus und seine Jünger waren zur
Hochzeit eingeladen. 3 Als der Wein ausging, sagte
die Mutter Jesu zu ihm: Sie haben keinen Wein
mehr. 4 Jesus erwiderte ihr: Was willst du von mir,
Frau? Meine Stunde ist noch nicht gekommen.
5 Seine Mutter sagte zu den Dienern: Was er euch
sagt, das tut! 6 Es standen dort sechs steinerne
Wasserkrüge, wie es der Reinigungsvorschrift der
Juden entsprach; jeder faßte ungefähr hundert Li-
ter. 7 Jesus sagte zu den Dienern: Füllt die Krüge
mit Wasser! Und sie füllten sie bis zum Rand. 8 Er
sagte zu ihnen: Schöpft jetzt, und bringt es dem,
der für das Festmahl verantwortlich ist. Sie brach-
ten es ihm. 9 Er kostete das Wasser, das zu Wein
geworden war. Er wußte nicht, woher der Wein
kam; die Diener aber, die das Wasser geschöpft
hatten, wußten es. Da ließ er den Bräutigam rufen
10 und sagte zu ihm: Jeder setzt zuerst den guten
Wein vor und erst, wenn die Gäste zuviel getrun-
ken haben, den weniger guten. Du jedoch hast
den guten Wein bis jetzt zurückgehalten. 11 So tat
Jesus sein erstes Zeichen, in Kana in Galiläa, und
offenbarte seine Herrlichkeit, und seine Jünger
glaubten an ihn. 12 Danach zog er mit seiner Mut-
ter, seinen Brüdern und seinen Jüngern nach Ka-
farnaum hinab. Dort blieben sie einige Zeit.

Die Vertreibung der Händler aus dem Tempel

13 Das Paschafest der Juden war nahe, und Jesus
zog nach Jerusalem hinauf. 14 Im Tempel fand er
die Verkäufer von Rindern, Schafen und Tauben
und die Geldwechsler, die dort saßen. 15 Er machte
eine Geißel aus Stricken und trieb sie alle aus dem
Tempel hinaus, dazu die Schafe und Rinder; das
Geld der Wechsler schüttete er aus, und ihre Ti-
sche stieß er um. 16 Zu den Taubenhändlern sagte
er: Schafft das hier weg, macht das Haus meines
Vaters nicht zu einer Markthalle! 17 Seine Jünger
erinnerten sich an das Wort der Schrift: *Der Eifer
für dein Haus verzehrt mich.* 18 Da stellten ihn die
Juden zur Rede: Welches Zeichen läßt du uns se-
hen als Beweis, daß du dies tun darfst? 19 Jesus ant-
wortete ihnen: Reißt diesen Tempel nieder, in drei
Tagen werde ich ihn wieder aufrichten. 20 Da sag-
ten die Juden: Sechsundvierzig Jahre wurde an
diesem Tempel gebaut, und du willst ihn in drei
Tagen wieder aufrichten? 21 Er aber meinte den
Tempel seines Leibes. 22 Als er von den Toten auf-
erstanden war, erinnerten sich seine Jünger, daß
er dies gesagt hatte, und sie glaubten der Schrift
und dem Wort, das Jesus gesprochen hatte.

Jesus beim Paschafest in Jerusalem

23 Während er zum Paschafest in Jerusalem war,
kamen viele zum Glauben an seinen Namen, als
sie die Zeichen sahen, die er tat. 24 Jesus aber ver-
traute sich ihnen nicht an, denn er kannte sie alle
25 und brauchte von keinem ein Zeugnis über den
Menschen; denn er wußte, was im Menschen ist.

Das Gespräch mit Nikodemus

3 Es war ein Pharisäer namens Nikodemus,
ein führender Mann unter den Juden. 2 Der
suchte Jesus bei Nacht auf und sagte zu ihm:
Rabbi, wir wissen, du bist ein Lehrer, der von
Gott gekommen ist; denn niemand kann die Zei-
chen tun, die du tust, wenn nicht Gott mit ihm ist.
3 Jesus antwortete ihm: Amen, amen, ich sage dir:
Wenn jemand nicht von neuem geboren wird,
kann er das Reich Gottes nicht sehen. 4 Nikode-
mus entgegnete ihm: Wie kann ein Mensch, der
schon alt ist, geboren werden? Er kann doch nicht
in den Schoß seiner Mutter zurückkehren und
ein zweites Mal geboren werden. 5 Jesus antwor-
tete: Amen, amen, ich sage dir: Wenn jemand
nicht aus Wasser und Geist geboren wird, kann er
nicht in das Reich Gottes kommen. 6 Was aus dem
Fleisch geboren ist, das ist Fleisch; was aber aus
dem Geist geboren ist, das ist Geist. 7 Wundere
dich nicht, daß ich dir sagte: Ihr müßt von neuem
geboren werden. 8 Der Wind weht, wo er will; du
hörst sein Brausen, weißt aber nicht, woher er
kommt und wohin er geht. So ist es mit jedem,
der aus dem Geist geboren ist. 9 Nikodemus erwi-
derte ihm: Wie kann das geschehen? 10 Jesus ant-
wortete: Du bist der Lehrer Israels und verstehst

das nicht? 11 Amen, amen, ich sage dir: Was wir wissen, davon reden wir, und was wir gesehen haben, das bezeugen wir, und doch nehmt ihr unser Zeugnis nicht an. 12 Wenn ich zu euch über irdische Dinge gesprochen habe und ihr nicht glaubt, wie werdet ihr glauben, wenn ich zu euch über himmlische Dinge spreche? 13 Und niemand ist in den Himmel hinaufgestiegen außer dem, der vom Himmel herabgestiegen ist: der Menschensohn.

Das Ziel der Sendung Jesu

14 Und wie Mose die Schlange in der Wüste erhöht hat, so muß der Menschensohn erhöht werden, 15 damit jeder, der (an ihn) glaubt, in ihm das ewige Leben hat. 16 Denn Gott hat die Welt so sehr geliebt, daß er seinen einzigen Sohn hingab, damit jeder, der an ihn glaubt, nicht zugrunde geht, sondern das ewige Leben hat. 17 Denn Gott hat seinen Sohn nicht in die Welt gesandt, damit er die Welt richtet, sondern damit die Welt durch ihn gerettet wird. 18 Wer an ihn glaubt, wird nicht gerichtet; wer nicht glaubt, ist schon gerichtet, weil er an den Namen des einzigen Sohnes Gottes nicht geglaubt hat. 19 Denn mit dem Gericht verhält es sich so: Das Licht kam in die Welt, und die Menschen liebten die Finsternis mehr als das Licht; denn ihre Taten waren böse. 20 Jeder, der Böses tut, haßt das Licht und kommt nicht zum Licht, damit seine Taten nicht aufgedeckt werden. 21 Wer aber die Wahrheit tut, kommt zum Licht, damit offenbar wird, daß seine Taten in Gott vollbracht sind.

Der Täufer und der Messias

22 Darauf ging Jesus mit seinen Jüngern nach Judäa. Dort hielt er sich mit ihnen auf und taufte. 23 Aber auch Johannes taufte damals, und zwar in Änon bei Salim, weil dort viel Wasser war; und die Leute kamen und ließen sich taufen. 24 Johannes war nämlich noch nicht ins Gefängnis geworfen worden. 25 Da kam es zwischen den Jüngern des Johannes und einem Juden zum Streit über die Frage der Reinigung. 26 Sie gingen zu Johannes und sagten zu ihm: Rabbi, der Mann, der auf der anderen Seite des Jordan bei dir war und für den du Zeugnis abgelegt hast, der tauft jetzt, und alle laufen zu ihm. 27 Johannes antwortete: Kein Mensch kann sich etwas nehmen, wenn es ihm nicht vom Himmel gegeben ist. 28 Ihr selbst könnt mir bezeugen, daß ich gesagt habe: Ich bin nicht der Messias, sondern nur ein Gesandter, der ihm vorausgeht. 29 Wer die Braut hat, ist der Bräutigam; der Freund des Bräutigams aber, der dabeisteht und ihn hört, freut sich über die Stimme des Bräutigams. Diese Freude ist nun für mich Wirklichkeit geworden. 30 Er muß wachsen, ich aber muß kleiner werden.

31 Er, der von oben kommt, steht über allen; wer von der Erde stammt, ist irdisch und redet irdisch. Er, der aus dem Himmel kommt, steht über allen. 32 Was er gesehen und gehört hat, bezeugt er, doch niemand nimmt sein Zeugnis an. 33 Wer sein Zeugnis annimmt, beglaubigt, daß Gott wahrhaftig ist. 34 Denn der, den Gott gesandt hat, verkündet die Worte Gottes; denn er gibt den Geist unbegrenzt. 35 Der Vater liebt den Sohn und hat alles in seine Hand gegeben. 36 Wer an den Sohn glaubt, hat das ewige Leben; wer aber dem Sohn nicht gehorcht, wird das Leben nicht sehen, sondern Gottes Zorn bleibt auf ihm.

Das Gespräch am Jakobsbrunnen

4 Jesus erfuhr, daß die Pharisäer gehört hatten, er gewinne und taufe mehr Jünger als Johannes – 2 allerdings taufte nicht Jesus selbst, sondern seine Jünger –; 3 daraufhin verließ er Judäa und ging wieder nach Galiläa. 4 Er mußte aber den Weg durch Samarien nehmen. 5 So kam er zu einem Ort in Samarien, der Sychar hieß und nahe bei dem Grundstück lag, das Jakob seinem Sohn Josef vermacht hatte. 6 Dort befand sich der Jakobsbrunnen. Jesus war müde von der Reise und setzte sich daher an den Brunnen; es war um die sechste Stunde.

7 Da kam eine samaritische Frau, um Wasser zu schöpfen. Jesus sagte zu ihr: Gib mir zu trinken! 8 Seine Jünger waren nämlich in den Ort gegangen, um etwas zum Essen zu kaufen. 9 Die samaritische Frau sagte zu ihm: Wie kannst du als Jude mich, eine Samariterin, um Wasser bitten? Die Juden verkehren nämlich nicht mit den Samaritern. 10 Jesus antwortete ihr: Wenn du wüßtest, worin die Gabe Gottes besteht und wer es ist, der zu dir sagt: Gib mir zu trinken!, dann hättest du ihn gebeten, und er hätte dir lebendiges Wasser gegeben. 11 Sie sagte zu ihm: Herr, du hast kein Schöpfgefäß, und der Brunnen ist tief; woher hast du also das lebendige Wasser? 12 Bist du etwa größer als unser Vater Jakob, der uns den Brunnen gegeben und selbst daraus getrunken hat, wie seine

Söhne und seine Herden? [13] Jesus antwortete ihr:
Wer von diesem Wasser trinkt, wird wieder Durst
bekommen; [14] wer aber von dem Wasser trinkt,
das ich ihm geben werde, wird niemals mehr
Durst haben; vielmehr wird das Wasser, das ich
ihm gebe, in ihm zur sprudelnden Quelle wer-
den, deren Wasser ewiges Leben schenkt. [15] Da
sagte die Frau zu ihm: Herr, gib mir dieses Was-
ser, damit ich keinen Durst mehr habe und nicht
mehr hierher kommen muß, um Wasser zu
schöpfen. [16] Er sagte zu ihr: Geh, ruf deinen Mann,
und komm wieder her! [17] Die Frau antwortete: Ich
habe keinen Mann. Jesus sagte zu ihr: Du hast
richtig gesagt: Ich habe keinen Mann. [18] Denn fünf
Männer hast du gehabt, und der, den du jetzt
hast, ist nicht dein Mann. Damit hast du die Wahr-
heit gesagt.

[19] Die Frau sagte zu ihm: Herr, ich sehe, daß du
ein Prophet bist. [20] Unsere Väter haben auf diesem
Berg Gott angebetet; ihr aber sagt, in Jerusalem sei
die Stätte, wo man anbeten muß. [21] Jesus sprach
zu ihr: Glaube mir, Frau, die Stunde kommt, zu
der ihr weder auf diesem Berg noch in Jerusalem
den Vater anbeten werdet. [22] Ihr betet an, was ihr
nicht kennt, wir beten an, was wir kennen; denn
das Heil kommt von den Juden. [23] Aber die Stunde
kommt, und sie ist schon da, zu der die wahren
Beter den Vater anbeten werden im Geist und in
der Wahrheit; denn so will der Vater angebetet
werden. [24] Gott ist Geist, und alle, die ihn anbeten,
müssen im Geist und in der Wahrheit anbeten.
[25] Die Frau sagte zu ihm: Ich weiß, daß der Mes-
sias kommt, das ist: der Gesalbte (Christus). Wenn
er kommt, wird er uns alles verkünden. [26] Da sagte
Jesus zu ihr: Ich bin es, ich, der mit dir spricht.

Die Aufnahme Jesu bei den Samaritern

[27] Inzwischen waren seine Jünger zurückgekom-
men. Sie wunderten sich, daß er mit einer Frau
sprach, aber keiner sagte: Was willst du?, oder:
Was redest du mit ihr? [28] Da ließ die Frau ihren
Wasserkrug stehen, eilte in den Ort und sagte zu
den Leuten: [29] Kommt her, seht, da ist ein Mann,
der mir alles gesagt hat, was ich getan habe: Ist er
vielleicht der Messias? [30] Da liefen sie hinaus aus
dem Ort und gingen zu Jesus.

[31] Währenddessen drängten ihn seine Jünger:
Rabbi, iß! [32] Er aber sagte zu ihnen: Ich lebe von
einer Speise, die ihr nicht kennt. [33] Da sagten die
Jünger zueinander: Hat ihm jemand etwas zu es-
sen gebracht? [34] Jesus sprach zu ihnen: Meine
Speise ist es, den Willen dessen zu tun, der mich
gesandt hat, und sein Werk zu Ende zu führen.
[35] Sagt ihr nicht: Noch vier Monate dauert es bis
zur Ernte? Ich aber sage euch: Blickt umher und
seht, daß die Felder weiß sind, reif zur Ernte.
[36] Schon empfängt der Schnitter seinen Lohn und
sammelt Frucht für das ewige Leben, so daß sich
der Sämann und der Schnitter gemeinsam freuen.
[37] Denn hier hat das Sprichwort recht: Einer sät,
und ein anderer erntet. [38] Ich habe euch gesandt,
zu ernten, wofür ihr nicht gearbeitet habt; andere
haben gearbeitet, und ihr erntet die Frucht ihrer
Arbeit.

[39] Viele Samariter aus jenem Ort kamen zum
Glauben an Jesus auf das Wort der Frau hin, die
bezeugt hatte: Er hat mir alles gesagt, was ich ge-
tan habe. [40] Als die Samariter zu ihm kamen, ba-
ten sie ihn, bei ihnen zu bleiben; und er blieb dort
zwei Tage. [41] Und noch viel mehr Leute kamen
zum Glauben an ihn aufgrund seiner eigenen
Worte. [42] Und zu der Frau sagten sie: Nicht mehr
aufgrund deiner Aussage glauben wir, sondern
weil wir ihn selbst gehört haben und nun wissen:
Er ist wirklich der Retter der Welt.

Ein Heilungswunder in Galiläa

[43] Nach diesen beiden Tagen ging er von dort nach
Galiläa. [44] Jesus selbst hatte nämlich bestätigt: Ein
Prophet wird in seiner eigenen Heimat nicht ge-
ehrt. [45] Als er nun nach Galiläa kam, nahmen ihn
die Galiläer auf, weil sie alles gesehen hatten, was
er in Jerusalem während des Festes getan hatte;
denn auch sie waren zum Fest gekommen. [46] Je-
sus kam wieder nach Kana in Galiläa, wo er das
Wasser in Wein verwandelt hatte.

In Kafarnaum lebte ein königlicher Beamter;
dessen Sohn war krank. [47] Als er hörte, daß Jesus
von Judäa nach Galiläa gekommen war, suchte er
ihn auf und bat ihn, herabzukommen und seinen
Sohn zu heilen; denn er lag im Sterben. [48] Da sagte
Jesus zu ihm: Wenn ihr nicht Zeichen und Wun-
der seht, glaubt ihr nicht. [49] Der Beamte bat ihn:
Herr, komm herab, ehe mein Kind stirbt. [50] Jesus
erwiderte ihm: Geh, dein Sohn lebt! Der Mann
glaubte dem Wort, das Jesus zu ihm gesagt hatte,
und machte sich auf den Weg. [51] Noch während er
unterwegs war, kamen ihm seine Diener entge-
gen und sagten: Dein Junge lebt. [52] Da fragte er sie
genau nach der Stunde, in der die Besserung ein-

getreten war. Sie antworteten: Gestern in der
siebten Stunde ist das Fieber von ihm gewichen.
53 Da erkannte der Vater, daß es genau zu der
Stunde war, als Jesus zu ihm gesagt hatte: Dein
Sohn lebt. Und er wurde gläubig mit seinem
ganzen Haus. 54 So tat Jesus sein zweites Zeichen,
und zwar nachdem er von Judäa nach Galiläa ge-
kommen war.

Die Selbstoffenbarung Jesu vor der Welt: 5,1–12,50

Die Heilung eines Gelähmten am Sabbat in Jerusalem

5 Einige Zeit später war ein Fest der Juden, und
Jesus ging hinauf nach Jerusalem. 2 In Jerusa-
lem gibt es beim Schaftor einen Teich, zu dem fünf
Säulenhallen gehören; dieser Teich heißt auf he-
bräisch Betesda. 3 In diesen Hallen lagen viele
Kranke, darunter Blinde, Lahme und Verkrüp-
pelte. [3b.4] 5 Dort lag auch ein Mann, der schon
achtunddreißig Jahre krank war. 6 Als Jesus ihn
dort liegen sah und erkannte, daß er schon lange
krank war, fragte er ihn: Willst du gesund wer-
den? 7 Der Kranke antwortete ihm: Herr, ich habe
keinen Menschen, der mich, sobald das Wasser
aufwallt, in den Teich trägt. Während ich mich
hinschleppe, steigt schon ein anderer vor mir
hinein. 8 Da sagte Jesus zu ihm: Steh auf, nimm
deine Bahre und geh! 9 Sofort wurde der Mann ge-
sund, nahm seine Bahre und ging.

Dieser Tag war aber ein Sabbat. 10 Da sagten die
Juden zu dem Geheilten: Es ist Sabbat, du darfst
deine Bahre nicht tragen. 11 Er erwiderte: Der
Mann, der mich gesund gemacht hat, sagte zu
mir: Nimm deine Bahre und geh! 12 Sie fragten
ihn: Wer ist das denn, der zu dir gesagt hat: Nimm
deine Bahre und geh? 13 Der Geheilte wußte aber
nicht, wer es war. Jesus war nämlich weggegan-
gen, weil sich dort eine große Menschenmenge
angesammelt hatte. 14 Später traf ihn Jesus im Tem-
pel und sagte zu ihm: Jetzt bist du gesund; sün-
dige nicht mehr, damit dir nicht noch Schlimme-
res zustößt. 15 Der Mann ging fort und teilte den
Juden mit, daß es Jesus war, der ihn gesund ge-
macht hatte. 16 Daraufhin verfolgten die Juden Je-
sus, weil er das an einem Sabbat getan hatte. 17 Je-
sus aber entgegnete ihnen: Mein Vater ist noch
immer am Werk, und auch ich bin am Werk.
18 Darum waren die Juden noch mehr darauf aus,
ihn zu töten, weil er nicht nur den Sabbat brach,
sondern auch Gott seinen Vater nannte und sich
damit Gott gleichstellte.

Jesu Rede über seine Vollmacht

19 Jesus aber sagte zu ihnen: Amen, amen, ich sage
euch: Der Sohn kann nichts von sich aus tun, son-
dern nur, wenn er den Vater etwas tun sieht. Was
nämlich der Vater tut, das tut in gleicher Weise der
Sohn. 20 Denn der Vater liebt den Sohn und zeigt
ihm alles, was er tut, und noch größere Werke
wird er ihm zeigen, so daß ihr staunen werdet.
21 Denn wie der Vater die Toten auferweckt und
lebendig macht, so macht auch der Sohn leben-
dig, wen er will. 22 Auch richtet der Vater nie-
mand, sondern er hat das Gericht ganz dem Sohn
übertragen, 23 damit alle den Sohn ehren, wie sie
den Vater ehren. Wer den Sohn nicht ehrt, ehrt
auch den Vater nicht, der ihn gesandt hat.
24 Amen, amen, ich sage euch: Wer mein Wort hört
und dem glaubt, der mich gesandt hat, hat das
ewige Leben; er kommt nicht ins Gericht, son-
dern ist aus dem Tod ins Leben hinübergegangen.
25 Amen, amen, ich sage euch: Die Stunde kommt,
und sie ist schon da, in der die Toten die Stimme
des Sohnes Gottes hören werden; und alle, die sie
hören, werden leben. 26 Denn wie der Vater das
Leben in sich hat, so hat er auch dem Sohn gege-
ben, das Leben in sich zu haben. 27 Und er hat ihm
Vollmacht gegeben, Gericht zu halten, weil er der
Menschensohn ist. 28 Wundert euch nicht dar-
über! Die Stunde kommt, in der alle, die in den
Gräbern sind, seine Stimme hören 29 und heraus-
kommen werden: Die das Gute getan haben,
werden zum Leben auferstehen, die das Böse ge-
tan haben, zum Gericht. 30 Von mir selbst aus
kann ich nichts tun; ich richte, wie ich es (vom Va-
ter) höre, und mein Gericht ist gerecht, weil es
mir nicht um meinen Willen geht, sondern um
den Willen dessen, der mich gesandt hat.

31 Wenn ich über mich selbst als Zeuge aussage,
ist mein Zeugnis nicht gültig; 32 ein anderer ist es,
der über mich als Zeuge aussagt, und ich weiß:
Das Zeugnis, das er über mich ablegt, ist gültig.
33 Ihr habt zu Johannes geschickt, und er hat für
die Wahrheit Zeugnis abgelegt. 34 Ich aber nehme
von keinem Menschen ein Zeugnis an, sondern
ich sage dies nur, damit ihr gerettet werdet. 35 Je-
ner war die Lampe, die brennt und leuchtet, und
ihr wolltet euch eine Zeitlang an seinem Licht er-
freuen. 36 Ich aber habe ein gewichtigeres Zeugnis

Dein Bruder war tot und lebt wieder (Lk 15) | 70 ▷
Freut euch, ich habe mein Schaf wiedergefunden (Lk 15) | 71 ▷▷

als das des Johannes: Die Werke, die mein Vater mir übertragen hat, damit ich sie zu Ende führe, diese Werke, die ich vollbringe, legen Zeugnis dafür ab, daß mich der Vater gesandt hat. 37 Auch der Vater selbst, der mich gesandt hat, hat über mich Zeugnis abgelegt. Ihr habt weder seine Stimme gehört noch seine Gestalt je gesehen, 38 und auch sein Wort bleibt nicht in euch, weil ihr dem nicht glaubt, den er gesandt hat. 39 Ihr erforscht die Schriften, weil ihr meint, in ihnen das ewige Leben zu haben; gerade sie legen Zeugnis über mich ab. 40 Und doch wollt ihr nicht zu mir kommen, um das Leben zu haben. 41 Meine Ehre empfange ich nicht von Menschen. 42 Ich habe erkannt, daß ihr die Liebe zu Gott nicht in euch habt. 43 Ich bin im Namen meines Vaters gekommen, und doch lehnt ihr mich ab. Wenn aber ein anderer in seinem eigenen Namen kommt, dann werdet ihr ihn anerkennen. 44 Wie könnt ihr zum Glauben kommen, wenn ihr eure Ehre voneinander empfangt, nicht aber die Ehre sucht, die von dem einen Gott kommt? 45 Denkt nicht, daß ich euch beim Vater anklagen werde; Mose klagt euch an, auf den ihr eure Hoffnung gesetzt habt. 46 Wenn ihr Mose glauben würdet, müßtet ihr auch mir glauben; denn über mich hat er geschrieben. 47 Wenn ihr aber seinen Schriften nicht glaubt, wie könnt ihr dann meinen Worten glauben?

Die wunderbare Speisung einer Volksmenge am See von Tiberias

6 Danach ging Jesus an das andere Ufer des Sees von Galiläa, der auch See von Tiberias heißt. 2 Eine große Menschenmenge folgte ihm, weil sie die Zeichen sahen, die er an den Kranken tat. 3 Jesus stieg auf den Berg und setzte sich dort mit seinen Jüngern nieder. 4 Das Pascha, das Fest der Juden, war nahe. 5 Als Jesus aufblickte und sah, daß so viele Menschen zu ihm kamen, fragte er Philippus: Wo sollen wir Brot kaufen, damit diese Leute zu essen haben? 6 Das sagte er aber nur, um ihn auf die Probe zu stellen; denn er selbst wußte, was er tun wollte. 7 Philippus antwortete ihm: Brot für zweihundert Denare reicht nicht aus, wenn jeder von ihnen auch nur ein kleines Stück bekommen soll. 8 Einer seiner Jünger, Andreas, der Bruder des Simon Petrus, sagte zu ihm: 9 Hier ist ein kleiner Junge, der hat fünf Gerstenbrote und zwei Fische; doch was ist das für so viele! 10 Jesus sagte: Laßt die Leute sich setzen! Es gab dort nämlich viel Gras. Da setzten sie sich; es waren etwa fünftausend Männer. 11 Dann nahm Jesus die Brote, sprach das Dankgebet und teilte an die Leute aus, soviel sie wollten; ebenso machte er es mit den Fischen. 12 Als die Menge satt war, sagte er zu seinen Jüngern: Sammelt die übriggebliebenen Brotstücke, damit nichts verdirbt. 13 Sie sammelten und füllten zwölf Körbe mit den Stücken, die von den fünf Gerstenbroten nach dem Essen übrig waren. 14 Als die Menschen das Zeichen sahen, das er getan hatte, sagten sie: Das ist wirklich der Prophet, der in die Welt kommen soll. 15 Da erkannte Jesus, daß sie kommen würden, um ihn in ihre Gewalt zu bringen und zum König zu machen. Daher zog er sich wieder auf den Berg zurück, er allein.

Der Gang Jesu auf dem Wasser

16 Als es aber spät geworden war, gingen seine Jünger zum See hinab, 17 bestiegen ein Boot und fuhren über den See, auf Kafarnaum zu. Es war schon dunkel geworden, und Jesus war noch nicht zu ihnen gekommen. 18 Da wurde der See durch einen heftigen Sturm aufgewühlt. 19 Als sie etwa fünfundzwanzig oder dreißig Stadien gefahren waren, sahen sie, wie Jesus über den See ging und sich dem Boot näherte; und sie fürchteten sich. 20 Er aber rief ihnen zu: Ich bin es; fürchtet euch nicht! 21 Sie wollten ihn zu sich in das Boot nehmen, aber schon war das Boot am Ufer, das sie erreichen wollten.

Die Rede über das Himmelsbrot in der Synagoge von Kafarnaum

22 Am nächsten Tag sah die Menge, die am anderen Ufer des Sees geblieben war, daß nur noch ein Boot dort lag, und sie erfuhren, daß Jesus nicht mit seinen Jüngern ins Boot gestiegen war, sondern daß die Jünger allein abgefahren waren. 23 Von Tiberias her kamen andere Boote in die Nähe des Ortes, wo sie nach dem Dankgebet des Herrn das Brot gegessen hatten. 24 Als die Leute sahen, daß weder Jesus noch seine Jünger dort waren, stiegen sie in die Boote, fuhren nach Kafarnaum und suchten Jesus. 25 Als sie ihn am anderen Ufer des Sees fanden, fragten sie ihn: Rabbi, wann bist du hierher gekommen? 26 Jesus antwortete ihnen: Amen, amen, ich sage euch: Ihr sucht mich nicht, weil ihr Zeichen gesehen habt, sondern weil ihr

◁◁ 72 | *Heute ist diesem Haus das Heil geschenkt (Lk 19)*
◁ 73 | *Das ist mein Leib (Lk 22)*

von den Broten gegessen habt und satt geworden
seid. 27 Müht euch nicht ab für die Speise, die ver-
dirbt, sondern für die Speise, die für das ewige Le-
ben bleibt und die der Menschensohn euch ge-
ben wird. Denn ihn hat Gott, der Vater, mit
seinem Siegel beglaubigt. 28 Da fragten sie ihn:
Was müssen wir tun, um die Werke Gottes zu
vollbringen? 29 Jesus antwortete ihnen: Das ist das
Werk Gottes, daß ihr an den glaubt, den er ge-
sandt hat. 30 Sie entgegneten ihm: Welches Zei-
chen tust du, damit wir es sehen und dir glauben?
Was tust du? 31 Unsere Väter haben das Manna in
der Wüste gegessen, wie es in der Schrift heißt:
Brot vom Himmel gab er ihnen zu essen.

32 Jesus sagte zu ihnen: Amen, amen, ich sage
euch: Nicht Mose hat euch das Brot vom Himmel
gegeben, sondern mein Vater gibt euch das wahre
Brot vom Himmel. 33 Denn das Brot, das Gott gibt,
kommt vom Himmel herab und gibt der Welt das
Leben. 34 Da baten sie ihn: Herr, gib uns immer
dieses Brot! 35 Jesus antwortete ihnen: Ich bin das
Brot des Lebens; wer zu mir kommt, wird nie
mehr hungern, und wer an mich glaubt, wird nie
mehr Durst haben.

36 Aber ich habe euch gesagt: Ihr habt (mich) ge-
sehen, und doch glaubt ihr nicht. 37 Alles, was der
Vater mir gibt, wird zu mir kommen, und wer zu
mir kommt, den werde ich nicht abweisen;
38 denn ich bin nicht vom Himmel herabgekom-
men, um meinen Willen zu tun, sondern den
Willen dessen, der mich gesandt hat. 39 Es ist aber
der Wille dessen, der mich gesandt hat, daß ich
keinen von denen, die er mir gegeben hat, zu-
grunde gehen lasse, sondern daß ich sie aufer-
wecke am Letzten Tag. 40 Denn es ist der Wille
meines Vaters, daß alle, die den Sohn sehen und
an ihn glauben, das ewige Leben haben und daß
ich sie auferwecke am Letzten Tag. 41 Da murrten
die Juden gegen ihn, weil er gesagt hatte: Ich bin
das Brot, das vom Himmel herabgekommen ist.
42 Und sie sagten: Ist das nicht Jesus, der Sohn Jo-
sefs, dessen Vater und Mutter wir kennen? Wie
kann er jetzt sagen: Ich bin vom Himmel herab-
gekommen? 43 Jesus sagte zu ihnen: Murrt nicht!
44 Niemand kann zu mir kommen, wenn nicht
der Vater, der mich gesandt hat, ihn zu mir führt;
und ich werde ihn auferwecken am Letzten Tag.
45 Bei den Propheten heißt es: *Und alle werden
Schüler Gottes sein.* Jeder, der auf den Vater hört
und seine Lehre annimmt, wird zu mir kommen.
46 Niemand hat den Vater gesehen außer dem,
der von Gott ist; nur er hat den Vater gesehen.
47 Amen, amen, ich sage euch: Wer glaubt, hat
das ewige Leben.

48 Ich bin das Brot des Lebens. 49 Eure Väter ha-
ben in der Wüste das Manna gegessen und sind
gestorben. 50 So aber ist es mit dem Brot, das vom
Himmel herabkommt: Wenn jemand davon ißt,
wird er nicht sterben. 51 Ich bin das lebendige Brot,
das vom Himmel herabgekommen ist. Wer von
diesem Brot ißt, wird in Ewigkeit leben. Das Brot,
das ich geben werde, ist mein Fleisch, (ich gebe es
hin) für das Leben der Welt.

52 Da stritten sich die Juden und sagten: Wie
kann er uns sein Fleisch zu essen geben? 53 Jesus
sagte zu ihnen: Amen, amen, das sage ich euch:
Wenn ihr das Fleisch des Menschensohnes nicht
eßt und sein Blut nicht trinkt, habt ihr das Leben
nicht in euch. 54 Wer mein Fleisch ißt und mein
Blut trinkt, hat das ewige Leben, und ich werde
ihn auferwecken am Letzten Tag. 55 Denn mein
Fleisch ist wirklich eine Speise, und mein Blut ist
wirklich ein Trank. 56 Wer mein Fleisch ißt und
mein Blut trinkt, der bleibt in mir, und ich bleibe
in ihm. 57 Wie mich der lebendige Vater gesandt
hat und wie ich durch den Vater lebe, so wird je-
der, der mich ißt, durch mich leben. 58 Dies ist das
Brot, das vom Himmel herabgekommen ist. Mit
ihm ist es nicht wie mit dem Brot, das die Väter
gegessen haben; sie sind gestorben. Wer aber die-
ses Brot ißt, wird leben in Ewigkeit. 59 Diese Worte
sprach Jesus, als er in der Synagoge von
Kafarnaum lehrte.

Die Spaltung unter den Jüngern

60 Viele seiner Jünger, die ihm zuhörten, sagten:
Was er sagt, ist unerträglich. Wer kann das an-
hören? 61 Jesus erkannte, daß seine Jünger darüber
murrten, und fragte sie: Daran nehmt ihr Anstoß?
62 Was werdet ihr sagen, wenn ihr den Men-
schensohn hinaufsteigen seht, dorthin, wo er vor-
her war? 63 Der Geist ist es, der lebendig macht;
das Fleisch nützt nichts. Die Worte, die ich zu
euch gesprochen habe, sind Geist und sind Le-
ben. 64 Aber es gibt unter euch einige, die nicht
glauben. Jesus wußte nämlich von Anfang an,
welche es waren, die nicht glaubten, und wer ihn
verraten würde. 65 Und er sagte: Deshalb habe ich
zu euch gesagt: Niemand kann zu mir kommen,
wenn es ihm nicht vom Vater gegeben ist.

66 Daraufhin zogen sich viele Jünger zurück und
wanderten nicht mehr mit ihm umher. 67 Da fragte
Jesus die Zwölf: Wollt auch ihr weggehen? 68 Simon
Petrus antwortete ihm: Herr, zu wem sollen wir
gehen? Du hast Worte des ewigen Lebens. 69 Wir
sind zum Glauben gekommen und haben er-
kannt: Du bist der Heilige Gottes. 70 Jesus erwi-
derte: Habe ich nicht euch, die Zwölf, erwählt?
Und doch ist einer von euch ein Teufel. 71 Er sprach
von Judas, dem Sohn des Simon Iskariot; denn die-
ser sollte ihn verraten: einer der Zwölf.

Die Selbstoffenbarung Jesu beim Laubhüttenfest in Jerusalem: 7,1–52

Jesu Flucht vor der Öffentlichkeit

7 Danach zog Jesus in Galiläa umher; denn er
wollte sich nicht in Judäa aufhalten, weil die
Juden darauf aus waren, ihn zu töten. 2 Das Laub-
hüttenfest der Juden war nahe. 3 Da sagten seine
Brüder zu ihm: Geh von hier fort, und zieh nach Ju-
däa, damit auch deine Jünger die Werke sehen, die
du vollbringst. 4 Denn niemand wirkt im Verborge-
nen, wenn er öffentlich bekannt sein möchte.
Wenn du dies tust, zeig dich der Welt! 5 Auch seine
Brüder glaubten nämlich nicht an ihn. 6 Jesus sagte
zu ihnen: Meine Zeit ist noch nicht gekommen, für
euch aber ist immer die rechte Zeit. 7 Euch kann die
Welt nicht hassen, mich aber haßt sie, weil ich be-
zeuge, daß ihre Taten böse sind. 8 Geht ihr nur hin-
auf zum Fest; ich gehe nicht zu diesem Fest hinauf,
weil meine Zeit noch nicht erfüllt ist. 9 Das sagte er
zu ihnen, und er blieb in Galiläa. 10 Als aber seine
Brüder zum Fest hinaufgegangen waren, zog auch
er hinauf, jedoch nicht öffentlich, sondern heim-
lich. 11 Die Juden suchten beim Fest nach ihm und
sagten: Wo ist er? 12 Und in der Volksmenge wurde
viel über ihn hin und her geredet. Die einen sag-
ten: Er ist ein guter Mensch. Andere sagten: Nein,
er führt das Volk in die Irre. 13 Aber niemand redete
öffentlich über ihn, denn man fürchtete sich vor
den Juden.

Jesu Auftreten im Tempel

14 Schon war die Hälfte der Festwoche vorüber, da
ging Jesus zum Tempel hinauf und lehrte. 15 Die Ju-
den wunderten sich und sagten: Wie kann der die
Schrift verstehen, ohne dafür ausgebildet zu sein?
16 Darauf antwortete ihnen Jesus: Meine Lehre
stammt nicht von mir, sondern von dem, der
mich gesandt hat. 17 Wer bereit ist, den Willen
Gottes zu tun, wird erkennen, ob diese Lehre von
Gott stammt oder ob ich in meinem eigenen Na-
men spreche. 18 Wer im eigenen Namen spricht,
sucht seine eigene Ehre; wer aber die Ehre dessen
sucht, der ihn gesandt hat, der ist glaubwürdig,
und in ihm ist keine Falschheit. 19 Hat Mose euch
nicht das Gesetz gegeben? Aber keiner von euch
befolgt das Gesetz. Warum wollt ihr mich töten?
20 Die Menge antwortete: Du bist wohl von einem
Dämon besessen – wer will dich denn töten? 21 Je-
sus entgegnete ihnen: Ich habe nur ein einziges
Werk vollbracht, und ihr alle wundert euch dar-
über. 22 Mose hat euch die Beschneidung gegeben
– sie stammt freilich nicht von Mose, sondern
von den Vätern –, und ihr beschneidet einen
Menschen auch am Sabbat. 23 Wenn ein Mensch
am Sabbat die Beschneidung empfangen darf, da-
mit das Gesetz des Mose nicht mißachtet wird,
warum zürnt ihr mir, weil ich am Sabbat einen
Menschen als ganzen gesund gemacht habe?
24 Urteilt nicht nach dem Augenschein, sondern
urteilt gerecht!

Mutmaßungen des Volkes über Jesus

25 Da sagten einige Leute aus Jerusalem: Ist das
nicht der, den sie töten wollen? 26 Und doch redet
er in aller Öffentlichkeit, und man läßt ihn
gewähren. Sollte der Hohe Rat wirklich erkannt
haben, daß er der Messias ist? 27 Aber von dem
hier wissen wir, woher er stammt; wenn jedoch
der Messias kommt, weiß niemand, woher er
stammt. 28 Während Jesus im Tempel lehrte, rief
er: Ihr kennt mich und wißt, woher ich bin; aber
ich bin nicht in meinem eigenen Namen gekom-
men, sondern er, der mich gesandt hat, bürgt für
die Wahrheit. Ihr kennt ihn nur nicht. 29 Ich kenne
ihn, weil ich von ihm komme und weil er mich
gesandt hat. 30 Da wollten sie ihn festnehmen;
aber keiner wagte ihn anzufassen, denn seine
Stunde war noch nicht gekommen.

31 Aus der Menge kamen viele Leute zum Glau-
ben an ihn; sie sagten: Wird der Messias, wenn
er kommt, mehr Zeichen tun, als dieser getan hat?
32 Die Pharisäer hörten, was die Leute heimlich
über ihn redeten. Da schickten die Hohenpriester
und die Pharisäer Gerichtsdiener aus, um ihn fest-
nehmen zu lassen. 33 Jesus aber sagte: Ich bin nur
noch kurze Zeit bei euch; dann gehe ich fort, zu
dem, der mich gesandt hat. 34 Ihr werdet mich su-

chen, und ihr werdet mich nicht finden; denn wo
ich bin, dorthin könnt ihr nicht gelangen. 35 Da
sagten die Juden zueinander: Wohin will er denn
gehen, daß wir ihn nicht mehr finden können?
Will er in die Diaspora zu den Griechen gehen
und die Griechen lehren? 36 Was bedeutet es,
wenn er gesagt hat: Ihr werdet mich suchen, aber
nicht finden; denn wo ich bin, dorthin könnt ihr
nicht gelangen?

Der Streit im Hohen Rat um Jesus

37 Am letzten Tag des Festes, dem großen Tag, stellte
sich Jesus hin und rief: Wer Durst hat, komme zu
mir, und es trinke, 38 wer an mich glaubt. Wie die
Schrift sagt: Aus seinem Inneren werden Ströme
von lebendigem Wasser fließen. 39 Damit meinte er
den Geist, den alle empfangen sollten, die an ihn
glauben; denn der Geist war noch nicht gegeben,
weil Jesus noch nicht verherrlicht war. 40 Einige aus
dem Volk sagten, als sie diese Worte hörten: Er ist
wahrhaftig der Prophet. 41 Andere sagten: Er ist der
Messias. Wieder andere sagten: Kommt denn der
Messias aus Galiäa? 42 Sagt nicht die Schrift: Der
Messias *kommt* aus dem Geschlecht Davids und
aus dem Dorf *Betlehem*, wo David lebte? 43 So ent-
stand seinetwegen eine Spaltung in der Menge.
44 Einige von ihnen wollten ihn festnehmen; aber
keiner wagte ihn anzufassen.
45 Als die Gerichtsdiener zu den Hohenpriestern
und den Pharisäern zurückkamen, fragten diese:
Warum habt ihr ihn nicht hergebracht? 46 Die Ge-
richtsdiener antworteten: Noch nie hat ein
Mensch so gesprochen. 47 Da entgegneten ihnen
die Pharisäer: Habt auch ihr euch in die Irre
führen lassen? 48 Ist etwa einer vom Hohen Rat
oder von den Pharisäern zum Glauben an ihn ge-
kommen? 49 Dieses Volk jedoch, das vom Gesetz
nichts versteht, verflucht ist es. 50 Nikodemus
aber, einer aus ihren eigenen Reihen, der früher
einmal Jesus aufgesucht hatte, sagte zu ihnen:
51 Verurteilt etwa unser Gesetz einen Menschen,
bevor man ihn verhört und festgestellt hat, was er
tut? 52 Sie erwiderten ihm: Bist du vielleicht auch
aus Galiläa? Lies doch nach: Der Prophet kommt
nicht aus Galiläa.

[Jesus und die Ehebrecherin

53 Dann gingen alle nach Hause.
8 Jesus aber ging zum Ölberg. 2 Am frühen
Morgen begab er sich wieder in den Tempel.
Alles Volk kam zu ihm. Er setzte sich und lehrte
es. 3 Da brachten die Schriftgelehrten und die Pha-
risäer eine Frau, die beim Ehebruch ertappt wor-
den war. Sie stellten sie in die Mitte 4 und sagten
zu ihm: Meister, diese Frau wurde beim Ehe-
bruch auf frischer Tat ertappt. 5 Mose hat uns im
Gesetz vorgeschrieben, solche Frauen zu steini-
gen. Nun, was sagst du? 6 Mit dieser Frage woll-
ten sie ihn auf die Probe stellen, um einen Grund
zu haben, ihn zu verklagen. Jesus aber bückte
sich und schrieb mit dem Finger auf die Erde. 7 Als
sie hartnäckig weiterfragten, richtete er sich auf
und sagte zu ihnen: Wer von euch ohne Sünde ist,
werfe als erster einen Stein auf sie. 8 Und er bückte
sich wieder und schrieb auf die Erde. 9 Als sie
seine Antwort gehört hatten, ging einer nach dem
anderen fort, zuerst die Ältesten. Jesus blieb allein
zurück mit der Frau, die noch in der Mitte stand.
10 Er richtete sich auf und sagte zu ihr: Frau, wo
sind sie geblieben? Hat dich keiner verurteilt?
11 Sie antwortete: Keiner, Herr. Da sagte Jesus zu
ihr: Auch ich verurteile dich nicht. Geh und sün-
dige von jetzt an nicht mehr!]

Streitgespräche Jesu mit den Juden: 8,12–59

Jesu Selbstzeugnis

12 Als Jesus ein andermal zu ihnen redete, sagte
er: Ich bin das Licht der Welt. Wer mir nachfolgt,
wird nicht in der Finsternis umhergehen, son-
dern wird das Licht des Lebens haben. 13 Da sag-
ten die Pharisäer zu ihm: Du legst über dich
selbst Zeugnis ab; dein Zeugnis ist nicht gültig.
14 Jesus erwiderte ihnen: Auch wenn ich über
mich selbst Zeugnis ablege, ist mein Zeugnis gül-
tig. Denn ich weiß, woher ich gekommen bin
und wohin ich gehe. Ihr aber wißt nicht, woher
ich komme und wohin ich gehe. 15 Ihr urteilt, wie
Menschen urteilen, ich urteile über keinen.
16 Wenn ich aber urteile, ist mein Urteil gültig;
denn ich urteile nicht allein, sondern ich und der
Vater, der mich gesandt hat. 17 Auch in eurem Ge-
setz heißt es: Erst das Zeugnis von zwei Men-
schen ist gültig. 18 Ich bin es, der über mich Zeug-
nis ablegt, und auch der Vater, der mich gesandt
hat, legt über mich Zeugnis ab. 19 Da fragten sie
ihn: Wo ist dein Vater? Jesus antwortete: Ihr
kennt weder mich noch meinen Vater; würdet
ihr mich kennen, dann würdet ihr auch meinen
Vater kennen. 20 Diese Worte sagte er, als er im

Tempel bei der Schatzkammer lehrte. Aber nie-
mand nahm ihn fest; denn seine Stunde war
noch nicht gekommen.

Die Herkunft und Bestimmung Jesu

21 Ein andermal sagte Jesus zu ihnen: Ich gehe fort,
und ihr werdet mich suchen, und ihr werdet in
eurer Sünde sterben. Wohin ich gehe, dorthin
könnt ihr nicht gelangen. 22 Da sagten die Juden:
Will er sich etwa umbringen? Warum sagt er
sonst: Wohin ich gehe, dorthin könnt ihr nicht ge-
langen? 23 Er sagte zu ihnen: Ihr stammt von un-
ten, ich stamme von oben; ihr seid aus dieser
Welt, ich bin nicht aus dieser Welt. 24 Ich habe
euch gesagt: Ihr werdet in euren Sünden sterben;
denn wenn ihr nicht glaubt, daß ich es bin, wer-
det ihr in euren Sünden sterben. 25 Da fragten sie
ihn: Wer bist du denn? Jesus antwortete: Warum
rede ich überhaupt noch mit euch? 26 Ich hätte
noch viel über euch zu sagen und viel zu richten,
aber er, der mich gesandt hat, bürgt für die Wahr-
heit, und was ich von ihm gehört habe, das sage
ich der Welt. 27 Sie verstanden nicht, daß er damit
den Vater meinte. 28 Da sagte Jesus zu ihnen:
Wenn ihr den Menschensohn erhöht habt, dann
werdet ihr erkennen, daß Ich es bin. Ihr werdet
erkennen, daß ich nichts im eigenen Namen tue,
sondern nur das sage, was mich der Vater gelehrt
hat. 29 Und er, der mich gesandt hat, ist bei mir; er
hat mich nicht allein gelassen, weil ich immer das
tue, was ihm gefällt.

Die wahren Kinder Abrahams

30 Als Jesus das sagte, kamen viele zum Glauben an
ihn. 31 Da sagte er zu den Juden, die an ihn glaubten:
Wenn ihr in meinem Wort bleibt, seid ihr wirklich
meine Jünger. 32 Dann werdet ihr die Wahrheit er-
kennen, und die Wahrheit wird euch befreien. 33 Sie
erwiderten ihm: Wir sind Nachkommen Abra-
hams und sind noch nie Sklaven gewesen. Wie
kannst du sagen: Ihr werdet frei werden? 34 Jesus
antwortete ihnen: Amen, amen, das sage ich euch:
Wer die Sünde tut, ist Sklave der Sünde. 35 Der
Sklave aber bleibt nicht für immer im Haus; nur der
Sohn bleibt für immer im Haus. 36 Wenn euch also
der Sohn befreit, dann seid ihr wirklich frei.

37 Ich weiß, daß ihr Nachkommen Abrahams
seid. Aber ihr wollt mich töten, weil mein Wort in
euch keine Aufnahme findet. 38 Ich sage, was ich
beim Vater gesehen habe, und ihr tut, was ihr von
eurem Vater gehört habt. 39 Sie antworteten ihm:
Unser Vater ist Abraham. Jesus sagte zu ihnen:
Wenn ihr Kinder Abrahams wärt, würdet ihr so
handeln wie Abraham. 40 Jetzt aber wollt ihr mich
töten, einen Menschen, der euch die Wahrheit
verkündet hat, die Wahrheit, die ich von Gott
gehört habe. So hat Abraham nicht gehandelt.
41 Ihr vollbringt die Werke eures Vaters. Sie ent-
gegneten ihm: Wir stammen nicht aus einem
Ehebruch, sondern wir haben nur den einen Va-
ter: Gott. 42 Jesus sagte zu ihnen: Wenn Gott euer
Vater wäre, würdet ihr mich lieben; denn von
Gott bin ich ausgegangen und gekommen. Ich bin
nicht in meinem eigenen Namen gekommen,
sondern er hat mich gesandt. 43 Warum versteht
ihr nicht, was ich sage? Weil ihr nicht imstande
seid, mein Wort zu hören. 44 Ihr habt den Teufel
zum Vater, und ihr wollt das tun, wonach es eu-
ren Vater verlangt. Er war ein Mörder von Anfang
an. Und er steht nicht in der Wahrheit; denn es ist
keine Wahrheit in ihm. Wenn er lügt, sagt er das,
was aus ihm selbst kommt; denn er ist ein Lügner
und ist der Vater der Lüge. 45 Mir aber glaubt ihr
nicht, weil ich die Wahrheit sage. 46 Wer von euch
kann mir eine Sünde nachweisen? Wenn ich die
Wahrheit sage, warum glaubt ihr mir nicht? 47 Wer
aus Gott ist, hört die Worte Gottes; ihr hört sie des-
halb nicht, weil ihr nicht aus Gott seid.

Jesus und Abraham

48 Da antworteten ihm die Juden: Sagen wir nicht
mit Recht: Du bist ein Samariter und von einem
Dämon besessen? 49 Jesus erwiderte: Ich bin von
keinem Dämon besessen, sondern ich ehre mei-
nen Vater; ihr aber schmäht mich. 50 Ich bin nicht
auf meine Ehre bedacht; doch es gibt einen, der
darauf bedacht ist und der richtet. 51 Amen, amen,
ich sage euch: Wenn jemand an meinem Wort fest-
hält, wird er auf ewig den Tod nicht schauen. 52 Da
sagten die Juden zu ihm: Jetzt wissen wir, daß du
von einem Dämon besessen bist. Abraham und
die Propheten sind gestorben, du aber sagst: Wenn
jemand an meinem Wort festhält, wird er auf ewig
den Tod nicht erleiden. 53 Bist du etwa größer als
unser Vater Abraham? Er ist gestorben, und die
Propheten sind gestorben. Für wen gibst du dich
aus? 54 Jesus antwortete: Wenn ich mich selbst
ehre, so gilt meine Ehre nichts. Mein Vater ist es,
der mich ehrt, er, von dem ihr sagt: Er ist unser
Gott. 55 Doch ihr habt ihn nicht erkannt. Ich aber

kenne ihn, und wenn ich sagen würde: Ich kenne
ihn nicht, so wäre ich ein Lügner wie ihr. Aber ich
kenne ihn und halte an seinem Wort fest. 56 Euer Va-
ter Abraham jubelte, weil er meinen Tag sehen
sollte. Er sah ihn und freute sich. 57 Die Juden ent-
gegneten: Du bist noch keine fünfzig Jahre alt und
willst Abraham gesehen haben? 58 Jesus erwiderte
ihnen: Amen, amen, ich sage euch: Noch ehe Ab-
raham wurde, bin ich. 59 Da hoben sie Steine auf,
um sie auf ihn zu werfen. Jesus aber verbarg sich
und verließ den Tempel.

Die Heilung eines Blinden und der Streit der Juden: 9,1–42

Die Heilung eines Blinden

9 Unterwegs sah Jesus einen Mann, der seit
seiner Geburt blind war. 2 Da fragten ihn
seine Jünger: Rabbi, wer hat gesündigt? Er selbst?
Oder haben seine Eltern gesündigt, so daß er
blind geboren wurde? 3 Jesus antwortete: Weder
er noch seine Eltern haben gesündigt, sondern
das Wirken Gottes soll an ihm offenbar werden.
4 Wir müssen, solange es Tag ist, die Werke dessen
vollbringen, der mich gesandt hat; es kommt die
Nacht, in der niemand mehr etwas tun kann. 5 So-
lange ich in der Welt bin, bin ich das Licht der
Welt. 6 Als er dies gesagt hatte, spuckte er auf die
Erde; dann machte er mit dem Speichel einen
Teig, strich ihn dem Blinden auf die Augen 7 und
sagte zu ihm: Geh und wasch dich in dem Teich
Schiloach! Schiloach heißt übersetzt: Der Ge-
sandte. Der Mann ging fort und wusch sich. Und
als er zurückkam, konnte er sehen.
8 Die Nachbarn und andere, die ihn früher als
Bettler gesehen hatten, sagten: Ist das nicht der
Mann, der dasaß und bettelte? 9 Einige sagten: Er
ist es. Andere meinten: Nein, er sieht ihm nur
ähnlich. Er selbst aber sagte: Ich bin es. 10 Da frag-
ten sie ihn: Wie sind deine Augen geöffnet wor-
den? 11 Er antwortete: Der Mann, der Jesus heißt,
machte einen Teig, bestrich damit meine Augen
und sagte zu mir: Geh zum Schiloach, und wasch
dich! Ich ging hin, wusch mich und konnte wie-
der sehen. 12 Sie fragten ihn: Wo ist er? Er sagte: Ich
weiß es nicht.

Das Eingreifen der Pharisäer

13 Da brachten sie den Mann, der blind gewesen
war, zu den Pharisäern. 14 Es war aber Sabbat an
dem Tag, als Jesus den Teig gemacht und ihm die
Augen geöffnet hatte. 15 Auch die Pharisäer fragten
ihn, wie er sehend geworden sei. Der Mann ant-
wortete ihnen: Er legte mir einen Teig auf die
Augen; dann wusch ich mich, und jetzt kann ich
sehen. 16 Einige der Pharisäer meinten: Dieser
Mensch kann nicht von Gott sein, weil er den
Sabbat nicht hält. Andere aber sagten: Wie kann
ein Sünder solche Zeichen tun? So entstand eine
Spaltung unter ihnen. 17 Da fragten sie den Blinden
noch einmal: Was sagst du selbst über ihn? Er hat
doch deine Augen geöffnet. Der Mann antwor-
tete: Er ist ein Prophet.
18 Die Juden aber wollten nicht glauben, daß er
blind gewesen und sehend geworden war. Daher
riefen sie die Eltern des Geheilten 19 und fragten
sie: Ist das euer Sohn, von dem ihr behauptet, daß
er blind geboren wurde? Wie kommt es, daß er
jetzt sehen kann? 20 Seine Eltern antworteten: Wir
wissen, daß er unser Sohn ist und daß er blind ge-
boren wurde. 21 Wie es kommt, daß er jetzt sehen
kann, das wissen wir nicht. Und wer seine Augen
geöffnet hat, das wissen wir auch nicht. Fragt
doch ihn selbst, er ist alt genug und kann selbst
für sich sprechen. 22 Das sagten seine Eltern, weil
sie sich vor den Juden fürchteten; denn die Juden
hatten schon beschlossen, jeden, der ihn als den
Messias bekenne, aus der Synagoge auszustoßen.
23 Deswegen sagten seine Eltern: Er ist alt genug,
fragt doch ihn selbst.
24 Da riefen die Pharisäer den Mann, der blind
gewesen war, zum zweitenmal und sagten zu
ihm: Gib Gott die Ehre! Wir wissen, daß dieser
Mensch ein Sünder ist. 25 Er antwortete: Ob er ein
Sünder ist, weiß ich nicht. Nur das eine weiß ich,
daß ich blind war und jetzt sehen kann. 26 Sie frag-
ten ihn: Was hat er mit dir gemacht? Wie hat er
deine Augen geöffnet? 27 Er antwortete ihnen: Ich
habe es euch bereits gesagt, aber ihr habt nicht
gehört. Warum wollt ihr es noch einmal hören?
Wollt auch ihr seine Jünger werden? 28 Da be-
schimpften sie ihn: Du bist ein Jünger dieses
Menschen; wir aber sind Jünger des Mose. 29 Wir
wissen, daß zu Mose Gott gesprochen hat; aber
von dem da wissen wir nicht, woher er kommt.
30 Der Mann antwortete ihnen: Darin liegt ja das
Erstaunliche, daß ihr nicht wißt, woher er
kommt; dabei hat er doch meine Augen geöffnet.
31 Wir wissen, daß Gott einen Sünder nicht erhört;
wer aber Gott fürchtet und seinen Willen tut, den

erhört er. 32 Noch nie hat man gehört, daß jemand
die Augen eines Blindgeborenen geöffnet hat.
33 Wenn dieser Mensch nicht von Gott wäre, dann
hätte er gewiß nichts ausrichten können. 34 Sie
entgegneten ihm: Du bist ganz und gar in Sünden
geboren, und du willst uns belehren? Und sie
stießen ihn hinaus.

Jesu Selbstoffenbarung vor dem Geheilten

35 Jesus hörte, daß sie ihn hinausgestoßen hatten,
und als er ihn traf, sagte er zu ihm: Glaubst du an
den Menschensohn? 36 Der Mann antwortete:
Wer ist das, Herr? (Sag es mir,) damit ich an ihn
glaube. 37 Jesus sagte zu ihm: Du siehst ihn vor dir;
er, der mit dir redet, ist es. 38 Er aber sagte: Ich
glaube, Herr! Und er warf sich vor ihm nieder.
39 Da sprach Jesus: Um zu richten, bin ich in diese
Welt gekommen: damit die Blinden sehend und
die Sehenden blind werden. 40 Einige Pharisäer,
die bei ihm waren, hörten dies. Und sie fragten
ihn: Sind etwa auch wir blind? 41 Jesus antwortete
ihnen: Wenn ihr blind wärt, hättet ihr keine
Sünde. Jetzt aber sagt ihr: Wir sehen. Darum
bleibt eure Sünde.

Die Bildworte vom Hirten und von den Schafen: 10,1–39

Der gute Hirt als Gegenbild zu Dieben und Räubern

10 Amen, amen, das sage ich euch: Wer in
den Schafstall nicht durch die Tür hinein-
geht, sondern anderswo einsteigt, der ist ein Dieb
und ein Räuber. 2 Wer aber durch die Tür hinein-
geht, ist der Hirt der Schafe. 3 Ihm öffnet der Tür-
hüter, und die Schafe hören auf seine Stimme; er
ruft die Schafe, die ihm gehören, einzeln beim Na-
men und führt sie hinaus. 4 Wenn er alle seine
Schafe hinausgetrieben hat, geht er ihnen voraus,
und die Schafe folgen ihm; denn sie kennen seine
Stimme. 5 Einem Fremden aber werden sie nicht
folgen, sondern sie werden vor ihm fliehen, weil
sie die Stimme des Fremden nicht kennen. 6 Die-
ses Gleichnis erzählte ihnen Jesus; aber sie ver-
standen nicht den Sinn dessen, was er ihnen ge-
sagt hatte.
7 Weiter sagte Jesus zu ihnen: Amen, amen, ich
sage euch: Ich bin die Tür zu den Schafen. 8 Alle,
die vor mir kamen, sind Diebe und Räuber; aber
die Schafe haben nicht auf sie gehört. 9 Ich bin die
Tür; wer durch mich hineingeht, wird gerettet
werden; er wird ein- und ausgehen und Weide
finden. 10 Der Dieb kommt nur, um zu stehlen, zu
schlachten und zu vernichten; ich bin gekom-
men, damit sie das Leben haben und es in Fülle
haben.

Der gute Hirt als Gegenbild zum Tagelöhner

11 Ich bin der gute Hirt. Der gute Hirt gibt sein Le-
ben hin für die Schafe. 12 Der bezahlte Knecht aber,
der nicht Hirt ist und dem die Schafe nicht
gehören, läßt die Schafe im Stich und flieht, wenn
er den Wolf kommen sieht; und der Wolf reißt sie
und jagt sie auseinander. Er flieht, 13 weil er nur ein
bezahlter Knecht ist und ihm an den Schafen
nichts liegt. 14 Ich bin der gute Hirt; ich kenne die
Meinen, und die Meinen kennen mich, 15 wie
mich der Vater kennt und ich den Vater kenne;
und ich gebe mein Leben hin für die Schafe. 16 Ich
habe noch andere Schafe, die nicht aus diesem
Stall sind; auch sie muß ich führen, und sie wer-
den auf meine Stimme hören; dann wird es nur
eine Herde geben und einen Hirten. 17 Deshalb
liebt mich der Vater, weil ich mein Leben hin-
gebe, um es wieder zu nehmen. 18 Niemand ent-
reißt es mir, sondern ich gebe es aus freiem Wil-
len hin. Ich habe Macht, es hinzugeben, und ich
habe Macht, es wieder zu nehmen. Diesen Auf-
trag habe ich von meinem Vater empfangen.
19 Wegen dieser Rede kam es unter den Juden er-
neut zu einer Spaltung. 20 Viele von ihnen sagten:
Er ist von einem Dämon besessen und redet im
Wahn. Warum hört ihr ihm zu? 21 Andere sagten:
So redet kein Besessener. Kann ein Dämon die
Augen von Blinden öffnen?

Das Streitgespräch beim Tempelweihfest

22 Um diese Zeit fand in Jerusalem das Tempel-
weihfest statt. Es war Winter, 23 und Jesus ging im
Tempel in der Halle Salomos auf und ab. 24 Da um-
ringten ihn die Juden und fragten ihn: Wie lange
noch willst du uns hinhalten? Wenn du der Mes-
sias bist, sag es uns offen! 25 Jesus antwortete ih-
nen: Ich habe es euch gesagt, aber ihr glaubt
nicht. Die Werke, die ich im Namen meines Va-
ters vollbringe, legen Zeugnis für mich ab; 26 ihr
aber glaubt nicht, weil ihr nicht zu meinen Scha-
fen gehört. 27 Meine Schafe hören auf meine
Stimme; ich kenne sie, und sie folgen mir. 28 Ich
gebe ihnen ewiges Leben. Sie werden niemals

zugrunde gehen, und niemand wird sie meiner
Hand entreißen. 29 Mein Vater, der sie mir gab, ist
größer als alle, und niemand kann sie der Hand
meines Vaters entreißen. 30 Ich und der Vater sind
eins. 31 Da hoben die Juden wiederum Steine auf,
um ihn zu steinigen. 32 Jesus hielt ihnen entgegen:
Viele gute Werke habe ich im Auftrag des Vaters
vor euren Augen getan. Für welches dieser Werke
wollt ihr mich steinigen? 33 Die Juden antworteten
ihm: Wir steinigen dich nicht wegen eines guten
Werkes, sondern wegen Gotteslästerung; denn
du bist nur ein Mensch und machst dich selbst zu
Gott. 34 Jesus erwiderte ihnen: Heißt es nicht in
eurem Gesetz: *Ich habe gesagt: Ihr seid Götter?*
35 Wenn er jene Menschen Götter genannt hat, an
die das Wort Gottes ergangen ist, und wenn die
Schrift nicht aufgehoben werden kann, 36 dürft ihr
dann von dem, den der Vater geheiligt und in die
Welt gesandt hat, sagen: Du lästerst Gott – weil
ich gesagt habe: Ich bin Gottes Sohn? 37 Wenn ich
nicht die Werke meines Vaters vollbringe, dann
glaubt mir nicht. 38 Aber wenn ich sie vollbringe,
dann glaubt wenigstens den Werken, wenn ihr
mir nicht glaubt. Dann werdet ihr erkennen und
einsehen, daß in mir der Vater ist und ich im Va-
ter bin. 39 Wieder wollten sie ihn festnehmen; er
aber entzog sich ihrem Zugriff.

Die Auferweckung des Lazarus und ihre Folgen: 10,40–11,57

Jesus im Gebiet östlich des Jordan

40 Dann ging Jesus wieder weg auf die andere
Seite des Jordan, an den Ort, wo Johannes zuerst
getauft hatte; und dort blieb er. 41 Viele kamen zu
ihm. Sie sagten: Johannes hat kein Zeichen getan;
aber alles, was Johannes über diesen Mann ge-
sagt hat, ist wahr. 42 Und viele kamen dort zum
Glauben an ihn.

Die Nachricht vom Tod des Lazarus

11 Ein Mann war krank, Lazarus aus Beta-
nien, dem Dorf, in dem Maria und ihre
Schwester Marta wohnten. 2 Maria ist die, die den
Herrn mit Öl gesalbt und seine Füße mit ihrem
Haar abgetrocknet hat; deren Bruder Lazarus war
krank. 3 Daher sandten die Schwestern Jesus die
Nachricht: Herr, dein Freund ist krank. 4 Als Jesus
das hörte, sagte er: Diese Krankheit wird nicht
zum Tod führen, sondern dient der Verherrli-
chung Gottes: Durch sie soll der Sohn Gottes ver-
herrlicht werden. 5 Denn Jesus liebte Marta, ihre
Schwester und Lazarus. 6 Als er hörte, daß La-
zarus krank war, blieb er noch zwei Tage an dem
Ort, wo er sich aufhielt.
7 Danach sagte er zu den Jüngern: Laßt uns wie-
der nach Judäa gehen. 8 Die Jünger entgegneten
ihm: Rabbi, eben noch wollten dich die Juden stei-
nigen, und du gehst wieder dorthin? 9 Jesus ant-
wortete: Hat der Tag nicht zwölf Stunden? Wenn
jemand am Tag umhergeht, stößt er nicht an, weil
er das Licht dieser Welt sieht; 10 wenn aber jemand
in der Nacht umhergeht, stößt er an, weil das Licht
nicht in ihm ist. 11 So sprach er. Dann sagte er zu ih-
nen: Lazarus, unser Freund, schläft; aber ich gehe
hin, um ihn aufzuwecken. 12 Da sagten die Jünger
zu ihm: Herr, wenn er schläft, dann wird er ge-
sund werden. 13 Jesus hatte aber von seinem Tod
gesprochen, während sie meinten, er spreche von
dem gewöhnlichen Schlaf. 14 Darauf sagte ihnen
Jesus unverhüllt: Lazarus ist gestorben. 15 Und ich
freue mich für euch, daß ich nicht dort war; denn
ich will, daß ihr glaubt. Doch wir wollen zu ihm
gehen. 16 Da sagte Thomas, genannt Didymus
(Zwilling), zu den anderen Jüngern: Dann laßt uns
mit ihm gehen, um mit ihm zu sterben.

Die Auferweckung des Lazarus als Zeichen

17 Als Jesus ankam, fand er Lazarus schon vier Tage
im Grab liegen. 18 Betanien war nahe bei Jerusa-
lem, etwa fünfzehn Stadien entfernt. 19 Viele Ju-
den waren zu Marta und Maria gekommen, um
sie wegen ihres Bruders zu trösten. 20 Als Marta
hörte, daß Jesus komme, ging sie ihm entgegen,
Maria aber blieb im Haus. 21 Marta sagte zu Jesus:
Herr, wärst du hier gewesen, dann wäre mein
Bruder nicht gestorben. 22 Aber auch jetzt weiß
ich: Alles, worum du Gott bittest, wird Gott dir ge-
ben. 23 Jesus sagte zu ihr: Dein Bruder wird aufer-
stehen. 24 Marta sagte zu ihm: Ich weiß, daß er
auferstehen wird bei der Auferstehung am Letz-
ten Tag. 25 Jesus erwiderte ihr: Ich bin die Aufer-
stehung und das Leben. Wer an mich glaubt, wird
leben, auch wenn er stirbt, 26 und jeder, der lebt
und an mich glaubt, wird auf ewig nicht sterben.
Glaubst du das? 27 Marta antwortete ihm: Ja, Herr,
ich glaube, daß du der Messias bist, der Sohn
Gottes, der in die Welt kommen soll.
28 Nach diesen Worten ging sie weg, rief heim-
lich ihre Schwester Maria und sagte zu ihr: Der

Meister ist da und läßt dich rufen. 29 Als Maria das
hörte, stand sie sofort auf und ging zu ihm. 30 Denn
Jesus war noch nicht in das Dorf gekommen; er
war noch dort, wo ihn Marta getroffen hatte. 31 Die
Juden, die bei Maria im Haus waren und sie trö-
steten, sahen, daß sie plötzlich aufstand und hin-
ausging. Da folgten sie ihr, weil sie meinten, sie
gehe zum Grab, um dort zu weinen. 32 Als Maria
dorthin kam, wo Jesus war, und ihn sah, fiel sie
ihm zu Füßen und sagte zu ihm: Herr, wärst du
hier gewesen, dann wäre mein Bruder nicht ge-
storben. 33 Als Jesus sah, wie sie weinte und wie
auch die Juden weinten, die mit ihr gekommen
waren, war er im Innersten erregt und erschüt-
tert. 34 Er sagte: Wo habt ihr ihn bestattet? Sie ant-
worteten ihm: Herr, komm und sieh! 35 Da weinte
Jesus. 36 Die Juden sagten: Seht, wie lieb er ihn
hatte! 37 Einige aber sagten: Wenn er dem Blinden
die Augen geöffnet hat, hätte er dann nicht auch
verhindern können, daß dieser hier starb? 38 Da
wurde Jesus wiederum innerlich erregt, und er
ging zum Grab. Es war eine Höhle, die mit einem
Stein verschlossen war.

39 Jesus sagte: Nehmt den Stein weg! Marta, die
Schwester des Verstorbenen, entgegnete ihm:
Herr, er riecht aber schon, denn es ist bereits der
vierte Tag. 40 Jesus sagte zu ihr: Habe ich dir nicht
gesagt: Wenn du glaubst, wirst du die Herrlichkeit
Gottes sehen? 41 Da nahmen sie den Stein weg. Je-
sus aber erhob seine Augen und sprach: Vater, ich
danke dir, daß du mich erhört hast. 42 Ich wußte,
daß du mich immer erhörst; aber wegen der
Menge, die um mich herum steht, habe ich es ge-
sagt; denn sie sollen glauben, daß du mich ge-
sandt hast. 43 Nachdem er dies gesagt hatte, rief er
mit lauter Stimme: Lazarus, komm heraus! 44 Da
kam der Verstorbene heraus; seine Füße und
Hände waren mit Binden umwickelt, und sein
Gesicht war mit einem Schweißtuch verhüllt. Je-
sus sagte zu ihnen: Löst ihm die Binden, und laßt
ihn weggehen!

Der Tötungsbeschluß des Hohen Rates – Das prophetische Wort des Hohenpriesters

45 Viele der Juden, die zu Maria gekommen waren
und gesehen hatten, was Jesus getan hatte, ka-
men zum Glauben an ihn. 46 Aber einige von
ihnen gingen zu den Pharisäern und berichteten
ihnen, was er getan hatte. 47 Da beriefen die Ho-
henpriester und die Pharisäer eine Versammlung
des Hohen Rates ein. Sie sagten: Was sollen wir
tun? Dieser Mensch tut viele Zeichen. 48 Wenn wir
ihn gewähren lassen, werden alle an ihn glauben.
Dann werden die Römer kommen und uns die
heilige Stätte und das Volk nehmen. 49 Einer von
ihnen, Kajaphas, der Hohepriester jenes Jahres,
sagte zu ihnen: Ihr versteht überhaupt nichts.
50 Ihr bedenkt nicht, daß es besser für euch ist,
wenn ein einziger Mensch für das Volk stirbt, als
wenn das ganze Volk zugrunde geht. 51 Das sagte
er nicht aus sich selbst; sondern weil er der Ho-
hepriester jenes Jahres war, sagte er aus propheti-
scher Eingebung, daß Jesus für das Volk sterben
werde. 52 Aber er sollte nicht nur für das Volk ster-
ben, sondern auch, um die versprengten Kinder
Gottes wieder zu sammeln. 53 Von diesem Tag an
waren sie entschlossen, ihn zu töten.

Erneute Flucht Jesu

54 Jesus bewegte sich von nun an nicht mehr
öffentlich unter den Juden, sondern zog sich von
dort in die Gegend nahe der Wüste zurück, an ei-
nen Ort namens Efraim. Dort blieb er mit seinen
Jüngern. 55 Das Paschafest der Juden war nahe,
und viele zogen schon vor dem Paschafest aus
dem ganzen Land nach Jerusalem hinauf, um sich
zu heiligen. 56 Sie fragten nach Jesus und sagten
zueinander, während sie im Tempel zusammen-
standen: Was meint ihr? Er wird wohl kaum zum
Fest kommen. 57 Die Hohenpriester und die Pha-
risäer hatten nämlich, um ihn festnehmen zu
können, angeordnet: Wenn jemand weiß, wo er
sich aufhält, soll er es melden.

Jesus auf dem Weg zum letzten Osterfest in Jerusalem: 12,1–50

Die Salbung in Betanien

12 Sechs Tage vor dem Paschafest kam Jesus
nach Betanien, wo Lazarus war, den er
von den Toten auferweckt hatte. 2 Dort bereiteten
sie ihm ein Mahl; Marta bediente, und Lazarus
war unter denen, die mit Jesus bei Tisch waren.
3 Da nahm Maria ein Pfund echtes, kostbares Nar-
denöl, salbte Jesus die Füße und trocknete sie mit
ihrem Haar. Das Haus wurde vom Duft des Öls er-
füllt. 4 Doch einer von seinen Jüngern, Judas Iska-
riot, der ihn später verriet, sagte: 5 Warum hat man
dieses Öl nicht für dreihundert Denare verkauft
und den Erlös den Armen gegeben? 6 Das sagte er

aber nicht, weil er ein Herz für die Armen gehabt
hätte, sondern weil er ein Dieb war; er hatte näm-
lich die Kasse und veruntreute die Einkünfte. [7]Je-
sus erwiderte: Laß sie, damit sie es für den Tag
meines Begräbnisses tue. [8]Die Armen habt ihr im-
mer bei euch, mich aber habt ihr nicht immer bei
euch.

[9]Viele Juden hatten erfahren, daß Jesus dort war,
und sie kamen, jedoch nicht nur um Jesu willen,
sondern auch um Lazarus zu sehen, den er von
den Toten auferweckt hatte. [10]Die Hohenpriester
aber beschlossen, auch Lazarus zu töten, [11]weil
viele Juden seinetwegen hingingen und an Jesus
glaubten.

Der Einzug in Jerusalem

[12]Am Tag darauf hörte die Volksmenge, die sich
zum Fest eingefunden hatte, Jesus komme nach
Jerusalem. [13]Da nahmen sie Palmzweige, zogen
hinaus, um ihn zu empfangen, und riefen: *Ho-
sanna! / Gesegnet sei er, der kommt im Namen
des Herrn, /* der König Israels!

[14]Jesus fand einen jungen Esel und setzte sich
darauf – wie es in der Schrift heißt: [15]*Fürchte dich
nicht, Tochter Zion! Siehe, dein König kommt; er
sitzt auf dem Fohlen einer Eselin.* [16]Das alles ver-
standen seine Jünger zunächst nicht; als Jesus
aber verherrlicht war, da wurde ihnen bewußt,
daß es so über ihn in der Schrift stand und daß
man so an ihm gehandelt hatte. [17]Die Leute, die
bei Jesus gewesen waren, als er Lazarus aus dem
Grab rief und von den Toten auferweckte, legten
Zeugnis für ihn ab. [18]Eben deshalb war die Menge
ihm entgegengezogen: weil sie gehört hatte, er
habe dieses Zeichen getan. [19]Die Pharisäer aber
sagten zueinander: Ihr seht, daß ihr nichts aus-
richtet; alle Welt läuft ihm nach.

Die letzte öffentliche Rede Jesu – Die Stunde der Entscheidung

[20]Auch einige Griechen waren anwesend – sie
gehörten zu den Pilgern, die beim Fest Gott an-
beten wollten. [21]Sie traten an Philippus heran, der
aus Betsaida in Galiläa stammte, und sagten zu
ihm: Herr, wir möchten Jesus sehen. [22]Philippus
ging und sagte es Andreas; Andreas und Philip-
pus gingen und sagten es Jesus. [23]Jesus aber ant-
wortete ihnen: Die Stunde ist gekommen, daß der
Menschensohn verherrlicht wird. [24]Amen, amen,
ich sage euch: Wenn das Weizenkorn nicht in die
Erde fällt und stirbt, bleibt es allein; wenn es aber
stirbt, bringt es reiche Frucht. [25]Wer an seinem Le-
ben hängt, verliert es; wer aber sein Leben in die-
ser Welt gering achtet, wird es bewahren bis ins
ewige Leben. [26]Wenn einer mir dienen will, folge
er mir nach; und wo ich bin, dort wird auch mein
Diener sein. Wenn einer mir dient, wird der Vater
ihn ehren.

[27]Jetzt ist meine Seele erschüttert. Was soll ich
sagen: Vater, rette mich aus dieser Stunde? Aber
deshalb bin ich in diese Stunde gekommen. [28]Va-
ter, verherrliche deinen Namen! Da kam eine
Stimme vom Himmel: Ich habe ihn schon ver-
herrlicht und werde ihn wieder verherrlichen.
[29]Die Menge, die dabeistand und das hörte, sagte:
Es hat gedonnert. Andere sagten: Ein Engel hat zu
ihm geredet. [30]Jesus antwortete und sagte: Nicht
mir galt diese Stimme, sondern euch. [31]Jetzt wird
Gericht gehalten über diese Welt; jetzt wird der
Herrscher dieser Welt hinausgeworfen werden.
[32]Und ich, wenn ich über die Erde erhöht bin,
werde alle zu mir ziehen. [33]Das sagte er, um an-
zudeuten, auf welche Weise er sterben werde.
[34]Die Menge jedoch hielt ihm entgegen: Wir ha-
ben aus dem Gesetz gehört, daß der Messias bis
in Ewigkeit bleiben wird. Wie kannst du sagen,
der Menschensohn müsse erhöht werden? Wer
ist dieser Menschensohn? [35]Da sagte Jesus zu ih-
nen: Nur noch kurze Zeit ist das Licht bei euch.
Geht euren Weg, solange ihr das Licht habt, damit
euch nicht die Finsternis überrascht. Wer in der
Finsternis geht, weiß nicht, wohin er gerät. [36]So-
lange ihr das Licht bei euch habt, glaubt an das
Licht, damit ihr Söhne des Lichts werdet. Dies
sagte Jesus. Und er ging fort und verbarg sich vor
ihnen.

Jesu Urteil über den Unglauben der Juden

[37]Obwohl Jesus so viele Zeichen vor ihren Augen
getan hatte, glaubten sie nicht an ihn. [38]So sollte
sich das Wort erfüllen, das der Prophet Jesaja ge-
sprochen hat: *Herr, wer hat unserer Botschaft ge-
glaubt? Und der Arm des Herrn – wem wurde
seine Macht offenbar?* [39]Denn sie konnten nicht
glauben, weil Jesaja an einer anderen Stelle gesagt
hat: [40]*Er hat ihre Augen blind gemacht und ihr
Herz hart, damit sie mit ihren Augen nicht sehen
und mit ihrem Herzen nicht zur Einsicht kom-
men, damit sie sich nicht bekehren und ich sie
nicht heile.* [41]Das sagte Jesaja, weil er Jesu Herr-

lichkeit gesehen hatte; über ihn nämlich hat er gesprochen. 42 Dennoch kamen sogar von den führenden Männern viele zum Glauben an ihn; aber wegen der Pharisäer bekannten sie es nicht offen, um nicht aus der Synagoge ausgestoßen zu werden. 43 Denn sie liebten das Ansehen bei den Menschen mehr als das Ansehen bei Gott.

Aufforderung zur Entscheidung zwischen Glauben und Unglauben

44 Jesus aber rief aus: Wer an mich glaubt, glaubt nicht an mich, sondern an den, der mich gesandt hat, 45 und wer mich sieht, sieht den, der mich gesandt hat. 46 Ich bin das Licht, das in die Welt gekommen ist, damit jeder, der an mich glaubt, nicht in der Finsternis bleibt. 47 Wer meine Worte nur hört und sie nicht befolgt, den richte nicht ich; denn ich bin nicht gekommen, um die Welt zu richten, sondern um sie zu retten. 48 Wer mich verachtet und meine Worte nicht annimmt, der hat schon seinen Richter: Das Wort, das ich gesprochen habe, wird ihn richten am Letzten Tag. 49 Denn was ich gesagt habe, habe ich nicht aus mir selbst, sondern der Vater, der mich gesandt hat, hat mir aufgetragen, was ich sagen und reden soll. 50 Und ich weiß, daß sein Auftrag ewiges Leben ist. Was ich also sage, sage ich so, wie es mir der Vater gesagt hat.

Der Abschied Jesu von seinen Jüngern: 13,1–17,26

Das Abschiedsmahl: 13,1–14,31

Die Fußwaschung

13 Es war vor dem Paschafest. Jesus wußte, daß seine Stunde gekommen war, um aus dieser Welt zum Vater hinüberzugehen. Da er die Seinen, die in der Welt waren, liebte, erwies er ihnen seine Liebe bis zur Vollendung. 2 Es fand ein Mahl statt, und der Teufel hatte Judas, dem Sohn des Simon Iskariot, schon ins Herz gegeben, ihn zu verraten und auszuliefern. 3 Jesus, der wußte, daß ihm der Vater alles in die Hand gegeben hatte und daß er von Gott gekommen war und zu Gott zurückkehrte, 4 stand vom Mahl auf, legte sein Gewand ab und umgürtete sich mit einem Leinentuch. 5 Dann goß er Wasser in eine Schüssel und begann, den Jüngern die Füße zu waschen und mit dem Leinentuch abzutrocknen, mit dem er umgürtet war. 6 Als er zu Simon Petrus kam, sagte dieser zu ihm: Du, Herr, willst mir die Füße waschen? 7 Jesus antwortete ihm: Was ich tue, verstehst du jetzt noch nicht; doch später wirst du es begreifen. 8 Petrus entgegnete ihm: Niemals sollst du mir die Füße waschen! Jesus erwiderte ihm: Wenn ich dich nicht wasche, hast du keinen Anteil an mir. 9 Da sagte Simon Petrus zu ihm: Herr, dann nicht nur meine Füße, sondern auch die Hände und das Haupt. 10 Jesus sagte zu ihm: Wer vom Bad kommt, ist ganz rein und braucht sich nur noch die Füße zu waschen. Auch ihr seid rein, aber nicht alle. 11 Er wußte nämlich, wer ihn verraten würde; darum sagte er: Ihr seid nicht alle rein.

12 Als er ihnen die Füße gewaschen, sein Gewand wieder angelegt und Platz genommen hatte, sagte er zu ihnen: Begreift ihr, was ich an euch getan habe? 13 Ihr sagt zu mir Meister und Herr, und ihr nennt mich mit Recht so; denn ich bin es. 14 Wenn nun ich, der Herr und Meister, euch die Füße gewaschen habe, dann müßt auch ihr einander die Füße waschen. 15 Ich habe euch ein Beispiel gegeben, damit auch ihr so handelt, wie ich an euch gehandelt habe. 16 Amen, amen, ich sage euch: Der Sklave ist nicht größer als sein Herr, und der Abgesandte ist nicht größer als der, der ihn gesandt hat. 17 Selig seid ihr, wenn ihr das wißt und danach handelt. 18 Ich sage das nicht von euch allen. Ich weiß wohl, welche ich erwählt habe, aber das Schriftwort muß sich erfüllen: *Einer, der mein Brot aß, hat mich hintergangen.* 19 Ich sage es euch schon jetzt, ehe es geschieht, damit ihr, wenn es geschehen ist, glaubt: Ich bin es. 20 Amen, amen, ich sage euch: Wer einen aufnimmt, den ich sende, nimmt mich auf; wer aber mich aufnimmt, nimmt den auf, der mich gesandt hat.

Jesu Hinweis auf den Verräter

21 Nach diesen Worten war Jesus im Innersten erschüttert und bekräftigte: Amen, amen, das sage ich euch: Einer von euch wird mich verraten. 22 Die Jünger blickten sich ratlos an, weil sie nicht

wußten, wen er meinte. 23 Einer von den Jüngern
lag an der Seite Jesu; es war der, den Jesus liebte.
24 Simon Petrus nickte ihm zu, er solle fragen, von
wem Jesus spreche. 25 Da lehnte sich dieser zu-
rück an die Brust Jesu und fragte ihn: Herr, wer ist
es? 26 Jesus antwortete: Der ist es, dem ich den Bis-
sen Brot, den ich eintauche, geben werde. Dann
tauchte er das Brot ein, nahm es und gab es Judas,
dem Sohn des Simon Iskariot. 27 Als Judas den Bis-
sen Brot genommen hatte, fuhr der Satan in ihn.
Jesus sagte zu ihm: Was du tun willst, das tu bald!
28 Aber keiner der Anwesenden verstand, warum
er ihm das sagte. 29 Weil Judas die Kasse hatte,
meinten einige, Jesus wolle ihm sagen: Kaufe,
was wir zum Fest brauchen!, oder Jesus trage ihm
auf, den Armen etwas zu geben. 30 Als Judas den
Bissen Brot genommen hatte, ging er sofort hin-
aus. Es war aber Nacht.

Das neue Gebot

31 Als Judas hinausgegangen war, sagte Jesus: Jetzt
ist der Menschensohn verherrlicht, und Gott ist
in ihm verherrlicht. 32 Wenn Gott in ihm verherr-
licht ist, wird auch Gott ihn in sich verherrlichen,
und er wird ihn bald verherrlichen. 33 Meine Kin-
der, ich bin nur noch kurze Zeit bei euch. Ihr wer-
det mich suchen, und was ich den Juden gesagt
habe, sage ich jetzt auch euch: Wohin ich gehe,
dorthin könnt ihr nicht gelangen. 34 Ein neues Ge-
bot gebe ich euch: Liebt einander! Wie ich euch
geliebt habe, so sollt auch ihr einander lieben.
35 Daran werden alle erkennen, daß ihr meine Jün-
ger seid: wenn ihr einander liebt.

Jesu Wort an Petrus

36 Simon Petrus sagte zu ihm: Herr, wohin willst
du gehen? Jesus antwortete: Wohin ich gehe, dort-
hin kannst du mir jetzt nicht folgen. Du wirst mir
aber später folgen. 37 Petrus sagte zu ihm: Herr,
warum kann ich dir jetzt nicht folgen? Mein Le-
ben will ich für dich hingeben. 38 Jesus entgeg-
nete: Du willst für mich dein Leben hingeben?
Amen, amen, das sage ich dir: Noch bevor der
Hahn kräht, wirst du mich dreimal verleugnen.

Das Gespräch über den Weg zum Vater

14 Euer Herz lasse sich nicht verwirren.
Glaubt an Gott, und glaubt an mich! 2 Im
Haus meines Vaters gibt es viele Wohnungen.
Wenn es nicht so wäre, hätte ich euch dann ge-
sagt: Ich gehe, um einen Platz für euch vorzube-
reiten? 3 Wenn ich gegangen bin und einen Platz
für euch vorbereitet habe, komme ich wieder und
werde euch zu mir holen, damit auch ihr dort
seid, wo ich bin. 4 Und wohin ich gehe – den Weg
dorthin kennt ihr. 5 Thomas sagte zu ihm: Herr,
wir wissen nicht, wohin die gehst. Wie sollen wir
dann den Weg kennen? 6 Jesus sagte zu ihm: Ich
bin der Weg und die Wahrheit und das Leben; nie-
mand kommt zum Vater außer durch mich.
7 Wenn ihr mich erkannt habt, werdet ihr auch
meinen Vater erkennen. Schon jetzt kennt ihr ihn
und habt ihn gesehen. 8 Philippus sagte zu ihm:
Herr, zeig uns den Vater; das genügt uns. 9 Jesus
antwortete ihm: Schon so lange bin ich bei euch,
und du hast mich nicht erkannt, Philippus? Wer
mich gesehen hat, hat den Vater gesehen. Wie
kannst du sagen: Zeig uns den Vater? 10 Glaubst du
nicht, daß ich im Vater bin und daß der Vater in
mir ist? Die Worte, die ich zu euch sage, habe ich
nicht aus mir selbst. Der Vater, der in mir bleibt,
vollbringt seine Werke. 11 Glaubt mir doch, daß ich
im Vater bin und daß der Vater in mir ist; wenn
nicht, glaubt wenigstens aufgrund der Werke!
12 Amen, amen, ich sage euch: Wer an mich glaubt,
wird die Werke, die ich vollbringe, auch vollbrin-
gen, und er wird noch größere vollbringen, denn
ich gehe zum Vater. 13 Alles, um was ihr in mei-
nem Namen bittet, werde ich tun, damit der Vater
im Sohn verherrlicht wird. 14 Wenn ihr mich um
etwas in meinem Namen bittet, werde ich es tun.

Trostworte an die Jünger

15 Wenn ihr mich liebt, werdet ihr meine Gebote
halten. 16 Und ich werde den Vater bitten, und er
wird euch einen anderen Beistand geben, der für
immer bei euch bleiben soll. 17 Es ist der Geist der
Wahrheit, den die Welt nicht empfangen kann,
weil sie ihn nicht sieht und nicht kennt. Ihr aber
kennt ihn, weil er bei euch bleibt und in euch sein
wird. 18 Ich werde euch nicht als Waisen zurücklas-
sen, sondern ich komme wieder zu euch. 19 Nur
noch kurze Zeit, und die Welt sieht mich nicht
mehr; ihr aber seht mich, weil ich lebe und weil
auch ihr leben werdet. 20 An jenem Tag werdet ihr
erkennen: Ich bin in meinem Vater, ihr seid in mir
und ich bin in euch. 21 Wer meine Gebote hat und
sie hält, der ist es, der mich liebt; wer mich aber
liebt, wird von meinem Vater geliebt werden und
auch ich werde ihn lieben und mich ihm offenba-

ren. 22 Judas – nicht der Judas Iskariot – fragte ihn: Herr, warum willst du dich nur uns offenbaren und nicht der Welt? 23 Jesus antwortete ihm: Wenn jemand mich liebt, wird er an meinem Wort festhalten; mein Vater wird ihn lieben, und wir werden zu ihm kommen und bei ihm wohnen. 24 Wer mich nicht liebt, hält an meinen Worten nicht fest. Und das Wort, das ihr hört, stammt nicht von mir, sondern vom Vater, der mich gesandt hat.

25 Das habe ich zu euch gesagt, während ich noch bei euch bin. 26 Der Beistand aber, der Heilige Geist, den der Vater in meinem Namen senden wird, der wird euch alles lehren und euch an alles erinnern, was ich euch gesagt habe. 27 Frieden hinterlasse ich euch, meinen Frieden gebe ich euch; nicht einen Frieden, wie die Welt ihn gibt, gebe ich euch. Euer Herz beunruhige sich nicht und verzage nicht. 28 Ihr habt gehört, daß ich zu euch sagte: Ich gehe fort und komme wieder zu euch zurück. Wenn ihr mich lieb hättet, würdet ihr euch freuen, daß ich zum Vater gehe; denn der Vater ist größer als ich. 29 Jetzt schon habe ich es euch gesagt, bevor es geschieht, damit ihr, wenn es geschieht, zum Glauben kommt. 30 Ich werde nicht mehr viel zu euch sagen; denn es kommt der Herrscher der Welt. Über mich hat er keine Macht, 31 aber die Welt soll erkennen, daß ich den Vater liebe und so handle, wie es mir der Vater aufgetragen hat. Steht auf, wir wollen weggehen von hier.

Weitere Reden Jesu zu seinen Jüngern: 15,1–16,33

Die Bildrede vom Fruchtbringen

15 Ich bin der wahre Weinstock, und mein Vater ist der Winzer. 2 Jede Rebe an mir, die keine Frucht bringt, schneidet er ab, und jede Rebe, die Frucht bringt, reinigt er, damit sie mehr Frucht bringt. 3 Ihr seid schon rein durch das Wort, das ich zu euch gesagt habe. 4 Bleibt in mir, dann bleibe ich in euch. Wie die Rebe aus sich keine Frucht bringen kann, sondern nur, wenn sie am Weinstock bleibt, so könnt auch ihr keine Frucht bringen, wenn ihr nicht in mir bleibt. 5 Ich bin der Weinstock, ihr seid die Reben. Wer in mir bleibt und in wem ich bleibe, der bringt reiche Frucht; denn getrennt von mir könnt ihr nichts vollbringen. 6 Wer nicht in mir bleibt, wird wie die Rebe weggeworfen, und er verdorrt. Man sammelt die Reben, wirft sie ins Feuer, und sie verbrennen. 7 Wenn ihr in mir bleibt und wenn meine Worte in euch bleiben, dann bittet um alles, was ihr wollt: Ihr werdet es erhalten. 8 Mein Vater wird dadurch verherrlicht, daß ihr reiche Frucht bringt und meine Jünger werdet.

9 Wie mich der Vater geliebt hat, so habe auch ich euch geliebt. Bleibt in meiner Liebe! 10 Wenn ihr meine Gebote haltet, werdet ihr in meiner Liebe bleiben, so wie ich die Gebote meines Vaters gehalten habe und in seiner Liebe bleibe. 11 Dies habe ich euch gesagt, damit meine Freude in euch ist und damit eure Freude vollkommen wird. 12 Das ist mein Gebot: Liebt einander, so wie ich euch geliebt habe. 13 Es gibt keine größere Liebe, als wenn einer sein Leben für seine Freunde hingibt. 14 Ihr seid meine Freunde, wenn ihr tut, was ich euch auftrage. 15 Ich nenne euch nicht mehr Knechte; denn der Knecht weiß nicht, was sein Herr tut. Vielmehr habe ich euch Freunde genannt; denn ich habe euch alles mitgeteilt, was ich von meinem Vater gehört habe. 16 Nicht ihr habt mich erwählt, sondern ich habe euch erwählt und dazu bestimmt, daß ihr euch aufmacht und Frucht bringt und daß eure Frucht bleibt. Dann wird euch der Vater alles geben, um was ihr ihn in meinem Namen bittet. 17 Dies trage ich euch auf: Liebt einander!

Der Haß der Welt gegen die Jünger

18 Wenn die Welt euch haßt, dann wißt, daß sie mich schon vor euch gehaßt hat. 19 Wenn ihr von der Welt stammen würdet, würde die Welt euch als ihr Eigentum lieben. Aber weil ihr nicht von der Welt stammt, sondern weil ich euch aus der Welt erwählt habe, darum haßt euch die Welt. 20 Denkt an das Wort, das ich euch gesagt habe: Der Sklave ist nicht größer als sein Herr. Wenn sie mich verfolgt haben, werden sie auch euch verfolgen; wenn sie an meinem Wort festgehalten haben, werden sie auch an eurem Wort festhalten. 21 Das alles werden sie euch um meines Namens willen antun; denn sie kennen den nicht, der mich gesandt hat. 22 Wenn ich nicht gekommen wäre und nicht zu ihnen gesprochen hätte, wären sie ohne Sünde; jetzt aber haben sie keine Entschuldigung für ihre Sünde. 23 Wer mich haßt, haßt auch meinen Vater. 24 Wenn ich bei ihnen nicht die Werke vollbracht hätte, die kein anderer vollbracht hat, wären sie ohne Sünde. Jetzt aber haben sie (die Werke) gesehen, und doch hassen sie mich und meinen Vater. 25 Aber das Wort sollte sich erfüllen, das in ihrem Gesetz steht: *Ohne Grund haben sie mich gehaßt.* 26 Wenn aber der Beistand kommt, den ich euch vom Vater aus senden

werde, der Geist der Wahrheit, der vom Vater aus-
geht, dann wird er Zeugnis für mich ablegen. 27 Und
auch ihr sollt Zeugnis ablegen, weil ihr von Anfang
an bei mir seid.

16 Das habe ich euch gesagt, damit ihr kei-
nen Anstoß nehmt. 2 Sie werden euch aus
der Synagoge ausstoßen, ja es kommt die Stunde,
in der jeder, der euch tötet, meint, Gott einen hei-
ligen Dienst zu leisten. 3 Das werden sie tun, weil
sie weder den Vater noch mich erkannt haben.
4a Ich habe es euch gesagt, damit ihr, wenn deren
Stunde kommt, euch an meine Worte erinnert.

Der Geist als Beistand und Lehrer

4b Das habe ich euch nicht gleich zu Anfang ge-
sagt; denn ich war ja bei euch. 5 Jetzt aber gehe ich
zu dem, der mich gesandt hat, und keiner von
euch fragt mich: Wohin gehst du? 6 Vielmehr ist
euer Herz von Trauer erfüllt, weil ich euch das ge-
sagt habe. 7 Doch ich sage euch die Wahrheit: Es
ist gut für euch, daß ich fortgehe. Denn wenn ich
nicht fortgehe, wird der Beistand nicht zu euch
kommen; gehe ich aber, so werde ich ihn zu euch
senden. 8 Und wenn er kommt, wird er die Welt
überführen (und aufdecken), was Sünde, Gerech-
tigkeit und Gericht ist; 9 Sünde: daß sie nicht an
mich glauben; 10 Gerechtigkeit: daß ich zum Vater
gehe und ihr mich nicht mehr seht; 11 Gericht: daß
der Herrscher dieser Welt gerichtet ist. 12 Noch vie-
les habe ich euch zu sagen, aber ihr könnt es jetzt
nicht tragen. 13 Wenn aber jener kommt, der Geist
der Wahrheit, wird er euch in die ganze Wahrheit
führen. Denn er wird nicht aus sich selbst heraus
reden, sondern er wird sagen, was er hört, und
euch verkünden, was kommen wird. 14 Er wird
mich verherrlichen; denn er wird von dem, was
mein ist, nehmen und es euch verkünden. 15 Alles,
was der Vater hat, ist mein; darum habe ich ge-
sagt: Er nimmt von dem, was mein ist, und wird
es euch verkünden.

**Der Schmerz der Trennung –
Die Freude des Wiedersehens**

16 Noch kurze Zeit, dann seht ihr mich nicht mehr,
und wieder eine kurze Zeit, dann werdet ihr mich
sehen. 17 Da sagten einige von seinen Jüngern zu-
einander: Was meint er damit, wenn er zu uns
sagt: Noch kurze Zeit, dann seht ihr mich nicht
mehr, und wieder eine kurze Zeit, dann werdet
ihr mich sehen? Und was bedeutet: Ich gehe zum
Vater? 18 Sie sagten: Was heißt das: eine kurze Zeit?
Wir wissen nicht, wovon er redet. 19 Jesus er-
kannte, daß sie ihn fragen wollten, und sagte zu
ihnen: Ihr macht euch Gedanken darüber, daß ich
euch gesagt habe: Noch kurze Zeit, dann seht ihr
mich nicht mehr, und wieder eine kurze Zeit,
dann werdet ihr mich sehen. 20 Amen, amen, ich
sage euch: Ihr werdet weinen und klagen, aber
die Welt wird sich freuen; ihr werdet bekümmert
sein, aber euer Kummer wird sich in Freude ver-
wandeln. 21 Wenn die Frau gebären soll, ist sie
bekümmert, weil ihre Stunde da ist; aber wenn
sie das Kind geboren hat, denkt sie nicht mehr an
ihre Not über der Freude, daß ein Mensch zur
Welt gekommen ist. 22 So seid auch ihr jetzt
bekümmert, aber ich werde euch wiedersehen;
dann wird euer Herz sich freuen, und niemand
nimmt euch eure Freude.

23 An jenem Tag werdet ihr mich nichts mehr fra-
gen. Amen, amen, ich sage euch: Was ihr vom Va-
ter erbitten werdet, das wird er euch in meinem
Namen geben. 24 Bis jetzt habt ihr noch nichts in
meinem Namen erbeten. Bittet, und ihr werdet
empfangen, damit eure Freude vollkommen ist.

Bedrängnis und Friede

25 Dies habe ich in verhüllter Rede zu euch gesagt;
es kommt die Stunde, in der ich nicht mehr in ver-
hüllter Rede zu euch spreche, sondern euch offen
den Vater verkünden werde. 26 An jenem Tag wer-
det ihr in meinem Namen bitten, und ich sage
nicht, daß ich den Vater für euch bitten werde;
27 denn der Vater selbst liebt euch, weil ihr mich
geliebt und weil ihr geglaubt habt, daß ich von
Gott ausgegangen bin. 28 Vom Vater bin ich ausge-
gangen und in die Welt gekommen; ich verlasse
die Welt wieder und gehe zum Vater.

29 Da sagten seine Jünger: Jetzt redest du offen
und sprichst nicht mehr in Gleichnissen. 30 Jetzt
wissen wir, daß du alles weißt und von niemand
gefragt zu werden brauchst. Darum glauben
wir, daß du von Gott gekommen bist. 31 Jesus er-
widerte ihnen: Glaubt ihr jetzt? 32 Die Stunde
kommt, und sie ist schon da, in der ihr versprengt
werdet, jeder in sein Haus, und mich werdet ihr
allein lassen. Aber ich bin nicht allein, denn der
Vater ist bei mir. 33 Dies habe ich zu euch gesagt,
damit ihr in mir Frieden habt. In der Welt seid ihr
in Bedrängnis; aber habt Mut: Ich habe die Welt
besiegt.

Das Abschiedsgebet des Herrn: 17,1–26

Jesu Rechenschaft vor dem Vater

17 Dies sagte Jesus. Und er erhob seine Augen zum Himmel und sprach: Vater, die Stunde ist da. Verherrliche deinen Sohn, damit der Sohn dich verherrlicht. 2 Denn du hast ihm Macht über alle Menschen gegeben, damit er allen, die du ihm gegeben hast, ewiges Leben schenkt. 3 Das ist das ewige Leben: dich, den einzigen wahren Gott, zu erkennen und Jesus Christus, den du gesandt hast. 4 Ich habe dich auf der Erde verherrlicht und das Werk zu Ende geführt, das du mir aufgetragen hast. 5 Vater, verherrliche du mich jetzt bei dir mit der Herrlichkeit, die ich bei dir hatte, bevor die Welt war.

6 Ich habe deinen Namen den Menschen offenbart, die du mir aus der Welt gegeben hast. Sie gehörten dir, und du hast sie mir gegeben, und sie haben an deinem Wort festgehalten. 7 Sie haben jetzt erkannt, daß alles, was du mir gegeben hast, von dir ist. 8 Denn die Worte, die du mir gegeben hast, gab ich ihnen, und sie haben sie angenommen. Sie haben wirklich erkannt, daß ich von dir ausgegangen bin, und sie sind zu dem Glauben gekommen, daß du mich gesandt hast.

Jesu Fürbitte für die Jünger

9 Für sie bitte ich; nicht für die Welt bitte ich, sondern für alle, die du mir gegeben hast; denn sie gehören dir. 10 Alles, was mein ist, ist dein, und was dein ist, ist mein; in ihnen bin ich verherrlicht. 11 Ich bin nicht mehr in der Welt, aber sie sind in der Welt, und ich gehe zu dir. Heiliger Vater, bewahre sie in deinem Namen, den du mir gegeben hast, damit sie eins sind wie wir. 12 Solange ich bei ihnen war, bewahrte ich sie in deinem Namen, den du mir gegeben hast. Und ich habe sie behütet, und keiner von ihnen ging verloren, außer dem Sohn des Verderbens, damit sich die Schrift erfüllt. 13 Aber jetzt gehe ich zu dir. Doch dies rede ich noch in der Welt, damit sie meine Freude in Fülle in sich haben. 14 Ich habe ihnen dein Wort gegeben, und die Welt hat sie gehaßt, weil sie nicht von der Welt sind, wie auch ich nicht von der Welt bin. 15 Ich bitte nicht, daß du sie aus der Welt nimmst, sondern daß du sie vor dem Bösen bewahrst. 16 Sie sind nicht von der Welt, wie auch ich nicht von der Welt bin. 17 Heilige sie in der Wahrheit; dein Wort ist Wahrheit. 18 Wie du mich in die Welt gesandt hast, so habe auch ich sie in die Welt gesandt. 19 Und ich heilige mich für sie, damit auch sie in der Wahrheit geheiligt sind.

Jesu Fürbitte für alle Glaubenden

20 Aber ich bitte nicht nur für diese hier, sondern auch für alle, die durch ihr Wort an mich glauben. 21 Alle sollen eins sein: Wie du, Vater, in mir bist und ich in dir bin, sollen auch sie in uns sein, damit die Welt glaubt, daß du mich gesandt hast. 22 Und ich habe ihnen die Herrlichkeit gegeben, die du mir gegeben hast; denn sie sollen eins sein, wie wir eins sind, 23 ich in ihnen und du in mir. So sollen sie vollendet sein in der Einheit, damit die Welt erkennt, daß du mich gesandt hast und die Meinen ebenso geliebt hast wie mich. 24 Vater, ich will, daß alle, die du mir gegeben hast, dort bei mir sind, wo ich bin. Sie sollen meine Herrlichkeit sehen, die du mir gegeben hast, weil du mich schon geliebt hast vor der Erschaffung der Welt. 25 Gerechter Vater, die Welt hat dich nicht erkannt, ich aber habe dich erkannt, und sie haben erkannt, daß du mich gesandt hast. 26 Ich habe ihnen deinen Namen bekannt gemacht und werde ihn bekannt machen, damit die Liebe, mit der du mich geliebt hast, in ihnen ist und damit ich in ihnen bin.

Die Erhöhung Jesu: 18,1–20,29

Das Leiden Jesu: 18,1–19,42

Die Verhaftung

18 Nach diesen Worten ging Jesus mit seinen Jüngern hinaus, auf die andere Seite des Baches Kidron. Dort war ein Garten; in den ging er mit seinen Jüngern hinein. 2 Auch Judas, der Verräter, der ihn auslieferte, kannte den Ort, weil Jesus dort oft mit seinen Jüngern zusammengekommen war. 3 Judas holte die Soldaten und die Gerichtsdiener der Hohenpriester und der Pharisäer, und sie kamen dorthin mit Fackeln, Laternen und Waffen. 4 Jesus, der alles wußte, was mit ihm geschehen sollte, ging hinaus und fragte sie: Wen sucht ihr? 5 Sie antworteten ihm: Jesus von Nazaret. Er sagte zu ihnen: Ich bin es. Auch Judas, der Verräter, stand bei ihnen. 6 Als er zu ihnen sagte: Ich bin es!, wichen sie zurück und stürzten zu Boden. 7 Er fragte sie noch einmal: Wen sucht ihr? Sie sagten: Jesus von Nazaret. 8 Jesus antwortete: Ich habe euch gesagt, daß ich es bin. Wenn ihr mich sucht, dann laßt diese gehen! 9 So sollte sich das Wort erfüllen, das er gesagt hatte: Ich habe keinen von denen verloren, die du mir gegeben hast. 10 Simon Petrus aber, der ein Schwert bei sich hatte, zog es, schlug nach dem Diener des Hohenpriesters und hieb ihm das rechte Ohr ab; der Diener hieß Malchus. 11 Da sagte Jesus zu Petrus: Steck das Schwert in die Scheide! Der Kelch, den mir der Vater gegeben hat – soll ich ihn nicht trinken?

Das Verhör vor Hannas und die Verleugnung durch Petrus

12 Die Soldaten, ihre Befehlshaber und die Gerichtsdiener der Juden nahmen Jesus fest, fesselten ihn 13 und führten ihn zuerst zu Hannas; er war nämlich der Schwiegervater des Kajaphas, der in jenem Jahr Hoherpriester war. 14 Kajaphas aber war es, der den Juden den Rat gegeben hatte: Es ist besser, daß ein einziger Mensch für das Volk stirbt.

15 Simon Petrus und ein anderer Jünger folgten Jesus. Dieser Jünger war mit dem Hohenpriester bekannt und ging mit Jesus in den Hof des hohepriesterlichen Palastes. 16 Petrus aber blieb draußen am Tor stehen. Da kam der andere Jünger, der Bekannte des Hohenpriesters, heraus; er sprach mit der Pförtnerin und führte Petrus hinein. 17 Da sagte die Pförtnerin zu Petrus: Bist du nicht auch einer von den Jüngern dieses Menschen? Er antwortete: Nein. 18 Die Diener und die Knechte hatten sich ein Kohlenfeuer angezündet und standen dabei, um sich zu wärmen; denn es war kalt. Auch Petrus stand bei ihnen und wärmte sich.

19 Der Hohepriester befragte Jesus über seine Jünger und über seine Lehre. 20 Jesus antwortete ihm: Ich habe offen vor aller Welt gesprochen. Ich habe immer in der Synagoge und im Tempel gelehrt, wo alle Juden zusammenkommen. Nichts habe ich im geheimen gesprochen. 21 Warum fragst du mich? Frag doch die, die mich gehört haben, was ich zu ihnen gesagt habe; sie wissen, was ich geredet habe. 22 Auf diese Antwort hin schlug einer von den Knechten, der dabeistand, Jesus ins Gesicht und sagte: Redest du so mit dem Hohenpriester? 23 Jesus entgegnete ihm: Wenn es nicht recht war, was ich gesagt habe, dann weise es nach; wenn es aber recht war, warum schlägst du mich? 24 Danach schickte ihn Hannas gefesselt zum Hohenpriester Kajaphas.

25 Simon Petrus aber stand (am Feuer) und wärmte sich. Sie sagten zu ihm: Bist nicht auch du einer von seinen Jüngern? Er leugnete und sagte: Nein. 26 Einer von den Dienern des Hohenpriesters, ein Verwandter dessen, dem Petrus das Ohr abgehauen hatte, sagte: Habe ich dich nicht im Garten bei ihm gesehen? 27 Wieder leugnete Petrus, und gleich darauf krähte ein Hahn.

Das Verhör und die Verurteilung durch Pilatus

28 Von Kajaphas brachten sie Jesus zum Prätorium; es war früh am Morgen. Sie selbst gingen nicht in das Gebäude hinein, um nicht unrein zu werden, sondern das Paschalamm essen zu können. 29 Deshalb kam Pilatus zu ihnen heraus und fragte: Welche Anklage erhebt ihr gegen diesen Menschen? 30 Sie antworteten ihm: Wenn er kein Übeltäter wäre, hätten wir ihn dir nicht ausgeliefert. 31 Pilatus sagte zu ihnen: Nehmt ihr ihn doch, und richtet ihn nach eurem Gesetz! Die Juden antworteten ihm: Uns ist es nicht gestattet, jemand hinzurichten. 32 So sollte sich das Wort Jesu erfüllen, mit dem er angedeutet hatte, auf welche Weise er sterben werde. 33 Pilatus ging wieder in das Prätorium hinein, ließ Jesus rufen und fragte ihn: Bist du der König der Juden? 34 Jesus antwortete: Sagst du das von dir aus, oder haben es dir andere über mich gesagt? 35 Pilatus entgegnete: Bin ich denn ein Jude? Dein eigenes Volk und die Hohenpriester haben dich an mich ausgeliefert. Was hast du getan? 36 Jesus antwortete: Mein Königtum ist nicht von dieser Welt. Wenn es von dieser Welt wäre, würden meine Leute kämpfen, damit ich den Juden nicht ausgeliefert würde. Aber mein Königtum ist nicht von hier. 37 Pilatus sagte zu ihm: Also bist du doch ein König? Jesus antwortete: Du sagst es, ich bin ein König. Ich bin dazu geboren und dazu in die Welt gekommen, daß ich für die Wahrheit Zeugnis ablege. Jeder, der aus der Wahrheit ist, hört auf meine Stimme. 38 Pilatus sagte zu ihm: Was ist Wahrheit?

Nachdem er das gesagt hatte, ging er wieder zu den Juden hinaus und sagte zu ihnen: Ich finde

Frauen, die um ihn klagten (Lk 23) | 74 ▷
Dort kreuzigten sie ihn (Lk 23) | 75 ▷▷

mußte nicht
der Christus
alles das
erleiden
und dann so
in seine
Herrlichkeit
eingehen

keinen Grund, ihn zu verurteilen. [39] Ihr seid gewohnt, daß ich euch am Paschafest einen Gefangenen freilasse. Wollt ihr also, daß ich euch den König der Juden freilasse? [40] Da schrien sie wieder: Nicht diesen, sondern Barabbas! Barabbas aber war ein Straßenräuber.

19 Darauf ließ Pilatus Jesus geißeln. [2] Die Soldaten flochten einen Kranz aus Dornen; den setzten sie ihm auf und legten ihm einen purpurroten Mantel um. [3] Sie stellten sich vor ihn hin und sagten: Heil dir, König der Juden! Und sie schlugen ihm ins Gesicht. [4] Pilatus ging wieder hinaus und sagte zu ihnen: Seht, ich bringe ihn zu euch heraus; ihr sollt wissen, daß ich keinen Grund finde, ihn zu verurteilen. [5] Jesus kam heraus; er trug die Dornenkrone und den purpurroten Mantel. Pilatus sagte zu ihnen: Seht, da ist der Mensch! [6] Als die Hohenpriester und ihre Diener ihn sahen, schrien sie: Ans Kreuz mit ihm, ans Kreuz mit ihm! Pilatus sagte zu ihnen: Nehmt ihr ihn, und kreuzigt ihn! Denn ich finde keinen Grund, ihn zu verurteilen. [7] Die Juden entgegneten ihm: Wir haben ein Gesetz, und nach diesem Gesetz muß er sterben, weil er sich als Sohn Gottes ausgegeben hat.

[8] Als Pilatus das hörte, wurde er noch ängstlicher. [9] Er ging wieder in das Prätorium hinein und fragte Jesus: Woher stammst du? Jesus aber gab ihm keine Antwort. [10] Da sagte Pilatus zu ihm: Du sprichst nicht mit mir? Weißt du nicht, daß ich Macht habe, dich freizulassen, und Macht, dich zu kreuzigen? [11] Jesus antwortete: Du hättest keine Macht über mich, wenn es dir nicht von oben gegeben wäre; darum liegt größere Schuld bei dem, der mich dir ausgeliefert hat. [12] Daraufhin wollte Pilatus ihn freilassen, aber die Juden schrien: Wenn du ihn freiläßt, bist du kein Freund des Kaisers; jeder, der sich als König ausgibt, lehnt sich gegen den Kaiser auf. [13] Auf diese Worte hin ließ Pilatus Jesus herausführen, und er setzte sich auf den Richterstuhl an dem Platz, der Lithostrotos, auf hebräisch Gabbata, heißt. [14] Es war am Rüsttag des Paschafestes, ungefähr um die sechste Stunde. Pilatus sagte zu den Juden: Da ist euer König! [15] Sie aber schrien: Weg mit ihm, kreuzige ihn! Pilatus aber sagte zu ihnen: Euren König soll ich kreuzigen? Die Hohenpriester antworteten: Wir haben keinen König außer dem Kaiser. [16a] Da lieferte er ihnen Jesus aus, damit er gekreuzigt würde.

Die Hinrichtung Jesu

[16b] Sie übernahmen Jesus. [17] Er trug sein Kreuz und ging hinaus zur sogenannten Schädelhöhe, die auf hebräisch Golgota heißt. [18] Dort kreuzigten sie ihn und mit ihm zwei andere, auf jeder Seite einen, in der Mitte Jesus. [19] Pilatus ließ auch ein Schild anfertigen und oben am Kreuz befestigen; die Inschrift lautete: Jesus von Nazaret, der König der Juden. [20] Dieses Schild lasen viele Juden, weil der Platz, wo Jesus gekreuzigt wurde, nahe bei der Stadt lag. Die Inschrift war hebräisch, lateinisch und griechisch abgefaßt. [21] Die Hohenpriester der Juden sagten zu Pilatus: Schreib nicht: Der König der Juden, sondern daß er gesagt hat: Ich bin der König der Juden. [22] Pilatus antwortete: Was ich geschrieben habe, habe ich geschrieben.

[23] Nachdem die Soldaten Jesus ans Kreuz geschlagen hatten, nahmen sie seine Kleider und machten vier Teile daraus, für jeden Soldaten einen. Sie nahmen auch sein Untergewand, das von oben her ganz durchgewebt und ohne Naht war. [24] Sie sagten zueinander: Wir wollen es nicht zerteilen, sondern darum losen, wem es gehören soll. So sollte sich das Schriftwort erfüllen: *Sie verteilten meine Kleider unter sich und warfen das Los um mein Gewand.* Dies führten die Soldaten aus.

[25] Bei dem Kreuz Jesu standen seine Mutter und die Schwester seiner Mutter, Maria, die Frau des Klopas, und Maria von Magdala. [26] Als Jesus seine Mutter sah und bei ihr den Jünger, den er liebte, sagte er zu seiner Mutter: Frau, siehe, dein Sohn! [27] Dann sagte er zu dem Jünger: Siehe, deine Mutter! Und von jener Stunde an nahm sie der Jünger zu sich.

[28] Danach, als Jesus wußte, daß nun alles vollbracht war, sagte er, damit sich die Schrift erfüllte: Mich dürstet. [29] Ein Gefäß mit Essig stand da. Sie steckten einen Schwamm mit Essig auf einen Ysopzweig und hielten ihn an seinen Mund. [30] Als Jesus von dem Essig genommen hatte, sprach er: Es ist vollbracht! Und er neigte das Haupt und gab seinen Geist auf.

Die Bestattung des Leichnams

[31] Weil Rüsttag war und die Körper während des Sabbats nicht am Kreuz bleiben sollten, baten die Juden Pilatus, man möge den Gekreuzigten die Beine zerschlagen und ihre Leichen dann abnehmen; denn dieser Sabbat war ein großer Feiertag.

32 Also kamen die Soldaten und zerschlugen dem ersten die Beine, dann dem andern, der mit ihm gekreuzigt worden war. 33 Als sie aber zu Jesus kamen und sahen, daß er schon tot war, zerschlugen sie ihm die Beine nicht, 34 sondern einer der Soldaten stieß mit der Lanze in seine Seite, und sogleich floß Blut und Wasser heraus. 35 Und der, der es gesehen hat, hat es bezeugt, und sein Zeugnis ist wahr. Und er weiß, daß er Wahres berichtet, damit auch ihr glaubt. 36 Denn das ist geschehen, damit sich das Schriftwort erfüllte: *Man soll an ihm kein Gebein zerbrechen.* 37 Und ein anderes Schriftwort sagt: *Sie werden auf den blicken, den sie durchbohrt haben.*

38 Josef aus Arimathäa war ein Jünger Jesu, aber aus Furcht vor den Juden nur heimlich. Er bat Pilatus, den Leichnam Jesu abnehmen zu dürfen, und Pilatus erlaubte es. Also kam er und nahm den Leichnam ab. 39 Es kam auch Nikodemus, der früher einmal Jesus bei Nacht aufgesucht hatte. Er brachte eine Mischung aus Myrrhe und Aloe, etwa hundert Pfund. 40 Sie nahmen den Leichnam Jesu und umwickelten ihn mit Leinenbinden, zusammen mit den wohlriechenden Salben, wie es beim jüdischen Begräbnis Sitte ist. 41 An dem Ort, wo man ihn gekreuzigt hatte, war ein Garten, und in dem Garten war ein neues Grab, in dem noch niemand bestattet worden war. 42 Wegen des Rüsttages der Juden und weil das Grab in der Nähe lag, setzten sie Jesus dort bei.

Osterberichte: 20,1–31

Die Entdeckung des leeren Grabes

20 Am ersten Tag der Woche kam Maria von Magdala frühmorgens, als es noch dunkel war, zum Grab und sah, daß der Stein vom Grab weggenommen war. 2 Da lief sie schnell zu Simon Petrus und dem Jünger, den Jesus liebte, und sagte zu ihnen: Man hat den Herrn aus dem Grab weggenommen, und wir wissen nicht, wohin man ihn gelegt hat. 3 Da gingen Petrus und der andere Jünger hinaus und kamen zum Grab; 4 sie liefen beide zusammen dorthin, aber weil der andere Jünger schneller war als Petrus, kam er als erster ans Grab. 5 Er beugte sich vor und sah die Leinenbinden liegen, ging aber nicht hinein. 6 Da kam auch Simon Petrus, der ihm gefolgt war, und ging in das Grab hinein. Er sah die Leinenbinden liegen 7 und das Schweißtuch, das auf dem Kopf Jesu gelegen hatte; es lag aber nicht bei den Leinenbinden, sondern zusammengebunden daneben an einer besonderen Stelle. 8 Da ging auch der andere Jünger, der zuerst an das Grab gekommen war, hinein; er sah und glaubte. 9 Denn sie wußten noch nicht aus der Schrift, daß er von den Toten auferstehen mußte. 10 Dann kehrten die Jünger wieder nach Hause zurück.

Die Erscheinung Jesu vor Maria aus Magdala

11 Maria aber stand draußen vor dem Grab und weinte. Während sie weinte, beugte sie sich in die Grabkammer hinein. 12 Da sah sie zwei Engel in weißen Gewändern sitzen, den einen dort, wo der Kopf, den anderen dort, wo die Füße des Leichnams Jesu gelegen hatten. 13 Die Engel sagten zu ihr: Frau, warum weinst du? Sie antwortete ihnen: Man hat meinen Herrn weggenommen, und ich weiß nicht, wohin man ihn gelegt hat. 14 Als sie das gesagt hatte, wandte sie sich um und sah Jesus dastehen, wußte aber nicht, daß es Jesus war. 15 Jesus sagte zu ihr: Frau, warum weinst du? Wen suchst du? Sie meinte, es sei der Gärtner, und sagte zu ihm: Herr, wenn du ihn weggebracht hast, sag mir, wohin du ihn gelegt hast. Dann will ich ihn holen. 16 Jesus sagte zu ihr: Maria! Da wandte sie sich ihm zu und sagte auf hebräisch zu ihm: Rabbuni!, das heißt: Meister. 17 Jesus sagte zu ihr: Halte mich nicht fest; denn ich bin noch nicht zum Vater hinaufgegangen. Geh aber zu meinen Brüdern, und sag ihnen: Ich gehe hinauf zu meinem Vater und zu eurem Vater, zu meinem Gott und zu eurem Gott. 18 Maria von Magdala ging zu den Jüngern und verkündete ihnen: Ich habe den Herrn gesehen. Und sie richtete aus, was er ihr gesagt hatte.

Die Beauftragung der Jünger

19 Am Abend dieses ersten Tages der Woche, als die Jünger aus Furcht vor den Juden die Türen verschlossen hatten, kam Jesus, trat in ihre Mitte und sagte zu ihnen: Friede sei mit euch! 20 Nach diesen Worten zeigte er ihnen seine Hände und seine Seite. Da freuten sich die Jünger, daß sie den Herrn sahen. 21 Jesus sagte noch einmal zu ihnen: Friede sei mit euch! Wie mich der Vater gesandt hat, so sende ich euch. 22 Nachdem er das gesagt hatte, hauchte er sie an und sprach zu ihnen: Empfangt den Heiligen Geist! 23 Wem ihr die Sün-

den vergebt, dem sind sie vergeben; wem ihr die Vergebung verweigert, dem ist sie verweigert.

Jesus und Thomas

24 Thomas, genannt Didymus (Zwilling), einer der Zwölf, war nicht bei ihnen, als Jesus kam. 25 Die anderen Jünger sagten zu ihm: Wir haben den Herrn gesehen. Er entgegnete ihnen: Wenn ich nicht die Male der Nägel an seinen Händen sehe und wenn ich meinen Finger nicht in die Male der Nägel und meine Hand nicht in seine Seite lege, glaube ich nicht. 26 Acht Tage darauf waren seine Jünger wieder versammelt, und Thomas war dabei. Die Türen waren verschlossen. Da kam Jesus, trat in ihre Mitte und sagte: Friede sei mit euch! 27 Dann sagte er zu Thomas: Streck deinen Finger aus – hier sind meine Hände! Streck deine Hand aus und leg sie in meine Seite, und sei nicht ungläubig, sondern gläubig! 28 Thomas antwortete ihm: Mein Herr und mein Gott! 29 Jesus sagte zu ihm: Weil du mich gesehen hast, glaubst du. Selig sind, die nicht sehen und doch glauben.

Der Epilog: 20,30–31

30 Noch viele andere Zeichen, die in diesem Buch nicht aufgeschrieben sind, hat Jesus vor den Augen seiner Jünger getan. 31 Diese aber sind aufgeschrieben, damit ihr glaubt, daß Jesus der Messias ist, der Sohn Gottes, und damit ihr durch den Glauben das Leben habt in seinem Namen.

Nachtrag zum Evangelium: 21,1–25

Die Erscheinung des Auferstandenen am See

21 Danach offenbarte sich Jesus den Jüngern noch einmal. Es war am See von Tiberias, und er offenbarte sich in folgender Weise. 2 Simon Petrus, Thomas, genannt Didymus (Zwilling), Natanaël aus Kana in Galiläa, die Söhne des Zebedäus und zwei andere von seinen Jüngern waren zusammen. 3 Simon Petrus sagte zu ihnen: Ich gehe fischen. Sie sagten zu ihm: Wir kommen auch mit. Sie gingen hinaus und stiegen in das Boot. Aber in dieser Nacht fingen sie nichts. 4 Als es schon Morgen wurde, stand Jesus am Ufer. Doch die Jünger wußten nicht, daß es Jesus war. 5 Jesus sagte zu ihnen: Meine Kinder, habt ihr nicht etwas zu essen? Sie antworteten ihm: Nein. 6 Er aber sagte zu ihnen: Werft das Netz auf der rechten Seite des Bootes aus, und ihr werdet etwas fangen. Sie warfen das Netz aus und konnten es nicht wieder einholen, so voller Fische war es. 7 Da sagte der Jünger, den Jesus liebte, zu Petrus: Es ist der Herr! Als Simon Petrus hörte, daß es der Herr sei, gürtete er sich das Obergewand um, weil er nackt war, und sprang in den See. 8 Dann kamen die anderen Jünger mit dem Boot – sie waren nämlich nicht weit vom Land entfernt, nur etwa zweihundert Ellen – und zogen das Netz mit den Fischen hinter sich her. 9 Als sie an Land gingen, sahen sie am Boden ein Kohlenfeuer und darauf Fisch und Brot. 10 Jesus sagte zu ihnen: Bringt von den Fischen, die ihr gerade gefangen habt. 11 Da ging Simon Petrus und zog das Netz an Land. Es war mit hundertdreiundfünfzig großen Fischen gefüllt, und obwohl es so viele waren, zerriß das Netz nicht. 12 Jesus sagte zu ihnen: Kommt her und eßt! Keiner von den Jüngern wagte ihn zu fragen: Wer bist du? Denn sie wußten, daß es der Herr war. 13 Jesus trat heran, nahm das Brot und gab es ihnen, ebenso den Fisch. 14 Dies war schon das dritte Mal, daß Jesus sich den Jüngern offenbarte, seit er von den Toten auferstanden war.

Das Wort des Auferstandenen an Petrus

15 Als sie gegessen hatten, sagte Jesus zu Simon Petrus: Simon, Sohn des Johannes, liebst du mich mehr als diese? Er antwortete ihm: Ja, Herr, du weißt, daß ich dich liebe. Jesus sagte zu ihm: Weide meine Lämmer! 16 Zum zweitenmal fragte er ihn: Simon, Sohn des Johannes, liebst du mich? Er antwortete ihm: Ja, Herr, du weißt, daß ich dich liebe. Jesus sagte zu ihm: Weide meine Schafe! 17 Zum drittenmal fragte er ihn: Simon, Sohn des

Johannes, liebst du mich? Da wurde Petrus trau-
rig, weil Jesus ihn zum drittenmal gefragt hatte:
Hast du mich lieb? Er gab ihm zur Antwort: Herr,
du weißt alles; du weißt, daß ich dich liebhabe. Je-
sus sagte zu ihm: Weide meine Schafe! 18 Amen,
amen, das sage ich dir: Als du noch jung warst,
hast du dich selbst gegürtet und konntest gehen,
wohin du wolltest. Wenn du aber alt geworden
bist, wirst du deine Hände ausstrecken, und ein
anderer wird dich gürten und dich führen, wohin
du nicht willst. 19 Das sagte Jesus, um anzudeuten,
durch welchen Tod er Gott verherrlichen würde.
Nach diesen Worten sagte er zu ihm: Folge mir
nach!

20 Petrus wandte sich um und sah, wie der Jün-
ger, den Jesus liebte, (diesem) folgte. Es war der
Jünger, der sich bei jenem Mahl an die Brust Jesu
gelehnt und ihn gefragt hatte: Herr, wer ist es, der
dich verraten wird? 21 Als Petrus diesen Jünger
sah, fragte er Jesus: Herr, was wird denn mit ihm?
22 Jesus antwortete ihm: Wenn ich will, daß er bis
zu meinem Kommen bleibt, was geht das dich
an? Du aber folge mir nach! 23 Da verbreitete sich
unter den Brüdern die Meinung: Jener Jünger
stirbt nicht. Doch Jesus hatte zu Petrus nicht ge-
sagt: Er stirbt nicht, sondern: Wenn ich will, daß
er bis zu meinem Kommen bleibt, was geht das
dich an?

Schlußbemerkung der Herausgeber des Evangeliums

24 Dieser Jünger ist es, der all das bezeugt und der
es aufgeschrieben hat; und wir wissen, daß sein
Zeugnis wahr ist. 25 Es gibt aber noch vieles an-
dere, was Jesus getan hat. Wenn man alles auf-
schreiben wollte, so könnte, wie ich glaube, die
ganze Welt die Bücher nicht fassen, die man
schreiben müßte.

DIE APOSTELGESCHICHTE

Das Vorwort: 1,1–3

1 Im ersten Buch, lieber Theophilus, habe ich
über alles berichtet, was Jesus getan und ge-
lehrt hat, 2 bis zu dem Tag, an dem er (in den Him-
mel) aufgenommen wurde. Vorher hat er durch
den Heiligen Geist den Aposteln, die er sich er-
wählt hatte, Anweisungen gegeben. 3 Ihnen hat
er nach seinem Leiden durch viele Beweise ge-
zeigt, daß er lebt; vierzig Tage hindurch ist er ih-
nen erschienen und hat vom Reich Gottes ge-
sprochen.

Die Kirche in Jerusalem: 1,4–8,3

Letzte Anweisungen und Belehrungen des Auferstandenen

4 Beim gemeinsamen Mahl gebot er ihnen: Geht
nicht weg von Jerusalem, sondern wartet auf die
Verheißung des Vaters, die ihr von mir vernommen
habt. 5 Johannes hat mit Wasser getauft, ihr aber
werdet schon in wenigen Tagen mit dem Heiligen
Geist getauft. 6 Als sie nun beisammen waren, frag-
ten sie ihn: Herr, stellst du in dieser Zeit das Reich
für Israel wieder her? 7 Er sagte zu ihnen: Euch steht
es nicht zu, Zeiten und Fristen zu erfahren, die der
Vater in seiner Macht festgesetzt hat. 8 Aber ihr
werdet die Kraft des Heiligen Geistes empfangen,
der auf euch herabkommen wird; und ihr werdet
meine Zeugen sein in Jerusalem und in ganz Judäa
und Samarien und bis an die Grenzen der Erde.

Die Himmelfahrt Jesu

9 Als er das gesagt hatte, wurde er vor ihren Au-
gen emporgehoben, und eine Wolke nahm ihn
auf und entzog ihn ihren Blicken. 10 Während sie
unverwandt ihm nach zum Himmel empor-
schauten, standen plötzlich zwei Männer in
weißen Gewändern bei ihnen 11 und sagten: Ihr
Männer von Galiläa, was steht ihr da und schaut
zum Himmel empor? Dieser Jesus, der von euch
ging und in den Himmel aufgenommen wurde,
wird ebenso wiederkommen, wie ihr ihn habt
zum Himmel hingehen sehen.

Betende Gemeinde

12 Dann kehrten sie vom Ölberg, der nur einen
Sabbatweg von Jerusalem entfernt ist, nach Jeru-
salem zurück. 13 Als sie in die Stadt kamen, gingen
sie in das Obergemach hinauf, wo sie nun ständig
blieben: Petrus und Johannes, Jakobus und An-
dreas, Philippus und Thomas, Bartholomäus und
Matthäus, Jakobus, der Sohn des Alphäus, und
Simon, der Zelot, sowie Judas, der Sohn des Jako-
bus. 14 Sie alle verharrten dort einmütig im Gebet,
zusammen mit den Frauen und mit Maria, der
Mutter Jesu, und mit seinen Brüdern.

Die Wahl des Matthias zum Apostel

15 In diesen Tagen erhob sich Petrus im Kreis der
Brüder – etwa hundertzwanzig waren zusam-
mengekommen – und sagte: 16 Brüder! Es mußte
sich das Schriftwort erfüllen, das der Heilige Geist
durch den Mund Davids im voraus über Judas ge-
sprochen hat. Judas wurde zum Anführer derer,
die Jesus gefangennahmen. 17 Er wurde zu uns ge-
zählt und hatte Anteil am gleichen Dienst. 18 Mit
dem Lohn für seine Untat kaufte er sich ein
Grundstück. Dann aber stürzte er vornüber zu
Boden, sein Leib barst auseinander, und alle Ein-
geweide fielen heraus. 19 Das wurde allen Ein-
wohnern von Jerusalem bekannt; deshalb nann-
ten sie jenes Grundstück in ihrer Sprache Ha-
keldamach, das heißt Blutacker. 20 Denn es steht
im Buch der Psalmen: *Sein Gehöft soll veröden,*
niemand soll darin wohnen! und: *Sein Amt soll*
ein anderer erhalten! 21 Einer von den Männern,
die die ganze Zeit mit uns zusammen waren, als
Jesus, der Herr, bei uns ein und aus ging, 22 ange-
fangen von der Taufe durch Johannes bis zu dem
Tag, an dem er von uns ging und (in den Himmel)

aufgenommen wurde, – einer von diesen muß
nun zusammen mit uns Zeuge seiner Auferste-
hung sein. 23 Und sie stellten zwei Männer auf: Jo-
sef, genannt Barsabbas, mit dem Beinamen Ju-
stus, und Matthias. 24 Dann beteten sie: Herr, du
kennst die Herzen aller; zeige, wen von diesen
beiden du erwählt hast, 25 diesen Dienst und die-
ses Apostelamt zu übernehmen. Denn Judas hat
es verlassen und ist an den Ort gegangen, der ihm
bestimmt war. 26 Dann gaben sie ihnen Lose; das
Los fiel auf Matthias, und er wurde den elf Apo-
steln zugerechnet.

Das Pfingstereignis

2 Als der Pfingsttag gekommen war, befanden
sich alle am gleichen Ort. 2 Da kam plötzlich
vom Himmel her ein Brausen, wie wenn ein hef-
tiger Sturm daherfährt, und erfüllte das ganze
Haus, in dem sie waren. 3 Und es erschienen ih-
nen Zungen wie von Feuer, die sich verteilten;
auf jeden von ihnen ließ sich eine nieder. 4 Alle
wurden mit dem Heiligen Geist erfüllt und be-
gannen, in fremden Sprachen zu reden, wie es
der Geist ihnen eingab.
5 In Jerusalem aber wohnten Juden, fromme
Männer aus allen Völkern unter dem Himmel.
6 Als sich das Getöse erhob, strömte die Menge
zusammen und war ganz bestürzt; denn jeder
hörte sie in seiner Sprache reden. 7 Sie gerieten
außer sich vor Staunen und sagten: Sind das
nicht alles Galiläer, die hier reden? 8 Wieso kann
sie jeder von uns in seiner Muttersprache hören:
9 Parther, Meder und Elamiter, Bewohner von
Mesopotamien, Judäa und Kappadozien, von
Pontus und der Provinz Asien, 10 von Phrygien
und Pamphylien, von Ägypten und dem Gebiet
Libyens nach Zyrene hin, auch die Römer, die
sich hier aufhalten, 11 Juden und Proselyten, Kre-
ter und Araber, wir hören sie in unseren Spra-
chen Gottes große Taten verkünden. 12 Alle gerie-
ten außer sich und waren ratlos. Die einen sagten
zueinander: Was hat das zu bedeuten? 13 Andere
aber spotteten: Sie sind vom süßen Wein betrun-
ken.

Die Pfingstpredigt des Petrus

14 Da trat Petrus auf, zusammen mit den Elf; er er-
hob seine Stimme und begann zu reden: Ihr Ju-
den und alle Bewohner von Jerusalem! Dies sollt
ihr wissen, achtet auf meine Worte! 15 Diese Män-
ner sind nicht betrunken, wie ihr meint; es ist ja
erst die dritte Stunde am Morgen; 16 sondern jetzt
geschieht, was durch den Propheten Joël gesagt
worden ist:
17 In den letzten Tagen *wird es geschehen, /* so
spricht Gott: */ Ich werde von meinem Geist aus-
gießen / über alles Fleisch. / Eure Söhne und eure
Töchter werden Propheten sein, / eure jungen
Männer werden Visionen haben, / und eure Al-
ten werden Träume haben.*
18 *Auch über meine Knechte und Mägde / werde
ich von meinem Geist ausgießen / in jenen Tagen,
und sie werden Propheten sein.*
19 *Ich werde Wunder erscheinen lassen droben
am Himmel / und Zeichen unten auf der Erde: /
Blut und Feuer und qualmenden Rauch.*
20 *Die Sonne wird sich in Finsternis verwan-
deln / und der Mond in Blut, / ehe der Tag des
Herrn kommt, / der große und herrliche Tag.*
21 *Und es wird geschehen: / Jeder, der den Na-
men des Herrn anruft, / wird gerettet.*
22 Israeliten, hört diese Worte: Jesus, den Na-
zoräer, den Gott vor euch beglaubigt hat durch
machtvolle Taten, Wunder und Zeichen, die er
durch ihn in eurer Mitte getan hat, wie ihr selbst
wißt – 23 ihn, der nach Gottes beschlossenem Wil-
len und Vorauswissen hingegeben wurde, habt
ihr durch die Hand von Gesetzlosen ans Kreuz ge-
schlagen und umgebracht. 24 Gott aber hat ihn von
den Wehen des Todes befreit und auferweckt;
denn es war unmöglich, daß er vom Tod festge-
halten wurde. 25 David nämlich sagt über ihn:
*Ich habe den Herrn beständig vor Augen. / Er
steht mir zur Rechten, ich wanke nicht.*
26 *Darum freut sich mein Herz / und frohlockt
meine Zunge, / und auch mein Leib wird in si-
cherer Hoffnung ruhen;*
27 *denn du gibst mich nicht der Unterwelt
preis, / noch läßt du deinen Frommen die Ver-
wesung schauen.*
28 *Du zeigst mir die Wege zum Leben, / du er-
füllst mich mit Freude vor deinem Angesicht.*
29 Brüder, ich darf freimütig zu euch über den Pa-
triarchen David reden: Er starb und wurde begra-
ben, und sein Grabmal ist bei uns erhalten bis auf
den heutigen Tag. 30 Da er ein Prophet war und
wußte, daß Gott *ihm* den Eid *geschworen hatte,
einer von seinen Nachkommen werde auf seinem
Thron sitzen,* 31 sagte er vorausschauend über die
Auferstehung des Christus: *Er gibt ihn nicht der*

Unterwelt preis, und sein Leib schaut die Verwe-
sung nicht. 32 Diesen Jesus hat Gott auferweckt,
dafür sind wir alle Zeugen. 33 Nachdem er durch
die rechte Hand Gottes erhöht worden war und
vom Vater den verheißenen Heiligen Geist emp-
fangen hatte, hat er ihn ausgegossen, wie ihr seht
und hört. 34 David ist nicht zum Himmel aufge-
stiegen; vielmehr sagt er selbst:
Es sprach der Herr zu meinem Herrn: / Setze
dich mir zur Rechten,
35 *und ich lege dir deine Feinde / als Schemel un-*
ter die Füße.
36 Mit Gewißheit erkenne also das ganze Haus
Israel: Gott hat ihn zum Herrn und Messias ge-
macht, diesen Jesus, den ihr gekreuzigt habt.

Erste Bekehrungen

37 Als sie das hörten, traf es sie mitten ins Herz,
und sie sagten zu Petrus und den übrigen Apo-
steln: Was sollen wir tun, Brüder? 38 Petrus ant-
wortete ihnen: Kehrt um, und jeder von euch
lasse sich auf den Namen Jesu Christi taufen zur
Vergebung seiner Sünden; dann werdet ihr die
Gabe des Heiligen Geistes empfangen. 39 Denn
euch und euren Kindern gilt die Verheißung und
all *denen in der Ferne,* die der Herr, unser Gott,
herbeirufen wird. 40 Mit noch vielen anderen Wor-
ten beschwor und ermahnte er sie: Laßt euch ret-
ten aus dieser verdorbenen Generation! 41 Die
nun, die sein Wort annahmen, ließen sich taufen.
An diesem Tag wurden (ihrer Gemeinschaft) etwa
dreitausend Menschen hinzugefügt. 42 Sie hielten
an der Lehre der Apostel fest und an der Ge-
meinschaft, am Brechen des Brotes und an den
Gebeten.

Das Leben der jungen Gemeinde

43 Alle wurden von Furcht ergriffen; denn durch
die Apostel geschahen viele Wunder und Zei-
chen. 44 Und alle, die gläubig geworden waren, bil-
deten eine Gemeinschaft und hatten alles ge-
meinsam. 45 Sie verkauften Hab und Gut und
gaben davon allen, jedem so viel, wie er nötig
hatte. 46 Tag für Tag verharrten sie einmütig im
Tempel, brachen in ihren Häusern das Brot und
hielten miteinander Mahl in Freude und Einfalt
des Herzens. 47 Sie lobten Gott und waren beim
ganzen Volk beliebt. Und der Herr fügte täglich ih-
rer Gemeinschaft die hinzu, die gerettet werden
sollten.

Die Heilung des Gelähmten im Tempel

3 Petrus und Johannes gingen um die neunte
Stunde zum Gebet in den Tempel hinauf. 2 Da
wurde ein Mann herbeigetragen, der von Geburt
an gelähmt war. Man setzte ihn täglich an das Tor
des Tempels, das man die Schöne Pforte nennt;
dort sollte er bei denen, die in den Tempel gingen,
um Almosen betteln. 3 Als er nun Petrus und Jo-
hannes in den Tempel gehen sah, bat er sie um ein
Almosen. 4 Petrus und Johannes blickten ihn an,
und Petrus sagte: Sieh uns an! 5 Da wandte er sich
ihnen zu und erwartete, etwas von ihnen zu be-
kommen. 6 Petrus aber sagte: Silber und Gold be-
sitze ich nicht. Doch was ich habe, das gebe ich
dir: Im Namen Jesu Christi, des Nazoräers, geh
umher! 7 Und er faßte ihn an der rechten Hand
und richtete ihn auf. Sogleich kam Kraft in seine
Füße und Gelenke; 8 er sprang auf, konnte stehen
und ging umher. Dann ging er mit ihnen in den
Tempel, lief und sprang umher und lobte Gott.
9 Alle Leute sahen ihn umhergehen und Gott lo-
ben. 10 Sie erkannten ihn als den, der gewöhnlich
an der Schönen Pforte des Tempels saß und bet-
telte. Und sie waren voll Verwunderung und
Staunen über das, was mit ihm geschehen war.

Die Rede des Petrus auf dem Tempelplatz

11 Da er sich Petrus und Johannes anschloß, lief
das ganze Volk bei ihnen in der sogenannten
Halle Salomos zusammen, außer sich vor Stau-
nen. 12 Als Petrus das sah, wandte er sich an das
Volk: Israeliten, was wundert ihr euch darüber?
Was starrt ihr uns an, als hätten wir aus eigener
Kraft oder Frömmigkeit bewirkt, daß dieser ge-
hen kann? 13 Der Gott Abrahams, Isaaks und Ja-
kobs, der Gott unserer Väter, hat seinen Knecht
Jesus verherrlicht, den ihr verraten und vor Pila-
tus verleugnet habt, obwohl dieser entschieden
hatte, ihn freizulassen. 14 Ihr aber habt den Heili-
gen und Gerechten verleugnet und die Freilas-
sung eines Mörders gefordert. 15 Den Urheber
des Lebens habt ihr getötet, aber Gott hat ihn
von den Toten auferweckt. Dafür sind wir Zeu-
gen. 16 Und weil er an seinen Namen geglaubt
hat, hat dieser Name den Mann hier, den ihr
seht und kennt, zu Kräften gebracht; der Glaube,
der durch ihn kommt, hat ihm vor euer aller Au-
gen die volle Gesundheit geschenkt. 17 Nun, Brü-
der, ich weiß, ihr habt aus Unwissenheit gehan-
delt, ebenso wie eure Führer. 18 Gott aber hat auf

diese Weise erfüllt, was er durch den Mund aller
Propheten im voraus verkündigt hat: daß sein
Messias leiden werde. [19] Also kehrt um, und tut
Buße, damit eure Sünden getilgt werden [20] und
der Herr Zeiten des Aufatmens kommen läßt
und Jesus sendet als den für euch bestimmten
Messias. [21] Ihn muß freilich der Himmel aufneh-
men bis zu den Zeiten der Wiederherstellung
von allem, die Gott von jeher durch den Mund
seiner heiligen Propheten verkündet hat. [22] Mose
hat gesagt: *Einen Propheten wie mich wird euch
der Herr, euer Gott, aus euren Brüdern er-
wecken. Auf ihn sollt ihr hören in allem, was er
zu euch sagt.* [23] *Jeder, der auf jenen Propheten
nicht hört, wird aus dem Volk ausgemerzt wer-
den.* [24] Und auch alle Propheten von Samuel an
und alle, die später auftraten, haben diese Tage
angekündigt. [25] Ihr seid die Söhne der Propheten
und des Bundes, den Gott mit euren Vätern ge-
schlossen hat, als er zu Abraham sagte: *Durch
deinen Nachkommen sollen alle Geschlechter
der Erde Segen erlangen.* [26] Für euch zuerst hat
Gott seinen Knecht erweckt und gesandt, damit
er euch segnet und jeden von seiner Bosheit ab-
bringt.

Petrus und Johannes vor dem Hohen Rat

4 Während sie zum Volk redeten, traten die
Priester, der Tempelhauptmann und die Sad-
duzäer zu ihnen. [2] Sie waren aufgebracht, weil die
Apostel das Volk lehrten und in Jesus die Auferste-
hung von den Toten verkündeten. [3] Sie nahmen sie
fest und hielten sie bis zum nächsten Morgen in
Haft. Es war nämlich schon Abend. [4] Viele aber, die
das Wort gehört hatten, wurden gläubig; und die
Zahl der Männer stieg auf etwa fünftausend.
[5] Am anderen Morgen versammelten sich ihre
Führer sowie die Ältesten und die Schriftgelehr-
ten in Jerusalem, [6] dazu Hannas, der Hoheprie-
ster, Kajaphas, Johannes, Alexander und alle, die
aus dem Geschlecht der Hohenpriester stamm-
ten. [7] Sie stellten die beiden in die Mitte und
fragten sie: Mit welcher Kraft oder in wessen
Namen habt ihr das getan? [8] Da sagte Petrus zu
ihnen, erfüllt vom Heiligen Geist: Ihr Führer des
Volkes und ihr Ältesten! [9] Wenn wir heute we-
gen einer guten Tat an einem kranken Men-
schen darüber vernommen werden, durch wen
er geheilt worden ist, [10] so sollt ihr alle und das
ganze Volk Israel wissen: im Namen Jesu Chri-
sti, des Nazoräers, den ihr gekreuzigt habt und
den Gott von den Toten auferweckt hat. Durch
ihn steht dieser Mann gesund vor euch. [11] Er (Je-
sus) ist *der Stein, der von euch Bauleuten ver-
worfen wurde, der aber zum Eckstein geworden
ist.* [12] Und in keinem anderen ist das Heil zu fin-
den. Denn es ist uns Menschen kein anderer
Name unter dem Himmel gegeben, durch den
wir gerettet werden sollen.
[13] Als sie den Freimut des Petrus und des Jo-
hannes sahen und merkten, daß es ungelehrte
und einfache Leute waren, wunderten sie sich.
Sie erkannten sie als Jünger Jesu, [14] sahen aber
auch, daß der Geheilte bei ihnen stand; so konn-
ten sie nichts dagegen sagen. [15] Sie befahlen ih-
nen, den Hohen Rat zu verlassen; dann berieten
sie miteinander [16] und sagten: Was sollen wir mit
diesen Leuten anfangen? Daß offensichtlich ein
Wunder durch sie geschehen ist, ist allen Ein-
wohnern von Jerusalem bekannt; wir können es
nicht abstreiten. [17] Damit aber die Sache nicht
weiter im Volk verbreitet wird, wollen wir ihnen
bei Strafe verbieten, je wieder in diesem Namen
zu irgendeinem Menschen zu sprechen. [18] Und
sie riefen sie herein und verboten ihnen, jemals
wieder im Namen Jesu zu predigen und zu leh-
ren. [19] Doch Petrus und Johannes antworteten ih-
nen: Ob es vor Gott recht ist, mehr auf euch zu
hören als auf Gott, das entscheidet selbst. [20] Wir
können unmöglich schweigen über das, was wir
gesehen und gehört haben. [21] Jene aber drohten
ihnen noch mehr und ließen sie dann gehen;
denn sie sahen keine Möglichkeit, sie zu be-
strafen, mit Rücksicht auf das Volk, da alle Gott
wegen des Geschehenen priesen. [22] Denn der
Mann, an dem das Wunder der Heilung ge-
schah, war über vierzig Jahre alt.

Gebet der Urgemeinde um Furchtlosigkeit

[23] Nach ihrer Freilassung gingen sie zu den Ihren
und berichteten alles, was die Hohenpriester und
die Ältesten zu ihnen gesagt hatten. [24] Als sie das
hörten, erhoben sie einmütig ihre Stimme zu Gott
und sprachen: *Herr, du hast den Himmel, die
Erde und das Meer geschaffen und alles, was da-
zugehört;* [25] du hast durch den Mund unseres Va-
ters David, deines Knechtes, durch den Heiligen
Geist gesagt:

*Warum toben die Völker, / warum machen die
Nationen vergebliche Pläne?*

26 *Die Könige der Erde stehen auf, / und die Herr-
scher haben sich verbündet / gegen den Herrn
und seinen Gesalbten.*
27 Wahrhaftig, *verbündet* haben sich in dieser
Stadt *gegen* deinen heiligen Knecht Jesus, den du
gesalbt hast, Herodes und Pontius Pilatus mit den
Heiden und den Stämmen Israels, 28 um alles aus-
zuführen, was deine Hand und dein Wille im vor-
aus bestimmt haben. 29 Doch jetzt, Herr, sieh auf
ihre Drohungen und gib deinen Knechten die
Kraft, mit allem Freimut dein Wort zu verkünden.
30 Streck deine Hand aus, damit Heilungen und
Zeichen und Wunder geschehen durch den Na-
men deines heiligen Knechtes Jesus. 31 Als sie ge-
betet hatten, bebte der Ort, an dem sie versam-
melt waren, und alle wurden mit dem Heiligen
Geist erfüllt, und sie verkündeten freimütig das
Wort Gottes.

Die Gütergemeinschaft der Urgemeinde

32 Die Gemeinde der Gläubigen war ein Herz und
eine Seele. Keiner nannte etwas von dem, was er
hatte, sein Eigentum, sondern sie hatten alles ge-
meinsam. 33 Mit großer Kraft legten die Apostel
Zeugnis ab von der Auferstehung Jesu, des Herrn,
und reiche Gnade ruhte auf ihnen allen. 34 Es gab
auch keinen unter ihnen, der Not litt. Denn alle,
die Grundstücke oder Häuser besaßen, verkauf-
ten ihren Besitz, brachten den Erlös 35 und legten
ihn den Aposteln zu Füßen. Jedem wurde davon
so viel zugeteilt, wie er nötig hatte. 36 Auch Josef,
ein Levit aus Zypern, der von den Aposteln Barn-
abas, das heißt übersetzt Sohn des Trostes, ge-
nannt wurde, 37 verkaufte einen Acker, der ihm
gehörte, brachte das Geld und legte es den Apo-
steln zu Füßen.

Der Betrug des Hananias und der Saphira

5 Ein Mann namens Hananias aber und seine
Frau Saphira verkauften zusammen ein
Grundstück, 2 und mit Einverständnis seiner Frau
behielt er etwas von dem Erlös für sich. Er
brachte nur einen Teil und legte ihn den Apo-
steln zu Füßen. 3 Da sagte Petrus: Hananias,
warum hat der Satan dein Herz erfüllt, daß du
den Heiligen Geist belügst und von dem Erlös
des Grundstücks etwas für dich behältst? 4 Hätte
es nicht dein Eigentum bleiben können, und
konntest du nicht auch nach dem Verkauf frei
über den Erlös verfügen? Warum hast du in dei-
nem Herzen beschlossen, so etwas zu tun? Du
hast nicht Menschen belogen, sondern Gott.
5 Als Hananias diese Worte hörte, stürzte er zu
Boden und starb. Und über alle, die es hörten,
kam große Furcht. 6 Die jungen Männer standen
auf, hüllten ihn ein, trugen ihn hinaus und be-
gruben ihn.
7 Nach etwa drei Stunden kam seine Frau her-
ein, ohne zu wissen, was geschehen war. 8 Pe-
trus fragte sie: Sag mir, habt ihr das Grundstück
für soviel verkauft? Sie antwortete: Ja, für soviel.
9 Da sagte Petrus zu ihr: Warum seid ihr überein-
gekommen, den Geist des Herrn auf die Probe zu
stellen? Siehe, die Füße derer, die deinen Mann
begraben haben, stehen vor der Tür; auch dich
wird man hinaustragen. 10 Im selben Augenblick
brach sie vor seinen Füßen zusammen und
starb. Die jungen Männer kamen herein, fanden
sie tot, trugen sie hinaus und begruben sie neben
ihrem Mann. 11 Da kam große Furcht über die
ganze Gemeinde und über alle, die davon hör-
ten.

Zeichen und Wunder der Apostel

12 Durch die Hände der Apostel geschahen viele
Zeichen und Wunder im Volk. Alle kamen ein-
mütig in der Halle Salomos zusammen. 13 Von den
übrigen wagte niemand, sich ihnen anzu-
schließen; aber das Volk schätzte sie hoch. 14 Im-
mer mehr wurden im Glauben zum Herrn ge-
führt, Scharen von Männern und Frauen. 15 Selbst
die Kranken trug man auf die Straßen hinaus und
legte sie auf Betten und Bahren, damit, wenn Pe-
trus vorüberkam, wenigstens sein Schatten auf ei-
nen von ihnen fiel. 16 Auch aus den Nachbarstäd-
ten Jerusalems strömten die Leute zusammen
und brachten Kranke und von unreinen Geistern
Geplagte mit. Und alle wurden geheilt.

Verhaftung und Befreiung der Apostel

17 Da erhoben sich voll Eifersucht der Hohepriester
und alle, die auf seiner Seite standen, nämlich die
Gruppe der Sadduzäer. 18 Sie ließen die Apostel
verhaften und in das öffentliche Gefängnis wer-
fen. 19 Ein Engel des Herrn aber öffnete nachts die
Gefängnistore, führte sie heraus und sagte:
20 Geht, tretet im Tempel auf, und verkündet dem
Volk alle Worte dieses Lebens! 21a Sie gehorchten
und gingen bei Tagesanbruch in den Tempel und
lehrten.

Die Apostel vor dem Hohen Rat

21b Währenddessen kam der Hohepriester mit seinen Begleitern. Sie riefen den Hohen Rat und alle Ältesten der Söhne Israels zusammen; man schickte Boten zum Gefängnis, um die Apostel vorführen zu lassen. 22 Die Diener gingen, fanden sie aber nicht im Gefängnis. Sie kehrten zurück und meldeten: 23 Wir fanden das Gefängnis sorgfältig verschlossen und die Wachen vor den Toren stehen; als wir aber öffneten, fanden wir niemand darin. 24 Der Tempelhauptmann und die Hohenpriester waren ratlos, als sie das hörten, und wußten nicht, was nun werden sollte. 25 Da kam jemand und meldete ihnen: Die Männer, die ihr ins Gefängnis geworfen habt, stehen im Tempel und lehren das Volk. 26 Da ging der Tempelhauptmann mit seinen Leuten hin und holte sie, allerdings nicht mit Gewalt; denn sie fürchteten, vom Volk gesteinigt zu werden. 27 Man führte sie herbei und stellte sie vor den Hohen Rat. Der Hohepriester verhörte sie 28 und sagte: Wir haben euch streng verboten, in diesem Namen zu lehren; ihr aber habt Jerusalem mit eurer Lehre erfüllt; ihr wollt das Blut dieses Menschen über uns bringen. 29 Petrus und die Apostel antworteten: Man muß Gott mehr gehorchen als den Menschen. 30 Der Gott unserer Väter hat Jesus auferweckt, den ihr ans Holz gehängt und ermordet habt. 31 Ihn hat Gott als Herrscher und Retter an seine rechte Seite erhoben, um Israel die Umkehr und Vergebung der Sünden zu schenken. 32 Zeugen dieser Ereignisse sind wir und der Heilige Geist, den Gott allen verliehen hat, die ihm gehorchen. 33 Als sie das hörten, gerieten sie in Zorn und beschlossen, sie zu töten.

34 Da erhob sich im Hohen Rat ein Pharisäer namens Gamaliël, ein beim ganzen Volk angesehener Gesetzeslehrer; er ließ die Apostel für kurze Zeit hinausführen. 35 Dann sagte er: Israeliten, überlegt euch gut, was ihr mit diesen Leuten tun wollt. 36 Vor einiger Zeit nämlich trat Theudas auf und behauptete, er sei etwas Besonderes. Ihm schlossen sich etwa vierhundert Männer an. Aber er wurde getötet, und sein ganzer Anhang wurde zerstreut und aufgerieben. 37 Nach ihm trat in den Tagen der Volkszählung Judas, der Galiläer, auf; er brachte viel Volk hinter sich und verleitete es zum Aufruhr. Auch er kam um, und alle seine Anhänger wurden zerstreut. 38 Darum rate ich euch jetzt: Laßt von diesen Männern ab, und gebt sie frei; denn wenn dieses Vorhaben oder dieses Werk von Menschen stammt, wird es zerstört werden; 39 stammt es aber von Gott, so könnt ihr sie nicht vernichten; sonst werdet ihr noch als Kämpfer gegen Gott dastehen. Sie stimmten ihm zu, 40 riefen die Apostel herein und ließen sie auspeitschen; dann verboten sie ihnen, im Namen Jesu zu predigen, und ließen sie frei. 41 Sie aber gingen weg vom Hohen Rat und freuten sich, daß sie gewürdigt worden waren, für seinen Namen Schmach zu erleiden. 42 Und Tag für Tag lehrten sie unermüdlich im Tempel und in den Häusern und verkündeten das Evangelium von Jesus, dem Christus.

Die Wahl der Sieben

6 In diesen Tagen, als die Zahl der Jünger zunahm, begehrten die Hellenisten gegen die Hebräer auf, weil ihre Witwen bei der täglichen Versorgung übersehen wurden. 2 Da riefen die Zwölf die ganze Schar der Jünger zusammen und erklärten: Es ist nicht recht, daß wir das Wort Gottes vernachlässigen und uns dem Dienst an den Tischen widmen. 3 Brüder, wählt aus eurer Mitte sieben Männer von gutem Ruf und voll Geist und Weisheit; ihnen werden wir diese Aufgabe übertragen. 4 Wir aber wollen beim Gebet und beim Dienst am Wort bleiben.

5 Der Vorschlag fand den Beifall der ganzen Gemeinde, und sie wählten Stephanus, einen Mann, erfüllt vom Glauben und vom Heiligen Geist, ferner Philippus und Prochorus, Nikanor und Timon, Parmenas und Nikolaus, einen Proselyten aus Antiochia. 6 Sie ließen sie vor die Apostel hintreten, und diese beteten und legten ihnen die Hände auf. 7 Und das Wort Gottes breitete sich aus, und die Zahl der Jünger in Jerusalem wurde immer größer; auch eine große Anzahl von den Priestern nahm gehorsam den Glauben an.

Die Verhaftung des Stephanus

8 Stephanus aber, voll Gnade und Kraft, tat Wunder und große Zeichen unter dem Volk. 9 Doch einige von der sogenannten Synagoge der Libertiner und Zyrenäer und Alexandriner und Leute aus Zilizien und der Provinz Asien erhoben sich, um mit Stephanus zu streiten; 10 aber sie konnten der Weisheit und dem Geist, mit dem er sprach, nicht widerstehen. 11 Da stifteten sie

Männer zu der Aussage an: Wir haben gehört,
wie er gegen Mose und Gott lästerte. 12 Sie hetz-
ten das Volk, die Ältesten und die Schriftgelehr-
ten auf, drangen auf ihn ein, packten ihn und
schleppten ihn vor den Hohen Rat. 13 Und sie
brachten falsche Zeugen bei, die sagten: Dieser
Mensch hört nicht auf, gegen diesen heiligen
Ort und das Gesetz zu reden. 14 Wir haben ihn
nämlich sagen hören: Dieser Jesus, der Na-
zoräer, wird diesen Ort zerstören und die Bräu-
che ändern, die uns Mose überliefert hat. 15 Und
als alle, die im Hohen Rat saßen, auf ihn blick-
ten, erschien ihnen sein Gesicht wie das Gesicht
eines Engels.

Die Rede des Stephanus

7 Der Hohepriester aber fragte: Ist das wahr?
2 Stephanus antwortete: Brüder und Väter,
hört mich an! Der Gott der Herrlichkeit erschien
unserem Vater Abraham, als er in Mesopota-
mien lebte, ehe er sich in Haran niederließ, 3 und
sagte zu ihm: *Zieh weg aus deinem Land und
aus deiner Verwandtschaft,* und *geh in das
Land, das ich dir zeigen werde.* 4 Da zog er aus
dem Land der Chaldäer fort und ließ sich in Ha-
ran nieder. Von dort ließ Gott ihn nach dem Tod
seines Vaters in dieses Land übersiedeln, in dem
ihr jetzt wohnt. 5 Er hat ihm darin kein Erbteil
gegeben, auch nicht einen Fußbreit, doch hat er
verheißen, *das Land ihm und seinen Nachkom-
men* zum Besitz *zu geben,* obwohl er kinderlos
war. 6 So sprach Gott: *Seine Nachkommen wer-
den als Fremde in einem Land wohnen, das ih-
nen nicht gehört; und man wird sie zu Sklaven
machen und sie vierhundert Jahre lang hart be-
handeln.* 7 *Aber auch über das Volk, dem sie als
Sklaven dienen, werde ich Gericht halten,* sprach
Gott, *und nachher werden sie ausziehen und
mich an diesem Ort verehren.* 8 Und er gab ihm
den Bund der Beschneidung. So wurde Abra-
ham der Vater Isaaks und beschnitt ihn am ach-
ten Tag, ebenso Isaak den Jakob, und Jakob die
zwölf Patriarchen. 9 Die Patriarchen aber *waren
eifersüchtig* auf Josef *und verkauften ihn nach
Ägypten; doch Gott war mit ihm.* 10 Er rettete ihn
aus allen seinen Nöten, *schenkte ihm* Weisheit
und *die Gunst* des Pharao, des Königs von Ägyp-
ten, und *er bestellte ihn zum Herrscher* über
Ägypten und *über sein ganzes Haus.* 11 Es kam
aber eine Hungersnot über ganz Ägypten und
Kanaan, und das Elend war groß. Auch unsere
Väter hatten keine Nahrung mehr. 12 Als Jakob
hörte, daß es in Ägypten Getreide gab, schickte
er unsere Väter ein erstes Mal dorthin. 13 Beim
zweiten Mal gab Josef sich seinen Brüdern zu
erkennen, und dem Pharao wurde Josefs Her-
kunft bekannt. 14 Josef aber ließ seinen Vater Ja-
kob und seine ganze Familie holen: fünfund-
siebzig Menschen. 15 So zog Jakob nach Ägypten
hinab; und er starb, und auch unsere Väter star-
ben. 16 Man brachte sie nach Sichem und bestat-
tete sie in dem Grab, das Abraham von den Söh-
nen Hamors in Sichem für Silbergeld gekauft
hatte.

17 Als aber die Zeit der Verheißung herankam,
die Gott dem Abraham zugesagt hatte, vermehrte
sich das Volk und breitete sich in Ägypten aus,
18 bis ein anderer über Ägypten König wurde, der
von Josef nichts wußte. 19 Er ging gegen unser
Volk heimtückisch vor und zwang unsere Väter,
ihre Kinder auszusetzen; sie sollten nicht am Le-
ben bleiben. 20 In dieser Zeit wurde Mose gebo-
ren, und Gott hatte Gefallen an ihm. Drei Monate
lang wurde er im Haus seines Vaters aufgezogen;
21 als er aber ausgesetzt wurde, nahm ihn die
Tochter des Pharao auf und erzog ihn als ihren
Sohn. 22 Und Mose wurde in aller Weisheit der
Ägypter ausgebildet, und er war mächtig in Wort
und Tat. 23 Als er vierzig Jahre alt war, reifte in ihm
der Gedanke, nach seinen Brüdern, den Söhnen
Israels, zu sehen. 24 Und als er sah, wie einem von
ihnen Unrecht geschah, kam er dem Unterdrück-
ten zu Hilfe und rächte ihn, indem er den Ägyp-
ter erschlug. 25 Er dachte, seine Brüder würden
begreifen, daß Gott ihnen durch seine Hand Ret-
tung bringen wolle; doch sie begriffen es nicht.
26 Am folgenden Tag kam er dazu, wie sie sich
stritten; er versuchte, sie auszusöhnen und Frie-
den zu stiften, und sagte: Männer, ihr seid doch
Brüder. Warum tut ihr einander Unrecht? 27 Der
Mann aber, der seinem Nächsten Unrecht getan
hatte, stieß ihn weg und sagte: *Wer hat dich zum
Anführer und Schiedsrichter über uns bestellt?*
28 *Willst du mich etwa umbringen, wie du gestern
den Ägypter umgebracht hast?* 29 Daraufhin floh
Mose und hielt sich als Fremder in Midian auf;
dort wurden ihm zwei Söhne geboren. 30 Als vier-
zig Jahre vergangen waren, *erschien ihm in der
Wüste beim Berg Sinai ein Engel im Feuer eines
brennenden Dornbusches.* 31 Als Mose die Er-

scheinung sah, wunderte er sich darüber. Er ging
näher hin, um sie genauer zu betrachten. Da er-
tönte die Stimme des Herrn: 32 *Ich bin der Gott
deiner Väter, der Gott Abrahams, Isaaks und Ja-
kobs.* Mose begann zu zittern und wagte nicht
hinzusehen. 33 Da sagte der Herr zu ihm: *Zieh
deine Schuhe aus! Denn der Ort, wo du stehst, ist
heiliger* Boden. 34 *Ich habe das Elend meines
Volkes in Ägypten gesehen und seine Klage
gehört. Ich bin herabgestiegen, um sie zu retten.
Und jetzt geh, ich sende dich nach Ägypten.*
35 Diesen Mose, den sie verleugnet hatten mit den
Worten: *Wer hat dich zum Anführer und Schieds-
richter bestellt?,* ihn hat Gott als Anführer und Be-
freier gesandt durch die Hand des Engels, der ihm
im Dornbusch erschien. 36 Dieser Mose hat sie
herausgeführt, indem er Zeichen und Wunder tat
in Ägypten und im Roten Meer und in der Wü-
ste, vierzig Jahre lang. 37 Dies ist der Mose, der zu
den Söhnen Israels gesagt hat: *Einen Propheten
wie mich wird Gott euch aus euren Brüdern er-
wecken.* 38 Dieser stand bei der Versammlung des
Volkes in der Wüste zwischen dem Engel, der
mit ihm auf dem Berg Sinai redete, und unseren
Vätern. Er hat Worte des Lebens empfangen, um
sie uns zu geben. 39 Aber unsere Väter wollten
sich ihm nicht unterordnen; sie wiesen ihn ab
und wandten ihr Herz nach Ägypten zurück.
40 Sie sagten zu Aaron: *Mach uns Götter, die vor
uns herziehen! Denn dieser Mose, der uns aus
Ägypten herausgeführt hat – wir wissen nicht,
was mit ihm geschehen ist.* 41 Und sie fertigten in
jenen Tagen das Standbild eines Kalbes an, brach-
ten dem Götzen Opfer dar und freuten sich über
das Werk ihrer Hände. 42 Da wandte sich Gott ab
und überließ sie dem Sternenkult, wie es im
Buch der Propheten heißt: *Habt ihr mir etwa
Schlachtopfer und Gaben dargebracht während
der vierzig Jahre in der Wüste, ihr vom Haus Is-
rael?* 43 *Das Zelt des Moloch und den Stern des
Gottes Romfa habt ihr herumgetragen, die Bilder,
die ihr gemacht habt, um sie anzubeten. Darum
will ich euch in die Gebiete jenseits von Babylon
verbannen.*

44 Unsere Väter hatten in der Wüste das Bun-
deszelt. So hat Gott es angeordnet; er hat dem
Mose befohlen, es nach dem Vorbild zu errichten,
das er geschaut hatte. 45 Und unsere Väter haben
es übernommen und mitgebracht, als sie unter Jo-
sua das Land der Heidenvölker besetzten, die
Gott vor den Augen unserer Väter vertrieb, bis zu
den Tagen Davids. 46 Dieser fand Gnade vor Gott
und bat für das Haus Jakob um ein Zeltheiligtum.
47 Salomo aber baute ihm ein Haus. 48 Doch der
Höchste wohnt nicht in dem, was von Men-
schenhand gemacht ist, wie der Prophet sagt:
49 *Der Himmel ist mein Thron und die Erde der
Schemel für meine Füße. Was für ein Haus könnt
ihr mir bauen?, spricht der Herr. Oder welcher
Ort kann mir als Ruhestätte dienen?* 50 *Hat nicht
meine Hand dies alles gemacht?*

51 Ihr Halsstarrigen, ihr, die ihr euch mit Herz
und Ohr immerzu dem Heiligen Geist widersetzt,
eure Väter schon und nun auch ihr. 52 Welchen
der Propheten haben eure Väter nicht verfolgt?
Sie haben die getötet, die die Ankunft des Ge-
rechten geweissagt haben, dessen Verräter und
Mörder ihr jetzt geworden seid, 53 ihr, die ihr
durch die Anordnung von Engeln das Gesetz
empfangen, es aber nicht gehalten habt.

Die Steinigung des Stephanus

54 Als sie das hörten, waren sie aufs äußerste über
ihn empört und knirschten mit den Zähnen. 55 Er
aber, erfüllt vom Heiligen Geist, blickte zum Him-
mel empor, sah die Herrlichkeit Gottes und Jesus
zur Rechten Gottes stehen 56 und rief: Ich sehe
den Himmel offen und den Menschensohn zur
Rechten Gottes stehen. 57 Da erhoben sie ein lau-
tes Geschrei, hielten sich die Ohren zu, stürmten
gemeinsam auf ihn los, 58 trieben ihn zur Stadt hin-
aus und steinigten ihn. Die Zeugen legten ihre
Kleider zu Füßen eines jungen Mannes nieder,
der Saulus hieß. 59 So steinigten sie Stephanus; er
aber betete und rief: Herr Jesus, nimm meinen
Geist auf! 60 Dann sank er in die Knie und schrie
laut: Herr, rechne ihnen diese Sünde nicht an!
Nach diesen Worten starb er.

1a Saulus aber war mit dem Mord einverstanden.

Verfolgung und Zerstreuung der Urgemeinde

8 1b An jenem Tag brach eine schwere Verfol-
gung über die Kirche in Jerusalem herein.
Alle wurden in die Gegenden von Judäa und Sa-
marien zerstreut, mit Ausnahme der Apostel.
2 Fromme Männer bestatteten Stephanus und
hielten eine große Totenklage für ihn. 3 Saulus
aber versuchte, die Kirche zu vernichten; er drang
in die Häuser ein, schleppte Männer und Frauen
fort und lieferte sie ins Gefängnis ein.

Die Kirche in Judäa und Samarien: 8,4–12,23

Philippus als Missionar in Samaria

4 Die Gläubigen, die zerstreut worden waren, zo-
gen umher und verkündeten das Wort. 5 Philippus
aber kam in die Hauptstadt Samariens hinab und
verkündigte dort Christus. 6 Und die Menge ach-
tete einmütig auf die Worte des Philippus; sie hör-
ten zu und sahen die Wunder, die er tat. 7 Denn
aus vielen Besessenen fuhren unter lautem Ge-
schrei die unreinen Geister aus; auch viele Lahme
und Krüppel wurden geheilt. 8 So herrschte große
Freude in jener Stadt.
9 Ein Mann namens Simon wohnte schon län-
ger in der Stadt; er trieb Zauberei und verwirrte
das Volk von Samarien, da er sich als etwas
Großes ausgab. 10 Alle hörten auf ihn, jung und alt,
und sie sagten: Das ist die Kraft Gottes, die man
die Große nennt. 11 Und sie schlossen sich ihm an,
weil er sie lange Zeit mit seinen Zauberkünsten
betörte. 12 Als sie jedoch dem Philippus Glauben
schenkten, der das Evangelium vom Reich Gottes
und vom Namen Jesu Christi verkündete, ließen
sie sich taufen, Männer und Frauen. 13 Auch Si-
mon wurde gläubig, ließ sich taufen und schloß
sich dem Philippus an; und als er die großen Zei-
chen und Wunder sah, geriet er außer sich vor
Staunen.

Petrus und Johannes in Samarien

14 Als die Apostel in Jerusalem hörten, daß Sama-
rien das Wort Gottes angenommen hatte, schick-
ten sie Petrus und Johannes dorthin. 15 Diese zo-
gen hinab und beteten für sie, sie möchten den
Heiligen Geist empfangen. 16 Denn er war noch
auf keinen von ihnen herabgekommen; sie wa-
ren nur auf den Namen Jesu, des Herrn, getauft.
17 Dann legten sie ihnen die Hände auf, und sie
empfingen den Heiligen Geist.
18 Als Simon sah, daß durch die Handauflegung
der Apostel der Geist verliehen wurde, brachte er
ihnen Geld 19 und sagte: Gebt auch mir diese
Macht, damit jeder, dem ich die Hände auflege,
den Heiligen Geist empfängt. 20 Petrus aber sagte
zu ihm: Dein Silber fahre mit dir ins Verderben,
wenn du meinst, die Gabe Gottes lasse sich für
Geld kaufen. 21 Du hast weder einen Anteil daran
noch ein Recht darauf, denn dein Herz ist nicht
aufrichtig vor Gott. 22 Wende dich von deiner Bos-
heit ab, und bitte den Herrn; vielleicht wird dir
dein Ansinnen vergeben. 23 Denn ich sehe dich
voll bitterer Galle und Bosheit. 24 Da antwortete Si-
mon: Betet ihr für mich zum Herrn, damit mich
nichts von dem trifft, was ihr gesagt habt. 25 Nach-
dem sie so das Wort des Herrn bezeugt und ver-
kündet hatten, machten sie sich auf den Weg
zurück nach Jerusalem und verkündeten in vie-
len Dörfern der Samariter das Evangelium.

Die Taufe des Äthiopiers

26 Ein Engel des Herrn sagte zu Philippus: Steh auf
und zieh nach Süden auf der Straße, die von Jeru-
salem nach Gaza hinabführt. Sie führt durch eine
einsame Gegend. 27 Und er brach auf. Nun war da
ein Äthiopier, ein Kämmerer, Hofbeamter der
Kandake, der Königin der Äthiopier, der ihren
ganzen Schatz verwaltete. Dieser war nach Jeru-
salem gekommen, um Gott anzubeten, 28 und fuhr
jetzt heimwärts. Er saß auf seinem Wagen und las
den Propheten Jesaja. 29 Und der Geist sagte zu
Philippus: Geh und folge diesem Wagen. 30 Philip-
pus lief hin und hörte ihn den Propheten Jesaja le-
sen. Da sagte er: Verstehst du auch, was du liest?
31 Jener antwortete: Wie könnte ich es, wenn
mich niemand anleitet? Und er bat den Philippus,
einzusteigen und neben ihm Platz zu nehmen.
32 Der Abschnitt der Schrift, den er las, lautete:
*Wie ein Schaf wurde er zum Schlachten ge-
führt; / und wie ein Lamm, das verstummt, /
wenn man es schert, / so tat er seinen Mund
nicht auf.*
33 *In der Erniedrigung wurde seine Verurteilung
aufgehoben. / Seine Nachkommen, wer kann sie
zählen? / Denn sein Leben wurde von der Erde
fortgenommen.*
34 Der Kämmerer wandte sich an Philippus und
sagte: Ich bitte dich, von wem sagt der Prophet
das? Von sich selbst oder von einem anderen?
35 Da begann Philippus zu reden, und ausgehend
von diesem Schriftwort verkündete er ihm das
Evangelium von Jesus. 36 Als sie nun weiterzogen,
kamen sie zu einer Wasserstelle. Da sagte der
Kämmerer: Hier ist Wasser. Was steht meiner
Taufe noch im Weg? [37] 38 Er ließ den Wagen hal-
ten, und beide, Philippus und der Kämmerer, stie-
gen in das Wasser hinab, und er taufte ihn. 39 Als

sie aber aus dem Wasser stiegen, entführte der
Geist des Herrn den Philippus. Der Kämmerer sah
ihn nicht mehr, und er zog voll Freude weiter.
40 Den Philippus aber sah man in Aschdod wieder.
Und er wanderte durch alle Städte und verkün-
dete das Evangelium, bis er nach Cäsarea kam.

Die Bekehrung des Saulus

9 Saulus wütete immer noch mit Drohung und
Mord gegen die Jünger des Herrn. Er ging zum
Hohenpriester 2 und erbat sich von ihm Briefe an
die Synagogen in Damaskus, um die Anhänger des
(neuen) Weges, Männer und Frauen, die er dort
finde, zu fesseln und nach Jerusalem zu bringen.
3 Unterwegs aber, als er sich bereits Damaskus
näherte, geschah es, daß ihn plötzlich ein Licht
vom Himmel umstrahlte. 4 Er stürzte zu Boden und
hörte, wie eine Stimme zu ihm sagte: Saul, Saul,
warum verfolgst du mich? 5 Er antwortete: Wer bist
du, Herr? Dieser sagte: Ich bin Jesus, den du ver-
folgst. 6 Steh auf und geh in die Stadt; dort wird dir
gesagt werden, was du tun sollst. 7 Seine Begleiter
standen sprachlos da; sie hörten zwar die Stimme,
sahen aber niemand. 8 Saulus erhob sich vom Bo-
den. Als er aber die Augen öffnete, sah er nichts.
Sie nahmen ihn bei der Hand und führten ihn nach
Damaskus hinein. 9 Und er war drei Tage blind, und
er aß nicht und trank nicht.
10 In Damaskus lebte ein Jünger namens Hana-
nias. Zu ihm sagte der Herr in einer Vision: Hana-
nias! Er antwortete: Hier bin ich, Herr. 11 Der Herr
sagte zu ihm: Steh auf und geh zur sogenannten
Geraden Straße, und frag im Haus des Judas nach
einem Mann namens Saulus aus Tarsus. Er betet
gerade 12 und hat in einer Vision gesehen, wie ein
Mann namens Hananias hereinkommt und ihm
die Hände auflegt, damit er wieder sieht. 13 Hana-
nias antwortete: Herr, ich habe von vielen gehört,
wieviel Böses dieser Mann deinen Heiligen in Je-
rusalem angetan hat. 14 Auch hier hat er Vollmacht
von den Hohenpriestern, alle zu verhaften, die
deinen Namen anrufen. 15 Der Herr aber sprach zu
ihm: Geh nur! Denn dieser Mann ist mein auser-
wähltes Werkzeug: Er soll meinen Namen vor
Völker und Könige und die Söhne Israels tragen.
16 Ich werde ihm auch zeigen, wieviel er für mei-
nen Namen leiden muß. 17 Da ging Hananias hin
und trat in das Haus ein; er legte Saulus die Hände
auf und sagte: Bruder Saul, der Herr hat mich ge-
sandt, Jesus, der dir auf dem Weg hierher erschie-
nen ist; du sollst wieder sehen und mit dem Heili-
gen Geist erfüllt werden. 18 Sofort fiel es wie Schup-
pen von seinen Augen, und er sah wieder; er
stand auf und ließ sich taufen. 19 Und nachdem er
etwas gegessen hatte, kam er wieder zu Kräften.
Einige Tage blieb er bei den Jüngern in Damas-
kus; 20 und sogleich verkündete er Jesus in den Sy-
nagogen und sagte: Er ist der Sohn Gottes. 21 Alle,
die es hörten, gerieten in Aufregung und sagten:
Ist das nicht der Mann, der in Jerusalem alle ver-
nichten wollte, die diesen Namen anrufen? Und
ist er nicht auch hierher gekommen, um sie zu
fesseln und vor die Hohenpriester zu führen?
22 Saulus aber trat um so kraftvoller auf und
brachte die Juden in Damaskus in Verwirrung,
weil er ihnen bewies, daß Jesus der Messias ist.

Die Flucht des Saulus aus Damaskus

23 So verging einige Zeit; da beschlossen die Juden,
ihn zu töten. 24 Doch ihr Plan wurde dem Saulus
bekannt. Sie bewachten sogar Tag und Nacht die
Stadttore, um ihn zu beseitigen. 25 Aber seine Jün-
ger nahmen ihn und ließen ihn bei Nacht in ei-
nem Korb die Stadtmauer hinab.
26 Als er nach Jerusalem kam, versuchte er, sich
den Jüngern anzuschließen. Aber alle fürchteten
sich vor ihm und konnten nicht glauben, daß er
ein Jünger war. 27 Barnabas jedoch nahm sich sei-
ner an und brachte ihn zu den Aposteln. Er er-
zählte ihnen, wie Saulus auf dem Weg den Herrn
gesehen habe und daß dieser mit ihm gesprochen
habe und wie er in Damaskus mutig und offen im
Namen Jesu aufgetreten sei. 28 So ging er bei ihnen
in Jerusalem ein und aus, trat unerschrocken im
Namen des Herrn auf 29 und führte auch Streitge-
spräche mit den Hellenisten. Diese aber planten,
ihn zu töten. 30 Als die Brüder das merkten, brach-
ten sie ihn nach Cäsarea hinab und schickten ihn
von dort nach Tarsus.
31 Die Kirche in ganz Judäa, Galiläa und Samarien
hatte nun Frieden; sie wurde gefestigt und lebte
in der Furcht vor dem Herrn. Und sie wuchs
durch die Hilfe des Heiligen Geistes.

Die Aufnahme von Heiden in die Kirche: 9,32–12,25

Petrus in Lydda und Joppe

32 Auf einer Reise zu den einzelnen Gemeinden
kam Petrus auch zu den Heiligen in Lydda. 33 Dort
fand er einen Mann namens Äneas, der seit acht

Jahren lahm und bettlägerig war. 34 Petrus sagte zu
ihm: Äneas, Jesus Christus heilt dich. Steh auf,
und richte dir dein Bett! Sogleich stand er auf.
35 Und alle Bewohner von Lydda und der Scharon-
Ebene sahen ihn und bekehrten sich zum Herrn.
36 In Joppe lebte eine Jüngerin namens Tabita, das
heißt übersetzt: Gazelle. Sie tat viele gute Werke
und gab reichlich Almosen. 37 In jenen Tagen aber
wurde sie krank und starb. Man wusch sie und
bahrte sie im Obergemach auf. 38 Weil aber Lydda
nahe bei Joppe liegt und die Jünger hörten, daß
Petrus dort war, schickten sie zwei Männer zu
ihm und ließen ihn bitten: Komm zu uns, zögere
nicht! 39 Da stand Petrus auf und ging mit ihnen.
Als er ankam, führten sie ihn in das Obergemach
hinauf; alle Witwen traten zu ihm, sie weinten
und zeigten ihm die Röcke und Mäntel, die Ga-
zelle gemacht hatte, als sie noch bei ihnen war.
40 Petrus aber schickte alle hinaus, kniete nieder
und betete. Dann wandte er sich zu dem Leich-
nam und sagte: Tabita, steh auf! Da öffnete sie ihre
Augen, sah Petrus an und setzte sich auf. 41 Er gab
ihr die Hand und ließ sie aufstehen; dann rief er
die Heiligen und die Witwen und zeigte ihnen,
daß sie wieder lebte. 42 Das wurde in ganz Joppe
bekannt, und viele kamen zum Glauben an den
Herrn. 43 Petrus aber blieb längere Zeit in Joppe bei
einem gewissen Simon, einem Gerber.

Die Vision des Hauptmanns Kornelius in Cäsarea

10 In Cäsarea lebte ein Mann namens Kor-
nelius, Hauptmann in der sogenannten
Italischen Kohorte; 2 er lebte mit seinem ganzen
Haus fromm und gottesfürchtig, gab dem Volk
reichlich Almosen und betete beständig zu Gott.
3 Er sah um die neunte Tagesstunde in einer Vi-
sion deutlich, wie ein Engel Gottes bei ihm eintrat
und zu ihm sagte: Kornelius! 4 Kornelius blickte
ihn an und fragte erschrocken: Was ist, Herr? Er
sagte zu ihm: Deine Gebete und Almosen sind zu
Gott gelangt, und er hat sich an sie erinnert.
5 Schick jetzt einige Männer nach Joppe, und laß
einen gewissen Simon herbeiholen, der den
Beinamen Petrus hat. 6 Er ist zu Gast bei einem
Gerber namens Simon, der ein Haus am Meer
hat. 7 Als der Engel, der mit ihm sprach, wegge-
gangen war, rief Kornelius zwei seiner Hausskla-
ven und einen frommen Soldaten aus seinem Ge-
folge. 8 Er erzählte ihnen alles und schickte sie
nach Joppe.

Die Vision des Petrus in Joppe

9 Am folgenden Tag, als jene unterwegs waren
und sich der Stadt näherten, stieg Petrus auf das
Dach, um zu beten; es war um die sechste
Stunde. 10 Da wurde er hungrig und wollte essen.
Während man etwas zubereitete, kam eine Ver-
zückung über ihn. 11 Er sah den Himmel offen und
eine Schale auf die Erde herabkommen, die aus-
sah wie ein großes Leinentuch, das an den vier
Ecken gehalten wurde. 12 Darin lagen alle mögli-
chen Vierfüßler, Kriechtiere der Erde und Vögel
des Himmels. 13 Und eine Stimme rief ihm zu: Steh
auf, Petrus, schlachte, und iß! 14 Petrus aber ant-
wortete: Niemals, Herr! Noch nie habe ich etwas
Unheiliges und Unreines gegessen. 15 Da richtete
sich die Stimme ein zweites Mal an ihn: Was Gott
für rein erklärt, nenne du nicht unrein! 16 Das ge-
schah dreimal, dann wurde die Schale plötzlich in
den Himmel hinaufgezogen.
17 Petrus war noch ratlos und überlegte, was die
Vision, die er gehabt hatte, wohl bedeutete; in-
zwischen hatten sich die von Kornelius gesand-
ten Männer zum Haus des Simon durchgefragt
und standen am Tor. 18 Sie riefen und fragten, ob Si-
mon mit dem Beinamen Petrus hier zu Gast sei.
19 Während Petrus noch über die Vision nach-
dachte, sagte der Geist zu ihm: Da sind zwei
Männer und suchen dich. 20 Steh auf, geh hinun-
ter, und zieh ohne Bedenken mit ihnen; denn ich
habe sie geschickt. 21 Petrus stieg zu den Männern
hinab und sagte: Ich bin der, den ihr sucht. Aus
welchem Grund seid ihr hier? 22 Sie antworteten:
Der Hauptmann Kornelius, ein gerechter und
gottesfürchtiger Mann, der beim ganzen Volk der
Juden in gutem Ruf steht, hat von einem heiligen
Engel die Weisung erhalten, dich in sein Haus ho-
len zu lassen und zu hören, was du ihm zu sagen
hast. 23a Da ließ er sie eintreten und bewirtete sie.

Die Taufe des Kornelius

23b Tags darauf machte sich Petrus mit ihnen auf
den Weg, und einige Brüder aus Joppe begleiteten
ihn. 24 Am folgenden Tag kamen sie nach Cäsarea.
Kornelius erwartete sie schon und hatte seine
Verwandten und seine nächsten Freunde zusam-
mengerufen. 25 Als nun Petrus ankam, ging ihm
Kornelius entgegen und warf sich ehrfürchtig vor
ihm nieder. 26 Petrus aber richtete ihn auf und
sagte: Steh auf! Auch ich bin nur ein Mensch.
27 Während er sich mit ihm unterhielt, ging er hin-

ein und fand dort viele Menschen versammelt.
28 Da sagte er zu ihnen: Ihr wißt, daß es einem Ju-
den nicht erlaubt ist, mit einem Nichtjuden zu
verkehren oder sein Haus zu betreten; mir aber
hat Gott gezeigt, daß man keinen Menschen un-
heilig oder unrein nennen darf. 29 Darum bin ich
auch ohne Widerspruch gekommen, als nach mir
geschickt wurde. Nun frage ich: Warum habt ihr
mich holen lassen?

30 Da sagte Kornelius: Vor vier Tagen um diese
Zeit war ich zum Gebet der neunten Stunde in
meinem Haus; da stand plötzlich ein Mann in ei-
nem leuchtenden Gewand vor mir 31 und sagte:
Kornelius, dein Gebet wurde erhört, und deine
Almosen wurden vor Gott in Erinnerung ge-
bracht. 32 Schick jemand nach Joppe, und laß Si-
mon, der den Beinamen Petrus hat, holen; er ist
Gast im Haus des Gerbers Simon am Meer. 33 So-
fort habe ich nach dir geschickt, und es ist gut, daß
du gekommen bist. Jetzt sind wir alle hier vor
Gott zugegen, um all das anzuhören, was dir vom
Herrn aufgetragen worden ist.

34 Da begann Petrus zu reden und sagte: Wahr-
haftig, jetzt begreife ich, daß Gott nicht auf die Per-
son sieht, 35 sondern daß ihm in jedem Volk will-
kommen ist, wer ihn fürchtet und tut, was recht
ist. 36 Er hat das Wort den Israeliten gesandt, indem
er den Frieden verkündete durch Jesus Christus;
dieser ist der Herr aller.

37 Ihr wißt, was im ganzen Land der Juden ge-
schehen ist, angefangen in Galiläa, nach der
Taufe, die Johannes verkündet hat: 38 wie Gott Je-
sus von Nazaret gesalbt hat mit dem Heiligen
Geist und mit Kraft, wie dieser umherzog, Gutes
tat und alle heilte, die in der Gewalt des Teufels
waren; denn Gott war mit ihm. 39 Und wir sind
Zeugen für alles, was er im Land der Juden und in
Jerusalem getan hat. Ihn haben sie *an den Pfahl
gehängt* und getötet. 40 Gott aber hat ihn am drit-
ten Tag auferweckt und hat ihn erscheinen las-
sen, 41 zwar nicht dem ganzen Volk, wohl aber
den von Gott vorherbestimmten Zeugen: uns, die
wir mit ihm nach seiner Auferstehung von den
Toten gegessen und getrunken haben. 42 Und er
hat uns geboten, dem Volk zu verkündigen und
zu bezeugen: Das ist der von Gott eingesetzte
Richter der Lebenden und der Toten. 43 Von ihm
bezeugen alle Propheten, daß jeder, der an ihn
glaubt, durch seinen Namen die Vergebung der
Sünden empfängt.

44 Noch während Petrus dies sagte, kam der Hei-
lige Geist auf alle herab, die das Wort hörten. 45 Die
gläubig gewordenen Juden, die mit Petrus ge-
kommen waren, konnten es nicht fassen, daß
auch auf die Heiden die Gabe des Heiligen Geistes
ausgegossen wurde. 46 Denn sie hörten sie in Zun-
gen reden und Gott preisen. Petrus aber sagte:
47 Kann jemand denen das Wasser zur Taufe ver-
weigern, die ebenso wie wir den Heiligen Geist
empfangen haben? 48 Und er ordnete an, sie im
Namen Jesu Christi zu taufen. Danach baten sie
ihn, einige Tage zu bleiben.

Die Rechenschaft des Petrus vor der Gemeinde in Jerusalem

11 Die Apostel und die Brüder in Judäa erfuh-
ren, daß auch die Heiden das Wort Gottes
angenommen hatten. 2 Als nun Petrus nach Jerusa-
lem hinaufkam, hielten ihm die gläubig geworde-
nen Juden vor: 3 Du hast das Haus von Unbeschnit-
tenen betreten und hast mit ihnen gegessen.

4 Da begann Petrus, ihnen der Reihe nach zu be-
richten: 5 Ich war in der Stadt Joppe und betete; da
hatte ich in einer Verzückung eine Vision: Eine
Schale, die aussah wie ein großes Leinentuch, das
an den vier Ecken gehalten wurde, senkte sich
aus dem Himmel bis zu mir herab. 6 Als ich ge-
nauer hinschaute, sah ich darin die Vierfüßler der
Erde, die wilden Tiere, die Kriechtiere und die Vö-
gel des Himmels. 7 Ich hörte auch eine Stimme,
die zu mir sagte: Steh auf, Petrus, schlachte, und
iß! 8 Ich antwortete: Niemals, Herr! Noch nie ist
etwas Unheiliges oder Unreines in meinen Mund
gekommen. 9 Doch zum zweitenmal kam eine
Stimme vom Himmel; sie sagte: Was Gott für rein
erklärt hat, nenne du nicht unrein! 10 Das geschah
dreimal, dann wurde alles wieder in den Himmel
hinaufgezogen. 11 Da standen auf einmal drei
Männer vor dem Haus, in dem ich wohnte; sie
waren aus Cäsarea zu mir geschickt worden.
12 Der Geist aber sagte mir, ich solle ohne Beden-
ken mit ihnen gehen. Auch diese sechs Brüder
zogen mit mir, und wir kamen in das Haus jenes
Mannes. 13 Er erzählte uns, wie er in seinem Haus
den Engel stehen sah, der zu ihm sagte: Schick je-
mand nach Joppe, und laß Simon, der Petrus ge-
nannt wird, holen. 14 Er wird dir Worte sagen,
durch die du mit deinem ganzen Haus gerettet
werden wirst. 15 Während ich redete, kam der Hei-
lige Geist auf sie herab, wie am Anfang auf uns.

Und das Wort ist Fleisch geworden (Joh 1) | 78 ▷
Ich bin es, der mit dir spricht (Joh 4) | 79 ▷▷

und das Wort ist Fleisch geworden
und hat unter uns gewohnt

16 Da erinnerte ich mich an das Wort des Herrn: Johannes hat mit Wasser getauft, ihr aber werdet mit dem Heiligen Geist getauft werden. 17 Wenn nun Gott ihnen, nachdem sie zum Glauben an Jesus Christus, den Herrn, gekommen sind, die gleiche Gabe verliehen hat wie uns: wer bin ich, daß ich Gott hindern könnte?

18 Als sie das hörten, beruhigten sie sich, priesen Gott und sagten: Gott hat also auch den Heiden die Umkehr zum Leben geschenkt.

Die Entstehung einer christlichen Gemeinde in Antiochia

19 Bei der Verfolgung, die wegen Stephanus entstanden war, kamen die Versprengten bis nach Phönizien, Zypern und Antiochia; doch verkündeten sie das Wort nur den Juden. 20 Einige aber von ihnen, die aus Zypern und Zyrene stammten, verkündeten, als sie nach Antiochia kamen, auch den Griechen das Evangelium von Jesus, dem Herrn. 21 Die Hand des Herrn war mit ihnen, und viele wurden gläubig und bekehrten sich zum Herrn. 22 Die Nachricht davon kam der Gemeinde von Jerusalem zu Ohren, und sie schickten Barnabas nach Antiochia. 23 Als er ankam und die Gnade Gottes sah, freute er sich und ermahnte alle, dem Herrn treu zu bleiben, wie sie es sich vorgenommen hatten. 24 Denn er war ein trefflicher Mann, erfüllt vom Heiligen Geist und von Glauben. So wurde für den Herrn eine beträchtliche Zahl hinzugewonnen. 25 Barnabas aber zog nach Tarsus, um Saulus aufzusuchen. 26 Er fand ihn und nahm ihn nach Antiochia mit. Dort wirkten sie miteinander ein volles Jahr in der Gemeinde und unterrichteten eine große Zahl von Menschen. In Antiochia nannte man die Jünger zum erstenmal Christen.

Die Spende der Gemeinde von Antiochia für die Christen in Judäa

27 In jenen Tagen kamen von Jerusalem Propheten nach Antiochia hinab. 28 Einer von ihnen namens Agabus trat auf und weissagte durch den Geist, eine große Hungersnot werde über die ganze Erde kommen. Sie brach dann unter Klaudius aus. 29 Man beschloß, jeder von den Jüngern solle nach seinem Vermögen den Brüdern in Judäa etwas zur Unterstützung senden. 30 Das taten sie auch und schickten ihre Gaben durch Barnabas und Saulus an die Ältesten.

Die Hinrichtung des Jakobus und die Verhaftung des Petrus

12 Um jene Zeit ließ der König Herodes einige aus der Gemeinde verhaften und mißhandeln. 2 Jakobus, den Bruder des Johannes, ließ er mit dem Schwert hinrichten. 3 Als er sah, daß es den Juden gefiel, ließ er auch Petrus festnehmen. Das geschah in den Tagen der Ungesäuerten Brote. 4 Er nahm ihn also fest und warf ihn ins Gefängnis. Die Bewachung übertrug er vier Abteilungen von je vier Soldaten. Er beabsichtigte, ihn nach dem Paschafest dem Volk vorführen zu lassen. 5 Petrus wurde also im Gefängnis bewacht. Die Gemeinde aber betete inständig für ihn zu Gott.

Die wunderbare Befreiung des Petrus

6 In der Nacht, ehe Herodes ihn vorführen lassen wollte, schlief Petrus, mit zwei Ketten gefesselt, zwischen zwei Soldaten; vor der Tür aber bewachten Posten den Kerker. 7 Plötzlich trat ein Engel des Herrn ein, und ein helles Licht strahlte in den Raum. Er stieß Petrus in die Seite, weckte ihn und sagte: Schnell, steh auf! Da fielen die Ketten von seinen Händen. 8 Der Engel aber sagte zu ihm: Gürte dich, und zieh deine Sandalen an! Er tat es. Und der Engel sagte zu ihm: Wirf deinen Mantel um, und folge mir! 9 Dann ging er hinaus, und Petrus folgte ihm, ohne zu wissen, daß es Wirklichkeit war, was durch den Engel geschah; es kam ihm vor, als habe er eine Vision. 10 Sie gingen an der ersten und an der zweiten Wache vorbei und kamen an das eiserne Tor, das in die Stadt führt; es öffnete sich ihnen von selbst. Sie traten hinaus und gingen eine Gasse weit; und auf einmal verließ ihn der Engel.

11 Da kam Petrus zu sich und sagte: Nun weiß ich wahrhaftig, daß der Herr seinen Engel gesandt und mich der Hand des Herodes entrissen hat und all dem, was das Volk der Juden erhofft hat. 12 Als er sich darüber klar geworden war, ging er zum Haus der Maria, der Mutter des Johannes mit dem Beinamen Markus, wo nicht wenige versammelt waren und beteten. 13 Als er am Außentor klopfte, kam eine Magd namens Rhode, um zu öffnen. 14 Sie erkannte die Stimme des Petrus, doch vor Freude machte sie das Tor nicht auf, sondern lief hinein und berichtete: Petrus steht vor dem Tor. 15 Da sagten sie zu ihr: Du bist nicht bei Sinnen. Doch sie bestand darauf, es sei so. Da sag-

ten sie: Es ist sein Engel. 16 Petrus aber klopfte noch immer. Als sie öffneten und ihn sahen, staunten sie. 17 Er gab ihnen mit der Hand ein Zeichen zu schweigen und erzählte ihnen, wie der Herr ihn aus dem Gefängnis herausgeführt hatte. Er sagte: Berichtet das dem Jakobus und den Brüdern! Dann verließ er sie und ging an einen anderen Ort.

18 Als es Tag wurde, herrschte bei den Soldaten große Aufregung darüber, was wohl mit Petrus geschehen sei. 19a Herodes aber ließ ihn suchen, und da man ihn nicht fand, verhörte er die Wachen und befahl, sie abzuführen.

Der Tod des Herodes Agrippa

19b Dann zog Herodes von Judäa nach Cäsarea hinab und blieb dort. 20 Er war über die Bewohner von Tyrus und Sidon sehr aufgebracht. Sie kamen gemeinsam zu ihm, gewannen Blastus, den Kämmerer des Königs, für sich und baten um Frieden, weil sie ihre Nahrung aus dem Land des Königs bezogen. 21 Am festgesetzten Tag nahm Herodes im Königsgewand auf der Tribüne Platz und hielt vor ihnen eine feierliche Ansprache. 22 Das Volk aber schrie: Die Stimme eines Gottes, nicht eines Menschen! 23 Im selben Augenblick schlug ihn ein Engel des Herrn, weil er nicht Gott die Ehre gegeben hatte. Und von Würmern zerfressen, starb er.

Die Rückkehr des Barnabas und des Saulus nach Antiochia

24 Das Wort des Herrn aber wuchs und breitete sich aus. 25 Nachdem Barnabas und Saulus in Jerusalem ihre Aufgabe erfüllt hatten, kehrten sie zurück; Johannes mit dem Beinamen Markus nahmen sie mit.

Die Kirche unter den Völkern: 13,1–28,31

Die Aussendung des Barnabas und des Saulus

13 In der Gemeinde von Antiochia gab es Propheten und Lehrer: Barnabas und Simeon, genannt Niger, Luzius von Zyrene, Manaën, ein Jugendgefährte des Tetrarchen Herodes, und Saulus. 2 Als sie zu Ehren des Herrn Gottesdienst feierten und fasteten, sprach der Heilige Geist: Wählt mir Barnabas und Saulus zu dem Werk aus, zu dem ich sie mir berufen habe. 3 Da fasteten und beteten sie, legten ihnen die Hände auf und ließen sie ziehen.

Die erste Missionsreise des Paulus: 13,4–14,28

Von Antiochia über Zypern bis Perge

4 Vom Heiligen Geist ausgesandt, zogen sie nach Seleuzia hinab und segelten von da nach Zypern. 5 Als sie in Salamis angekommen waren, verkündeten sie das Wort Gottes in den Synagogen der Juden. Johannes hatten sie als Helfer bei sich. 6 Sie durchzogen die ganze Insel bis Paphos. Dort trafen sie einen Mann namens Barjesus, einen Zauberer und falschen Propheten, der Jude war 7 und zum Gefolge des Prokonsuls Sergius Paulus, eines verständigen Mannes, gehörte. Dieser ließ Barnabas und Saulus rufen und wünschte, von ihnen das Wort Gottes zu hören. 8 Aber Elymas, der Zauberer – so wird nämlich der Name Elymas übersetzt –, trat gegen sie auf und wollte den Prokonsul vom Glauben abhalten. 9 Saulus, der auch Paulus heißt, blickte ihn, vom Heiligen Geist erfüllt, an 10 und sagte: Du elender und gerissener Betrüger, du Sohn des Teufels, du Feind aller Gerechtigkeit, willst du nicht endlich aufhören, die geraden Wege des Herrn zu durchkreuzen? 11 Jetzt kommt die Hand des Herrn über dich. Du wirst blind sein und eine Zeitlang die Sonne nicht mehr sehen. Im selben Augenblick fiel Finsternis und Dunkel auf ihn, er tappte umher und suchte jemand, der ihn an der Hand führte. 12 Als der Prokonsul das alles sah, wurde er gläubig, denn er war betroffen von der Lehre des Herrn. 13 Von Paphos fuhr Paulus mit seinen Begleitern ab und kam nach Perge in Pamphylien. Johannes aber trennte sich von ihnen und kehrte nach Jerusalem zurück.

Das Wirken des Barnabas und des Paulus in Antiochia in Pisidien

14 Sie selbst wanderten von Perge weiter und kamen nach Antiochia in Pisidien. Dort gingen sie am Sabbat in die Synagoge und setzten sich. 15 Nach der Lesung aus dem Gesetz und den Propheten schickten die Synagogenvorste-

her zu ihnen und ließen ihnen sagen: Brüder, wenn ihr ein Wort des Trostes für das Volk habt, so redet.

16 Da stand Paulus auf, gab mit der Hand ein Zeichen und sagte: Ihr Israeliten und ihr Gottesfürchtigen, hört! 17 Der Gott dieses Volkes Israel hat unsere Väter erwählt und das Volk in der Fremde erhöht, in Ägypten; er hat sie *mit hoch erhobenem Arm von dort herausgeführt* 18 und fast *vierzig Jahre durch die Wüste getragen.* 19 *Sieben Völker hat er im Land Kanaan vernichtet und ihr Land ihnen zum Besitz gegeben,* 20 für etwa vierhundertfünfzig Jahre. Danach hat er ihnen Richter gegeben bis zum Propheten Samuel. 21 Dann verlangten sie einen König, und Gott gab ihnen Saul, den Sohn des Kisch, einen Mann aus dem Stamm Benjamin, für vierzig Jahre. 22 Nachdem er ihn verworfen hatte, erhob er David zu ihrem König, von dem er bezeugte: *Ich habe David, den Sohn des Isai, als einen Mann nach meinem Herzen gefunden, der alles, was ich will, vollbringen wird.* 23 Aus seinem Geschlecht hat Gott dem Volk Israel, der Verheißung gemäß, Jesus als Retter geschickt. 24 Vor dessen Auftreten hat Johannes dem ganzen Volk Israel Umkehr und Taufe verkündigt. 25 Als Johannes aber seinen Lauf vollendet hatte, sagte er: Ich bin nicht der, für den ihr mich haltet; aber seht, nach mir kommt einer, dem die Sandalen von den Füßen zu lösen ich nicht wert bin.

26 Brüder, ihr Söhne aus Abrahams Geschlecht und ihr Gottesfürchtigen! Uns wurde das Wort dieses Heils gesandt. 27 Denn die Einwohner von Jerusalem und ihre Führer haben Jesus nicht erkannt, aber sie haben die Worte der Propheten, die an jedem Sabbat vorgelesen werden, erfüllt und haben ihn verurteilt. 28 Obwohl sie nichts fanden, wofür er den Tod verdient hätte, forderten sie von Pilatus seine Hinrichtung. 29 Als sie alles vollbracht hatten, was in der Schrift über ihn gesagt ist, nahmen sie ihn vom Kreuzesholz und legten ihn ins Grab. 30 Gott aber hat ihn von den Toten auferweckt, 31 und er ist viele Tage hindurch denen erschienen, die mit ihm zusammen von Galiläa nach Jerusalem hinaufgezogen waren und die jetzt vor dem Volk seine Zeugen sind. 32 So verkünden wir euch das Evangelium: Gott hat die Verheißung, die an die Väter ergangen ist, 33 an uns, ihren Kindern, erfüllt, indem er Jesus auferweckt hat, wie es schon im zweiten Psalm heißt:

Mein Sohn bist du, heute habe ich dich gezeugt.

34 Daß er ihn aber von den Toten auferweckt hat, um ihn nicht mehr zur Verwesung zurückkehren zu lassen, hat er so ausgedrückt: *Ich will euch die Heilsgaben gewähren, die ich David fest zugesagt habe.* 35 Darum sagt er auch an einer anderen Stelle: *Du läßt deinen Frommen nicht die Verwesung schauen.* 36 David aber ist, nachdem er seinen Zeitgenossen gedient hatte, nach Gottes Willen entschlafen und mit seinen Vätern vereint worden. Er hat die Verwesung gesehen; 37 der aber, den Gott auferweckte, hat die Verwesung nicht gesehen. 38 Ihr sollt also wissen, meine Brüder: Durch diesen wird euch die Vergebung der Sünden verkündet, und in allem, worin euch das Gesetz des Mose nicht gerecht machen konnte, 39 wird jeder, der glaubt, durch ihn gerecht gemacht. 40 Gebt also acht, daß nicht eintrifft, was bei den Propheten gesagt ist: 41 *Schaut hin, ihr Verächter, staunt und erstarrt! Denn ich vollbringe in euren Tagen eine Tat – würde man euch von dieser Tat erzählen, ihr glaubtet es nicht.*

42 Als sie hinausgingen, bat man sie, am nächsten Sabbat über diese Worte zu ihnen zu sprechen. 43 Und als die Versammlung sich aufgelöst hatte, schlossen sich viele Juden und fromme Proselyten Paulus und Barnabas an. Diese redeten mit ihnen und ermahnten sie, der Gnade Gottes treu zu bleiben.

44 Am folgenden Sabbat versammelte sich fast die ganze Stadt, um das Wort des Herrn zu hören. 45 Als die Juden die Scharen sahen, wurden sie eifersüchtig, widersprachen den Worten des Paulus und stießen Lästerungen aus.

46 Paulus und Barnabas aber erklärten freimütig: Euch mußte das Wort Gottes zuerst verkündet werden. Da ihr es aber zurückstoßt und euch des ewigen Lebens unwürdig zeigt, wenden wir uns jetzt an die Heiden. 47 Denn so hat uns der Herr aufgetragen:

Ich habe dich zum Licht für die Völker gemacht,
bis an das Ende der Erde sollst du das Heil sein.

48 Als die Heiden das hörten, freuten sie sich und priesen das Wort des Herrn; und alle wurden gläubig, die für das ewige Leben bestimmt waren. 49 Das Wort des Herrn aber verbreitete sich in der ganzen Gegend. 50 Die Juden jedoch hetzten die vornehmen gottesfürchtigen Frauen und die Ersten der Stadt auf, veranlaßten eine Verfolgung gegen Paulus und Barnabas und vertrieben sie aus

ihrem Gebiet. 51 Diese aber schüttelten gegen sie
den Staub von ihren Füßen und zogen nach Iko-
nion. 52 Und die Jünger waren voll Freude und er-
füllt vom Heiligen Geist.

In Ikonion, Lystra und Derbe

14 In Ikonion gingen sie ebenfalls in die Syn-
agoge der Juden und redeten in dieser
Weise, und eine große Zahl von Juden und Grie-
chen wurde gläubig. 2 Die Juden aber, die sich wi-
dersetzten, erregten und erbitterten die Heiden
gegen die Brüder. 3 Längere Zeit nun blieben sie
dort und predigten freimütig im Vertrauen auf den
Herrn; er legte Zeugnis ab für das Wort seiner
Gnade, indem er durch die Hände der Apostel Zei-
chen und Wunder geschehen ließ. 4 Doch das Volk
in der Stadt spaltete sich; die einen hielten zu den
Juden, die andern zu den Aposteln. 5 Als die Apo-
stel merkten, daß die Heiden und die Juden zu-
sammen mit ihren Führern entschlossen waren,
sie zu mißhandeln und zu steinigen, 6 flohen sie
in die Städte von Lykaonien, Lystra und Derbe,
und in deren Umgebung. 7 Dort verkündeten sie
das Evangelium.
8 In Lystra war ein Mann, der von Geburt an
gelähmt war; er saß ohne Kraft in den Füßen da
und hatte nie gehen können. 9 Er hörte der Predigt
des Paulus zu. Dieser blickte ihm fest ins Auge;
und da er sah, daß der Mann darauf vertraute, ge-
rettet zu werden, 10 rief er laut: Steh auf! Stell dich
aufrecht auf deine Füße! Da sprang der Mann auf
und ging umher. 11 Als die Menge sah, was Paulus
getan hatte, fing sie an zu schreien und rief auf ly-
kaonisch: Die Götter sind in Menschengestalt zu
uns herabgestiegen. 12 Und sie nannten den Barn-
abas Zeus, den Paulus aber Hermes, weil er der
Wortführer war. 13 Der Priester des »Zeus vor der
Stadt« brachte Stiere und Kränze an die Tore und
wollte zusammen mit der Volksmenge ein Opfer
darbringen. 14 Als die Apostel Barnabas und Pau-
lus davon hörten, zerrissen sie ihre Kleider, spran-
gen unter das Volk und riefen: 15 Männer, was tut
ihr? Auch wir sind nur Menschen, von gleicher
Art wie ihr; wir bringen euch das Evangelium, da-
mit ihr euch von diesen nichtigen Götzen zu dem
lebendigen Gott bekehrt, der *den Himmel, die
Erde und das Meer geschaffen hat und alles, was
dazugehört.* 16 Er ließ in den vergangenen Zeiten
alle Völker ihre Wege gehen. 17 Und doch hat er
sich nicht unbezeugt gelassen: Er tat Gutes, gab
euch vom Himmel her Regen und fruchtbare Zei-
ten; mit Nahrung und mit Freude erfüllte er euer
Herz. 18 Doch selbst mit diesen Worten konnten
sie die Volksmenge kaum davon abbringen, ihnen
zu opfern.
19 Von Antiochia und Ikonion aber kamen Juden
und überredeten die Volksmenge. Und sie stei-
nigten den Paulus und schleiften ihn zur Stadt
hinaus, in der Meinung, er sei tot. 20 Als aber die
Jünger ihn umringten, stand er auf und ging in die
Stadt. Am anderen Tag zog er mit Barnabas nach
Derbe weiter.

Rückkehr nach Syrien

21 Als sie dieser Stadt das Evangelium verkündet
und viele Jünger gewonnen hatten, kehrten sie
nach Lystra, Ikonion und Antiochia zurück. 22 Sie
sprachen den Jüngern Mut zu und ermahnten sie,
treu am Glauben festzuhalten; sie sagten: Durch
viele Drangsale müssen wir in das Reich Gottes
gelangen. 23 In jeder Gemeinde bestellten sie
durch Handauflegung Älteste und empfahlen sie
mit Gebet und Fasten dem Herrn, an den sie nun
glaubten. 24 Nachdem sie durch Pisidien gezogen
waren, kamen sie nach Pamphylien, 25 verkünde-
ten in Perge das Wort und gingen dann nach At-
talia hinab. 26 Von dort fuhren sie mit dem Schiff
nach Antiochia, wo man sie für das Werk, das sie
nun vollbracht hatten, der Gnade Gottes empfoh-
len hatte. 27 Als sie dort angekommen waren, rie-
fen sie die Gemeinde zusammen und berichteten
alles, was Gott mit ihnen zusammen getan und
daß er den Heiden die Tür zum Glauben geöffnet
hatte. 28 Und sie blieben noch längere Zeit bei den
Jüngern.

Das Apostelkonzil in Jerusalem: 15,1–35

Die Streitfrage

15 Es kamen einige Leute von Judäa herab
und lehrten die Brüder: Wenn ihr euch
nicht nach dem Brauch des Mose beschneiden
laßt, könnt ihr nicht gerettet werden. 2 Nach
großer Aufregung und heftigen Auseinanderset-
zungen zwischen ihnen und Paulus und Barna-
bas beschloß man, Paulus und Barnabas und ei-
nige andere von ihnen sollten wegen dieser
Streitfrage zu den Aposteln und den Ältesten
nach Jerusalem hinaufgehen. 3 Sie wurden von
der Gemeinde feierlich verabschiedet und zogen

durch Phönizien und Samarien; dabei berichteten sie den Brüdern von der Bekehrung der Heiden und bereiteten damit allen große Freude. 4 Bei ihrer Ankunft in Jerusalem wurden sie von der Gemeinde und von den Aposteln und den Ältesten empfangen. Sie erzählten alles, was Gott mit ihnen zusammen getan hatte. 5 Da erhoben sich einige aus dem Kreis der Pharisäer, die gläubig geworden waren, und sagten: Man muß sie beschneiden und von ihnen fordern, am Gesetz des Mose festzuhalten.

Die Versammlung der Apostel und der Ältesten mit der Gemeinde

6 Die Apostel und die Ältesten traten zusammen, um die Frage zu prüfen. 7 Als ein heftiger Streit entstand, erhob sich Petrus und sagte zu ihnen: Brüder, wie ihr wißt, hat Gott schon längst hier bei euch die Entscheidung getroffen, daß die Heiden durch meinen Mund das Wort des Evangeliums hören und zum Glauben gelangen sollen. 8 Und Gott, der die Herzen kennt, bestätigte dies, indem er ihnen ebenso wie uns den Heiligen Geist gab. 9 Er machte keinerlei Unterschied zwischen uns und ihnen; denn er hat ihre Herzen durch den Glauben gereinigt. 10 Warum stellt ihr also jetzt Gott auf die Probe und legt den Jüngern ein Joch auf den Nacken, das weder unsere Väter noch wir tragen konnten? 11 Wir glauben im Gegenteil, durch die Gnade Jesu, des Herrn, gerettet zu werden, auf die gleiche Weise wie jene. 12 Da schwieg die ganze Versammlung. Und sie hörten Barnabas und Paulus zu, wie sie erzählten, welch große Zeichen und Wunder Gott durch sie unter den Heiden getan hatte.

13 Als sie geendet hatten, nahm Jakobus das Wort und sagte: Brüder, hört mich an! 14 Simon hat berichtet, daß Gott selbst zuerst eingegriffen hat, um aus den Heiden ein Volk für seinen Namen zu gewinnen. 15 Damit stimmen die Worte der Propheten überein, die geschrieben haben:

16 *Danach werde ich mich umwenden / und die zerfallene Hütte Davids wieder aufrichten; / ich werde sie aus ihren Trümmern wieder aufrichten / und werde sie wiederherstellen,*

17 *damit die übrigen Menschen den Herrn suchen, / auch alle Völker, / über denen mein Name ausgerufen ist – / spricht der Herr, der das ausführt,*

18 was ihm seit Ewigkeit bekannt ist.

19 Darum halte ich es für richtig, den Heiden, die sich zu Gott bekehren, keine Lasten aufzubürden; 20 man weise sie nur an, Verunreinigung durch Götzen(opferfleisch) und Unzucht zu meiden und weder Ersticktes noch Blut zu essen. 21 Denn Mose hat seit ältesten Zeiten in jeder Stadt seine Verkündiger, da er in den Synagogen an jedem Sabbat verlesen wird.

Die Beschlüsse der Versammlung

22 Da beschlossen die Apostel und die Ältesten zusammen mit der ganzen Gemeinde, Männer aus ihrer Mitte auszuwählen und sie zusammen mit Paulus und Barnabas nach Antiochia zu senden, nämlich Judas, genannt Barsabbas, und Silas, führende Männer unter den Brüdern. 23 Sie gaben ihnen folgendes Schreiben mit: Die Apostel und die Ältesten, eure Brüder, grüßen die Brüder aus dem Heidentum in Antiochia, in Syrien und Zilizien. 24 Wir haben gehört, daß einige von uns, denen wir keinen Auftrag erteilt haben, euch mit ihren Reden beunruhigt und eure Gemüter erregt haben. 25 Deshalb haben wir uns geeinigt und beschlossen, Männer auszuwählen und zusammen mit unseren lieben Brüdern Barnabas und Paulus zu euch zu schicken, 26 die beide für den Namen Jesu Christi, unseres Herrn, ihr Leben eingesetzt haben. 27 Wir haben Judas und Silas abgesandt, die euch das Gleiche auch mündlich mitteilen sollen. 28 Denn der Heilige Geist und wir haben beschlossen, euch keine weitere Last aufzuerlegen als diese notwendigen Dinge: 29 Götzenopferfleisch, Blut, Ersticktes und Unzucht zu meiden. Wenn ihr euch davor hütet, handelt ihr richtig. Lebt wohl!

Die Mitteilung der Beschlüsse an die Gemeinde von Antiochia

30 Man verabschiedete die Abgesandten, und sie zogen hinab nach Antiochia, riefen die Gemeinde zusammen und übergaben ihr den Brief. 31 Die Brüder lasen ihn und freuten sich über die Ermunterung. 32 Judas und Silas, selbst Propheten, sprachen ihnen mit vielen Worten Mut zu und stärkten sie. 33 Nach einiger Zeit wurden sie von den Brüdern in Frieden wieder zu denen entlassen, die sie abgesandt hatten. [34] 35 Paulus aber und Barnabas blieben in Antiochia und lehrten und verkündeten mit vielen anderen das Wort des Herrn.

Die zweite Missionsreise des Paulus: 15,36–18,22

Die Trennung des Paulus von Barnabas

36 Nach einiger Zeit sagte Paulus zu Barnabas: Wir
wollen wieder aufbrechen und sehen, wie es den
Brüdern in all den Städten geht, in denen wir das
Wort des Herrn verkündet haben. 37 Barnabas
wollte auch den Johannes, genannt Markus, mit-
nehmen; 38 doch Paulus bestand darauf, ihn nicht
mitzunehmen, weil er sie in Pamphylien im Stich
gelassen hatte, nicht mit ihnen gezogen war und
an ihrer Arbeit nicht mehr teilgenommen hatte.
39 Es kam zu einer heftigen Auseinandersetzung,
so daß sie sich voneinander trennten; Barnabas
nahm Markus mit und segelte nach Zypern.
40 Paulus aber wählte sich Silas und reiste ab,
nachdem die Brüder ihn der Gnade des Herrn
empfohlen hatten. 41 Er zog durch Syrien und Zili-
zien und stärkte die Gemeinden.

Paulus in Lykaonien

16 Er kam auch nach Derbe und nach Ly-
stra. Dort war ein Jünger namens Timo-
theus, der Sohn einer gläubig gewordenen Jüdin
und eines Griechen. 2 Er war Paulus von den Brü-
dern in Lystra und Ikonion empfohlen worden.
3 Paulus wollte ihn als Begleiter mitnehmen und
ließ ihn mit Rücksicht auf die Juden, die in jenen
Gegenden wohnten, beschneiden; denn alle
wußten, daß sein Vater ein Grieche war. 4 Als sie
nun durch die Städte zogen, überbrachten sie ih-
nen die von den Aposteln und den Ältesten in Je-
rusalem gefaßten Beschlüsse und trugen ihnen
auf, sich daran zu halten. 5 So wurden die Ge-
meinden im Glauben gestärkt und wuchsen von
Tag zu Tag.

Durch Kleinasien bis Troas

6 Weil ihnen aber vom Heiligen Geist verwehrt
wurde, das Wort in der Provinz Asien zu verkün-
den, reisten sie durch Phrygien und das galatische
Land. 7 Sie zogen an Mysien entlang und ver-
suchten, Bithynien zu erreichen; doch auch das
erlaubte ihnen der Geist Jesu nicht. 8 So durch-
wanderten sie Mysien und kamen nach Troas
hinab. 9 Dort hatte Paulus in der Nacht eine Vi-
sion. Ein Mazedonier stand da und bat ihn:
Komm herüber nach Mazedonien, und hilf uns!
10 Auf diese Vision hin wollten wir sofort nach
Mazedonien abfahren; denn wir waren über-
zeugt, daß uns Gott dazu berufen hatte, dort das
Evangelium zu verkünden.

Das Wirken des Paulus in Philippi

11 So brachen wir von Troas auf und fuhren auf
dem kürzesten Weg nach Samothrake und am fol-
genden Tag nach Neapolis. 12 Von dort gingen wir
nach Philippi, in eine Stadt im ersten Bezirk von
Mazedonien, eine Kolonie. In dieser Stadt hielten
wir uns einige Tage auf. 13 Am Sabbat gingen wir
durch das Stadttor hinaus an den Fluß, wo wir
eine Gebetsstätte vermuteten. Wir setzten uns
und sprachen zu den Frauen, die sich eingefun-
den hatten. 14 Eine Frau namens Lydia, eine Pur-
purhändlerin aus der Stadt Thyatira, hörte zu; sie
war eine Gottesfürchtige, und der Herr öffnete ihr
das Herz, so daß sie den Worten des Paulus auf-
merksam lauschte. 15 Als sie und alle, die zu ihrem
Haus gehörten, getauft waren, bat sie: Wenn ihr
überzeugt seid, daß ich fest an den Herrn glaube,
kommt in mein Haus, und bleibt da. Und sie
drängte uns.

16 Als wir einmal auf dem Weg zur Gebetsstätte
waren, begegnete uns eine Magd, die einen
Wahrsagegeist hatte und mit der Wahrsagerei
ihren Herren großen Gewinn einbrachte. 17 Sie lief
Paulus und uns nach und schrie: Diese Men-
schen sind Diener des höchsten Gottes; sie ver-
künden euch den Weg des Heils. 18 Das tat sie viele
Tage lang. Da wurde Paulus ärgerlich, wandte sich
um und sagte zu dem Geist: Ich befehle dir im Na-
men Jesu Christi: Verlaß diese Frau! Und im glei-
chen Augenblick verließ er sie.

19 Als aber ihre Herren sahen, daß sie keinen Ge-
winn mehr erwarten konnten, ergriffen sie Pau-
lus und Silas, schleppten sie auf den Markt vor die
Stadtbehörden, 20 führten sie den obersten Beam-
ten vor und sagten: Diese Männer bringen Un-
ruhe in unsere Stadt. Es sind Juden; 21 sie verkün-
den Sitten und Bräuche, die wir als Römer weder
annehmen können noch ausüben dürfen. 22 Da er-
hob sich das Volk gegen sie, und die obersten Be-
amten ließen ihnen die Kleider vom Leib reißen
und befahlen, sie mit Ruten zu schlagen. 23 Sie
ließen ihnen viele Schläge geben und sie ins Ge-
fängnis bringen; dem Gefängniswärter befahlen
sie, sie in sicherem Gewahrsam zu halten. 24 Auf
diesen Befehl hin warf er sie in das innere Ge-
fängnis und schloß zur Sicherheit ihre Füße in
den Block. 25 Um Mitternacht beteten Paulus und

Silas und sangen Loblieder; und die Gefangenen hörten ihnen zu. 26 Plötzlich begann ein gewaltiges Erdbeben, so daß die Grundmauern des Gefängnisses wankten. Mit einem Schlag sprangen die Türen auf, und allen fielen die Fesseln ab. 27 Als der Gefängniswärter aufwachte und alle Türen des Gefängnisses offen sah, zog er sein Schwert, um sich zu töten; denn er meinte, die Gefangenen seien entflohen. 28 Da rief Paulus laut: Tu dir nichts an! Wir sind alle noch da. 29 Jener rief nach Licht, stürzte hinein und fiel Paulus und Silas zitternd zu Füßen. 30 Er führte sie hinaus und sagte: Ihr Herren, was muß ich tun, um gerettet zu werden? 31 Sie antworteten: Glaube an Jesus, den Herrn, und du wirst gerettet werden, du und dein Haus. 32 Und sie verkündeten ihm und allen in seinem Haus das Wort Gottes. 33 Er nahm sie in jener Nachtstunde bei sich auf, wusch ihre Striemen und ließ sich sogleich mit allen seinen Angehörigen taufen. 34 Dann führte er sie in seine Wohnung hinauf, ließ ihnen den Tisch decken und war mit seinem ganzen Haus voll Freude, weil er zum Glauben an Gott gekommen war.

35 Als es Tag wurde, schickten die obersten Beamten die Amtsdiener und ließen sagen: Laß jene Männer frei! 36 Der Gefängniswärter überbrachte Paulus die Nachricht: Die obersten Beamten haben (die Amtsdiener) hergeschickt und befohlen, euch freizulassen. Geht also, zieht in Frieden! 37 Paulus aber sagte zu ihnen: Sie haben uns ohne Urteil öffentlich auspeitschen lassen, obgleich wir römische Bürger sind, und haben uns ins Gefängnis geworfen. Und jetzt möchten sie uns heimlich fortschicken? Nein! Sie sollen selbst kommen und uns hinausführen. 38 Die Amtsdiener meldeten es den obersten Beamten. Diese erschraken, als sie hörten, es seien römische Bürger. 39 Und sie kamen, um sie zu beschwichtigen, führten sie hinaus und baten sie, die Stadt zu verlassen. 40 Vom Gefängnis aus gingen die beiden zu Lydia. Dort fanden sie die Brüder, sprachen ihnen Mut zu und zogen dann weiter.

Paulus in Thessalonich und Beröa

17 Auf dem Weg über Amphipolis und Apollonia kamen sie nach Thessalonich. Dort hatten die Juden eine Synagoge. 2 Nach seiner Gewohnheit ging Paulus zu ihnen und redete an drei Sabbaten zu ihnen, wobei er von den Schriften ausging. 3 Er legte sie ihnen aus und erklärte, daß der Messias leiden und von den Toten auferstehen mußte. Und er sagte: Jesus, den ich euch verkünde, ist dieser Messias. 4 Einige von ihnen ließen sich überzeugen und schlossen sich Paulus und Silas an, außerdem eine große Schar gottesfürchtiger Griechen, darunter nicht wenige Frauen aus vornehmen Kreisen.

5 Die Juden wurden eifersüchtig, holten sich einige nichtsnutzige Männer, die sich auf dem Markt herumtrieben, wiegelten mit ihrer Hilfe das Volk auf und brachten die Stadt in Aufruhr. Sie zogen zum Haus des Jason und wollten die beiden vor das Volk führen. 6 Sie fanden sie aber nicht. Daher schleppten sie den Jason und einige Brüder vor die Stadtpräfekten und schrien: Diese Leute, die die ganze Welt in Aufruhr gebracht haben, sind jetzt auch hier, 7 und Jason hat sie aufgenommen. Sie alle verstoßen gegen die Gesetze des Kaisers; denn sie behaupten, ein anderer sei König, nämlich Jesus. 8 So brachten sie die Menge und die Stadtpräfekten, die das hörten, in Erregung. 9 Diese nahmen von Jason und den anderen eine Bürgschaft und ließen sie frei.

10 Die Brüder schickten noch in der Nacht Paulus und Silas weiter nach Beröa. Nach ihrer Ankunft gingen sie in die Synagoge der Juden. 11 Diese waren freundlicher als die in Thessalonich; mit großer Bereitschaft nahmen sie das Wort auf und forschten Tag für Tag in den Schriften nach, ob sich dies wirklich so verhielte. 12 Viele von ihnen wurden gläubig, und ebenso nicht wenige der vornehmen griechischen Frauen und Männer. 13 Als aber die Juden von Thessalonich erfuhren, daß Paulus auch in Beröa das Wort Gottes verkündete, kamen sie dorthin, um das Volk aufzuwiegeln und aufzuhetzen. 14 Da schickten die Brüder Paulus sogleich weg zum Meer hinunter. Silas und Timotheus aber blieben zurück. 15 Die Begleiter des Paulus brachten ihn nach Athen. Mit dem Auftrag an Silas und Timotheus, Paulus möglichst rasch nachzukommen, kehrten sie zurück.

Paulus in Athen

16 Während Paulus in Athen auf sie wartete, erfaßte ihn heftiger Zorn; denn er sah die Stadt voll von Götzenbildern. 17 Er redete in der Synagoge mit den Juden und Gottesfürchtigen, und auf dem Markt sprach er täglich mit denen, die er gerade antraf. 18 Einige von den epikureischen und stoischen Philosophen diskutierten mit ihm, und

manche sagten: Was will denn dieser Schwätzer? Andere aber: Es scheint ein Verkünder fremder Gottheiten zu sein. Er verkündete nämlich das Evangelium von Jesus und von der Auferstehung. 19 Sie nahmen ihn mit, führten ihn zum Areopag und fragten: Können wir erfahren, was das für eine neue Lehre ist, die du vorträgst? 20 Du bringst uns recht befremdliche Dinge zu Gehör. Wir wüßten gern, worum es sich handelt. 21 Alle Athener und die Fremden dort taten nichts lieber, als die letzten Neuigkeiten zu erzählen oder zu hören.

22 Da stellte sich Paulus in die Mitte des Areopags und sagte: Athener, nach allem, was ich sehe, seid ihr besonders fromme Menschen. 23 Denn als ich umherging und mir eure Heiligtümer ansah, fand ich auch einen Altar mit der Aufschrift: EINEM UNBEKANNTEN GOTT. Was ihr verehrt, ohne es zu kennen, das verkünde ich euch. 24 Gott, der die Welt erschaffen hat und alles in ihr, er, der Herr über Himmel und Erde, wohnt nicht in Tempeln, die von Menschenhand gemacht sind. 25 Er läßt sich auch nicht von Menschen bedienen, als brauche er etwas: er, der allen das Leben, den Atem und alles gibt. 26 Er hat aus einem einzigen Menschen das ganze Menschengeschlecht erschaffen, damit es die ganze Erde bewohne. Er hat für sie bestimmte Zeiten und die Grenzen ihrer Wohnsitze festgesetzt. 27 Sie sollten Gott suchen, ob sie ihn ertasten und finden könnten; denn keinem von uns ist er fern. 28 Denn in ihm leben wir, bewegen wir uns und sind wir, wie auch einige von euren Dichtern gesagt haben: Wir sind von seiner Art. 29 Da wir also von Gottes Art sind, dürfen wir nicht meinen, das Göttliche sei wie ein goldenes oder silbernes oder steinernes Gebilde menschlicher Kunst und Erfindung. 30 Gott, der über die Zeiten der Unwissenheit hinweggesehen hat, läßt jetzt den Menschen verkünden, daß überall alle umkehren sollen. 31 Denn er hat einen Tag festgesetzt, an dem *er den Erdkreis in Gerechtigkeit richten wird,* durch einen Mann, den er dazu bestimmt und vor allen Menschen dadurch ausgewiesen hat, daß er ihn von den Toten auferweckte.

32 Als sie von der Auferstehung der Toten hörten, spotteten die einen, andere aber sagten: Darüber wollen wir dich ein andermal hören. 33 So ging Paulus aus ihrer Mitte weg. 34 Einige Männer aber schlossen sich ihm an und wurden gläubig, unter ihnen auch Dionysius, der Areopagit, außerdem eine Frau namens Damaris und noch andere mit ihnen.

Paulus in Korinth

18 Hierauf verließ Paulus Athen und ging nach Korinth. 2 Dort traf er einen aus Pontus stammenden Juden namens Aquila, der vor kurzem aus Italien gekommen war, und dessen Frau Priszilla. Klaudius hatte nämlich angeordnet, daß alle Juden Rom verlassen müßten. Diesen beiden schloß er sich an, 3 und da sie das gleiche Handwerk betrieben, blieb er bei ihnen und arbeitete dort. Sie waren Zeltmacher von Beruf. 4 An jedem Sabbat lehrte er in der Synagoge und suchte Juden und Griechen zu überzeugen. 5 Als aber Silas und Timotheus aus Mazedonien eingetroffen waren, widmete sich Paulus ganz der Verkündigung und bezeugte den Juden, daß Jesus der Messias sei. 6 Als sie sich dagegen auflehnten und Lästerungen ausstießen, schüttelte er seine Kleider aus und sagte zu ihnen: Euer Blut komme über euer Haupt! Ich bin daran unschuldig. Von jetzt an werde ich zu den Heiden gehen.

7 Und er ging von da in das Haus eines gewissen Titius Justus hinüber, eines Gottesfürchtigen, dessen Haus an die Synagoge grenzte. 8 Krispus aber, der Synagogenvorsteher, kam mit seinem ganzen Haus zum Glauben an den Herrn; und viele Korinther, die (Paulus) hörten, wurden gläubig und ließen sich taufen. 9 Der Herr aber sagte nachts in einer Vision zu Paulus: Fürchte dich nicht! Rede nur, schweige nicht! 10 Denn ich bin mit dir, niemand wird dir etwas antun. Viel Volk nämlich gehört mir in dieser Stadt. 11 So blieb Paulus ein Jahr und sechs Monate und lehrte bei ihnen das Wort Gottes.

12 Als aber Gallio Prokonsul von Achaia war, traten die Juden einmütig gegen Paulus auf, brachten ihn vor den Richterstuhl 13 und sagten: Dieser verführt die Menschen zu einer Gottesverehrung, die gegen das Gesetz verstößt. 14 Als Paulus etwas erwidern wollte, sagte Gallio zu den Juden: Läge hier ein Vergehen oder Verbrechen vor, ihr Juden, so würde ich eure Klage ordnungsgemäß behandeln. 15 Streitet ihr jedoch über Lehre und Namen und euer Gesetz, dann seht selber zu! Darüber will ich nicht Richter sein. 16 Und er wies sie vom Richterstuhl weg. 17 Da ergriffen alle den Synagogenvorsteher Sosthenes und verprügelten ihn vor

dem Richterstuhl. Gallio aber kümmerte sich nicht darum.

Die Rückkehr des Paulus über Ephesus nach Antiochia

18 Paulus blieb noch längere Zeit. Dann verabschiedete er sich von den Brüdern und segelte zusammen mit Priszilla und Aquila nach Syrien ab. In Kenchreä hatte er sich aufgrund eines Gelübdes den Kopf kahlscheren lassen. 19 Sie gelangten nach Ephesus. Dort trennte er sich von den beiden; er selbst ging in die Synagoge und redete zu den Juden. 20 Sie baten ihn, noch länger zu bleiben; aber er wollte nicht, 21 sondern verabschiedete sich und sagte: Ich werde wieder zu euch kommen, wenn Gott es will. So fuhr er von Ephesus ab, 22 landete in Cäsarea, zog (nach Jerusalem) hinauf, begrüßte dort die Gemeinde und ging dann nach Antiochia hinab.

Die dritte Missionsreise des Paulus: 18,23–21,17

23 Nachdem er dort einige Zeit geblieben war, zog er weiter, durchwanderte zuerst das galatische Land, dann Phrygien, und stärkte alle Jünger.

Die Missionsarbeit des Apollos in Ephesus

24 Ein Jude namens Apollos kam nach Ephesus. Er stammte aus Alexandria, war redekundig und in der Schrift bewandert. 25 Er war unterwiesen im Weg des Herrn. Er sprach mit glühendem Geist und trug die Lehre von Jesus genau vor; doch kannte er nur die Taufe des Johannes. 26 Er begann, offen in der Synagoge zu sprechen. Priszilla und Aquila hörten ihn, nahmen ihn zu sich und legten ihm den Weg Gottes noch genauer dar. 27 Als er nach Achaia gehen wollte, ermunterten ihn die Brüder dazu und schrieben den Jüngern, sie möchten ihn freundlich aufnehmen. Nach seiner Ankunft wurde er den Gläubigen durch die Gnade eine große Hilfe. 28 Denn mit Nachdruck widerlegte er die Juden, indem er öffentlich aus der Schrift nachwies, daß Jesus der Messias sei.

Die Begegnung des Paulus mit Johannesjüngern

19 Während Apollos sich in Korinth aufhielt, durchwanderte Paulus das Hochland und kam nach Ephesus hinab. 2 Er traf einige Jünger und fragte sie: Habt ihr den Heiligen Geist empfangen, als ihr gläubig wurdet? Sie antworteten ihm: Wir haben noch nicht einmal gehört, daß es einen Heiligen Geist gibt. 3 Da fragte er: Mit welcher Taufe seid ihr denn getauft worden? Sie antworteten: Mit der Taufe des Johannes. 4 Paulus sagte: Johannes hat mit der Taufe der Umkehr getauft und das Volk gelehrt, sie sollten an den glauben, der nach ihm komme: an Jesus. 5 Als sie das hörten, ließen sie sich auf den Namen Jesu, des Herrn, taufen. 6 Paulus legte ihnen die Hände auf, und der Heilige Geist kam auf sie herab; sie redeten in Zungen und weissagten. 7 Es waren im ganzen ungefähr zwölf Männer.

Das Wirken des Paulus in Ephesus

8 Er ging in die Synagoge und lehrte drei Monate lang freimütig und suchte sie vom Reich Gottes zu überzeugen. 9 Da aber einige verstockt waren, sich widersetzten und vor allen Leuten den (neuen) Weg verspotteten, trennte er sich mit den Jüngern von ihnen und unterwies sie täglich im Lehrsaal des Tyrannus. 10 Das geschah zwei Jahre lang; auf diese Weise hörten alle Bewohner der Provinz Asien, Juden wie Griechen, das Wort des Herrn.

Die Wundertaten des Paulus in Ephesus

11 Auch ungewöhnliche Wunder tat Gott durch die Hand des Paulus. 12 Sogar seine Schweiß- und Taschentücher nahm man ihm vom Körper weg und legte sie den Kranken auf; da wichen die Krankheiten, und die bösen Geister fuhren aus. 13 Auch einige der umherziehenden jüdischen Beschwörer versuchten, den Namen Jesu, des Herrn, über den von bösen Geistern Besessenen anzurufen, indem sie sagten: Ich beschwöre euch bei dem Jesus, den Paulus verkündet. 14 Das taten sieben Söhne eines gewissen Skeuas, eines jüdischen Oberpriesters. 15 Aber der böse Geist antwortete ihnen: Jesus kenne ich, und auch Paulus ist mir bekannt. Doch wer seid ihr? 16 Und der Mensch, in dem der böse Geist hauste, sprang auf sie los, überwältigte sie und setzte ihnen so zu, daß sie nackt und zerschunden aus dem Haus fliehen mußten.

17 Das wurde allen Juden und Griechen, die in Ephesus wohnten, bekannt; alle wurden von Furcht gepackt, und der Name Jesu, des Herrn, wurde hoch gepriesen. 18 Viele, die gläubig geworden waren, kamen und bekannten offen, was sie (früher) getan hatten. 19 Und nicht wenige, die Zauberei getrieben hatten, brachten ihre Zauber-

bücher herbei und verbrannten sie vor aller Au-
gen. Man berechnete den Wert der Bücher auf
fünfzigtausend Silberdrachmen. 20 So wuchs das
Wort des Herrn mit Macht und wurde stark.

Der Aufruhr der Silberschmiede

21 Nach diesen Ereignissen nahm sich Paulus vor,
über Mazedonien und Achaia nach Jerusalem zu
reisen. Er sagte: Wenn ich dort gewesen bin, muß
ich auch Rom sehen. 22 Er sandte zwei seiner Hel-
fer, Timotheus und Erastus, nach Mazedonien
voraus und blieb selbst noch eine Zeitlang in der
Provinz Asien.
23 Um jene Zeit aber wurde der (neue) Weg An-
laß zu einem schweren Aufruhr. 24 Denn ein Sil-
berschmied namens Demetrius, der silberne Ar-
temistempel herstellte und den Künstlern viel zu
verdienen gab, 25 rief diese und die anderen damit
beschäftigten Arbeiter zusammen und sagte:
Männer, ihr wißt, daß wir unseren Wohlstand
diesem Gewerbe verdanken. 26 Nun seht und hört
ihr, daß dieser Paulus nicht nur in Ephesus, son-
dern fast in der ganzen Provinz Asien viele Leute
verführt und aufgehetzt hat mit seiner Behaup-
tung, die mit Händen gemachten Götter seien
keine Götter. 27 So kommt nicht nur unser Ge-
schäft in Verruf, sondern auch dem Heiligtum der
großen Göttin Artemis droht Gefahr, nichts mehr
zu gelten, ja sie selbst, die von der ganzen Provinz
Asien und von der ganzen Welt verehrt wird,
wird ihre Hoheit verlieren. 28 Als sie das hörten,
wurden sie wütend und schrien: Groß ist die Ar-
temis von Ephesus! 29 Die ganze Stadt geriet in
Aufruhr; alles stürmte ins Theater, und sie
schleppten die Mazedonier Gaius und Aristarch,
Reisegefährten des Paulus, mit sich.
30 Als aber Paulus in die Volksversammlung ge-
hen wollte, hielten ihn die Jünger zurück. 31 Auch
einige hohe Beamte der Provinz Asien, die mit
ihm befreundet waren, schickten zu ihm und rie-
ten ihm, nicht ins Theater zu gehen.
32 Dort schrien die einen dies, die andern das;
denn in der Versammlung herrschte ein großes
Durcheinander, und die meisten wußten gar
nicht, weshalb man überhaupt zusammenge-
kommen war. 33 Die Juden schickten Alexander
nach vorn, und aus der Menge gab man ihm noch
Hinweise. Alexander gab mit der Hand ein Zei-
chen und wollte vor der Volksversammlung eine
Verteidigungsrede halten. 34 Doch als sie merkten,
daß er ein Jude war, schrien sie alle fast zwei
Stunden lang wie aus einem Mund: Groß ist die
Artemis von Ephesus! 35 Der Stadtschreiber aber
brachte die Menge zur Ruhe und sagte: Männer
von Ephesus! Wer wüßte nicht, daß die Stadt der
Epheser die Tempelhüterin der Großen Artemis
und ihres vom Himmel gefallenen Bildes ist?
36 Dies ist unbestreitbar; ihr müßt also Ruhe be-
wahren und dürft nichts Unüberlegtes tun. 37 Ihr
habt diese Männer hergeschleppt, die weder
Tempelräuber noch Lästerer unserer Göttin sind.
38 Wenn also Demetrius und seine Zunftgenossen
eine Klage gegen irgend jemand haben, so gibt es
dafür Gerichtstage und Prokonsuln; dort mögen
sie einander verklagen. 39 Wenn ihr aber noch et-
was anderes vorzubringen habt, so kann das in
der gesetzmäßigen Volksversammlung geklärt
werden. 40 Sonst sind wir in Gefahr, daß man uns
nach dem heutigen Vorfall des Aufruhrs anklagt,
weil kein Grund vorliegt, mit dem wir diesen
Volksauflauf rechtfertigen könnten. Nach diesen
Worten löste er die Versammlung auf.

Paulus in Mazedonien und Griechenland

20 Nachdem der Tumult sich gelegt hatte,
rief Paulus die Jünger zusammen und
sprach ihnen Mut zu. Dann verabschiedete er
sich und ging weg, um nach Mazedonien zu rei-
sen. 2 Er zog durch die dortigen Gegenden und
sprach oft und eindringlich zu den Jüngern. Dann
begab er sich nach Griechenland; 3 dort blieb er
drei Monate. Als er mit dem Schiff nach Syrien
fahren wollte, planten die Juden einen Anschlag
auf ihn. So entschloß er sich, den Rückweg über
Mazedonien zu nehmen. 4 Dabei begleiteten ihn
Sopater, der Sohn des Pyrrhus, aus Beröa, Ari-
starch und Sekundus aus Thessalonich, Gaius aus
Derbe und Timotheus sowie Tychikus und Tro-
phimus aus der Provinz Asien. 5 Diese reisten vor-
aus und warteten auf uns in Troas. 6 Nach den Ta-
gen der Ungesäuerten Brote segelten wir von
Philippi ab und kamen in fünf Tagen zu ihnen
nach Troas, wo wir uns sieben Tage aufhielten.

Der Abschiedsbesuch des Paulus in Troas

7 Als wir am ersten Wochentag versammelt wa-
ren, um das Brot zu brechen, redete Paulus zu ih-
nen, denn er wollte am folgenden Tag abreisen;
und er dehnte seine Rede bis Mitternacht aus. 8 In
dem Obergemach, in dem wir versammelt wa-

ren, brannten viele Lampen. 9 Ein junger Mann
namens Eutychus saß im offenen Fenster und
sank, als die Predigt des Paulus sich länger hinzog,
in tiefen Schlaf. Und er fiel im Schlaf aus dem drit-
ten Stock hinunter; als man ihn aufhob, war er tot.
10 Paulus lief hinab, warf sich über ihn, umfaßte
ihn und sagte: Beunruhigt euch nicht: Er lebt!
11 Dann stieg er wieder hinauf, brach das Brot und
aß und redete mit ihnen bis zum Morgengrauen.
So verließ er sie. 12 Den jungen Mann aber führten
sie lebend von dort weg. Und sie wurden voll Zu-
versicht.

Von Troas nach Milet

13 Wir gingen voraus zum Schiff und fuhren nach
Assos, wo wir Paulus an Bord nehmen sollten; so
hatte er es angeordnet, weil er selbst zu Fuß ge-
hen wollte. 14 Als er in Assos zu uns stieß, nahmen
wir ihn an Bord und erreichten Mitylene. 15 Von
dort segelten wir am nächsten Tag ab und kamen
bis auf die Höhe von Chios. Am anderen Tag lie-
fen wir Samos an und landeten am folgenden Tag
in Milet. 16 Paulus hatte sich entschlossen, an
Ephesus vorbeizufahren, um in der Provinz Asien
keine Zeit zu verlieren. Denn er hatte es eilig, weil
er, wenn möglich, am Pfingstfest in Jerusalem
sein wollte.

Die Abschiedsrede des Paulus in Milet

17 Von Milet aus schickte er jemand nach Ephesus
und ließ die Ältesten der Gemeinde zu sich rufen.
18 Als sie bei ihm eingetroffen waren, sagte er: Ihr
wißt, wie ich vom ersten Tag an, seit ich die Pro-
vinz Asien betreten habe, die ganze Zeit in eurer
Mitte war 19 und wie ich dem Herrn in aller Demut
diente unter Tränen und vielen Prüfungen, die ich
durch die Nachstellungen der Juden erlitten habe,
20 wie ich nichts verschwiegen habe von dem,
was heilsam ist. Ich habe es euch verkündigt und
habe euch gelehrt, öffentlich und in den Häusern.
21 Ich habe Juden und Griechen beschworen, sich
zu Gott zu bekehren und an Jesus Christus, unse-
ren Herrn, zu glauben. 22 Nun ziehe ich, gebunden
durch den Geist, nach Jerusalem, und ich weiß
nicht, was dort mit mir geschehen wird. 23 Nur das
bezeugt mir der Heilige Geist von Stadt zu Stadt,
daß Fesseln und Drangsale auf mich warten.
24 Aber ich will mit keinem Wort mein Leben
wichtig nehmen, wenn ich nur meinen Lauf voll-
ende und den Dienst erfülle, der mir von Jesus,
dem Herrn, übertragen wurde: das Evangelium
von der Gnade Gottes zu bezeugen. 25 Nun aber
weiß ich, daß ihr mich nicht mehr von Angesicht
sehen werdet, ihr alle, zu denen ich gekommen
bin und denen ich das Reich verkündet habe.
26 Darum bezeuge ich euch am heutigen Tag: Ich
bin unschuldig, wenn einer von euch allen verlo-
rengeht. 27 Denn ich habe mich der Pflicht nicht
entzogen, euch den ganzen Willen Gottes zu ver-
künden. 28 Gebt acht auf euch und auf die ganze
Herde, in der euch der Heilige Geist zu Bischöfen
bestellt hat, damit ihr als Hirten für die Kirche
Gottes sorgt, die er sich durch das Blut seines ei-
genen Sohnes erworben hat. 29 Ich weiß: Nach
meinem Weggang werden reißende Wölfe bei
euch eindringen und die Herde nicht schonen.
30 Und selbst aus eurer Mitte werden Männer auf-
treten, die mit ihren falschen Reden die Jünger auf
ihre Seite ziehen. 31 Seid also wachsam, und denkt
daran, daß ich drei Jahre lang Tag und Nacht nicht
aufgehört habe, unter Tränen jeden einzelnen zu
ermahnen. 32 Und jetzt vertraue ich euch Gott und
dem Wort seiner Gnade an, das die Kraft hat, auf-
zubauen und das Erbe in der Gemeinschaft der
Geheiligten zu verleihen. 33 Silber oder Gold oder
Kleider habe ich von keinem verlangt; 34 ihr wißt
selbst, daß für meinen Unterhalt und den meiner
Begleiter diese Hände hier gearbeitet haben. 35 In
allem habe ich euch gezeigt, daß man sich auf
diese Weise abmühen und sich der Schwachen
annehmen soll, in Erinnerung an die Worte Jesu,
des Herrn, der selbst gesagt hat: Geben ist seliger
als nehmen.

36 Nach diesen Worten kniete er nieder und be-
tete mit ihnen allen. 37 Und alle brachen in lautes
Weinen aus, fielen Paulus um den Hals und küß-
ten ihn; 38 am meisten schmerzte sie sein Wort, sie
würden ihn nicht mehr von Angesicht sehen.
Dann begleiteten sie ihn zum Schiff.

Von Milet über Cäsarea nach Jerusalem

21 Als die Zeit zur Abfahrt gekommen war,
trennten wir uns von ihnen, fuhren auf
dem kürzesten Weg nach Kos, am anderen Tag
nach Rhodos und von dort nach Patara. 2 Hier fan-
den wir ein Schiff, das nach Phönizien fuhr; wir
gingen an Bord und fuhren ab. 3 Als wir Zypern
sichteten, ließen wir es zur Linken liegen, segel-
ten nach Syrien und landeten in Tyrus; hier sollte
das Schiff seine Ladung löschen. 4 Nachdem wir

die Jünger ausfindig gemacht hatten, blieben wir sieben Tage bei ihnen. Auf eine Eingebung des Geistes hin warnten sie Paulus davor, nach Jerusalem zu gehen.

5 Als die Tage um waren, brachen wir zur Weiterreise auf, und alle, auch Frauen und Kinder, begleiteten uns bis vor die Stadt. Am Strand knieten wir nieder, beteten 6 und nahmen Abschied voneinander. Dann gingen wir an Bord; jene aber kehrten nach Hause zurück.

7 So fuhren wir von Tyrus ab und beendeten unsere Seereise in Ptolemaïs. Wir begrüßten die Brüder und blieben einen Tag bei ihnen. 8 Am folgenden Tag kamen wir nach Cäsarea. Wir gingen in das Haus des Evangelisten Philippus, der einer von den Sieben war, und blieben bei ihm. 9 Er hatte vier Töchter, prophetisch begabte Jungfrauen.

10 Wir blieben mehrere Tage. Da kam von Judäa ein Prophet namens Agabus herab 11 und besuchte uns. Er nahm den Gürtel des Paulus, band sich Füße und Hände und sagte: So spricht der Heilige Geist: Den Mann, dem dieser Gürtel gehört, werden die Juden in Jerusalem ebenso fesseln und den Heiden ausliefern. 12 Als wir das hörten, redeten wir ihm zusammen mit den Einheimischen zu, nicht nach Jerusalem hinaufzuziehen. 13 Doch Paulus antwortete: Warum weint ihr und macht mir das Herz schwer? Ich bin bereit, mich in Jerusalem für den Namen Jesu, des Herrn, fesseln zu lassen und sogar zu sterben. 14 Da er sich nicht überreden ließ, gaben wir nach und sagten: Der Wille des Herrn geschehe.

15 Nach diesen Tagen bereiteten wir uns zur Reise vor und zogen hinauf nach Jerusalem. 16 Auch einige Jünger aus Cäsarea begleiteten uns und brachten uns zu einem gewissen Mnason aus Zypern, bei dem wir wohnen sollten; er war ein Jünger aus der Anfangszeit. 17 Als wir nach Jerusalem kamen, wurden wir von den Brüdern freudig empfangen.

Verhaftung und Gefangenschaft des Paulus: 21,18–28,31

Paulus bei Jakobus und das Nasiräatsgelübde

18 Am folgenden Tag ging Paulus mit uns zu Jakobus; auch alle Ältesten fanden sich ein. 19 Er begrüßte sie und berichtete im einzelnen alles, was Gott durch seinen Dienst unter den Heiden getan hatte. 20 Als sie das hörten, priesen sie Gott und sagten zu ihm: Du siehst, Bruder, wie viele Tausende unter den Juden gläubig geworden sind, und sie alle sind Eiferer für das Gesetz. 21 Nun hat man ihnen von dir erzählt: Du lehrst alle unter den Heiden lebenden Juden, von Mose abzufallen, und forderst sie auf, ihre Kinder nicht zu beschneiden und sich nicht an die Bräuche zu halten. 22 Was nun? Sicher werden sie hören, daß du gekommen bist. 23 Tu also, was wir dir sagen: Bei uns sind vier Männer, die ein Gelübde auf sich genommen haben. 24 Nimm sie mit, und weihe dich zusammen mit ihnen; trag die Kosten für sie, damit sie sich das Haar abscheren lassen können. So wird jeder einsehen, daß an dem, was man von dir erzählt hat, nichts ist, sondern daß auch du das Gesetz genau beachtest. 25 Über die gläubig gewordenen Heiden aber haben wir ja einen Beschluß gefaßt und ihnen geschrieben, sie sollten sich vor Götzenopferfleisch, Blut, Ersticktem und Unzucht hüten.

26 Da nahm Paulus die Männer mit und weihte sich am nächsten Tag zusammen mit ihnen, ging dann in den Tempel und meldete das Ende der Weihetage an, damit für jeden von ihnen das Opfer dargebracht werde.

Die Verhaftung des Paulus

27 Als die sieben Tage zu Ende gingen, sahen ihn die Juden aus der Provinz Asien im Tempel. Sie brachten das ganze Volk in Aufruhr, ergriffen ihn 28 und schrien: Israeliten! Kommt zu Hilfe! Das ist der Mensch, der in aller Welt Lehren verbreitet, die sich gegen das Volk und das Gesetz und gegen diesen Ort richten; er hat sogar Griechen in den Tempel mitgenommen und diesen heiligen Ort entweiht. 29 Sie hatten nämlich kurz zuvor den Epheser Trophimus mit ihm zusammen in der Stadt gesehen und meinten, Paulus habe ihn in den Tempel mitgenommen. 30 Da geriet die ganze Stadt in Aufregung, und das Volk lief zusammen. Sie ergriffen Paulus und zerrten ihn aus dem Tempel, und sofort wurden die Tore geschlossen.

31 Schon wollten sie ihn umbringen, da brachte man dem Obersten der Kohorte die Meldung hinauf: Ganz Jerusalem ist in Aufruhr! 32 Er eilte sofort mit Soldaten und Hauptleuten zu ihnen hinunter. Als sie den Obersten und die Soldaten sahen, hörten sie auf, Paulus zu schlagen. 33 Der Oberst trat hinzu, verhaftete ihn, ließ ihn mit zwei Ketten

fesseln und fragte, wer er sei und was er getan habe. 34 In der Menge schrien die einen dies, die andern das. Da er bei dem Lärm nichts Sicheres ermitteln konnte, befahl er, ihn in die Kaserne zu führen. 35 Als Paulus an die Freitreppe kam, mußten ihn die Soldaten wegen des Andrangs der Menge tragen. 36 Denn das Volk lief hinterher und schrie: Weg mit ihm!

37 Als man Paulus in die Kaserne bringen wollte, sagte er zum Obersten: Darf ich ein Wort mit dir reden? Der antwortete: Du verstehst Griechisch? 38 Dann bist du also nicht der Ägypter, der vor einiger Zeit die viertausend Sikarier aufgewiegelt und in die Wüste hinausgeführt hat? 39 Paulus antwortete: Ich bin ein Jude aus Tarsus in Zilizien, Bürger einer nicht unbedeutenden Stadt. Ich bitte dich, gestatte mir, zum Volk zu sprechen. 40 Als der Oberst es erlaubte, stellte sich Paulus auf die Freitreppe und gab dem Volk mit der Hand ein Zeichen. Alles wurde still, und er redete sie in hebräischer Sprache an:

Die Rede des Paulus im Tempelvorhof

22 Brüder und Väter! Hört, was ich euch zu meiner Verteidigung zu sagen habe. 2 Als sie hörten, daß er in hebräischer Sprache zu ihnen redete, waren sie noch ruhiger. Und er sagte: 3 Ich bin ein Jude, geboren in Tarsus in Zilizien, hier in dieser Stadt erzogen, zu Füßen Gamaliëls genau nach dem Gesetz der Väter ausgebildet, ein Eiferer für Gott, wie ihr alle es heute seid. 4 Ich habe den (neuen) Weg bis auf den Tod verfolgt, habe Männer und Frauen gefesselt und in die Gefängnisse eingeliefert. 5 Das bezeugen mir der Hohepriester und der ganze Rat der Ältesten. Von ihnen erhielt ich auch Briefe an die Brüder und zog nach Damaskus, um dort ebenfalls die Anhänger (der neuen Lehre) zu fesseln und zur Bestrafung nach Jerusalem zu bringen. 6 Als ich nun unterwegs war und mich Damaskus näherte, da geschah es, daß mich um die Mittagszeit plötzlich vom Himmel her ein helles Licht umstrahlte. 7 Ich stürzte zu Boden und hörte eine Stimme zu mir sagen: Saul, Saul, warum verfolgst du mich? 8 Ich antwortete: Wer bist du, Herr? Er sagte zu mir: Ich bin Jesus, der Nazoräer, den du verfolgst. 9 Meine Begleiter sahen zwar das Licht, die Stimme dessen aber, der zu mir sprach, hörten sie nicht. 10 Ich sagte: Herr, was soll ich tun? Der Herr antwortete: Steh auf, und geh nach Damaskus, dort wird dir alles gesagt werden, was du nach Gottes Willen tun sollst. 11 Da ich aber vom Glanz jenes Lichtes geblendet war, so daß ich nicht mehr sehen konnte, wurde ich von meinen Begleitern an der Hand geführt und gelangte so nach Damaskus.

12 Ein gewisser Hananias, ein frommer und gesetzestreuer Mann, der bei allen Juden dort in gutem Ruf stand, 13 kam zu mir, trat vor mich und sagte: Bruder Saul, du sollst wieder sehen! Und im gleichen Augenblick konnte ich ihn sehen. 14 Er sagte: Der Gott unserer Väter hat dich dazu erwählt, seinen Willen zu erkennen, den Gerechten zu sehen und die Stimme seines Mundes zu hören; 15 denn du sollst vor allen Menschen sein Zeuge werden für das, was du gesehen und gehört hast. 16 Was zögerst du noch? Steh auf, laß dich taufen und deine Sünden abwaschen, und rufe seinen Namen an! 17 Als ich später nach Jerusalem zurückgekehrt war und im Tempel betete, da geriet ich in eine Verzückung. 18 Und ich sah ihn, wie er zu mir sagte: Beeil dich, verlasse sofort Jerusalem; denn sie werden dein Zeugnis über mich nicht annehmen. 19 Da sagte ich: Herr, sie wissen doch, daß ich es war, der deine Gläubigen ins Gefängnis werfen und in den Synagogen auspeitschen ließ. 20 Auch als das Blut deines Zeugen Stephanus vergossen wurde, stand ich dabei; ich stimmte zu und paßte auf die Kleider derer auf, die ihn umbrachten. 21 Aber er sagte zu mir: Brich auf, denn ich will dich in die Ferne zu den Heiden senden.

Paulus und der römische Oberst

22 Bis zu diesem Wort hörten sie ihm zu, dann fingen sie an zu schreien: Weg mit so einem Menschen! Er darf nicht am Leben bleiben. 23 Sie lärmten, zerrissen ihre Kleider und warfen Staub in die Luft. 24 Da befahl der Oberst, ihn in die Kaserne zu führen, und ordnete an, ihn unter Geißelschlägen zu verhören. Auf diese Weise wollte er herausfinden, warum sie derart gegen ihn tobten. 25 Als sie ihn aber für die Geißelung festbanden, sagte Paulus zu dem Hauptmann, der dabeistand: Dürft ihr jemand, der das römische Bürgerrecht besitzt, geißeln, noch dazu ohne Verurteilung?

26 Als der Hauptmann das hörte, ging er zum Obersten, meldete es und sagte: Was hast du vor? Der Mann ist ein Römer. 27 Der Oberst kam zu Paulus und fragte ihn: Sag mir, bist du ein Römer? Er antwortete: Ja. 28 Da antwortete der Oberst: Ich

habe für dieses Bürgerrecht ein Vermögen ge-
zahlt. Paulus sagte: Ich bin sogar als Römer gebo-
ren. 29 Sofort ließen die, die ihn verhören sollten,
von ihm ab. Und der Oberst erschrak, als er er-
fuhr, daß es ein Römer war, den er hatte fesseln
lassen.

Paulus vor dem Hohen Rat

30 Weil er genau wissen wollte, was die Juden ihm
vorwarfen, ließ er ihn am nächsten Tag aus dem
Gefängnis holen und befahl, die Hohenpriester
und der ganze Hohe Rat sollten sich versammeln.
Und er ließ Paulus hinunterführen und ihnen ge-
genüberstellen.

23 Paulus schaute mit festem Blick auf den
Hohen Rat und sagte: Brüder! Bis zum
heutigen Tag lebe ich vor Gott mit völlig reinem
Gewissen. 2 Der Hohepriester Hananias aber be-
fahl denen, die bei ihm standen, ihn auf den
Mund zu schlagen. 3 Da sagte Paulus zu ihm: Dich
wird Gott schlagen, du übertünchte Wand! Du
sitzt hier, um mich nach dem Gesetz zu richten,
und entgegen dem Gesetz befiehlst du, mich zu
schlagen? 4 Die Umstehenden sagten: Du wagst
es, den Hohenpriester Gottes zu schmähen? 5 Pau-
lus antwortete: Ich wußte nicht, Brüder, daß er
der Hohepriester ist. Denn es heißt in der Schrift:
*Einen Fürsten deines Volkes sollst du nicht ver-
fluchen.* 6 Da Paulus aber wußte, daß der eine Teil
zu den Sadduzäern, der andere zu den Pharisäern
gehörte, rief er vor dem Hohen Rat aus: Brüder,
ich bin Pharisäer und ein Sohn von Pharisäern;
wegen der Hoffnung und wegen der Auferste-
hung der Toten stehe ich vor Gericht.
7 Als er das sagte, brach ein Streit zwischen den
Pharisäern und den Sadduzäern aus, und die Ver-
sammlung spaltete sich. 8 Die Sadduzäer behaup-
ten nämlich, es gebe weder eine Auferstehung
noch Engel noch Geister, die Pharisäer dagegen
bekennen sich zu all dem. 9 Es erhob sich ein
lautes Geschrei, und einige Schriftgelehrte aus
dem Kreis der Pharisäer standen auf und verfoch-
ten ihre Ansicht. Sie sagten: Wir finden nichts
Schlimmes an diesem Menschen. Vielleicht hat
doch ein Geist oder ein Engel zu ihm gesprochen.
10 Als der Streit heftiger wurde, befürchtete der
Oberst, sie könnten Paulus zerreißen. Daher ließ
er die Wachtruppe herabkommen, ihn mit Gewalt
aus ihrer Mitte herausholen und in die Kaserne
bringen.
11 In der folgenden Nacht aber trat der Herr zu
Paulus und sagte: Hab Mut! Denn so wie du in Je-
rusalem meine Sache bezeugt hast, sollst du auch
in Rom Zeugnis ablegen.

Die Verschwörung der Juden gegen Paulus

12 Nach Tagesanbruch rotteten sich die Juden zu-
sammen und schworen einen heiligen Eid, we-
der zu essen noch zu trinken, bis sie Paulus getö-
tet hätten. 13 An dieser Verschwörung waren
mehr als vierzig Männer beteiligt. 14 Sie gingen zu
den Hohenpriestern und den Ältesten und sag-
ten: Wir haben mit einem heiligen Eid geschwo-
ren, nichts zu essen, bis wir Paulus getötet ha-
ben. 15 Geht also jetzt zusammen mit dem Hohen
Rat zum Obersten, und bittet ihn, Paulus zu euch
herunterzuführen, da ihr den Fall noch genauer
untersuchen wollt; wir aber halten uns bereit,
um ihn, noch bevor er hierher kommt, umzu-
bringen.
16 Der Neffe des Paulus, der Sohn seiner Schwe-
ster, erfuhr jedoch von dem Anschlag. Er ging in
die Kaserne und verständigte Paulus. 17 Paulus ließ
einen der Hauptleute rufen und sagte: Bring
diesen jungen Mann zum Obersten, denn er hat
ihm etwas zu melden. 18 Der nahm ihn mit sich,
brachte ihn zum Obersten und sagte: Der Gefan-
gene Paulus hat mich gerufen und gebeten, die-
sen jungen Mann zu dir zu führen, da er dir etwas
mitzuteilen habe. 19 Der Oberst faßte ihn bei der
Hand, nahm ihn beiseite und fragte: Was hast du
mir zu melden? 20 Er antwortete: Die Juden haben
verabredet, dich zu bitten, du mögest morgen den
Paulus vor den Hohen Rat hinunterführen lassen.
Angeblich wollen sie Genaueres über ihn erfah-
ren. 21 Trau ihnen nicht! Denn mehr als vierzig
Männer von ihnen lauern ihm auf. Sie haben sich
geschworen, weder zu essen noch zu trinken, bis
sie ihn umgebracht haben; schon stehen sie be-
reit und warten auf deine Anordnung. 22 Der
Oberst befahl dem jungen Mann: Sag niemand et-
was darüber, daß du mir das angezeigt hast. Dann
ließ er ihn gehen.

Die Überführung des Paulus nach Cäsarea

23 Er rief zwei von den Hauptleuten und gab ihnen
den Befehl: Haltet von der dritten Stunde der
Nacht an zweihundert Soldaten zum Marsch
nach Cäsarea bereit, außerdem siebzig Reiter und
zweihundert Leichtbewaffnete; 24 auch Tragtiere

soll man bereitstellen, Paulus aufsitzen lassen und sicher zum Statthalter Felix bringen. 25 Und er schrieb einen Brief mit folgendem Inhalt: 26 Klaudius Lysias entbietet dem erlauchten Statthalter Felix seinen Gruß! 27 Dieser Mann wurde von den Juden ergriffen und wäre beinahe von ihnen umgebracht worden; da habe ich mit der Wachtruppe eingegriffen und ihn befreit. Ich hatte nämlich erfahren, daß er Römer ist. 28 Und weil ich ermitteln wollte, wessen sie ihn beschuldigen, brachte ich ihn vor ihren Hohen Rat. 29 Ich fand heraus, daß er wegen Streitfragen über ihr Gesetz angeschuldigt wird, daß aber keine Anklage gegen ihn vorliegt, auf die Tod oder Haft steht. 30 Da mir aber angezeigt wurde, gegen den Mann sei ein Anschlag geplant, schicke ich ihn sogleich zu dir; auch habe ich die Kläger angewiesen, ihre Sache gegen ihn bei dir vorzubringen.

31 Die Soldaten übernahmen Paulus, wie ihnen befohlen war, und brachten ihn bei Nacht bis Antipatris. 32 Am anderen Tag ließen sie die Reiter mit ihm weiterziehen und kehrten in die Kaserne zurück. 33 Diese gaben nach ihrer Ankunft in Cäsarea den Brief beim Statthalter ab und führten ihm Paulus vor. 34 Er las (den Brief) und fragte Paulus, aus welcher Provinz er stamme. Als er hörte, er sei aus Zilizien, 35 sagte er: Ich werde dich vernehmen, sobald deine Ankläger eingetroffen sind. Dann befahl er, ihn im Prätorium des Herodes in Gewahrsam zu halten.

Paulus vor dem römischen Statthalter Felix

24 Nach fünf Tagen kam der Hohepriester Hananias mit einigen Ältesten und dem Anwalt Tertullus herab, und sie brachten beim Statthalter ihre Klage gegen Paulus vor. 2 Er wurde herbeigeholt, und Tertullus erhob Anklage mit folgenden Worten: Tiefen Frieden genießen wir durch dich, und durch deine Umsicht hat sich für dieses Volk vieles gebessert. 3 Das erkennen wir immer und überall mit großer Dankbarkeit an, erlauchter Felix. 4 Um dich aber nicht länger bemühen zu müssen, bitte ich dich, uns in deiner Milde kurz anzuhören. 5 Wir finden nämlich, dieser Mann ist eine Pest, ein Unruhestifter bei allen Juden in der Welt und ein Rädelsführer der Nazoräersekte. 6 Er hat sogar versucht, den Tempel zu entweihen. Wir haben ihn festgenommen [6b-8a]. 8b Wenn du ihn verhörst, wirst du selbst alles ermitteln können, wessen wir ihn anklagen. 9 Und die Juden unterstützten ihn, indem sie behaupteten, so sei es.

10 Auf einen Wink des Statthalters erwiderte Paulus: Da ich dich seit vielen Jahren als Richter für dieses Volk kenne, verteidige ich meine Sache voll Zuversicht. 11 Wie du feststellen kannst, sind erst zwölf Tage vergangen, seit ich nach Jerusalem hinaufgezogen bin, um Gott anzubeten. 12 Sie haben mich weder im Tempel noch in den Synagogen noch anderswo in der Stadt dabei angetroffen, daß ich ein Streitgespräch mit jemand geführt oder einen Aufruhr im Volk erregt hätte. 13 Sie können dir auch nichts von dem beweisen, was sie mir jetzt vorwerfen. 14 Das allerdings bekenne ich dir: Dem (neuen) Weg entsprechend, den sie eine Sekte nennen, diene ich dem Gott meiner Väter. Ich glaube an alles, was im Gesetz und in den Propheten steht, 15 und ich habe dieselbe Hoffnung auf Gott, die auch diese hier haben: daß es eine Auferstehung der Gerechten und Ungerechten geben wird. 16 Deshalb bemühe auch ich mich, vor Gott und den Menschen immer ein reines Gewissen zu haben. 17 Nach mehreren Jahren bin ich nun zu meinem Volk gekommen, um Spenden zu überbringen und zu opfern. 18 Als ich mich zu diesem Zweck im Tempel hatte weihen lassen, trafen mich – nicht mit einer Volksmenge und nicht bei einem Tumult – 19 einige Juden aus der Provinz Asien; sie müßten vor dir erscheinen und Anklage erheben, wenn sie etwas gegen mich vorzubringen haben. 20 Oder diese hier sollen doch selbst sagen, was für ein Vergehen sie herausgefunden haben, als ich vor dem Hohen Rat stand, 21 es sei denn der eine Satz, den ich in ihrer Mitte ausgerufen habe: Wegen der Auferstehung der Toten stehe ich heute vor eurem Gericht.

22 Felix, der den (neuen) Weg genau kannte, vertagte den Fall mit den Worten: Sobald der Oberst Lysias herabkommt, werde ich eure Sache entscheiden. 23 Den Hauptmann wies er an, Paulus weiter in Gewahrsam zu halten, jedoch in leichter Haft, und niemand von den Seinen daran zu hindern, für ihn zu sorgen.

24 Einige Tage darauf erschien Felix mit seiner Gemahlin Drusilla, einer Jüdin, ließ Paulus rufen und hörte an, was er ihm über den Glauben an Christus Jesus berichtete. 25 Als aber die Rede auf Gerechtigkeit, Enthaltsamkeit und das bevorstehende Gericht kam, erschrak Felix und unterbrach ihn: Für jetzt kannst du gehen; wenn ich

Zeit finde, werde ich dich wieder rufen. 26 Dabei
hoffte er, von Paulus Geld zu erhalten. Deshalb
ließ er ihn auch häufig kommen und unterhielt
sich mit ihm. 27 Nach zwei Jahren aber wurde Por-
zius Festus Nachfolger des Felix; und weil Felix
den Juden einen Gefallen erweisen wollte, ließ er
Paulus in der Haft zurück.

Paulus vor dem Statthalter Festus – Seine Berufung an den Kaiser

25 Als Festus in der Provinz eingetroffen
war, zog er drei Tage später von Cäsarea
nach Jerusalem hinauf. 2 Da erstatteten die Ho-
henpriester und die Vornehmsten der Juden bei
ihm Anzeige gegen Paulus. Sie ersuchten ihn, ge-
gen Paulus vorzugehen, 3 und baten ihn um den
Gefallen, Paulus nach Jerusalem bringen zu las-
sen. Sie wollten ihn nämlich unterwegs aus ei-
nem Hinterhalt heraus ermorden. 4 Festus jedoch
antwortete, Paulus bleibe in Cäsarea in Haft und
er selbst wolle in Kürze abreisen. 5 Die unter euch,
die dafür zuständig sind, sagte er, können mit hin-
abkommen, und wenn gegen den Mann etwas
vorliegt, sollen sie gegen ihn Anklage erheben.

6 Er hielt sich nicht länger als acht oder zehn Tage
bei ihnen auf, dann reiste er nach Cäsarea hinab.
Am folgenden Tag setzte er sich auf den Richter-
stuhl und ließ Paulus vorführen. 7 Als dieser er-
schien, umringten ihn die Juden, die von Jerusa-
lem herabgekommen waren, und brachten viele
schwere Beschuldigungen vor, konnten sie aber
nicht beweisen. 8 Paulus verteidigte sich: Ich habe
mich weder gegen das Gesetz der Juden noch ge-
gen den Tempel noch gegen den Kaiser vergan-
gen. 9 Festus jedoch wollte den Juden einen Ge-
fallen erweisen und antwortete dem Paulus:
Willst du nach Jerusalem hinaufgehen und dich
dort unter meinem Vorsitz dieser Sache wegen
richten lassen? 10 Paulus sagte: Ich stehe vor dem
Richterstuhl des Kaisers, und da muß ich gerich-
tet werden. Den Juden habe ich kein Unrecht ge-
tan, wie auch du sehr wohl weißt. 11 Wenn ich
wirklich ein Unrecht begangen und etwas getan
habe, worauf die Todesstrafe steht, weigere ich
mich nicht zu sterben. Wenn aber ihre Anklage
gegen mich unbegründet ist, kann mich niemand
ihnen ausliefern. Ich lege Berufung beim Kaiser
ein! 12 Da besprach sich Festus mit seinen Ratge-
bern und antwortete: An den Kaiser hast du ap-
pelliert; zum Kaiser sollst du gehen.

Paulus vor dem Statthalter Festus und König Agrippa

13 Einige Tage später trafen König Agrippa und Be-
renike in Cäsarea ein, um Festus ihre Aufwartung
zu machen. 14 Sie blieben mehrere Tage dort. Da
trug Festus dem König den Fall des Paulus vor
und sagte: Von Felix ist ein Mann als Gefangener
zurückgelassen worden, 15 gegen den die Hohen-
priester und die Ältesten der Juden, als ich in Je-
rusalem war, vorstellig wurden. Sie forderten
seine Verurteilung, 16 ich aber erwiderte ihnen, es
sei bei den Römern nicht üblich, einen Menschen
auszuliefern, bevor nicht der Angeklagte den
Anklägern gegenübergestellt sei und Gelegenheit
erhalten habe, sich gegen die Anschuldigungen
zu verteidigen. 17 Als sie dann zusammen hierher
kamen, setzte ich mich gleich am nächsten Tag
auf den Richterstuhl und ließ den Mann vor-
führen. 18 Bei der Gegenüberstellung brachten die
Kläger keine Anklage wegen solcher Verbrechen
vor, die ich vermutet hatte; 19 sie führten nur ei-
nige Streitfragen gegen ihn ins Feld, die ihre Reli-
gion und einen gewissen Jesus betreffen, der ge-
storben ist, von dem Paulus aber behauptet, er
lebe. 20 Da ich mich auf die Untersuchung dieser
Dinge nicht verstand, fragte ich, ob er nach Jeru-
salem gehen wolle, um sich dort deswegen rich-
ten zu lassen. 21 Paulus jedoch legte Berufung ein;
er wollte bis zur Entscheidung der kaiserlichen
Majestät in Haft bleiben. Daher gab ich Befehl,
ihn in Haft zu halten, bis ich ihn zum Kaiser
schicken kann. 22 Da sagte Agrippa zu Festus: Ich
würde den Mann gern selbst hören. Morgen, ant-
wortete er, sollst du ihn hören.

23 So kamen am folgenden Tag Agrippa und Be-
renike mit großem Gepränge und betraten die
Empfangshalle, zusammen mit den Obersten und
den vornehmsten Männern der Stadt. Auf Befehl
des Festus wurde Paulus vorgeführt, 24 und Festus
sagte: König Agrippa und all ihr Männer, die ihr
hier bei uns seid! Da seht ihr den Mann, dessent-
wegen mich alle Juden in Jerusalem und auch
hier bestürmt haben mit ihrem Geschrei, er dürfe
nicht länger am Leben bleiben. 25 Ich aber konnte
bei ihm nichts feststellen, worauf die Todesstrafe
steht. Da er jedoch selbst an die kaiserliche Maje-
stät appelliert hat, habe ich beschlossen, ihn hin-
zuschicken. 26 Etwas Genaues über ihn weiß ich
meinem Herrn allerdings nicht zu schreiben.
Darum habe ich ihn euch und vor allem dir, Kö-

Ich habe euch ein Beispiel gegeben (Joh 13) | 82 ▷
Er trug sein Kreuz (Joh 19) | 83 ▷▷

IES
NAZAR

nig Agrippa, vorführen lassen, um nach dem Ver-
hör zu wissen, was ich schreiben kann. 27 Denn es
scheint mir unsinnig, einen Gefangenen zu
schicken, ohne anzugeben, was man ihm vor-
wirft.

26 Da sagte Agrippa zu Paulus: Du hast die
Erlaubnis, in eigener Sache zu reden.
Paulus erhob die Hand und sagte zu seiner Ver-
teidigung: 2 Ich schätze mich glücklich, König
Agrippa, daß ich mich heute vor dir verteidigen
darf wegen all der Dinge, die mir die Juden vor-
werfen, 3 besonders, da du ein Kenner aller jüdi-
schen Satzungen und Streitfragen bist. Deshalb
bitte ich, mich geduldig anzuhören.

4 Das Leben, das ich seit meiner Jugend bei mei-
nem Volk und in Jerusalem geführt habe, ist allen
Juden von Anfang an bekannt. 5 Ich bin ihnen von
früher her bekannt, und wenn sie wollen, kön-
nen sie bezeugen, daß ich nach der strengsten
Richtung unserer Religion gelebt habe, nämlich
als Pharisäer. 6 Und jetzt stehe ich vor Gericht we-
gen der Hoffnung auf die Verheißung, die von
Gott an unsere Väter ergangen ist. 7 Unser Zwölf-
stämmevolk hofft, sie zu erlangen, und deshalb
dient es Gott unablässig, bei Tag und Nacht. Die-
ser Hoffnung wegen, König, werde ich von den
Juden angeklagt. 8 Warum haltet ihr es für un-
glaubhaft, daß Gott Tote auferweckt? 9 Ich selbst
meinte, ich müßte den Namen Jesu, des Na-
zoräers, heftig bekämpfen. 10 Das habe ich in Jeru-
salem auch getan: Ich ließ mir von den Hohen-
priestern Vollmacht geben und sperrte viele der
Heiligen ins Gefängnis; und wenn sie hingerich-
tet werden sollten, stimmte ich dafür. 11 Und in al-
len Synagogen habe ich oft versucht, sie durch
Strafen zur Lästerung zu zwingen; in maßloser
Wut habe ich sie sogar bis in Städte außerhalb des
Landes verfolgt.

12 So zog ich auch mit der Vollmacht und Er-
laubnis der Hohenpriester nach Damaskus. 13 Da
sah ich unterwegs, König, mitten am Tag ein
Licht, das mich und meine Begleiter vom Him-
mel her umstrahlte, heller als die Sonne. 14 Wir
alle stürzten zu Boden, und ich hörte eine
Stimme auf hebräisch zu mir sagen: Saul, Saul,
warum verfolgst du mich? Es wird dir schwerfal-
len, gegen den Stachel auszuschlagen. 15 Ich ant-
wortete: Wer bist du, Herr? Der Herr sagte: Ich
bin Jesus, den du verfolgst. 16 Steh auf, stell dich
auf deine Füße! Denn ich bin dir erschienen, um
dich zum Diener und Zeugen dessen zu er-
wählen, was du gesehen hast und was ich dir
noch zeigen werde. 17 Ich will dich vor dem Volk
und den Heiden retten, zu denen ich dich sende,
18 um ihnen die Augen zu öffnen. Denn sie sollen
sich von der Finsternis zum Licht und von der
Macht des Satans zu Gott bekehren und sollen
durch den Glauben an mich die Vergebung der
Sünden empfangen und mit den Geheiligten am
Erbe teilhaben.

19 Daher, König Agrippa, habe ich mich der
himmlischen Erscheinung nicht widersetzt,
20 sondern zuerst denen in Damaskus und in Jeru-
salem, dann im ganzen Land Judäa und bei den
Heiden verkündet, sie sollten umkehren, sich
Gott zuwenden und der Umkehr entsprechend
handeln. 21 Aus diesem Grund haben mich einige
Juden im Tempel ergriffen und versucht, mich
umzubringen. 22 Doch ich habe Gottes Hilfe erfah-
ren bis zum heutigen Tag; so stehe ich da als
Zeuge für groß und klein und sage nichts anderes
als das, was nach dem Wort der Propheten und
des Mose geschehen soll: 23 daß der Christus lei-
den müsse und daß er, als erster von den Toten
auferstanden, dem Volk und den Heiden ein Licht
verkünden werde.

24 Als er sich mit diesen Worten verteidigte, rief
Festus laut: Du bist verrückt, Paulus! Das viele
Studieren in den (heiligen) Schriften treibt dich
zum Wahnsinn. 25 Paulus erwiderte: Ich bin nicht
verrückt, erlauchter Festus; was ich sage, ist wahr
und vernünftig. 26 Der König versteht sich auf
diese Dinge; deshalb spreche ich auch freimütig
zu ihm. Ich bin überzeugt, daß ihm nichts davon
entgangen ist; das alles hat sich ja nicht in ir-
gendeinem Winkel zugetragen. 27 König Agrippa,
glaubst du den Propheten? Ich weiß, du glaubst.
28 Darauf sagte Agrippa zu Paulus: Fast überredest
du mich dazu, mich als Christ auszugeben. 29 Pau-
lus antwortete: Ich wünschte mir von Gott, daß
früher oder später nicht nur du, sondern alle, die
mich heute hören, das werden, was ich bin, frei-
lich ohne diese Fesseln.

30 Da erhoben sich der König und der Statthalter,
auch Berenike und alle, die bei ihnen saßen. 31 Sie
zogen sich zurück, besprachen sich miteinander
und sagten: Dieser Mann tut nichts, worauf Tod
oder Haft steht. 32 Und Agrippa sagte zu Festus:
Der Mann könnte freigelassen werden, wenn er
nicht an den Kaiser appelliert hätte.

◁◁ 84 | *Sie teilten meine Kleider unter sich (Joh 19)*
◁ 85 | *Jesus sagte zu ihr: »Maria« (Joh 20)*

Die Abfahrt des gefangenen Apostels nach Rom

27 Als unsere Abfahrt nach Italien feststand,
wurden Paulus und einige andere Gefan-
gene einem Hauptmann der kaiserlichen Kohorte
namens Julius übergeben. 2 Wir bestiegen ein
Schiff aus Adramyttium, das die Orte entlang der
Küste Kleinasiens anlaufen sollte, und fuhren ab;
bei uns war Aristarch, der Mazedonier aus Thes-
salonich. 3 Am anderen Tag liefen wir in Sidon ein,
und Julius, der Paulus wohlwollend behandelte,
erlaubte ihm, zu seinen Freunden zu gehen und
sich versorgen zu lassen. 4 Von dort fuhren wir
weiter und umsegelten, weil wir Gegenwind hat-
ten, Zypern. 5 Wir fuhren durch das Meer von Zi-
lizien und Pamphylien und erreichten Myra in
Lyzien. 6 Dort fand der Hauptmann ein alexandri-
nisches Schiff, das nach Italien fuhr, und er
brachte uns an Bord. 7 Viele Tage lang kamen wir
nur langsam vorwärts, und mit Mühe erreichten
wir die Höhe von Knidos. Da uns der Wind nicht
herankommen ließ, umsegelten wir Kreta bei Sal-
mone, 8 fuhren unter großer Mühe an Kreta ent-
lang und erreichten einen Ort namens Kalói
Liménes, in dessen Nähe die Stadt Lasäa liegt.

9 Da inzwischen längere Zeit vergangen und die
Schiffahrt bereits unsicher geworden war – sogar
das Fasten war schon vorüber –, warnte Paulus
und sagte: 10 Männer, ich sehe, die Fahrt wird mit
Gefahr und großem Schaden verbunden sein,
nicht nur für die Ladung und das Schiff, sondern
auch für unser Leben. 11 Der Hauptmann aber ver-
traute dem Steuermann und dem Kapitän mehr
als den Worten des Paulus. 12 Da der Hafen zum
Überwintern ungeeignet war, beschloß die Mehr-
heit weiterzufahren, um nach Möglichkeit Phö-
nix zu erreichen, einen nach Südwesten und
Nordwesten offenen Hafen von Kreta; dort woll-
ten sie überwintern. 13 Als leichter Südwind auf-
kam, meinten sie, ihr Vorhaben sei schon ge-
glückt; sie lichteten den Anker und fuhren dicht
an Kreta entlang.

Der Seesturm

14 Doch kurz darauf brach von der Insel her ein Or-
kan los, Eurakylon genannt. 15 Das Schiff wurde
mitgerissen, und weil es nicht mehr gegen den
Wind gedreht werden konnte, gaben wir auf und
ließen uns treiben. 16 Während wir unter einer
kleinen Insel namens Kauda hinfuhren, konnten
wir das Beiboot nur mit Mühe in die Gewalt be-
kommen. 17 Die Matrosen hoben es hoch, dann si-
cherten sie das Schiff, indem sie Taue darum her-
umspannten. Weil sie fürchteten, in die Syrte zu
geraten, ließen sie den Treibanker hinab und trie-
ben dahin. 18 Da wir vom Sturm hart bedrängt
wurden, erleichterten sie am nächsten Tag das
Schiff, 19 und am dritten Tag warfen sie eigenhän-
dig die Schiffsausrüstung über Bord. 20 Mehrere
Tage hindurch zeigten sich weder Sonne noch
Sterne, und der heftige Sturm hielt an. Schließlich
schwand uns alle Hoffnung auf Rettung.

21 Niemand wollte mehr essen; da trat Paulus in
ihre Mitte und sagte: Männer, man hätte auf mich
hören und von Kreta nicht abfahren sollen, dann
wären uns dieses Unglück und der Schaden er-
spart geblieben. 22 Doch jetzt ermahne ich euch:
Verliert nicht den Mut! Niemand von euch wird
sein Leben verlieren, nur das Schiff wird unterge-
hen. 23 Denn in dieser Nacht ist ein Engel des
Gottes, dem ich gehöre und dem ich diene, zu mir
gekommen 24 und hat gesagt: Fürchte dich nicht,
Paulus! Du mußt vor den Kaiser treten. Und Gott
hat dir alle geschenkt, die mit dir fahren. 25 Habt
also Mut, Männer! Denn ich vertraue auf Gott,
daß es so kommen wird, wie mir gesagt worden
ist. 26 Wir müssen allerdings an einer Insel stran-
den.

Der Schiffbruch vor Malta

27 Als wir schon die vierzehnte Nacht auf der
Adria trieben, merkten die Matrosen um Mitter-
nacht, daß sich ihnen Land näherte. 28 Sie warfen
das Lot hinab und maßen zwanzig Faden; kurz
danach loteten sie nochmals und maßen fünf-
zehn Faden. 29 Aus Furcht, wir könnten auf Klip-
pen laufen, warfen sie vom Heck aus vier Anker
und wünschten den Tag herbei. 30 Als aber die Ma-
trosen unter dem Vorwand, sie wollten vom Bug
aus Anker auswerfen, vom Schiff zu fliehen ver-
suchten und das Beiboot ins Meer hinunter-
ließen, 31 sagte Paulus zum Hauptmann und zu
den Soldaten: Wenn sie nicht auf dem Schiff blei-
ben, könnt ihr nicht gerettet werden. 32 Da kapp-
ten die Soldaten die Taue des Beibootes und
ließen es forttreiben. 33 Bis in die Morgendämme-
rung hinein ermunterte Paulus alle, etwas zu es-
sen, und sagte: Heute ist schon der vierzehnte
Tag, daß ihr ausharrt, ohne auch nur die geringste
Nahrung zu euch zu nehmen. 34 Deshalb rate ich
euch: Eßt etwas; das ist gut für eure Rettung.

Denn keinem von euch wird auch nur ein Haar von seinem Kopf verlorengehen.

35 Nach diesen Worten nahm er Brot, dankte Gott vor den Augen aller, brach es und begann zu essen. 36 Da faßten alle Mut und aßen ebenfalls. 37 Wir waren im ganzen zweihundertsechsundsiebzig Menschen an Bord. 38 Nachdem sie sich satt gegessen hatten, warfen sie das Getreide ins Meer, um das Schiff zu erleichtern.

39 Als es nun Tag wurde, entdeckten die Matrosen eine Bucht mit flachem Strand; auf ihn wollten sie, wenn möglich, das Schiff auflaufen lassen; das Land selbst war ihnen unbekannt. 40 Sie machten die Anker los und ließen sie im Meer zurück. Zugleich lösten sie die Haltetaue der Steuerruder, hißten das Vorsegel und hielten mit dem Wind auf den Strand zu. 41 Als sie aber auf eine Sandbank gerieten, strandeten sie mit dem Schiff; der Bug bohrte sich ein und saß unbeweglich fest; das Heck aber begann in der Brandung zu zerbrechen. 42 Da beschlossen die Soldaten, die Gefangenen zu töten, damit keiner schwimmend entkommen könne. 43 Der Hauptmann aber wollte Paulus retten und hinderte sie an ihrem Vorhaben. Er befahl, daß zuerst alle, die schwimmen konnten, über Bord springen und an Land gehen sollten, 44 dann die übrigen, teils auf Planken, teils auf anderen Schiffstrümmern. So kam es, daß alle ans Land gerettet wurden.

Die Überwinterung auf Malta

28 Als wir gerettet waren, erfuhren wir, daß die Insel Malta heißt. 2 Die Einheimischen waren uns gegenüber ungewöhnlich freundlich; sie zündeten ein Feuer an und holten uns alle zu sich, weil es zu regnen begann und kalt war. 3 Als Paulus einen Haufen Reisig zusammenraffte und auf das Feuer legte, fuhr infolge der Hitze eine Viper heraus und biß sich an seiner Hand fest. 4 Als die Einheimischen das Tier an seiner Hand hängen sahen, sagten sie zueinander: Dieser Mensch ist gewiß ein Mörder; die Rachegöttin läßt ihn nicht leben, obwohl er dem Meer entkommen ist. 5 Er aber schleuderte das Tier ins Feuer und erlitt keinen Schaden. 6 Da erwarteten sie, er werde anschwellen oder plötzlich tot umfallen. Als sie aber eine Zeitlang gewartet hatten und sahen, daß ihm nichts Schlimmes geschah, änderten sie ihre Meinung und sagten, er sei ein Gott.

7 In jener Gegend lagen Landgüter, die dem Publius, dem Ersten der Insel, gehörten; er nahm uns auf und bewirtete uns drei Tage lang freundlich als seine Gäste. 8 Der Vater des Publius lag gerade mit Fieber und Ruhr im Bett. Paulus ging zu ihm hinein und betete; dann legte er ihm die Hände auf und heilte ihn. 9 Daraufhin kamen auch die anderen Kranken der Insel herbei und wurden geheilt. 10 Sie erwiesen uns viele Ehren, und bei der Abfahrt gaben sie uns alles mit, was wir brauchten.

Von Malta nach Rom

11 Drei Monate später fuhren wir mit einem alexandrinischen Schiff ab, das auf der Insel überwintert hatte und die Dioskuren als Schiffszeichen trug. 12 Wir liefen in Syrakus ein und blieben drei Tage; 13 von dort fuhren wir die Küste entlang weiter und erreichten Rhegion. Nach einem Tag setzte Südwind ein, und so kamen wir in zwei Tagen nach Puteoli. 14 Hier trafen wir Brüder; sie baten uns, sieben Tage bei ihnen zu bleiben. Und so kamen wir nach Rom. 15 Von dort waren uns die Brüder, die von uns gehört hatten, bis Forum Appii und Tres Tabernae entgegengereist. Als Paulus sie sah, dankte er Gott und faßte Mut.

Ankunft und Wirken des Völkerapostels in Rom

16 Nach unserer Ankunft in Rom erhielt Paulus die Erlaubnis, für sich allein zu wohnen, zusammen mit dem Soldaten, der ihn bewachte. 17 Drei Tage später rief er die führenden Männer der Juden zusammen. Als sie versammelt waren, sagte er zu ihnen: Brüder, obwohl ich mich nicht gegen das Volk oder die Sitten der Väter vergangen habe, bin ich von Jerusalem aus als Gefangener den Römern ausgeliefert worden. 18 Diese haben mich verhört und wollten mich freilassen, da nichts gegen mich vorlag, worauf der Tod steht. 19 Weil aber die Juden Einspruch erhoben, war ich gezwungen, Berufung beim Kaiser einzulegen, jedoch nicht, um mein Volk anzuklagen. 20 Aus diesem Grund habe ich darum gebeten, euch sehen und sprechen zu dürfen. Denn um der Hoffnung Israels willen trage ich diese Fesseln. 21 Sie antworteten ihm: Wir haben über dich weder Briefe aus Judäa erhalten, noch ist einer von den Brüdern gekommen, der uns etwas Belastendes über dich berichtet oder er-

zählt hätte. 22 Wir wünschen aber von dir zu
hören, was du denkst; denn von dieser Sekte ist
uns bekannt, daß sie überall auf Widerspruch
stößt.

23 Sie vereinbarten mit ihm einen bestimmten
Tag, an dem sie in noch größerer Zahl zu ihm in
die Wohnung kamen. Vom Morgen bis in den
Abend hinein erklärte und bezeugte er ihnen
das Reich Gottes und versuchte, sie vom Gesetz
des Mose und von den Propheten aus für Jesus
zu gewinnen. 24 Die einen ließen sich durch
seine Worte überzeugen, die andern blieben un-
gläubig. 25 Ohne sich einig geworden zu sein,
brachen sie auf, nachdem Paulus noch das eine
Wort gesagt hatte: Treffend hat der Heilige Geist
durch den Propheten Jesaja zu euren Vätern ge-
sagt:

26 *Geh zu diesem Volk und sag: / Hören sollt ihr,*
hören, aber nicht verstehen; / sehen sollt ihr, se-
hen, aber nicht erkennen.

27 *Denn das Herz dieses Volkes ist hart gewor-*
den, / und mit ihren Ohren hören sie nur
schwer, / und ihre Augen halten sie geschlos-
sen, / damit sie mit ihren Augen nicht sehen /
und mit ihren Ohren nicht hören, / damit sie mit
ihrem Herzen nicht zur Einsicht / kommen, / da-
mit sie sich nicht bekehren und ich sie nicht
heile.

28 Darum sollt ihr nun wissen: Den Heiden ist
dieses Heil Gottes gesandt worden. Und sie wer-
den hören! [29]

30 Er blieb zwei volle Jahre in seiner Mietwoh-
nung und empfing alle, die zu ihm kamen. 31 Er
verkündete das Reich Gottes und trug ungehin-
dert und mit allem Freimut die Lehre über Jesus
Christus, den Herrn, vor.

DIE PAULINISCHEN BRIEFE

DER BRIEF AN DIE RÖMER

Anschrift und Gruß: 1,1–7

1 Paulus, Knecht Christi Jesu, berufen zum
Apostel, auserwählt, das Evangelium Gottes
zu verkündigen, 2 das er durch seine Propheten im
voraus verheißen hat in den heiligen Schriften:
3 das Evangelium von seinem Sohn, der dem
Fleisch nach geboren ist als Nachkomme Davids,
4 der dem Geist der Heiligkeit nach eingesetzt ist
als Sohn Gottes in Macht seit der Auferstehung
von den Toten, das Evangelium von Jesus Christus, unserem Herrn.
5 Durch ihn haben wir Gnade und Apostelamt
empfangen, um in seinem Namen alle Heiden
zum Gehorsam des Glaubens zu führen; 6 zu ihnen gehört auch ihr, die ihr von Jesus Christus berufen seid.
7 An alle in Rom, die von Gott geliebt sind, die berufenen Heiligen: Gnade sei mit euch und Friede
von Gott, unserem Vater, und dem Herrn Jesus
Christus.

Dankgebet – Thema des Briefes: 1,8–17

8 Zunächst danke ich meinem Gott durch Jesus
Christus für euch alle, weil euer Glaube in der
ganzen Welt verkündet wird. 9 Denn Gott, den ich
im Dienst des Evangeliums von seinem Sohn mit
ganzem Herzen ehre, ist mein Zeuge: Unablässig
denke ich an euch 10 in allen meinen Gebeten und
bitte darum, es möge mir durch Gottes Willen
endlich gelingen, zu euch zu kommen. 11 Denn ich
sehne mich danach, euch zu sehen; ich möchte
euch geistliche Gaben vermitteln, damit ihr dadurch gestärkt werdet, 12 oder besser: damit wir,
wenn ich bei euch bin, miteinander Zuspruch
empfangen durch euren und meinen Glauben.
13 Ihr sollt wissen, Brüder, daß ich mir schon oft
vorgenommen habe, zu euch zu kommen, aber
bis heute daran gehindert wurde; denn wie bei
den anderen Heiden soll meine Arbeit auch bei
euch Frucht bringen. 14 Griechen und Nichtgriechen, Gebildeten und Ungebildeten bin ich verpflichtet; 15 so liegt mir alles daran, auch euch in
Rom das Evangelium zu verkündigen. 16 Denn ich
schäme mich des Evangeliums nicht: Es ist eine
Kraft Gottes, die jeden rettet, der glaubt, zuerst
den Juden, aber ebenso den Griechen. 17 Denn im
Evangelium wird die Gerechtigkeit Gottes offenbart aus Glauben zum Glauben, wie es in der
Schrift heißt: *Der aus Glauben Gerechte wird leben.*

Die Rettung der Menschen: 1,18–8,39

Sünde und Verlorenheit: 1,18–3,20

Gottes Zorn über die Ungerechtigkeit der Menschen

18 Der Zorn Gottes wird vom Himmel herab offenbart wider alle Gottlosigkeit und Ungerechtigkeit
der Menschen, die die Wahrheit durch Ungerechtigkeit niederhalten. 19 Denn was man von Gott erkennen kann, ist ihnen offenbar; Gott hat es ihnen offenbart. 20 Seit Erschaffung der Welt wird
seine unsichtbare Wirklichkeit an den Werken
der Schöpfung mit der Vernunft wahrgenommen,
seine ewige Macht und Gottheit. Daher sind sie
unentschuldbar. 21 Denn sie haben Gott erkannt,

ihn aber nicht als Gott geehrt und ihm nicht gedankt. Sie verfielen in ihrem Denken der Nichtigkeit, und ihr unverständiges Herz wurde verfinstert. [22] Sie behaupteten, weise zu sein, und wurden zu Toren. [23] Sie vertauschten die Herrlichkeit des unvergänglichen Gottes mit Bildern, die einen vergänglichen Menschen und fliegende, vierfüßige und kriechende Tiere darstellen. [24] Darum lieferte Gott sie durch die Begierden ihres Herzens der Unreinheit aus, so daß sie ihren Leib durch ihr eigenes Tun entehrten. [25] Sie vertauschten die Wahrheit Gottes mit der Lüge, sie beteten das Geschöpf an und verehrten es anstelle des Schöpfers – gepriesen ist er in Ewigkeit. Amen. [26] Darum lieferte Gott sie entehrenden Leidenschaften aus: Ihre Frauen vertauschten den natürlichen Verkehr mit dem widernatürlichen; [27] ebenso gaben die Männer den natürlichen Verkehr mit der Frau auf und entbrannten in Begierde zueinander; Männer trieben mit Männern Unzucht und erhielten den ihnen gebührenden Lohn für ihre Verirrung. [28] Und da sie sich weigerten, Gott anzuerkennen, lieferte Gott sie einem verworfenen Denken aus, so daß sie tun, was sich nicht gehört: [29] Sie sind voll Ungerechtigkeit, Schlechtigkeit, Habgier und Bosheit, voll Neid, Mord, Streit, List und Tücke, sie verleumden [30] und treiben üble Nachrede, sie hassen Gott, sind überheblich, hochmütig und prahlerisch, erfinderisch im Bösen und ungehorsam gegen die Eltern, [31] sie sind unverständig und haltlos, ohne Liebe und Erbarmen. [32] Sie erkennen, daß Gottes Rechtsordnung bestimmt: Wer so handelt, verdient den Tod. Trotzdem tun sie es nicht nur selber, sondern stimmen bereitwillig auch denen zu, die so handeln.

Der Mensch vor Gottes Gericht

2 Darum bist du unentschuldbar – wer du auch bist, Mensch –, wenn du richtest. Denn worin du den andern richtest, darin verurteilst du dich selber, da du, der Richtende, dasselbe tust. [2] Wir wissen aber, daß Gottes Gericht über alle, die solche Dinge tun, der Wahrheit entspricht. [3] Meinst du etwa, du könntest dem Gericht Gottes entrinnen, wenn du die richtest, die solche Dinge tun, und dasselbe tust wie sie? [4] Verachtest du etwa den Reichtum seiner Güte, Geduld und Langmut? Weißt du nicht, daß Gottes Güte dich zur Umkehr treibt? [5] Weil du aber starrsinnig bist und dein Herz nicht umkehrt, sammelst du Zorn gegen dich für den »Tag des Zornes«, den Tag der Offenbarung von Gottes gerechtem Gericht. [6] *Er wird jedem vergelten, wie es seine Taten verdienen:* [7] denen, die beharrlich Gutes tun und Herrlichkeit, Ehre und Unvergänglichkeit erstreben, gibt er ewiges Leben, [8] denen aber, die selbstsüchtig nicht der Wahrheit, sondern der Ungerechtigkeit gehorchen, widerfährt Zorn und Grimm. [9] Not und Bedrängnis wird jeden Menschen treffen, der das Böse tut, zuerst den Juden, aber ebenso den Griechen; [10] Herrlichkeit, Ehre und Friede werden jedem zuteil, der das Gute tut, zuerst dem Juden, aber ebenso dem Griechen; [11] denn Gott richtet ohne Ansehen der Person.

Die Heiden und das Gesetz

[12] Alle, die sündigten, ohne das Gesetz zu haben, werden auch ohne das Gesetz zugrunde gehen, und alle, die unter dem Gesetz sündigten, werden durch das Gesetz gerichtet werden. [13] Nicht die sind vor Gott gerecht, die das Gesetz hören, sondern er wird die für gerecht erklären, die das Gesetz tun. [14] Wenn Heiden, die das Gesetz nicht haben, von Natur aus das tun, was im Gesetz gefordert ist, so sind sie, die das Gesetz nicht haben, sich selbst Gesetz. [15] Sie zeigen damit, daß ihnen die Forderung des Gesetzes ins Herz geschrieben ist; ihr Gewissen legt Zeugnis davon ab, ihre Gedanken klagen sich gegenseitig an und verteidigen sich – [16] an jenem Tag, an dem Gott, wie ich es in meinem Evangelium verkündige, das, was im Menschen verborgen ist, durch Jesus Christus richten wird.

Die Juden und das Gesetz

[17] Du nennst dich zwar Jude und verläßt dich auf das Gesetz, du rühmst dich deines Gottes, [18] du kennst seinen Willen, und du willst, aus dem Gesetz belehrt, beurteilen, worauf es ankommt; [19] du traust dir zu, Führer zu sein für Blinde, Licht für die in der Finsternis, [20] Erzieher der Unverständigen, Lehrer der Unmündigen, einer, für den im Gesetz Erkenntnis und Wahrheit feste Gestalt besitzen. [21] Du belehrst andere Menschen, dich selbst aber belehrst du nicht. Du predigst: Du sollst nicht stehlen!, und stiehlst. [22] Du sagst: Du sollst die Ehe nicht brechen!, und brichst die Ehe. Du verabscheust die Götzenbilder, begehst aber Tempelraub. [23] Du rühmst dich des Gesetzes, ent-

ehrst aber Gott durch Übertreten des Gesetzes.
24 Denn in der Schrift steht: *Euretwegen wird un-*
ter den Heiden der Name Gottes gelästert.
25 Die Beschneidung ist nützlich, wenn du das
Gesetz befolgst; übertrittst du jedoch das Gesetz,
so bist du trotz deiner Beschneidung zum Unbe-
schnittenen geworden. 26 Wenn aber der Unbe-
schnittene die Forderungen des Gesetzes beach-
tet, wird dann nicht sein Unbeschnittensein als
Beschneidung angerechnet werden? 27 Der leib-
lich Unbeschnittene, der das Gesetz erfüllt, wird
dich richten, weil du trotz Buchstabe und Be-
schneidung ein Übertreter des Gesetzes bist.
28 Jude ist nicht, wer es nach außen hin ist, und Be-
schneidung ist nicht, was sichtbar am Fleisch ge-
schieht, 29 sondern Jude ist, wer es im Verborge-
nen ist, und Beschneidung ist, was am Herzen
durch den Geist, nicht durch den Buchstaben ge-
schieht. Der Ruhm eines solchen Juden kommt
nicht von Menschen, sondern von Gott.

Gottes Treue angesichts der Sünde der Menschen

3 Was ist nun der Vorzug der Juden, der Nut-
zen der Beschneidung? 2 Er ist groß in jeder
Hinsicht. Vor allem: Ihnen sind die Worte Gottes
anvertraut. 3 Wenn jedoch einige Gott die Treue
gebrochen haben, wird dann etwa ihre Untreue
die Treue Gottes aufheben? 4 Keineswegs! Gott
soll sich als der Wahrhaftige erweisen, *jeder*
Mensch aber als *Lügner,* wie es in der Schrift
heißt: *So behältst du recht mit deinen Worten und*
trägst den Sieg davon, wenn man mit dir rechtet.
5 Wenn aber unsere Ungerechtigkeit die Gerech-
tigkeit Gottes bestätigt, was sagen wir dann? Ist
Gott – ich frage sehr menschlich – nicht unge-
recht, wenn er seinen Zorn walten läßt?
6 Keineswegs! Denn wie könnte Gott die Welt
sonst richten? 7 Wenn aber die Wahrheit Gottes
sich durch meine Unwahrheit als noch größer er-
weist und so Gott verherrlicht wird, warum
werde ich dann als Sünder gerichtet? 8 Gilt am
Ende das, womit man uns verleumdet und was
einige uns in den Mund legen: Laßt uns Böses
tun, damit Gutes entsteht? Diese Leute werden
mit Recht verurteilt.
9 Was heißt das nun? Sind wir als Juden im Vor-
teil? Ganz und gar nicht. Denn wir haben vorher
die Anklage erhoben, daß alle, Juden wie Grie-
chen, unter der Herrschaft der Sünde stehen,
10 wie es in der Schrift heißt:
Es gibt keinen, der gerecht ist, / auch nicht ei-
nen;
11 *es gibt keinen Verständigen, / keinen, der Gott*
sucht.
12 *Alle sind abtrünnig geworden, / alle miteinan-*
der taugen nichts. / Keiner tut Gutes, / auch nicht
ein einziger.
13 *Ihre Kehle ist ein offenes Grab, / mit ihrer*
Zunge betrügen sie; / Schlangengift ist auf ihren
Lippen.
14 *Ihr Mund ist voll Fluch und Gehässigkeit.*
15 *Schnell sind sie dabei, Blut zu vergießen; /*
16 *Verderben und Unheil sind auf ihren Wegen, /*
17 *und den Weg des Friedens kennen sie nicht.*
18 *Die Gottesfurcht steht ihnen nicht vor Augen.*
19 Wir wissen aber: Was das Gesetz sagt, sagt es
denen, die unter dem Gesetz leben, damit jeder
Mund verstummt und die ganze Welt vor Gott
schuldig wird. 20 Denn durch Werke des Gesetzes
wird *niemand vor ihm gerecht werden;* durch
das Gesetz kommt es vielmehr zur Erkenntnis
der Sünde.

Gerechtigkeit und neues Leben: 3,21–8,39

Das Kreuz Christi als Grund der neuen Gerechtigkeit

21 Jetzt aber ist unabhängig vom Gesetz die Ge-
rechtigkeit Gottes offenbart worden, bezeugt vom
Gesetz und von den Propheten: 22 die Gerechtig-
keit Gottes aus dem Glauben an Jesus Christus,
offenbart für alle, die glauben. Denn es gibt kei-
nen Unterschied: 23 Alle haben gesündigt und
die Herrlichkeit Gottes verloren. 24 Ohne es ver-
dient zu haben, werden sie gerecht, dank seiner
Gnade, durch die Erlösung in Christus Jesus. 25 Ihn
hat Gott dazu bestimmt, Sühne zu leisten mit sei-
nem Blut, Sühne, wirksam durch Glauben. So er-
weist Gott seine Gerechtigkeit durch die Verge-
bung der Sünden, die früher, in der Zeit seiner
Geduld, begangen wurden; 26 er erweist seine Ge-
rechtigkeit in der gegenwärtigen Zeit, um zu zei-
gen, daß er gerecht ist und den gerecht macht, der
an Jesus glaubt.
27 Kann man sich da noch rühmen? Das ist aus-
geschlossen. Durch welches Gesetz? Durch das
der Werke? Nein, durch das Gesetz des Glaubens.
28 Denn wir sind der Überzeugung, daß der
Mensch gerecht wird durch Glauben, unabhän-
gig von Werken des Gesetzes. 29 Ist denn Gott nur

der Gott der Juden, nicht auch der Heiden? Ja, auch der Heiden, 30 da doch gilt: Gott ist »der Eine«. Er wird aufgrund des Glaubens sowohl die Beschnittenen wie die Unbeschnittenen gerecht machen. 31 Setzen wir nun durch den Glauben das Gesetz außer Kraft? Im Gegenteil, wir richten das Gesetz auf.

Die Anrechnung des Glaubens als Gerechtigkeit

4 Müssen wir nun nicht fragen: Was hat dann unser leiblicher Stammvater Abraham erlangt? 2 Wenn Abraham aufgrund von Werken Gerechtigkeit erlangt hat, dann hat er zwar Ruhm, aber nicht vor Gott. 3 Denn die Schrift sagt: *Abraham glaubte Gott, und das wurde ihm als Gerechtigkeit angerechnet.* 4 Dem, der Werke tut, werden diese nicht aus Gnade angerechnet, sondern er bekommt den Lohn, der ihm zusteht. 5 Dem aber, der keine Werke tut, sondern an den glaubt, der den Gottlosen gerecht macht, dem wird sein Glaube als Gerechtigkeit angerechnet. 6 Auch David preist den Menschen selig, dem Gott Gerechtigkeit unabhängig von Werken anrechnet:

7 *Selig sind die, deren Frevel vergeben / und deren Sünden bedeckt sind.*

8 *Selig ist der Mensch, / dem der Herr die Sünde nicht anrechnet.*

9 Gilt nun diese Seligpreisung nur den Beschnittenen oder auch den Unbeschnittenen? Wir haben gesagt: *Abraham wurde der Glaube als Gerechtigkeit angerechnet.* 10 Wann wurde er ihm angerechnet: als er beschnitten oder als er unbeschnitten war? Nicht als er beschnitten, sondern als er noch unbeschnitten war. 11 Das Zeichen der Beschneidung empfing er zur Besiegelung der Glaubensgerechtigkeit, die ihm als Unbeschnittenem zuteil wurde; also ist er der Vater aller, die als Unbeschnittene glauben und denen daher Gerechtigkeit angerechnet wird, 12 und er ist der Vater jener Beschnittenen, die nicht nur beschnitten sind, sondern auch den Weg des Glaubens gehen, des Glaubens, den unser Vater Abraham schon vor seiner Beschneidung hatte.

13 Denn Abraham und seine Nachkommen erhielten nicht aufgrund des Gesetzes die Verheißung, Erben der Welt zu sein, sondern aufgrund der Glaubensgerechtigkeit. 14 Wenn nämlich jene Erben sind, die das Gesetz haben, dann ist der Glaube entleert und die Verheißung außer Kraft gesetzt. 15 Das Gesetz bewirkt Zorn; wo es aber das Gesetz nicht gibt, da gibt es auch keine Übertretung. 16 Deshalb gilt: »aus Glauben«, damit auch gilt: »aus Gnade«. Nur so bleibt die Verheißung für alle Nachkommen gültig, nicht nur für die, welche das Gesetz haben, sondern auch für die, welche wie Abraham den Glauben haben. 17 Nach dem Schriftwort: *Ich habe dich zum Vater vieler Völker bestimmt,* ist er unser aller Vater vor Gott, dem er geglaubt hat, dem Gott, der die Toten lebendig macht und das, was nicht ist, ins Dasein ruft. 18 Gegen alle Hoffnung hat er voll Hoffnung geglaubt, daß er der Vater vieler Völker werde, nach dem Wort: *So zahlreich werden deine Nachkommen sein.* 19 Ohne im Glauben schwach zu werden, war er, der fast Hundertjährige, sich bewußt, daß sein Leib und auch Saras Mutterschoß erstorben waren. 20 Er zweifelte nicht im Unglauben an der Verheißung Gottes, sondern wurde stark im Glauben, und er erwies Gott Ehre, 21 fest davon überzeugt, daß Gott die Macht besitzt zu tun, was er verheißen hat. 22 Darum wurde der Glaube *ihm als Gerechtigkeit angerechnet.*

23 Doch nicht allein um seinetwillen steht in der Schrift, daß der Glaube ihm angerechnet wurde, 24 sondern auch um unseretwillen; er soll auch uns angerechnet werden, die wir an den glauben, der Jesus, unseren Herrn, von den Toten auferweckt hat.

25 Wegen unserer Verfehlungen wurde er hingegeben, / wegen unserer Gerechtmachung wurde er auferweckt.

Die Hoffnung der Glaubenden

5 Gerecht gemacht aus Glauben, haben wir Frieden mit Gott durch Jesus Christus, unseren Herrn. 2 Durch ihn haben wir auch den Zugang zu der Gnade erhalten, in der wir stehen, und rühmen uns unserer Hoffnung auf die Herrlichkeit Gottes. 3 Mehr noch, wir rühmen uns ebenso unserer Bedrängnis; denn wir wissen: Bedrängnis bewirkt Geduld, 4 Geduld aber Bewährung, Bewährung Hoffnung. 5 Die Hoffnung aber läßt nicht zugrunde gehen; denn die Liebe Gottes ist ausgegossen in unsere Herzen durch den Heiligen Geist, der uns gegeben ist. 6 Christus ist schon zu der Zeit, da wir noch schwach und gottlos waren, für uns gestorben. 7 Dabei wird nur schwerlich jemand für einen Gerechten sterben; vielleicht wird er jedoch für einen guten Menschen sein Leben wagen. 8 Gott aber hat seine

Liebe zu uns darin erwiesen, daß Christus für uns
gestorben ist, als wir noch Sünder waren. 9 Nach-
dem wir jetzt durch sein Blut gerecht gemacht
sind, werden wir durch ihn erst recht vor dem
Gericht Gottes gerettet werden. 10 Da wir mit Gott
versöhnt wurden durch den Tod seines Sohnes,
als wir noch (Gottes) Feinde waren, werden wir
erst recht, nachdem wir versöhnt sind, gerettet
werden durch sein Leben. 11 Mehr noch, wir rüh-
men uns Gottes durch Jesus Christus, unseren
Herrn, durch den wir jetzt schon die Versöhnung
empfangen haben.

Der alte und der neue Mensch

12 Durch einen einzigen Menschen kam die Sünde
in die Welt und durch die Sünde der Tod, und auf
diese Weise gelangte der Tod zu allen Menschen,
weil alle sündigten. 13 Sünde war schon vor dem
Gesetz in der Welt, aber Sünde wird nicht ange-
rechnet, wo es kein Gesetz gibt; 14 dennoch herr-
schte der Tod von Adam bis Mose auch über die,
welche nicht wie Adam durch Übertreten eines
Gebots gesündigt hatten; Adam aber ist die Ge-
stalt, die auf den Kommenden hinweist. 15 Doch
anders als mit der Übertretung verhält es sich mit
der Gnade; sind durch die Übertretung des einen
die vielen dem Tod anheimgefallen, so ist erst
recht die Gnade Gottes und die Gabe, die durch
die Gnadentat des einen Menschen Jesus Chri-
stus bewirkt worden ist, den vielen reichlich zu-
teil geworden. 16 Anders als mit dem, was durch
den einen Sünder verursacht wurde, verhält es
sich mit dieser Gabe: Das Gericht führt wegen der
Übertretung des einen zur Verurteilung, die
Gnade führt aus vielen Übertretungen zur Ge-
rechtsprechung. 17 Ist durch die Übertretung des
einen der Tod zur Herrschaft gekommen, durch
diesen einen, so werden erst recht alle, denen die
Gnade und die Gabe der Gerechtigkeit reichlich
zuteil wurde, leben und herrschen durch den ei-
nen, Jesus Christus. 18 Wie es also durch die Über-
tretung eines einzigen für alle Menschen zur Ver-
urteilung kam, so wird es auch durch die gerechte
Tat eines einzigen für alle Menschen zur Ge-
rechtsprechung kommen, die Leben gibt. 19 Wie
durch den Ungehorsam des einen Menschen die
vielen zu Sündern wurden, so werden auch
durch den Gehorsam des einen die vielen zu Ge-
rechten gemacht werden. 20 Das Gesetz aber ist
hinzugekommen, damit die Übertretung mächti-
ger werde; wo jedoch die Sünde mächtig wurde,
da ist die Gnade übergroß geworden. 21 Denn wie
die Sünde herrschte und zum Tod führte, so soll
auch die Gnade herrschen und durch Gerechtig-
keit zu ewigem Leben führen, durch Jesus Chri-
stus, unseren Herrn.

Die Gemeinschaft der Getauften mit Christus

6 Heißt das nun, daß wir an der Sünde festhal-
ten sollen, damit die Gnade mächtiger
werde? 2 Keineswegs! Wie können wir, die wir
für die Sünde tot sind, noch in ihr leben? 3 Wißt ihr
denn nicht, daß wir alle, die wir auf Christus Je-
sus getauft wurden, auf seinen Tod getauft wor-
den sind? 4 Wir wurden mit ihm begraben durch
die Taufe auf den Tod; und wie Christus durch die
Herrlichkeit des Vaters von den Toten auferweckt
wurde, so sollen auch wir als neue Menschen le-
ben. 5 Wenn wir nämlich ihm gleich geworden
sind in seinem Tod, dann werden wir mit ihm
auch in seiner Auferstehung vereinigt sein. 6 Wir
wissen doch: Unser alter Mensch wurde mitge-
kreuzigt, damit der von der Sünde beherrschte
Leib vernichtet werde und wir nicht Sklaven der
Sünde bleiben. 7 Denn wer gestorben ist, der ist
frei geworden von der Sünde. 8 Sind wir nun mit
Christus gestorben, so glauben wir, daß wir auch
mit ihm leben werden. 9 Wir wissen, daß Chri-
stus, von den Toten auferweckt, nicht mehr stirbt;
der Tod hat keine Macht mehr über ihn. 10 Denn
durch sein Sterben ist er ein für allemal gestorben
für die Sünde, sein Leben aber lebt er für Gott.
11 So sollt auch ihr euch als Menschen begreifen,
die für die Sünde tot sind, aber für Gott leben in
Christus Jesus.

12 Daher soll die Sünde euren sterblichen Leib
nicht mehr beherrschen, und seinen Begierden
sollt ihr nicht gehorchen. 13 Stellt eure Glieder nicht
der Sünde zur Verfügung als Waffen der Ungerech-
tigkeit, sondern stellt euch Gott zur Verfügung als
Menschen, die vom Tod zum Leben gekommen
sind, und stellt eure Glieder als Waffen der Gerech-
tigkeit in den Dienst Gottes. 14 Die Sünde soll nicht
über euch herrschen; denn ihr steht nicht unter
dem Gesetz, sondern unter der Gnade.

Die Freiheit der Christen von der Sünde

15 Heißt das nun, daß wir sündigen dürfen, weil
wir nicht unter dem Gesetz stehen, sondern un-
ter der Gnade? Keineswegs! 16 Ihr wißt doch:

Wenn ihr euch als Sklaven zum Gehorsam verpflichtet, dann seid ihr Sklaven dessen, dem ihr gehorchen müßt; ihr seid entweder Sklaven der Sünde, die zum Tod führt, oder des Gehorsams, der zur Gerechtigkeit führt. 17 Gott aber sei Dank; denn ihr wart Sklaven der Sünde, seid jedoch von Herzen der Lehre gehorsam geworden, an die ihr übergeben wurdet. 18 Ihr wurdet aus der Macht der Sünde befreit und seid zu Sklaven der Gerechtigkeit geworden. 19 Wegen eurer Schwachheit rede ich nach Menschenweise: Wie ihr eure Glieder in den Dienst der Unreinheit und der Gesetzlosigkeit gestellt habt, so daß ihr gesetzlos wurdet, so stellt jetzt eure Glieder in den Dienst der Gerechtigkeit, so daß ihr heilig werdet. 20 Denn als ihr Sklaven der Sünde wart, da wart ihr der Gerechtigkeit gegenüber frei. 21 Welchen Gewinn hattet ihr damals? Es waren Dinge, deren ihr euch jetzt schämt; denn sie bringen den Tod. 22 Jetzt, da ihr aus der Macht der Sünde befreit und zu Sklaven Gottes geworden seid, habt ihr einen Gewinn, der zu eurer Heiligung führt und das ewige Leben bringt. 23 Denn der Lohn der Sünde ist der Tod, die Gabe Gottes aber ist das ewige Leben in Christus Jesus, unserem Herrn.

Die Freiheit der Christen vom Gesetz

7 Wißt ihr denn nicht, Brüder – ich rede doch zu Leuten, die das Gesetz kennen –, daß das Gesetz für einen Menschen nur Geltung hat, solange er lebt? 2 So ist die Ehefrau durch das Gesetz an ihren Mann gebunden, solange er am Leben ist; wenn ihr Mann aber stirbt, ist sie frei von dem Gesetz, das die Frau an den Mann bindet. 3 Wenn sie darum zu Lebzeiten des Mannes einem anderen gehört, wird sie Ehebrecherin genannt; ist aber der Mann gestorben, dann ist sie frei vom Gesetz und wird nicht zur Ehebrecherin, wenn sie einem anderen gehört. 4 Ebenso seid auch ihr, meine Brüder, durch das Sterben Christi tot für das Gesetz, so daß ihr einem anderen gehört, dem, der von den Toten auferweckt wurde; ihm gehören wir, damit wir Gott Frucht bringen. 5 Denn als wir noch dem Fleisch verfallen waren, wirkten sich die Leidenschaften der Sünden, die das Gesetz hervorrief, so in unseren Gliedern aus, daß wir dem Tod Frucht brachten. 6 Jetzt aber sind wir frei geworden von dem Gesetz, an das wir gebunden waren, wir sind tot für das Gesetz und dienen in der neuen Wirklichkeit des Geistes, nicht mehr in der alten des Buchstabens.

Die Mächte des Unheils: Gesetz, Sünde und Tod

7 Heißt das nun, daß das Gesetz Sünde ist? Keineswegs! Jedoch habe ich die Sünde nur durch das Gesetz erkannt. Ich hätte ja von der Begierde nichts gewußt, wenn nicht das Gesetz gesagt hätte: *Du sollst nicht begehren.* 8 Die Sünde erhielt durch das Gebot den Anstoß und bewirkte in mir alle Begierde, denn ohne das Gesetz war die Sünde tot. 9 Ich lebte einst ohne das Gesetz; aber als das Gebot kam, wurde die Sünde lebendig, 10 ich dagegen starb und mußte erfahren, daß dieses Gebot, das zum Leben führen sollte, den Tod bringt. 11 Denn nachdem die Sünde durch das Gebot den Anstoß erhalten hatte, täuschte und tötete sie mich durch das Gebot. 12 Das Gesetz ist heilig, und das Gebot ist heilig, gerecht und gut. 13 Ist dann etwa das Gute mein Tod geworden? Keineswegs! Sondern die Sünde verursachte, damit sie als Sünde offenbar werde, durch das Gute meinen Tod; denn durch das Gebot sollte die Sünde sich in ihrem ganzen Ausmaß als Sünde erweisen.

14 Wir wissen, daß das Gesetz selbst vom Geist bestimmt ist; ich aber bin Fleisch, das heißt: verkauft an die Sünde. 15 Denn ich begreife mein Handeln nicht: Ich tue nicht das, was ich will, sondern das, was ich hasse. 16 Wenn ich aber das tue, was ich nicht will, erkenne ich an, daß das Gesetz gut ist. 17 Dann aber bin nicht mehr ich es, der so handelt, sondern die in mir wohnende Sünde. 18 Ich weiß, daß in mir, das heißt in meinem Fleisch, nichts Gutes wohnt; das Wollen ist bei mir vorhanden, aber ich vermag das Gute nicht zu verwirklichen. 19 Denn ich tue nicht das Gute, das ich will, sondern das Böse, das ich nicht will. 20 Wenn ich aber das tue, was ich nicht will, dann bin nicht mehr ich es, der so handelt, sondern die in mir wohnende Sünde. 21 Ich stoße also auf das Gesetz, daß in mir das Böse vorhanden ist, obwohl ich das Gute tun will. 22 Denn in meinem Innern freue ich mich am Gesetz Gottes, 23 ich sehe aber ein anderes Gesetz in meinen Gliedern, das mit dem Gesetz meiner Vernunft im Streit liegt und mich gefangenhält im Gesetz der Sünde, von dem meine Glieder beherrscht werden. 24 Ich unglücklicher Mensch! Wer wird mich aus diesem dem Tod verfallenen Leib erretten? 25 Dank sei Gott durch Jesus

Christus, unseren Herrn! Es ergibt sich also, daß
ich mit meiner Vernunft dem Gesetz Gottes diene,
mit dem Fleisch aber dem Gesetz der Sünde.

Das Leben der Christen im Geist

8 Jetzt gibt es keine Verurteilung mehr für die,
welche in Christus Jesus sind. 2 Denn das Ge-
setz des Geistes und des Lebens in Christus Jesus
hat dich frei gemacht vom Gesetz der Sünde und
des Todes. 3 Weil das Gesetz, ohnmächtig durch
das Fleisch, nichts vermochte, sandte Gott seinen
Sohn in der Gestalt des Fleisches, das unter der
Macht der Sünde steht, zur Sühne für die Sünde,
um an seinem Fleisch die Sünde zu verurteilen;
4 dies tat er, damit die Forderung des Gesetzes
durch uns erfüllt werde, die wir nicht nach dem
Fleisch, sondern nach dem Geist leben. 5 Denn
alle, die vom Fleisch bestimmt sind, trachten
nach dem, was dem Fleisch entspricht, alle, die
vom Geist bestimmt sind, nach dem, was dem
Geist entspricht. 6 Das Trachten des Fleisches
führt zum Tod, das Trachten des Geistes aber zu
Leben und Frieden. 7 Denn das Trachten des Flei-
sches ist Feindschaft gegen Gott; es unterwirft
sich nicht dem Gesetz Gottes und kann es auch
nicht. 8 Wer vom Fleisch bestimmt ist, kann Gott
nicht gefallen. 9 Ihr aber seid nicht vom Fleisch,
sondern vom Geist bestimmt, da ja der Geist
Gottes in euch wohnt. Wer den Geist Christi
nicht hat, der gehört nicht zu ihm. 10 Wenn Chri-
stus in euch ist, dann ist zwar der Leib tot auf-
grund der Sünde, der Geist aber ist Leben auf-
grund der Gerechtigkeit. 11 Wenn der Geist dessen
in euch wohnt, der Jesus von den Toten aufer-
weckt hat, dann wird er, der Christus Jesus von
den Toten auferweckt hat, auch euren sterblichen
Leib lebendig machen, durch seinen Geist, der in
euch wohnt.

12 Wir sind also nicht dem Fleisch verpflichtet,
Brüder, so daß wir nach dem Fleisch leben müß-
ten. 13 Wenn ihr nach dem Fleisch lebt, müßt ihr
sterben; wenn ihr aber durch den Geist die (sün-
digen) Taten des Leibes tötet, werdet ihr leben.
14 Denn alle, die sich vom Geist Gottes leiten las-
sen, sind Söhne Gottes. 15 Denn ihr habt nicht ei-
nen Geist empfangen, der euch zu Sklaven
macht, so daß ihr euch immer noch fürchten
müßtet, sondern ihr habt den Geist empfangen,
der euch zu Söhnen macht, den Geist, in dem wir
rufen: Abba, Vater! 16 So bezeugt der Geist selber
unserem Geist, daß wir Kinder Gottes sind. 17 Sind
wir aber Kinder, dann auch Erben; wir sind Erben
Gottes und sind Miterben Christi, wenn wir mit
ihm leiden, um mit ihm auch verherrlicht zu wer-
den.

Die Hoffnung auf die Erlösung der Welt

18 Ich bin überzeugt, daß die Leiden der gegenwär-
tigen Zeit nichts bedeuten im Vergleich zu der
Herrlichkeit, die an uns offenbar werden soll.
19 Denn die ganze Schöpfung wartet sehnsüchtig
auf das Offenbarwerden der Söhne Gottes. 20 Die
Schöpfung ist der Vergänglichkeit unterworfen,
nicht aus eigenem Willen, sondern durch den, der
sie unterworfen hat; aber zugleich gab er ihr Hoff-
nung: 21 Auch die Schöpfung soll von der Sklaverei
und Verlorenheit befreit werden zur Freiheit und
Herrlichkeit der Kinder Gottes. 22 Denn wir wissen,
daß die gesamte Schöpfung bis zum heutigen Tag
seufzt und in Geburtswehen liegt. 23 Aber auch
wir, obwohl wir als Erstlingsgabe den Geist haben,
seufzen in unserem Herzen und warten darauf,
daß wir mit der Erlösung unseres Leibes als Söhne
offenbar werden. 24 Denn wir sind gerettet, doch in
der Hoffnung. Hoffnung aber, die man schon er-
füllt sieht, ist keine Hoffnung. Wie kann man auf
etwas hoffen, das man sieht? 25 Hoffen wir aber auf
das, was wir nicht sehen, dann harren wir aus in
Geduld. 26 So nimmt sich auch der Geist unserer
Schwachheit an. Denn wir wissen nicht, worum
wir in rechter Weise beten sollen; der Geist selber
tritt jedoch für uns ein mit Seufzen, das wir nicht in
Worte fassen können. 27 Und Gott, der die Herzen
erforscht, weiß, was die Absicht des Geistes ist: Er
tritt so, wie Gott es will, für die Heiligen ein. 28 Wir
wissen, daß Gott bei denen, die ihn lieben, alles
zum Guten führt, bei denen, die nach seinem ewi-
gen Plan berufen sind; 29 denn alle, die er im voraus
erkannt hat, hat er auch im voraus dazu bestimmt,
an Wesen und Gestalt seines Sohnes teilzuhaben,
damit dieser der Erstgeborene von vielen Brüdern
sei. 30 Die aber, die er vorausbestimmt hat, hat er
auch berufen, und die er berufen hat, hat er auch
gerecht gemacht; die er aber gerecht gemacht hat,
die hat er auch verherrlicht.

Die Gewißheit der Glaubenden

31 Was ergibt sich nun, wenn wir das alles beden-
ken? Ist Gott für uns, wer ist dann gegen uns?
32 Er hat seinen eigenen Sohn nicht verschont,

sondern ihn für uns alle hingegeben – wie sollte
er uns mit ihm nicht alles schenken? 33 Wer kann
die Auserwählten Gottes anklagen? Gott ist es,
der gerecht macht. 34 Wer kann sie verurteilen?
Christus Jesus, der gestorben ist, mehr noch: der
auferweckt worden ist, sitzt zur Rechten Gottes
und tritt für uns ein. 35 Was kann uns scheiden von
der Liebe Christi? Bedrängnis oder Not oder Ver-
folgung, Hunger oder Kälte, Gefahr oder Schwert?
36 In der Schrift steht: *Um deinetwillen sind wir*
den ganzen Tag dem Tod ausgesetzt; wir werden
behandelt wie Schafe, die man zum Schlachten
bestimmt hat. 37 Doch all das überwinden wir
durch den, der uns geliebt hat. 38 Denn ich bin ge-
wiß: Weder Tod noch Leben, weder Engel noch
Mächte, weder Gegenwärtiges noch Zukünftiges,
weder Gewalten 39 der Höhe oder Tiefe noch ir-
gendeine andere Kreatur können uns scheiden
von der Liebe Gottes, die in Christus Jesus ist, un-
serem Herrn.

Die endgültige Rettung Israels: 9,1–11,36

Paulus und Israel

9 Ich sage in Christus die Wahrheit und lüge
nicht, und mein Gewissen bezeugt es mir im
Heiligen Geist: 2 Ich bin voll Trauer, unablässig lei-
det mein Herz. 3 Ja, ich möchte selber verflucht
und von Christus getrennt sein um meiner Brüder
willen, die der Abstammung nach mit mir ver-
bunden sind. 4 Sie sind Israeliten; damit haben sie
die Sohnschaft, die Herrlichkeit, die Bundesord-
nungen, ihnen ist das Gesetz gegeben, der Got-
tesdienst und die Verheißungen, 5 sie haben die
Väter, und dem Fleisch nach entstammt ihnen
der Christus, der über allem als Gott steht, er ist
gepriesen in Ewigkeit. Amen.

Die bleibende Erwählung durch Gott

6 Es ist aber keineswegs so, daß Gottes Wort hin-
fällig geworden ist. Denn nicht alle, die aus Israel
stammen, sind Israel; 7 auch sind nicht alle, weil
sie Nachkommen Abrahams sind, deshalb schon
seine Kinder, sondern es heißt: Nur *die Nach-*
kommen Isaaks werden deine Nachkommen
heißen. 8 Das bedeutet: Nicht die Kinder des Flei-
sches sind Kinder Gottes, sondern die Kinder der
Verheißung werden als Nachkommen aner-
kannt; 9 denn es ist eine Verheißung, wenn gesagt
wird: *In einem Jahr werde ich wiederkommen,*
dann wird Sara einen Sohn haben. 10 So war es
aber nicht nur bei ihr, sondern auch bei Rebekka:
Sie hatte von einem einzigen Mann empfangen,
von unserem Vater Isaak, 11 und ihre Kinder waren
noch nicht geboren und hatten weder Gutes noch
Böses getan; damit aber Gottes freie Wahl und
Vorherbestimmung gültig bleibe, 12 nicht abhängig
von Werken, sondern von ihm, der beruft, wurde
ihr gesagt: *Der Ältere muß dem Jüngeren dienen;*
13 denn es steht in der Schrift: *Jakob habe ich ge-*
liebt, Esau aber gehaßt.

Die Freiheit und das Erbarmen Gottes

14 Heißt das nun, daß Gott ungerecht handelt? Kei-
neswegs! 15 Denn zu Mose sagt er: *Ich schenke Er-*
barmen, wem ich will, und erweise Gnade, wem
ich will. 16 Also kommt es nicht auf das Wollen und
Streben des Menschen an, sondern auf das Er-
barmen Gottes. 17 In der Schrift wird zum Pharao
gesagt: *Eben dazu habe ich dich bestimmt, daß*
ich an dir meine Macht zeige und daß auf der
ganzen Erde mein Name verkündet wird. 18 Er er-
barmt sich also, wessen er will, und macht ver-
stockt, wen er will.

19 Nun wirst du einwenden: Wie kann er dann
noch anklagen, wenn niemand seinem Willen zu
widerstehen vermag? 20 Wer bist du denn, daß du
als Mensch mit Gott rechten willst? *Sagt etwa*
das Werk zu dem, der es geschaffen hat: Warum
hast du mich so gemacht? 21 Ist nicht vielmehr der
Töpfer Herr über den Ton? Kann er nicht aus der-
selben Masse ein Gefäß herstellen für Reines, ein
anderes für Unreines? 22 Gott, der seinen Zorn zei-
gen und seine Macht erweisen wollte, hat die
Gefäße des Zorns, die zur Vernichtung bestimmt
sind, mit großer Langmut ertragen; 23 und um an
den Gefäßen des Erbarmens, die er zur Herrlich-
keit vorherbestimmt hat, den Reichtum seiner
Herrlichkeit zu erweisen, 24 hat er uns berufen,
nicht allein aus den Juden, sondern auch aus den
Heiden.

25 So spricht er auch bei Hosea: *Ich werde als*
mein Volk berufen, was nicht mein Volk war, und

als Geliebte jene, die nicht geliebt war. 26 *Und dort,*
wo ihnen gesagt wurde: Ihr seid nicht mein Volk,
dort werden sie Söhne des lebendigen Gottes ge-
nannt werden.
27 Und Jesaja ruft über Israel aus: *Wenn auch die*
Israeliten so zahlreich wären wie der Sand am
Meer – nur der Rest wird gerettet werden.
28 *Denn der Herr wird handeln, indem er sein*
Wort auf der Erde erfüllt und durchsetzt.
29 Ebenso hat Jesaja vorhergesagt: *Hätte nicht der*
Herr der himmlischen Heere uns Nachkommen-
schaft übrig gelassen, wir wären wie Sodom ge-
worden, wir wären Gomorra gleich.

Israels falscher Eifer für Gott

30 Was heißt das nun? Heiden, die die Gerechtig-
keit nicht erstrebten, haben Gerechtigkeit emp-
fangen, die Gerechtigkeit aus Glauben. 31 Israel
aber, das nach dem Gesetz der Gerechtigkeit
strebte, hat das Gesetz verfehlt. 32 Warum? Weil es
ihm nicht um die Gerechtigkeit aus Glauben, son-
dern um die Gerechtigkeit aus Werken ging. Sie
stießen sich am »Stein des Anstoßes«, 33 wie es in
der Schrift heißt: *Siehe, ich richte in Zion einen*
Stein auf, an dem man anstößt, einen Fels, an
dem man zu Fall kommt. Wer an ihn glaubt, wird
nicht zugrunde gehen.

10 Brüder, ich wünsche von ganzem Her-
zen und bete zu Gott, daß sie gerettet
werden. 2 Denn ich bezeuge ihnen, daß sie Eifer
haben für Gott; aber es ist ein Eifer ohne Er-
kenntnis. 3 Da sie die Gerechtigkeit Gottes ver-
kannten und ihre eigene aufrichten wollten, ha-
ben sie sich der Gerechtigkeit Gottes nicht
unterworfen. 4 Denn Christus ist das Ende des
Gesetzes, und jeder, der an ihn glaubt, wird ge-
recht.

Die rettende Botschaft für alle

5 Mose schreibt: *Wer sich an die Gesetzesgerech-*
tigkeit hält in seinem Tun, *wird durch sie leben.*
6 Die Glaubensgerechtigkeit aber spricht: *Sag*
nicht in deinem Herzen: Wer wird in den Himmel
hinaufsteigen? Das hieße: Christus herabholen.
7 Oder: *Wer wird in den Abgrund hinabsteigen?*
Das hieße: Christus von den Toten heraufführen.
8 Was also sagt sie? *Das Wort ist dir nahe, es ist in*
deinem Mund und in deinem Herzen. Gemeint
ist das Wort des Glaubens, das wir verkündigen;
9 denn wenn du mit deinem Mund bekennst: »Je-
sus ist der Herr« und in deinem Herzen glaubst:
»Gott hat ihn von den Toten auferweckt«, so wirst
du gerettet werden. 10 Wer mit dem Herzen glaubt
und mit dem Mund bekennt, wird Gerechtigkeit
und Heil erlangen. 11 Denn die Schrift sagt: *Wer an*
ihn glaubt, wird nicht zugrunde gehen. 12 Darin
gibt es keinen Unterschied zwischen Juden und
Griechen. Alle haben denselben Herrn; aus sei-
nem Reichtum beschenkt er alle, die ihn anrufen.
13 Denn *jeder, der den Namen des Herrn anruft,*
wird gerettet werden. 14 Wie sollen sie nun den an-
rufen, an den sie nicht glauben? Wie sollen sie an
den glauben, von dem sie nichts gehört haben?
Wie sollen sie hören, wenn niemand verkündigt?
15 Wie soll aber jemand verkündigen, wenn er
nicht gesandt ist? Darum heißt es in der Schrift:
Wie sind die Freudenboten willkommen, die
Gutes verkündigen!

Israels Ungehorsam

16 Doch nicht alle sind dem Evangelium gehorsam
geworden. Denn Jesaja sagt: *Herr, wer hat unse-*
rer Botschaft geglaubt? 17 So gründet der Glaube in
der Botschaft, die Botschaft im Wort Christi.
18 Aber, so frage ich, haben sie die Boten etwa
nicht gehört? Doch, sie haben sie gehört; denn
ihre Stimme war in der ganzen Welt zu hören
und ihr Wort bis an die Enden der Erde. 19 Hat
dann Israel, so frage ich, die Botschaft nicht ver-
standen?
Zunächst antwortet Mose: *Ich will euch eifer-*
süchtig machen auf ein Volk, das kein Volk ist; auf
ein unverständiges Volk will ich euch zornig ma-
chen.
20 Und Jesaja wagt sogar zu sagen: *Ich ließ mich*
finden von denen, die nicht nach mir suchten; ich
offenbarte mich denen, die nicht nach mir frag-
ten. 21 Über Israel aber sagt er: *Den ganzen Tag*
habe ich meine Hände ausgestreckt nach einem
ungehorsamen und widerspenstigen Volk.

Der erwählte »Rest« und das verblendete Volk

11 Ich frage also: Hat Gott sein Volk ver-
stoßen? Keineswegs! Denn auch ich bin
ein Israelit, ein Nachkomme Abrahams, aus dem
Stamm Benjamin. 2 *Gott hat sein Volk nicht ver-*
stoßen, das er einst erwählt hat. Oder wißt ihr
nicht, was die Schrift von Elija berichtet? Elija
führte Klage gegen Israel und sagte: 3 *Herr, sie ha-*
ben deine Propheten getötet und deine Altäre zer-

stört. Ich allein bin übriggeblieben, und nun trach-
ten sie auch mir nach dem Leben. 4 Gott aber ant-
wortete ihm: *Ich habe siebentausend Männer für*
mich übriggelassen, die ihr Knie nicht vor Baal ge-
beugt haben. 5 Ebenso gibt es auch in der gegen-
wärtigen Zeit einen Rest, der aus Gnade erwählt
ist – 6 aus Gnade, nicht mehr aufgrund von Wer-
ken; sonst wäre die Gnade nicht mehr Gnade.
7 Das bedeutet: Was Israel erstrebt, hat nicht das
ganze Volk, sondern nur der erwählte Rest er-
langt; die übrigen wurden verstockt, 8 wie es in
der Schrift heißt: *Gott gab ihnen einen Geist der*
Betäubung, Augen, die nicht sehen, und Ohren,
die nicht hören, bis zum heutigen Tag. 9 Und Da-
vid sagt: *Ihr Opfertisch werde für sie zur Schlinge*
und zur Falle, zur Ursache des Sturzes und der
Bestrafung. 10 *Ihre Augen sollen erblinden, so daß*
sie nichts mehr sehen; ihren Rücken beuge für im-
mer!
11 Nun frage ich: Sind sie etwa gestrauchelt, da-
mit sie zu Fall kommen? Keineswegs! Vielmehr
kam durch ihr Versagen das Heil zu den Heiden,
um sie selbst eifersüchtig zu machen. 12 Wenn
aber schon durch ihr Versagen die Welt und durch
ihr Verschulden die Heiden reich werden, dann
wird das erst recht geschehen, wenn ganz Israel
zum Glauben kommt.

Das Bild vom Ölbaum

13 Euch, den Heiden, sage ich: Gerade als Apostel
der Heiden preise ich meinen Dienst, 14 weil ich
hoffe, die Angehörigen meines Volkes eifersüch-
tig zu machen und wenigstens einige von ihnen
zu retten. 15 Denn wenn schon ihre Verwerfung
für die Welt Versöhnung gebracht hat, dann wird
ihre Annahme nichts anderes sein als Leben aus
dem Tod. 16 Ist die Erstlingsgabe vom Teig heilig, so
ist es auch der ganze Teig; ist die Wurzel heilig, so
sind es auch die Zweige. 17 Wenn aber einige
Zweige herausgebrochen wurden und wenn du
als Zweig vom wilden Ölbaum in den edlen Öl-
baum eingepfropft wurdest und damit Anteil er-
hieltest an der Kraft seiner Wurzel, 18 so erhebe
dich nicht über die anderen Zweige. Wenn du es
aber tust, sollst du wissen: Nicht du trägst die
Wurzel, sondern die Wurzel trägt dich. 19 Nun
wirst du sagen: Die Zweige wurden doch heraus-
gebrochen, damit ich eingepfropft werde. 20 Ge-
wiß, sie wurden herausgebrochen, weil sie nicht
glaubten. Du aber stehst an ihrer Stelle, weil du
glaubst. Sei daher nicht überheblich, sondern
fürchte dich! 21 Hat Gott die Zweige, die von Natur
zum edlen Baum gehören, nicht verschont, so
wird er auch dich nicht verschonen. 22 Erkenne
die Güte Gottes und seine Strenge! Die Strenge
gegen jene, die gefallen sind, Gottes Güte aber ge-
gen dich, sofern du in seiner Güte bleibst; sonst
wirst auch du herausgehauen werden. 23 Ebenso
werden auch jene, wenn sie nicht am Unglauben
festhalten, wieder eingepfropft werden; denn
Gott hat die Macht, sie wieder einzupfropfen.
24 Wenn du aus dem von Natur wilden Ölbaum
herausgehauen und gegen die Natur in den edlen
Ölbaum eingepfropft wurdest, dann werden erst
recht sie als die von Natur zugehörigen Zweige
ihrem eigenen Ölbaum wieder eingepfropft wer-
den.

Die Errettung ganz Israels

25 Damit ihr euch nicht auf eigene Einsicht verlaßt,
Brüder, sollt ihr dieses Geheimnis wissen: Ver-
stockung liegt auf einem Teil Israels, bis die Hei-
den in voller Zahl das Heil erlangt haben; 26 dann
wird ganz Israel gerettet werden, wie es in der
Schrift heißt:
Der Retter wird aus Zion kommen, / er wird alle
Gottlosigkeit von Jakob entfernen.
27 *Das ist der Bund, den ich ihnen gewähre, /*
wenn ich ihre Sünden wegnehme.
28 Vom Evangelium her gesehen sind sie Feinde
Gottes, und das um euretwillen; von ihrer Er-
wählung her gesehen sind sie von Gott geliebt,
und das um der Väter willen. 29 Denn unwider-
ruflich sind Gnade und Berufung, die Gott ge-
währt. 30 Und wie ihr einst Gott ungehorsam
wart, jetzt aber infolge ihres Ungehorsams Erbar-
men gefunden habt, 31 so sind sie infolge des Er-
barmens, das ihr gefunden habt, ungehorsam ge-
worden, damit jetzt auch sie Erbarmen finden.
32 Gott hat alle in den Ungehorsam eingeschlos-
sen, um sich aller zu erbarmen.
33 O Tiefe des Reichtums, der Weisheit und der
Erkenntnis Gottes! Wie unergründlich sind seine
Entscheidungen, wie unerforschlich seine Wege!
34 Denn *wer hat die Gedanken des Herrn erkannt?*
Oder wer ist sein Ratgeber gewesen? 35 *Wer hat*
ihm etwas gegeben, so daß Gott ihm etwas
zurückgeben müßte? 36 Denn aus ihm und durch
ihn und auf ihn hin ist die ganze Schöpfung. Ihm
sei Ehre in Ewigkeit! Amen.

Das Leben der Glaubenden: 12,1–15,13

Die Gemeinde und ihre Dienste

12 Angesichts des Erbarmens Gottes ermahne ich euch, meine Brüder, euch selbst als lebendiges und heiliges Opfer darzubringen, das Gott gefällt; das ist für euch der wahre und angemessene Gottesdienst. 2 Gleicht euch nicht dieser Welt an, sondern wandelt euch und erneuert euer Denken, damit ihr prüfen und erkennen könnt, was der Wille Gottes ist: was ihm gefällt, was gut und vollkommen ist.

3 Aufgrund der Gnade, die mir gegeben ist, sage ich einem jeden von euch: Strebt nicht über das hinaus, was euch zukommt, sondern strebt danach, besonnen zu sein, jeder nach dem Maß des Glaubens, das Gott ihm zugeteilt hat. 4 Denn wie wir an dem einen Leib viele Glieder haben, aber nicht alle Glieder denselben Dienst leisten, 5 so sind wir, die vielen, e i n Leib in Christus, als einzelne aber sind wir Glieder, die zueinander gehören. 6 Wir haben unterschiedliche Gaben, je nach der uns verliehenen Gnade. Hat einer die Gabe prophetischer Rede, dann rede er in Übereinstimmung mit dem Glauben; 7 hat einer die Gabe des Dienens, dann diene er. Wer zum Lehren berufen ist, der lehre; 8 wer zum Trösten und Ermahnen berufen ist, der tröste und ermahne. Wer gibt, gebe ohne Hintergedanken; wer Vorsteher ist, setze sich eifrig ein; wer Barmherzigkeit übt, der tue es freudig.

Aufforderungen zu einem Leben aus dem Geist

9 Eure Liebe sei ohne Heuchelei. Verabscheut das Böse, haltet fest am Guten! 10 Seid einander in brüderlicher Liebe zugetan, übertrefft euch in gegenseitiger Achtung! 11 Laßt nicht nach in eurem Eifer, laßt euch vom Geist entflammen und dient dem Herrn! 12 Seid fröhlich in der Hoffnung, geduldig in der Bedrängnis, beharrlich im Gebet! 13 Helft den Heiligen, wenn sie in Not sind; gewährt jederzeit Gastfreundschaft! 14 Segnet eure Verfolger; segnet sie, verflucht sie nicht! 15 Freut euch mit den Fröhlichen und weint mit den Weinenden! 16 Seid untereinander eines Sinnes; strebt nicht hoch hinaus, sondern bleibt demütig! *Haltet euch nicht selbst für weise!* 17 Vergeltet niemand Böses mit Bösem! *Seid allen Menschen gegenüber auf Gutes bedacht!* 18 Soweit es euch möglich ist, haltet mit allen Menschen Frieden! 19 Rächt euch nicht selber, liebe Brüder, sondern laßt Raum für den Zorn (Gottes); denn in der Schrift steht: *Mein ist die Rache, ich werde vergelten,* spricht der Herr. 20 Vielmehr: *Wenn dein Feind Hunger hat, gib ihm zu essen, wenn er Durst hat, gib ihm zu trinken; tust du das, dann sammelst du glühende Kohlen auf sein Haupt.* 21 Laß dich nicht vom Bösen besiegen, sondern besiege das Böse durch das Gute!

Der Christ und die staatliche Ordnung

13 Jeder leiste den Trägern der staatlichen Gewalt den schuldigen Gehorsam. Denn es gibt keine staatliche Gewalt, die nicht von Gott stammt; jede ist von Gott eingesetzt. 2 Wer sich daher der staatlichen Gewalt widersetzt, stellt sich gegen die Ordnung Gottes, und wer sich ihm entgegenstellt, wird dem Gericht verfallen. 3 Vor den Trägern der Macht hat sich nicht die gute, sondern die böse Tat zu fürchten; willst du also ohne Furcht vor der staatlichen Gewalt leben, dann tue das Gute, so daß du ihre Anerkennung findest. 4 Sie steht im Dienst Gottes und verlangt, daß du das Gute tust. Wenn du aber Böses tust, fürchte dich! Denn nicht ohne Grund trägt sie das Schwert. Sie steht im Dienst Gottes und vollstreckt das Urteil an dem, der Böses tut. 5 Deshalb ist es notwendig, Gehorsam zu leisten, nicht allein aus Furcht vor der Strafe, sondern vor allem um des Gewissens willen. 6 Das ist auch der Grund, weshalb ihr Steuern zahlt; denn in Gottes Auftrag handeln jene, die Steuern einzuziehen haben. 7 Gebt allen, was ihr ihnen schuldig seid, sei es Steuer oder Zoll, sei es Furcht oder Ehre.

Das grundlegende Gebot

8 Bleibt niemand etwas schuldig; nur die Liebe schuldet ihr einander immer. Wer den andern liebt, hat das Gesetz erfüllt. 9 Denn die Gebote: *Du sollst nicht die Ehe brechen, du sollst nicht töten, du sollst nicht stehlen, du sollst nicht begehren!,* und alle anderen Gebote sind in dem einen Satz zusammengefaßt: *Du sollst deinen Nächsten lieben wie dich selbst.* 10 Die Liebe tut dem Nächsten nichts Böses. Also ist die Liebe die Erfüllung des Gesetzes.

Empfangt den Heiligen Geist! (Joh 20) | 86 ▷
»Es ist der Herr« (Joh 21) | 87 ▷▷

PETRUS
VICARIUS

SCHALOM
pac
in te
εὐαγγέλιον

[11] Bedenkt die gegenwärtige Zeit: Die Stunde ist
gekommen, aufzustehen vom Schlaf. Denn jetzt ist
das Heil uns näher als zu der Zeit, da wir gläubig
wurden. [12] Die Nacht ist vorgerückt, der Tag ist na-
he. Darum laßt uns ablegen die Werke der Finster-
nis und anlegen die Waffen des Lichts. [13] Laßt uns
ehrenhaft leben wie am Tag, ohne maßloses Essen
und Trinken, ohne Unzucht und Ausschweifung,
ohne Streit und Eifersucht. [14] Legt (als neues Ge-
wand) den Herrn Jesus Christus an, und sorgt nicht
so für euren Leib, daß die Begierden erwachen.

»Starke« und »Schwache« in der Gemeinde

14 Nehmt den an, der im Glauben schwach
ist, ohne mit ihm über verschiedene Auf-
fassungen zu streiten. [2] Der eine glaubt, alles es-
sen zu dürfen, der Schwache aber ißt kein Fleisch.
[3] Wer Fleisch ißt, verachte den nicht, der es nicht
ißt; wer kein Fleisch ißt, richte den nicht, der es
ißt. Denn Gott hat ihn angenommen. [4] Wie kannst
du den Diener eines anderen richten? Sein Herr
entscheidet, ob er steht oder fällt. Er wird aber ste-
hen; denn der Herr bewirkt, daß er steht. [5] Der
eine bevorzugt bestimmte Tage, der andere macht
keinen Unterschied zwischen den Tagen. Jeder
soll aber von seiner Auffassung überzeugt sein.
Wer einen bestimmten Tag bevorzugt, tut es zur
Ehre des Herrn. Wer Fleisch ißt, tut es zur Ehre
des Herrn; denn er dankt Gott dabei. Wer kein
Fleisch ißt, unterläßt es zur Ehre des Herrn, und
auch er dankt Gott. [7] Keiner von uns lebt sich sel-
ber, und keiner stirbt sich selber: [8] Leben wir, so
leben wir dem Herrn, sterben wir, so sterben wir
dem Herrn. Ob wir leben oder ob wir sterben, wir
gehören dem Herrn. [9] Denn Christus ist gestorben
und lebendig geworden, um Herr zu sein über
Tote und Lebende. [10] Wie kannst also du deinen
Bruder richten? Und du, wie kannst du deinen
Bruder verachten? Wir werden doch alle vor dem
Richterstuhl Gottes stehen. [11] Denn es heißt in der
Schrift: *So wahr ich lebe, spricht der Herr, vor mir*
wird jedes Knie sich beugen, und jede Zunge wird
Gott preisen. [12] Also wird jeder von uns vor Gott
Rechenschaft über sich selbst ablegen.

[13] Daher wollen wir uns nicht mehr gegenseitig
richten. Achtet vielmehr darauf, dem Bruder kei-
nen Anstoß zu geben und ihn nicht zu Fall zu
bringen. [14] Auf Jesus, unseren Herrn, gründet sich
meine feste Überzeugung, daß an sich nichts un-
rein ist; unrein ist es nur für den, der es als unrein
betrachtet. [15] Wenn wegen einer Speise, die du ißt,
dein Bruder verwirrt und betrübt wird, dann han-
delst du nicht mehr nach dem Gebot der Liebe.
Richte durch deine Speise nicht den zugrunde, für
den Christus gestorben ist. [16] Es darf doch euer
wahres Gut nicht der Lästerung preisgegeben
werden; [17] denn das Reich Gottes ist nicht Essen
und Trinken, es ist Gerechtigkeit, Friede und
Freude im Heiligen Geist. [18] Und wer Christus so
dient, wird von Gott anerkannt und ist bei den
Menschen geachtet. [19] Laßt uns also nach dem
streben, was zum Frieden und zum Aufbau (der
Gemeinde) beiträgt. [20] Reiß nicht wegen einer
Speise das Werk Gottes nieder! Alle Dinge sind
rein; schlecht ist es jedoch, wenn ein Mensch
durch sein Essen dem Bruder Anstoß gibt. [21] Es ist
nicht gut, Fleisch zu essen oder Wein zu trinken
oder sonst etwas zu tun, wenn dein Bruder daran
Anstoß nimmt. [22] Die Überzeugung, die du selbst
hast, sollst du vor Gott haben. Wohl dem, der sich
nicht zu verurteilen braucht bei dem, was er für
recht hält. [23] Wer aber Zweifel hat, wenn er etwas
ißt, der ist gerichtet, weil er nicht aus der Über-
zeugung des Glaubens handelt. Alles, was nicht
aus Glauben geschieht, ist Sünde.

Aufruf zur Einmütigkeit in der Gemeinde

15 Wir müssen als die Starken die
Schwäche derer tragen, die schwach
sind, und dürfen nicht für uns selbst leben. [2] Jeder
von uns soll Rücksicht auf den Nächsten neh-
men, um Gutes zu tun und (die Gemeinde) auf-
zubauen. [3] Denn auch Christus hat nicht für sich
selbst gelebt; in der Schrift heißt es vielmehr: *Die*
Schmähungen derer, die dich schmähen, haben
mich getroffen. [4] Und alles, was einst geschrieben
worden ist, ist zu unserer Belehrung geschrieben,
damit wir durch Geduld und durch den Trost der
Schrift Hoffnung haben. [5] Der Gott der Geduld
und des Trostes schenke euch die Einmütigkeit,
die Christus Jesus entspricht, [6] damit ihr Gott, den
Vater unseres Herrn Jesus Christus, einträchtig
und mit einem Munde preist.

[7] Darum nehmt einander an, wie auch Christus
uns angenommen hat, zur Ehre Gottes. [8] Denn, das
sage ich, Christus ist um der Wahrhaftigkeit Gottes
willen Diener der Beschnittenen geworden, damit
die Verheißungen an die Väter bestätigt werden.
[9] Die Heiden aber rühmen Gott um seines Erbar-
mens willen; es steht ja in der Schrift:

◁◁ 88 | *Ein anderer wird dich binden und dich führen, wohin du nicht willst (Joh 21)*
◁ 89 | *Ich werde von meinem Geist ausgießen (Apg 2)*

Darum will ich dich bekennen unter den Hei-
den / und deinem Namen lobsingen.
10 An anderer Stelle heißt es:
Ihr Heiden, freut euch mit seinem Volk!
11 Und es heißt auch:
Lobt den Herrn, alle Heiden, / preisen sollen ihn
alle Völker.
12 Und Jesaja sagt:
Kommen wird der Sproß aus der Wurzel Isais; /
er wird sich erheben, / um über die Heiden
zu herrschen. / Auf ihn werden die Heiden hof-
fen.
13 Der Gott der Hoffnung aber erfülle euch mit al-
ler Freude und mit allem Frieden im Glauben, da-
mit ihr reich werdet an Hoffnung in der Kraft des
Heiligen Geistes.

Der Schluß des Briefes: 15,14–16,27

Die Reisepläne des Paulus

14 Meine Brüder, ich bin fest davon überzeugt,
daß ihr viel Gutes tut, daß ihr reiche Erkenntnis
besitzt und selbst imstande seid, einander zu-
rechtzuweisen. 15 Um euch aber einiges in Erin-
nerung zu rufen, habe ich euch einen teilweise
sehr deutlichen Brief geschrieben. Ich tat es kraft
der Gnade, die mir von Gott gegeben ist, 16 damit
ich als Diener Christi Jesu für die Heiden wirke
und das Evangelium Gottes wie ein Priester ver-
walte; denn die Heiden sollen eine Opfergabe
werden, die Gott gefällt, geheiligt im Heiligen
Geist.
17 In Christus Jesus kann ich mich also vor Gott
rühmen. 18 Denn ich wage nur von dem zu reden,
was Christus, um die Heiden zum Gehorsam zu
führen, durch mich in Wort und Tat bewirkt hat,
19 in der Kraft von Zeichen und Wundern, in der
Kraft des Geistes Gottes. So habe ich von Jerusa-
lem aus in weitem Umkreis bis nach Illyrien über-
allhin das Evangelium Christi gebracht. 20 Dabei
habe ich darauf geachtet, das Evangelium nicht
dort zu verkündigen, wo der Name Christi schon
bekannt gemacht war, um nicht auf einem frem-
den Fundament zu bauen; 21 denn es heißt in der
Schrift:
Sehen werden die, denen nichts über ihn ver-
kündet wurde, / und die werden verstehen, die
nichts gehört haben.
22 Das ist es auch, was mich immer wieder ge-
hindert hat, zu euch zu kommen. 23 Jetzt aber
habe ich in diesen Gegenden kein neues Arbeits-
feld mehr. Außerdem habe ich mich seit vielen
Jahren danach gesehnt, zu euch zu kommen,
24 wenn ich einmal nach Spanien reise; auf dem
Weg dorthin hoffe ich euch zu sehen und dann
von euch für die Weiterreise ausgerüstet zu wer-
den, nachdem ich mich einige Zeit an euch erfreut
habe. 25 Doch jetzt gehe ich zuerst nach Jerusa-
lem, um den Heiligen einen Dienst zu erweisen.
26 Denn Mazedonien und Achaia haben eine
Sammlung beschlossen für die Armen unter den
Heiligen in Jerusalem. 27 Sie haben das beschlos-
sen, weil sie ihre Schuldner sind. Denn wenn die
Heiden an ihren geistlichen Gütern Anteil erhal-
ten haben, so sind sie auch verpflichtet, ihnen mit
irdischen Gütern zu dienen. 28 Wenn ich diese
Aufgabe erfüllt und ihnen den Ertrag der Samm-
lung ordnungsgemäß übergeben habe, will ich
euch besuchen und dann nach Spanien weiter-
reisen. 29 Ich weiß aber, wenn ich zu euch
komme, werde ich mit der Fülle des Segens Chri-
sti kommen.

Aufforderung zur Fürbitte

30 Ich bitte euch, meine Brüder, im Namen Jesu
Christi, unseres Herrn, und bei der Liebe des Gei-
stes: Steht mir bei, und betet für mich zu Gott,
31 daß ich vor den Ungläubigen in Judäa gerettet
werde, daß mein Dienst in Jerusalem von den
Heiligen dankbar aufgenommen wird 32 und daß
ich, wenn es Gottes Wille ist, voll Freude zu euch
kommen kann, um mit euch eine Zeit der Ruhe
zu verbringen.
33 Der Gott des Friedens sei mit euch allen!
Amen.

Grüße und Ermahnungen

16 Ich empfehle euch unsere Schwester
Phöbe, die Dienerin der Gemeinde von
Kenchreä: 2 Nehmt sie im Namen des Herrn auf,
wie es Heilige tun sollen, und steht ihr in jeder Sa-
che bei, in der sie euch braucht; sie selbst hat vie-
len, darunter auch mir, geholfen. 3 Grüßt Priska

und Aquila, meine Mitarbeiter in Christus Jesus, [4]die für mich ihr eigenes Leben aufs Spiel gesetzt haben; nicht allein ich, sondern alle Gemeinden der Heiden sind ihnen dankbar. [5]Grüßt auch die Gemeinde, die sich in ihrem Haus versammelt. Grüßt meinen lieben Epänetus, der die Erstlingsgabe der Provinz Asien für Christus ist. [6]Grüßt Maria, die für euch viel Mühe auf sich genommen hat. [7]Grüßt Andronikus und Junias, die zu meinem Volk gehören und mit mir zusammen im Gefängnis waren; sie sind angesehene Apostel und haben sich schon vor mir zu Christus bekannt. [8]Grüßt Ampliatus, mit dem ich im Herrn verbunden bin. [9]Grüßt Urbanus, unseren Mitarbeiter in Christus, und meinen lieben Stachys. [10]Grüßt Apelles, der sich in Christus bewährt hat. Grüßt das ganze Haus des Aristobul. [11]Grüßt Herodion, der zu meinem Volk gehört. Grüßt alle aus dem Haus des Narzissus, die sich zum Herrn bekennen. [12]Grüßt Tryphäna und Tryphosa, die für den Herrn viel Mühe auf sich nehmen. Grüßt die liebe Persis; sie hat für den Herrn große Mühe auf sich genommen. [13]Grüßt Rufus, der vom Herrn auserwählt ist; grüßt seine Mutter, die auch mir zur Mutter geworden ist. [14]Grüßt Asynkritus, Phlegon, Hermes, Patrobas, Hermas und die Brüder, die bei ihnen sind. [15]Grüßt Philologus und Julia, Nereus und seine Schwester, Olympas und alle Heiligen, die bei ihnen sind. [16]Grüßt einander mit dem heiligen Kuß. Es grüßen euch alle Gemeinden Christi.

[17]Ich ermahne euch, meine Brüder, auf die acht zu geben, die im Widerspruch zu der Lehre, die ihr gelernt habt, Spaltung und Verwirrung verursachen: Haltet euch von ihnen fern! [18]Denn diese Leute dienen nicht Christus, unserem Herrn, sondern ihrem Bauch, und sie verführen durch ihre schönen und gewandten Reden das Herz der Arglosen. [19]Doch euer Gehorsam ist allen bekannt; daher freue ich mich über euch und wünsche nur, daß ihr verständig bleibt, offen für das Gute, unzugänglich für das Böse. [20]Der Gott des Friedens wird den Satan bald zertreten und unter eure Füße legen. Die Gnade Jesu, unseres Herrn, sei mit euch!

[21]Es grüßen euch Timotheus, mein Mitarbeiter, und Lucius, Jason und Sosipater, die zu meinem Volk gehören. [22]Ich, Tertius, der Schreiber dieses Briefes, grüße euch im Namen des Herrn. [23]Es grüßt euch Gaius, der mich und die ganze Gemeinde gastlich aufgenommen hat. Es grüßen euch der Stadtkämmerer Erastus und der Bruder Quartus.

[[24]Die Gnade Jesu Christi, unseres Herrn, sei mit euch allen! Amen.]

Abschließender Lobpreis Gottes

[25]Ehre sei dem, der die Macht hat, euch Kraft zu geben – / gemäß meinem Evangelium und der Botschaft von Jesus Christus, / gemäß der Offenbarung jenes Geheimnisses, / das seit ewigen Zeiten unausgesprochen war,

[26]jetzt aber nach dem Willen des ewigen Gottes offenbart / und durch prophetische Schriften kundgemacht wurde, / um alle Heiden zum Gehorsam des Glaubens zu führen.

[27]Ihm, dem einen, weisen Gott, / sei Ehre durch Jesus Christus in alle Ewigkeit! Amen.

DER ERSTE BRIEF AN DIE KORINTHER

Anschrift und Gruß: 1,1–3

1 Paulus, durch Gottes Willen berufener Apostel Christi Jesu, und der Bruder Sosthenes [2]an die Kirche Gottes, die in Korinth ist, – an die Geheiligten in Christus Jesus, berufen als Heilige mit allen, die den Namen Jesu Christi, unseres Herrn, überall anrufen, bei ihnen und bei uns. [3]Gnade sei mit euch und Friede von Gott, unserem Vater, und dem Herrn Jesus Christus.

Dank an Gott: 1,4–9

4 Ich danke Gott jederzeit euretwegen für die
Gnade Gottes, die euch in Christus Jesus ge-
schenkt wurde, 5 daß ihr an allem reich geworden
seid in ihm, an aller Rede und aller Erkenntnis.
Denn das Zeugnis über Christus wurde bei euch
gefestigt, 7 so daß euch keine Gnadengabe fehlt,
während ihr auf die Offenbarung Jesu Christi, un-
seres Herrn, wartet. 8 Er wird euch auch festigen
bis ans Ende, so daß ihr schuldlos dasteht am Tag
Jesu, unseres Herrn. 9 Treu ist Gott, durch den ihr
berufen worden seid zur Gemeinschaft mit sei-
nem Sohn Jesus Christus, unserem Herrn.

Die Spaltungen in der Gemeinde: 1,10–4,21

Mahnung zur Einheit

10 Ich ermahne euch aber, Brüder, im Namen Jesu
Christi, unseres Herrn: Seid alle einmütig, und
duldet keine Spaltungen unter euch; seid ganz ei-
nes Sinnes und einer Meinung. 11 Es wurde mir
nämlich, meine Brüder, von den Leuten der
Chloë berichtet, daß es Zank und Streit unter euch
gibt. 12 Ich meine damit, daß jeder von euch etwas
anderes sagt: Ich halte zu Paulus – ich zu Apollos
– ich zu Kephas – ich zu Christus. 13 Ist denn Chri-
stus zerteilt? Wurde etwa Paulus für euch gekreu-
zigt? Oder seid ihr auf den Namen des Paulus ge-
tauft worden? 14 Ich danke Gott, daß ich niemand
von euch getauft habe, außer Krispus und Gaius,
15 so daß keiner sagen kann, ihr seiet auf meinen
Namen getauft worden. 16 Ich habe allerdings
auch die Familie des Stephanas getauft. Ob ich
sonst noch jemand getauft habe, weiß ich nicht
mehr. 17 Denn Christus hat mich nicht gesandt zu
taufen, sondern das Evangelium zu verkünden,
aber nicht mit gewandten und klugen Worten,
damit das Kreuz Christi nicht um seine Kraft ge-
bracht wird.

Die Botschaft vom Kreuz

18 Denn das Wort vom Kreuz ist denen, die verlo-
rengehen, Torheit; uns aber, die gerettet werden,
ist es Gottes Kraft. 19 Es heißt nämlich in der
Schrift:
Ich lasse die Weisheit der Weisen vergehen /
und die Klugheit der Klugen verschwinden.
20 *Wo ist ein Weiser? Wo ein Schriftgelehrter?* Wo
ein Wortführer in dieser Welt? Hat Gott nicht die
Weisheit der Welt als Torheit entlarvt? 21 Denn da
die Welt angesichts der Weisheit Gottes auf dem
Weg ihrer Weisheit Gott nicht erkannte, beschloß
Gott, alle, die glauben, durch die Torheit der Ver-
kündigung zu retten. 22 Die Juden fordern Zeichen,
die Griechen suchen Weisheit. 23 Wir dagegen ver-
kündigen Christus als den Gekreuzigten: für Ju-
den ein empörendes Ärgernis, für Heiden eine
Torheit, 24 für die Berufenen aber, Juden wie Grie-
chen, Christus, Gottes Kraft und Gottes Weisheit.
25 Denn das Törichte an Gott ist weiser als die
Menschen, und das Schwache an Gott ist stärker
als die Menschen. 26 Seht doch auf eure Berufung,
Brüder! Da sind nicht viele Weise im irdischen
Sinn, nicht viele Mächtige, nicht viele Vornehme,
27 sondern das Törichte in der Welt hat Gott er-
wählt, um die Weisen zuschanden zu machen,
und das Schwache in der Welt hat Gott erwählt,
um das Starke zuschanden zu machen.
28 Und das Niedrige in der Welt und das Verachtete
hat Gott erwählt: das, was nichts ist, um das, was
etwas ist, zu vernichten, 29 damit kein Mensch
sich rühmen kann vor Gott. 30 Von ihm her seid ihr
in Christus Jesus, den Gott für uns zur Weisheit
gemacht hat, zur Gerechtigkeit, Heiligung und Er-
lösung. 31 *Wer sich also rühmen will, der rühme*
sich des Herrn; so heißt es schon in der Schrift.

Paulus, Verkünder der Weisheit Gottes

2 Als ich zu euch kam, Brüder, kam ich nicht,
um glänzende Reden oder gelehrte Weisheit
vorzutragen, sondern um euch das Zeugnis
Gottes zu verkündigen. 2 Denn ich hatte mich ent-
schlossen, bei euch nichts zu wissen außer Jesus
Christus, und zwar als den Gekreuzigten. 3 Zu-
dem kam ich in Schwäche und in Furcht, zitternd
und bebend zu euch. 4 Meine Botschaft und Ver-
kündigung war nicht Überredung durch ge-
wandte und kluge Worte, sondern war mit dem

Erweis von Geist und Kraft verbunden, 5 damit sich euer Glaube nicht auf Menschenweisheit stützte, sondern auf die Kraft Gottes.

6 Und doch verkündigen wir Weisheit unter den Vollkommenen, aber nicht Weisheit dieser Welt oder der Machthaber dieser Welt, die einst entmachtet werden. 7 Vielmehr verkündigen wir das Geheimnis der verborgenen Weisheit Gottes, die Gott vor allen Zeiten vorausbestimmt hat zu unserer Verherrlichung. 8 Keiner der Machthaber dieser Welt hat sie erkannt; denn hätten sie die Weisheit Gottes erkannt, so hätten sie den Herrn der Herrlichkeit nicht gekreuzigt. 9 Nein, wir verkündigen, wie es in der Schrift heißt, was *kein Auge gesehen und kein Ohr gehört hat*, was keinem Menschen in den Sinn gekommen ist: das Große, das Gott denen bereitet hat, die ihn lieben.

10 Denn uns hat es Gott enthüllt durch den Geist. Der Geist ergründet nämlich alles, auch die Tiefen Gottes. 11 Wer von den Menschen kennt den Menschen, wenn nicht der Geist des Menschen, der in ihm ist? So erkennt auch keiner Gott – nur der Geist Gottes. 12 Wir aber haben nicht den Geist der Welt empfangen, sondern den Geist, der aus Gott stammt, damit wir das erkennen, was uns von Gott geschenkt worden ist. 13 Davon reden wir auch, nicht mit Worten, wie menschliche Weisheit sie lehrt, sondern wie der Geist sie lehrt, indem wir den Geisterfüllten das Wirken des Geistes deuten. 14 Der irdisch gesinnte Mensch aber läßt sich nicht auf das ein, was vom Geist Gottes kommt. Torheit ist es für ihn, und er kann es nicht verstehen, weil es nur mit Hilfe des Geistes beurteilt werden kann. 15 Der geisterfüllte Mensch urteilt über alles, ihn aber vermag niemand zu beurteilen. 16 Denn *wer begreift den Geist des Herrn? Wer kann ihn belehren?* Wir aber haben den Geist Christi.

3 Vor euch, Brüder, konnte ich aber nicht wie vor Geisterfüllten reden; ihr wart noch irdisch eingestellt, unmündige Kinder in Christus. 2 Milch gab ich euch zu trinken statt fester Speise; denn diese konntet ihr noch nicht vertragen. Ihr könnt es aber auch jetzt noch nicht; 3 denn ihr seid immer noch irdisch eingestellt. Oder seid ihr nicht irdisch eingestellt, handelt ihr nicht sehr menschlich, wenn Eifersucht und Streit unter euch herrschen? 4 Denn wenn einer sagt: Ich halte zu Paulus!, ein anderer: Ich zu Apollos!, seid ihr da nicht Menschen?

Die Verantwortung des Apostels und seiner Mitarbeiter

5 Was ist denn Apollos? Und was ist Paulus? Ihr seid durch sie zum Glauben gekommen. Sie sind also Diener, jeder, wie der Herr es ihm gegeben hat: 6 Ich habe gepflanzt, Apollos hat begossen, Gott aber ließ wachsen. 7 So ist weder der etwas, der pflanzt, noch der, der begießt, sondern nur Gott, der wachsen läßt. 8 Wer pflanzt und wer begießt: beide arbeiten am gleichen Werk, jeder aber erhält seinen besonderen Lohn, je nach der Mühe, die er aufgewendet hat. 9 Denn wir sind Gottes Mitarbeiter; ihr seid Gottes Ackerfeld, Gottes Bau.

10 Der Gnade Gottes entsprechend, die mir geschenkt wurde, habe ich wie ein guter Baumeister den Grund gelegt; ein anderer baut darauf weiter. Aber jeder soll darauf achten, wie er weiterbaut. 11 Denn einen anderen Grund kann niemand legen als den, der gelegt ist: Jesus Christus. 12 Ob aber jemand auf dem Grund mit Gold, Silber, kostbaren Steinen, mit Holz, Heu oder Stroh weiterbaut: 13 das Werk eines jeden wird offenbar werden; jener Tag wird es sichtbar machen, weil es im Feuer offenbart wird. Das Feuer wird prüfen, was das Werk eines jeden taugt. 14 Hält das stand, was er aufgebaut hat, so empfängt er Lohn. 15 Brennt es nieder, dann muß er den Verlust tragen. Er selbst aber wird gerettet werden, doch so wie durch Feuer hindurch.

16 Wißt ihr nicht, daß ihr Gottes Tempel seid und der Geist Gottes in euch wohnt? 17 Wer den Tempel Gottes verdirbt, den wird Gott verderben. Denn Gottes Tempel ist heilig, und der seid ihr.

18 Keiner täusche sich selbst. Wenn einer unter euch meint, er sei weise in dieser Welt, dann werde er töricht, um weise zu werden. 19 Denn die Weisheit dieser Welt ist Torheit vor Gott. In der Schrift steht nämlich: *Er fängt die Weisen in ihrer eigenen List.* 20 Und an einer anderen Stelle: *Der Herr kennt die Gedanken der Weisen; er weiß, sie sind nichtig.* 21 Daher soll sich niemand eines Menschen rühmen. Denn alles gehört euch; 22 Paulus, Apollos, Kephas, Welt, Leben, Tod, Gegenwart und Zukunft: alles gehört euch; 23 ihr aber gehört Christus, und Christus gehört Gott.

4 Als Diener Christi soll man uns betrachten und als Verwalter von Geheimnissen Gottes. 2 Von Verwaltern aber verlangt man, daß sie sich treu erweisen. 3 Mir macht es allerdings nichts

aus, wenn ihr oder ein menschliches Gericht
mich zur Verantwortung zieht; ich urteile auch
nicht über mich selbst. 4 Ich bin mir zwar keiner
Schuld bewußt, doch bin ich dadurch noch nicht
gerecht gesprochen; der Herr ist es, der mich zur
Rechenschaft zieht. 5 Richtet also nicht vor der
Zeit; wartet, bis der Herr kommt, der das im Dun-
keln Verborgene ans Licht bringen und die Ab-
sichten der Herzen aufdecken wird. Dann wird je-
der sein Lob von Gott erhalten.
6 Brüder, ich habe das auf mich und Apollos be-
zogen, und zwar euretwegen, damit ihr an uns
lernt, daß der Grundsatz gilt: »Nicht über das hin-
aus, was in der Schrift steht«, daß also keiner zu-
gunsten des einen und zum Nachteil des andern
sich wichtig machen darf. 7 Denn wer räumt dir ei-
nen Vorrang ein? Und was hast du, das du nicht
empfangen hättest? Wenn du es aber empfangen
hast, warum rühmst du dich, als hättest du es
nicht empfangen? 8 Ihr seid schon satt, ihr seid
schon reich geworden, ohne uns seid ihr zur
Herrschaft gelangt. Wäret ihr doch nur zur Herr-
schaft gelangt! Dann könnten auch wir mit euch
zusammen herrschen.
9 Ich glaube nämlich, Gott hat uns Apostel auf
den letzten Platz gestellt, wie Todgeweihte; denn
wir sind zum Schauspiel geworden für die Welt,
für Engel und Menschen. 10 Wir stehen als Toren
da um Christi willen, ihr dagegen seid kluge Leute
in Christus. Wir sind schwach, ihr seid stark; ihr
seid angesehen, wir sind verachtet. 11 Bis zur
Stunde hungern und dürsten wir, gehen in Lum-
pen, werden mit Fäusten geschlagen und sind
heimatlos. 12 Wir plagen uns ab und arbeiten mit
eigenen Händen; wir werden beschimpft und
segnen; wir werden verfolgt und halten stand;
13 wir werden geschmäht und trösten. Wir sind so-
zusagen der Abschaum der Welt geworden, ver-
stoßen von allen bis heute.
14 Nicht um euch bloßzustellen, schreibe ich das,
sondern um euch als meine geliebten Kinder zu
ermahnen. 15 Hättet ihr nämlich auch ungezählte
Erzieher in Christus, so doch nicht viele Väter.
Denn in Christus Jesus bin ich durch das Evange-
lium euer Vater geworden. 16 Darum ermahne ich
euch: Haltet euch an mein Vorbild!

Ankündigung eines baldigen Besuches

17 Eben deswegen schicke ich Timotheus zu
euch, mein geliebtes und treues Kind im Herrn.
Er wird euch erinnern an meine Weisungen, wie
ich sie als Diener Christi Jesu überall in allen Ge-
meinden gebe. 18 In der Annahme, daß ich nicht
selber zu euch komme, haben sich zwar einige
wichtig gemacht. 19 Ich werde aber bald zu euch
kommen, wenn der Herr will. Dann werde ich
diese Wichtigtuer nicht auf ihre Worte prüfen,
sondern auf ihre Kraft. 20 Denn nicht in Worten
erweist sich die Herrschaft Gottes, sondern in
der Kraft. 21 Was zieht ihr vor: Soll ich mit dem
Stock zu euch kommen oder mit Liebe und im
Geist der Sanftmut?

Mißstände in der Gemeinde: 5,1–6,20

Ein Fall von Blutschande

5 Übrigens hört man von Unzucht unter euch,
und zwar von Unzucht, wie sie nicht einmal
unter den Heiden vorkommt, daß nämlich einer
mit der Frau seines Vaters lebt. 2 Und da macht ihr
euch noch wichtig, statt traurig zu werden und
den aus eurer Mitte zu stoßen, der so etwas getan
hat. 3 Was mich angeht, so habe ich – leiblich zwar
abwesend, geistig aber anwesend – mein Urteil
über den, der sich so vergangen hat, schon jetzt ge-
fällt, als ob ich persönlich anwesend wäre: 4 Im Na-
men Jesu, unseres Herrn, wollen wir uns versam-
meln, ihr und mein Geist, und zusammen mit der
Kraft Jesu, unseres Herrn, 5 diesen Menschen dem
Satan übergeben zum Verderben seines Fleisches,
damit sein Geist am Tag des Herrn gerettet wird.
6 Zu Unrecht rühmt ihr euch. Wißt ihr nicht, daß
ein wenig Sauerteig den ganzen Teig durchsäu-
ert? 7 Schafft den alten Sauerteig weg, damit ihr
neuer Teig seid. Ihr seid ja schon ungesäuertes
Brot; denn als unser Paschalamm ist Christus ge-
opfert worden. 8 Laßt uns also das Fest nicht mit
dem alten Sauerteig feiern, nicht mit dem Sauer-
teig der Bosheit und Schlechtigkeit, sondern mit
den ungesäuerten Broten der Aufrichtigkeit und
Wahrheit.
9 Ich habe euch in meinem Brief ermahnt, daß
ihr nichts mit Unzüchtigen zu schaffen haben

sollt. 10 Gemeint waren damit nicht alle Unzüchti-
gen dieser Welt oder alle Habgierigen und Räuber
und Götzendiener; sonst müßtet ihr ja aus der
Welt auswandern. 11 In Wirklichkeit meinte ich da-
mit: Habt nichts zu schaffen mit einem, der sich
Bruder nennt und dennoch Unzucht treibt, hab-
gierig ist, Götzen verehrt, lästert, trinkt oder raubt;
mit einem solchen Menschen sollt ihr nicht ein-
mal zusammen essen. 12 Ich will also nicht Außen-
stehende richten – ihr richtet ja auch nur solche,
die zu euch gehören –, 13 die Außenstehenden
wird Gott richten. *Schafft den Übeltäter weg aus
eurer Mitte*!

Rechtshändel unter Christen

6 Wagt es einer von euch, der mit einem ande-
ren einen Rechtsstreit hat, vor das Gericht der
Ungerechten zu gehen statt zu den Heiligen?
2 Wißt ihr denn nicht, daß die Heiligen die Welt
richten werden? Und wenn durch euch die Welt
gerichtet wird, seid ihr dann nicht zuständig, ei-
nen Rechtsstreit über Kleinigkeiten zu schlichten?
3 Wißt ihr nicht, daß wir über Engel richten wer-
den? Also erst recht über Alltägliches. 4 Wie könnt
ihr dann jene, die im Urteil der Gemeinde nichts
gelten, als Richter einsetzen, wenn ihr einen
Rechtsstreit über Alltägliches auszutragen habt?
5 Ich sage das, damit ihr euch schämt. Gibt es denn
unter euch wirklich keinen, der die Gabe hat, zwi-
schen Brüdern zu schlichten? 6 Statt dessen zieht
ein Bruder den andern vor Gericht, und zwar vor
Ungläubige. 7 Ist es nicht überhaupt schon ein Ver-
sagen, daß ihr miteinander Prozesse führt? Warum
leidet ihr nicht lieber Unrecht? Warum laßt ihr
euch nicht lieber ausrauben? 8 Nein, ihr selber be-
geht Unrecht und Raub, und zwar an Brüdern.
9 Wißt ihr denn nicht, daß Ungerechte das Reich
Gottes nicht erben werden? Täuscht euch nicht!
Weder Unzüchtige noch Götzendiener, weder
Ehebrecher noch Lustknaben, noch Knaben-
schänder, 10 noch Diebe, noch Habgierige, keine
Trinker, keine Lästerer, keine Räuber werden
das Reich Gottes erben. 11 Und solche gab es unter
euch. Aber ihr seid reingewaschen, seid geheiligt,
seid gerecht geworden im Namen Jesu Christi, des
Herrn, und im Geist unseres Gottes.

Unzucht und christliche Freiheit

12 »Alles ist mir erlaubt« – aber nicht alles nützt
mir. Alles ist mir erlaubt, aber nichts soll Macht
haben über mich. 13 Die Speisen sind für den
Bauch da und der Bauch für die Speisen; Gott
wird beide vernichten. Der Leib ist aber nicht für
die Unzucht da, sondern für den Herrn, und der
Herr für den Leib. 14 Gott hat den Herrn aufer-
weckt; er wird durch seine Macht auch uns auf-
erwecken. 15 Wißt ihr nicht, daß eure Leiber Glie-
der Christi sind? Darf ich nun die Glieder Christi
nehmen und zu Gliedern einer Dirne machen?
Auf keinen Fall! 16 Oder wißt ihr nicht: Wer sich an
eine Dirne bindet, ist e i n Leib mit ihr? Denn es
heißt: Die *zwei werden e i n Fleisch sein.* 17 Wer
sich dagegen an den Herrn bindet, ist e i n Geist
mit ihm. 18 Hütet euch vor der Unzucht! Jede an-
dere Sünde, die der Mensch tut, bleibt außerhalb
des Leibes. Wer aber Unzucht treibt, versündigt
sich gegen den eigenen Leib. 19 Oder wißt ihr
nicht, daß euer Leib ein Tempel des Heiligen Gei-
stes ist, der in euch wohnt und den ihr von Gott
habt? Ihr gehört nicht euch selbst; 20 denn um ei-
nen teuren Preis seid ihr erkauft worden. Ver-
herrlicht also Gott in eurem Leib!

Die Standesordnung in der Gemeinde: 7,1–40

Die christliche Ehe

7 Nun zu den Anfragen eures Briefes! »Es ist
gut für den Mann, keine Frau zu berühren.«
2 Wegen der Gefahr der Unzucht soll aber jeder
seine Frau haben, und jede soll ihren Mann ha-
ben. 3 Der Mann soll seine Pflicht gegenüber der
Frau erfüllen und ebenso die Frau gegenüber
dem Mann. 4 Nicht die Frau verfügt über ihren
Leib, sondern der Mann. Ebenso verfügt nicht
der Mann über seinen Leib, sondern die Frau.
5 Entzieht euch einander nicht, außer im gegen-
seitigen Einverständnis und nur eine Zeitlang,
um für das Gebet frei zu sein. Dann kommt wie-
der zusammen, damit euch der Satan nicht in
Versuchung führt, wenn ihr euch nicht enthal-
ten könnt. 6 Das sage ich als Zugeständnis, nicht
als Gebot. 7 Ich wünschte, alle Menschen wären
(unverheiratet) wie ich. Doch jeder hat seine

Gnadengabe von Gott, der eine so, der andere
so.

Ehe mit Heiden – Ehescheidung

8 Den Unverheirateten und den Witwen sage ich:
Es ist gut, wenn sie so bleiben wie ich. 9 Wenn sie
aber nicht enthaltsam leben können, sollen sie
heiraten. Es ist besser zu heiraten, als sich in Be-
gierde zu verzehren. 10 Den Verheirateten gebiete
nicht ich, sondern der Herr: Die Frau soll sich vom
Mann nicht trennen 11 – wenn sie sich aber trennt,
so bleibe sie unverheiratet oder versöhne sich
wieder mit dem Mann –, und der Mann darf die
Frau nicht verstoßen.
12 Den übrigen sage ich, nicht der Herr: Wenn
ein Bruder eine ungläubige Frau hat und sie wil-
ligt ein, weiter mit ihm zusammenzuleben, soll
er sie nicht verstoßen. 13 Auch eine Frau soll
ihren ungläubigen Mann nicht verstoßen, wenn
er einwilligt, weiter mit ihr zusammenzuleben.
14 Denn der ungläubige Mann ist durch die Frau
geheiligt, und die ungläubige Frau ist durch
ihren gläubigen Mann geheiligt. Sonst wären
eure Kinder unrein; sie sind aber heilig. 15 Wenn
aber der Ungläubige sich trennen will, soll er es
tun. Der Bruder oder die Schwester ist in sol-
chen Fällen nicht wie ein Sklave gebunden; zu
einem Leben in Frieden hat Gott euch berufen.
16 Woher weißt du denn, Frau, ob du den Mann
retten kannst? Oder woher weißt du, Mann, ob
du die Frau retten kannst?

Gottes Ruf und der Stand der Berufenen

17 Im übrigen soll jeder so leben, wie der Herr es
ihm zugemessen, wie Gottes Ruf ihn getroffen
hat. Das ist meine Weisung für alle Gemeinden.
18 Wenn einer als Beschnittener berufen wurde,
soll er beschnitten bleiben. Wenn einer als Un-
beschnittener berufen wurde, soll er sich nicht
beschneiden lassen. 19 Es kommt nicht darauf an,
beschnitten oder unbeschnitten zu sein, sondern
darauf, die Gebote Gottes zu halten. 20 Jeder soll
in dem Stand bleiben, in dem ihn der Ruf Got-
tes getroffen hat. 21 Wenn du als Sklave berufen
wurdest, soll dich das nicht bedrücken; auch
wenn du frei werden kannst, lebe lieber als
Sklave weiter. 22 Denn wer im Herrn als Sklave
berufen wurde, ist Freigelassener des Herrn.
Ebenso ist einer, der als Freier berufen wurde,
Sklave Christi. 23 Um einen teuren Preis seid ihr
erkauft worden. Macht euch nicht zu Sklaven
von Menschen! 24 Brüder, jeder soll vor Gott in
dem Stand bleiben, in dem ihn der Ruf Gottes
getroffen hat.

Ehe und Jungfräulichkeit

25 Was die Frage der Ehelosigkeit angeht, so habe
ich kein Gebot vom Herrn. Ich gebe euch nur
einen Rat als einer, den der Herr durch sein
Erbarmen vertrauenswürdig gemacht hat. 26 Ich
meine, es ist gut wegen der bevorstehenden
Not, ja, es ist gut für den Menschen, so zu sein.
27 Bist du an eine Frau gebunden, suche dich
nicht zu lösen; bist du ohne Frau, dann suche
keine. 28 Heiratest du aber, so sündigst du nicht;
und heiratet eine Jungfrau, sündigt auch sie
nicht. Freilich werden solche Leute irdischen
Nöten nicht entgehen; ich aber möchte sie euch
ersparen. 29 Denn ich sage euch, Brüder: Die Zeit
ist kurz. Daher soll, wer eine Frau hat, sich in
Zukunft so verhalten, als habe er keine, 30 wer
weint, als weine er nicht, wer sich freut, als
freue er sich nicht, wer kauft, als würde er nicht
Eigentümer, 31 wer sich die Welt zunutze macht,
als nutze er sie nicht; denn die Gestalt dieser
Welt vergeht.
32 Ich wünschte aber, ihr wäret ohne Sorgen.
Der Unverheiratete sorgt sich um die Sache des
Herrn; er will dem Herrn gefallen. 33 Der Verhei-
ratete sorgt sich um die Dinge der Welt; er will
seiner Frau gefallen. 34 So ist er geteilt. Die un-
verheiratete Frau aber und die Jungfrau sorgen
sich um die Sache des Herrn, um heilig zu sein
an Leib und Geist. Die Verheiratete sorgt sich
um die Dinge der Welt; sie will ihrem Mann ge-
fallen. 35 Das sage ich zu eurem Nutzen: nicht
um euch eine Fessel anzulegen, vielmehr, damit
ihr in rechter Weise und ungestört immer dem
Herrn dienen könnt.
36 Wer sich gegenüber seiner Jungfrau ungehörig
zu verhalten glaubt, wenn sein Verlangen nach
ihr zu stark ist, der soll tun, wozu es ihn drängt,
wenn es so sein muß; er sündigt nicht; sie sollen
heiraten. 37 Wer aber in seinem Herzen fest bleibt,
weil er sich in der Gewalt hat und seinem Trieb
nicht ausgeliefert ist, wer also in seinem Herzen
entschlossen ist, seine Jungfrau unberührt zu las-
sen, der handelt richtig. 38 Wer seine Jungfrau hei-
ratet, handelt also richtig; doch wer sie nicht hei-
ratet, handelt besser.

Wiederverheiratung nach dem Tod des Mannes

[39] Eine Frau ist gebunden, solange ihr Mann lebt; wenn aber der Mann gestorben ist, ist sie frei zu heiraten, wen sie will; nur geschehe es im Herrn. [40] Glücklicher aber ist sie zu preisen, wenn sie nach meinem Rat unverheiratet bleibt – und ich denke, daß auch ich den Geist Gottes habe.

Heidnische Opfer, christliche Sakramente, christlicher Gottesdienst: 8,1–11,34

Die Freiheit des Christen

8 Nun zur Frage des Götzenopferfleisches. Gewiß, wir alle haben Erkenntnis. Doch die Erkenntnis macht aufgeblasen, die Liebe dagegen baut auf. [2] Wenn einer meint, er sei zur Erkenntnis gelangt, hat er noch nicht so erkannt, wie man erkennen muß. [3] Wer aber Gott liebt, der ist von ihm erkannt. [4] Was nun das Essen von Götzenopferfleisch angeht, so wissen wir, daß es keine Götzen gibt in der Welt und keinen Gott außer dem einen. [5] Und selbst wenn es im Himmel oder auf der Erde sogenannte Götter gibt – und solche Götter und Herren gibt es viele –, [6] so haben doch wir nur einen Gott, den Vater. Von ihm stammt alles, und wir leben auf ihn hin. Und einer ist der Herr: Jesus Christus. Durch ihn ist alles, und wir sind durch ihn.

[7] Aber nicht alle haben die Erkenntnis. Einige, die von ihren Götzen nicht loskommen, essen das Fleisch noch als Götzenopferfleisch, und so wird ihr schwaches Gewissen befleckt. [8] Zwar kann uns keine Speise vor Gottes Gericht bringen. Wenn wir nicht essen, verlieren wir nichts, und wenn wir essen, gewinnen wir nichts. [9] Doch gebt acht, daß diese eure Freiheit nicht den Schwachen zum Anstoß wird. [10] Wenn nämlich einer dich, der du Erkenntnis hast, im Götzentempel beim Mahl sieht, wird dann nicht sein Gewissen, da er schwach ist, verleitet, auch Götzenopferfleisch zu essen? [11] Der Schwache geht an deiner »Erkenntnis« zugrunde, er, dein Bruder, für den Christus gestorben ist. [12] Wenn ihr euch auf diese Weise gegen eure Brüder versündigt und ihr schwaches Gewissen verletzt, versündigt ihr euch gegen Christus. [13] Wenn darum eine Speise meinem Bruder zum Anstoß wird, will ich überhaupt kein Fleisch mehr essen, um meinem Bruder keinen Anstoß zu geben.

Das Beispiel des Apostels

9 Bin ich nicht frei? Bin ich nicht ein Apostel? Habe ich nicht Jesus, unseren Herrn, gesehen? Seid ihr nicht mein Werk im Herrn? [2] Wenn ich für andere kein Apostel bin, bin ich es doch für euch. Ihr seid ja im Herrn das Siegel meines Apostelamtes. [3] Das aber ist meine Rechtfertigung vor denen, die abfällig über mich urteilen: [4] Haben wir nicht das Recht, zu essen und zu trinken? [5] Haben wir nicht das Recht, eine gläubige Frau mitzunehmen, wie die übrigen Apostel und die Brüder des Herrn und wie Kephas? [6] Sollen nur ich und Barnabas auf das Recht verzichten, nicht zu arbeiten? [7] Wer leistet denn Kriegsdienst und bezahlt sich selber den Sold? Wer pflanzt einen Weinberg und ißt nicht von seinem Ertrag? Oder wer weidet eine Herde und trinkt nicht von der Milch der Herde? [8] Sage ich das nur aus menschlicher Einsicht? Sagt das nicht auch das Gesetz? [9] Im Gesetz des Mose steht doch: *Du sollst dem Ochsen zum Dreschen keinen Maulkorb anlegen.* Liegt denn Gott etwas an den Ochsen? [10] Sagt er das nicht offensichtlich unseretwegen? Ja, unseretwegen wurde es geschrieben. Denn der Pflüger wie der Drescher sollen ihre Arbeit in der Erwartung tun, ihren Teil zu erhalten. [11] Wenn wir für euch die Geistesgaben gesät haben, ist es dann zuviel, wenn wir von euch irdische Gaben ernten? [12] Wenn andere an dem, was euch gehört, teilhaben dürfen, dann erst recht wir. Aber wir haben von diesem Recht keinen Gebrauch gemacht. Vielmehr ertragen wir alles, um dem Evangelium Christi kein Hindernis in den Weg zu legen. [13] Wißt ihr nicht, daß alle, die im Heiligtum Dienst tun, vom Heiligtum leben, und daß alle, die am Altar Dienst tun, vom Altar ihren Anteil erhalten? [14] So hat auch der Herr denen, die das Evangelium verkündigen, geboten, vom Evangelium zu leben. [15] Ich aber habe all das nicht in Anspruch genommen. Ich schreibe dies auch nicht, damit es in meinem Fall so geschieht. Lieber wollte ich sterben, als daß mir jemand diesen Ruhm entreißt. [16] Wenn ich nämlich das Evangelium verkünde, kann ich mich deswegen nicht rühmen; denn ein Zwang liegt auf mir. Weh mir, wenn ich das Evan-

gelium nicht verkünde! 17 Wäre es mein freier Ent-
schluß, so erhielte ich Lohn. Wenn es mir aber
nicht freisteht, so ist es ein Auftrag, der mir an-
vertraut wurde. 18 Was ist nun mein Lohn? Daß ich
das Evangelium unentgeltlich verkünde und so
auf mein Recht verzichte.

19 Da ich also von niemand abhängig war, habe
ich mich für alle zum Sklaven gemacht, um mög-
lichst viele zu gewinnen. 20 Den Juden bin ich ein
Jude geworden, um Juden zu gewinnen; denen,
die unter dem Gesetz stehen, bin ich, obgleich ich
nicht unter dem Gesetz stehe, einer unter dem
Gesetz geworden, um die zu gewinnen, die unter
dem Gesetz stehen. 21 Den Gesetzlosen war ich
sozusagen ein Gesetzloser – nicht als ein Gesetz-
loser vor Gott, sondern gebunden an das Gesetz
Christi –, um die Gesetzlosen zu gewinnen.
22 Den Schwachen wurde ich ein Schwacher, um
die Schwachen zu gewinnen. Allen bin ich alles
geworden, um auf jeden Fall einige zu retten.
23 Alles aber tue ich um des Evangeliums willen,
um an seiner Verheißung teilzuhaben.

24 Wißt ihr nicht, daß die Läufer im Stadion zwar
alle laufen, aber daß nur einer den Siegespreis ge-
winnt? Lauft so, daß ihr ihn gewinnt. 25 Jeder Wett-
kämpfer lebt aber völlig enthaltsam; jene tun dies,
um einen vergänglichen, wir aber, um einen un-
vergänglichen Siegeskranz zu gewinnen. 26 Dar-
um laufe ich nicht wie einer, der ziellos läuft, und
kämpfe mit der Faust nicht wie einer, der in die
Luft schlägt; 27 vielmehr züchtige und unterwerfe
ich meinen Leib, damit ich nicht anderen predige
und selbst verworfen werde.

Israels Geschichte als Warnung

10 Ihr sollt wissen, Brüder, daß unsere Väter
alle unter der Wolke waren, alle durch
das Meer zogen 2 und alle auf Mose getauft wur-
den in der Wolke und im Meer. 3 Alle aßen auch
die gleiche gottgeschenkte Speise, 4 und alle tran-
ken den gleichen gottgeschenkten Trank; denn
sie tranken aus dem lebensspendenden Felsen,
der mit ihnen zog. Und dieser Fels war Christus.
5 Gott aber hatte an den meisten von ihnen kein
Gefallen; denn er ließ sie in der Wüste umkom-
men. 6 Das aber geschah als warnendes Beispiel
für uns: damit wir uns nicht von der Gier nach
dem Bösen beherrschen lassen, wie jene sich von
der Gier beherrschen ließen. 7 Werdet nicht Göt-
zendiener wie einige von ihnen; denn es steht in
der Schrift: *Das Volk setzte sich zum Essen und
Trinken; dann standen sie auf, um sich zu ver-
gnügen.* 8 Laßt uns nicht Unzucht treiben, wie ei-
nige von ihnen Unzucht trieben. Damals kamen
an einem einzigen Tag dreiundzwanzigtausend
Menschen um. 9 Wir wollen auch nicht den Herrn
auf die Probe stellen, wie es einige von ihnen ta-
ten, die dann von Schlangen getötet wurden.
10 Murrt auch nicht, wie einige von ihnen murr-
ten; sie wurden vom Verderber umgebracht. 11 Das
aber geschah an ihnen, damit es uns als Beispiel
dient; uns zur Warnung wurde es aufgeschrieben,
uns, die das Ende der Zeiten erreicht hat. 12 Wer
also zu stehen meint, der gebe acht, daß er nicht
fällt. 13 Noch ist keine Versuchung über euch ge-
kommen, die den Menschen überfordert. Gott ist
treu; er wird nicht zulassen, daß ihr über eure
Kraft hinaus versucht werdet. Er wird euch in der
Versuchung einen Ausweg schaffen, so daß ihr
sie bestehen könnt.

Über Götzendienst und Götzenopfermahl

14 Darum, liebe Brüder, meidet den Götzendienst!
15 Ich rede doch zu verständigen Menschen; ur-
teilt selbst über das, was ich sage. 16 Ist der Kelch
des Segens, über den wir den Segen sprechen,
nicht Teilhabe am Blut Christi? Ist das Brot, das
wir brechen, nicht Teilhabe am Leib Christi? 17 E i n
Brot ist es. Darum sind wir viele e i n Leib; denn
wir alle haben teil an dem einen Brot. 18 Schaut auf
das irdische Israel: Haben die, welche von den
Opfern essen, nicht teil am Altar? 19 Was meine ich
damit? Ist denn Götzenopferfleisch wirklich et-
was? Oder ist ein Götze wirklich etwas? 20 Nein,
aber was man dort opfert, opfert man nicht Gott,
sondern den Dämonen. Ich will jedoch nicht, daß
ihr euch mit Dämonen einlaßt. 21 Ihr könnt nicht
den Kelch des Herrn trinken und den Kelch der
Dämonen. Ihr könnt nicht Gäste sein am *Tisch
des Herrn* und am Tisch der Dämonen. 22 Oder
wollen wir *die Eifersucht des Herrn wecken?* Sind
wir stärker als er?

23 »Alles ist erlaubt« – aber nicht alles nützt. »Al-
les ist erlaubt« – aber nicht alles baut auf. 24 Denkt
dabei nicht an euch selbst, sondern an die ande-
ren. 25 Alles, was auf dem Fleischmarkt verkauft
wird, das eßt, ohne aus Gewissenhaftigkeit nach-
zuforschen. 26 Denn *dem Herrn gehört die Erde
und was sie erfüllt.* 27 Wenn ein Ungläubiger euch
einlädt und ihr hingehen möchtet, dann eßt, was

euch vorgesetzt wird, ohne aus Gewissensgrün-
den nachzuforschen. [28] Wenn euch aber jemand
darauf hinweist: Das ist Opferfleisch!, dann eßt
nicht davon, mit Rücksicht auf den, der euch auf-
merksam macht, und auf das Gewissen; [29] ich
meine das Gewissen des anderen, nicht das ei-
gene; denn (an sich gilt): Warum soll meine Frei-
heit vom Gewissensurteil eines anderen abhän-
gig sein? [30] Wenn ich in Dankbarkeit mitesse, soll
ich dann getadelt werden, daß ich etwas esse,
wofür ich Dank sage? [31] Ob ihr also eßt oder trinkt
oder etwas anderes tut: tut alles zur Verherr-
lichung Gottes! [32] Gebt weder Juden noch Grie-
chen, noch der Kirche Gottes Anlaß zu einem
Vorwurf! [33] Auch ich suche allen in allem entge-
genzukommen; ich suche nicht meinen Nutzen,
sondern den Nutzen aller, damit sie gerettet wer-
den. [1] Nehmt mich zum Vorbild, wie ich Christus
zum Vorbild nehme.

Über das Verhalten der Frau im Gottesdienst

11 [2] Ich lobe euch, daß ihr in allem an mich
denkt und an den Überlieferungen fest-
haltet, wie ich sie euch übergeben habe. [3] Ihr sollt
aber wissen, daß Christus das Haupt des Mannes
ist, der Mann das Haupt der Frau und Gott das
Haupt Christi. [4] Wenn ein Mann betet oder pro-
phetisch redet und dabei sein Haupt bedeckt hat,
entehrt er sein Haupt. [5] Eine Frau aber entehrt ihr
Haupt, wenn sie betet oder prophetisch redet und
dabei ihr Haupt nicht verhüllt. Sie unterscheidet
sich dann in keiner Weise von einer Geschore-
nen. [6] Wenn eine Frau kein Kopftuch trägt, soll sie
sich doch gleich die Haare abschneiden lassen. Ist
es aber für eine Frau eine Schande, sich die Haare
abschneiden oder sich kahlscheren zu lassen,
dann soll sie sich auch verhüllen. [7] Der Mann darf
sein Haupt nicht verhüllen, weil er Abbild und
Abglanz Gottes ist; die Frau aber ist der Abglanz
des Mannes. [8] Denn der Mann stammt nicht von
der Frau, sondern die Frau vom Mann. [9] Der
Mann wurde auch nicht für die Frau geschaffen,
sondern die Frau für den Mann. [10] Deswegen soll
die Frau mit Rücksicht auf die Engel das Zeichen
ihrer Vollmacht auf dem Kopf tragen. [11] Doch im
Herrn gibt es weder die Frau ohne den Mann
noch den Mann ohne die Frau. [12] Denn wie die
Frau vom Mann stammt, so kommt der Mann
durch die Frau zur Welt; alles aber stammt von
Gott.
[13] Urteilt selber! Gehört es sich, daß eine Frau un-
verhüllt zu Gott betet? [14] Lehrt euch nicht schon
die Natur, daß es für den Mann eine Schande,
[15] für die Frau aber eine Ehre ist, lange Haare zu
tragen? Denn der Frau ist das Haar als Hülle ge-
geben. [16] Wenn aber einer meint, er müsse darüber
streiten: Wir und auch die Gemeinden Gottes
kennen einen solchen Brauch nicht.

Die rechte Feier des Herrenmahls

[17] Wenn ich schon Anweisungen gebe: Das kann
ich nicht loben, daß ihr nicht mehr zu eurem Nut-
zen, sondern zu eurem Schaden zusammen-
kommt. [18] Zunächst höre ich, daß es Spaltungen
unter euch gibt, wenn ihr als Gemeinde zusam-
menkommt; zum Teil glaube ich das auch. [19] Denn
es muß Parteiungen geben unter euch; nur so
wird sichtbar, wer unter euch treu und zuverläs-
sig ist. [20] Was ihr bei euren Zusammenkünften tut,
ist keine Feier des Herrenmahls mehr; [21] denn je-
der verzehrt sogleich seine eigenen Speisen, und
dann hungert der eine, während der andere
schon betrunken ist. [22] Könnt ihr denn nicht zu
Hause essen und trinken? Oder verachtet ihr die
Kirche Gottes? Wollt ihr jene demütigen, die
nichts haben? Was soll ich dazu sagen? Soll ich
euch etwa loben? In diesem Fall kann ich euch
nicht loben.

[23] Denn ich habe vom Herrn empfangen, was
ich euch dann überliefert habe: Jesus, der Herr,
nahm in der Nacht, in der er ausgeliefert wur-
de, Brot, [24] sprach das Dankgebet, brach das Brot
und sagte: Das ist mein Leib für euch. Tut dies
zu meinem Gedächtnis! [25] Ebenso nahm er
nach dem Mahl den Kelch und sprach: Dieser
Kelch ist der *Neue Bund* in meinem Blut. Tut
dies, sooft ihr daraus trinkt, zu meinem Ge-
dächtnis!

[26] Denn sooft ihr von diesem Brot eßt und aus
dem Kelch trinkt, verkündet ihr den Tod des
Herrn, bis er kommt. [27] Wer also unwürdig von
dem Brot ißt und aus dem Kelch des Herrn trinkt,
macht sich schuldig am Leib und am Blut des
Herrn. [28] Jeder soll sich selbst prüfen; erst dann soll
er von dem Brot essen und aus dem Kelch trin-
ken. [29] Denn wer davon ißt und trinkt, ohne zu be-
denken, daß es der Leib des Herrn ist, der zieht
sich das Gericht zu, indem er ißt und trinkt. [30] Des-
wegen sind unter euch viele schwach und krank,
und nicht wenige sind schon entschlafen. [31] Gin-

gen wir mit uns selbst ins Gericht, dann würden
wir nicht gerichtet. 32 Doch wenn wir jetzt vom
Herrn gerichtet werden, dann ist es eine Zurecht-
weisung, damit wir nicht zusammen mit der Welt
verdammt werden. 33 Wenn ihr also zum Mahl zu-
sammenkommt, meine Brüder, wartet aufeinan-
der! 34 Wer Hunger hat, soll zu Hause essen; sonst
wird euch die Zusammenkunft zum Gericht. Wei-
tere Anordnungen werde ich treffen, wenn ich
komme.

Die Geistesgaben und das Leben der Christen: 12,1–14,40

Der eine Geist und die vielen Gaben

12 Auch über die Gaben des Geistes möchte
ich euch nicht in Unkenntnis lassen,
meine Brüder. 2 Als ihr noch Heiden wart, zog es
euch, wie ihr wißt, mit unwiderstehlicher Gewalt
zu den stummen Götzen. 3 Darum erkläre ich
euch: Keiner, der aus dem Geist Gottes redet,
sagt: Jesus sei verflucht! Und keiner kann sagen:
Jesus ist der Herr!, wenn er nicht aus dem Heili-
gen Geist redet.

4 Es gibt verschiedene Gnadengaben, aber nur
den einen Geist. 5 Es gibt verschiedene Dienste,
aber nur den einen Herrn. 6 Es gibt verschiedene
Kräfte, die wirken, aber nur den einen Gott: Er be-
wirkt alles in allen. 7 Jedem aber wird die Offen-
barung des Geistes geschenkt, damit sie anderen
nützt. 8 Dem einen wird vom Geist die Gabe ge-
schenkt, Weisheit mitzuteilen, dem andern durch
den gleichen Geist die Gabe, Erkenntnis zu ver-
mitteln, 9 dem dritten im gleichen Geist Glau-
benskraft, einem andern – immer in dem einen
Geist – die Gabe, Krankheiten zu heilen, 10 einem
andern Wunderkräfte, einem andern propheti-
sches Reden, einem andern die Fähigkeit, die Gei-
ster zu unterscheiden, wieder einem andern ver-
schiedene Arten von Zungenrede, einem andern
schließlich die Gabe, sie zu deuten. 11 Das alles be-
wirkt ein und derselbe Geist; einem jeden teilt er
seine besondere Gabe zu, wie er will.

Der eine Leib und die vielen Glieder

12 Denn wie der Leib eine Einheit ist, doch viele
Glieder hat, alle Glieder des Leibes aber, obgleich
es viele sind, einen einzigen Leib bilden: so ist es
auch mit Christus. 13 Durch den einen Geist wur-
den wir in der Taufe alle in einen einzigen Leib
aufgenommen, Juden und Griechen, Sklaven und
Freie; und alle wurden wir mit dem einen Geist
getränkt. 14 Auch der Leib besteht nicht nur aus
einem Glied, sondern aus vielen Gliedern.
15 Wenn der Fuß sagt: Ich bin keine Hand, ich
gehöre nicht zum Leib!, so gehört er doch zum
Leib. 16 Und wenn das Ohr sagt: Ich bin kein Auge,
ich gehöre nicht zum Leib!, so gehört es doch zum
Leib. 17 Wenn der ganze Leib nur Auge wäre, wo
bliebe dann das Gehör? Wenn er nur Gehör wäre,
wo bliebe dann der Geruchssinn? 18 Nun aber hat
Gott jedes einzelne Glied so in den Leib eingefügt,
wie es seiner Absicht entsprach. 19 Wären alle zu-
sammen nur *ein* Glied, wo bliebe dann der
Leib? 20 So aber gibt es viele Glieder und doch nur
einen Leib. 21 Das Auge kann nicht zur Hand sa-
gen: Ich bin nicht auf dich angewiesen. Der Kopf
kann nicht zu den Füßen sagen: Ich brauche euch
nicht. 22 Im Gegenteil, gerade die schwächer
scheinenden Glieder des Leibes sind unentbehr-
lich. 23 Denen, die wir für weniger edel ansehen,
erweisen wir um so mehr Ehre, und unseren we-
niger anständigen Gliedern begegnen wir mit
mehr Anstand, 24 während die anständigen das
nicht nötig haben. Gott aber hat den Leib so zu-
sammengefügt, daß er dem geringsten Glied
mehr Ehre zukommen ließ, 25 damit im Leib kein
Zwiespalt entstehe, sondern alle Glieder ein-
trächtig füreinander sorgen. 26 Wenn darum *ein*
Glied leidet, leiden alle Glieder mit; wenn ein
Glied geehrt wird, freuen sich alle anderen mit
ihm. 27 Ihr aber seid der Leib Christi, und jeder ein-
zelne ist ein Glied an ihm.

28 So hat Gott in der Kirche die einen als Apostel
eingesetzt, die andern als Propheten, die dritten
als Lehrer; ferner verlieh er die Kraft, Wunder zu
tun, sodann die Gaben, Krankheiten zu heilen, zu
helfen, zu leiten, endlich die verschiedenen Arten
von Zungenrede. 29 Sind etwa alle Apostel, alle
Propheten, alle Lehrer? Haben alle die Kraft, Wun-
der zu tun? 30 Besitzen alle die Gabe, Krankheiten
zu heilen? Reden alle in Zungen? Können alle sol-

ches Reden auslegen? 31a Strebt aber nach den
höheren Gnadengaben!

Die höheren Gnadengaben – das Hohelied der Liebe

31b Ich zeige euch jetzt noch einen anderen Weg,
einen, der alles übersteigt:

13 Wenn ich in den Sprachen der Menschen
und Engel redete, / hätte aber die Liebe
nicht, / wäre ich dröhnendes Erz oder eine lär-
mende Pauke.

2 Und wenn ich prophetisch reden könnte / und
alle Geheimnisse wüßte / und alle Erkenntnis
hätte; / wenn ich alle Glaubenskraft besäße /
und Berge damit versetzen könnte, / hätte aber
die Liebe nicht, / wäre ich nichts.

3 Und wenn ich meine ganze Habe ver-
schenkte, / und wenn ich meinen Leib dem
Feuer übergäbe, / hätte aber die Liebe nicht, /
nützte es mir nichts.

4 Die Liebe ist langmütig, / die Liebe ist gütig. /
Sie ereifert sich nicht, / sie prahlt nicht, / sie bläht
sich nicht auf.

5 Sie handelt nicht ungehörig, / sucht nicht ihren
Vorteil, / läßt sich nicht zum Zorn reizen, / trägt
das Böse nicht nach.

6 Sie freut sich nicht über das Unrecht, / sondern
freut sich an der Wahrheit.

7 Sie erträgt alles, / glaubt alles, / hofft alles, /
hält allem stand.

8 Die Liebe hört niemals auf. / Prophetisches Re-
den hat ein Ende, / Zungenrede verstummt, / Er-
kenntnis vergeht.

9 Denn Stückwerk ist unser Erkennen, / Stück-
werk unser prophetisches Reden;

10 wenn aber das Vollendete kommt, / vergeht al-
les Stückwerk.

11 Als ich ein Kind war, / redete ich wie ein
Kind, / dachte wie ein Kind / und urteilte wie ein
Kind.

Als ich ein Mann wurde, / legte ich ab, was
Kind an mir war.

12 Jetzt schauen wir in einen Spiegel / und sehen
nur rätselhafte Umrisse, / dann aber schauen wir
von Angesicht zu Angesicht.

Jetzt erkenne ich unvollkommen, / dann aber
werde ich durch und durch erkennen, / so wie
ich auch durch und durch erkannt worden bin.

13 Für jetzt bleiben Glaube, Hoffnung, Liebe, diese
drei; / doch am größten unter ihnen ist die Liebe.

Über die Charismen der Prophetie und der Zungenrede

14 Jagt der Liebe nach! Strebt aber auch nach
den Geistesgaben, vor allem nach der
prophetischen Rede! 2 Denn wer in Zungen redet,
redet nicht zu Menschen, sondern zu Gott; kei-
ner versteht ihn: Im Geist redet er geheimnisvolle
Dinge. 3 Wer aber prophetisch redet, redet zu
Menschen: Er baut auf, ermutigt, spendet Trost.
4 Wer in Zungen redet, erbaut sich selbst; wer aber
prophetisch redet, baut die Gemeinde auf. 5 Ich
wünschte, ihr alle würdet in Zungen reden, weit
mehr aber, ihr würdet prophetisch reden. Der
Prophet steht höher als der, der in Zungen redet,
es sei denn, dieser legt sein Reden aus; dann baut
auch er die Gemeinde auf.

6 Was nützt es euch, Brüder, wenn ich komme
und in Zungen vor euch rede, euch aber keine Of-
fenbarung, keine Erkenntnis, keine Weissagung,
keine Lehre bringe? 7 Wenn leblose Musikinstru-
mente, eine Flöte oder eine Harfe, nicht deutlich
unterschiedene Töne hervorbringen, wie soll
man dann erkennen, was auf der Flöte oder auf
der Harfe gespielt wird? 8 Und wenn die Trompete
unklare Töne hervorbringt, wer wird dann zu den
Waffen greifen? 9 So ist es auch mit euch, wenn ihr
in Zungen redet, aber kein verständliches Wort
hervorbringt. Wer soll dann das Gesprochene ver-
stehen? Ihr redet nur in den Wind.

10 Es gibt wer weiß wie viele Sprachen in der
Welt, und nichts ist ohne Sprache. 11 Wenn ich
nun den Sinn der Laute nicht kenne, bin ich für
den Sprecher ein Fremder, wie der Sprecher für
mich. 12 So ist es auch mit euch. Da ihr nach Gei-
stesgaben strebt, gebt euch Mühe, daß ihr damit
vor allem zum Aufbau der Gemeinde beitragt.
13 Deswegen soll einer, der in Zungen redet,
darum beten, daß er es auch auslegen kann.
14 Denn wenn ich nur in Zungen bete, betet zwar
mein Geist, aber mein Verstand bleibt unfrucht-
bar. 15 Was folgt daraus? Ich will nicht nur im
Geist beten, sondern auch mit dem Verstand. Ich
will nicht nur im Geist Gott preisen, sondern
auch mit dem Verstand. 16 Wenn du nur im Geist
den Lobpreis sprichst und ein Unkundiger an-
wesend ist, so kann er zu deinem Dankgebet
das Amen nicht sagen; denn er versteht nicht,
was du sagst. 17 Dein Dankgebet mag noch so gut
sein, der andere hat keinen Nutzen davon. 18 Ich
danke Gott, daß ich mehr als ihr alle in Zungen

rede. 19 Doch vor der Gemeinde will ich lieber
fünf Worte mit Verstand reden, um auch andere
zu unterweisen, als zehntausend Worte in Zun-
gen stammeln.
20 Seid doch nicht Kinder an Einsicht, Brüder!
Seid Unmündige an Bosheit, an Einsicht aber seid
reife Menschen! 21 Im Gesetz steht: *Durch Leute,*
die anders und in anderen Sprachen reden,
werde ich zu diesem Volk sprechen; aber auch so
werden sie nicht auf mich *hören,* spricht der Herr.
22 So ist Zungenreden ein Zeichen nicht für die
Gläubigen, sondern für die Ungläubigen, prophe-
tisches Reden aber ein Zeichen nicht für die Un-
gläubigen, sondern für die Glaubenden. 23 Wenn
also die ganze Gemeinde sich versammelt und
alle in Zungen reden, und es kommen Unkundige
oder Ungläubige hinzu, werden sie dann nicht sa-
gen: Ihr seid verrückt! 24 Wenn aber alle prophe-
tisch reden und ein Ungläubiger oder Unkundiger
kommt herein, dann wird ihm von allen ins Ge-
wissen geredet, und er fühlt sich von allen ins
Verhör genommen; 25 was in seinem Herzen ver-
borgen ist, wird aufgedeckt. Und so *wird er sich*
niederwerfen, Gott *anbeten* und ausrufen: *Wahr-*
haftig, Gott ist bei euch!

Die rechte Einheit und Ordnung im Gottesdienst

26 Was soll also geschehen, Brüder? Wenn ihr zu-
sammenkommt, trägt jeder etwas bei: einer einen
Psalm, ein anderer eine Lehre, der dritte eine Of-
fenbarung; einer redet in Zungen, und ein ande-
rer deutet es. Alles geschehe so, daß es aufbaut.
27 Wenn man in Zungen reden will, so sollen es
nur zwei tun, höchstens drei, und zwar einer
nach dem andern; dann soll einer es auslegen.
28 Wenn aber niemand es auslegen kann, soll auch
keiner vor der Gemeinde so reden. Er soll es für
sich selber tun und vor Gott. 29 Auch zwei oder
drei Propheten sollen zu Wort kommen; die an-
deren sollen urteilen. 30 Wenn aber noch einem
andern Anwesenden eine Offenbarung zuteil
wird, soll der erste schweigen; 31 einer nach dem
andern könnt ihr alle prophetisch reden. So ler-
nen alle etwas und alle werden ermutigt. 32 Die
Äußerung prophetischer Eingebungen ist näm-
lich dem Willen der Propheten unterworfen.
33 Denn Gott ist nicht ein Gott der Unordnung,
sondern ein Gott des Friedens.
Wie es in allen Gemeinden der Heiligen üblich
ist, 34 sollen die Frauen in der Versammlung
schweigen; es ist ihnen nicht gestattet zu reden.
Sie sollen sich unterordnen, wie auch das Gesetz
es fordert. 35 Wenn sie etwas wissen wollen, dann
sollen sie zu Hause ihre Männer fragen; denn es
gehört sich nicht für eine Frau, vor der Gemeinde
zu reden. 36 Ist etwa das Gotteswort von euch aus-
gegangen? Ist es etwa nur zu euch gekommen?
37 Wenn einer meint, Prophet zu sein oder geist-
erfüllt, soll er in dem, was ich euch schreibe, ein
Gebot des Herrn erkennen. 38 Wer das nicht aner-
kennt, wird nicht anerkannt. 39 Strebt also nach
der Prophetengabe, meine Brüder, und hindert
niemand daran, in Zungen zu reden. 40 Doch alles
soll in Anstand und Ordnung geschehen.

Die Auferweckung Christi und der Christen: 15,1–58

Die Auferweckung Christi und das Heil

15 Ich erinnere euch, Brüder, an das Evan-
gelium, das ich euch verkündet habe.
Ihr habt es angenommen; es ist der Grund, auf
dem ihr steht. 2 Durch dieses Evangelium werdet
ihr gerettet, wenn ihr an dem Wortlaut festhal-
tet, den ich euch verkündet habe. Oder habt ihr
den Glauben vielleicht unüberlegt angenom-
men?
3 Denn vor allem habe ich euch überliefert, was
auch ich empfangen habe:
Christus ist für unsere Sünden gestorben, /
gemäß der Schrift,
4 und ist begraben worden. / Er ist am dritten Tag
auferweckt worden, / gemäß der Schrift,
5 und erschien dem Kephas, dann den Zwölf.
6 Danach erschien er mehr als fünfhundert Brü-
dern zugleich; die meisten von ihnen sind noch am
Leben, einige sind entschlafen. 7 Danach erschien
er dem Jakobus, dann allen Aposteln. 8 Als letztem
von allen erschien er auch mir, dem Unerwarteten,
der »Mißgeburt«. 9 Denn ich bin der geringste von
den Aposteln; ich bin nicht wert, Apostel genannt
zu werden, weil ich die Kirche Gottes verfolgt
habe. 10 Doch durch Gottes Gnade bin ich, was ich
bin, und sein gnädiges Handeln an mir ist nicht

ohne Wirkung geblieben. Mehr als sie alle habe ich
mich abgemüht – nicht ich, sondern die Gnade
Gottes zusammen mit mir. 11 Ob nun ich verkün-
dige oder die anderen: das ist unsere Botschaft, und
das ist der Glaube, den ihr angenommen habt.
12 Wenn aber verkündigt wird, daß Christus von
den Toten auferweckt worden ist, wie können
dann einige von euch sagen: Eine Auferstehung
der Toten gibt es nicht? 13 Wenn es keine Auferste-
hung der Toten gibt, ist auch Christus nicht aufer-
weckt worden. 14 Ist aber Christus nicht aufer-
weckt worden, dann ist unsere Verkündigung leer
und euer Glaube sinnlos. 15 Wir werden dann auch
als falsche Zeugen Gottes entlarvt, weil wir im Wi-
derspruch zu Gott das Zeugnis abgelegt haben: Er
hat Christus auferweckt. Er hat ihn eben nicht auf-
erweckt, wenn Tote nicht auferweckt werden.
16 Denn wenn Tote nicht auferweckt werden, ist
auch Christus nicht auferweckt worden. 17 Wenn
aber Christus nicht auferweckt worden ist, dann
ist euer Glaube nutzlos, und ihr seid immer noch
in euren Sünden; 18 und auch die in Christus Ent-
schlafenen sind dann verloren. 19 Wenn wir unsere
Hoffnung nur in diesem Leben auf Christus ge-
setzt haben, sind wir erbärmlicher daran als alle
anderen Menschen.
20 Nun aber i s t Christus von den Toten aufer-
weckt worden als der Erste der Entschlafenen.
21 Da nämlich durch e i n e n Menschen der Tod
gekommen ist, kommt durch e i n e n Menschen
auch die Auferstehung der Toten. 22 Denn wie in
Adam alle sterben, so werden in Christus alle le-
bendig gemacht werden.
23 Es gibt aber eine bestimmte Reihenfolge: Erster
ist Christus; dann folgen, wenn Christus kommt,
alle, die zu ihm gehören. 24 Danach kommt das
Ende, wenn er jede Macht, Gewalt und Kraft ver-
nichtet hat und seine Herrschaft Gott, dem Vater,
übergibt. 25 Denn er muß herrschen, bis Gott *ihm*
alle *Feinde unter die Füße gelegt hat.* 26 Der letzte
Feind, der entmachtet wird, ist der Tod. 27 Sonst
hätte er *ihm* nicht *alles zu Füßen gelegt.* Wenn es
aber heißt, alles sei unterworfen, ist offenbar der
ausgenommen, der ihm alles unterwirft. 28 Wenn
ihm dann alles unterworfen ist, wird auch er, der
Sohn, sich dem unterwerfen, der ihm alles unter-
worfen hat, damit Gott herrscht über alles und in
allem.
29 Wie kämen sonst einige dazu, sich für die Toten
taufen zu lassen? Wenn Tote gar nicht auferweckt
werden, warum läßt man sich dann taufen für sie?
30 Warum setzen dann auch wir uns stündlich der
Gefahr aus? 31 Täglich sehe ich dem Tod ins Auge, so
wahr ihr, Brüder, mein Ruhm seid, den ich in Chri-
stus Jesus, unserem Herrn, empfangen habe. 32 Was
habe ich dann davon, daß ich in Ephesus, wie man
so sagt, mit wilden Tieren gekämpft habe? Wenn
Tote nicht auferweckt werden, dann *laßt uns essen*
und trinken; denn morgen sind wir tot. 33 Laßt euch
nicht irreführen! Schlechter Umgang verdirbt gute
Sitten. 34 Werdet nüchtern, wie es sich gehört, und
sündigt nicht! Einige Leute wissen nichts von Gott;
ich sage das, damit ihr euch schämt.

Die Vollendung des Heils bei der Auferstehung

35 Nun könnte einer fragen: Wie werden die Toten
auferweckt, was für einen Leib werden sie ha-
ben? 36 Was für eine törichte Frage! Auch das, was
du säst, wird nicht lebendig, wenn es nicht stirbt.
37 Und was du säst, hat noch nicht die Gestalt, die
entstehen wird; es ist nur ein nacktes Samen-
korn, zum Beispiel ein Weizenkorn oder ein an-
deres. 38 Gott gibt ihm die Gestalt, die er vorgese-
hen hat, jedem Samen eine andere. 39 Auch die
Lebewesen haben nicht alle die gleiche Gestalt.
Die Gestalt der Menschen ist anders als die der
Haustiere, die Gestalt der Vögel anders als die der
Fische. 40 Auch gibt es Himmelskörper und irdi-
sche Körper. Die Schönheit der Himmelskörper
ist anders als die der irdischen Körper. 41 Der Glanz
der Sonne ist anders als der Glanz des Mondes,
anders als der Glanz der Sterne; denn auch die
Gestirne unterscheiden sich durch ihren Glanz.
42 So ist es auch mit der Auferstehung der Toten.
Was gesät wird, ist verweslich, was auferweckt
wird, unverweslich. 43 Was gesät wird, ist armselig,
was auferweckt wird, herrlich. Was gesät wird, ist
schwach, was auferweckt wird, ist stark. 44 Gesät
wird ein irdischer Leib, auferweckt ein überirdi-
scher Leib. Wenn es einen irdischen Leib gibt, gibt
es auch einen überirdischen. 45 So steht es auch in
der Schrift: Adam, der *Erste Mensch, wurde ein* ir-
disches *Lebewesen.* Der Letzte Adam wurde le-
bendigmachender Geist. 46 Aber zuerst kommt
nicht das Überirdische; zuerst kommt das Irdi-
sche, dann das Überirdische. 47 Der Erste *Mensch*
stammt *von der Erde* und ist *Erde;* der Zweite
Mensch stammt vom Himmel. 48 Wie der von der
Erde irdisch war, so sind es auch seine Nachfahren.
Und wie der vom Himmel himmlisch ist, so sind es

auch seine Nachfahren. 49 Wie wir nach dem Bild
des Irdischen gestaltet wurden, so werden wir
auch nach dem Bild des Himmlischen gestaltet
werden. 50 Damit will ich sagen, Brüder: Fleisch
und Blut können das Reich Gottes nicht erben; das
Vergängliche erbt nicht das Unvergängliche.
51 Seht, ich enthülle euch ein Geheimnis: Wir
werden nicht alle entschlafen, aber wir werden
alle verwandelt werden – 52 plötzlich, in einem
Augenblick, beim letzten Posaunenschall. Die Po-
saune wird erschallen, die Toten werden zur
Unvergänglichkeit auferweckt, wir aber werden
verwandelt werden. 53 Denn dieses Vergängliche
muß sich mit Unvergänglichkeit bekleiden und
dieses Sterbliche mit Unsterblichkeit. 54 Wenn sich
aber dieses Vergängliche mit Unvergänglichkeit
bekleidet und dieses Sterbliche mit Unsterblich-
keit, dann erfüllt sich das Wort der Schrift:
Verschlungen ist der Tod vom Sieg.
55 *Tod, wo ist dein Sieg? / Tod, wo ist dein Sta-
chel?*
56 Der Stachel des Todes aber ist die Sünde, die
Kraft der Sünde ist das Gesetz. 57 Gott aber sei
Dank, der uns den Sieg geschenkt hat durch Jesus
Christus, unseren Herrn. 58 Daher, geliebte Brüder,
seid standhaft und unerschütterlich, nehmt immer
eifriger am Werk des Herrn teil, und denkt daran,
daß im Herrn eure Mühe nicht vergeblich ist.

Der Schluß des Briefes: 16,1–24

Die Sammlung für Jerusalem

16 Was die Geldsammlung für die Heiligen
angeht, sollt auch ihr euch an das halten,
was ich für die Gemeinden Galatiens angeordnet
habe. 2 Jeder soll immer am ersten Tag der Woche
etwas zurücklegen und so zusammensparen,
was er kann. Dann sind keine Sammlungen mehr
nötig, wenn ich komme. 3 Nach meiner Ankunft
werde ich eure Vertrauensleute mit Briefen nach
Jerusalem schicken, damit sie eure Liebesgabe
überbringen. 4 Ist es der Mühe wert, daß ich selbst
hinreise, dann sollen sie mit mir reisen.

Die Pläne des Apostels

5 Ich werde zu euch kommen, wenn ich durch
Mazedonien gereist bin. In Mazedonien will ich
nämlich nicht bleiben, 6 aber, wenn es möglich ist,
bei euch, vielleicht sogar den ganzen Winter.
Wenn ich dann weiterreise, könnt ihr mir das Ge-
leit geben. 7 Ich möchte euch diesmal nicht nur auf
der Durchreise sehen; ich hoffe, einige Zeit bei
euch bleiben zu können, wenn der Herr es zuläßt.
8 In Ephesus will ich bis Pfingsten bleiben.
9 Denn weit und wirksam ist mir hier eine Tür
geöffnet worden; doch auch an Gegnern fehlt es
nicht.
10 Wenn Timotheus kommt, achtet darauf, daß ihr
ihn nicht entmutigt; denn er arbeitet im Dienst des
Herrn wie ich. 11 Keiner soll ihn geringschätzen. Ver-
abschiedet ihn dann in Frieden, damit er zu mir
zurückkehrt; ich warte auf ihn mit den Brüdern.
12 Was den Bruder Apollos angeht, so habe ich
ihn dringend gebeten, er möge mit den Brüdern
zu euch reisen, aber er wollte auf keinen Fall jetzt
gehen. Er wird kommen, wenn er eine günstige
Gelegenheit findet.

Letzte Mahnungen und Grüße

13 Seid wachsam, steht fest im Glauben, *seid mu-
tig, seid stark!* 14 Alles, was ihr tut, geschehe in
Liebe.
15 Ich habe noch eine Bitte, Brüder. Ihr kennt das
Haus des Stephanas: Sie sind die erste Frucht
Achaias und haben sich in den Dienst der Heili-
gen gestellt. 16 Ordnet euch ihnen unter, ebenso
ihren Helfern und Mitarbeitern! 17 Es freut mich,
daß Stephanas, Fortunatus und Achaikus zu mir
gekommen sind; sie sind mir ein Ersatz für euch,
da ihr nicht hier sein könnt. 18 Sie haben mich und
euch erfreut und aufgerichtet. Verweigert solchen
Männern eure Anerkennung nicht!
19 Es grüßen euch die Gemeinden in der Provinz
Asien. Aquila und Priska und ihre Hausgemeinde
senden euch viele Grüße im Herrn. 20 Es grüßen
euch alle Brüder. Grüßt einander mit dem heili-
gen Kuß!
21 Den Gruß schreibe ich, Paulus, eigenhändig.
22 Wer den Herrn nicht liebt, sei verflucht!
Marána tha – Unser Herr, komm!
23 Die Gnade Jesu, des Herrn, sei mit euch!
24 Meine Liebe ist mit euch allen in Christus Je-
sus.

Er stürzte zu Boden und hörte (Apg 9) | 90 ▷
Auch die Schöpfung soll befreit werden zur Freiheit und Herrlichkeit (Röm 8) | 91 ▷▷

Σοφια

DER ZWEITE BRIEF AN DIE KORINTHER

Anschrift und Gruß: 1,1–2

1 Paulus, durch Gottes Willen Apostel Christi
Jesu, und der Bruder Timotheus an die Kir-
che Gottes, die in Korinth ist, und an alle Heiligen
in ganz Achaia. 2 Gnade sei mit euch und Friede
von Gott, unserem Vater, und dem Herrn Jesus
Christus.

Von Leiden und Trost des Apostels: 1,3–11

3 Gepriesen sei der Gott und Vater Jesu Christi,
unseres Herrn, der Vater des Erbarmens und
der Gott allen Trostes. 4 Er tröstet uns in all un-
serer Not, damit auch wir die Kraft haben, alle
zu trösten, die in Not sind, durch den Trost,
mit dem auch wir von Gott getröstet werden.
5 Wie uns nämlich die Leiden Christi überreich
zuteil geworden sind, so wird uns durch Chri-
stus auch überreicher Trost zuteil. 6 Sind wir aber
in Not, so ist es zu eurem Trost und Heil, und
werden wir getröstet, so geschieht auch das zu
eurem Trost; er wird wirksam, wenn ihr ge-
duldig die gleichen Leiden ertragt, die auch wir
ertragen. 7 Unsere Hoffnung für euch ist uner-
schütterlich; wir sind sicher, daß ihr mit uns
nicht nur an den Leiden teilhabt, sondern auch
am Trost.

8 Wir wollen euch die Not nicht verschweigen,
Brüder, die in der Provinz Asien über uns kam und
uns über alles Maß bedrückte; unsere Kraft war er-
schöpft, so sehr, daß wir am Leben verzweifelten.
9 Aber wir haben unser Todesurteil hingenommen,
weil wir unser Vertrauen nicht auf uns selbst set-
zen wollten, sondern auf Gott, der die Toten aufer-
weckt. 10 Er hat uns aus dieser großen Todesnot er-
rettet und rettet uns noch; auf ihm ruht unsere
Hoffnung, daß er uns auch in Zukunft retten wird.
11 Helft aber auch ihr, indem ihr für uns betet, damit
viele Menschen in unserem Namen Dank sagen
für die Gnade, die uns geschenkt wurde.

Klärung von Mißverständnissen: 1,12–2,11

Die Zuverlässigkeit des Apostels

12 Denn das ist unser Ruhm – und dafür zeugt
auch unser Gewissen –, daß wir in dieser Welt,
vor allem euch gegenüber, in der Aufrichtigkeit
und Lauterkeit, wie Gott sie schenkt, gehandelt
haben, nicht aufgrund menschlicher Weisheit,
sondern aufgrund göttlicher Gnade. 13 Und wenn
wir euch schreiben, meinen wir nichts anderes,
als was ihr lest und versteht; ich hoffe, ihr werdet
noch ganz verstehen, 14 was wir meinen und was
ihr zum Teil schon verstanden habt, nämlich daß
ihr am Tag Jesu, unseres Herrn, auf uns stolz sein
dürft, so wie wir auf euch.

Die Änderung des Reiseplans

15 In dieser Zuversicht wollte ich zunächst zu
euch kommen, damit ihr ein zweites Mal Gnade
erfahren hättet. 16 Von euch wollte ich dann nach
Mazedonien reisen und von Mazedonien zu
euch zurückkommen, um von euch nach Judäa
geleitet zu werden. 17 War dieser Entschluß etwa
leichtsinnig? Plane ich, wie manche Menschen
planen, so daß mein Ja auch ein Nein sein kann?
18 Gott ist treu, er bürgt dafür, daß unser Wort
euch gegenüber nicht Ja und Nein zugleich ist.
19 Denn Gottes Sohn Jesus Christus, der euch
durch uns verkündigt wurde – durch mich, Sil-

◁◁ 92 | *Kommen wird der Sproß aus der Wurzel (Röm 15)*
◁ 93 | *Hat nicht Gott die Weisheit der Welt zur Torheit gemacht? (1 Kor 1)*

vanus und Timotheus –, ist nicht als Ja und Nein
zugleich gekommen; in ihm ist das Ja verwirk-
licht. [20] Er ist das Ja zu allem, was Gott verheißen
hat. Darum rufen wir durch ihn zu Gottes Lob-
preis auch das Amen. [21] Gott aber, der uns und
euch in der Treue zu Christus festigt und der uns
alle gesalbt hat, [22] er ist es auch, der uns sein Sie-
gel aufgedrückt und als ersten Anteil (am ver-
heißenen Heil) den Geist in unser Herz gegeben
hat.
[23] Ich rufe aber Gott zum Zeugen an und
schwöre bei meinem Leben, daß ich nur, um
euch zu schonen, nicht mehr nach Korinth ge-
kommen bin. [24] Wir wollen ja nicht Herren über
euren Glauben sein, sondern wir sind Helfer zu
eurer Freude; denn im Glauben seid ihr fest ver-
wurzelt.
2 Ich entschloß mich also, nicht noch einmal
zu euch zu kommen und euch zu betrüben.
[2] Wenn ich euch nämlich betrübe, wer wird mich
dann erfreuen? Etwa der, den ich selbst betrübt
habe? [3] Und so schrieb ich, statt selber zu kom-
men, einen Brief, um nicht von denen betrübt zu
werden, die mich erfreuen sollten; und ich bin si-
cher, daß meine Freude auch die Freude von euch
allen ist. [4] Ich schrieb euch aus großer Bedrängnis
und Herzensnot, unter vielen Tränen, nicht um
euch zu betrüben, nein, um euch meine über-
große Liebe spüren zu lassen.

Mahnung zur Milde

[5] Wenn aber einer Betrübnis verursacht hat, hat
er nicht mich betrübt, sondern mehr oder weni-
ger – um nicht zu übertreiben – euch alle. [6] Die
Strafe, die dem Schuldigen von der Mehrheit
auferlegt wurde, soll genügen. [7] Jetzt sollt ihr lie-
ber verzeihen und trösten, damit der Mann
nicht von allzu großer Traurigkeit überwältigt
wird. [8] Darum bitte ich euch, ihm gegenüber
Liebe walten zu lassen. [9] Gerade deswegen habe
ich euch ja auch geschrieben, weil ich wissen
wollte, ob ihr wirklich in allen Stücken gehor-
sam seid. [10] Wem ihr aber verzeiht, dem verzeihe
auch ich. Denn auch ich habe, wenn hier etwas
zu verzeihen war, im Angesicht Christi um eu-
retwillen verziehen, [11] damit wir nicht vom Satan
überlistet werden; wir kennen seine Absichten
nur zu gut.

Herrlichkeit und Not des Aposteldienstes: 2,12–5,10

Das Wirken des Apostels als Siegeszug Christi

[12] Als ich dann nach Troas kam, um das Evange-
lium Christi zu verkünden, und mir der Herr eine
Tür öffnete, [13] hatte mein Geist dennoch keine
Ruhe, weil ich meinen Bruder Titus nicht fand.
So nahm ich Abschied und reiste nach Mazedo-
nien.
[14] Dank sei Gott, der uns stets im Siegeszug Chri-
sti mitführt und durch uns den Duft der Erkennt-
nis Christi an allen Orten verbreitet. [15] Denn wir
sind Christi Wohlgeruch für Gott unter denen, die
gerettet werden, wie unter denen, die verloren-
gehen. [16] Den einen sind wir Todesgeruch, der Tod
bringt; den anderen Lebensduft, der Leben ver-
heißt. Wer aber ist dazu fähig? [17] Wir sind jeden-
falls nicht wie die vielen anderen, die mit dem
Wort Gottes ein Geschäft machen. Wir verkün-
den es aufrichtig und in Christus, von Gott her
und vor Gott.

Der Apostel und sein Dienst an der Gemeinde

3 Fangen wir schon wieder an, uns selbst zu
empfehlen? Oder brauchen wir – wie ge-
wisse Leute – Empfehlungsschreiben an euch
oder von euch? [2] Unser Empfehlungsschreiben
seid ihr; es ist eingeschrieben in unser Herz, und
alle Menschen können es lesen und verstehen.
[3] Unverkennbar seid ihr ein Brief Christi, ausge-
fertigt durch unseren Dienst, geschrieben nicht
mit Tinte, sondern mit dem Geist des lebendigen
Gottes, nicht *auf Tafeln aus Stein,* sondern – wie
auf Tafeln – in Herzen von Fleisch.

Dienst am Buchstaben und Dienst im Geist

[4] Wir haben durch Christus so großes Vertrauen
zu Gott. [5] Doch sind wir dazu nicht von uns aus
fähig, als ob wir uns selbst etwas zuschreiben
könnten; unsere Befähigung stammt vielmehr
von Gott. [6] Er hat uns fähig gemacht, Diener des

Neuen Bundes zu sein, nicht des Buchstabens,
sondern des Geistes. Denn der Buchstabe tötet,
der Geist aber macht lebendig. 7 Wenn aber schon
der Dienst, der zum Tod führt und dessen Buch-
staben in Stein gemeißelt waren, so herrlich war,
daß die Israeliten das Gesicht des Mose nicht an-
schauen konnten, weil es eine Herrlichkeit aus-
strahlte, die doch vergänglich war, 8 wie sollte da
der Dienst des Geistes nicht viel herrlicher sein?
9 Wenn schon der Dienst, der zur Verurteilung
führt, herrlich war, so wird der Dienst, der zur Ge-
rechtigkeit führt, noch viel herrlicher sein. 10 Ei-
gentlich kann von Herrlichkeit in jenem Fall gar
nicht die Rede sein, wo das Verherrlichte vor der
größeren Herrlichkeit verblaßt. 11 Wenn nämlich
schon das Vergängliche in Herrlichkeit erschien:
die Herrlichkeit des Bleibenden wird es über-
strahlen.

12 Weil wir eine solche Hoffnung haben, treten
wir mit großem Freimut auf, 13 nicht *wie Mose, der
über sein Gesicht eine Hülle legte,* damit die Isra-
eliten das Verblassen des Glanzes nicht sahen.
14 Doch ihr Denken wurde verhärtet. Bis zum heu-
tigen Tag liegt die gleiche Hülle auf dem Alten
Bund, wenn daraus vorgelesen wird, und es
bleibt verhüllt, daß er in Christus ein Ende nimmt.
15 Bis heute liegt die Hülle auf ihrem Herzen,
wenn Mose vorgelesen wird. 16 Sobald sich aber
einer dem Herrn zuwendet, *wird die Hülle ent-
fernt.* 17 Der Herr aber ist der Geist, und wo der
Geist des Herrn wirkt, da ist Freiheit. 18 Wir alle
spiegeln mit enthülltem Angesicht *die Herrlich-
keit des Herrn* wider und werden so in sein eige-
nes Bild verwandelt, von Herrlichkeit zu Herr-
lichkeit, durch den Geist des Herrn.

4 Daher erlahmt unser Eifer nicht in dem
Dienst, der uns durch Gottes Erbarmen über-
tragen wurde. 2 Wir haben uns von aller schimpf-
lichen Arglist losgesagt; wir handeln nicht hinter-
hältig und verfälschen das Wort Gottes nicht,
sondern lehren offen die Wahrheit. So empfehlen
wir uns vor dem Angesicht Gottes jedem
menschlichen Gewissen. 3 Wenn unser Evange-
lium dennoch verhüllt ist, ist es nur denen ver-
hüllt, die verlorengehen; 4 denn der Gott dieser
Weltzeit hat das Denken der Ungläubigen ver-
blendet. So strahlt ihnen der Glanz der Heilsbot-
schaft nicht auf, der Botschaft von der Herrlichkeit
Christi, der Gottes Ebenbild ist. 5 Wir verkündigen
nämlich nicht uns selbst, sondern Jesus Christus
als den Herrn, uns aber als eure Knechte um Jesu
willen. 6 Denn Gott, der sprach: Aus Finsternis
soll Licht aufleuchten!, er ist in unseren Herzen
aufgeleuchtet, damit wir erleuchtet werden zur
Erkenntnis des göttlichen Glanzes auf dem Ant-
litz Christi.

Die Leidensgemeinschaft des Apostels mit Christus

7 Diesen Schatz tragen wir in zerbrechlichen Ge-
fäßen; so wird deutlich, daß das Übermaß der
Kraft von Gott und nicht von uns kommt. 8 Von al-
len Seiten werden wir in die Enge getrieben und
finden doch noch Raum; wir wissen weder aus
noch ein und verzweifeln dennoch nicht; 9 wir
werden gehetzt und sind doch nicht verlassen;
wir werden niedergestreckt und doch nicht ver-
nichtet. 10 Wohin wir auch kommen, immer tragen
wir das Todesleiden Jesu an unserem Leib, damit
auch das Leben Jesu an unserem Leib sichtbar
wird. 11 Denn immer werden wir, obgleich wir le-
ben, um Jesu willen dem Tod ausgeliefert, damit
auch das Leben Jesu an unserem sterblichen
Fleisch offenbar wird. 12 So erweist an uns der Tod,
an euch aber das Leben seine Macht. 13 Doch ha-
ben wir den gleichen Geist des Glaubens, von
dem es in der Schrift heißt: *Ich habe geglaubt,
darum habe ich geredet.* Auch wir glauben, und
darum reden wir. 14 Denn wir wissen, daß der,
welcher Jesus, den Herrn, auferweckt hat, auch
uns mit Jesus auferwecken und uns zusammen
mit euch (vor sein Angesicht) stellen wird. 15 Alles
tun wir euretwegen, damit immer mehr Men-
schen aufgrund der überreich gewordenen
Gnade den Dank vervielfachen, Gott zur Ehre.

16 Darum werden wir nicht müde; wenn auch
unser äußerer Mensch aufgerieben wird, der in-
nere wird Tag für Tag erneuert. 17 Denn die kleine
Last unserer gegenwärtigen Not schafft uns in
maßlosem Übermaß ein ewiges Gewicht an Herr-
lichkeit, 18 uns, die wir nicht auf das Sichtbare star-
ren, sondern nach dem Unsichtbaren ausblicken;
denn das Sichtbare ist vergänglich, das Unsicht-
bare ist ewig.

Die Hoffnung des Apostels

5 Wir wissen: Wenn unser irdisches Zelt abge-
brochen wird, dann haben wir eine Woh-
nung von Gott, ein nicht von Menschenhand
errichtetes ewiges Haus im Himmel. 2 Im ge-
genwärtigen Zustand seufzen wir und sehnen

uns danach, mit dem himmlischen Haus überkleidet zu werden. 3 So bekleidet, werden wir nicht nackt erscheinen. 4 Solange wir nämlich in diesem Zelt leben, seufzen wir unter schwerem Druck, weil wir nicht entkleidet, sondern überkleidet werden möchten, damit so das Sterbliche vom Leben verschlungen werde. 5 Gott aber, der uns gerade dazu fähig gemacht hat, er hat uns auch als ersten Anteil den Geist gegeben. 6 Wir sind also immer zuversichtlich, auch wenn wir wissen, daß wir fern vom Herrn in der Fremde leben, solange wir in diesem Leib zu Hause sind; 7 denn als Glaubende gehen wir unseren Weg, nicht als Schauende. 8 Weil wir aber zuversichtlich sind, ziehen wir es vor, aus dem Leib auszuwandern und daheim beim Herrn zu sein. 9 Deswegen suchen wir unsere Ehre darin, ihm zu gefallen, ob wir daheim oder in der Fremde sind. 10 Denn wir alle müssen vor dem Richterstuhl Christi offenbar werden, damit jeder seinen Lohn empfängt für das Gute oder Böse, das er im irdischen Leben getan hat.

Die Bewährung des Apostels in seinem Dienst: 5,11–6,10

Der Dienst der Versöhnung

11 So versuchen wir, erfüllt von Ehrfurcht vor dem Herrn, Menschen zu gewinnen; Gott aber kennt uns durch und durch. Ich hoffe, daß auch euer Urteil über mich sich zur vollen Wahrheit durchgerungen hat. 12 Damit wollen wir uns nicht wieder vor euch rühmen, sondern wir geben euch Gelegenheit, rühmend auf uns hinzuweisen, damit ihr denen entgegentreten könnt, die sich nur rühmen, um ihr Gesicht zu wahren, ihr Herz aber nicht zeigen dürfen. 13 Wenn wir nämlich von Sinnen waren, so geschah es für Gott; wenn wir besonnen sind, geschieht es für euch. 14 Denn die Liebe Christi drängt uns, da wir erkannt haben: Einer ist für alle gestorben, also sind alle gestorben. 15 Er ist aber für alle gestorben, damit die Lebenden nicht mehr für sich leben, sondern für den, der für sie starb und auferweckt wurde. 16 Also schätzen wir von jetzt an niemand mehr nur nach menschlichen Maßstäben ein; auch wenn wir früher Christus nach menschlichen Maßstäben eingeschätzt haben, jetzt schätzen wir ihn nicht mehr so ein. 17 Wenn also jemand in Christus ist, dann ist er eine neue Schöpfung: Das Alte ist vergangen, Neues ist geworden. 18 Aber das alles kommt von Gott, der uns durch Christus mit sich versöhnt und uns den Dienst der Versöhnung aufgetragen hat. 19 Ja, Gott war es, der in Christus die Welt mit sich versöhnt hat, indem er den Menschen ihre Verfehlungen nicht anrechnete und uns das Wort von der Versöhnung (zur Verkündigung) anvertraute. 20 Wir sind also Gesandte an Christi Statt, und Gott ist es, der durch uns mahnt. Wir bitten an Christi Statt: Laßt euch mit Gott versöhnen! 21 Er hat den, der keine Sünde kannte, für uns zur Sünde gemacht, damit wir in ihm Gerechtigkeit Gottes würden.

Die Herrlichkeit der apostolischen Leiden

6 Als Mitarbeiter Gottes ermahnen wir euch, daß ihr seine Gnade nicht vergebens empfangt. 2 Denn es heißt:

Zur Zeit der Gnade erhöre ich dich, / am Tag der Rettung helfe ich dir.

Jetzt ist sie da, *die Zeit der Gnade;* jetzt ist er da, *der Tag der Rettung.* 3 Niemand geben wir auch nur den geringsten Anstoß, damit unser Dienst nicht getadelt werden kann. 4 In allem erweisen wir uns als Gottes Diener: durch große Standhaftigkeit, in Bedrängnis, in Not, in Angst, 5 unter Schlägen, in Gefängnissen, in Zeiten der Unruhe, unter der Last der Arbeit, in durchwachten Nächten, durch Fasten, 6 durch lautere Gesinnung, durch Erkenntnis, durch Langmut, durch Güte, durch den Heiligen Geist, durch ungeheuchelte Liebe, 7 durch das Wort der Wahrheit, in der Kraft Gottes, mit den Waffen der Gerechtigkeit in der Rechten und in der Linken, 8 bei Ehrung und Schmähung, bei übler Nachrede und bei Lob. Wir gelten als Betrüger und sind doch wahrhaftig; 9 wir werden verkannt und doch anerkannt; wir sind wie Sterbende, und seht: wir leben; wir werden gezüchtigt und doch nicht getötet; 10 uns wird Leid zugefügt, und doch sind wir jederzeit fröhlich; wir sind arm und machen doch viele reich; wir haben nichts und haben doch alles.

Die Aussöhnung mit den Korinthern: 6,11–7,16

Werbung und Mahnung

11 Unser Mund hat sich für euch aufgetan, Ko-
rinther, unser Herz ist weit geworden. 12 In uns ist
es nicht zu eng für euch; eng ist es in eurem Her-
zen. 13 Laßt doch als Antwort darauf – ich rede wie
zu meinen Kindern – auch euer Herz weit aufge-
hen!
14 Beugt euch nicht mit Ungläubigen unter
das gleiche Joch! Was haben denn Gerechtigkeit
und Gesetzwidrigkeit miteinander zu tun? Was
haben Licht und Finsternis gemeinsam? 15 Was für
ein Einklang herrscht zwischen Christus und Be-
liar? Was hat ein Gläubiger mit einem Ungläubi-
gen gemeinsam? 16 Wie verträgt sich der Tempel
Gottes mit Götzenbildern? Wir sind doch der
Tempel des lebendigen Gottes; denn Gott hat ge-
sprochen:
Ich will unter ihnen wohnen und mit ihnen ge-
hen. / Ich werde ihr Gott sein, / und sie werden
mein Volk sein.
17 *Zieht darum weg aus ihrer Mitte,* / und son-
dert euch ab, spricht der Herr, / *und faßt nichts*
Unreines an. / Dann will ich euch aufneh-
men
18 und euer *Vater sein, / und* ihr sollt *meine*
Söhne und Töchter sein, / spricht der Herr, / der
Herrscher über die ganze Schöpfung.
7 Das sind die Verheißungen, die wir haben,
liebe Brüder. Reinigen wir uns also von aller
Unreinheit des Leibes und des Geistes, und stre-
ben wir in Gottesfurcht nach vollkommener Hei-
ligung.
2 Gebt uns doch Raum in eurem Herzen! Nie-
mand haben wir geschädigt, niemand zugrun-
de gerichtet, niemand übervorteilt. 3 Ich sage
das nicht, um euch zu verurteilen; denn eben
habe ich gesagt, daß ihr in unserem Herzen
wohnt, verbunden mit uns zum Leben und zum
Sterben. 4 Ich habe großes Vertrauen zu euch; ich
bin sehr stolz auf euch. Trotz all unserer Not
bin ich von Trost erfüllt und ströme über von
Freude.

Die Sendung des Titus

5 Als wir nach Mazedonien gekommen waren,
fanden wir in unserer Schwachheit keine Ruhe.
Überall bedrängten uns Schwierigkeiten: von
außen Widerspruch und Anfeindung, im Innern
Angst und Furcht. 6 Aber Gott, der die Niederge-
schlagenen aufrichtet, hat auch uns aufgerichtet,
und zwar durch die Ankunft des Titus – 7 nicht
nur durch seine Ankunft, sondern auch durch
den Trost, den er bei euch erfahren hatte. Er er-
zählte uns von eurer Sehnsucht, eurer Klage, eu-
rem Eifer für mich, so daß ich mich noch mehr
freute. 8 Daß ich euch aber mit meinem Brief
traurig gemacht habe, tut mir nicht leid. Wenn es
mir auch eine Weile leid tat – ich sehe ja, daß
dieser Brief euch, wenn auch nur für kurze Zeit,
traurig gemacht hat –: 9 jetzt freue ich mich,
nicht weil ihr traurig geworden seid, sondern
weil die Traurigkeit euch zur Sinnesänderung
geführt hat. Denn es war eine gottgewollte Trau-
rigkeit; so ist euch durch uns kein Nachteil er-
wachsen. 10 Die gottgewollte Traurigkeit verur-
sacht nämlich Sinnesänderung zum Heil, die
nicht bereut zu werden braucht; die weltliche
Traurigkeit aber führt zum Tod. 11 Wie groß war
doch der Eifer, zu dem euch diese gottgewollte
Traurigkeit geführt hat, wie aufrichtig eure Ent-
schuldigung, euer Unwille, eure Furcht, eure
Sehnsucht, wie wirksam eure Anstrengung und
am Ende die Bestrafung! In jeder Hinsicht hat es
sich gezeigt, daß ihr in dieser Sache unschuldig
seid. 12 Wenn ich euch also geschrieben habe, so
tat ich es nicht, um den zu treffen, der Unrecht
getan hatte, auch nicht, um dem Recht zu ver-
schaffen, der Unrecht erlitten hatte, sondern ich
tat es, damit euer Eifer für uns sichtbar werde
vor euch und vor Gott. 13 Deswegen sind wir
jetzt getröstet.
Wir wurden aber nicht nur getröstet, sondern
darüber hinaus erfreut durch die Freude des Ti-
tus, dessen Geist neue Kraft gefunden hat
durch euch alle. 14 Wenn ich euch vor ihm ge-
rühmt hatte, so brauchte ich mich jetzt nicht zu
schämen. Im Gegenteil, unser Lob vor Titus er-
wies sich als volle Wahrheit, wie auch alles Wahr-
heit ist, was wir euch verkündigt haben. 15 Er ist
euch von Herzen zugetan, wenn er daran denkt,
wie ihr euch alle gehorsam gezeigt und ihn mit
Furcht und Zittern aufgenommen habt. 16 Ich freue
mich, daß ich in jeder Hinsicht auf euch vertrauen
kann.

Aufruf zur Sammlung für Jerusalem: 8,1–24

Das Vorbild der Christen Mazedoniens

8 Brüder, wir wollen euch jetzt von der Gnade
erzählen, die Gott den Gemeinden Mazedo-
niens erwiesen hat. 2 Während sie durch große
Not geprüft wurden, verwandelten sich ihre
übergroße Freude und ihre tiefe Armut in den
Reichtum ihres selbstlosen Gebens. 3 Ich bezeuge,
daß sie nach Kräften und sogar über ihre Kräfte
spendeten, ganz von sich aus, 4 indem sie sich ge-
radezu aufdrängten und uns um die Gunst baten,
zur Hilfeleistung für die Heiligen beitragen zu dür-
fen. 5 Und über unsere Erwartung hinaus haben
sie sich eingesetzt, zunächst für den Herrn, aber
auch für uns, wie es Gottes Wille war.

Der Abschluß der Sammlung in Korinth

6 Daraufhin ermutigten wir Titus, dieses Liebes-
werk, das er früher bei euch begonnen hatte, nun
auch zu vollenden. 7 Wie ihr aber an allem reich
seid, an Glauben, Rede und Erkenntnis, an jedem
Eifer und an der Liebe, die wir in euch begründet
haben, so sollt ihr euch auch an diesem Liebes-
werk mit reichlichen Spenden beteiligen. 8 Ich
meine das nicht als strenge Weisung, aber ich gebe
euch Gelegenheit, angesichts des Eifers anderer
auch eure Liebe als echt zu erweisen. 9 Denn ihr
wißt, was Jesus Christus, unser Herr, in seiner
Liebe getan hat: Er, der reich war, wurde euretwe-
gen arm, um euch durch seine Armut reich zu ma-
chen. 10 Ich gebe euch nur einen Rat, der euch hel-
fen soll; ihr habt ja schon voriges Jahr angefangen,
etwas zu unternehmen, und zwar aus eigenem
Entschluß. 11 Jetzt sollt ihr das Begonnene zu Ende
führen, damit das Ergebnis dem guten Willen ent-
spricht – je nach eurem Besitz. 12 Wenn nämlich der
gute Wille da ist, dann ist jeder willkommen mit
dem, was er hat, und man fragt nicht nach dem,
was er nicht hat. 13 Denn es geht nicht darum, daß
ihr in Not geratet, indem ihr anderen helft; es geht
um einen Ausgleich. 14 Im Augenblick soll euer
Überfluß ihrem Mangel abhelfen, damit auch ihr
Überfluß einmal eurem Mangel abhilft. So soll ein
Ausgleich entstehen, 15 wie es in der Schrift heißt:
Wer viel gesammelt hatte, hatte nicht zu viel, und
wer wenig, hatte nicht zu wenig.

Der Eifer und die Selbstlosigkeit der Mitarbeiter

16 Dank sei Gott, der den gleichen Eifer für euch
auch Titus ins Herz gelegt hat. 17 Denn Titus war
mit meinem Vorschlag einverstanden, und sein
Eifer war so groß, daß er aus eigenem Entschluß
gleich zu euch abreiste. 18 Zusammen mit ihm ha-
ben wir den Bruder geschickt, der wegen seiner
Verkündigung des Evangeliums in allen Gemein-
den Anerkennung findet 19 und außerdem von
den Gemeinden dazu bestimmt wurde, unser
Reisegefährte zu sein, wenn wir diese Liebesgabe
zur Ehre des Herrn und als Zeichen unseres guten
Willens überbringen. 20 Denn angesichts der
großen Spende, die von uns überbracht werden
soll, möchten wir vermeiden, daß man uns ver-
dächtigt. 21 Es liegt uns nämlich daran, daß alles
einwandfrei zugeht, nicht nur *vor dem Herrn,*
sondern *auch vor den Menschen.* 22 Wir haben
aber mit den beiden noch einen weiteren Bruder
geschickt, dessen Eifer wir vielfach und bei vielen
Gelegenheiten feststellen konnten und der sich in
diesem Fall noch eifriger zeigt, weil er viel von
euch erwartet.

23 Was nun Titus angeht: Er ist mein Gefährte
und mein Mitarbeiter, der für euch tätig ist; un-
sere anderen Brüder aber sind Abgesandte der
Gemeinden und ein Abglanz Christi. 24 Legt also
ihnen gegenüber und damit vor den Gemeinden
das Zeugnis eurer Liebe ab, und zeigt, daß wir
euch zu Recht gerühmt haben.

Erneuter Aufruf zur Sammlung für Jerusalem: 9,1–15

Empfehlung der Beauftragten

9 Eigentlich ist es unnötig, euch über das Hilfs-
werk für die Heiligen zu schreiben. 2 Denn
ich kenne euren guten Willen und rühme euch
vor den Mazedoniern, indem ich ihnen sage:
Achaia ist seit einem Jahr gerüstet. Und euer Eifer
hat viele andere angespornt. 3 Trotzdem habe ich
die Brüder zu euch geschickt; denn unser Lob für

euch könnte in dieser Hinsicht verfrüht gewesen
sein. Ihr solltet also jetzt wirklich, wie ich sagte,
gerüstet sein. 4 Wenn nämlich Mazedonier mit
mir kämen und euch noch nicht gerüstet fänden,
dann könnte es geschehen, daß wir uns wegen
dieser unserer Erwartung zu schämen hätten –
um nicht zu sagen, ihr hättet euch zu schämen.
5 Ich hielt es also für notwendig, die Brüder zu bit-
ten, sie möchten vorausreisen und eure in Aus-
sicht gestellte Spende schon jetzt einsammeln,
damit sie dann verfügbar ist, und zwar als großzü-
gige Spende, nicht als Gabe des Geizes.

Der Segen des Hilfswerks

6 Denkt daran: Wer kärglich sät, wird auch kärg-
lich ernten; wer reichlich sät, wird reichlich ern-
ten. 7 Jeder gebe, wie er es sich in seinem Herzen
vorgenommen hat, nicht verdrossen und nicht
unter Zwang; denn Gott liebt *einen fröhlichen
Geber.* 8 In seiner Macht kann Gott alle Gaben
über euch ausschütten, so daß euch allezeit in al-
lem alles Nötige ausreichend zur Verfügung steht
und ihr noch genug habt, um allen Gutes zu tun,
9 wie es in der Schrift heißt:
*Reichlich gibt er den Armen; / seine Gerechtig-
keit hat Bestand für immer.*
10 Gott, *der Samen gibt für die Aussaat und Brot
zur Nahrung,* wird auch euch das Saatgut geben
und die Saat aufgehen lassen; er wird *die Früchte
eurer Gerechtigkeit* wachsen lassen. 11 In allem
werdet ihr reich genug sein, um selbstlos schen-
ken zu können; und wenn wir diese Gabe über-
bringen, wird sie Dank an Gott hervorrufen.
12 Denn euer Dienst und eure Opfergabe füllen
nicht nur die leeren Hände der Heiligen, sondern
werden weiterwirken als vielfältiger Dank an
Gott. 13 Vom Zeugnis eines solchen Dienstes be-
wegt, werden sie Gott dafür preisen, daß ihr euch
gehorsam zum Evangelium Christi bekannt und
daß ihr ihnen und allen selbstlos geholfen habt.
14 In ihrem Gebet für euch werden sie sich ange-
sichts der übergroßen Gnade, die Gott euch ge-
schenkt hat, eng mit euch verbunden fühlen.
15 Dank sei Gott für sein unfaßbares Geschenk.

Zurückweisung von Angriffen gegen den Apostel: 10,1–18

Die Vorwürfe der Gegner

10 Ich, Paulus, der ja im persönlichen Um-
gang mit euch so unterwürfig, aus der
Ferne aber so unerschrocken sein soll, ich er-
mahne euch angesichts der Freundlichkeit und
Güte Christi 2 und bitte euch: Zwingt mich nicht,
bei meinem Kommen so unerschrocken und fest
aufzutreten, wie ich es gegen gewisse Leute zu
tun gedenke, die meinen, wir verhalten uns wie
Menschen dieser Welt. 3 Wir leben zwar in dieser
Welt, kämpfen aber nicht mit den Waffen dieser
Welt. 4 Die Waffen, die wir bei unserem Feldzug
einsetzen, sind nicht irdisch, aber sie haben durch
Gott die Macht, Festungen zu schleifen; mit ih-
nen reißen wir 5 alle hohen Gedankengebäude
nieder, die sich gegen die Erkenntnis Gottes auf-
türmen. Wir nehmen alles Denken gefangen, so
daß es Christus gehorcht; 6 wir sind entschlossen,
alle Ungehorsamen zu strafen, sobald ihr wirklich
gehorsam geworden seid.
7 Schaut auf das, was vor Augen liegt. Wenn je-
mand überzeugt ist, Christus zu gehören, dann
soll er doch auch bedenken, daß nicht nur er, son-
dern auch wir Christus gehören. 8 Und wenn ich
etwas mehr auf unsere Vollmacht poche, werde
ich mich nicht zu scheuen brauchen. Der Herr hat
sie mir allerdings verliehen, damit ich bei euch
aufbaue, nicht damit ich niederreiße; 9 ich möchte
nicht den Anschein erwecken, als wollte ich euch
durch meine Briefe einschüchtern.
10 Ja, die Briefe, wird gesagt, die sind wuchtig und
voll Kraft, aber sein persönliches Auftreten ist
matt, und seine Worte sind armselig. 11 Wer so re-
det, der soll sich merken: Wie wir durch das ge-
schriebene Wort aus der Ferne wirken, so können
wir auch in eurer Gegenwart tatkräftig auftreten.

Die Überzeugung des Apostels

12 Wir sind allerdings nicht so vermessen, uns
gleichzustellen oder zu vergleichen mit gewissen
Leuten, die sich selbst anpreisen. In ihrem Unver-
stand messen sie sich an sich selbst und verglei-
chen sich mit sich selbst. 13 Wir dagegen wollen uns
nicht maßlos rühmen, sondern jenen Maßstab an-
legen, den uns Gott zugeteilt hat, daß wir nämlich
bis zu euch gelangt sind. 14 Wir überschreiten also

nicht unser Maß, wie wir es tun würden, wenn wir nicht bis zu euch gelangt wären; denn wir sind wirklich als erste mit dem Evangelium Christi bis zu euch gekommen. 15 Wir rühmen uns also nicht maßlos und mit fremden Leistungen; aber wir haben die Hoffnung, wenn euer Glaube stärker wird, vor euren Augen über das uns (bisher) gesetzte Maß weit hinauszuwachsen 16 und die Heilsbotschaft über eure Grenzen hinauszutragen. Nach einem fremden Maßstab und auf einem Feld, das schon bestellt ist, wollen wir keinen Ruhm ernten.

17 *Wer sich* also *rühmen will, der rühme sich* des Herrn. 18 Denn nicht, wer sich selbst empfiehlt, ist anerkannt, sondern der, den der Herr empfiehlt.

Die Leistung des Apostels: 11,1–12,13

Die Selbstlosigkeit des Apostels

11 Laßt euch doch ein wenig Unverstand von mir gefallen! Aber das tut ihr ja. 2 Denn ich liebe euch mit der Eifersucht Gottes; ich habe euch einem einzigen Mann verlobt, um euch als reine Jungfrau zu Christus zu führen. 3 Ich fürchte aber, wie die Schlange einst durch ihre Falschheit Eva täuschte, könntet auch ihr in euren Gedanken von der aufrichtigen und reinen Hingabe an Christus abkommen. 4 Ihr nehmt es ja offenbar hin, wenn irgendeiner daherkommt und einen anderen Jesus verkündigt, als wir verkündigt haben, wenn ihr einen anderen Geist empfangt, als ihr empfangen habt, oder ein anderes Evangelium, als ihr angenommen habt. 5 Ich denke doch, ich stehe den Überaposteln keineswegs nach. 6 Im Reden mag ich ein Stümper sein, aber nicht in der Erkenntnis; wir haben sie euch in keiner Weise und in keinem Fall vorenthalten. 7 Oder habe ich einen Fehler gemacht, als ich, um euch zu erhöhen, mich selbst erniedrigte und euch das Evangelium Gottes verkündete, ohne etwas dafür zu nehmen? 8 Andere Gemeinden habe ich ausgeplündert und Geld von ihnen genommen, um euch dienen zu können. 9 Aber als ich zu euch kam und in Schwierigkeiten geriet, bin ich niemand zur Last gefallen; was ich zu wenig hatte, ergänzten die Brüder, die aus Mazedonien kamen. Ich habe also darauf Wert gelegt, euch in keiner Weise zur Last zu fallen, und werde auch weiterhin darauf Wert legen. 10 So gewiß die Wahrheit Christi in mir ist: diesen Ruhm wird mir im Gebiet von Achaia niemand nehmen. 11 Warum? Liebe ich euch etwa nicht? Gott weiß es. 12 Was ich aber tue, werde ich auch in Zukunft tun: Ich werde denen die Gelegenheit nehmen, die nur die Gelegenheit suchen, sich Achtung zu verschaffen, um so dazustehen wie wir. 13 Denn diese Leute sind Lügenapostel, unehrliche Arbeiter; sie tarnen sich freilich als Apostel Christi. 14 Kein Wunder, denn auch der Satan tarnt sich als Engel des Lichts. 15 Es ist also nicht erstaunlich, wenn sich auch seine Handlanger als Diener der Gerechtigkeit tarnen. Ihr Ende wird ihren Taten entsprechen.

Die »Narrenrede«: 11,16–12,13

Die Leiden und Mühen des Apostels

16 Noch einmal sage ich: Keiner soll mich für einen Narren halten. Tut ihr es aber doch, dann laßt mich auch als Narren gewähren, damit auch ich ein wenig prahlen kann. 17 Was ich hier sage, sage ich nicht im Sinn des Herrn, sondern sozusagen als Narr im falschen Stolz des Prahlers. 18 Da viele Menschen im Sinn dieser Welt prahlen, will auch ich einmal prahlen. 19 Ihr laßt euch die Narren ja gern gefallen, ihr klugen Leute. 20 Denn ihr nehmt es hin, wenn euch jemand versklavt, ausbeutet und in seine Gewalt bringt, wenn jemand anmaßend auftritt und euch ins Gesicht schlägt. 21 Zu meiner Schande muß ich gestehen: Dazu bin ich allerdings zu schwach gewesen.

Womit aber jemand prahlt – ich rede jetzt als Narr –, damit kann auch ich prahlen. 22 Sie sind Hebräer – ich auch. Sie sind Israeliten – ich auch. Sie sind Nachkommen Abrahams – ich auch. 23 Sie sind Diener Christi – jetzt rede ich ganz unvernünftig –, ich noch mehr: Ich ertrug mehr Mühsal, war häufiger im Gefängnis, wurde mehr geschlagen, war oft in Todesgefahr. 24 Fünfmal erhielt ich von Juden die neununddreißig Hiebe; 25 dreimal wurde ich ausgepeitscht, einmal gesteinigt, dreimal erlitt ich Schiffbruch, eine Nacht und einen Tag trieb ich auf hoher See. 26 Ich war oft auf Reisen, gefährdet durch Flüsse, gefährdet durch Räuber, gefährdet durch das eigene Volk, gefährdet durch Heiden, gefährdet in der Stadt, gefährdet in der Wüste, gefährdet auf dem Meer, gefährdet durch falsche Brüder. [27] Ich erduldete Mühsal und Plage, durchwachte viele Nächte, ertrug Hunger und Durst, häufiges Fasten, Kälte und Blöße. [28] Um von allem andern zu schweigen, weise ich noch auf den täglichen Andrang zu mir und die Sorge für alle Gemeinden hin. [29] Wer leidet unter seiner Schwachheit, ohne daß ich mit ihm leide? Wer kommt zu Fall, ohne daß ich von Sorge verzehrt werde? [30] Wenn schon geprahlt sein muß, will ich mit meiner Schwachheit prahlen. [31] Gott, der Vater Jesu, des Herrn, er, der gepriesen ist in Ewigkeit, weiß, daß ich nicht lüge. [32] In Damaskus ließ der Statthalter des Königs Aretas die Stadt der Damaszener bewachen, um mich festzunehmen. [33] Aber durch ein Fenster wurde ich in einem Korb die Stadtmauer hinuntergelassen, und so entkam ich ihm.

Begnadung und Schwachheit des Apostels

12 Ich muß mich ja rühmen; zwar nützt es nichts, trotzdem will ich jetzt von Erscheinungen und Offenbarungen sprechen, die mir der Herr geschenkt hat. [2] Ich kenne jemand, einen Diener Christi, der vor vierzehn Jahren bis in den dritten Himmel entrückt wurde; ich weiß allerdings nicht, ob es mit dem Leib oder ohne den Leib geschah, nur Gott weiß es. [3] / [4] Und ich weiß, daß dieser Mensch in das Paradies entrückt wurde; ob es mit dem Leib oder ohne den Leib geschah, weiß ich nicht, nur Gott weiß es. Er hörte unsagbare Worte, die ein Mensch nicht aussprechen kann. [5] Diesen Mann will ich rühmen; was mich selbst angeht, will ich mich nicht rühmen, höchstens meiner Schwachheit. [6] Wenn ich mich dennoch rühmen wollte, wäre ich zwar kein Narr, sondern würde die Wahrheit sagen. Aber ich verzichte darauf; denn jeder soll mich nur nach dem beurteilen, was er an mir sieht oder aus meinem Mund hört. [7] Damit ich mich wegen der einzigartigen Offenbarungen nicht überhebe, wurde mir ein Stachel ins Fleisch gestoßen: ein Bote Satans, der mich mit Fäusten schlagen soll, damit ich mich nicht überhebe. [8] Dreimal habe ich den Herrn angefleht, daß dieser Bote Satans von mir ablasse. [9] Er aber antwortete mir: Meine Gnade genügt dir; denn sie erweist ihre Kraft in der Schwachheit. Viel lieber also will ich mich meiner Schwachheit rühmen, damit die Kraft Christi auf mich herabkommt. [10] Deswegen bejahe ich meine Ohnmacht, alle Mißhandlungen und Nöte, Verfolgungen und Ängste, die ich für Christus ertrage; denn wenn ich schwach bin, dann bin ich stark.

[11] Jetzt bin ich wirklich ein Narr geworden; ihr habt mich dazu gezwungen. Eigentlich sollte ich von euch gerühmt werden; denn in nichts bin ich hinter den Überaposteln zurückgeblieben, obgleich ich nichts bin. [12] Das, woran man den Apostel erkennt, wurde mit großer Ausdauer unter euch vollbracht: Zeichen, Wunder und machtvolle Taten. [13] Worin seid ihr denn im Vergleich mit den übrigen Gemeinden zu kurz gekommen? Höchstens darin, daß gerade ich euch nicht zur Last gefallen bin. Dann verzeiht mir bitte dieses Unrecht!

Ankündigung eines neuen Besuches: 12,14–13,10

Die Sorgen und Ziele des Apostels:

[14] Schon zum drittenmal will ich jetzt zu euch kommen, und ich werde euch nicht zur Last fallen; ich suche ja nicht euer Geld, sondern euch. Denn nicht die Kinder sollen für die Eltern sparen, sondern die Eltern für die Kinder. [15] Ich aber will sehr gern alles aufwenden und mich für euch aufreiben. Wenn ich euch so sehr liebe, soll ich deswegen weniger Liebe empfangen? [16] Nun gut! Eine schwere Last habe ich euch zwar nicht zugemutet; aber habe ich euch vielleicht mit Verschlagenheit und List in mein Netz gelockt? [17] Habe ich euch vielleicht durch einen, den ich zu euch sandte, übervorteilt? [18] Ja, ich habe Titus gebeten, euch zu besuchen, und den Bruder mit ihm gesandt. Hat Titus euch etwa übervorteilt? Haben wir nicht beide im gleichen Geist gehandelt? Sind wir nicht in den gleichen Spuren gegangen?

Befürchtungen und Besorgnisse

[19] Gewiß denkt ihr schon lange, daß wir uns vor euch nur herausreden wollen. Aber wir reden in Christus, vor dem Angesicht Gottes. Und alles, liebe Brüder, geschieht, um eure Gemeinde aufzubauen. [20] Denn ich fürchte, daß ich euch bei meinem Kommen nicht so finde, wie ich euch zu

finden wünsche, und daß ihr mich so findet, wie
ihr mich nicht zu finden wünscht. Ich fürchte,
daß es zu Streit, Eifersucht, Zornesausbrüchen,
Ehrgeiz, Verleumdungen, übler Nachrede, Über-
heblichkeit, allgemeiner Verwirrung kommt;
21 daß mein Gott, wenn ich wiederkomme, mich
noch einmal vor euch demütigt; daß ich Grund
haben werde, traurig zu sein über viele, die schon
früher Sünder waren und sich trotz ihrer Unrein-
heit, Unzucht und Ausschweifung noch nicht zur
Umkehr entschlossen haben.

Seelsorge aus apostolischer Vollmacht

13 Das ist das dritte Mal, daß ich zu euch
komme. *Durch die Aussage von zwei
oder drei Zeugen wird jede Sache entschieden.*
2 Denen, die sich früher verfehlt haben, und allen
übrigen sage ich jetzt aus der Ferne dasselbe, was
ich schon bei meinem zweiten Aufenthalt an-
gekündigt habe: Wenn ich komme, werde ich
keine Nachsicht mehr üben. 3 Denn ihr verlangt
einen Beweis dafür, daß durch mich Christus
spricht, der nicht in seiner Schwachheit, sondern
in seiner Kraft unter euch wirkt. 4 Zwar wurde er
in seiner Schwachheit gekreuzigt, aber er lebt aus
Gottes Kraft. Auch wir sind schwach in ihm, aber
wir werden zusammen mit ihm vor euren Augen
aus Gottes Kraft leben.
5 Fragt euch selbst, ob ihr im Glauben seid, prüft
euch selbst! Erfahrt ihr nicht an euch selbst, daß
Christus Jesus in euch ist? Sonst hättet ihr ja (als
Gläubige) schon versagt. 6 Ich hoffe aber, ihr wer-
det erkennen, daß wir nicht versagt haben. 7 Doch
flehen wir zu Gott, daß ihr nichts Böses tut, nicht,
damit wir gerechtfertigt erscheinen, sondern nur,
damit ihr das Gute tut, wir aber wie Versager da-
stehen. 8 Denn wir können unsere Kraft nicht ge-
gen die Wahrheit einsetzen, nur für die Wahrheit.
9 So ist es uns eine Freude, wenn wir schwach da-
stehen, ihr aber euch als stark erweist. Das ist es,
was wir erflehen: eure vollständige Erneuerung.
10 Deswegen schreibe ich das alles aus der Ferne,
um nicht, wenn ich zu euch komme, Strenge ge-
brauchen zu müssen kraft der Vollmacht, die der
Herr mir zum Aufbauen, nicht zum Niederreißen
gegeben hat.

Schlußwort und Segenswunsch: 13,11–13

11 Im übrigen, liebe Brüder, freut euch, kehrt zur
Ordnung zurück, laßt euch ermahnen, seid eines
Sinnes, und lebt in Frieden! Dann wird der Gott
der Liebe und des Friedens mit euch sein. 12 Grüßt
einander mit dem heiligen Kuß! Es grüßen euch
alle Heiligen. 13 Die Gnade Jesu Christi, des Herrn,
die Liebe Gottes und die Gemeinschaft des Heili-
gen Geistes sei mit euch allen!

DER BRIEF AN DIE GALATER

Anschrift und Gruß 1,1–5

1 Paulus, zum Apostel berufen, nicht von
Menschen oder durch einen Menschen,
sondern durch Jesus Christus und durch Gott,
den Vater, der ihn von den Toten auferweckt hat,
2 und alle Brüder, die bei mir sind, an die Ge-
meinden in Galatien: 3 Gnade sei mit euch und
Friede von Gott, unserem Vater, und dem Herrn
Jesus Christus, 4 der sich für unsere Sünden hin-
gegeben hat, um uns aus der gegenwärtigen bö-
sen Welt zu befreien, nach dem Willen unseres
Gottes und Vaters. 5 Ihm sei Ehre in alle Ewigkeit.
Amen.

Der Anlaß des Briefes: 1,6–9

6 Ich bin erstaunt, daß ihr euch so schnell von dem abwendet, der euch durch die Gnade Christi berufen hat, und daß ihr euch einem anderen Evangelium zuwendet. 7 Doch es gibt kein anderes Evangelium, es gibt nur einige Leute, die euch verwirren und die das Evangelium Christi verfälschen wollen. 8 Wer euch aber ein anderes Evangelium verkündigt, als wir euch verkündigt haben, der sei verflucht, auch wenn wir selbst es wären oder ein Engel vom Himmel. 9 Was ich gesagt habe, das sage ich noch einmal: Wer euch ein anderes Evangelium verkündigt, als ihr angenommen habt, der sei verflucht.

Das Apostelamt des Paulus: 1,10–2,10

Die Berufung zum Apostel

10 Geht es mir denn um die Zustimmung der Menschen, oder geht es mir um Gott? Suche ich etwa Menschen zu gefallen? Wollte ich noch den Menschen gefallen, dann wäre ich kein Knecht Christi. 11 Ich erkläre euch, Brüder: Das Evangelium, das ich verkündigt habe, stammt nicht von Menschen; 12 ich habe es ja nicht von einem Menschen übernommen oder gelernt, sondern durch die Offenbarung Jesu Christi empfangen. 13 Ihr habt doch gehört, wie ich früher als gesetzestreuer Jude gelebt habe, und wißt, wie maßlos ich die Kirche Gottes verfolgte und zu vernichten suchte. 14 In der Treue zum jüdischen Gesetz übertraf ich die meisten Altersgenossen in meinem Volk, und mit dem größten Eifer setzte ich mich für die Überlieferungen meiner Väter ein. 15 Als aber Gott, der mich *schon im Mutterleib* auserwählt und durch seine Gnade berufen hat, mir in seiner Güte 16 seinen Sohn offenbarte, damit ich ihn unter den Heiden verkündige, da zog ich keinen Menschen zu Rate; 17 ich ging auch nicht sogleich nach Jerusalem hinauf zu denen, die vor mir Apostel waren, sondern zog nach Arabien und kehrte dann wieder nach Damaskus zurück. 18 Drei Jahre später ging ich nach Jerusalem hinauf, um Kephas kennenzulernen, und blieb fünfzehn Tage bei ihm. 19 Von den anderen Aposteln habe ich keinen gesehen, nur Jakobus, den Bruder des Herrn. 20 Was ich euch hier schreibe – Gott weiß, daß ich nicht lüge. 21 Danach ging ich in das Gebiet von Syrien und Zilizien. 22 Den Gemeinden Christi in Judäa aber blieb ich persönlich unbekannt, 23 sie hörten nur: Er, der uns einst verfolgte, verkündigt jetzt den Glauben, den er früher vernichten wollte. 24 Und sie lobten Gott um meinetwillen.

Das Apostelkonzil in Jerusalem

2 Vierzehn Jahre später ging ich wieder nach Jerusalem hinauf, zusammen mit Barnabas; ich nahm auch Titus mit. 2 Ich ging hinauf aufgrund einer Offenbarung, legte der Gemeinde und im besonderen den »Angesehenen« das Evangelium vor, das ich unter den Heiden verkündige; ich wollte sicher sein, daß ich nicht vergeblich laufe oder gelaufen bin. 3 Doch nicht einmal mein Begleiter Titus, der Grieche ist, wurde gezwungen, sich beschneiden zu lassen. 4 Denn was die falschen Brüder betrifft, jene Eindringlinge, die sich eingeschlichen hatten, um die Freiheit, die wir in Christus Jesus haben, argwöhnisch zu beobachten und uns zu Sklaven zu machen, 5 so haben wir uns keinen Augenblick unterworfen; wir haben ihnen nicht nachgegeben, damit euch die Wahrheit des Evangeliums erhalten bleibe. 6 Aber auch von denen, die Ansehen genießen – was sie früher waren, kümmert mich nicht, Gott schaut nicht auf die Person –, auch von den »Angesehenen« wurde mir nichts auferlegt. 7 Im Gegenteil, sie sahen, daß mir das Evangelium für die Unbeschnittenen anvertraut ist wie dem Petrus für die Beschnittenen – 8 denn Gott, der Petrus die Kraft zum Aposteldienst unter den Beschnittenen gegeben hat, gab sie mir zum Dienst unter den Heiden –, 9 und sie erkannten

die Gnade, die mir verliehen ist. Deshalb gaben Jakobus, Kephas und Johannes, die als die »Säulen« Ansehen genießen, mir und Barnabas die Hand zum Zeichen der Gemeinschaft: Wir sollten zu den Heiden gehen, sie zu den Beschnittenen. 10 Nur sollten wir an ihre Armen denken; und das zu tun, habe ich mich eifrig bemüht.

Die Gerechtigkeit aus dem Glauben: 2,11–4,7

Gesetzesgehorsam oder Glaube

11 Als Kephas aber nach Antiochia gekommen war, bin ich ihm offen entgegengetreten, weil er sich ins Unrecht gesetzt hatte. 12 Bevor nämlich Leute aus dem Kreis um Jakobus eintrafen, pflegte er zusammen mit den Heiden zu essen. Nach ihrer Ankunft aber zog er sich von den Heiden zurück und trennte sich von ihnen, weil er die Beschnittenen fürchtete. 13 Ebenso unaufrichtig wie er verhielten sich die anderen Juden, so daß auch Barnabas durch ihre Heuchelei verführt wurde. 14 Als ich aber sah, daß sie von der Wahrheit des Evangeliums abwichen, sagte ich zu Kephas in Gegenwart aller: Wenn du als Jude nach Art der Heiden und nicht nach Art der Juden lebst, wie kannst du dann die Heiden zwingen, wie Juden zu leben? 15 Wir sind zwar von Geburt Juden und nicht Sünder wie die Heiden. 16 Weil wir aber erkannt haben, daß der Mensch nicht durch Werke des Gesetzes gerecht wird, sondern durch den Glauben an Jesus Christus, sind auch wir dazu gekommen, an Christus Jesus zu glauben, damit wir gerecht werden durch den Glauben an Christus, und nicht durch Werke des Gesetzes; denn durch Werke des Gesetzes *wird niemand gerecht.* 17 Wenn nun auch wir, die wir in Christus gerecht zu werden suchen, als Sünder gelten, ist dann Christus etwa Diener der Sünde? Das ist unmöglich! 18 Wenn ich allerdings das, was ich niedergerissen habe, wieder aufbaue, dann stelle ich mich selbst als Übertreter hin. 19 Ich aber bin durch das Gesetz dem Gesetz gestorben, damit ich für Gott lebe. Ich bin mit Christus gekreuzigt worden; 20 nicht mehr ich lebe, sondern Christus lebt in mir. Soweit ich aber jetzt noch in dieser Welt lebe, lebe ich im Glauben an den Sohn Gottes, der mich geliebt und sich für mich hingegeben hat. 21 Ich mißachte die Gnade Gottes in keiner Weise; denn käme die Gerechtigkeit durch das Gesetz, so wäre Christus vergeblich gestorben.

Aufruf an die Galater

3 Ihr unvernünftigen Galater, wer hat euch verblendet? Ist euch Jesus Christus nicht deutlich als der Gekreuzigte vor Augen gestellt worden? 2 Dies eine möchte ich von euch erfahren: Habt ihr den Geist durch die Werke des Gesetzes oder durch die Botschaft des Glaubens empfangen? 3 Seid ihr so unvernünftig? Am Anfang habt ihr auf den Geist vertraut, und jetzt erwartet ihr vom Fleisch die Vollendung. 4 Habt ihr denn so Großes vergeblich erfahren? Sollte es wirklich vergeblich gewesen sein? 5 Warum gibt euch denn Gott den Geist und bewirkt Wundertaten unter euch? Weil ihr das Gesetz befolgt oder weil ihr die Botschaft des Glaubens angenommen habt?

Abrahams Glaube und die Verheißung des Segens

6 Von Abraham wird gesagt: *Er glaubte Gott, und das wurde ihm als Gerechtigkeit angerechnet.* 7 Daran erkennt ihr, daß nur die, die glauben, Abrahams Söhne sind. 8 Und da die Schrift vorhersah, daß Gott die Heiden aufgrund des Glaubens gerecht macht, hat sie dem Abraham im voraus verkündet: *Durch dich sollen alle Völker Segen erlangen.* 9 Also gehören alle, die glauben, zu dem glaubenden Abraham und werden wie er gesegnet. 10 Alle aber, die nach dem Gesetz leben, stehen unter dem Fluch. Denn in der Schrift heißt es: *Verflucht ist jeder, der sich nicht an alles hält, was zu tun das Buch des Gesetzes vorschreibt.* 11 Daß durch das Gesetz niemand vor Gott gerecht wird, ist offenkundig; denn: *Der aus Glauben Gerechte wird leben.* 12 Das Gesetz aber hat nichts mit dem Glauben zu tun, sondern es gilt: *Wer die Gebote erfüllt, wird durch sie leben.* 13 Christus hat

uns vom Fluch des Gesetzes freigekauft, indem er
für uns zum Fluch geworden ist; denn es steht in
der Schrift: *Verflucht ist jeder, der am Pfahl hängt.*
14 Jesus Christus hat uns freigekauft, damit den
Heiden durch ihn der Segen Abrahams zuteil
wird und wir so aufgrund des Glaubens den ver-
heißenen Geist empfangen.
15 Brüder, ich nehme einen Vergleich aus dem
menschlichen Leben: Niemand setzt das rechts-
gültig festgelegte Testament eines Menschen
außer Kraft oder versieht es mit einem Zusatz.
16 Abraham und seinem Nachkommen wurden
die Verheißungen zugesprochen. Es heißt nicht:
»und den Nachkommen«, als wären viele ge-
meint, sondern es wird nur von einem gespro-
chen: *und deinem Nachkommen*; das aber ist
Christus. 17 Damit meine ich: Das Testament,
dem Gott einst Gültigkeit verliehen hat, wird
durch das vierhundertdreißig Jahre später erlas-
sene Gesetz nicht ungültig, so daß die Ver-
heißung aufgehoben wäre. 18 Würde sich das
Erbe nämlich aus dem Gesetz herleiten, dann
eben nicht mehr aus der Verheißung. Gott hat
aber durch die Verheißung Abraham Gnade er-
wiesen.

Die heilsgeschichtliche Stellung des Gesetzes

19 Warum gibt es dann das Gesetz? Wegen der
Übertretungen wurde es hinzugefügt, bis der
Nachkomme käme, dem die Verheißung gilt. Es
wurde durch Engel erlassen und durch einen
Mittler bekanntgegeben. 20 Einen Mittler gibt es
jedoch nicht, wo nur einer handelt; Gott aber ist
»der Eine«. 21 Hebt also das Gesetz die Verheißun-
gen auf? Keineswegs! Wäre ein Gesetz gegeben
worden, das die Kraft hat, lebendig zu machen,
dann käme in der Tat die Gerechtigkeit aus dem
Gesetz; 22 statt dessen hat die Schrift alles der
Sünde unterworfen, damit durch den Glauben an
Jesus Christus die Verheißung sich an denen er-
füllt, die glauben. 23 Ehe der Glaube kam, waren
wir im Gefängnis des Gesetzes, festgehalten bis
zu der Zeit, da der Glaube offenbart werden sollte.
24 So hat das Gesetz uns in Zucht gehalten bis zum
Kommen Christi, damit wir durch den Glauben
gerecht gemacht werden. 25 Nachdem aber der
Glaube gekommen ist, stehen wir nicht mehr un-
ter dieser Zucht.

Glaube und Gottessohnschaft

26 Ihr seid alle durch den Glauben Söhne Gottes
in Christus Jesus. 27 Denn ihr alle, die ihr auf
Christus getauft seid, habt Christus (als Gewand)
angelegt. 28 Es gibt nicht mehr Juden und Grie-
chen, nicht Sklaven und Freie, nicht Mann und
Frau; denn ihr alle seid »einer« in Christus Jesus.
29 Wenn ihr aber zu Christus gehört, dann seid
ihr Abrahams Nachkommen, Erben kraft der
Verheißung.
4 Ich will damit sagen: Solange der Erbe un-
mündig ist, unterscheidet er sich in keiner
Hinsicht von einem Sklaven, obwohl er Herr ist
über alles; 2 er steht unter Vormundschaft, und
sein Erbe wird verwaltet bis zu der Zeit, die sein
Vater festgesetzt hat. 3 So waren auch wir, so-
lange wir unmündig waren, Sklaven der Ele-
mentarmächte dieser Welt. 4 Als aber die Zeit er-
füllt war, sandte Gott seinen Sohn, geboren von
einer Frau und dem Gesetz unterstellt, 5 damit er
die freikaufe, die unter dem Gesetz stehen, und
damit wir die Sohnschaft erlangen. 6 Weil ihr
aber Söhne seid, sandte Gott den Geist seines
Sohnes in unser Herz, den Geist, der ruft: Abba,
Vater. 7 Daher bist du nicht mehr Sklave, sondern
Sohn; bist du aber Sohn, dann auch Erbe, Erbe
durch Gott.

Die Freiheit des Christen: 4,8–6,10

Warnung vor Rückfall in die alte Knechtschaft

8 Einst, als ihr Gott noch nicht kanntet, wart
ihr Sklaven der Götter, die in Wirklichkeit
keine sind. 9 Wie aber könnt ihr jetzt, da ihr
Gott erkannt habt, vielmehr von Gott erkannt
worden seid, wieder zu den schwachen und
armseligen Elementarmächten zurückkehren?
Warum wollt ihr von neuem ihre Sklaven
werden? 10 Warum achtet ihr so ängstlich auf
Tage, Monate, bestimmte Zeiten und Jahre? 11 Ich

fürchte, ich habe mich vergeblich um euch bemüht.

[12] Ich bitte euch, Brüder: Werdet wie ich, denn auch ich bin geworden wie ihr. Ihr habt mir nichts zuleide getan. [13] Ihr wißt, daß ich krank und schwach war, als ich euch zum erstenmal das Evangelium verkündigte; [14] ihr aber habt auf meine Schwäche, die für euch eine Versuchung war, nicht mit Verachtung und Abscheu geantwortet, sondern mich wie einen Engel Gottes aufgenommen, wie Christus Jesus. [15] Wo ist eure Begeisterung geblieben? Ich kann euch bezeugen: Wäre es möglich gewesen, ihr hättet euch die Augen ausgerissen, um sie mir zu geben. [16] Bin ich also euer Feind geworden, weil ich euch die Wahrheit sage? [17] Jene Leute bemühen sich um euch nicht in guter Absicht; sie wollen euch abtrünnig machen, damit ihr euch dann um sie bemüht. [18] Gut wäre es, wenn ihr euch zu jeder Zeit in guter Absicht um mich bemühen würdet und nicht nur dann, wenn ich bei euch bin, [19] bei euch, meinen Kindern, für die ich von neuem Geburtswehen erleide, bis Christus in euch Gestalt annimmt. [20] Ich wollte, ich könnte jetzt bei euch sein und in anderer Weise mit euch reden; denn euer Verhalten macht mich ratlos.

Das Zeugnis der Schrift

[21] Ihr, die ihr euch dem Gesetz unterstellen wollt, habt ihr denn nicht gehört, was im Gesetz steht? [22] In der Schrift wird gesagt, daß Abraham zwei Söhne hatte, einen von der Sklavin, den andern von der Freien. [23] Der Sohn der Sklavin wurde auf natürliche Weise gezeugt, der Sohn der Freien aufgrund der Verheißung. [24] Darin liegt ein tieferer Sinn: Diese Frauen bedeuten die beiden Testamente. Das eine Testament stammt vom Berg Sinai und bringt Sklaven zur Welt; das ist Hagar – [25] denn Hagar ist Bezeichnung für den Berg Sinai in Arabien –, und ihr entspricht das gegenwärtige Jerusalem, das mit seinen Kindern in der Knechtschaft lebt. [26] Das himmlische Jerusalem aber ist frei, und dieses Jerusalem ist unsere Mutter. [27] Denn es steht in der Schrift:

Freu dich, du Unfruchtbare, die nie geboren hat, / brich in Jubel aus und jauchze, die du nie in Wehen lagst! / Denn viele Kinder hat die Einsame, / mehr als die Vermählte.

[28] Ihr aber, Brüder, seid Kinder der Verheißung wie Isaak. [29] Doch wie damals der Sohn, der auf natürliche Weise gezeugt war, den verfolgte, der kraft des Geistes gezeugt war, so geschieht es auch jetzt. [30] In der Schrift aber heißt es: *Verstoß die Sklavin und ihren Sohn! Denn nicht der Sohn der Sklavin soll Erbe sein, sondern der Sohn der Freien.* [31] Daraus folgt also, meine Brüder, daß wir nicht Kinder der Sklavin sind, sondern Kinder der Freien.

Freiheit oder Knechtschaft

5 Zur Freiheit hat uns Christus befreit. Bleibt daher fest und laßt euch nicht von neuem das Joch der Knechtschaft auflegen! [2] Hört, was ich, Paulus, euch sage: Wenn ihr euch beschneiden laßt, wird Christus euch nichts nützen. [3] Ich versichere noch einmal jedem, der sich beschneiden läßt: Er ist verpflichtet, das ganze Gesetz zu halten. [4] Wenn ihr also durch das Gesetz gerecht werden wollt, dann habt ihr mit Christus nichts mehr zu tun; ihr seid aus der Gnade herausgefallen. [5] Wir aber erwarten die erhoffte Gerechtigkeit kraft des Geistes und aufgrund des Glaubens. [6] Denn in Christus Jesus kommt es nicht darauf an, beschnitten oder unbeschnitten zu sein, sondern darauf, den Glauben zu haben, der in der Liebe wirksam ist. [7] Ihr wart auf dem richtigen Weg. Wer hat euch gehindert, weiter der Wahrheit zu folgen? [8] Was man auch gesagt hat, um euch zu überreden: es kommt nicht von dem, der euch berufen hat. [9] Ein wenig Sauerteig durchsäuert den ganzen Teig. [10] Doch im Glauben an den Herrn bin ich fest davon überzeugt, daß ihr keine andere Lehre annehmen werdet. Wer euch verwirrt, der wird das Urteil Gottes zu tragen haben, wer es auch sei. [11] Man behauptet sogar, daß ich selbst noch die Beschneidung verkündige. Warum, meine Brüder, werde ich dann verfolgt? Damit wäre ja das Ärgernis des Kreuzes beseitigt. [12] Diese Leute, die Unruhe bei euch stiften, sollen sich doch gleich entmannen lassen.

Die Liebe als Frucht des Geistes

[13] Ihr seid zur Freiheit berufen, Brüder. Nur nehmt die Freiheit nicht zum Vorwand für das Fleisch, sondern dient einander in Liebe! [14] Denn das ganze Gesetz ist in dem einen Wort zusam-

mengefaßt: *Du sollst deinen Nächsten lieben*
wie dich selbst! 15 Wenn ihr einander beißt und
verschlingt, dann gebt acht, daß ihr euch nicht
gegenseitig umbringt. 16 Darum sage ich: Laßt
euch vom Geist leiten, dann werdet ihr das Be-
gehren des Fleisches nicht erfüllen. 17 Denn das
Begehren des Fleisches richtet sich gegen den
Geist, das Begehren des Geistes aber gegen das
Fleisch; beide stehen sich als Feinde gegenüber,
so daß ihr nicht imstande seid, das zu tun, was
ihr wollt. 18 Wenn ihr euch aber vom Geist
führen laßt, dann steht ihr nicht unter dem Ge-
setz.

19 Die Werke des Fleisches sind deutlich er-
kennbar: Unzucht, Unsittlichkeit, ausschweifen-
des Leben, 20 Götzendienst, Zauberei, Feindschaf-
ten, Streit, Eifersucht, Jähzorn, Eigennutz,
Spaltungen, Parteiungen, 21 Neid und Mißgunst,
Trink- und Eßgelage und ähnliches mehr. Ich
wiederhole, was ich euch schon früher gesagt
habe: Wer so etwas tut, wird das Reich Gottes
nicht erben. 22 Die Frucht des Geistes aber ist
Liebe, Freude, Friede, Langmut, Freundlichkeit,
Güte, Treue, 23 Sanftmut und Selbstbeherr-
schung; dem allem widerspricht das Gesetz
nicht. 24 Alle, die zu Christus Jesus gehören, ha-
ben das Fleisch und damit ihre Leidenschaften
und Begierden gekreuzigt. 25 Wenn wir aus dem
Geist leben, dann wollen wir dem Geist auch
folgen. 26 Wir wollen nicht prahlen, nicht mit-
einander streiten und einander nichts nach-
tragen.

Das Gesetz Christi

6 Wenn einer sich zu einer Verfehlung hin-
reißen läßt, meine Brüder, so sollt ihr, die ihr
vom Geist erfüllt seid, ihn im Geist der Sanftmut
wieder auf den rechten Weg bringen. Doch gib
acht, daß du nicht selbst in Versuchung gerätst.
2 Einer trage des anderen Last; so werdet ihr das
Gesetz Christi erfüllen. 3 Wer sich einbildet, etwas
zu sein, obwohl er nichts ist, der betrügt sich. 4 Je-
der prüfe sein eigenes Tun. Dann wird er sich nur
im Blick auf sich selbst rühmen können, nicht
aber im Vergleich mit anderen. 5 Denn jeder wird
seine eigene Bürde zu tragen haben.

6 Wer im Evangelium unterrichtet wird, lasse sei-
nen Lehrer an allem teilhaben, was er besitzt.
7 Täuscht euch nicht: Gott läßt keinen Spott mit
sich treiben; was der Mensch sät, wird er ernten.
8 Wer im Vertrauen auf das Fleisch sät, wird vom
Fleisch Verderben ernten; wer aber im Vertrauen
auf den Geist sät, wird vom Geist ewiges Leben
ernten. 9 Laßt uns nicht müde werden, das Gute
zu tun; denn wenn wir darin nicht nachlassen,
werden wir ernten, sobald die Zeit dafür gekom-
men ist. 10 Deshalb wollen wir, solange wir noch
Zeit haben, allen Menschen Gutes tun, besonders
aber denen, die mit uns im Glauben verbunden
sind.

Schlußwort und Segenswunsch: 6,11–18

11 Seht, ich schreibe euch jetzt mit eigener Hand;
das ist meine Schrift. 12 Jene Leute, die in der Welt
nach Anerkennung streben, nötigen euch nur
deshalb zur Beschneidung, damit sie wegen des
Kreuzes Christi nicht verfolgt werden. 13 Denn ob-
wohl sie beschnitten sind, halten sie nicht einmal
selber das Gesetz; dennoch dringen sie auf eure
Beschneidung, um sich dessen zu rühmen, was
an eurem Fleisch geschehen soll. 14 Ich aber will
mich allein des Kreuzes Jesu Christi, unseres
Herrn, rühmen, durch das mir die Welt gekreuzigt
ist und ich der Welt. 15 Denn es kommt nicht dar-
auf an, ob einer beschnitten oder unbeschnitten
ist, sondern darauf, daß er neue Schöpfung ist.
16 Friede und Erbarmen komme über alle, die sich
von diesem Grundsatz leiten lassen, und über das
Israel Gottes.

17 In Zukunft soll mir niemand mehr solche
Schwierigkeiten bereiten. Denn ich trage die Zei-
chen Jesu an meinem Leib.

18 Die Gnade Jesu Christi, unseres Herrn, sei mit
eurem Geist, meine Brüder. Amen.

DER BRIEF AN DIE EPHESER

Anschrift und Gruß: 1,1–2

1 Paulus, durch den Willen Gottes Apostel
Christi Jesu, an die Heiligen in Ephesus, die
an Christus Jesus glauben. 2 Gnade sei mit euch
und Friede von Gott, unserem Vater, und dem
Herrn Jesus Christus.

Gottes Heilsplan: 1,3–2,22

Loblied auf den Heilsplan Gottes

3 Gepriesen sei der Gott und Vater unseres Herrn
Jesus Christus: / Er hat uns mit allem Segen sei-
nes Geistes gesegnet / durch unsere Gemein-
schaft mit Christus im Himmel.
4 Denn in ihm hat er uns erwählt vor der Er-
schaffung der Welt, / damit wir heilig und unta-
delig leben vor Gott;
5 er hat uns aus Liebe im voraus dazu bestimmt, /
seine Söhne zu werden durch Jesus Christus / und
nach seinem gnädigen Willen zu ihm zu gelangen,
6 zum Lob seiner herrlichen Gnade. / Er hat sie
uns geschenkt in seinem geliebten Sohn;
7 durch sein Blut haben wir die Erlösung, / die
Vergebung der Sünden nach dem Reichtum sei-
ner Gnade.
8 Durch sie hat er uns mit aller Weisheit und Ein-
sicht reich beschenkt
9 und hat uns das Geheimnis seines Willens kund-
getan, / wie er es gnädig im voraus bestimmt hat:
10 Er hat beschlossen, die Fülle der Zeiten her-
aufzuführen, / in Christus alles zu vereinen, alles,
was im Himmel und auf Erden ist.
11 Durch ihn sind wir auch als Erben vorherbe-
stimmt und eingesetzt / nach dem Plan dessen,
der alles so verwirklicht, / wie er es in seinem
Willen beschließt;
12 wir sind zum Lob seiner Herrlichkeit be-
stimmt, / die wir schon früher auf Christus ge-
hofft haben.
13 Durch ihn habt auch ihr das Wort der Wahrheit
gehört, das Evangelium von eurer Rettung; /
durch ihn habt ihr das Siegel des verheißenen
Heiligen Geistes empfangen, als ihr den Glauben
annahmt.
14 Der Geist ist der erste Anteil des Erbes, / das
wir erhalten sollen, / der Erlösung, durch die wir
Gottes Eigentum werden, / zum Lob seiner Herr-
lichkeit.

Gebet um Erkenntnis der Hoheit Christi

15/16 Darum höre ich nicht auf, für euch zu dan-
ken, wenn ich in meinen Gebeten an euch
denke; denn ich habe von eurem Glauben an Je-
sus, den Herrn, und von eurer Liebe zu allen Hei-
ligen gehört. 17 Der Gott Jesu Christi, unseres
Herrn, der Vater der Herrlichkeit, gebe euch den
Geist der Weisheit und Offenbarung, damit ihr
ihn erkennt. 18 Er erleuchte die Augen eures Her-
zens, damit ihr versteht, zu welcher Hoffnung ihr
durch ihn berufen seid, welchen Reichtum die
Herrlichkeit seines Erbes den Heiligen schenkt
19 und wie überragend groß seine Macht sich an
uns, den Gläubigen, erweist durch das Wirken
seiner Kraft und Stärke. 20 Er hat sie an Christus er-
wiesen, den er von den Toten auferweckt und im
Himmel auf den Platz *zu seiner Rechten* erhoben
hat, 21 hoch über alle Fürsten und Gewalten,
Mächte und Herrschaften und über jeden Na-
men, der nicht nur in dieser Welt, sondern auch
in der zukünftigen genannt wird. 22 *Alles hat er
ihm zu Füßen gelegt* und ihn, der als Haupt alles
überragt, über die Kirche gesetzt. 23 Sie ist sein
Leib und wird von ihm erfüllt, der das All ganz
und gar beherrscht.

Vom Tod zum Leben

2 Ihr wart tot infolge eurer Verfehlungen und
Sünden. 2 Ihr wart einst darin gefangen, wie
es der Art dieser Welt entspricht, unter der Herr-

Wir sind zum Schauspiel geworden für die Welt (1 Kor 4) | 94 ▷
Es gibt verschiedene Gnadengaben, aber nur den einen Geist (1 Kor 12) | 95 ▷▷

Διαιρέσεις δέ
χαρισμάτων
εἰσίν τὸ δέ
πνεῦμα

καὶ εἰς τὸ
Πνεῦμα
τὸ ἅγιον
τὸ κύριον
τὸ ζωο
ποιόν
τὸ ἐκ τοῦ
Πατρὸς
ἐκπο
ρευόμε
νον

schaft jenes Geistes, der im Bereich der Lüfte regiert und jetzt noch in den Ungehorsamen wirksam ist. 3 Zu ihnen gehörten auch wir alle einmal, als wir noch von den Begierden unseres Fleisches beherrscht wurden. Wir folgten dem, was das Fleisch und der böse Sinn uns eingaben, und waren von Natur aus Kinder des Zorns wie die anderen. 4/5 Gott aber, der voll Erbarmen ist, hat uns, die wir infolge unserer Sünden tot waren, in seiner großen Liebe, mit der er uns geliebt hat, zusammen mit Christus wieder lebendig gemacht. Aus Gnade seid ihr gerettet. 6 Er hat uns mit Christus Jesus auferweckt und uns zusammen mit ihm einen Platz im Himmel gegeben. 7 Dadurch, daß er in Christus Jesus gütig an uns handelte, wollte er den kommenden Zeiten den überfließenden Reichtum seiner Gnade zeigen. 8 Denn aus Gnade seid ihr durch den Glauben gerettet, nicht aus eigener Kraft – Gott hat es geschenkt –, 9 nicht aufgrund eurer Werke, damit keiner sich rühmen kann. 10 Seine Geschöpfe sind wir, in Christus Jesus dazu geschaffen, in unserem Leben die guten Werke zu tun, die Gott für uns im voraus bereitet hat.

Die Einheit von Juden und Heiden in Christus

11 Erinnert euch also, daß ihr einst Heiden wart und von denen, die äußerlich beschnitten sind, Unbeschnittene genannt wurdet. 12 Damals wart ihr von Christus getrennt, der Gemeinde Israels fremd und von dem Bund der Verheißung ausgeschlossen; ihr hattet keine Hoffnung und lebtet ohne Gott in der Welt. 13 Jetzt aber seid ihr, die ihr einst in der Ferne wart, durch Christus Jesus, nämlich durch sein Blut, in die Nähe gekommen. 14 Denn er ist unser Friede. Er vereinigte die beiden Teile (Juden und Heiden) und riß durch sein Sterben die trennende Wand der Feindschaft nieder. 15 Er hob das Gesetz samt seinen Geboten und Forderungen auf, um die zwei in seiner Person zu dem einen neuen Menschen zu machen. Er stiftete Frieden 16 und versöhnte die beiden durch das Kreuz mit Gott in einem einzigen Leib. Er hat in seiner Person die Feindschaft getötet. 17 Er kam und verkündete den *Frieden:* euch, *den Fernen, und* uns, *den Nahen.* 18 Durch ihn haben wir beide in dem einen Geist Zugang zum Vater. 19 Ihr seid also jetzt nicht mehr Fremde ohne Bürgerrecht, sondern Mitbürger der Heiligen und Hausgenossen Gottes. 20 Ihr seid auf das Fundament der Apostel und Propheten gebaut; der Schlußstein ist Christus Jesus selbst. 21 Durch ihn wird der ganze Bau zusammengehalten und wächst zu einem heiligen Tempel im Herrn. 22 Durch ihn werdet auch ihr im Geist zu einer Wohnung Gottes erbaut.

Der Apostel und die Gemeinde: 3,1–21

Paulus, Apostel für die Heiden

3 Deshalb (bete) ich, Paulus, für euch, die Heiden. Euch kommt es zugute, daß ich der Gefangene Christi Jesu bin. 2 Ihr habt doch gehört, welches Amt die Gnade Gottes mir für euch verliehen hat. 3 Durch eine Offenbarung wurde mir das Geheimnis mitgeteilt, das ich soeben kurz beschrieben habe. 4 Wenn ihr das lest, könnt ihr sehen, welche Einsicht in das Geheimnis Christi mir gegeben ist. 5 Den Menschen früherer Generationen war es nicht bekannt; jetzt aber ist es seinen heiligen Aposteln und Propheten durch den Geist offenbart worden: 6 daß nämlich die Heiden Miterben sind, zu demselben Leib gehören und an derselben Verheißung in Christus Jesus teilhaben durch das Evangelium. 7 Ihm diene ich dank der Gnade, die mir durch Gottes mächtiges Wirken geschenkt wurde. 8 Mir, dem Geringsten unter allen Heiligen, wurde diese Gnade geschenkt: Ich soll den Heiden als Evangelium den unergründlichen Reichtum Christi verkündigen 9 und enthüllen, wie jenes Geheimnis Wirklichkeit geworden ist, das von Ewigkeit her in Gott, dem Schöpfer des Alls, verborgen war. 10 So sollen jetzt die Fürsten und Gewalten des himmlischen Bereichs durch die Kirche Kenntnis erhalten von der vielfältigen Weisheit Gottes, 11 nach seinem ewigen Plan, den er durch Christus Jesus, unseren Herrn, ausgeführt hat. 12 In ihm haben wir den freien Zugang durch das Vertrauen, das der Glaube an ihn schenkt. 13 Deshalb bitte ich euch, nicht wegen der Leiden zu verzagen, die icn für euch ertrage, denn sie sind euer Ruhm.

◁◁ 96 | *Die Gnade Jesu Christi, die Liebe Gottes und die Gemeinschaft des Heiligen Geistes (2 Kor 13)*
◁ 97 | *Ihr seid zur Freiheit berufen (Gal 5)*

Fürbitte für die Kirche

[14]Daher beuge ich meine Knie vor dem Vater, [15]nach dessen Namen jedes Geschlecht im Himmel und auf der Erde benannt wird, [16]und bitte, er möge euch aufgrund des Reichtums seiner Herrlichkeit schenken, daß ihr in eurem Innern durch seinen Geist an Kraft und Stärke zunehmt. [17]Durch den Glauben wohne Christus in eurem Herzen. In der Liebe verwurzelt und auf sie gegründet, [18]sollt ihr zusammen mit allen Heiligen dazu fähig sein, die Länge und Breite, die Höhe und Tiefe zu ermessen [19]und die Liebe Christi zu verstehen, die alle Erkenntnis übersteigt. So werdet ihr mehr und mehr von der ganzen Fülle Gottes erfüllt. [20]Er aber, der durch die Macht, die in uns wirkt, unendlich viel mehr tun kann, als wir erbitten oder uns ausdenken können, [21]er werde verherrlicht durch die Kirche und durch Christus Jesus in allen Generationen, für ewige Zeiten. Amen.

Verschiedene Mahnungen: 4,1–6,20

Aufruf zur Einheit

4 Ich, der ich um des Herrn willen im Gefängnis bin, ermahne euch, ein Leben zu führen, das des Rufes würdig ist, der an euch erging. [2]Seid demütig, friedfertig und geduldig, ertragt einander in Liebe, [3]und bemüht euch, die Einheit des Geistes zu wahren durch den Frieden, der euch zusammenhält. [4]E i n Leib und e i n Geist, wie euch durch eure Berufung auch e i n e gemeinsame Hoffnung gegeben ist; [5]e i n Herr, e i n Glaube, e i n e Taufe, [6]e i n Gott und Vater aller, der über allem und durch alles und in allem ist.

Die Gnadengaben zum Aufbau der Kirche

[7]Aber jeder von uns empfing die Gnade in dem Maß, wie Christus sie ihm geschenkt hat. [8]Deshalb heißt es: *Er stieg hinauf zur Höhe und erbeutete Gefangene,* er gab den *Menschen Geschenke.* [9]Wenn er aber *hinaufstieg,* was bedeutet dies anderes, als daß er auch zur Erde herabstieg? [10]Derselbe, der herabstieg, ist auch hinaufgestiegen bis zum höchsten Himmel, um das All zu beherrschen. [11]Und er gab den einen das Apostelamt, andere setzte er als Propheten ein, andere als Evangelisten, andere als Hirten und Lehrer, [12]um die Heiligen für die Erfüllung ihres Dienstes zu rüsten, für den Aufbau des Leibes Christi. [13]So sollen wir alle zur Einheit im Glauben und in der Erkenntnis des Sohnes Gottes gelangen, damit wir zum vollkommenen Menschen werden und Christus in seiner vollendeten Gestalt darstellen. [14]Wir sollen nicht mehr unmündige Kinder sein, ein Spiel der Wellen, hin und her getrieben von jedem Widerstreit der Meinungen, dem Betrug der Menschen ausgeliefert, der Verschlagenheit, die in die Irre führt. [15]Wir wollen uns, von der Liebe geleitet, an die Wahrheit halten und in allem wachsen, bis wir ihn erreicht haben. Er, Christus, ist das Haupt. [16]Durch ihn wird der ganze Leib zusammengefügt und gefestigt in jedem einzelnen Gelenk. Jedes trägt mit der Kraft, die ihm zugemessen ist. So wächst der Leib und wird in Liebe aufgebaut.

Der alte und der neue Mensch

[17]Ich sage es euch und beschwöre euch im Herrn: Lebt nicht mehr wie die Heiden in ihrem nichtigen Denken! [18]Ihr Sinn ist verfinstert. Sie sind dem Leben, das Gott schenkt, entfremdet durch die Unwissenheit, in der sie befangen sind, und durch die Verhärtung ihres Herzens. [19]Haltlos wie sie sind, geben sie sich der Ausschweifung hin, um voll Gier jede Art von Gemeinheit zu begehen. [20]Das aber entspricht nicht dem, was ihr von Christus gelernt habt. [21]Ihr habt doch von ihm gehört und seid unterrichtet worden in der Wahrheit, die Jesus ist. [22]Legt den alten Menschen ab, der in Verblendung und Begierde zugrunde geht, ändert euer früheres Leben, [23]und erneuert euren Geist und Sinn! [24]Zieht den neuen Menschen an, der *nach dem Bild Gottes* geschaffen ist in wahrer Gerechtigkeit und Heiligkeit.

Die Pflichten gegen den Nächsten

[25]Legt deshalb die Lüge ab, und *redet untereinander die Wahrheit;* denn wir sind als Glieder miteinander verbunden. [26]*Laßt euch durch den Zorn nicht zur Sünde hinreißen!* Die Sonne soll über eurem Zorn nicht untergehen. [27]Gebt dem Teufel keinen Raum! [28]Der Dieb soll nicht mehr stehlen,

sondern arbeiten und sich mit seinen Händen et-
was verdienen, damit er den Notleidenden davon
geben kann. 29 Über eure Lippen komme kein bö-
ses Wort, sondern nur ein gutes, das den, der es
braucht, stärkt, und dem, der es hört, Nutzen
bringt. 30 Beleidigt nicht den Heiligen Geist Gottes,
dessen Siegel ihr tragt für den Tag der Erlösung.
31 Jede Art von Bitterkeit, Wut, Zorn, Geschrei und
Lästerung und alles Böse verbannt aus eurer
Mitte! 32 Seid gütig zueinander, seid barmherzig,
vergebt einander, weil auch Gott euch durch
Christus vergeben hat.

5 Ahmt Gott nach als seine geliebten Kinder,
2 und liebt einander, weil auch Christus uns
geliebt und sich für uns hingegeben hat als Gabe
und als Opfer, das Gott gefällt.

Aus der Finsternis zum Licht

3 Von Unzucht aber und Schamlosigkeit jeder Art
oder von Habgier soll bei euch, wie es sich für Hei-
lige gehört, nicht einmal die Rede sein. 4 Auch Sit-
tenlosigkeit und albernes oder zweideutiges Ge-
schwätz schickt sich nicht für euch, sondern
Dankbarkeit. 5 Denn das sollt ihr wissen: Kein un-
züchtiger, schamloser oder habgieriger Mensch –
das heißt kein Götzendiener – erhält ein Erbteil
im Reich Christi und Gottes. 6 Niemand täusche
euch mit leeren Worten: All das zieht auf die Un-
gehorsamen den Zorn Gottes herab. 7 Habt darum
nichts mit ihnen gemein! 8 Denn einst wart ihr
Finsternis, jetzt aber seid ihr durch den Herrn
Licht geworden. Lebt als Kinder des Lichts! 9 Das
Licht bringt lauter Güte, Gerechtigkeit und Wahr-
heit hervor. 10 Prüft, was dem Herrn gefällt, 11 und
habt nichts gemein mit den Werken der Finster-
nis, die keine Frucht bringen, sondern deckt sie
auf! 12 Denn man muß sich schämen, von dem,
was sie heimlich tun, auch nur zu reden. 13 Alles,
was aufgedeckt ist, wird vom Licht erleuchtet.
14 Alles Erleuchtete aber ist Licht. Deshalb heißt
es:

Wach auf, du Schläfer, / und steh auf von den To-
ten, / und Christus wird dein Licht sein.

15 Achtet also sorgfältig darauf, wie ihr euer Le-
ben führt, nicht töricht, sondern klug. 16 Nutzt die
Zeit; denn diese Tage sind böse. 17 Darum seid
nicht unverständig, sondern begreift, was der
Wille des Herrn ist. 18 Berauscht euch nicht mit
Wein – das macht zügellos –, sondern laßt euch
vom Geist erfüllen! 19 Laßt in eurer Mitte Psalmen,
Hymnen und Lieder erklingen, wie der Geist sie
eingibt. Singt und jubelt aus vollem Herzen zum
Lob des Herrn! 20 Sagt Gott, dem Vater, jederzeit
Dank für alles im Namen Jesu Christi, unseres
Herrn!

Über die christliche Familienordnung

21 Einer ordne sich dem andern unter in der ge-
meinsamen Ehrfurcht vor Christus. 22 Ihr Frauen,
ordnet euch euren Männern unter wie dem
Herrn (Christus); 23 denn der Mann ist das Haupt
der Frau, wie auch Christus das Haupt der Kirche
ist; er hat sie gerettet, denn sie ist sein Leib. 24 Wie
aber die Kirche sich Christus unterordnet, sollen
sich die Frauen in allem den Männern unterord-
nen. 25 Ihr Männer, liebt eure Frauen, wie Chri-
stus die Kirche geliebt und sich für sie hingegeben
hat, 26 um sie im Wasser und durch das Wort rein
und heilig zu machen. 27 So will er die Kirche herr-
lich vor sich erscheinen lassen, ohne Flecken, Fal-
ten oder andere Fehler; heilig soll sie sein und ma-
kellos. 28 Darum sind die Männer verpflichtet, ihre
Frauen so zu lieben wie ihren eigenen Leib. Wer
seine Frau liebt, liebt sich selbst. 29 Keiner hat je
seinen eigenen Leib gehaßt, sondern er nährt und
pflegt ihn, wie auch Christus die Kirche. 30 Denn
wir sind Glieder seines Leibes. 31 *Darum wird der
Mann Vater und Mutter verlassen und sich an
seine Frau binden, und die zwei werden ein
Fleisch sein.* 32 Dies ist ein tiefes Geheimnis; ich
beziehe es auf Christus und die Kirche. 33 Was
euch angeht, so liebe jeder von euch seine Frau
wie sich selbst, die Frau aber ehre den Mann.

6 Ihr Kinder, gehorcht euren Eltern, wie es vor
dem Herrn recht ist. 2 *Ehre deinen Vater und
deine Mutter:* Das ist ein Hauptgebot, und ihm
folgt die Verheißung: 3 *damit es dir gut geht und
du lange lebst auf der Erde.* 4 Ihr Väter, reizt eure
Kinder nicht zum Zorn, sondern erzieht sie in der
Zucht und Weisung des Herrn! 5 Ihr Sklaven, ge-
horcht euren irdischen Herren mit Furcht und Zit-
tern und mit aufrichtigem Herzen, als wäre es
Christus. 6 Arbeitet nicht nur, um euch bei den
Menschen einzuschmeicheln und ihnen zu ge-
fallen, sondern erfüllt als Sklaven Christi von Her-
zen den Willen Gottes! 7 Dient freudig, als dientet
ihr dem Herrn und nicht den Menschen. 8 Denn
ihr wißt, daß jeder, der etwas Gutes tut, es vom
Herrn zurückerhalten wird, ob er ein Sklave ist
oder ein freier Mann. 9 Ihr Herren, handelt in glei-

cher Weise gegen eure Sklaven! Droht ihnen nicht! Denn ihr wißt, daß ihr im Himmel einen gemeinsamen Herrn habt. Bei ihm gibt es kein Ansehen der Person.

Aufruf zum Kampf

10 Und schließlich: Werdet stark durch die Kraft und Macht des Herrn! 11 Zieht die Rüstung Gottes an, damit ihr den listigen Anschlägen des Teufels widerstehen könnt. 12 Denn wir haben nicht gegen Menschen aus Fleisch und Blut zu kämpfen, sondern gegen die Fürsten und Gewalten, gegen die Beherrscher dieser finsteren Welt, gegen die bösen Geister des himmlischen Bereichs. 13 Darum legt die Rüstung Gottes an, damit ihr am Tag des Unheils standhalten, alles vollbringen und den Kampf bestehen könnt.

14 Seid also standhaft: Gürtet euch mit Wahrheit, zieht *als Panzer die Gerechtigkeit* an 15 und als Schuhe die Bereitschaft, für das Evangelium vom Frieden zu kämpfen. 16 Vor allem greift zum Schild des Glaubens! Mit ihm könnt ihr alle feurigen Geschosse des Bösen auslöschen. 17 Nehmt den Helm des Heils und das Schwert des Geistes, das ist das Wort Gottes. 18 Hört nicht auf, zu beten und zu flehen! Betet jederzeit im Geist; seid wachsam, harrt aus und bittet für alle Heiligen, 19 auch für mich: daß Gott mir das rechte Wort schenkt, wenn es darauf ankommt, mit Freimut das Geheimnis des Evangeliums zu verkünden, 20 als dessen Gesandter ich im Gefängnis bin. Bittet, daß ich in seiner Kraft freimütig zu reden vermag, wie es meine Pflicht ist.

Schlußwort und Segenswunsch: 6,21–24

21 Damit auch ihr erfahrt, wie es mir geht und was ich tue, wird euch Tychikus, der geliebte Bruder und treue Helfer im Dienst des Herrn, alles berichten. 22 Ich schicke ihn eigens zu euch, damit ihr alles über uns erfahrt und damit er euch Mut zuspricht.

23 Friede sei mit den Brüdern, Liebe und Glaube von Gott, dem Vater, und Jesus Christus, dem Herrn. 24 Gnade und unvergängliches Leben sei mit allen, die Jesus Christus, unseren Herrn, lieben!

DER BRIEF AN DIE PHILIPPER

Anschrift und Gruß: 1,1–2

1 Paulus und Timotheus, Knechte Christi Jesu, an alle Heiligen in Christus Jesus, die in Philippi sind, mit ihren Bischöfen und Diakonen. 2 Gnade sei mit euch und Friede von Gott, unserem Vater, und dem Herrn Jesus Christus.

Der Apostel und sein Evangelium: 1,3–26

Dank und Fürbitte

3 Ich danke meinem Gott jedesmal, wenn ich an euch denke; 4 immer, wenn ich für euch alle bete, tue ich es mit Freude 5 und danke Gott dafür, daß ihr euch gemeinsam für das Evangelium eingesetzt habt vom ersten Tag an bis jetzt. 6 Ich ver-

traue darauf, daß er, der bei euch das gute Werk
begonnen hat, es auch vollenden wird bis zum
Tag Christi Jesu. 7 Es ist nur recht, daß ich so über
euch alle denke, weil ich euch ins Herz geschlos-
sen habe. Denn ihr alle habt Anteil an der Gnade,
die mir durch meine Gefangenschaft und die Ver-
teidigung und Bekräftigung des Evangeliums ge-
währt ist. 8 Gott ist mein Zeuge, wie ich mich nach
euch allen sehne mit der herzlichen Liebe, die
Christus Jesus zu euch hat. 9 Und ich bete darum,
daß eure Liebe immer noch reicher an Einsicht
und Verständnis wird, 10 damit ihr beurteilen
könnt, worauf es ankommt. Dann werdet ihr rein
und ohne Tadel sein für den Tag Christi, 11 reich an
der Frucht der Gerechtigkeit, die Jesus Christus
gibt, zur Ehre und zum Lob Gottes.

Paulus, Verkünder der Frohen Botschaft

12 Ihr sollt wissen, Brüder, daß alles, was mir zu-
gestoßen ist, die Verbreitung des Evangeliums ge-
fördert hat. 13 Denn im ganzen Prätorium und bei
allen übrigen ist offenbar geworden, daß ich um
Christi willen im Gefängnis bin. 14 Und die mei-
sten der Brüder sind durch meine Gefangenschaft
zuversichtlich geworden im Glauben an den
Herrn und wagen um so kühner, das Wort Gottes
furchtlos zu sagen. 15 Einige verkündigen Christus
zwar aus Neid und Streitsucht, andere aber in
guter Absicht. 16 Die einen predigen Christus aus
Liebe, weil sie wissen, daß ich zur Verteidigung
des Evangeliums bestimmt bin, 17 die andern aus
Ehrgeiz, nicht in redlicher Gesinnung; sie möch-
ten die Last meiner Ketten noch schwerer ma-
chen. 18 Aber was liegt daran? Auf jede Weise, ob
in unlauterer oder lauterer Absicht, wird Christus
verkündigt, und darüber freue ich mich.

Aber ich werde mich auch in Zukunft freuen.
19 Denn ich weiß: *Das wird zu meiner Rettung
führen* durch euer Gebet und durch die Hilfe des
Geistes Jesu Christi. 20 Darauf warte und hoffe ich,
daß ich in keiner Hinsicht beschämt werde, daß
vielmehr Christus in aller Öffentlichkeit – wie im-
mer, so auch jetzt – durch meinen Leib verherrlicht
wird, ob ich lebe oder sterbe. 21 Denn für mich ist
Christus das Leben, und Sterben Gewinn. 22 Wenn
ich aber weiterleben soll, bedeutet das für mich
fruchtbare Arbeit. Was soll ich wählen? Ich weiß es
nicht. 23 Es zieht mich nach beiden Seiten: Ich
sehne mich danach, aufzubrechen und bei Chri-
stus zu sein – um wieviel besser wäre das! 24 Aber
euretwegen ist es notwendiger, daß ich am Leben
bleibe. 25 Im Vertrauen darauf weiß ich, daß ich blei-
ben und bei euch allen ausharren werde, um euch
im Glauben zu fördern und zu erfreuen, 26 damit ihr
euch in Christus Jesus um so mehr meiner rühmen
könnt, wenn ich wieder zu euch komme.

Verschiedene Mahnungen: 1,27–2,18

Aufruf zur Eintracht

27 Vor allem: lebt als Gemeinde so, wie es dem
Evangelium Christi entspricht. Ob ich komme
und euch sehe oder ob ich fern bin, ich möchte
hören, daß ihr in dem einen Geist feststeht, ein-
mütig für den Glauben an das Evangelium
kämpft 28 und euch in keinem Fall von euren
Gegnern einschüchtern laßt. Das wird für sie ein
Zeichen dafür sein, daß sie verloren sind und ihr
gerettet werdet, ein Zeichen, das von Gott
kommt. 29 Denn euch wurde die Gnade zuteil,
für Christus dazusein, also nicht nur an ihn zu
glauben, sondern auch seinetwegen zu leiden.
30 Denn ihr habt den gleichen Kampf zu beste-
hen, den ihr früher an mir gesehen habt und
von dem ihr auch jetzt hört.

2 Wenn es also Ermahnung in Christus gibt,
Zuspruch aus Liebe, eine Gemeinschaft des
Geistes, herzliche Zuneigung und Erbarmen,
2 dann macht meine Freude dadurch vollkommen,
daß ihr eines Sinnes seid, einander in Liebe ver-
bunden, einmütig und einträchtig, 3 daß ihr nichts
aus Ehrgeiz und nichts aus Prahlerei tut. Sondern
in Demut schätze einer den andern höher ein als
sich selbst. 4 Jeder achte nicht nur auf das eigene
Wohl, sondern auch auf das der anderen.

Das Beispiel Christi

5 Seid untereinander so gesinnt, wie es dem Leben
in Christus Jesus entspricht:

6 Er war Gott gleich, / hielt aber nicht daran fest,
wie Gott zu sein,

7 sondern er entäußerte sich / und wurde wie
ein Sklave / und den Menschen gleich. / Sein Le-
ben war das eines Menschen;
8 er erniedrigte sich / und war gehorsam bis zum
Tod, / bis zum Tod am Kreuz.
9 Darum hat ihn Gott über alle erhöht / und ihm
den Namen verliehen, / der größer ist als alle Na-
men,
10 damit alle im Himmel, auf der Erde und unter
der Erde / ihre *Knie beugen* vor dem Namen Jesu
11 *und jeder Mund bekennt:* / »Jesus Christus ist
der Herr« – / zur Ehre Gottes, des Vaters.

Die Sorge des Apostels um das Heil der Gemeinde

12 Darum, liebe Brüder – ihr wart ja immer gehor-
sam, nicht nur in meiner Gegenwart, sondern
noch viel mehr jetzt in meiner Abwesenheit –:
müht euch mit Furcht und Zittern um euer Heil!
13 Denn Gott ist es, der in euch das Wollen und das
Vollbringen bewirkt, noch über euren guten Wil-
len hinaus. 14 Tut alles ohne Murren und Beden-
ken, 15 damit ihr rein und ohne Tadel seid, *Kinder
Gottes ohne Makel* mitten in einer *verdorbenen
und verwirrten Generation,* unter der ihr als Lich-
ter in der Welt leuchtet. 16 Haltet fest am Wort des
Lebens, mir zum Ruhm für den Tag Christi, damit
ich nicht vergeblich gelaufen bin oder mich *um-
sonst abgemüht habe.* 17 Wenn auch mein Leben
dargebracht wird zusammen mit dem Opfer und
Gottesdienst eures Glaubens, freue ich mich den-
noch, und ich freue mich mit euch allen. 18 Ebenso
sollt auch ihr euch freuen; freut euch mit mir!

Die Pläne des Apostels: 2,19–30

19 Ich hoffe aber im Vertrauen auf Jesus, den Herrn,
daß ich Timotheus bald zu euch schicken kann,
damit auch ich ermutigt werde, wenn ich erfahre,
wie es um euch steht. 20 Ich habe keinen Gleich-
gesinnten, der so aufrichtig um eure Sache be-
sorgt ist; 21 denn alle suchen ihren Vorteil, nicht die
Sache Jesu Christi. 22 Ihr wißt ja, wie er sich be-
währt hat: Wie ein Kind dem Vater – so hat er mit
mir zusammen dem Evangelium gedient. 23 Ihn
also hoffe ich schicken zu können, sobald ich
meine Lage übersehe. 24 Doch ich habe die Zuver-
sicht im Herrn, daß auch ich bald kommen kann.
25 Ich hielt es aber für notwendig, Epaphroditus,
meinen Bruder, Mitarbeiter und Mitstreiter, eu-
ren Abgesandten und Helfer in meiner Not, zu
euch zu schicken. 26 Er sehnte sich danach, euch
alle wiederzusehen, und war beunruhigt, weil ihr
gehört hattet, daß er krank geworden war. 27 Er
war tatsächlich so krank, daß er dem Tod nahe
war. Aber Gott hatte Erbarmen mit ihm, und nicht
nur mit ihm, sondern auch mit mir, damit ich nicht
vom Kummer überwältigt würde. 28 Um so mehr
beeile ich mich, ihn zu schicken, damit ihr euch
wieder freut, wenn ihr ihn seht, und auch ich we-
niger Kummer habe. 29 Nehmt ihn also im Herrn
mit aller Freude auf, und haltet Menschen wie ihn
in Ehren, 30 denn wegen seiner Arbeit für Christus
kam er dem Tod nahe. Er hat sein Leben aufs Spiel
gesetzt, um zu vollenden, was an eurem Dienst
für mich noch gefehlt hat.

Das Leben des Christen – Das Vorbild des Apostels: 3,1–4,9

Standhaftigkeit im Glauben

3 Vor allem, meine Brüder, freut euch im
Herrn! Euch immer das gleiche zu schreiben
wird mir nicht lästig, euch aber macht es sicher.
2 Gebt acht auf diese Hunde, gebt acht auf die
falschen Lehrer, gebt acht auf die Verschnittenen!
3 Denn die Beschnittenen sind wir, die wir im
Geist Gottes dienen und uns in Christus Jesus
rühmen und nicht auf irdische Vorzüge vertrauen,
4 obwohl ich mein Vertrauen auch auf irdische
Vorzüge setzen könnte. Wenn ein anderer meint,
er könne auf irdische Vorzüge vertrauen, so
könnte ich es noch mehr. 5 Ich wurde am achten
Tag beschnitten, bin aus dem Volk Israel, vom
Stamm Benjamin, ein Hebräer von Hebräern,
lebte als Pharisäer nach dem Gesetz, 6 verfolgte
voll Eifer die Kirche und war untadelig in der Ge-
rechtigkeit, wie sie das Gesetz vorschreibt.

Sehnsucht nach voller Gemeinschaft mit Christus

7 Doch was mir damals ein Gewinn war, das habe
ich um Christi Willen als Verlust erkannt. 8 Ja noch
mehr: ich sehe alles als Verlust an, weil die Er-
kenntnis Christi Jesu, meines Herrn, alles über-
trifft. Seinetwegen habe ich alles aufgegeben und
halte es für Unrat, um Christus zu gewinnen 9 und
in ihm zu sein. Nicht meine eigene Gerechtigkeit
suche ich, die aus dem Gesetz hervorgeht, son-
dern jene, die durch den Glauben an Christus
kommt, die Gerechtigkeit, die Gott aufgrund des
Glaubens schenkt. 10 Christus will ich erkennen
und die Macht seiner Auferstehung und die Ge-
meinschaft mit seinen Leiden; sein Tod soll mich
prägen. 11 So hoffe ich, auch zur Auferstehung von
den Toten zu gelangen.
12 Nicht daß ich es schon erreicht hätte oder daß
ich schon vollendet wäre. Aber ich strebe danach,
es zu ergreifen, weil auch ich von Christus Jesus er-
griffen worden bin. 13 Brüder, ich bilde mir nicht ein,
daß ich es schon ergriffen hätte. Eines aber tue ich:
Ich vergesse, was hinter mir liegt, und strecke mich
nach dem aus, was vor mir ist. 14 Das Ziel vor Augen,
jage ich nach dem Siegespreis: der himmlischen
Berufung, die Gott uns in Christus Jesus schenkt.
15 Das wollen wir bedenken, wir Vollkommenen.
Und wenn ihr anders über etwas denkt, wird
Gott euch auch das offenbaren. 16 Nur müssen wir
festhalten, was wir erreicht haben.
17 Ahmt auch ihr mich nach, Brüder, und achtet
auf jene, die nach dem Vorbild leben, das ihr an
uns habt. 18 Denn viele – von denen ich oft zu
euch gesprochen habe, doch jetzt unter Tränen
spreche – leben als Feinde des Kreuzes Christi.
19 Ihr Ende ist das Verderben, ihr Gott der Bauch;
ihr Ruhm besteht in ihrer Schande; Irdisches
haben sie im Sinn. 20 Unsere Heimat aber ist im
Himmel. Von dorther erwarten wir auch Jesus
Christus, den Herrn, als Retter, 21 der unseren arm-
seligen Leib verwandeln wird in die Gestalt sei-
nes verherrlichten Leibes, in der Kraft, mit der er
sich alles unterwerfen kann.

Christliche Grundhaltungen

4 Darum, meine geliebten Brüder, nach denen
ich mich sehne, meine Freude und mein Eh-
renkranz, steht fest in der Gemeinschaft mit dem
Herrn, liebe Brüder. 2 Ich ermahne Evodia, und ich
ermahne Syntyche, einmütig zu sein im Herrn.
3 Ja, ich bitte auch dich, treuer Gefährte, nimm
dich ihrer an! Sie haben mit mir für das Evange-
lium gekämpft, zusammen mit Klemens und mei-
nen anderen Mitarbeitern. Ihre Namen stehen im
Buch des Lebens.
4 Freut euch im Herrn zu jeder Zeit! Noch einmal
sage ich: Freut euch! 5 Eure Güte werde allen Men-
schen bekannt. Der Herr ist nahe. 6 Sorgt euch um
nichts, sondern bringt in jeder Lage betend und fle-
hend eure Bitten mit Dank vor Gott! 7 Und der
Friede Gottes, der alles Verstehen übersteigt, wird
eure Herzen und eure Gedanken in der Gemein-
schaft mit Christus Jesus bewahren. 8 Schließlich,
Brüder: Was immer wahrhaft, edel, recht, was lau-
ter, liebenswert, ansprechend ist, was Tugend
heißt und lobenswert ist, darauf seid bedacht! 9 Was
ihr gelernt und angenommen, gehört und an mir
gesehen habt, das tut! Und der Gott des Friedens
wird mit euch sein.

Dank des Apostels: 4,10–20

10 Ich habe mich im Herrn besonders gefreut, daß ihr
eure Sorge für mich wieder einmal entfalten konn-
tet. Ihr hattet schon daran gedacht, aber es fehlte
euch die Gelegenheit dazu. 11 Ich sage das nicht,
weil ich etwa Mangel leide. Denn ich habe gelernt,
mich in jeder Lage zurechtzufinden: 12 Ich weiß Ent-
behrungen zu ertragen, ich kann im Überfluß le-
ben. In jedes und alles bin ich eingeweiht: in Satt-
sein und Hungern, Überfluß und Entbehrung.
13 Alles vermag ich durch ihn, der mir Kraft gibt.
14 Trotzdem habt ihr recht daran getan, an meiner
Bedrängnis teilzunehmen. 15 Ihr wißt selbst, ihr
Philipper, daß ich beim Beginn der Verkündigung
des Evangeliums, als ich aus Mazedonien auf-
brach, mit keiner Gemeinde durch Geben und
Nehmen verbunden war außer mit euch 16 und daß
ihr mir in Thessalonich und auch sonst das eine
und andere Mal etwas geschickt habt, um mir zu
helfen. 17 Es geht mir nicht um die Gabe, es geht mir
um den Gewinn, der euch mit Zinsen gutgeschrie-
ben wird. 18 Ich habe alles empfangen und habe
jetzt mehr als genug. Mir fehlt nichts mehr, seit ich

von Epaphroditus eure Gaben erhielt, ein schönes Opfer, eine angenehme Opfergabe, die Gott gefällt. [19]Mein Gott aber wird euch durch Christus Jesus alles, was ihr nötig habt, aus dem Reichtum seiner Herrlichkeit schenken. [20]Unserem Gott und Vater sei die Ehre in alle Ewigkeit! Amen.

Der Schluß des Briefes: Grüße und Segenswunsch: 4,21–23

[21]Grüßt jeden Heiligen in Christus Jesus! Es grüßen euch die Brüder, die bei mir sind. [22]Es grüßen euch alle Heiligen, besonders die aus dem Haus des Kaisers. [23]Die Gnade Jesu Christi, des Herrn, sei mit eurem Geist!

DER BRIEF AN DIE KOLOSSER

Anschrift und Gruß: 1,1–2

1 Paulus, durch den Willen Gottes Apostel Christi Jesu, und der Bruder Timotheus [2]an die heiligen Brüder in Kolossä, die an Christus glauben. Gnade sei mit euch und Friede von Gott, unserem Vater.

Gottes Heilsplan: 1,3–23

Dank für die Gemeinde

[3]Wir danken Gott, dem Vater Jesu Christi, unseres Herrn, jedesmal, wenn wir für euch beten. [4]Denn wir haben von eurem Glauben an Christus Jesus gehört und von der Liebe, die ihr zu allen Heiligen habt, [5]weil im Himmel die Erfüllung eurer Hoffnung für euch bereitliegt. Schon früher habt ihr davon gehört durch das wahre Wort des Evangeliums, [6]das zu euch gelangt ist. Wie in der ganzen Welt, so trägt es auch bei euch Frucht und wächst seit dem Tag, an dem ihr den Ruf der göttlichen Gnade vernommen und in Wahrheit erkannt habt. [7]So habt ihr es von Epaphras, unserem geliebten Mitarbeiter, gelernt. Er ist an unserer Stelle ein treuer Diener Christi, [8]und er hat uns auch von der Liebe berichtet, die der Geist in euch bewirkt hat.

Fürbitte für die Gemeinde

[9]Seit dem Tag, an dem wir davon erfahren haben, hören wir nicht auf, inständig für euch zu beten, daß ihr in aller Weisheit und Einsicht, die der Geist schenkt, den Willen des Herrn ganz erkennt. [10]Denn ihr sollt ein Leben führen, das des Herrn würdig ist und in allem sein Gefallen findet. Ihr sollt Frucht bringen in jeder Art von guten Werken und wachsen in der Erkenntnis Gottes. [11]Er gebe euch in der Macht seiner Herrlichkeit viel Kraft, damit ihr in allem Geduld und Ausdauer habt.

Loblied auf Christus, das Ebenbild Gottes

[12]Dankt dem Vater mit Freude! Er hat euch fähig gemacht, Anteil zu haben am Los der Heiligen, die im Licht sind.

[13]Er hat uns der Macht der Finsternis entrissen und aufgenommen in das Reich seines geliebten Sohnes. [14]Durch ihn haben wir die Erlösung, die Vergebung der Sünden.

[15]Er ist das Ebenbild des unsichtbaren Gottes, / der Erstgeborene der ganzen Schöpfung.

16 Denn in ihm wurde alles erschaffen / im Him-
mel und auf Erden, / das Sichtbare und das Un-
sichtbare, / Throne und Herrschaften, Mächte
und Gewalten; / alles ist durch ihn und auf ihn
hin geschaffen.
17 Er ist vor aller Schöpfung, / in ihm hat alles Be-
stand.
18 Er ist das Haupt des Leibes, / der Leib aber
ist die Kirche. / Er ist der Ursprung, / der Erst-
geborene der Toten; / so hat er in allem den Vor-
rang.
19 Denn Gott wollte mit seiner ganzen Fülle in
ihm wohnen, / 20 um durch ihn alles zu versöh-
nen.
Alles im Himmel und auf Erden wollte er zu
Christus führen, / der Friede gestiftet hat am
Kreuz durch sein Blut.

Aufruf an die Gemeinde

21 Auch ihr standet ihm einst fremd und feindlich
gegenüber; denn euer Sinn trieb euch zu bösen Ta-
ten. 22 Jetzt aber hat er euch durch den Tod seines
sterblichen Leibes versöhnt, um euch heilig, unta-
delig und schuldlos vor sich treten zu lassen.
23 Doch müßt ihr unerschütterlich und unbeugsam
am Glauben festhalten und dürft euch nicht von
der Hoffnung abbringen lassen, die euch das Evan-
gelium schenkt. In der ganzen Schöpfung unter
dem Himmel wurde das Evangelium verkündet;
ihr habt es gehört, und ich, Paulus, diene ihm.

Der Apostel und die Gemeinde: 1,24–2,23

Diener der Kirche für alle Menschen

24 Jetzt freue ich mich in den Leiden, die ich für euch
ertrage. Für den Leib Christi, die Kirche, ergänze
ich in meinem irdischen Leben das, was an den
Leiden Christi noch fehlt. 25 Ich diene der Kirche
durch das Amt, das Gott mir übertragen hat, damit
ich euch das Wort Gottes in seiner Fülle verkün-
dige, 26 jenes Geheimnis, das seit ewigen Zeiten
und Generationen verborgen war. Jetzt wurde es
seinen Heiligen offenbart; 27 Gott wollte ihnen zei-
gen, wie reich und herrlich dieses Geheimnis un-
ter den Völkern ist: Christus ist unter euch, er ist
die Hoffnung auf Herrlichkeit. 28 Ihn verkündigen
wir; wir ermahnen jeden Menschen und belehren
jeden mit aller Weisheit, um dadurch alle in der Ge-
meinschaft mit Christus vollkommen zu machen.
29 Dafür kämpfe ich unter vielen Mühen; denn
seine Kraft wirkt mit großer Macht in mir.

Der Glaube der Gemeinde

2 Ihr sollt wissen, was für einen schweren
Kampf ich für euch und für die Gläubigen in
Laodizea zu bestehen habe, auch für alle anderen,
die mich persönlich nie gesehen haben. 2 Dadurch
sollen sie getröstet werden; sie sollen in Liebe zu-
sammenhalten, um die tiefe und reiche Einsicht
zu erlangen und das göttliche Geheimnis zu er-
kennen, das Christus ist. 3 In ihm sind alle Schätze
der Weisheit und Erkenntnis verborgen. 4 Das sage
ich, damit euch niemand durch Überredungskün-
ste täuscht. 5 Auch wenn ich fern von euch weile,
bin ich im Geist bei euch. Mit Freude sehe ich,
wie fest und geordnet euer Glaube an Christus ist.
6 Ihr habt Christus Jesus als Herrn angenommen.
Darum lebt auch in ihm! 7 Bleibt in ihm verwur-
zelt und auf ihn gegründet, und haltet an dem
Glauben fest, in dem ihr unterrichtet wurdet. Hört
nicht auf zu danken!

Warnung vor Irrlehrern

8 Gebt acht, daß euch niemand mit seiner Philo-
sophie und falschen Lehre verführt, die sich nur
auf menschliche Überlieferung stützen und sich
auf die Elementarmächte der Welt, nicht auf Chri-
stus berufen. 9 Denn in ihm allein wohnt wirklich
die ganze Fülle Gottes. 10 Durch ihn seid auch ihr
davon erfüllt; denn er ist das Haupt aller Mächte
und Gewalten. 11 In ihm habt ihr eine Beschnei-
dung empfangen, die man nicht mit Händen vor-
nimmt, nämlich die Beschneidung, die Christus
gegeben hat. Wer sie empfängt, sagt sich los von
seinem vergänglichen Körper. 12 Mit Christus wur-
det ihr in der Taufe begraben, mit ihm auch aufer-
weckt, durch den Glauben an die Kraft Gottes, der
ihn von den Toten auferweckt hat. 13 Ihr wart tot
infolge eurer Sünden, und euer Leib war unbe-
schnitten; Gott aber hat euch mit Christus zu-
sammen lebendig gemacht und uns alle Sünden
vergeben. 14 Er hat den Schuldschein, der gegen
uns sprach, durchgestrichen und seine Forderun-

gen, die uns anklagten, aufgehoben. Er hat ihn da-
durch getilgt, daß er ihn an das Kreuz geheftet hat.
15 Die Fürsten und Gewalten hat er entwaffnet
und öffentlich zur Schau gestellt; durch Christus
hat er über sie triumphiert.
16 Darum soll euch niemand verurteilen wegen
Speise und Trank oder wegen eines Festes, ob
Neumond oder Sabbat. 17 Das alles ist nur ein
Schatten von dem, was kommen wird, die Wirk-
lichkeit aber ist Christus. 18 Niemand soll euch ver-
achten, der sich in scheinbarer Demut auf die Ver-
ehrung beruft, die er den Engeln erweist, der mit
Visionen prahlt und sich ohne Grund nach welt-
licher Art wichtig macht. 19 Er hält sich nicht an
das Haupt, von dem aus der ganze Leib durch Ge-
lenke und Bänder versorgt und zusammengehal-
ten wird und durch Gottes Wirken wächst.
20 Wenn ihr mit Christus gestorben seid und euch
von den Elementen der Welt losgesagt habt,
warum laßt ihr euch dann, als würdet ihr noch in
der Welt leben, vorschreiben: 21 Berühre das nicht,
iß nicht davon, faß das nicht an! 22 Das alles wird
verbraucht und dadurch vernichtet. *Menschliche
Satzungen und Lehren* sind es. 23 Man sagt zwar,
in ihnen liege Weisheit, es sei ein besonderer Kult,
ein Zeichen von Demut, seinen Körper zu ka-
steien. Doch es bringt keine Ehre ein, sondern be-
friedigt nur die irdische Eitelkeit.

Worte der Mahnung an die Getauften: 3,1–4,6

Der alte und der neue Mensch

3 Ihr seid mit Christus auferweckt; darum strebt
nach dem, was im Himmel ist, wo Christus
zur Rechten Gottes sitzt. 2 Richtet euren Sinn auf
das Himmlische und nicht auf das Irdische! 3 Denn
ihr seid gestorben, und euer Leben ist mit Christus
verborgen in Gott. 4 Wenn Christus, unser Leben,
offenbar wird, dann werdet auch ihr mit ihm of-
fenbar werden in Herrlichkeit.
5 Darum tötet, was irdisch an euch ist: die Un-
zucht, die Schamlosigkeit, die Leidenschaft, die
bösen Begierden und die Habsucht, die ein Göt-
zendienst ist. 6 All das zieht den Zorn Gottes nach
sich. 7 Früher seid auch ihr darin gefangen gewe-
sen und habt euer Leben davon beherrschen las-
sen. 8 Jetzt aber sollt ihr das alles ablegen: Zorn,
Wut und Bosheit; auch Lästerungen und Zoten
sollen nicht mehr über eure Lippen kommen.
9 Belügt einander nicht; denn ihr habt den alten
Menschen mit seinen Taten abgelegt 10 und seid
zu einem neuen Menschen geworden, der nach
dem Bild seines Schöpfers erneuert wird, um ihn
zu erkennen. 11 Wo das geschieht, gibt es nicht
mehr Griechen oder Juden, Beschnittene oder
Unbeschnittene, Fremde, Skythen, Sklaven oder
Freie, sondern Christus ist alles und in allen. 12 Ihr
seid von Gott geliebt, seid seine auserwählten
Heiligen. Darum bekleidet euch mit aufrichtigem
Erbarmen, mit Güte, Demut, Milde, Geduld! 13 Er-
tragt euch gegenseitig, und vergebt einander,
wenn einer dem andern etwas vorzuwerfen hat.
Wie der Herr euch vergeben hat, so vergebt auch
ihr! 14 Vor allem aber liebt einander, denn die Liebe
ist das Band, das alles zusammenhält und voll-
kommen macht. 15 In eurem Herzen herrsche der
Friede Christi; dazu seid ihr berufen als Glieder
des einen Leibes. Seid dankbar! 16 Das Wort Chri-
sti wohne mit seinem ganzen Reichtum bei euch.
Belehrt und ermahnt einander in aller Weisheit!
Singt Gott in eurem Herzen Psalmen, Hymnen
und Lieder, wie sie der Geist eingibt, denn ihr seid
in Gottes Gnade. 17 Alles, was ihr in Worten und
Werken tut, geschehe im Namen Jesu, des Herrn.
Durch ihn dankt Gott, dem Vater!

Christliche Hausordnung

18 Ihr Frauen, ordnet euch euren Männern unter,
wie es sich im Herrn geziemt. 19 Ihr Männer, liebt
eure Frauen, und seid nicht aufgebracht gegen
sie! 20 Ihr Kinder, gehorcht euren Eltern in allem;
denn so ist es gut und recht im Herrn. 21 Ihr Väter,
schüchtert eure Kinder nicht ein, damit sie nicht
mutlos werden. 22 Ihr Sklaven, gehorcht euren ir-
dischen Herren in allem! Arbeitet nicht nur, um
euch bei den Menschen einzuschmeicheln und
ihnen zu gefallen, sondern fürchtet den Herrn mit
aufrichtigem Herzen! 23 Tut eure Arbeit gern, als
wäre sie für den Herrn und nicht für Menschen;
24 ihr wißt, daß ihr vom Herrn euer Erbe als Lohn
empfangen werdet. Dient Christus, dem Herrn!
25 Wer Unrecht tut, wird dafür seine Strafe erhal-
ten, ohne Ansehen der Person.

4 Ihr Herren, gebt den Sklaven, was recht und
billig ist; ihr wißt, daß auch ihr im Himmel ei-
nen Herrn habt.

Mahnungen an alle

2 Laßt nicht nach im Beten; seid dabei wachsam
und dankbar! 3 Betet auch für uns, damit Gott uns
eine Tür öffnet für das Wort und wir das Geheim-
nis Christi predigen können, für das ich im Ge-
fängnis bin; 4 betet, daß ich es wieder offenbaren
und verkündigen kann, wie es meine Pflicht ist.
5 Seid weise im Umgang mit den Außenstehen-
den, nutzt die Zeit! 6 Eure Worte seien immer
freundlich, doch mit Salz gewürzt; denn ihr
müßt jedem in der rechten Weise antworten
können.

Der Schluß des Briefes: Persönliche Mitteilungen und Grüße: 4,7–18

7 Wie es mir geht, wird euch der geliebte Bruder
Tychikus ausführlich berichten. Er ist mein treuer
Helfer und dient mit mir dem Herrn. 8 Ich schicke
ihn eigens zu euch, damit ihr alles über uns er-
fahrt und damit er euch Mut zuspricht. 9 Er
kommt mit Onesimus, dem treuen und geliebten
Bruder, der ja einer von euch ist. Sie werden euch
über alles berichten, was hier vor sich geht.
10 Es grüßt euch Aristarch, der mit mir im Ge-
fängnis ist, und Markus, der Vetter des Barnabas.
Seinetwegen habt ihr schon Anweisungen er-
halten. Wenn er zu euch kommt, nehmt ihn auf!
11 Auch Jesus, genannt Justus, grüßt euch. Von den
Juden sind sie die einzigen, die mit mir für das
Reich Gottes arbeiten; durch sie bin ich getröstet
worden. 12 Es grüßt euch euer Epaphras, der
Knecht Christi Jesu. Immer kämpft er für euch im
Gebet, daß ihr vollkommen werdet und ganz
durchdrungen seid vom Willen Gottes. 13 Ich be-
zeuge, daß er sich große Mühe gibt um euch und
um die Gläubigen in Laodizea und Hierapolis.
14 Auch der Arzt Lukas, unser lieber Freund, und
Demas grüßen euch. 15 Grüßt die Brüder in Laodi-
zea, auch Nympha und die Gemeinde in ihrem
Haus. 16 Wenn der Brief bei euch vorgelesen wor-
den ist, sorgt dafür, daß er auch in der Gemeinde
von Laodizea bekannt wird, und den Brief an die
Laodizener lest auch bei euch vor! 17 Sagt dem Ar-
chippus: Achte darauf, daß du den Dienst erfüllst,
den du im Auftrag des Herrn übernommen hast.
18 Den Gruß schreibe ich, Paulus, eigenhändig.
Denkt an meine Fesseln! Die Gnade sei mit euch!

DER ERSTE BRIEF AN DIE THESSALONICHER

Anschrift und Gruß: 1,1

1 Paulus, Silvanus und Timotheus an die Ge-
meinde von Thessalonich, die in Gott, dem
Vater, und in Jesus Christus, dem Herrn, ist:
Gnade sei mit euch und Friede.

Der Apostel und die Gemeinde: 1,2–3,13

Die Thessalonicher – ein Vorbild für die Heidenchristen

2 Wir danken Gott für euch alle, sooft wir in un-
seren Gebeten an euch denken; 3 unablässig er-
innern wir uns vor Gott, unserem Vater, an das
Werk eures Glaubens, an die Opferbereitschaft
eurer Liebe und an die Standhaftigkeit eurer
Hoffnung auf Jesus Christus, unseren Herrn.

4 Wir wissen, von Gott geliebte Brüder, daß ihr
erwählt seid. 5 Denn wir haben euch das Evan-
gelium nicht nur mit Worten verkündet, sondern
auch mit Macht und mit dem Heiligen Geist und
mit voller Gewißheit; ihr wißt selbst, wie wir
bei euch aufgetreten sind, um euch zu gewin-
nen. 6 Und ihr seid unserem Beispiel gefolgt und
dem des Herrn; ihr habt das Wort trotz großer
Bedrängnis mit der Freude aufgenommen, die
der Heilige Geist gibt. 7 So wurdet ihr ein Vorbild
für alle Gläubigen in Mazedonien und in Achaia.
8 Von euch aus ist das Wort des Herrn aber nicht
nur nach Mazedonien und Achaia gedrungen,
sondern überall ist euer Glaube an Gott bekannt
geworden, so daß wir darüber nichts mehr zu
sagen brauchen. 9 Denn man erzählt sich überall,
welche Aufnahme wir bei euch gefunden haben
und wie ihr euch von den Götzen zu Gott be-
kehrt habt, um dem lebendigen und wahren
Gott zu dienen 10 und seinen Sohn vom Himmel
her zu erwarten, Jesus, den er von den Toten
auferweckt hat und der uns dem kommenden
Gericht Gottes entreißt.

Rückblick auf das erste Wirken des Apostels

2 Ihr wißt selbst, Brüder, daß wir nicht verge-
bens zu euch gekommen sind. 2 Wir hatten
vorher in Philippi viel zu leiden und wurden
mißhandelt, wie ihr wißt; dennoch haben wir im
Vertrauen auf unseren Gott das Evangelium
Gottes trotz harter Kämpfe freimütig und furcht-
los bei euch verkündet. 3 Denn wir predigen nicht,
um euch irrezuführen, in schmutziger Weise aus-
zunutzen oder zu betrügen, 4 sondern wir tun es,
weil Gott uns geprüft und uns das Evangelium an-
vertraut hat, nicht also um den Menschen, son-
dern um Gott zu gefallen, der unsere *Herzen
prüft.* 5 Nie haben wir mit unseren Worten zu
schmeicheln versucht, das wißt ihr, und nie ha-
ben wir aus versteckter Habgier gehandelt, dafür
ist Gott Zeuge. 6 Wir haben auch keine Ehre bei
den Menschen gesucht, weder bei euch noch bei
anderen, 7 obwohl wir als Apostel Christi unser
Ansehen hätten geltend machen können. Im Ge-
genteil, wir sind euch freundlich begegnet: Wie
eine Mutter für ihre Kinder sorgt, 8 so waren wir
euch zugetan und wollten euch nicht nur am
Evangelium Gottes teilhaben lassen, sondern
auch an unserem eigenen Leben; denn ihr wart
uns sehr lieb geworden. 9 Ihr erinnert euch, Brü-
der, wie wir uns gemüht und geplagt haben. Bei
Tag und Nacht haben wir gearbeitet, um keinem
von euch zur Last zu fallen, und haben euch so
das Evangelium Gottes verkündet. 10 Ihr seid Zeu-
gen, und auch Gott ist Zeuge, wie gottgefällig, ge-
recht und untadelig wir uns euch, den Gläubigen,
gegenüber verhalten haben. 11 Ihr wißt auch, daß
wir, wie ein Vater seine Kinder, jeden einzelnen
von euch 12 ermahnt, ermutigt und beschworen
haben zu leben, wie es Gottes würdig ist, der
euch zu seinem Reich und zu seiner Herrlichkeit
beruft.

Die Aufnahme des Evangeliums durch die Gemeinde

13 Darum danken wir Gott unablässig dafür, daß
ihr das Wort Gottes, das ihr durch unsere Ver-
kündigung empfangen habt, nicht als Men-
schenwort, sondern – was es in Wahrheit ist –
als Gottes Wort angenommen habt; und jetzt ist
es in euch, den Gläubigen, wirksam. 14 Denn,
Brüder, ihr seid den Gemeinden Gottes in Judäa
gleich geworden, die sich zu Christus Jesus be-
kennen. Ihr habt von euren Mitbürgern das glei-
che erlitten wie jene von den Juden. 15 Diese ha-
ben sogar Jesus, den Herrn, und die Propheten
getötet; auch uns haben sie verfolgt. Sie mißfal-
len Gott und sind Feinde aller Menschen; 16 sie
hindern uns daran, den Heiden das Evangelium
zu verkünden und ihnen so das Heil zu bringen.
Dadurch *machen sie* unablässig *das Maß ihrer
Sünden voll.* Aber der ganze Zorn ist schon über
sie gekommen.

Der verhinderte Besuch

17 Für kurze Zeit, Brüder, sind wir verwaist, weil
ihr uns fern seid, den Augen fern, nicht dem
Herzen; deshalb haben wir uns in größter Sehn-
sucht um so eifriger bemüht, euch wiederzuse-
hen. 18 Ja, wir hatten uns fest vorgenommen, zu
euch zu kommen, und das wollte ich, Paulus,
schon einige Male; aber der Satan hat uns daran
gehindert. 19 Denn wer ist unsere Hoffnung, un-
sere Freude, der Kranz unseres Ruhmes vor Je-
sus, unserem Herrn, wenn er kommen wird?
Nicht etwa auch ihr? 20 Ja, ihr seid unsere Ehre
und Freude.

Die Entsendung des Timotheus

3 Darum hielten wir es nicht länger aus; wir
beschlossen, allein in Athen zurückzublei-
ben, 2 und schickten Timotheus, unseren Bruder
und Gottes Mitarbeiter am Evangelium Christi,
um euch zu stärken und in eurem Glauben auf-
zurichten, 3 damit keiner wankt in diesen Be-
drängnissen. Ihr wißt selbst: Für sie sind wir be-
stimmt. 4 Denn als wir noch bei euch waren,
haben wir euch vorausgesagt, daß wir in Be-
drängnis geraten werden; und so ist es, wie ihr
wißt, auch eingetroffen. 5 Darum ertrug ich es
auch nicht länger; ich schickte Timotheus, um
über euren Glauben Gewißheit zu erhalten und
zu erfahren, ob nicht der Versucher euch in Ver-
suchung geführt hat und unsere Mühe vergeb-
lich war.

Die Freude des Apostels über den Stand der Gemeinde

6 Inzwischen ist aber Timotheus von euch zu
uns zurückgekommen und hat uns gute Nach-
richt von eurem Glauben und eurer Liebe ge-
bracht; er hat uns auch berichtet, daß ihr uns
stets in guter Erinnerung bewahrt und euch da-
nach sehnt, uns zu sehen, wie auch wir euch se-
hen möchten. 7 Darum, Brüder, wurden wir
beim Gedanken an euch in all unserer Not und
Bedrängnis durch euren Glauben getröstet;
8 jetzt leben wir auf, weil ihr fest in der Gemein-
schaft mit dem Herrn steht. 9 Wie können wir
Gott euretwegen genug danken für all die
Freude, die uns um euretwillen vor unserem
Gott erfüllt? 10 Bei Tag und Nacht bitten wir in-
ständig darum, euch wiederzusehen und an eu-
rem Glauben zu ergänzen, was ihm noch fehlt.

Segenswunsch des Apostels

11 Gott, unser Vater, und Jesus, unser Herr, mö-
gen unsere Schritte zu euch lenken. 12 Euch aber
lasse der Herr wachsen und reich werden in der
Liebe zueinander und zu allen, wie auch wir
euch lieben, 13 damit euer Herz gefestigt wird
und ihr ohne Tadel seid, geheiligt vor Gott, unse-
rem Vater, wenn Jesus, unser Herr, mit allen sei-
nen Heiligen kommt.

Weisungen für das christliche Leben: 4,1–5,22

Aufforderung zur Heiligung des Lebens:

4 Im übrigen, Brüder, bitten und ermahnen
wir euch im Namen Jesu, des Herrn: Ihr habt
von uns gelernt, wie ihr leben müßt, um Gott zu
gefallen, und ihr lebt auch so; werdet darin noch
vollkommener! 2 Ihr wißt ja, welche Ermahnun-
gen wir euch im Auftrag Jesu, des Herrn, gegeben
haben. 3 Das ist es, was Gott will: eure Heiligung.
Das bedeutet, daß ihr die Unzucht meidet, 4 daß
jeder von euch lernt, mit seiner Frau in heiliger
und achtungsvoller Weise zu verkehren, 5 nicht in
leidenschaftlicher Begierde wie *die Heiden, die
Gott nicht kennen,* 6 und daß keiner seine Rechte
überschreitet und seinen Bruder bei Geschäften
betrügt, denn all das rächt der Herr, wie wir euch
schon früher gesagt und bezeugt haben. 7 Denn
Gott hat uns nicht dazu berufen, unrein zu leben,
sondern heilig zu sein. 8 Wer das verwirft, der ver-
wirft also nicht Menschen, sondern Gott, der
euch *seinen* Heiligen *Geist schenkt.*

9 Über die Bruderliebe brauche ich euch nicht
zu schreiben; Gott selbst hat euch schon gelehrt,
einander zu lieben; 10 und danach handelt ihr
auch an allen Brüdern in ganz Mazedonien. Wir
ermuntern euch aber, Brüder, darin noch voll-
kommener zu werden. 11 Setzt eure Ehre darein,
ruhig zu leben, euch um die eigenen Aufgaben
zu kümmern und mit euren Händen zu arbeiten,
wie wir euch aufgetragen haben. 12 So sollt ihr
vor denen, die nicht zu euch gehören, ein recht-
schaffenes Leben führen und auf niemand ange-
wiesen sein.

Die Hoffnung der Christen

13 Brüder, wir wollen euch über die Verstorbenen
nicht in Unkenntnis lassen, damit ihr nicht trau-
ert wie die anderen, die keine Hoffnung haben.
14 Wenn Jesus – und das ist unser Glaube – ge-
storben und auferstanden ist, dann wird Gott

durch Jesus auch die Verstorbenen zusammen mit ihm zur Herrlichkeit führen. 15 Denn dies sagen wir euch nach einem Wort des Herrn: Wir, die Lebenden, die noch übrig sind, wenn der Herr kommt, werden den Verstorbenen nichts voraushaben. 16 Denn der Herr selbst wird vom Himmel herabkommen, wenn der Befehl ergeht, der Erzengel ruft und die Posaune Gottes erschallt. Zuerst werden die in Christus Verstorbenen auferstehen; 17 dann werden wir, die Lebenden, die noch übrig sind, zugleich mit ihnen auf den Wolken in die Luft entrückt, dem Herrn entgegen. Dann werden wir immer beim Herrn sein. 18 Tröstet also einander mit diesen Worten!

Aufforderung zur Bereitschaft für den Tag des Herrn

5 Über Zeit und Stunde, Brüder, brauche ich euch nicht zu schreiben. 2 Ihr selbst wißt genau, daß der Tag des Herrn kommt wie ein Dieb in der Nacht. 3 Während die Menschen sagen: Friede und Sicherheit!, kommt plötzlich Verderben über sie wie die Wehen über eine schwangere Frau, und es gibt kein Entrinnen. 4 Ihr aber, Brüder, lebt nicht im Finstern, so daß euch der Tag nicht wie ein Dieb überraschen kann. 5 Ihr alle seid Söhne des Lichts und Söhne des Tages. Wir gehören nicht der Nacht und nicht der Finsternis. 6 Darum wollen wir nicht schlafen wie die anderen, sondern wach und nüchtern sein. 7 Denn wer schläft, schläft bei Nacht, und wer sich betrinkt, betrinkt sich bei Nacht. 8 Wir aber, die dem Tag gehören, wollen nüchtern sein und uns rüsten mit *dem Panzer* des Glaubens und der Liebe und mit *dem Helm* der Hoffnung auf *das Heil.* 9 Denn Gott hat uns nicht für das Gericht seines Zorns bestimmt, sondern dafür, daß wir durch Jesus Christus, unseren Herrn, das Heil erlangen. 10 Er ist für uns gestorben, damit wir vereint mit ihm leben, ob wir nun wachen oder schlafen. 11 Darum tröstet und ermahnt einander, und einer richte den andern auf, wie ihr es schon tut.

Anweisungen für das Gemeindeleben

12 Wir bitten euch, Brüder: Erkennt die unter euch an, die sich solche Mühe geben, euch im Namen des Herrn zu leiten und zum Rechten anzuhalten. 13 Achtet sie hoch, und liebt sie wegen ihres Wirkens! Haltet Frieden untereinander!

14 Wir ermahnen euch, Brüder: Weist die zurecht, die ein unordentliches Leben führen, ermutigt die Ängstlichen, nehmt euch der Schwachen an, seid geduldig mit allen! 15 Seht zu, daß keiner dem andern Böses mit Bösem vergilt, sondern bemüht euch immer, einander und allen Gutes zu tun.

16 Freut euch zu jeder Zeit!

17 Betet ohne Unterlaß!

18 Dankt für alles; denn das will Gott von euch, / die ihr Christus Jesus gehört.

19 Löscht den Geist nicht aus!

20 Verachtet prophetisches Reden nicht!

21 Prüft alles, und behaltet das Gute!

22 Meidet das Böse in jeder Gestalt!

Der Schluß des Briefes: Segen und Gruß: 5,23–28

23 Der Gott des Friedens heilige euch ganz und gar und bewahre euren Geist, eure Seele und euren Leib unversehrt, damit ihr ohne Tadel seid, wenn Jesus Christus, unser Herr, kommt. 24 Gott, der euch beruft, ist treu; er wird es tun.

25 Brüder, betet auch für uns!

26 Grüßt alle Brüder mit dem heiligen Kuß!

27 Ich beschwöre euch beim Herrn, diesen Brief allen Brüdern vorzulesen.

28 Die Gnade Jesu Christi, unseres Herrn, sei mit euch!

DER ZWEITE BRIEF AN DIE THESSALONICHER

Anschrift und Gruß: 1,1–2

1 Paulus, Silvanus und Timotheus an die Ge-
meinde von Thessalonich, die in Gott, unse-
rem Vater, und in Jesus Christus, dem Herrn, ist:
2 Gnade sei mit euch und Friede von Gott, dem Va-
ter, und dem Herrn Jesus Christus.

Die Sorge des Apostels um die Gemeinde: 1,3–12

Die Bedrängnis der Thessalonicher und das gerechte Gericht Gottes

3 Wir müssen Gott euretwegen immer danken,
Brüder, wie es recht ist, denn euer Glaube
wächst, und die gegenseitige Liebe nimmt bei
euch allen zu. 4 Wir können in den Gemeinden
Gottes mit Stolz auf euch hinweisen, weil ihr im
Glauben standhaft bleibt bei aller Verfolgung und
Bedrängnis, die ihr zu ertragen habt. 5 Dies ist ein
Anzeichen des gerechten Gerichtes Gottes; ihr
sollt ja des Reiches Gottes teilhaftig werden, für
das ihr leidet. 6 Denn es entspricht der Gerechtig-
keit Gottes, denen mit Bedrängnis zu vergelten,
die euch bedrängen, 7 euch aber, den Bedrängten,
zusammen mit uns Ruhe zu schenken, wenn Je-
sus, der Herr, sich vom Himmel her offenbart mit
seinen mächtigen Engeln 8 in loderndem Feuer.
Dann übt er Vergeltung an denen, die Gott nicht
kennen und dem Evangelium Jesu, unseres
Herrn, nicht gehorchen. 9 *Fern vom Angesicht des
Herrn und von seiner Macht und Herrlichkeit*
müssen sie sein, mit ewigem Verderben werden
sie bestraft, 10 wenn er an jenem Tag kommt, um
inmitten seiner Heiligen gefeiert und im Kreis al-
ler derer bewundert zu werden, die den Glauben
angenommen haben; auch bei euch hat ja unser
Zeugnis Glauben gefunden.

Fürbitte des Apostels

11 Darum beten wir auch immer für euch, daß un-
ser Gott euch eurer Berufung würdig mache und
in seiner Macht allen Willen zum Guten und je-
des Werk des Glaubens vollende. 12 So soll der
Name Jesu, unseres Herrn, in euch verherrlicht
werden und ihr in ihm, durch die Gnade unseres
Gottes und Herrn Jesus Christus.

Die christliche Hoffnung und der Tag des Herrn: 2,1–17

Die Zeichen der Endzeit

2 Brüder, wir schreiben euch über die Ankunft
Jesu Christi, unseres Herrn, und unsere Verei-
nigung mit ihm und bitten euch: 2 Laßt euch nicht so
schnell aus der Fassung bringen und in Schrek-
ken jagen, wenn in einem prophetischen Wort oder
einer Rede oder in einem Brief, der angeblich von
uns stammt, behauptet wird, der Tag des Herrn sei
schon da. 3 Laßt euch durch niemand und auf keine
Weise täuschen! Denn zuerst muß der Abfall von
Gott kommen und der Mensch der Gesetzwidrig-
keit erscheinen, der Sohn des Verderbens, 4 der Wi-
dersacher, der sich über alles, was Gott oder Heilig-
tum heißt, so sehr erhebt, daß er sich sogar in den
Tempel Gottes setzt und sich als Gott ausgibt. 5 Er-
innert ihr euch nicht, daß ich euch dies schon gesagt
habe, als ich bei euch war? 6 Ihr wißt auch, was ihn
jetzt noch zurückhält, damit er erst zur festgesetz-
ten Zeit offenbar wird. 7 Denn die geheime Macht
der Gesetzwidrigkeit ist schon am Werk; nur muß
erst der beseitigt werden, der sie bis jetzt noch
zurückhält. 8 Dann wird der gesetzwidrige Mensch
allen sichtbar werden. Jesus, der Herr, wird ihn
durch den Hauch seines Mundes töten und durch

seine Ankunft und Erscheinung vernichten. 9 Der Gesetzwidrige aber wird, wenn er kommt, die Kraft des Satans haben. Er wird mit großer Macht auftreten und trügerische Zeichen und Wunder tun. 10 Er wird alle, die verlorengehen, betrügen und zur Ungerechtigkeit verführen; sie gehen verloren, weil sie sich der Liebe zur Wahrheit verschlossen haben, durch die sie gerettet werden sollten. 11 Darum läßt Gott sie der Macht des Irrtums verfallen, so daß sie der Lüge glauben; 12 denn alle müssen gerichtet werden, die nicht der Wahrheit geglaubt, sondern die Ungerechtigkeit geliebt haben.

Ermutigung der Gläubigen

13 Wir müssen Gott zu jeder Zeit euretwegen danken, vom Herrn geliebte Brüder, weil Gott euch als Erstlingsgabe dazu auserwählt hat, aufgrund der Heiligung durch den Geist und aufgrund eures Glaubens an die Wahrheit gerettet zu werden. 14 Dazu hat er euch durch unser Evangelium berufen; ihr sollt nämlich die Herrlichkeit Jesu Christi, unseres Herrn, erlangen. 15 Seid also standhaft, Brüder, und haltet an den Überlieferungen fest, in denen wir euch unterwiesen haben, sei es mündlich, sei es durch einen Brief.

Segenswunsch des Apostels

16 Jesus Christus aber, unser Herr, und Gott, unser Vater, der uns seine Liebe zugewandt und uns in seiner Gnade ewigen Trost und sichere Hoffnung geschenkt hat, 17 tröste euch und gebe euch Kraft zu jedem guten Werk und Wort.

Anweisungen an die Gemeinde: 3,1–15

Bitte um das Gebet der Gemeinde

3 Im übrigen, Brüder, betet für uns, damit das Wort des Herrn sich ausbreitet und verherrlicht wird, ebenso wie bei euch. 2 Betet auch darum, daß wir vor den bösen und schlechten Menschen gerettet werden; denn nicht alle nehmen den Glauben an. 3 Aber der Herr ist treu; er wird euch Kraft geben und euch vor dem Bösen bewahren. 4 Wir vertrauen im Herrn auf euch, daß ihr jetzt und auch in Zukunft tut, was wir anordnen. 5 Der Herr richte euer Herz darauf, daß ihr Gott liebt und unbeirrt auf Christus wartet.

Zurechtweisung der Müßiggänger

6 Im Namen Jesu Christi, des Herrn, gebieten wir euch, Brüder: Haltet euch von jedem Bruder fern, der ein unordentliches Leben führt und sich nicht an die Überlieferung hält, die ihr von uns empfangen habt. 7 Ihr selbst wißt, wie man uns nachahmen soll. Wir haben bei euch kein unordentliches Leben geführt 8 und bei niemand unser Brot umsonst gegessen; wir haben uns gemüht und geplagt, Tag und Nacht haben wir gearbeitet, um keinem von euch zur Last zu fallen. 9 Nicht als hätten wir keinen Anspruch auf Unterhalt; wir wollten euch aber ein Beispiel geben, damit ihr uns nachahmen könnt. 10 Denn als wir bei euch waren, haben wir euch die Regel eingeprägt: Wer nicht arbeiten will, soll auch nicht essen. 11 Wir hören aber, daß einige von euch ein unordentliches Leben führen und alles mögliche treiben, nur nicht arbeiten. 12 Wir ermahnen sie und gebieten ihnen im Namen Jesu Christi, des Herrn, in Ruhe ihrer Arbeit nachzugehen und ihr selbstverdientes Brot zu essen.

Mahnung an alle

13 Ihr aber, Brüder, werdet nicht müde, Gutes zu tun. 14 Wenn jemand auf unsere Mahnung in diesem Brief nicht hört, dann merkt ihn euch, und meidet den Umgang mit ihm, damit er sich schämt; 15 doch seht ihn nicht als Feind an, sondern weist ihn als euren Bruder zurecht!

Der Schluß des Briefes: 3,16–18

16 Der Herr des Friedens aber schenke euch den Frieden zu jeder Zeit und auf jede Weise. Der Herr sei mit euch allen. 17 Den Gruß schreibe ich, Paulus, eigenhändig. Das ist mein Zeichen in jedem Brief; so schreibe ich. 18 Die Gnade Jesu Christi, unseres Herrn, sei mit euch allen!

Andere zu Hirten und Lehrern (Eph 4) | 98 ▷
Sehet zu, daß ihr als Weise die Zeit auskauft (Eph 5) | 99 ▷▷

DIE PASTORALBRIEFE

DER ERSTE BRIEF AN TIMOTHEUS

Anschrift und Gruß: 1,1–2

1 Paulus, Apostel Christi Jesu durch den Auftrag Gottes, unseres Retters, und Christi Jesu, unserer Hoffnung, 2 an Timotheus, seinen echten Sohn durch den Glauben. Gnade, Erbarmen und Friede von Gott, dem Vater, und Christus Jesus, unserem Herrn.

Grundlegende Aussagen: 1,3–20

Die Aufgabe der Glaubensunterweisung

3 Bei meiner Abreise nach Mazedonien habe ich dich gebeten, in Ephesus zu bleiben, damit du bestimmten Leuten verbietest, falsche Lehren zu verbreiten 4 und sich mit Fabeleien und endlosen Geschlechterreihen abzugeben, die nur Streitfragen mit sich bringen, statt dem Heilsplan Gottes zu dienen, der sich im Glauben verwirklicht. 5 Das Ziel der Unterweisung ist Liebe aus reinem Herzen, gutem Gewissen und ungeheucheltem Glauben. 6 Davon sind aber manche abgekommen und haben sich leerem Geschwätz zugewandt. 7 Sie wollen Gesetzeslehrer sein, verstehen aber nichts von dem, was sie sagen und worüber sie so sicher urteilen.

Die Bedeutung des Gesetzes

8 Wir wissen: Das Gesetz ist gut, wenn man es im Sinn des Gesetzes anwendet 9 und bedenkt, daß das Gesetz nicht für den Gerechten bestimmt ist, sondern für Gesetzlose und Ungehorsame, für Gottlose und Sünder, für Menschen ohne Glauben und Ehrfurcht, für solche, die Vater oder Mutter töten, für Mörder, 10 Unzüchtige, Knabenschänder, Menschenhändler, für Leute, die lügen und Meineide schwören und all das tun, was gegen die gesunde Lehre verstößt. 11 So lehrt das Evangelium von der Herrlichkeit des seligen Gottes, das mir anvertraut ist.

Dank für die Berufung zum Apostel:

12 Ich danke dem, der mir Kraft gegeben hat: Christus Jesus, unserem Herrn. Er hat mich für treu gehalten und in seinen Dienst genommen, 13 obwohl ich ihn früher lästerte, verfolgte und verhöhnte. Aber ich habe Erbarmen gefunden, denn ich wußte in meinem Unglauben nicht, was ich tat. 14 So übergroß war die Gnade unseres Herrn, die mir in Christus Jesus den Glauben und die Liebe schenkte. 15 Das Wort ist glaubwürdig und wert, daß man es beherzigt: Christus Jesus ist in die Welt gekommen, um die Sünder zu retten. Von ihnen bin ich der erste. 16 Aber ich habe Erbarmen gefunden, damit Christus Jesus an mir als erstem seine ganze Langmut beweisen konnte, zum Vorbild für alle, die in Zukunft an ihn glauben, um das ewige Leben zu erlangen. 17 Dem König der Ewigkeit, dem unvergänglichen, unsichtbren, einzigen Gott, sei Ehre und Herrlichkeit in alle Ewigkeit. Amen.

Die Verantwortung des Timotheus

18 Diese Ermahnung lege ich dir ans Herz, mein Sohn Timotheus, im Gedanken an die prophetischen Worte, die einst über dich gesprochen wurden; durch diese Worte gestärkt, kämpfe den guten Kampf, 19 gläubig und mit reinem Gewissen. Schon manche haben die Stimme ihres Gewissens mißachtet und haben im Glauben Schiffbruch erlitten, 20 darunter Hymenäus und Alexander, die ich dem Satan übergeben habe, damit sie durch diese Strafe lernen, Gott nicht mehr zu lästern.

Die rechte Ordnung in den Gemeinden: 2,1–6,19

Gebet für alle Menschen

2 Vor allem fordere ich zu Bitten und Gebeten,
zu Fürbitte und Danksagung auf, und zwar
für alle Menschen, 2 für die Herrscher und für alle,
die Macht ausüben, damit wir in aller Frömmig-
keit und Rechtschaffenheit ungestört und ruhig
leben können. 3 Das ist recht und gefällt Gott, un-
serem Retter; 4 er will, daß alle Menschen gerettet
werden und zur Erkenntnis der Wahrheit gelan-
gen. 5 Denn:
Einer ist Gott, / Einer auch Mittler zwischen
Gott und den Menschen: / der Mensch Christus
Jesus,
6 der sich als Lösegeld hingegeben hat für alle, /
ein Zeugnis zur vorherbestimmten Zeit,
7 als dessen Verkünder und Apostel ich einge-
setzt wurde – ich sage die Wahrheit und lüge
nicht –, als Lehrer der Heiden im Glauben und in
der Wahrheit.

Männer und Frauen

8 Ich will, daß die Männer überall beim Gebet
ihre Hände in Reinheit erheben, frei von Zorn
und Streit. 9 Auch sollen die Frauen sich anstän-
dig, bescheiden und zurückhaltend kleiden;
nicht Haartracht, Gold, Perlen oder kostbare Klei-
der seien ihr Schmuck, 10 sondern gute Werke; so
gehört es sich für Frauen, die gottesfürchtig sein
wollen. 11 Eine Frau soll sich still und in aller Un-
terordnung belehren lassen. 12 Daß eine Frau
lehrt, erlaube ich nicht, auch nicht, daß sie über
ihren Mann herrscht; sie soll sich still verhalten.
13 Denn zuerst wurde Adam erschaffen, danach
Eva. 14 Und nicht Adam wurde verführt, sondern
die Frau ließ sich verführen und übertrat das Ge-
bot. 15 Sie wird aber dadurch gerettet werden,
daß sie Kinder zur Welt bringt, wenn sie in
Glaube, Liebe und Heiligkeit ein besonnenes Le-
ben führt.

Der Bischof

3 Das Wort ist glaubwürdig: Wer das Amt eines
Bischofs anstrebt, der strebt nach einer
großen Aufgabe. 2 Deshalb soll der Bischof ein
Mann ohne Tadel sein, nur einmal verheiratet,
nüchtern, besonnen, von würdiger Haltung, gast-
freundlich, fähig zu lehren; 3 er sei kein Trinker
und kein gewalttätiger Mensch, sondern rück-
sichtsvoll; er sei nicht streitsüchtig und nicht geld-
gierig. 4 Er soll ein guter Familienvater sein und
seine Kinder zu Gehorsam und allem Anstand er-
ziehen. 5 Wer seinem eigenen Hauswesen nicht
vorstehen kann, wie soll der für die Kirche Gottes
sorgen? 6 Er darf kein Neubekehrter sein, sonst
könnte er hochmütig werden und dem Gericht
des Teufels verfallen. 7 Er muß auch bei den
Außenstehenden einen guten Ruf haben, damit
er nicht in üble Nachrede kommt und in die Falle
des Teufels gerät.

Die Diakone

8 Ebenso sollen die Diakone sein: achtbar, nicht
doppelzüngig, nicht dem Wein ergeben und nicht
gewinnsüchtig; 9 sie sollen mit reinem Gewissen
am Geheimnis des Glaubens festhalten. 10 Auch
sie soll man vorher prüfen, und nur wenn sie un-
bescholten sind, sollen sie ihren Dienst ausüben.
11 Ebenso sollen die Frauen ehrbar sein, nicht ver-
leumderisch, sondern nüchtern und in allem zu-
verlässig. 12 Die Diakone sollen nur einmal verhei-
ratet sein und ihren Kindern und ihrer Familie gut
vorstehen. 13 Denn wer seinen Dienst gut ver-
sieht, erlangt einen hohen Rang und große Zu-
versicht im Glauben an Christus Jesus.

Die Kirche, Fundament der Wahrheit Gottes

14 Ich schreibe dir das alles, obwohl ich hoffe,
schon bald zu dir zu kommen. 15 Falls ich aber län-
ger ausbleibe, sollst du wissen, wie man sich im
Hauswesen Gottes verhalten muß, das heißt in
der Kirche des lebendigen Gottes, die die Säule
und das Fundament der Wahrheit ist. 16 Wahrhaf-
tig, das Geheimnis unseres Glaubens ist groß:
Er wurde offenbart im Fleisch, / gerechtfertigt
durch den Geist,
geschaut von den Engeln, / verkündet unter
den Heiden,
geglaubt in der Welt, / aufgenommen in die
Herrlichkeit.

Falsche Haltungen

4 Der Geist sagt ausdrücklich: In späteren
Zeiten werden manche vom Glauben ab-
fallen; sie werden sich betrügerischen Geistern

und den Lehren von Dämonen zuwenden, 2 getäuscht von heuchlerischen Lügnern, deren Gewissen gebrandmarkt ist. 3 Sie verbieten die Heirat und fordern den Verzicht auf bestimmte Speisen, die Gott doch dazu geschaffen hat, daß die, die zum Glauben und zur Erkenntnis der Wahrheit gelangt sind, sie mit Danksagung zu sich nehmen. 4 Denn alles, was Gott geschaffen hat, ist gut, und nichts ist verwerflich, wenn es mit Dank genossen wird; 5 es wird geheiligt durch Gottes Wort und durch das Gebet.

Die rechte Wertordnung

6 Dies trage den Brüdern vor, dann wirst du ein guter Diener Christi Jesu sein, erzogen in den Worten des Glaubens und der guten Lehre, der du gefolgt bist. 7 Gottlose Altweiberfabeln weise zurück! Übe dich in der Frömmigkeit! 8 Denn körperliche Übung nützt nur wenig, die Frömmigkeit aber ist nützlich zu allem: Ihr ist das gegenwärtige und das zukünftige Leben verheißen. 9 Dieses Wort ist glaubwürdig und wert, daß man es beherzigt. 10 Dafür arbeiten und kämpfen wir, denn wir haben unsere Hoffnung auf den lebendigen Gott gesetzt, den Retter aller Menschen, besonders der Gläubigen. 11 Das sollst du anordnen und lehren.

Anweisungen für Timotheus

12 Niemand soll dich wegen deiner Jugend geringschätzen. Sei den Gläubigen ein Vorbild in deinen Worten, in deinem Lebenswandel, in der Liebe, im Glauben, in der Lauterkeit. 13 Lies ihnen eifrig (aus der Schrift) vor, ermahne und belehre sie, bis ich komme. 14 Vernachlässige die Gnade nicht, die in dir ist und die dir verliehen wurde, als dir die Ältesten aufgrund prophetischer Worte gemeinsam die Hände auflegten. 15 Dafür sollst du sorgen, darin sollst du leben, damit allen deine Fortschritte offenbar werden. 16 Achte auf dich selbst und auf die Lehre; halte daran fest! Wenn du das tust, rettest du dich und alle, die auf dich hören.

5 Einen älteren Mann sollst du nicht grob behandeln, sondern ihm zureden wie einem Vater. Mit jüngeren Männern rede wie mit Brüdern, 2 mit älteren Frauen wie mit Müttern, mit jüngeren wie mit Schwestern, in aller Zurückhaltung.

Stand und Aufgabe der Witwen

3 Ehre die Witwen, wenn sie wirklich Witwen sind. 4 Hat eine Witwe aber Kinder oder Enkel, dann sollen diese lernen, zuerst selbst ihren Angehörigen Ehrfurcht zu erweisen und dankbar für ihre Mutter oder Großmutter zu sorgen; denn das gefällt Gott. 5 Eine Frau aber, die wirklich eine Witwe ist und allein steht, setzt ihre Hoffnung auf Gott und betet beharrlich und inständig bei Tag und Nacht. 6 Wenn eine jedoch ein ausschweifendes Leben führt, ist sie schon bei Lebzeiten tot. 7 Das sollst du ihnen einprägen; dann wird man ihnen nichts vorwerfen können. 8 Wer aber für seine Verwandten, besonders für die eigenen Hausgenossen, nicht sorgt, der verleugnet damit den Glauben und ist schlimmer als ein Ungläubiger.

9 Eine Frau soll nur dann in die Liste der Witwen aufgenommen werden, wenn sie mindestens sechzig Jahre alt ist, nur einmal verheiratet war, 10 wenn bekannt ist, daß sie Gutes getan hat, wenn sie Kinder aufgezogen hat, gastfreundlich gewesen ist und den Heiligen die Füße gewaschen hat, wenn sie denen, die in Not waren, geholfen hat und überhaupt bemüht war, Gutes zu tun. 11 Jüngere Witwen weise ab; denn wenn die Leidenschaft sie Christus entfremdet, wollen sie heiraten 12 und ziehen sich den Vorwurf zu, ihrem Versprechen (das sie Christus gegeben haben) untreu geworden zu sein. 13 Außerdem werden sie faul und gewöhnen sich daran, von Haus zu Haus zu laufen. Aber nicht nur faul werden sie, sondern auch geschwätzig; sie mischen sich in alles und reden über Dinge, die sie nichts angehen. 14 Deshalb will ich, daß jüngere Witwen heiraten, Kinder zur Welt bringen, den Haushalt versorgen und dem Gegner keinen Anlaß zu übler Nachrede geben. 15 Einige haben sich schon abgewandt und sind dem Satan gefolgt. 16 Wenn eine gläubige Frau Witwen in ihrem Haus hat, soll sie für sie sorgen. Die Gemeinde soll nicht belastet werden, damit sie sich um die kümmern kann, die wirklich Witwen sind.

Über die Ältesten

17 Älteste, die das Amt des Vorstehers gut versehen, verdienen doppelte Anerkennung, besonders solche, die sich mit ganzer Kraft dem Wort

und der Lehre widmen. 18 Denn die Schrift sagt:
*Du sollst dem Ochsen zum Dreschen keinen
Maulkorb anlegen,* und: Wer arbeitet, hat ein
Recht auf seinen Lohn.
19 Nimm gegen einen Ältesten keine Klage an,
außer *wenn zwei oder drei Zeugen sie bekräfti-
gen.* 20 Wenn sich einer verfehlt, so weise ihn in
Gegenwart aller zurecht, damit auch die ande-
ren sich fürchten. 21 Ich beschwöre dich bei Gott,
bei Christus Jesus und bei den auserwählten En-
geln: Befolge dies alles ohne Vorurteil, und ver-
meide jede Bevorzugung! 22 Lege keinem vor-
schnell die Hände auf, und mach dich nicht
mitschuldig an fremden Sünden; bewahre dich
rein!

Verschiedene Mahnungen

23 Trink nicht nur Wasser, sondern nimm auch et-
was Wein, mit Rücksicht auf deinen Magen und
deine häufigen Krankheiten.
24 Die Sünden mancher Leute liegen offen
zutage, sie laufen ihnen gleichsam voraus zum
Gericht; bei anderen kommen sie erst hin-
terher. 25 Ebenso liegen die guten Werke offen zu-
tage, und wenn sie noch nicht offenkundig sind,
können sie doch nicht verborgen bleiben.

Wort an die Sklaven

6 Alle, die das Joch der Sklaverei zu tragen
haben, sollen ihren Herren alle Ehre er-
weisen, damit der Name Gottes und die Lehre
nicht in Verruf kommen. 2a Wer aber einen gläu-
bigen Herrn hat, achte ihn nicht deshalb für
geringer, weil er sein Bruder ist, sondern diene
ihm noch eifriger; denn sein Herr ist gläubig und
von Gott geliebt und bemüht sich, Gutes zu
tun.

Warnung vor Irrlehre und Habsucht

2b So sollst du lehren, dazu sollst du ermahnen.
3 Wer aber etwas anderes lehrt und sich nicht an
die gesunden Worte Jesu Christi, unseres Herrn,
und an die Lehre unseres Glaubens hält, 4 der ist
verblendet; er versteht nichts, sondern ist krank
vor lauter Auseinandersetzungen und Wortge-
fechten. Diese führen zu Neid, Streit, Verleum-
dungen, üblen Verdächtigungen 5 und Gezänk
unter den Menschen, deren Denken verdorben
ist; diese Leute sind von der Wahrheit abgekom-
men und meinen, die Frömmigkeit sei ein Mit-
tel, um irdischen Gewinn zu erzielen. 6 Die
Frömmigkeit bringt in der Tat reichen Gewinn,
wenn man nur genügsam ist. 7 Denn wir haben
nichts in die Welt mitgebracht, und wir können
auch nichts aus ihr mitnehmen. 8 Wenn wir
Nahrung und Kleidung haben, soll uns das genü-
gen. 9 Wer aber reich werden will, gerät in Ver-
suchungen und Schlingen, er verfällt vielen
sinnlosen und schädlichen Begierden, die den
Menschen ins Verderben und in den Untergang
stürzen. 10 Denn die Wurzel aller Übel ist die
Habsucht. Nicht wenige, die ihr verfielen, sind
vom Glauben abgeirrt und haben sich viele Qua-
len bereitet.

Aufforderung an Timotheus

11 Du aber, ein Mann Gottes, flieh vor all dem.
Strebe unermüdlich nach Gerechtigkeit, Fröm-
migkeit, Glauben, Liebe, Standhaftigkeit und
Sanftmut. 12 Kämpfe den guten Kampf des
Glaubens, ergreife das ewige Leben, zu dem
du berufen worden bist und für das du vor
vielen Zeugen das gute Bekenntnis abgelegt
hast. 13 Ich gebiete dir bei Gott, von dem alles
Leben kommt, und bei Christus Jesus, der
vor Pontius Pilatus das gute Bekenntnis ab-
gelegt hat und als Zeuge dafür eingetreten
ist: 14 Erfülle deinen Auftrag rein und ohne
Tadel, bis zum Erscheinen Jesu Christi, unse-
res Herrn, 15 das zur vorherbestimmten Zeit
herbeiführen wird der selige und einzige Herr-
scher, / der König der Könige und Herr der Her-
ren,
16 der allein die Unsterblichkeit besitzt, / der in
unzugänglichem Licht wohnt, / den kein
Mensch gesehen hat noch je zu sehen vermag: /
Ihm gebührt Ehre und ewige Macht.
Amen.

Seelsorge an den Reichen

17 Ermahne die, die in dieser Welt reich sind,
nicht überheblich zu werden und ihre Hoffnung
nicht auf den unsicheren Reichtum zu setzen,
sondern auf Gott, der uns alles reichlich gibt,
was wir brauchen. 18 Sie sollen wohltätig sein,
reich werden an guten Werken, freigebig sein
und, was sie haben, mit anderen teilen. 19 So
sammeln sie sich einen Schatz als sichere
Grundlage für die Zukunft, um das wahre Leben
zu erlangen.

Der Schluß des Briefes: Mahnung und Gruß: 6,20–21

[20] Timotheus, bewahre, was dir anvertraut ist.
Halte dich fern von dem gottlosen Geschwätz
und den falschen Lehren der sogenannten »Er-
kenntnis«! [21] Nicht wenige, die sich darauf einge-
lassen haben, sind vom Weg des Glaubens abge-
kommen.
Die Gnade sei mit euch!

DER ZWEITE BRIEF AN TIMOTHEUS

Anschrift und Gruß: 1,1–2

1 Paulus, durch den Willen Gottes zum Apo-
stel Christi Jesu berufen, um das Leben in
Christus Jesus, das uns verheißen ist, zu verkün-
digen, [2] an Timotheus, seinen geliebten Sohn:
Gnade, Erbarmen und Friede von Gott, dem Va-
ter, und Christus Jesus, unserem Herrn.

Wort der Ermutigung an Timotheus: 1,3–18

Dankgebet des Apostels

[3] Ich danke Gott, dem ich wie schon meine Vor-
fahren mit reinem Gewissen diene – ich danke
ihm bei Tag und Nacht in meinen Gebeten, in de-
nen ich unablässig an dich denke. [4] Wenn ich mich
an deine Tränen erinnere, habe ich Sehnsucht,
dich zu sehen, um mich wieder von Herzen
freuen zu können; [5] denn ich denke an deinen auf-
richtigen Glauben, der schon in deiner Großmut-
ter Loïs und in deiner Mutter Eunike lebendig war
und der nun, wie ich weiß, auch in dir lebt.

Aufforderung an Timotheus

[6] Darum rufe ich dir ins Gedächtnis: Entfache die
Gnade Gottes wieder, die dir durch die Auflegung
meiner Hände zuteil geworden ist. [7] Denn Gott
hat uns nicht einen Geist der Verzagtheit gege-
ben, sondern den Geist der Kraft, der Liebe und
der Besonnenheit. [8] Schäme dich also nicht, dich
zu unserem Herrn zu bekennen; schäme dich
auch meiner nicht, der ich seinetwegen im Ge-
fängnis bin, sondern leide mit mir für das Evan-
gelium. Gott gibt dazu die Kraft: [9] Er hat uns ge-
rettet; mit einem heiligen Ruf hat er uns gerufen,
nicht aufgrund unserer Werke, sondern aus eige-
nem Entschluß und aus Gnade, die uns schon vor
ewigen Zeiten in Christus Jesus geschenkt
wurde; [10] jetzt aber wurde sie durch das Erschei-
nen unseres Retters Christus Jesus offenbart. Er
hat dem Tod die Macht genommen und uns das
Licht des unvergänglichen Lebens gebracht durch
das Evangelium, [11] als dessen Verkünder, Apostel
und Lehrer ich eingesetzt bin. [12] Darum muß ich
auch dies alles erdulden; aber ich schäme mich
nicht, denn ich weiß, wem ich Glauben ge-
schenkt habe, und ich bin überzeugt, daß er die
Macht hat, das mir anvertraute Gut bis zu jenem
Tag zu bewahren. [13] Halte dich an die gesunde
Lehre, die du von mir gehört hast; nimm sie dir
zum Vorbild, und bleibe beim Glauben und bei
der Liebe, die uns in Christus Jesus geschenkt ist.
[14] Bewahre das dir anvertraute kostbare Gut durch
die Kraft des Heiligen Geistes, der in uns wohnt.

**Das Verhalten der Gegner
und der Freunde des Paulus**

[15] Du weißt, daß sich alle in der Provinz Asien von
mir abgewandt haben, auch Phygelus und Her-

mogenes. 16 Der Familie des Onesiphorus schenke der Herr sein Erbarmen, denn Onesiphorus hat mich oft getröstet und hat sich meiner Ketten nicht geschämt; 17 als er nach Rom kam, suchte er unermüdlich nach mir, bis er mich fand. 18 Der Herr gebe ihm, daß er beim Herrn Erbarmen findet an jenem Tag. Seine treuen Dienste in Ephesus kennst du selbst am besten.

Seelsorgliche Anweisungen für Timotheus: 2,1–4,8

Selbstloser Dienst für Christus

2 Du, mein Sohn, sei stark in der Gnade, die dir in Christus Jesus geschenkt ist. 2 Was du vor vielen Zeugen von mir gehört hast, das vertrau zuverlässigen Menschen an, die fähig sind, auch andere zu lehren. 3 Leide mit mir als guter Soldat Christi Jesu. 4 Keiner, der in den Krieg zieht, läßt sich in Alltagsgeschäfte verwickeln, denn er will, daß sein Heerführer mit ihm zufrieden ist. 5 Und wer an einem Wettkampf teilnimmt, erhält den Siegeskranz nur, wenn er nach den Regeln kämpft. 6 Der Bauer, der die ganze Arbeit tut, soll als erster seinen Teil von der Ernte erhalten. 7 Überleg dir, was ich sage. Dann wird der Herr dir in allem das rechte Verständnis geben.

8 Denk daran, daß Jesus Christus, der Nachkomme Davids, von den Toten auferstanden ist; so lautet mein Evangelium, 9 für das ich zu leiden habe und sogar wie ein Verbrecher gefesselt bin; aber das Wort Gottes ist nicht gefesselt. 10 Das alles erdulde ich um der Auserwählten willen, damit auch sie das Heil in Christus Jesus und die ewige Herrlichkeit erlangen. 11 Das Wort ist glaubwürdig:

Wenn wir mit Christus gestorben sind, / werden wir auch mit ihm leben;

12 wenn wir standhaft bleiben, / werden wir auch mit ihm herrschen;

wenn wir ihn verleugnen, / wird auch er uns verleugnen.

13 Wenn wir untreu sind, / bleibt er doch treu, / denn er kann sich selbst nicht verleugnen.

Das rechte Verhalten gegenüber den Irrlehrern

14 Ruf ihnen das ins Gedächtnis und beschwöre sie bei Gott, sich nicht um Worte zu streiten; das ist unnütz und führt die Zuhörer nur ins Verderben. 15 Bemüh dich darum, dich vor Gott zu bewähren als ein Arbeiter, der sich nicht zu schämen braucht, als ein Mann, der offen und klar die wahre Lehre vertritt. 16 Gottlosem Geschwätz geh aus dem Weg; solche Menschen geraten immer tiefer in die Gottlosigkeit, 17 und ihre Lehre wird um sich fressen wie ein Krebsgeschwür. Zu ihnen gehören Hymenäus und Philetus, 18 die von der Wahrheit abgeirrt sind und behaupten, die Auferstehung sei schon geschehen. So zerstören sie bei manchen den Glauben. 19 Aber das feste Fundament, das Gott gelegt hat, kann nicht erschüttert werden. Es trägt als Siegel die Inschrift: *Der Herr kennt die Seinen,* und: Wer den Namen des Herrn nennt, meide das Unrecht. 20 In einem großen Haus gibt es nicht nur Gefäße aus Gold und Silber, sondern auch aus Holz und Ton – die einen für Reines, die anderen für Unreines. 21 Wer sich nun von all dem rein hält, gleicht einem Gefäß für Reines; er ist geheiligt, für den Herrn brauchbar, zu jedem guten Werk tauglich.

22 Flieh vor den Begierden der Jugend; strebe unermüdlich nach Gerechtigkeit, Glauben, Liebe und Frieden, zusammen mit all denen, die den Herrn aus reinem Herzen anrufen. 23 Laß dich nicht auf törichte und unsinnige Auseinandersetzungen ein; du weißt, daß sie nur zu Streit führen. 24 Ein Knecht des Herrn soll nicht streiten, sondern zu allen freundlich sein, ein geschickter und geduldiger Lehrer, 25 der auch die mit Güte zurechtweist, die sich hartnäckig widersetzen. Vielleicht schenkt Gott ihnen dann die Umkehr, damit sie die Wahrheit erkennen, 26 wieder zur Besinnung kommen und aus dem Netz des Teufels befreit werden, der sie eingefangen und sich gefügig gemacht hat.

Die Situation der Menschen in der Endzeit

3 Das sollst du wissen: In den letzten Tagen werden schwere Zeiten anbrechen. 2 Die Menschen werden selbstsüchtig sein, habgierig, prahlerisch, überheblich, bösartig, ungehorsam gegen die Eltern, undankbar, ohne Ehrfurcht, 3 lieblos, unversöhnlich, verleumderisch, unbeherrscht, rücksichtslos, roh, 4 heimtückisch, verwegen, hochmütig, mehr dem Vergnügen als Gott

zugewandt. 5 Den Schein der Frömmigkeit werden sie wahren, doch die Kraft der Frömmigkeit werden sie verleugnen. Wende dich von diesen Menschen ab. 6 Zu ihnen gehören die Leute, die sich in die Häuser einschleichen und dort gewisse Frauen auf ihre Seite ziehen, die von Sünden beherrscht und von Begierden aller Art umgetrieben werden, 7 Frauen, die immer lernen und die doch nie zur Erkenntnis der Wahrheit gelangen können. 8 Wie sich Jannes und Jambres dem Mose widersetzt haben, so widersetzen sich auch diese Leute der Wahrheit; ihr Denken ist verdorben, ihr Glaube bewährt sich nicht. 9 Doch sie werden wenig Erfolg haben, denn ihr Unverstand wird allen offenkundig werden, wie es auch bei jenen geschehen ist.

Die Aufgabe des Timotheus

10 Du aber bist mir gefolgt in der Lehre, im Leben und Streben, im Glauben, in der Langmut, der Liebe und der Ausdauer, 11 in den Verfolgungen und Leiden, denen ich in Antiochia, Ikonion und Lystra ausgesetzt war. Welche Verfolgungen habe ich erduldet! Und aus allen hat der Herr mich errettet. 12 So werden alle, die in der Gemeinschaft mit Christus Jesus ein frommes Leben führen wollen, verfolgt werden. 13 Böse Menschen und Schwindler dagegen werden immer mehr in das Böse hineingeraten; sie sind betrogene Betrüger. 14 Du aber bleibe bei dem, was du gelernt und wovon du dich überzeugt hast. Du weißt, von wem du es gelernt hast; 15 denn du kennst von Kindheit an die heiligen Schriften, die dir Weisheit verleihen können, damit du durch den Glauben an Christus Jesus gerettet wirst. 16 Jede von Gott eingegebene Schrift ist auch nützlich zur Belehrung, zur Widerlegung, zur Besserung, zur Erziehung in der Gerechtigkeit; 17 so wird der Mensch Gottes zu jedem guten Werk bereit und gerüstet sein.

Aufruf zu unerschrockenem Einsatz

4 Ich beschwöre dich bei Gott und bei Christus Jesus, dem kommenden Richter der Lebenden und der Toten, bei seinem Erscheinen und bei seinem Reich: 2 Verkünde das Wort, tritt dafür ein, ob man es hören will oder nicht; weise zurecht, tadle, ermahne, in unermüdlicher und geduldiger Belehrung. 3 Denn es wird eine Zeit kommen, in der man die gesunde Lehre nicht erträgt, sondern sich nach eigenen Wünschen immer neue Lehrer sucht, die den Ohren schmeicheln; 4 und man wird der Wahrheit nicht mehr Gehör schenken, sondern sich Fabeleien zuwenden. 5 Du aber sei in allem nüchtern, ertrage das Leiden, verkünde das Evangelium, erfülle treu deinen Dienst! 6 Denn ich werde nunmehr geopfert, und die Zeit meines Aufbruchs ist nahe. 7 Ich habe den guten Kampf gekämpft, den Lauf vollendet, die Treue gehalten. 8 Schon jetzt liegt für mich der Kranz der Gerechtigkeit bereit, den mir der Herr, der gerechte Richter, an jenem Tag geben wird, aber nicht nur mir, sondern allen, die sehnsüchtig auf sein Erscheinen warten.

Persönliche Mitteilungen und Aufträge: 4,9–18

9 Beeil dich, komm bald zu mir! 10 Demas hat mich aus Liebe zu dieser Welt verlassen und ist nach Thessalonich gegangen; Kreszenz ging nach Galatien, Titus nach Dalmatien. 11 Nur Lukas ist noch bei mir. Bring Markus mit, denn er wird mir ein guter Helfer sein. 12 Tychikus habe ich nach Ephesus geschickt. 13 Wenn du kommst, bring den Mantel mit, den ich in Troas bei Karpus gelassen habe, auch die Bücher, vor allem die Pergamente. 14 Alexander, der Schmied, hat mir viel Böses getan; *der Herr wird ihm vergelten, wie es seine Taten verdienen.* 15 Nimm auch du dich vor ihm in acht, denn er hat unsere Lehre heftig bekämpft.

16 Bei meiner ersten Verteidigung ist niemand für mich eingetreten; alle haben mich im Stich gelassen. Möge es ihnen nicht angerechnet werden. 17 Aber der Herr stand mir zur Seite und gab mir Kraft, damit durch mich die Verkündigung vollendet wird und alle Heiden sie hören; und so wurde ich dem *Rachen des Löwen entrissen.* 18 Der Herr wird mich allem Bösen entreißen, er wird mich retten und in sein himmlisches Reich führen. Ihm sei die Ehre in alle Ewigkeit. Amen.

Der Schluß des Briefes: Grüße und Segenswünsche: 4,19–22

19 Grüße Priska und Aquila und die Familie des
Onesiphorus! 20 Erastus blieb in Korinth, Trophi-
mus mußte ich krank in Milet zurücklassen.
21 Beeil dich, komm noch vor dem Winter! Es
grüßen dich Eubulus, Pudens, Linus, Klaudia und
alle Brüder.
22 Der Herr sei mit deinem Geist! Die Gnade sei
mit euch!

DER BRIEF AN TITUS

Bekenntnis, Anschrift und Gruß: 1,1–4

1 Paulus, Knecht Gottes und Apostel Jesu Chri-
sti, berufen, um die Auserwählten Gottes
zum Glauben und zur Erkenntnis der wahren
Gottesverehrung zu führen, 2 in der Hoffnung auf
das ewige Leben, das der wahrhaftige Gott schon
vor ewigen Zeiten verheißen hat; 3 jetzt aber hat
er zur vorherbestimmten Zeit sein Wort offenbart
in der Verkündigung, die mir durch den Auftrag
Gottes, unseres Retters, anvertraut ist. 4 An Titus,
seinen echten Sohn aufgrund des gemeinsamen
Glaubens: Gnade und Friede von Gott, dem Vater,
und Christus Jesus, unserem Retter.

Die Aufgaben des Titus: 1,5–3,11

Einsetzung geeigneter Vorsteher

5 Ich habe dich in Kreta deswegen zurückgelas-
sen, damit du das, was noch zu tun ist, zu Ende
führst und in den einzelnen Städten Älteste ein-
setzt, wie ich dir aufgetragen habe.
6 Ein Ältester soll unbescholten und nur einmal
verheiratet sein. Seine Kinder sollen gläubig
sein; man soll ihnen nicht nachsagen können,
sie seien liederlich und ungehorsam. 7 Denn ein
Bischof muß unbescholten sein, weil er das
Haus Gottes verwaltet; er darf nicht überheblich
und jähzornig sein, kein Trinker, nicht gewalt-
tätig oder habgierig. 8 Er soll vielmehr das Gute
lieben, er soll gastfreundlich sein, besonnen,
gerecht, fromm und beherrscht. 9 Er muß ein
Mann sein, der sich an das wahre Wort der
Lehre hält; dann kann er mit der gesunden
Lehre die Gemeinde ermahnen und die Gegner
widerlegen.

Bekämpfung der Irrlehrer

10 Denn es gibt viele Ungehorsame, Schwätzer und
Schwindler, besonders unter denen, die aus dem
Judentum kommen. 11 Diese Menschen muß man
zum Schweigen bringen, denn aus übler Gewinn-
sucht zerstören sie ganze Familien mit ihren
falschen Lehren. 12 Einer von ihnen hat als ihr eige-
ner Prophet gesagt: Alle Kreter sind Lügner und
faule Bäuche, gefährliche Tiere. 13 Das ist ein wah-
res Wort. Darum weise sie streng zurecht, damit
ihr Glaube wieder gesund wird 14 und sie sich nicht
mehr an jüdische Fabeleien halten und an Gebote
von Menschen, die sich von der Wahrheit abwen-
den. 15 Für die Reinen ist alles rein; für die Unreinen
und Ungläubigen aber ist nichts rein, sogar ihr
Denken und ihr Gewissen sind unrein. 16 Sie be-
teuern, Gott zu kennen, durch ihr Tun aber ver-
leugnen sie ihn; es sind abscheuliche und unbe-
lehrbare Menschen, die zu nichts Gutem taugen.

Anweisungen für einzelne Stände

2 Du aber verkünde, was der gesunden Lehre entspricht. 2 Die älteren Männer sollen nüchtern sein, achtbar, besonnen, stark im Glauben, in der Liebe, in der Ausdauer. 3 Ebenso seien die älteren Frauen würdevoll in ihrem Verhalten, nicht verleumderisch und nicht trunksüchtig; sie müssen fähig sein, das Gute zu lehren, 4 damit sie die jungen Frauen dazu anhalten können, ihre Männer und Kinder zu lieben, 5 besonnen zu sein, ehrbar, häuslich, gütig und ihren Männern gehorsam, damit das Wort Gottes nicht in Verruf kommt.

6 Ebenso ermahne die jüngeren Männer, in allen Dingen besonnen zu sein. 7 Gib selbst ein Beispiel durch gute Werke. Lehre die Wahrheit unverfälscht und mit Würde, 8 mit gesunden, unanfechtbaren Worten; so wird der Gegner beschämt und kann nichts Schlechtes über uns sagen.

9 Die Sklaven sollen ihren Herren gehorchen, ihnen in allem gefällig sein, nicht widersprechen, 10 nichts veruntreuen; sie sollen zuverlässig und treu sein, damit sie in allem der Lehre Gottes, unseres Retters, Ehre machen.

Gnade und christliches Leben

11 Denn die Gnade Gottes ist erschienen, um alle Menschen zu retten. 12 Sie erzieht uns dazu, uns von der Gottlosigkeit und den irdischen Begierden loszusagen und besonnen, gerecht und fromm in dieser Welt zu leben, 13 während wir auf die selige Erfüllung unserer Hoffnung warten: auf das Erscheinen der Herrlichkeit unseres großen Gottes und Retters Christus Jesus. 14 Er hat sich für uns hingegeben, um uns *von aller Schuld zu erlösen* und *sich ein reines Volk zu schaffen, das ihm als sein besonderes Eigentum gehört* und voll Eifer danach strebt, das Gute zu tun. 15 So sollst du mit allem Nachdruck lehren, ermahnen und zurechtweisen. Niemand soll dich geringachten.

Die Pflichten der Getauften im sozialen Bereich

3 Erinnere sie daran, sich den Herrschern und Machthabern unterzuordnen und ihnen zu gehorchen. Sie sollen immer bereit sein, Gutes zu tun, 2 sollen niemand schmähen, nicht streitsüchtig sein, sondern freundlich und gütig zu allen Menschen. 3 Denn auch wir waren früher unverständig und ungehorsam; wir gingen in die Irre, waren Sklaven aller möglichen Begierden und Leidenschaften, lebten in Bosheit und Neid, waren verhaßt und haßten einander. 4 Als aber die Güte und Menschenliebe Gottes, unseres Retters, erschien, 5 hat er uns gerettet – nicht weil wir Werke vollbracht hätten, die uns gerecht machen können, sondern aufgrund seines Erbarmens – durch das Bad der Wiedergeburt und der Erneuerung im Heiligen Geist. 6 Ihn hat er in reichem Maß über uns ausgegossen durch Jesus Christus, unseren Retter, 7 damit wir durch seine Gnade gerecht gemacht werden und das ewige Leben erben, das wir erhoffen.

8 Dieses Wort ist glaubwürdig, und ich will, daß du dafür eintrittst, damit alle, die zum Glauben an Gott gekommen sind, sich nach Kräften bemühen, das Gute zu tun. So ist es gut und für alle Menschen nützlich.

Erneute Warnung vor Irrlehrern

9 Laß dich nicht ein auf törichte Auseinandersetzungen und Erörterungen über Geschlechterreihen, auf Streit und Gezänk über das Gesetz; sie sind nutzlos und vergeblich. 10 Wenn du einen Sektierer einmal und ein zweites Mal ermahnt hast, so meide ihn. 11 Du weißt, ein solcher Mensch ist auf dem verkehrten Weg; er sündigt und spricht sich selbst das Urteil.

Der Schluß des Briefes: Persönliche Mitteilungen und Grüße: 3,12–15

12 Sobald ich Artemas oder Tychikus zu dir schicke, komm rasch zu mir nach Nikopolis; denn ich habe mich entschlossen, dort den Winter zu verbringen. 13 Den gesetzeskundigen Zenas und den Apollos statte für die Weiterreise gut aus, damit ihnen nichts fehlt. 14 Auch unsere Leute sollen lernen, nach Kräften Gutes zu tun, wo es nötig ist, damit ihr Leben nicht ohne Frucht bleibt.

15 Es grüßen dich alle, die bei mir sind. Grüße alle, die uns durch den Glauben in Liebe verbunden sind. Die Gnade sei mit euch allen!

DER BRIEF AN PHILEMON

Anschrift und Gruß: 1–3

1 Paulus, Gefangener Christi Jesu, und der Bru-
der Timotheus an unseren geliebten Mitar-
beiter Philemon, 2 an die Schwester Aphia, an
Archippus, unseren Mitstreiter, und an die Ge-
meinde in deinem Haus: 3 Gnade sei mit euch und
Friede von Gott, unserem Vater, und dem Herrn
Jesus Christus.

Dankgebet des Apostels: 4–7

4 Ich danke meinem Gott jedesmal, wenn ich in
meinen Gebeten an dich denke. 5 Denn ich höre
von deinem Glauben an Jesus, den Herrn, und
von deiner Liebe zu allen Heiligen. 6 Ich wün-
sche, daß unser gemeinsamer Glaube in dir
wirkt und du all das Gute in uns erkennst, das
auf Christus gerichtet ist. 7 Es hat mir viel Freude
und Trost bereitet, daß durch dich, Bruder, und
durch deine Liebe die Heiligen ermutigt worden
sind.

Fürsprache für Onesimus: 8–20

8 Obwohl ich durch Christus volle Freiheit habe, dir
zu befehlen, was du tun sollst, 9 ziehe ich es um der
Liebe willen vor, dich zu bitten. Ich, Paulus, ein al-
ter Mann, der jetzt für Christus Jesus im Kerker
liegt, 10 ich bitte dich für mein Kind Onesimus, dem
ich im Gefängnis zum Vater geworden bin. 11 Früher
konntest du ihn zu nichts gebrauchen, doch jetzt ist
er dir und mir recht nützlich. 12 Ich schicke ihn zu dir
zurück, ihn, das bedeutet mein eigenes Herz. 13 Ich
würde ihn gern bei mir behalten, damit er mir an
deiner Stelle dient, solange ich um des Evangeli-
ums willen im Gefängnis bin. 14 Aber ohne deine
Zustimmung wollte ich nichts tun. Deine gute Tat
soll nicht erzwungen, sondern freiwillig sein.
15 Denn vielleicht wurde er nur deshalb eine Weile
von dir getrennt, damit du ihn für ewig zurücker-
hältst, 16 nicht mehr als Sklaven, sondern als weit
mehr: als geliebten Bruder. Das ist er jedenfalls für
mich, um wieviel mehr dann für dich, als Mensch
und auch vor dem Herrn. 17 Wenn du dich mir ver-
bunden fühlst, dann nimm ihn also auf wie mich
selbst! 18 Wenn er dich aber geschädigt hat oder dir
etwas schuldet, setz das auf meine Rechnung!
19 Ich, Paulus, schreibe mit eigener Hand: Ich wer-
de es bezahlen – um nicht davon zu reden, daß du
dich selbst mir schuldest. 20 Ja, Bruder, um des Herrn
willen möchte ich von dir einen Nutzen haben. Er-
freue mein Herz; wir gehören beide zu Christus.

Grüße und Segen: 21–25

21 Ich schreibe dir im Vertrauen auf deinen Gehor-
sam und weiß, daß du noch mehr tun wirst, als
ich gesagt habe. 22 Bereite zugleich eine Unter-
kunft für mich vor! Denn ich hoffe, daß ich euch
durch eure Gebete wiedergeschenkt werde.
23 Es grüßen dich Epaphras, der mit mir um Chri-
sti Jesu willen im Gefängnis ist, 24 sowie Markus,
Aristarch, Demas und Lukas, meine Mitarbeiter.
25 Die Gnade Jesu Christi, des Herrn, sei mit eurem
Geist!

DER BRIEF AN DIE HEBRÄER

Der Sohn als Erfüllung der Verheißungen Gottes: 1,1–4,13

Der Sohn und die Engel

1 Viele Male und auf vielerlei Weise hat Gott
einst zu den Vätern gesprochen durch die Pro-
pheten; 2 in dieser Endzeit aber hat er zu uns ge-
sprochen durch den Sohn, den er zum Erben des
Alls eingesetzt und durch den er auch die Welt er-
schaffen hat; 3 er ist der Abglanz seiner Herrlichkeit
und das Abbild seines Wesens; er trägt das All
durch sein machtvolles Wort, hat die Reinigung
von den Sünden bewirkt und sich dann zur Rech-
ten der Majestät in der Höhe gesetzt; 4 er ist um so
viel erhabener geworden als die Engel, wie der
Name, den er geerbt hat, ihren Namen überragt.
5 Denn zu welchem Engel hat er jemals gesagt:
Mein Sohn bist du, / heute habe ich dich ge-
zeugt,
und weiter:
Ich will für ihn Vater sein, / und er wird für mich
Sohn sein?
6 Wenn er aber den Erstgeborenen wieder in die
Welt einführt, sagt er:
Alle Engel Gottes sollen sich vor ihm nieder-
werfen.
7 Und von den Engeln sagt er:
Er macht seine Engel zu Winden / und seine
Diener zu Feuerflammen;
8 von dem Sohn aber:
Dein Thron, o Gott, steht für immer und ewig,
und:
Das Zepter seiner Herrschaft ist ein gerechtes
Zepter.
9 *Du liebst das Recht und haßt das Unrecht, /*
darum, o Gott, hat dein Gott dich gesalbt / mit
dem Öl der Freude wie keinen deiner Gefährten.
10 Und:
Du, Herr, hast vorzeiten der Erde Grund gelegt, /
die Himmel sind das Werk deiner Hände.
11 *Sie werden vergehen, du aber bleibst; / sie alle*
veralten wie ein Gewand;
12 *du rollst sie zusammen wie einen Mantel, /*
und wie ein Gewand *werden sie gewechselt.*
Du aber bleibst, der du bist, / und deine Jahre en-
den nie.
13 Zu welchem Engel hat er jemals gesagt:
Setze dich mir zur Rechten, / und ich lege dir
deine Feinde als Schemel unter die Füße?
14 Sind sie nicht alle nur dienende Geister, aus-
gesandt, um denen zu helfen, die das Heil erben
sollen?

Gottes Zeugnis für den Sohn

2 Darum müssen wir um so aufmerksamer auf
das achten, was wir gehört haben, damit wir
nicht vom Weg abkommen. 2 Denn wenn schon
das durch Engel verkündete Wort rechtskräftig
war und jede Übertretung und jeder Ungehorsam
die gerechte Vergeltung fand, 3 wie sollen dann
wir entrinnen, wenn wir uns um ein so erhabe-
nes Heil nicht kümmern, das zuerst durch den
Herrn verkündet und uns von den Ohrenzeugen
bestätigt wurde? 4 Auch Gott selbst hat dies be-
zeugt durch Zeichen und Wunder, durch macht-
volle Taten aller Art und Gaben des Heiligen Gei-
stes, nach seinem Willen.

Die Erniedrigung und Erhöhung des Sohnes

5 Denn nicht Engeln hat er die zukünftige Welt un-
terworfen, von der wir reden, 6 vielmehr (dem
Sohn, darum) heißt es an einer Stelle ausdrück-
lich:
Was ist der Mensch, daß du an ihn denkst, /
oder der Menschensohn, daß du dich seiner an-
nimmst?
7 *Du hast ihn nur für kurze Zeit unter die Engel*
erniedrigt. / Du hast ihn mit Herrlichkeit und
Ehre gekrönt, 8 *alles hast du ihm zu Füßen gelegt.*
Denn als er ihm alles zu Füßen legte, hat er
nichts von der Unterwerfung ausgenommen.
Jetzt sehen wir noch nicht *alles ihm zu Füßen ge-*
legt; 9 aber den, *der nur für kurze Zeit unter die En-*
gel erniedrigt war, Jesus, ihn sehen wir um seines
Todesleidens willen *mit Herrlichkeit und Ehre ge-*
krönt; es war nämlich Gottes gnädiger Wille, daß
er für alle den Tod erlitt. 10 Denn es war angemes-
sen, daß Gott, für den und durch den das All ist
und der viele Söhne zur Herrlichkeit führen

wollte, den Urheber ihres Heils durch Leiden voll-
endete.
11 Denn er, der heiligt, und sie, die geheiligt wer-
den, stammen alle von Einem ab; darum scheut er
sich nicht, sie *Brüder* zu nennen 12 und zu sagen:
Ich will deinen Namen meinen Brüdern ver-
künden, / inmitten der Gemeinde dich preisen;
13 und ferner:
Ich will auf ihn mein Vertrauen setzen;
und:
Seht, ich und die Kinder, die Gott mir geschenkt
hat.
14 Da nun *die Kinder* Menschen von Fleisch und
Blut sind, hat auch er in gleicher Weise Fleisch
und Blut angenommen, um durch seinen Tod den
zu entmachten, der die Gewalt über den Tod hat,
nämlich den Teufel, 15 und um die zu befreien, die
durch die Furcht vor dem Tod ihr Leben lang der
Knechtschaft verfallen waren. 16 Denn er nimmt
sich keineswegs der Engel an, sondern *der Nach-*
kommen Abrahams nimmt er sich an. 17 Darum
mußte er in allem *seinen Brüdern gleich* sein, um
ein barmherziger und treuer Hoherpriester vor
Gott zu sein und die Sünden des Volkes zu süh-
nen. 18 Denn da er selbst in Versuchung geführt
wurde und gelitten hat, kann er denen helfen, die
in Versuchung geführt werden.

Der Sohn und Mose

3 Darum, heilige Brüder, die ihr an der himmli-
schen Berufung teilhabt, schaut auf den Apo-
stel und Hohenpriester, dem unser Bekenntnis
gilt: auf Jesus, 2 der – wie auch *Mose in* Gottes *Haus*
– dem *treu* ist, der ihn eingesetzt hat. 3 Denn er hat
größere Herrlichkeit empfangen als Mose, so wie
der, der ein Haus baut, größeren Ruhm genießt als
das Haus. 4 Denn jedes Haus wird von jemand er-
baut; der aber, der alles erbaut hat, ist Gott. 5 *Mose*
war *in* Gottes *ganzem Haus treu* als *Diener,* zum
Zeugnis der künftigen Offenbarungen; 6 Christus
aber ist *treu* als Sohn, der über das *Haus* Gottes ge-
setzt ist; *sein Haus* aber sind wir, wenn wir an der
Zuversicht und an dem stolzen Bewußtsein fest-
halten, das unsere Hoffnung uns verleiht.

Gottes Wort als Gericht

7 Darum beherzigt, was der Heilige Geist sagt:
Heute, wenn ihr seine Stimme hört, / 8 *verhärtet*
euer Herz nicht wie beim Aufruhr, / wie in der
Wüste am Tag der Versuchung.
9 *Dort haben eure Väter mich versucht, / sie ha-*
ben mich auf die Probe gestellt / und hatten doch
meine Taten gesehen, / 10 *vierzig Jahre lang.*
Darum *war mir diese Generation zuwider, /*
und ich sagte: Immer geht ihr Herz in die Irre. /
Sie erkannten meine Wege nicht.
11 *Darum habe ich in meinem Zorn geschwo-*
ren: / Sie sollen nicht in das Land meiner Ruhe
kommen.
12 Gebt acht, Brüder, daß keiner von euch ein bö-
ses, ungläubiges Herz hat, daß keiner vom leben-
digen Gott abfällt, 13 sondern ermahnt einander je-
den Tag, solange es noch heißt: *Heute,* damit
niemand von euch durch den Betrug der Sünde
verhärtet wird; 14 denn an Christus haben wir nur
Anteil, wenn wir bis zum Ende an der Zuversicht
festhalten, die wir am Anfang hatten. 15 Wenn es
heißt:
Heute, wenn ihr seine Stimme hört, / verhärtet
euer Herz nicht wie beim Aufruhr – 16 wer waren
denn jene, die *hörten* und *sich auflehnten?* Waren
es nicht alle, die unter Mose aus Ägypten ausge-
zogen waren? 17 Wer *war ihm vierzig Jahre lang*
zuwider? Nicht etwa die Sünder, deren *Leichen*
in der Wüste liegen blieben? 18 Wem hat er ge-
schworen, *sie sollen nicht in das Land seiner*
Ruhe kommen, wenn nicht den Ungehorsamen?
19 Und wir sehen, daß sie wegen ihres Unglaubens
nicht hineinkommen konnten.

Gottes Wort als Verheißung

4 Darum laßt uns ernsthaft besorgt sein, daß
keiner von euch zurückbleibt, solange die
Verheißung, *in das Land seiner Ruhe zu kommen,*
noch gilt. 2 Denn uns ist die gleiche Freudenbot-
schaft verkündet worden wie jenen; doch hat ih-
nen das Wort, das sie hörten, nichts genützt, weil
es sich nicht durch den Glauben mit den Hörern
verband. 3 Denn wir, die wir gläubig geworden
sind, *kommen in das Land der Ruhe,* wie er ge-
sagt hat:
Darum habe ich in meinem Zorn geschworen: /
Sie sollen nicht in das Land meiner Ruhe kom-
men.
Zwar waren die Werke seit der Erschaffung der
Welt vollendet; 4 denn vom siebten Tag heißt es an
einer Stelle: *Und Gott ruhte am siebten Tag aus*
von all seinen Werken; 5 hier aber heißt es:
Sie sollen nicht in das Land meiner Ruhe kom-
men.

6 Da es nun dabei bleibt, daß einige hineinkom-
men, die aber, die früher die Freudenbotschaft
empfangen haben, wegen ihres Ungehorsams
nicht hineingekommen sind, 7 setzt er aufs neue
einen Tag fest, nämlich: *Heute,* indem er durch
David, wie schon gesagt, nach so langer Zeit
spricht:
Heute, wenn ihr seine Stimme hört, / verhärtet
euer Herz nicht!
8 Denn hätte schon Josua sie in das Land der
Ruhe geführt, so wäre nicht von einem anderen,
späteren Tag die Rede. 9 Also ist dem Volk Gottes
eine Sabbatruhe vorbehalten. 10 Denn wer *in das*
Land seiner Ruhe gekommen ist, der ruht auch
selbst von seinen Werken aus, wie Gott von den
seinigen. 11 Bemühen w*ir uns also, in jenes Land*
der Ruhe zu kommen, damit niemand aufgrund
des gleichen Ungehorsams zu Fall kommt.
12 Denn lebendig ist das Wort Gottes, kraftvoll
und schärfer als jedes zweischneidige Schwert;
es dringt durch bis zur Scheidung von Seele und
Geist, von Gelenk und Mark; es richtet über die
Regungen und Gedanken des Herzens; 13 vor ihm
bleibt kein Geschöpf verborgen, sondern alles
liegt nackt und bloß vor den Augen dessen, dem
wir Rechenschaft schulden.

Christus, der wahre und endgültige Hohepriester des neuen Bundes: 4,14–10,18

Das Amt des Hohenpriesters

14 Da wir nun einen erhabenen Hohenpriester ha-
ben, der die Himmel durchschritten hat, Jesus,
den Sohn Gottes, laßt uns an dem Bekenntnis
festhalten. 15 Wir haben ja nicht einen Hohenprie-
ster, der nicht mitfühlen könnte mit unserer
Schwäche, sondern einen, der in allem wie wir in
Versuchung geführt worden ist, aber nicht gesün-
digt hat. 16 Laßt uns also voll Zuversicht hingehen
zum Thron der Gnade, damit wir Erbarmen und
Gnade finden und so Hilfe erlangen zur rechten
Zeit.
5 Denn jeder Hohepriester wird aus den Men-
schen ausgewählt und für die Menschen ein-
gesetzt zum Dienst vor Gott, um Gaben und Op-
fer für die Sünden darzubringen. 2 Er ist fähig, für
die Unwissenden und Irrenden Verständnis auf-
zubringen, da auch er der Schwachheit unter-
worfen ist; 3 deshalb muß er für sich selbst ebenso
wie für das Volk Sündopfer darbringen. 4 Und kei-
ner nimmt sich eigenmächtig diese Würde, son-
dern er wird von Gott berufen, so wie Aaron.
5 So hat auch Christus sich nicht selbst die
Würde eines Hohenpriesters verliehen, sondern
der, der zu ihm gesprochen hat:
Mein Sohn bist du. / Heute habe ich dich ge-
zeugt,
6 wie er auch an anderer Stelle sagt:
Du bist Priester auf ewig / nach der Ordnung
Melchisedeks.
7 Als er auf Erden lebte, hat er mit lautem
Schreien und unter Tränen Gebete und Bitten vor
den gebracht, der ihn aus dem Tod retten konnte,
und er ist erhört und aus seiner Angst befreit wor-
den. 8 Obwohl er der Sohn war, hat er durch Lei-
den den Gehorsam gelernt; 9 zur Vollendung ge-
langt, ist er für alle, die ihm gehorchen, der
Urheber des *ewigen* Heils geworden 10 und wurde
von Gott angeredet als »Hoherpriester *nach der*
Ordnung Melchisedeks«.

Die schwache Gemeinde

11 Darüber hätten wir noch viel zu sagen; es ist
aber schwer verständlich zu machen, da ihr
schwerhörig geworden seid. 12 Denn obwohl ihr
der Zeit nach schon Lehrer sein müßtet, braucht
ihr von neuem einen, der euch die Anfangs-
gründe der Lehre von der Offenbarung Gottes bei-
bringt; Milch habt ihr nötig, nicht feste Speise.
13 Denn jeder, der noch mit Milch genährt wird, ist
unfähig, richtiges Reden zu verstehen; er ist ja ein
unmündiges Kind; 14 feste Speise aber ist für Er-
wachsene, deren Sinne durch Gewöhnung geübt
sind, Gut und Böse zu unterscheiden.
6 Darum wollen wir beiseite lassen, was man
zuerst von Christus verkünden muß, und
uns dem Vollkommeneren zuwenden; wir wol-
len nicht noch einmal den Grund legen mit der
Belehrung über die Abkehr von toten Werken,
über den Glauben an Gott, 2 über die Taufen, die
Handauflegung, die Auferstehung der Toten und
das ewige Gericht; 3 das wollen wir dann tun,
wenn Gott es will. 4 Denn es ist unmöglich, Men-
schen, die einmal erleuchtet worden sind, die von

der himmlischen Gabe genossen und Anteil am
Heiligen Geist empfangen haben, 5 die das gute
Wort Gottes und die Kräfte der zukünftigen Welt
kennengelernt haben, 6 dann aber abgefallen sind,
erneut zur Umkehr zu bringen; denn sie schlagen
jetzt den Sohn Gottes noch einmal ans Kreuz und
machen ihn zum Gespött. 7 Wenn ein Boden den
häufig herabströmenden Regen trinkt und denen,
für die er bebaut wird, nützliche Gewächse her-
vorbringt, empfängt er Segen von Gott; 8 trägt er
aber *Dornen und Disteln,* so ist er nutzlos und
vom Fluch bedroht; sein Ende ist die Vernichtung
durch Feuer.

9 Bei euch aber, liebe Brüder, sind wir trotz des
Gesagten vom Besseren überzeugt und davon,
daß ihr am Heil teilhabt. 10 Denn Gott ist nicht so
ungerecht, euer Tun zu vergessen und die Liebe,
die ihr seinem Namen bewiesen habt, indem ihr
den Heiligen gedient habt und noch dient. 11 Wir
wünschen aber, daß jeder von euch im Blick auf
den Reichtum unserer Hoffnung bis zum Ende
den gleichen Eifer zeigt, 12 damit ihr nicht müde
werdet, sondern Nachahmer derer seid, die auf-
grund ihres Glaubens und ihrer Ausdauer Erben
der Verheißungen sind.

Die zuverlässige Verheißung

13 Als Gott dem Abraham die Verheißung gab,
schwor er bei sich selbst, da er bei keinem Höhe-
ren schwören konnte, 14 und sprach: *Fürwahr,
ich will dir Segen schenken in Fülle und deine
Nachkommen überaus zahlreich machen.* 15 So
erlangte Abraham durch seine Ausdauer das
Verheißene. 16 Menschen nämlich schwören bei
dem Höheren; der Eid dient ihnen zur Bekräfti-
gung und schließt jeden weiteren Einwand aus;
17 deshalb hat Gott, weil er den Erben der Ver-
heißung ausdrücklich zeigen wollte, wie unab-
änderlich sein Entschluß ist, sich mit einem Eid
verbürgt. 18 So sollten wir durch zwei unwider-
rufliche Taten, bei denen Gott unmöglich täu-
schen konnte, einen kräftigen Ansporn haben,
wir, die wir unsere Zuflucht dazu genommen
haben, die dargebotene Hoffnung zu ergreifen.
19 In ihr haben wir einen sicheren und festen An-
ker der Seele, der hineinreicht *in das Innere hin-
ter dem Vorhang;* 20 dorthin ist Jesus für uns als
unser Vorläufer hineingegangen, er, der *nach der
Ordnung Melchisedeks* Hoher*priester* ist *auf
ewig.*

Christus und die Priester des Alten Bundes: 7,1–8,13

Melchisedek und die Leviten

7 Dieser *Melchisedek, König von Salem und
Priester des höchsten Gottes; er, der dem Ab-
raham, als dieser nach dem Sieg über die Könige
zurückkam, entgegenging und ihn segnete*
2 und welchem Abraham *den Zehnten von allem*
gab; er, dessen Name »König der Gerechtigkeit«
bedeutet und der auch *König von Salem* ist, das
heißt »König des Friedens«; 3 er, der ohne Vater,
ohne Mutter und ohne Stammbaum ist, ohne An-
fang seiner Tage und ohne Ende seines Lebens,
ein Abbild des Sohnes Gottes: dieser Melchise-
dek bleibt *Priester für immer.*

4 Seht doch, wie groß der ist, dem selbst Abra-
ham, der Patriarch, *den Zehnten* vom Besten der
Beute *gab!* 5 Zwar haben auch die von den Söh-
nen Levis, die das Priesteramt übernehmen, den
Auftrag, den gesetzmäßigen Zehnten vom Volk
zu erheben, das heißt von ihren Brüdern, ob-
wohl auch diese aus Abraham hervorgegangen
sind; 6 jener aber, der seinen Stammbaum nicht
von ihnen herleitet, hat von Abraham *den Zehn-
ten* genommen und den Träger der Verheißun-
gen *gesegnet.* 7 Zweifellos wird aber immer der
Geringere von einem Höheren gesegnet. 8 Und
in dem einen Fall nehmen den Zehnten sterbli-
che Menschen, im andern aber einer, von dem
bezeugt wird, daß er lebt. 9 Und in Abraham hat
sozusagen auch Levi, der den Zehnten nimmt,
den Zehnten entrichtet; 10 denn er war noch im
Leib seines Stammvaters, als *Melchisedek ihm
entgegenging.*

Christus und die Leviten

11 Wäre nun die Vollendung durch das levitische
Priestertum gekommen – das Volk hat ja darüber
gesetzliche Bestimmungen erhalten –, warum
mußte dann noch ein anderer *Priester nach der
Ordnung Melchisedeks* eingesetzt werden, und
warum wurde er nicht nach der Ordnung Aarons
benannt? 12 Denn sobald das Priestertum geändert
wird, ändert sich notwendig auch das Gesetz.
13 Der nämlich, von dem das gesagt wird, gehört
einem anderen Stamm an, von dem keiner Zutritt
zum Altar hat; 14 es ist ja bekannt, daß unser Herr
dem Stamm Juda entsprossen ist, und diesem hat
Mose keine Priestersatzungen gegeben.

15 Das ist noch viel offenkundiger, wenn nach dem Vorbild Melchisedeks ein anderer Priester eingesetzt wird, 16 der nicht, wie das Gesetz es fordert, aufgrund leiblicher Abstammung Priester geworden ist, sondern durch die Kraft unzerstörbaren Lebens. 17 Denn es wird bezeugt:

Du bist Priester auf ewig / nach der Ordnung Melchisedeks.

18 Das frühere Gebot wird nämlich aufgehoben, weil es schwach und nutzlos war – 19 denn das Gesetz hat nicht zur Vollendung geführt –, und eine bessere Hoffnung wird eingeführt, durch die wir Gott nahe kommen. 20 Das geschieht nicht ohne Eid; jene anderen sind ohne Eid Priester geworden, 21 dieser aber durch einen Eid dessen, der zu ihm sprach:

Der Herr hat geschworen, und nie wird es ihn reuen: / Du bist Priester auf ewig.

22 So ist Jesus auch zum Bürgen eines besseren Bundes geworden.

23 Auch folgten dort viele Priester aufeinander, weil der Tod sie hinderte zu bleiben; 24 er aber hat, weil er *auf ewig* bleibt, ein unvergängliches Priestertum.

Christus, der vollkommene Priester

25 Darum kann er auch die, die durch ihn vor Gott hintreten, für immer retten; denn er lebt allezeit, um für sie einzutreten. 26 Ein solcher Hoherpriester war für uns in der Tat notwendig: einer, der heilig ist, unschuldig, makellos, abgesondert von den Sündern und erhöht über die Himmel; 27 einer, der es nicht Tag für Tag nötig hat, wie die Hohenpriester zuerst für die eigenen Sünden Opfer darzubringen und dann für die des Volkes; denn das hat er ein für allemal getan, als er sich selbst dargebracht hat. 28 Das Gesetz nämlich macht Menschen zu Hohenpriestern, die der Schwachheit unterworfen sind; das Wort des Eides aber, der später als das Gesetz kam, setzt *den Sohn* ein, der *auf ewig* vollendet ist.

Christus, der Mittler des Neuen Bundes

8 Die Hauptsache dessen aber, was wir sagen wollen, ist: Wir haben einen Hohenpriester, der sich *zur Rechten* des Thrones der Majestät im Himmel *gesetzt hat,* 2 als Diener des Heiligtums und *des* wahren *Zeltes, das der Herr selbst aufgeschlagen hat,* nicht etwa ein Mensch. 3 Denn jeder Hohepriester wird eingesetzt, um Gaben und Opfer darzubringen; deshalb muß auch unser Hoherpriester etwas haben, was er darbringen kann. 4 Wäre er nun auf Erden, so wäre er nicht einmal Priester, da es hier schon Priester gibt, die nach dem Gesetz die Gaben darbringen. 5 Sie dienen einem Abbild und Schatten der himmlischen Dinge, nach der Anweisung, die Mose erhielt, als er daranging, das Zelt zu errichten: *Sieh zu,* heißt es, *daß du alles nach dem Urbild ausführst, das dir auf dem Berg gezeigt wurde.* 6 Jetzt aber ist ihm ein um so erhabenerer Priesterdienst übertragen worden, weil er auch Mittler eines besseren Bundes ist, der auf bessere Verheißungen gegründet ist.

7 Wäre nämlich jener erste Bund ohne Tadel, so würde man nicht einen zweiten an seine Stelle zu setzen suchen.

8 Denn er tadelt sie, wenn er sagt: *Seht, es werden Tage kommen – spricht der Herr –, in denen ich mit dem Haus Israel und dem Haus Juda einen neuen Bund schließen werde,* 9 *nicht wie der Bund war, den ich mit ihren Vätern geschlossen habe, als ich sie bei der Hand nahm, um sie aus Ägypten herauszuführen. Sie sind nicht bei meinem Bund geblieben, und darum habe ich mich auch nicht mehr um sie gekümmert – spricht der Herr.* 10 *Das wird der Bund sein, den ich nach diesen Tagen mit dem Haus Israel schließe – spricht der Herr: Ich lege meine Gesetze in ihr Inneres hinein und schreibe sie ihnen in ihr Herz. Ich werde ihr Gott sein, und sie werden mein Volk sein.* 11 *Keiner wird mehr seinen Mitbürger und keiner seinen Bruder belehren und sagen: Erkenne den Herrn! Denn sie alle, klein und groß, werden mich erkennen.* 12 *Denn ich verzeihe ihnen ihre Schuld, und an ihre Sünden denke ich nicht mehr.*

13 Indem er von einem *neuen Bund* spricht, hat er den ersten für veraltet erklärt. Was aber veraltet und überlebt ist, das ist dem Untergang nahe.

Christus und die Opfer des Alten Bundes: 9,1–10,18

Der Opferdienst des Alten Bundes

9 Der erste Bund hatte gottesdienstliche Vorschriften und ein irdisches Heiligtum. 2 Es wurde nämlich ein erstes Zelt errichtet, in dem sich der Leuchter, der Tisch und die heiligen Brote befanden; dieses Zelt wurde das Heilige genannt. 3 Hinter dem zweiten Vorhang aber war ein Zelt,

ΠΕΤΡΟΣ

das sogenannte Allerheiligste, 4 mit dem goldenen Rauchopferaltar und der ganz mit Gold überzogenen Bundeslade; darin waren ein goldener Krug mit dem Manna, der Stab Aarons, der Triebe angesetzt hatte, und die Bundestafeln; 5 über ihr waren die Kerubim der Herrlichkeit, die die Sühneplatte überschatteten. Doch es ist nicht möglich, darüber jetzt im einzelnen zu reden.

6 So also ist das alles aufgebaut. In das erste Zelt gehen die Priester das ganze Jahr hinein, um die heiligen Dienste zu verrichten. 7 In das zweite Zelt aber geht nur einmal im Jahr der Hohepriester allein hinein, und zwar mit dem Blut, das er für sich und für die Vergehen des Volkes darbringt. 8 Dadurch deutet der Heilige Geist an, daß der Weg in das Heiligtum noch nicht sichtbar geworden ist, solange das erste Zelt Bestand hat. 9 Das ist ein Sinnbild, das auf die gegenwärtige Zeit hinweist; denn es werden Gaben und Opfer dargebracht, die das Gewissen des Opfernden nicht zur Vollkommenheit führen können; 10 es handelt sich nur um Speisen und Getränke und allerlei Waschungen, äußerliche Vorschriften, die bis zu der Zeit einer besseren Ordnung auferlegt worden sind.

Das einmalige Opfer Christi

11 Christus aber ist gekommen als Hoherpriester der künftigen Güter; und durch das erhabenere und vollkommenere Zelt, das nicht von Menschenhand gemacht, das heißt nicht von dieser Welt ist, 12 ist er ein für allemal in das Heiligtum hineingegangen, nicht mit dem Blut von Böcken und jungen Stieren, sondern mit seinem eigenen Blut, und so hat er eine ewige Erlösung bewirkt. 13 Denn wenn schon das Blut von Böcken und Stieren und die Asche einer Kuh die Unreinen, die damit besprengt werden, so heiligt, daß sie leiblich rein werden, 14 wieviel mehr wird das Blut Christi, der sich selbst kraft ewigen Geistes Gott als makelloses Opfer dargebracht hat, unser Gewissen von toten Werken reinigen, damit wir dem lebendigen Gott dienen.

15 Und darum ist er der Mittler eines neuen Bundes; sein Tod hat die Erlösung von den im ersten Bund begangenen Übertretungen bewirkt, damit die Berufenen das verheißene ewige Erbe erhalten. 16 Wo nämlich ein Testament vorliegt, muß der Tod des Erblassers nachgewiesen werden; 17 denn ein Testament wird erst im Todesfall rechtskräftig und gilt nicht, solange der Erblasser noch lebt. 18 Daher ist auch der erste Bund mit Blut in Kraft gesetzt worden. 19 Nachdem Mose jedes Gebot dem Gesetz gemäß dem ganzen Volk vorgelesen hatte, nahm er das Blut der jungen Stiere und der Böcke, dazu Wasser, rote Wolle und Ysop, besprengte das Buch selbst und das ganze Volk 20 und sagte: *Das ist das Blut des Bundes, den Gott für euch eingesetzt hat.* 21 Dann besprengte er auch das Zelt und alle gottesdienstlichen Geräte auf gleiche Weise mit dem Blut. 22 Fast alles wird nach dem Gesetz mit Blut gereinigt, und ohne daß Blut vergossen wird, gibt es keine Vergebung.

23 Durch solche Mittel müssen also die Abbilder der himmlischen Dinge gereinigt werden; die himmlischen Dinge selbst aber erfordern wirksamere Opfer. 24 Denn Christus ist nicht in ein von Menschenhand errichtetes Heiligtum hineingegangen, in ein Abbild des wirklichen, sondern in den Himmel selbst, um jetzt für uns vor Gottes Angesicht zu erscheinen; 25 auch nicht, um sich selbst viele Male zu opfern, (denn er ist nicht) wie der Hohepriester, der jedes Jahr mit fremdem Blut in das Heiligtum hineingeht; 26 sonst hätte er viele Male seit der Erschaffung der Welt leiden müssen. Jetzt aber ist er am Ende der Zeiten ein einziges Mal erschienen, um durch sein Opfer die Sünde zu tilgen. 27 Und wie es dem Menschen bestimmt ist, ein einziges Mal zu sterben, worauf dann das Gericht folgt, 28 so wurde auch Christus ein einziges Mal geopfert, um *die Sünden vieler hinwegzunehmen;* beim zweitenmal wird er nicht wegen der Sünde erscheinen, sondern um die zu retten, die ihn erwarten.

Die endgültige Versöhnung mit Gott

10 Denn das Gesetz enthält nur einen Schatten der künftigen Güter, nicht die Gestalt der Dinge selbst; darum kann es durch die immer gleichen, alljährlich dargebrachten Opfer die, die vor Gott treten, niemals für immer zur Vollendung führen. 2 Hätte man nicht aufgehört zu opfern, wenn die Opfernden ein für allemal gereinigt und sich keiner Sünde mehr bewußt gewesen wären? 3 Aber durch diese Opfer wird alljährlich nur an die Sünden erinnert, 4 denn das Blut von Stieren und Böcken kann unmöglich Sünden wegnehmen. 5 Darum spricht Christus bei seinem Eintritt in die Welt:

Schlacht- und Speiseopfer hast du nicht gefordert, / doch einen Leib hast du mir geschaffen; / 6 *an Brand- und Sündopfern hast du kein Gefallen.*

7 *Da sagte ich: Ja, ich komme – / so steht es über mich in der Schriftrolle –, / um deinen Willen, Gott, zu tun.*

8 Zunächst sagt er: *Schlacht- und Speiseopfer, Brand- und Sündopfer forderst du nicht, du hast daran kein Gefallen,* obgleich sie doch nach dem Gesetz dargebracht werden; 9 dann aber hat er gesagt: *Ja, ich komme, um deinen Willen zu tun.* So hebt Christus das erste auf, um das zweite in Kraft zu setzen. 10 Aufgrund dieses Willens sind wir durch die Opfergabe des Leibes Jesu Christi ein für allemal geheiligt.

11 Jeder Priester steht Tag für Tag da, versieht seinen Dienst und bringt viele Male die gleichen Opfer dar, die doch niemals Sünden wegnehmen können. 12 Dieser aber hat nur ein einziges Opfer für die Sünden dargebracht und *sich* dann für immer *zur Rechten Gottes gesetzt;* 13 seitdem wartet er, *bis seine Feinde ihm als Schemel unter die Füße gelegt werden.* 14 Denn durch ein einziges Opfer hat er die, die geheiligt werden, für immer zur Vollendung geführt. 15 Das bezeugt uns auch der Heilige Geist; denn zuerst sagt er:

16 *Das wird der Bund sein, den ich nach diesen Tagen mit ihnen schließe – / spricht der Herr:*

Ich lege meine Gesetze in ihr Herz / und schreibe sie in ihr Inneres;

17 dann aber:

An ihre Sünden und Übertretungen denke ich nicht mehr.

18 Wo aber die Sünden vergeben sind, da gibt es kein Sündopfer mehr.

Der Weg des Glaubens: 10,19–13,19

Das unwandelbare Bekenntnis

19 Wir haben also die Zuversicht, Brüder, durch das Blut Jesu in das Heiligtum einzutreten. 20 Er hat uns den neuen und lebendigen Weg erschlossen durch den Vorhang hindurch, das heißt durch sein Fleisch. 21 Da wir einen Hohenpriester haben, der über das Haus Gottes gestellt ist, 22 laßt uns mit aufrichtigem Herzen und in voller Gewißheit des Glaubens hintreten, das Herz durch Besprengung gereinigt vom schlechten Gewissen und den Leib gewaschen mit reinem Wasser. 23 Laßt uns an dem unwandelbaren Bekenntnis der Hoffnung festhalten, denn er, der die Verheißung gegeben hat, ist treu. 24 Laßt uns aufeinander achten und uns zur Liebe und zu guten Taten anspornen. 25 Laßt uns nicht unseren Zusammenkünften fernbleiben, wie es einigen zur Gewohnheit geworden ist, sondern ermuntert einander, und das um so mehr, als ihr seht, daß der Tag naht.

Warnung vor dem Abfall

26 Denn wenn wir vorsätzlich sündigen, nachdem wir die Erkenntnis der Wahrheit empfangen haben, gibt es für diese Sünden kein Opfer mehr, 27 sondern nur die Erwartung des furchtbaren Gerichts und ein *wütendes Feuer, das die Gegner verzehren wird.* 28 Wer das Gesetz des Mose verwirft, muß ohne Erbarmen *auf die Aussage von zwei oder drei Zeugen hin sterben.* 29 Meint ihr nicht, daß eine noch viel härtere Strafe der verdient, der den Sohn Gottes mit Füßen getreten, *das Blut des Bundes,* durch das er geheiligt wurde, verachtet und den Geist der Gnade geschmäht hat? 30 Wir kennen doch den, der gesagt hat: *Mein ist die Rache, ich werde vergelten,* und ferner: *Der Herr wird sein Volk richten.* 31 Es ist furchtbar, in die Hände des lebendigen Gottes zu fallen.

Mahnung zur Ausdauer

32 Erinnert euch an die früheren Tage, als ihr nach eurer Erleuchtung manchen harten Leidenskampf bestanden habt: 33 Ihr seid vor aller Welt beschimpft und gequält worden, oder ihr seid mitbetroffen gewesen vom Geschick derer, denen es so erging; 34 denn ihr habt mit den Gefangenen gelitten und auch den Raub eures Vermögens freudig hingenommen, da ihr wußtet, daß ihr einen besseren Besitz habt, der euch bleibt. 35 Werft also eure Zuversicht nicht weg, die großen Lohn mit sich bringt. 36 Was ihr braucht, ist Ausdauer, damit ihr den Willen Gottes erfüllen könnt und so das verheißene Gut erlangt.

37 Denn nur noch *eine kurze Zeit, / dann wird*
der kommen, der kommen soll, / und er bleibt
nicht aus.
38 *Mein Gerechter aber wird durch den Glauben*
leben; / doch wenn er zurückweicht, / habe ich
kein Gefallen an ihm.
39 Wir aber gehören nicht zu denen, die zurück-
weichen und verlorengehen, sondern zu denen,
die glauben und das Leben gewinnen.

Der Glaube der Väter: 11,1–12,3

Die Urväter

11 Glaube aber ist: Feststehen in dem, was
man erhofft, Überzeugtsein von Dingen,
die man nicht sieht.
2 Aufgrund dieses Glaubens haben die Alten ein
ruhmvolles Zeugnis erhalten.
3 Aufgrund des Glaubens erkennen wir, daß die
Welt durch Gottes Wort erschaffen worden und
daß so aus Unsichtbarem das Sichtbare entstan-
den ist.
4 Aufgrund des Glaubens brachte Abel Gott ein
besseres Opfer dar als Kain; durch diesen Glau-
ben erhielt er das Zeugnis, daß er gerecht war, da
Gott es bei seinen Opfergaben bezeugte, und
durch den Glauben redet Abel noch, obwohl er
tot ist.
5 Aufgrund des Glaubens wurde Henoch ent-
rückt und mußte nicht sterben; *er wurde nicht*
mehr gefunden, weil Gott ihn entrückt hatte; vor
der Entrückung erhielt er das Zeugnis, daß er *Gott*
gefiel.
6 Ohne Glauben aber ist es unmöglich,
(Gott) *zu gefallen;* denn wer zu Gott kommen
will, muß glauben, daß er ist und daß er denen,
die ihn suchen, ihren Lohn geben wird.
7 Aufgrund des Glaubens wurde Noach das of-
fenbart, was noch nicht sichtbar war, und er
baute in frommem Gehorsam eine Arche zur Ret-
tung seiner Familie; durch seinen Glauben sprach
er der Welt das Urteil und wurde Erbe der Ge-
rechtigkeit, die aus dem Glauben kommt.

Die Patriarchen

8 Aufgrund des Glaubens gehorchte Abraham
dem Ruf, *wegzuziehen* in ein Land, das er zum
Erbe erhalten sollte; und *er zog weg,* ohne zu wis-
sen, wohin er kommen würde.
9 Aufgrund des Glaubens *hielt er sich als Frem-*
der im verheißenen *Land* wie in einem frem-
den Land auf und wohnte mit Isaak und Jakob,
den Miterben derselben Verheißung, in Zelten;
10 denn er erwartete die Stadt mit den festen
Grundmauern, die Gott selbst geplant und ge-
baut hat.
11 Aufgrund des Glaubens empfing selbst Sara die
Kraft, trotz ihres Alters noch Mutter zu werden;
denn sie hielt den für treu, der die Verheißung ge-
geben hatte.
12 So stammen denn auch von einem
einzigen Menschen, dessen Kraft bereits erstor-
ben war, viele ab: *zahlreich wie die Sterne am*
Himmel und der Sand am Meeresstrand, den
man nicht zählen kann.
13 Voll Glauben sind diese alle gestorben, ohne
das Verheißene erlangt zu haben; nur von fern ha-
ben sie es geschaut und gegrüßt und haben be-
kannt, daß sie Fremde und Gäste auf Erden sind.
14 Mit diesen Worten geben sie zu erkennen, daß
sie eine Heimat suchen.
15 Hätten sie dabei an die
Heimat gedacht, aus der sie weggezogen waren,
so wäre ihnen Zeit geblieben zurückzukehren;
16 nun aber streben sie nach einer besseren Hei-
mat, nämlich der himmlischen. Darum schämt
sich Gott ihrer nicht, er schämt sich nicht, ihr Gott
genannt zu werden; denn er hat für sie eine Stadt
vorbereitet.
17 Aufgrund des Glaubens *brachte Abraham den*
Isaak dar, als er auf die Probe gestellt wurde, und
gab den *einzigen Sohn* dahin, er, der die Ver-
heißungen empfangen hatte
18 und zu dem gesagt
worden war: *Durch Isaak wirst du Nachkom-*
men haben.
19 Er verließ sich darauf, daß Gott so-
gar die Macht hat, Tote zum Leben zu erwecken;
darum erhielt er Isaak auch zurück. Das ist ein
Sinnbild.
20 Aufgrund des Glaubens segnete Isaak Jakob
und Esau im Hinblick auf das Kommende.
21 Aufgrund des Glaubens segnete Jakob ster-
bend jeden der Söhne Josefs und *neigte sich über*
das obere Ende seines Stabes.
22 Aufgrund des Glaubens dachte Josef vor sei-
nem Tod an den Auszug der Israeliten und traf
Anordnungen wegen seiner Gebeine.

Weitere Zeugen des Glaubens

23 Aufgrund des Glaubens wurde Mose nach sei-
ner Geburt *drei Monate lang* von seinen Eltern
verborgen, weil sie sahen, daß es ein schönes
Kind war, und weil sie sich vor dem Befehl des
Königs nicht fürchteten.

24 Aufgrund des Glaubens weigerte sich Mose,
als er herangewachsen war, Sohn einer Tochter
des Pharao genannt zu werden; 25 lieber wollte er
sich zusammen mit dem Volk Gottes mißhandeln
lassen, als flüchtigen Genuß von der Sünde zu ha-
ben; 26 er hielt *die Schmach des Messias* für einen
größeren Reichtum als die Schätze Ägyptens;
denn er dachte an den künftigen Lohn.
27 Aufgrund des Glaubens verließ er Ägypten,
ohne Furcht vor dem Zorn des Königs; er hielt
standhaft aus, als sähe er den Unsichtbaren.
28 Aufgrund des Glaubens vollzog er *das Pascha*
und *bestrich die Türpfosten mit Blut,* damit *der
Vernichter* ihre Erstgeborenen nicht anrührte.
29 Aufgrund des Glaubens zogen sie durch das
Rote Meer wie über trockenes Land; als die Ägyp-
ter das gleiche versuchten, wurden sie vom Meer
verschlungen.
30 Aufgrund des Glaubens geschah es, daß die
Mauern von Jericho einstürzten, nachdem man
sieben Tage um sie herumgezogen war.
31 Aufgrund des Glaubens kam die Dirne Rahab
nicht zusammen mit den Ungehorsamen um;
denn sie hatte die Kundschafter in Frieden aufge-
nommen.
32 Und was soll ich noch aufzählen? Die Zeit
würde mir nicht reichen, wollte ich von Gideon
reden, von Barak, Simson, Jiftach, David und von
Samuel und den Propheten; 33 sie haben aufgrund
des Glaubens Königreiche besiegt, Gerechtigkeit
geübt, Verheißungen erlangt, Löwen den Rachen
gestopft, 34 Feuersglut gelöscht; sie sind scharfen
Schwertern entgangen; sie sind stark geworden,
als sie schwach waren; sie sind im Krieg zu Hel-
den geworden und haben feindliche Heere in die
Flucht geschlagen. 35 Frauen haben ihre Toten
durch Auferstehung zurückerhalten. Einige nah-
men die Freilassung nicht an und ließen sich fol-
tern, um eine bessere Auferstehung zu erlangen.
36 Andere haben Spott und Schläge erduldet, ja so-
gar Ketten und Kerker. 37 Gesteinigt wurden sie,
verbrannt, zersägt, mit dem Schwert umgebracht;
sie zogen in Schafspelzen und Ziegenfellen um-
her, notleidend, bedrängt, mißhandelt. 38 Sie, de-
ren die Welt nicht wert war, irrten umher in
Wüsten und Gebirgen, in den Höhlen und
Schluchten des Landes. 39 Doch sie alle, die auf-
grund des Glaubens (von Gott) besonders aner-
kannt wurden, haben das Verheißene nicht er-
langt, 40 weil Gott erst für uns etwas Besseres
vorgesehen hatte; denn sie sollten nicht ohne uns
vollendet werden.

12 Da uns eine solche Wolke von Zeugen
umgibt, wollen auch wir alle Last und
die Fesseln der Sünde abwerfen. Laßt uns mit
Ausdauer in dem Wettkampf laufen, der uns auf-
getragen ist, 2 und dabei auf Jesus blicken, den
Urheber und Vollender des Glaubens; er hat an-
gesichts der vor ihm liegenden Freude das Kreuz
auf sich genommen, ohne auf die Schande zu
achten, und *sich zur Rechten* von Gottes Thron
gesetzt. 3 Denkt an den, der von den Sündern sol-
chen Widerstand gegen sich erduldet hat; dann
werdet ihr nicht ermatten und den Mut nicht
verlieren.

Abschließende Mahnungen: 12,4–13,19

Die Züchtigung als Zeichen väterlicher Liebe

4 Ihr habt im Kampf gegen die Sünde noch nicht
bis aufs Blut Widerstand geleistet, 5 und ihr habt
die Mahnung vergessen, die euch als Söhne an-
redet:
*Mein Sohn, verachte nicht die Zucht des Herrn, /
verzage nicht, wenn er dich zurechtweist.*
6 *Denn wen der Herr liebt, den züchtigt er; / er
schlägt mit der Rute jeden Sohn, den er gern hat.*
7 Haltet aus, wenn ihr gezüchtigt werdet. Gott
behandelt euch wie Söhne. Denn wo ist ein
Sohn, den sein Vater nicht züchtigt? 8 Würdet ihr
nicht gezüchtigt, wie es doch bisher allen ergan-
gen ist, dann wäret ihr nicht wirklich seine Kin-
der, ihr wäret nicht seine Söhne. 9 Ferner: An
unseren leiblichen Vätern hatten wir harte Erzie-
her, und wir achteten sie. Sollen wir uns dann
nicht erst recht dem Vater der Geister unterwer-
fen und so das Leben haben? 10 Jene haben uns für
kurze Zeit nach ihrem Gutdünken in Zucht ge-
nommen; er aber tut es zu unserem Besten, da-
mit wir Anteil an seiner Heiligkeit gewinnen.
11 Jede Züchtigung scheint zwar für den Augen-
blick nicht Freude zu bringen, sondern Schmerz;
später aber schenkt sie denen, die durch diese
Schule gegangen sind, als Frucht den Frieden
und die Gerechtigkeit.
12 Darum *macht die erschlafften Hände wieder
stark und die wankenden Knie wieder fest,* 13 und
ebnet die Wege für eure Füße, damit die lahmen
Glieder nicht ausgerenkt, sondern geheilt wer-
den.

Warnung vor Leichtfertigkeit

14 *Strebt voll Eifer nach Frieden* mit allen und nach
der Heiligung, ohne die keiner den Herrn sehen
wird. 15 Seht zu, daß niemand die Gnade Gottes
verscherzt, *daß keine bittere Wurzel wächst und
Schaden stiftet* und durch sie alle vergiftet wer-
den, 16 daß keiner unzüchtig ist oder gottlos wie
Esau, der für eine einzige Mahlzeit sein *Erstge-
burtsrecht verkaufte.* 17 Ihr wißt auch, daß er ver-
worfen wurde, als er später den Segen erben
wollte; denn er fand keinen Weg zur Umkehr, ob-
gleich er unter Tränen danach suchte.

Die rechte Furcht vor Gott

18 Denn ihr seid nicht zu einem sichtbaren, *lo-
dernden Feuer* hingetreten, *zu dunklen Wolken,
zu Finsternis und Sturmwind,* 19 *zum Klang der
Posaunen und zum Schall der Worte,* bei denen
die Hörer flehten, diese Stimme solle nicht weiter
zu ihnen reden; 20 denn sie ertrugen nicht den Be-
fehl: Sogar *ein Tier, das den Berg berührt, soll ge-
steinigt werden.* 21 Ja, so furchtbar war die Erschei-
nung, daß Mose rief: Ich bin voll Angst und
Schrecken. 22 Ihr seid vielmehr zum Berg Zion hin-
getreten, zur Stadt des lebendigen Gottes, dem
himmlischen Jerusalem, zu Tausenden von En-
geln, zu einer festlichen Versammlung 23 und zur
Gemeinschaft der Erstgeborenen, die im Himmel
verzeichnet sind; zu Gott, dem Richter aller, zu
den Geistern der schon vollendeten Gerechten,
24 zum Mittler eines neuen Bundes, Jesus, und
zum Blut der Besprengung, das mächtiger ruft als
das Blut Abels.

25 Gebt acht, daß ihr den nicht ablehnt, der redet.
Jene haben ihn abgelehnt, als er auf Erden seine
Gebote verkündete, und sind (dem Gericht) nicht
entronnen; wieviel weniger dann wir, wenn wir
uns von dem abwenden, der jetzt vom Himmel
her spricht. 26 Seine Stimme hat damals die Erde
erschüttert, jetzt aber hat er verheißen: *Noch ein-
mal lasse ich es beben,* aber nicht nur *die Erde* er-
schüttere ich, sondern auch *den Himmel.* 27 Die-
ses *Noch einmal* weist auf die Umwandlung
dessen hin, das, weil es erschaffen ist, erschüttert
wird, damit das Unerschütterliche bleibt. 28 Da-
rum wollen wir dankbar sein, weil wir ein uner-
schütterliches Reich empfangen, und wollen
Gott so dienen, wie es ihm gefällt, in ehrfürchti-
ger Scheu; 29 denn unser Gott *ist verzehrendes
Feuer.*

Aufruf zu echtem christlichem Leben

13 Die Bruderliebe soll bleiben. 2 Vergeßt die
Gastfreundschaft nicht; denn durch sie
haben einige, ohne es zu ahnen, Engel beher-
bergt. 3 Denkt an die Gefangenen, als wäret ihr
mitgefangen; denkt an die Mißhandelten, denn
auch ihr lebt noch in eurem irdischen Leib. 4 Die
Ehe soll von allen in Ehren gehalten werden, und
das Ehebett bleibe unbefleckt; denn Unzüchtige
und Ehebrecher wird Gott richten. 5 Euer Leben
sei frei von Habgier; seid zufrieden mit dem, was
ihr habt; denn Gott hat versprochen: *Ich lasse
dich nicht fallen und verlasse dich nicht.* 6 Darum
dürfen wir zuversichtlich sagen:

*Der Herr ist mein Helfer, ich fürchte mich nicht. /
Was können Menschen mir antun?*

7 Denkt an eure Vorsteher, die euch das Wort
Gottes verkündet haben; schaut auf das Ende ih-
res Lebens, und ahmt ihren Glauben nach! 8 Jesus
Christus ist derselbe gestern, heute und in Ewig-
keit. 9 Laßt euch nicht durch mancherlei fremde
Lehren irreführen; denn es ist gut, das Herz durch
Gnade zu stärken und nicht dadurch, daß man
nach Speisevorschriften lebt, die noch keinem
genützt haben.

10 Wir haben einen Altar, von dem die nicht es-
sen dürfen, die dem Zelt dienen. 11 Denn die Kör-
per der Tiere, *deren Blut* vom Hohenpriester *zur
Sühnung der Sünde in das Heiligtum gebracht
wird, werden außerhalb des Lagers verbrannt.*
12 Deshalb hat auch Jesus, um durch sein eigenes
Blut das Volk zu heiligen, außerhalb des Tores ge-
litten. 13 Laßt uns also zu ihm *vor das Lager hin-
ausziehen* und seine Schmach auf uns nehmen.
14 Denn wir haben hier keine Stadt, die bestehen
bleibt, sondern wir suchen die künftige.

15 Durch ihn also laßt uns Gott allezeit *das Opfer
des Lobes darbringen,* nämlich *die Frucht der Lip-
pen,* die seinen Namen preisen. 16 Vergeßt nicht,
Gutes zu tun und mit anderen zu teilen; denn an
solchen Opfern hat Gott Gefallen. 17 Gehorcht eu-
ren Vorstehern, und ordnet euch ihnen unter,
denn sie wachen über euch und müssen Rechen-
schaft darüber ablegen; sie sollen das mit Freude
tun können, nicht mit Seufzen, denn das wäre zu
eurem Schaden. 18 Betet für uns! Zwar sind wir
überzeugt, ein gutes Gewissen zu haben, weil
wir in allem recht zu leben suchen; 19 um so drin-
gender aber bitte ich um euer Gebet, damit ich
euch recht bald zurückgegeben werde.

Der Schluß des Briefes: Segenswünsche und Grüße: 13,20–25

20 Der Gott des Friedens aber, der Jesus, unse-
ren Herrn, *den* erhabenen *Hirten seiner Schafe,*
von den Toten *heraufgeführt hat durch das Blut*
eines ewigen Bundes, 21 er mache euch tüchtig
in allem Guten, damit ihr seinen Willen tut. Er
bewirke in uns, was ihm gefällt, durch Jesus
Christus, dem die Ehre sei in alle Ewigkeit.
Amen.

22 Schließlich bitte ich euch, Brüder, nehmt diese
Mahnrede bereitwillig an; ich habe euch ja nur
kurz geschrieben. 23 Wißt, daß unser Bruder Ti-
motheus freigelassen worden ist; sobald er
kommt, werde ich mit ihm zusammen euch be-
suchen. 24 Grüßt alle eure Vorsteher und alle Hei-
ligen! Es grüßen euch die Brüder aus Italien.
25 Die Gnade sei mit euch allen!

DIE KATHOLISCHEN BRIEFE

DER BRIEF DES JAKOBUS

Anschrift und Gruß: 1,1

1 Jakobus, Knecht Gottes und Jesu Christi, des Herrn, grüßt die zwölf Stämme, die in der Zerstreuung leben.

Sinn und Wesen der Versuchung: 1,2–18

2 Seid voll Freude, meine Brüder, wenn ihr
in mancherlei Versuchungen geratet. 3 Ihr wißt,
daß die Prüfung eures Glaubens Ausdauer
bewirkt. 4 Die Ausdauer aber soll zu einem vollendeten Werk führen; denn so werdet ihr vollendet und untadelig sein, es wird euch nichts
mehr fehlen. 5 Fehlt es aber einem von euch
an Weisheit, dann soll er sie von Gott erbitten; Gott wird sie ihm geben, denn er gibt allen gern
und macht niemand einen Vorwurf. 6 Wer bit-
tet, soll aber voll Glauben bitten und nicht zweifeln; denn wer zweifelt, ist wie eine Welle, die vom Wind im Meer hin und her getrieben wird.
7 Ein solcher Mensch bilde sich nicht ein, daß er
vom Herrn etwas erhalten wird: 8 Er ist ein
Mann mit zwei Seelen, unbeständig auf all seinen Wegen.
9 Der Bruder, der in niederem Stand lebt, rühme
sich seiner hohen Würde, 10 der Reiche aber seiner
Niedrigkeit; denn er wird dahinschwinden wie
die Blume im Gras. 11 Die Sonne geht auf, und ihre
Hitze versengt das Gras; die Blume verwelkt, und ihre Pracht vergeht. So wird auch der Reiche vergehen mit allem, was er unternimmt.
12 Glücklich der Mann, der in der Versuchung
standhält. Denn wenn er sich bewährt, wird er den Kranz des Lebens erhalten, der denen verheißen ist, die Gott lieben. 13 Keiner, der in Versu-
chung gerät, soll sagen: Ich werde von Gott in Versuchung geführt. Denn Gott kann nicht in die Versuchung kommen, Böses zu tun, und er führt
auch selbst niemand in Versuchung. 14 Jeder wird
von seiner eigenen Begierde, die ihn lockt und
fängt, in Versuchung geführt. 15 Wenn die Begierde
dann schwanger geworden ist, bringt sie die Sünde zur Welt; ist die Sünde reif geworden, bringt sie den Tod hervor.
16 Laßt euch nicht irreführen, meine geliebten Brü-
der; 17 jede gute Gabe und jedes vollkommene Geschenk kommt von oben, vom Vater der Gestirne, bei dem es keine Veränderung und keine Verfinsterung gibt. 18 Aus freiem Willen hat er uns durch
das Wort der Wahrheit geboren, damit wir gleichsam die Erstlingsfrucht seiner Schöpfung seien.

Ermahnungen und Warnungen: 1,19–5,12

Der rechte Hörer des Wortes

19 Denkt daran, meine geliebten Brüder: Jeder
Mensch soll schnell bereit sein zu hören, aber zurückhaltend im Reden und nicht schnell zum
Zorn bereit; 20 denn im Zorn tut der Mensch nicht
das, was vor Gott recht ist. 21 Darum legt alles
Schmutzige und Böse ab, seid sanftmütig und nehmt euch das Wort zu Herzen, das in euch eingepflanzt worden ist und das die Macht hat, euch zu retten.
22 Hört das Wort nicht nur an, sondern handelt
danach; sonst betrügt ihr euch selbst. 23 Wer das

Wort nur hört, aber nicht danach handelt, ist wie
ein Mensch, der sein eigenes Gesicht im Spiegel
betrachtet: 24 Er betrachtet sich, geht weg, und
schon hat er vergessen, wie er aussah. 25 Wer
sich aber in das vollkommene Gesetz der Frei-
heit vertieft und an ihm festhält, wer es nicht
nur hört, um es wieder zu vergessen, sondern
danach handelt, der wird durch sein Tun selig
sein.
26 Wer meint, er diene Gott, aber seine Zunge
nicht im Zaum hält, der betrügt sich selbst, und
sein Gottesdienst ist wertlos. 27 Ein reiner und ma-
kelloser Dienst vor Gott, dem Vater, besteht darin:
für Waisen und Witwen zu sorgen, wenn sie in
Not sind, und sich vor jeder Befleckung durch die
Welt zu bewahren.

Verhalten gegenüber Reichen und Armen

2 Meine Brüder, haltet den Glauben an unse-
ren Herrn Jesus Christus, den Herrn der
Herrlichkeit, frei von jedem Ansehen der Person.
2 Wenn in eure Versammlung ein Mann mit gol-
denen Ringen und prächtiger Kleidung kommt,
und zugleich kommt ein Armer in schmutziger
Kleidung, 3 und ihr blickt auf den Mann in der
prächtigen Kleidung und sagt: Setz dich hier auf
den guten Platz!, und zu dem Armen sagt ihr:
Du kannst dort stehen!, oder: Setz dich zu mei-
nen Füßen! – 4 macht ihr dann nicht unterein-
ander Unterschiede und fällt Urteile aufgrund
verwerflicher Überlegungen? 5 Hört, meine ge-
liebten Brüder: Hat Gott nicht die Armen in der
Welt auserwählt, um sie durch den Glauben
reich und zu Erben des Königreichs zu machen,
das er denen verheißen hat, die ihn lieben? 6 Ihr
aber verachtet den Armen. Sind es nicht die Rei-
chen, die euch unterdrücken und euch vor die
Gerichte schleppen? 7 Sind nicht sie es, die den
hohen Namen lästern, der über euch ausgerufen
worden ist? 8 Wenn ihr dagegen nach dem Wort
der Schrift: *Du sollst deinen Nächsten lieben wie
dich selbst!* das königliche Gesetz erfüllt, dann
handelt ihr recht. 9 Wenn ihr aber nach dem An-
sehen der Person urteilt, begeht ihr eine Sünde,
und aus dem Gesetz selbst wird offenbar, daß
ihr es übertreten habt. 10 Wer das ganze Gesetz
hält und nur gegen ein einziges Gebot verstößt,
der hat sich gegen alle verfehlt. 11 Denn er, der
gesagt hat: *Du sollst nicht die Ehe brechen!*, hat
auch gesagt: *Du sollst nicht töten!* Wenn du
nicht die Ehe brichst, aber tötest, hast du das Ge-
setz übertreten. 12 Darum redet und handelt wie
Menschen, die nach dem Gesetz der Freiheit ge-
richtet werden. 13 Denn das Gericht ist erbar-
mungslos gegen den, der kein Erbarmen gezeigt
hat. Barmherzigkeit aber triumphiert über das
Gericht.

Glaube und Tat

14 Meine Brüder, was nützt es, wenn einer sagt,
er habe Glauben, aber es fehlen die Werke?
Kann etwa der Glaube ihn retten? 15 Wenn ein
Bruder oder eine Schwester ohne Kleidung
ist und ohne das tägliche Brot 16 und einer
von euch zu ihnen sagt: Geht in Frieden, wärmt
und sättigt euch!, ihr gebt ihnen aber nicht, was
sie zum Leben brauchen – was nützt das? 17 So
ist auch der Glaube für sich allein tot, wenn
er nicht Werke vorzuweisen hat. 18 Nun könnte
einer sagen: Du hast Glauben, und ich kann
Werke vorweisen; zeig mir deinen Glauben
ohne die Werke, und ich zeige dir meinen Glau-
ben aufgrund der Werke. 19 Du glaubst: Es gibt
nur den einen Gott. Damit hast du recht;
das glauben auch die Dämonen, und sie zit-
tern. 20 Willst du also einsehen, du unvernünf-
tiger Mensch, daß der Glaube ohne Werke nutz-
los ist? 21 Wurde unser Vater Abraham nicht
aufgrund seiner Werke als gerecht anerkannt?
Denn er hat *seinen Sohn Isaak als Opfer auf
den Altar gelegt.* 22 Du siehst, daß bei ihm der
Glaube und die Werke zusammenwirkten und
daß erst durch die Werke der Glaube vollen-
det wurde. 23 So hat sich das Wort der Schrift er-
füllt: *Abraham glaubte Gott, und das wurde ihm
als Gerechtigkeit angerechnet,* und er wurde
Freund Gottes genannt. 24 Ihr seht, daß der
Mensch aufgrund seiner Werke gerecht wird,
nicht durch den Glauben allein. 25 Wurde nicht
ebenso auch die Dirne Rahab durch ihre Werke
als gerecht anerkannt, weil sie die Boten bei sich
aufnahm und dann auf einem anderen Weg ent-
kommen ließ? 26 Denn wie der Körper ohne den
Geist tot ist, so ist auch der Glaube tot ohne
Werke.

Die Macht der Zunge

3 Nicht so viele von euch sollen Lehrer wer-
den, meine Brüder. Ihr wißt, daß wir im Ge-
richt strenger beurteilt werden. 2 Denn wir alle

verfehlen uns in vielen Dingen. Wer sich in seinen Worten nicht verfehlt, ist ein vollkommener Mann und kann auch seinen Körper völlig im Zaum halten. 3 Wenn wir den Pferden den Zaum anlegen, damit sie uns gehorchen, lenken wir damit das ganze Tier. 4 Oder denkt an die Schiffe: Sie sind groß und werden von starken Winden getrieben, und doch lenkt sie der Steuermann mit einem ganz kleinen Steuer, wohin er will. 5 So ist auch die Zunge nur ein kleines Körperglied und rühmt sich doch großer Dinge. Und wie klein kann ein Feuer sein, das einen großen Wald in Brand steckt. 6 Auch die Zunge ist ein Feuer, eine Welt voll Ungerechtigkeit. Die Zunge ist der Teil, der den ganzen Menschen verdirbt und das Rad des Lebens in Brand setzt; sie selbst aber ist von der Hölle in Brand gesetzt. 7 Denn jede Art von Tieren, auf dem Land und in der Luft, was am Boden kriecht und was im Meer schwimmt, läßt sich zähmen und ist vom Menschen auch gezähmt worden; 8 doch die Zunge kann kein Mensch zähmen, dieses ruhelose Übel, voll von tödlichem Gift. 9 Mit ihr preisen wir den Herrn und Vater, und mit ihr verfluchen wir die Menschen, die *als Abbild Gottes* erschaffen sind. 10 Aus ein und demselben Mund kommen Segen und Fluch. Meine Brüder, so darf es nicht sein. 11 Läßt etwa eine Quelle aus derselben Öffnung süßes und bitteres Wasser hervorsprudeln? 12 Kann denn, meine Brüder, ein Feigenbaum Oliven tragen oder ein Weinstock Feigen? So kann auch eine salzige Quelle kein Süßwasser hervorbringen.

Die Weisheit von oben

13 Wer von euch ist weise und verständig? Er soll in weiser Bescheidenheit die Taten eines rechtschaffenen Lebens vorweisen. 14 Wenn aber euer Herz voll ist von bitterer Eifersucht und von Ehrgeiz, dann prahlt nicht, und verfälscht nicht die Wahrheit! 15 Das ist nicht die Weisheit, die von oben kommt, sondern eine irdische, eigennützige, teuflische Weisheit. 16 Wo nämlich Eifersucht und Ehrgeiz herrschen, da gibt es Unordnung und böse Taten jeder Art. 17 Doch die Weisheit von oben ist erstens heilig, sodann friedlich, freundlich, gehorsam, voll Erbarmen und reich an guten Früchten, sie ist unparteiisch, sie heuchelt nicht. 18 Wo Frieden herrscht, wird (von Gott) für die Menschen, die Frieden stiften, die Saat der Gerechtigkeit ausgestreut.

Warnung vor Zwietracht und Weltsinn

4 Woher kommen die Kriege bei euch, woher die Streitigkeiten? Doch nur vom Kampf der Leidenschaften in eurem Innern. 2 Ihr begehrt und erhaltet doch nichts. Ihr mordet und seid eifersüchtig und könnt dennoch nichts erreichen. Ihr streitet und führt Krieg. Ihr erhaltet nichts, weil ihr nicht bittet. 3 Ihr bittet und empfangt doch nichts, weil ihr in böser Absicht bittet, um es in eurer Leidenschaft zu verschwenden. 4 Ihr Ehebrecher, wißt ihr nicht, daß Freundschaft mit der Welt Feindschaft mit Gott ist? Wer also ein Freund der Welt sein will, der wird zum Feind Gottes. 5 Oder meint ihr, die Schrift sage ohne Grund: Eifersüchtig sehnt er sich nach dem Geist, den er in uns wohnen ließ. 6 Doch er gibt noch größere Gnade; darum heißt es auch: *Gott tritt den Stolzen entgegen, den Demütigen aber schenkt er seine Gnade.* 7 Ordnet euch also Gott unter, leistet dem Teufel Widerstand; dann wird er vor euch fliehen. 8 Sucht die Nähe Gottes; dann wird er sich euch nähern. Reinigt die Hände, ihr Sünder, läutert euer Herz, ihr Menschen mit zwei Seelen! 9 Klagt und trauert und weint! Euer Lachen verwandle sich in Trauer, eure Freude in Betrübnis. 10 Demütigt euch vor dem Herrn; dann wird er euch erhöhen.

11 Verleumdet einander nicht, Brüder! Wer seinen Bruder verleumdet oder seinen Bruder verurteilt, verleumdet das Gesetz und verurteilt das Gesetz; wenn du aber das Gesetz verurteilst, handelst du nicht nach dem Gesetz, sondern bist sein Richter. 12 Nur einer ist der Gesetzgeber und Richter: er, der die Macht hat, zu retten und zu verderben. Wer aber bist du, daß du über deinen Nächsten richtest?

Warnung vor Selbstsicherheit

13 Ihr aber, die ihr sagt: Heute oder morgen werden wir in diese oder jene Stadt reisen, dort werden wir ein Jahr bleiben, Handel treiben und Gewinne machen –, 14 ihr wißt doch nicht, was morgen mit eurem Leben sein wird. Rauch seid ihr, den man eine Weile sieht; dann verschwin-

det er. 15 Ihr solltet lieber sagen: Wenn der Herr
will, werden wir noch leben und dies oder jenes
tun. 16 Nun aber prahlt ihr voll Übermut; doch all
dieses Prahlen ist schlecht. 17 Wer also das Gute
tun kann und es nicht tut, der sündigt.

Warnung an die hartherzigen Reichen

5 Ihr aber, ihr Reichen, weint nur und klagt
über das Elend, das euch treffen wird. 2 Euer
Reichtum verfault, und eure Kleider werden von
Motten zerfressen. 3 Euer Gold und Silber verro-
stet; ihr Rost wird als Zeuge gegen euch auftreten
und euer Fleisch verzehren wie Feuer. Noch in
den letzten Tagen sammelt ihr Schätze. 4 Aber der
Lohn der Arbeiter, die eure Felder abgemäht ha-
ben, der Lohn, den ihr ihnen vorenthalten habt,
schreit zum Himmel; die Klagerufe derer, die eure
Ernte eingebracht haben, dringen zu den Ohren
des Herrn der himmlischen Heere. 5 Ihr habt auf
Erden ein üppiges und ausschweifendes Leben
geführt, und noch am Schlachttag habt ihr euer
Herz gemästet. 6 Ihr habt den Gerechten verurteilt
und umgebracht, er aber leistete euch keinen Wi-
derstand.

Mahnung zur Ausdauer

7 Darum, Brüder, haltet geduldig aus bis zur An-
kunft des Herrn! Auch der Bauer wartet auf die
kostbare Frucht der Erde, er wartet geduldig, bis
im Herbst und im Frühjahr der Regen fällt.
8 Ebenso geduldig sollt auch ihr sein. Macht euer
Herz stark, denn die Ankunft des Herrn steht
nahe bevor. 9 Klagt nicht übereinander, Brüder,
damit ihr nicht gerichtet werdet. Seht, der Richter
steht schon vor der Tür. 10 Brüder, im Leiden und
in der Geduld nehmt euch die Propheten zum
Vorbild, die im Namen des Herrn gesprochen ha-
ben. 11 Wer geduldig alles ertragen hat, den preisen
wir glücklich. Ihr habt von der Ausdauer des Ijob
gehört und das Ende gesehen, das der Herr her-
beigeführt hat. Denn der Herr ist voll Erbarmen
und Mitleid.

Warnung vor dem Schwören

12 Vor allem, meine Brüder, schwört nicht, we-
der beim Himmel noch bei der Erde noch irgend-
einen anderen Eid. Euer Ja soll ein Ja sein und
euer Nein ein Nein, damit ihr nicht dem Gericht
verfallt.

Die Macht des vertrauensvollen Gebets: 5,13–18

13 Ist einer von euch bedrückt? Dann soll er beten.
Ist einer fröhlich? Dann soll er ein Loblied singen.
14 Ist einer von euch krank? Dann rufe er die Älte-
sten der Gemeinde zu sich; sie sollen Gebete über
ihn sprechen und ihn im Namen des Herrn mit Öl
salben. 15 Das gläubige Gebet wird den Kranken
retten, und der Herr wird ihn aufrichten; wenn er
Sünden begangen hat, werden sie ihm vergeben.
16 Darum bekennt einander eure Sünden, und be-
tet füreinander, damit ihr geheiligt werdet. Viel
vermag das inständige Gebet eines Gerechten.
17 Elija war ein Mensch wie wir; er betete inständ-
dig, es solle nicht regnen, und es regnete drei
Jahre und sechs Monate nicht auf der Erde. 18 Und
er betete wieder; da gab der Himmel Regen, und
die Erde brachte ihre Früchte hervor.

Die Verantwortung für den gefährdeten Bruder: 5,19–20

19 Meine Brüder, wenn einer bei euch von der
Wahrheit abirrt und jemand ihn zur Umkehr
bewegt, 20 dann sollt ihr wissen: Wer einen Sün-
der, der auf Irrwegen ist, zur Umkehr bewegt,
der rettet ihn vor dem Tod und *deckt* viele *Sün-
den zu.*

DER ERSTE BRIEF DES PETRUS

Anschrift und Gruß: 1,1–2

1 Petrus, Apostel Jesu Christi, an die Auser-
wählten, die als Fremde in Pontus, Galatien,
Kappadozien, der Provinz Asien und Bithynien in
der Zerstreuung leben, 2 von Gott, dem Vater, von
jeher ausersehen und durch den Geist geheiligt,
um Jesus Christus gehorsam zu sein und mit sei-
nem Blut besprengt zu werden. Gnade sei mit
euch und Friede in Fülle.

Ziel und Weg des Glaubens: 1,3–2,10

Das Ziel des Glaubens

3 Gepriesen sei der Gott und Vater unseres Herrn
Jesus Christus: Er hat uns in seinem großen Er-
barmen neu geboren, damit wir durch die Aufer-
stehung Jesu Christi von den Toten eine lebendige
Hoffnung haben 4 und das unzerstörbare, makel-
lose und unvergängliche Erbe empfangen, das im
Himmel für euch aufbewahrt ist. 5 Gottes Macht
behütet euch durch den Glauben, damit ihr das
Heil erlangt, das am Ende der Zeit offenbart wer-
den soll. 6 Deshalb seid ihr voll Freude, obwohl ihr
jetzt vielleicht kurze Zeit unter mancherlei Prü-
fungen leiden müßt. 7 Dadurch soll sich euer
Glaube bewähren, und es wird sich zeigen, daß
er wertvoller ist als Gold, das im Feuer geprüft
wurde und doch vergänglich ist. So wird (eurem
Glauben) Lob, Herrlichkeit und Ehre zuteil bei der
Offenbarung Jesu Christi. 8 Ihn habt ihr nicht ge-
sehen, und dennoch liebt ihr ihn; ihr seht ihn
auch jetzt nicht; aber ihr glaubt an ihn und jubelt
in unsagbarer, von himmlischer Herrlichkeit ver-
klärter Freude, 9 da ihr das Ziel des Glaubens er-
reichen werdet: euer Heil. 10 Nach diesem Heil ha-
ben die Propheten gesucht und geforscht, und sie
haben über die Gnade geweissagt, die für euch
bestimmt ist. 11 Sie haben nachgeforscht, auf wel-
che Zeit und welche Umstände der in ihnen wir-
kende Geist Christi hindeute, der die Leiden Chri-
sti und die darauf folgende Herrlichkeit im voraus
bezeugte. 12 Den Propheten wurde offenbart, daß
sie damit nicht sich selbst, sondern euch dienten;
und jetzt ist euch dies alles von denen verkündet
worden, die euch in der Kraft des vom Himmel
gesandten Heiligen Geistes das Evangelium ge-
bracht haben. Das alles zu sehen ist sogar das Ver-
langen der Engel.

Der Weg zum Glauben

13 Deshalb umgürtet euch, und macht euch bereit!
Seid nüchtern, und setzt eure Hoffnung ganz auf
die Gnade, die euch bei der Offenbarung Jesu
Christi geschenkt wird. 14 Seid gehorsame Kinder,
und laßt euch nicht mehr von euren Begierden
treiben wie früher, in der Zeit eurer Unwissen-
heit. 15 Wie er, der euch berufen hat, heilig ist, so
soll auch euer ganzes Leben heilig werden.
16 Denn es heißt in der Schrift: *Seid heilig, denn ich
bin heilig.* 17 Und wenn ihr den als Vater anruft, der
jeden ohne Ansehen der Person nach seinem Tun
beurteilt, dann führt auch, solange ihr in der
Fremde seid, ein Leben in Gottesfurcht. 18 Ihr
wißt, daß ihr aus eurer sinnlosen, von den Vätern
ererbten Lebensweise nicht um einen vergängli-
chen Preis *losgekauft* wurdet, *nicht um Silber*
oder Gold, 19 sondern mit dem kostbaren Blut
Christi, des Lammes ohne Fehl und Makel. 20 Er
war schon vor der Erschaffung der Welt dazu aus-
ersehen, und euretwegen ist er am Ende der Zei-
ten erschienen. 21 Durch ihn seid ihr zum Glauben
an Gott gekommen, der ihn von den Toten aufer-
weckt und ihm die Herrlichkeit gegeben hat, so
daß ihr an Gott glauben und auf ihn hoffen könnt.
22 Der Wahrheit gehorsam, habt ihr euer Herz rein
gemacht für eine aufrichtige Bruderliebe; darum
hört nicht auf, einander von Herzen zu lieben.
23 Ihr seid neu geboren worden, nicht aus ver-
gänglichem, sondern aus unvergänglichem Sa-
men: aus Gottes Wort, das lebt und das bleibt.

24 Denn
alles Sterbliche ist wie Gras, / und all seine
Schönheit ist wie die Blume im Gras.
Das Gras verdorrt, und die Blume verwelkt; /
25 *doch das Wort des Herrn bleibt in Ewigkeit.*
Dieses Wort ist das Evangelium, das euch ver-
kündet worden ist.

Jesus Christus, der lebendige Stein

2 Legt also alle Bosheit ab, alle Falschheit und
Heuchelei, allen Neid und alle Verleumdung.
2 Verlangt, gleichsam als neugeborene Kinder,
nach der unverfälschten, geistigen Milch, damit
ihr durch sie heranwachst und das Heil erlangt.
3 Denn ihr habt *erfahren, wie gütig der Herr ist.*
4 Kommt zu ihm, dem lebendigen *Stein,* der von
den Menschen verworfen, aber von Gott *auser-*
wählt und geehrt worden ist. 5 Laßt euch als le-
bendige Steine zu einem geistigen Haus auf-
bauen, zu einer heiligen Priesterschaft, um durch
Jesus Christus geistige Opfer darzubringen, die
Gott gefallen. 6 Denn es heißt in der Schrift:
Seht her, ich lege in Zion einen auserwählten
Stein, / einen Eckstein, den ich in Ehren halte; /
wer an ihn glaubt, der geht nicht zugrunde.
7 Euch, die ihr glaubt, gilt diese Ehre. Für jene
aber, die nicht glauben, ist *dieser Stein, den die*
Bauleute verworfen haben, zum Eckstein gewor-
den, 8 *zum Stein, an den man anstößt, und zum*
Felsen, an dem man zu Fall kommt. Sie stoßen
sich an ihm, weil sie dem Wort nicht gehorchen;
doch dazu sind sie bestimmt. 9 Ihr aber seid *ein*
auserwähltes Geschlecht, eine königliche Prie-
sterschaft, ein heiliger Stamm, ein Volk, das sein
besonderes Eigentum wurde, damit ihr die
großen Taten dessen verkündet, der euch aus der
Finsternis in sein wunderbares Licht gerufen hat.
10 Einst wart ihr *nicht sein Volk,* jetzt aber seid ihr
Gottes Volk; einst gab es für euch *kein Erbarmen,*
jetzt aber habt ihr *Erbarmen gefunden.*

Christliches Leben in Familie und Gesellschaft: 2,11–4,11

Der Christ im Staat

11 Liebe Brüder, da ihr Fremde und Gäste seid in
dieser Welt, ermahne ich euch: Gebt den irdi-
schen Begierden nicht nach, die gegen die Seele
kämpfen. 12 Führt unter den Heiden ein recht-
schaffenes Leben, damit sie, die euch jetzt als
Übeltäter verleumden, durch eure guten Taten
zur Einsicht kommen und Gott preisen am Tag
der Heimsuchung.
13 Unterwerft euch um des Herrn willen jeder
menschlichen Ordnung: dem Kaiser, weil er über
allen steht, 14 den Statthaltern, weil sie von ihm
entsandt sind, um die zu bestrafen, die Böses tun,
und die auszuzeichnen, die Gutes tun. 15 Denn es
ist der Wille Gottes, daß ihr durch eure guten Ta-
ten die Unwissenheit unverständiger Menschen
zum Schweigen bringt. 16 Handelt als Freie, aber
nicht als solche, die die Freiheit als Deckmantel
für das Böse nehmen, sondern wie Knechte
Gottes. 17 Erweist allen Menschen Ehre, liebt die
Brüder, fürchtet Gott, und ehrt den Kaiser!

Die Sklaven in der Nachfolge Christi

18 Ihr Sklaven, ordnet euch in aller Ehrfurcht eu-
ren Herren unter, nicht nur den guten und
freundlichen, sondern auch den launenhaften.
19 Denn es ist eine Gnade, wenn jemand deswe-
gen Kränkungen erträgt und zu Unrecht leidet,
weil er sich in seinem Gewissen nach Gott rich-
tet. 20 Ist es vielleicht etwas Besonderes, wenn
ihr wegen einer Verfehlung Schläge erduldet?
Wenn ihr aber recht handelt und trotzdem Lei-
den erduldet, das ist eine Gnade in den Augen
Gottes.
21 Dazu seid ihr berufen worden; denn auch
Christus hat für euch gelitten und euch ein
Beispiel gegeben, damit ihr seinen Spuren
folgt.
22 *Er hat keine Sünde begangen, / und in seinem*
Mund war kein trügerisches Wort.
23 Er wurde geschmäht, schmähte aber nicht; /
er litt, drohte aber nicht, / sondern überließ seine
Sache dem gerechten Richter.
24 Er hat unsere Sünden mit seinem Leib auf das
Holz des Kreuzes getragen, damit wir tot seien für
die Sünden und für die Gerechtigkeit leben.
Durch seine Wunden seid ihr geheilt. 25 Denn ihr
hattet euch *verirrt wie Schafe,* jetzt aber seid ihr
heimgekehrt zum Hirten und Bischof eurer See-
len.

Frauen und Männer in der Ehe

3 Ebenso sollt ihr Frauen euch euren Män-
nern unterordnen, damit auch sie, falls sie
dem Wort (des Evangeliums) nicht gehorchen,
durch das Leben ihrer Frauen ohne Worte ge-
wonnen werden, 2 wenn sie sehen, wie ehr-
fürchtig und rein ihr lebt. 3 Nicht auf äußeren
Schmuck sollt ihr Wert legen, auf Haartracht,
Gold und prächtige Kleider, 4 sondern was im
Herzen verborgen ist, das sei euer unvergäng-
licher Schmuck: ein sanftes und ruhiges We-
sen. Das ist wertvoll in Gottes Augen. 5 So ha-
ben sich einst auch die heiligen Frauen ge-
schmückt, die ihre Hoffnung auf Gott setzten:
Sie ordneten sich ihren Männern unter. 6 Sara
gehorchte Abraham und nannte ihn ihren
Herrn. Ihre Kinder seid ihr geworden, wenn ihr
recht handelt und euch vor keiner Einschüchte-
rung fürchtet.
7 Ebenso sollt ihr Männer im Umgang mit euren
Frauen rücksichtsvoll sein, denn sie sind der
schwächere Teil; ehrt sie, denn auch sie sind Er-
ben der Gnade des Lebens. So wird euren Gebe-
ten nichts mehr im Weg stehen.

Aufruf zur Eintracht

8 Endlich aber: seid alle eines Sinnes, voll Mitge-
fühl und brüderlicher Liebe, seid barmherzig und
demütig! 9 Vergeltet nicht Böses mit Bösem noch
Kränkung mit Kränkung! Statt dessen segnet;
denn ihr seid dazu berufen, Segen zu erlangen.
10 Es heißt nämlich:
*Wer das Leben liebt / und gute Tage zu sehen
wünscht,*
*der bewahre seine Zunge vor Bösem / und seine
Lippen vor falscher Rede.*
11 *Er meide das Böse und tue das Gute; / er su-
che Frieden und jage ihm nach.*
12 Denn *die Augen des Herrn blicken auf die Ge-
rechten, / und seine Ohren hören ihr Flehen; /
aber das Antlitz des Herrn richtet sich gegen die
Bösen.*

Rechtes Verhalten in der Welt

13 Und wer wird euch Böses zufügen, wenn ihr
euch voll Eifer um das Gute bemüht? 14 Aber auch
wenn ihr um der Gerechtigkeit willen leiden
müßt, seid ihr seligzupreisen. *Fürchtet euch nicht
vor ihnen, und laßt euch nicht erschrecken,* 15 son-
dern *haltet* in eurem Herzen Christus, *den Herrn,
heilig*! Seid stets bereit, jedem Rede und Antwort
zu stehen, der nach der Hoffnung fragt, die euch
erfüllt; 16 aber antwortet bescheiden und ehr-
fürchtig, denn ihr habt ein reines Gewissen. Dann
werden die, die euch beschimpfen, weil ihr in
(der Gemeinschaft mit) Christus ein rechtschaffe-
nes Leben führt, sich wegen ihrer Verleumdun-
gen schämen müssen. 17 Es ist besser, für gute Ta-
ten zu leiden, wenn es Gottes Wille ist, als für
böse.
18 Denn auch Christus ist der Sünden wegen ein
einziges Mal gestorben, er, der Gerechte, für die
Ungerechten, um euch zu Gott hinzuführen; dem
Fleisch nach wurde er getötet, dem Geist nach le-
bendig gemacht. 19 So ist er auch zu den Geistern
gegangen, die im Gefängnis waren, und hat ihnen
gepredigt. 20 Diese waren einst ungehorsam, als
Gott in den Tagen Noachs geduldig wartete,
während die Arche gebaut wurde; in ihr wurden
nur wenige, nämlich acht Menschen, durch das
Wasser gerettet. 21 Dem entspricht die Taufe, die
jetzt euch rettet. Sie dient nicht dazu, den Körper
von Schmutz zu reinigen, sondern sie ist eine
Bitte an Gott um ein reines Gewissen aufgrund
der Auferstehung Jesu Christi, 22 der in den Him-
mel gegangen ist; dort ist er zur Rechten Gottes,
und Engel, Gewalten und Mächte sind ihm un-
terworfen.

4 Da Christus im Fleisch gelitten hat, wappnet
auch ihr euch mit diesem Gedanken: Wer im
Fleisch gelitten hat, für den hat die Sünde ein
Ende. 2 Darum richtet euch, solange ihr noch auf
Erden lebt, nicht mehr nach den menschlichen
Begierden, sondern nach dem Willen Gottes!
3 Denn lange genug habt ihr in der vergangenen
Zeit das heidnische Treiben mitgemacht und habt
ein ausschweifendes Leben voller Begierden ge-
führt, habt getrunken, gepraßt, gezecht und uner-
laubten Götzenkult getrieben. 4 Jetzt erregt es
ihren Unwillen, und sie lästern, weil ihr euch
nicht mehr in diesen Strudel der Leidenschaften
hineinreißen laßt. 5 Aber sie werden vor dem Re-
chenschaft ablegen müssen, der schon bereit-
steht, um die Lebenden und die Toten zu richten.
6 Denn auch Toten ist das Evangelium dazu ver-
kündet worden, daß sie wie Menschen gerichtet
werden im Fleisch, aber wie Gott das Leben ha-
ben im Geist.
7 Das Ende aller Dinge ist nahe. Seid also beson-
nen und nüchtern, und betet! 8 Vor allem haltet

fest an der Liebe zueinander; denn *die Liebe deckt*
viele *Sünden zu.* 9 Seid untereinander gastfreund-
lich, ohne zu murren. 10 Dient einander als gute
Verwalter der vielfältigen Gnade Gottes, jeder mit
der Gabe, die er empfangen hat. 11 Wer redet, der
rede mit den Worten, die Gott ihm gibt; wer dient,
der diene aus der Kraft, die Gott verleiht. So wird
in allem Gott verherrlicht durch Jesus Christus.
Sein ist die Herrlichkeit und die Macht in alle
Ewigkeit. Amen.

Abschließende Mahnungen: 4,12–5,11

Ausdauer in der Prüfung

12 Liebe Brüder, laßt euch durch die Feuersglut, die
zu eurer Prüfung über euch gekommen ist, nicht
verwirren, als ob euch etwas Ungewöhnliches
zustoße. 13 Statt dessen freut euch, daß ihr Anteil
an den Leiden Christi habt; denn so könnt ihr
auch bei der Offenbarung seiner Herrlichkeit voll
Freude jubeln. 14 Wenn ihr wegen des Namens
Christi beschimpft werdet, seid ihr seligzuprei-
sen; denn der Geist der Herrlichkeit, *der Geist
Gottes, ruht* auf euch. 15 Wenn einer von euch lei-
den muß, soll es nicht deswegen sein, weil er ein
Mörder oder ein Dieb ist, weil er Böses tut oder
sich in fremde Angelegenheiten einmischt.
16 Wenn er aber leidet, weil er Christ ist, dann soll
er sich nicht schämen, sondern Gott verherrli-
chen, indem er sich zu diesem Namen bekennt.
17 Denn jetzt ist die Zeit, in der das Gericht beim
Haus Gottes beginnt; wenn es aber bei uns an-
fängt, wie wird dann das Ende derer sein, die dem
Evangelium Gottes nicht gehorchen? 18 Und *wenn
der Gerechte kaum gerettet wird, wo wird man
dann die Frevler und Sünder finden?* 19 Darum sol-
len alle, die nach dem Willen Gottes leiden müs-
sen, Gutes tun und dadurch ihr Leben dem treuen
Schöpfer anbefehlen.

Hirt und Herde

5 Eure Ältesten ermahne ich, da ich ein Äl-
tester bin wie sie und ein Zeuge der Lei-
den Christi und auch an der Herrlichkeit teilha-
ben soll, die sich offenbaren wird: 2 Sorgt als Hir-
ten für die euch anvertraute Herde Gottes, nicht
aus Zwang, sondern freiwillig, wie Gott es will;
auch nicht aus Gewinnsucht, sondern aus Nei-
gung; 3 seid nicht Beherrscher eurer Gemeinden,
sondern Vorbilder für die Herde! 4 Wenn dann
der oberste Hirt erscheint, werdet ihr den nie
verwelkenden Kranz der Herrlichkeit empfan-
gen.
5 Sodann, ihr Jüngeren: ordnet euch den Älte-
sten unter! Alle aber begegnet einander in De-
mut! Denn *Gott tritt den Stolzen entgegen, den
Demütigen aber schenkt er seine Gnade.* 6 Beugt
euch also in Demut unter die mächtige Hand
Gottes, damit er euch erhöht, wenn die Zeit
gekommen ist. 7 *Werft* alle *eure Sorge auf ihn,*
denn er kümmert sich um euch. 8 Seid nüchtern
und wachsam! Euer Widersacher, der Teufel,
geht wie ein brüllender Löwe umher und sucht,
wen er verschlingen kann. 9 Leistet ihm Wider-
stand in der Kraft des Glaubens! Wißt, daß eure
Brüder in der ganzen Welt die gleichen Leiden
ertragen müssen! 10 Der Gott aller Gnade aber,
der euch in (der Gemeinschaft mit) Christus zu
seiner ewigen Herrlichkeit berufen hat, wird
euch, die ihr kurze Zeit leiden müßt, wieder-
aufrichten, stärken, kräftigen und auf festen
Grund stellen. 11 Sein ist die Macht in Ewigkeit.
Amen.

Der Schluß des Briefes: Grüße und Segenswunsch: 5,12–14

12 Durch den Bruder Silvanus, den ich für treu
halte, habe ich euch kurz geschrieben; ich habe
euch ermahnt und habe bezeugt, daß dies die
wahre Gnade Gottes ist, in der ihr stehen sollt.
13 Es grüßen euch die Mitauserwählten in Babylon
und mein Sohn Markus. 14 Grüßt einander mit
dem Kuß der Liebe! Friede sei mit euch allen, die
ihr in (der Gemeinschaft mit) Christus seid.

DER ZWEITE BRIEF DES PETRUS

Anschrift und Gruß: 1,1–2

1 Simon Petrus, Knecht und Apostel Jesu
Christi, an alle, die durch die Gerechtigkeit
unseres Gottes und Retters Jesus Christus den
gleichen kostbaren Glauben erlangt haben wie
wir. 2 Gnade sei mit euch und Friede in Fülle
durch die Erkenntnis Gottes und Jesu, unseres
Herrn.

Die überlieferte Wahrheit: 1,3–21

Glaube und Leben

3 Alles, was für unser Leben und unsere Fröm-
migkeit gut ist, hat seine göttliche Macht uns ge-
schenkt; sie hat uns den erkennen lassen, der uns
durch seine Herrlichkeit und Kraft berufen hat.
4 Durch sie wurden uns die kostbaren und über-
aus großen Verheißungen geschenkt, damit ihr
der verderblichen Begierde, die in der Welt
herrscht, entflieht und an der göttlichen Natur
Anteil erhaltet. 5 Darum setzt allen Eifer daran, mit
eurem Glauben die Tugend zu verbinden, mit der
Tugend die Erkenntnis, 6 mit der Erkenntnis die
Selbstbeherrschung, mit der Selbstbeherrschung
die Ausdauer, mit der Ausdauer die Frömmigkeit,
7 mit der Frömmigkeit die Brüderlichkeit und mit
der Brüderlichkeit die Liebe. 8 Wenn dies alles bei
euch vorhanden ist und wächst, dann nimmt es
euch die Trägheit und Unfruchtbarkeit, so daß ihr
Jesus Christus, unseren Herrn, immer tiefer er-
kennt. 9 Wem dies aber fehlt, der ist blind und
kurzsichtig; er hat vergessen, daß er gereinigt
worden ist von seinen früheren Sünden. 10 Des-
halb, meine Brüder, bemüht euch noch mehr
darum, daß eure Berufung und Erwählung Be-
stand hat. Wenn ihr das tut, werdet ihr niemals
scheitern. 11 Dann wird euch in reichem Maß ge-
währt, in das ewige Reich unseres Herrn und Ret-
ters Jesus Christus einzutreten.

Das Zeugnis der Propheten und der Apostel

12 Darum will ich euch immer an das alles erin-
nern, obwohl ihr es schon wißt und in der
Wahrheit gefestigt seid, die ihr empfangen habt.
13 Ich halte es nämlich für richtig, euch daran
zu erinnern, solange ich noch in diesem Zelt
lebe, und euch dadurch wach zu halten; 14 denn
ich weiß, daß mein Zelt bald abgebrochen wird,
wie mir auch Jesus Christus, unser Herr, offen-
bart hat. 15 Ich will aber dafür sorgen, daß ihr
auch nach meinem Tod euch jederzeit daran
erinnern könnt. 16 Denn wir sind nicht irgend-
welchen klug ausgedachten Geschichten gefolgt,
als wir euch die machtvolle Ankunft Jesu Chri-
sti, unseres Herrn, verkündeten, sondern wir
waren Augenzeugen seiner Macht und Größe.
17 Er hat von Gott, dem Vater, Ehre und Herrlich-
keit empfangen; denn er hörte die Stimme der
erhabenen Herrlichkeit, die zu ihm sprach: Das
ist mein geliebter Sohn, an dem ich Gefallen
gefunden habe. 18 Diese Stimme, die vom Him-
mel kam, haben wir gehört, als wir mit ihm
auf dem heiligen Berg waren. 19 Dadurch ist das
Wort der Propheten für uns noch sicherer ge-
worden, und ihr tut gut daran, es zu beachten;
denn es ist ein Licht, das an einem finsteren Ort
scheint, bis der Tag anbricht und der Morgen-
stern aufgeht in eurem Herzen. 20 Bedenkt dabei
vor allem dies: Keine Weissagung der Schrift darf
eigenmächtig ausgelegt werden; 21 denn niemals
wurde eine Weissagung ausgesprochen, weil ein
Mensch es wollte, sondern vom Heiligen Geist
getrieben haben Menschen im Auftrag Gottes
geredet.

Ich bin das Alpha und das Omega (Offb 1) | 102 ▷
Es sind die, die aus der großen Bedrängnis kommen (Offb 7) | 103 ▷▷

estiftet von Bor

Warnung vor Irrlehrern: 2,1–22

Das Auftreten falscher Lehrer

2 Es gab aber auch falsche Propheten im Volk; so wird es auch bei euch falsche Lehrer geben. Sie werden verderbliche Irrlehren verbreiten und den Herrscher, der sie freigekauft hat, verleugnen; doch dadurch werden sie sich selbst bald ins Verderben stürzen. 2 Bei ihren Ausschweifungen werden sie viele Anhänger finden, und ihretwegen wird der Weg der Wahrheit in Verruf kommen. 3 In ihrer Habgier werden sie euch mit verlogenen Worten zu kaufen versuchen; aber das Gericht über sie bereitet sich schon seit langem vor, und das Verderben, das ihnen droht, schläft nicht.

Das drohende Gericht über die Irrlehrer

4 Gott hat auch die Engel, die gesündigt haben, nicht verschont, sondern sie in die finsteren Höhlen der Unterwelt verstoßen und hält sie dort eingeschlossen bis zum Gericht. 5 Er hat auch die frühere Welt nicht verschont, nur Noach, den Verkünder der Gerechtigkeit, hat er zusammen mit sieben anderen als achten bewahrt, als er die Flut über die Welt der Gottlosen brachte. 6 Auch die Städte Sodom und Gomorra hat er eingeäschert und zum Untergang verurteilt, als ein Beispiel für alle Gottlosen in späteren Zeiten. 7 Den gerechten Lot aber, der unter dem ausschweifenden Leben der Gottesverächter litt, hat er gerettet; 8 denn dieser Gerechte, der mitten unter ihnen wohnte, mußte Tag für Tag ihr gesetzwidriges Tun sehen und hören, und das quälte den gerechten Mann Tag für Tag. 9 Der Herr kann die Frommen aus der Prüfung retten; bei den Ungerechten aber kann er warten, um sie am Tag des Gerichts zu bestrafen, 10a besonders die, die sich von der schmutzigen Begierde ihres Körpers beherrschen lassen und die Macht des Herrn verachten.

Der Weg der Irrlehrer

10b Diese frechen und anmaßenden Menschen schrecken nicht davor zurück, die überirdischen Mächte zu lästern, 11 während die Engel, die ihnen an Stärke und Macht überlegen sind, beim Herrn nicht über sie urteilen und lästern. 12 Diese Menschen aber sind wie unvernünftige Tiere, die von Natur aus dazu geboren sind, gefangen zu werden und umzukommen. Sie lästern über Dinge, die sie nicht verstehen; doch sie werden umkommen, wie die Tiere umkommen, 13 und als Lohn für ihr Unrecht werden sie Unrecht erleiden. Sie halten es für ein Vergnügen, bei Tag ein üppiges Leben zu führen; ein schmutziger Schandfleck sind sie, wenn sie in ihrer trügerischen Genußsucht mit euch prassen und schwelgen. 14 Sie haben nur Augen für die Ehebrecherin und sind unersättlich in der Sünde. Sie locken haltlose Menschen an, deren Sinn nicht gefestigt ist; ihr Herz ist in der Habgier geübt, sie sind Kinder des Fluches. 15 Sie haben den geraden Weg verlassen und sind in die Irre gegangen. Sie folgten dem Weg Bileams, des Sohnes Bosors; ihm ging es nur um den Lohn für sein Unrecht, 16 aber er wurde wegen seines Vergehens zurechtgewiesen: Ein stummes Lasttier redete mit menschlicher Stimme und verhinderte das wahnwitzige Vorhaben des Propheten. 17 Diese Menschen sind Quellen ohne Wasser, sie sind Wolken, die der Sturm vor sich herjagt; für sie ist die dunkelste Finsternis bestimmt. 18 Sie führen geschwollene und nichtssagende Reden; sie lassen sich von ihren fleischlichen Begierden treiben und locken mit ihren Ausschweifungen die Menschen an, die sich eben erst von denen getrennt haben, die im Irrtum leben. 19 Freiheit versprechen sie ihnen und sind doch selbst Sklaven des Verderbens; denn von wem jemand überwältigt worden ist, dessen Sklave ist er. 20 Sie waren dem Schmutz der Welt entronnen, weil sie den Herrn und Retter Jesus Christus erkannt hatten; wenn sie sich aber von neuem davon fangen und überwältigen lassen, dann steht es mit ihnen am Ende schlimmer als vorher. 21 Es wäre besser für sie, den Weg der Gerechtigkeit gar nicht erkannt zu haben, als ihn erkannt zu haben und sich danach wieder von dem heiligen Gebot abzuwenden, das ihnen überliefert worden ist. 22 Auf sie trifft das wahre Sprichwort zu: *Der Hund kehrt zurück zu dem, was er erbrochen hat,* und: Die gewaschene Sau wälzt sich wieder im Dreck.

◁◁ 104 | *Sie hielten ihr Leben nicht fest (Offb 12)*
◁ 105 | *Wir wollen uns freuen und jubeln (Offb 19)*

Das erwartete Kommen Christi: 3,1–16

Die Gewißheit der Ankunft

3 Das ist schon der zweite Brief, den ich euch
schreibe, liebe Brüder. In beiden will ich
eure klare Einsicht wachrufen und euch erin-
nern: 2 Denkt an die Worte, die von den heiligen
Propheten im voraus verkündet worden sind,
und an das Gebot des Herrn und Retters, das
eure Apostel euch überliefert haben. 3 Vor allem
sollt ihr eines wissen: Am Ende der Tage wer-
den Spötter kommen, die sich nur von ihren Be-
gierden leiten lassen und höhnisch sagen: 4 Wo
bleibt denn seine verheißene Ankunft? Seit die
Väter entschlafen sind, ist alles geblieben, wie es
seit Anfang der Schöpfung war. 5 Wer das be-
hauptet, übersieht, daß es einst einen Himmel
gab und eine Erde, die durch das Wort Gottes
aus Wasser entstand und durch das Wasser Be-
stand hatte. 6 Durch beides ging die damalige
Welt zugrunde, als sie vom Wasser überflutet
wurde. 7 Der jetzige Himmel aber und die jetzige
Erde sind durch dasselbe Wort für das Feuer auf-
gespart worden. Sie werden bewahrt bis zum
Tag des Gerichts, an dem die Gottlosen zu-
grunde gehen.

Die Verzögerung der Ankunft

8 Das eine aber, liebe Brüder, dürft ihr nicht über-
sehen: daß beim Herrn ein Tag wie tausend Jahre
und tausend Jahre wie ein Tag sind. 9 Der Herr zö-
gert nicht mit der Erfüllung der Verheißung, wie
einige meinen, die von Verzögerung reden; er ist
nur geduldig mit euch, weil er nicht will, daß je-
mand zugrunde geht, sondern daß alle sich be-
kehren. 10 Der Tag des Herrn wird aber kommen
wie ein Dieb. Dann wird der Himmel prasselnd
vergehen, die Elemente werden verbrannt und
aufgelöst, die Erde und alles, was auf ihr ist, wer-
den (nicht mehr) gefunden. 11 Wenn sich das alles
in dieser Weise auflöst: wie heilig und fromm
müßt ihr dann leben, 12 den Tag Gottes erwarten
und seine Ankunft beschleunigen! An jenem Tag
wird sich der Himmel im Feuer auflösen, und die
Elemente werden im Brand zerschmelzen.
13 Dann erwarten wir, seiner Verheißung gemäß,
einen neuen Himmel und *eine neue Erde,* in de-
nen die Gerechtigkeit wohnt.

Das Zeugnis der Paulusbriefe

14 Weil ihr das erwartet, liebe Brüder, bemüht euch
darum, von ihm ohne Makel und Fehler und in
Frieden angetroffen zu werden. 15 Seid überzeugt,
daß die Geduld unseres Herrn eure Rettung ist.
Das hat euch auch unser geliebter Bruder Paulus
mit der ihm geschenkten Weisheit geschrieben;
16 es steht in allen seinen Briefen, in denen er da-
von spricht. In ihnen ist manches schwer zu ver-
stehen, und die Unwissenden, die noch nicht ge-
festigt sind, verdrehen diese Stellen ebenso wie
die übrigen Schriften zu ihrem eigenen Verder-
ben.

Der Schluß des Briefes: Wunsch und Lobpreis: 3,17–18

17 Ihr aber, liebe Brüder, sollt das im voraus wis-
sen und achtgeben, daß ihr euch nicht von dem
Irrtum der Gottesverächter mitreißen laßt, eu-
ren Halt verliert und zu Fall kommt. 18 Wach-
set in der Gnade und Erkenntnis unseres Herrn
und Retters Jesus Christus! Ihm gebührt die
Herrlichkeit, jetzt und bis zum Tag der Ewigkeit.
Amen.

DER ERSTE BRIEF DES JOHANNES

Vorrede: Das Wort des Lebens: 1,1–4

1 Was von Anfang an war, was wir gehört
haben, was wir mit unseren Augen ge-
sehen, was wir geschaut und was unsere Hände
angefaßt haben, das verkünden wir: das Wort
des Lebens. 2 Denn das Leben wurde offenbart;
wir haben gesehen und bezeugen und verkün-
den euch das ewige Leben, das beim Vater war
und uns offenbart wurde. 3 Was wir gesehen
und gehört haben, das verkünden wir auch
euch, damit auch ihr Gemeinschaft mit uns habt.
Wir aber haben Gemeinschaft mit dem Vater
und mit seinem Sohn Jesus Christus. 4 Wir
schreiben dies, damit unsere Freude vollkom-
men ist.

Das Leben in der Gemeinschaft mit Gott: 1,5–2,17

Das Wesen Gottes

5 Das ist die Botschaft, die wir von ihm gehört ha-
ben und euch verkünden: Gott ist Licht, und
keine Finsternis ist in ihm. 6 Wenn wir sagen, daß
wir Gemeinschaft mit ihm haben, und doch in der
Finsternis leben, lügen wir und tun nicht die
Wahrheit. 7 Wenn wir aber im Licht leben, wie er
im Licht ist, haben wir Gemeinschaft miteinan-
der, und das Blut seines Sohnes Jesus reinigt uns
von aller Sünde.

Christ und Sünde

8 Wenn wir sagen, daß wir keine Sünde haben,
führen wir uns selbst in die Irre, und die Wahrheit
ist nicht in uns. 9 Wenn wir unsere Sünden be-
kennen, ist er treu und gerecht; er vergibt uns die
Sünden und reinigt uns von allem Unrecht.
10 Wenn wir sagen, daß wir nicht gesündigt haben,
machen wir ihn zum Lügner, und sein Wort ist
nicht in uns.

2 Meine Kinder, ich schreibe euch dies, damit
ihr nicht sündigt. Wenn aber einer sündigt,
haben wir einen Beistand beim Vater: Jesus Chri-
stus, den Gerechten. 2 Er ist die Sühne für unsere
Sünden, aber nicht nur für unsere Sünden, son-
dern auch für die der ganzen Welt.

Wahre Gotteserkenntnis

3 Wenn wir seine Gebote halten, erkennen wir,
daß wir ihn erkannt haben. 4 Wer sagt: Ich habe
ihn erkannt!, aber seine Gebote nicht hält, ist ein
Lügner, und die Wahrheit ist nicht in ihm. 5 Wer
sich aber an sein Wort hält, in dem ist die Gottes-
liebe wahrhaft vollendet. Wir erkennen daran,
daß wir in ihm sind. 6 Wer sagt, daß er in ihm
bleibt, muß auch leben, wie er gelebt hat.

Das neue Gebot

7 Liebe Brüder, ich schreibe euch kein neues Ge-
bot, sondern ein altes Gebot, das ihr von Anfang
an hattet. Das alte Gebot ist das Wort, das ihr
gehört habt. 8 Und doch schreibe ich euch ein
neues Gebot, etwas, das in ihm und in euch ver-
wirklicht ist; denn die Finsternis geht vorüber,
und schon leuchtet das wahre Licht. 9 Wer sagt, er
sei im Licht, aber seinen Bruder haßt, ist noch in
der Finsternis. 10 Wer seinen Bruder liebt, bleibt im
Licht; da gibt es für ihn kein Straucheln. 11 Wer
aber seinen Bruder haßt, ist in der Finsternis. Er
geht in der Finsternis und weiß nicht, wohin er
geht; denn die Finsternis hat seine Augen blind
gemacht.

Christ und Welt

12 Ich schreibe euch, ihr Kinder, daß euch durch
seinen Namen die Sünden vergeben sind. 13 Ich
schreibe euch, ihr Väter, daß ihr den erkannt
habt, der von Anfang an ist. Ich schreibe euch,
ihr jungen Männer, daß ihr den Bösen besiegt
habt. 14 Ich schreibe euch, ihr Kinder, daß ihr
den Vater erkannt habt. Ich schreibe euch, ihr
Väter, daß ihr den erkannt habt, der von Anfang

an ist. Ich schreibe euch, ihr jungen Män-
ner, daß ihr stark seid, daß das Wort Gottes
in euch bleibt und daß ihr den Bösen besiegt
habt.
15 Liebt nicht die Welt und was in der Welt ist!
Wer die Welt liebt, hat die Liebe zum Vater nicht.
16 Denn alles, was in der Welt ist, die Begierde des
Fleisches, die Begierde der Augen und das Prah-
len mit dem Besitz, ist nicht vom Vater, sondern
von der Welt. 17 Die Welt und ihre Begierde ver-
geht; wer aber den Willen Gottes tut, bleibt in
Ewigkeit.

Die Bewährung des Glaubens: 2,18–3,24

Das Auftreten von Irrlehrern

18 Meine Kinder, es ist die letzte Stunde. Ihr habt
gehört, daß der Antichrist kommt, und jetzt sind
viele Antichriste gekommen. Daran erkennen
wir, daß es die letzte Stunde ist. 19 Sie sind aus un-
serer Mitte gekommen, aber sie gehörten nicht zu
uns; denn wenn sie zu uns gehört hätten, wären
sie bei uns geblieben. Es sollte aber offenbar wer-
den, daß sie alle nicht zu uns gehörten. 20 Ihr habt
die Salbung von dem, der heilig ist, und ihr alle
wißt es. 21 Ich schreibe euch nicht, daß ihr die
Wahrheit nicht wißt, sondern ich schreibe euch,
daß ihr sie wißt und daß keine Lüge von der
Wahrheit stammt.
22 Wer ist der Lügner – wenn nicht der, der leug-
net, daß Jesus der Christus ist? Das ist der An-
tichrist: wer den Vater und den Sohn leugnet.
23 Wer leugnet, daß Jesus der Sohn ist, hat auch den
Vater nicht; wer bekennt, daß er der Sohn ist, hat
auch den Vater. 24 Für euch gilt: Was ihr von Anfang
an gehört habt, soll in euch bleiben; wenn das, was
ihr von Anfang an gehört habt, in euch bleibt, dann
bleibt ihr im Sohn und im Vater. 25 Und seine Ver-
heißung an uns ist das ewige Leben.
26 Dies habe ich euch über die geschrieben, die
euch in die Irre führen. 27 Für euch aber gilt: Die
Salbung, die ihr von ihm empfangen habt, bleibt
in euch, und ihr braucht euch von niemand be-
lehren zu lassen. Alles, was seine Salbung euch
lehrt, ist wahr und keine Lüge. Bleibt in ihm, wie
es euch seine Salbung gelehrt hat.

Mahnung zur Treue

28 Und jetzt, meine Kinder, bleibt in ihm, damit
wir, wenn er erscheint, die Zuversicht haben und
bei seinem Kommen nicht zu unserer Schande
von ihm gerichtet werden. 29 Wenn ihr wißt, daß
er gerecht ist, erkennt auch, daß jeder, der die Ge-
rechtigkeit tut, von Gott stammt.

Das Geschenk der Kindschaft Gottes

3 Seht, wie groß die Liebe ist, die der Vater uns
geschenkt hat: Wir heißen Kinder Gottes,
und wir sind es. Die Welt erkennt uns nicht, weil
sie ihn nicht erkannt hat. 2 Liebe Brüder, jetzt sind
wir Kinder Gottes. Aber was wir sein werden, ist
noch nicht offenbar geworden. Wir wissen, daß
wir ihm ähnlich sein werden, wenn er offenbar
wird; denn wir werden ihn sehen, wie er ist. 3 Je-
der, der dies von ihm erhofft, heiligt sich, so wie
Er heilig ist. 4 Jeder, der die Sünde tut, handelt ge-
setzwidrig; denn Sünde ist Gesetzwidrigkeit. 5 Ihr
wißt, daß er erschienen ist, um die Sünde weg-
zunehmen, und er selbst ist ohne Sünde. 6 Jeder,
der in ihm bleibt, sündigt nicht. Jeder, der sündigt,
hat ihn nicht gesehen und ihn nicht erkannt.
7 Meine Kinder, laßt euch von niemand in die Irre
führen! Wer die Gerechtigkeit tut, ist gerecht, wie
Er gerecht ist. 8 Wer die Sünde tut, stammt vom
Teufel; denn der Teufel sündigt von Anfang an.
Der Sohn Gottes aber ist erschienen, um die
Werke des Teufels zu zerstören. 9 Jeder, der von
Gott stammt, tut keine Sünde, weil Gottes Same
in ihm bleibt. Er kann nicht sündigen, weil er von
Gott stammt. 10 Daran kann man die Kinder Gottes
und die Kinder des Teufels erkennen: Jeder, der
die Gerechtigkeit nicht tut und seinen Bruder
nicht liebt, ist nicht aus Gott.

Aufruf zur Bruderliebe

11 Denn das ist die Botschaft, die ihr von Anfang an
gehört habt: Wir sollen einander lieben 12 und
nicht wie Kain handeln, der von dem Bösen
stammte und seinen Bruder erschlug. Warum hat
er ihn erschlagen? Weil seine Taten böse, die Taten
seines Bruders aber gerecht waren.
13 Wundert euch nicht, meine Brüder, wenn die
Welt euch haßt. 14 Wir wissen, daß wir aus dem
Tod in das Leben hinübergegangen sind, weil wir

die Brüder lieben. Wer nicht liebt, bleibt im Tod.
15 Jeder, der seinen Bruder haßt, ist ein Mörder,
und ihr wißt: Kein Mörder hat ewiges Leben, das
in ihm bleibt. 16 Daran haben wir die Liebe er-
kannt, daß Er sein Leben für uns hingegeben hat.
So müssen auch wir für die Brüder das Leben hin-
geben. 17 Wenn jemand Vermögen hat und sein
Herz vor dem Bruder verschließt, den er in Not
sieht, wie kann die Gottesliebe in ihm bleiben?
18 Meine Kinder, wir wollen nicht mit Wort und
Zunge lieben, sondern in Tat und Wahrheit.

Die Zuversicht der Kinder Gottes

19 Daran werden wir erkennen, daß wir aus
der Wahrheit sind, und werden unser Herz in
seiner Gegenwart beruhigen. 20 Denn wenn
das Herz uns auch verurteilt – Gott ist größer
als unser Herz, und er weiß alles. 21 Liebe Brü-
der, wenn das Herz uns aber nicht verurteilt, ha-
ben wir gegenüber Gott Zuversicht; 22 alles, was
wir erbitten, empfangen wir von ihm, weil wir
seine Gebote halten und tun, was ihm gefällt.
23 Und das ist sein Gebot: Wir sollen an den Na-
men seines Sohnes Jesus Christus glauben und
einander lieben, wie es seinem Gebot ent-
spricht. 24 Wer seine Gebote hält, bleibt in Gott
und Gott in ihm. Und daß er in uns bleibt, er-
kennen wir an dem Geist, den er uns gegeben
hat.

Der Glaube als Weg zum Leben: 4,1–5,12

Über die Unterscheidung der Geister

4 Liebe Brüder, traut nicht jedem Geist, son-
dern prüft die Geister, ob sie aus Gott sind;
denn viele falsche Propheten sind in die Welt hin-
ausgezogen. 2 Daran erkennt ihr den Geist Gottes:
Jeder Geist, der bekennt, Jesus Christus sei im
Fleisch gekommen, ist aus Gott. 3 Und jeder Geist,
der Jesus nicht bekennt, ist nicht aus Gott. Das ist
der Geist des Antichrists, über den ihr gehört
habt, daß er kommt. Jetzt ist er schon in der Welt.
4 Ihr aber, meine Kinder, seid aus Gott und habt
sie besiegt; denn Er, der in euch ist, ist größer als
jener, der in der Welt ist. 5 Sie sind aus der Welt;
deshalb sprechen sie, wie die Welt spricht, und
die Welt hört auf sie. 6 Wir aber sind aus Gott. Wer
Gott erkennt, hört auf uns; wer nicht aus Gott ist,
hört nicht auf uns. Daran erkennen wir den Geist
der Wahrheit und den Geist des Irrtums.

Die Vollendung des Glaubens in der Liebe

7 Liebe Brüder, wir wollen einander lieben; denn
die Liebe ist aus Gott, und jeder, der liebt, stammt
von Gott und erkennt Gott. 8 Wer nicht liebt, hat
Gott nicht erkannt; denn Gott ist die Liebe. 9 Die
Liebe Gottes wurde unter uns dadurch offenbart,
daß Gott seinen einzigen Sohn in die Welt ge-
sandt hat, damit wir durch ihn leben. 10 Nicht
darin besteht die Liebe, daß wir Gott geliebt ha-
ben, sondern daß er uns geliebt und seinen Sohn
als Sühne für unsere Sünden gesandt hat. 11 Liebe
Brüder, wenn Gott uns so geliebt hat, müssen
auch wir einander lieben. 12 Niemand hat Gott je
geschaut; wenn wir einander lieben, bleibt Gott
in uns, und seine Liebe ist in uns vollendet.
13 Daran erkennen wir, daß wir in ihm bleiben
und er in uns bleibt: Er hat uns von seinem Geist
gegeben. 14 Wir haben gesehen und bezeugen,
daß der Vater den Sohn gesandt hat als den Retter
der Welt. 15 Wer bekennt, daß Jesus der Sohn
Gottes ist, in dem bleibt Gott, und er bleibt in
Gott. 16a Wir haben die Liebe, die Gott zu uns hat,
erkannt und gläubig angenommen.

Furcht und Liebe

16b Gott ist die Liebe, und wer in der Liebe bleibt,
bleibt in Gott, und Gott bleibt in ihm. 17 Darin ist
unter uns die Liebe vollendet, daß wir am Tag des
Gerichts Zuversicht haben. Denn wie er, so sind
auch wir in dieser Welt. 18 Furcht gibt es in der
Liebe nicht, sondern die vollkommene Liebe ver-
treibt die Furcht. Denn die Furcht rechnet mit
Strafe, und wer sich fürchtet, dessen Liebe ist
nicht vollendet.
19 Wir wollen lieben, weil er uns zuerst geliebt
hat. 20 Wenn jemand sagt: Ich liebe Gott!, aber sei-
nen Bruder haßt, ist er ein Lügner. Denn wer sei-
nen Bruder nicht liebt, den er sieht, kann Gott
nicht lieben, den er nicht sieht. 21 Und dieses Ge-
bot haben wir von ihm: Wer Gott liebt, soll auch
seinen Bruder lieben.

Der Glaube als Sieg über die Welt

5 Jeder, der glaubt, daß Jesus der Christus ist,
stammt von Gott, und jeder, der den Vater
liebt, liebt auch den, der von ihm stammt. 2 Wir er-
kennen, daß wir die Kinder Gottes lieben, wenn
wir Gott lieben und seine Gebote erfüllen.
3 Denn die Liebe zu Gott besteht darin, daß
wir seine Gebote halten. Seine Gebote sind nicht
schwer. 4 Denn alles, was von Gott stammt, be-
siegt die Welt. Und das ist der Sieg, der die Welt
besiegt hat: unser Glaube. 5 Wer sonst besiegt die
Welt, außer dem, der glaubt, daß Jesus der Sohn
Gottes ist? 6 Dieser ist es, der durch Wasser und
Blut gekommen ist: Jesus Christus. Er ist nicht nur
im Wasser gekommen, sondern im Wasser und
im Blut. Und der Geist ist es, der Zeugnis ablegt;
denn der Geist ist die Wahrheit. 7 Drei sind es, die
Zeugnis ablegen: 8 der Geist, das Wasser und das
Blut; und diese drei sind eins.

Das Zeugnis Gottes

9 Wenn wir von Menschen ein Zeugnis annehmen,
so ist das Zeugnis Gottes gewichtiger; denn das ist
das Zeugnis Gottes: Er hat Zeugnis abgelegt für sei-
nen Sohn. 10 Wer an den Sohn Gottes glaubt, trägt
das Zeugnis in sich. Wer Gott nicht glaubt, macht
ihn zum Lügner, weil er nicht an das Zeugnis
glaubt, das Gott für seinen Sohn abgelegt hat. 11 Und
das Zeugnis besteht darin, daß Gott uns das ewige
Leben gegeben hat; und dieses Leben ist in seinem
Sohn. 12 Wer den Sohn hat, hat das Leben; wer den
Sohn Gottes nicht hat, hat das Leben nicht.

Schlußmahnung: Sünde und ewiges Leben: 5,13–21

13 Dies schreibe ich euch, damit ihr wißt, daß ihr das
ewige Leben habt; denn ihr glaubt an den Namen
des Sohnes Gottes. 14 Wir haben ihm gegenüber die
Zuversicht, daß er uns hört, wenn wir etwas erbit-
ten, das seinem Willen entspricht. 15 Wenn wir wis-
sen, daß er uns bei allem hört, was wir erbitten,
dann wissen wir auch, daß er unsere Bitten schon
erfüllt hat. 16 Wer sieht, daß sein Bruder eine Sünde
begeht, die nicht zum Tod führt, soll (für ihn) bitten;
und Gott wird ihm Leben geben, allen, deren
Sünde nicht zum Tod führt. Denn es gibt Sünde, die
zum Tod führt. Von ihr spreche ich nicht, wenn ich
sage, daß er bitten soll. 17 Jedes Unrecht ist Sünde;
aber es gibt Sünde, die nicht zum Tod führt. 18 Wir
wissen: Wer von Gott stammt, sündigt nicht, son-
dern der von Gott Gezeugte bewahrt ihn, und der
Böse tastet ihn nicht an. 19 Wir wissen: Wir sind aus
Gott, aber die ganze Welt steht unter der Macht des
Bösen. 20 Wir wissen aber: Der Sohn Gottes ist ge-
kommen, und er hat uns Einsicht geschenkt, damit
wir (Gott) den Wahren erkennen. Und wir sind in
diesem Wahren, in seinem Sohn Jesus Christus. Er
ist der wahre Gott und das ewige Leben. 21 Meine
Kinder, hütet euch vor den Götzen!

DER ZWEITE BRIEF DES JOHANNES

Anschrift und Gruß: 1–3

1 Der Älteste an die von Gott auserwählte Herrin
und an ihre Kinder, die ich in Wahrheit liebe; aber
nicht nur ich, sondern auch alle, die die Wahrheit
erkannt haben, lieben sie 2 aufgrund der Wahrheit,
die in uns bleibt. Und sie wird mit uns sein in
Ewigkeit. 3 Gnade wird mit uns sein, Erbarmen
und Friede von Gott, dem Vater, und von Jesus
Christus, dem Sohn des Vaters, in Wahrheit und
Liebe.

Leben in der Wahrheit: 4–6

[4] Ich habe mich sehr gefreut, unter deinen Kin-
dern solche zu finden, die in der Wahrheit leben,
gemäß dem Gebot, das wir vom Vater empfangen
haben. [5] Und so bitte ich dich, Herrin, nicht als
wollte ich dir ein neues Gebot schreiben, sondern
nur das, das wir von Anfang an hatten: daß wir
einander lieben sollen. [6] Denn die Liebe besteht
darin, daß wir nach seinen Geboten leben. Das
Gebot, das ihr von Anfang an gehört habt, lautet:
Ihr sollt in der Liebe leben.

Abweisung von Irrlehrern: 7–11

[7] Viele Verführer sind in die Welt hinausgegangen;
sie bekennen nicht, daß Jesus Christus im Fleisch
gekommen ist. Das ist der Verführer und der An-
tichrist. [8] Achtet auf euch, damit ihr nicht preis-
gebt, was wir erarbeitet haben, sondern damit ihr
den vollen Lohn empfangt. [9] Jeder, der darüber
hinausgeht und nicht in der Lehre Christi bleibt,
hat Gott nicht. Wer aber in der Lehre bleibt, hat
den Vater und den Sohn.
[10] Wenn jemand zu euch kommt und nicht diese
Lehre mitbringt, dann nehmt ihn nicht in euer
Haus auf, sondern verweigert ihm den Gruß.
[11] Denn wer ihm den Gruß bietet, macht sich mit-
schuldig an seinen bösen Taten.

Schlußgrüße: 12–13

[12] Vieles hätte ich euch noch zu schreiben; ich will
es aber nicht mit Papier und Tinte tun, sondern
hoffe, selbst zu euch zu kommen und persönlich
mit euch zu sprechen, damit unsere Freude voll-
kommen wird. [13] Es grüßen dich die Kinder deiner
auserwählten Schwester.

DER DRITTE BRIEF DES JOHANNES

Anschrift und Gruß: 1–4

[1] Der Älteste an den geliebten Gaius, den ich in
Wahrheit liebe.
[2] Lieber Bruder, ich wünsche dir in jeder Hin-
sicht Wohlergehen und Gesundheit, so wie es dei-
ner Seele wohlergeht. [3] Denn ich habe mich sehr
gefreut, als Brüder kamen, die für deine Treue zur
Wahrheit Zeugnis ablegten und berichteten, wie
du in der Wahrheit lebst. [4] Ich habe keine größere
Freude, als zu hören, daß meine Kinder in der
Wahrheit leben.

Unterstützung von Missionaren: 5–8

[5] Lieber Bruder, du handelst treu in allem, was du
an den Brüdern, sogar an fremden Brüdern tust.
[6] Sie haben vor der Gemeinde für deine Liebe
Zeugnis abgelegt. Du wirst gut daran tun, wenn

du sie für ihre Reise so ausrüstest, wie es Gottes
würdig ist. 7 Denn für seinen Namen sind sie aus-
gezogen und haben von den Heiden nichts ange-
nommen. 8 Darum sind wir verpflichtet, solche
Männer aufzunehmen, damit auch wir zu Mitar-
beitern für die Wahrheit werden.

Zurechtweisung des Diotrephes: 9–10

9 Ich habe der Gemeinde geschrieben. Aber
Diotrephes, der unter ihnen der Erste sein will,
erkennt uns nicht an. 10 Deshalb werde ich,
wenn ich komme, an sein Tun und Treiben er-
innern. Mit bösen Worten hetzt er gegen uns
und gibt sich damit noch nicht zufrieden; son-
dern er selbst nimmt die Brüder nicht auf und
hindert alle daran, die es tun wollen, und
schließt diese aus der Gemeinde aus.

Empfehlung des Demetrius: 11–12

11 Lieber Bruder, ahme nicht das Böse nach, son-
dern das Gute! Wer das Gute tut, ist aus Gott; wer
aber das Böse tut, hat Gott nicht gesehen. 12 Für
Demetrius legen alle und die Wahrheit selbst
Zeugnis ab; auch wir legen für ihn Zeugnis ab,
und du weißt, daß unser Zeugnis wahr ist.

Schlußgrüße: 13–15

13 Vieles hätte ich dir noch zu schreiben; ich will
es aber nicht mit Tinte und Feder tun. 14 Ich hoffe,
dich bald zu sehen; dann werden wir persönlich
miteinander sprechen. 15 Friede sei mit dir! Es
grüßen dich die Freunde. Grüße die Freunde, je-
den einzelnen!

DER BRIEF DES JUDAS

Anschrift und Gruß: 1–2

1 Judas, Knecht Jesu Christi, Bruder des Jakobus, an
die Berufenen, die von Gott, dem Vater, geliebt und
für Jesus Christus bestimmt und bewahrt sind. 2 Er-
barmen, Frieden und Liebe seien mit euch in Fülle.

Warnung vor Irrlehrern: 3–16

Das Auftreten falscher Lehrer

3 Liebe Brüder, da es mich sehr drängt, euch über
unsere gemeinsame Rettung zu schreiben, halte
ich es für notwendig, euch mit diesem Brief zu er-
mahnen: Kämpft für den überlieferten Glauben,
der den Heiligen ein für allemal anvertraut ist.
4 Denn es haben sich einige Leute eingeschlichen,
die schon seit langem für das Gericht vorgemerkt

sind: gottlose Menschen, die die Gnade unseres
Gottes dazu mißbrauchen, ein zügelloses Leben
zu führen, und die Jesus Christus, unseren einzi-
gen Herrscher und Herrn, verleugnen.

Das drohende Gericht über die Irrlehrer

5 Zwar wißt ihr alles ein für allemal; aber ich will
euch dennoch daran erinnern: Obwohl der Herr
das Volk aus Ägypten gerettet hatte, hat er später
alle vernichtet, die nicht glaubten. 6 Die Engel, die
ihren hohen Rang mißachtet und ihren Wohnsitz
verlassen haben, hat er mit ewigen Fesseln in der
Finsternis eingeschlossen, um sie am großen Tag
zu richten. 7 Auch Sodom und Gomorra und ihre
Nachbarstädte sind ein Beispiel: In ähnlicher
Weise wie jene trieben sie Unzucht und wollten
mit Wesen anderer Art verkehren; daher werden
sie mit ewigem Feuer bestraft.

Der Weg der Irrlehrer

8 Genauso beflecken sich auch diese Träumer, sie
mißachten die Macht des Herrn und lästern die
überirdischen Mächte. 9 Als der Erzengel Michael
mit dem Teufel rechtete und über den Leichnam
des Mose stritt, wagte er nicht, den Teufel zu lä-
stern und zu verurteilen, sondern sagte: *Der Herr
weise dich in die Schranken.* 10 Diese jedoch lä-
stern über alles, was sie nicht kennen; was sie
aber wie die unvernünftigen Tiere von Natur aus
verstehen, daran gehen sie zugrunde. 11 Weh ih-
nen! Sie sind den Weg Kains gegangen, aus Hab-
gier sind sie dem Irrtum Bileams verfallen, der
Aufruhr Korachs hat sie ins Verderben gestürzt.
12 Diese Menschen sind ein Schandfleck bei eu-
rem Liebesmahl, an dem sie ohne Scheu teilneh-
men und es sich gut gehen lassen; sie sind Hirten,
die eine Weide für sich selber suchen. Wasserlose
Wolken sind sie, von den Winden dahingetrie-
ben; Bäume, die im Herbst keine Frucht tragen,
zweimal verdorrt und entwurzelt; 13 wilde Mee-
reswogen, die ihre eigene Schande ans Land
spülen; Sterne, die keine feste Bahn haben; ihnen
ist auf ewig die dunkelste Finsternis bestimmt.
14 Auch ihnen gilt, was schon Henoch, der siebte
nach Adam, geweissagt hat: »Seht, der Herr
kommt mit seinen heiligen Zehntausenden, 15 um
über alle Gericht zu halten und alle Gottlosen zu
bestrafen wegen all ihrer gottlosen Taten, die sie
verübt haben, und wegen all der frechen Reden,
die die gottlosen Sünder gegen ihn geführt ha-
ben.« 16 Sie sind Nörgler, immer unzufrieden mit
ihrem Geschick; sie lassen sich von ihren Begier-
den leiten; sie nehmen große Worte in den Mund
und schmeicheln den Menschen aus Eigennutz.

Ermahnung zur Treue und zur Sorge um gefährdete Mitchristen: 17–23

17 Ihr aber, liebe Brüder, denkt an die Worte, die
von den Aposteln Jesu Christi, unseres Herrn, im
voraus verkündet worden sind, 18 als sie euch sag-
ten: Am Ende der Zeit wird es Spötter geben, die
sich von ihren gottlosen Begierden leiten lassen.
19 Sie werden die Einheit zerstören, denn es sind
irdisch gesinnte Menschen, die den Geist nicht
besitzen.
20 Ihr aber, liebe Brüder, gründet euch auf euren
hochheiligen Glauben, und baut darauf weiter,
betet in der Kraft des Heiligen Geistes, 21 haltet fest
an der Liebe Gottes, und wartet auf das Erbarmen
Jesu Christi, unseres Herrn, der euch das ewige
Leben schenkt. 22 Erbarmt euch derer, die zwei-
feln; 23 rettet sie, entreißt sie dem Feuer! Der an-
deren aber erbarmt euch voll Furcht; verabscheut
sogar das Gewand eines Menschen, der der
Sünde verfallen ist.

Briefschluß: 24–25

24 Dem einen Gott aber, der die Macht hat, euch
vor jedem Fehltritt zu bewahren und euch unta-
delig und voll Freude vor seine Herrlichkeit treten
zu lassen, 25 ihm, der uns durch Jesus Christus, un-
seren Herrn, rettet, gebührt die Herrlichkeit, Ho-
heit, Macht und Gewalt vor aller Zeit und jetzt
und für alle Zeiten. Amen.

DIE OFFENBARUNG DES JOHANNES

Vorwort: 1,1–3

1 Offenbarung Jesu Christi, die Gott ihm gege-
ben hat, damit er seinen Knechten zeigt,
was bald *geschehen muß;* und er hat es durch
seinen Engel, den er sandte, seinem Knecht Jo-
hannes gezeigt. 2 Dieser hat das Wort Gottes und
das Zeugnis Jesu Christi bezeugt: alles, was er
geschaut hat. 3 Selig, wer diese prophetischen
Worte vorliest und wer sie hört und wer sich an
das hält, was geschrieben ist; denn die Zeit ist
nahe.

Briefliche Einleitung: 1,4–8

4 Johannes an die sieben Gemeinden in der Pro-
vinz Asien: Gnade sei mit euch und Friede von
Ihm, der ist und der war und der kommt, und von
den sieben Geistern vor seinem Thron 5 und von
Jesus Christus; er ist *der treue Zeuge, der Erstge-
borene* der Toten, *der Herrscher über die Könige
der Erde.* Er liebt uns und hat uns *von unseren
Sünden erlöst* durch sein Blut; 6 er hat uns zu Kö-
nigen gemacht und zu *Priestern* vor Gott, seinem
Vater. Ihm sei die Herrlichkeit und die Macht in
alle Ewigkeit. Amen.
7 *Siehe, er kommt mit den Wolken,* und jedes
Auge wird ihn sehen, auch alle, *die ihn durch-
bohrt* haben; und alle Völker der Erde *werden sei-
netwegen jammern und klagen.* Ja, amen. 8 Ich bin
das Alpha und das Omega, spricht Gott, der Herr,
der ist und der war und der kommt, der Herrscher
über die ganze Schöpfung.

Die Sendschreiben an die sieben Gemeinden: 1,9–3,22

Die Beauftragung des Johannes

9 Ich, euer Bruder Johannes, der wie ihr bedrängt
ist, der mit euch an der Königsherrschaft teilhat
und mit euch in Jesus standhaft ausharrt, ich war
auf der Insel Patmos um des Wortes Gottes willen
und des Zeugnisses für Jesus.
10 Am Tag des Herrn wurde ich vom Geist ergrif-
fen und hörte hinter mir eine Stimme, laut wie
eine Posaune. 11 Sie sprach: Schreib das, was du
siehst, in ein Buch, und schick es an die sieben
Gemeinden: nach Ephesus, nach Smyrna, nach
Pergamon, nach Thyatira, nach Sardes, nach Phi-
ladelphia und nach Laodizea.
12 Da wandte ich mich um, weil ich sehen
wollte, wer zu mir sprach. Als ich mich um-
wandte, sah ich sieben goldene Leuchter 13 und
mitten unter den Leuchtern einen, der *wie
ein Mensch* aussah; *er* war *bekleidet mit ei-
nem Gewand,* das bis auf die Füße reichte,
und um die Brust trug er *einen Gürtel aus
Gold.*
14 Sein Haupt und *seine Haare* waren *weiß wie
weiße Wolle, leuchtend weiß wie Schnee,* und
seine *Augen wie Feuerflammen;* 15 *seine Beine
glänzten wie Golderz,* das im Schmelzofen glüht,
und *seine Stimme* war *wie das Rauschen von
Wassermassen.*
16 In seiner Rechten hielt er sieben Sterne, und
aus seinem Mund kam ein scharfes, zweischnei-
diges Schwert, und sein Gesicht leuchtete wie die
machtvoll strahlende Sonne.
17 Als ich ihn sah, fiel ich wie tot vor seinen
Füßen nieder. Er aber legte seine rechte Hand
auf mich und sagte: *Fürchte dich nicht! Ich bin
der Erste und der Letzte* 18 und der Lebendige. Ich
war tot, doch nun lebe ich in alle Ewigkeit, und
ich habe die Schlüssel zum Tod und zur Unter-
welt.

19 Schreib auf, was du gesehen hast: was ist und
was danach *geschehen* wird.
20 Der geheimnisvolle Sinn der sieben Sterne, die
du auf meiner rechten Hand gesehen hast, und
der sieben goldenen Leuchter ist: Die sieben
Sterne sind die Engel der sieben Gemeinden, und
die sieben Leuchter sind die sieben Gemein-
den.

An die Gemeinde in Ephesus

2 An den Engel der Gemeinde in Ephesus
schreibe: So spricht Er, der die sieben Sterne
in seiner Rechten hält und mitten unter den sie-
ben goldenen Leuchtern einhergeht:
2 Ich kenne deine Werke und deine Mühe und
dein Ausharren; ich weiß: Du kannst die Bösen
nicht ertragen, du hast die auf die Probe gestellt,
die sich Apostel nennen und es nicht sind, und
hast sie als Lügner erkannt.
3 Du hast ausgeharrt und um meines Namens
willen Schweres ertragen und bist nicht müde ge-
worden.
4 Ich werfe dir aber vor, daß du deine erste Liebe
verlassen hast.
5 Bedenke, aus welcher Höhe du gefallen bist.
Kehr zurück zu deinen ersten Werken! Wenn du
nicht umkehrst, werde ich kommen und deinen
Leuchter von seiner Stelle wegrücken. 6 Doch für
dich spricht: Du verabscheust das Treiben der
Nikolaiten, das auch ich verabscheue. 7 Wer Oh-
ren hat, der höre, was der Geist den Gemeinden
sagt: Wer siegt, dem werde ich zu essen geben
vom Baum des Lebens, der *im Paradies Gottes*
steht.

An die Gemeinde in Smyrna

8 An den Engel der Gemeinde in Smyrna schreibe:
So spricht Er, *der Erste und der Letzte,* der tot war
und wieder lebendig wurde:
9 Ich kenne deine Bedrängnis und deine Armut;
und doch bist du reich. Und ich weiß, daß du von
solchen geschmäht wirst, die sich als Juden aus-
geben; sie sind es aber nicht, sondern sind eine
Synagoge des Satans.
10 Fürchte dich nicht vor dem, was du noch er-
leiden mußt. Der Teufel wird einige von euch ins
Gefängnis werfen, um euch *auf die Probe zu stel-
len,* und ihr werdet in Bedrängnis sein, *zehn Tage
lang.* Sei treu bis in den Tod; dann werde ich dir
den Kranz des Lebens geben.
11 Wer Ohren hat, der höre, was der Geist den Ge-
meinden sagt: Wer siegt, dem kann der zweite
Tod nichts anhaben.

An die Gemeinde in Pergamon

12 An den Engel der Gemeinde in Pergamon
schreibe: So spricht Er, der das scharfe, zwei-
schneidige Schwert trägt:
13 Ich weiß, wo du wohnst; es ist dort, wo der
Thron des Satans steht. Und doch hältst du an
meinem Namen fest und hast den Glauben an
mich nicht verleugnet, auch nicht in den Tagen,
als Antipas, mein treuer Zeuge, bei euch getötet
wurde, dort, wo der Satan wohnt.
14 Aber ich habe etwas gegen dich: Bei dir gibt es
Leute, die an der Lehre Bileams festhalten; Bileam
lehrte Balak, er solle *die Israeliten dazu verführen,
Fleisch zu essen, das den Götzen geweiht war,
und Unzucht zu treiben.*
15 So gibt es auch bei dir Leute, die in gleicher
Weise an der Lehre der Nikolaiten festhalten.
16 Kehr nun um! Sonst komme ich bald und
werde sie mit dem Schwert aus meinem Mund
bekämpfen.
17 Wer Ohren hat, der höre, was der Geist den Ge-
meinden sagt: Wer siegt, dem werde ich von dem
verborgenen Manna geben. Ich werde ihm einen
weißen Stein geben, und auf dem Stein steht *ein
neuer Name,* den nur der kennt, der ihn empfängt.

An die Gemeinde in Thyatira

18 An den Engel der Gemeinde in Thyatira
schreibe: So spricht der Sohn Gottes, *der* Augen
hat *wie Feuerflammen und Beine wie Golderz:*
19 Ich kenne deine Werke, deine Liebe und dei-
nen Glauben, dein Dienen und Ausharren, und
ich weiß, daß du in letzter Zeit mehr getan hast
als am Anfang.
20 Aber ich werfe dir vor, daß du das Weib Isebel
gewähren läßt; sie gibt sich als Prophetin aus und
lehrt meine Knechte und *verführt sie, Unzucht zu
treiben und Fleisch zu essen, das den Götzen ge-
weiht ist.*
21 Ich habe ihr Zeit gelassen umzukehren; sie
aber will nicht umkehren und von ihrer Unzucht
ablassen.
22 Darum werfe ich sie auf das Krankenbett, und
alle, die mit ihr Ehebruch treiben, bringe ich in
große Bedrängnis, wenn sie sich nicht abkehren
vom Treiben dieses Weibes.

23 Ihre Kinder werde ich töten, der Tod wird sie
treffen, und alle Gemeinden werden erkennen,
daß ich es bin, *der Herz und Nieren prüft,* und ich
werde *jedem* von euch *vergelten, wie es seine Ta-
ten verdienen.*
24 Aber euch übrigen in Thyatira, denen, die die-
ser Lehre nicht folgen und die »Tiefen des Satans«,
wie sie es nennen, nicht erkannt haben, euch
sage ich:
Ich lege euch keine andere Last auf. 25 Aber was
ihr habt, das haltet fest, bis ich komme.
26 Wer siegt und bis zum Ende an den Werken
festhält, die ich gebiete, dem werde ich Macht
über die Völker geben. 27 *Er wird über sie herr-
schen mit eisernem Zepter und sie zerschlagen
wie Tongeschirr;* 28 (und ich werde ihm diese
Macht geben,) wie auch ich sie von meinem Va-
ter empfangen habe, und ich werde ihm den Mor-
genstern geben.
29 Wer Ohren hat, der höre, was der Geist den
Gemeinden sagt.

An die Gemeinde in Sardes

3 An den Engel der Gemeinde in Sardes
schreibe: So spricht Er, der die sieben Geister
Gottes und die sieben Sterne hat: Ich kenne deine
Werke. Dem Namen nach lebst du, aber du bist
tot. 2 Werde wach und stärke, was noch übrig ist,
was schon im Sterben lag. Ich habe gefunden, daß
deine Taten in den Augen meines Gottes nicht
vollwertig sind.
3 Denk also daran, wie du die Lehre empfangen
und gehört hast. Halte daran fest, und kehr um!
Wenn du aber nicht aufwachst, werde ich kom-
men wie ein Dieb, und du wirst bestimmt nicht
wissen, zu welcher Stunde ich komme.
4 Du hast aber einige Leute in Sardes, die ihre Klei-
der nicht befleckt haben; sie werden mit mir in
weißen Gewändern gehen, denn sie sind es wert.
5 Wer siegt, wird ebenso mit weißen Gewändern
bekleidet werden. Nie *werde ich* seinen Namen
aus dem Buch des Lebens streichen, sondern ich
werde mich vor meinem Vater und vor seinen En-
geln zu ihm bekennen.
6 Wer Ohren hat, der höre, was der Geist den Ge-
meinden sagt.

An die Gemeinde in Philadelphia

7 An den Engel der Gemeinde in Philadelphia
schreibe: So spricht der Heilige, der Wahrhaftige,
der *den Schlüssel Davids* hat, / *der öffnet, so
daß niemand mehr schließen kann, / der
schließt, so daß niemand mehr öffnen kann:*
8 Ich kenne deine Werke, und ich habe vor dir
eine Tür geöffnet, die niemand mehr schließen
kann. Du hast nur geringe Kraft, und dennoch
hast du an meinem Wort festgehalten und mei-
nen Namen nicht verleugnet.
9 Leute aus der Synagoge des Satans, die sich als
Juden ausgeben, es aber nicht sind, sondern Lüg-
ner – ich werde bewirken, daß sie *kommen und
sich dir zu Füßen werfen* und erkennen, daß ich
dir meine Liebe zugewandt habe.
10 Du hast dich an mein Gebot gehalten, stand-
haft zu bleiben; daher werde auch ich zu dir hal-
ten und dich bewahren vor der Stunde der Versu-
chung, die über die ganze Erde kommen soll, um
die Bewohner der Erde auf die Probe zu stellen.
11 Ich komme bald. Halte fest, was du hast, damit
kein anderer deinen Kranz bekommt.
12 Wer siegt, den werde ich zu einer Säule im
Tempel meines Gottes machen, und er wird im-
mer darin bleiben. Und ich werde auf ihn den Na-
men meines Gottes schreiben und *den Namen
der Stadt* meines Gottes, des neuen Jerusalem,
das aus dem Himmel herabkommt von meinem
Gott, und ich werde auf ihn auch meinen *neuen
Namen* schreiben.
13 Wer Ohren hat, der höre, was der Geist den
Gemeinden sagt.

An die Gemeinde in Laodizea

14 An den Engel der Gemeinde in Laodizea
schreibe: So spricht Er, der »Amen« heißt, *der
treue und zuverlässige Zeuge,* der Anfang *der
Schöpfung Gottes:*
15 Ich kenne deine Werke. Du bist weder kalt
noch heiß. Wärest du doch kalt oder heiß!
16 Weil du aber lau bist, weder heiß noch kalt, will
ich dich aus meinem Mund ausspeien.
17 Du behauptest: *Ich bin reich und wohlhabend,*
und nichts fehlt mir. Du weißt aber nicht, daß ge-
rade du elend und erbärmlich bist, arm, blind und
nackt.
18 Darum rate ich dir: Kaufe von mir Gold, das im
Feuer geläutert ist, damit du reich wirst; und
kaufe von mir weiße Kleider, und zieh sie an, da-
mit du nicht nackt dastehst und dich schämen
mußt; und kaufe Salbe für deine Augen, damit du
sehen kannst.

[19] *Wen ich liebe,* den weise ich zurecht und nehme
ihn in Zucht. Mach also Ernst, und kehr um!
[20] Ich stehe vor der Tür und klopfe an. Wer meine
Stimme hört und die Tür öffnet, bei dem werde
ich eintreten, und wir werden Mahl halten, ich
mit ihm und er mit mir.
[21] Wer siegt, der darf mit mir auf meinem Thron
sitzen, so wie auch ich gesiegt habe und mich
mit meinem Vater auf seinen Thron gesetzt
habe.
[22] Wer Ohren hat, der höre, was der Geist den
Gemeinden sagt.

Die einleitende Himmelsvision: 4,1–5,14

Die Huldigung vor dem Thron Gottes

4 Danach sah ich: Eine Tür war geöffnet am
Himmel; und die Stimme, die vorher zu mir
gesprochen hatte und die wie eine Posaune
klang, sagte: *Komm herauf,* und ich werde dir zei-
gen, *was dann geschehen muß.* [2] Sogleich wurde
ich vom Geist ergriffen. Und ich sah: Ein Thron
stand im Himmel; *auf dem Thron* saß einer, [3] der
wie ein Jaspis und ein Karneol aussah. Und *über
dem Thron* wölbte sich *ein Regenbogen,* der wie
ein Smaragd *aussah.*
[4] Und rings um den Thron standen vierund-
zwanzig Throne, und auf den Thronen saßen
vierundzwanzig Älteste in weißen Gewändern
und mit goldenen Kränzen auf dem Haupt.
[5] Von dem Thron gingen *Blitze, Stimmen und
Donner* aus. Und sieben lodernde Fackeln brann-
ten vor dem Thron; das sind die sieben Geister
Gottes.
[6] Und vor dem Thron war etwas wie ein gläser-
nes Meer, gleich Kristall.
Und in der Mitte, rings um den Thron, waren
vier Lebewesen voller Augen, vorn und hinten.
[7] Das erste Lebewesen glich *einem Löwen,* das
zweite *einem Stier,* das dritte sah aus wie *ein
Mensch,* das vierte glich *einem* fliegenden *Adler.*
[8] Und jedes der vier Lebewesen hatte sechs Flü-
gel, außen und innen *voller Augen.* Sie ruhen
nicht, bei Tag und Nacht, und rufen:
Heilig, heilig, heilig / ist der Herr, der Gott, der
Herrscher über die ganze Schöpfung; / er war,
und *er ist,* und er kommt.
[9] Und wenn die Lebewesen dem, *der auf dem
Thron sitzt und in alle Ewigkeit lebt,* Herrlichkeit
und Ehre und Dank erweisen, [10] dann werfen sich
die vierundzwanzig Ältesten vor dem, *der auf
dem Thron sitzt,* nieder und beten ihn an, *der in
alle Ewigkeit lebt.* Und sie legen ihre goldenen
Kränze vor seinem Thron nieder und sprechen:
[11] Würdig bist du, unser Herr und Gott, / Herr-
lichkeit zu empfangen und Ehre und Macht.
Denn du bist es, der die Welt erschaffen hat, /
durch deinen Willen war sie und wurde sie er-
schaffen.

Das versiegelte Buch und das Lamm

5 Und ich sah auf der rechten Hand dessen, *der
auf dem Thron saß, eine Buchrolle; sie war
innen und außen beschrieben und mit sieben Sie-
geln versiegelt.* [2] Und ich sah: Ein gewaltiger En-
gel rief mit lauter Stimme: Wer ist würdig, die
Buchrolle zu öffnen und ihre Siegel zu lösen?
[3] Aber niemand im Himmel, auf der Erde und un-
ter der Erde konnte das Buch öffnen und es lesen.
[4] Da weinte ich sehr, weil niemand für würdig be-
funden wurde, das Buch zu öffnen und es zu le-
sen.
[5] Da sagte einer von den Ältesten zu mir: Weine
nicht! Gesiegt hat *der Löwe* aus dem Stamm *Juda,
der Sproß aus der Wurzel* Davids; er kann das
Buch und seine sieben Siegel öffnen.
[6] Und ich sah: Zwischen dem Thron und den
vier Lebewesen und mitten unter den Ältesten
stand ein Lamm; es sah aus wie *geschlachtet* und
hatte sieben Hörner und sieben Augen; die Au-
gen sind die sieben Geister Gottes, die *über die
ganze Erde* ausgesandt sind.
[7] Das Lamm trat heran und empfing das Buch
aus der rechten Hand dessen, *der auf dem Thron
saß.*
[8] Als es das Buch empfangen hatte, fielen die vier
Lebewesen und die vierundzwanzig Ältesten vor
dem Lamm nieder; alle trugen Harfen und gol-
dene Schalen voll von *Räucherwerk;* das sind die
Gebete der Heiligen. [9] Und sie sangen *ein neues
Lied:*
Würdig bist du, / das Buch zu nehmen und
seine Siegel zu öffnen;

denn du wurdest geschlachtet / und hast mit
deinem Blut / Menschen für Gott erworben / aus
allen Stämmen und Sprachen, / aus allen Natio-
nen und Völkern,
10 und du hast sie für unsern Gott / zu Königen
und Priestern gemacht; / und sie werden auf der
Erde herrschen.
11 Ich sah, und ich hörte die Stimme von vielen
Engeln rings um den Thron und um die Lebewe-
sen und die Ältesten; die Zahl der Engel war
zehntausendmal zehntausend und tausendmal
tausend. 12 Sie riefen mit lauter Stimme:
Würdig ist *das Lamm, das geschlachtet wurde,*
/ Macht zu empfangen, Reichtum und Weisheit,
/ Kraft und Ehre, Herrlichkeit und Lob.
13 Und alle Geschöpfe im Himmel und auf der
Erde, unter der Erde und auf dem Meer, alles, was
in der Welt ist, hörte ich sprechen:
Ihm, *der auf dem Thron sitzt,* und dem Lamm /
gebühren Lob und Ehre und Herrlichkeit und
Kraft in alle Ewigkeit.
14 Und die vier Lebewesen sprachen: Amen. Und
die vierundzwanzig Ältesten fielen nieder und
beteten an.

Die sieben Siegel und die sieben Posaunen: 6,1–11,19

Die ersten sechs Siegel

6 Dann sah ich: Das Lamm öffnete das erste der
sieben Siegel; und ich hörte das erste der vier
Lebewesen wie mit Donnerstimme rufen: Komm!
2 Da sah ich *ein weißes Pferd*; und der, der auf ihm
saß, hatte einen Bogen. Ein Kranz wurde ihm ge-
geben, und als Sieger zog er aus, um zu siegen.
3 Als das Lamm das zweite Siegel öffnete, hörte
ich das zweite Lebewesen rufen: Komm! 4 Da er-
schien ein anderes *Pferd;* das war *feuerrot.* Und
der, der auf ihm saß, wurde ermächtigt, der Erde
den Frieden zu nehmen, damit die Menschen
sich gegenseitig abschlachteten. Und es wurde
ihm ein großes Schwert gegeben.
5 Als das Lamm das dritte Siegel öffnete, hörte
ich das dritte Lebewesen rufen: Komm! Da sah
ich *ein schwarzes Pferd*; und der, der auf ihm saß,
hielt in der Hand eine Waage. 6 Inmitten der vier
Lebewesen hörte ich etwas wie eine Stimme sa-
gen: Ein Maß Weizen für einen Denar und drei
Maß Gerste für einen Denar. Aber dem Öl und
dem Wein füge keinen Schaden zu!
7 Als das Lamm das vierte Siegel öffnete, hörte
ich die Stimme des vierten Lebewesens rufen:
Komm! 8 Da sah ich ein fahles Pferd; und der, der
auf ihm saß, heißt *»der Tod«;* und die *Unterwelt*
zog hinter ihm her. Und ihnen wurde die Macht
gegeben über ein Viertel der Erde, Macht, zu tö-
ten *durch Schwert, Hunger* und Tod und durch
die Tiere der Erde.
9 Als das Lamm das fünfte Siegel öffnete, sah ich
unter dem Altar die Seelen aller, die hinge-
schlachtet worden waren wegen des Wortes
Gottes und wegen des Zeugnisses, das sie abge-
legt hatten. 10 Sie riefen mit lauter Stimme: *Wie*
lange zögerst du noch, Herr, du Heiliger und
Wahrhaftiger, *Gericht zu halten und unser Blut* an
den Bewohnern der Erde *zu rächen?* 11 Da wurde
jedem von ihnen ein weißes Gewand gegeben;
und ihnen wurde gesagt, sie sollten noch kurze
Zeit warten, bis die volle Zahl erreicht sei durch
den Tod ihrer Mitknechte und Brüder, die noch
sterben müßten wie sie.
12 Und ich sah: Das Lamm öffnete das sechste
Siegel. Da entstand ein gewaltiges Beben. *Die*
Sonne wurde schwarz wie ein Trauergewand,
und der ganze Mond wurde wie Blut.
13 *Die Sterne des Himmels fielen herab* auf die
Erde, *wie wenn ein Feigenbaum* seine Früchte *ab-*
wirft, wenn ein heftiger Sturm ihn schüttelt.
14 *Der Himmel* verschwand *wie eine Buchrolle, die*
man zusammenrollt, und alle Berge und Inseln
wurden von ihrer Stelle weggerückt. 15 *Und die*
Könige der Erde, die Großen und die Heerführer,
die Reichen und die Mächtigen, alle Sklaven und
alle Freien *verbargen sich in den Höhlen und Fel-*
sen der Berge. 16 *Sie sagten zu den Bergen und Fel-*
sen: Fallt auf uns und verbergt uns vor dem Blick
dessen, *der auf dem Thron sitzt,* und vor dem
Zorn des Lammes; 17 denn *der große Tag* ihres
Zorns ist gekommen. Wer kann da bestehen?

Die Bezeichnung der Knechte Gottes

7 Danach sah ich: Vier Engel standen *an den*
vier Ecken der Erde. Sie hielten *die vier*
Winde der Erde fest, damit der Wind weder über

das Land noch über das Meer wehte, noch gegen
irgendeinen Baum. 2 Dann sah ich vom Osten her
einen anderen Engel emporsteigen; er hatte das
Siegel des lebendigen Gottes und rief den vier En-
geln, denen die Macht gegeben war, dem Land
und dem Meer Schaden zuzufügen, mit lauter
Stimme zu: 3 Fügt dem Land, dem Meer und den
Bäumen keinen Schaden zu, bis wir den Knech-
ten unseres Gottes das Siegel auf die Stirn ge-
drückt haben.
4 Und ich erfuhr die Zahl derer, die mit dem Sie-
gel gekennzeichnet waren. Es waren hundert-
vierundvierzigtausend aus allen Stämmen der
Söhne Israels, die das Siegel trugen:
5 Aus dem Stamm Juda trugen zwölftausend das
Siegel, / aus dem Stamm Ruben zwölftausend, /
aus dem Stamm Gad zwölftausend,
6 aus dem Stamm Ascher zwölftausend, / aus
dem Stamm Naftali zwölftausend, / aus dem
Stamm Manasse zwölftausend,
7 aus dem Stamm Simeon zwölftausend, / aus
dem Stamm Levi zwölftausend, / aus dem
Stamm Issachar zwölftausend,
8 aus dem Stamm Sebulon zwölftausend, / aus
dem Stamm Josef zwölftausend, / aus dem
Stamm Benjamin trugen zwölftausend das Siegel.
9 Danach sah ich: eine große Schar aus allen Na-
tionen und Stämmen, Völkern und Sprachen; nie-
mand konnte sie zählen. Sie standen in weißen
Gewändern vor dem Thron und vor dem Lamm
und trugen Palmzweige in den Händen. 10 Sie rie-
fen mit lauter Stimme: Die Rettung kommt von
unserem Gott, *der auf dem Thron sitzt,* und von
dem Lamm.
11 Und alle Engel standen rings um den Thron,
um die Ältesten und die vier Lebewesen. Sie war-
fen sich vor dem Thron nieder, beteten Gott an
12 und sprachen:
Amen, Lob und Herrlichkeit, / Weisheit und
Dank, / Ehre und Macht und Stärke / unserem
Gott in alle Ewigkeit. Amen.
13 Da fragte mich einer der Ältesten: Wer sind
diese, die weiße Gewänder tragen, und woher sind
sie gekommen? 14 Ich erwiderte ihm: Mein Herr,
das mußt du wissen. Und er sagte zu mir: Es sind
die, die aus der großen *Bedrängnis* kommen; sie
haben *ihre Gewänder gewaschen* und *im Blut* des
Lammes weiß gemacht. 15 Deshalb stehen sie vor
dem Thron Gottes und dienen ihm bei Tag und
Nacht in seinem Tempel; und der, *der auf dem*
Thron sitzt, wird sein Zelt über ihnen aufschlagen.
16 *Sie werden keinen Hunger und keinen Durst*
mehr leiden, und weder Sonnenglut noch irgend-
eine sengende Hitze wird auf ihnen lasten. 17 Denn
das Lamm in der Mitte vor dem Thron *wird sie wei-*
den und zu den Quellen führen, aus denen das
Wasser des Lebens strömt, und Gott wird alle Trä-
nen von ihren Augen *abwischen.*

Das siebte Siegel und die sieben Engel

8 Als das Lamm das siebte Siegel öffnete, trat
im Himmel Stille ein, etwa eine halbe Stunde
lang.
2 Und ich sah: Sieben Engel standen vor Gott; ih-
nen wurden sieben Posaunen gegeben. 3 Und ein
anderer Engel kam und trat mit einer goldenen
Räucherpfanne an den Altar; ihm wurde viel
Weihrauch gegeben, den er auf dem goldenen Al-
tar vor dem Thron verbrennen sollte, um so die
Gebete aller Heiligen vor Gott zu bringen. 4 Aus
der Hand des Engels stieg *der Weihrauch* mit den
Gebeten der Heiligen zu Gott empor.
5 *Dann nahm* der Engel *die Räucherpfanne, füllte*
sie mit glühenden Kohlen, die er vom Altar nahm,
und warf sie auf die Erde; da begann es zu *don-*
nern und zu dröhnen, *zu blitzen* und zu beben.

Die ersten vier Posaunen

6 Dann machten sich die sieben Engel bereit, die
sieben Posaunen zu blasen.
7 Der erste Engel blies seine Posaune. Da fielen
Hagel und Feuer, die mit Blut vermischt waren,
auf das Land. Es verbrannte ein Drittel des Lan-
des, ein Drittel der Bäume und alles grüne Gras.
8 Der zweite Engel blies seine Posaune. Da
wurde etwas, das einem großen *brennenden*
Berg glich, ins Meer geworfen. Ein Drittel des
Meeres wurde zu Blut. 9 Und ein Drittel der Ge-
schöpfe, die im Meer leben, kam um, und ein
Drittel der Schiffe wurde vernichtet.
10 Der dritte Engel blies seine Posaune. Da fiel ein
großer Stern vom Himmel; er loderte wie eine
Fackel und fiel auf ein Drittel der Flüsse und auf
die Quellen. 11 Der Name des Sterns ist »Wermut«.
Ein Drittel des Wassers wurde bitter, und viele
Menschen starben durch das Wasser, weil es bit-
ter geworden war.
12 Der vierte Engel blies seine Posaune. Da wurde
ein Drittel der Sonne und ein Drittel des Mondes
und ein Drittel der Sterne getroffen, so daß sie ein

Drittel ihrer Leuchtkraft verloren und der Tag um
ein Drittel dunkler wurde und ebenso die Nacht.
13 Und ich sah und hörte: Ein Adler flog hoch am
Himmel und rief mit lauter Stimme: Wehe! Wehe!
Wehe den Bewohnern der Erde! Noch drei Engel
werden ihre Posaunen blasen.

Die fünfte Posaune

9 Der fünfte Engel blies seine Posaune. Da sah
ich einen Stern, der vom Himmel auf die
Erde gefallen war; ihm wurde der Schlüssel zu
dem Schacht gegeben, der in den Abgrund führt.
2 Und er öffnete den Schacht des Abgrunds. Da
stieg Rauch aus dem Schacht auf, *wie aus einem*
großen *Ofen,* und *Sonne* und Luft *wurden verfin-*
stert durch den Rauch aus dem Schacht.
3 Aus dem Rauch kamen *Heuschrecken über die*
Erde, und ihnen wurde Kraft gegeben, wie sie
Skorpione auf der Erde haben. 4 Es wurde ihnen
gesagt, sie sollten *dem Gras auf der Erde, den grü-*
nen Pflanzen und den Bäumen keinen Schaden
zufügen, sondern nur den Menschen, die das Sie-
gel Gottes nicht *auf der Stirn* haben. 5 Es wurde ih-
nen befohlen, die Menschen nicht zu töten, son-
dern nur zu quälen, fünf Monate lang. Und der
Schmerz, den sie zufügen, ist so stark, wie wenn
ein Skorpion einen Menschen sticht.
6 In jenen Tagen *werden* die Menschen *den Tod*
suchen, aber nicht finden; sie werden sterben
wollen, aber der Tod wird vor ihnen fliehen. 7 Und
die Heuschrecken *sehen aus wie Rosse, die zur*
Schlacht gerüstet sind; auf ihren Köpfen tragen sie
etwas, das goldschimmernden Kränzen gleicht,
und ihre Gesichter sind wie Gesichter von Men-
schen, 8 ihr Haar ist wie Frauenhaar, ihr Gebiß wie
ein Löwengebiß, 9 ihre Brust wie ein eiserner Pan-
zer; und das Rauschen ihrer Flügel ist wie *das*
Dröhnen von Wagen, von vielen Pferden, *die sich*
in die Schlacht stürzen. 10 Sie haben Schwänze
und Stacheln wie Skorpione, und in ihren
Schwänzen ist die Kraft, mit der sie den Men-
schen schaden, fünf Monate lang. 11 Sie haben als
König über sich den Engel des Abgrunds; er heißt
auf hebräisch Abaddon, auf griechisch Apollyon.
12 Das erste »Wehe« ist vorüber. Noch zweimal
wird das »Wehe« kommen.

Die sechste Posaune

13 Der sechste Engel blies seine Posaune: Da hörte
ich eine Stimme, die von den vier Hörnern des
goldenen Altars her kam, der vor Gott steht. 14 Die
Stimme sagte zu dem sechsten Engel, der die Po-
saune hält: Binde die vier Engel los, die *am*
großen Strom, am Eufrat, gefesselt sind. 15 Da wur-
den die vier Engel losgebunden, die auf Jahr und
Monat, auf Tag und Stunde bereitstanden, um ein
Drittel der Menschheit zu töten.
16 Und die Zahl der Reiter dieses Heeres war viel-
tausendmal tausend; diese Zahl hörte ich.
17 Und so sahen die Pferde und die Reiter in der
Vision aus: Sie trugen feuerrote, rauchblaue und
schwefelgelbe Panzer. Die Köpfe der Pferde gli-
chen Löwenköpfen, und aus ihren Mäulern
schlug Feuer, Rauch und Schwefel. 18 Ein Drittel
der Menschen wurde durch diese drei Plagen
getötet, durch Feuer, Rauch und Schwefel, die aus
ihren Mäulern hervorkamen. 19 Denn die tödliche
Macht der Pferde war in ihren Mäulern und in
ihren Schwänzen. Ihre Schwänze glichen Schlan-
gen, die Köpfe haben, mit denen sie Schaden zu-
fügen können.
20 Aber die übrigen Menschen, die nicht durch
diese Plagen umgekommen waren, wandten sich
nicht ab *von den Machwerken ihrer Hände:* Sie
hörten nicht auf, sich niederzuwerfen vor ihren
Dämonen, vor ihren *Götzen aus Gold, Silber, Erz,*
Stein und Holz, den Götzen, *die weder sehen,*
noch hören, noch gehen können. 21 Sie ließen
nicht ab von Mord und Zauberei, von Unzucht
und Diebstahl.

Die Engel und das kleine Buch

10 Und ich sah: Ein anderer gewaltiger En-
gel kam aus dem Himmel herab; er war
von einer Wolke umhüllt, und der Regenbogen
stand über seinem Haupt. Sein Gesicht war wie
die Sonne, und seine Beine waren wie Feuersäu-
len. 2 In der Hand hielt er ein kleines, aufgeschla-
genes Buch. Er setzte seinen rechten Fuß auf das
Meer, den linken auf das Land 3 und rief laut, so
wie *ein Löwe brüllt.* Nachdem er gerufen hatte,
erhoben die sieben Donner ihre Stimme. 4 Als die
sieben Donner gesprochen hatten, wollte ich es
aufschreiben. Da hörte ich eine Stimme vom Him-
mel her rufen: *Halte geheim,* was die sieben Don-
ner gesprochen haben; schreib es nicht auf! 5 Und
der Engel, den ich auf dem Meer und auf dem
Land stehen sah, *erhob seine rechte Hand* zum
Himmel. 6 *Er schwor bei dem, der in alle Ewigkeit*
lebt, der den Himmel geschaffen hat und was

Ich sah das neue Jerusalem wie eine Braut (Offb 21) | 106 ▷

darin ist, *die Erde und was darauf ist, und das*
Meer und was darin ist: Es wird keine Zeit mehr
bleiben, 7 denn in den Tagen, wenn der siebte En-
gel seine Stimme erhebt und seine Posaune bläst,
wird auch das Geheimnis Gottes vollendet sein;
so hatte er es seinen Knechten, den Propheten,
verkündet.
8 Und die Stimme aus dem Himmel, die ich
gehört hatte, sprach noch einmal zu mir: Geh,
nimm das Buch, das der Engel, der auf dem Meer
und auf dem Land steht, aufgeschlagen in der
Hand hält. 9 Und ich ging zu dem Engel und bat
ihn, mir das kleine Buch zu geben. *Er sagte zu*
mir: Nimm und *iß* es! In deinem Magen wird es
bitter sein, in deinem Mund aber *süß wie Honig.*
10 Da nahm ich das kleine Buch aus der Hand des
Engels *und aß* es. *In meinem Mund war es süß*
wie Honig. Als ich es aber gegessen hatte, wurde
mein Magen bitter. 11 Und mir wurde gesagt: Du
mußt noch einmal weissagen über viele *Völker*
und Nationen mit ihren Sprachen und Königen.

Die Vermessung des Tempels

11 Dann wurde mir ein Meßstab gegeben,
der aussah wie ein Stock, und mir wurde
gesagt: Geh, miß den Tempel Gottes und den Al-
tar, und zähle alle, die dort anbeten! 2 Den Hof, der
außerhalb des Tempels liegt, laß aus, und miß ihn
nicht; denn er ist *den Heiden* überlassen. Sie wer-
den die heilige Stadt *zertreten,* zweiundvierzig
Monate lang.

Das Zeugnis der beiden Propheten

3 Und ich will meinen zwei Zeugen auftragen, im
Bußgewand aufzutreten und prophetisch zu re-
den, zwölfhundertsechzig Tage lang. 4 Sie sind *die*
zwei Ölbäume und die zwei *Leuchter,* die *vor*
dem Herrn der Erde stehen. 5 Wenn ihnen jemand
Schaden zufügen will, *schlägt Feuer* aus ihrem
Mund und *verzehrt* ihre Feinde; so muß jeder
sterben, der ihnen schaden will. 6 Sie haben
Macht, den Himmel zu verschließen, damit *kein*
Regen fällt in den Tagen ihres Wirkens als Pro-
pheten. Sie haben auch Macht, *das Wasser in Blut*
zu verwandeln und die Erde *zu schlagen mit allen*
möglichen Plagen, sooft sie wollen. 7 Wenn sie
ihren Auftrag als Zeugen erfüllt haben, *wird* sie
das Tier, das aus dem Abgrund *heraufsteigt,*
bekämpfen, besiegen und töten. 8 Und ihre Lei-
chen bleiben auf der Straße der großen Stadt lie-
gen. Diese Stadt heißt, geistlich verstanden: So-
dom und Ägypten; dort wurde auch ihr Herr ge-
kreuzigt. 9 Menschen aus allen Völkern und Stäm-
men, Sprachen und Nationen werden ihre
Leichen dort sehen, dreieinhalb Tage lang; sie
werden nicht zulassen, daß die Leichen begraben
werden. 10 Und die Bewohner der Erde freuen sich
darüber, beglückwünschen sich und schicken
sich gegenseitig Geschenke; denn die beiden Pro-
pheten hatten die Bewohner der Erde gequält.
11 Aber nach den dreieinhalb Tagen *kam* von Gott
her wieder *Lebensgeist in sie, und sie standen auf.*
Da überfiel alle, die sie sahen, große Angst.
12 Und sie hörten eine laute Stimme vom Himmel
her rufen: *Kommt herauf!* Vor den Augen ihrer
Feinde *stiegen sie* in der Wolke *zum Himmel hin-*
auf. 13 In diesem Augenblick entstand *ein gewalti-*
ges Erdbeben. Ein Zehntel der Stadt *stürzte ein,*
und siebentausend Menschen kamen durch das
Erdbeben um. Die Überlebenden wurden vom
Entsetzen gepackt und gaben dem Gott des Him-
mels die Ehre. 14 Das zweite »Wehe« ist vorüber,
das dritte »Wehe« kommt bald.

Die siebte Posaune

15 Der siebte Engel blies seine Posaune. Da ertön-
ten laute Stimmen im Himmel, die riefen:
Nun gehört die Herrschaft über die Welt / unse-
rem *Herrn und seinem Gesalbten;* / und sie wer-
den herrschen in alle Ewigkeit.
16 Und die vierundzwanzig Ältesten, die vor Gott
auf ihren Thronen sitzen, warfen sich nieder, be-
teten Gott an 17 und sprachen:
Wir danken dir, Herr, / Gott und Herrscher über
die ganze Schöpfung, / der du bist und der du
warst;
denn du hast deine große Macht in Anspruch
genommen / und *die Herrschaft angetreten.*
18 Die Völker gerieten in Zorn. / Da kam dein
Zorn und die Zeit, die Toten zu richten:
die Zeit, deine Knechte zu belohnen, / die Pro-
pheten und die Heiligen
und *alle, die* deinen Namen fürchten, / *die Klei-*
nen und die Großen, / die Zeit, alle zu verderben,
die die Erde verderben.
19 Der Tempel Gottes im Himmel wurde geöffnet,
und *in* seinem *Tempel* wurde *die Lade* seines
Bundes sichtbar: Da begann es zu *blitzen,* zu
dröhnen *und zu donnern,* es gab ein Beben und
schweren Hagel.

Der Kampf des Satans gegen das Volk Gottes: 12,1–14,5

Die Frau und der Drache

12 Dann erschien ein großes Zeichen am
Himmel: eine Frau, mit der Sonne beklei-
det; der Mond war unter ihren Füßen und ein
Kranz von zwölf Sternen auf ihrem Haupt. 2 Sie
war schwanger und schrie vor Schmerz in ihren
Geburtswehen.
3 Ein anderes Zeichen erschien am Himmel: ein
Drache, groß und feuerrot, mit sieben Köpfen und
zehn Hörnern und mit sieben Diademen auf sei-
nen Köpfen. 4 Sein Schwanz fegte ein Drittel *der
Sterne vom Himmel* und *warf* sie *auf die Erde
herab.*
Der Drache stand vor der Frau, die gebären
sollte; er wollte ihr Kind verschlingen, sobald es
geboren war. 5 Und *sie gebar* ein Kind, *einen
Sohn,* der über alle Völker *mit eisernem Zepter
herrschen wird.* Und ihr Kind wurde zu Gott und
zu seinem Thron entrückt. 6 Die Frau aber floh in
die Wüste, wo Gott ihr einen Zufluchtsort ge-
schaffen hatte; dort wird man sie mit Nahrung
versorgen, zwölfhundertsechzig Tage lang.

Der Sturz des Drachen

7 Da entbrannte im Himmel ein Kampf; *Michael*
und seine Engel erhoben sich, um mit dem Dra-
chen *zu kämpfen.* Der Drache und seine Engel
kämpften, 8 aber sie konnten sich nicht halten,
und sie verloren ihren Platz im Himmel. 9 Er
wurde gestürzt, der große Drache, die alte
Schlange, die *Teufel* oder *Satan* heißt und die
ganze Welt verführt; der Drache wurde auf die
Erde gestürzt, und mit ihm wurden seine Engel
hinabgeworfen. 10 Da hörte ich eine laute Stimme
im Himmel rufen:
Jetzt ist er da, der rettende Sieg, / die Macht und
die Herrschaft unseres Gottes / und die Vollmacht
seines Gesalbten;
denn gestürzt wurde der Ankläger unserer Brü-
der, / der sie bei Tag und bei Nacht / vor unserem
Gott verklagte.
11 Sie haben ihn besiegt durch das Blut des Lam-
mes / und durch ihr Wort und Zeugnis;
sie hielten ihr Leben nicht fest, / bis hinein in
den Tod.
12 Darum *jubelt, ihr Himmel* / und alle, die darin
wohnen.
Weh aber euch, Land und Meer! / Denn der Teu-
fel ist zu euch hinabgekommen;
seine Wut ist groß, / weil er weiß, daß ihm nur
noch eine kurze Frist bleibt.

Der Kampf des Drachen gegen die Frau

13 Als der Drache erkannte, daß er auf die Erde ge-
stürzt war, verfolgte er die Frau, die den Sohn ge-
boren hatte. 14 Aber der Frau wurden die beiden
Flügel des großen Adlers gegeben, damit sie in die
Wüste an ihren Ort fliegen konnte. Dort ist sie vor
der Schlange sicher und wird *eine Zeit und zwei
Zeiten und eine halbe Zeit* lang ernährt. 15 Die
Schlange spie einen Strom von Wasser aus ihrem
Rachen hinter der Frau her, damit sie von den Flu-
ten fortgerissen werde. 16 Aber die Erde kam der
Frau zu Hilfe; sie öffnete sich und verschlang den
Strom, den der Drache aus seinem Rachen ge-
spien hatte. 17 Da geriet der Drache in Zorn über
die Frau, und er ging fort, um Krieg zu führen mit
ihren übrigen Nachkommen, die den Geboten
Gottes gehorchen und an dem Zeugnis für Jesus
festhalten. 18 Und der Drache trat an den Strand
des Meeres.

Die beiden Tiere

13 Und ich sah: *Ein Tier stieg aus dem Meer,
mit zehn Hörnern* und sieben Köpfen.
Auf seinen Hörnern trug es zehn Diademe und
auf seinen Köpfen Namen, die eine Gottesläste-
rung waren. 2 *Das Tier,* das ich sah, *glich einem
Panther;* seine Füße waren wie die Tatzen *eines
Bären* und sein Maul wie das Maul *eines Löwen.*
Und der Drache hatte ihm seine Gewalt überge-
ben, seinen Thron und seine große Macht. 3 Einer
seiner Köpfe sah aus wie tödlich verwundet; aber
die tödliche Wunde wurde geheilt. Und die ganze
Erde sah dem Tier staunend nach. 4 Die Men-
schen warfen sich vor dem Drachen nieder, weil
er seine Macht dem Tier gegeben hatte; und sie
beteten das Tier an und sagten: Wer ist dem Tier
gleich, und wer kann den Kampf mit ihm auf-
nehmen?
5 Und es wurde ermächtigt, mit seinem *Maul
anmaßende Worte* und Lästerungen *auszuspre-
chen;* es wurde ihm Macht gegeben, dies zwei-
undvierzig Monate zu tun. 6 Das Tier öffnete sein

Maul, um Gott und seinen Namen zu lästern,
seine Wohnung und alle, die im Himmel woh-
nen. 7 Und es wurde ihm erlaubt, *mit den Heili-*
gen zu kämpfen und sie zu besiegen. Es wurde
ihm auch Macht gegeben über alle Stämme, Völ-
ker, Sprachen und Nationen. 8 Alle Bewohner
der Erde fallen nieder vor ihm: alle, deren Name
nicht seit der Erschaffung der Welt *eingetragen*
ist ins Lebensbuch des Lammes, das geschlachtet
wurde.
9 Wenn einer Ohren hat, so höre er. 10 *Wer zur Ge-*
fangenschaft bestimmt ist, geht *in die Gefangen-*
schaft. Wer mit dem Schwert getötet werden soll,
wird *mit dem Schwert* getötet. Hier muß sich die
Standhaftigkeit und die Glaubenstreue der Heili-
gen bewähren.
11 Und ich sah: Ein anderes Tier stieg aus der Erde
herauf. Es hatte zwei Hörner wie ein Lamm, aber
es redete wie ein Drache. 12 Die ganze Macht des
ersten Tieres übte es vor dessen Augen aus. Es
brachte die Erde und ihre Bewohner dazu, das er-
ste Tier anzubeten, dessen tödliche Wunde ge-
heilt war. 13 Es tat große Zeichen; sogar Feuer ließ
es vor den Augen der Menschen vom Himmel auf
die Erde fallen. 14 Es verwirrte die Bewohner der
Erde durch die Wunderzeichen, die es im Auftrag
des Tieres tat; es befahl den Bewohnern der Erde,
ein Standbild zu errichten zu Ehren des Tieres,
das mit dem Schwert erschlagen worden war und
doch wieder zum Leben kam. 15 Es wurde ihm
Macht gegeben, dem Standbild des Tieres Le-
bensgeist zu verleihen, so daß es auch sprechen
konnte und bewirkte, daß alle getötet wurden,
die das Standbild des Tieres *nicht anbeteten.* 16 Die
Kleinen und die Großen, die Reichen und die Ar-
men, die Freien und die Sklaven, alle zwang es,
auf ihrer rechten Hand oder ihrer Stirn ein Kenn-
zeichen anzubringen. 17 Kaufen oder verkaufen
konnte nur, wer das Kennzeichen trug: den Na-
men des Tieres oder die Zahl seines Namens.
18 Hier braucht man Kenntnis. Wer Verstand hat,
berechne den Zahlenwert des Tieres. Denn es ist
die Zahl eines Menschennamens; seine Zahl ist
sechshundertsechsundsechzig.

Das Lamm und sein Gefolge

14 Und ich sah: Das Lamm stand auf dem
Berg Zion, und bei ihm waren hundert-
vierundvierzigtausend; *auf ihrer Stirn* trugen sie
seinen Namen und den Namen seines Vaters.
2 Dann hörte ich eine Stimme vom Himmel her,
die dem Rauschen von Wassermassen und dem
Rollen eines gewaltigen Donners *glich.* Die
Stimme, die ich hörte, war wie der Klang der
Harfe, die ein Harfenspieler schlägt. 3 Und sie san-
gen ein neues Lied vor dem Thron und vor den
vier Lebewesen und vor den Ältesten. Aber nie-
mand konnte das Lied singen lernen außer den
hundertvierundvierzigtausend, die freigekauft
und von der Erde weggenommen worden sind.
4 Sie sind es, die sich nicht mit Weibern befleckt
haben; denn sie sind jungfräulich. Sie folgen dem
Lamm, wohin es geht. Sie allein unter allen Men-
schen sind freigekauft als Erstlingsgabe für Gott
und das Lamm. 5 Denn in ihrem Mund fand sich
keinerlei Lüge. Sie sind ohne Makel.

Das Gericht: 14,6–20,15

Die Ankündigung des Gerichts

6 Dann sah ich: Ein anderer Engel flog hoch am
Himmel. Er hatte den Bewohnern der Erde ein
ewiges Evangelium zu verkünden, allen Natio-
nen, Stämmen, Sprachen und Völkern. 7 Er rief
mit lauter Stimme: Fürchtet Gott, und erweist
ihm die Ehre! Denn die Stunde seines Gerichts ist
gekommen. Betet ihn an, der *den Himmel und die*
Erde, das Meer und die Wasserquellen *geschaffen*
hat.
8 Ein anderer Engel, ein zweiter, folgte und rief:
Gefallen, gefallen ist Babylon, die Große, die alle
Völker betrunken gemacht hat mit dem Zornwein
ihrer Hurerei.
9 Ein anderer Engel, ein dritter, folgte ihnen und
rief mit lauter Stimme: Wer das Tier und sein
Standbild anbetet und wer das Kennzeichen auf
seiner Stirn oder seiner Hand annimmt, 10 der muß
den Wein des Zornes Gottes trinken, der unver-
dünnt *im Becher seines Zorns gemischt* ist. Und
er wird mit *Feuer und Schwefel* gequält vor den
Augen der heiligen Engel und des Lammes. 11 *Der*
Rauch von ihrer Peinigung *steigt auf in* alle *Ewig-*
keit, und alle, die das Tier und sein Standbild an-

beten und die seinen Namen als Kennzeichen an-
nehmen, werden bei Tag und Nacht keine Ruhe
haben. 12 Hier muß sich die Standhaftigkeit der
Heiligen bewähren, die an den Geboten Gottes
und an der Treue zu Jesus festhalten. 13 Und ich
hörte eine Stimme vom Himmel her rufen:
Schreibe! Selig die Toten, die im Herrn sterben,
von jetzt an; ja, spricht der Geist, sie sollen ausru-
hen von ihren Mühen; denn ihre Werke begleiten
sie.

Die Stunde der Ernte

14 Dann sah ich eine weiße Wolke. Auf der *Wolke*
thronte einer, der *wie ein Menschensohn aussah.*
Er trug einen goldenen Kranz auf dem Haupt und
eine scharfe Sichel in der Hand. 15 Und ein anderer
Engel kam aus dem Tempel und rief dem, der auf
der Wolke saß, mit lauter Stimme zu: *Schick* deine
Sichel aus, und ernte! Denn die Zeit zu ernten ist
gekommen: *Die Frucht* der Erde *ist reif* gewor-
den. 16 Und der, der auf der Wolke saß, schleuderte
seine Sichel über die Erde, und die Erde wurde ab-
geerntet.
17 Und ein anderer Engel trat aus dem himmli-
schen Tempel. Auch er hatte eine scharfe Sichel.
18 Vom Altar her kam noch ein anderer Engel, der
die Macht über das Feuer hatte. Dem, der die
scharfe Sichel trug, rief er mit lauter Stimme zu:
Schick deine scharfe *Sichel aus,* und ernte die
Trauben vom Weinstock der Erde! Seine Beeren
sind reif geworden. 19 Da schleuderte der Engel
seine Sichel auf die Erde, erntete den Weinstock
der Erde ab und warf die Trauben in die große Kel-
ter des Zornes Gottes. 20 *Die Kelter* wurde draußen
vor der Stadt *getreten,* und Blut strömte aus der
Kelter; es stieg an, bis an die Zügel der Pferde, ein-
tausendsechshundert Stadien weit.

Die Ankündigung der sieben letzten Plagen

15 Dann sah ich ein anderes Zeichen am
Himmel, groß und wunderbar. Ich sah
sieben Engel mit sieben Plagen, den sieben letz-
ten; denn in ihnen erreicht der Zorn Gottes sein
Ende. 2 Dann sah ich etwas, das einem gläsernen
Meer glich und mit Feuer durchsetzt war. Und die
Sieger über das Tier, über sein Standbild und über
die Zahl seines Namens standen auf dem gläser-
nen Meer und trugen die Harfen Gottes. 3 Sie san-
gen das Lied des Mose, des Knechtes Gottes, und
das Lied zu Ehren des Lammes:

Groß und wunderbar sind deine Taten, / Herr,
Gott und Herrscher über die ganze Schöpfung.
Gerecht und zuverlässig sind deine Wege, / du
König der Völker.
4 Wer wird dich nicht fürchten, Herr, / wer wird
deinen Namen nicht *preisen?*
Denn du allein bist *heilig: / Alle Völker kommen*
und beten dich an; / denn deine gerechten Taten
sind offenbar geworden.
5 Danach sah ich: Es öffnete sich der himm-
lische Tempel, *das Zelt des Zeugnisses* im Him-
mel. 6 Und die *sieben* Engel mit den *sieben*
Plagen traten heraus; sie waren in reines, glän-
zendes *Leinen gekleidet* und *trugen* um ihre
Brust *einen Gürtel aus Gold.* 7 Und eines der vier
Lebewesen reichte den sieben Engeln sieben
goldene Schalen; sie waren gefüllt mit dem Zorn
des Gottes, der in alle Ewigkeit lebt. 8 *Und der*
Tempel füllte sich mit dem Rauch der Herrlich-
keit und Macht Gottes. Niemand *konnte den*
Tempel betreten, bis die *sieben Plagen* aus der
Hand der sieben Engel zu ihrem Ende gekom-
men waren.

Die sieben Engel mit den Schalen des Zorns

16 Dann hörte ich, wie eine laute Stimme
aus dem Tempel den sieben Engeln zu-
rief: Geht und *gießt* die sieben Schalen *mit dem*
Zorn Gottes *über die Erde!*
2 Der erste ging und goß seine Schale über das
Land. *Da bildete sich ein böses und schlimmes*
Geschwür an den Menschen, die das Kennzei-
chen des Tieres trugen und sein Standbild anbe-
teten.
3 Der zweite Engel goß seine Schale über das
Meer. Da *wurde es zu Blut,* das aussah wie das
Blut eines Toten; und alle Lebewesen im Meer
starben.
4 Der dritte goß seine Schale über *die Flüsse* und
Quellen. *Da wurde* alles *zu Blut.* 5 Und ich hörte
den Engel, der die Macht über das Wasser hat, sa-
gen: *Gerecht bist du,* der du bist und der du warst,
du Heiliger; denn damit hast du ein gerechtes Ur-
teil gefällt. 6 *Sie haben das Blut* von Heiligen und
Propheten *vergossen*; deshalb hast du ihnen *Blut*
zu trinken gegeben, so haben sie es verdient.
7 Und ich hörte eine Stimme vom Brandopferaltar
her sagen: Ja, *Herr,* Gott und Herrscher über die
ganze Schöpfung. *Wahr* und *gerecht sind deine*
Gerichts*urteile.*

8 Der vierte Engel goß seine Schale über die
Sonne. Da wurde ihr Macht gegeben, mit ihrem
Feuer die Menschen zu verbrennen. 9 Und die
Menschen verbrannten in der großen Hitze. Den-
noch verfluchten sie den Namen Gottes, der die
Macht über diese Plagen hat. Sie bekehrten sich
nicht dazu, ihm die Ehre zu geben.

10 Der fünfte Engel goß seine Schale über den
Thron des Tieres. *Da kam Finsternis* über das
Reich des Tieres, und die Menschen zerbissen
sich vor Angst und Schmerz die Zunge. 11 Den-
noch verfluchten sie den Gott des Himmels we-
gen ihrer Schmerzen und ihrer Geschwüre; und
sie ließen nicht ab von ihrem Treiben.

12 Der sechste Engel goß seine Schale über *den
großen Strom, den Eufrat. Da trocknete* sein *Was-
ser aus,* so daß den Königen des Ostens der Weg
offenstand. 13 Dann sah ich aus dem Maul des Dra-
chen und aus dem Maul des Tieres und aus dem
Maul des falschen Propheten drei unreine Geister
hervorkommen, die wie Frösche aussahen. 14 Es
sind Dämonengeister, die Wunderzeichen tun;
sie schwärmten aus zu den Königen der ganzen
Erde, um sie zusammenzuholen für den Krieg am
großen Tag Gottes, des Herrschers über die ganze
Schöpfung.

15 Siehe, ich komme wie ein Dieb. Selig, wer
wach bleibt und sein Gewand anbehält, damit er
nicht nackt gehen muß und man seine Blöße
sieht.

16 Die Geister führten die Könige an dem Ort zu-
sammen, der auf hebräisch Harmagedon heißt.

17 Und der siebte Engel goß seine Schale über
die Luft. Da kam eine laute *Stimme aus dem
Tempel,* die vom Thron her rief: Es ist geschehen.
18 Und es folgten *Blitze,* Stimmen *und Donner;* es
entstand ein gewaltiges Erdbeben, *wie noch kei-
nes gewesen war,* seitdem es Menschen auf der
Erde gibt. So gewaltig war dieses Beben. 19 Die
große Stadt brach in drei Teile auseinander, und
die Städte der Völker stürzten ein. Gott hatte sich
an *Babylon, die Große,* erinnert und reichte ihr
den Becher mit dem Wein seines rächenden *Zor-
nes.*

20 Alle Inseln verschwanden, und es gab keine
Berge mehr. 21 Und *gewaltige Hagelbrocken,* zent-
nerschwer, stürzten vom Himmel auf die Men-
schen herab. Dennoch verfluchten die Menschen
Gott wegen dieser Hagelplage; denn die Plage
war über die Maßen groß.

Die Hure Babylon

17 Dann kam einer der sieben Engel, wel-
che die sieben Schalen trugen, und sagte
zu mir: Komm, ich zeige dir das Strafgericht über
die große Hure, die an *den vielen Gewässern
sitzt.* 2 Denn mit ihr haben *die Könige der Erde*
Unzucht getrieben, und vom Wein ihrer Hurerei
wurden die Bewohner der Erde betrunken. 3 Der
Geist ergriff mich, und der Engel entrückte mich
in die Wüste. Dort sah ich eine Frau auf einem
scharlachroten *Tier* sitzen, das über und über mit
gotteslästerlichen Namen beschrieben war und
sieben Köpfe und *zehn Hörner* hatte. 4 Die Frau
war in Purpur und Scharlach gekleidet und mit
Gold, Edelsteinen und Perlen geschmückt. Sie
hielt einen *goldenen Becher* in der Hand, der mit
dem abscheulichen Schmutz ihrer Hurerei gefüllt
war. 5 Auf ihrer Stirn stand ein Name, ein ge-
heimnisvoller Name: *Babylon, die Große,* die
Mutter der Huren und aller Abscheulichkeiten
der Erde. 6 Und ich sah, daß die Frau betrunken
war vom Blut der Heiligen und vom Blut der Zeu-
gen Jesu.

Beim Anblick der Frau ergriff mich großes Er-
staunen. 7 Der Engel aber sagte zu mir: Warum
bist du erstaunt? Ich will dir das Geheimnis der
Frau enthüllen und das Geheimnis des Tieres mit
den sieben Köpfen und zehn Hörnern, auf dem
sie sitzt. 8 *Das Tier,* das du gesehen hast, war ein-
mal und ist jetzt nicht; es wird aber aus dem Ab-
grund *heraufsteigen* und dann ins Verderben ge-
hen. Staunen werden die Bewohner der Erde,
deren Namen seit der Erschaffung der Welt nicht
im Buch des Lebens verzeichnet sind. Sie werden
bei dem Anblick des Tieres staunen; denn es war
einmal und ist jetzt nicht, wird aber wieder da
sein. 9 Hier braucht man Verstand und Kenntnis.

Die sieben Köpfe bedeuten die sieben Berge, auf
denen die Frau sitzt. Sie bedeuten auch sieben Kö-
nige. 10 Fünf sind bereits gefallen. Einer ist jetzt da,
einer ist noch nicht gekommen; wenn er dann
kommt, darf er nur kurze Zeit bleiben. 11 Das Tier
aber, das war und jetzt nicht ist, bedeutet einen
achten König und ist doch einer von den sieben
und wird ins Verderben gehen. 12 *Die zehn Hör-
ner,* die du gesehen hast, *bedeuten zehn Könige,*
die noch nicht zur Herrschaft gekommen sind; sie
werden aber königliche Macht für eine einzige
Stunde erhalten, zusammen mit dem Tier. 13 Sie
sind eines Sinnes und übertragen ihre Macht und

Gewalt dem Tier. 14 Sie werden mit dem Lamm
Krieg führen, aber das Lamm wird sie besiegen.
Denn es ist *der Herr der Herren* und der König *der
Könige.* Bei ihm sind die Berufenen, Auserwähl-
ten und Treuen.
15 Und er sagte zu mir: Du hast *die Gewässer* ge-
sehen, an denen die Hure sitzt; sie bedeuten *Völ-
ker* und Menschenmassen, *Nationen und Spra-
chen.* 16 Du hast die zehn Hörner und das Tier
gesehen; sie werden die Hure hassen, ihr alles
wegnehmen, bis sie nackt ist, werden ihr Fleisch
fressen und sie im Feuer verbrennen. 17 Denn Gott
lenkt ihr Herz so, daß sie seinen Plan ausführen:
Sie sollen einmütig handeln und ihre Herrschaft
dem Tier übertragen, bis die Worte Gottes erfüllt
sind. 18 Die Frau aber, die du gesehen hast, ist die
große Stadt, die die Herrschaft hat über *die Könige
der Erde.*

Die Ankündigung von Babylons Sturz

18 Danach sah ich einen anderen Engel aus
dem Himmel herabsteigen; er hatte große
Macht, *und die Erde leuchtete auf von seiner Herr-
lichkeit.* 2 Und er rief mit gewaltiger Stimme: *Gefal-
len, gefallen ist Babylon, die Große!* Zur Wohnung
von Dämonen ist sie geworden, zur Behausung al-
ler unreinen Geister und zum Schlupfwinkel aller
unreinen und abscheulichen Vögel. 3 Denn vom
Zornwein ihrer Unzucht *haben* alle *Völker getrun-
ken, und die Könige der Erde haben mit ihr Un-
zucht getrieben.* Durch die Fülle ihres Wohlstands
sind die Kaufleute der Erde reich geworden.
4 Dann hörte ich eine andere Stimme vom Him-
mel her rufen: Verlaß die Stadt, mein Volk, damit
du nicht mitschuldig wirst an ihren Sünden und
von ihren Plagen mitgetroffen wirst. 5 *Denn ihre
Sünden haben sich bis zum Himmel aufgetürmt,*
und Gott hat ihre Schandtaten nicht vergessen.
6 Zahlt ihr mit gleicher Münze heim, gebt ihr dop-
pelt zurück, was sie getan hat. Mischt ihr den Be-
cher, den sie gemischt hat, doppelt so stark. 7 Im
gleichen Maß, wie sie in Prunk und Luxus lebte,
laßt sie Qual und Trauer erfahren. *Sie dachte bei
sich:* Ich throne als Königin, *ich bin keine Witwe*
und werde keine Trauer kennen. 8 Deshalb *wer-
den an einem einzigen Tag* die Plagen über sie
kommen, die für sie bestimmt sind: Tod, Trauer
und Hunger. Und sie wird im Feuer verbrennen;
denn *stark ist der Herr,* der Gott, der sie gerichtet
hat.

Die Klage über den Untergang Babylons

9 *Die Könige der Erde, die mit ihr gehurt* und in Lu-
xus gelebt *haben, werden über* sie *weinen und kla-
gen,* wenn sie den Rauch der brennenden Stadt se-
hen. 10 Sie bleiben in der Ferne stehen aus Angst vor
ihrer Qual und sagen: Wehe! Wehe, du *große* Stadt
Babylon, du mächtige Stadt! In einer einzigen
Stunde ist das Gericht über dich gekommen.
11 Auch die *Kaufleute* der Erde *weinen und kla-
gen* um sie, weil niemand mehr ihre Ware kauft:
12 Gold und Silber, Edelsteine und Perlen, feines
Leinen, Purpur, Seide und Scharlach, wohlrie-
chende Hölzer aller Art und alle möglichen
Geräte aus Elfenbein, kostbarem Edelholz,
Bronze, Eisen und Marmor; 13 auch Zimt und Bal-
sam, Räucherwerk, Salböl und Weihrauch, Wein
und Öl, feinstes Mehl und Weizen, Rinder und
Schafe, Pferde und Wagen und sogar Menschen
mit Leib und Seele.
14 Auch die Früchte, nach denen dein Herz be-
gehrte, sind dir genommen. Und alles, was präch-
tig und glänzend war, hast du verloren; nie mehr
wird man es finden. 15 Die *Kaufleute,* die durch
den Handel mit dieser Stadt reich geworden sind,
werden aus Angst vor ihrer Qual in der Ferne
stehen, und sie werden *weinen und klagen*:
16 Wehe! Wehe, du große Stadt, bekleidet mit fei-
nem Leinen, mit Purpur und Scharlach, ge-
schmückt mit Gold, Edelsteinen und Perlen. 17 In
einer einzigen Stunde ist dieser ganze Reichtum
dahin.
Alle Kapitäne und Schiffsreisenden, *die Matro-
sen und alle,* die ihren Unterhalt *auf See* verdie-
nen, machten schon in der Ferne halt, 18 als sie den
Rauch der brennenden Stadt sahen, und sie rie-
fen: Wer konnte sich mit der großen Stadt *mes-
sen?* 19 *Und sie streuten sich Staub auf den Kopf,
sie schrien, weinten und klagten:* Wehe! Wehe, du
große Stadt, die mit ihren Schätzen alle reich ge-
macht hat, die Schiffe auf dem Meer haben. In ei-
ner einzigen Stunde ist sie verwüstet worden.
20 *Freu dich* über ihren Untergang, *du Himmel* –
und auch ihr, Heilige, Apostel und Propheten,
freut euch! Denn *Gott hat* euch an ihr *gerächt.*
21 Dann hob ein gewaltiger Engel einen *Stein* auf,
so groß wie ein Mühlstein; *er warf ihn* ins Meer
und rief: So wird *Babylon, die große Stadt, mit
Wucht hinabgeworfen werden, und man wird sie
nicht mehr finden.* 22 Die Musik von Harfenspie-
lern und Sängern, von Flötenspielern und Trom-

petern hört man nicht mehr in dir. Einen kundi-
gen Handwerker gibt es nicht mehr in dir. *Das
Geräusch des Mühlsteins* hört man nicht mehr in
dir. 23 *Das Licht der Lampe* scheint nicht mehr in
dir. *Die Stimme von Braut und Bräutigam* hört
man nicht mehr in dir. Deine *Kaufleute waren die
Großen der Erde, deine Zauberei* verführte alle
Völker. 24 Aber in ihr war das Blut von Propheten
und Heiligen und von allen, die auf der Erde hin-
geschlachtet worden sind.

Jubel im Himmel

19 Danach hörte ich etwas wie den lauten
Ruf einer großen Schar im Himmel:
Halleluja! / Das Heil und die Herrlichkeit und
die Macht / ist bei unserm Gott.
2 *Seine Urteile sind wahr und gerecht.* / Er hat
die große Hure gerichtet, / die mit ihrer Unzucht
die Erde verdorben hat.
Er hat Rache genommen für das Blut seiner
Knechte, / das an ihren Händen klebte.
3 Noch einmal riefen sie:
Halleluja! / *Der Rauch* der Stadt *steigt auf* in alle
Ewigkeit.
4 Und die vierundzwanzig Ältesten und die vier
Lebewesen fielen nieder vor Gott, *der auf dem
Thron sitzt,* beteten ihn an und riefen:
Amen, halleluja!
5 Und eine Stimme kam vom Thron her:
Preist unsern Gott, *all seine Knechte / und alle,
die ihn fürchten, Kleine und Große!*
6 Da hörte ich etwas wie den Ruf einer großen
Schar und *wie das Rauschen gewaltiger Wasser-
massen* und wie das Rollen mächtiger Donner:
Halleluja! / *Denn König geworden* ist der Herr,
unser Gott, / der Herrscher über die ganze Schöp-
fung.
7 *Wir wollen uns freuen und jubeln* / und ihm
die Ehre erweisen.
Denn gekommen ist die Hochzeit des Lammes, /
und seine Frau hat sich bereit gemacht.
8 Sie durfte sich kleiden in strahlend reines Lei-
nen. / Das Leinen bedeutet die gerechten Taten
der Heiligen.
9 Jemand sagte zu mir: Schreib auf: Selig, wer
zum Hochzeitsmahl des Lammes eingeladen ist.
Dann sagte er zu mir: Das sind zuverlässige
Worte, es sind Worte Gottes. 10 Und ich fiel ihm zu
Füßen, um ihn anzubeten. Er aber sagte zu mir:
Tu das nicht! Ich bin ein Knecht wie du und deine
Brüder, die das Zeugnis Jesu festhalten. Gott bete
an! Das Zeugnis Jesu ist der Geist prophetischer
Rede.

Sieg über das Tier und seinen Propheten

11 Dann sah ich *den Himmel offen,* und siehe, da
war ein weißes Pferd, und der, der auf ihm saß,
heißt »Der Treue und Wahrhaftige«; *gerecht rich-
tet er* und führt er Krieg. 12 *Seine Augen* waren wie
Feuerflammen, und auf dem Haupt trug er viele
Diademe; und auf ihm stand ein Name, den er al-
lein kennt. 13 Bekleidet war er mit einem blutge-
tränkten Gewand; und sein Name heißt »Das
Wort Gottes«. 14 Die Heere des Himmels folgten
ihm auf weißen Pferden; sie waren in reines,
weißes Leinen gekleidet. 15 *Aus seinem Mund*
kam *ein scharfes Schwert*; mit ihm wird er die
Völker schlagen. *Und er herrscht über sie mit ei-
sernem Zepter, und* er *tritt die Kelter* des Weines,
des rächenden Zornes Gottes, des Herrschers
über die ganze Schöpfung. 16 Auf seinem Gewand
und auf seiner Hüfte trägt er den Namen: »König
der Könige und *Herr der Herren*«.
17 Dann sah ich einen Engel, der in der Sonne
stand. Er rief mit lauter Stimme allen Vögeln zu,
die hoch am Himmel flogen: *Kommt her! Ver-
sammelt euch zum großen Mahl* Gottes. 18 *Freßt
Fleisch* von Königen, von Heerführern und *von
Helden,* Fleisch *von Pferden* und ihren *Reitern,*
Fleisch von allen, von Freien und Sklaven, von
Großen und Kleinen!
19 Dann sah ich das Tier und die *Könige der Erde*
und ihre Heere versammelt, um mit dem Reiter
und seinem Heer Krieg zu führen. 20 Aber das Tier
wurde gepackt und mit ihm der falsche Prophet;
er hatte vor seinen Augen Zeichen getan und da-
durch alle verführt, die das Kennzeichen des Tie-
res angenommen und sein Standbild angebetet
hatten. Bei lebendigem Leib wurden beide in den
See von brennendem Schwefel geworfen. 21 Die
übrigen wurden getötet mit dem Schwert, das aus
dem Mund des Reiters kam; und *alle Vögel
fraßen sich satt an ihrem Fleisch.*

Die Tausendjährige Herrschaft

20 Dann sah ich einen Engel vom Himmel
herabsteigen; auf seiner Hand trug er den
Schlüssel zum Abgrund und eine schwere Kette.
2 Er überwältigte den Drachen, die alte *Schlange* –
das ist *der Teufel* oder *der Satan* –, und er fesselte

ihn für tausend Jahre. [3] Er warf ihn in den Ab-
grund, verschloß diesen und drückte ein Siegel
darauf, damit der Drache die Völker nicht mehr
verführen konnte, bis die tausend Jahre vollendet
sind. Danach muß er für kurze Zeit freigelassen
werden.
[4] *Dann sah ich Throne;* und denen, die darauf
Platz nahmen, wurde das Gericht übertragen. Ich
sah die Seelen aller, die enthauptet worden wa-
ren, weil sie an dem Zeugnis Jesu und am Wort
Gottes festgehalten hatten. Sie hatten das Tier
und sein Standbild nicht angebetet, und sie hatten
das Kennzeichen nicht auf ihrer Stirn und auf ih-
rer Hand anbringen lassen. Sie gelangten zum Le-
ben und zur Herrschaft mit Christus für tausend
Jahre. [5] Die übrigen Toten kamen nicht zum Le-
ben, bis die tausend Jahre vollendet waren. Das
ist die erste Auferstehung. [6] Selig und heilig, wer
an der ersten Auferstehung teilhat. Über solche
hat der zweite Tod keine Gewalt. Sie werden
Priester Gottes und Christi sein und tausend Jahre
mit ihm herrschen.

Der endgültige Sieg über den Satan

[7] Wenn die tausend Jahre vollendet sind, wird der
Satan aus seinem Gefängnis freigelassen werden.
[8] Er wird ausziehen, um die Völker an den vier
Ecken der Erde, den Gog und den Magog, zu ver-
führen und sie zusammenzuholen für den Kampf;
sie sind so zahlreich wie die Sandkörner am Meer.
[9] Sie schwärmten aus über *die weite Erde* und um-
zingelten das Lager der Heiligen und Gottes ge-
liebte Stadt. Aber *Feuer fiel vom Himmel und ver-
zehrte sie.* [10] Und der Teufel, ihr Verführer, wurde in
den See von *brennendem Schwefel* geworfen, wo
auch das Tier und der falsche Prophet sind. Tag und
Nacht werden sie gequält, in alle Ewigkeit.

Das Gericht über alle Toten

[11] Dann *sah ich einen* großen weißen *Thron* und
den, der auf ihm *saß; vor seinem Anblick flohen
Erde* und Himmel, und es *gab keinen Platz mehr
für sie.* [12] Ich sah die Toten vor dem Thron stehen,
die Großen und die Kleinen. Und *Bücher wurden
aufgeschlagen;* auch *das Buch des Lebens* wurde
aufgeschlagen. Die Toten wurden *nach ihren Wer-
ken* gerichtet, nach dem, was in den Büchern auf-
geschrieben war. [13] Und das Meer gab die Toten
heraus, die in ihm waren; und *der Tod* und *die
Unterwelt* gaben ihre Toten heraus, die in ihnen
waren. Sie wurden gerichtet, jeder *nach seinen
Werken.* [14] *Der Tod* und *die Unterwelt* aber wur-
den in den Feuersee geworfen. Das ist der zweite
Tod: der Feuersee. [15] Wer nicht im *Buch des Lebens
verzeichnet war,* wurde in den Feuersee gewor-
fen.

Die neue Welt Gottes: 21,1–22,5

Gottes Wohnen unter den Menschen

21 Dann sah ich *einen neuen Himmel und
eine neue Erde;* denn der erste Himmel
und die erste Erde sind vergangen, auch das Meer
ist nicht mehr. [2] Ich sah *die heilige Stadt,* das neue
Jerusalem, von Gott her aus dem Himmel herab-
kommen; sie war bereit *wie eine Braut, die sich* für
ihren Mann *geschmückt hat.* [3] Da hörte ich eine
laute Stimme vom Thron her rufen: *Seht, die Woh-
nung* Gottes unter den Menschen! *Er wird in ihrer
Mitte wohnen, und sie werden sein Volk sein; und
er, Gott, wird bei ihnen sein.* [4] *Er wird alle Tränen
von ihren Augen abwischen:* Der Tod wird nicht
mehr sein, keine *Trauer,* keine *Klage,* keine Müh-
sal. Denn was früher war, ist vergangen.
[5] *Er, der auf dem Thron saß,* sprach: *Seht, ich
mache* alles *neu.* Und er sagte: Schreib es auf,
denn diese Worte sind zuverlässig und wahr. [6] Er
sagte zu mir: Sie sind in Erfüllung gegangen. Ich
bin das Alpha und das Omega, der Anfang und
das Ende. *Wer durstig ist, den werde ich umsonst
aus der Quelle* trinken lassen, aus der *das Wasser
des Lebens strömt.* [7] Wer siegt, wird dies als Anteil
erhalten: *Ich werde sein Gott sein, und er wird
mein Sohn sein.* [8] Aber die Feiglinge und Treulo-
sen, die Befleckten, die Mörder und Unzüchtigen,
die Zauberer, Götzendiener und alle Lügner – ihr
Los wird der See *von brennendem Schwefel* sein.
Dies ist der zweite Tod.

Das neue Jerusalem

[9] Und es kam einer von den sieben Engeln, die die
sieben Schalen mit den *sieben* letzten *Plagen* ge-
tragen hatten. Er sagte zu mir: Komm, ich will dir

die Braut zeigen, die Frau des Lammes. [10] *Da ent-
rückte er mich* in der Verzückung *auf einen*
großen, *hohen Berg* und zeigte mir *die heilige*
Stadt Jerusalem, wie sie von Gott her aus dem
Himmel herabkam, [11] erfüllt von der Herrlichkeit
Gottes. Sie glänzte wie ein kostbarer Edelstein,
wie ein kristallklarer Jaspis. [12] *Die Stadt* hat eine
große und hohe Mauer mit zwölf *Toren* und zwölf
Engeln darauf. Auf die Tore sind Namen geschrie-
ben: *die Namen der zwölf Stämme der Söhne Is-
raels.* [13] *Im Osten hat die Stadt drei Tore und im*
Norden drei Tore und im Süden drei Tore und im
Westen drei Tore. [14] Die Mauer der Stadt hat zwölf
Grundsteine; auf ihnen stehen die zwölf Namen
der zwölf Apostel des Lammes.
[15] Und der Engel, der zu mir sprach, hatte einen
goldenen *Meßstab,* mit dem die Stadt, ihre Tore
und ihre Mauer gemessen wurden. [16] Die Stadt
war *viereckig* angelegt und ebenso lang wie breit.
Er maß die Stadt mit dem Meßstab; ihre Länge,
Breite und Höhe sind gleich: zwölftausend Sta-
dien. [17] *Und er maß ihre Mauer*; sie ist hundert-
vierundvierzig Ellen hoch nach Menschenmaß,
das der Engel benutzt hatte. [18] Ihre Mauer ist aus
Jaspis gebaut, und die Stadt ist aus reinem Gold,
wie aus reinem Glas. [19] *Die Grundsteine* der Stadt-
mauer sind mit *edlen Steinen* aller Art ge-
schmückt; der erste Grundstein ist ein Jaspis, der
zweite ein Saphir, der dritte ein Chalzedon, der
vierte ein Smaragd, [20] der fünfte ein Sardonyx, der
sechste ein Sardion, der siebte ein Chrysolith, der
achte ein Beryll, der neunte ein Topas, der zehnte
ein Chrysopras, der elfte ein Hyazinth, der
zwölfte ein Amethyst. [21] Die zwölf Tore sind zwölf
Perlen; jedes der Tore besteht aus einer einzigen
Perle. Die Straße der Stadt ist aus reinem Gold,
wie aus klarem Glas.
[22] Einen Tempel sah ich nicht in der Stadt. Denn
der Herr, ihr Gott, der Herrscher über die ganze
Schöpfung, ist ihr Tempel, er und das Lamm.
[23] Die Stadt braucht *weder Sonne noch Mond,* die
ihr leuchten. Denn *die Herrlichkeit Gottes er-
leuchtet* sie, und ihre Leuchte ist das Lamm. [24] *Die*
Völker werden in diesem *Licht einhergehen, und*
die Könige der Erde werden *ihre Pracht* in die
Stadt *bringen.* [25] Ihre *Tore werden den ganzen Tag*
nicht geschlossen – Nacht wird es dort nicht
mehr geben. [26] *Und man wird die Pracht* und die
Kostbarkeiten *der Völker* in die Stadt *bringen.*
[27] *Aber nichts Unreines wird hineinkommen,* kei-
ner, der Greuel verübt und lügt. Nur die, *die im*
Lebensbuch des Lammes *eingetragen sind,* wer-
den eingelassen.
22 Und er zeigte mir einen *Strom, das Was-
ser des Lebens,* klar wie Kristall; *er geht*
vom Thron Gottes und des Lammes *aus.* [2] Zwi-
schen der Straße der Stadt und dem Strom, hüben
und drüben, stehen Bäume des Lebens. Zwölfmal
tragen sie Früchte, jeden Monat einmal; und die
Blätter der Bäume dienen zur Heilung der Völker.
[3] Es wird nichts mehr geben, was der Fluch Gottes
trifft. Der Thron Gottes und des Lammes wird in
der Stadt stehen, und seine Knechte werden ihm
dienen. [4] Sie werden sein *Angesicht schauen,* und
sein Name ist auf ihre Stirn geschrieben. [5] Es wird
keine Nacht mehr geben, und sie brauchen we-
der das Licht einer Lampe noch das Licht der
Sonne. Denn der Herr, ihr Gott, wird über ihnen
leuchten, und sie werden herrschen *in alle Ewig-
keit.*

Zeugnis und abschließende Mahnung: 22,6–21

[6] Und der Engel sagte zu mir: Diese Worte sind zu-
verlässig und wahr. Gott, der Herr über den Geist
der Propheten, hat seinen Engel gesandt, um sei-
nen Knechten zu zeigen, *was* bald *geschehen
muß.*
[7] *Siehe, ich komme* bald. Selig, wer an den pro-
phetischen Worten dieses Buches festhält.
[8] Ich, Johannes, habe dies gehört und gesehen.
Und als ich es hörte und sah, fiel ich dem Engel,
der mir dies gezeigt hatte, zu Füßen, um ihn an-
zubeten. [9] Da sagte er zu mir: Tu das nicht! Ich bin
nur ein Knecht wie du und deine Brüder, die Pro-
pheten, und wie alle, die sich an die Worte dieses
Buches halten. Gott bete an!
[10] Und er sagte zu mir: *Versiegle* dieses *Buch* mit
seinen prophetischen *Worten* nicht! Denn die Zeit
ist nahe. [11] *Wer Unrecht tut, tue weiter Unrecht,* der
Unreine bleibe unrein, der Gerechte handle weiter
gerecht, und der Heilige strebe weiter nach Heilig-
keit. [12] *Siehe, ich komme* bald, und *mit mir* bringe

ich den *Lohn, und ich werde jedem geben, was sei-*
nem Werk entspricht. 13 *Ich bin* das Alpha und das
Omega, *der Erste* und *der Letzte,* der Anfang und
das Ende. 14 Selig, wer sein Gewand wäscht: Er hat
Anteil am *Baum des Lebens,* und er wird durch die
Tore in die Stadt eintreten können. 15 Draußen blei-
ben die »Hunde« und die Zauberer, die Unzüchti-
gen und die Mörder, die Götzendiener und jeder,
der die Lüge liebt und tut.

16 Ich, Jesus, habe meinen Engel gesandt als Zeu-
gen für das, was die Gemeinden betrifft. Ich bin
die Wurzel und der Stamm Davids, der strahlende
Morgenstern.

17 Der Geist und die Braut aber sagen: Komm!
Wer hört, der rufe: Komm! *Wer durstig ist, der*
komme. Wer will, empfange *umsonst das Wasser*
des Lebens.

18 Ich bezeuge jedem, der die prophetischen
Worte dieses Buches hört: Wer *etwas hinzufügt,*
dem wird Gott die Plagen zufügen, *von denen in*
diesem Buch geschrieben steht. 19 *Und* wer *etwas*
wegnimmt von den prophetischen Worten dieses
Buches, dem wird Gott seinen Anteil *am Baum*
des Lebens und an der heiligen Stadt wegneh-
men, von denen in diesem Buch geschrieben
steht.

20 Er, der dies bezeugt, spricht: Ja, ich komme
bald. –

Amen. Komm, Herr Jesus!

21 Die Gnade des Herrn Jesus sei mit allen!

ANHANG

I. NAMEN UND ABKÜRZUNGEN

1. Allgemeine Abkürzungen

A	Anmerkung
AT	Altes Testament
atl.	alttestamentlich
ca.	circa = ungefähr
d. h.	das heißt
EÜ	Einheitsübersetzung
f	folgender Vers
G	griechische Übersetzung der Septuaginta, entstanden zwischen ca. 250–100 v. Chr.
H	hebräischer Text
Jh. (Jhd.)	Jahrhundert
korr.	korrigiert
NT	Neues Testament
ntl.	neutestamentlich
Par.	Parallele
Parr.	Parallelen
par.	parallele Stellen
S	Syrische Übersetzung (Peschitta)
s.	siehe
sog.	sogenannt (-e, -er, -es)
u. a.	unter anderem
usw.	und so weiter
vgl.	vergleiche
V.	Vers
VV.	Verse
Vg	Vulgata
z. B.	zum Beispiel
z. T.	zum Teil
( )	erklärender Zusatz der Übersetzer
[ ]	unechter Text bzw. alte Zusätze
ẹ	der Laut kann beim Gesang ausfallen (im Psalter)

2. Namen und Abkürzungen der biblischen Bücher

Altes Testament

Gen	Das Buch Genesis
Ex	Das Buch Exodus
Lev	Das Buch Levitikus
Num	Das Buch Numeri
Dtn	Das Buch Deuteronomium
Jos	Das Buch Josua
Ri	Das Buch der Richter
Rut	Das Buch Rut
1 Sam	Das erste Buch Samuel
2 Sam	Das zweite Buch Samuel
1 Kön	Das erste Buch der Könige
2 Kön	Das zweite Buch der Könige
1 Chr	Das erste Buch der Chronik
2 Chr	Das zweite Buch der Chronik
Esra	Das Buch Esra
Neh	Das Buch Nehemia
Tob	Das Buch Tobit
Jdt	Das Buch Judit
Est	Das Buch Ester
1 Makk	Das erste Buch der Makkabäer
2 Makk	Das zweite Buch der Makkabäer
Ijob	Das Buch Ijob
Ps	Die Psalmen
Spr	Das Buch der Sprichwörter
Koh	Das Buch Kohelet
Hld	Das Hohelied
Weish	Das Buch der Weisheit
Sir	Das Buch Jesus Sirach
Jes	Das Buch Jesaja
Jer	Das Buch Jeremia
Klgl	Die Klagelieder
Bar	Das Buch Baruch
Ez	Das Buch Ezechiel
Dan	Das Buch Daniel
Hos	Das Buch Hosea
Joël	Das Buch Joël
Am	Das Buch Amos
Obd	Das Buch Obadja
Jona	Das Buch Jona
Mi	Das Buch Micha
Nah	Das Buch Nahum
Hab	Das Buch Habakuk
Zef	Das Buch Zefanja
Hag	Das Buch Haggai
Sach	Das Buch Sacharja
Mal	Das Buch Maleachi

Neues Testament

Mt	Das Evangelium nach Matthäus
Mk	Das Evangelium nach Markus
Lk	Das Evangelium nach Lukas
Joh	Das Evangelium nach Johannes
Apg	Die Apostelgeschichte
Röm	Der Brief an die Römer
1 Kor	Der erste Brief an die Korinther
2 Kor	Der zweite Brief an die Korinther
Gal	Der Brief an die Galater
Eph	Der Brief an die Epheser
Phil	Der Brief an die Philipper
Kol	Der Brief an die Kolosser
1 Thess	Der erste Brief an die Thessalonicher
2 Thess	Der zweite Brief an die Thessalonicher
1 Tim	Der erste Brief an Timotheus
2 Tim	Der zweite Brief an Timotheus
Tit	Der Brief an Titus
Phlm	Der Brief an Philemon
Hebr	Der Brief an die Hebräer

Jak	Der Brief des Jakobus
1 Petr	Der erste Brief des Petrus
2 Petr	Der zweite Brief des Petrus
1 Joh	Der erste Brief des Johannes
2 Joh	Der zweite Brief des Johannes
3 Joh	Der dritte Brief des Johannes
Jud	Der Brief des Judas
Offb	Die Offenbarung des Johannes

II. AUSGEWÄHLTE NAMEN UND BEGRIFFE

(s. A = siehe die Anmerkung zu; s. Einl. = siehe die Einleitung zu.)

Aaron – Ex 4,14 – 12,50; 16,2–10; 17,10.12; 24,1–14; 28,1 – 30,30; 32,1–6.21–25; 35,19; 39; Lev 1,5 – 2,10; 6,9 – 10,19; 13,1f; 16,1–25; 21,1 – 22,18; Num 1,3.17.44; 3,1 – 4,48; 8,2–22; 12,1–11; 13,26; 14,2–26; 16,3 – 20,29; 26,59–64; 33,1–39; Dtn 9,20; 10,6; 32,50; Lk 1,5; Apg 7,40; Hebr 5,4; 7,11; 9,4.

Abba – Mk 14,36; Röm 8,15; Gal 4,6.

Abel – Gen 4,2–11; Mt 23,35; Lk 11,51; Hebr 11,4; 12,24.

Abendmahl – Mt 26,20–29; 14,17–25; Lk 22,14–20; 24,30; Joh 6,48–51; 21,13; Apg 1,4; 2,42.46; 10,41; 20,7.11; 1 Kor 10,16–21; 11,23–29; vgl. Eucharistie.

Abendopfer – Num 28,3–8; Esra 9,5.

Abigajil – 1 Sam 25,2–42; 27,3; 30,5; 2 Sam 2,2; 3,3; 1 Chr 3,1.

Abihu – Ex 6,23; 24,1.9; 28,1; Lev 10,1; Num 3,2.4; 26,60f; 1 Chr 5,29; 24,1f.

Abija (König) – 1 Kön 15,1–8; 2 Chr 13,1–23.

Abija (Priester) – 1 Chr 24,10; Lk 1,5.

Abimelech (König von Gerar) – Gen 20f; 26,1–26.

Abimelech (von Sichem) – Ri 8,31; 9,1–57; 10,1.

Abinadab – 1. 1 Sam 16,8; 17,13; 2. 2 Sam 6,3.

Abiram – Num 16,1–35; 26,9; Dtn 11,6; Ps 106,17; Sir 45,18.

Abischag – 1 Kön 1,3.15; 2,17.21f.

Abischai – 1 Sam 26,6–9; 2 Sam 2,18.24; 3,30; 10,10.14; 16,9.11; 18,2.5; 19,22; 20,6.10; 21,17; 23,18; 1 Chr 2,16; 11,20; 18,12.

Abjatar – 1 Sam 22,20–23; 23,6.9; 30,7; 2 Sam 8,17; 15,24–36; 17,15; 20,25; 1 Kön 1,25; 2,22–35; 4,4; 1 Chr 15,11; 18,16; 27,34; Mk 2,26.

Abner – 1 Sam 14,50f; 17,55; 20,25; 26,5–16; 2 Sam 2,8 – 4,12; 1 Kön 2,5.32; 1 Chr 26,28.

Abram/Abraham – Gen 11,26 – 25,11; 2 Chr 20,7; 1 Makk 2,52; 2 Makk 1,2; Ps 105,6.42; Weish 10,5; Sir 44,19–22; Jes 41,8; Röm 4,3–22; Gal 3,6–18; Hebr 11,8–17; Jak 2,21–23.

Abschalom – 2 Sam 3,3; 13,1 – 19,11; 20,6; 1 Kön 1,6; 2,28; 1 Chr 3,2; Ps 3,1.

Achaia – Apg 18,12.27; 19,21; Röm 15,26; 1 Kor 16,15; 2 Kor 1,1; 9,2; 11,10; 1 Thess 1,7f.

Achan – Jos 7,1–26; 22,20; 1 Chr 2,7.

Achior – Jdt 5,5–22; 6,1–21; 11,9; 14,6.

Achisch – 1 Sam 21,11–15; 27,2–12; 28,1f; 29,2–10.

Achor-Tal – Jos 7,24–26.

Adam – Gen 2,25; 3,8–12.17–20; 4,1–25; 5,1–5; Weish 10,1f; s. A Gen 4,25; Lk 3,38; Röm 5,14; 1 Kor 15,22.45; 1 Tim 2,13f; Jud 14.

Adonija – 2 Sam 3,4; 1 Kön 1,5–53; 2,13–25; 1 Chr 3,2.

Agabus – Apg 11,27f; 21,10f.

Ägypten – Gen 12,10 – 13,1; 39,1 – 50,26; Ex 1,1 – 14,31; 2 Kön 18,21–24; Tob 8,3; Jdt 5,12; Ps 78,51; 81,6; 105,27–38; Jes 19,1 – 20,6; Jer 46,2–26; Ez 29,1 – 32,32; Mt 2,13–19; Apg 2,10; 7,9–40; 13,17; Hebr 3,16; 8,9; 11,26f; Jud 5; Offb 11,8.

Ahab – 1 Kön 16,28–30.33; 17,1; 18,1–46; 19,1; 20,2 – 22,40; 2 Kön 1,1; 3,1.5; 8,16–18; 9,7–9; 10,1.18; 21,3; 2 Chr 18,1–19; 21,6.13; 22,2–8; Jer 29,21.

Ahas – 2 Kön 15,38; 16,1–20; 17,1; 18,1; 20,11; 23,12; 1 Chr 3,13; 2 Chr 27,9; 28,1–27; 29,19; Jes 1,1; 7,1–3.10.12; 14,28; 38,3; Mt 1,9.

Ahasja von Israel – 1 Kön 22,40 – 2 Kön 1,18; 2 Chr 20,35–37.

Ahasja von Juda – 2 Kön 8,24–29; 9,16–29; 12,19; 1 Chr 3,11; 2 Chr 22,1–11.

Ahija aus Schilo – 1 Kön 11,29–39; 14,2–18; 15,29; 2 Chr 9,29; 10,15.

Ai – Gen 12,8; 13,3; Jos 7,2–5; 8,1–29; 9,3; 10,1f; 12,9; Esra 2,28; Neh 7,32.

Ajalon – Jos 19,42; 21,24; Ri 1,25; 1 Sam 14,31; 1 Chr 6,54; 2 Chr 11,10; 28,18.

Almosen – Dtn 15,7; Tob 4,7–11; 12,8f; Est 9,22; Spr 22,9; Sir 7,33; 18,15; Dan 4,24; Mt 6,2–4; Lk 11,41; 12,33; Apg 3,2f.10; 9,36; 10,2.4.31; 24,17.

Aloe – Ps 45,9; Hld 4,14; Joh 19,39.

Alphäus – 1. Mt 10,3; Mk 3,18; Lk 6,15; Apg 1,13; 2. Mk 2,14.

Altar – Gen 8,20; 35,1.3.7; 22,9; Ex 20,24–26; 27,1–7; 29,12–44; 38,30; Lev 8,11.15.30; Num 23,1; Dtn 12,27; 16,21; Jos 8,30f; 1 Sam 14,35; 1 Kön 1,50; 2 Kön 16,12; 2 Chr 7,9; Esra 3,2f; 1 Makk 1,57; 2,23.25; 4,47; 2 Makk 1,18f; Ez 43,13–27; Mal 1,7; 2,13; 1 Kön 18,34; Mt 5,23f; 23,18–20.35; Lk 1,11; 11,51; Röm 11,3; 1 Kor 9,13; 10,18; Hebr 7,13; 13,10; Jak 2,21; Offb 6,9; 8,3.5.

Alter – Lev 19,32; 1 Kön 12,8; 2 Chr 10,8; Ijob 8,8f; 12,12; 15,10; 32,7–9; Ps 71,9.18; Spr 16,31; 20,29; 23,22; Koh 12,1–7; Sir 3,12f; 8,6; 25,4–6; Jes 65,20; Lk 1,18; Joh 3,4; 21,18; Apg 2,17.

Älteste (im Judentum) – Ex 3,16; 12,21; Num 11,16; Dtn 19,12; 21,2–4.6.19f; 22,15–18; 25,7–9; Jos 9,11; 24,1; Ri 8,14; 11,5; Rut 4,2; 1 Sam 4,3; 11,3; 16,4; 30,26; 2 Sam 3,17; 5,3; 1 Kön 8,1; 12,6; 20,7f; 21,8–11; 2 Kön

10,6; 23,1; Esra 5,9; 6,7f; 10,8–14; Jdt 10,6; 15,8; 1 Makk 12,6.35; Jes 9,14; Mt 21,23; 26,3.47; 27,1.41; Mk 11,27; 14,43; Lk 22,66; Joh 8,9; Apg 4,5; 5,21; 22,5; 24,1; 25,15.

Ältester, Presbyter (im Christentum) – Apg 11,30; 14,23; 15,2.4.6.22f; 16,4; 20,17; 21,18; 1 Tim 5,17.19; Tit 1,5; Jak 5,14; 1 Petr 5,1.5; 2 Joh 1; 3 Joh 1; Offb 4,4.10; 5,5f.8.11.14; 7,11.13; 11,16; 14,3; 19,4.

Altes Testament – s. Einl. »Das Alte Testament«.

Amazja – 2 Kön 12,22; 13,12; 14,1–23; 15,3; 1 Chr 3,12; 2 Chr 24,27; 25,1–28; 26,1.4.

Amen – hebräisches Wort mit der Bedeutung: »So sei es!«, »So ist es.« In der Liturgie Ausdruck feierlicher Zustimmung. Jesus bekräftigte mit dem seinen Worten vorangestellten Amen (im Johannesevangelium verdoppelt) die ihm eigene Offenbarungs- und Lehrautorität.

Amminadab – Rut 4,19f; 1 Chr 2,10f; Mt 1,4; Lk 3,33.

Amnon – 2 Sam 3,2; 13,1–39.

Amon – 2 Kön 21,19–26; 2 Chr 33,21–25.

Anatot – Jer 1,1; 32,7–9.

Andreas – Mt 4,18; 10,2; Mk 1,16.29; 3,18; 13,3; Lk 6,14; Joh 1,40.44; 6,8; 12,22; Apg 1,13.

Angst – Gen 35,17; 50,21; Dtn 1,19; Ijob 4,14; Ps 23,4; 27,1; 55,4–6; 112,8; Sir 26,5; 40,2.7; Jona 1,5.10; Mt 10,26–31; 14,26f; 28,4; Mk 5,33.36; 6,20.50; 11,18; 12,12; Lk 1,12; 8,37; 12,4–7.32; 21,26; Joh 7,13; 9,22; 19,38; 20,19; Apg 2,43; 5,5.11; 19,17; Röm 8,15; 13,3f; 1 Kor 2,3; 2 Kor 7,5.15; Eph 6,5; Hebr 2,15; 5,7; 1 Petr 3,14; 1 Joh 4,18; Offb 1,17; 2,10; 11,11; vgl. Gottesfurcht.

Antichrist – 1 Joh 2,18.22; 4,3; 2 Joh 7; s. A 1 Joh 2,18f.

Antiochia am Orontes – 1 Makk 3,17; 4,35; 6,63; 10,68; 11,13.44.56; 2 Makk 4,33; 5,21; 8,35; 11,36; 13,23.26; 14,27; Apg 11,19–27; 13,1–3; 14,19–26; 15,22–35; 18,22; Gal 2,11f.

Antiochia in Pisidien – Apg 13,14–52; 14,19–22; 2 Tim 3,11.

Apokryphen – s. Einl. »Das Alte Testament«.

Apollos – Apg 18,24; 19,1; 1 Kor 1,12; 3,4–6.22; 4,6; 16,12; Tit 3,13.

Apostel – Mt 10,2–4; Mk 3,14–19; 6,30; Lk 6,13–16; Apg 1,13–26; 9,15; 14,14; 20,28; 22,21; Röm 1,1.5; 11,13; 1 Kor 15,7; Gal 1,15–19; Eph 2,20; 4,11; 1 Thess 2,7; 1 Tim 2,7; Offb 21,14.

Apostelkonzil – Apg 15,1–35.

Aquila – Apg 18,2.18.26; Röm 16,3; 1 Kor 16,19; 2 Tim 4,19.

Arbeit – Gen 1,28; 2,15; 3,17; 5,29; Ex 20,9f; Dtn 5,13f; Spr 6,6–11; Koh 11,6; Sir 22,1f; 38,34; Mt 20,1–8; 21,28–30; 25,26; Lk 10,40f; 12,35–48; Apg 18,3; 1 Kor 4,12; Eph 4,28; Kol 3,23f; 1 Thess 2,9; 4,11; 2 Thess 3,8.10–12; 1 Tim 5,18; Jak 5,4.

Arche – Gen 6,13–8,19; Mt 24,38; Lk 17,27; Hebr 11,7; 1 Petr 3,20.

Areopag – Apg 17,19.22.

Ariël – Jes 29,1f.7; vgl. Jerusalem.

Arimathäa – Mt 27,57; Mk 15,43; Lk 23,51; Joh 19,38.

Aristarch – Apg 19,29; 20,4; 27,2; Kol 4,10; Phlm 24.

Armut, arm – Ex 23,3.6.11; Lev 14,21; 25,25.35.39.47; Dtn 15,4.7–11; 24,14; 1 Sam 2,7f; Tob 4,21; Ps 34,7; 40,18; 49,3; 68,11; 69,34; 72,12f; 74,21; 140,13; Spr 14,31; 19,1; 22,22; 29,7; 31,9.20; Sir 7,32; 10,30f; 29,9; 34,24f; Jes 11,4; Jer 22,16; Ez 18,12; 22,29; Am 2,6; 4,1; 5,12; 8,4.6; Mt 5,3; 11,5; 19,21; 26,9.11; Mk 10,21; 12,42f; 14,5.7; Lk 4,18; 6,20; 7,22; 14,13.21; 16,20.22; 18,22; 19,8; 21,2f; Joh 12,5f.8; 13,29; Apg 4,34; Röm 15,26; 2 Kor 6,10; 8,9; 9,9; Gal 2,10; Jak 2,2–6; Offb 2,9; 3,17; 13,16.

Artaxerxes – Esra 4,7–23; 6,14; 7,1–21; Neh 2,1; 5,14; 13,6; Est 1,1–19; 2,21; 3,1.7.12f; 6,2; 8,1.7.12; 9,2.20.30; 10,1–3.

Artemis – Apg 19,24–35.

Asa – 1 Kön 15,8–25; 16,8.10.23.29; 1 Chr 3,10; 2 Chr 13,23; 14,1–4; 15,2.16–18; 16,1–6; 17,1f; 20,32; 21,12.

Ascher – Gen 30,13; 35,26; 46,17; 49,20; Dtn 33,24; Jos 17,7.10; 19,14.31.34; 21,6.30; Ri 1,32f; Lk 2,36; Offb 7,6.

Aschmodai – Tob 3,8.

Atalja – 2 Kön 8,26; 11,1–20; 2 Chr 22,2.10–12; 23,12f.21; 24,7; Esra 8,7.

Athen – 2 Makk 6,1; 9,15; Apg 17,15f; 18,1; 1 Thess 3,1.

Auferstehung (Auferweckung, allgemein) – 2 Kön 4,32–37; 13,21; 2 Makk 7,9.23; Ijob 14,12; 19,26; Ps 49,16; 73,23–26; Spr 4,23; Koh 3,21; 12,7; Weish 3,4; 16,13; Sir 46,12; 48,11; Jes 26,19; Dan 12,2f; Mt 10,8; 11,5; 14,2; 22,23–33; 27,52; Mk 6,14.16; 9,10; 12,18–27; Lk 7,22; 9,7f.19; 14,14; 16,31; 20,27–38; Joh 5,21.25–29; 6,39f.44.54; 11,1–44; 12,9–17; Apg 4,2; 9,36–42; 17,18.32; 20,9–12; 23,6.8; 24,15.21; 26,8; Röm 6,5; 1 Kor 6,14; 15,12–58; 2 Kor 1,9; 4,14; Eph 2,6; Phil 3,11; Kol 2,12; 3,1; 1 Thess 4,16f; 2 Tim 2,18; Hebr 6,2; 11,19.35; Offb 20,5f.

Auferstehung (Auferweckung) Jesu – Mt 16,21; 17,9.23; 20,19; 26,32; 27,53.63f; 28,6f; Mk 8,31; 9,9.31; 10,34; 14,28; 16,6; Lk 9,22; 18,33; 24,6f.34.46; Joh 2,22; 12,1; 20,9; 21,14; Apg 1,22; 2,24.31f; 3,15; 4,10.33; 5,30; 10,40f; 13,30.34.37; 17,3.31; 26,23; Röm 1,4; 4,24f; 6,4.9; 7,4; 8,11.34; 10,9; 1 Kor 6,14; 15,4.12–28; 2 Kor 4,14; 5,15; Gal 1,1; Eph 1,20; Phil 3,10; Kol 2,12; 1 Thess 1,10; 4,14; 2 Tim 2,8; 1 Petr 1,3.21; 3,21.

Augustus – vom Lat. ehrwürdig, erhaben: »Majestät«; ein Titel des Kaisers Oktavianus (31 v. Chr. – 14 n. Chr.), den auch spätere Kaiser beibehalten haben.

Baal – Ri 10,6.10; 1 Sam 7,4; 12,10; 1 Kön 16,31f; 18,18–40; 19,18; 22,54; 2 Kön 10,18–28; 11,18; 17,16; 21,3; 23,4f; 2 Chr 23,17; Jer 2,8.23; 7,9; 9,13; 11,13.17; 12,16; 19,5; 23,13; Hos 2,10.18; Röm 11,4.

Babel (Babylon) – im Alten Testament Hauptstadt des Babylonischen Reiches und wichtiger religiöser und kultureller Mittelpunkt des Alten Orients; Gen 10,10; 11,1–9; 2 Kön 17,24; 20,12–18; 24,1 – 25,28;

1,3–14; 2,8–10; 1 Thess 1,4; Tit 1,1–3; 2 Petr 1,1–11; s. auch Gnade.
Esau – Gen 25,25–34; 26,34; 27,1–42; 28,5f.8; 32,4–20; 33,1–16; 35,1.29; 36,1–43; Röm 9,13; Hebr 11,20; 12,16.
Esra – Esra 7,1–25; 10,1–16; Neh 8,1–18; 12,1–36.
Ester – Est 2,7–9,32.
Eucharistie – von gr. eucharistéin: danken, danksagen; vgl. Abendmahl.
Eva – Gen 3,20; 4,1; Tob 8,6; 2 Kor 11,3; 1 Tim 2,13.
ewiges Leben – Weish 3,1–9; Mt 19,16.29; 25,46; Mk 10,17.30; Lk 10,25; 18,18.30; Joh 3,15f.36; 4,14.36; 5,24.39; 6,27.40.47.54.68; 10,28; 12,25.50; 17,2f; Apg 13,46.48; Röm 2,7; 5,21; 6,22f; Gal 6,8; 1 Tim 1,16; 6,12; Tit 1,2; 3,7; 1 Joh 1,2; 2,25; 3,15; 5,11.13.20; Jud 21.
Exil – s. Babylonische Gefangenschaft.
Ezechiel – Ez 1,3; 24,24; Sir 49,8.

Familie – Gen 7,1; 47,12; Ex 12,3f; Dtn 14,26; 15,16.20; Jos 24,15; 1 Sam 27,3; Spr 17,1; Mt 8,21f; 10,35–37; 12,46–50; 19,29; Mk 3,21.31–35; 10,29f; Lk 14,26; 18,29f; Eph 5,21 – 6,4; Kol 3,18–21; 1 Tim 2,8–15; 3,11f; 5,8; 2 Tim 1,5; Tit 2,2–5; 1 Petr 3,1–7.
Felix – römischer Statthalter über Judäa (52–59 n. Chr.); vgl. Apg 23,24–24,27.
Festus – römischer Statthalter über Judäa (etwa 59–62 n. Chr.); vgl. Apg 24,27–26,32.
Feueropfer – Lev 7,28–38.
Fluch – Lev 5,1; Num 5,23; Ri 17,2; 1 Kön 2,8f; Ps 109,1–31; Mt 25,41; 26,74; Mk 11,21; 14,71; Lk 6,28; Joh 7,49; Röm 3,14; 9,3; 12,14; 1 Kor 12,3; 16,22; Gal 1,8f; 3,10.13; Hebr 6,8; Jak 3,9f; Offb 16,9.11.21.
Frau – Gen 2,18; 16,2; Ex 21,8; Lev 12,5; 21,3; Num 5,29–31; 27,1–11; Dtn 21,13; 22,13 – 23,1; 19,25; Ijob 42,15; Spr 5,18f; 12,4; 31,10–31; Sir 22,3; 25,13 – 26,18; Mt 5,28.32; 9,20–22; 13,33; 15,22–28; 22,27; 24,41; 26,6–13; 27,55; 28,5; Mk 5,25–34; 7,25–30; 12,19–23; 14,3–9; 15,40f; Lk 7,37–50; 8,43–48; 10,38; 11,27; 13,11–17.21; 15,8–10; 16,18; Joh 2,4; 4,7–42; 8,3–11; 12,1–8; 16,21; 19,26; 20,11–18; Apg 1,14; 5,14; 8,3.12; 9,2; 13,50; 16,1.13–15; 17,34; Röm 1,26f; 7,2; 1 Kor 7,1–40; 11,3–16; 14,34f; Gal 4,4.21–31; Phil 4,3; 1 Thess 5,3; 1 Tim 2,9–15; 3,11; 5,2; 2 Tim 3,6; Tit 2,3–5; Offb 2,20; 12,1–6.13–17; 17,1–18; s. auch Ehefrau.
Freiheit, Freilassung – Ex 21,1–6; 21,26f; 25,10; Dtn 15,12–18; Ps 146,7; Sir 15,14–20; 31,10; Jes 61,1; Jer 34,8–17; Mt 17,26; Lk 4,18; Joh 8,32–36; Röm 6,7.15–23; 7,1–6; 8,1f.19–21; 1 Kor 7,20–22; 8,9; 10,29; 2 Kor 3,17; Gal 2,4; 3,28; 4,8–11.21–31; 5,1.13; Kol 3,11; Jak 1,25; 2,12; 1 Petr 2,16; 2 Petr 2,19; s. auch Erlösung; Sklave.
Freude – 1 Sam 18,6; 1 Kön 1,40; 8,66; 1 Chr 12,40; 16,33; 2 Chr 30,26; Neh 8,10; 12,43; Est 8,16f; Ps 32,11; 33,3; 40,17; 43,4; 63,6.8; 65,9.13f; 137,6; Spr 15,23; 21,15; Koh 9,7; 11,9f; Sir 15,6; 30,22; 31,27f; Jes 35,2.6.10f; 51,11; 64,5; Jer 31,13; 33,9; Hab 3,18; Mt 2,10; 13,20.44; 25,21.23; 28,8; Mk 4,16; Lk 1,14.44; 2,10; 6,23; 8,13; 10,17; 15,7.10; 19,6; 24,41.52; Joh 3,29; 15,11; 16,20–24; 17,13; Apg 8,8; 12,14; 13,52; 15,3; Röm 14,17; 15,13; 2 Kor 2,3; 8,2; Gal 5,22; Phil 1,4.25; 2,2.29; 4,4; Kol 1,11; 1 Thess 1,6; 2,19f; 3,9; 2 Tim 1,4; Phlm 7; Hebr 10,34; 12,2; 13,17; Jak 1,2; 4,9; 1 Petr 1,8; 1 Joh 1,4; 2 Joh 12; 3 Joh 4.
Friede – Lev 26,6f; Ri 6,23f; 2 Sam 7,10f; 1 Kön 5,4f; 2 Chr 14,6; Ijob 22,21; Ps 34,15; 85,9–14; Koh 3,8; Jes 2,4; 9,6; 11,6–9; 26,12; 27,5; 54,10; Ez 34,25–29; Mi 4,3f; Sach 9,10; Mt 5,9; 10,12f; 12,25; Mk 9,50; Lk 2,14; 10,5f; 19,38.42; Joh 10,27; 14,27; 16,33; Apg 9,31; 10,36; Röm 1,7; 2,10; 5,1; 8,6; 12,18; 14,17–19; 15,13.33; 16,20; 1 Kor 7,15; 2 Kor 13,11; Gal 1,3; 5,22; 6,16; Eph 2,14–17; 4,3; 6,23; Phil 4,7–9; Kol 1,2.20; 3,15; 1 Thess 1,1; 5,13.23; 2 Thess 3,16; 1 Tim 1,2; 2 Tim 1,2; 2,22; Tit 1,4; Hebr 12,11.14; 13,20; Jak 3,17; 1 Petr 3,11; 5,14; 2 Petr 1,2; 3,14; 2 Joh 3; 3 Joh 15; Jud 15; Offb 1,4; 6,4; 21,3f.
Fürbitte – Ex 32,11–13.30f; Num 11,2; 12,13; Dtn 9,20–28; Ps 35,13; Ijob 42,10; Jer 15,11; 17,16; 18,20; 2 Makk 12,42–45.
Furcht – s. Gottesfurcht, Angst.

Gabriel – Dan 8,16; 9,21; Lk 1,11–20.26–38.
Gad, Gaditer – Gen 30,11; 35,26; 46,16; 49,19; Dtn 33,20; Offb 7,5.
Gad (Prophet) – 2 Sam 24,11.13f.18f; 1 Chr 21,9.11.13.18f; 29,29; 2 Chr 29,25.
Gaius – 1. Apg 19,29; 20,4; 2. Röm 16,23; 1 Kor 1,14; 3. 3 Joh 1.
Galater, Galatien – 1 Makk 8,2; Gal 1,2.
Galiläa – Jos 20,7; 21,32; 1 Kön 9,11; 2 Kön 15,29; 1 Chr 6,61; Jes 8,23; Mt 2,23; 4,12.15.23.25; 17,22; 19,1; 26,32; 27,55; 28,7.10.16; Joh 7,1; Apg 9,31.
Gallio – Apg 18,12–17.
Gamaliël – Apg 5,34; 22,3.
Garizim – Dtn 11,29; 27,12; Jos 8,33; Ri 9,7; 2 Makk 5,23; 6,2.
Gebet – Gen 25,21; Ex 17,8–12; 1 Sam 1,10–17.26f; 2,1–11; 1 Kön 18,36f; 2 Chr 30,27; 33,18f; Esra 9,5–15; Neh 1,5–11; 11,17; Tob 3,1–6.10–15; 12,8; 13,1–18; Jdt 4,9–15; Ijob 42,8f; Ps 4,2; 6,10; 42,9; 65,3; 69,14; Spr 15,8.29; Weish 9,1–19; Sir 36,1–22; Jes 1,15; 38,5; 56,7; Jer 7,16; 14,7–9.11; 15,15–18; 17,14–18; 18,19–23; 20,7–12; Dan 3,24–50; 9,3–23; Mt 5,44; 6,5–15; 9,38; 21,13.22; 24,20; Mk 9,29; 11,17.24f; 12,40; 13,18; Lk 1,13; 5,33; 10,2; 11,1–4; 18,1.9–14; 20,47; 22,40.46; Joh 14,13; 15,7.16; 16,24; Apg 1,14.24; 2,42; 3,1; 4,23–31; 6,4.6; 7,59; 8,15.22.24; 9,11.40; 10,2.4.9.30f; 11,5; 12,12; 13,3; 14,23; 16,13.16.25; 20,36; 21,5; 22,17; 27,29; 28,8; Röm 1,10; 8,26; 10,1; 12,12; 15,30; 1 Kor 7,5; 11,4f.13; 14,13.15; 2 Kor 1,11; 9,14; 13,7.9; Eph 1,16–18; 6,18; Phil 1,4.9.19; Kol 4,2; 1 Thess 3,10; 5,17.25; 1 Tim 1,2.8; 4,5; 5,5; 2 Tim 1,3; Phlm 4.6.22; Hebr 5,7;

13,18; Jak 5,13–18; 1 Petr 3,7.12; 4,7; 1 Joh 5,16; 3 Joh 2; Jud 20; Offb 5,8; 8,3f.

Gebetsriemen (Phylakterien) – Ex 13,9.16; Dtn 6,8; 11,18; Mt 23,5.

Gebote (10) – s. Dekalog.

Gedalja – 2 Kön 25,22–25; Jer 39,14; 40,5–16; 41,1–18; 43,6.

Geduld – Ijob 2,10; Ps 38,15f; Spr 16,32; 25,15; Sir 2,4; 29,8; Bar 4,25; Mt 18,26.29; Lk 8,15; Röm 2,7; 8,25; 12,12; 1 Kor 13,4; 2 Kor 1,6; 12,12; Gal 5,22; Eph 4,2; Kol 1,11; 3,12; 1 Thess 5,14; 2 Tim 3,10; 4,2; Hebr 6,12.15; Jak 5,7f.10; 1 Petr 2,20; Offb 1,9; 2,2.19; 3,10.

Gehenna – s. Hölle.

Gehorsam – Gen 22,18; 28,7; 49,10; Ex 19,5; Num 27,20; Dtn 4,30; 11,13.26–28; 13,4; 30,2.8.10.16; Jos 1,17; 24,24; 1 Sam 15,22; Est 2,20; Jer 7,23; 35,8; Mt 8,27; Mk 1,27; 4,41; Lk 8,25; 17,6; Apg 6,7; Röm 1,5; 5,19; 6,12.16f; 10,16; 15,18; 16,19.26; 2 Kor 7,15; 10,5f; Eph 6,1.5; Phil 2,12; Kol 3,20.22; 2 Thess 1,8; 3,14; Phlm 21; Hebr 5,8f; 11,8; 1 Petr 1,2.14.22; 3,6.

Gelübde – Num 6,1–21; Ri 13,5; Mt 15,5f; Mk 7,11–13; Apg 18,18; 21,23.

Gemeinde – s. Kirche.

Gennesaret – 1 Makk 11,67; Mt 14,34; Mk 6,53; Lk 5,1; Joh 6,1.

Gerechtigkeit Gottes – Dtn 10,17f; 32,4; Esra 9,15; Neh 9,33; Ijob 8,3; 40,8; Ps 40,10f; 111,7; 145,17; Spr 29,26; Jes 30,18; 42,1–6; 45,21; 61,8; Jer 33,15; Ez 45,9; Zef 3,5; Mt 12,18.20; Apg 17,31; 28,4; Röm 3,5.8; 7,12; 8,4; 2 Thess 1,6; Hebr 2,2; 1 Petr 2,23; Offb 15,3; 16,5.7; 19,2.

Gerechtigkeit des Menschen – Gen 6,9; Ex 23,2 f; Lev 19,36; Dtn 16,19f; 24,17; 25,15; 1 Sam 7,17; 8,3; 12,7; 1 Kön 3,28; 1 Chr 10,9; Tob 1,3; Ijob 9,2; 29,14; Ps 9,4; 106,3; Spr 1,3; 8,15; 12,5; 21,15; Jes 5,7; 59,11.14f; Dan 4,24; Am 6,12; Mi 3,1.8f; 6,8; Hab 1,4; Mt 1,19; 5,6–10.45; 6,1.33; 23,23; Lk 1,17; 11,42; 14,14; 16,15; 23,41; Apg 8,33; 24,15.25; Phil 4,8; Kol 4,1; 1 Tim 1,9; Hebr 11,33; 12,23.

Gerechtmachung, Rechtfertigung – Gen 15,6; Ijob 33,32; 40,8; Ps 51,4; Mt 12,37; Lk 7,29.35; 10,29; 16,15; 18,14; Röm 1,17; 2,13; 3,4.20–30; 4,2.5.25; 5,1.9.16; 8,10.30.33; 10,4.10; 1 Kor 4,4; 6,11; Gal 2,16.21; 3,8.11.24; 5,4; Tit 3,7; Hebr 11,4.7; Jak 2,21.24

Gericht – Gen 15,14; 16,5; 18,25; Ex 6,6; 7,4; 12,12; Dtn 1,17; Ri 11,27; 1 Kön 8,32; 2 Chr 6,23; Tob 3,2; Ps 7,7.9.12; 58,2; 96,10.12f; 119,120.137; Sir 3,17; 12,14; Jes 2,4; 11,3f; 26,8f; 33,22; Ez 7,3.8; 33,20; Dan 8,17.19; Joël 3,12; Mi 4,3; Mt 5,21f; 7,1f; Mk 12,40; Lk 6,37; Joh 3,19; 5,30; 8,50; 12,31; 16,8.11; Apg 7,7; 17,31; Röm 2,2f. 5.16; 3,4.6; 5,16; 11,33; 13,2; 14,10; 1 Kor 4,4; 5,13; 11,29.32; Gal 5,10; 2 Thess 1,5; 2 Tim 4,8; Hebr 4,1; 10,30; 12,23; 13,4; Jak 2,12f; 3,1; 4,12; 5,9; 1 Petr 1,17; 2,23; 4,5f.17; Jud 15; Offb 6,10; 11,18; 14,7; 15,4; 16,5.7; 17,1; 18,8.10.20; 19,2; 20,12f.

Gericht, das Letzte – Weish 6,5; Jes 7,17–23; 34,8; 37,3; Ez 7,7–19; Joël 1,15; 2,1f.11.31; Am 5,18.20; Zef 1,7–18; 2,2f; Mt 7,2; 10,15.28; 11,22; 12,36.41f; 13,40–43.49f; 24,29.31; Mk 16,16; Lk 10,14; 11,31f; Joh 5,24.29; Apg 24,25; Röm 2,5; 1 Tim 5,24; Hebr 6,2; 9,27; 10,27; 2 Petr 2,4.9; 3,7; 1 Joh 4,17; Jud 6; Offb 6,10; 14,7; 20,12f.

Gesalbter – Ex 28,41; 29,7; 30,25; Lev 4,5; Dtn 18,15; 1 Sam 2,10; 10,1; 16,13; 2 Sam 2,4; 5,3; 1 Kön 19,16; Ps 105,15; Sir 46,13; Jes 45,1; 61,1; Ez 34,23; Mi 5,2; Hab 3,13; Hag 2,6f.23; Sach 3,8; vgl. auch Messias.

Gesetz – Ex 12,49; 13,9; 24,12; Lev 6,9.14.25; 7,1.11.37; Num 6,13.21; Dtn 4,1–8; 17,18f; 27,26; 30,10; 31,9; Jos 8,31–34; 23,6; 2 Kön 17,37; 22,8; 1 Chr 22,12; Esra 7,25; Neh 8,8.18; 10,28f; Est 1,8.13.15; 4,11.16; 1 Makk 1,56; Ps 19,8f; 119,1–176; Spr 3,1; Weish 18,4; Sir 17,11–14; Jes 2,3; Jer 5,4f; 31,33; Bar 4,1; Hos 4,6; Am 2,4; Mi 4,2; Mt 5,17f; 7,12; 11,13; 12,5; 15,6; 22,36.40; Lk 2,22–27.39; 10,26; 16,16; 24,44; Joh 1,17.45; 7,19.23.49.51; 8,15.17; 10,34; 12,34; 15,25; 18,31; 19,7; Apg 6,13; 7,53; 13,15.39; 15,5; 18,13.15; 21,20.24.28; 22,12; 23,3.29; 24,6.14; 25,8; 28,23; Röm 2,12–29; 3,19–31; 4,13–16; 5,13.20; 6,15f; 7,1–25; 8,2–7; 9,31; 10,4f; 12,8.10; 1 Kor 9,8f.20f; 14,21.34; 15,56; Gal 2,16–21; 3,2–25; 4,4f.21; 5,3f.14.18.23; 6,2.13; Eph 2,15; Phil 3,9; 1 Tim 1,8f; Hebr 7,12.16.19.28; 8,4.10; 9,19.22; 10,1.8.16.28; Jak 1,25; 2,8–12; 4,12f.

Gesetzestafeln – Ex 34,1.4.28f; Dtn 9,9–11.15.17; 10,1–5; 2 Chr 5,10.

Gewissen – 1 Sam 25,31; Ijob 27,26; Ps 16,7; 17,3; Spr 28,1; Weish 17,10–19; Sir 37,13f; Apg 23,1; 24,16; Röm 2,15; 9,1; 13,5; 1 Kor 8,7.10.12; 10,25–29; 2 Kor 1,12; 1 Tim 1,5.19; 2 Tim 1,3; Tit 1,15; Hebr 9,9.14; 10,22; 13,18; 1 Petr 2,19; 3,16.21.

Gibea – 1 Sam 10,10.26; 11,4; 15,34; 22,6; 23,19; 26,1; 2 Sam 21,6.

Gibeon – Jos 9,3.17; 10,1–12; 11,19; 21,17; 1 Chr 16,39; 21,29.

Gideon – Ri 6,11 – 8,35; Hebr 11,32.

Gihon – 1 Kön 1,33.38.45; 2 Chr 32,30; 33,14; Sir 24,27.

Gilead – Gen 31,21–25; 37,25; Num 32,1.26.29.39; Dtn 2,36; 3,10.12f.15f; 4,43; 34,1; Jos 12,2.5; 13,25.31; 17,1.5f; 21,38; 22,9.15.32; Ri 10,4.8.17f; 11,5–40; 12,4f.7; 20,1; 21,8–12; Jer 22,6; Hos 12,12.

Gilgal – Dtn 11,30; Jos 4,19f; 5,9 f; 9,6; 10,6–43; 14,6; Ri 2,1; 3,19; 1 Sam 10,8; 11,14f; 13,4–15; 15,12.21.33; 2 Sam 19,16.41; 1 Makk 9,2; Mi 6,5.

Glaube – Gen 12,1f; 15,6; 22,1–19; Ps 27,13; 34,5–11; 40,1–6; 46,1–12; 56,4f; 91,1–16; Jes 7,9; 28,16; Jona 3,5; Hab 2,4; Mk 5,36; 9,23; 11,23; Lk 1,45; Joh 3,15; 11,26; 17,8; Apg 15,11; Röm 1,5.16; 3,22.28; 4,3.18; 10,9; Eph 2,8; Hebr 11,1.6; 1 Joh 5,6.

Gnade, Huld – Gen 6,8; Ex 20,6; 34,6f; Ps 13,6; 25,10; 36,6–11; 63,4; 103,8–18; 118,1–4.29; 136,1–26; Jona 4,2; Lk 1,30; 2,40; Joh 1,14.16f; Apg 4,33; 6,8; 11,23; 13,43; 14,3.26; 15,11; 20,24.32; Röm 1,5.7; 3,24; 4,4.16; 5,2.15.17.20f; 6,1.14f; 11,5f; 16,20.24; 1 Kor

Messias – Ps 2; 8; 110; Jes 7,14f; 9,1–6; 11,1–16; Am 9,11–15; Mi 5,1–4; Lk 2,11; Joh 1,20f; 7,27; Apg 28,20; vgl. Gesalbter; Jesus Christus.

Metuschelach – Gen 5,21f.25–27; 1 Chr 1,3; Lk 3,37.

Micha (Efraimiter) – Ri 17,1 – 18,31.

Micha (Sohn Jimlas) – 1 Kön 22,8f.13–15.24–28; 2 Chr 18,7.12–14.23–25.27.

Micha (aus Moreschet) – Jer 26,18.

Michael – Dan 10,13.21; 12,1; Jud 9; Offb 12,7.

Michal – 1 Sam 14,49; 18,20.28; 19,11–13.17; 25,44; 2 Sam 3,13f; 6,16.20f.23; 1 Chr 15,29.

Midian, Midianiter – Gen 37,28.36; Ex 2,15f; 3,1; 4,19; 18,1; Num 10,29; 22,7; 25,6.14f.17; 31,2f.7–9; Jos 13,21; Ri 6,1; 7,1 – 8,28; 9,17; 10,12; 1 Kön 11,18; Jes 9,3; 10,26; 60,6; Hab 3,7; Apg 7,29.

Milet – Apg 20,15.17; 2 Tim 4,20.

Milkom – 1 Kön 11,5.33; 2 Kön 23,13.

Millo – 2 Sam 5,9.

Mirjam – Ex 15,20f; Num 12,1.4f.10.15; 20,1; 26,59; Dtn 24,9; 1 Chr 5,29; Mi 6,4.

Mitleid – Ps 69,21; 72,13; 103,13; Jes 63,9; Jer 20,16; 21,7; Hos 1,6f; 2,21; Joël 2,18; Jona 4,10f; Mt 9,36; 14,14; 15,32; 18,27; 20,34; Mk 1,41; 6,34; 8,2; 9,22; Lk 7,13; 10,33; 15,20; Röm 1,31; Eph 4,32; Phil 2,1; Kol 3,12; Hebr 4,15; 5,2; 10,34; 1 Petr 3,8; 1 Joh 3,17; vgl. Barmherzigkeit; Erbarmen.

Mizpa (in Benjamin) – Ri 10,17; 11,11.29.34; 20,1.3; 21,1.5.8; 1 Sam 7,5–16; 10,17; 22,3; 2 Kön 25,23.25; 2 Chr 16,6; Neh 3,7.19; 1 Makk 3,46.

Moab – Gen 19,37; 36,35; Ex 15,15; Num 21,11.13; 14,20; 22,1–36; 23,6f.17; 24,17; 25,1; 26,3.63; 31,12; 33,44.48–50; 35,1; 36,13; Dtn 1,5; 2,8f.18; 28,69; 32,49; 34,1.5f.8; Jos 13,32; 24,9; Ri 3,12.15.17.30; 10,6; 11,15.17f.25; Rut 1,1f.6.22; 2,6; 4,3; 1 Sam 12,9; 14,47; 22,3f; 2 Sam 23,20; 2 Kön 1,1; 3,4–27; 1 Chr 11,22; Ps 60,10; 83,7; 108,10; Jes 11,14; 15,1 – 16,14; 25,10; Jer 25,21; 48,1–47; Dan 11,41; Am 2,1f.

Modeïn – 1 Makk 2,1.15.23; 13,25.30; 16,4; 2 Makk 13,14.

Moloch – Lev 18,21; 20,2–5; 1 Kön 10,7; 2 Kön 23,10; Jes 57,5f.9; Jer 32,35; Apg 7,43.

Mordechai – Est 1,1; 2,5.7.15.21f; 3,2–6; 4,1–17; 5,9–14; 6,1–13; 7,9f; 8,1f.12.15; 9,4; 10,3; 2 Makk 15,36.

Mord (Totschlag) – Gen 4,8–16; Ex 20,13; 21,12; Num 35,16–19; Dtn 5,17; 27,24f; Spr 28,17; Mt 22,7; 23,31.35; Mk 7,21; 15,7; Lk 23,19.25; Joh 8,44; Apg 3,14; 7,52; 9,1; 28,4; Röm 1,29; 1 Tim 1,9; 1 Petr 4,15; 1 Joh 3,12.15; Offb 9,21; 21,8; 22,15.

Morgenopfer – Num 28,3–8.

Morija – Gen 22,2; 2 Chr 3,1.

Mose – Ex; Dtn; Jos 1,5; Ps 77,21; 103,7; 105,26; 106,23; Jes 63,12; Jer 15,1; Mi 6,4; Mt 8,4; 17,3f; 19,7f; 22,24; 23,2; Mk 1,44; 7,10; 9,4f; 10,3f; 12,19.26; Lk 2,22; 5,14; 9,30.33; 16,29.31; 20,28.37; 24,27.44; Joh 1,17.45; 3,14; 5,45f; 6,32; 7,19.22f; 8,5; 9,28f; Apg 3,22; 6,11.14; 7,20.22.29.31f.35.37.40.44; 13,39; 15,1.5.21; 21,21; 26,22; 28,23.

Mutter – Gen 21,14–16; 24,60; 30,1; Ex 2,2–10; 1 Sam 1,8.22–28; 20,30; 2 Sam 21,8–10; 2 Makk 7,1–41; Ps 113,9; Spr 10,1; 29,15; Jes 49,15; 66,13; Mt 1,18; 2,11.13f.20f; 10,35.37; 12,46–50; 13,55; 14,8.11; 15,4–6; 19,5.19.29; Mk 3,31–35; 6,24.28; 7,10–12; 10,7.19.29f; Lk 1,43.60; 2,33f.48.51; 7,12.15; 8,19–21; 12,53; 14,26; 18,20; Joh 2,1.3.5.12; 6,42; 19,25–27; Apg 1,14; Röm 16,13; Gal 1,15; 4,26; Eph 5,31; 6,2; 1 Tim 5,2; 2 Tim 1,5.

Mutter Jesu – s. Maria.

Myrrhe – Ex 30,23–33; Ps 45,8f; Spr 7,17; Hld 1,13; 4,14; 5,5.13; Mt 2,11; Mk 15,23; Joh 19,39.

Naaman (Feldherr) – 2 Kön 5,1–27.

Nabal – 1 Sam 25,3–39; 27,3; 30,5; 2 Sam 2,2; 3,3.

Nabatäer – 1 Makk 5,25; 9,35.

Nabot – 1 Kön 21,1–19; 2 Kön 9,21.25f.

Nächster (Nachbar) – Ex 3,22; 20,16f; 22,14; 32,27; Lev 6,2–5; 19,13–18; 25,14; Dtn 5,20; 19,4–6; Spr 3,28f; 11,9.12; Sir 7,32–36; Jes 10,1f; Jer 5,26–29; Ez 18,12f; Am 2,6–8; Mi 3,2f; Mt 5,43; 19,19; 22,39; Mk 12,31.33; Lk 10,27.29.36; Joh 4,5; Apg 7,27; Röm 13,9f; 15,2; 1 Kor 13; Gal 5,14; Eph 4,25; Jak 2,8; 4,12; s. Liebe.

Nacht – Gen 1,5.14.16.18; Ex 12,42; 13,21; Num 9,16; 15,11.16; Ijob 35,10; Ps 16,7; 19,3; 77,7; 91,5; 92,3; 121,6; 139,11f; Jes 21,11; Sach 14,7; Mt 2,14; 4,2; 12,40; 14,25; 22,6; 26,31.34; 28,13; Mk 4,27; 5,5; 6,48; 14,30; Lk 2,8.37; 5,5; 12,20; 17,34; 18,7; 21,37; Joh 3,2; 9,4; 11,10; 13,30; 19,39; 21,3; Apg 5,19; 9,24f; 12,6; 16,9.33; 17,10; 18,9; 20,31; 23,11.23.31; 26,7; 27,23.27; Röm 13,12; 1 Kor 11,23; 1 Thess 2,9; 3,10; 5,2.5.7; 2 Thess 3,8; 1 Tim 5,5; 2 Tim 1,3; Offb 4,8; 7,15; 8,12; 12,10; 14,11; 20,10; 21,25; 22,5.

Nachtwache – Mt 14,25.

Nackt, Nacktheit – Gen 3,7; Mt 25,36–44; 2 Kor 5,3; Hebr 4,13; Offb 3,17f; 16,15; 17,16.

Nadab (Sohn Aarons) – Ex 6,23; 24,1.9; 28,1; Lev 10,1; Num 3,2.4; 26,60f; 1 Chr 5,29; 24,1f.

Naftali – Gen 30,8; 35,25; 49,21; Ex 1,4; Num 1,15; Dtn 27,13; 33,23; 34,2; Ri 1,33; 4,6.10; 5,18; 6,35; 7,23; Ps 68,28; Jes 8,23; Mt 4,13.15; Offb 7,6.

Naïn – Lk 7,11.

Name – Dtn 12,5; Koh 7,1.

Narde – Mk 14,3; Joh 12,3.

Nasiräer, Nasiräat – Num 6,1–21; Ri 13,5–7; 16,17; 1 Makk 3,49; Am 2,11f; Lk 1,15; Apg 18,18; 21,23–26.

Natan – 2 Sam 7,2–4.17; 12,1; 1 Kön 1,8–45; 1 Chr 17,1–3.15; 29,29; 2 Chr 9,29; 29,25; Sir 47,1.

Natanaël – Joh 1,45–49; 21,2.

Nazarener – Beiname Jesu (neben Nazoräer), d. h. Mann aus Nazaret; vgl. Mk 1,24; 10,47; 14,67; 16,6; auch Lk 4,34; 24,19.

Nazaret – Mt 2,23; 4,13; 21,11; Mk 1,9; Lk 1,26; 2,4.39.51; 4,16; Joh 1,45f; Apg 10,38.

Nazoräer – 1. Beiname Jesu (neben Nazarener), d. h. Mann aus Nazaret (vgl. Mt 2,23.36; 26,71; Lk 18,37; Joh 18,5.7; 19,4); 2. Beiname der Judenchristen (vgl.

lästinische Syrien«), seit 139 n. Chr. wurde sie als neuer Name der Provinz Judäa von den Römern verwendet.

Pamphylien – Apg 2,10; 13,13; 14,24; 15,38; 27,5.

Paradies – s. Eden. Das Neue Testament bezeichnet mit Paradies den jenseitigen Bereich, wo sich die Seligen aufhalten; vgl. Lk 23,43; 2 Kor 12,4; Offb 2,7.

Paraklet – gr. »Anwalt, Beistand, Fürsprecher«. Dieser Name bezeichnet bei Joh (14,16.26; 15,26; 16,7) den Heiligen Geist, in 1 Joh (2,1) Jesus Christus selber.

Pascha – Ex 12,1–13,16; 34,25; Lev 23,5; Num 9,2–14; 28,16; 33,3; Dtn 16,1f.5f; Jos 5,10f; 2 Kön 23,21f; 2 Chr 30,1f.5.18; 35,1–19; Esra 6,19–21; Ez 45,21; Mt 26,2.17–19; Mk 14,1.12.14.16; Lk 2,41; 22,1.7f.11. 13.15; Joh 2,13.23; 6,4; 11,55; 12,1; 13,1; 18,28.39; 19,14; Apg 12,4; 1 Kor 5,7; Hebr 11,28.

Patriarch – aus dem Griechischen: »Stammvater einer Sippe«. Die Bibel bezeichnet so die Stammväter Israels Abraham, Isaak und Jakob sowie dessen Söhne; im weiteren Sinn gehört auch Noach dazu.

Paulus (Saulus) – Apg 7,58; 8,1.3; 9,1.8.11.22.24; 11,25.30; 12,25; 13,1 – 28,31; Röm 1,1; 1 Kor 1,1.12f; 3,4f.22; 16,21; 2 Kor 1,1; 10,1; 11,16 –12,13; Gal 1,1 – 2,10; 5,2; Eph 1,1; 3,1; Phil 1,1; Kol 1,1.23; 4,18; 1 Thess 1,1; 2,18; 2 Thess 1,1; 3,17; 1 Tim 1,1; 2 Tim 1,1; Tit 1,1; Phlm 1.9.19; 2 Petr 3,15.

Pegor – Num 23,28; 25,3.5.18; 31,16; Jos 22,17; Ps 106,28.

Pekach – 2 Kön 15,25.27–32.37; 16,1.5; 2 Chr 28,6; Jes 7,1.

Pekachja – 2 Kön 15,22–26.

Peleter – 1 Kön 1,38.

Penuël – Gen 32,31f; Ri 8,8f.17; 1 Kön 12,25.

Peräa – aus dem Griechischen: »Das Jenseitige«; das Gebiet jenseits des Jordan; ein breiter Landstreifen östlich des Jordan, zwischen Dekapolis im Norden und dem Nabatäerreich im Südosten. Vgl. Mt 4,25; 19,1; Mk 10,1; Joh 10,40.

Pergamon – Offb 1,11; 2,12.

Perge – Apg 13,13f; 14,25.

Perisiter – Gen 13,7; 15,20; 34,30; Ex 3,8.17; 23,23; 33,2; 34,11; Dtn 7,1; 20,17; Jos 3,10; 9,1; 11,3; 12,8; 17,15; 24,11; Ri 1,4f; 3,5; 1 Kön 9,20; 2 Chr 8,7; Esra 9,1; Neh 9,8; Jdt 5,16.

Perser, Persien – 2 Chr 36,20; Esra 4,9; 5,6; 6,6; 9,9; Est 1,3.19; 8,12; 1 Makk 3,31.37; 6,1.5.56; 2 Makk 1,13; 9,1.21; Ez 27,10; 38,5; Dan 5,28.

Petrus (Simon, Kephas) – Mt 4,18; 8,14; 10,2; 14,28f; 15,15; 16,16.18.22f; 17,1.4.24; 18,21; 19,27; 26,33. 35.37.40.58.69.73.75; Mk 1,16.29f; 3,16; 5,37; 8,29. 32f; 9,2.5; 10,28; 11,21; 13,3; 14,29.33.37.54. 66f.70.72; 16,7; Lk 5,8; 6,14; 8,45.51; 9,20.28.32f; 12,41; 18,28; 22,8.34.54f.58.60f; 24,12; Joh 1,40. 42.44; 6,8.68; 13,6.8f.24.36f; 18,10f.15–18.25–27; 20,2–6; 21,2f.7.11.15.17.20f; Apg 1,13.15; 2,14. 37f; 3,1.3f.6.11f; 4,8.13.19; 5,3.8f.15.29; 8,14. 20; 9,32.34.38–40; 10,5.9.13f.17–19.21.25f.32.34. 44–4; 11,2.4.7.13; 12,3.5–7.11.14.16.18; 15,7; 1 Kor 1,12; 3,22; 9,5; 15,5; Gal 1,18; 2,7–9.11.14; 1 Petr 1,1; 2 Petr 1,1.

Pfingstfest – Ex 23,16; 34,22; Lev 23,15–22; Num 28,26; Dtn 16,9–12; Tob 2,1; 2 Makk 12,32. 2. Das christliche Pfingstfest nimmt Bezug auf die Ausgießung des Heiligen Geistes über die Jünger Jesu am fünfzigsten Tag nach dessen Auferstehung in Jerusalem; vgl. Apg 2,1–4; 20,16; 1 Kor 16,8.

Pharao – ägypt. »das große Haus«; Titel altägyptischer Herrscher. Nach dem Neuen Testament ist der Pharao im Auftrag Gottes Schutzherr Josefs (Apg 7,10), dann aber auch Verfolger Israels (Röm 9,17). Gen 41,1–55; 47,1–26; Ex 1,8–22; 5,1 – 14,31; 15,19.

Pharisäer – Mt 3,7; 5,20; 7,29; 9,11.14.34; 12,2.14.24. 38; 15,1.12; 16,1.6.11f; 18,3; 21,45; 22,15.34.41; 23,2.13–15.26; 27,62; Mk 2,16.18.24; 3,6; 7,1.3.5; 8,11.15; 9,11; 10,2; 12,13; Lk 5,17.21.30.33; 6,2.7; 7,30.36–39; 11,37–39.42f.53; 12,1; 13,31; 14,1.3; 15,2; 16,14; 17,20; 18,10f; 19,39; Joh 1,24; 3,1; 4,1; 7,32.45.47f; 8,3.13; 9,13.15f.40; 11,46f.57; 12,19.42; 18,3; Apg 5,34; 15,5; 23,6–9; 26,5; Phil 3,5.

Philadelphia – Offb 1,11; 3,7.

Philippi – Apg 16,12; 20,6; Phil 1,1; 1 Thess 2,2.

Philippus (Apostel) – Mt 10,3; Mk 3,18; Lk 6,14; Joh 1,43–48; 6,5.7; 12,21f; 14,8f; Apg 1,12.

Philippus (einer der Sieben) – Apg 6,5; 8,5–40; 21,8.

Philister – ein Rest der sog. »Seevölker«, die sich nach einem Überfall auf Ägypten ab 1200 v. Chr. am südlichen Teil der Küste Palästinas niederlassen und seit etwa 1150 mit den Israeliten kriegerisch zusammenstoßen. Gen 10,14; 21,32–34; Ex 15,14; Ri 3,3.31; 10,6f.11; 13,1.5; 14,1 – 16,30; 1 Sam 4,1 – 6,21; 13,1 – 14,31; 17,19–51; Ps 60,10; 83,8; 87,4; 108,10; Jes 11,14; 14,29.31; Jer 25,20; 47,1–7; Ez 25,15–17; Am 1,6–8; 9,7; Obd 19; Zef 2,4f; Sach 9,5–7.

Philometor – 2 Makk 4,21; 9,29; 10,13.

Phönizien – Mk 7,26; Apg 11,19; 15,3; 21,2.

Phrygien – Apg 2,10; 16,6; 18,23.

Pilatus – Mt 27,2.13.17.22.24.58.62.65; Mk 15,1f.4f.9. 12.14f.43f; Lk 3,1; 13,1; 23,1.3f.6.11–13.20.24.52; Joh 18,29.31.33.35.37f; 19,1.4.6.8.10.12f.15.19.21f.31.38; Apg 3,13; 4,27; 13,28; 1 Tim 6,13.

Pinhas (Sohn Eleasars) – Ex 6,25; Num 25,7.11; 31,6; Jos 22,13.30–32; Ri 20,28; 1 Chr 6,35; 9,20; Esra 8,2; Ps 106,30; Sir 45,23–25.

Pisidien – Apg 13,14; 14,24.

Plage – Ex 7,1 – 11,10; 2 Sam 24,21–25; 1 Kön 8,37; Ps 78,43–51; 105,28–36; 106,29f; Offb 9,18.20; 11,6; 15,1.6.8; 16,9.21; 18,4.8; 21,9; 22,18.

Pontus – Apg 2,9; 18,2; 1 Petr 1,1.

Potifar – Gen 37,36; 39,1.

Potifera – Gen 41,45.50; 46,20.

Prätorium – Mt 27,27; Mk 15,16; Joh 18,28.33; 19,9; Apg 23,35; Phil 1,13.

Priester, Priestertum – Gen 14,18; Ex 19,6.22.24; 28,1 – 29,44; 39,1–31; 40,12–15; Lev 1,7–17; 2,8–10.16; 4,1–35; 8,1 – 10,15; 21,1–24; 22,1–9; Num 3,1–10;

Simson – Ri 13,24 – 16,31; Hebr 11,32.
Sinai – Gen 19,1–25; 24,16; 31,18; 34,2.4.29.32; Num 3,1.4.14; Dtn 33,2; Neh 9,13; Ps 68,9.18; Apg 7,30.38; Gal 4,24f; vgl. Horeb.
Sintflut – Gen 6,5 – 9,29; Weish 10,4; 14,6; Sir 44,17f; Jes 54,9; Mt 24,38f; Lk 17,27; 1 Petr 3,20f; 2 Petr 2,5; 3,6.
Sirach – Sir Prol.; 50,27; 51,30.
Sisera – Ri 4,2–22; 5,20.26.28.30; 1 Sam 12,9; Ps 83,10.
Sklave – Gen 15,3; 21,10–13; 47,21.25; Ex 12,44; 21,2–11.20f.26f.32; Lev 25,42.44–54; Dtn 15,12–18; 16,12; 24,7; Ps 105,17; Spr 29,19.21; Sir 7,20f; 33,25–33; Jer 34,8–16; Mt 10,24f; 20,27; Mk 10,44; Lk 16,13; 17,7–10; Joh 8,34f; 13,16; 15,20; Röm 6,16–22; 1 Kor 7,21–23; 12,13; Gal 3,28; 4,1.7; Eph 6,5–9; Phil 2,7; Kol 3,11.22–24; 4,1; 1 Tim 6,1f; Tit 2,9f; Phlm 16; 2 Petr 2,19; Offb 6,15; 13,16; 19,18; s. auch Freiheit.
Skorpione – 1 Kön 12,11.
Skythen – 2 Makk 4,47; 7,4; Kol 3,11.
Smyrna – Offb 1,11; 2,8.
Sodom – Gen 10,19; 13,10.12f; 14,2–21; 18,16 – 19,29; Dtn 29,22; 32,32; Jes 1,9f; 3,9; 13,9; Jer 23,14; Klgl 4,6; Am 4,11; Mt 10,15; Lk 17,29; Röm 9,29; Jud 7; Offb 11,8.
Sohn (Söhne) Gottes – Gen 6,2–4; Ex 4,22; Dtn 32,5; Ijob 1,6; 2,1; 38,7; Ps 2,7; 73,15; 82,6; Weish 2,18; 18,13; Jer 3,19; 31,9.20; Hos 2,1; 11,1; Mt 5,9.45; Lk 6,35; Röm 8,14.19; 9,26; Gal 3,26; s. Jesus Christus.
Sosthenes – Apg 18,17; 1 Kor 1,1.
Speiseopfer – Lev 2,1–16; 6,7–16; 1 Kön 18,29.
Stab – Ex 4,17; 7,17; 9,23; 10,13; 14,16; 17,5; 2 Kön 4,29.31; Jes 10,26.
Stadttor – Gen 23,10; Spr 22,22; Am 5,10.12.15; Sach 8,16.
Stamm – Gen 49,1–28; Ex 6,14f; Num 1,2.4–49; 36,2–12; Ri 21,1–5; Ps 105,37–45; 122,4; Jes 49,6; 63,17; Offb 5,9; 7,4–8; Num 1,2.
Statthalter – ein Beauftragter, dem die Obergewalt über eine Region oder eine Provinz anvertraut wurde. Darunter kann man im römischen Reich einen Legaten (z. B. Quirinius, Lk 2,2), Prokonsul, Prokurator oder Präfekten verstehen. Mt 10,18; 27,2.11.14f.21.27; 28,14; Mk 13,9; Lk 3,1; 20,20; 21,12; Apg 23,24.26.33; 24,1.10; 26,30; 1 Petr 2,14.
Steinigung – Ex 17,4; Lev 24,14; Num 14,10; 15,35f; 2 Chr 24,20–22; Mt 21,35; 23,37; Lk 13,34; Joh 8,5; 10,31–33; 11,8; Apg 5,26; 7,58f; 14,5.19; 2 Kor 11,25; Hebr 11,37; 12,20.
Steinmal – 1 Kön 14,23.
Stephanas – 1 Kor 1,16; 16,15.17.
Stephanus – Apg 6,5; 6,8 – 8,2; 11,19; 22,20.
Steuer – 2 Chr 24,5–14; Neh 5,4; Est 2,18; Mt 17,25; 22,17.19; Mk 12,14; Lk 20,22; 23,2; Röm 13,6f; vgl. Zöllner.
Steuerlisten – Mt 22,17; Lk 2,1–3.
Stier – Ex 32,1–35; Dtn 33,17.
Stoiker – Anhänger der Lehre des Philosophen Zeno (336–264 v. Chr.), nach der die Welt durch göttliche Vernunft geordnet wird. Weise ist, wer leidenschaftslos einwilligt in das Schicksal; zur Begegnung des Paulus mit Stoikern s. Apg 17,18.
Strafe – Gen 3,14–24; 4,11–13; Ex 34,7; Lev 20,1–27; 26,16–38; Num 12,11; 16,30–35; Jos 23,15f; 2 Sam 7,14; 12,10–14; 2 Makk 6,14f; Ps 39,12; 64,6–9; 69,25–29; 94,10; Spr 1,26–32; Weish 3,10.12; 4,20; 5,14; 11,5–16; 12,2–14.20–27; Sir 16,6–13; 21,10; Jes 1,5–9; 9,7–20; 10,12; 13,11; 24,21f; Jer 2,19; 6,1–15; 10,24; 13,1–14; 15,6–9; 30,14; 44,13f; 51,1–14.27–40.47; Bar 2,2–5; Ez 7,1–27; Hos 8,13; 9,9; 11,9; Am 1,2–2,3; 3,9–4,3; 5,16–20; 9,1–6; Mi 6,13–16; Zef 1,2–13; Sach 10,3; Mt 24,51; 25,46; Lk 12,46; Apg 4,21; 22,5; 26,11; Röm 13,4f; 2 Kor 2,6; 6,9; 7,11; 10,6; 2 Thess 1,9; Hebr 10,29; 12,5; 1 Petr 2,14; 2 Petr 2,9; 1 Joh 4,18; Jud 7; Offb 19,20f; 20,10.12–15.
Streit – Gen 13,7f; 26,20–22; 45,24; Ex 21,18; Lev 24,10; Spr 13,10; 15,18; 17,14.19; 19,13; 22,10; Sir 27,15; 28,8–12; Apg 7,26; Röm 13,13; 1 Kor 1,11; 2 Kor 12,20; 1 Tim 2,8; 3,3; 2 Tim 2,23f; Tit 3,2.9.
Sühne – Ex 29,36; 30,10; 32,30; Lev 1,4; 4,20; 8,34; 9,7; 10,17; 12,7; 14,18; 15,15; 16,10; 17,11; 23,28; Num 5,8; 6,11; 8,12; 15,25; 17,12; 25,13; 28,22; 29,5; 31,50; 35,33; Dtn 32,43; 2 Sam 21,3; 2 Chr 29,24; Neh 10,34; Lk 18,13; Joh 3,14–17; 19,33–37; Röm 3,25; Hebr 2,17; 1 Joh 2,2; 4,10.
Sühneplatte – Ex 25,17–22; Lev 16,14; Röm 3,25; Hebr 9,5.
Sühnopfer – Lev 17,1–16.
Sünde, Sündenvergebung – Gen 4,7; 18,20; 39,9; 42,22; 50,17; Ex 10,17; 30,10; 32,21.30–34; 34,7.9; Lev 16,30; Dtn 9,21.27; 1 Sam 12,23; 14,34; 15,23–25; 2 Sam 12,13; 1 Kön 8,33–36; 14,16; 2 Chr 6,24–30; 2 Makk 6,14f; Ps 1,1–6; 19,13f; 25,7.11.18; 38,5; 40,13; 51,3–16; Spr 14,34; 20,9; Koh 8,10–12.14; Weish 1,4; Sir 7,8; 10,13; 15,11–20; 21,1f; 25,19; Jes 3,9; 53,5.11f; 59,2–20; Jer 5,25; 16,10; 17,1–4; Ez 3,20f; 33,10f; Am 5,12; Mt 1,21; 3,6; 9,2.5f.10f.13; 11,19; 12,31; 18,15.21; 26,28.45; 27,4; Mk 1,4f; 2,5.7.9f.15–17; 3,28f; 8,38; 14,41; Lk 1,77; 3,3; 5,8–32; 6,32–34; 7,34.37.39.47–49; 11,4; 13,2; 15,1–10.18–21; 17,3f; 18,13; 19,7; 24,7.47; Joh 1,29; 5,14; 8,11.21.24.34.46; 9,2f.16.24f.31.34.41; 15,22.24; 16,8f; 19,11; 20,23; Apg 2,38; 3,19; 5,31; 7,60; 10,43; 13,38; 22,16; 25,8; 26,18; Röm 2,12; 3,7.9.20.23.25; 4,7f; 5,8.12–14.16.19–21; 6,1f.6f.10–23; 7,5–14.17.20.23.25; 8,2f.10; 11,27; 14,23; 1 Kor 6,18; 7,28.36; 8,12; 15,3.17.34.56; 2 Kor 5,21; Gal 1,4; 2,15.17; 3,22; Eph 2,1; 4,26; Kol 1,14; 1 Thess 2,16; 2 Thess 2,3; 1 Tim 1,9.15; 5,20.22.24; 2 Tim 3,6; Tit 3,11; Hebr 1,3; 2,17; 3,13.17; 4,15; 5,1.3; 7,26f; 8,12; 9,26.28; 10,2–4.6.8.11f.17f.26; 11,25; 12,1.3f; 13,11; Jak 1,15; 2,9; 4,8.17; 5,15f.20; 1 Petr 2,20.22.24; 3,18; 4,1.8.18; 2 Petr 1,9; 2,4.14; 1 Joh 1,7–10; 2,1f.12; 3,4–9; 4,10; 5,16–18; Jud 15; Offb 1,5; 18,4f; s. Verzeihung.
Sündenbock – Lev 16,5–28.

Zadok – 2 Sam 8,17; 15,24f.27.29.35f; 17,15; 18,19.22.27; 19,12; 20,25; 1 Kön 1,8.26.32.34.38f.44f; 2,35; 4,2.4; 1 Chr 5,34; 6,38; 12,29; 15,11; 16,39; 18,16; 24,3.6.31; 27,17; 29,22; 2 Chr 31,10; Esra 7,2; Ez 40,46; 43,19; 44,15; 48,11.

Zahlenwert, Zahlensymbolik – Mt 1,17; Joh 21,11; Offb 1,4; 7,4–17; 9,16; 11,2; 13,18; 14,20.

Zebedäus – Mt 4,21; Mk 1,20.

Zehn Gebote – s. Dekalog.

Zehnt – Gen 14,20; 28,22; Lev 27,30–32; Num 18,21.26.28; Dtn 12,6.11.17; 14,22.24.28; 26,12; 1 Sam 8,15; 2 Chr 31,5f.12; Neh 10,37f;12,44; 13,5.12; Tob 1,7f; Am 4,4; Mal 3,8.10; Mt 23,23; Lk 11,42; 18,12; Hebr 7,2–9.

Zeichen – Gen 9,12–17; 17,11; Ex 7,3f; 10,1f; 12,13; 31,13.17; Num 14,11.22; Ps 78,43; Jes 7,11–14; 55,13; 66,19; Ez 14,8; Dan 4,4; Mt 12,38f; 16,1.3f; 24,3.24.30; 26,48; Mk 8,11f; 13,4.22; 16,17.20; Lk 2,12.34; 11,16.29f; 21,7.11.25; Joh 2,11.18.23; 3,2; 4,48.54; 6,2.14.26.30; 7,31; 9,16; 10,41; 11,47; 12,18.37; 20,30; Apg 2,19.22.43; 4,16.22.30; 5,12; 6,8; 7,36; 8,6.13; 14,3; 15,12; Röm 4,11; 15,19; 1 Kor 1,22; 14,22; 2 Kor 12,12; 2 Thess 2,9; 3,17; Hebr 2,4; Offb 12,1.3; 13,13f; 15,1; 16,14; 19,20; s. Wunder.

Zelofhad – Num 26,33; 27,1.7; 36,2.6.10f; Jos 17,3; 1 Chr 7,15.

Zelot – von gr. zelotés, »Eiferer«; Beiname des Apostels Simon. Bezeichnung für Mitglieder einer jüdischen Partei zur Zeit Jesu; vgl. Kananäus; Sikarier.

Zelt, das heilige – 1 Chr 6,17; 16,37–41; 22,1–29,9; 2 Chr 1,3; Weish 9,8; s. Wohnstätte.

Zeuge, Zeugnis – s. Bekenntnis.

Zidkija – 2 Kön 24,17 – 25,7; 1 Chr 3,15; 2 Chr 36,10f; Jer 1,3; 21,1.3.7; 24,8; 27,3.12; 28,1; 29,3; 32,1.3–5; 34,1.4.6.8.21; 37,1.3.17f.21; 38,5.14–17.19.24; 39,1–7; 44,30; 49,34; 51,59; 52,1.3.5.8.10f; Bar 1,1.8.

Zion – 2 Sam 5,7; 1 Chr 11,5; 1 Makk 4,37; 6,48; 7,33; Ps 2,6; 9,12.15; 14,7; 20,3; 48,3.12f; 50,2; 51,20; 53,7; 65,2; 69,36; 74,2; 76,3; 78,68; 84,8; 87,2.5; 97,8; 99,2; 102,14.17.22; 110,2; 125,1; 126,1; 128,5; 129,5; 132,13; 133,3; 134,3; 135,21; 137,1.3; 146,10; 147,12; 149,2; Jes 2,3; 14,32; 49,14; 60,14; 66,8; Jer 3,14; Obd 17; Mt 21,5; Joh 12,15; Röm 9,33; 11,26; Hebr 12,22; 1 Petr 2,6; Offb 14,1.

Zöllner – Mt 5,46; 9,9–11; 10,3; 11,19; 18,17; 21,31f; Mk 2,14–16; Lk 3,12; 5,27.29f; 7,29.34; 15,1; 18,10f.13; 19,1–10.

Zippora – Ex 2,21; 4,25; 18,2.

Zorn, zürnen – Mt 3,7; 5,22; 18,34; 22,7; Mk 1,41; 3,5; Lk 3,7; 4,28; 14,21; 15,28; 21,23; Joh 3,36; Apg 19,28; Röm 1,18; 2,5.8; 3,5; 4,15; 5,9; 9,22; 12,19; 13,4f; 2 Kor 12,20; Gal 5,20; Eph 2,3; 4,26.31; 5,6; Kol 3,6.8; 1 Thess 1,10; 2,16; 5,9; 1 Tim 2,8; Hebr 3,11; 4,3; 11,27; Jak 1,19f; Offb 6,16f; 11,18; 12,12.17; 14,8.10.19; 15,1.7; 16,1.19; 18,3; 19,15.

Zorn (Gottes) – Ex 32,11; Lev 10,6; Num 1,53; 11,1.10.33; 12,9; 18,5; 22,22; 25,3f; 32,10; Dtn 6,15; 7,4; 9,19; Jos 22,20; 1 Sam 28,18; 2 Kön 23,26; 2 Chr 28,11.13; 2 Makk 7,33; 8,5; Ps 56,8; 74,1; 78,31; Sir 16,11; 48,10; 45,19; Jes 13,13; 66,15; Jer 10,24; Ez 22,31; 38,19; Mi 7,18; Joh 3,36; Röm 1,18; 9,22; 12,19; Offb 14,19; 15,1.7; 16,1.

Zungenreden – 1 Kor 12,10.

Zwölf, die – Mt 10,2; Mk 3,14; Lk 6,13.

Zypern – 1 Makk 15,23; 2 Makk 4,29; 10,13; Apg 4,36; 11,19f; 13,4–12; 15,39; 21,3.16; 27,4.

Zyrene – 1 Makk 15,23; 2 Makk 2,23; Mt 27,32; Mk 15,21; Lk 23,26; Apg 2,10; 6,9; 11,20; 13,1.

III. ZEITTAFEL ZUR GESCHICHTE DES ALTEN UND NEUEN BUNDES

Daten des Altertums können nur annäherungsweise bestimmt werden. In anderen Tabellen wird man deshalb bisweilen stark abweichende Zeitangaben finden.

Außerbiblische Daten	**Biblische Daten**
Vor 12 000 v. Chr. Die Altsteinzeit (Paläolithikum). Funde von Menschenknochen in Galiläa und am Karmel	
12 000–8 000 Die Mittlere Steinzeit (Mesolithikum). Erste Spuren von Ackerbau und Viehzucht	
8000–4000 Die Jungsteinzeit (Neolithikum). Gründung der ersten bekannten Stadt um 7000 (Jericho). Erste Keramikerzeugnisse um 5000	
4000–3200 Die Kupferzeit (Chalkolithikum). Entdekkung der Töpferscheibe. Erste Verwendung des Metalls.	3760 v. Chr. Schöpfung der Welt nach der jüdischen Zeitrechnung
3200–2200 Die Frühbronzezeit. In Süd-Mesopotamien entsteht die erste Schrift (Sumerer). Erste Staaten: In Babylonien Sumerer, dann Akkader; in Ägypten sog. Altes Reich (Pyramiden, Aufkommen des Handels)	Jerusalem, Aschkelon, Sichem, Bet-Schean und andere Orte erwähnt in ägyptischen Texten des 20. und 19. Jh.
2200–1550 Die Mittlere Bronzezeit. Palästina beherrscht durch Ägypten	
21. Jh. In Mesopotamien Gesetzessammlungen von Ur-Nammu, Lipit-Ischtar und aus Eschnunna	
1792–1750 Hammurapi (oder: Hammurabi) von Babel. Zerstörung von Mari.	In der Patriarchenerzählung (Gen 11,50–50,26) gleichen verschiedene Gesetze und Bräuche den Rechtsbräuchen, die in altorientalischen Rechtsurkunden bezeugt sind. Um diese Zeit (zwischen 2000–1400) kommen die Patriarchen von Mesopotamien und aus dem Ostjordanland nach Kanaan (nähere Zeitbestimmung ist nicht möglich)
1750–1550 Ägypten von den Hyksos beherrscht (Sammelbezeichnung für verschiedene Völker: Horiter, Amoriter u. a.). Hauptstadt Tanis (bibl. Zoan)	Die größte Stadt in Kanaan ist Hazor (vgl. Jos 11)
1740–1200 Reich der Hetiter (von Anatolien bis – zeitweise – nach Kanaan	
1550–1200 Spätbronzezeit	
Um 1550 Vertreibung der Hyksos aus Ägypten	
Um 1468 Nach der Schlacht bei Megiddo dehnt Ägypten seine Herrschaft bis zum Eufrat aus	Kanaan unter ägyptischer Kontrolle
1417–1379 In Ägypten herrscht Amenophis III.	Nach 1400 Die »Söhne Jakobs« in Ägypten (Gen 37 – Ex 11)
1379–1362 In Ägypten herrscht Amenophis IV. (Echnaton). Amarnabriefe: u. a. Korrespondenz der kanaanäischen Herrscher, in akkadischer Sprache, mit dem Hof der beiden Pharaonen	
1304–1237 Ramses II. in Ägypten	Um 1250 Exodus (Auszug) der Israeliten aus Ägypten, Mose (Ex 12 – 14)
	Um 1230 Ansiedlung der Hebräer unter Josua in Palästina (Jos 1 – 12)
Um 1200 Zerfall des Hetiterreiches	
1200–900 Eisenzeit I	

Außerbiblische Daten	**Biblische Daten**
Um 1190 Ansiedlung der Philister in Kanaan. Niedergang Ugarits. Ende der Mykenischen Kultur. Aramäer in Ost-Syrien	1200–1020 Richterzeit (Ri)
	1020–1000 Saul, erster König Israels (1 Sam 9 – 31)
	1000–961 Regierungszeit Davids (2 Sam 2 – 1 Kön 2)
	961–931 Salomo (1 Kön 2 – 11); Tempelbau in Jerusalem
	931 Zerfall des salomonischen Reiches in zwei Teile: Israel, d. h. Nordreich, und Juda, d. h. Südreich (1 Kön 12,1–19)
945–924 Schischak herrscht in Ägypten	931–914 Rehabeam König von Juda (1 Kön 14,21–31)
	924 Palästinafeldzug des Pharao Schischak (1 Kön 14,25f)
	931–910 Jerobeam I. König von Israel (1 Kön 12,20 – 14,20)
	914–912 Abija von Juda (1 Kön 15,1–8)
	911–871 Asa von Juda (1 Kön 15,9–24)
	909 Nadab von Israel (1 Kön 15,25–32)
	909–886 Bascha von Israel (1 Kön 15,33–16,7)
900–550 Eisenzeit II	885 Ela von Israel (1 Kön 16,8–14)
	885 Simri von Israel (1 Kön 16,15–20)
	885–874 Omri von Israel (1 Kön 16,21–28)
Vor 875 Ben-Hadad I., König der Aramäer in Damaskus	885–881 Kämpfe um die Herrschaft zwischen Omri und Tibni (1 Kön 16,21f)
859–824 Salmanassar III. in Assur	873–853 Ahab von Israel (1 Kön 16,29 – 22,40). Die Propheten Elija und Elischa
Vor 841 Ben-Hadad II. in Damaskus	854 In der Schlacht bei Karkar kämpft Ahab als Verbündeter der Aramäer von Damaskus gegen die Assyrer
Um 850 Mescha, König von Moab	871–848 Joschafat von Juda (1 Kön 22,41–51)
	853–852 Ahasja von Israel (1 Kön 22,52 – 2 Kön 1,17)
	852–841 Joram von Israel (2 Kön 3)
	848–841 Joram von Juda (2 Kön 8,16–24)
	841 Ahasja von Juda (2 Kön 8,25–29)
	841–813 Jehu von Israel (2 Kön 9f)
	840 Jehu zahlt Tribut an Salmanassar III.
	840–835 Atalja von Juda (2 Kön 11)
	835–796 Joasch von Juda (2 Kön 12)
810–782 Adad-Nirari III. in Assur	813–797 Joahas von Israel (2 Kön 13,1–9)
	797–782 Joasch von Israel (2 Kön 13,10 – 14,16)
	796–767 Amazja von Juda (2 Kön 14,1–22)
Vor 797 Hasaël in Damaskus	
753 Gründung Roms	782–747 Jerobeam II. von Israel (2 Kön 14,23–29)
	767–739 Asarja (Usija) von Juda (2 Kön 15,1–7). Die Propheten Amos und Hosea
	747 Secharja von Israel (2 Kön 15,8–12)
	747 Schallum von Israel (2 Kön 15,13–15)
745–727 Tiglat-Pilset III. in Assur und Babel (hier unter dem Namen Pul)	747–742 Menahem von Israel (2 Kön 15,14–22)
	742–740 Pekachja von Israel (2 Kön 15,23–26)
740–730 Rezin, Usurpator in Damaskus	740–731 Pekach von Israel (2 Kön 15,27–31)

Außerbiblische Daten	**Biblische Daten**
	739–734 Jotam von Juda (2 Kön 15,32–38). Die Propheten Jesaja und Micha
	734–728 Ahas von Juda (2 Kön 16). Syrisch-efraimitischer Krieg
727–722 Salmanassar V. in Assur und Babel	731–722 Hoschea von Israel (2 Kön 17,1–7)
722–705 Sargon II. König in Assur, seit 710 auch von Babel (2 Kön 18 – 20)	722 Eroberung Samarias und Untergang des Nordreiches (2 Kön 17)
	728–699 Hiskija von Juda (2 Kön 18 – 20)
721–710 Merodach-Baladan II. König von Babel	
705–681 Sanherib in Assur und Babel. 689 Zerstörung Babels. Ninive Hauptstadt des neuassyrischen Reiches	699–643 Manasse (2 Kön 21,1–18)
690–664 Tirhaka in Ägypten	
681–669 Asarhaddon von Assur erobert Ägypten: Wiederaufbau Babels	
669–627 Assurbanipal in Assur und Babel, berühmt durch seine große Bibliothek. In der Folgezeit langsamer Zerfall des Reiches	642–641 Amon (2 Kön 21,19–26)
	641–609 Joschija (2 Kön 22,1 – 23,30). Die Propheten Jeremia, Nahum, Habakuk (?) und Zefanja
625–605 Nabopolassar wird König in Babel; 614 erobert er mit Hilfe der Meder die Stadt Assur, 612 Ninive. Ende des neuassyrischen Reiches	609 Joahas (2 Kön 23,31 – 35)
610–595 Necho II. in Ägypten. Unterliegt 605 bei Karkemisch den Babyloniern	
605–562 Nebukadnezzar in Babylonien	609–598 Jojakim (2 Kön 23,36–24,7)
	597 Jojachin (2 Kön 24,8–17)
	597–586 Zidkija (2 Kön 24,18 – 25,7)
556–539 Nabonid in Babylonien	586 Eroberung Jerusalems und Untergang des Südreiches Juda (2 Kön 25,8–26)
	586–538 Babylonische Verbannung = Babylonisches Exil (2 Chr 36,17–23). Die Propheten Ezechiel, Obadja, Deuterojesaja
550–545 Belschazzar Mitregent in Babel	
550–330 Persische Zeit	
538–530 Kyrus von Persien erobert Babel und gründet das persische Weltreich (Aufstieg zur Macht seit 559) unter der Dynastie der Achämeniden	538 Edikt des Kyrus (Esra 1,1–4)
530–522 Kambyses von Persien; erobert 525 Ägypten	
522–486 Darius I. von Persien. Teilt das persische Reich in 29 Satrapien ein	um 525 Serubbabel, Statthalter von Juda (Esra 3,2.8). Die Propheten Haggai und Sacharja
510 Rom wird Republik	
486–465 Xerxes I.	
480 Schlacht bei den Thermopylen. Kriege Persiens mit Athen	
465–423 Artaxerxes I.	458–428 Esra (?) Der Prophet Maleachi
	445–425 Nehemia, Statthalter von Juda
423–404 Darius II.	
404–359 Artaxerxes II.	398 Esra (?)

Außerbiblische Daten	**Biblische Daten**
336–331 Darius III., besiegt 333 bei Issus und 331 bei Arbela durch Alexander d. Großen. Niedergang des persischen Reiches	
330–64 Hellenistische Zeit	
323 Tod Alexanders des Großen	
323–305 Kämpfe der Diadochen um die Nachfolge Alexanders	
323 Ptolemäus wird Satrap von Ägypten, Seleukus Satrap von Babel	
312 Beginn der seleuzidischen Zeitrechnung	
305–283 Ptolemäus I. König von Ägypten	
305–281 Seleukus I. König von Babylon	
320–198 Ständiger Kampf zwischen Ptolemäern und Seleuziden um Palästina	
285–246 Ptolemäus II. in Ägypten	Um 250 Beginn der griechischen Übersetzung der Bibel (Septuaginta)
261–246 Antiochus II. in Syrien	
221–203 Ptolemäus IV. in Ägypten	
223–187 Antiochus III. in Syrien	
198 Schlacht bei Paneas; Syrien und Palästina endgültig unter der Herrschaft der Seleuziden	
187–175 Seleukus IV. Philopator	Vor 170 Onias III., Hoherpriester (2 Makk 3,1 – 4,38)
175–164 Antiochus IV. Epiphanes	167 Aufstand der Makkabäer (1/2 Makk)
	167–166 Mattatias (1 Makk 2)
	166–161 Judas (1 Makk 3,1 – 9,22)
164–162 Antiochus V. Eupator; sein Vormund Lysias	
162–150 Demetrius I. Soter	161–143 Jonatan (1 Makk 9,23 – 12,52). Hoherpriester Alkimus, seit 153 Jonatan
150–145 Alexander Balas	
149–146 Dritter punischer Krieg und Zerstörung Karthagos. Griechenland römische Provinz	
145–140 und 129–125 Demetrius II. Nikator	143–135 Simeon (1 Makk 12,53 – 16,17), seit 141 unabhängiger Herrscher, von Rom anerkannt
145 Antiochus VI. Dionysos kämpft gegen Demetrius II. mit Unterstützung seines Vormunds Tryphon	
141–139 Tryphon tritt die Nachfolge des auf seinen Befehl hingerichteten Antiochus VI. an	
139–129 Antiochus VII. Sidetes	134–104 Johannes Hyrkanus I. (1 Makk 16), Hoherpriester und Ethnarch
133 Tod des Tiberius Gracchus	103–76 Alexander Jannäus. Entstehung der starken religiös-politischen Gruppierungen (Essener, Pharisäer, Sadduzäer)
125–96 Antiochus VIII.	
83–69 Tigranes I., der Armenier, erobert Syrien, wird jedoch durch die Römer verdrängt; kurze Regierung des Antiochus XII. Asiaticus	
82–79 Diktatur Sullas in Rom	76–67 Salome Alexandra
70–19 Vergil, röm. Dichter	
66 Pompeius, römischer Befehlshaber im Osten	
64 Syrien römische Provinz	(67) 63–40 Johannes Hyrkanus II. Ihm wurde Antipa-

Außerbiblische Daten	Biblische Daten
	ter, ein Sohn des Strategen von Idumäa gleichen Namens, als Hausverwalter durch Julius Cäsar aufgezwungen
64 v. Chr. – 330 n. Chr. Römische Zeit	
51–30 Kleopatra VII., Königin in Ägypten	40–37 Mattatias Antigonus II., der letzte König der makkabäischen Dynastie
47–44 Julius Cäsar	
41–30 Marcus Antonius	(40)37–4 v. Chr. Herodes I., der Große (bzw. der Ältere), Sohn des Antipater, König über Judäa, Galiläa, Samarien, Idumäa und Peräa
31 v. Chr.–14 n. Chr. Oktavianus Augustus, Kaiser von Rom	
13 v. Chr.–45/50 n. Chr. Philo von Alexandria, jüdischer Religionsphilosoph	
	7/6 v. Chr. Geburt Jesu (erste Volkszählung, Zensus des Quirinius? S. Lk 2,2)
6–4 v. Chr. Quintilius Varus, Statthalter von Syrien	
5 v. Chr.–65 n. Chr. Seneka	
	4 v. Chr. Tod des Herodes und Verteilung seines Reiches unter die Söhne Archelaus (Ethnarch von Judäa, Idumäa und Samarien), Antipas (bis 39 n. Chr. Tetrarch von Galiläa und Peräa) und Philippus (bis 34 n. Chr. Tetrarch von Nordtransjordanien)
1 v. Chr. Germanien wird römische Provinz	
6/7 n. Chr. Quirinus, Statthalter von Syrien	6 n. Chr. Archelaus wird entthront; Judäa, Idumäa und Samarien werden römische Provinz. Volkszählung, Zensus des Quirinius. Zusammenschluß der sog. Zeloten; Unruhen unter Judas dem Galiläer
	6–15 n. Chr. Hannas, Hoherpriester
14–37 Tiberius, Kaiser von Rom	
	17–22 Gründung von Tiberias durch Herodes Antipas
	18–37 Josef Kajaphas, Hoherpriester
	26–36 Pontius Pilatus, römischer Prokurator in Judäa
	27/28–29 Öffentliches Wirken Johannes' des Täufers
	27/28 Taufe Jesu
	29 Enthauptung des Täufers
	30? Kreuzigung Jesu (7. April/14. Nisan)
	um 33 Märtyrertod des Stephanus
	33/35 Bekehrung des Paulus
	37 Geburt des jüdischen Historikers Flavius Josephus
	39 Petronius, Legat von Syrien
41–44 Herodes Agrippa I., König von ganz Palästina	41–54 Klaudius, Kaiser von Rom
42 Hinrichtung des Apostels Jakobus des Älteren	
43–120 Der Philosoph Plutarch	
	um 48/49 Apostelkonzil in Jerusalem
49 Klaudius weist die Juden (und Judenchristen) aus Rom aus	
50 Herodes, König von Chalkis	50–100 Herodes Agrippa II., Ethnarch, seit 53 König über Nordpalästina
50–130 Der Philosoph Epiktet	

Außerbiblische Daten	Biblische Daten
	50/1–52/3 Paulus zum ersten Mal in Korinth
51/52 oder 52/53 Gallio, Prokonsul von Achaia/ Korinth	
	53/4–55/6 Paulus in Ephesus
54 Ermordung des Kaisers Klaudius	
54–68 Nero, Kaiser von Rom	
55–120 Der Historiker Tacitus	
	56–58 Paulus erneut in Korinth
	58 Reise des Paulus nach Jerusalem
	58/59 Paulus in Haft in Jerusalem und Cäsarea
	bis 59 Felix, Prokurator von Judäa
	59–60 Porzius Festus, Prokurator von Judäa
	60/61 Fahrt des Paulus nach Rom
61–114 Plinius der Jüngere	61/62 Gefangenschaft des Paulus in Rom
	62 Ermordung des Hohenpriesters Jonatan
	62/3 Hannas II., Sohn des Hannas I., Hoherpriester, läßt Jakobus, »den Bruder des Herrn«, hinrichten
64 Brand Roms. Christenverfolgung unter Nero	63/4 oder 65/67 Reise des Apostels Paulus nach Osten (Pastoralbriefe) und nach Westen (Spanien)?
	64 oder 67 Hinrichtung des Petrus und des Paulus in Rom
	66 Florus, Prokurator von Judäa
	66–70 Aufstand der Zeloten in Palästina. Einführung des Tempelopfers für den Kaiser. Flucht der Christen aus Jerusalem nach Pella in Ostjordanien
68 Selbstmord Neros	
68 Zerstörung von Qumran	
69–79 Vespasian, Kaiser von Rom	
70 Geburt des röm. Biographen Suetonius	70 Eroberung Jerusalems durch Titus und Zerstörung des Tempels
70–80 Bau des Kolosseums in Rom	70–80 Judenchristen aus Palästina kommen nach Ephesus, unter ihnen der Presbyter Johannes (?)
73 Judäa wird römische Provinz	
79–81 Kaiser Titus	
79 Ausbruch des Vesuv	
81–96 Domitian, Kaiser von Rom	
um 90 Verfolgung von Philosophen, Gelehrten, Christen in Rom und im Osten des Reiches	
96–98 Nerva, Kaiser von Rom	
98–117 Trajan, Kaiser von Rom	
um 100 Die »Synode« von Jamnia: Ausschluß der Judenchristen aus der Synagoge	
111 Kaiser Trajan erklärt das Christentum für illegal (Edikt des Trajan)	
117–138 Hadrian, Kaiser von Rom	
132–135 Zweiter jüdischer Aufstand unter Ben Kosiba (Bar Kochba). Völlige Zerstörung Jerusalems. Vertreibung der Juden aus Judäa. Jerusalem wird als heidnische Stadt neu aufgebaut: Colonia Aelia Capitolina mit einem Jupitertempel	

IV. ANMERKUNGEN ZUR TEXTGESTALTUNG UND TEXTÜBERLIEFERUNG

1. Altes Testament

Genesis

2,6 Feuchtigkeit: in H ein Wort unbekannter Bedeutung.
2,7 In H Wortspiel mit den Ausdrücken für Ackerboden (adamáh) und Mensch (adám).
4,4 von ihrem Fett, andere Übersetzungsmöglichkeit: von ihren fettesten Tieren.
4,7 als Dämon: sinngemäß ergänzt; in H steht trotz des weiblichen Wortes für Sünde eine männliche Zeitwortform, die an einen Unheilsdämon erinnert. Deswegen wird der ganze Satz mit männlichen Formen gebildet. Er will sagen: Nicht den Dämon des Mythus sollst du fürchten, sondern die Sünde, die der gefährlichste Dämon ist.
4,8 Gehen wir aufs Feld!: nach den alten Übersetzungen ergänzt.
4,25 Bis hierher war es im einzelnen fraglich, ob man adam mit »Mensch« übersetzen oder es als Eigenname Adam wiedergeben soll. Erst von hier ab ist Adam sicher Eigenname.
4,26 Auch der Name Enosch bedeutet »Mensch«. – Hier und an den meisten Stellen, wo in dieser Übersetzung »der Herr« für Gott steht, gebraucht H den Eigennamen Jahwe. Die Übersetzer folgen der Tradition der Juden und Christen, den Eigennamen Jahwe, den die Juden wegen Ex 20,7 = Dtn 5,11 nicht auszusprechen wagten, mit »der Herr« zu umschreiben. Nur wo es unumgänglich schien, wurde der Eigenname belassen (vgl. Ex 3,15).
6,16 hebe es an: H unklar; vielleicht ist gemeint: Das Dach soll in der Mitte eine Elle höher sein als an den Seiten, damit das Wasser abfließen kann.
10,4 In H steht Dodaniter; wahrscheinlich ist aber Rodaniter zu lesen wie in 1 Chr 1,7. Die hebräischen Buchstaben d und r sind einander sehr ähnlich und konnten leicht verwechselt werden.
10,21 Die »Söhne Ebers« sind die Hebräer (hebr.: ibrím).
15,2 Schluß des Verses in H unklar, daher Übersetzung unsicher.
15,21 Hiwiter: ergänzt nach einigen alten Übersetzungen.
17,17 Anspielung auf die Bedeutung des Namens Isaak, hebr.: jizchák (= er lacht; vgl. 18,12–15).
30,32 Der Sinn des Verses ist in H nicht klar.
30,40 Der zweite Satz des Verses ist in H unklar.
31,53 zwischen uns: H fügt hinzu »der Gott ihrer Väter«, was G mit Recht wegläßt.
46,28 Der erste Satz ist in H unklar.
49,10 Gemeint ist vielleicht David, der den Herrscherstab übernimmt. Die Übersetzung ist unsicher.
49,24 Der Sinn des letzten Versteils ist in H unklar.

Exodus

1,10 und sich des Landes bemächtigen, andere Übersetzungsmöglichkeit: und aus dem Land fortziehen.
2,25 und gab sich ihnen zu erkennen: so nach G.
3,14f Im Hebräischen ist »Jahwe« eine Zeitwortform in der 3. Person Einzahl, etwa »er ist da«; da hier Gott von sich selbst in der 1. Person redet, gebraucht er das Zeitwort in der Ich-Form: Ich bin da. Für »Jahwe« werden allerdings auch andere Erklärungen versucht, von denen noch am ehesten zutreffen könnte: Er setzt ins Dasein. Zur Umschreibung des Gottesnamens Jahwe mit »der Herr« vgl. die Anmerkung zu Gen 4,26.
3,18 Hier und an ähnlichen Stellen, wo der Name Jahwe im Gespräch mit fremden Völkern gebraucht wird, ist die Umschreibung mit »der Herr« nicht angebracht, weil die nicht-israelitischen Völker den Gott Israels nicht als Herrn anerkennen und weil sie für ihre Götter Eigennamen haben.
4,13 Wörtlich: Schicke, wen du schickst!
14,20 H unklar, darum Übersetzung unsicher.
32,4 Er zeichnete eine Skizze: Die Bedeutung von H ist umstritten; andere Übersetzungsmöglichkeit: Er formte das Gold in einer Gußform und goß daraus ...
32,35 gemacht, andere Übersetzungsmöglichkeit (nach den alten Übersetzungen): verehrt.
38,17 Der letzte Satz des Verses ist in H unklar.

Levitikus

5,2 aber er merkt es dann: sinngemäß ergänzt (vgl. V. 3).
9,7 für dich und das Volk, vielleicht nach G zu korrigieren: für dich und dein Haus.
22,9 falls sie sie entweihen: H unklar.
22,16 H ist nicht völlig klar.
25,33 Wenn einer von den Leviten auf Einlösung verzichtet: so nach Vg.
26,26 Ich entziehe ihnen ihren Vorrat an Brot, wörtlich: Ich zerbreche ihnen den Brotstab; gemeint ist der Holzpflock an der Wand, auf dem die ringförmigen Brote hängen.

Numeri

5,10a Der Sinn von H ist unklar.
10,36 Der Sinn von H ist unklar.
22,32 zu abschüssig: Der Sinn des hebräischen Wortes ist unklar. Wenn es hier richtig übersetzt ist, dann ist es wohl in übertragener Bedeutung gemeint.
22,41 bis zum Volk, wörtlich: bis an den äußersten Rand des Volkes (Israel).
23,23 Der Einschub gibt hier keinen Sinn.
24,23 Der Fragesatz ist in H unklar.
35,4 zweitausend Ellen: so nach G und nach dem Zusammenhang (vgl. V. 5); H: tausend Ellen.

Deuteronomium

1,8 von dem ihr wißt: Die Wendung ist hier und an anderen Stellen eingefügt, weil man die komplizierte hebräische Satzkonstruktion im Deutschen so am besten wiedergeben kann.

1,17 Andere Übersetzungsmöglichkeit: denn das Gericht kommt von Gott.
1,28 Andere Lesart: größer und höher gewachsen als wir.
1,41 Andere Übersetzungsmöglichkeit: Jeder legte die Waffen an und zog leichten Sinnes ins Bergland hinauf.
2,34 weihten der Vernichtung: In älteren Bibelübersetzungen stand hier und an ähnlichen Stellen das Wort »Bann« oder »bannen«, das aber mißverständlich ist. Gemeint ist die Vernichtung der Bevölkerung, und es ist dabei ein Wort benutzt, das in früheren Zeiten Vernichtung aufgrund von Gelübden oder Götterweisungen bezeichnete. Zur deuteronomischen Kriegstheorie vgl. 20,10–18.
4,37 Andere Übersetzungsmöglichkeit: Weil er deine Väter liebgewonnen hatte, hat er »seinen Nachkommen« erwählt.
4,45 Andere Lesart: die Satzungen, Gesetze und Rechtsvorschriften.
5,11 Andere Übersetzungsmöglichkeit: Du sollst bei dem Namen des Herrn, deines Gottes, keinen Meineid schwören, denn der Herr spricht den nicht frei, der bei seinem Namen einen Meineid schwört. – Die oben gegebene weitere Übersetzung erlaubt es, auch anderen Mißbrauch des Jahwenamens, etwa durch Magie, einzuschließen.
5,14 der in deinen Stadtbereichen Wohnrecht hat, wörtlich: der in deinen Stadttoren ist. – So immer, wenn diese Wendung wiederkehrt.
5,17 Manche Bibelausgaben zählen die VV. 17–20 nur als V. 17; entsprechend ändert sich die Zählung der folgenden Verse.
5,31 Andere Lesart: Ich will dir das ganze Gebot, die Gesetze und die Rechtsvorschriften mitteilen.
6,4 Andere Übersetzungsmöglichkeit: Jahwe ist unser Gott, Jahwe allein. – Wie man auch übersetzt, der Vers bietet keine Lehre vom Monotheismus, sondern besagt, daß Jahwe für Israel der einzige Gott ist.
6,7 Du sollst von ihnen reden, andere Übersetzungsmöglichkeit: Du sollst sie aufsagen.
6,17 Andere Lesart: Ihr sollt auf die Gebote des Herrn, eures Gottes, genau achten, und auf seine Satzungen und Gesetze, auf die er dich verpflichtet hat.
7,11 Andere Lesart: Deshalb sollst du auf das Gebot, die Gesetze und die Rechtsvorschriften achten, auf die ich dich heute verpflichte.
8,3 Wörtlich: was aus dem Mund des Herrn hervorgeht.
9,24 Andere Lesart: seit ich euch kenne.
10,14 Andere Übersetzungsmöglichkeit: Sieh, dem Herrn, deinem Gott, gehören der Himmel, ja, der hohe Himmel, und die Erde mit allem, was auf ihr lebt.
10,17 Andere Übersetzungsmöglichkeit: Denn der Herr, euer Gott, ist der wahre Gott und der wahre Herrscher.
11,2/7 In V. 2 scheint ein Stück des ursprünglichen Textes durch ein Abschreibversehen verlorengegangen zu sein. Deshalb ist der erste Satz entsprechend dem ähnlichen Vers 8,5 ergänzt. Die deutsche Sprache erfordert es, V. 7 zu V. 2 vorzuziehen.
11,18 Andere Übersetzungsmöglichkeit: Diese meine Worte sollt ihr auf euren Herzen und auf euren Seelen anbringen.
12,5 Ursprünglich lautete der Text vermutlich: indem er dort seinen Namen anbringt, um ihn (dort) wohnen zu lassen. Dorthin sollst du ziehen. 13,1 Manche Bibelausgaben zählen diesen Vers als 12,32; entsprechend ändert sich die Verszählung in Kap. 13.
13,10 So nach G; H: sondern du sollst ihn töten.
14,4–18 Die Übersetzung der Tiernamen ist nicht immer sicher.
14,8.13 In beiden Versen liegt ein sehr früh verderbter Text vor; die Wiederherstellung ist unsicher.
15,14 Andere Lesart: Womit der Herr, dein Gott, dich gesegnet hat, damit sollst du ihn bedenken.
16,1 Andere Übersetzungsmöglichkeit: Achte auf den Neumond im Abib! – Der Monat Abib entspricht dem März/April unseres Kalenders.
16,16 um das Angesicht des Herrn ... zu schauen: so nach dem mutmaßlichen Urtext. In den erhaltenen Textzeugen ist zur Wahrung der Unsichtbarkeit Gottes der Text leicht abgeändert: um vor dem Angesicht des Herrn ... zu erscheinen.
18,4 Andere Übersetzungsmöglichkeit: Du sollst ihm das Beste von Korn, Wein und Öl und das Beste aus der Schafschur geben.
18,8 Deutung von H unsicher.
19,16 Aufruhr, andere Übersetzungsmöglichkeit: Abfall (vom Herrn).
21,17 den doppelten Anteil, andere Übersetzungsmöglichkeit: zwei Drittel.
22,15 das Beweisstück ihrer Unberührtheit, wörtlich: ihre Unberührtheit.
23,1 Manche Bibelausgaben zählen diesen Vers als 22,30; entsprechend ändern sich die Verszahlen von Kap. 23.
23,3 Bastard: in H ein Wort mit umstrittener Bedeutung.
23,16 einen fremden Untertan, andere Übersetzungsmöglichkeit: einen Sklaven (aus dem Ausland).
24,14 Andere Lesart: Du sollst einen notleidenden und armen Taglöhner unter deinen Brüdern oder unter den Fremden, die in deinem Land innerhalb deiner Stadtbereiche wohnen, nicht ausbeuten.
27,4 Garizim, andere Lesart: Ebal; sie stammt aus antisamaritischer Tendenz, denn nach V. 13 ist der Ebal der Berg des Verfluchens, und der Tempel der Samariter stand auf dem Garizim.
28,12 Andere Übersetzungsmöglichkeit: Der Herr tut dir sein köstliches Schatzhaus auf, den Himmel.
28,22 mit Glut und Trockenheit, andere Lesart: mit Glut und Schwert.
28,24 Andere Lesart: Der Herr verwandelt den Regen, den dein Land erhält, in Staub und Asche. Beide fallen vom Himmel auf dich herab, bis du vernichtet bist.
28,69 Manche Bibelausgaben zählen diesen Vers schon als 29,1; entsprechend ändert sich die Verszählung in Kap. 29. V. 69 ist jedoch Einführung zum Folgenden,

nicht Abschluß des Vorangehenden, und steht parallel zu 1,1; 4,44 und 33,1.
29,9 eure Anführer, Stammesführer, Ältesten und Listenführer, andere Übersetzungsmöglichkeit: eure Stammesführer, Ältesten und Listenführer.
29,11 Wörtlich: Du schreitest jetzt durch in dem Bund deines Gottes und in seiner Verwünschung.
29,18 Andere Übersetzungsmöglichkeit: keinen, der sich beim Hören deiner Worte insgeheim Segen verspricht, indem er sagt: Mir soll nichts geschehen, auch wenn ich mit verstocktem Herzen lebe, so daß das bewässerte Land mit dem verdorrten zusammen weggerafft wird. – 29,28 Andere Übersetzungsmöglichkeit: Die verhüllte Rolle ist das Exemplar für den Herrn, unseren Gott. Die unverhüllte Rolle ist für alle Zeit das Exemplar für uns und unsere Kinder. Wir sollen alle Bestimmungen dieser Weisung halten. – 30,16 Der Anfang des Verses ist nur in G erhalten.
31,1f Andere Lesart: Als Mose damit zu Ende war, diese Worte ganz Israel vorzutragen, sagte er zu ihnen.
31,7 Du sollst mit diesem Volk in das Land hineinziehen, andere Lesart: Du sollst dieses Volk in das Land führen.
32,1 meinen Worten, wörtlich: den Worten meines Mundes.
32,3 den Namen des Herrn, andere Übersetzungsmöglichkeit: einen Namen Jahwes.
32,5 Schwieriger, wahrscheinlich verderbter Text.
32,8 nach der Zahl der Götter, andere Lesart: nach der Zahl der Söhne Israels. – Diese Lesart ist jünger. Sie wurde eingeführt, um polytheistische Vorstellungen, die dieses Lied noch ohne Bedenken benutzt, zu beseitigen.
32,13 er nährte ihn mit den Früchten des Feldes, andere Lesart: und er aß von den Früchten des Feldes. – Er stillte ihn mit Wein aus dem Felsen, andere Übersetzungsmöglichkeit: mit Honig aus dem Felsen.
32,15 Die erste Zeile fehlt bei einem Teil der Textzeugen.
32,19 Andere Lesart: Der Herr sah (es), und er verstieß im Zorn seine Söhne und Töchter.
32,31 In der zweiten Vershälfte ist die Deutung von H unsicher.
32,35 Andere Lesart: Mein ist die Strafe und die Vergeltung zu der Zeit, da ihr Fuß wanken wird. – Röm 12,19 und Hebr 10,30 setzen diese Lesart voraus.
32,45 Hier sind drei verschiedene Textfassungen überliefert. Die Übersetzung folgt der wahrscheinlichsten Rekonstruktion.
33,2–29 Ein sehr alter, mehrfach neu gedeuteter und erweiterter Text. Er ist hier nach der ältesten in Handschriften erfaßbaren Gestalt übersetzt. Einleitung und Schluß bilden zusammen einen rahmenden Psalm. Er ist in der hier übersetzten Fassung heilsgeschichtlich zu verstehen.
33,8 Tummim und Urim sind Orakelinstrumente. Andere Lesart: Deine Tummim und Urim gebühren deinem treuen Gefolgsmann.
33,10 Wörtlich: Sie legen Weihrauch in deine Nase.
33,12 Andere Lesart: In Sicherheit wohne der Liebling des Herrn an dessen Seite. Täglich wacht er über ihn, und zwischen seinen Schultern wohnt er.
33,21 Andere Lesart: Das erste Stück hat er sich ausgesucht, denn dort ist der Anteil des verborgenen Anführers. Er kam zu den Häuptern des Volkes.
34,1–3 Ein Teil der Textzeugen bringt eine andere, kürzere Landbeschreibung.

Josua

1,14f östlich, wörtlich: jenseits; vom Standpunkt des Autors aus betrachtet, der in Palästina lebt.
2,19 ist selbst schuld, wenn sein Blut vergossen wird: wörtlich: sein Blut ist auf seinem Haupt.
6,18 begehren: Text korr. nach G.
7,17 Großfamilien: Text korr. mit S und einigen H-Handschriften.
8,12f V. 12 fehlt größtenteils, V. 13 ganz in G; wohl ein Nachtrag.
8,25 Einwohner: Text korr. nach G.
10,2 er: Text korr. nach S und Vg.
12,4 Der Zusatz »das Gebiet des« fehlt in G und nimmt auf 12,1 keine Rücksicht.
13,8 Der Anfang des Verses »Die andere Hälfte des Stammes Manasse« ist sinngemäß ergänzt.
13,14 H liest nach Dtn 18,1, aber im Gegensatz zu Jos 13,33: die Feueropfer des Herrn, des Gottes Israels, sind ein Erbteil.
14,2 durch das Los teilten sie es ihnen zu: Text korr. nach G.
15,4 des Stammes Juda: Text korr. nach G (wörtlich: für sie); H: für euch.
15,7 nach Gelilot: Text korr. (vgl. 18,7); H: Gilgal.
15,9 zum Berg Efron: Text korr. nach G; H: zu den Städten des Berges Efron.
15,19 ein Geschenk als Zeichen des Segens, wörtlich: einen Segen.
15,28 und seine Tochterstädte: Text korr., H ist verderbt, vgl. G.
15,32 En-Rimmon: Text korr. nach Neh 11,29 (vgl. Jos 19,7).
15,59b Dieser Versteil ist nur in G erhalten.
17,11 Sinn und Bedeutung des Zusatzes unsicher.
17,18 nicht: Text korr. (vgl. V. 13; 16,10).
18,7 Levi: Text korr.; H: die Leviten.
18,18 Bet-Araba: Text korr. (vgl. V. 22; 15,6.61); H: Araba.
19,13 und biegt dann ab: Text korr.; H ist verderbt.
19,15 Der Text ist unvollständig überliefert.
19,34 Der Zusatz trifft sachlich nicht zu; er fehlt zu Recht in G.
19,47a Text korr. (vgl. Ri 1,34); H: Das Gebiet ... ging hinaus (ging verloren?).
20,7 Man wählte: Text korr. (vgl. Num 35,11); H: Sie heiligten; wohl unter Einfluß des folgenden Namens Kedesch (Heiligtum).
21,5f entsprechend ihren Sippen, vom Stamm: Text korr. nach V. 7; H: von den Sippen des Stammes.
21,45 war ausgeblieben, wörtlich: war dahingefallen (vgl. 23,14).

22,22 soll er uns nicht helfen: Text korr., mit den alten Übersetzungen; H: hilf du uns nicht!
22,34a Zeuge: Text korr., eingefügt mit einigen H-Handschriften und S (vgl. V. 27).
23,14 ausgeblieben ist: vgl. die Anmerkung zu 21,45.
24,10 Ich wollte keinen Fluch von Bileam hören, wörtlich: Ich wollte nicht auf Bileam hören.
24,12 Der Zusatz paßt besser zu V. 8.

Richter

1,14 drängte er sie: Text korr. nach G (vgl. Jos 15,18).
1,15 ein Geschenk als Zeichen des Segens, wörtlich: einen Segen (vgl. Jos 15,19).
1,16 nun zogen sie weiter und ließen sich ... nieder: Text korr. vgl. G; H: Er ging hin und wohnte beim Volk.
1,18 nicht: Text korr. nach G und V. 19.
1,22 die Nachkommen: so G; H: das Haus.
1,31 Mahaleb: Text korr. (vgl. Jos 19,29).
2,3 Widerstand leisten: Text korr., vgl. G.
3,9 Andere Lesart: des jüngeren Bruders.
3,22 Die Übersetzung des Zusatzes ist unsicher.
4,15 Zusatz aus V. 16.
5,1 Der Text des Lieds ist vielfach verderbt.
5,14d H fügt am Schluß, wohl als erklärenden Zusatz im Sinn von »hoher Beamter«, hinzu: Schreiber.
5,15e Text korr. mit V. 16.
5,29 eine Kluge: Text (Einzahl statt Mehrzahl) korr., vgl. S und Vg.
6,25.28 fetten (Farren): Text korr.; H: zweiten.
7,3 musterte sie: Text korr. (vgl. V. 4).
7,6 Text durch Umstellung korr., vgl. G.
7,8b Text und Übersetzung unsicher.
7,20 auch die beiden anderen, wörtlich: die drei (dabei ist die Abteilung von V. 19 einbezogen).
8,6.15 Wörtlich: Hast du denn die Faust Sebachs und Zalmunnas schon in deiner Hand?
9,4b Wörtlich: die leer und zuchtlos waren (vgl. 11,3).
9,9 mit dem: Text korr., vgl. G.
9,24 die ihm geholfen hatten, wörtlich: die seine Hände stark gemacht hatten.
9,26 und Knechten: Text korr.
9,29 ich würde ... sagen: Text korr. nach G. – Du hast ein großes Heer: Text korr.; H: Mach groß (?) dein Heer!
9,31 Aruma: Text korr. nach V. 41.
9,41 kehrte zurück: Text korr., vgl. G; H: wohnte.
9,44f mit der Abteilung: Text korr., vgl. G. 9,46.49 Gewölbe: Übersetzung unsicher.
9,48 seine Axt: Text korr., vgl. G.
10,4 Städte: Text korr. nach den alten Übersetzungen.
10,12 Midian: Text korr. nach G.
11,37f meine Jugend, wörtlich: meine Jungfrauschaft.
12,7 in seiner Stadt: Text korr. nach G.
13,19 der Wunder tut: Text korr., vgl. G. Unter diesem Titel wird Gott anscheinend an diesem Heiligtum bei Zora verehrt (vgl. die VV. 18 und 20). – Der Zusatz stammt aus V. 20.
14,11 Weil man aber vor ihm Angst hatte: Text korr. nach G; H: Weil sie ihn aber sahen.
14,15 Am vierten Tag: Text korr. nach G.
15,4b band ... zusammen, wörtlich: wendete Schwanz gegen Schwanz.
15,8 die Knochen entzwei, wörtlich: Wade auf Schenkel; wohl eine sprichwörtliche Redensart.
15,16 habe ich sie verprügelt: Text korr. mit G. 16,2 Als man berichtete: ergänzt nach G. Der Zusatz »die ganze Nacht« ist eine Doppelschreibung, die, aus V. 2b genommen, diesem widerspricht.
16,13f Text ergänzt, vgl. G.
17,5 und stellte an, wörtlich: und füllte die Hand (vgl. Ex 28,41; 29,9.24).
17,7 Der Zusatz fehlt in S, vgl. G.
17,10 Vater: Ehrentitel für Amtsperson. – Der Zusatz widerspricht dem folgenden; wohl falsche Lesart aus V. 11.
18,2 fünf kampferprobte Männer: Text korr. nach G.
18,7 mit den Aramäern: Text korr. nach G; H: mit den Menschen. – Lajisch (Dan) liegt im Quellgebiet des Jordan (vgl. V. 29).
18,28 mit den Aramäern: Text korr. (vgl. die Anmerkung zu V. 7).
18,30 des Mose: Text korr., vgl. G, Vg; H: Manasses, wohl nachträgliche Korrektur.
19,2 wurde zornig: So versteht wohl zu Recht G den Text im Sinn eines Zerwürfnisses.
19,10 und seinem Knecht: Text korr., vgl. G und V. 11f.
19,18 nach Hause: Text korr. nach G und V. 29; H: zum Haus des Herrn.
19,22 unseren Mutwillen mit ihm treiben, wörtlich: ihn erkennen.
20,9 Wir wollen (in den Kampf) ziehen: Text korr. nach G. – »durch das Los« ist in der Übersetzung zu V. 10 gezogen.
20,12 des Stammes: Text korr. nach G und Vg.
20,31 nach Gibeon: Text korr., H: nach Gibea.
20,42 aus der Stadt: Text korr., vgl. G.
20,43 von Noha: Text korr. nach G.
20,48 samt Menschen: Text korr., vgl. Vg, S und einige H-Handschriften.
21,22 Vergebt: Text korr.; H: Vergebt uns.

1 Samuel

1,1 Rama – H hat die spätere Namensform Ramatajim – ist auch die Wirkungsstätte Samuels. – ein Zufiter: Text korr., vgl. G und 9,5.
1,3 Herr der Heere: H: Jahwe Zebaot, von G oft mit Pantokrator (Allherrscher) übersetzt.
1,5 doppelten: Übersetzung unsicher.
1,9 und trat vor den Herrn: ergänzt nach G.
1,24 einen dreijährigen Stier: Text korr. nach G, vgl. V. 25; H: drei Stiere.
2,1c Wörtlich: Mein Horn ist durch Jahwe erhöht. Das Horn ist Symbol der Kraft. Das Lied der Hanna ist Vorbild für das Magnificat Lk 1,46–55.
2,3 so vermessen: Text korr., vgl. G.
2,5 können feiern für immer, wörtlich: hören auf für immer.
2,10 der Höchste: Text korr. (vgl. Ps 18,14). – die Macht, wörtlich: das Horn.

2,27 deine Vorfahren, wörtlich: sie.
2,29 aus Mißgunst: Text korr., vgl. G.
2,30 ihren Dienst versehen, wörtlich: ein und aus gehen.
2,32 voll Neid: Text korr., vgl. V. 29.
2,35 Vgl. die Anmerkung zu V. 30.
3,13 Gott lästern: Text korr. nach G; H: sich Fluch zuziehen.
3,19 und ließ ... unerfüllt, wörtlich: und ließ keines seiner Worte zu Boden fallen.
4,4 die beiden: Text korr. nach G; H: und dort die beiden.
6,15 Zusatz im Sinn von Num 4.
6,18 Der große Stein: Text korr., vgl. G.
6,19 Übertreibender Zusatz, der bei einem Teil der Textzeugen fehlt.
7,12 Jeschana: Text korr., vgl. G.
9,16 die Not: Text nach G ergänzt.
10,13 nach Gibea hinein: Text korr., vgl. G; H: auf die Höhe.
10,19 Nein: Text korr. nach mehreren Textzeugen.
12,5 daß ihr mir nichts vorwerfen könnt, wörtlich: daß ihr in meiner Hand nichts gefunden habt.
12,7 euch vorhalte: ergänzt nach G.
12,8 und die Ägypter eure Väter unterdrückten: ergänzt nach G.
12,11 Bedan: G und S lesen Barak.
13,1 Die Zahlen sind nicht überliefert.
13,5 dreitausend: Text korr., vgl. G und S; H: dreißigtausend.
13,7 Viele: Text korr.; H: Hebräer.
13,18 den Hügel: Text korr., vgl. G; H: das Gebiet.
13,21 Der Vers ist verderbt und unklar. Die hebräischen Bezeichnungen für die eisernen Geräte werden wie die in V. 20 verschieden gedeutet.
14,13 Da ergriffen sie die Flucht: Text korr.; H: Da fielen sie um.
14,25 Der erste Teil des Verses ist verderbt, die Übersetzung ein Versuch.
14,32b So die vielfach angenommene Deutung von H. Andere Übersetzungsmöglichkeit: Und das Volk aß über dem Blut, d. h. auf der Stelle, auf die das Blut geflossen war; dadurch wurde sie heiliger Bereich.
14,34 alles, was: Text korr. nach G.
14,47 war er siegreich: Text korr. nach G; H: frevelte er.
15,9 das Mastvieh: Text korr. nach der aramäischen Übersetzung; H: die zweiten.
16,7 Gott sieht: Text ergänzt nach G.
17,52 nach Gat: Text korr., vgl. G und die zweite Vershälfte; H: bis zu einem Tal.
18,21 in zwei Jahren: Text korr., vgl. V. 26
19,13 Götterbild: H: Terafim (ein Kultobjekt unbekannter Form).
20,16 Der Sinn des zweiten Satzes ist in H unklar, die Übersetzung ein Versuch.
20,25 saß ihm gegenüber: Text korr. nach G; H: stand auf.
20,41 neben dem Stein: Text korr., vgl. V. 19; unklar. – hörte nicht auf zu weinen: H unklar, Übersetzung ein Versuch.
22,22 Ich selbst bin schuld: Text korr. nach G.
24,11 Ich habe dich geschont: Text korr., vgl. die alten Übersetzungen.
25,22 mir: Text korr., vgl. G; H: den Feinden Davids.
25,36 Der Versschluß lautet wörtlich: erzählte sie ihm weder Kleines noch Großes bis zum Morgenlicht.
30,20 vor David her: Text korr., vgl. Vg.
30,29 Karmel: Text korr. nach G.
31,12 sie brachten sie: Text korr. nach G; H: sie kamen.

2 Samuel

1,18 Die Überschrift des Lieds ist schwer deutbar.
1,21 ihr trügerischen Gefilde: Text korr.; H: ihr Gefilde der Erstlingsgarben.
2,8 Ischbaal: so lautet der Name richtig (vgl. 1 Chr 8,39; 9,33); H verändert den Namen, um den darin enthaltenen Gottesnamen Baal verächtlich zu machen, in Isch-Boschet (Mann der Schande); vgl. auch 4,4.
3,12 in eigener Sache: Bedeutung des betreffenden hebräischen Wortes unsicher.
4,4 Merib-Baal: So lautet der Name richtig (vgl. 1 Chr 8,34; 9,40); er wurde ähnlich wie der Name Ischbaal (vgl. Anm. zu 2,8) in H verunstaltet zu Mefiboschet.
4,6 Text korr. nach G; in H nimmt V. 6, teilweise mit anderem Inhalt, V. 7 vorweg.
5,8 Text schwer verständlich.
6,2 nach Baala in Juda: Text korr. nach 1 Chr 13,6; H: von den Bürgern Judas.
6,5 mit ganzer Hingabe: Text korr. nach G und 1 Chr 13,8; H: mit Zypressenhölzern.
7,7 Richter: Text korr. mit 1 Chr 17,6; H: Stämme.
7,23 Text korr.; vgl. die alten Übersetzungen und 1 Chr 17,21.
8,1 die Zügel der Herrschaft, wörtlich: den Zaum des Unterarms.
8,11 erbeutet hatte: Text korr. nach 1 Chr 18,11; H: geheiligt hatte.
8,13 schlug er Edom: Text korr., vgl. G und 1 Chr 18,12.
8,17 Abjatar, der Sohn Ahimelechs: Text korr. nach S und 1 Sam 22,20; 23,6; 30,7; H: Ahimelech, der Sohn Abjatars.
8,18 der Befehlshaber: Text korr. nach 20,23.
10,16 diesseits, wörtlich: jenseits; gemeint ist das Gebiet westlich des Eufrat (vgl. 1 Kön 5,4). »Jenseits des Stroms« ist in assyrischen Texten, vor allem in der Perserzeit, das Gebiet der westlichen Provinzen.
11,1 das Land: so sinngemäß nach 1 Chr 20,1.
11,21 Jerubbaals: Text korr. nach G (vgl. Ri 7,1); H liest Jerubbeschet, um den Namen des Gottes Baal verächtlich zu machen (vgl. die Anmerkungen zu 2,8; 4,4).
12,31 ließ sie arbeiten: Text korr.; H: führte sie hindurch.
13,18 Die beiden Sätze sind sinngemäß umgestellt.
13,32 Abschalom war verbittert, wörtlich: es lag über Abschaloms Mund.
13,39 zu hadern: Text korr., vgl. G.
14,8 Ich werde ... in Ordnung bringen, wörtlich: Ich werde deinetwegen Befehl geben.

14,11c Wörtlich: Keines von den Haaren deines Sohnes soll zu Boden fallen.
15,7 vier: Text korr., vgl. G und S; H: vierzig.
16,12 mein Elend: Text korr. nach G.
16,14 an den Jordan: Ortsangabe, die in H fehlt, ergänzt nach G und 15,28.
17,3b Text korr. nach G.
17,9 von deinen Leuten, wörtlich: von ihnen; gemeint sind die Leute Abschaloms.
17,20 von hier zum Wasser: Text korr.
17,25 Ismaeliters: Text korr. nach 1 Chr 2,17.
17,27 brachten: ergänzt nach G.
18,23 Doch Ahimaaz sagte: ergänzt nach G.
19,12 V. 12 a und b sind sinngemäß umgestellt.
19,26 von Jerusalem aus: Text korr. (vgl. 9,10f); H: nach Jerusalem.
20,6 und uns die Augen ausreißt: Übersetzung und Bedeutung unsicher.
20,7 zog Abischai mit Joab: Text korr., vgl. G; H: zogen mit ihm die Männer Joabs und die ...
20,8 Text und Sinn unsicher.
20,14 Alle Bichriter sammelten sich um ihn: Text korr.
21,7 Merib-Baal: H: Mefi-Boschet (vgl. die Anmerkung zu 4,4).
21,19 Jaïrs: Text korr. nach 1 Chr 20,5.
22,12 dunkles: Text korr. nach Ps 18.
22,27 doch falsch: Text korr. nach Ps 18.
22,28 doch die Blicke der Stolzen: Text korr. nach Ps 18.
22,42a Sie schreien: Text korr. nach Ps 18.
22,46 sie kommen zitternd: Text korr. nach Ps 18.
23,7 H liest am Ende des Verses noch ein Wort, das wohl aus dem folgenden Vers hierher geraten ist.
23,8b Text korr., vgl. G und 1 Chr 11,11.
23,9 Pas-Dammim: Text korr., vgl. 1 Chr 11,13.
23,15 Da bekam David großen Durst, wörtlich: Da hatte David ein Verlangen.
23,19 Unter den Dreißig: Text korr.; H: Unter den Drei.
23,20 Söhne: eingefügt nach G.
23,27 Sibbechai: Text korr., vgl. G-Handschriften und 1 Chr 11,29.
23,32 Jaschen aus Nun: Text korr., vgl. 1 Chr 11,34 in G-Handschriften.
23,38 aus Jattir: Text korr. vgl. G-Handschriften.
24,2 durchstreift: Text korr.; Angleichung an V. 4.
24,5 begannen: Text korr., vgl. G; H: lagerten sich.
24,6 nach Kadesch: Text korr., vgl. G. – wandten sie sich: Text korr., vgl. G.

1 Könige

4,5 »Freund des Königs« ist hier Amtsbezeichnung. In H steht vor dem Titel »Freund« noch das Wort »Priester«.
6,21 Ketten: Vielleicht ist ein Wort ausgefallen: einen Vorhang an goldenen Ketten.
7,9 H zum Teil unverständlich.
7,19f H unverständlich.
7,30f.36 H teilweise unverständlich.
8,12 Der erste Satz ist nur in G überliefert.
8,35 sie demütigst: Text korr. nach G; H: sie erhörst.
9,8 wird zu einem Trümmerhaufen werden: sinngemäß korr.; H: wird hoch sein.
10,1 H hat den Zusatz »im Namen des Herrn«; er ist wahrscheinlich durch Verschreibung aus dem Namen Salomo entstanden.
10,15 Die Übersetzung setzt geringfügige Korrekturen voraus.
10,19 der Kopf eines Jungstiers: Text korr. nach G; H: ein runder Kopf.
10,28 Statt Ägypten (hebräisch Mizrajim) ist vielleicht Muzri (Königreich an der zilizischen Küste, wie Koë) zu lesen.
11,7 Milkom: Text korr. nach V. 5 und V. 33; H: Moloch.
11,15 geschlagen hatte: Text korr. nach G.
12,2 kehrte ... zurück: Text korr. nach 2 Chr 10,2; H: blieb in Ägypten.
12,28 zum Volk: Text korr. nach G; H: zu ihnen.
12,30 vor das eine Kalb: H unklar.
13,11 Söhne: H hat Einzahl.
13,23 H wörtlich: sattelte er ihm, dem Propheten, den er zurückgeholt hatte, den Esel.
14,14 H unverständlich.
14,15 daß es schwankt: sinngemäß ergänzt.
15,15 seine eigenen Weihegaben: Text korr. nach G und 2 Chr 15,18.
15,21 zog sich zurück: Text korr. nach G und Vg.
17,1 der Prophet Elija aus Tischbe: Text korr. nach G.
17,15 und ihrem Sohn: Text sinngemäß korr.; H: und ihrem Haus.
18,26 den sie gebaut hatten: Text korr. nach den meisten alten Übersetzungen; H: den er erbaut hatte.
19,3 geriet in Angst: Text korr. nach G; H: sah.
20,33 als gutes Zeichen: Text sinngemäß korr.
21,10 lästern: wörtlich: segnen. Nabot soll beschuldigt werden, Fluchworte über den König ausgesprochen zu haben (vgl. Ex 22,27).

2 Könige

1,2 Die Bezeichnung Zebul (= Fürst) wurde Baal und anderen Göttern beigelegt; sie ist auch im Namen des Gottes von Ekron enthalten. Mt 10,25 hat die ursprüngliche Namensform Beelzebul. Baalzebub in H ist eine Entstellung des Namens (= Herr der Fliegen).
1,17 Sein Bruder: eingefügt wegen des Zusammenhangs, vgl. 3,1.
3,24 drängten die Israeliten nach: Text korr. nach G.
5,18 wenn er sich dort niederwirft: Text korr. nach G; H: wenn ich mich dort niederwerfe.
6,8f Hinterhalt: Text korr. nach G (V. 9).
6,25 Milchstern: ein Zwiebelgewächs, das man nur in Notzeiten aß; andere Übersetzungsmöglichkeit: Taubenmist.
6,33 kam der König: H: kam der Bote
7,11 schlugen Lärm: Text korr. nach G.
7,13 H ist durch Doppelschreibung einer Zeile entstellt.
9,11 fragten sie: Text korr. nach G; H: fragte er.
10,1 Fürsten der Stadt ... Erzieher der Söhne: Text korr. nach dem Zusammenhang.

10,16 ließ er ihn ... fahren: Text korr. nach G; H: ließen sie ihn ... fahren.
10,25 Der Schluß des Verses in H: machten sie sich über die Stadt des Tempels des Baal her.
11,2 versteckte sie: Text korr. nach G; H: versteckten sie.
11,5 soll den Königspalast bewachen: Text korr. nach G.
12,11 sie leerten: Text korr. nach 2 Chr 24,11; H: sie verschnürten.
13,7 Der Vers ist Fortsetzung von V. 3.
13,20 In jenem Jahr: Text korr.; andere Korrektur: Jahr für Jahr.
14,13 und brachte ihn: Text korr. nach 2 Chr 25,23; H: und kam.
14,21f V. 21 und vielleicht auch 22 gehören in den Zusammenhang von V. 14.
14,28 H: und wie er Damaskus und Hamat für Juda in Israel zurückbrachte. Sinn unklar.
15,10 Jibleam: südlich von Jesreel; in H ist der Name entstellt.
15,19 In seinen Tagen: Text korr. nach G; H: alle seine Tage (mit dem vorausgehenden Satz verbunden).
15,25 H unverständlich.
16,6 Edom: Text korr.; H: Aram.
16,18 Sabbatgang: Übersetzung unsicher.
17,5f Beide Verse sind Parallelbericht zu V. 3f.
17,27 Er soll zu ihnen gehen: H: Sie sollen ...
18,29 aus meiner Hand: Text korr.; H: aus seiner Hand.
19,26 Ostwind: Text korr. nach dem Jesaja-Text von Qumran.
19,28 dein Lärm: Text sinngemäß korr.; H: deine Sorglosigkeit.
19,37 seine Söhne: ergänzt nach Jes 37,38.
20,8 V. 7 ist wegen des Zusammenhangs nach V. 11 eingereiht.
20,9 soll der Schatten: Text korr. nach G.
20,12 Merodach: nach G und Jes 39,1; H: Berodach.
20,13 freute sich: Text korr. nach G und Jes 39,2; H: hörte davon.
22,4 ausschütten: korr. nach V. 9; H: fertigmachen.
22,13 in ihm niedergeschrieben ist: Text korr. nach 2 Chr 34,21; H: gegen uns niedergeschrieben ist.
23,33 setzte ihn als König ab: Text korr. nach G.
23,34 brachte ihn: Text korr. nach 2 Chr 36,4. 24,3 zürnte: Text korr. nach V. 20 und G.
25,4 Zwei in H fehlende Wörter sind aus Jer 52,7 ergänzt.

1 Chronik

1,28–42 Manche Namen dieser und der folgenden Listen sind durch Schreibfehler entstellt und in Gen sowie in G in anderer Form überliefert. In den folgenden Anmerkungen wird darauf nicht im einzelnen eingegangen.
2,31 die Tochter: sinngemäß korr., vgl. V. 34.
4,17 Ergänzt aus V. 18.
5,14 Die Namen der Söhne fehlen in H.
5,36 Die Zwischenbemerkung ist an falscher Stelle eingereiht. Sie gehört zu dem in V. 35 genannten Asarja (vgl. 1 Kön 4,2).
6,13 Text korr. nach 1 Sam 8,2.
6,39–66 Einige Ortsnamen fehlen in H und wurden aus Jos 21 ergänzt.
6,44f.54 Ergänzt aus Jos 21,16f.23.
6,62 Ergänzt nach Jos 21,34.
7,14–19 Der Text ist nur lückenhaft überliefert.
7,15 Der Name Hefer ist aus Num 26,33 zu entnehmen.
8,6f Der Text ist nur lückenhaft überliefert.
8,21 Für Schimi steht in V. 13 Schema.
11,11 Jaschobam ist wohl absichtliche Entstellung des Namens Jischbaal (vgl. 2 Sam 23,8). – drei: H: dreißig. Es gab einen Heldenkreis mit drei und einen größeren mit dreißig Männern.
11,13 In H sind einige Sätze verlorengegangen, so daß der Name des dritten Helden, Schamma, wegfiel und seine Leistungen auf den zweiten übertragen wurden. In 2 Sam 23,9–12 ist der volle Wortlaut noch erhalten. – Gerste: in 2 Sam 23,11: Linsen.
11,20f dreißig: in H zu »drei« verschrieben.
11,26–47 Die Namen sind teilweise durch Schreibfehler entstellt. Die Korrekturen stützen sich zumeist auf 2 Sam und G. In 2 Sam schließt die Liste mit Urija; Chr fügt sechzehn weitere Namen hinzu.
12,20 (David) brachte ... keine Hilfe: Text korr.; H: sie brachten ... keine Hilfe.
15,18 Secharja, Jaasiël: Text korr.; H: Secharja, Sohn Jaasiëls.
17,10 und mache dich groß: Text korr. nach G; H: und verkünde dir (nach 2 Sam 7,11).
17,17 H ist unverständlich.
17,18 zu dir sagen: Text korr. nach 2 Sam 7,20.
17,21 Text korr. nach G.
18,16 Text korr. nach 1 Sam 22,20; 23,6 und 30,7.
19,16 diesseits: vgl. die Anmerkung zu 2 Sam 10,16.
20,3 und stellte sie: Text korr. nach 2 Sam 12,31.
20,4 kam es wieder: Text korr. mit G und 2 Sam 21,18.
21,12 fliehen mußt: Text korr. nach G und 2 Sam 24,13.
23,5 die David ... anfertigen ließ: Text korr. nach G.
23,9 In H steht für Jehiël der Name Schimi, dessen Söhne jedoch in V. 10 genannt werden. Man erwartet einen der Söhne Ladans.
23,27 Vers sinngemäß umgestellt.
24,6 Abjatars, des Sohnes Ahimelechs: Text korr. wie in 18,16, – jeweils zwei: sinngemäß korr. – und eine: Text korr. nach G.
25,9 In H steht vor Josef noch der Name Asaf.
26,16 In H steht vor Hosa der Name Schuppim infolge Verschreibung aus dem vorausgehenden Wort.
26,17 täglich: sinngemäß ergänzt.
26,20 ihren Stammesbrüdern: Text korr. nach G.
26,21f Text aus inhaltlichen Gründen umgestellt.
27,34 war Priester: sinngemäß ergänzt.
28,19 über ihm: Text korr. nach G.

2 Chronik

1,13 von der Kulthöhe: Text korr. nach G.
1,16 Vgl. die Anmerkung zu 1 Kön 10,28.

2,9 zum Unterhalt: Text korr. nach G und 1 Kön 5,25. 1 Kön spricht nur von 20 000 Kor Weizen und 20 Kor (= 200 Bat) Öl.
3,1 – 4,22 ist einigemale durch Schreibfehler entstellt, sie werden im folgenden nicht eigens vermerkt.
3,4 Nach H hätte die Höhe 120 Ellen betragen.
3,10 H teilweise unverständlich.
3,15 achtzehn: nach 1 Kön 7,15; H: fünfunddreißig.
4,3 H: zehn Ellen.
6,26 sie demütigst: Text korr. nach G; H: sie erhörst.
6,38 ihrer Feinde: Text korr. nach G und 1 Kön 8,48; H: ihrer Gefangenschaft.
8,9 seine Obersten und Hauptleute: Text korr. nach G und 1 Kön 9,22; H: die Obersten seiner Hauptleute.
9,4 sein Opfer: Text korr. nach G und 1 Kön 10,5; H: sein Obergemach.
9,14 die Abgaben: H: die Männer.
9,18b Text korr. nach 1 Kön 10,19.
10,14 Mein Vater: Text korr. nach G und 1 Kön 12,14.
14,9 nördlich: Text korr. nach G.
15,8 Asarja, des Sohnes: Text sinngemäß ergänzt.
15,19 – 16,1 Die Zahlen 35 und 36 beruhen auf einem Versehen des Schreibers, da Bascha schon im 26. Jahr Asas starb (vgl. 1 Kön 16,8).
17,3 seines Vaters: Infolge eines Mißverständnisses des Schreibers steht in H: seines Vaters David.
19,8 Gemeint sind Streitigkeiten unter den Einwohnern (Text korr. nach G) Jerusalems bei Vergehen gegen das göttliche Gesetz.
20,1 Die Mëuniter sind benannt nach der Stadt Maan im Gebirge Seïr, südlich des Toten Meers. Der Name ist durch G bezeugt; H hat »Ammoniter«, die unmittelbar vorher genannt waren.
20,2 von Edom: sinngemäß korr.; H: von Aram.
21,2 Juda: Text korr. nach G; H: Israel, doch vgl. die Anmerkung zu 10,1.
22,2 zweiundzwanzig: so nach G und 2 Kön 8,26; H: zweiundvierzig.
22,6 von den Wunden: Text korr. nach G und 2 Kön 8,29. Für Ahasja hat H Asarja.
22,10 auszurotten: Text korr. nach G und 2 Kön 11,1.
22,12 bei ihr: Text korr. nach G und 2 Kön 11,3; H: bei ihnen.
23,14 befahl den Hundertschaftsführern: Text korr. nach G und 2 Kön 11,15; H: führte die Hundertschaftsführer ... heraus.
23,16 des Herrn: Text korr. nach 2 Kön 11,17.
25,28 in der Davidstadt: Text korr. nach G und 2 Kön 14,20; H: in der Stadt Judas.
26,5 in der Furcht: Text korr. nach G. – Secharja ist sonst unbekannt.
26,7 Zu den Mëunitern vgl. die Anmerkung zu 20,1.
28,19 König von Juda: Text korr. nach G; H: Israel, vgl. aber die Anmerkung zu 10,1.
29,31 Wörtlich: Ihr habt jetzt eure Hand für den Herrn gefüllt.
30,22 zu Ende waren: Text korr. nach G.
32,22 verlieh ihnen Ruhe: Text korr. nach G.
32,24 erhörte ihn: Text korr. nach G.
32,28 Hürden für die Herden: Text korr. nach G und Vg.
32,29 Esel: Text korr.; H: Städte.
33,19 seiner Seher: Text korr.; der Ausdruck in H wird von manchen Auslegern als Eigenname (Hosai) verstanden.
33,20 im Garten: nach G und 2 Kön 21,18 eingefügt.
35,3 hat man ... gebracht: Text korr. nach G; H: bringt.
35,22 wagte es: Text korr. nach G.
36,9 achtzehn: Text korr. nach 2 Kön 24,8; H: acht.
36,10 den Bruder Jojakims: H: seinen Bruder.
36,14 führenden Männer Judas: so mit G; H: Obersten der Priester.

Esra

4,1 Heimkehrer: wörtlich: Söhne der Verschleppung.
4,8 Hier wechselt der bis dahin hebräische Text ins Aramäische.
4,10 jenseits des Stroms: vgl. die Anmerkung zu 2 Sam 10,16.
6,19 Von hier ab ist der Urtext wieder hebräisch, vgl. die Anmerkung zu 4,8.
10,44 Text gestört, daher Übersetzung unsicher.

Nehemia

3,1 Text korr.; H unklar.
4,17 Übersetzung wegen Störungen in H unsicher.
7,1 H fügt nach den Torwächtern noch »und die Sänger und Leviten« an, ein unpassender späterer Zusatz.
7,67 Die Angaben über Pferde und Maultiere sind nach Esra 2,66 ergänzt.
7,72 in ihren Städten: ergänzt aus Esra 2,70.
9,3 drei Stunden lang, wörtlich: ein Viertel des Tags.
9,17 Übersetzung nach G.
9,30 Wörtlich: Da gabst du sie in die Gewalt der Völker der (anderen) Länder.
11,21 VV. 21–24 passen besser vor V. 20.
12,17 Der Name des Oberhaupts der Familie Mijamin ist ausgefallen.

Tobit

1,1 Tobit ist die gräzisierte Kurzform von Tobijahu. Vg gebraucht für Vater und Sohn die Form Tobias, die in G dem Sohn vorbehalten ist.

Judit

1,12 ganz Judäa, andere Lesart: ganz Idumäa.

Ester

1,1a G liest in allen Teilen des Buches den Namen des Königs als Artaxerxes; H liest Ahaschwerosch, dessen griechische Form sonst Xerxes lautet. Gemeint ist Xerxes I. (486–465 v. Chr.).
1,3 Die Obersten des Heeres: Text korr.; H: das Heer.
1,13 die sich in der Geschichte auskennen, wörtlich: die die Zeiten kennen. Andere Deutung: die wissen, was jeweils in einer bestimmten Zeit zu tun ist (vgl. 1 Chr 12,33).
1,22 Dieser Zusatz fehlt in G.

3,7 Text korr. nach G (vgl. 8,12).
4,17u Heiden, wörtlich: Gesetzlose.
5,1–2b Der Zusatz ist eine in G überlieferte Erweiterung zu 5,1–2.
5,8 auch morgen: eingefügt mit G. – Die Frage des Königs beantworten, wörtlich: nach dem Wort des Königs handeln.
8,12x Die Ausgaben von G übergehen die Buchstaben v und w bei der Zählung der Verse.
10,3 l Purimbericht: G liest (im Anklang an »Purim«): Brief über Phrurai (= Wachen).

1 Makkabäer

9,34 Der Vers ist vermutlich eine versehentliche Doppelschreibung von V. 43.

2 Makkabäer

1,36 Neftar (= Erdöl): Manche lesen Naftan, andere Nafta.
6,8 der Einwohner von Ptolemaïs: Text korr. nach Vg.
9,9 Aus den Augen, andere Lesart: Aus dem Leib.
9,12 nicht überheblich sein, andere Lesart: nicht wie Gott sein wollen.

Ijob

1,5 In H steht für »lästern« euphemistisch »segnen«.
1,6 Die »Gottessöhne« werden in G mit den Engeln gleichgesetzt. Sie gehören zum Hofstaat Jahwes (vgl. 38,7). In Ps 29,1 wird dieselbe Wendung mit »die Himmlischen«, in Ps 82,1 und 89,7 mit »Götter« wiedergegeben.
1,11 Statt »fluchen« steht in H euphemistisch »segnen« (vgl. Anmerkung zu 1,5).
2,4 »Haut für Haut« ist vielleicht eine sprichwörtliche Redewendung aus dem Tauschhandel.
2,5 Vgl. die Anmerkung zu 1,11.
2,9 Vgl. die Anmerkung zu 1,5.
3,5 Verfinsterung am Tag: Text korr.; H: Bitternisse des Tags.
3,6 sie reihe sich: Text korr. nach S und Vg; H: sie freue sich.
3,22 einen Hügel: Text korr.; H: ein Jauchzen.
5,27 Wir haben es gehört: Text korr. nach G und S; H: Hör es!
6,7b Text korr.; H: Diese sind wie die Krankheit meines Brotes.
6,14 Übersetzung unsicher.
6,16b schmilzt, wörtlich: sich verbirgt.
6,18a Karawanen biegen ab vom Weg: Text korr.; H: Es werden abgebogen die Pfade ihres (= der Bäche) Weges.
6,25a Andere Übersetzungsmöglichkeit: Wie können redliche Worte kränkend sein?
7,5b Text korr.; H: meine Hand schrumpft und wird verworfen.
7,6b Text korr.; H: sie gehen zu Ende ohne Hoffnung.
7,20d dir zur Last: H: mir zu Last.
8,13a Wörtlich: So sind die Wege aller.
10,8b dann hast du dich umgedreht: Text korr. nach G.
10,15c geplagt mit Kummer: Text korr.; H: sieh mein Elend!
10,17 H ist unsicher überliefert.
10,20a Tage meines Lebens: Text korr. nach G.
11,6bc Wunder: Text korr. – daß Gott dich zur Rechenschaft zieht: Text korr.; H: daß Gott deiner Schuld Vergessen schenkt.
11,14b in deinem Zelte: Text korr.; in H Mehrzahl.
12,18a Fesseln: H (mit anderer Vokalisierung): Zucht.
14,3b und ihn: Text korr. nach G, S, Vg; H: und mich.
15,18b was ihre Väter ihnen nicht verhehlten: Text korr.; H: was sie vor ihren Vätern nicht verhehlten.
15,27b Übersetzung unsicher.
16,5b nicht: Text korr. nach G.
17,15b mein Glück: Text korr. nach G; H: meine Hoffnung.
19,26 H unklar.
19,27 Für »Herz« steht in H »Nieren« als Sitz des Seelenlebens.
21,3b könnt ihr: Text korr.; H: kannst du.
21,20a Unglück: Übersetzung unsicher.
21,24a Schenkel: Übersetzung unsicher.
22,8b Andere Übersetzungsmöglichkeiten: der Erfolgreiche, der Mächtige.
22,17a von uns: Text korr.; H: von ihnen.
22,18b ihm: Text korr.; H: mir.
23,2b seine Hand: Text korr. nach G und S; H: meine Hand.
23,9b bieg' ich: Text korr.; H: biegt er.
24,12a Sterbende: Text korr. nach S; H: Menschen.
24,14a Ist kein Licht: Text korr.; H: Bei Licht (= Bei Tage).
27,18a wie die Spinne: Text korr.; H: wie die Motte.
28,4a Sinn von H unklar.
29,17b entriß: Text korr.; H: warf hin.
29,25c Vielleicht späterer Zusatz.
30,13b wehrt: Text korr.; H: hilft.
30,24 Übersetzung unsicher.
31,32b Wanderer: Text korr.; H hat eine andere Vokalisierung.
33,13b deinen: Text korr.; H: seinen.
35,3a mir: Text korr.; H: dir.
36,19f Sinn unklar.
37,10 entsteht: Text korr.; H hat eine andere Vokalisierung.
37,20bc Text unsicher.
38,20b sie führst: Text korr.; H: begreifst.
38,30a erstarren, wörtlich: verbergen sich.
39,13bc Sinn von H unklar.
40,19b Sinn von H unklar.
40,23a Schwillt: Text korr.; H: Bedrückt.
40,23b Flut, wörtlich: Jordan.
41,3a ihm: Text korr.; H: mir.
41,4 Sinn von H unklar.
41,6a Maul, wörtlich: Gesicht.
41,7a sein Rücken: Text korr.; H: sein Hochmut.
41,12b Sinn von H unklar.
42,6a widerrufe ich, wörtlich: verwerfe ich. – und atme auf: übersetzt nach der dem betr. hebräischen Wort entsprechenden arabischen Wurzel.

Psalm

2,8 dir: ergänzt nach G und S.
2,11b Text korr.; H ist kaum verständlich: und jauchzt mit Beben, küßt den Sohn (in H zum Teil bereits V. 12).
3,1 Die sog. Psalmenüberschriften, die in dieser Übersetzung in eckigen Klammern stehen, sind späte Zusätze.
4,2b Wörtlich: Gott meiner Gerechtigkeit.
4,4b mich, ergänzt nach G.
5,10a Text korr. nach G, S und der aramäischen Übersetzung; H: Aus seinem Mund.
6,3b Text korr.; H: denn meine Glieder sind erschrocken.
6,8b Wörtlich: und es (das Auge) ist matt (alt) geworden.
7,6bc Wörtlich: er trete mein Leben zu Boden / und trete meine Ehre in den Staub.
7,7d Der Herr richtet die Völker: in H Anfang von V. 9.
8,2c Text korr.; H ist unklar.
8,3 Lob: nach G; H: Bollwerk.–Andere Übersetzungsmöglichkeit: Besungen wird dein Glanz am Himmel / von der Kinder und Säuglinge Mund. / Du hast ein Bollwerk errichtet, / deinen Feinden zum Trotz.
8,6a G, S und Vg übersetzen: als die Engel.
9,15a Wörtlich: in den Toren der Tochter Zion.
9,17b Wörtlich: im Werk seiner Hände, er fängt den Frevler.
10,6b Nach G; H ist unklar.
10,8 Nach G.
10,10b H ist unklar; andere Übersetzungsmöglichkeit für V. 10: Zerschmettert stürzen die Schwachen nieder und fallen in seine Gewalt.
10,14b H hat zusätzlich: um es in deine Hand zu geben.–Sinn unklar.
11,1d Nach G und Hieronymus.
11,3a Wörtlich: Wenn die Grundfesten eingerissen werden.
11,6a H fügt nach »Schwefel« hinzu: »Schlinge (Verhängnis)«, vielleicht eine weitere göttliche Waffe.
11,6b Text korr.; H: sei der Anteil ihres Bechers.
12,6c dem Verachteten, wörtlich: dem, gegen den man schnaubt.
12,7bc Nach Hieronymus.
13,3a Text korr.; H ist unverständlich.
15,4 Nach G und S; H ist verderbt.
16,2–4 Sinn von H ist nicht ganz klar.
16,6b mein: ergänzt nach G und S.
17,3c findest du: Text korr. nach G und S.
17,10a ihr hartes Herz, wörtlich: ihr Fett.
17,11a sie lauern mir auf: Text korr.; H: unsere Schritte.
17,14b H ist verderbt.
18,2 Text korr.; H: Ich will dich lieben.
18,13a die Wolken: Text korr. nach G und 2 Sam 22,14.
18,14 Text korr. nach G und 2 Sam 22,14; H fügt am Schluß hinzu: Hagel und glühende Kohlen.
18,15 Text korr. nach 2 Sam 22,15.
18,16a Text korr.; H: des Wassers des Meeres.
18,30a Text korr.; H ist unklar.
18,34b Wörtlich: auf meinen Höhen.
18,36c Text korr.; in H andere Vokalisierung.
18,40b alle: ergänzt nach G.
18,46 Text korr.; in H geht eine zusätzliche Verszeile (46a) voraus: Die Söhne der Fremde verschmachten und kommen.
18,49b Nach 2 Sam 22,49.
19,5a Text korr. nach G.
19,6c Ergänzt nach G und S.
20,4b Wörtlich: er erkläre dein Brandopfer für fett.
20,10 Nach G; H: Herr, gib den Sieg! Der König wird uns antworten am Tag, da wir ihn rufen.
21,13b auf sie, wörtlich: auf ihr Gesicht.
22,9a Er wälze: Text korr.; H: Wälze.
22,16a Meine Kehle: Text korr.; H: Meine Kraft.
22,17a Viele: ergänzt nach G und der aramäischen Übersetzung.
22,17c Sie durchbohren: Übersetzung unsicher; Text korr. nach G; H: wie ein Löwe.
22,22b Nach G und S; H: vor den Hörnern der Büffel hast du mich erhört.
22,28c Text korr. nach mehreren G-Handschriften und S; H: Vor dir.
22,30 H ist stark verderbt.
23,6b im Haus ... wohnen: Text korr. nach G, S und der aramäischen Übersetzung; H: ins Haus des Herrn kehre ich zurück.
24,6b Nach S.
25,17a Text korr.; H: Nöte haben mein Herz weit (einsichtig?) gemacht.
25,21b o Herr: ergänzt nach G.
28,8a Text korr. nach G und S.
29,9ab Text korr. durch Vokaländerung; andere Übersetzungsmöglichkeit: Die Stimme des Herrn versetzt Hirschkühe in Wehen, bringt die Ziegen zur Frühgeburt.
30,5b Wörtlich: preist sein heiliges Gedenken.
30,8 auf den schützenden Berg, wörtlich: auf feste Berge.
30,13a Text korr. nach G.
31,7a Dir sind: Text korr. nach G, S und Vg; H: Mir sind.
31,11c im Elend: Text korr. nach G und S; H: in meiner Schuld.
31,20 Herr: ergänzt nach G.
31,22c zur Zeit der Bedrängnis: Text korr.; H: in der befestigten Stadt.
32,6a Text korr.; H ist verderbt.
33,7a Text korr. nach G, Vg und der aramäischen Übersetzung.
34,6a euer Gesicht: Text korr.; H: ihr Gesicht.
34,11a Reiche: Text korr. nach G und S; H: junge Löwen.
34,18a die Gerechten: ergänzt nach G, S und der aramäischen Übersetzung.
35,8c Wörtlich: er falle hinein zum Verderben.
35,10a Wörtlich: Alle meine Knochen sollen sagen.
35,12b ich bin ... einsam, wörtlich: Kinderlosigkeit meiner Seele.
35,15de H ist unverständlich.
36,2a Text korr. nach G.
37,7b dem alles gelingt, wörtlich: dem sein Weg gelingt.
37,28cd sinngemäß umgestellt; Text korr.; H: sie werden für immer bewahrt.

37,35b Text korr.; H: und er entwickelte sich wie eine lebenskräftige Pflanze.
37,36a Text korr. nach G, S und Hieronymus; H: ging er vorüber.
38,11 Der sinnstörende Einschub »auch sie« in H, der nach »Licht der Augen« steht, bleibt wie in einigen G-Handschriften und S, unübersetzt.
39,14a Text korr.; H ist unverständlich.
40,15b Text korr. nach 70,3; H fügt hinzu: um es hinwegzuraffen.
42,5b Übersetzung nicht ganz sicher.
43,1 Ps 42 und 43 bilden ein einziges Lied, wie der Kehrvers 42,6.12 und 43,5 zeigt.
43,4ab Text korr.; H: zum Gott der Freude meines Jubels.
43,5d Text korr. wie in 42,6d und 12d.
44,26b Wörtlich: klebt am Boden.
45,5a Text korr.; H: Kämpfe für die Sache der Wahrheit, der Armut und des Rechts!
45,10a Text korr.; H: Königstöchter unter deinen Kostbarkeiten.
45,13a Nach G.
46,4cd Der Kehrvers von V. 8 und V. 12 wurde auch hier eingefügt.
46,10d Andere Übersetzungsmöglichkeit: verbrennt er die Wagen.
47,7a Nach G.
47,9a Nach G.
47,10c die Mächte: Text korr.; H: die Schilde.
48,15b Nach G.
49,12a Das Grab: Text korr. nach G, S und der aramäischen Übersetzung; H: Ihr Inneres.
49,15 H ist stark verderbt.
50,11a Text korr. nach G; H: die Vögel der Berge.
50,20a schändlich: Text korr.
52,3bc Text korr. nach S; H erlaubt auch die Übersetzung: Was rühmst du dich, daß Gottes Huld allezeit (auf deiner Seite) ist.
53,4a Text korr. nach G und der aramäischen Übersetzung; vgl. auch 14,3.
53,6c Wörtlich: Gott zerstreut die Gebeine deines Belagerers.
53,6d Text korr. nach G.
54,5a stolze Menschen: Text korr.; H: Fremde.
55,4c Wörtlich: Sie lassen Unheil auf mich herabfallen.
55,19b H ist verderbt.
56,3b Andere Übersetzungsmöglichkeit: ja, es sind viele, die mich bekämpfen, Allerhöchster.
56,6a Wörtlich: Sie kränken meine Worte.
56,8a es gibt für sie kein Entrinnen: Text korr.; H: würden sie trotz der Untat entkommen?
56,9c Wörtlich: sind sie nicht in deinem Buch?
57,7b sie haben meine Seele gebeugt: Text korr. nach G; H hat die Einzahl: er hat ... gebeugt.
58,2 Sinn nicht ganz klar.
58,10b H ist unverständlich; »die Feinde« ist ergänzt.
59,10a Text korr. nach G und der aramäischen Übersetzung.
59,10b Text korr. nach Hieronymus; H: denn Gott ist meine Burg.
59,16b Das hebräische Zeitwort ist doppeldeutig: sie verbringen die Nacht, oder: sie knurren.
60,6b dem Bogen: Text durch Änderung der Vokale korr. nach G und S; H: der Wahrheit.
60,10c Text korr.; H: über mich jauchze (vgl. 108,10).
62,3b Text korr. (vgl. V. 7b).
62,8b Gott, wörtlich: bei Gott.
63,10a ohne Grund: Text korr.; H: zum Verderben.
64,3b Andere Übersetzungsmöglichkeit: vor der Verschwörung derer, ...
65,4b für uns: Text korr.; H: für mich.
65,10c reichlich, wörtlich: (Der Bach Gottes ist) mit Wasser (gefüllt).
65,12b Wörtlich: deine Spuren triefen von Fett.
66,11b auf die Schulter, wörtlich: um unsere Hüften.
66,15 Nach G.
66,17b Wörtlich: Rühmen war unter meiner Zunge.
67,3a sein Weg: Text korr.; H: dein Weg.
67,5b Mit G ergänzt.
67,8b Alle Welt, wörtlich: Alle Enden der Erde.
68,3a Sie verfliegen, wie Rauch verfliegt: Text korr.; H: Wie Rauch verweht wird, den du auseinanderwehst.
68,18b Text korr.; H: Der Herr ist unter ihnen, (der vom) Sinai (ist) im Heiligtum.
68,24 Text korr. nach G, S und der aramäischen Übersetzung; H: damit du (Feinde) zerschmetterst, wobei dein Fuß im Blut (watet).
68,27b in der Gemeinde: Text korr.; H: ihr aus dem Brunnen Israels.
68,28b im Zug, wörtlich: im Lärmen der Menge.
68,29a o Gott: Text korr.; H: dein Gott.
68,36a in seinem Heiligtum: Text korr.; H: aus deinem Heiligtum.
69,11a Text korr.; H: Ich weinte beim Fasten meiner Seele.
69,15c Text korr.; H: Laß mich gerettet werden vor denen, die mich hassen.
69,23 Nach der aramäischen Übersetzung.
69,27c Text korr. nach G; H: und sie zählen den Schmerz.
70,5d der Herr: ergänzt mit einigen hebräischen Handschriften (vgl. Ps 40,17).
71,13c Wörtlich: sie sollen sich kleiden in Schmach und Schande.
71,16 Andere Übersetzungsmöglichkeit: Ich will kommen mit den Großtaten Gottes, des Herrn.
72,5a Text korr. nach G.
72,6b benetzen: Text unsicher.
72,7a H unklar.
72,9a seine Gegner: Text korr.; H: Schiffe, oder: Dämonen; G: Äthiopier; S: Inseln.
73,10a das Volk ihnen zu, wörtlich: sein Volk hierher.
73,10b Text korr.; H: Wasser in Fülle schlürfen sie.
73,15 Text korr. nach S und der aramäischen Übersetzung.

73,20 Wörtlich: Wie ein Traum nach dem Erwachen, Herr, in der Stadt vertreibst du ihr (Götzen)bild.
73,25 außer dir: ergänzt.
74,5 Text korr.; H: Es sah sich an, wie wenn man im Unterholz die Äxte hoch emporhebt.
74,6a Text korr.; H: und dann all das Schnitzwerk.
74,11b hältst verborgen: Text korr.; H: mach ein Ende!
74,14b Text korr.; H: dem Volk von Dämonen.
74,20a deinen: nach G und S.
74,20bc Andere Übersetzungsmöglichkeit: Denn die Winkel des Landes sind voll von Stätten der Gewalt.
75,10a jubeln: Text korr. nach G; H: verkünden.
76,5a furchtbar: nach der aramäischen Übersetzung und nach der griechischen von Theodotion; H: leuchtend.
76,5b Text korr. nach G.
76,11 dich feiern: Text korr.; H: du gürtest dich. – Andere Übersetzungsmöglicheit: Ja, das grimmige Edom soll dich preisen, der Rest Hamats dich feiern.
77,3b Mit den Übersetzungen des Symmachus und des Hieronymus.
77,7 Nach G und S.
77,14 Nach G.
78,36b Wörtlich: und mit ihrem Mund täuschten sie ihn.
78,48a Text korr.; H: überließ er dem Hagel.
78,51a alle Erstgeburt, wörtlich: den Erstling ihrer Zeugungskraft.
78,54b H: zu dem Berg, den . . .
78,61b seine heilige Lade: H: seine Pracht (als Bezeichnung der Lade).
79,11b Andere Übersetzungsmöglichkeit: Laß am Leben die Todgeweihten!
79,12a Wörtlich: Zahl siebenfach in den Schoß unserer Nachbarn!
80,7b Nach G, S und der griechischen Übersetzung des Symmachus.
80,16 Text korr.; H fügt aus V. 18 hinzu: und den Sohn, den du großzogst.
81,10 Textvorschlag für die Psalmodie: Du sollst dich nicht niederwerfen vor einem fremden Gott.
81,16 Israel: H: ihm.
81,17a Text korr.; H: Er hat es genährt.
82,8b Wörtlich: Denn du besitzt Erbteil an den Völkern.
83,12 Text korr. nach G.
83,14a Wörtlich: Mein Gott, mach sie der Distel gleich!
84,3b dem Tempel, wörtlich: den (Tempel-)Vorhöfen des Herrn.
84,8b Text korr.; H: er erscheint (ihnen), der Gott der Götter auf dem Zion.
84,9 H: Herr, Gott der Heerscharen.
85,5b Wörtlich: zerbrich deinen Unmut gegen uns!
85,9d H fügt hinzu: und sie sollen nicht zur Torheit zurückkehren.
85,13a Segen, wörtlich: das Gute.
85,14b Text korr.; H: er achtet auf den Weg seiner Schritte.
86,3 »Du bist mein Gott« wurde aus V. 2 hierhergenommen.
86,8 »die du geschaffen hast« wurde aus V. 9 hierhergenommen.
87,2b Andere Übersetzungsmöglichkeit: mehr als alle anderen Orte in Jakob.
88,8 Wörtlich: und alle deine Wogen beugst du hernieder.
89,3b deine Treue steht fest: Text korr.; H: du befestigst deine Treue.
89,17b jubeln sie: Text korr.; H: erheben sie sich.
89,34a Text korr.; H: ich breche ihm nicht.
89,44a Übersetzung unsicher.
89,51a deines Knechtes: Text korr.; H: deiner Knechte.
89,51b Text korr.; H: Im Herzen trage ich alle die vielen Völker.
90,7 werden vernichtet, wörtlich: werden erschreckt.
90,11b Text korr.; H: und wie die Furcht vor dir ist dein Grimm.
91,2 Text korr. nach G.
91,3b Andere Übersetzungsmöglichkeit: und aus der Pest des Verderbens; oder: und vor dem (verderbenbringenden) Wort (G). Die hebräischen Ausdrücke für Pest (deber) und Wort (dabar) können leicht verwechselt werden, zumal man keine Vokale schrieb.
91,9a H: Denn du, Herr, bist meine Zuflucht.
92,8a Wörtlich: Wenn auch die Frevler aufsprießen wie Gras.
92,11b Nach S und der aramäischen Übersetzung; H: übergossen werde ich mit Öl.
93,4b Text korr.; H: mehr als die Herrlichkeit der Brandungen.
94,20 der bestechliche Richter, wörtlich: ein Richterstuhl des Verderbens.
95,10a dies: ergänzt nach G.
96,8b Wörtlich: und tretet ein in seine (Tempel-)Vorhöfe!
96,10c H: Der Erdkreis ist gegründet.
97,11a Text korr.; H: Licht ist gesät den Gerechten.
99,4a H: Und die Stärke des Königs liebt das Recht.
99,6b Vorschlag für die Psalmodie: auch Samuel rief seinen Namen an.
100,3b wir sind sein Eigentum: so nach einigen alten Übersetzungen. Nach anderen alten Übersetzungen: und nicht wir (haben uns erschaffen).
101,2c in der Stille, wörtlich: inmitten.
101,8ab Wörtlich: Morgen für Morgen will ich vernichten alle Frevler im Land.
102,6 Wörtlich: Vor lauter Jammern klebt mein Gebein am Fleisch.
102,8 und ich klage wie: Text korr.; H: und ich bin wie . . .
102,12 Text korr.; H: Meine Tage (sind) wie ein lang sich dehnender Schatten (d. h.: es geht dem Ende entgegen).
103,11b so hoch: Text korr.; H: so stark.
104,13b Text korr.; H ist unverständlich.
104,25a so groß und weit, wörtlich: groß und weit nach beiden Seiten.
105,22a Text korr. nach G, S und Vg.
105,27a Text korr. nach S.

105,28b Text korr.; H: und sie widerstrebten nicht seinem Wort.
105,36b Wörtlich: den Erstling all ihrer Kraft.
105,40a Text korr.; H: Als er bat.
106,7c dem Höchsten am Schilfmeer: Text korr.; H: am Meer, am Schilfmeer.
106,27a zu zerstreuen: Text korr.; H: niederzustrecken, (wie in V. 26b).
106,28 Wörtlich: die Opfer der Toten.
106,43b Text korr.; H: ihrem Beschluß.
107,17a Text korr.; H: die Toren in ihrem sündhaften Treiben.
107,20 vom Verderben, wörtlich: aus ihren Gruben.
108,2b Ergänzt aus 57,8.
108,2d Text korr. nach 57,9.
108,5a Text korr. nach 57,11.
108,7b Text korr. nach 60,7.
109,4 Sie befeinden mich: H fügt hinzu: für meine Liebe.
109,13b sein Name: Text korr.; H: ihr Name.
109,28b Text korr.; H: Sie treten auf, aber sie scheitern.
110,3 H ist schwer verständlich; die Übersetzung ist ein Versuch nach G.
113,5f Die beiden Verse sind aus sachlichen Gründen folgendermaßen umgestellt: 5a/6b und 5b/6a.
113,8a ihm: Text korr. nach G, S, Vg; H: mir.
115,4a Wörtlich: Ihre Götzen sind nur Silber und Gold.
116,2b an dem Tag: H: in meinen Tagen (im Sinn von: mein Leben lang).
118,14a Text korr.; »mein« ist ergänzt.
118,27 Nach G.
119,18a Wörtlich: Öffne mir die Augen, damit ich sehe.
119,25a Wörtlich: klebt am Staub.
119,25b Text korr. mit einigen Handschriften; H: gemäß deinem Wort.
119,37b durch dein Wort: Text korr.; H: durch deine Wege.
119,47b von Herzen: ergänzt aus G.
119,48a H fügt hinzu: die ich liebe.
119,66a H fügt vor »Erkenntnis« ein: Gutes.
119,83a Text korr.; H: Ich bin wie ein Schlauch im Rauch.
119,107b Text korr., vgl. V. 25b.
119,109a Wörtlich: Mein Leben halte ich ständig in der Hand.
119,119a sind für dich wie Schlacken: so nach mehreren alten Übersetzungen; H und andere Übersetzungen: schaffst du fort wie Schlacken.
120,4b Vorschlag für die Psalmodie: und glühende Kohlen dazu.
120,7a Text korr.; H: Ich (bin) Friede.
122,2 Wörtlich: Schon stehen unsere Füße in deinen Toren.
122,7b Wörtlich: in seinen Palästen Geborgenheit.
123,4a Wörtlich: übersatt ist unsere Seele vom Spott der Übermütigen.
124,8a In vielen Gebeten der katholischen Liturgie ist die herkömmliche Übersetzung gebräuchlich: Unsere Hilfe ist im Namen des Herrn.
125,3bc Wörtlich: damit nicht auch die Gerechten ihre Hände nach Unrecht ausstrecken.
125,5a Text korr.; H: auf ihre krummen Wege.
127,2d den Seinen: Text korr.; H: seinem Geliebten; andere Übersetzungsmöglichkeit: zu Recht gibt der Herr den Seinen den Schlaf.
127,5b Beim Rechtsstreit mit ihren Feinden, wörtlich: Wenn sie reden mit Feinden im Tor.
128,2a kannst du genießen: so mit G; H: fürwahr, du kannst es genießen.
129,1f Wörtlich: von meiner Jugend auf.
132,6 von seiner Lade, wörtlich: von ihr.
132,11c Wörtlich: (Einen) von deiner Leibesfrucht.
132,15 Zions Nahrung, wörtlich: Seine Nahrung.
133,2bc Andere Übersetzungsmöglichkeit: in den Bart Aarons, der hinuntergeht bis zum Saum seines Gewandes.
135,9a Wörtlich: In deine Mitte, Ägypten.
136,14a Wörtlich: und Israel hindurchführte durch seine Mitte.
136,15a Wörtlich: und den Pharao ins Schilfmeer stürzte.
136,22a Wörtlich: als Erbe für Israel, seinen Knecht.
137,5b Text korr.; H: dann soll meine rechte Hand (die Kunst des Spielens) vergessen.
137,8a du Zerstörerin: H: du zu Verwüstende.
138,2c Ergänzt aus G; dort steht dieser Satz in V. 1.
138,2d Text korr.; H etwa: du hast Versprechen gemacht, die deinen Namen übersteigen.
138,3b Nach G; H: du machtest mich ungestüm.
139,3a es ist dir bekannt, wörtlich: du prüfst es; oder: du mißt es.
139,5a Wörtlich: Du umschließt mich von hinten und von vorn.
139,10a mich ergreifen: Text korr.; H: mich leiten.
139,11a Text korr. nach den Übersetzungen von Symmachus und Hieronymus; H: Finsternis soll mich zermalmen.
139,14 Text korr. nach G, S und Hieronymus.
139,16a Text korr.; H ist unklar.
139,18b Käme ich bis zum Ende: Text korr.; H: Erwachte ich.
139,20b deinen Namen: Text korr.; H: deine Städte; oder: deine Feinde.
140,5c Wörtlich: darauf sinnen, meine Schritte zu Fall zu bringen.
140,9f Text korr. durch Verschiebung der Versgrenze und Wiederholung der Negation von V. 9 in V. 10.
140,13b Wörtlich: er richtet den Gebeugten nach dem Armenrecht.
141,5d Andere Übersetzungsmöglichkeit: Denn stets (wird laut) mein Gebet trotz ihrer Bosheit, oder: wenn es ihnen schlecht geht . . .
141,6b H ist unverständlich.
142,7b Wörtlich: denn ich bin sehr schwach.
143,7e Wörtlich: die hinabgestiegen sind zur Grube.
143,9b meine Zuflucht: Text korr. nach G.
143,10c Text korr.; H: leite mich auf ebenem Land.

144,2d mir Völker: Text korr.; H: mein Volk.
144,10b Text korr.; H: David, seinen Knecht.
144,14 Andere Übersetzungsmöglichkeit: Unsere Gaue ohne Lasten, kein Durchbruch und kein Auszug, kein Geschrei auf unseren Plätzen.
145,12a Text korr. nach G und S; H: seine machtvollen Taten.
145,13 Der eingeklammerte Textteil fehlt in H; Rekonstruktion nach G, S und Vg.
146,4c Wörtlich: an jenem Tag ist es aus.
146,6b Wörtlich: das Meer und alles, was in ihnen ist.
146,9c In H steht dieser Versteil am Ende von V. 8.
147,6b erniedrigt die Frevler: H fügt hinzu: bis zum Boden.
147,17b Text korr.; H: Wer wird bestehen vor seinem Frost?
147,20b Text korr.; H: und seine Rechte lernten sie nicht kennen.

Sprichwörter

4,4–7 Text in H und G nicht einheitlich.
4,27 G und Vg fügen zwei weitere Verse an: Denn die Wege zur Rechten kennt Gott, doch krumm sind die Wege zur Linken. Er aber wird deine Pfade eben machen und deine Bahnen in Frieden geleiten.
8,22a So mit S, Vg und der aramäischen Übersetzung; andere Übersetzungsmöglichkeit: als Erstling seiner Schöpfungswerke.
10,2b Gerechtigkeit, andere Übersetzungsmöglichkeit: Mildtätigkeit (vgl. Sir 3,30b; Tob 4,10f; 12,9).
10,4 Vg schiebt noch ein (= G hinter 9,12): Wer sich aufs Lügen stützt, der weidet Wind; er jagt hinter fliegenden Vögeln her.
10,10b So nach G.
11,7 Text unsicher, da in G abweichend.
11,16 So nach G.
11,30b So nach G.
12,12 Text verderbt; die alten Übersetzungen sind kaum verständlich.
12,26–28 Der Text ist schlecht erhalten und darum schwer zu deuten.
13,13 Vg schiebt hier (G hinter V. 9) ein: Trügerische Seelen irren in Sünden; die Gerechten aber haben Mitleid und Erbarmen.
14,9 Text unsicher; korr. nach G.
14,17b Nach S wäre die Antithese zu lesen: der Besonnene aber bleibt ruhig.
14,24 Text und Übersetzung unsicher.
14,32b Redlichkeit: nach G; H und Vg kaum richtig: in seinem Tod.
15,26b gefallen ihm, wörtlich: sind rein; »rein« ist kultischer Ausdruck, Gegensatz zu »Greuel«.
18,1a einem Vorwand: nach G; H: einer Begierde.
18,22 G und Vg: eine gute Frau. Sie fügen an: Wer eine gute Frau verstößt, verstößt das Glück; wer eine Ehebrecherin aufnimmt, ist töricht und frevelhaft.
19,7 Das Eingeklammerte fehlt in H, steht aber in G und gehört vielleicht zum ursprünglichen Textbestand.
19,16b Vielleicht zu korrigieren: wer seine Worte verachtet.
19,18b Andere Übersetzungsmöglichkeit: und achte nicht auf sein Jammern; oder: doch laß dich nicht hinreißen zum Jähzorn!
19,29a Ruten: nach G; H: Strafgerichte.
20,26b H: und läßt über sie das Rad (des Dreschwagens?) gehen.
21,6b Text korr.; andere Übersetzungsmöglichkeit: wird wie ein Hauch verjagt in die Schlingen des Todes.
21,12a Andere Übersetzungsmöglichkeit: Der Gerechte belehrt das Haus des Frevlers; oder: Der Gerechte gibt acht auf . . .
22,11 Übersetzung unsicher; G hat Änderungen und Einschübe.
22,12a Wörtlich: behüten Einsicht.
22,17 Eine leichte Textkorrektur nach G stellt die Überschrift dieses ersten Anhangs an die erste salomonische Hauptsammlung wieder her.
23,23 Fehlt in G und unterbricht den Zusammenhang, ist also wohl ein Zusatz.
24,10 Text von H unklar; wahrscheinlich verderbt. Mit einem Wortspiel soll wohl gesagt werden: Wer anderen in der Bedrängnis nicht hilft (vgl. V. 11), bringt sich selbst in Bedrängnis.
25,14b Wörtlich: Ein Mann, der mit erlogener Gabe prahlt.
25,20a H schickt voraus: Ein das Kleid Ablegender am kalten Tag. Hier sind Buchstaben aus V. 19b wiederholt und mißdeutet worden.
25,20c Fehlt in H, steht aber in allen alten Übersetzungen und ist daher wohl ursprünglich.
25,27b Nach G; H ist verderbt.
26,10 H ist verderbt, will vielleicht sagen: Toren (und Betrunkene) sind unnütz, ja gefährlich.
27,6b trügerisch, andere Übersetzungsmöglichkeit: reichlich.
27,9c Andere Übersetzungsmöglichkeit: mehr als eigenes Planen.
28,2 Nach G wäre zu übersetzen: Durch die Frevel eines Gewalttätigen werden Streitigkeiten geweckt; durch einen verständigen Mann erlöschen sie.
28,3a Vornehmer: G: Frevelhafter.
28,17b Andere Übersetzungsmöglichkeit: man unterstütze ihn nicht.
29,17a Wörtlich: so wird er dir Ruhe gewähren.
30,11a.12a.13a.14a Der Anfang dieser Worte meint sinngemäß: Weh dem Geschlecht . . .
30,15–33 Die selbständige Gruppe der Zahlensprüche und die Worte an Lemuël (31,1–9) stehen in G hinter 24,34.
30,32a blamiert, wörtlich: als Tor erwiesen.
31,2a Ergänzt nach G; H hat kein Zeitwort.
31,3b dein Tun und Treiben, wörtlich: deine Wege.

Kohelet

1,8 Alle Dinge sind rastlos tätig, andere Übersetzungsmöglichkeit: Alle Worte sind überanstrengt.

1,10cd Andere Übersetzungsmöglichkeit: aber schon seit Ewigkeiten hat es das gegeben, was sich vor unseren Augen ereignet hat.
1,14 Luftgespinst, andere Übersetzungsmöglichkeit: Haschen nach Luft. So auch später, wenn dieses Wort wiederkommt.
2,3 Der Sinn von H ist stellenweise nicht klar.
2,8 einen großen Harem: Übersetzung nicht ganz sicher.
3,11b Andere Übersetzungsmöglichkeit: Überdies hat er den Menschen eine Vorstellung von der Ewigkeit eingegeben ...
3,19a Wörtlich: Denn jeder Mensch ist Geschick, und auch die Tiere sind Geschick. Oder: Denn jeder Mensch ist ein Zufall, und auch die Tiere sind Zufall.
5,8 Andere Übersetzungsmöglichkeit: wenn ein König sich um das Ackerland kümmert.
5,13 Durch ein schlechtes Geschäft, andere Übersetzungsmöglichkeit: Durch ein schlimmes Ereignis.
6,7 Andere Übersetzungsmöglichkeit: Alles Arbeiten des Menschen ist für seinen Mund, und doch wird sein Rachen niemals voll.
7,1 In H ein Wortspiel zwischen »Name« (schem) und »Parfüm« (schemen tob).
7,6 In H ein Wortspiel: Gesang (schir) – Dornen (sirim) – Kessel (sir) – Ungebildeter (kesil).
7,18 Andere Übersetzungsmöglichkeit: Wer Gott fürchtet, wird beiden Gefahren entgehen. 7,29 Schwer übersetzbarer Text, der auf einem Wortspiel beruht. Das hebräische Wort für »Berechnungen« (es bedeutet auch »Wurfmaschinen«) verweist auf die Kriegstechnik. Kohelet spielt immer noch auf 7,25f an.
8,1a Andere Lesart: Wer tut es dem Gebildeten gleich? Wer dem, der es versteht, ein Wort zu deuten?
9,3f Andere Lesart: und danach müssen sie zu den Toten. Wer unter die Lebenden eingereiht ist, für den gibt es noch Zuversicht.
9,5f Andere Übersetzungsmöglichkeit: Sie erhalten auch keine Belohnung mehr, ihre Erinnerung ist geschwunden, ihre Liebe, ihr Haß und ihre Eifersucht sind längst erloschen.
9,15 Andere Übersetzungsmöglichkeit: Der hätte die Stadt durch sein Wissen retten können. Aber kein Mensch dachte an diesen Mann.
10,1 Wörtlich: Sterbende Fliegen – da stinken und gären die Wässer des Parfümherstellers.
10,4b Andere Übersetzungsmöglichkeit: Gib deine Stellung nicht auf!
10,10d Wörtlich: Der Vorteil, vorzubereiten, ist Wissen.
10,15 Andere Übersetzungsmöglichkeit: Wer es nicht versteht, in die Stadt zu ziehen, der macht sich müde als ungelernter Arbeiter.
10,16 Knabe: andere Übersetzungsmöglichkeit: Sklave. Für diese Übersetzung spräche V. 17, der von einem König aus »edlem Geschlecht« handelt.
11,8e Andere Übersetzungsmöglichkeit: Jeder, der (zur Welt) kommt, ist Windhauch (d. h. er muß sterben).
11,10 Andere Übersetzungsmöglichkeit: denn die Jugend und die Morgenröte sind ...
12,4d Wörtlich: Alle Töchter des Liedes ducken sich. – Die »Töchter des Liedes« sind in der Übersetzung als Töne der Melodie verstanden. Es könnte sich aber auch um eine poetische Umschreibung für die Vögel handeln, die verstummen.

Hohelied

1,5d wie Salomos Decken, andere Lesart: wie die Decken von Schalma (nordarabischer Beduinenstamm).
1,7d umherirren: Text korr.; H: wie eine verhüllte Frau.
2,2a Wörtlich: Wie eine Lilie.
2,3a Wörtlich: Wie ein Apfelbaum.
2,17 Balsambergen: Text korr.; H: Beter-Bergen (ein hebräischer Ortsname, vgl. 8,14).
3,10d mit Steinen: Text korr.; H: mit Holz der Liebe.
4,15a des Gartens: Text korr.; H: der Gärten.
5,8 sagt ihm, wörtlich: Was sollt ihr ihm melden?
5,12c Wörtlich: fest in der Fassung.
5,14a Wörtlich: Seine Hände.
6,12 Sinn von H unklar.
7,6c Ringeln, wörtlich: Tränkrinnen.
7,10b in mich: Text korr.; H: in meinen Geliebten.

Weisheit

1,1 Die Anrede ist an die Herrscher (wörtlich: Richter) der Erde gerichtet, weil der Verfasser als König Salomo spricht.
1,6 seiner heimlichen Gedanken, wörtlich: seiner Nieren.
2,23 seines eigenen Wesens: nach anderen Textzeugen: seiner Ewigkeit.
3,7 Beim Endgericht, wörtlich: In der Zeit ihrer Heimsuchung.
3,13cd Wörtlich: denn sie wird Frucht haben bei der Heimsuchung der Seelen.
3,14a der Kinderlose, wörtlich: der Eunuch.
3,14e ein gar köstlicher, wörtlich: ein mehr beglückender (als wenn er Kinder hätte).
5,13 Vg fügt als V. 14 hinzu: So sprachen in der Unterwelt die, die gesündigt haben. – Entsprechend verschiebt sich in Vg die Verszählung.
5,14 Gischt: so nach S und der altlateinischen Übersetzung; G: Reif.
6,1 Vg fügt vor V. 1 ein: Besser ist Weisheit als Kraft, und ein kluger Mann (ist besser) als ein starker. Dieser Vers ist in Vg als V. 1 gezählt; entsprechend verschiebt sich die Verszählung.
6,21 Einige wichtige Vg-Handschriften fügen als V. 23 hinzu: Liebt das Licht der Weisheit, ihr alle, die ihr den Völkern vorsteht. – Die VV. 22–25 werden in Vg als VV. 24–27 gezählt.
9,19 Einige Vg-Handschriften fügen hinzu: alle, die dir gefallen haben, Herr, von Anfang an.
11,5 Vg formuliert 5b etwas anders und fügt als V. 6 hinzu: indem es ihnen an Getränk mangelte, und die Israeliten freuten sich, als sie Überfluß hatten. Die VV. 6–26 zählt dann Vg als VV. 7–27.
18,23 Ansturm: so nach Vg; G: Zorn (vgl. V. 20).

Sirach

1,5.7 sind spätere Zusätze; sie lauten:
5 Die Quelle der Weisheit ist das Wort Gottes in der Höhe; ihre Wege sind die ewigen Gebote.
7 Die Kenntnis der Weisheit, wem wurde sie offenbart? Ihre mannigfachen Wege, wer hat sie erkannt?
1,10b So mit einigen Textzeugen und nach dem Zusammenhang; die meisten G-Handschriften: die ihn lieben.
1,19a Oder mit S: Sie ist ein starker Stab und eine herrliche Stütze.
1,30 So mit S. – Vg zählt in Kap. 1 40 Verse.
2,6b Übersetzung nach S und Origenes; weniger gut G: Ebne deine Wege, und hoffe auf ihn!
2,8b G hat leicht geändert: und euer Lohn wird nicht ausbleiben.
2,9b Erbarmen: nach G, wie in V. 7a; S: Rettung.
2,12b dem Menschen: nach S; G verschärft: dem Sünder.
2,18d Fehlt in G zu Unrecht.
3,9 So nach H; G: Denn der Segen des Vaters baut den Kindern feste Häuser, doch der Fluch der Mutter reißt die Fundamente aus.
3,18 Der folgende V. 19 entfällt, da nur von wenigen Textzeugen überliefert.
3,25 Fehlt im älteren G- und im Vg-Text; späterer Zusatz.
3,29b G: Ein aufmerksames Ohr ist der Wunsch des Weisen.
4,2–5 Text korr.; in H und G Doppelungen.
4,9b Nach G: Sei nicht feig im Gericht!
4,10cd G: Dann wirst du wie ein Sohn des Höchsten sein; er wird dich mehr lieben als deine Mutter.
5,3b Andere Übersetzungsmöglichkeit nach G: Denn der Herr ist ein strenger Richter.
6,11b G: und gegen deine Sklaven tritt er freimütig auf.
6,16a Wörtlich: Ein treuer Freund ist ein Beutel des Lebens.
7,17cd Fehlt in G und S.
9,15b G: und berate alles nach dem Gesetz des Höchsten!
9,17a Text unsicher; G, kaum richtig: Ein Werk aus Künstlerhand findet Lob.
10,1a G und S: erzieht sein Volk.
10,3a G und S: richtet sein Volk zugrunde.
10,10a Text unsicher; vielleicht nach G: Eine längere Krankheit spottet des Arztes.
10,15 Fehlt in H und ist wohl nur sinngemäße Wiederholung von VV. 16a und 14b. G: Die Wurzeln der Völker hat Gott ausgerissen und Demütige an ihre Stelle gepflanzt.
10,16b Andere Übersetzungsmöglichkeit nach G: er vernichtet sie bis auf den Grund der Erde.
10,21 Schlecht bezeugter Zusatz: Anfang der Annahme (durch Gott) ist die Gottesfurcht; Anfang der Verwerfung sind Verhärtung und Überhebung.
11,18 Übersetzung unsicher.
12,5 H wörtlich: Die Waffen des Brotes gib ihm nicht. – Nach G wäre V. 5ab zu übersetzen: Halte das Brot zurück, und gib es ihm nicht; sonst bekommt er dich dadurch in seine Gewalt. Der Zusatz in 5c fehlt zu Recht in G.
12,7 In G Wiederholung von V. 4a.
13,6 G hat den Zusatz: Er redet dir freundlich zu und fragt: Was brauchst du? Und er beschämt dich bei seinen Gastmählern.
13,14 Nur in wenigen nichthebräischen Textzeugen überliefert (stört den Zusammenhang): Wenn du davon hörst, noch schlaftrunken, wach auf! Mit ganzer Lebenskraft liebe den Herrn, und ruf ihn an zu deinem Heil!
14,5b Andere Übersetzungsmöglichkeit nach G: Er kann sich seiner Güter nicht freuen.
14,8b Andere Übersetzungsmöglichkeit nach Vg: Wer sein Gesicht abwendet, verachtet sich selbst.
14,9b Andere Übersetzungsmöglichkeit nach H: Wer seinem Nächsten den Besitz wegnimmt, richtet seinen eigenen Besitz zugrunde.
14,10 Der Zusatz fehlt in G und Vg. – H wörtlich: eine trockene Quelle.
15,1–16,7 Dieser Text ist seit 1958 auch aus einem zweiten hebräischen Fragment bekannt, das sich enger an den ursprünglichen G-Text anschließt, während die bisher bekannte Handschrift eine spätere Bearbeitung erfuhr.
15,15a Nur in Vg.
16,15f Die beiden Verse fehlen in fast allen G-Handschriften; sie passen auch inhaltlich nicht in den Zusammenhang.
16,24 G hat Einzahl und beginnt mit der Anrede »Mein Sohn«.
17,5 Entfällt (später Zusatz).
17,6–10 Text verderbt; aus den alten Übersetzungen erschlossen.
17,16.18.21 Zusätze aus verschiedenen G-Handschriften.
17,24c Nur in Vg überliefert.
17,30 Übersetzung vorwiegend nach S.
18,2f Die beiden Verse sind späte Zusätze.
18,14 So mit S; G: Er erbarmt sich derer, die Zucht annehmen und eifrig nach seinen Geboten suchen.
18,28 Übersetzung nach S.
18,33b Andere Übersetzungsmöglichkeit: während du nichts im Beutel hast.
19,1 Wer das tut: nach H.
19,3 Wohl nicht ursprünglich, sondern aus 10,11 und 6,4 zusammengestellt. Der erste Halbvers fehlt in H und S.
19,5b.6a Nur in einigen G-Handschriften.
19,8b G kaum richtig: Wenn es für dich keine Sünde ist, enthülle nichts! (Vgl. 27,16–21).
19,18.19.21 Späte Zusätze.
19,30 So nach S.
20,2 G: Wie ist es doch besser, zurechtzuweisen, als zu zürnen.
20,13a Andere Übersetzungsmöglichkeit: Der Weise macht sich mit wenigen Worten beliebt.
20,14 Nach S wäre zu übersetzen: Das Geschenk des Toren nützt ihm nichts, weil seine Augen siebenfach auf die Vergeltung gerichtet sind. Logischer G: Der Tor (= der Geizige) rechnet mit reichlichen Gegengaben, so daß du von seinem Geschenk keinen Nutzen hast.

20,19a So nach S; G: Ein widerwärtiger Mensch – ein Wort zur Unzeit!
20,21b Übersetzung unsicher.
20,27a Andere Übersetzungsmöglichkeit: Der Weise bringt sich mit wenigen Worten voran (vgl. V. 13a).
21,14a Zisterne: nach S; G: Krug.
21,18 Übersetzung vorwiegend nach S; G, weniger wahrscheinlich: Wie ein verwüstetes Haus, so ist dem Toren die Weisheit, und die Erkenntnis des Unvernünftigen sind unverständliche Reden.
21,25a Text unsicher.
21,27a G unrichtig: den Satan.
22,7f Späte Zusätze.
22,17b Text unsicher.
22,25f Übersetzung in Anlehnung an S.
22,26 G kaum verständlich: Wenn mich seinetwegen Schlimmes trifft, wird jeder, der es hört, sich vor ihm hüten.
23,27a Nach S; in G ausgefallen.
24,14b »Oleandersträucher« nach S; kaum richtig G: Rosensträucher.
24,18 Nur wenige Textzeugen von G und Vg haben diesen Vers; Vg: Ich bin die Mutter der schönen Liebe, der Gottesfurcht, der Erkenntnis und der frommen Hoffnung. In mir ist alle Lieblichkeit des Weges und der Wahrheit, in mir alle Hoffnung des Lebens und der Tugend.
24,20.22 Die Zusätze nur in lateinischen Textzeugen.
24,24 Schlecht bezeugter Zusatz, der in G anders lautet als in Vg.
25,9a Freund: nach S und Vg; G: Einsicht; das wäre dasselbe wie V. 10a.
25,12 Später Zusatz: Die Furcht vor dem Herrn ist der Anfang der Liebe zu ihm, der Glaube Anfang der Gemeinschaft mit ihm.
25,14f Der Zusammenhang verlangt, daß an die zurückgesetzte Nebenfrau zu denken ist, obwohl G und S männlich übersetzen (»Hasser«, »Feind«). Ähnlich haben G und S in V. 15a das sicher richtige »Gift« fälschlich mit »Kopf« übersetzt, da im Hebräischen beide Wörter gleich aussehen.
25,21b Nach S; G: Begehre nicht nach einer Frau!
26,19–27 Der Abschnitt fehlt bei den meisten Textzeugen. Die Sprache ist derber als sonst in Sir. Also wohl späterer Zusatz.
26,19a Nach G; S: Nimm dich in acht zur Zeit deiner Jugend!
26,21b Nach G.
26,27 Text verderbt und unsicher.
27,1b Wörtlich: wer es anzuhäufen sucht, wendet sein Auge ab.
27,11a Andere Übersetzungsmöglichkeit: Die Rede des Weisen (S und andere).
27,16b Wörtlich: keinen Freund nach seiner Seele, d. h. der mit ihm eins ist, oder: wie er ihn sich wünscht.
27,29 Vorwiegend nach S; G: In der Falle fangen sich, die sich freuen über den Sturz des Frommen, und Schmerz verzehrt sie vor ihrem Tod.
28,13f Verleumder: S hat beidemal »die dritte Zunge«, d. h. der Zwischenträger, der Ohrenbläser.
28,24–26 Nach S.
29,16f Nach S; G: Die Güter des Bürgen verwüstet der Sünder, und der in seiner Gesinnung Undankbare läßt seinen Retter im Stich.
29,25a Nach G; S: Ein Fremdling bist du und trinkst Schmach.
31,1–36,13 G hat 33,16–36,13 hinter 30,25 eingereiht; vgl. Anm. zu 33,16–33 und zu 36,16. Vg stimmt in der Kapitelzählung mit H und S überein, hat aber infolge von Doppelübersetzungen und Einschüben eine abweichende Verszählung. Hier wird die Kapitelzählung nach H und Vg, die Verszählung aber nach G beibehalten.
31,6 Übersetzung unsicher. Andere Übersetzungsmöglichkeit: Zahlreich sind die Schlingen des Goldes und die Stricke an den Perlen.
31,8a Andere Übersetzungsmöglichkeit: Wohl dem Reichen.
31,8b aus Habgier, wörtlich: hinter dem Gold her (G), oder: hinter dem Mammon her (H und S). 31,10a Text korrigiert nach G und Vg.
32,1 Kap. 32 in G als Kap. 35 gezählt.
32,2 Vorwiegend nach G; H verderbt.
32,12b G: und sündige nicht durch übermütige Rede! Die VV. 11 und 12 sind unsicher überliefert.
32,24a Andere Übersetzungsmöglichkeit: Wer das Gesetz hält, behütet sein Leben.
33,1–16 In G als Kap. 36 gezählt (in H nur schlecht erhalten).
33,3b Nach G: und das Gesetz ist für ihn zuverlässig.
33,4b G: Fasse die Lehre zusammen, dann antworte!
33,8b G: und er hat die Zeiten und Feste verschieden gemacht.
33,14b Nach H und S wäre anzufügen: neben dem Licht die Finsternis.
33,16–33 In G als 30,25–40 gezählt, vermutlich infolge Vertauschung von Handschriftenblättern.
33,26b Nach G: Laß seine Hände müßig, dann wird er Freiheit suchen.
33,31f G etwa: denn mit Blut hast du ihn erworben. – G hat auch eine andere Zeilenfolge.
34,1 Kap. 34 In G als Kap. 31 gezählt.
34,1a Nach G.
34,12b Nach S; G: und mehr als meine Worte ist mein Wissen.
35,1 Kap. 35 in G als Kap. 32 gezählt.
35,19bc Nur in Vg.
35,20 Text unklar; nach G etwa: Wer Gott wohlgefällig dient, der wird angenommen, und sein Bittruf erreicht die Wolken.
36,1 Kap. 36 in G als Kap. 33 gezählt.
36,12a Statt »Fürsten Moabs« liest G: Fürsten der Feinde.
36,16 In G steht 33,1–15 vor 36,16; darum müssen bei richtiger Einordnung die VV. 14 und 15 jetzt fehlen (vgl. die Anmerkung zu 31,1–36,13).
37,12d G: und der Mitleid mit dir hat.

37,13f Für »Gewissen« sagt der Hebräer »Herz«. 38,15b Wörtlich: »muß sich dem Arzt in die Hände einschließen.« So eine Randlesart von H und alle alten Übersetzungen.
38,16d G: Vernachlässige nicht sein Begräbnis! 38,19 Text unsicher, da in H ausgefallen; in G verderbt.
38,25 Text unsicher.
38,30 Text unsicher.
38,32b Nach S; G: Sie müssen nicht in der Fremde wohnen und nicht umherziehen.
38,34d Gesetz des Höchsten: nach G; S hier und 39,8: Gesetz des Lebens (vgl. 17,11; 45,5).
39,13b So mit S; G: wie die Rose.
39,14c Nach S; G verderbt.
39,20bc Fehlt in G.
39,21 Zeilenfolge nach H.
40,6f Text unsicher.
40,7a Andere Übersetzungsmöglichkeit: noch schlafbedürftig wacht er auf.
40,13 Der Reichtum des Frevlers versiegt wie ein Bach, wie ein starker Donner beim Gewitter erschallt.
40,14a H und G sind verderbt.
40,17a Diese Lesart wird durch die Fragmente aus Masada bestätigt. G: Liebe aber ist ein Paradies in Segnungen (vgl. V. 27a).
40,19cd In G zu Unrecht ausgefallen. Die Reihe erreicht die Zehnzahl. »Leib« nach dem Masada-Text gibt einen guten Sinn.
41,19a der Unterschlagung; nach dem Masada-Text; andere H-Überlieferung: des Übermuts; G: des Diebstahls.
41,21a deinen Bruder, wörtlich: dein Fleisch.
41,20–22 Umstellung und Übersetzung nach dem Masada-Text.
42,14b G: und eine schändliche Tochter gereicht zur Schmach.
43,17a Gehört dem Zusammenhang nach vor V. 16.
43,20b Nach dem Masada-Text; G: auf dem Wasser gefriert das Eis.
44,23c Andere Übersetzungsmöglichkeit nach G: Er erkannte (= bevorzugte) ihn in seinen Segnungen.
45,2 G: Er machte ihn der Herrlichkeit der Heiligen gleich und machte ihn groß zum Schrecken der Feinde.
45,11def Wörtlich: zur Erinnerung, in eingeschnittener Schrift, nach der Zahl der Stämme Israels.
45,20f Textumstellung nach H.
45,25b Wörtlich: eines Mannes vor seiner Herrlichkeit.
45,25ef Fehlt in G, ist aber doch wohl ursprünglich als Überleitung zu V. 26..
46,1c Der Name Josua bedeutet »Jahwe hilft«; dementsprechend besser G, wie oben, als H: in seinen Tagen (vgl. 43,8).
46,17b So nach G und S.
46,19 Der Zusatz fehlt in G und S.
47,15 Text unsicher; G: Deine Seele bedeckte die Erde, und du hast sie angefüllt mit Rätselsprüchen.
47,16b Nach S; G: und du wurdest geliebt in deinem Frieden.
47,24 G hat die Zeilen umgestellt.
48,2a Wörtlich: Er zerbrach ihnen den Brotstab (vgl. die Anmerkung zu Lev 26,26).
48,9 G verdeutlicht nach 2 Kön 2,11: Du wurdest im Feuersturm entrückt und in einem Wagen mit Feuerpferden.
48,11 Text sehr unsicher; G: Glücklich die, die dich sehen und die in der Liebe gestorben sind; denn auch wir werden leben.
48,21b So nach H; G verdeutlicht nach 2 Kön 19,35: und sein Engel vertilgte sie.
48,23a Auf Jesajas Befehl, wörtlich: Durch seine Hand (S); G: In seinen Tagen.
49,13 G hat die Zeilen c und d vertauscht.
49,15 G hat 50,1a hier eingesetzt und so mit Josef verknüpft.
49,16a Nach G wäre zu übersetzen: Sem und Set sind unter den Menschen hoch geehrt (vgl. die Anmerkung zu Gen 4,26).
50,4b G: gegen Belagerung.
50,7a Königspalast: nach H; G: Tempel des Höchsten.
50,10b G: wie eine Zypresse, die in die Wolken ragt.
50,22c einen Menschen: G fälschlich: unsere Tage.
50,29 tiefster Inhalt: G hat hier einen Ausdruck, der ein hebräisches Wort mit der Bedeutung »das Wesen, der tiefste Sinn« wiedergibt.
51,8 Nach G und Vg wird Gott direkt angeredet, wie auch in V. 12.
51,11b G: dich preisen im Gebet; V. 11c fehlt in G.
51,12 Ob das litaneiartige Lied von Sirach selbst stammt, ist unsicher, da es in G und S fehlt.
51,13–20 So nach dem H-Text von Qumran, der die alphabetische Ordnung der Verse besser bewahrt hat als die anderen H-Zeugen.
51,30cd Dieser Lobpreis wie auch der jüngere am Schluß, fehlt in G und ist späterer Zusatz, ebenso die dazwischenliegende nochmalige Schlußbemerkung, die bei den Textzeugen verschieden lang ist.

Jesaja

1,7 Sodom: Text korr. nach V. 9.
1,17 den Unterdrückten: Text korr. nach den alten Übersetzungen.
1,29 Ihr werdet: Text korr. nach H-Handschriften und der aramäischen Übersetzung.
2,6 Übersetzung unsicher. – von Zauberern: Text korr.; H: vom Osten.
2,18 schwinden dahin: nach dem Qumran-Text.
2,20 den Ratten: nach dem Qumran-Text.
3,13 sein Volk: Text korr. nach G.
3,24d Schande: nach dem Qumran-Text.
4,4 Andere Übersetzungsmöglichkeit: den Geist des Gerichts und den Geist der Läuterung.
4,5 kommt er: Text korr. nach G.
5,9 hören: ergänzt nach G.
5,10 Morgen, wörtlich: Joch, Gespann.
5,13 sterben: Text korr. nach den alten Übersetzungen. – die Masse der Armen, wörtlich: seine Masse.
5,18a mit Ochsenstricken: Text korr. in Anlehnung an V. 18b.

5,26 für ein Volk: Text korr.; Einzahl wie Jer 5,15.
6,5 ich bin verloren, andere Übersetzungsmöglichkeit: ich muß schweigen.
6,9f Verhärte; wörtlich: Verfette.
7,14 Jungfrau: nach G und Mt 1,23; das hebräische Wort almáh wird auch als junge Frau gedeutet.
8,1f mit einem gewöhnlichen Griffel, wörtlich: mit Menschengriffel.
9,10 Jakobs Gegner: Text korr.; H: die Gegner Rezins.
9,19 seinen Nachbarn: Text korr. nach G.
10,5 in meiner Hand: Text korr.; H: in ihrer Hand. V 5b ist wie in G umgestellt.
10,2 straft er: Text korr. nach G.
11,15 trocknet . . . aus: Text korr. nach G; H: weihte . . . dem Untergang.
13,2 meine Helden, wörtlich: sie (ergänzt nach V.3).
13,3 meine heiligen Krieger, wörtlich: meine Geheiligten.
14,19 Bastard, wörtlich: Sproß.
14,20 dieses Verbrechers: Text korr., Einzahl nach G und S.
15,2 Tochter Dibon: Text korr. nach Jer 48,18.
16,10 verstummt ist: Text korr. nach G.
17,9ab Text korr.; vgl. G.
20,1f Der Verständlichkeit wegen sind die beiden Verse umgestellt.
21,8 Der Späher: Qumran-Text: Der Seher; H: Der Löwe.
21,11 Edom: Text: korr. mit G; H: Duma.
22,6 Aram: Text korr. nach G; H: Adam.24,23e Text korr. nach G.
22,11 aus der Ferne, andere Übersetzungsmöglichkeit: im voraus.
22,19 Ich vertreibe dich: Text korr. nach den alten Übersetzungen (1. statt 3. Person).
22,24 mit Kindern und Kindeskindern, wörtlich: die Schößlinge und die Blätter.
23,10 Bebau: Text korr. nach G und dem Qumran-Text.
23,13 Text durch spätere Zusätze völlig entstellt.
24,23e Text korr. nach G.
26,9c ein Licht: eingefügt mit G.
27,7 ihre Mörder: Text korr. nach dem Qumran-Text.
28,6b den Feind, wörtlich: den Kampf.
28,14b Sprüchemacher, andere Übersetzungsmöglichkeit: Herrscher.
28,16f ich lege: Text korr. nach G. V.16.17ab unterbrechen den Text; V. 17cd schließt an V. 15 an.
29,13b mit Worten, wörtlich: mit seinem Mund.
30,10b zu den Propheten; wörtlich: zu den Schauenden.
30,25cd.26 Apokalyptischer Ausblick auf die Endzeit.
30,32 Text unsicher.
31,8f Seine starken Helden vergehen, wörtlich: Sein Fels vergeht.
32,19 stürzt: Text korr. nach der aramäischen Übersetzung.
33,7 die Krieger: in H ein Wort unsicherer Bedeutung.
33,8f die Zeugen: Text korr. nach dem Qumran-Text.
33,11c Mein Atem: Text korr. nach Vg und der aramäischen Übersetzung; H: Euer Atem.
33,22f In H ist die Reihenfolge der Sätze durcheinandergeraten.
34,4a Hügel: Text korr.; H: das Heer des Himmels (aus V. 5).
34,5 erscheint: Text korr. nach dem Qumran-Text. – das Schwert des Herrn, wörtlich: mein Schwert.
34,12ab Ergänzt nach G; in H ist nur erhalten: seine Edlen.
34,13d Strauße, wörtlich: Töchter der Wüste.
34,16f der Mund des Herrn: Text korr. nach H-Handschriften und G.
37,9 wiederum: Text korr. nach 2 Kön 19,9 und G.
37,20 Gott bist: eingefügt mit 2 Kön 19,19 und dem Qumran-Text.
37,21 Ich habe gehört: eingefügt mit 2 Kön 19,20 und G.
37,25 fremdes: eingefügt mit 2 Kön 19,24 und dem Qumran-Text.
37,27 verdorrt: Text korr. nach dem Qumran-Text.
38,12 hast du gewoben: Text korr. (2. statt 1. Person). – gewoben, wörtlich: aufgerollt.
38,13 H wiederholt am Ende V. 12ef.
38,15 was soll ich reden: Text korr., vgl. den Qumran-Text; H: und er hat mir gesagt. – 15c: Text korr. nach S.
38,16 H ist unverständlich, die Übersetzung ein Versuch.
40,2e Wörtlich: »sie hat Zweifaches empfangen«.
40,6 Ich fragte: Text korr. nach G, vgl. den Qumran-Text.
40,12 Scheffel: H: Schalisch (ein Hohlmaß unbekannter Größe).
40,20f Die Verse 41,6f gehören nach ihrem Inhalt hierher; sie stehen in Kap. 41 isoliert.
41,1 ihr Völker, wartet auf mich: Text korr.; H: und Völker schöpfen neue Kraft (aus 40,31 eingedrungen).
41,14 Würmlein Israel: H: Leute Israels.
42,11 sollen sich freuen: H: sollen (ihre Stimme) erheben.
42,19 mein Vertrauter: Bedeutung des Wortes in H unklar.
42,22 in den Kerker geworfen, wörtlich: gebunden in Löchern.
43,4 ganze Länder: Text korr.; H: Menschen.
43,14e H ist verderbt, daher Übersetzung unsicher; vgl. G.
43,19 Straßen: nach dem Qumran-Text; H: Ströme (aus V. 20).
43,26b verteidige dich, wörtlich: zähl auf.
43,28a Text korr., vgl. G; H: und ich entweihte die Fürsten des Heiligtums.
44,4 das Schilfgras, wörtlich: das Gras zwischen Wassern; Text korr., ergänzt nach G.
44,16b in der Glut: Text korr. nach G (vgl. V. 19).
44,26a H: seines Knechtes; gemeint sind die Propheten als Boten Gottes.
44,28 der zu Jerusalem sagt . . . und zum Tempel: Text korr.; vgl. Vg und G.
45,1 um die Könige zu entwaffnen, wörtlich: um den Gürtel an den Hüften der Könige zu lösen.
45,9 kein Geschick, wörtlich: keine Hände; Text korr.

45,16a sie alle: nach G die Gegner Gottes.
46,3e Wörtlich: vom Mutterschoß an.
46,12 ihr Verzagten: Text korr. nach G.
47,4 spricht: ergänzt mit G.
48,6 Willst du, wörtlich: Wollt ihr.
48,10b prüfte: Text korr. nach dem Qumran-Text; H: erwählte.
48,11 mein Name: ergänzt nach G.
48,16 Zusatz aus einem anderen Zusammenhang (vgl. 61,1).
49,5e bei ihm: Text korr. nach dem Qumran-Text und G.
49,9d auf allen Bergen: Text korr. nach dem Qumran-Text; H: auf den Wegen.
49,24b einen Mächtigen: Text korr. nach dem Qumran-Text und den alten Übersetzungen; H: einem Gerechten; gemeint ist der König von Babel.
51,4 ihr Völker, ihr Nationen: Text korr. nach einigen H-Handschriften und S; H: mein Volk, meine Nation.
51,5a plötzlich: ergänzt nach G.
51,16 Text unklar. – als ich ausspannte: Text korr. nach V. 13 und S.
51,19 tröstet: Text korr. nach dem Qumran-Text und den alten Übersetzungen (3. statt 1. Person).
53,8 seines Volkes: Text korr. nach dem Qumran-Text; H: meines Volkes.
53,11 Licht: eingefügt nach dem Qumran-Text und G.
54,2 spann ... aus: Text korr. nach den alten Übersetzungen.
57,8 kauftest du: Text korr. – du hast ihre Kraft bestaunt, wörtlich: »du hast die Hand geschaut«, verhüllende Aussage für das männliche Glied.
57,9 Moloch: entstellt aus Melech (= König), Beiname Baals.
57,10c Wörtlich: hast du das Leben deiner Hand gefunden. Sinn unklar, vgl. die Anmerkung zu V. 8.
57,11e mich verbarg: Text korr. nach G.
57,13b deine vielen Götzen: H unklar.
57,19a Lob auf den Lippen, wörtlich: Frucht der Lippen.
58,10a dein Brot: Text korr. nach H-Handschriften und den alten Übersetzungen.
58,12e Ruinen: Text korr.; H: Pfade.
58,13a nicht aus dem Haus gehst, wörtlich: deinen Fuß zurückhältst.
59,10 im Finstern: in H ein Wort unbekannter Bedeutung.
60,9 Die Schiffe kommen ... zusammen: Text korr.; H: Auf mich harren die Inseln.
60,19b die Nacht: eingefügt mit G und dem Qumran-Text.
60,21d seiner Hände: Text korr. nach G und dem Qumran-Text; H: meiner Hände.
61,3 erfreue: Text korr. – Schmuck anstelle von Schmutz, wörtlich: »einen Turban anstelle von Staub«.
61,7 Schande: Text korr.; H: eure Schande. – sie wurden angespuckt: Text korr.; H: sie jubeln.
61,10e sich festlich schmückt: Text korr.; H: Priesterdienst tut.
62,5b dein Erbauer: Text korr.; H: deine Söhne.
63,1 Er schreitet: Text korr. nach Symmachus und Vg.
63,6 ich zerschmetterte sie: Text korr. nach vielen H-Handschriften (vgl. 14,25); H: ich machte sie trunken.
63,11b seines Knechtes: Text korr.; H: seines Volkes.
63,15e Halte ... fern: Text korr.; vgl. G und 64,11.
64,2 Der Zusatz ist eine irrtümliche Wiederholung aus 63,19.
64,3 kein Ohr hat gehört: Text korr.; H: sie haben nicht gehört.
64,4 H unklar, Übersetzung im Anschluß an G.
65,1 nach mir: eingefügt mit dem Qumran-Text und den alten Übersetzungen.
65,5b Wörtlich: sonst mache ich dich heilig. 65,6 wie sie es verdienen, wörtlich: in ihren Gewandbausch; so erhielt der Arbeiter seinen Lohn in Naturalien.
65,7 und zahle ihnen heim, wie sie es verdienen: Text korr. nach V. 6.
65,15 Meinen Knechten: Text korr., vgl. G; H: Seinen Knechten.
66,12 Ihre Kinder: Text korr.; vgl. G.
66,14b und ihr werdet aufblühen, wörtlich: und eure Gebeine werden sprossen.
66,17 Vielleicht ein Götterbild in einem Garten; Text und Sinn unklar. – Würmer: Text korr.; H: Greuel.
66,18 Ich kenne: ergänzt nach G. – und komme: Text korr. nach G.
66,19 Die Völkernamen sind zum Teil im Anschluß an G wiedergegeben.

Jeremia

4,28–30 Der Text von G scheint in Einzelheiten besser zu sein.
8,15 Paßt inhaltlich besser zu 14,19.
10,11 In aramäischer Sprache.
12,4e G: Gott sieht unsere Pfade nicht.
13,23 Neger, wörtlich: Kuschiter.
14,3 Das Eingeklammerte fehlt in G; irrtümliche Doppelschreibung für V. 4cd.
17,5 Die Einleitung fehlt in G; es folgt keine Gottesrede.
18,20 Das Eingeklammerte ist aus V. 22 eingedrungen.
23,10 wegen des Fluches: G: ihretwegen (d. h. wegen der Ehebrecher).
25,3–7 Das Ende von V. 3 sowie V. 4 und V. 6 durchbrechen den Zusammenhang; wohl Zusätze nach wie 7,25f; 35,15. Auch V. 7 ist größtenteils Zusatz; nur 7a gehört in die Rede Jeremias.
25,18 Das Eingeklammerte fehlt zu Recht in G.
28,1 zu Jeremia; H: zu mir; vgl. aber V. 5.
28,14 Zusatz aus 27,6; fehlt in G.
29,16–20 Stammt vor allem aus Kap. 24; fehlt in G zu Recht.
29,25 Die eingeklammerten Zusätze fehlen in G.
30,14fg Irrtümlich aus dem folgenden Vers hier eingefügt.
32,14a Zusatz, irrtümlich aus V. 15 eingefügt.
39,3 Aufzählung der Namen unsicher; vielleicht nach V. 13 zu korrigieren.
45,4 Der Zusatz fehlt in G.

48,25 Spruch des Herrn: fehlt in G.
48,47c Fehlt in G.
50,2 Die Zusätze fehlen in G.
50,14 Der Zusatz fehlt in G.
50,28d Fehlt in G und dürfte aus 51,11 eingedrungen sein.
50,37a Zusatz aus 51,21.
51,64 Die Schlußbemerkung fehlt in G.

Klagelieder

1,12a Ihr alle: Text korr.; H: Nicht für euch alle.
1,13b Text korr. nach G.
1,20 drinnen raffte sie die Pest dahin, wörtlich: drinnen wie der Tod.
1,21a Hör: Text korr. nach S; H: Sie hörten.
1,21e Bring: Text korr. nach S; H: Du hast gebracht.
2,14a Trug, wörtlich: Tünche (vgl. Ez 13,10).
2,17 die Macht, wörtlich: das Horn.
2,18a Text korr.; H: Ihr Herz ruft.
2,18b stöhne, Tochter Zion!: Text korr.; H: Mauer der Tochter Zion!
2,22b die Schrecken: Text korr.; H: meine Schrecken.
3,51b Text korr.; H: wegen aller Töchter meiner Stadt.
3,66b Text korr.; H: unter dem Himmel des Herrn.
4,3c Text korr. nach G; H: Die Tochter meines Volkes ist ...
4,7a Ihre jungen Männer: Text korr.; H: Ihre Nasiräer.
4,9d Text korr.; H: meiner Felder.
4,16a Text korr.; H: Das Angesicht des Herrn.

Baruch

1,2 fünften: ergänzt nach 2 Kön 25,8; gemeint ist die Zeit zwischen Mitte Juli und Mitte August 581 v. Chr.
3,4 der Todgeweihten, wörtlich: der Gestorbenen. Manche korrigieren in: der Männer.
3,23 Midian: Text korr.; G: Merran.
6,51 Andere Lesart: Wer sieht da, daß ...
6,71 Byssus: Text korr.; mehrere Textzeugen: Marmor.

Ezechiel

2,3 zu den abtrünnigen Söhnen Israels: H: zu den Söhnen Israels, zu den Völkern, den abtrünnigen; diese Erweiterung fehlt zu Recht in G.
2,5.8 ein widerspenstiges Volk, wörtlich: ein Haus der Widerspenstigkeit.
2,6 dich auch Dornen umgeben: Text korr.; vgl. G.
3,27 Gott, der Herr, wörtlich: der Herr Jahwe. So an allen einschlägigen Stellen.
4,4 Dann lege ich ... auf dich: Text korr.; H: Und du legst dann...
4,16 ich entziehe Jerusalem seinen Vorrat an Brot: vgl. die Anmerkung zu Lev 26,26.
5,15 wirst du: Text korr. nach den alten Übersetzungen; H: wird sie.
6,14 von der Steppe bis nach Ribla: Text korr.; H: bis nach der Steppe von Dibla.
7,2 sag: eingefügt nach G.
7,5–7.10–13 Text unsicher und teilweise verderbt.
7,23 Sie werden ein Blutbad anrichten: Text korr.; vgl. G.
8,2 ein Mann: Text korr. nach G.
9,7 Dann ... schlagt zu!: Text korr.; vgl. G.
9,10 Ihr Verhalten lasse ich auf sie zurückfallen, wörtlich: Ihren Weg gebe ich auf ihren Kopf (ebenso 11,21).
10,14 H wörtlich: Das erste (Lebewesen) hatte ein Kerubgesicht, das zweite ein ...
11,7 werde ich ... vertreiben: Text korr. nach den alten Übersetzungen und manchen H-Handschriften.
11,19 ein anderes Herz: Text korr. nach G; H: ein einziges (d. h. ungeteilt treues) Herz.
11,21 Vgl. die Anmerkung zu 9,10.
11,24 in dieser göttlichen Vision, wörtlich: in der Vision durch den Geist Gottes; die Übersetzung ist an 8,3 angeglichen.
12,5 kriech hindurch: Text korr. nach den alten Übersetzungen; entsprechend auch VV. 7 und 12.
12,19 ihr Land: Text korr. nach den alten Übersetzungen und mehreren H-Handschriften.
13,2 Text korr. nach G.
13,6 verkünden ... Orakel: Text korr.; vgl. G.
13,13 schicke ich einen, wörtlich: wird es sein, ein...
13,14 in ihren Trümmern, wörtlich: mitten in ihr.
13,18 für alle Handgelenke: Text korr.; vgl. die alten Übersetzungen.
13,22 Ihr habt... Kummer bereitet: Text korr.; vgl. den zweiten Satz.
14,4 in eigener Person: Text korr. nach V. 7.
14,5 hart anfassen, wörtlich: an seinem Herzen packen.
16,4 abgewaschen: H fügt ein Wort unsicherer Bedeutung hinzu, das in G fehlt.
16,6b Der Satz steht doppelt im Text.
16,15 bist du zu Willen gewesen: so nach G.
16,16 Der Schluß des Verses ist in H unverständlich; er ist deshalb nicht übersetzt.
16,29 den chaldäischen Krämern nachgelaufen, wörtlich: nach dem Krämerland Chaldäa hingelaufen.
16,49 ohne ... zu helfen, wörtlich: die Hand des Armen und Elenden machte sie nicht stark.
16,53 und ich werde auch dein Schicksal wenden: Text korr.; vgl. die alten Übersetzungen. – zusammen mit ihrem Schicksal, wörtlich: in ihrer Mitte.
16,57 So lästern jetzt: Text korr.; vgl. G. – Edomiterinnen: Text korr. nach mehreren H-Handschriften und S; H: Aramäerinnen.
16,61 wenn ich ... nehme: Text korr.; vgl. G; H: wenn du ... nimmst.
17,7 ein anderer: Text korr. nach G; H: einer. – das Beet: Einzahl nach G und anderen Textzeugen; ebenso V. 10.
17,21 Die tapfersten Krieger: Text korr. nach S und der aramäischen Übersetzung; vgl. G; H: Seine Flüchtlinge.
18,10 eine andere von diesen Sünden: Text korr.; vgl. Vg und S.
18,13 Er ist selbst schuld an seinem Tod, wörtlich: sein Blut wird auf ihm sein.

18,17 vom Unrecht: Text korr. nach G; vgl. V. 8; H: vom Elenden.
18,18 andere ... beraubt: Text korr., vgl. VV. 7.12.16; H unklar.
18,25 Der letzte Satz ist in H als Frage formuliert, ebenso V. 29.
19,4 bot man ... auf: Text korr.; H: hörten sie.
19,5 ein anderes: vgl. die Anmerkung zu 17,7.
19,7 Er zerbrach ihre Burgen: Text korr., vgl. G.
19,10 im Garten: Text korr.; H: in deinem Blut.
20,15 für sie: ergänzt nach den alten Übersetzungen und H-Handschriften.
20,37 und zähle euch ab: Text korr.; vgl. G; der Text ist unklar.
20,38 Der letzte Satz korr. nach den alten Übersetzungen und einigen hebräischen Handschriften.
20,39 werdet ihr auf mich hören: Text korr.; H: werdet ihr nicht auf mich hören.
21,15.18 Text des Zusatzes verderbt und unverständlich.
21,21 Zeig, daß du scharf bist: Text korr.; vgl. G.
21,27 das Kampflied anstimmen: Text korr. nach G; H ist unklar.
22,25 sind seine Fürsten: Text korr. nach G; H: ist die Verschwörung seiner Propheten.
23,21b Sinngemäß übersetzt nach V. 3 und V. 8.
23,23 Krieger, wörtlich: die Aufgebotenen.
23,43 H ist verderbt, die Übersetzung daher unsicher.
24,5 Brennholz: Text korr.; H: die Knochen. – koch mit: Text korr.; H: kochen sie.
24,10 ich gieße die Brühe ab: Text korr. nach G.
24,14 ich will dich richten: Text korr. nach den alten Übersetzungen und einigen H-Handschriften.
24,17 Trauerbrot: Text korr. nach Vg und der aramäischen Übersetzung; H: Menschenbrot.
26,20 in der ewigen Einöde: Text korr.; H: wie ewige Trümmer. – und dich nicht mehr erheben: Text korr. nach G.
27,6 Eschenholz: Text korr.; H ist verschrieben. 27,11 und die Wächter: Text korr. nach G; H ist unklar.
27,16 Edom: Text korr. nach vielen H-Handschriften; vgl. G; H: Aram.
27,17 Oliven, Wachs: H unklar.
27,19 Wein: Text korr. nach G; H: Dan und Jawan.
27,32 war vergleichbar: Text korr.; H ist unklar.
27,34a Text korr.; vgl. die alten Übersetzungen.
28,12 Siegel: Text korr.; vgl. die alten Übersetzungen.
28,14 einem Kerub: Text korr. nach G.
28,15 bis zu dem Tag, an dem du Böses getan hast, wörtlich: bis an dir Schlechtigkeit gefunden wurde.
29,3 sie: Text korrr. nach G; H: mich.
29,5 und begräbt dich, wörtlich: und sammelt dich ein.
29,6 bist du: Text korr. nach G.
29,21 Wörtlich: Ich werde dem Haus Israel ein Horn sprossen lassen, und ich gebe dir Öffnung des Mundes in ihrer Mitte.
30,17f On: Text korr. mit G. – die Zepter: Text korr. nach G und Vg; H: die Jochstangen.
31,3 Esche: Text korr.; H: Assur.
31,10 sie ... emporwuchs: Text korr. (3. statt 2. Person); vgl. G.
31,17 wohnten, werden ... zerstreut: Text korr., vgl. G.
32,2 Löwe der Völker, jetzt bist du verstummt, andere Übersetzung: Einem Völkerlöwen bist du gleich geworden.
32,10a Wörtlich: Ich bewirke, daß sich viele Völker über dich entsetzen.
32,17 des ersten: Text korr. nach G.
32,19f H ist schwer verständlich. Der zweite Teil von V. 20 ist verderbt und gibt keinen Sinn.
32,27 aus früheren Zeiten: Text korr. nach den alten Übersetzungen; H: von den Unbeschnittenen. – den Schild: Text korr.; H: ihre Verschuldungen.
33,4f ist er selbst schuld an seinem Tod, wörtlich: wird sein Blut auf seinem Kopf (V. 5: auf ihm) sein.
33,13 Du wirst am Leben bleiben: Text korr. nach G-Handschriften; vgl. V. 14 (2. statt 3. Person).
33,21 im elften: Text korr. nach H-Handschriften; vgl. G, S und 2 Kön 25,2; H: im zwölften.
33,31 Lügen: Text korr. nach G und S.
33,32 wie ein Mann, der ... singt: Text korr.; H: wie ein Lied.
34,3 die Milch: Text korr. nach Vg, G; H: das Fett.
34,16 behüten: Text korr. nach G; H: austilgen.
34,29 des Heils: Text korr. nach G und S; H: zum Ruhm.
35,6 lasse ich dich bluten, wörtlich: mache ich dich zu Blut. – Text teilweise korr., weil H verderbt ist.
35,11 dir: Text korr. nach G; H: an ihnen.
36,2 verödet: Text korr. nach G.
37,22 in meinem Land: ergänzt nach G.
37,23 Sünde: Text korr.; vgl. G.
37,25 ihre Väter: Text korr. nach G und S; H: eure Väter.
37,26 Text korr.; H hat zwei weitere Wörter, die kaum ursprünglich sind.
38,13 Händler: Text korr. H: alle seine Junglöwen.
38,14 brichst du auf: Text korr. nach G; H: wirst du es wissen.
38,17 Du bist der: Text korr. nach G und Vg; H formuliert als Fragesatz.
39,20 Reitern: Text korr. nach G.
40,1–44,3 Die Beschreibung des Tempels ist knapp, oft nicht recht klar, der Text vielfach schwierig und bisweilen verderbt. Die Übersetzung versucht eine durchschaubare Darstellung zu geben.
40,14 H verderbt; übersetzt nach G; Sinnzusammenhang unklar.
40,19 Übersetzt nach G.
40,22.26 Auf der Innenseite: Text korr. nach G; H: Nach ihrer Vorderseite.
40,37 seine Vorhalle: Text korr. nach G (vgl. V. 31 und V. 34).
40,44 zwei: Text korr. nach G. – Südtor: Text korr. nach G; H: Osttor.
40,48 vierzehn Ellen und die Breite der beiden Seitenwände: Text korr. nach G; vgl. 41,1.

40,49 zwölf: Text korr. nach G; H: elf. – zehn: Text korr. nach G.
41,3 der Seitenwände: ergänzt nach G.
41,6 dreißig in drei: Text korr.; vgl. die alten Übersetzungen; H: dreiunddreißig.
41,7 Text korr. nach G. Der ganze Vers ist unklar.
41,9 Zwischen: Text korr.; vgl. G.
41,11 Die Mauer: Text korr.; vgl. G; H: Der Platz.
41,16 waren getäfelt: Text korr. nach G.
41,22 und zwei Ellen breit: Text korr., eingefügt nach G. – sein Sockel: Text korr. nach G; H: seine Länge.
42,4 hundert Ellen lang: Text korr. nach G und S; H: ein Weg von einer Elle.
42,8 die ganze (Mauer): Text korr. nach G.
42,10 Im Süden: Text korr.; vgl. G; H: Im Osten.
42,12 Text unklar, die Übersetzung ist ein Versuch.
42,16f Dann wandte er sich: Text korr. nach G.
43,3 als er kam: Text korr. nach einigen H-Handschriften und Vg; H: als ich kam.
43,10 kennenlernen, wörtlich: ausmessen.
43,14 die oben . . . zurücksprang: H wörtlich: und die Breite eine Elle.
43,17 Text ergänzt; vermutlich ist ein Satz ausgefallen.
44,28 nicht (haben): Text korr. nach Vg.
45,1 zwanzigtausend: Text korr. nach G; H: zehntausend.
45,4 die Weideflächen für ihre Herden: Text korr.; vgl. G und die aramäische Übersetzung; H: ein Heiligtum zum Heiligtum.
45,12 fünfzig: Text korr. nach G; H: fünf.
45,14 einem Kor: Text korr. nach Vg.
45,21 sieben: Text korr. nach den alten Übersetzungen.
46,16 etwas von seinem Erbbesitz: Text korr.; vgl. G, V. 17.
46,19 zu den heiligen Priesterräumen: Text korr.; vgl. die alten Übersetzungen.
46,22 kleine: Text korr. nach G.
47,9 der Fluß: Text korr. nach den alten Übersetzungen.
47,15 Lebo-Hamat: Text korr. nach G; vgl. V. 20.
48,9.13 20 000 Ellen: Text korr., vgl. 45,1.

Daniel

2,4 Aramäisch: An dieser Stelle wechselt der Urtext vom Hebräischen zum Aramäischen.
3,12 Götter: Man kann hier und V. 18 auch Einzahl »Gott« lesen.
3,24–90 Die Übersetzung folgt dem Text des Theodotion.
3,71 Vg, deren Verszählung hier zugrunde gelegt wird, hat in VV. 71–78 eine andere Versfolge als Theodotion (vgl. die Anmerkung zu 3,24–90).
3,91 (24) Mit V. 91 setzt wieder der in V. 23 unterbrochene aramäische Text ein, dessen Verszählung in Klammern steht.
7,28 Hier endet der aramäische Teil des Danielbuches. Die Kapitel 8–12 sind hebräisch abgefaßt.
13,1 Mit 12,13 endet das hebräisch-aramäische Danielbuch. In Vg folgen als Kapitel 13 und 14 noch drei weitere Erzählungen von Daniel. Die Übersetzung folgt Theodotion.
14,1 Vg zählt 14,1 als 13,65; entsprechend verschiebt sich die Verszählung in Kap. 14.

Hosea

3,2 anderthalb Hómer, wörtlich ein Hómer und ein Letech; Letech ist ein Hohlmaß, das ein halbes Hómer ausmacht.
13,5a Text korr. nach den alten Übersetzungen und dem Zusammenhang; H: Ich habe dich in der Wüste erkannt.

Joël

2,23 Text korr. nach G; H ist schwer verständlich.
2,26d Der Zusatz ist aus V. 27e hier eingedrungen.
4,21ab Späterer erklärender Zusatz (vgl. V. 19d).

Amos

1,5 Herrscher: G: Einwohner.
5,8 V. 7 gehört zwischen V. 9 und V. 10; er ist der Anfang der folgenden Rede.
5,10.12.15 Bei Gericht, wörtlich: Im Stadttor.

Obadja

1 Text korr. (Zeilen umgestellt).
21a Text unklar. Andere Übersetzungsmöglichkeit: Die Geretteten auf dem Berg Zion ziehen aus, um . . .

Micha

1,10 Der Text von VV. 10–15 ist zum Teil unklar bzw. schlecht überliefert.
3,2a Späterer Zusatz, der aber eher hinter V. 3 gehört.
3,3a Wörtlich: Sie fressen das Fleisch meines Volkes.
4,3 Das Eingeklammerte fehlt im Paralleltext Jes 2,4; wahrscheinlich späterer Zusatz.
5,1 Das Zitat in Mt 2,6 lautet etwas anders, ist aber sachlich nicht verschieden.
5,4f Undatierbarer Zusatz, bedingt durch das Stichwort »Assur« in V. 5d.

Nahum

1,10 verbrannt, wörtlich: gefressen (vom Feuer).

Habakuk

1,8b Nach G; H: Wölfe am Abend.
1,17a Nach dem Qumran-Text.

Zefanja

1,9 der über die Schwelle springt: Übersetzung unsicher. Gemeint ist wohl ein heidnischer Kultbrauch.
2,14 Denn das Zederngetäfel ist weg: Text korr.; H verderbt.
3,3b Wölfe der Steppe: vgl. die Anmerkung zu Hab 1,8b.

Sacharja

5,3 Text korr. nach G.
6,14 Hen, den Sohn Zefanjas: Text korr. nach Vg.

9,1 die Hauptstadt, wörtlich: das Auge. – Aram: Text korr.
11,13 Wirf ihn dem Schmelzer hin, andere Übersetzungsmöglichkeit nach S: Wirf ihn in das Schatzhaus!
12,2b H verderbt.
12,10 Und sie werden auf den blicken: nach Theodotion; H: und sie werden auf mich blicken.
14,5 Jasol: Text korr. nach G; vermutlich ein Ort oder Tal in der Nähe des Ölbergs.

Maleachi

1,3 »Hassen« bedeutet in solchem Zusammenhang »weniger lieben«, »zurücksetzen« (vgl. Lk 14,26).
2,12c So nach G.
2,15 H schwer verständlich; G: Ihr aber sagt: Was anderes als Nachkommen sucht Gott?
2,16c Wörtlich: bedeckt er sein Gewand mit einer Gewalttat.
3,2cd Wörtlich: wie das Feuer des Schmelzers und wie die Lauge der Wäscher.

2. Neues Testament

Matthäus

2,2 Andere Übersetzungsmöglichkeit: Wir haben seinen Stern im Osten gesehen. Entsprechend in V. 9.
2,23 Das Prophetenwort steht in dieser Form nicht im Alten Testament; vielleicht liegt eine Anspielung auf Jes 11,1 vor, wo vom »Sproß« (hebräisch: nezer) die Rede ist.
3,7 Gericht, wörtlich: Zorn.
5,3 Wörtlich: die im Geist Armen. Gemeint sind Menschen, die wissen, daß sie vor Gott nichts vorweisen können, und die daher alles von Gott erwarten.
5,5 Andere Übersetzungsmöglichkeit: die sanftmütig sind. – Das Wort ist wohl gegen das politische Messiasideal gerichtet.
5,15 Wörtlich: und stellt es unter einen Modios. Das griechische Wort módios bezeichnet ein Gefäß, das als Hohlmaß (»Scheffel«), aber auch zum Auslöschen von Öllampen benutzt wurde.
5,18 Wörtlich: auch nicht ein Jota oder ein kleiner Strich (an einem Buchstaben).
5,26 Pfennig, wörtlich: Quadrans (kleine römische Münze).
5,37 »stammt vom Bösen« bedeutet entweder: ist böse, oder: ist vom Teufel bewirkt.
6,9 In der Liturgie ist folgende ökumenische Fassung gebräuchlich: Vater unser im Himmel, geheiligt werde Dein Name. Dein Reich komme. Dein Wille geschehe, wie im Himmel, so auf Erden. Unser tägliches Brot gib uns heute. Und vergib uns unsere Schuld, wie auch wir vergeben unsern Schuldigern. Und führe uns nicht in Versuchung, sondern erlöse uns von dem Bösen.
6,13 Spätere Textzeugen fügen dem Gebet des Herrn noch einen Lobpreis an, der in Anlehnung an 1 Chr 29,10f gestaltet ist: Denn dein ist das Reich und die Kraft und die Herrlichkeit in Ewigkeit. Amen.
6,17 dein Haar, wörtlich: deinen Kopf.
6,27 Andere Übersetzungsmöglichkeit: kann ... seiner Körpergröße auch nur eine Elle hinzufügen?
7,15 Wörtlich: sie kommen zu euch in Schafspelzen, innen aber sind sie reißende Wölfe.
8,4 Ein Beweis (deiner Heilung), andere Deutungsmöglichkeiten: ein Beweis (meiner Gesetzestreue); oder: ein Beweis (meiner Vollmacht).
8,7 Andere Übersetzungsmöglichkeit: Soll ich etwa kommen und ihn gesund machen?
8,12 die aber, für die das Reich bestimmt war, wörtlich: die Söhne des Reichs.
8,24 ein gewaltiger Sturm, wörtlich: ein gewaltiges Erdbeben (vgl. 24,7; 27,51).
8,28 Gadara, weniger gut bezeugte Lesarten: Gerasa, Gergesa.
9,10 in seinem Haus: entweder im Haus des Matthäus oder im Haus Jesu.
9,27 Matthäus verdoppelt gern die Personen bei Heilungen, (vgl. mit Mk 8,22–26 und Lk 11,14; auch Mt 20,29–34 mit Mk 10,46–52 und Mt 8,28 mit Mk 5,2).
10,25 Beelzebul: Die bisher übliche Namensform Beelzebub geht auf die Vulgataübersetzung zurück; zur Sache vgl. Mt 12,24.
10,29 ein paar Pfennig, wörtlich: ein As. Das As war die zweitkleinste römische Münze.
11,11 Unter allen Menschen, wörtlich: Unter allen von einer Frau Geborenen.
11,12 Der Sinn der Stelle ist umstritten, weil nicht klar ist, ob das griechische Wort für »Gewalt anwenden« hier im positiven oder negativen Sinn zu verstehen ist. Im positiven Sinn sagte es: Das Himmelreich wird mit Macht oder Gewalt erstrebt. Doch spricht die Fortsetzung in V. 12 eher für die in der Übersetzung bevorzugte negative Bedeutung, obwohl dann unklar bleibt, wer die Gewalttätigen sind: die Gegner Jesu, die Zeloten, die Pharisäer und Schriftgelehrten oder gar die Anhänger Jesu und des Täufers.
12,10.13 Hand, andere Übersetzungsmöglichkeit: Arm.
12,27 Anhänger, wörtlich: Söhne.
12,35 Wörtlich: Ein guter Mensch bringt aus dem guten Schatz Gutes hervor, und ein böser Mensch bringt aus dem bösen Schatz Böses hervor.
12,39 treulose, wörtlich: ehebrecherische (vgl. Mt 16,4; Mk 8,38). Das Wort wird hier, wie schon bei den Propheten, im übertragenen Sinn gebraucht (vgl. Ez 16,15–34; Hos 2 – 3).
12,47 Dieser Vers fehlt bei einigen wichtigen alten Textzeugen.
13,33 unter einen großen Trog Mehl, wörtlich: unter drei Sea Mehl. Eine Sea entspricht etwa dreizehn Litern.
13,35 Mehrere alte Textzeugen haben: seit der Schöpfung der Welt.
14,3 »Philippus« fehlt in einigen alten Textzeugen.
15,6 Gottes Wort, nach anderen Textzeugen: Gottes Gesetz.

15,23 Befrei sie (von ihrer Sorge), andere Übersetzungsmöglichkeit: Schick sie weg.
15,39 Ein Teil späterer Textzeugen nennt hier Magdala, das westlich von Kafarnaum in einer Bucht des Sees von Gennesaret lag.
16,2b–3 Spätere Textzeugen fügen hier ein: Am Abend sagt ihr: Es kommt schönes Wetter, denn der Himmel ist rot. 3 Und am Morgen: Heute gibt es Sturm, denn der Himmel ist rot und trüb. Das Aussehen des Himmels könnt ihr beurteilen, die Zeichen der Zeit aber nicht.
16,4 Zu »treulose« vgl. die Anmerkung zu Mt 12,39.
16,18 Das dem Beinamen Petrus zugrunde liegende griechische Wort petra bedeutet »Fels«. – »die Mächte der Unterwelt«, wörtlich: »die Pforten des Hades«.
17,21 Spätere Textzeugen fügen hier entsprechend Mk 9,29 ein: Diese Art (von Dämonen) aber kann nur durch Gebet und Fasten ausgetrieben werden.
17,27 ein Vierdrachmenstück, wörtlich: einen Statér.
18,5 um meinetwillen, wörtlich: aufgrund meines Namens.
18,11 Ein Teil der Textzeugen fügt hier ein: Denn der Menschensohn ist gekommen, um zu retten, was verloren ist; vgl. Lk 19,10.
18,22 Der griechische Text ist zu übersetzen mit »siebenundsiebzigmal«, nicht mit siebzigmal siebenmal wie in manchen Übersetzungen. Der Ausdruck hat den Sinn: immer, ohne Einschränkung.
19,9 Die sog. Unzuchtsklausel, die vom radikalen Scheidungsverbot Jesu den Fall der Unzucht ausnimmt, findet sich in der älteren Überlieferung, wie sie in Mk 10,2–12 und Lk 16,18 vorliegt, noch nicht.
19,29 das Hundertfache, nach einigen alten Textzeugen: ein Vielfaches; vgl. Lk 18,30.
20,16 Spätere Textzeugen fügen am Ende des Verses entsprechend Mt 22,14 hinzu: Denn viele sind gerufen, aber nur wenige auserwählt.
20,20 die Frau des Zebedäus, wörtlich: die Mutter der Söhne des Zebedäus.
21,3 Andere Übersetzungsmöglichkeit: Der Herr braucht sie. Und er (der Besitzer, der euch zur Rede stellt) wird sie euch sofort mitgeben.
21,29–31 In einer Reihe wichtiger Textzeugen sagt der erste Sohn nein, geht aber dann doch; der zweite Sohn sagt ja, geht aber nicht. In diesem Fall hat der erste Sohn den Willen des Vaters erfüllt.
21,42 Die Übersetzung »das hat der Herr vollbracht« nimmt Rücksicht auf den hebräischen Text von Ps 118,22. Der griechische Text lautet wörtlich übersetzt: ihn hat der Herr gemacht, und er ist wunderbar in unseren Augen.
21,44 Dieser Vers, der bei einigen alten Textzeugen fehlt, ist irrtümlicherweise hinter V. 43 überliefert.
22,2–10.11–13 Matthäus hat zwei selbständige Gleichnisse miteinander verknüpft. Der zweite Teil besagt, daß der Eintritt in das Reich Gottes die Umkehr des Sünders voraussetzt.
23,14 Spätere Textzeugen fügen aus Mk 12,40 noch hinzu: Weh euch, ihr Schriftgelehrten und Pharisäer, ihr Heuchler! Ihr bringt die Witwen um ihre Häuser und verrichtet lange, scheinheilige Gebete. Deshalb wird das Urteil, das euch erwartet, um so härter sein.
23,30 am Tod, wörtlich: am Blut.
23,38 Wörtlich: Darum wird euch euer Haus überlassen. Zahlreiche Textzeugen haben statt dessen: . . . verödet überlassen.
24,14 damit alle Völker es hören, wörtlich: allen Völkern zum Zeugnis.
25,32 Die Übersetzung »Schafe« und »Böcke« nimmt Rücksicht auf die sprichwörtliche deutsche Redeweise. Wahrscheinlichere Übersetzung: die Schafe von den Ziegen.
26,50 Andere Übersetzungsmöglichkeit: Freund, tu, wozu du gekommen bist. – Die herkömmliche Übersetzung »Freund, wozu bist du gekommen?« ist vom griechischen Text her nicht zu rechtfertigen.
26,55 Darauf, wörtlich: In jener Stunde.
27,4 einen unschuldigen Menschen, wörtlich: unschuldiges Blut.
27,9 Das dem Propheten Jeremia zugeschriebene Zitat ist eine freie Verbindung von Stellen aus Sacharja, Jeremia und Exodus.
27,24 dieses Menschen, nach zahlreichen Textzeugen: dieses Gerechten.
27,64 als alles zuvor, wörtlich: als der erste.

Markus

1,1 »dem Sohn Gottes« fehlt bei einigen alten Textzeugen.
1,4 Umkehr und Taufe, wörtlich: Taufe der Umkehr.
1,24 Andere Übersetzungsmöglichkeit: Du bist gekommen, um uns ins Verderben zu stürzen.
1,44 ein Beweis (meiner Gesetzestreue): andere Übersetzungsmöglichkeiten: ein Beweis (meiner Vollmacht); oder: ein Beweis (deiner Heilung).
2,7 außer dem einen Gott, andere Übersetzungsmöglichkeit: außer Gott allein. – Obige Übersetzung ist durch den Anklang an Dtn 6,4 nahegelegt. – Vgl. Mk 10,18; Lk 18,19.
2,8 Wörtlich: Jesus merkte in seinem Geist sofort, daß sie so dachten.
2,26 Der Hohepriester hieß nach 1 Sam 21,2 in Wirklichkeit Ahimelech; nach 1 Sam 22,20 hieß sein Sohn, nach 2 Sam 8,17 sein Vater Abjatar.
3,1.3.5 Hand, andere Übersetzungsmöglichkeit: Arm.
3,32 Einige Textzeugen fügen nach »Brüder« hinzu: und deine Schwestern.
4,40 Statt »Habt ihr . . .« haben mehrere Textzeugen: Warum habt ihr keinen Glauben?
5,1 Weniger gut bezeugte Lesarten: Gadara, Gergesa.
6,3 »Joses« ist Nebenform von »Josef«.
7,3 mit einer Handvoll Wasser, wörtlich: mit der Faust.
7,4 Andere Übersetzungsmöglichkeit: Und sie essen auch das, was vom Markt kommt, erst, wenn sie es gewaschen haben.
7,16 Spätere Textzeugen fügen hier entsprechend 4,23 ein: Wenn einer Ohren hat zum Hören, so höre er!

7,26 Heidin, wörtlich: Griechin.
8,38 Zu »treulosen« vgl. die Anmerkung zu Mt 12,39.
9,14 Einige Textzeugen haben: Als er ... zurückkam, sah er.
9,29 Einige Textzeugen fügen nach »Gebet« hinzu: und Fasten.
9,37 um meinetwillen, wörtlich: aufgrund meines Namens.
9,38 Manche Textzeugen fügen nach »jemand« hinzu: der uns nicht nachfolgt.
9,42 »an mich« fehlt bei manchen alten Textzeugen.
9,44.46 Spätere Textzeugen fügen entsprechend 9,48 hier ein: wo ihr Wurm nicht stirbt und das Feuer nicht erlischt.
10,7 Einige alte Textzeugen fügen nach »verlassen« hinzu: und sich an seine Frau binden (vgl. Gen 2,24; Mt 19,5).
10,13 Wörtlich: damit er sie berührte.
10,18 Vgl. die Anmerkung zu 2,7.
10,37 in deinem Reich, wörtlich: in deiner Herrlichkeit.
11,26 Spätere Textzeugen haben im Anschluß an Mt 6,15 hier eingefügt: Wenn ihr aber nicht vergebt, dann wird euch euer Vater im Himmel eure Verfehlungen auch nicht vergeben.
12,42 Wörtlich: und warf zwei Leptá hinein, das ist ein Quadrans.
13,9 damit ihr vor ihnen Zeugnis ablegt, andere Übersetzungsmöglichkeit: zum Zeugnis gegen sie.
14,65 Zeig, daß du ein Prophet bist, wörtlich: Prophezei!
14,68 Spätere Textzeugen fügen am Ende des Verses hinzu: Da krähte der Hahn.
15,28 Spätere Textzeugen fügen entsprechend Lk 22,37 hier ein: So erfüllte sich das Schriftwort: Er wurde zu den Verbrechern gerechnet.
15,47 der Leichnam, wörtlich: er.
16,9–20 Dieser Abschnitt findet sich nicht bei den ältesten Textzeugen. Er ist eine im 2. Jahrhundert entstandene Zusammenfassung der in anderen Evangelien stehenden Berichte über die Erscheinungen und Anweisungen des Auferstandenen; er gehört also inhaltlich zur Evangelienüberlieferung.
In einer altlateinischen Handschrift findet sich statt dessen folgende Ergänzung: Und sie berichteten alles, was ihnen aufgetragen worden war, dem Kreis um Petrus. Danach sandte Jesus selbst durch sie vom Osten bis in den Westen die heilige und unvergängliche Botschaft vom ewigen Heil. Amen.
Bei einigen Textzeugen finden sich auch beide Zusätze.

Lukas

1,35 Andere Übersetzungsmöglichkeit: Deshalb wird auch das Heilige, das geboren wird, Sohn Gottes genannt werden.
1,78 Statt »wird uns besuchen« haben einige Textzeugen: hat uns besucht. – Das aufstrahlende Licht, wörtlich: der Aufgang.
2,14 Wörtlich: Herrlichkeit Gott in der Höhe und auf Erden Friede bei den Menschen des Wohlgefallens. – Die ökumenische liturgische Fassung lautet: Ehre sei Gott in der Höhe und Friede auf Erden den Menschen seiner Gnade.
2,25 die Rettung, wörtlich: den Trost.
2,37 Andere Übersetzungsmöglichkeit: seit vierundachtzig Jahren aber war sie Witwe.
3,3 Umkehr und Taufe, wörtlich: die Taufe der Umkehr.
3,7 Gericht, wörtlich: Zorn.
4,34 Andere Übersetzungsmöglichkeit: Du bist gekommen, um uns ins Verderben zu stürzen.
4,44 Bei vielen Textzeugen ist hier nach Mk 1,39 geändert: in den Synagogen Galiläas; vgl. Mt 4,23.
5,14 Vgl. die Anmerkung zu Mt 8,4.
5,20 Wörtlich: ... sagte er: Mensch, deine Sünden ...
6,6.8.10 Hand, andere Übersetzungsmöglichkeit: Arm.
6,45 Wörtlich: Ein guter Mensch bringt aus dem guten Schatz seines Herzens das Gute hervor, und ein böser Mensch bringt aus dem bösen das Böse hervor.
7,28 Unter allen Menschen, wörtlich: Unter allen von einer Frau Geborenen.
7,29 Wörtlich: sie alle haben Gott recht gegeben.
7,44 Wörtlich: hast du mir kein Wasser über die Füße gegossen.
8,15 durch ihre Ausdauer, andere Übersetzungsmöglichkeiten: beharrlich; oder: voll Geduld.
8,26.37 Weniger gut bezeugte Lesarten: Gergesa, Gadara.
8,30 Vgl. die Anmerkung zu Mk 5,9.
8,31 zur Hölle, wörtlich: in den Abgrund.
8,43–48 Manche Textzeugen fügen am Ende des V. 43 (entsprechend Mk 5,26) hinzu: obwohl sie schon ihr ganzes Vermögen für die Ärzte aufgewendet hatte.
9,48 um meinetwillen, wörtlich: aufgrund meines Namens.
9,51 entschloß sich Jesus, wörtlich: richtete er sein Gesicht fest darauf.
9,54 Einige Textzeugen fügen am Ende des Verses hinzu: wie es auch Elija getan hat; vgl. 2 Chr 1,10–12.
9,55 Einige Textzeugen fügen am Ende des Verses hinzu: und sagte: Ihr wißt nicht, was für ein Geist aus euch spricht. Der Menschensohn ist nicht gekommen, um Menschen zu vernichten, sondern um sie zu retten. Vgl. Lk 19,10.
9,59 Viele alte Textzeugen haben hier: Herr, laß mich ...
10,1.17 Statt »zweiundsiebzig« haben zahlreiche alte Textzeugen »siebzig«.
10,6 Mann des Friedens, wörtlich: Sohn des Friedens.
10,19 Andere Übersetzungsmöglichkeit: überwinden, und er (das heißt der Feind) wird euch in keiner Weise schaden können.
10,21 Einige Textzeugen haben: vom Geist erfüllt.
10,29 seine Frage, wörtlich: sich.
10,38 Statt »freundlich« haben viele Textzeugen »in ihr Haus«.
10,42 Zahlreiche Textzeugen haben statt dessen: Aber wenig ist notwendig oder nur eines. – das Bessere, andere Übersetzungsmöglichkeit: das Richtige.
11,2 Bei zahlreichen Textzeugen ist der Vaterunser-Text des Lukas an den des Matthäus angeglichen.

11,13 Andere Übersetzungsmöglichkeit (nach einigen alten Textzeugen): wird der Vater denen, die ihn bitten, aus dem Himmel den Heiligen Geist geben.
11,19 Anhänger, wörtlich: Söhne.
11,33 Vgl. die Anmerkung zu Mt 5,15.
11,41 Wörtlich: Gebt lieber den Inhalt als Almosen, dann ...
12,3 hinter verschlossenen Türen, wörtlich: in den Kammern.
12,6 ein paar Pfennig, wörtlich: zwei As. Das As war die zweitkleinste römische Münze.
12,25 Andere Übersetzungsmöglichkeit: kann ... seiner Körpergröße auch nur eine Elle hinzufügen.
12,56 Wörtlich: Warum könnt ihr dann diese Zeit nicht deuten?
12,59 den letzten Pfennig, wörtlich: das letzte Leptón. Das Leptón war die kleinste griechische Münze.
13,1–4 Wörtlich: von den Galiläern, deren Blut Pilatus mit dem ihrer Opfertiere vermischte.
13,11 Wörtlich: eine Frau, die seit achtzehn Jahren einen Krankheitsgeist hatte.
13,21 Vgl. die Anmerkung zu Mt 13,33.
13,32 werde ich mein Werk vollenden, wörtlich: werde ich vollendet sein. Andere Übersetzungsmöglichkeit: werde ich am Ziel (meines Weges) sein.
13,35 Wörtlich: Darum wird euch euer Haus überlassen.
14,5 seinen Sohn, andere Lesart: seinen Esel.
15,21 Am Schluß des Verses fügen manche Textzeugen hinzu: Mach mich zu einem deiner Tagelöhner. Vgl. V. 19.
16,6 Faß, wörtlich: Bat. Ein Bat sind etwa vierzig Liter.
16,7 Sack, wörtlich: Kor. Ein Kor sind etwa vierhundert Liter.
16,9 Andere Übersetzungsmöglichkeit: wenn es (mit dem Reichtum) zu Ende geht (das heißt: wenn ihr nichts mehr habt).
16,12 Manche Textzeugen haben: wer wird euch dann unser Eigentum geben?
16,16 Andere Übersetzungsmöglichkeit: und alle wollen mit Gewalt hineinkommen.
16,17 nur der kleinste Buchstabe, wörtlich: nur ein kleiner Strich (an einem Buchstaben).
17,21 Andere Übersetzungsmöglichkeiten: Das Reich Gottes ist (eines Tages plötzlich) unter euch da. Oder: Das Reich Gottes ist in euch. – Gegen die zweite Möglichkeit spricht, daß die Evangelien das Wirken Gottes im Innern des Menschen nicht als »Reich Gottes« bezeichnen.
17,36 Spätere Textzeugen fügen entsprechend Mt 24,40 hinzu: Wenn zwei Männer auf dem Feld sind, wird der eine mitgenommen und der andere zurückgelassen.
18,7 sondern zögern, andere Übersetzungsmöglichkeit: während er ihnen geduldig zuhört.
18,15 Wörtlich: damit er sie berührte.
19,20 dein Geld, wörtlich: deine Mine.
20,34 Wörtlich: Nur in dieser Welt heiraten sie (nämlich die Männer) und werden geheiratet (nämlich die Frauen). Ähnlich im V. 35.
21,2 zwei kleine Münzen, wörtlich: zwei Leptá. Vgl. die Anmerkung zu 12,6.
21,35 Eine Reihe von Textzeugen hat: denn wie eine Falle wird er über alle Bewohner ... hereinbrechen.
22,2 Andere Übersetzungsmöglichkeit: denn sie fürchteten, das Volk (werde einen Aufstand machen).
22,17 Nehmt den Wein, wörtlich: Nehmt diesen (Kelch). – Beim jüdischen Paschamahl wird der Kelch mehrmals herumgereicht. Von dem bei der Einsetzung des Abendmahls gereichten Kelch ist erst in V. 20 die Rede.
22,21 Wörtlich: Doch siehe, die Hand dessen, der mich verrät und ausliefert, (ist) mit mir auf dem Tisch.
22,43f Diese zwei Verse fehlen bei wichtigen Textzeugen; sie sind vermutlich nicht ursprünglich.
23,17 Einige Textzeugen fügen hinzu: Zum Fest aber mußte er ihnen einen Gefangenen freilassen.
23,34 Der erste Teil des Verses fehlt bei einigen alten Textzeugen.
23,42 Einige Textzeugen haben: wenn du in deiner Macht als König kommst.
24,6 Der erste Satz des Verses fehlt bei einigen alten Textzeugen.
24,12 Dieser Vers fehlt bei einigen alten Textzeugen.
24,35 Andere Übersetzungsmöglichkeit: wie sie ihn daran erkannten, wie er das Brot brach.
24,36 Die Worte »und sagte zu ihnen: Friede sei mit euch!« fehlen bei einigen alten Textzeugen.
24,40 Dieser Vers fehlt bei einigen alten Textzeugen.
24,51f Die Worte »und wurde zum Himmel emporgehoben, sie aber fielen vor ihm nieder« fehlen bei einigen alten Textzeugen.

Johannes

1,3f Andere, weniger wahrscheinliche Satzeinteilung: und ohne das Wort wurde nichts. Was geworden ist, das war in ihm Leben.
1,9 Andere Übersetzungsmöglichkeiten: Es (das Wort) war das wahre Licht, das jeden Menschen erleuchtet, kommend in die Welt. Oder: Es (das Wort) war das wahre Licht, das jeden Menschen erleuchtet, der in die Welt kommt.
1,18 Statt »Der Einzige, der Gott ist und ...« ist nach anderen Textzeugen zu übersetzen: Der einzige Sohn, der ...
1,20f Für das hebräische Wort »der Messias« (der Gesalbte) steht im griechischen Text die Übersetzung ho Christós (der Christus), vgl. 1,41 und 4,25.
1,34 der Sohn Gottes, nach anderen Textzeugen: der Erwählte Gottes.
2,4 Wörtlich: Was (ist) mir und dir, Frau? (Vgl. Mt 8,29; Mk 1,24; 5,7; Lk 4,34; 8,28).
2,6 Wörtlich: sie faßten je zwei bis drei Metreten. – Eine Metrete sind etwa vierzig Liter.
3,3 von neuem: der zugrunde liegende griechische Ausdruck bedeutet zugleich »von oben«.
3,8 Für »Wind« und »Geist« steht im griechischen Text das gleiche Wort (pneuma).

3,25 einem Juden, nach anderen Textzeugen: einigen Juden.
4,1 Jesus, nach anderen Textzeugen: Der Herr.
4,9 Andere Übersetzungsmöglichkeit: Die Juden benutzen nämlich nicht dieselben (Gefäße) wie die Samariter.
5,2 Nach anderen Textzeugen: Betzata.
5,3 Ein Teil der Textzeugen fügt nach »Verkrüppelte« hinzu: die auf die Bewegung des Wassers warteten. 4 Ein Engel des Herrn aber stieg zu bestimmter Zeit in den Teich hinab und brachte das Wasser zum Aufwallen. Wer dann als erster hineinstieg, wurde gesund, an welcher Krankheit er auch litt. – Dies ist wohl ein deutender Zusatz zum ursprünglichen Text.
7,13 Der Ausdruck »die Juden« bezieht sich hier wie in 1,19; 2,18; 5,10 u. ö. auf die jüdischen Behörden.
7,37f Andere Übersetzungsmöglichkeit: Wer Durst hat, komme zu mir und trinke. 38 Wer an mich glaubt, von dem sagt die Schrift, daß aus seinem Innern Ströme lebendigen Wassers fließen werden.
7,38 Es ist nicht klar, welche Schriftstelle hier gemeint ist; vgl. Ez 47,1; Sach 14,8.
7,46 Andere Textzeugen haben: Noch nie hat ein Mensch so gesprochen, wie dieser Mensch spricht.
7,52 Der Prophet, nach anderen Textzeugen: Ein Prophet.
7,53 – 8,11 Dieses Stück gehört nicht zum ursprünglichen Bestand des Johannesevangeliums; die besten Textzeugen überliefern es nicht. Die Erzählung stellt aber wohl eine alte Überlieferung dar und gehört inhaltlich zum Evangelium.
8,25 Der Sinn des griechischen Textes ist hier nicht sicher zu ermitteln.
10,29 Nach anderen Textzeugen: Was mein Vater mir gegeben hat, ist größer als alles, und niemand kann es der Hand meines Vaters entreißen.
13,1 bis zur Vollendung: Der Ausdruck im griechischen Text kann sowohl »bis zuletzt« als auch »bis zum äußersten« bedeuten.
13,10 Nach anderen Textzeugen: Wer gebadet ist, braucht sich nicht zu waschen, sondern ist ganz rein. – Bei der kürzeren Lesart meint »gebadet« in einem übertragenen Sinn: Wer durch die Fußwaschung Jesu in das dadurch versinnbildete Kreuzesgeschehen hineingenommen ist (wie die Jünger), bedarf keiner Reinigung mehr, sondern ist ganz rein. Bei der längeren Lesart oben im Text (»außer die Füße«) ist vielleicht an die Taufe gedacht.
13,18 Wörtlich: Einer ... hat gegen mich seine Ferse erhoben.
14,7 Nach anderen Textzeugen: Wenn ihr mich erkannt hättet, würdet ihr auch meinen Vater erkennen.
18,3 Soldaten, wörtlich: die Abteilung (Kohorte). Damit wird sonst die römische Garnison, die in Jerusalem lag, bezeichnet.
19,30 gab seinen Geist auf, wörtlich: er übergab den Geist (das pneuma).
20,30f Ursprünglich Schlußwort des Johannesevangeliums.
21,1–25 Das nachträglich hinzugefügte Kapitel stammt aus dem Schülerkreis des Evangelisten.

Apostelgeschichte

1,2 Andere Übersetzungsmöglichkeit: Vorher hat er den Aposteln, die er sich durch den Heiligen Geist erwählt hatte, Anweisungen gegeben.
1,4 Beim gemeinsamen Mahl, andere Übersetzungsmöglichkeit: Als sie beisammen waren.
2,4 in fremden Sprachen, wörtlich: in anderen Zungen. – Gemeint ist hier ein Reden in anderen Sprachen, das aber zugleich geistgewirktes »Zungenreden« ist; es bestand wohl vor allem in Gebetsrufen; vgl. auch Apg 10,46; 19,6; 1 Kor 12,10; 14,5.
7,42 Sternenkult, wörtlich: Himmelsheer.
7,51 Wörtlich: Ihr Halsstarrigen und an Herzen und Ohren Unbeschnittenen, ihr widersetzt euch immerzu dem Heiligen Geist.
8,27 »Kämmerer«, wörtlich: »Eunuch«, was entweder im gängigen Sinn (Verschnittener, Entmannter) oder als Titel für einen hohen Beamten zu verstehen ist.
8,37 Einige Textzeugen fügen hinzu: Da sagte Philippus zu ihm: Wenn du aus ganzem Herzen glaubst, ist es möglich. Er antwortete: Ich glaube, daß Jesus Christus der Sohn Gottes ist.
11,2 die gläubig gewordenen Juden, wörtlich: die aus der Beschneidung.
13,24 Wörtlich: Taufe der Umkehr.
15,34 Einzelne Textzeugen fügen hier ein: Silas aber beschloß dazubleiben; so reiste Judas allein (nach Jerusalem) ab.
19,3 Wörtlich: Auf was seid ihr denn getauft worden? Sie antworteten: Auf die Taufe des Johannes.
19,27 von der ganzen Provinz, wörtlich: von ganz Asien.
20,26 Ich bin unschuldig, wenn einer von euch allen verlorengeht, wörtlich: Ich bin rein vom Blut aller (vgl. 18,6).
24,6 Einige Textzeugen fügen ein: ... und nach unserem Gesetz richten wollen. 7 Aber der Oberst Lysias kam herzu und entriß ihn mit Gewalt unseren Händen 8a und befahl, daß seine Ankläger zu dir kommen sollen.
27,8 Kalói Liménes, wörtlich: Guthafen.
28,2.4 Die Einheimischen, wörtlich: Die Barbaren. Bei den Griechen Bezeichung für Menschen, die nicht griechisch sprachen.
28,29 Einzelne Textzeugen fügen hinzu: Als er das gesagt hatte, gingen die Juden weg und stritten noch lange miteinander.

Römer

1,4 seit, andere Übersetzungsmöglichkeit: aufgrund.
1,17 Andere Übersetzungsmöglichkeit: Der Gerechte wird aus Glauben leben (d. h.: Der Gerechte wird aufgrund seines Glaubens das Leben haben).
5,9 Gericht Gottes, wörtlich: Zorn.
6,5 ihm gleich geworden, wörtlich: mit ihm zusammengewachsen.

6,17 der Lehre, wörtlich: der Gestalt der Lehre.
7,4 durch das Sterben, wörtlich: durch den Leib (gemeint ist der tote Leib).
7,5 dem Fleisch verfallen, wörtlich: im Fleisch (d. h. ohne Christus).
8,10 aufgrund der Sünde, andere Übersetzungsmöglichkeit (wegen des Zusammenhangs mit 6,10f): für die Sünde.
8,29 an Wesen und Gestalt seines Sohnes teilzuhaben, wörtlich: um dem Bild seines Sohnes gleichgestaltet zu werden.
9,4 die Bundesordnungen, wörtlich: die Bundesschlüsse. – Vgl. die Anmerkung zu Eph 2,12.
9,5 Andere Übersetzung: ... und dem Fleisch nach entstammt ihnen der Christus. Gott, der über allem ist, er ist gepriesen in Ewigkeit. Amen. 9,21 Wörtlich: ein Gefäß herstellen zur Ehre, ein anderes zur Unehre.
14,2 Wörtlich: der Schwache aber ißt (nur) Gemüse.
16,24 Fehlt bei zahlreichen alten Textzeugen und ist wohl späterer Zusatz.

1 Korinther

1,2 Andere Übersetzungsmöglichkeiten: ... mit allen, die überall den Namen unseres Herrn Jesus Christus, ihres und unseres Herrn, anrufen. Oder (wenn man diesen Satzteil als Fortführung der Anschrift versteht): ... an die Gemeinde Gottes in Korinth ... und an alle, die überall den Namen unseres Herrn Jesus Christus anrufen.
1,26 im irdischen Sinn, wörtlich: dem Fleisch nach.
2,1 Anstelle von »Zeugnis Gottes« haben andere Textzeugen: Geheimnis Gottes. Gemeint ist das Evangelium vom gekreuzigten Christus.
2,9 Dieses »Schriftzitat« ist als Ganzes im Alten Testament nicht zu finden.
2,13 Andere Übersetzungsmöglichkeiten: indem wir Wirkungen des Geistes mit geistgewirkten Worten wiedergeben; oder: indem wir Wirkungen des Geistes miteinander vergleichen.
2,14 Der irdisch gesinnte Mensch, wörtlich: Der psychische Mensch. Dieser urteilt über Gott und sein Handeln mit einem nicht vom Geist Gottes erleuchteten Denken. Zum abwertenden Gebrauch von »psychisch« vgl. Jak 3,15; Jud 19; auch 1 Kor 15,44.46 (»psychischer Leib«, d. h. sterblicher Leib).
7,14 durch ihren gläubigen Mann, wörtlich: durch den Bruder.
7,15f Man kann die Stelle auch so verstehen, daß Paulus es für wünschenswert hält, wenn sich der gläubige Teil jede erdenkliche Mühe gibt, die Ehe mit dem ungläubigen Partner fortzusetzen. In diesem Sinn läßt sich übersetzen: Gott hat euch aber zu einem gemeinsamen Leben gerufen.
7,16 Vielleicht vermagst du, Frau, deinen Mann zu retten; vielleicht vermagst du, Mann, deine Frau zu retten.
7,21 Der griechische Wortlaut des Verses und der Zusammenhang des Abschnitts empfehlen diese Übersetzung. Es gibt aber auch Gründe für das Verständnis: Ergreif lieber die Gelegenheit (frei zu werden).
9,5 Wörtlich: Haben wir nicht das Recht, eine Schwester als Frau mitzunehmen (vgl. auch die Anmerkung zu Mt 12,46f).
9,23 an seiner Verheißung, wörtlich: an ihm (nämlich: dem Evangelium) teilzuhaben, d. h. an dem vom Evangelium zugesagten Heil.
11,24 Manche Textzeugen haben, dem späteren liturgischen Gebrauch entsprechend, eine erweiterte Fassung: Das ist mein Leib, der für euch hingegeben wird (oder: gebrochen wird).
14,32 Wörtlich: Die Geister der Propheten sind den Propheten unterworfen.
15,12–14 Anstelle der in den VV. 12–14 dreimal begegnenden Übersetzung: »ist (nicht) auferweckt worden« kann auch übersetzt werden: »ist (nicht) auferstanden«. Die erste Fassung ist deswegen vorzuziehen, weil in Kap. 15 mehrmals das Handeln Gottes an dem toten Jesus wie auch an den verstorbenen Gläubigen hervorgehoben wird (vgl. 15,15.51f).
15,28 Wörtlich: damit Gott alles in allem sei.
15,44 ein überirdischer Leib, wörtlich: ein pneumatischer (»geistlicher«) Leib.
15,45 Wörtlich: Adam, der Erste Mensch, wurde ein lebendiges Wesen (vgl. Gen 2,7; 3,19).
15,48 Wörtlich: Wie der Irdische, so auch die Irdischen, und wie der Himmlische, so auch die Himmlischen.

2 Korinther

5,16 Wörtlich: Also kennen wir von jetzt an niemand mehr dem Fleisch nach; auch wenn wir früher Christus dem Fleisch nach gekannt haben, jetzt kennen wir ihn nicht mehr so. – Vgl. die Anmerkung zu 10,2.
9,5 als großzügige Spende, wörtlich: als Segen.
10,2f Wörtlich: die meinen, wir wandeln nach dem Fleisch. Im Fleisch nämlich wandelnd ziehen wir nicht nach dem Fleisch zu Felde. – Der Begriff »Fleisch« kommt im griechischen Text von 10,2–4 wiederholt vor (vgl. die Anmerkung zu Röm 8,1–11).
12,12 Das, woran man den Apostel erkennt, wörtlich: Die Zeichen des Apostels.

Galater

1,16 Wörtlich: da zog ich nicht Fleisch und Blut zu Rate.
4,29 Wörtlich: Doch wie damals der Sohn, der nach dem Fleisch gezeugt war, den verfolgte, der nach dem Geist gezeugt war, so geschieht es auch jetzt.

Epheser

1,1 in Ephesus: fehlt bei zahlreichen Textzeugen
1,23 Wörtlich: Sie ist sein Leib, die Fülle dessen, der alles in allem erfüllt.
2,12 von dem Bund, wörtlich: von den Bündnissen. – Gemeint sind die Bundesschlüsse Gottes mit Abraham, Mose usw.; vgl. Röm 9,4.
2,14 Er vereinigte die beiden Teile, wörtlich: Er machte die beiden zu einem.
2,20 Schlußstein, andere Übersetzungsmöglichkeit: Eckstein.

3,15 jedes Geschlecht, wörtlich: jede Vaterschaft. Im Griechischen ein Wortspiel, das im Deutschen nicht wiederzugeben ist.
5,2 Wörtlich: als Gabe und Opfer für Gott zum wohlriechenden Duft.

Philipper

3,2 die falschen Lehrer, wörtlich: die schlechten Arbeiter.
4,3 treuer Gefährte: im griechischen Text steht Syzygos, was auch männlicher Eigenname sein könnte.
4,18 ein schönes Opfer, wörtlich: einen wohlriechenden Duft.

Kolosser

3,6 Nach anderen Textzeugen: Wegen all dem kommt der Zorn Gottes über die Ungehorsamen; vgl. Eph 5,6.
4,15 Nach anderen Textzeugen: auch Nymphas und die Gemeinde in seinem Haus.

1 Thessalonicher

1,10 dem kommenden Gericht Gottes, wörtlich: dem kommenden Zorn.
4,4 Andere Übersetzungsmöglichkeit: daß jeder von euch seinen Leib in heiliger und ehrbarer Weise bewahrt. – Das griechische Wort für »Gefäß« kann in übertragener Bedeutung sowohl den Leib des Menschen als auch (in rabbinischer Ausdrucksweise) die Ehefrau bezeichnen.
4,6 Andere Übersetzungsmöglichkeit: und daß keiner sich gegen seinen Bruder in der betreffenden Sache Übergriffe erlaubt. – In diesem Fall wäre vom Ehebruch die Rede.
4,12 vor denen, die nicht zu euch gehören, wörtlich: vor den Außenstehenden (vgl. 1 Kor 5,12f).
4,14 Andere Übersetzungsmöglichkeit: dann wird Gott auch die im Glauben an Jesus Verstorbenen zusammen mit ihm zur Herrlichkeit führen; vgl. 4,16: die in Christus Verstorbenen.

2 Thessalonicher

1,12 Andere Übersetzungsmöglichkeit: durch die Gnade unseres Gottes und des Herrn Jesus Christus.
2,13 als Erstlingsgabe, nach anderen Textzeugen: von Anfang an.
3,5 Andere Übersetzungsmöglichkeit: Der Herr lenke euer Herz zur Liebe Gottes und zur Geduld Christi.

1 Timotheus

3,2 nur einmal verheiratet, wörtlich: Mann einer einzigen Frau. Nach der naheliegenden Auslegung dieser Stelle sind Männer, die nach dem Tod ihrer ersten Frau wieder geheiratet haben, vom Bischofsamt ausgeschlossen.
5,12 ihrem Versprechen untreu geworden zu sein, wörtlich: ihre erste Treue gebrochen zu haben.

2 Timotheus

3,16 Andere Übersetzungsmöglichkeiten: Die ganze von Gott eingegebene Schrift; oder: Jedes von Gott eingegebene Schriftwort.
4,7 die Treue gehalten, andere Übersetzungsmöglichkeit: den Glauben bewahrt.

Titus

1,13 Das ist ein wahres Wort, wörtlich: Dieses Zeugnis ist wahr.
2,2 stark im Glauben, wörtlich: gesund im Glauben.
2,13 Andere Übersetzungsmöglichkeit: der Herrlichkeit des großen Gottes und unseres Retters Christus Jesus.

Philemon

16 als Mensch und auch vor dem Herrn, wörtlich: im Fleisch und im Herrn.

Hebräer

3,17 Wörtlich: deren Leiber ... hinfielen.
4,2 die Freudenbotschaft, wörtlich: das Evangelium.
4,11 Wörtlich: damit niemand ... hinfällt (vgl. 3,17).
5,7 Als er auf Erden lebte, wörtlich: In den Tagen seines Fleisches. – und er ist ... befreit worden, andere Übersetzungsmöglichkeit: und er ist seiner Gottesfurcht wegen erhört worden.
5,13 richtiges Reden, andere Übersetzungsmöglichkeit: die rechte Lehre.
6,5 kennengelernt haben, wörtlich: genossen haben.
9,16 »Testament« und »Bund« werden im griechischen Text durch dasselbe Wort ausgedrückt.
11,1 Andere Übersetzungsmöglichkeit: Der Glaube aber ist die Grundlage dessen, was man erhofft, und die Gewißheit über Dinge, die man nicht sieht.
11,3 Andere Übersetzungsmöglichkeit: und daß das Sichtbare nicht aus der Welt der Erscheinungen entstanden ist.
11,11 Textüberlieferung unsicher; möglich ist auch: Aufgrund des Glaubens empfing er auch trotz seines Alters zusammen mit Sara die Kraft zur Zeugung; denn er hielt ...
11,21 So nach dem griechischen Text; nach dem hebräischen: neigte sich über das Kopfende seines Bettes.
11,37 verbrannt, viele alte Textzeugen haben: erprobt (durch Folter?).
11,39 (von Gott) besonders anerkannt wurden, andere Übersetzungsmöglichkeit: (von der Schrift) ein rühmliches Zeugnis erhielten.
12,8 Wörtlich: dann wäret ihr uneheliche Kinder, ihr wäret nicht (eheliche) Söhne.
12,15 alle, wörtlich: die Vielen.
13,7 auf das Ende, wörtlich: auf den Ertrag.
13,23 freigelassen worden ist, andere Übersetzungsmöglichkeit: abreisen konnte.

Jakobus

1,17 Vater der Gestirne, wörtlich: Vater der Lichter; der Ausdruck bezeichnet Gott als den Schöpfer der Gestirne.
2,4 Andere Übersetzungsmöglichkeit: macht ihr dann nicht in eurem Innern Unterschiede und ...
2,7 Der hohe (wörtlich: schöne) Name ist der Name Jesu.

2,18 Möglicherweise beginnt in V. 18b die Entgegnung auf den Einwand von 18a, und man könnte übersetzen: Nun wird einer sagen: Du hast den Glauben, und ich habe die Werke. – Dann zeig mir doch deinen Glauben ohne die Werke, und ich ...
3,18 Wörtlich: Frucht der Gerechtigkeit wird in Frieden gesät für die (oder: von denen), die Frieden schaffen. Die Deutung dieses Verses ist unsicher.
4,5 Die Herkunft des Zitats ist unbekannt. Der Sinn ist vermutlich: Gott, der dem Menschen seinen Geist eingehaucht hat (Gen 2,7), macht diesem Geist gegenüber seinen Anspruch geltend. – Andere Übersetzungsmöglichkeit: Neidisch zeigt der Geist, den er in uns wohnen ließ, sein Verlangen.
5,14 Gebete über ihn sprechen, wörtlich: über ihn beten.

1 Petrus

1,13 umgürtet euch, wörtlich: umgürtet die Lenden eures Geistes.
2,13 jeder menschlichen Ordnung, wörtlich: jedem menschlichen Geschöpf.
2,24 Wörtlich: auf das Holz hinaufgetragen; vgl. Apg 5,30; Gal 3,13.
5,3 eurer Gemeinden, wörtlich: eurer Anteile.
5,5 Wörtlich: Alle aber bekleidet euch (im Umgang) miteinander mit Demut.
5,13 die Mitauserwählten, wörtlich: die mitauserwählte (Gemeinde).

2 Petrus

1,1 Andere Übersetzungsmöglichkeit: unseres Gottes und des Retters Jesus Christus.
2,10b die überirdischen Mächte, wörtlich: die Herrlichkeiten.
2,15 Nach Num 22,5 hieß der Vater Bileams »Beor«; so auch hier nach einigen Textzeugen.
3,10 die Erde und alles, was auf ihr ist, wörtlich: die Erde und die Werke auf ihr. – Die eingeklammerten Worte »nicht mehr« finden sich nur bei wenigen Textzeugen, sind aber für den Sinn des Satzes notwendig.

1 Johannes

1,1 das Wort des Lebens, wörtlich: vom Wort des Lebens sprechen wir.
2,1 Das griechische Wort für »Beistand« (parákletos) ist das gleiche, das im Johannesevangelium für den verheißenen Geist verwendet wird.
2,20 Andere Lesart: und ihr wißt alles.
2,21 Andere Übersetzungsmöglichkeit: Ich schreibe euch nicht, weil ihr die Wahrheit nicht kennt, sondern ich schreibe euch, weil ihr sie kennt und wißt, daß keine Lüge von der Wahrheit stammt.
5,7f Hier ist bei vielen Textzeugen das sog. Comma Johanneum eingefügt, das nicht zum ursprünglichen Text gehört: (... die Zeugnis ablegen) im Himmel: der Vater, das Wort und der Heilige Geist, und diese drei sind eins. 8 Und drei sind es, die Zeugnis geben auf Erden: (der Geist ...)
Die drei Elemente (Geist, Wasser, Blut) sind drei Zeugen, die zeichenhaft hinweisen auf die Sakramente der Taufe und Eucharistie und auf den Geist als die in ihnen wirksame Kraft.
5,17 Nach anderen Textzeugen: Sünde, die zum Tod führt.
5,18 der von Gott Gezeugte, das heißt: Jesus Christus (Joh 1,13.18). – Andere Übersetzungsmöglichkeit: Wir wissen: Jeder, der von Gott stammt, sündigt nicht, sondern wer von Gott stammt, den bewahrt er, und der Böse tastet ihn nicht an.

Judas

7 Die sündigen Städte wollten ähnlich »wie jene«, d. h. die in V. 6 genannten Engel, »mit Wesen anderer Art verkehren«, wörtlich: sie liefen anderem Fleisch nach.
8 die überirdischen Mächte, wörtlich: die Herrlichkeiten.

Offenbarung

1,13 ein Mensch, wörtlich: ein Menschensohn.
8,3b Wörtlich: ihm wurde viel Weihrauch gegeben, damit er ihn zusammen mit den Gebeten aller Heiligen auf dem goldenen Altar vor dem Thron darbringe.
9,16 Wörtlich: 20 000 Myriaden. 1 Myriade = 10 000. Die Gesamtzahl von 200 Millionen ist als Symbol unermeßlicher Größe gemeint.
13,7 erlaubt, wörtlich: gegeben.
14,13 Andere Übersetzungsmöglichkeit: ... im Herrn sterben. Von jetzt an – ja, spricht der Geist – sollen sie ausruhen von ihren Mühen.
15,3 König der Völker, nach anderen Textzeugen: König aller Zeiten.
21,3 Nach anderen Textzeugen: sie werden seine Völker sein.

V. VERZEICHNIS DER ÜBERSETZER UND MITARBEITER

Die Übersetzer des Alten Testaments

Heinrich Arenhoevel, Hermann Bückers, Alfons Deißler, Hermann Eising, Heinrich Groß, Ernst Haag, Vinzenz Hamp, Walter Kornfeld, Norbert Lohfink, Martin Rehm, Wolfgang Richter, Josef Scharbert, Johannes Schildenberger, Othmar Schilling, Rudolf Schmid, Heinrich Schneider, Josef Schreiner, Claus Westermann, Joseph Ziegler.

Die Mitarbeiter an der Übersetzung des Alten Testaments

Wilfried Barner, Eleonore Beck, Peter Bläser, Wolfgang Beilner, Richard Beron, Heinrich Böll, Uwe Förster, Joachim Goth, Odo Haggenmüller, Eberhard Haßler, Rudolf Henz, Hans Hilger, Alfons Kirchgässner, Otto Knoch, Emil Lengeling, Leopold Lentner, Gabriele Miller, Georg Molin, Otto Nüßler, Franz Planatscher, Josef Plöger, Christa Reinig, Theodor Schlatter, Egidius Schmalzriedt, Eugen Sitarz, Joseph Sulzbacher, Fridolin Stier, Gerhard Striebeck, Franz Josef Zinniker.

Die Übersetzer und die Mitarbeiter an der Übersetzung der Psalmen

Johannes Aengenvoort, Wilfried Barner, Richard Beron, Uwe Förster, Klaus Fricke, Herbert Goltzen, Heinrich Groß, Wilhelm Gundert, Odo Haggenmüller, Vinzenz Hamp, Rudolf Henz, Otto Knoch, Otto Nüßler, Franz Planatscher, Christa Reinig, Heinrich Rohr, Josef Scharbert, Fritz Schieri, Egidius Schmalzriedt, Eugen Sitarz, Oskar Söhngen, Fritz Tschirch, Eberhard Weismann, Claus Westermann.

Die Beauftragten für die Revision des Alten Testaments

Weihbischof Josef Plöger, Weihbischof Klaus Dick, Bischof Reinhard Lettmann, Weihbischof Manfred Müller.
Heinrich Groß, Ernst Haag, Odo Haggenmüller, Otto Knoch, Josef Scharbert, Josef Schreiner, Eugen Sitarz.

Die Übersetzer des Neuen Testaments

Gerhard Barth, Peter Bläser, Josef Blinzler, Otto Böcher, Kapistran Bott, Christoph Burchard, Josef Dillersberger, Martin Fischer, Joachim Gnilka, Erich Gräßer, Wilhelm Gundert, Klaus Haacker, Odo Haggenmüller, Ferdinand Hahn, Hellmut Haug, Rudolf Kassühlke, Otto Knoch, Heinz-Wolfgang Kuhn, Josef Kürzinger, Johann Michl, Franz Mußner, Engelbert Neuhäusler, Henning Paulsen, Wilhelm Pesch, Josef Pfammatter, Joseph Reuss, Eugen Ruckstuhl, Karl Theodor Schäfer, Theodor Schlatter, Heinrich Schlier, Josef Schmid, Rudolf Schnackenburg, Benedikt Schwank, Josef Sint, Gerhard Striebeck, Anton Vögtle, Karl Wennemer, Franz Zehrer, Heinrich Zimmermann.

Die Mitarbeiter an der Übersetzung des Neuen Testaments

Wilfried Barner, Eleonore Beck, Wolfgang Beilner, Richard Beron, Uwe Förster, Joachim Goth, Odo Haggenmüller, Eberhard Haßler, Rudolf Henz, Hans Hilger, Alfons Kirchgässner, Otto Knoch, Joseph Kopperschmidt, Emil Lengeling, Leopold Lentner, Johann Michl, Gabriele Miller, Engelbert Neuhäusler, Otto Nüßler, Franz Planatscher, Egidius Schmalzriedt, Eugen Sitarz, Oskar Söhngen, Joseph Sulzbacher, Gerhard Striebeck, Johannes Wagner, Karl Wennemer, Franz Josef Zinniker.

Die Beauftragten für die Revision des Neuen Testaments

Bischof Eduard Schick, Landesbischof Eduard Lohse, Erzbischof Johannes Joachim Degenhardt, Oberkirchenrat Wilhelm Gundert, Bischof Reinhard Lettmann, Weihbischof Hubert Luthe, Weihbischof Manfred Müller, Weihbischof Alois Stöger, Weihbischof Ernst Tewes.
Gerhard Barth, Otto Böcher, Christoph Burchard, Martin Fischer, Joachim Gnilka, Erich Gräßer, Klaus Haacker, Odo Haggenmüller, Ferdinand Hahn, Hellmut Haug, Otto Knoch, Heinz-Wolfgang Kuhn, Egidius Schmalzriedt, Eugen Sitarz, Karl Wennemer.

Geschäftsführung
Otto Knoch

VI. VERZEICHNIS DER BILDER

(Die Zahl in Klammer bezieht sich
auf die Textseite neben dem Bild)

7 (S. 49)
Da lachte Sara (Gen 18). Wasseralfinger Altar (Ausschnitt)

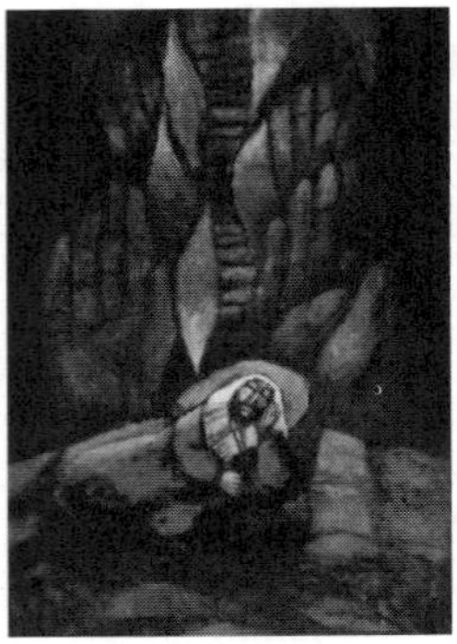

8 (S. 64)
Da träumte ihm, eine Leiter sei auf die Erde gestellt (Gen 28). Jakobs Traum. Privatbesitz

9 Ich bin Josef, euer Bruder (Gen 45). Privatbesitz (S. 64)

10 (S. 65)
Mit Gott und Menschen hast du gestritten (Gen 32). Jakobs Kampf am Jabbok. Privatbesitz

11 (S. 80)
Sie ergriffen ihn und warfen ihn in die Zisterne (Gen 37). Josef im Brunnen. Privatbesitz

12 (S. 81)
Ich bin der ich bin da (Ex 3). Mose am Dornbusch (Ausschnitt). Privatbesitz

13 (S. 144)
In dieser Nacht gehe ich durch Ägypten (Ex 12). Wasseralfinger Altar

14 (S. 145)
Mirjam nahm die Pauke in die Hand (Ex 15). Privatbesitz

15 (S. 160)
Da sagten sie zueinander: Manna? (Was ist das?) (Ex 16). Privatbesitz

16 (S. 161)
Und er übergab ihnen alle Gebote (Ex 34). Das Gesetz vom Sinai. Privatbesitz

17 (S. 256)
Ein Stern geht auf aus Jakob (Num 24). Wasseralfinger Altar

18 (S. 257)
So sammelte sie auf dem Feld bis zum Abend (Rut 2). Rut. Glasfenster Hohenberg

19 (S. 272)
Und David tanzte vor dem Herrn her (2 Sam 6). Glasfenster Hohenberg

20 (S. 273)
Dort setzte er sich unter einen Ginsterstrauch (1 Kön 19). Elija. Privatbesitz

21 (S. 432)
Nach dem Feuer kam ein sanftes, leises Säuseln (1 Kön 19). Elija am Horeb. Privatbesitz

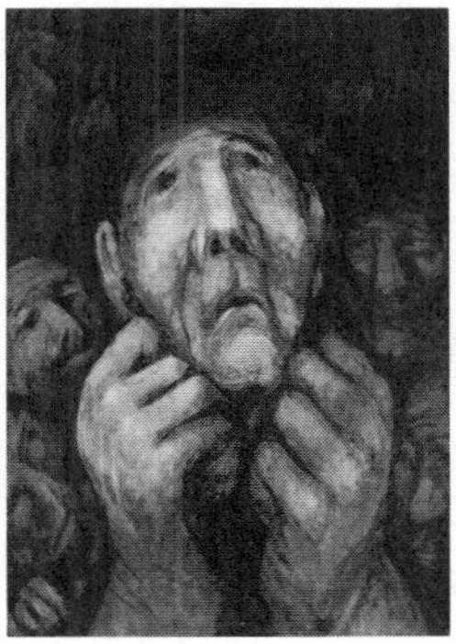

22 (S. 433)
So gib mir Antwort (Ijob 33). Ijob. Privatbesitz

23 (S. 448)
Da wurden sichtbar die Tiefen des Meeres (Ps 18). Privatbesitz

24 (S. 449)
Mit meinem Gott überspringe ich Mauern (Ps 18). Privatbesitz

25 (S. 560)
Mein Gott, mein Gott, warum hast du mich verlassen (Ps 22). Glasfenster Hohenberg

26 (S. 561)
Du deckst mir den Tisch (Ps 23). Privatbesitz

27 (S. 576)
Wie ein Schatten geht der Mensch dahin (Ps 39). Friedhof. Privatbesitz

28 (S. 577)
Weise sterben, genauso gehen Tor und Narr zugrunde (Ps 49). Don Quichotte. Privatbesitz

29 (S. 608)
Ich will das Morgenrot wecken (Ps 57). Privatbesitz

30 (S. 609)
Du hobst in Ägypten einen Weinstock aus (Ps 80). Privatbesitz

31 (S. 624)
Ich liege wach, und ich klage wie ein einsamer Vogel auf dem Dach (Ps 102). Privatbesitz

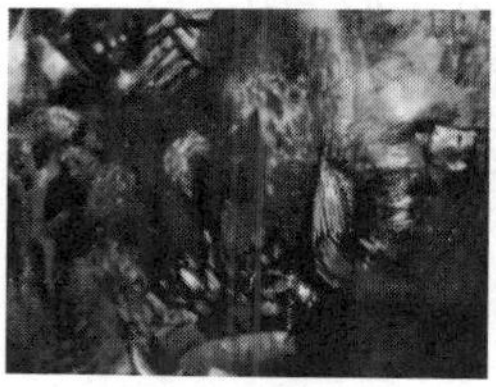

32 (S. 625)
Brot von der Erde und Wein, der das Herz des Menschen erfreut (Ps 104). Privatbesitz

33 (S. 656)
Der Mund kann lachen, wenn das Herz auch traurig ist (Spr 14). Privatbesitz

34 (S. 657)
Alles ist nichtig und wie ein Haschen nach Wind (Koh 1). Mülleimer. Privatbesitz

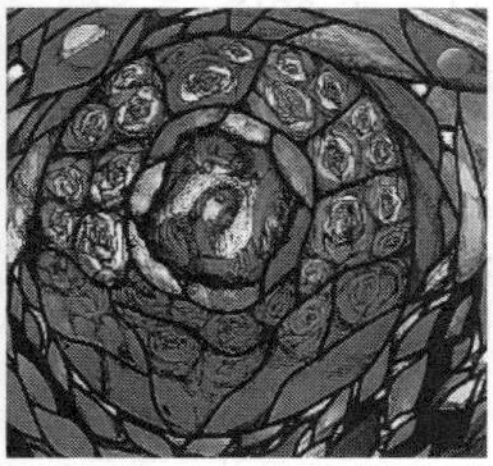

35 (S. 672)
Das schönste der Lieder Salomos (Hld 1). Vollendung. Glasfenster Heilig Geist Ellwangen (Ausschnitt)

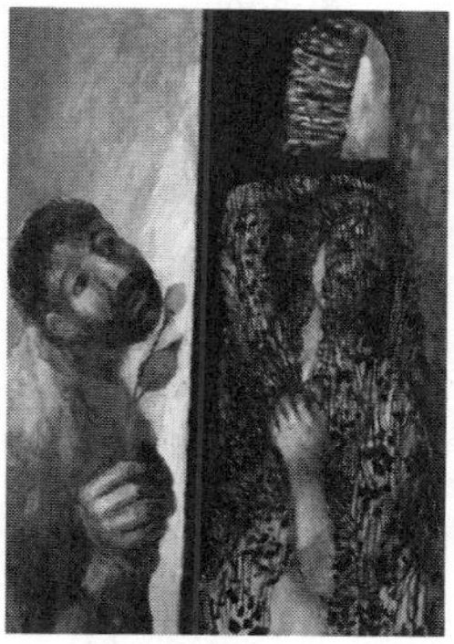

36 (S. 673)
Draußen steht er an der Wand unseres Hauses (Hld 2). Privatbesitz

37 (S. 720)
Unter dem Apfelbaum habe ich dich geweckt (Hld 8). Privatbesitz

38 (S. 721)
Alles Fleisch zerfällt wie ein Kleid (Sir 14). Vogelscheuche. Privatbesitz

39 (S. 736)
Das hier hat deine Lippen berührt (Jes 6). Berufung des Jesaja. Privatbesitz

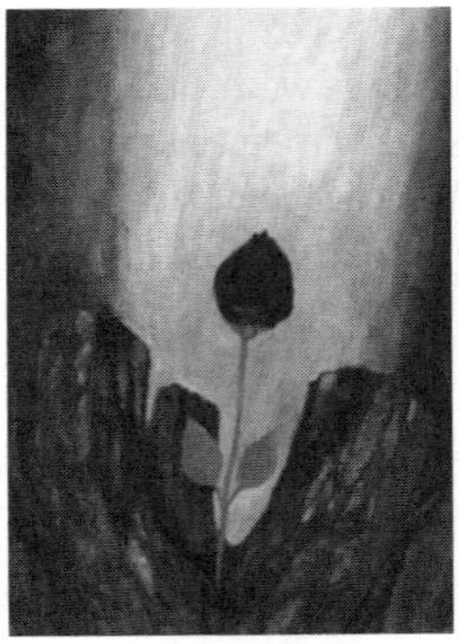

40 (S. 737)
Ein Reis wird hervorgehen aus dem Stumpf Isais (Jes 11). Synodenrose Diözese Rottenburg-Stuttgart. Privatbesitz

41 (S. 784)
Der Säugling spielt vor dem Schlupfloch der Natter (Jes 11). Vision des Jesaja. Privatbesitz

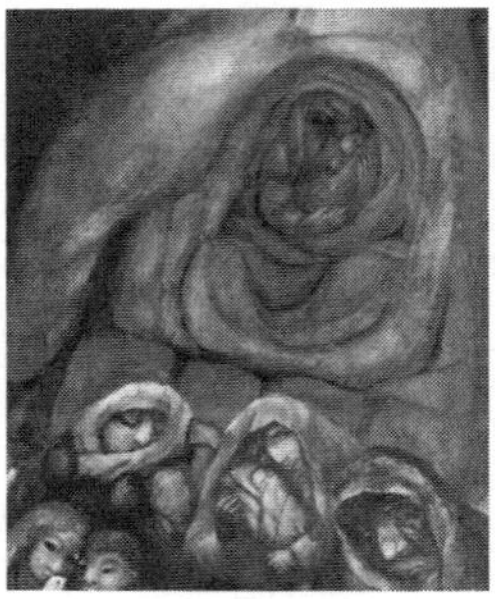

42 (S. 785)
Ich habe dich eingezeichnet in meine Hand (Jes 49). Rosenberger Altar (Ausschnitt)

43 (S. 800)
Ihre Kinder wird man auf den Knien schaukeln (Jes 66). Privatbesitz

44 (S. 801)
Da ließ er ihn schlagen und in den Block spannen (Jer 20). Jeremia. s/w-Zeichnung. Privatbesitz

45 (S. 880)
Rahel weint um ihre Kinder (Jer 31). Rosenberger Altar (Ausschnitt)

46 (S. 881)
Brich ein Loch durch die Wand (Ez 12). Ezechiel. Privatbesitz

47 (S. 896)
Können diese Gebeine wieder lebendig werden? (Ez 37). Vision des Ezechiel. Glasfenster Heilig Geist Ellwangen (Ausschnitt)

48 (S. 897)
Betlehem-Efrata, aus dir wird einer hervorgehen (Mi 5). Wasseralfinger Altar

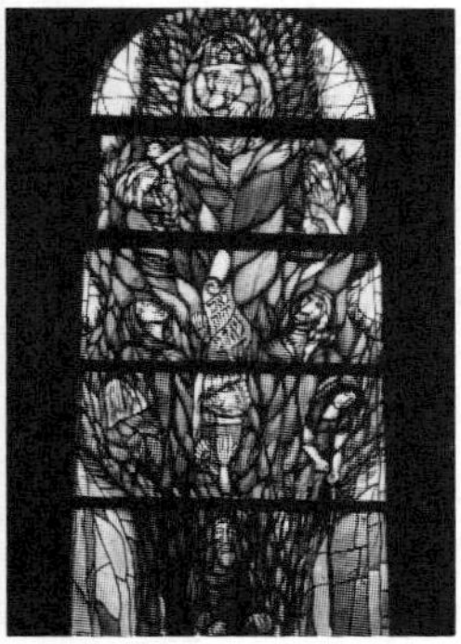

49 (S. 976)
Stammbaum Jesu Christi, des Sohnes Davids, des Sohnes Abrahams (Mt 1). Stamm-Mütter. Glasfenster St. Moriz Rottenburg

50 (S. 977)
Wir haben seinen Stern gesehen (Mt 2). s/w-Zeichnung. Privatbesitz

51 (S. 992)
Ihr habt mir zu essen gegeben (Mt 25). Privatbesitz

52 (S. 992)
Gebt ihr ihnen zu essen (Mt 14). s/w-Zeichnung. Privatbesitz

53 (S. 993)
Meine Seele ist zu Tode betrübt (Mt 26). Am Ölberg. Privatbesitz

54 (S. 993)
Ich kenne den Menschen nicht (Mt 26). Verleugnung. Privatbesitz

55 (S. 1008)
Ich bin unschuldig am Blute dieses Menschen (Mt 27). Verurteilung. Kreuzweg Bensberg

56 (S. 1008)
Ihn zwangen sie, Jesus das Kreuz zu tragen (Mt 27). Simon von Cyrene. Kreuzweg Rosenberg

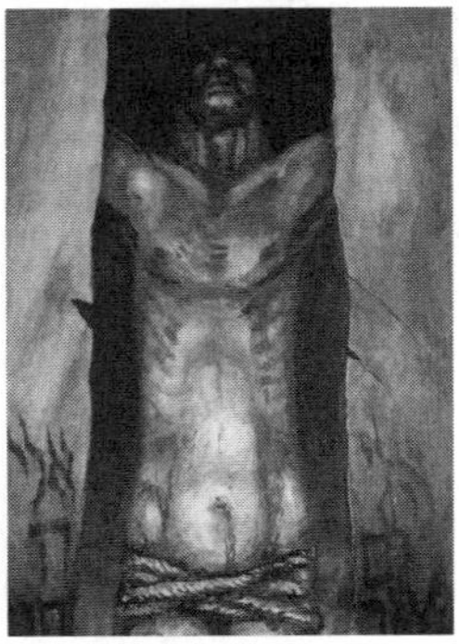

57 (S. 1009)
Mein Gott, mein Gott, warum hast du mich verlassen? (Mt 27). Kreuzweg Rosenberg

58 (S. 1009)
In der Morgendämmerung des ersten Tages (Mt 28). Der Gang zum Grab am Ostermorgen. Wasseralfinger Altar (Ausschnitt)

59 (S. 1024)
Eine Stimme ruft in der Wüste: Bereitet dem Herrn den Weg! (Mk 1). Johannes der Täufer. Privatbesitz

60 Wie kann er zusammen mit Zöllnern und Sündern essen? (Mk 2). Das Mahl mit den Sündern. San Pastore bei Rom (S. 1024)

61 (S. 1025)
Habt ihr noch keinen Glauben? (Mk 4). Sturm auf dem See. Privatbesitz

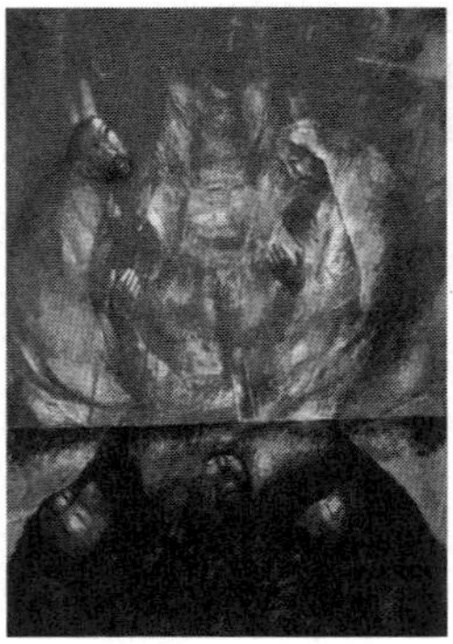

62 (S. 1040)
Er wurde vor ihren Augen verklärt (Mk 9). Verklärung. Privatbesitz

63 (S. 1040)
Dieser Mensch war Gottes Sohn (Mk 15). Karfreitagabend. Rosenberger Altar

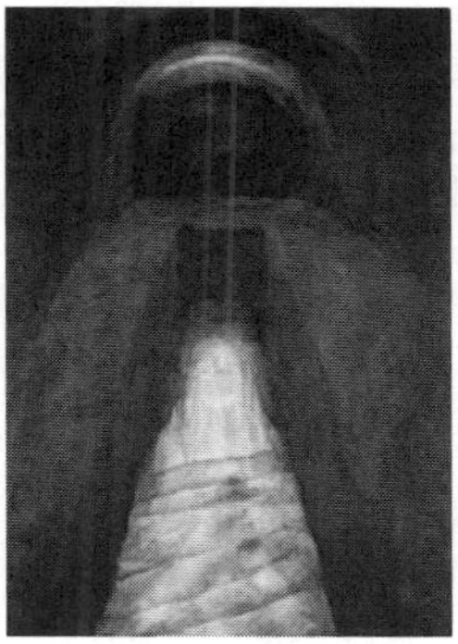

64 (S. 1041)
Dann wälzte er einen Stein vor den Eingang des Grabes (Mk 15). Jesus ist ins Grab gelegt worden. Kreuzweg Rosenberg

65 (S. 1041)
Gesegnet ist die Frucht deines Leibes (Lk 1). Heimsuchung. Privatbesitz

66 (S. 1056)
Hinauf nach Judäa in die Stadt Davids (Lk 2). Unterwegs nach Betlehem. s/w-Zeichnung. Privatbesitz

67 (S. 1056)
Und sie gebar ihren Sohn (Lk 2). Geburt Jesu. Rosenberger Altar

68 (S. 1057)
Alle Menschen werden das Heil sehen (Lk 3). Stammbaum Jesu. Privatbesitz

69 (S. 1057)
Der Geist des Herrn ruht auf mir (Lk 4). Jesus in der Synagoge von Nazareth. Glasfenster Heilig Geist Ellwangen (Ausschnitt)

70 (S. 1072)
Dein Bruder war tot und lebt wieder (Lk 15). Der verlorene Sohn. Privatbesitz

71 (S. 1072)
Freut euch, ich habe mein Schaf wiedergefunden (Lk 15). Der gute Hirte (Ausschnitt). Privatbesitz

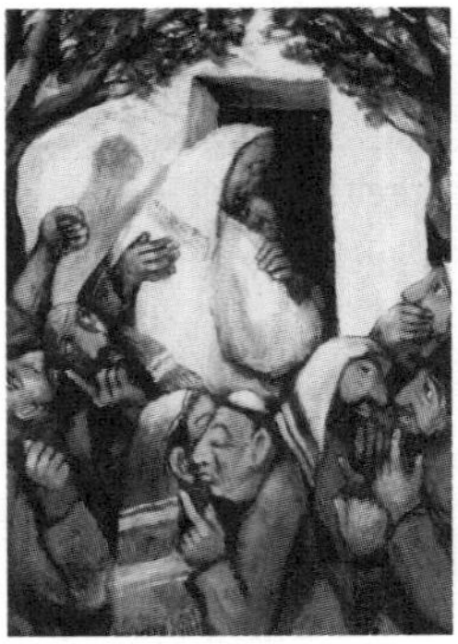

72 (S. 1073)
Heute ist diesem Haus das Heil geschenkt (Lk 19). Zachäus. Privatbesitz

73 (S. 1073)
Das ist mein Leib (Lk 22). Abendmahl. Privatbesitz

74 (S. 1088)
Frauen, die um ihn klagten (Lk 23). Veronika. Kreuzweg Rosenberg

75 (S. 1088)
Dort kreuzigten sie ihn (Lk 23). Der vorletzte Blick Jesu. s/w-Zeichnung. Privatbesitz

76 (S. 1089)
Auf dem Weg in ein Dorf namens Emmaus (Lk 24). Rosenberger Altar (Ausschnitt)

77 (S. 1089)
Sie erkannten ihn; dann sahen sie ihn nicht mehr (Lk 24). Emmaus. Rosenberger Altar (Ausschnitt)

78 (S. 1104)
Und das Wort ist Fleisch geworden (Joh 1). s/w-Zeichnung. Privatbesitz

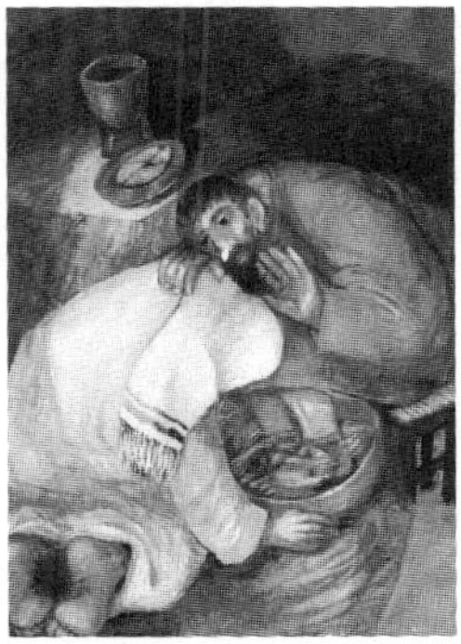

87 (S. 1136)
»Es ist der Herr« (Joh 21). Ostermorgen am See. Privatbesitz

88 (S. 1137)
Ein anderer wird dich binden und dich führen, wohin du nicht willst (Joh 21). Petrus. Glasfenster Hohenberg

89 (S. 1137)
Ich werde von meinem Geist ausgießen (Apg 2). Pfingsten. Privatbesitz

90 (S. 1152)
Er stürzte zu Boden und hörte (Apg 9). Saulus stürzt vom Pferd. Wasseralfinger Altar (Ausschnitt)

91 (S. 1152)
Auch die Schöpfung soll befreit werden zur Freiheit und Herrlichkeit (Röm 8). Schöpfung. Glasfenster Heilig Geist Ellwangen (Ausschnitt)

92 (S. 1153)
Kommen wird der Sproß aus der Wurzel (Röm 15). Wurzel Jesse. Wasseralfinger Altar (Ausschnitt)

93 (S. 1153)
Hat nicht Gott die Weisheit der Welt zur Torheit gemacht? (1 Kor 1). Narrenschiff. Privatbesitz

94 (S. 1168)
Wir sind zum Schauspiel geworden für die Welt (1 Kor 4). Privatbesitz

95 (S. 1168)
Es gibt verschiedene Gnadengaben, aber nur den einen Geist (1 Kor 12). Paulus schreibt nach Korinth. Glasfenster Heilig Geist Ellwangen (Ausschnitt)

96 (S. 1169)
Die Gnade Jesu Christi, die Liebe Gottes und die Gemeinschaft des Heiligen Geistes (2 Kor 13). Das Glaubensbekenntnis. Glasfenster Heilig Geist Ellwangen (Ausschnitt)

97 (S. 1169)
Ihr seid zur Freiheit berufen (Gal 5). Ins Land der Hoffnung. s/w-Zeichnung. Privatbesitz

98 (S. 1184)
Andere zu Hirten und Lehrern (Eph 4). Das offene Fenster. Privatbesitz

99 (S. 1184)
Sehet zu, daß ihr als Weise die Zeit auskauft (Eph 5). Kirchengeschichte. Privatbesitz

100 (S. 1200)
Er nahm Knechtsgestalt an und den Menschen ähnlich (Phil 2). Philipper-Hymnus. s/w-Zeichnung. Privatbesitz

101 (S. 1201)
Simon Petrus, Knecht und Apostel Jesu Christi, an alle (2 Petr 1). Petrus-Siegel. s/w-Zeichnung. Privatbesitz

102 (S. 1216)
Ich bin das Alpha und das Omega (Offb 1). Privatbesitz

103 (S. 1216)
Es sind die, die aus der großen Bedrängnis kommen (Offb 7). Edith Stein. Glasfenster Hohenberg

104 (S. 1217)
Sie hielten ihr Leben nicht fest (Offb 12). Franziskus tanzt mit Frau Armut. Glasfenster Heilig Geist Ellwangen. (Ausschnitt)

105 (S. 1217)
Wir wollen uns freuen und jubeln (Offb 19). Rosenstrauß. Privatbesitz

106 (S. 1232)
Ich sah das neue Jerusalem wie eine Braut (Offb 21). Privatbesitz

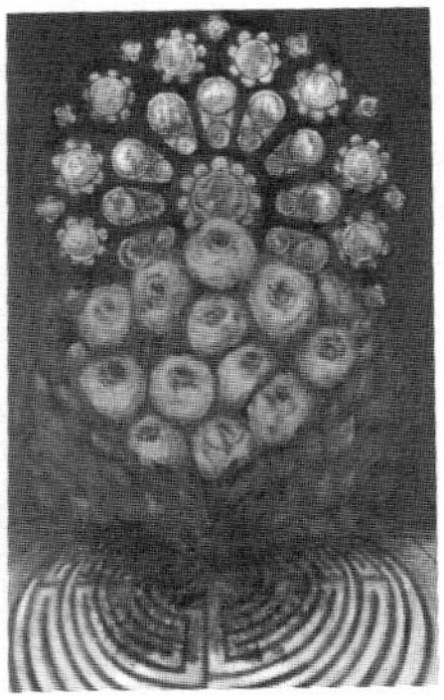

107 (S. 1233)
Gott wird über ihnen leuchten (Offb 22). Labyrinth und Rose. Privatbesitz

FOTONACHWEIS
(nach Bildnummern)

Winfried Aßfalg, Riedlingen: 1, 3, 4, 5, 9, 14, 16, 20, 21, 22, 23, 24, 27, 29, 30, 31, 33, 36, 37, 43, 46, 51, 56, 57, 61, 64, 68, 70, 74, 79, 82, 84, 85, 86, 87, 88, 89, 93, 103, 106.
Foto Baur, Aalen: 2, 6, 7, 8, 10, 11, 13, 15, 17, 25, 26, 34, 35, 38, 39, 41, 42, 45, 47, 48, 58, 59, 60, 63, 65, 67, 69, 71, 72, 73, 76, 77, 80, 90, 91, 92, 95, 96, 98, 99, 102, 104, 105, 107.
Jäger, Bergisch Gladbach: 55, 83.
Sieger Köder, Rosenberg: 12, 32, 94, 100, 101.
Norbert Krüger, Rottenburg: 49.
Schwabenverlag AG, Ostfildern: 28, 40, 44, 50, 52, 53, 54, 62, 66, 75, 78, 81, 97.
Sorg, Rosenberg: 18, 19.

Wir danken den Besitzern der Bilder, die uns die Möglichkeit gegeben haben, diese Werke in der Bibel abbilden zu dürfen.